lonely planet

Neuseeland

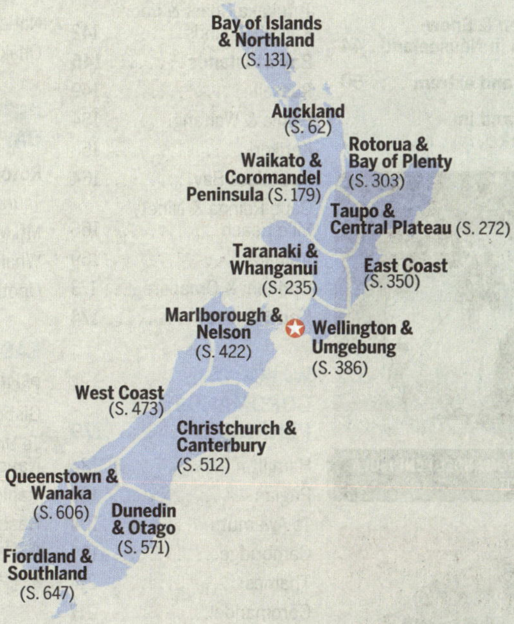

Charles Rawlings-Way,
Brett Atkinson, Sarah Bennett, Peter Dragicevich, Lee Slater

REISEPLANUNG

COROMANDEL PENINSULA S. 211

KIERAN SCOTT/GETTY IMAGES ©

MT. TARANAKI S. 247

VLADIMIR PISKUNOV/GETTY IMAGES ©

REISEZIELE IN NEUSEELAND

Inhalt

NEUSEELAND VERSTEHEN

PRAKTISCHE INFORMATIONEN

SONDERTHEMEN

Willkommen in Neuseeland

Es gibt nicht viele Orte auf diesem Planeten, an denen Reisende derart verwöhnt werden, und zwar sowohl mit menschengemachten Verlockungen als auch mit einer Fülle von Naturwundern.

Durch die Wildnis wandern

Neuseeland ist 270 534 km² groß, das sind mehr als zwei Drittel von Deutschland. Auf dieser Fläche leben aber gerade einmal 4,5 Mio. Menschen Den Platz dazwischen füllen herrliche Wälder, Berge, Seen, Strände und Fjorde, die Neuseeland zu einer der schönsten Wanderregionen der Welt machen (das Wandern heißt hier *tramping)*. Am besten, man nimmt sich einen der neun *Great Walks* vor (am bekannsten sind Heaphy und Milford Track), oder man gönnt sich ein paar traumhafte Stunden irgendwo in der Natur.

Urlaub ohne Hindernisse

Beim Vergleich mit anderen Urlaubszielen schneidet Neuseeland bestens ab – nicht zuletzt, weil das Reisen unbeschwert verläuft. Die typischen Ärgernisse sind unbekannt: Busse und Züge fahren pünktlich; die Straßen sind in gutem Zustand; nach Geldautomaten muss man nirgendwo suchen, und Taschendiebe oder Händler, die einen Fremden übers Ohr hauen, sind hier so rar wie verschmutzte Herbergsräume. Und wegen des Essens muss hier niemand auf die nächste öffentliche Toilette stürzen. Überdies gibt es keine Schlangen und nur eine einzige giftige Spinne, die seltene Rote Katipo. In Neuseeland kann man den Urlaub also wirklich ganz entspannt genießen!

Die Kultur der Maori

Wer sich auch nur entfernt für Rugby interessiert, hat sicher schon von der neuseeländischen Nationalmannschaft der All Blacks gehört, deren Weltruhm ohne die Maori-Spieler undenkbar wäre. Das ist aber nur ein Beispiel dafür, wie die Kultur der Maori in den Alltag Neuseelands hineinwirkt: Überall hört man die Maori-Sprache, im Fernsehen gibt es Maori-Sender, an den Hauptstraßen stehen *marae* (Versammlungshäuser), man kann die *hangi* (Maori-Feste) besuchen oder Kulturveranstaltungen mit traditionellen Maori-Liedern, Maori-Tänzen und dem oft blutrünstigen *haka* (Kriegstanz) beiwohnen.

Essen, Wein & Bier

Die neuseeländische Küche war früher nur ein schwacher Abglanz britischer Sonntagsgerichte, aber heute suchen die Küchenchefs ihre Inspiration in den kulinarischen Gefilden der Neuen Welt, vor allem im Pazifikraum und den angrenzenden Küchen. Keinesfalls sollte man heimfahren, ohne einige Maori-Leibgerichte probiert zu haben: *paua* (Abalone), *kina* (Seeigel) und *kumara* (Süßkartoffeln) stehen regelmäßig auf der Speisekarte. Durstig? Neuseelands Weingüter heimsen seit Jahrzehnten Preise ein und auch die Bierszene boomt. Ebenso hat die Kaffeekultur ihren festen Platz im Alltag.

Warum ich Neuseeland liebe

Von Charles Rawlings-Way, Hauptautor

Als in England geborener Australier, der in Tasmanien aufwuchs, erlebe ich jede Reise nach Neuseeland als einen Mix aus Landschaften und Kulturen, die einerseits so vertraut und doch so andersartig wirken. Die sanften Hügel und Hecken von Devonshire stehen in Einklang mit den ungezwungenen Einheimischen und wirken entwaffnend, ablenkend und unterhaltsam. Die Maori-Kultur ist stark, die Surfstrände sind Weltklasse und das Bier ist lecker! Das Beste aus der Alten und der Neuen Welt in Einklang bringen mit der sozialen und ökologischen Sensibilität – könnte das eine Vorlage für eine neue Weltordnung sein? Ich liebe Neuseeland!

Noch mehr über unsere Autoren steht auf S. 770

Lake Tekapo (S. 560)

Neuseeland

0
200 km
SÜD-PAZIFIK
TASMANSEE
Bay of Islands
Eine herrliche Bucht mit rund 150 Inseln (S. 325)
Hauraki Gulf
Inseln, Jachten, Delfine ... ein Wasser-Paradies! (S. 103)
Rotorua
Geysire, Schlammtöpfe und schwefelhaltige Gase (S. 305)
Auckland
Restaurants, Bars und die Atmosphäre der Pazifikinseln (S. 64)
Waitomo Caves
Glühwürmchen und andere Höhlenabenteuer (S. 203)
Tongariro Alpine Crossing
Die schönste Tageswanderung des Landes (S. 293)
Cape Reinga
North Cape
Great Exhibition Bay
Bay of Islands
Kaitaia
Kerikeri
Russell
Paihia
Opononi
Kaikohe
Whangarei
Northland
Dargaville
Hen & Chicken Islands
Great Barrier Island
Wellsford
Kaipara Harbour
Hauraki Gulf
Helensville
Auckland
Whitianga
Coromandel Peninsula
Drury
Thames
Pukekohe
Huntly
Ngaruawahia
Raglan
Hamilton
Cambridge
Mt. Maunganui
Tauranga
Bay of Plenty
Te Kaha
Hicks Bay
Te Araroa
Whakatane
Opotiki
Ruatoria
Tokomaru Bay
Waikato
Kawhia
Otorohanga
Rotorua
Waitomo Caves
Te Kuiti
Tolaga Bay
Taupo
Lake Taupo
Gisborne
New Plymouth
Turangi
Whanganui National Park
Tongariro National Park
Wairoa
Mt. Taranaki (Mt. Egmont) (2518 m)
Mt. Ruapehu (2797 m)
Hawke Bay
Stratford
Ohakune
Opunake
Napier
Hawera
Hastings
Whanganui
Waipawa
Waipukurau
Palmerston North
Dannevirke
166°E
168°E
170°E
172°E
174°E
176°E
178°E
36°S
38°S

Abel Tasman National Park
Postkartenstrände treffen auf türkisfarbenes Wasser (S. 460)
Wellington
Die politische und kulturelle Hauptstadt des Landes (S. 388)
Kaikoura
Wale beobachten und Langusten genießen! (S. 440)
TranzAlpine Railway
Die klassische Bahnfahrt von Küste zu Küste (S. 488)
Franz Josef Glacier & Fox Glacier
Abenteuerliche Eiswanderungen im Angesicht prachtvoller Gletscher (S. 500)
Milford Sound
Steile Klippen stürzen in das tiefblaue Meer (S. 659)
Akaroa & Banks Peninsula
Versteckte Buchten und der Charme des französischen Erbes (S. 536)
Queenstown
Das Schnee- (und Après-Ski-) Zentrum des Landes (S. 607)
Otago Peninsula
Hier leben vor allem Pinguine, Robben und Seelöwen (S. 595)
TASMANSEE
SÜD-PAZIFIK
Collingwood
Golden Bay
Sounds
Levin
Takaka
Abel Tasman National Park
Tasman Bay
Motueka
Karamea
Richmond
Nelson
Porirua
Upper Hutt
Masterton
Picton
Lower Hutt
WELLINGTON
Blenheim
Cook Strait
Cape Palliser
Mt. Owen (1875 m)
Westport
Murchison
St. Arnaud
Punakaiki
Reefton
Kaikoura
Greymouth
Hanmer Springs
Hokitika
Arthur's Pass
Ross
Mt. Murchison (2400 m)
Whataroa
Pegasus Bay
Franz Josef Glacier
Mt Hutt
Christchurch
Lyttelton
Fox Glacier
Methven
Banks Peninsula
Akaroa
Haast
Aoraki/Mt. Cook (3754 m)
Lake Tekapo
Lake Pukaki
Ashburton
Jackson Bay
Haast Pass
Lake Wanaka
Twizel
Temuka
Timaru
Milford Sound
Omarama
Wanaka
Waimate
Glenorchy
Arrowtown
Fiordland National Park
Queenstown
Cromwell
Oamaru
Clyde
Lake Te Anau
Lake Wakatipu
Alexandra
Te Anau
Palmerston
Manapouri
Lake Manapouri
Lumsden
Dunedin
Otago Peninsula
West Cape
Winton
Gore
Milton
Tuatapere
Balclutha
Invercargill
Catlins Conservation Park
Foveaux Strait
Bluff
Oban
Stewart Island/Rakiura
42°S
44°S
46°S
HÖHENSTUFEN
2000 m
1500 m
1250 m
1000 m
750 m
500 m
250 m
0

Neuseelands Top 20

1

Auckland Harbour & Hauraki Gulf

1 Der inselreiche Hauraki Gulf (S. 103) ist ein Paradies für Jachtbesitzer und Aucklands maritimer Spielplatz, er schützt den Hafen und die Buchten an der Ostküste und bietet der Vergnügungsflotte der „Stadt der Segel" reichlich Anlass, diese Segel zu setzen. Trotz des regen Schiffsverkehrs sind im Golf einige Wal- und Delfinschulen zu Hause. Wahrzeichen der Stadt ist Rangitoto Island, sein nahezu perfekter Vulkankegel bildet den Hintergrund so mancher Schnappschüsse. Waiheke hingegen gilt wegen der schönen Strände, hochgelobten Weingüter und anspruchsvollen Restaurants als beliebtestes Insel-Refugium Aucklands. Unten links: Man O' War Vineyards (S. 105), Waiheke Island

Auckland

2 Auckland (S. 64) wird von zwei Häfen eingefasst und ist auf den Resten erloschener Vulkane erbaut. Die Stadt gelangt immer wieder auf die Liste der lebenswertesten Städte der Welt. Zwar kann Auckland so Großkalibern wie New York oder London nicht ganz das Wasser reichen, dafür aber ist Auckland mit Stränden gesegnet, von Weinanbaugebieten umgeben und groß genug für eine blühende Gastronomie- und Musikszene. In der ethnisch bunten Stadt feiert man Kulturfestivals mit echter Inbrunst. Schließlich lebt hier die weltweit größte Bevölkerungsgruppe aus Ozeanien. Unten rechts: Aussicht auf Auckland vom Mt. Eden (S. 71) aus

OLIVER STREWE/GETTY IMAGES ©

AMOS CHAPPLE/GETTY IMAGES ©

Wellington

3 Lonely Planet hat Wellington im *Best in Travel* zur coolsten kleinen Hauptstadt der Welt erwählt – und Wellington (S. 388) wird diesem Bild gerecht. Hier ist alles frisch und dynamisch. Die Stadt ist berühmt für ihre Kunst- und Musikszene, angeheizt durch exzellenten Espresso und mehr Restaurants pro Kopf als in New York. Eine Schar kleiner Brauereien hat sich mittlerweile ihren Platz in der Szene gesichert. Unruhig, aber auch gesellig, farbenfroh, aber oftmals ganz in Schwarz gekleidet, liebt Wellington das Unerwartete und Unkonventionelle. Das wechselhafte Wetter trägt zu dieser Wandlungsfähigkeit bei. Unten: Havana Coffee Works (S. 403)

Bay of Islands

4 Türkisfarbenes Wasser glitzert in hübschen Buchten, Delfine treiben ihre Späße mit den Rudern der Boote, Orkas gleiten anmutig vorbei: Wahrscheinlich sind es diese Bilder, die die Besucher überhaupt erst nach Neuseeland gelockt haben – und hier in der Bay of Islands (S. 145) erlebt man diese Dinge hautnah. Egal, ob man nun ein harter Seebär oder ein überzeugtes Landei ist, es gibt Tausende Möglichkeiten, die rund 150 Inseln zu erkunden, die verstreut in dieser wunderschönen Bucht liegen.

3

Kaikoura

5 Die Maori mit ihrem ausgeprägten Näschen für Meeresfrüchte waren die ersten Siedler von Kaikoura (S. 440; der Name bedeutet „Langusten essen"). Noch heute ist die Halbinsel Neuseelands bester Ort, um Seafood zu genießen und um maritimen Leben nachzuspüren. In kulinarischen Belangen ist die Languste immer noch die Königin des Meeres, aber auf Angeltouren beißen auch noch andere Leckerbissen an. Definitiv nicht auf der Speisekarte stehen Wale, dafür aber werden Moby Dicks Nachkommen bei Whale-Watching-Touren heiß begehrte Fotomotive. Man kann auch mit Robben und Delfinen schwimmen oder einige der vielen Vögel – darunter auch Albatrosse – beobachten, die vor der Küste durch die Lüfte segeln. Links: Pottwal in der Nähe von Kaikoura

6

7

Franz Josef & Fox Glaciers

6 Die beiden Gletscher (S. 500 & S. 506) sind in vieler Hinsicht bemerkenswert, so etwa wegen ihrer schnellen Akkumulation und Ablation oder wegen ihrer Nähe sowohl zu den höchsten Gipfeln der Southern Alps als auch zur Tasmansee. Viele kurze Wanderwege nähern sich den Gletschern (angesichts derer man sich klein und unbedeutend fühlt). Man kann mit Guides auf dem Eis umherwandern, die ultimative Begegnung mit dem Eis bietet jedoch ein Rundflug. Dort sind atemberaubende Ausblicke auf Aoraki/Mt. Cook, Westland Forest und den Ozean mit inbegriffen. Links oben: Franz Josef Glacier

Schwefelbad Rotorua

7 Das erste, was man bemerkt, wenn man nach Rotorua (S. 305) kommt, ist der Schwefelgeruch. Doch es sind gerade diese vulkanischen Nebenprodukte, die Besucher interessieren: Geysire, blubbernder Matsch, rauchende Erdspalten, Löcher mit siedendem mineralhaltigem Wasser ... Rotorua ist einzigartig, eine Tatsache, die von einheimischen Unternehmen genutzt wird. Man braucht hier aber kein Vermögen auszugeben – es gibt viele erschwingliche (teilweise kostenlose) Möglichkeiten, der Naturgewalt aus dem Erdinnern zu begegnen. Links unten: Champagne Pool (S. 325), Wai-O-Tapu Thermal Wonderland

Waitomo Caves

8 Der Besuch von Waitomo (S. 203) ist ein Muss. Die Stadt Waitomo selbst besteht vornehmlich aus einer Mikrobrauerei, einem Café, einem Ferienpark und einigen ganz anständigen B & Bs. Attraktiver ist da eindeutig die Unterwelt: ein verblüffendes Labyrinth unterirdischer Höhlen, Schluchten und Flüsse, die die Erosion in den Kalkstein des nördlichen King Country gegraben hat. Raftings durch finstere Höhlen sind sicher das Highlight, nicht weniger Spannung versprechen aber Grotten voller Glühwürmchen, unterirdische Abseil-Abenteuer und mehr Stalaktiten und Stalagmiten, als man je an einem Ort gesehen hat.

9

10

GARETH MCCORMACK/GETTY IMAGES ©

Tongariro Alpine Crossing

9 Mitten auf der Nordinsel bietet der Tongariro National Park eine außerirdisch anmutende Landschaft mit einer alpinen Wüste, aus der drei rauchende Vulkane aufragen. Dieser Weg (S. 293) ist der Inbegriff dessen, was dieser Park zu bieten hat. Er führt um den Fuß zweier Berge herum und ermöglicht einen Blick in die Krater. Dahinter erstrecken sich leuchtend gefärbte Seen und die weite Ebene des Central Plateau. Genau deshalb wird diese Wanderung oft als eine der schönsten eintägigen Wanderwegen der Welt bezeichnet. Oben links: Emerald Lake

Rugby

10 Rugby Union ist Neuseelands Nationalsport. Wer seinen Besuch gut plant, kann die Nationalmannschaft (und amtierenden Weltmeister) in Aktion erleben. Die All Blacks werden wie Götter verehrt: Wer Richie McCaw oder Dan Carter in einem Gespräch erwähnt, gewinnt Freunde fürs Leben. Man kann das New Zealand Rugby Museum (S. 266) in Palmerston North besichtigen, den Stars von Morgen auf dem Spielfeld eines Vororts zuschauen oder in einer Kleinstadtkneipe die Fetzen fliegen lassen, während die großen Männer auf einem großen Flatscreen aufeinanderprallen.

Abel Tasman National Park

11 Natur pur: üppig bewachsene grüne Hügel mit goldenen Sandbuchten, die sanft abfallen, bevor sie dann ins kristallklare, himmelblaue Wasser übergehen. Der Abel Tasman National Park (S. 460) ist ein klassisches Postkartenparadies, wo man sich überall in immer anderen Posen für ein Foto aufstellen kann: beim Wandern, Kajakfahren, Schwimmen oder Sonnenbaden. Diese traumhaft schöne Ecke von Neuseeland legt die Messlatte sehr hoch. Oben rechts: Abel Tasman Coast Track (S. 462)

Die Kultur der Maori

12 Die Kultur der Ureinwohner Neuseelands, der Maori (S. 705), ist erfahrbar und fesselnd: Man kann bei einem *haka* (Kriegstanz) mitmachen, bei einem traditionellen *hangi* (in der Erde gegartes Festmahl der Maori) zulangen, einen Schmuckanhänger aus Knochen oder *pounamu* (Jade) schnitzen, einige Bruchstücke der Sprache erlernen oder einer Darbietung von Gesang, Tanz und Geschichten beiwohnen. Stadtmuseen und Regionalmuseen sind voller Kunstwerke und anderer alter Gegenstände der Maori.

Rechts: Maori-Krieger

TIM GRAHAM/GETTY IMAGES ©

Otago Peninsula

13 Die Otago Peninsula (S. 595) ist der Beweis, dass die Südinsel mehr zu bieten hat als „nur" überwältigende Berg- und Seepanoramen. In einer wunderbaren Küstenszenerie mit versteckt liegenden und zerfurchten Stränden und dem endlos weiten Horizont des Südpazifiks findet man sich immer wieder Auge in Auge mit Robben und Seelöwen. An Land und im Wasser sind die seltenen Gelbaugenpinguine (die Maori nennen sie Hoihos) unterwegs, während Königsalbatrosse majestätisch durch die Luft gleiten. Taiaroa Head auf der Halbinsel beherbergt die einzige Festlandkolonie des Königsalbatros auf der Welt: Wer sie im Januar oder Februar besucht, hat beste Aussichten, die wundervollen, ganze Ozeane überquerenden Vögel zu erleben.

Heaphy Track

14 Der bei Wanderern und mittlerweile auch Mountainbikern (vornehmlich im Winter) beliebte vier- bis sechstägige Heaphy Track (S. 470) bildet die Attraktion im Kahurangi National Park, der großen Wildnis, die sich in der Nordwestecke der Südinsel ausbreitet. Weitere Highlights sind die geheimnisvollen Gouland Downs und die surreale Nikaupalmen-Küste, wohingegen die Städte an den jeweiligen Enden – bei Golden Bay und Karamea – die Besucher auf den Boden der Tatsachen zurückbringen.

13

DAVID WALL/GETTY IMAGES ©

14

Central Otago

15 Vor dem Hintergrund einiger der schönsten Landschaften Neuseelands (S. 597) bietet sich die Gelegenheit, Laster und Tugenden ins Gleichgewicht zu bringen. Auf zwei Rädern geht es relaxt über den Otago Central Rail Trail in denkmalgeschützte Städte wie Clyde und Naseby. Das wohlverdiente Bier genießt man dann in lässigen Kneipen oder man verweilt für ein stilvolles Mittagessen in den Weinberg-Restaurants von Bannockburn. Und dann wären da noch die Bauernmärkte von Cromwell und die besten Obstplantagen des Landes…
Oben: Der Otago Central Rail Trail (S. 598)

Skifahren & Snowboarden

16 Neuseeland hat hohe Berge, sodass man in der gesamten Wintersaison (Juni–Okt.) garantiert irgendwo gute Schneeverhältnisse vorfindet. Die meisten berühmten Pisten befinden sich auf der Südinsel: Queenstown und Wanaka mit den Abfahrten am Coronet Peak, an den Remarkables und am Treble Cone sind äußerst beliebt. Zudem gibt es hier Reviere zum Snowboarden und Langlaufen. Auf der Nordinsel bietet der Mt. Ruapehu die einmalige Chance, auf Vulkanhängen zu carven. Mehr Infos auf S. 44. Oben: Coronet Peak (S. 47)

Milford Sound

17 Mit etwas Glück kann man den Milford Sound (S. 659) an einem klaren, sonnigen Tag erleben. Nur dann zeigt sich das Zusammenspiel von Wasserfällen, grünen Klippen und Gipfeln und dunkelblauem Wasser von seiner besten Seite. Allerdings ist es wahrscheinlicher, dass man das Ganze in der für Fjorde typischen Mischung aus Dunst und Sprühregen antrifft und die schemenhaften Umrisse des Mitre Peak nur mit Mühe ausmachen kann. Wie dem auch sei, man sollte ein wachsames Auge auf Seehunde und Delfine haben, besonders wenn man den Fjord mit dem Kajak erkundet.

Queenstown

18 Queenstown (S. 607) gilt zwar als Geburtsort des Bungee-Jumpings, doch Neuseelands Abenteurer-Hochburg hat mehr zu bieten als den Sprung von einer Brücke am Ende eines dicken Gummiseils. Vor dem Hintergrund der eindrucksvollen Gebirgskette der Remarkables können Traveller ihren Tag mit Skifahren, Wandern oder Mountainbiken verbringen, am Abend in kosmopolitischen Restaurants schlemmen oder in einigen der besten Bars von Neuseeland Partys feiern. Am nächsten Tag stehen dann vielleicht Drachenfliegen, Kajakfahren oder Rafting auf dem Programm, oder etwas gemütlichere Abstecher nach Arrowtown oder Glenorchy. Rechts: Blick auf den Lake Wakatipu (S. 609) von den Remarkables aus

DAVID WALL/GETTY IMAGES ©

DAVID WALL/GETTY IMAGES ©

Die TranzAlpine Railway

19 Die TranzAlpine (S. 488) führt auf einer der weltweit schönsten Bahnstrecken in weniger als fünf Stunden quer durchs Land, vom Pazifik bis zur Tasmansee. Unterwegs steht ein verdammt mächtiges Gebirge im Weg – und hier kommt die landschaftliche Schönheit ins Spiel: Nach den Canterbury Plains führt eine Reihe von imposanten Tunneln und Viadukten hinauf durch die Southern Alps zum Arthur's Pass, wo der 8,5 km lange Otira-Tunnel sich direkt durch die Felsen von Neuseelands bergigem Rückgrat wühlt. Danach geht's (lediglich im Wortsinn) nur noch bergab bis ins verschlafene Greymouth.

Akaroa & Banks Peninsula

20 Das mit einer Prise französischer Atmosphäre gewürzte Akaroa (S. 536) umschließt einen der schönsten Häfen der Banks Peninsula. Delfine und Pinguine leben im klaren Wasser, das zudem ein ideales Revier für Segeltörns und allerlei andere Aktivitäten ist. Anderswo auf der Insel windet sich die Summit Road am Rand eines erloschenen Vulkans entlang, während sich viele Straßen hinab zu versteckten Buchten schlängeln. Man kann tagelang an der Küste wandern und Kajak fahren, um sich dann abends in schicken Bistros oder heimeligen B&Bs zu erholen. Rechts oben: Planschen mit Hector-Delfinen in der Nähe von Akaroa

Gut zu wissen

Weitere Infos gibt's im Abschnitt „Praktische Informationen" (S. 725)

Währung
Neuseeland-Dollars (NZ$)

Sprache
Englisch, Maori, Neuseeländische Gebärdensprache

Visa
Deutsche, Österreicher und Schweizer brauchen kein Visum für Neuseeland (als Touristen). Infos unter www.immigration.govt.nz.

Geld
In Städten und größeren Ortschaften gibt es überall Geldautomaten. In den meisten Hotels und Restaurants werden Kreditkarten akzeptiert.

Handys
Viele europäische Handys funktionieren im neuseeländischen Netz. Per Roaming oder mit einer hiesigen Prepaid-SIM-Karte kann man sie benutzen.

Zeit
MEZ +11 Std..

Reisezeit

Hauptsaison
(Dez.–Feb.)

- Sommer: An Stränden, draußen in der Wildnis sowie bei Festen und Sport-Events ist viel los.
- Die Übernachtungspreise in großen Städten steigen.
- Hauptsaison in den Skigebieten ist der Winter (Juni–Aug.).

Zwischensaison
(März–April)

- Super Reisezeit: gutes Wetter, kurze Wartezeiten. Die Kinder sind in der Schule, das Meer ist eher warm.
- Lange Abende – perfekt um Wein und Bier zu genießen.
- Der Frühling (Sept.–Nov.) ist ebenfalls Zwischensaison.

Nebensaison
(Mai–Aug.)

- An den Hängen der Southern Alps kann man wunderbar Ski fahren.
- Keine Menschenmassen, Unterkunftsschnäppchen und Plätze in allen Restaurants.
- In Strandorten steppt nicht gerade der Bär.

Infos im Internet

100% Pure New Zealand (www.newzealand.com) Offizielle Tourismus-Website.

Department of Conservation (www.doc.govt.nz) Park- und Campinginfos des DOC.

Lonely Planet (www.lonelyplanet.de/reiseziele/neuseeland) Infos, Forum und mehr.

Destination New Zealand (www.destination-nz.com) Nützliche Tourismus-Website.

DineOut (www.dineout.co.nz) Restaurantkritiken.

Te Ara (www.teara.govt.nz) Online-Enzyklopädie über Neuseeland.

Wichtige Telefonnummern

Normale neuseeländische Telefonnummern bestehen aus einer zweistelligen Vorwahl und einer siebenstelligen Anschlussnummer. Auch bei Ortsgesprächen ist die Vorwahl erforderlich. Wer aus dem Ausland anruft, lässt die erste ☎0 weg.

Landesvorwahl	☎64
Vorwahl für internationale Gespräche	☎00
Notruf (Krankenwagen, Feuerwehr, Polizei)	☎111
Auskunft	☎018
Internationale Auskunft	☎0172

Wechselkurse

Eurozone	1 €	1,57 NZ$
	1 NZ$	0,64 €
Schweiz	1 SFr	1,30 NZ$
	1 NZ$	0,77 NZ$

Aktuelle Wechselkurse sind unter www.xe.com abrufbar.

Tagesbudget

Günstig – weniger als 130 NZ$

- B oder Stellplatz: 25–35 NZ$/Nacht
- Hauptgericht in einem günstigen Lokal: weniger als 15 NZ$
- Herumreisen mit einem Pass von Naked Bus oder InterCity Bus: 5 Fahrten ab 151 NZ$

Mittelteuer – 130–250 NZ$

- DZ in einem Mittelklassehotel/-motel: 100–200 NZ$
- Hauptgericht in einem mittelteuren Restaurant: 15–32 NZ$
- Mietwagen & weitere Touren: ab 30 NZ$/Tag

Teuer – mehr als 250 NZ$

- DZ im Spitzenklassehotel: ab 200 NZ$
- Drei-Gänge-Menü in einem Top-Restaurant: 80 NZ$
- Inlandsflug Auckland–Christchurch: ab 100 NZ$

Öffnungszeiten

Die Öffnungszeiten variieren saisonal (in Dunedin z. B. ist es im Winter ruhig), allgemein gelten aber die folgenden:

Banken Mo–Fr 9.30–16.30 Uhr, manche auch Sa 9–12 Uhr

Cafés 7–16 Uhr

Geschäfte Mo–Fr 9–17.30, Sa 9–12 oder 17 Uhr

Kneipen & Bars 12 Uhr–open end

Restaurants 12–14.30 & 18.30–21 Uhr

Supermärkte 8–19 Uhr, in Städten oft bis 21 Uhr oder länger

Ankunft am ...

Auckland International Airport (S. 101) Airbus-Express-Busse fahren alle zehn bis 30 Minuten in die Stadt, die Tür-zu-Tür-Shuttles verkehren rund um die Uhr. Eine Taxifahrt in die Stadt kostet rund 70 NZ$ (45 Min.).

Wellington Airport (S. 410) Airport-Flyer-Busse fahren von 6.30 bis 21.30 Uhr alle zehn bis 20 Minuten. Die Tür-zu-Tür-Shuttle-Busse verkehren rund um die Uhr. Eine Taxifahrt in die Stadt kostet ca. 30 NZ$ (20 Min.).

Christchurch Airport (S. 534) Die Busse 3 und 29 des Christchurch Metro Red Bus tuckern von 6.30 bis 23 Uhr regelmäßig in die Stadt. Die Tür-zu-Tür-Shuttle-Busse fahren rund um die Uhr. Eine Taxifahrt in die Stadt kostet rund 50 NZ$ (20 Min.).

Unterwegs vor Ort

Neuseeland ist lang und schmal, und viele Straßen sind zweispurige Landstraßen: Von A nach B zu kommen, erfordert also ein bisschen Planung.

Auto Man kommt im eigenen Tempo voran, kann abgelegene Gebiete erkunden und Regionen ohne öffentliche Verkehrsmittel besuchen. Mietwagen gibt es in größeren Städten. Es herrscht Linksverkehr!

Bus Verlässliche, regelmäßige Verbindungen in ganzen Land (meist günstiger als fliegen).

Flugzeug Schneller voran kommt man mit recht günstigen, regelmäßigen Inlandsflügen. An den CO_2-Ausgleich denken!

Zug Verlässliche, regelmäßige Verbindungen auf speziellen Strecken beider Inseln.

Mehr zu **Verkehrsmitteln & -wegen** gibt's auf S. 741

Was gibt's Neues?

Gap Filler, Christchurch

Dank dieses ausgefallenen Projekts werden in Christchurch ständig neue Sachen aus dem Boden gestampft – viele davon sind erfrischend sonderbar. Weitere Infos gibt's auf der Website. (S. 518)

Rotorua Canopy Tours

Ein neues Netzwerk aus Flying Foxes, Ziplines und Hängebrücken in 22 m Höhe in den Wipfeln eines Waldes außerhalb von Rotorua. (S. 309)

Nga Toi/Arts Te Papa, Wellington

In dieser neuen Multigalerie im Nationalmuseum werden regelmäßig wechselnde Kunstausstellungen aus der eigenen Sammlung oder von außerhalb gezeigt. (S. 394)

Transitional Cathedral, Christchurch

Die Karton-Kathedrale, wie sie von vielen genannt wird, ist Christchurchs architektonisches Vorzeigeprojekt, das die Lücke füllen soll, die seine verwundete Schwester aus Stein hinterlassen hat. (S. 518)

Quake City, Christchurch

In diesem ergreifenden neuen Museum im Herzen der zerstörten Innenstadt wird kurz und knapp die tragische Geschichte vom Erdbeben in Christchurch erzählt. (S. 517)

West Coast Wilderness Trail

Dieser 120 km lange Radweg führt am Fuße der Neuseeländischen Alpen durch spektakuläre Landschaften und bietet einfache Tagestouren und eine viertägige Route von Greymouth bis Hokitika. (S. 492)

MTG Hawke's Bay, Napier

Napiers brandneuer Komplex am Ufer mit Museum, Theater und Galerie ist ein Selbstläufer. Die vielen Millionen, die für Renovierungen ausgegeben wurden, werden schnell wieder reinkommen. Besucher können Film-, Theater-, Museums- und Kunstausstellungen bestaunen. (S. 371)

Silo Park Markets, Auckland

Von Dezember bis März finden in Aucklands Wynyard Quarter Wochenmärkte mit heimischer Kunst, Handwerk und einer Auswahl an Imbissständen mit leckerem Essen statt. Freitagabends werden klassische Filme im Freien gezeigt. (S. 81)

Good George, Hamilton

Von Hamiltons Zentrum geht es in diese tolle Brauerei in einer renovierten Kirche. Die Musik an der Gartenbar macht den Sonntagnachmittag perfekt. (S. 188)

Whakatane District Museum

Am Ufer von Whakatane gibt dieses neue Museum einen Einblick in die Geschichte von Neuseelands sonnigster Stadt. (S. 340)

Coaltown Museum, Westport

Um seinen ersten Siedlern gerecht zu werden, erzählt das neu eingerichtete Coaltown Museum die alten Geschichten von harten Zeiten auf sehr moderne Art und Weise. (S. 479)

Hairy Feet, Pio Pio

Die neueste Errungenschaft von Neuseelands vielen Hobbit-Filmschauplätzen liegt im rauen Mangaotaki Valley im King Country. Hier können Besucher den Trollshaw Forest besichtigen. (S. 209)

Weitere Empfehlungen und Bewertungen gibt's unter **lonelyplanet.com/new-zealand**

Wie wär's mit ...

Städte

Auckland Sydney für Anfänger? Eher „Seattle ohne Regen", geprägt von der lebhaften Kultur der Pazifikinsulaner. (S. 64)

Wellington Alles, was man von einer Hauptstadt erwarten würde, zusammengepackt in einer großen Stadt. Eine wahre Freude für Spaziergänger. (S. 388)

Christchurch Wiederauferstanden nach den jüngsten Erdbeben, ist die Stadt sehr energiegeladen – was der Entschlusskraft und Ausdauer der Einwohner zu verdanken ist. (S. 513)

Dunedin Kunstbeflissenheit und fröhliches Ambiente (so viele Studenten!); die nahe Otago Peninsula eignet sich gut zur Wildtierbeobachtung. (S. 582)

Hamilton Die viertgrößte Stadt Neuseelands ist kein Touristenmagnet, aber die Bars, Restaurants, Museen und der Waikato River verdienen einen zweiten Blick. (S. 184)

Extremsport

Bungy-Jumping in Queenstown Am Shotover Canyon Swing oder Nevis Bungy kann man sich in die Tiefe stürzen. (S. 611)

Skydive Abel Tasman Lohnt sich schon wegen des Ausblicks über Motueka. (S. 456)

Höhlen-Rafting in den Waitomo Caves Mit Schwimmanzug, Schwimmweste und einem Helm samt Taschenlampe geht es auf eine wilde Fahrt auf einem unterirdischen Fluss. (S. 204)

Auckland Auf keinen Fall verpassen sollte man den SkyWalk und den SkyJump am Sky Tower. Auch EcoZip Adventures – abenteuerlicher Nervenkitzel mit Blick auf das Meer und Waiheke Island – lohnt sich. (S. 76)

Canyonz In der Nähe von Thames kann man durch unberührte Buschlandschaft ziehen und sich an Klippen, Wasserfällen und Bächen abseilen. (S. 214)

Rafting auf dem Buller River Die Raftingtouren schlechthin; es gibt zwei prima Anbieter in Murchison. (S. 475 & 476)

Geschichte

Waitangi Treaty Grounds Hier wurde der umstrittene Vertrag von Waitangi von den Maori-Häuptlingen unterzeichnet. (S. 154)

Arrowtown Diese niedliche Stadt voller alter Gebäude und Überreste der ersten chinesischen Siedlung Neuseelands entstammt der Zeit des Goldrauschs. (S. 631)

Victorian Precinct, Oamaru Wunderschön restaurierte Gebäude aus weißem Stein, in denen ausgefallene Galerien, Restaurants und Workshops zu finden sind. (S. 577)

Denniston Plateau Die verlassene Steinkohlestadt Denniston bei Westport war einst Heimat von 1500 Menschen. (S. 479)

Te Papa Wellingtons lebhaftes Museum ist eine Fundgrube voller Schätze, wo die Geschichte – sowohl die der Maori als auch die der Pakeha (europäischen Neuseeländer) – das Wort hat ... und es imitiert die Form eines Tintenfisches. (S. 394)

Bahnhof von Dunedin Über 100 Jahre alt; die Wände sind mit Mosaiken versehen, die Fenster mit Glasmalereien – eins der meistfotografierten Gebäude des Landes. (S. 583)

Shantytown Südlich von Greymouth an der Westküste liegt diese authentische Nachbildung einer Goldgräberstadt aus den 1860er-Jahren. (S. 488)

Maori-Kultur

Rotorua Folkloristische Aufführungen an einem von vielen Veranstaltungsorten: Hier erlebt man einen *haka* (Kriegstanz) und ein *hangi* (Maori-Festessen) mit Gesängen, Tanz, Folklore und Geschichtenerzählen. (S. 305)

Footprints Waipoua Den umwerfend schönen Waipoua Kauri Forest an der Westküste von Northland mit einem Maori-Führer erkunden. (S. 173)

Te Ana Maori Rock Art Centre In Timaru erfährt man viel über die Steinmetzarbeiten der Maori, bevor man die Stätten bei South Canterbury erkundet. (S. 557)

Hokitika Die Hauptquelle für neuseeländischen *pounamu* (Jadestein) und Heimat zahlreicher Bildhauer, die aus Stein, Knochen und Paua Figuren im Maori-Design herstellen. (S. 493)

Sandtrails Hokianga Mit diesem Unternehmen in der Hand von Maoris kann man den oberen Teil der Westküste besichtigen, der weniger besucht, aber rauer und spektakulärer ist. (S. 171)

Abenteuer abseits der Touristenpfade

Stewart Island/Rakiura Auf geht's mit der Fähre nach Oban für ein paar Tage absoluter Einsamkeit. (S. 675)

Northern West Coast Einige der besten Attraktionen der Küste liegen hier, etwa das atemberaubende Oparara Basin. (S. 483)

East Cape Für den Umweg zu dieser untouristischen Ecke sollte man sich schon ein paar Tage Zeit nehmen. (S. 351)

Whanganui River Road Die Straße führt am Whanganui River entlang und vorbei an Maori-Städtchen und Laubbäumen von Farmen der Pakeha. (S. 260)

Forgotten World Highway Eine einsame, bewaldete, 155 km lange Strecke zwischen Taumaranui und Stratford. (S. 250)

Wandern

Milford Track Der 53,5 km lange Milford Track gehört zu den „Great Walks" und hat traumhaf-

Oben: Stewart Island/Rakiura (S. 675)

Unten: Meereskajaks bei Cathedral Cove (S. 226)

te Fjorde, Meerengen, Gipfel und viel Regen zu bieten. (S. 655)

Routeburn Track Leute mit viel „Great Walk"-Erfahrung bezeichnen den Routeburn Track als einen der besten. (S. 628)

Banks Peninsula Track Die Hügel und Buchten der Halbinsel sehen zwar nicht aus wie die Überreste zweier Vulkane, aber ein bisschen Erdkundeunterricht klärt darüber auf. (S. 539)

Mt. Taranaki Man kann den Berg umrunden oder den Gipfel erklimmen, aber über die Hänge zu laufen, lohnt sich auch. (S. 247)

Lake Angelus Track Der kurvige Weg den Pinchgut Track hinauf mag zwar anstrengend sein, aber dafür hat man entlang des Mt. Robert Ridge fantastische Ausblicke. (S. 471)

Whanganui Journey Dieser „Great Walk" ist eine 145 km lange Bootsfahrt auf Neuseelands längstem befahrbaren Fluss und führt in den Whanganui National Park. (S. 262)

Queen Charlotte Track Hier kann man sich auf die Freuden des Campings besinnen (Meeresluft, Wellenrauschen, sternklare Nächte), oder man weilt in luxuriösen Lodges. (S. 431)

Kaikoura Coast Track Ein Paradies für Vogelbeobachter! Grünschlüpfer, Glockenhonigfresser, Maorigerygonen, Gelbköpfchen, Falken ... Schaut man aufs Meer hinaus, kann man Delfine, Seehunde und Meeresvögel beobachten. (S. 444)

Pubs, Bars & Bier

Mikrobrauereien in Wellington Das Malthouse und das Hashigo Zake in Wellington sind zwei von ca. 20 Bierkneipen in der Hauptstadt. Ob das an den durstigen Politikern liegt? (S. 406)

Queenstown Der einzige Ort in Neuseeland, wo man auch montags oder dienstags ausgehen kann und nicht alleine ist. (S. 624)

Auckland Die größte Stadt des Landes entwickelt sich zum Bierzentrum: Auf geht's zu guten Kleinbrauereien wie dem Galbraith's Alehouse, Hallertau oder Brothers Beer. (S. 95)

Mikrobrauereien in Nelson Als Heimat des neuseeländischen Hopfens hat Nelson sogar eine Bierstraße mit Brauereien und legendären Wirtshäusern zu bieten. (S. 452)

Invercargill Brewery Dieses fleißige Unternehmen stellt nicht nur eigene Biersorten her, sondern auch die von einigen der besten kleinen Brauereien Neuseelands. (S. 666)

Dunedin In Neuseelands bester Universitätsstadt gibt es jede Menge tolle Bars. (S. 592)

Mike's Organic Brewery Taranakis beste Biersorten gibt's einen Katzensprung von New Plymouth entfernt. (S. 241)

Gaumenfreuden

Essen in Auckland Neue Restaurants, ethnische kulinarische Enklaven und die Imbiss-Szene machen Auckland zur Feinschmeckerstadt. (S. 87)

Winzerrestaurants in Central Otago In herrlicher Lage gibt es besten Wein und vorzügliche Küche. (S. 597)

Kiwis in der Bay of Plenty Ein Dutzend flaumiger und köstlicher Zespris kann man an Straßenständen bereits für etwa 1 NZ$ erstehen. (S. 339)

Wildfoods Festival, Hokitika Nichts für Zartbesaitete, denn hier gibt es u. a. Insekten zu essen. Insgesamt ein Riesenspaß! (S. 495)

Whitebaits an der West Coast Wie wär's mit einem Fischbrötchen mit Bier im Pub oder vor der Tür eines alten Fischers? (S. 496)

Stewart Island/Rakiura Ach, Du heiliger Kabeljau! Ist jeder hier ein Fischer? Die Antwort ist ja. Zitronen mitbringen! (S. 681)

Weinbaugebiete

Marlborough Die größte und beste Weinregion des Landes hält einen superben Sauvignon Blanc (und andere Sorten) bereit. (S. 438)

Martinborough Das kleine, aber feine Weinbaugebiet eignet sich gut für einen Tagesausflug von Wellington aus: Hier gibt's süffigen Pinot Noir. (S. 416)

Waiheke Island Das Lieblingsziel für Wochenendausflügler aus Auckland. Hier herrscht ein heißes, trockenes Mikroklima – perfekt für bordeauxähnliche Rot- und Roséweine. (S. 105)

Central Otago Central Otago erstreckt sich vom Cromwell Basin im Norden bis nach Alexandra im Süden und nach Gibbston im Westen und ist verantwortlich für den besten Pinot Noir und Riesling des Landes. (S. 597)

Waipara Valley Nicht weit von Christchurch entfernt liegen ausgezeichnete Weingüter mit gutem Riesling. (S. 548)

Märkte

Otago Farmers Market Obst und Gemüse, Dunedins Green-Man-Bier, kräftiger Kaffee und hausgemachte Pies. (S. 589)

Nelson Market Ein großer, geschäftiger Wochenmarkt; hier findet man alles – von Doris' traditionellen Bratwürsten bis hin zu Klamotten. (S. 447).

Marlborough-Weinregion (S. 438)

River Traders Market Der Markt am Flussufer von Whanganui findet am Samstagmorgen statt: Mehr als 100 Stände locken. (S. 259)

Harbourside Market Grund für einen Besuch dieses wöchentlichen Obst- und Gemüsemarkts in Wellington sind die Multikulti-Imbissstände und der künstlerische City Market. (S. 402)

Otara Market Ein bisschen Südpazifik in Auckland. (S. 99)

Rotorua Night Market Donnerstagabend-Getümmel in Rotorua. Super Essen, Trinken, Straßenkünstler ... (S. 320)

Strände

Karekare Der schwarze Strand westlich von Auckland ist ein anspruchsvoller Surfspot (Eddie Vedder wäre hier fast ertrunken). Also Vorsicht! (S. 120)

Hahei Top-Strand der Coromandel Peninsula, außerdem lockt die Cathedral Cove. (S. 227)

Wainui An der Ostküste der Nordinsel heißt es surfen, sandeln, Sonne und faulenzen. (S. 361)

Wharariki Beach Kein Parkplatz, keine Eisbude– dieser abgelegene Streifen ist ideal für Wanderer und Träumer. (S. 468)

Hillary Trail Die wilden Strände an der West Coast überbieten sich gegenseitig. Hier folgt einer auf den anderen ... (S. 119)

Manu Bay Neuseelands berühmter Surfspot (*Endless Summer* gesehen?) liegt südlich von Raglan. Hier gibt es wenig Sand, aber das macht nichts. (S. 193)

Abel Tasman Coast Track Fotos von diesem Paradies müssen nicht mehr nachbearbeitet werden. Goldene Strände, blaues Meer, grüne Hügel – alles echt. (S. 462)

Ski fahren

Treble Cone Hier gibt's alles: herausfordernde Abfahrten, Snowboard-Halfpipes und Langlaufloipen; unweit der Cadrona Snow Farm, 26 km von Wanaka. (S. 47)

Whakapapa & Turoa Das beste Skigebiet der Nordinsel liegt am Mt. Ruapehu im Tongariro National Park. (S. 294)

Canterbury Après-Ski-Trubel am Mt. Hutt und Methven und obendrein Skigebiete wie Ohau, Round Hill, Porters und Broken River. (S. 48)

Coronet Peak Das älteste Skigebiet bei Queenstown liegt nur 18 km von der Stadt entfernt; Nachtfahrten gibt es freitags und samstags. (S. 47)

Cardrona In der Gegend um Wanaka findet man Hänge für jedermann. (S. 644)

Monat für Monat

TOP EVENTS

Fringe NZ, Februar

Wellington Sevens, Februar

World of Wearable Art Award Show, September

Marlborough Wine & Food Festival, Februar

World Buskers Festival, Januar

Januar

Neuseeland macht sich fürs neue Jahr bereit. Super Wetter, die Cricket-Saison läuft und die Einheimischen haben Ferien.

Festival of Lights

Der Pukekura Park von New Plymouth wird sowieso als „Juwel" bezeichnet, aber auf diesem Festival (www.festivaloflights.co.nz) funkelt er in der Tat. Denn im Januar wird der Garten in zauberhaftes Licht getaucht: Die Wege leuchten und die Bäume sind mit Tausenden von Lämpchen geschmückt. Es gibt Livemusik, Tanz und Vorstellungen für Kinder.

World Buskers Festival

Christchurch ist während dieses zehntägigen sommerlichen Festivals Gastgeber für eine Schar von Jongleuren, Musikern, Gauklern und Tänzern (www.worldbuskersfestival.com). Wer nicht gern als Zuschauer am Geschehen beteiligt wird, sollte die Veranstaltung meiden.

Februar

Die Sonne scheint, die Kinder gehen wieder in die Schule, und der Sauvignon Blanc wird kaltgestellt: Partyzeit in Neuseeland. Festival-Tickets (und Betten) sollten im Voraus gebucht werden.

Waitangi Day

Am 6. Februar 1840 unterzeichneten Maori und Briten den Vertrag von Waitangi (www.nzhistory.net.nz). Noch heute ist der Waitangi Day ein Feiertag. In Waitangi (Bay of Islands) wird er besonders groß mit Führungen, Konzerten, Marktständen und Familienunterhaltung begangen.

Marlborough Wine & Food Festival

Neuseelands größtes und bestes Weinfest (www.wine-marlborough-festival.co.nz) wird bestückt von rund 50 Marlborough-Weingütern mit vielen Weinständen, Snackbuden und Entertainment. Das Fest findet an einem Samstag zu Beginn des Monats statt. Perfekt für Freunde des Sauvignon Blanc!

New Zealand Festival

Kunstbegeistert? Dieses einmonatige Spektakel (www.festival.co.nz) findet von Februar bis März (in Jahren mit gerader Jahreszahl) in Wellington statt. Neuseelands Kulturhauptstadt ist kunstverrückt: Theater, Tanz, Musik, Literatur und Kunst werden hier geliebt und gefördert. Häufig treten internationale Künstler auf.

Fringe NZ

Musik, Theater, Comedy, Tanz, Kunst etc. – aber es sind keine konventionellen Darbietungen, die man beim New Zealand Festival vorgeführt bekommt: Sie sind ungewöhnlich, avantgardistisch, kontrovers, ausgefallen und unorthodox – das trifft nicht jedermanns Geschmack (www.fringe.co.nz). Trotzdem großartig!

Art déco Weekend

In der dritten Woche im Februar feiert Napier, das 1931 von einem Erdbeben dem Erdboden gleichgemacht und im Art déco-Stil wiederaufgebaut wurde, sein architektonisches Erbe mit diesem tollen Fest (www.artdeconapier.com). Es gibt Musik, Essen, Wein, Oldtimer und Kostüme.

Splore

Splore (www.splore.net) ist ein innovatives, dreitägiges Sommerfest im Tapapakanga Regional Park auf der Coromandel Peninsula – mit Musik, Bühnendarbietungen, Kunst, Schwimmen, Pohutukawa-Bäumen etc. Nicht vergessen: Sonnenmilch, Hut und Wasser!

Wellington Sevens

Auch wenn keine Rugby-Saison ist, kommen im Februar die weltbesten 7er-Rugby-Teams nach Wellington (www.sevens.co.nz), um im Rahmen der HSBC Sevens World Series aufeinander loszugehen: von den Staraufgeboten aus Australien, Neuseeland und Südafrika bis hin zu den kleinen Fischen Cook Islands, Kenia und Kanada. Ein guter Grund für eine Party!

März

Der März kommt mit einem Hauch von Herbst – Erntezeit in Weinbergen und Obstplantagen (toll, wenn man Arbeit sucht), langen Abenden und jeder Menge Festivals im Kalender.

Te Matatini National Kapa Haka Festival

Der *haka*-(Kriegstanz-)Wettbewerb der Maori (www.tematatini.co.nz) findet Anfang März in Jahren mit ungerader Jahreszahl statt: viel Gestikulieren, Augen aufreißen und Zunge rausstrecken. Die Austragungsorte wechseln: 2015 ist Christchurch dran. Auch traditionelle Gesänge, Tänze, Geschichtenerzählen usw. werden geboten.

BikeFest Lake Taupo

Wer sich fit fühlt, kann am Radrennen um den Lake Taupo (160 km) teilnehmen. In der Woche vor dem Rennen feiert das BikeFest (www.bikefest.co.nz) alles, was ein oder zwei Räder hat: BMX, Mountainbike, Einrad, Tandem – hier ist alles vertreten.

Wildfoods Festival

Wie wäre es mit Würmern, Hasenhoden oder Krabben? Auf solche Herausforderungen muss man sich auf diesem Food-Festival in Hokitika einstellen (www.wildfoods.co.nz) – das ist etwas für hartgesottene Mägen. Aber es macht auch Spaß, einfach nur das bunte Treiben zu beobachten. Außerdem gibt es tolle Getränke, um die Speisen hinunterzuspülen.

WOMAD

Einheimische und internationale Musik, Kunst- und Tanzaufführungen (World of Music, Arts and Dance) füllen die Bowl of Brooklands in New Plymouth (www.womad.co.nz). Das World-Music-Festival wurde maßgeblich von Peter Gabriel beeinflusst, der das erste UK-Konzert 1990 ins Leben rief. Es ist nicht ganz so laut – ideal für Familien.

Pasifika Festival

Mehr als 140 000 Maori sowie zahlreiche Tonganer, Samoaner, Cook Islander, Niueaner, Fidschianer und andere Völker Ozeaniens finden sich jetzt in Auckland ein, wo die größte polynesische Gemeinde weltweit lebt. Auf dem alljährlichen Festival im Western Springs Park pulsiert die Kultur des Südpazifiks (www.aucklandcouncil.govt.nz).

April

Im April kommen die klugen Traveller her: im Meer kann man noch schwimmen, das Wetter ist mild – und keine Warteschlangen sind in Sicht (...anders aber über Ostern, wenn Unterkünfte ziemlich teuer sind).

National Jazz Festival

An Ostern ist Tauranga Schauplatz für das längste Jazzfestival (www.jazz.org.nz) der südlichen Hemisphäre. Das Aufgebot an Künstlern ist beeindruckend (Kurt Elling, Keb Mo) und es gibt ausgezeichnetes Essen und tolle Weine.

Mai

Die schönen Herbsttage neigen sich dem Ende zu. Ein frostiger Kiwi-Winter steht vor der Tür. Gott sei Dank gibt es das Comedy Festival! Es ist auch die letzte Möglichkeit, Fiordland und Southland bei erträglichem Wetter aufzusuchen. Bauernmärkte haben nun Hochkonjunktur.

Das Bluff Oyster & Food Festival

Bluff und Austern passen zusammen wie, nun ja, die

Hälften einer Muschel. Also ab in den tiefen Süden, um die salzigen Häppchen zu kosten (www.bluffoysterfest.co.nz). Im Mai ist es kühl, aber Musik und Wettbewerbe im Austernessen/-öffnen wärmen das Herz.

New Zealand International Comedy Festival

Drei Wochen lang lachen, lachen und nochmals lachen (www.comedyfestival.co.nz) – und das in Auckland, Wellington und anderen Städten: von Whangarei bis Invercargill und in allen mittelgroßen Orte dazwischen. Bekannte Comedians (Arj Barker, Danny Bhoy) treten neben hoffnungsvollen Talenten auf.

Juni

Ab in den Süden! Die Skisaison hat begonnen, vor allem in Queenstown und Wanaka. Für alle anderen gilt: hoch in den Norden. In der Bay of Plenty ist es immer sonnig. Warum wird Northland eigentlich so unterschätzt?

Matariki

Das Maori-Neujahr wird von Matariki (dem Sternhaufen der Plejaden) angekündigt, der im Mai erscheint, und durch den Neumond im Juni. Drei Tage lang wird mit Gedenken, Musik, Film und Baumpflanzungen gefeiert, vor allem um Auckland und Northland (www.teara.govt.nz/en/matariki-maori-new-year).

New Zealand Gold Guitar Awards

Wir mögen beide Musikrichtungen: Country und Western! Diese Auszeichnungen (www.goldguitars.co.nz) werden im kühlen Gore vergeben, wo eine Woche lang Country-Klänge zu hören sind. Zahlreiche Konzerte und Straßenkünstler.

Juli

Wellingtons Einwohner krempeln den Kragen hoch, frieren und hocken in Buchhandlungen herum. In Auckland ist es nicht so schlimm. Es ist Skisaison, und wenn es in Queenstown überfüllt ist, fährt man zum Mt. Ruapehu.

Queenstown Winter Festival

Dieses Schneefestival (www.winterfestival.co.nz) auf der Südinsel gibt es nun schon seit 1975. Es lockt rund 45000 Skibegeisterte an. Die zehn Tage dauernde Party erfreut mit Feuerwerk, Jazz, Straßenparaden, Comedy, Maskenball und jeder Menge Wintersport auf den Berghängen.

New Zealand International Film Festival

Nachdem es Filmfestivals (www.nzff.co.nz) in Wellington, Auckland, Dunedin und Christchurch gibt, werden einige Streifen zwischen Juli und November auch in kleineren Städten gezeigt (Filmfans in Gore und Masterton lieben es!).

Russell Birdman

Birdman-Rallies sind typisch für die 1980er-Jahre, aber sie sind noch immer sehr lustig. Bei dieser hier in Russell (www.russellbirdman.co.nz) trotzen einige Verrückte – für kurze Zeit – der Schwerkraft und stürzen sich mit ihren Kisten ins Wasser. Bonuspunkte gibt's, wenn man Russell heißt.

August

Außerhalb der Wintersportorte kann man jetzt günstig übernachten. Der Winter ist fast vorbei, doch unter freiem Himmel gibt es wenige Events: Musik und Kunst sind die Rettung – oder das beliebte Rugby!

Taranaki International Arts Festival

Unterhalb der verschneiten Hänge des Mt. Taranaki herrscht im August eine Zeit der Ruhe und des Kräftesammelns. Allerdings nicht lange: Dieses schwungvolle Kulturfestival (www.taft.co.nz/artsfest) vertreibt den Winter aus New Plymouth – mit jeder Menge Musik, Theater, Tanz, Kunst und Paraden.

Bay of Island Jazz & Blues Festival

Manche Leute sind der Ansicht, dass man in der Bay of Islands außer Sonnenbaden allenfalls noch Delfine beobachten kann. Das ist nicht ganz richtig, denn im Spätwinter gibt es dieses tolle kleine Festival (www.jazz-blues.co.nz).

September

Der Frühling ist da! Die fantastische und überraschende World of Wearable Art Award Show ist immer wieder großartig. Und vielleicht wird ja jemand mal

Canterbury im ITM-Rugby-Pokalfinale schlagen?

World of Wearable Art Award Show

Das bizarre zweiwöchige Event in Wellington (www.worldofwearableart.com) zeigt erstaunliche handgefertigte Kleidung. Neuheiten der Show werden danach im World of Wearable Art & Classic Cars Museum in Nelson ausgestellt. Zieht sich manchmal bis in den Oktober hinein.

Wanganui Festival of Glass

Wanganui hat sich als Zentrum für Glas, Myriaden heimischer Künstler und Workshops verdient gemacht, die sich auf dieses prima Fest im September vorbereiten (www.wanganuiglass.co.nz). Es gibt jede Menge „How to"-Demonstrationen, Ausstellungen und offene Werkstätten.

Auckland Boat Show

Aucklands Hafen ist voller Segelboote und sonstiger Wasserfahrzeuge (www.auckland-boatshow.com). Mit Städten wie Sydney oder San Diego kann sich die Stadt zwar nicht messen, aber sie zählt zu den wichtigsten Häfen für Segler.

Oktober

Auf Rugby folgt Cricket – dazwischen ist für Sportfans Däumchendrehen angesagt. Aber vielleicht kann Kaikoura für Abwechslung sorgen? Im Rest von Neuseeland ist im Oktober Zwischensaison – günstige Übernachtungsmöglichkeiten, wenig Touristen und kein Wettlauf um die besten Plätze.

Nelson Arts Festival

Auch wenn in Nelson die Sonne für Ablenkung genug sorgt, gibt es viel künstlerisch wertvolles Zeug – drinnen wie draußen. Eine Ahnung von der heimischen Produktion bekommt man zwei Oktoberwochen lang (www.nelsonfestivals.co.nz).

Kaikoura Seafest

Die Stadt Kaikoura ist auf Langusten erbaut. Nun, nicht wirklich, aber das Meer ist hier voller Krustentiere, von denen viele während des Meerfestes auf den Tellern landen (www.seafest.co.nz). Gelegenheit zu trinken und zu tanzen.

November

Überall in Northland, auf der Coromandel Peninsula, in der Bay of Plenty und an der East Coast blühen die Pohutukawa-Bäume. Das Wetter wird von Tag zu Tag besser. Jetzt treffen die ersten Touristen ein.

Toast Martinborough

Ein Tag voll weinseliger Hingabe. Dann hetzen die weinverliebten Einwohner Wellingtons über den Rimutaka Hill nach Martinborough (www.toastmartinborough.co.nz). In der Wairarapa-Region wird guter Pinot Noir produziert!

Oamaru Victorian Heritage Celebrations

Die gute alte Zeit… Als Queen Victoria noch auf dem Thron saß, die Rocksäume lang waren, die Hemdkragen hoch standen und Anstand keine hohle Phrase war! Old Oamaru genießt im November eine leicht ironische Huldigung der viktorianischen Vergangenheit (www.historicoamaru.co.nz): Man wirft sich in Schale, trägt Rennen auf dem Hochrad aus, es gibt Chorgesang und kulturhistorische Führungen.

Pohutukawa Festival

Eine Woche auf der Coromandel Peninsula mit Märkten, Picknick, Livemusik, Drachen, Kreuzfahrten, Schnorcheln und Poesie. Alles ganz anständig – und es muss ja nicht immer um Trinken, Tanzen und Dekadenz gehen. Ein Blick auf die Pohutukawa-Bäume reicht (www.pohutukawafestival.co.nz). Geht manchmal bis Anfang Dezember.

Dezember

Endlich Sommer! Auf den Cricket-Spielfeldern ist die Saison in vollem Gange, und die Nation fiebert mit. Bald ist Weihnachten – die Einkaufszentren sollte man also am besten meiden.

Rhythm & Vines

Wein, Musik und Gesang zu Silvester – und zwar im sonnigen Ostküstenstädtchen Gisborne (www.rhythmandvines.co.nz): Top-DJs, Hip-Hop-Acts, Bands und Liedermacher wetteifern um die Gunst der Zuschauer. Man kann sich aber auch bei einem Gläschen Wein ein paar schöne, romantische Stunden am Strand gönnen.

Reiserouten

2 WOCHEN

Nord- & Südinsel

Von der Spitze der Nordinsel bis zur Hälfte der Südinsel runter: Hier sind Neuseelands Highlights.

In **Auckland** geht's los: Die größte Stadt Neuseelands bietet tolle Restaurants und Bars, Galerien und Boutiquen, Strände und Buchten. Kein Stadtmensch? Dann am besten zur Erholung für ein paar Tage hoch in den Norden zur **Bay of Islands** fahren!

Weiter im Süden liegt **Rotorua** mit seinen Thermalquellen: Hier sorgen Geysire, Schlammlöcher, Vulkanschlote und Maori-Kultur für tolle Erlebnisse. Weiter südlich in der Nähe **Taupos** liegen der herrliche **Lake Taupo** und der **Tongariro National Park**. Hier kann man wandern, mountainbiken oder Fallschirm springen, bevor es dann nach **Wellington** geht. Die angesagte kleine Stadt hat eine unbezähmbare Kunstszene.

Auf der anderen Seite der Cook Strait zeigt sich die **Marlborough Wine Region** gleich von ihrer besten Seite. Auch die einlullend ruhigen Buchten, Gebirgszüge und Wasserwege der **Marlborough Sounds** sind ganz in der Nähe. Weiter südlich lohnt sich ein Tag Walegucken in **Kaikoura**, bevor es dann weiter nach **Christchurch** geht, wo einem die Kultur der Südinsel und viel Gastfreundschaft entgegengebracht werden.

4 WOCHEN

Kiwi-Klassiker

Städte, Geysire, Thermalquellen, Wein, Maori, Gletscher, Extremsport, Strände und Wälder: Das sind nur einige der bekanntesten Stichworte, die für Neuseeland stehen.

Das oft als „City of Sails" bezeichnete **Auckland** ist ein Schmelztiegel. Wer dort ein paar Tage verbringt, shoppen geht, Restaurants und Bars besucht, wird feststellen, dass dies die wohl kosmopolitischste Stadt Neuseelands ist. Man sollte unbedingt vom Hafen aus mit der Fähre oder einer Jacht eine Halbtagestour nach **Waiheke Island** mit seinen Stränden und Weingütern unternehmen. Gen Norden erreicht man die **Bay of Islands**, wo man auf dem und im Wasser viel Spaß haben kann. Dann geht es gen Südosten; dort warten die Wälder und Strände der **Coromandel Peninsula**. Noch weiter südlich, in **Rotorua**, nimmt man eine Nase voll Schwefelgeruch. Sehenswert sind 10 m hohe Geysire, Schlammlöcher und Aufführungen von Maori-Tänzen. Im Anschluss wartet das an der East Coast gelegene **Napier**, eine Art-déco-Stadt. Hier muss man die edlen Tropfen des **Hawke's Bay Wine Country** probieren. Unten in **Wellington** ist der Kaffee heiß und das Bier kalt… Neuseelands Kapitale ist auch die Kunsthauptstadt des Landes. Eine Liveband, Straßenkünstler, eine Galerieeröffnung oder ein Theaterstück ansehen!

Einige Tage auf der Südinsel sollte man einplanen, um das Beste zu erleben, was der Süden anzubieten hat. Los geht es in der **Marlborough Wine Region**. Danach chartert man ein Boot, Flugzeug oder einen Hubschrauber, um den Walen in **Kaikoura** ganz nahe zu kommen. Die nächste Etappe heißt **Christchurch** – die größte Stadt der Südinsel versucht nach den jüngsten Erdbeben so schnell wie möglich wieder auf die Beine zu kommen. Die Küstenstraße südwärts führt zur für ihre Wildnis bekannten **Otago Peninsula**. Dann winkt das schottisch angehauchte und studentisch geprägte **Dunedin** mit seinen viktorianischen Fassaden. Unbedingt einer Liveband lauschen!

Auf dem SH8 geht es ins Inselinnere bis zum bungeeverrückten **Queenstown**. Wer noch Zeit hat, sollte den Umweg über die West Coast nehmen und den **Franz Josef Glacier** und den **Fox Glacier** besichtigen. Dann führt die Fahrt wieder nordwärts oder man nimmt den Flieger von Hokitika nach Christchurch und von dort nach Auckland.

5 WOCHEN Beliebte Orte & mehr

Wer erstmals nach Neuseeland kommt, wird auf die Touristenattraktionen und ein paar Aktivitäten in der Wildnis aus sein.

Zuerst tuckert man zwischen den Segeln im Hafen von **Auckland** hindurch und fährt dann auf dem SH1 zur **Bay of Islands**, wo Surfboards, Kajaks und Tauchzeug warten. Wieder gen Süden unterwegs, sollte man die Schwefelquellen von **Rotorua** besuchen und nach **Taupo** fahren, wo man im nahen **Tongariro National Park** über Vulkangestein wandern kann. Der SH43 nach Westen führt zum **Mt. Taranaki**, und in **Wellington** wird gefeiert.

Auf der anderen Seite der Cook Strait kann man in den **Marlborough Sounds** versumpfen oder im **Abel Tasman National Park** Kajak fahren. Nach der Fahrt an der regnerischen West Coast mit ihren imposanten **Gletschern** entlang erreicht man **Queenstown**. Über verschiedene Highways kommt man nach Te Anau, von wo eine Nebenstraße zum **Milford Sound** führt. Dann geht es zurück auf den SH6 und gen Norden zum **Aoraki/Mt. Cook**. Richtung Osten führt der Weg nach **Christchurch**. Auf keinen Fall die **Banks Peninsula** südöstlich der Stadt auslassen!

3 WOCHEN Umrundung der Südinsel

Die Highlights der Südinsel: Die dreiwöchige Tour beginnt in **Christchurch**, das sich langsam wieder vom Erdbeben erholt. Zuerst mal einen Kaffee trinken (z. B. von Addington Coffee Co-op), bevor der Besuch des Canterbury Museum ansteht. Schön ist auch der Avon River, der sich träge durch die Botanischen Gärten schlängelt.

Stadtmüde? Dann ist ein Besuch der geologisch und kulturell exotischen **Banks Peninsula** dran, ehe es zum Walegucken nach **Kaikoura** geht. In der **Marlborough Wine Region** vertrödelt man den Tag auf dem Wasser der **Marlborough Sounds**.

Dann geht es gen Westen vorbei am künstlerischen **Nelson** in die **Golden Bay**. Auf dem Weg gen Süden fährt man an der West Coast mit ihren **Gletschern** und purer Wildnis entlang und weiter ins Hippie-Örtchen **Wanaka**. Die Skihochburg **Queenstown** verführt zu Schwüngen im Schnee. Der abgeschiedene **Doubtful Sound** ist faszinierend, und die überwachsenen **Catlins** bieten Entspannung pur.

Dann geht es zurück an die East Coast durch Dunedin ins moderne **Oamaru** und zurück nach Christchurch.

MATT MUNRO/LONELY PLANET ©

Oben: Waitakere Ranges Regional Park (S. 119)

Unten: Mt. Ngauruhoe, Tongariro National Park (S. 291)

2 WOCHEN Willkommen in Auckland

Gibt es eine andere 1,4-Mio.-Stadt die an zwei Ozeane grenzt und eine lebendige polynesische Kultur hat? In **Auckland** gibt es auch herausragende Bars und Restaurants, Museen, Inseln und Strände.

Im Auckland Museum sind die Exponate über die Maori und die Bewohner des Südpazifiks einen Blick wert, bevor es durch die Domain zum Essen in die K Rd geht. Dann stattet man der Auckland Art Gallery und dem Sky Tower einen Besuch ab. Der Tag endet mit Essen und Drinks in Ponsonby.

Mit der Fähre geht es nach **Rangitoto Island**. Devonport bietet sich für ein Essen an. Im **Waitakere Ranges Regional Park** kann man die Baumriesen, bei **Karekare** und **Piha** die Brandung bestaunen, dann in Kingsland einkehren. Nach dem Frühstück in Mt. Eden besteigt man den Maungawhau und schippert nach **Waiheke Island**.

Im **Goat Island Marine Reserve** kann man schnorcheln, in der **Bay of Islands** segeln, beim **Cape Reinga** aufs Meer schauen, im **Waipoua Kauri Forest** die Bäume bewundern, die **Waitomo Caves** erforschen, in **Raglan** surfen und in **Whitianga** am Strand liegen.

3 WOCHEN Expedition im Norden

Drei Viertel der Neuseeländer leben auf der Nordinsel – hier sind die Gründe:

Da wäre **Auckland**, die größte Stadt. Hier gibt es viele Straßen mit Lokalen, z.B. die Ponsonby Rd, die K Rd und die New North Rd. Beim Kalorienverbrennen hilft eine Besteigung des One Tree Hill (Maungakiekie). Nicht die Auckland Art Gallery und das Auckland Museum verpassen!

Im Norden liegt der **Waipoua Kauri Forest** mit seinen hohen Bäumen. Die raue Spitze des hohen Nordens bildet das **Cape Reinga** mit jeder Menge Maori-Sagen.

Dann geht es zurück durch **Rotorua** mit den Thermalquellen, durch die **Bay of Plenty** bis zur sonnigen **East Coast**. Die Art-déco-Stadt **Napier** ist geprägt von den Chardonnays des **Hawke's Bay Wine Country**. Folgt man dem SH2 gen Süden, kommt man nach **Wairarapa**, bekannt für Schafe und Wein, und nach **Wellington**.

Im Nordwesten liegen **Whanganui** mit seiner Glaskunst, die schöne **Whanagnui River Rd** und der **Mt. Taranaki**. Tief in die Erde geht es bei den **Waitomo Caves**, und nahe **Raglan** kann man Wellen reiten. Dann geht es zurück nach Auckland.

Reiseplanung

Wandern in Neuseeland

Wandern (auch Buschwandern, Trekking oder Tramping genannt) ist die perfekte Art, um die Natur-Highlights des Landes kennenzulernen. Es gibt Tausende Kilometer Wanderwege – einige gut ausgeschildert (u. a. die Great Walks), einige nur eine Linie auf einer Karte – und ein tolles Netz von Hütten und Campingplätzen.

Top-Wanderstrecken

Top 5: Kurze Wanderungen

Tongariro Alpine Crossing, Tongariro National Park

Avalanche Peak, Canterbury

Kohi Point Walkway, Whakatane

Mangawhai Cliff Top Walkway, Northland

Pinnacles Walk, Coromandel Peninsula

Top 5: Wildtier-Begegnungen

Vögel St. Arnaud Range Track, Nelson

Robben Cape Foulwind Walkway, Westküste

Tölpel Cape Kidnappers Walkway, Ostküste

Tuataras (Brückenechsen) und Vögel Tiritiri Matangi Island, Hauraki-Golf

Kiwis Rakiura Track, Stewart Island

Für Anfänger oder mit Kindern

Queen Charlotte Track, Marlborough Sounds

Huka Falls Walkway, Taupo

Coast to Coast Walkway, Auckland

Mauao Summit Track, Mt. Maunganui

Coromandel Coastal Walkway, Coromandel Peninsula

Reiseplanung

Reisezeit

Mitte Dez.–Ende Jan. Hauptsaison für Wanderer ist während der Sommerferien, wenige Wochen vor Weihnachten – am besten meiden!

Jan.–März Das Sommerwetter hält meist bis in den März an: Am besten wartet man bis Februar, dann sind die Wanderwege nicht mehr so überlaufen. Die meisten tief gelegenen Pfade kann man ab Oktober und bis in den April nutzen.

Juni–Aug. Der Winter ist ungeeignet, um sich in die Wildnis hinauszuwagen, vor allem in größerer Höhe – einige Pfade sind wegen Lawinengefahr und der Einschränkungen beim Service gesperrt.

Unbedingt einpacken!

Priorität eins genießen Füße und Schultern. Festes und gut eingelaufenes Schuhwerk und nicht zu schweres Gepäck sind das A und O. Wasserdichte Kleidung ist wichtig, besonders an der regenreichen West Coast der Südinsel. Wenn man campen möchte oder Hütten ohne Ofen aufsucht, dann sollte man an einen Campingkocher denken. Auch Insektenspray oder andere insektenabwehrende Mittel leisten gute Dienste, ebenso Studentenfutter, denn der Mix aus getrockneten Früchten und Nüssen – plus etwas Schokolade – gibt Kraft und Energie für unterwegs.

Bücher & Infos im Internet

Bevor man sich aufmacht, sollte man sich bei der zuständigen Behörde – in der Regel dem **DOC** (Department of Conservation; www.doc.govt.nz) – oder bei den i-SITEs vor Ort mit den aktuellsten Infos eindecken. Dazu gehören nicht nur der aktuelle Zustand der Wege und das Wetter, das DOC gibt auch Bücher mit Details zu Flora und Fauna, zur Geologie und zur Geschichte der Nationalparks heraus; außerdem publiziert es Broschüren (max. 2 NZ$) zu Hunderten Wanderwegen überall in Neuseeland.

➡ *Hiking & Tramping in New Zealand* von Lonely Planet beschreibt ca. 50 Wege unterschiedlicher Länge und verschiedenen Schwierigkeitsgrads.

➡ *101 Great Tramps* von Mark Pickering und Rodney Smith gibt Anregungen zu zwei- bis sechstägigen Touren. Ein anderer Führer aus der gleichen Reihe, *202 Great Walks: The Best Day Walks in New Zealand* von Mark Pickering, nennt Tipps für kürzere, familiengerechte Ausflüge.

➡ *Accessible Walks* von Anna und Andrew Jameson ist ein toller Führer für ältere Wanderer, Menschen mit Behinderungen und Familien: Er beschreibt mehr als 100 Strecken auf der Südinsel mit Details zu den Wegen.

➡ *New Zealand Tramper's Handbook* von Sarah Bennett und Lee Slater ist etwas für Wanderneulinge – hier erfährt man alles über Gefahren und die richtige Vorbereitung.

➡ *Shelter from the Storm* von Shaun Barnett, Rob Brown und Geoff Spearpoint ist die gut recherchierte Geschichte der Hütten (wer wandert, wird sicher ein paar kennenlernen).

➡ *Bird's Eye Tramping Guides* von Craig Potton Publishing enthalten gute topografische Karten. Daneben gibt es unzählige Bücher, die sich mit einzelnen Strecken oder Stadtspaziergängen überall in Neuseeland beschäftigen.

Karten

Mit den topographischen Karten von **Land Information New Zealand** (LINZ; www.linz.govt.nz) ist man auf der sicheren Seite. Leider haben viele Buchläden keine gute Auswahl, aber LINZ hat in größeren Städten eigene Verkaufsstellen, und die DOC-Büros verkaufen oft LINZ-Karten für Strecken in den von ihnen betreuten Gebieten. Vorrätig sind die Karten auch bei Ausrüstern. LINZ verlegt u.a. die Regionalkarten *Topo250* im Maßstab 1:250 000 und die detailreicheren *Topo50*-Karten – es kommt vor, dass man für eine Route zwei oder drei benötigt.

Websites

www.trampingtracks.co.nz Beschreibungen, Karten und Fotos von Wanderungen.

www.tramper.co.nz Artikel, Fotos, Foren und exzellente Infos zu Wegen und Hütten.

www.trampingnz.com Nach Regionen sortierte Wegeinfos mit lesenswerten Reiseberichten.

www.topomap.co.nz Topografische Online-Karte des ganzen Landes.

www.mountainsafety.org.nz Tipps zu Sicherheit, Ausrüstung und Kursen.

www.peakbagging.org.nz Wie man einen Gipfel findet und hinaufkommt.

Wegekategorien

Die Wege sind nach Merkmalen klassifiziert, u.a. nach dem Schwierigkeitsgrad. Im Folgenden wird eine Einteilung in „einfach", „mittelschwer", „anspruchsvoll" und „schwierig" vorgenommen. Weit verbreitet ist auch dieses Klassifikationssystem:

GEFAHREN & ÄRGERNISSE

Tausende wandern unfallfrei durch Neuseeland, aber jedes Jahr sterben auch einige Menschen in den Bergen. Manche Wege sind nur etwas für erfahrene, trainierte und gut ausgerüstete Wanderer – man sollte sie meiden, wenn man die Bedingungen nicht erfüllt. Nur wer gesund ist und sich auch auf längeren Wanderungen wohl fühlt, sollte sich auf den Weg machen.

Höher gelegene Wege können auch im Sommer unter Schnee liegen, deshalb sollte man immer Aktuelles zum Wetter und Streckenzustand erfragen, bevor es losgeht. Auch auf Wetterumschwünge ist man besser immer gefasst. Infos im Internet:

www.doc.govt.nz Wetter- und Streckeninfos.

www.adventuresmart.org.nz Hier kann man seine beabsichtigte Wanderstrecke eingeben (auch für die Lieben zu Hause zum Nachschauen).

www.mountainsafety.org.nz Tipps zur Sicherheit auf Wanderungen.

www.metservice.co.nz Wetter-Updates.

Short Walk Gutter Weg, für Rollstuhlfahrer zugänglich und mit normalen Schuhen zu bewältigen; geeignet für Menschen jedes Alters und jedes Trainingszustands.

Walking Track Längerer, aber einfacher, gut angelegter Wanderweg, der mit normalen Schuhen bewältigt werden kann; geeignet für Menschen der meisten Altersklassen und Trainingsstufen.

Easy Tramping Track oder Great Walk Gut angelegter Weg; die meisten Stellen, an denen ein Wasserlauf kreuzt, sind mit Brücken versehen, die Wegkreuzungen sind markiert. Leichte Wanderschuhe sind erforderlich.

Tramping Track Verlangt Können, Erfahrung und Wanderschuhe; geeignet für Menschen von durchschnittlicher körperlicher Fitness. Einige Wasserläufe müssen eventuell durchwatet werden.

Route Verlangt Können, Erfahrung und einen guten Orientierungssinn; nur für gut ausgerüstete Wanderer.

Great Walks

Neuseelands offizielle „Great Walks" (von denen einer eine Flusswanderung ist) sind die beliebtesten Routen im Land. Hier gibt es Natur-Highlights en masse, doch man muss mit mindestens ebenso vielen Menschen rechnen, insbesondere im Sommer.

In *Hiking & Tramping in New Zealand* von Lonely Planet sind alle Great Walks beschrieben. Detaillierte Angaben enthalten zudem die Broschüren in den DOC Visitor Centers. Online gibt es sie unter www.greatwalks.co.nz.

Tickets & Buchungen

Wer auf diesen Strecken wandern möchte, braucht vor Antritt der Wanderung **Great Walk Tickets**. Die auf die jeweiligen Strecke bezogenen Tickets decken die Übernachtung in einer Hütte (22–54 NZ$/

NEUSEELANDS NEUN GREAT WALKS

STRECKE	LÄNGE	DAUER	SCHWIERIGKEITSGRAD	DETAILS
Abel Tasman Coast Track *	54 km	3–5 Tage	einfach–mittelschwer	Die beliebteste Wanderung im Land ist auch mit einem Seekajak zu meistern und führt zu Stränden und Buchten im Abel Tasman N. P. (Südinsel).
Heaphy Track *	78 km	4–6 Tage	mittelschwer–anspruchsvoll	Führt zu den Wäldern, Stränden und Karstlandschaften im Kahurangi N. P. (Südinsel).
Kepler Track **	60 km	3–4 Tage	einfach–mittelschwer	Geht zu den Seen, Flüssen, Schluchten, Urstromtälern und Buchenwäldern im Fiordland N. P. (Südinsel).
Lake Waikaremoana Track *	46 km	3–4 Tage	einfach–mittelschwer	Seeblicke genießen, dicht bewachsene Hänge erwandern und schwimmen im Te Urewera N. P. (Nordinsel).
Milford Track **	53,5 km	4 Tage	einfach	Regenwald, Flüsse und die 630 m hohen Sutherland Falls im Fiordland N. P. (Südinsel) erleben.
Rakiura Track *	39 km	3 Tage	mittelschwer	Führt zu den Vögeln (Kiwis!), Stränden und der üppigen Vegetation auf Stewart Island (Rakiura; abseits der Südinsel).
Routeburn Track **	32 km	2–4 Tage	mittelschwer	Geht zu den atemberaubenden alpinen Landschaften rund um den Mt. Aspiring und im Fiordland N. P. (Südinsel).
Tongariro Northern Circuit **	43 km	3–4 Tage	mittelschwer–anspruchsvoll	Führt durch die Vulkanlandschaft im Tongariro N. P. (Nordinsel); s. auch Tongariro Alpine Crossing.
Whanganui Journey **	145 km	5 Tage	einfach	Mit dem Kanu oder Kajak geht's den Whanganui River im Whanganui N. P. (Nordinsel) runter.

* Buchungen ganzjährig erforderlich

** Buchungen nur in der Hauptsaison (Okt.–April) erforderlich

Great Walks

Erw. & Nacht, je nach Strecke) und/oder auf einem Campingplatz (6–18 NZ$/Erw. & Nacht) ab. Zelten ist nur auf den ausgewiesenen Plätzen erlaubt. Achtung: Am Milford Track gibt es keine Campingmöglichkeiten! Außerhalb der Hauptsaison (d.h. zw. Mai & Sept.) werden auch Backcountry Hut Passes oder Einzeltickets für alle Great Walks akzeptiert, außer für den Lake Waikaremoana Track, den Heaphy Track, den Abel Tasman Coast Track und den Rakiura Track (hier sind das ganze Jahr über Great Walk Tickets erforderlich). Die Übernachtung für Kinder unter 17 Jahren ist in den Hütten und auf den Campingplätzen aller Great Walks kostenlos. (Achtung: Es gibt Gerüchte, dass die Einzeltickets in den nächsten Jahren aus dem Verkehr gezogen werden sollen; den Backcountry Hut Passes gehört die Zukunft!).

Reservierungen können online (www.greatwalks.co.nz), per E-Mail (greatwalksbookings@doc.govt.nz), Telefon (☎0800 694 732) oder persönlich bei den DOC-Büros an den Wanderstrecken vorgenommen werden. Wanderer müssen die Hütte oder den Campingplatz ihrer Wahl im Voraus buchen und bezahlen sowie genaue Termine angeben. Besonders im Sommer sind sehr frühzeitige Buchungen zu empfehlen.

Noch mehr Wanderwege

Natürlich gibt es in Neuseeland noch mehr Wanderwege als die Great Walks!

Nordinsel

Aotea Track Der 25 km (2–3 Tage) lange Wanderweg folgt den Routen und Spuren der Holzfäller, die auf der Suche nach Kauri-Bäumen auf die Great Barrier Island kamen.

Cape Reinga Coastal Walkway 53 km lange, einfache Strandwanderung von drei bis vier Tagen (Übernachtung nur auf Campingplätzen) in Northland. Man kann auch in sechs bis acht Tagen 132 km zurücklegen.

Mt. Holdsworth–Jumbo Circuit Mittelschwere bis anspruchsvolle, 25 km lange, zwei- bis dreitägige Wanderung im Holdsworth Forest Park, außerhalb von Masterton. Der Weg führt über den Mt. Holdsworth.

Pouakai Circuit Die 25 km lange Strecke führt einen in zwei bis drei Tagen durch Regenwälder im Tiefland, vorbei an Klippen und durch subalpine Wälder am Fuß des Mt. Taranaki im Egmont National Park.

Rangitoto Island Summit Von Auckland aus ist es ein einfacher Tagesausflug zur Vulkaninsel Rangitoto, die von einer 600 Jahre alten schwarzen Lavaschicht bedeckt ist. Den besten Blick darauf hat man vom Kratergipfel aus (hin & zurück 2 Std. plus Zeit, um die Aussicht zu genießen).

Tongariro Alpine Crossing Tolle 18 km lange, mittelschwere Tageswanderung durch den Tongariro National Park.

TE ARAROA

Unglaublich! Te Araroa (Langer Pfad; www.teararoa.org.nz) ist ein 3000 km langer Wanderweg, der von Cape Reinga auf der Nordinsel Neuseelands bis nach Bluff auf der Südinsel (bzw. umgekehrt) verläuft. Die Route verbindet bestehende Strecken und neue Abschnitte. Über zehn Jahre hat es gedauert, bis diese Route – eine der längsten weltweit – von Freiwilligen fertiggestellt werden konnte. Auf der Website finden sich Karten und Anmerkungen sowie Blogs und Videos von unerschütterlichen Wanderern, die den kompletten Weg gelaufen sind.

Südinsel

Banks Peninsula Track 35 km lange, zwei- (mittelschwere) oder viertägige (einfache) Route über die Hügel und entlang der Küste der Banks Peninsula.

Hollyford Track Die Siedlung Jamestown war ein typisches verrücktes Vorhaben jener Zeit mit wenig Aussicht auf Erfolg. Stichwort: schillernde Charaktere und eine Prise Drama! Eine vier- bis fünftägige Wanderung über 56 km in Fiordland.

Kaikoura Coast Track Ein einfacher, dreitägiger, 40 km langer Weg entlang der spektakulären Küste 43 km südlich von Kaikoura, der zum Teil auch über Privatgelände führt.

Mueller Hut Route Die achtstündige Tour (hin & zurück) auf die 1040 m hohen Sealy Range in der Nähe von Aoraki/Mt. Cook ist heftig, aber der Inbegriff einer Bergerfahrung: geologische Wunder, faszinierende Pflanzen und eine tolle Hütte.

Pelorus Track Das prachtvolle Pelorus Valley kennt jeder, der *Der Hobbit* gesehen hat – zwei Tage der dreitägigen, 28 km langen Wanderung folgt man der mit Felsbrocken übersäten Schlucht mit ihren tiefen, grünen Wasserbecken.

Queen Charlotte Track Drei- bis fünftägige, mittelschwere Wanderung über 71 km in den Marlborough Sounds mit einem großartigen Blick aufs Wasser und super Unterkünften. Auch auf dem Wasser kann man unterwegs sein.

Rees-Dart Track 70 km lange, vier bis fünf Tage fordernde, anspruchsvolle Wanderstrecke im Mt. Aspiring National Park, die durch Flusstäler und über einen Gebirgspass führt.

St. James Walkway Diese Wanderstrecke führt durch ein bedeutendes Reservat, das 430 Pflanzenarten beherbergt, von Tieflandgräsern bis zur Bergsüdbuche und Bergkräutern. Fünf Tage und 66 km rund um den Lewis Pass.

Tuatapere Hump Ridge Track Ein ausgezeichneter dreitägiger, 53 km langer Rundkurs, der am Bluecliffs Beach an der Te Waewae Bay, 20 km von Tuatapere entfernt beginnt und endet.

Backcountry Huts & Conservation Campsites

Backcountry Huts

Außer den Great-Walk-Hütten betreibt das DOC mehr als 950 Backcountry Huts in den National- und Waldparks Neuseelands. Es gibt folgende Hüttenkategorien:

VERANTWORTUNGSBEWUSST WANDERN

Einige dieser Regeln mögen für routinierte Wanderer lächerlich selbstverständlich erscheinen, aber der eine oder andere Hinweis ist vielleicht doch ganz brauchbar. Wer mehr zum Thema wissen möchte, kann sich online auf www.lnt.org informieren. Camper finden auf der Website des DOC (www.camping.org.nz) Tipps zum umweltbewussten Zelten. Im Zweifel bei einem DOC- oder i-SITE-Büro nachfragen!

Lächerlich selbstverständlich:

- Möglichst nicht in der Hauptsaison auf Tour gehen, denn weniger Leute bedeuten weniger Stress für die Natur – und weniger Schnarcher in den Hütten!
- Alle Abfälle mitnehmen und niemals vergraben: Das Graben beeinträchtigt das natürliche Gleichgewicht des Bodens und der Vegetation und fördert die Erosion. Zudem wird vergrabener Abfall wahrscheinlich von Tieren wieder ausgebuddelt.
- Keine Reinigungsmittel, Shampoos oder Zahnpasta in oder in der Nähe von Wasserläufen verwenden – auch nicht, wenn sie biologisch abbaubar sind.
- Zum Kochen kein offenes Feuer benutzen, sondern einen leichten, mit Kerosin, Alkohol oder Naphta betriebenen Kocher; keine Einweg-Butankanister verwenden!
- Wo es eine Toilette gibt, sollte diese benutzt werden. Wenn keine vorhanden ist: Notdurft vergraben (min. 15 cm tief und 100 m von Wasserläufen entfernt).
- Wenn ein oft benutzter Weg durch eine matschige Stelle führt, trotzdem hindurchlaufen. Versuche, sie am Außenrand zu umgehen, werden die Stelle nur unnötig vergrößern.

Vielleicht ganz brauchbar:

- Beim Waschen von Geschirr mindestens 50 m Abstand zu Wasserläufen einhalten und statt Spülmittel Topfkratzer, Sand oder Schnee verwenden.
- Wenn unbedingt nötig, für die Körperreinigung biologisch abbaubare Seife und einen Eimer verwenden. Mindestens 50 m Abstand zu Wasserläufen einhalten. Das gebrauchte Wasser über eine große Fläche verteilen, damit der Boden die Fremdstoffe besser herausfiltern kann.
- Wo Feuer erlaubt ist, nur vorhandene Feuerstellen und nur totes, herumliegendes Holz benutzen. Nicht benötigtes Holz verbrennt man nicht einfach, sondern lässt es für den nächsten Glücklichen zurück.
- Die Taschen mit den Nahrungsmitteln außer Reichweite von Aasfressern lagern, d. h. beispielsweise an Dachbalken oder Bäumen aufhängen!
- Tiere nicht füttern: Das kann das ökologische Gleichgewicht stören und bei den Tieren zu Krankheiten oder zur Abhängigkeit von Fütterungen führen. Die getrockneten Aprikosen also selbst essen!

Basic Huts Nur ein Schutzverschlag, kostenfrei.

Standard Huts Keine Kochgelegenheit, manchmal keine Heizung, aber Matratzen, fließendes Wasser und Toiletten. Gebühren: 5 NZ$/Erw. & Nacht.

Serviced Huts Schlafkojen oder -lager mit Matratzen, fließendes Wasser, Heizung, Toiletten, manchmal Kochgelegenheit. Gebühren: 15 NZ$/Erw. & Nacht.

Für manche Hütten sind Buchungen notwendig (s. Liste auf der Website): online auf https://booking.doc.govt.nz oder in den DOC Visitor Centers. Kinder zwischen elf und 17 Jahren zahlen den halben Preis, unter zehn Jahren übernachten sie kostenlos. Umfassende Hüttendetails finden sich auf www.doc.govt.nz/parks-and-recreation/places-to-stay.

Für Vielwanderer bietet sich der sechs Monate gültige **Backcountry Hut Pass** (92 NZ$/Erw.) an; alle anderen kommen auch mit den einzelnen **Hut Tickets** aus (5 NZ$: für eine „Serviced Hut" benötigt man drei davon). Die Tickets werden mit Datum versehen in die dafür vorgesehenen Behälter in den Hütten gelegt. Die

Oben: Aoraki/Mt. Cook (S. 563)

Unten: Milford Track (S. 655)

Unterkunft kann nicht reserviert werden – wer zuerst kommt, mahlt zuerst. In der Nebensaison (Mai–Sept.) bekommt man an manchen Great Walks auch mit einzelnen Tickets oder dem Backcountry Hut Pass einen Schlaf- oder Stellplatz.

Backcountry Campsites liegen oft in der Nähe der Hütten und verfügen normalerweise über Toiletten und fließendes Wasser, manchmal auch über Picknicktische, Grillstellen und/oder einfache Küchen. Die Gebühren reichen von 0 bis 8 NZ$ pro Person und Nacht.

Conservation Campsites

Neben den Campingplätzen an den Great Walks betreibt das DOC auch mehr als 250 Conservation Campsites (oft mit Fahrzeugen erreichbar) in folgenden Kategorien:

Basic Campsites Einfache Toiletten und Wasser, kostenlos; Platzvergabe in der Reihenfolge der Ankunft.

Standard Campsites Toiletten und Wasser, manchmal Grillplätze und Picknicktische; 6 NZ$, Platzvergabe in der Reihenfolge der Ankunft.

Scenic Campsites Vielgenutzte Plätze an der Küste mit Toiletten und Wasser, manchmal Grillplätze, Grillstellen, Kochgelegenheiten, Duschen, Picknicktische, Mülleimer; 10 NZ$/Nacht.

Serviced Campsites Komplette Ausstattung mit Spültoiletten, Leitungswasser, Duschen und Picknicktischen, manchmal auch Grillplätze, Küche und Waschküche; 15 NZ$/Nacht.

In der Hauptsaison (Okt.–April) sind für alle Serviced Campsites und für manche Scenic und Standard Campsites Vorabbuchungen erforderlich, entweder online (https://booking.doc.govt.nz) oder in den DOC Visitor Centers. Kinder zahlen die Hälfte.

Das DOC gibt kostenlose Broschüren mit genauen Angaben zu allen Campingplätzen heraus, inklusive Wegbeschreibung mit GPS-Koordinaten, die man sich vor dem Aufbruch in den DOC-Büros holen sollte. Die Infos sind auch über die Website zugänglich.

Geführte Wanderungen

Wenn man Anfänger ist oder sich ganz einfach in erfahrene Hände begeben möchte, weil man die *Do it yourself*-Alternative nicht mag, dann stehen mehrere Anbieter bereit, um die geführte Wanderungen zu organisieren. Man übernachtet in komfortablen Hütten (mit Duschen!), das Essen wird zubereitet und das Tragen der Ausrüstung wird einem auch noch abgenommen.

Auf der Nordinsel gibt es geführte Wanderungen auf den Mt. Taranaki, rund um Lake Waikaremoana und in den Tongariro National Park. Für Kaikoura, die Banks Peninsula, den Milford Track, den Queen Charlotte Track, den Heaphy Track oder den Hollyford Track werden auf der Südinsel geführte Wanderungen angeboten. Die Kosten für eine Wanderung mit fünf Tagen und vier Übernachtungen liegen bei etwa 1800 NZ$, für eine Deluxe-Wanderung muss man allerdings schon mit etwa 2200 NZ$ rechnen.

Anreise zu den Wanderwegen

Die Ausgangspunkte der Wanderwege zu erreichen und von den Endpunkten weiterzukommen, kann ganz schön schwierig werden: Nur die besonders beliebten Routen werden von öffentlichen Verkehrsmitteln oder speziellen Transporten für Wanderer bedient. Mit dem eigenen Auto kann man zwar bequem zu dem einen Ende der Strecke kommen, muss aber später sein Fahrzeug irgendwie wieder einsammeln. Wenn die Wanderstrecke am Ende einer Sackgasse beginnt oder endet, dürfte es auch kaum möglich sein, per Anhalter hinzukommen.

Selbstverständlich sind die Routen, die mit öffentlichen Verkehrsmitteln oder mit dem Shuttle-Bus-Service zu erreichen sind (z. B. der Abel Tasman Coast Track), zugleich auch die überlaufensten. Eine gute Alternative kann es sein, einen privaten Transport zu vereinbaren, entweder mit einem Freund oder mit einem Mietwagen, der einen am Anfang der Strecke absetzt und am Ende wieder abholt. Wer das eigene Auto am Ausgangspunkt der Strecke abstellt, sollte keine Wertsachen im Auto liegen lassen – Diebstähle aus Autos, die in abgelegenen Gebieten geparkt werden, kommen leider häufig vor.

Reiseplanung

Skifahren & Snowboarden in Neuseeland

Neuseeland ist ein beliebtes Ziel für Wintersportfreunde auf der südlichen Hemisphäre, ob es nun um Skifahren, Langlauf oder Snowboarden geht. Die Skisaison geht in Neuseeland generell von Juni bis Oktober, doch kann das von Skigebiet zu Skigebiet variieren – an manchem Ort dauert sie auch bis Ende November.

Beste Ziele zum Skifahren & Snowboarden

Anfänger oder Kinder

Coronet Peak, Queenstown

Mt. Hutt, Central Canterbury

Mt. Dobson, South Canterbury

Roundhill, South Canterbury

Snowboarden

Treble Cone, Wanaka

Cardrona, Wanaka

Ohau, South Canterbury

Whakapapa & Turoa, Tongariro National Park

Die besten Après-Ski-Bars

Cardrona Hotel, Cardrona

Blue Pub, Methven

Ballarat Trading Company, Queenstown

Barluga, Wanaka

Planung

Reiseziele

Aufgrund der Vielzahl an Orten und Gegebenheiten ist es schwer, ein ganz bestimmtes Skigebiet zu empfehlen, da die Vorstellungen und Wünsche bei Wintersportlern doch sehr individuell ausfallen können. Manch einer möchte sich in der Nähe der Partyszene von Queenstown austoben, ein anderer in der bizarren Vulkanlandschaft des Mt. Ruapehu. Wiederum andere bevorzugen die anspruchsvollen Abfahrten am Mt. Hutt, das wenig überlaufene Rainbow-Skigebiet oder aber ganz entspannte Skiclub-Areale. Letztere sind für die Öffentlichkeit zugänglich und gewöhnlich nicht überlaufen und zudem kostengünstiger. Allerdings müssen Nicht-Mitglieder eine etwas höhere Gebühr entrichten.

Praktische Informationen

Die kommerziellen Skigebiete Neuseelands sind nur selten erschlossene Ferienorte mit Chalets, Hütten oder Hotels. Après-Ski-Programm und Unterkünfte sind vielmehr häufig in den umliegenden Städten anzufinden, von denen täglich Shuttlebusse zu den Pisten fahren. In vielen Gebieten

Skigebiete

von Skiclubs gibt es Hütten, die allerdings häufig ausgebucht sind.

Die Visitor Information Centres in Neuseeland und Tourism New Zealand (www.newzealand.com) haben Informationen zu den Skigebieten und Pauschalangeboten und nehmen auch Buchungen vor. **Skipässe** kosten zwischen 50 und 100 NZ$ pro Tag (Kinder zahlen die Hälfte). In den meisten Gebieten werden auch Kombipakete mit Skikursen und Liftbenutzung angeboten. Die Leihgebühr für Ski- und Snowboardausrüstung beginnt bei rund 50 NZ$ pro Tag. Skikurse kosten pro Stunde ab 130/60 NZ$ (Einzel-/Gruppenunterricht).

Infos im Internet

www.brownbearski.co.nz Klasse, detailgenaue Informationen zu allen Skigebieten des Landes.

www.snow.co.nz Berichte, Webcams und Pistenbedingungen für ganz Neuseeland.

www.nzski.com Berichte, Tipps zu Jobs, Pässe und Webcams für Mt. Hutt, Coronet Peak und die Remarkables.

www.chillout.co.nz Infos zu den Skigebieten von Mt. Lyford, Awakino, Hanmer Springs, Cheeseman, Roundhill, Rainbow, Temple Basin, Treble Cone, Fox Peak, Mt. Dobson, Mt. Olympus, Porters, Craigieburn Valley und Broken River.

www.nzsnowboard.com Snowboard-Infos für ganz Neuseeland.

Nordinsel

Tongariro National Park

Whakapapa & Turoa (S. 294) Diese beiden gut geführten Zwillingsorte beiderseits des Mt. Ruapehu bilden das wohl größte Skigebiet Neuseelands. Whakapapa hat 30 präparierte mittelschwere Pisten. Ob Skifahrer, Snowboarder oder

WILL SALTER / GETTY IMAGES ©

Oben: Freestyle-Skisportler im Skigebiet Treble Cone

Unten: Snowboarder am Coronet Peak

Langläufer – es kommen alle auf ihre Kosten. Ferner im Angebot sind ein Funpark und der höchste Lifteinstieg Neuseelands (und das höchste Café!). Mit dem Auto geht es von Whakapapa Village aus zu den Pisten (6 km; kostenlose Parkmöglichkeit); alternativ kann man den Shuttlebus ab National Park Village, Taupo, Turangi oder Whakapapa Village nehmen. Das kleinere Turoa bietet einen Lift für Anfänger, Pisten für Snowboarder und Abfahrer, Langlaufloipen, kostenlose Parkplätze und einen Shuttlebus vom 17 km entfernten Ohakune. Der Ort hat die lebendigste Après-Ski-Szene im Norden.

Tukino (S. 294) Das von einem Club betriebene Skigebiet von Tukino liegt an der Ostflanke des Mt. Ruapehu, 46 km von Turangi entfernt. Der Ort ist abgelegen und nur über eine 14 km lange Schotterpiste zu erreichen, die von der befestigten Desert Rd (SH1) abzweigt – ein Geländewagen ist notwendig. Die Anlage ist nie überlaufen. Die Pisten sind überwiegend für Anfänger oder Fortgeschrittene geeignet.

Taranaki

Manganui (S. 248) Dieses Skigebiet umfasst die von einem Club betriebenen Pisten an den Flanken eines Vulkans, des spektakulären Mt. Taranaki im Egmont National Park (22 km von Stratford entfernt; vom Parkplatz muss noch ein 20-minütiger Fußweg zurückgelegt werden). Abfahrten vom Gipfel, wenn die Voraussetzungen stimmen: In zwei schweißtreibenden Stunden ist man am Krater oben, doch die Aussicht aus 1300 m Höhe entschädigt für die anstrengende Klettertour.

Südinsel

Queenstown & Wanaka

Coronet Peak (Karte S. 608; ☎03-450 1970, Schneebericht 03-442 4620; www.nzski.com; Tagesskipass Erw./Kind 97/54 NZ$) Im ältesten Skigebiet der Region Queenstown sorgen Schneekanonen und baumlose Pisten für ausgezeichnete Bedingungen für Skifahrer und Snowboarder aller Leistungsstufen. Von Juli bis September kann man freitags und samstags auch nachts über die Pisten carven. Ein Shuttlebus verbindet das Skigebiet mit dem 18 km entfernten Queenstown.

Die Remarkables (☎03-450 1970, Schneebericht 03-442 4615; www.nzski.com; Tagesskipass Erw./Kind 97/54 NZ$) sind ein optisch imposantes Skigebiet ebenfalls in der Nähe von Queenstown (Entfernung 28 km); während der Saison erreicht man es mit Schuttlebussen. Es gibt einen guten Mix aus Pisten für Anfänger, Fortgeschrittene und Cracks (Kinder unter zehn Jahren fahren umsonst). Besonders toll ist die geschwungene Abfahrt „Homeward Bound".

Treble Cone (☎03-443 7443, Schneebericht 03-443 7444; www.treblecone.com; Tagesskipass Erw./Kind 97/49 NZ$) Das am höchsten gelegene und größte der Skigebiete an den südlichen Seen liegt in einer spektakulären Gegend, 26 km von Wanaka entfernt. An steilen Hängen gibt es Pisten für fortgeschrittene bis sehr gute Skifahrer – hier herrscht eine eher professionelle Atmosphäre vor. Es gibt auch viele Halfpipes und einen Funpark für Snowboarder.

Cardrona (S. 645) liegt etwa 34 km von Wanaka entfernt und bietet mehrere leistungsstarke Sessellifte, Babylifte für Anfänger und Extremgelände für Snowboarder (darunter den Snowboardpark „Heavy Metal"). Während der Saison verbinden

HELISKIING

Neuseelands ferne Gipfel sind wie maßgeschneidert fürs Heliskiing. Mehrere Betreiber in den Neuseeländischen Alpen bieten Touren in ausgedehnte Skigebiete abseits der Pisten an. Die Preise bewegen sich zwischen 825 und 1450 NZ$ für drei bis acht Abfahrten. Der HeliPark New Zealand (S. 48) am Mt. Potts ist ein ausgewiesener Heliskipark. Heliskiing gibt es auch an folgenden Orten: Coronet Peak, Treble Cone, Cardrona, Mt. Hutt, Mt. Lyford, Ohau und Hanmer Springs. Unabhängige Betreiber sind:

Alpine Heli-Ski (☎03-441 2300; www.alpineheliski.com; Queenstown)

Harris Mountains Heli-ski (☎03-442 6722; www.heliski.co.nz; Queenstown, Wanaka & Aoraki/Mt. Cook)

Methven Heliskiing (☎03-302 8108; www.methvenheli.co.nz; Methven)

Over the Top (☎0800 123 359, 03-442-223; www.flynz.co.nz; Queenstown)

Southern Lakes Heliski (☎03-442 6222; www.heliskinz.com; Queenstown & Wanaka)

Wilderness Heliski (☎03-435 1834; www.wildernessheli.co.nz; Aoraki/Mt Cook)

Busse das Skigebiet mit Wanaka und Queenstown. Dank guter Angebote ist das Skigebiet von Cardrona auch für Skifahrer mit Handicap geeignet; außerdem gibt es einen Kinderhort vor Ort.

Snow Farm New Zealand (S. 645) Neuseelands einziges kommerzielles Langlaufgebiet liegt 35 km von Wanaka entfernt auf der Pisa Range, hoch über dem Lake Wanaka. Es gibt 50 km gespurte Loipen, Hütten mit sanitären Einrichtungen und Tausende Hektar offene Schneelandschaft. Ein besonderes Schmankerl ist das Vollmond-Fondue!

South Canterbury

Ohau (☎03-438 9885; www.ohau.co.nz; Tagesskipass Erw./Kind 79/32 NZ$) Dieses kommerzielle Skigebiet liegt am Mt. Sutton, 42 km von Twizel entfernt. Es gibt viele mittelschwere und schwere Abfahrten, ausgezeichnete Gelände für Snowboarder und Langläufer sowie eine Skihütte.

Mt. Dobson (☎03-685 8039; www.dobson.co.nz; Tagesskipass Erw./Kind 75/44 NZ$) Das 3 km breite Talbecken liegt 26 km von Fairlie entfernt und ist auf Anfänger und mittelmäßig gute Skifahrer ausgerichtet. Auch ein Funpark ist vorhanden. Das Gebiet ist berühmt für seinen herrlich trockenen Pulverschnee. An klaren Tagen reicht der Blick vom Gipfel des Mt. Dobson bis zum Aoraki/Mt. Cook und zum Pazifik.

Fox Peak (☎03-685 8539, Schneebericht 03-688 0044; www.foxpeak.co.nz; Tagesskipass Erw./Kind 50/10 NZ$) Das preisgünstige Skiclubareal liegt 40 km von Fairlie entfernt in der Two Thumb Range und bietet Seillifte für Anfänger, schöne Loipen und Unterkünfte im Schlafsaal.

Roundhill (☎021 680 694, Schneebericht 03-680 6977; www.roundhill.co.nz; Tagesskipass Erw./Kind 75/46 NZ$) Ein kleines Skigebiet mit weiten, sanften Hügeln, perfekt für Anfänger und durchschnittlich gute Skifahrer. Es liegt 32 km von Lake Tekapo Village („Ski Tekapo!") entfernt. .

Central Canterbury

Mt. Hutt (☎03-302 8811; www.nzski.com; Erw./Kind 95/53 NZ$; ⌚9–16 Uhr) Eines der am höchsten gelegenen Skigebiete der südlichen Hemisphäre und wohl auch eines der besten Neuseelands. Es liegt unweit von Methven, 118 km westlich von Christchurch – Shuttles verkehren aus beiden Städten. Die Zufahrt erfolgt auf steiler Straße – bei schlechtem Wetter sollte man deshalb sehr vorsichtig sein. Viele Hänge für Anfänger, fortgeschrittene Anfänger und Fortgeschrittene; Sessellifte, Heliskiing und weitflächige Pisten für Snowboard-Anfänger.

HeliPark New Zealand (☎03-303 9060; www.snow.co.nz/helipark; Eintritt inkl. der ersten Abfahrt 325 NZ$, jede zusätzliche Fahrt 75 NZ$) Eines von Neuseelands schneeweißen Juwelen am Mt. Potts über dem Oberlauf des Rangitata River, 75 km von Methven. Der Zugang erfolgt mit dem Hubschrauber. Unterkünfte und Essen werden in einer Lodge, 8 km vom Skigebiet entfernt, angeboten.

Porters (☎03-318 4002; Schneetelefon 03-379 9931; www.skiporters.co.nz; Skipass Erw./Kind 84/44 NZ$ pro Tag) Das Christchurch am nächsten gelegene kommerzielle Skigebiet (96 km von der Straße zum Arthur's Pass entfernt). „Big Mama" auf 620 m Höhe ist eine der steilsten Pisten in Neuseeland, aber es gibt auch breite und entspanntere Abfahrten. Außerdem vorhanden: eine Half-Pipe für Snowboarder, gute Langlaufloipen und Unterkünfte.

Temple Basin (☎03-377 7788; www.templebasin.co.nz; Skipass Erw./Kind 68/37 NZ$ pro Tag) Ein clubeigenes Gebiet, 4 km von der Gemeinde Arthur's Pass entfernt. Der Fußweg vom Parkplatz bergauf zu den Lodges im Skigebiet dauert 40 Minuten. Nachtskifahrten unter Flutlicht; im Hinterland sind hervorragende Pisten für Snowboarder vorhanden.

Craigieburn Valley (☎03-318 8711; www.craigieburn.co.nz; Skipass Erw./Kind 72/35 NZ$ pro Tag) Unterhalb von Hamilton Peak liegt das Craigieburn Valley, 40 km vom Arthur's Pass entfernt. Das clubgeführte Skigebiet zählt zu den anspruchsvollsten in Neuseeland, mit Pisten für Fortgeschrittene und Cracks (nicht für Anfänger). Unterkünfte in Lodges mit Selbstverpflegung.

Broken River (☎03-318 8713; www.brokenriver.co.nz; Skipass Erw./Kind 70/35 NZ$ pro Tag) Nicht weit vom Craigieburn Valley entfernt befindet sich dieses clubeigene Skigebiet; der Fußweg vom Parkplatz zu diesem abgelegen Ort dauert 15 bis 20 Minuten. Schneesicheres Gebiet, lockere Atmosphäre; Unterkünfte in Lodges mit Verpflegung oder Selbstverpflegung sind verfügbar.

Cheeseman (☎03-344 3247, Schneetelefon 03-318 8794; www.mtcheeseman.co.nz; Skipass Erw./Kind 79/39 NZ$ pro Tag) Ein weiteres cooles Clubgebiet in der Craigieburn Range; der familienfreundliche Betrieb befindet sich 99 km von Christchurch entfernt (und ist damit das der Südinselmetropole am nächsten gelegene clubgeführte Skigebiet). Es liegt am Mt. Cockayne in einer weiten, geschützten Senke mit einer Zufahrtsstraße zu den Pisten. Unterkünfte in Lodges sind möglich.

Mt. Olympus (☎03-318 5840; www.mtolympus.co.nz; Skipass Erw./Kind 70/35 NZ$ pro Tag) Schwer zu finden (aber die Suche lohnt sich): Vom 2096 m hohen Mt. Olympus sind es 58 km bis Methven und 12 km bis Lake Ida. Das Clubgebiet betreibt Pisten für fortgeschrittene Skifahrer und Könner; über Langlaufloipen gibt es gute Verbindungen zu anderen Skigebieten. Der Zugang ist manchmal nur mit Vierradantrieb möglich. Unterkünfte in Lodges sind möglich.

Im Norden der Südinsel

Hanmer Springs (S. 545) Das Skigebiet am Fuße des Mt. St. Patrick liegt 17 km von der Gemeinde Hanmer Springs entfernt und bietet Pisten für Fortgeschrittene und Könner. Ferner im Angebot: Half-Pipes für Snowboarder, ein neuer Anfängerlift und Familienunterkünfte.

Mt. Lyford (S. 545) Etwa 60 km von Hanmer Springs und von Kaikoura sowie 4 km vom Ort Mt. Lyford entfernt, verfügt dieses Skigebiet, das für neuseeländische Verhältnisse am ehesten als Resort durchgeht, über Unterkünfte und einige Lokale. Guter Pistenmix und ein Funpark.

Rainbow (☎03-521 1861, Schneetelefon 0832 226 05; www.skirainbow.co.nz; Skipass Erw./Kind 70/35 NZ$ pro Tag) Das an den Nelson Lakes National Park angrenzende Skigebiet (100 km von Nelson und von Blenheim) ist kaum überlaufen, hat ein abwechslungsreiches Gelände und gute Langlaufloipen. Schneeketten sind empfehlenswert. St. Arnaud ist die nächstgelegene Stadt (32 km).

Otago

Awakino (☎021 890 584; www.skiawakino.com; Skipass Erw./Kind 50/25 NZ$ pro Tag) Kleines Skigebiet in North Otago, das für durchschnittlich gute Skifahrer ideal geeignet ist. Oamaru ist 45 km entfernt, Omarama 66 km landeinwärts. An Wochenenden sind Pauschalangebote (Lodge und Skipass) zu haben.

Reiseplanung

Neuseeland extrem

Neuseelands imposante Natur lockt selbst die bequemsten Stubenhocker ins Freie. „Extremsport" hat hierzulande einen hohen Stellenwert und ist außerordentlich gut organisiert. Bergsteigen ist Teil der nationalen Psyche, Fallschirmspringen, Mountainbiken, Jetboatfahren und Klettern sind feste Größen und Panik auslösende, völlig durchgeknallte Dinge wie Bungee-Jumping alltäglich.

Beste Extremsportarten

Beste Anti-Schwerkraft-Action

Bungee-Jumping Es gibt etliche Orte in Neuseeland, wo man sich in die Tiefe stürzen kann – natürlich mit einem dicken Gummiseil an den Füßen. Das beste Ziel für Furchtlose ist aber Queenstown.

Top 5: Rafting

Buller Gorge, Murchison

Tongariro River, Taupo

Kawarau River, Queenstown

Kaituna River, Rotorua

Shotover Canyon, Queenstown

Top 5: Mountainbike-Tracks

Nga Haerenga, New Zealand Cycle Trail, 22 Strecken in ganz Neuseeland

Redwoods Whakarewarewa Forest, Rotorua

Queenstown Bike Park, Queenstown

Ohakune Old Coach Road, Central Plateau

Hanmer Springs, Canterbury

Zu Lande

Bergsteigen

Neuseeland besitzt eine respektable Bergsteigergeschichte – schließlich ist das Land die Heimat von Sir Edmund Hillary (1919–2008), der zusammen mit Tenzing Norgay als erster Mensch den Mt. Everest bezwang. Als er wieder unten war, sagte Hillary zu seinem Freund George Lowe die berühmten Worte: „George, wir haben es dem Bastard gezeigt!"

In den Southern Alps gibt es zahlreiche beeindruckende Gipfel und anspruchsvolle Aufstiege. Herausragend ist dabei die Region Aoraki/Mt. Cook; andere gute Bergsteigerziele finden sich entlang des Felsgrats der Südinsel von Tapuaenuku (in den Kaikoura Ranges) und den Gipfeln um die Nelson Lakes im Norden bis hinunter zu den stark zerklüfteten Bergen von Fiordland im äußersten Süden. Ein weiteres Gebiet mit Routen für Bergsteiger aller Leistungsniveaus ist der Mt. Aspiring National Park. Südlich davon, in den Forbes Mountains, liegt der Mt. Earnslaw, der von den Flüssen Rees und Dart flankiert wird.

Der **New Zealand Alpine Club** (www.alpineclub.org.nz) in Christchurch versorgt einen mit Insider-Informationen und veröffentlicht das jährlich erscheinende *NZAC Alpine*

Journal sowie das *Magazin The Climber* (vierteljährlich). Professionelle Veranstalter, die Training, Touren und eine Menge Erfahrung im Angebot haben, gibt es in Wanaka sowie am Aoraki/Mt. Cook, Lake Tekapo, Fox Glacier und Franz Josef Glacier.

Bungee-Jumping

Der Neuseeländer A. J. Hackett machte Bungee-Jumping 1986 mit seinem Sprung von der zweiten Ebene des Eiffelturms weltbekannt; danach entwickelte er gemeinsam mit dem neuseeländischen Ski-Profi Henry van Asch aus dem Abenteuer ein äußerst profitables Unternehmen. Heute ist es eine Verrücktheit für jedermann!

Durch Queenstown zieht sich ein Spinnennetz aus Bungee-Seilen. Dazu gehört A. J. Hacketts Dreiklang: der Nevis Jump (mit 134 m der höchste), der 43 m tiefe Sprung von der Kawarau-Brücke (das Original) und der Ledge Jump (der höchstgelegene, von einer Plattform 400 m über Queenstown). Weitere Bungee-Jumping-Plattformen auf der Südinsel finden sich am Waiau River in der Nähe von Hanmer Springs und im Skigebiet des Mt. Hutt. Auf der Nordinsel kann man sich in Taihape, Rotorua, Auckland und Taupo in die Tiefe stürzen (letztgenannter Ort ist ohne Zweifel der schönste Neuseelands für eine Nahtoderfahrung). Als Variation bietet sich der 109 m hohe Shotover Canyon Swing oder der Nevis Swing in Queenstown an, beides wirklich riesige Seilschwünge … wuusch!

Caving

Gelegenheiten zum Erkunden von Höhlen (in Neuseeland auch „Spelunking" genannt) bieten sich in den porösen Karstgebieten der Inseln in Hülle und Fülle. Aktive Vereine und organisierte Ausflüge finden sich rund um Auckland, Waitomo, Whangarei, Westport und Karamea. Auch die Golden Bay hat ein paar Mammuthöhlen zu bieten. In Waitomo wird sogar „Blackwater Rafting" angeboten: Das Ganze gleicht eigentlich herkömmlichen Wildwasserrafting, nur mit dem kleinen, aber feinen Unterschied, dass man einen Fluss im Inneren einer pechschwarzen Höhle hinabfährt – definitiv nichts für schwache Nerven! Hilfreiche Infos im Internet:

Wellington Caving Group (www.caving.org.nz)

Auckland Speleo Group (www.asg.org.nz)

New Zealand Speleological Society (www.caves.org.nz)

Drachen- & Gleitschirmfliegen

Man hängt sich unter einen riesigen künstlichen Flügel – der entweder starr ist (beim Drachenfliegen) oder rahmenlos (der Gleitschirm) – und segelt von einem Hügel oder einer Klippe. Die Aussicht ist grandios! Tandemflüge gibt es in Queenstown, Wanaka, Nelson und am Te Mata Peak in Hawke's Bay. Schon nach einer halbtägigen Einweisung kann man als Anfänger aber auch kurze Flüge allein unternehmen. Die **New Zealand Hang Gliding & Paragliding Association** (www.nzhgpa.org.nz) hat hier das Sagen.

Fahrradtouren

Na gut, man kann es nicht unbedingt als „Extremsport" bezeichnen, wenn man mit dem Rad in der Gegend umherfährt, aber

NGA HAERENGA, DER NEW ZEALAND CYCLE TRAIL

Nga Haerenga, der **New Zealand Cycle Trail** (www.nzcycletrail.com), ist ein großes landesweites Projekt und seit 2009 in Arbeit. Der schätzungsweise 50 Mio. NZ$ teure Aus- und Weiterbau des existierenden Radwegenetzes Neuseelands umfasst gegenwärtig 22 „Great Rides" auf beiden Inseln (zehn im Norden, zwölf im Süden), die Radfahrern entweder vollständig oder in Teilstrecken zur Verfügung stehen. Das Projekt erfreut sich außerordentlich großer Beliebtheit: Einfach zu meisternde Strecken mit einer großer Fangemeinde sind der West Coast Wilderness Trail, der Hauraki Rail Trail und auch der Great Taste Trail in Nelson.

Auf der oben genannten Website finden sich zahllose Infos, Karten und Updates, Angaben zu Schwierigkeitsgrad und Dauer der einzelnen Touren, Fotos, Videos und Links zu Wetterseiten und Unterkünften.

das Radeln ist nun einmal in Neuseeland sehr beliebt, besonders im Sommer. In den meisten Städten gibt es die Möglichkeit, ein Fahrrad zu leihen, ob nun in Backpacker-Hostels oder in speziellen Fahrradläden. Reparaturwerkstätten finden sich in größeren Städten.

Wenn man nicht unbedingt große Höhen überwinden möchte, dann eignet sich der Otago Central Rail Trail zwischen Middlemarch und Clyde sehr gut. Der Little River Rail Trail in Canterbury (auf dem Weg zur Banks Peninsula) ist ebenfalls fabelhaft. Eine Alternative abseits der ausgetretenen Pfade ist die Southern Scenic Route von Invercargill bei Tuatapere nach Te Anau. Detaillierte Tourinfos enthält *Lonely Planet Cycling New Zealand*.

Aktuelles findet man auf folgenden Websites:

Independent Cycle Tours (www.cyclehire.co.nz)

Paradise Press (www.paradise-press.co.nz) *Pedallers' Paradise* Broschüre von Nigel Rushton.

Fallschirmspringen

Ein Tandemsprung ist für Anfänger der wohl sinnvollste Weg, um mit dem Fallschirmspringen anzufangen. Das Training für Tandemsprünge findet unter Anleitung von qualifizierten Ausbildern statt. Bei den ersten Sprüngen befindet man sich 45 Sekunden lang im freien Fall, bevor sich der Schirm öffnet. Der Nervenkitzel ist jeden Cent wert: etwa 250/300/350 NZ$ für einen Sprung aus 8000/10 000/12 000 Fuß bzw. ca. 2400/3000/3600 m Höhe (zusätzliche Kosten für DVD/Foto). Dachverband ist die **New Zealand Parachute Federation** (www.nzpf.org).

Bevor man seinen ersten Sprung macht, sollte man bei seinem Anbieter unbedingt nach seiner Akkreditierung der Civil Aviation Authority (CAA) fragen.

Klettern

Für diesen Sport benötigt man lediglich ein wenig Magnesia für die Hände und ein Paar kleine spezielle Kletterschuhe. Auf der Nordinsel gibt es einige Gebiete, die bei Kletterern sehr beliebt sind: u.a. der Mt. Eden Quarry bei Auckland, die Whanganui Bay, Kinloch, die Kawakawa Bay und Motuoapa beim Lake Taupo, das Mangatepopo Valley und die Whakapapa Gorge im Central Plateau, Humphries Castle und Warwick Castle auf dem Mt. Taranaki sowie Piarere und Wharepapa South in Waikato.

Auf der Südinsel bieten sich die Port Hills oberhalb von Christchurch an oder der Castle Hill auf dem Weg zum Arthur's Pass. Westlich von Nelson sind die aus Marmor und aus Kalkstein bestehenden Berge der Golden Bay und der Takaka Hill erste Wahl. Alternativen sind Long Beach (nördlich von Dunedin) und Mihiwaka sowie Lovers Leap auf der Otago Peninsula.

Bei Regen findet man im ganzen Land Indoor-Kletterwände, z.B. in Rotorua, Whangarei, Auckland, Tauranga, Taupo, Wellington, Christchurch und Hamilton.

Climb New Zealand (www.climb.co.nz) führt die fiesesten und schwierigsten Überhänge in Neuseeland auf – mit Anfahrtswegen und allen sonstigen Infos zum Thema Klettern.

Mountainbiken

Abseits des New Zealand Cycle Trail bietet Neuseeland erstklassige Möglichkeiten zum Mountainbiken. In den größeren Ortschaften sowie in Zentren für Abenteuerurlaub wie Queenstown, Wanaka, Nelson, Picton, Taupo und Rotorua kann man Mountainbikes ausleihen; hier gibt's auch Reparaturwerkstätten (die findet man in der Regel noch im kleinsten Dorf).

Der Redwoods Whakarewarewa Forest von Rotorua ist berühmt bei Mountainbikern, ebenso die 42 Traverse nahe National Park Village (beim Tongariro National Park), die Goldminenwege bei Alexandra in Central Otago, der Queenstown Bike Park und Twizel in der Nähe des Mt. Cook. Weitere tolle Locations auf der Nordinsel sind Woodhill Forest, Waihi, Te Aroha, der Te Mata Peak in der Region Hawke's Bay und der Makara Peak oberhalb von Wellington; im Süden lohnen das Waitati Valley und Hayward Point nahe Dunedin, Canaan Downs in der Nähe des Abel Tasman National Park, der Mt. Hutt, Methven und die Banks Peninsula.

Wer sich nicht gar so energiegeladen fühlt bzw. einen kleinen Adrenalinkick wünscht, kann sich auch von diversen Veranstaltern auf die Gipfel von Bergen und Vulkanen karren lassen (z.B. auf den Mt. Ruapehu, die Port Hills von Christchurch, den Cardrona und die Remarkables), um dann ohne schweißtreibenden Aufstieg ins Tal zu sausen.

Einige der zum Wandern bestimmten Wege stehen auch Mountainbikern offen, aber das **DOC** (Department of Conservation; www.doc.govt.nz) hat dieses Nutzungsrecht häufig eingeschränkt, weil zu viele Schäden an den Wegen entstanden sind und die Wanderer sich, vor allem in der Hauptsaison, belästigt fühlten. Auf den Wanderwegen in den Nationalparks sollte man niemals in die Pedale treten, es sei denn es ist ausdrücklich erlaubt (beim DOC nachfragen) – Uneinsichtige ziehen sich den Zorn der Wanderer zu und zahlen deftige Geldstrafen. Der Queen Charlotte Track eignet sich gut zum Radfahren, ein Teil der Strecke ist aber im Sommer gesperrt. Informationen findet man unter anderem hier:

- *Classic New Zealand Mountain Bike Rides* (www.kennett.co.nz) Detaillierte Infos über kürzere und längere Strecken in ganz Neuseeland.
- *New Zealand Mountain Biker* (www.nzmtbr.co.nz) Das Magazin erscheint alle zwei Monate.

Reiten

Im Gegensatz zu anderen Orten auf der Erde, wo man als Anfänger an der Longe durch die Koppel geführt wird, unternimmt man in Neuseeland Ausritte aufs Land, auf ein Farmgelände, in den Wald oder an den Strand. Solche Ausflüge können von einer Stunde (etwa 60 NZ$) bis zu einer Woche dauern, dann bei voller Verpflegung.

Auf der Nordinsel, in Taupo, auf der Coromandel Peninsula, in Waitomo, in Pakiri, am Ninety Mile Beach, in Rotorua, an der Bay of Plenty und am East Cape befinden sich zahlreiche ausgezeichnete Möglichkeiten für Unternehmungen hoch zu Ross.

Auf der Südinsel kann man Ganztagesabenteuer auf dem Pferderücken an folgenden Orten erleben: rund um Kaikoura, Nelson, Mt. Cook, Lake Tekapo, Hanmer Springs, Queenstown, Glenorchy, Methven, Mt. Hutt, Cardrona, Te Anau und Dunedin. Trecks werden auch entlang des Paparoa National Park an der Westküste angeboten. Informationen und Anbieter kann man folgenden Seiten entnehmen:

100% Pure New Zealand (www.newzealand.com)

True NZ Horse Trekking (www.truenz.co.nz/horsetrekking)

Auf dem Wasser

Jetboat-Fahren

Die gewagten 360°-Wendemanöver sind nichts für schwache Mägen! Auf der Südinsel sind der Shotover River und der Kawarau River (bei Queenstown) und der Buller River (bei Westport) beliebte Wasserstraßen für Jetboote. Der Dart River (bei Queenstown) wird weniger befahren, eignet sich aber auch gut, ebenso versprechen der Waiatoto River (bei Haast) und der Wilkin River (im Mt. Aspiring National Park) tolle Erlebnisse in der Wildnis. Ebenfalls den Daumen hoch heißt es für den Kawarau River (außerhalb von Cromwell), den Waiau River (außerhalb von Te Anau), der Wairaurahiri River (außerhalb von Tuatapere) und der Waiau River bei Hanmer Springs.

Auf der Nordinsel eignen sich die Flüsse Whanganui, Motu, Rangitaiki und Waikato (bei den Huka Falls) hervorragend zum Jetboating, außerdem gibt es Sprint Jets im Agrodome bei Rotorua. Unerlässlich ist auch eine Jetboat-Fahrt um die Bay of Islands in Northland.

Parasailing & Kiteboarden

Das Parasailing (bei dem man an einem modifizierten Fallschirm, gezogen von einem Schnellboot oder Jetski, übers Wasser segelt) ist für viele vielleicht der einfachste Weg, mit Hilfsmitteln in die Luft zu gehen. Anbieter gibt es an der Bay of Islands, an der Bay of Plenty, in Taupo, Wanaka und Queenstown.

Das Kiteboarden (oder Kitesurfen), bei dem man von einem kleinen Lenkdrachen auf einem kleinen Surfbrett übers Wasser gezogen wird, kann man in Paihia, Tauranga, Mt. Maunganui, Raglan, Wellington und Nelson ausprobieren. Dort wird meist auch Unterricht angeboten. Die Karikari Peninsula nahe dem Cape Reinga an Neuseelands Nordzipfel ist ein Mekka der Kiteboarder.

Rafting, Kajak- & Kanufahren

Es gibt in Neuseeland fast so viele Möglichkeiten zum Rafting und Kajakfahren wie Flüsse vorhanden sind. Und auch an Veranstaltern, die einen in die Stromschnellen führen, mangelt es nicht. Die

PAUL KENNEDY/GETTY IMAGES ©

Oben: Mit dem Jetboat auf dem Shotover River (S. 613)

Unten: Surfer in der Manu Bay (S. 193)

Flüsse werden in Kategorien von I bis VI eingeteilt, wobei VI „nicht befahrbar" bedeutet. Auf gefährlicheren Strecken dürfen Kinder unter 12 oder 13 Jahren meist nicht mitfahren.

Bei Wildwasserfahrern beliebt sind auf der Südinsel der Shotover und der Kawarau River (bei Queenstown), der Rangitata River (bei Christchurch), der Buller River (bei Murchison) und der Arnold und der Waiho River an der West Coast. Der Shotover Canyon wird je nach Jahreszeit in eine Kategorie zwischen III und V+ eingeteilt, der Kawarau River gehört zur Kategorie IV, der Rangitata zu allem von I bis V, je nach Abschnitt.

Auf der Nordinsel kommen Raftingfans auf den Flüssen Rangitaiki, Wairoa, Motu, Mokau, Mohaka, Waitomo, Tongariro und Rangitikei auf ihre Kosten. Und dann gibt's da noch die Kaituna Cascades nahe Rotorua mit einer spektakulären 7 m hohen Stufen bei den Okere Falls.

Kanutrips auf dem Whanganui River auf der Nordinsel sind so beliebt, dass die Tour sogar in die „Great Walks" aufgenommen wurde! Auch auf Seen der Nordinsel wie dem Lake Taupo und dem Lake Rotorua sowie auf den Süßwasserseen der Südinsel kann man lospaddeln. In vielen Backpacker-Hostels, die in der Nähe geeigneter Gewässer liegen, kann man gegen

SURFEN IN NEUSEELAND

Surfer verraten nur ungern Geheimnisse – aber Neuseeland bietet einen Mix aus erstklassigen Wellen, gleichermaßen perfekt für Anfänger und Cracks. Wer sich abseits der ausgetretenen Pfade hält, wird großartige Wellen ohne Menschenmassen finden. Das ganze Jahr über werden die neuseeländischen Inseln aus allen Windrichtungen mit Dünung versorgt. Brecher an Landspitzen, Riffs, felsigen Bänken und an flachem Sandstrand – alles zu finden! An den besten Surfstränden gibt es Surfschulen. Vor der Anreise lohnt es sich, zu recherchieren: **Surfing New Zealand** (www.surfingnz.co.nz) empfiehlt einige Schulen auf seiner Website. Und wer in Neuseeland Surfurlaub machen möchte, sollte sich ein Exemplar des **New Zealand Surfing Guide** von Mike Bhana zulegen. Surf.co.nz liefert Informationen über viele gute Surfspots ... aber eigentlich gibt es kaum einen Strand ohne gute Breaks. Hier ein paar, die besonders toll sind:

Waikato Raglan, Neuseelands berühmtester Surfstrand, üblicherweise der erste Stopp von Surfern aus Übersee

Coromandel Whangamata

Bay of Plenty Mt. Maunganui, jetzt mit einem künstlichen Riff, das hohe Wellen erzeugt, und Matakana Island

Taranaki Fitzroy Beach, Stent Rd und Greenmeadows Point liegen alle am „Surf Highway"

East Coast Hicks Bay, die Strände der Stadt Gisborne und Mahia Peninsula

Rund um Wellington Strände wie Lyall Bay, Castlepoint und Tora

Marlborough & Nelson Kaikoura Peninsula, Mangamaunu und Meatworks

Canterbury Taylors Mistake und Sumner Bar

Otago Dunedin ist ein gutes Surfquartier auf der Südinsel, es hat prachtvolle Strände wie den St. Clair Beach

West Coast Punakaiki und Tauranga Bay

Southland Porridge und Centre Island

Von Nord nach Süd variieren die Wassertemperaturen und das Klima. Zum Surfen sollte man einen Neoprenanzug anziehen. Auf der Nordinsel tut's im Sommer ein Shorty, auf der Südinsel einen Fullsuit oder kurzärmligen Steamer von 2–3 mm Stärke. Im Winter sollte man dann auch auf der Nordinsel einen Fullsuit wählen, auf der Südinsel gar einen mit 3–5 mm Stärke und sämtlichen Extras.

Josh Kronfeld, Surfer und ehemaliges Rugby-Nationalspieler bei den All Blacks

Gebühr oder gar kostenlos Kanadier und Kajaks ausleihen. Viele kommerzielle Veranstalter bieten geführte Touren an.

Weitere Infos sind z. B. hier zu finden:

New Zealand Rafting Association (www.nz-rafting.co.nz)

Wildwasserfahren in Neuseeland (www.rivers.org.nz)

Kajakfahren in Neuseeland (www.kayaknz.co.nz)

Seekajakfahren

Seekajakfahren ist eine fantastische Möglichkeit, die Küste aus einer anderen Perspektive zu erkunden und dadurch die Flora und Fauna hautnah zu erleben.

Sehr empfehlenswerte Gebiete für Touren mit dem Seekajak findet man im Norden Neuseelands, u. a. im Hauraki Gulf (besonders vor Waiheke und den Great Barrier Islands), in der Bay of Islands und vor der Coromandel Peninsula. Im Süden eignen sich die Marlborough Sounds (Picton) und der Abel Tasman National Park an der Küste. Fiordland ist ebenfalls ein heißer Tipp mit zahlreichen Tourenanbietern in Te Anau, am Milford und Doubtful Sound und in Manapouri. Auch die Otago Peninsula, Stewart Island und Kaikoura weiter im Süden lohnen sich, ferner Waitemata Harbour, Hahei, Raglan und East Cape im Norden. Nützliche Information geben:

Kiwi Association of Sea Kayakers (www.kask.org.nz)

Sea Kayak Operators Association of New Zealand (www.skoanz.org.nz)

Sporttauchen

Neuseeland ist mit seinen warmen Gewässer im Norden sowie der üppigen Unterwasserflora und -fauna ein beliebtes Ziel für Sporttaucher.

Großartige Tauchgründe im Norden sind der Bay of Islands Maritime and Historic Park, der Hauraki Gulf Maritime Park, die Bay of Plenty, Great Barrier Island, das Goat Island Marine Reserve, Alderman Islands, das Te Tapuwae o Rongokako Marine Reserve nahe Gisborne und der Sugar Loaf Islands Marine Park nahe New Plymouth. Besonders die Poor Knights Islands unweit von Whangarei zählen zu den besten Tauchrevieren von Neuseeland (u. a. mit dem Wrack des ehemaligen Greenpeace-Flaggschiffs *Rainbow Warrior I*). Ob die im Jahr 2011 vor Tauranga gesunkene MV *Rena* sich ebenfalls einmal zu einem so beliebten Tauchziel entwickeln wird, bleibt dagegen noch abzuwarten.

Weiter südlich, in den Gewässern des Marlborough Sounds Maritime Park, liegt die *Mikhail Lermontov* auf Grund, das weltweit größte begehbare Wrack eines Kreuzfahrtschiffs. Die besten Tauchgründe von Fiordland sind der Dusky Sound, der Milford Sound und der Doubtful Sound, wo nicht weit unterhalb der Wasseroberfläche mit der Tiefsee vergleichbare Bedingungen herrschen. In Invercargill, wohin antarktische Wasser vordringen, gibt es einen Tauchclub.

Für eine kurze Einweisung plus Tauchkurs in einem Pool zahlt man überall mindestens 180 NZ$. Für einen viertägigen, PADI-zertifzierten Kurs im offenen Meer muss man mit etwa 600 NZ$ rechnen. Einmalige organisierte Tauchfahrten, vom Boot oder vom Land aus, kosten etwa 170 NZ$. Infos unter:

New Zealand Underwater Association (www.nzu.org.nz)

Dive New Zealand (www.divenewzealand.com)

Neuseeland im Überblick

Auckland

Essen & Ausgehen
Geologie
Küstenlinie

Restaurants, Bars, Cafés
Auckland verfügt über den Löwenanteil der besten Restaurants Neuseelands. Außerdem gibt es in der Stadt ausgezeichnete Märkte und eine lebhafte Café- und Barszene. Die Stadt befindet sich zudem in einer Weinbauregion. Und auch Aucklands Kaffeekultur boomt (aber das sollte man niemandem in Wellington erzählen).

Vulkane
Über 50 verschiedene Vulkane haben die einzigartige Topografie geformt. Eine Wanderung auf einem der Vulkangipfel ermöglicht einen weiten Panoramablick auf die Landschaft und das Stadtgebiet.

Strände
Strandliebhaber haben die Qual der Wahl: Sollen es die ruhigen, kindgerechten Buchten am Hauraki-Golf sein, die schwarzsandigen Surfstrände an der West Coast oder doch die atemberaubenden Strände der der Küste vorgelagerten Inseln?

S. 62

Bay of Islands & Northland

Küstenlinie
Wildnis
Geschichte

Strände & Buchten
Northlands Ostküste besteht aus schönen Buchten: ideal für Familien, Surfer und Angler. Die Westküste weist viele kilometerlange Sandstrände und Dünen auf.

Alte Wälder
Kauri-Wälder haben einst große Bereiche im Norden der Insel eingenommen. In den Resten der Wälder befinden sich noch einige jener imposanten Baumriesen, vor allem im Waipoua Forest.

Kerikeri & Waitangi
Neuseeland wurde von Norden nach Süden besiedelt, zuerst von den Maori, später von den Briten. So findet man in Kerikeri das älteste noch vorhandene Steinhaus und die erste Missionsstation des Landes.

S. 131

Waikato & Coromandel Peninsula

Küstenlinie
Städte
Höhlen

Strände & Surfen
Rund um Raglan gibt es sichere Badestrände und an der Manu Bay Top-Wellen zum Surfen. Im Sommer sind die Strände der Coromandel Peninsula beliebt; es gibt auch ruhige Fleckchen.

Kleinstadt-Flair
In Te Aroha, Cambridge, Matamata und Raglan gibt es tolle Pubs, Cafés, Restaurants und nette Einheimische. Thames und Coromandel stellen ihre Goldgräbergeschichte zur Schau.

Waitomo Caves
Rafting auf unterirdischen Flüssen in den Waitomo Caves – Neuseelands tollsten Höhlen – sollte man auf keinen Fall verpassen. Wer es ruhiger mag, paddelt durch die Grotten voller Glühwürmchen.

S. 179

Taranaki & Whanganui

Wildnis
Städte
Küstenlinie

Nationalparks
Der von Maori-Sagen geprägte Whanganui National Park ist einer der abgelegensten Parks. Der über New Plymouth aufragende Mt. Taranaki ist fotogen und bietet tolle Möglichkeiten zum Wandern.

Unterschätzte Orte
New Plymouth, Whanganui und Palmerston North sind mittelgroße Städte, die oft übersehen werden. Man findet hier tolle Restaurants, hippe Bars und Cafés, Museen und nette Leute.

Strände & Surfen
Der Surf-Hwy 45 führt zu schwarzen Stränden mit wilden Breaks. In Whanganui gibt es abgeschiedene, windgeschützte Strände, im Horowhenua District lange, leere braune Sandstrände.

S. 235

Taupo & Central Plateau

Wildnis
Landschaft
Outdoor-Aktivitäten

Seen & Flüsse
Neuseelands mächtigster Strom entspringt dem größten See des Landes: Hier kann man u. a. Kajak fahren, segeln und angeln. Das Wasser ist sehr kalt, aber am Fluss- und Seeufer gibt es Thermalquellen.

Märchenhafte Landschaften
Die drei rauchenden und manchmal ausbrechenden Vulkane der Nordinsel sind beeindruckend. Im Winter geben sie hervorragende Skigebiete ab, und das restliche Jahr über kann man dort toll wandern.

Taupo extrem
Fallschirmspringen, Bungee, Rafting, Jetboote, Mountainbiken, Wakeboarden, Gleitschirmfliegen, Skifahren – Lust auf Adrenalin? Bitte schön!

S. 272

Rotorua & Bay of Plenty

Geothermale Aktivitäten
Kultur der Ureinwohner
Aktivitäten

Vulkangetöse
Die Gegend um Rotorua ist übersät mit Geysiren, geothermalen Löchern, Thermalquellen und kochendem Schlamm. Neuseelands einziger aktiver Vulkan – der Whakaari (White Island) – liegt 48 km vor Whakatane.

Maori-Kultur erleben
In Rotorua ist man umgeben von Maori-Kultur. Dazu zählen traditioneller Tanz und Musikvorführungen, *haka* (Kriegstanz) und *hangi* (Maori-Feste).

Outdoor-Sport
Wie wär's mit Gleitschirmfliegen, Surfen, Fallschirmspringen, Zorbing, Jetbootfahren, Blokarting, Rafting, Mountainbiken, Kajakfahren? Oder doch nur zum Baden an den Strand?

S. 303

East Coast

Küstenlinie
Wein
Architektur

Küstenlandschaft
Entlang der Küste gibt es Spuren der frühen Maori und Hinweise auf James Cook. Hier befindet sich auch das East Cape Lighthouse. Auf Cape Kidnappers lebt eine Tölpelkolonie.

Weinregionen Gisborne & Hawke's Bay
Neuseeland meint es gut mit Weinliebhabern: Die Region Gisborne lockt mit tollem Chardonnay, und Hawke's Bay ist bekannt für wirklich gute bordeauxähnliche Rotweine. Auf den Weingütern bekommt man leckeres Essen serviert.

Art-déco in Napier
Für Freunde der Architektur sind die Art-déco-Gebäude in Napier ein absolutes Muss. Das alljährliche Art Deco Weekend zieht viele Besucher an.

S. 350

Wellington & Umgebung

Kunst
Essen & Ausgehen
Nachtleben

Museen & Galerien

Einige ausgezeichnete Ausstellungen und Sammlungen prägen die Museen der Innenstadt, darunter das interaktive Te Papa Museum und die international renommierte City Gallery.

Café-Kultur

Mehr als ein Dutzend Röstereien und zahllose angesagte Cafés machen Wellington zur Kaffeehauptstadt Neuseelands. Zu den besten gehören zweifellos Havana Coffee Works oder Fidel's.

Bars

Zwischen all den Bars rund um die Cuba St und den Courtenay Pl finden sich extravagante Kneipen, Pinten und Läden – genug, um bis zum Sonnenaufgang auf Kneipenbummel zu gehen.

S. 386

Marlborough & Nelson

Wildnis
Wein
Natur

Nationalparks

In der Region Nelson gibt es gleich drei Nationalparks – Nelson Lakes, Kahurangi und Abel Tasman. In einer Woche kann man sie alle drei erwandern.

Weinregion Marlborough

Die Region Marlborough ist nicht arm an Weinsorten wie Sauvignon Blanc, Riesling und Pinot Noir. Außerdem findet man diverse Möglichkeiten zur Verkostung von Schaumweinen und vorzüglichen regionalen Gerichten.

Kaikoura

Der Norden der Südinsel ist der Lebensraum unzähliger Arten, sowohl im Wasser als auch in der Luft. In Kaikoura ist vieles möglich: Wale beobachten oder mit Delfinen und Seebären schwimmen gehen.

S. 422

West Coast

Wildnis
Outdoor-Aktivitäten
Geschichte

Naturwunder

Ungefähr 90 % der West Coast liegen in Naturschutzgebieten voller Naturwunder. Highlights sind u. a. der berühmte Bogen von Oparara und die Pancake Rocks von Punakaiki.

Wandern & Trekken

Zahlreiche Wege, die einfache bis schwierige Wanderungen abgeben, durchziehen die Westküste. Alte Bergwerks- und Minenrouten wie der Charming Creek Walkway und der Mahinapua Walkway locken Anfänger und Geschichtsfreunde an.

Das Erbe der Pioniere

In Orten wie Denniston, Shantytown, Reefton und Jackson's Bay wird das Pioniererbe der West Coast wieder zum Leben erweckt.

S. 473

Christchurch & Canterbury

Geschichte
Outdoor-Aktivitäten
Landschaft

Christchurch & Akaroa

Christchurch wurde durch Erdbeben zerstört, aber im Canterbury Museum, den botanischen Gärten und der New Brighton St wird die Geschichte der Stadt deutlich. Akaroa ist stolz auf sein französisches Erbe.

Wandern & Kajakfahren

Man kann die Täler um den Arthur's Pass erkunden, im Akaroa Harbour zwischen Delfinen paddeln oder zum Wandern und Kajakfahren den Aoraki/Mt. Cook National Park besuchen.

Banks Peninsula & Südalpen

Die Summit Rd der Banks Peninsula führt zu Buchten, wo sich die Natur von ihrer schönsten Seite zeigt: mit Flusstälern, Gipfeln und Gletschern.

S. 512

Dunedin & Otago

Natur
Wein
Geschichte

Vögel, Seebären & Seelöwen

Die Otago Peninsula mit ihrer zerklüfteten Küstenlinie ist der Lebensraum vieler Arten, u.a. von Seehunden, Seelöwen und Pinguinen. Auf dem Taiaroa Head lebt die einzige festländische Albatroskolonie.

Bannockburn & Waitaki Valley

Ein Besuch im urigen Tal von Bannockburn lohnt schon wegen der Winzer und des Pinot Noirs. Auch das Waitaki Valley ist einen Zwischenstopp wert.

Viktorianische Schätze

Die geschichtenumwobenen Straßen Dunedins laden zum Flanieren ein, und das Flair von Oamarus Victorianischem Viertel lässt sich zu Fuß oder per Hochrad erleben.

S. 571

Queenstown & Wanaka

Outdoor-Aktivitäten
Landschaft
Wein

Queenstown extrem

Kein anderer Ort der Welt hat so viele abenteuerliche Aktivitäten zu bieten: Bungee, Rafting und Mountainbiken sind nur ein kleiner Teil der Optionen.

Berge & Seen

Die Landschaft um Queenstown mit dem Lake Wakatipu und den steilen Remarkables ist beeindruckend. Auch eine Fahrt ins unberührte Gebiet um Glenorchy und den Mt. Aspiring National Park ist toll.

Weinregionen

Nach einem Mittagessen im Restaurant der Amisfield Winery kann man die Region Gibbston erkunden und den Tag mit einer Riesling-Verkostung bei Rippon mit Blick auf den wundervollen Lake Wanaka ausklingen lassen.

S. 606

Fiordland & Southland

Landschaft
Wildnis
Outdoor-Aktivitäten

Herrliche Landschaft

Nach dem unvergesslichen Milford Sound bleibt noch Zeit, um die Catlins zu erkunden oder um weiter südlich Stewart Island zu besuchen.

Nationalparks

Der Fiordland National Park umfasst den Großteil des bedeutenden Weltkulturerbegebiets Southwest New Zealand (Te Wahipounamu). Weiter südlich zeigt der Rakiura National Park die Schönheit von Stewart Island.

Wandern & Seekajakfahren

Ein unvergessliches Erlebnis ist eine Wanderung über den Milford oder den Tuatapere Hump Ridge Track. Genauso abenteuerlich ist es, mit einem Seekajak den Doubtful Sound zu befahren.

S. 647

Reiseziele in Neuseeland

Auckland

☎ 09 / 1,42 MIO. EW.

Inhalt ➡

Gut essen

- Depot (S. 89)
- Ima (S. 89)
- Blue Breeze Inn (S. 92)
- Little Bird (S. 91)
- St. Heliers Bay Bistro (S. 94)

Schön übernachten

- Hotel de Brett (S. 95)
- Auckland Takapuna Oaks (S. 86)
- Verandahs (S. 83)
- 23 Hepburn (S. 84)

Auf nach Auckland!

Paris ist ja vielleicht die Stadt der Liebe, doch Auckland ist die „Stadt der Liebenden", wie ihr Maori-Name *Tamaki Makaurau* besagt. Und diese Liebenden begehrten den Ort so sehr, dass sie jahrhundertelang darum kämpften.

Eine schöner gelegene Stadt ist jedenfalls kaum vorstellbar. Zwei Häfen liegen beiderseits einer schmalen Landenge, auf der vereinzelte Vulkankegel aus dem fruchtbaren Ackerland aufragen. Von jedem der vielen Aussichtspunkte hat man einen tollen Blick auf die Stelle, wo einst zwischen Tasmansee und Pazifischem Ozean eine neue Insel entstanden ist.

Das Wasser ist nirgends weit weg – seien es die herrlichen Surfstrände an der zerklüfteten Westküste oder die unzähligen Inselchen im glitzernden Hauraki Gulf. Und nur eine Autostunde von der höher gelegenen Innenstadt entfernt sind dichte Regenwälder, heiße Thermalquellen, schöne Weingüter und ursprüngliche Naturparks zu entdecken. Kein Wunder, dass Auckland zu den Großstädten der Welt mit der höchsten Lebensqualität und den angenehmsten Lebensumständen gehört.

Reisezeit

- In Auckland herrscht mildes Klima mit gelegentlichem Frost im Winter und hoher Luftfeuchtigkeit im Sommer.
- In den Sommermonaten muss man im Durchschnitt mit acht Regentagen rechnen. Das Wetter ist hier allerdings für seine Kapriolen berühmt: Alle vier Jahreszeiten an einem Tag – und das ist an jedem Tag des Jahres möglich – sind nichts Ungewöhnliches.
- Wer in der Stadt so richtig auf den Putz hauen will, sollte nicht zwischen Weihnachten und Neujahr kommen, denn dann scheinen sich quasi alle Ocklander am Strand zu treffen – die Stadt wirkt wie ausgestorben. Die Sehenswürdigkeiten bleiben natürlich geöffnet, doch viele Cafés und Restaurants schließen und nehmen oft erst im Laufe des Januars wieder ihren Betrieb auf.

Highlights

1 Aucklands faszinierendes **Volcanic Field** (S. 76) erkunden

2 Bei einem Besuch der Inseln im herrlichen **Hauraki Gulf** (S. 103) zurück zur Natur finden

3 Die *taonga* (Schätze) der Maori im **Auckland Museum** (S. 71) bestaunen

4 Die schwarzen Strände von **Karekare** (S. 119) und **Piha** (S. 120) – mystisch und tückisch – besuchen

5 Ein Bad mit den Fischen im **Goat Island Marine Reserve** (S. 129) nehmen

6 Durch die weltbekannten Weingüter und Strände von **Waiheke Island** (S. 104) touren

7 Einen ausgiebigen Bummel durch die Cafés, Restaurants und Bars von **Ponsonby** (S. 96) machen

8 Das polynesische Flair des **Pasifika Festival** (S. 80) erleben, das jeweils im März im Western Springs Park stattfindet

AUCKLAND

Geschichte

Die Maori haben sich vor etwa 800 Jahren in der Region Auckland angesiedelt. Die ersten Siedlungen konzentrierten sich auf die Regionen der Inseln im Hauraki-Golf, aber allmählich wurde auch die fruchtbare Landenge immer verlockender und das Land wurde für den Anbau von Nahrung nutzbar gemacht.

Über Hunderte von Jahren kämpften die verschiedenen Stämme der Tamaki um die Vorherrschaft in der Region und errichteten *pa* (befestigte Dörfer) auf den zahlreichen Vulkankegeln. Der *iwi* (Stamm) Ngati Whatua vom Kaipara Harbour gewann 1741 die Oberhand und besetzte die größten *pa*. In den Musketenkriegen der 1820er-Jahre wurden sie vom Ngapuhi-Stamm aus dem Norden stark dezimiert und das Land war praktisch wieder verlassen.

Zu der Zeit, als 1840 der Vertrag von Waitangi unterzeichnet wurde, hatte Governor Hobson seinen Sitz in Okiato in der Bay of Islands. Als Te Kawau, Häuptling der Ngati Whatua, 12 km² Land am nördlichen Ende von Waitemata Harbour zum Verkauf anbot, beschloss Hobson, eine neue Hauptstadt zu errichten und benannte sie nach einem seiner Gönner: George Eden, Earl of Auckland.

Zuerst bestand Auckland nur aus ein paar Zelten am Strand, doch die Siedlung wuchs rasch und schon bald herrschte im Hafen reges Treiben. Erzeugnisse aus der Region wurden exportiert, darunter auch das Holz des neuseeländischen Kauribaums. Allerdings wurde nach nur 25 Jahren das zentraler gelegene Wellington zur Hauptstadt ernannt.

Seit Anfang des 20. Jhs. ist Auckland die am schnellsten wachsende Stadt Neuseelands und das Hauptindustriezentrum des Landes. Politische Entscheidungen mögen vielleicht in Wellington getroffen werden, aber Auckland ist die große Rauchsäule im „Land der langen weißen Wolke".

2010 wurden Gemeinden und Vororte in der Region Auckland zu einer „Megastadt" zusammengeschlossen. 2011 wurde die neue Metropole dann für die Rugby-Weltmeisterschaft kräftig herausgeputzt: Die Areale am Wasser wurden umgestaltet, die Kunstgalerie und der Tierpark wurden einer Rundumerneuerung unterzogen, und viele neue Restaurants und Bars erschienen auf der Bildfläche. Sie sorgen dafür, dass es auch nach der Weltmeisterschaft nun deutlich lebendiger im Stadtzentrum zugeht.

KURZINFOS AUCKLAND

Essen In einem der vielen, kosmopolitischen Lokale in Ponsonby Central.

Trinken Bei Hallertau in Riverhead ein Bier der kleinen Brauereien im Westen der Stadt genießen.

Lesen *Under the Mountain* (1979) – Maurice Gees Jugendroman über schleimige Kreaturen, die unter den Vulkanen von Auckland hausen.

Hören *Pure Heroine* (2013) – das Album der in Devonport geborenen Musikerin Lorde ist voller kluger Texte und schöner Melodien.

Anschauen *Matariki* (2010) – die fünf miteinander verbundenen Geschichten spielen im multikulturellen Süden von Auckland.

Festival Pasifika

Infos im Internet www.aucklandnz.com; www.lonelyplanet.com/new-zealand/auckland

Vorwahl ☎09

Sehenswertes

Auckland ist die Stadt der Vulkane. Ihre Hauptverkehrsadern verlaufen auf Lavazungen, die vielen Kegel muten im Meer der Vororte wie grüne Inseln an. Und Auckland ist nicht nur die größte Stadt Neuseelands, sondern auch ihre multikulturellste. Hier lebt eine stattliche asiatische Gemeinde, der polynesische Bevölkerungsanteil ist der höchste unter allen Städten weltweit.

Da die Kiwis traditionell auf ein frei stehendes Eigenheim samt großzügigem Grundstück Wert legen, dehnt sich die Stadt weit ins Umland aus. Die Innenstadt präsentierte sich lange als reines Geschäftsviertel; erst in den letzten Jahren entstanden dort wieder Wohnungen. Die Geografie meint es gut mit der Stadt, die Stadtplanung allerdings weniger. Der ungezügelte Bauboom hat Auckland im Zentrum diverse architektonische Peinlichkeiten beschert. Wer das wahre Wesen der Stadt kennenlernen möchte, sollte deshalb besser die innerstädtischen Vororte aufsuchen; dort säumen Villen aus der viktorianischen und edwardianischen Epoche die Straßen.

AUCKLAND IN ...

... zwei Tagen

Los geht es mit der Besichtigung der Innenstadt. Man spaziert (S. 77) von der Karangahape Rd (K Rd) ins Wynyard Quarter, wobei unterwegs noch ein kurzer Zwischenstopp in der Neuseeland-Abteilung der Auckland Art Gallery lohnenswert ist. Anschließend nimmt man die Fähre nach **Devonport**, um North Head zu erkunden und dann – bei schönem Wetter – am **Cheltenham Beach** zu entspannen. Für das Abendessen geht es mit der Fähre zurück ins Zentrum.

Am zweiten Tag erkundet man den **One Tree Hill**, bummelt durch den **Cornwall Park** und besucht dann das **Auckland Museum** und die **Domain**. Anschließend lohnt sich ein Abstecher zum **Tamaki Drive** mit Zwischenstopp an der Bastion oder am **Achilles Point**, um von dort den Ausblick auf den Hafen zu genießen. Abends vergeht die Zeit beim Essen und einer Kneipentour in **Ponsonby** wie im Flug.

... vier Tagen

Am dritten Tag geht's zum **Hauraki Gulf**. Man nimmt die Fähre nach **Waiheke Island** und vertreibt sich die Zeit am Strand oder mit dem Besuch von Weingütern.

Am letzten Tag steht der Westen auf dem Programm. Nach einem Frühstück im Dorf **Titirangi** lohnt sich der Besuch des **Waitakere Ranges Regional Park** oder der Strände von **Karekare** und **Piha**. Wer will, kann sich nach einer Erfrischungspause abends ins Nachtleben in der **K Rd** oder in **Britomart** stürzen.

Zentrum

★ Auckland Art Gallery — GALERIE

(Karte S. 68; www.aucklandartgallery.com; Ecke Kitchener St & Wellesley St; Eintrittspreis variiert bei Sonderausstellungen; ⏲10–17 Uhr) GRATIS Das 2011 nach gründlicher Renovierung neu eröffnete beste Kunstmuseum der Stadt hat nun ein spektakuläres Atrium aus Holz und Glas in dem einem französischen Schloss ähnelnden Gebäude von 1887. Neben den großen Werken von Pieter Bruegel dem Jüngeren, Guido Reni, Picasso, Cézanne, Gauguin und Matisse ist auch das Beste der neuseeländischen Kunst zu sehen. Dabei reicht das Spektrum von den sehr persönlichen Portraits tätowierter Maori des Malers Charles Goldie aus dem 19. Jh. bis zu den modernen Schriftbildern von Colin McCahon. Kostenlose Führungen durch die Galerie beginnen jeden Tag um 11.30 Uhr und 13.30 Uhr am Haupteingang.

Albert Park — PARK

(Karte S. 68) An den Campus der **Auckland University** am östlichen Rand der Innenstadt grenzt der schöne Park im viktorianischen Stil, in dem auch eine Reihe stattlicher Kaufmannshäuser der damaligen Zeit (Princes St) und das **Old Government House** (Karte S. 68; Waterloo Quadrant) stehen. In letzterem befand sich von 1856 bis 1865 die Schaltzentrale der Kolonialmacht, bevor Wellington Hauptstadt wurde. Der imposante **University Clock Tower** wurde 1926 teils im Jugendstil (mit der in Stein gemeißelten Flora und Fauna Neuseelands) und teils im Stil der Chicagoer Schule errichtet.

In der Mitte des Universitätscampus steht noch eine Mauer der Albert Barracks von 1847. Die ehemaligen Kasernen gehörten während der Neuseelandkriege zu einem 9 ha großen befestigten Gelände rund um den heutigen Albert Park.

Sky Tower — WAHRZEICHEN

(Karte S. 68; www.skycityauckland.co.nz; Ecke Federal St & Victoria St; Erw./Kind 28/11 NZ$; ⏲8.30–22.30 Uhr) Der nicht zu übersehende Sky Tower sieht wie eine riesige Injektionsnadel aus, die sich in den Himmel bohrt. Mit der spektakulären Beleuchtung bei Nacht scheint der Turm aus einer anderen Galaxie zu stammen, bei besonderen Veranstaltungen verändern sich sogar die Farben. Mit 328 m ist er das höchste Gebäude der südlichen Hemisphäre. In nur 40 Sekunden rast der Aufzug zu den Aussichtsplattformen hinauf, durch deren gläsernen Fußboden man einen schwindelerregenden Blick in die Tiefe werfen kann. Besonders schön ist die Aussicht bei Sonnenuntergang, den man mit einem Drink in der Sky Lounge Cafe & Bar genießen kann.

Ganz Mutige können den SkyWalk (S. 76) oder den SkyJump (S. 76) wagen.

Auckland

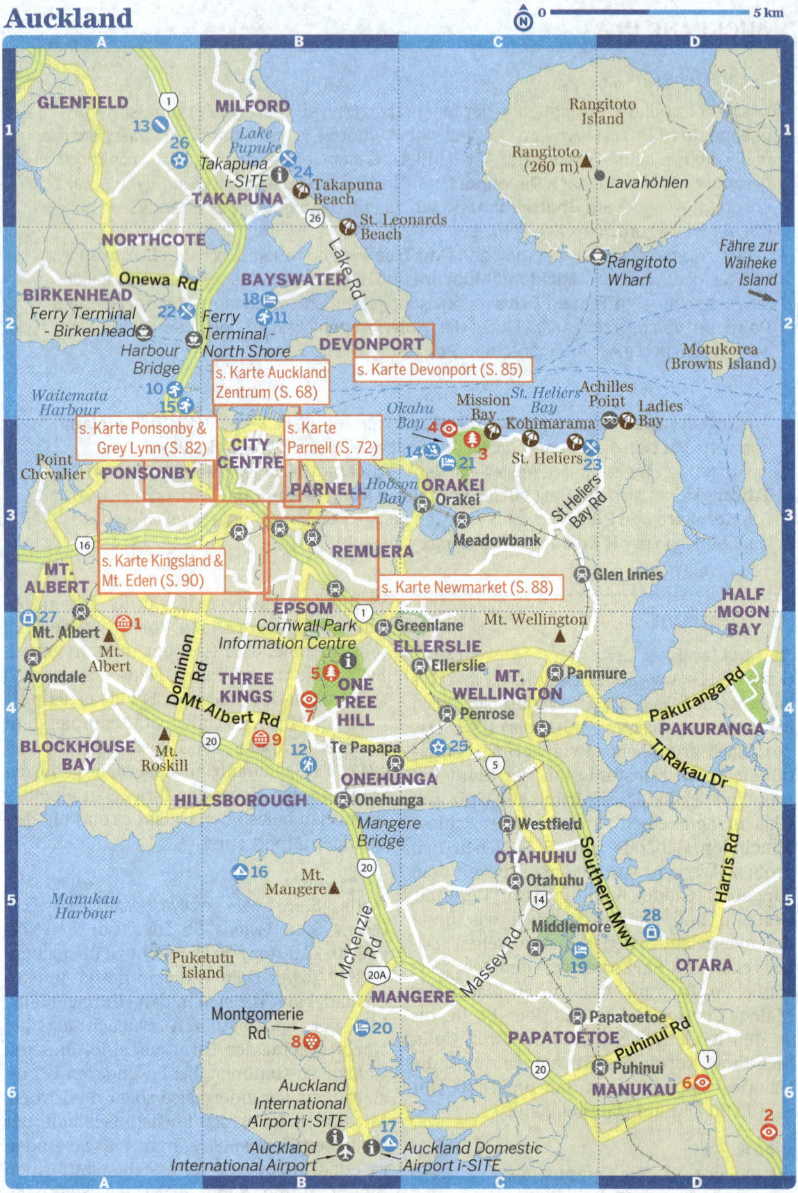

Civic Theatre ARCHITEKTUR

(Karte S. 68; www.civictheatre.co.nz; Ecke Queen St & Wellesley St) Das „kolossale Civic" von 1929 ist eines der letzten sieben „Filmtheater mit Flair" weltweit und ein herrliches Relikt aus der Zeit der großen Kinos. Der Kinosaal ist im üppigen maurischen Stil gestaltet und die Projektion des südlichen Sternenhimmels (einschließlich der üblichen Wolken) vermittelt den Zuschauern das Gefühl, im Freien zu sitzen. Zur Aufführung kommen hauptsächlich Musicals auf Tournee, Konzerte mit Musikern aus aller Welt und die bei Filmfestivals vorgestellten Streifen.

Auckland

Sehenswertes

1	Alberton	A4
2	Auckland Botanic Gardens	D6
3	Bastion Point	C3
4	Kelly Tarlton's Sealife Aquarium	C3
5	One Tree Hill	B4
6	Rainbow's End	D6
7	Stardome Observatory	B4
8	Villa Maria Estate	B6
9	Wallace Arts Centre	B4

Aktivitäten, Kurse & Touren

10	Auckland Bridge Climb & Bungy	A2
11	CharterLink	B2
12	Coast to Coast Walkway	B4
13	Dive Centre	A1
14	Fergs Kayaks	C3
15	Gulfwind	A2
	Penny Whiting Sailing School	(siehe 15)

Schlafen

16	Ambury Regional Park	B5
17	Auckland Airport Campervan Park	B6
18	Auckland Takapuna Oaks	B2
19	Grange Lodge	C5
20	Jet Park	B6
21	Nautical Nook	C3

Essen

22	Engine Room	A2
23	St. Heliers Bay Bistro	C3
	Takapuna Beach Cafe	(siehe 24)
24	The Commons	B1

Unterhaltung

25	Mt. Smart Stadium	C4
26	North Shore Events Centre	A1

Shoppen

27	Avondale Sunday Market	A4
28	Otara Market	D5

Auch wenn gerade keine Vorstellung ist, lohnt es sich, einen Blick ins Foyer zu werfen, das in indischer Üppigkeit mit unzähligen Elefanten und Affen an den unglaublichsten Orten schwelgt. Ursprünglich sollten auch Buddhastatuen die Fassade zur Straße hin schmücken, was dann doch als zu gewagt verworfen wurde. Stattdessen entschied man sich für neoklassizistische, nackte Jünglinge …

St. Patrick's Cathedral KIRCHE

(Karte S. 68; www.stpatricks.org.nz; 43 Wyndham St; ⏲7–19 Uhr) Aucklands katholische Kathedrale (1907) gehört zu den schönsten Gebäuden der Stadt. Der Kirchenraum besticht mit seinem polierten Holz und den belgischen Buntglasfenstern, die der majestätischen neugotischen Kirche Wärme verleihen. Im alten Beichtstuhl auf der linken Seite befindet sich ein historischer Schaukasten.

Britomart, Viaduct Harbour & Wynyard Quarter

Oberhalb des Bahnhofs erstreckt sich über ein paar Blocks die winzige Enklave Britomart mit historischen und modernen Gebäuden, in denen mittlerweile die besten Restaurants, Bars und Geschäfte der Stadt zu finden sind. Die Gegend ist besonders angesagt bei den Top-Modedesignern der Stadt, die sich zuvor in der High St konzentriert hatten.

Viaduct Harbour war früher ein betriebsamer Handelshafen und wurde 1999/2000 sowie 2003 für die renommierte Segelregatta des America's Cup gründlich überholt. So ist das Hafenviertel heute der ideale Ort, um schick zu essen und auszugehen, denn hier ist jeden Abend etwas los. Informationstafeln zur Stadtgeschichte, Skulpturen und der Blick auf die Traumjachten der Reichen lohnen den Spaziergang durch den Hafen.

Das über eine Hubbrücke mit dem Hafen verbundene Wynyard Quarter wurde ebenfalls anlässlich eines Sportereignisses neu gestaltet, nämlich zur Rugby-Weltmeisterschaft 2011. Mit den schönen Plätzen, Cafés am Wasser, dem Fischmarkt und dem Kinderspielplatz wurde das Viertel schnell zum neuen Lieblingsort der Einheimischen. Im benachbarten Silo Park (S. 81) wurden das kostenlose Freiluftkino am Freitagabend und die Märkte am Wochenende zur festen Institution im Sommerprogramm der Stadt. Zudem tragen viele neue Restaurants zu einer noch größeren kulinarischen Vielfalt bei.

Voyager – New Zealand Maritime Museum MUSEUM

(Karte S. 68; ☎09-373 0800; www.maritimemuseum.co.nz; 149-159 Quay St; Eintritt Erw./Kind 17/8,50 NZ$, mit Hafenrundfahrt 29/14,50 NZ$; ⏲9–17 Uhr, kostenlose Führung um 10.30 & 13 Uhr) Das Museum dokumentiert die Geschichte der neuseeländischen Seefahrt von den Kanus der Maori bis zu den Jachten des America's Cup. Zu sehen sind auch Nachbauten einer originalgetreu schaukelnden Zwischendeck-Kabine des 19. Jhs. und ein Strandhaus samt Ladengeschäft aus den 1950er-Jahren. Die Ausstellung *Blue Water*

Auckland Zentrum

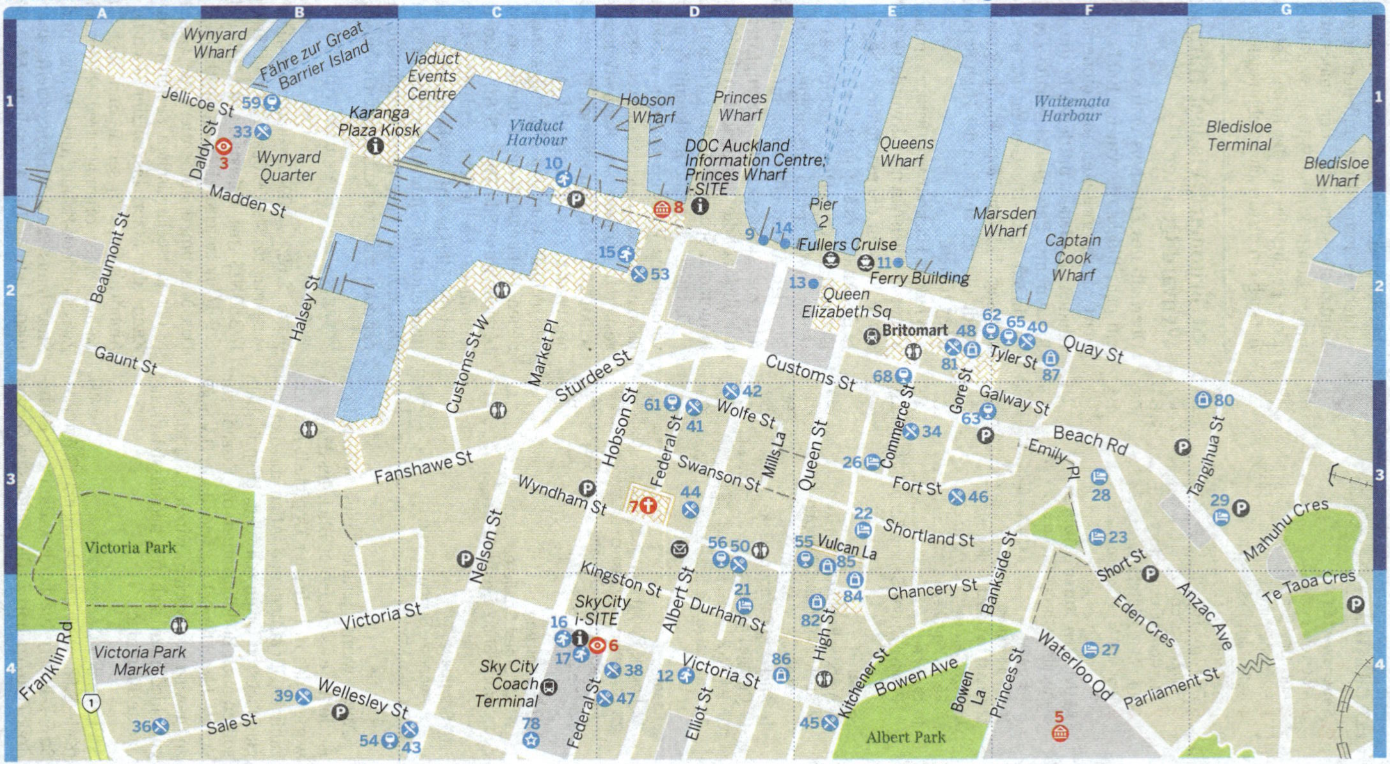

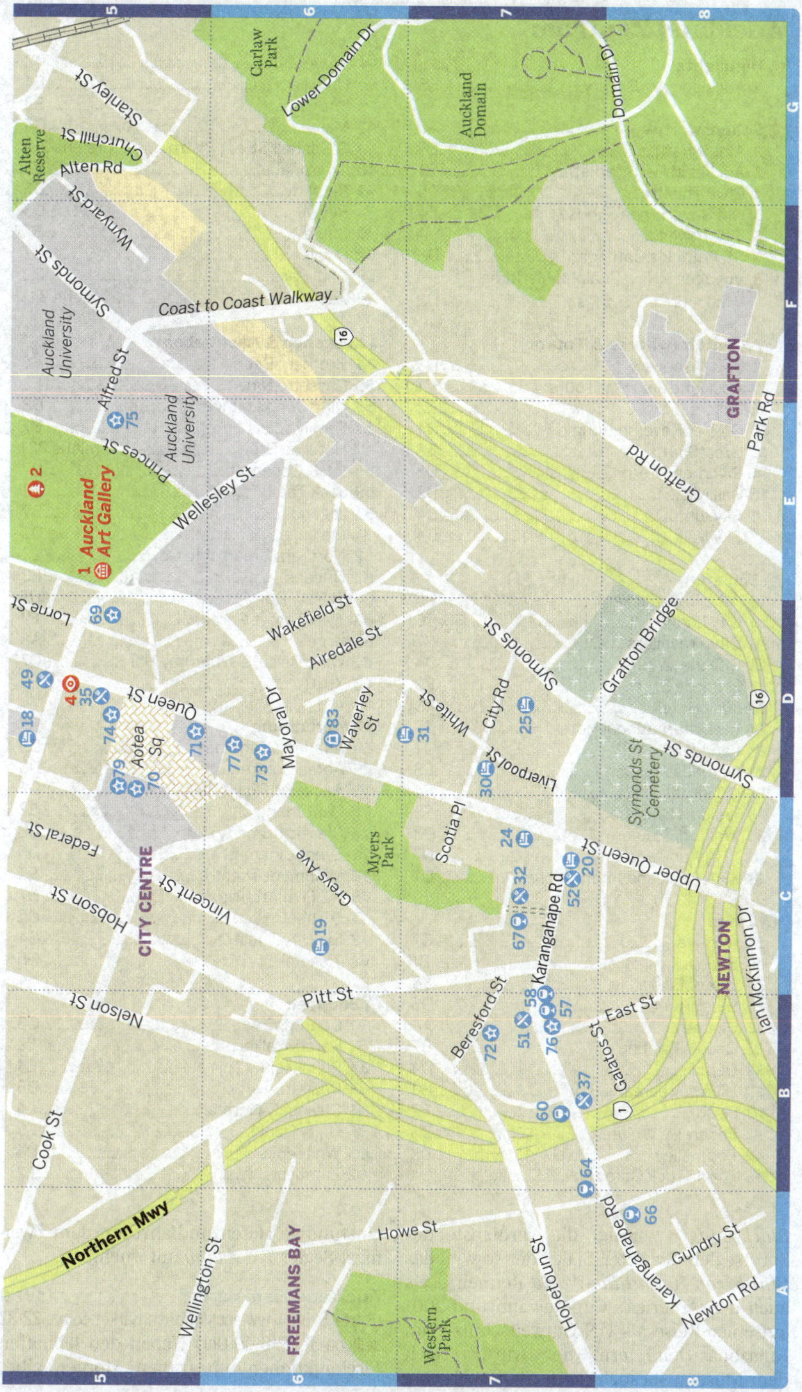
Carlaw Park
Lower Domain Dr
Auckland Domain
Domain Dr
Stanley St
Churchill St
Alten Reserve
Alten Rd
Wynyard St
Symonds St
Auckland University
Coast to Coast Walkway
16
Alfred St
75
Auckland University
GRAFTON
Park Rd
Grafton Rd
Princes St
2
1 Auckland Art Gallery
Wellesley St
Lorne St
69
Wakefield St
Airedale St
Symonds St
Grafton Bridge
49
4
35
18
74
Queen St
Aotea Sq
71
79
70
77
73
Mayoral Dr
83
Waverley St
31
White St
City Rd
25
Liverpool St
30
Symonds St Cemetery
Symonds St
Federal St
Myers Park
Scotia Pl
24
20
52
Upper Queen St
32
Karangahape Rd
67
CITY CENTRE
Vincent St
Greys Ave
Hobson St
19
NEWTON
Ian McKinnon Dr
Pitt St
Nelson St
Beresford St
58
57
51
72
76
East St
Galatos St
37
60
1
Cook St
64
66
Northern Mwy
Wellington St
Howe St
FREEMANS BAY
Gundry St
Hopetoun St
Karangahape Rd
Newton Rd
Western Park
A
B
C
D
E
F
G
5
6
7
8

Auckland Zentrum

Highlights

1 Auckland Art Gallery E5

Sehenswertes

2 Albert Park E5
3 Auckland Fish Market B1
4 Civic Theatre D5
5 Old Government House F4
6 Sky Tower D4
7 St. Patrick's Cathedral D3
8 Voyager – New Zealand Maritime Museum D2

Aktivitäten, Kurse & Touren

9 360 Discovery D2
10 Auckland Jet Boat Tours C1
11 Fullers E2
12 G-MAX Reverse Bungy D4
13 GreatSights E2
14 Riverhead Ferry D2
15 Sail NZ D2
16 SkyJump C4
17 SkyWalk C4

Schlafen

18 Attic Backpackers D5
19 City Lodge C6
20 City Travellers C7
21 CityLife D4
22 Hotel de Brett E3
23 Jucy Hotel F3
24 Kiwi International Hotel C7
25 Langham D7
26 Nomads Auckland E3
27 Quadrant F4
28 Waldorf Celestion F3
29 Waldorf Stadium G3
30 YHA Auckland City D7
31 YHA Auckland International D7

Essen

32 Alleluya C7
33 Baduzzi B1
34 Box of Bird E3
35 Burgerfuel D5
36 Clooney A4
37 Coco's Cantina B7
38 Depot D4
39 Dida's Freemans Bay B4
40 Ebisu F2
41 Federal & Wolfe D3
42 Food Alley D3
43 Food Truck Garage C4
44 Grove D3
45 Hansan E4
46 Ima E3
47 Masu D4
O'Connell Street Bistro .... (siehe 22)
48 Ortolana E2
49 Remedy D5
50 Revive D3
51 Satya B7
52 Scullery C7
53 Soul Bar D2
Zap 4 .... (siehe 34)

Ausgehen & Nachtleben

54 Brothers Beer B4
55 Cassette Nine E3
56 Ding Dong Lounge D3
57 Family B7
Hotel de Brett .... (siehe 22)
58 Ink & Coherent B7
59 Jack Tar B1
60 Legend B7
61 Mo's D3
62 Northern Steamship Co. E2
63 Orleans E3
64 Thirsty Dog B7
65 Tyler Street Garage F2
66 Urge A8
67 Wine Cellar & Whammy Bar C7
68 Xuxu E2

Unterhaltung

69 Academy Cinemas D5
70 Aotea Centre D5
71 Auckland Town Hall D5
72 Centurian B7
73 Classic Comedy Club D6
74 Event Cinemas D5
75 Maidment Theatre E5
76 NZ Film Archives B7
77 Q Theatre D6
78 SkyCity Theatre C4
79 Ticketek D5

Shoppen

80 Countdown G3
81 Karen Walker E2
82 Pauanesia E4
83 Real Groovy D6
84 Strangely Normal E4
85 Unity Books E3
86 Whitcoulls D4
87 Zambesi F2

Black Magic würdigt die Verdienste des Sportseglers Sir Peter Blake, der sowohl das *Whitbread-Round-the-World*-Rennen als auch den America's Cup gewann und 2001 auf einer Reise als UN-Umweltschützer im Amazonas-Delta ermordet wurde. Nach dem Museumsbesuch kann man noch eine einstündige Hafenrundfahrt auf dem Zweimast-Segler *Ted Ashby* unternehmen.

Auckland Fish Market MARKT

(Karte S. 68; www.aucklandfishmarket.co.nz; 22-32 Jellicoe St; ⏲6–19 Uhr) Neben den lebhaften Fischauktionen am frühen Morgen gibt's hier auch jede Menge Fischläden, Cafés, Restaurants und sogar eine Kochschule speziell für Fisch und Meeresfrüchte.

Mt. Eden

Mt. Eden (Maungawhau) VULKAN

(Maungawhau; Karte S. 90; ⌚ Zufahrtstraße 7–23 Uhr) Vom höchsten Vulkankegel (196 m) Aucklands aus bietet sich ein herrlicher Blick über die gesamte Landenge und die beiden Häfen. Der symmetrische Krater (Tiefe: 50 m) heißt *Te Ipu Kai a Mataaho* (die „Essschale von Mataaho", dem Gott der im Erdboden versteckten Dinge) und ist überaus *tapu* (heilig). Aus diesem Grund darf man auch nicht in den Krater hineinsteigen, kann jedoch den Berg von außen erkunden. Die Relikte der *pa*-Terrassen und Lagergruben sind noch deutlich erkennbar.

Man kann weit hinauf mit dem Auto fahren, aber auch hinaufwandern oder sogar joggen. Ausflugsbusse sind auf dem Gipfel nicht zugelassen, es verkehren jedoch Shuttlebusse, die Gäste, die nicht so gut zu Fuß sind, vom Parkplatz weiter unten am Hang zum Gipfel hinauffahren.

Eden Garden GARTEN

(Karte S. 88; www.edengarden.co.nz; 24 Omana Ave; Erw./Kind 8/6 NZ$; ⌚ 9–16 Uhr) Die Parkanlage an der Ostflanke des Mt. Eden ist bekannt für ihre Kamelien, Rhododendren und Azaleen.

Parnell & Newmarket

Parnell ist einer der ältesten Stadtteile Aucklands, in dem viele schöne alte Gebäude erhalten sind, die nun als Cafés, Restaurants und Ladengeschäfte genutzt werden. Das benachbarte Newmarket ist ein beliebtes Einkaufsviertel mit vielen Boutiquen.

★ **Auckland Museum** MUSEUM

(Karte S. 72; ☎ 09-309 0443; www.aucklandmuseum.com; Erw./Kind 25/10 NZ$; ⌚ 10–17 Uhr) Die große Parkanlage der Auckland Domain wird von diesem imposanten, neoklassizistischen Monumentalbau von 1929 beherrscht, der 2007 eine beeindruckende Kuppel aus Kupfer und Glas erhielt. Im Erdgeschoss befinden sich die absolut sehenswerten Ausstellungen zur Natur- und Kulturgeschichte des südpazifischen Raums mit vielen Kunst- und Gebrauchsgegenständen der Maori. Zu den Glanzstücken gehören ein 25 m langes Kriegskanu und ein original erhaltenes, mit Schnitzereien verziertes Versammlungshaus, das nur ohne Schuhe betreten werden darf. Ebenfalls sehr interessant ist die Präsentation des Auckland Vulcanic Field, bei der auch ein Vulkanausbruch simuliert wird. Mit den militärischen Ausstellungen in den oberen Etagen wird das Museum seiner Doppelfunktion als Kriegsdenkmal gerecht.

Die (im Eintrittspreis enthaltenen) einstündigen Führungen zu den Highlights des Museums beginnen jeweils um 10.45, 12.45 und 14.15 Uhr. Es sind auch Führungen durch die Maori-Sammlung mit Tanzvorführungen möglich.

Beim Ehrenmal im Vorhof des Museums findet jedes Jahr im Morgengrauen des 25. April Aucklands Feier zum Gedenken der neuseeländischen Gefallenen im Ersten Weltkrieg statt (ANZAC-Tag).

Auckland Domain PARK

(Karte S. 72) Auf der rund 80 ha großen Grünfläche befinden sich Sportplätze, Skulpturen, schöne Gärten, naturbelassene Ecken und der **Wintergarten** (Karte S. 72; www.wintergardenpavilion.co.nz; ⌚ Nov.–März Mo–Sa 9–17.30, So 9–19.30 Uhr, April–Okt. 9–16.30 Uhr) GRATIS mit einem Farn-, Tropen- und Kalthaus, einer witzigen Katzenstatue und einem Café/Kiosk gleich nebenan. Der Hügel in der Mitte des Parks ist alles, was von Pukekaroa, einem der vielen Vulkane Aucklands, übrig geblieben ist. Auf seinem bescheidenen Gipfel ehrt ein von einem Palisadenzaun umgebener Totara-Baum den ersten Maori-König.

Holy Trinity Cathedral KIRCHE

(Karte S. 72; www.holy-trinity.org.nz; Parnell Rd; ⌚ 10–15 Uhr) Die anglikanische Kathedrale von Auckland ist ein wahres Sammelsurium von Stilrichtungen – zumindest im Vergleich zur Kirche **St. Mary's** (1886) gleich nebenan. Die neugotische Holzkirche begeistert mit einem schönen Kirchenraum und interessanten Buntglasfenstern. Besonders beeindruckend ist das Rosettenfenster des englischen Künstlers Carl Edwards über dem schlichten Kauri-Altar.

Parnell Rose Gardens GÄRTEN

(Karte S. 72; 85-87 Gladstone Rd; ⌚ 7–19 Uhr) Die streng angelegten Gärten beeindrucken von November bis März mit ihrer Blütenpracht. Wer durch den Park spaziert, gelangt zur friedlichen **Judges Bay** und zur winzigen **St. Stephen's Chapel** (Karte S. 72; Judge St). Die Kapelle wurde anlässlich der Unterzeichnung der anglikanischen Kirchenverfassung (1857) Neuseelands errichtet.

Parnell

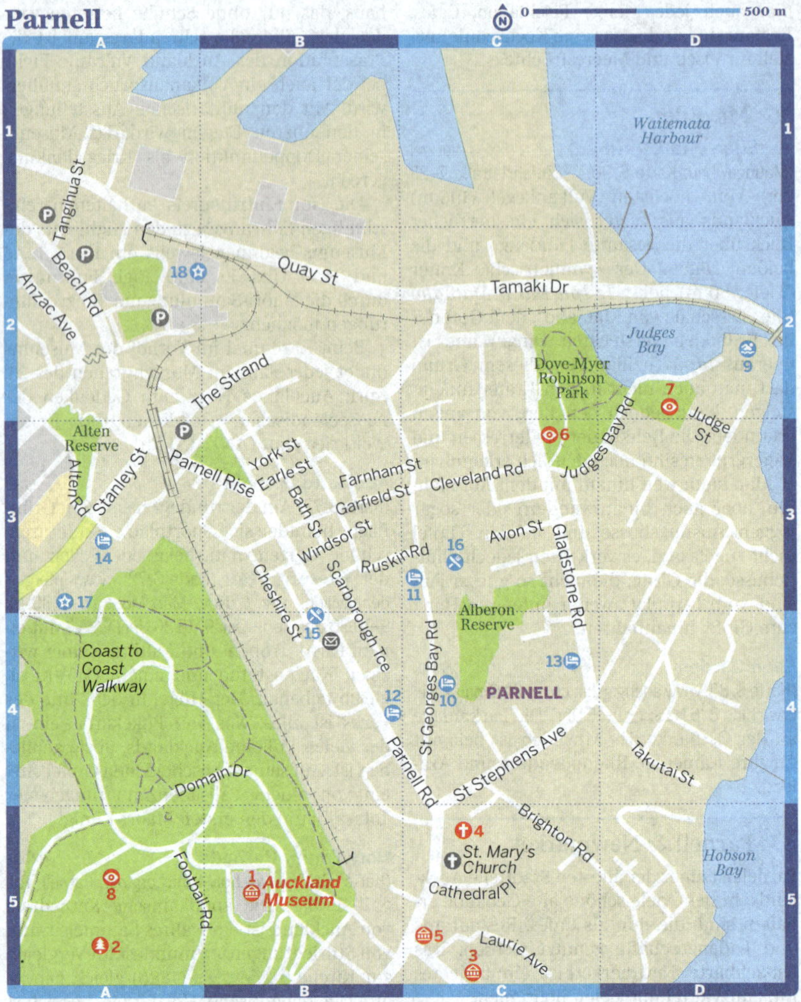

Highwic HISTORISCHES GEBÄUDE
(Karte S. 88; www.historic.org.nz; 40 Gillies Ave; Erw./Kind 9 NZ$/frei; ⌚ Mi–So 10.30–16.30 Uhr) Das Highwic ist ein sogenanntes Carpenter-Gothic-Haus (1862), ein romantisches Holzgebäude wie aus dem Bilderbuch inmitten eines üppigen, schön gestalteten Landschaftsgartens.

Kinder House HISTORISCHES GEBÄUDE
(Karte S. 72; www.kinder.org.nz; 2 Ayr St; Eintritt gegen Spende; ⌚ Mi–So 12–15 Uhr; 📶) Das 1857 aus Vulkangestein errichtete Gebäude präsentiert die subtilen, kunstvollen Aquarelle und Erinnerungsstücke von Reverend Dr. John Kinder (1819–1903), dem Direktor der Church of England Grammar School.

Ewelme Cottage HISTORISCHES GEBÄUDE
(Karte S. 72; www.historic.org.nz; 14 Ayr St; Erw./Kind 8,50 NZ$/frei; ⌚ So 10.30–16.30 Uhr) Das 1864 für einen Geistlichen erbaute Bildercottage ist in erstaunlich gutem Zustand.

Tamaki Drive

Die malerische, von Pohutukawa-Bäumen gesäumte Straße östlich der Stadt führt am Wasser entlang. Im Sommer treffen sich hier Jogger, Radfahrer und Rollerblader.

Parnell

Highlights
1 Auckland Museum ... B5

Sehenswertes
2 Auckland Domain ... A5
3 Ewelme Cottage ... C5
4 Holy Trinity Cathedral ... C5
5 Kinder House ... C5
6 Parnell Rose Gardens ... C3
7 St. Stephen's Chapel ... D2
8 Wintergarden ... A5

Aktivitäten, Kurse & Touren
9 Parnell Baths ... D2

Schlafen
10 City Garden Lodge ... C4
11 Lantana Lodge ... C3
12 Parnell Inn ... B4
13 Quality Hotel Parnell ... C4
14 Quest Carlaw Park ... A3

Essen
15 Burgerfuel ... B4
16 La Cigale ... C3

Unterhaltung
17 ASB Tennis Centre ... A3
Ticketmaster ... (siehe 18)
18 Vector Arena ... A2

Die Okahu Bay bildet den Auftakt für eine Reihe von kinderfreundlichen und beschaulichen Stränden. An der Landspitze liegt die Mission Bay, ein beliebter Strand mit einem Jugendstilbrunnen (eines der Wahrzeichen der Stadt), einem historischen Missionsgebäude, Restaurants und Bars. An die Mission Bay schließen sich die Strände Kohimarama und St. Heliers an, an denen man gefahrlos schwimmen kann. Weiter östlich an der Cliff Rd bietet sich vom Achilles Point ein herrlicher Panoramablick. Zu seinen Füßen erstreckt sich die Ladies Bay; dort finden sich viele FKK-Fans.

Die Busse 745 bis 769 verkehren ab Britomart auf dieser Strecke.

Kelly Tarlton's Sealife Aquarium AQUARIUM
(Karte S. 66; ☎09-531 5065; www.kellytarltons.co.nz; 23 Tamaki Dr; Erw./Kind 36/20 NZ$; ⏲9.30–17 Uhr) In ehemaligen Sturmwasserbecken schwimmen heute Haie und Stachelrochen über und um die Besucher herum. Diese können auch im Schutz eines Haikäfigs im Becken schnorcheln (95 NZ$) oder direkt abtauchen (165 NZ$). Zu den weiteren Attraktionen gehört die Penguin Discovery Tour (tgl. 10 Uhr, 199 NZ$/Pers.), bei der nur vier Besucher pro Tag direkt zu der kleinen Pinguinkolonie geführt werden. Wer den Eintritt und die Führungen im Internet bucht, erhält 10 bis 20% Ermäßigung. Dort stehen auch die genauen Daten und weitere Infos.

Von 9.30 bis 15.30 Uhr startet alle 30 Minuten gegenüber dem Fährhafen (172 Quay St) ein kostenloser Shuttle-Service mit dem „Hai-Bus“.

Bastion Point PARK
(Karte S. 66; Hapimana St) Politik, ein schöner Blick auf den Hafen und weitläufige Rasenflächen verbinden sich auf dem hübschen Landvorsprung mit abwechslungsreicher Geschichte. Das kunstvolle Garten-Mausoleum oben auf den Klippen ehrt Michael Joseph Savage (1872–1940), den ersten Premierminister des Landes der Labour Partei, dessen sozialistische Reformen ihm die Bewunderung der gesamten Bevölkerung einbrachte. Über den Rasen spaziert man zu einer mit Kanonen bestückten Uferbefestigung aus dem Zweiten Weltkrieg – eine von vielen am Hafen.

Devonport

Der Ort mit den vielen gut erhaltenen viktorianischen und edwardianischen Gebäuden und noch mehr Cafés ist nur eine kurze Fahrt mit der Fähre von der Innenstadt entfernt. Außerdem kann man zwei Vulkankegel besteigen und sich am ersten Strand der Nordküste sonnen.

Wer die historischen Gebäude auf eigene Faust erkunden möchte, besorgt sich im i-SITE die Broschüre *Old Devonport Walk*. Fahrräder können im Fährhafen geliehen werden.

Die Fähren nach Devonport (hin & zurück Erw./Kind 11/5,80 NZ$, 12 Min.) starten beim Auckland Ferry Building von 6.15 bis 23.15 Uhr alle 30 Minuten (ab 20 Uhr stündl., Fr & Sa bis 1 Uhr) sowie an Sonn- und Feiertagen von 7.15 bis 22 Uhr. Einige der Fähren nach Waiheke Island und Rangitoto legen ebenfalls hier an.

Mt. Victoria & North Head VULKAN
Mt. Victoria (Takarunga; Karte S. 85; Victoria Rd) und **North Head** (Maungauika; Karte S. 85; Takarunga Rd; ⏲6–22 Uhr), einst *pa* der Maori, sind bis heute eine Art Festung mit Marinepräsenz. Beide weisen mit Kanonen bestück-

te Uferbefestigungen auf, North Head ist zudem mit Tunneln durchzogen, die Ende des 19. Jhs. als Reaktion auf die Bedrohung durch Russland gegraben und im Ersten und Zweiten Weltkrieg weiter ausgebaut wurden. Die Tore werden abends geschlossen, was allerdings junge Leute nicht davon abhält, über den Zaun zu klettern, um dann nachts auf eine gruselige Entdeckungstour unter Tage zu gehen. Zwischen den beiden Uferbefestigungen erstreckt sich das **Cambria Reserve** auf den Resten eines dritten Vulkankegels, der jedoch größtenteils abgetragen wurde.

Navy Museum MUSEUM

(Karte S. 85; www.navymuseum.mil.nz; Torpedo Bay; ⏲10–17 Uhr) GRATIS Die Marine befindet sich schon seit frühen Kolonialzeiten in Devonport. Das Museum präsentiert nun ihre Geschichte auf interessante und oft auch anrührende Weise, wobei der Schwerpunkt auf dem Leben der Seeleute liegt.

Western Springs

Auckland Zoo ZOO

(Karte S. 90; www.aucklandzoo.co.nz; Motions Rd; Erw./Kind 25/10 NZ$; ⏲9.30–17 Uhr, letzter Einlass 16.15 Uhr) GRATIS In dem modernen, weitläufigen Tierpark stehlen die großen Exoten aus dem Ausland oft den einheimischen Arten die Schau. Aber wer seine Kids erst einmal von den Tigern und Orang-Utans losgeeist hat, findet eine schön präsentierte Abteilung mit Tieren aus Neuseeland vor. Sie heißt *Te Wao Nui* und unterteilt sich in sechs ökologische Zonen: Küste (Seehunde, Pinguine), Inseln (vor allem Echsen, darunter auch der Tuatara, der wie ein kleiner Dinosaurier aussieht und in Neuseeland beheimatet ist), Feuchtgebiete (Enten, Reiher, Aale), Nacht (Kiwis, na klar, aber auch Frösche, einheimische Eulenarten und Wetas, die Langfühlerschnecken), Wald (Vögel) und Hochland (vorwitzige Vögel und Echsen).

Vom Britomart Transport Centre fahren regelmäßig Busse (Erw./Kind 3,40/2 NZ$) zur Bushaltestelle 8124 in der Great North Rd. Von dort sind es noch 700 m bis zum Eingang des Zoos. Weitere Infos unter www.at.govt.nz.

Western Springs PARK

(Karte S. 90; Great North Rd) Der malerische Park ist besonders beliebt bei Eltern, deren Kinder sich auf dem tollen Abenteuerspielplatz austoben können. Er ist aber auch ideal für ein Picknick im Grünen, bei dem man sicherlich Bekanntschaft mit den verspielten Purpurhühnern, gelassenen Enten und aufdringlichen, fetten Gänsen macht. Mitten im Park liegt ein See, der einst durch den Zusammenfluss zweier Lavaströme entstand und in den täglich 4 Mio. l Wasser strömen. Von der Innenstadt kann man jeden Bus nehmen, der in der Great North Rd in Richtung Westen fährt (Erw./Kind 3,40/2 NZ$). Mit dem Auto fährt man auf dem North Western Motorway bis zur Ausfahrt Western Springs. Bis 1902 stellte er die Hauptwasserversorgung von Auckland dar.

MOTAT MUSEUM

(Museum of Transport & Technology; Karte S. 90; www.motat.org.nz; 805 Great North Rd; Erw./Kind 16/8 NZ$; ⏲10–17 Uhr) Das Paradies für Technikfreaks verteilt sich auf zwei Standorte, die zusammen 19 ha groß sind. Glanzstücke des **MOTAT Great North Rd** sind die Honda Vision 50 der ehemaligen Premierministerin Helen Clark und das Pionierdorf. In der Aviation Display Hall des **MOTAT Meola Rd** sind seltene Militärmaschinen und Flugzeuge der zivilen Luftfahrt ausgestellt. Zwischen den beiden Standorten verkehrt eine Oldtimer-Straßenbahn (im Eintrittspreis enthalten, sonst 2 NZ$), die auch zum Park und Zoo fährt. Allein die Fahrt damit ist schon ein Riesenspaß für Kinder.

Weitere Vororte

One Tree Hill PARK

(Maungakiekie; Karte S. 66; www.cornwallpark.co.nz) Auf dem Vulkankegel befand sich die bedeutendste Maori-Siedlung der Landzunge und zugleich die größte Festungsanlage des ganzen Landes. Vom 182 m hohen Gipfel hat man einen tollen Panoramablick. Hier ist auch das Grab von John Logan Campbell, der das Gelände 1901 der Stadt schenkte und sich dafür den Bau eines Denkmals zu Ehren der Maori auf dem Gipfel erbat. Direkt daneben steht der Stumpf des letzten „einzigen Baumes". Für die Erkundung des Cornwall Park mit seinen uralten Bäumen und dem hübschen Acacia Cottage von 1841 sollte man sich genügend Zeit lassen.

Das Informationszentrum zeigt in einer faszinierenden, interaktiven Ausstellung, wie die *pa* ausgesehen haben könnte, als hier 5000 Menschen lebten. Neben dem hervorragenden Kinderspielplatz bietet das **Stardome Observatory** (Karte S. 66; ☎09-624 1246; www.stardome.org.nz; 670 Manukau Rd;

Ausstellung frei, Vorführungen Erw./Kind 10/8 NZ$; Mo 10–15, Mi–Fr 9.30–16.30 & 18.30–21.30 Uhr) GRATIS regelmäßige Blicke in den Sternenhimmel und Vorführungen im Planetarium, die völlig unabhängig vom wechselhaften Wetter Aucklands sind und in der Regel mittwochs bis sonntags ab 20 Uhr stattfinden. Genaue Infos gibt's per Telefon oder im Internet.

Um von der Innenstadt zum One Tree Hill zu kommen, fährt man mit dem Zug bis Greenlane und geht dann noch etwa 1 km weiter auf der Green Lane West. Mit dem Auto fährt man auf dem Southern Motorway bis zur Ausfahrt Greenlane und biegt dann rechts in die Green Lane West ab.

Wallace Arts Centre GALERIE
(Karte S. 66; www.tsbbankwallaceartscentre.org.nz; Pah Homestead, 72 Hillsborough Rd, Hillsborough; Di–Fr 10–15, Sa & So 10–17 Uhr) GRATIS Das Museum in einer prachtvollen Villa von 1879 mit Blick auf den One Tree Hill und den Manakau Harbour zeigt moderne neuseeländische Kunst, die aus einer umfangreichen Privatsammlung stammt und alle vier bis sechs Wochen wechselt. Auf der Veranda kann man etwas essen und danach zwischen den herrlichen Bäumen des Parks spazieren gehen. Die ausgestellte Kunst ist leicht zugänglich, so etwa das lebensgroße „Offene Gedränge" beim Rugby oder der sehr lebendig wirkende, auf Glas gemalte Ziggy Stardust.

Im Zentrum fährt Bus 299 (nach Lynfield) alle 15 Minuten in der Nähe des Civic Theatre in der Wellesley St ab und hält dann in der Hillsborough Rd (4,50 NZ$, ca. 40 Min.).

Auckland Botanic Gardens GÄRTEN
(Karte S. 70; www.aucklandbotanicgardens.co.nz; 102 Hill Rd, Manurewa; Mitte März–Mitte Okt. 8–18 Uhr, Mitte Okt.–Mitte März 8–20 Uhr) Der 64 ha große Park beeindruckt mit über 10 000 Pflanzen (darunter auch gefährdeten Arten), Dutzenden Themengärten und Unmengen Brautpaaren. Mit dem Auto fährt man auf dem Southern Motorway bis zur Ausfahrt Manurewa und folgt dann der Beschilderung. Eine andere Möglichkeit ist, den Zug nach Manurewa (6,80 NZ$, 40 Min.) zu nehmen und dann auf der Hill Rd (1,5 km) bis zum Eingang zu spazieren.

Alberton HISTORISCHES GEBÄUDE
(Karte S. 70; www.historic.org.nz; 100 Mt. Albert Rd; Erw./Kind 9 NZ$/frei; Mi–So 10.30–16.30 Uhr) Das klassische, herrschaftliche Kolonialgebäude (1863) diente als Kulisse für mehrere Szenen des Films *Das Piano*. Vom Bahnhof Mt. Albert läuft man bequem 1 km zu Fuß dorthin.

Rainbow's End VERGNÜGUNGSPARK
(Karte S. 66; www.rainbowsend.co.nz; 2 Clist Cres; Superpass für alle Fahrgeschäfte Erw./Kind 52/42 NZ$; 10–17 Uhr) Nach internationalen Standards ist der Park etwas langweilig, aber es gibt genügend Fahrgeschäfte, darunter auch eine Korkenzieher-Achterbahn, um die Kids einen ganzen Tag lang bei Laune zu halten.

EIN BAUM, SIE ZU KNECHTEN

Der erste Gedanke beim Anblick des One Tree Hill ist wohl: Ja, wo ist denn der Baum überhaupt? Gute Frage. Bis 2000 stand noch eine Monterey-Kiefer oben auf dem Gipfel – als Ersatz für den heiligen Totara, der 1852 von britischen Siedlern gefällt wurde. Maori-Aktivisten griffen den Eindringling 1994 erstmals an, um ihm 2000 den Garaus zu machen. Derzeit ist es unwahrscheinlich, dass ein neuer Baum gepflanzt wird, bevor die Konflikte um den Landbesitz nicht endgültig gelöst sind. Dann wird hier aber mit Sicherheit wieder ein einheimischer Baum wachsen.

Aucklands beliebtestes Wahrzeichen wurde 1987 weltweit gewürdigt, als U2 den Song „One Tree Hill" auf ihrem gefeierten Album *The Joshua Tree* veröffentlichte. In Neuseeland erschien der Titel auch als Single, die auf Platz 1 der Hitparade katapultiert wurde.

Aktivitäten

Wer nie mit einem Boot im Hauraki Gulf unterwegs war, ist nicht wirklich in Auckland gewesen. Es muss ja nicht gleich ein Törn auf einer Jacht sein, aber mit der Fähre sollte jeder mal gefahren sein.

In den Visitor Centres und Bibliotheken der Stadt gibt's die von der Verwaltung herausgegebene Broschüre *Auckland City's Walkways*, in der eine ganze Reihe schöner Stadtspaziergänge sowie der *Coast to Coast Walkway* (S. 78) beschrieben sind.

Da Auckland auch vom Ruf Neuseelands als Actionparadies profitiert, hat sich die Stadt jede Menge abenteuerliche Aktivitäten einfallen lassen. Bevor man etwas bucht, sollte man sich aber nach Ermäßigungen für Backpacker und Sonderangeboten erkundigen.

NICHT VERSÄUMEN

AUCKLAND VOLCANIC FIELD

Viele Städte halten sich für sehr mutig, weil sie am Fuße eines Vulkans liegen. Auckland liegt auf einem ganzen Feld aus 50 Vulkanen, die längst noch nicht alle erloschen sind. Der letzte Ausbruch des Rangitoto war vor etwa 600 Jahren und niemand kann sagen, wann wieder ein Vulkan ausbrechen wird. Damit ist die Stadt im wahrsten Sinne des Wortes ein „Hotspot", denn 100 km unter der Erdoberfläche blubbert eine riesige Menge an Magma, die jederzeit ans Tageslicht geschleudert werden kann. Doch keine Sorge, in den letzten 20 000 Jahren ist das nur 19-mal passiert!

Einige der Vulkane von Auckland sind Kegel, andere sind mit Wasser gefüllte Krater und manche sogar schon vollständig abgetragen. Es gibt Bestrebungen, das Vulkanfeld zum Weltkulturerbe zu erklären und damit die bestehenden Überreste zu schützen. Die meisten der verbliebenen Kegel weisen Spuren von Terrassenanbau auf, die noch aus der Zeit stammen, als sich hier viele *pa* (befestigte Siedlungen) der Maori befanden. Am interessantesten sind der Mt. Eden (S. 71), One Tree Hill (S. 74) und Rangitoto, aber auch der Mt. Wellington (Maungarei), Mt. Albert (Owairaka), Mt. Roskill (Puketapapa), Lake Pupuke, Mt. Mangere und Mt. Hobson (Remuwera) lohnen einen Besuch.

Segeln

Sail NZ SEGELN
(Karte S. 68; ☎0800 397 567; www.explorenz.co.nz; Viaduct Harbour) Hier können die Skipper mit einer echten America's-Cup-Jacht in See stechen (Erw./Kind 160/115 NZ$) oder an einer *Wal- & Delfin-Safari* (Erw./Kind 160/105 NZ$) teilnehmen. Die Chancen, die Tiere auch wirklich zu Gesicht zu bekommen, stehen gut: Mit 90 % Wahrscheinlichkeit lassen sich Delfine sehen, zu 75 % auch Wale. Die glamourösen Großjachten der Flotte *Pride of Auckland* laden zu 90-minütigen Fahrten durch den Hafen ein (Erw./Kind 75/55 NZ$), die Alternative sind u. a. zweieinhalbstündige Dinner-Kreuzfahrten (120/85 NZ$) sowie ganztägige Segeltörns (165/125 NZ$).

CharterLink SEGELN
(Karte S. 66; ☎09-445 7114; www.charterlink.co.nz; Bayswater Marina; 395–1126 NZ$/Tag) Die Flotte besteht aus sehr gepflegten, älteren Segelschiffen, Luxusjachten und Katamaranen.

Gulfwind SEGELN
(Karte S. 66; ☎09-521 1564; www.gulfwind.co.nz; Westhaven Marina) Im Angebot sind Charterboote (445/895 NZ$ pro ½/1 Tag) und Segelkurse in kleinen Gruppen (595 NZ$ für 2 Tage).

Penny Whiting Sailing School SEGELN
(Karte S. 66; ☎09-376 1322; www.pennywhiting.com; Westhaven Marina; Kurs 750 NZ$) Die 15 Unterrichtsstunden werden entweder an fünf Nachmittagen oder zwei Wochenenden erteilt.

Extremsportarten

SkyWalk EXTREMSPORT
(Karte S. 68; ☎0800 759 925; www.skywalk.co.nz; Sky Tower, Ecke Federal St & Victoria St; Erw./Kind 145/115 NZ$; ⏲10–16.30 Uhr) Beim SkyWalk umrundet man den Sky Tower in 192 m Höhe auf dem 1,20 m breiten äußersten Ring, wo es weder Geländer noch einen Balkon gibt. Nur ein Sicherheitsgurt schützt vor dem Absturz.

SkyJump EXTREMSPORT
(Karte S. 68; ☎0800 759 586; www.skyjump.co.nz; Sky Tower, Ecke Federal St & Victoria St; Erw./Kind 225/175 NZ$; ⏲10–17 Uhr) Der aufregende 11 Sekunden lange, 85 km/h schnelle Drahtseil-Sprung von der Aussichtsplattform des Sky Tower ähnelt eher einem Fallschirm- als einem Bungee-Sprung.

Wem das an Nervenkitzel und Abenteuer nicht reicht, kann auch ein Kombiangebot SkyJump und SkyWalk kaufen: Das Paket heißt Look & Leap (290 NZ$).

Auckland Bridge Climb & Bungy BUNGEE-JUMPING
(Karte S. 66; ☎09-360 7748; www.bungy.co.nz; Curran St, Herne Bay; Klettern Erw./Kind 120/80 NZ$, Bungee-Jumping 150/120 NZ$) Hier bietet sich die Gelegenheit, auf die Auckland Harbour Bridge zu klettern oder sich von oben in die Tiefe zu stürzen.

NZ Skydive FALLSCHIRMSPRINGEN
(☎09-373 5778; www.nzskydive.co.nz; 3650 m 330 NZ$) Die Tandem-Sprünge werden über dem Mercer Airfield, 55 km südlich von Auckland, durchgeführt. Ein kostenloses Shuttle bringt die Teilnehmer von Auckland zum Flugplatz.

Stadtspaziergang
Zentrumsbummel

START: ST. KEVIN'S ARCADE, KARANGAHAPE RD
ZIEL: WYNYARD QUARTER
LÄNGE/DAUER: 4,5 KM; CA. 3 STD

Von den Secondhandläden der 1 **St. Kevin's Arcade** geht's hinunter zum Myers Park. Am Fuß der Treppe steht eine Kopie von 2 **Michelangelos Moses**. Nach dem Durchqueren des Parks kommt rechts wieder eine Treppe, die vor der Überführung zur Straße hinauf führt.

Nun geht es die Queen St hinunter, vorbei an der 3 **Auckland Town Hall** und am 4 **Aotea Sq**, dem Verwaltungszentrum der Stadt. An der nächsten Straßenecke steht das 5 **Civic Theatre** (S. 66). Dort geht man nach rechts in die Wellesley St und gleich wieder links in die Lorne St. Gleich rechts liegt der 6 **Khartoum Pl**, dessen Bodenplatten daran erinnern, dass sich die Frauen Neuseelands als erste der Welt das Wahlrecht erkämpften. Dann geht es die Treppe hinauf zur 7 **Auckland Art Gallery** (S. 65).

Hinter der Galerie liegt der 8 **Albert Park** (S. 65), den man durchquert, um links in die Princes St einzubiegen. Dort stehen sich eine Reihe 9 **viktorianischer Kaufmannshäuser** und der 10 **University Clock Tower** gegenüber. Hinter dem Turm geht man am 11 **Old Government House** vorbei und durch eine Quergasse zurück in die Princes St. Das schöne Gebäude an der Ecke Princes St und Bowen Ave war einmal die größte 12 **Synagoge** der Stadt.

Nun geht es die Bowen Ave hinunter und durch den Park am 13 **Chancery Precinct** vorbei zur 14 **High St** mit ihren vielen Cafés und Geschäften. Danach biegt man links in die 15 **Vulcan Lane** mit ihren alten Pubs ein. Nun geht es rechts die Queen St entlang bis zur 16 **Britomart Train Station** in der ehemaligen Hauptpost. Hier steht man auf dem Meer abgerungenem Land, denn die frühere Küstenlinie verlief an der Fort St. Nach einer Runde durch die Bars, Restaurants und Boutiquen der 17 **Britomart**-Einkaufspassage geht's zum Bahnhof zurück und links durch die Quay St in den 18 **Viaduct Harbour** mit seinen lebhaften Bars und Cafés. Über die Brücke kommt man ins frisch herausgeputzte 19 **Wynyard Quarter**, wo die Tour endet.

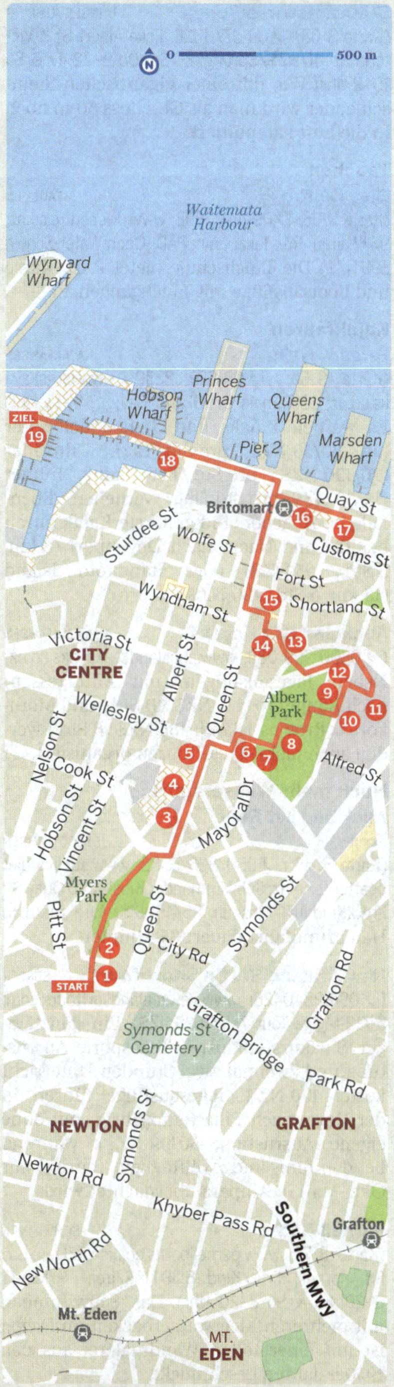

G-MAX Reverse Bungy BUNGEE-JUMPING
(Karte S. 68; ☎ 09-377 1328; Ecke Albert St & Victoria St; 40 NZ$/Sprung; ⏲ So–Do 9–22, Fr & Sa 10–2 Uhr) Wie mit einer gigantischen Steinschleuder wird man als Geschoss 60 m hoch in die Luft katapultiert.

Tauchen

Dive Centre TAUCHEN
(Karte S. 66; ☎ 09-444 7698; www.divecentre.co.nz; 97 Wairau Rd, Takapuna; PADI-Open-Water-Schein 599 NZ$) Die Tauchschule bietet PADI-Kurse und Bootsausflüge mit Tauchgängen an.

Kajakfahren

Fergs Kayaks KAJAKFAHREN
(Karte S. 66; ☎ 09-529 2230; www.fergskayaks.co.nz; 12 Tamaki Dr, Okahu Bay; ⏲ 9–18 Uhr) Es werden Kajaks und Stehpaddelbretter (ab 20/50 NZ$ pro Std./Tag), Fahrräder (20/120 NZ$ pro Std./Tag) und Inliner (15/30 NZ$ pro Std./Tag) verliehen. Ebenfalls im Angebot sind geführte Kajaktouren bei Tag und Nacht nach Devonport (8 km, 3 Std., 95 NZ$) oder Rangitoto Island (13 km, 6 Std., 120 NZ$).

Auckland Sea Kayaks KAJAKFAHREN
(☎ 0800 999 089; www.aucklandseakayaks.co.nz) Neben Tagesausflügen (mit Mittagessen) nach Rangitoto (175 NZ$, 10 Std.) und Motukorea (Browns Island; 135 NZ$, 6 Std.) werden auch mehrtägige Touren organisiert.

Noch mehr Wassersport

Auckland Jet Boat Tours JETBOOTFAHREN
(Karte S. 68; ☎ 050 825 5382; www.aucklandjetboattours.co.nz; Schwimmender Kiosk, 220 Quay St; Erw./Kind inkl. Museum 85/45 NZ$) Die rasante Hafenrundfahrt dauert 35 Minuten.

New Zealand Surf'n'Snow Tours SURFEN
(☎ 09-828 0426; www.newzealandsurftours.com; 5-/12-tägige Tour 799/1699 NZ$) Ein ganztägiger Surfkurs inklusive Transport, Ausrüstung und zweimal zwei Stunden Unterricht kostet 120 NZ$. Tagesausflüge führen in der Regel nach Piha (ganzjährig; mit/ohne eigene Ausrüstung 50/99 NZ$), während bei den fünf- und zwölftägigen Touren (nur Okt.–Mai) in Ahipara übernachtet wird.

Parnell Baths SCHWIMMEN
(Karte S. 72; www.parnellbaths.co.nz; Judges Bay Rd, Parnell; Erw./Kind 6,30 NZ$/frei; ⏲ Mo–Fr 6–20, Sa & So 8–20 Uhr) Das Schwimmbad mit mehreren Meerwasserbecken im Freien ist mit einer tollen Wandmalerei aus den 1950er-Jahren geschmückt.

Olympic Pools & Fitness Centre SCHWIMMEN
(Karte S. 88; www.theolympic.co.nz; 77 Broadway, Newmarket; Erw./Kind 8/5 NZ$; ⏲ Mo–Fr 5.30–21.30, Sa & So 7–20 Uhr) Schwimmbecken, Fitnessraum, Sauna, Dampfbad und Kinderkrippe.

Ballon fahren

Balloon Expeditions BALLON FAHREN
(☎ 09-416 8590; www.balloonexpeditions.co.nz; Flug 340 NZ$) Die Firma veranstaltet stundenlange Fahrten mit dem Heißluftballon bei Sonnenaufgang, inklusive Frühstück und einer Flasche Sekt.

Wandern

Coast to Coast Walkway WANDERN
(Karte S. 66; www.aucklandcity.govt.nz) Der von der Küste der Tasmansee quer durch die Stadt bis zur Pazifikküste führende Wanderweg ist tatsächlich nur 16 km lang und verläuft kaum auf befestigten Straßen, sondern hauptsächlich auf Naturpfaden. An der Strecke liegen der One Tree Hill, Mt. Eden, Domain-Park und das Universitätsgelände. Man kann ihn in beiden Richtungen gehen: vom Viaduct Basin in Richtung Süden ist er mit gelben Zeichen und Meilensteinen markiert, von Onehunga in Richtung Norden sind die Markierungen blau. Am besten fährt man mit dem Zug zum Startpunkt Onehunga und lässt die Wanderung dann in einer Bar im Hafen ausklingen.

Am Bahnhof von Onehunga geht man die Onehunga Mall entlang bis zur Princes St, biegt links ab und folgt dem Weg, der in dem direkt an der Autobahn liegenden Park beginnt.

☞ Geführte Touren

Kulturelle Touren

Potiki Adventures KULTUREXKURSION
(☎ 021 422 773; www.potikiadventures.co.nz; Erw./Kind ab 150/80 NZ$) Die Touren nach Waiheke Island und rund um Auckland konzentrieren sich auf die Kultur der Maori.

Tamaki Hikoi KULTUREXKURSION
(☎ 0800 282 552; www.tamakihikoi.co.nz; 1-/3-stündige Tour 40/95 NZ$) Bei den von Angehörigen der Ngati Whatua geleiteten Maori-Touren sind zumeist Wanderungen und kulturelle Vorführungen enthalten.

TIME Unlimited KULTUREXKURSION
(☎ 09-446 6677; www.newzealandtours.travel) Die Kulturexkursionen, Wanderungen und Führungen zeigen das Land aus Sicht der Maori.

Essen & Wein

NZ Winepro WEINVERKOSTUNG
(☎09-575 1958; www.nzwinepro.co.nz; Führung 85–275 NZ$) Erkundungstouren in die Weinregionen Aucklands – eine tolle Mischung aus Besichtigung und Weinverkostung.

Wine Trail Tours WEINVERKOSTUNG
(☎09-630 1540; www.winetrailtours.co.nz) Die Exkursionen in Kleingruppen führen zu den Weingütern im Westen Aucklands, zu den Waitakere Ranges (halber /ganzer Tag 115/245 NZ$) sowie zur weiter entfernten Insel Matakana Island (255 NZ$). Auch ein Kombiangebot (255 NZ$) ist erhältlich.

Fine Wine Tours WEINVERKOSTUNG
(☎0800 023 111; www.insidertouring.co.nz) Die Ausflüge führen zu den Weingütern von Kumeu und zu den Inseln Matakana und Waiheke. Auf der vierstündigen Kumeu-Tour (199 NZ$) wird Käse gereicht (229 NZ$). Bei einem sechsstündigen Ausflug steht auch der Muriwai Beach (245 NZ$) auf dem Programm.

The Big Foody Food Tour STADTFÜHRUNG
(☎021 481 177, 0800 366 386 877; www.thebigfoody.com; 65–165 NZ$/Pers.) Bei den Stadtführungen in kleinen Gruppen werden auch Märkte besucht, Kunsthandwerkerstätten besichtigt und Kulinarisches verkostet.

Wandern

Waitakere Tours WANDERN
(☎0800 492 482; www.waitakeretours.co.nz; 150 NZ$/Tag) Die eingefleischten West-Auckländer bieten geführte Touren zu den schönen Stränden an der Westküste an, aber auch Wanderungen in den Waitakere Ranges mit einem Guide.

Bush & Beach WANDERN, WEINVERKOSTUNG
(☎09-837 4130; www.bushandbeach.co.nz) Zur Wahl stehen Wanderungen in den Waitakere Ranges und entlang der Strände an der Westküste (Halbtages-/Tagestour 140/225 NZ$ inkl. Transfer), dreistündige Stadtrundfahrten im Minibus (75 NZ$) sowie kulinarische, Wein- und Kunsttouren in die Weinanbaugebiete von Matakana oder Kumeu (Halbtages-/Tagestour 219/310 NZ$).

Auckland Ghost Tours STADTFÜHRUNG
(☎09-630 5721; www.aucklandghosttours.com; Erw./Kind 50/25 NZ$) Bei der zweistündigen Geisterführung durch das Zentrum Aucklands werden gruselige Geschichten aus der Vergangenheit der Stadt erzählt.

NICHT VERSÄUMEN

STRÄNDE AN DER NORDKÜSTE

Zwischen North Head und Long Bay findet man mehrere schöne Strände, an denen man gut baden und schwimmen kann. Da sie durch die Inseln im Golf vor der starken Brandung geschützt sind, eignen sie sich auch für Kinder (unter Aufsicht). Wer nicht ewig weit gehen will, bis das Wasser zumindest bis zur Hüfte reicht, muss auf die Flut warten. Der **Cheltenham Beach** ist nur einen kurzen Fußmarsch von Devonport entfernt. Der am besten erschlossene **Takapuna Beach** liegt am nächsten zur Harbour Bridge und ist Aucklands Antwort auf Sydneys Bondi Beach. Zum benachbarten **St. Leonards Beach**, der besonders beliebt bei Schwulen ist, muss man bei Flut über die Felsen klettern.

Hiking NZ WANDERN
(☎0800 697 232; www.hikingnewzealand.com) Die „Wandersafaris“ führen von Auckland u.a. in den äußersten Norden (6 Tage, 1280 NZ$) und zu Vulkanen & Regenwäldern (10 Tage, 2480 NZ$).

Bustouren

Explorer Bus BUSTOUR
(☎0800 439 756; www.explorerbus.co.nz; Erw./Kind 40/20 NZ$) Der Bus fährt stündlich von 10 bis 15 Uhr (im Sommer auch öfter) am Fährterminal ab und steuert 14 interessante Sehenswürdigkeiten im Zentrum an. Die Fahrgäste können nach Lust und Laune ein- und aussteigen, also ihre Besichtigung selber zeitlich planen und durchführen.

Gray Line BUSTOUR
(☎0800 698 687; www.graylinetours.co.nz; Erw./Kind 59/29,50 NZ$; ⏱ab 9.30 Uhr) Die dreistündige Busrundfahrt führt zu den wichtigsten Sehenswürdigkeiten Aucklands.

GreatSights BUSTOUR
(Karte S. 68; ☎0800 744 487; www.greatsights.co.nz; Erw./Kind 59/29 NZ$; ⏱ab 9.45 Uhr) Dreistündige Bustour zu den Highlights der Stadt.

Toru Tours SEHENSWÜRDIGKEITEN
(☎027 457 0011; www.torutours.com; 69 NZ$) Die dreistündige Express-Tour ist ideal für alle, die allein unterwegs sind, denn sie findet auch bei nur einem Teilnehmer statt.

AUCKLAND MIT KINDERN

Alle Strände an der Ostküste (St. Heliers, Kohimarama, Mission Bay, Okahu Bay, Cheltenham, Narrow Neck, Takapuna, Milford und Long Bay) sind für Kinder unter Aufsicht gefahrlos zu benutzen. Sehenswürdigkeiten wie Rainbow's End, Kelly Tarlton's, das Auckland Museum und der Auckland Zoo stehen bei den Kids hoch im Kurs. Die Parnell Baths haben auch ein Kinderbecken; an kühlen Tagen macht ein Besuch in den Thermalbädern von Parakai oder Waiwera aber wahrscheinlich mehr Spaß.

Bootsfahrten

Riverhead Ferry BOOTSFAHRT
(Karte S. 68; ☎09-376 0819; www.riverheadferry.co.nz; Pier 3, Ferry Building; 35 NZ$) Es gibt Hafen- und Golfrundfahrten sowie eine 90-minütige Spritztour durch den inneren Hafen nach Riverhead und Rückkehr nach zwei Stunden im Pub.

Fullers BOOTSFAHRT
(Karte S. 68; ☎09-367 9111; www.fullers.co.nz; Ferry Building, 99 Quay St; Erw./Kind 40/20 NZ$; ⏲10.30 & 13.30 Uhr) In den täglich stattfindenden, 1½-stündigen Hafenrundfahrten ist auch ein Abstecher nach Rangitoto und die Hin- & Rückfahrt mit der Fähre nach Devonport enthalten.

Weitere geführte Touren

Auckland Seaplanes RUNDFLÜGE
(☎09-390 1121; www.aucklandseaplanes.com; ab 150 NZ$/Pers.) In einem tollen Wasserflugzeug aus den 1960er-Jahren fliegt man über Aucklands Hafen und die Inseln vor der Küste.

Red Carpet Tours DREHORTE
(☎09-410 6561; www.redcarpet-tours.com) Man kann einen Tagesausflug nach Hobbiton/Matamata (255 NZ$) unternehmen oder 14 Tage lang ganz Mittelerde abklappern (6650 NZ$).

Feste & Events

Ausführliche Infos zu allen Veranstaltungen gibt's auch auf www.aucklandnz.com.

Auckland Anniversary Day Regatta SPORT
(www.regatta.org.nz) Mit der Geburtstags-Regatta am Montag nach dem letzten Wochenende im Januar macht die „City of Sails" ihrem Namen alle Ehre.

Laneway Festival MUSIK
(www.lanewayfestival.com.au) Ihren Geburtstag feiert die Stadt auch mit einem eintägigen Musikfestival, bei dem Indie-Bands aus aller Welt auftreten.

Music In Parks MUSIK
(www.musicinparks.co.nz) Von Januar bis März gibt's kostenlose Konzerte in den Parks der Stadt.

Movies In Parks FILM
(www.moviesinparks.co.nz) Im Februar und März sind überall kostenlose Kinofilme zu sehen.

Lantern Festival KULTUR
(www.asianz.org.nz) Drei Tage lang wird im Albert Park mit asiatischem Essen und Kulturveranstaltungen das neue Jahr des Mondkalenders willkommen geheißen; meist Anfang Februar.

Auckland Pride Festival SCHWULE, LESBEN
(www.aucklandpridefestival.org.nz) Im Februar feiert die Gemeinschaft der Lesben, Schwulen, Bisexuellen, Transsexuellen und Transgender zwei Wochen lang mit Musik-, Kunst-, Sport- und Kulturveranstaltungen. Zu den Höhepunkten gehören die Auckland Pride Parade und der Rummel des **Big Gay Out** (www.biggayout.co.nz).

Devonport Food & Wine Festival ESSEN, WEIN
(www.devonportwinefestival.co.nz; Eintritt 30 NZ$) Zwei Tage Mitte Februar.

Splore MUSIK
(www.splore.net; Tapapakanga Regional Park) Drei Tage lang stehen Camping und Musik auf dem Programm – meist Tanzbares und Schnulziges, aber auch international bekannte Künstler; Mitte Februar am Strand.

Auckland Cup Week SPORT
(www.ellerslie.co.nz; Ellerslie Racecourse) Beim größten Pferderennen des Jahres kann hier jeder auf den Sieger wetten; Anfang März.

Auckland Arts Festival KUNST
(www.aucklandfestival.co.nz) In Jahren mit ungerader Zahl feiert Auckland die Künste im großen Stil; drei Wochen im März.

Pasifika Festival KULTUR
(www.aucklandnz.com/pasifika) Die gigantische polynesische Party mit kulturellen Darbietungen, Essensständen und Kunsthandwerkermarkt findet Anfang bis Mitte März im Western Springs Park statt.

Polyfest KULTUR
(www.asbpolyfest.co.nz; Sports Bowl, Manukau) Ein gigantisches Festival der weiterführenden Schulen Aucklands, das die Kultur der Maori und der Pazifikinseln feiert; im März.

Auckland International Cultural Festival KULTUR
(www.facebook.com/Culturalfestival; May Rd, War Memorial Park, Mt. Roskill) Ende März wird einen Tag lang mit Ethno-Essen, kulturellen Ausstellungen und Darbietungen gefeiert.

Royal Easter Show LANDWIRTSCHAFT
(www.royaleastershow.co.nz; ASB Showgrounds, 217 Green Lane West) Eigentlich ist es eine Landwirtschaftsausstellung, aber die meisten Besucher kommen wegen der Fahrgeschäfte.

NZ International Comedy Festival COMEDY
(www.comedyfestival.co.nz) Von Ende April bis Anfang Mai strapazieren Komiker aus Neuseeland und der ganzen Welt drei Wochen lang die Lachmuskeln des Publikums.

Out Takes FILM, SCHWULE, LESBEN
(www.outtakes.org.nz; Rialto Cinemas) Das Filmfest für Schwule und Lesben findet von Ende Mai bis Anfang Juni statt.

NZ International Film Festival FILM
(www.nzff.co.nz) Ab Mitte Juli wird die Stadt zum Programmkino.

Auckland Art Fair KUNST
(www.artfair.co.nz; The Cloud, Queens Wharf, Quay St) Die Kunstmesse im August findet nur in ungeraden Jahren statt.

NZ Fashion Week MODE
(www.nzfashionweek.com) Anfang September dreht sich alles um die neueste Mode.

Auckland International Boat Show SPORT
(www.auckland-boatshow.com) Die Bootsmesse findet im September statt.

Heritage Festival KULTUR
(www.aucklandcouncil.govt.nz) Zwei Wochen lang werden – in der Regel kostenlose – Führungen in verschiedenen Vierteln von Auckland und in historischen Gebäuden angeboten; Mitte September.

Diwali Festival of Lights KULTUR
(www.asianz.org.nz) Mitte Oktober feiert Aucklands indische Gemeinde mit Musik, Tanz und Essen.

Grey Lynn Park Festival KULTUR
(www.greylynnparkfestival.org) Das kostenlose Festival findet am dritten Samstag im November in einem der interessanteren Vororte von Auckland statt und bietet Kunst und Kunsthandwerk, Essensstände und Livemusik.

Santa Parade UMZUG
(www.santaparade.co.nz) Am letzten Sonntag im November gibt's erst einen großen Umzug in der Queen St und danach steigt eine Riesenparty am Aotea Sq.

Christmas in the Park FAMILIE
(www.christmasinthepark.co.nz) Mitte Dezember gibt's ein Weihnachtskonzert und eine Party im Domain-Park.

Silo Park Markets FILM
(www.silopark.co.nz; Wynyard Quarter) Von Dezember bis Ostern finden jeden Freitagabend und Samstagnachmittag große Märkte mit Imbisswagen, DJ-Musik und Kunsthandwerksverkauf statt. An einem Freitagabend werden Filmklassiker unter freiem Himmel gezeigt.

Schlafen

Zentrum

Auckland hat jede Menge Luxushotels und immer mehr internationale Hotelketten ziehen in Gebäude der Innenstadt ein. Dagegen sind die meisten Backpacker-Unterkünfte im Zentrum lausig, laut und miserabel. Es sind zwar nicht alle preiswerten Unterkünf-

DIE MAORI IN AUCKLAND

Der Beweis für die Besiedelung durch die Maori ist buchstäblich in die Vulkankegel Aucklands eingekerbt. Der vorherrschende *iwi* an der Landenge waren einst die Ngati Whatua, heute leben Maori-Stämme aus ganz Neuseeland hier.

Wer einen ersten Eindruck der Maori-Kultur gewinnen möchte, sollte dem Auckland Museum (S. 71) einen Besuch abstatten: Dort beeindruckt nicht nur die wunderschöne Sammlung zur Kultur der Maori, sondern auch eine interessante Show. Weiter ins Detail gehen die Exkursionen von TIME Unlimited (S. 78), Potiki Adventures (S. 78), oder Tamaki Hikoi (S. 78) von Ngati Whatua. Auch die Besuche der *marae* und des nachgebauten Maori-Dorfs in Te Hana (S. 127) lohnen sich.

Ponsonby & Grey Lynn

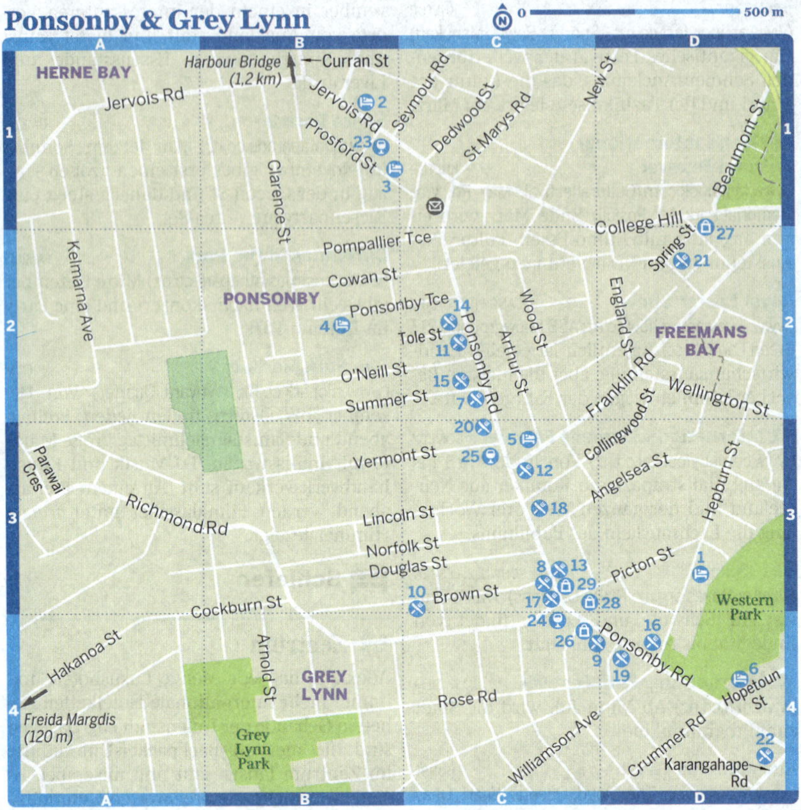

te in der Innenstadt *so* schlecht, aber die wesentlich besseren Hostels befinden sich in den inneren Vororten wie Ponsonby, Parnell, Freemans Bay und Mt. Eden, die vom Zentrum bequem mit dem Bus zu erreichen sind.

Attic Backpackers HOSTEL $
(Karte S. 68; ☎ 09-973 5887; www.atticbackpackers.co.nz; 31 Wellesley St W; B 26–33 NZ$, EZ/2BZ/DZ 50/78/78 NZ$; @ ☎) Das zentral gelegene, blitzsaubere Hostel ist modern und farbenfroh ausgestattet, hat Einrichtungen auf dem neuesten Stand und eine tolle Dachterrasse, auf der man sich mit anderen Reisenden austauschen kann.

Kiwi International Hotel HOTEL $
(Karte S. 68; ☎ 09-379 6487; www.kiwihotel.co.nz; 411 Queen St; Zi. 59–109 NZ$, Apt. 169 NZ$; P ☎) Die Zimmer, die meist ein eigenes Bad haben, sind zwar sehr klein, aber sauber und gepflegt. Und die Lage zwischen Queen St und Karangahape Rd ist wirklich super.

Jucy Hotel HOTEL $
(Karte S. 68; ☎ 09-379 6633; www.jucyhotel.com; 62 Emily Pl; Hostel EZ/DZ 54/79 NZ$, Hotel Zi. 109 NZ$; P @ ☎) Die flotte Budgetunterkunft gehört der gleichnamigen Autovermietung. Die Zimmer im Haupthaus haben jeweils ein eigenes Bad, im angrenzenden Hostel gibt's nur Stockbetten und Gemeinschaftsbäder.

YHA Auckland International HOSTEL $
(Karte S. 68; ☎ 0800 278 299, 09-302 8200; www.yha.co.nz; 5 Turner St; B 32 NZ$, Zi. 90–105 NZ$; P ☎) Das saubere und in hellen Farben gehaltene Hostel mit 170 Betten bietet eine freundliche Atmosphäre, viel Sicherheit, ein Spielzimmer und jede Menge abschließbarer Schränke.

YHA Auckland City HOSTEL $
(Karte S. 68; ☎ 0800 278 299, 09-309 2802; www.yha.co.nz; 18 Liverpool St; B/EZ/DZ 27/60/85 NZ$; ☎) Eine der steilsten Treppen der Stadt führt zu dem großen, unpersönlichen Hochhaus in der Nähe der Partymeile der K Rd.

Ponsonby & Grey Lynn

Alle Zimmer sind sauber und gepflegt, einige auch mit schönem Ausblick und Balkon.

Nomads Auckland HOSTEL $
(Karte S. 68; ☎09-300 9999; www.nomadsauckland.com; 16 Fort St; B 25–37 NZ$, Zi. 96–116 NZ$; @ 📶) Das betriebsame Hostel bietet ein Café, eine Bar, ein Reisebüro, ein Stockwerk nur für Frauen und eine Dachterrasse mit Sauna und Wellnessbereich. Die teils fensterlosen Zimmer haben alle TVs.

Waldorf Celestion APARTMENTS $$
(Karte S. 68; ☎09-280 2200; www.celestion-waldorf.co.nz; 19-23 Anzac Ave; Apt- 170–277 NZ$) Eines der vielen Waldorf-Hotels, die in den letzten Jahren eröffnet wurden und alle exakt das gleiche bieten: preiswerte Apartments am Rand der Innenstadt. Das Haus hier zeichnet sich durch eine stilvolle Farbgebung in Rot, Schwarz und Grau aus.

CityLife HOTEL $$
(Karte S. 68; ☎09-379 9222; www.heritagehotels.co.nz/citylife-auckland; Durham St; Apt. 179–339 NZ$; P @ 📶) Das bemerkenswerte Hotel in einem Hochhaus hat zahlreiche Apartments auf mehreren Stockwerken, die jeweils ein bis drei Schlafzimmer haben. Zu den Annehmlichkeiten gehören ein beheiztes Sportschwimmbecken, ein Fitnessraum, Parkservice und Kinderbetreuung.

Waldorf Stadium APARTMENTS $$
(Karte S. 68; ☎09-337 5300; www.stadium-apartments-hotel.co.nz; 40 Beach Rd; Apt. 150–330 NZ$) Das riesige, recht neue Gebäude hat die für die Kette üblichen, geräumigen und familienfreundlichen Apartments, deren doppelt verglaste Fenster den Straßenlärm dämpfen.

City Lodge HOTEL $$
(Karte S. 68; ☎09-379 6183; www.citylodge.co.nz; 150 Vincent St; EZ 79 NZ$, DZ 103–119 NZ$; @ 📶) Das YMCA-Hostel in einem Hochhaus wurde eigens für den Budgetmarkt errichtet. Die winzigen Zimmer und Bäder in der Größe eines Gästehandtuchs sind sauber und sicher. Es gibt eine Küche im Industriedesign und einen gemütlichen Aufenthaltsbereich.

★ **Hotel de Brett** BOUTIQUEHOTEL $$$
(Karte S. 68; ☎09-925 9000; www.hoteldebrett.com; 2 High St; Zi. 300–600 NZ$; @ 📶) Das schicke, sorgfältig restaurierte historische Hotel beeindruckt mit gestreiften Teppichen und raffinierten Akzenten in jeder Ecke der sehr gemütlichen Zimmer. Das Frühstück ist im Preis enthalten, genauso wie Breitbandzugang und ein Getränk zum Abendessen.

Quadrant HOTEL $$$
(Karte S. 68; ☎09-984 6000; www.thequadrant.com; 10 Waterloo Quadrant; Apt. 250–380 NZ$; 📶) Das elegante, praktisch gelegene Apartment-Hotel mit allen möglichen modernen Spielereien ist wirklich ausgezeichnet. Der Nachteil: Die Apartments sind winzig und die Bäder noch winziger.

Freemans Bay

Verandahs HOSTEL $
(Karte S. 82; ☎09-360 4180; www.verandahs.co.nz; 6 Hopetoun St; B 28–32 NZ$, EZ 56 NZ$, DZ 74–

94 NZ$, 3BZ 96 NZ$; P @) Das großartige Hostel befindet sich in zwei benachbarten Villen mit Blick auf die uralten Bäume des Western Park und in unmittelbarer Nähe der Ponsonby Rd, K Rd und Innenstadt. Eindeutig eine der besten Backpacker-Unterkünfte der Stadt.

23 Hepburn B&B $$$

(Karte S. 82; 09-376 0622; www.23hepburn.co.nz; 23 Hepburn St; Zi. 210–250; P) Die drei Zimmer des Boutiquehotels sind eine Sinfonie in Cremefarben und in mattem Weiß. Zu jedem Zimmer gehört ein eigener Kühlschrank, in den das kontinentale Frühstück am Vorabend eingestellt wird, sodass man es zu jeder beliebigen Zeit genießen kann.

Ponsonby & Grey Lynn

Ponsonby Backpackers HOSTEL $

(Karte S. 82; 09-360 1311; www.ponsonby-backpackers.co.nz; 2 Franklin Rd; B 26–28 NZ$, EZ/DZ 45/62 NZ$ P @) Die elegante zweistöckige Villa mit Türmchen hat eine freundliche Atmosphäre, sonnige Zimmer und einen hübschen Garten. Die Innenstadt ist nur 20 gemütliche Gehminuten entfernt, das Treiben der Ponsonby Rd spielt sich direkt vor der Tür ab.

Brown Kiwi HOSTEL $

(Karte S. 82; 09-378 0191; www.brownkiwi.co.nz; 7 Prosford St; B 28–31 NZ$, EZ/DZ 52/72 NZ$; @) Das bescheidene Hostel liegt versteckt in einer Geschäftsstraße, in der nur tagsüber etwas los ist. Doch die schönen Läden und guten Restaurants von Ponsonby sind nur einen Katzensprung entfernt. Der Garten im Innenhof ist ideal zum Abhängen.

Abaco on Jervois MOTEL $$

(Karte S. 82; 09-360 6850; www.abaco.co.nz; 57 Jervois Rd; Zi. 135–155 NZ$, Suite 194–215 NZ$; P) Die Zimmer des modernen, in neutralen Farben gehaltenen Motels haben eine Küchenzeile aus Edelstahl mit Geschirrschubladen und Backofen. Für den Wellnessbereich liegen flauschige, weiße Handtücher bereit. Die dunkleren Zimmer im Untergeschoss sind entsprechend günstiger.

Great Ponsonby Arthotel B&B $$$

(Karte S. 82; 09-376 5989; www.greatpons.co.nz; 30 Ponsonby Tce; Zi. 265–400 NZ$; P @) Die sehr geselligen Inhaber der nur scheinbar großzügigen viktorianischen Villa in einer ruhigen Sackgasse legen großen Wert auf Nachhaltigkeit und servieren ein grandioses Frühstück. Die Apartments gehen auf einen hübschen Hinterhof hinaus.

Newton

City Travellers HOSTEL $

(Karte S. 68; 09-377 6027; www.kroadcitytravellers.co.nz; 146 Karangahape Rd; B 29–33 NZ$, EZ/2BZ/DZ 61/76/76 NZ$; @) Das recht kleine Hostel liegt mitten in der umtriebigen und unkonvontionellen K Rd.

Langham HOTEL $$$

(Karte S. 68; 09-379 5132; www.auckland.langhamhotels.co.nz; 83 Symonds St; Zi. 220–390 NZ$, Suite 510–2430 NZ$; P @) Der Service ist absolut einwandfrei, die Betten sind himmlisch und der öffentliche Wellnessbereich gehört zu den besten der Stadt.

Mt. Eden

Bamber House HOSTEL $

(Karte S. 90; 09-623 4267; www.bamberhouse.co.nz; 22 View Rd; B 26–28 NZ$, EZ 57 NZ$, DZ 72–90 NZ$; P @) Das eigentliche Gebäude ist eine Art Herrenhaus mit einigen hübschen altmodischen Verzierungen inmitten eines weitläufigen Geländes. Die neuen Fertighütten haben deutlich weniger Charme, dafür aber ein eigenes Bad.

Pentlands HOSTEL $

(Karte S. 90; 09-638 7031; www.pentlands.co.nz; 22 Pentland Ave; B 25–28 NZ$, EZ/DZ 46/68 NZ$; P @) Die zartblaue Villa in einer beschaulichen, von Bäumen gesäumten Sackgasse bietet stilvolle Zimmer, eine Sonnenterrasse mit Grill und Tische in einem ruhigen Garten.

Oaklands Lodge HOSTEL $

(Karte S. 90; 09-638 6545; www.oaklands.co.nz; 5a Oaklands Rd; B 25–27 NZ$, EZ 43–50 NZ$, DZ 62–68 NZ$; P @) Das freundliche, gut geführte Hostel in einer grünen Sackgasse befindet sich in der Nähe des recht ländlichen Vororts Mt. Eden und ist gut mit den Stadtbussen zu erreichen.

Bavaria PENSION $$

(Karte S. 90; 09-638 9641; www.bavariabandbhotel.co.nz; 83 Valley Rd; EZ 95–130 NZ$, DZ 150–180 NZ$; P @) Die große Villa bietet geräumige, luftige Zimmer und Frühstück vom Büfett. Ein Aufenthaltsraum mit TV, Speisesaal und Terrasse sorgen für viel Kommunikation unter den Gästen.

Devonport

Eden Park B&B
B&B $$$

(Karte S. 90; ☎ 09-630 5721; www.bedandbreakfastnz.com; 20 Bellwood Ave; EZ 135–150 NZ$, DZ 235–250 NZ$; 📶) 🍃 Der heilige Rasen des legendären Rugby-Stadions Eden Park ist nur eine Straße entfernt. Die Zimmer sind zwar nicht gerade groß, aber ebenso elegant wie die schöne Villa im edwardianischen Stil.

Parnell & Newmarket

City Garden Lodge
HOSTEL $

(Karte S. 72; ☎ 09-302 0880; www.citygardenlodge.co.nz; 25 St Georges Bay Rd; B 28–30 NZ$, EZ/DZ 56/72 NZ$; P @ 📶) Das gut geführte Hostel in einem zweistöckigen Haus voller Charme hat einen hübschen Garten und Zimmer mit hohen Decken.

Lantana Lodge
HOSTEL $

(Karte S. 72; ☎ 09-373 4546; www.lantanalodge.co.nz; 60 St Georges Bay Rd; B 27–31 NZ$, EZ 58 NZ$, DZ 70–74 NZ$; P 📶) In der heimeligen Villa in einer ruhigen Straße stehen nur acht Zimmer zur Verfügung. Diese sind nicht gerade der Hit, aber sauber genug, um gemütlich zu sein.

Quest Carlaw Park
APARTMENTS $$

(Karte S. 72; ☎ 09-304 0521; www.questcarlawpark.co.nz; 15 Nicholls Lane; Apt. 170–335 NZ$;

Devonport

Sehenswertes

1	Mt. Victoria	B2
2	Navy Museum	D2
3	North Head	D2

Schlafen

4	Devonport Motel	B2
5	Devonport Sea Cottage	C2
6	Hampton Beach House	B3
7	Parituhu	B3
8	Peace & Plenty Inn	B3

Essen

9	Bette's Bar & Eatery	B2
10	Calliope Road Cafe	A2

P @ 📶) 🍃 Das schmucke, moderne Apartment-Hotel liegt zwar etwas abseits, aber dennoch günstig für Parnell, die Innenstadt und den Domain-Park. Wer über ein Auto verfügt, ist praktisch sofort auf der Autobahn.

Parnell Inn
MOTEL $$

(Karte S. 72; ☎ 09-358 0642; www.parnellinn.co.nz; 320 Parnell Rd; Zi. 105–130 NZ$; P @ 📶) Das freundliche Personal des schönen, komplett renovierten Motels ist immer guter Laune. Die Zimmer 3 und 4 bieten einen tollen Blick auf den Hafen, einige Zimmer haben eine Küchenzeile.

Quality Hotel Parnell HOTEL $$
(Karte S. 72; ☎ 09-303 3789; www.theparnell.co.nz; 20 Gladstone Rd; Zi: 150–310 NZ$; P 📶) In dem erst vor kurzem renovierten Gebäudekomplex stehen mehr als 100 Motelzimmer und Wohneinheiten zur Verfügung. Vom neueren Flügel an der Nordseite hat man einen tollen Blick auf den Hafen.

Devonport

In Devonport gibt's wunderbare Pensionen in edwardianischen Villen, die vom Zentrum aus gut mit der Fähre zu erreichen sind.

Devonport Motel MOTEL $$
(Karte S. 85; ☎ 09-445 1010; www.devonportmotel.co.nz; 11 Buchanan St; Zi. 150 NZ$; 📶) Das MiniMotel hat nur zwei Zimmer, die auf den gepflegten Garten hinter dem Haus hinausgehen. Sie sind ruhig, modern, sauber und komplett ausgestattet und liegen noch dazu in unmittelbarer Nähe der Sehenswürdigkeiten von Devonport.

Parituhu B&B $$
(Karte S. 85; ☎ 09-445 6559; www.parituhu.co.nz; 3 King Edward Pde; Zi. 125–155 NZ$; 📶) In dem ruhigen, einladenden edwardianischen Bungalow direkt am Wasser steht nur ein Doppelzimmer mit eigenem Bad zur Verfügung.

Devonport Sea Cottage COTTAGE $$
(Karte S. 85; ☎ 09-445 7117; www.devonportseacottagenz.com; 3a Cambridge Tce; DZ 130–150 NZ$; 📶) Zu dem hübschen, gemütlichen und komplett ausgestatteten Häuschen führt ein schmaler Pfad durch den Garten. Im Sommer gibt's günstige Wochenpreise.

Hampton Beach House B&B $$$
(Karte S. 85; ☎ 09-445 1358; www.hamptonbeachhouse.co.nz; 4 King Edward Pde; EZ 185–225 NZ$, Zi. 225–325 NZ$; @ 📶) Das luxuriöse Haus im edwardianischen Stil steht direkt am Wasser und hat geschmackvoll eingerichtete Zimmer, die auf den Garten dahinter hinausgehen. Die Bettwäsche ist erstklassig, das Frühstück vom Feinsten.

Peace & Plenty Inn B&B $$$
(Karte S. 85; ☎ 09-445 2925; www.peaceandplenty.co.nz; 6 Flagstaff Tce; EZ 195–265 NZ$, DZ 265–465 NZ$; P 📶) 🍃 Die Lage des mit Antiquitäten vollgestopften Fünf-Sterne-Hauses im viktorianischen Stil ist einfach perfekt. In den luxuriösen, sehr romantischen Zimmern mit eigenem Bad gibt's TVs, Blumen, kostenlosen Sherry oder Portwein und Schokolade aus der Region.

Andere Gegenden

Auckland Airport Campervan Park WOHNWAGENPARK $
(Karte S. 66; ☎ 09-256 8527; www.aucklandairport.co.nz; Jimmy Ward Crescent, Mangere; Stellplatz ab 29 NZ$; 📶) Der Park ist nur 1 km vom Flughafen entfernt und hat Stellplätze mit Strom, Toiletten und Duschen. Hier kann man sich nach einem langen Flug erst einmal ausruhen.

Ambury Regional Park CAMPINGPLATZ $
(Karte S. 70; ☎ 09-366 2000; www.arc.govt.nz; Ambury Rd, Mangere; Stellplatz Erw./Kind 6/3 NZ$) Der Regionalpark bietet ein Stück Landschaft inmitten der Vorstädte und ist gleichzeitig ein landwirtschaftlicher Betrieb. Die Einrichtungen halten sich im Grenzen (eine Stehtoilette, warme Duschen und wenig Schatten), aber zum Flughafen ist es nicht weit, die Lage am Wasser ist schön – und spottbillig ist es außerdem noch.

Auckland Takapuna Oaks HOTEL $$
(Karte S. 66; ☎ 09-445 7100; www.aucklandtakapunaoaks.co.nz; 1 Beresford St, Bayswater; Apt. 160–300 NZ$; P @ 📶) Die großen Apartments mit komplett ausgestatteter Küche und Waschmaschine liegen auf einer friedlichen Halbinsel, die nicht weit entfernt von den Stränden und mit der Fähre vom Zentrum aus gut zu erreichen ist. Frühstück sowie der Blick auf Hafen und Stadt sind im Preis inbegriffen.

Jet Park HOTEL $$
(Karte S. 66; ☎ 09-275 4100; www.jetpark.co.nz; 63 Westney Rd, Mangere; Zi. 120–150 NZ$; @ 📶 🏊) 🍃 Gemütliche Zimmer in gediegener Atmosphäre. Die Bildschirme mit den Abflugzeiten in der Eingangshalle und ein kostenloser Shuttle-Bus zum Flughafen sorgen dafür, dass man seinen Flug nicht verpasst.

Grange Lodge MOTEL $$
(Karte S. 66; ☎ 09-277 8280; www.manukauaccommodation.co.nz; Ecke Grange Rd & Great South Rd, Papatoetoe; Wohneinheit 125–190 NZ$; 📶) 🍃 Wer von der Südinsel kommt, sollte dieses kleine, freundliche Vorort-Motel in Betracht ziehen, denn es liegt in unmittelbarer Nähe zum Flughafen. Man verlässt den Southern Motorway bei der Ausfahrt East Tamaki Rd, biegt rechts ab und fährt gleich wieder rechts in die Great South Rd.

Nautical Nook B&B $$
(Karte S. 66; ☎ 09-521 2544; www.nauticalnook.com; 23b Watene Cres, Orakei; EZ/DZ 108/162 NZ$;

(wifi-icon) Das gemütliche Haus des begeisterten Seglers Keith und seiner Frau Trish ist die ideale Unterkunft für alle Wasserratten. Vom Aufenthaltsraum und der Terrasse hat man einen schönen Blick auf den Hafen und der Strand ist auch ganz in der Nähe.

Essen

Wegen der räumlichen Ausdehnung und ethnischen Vielfalt ist Auckland einsame Spitze in der Art und der Qualität seiner Restaurants. Außerdem eröffnen aufgrund der vielen Studenten aus Asien immer neue preiswerte japanische, chinesische und koreanische Restaurants. Wer gut und preiswert essen möchte, wird von den Food Halls der Stadt begeistert sein.

Die Aucklander lieben guten Kaffee und so findet man an jeder Ecke ordentliche Cafés, inbesondere in den Vororten Ponsonby, Mt. Eden und Kingsland. Einige dieser Cafés sind gleichzeitig Weinlokale, andere bieten auch frisch zubereitete Snacks zu vernünftigen Preisen oder sogar richtige Feinschmeckergerichte an.

Die angesagtesten neuen Essenstempel befinden sich in Britomart (oberhalb des Bahnhofs) und in der Federal St (am Fuße des Sky Tower). Viele Neueröffnungen sorgten in letzter Zeit auch für eine Aufwertung des kulinarischen Rufs von Ponsonby. Das Wynyard Quarter westlich des Viaduct Harbour und das City Works Depot in der Wellesley St erfreuen sich ebenfalls einer aufstrebenden Restaurantszene.

In den meisten Stadtteilen gibt's auch einen großen Supermarkt. Besonders praktisch sind **Countdown** (Karte S. 68; 76 Quay St; 24 Std.) im unteren Teil der Stadt und **New World** (Karte S. 82; 2 College Hill, Freemans Bay; 7–24 Uhr) beim Victoria Park. Selbstversorger können sich auf dem Otara Market (S. 99) und dem Avondale Sunday Market (S. 100) mit preiswertem frischem Gemüse

MULTIKULTURELLE VIELFALT AUF AUCKLANDS TELLERN

Rund 30 % der Neuseeländer lebt in Auckland und die größte Stadt des Landes hat zugleich die größte ethnische Vielfalt zu bieten. Dank der insbesondere aus Asien stammenden Einwanderer entstand eine äußerst kosmopolitische Restaurantszene. Zudem begeben sich schlaue Feinschmecker (und auch einige der besten Köche) der Stadt immer wieder in andere Vororte, um die Ethno-Küchen der Gegenwart und Zukunft so ursprünglich wie möglich zu entdecken.

So befindet sich die Hochburg feinster China-Küche in der Dominion Rd in Balmoral: An der Haltestelle 7058 bei der Kreuzung von Queen St und Wellesley St steigt man in den Bus 258 (3,40 NZ$) und fährt bis zur Haltestelle 8418. Die besten Lokale hier sind **Barilla Dumplings** (571 Dominion Rd, Balmoral; Snacks & Hauptgerichte 8–20 NZ$; 11.30–24 Uhr) und **Shaolin Kung Fu Noodle** (636 Dominion Rd, Balmoral; Fr–Mi 11.30–23.30, Do 17–23.30 Uhr) sowie **Spicy Joint** (533 Dominion Rd; Hauptgerichte 10–20 NZ$; Mi–Mo 12 Uhr–open end, Di 17 Uhr–open end), das ausgezeichnete Sichuan-Gerichte serviert.

Ein paar Straßen weiter westlich findet man die besten indischen und sri-lankischen Restaurants der Stadt: An der Haltestelle 7022 in der Victoria St East nimmt man den Bus 233 (3,40 NZ$) und fährt bis zur Haltestelle 8316 in der Sandringham Rd. Im **Jai Jalaram Khaman** (570 Sandringham Rd, Sandringham; Snacks & Hauptgerichte 7–15 NZ$; 11.30–22 Uhr; (vegetarian-icon)) gibt's ausgezeichnetes vegetarisches Essen aus Gujarat. Ein paar Häuser weiter ist das **7 Siri's** (580 Sandringham Rd, Sandringham; Hauptgerichte 10–15 NZ$; Mi–So 11.30–22, Di 17–22 Uhr; (vegetarian-icon)) aus Sri Lanka bekannt für seinen *lump rice*, hinter dem sich ein sehr schmackhafter „Haufen" von Currys mit scharfem Sambal verbirgt.

Auf den lebhaften **Nachtmärkten** (www.aucklandnightmarket.co.nz), die donnerstags bis samstags in vielen Vororten stattfinden, bieten gut 80 Essensstände Gerichte aus Argentinien und Samoa, Ungarn, der Türkei und vielen anderen Ländern der Welt an. Für Reisende am besten zu erreichen ist der Markt in Onehunga am Donnerstagabend. Mit dem Zug fährt man von Britomart nach Onehunga (4,50 NZ$) und geht dann rund 650 m bis zum Dress-Smart Outlet Shopping Centre.

Wer Ende März in der Stadt ist, bekommt beim Auckland International Cultural Festival (S. 81) einen leckeren Vorgeschmack auf die künftige ethnische Vielfalt. Die Internetseite **Cheap Eats** (www.cheapeats.co.nz) durchkämmt die Restaurants der Stadt ständig nach den besten ethnischen Gerichten unter 20 NZ$.

Newmarket

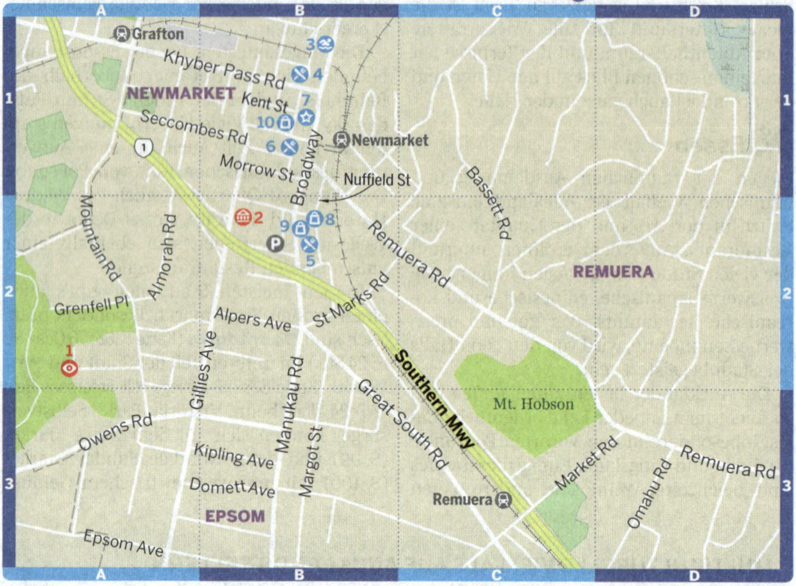

Newmarket

Sehenswertes
1 Eden Garden A2
2 Highwic B2

Aktivitäten, Kurse & Touren
3 Olympic Pools & Fitness Centre B1

Essen
4 Basque Kitchen Bar B1
5 Hansan B2
6 Teed St Larder B1

Unterhaltung
7 Rialto B1

Shoppen
8 Karen Walker B2
9 Texan Art Schools Newmarket B2
10 Zambesi Newmarket B1

versorgen. Ausgefallenere Nahrungsmittel und Kunsthandwerk aus der Region gibt's bei La Cigale (S. 94).

Zentrum

Food Truck Garage CAFÉ $
(Karte S. 68; www.foodtruckgarage.co.nz; 90 Wellesley St, City Works Depot; Hauptgerichte 10–14 NZ$; ⏲11–22 Uhr, kleine Karte 15–17 Uhr;) Das Lokal im neuen, abgefahrenen City Works Depot serviert gesunde Varianten von Fast-Food-Klassikern wie Burgern, Tacos und Wraps, was garantiert nicht zu Lasten des guten Geschmacks geht.

Food Alley FOOD HALL $
(Karte S. 68; 9 Albert St; Hauptgerichte 7–13 NZ$; ⏲10.30–22 Uhr) In der schlichten Food Hall gibt's alle möglichen chinesischen, indonesischen, indischen, thailändischen, vietnamesischen, türkischen, malaysischen, koreanischen und japanischen Gerichte.

Hansan VIETNAMESISCH $
(Karte S. 68; www.hansan.co.nz; 22-24 Kitchener St; Hauptgerichte 10–16 NZ$; ⏲11–22 Uhr) Das tolle vietnamesische Restaurant ist nur einen kurzen Fußmarsch von der Queen St entfernt, eine **Filiale** (Karte S. 88; 55 Nuffield St; ⏲11–22 Uhr) befindet sich in Newmarket.

Remedy CAFÉ $
(Karte S. 68; 1 Wellesley St; Snacks & Hauptgerichte 8–16 NZ$; ⏲Mo–Fr 6.30–18, Sa 9–15 Uhr) Das kuriose Café mitten in der Stadt hat ausgezeichneten Kaffee und den Charme eines antiquarischen Buchladens.

Revive VEGETARISCH $
(Karte S. 68; www.revive.co.nz; 24 Wyndham St; Hauptgerichte 11–13 NZ$; ⏲Mo–Do 11–20, Fr 11–15 Uhr;) Dieses Vegetarier-Paradies bietet

eine leckere Salattheke und preiswerte Tagesgerichte.

Zap 4 THAI $

(Karte S. 68; www.zap.getcellgroup.cpm; 10 Commerce St; Hauptgerichte 12–17 NZ$; ⏲11–21 Uhr) In dem lebhaften Restaurant kommen alle Lieblingsgerichte der Thai-Küche auf den Tisch.

★ Depot MODERN-NEUSEELÄNDISCH $$

(Karte S. 68; www.eatatdepot.co.nz; 86 Federal St; Hauptgerichte 17–32 NZ$; ⏲7 Uhr–open end) Aucklands erstes Restaurant von TV-Koch Al Brown bietet exquisite Kiwi-Küche in zwangloser Umgebung mit großen Tischen, einfachem Fliesenboden und einem ständigen Kommen und Gehen. Die Gerichte sind jeweils für mehrere Personen gedacht. Zwei Mitarbeiter sind nur damit beschäftigt, die frischesten Muscheln und Austern der Stadt zu knacken und zu servieren.

Ima NAHÖSTLICH $$

(Karte S. 68; ☎09-300 7252; www.imacuisine.co.nz; 57 Fort St; Frühstück 11–20 NZ$, Mittagessen 16–24 NZ$, Abendessen Gerichte zum Teilen 18–30 NZ$; ⏲Mo–Fr 7–14.30, Di–Sa 17.30–22.30 Uhr) Der Name des Lokals ist das hebräische Wort für „Mutter" und liefert einen Hinweis auf die Qualität der Gerichte aus Israel, Palästina, dem Jemen und dem Libanon. Sehr empfehlenswert ist *shakshuka* (gebratene Eier in einer würzigen Tomatensauce), das es zum Frühstück oder Mittagessen gibt. Oder man geht abends mit einer ganzen Gruppe hin und teilt sich die ausgezeichneten Gerichte.

Federal & Wolfe CAFÉ $$

(Karte S. 68; 10 Federal St; Hauptgerichte 12–21 NZ$; ⏲Mo–Sa 7–15 Uhr; 📶) 🍃 Umzugskartons und nicht zusammenpassende Stühle geben dem kleinen Café den Flair eines Sperrmülllagers. Dafür ist der Kaffee erstklassig, das Essen hervorragend und die Zutaten stammen überwiegend aus Bio-Anbau und Freilandhaltung.

Grove MODERN-NEUSEELÄNDISCH $$$

(Karte S. 68; ☎09-368 4129; www.thegroverestaurant.co.nz; St. Patrick's Sq, Wyndham St; Hauptgerichte 45 NZ$, Verkostungsmenü mit/ohne passendem Wein 240/145 NZ$; ⏲Do & Fr 12–15, Mo–Sa 18 Uhr–open end) Bestens geeignet für ein romantisches Abendessen: gemütliche Umgebung, stimmungsvolle Beleuchtung, eine alle Sinne stimulierende Speisekarte und zuvorkommender Service. Wenn es hier nicht funkt, dann wird es nie etwas.

O'Connell Street Bistro FRANZÖSISCH $$$

(Karte S. 68; ☎09-377 1884; www.oconnellstbistro.com; 3 O'Connell St; Mittagessen 2-Gänge Menü 60 NZ$, Abendessen 28–45 NZ$; ⏲Mo–Fr mittags, Mo–Sa abends) Das exklusive Restaurant mit eleganter Einrichtung und vorzüglicher Speise- und Weinkarte ist hervorragend für ein Mittagessen mit Geschäftspartnern oder ein romantisches Abendessen zu zweit geeignet. Bis 19.30 Uhr gibt's auch abends ein Menü zum Festpreis (2-/3-Gänge-Menü 37/43 NZ$).

Masu JAPANISCH $$$

(Karte S. 68; www.skycityauckland.co.nz; 90 Federal St, SKYCITY Grand Hotel; Hauptgerichte 30–45 NZ$, Verkostungsmenü 88 NZ$; ⏲12–15 & 17.30 Uhr–open end) Hier gibt's großartiges japanisches Essen aus der Sushi-Theke und vom Grill sowie erfrischende Cocktails mit *shochu*, japanischem Branntwein.

Britomart, Viaduct Harbour & Wynyard Quarter

Baduzzi ITALIENISCH $$

(Karte S. 68; ☎09-309 9339; www.baduzzi.co.nz; Ecke Jellicoe St & Fish Lane; kleine Gerichte 10–20 NZ$, Hauptgerichte 22–32 NZ$; ⏲11.30–open end) Das witzige Restaurant serviert originelle Kreationen mit Fleischklößchen, darunter auch eine Variante mit Langustenfleisch, und andere solide, aber feine Gerichte der italienischen Küche. Gegessen wird in heimeligen Nischen, an der Theke oder im Freien.

Ortolana MEDITERRAN $$

(Karte S. 68; www.britomart.org/ortolana; 31 Tyler St; kleine Gerichte & Hauptgerichte 15–32 NZ$; ⏲7–23 Uhr) Das stilvolle Restaurant serviert die Gerichte aus italienischen Regionen und dem gesamten Mittelmeerraum auch im großzügigen Außenbereich. Die Zutaten stammen zumeist vom kleinen Bauernhof des Eigentümers im ländlichen Westen von Auckland. Da Reservierungen nicht möglich sind, kommt man am besten zwischen den Stoßzeiten mittags und abends.

Ebisu JAPANISCH $$$

(Karte S. 68; www.ebisu.co.nz; 116-118 Quay St; Tellergerichte 30–36 NZ$; ⏲Mo–Fr 12 Uhr–open end, Sa & So 17 Uhr–open end) Bei dem Lokal handelt es sich eher um eine *izakaya*-Kneipe, in der es nicht ganz so steif und formell wie in typischen japanischen Nobelrestaurants zugeht. Allerdings fliegt auch hier kein Essen durch die Gegend oder wird auf dem Fließband angeliefert. Im Ebisu stimmt ein-

Kingsland & Mt. Eden

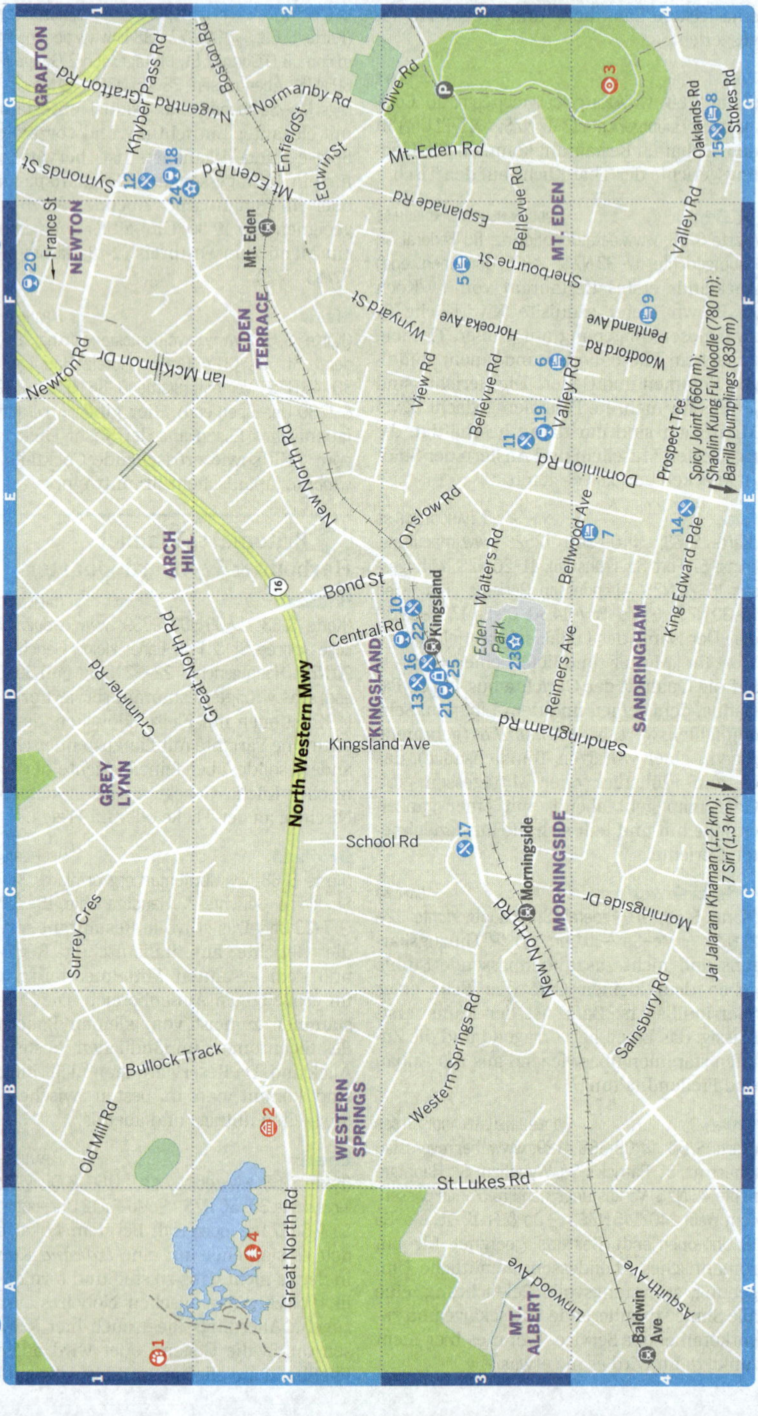

Kingsland & Mt. Eden

Sehenswertes
1 Auckland Zoo ... A1
2 MOTAT ... B2
3 Mt. Eden ... G4
4 Western Springs ... A2

Schlafen
5 Bamber House ... F3
6 Bavaria ... F3
7 Eden Park B&B ... E4
8 Oaklands Lodge ... G4
9 Pentlands ... F4

Essen
10 Atomic Roastery ... D3
11 Burgerfuel ... E3
12 French Cafe ... G1
13 Fridge ... D3
14 Merediths ... E4
15 Molten ... G4
16 Petra Shawarma ... D3
17 Sake Bar 601 ... C3

Ausgehen & Nachtleben
18 Galbraith's Alehouse ... G1
19 Ginger Minx ... E3
20 Kings Arms Tavern ... F1
Liquid Molten ... (siehe 15)
21 Neighbourhood ... D3
22 Portland Public House ... D3

Unterhaltung
23 Eden Park ... D3
24 Power Station ... G1

Shoppen
25 Royal Jewellery Studio ... D3

fach alles und am besten kommt man in der Gruppe, denn die ausgezeichneten Platten sind zum Teilen gedacht.

Soul Bar MODERN-NEUSEELÄNDISCH $$$
(Karte S. 68; ☎09-356 7249; www.soulbar.co.nz; Viaduct Harbour; Hauptgerichte 22–42 NZ$; ⏲11 Uhr–open end) Der modernistische Meeresfrüchte-Tempel am Wasser liegt unschlagbar günstig, um zu sehen und gesehen zu werden.

Freemans Bay

Queenie's CAFÉ $$
(Karte S. 82; ☎09-378 8977; www.queenies.co.nz; 24a Spring St; Frühstück & Mittagessen 11–25 NZ$, Abendessen 28–29 NZ$; ⏲Mi–Sa 8–22, So–Di 8–15 Uhr) Das exzentrische Eckcafé platzt beinahe vor neuseeländischem Nationalstolz: Das Gemälde eines Maori-Mädchens, das in den 1950er-Jahren im Stil von Malen nach Zahlen entstand, nimmt eine ganze Wand ein. Das Essen der abenteuerlichen Speisekarte ist einen Tick besser als in Cafés üblich und rechtfertigt durchaus die Preise. Von Mittwoch bis Samstag gibt's abends richtiges Bistro-Essen.

Clooney MODERN-NEUSEELÄNDISCH $$$
(Karte S. 68; ☎09-358 1702; www.clooney.co.nz; 33 Sale St; Hauptgerichte 40–46 NZ$, 7-Gänge-Verkostungsmenü mit/ohne passenden Wein 235/140 NZ$; ⏲Di–So 18Uhr–open end, Fr 12–15 Uhr) Genau wie sein Namensvetter in Hollywood sieht das ganz in Schwarz gehaltene Lokal unverschämt gut aus und hat unglaublich viel Stil und Klasse. Die Geschmackskombinationen sind sehr vielschichtig, aber einwandfrei, und zusammen mit dem makellosen Service gehört es eindeutig in die Kategorie „teuer, aber jeden Cent wert".

Ponsonby & Grey Lynn

Die umtriebigste Restaurant- und Kneipenmeile in Auckland hat sogar eine eigene Internetseite (www.iloveponsonby.co.nz).

★ **Little Bird** CAFÉ $
(Karte S. 82; www.littlebirdorganics.co.nz; 1a Summer St; Hauptgerichte 9–16 NZ$; ⏲7–16 Uhr; 🖉) Herzlich willkommen im Rohkostladen, denn hier wird praktisch nichts gekocht oder gebraten, ist aber trotzdem sehr lecker und vor allem gesund. So bestehen viele Gerichte aus Acai-Beeren, Quinoa und Bio-Früchten, aber es gibt auch Bagels, Thai-Nudeln und Tacos. Nicht zu vergessen die ausgezeichneten Säfte, Smoothies und Kuchen.

Il Buco PIZZERIA $
(Karte S. 82; www.ilbuco.co.nz; 113 Ponsonby Rd; Pizzastück 6 NZ$; ⏲Mo–Fr 8–21, Sa & So 8–20 Uhr; 🖉) Hier gibt's köstliche Pizza, auch rein vegetarisch, und leckere italienische Kleinigkeiten wie gefüllte Pilze und Kartoffelkroketten. Vor 12 Uhr ist die Auswahl noch am größten.

Dizengoff CAFÉ $
(Karte S. 82; 256 Ponsonby Rd; Hauptgerichte 7–19 NZ$; ⏲6.30–17 Uhr) In der stilvollen Minikneipe trifft sich eine bunte Mischung aus Mode- und Geschäftsleuten, Schwulen, Einheimischen und Touristen. Sie alle kommen wegen dem superleckeren Rührei, den verführerischen Thekengerichten, dem starken Kaffee und dem üppigen Lesestoff.

Fred's CAFÉ $
(Karte S. 82; 181 Ponsonby Rd; Snacks & Hauptgerichte 7–16 NZ$) Das originelle kleine Café bie-

tet neben hausgemachten Backwaren und gutem Kaffee auch interessante Kreationen wie Porridge mit Kokosnuss, *menemen* (gebratene Eier nach türkischer Art) und Bruschetta zum Frühstück. Dazu kann man in einer der coolen Zeitschriften blättern oder sich im kleinen Garten entspannen.

Bird on a Wire CAFÉ, SANDWICHES $
(Karte S. 82; www.birdonawire.co.nz; 234 Ponsonby Rd; Sandwiches & Burger 8–14 NZ$, Salat 11–21 NZ$; ⌚11–21.30 Uhr) Die leckeren Sandwiches und gesunden Burger, Salate der Saison und Grillhähnchen zum Mitnehmen sind mit verschiedenen Saucen wie scharfer Jamaika- oder Grüner Sauce erhältlich. Das **Box of Bird** (Karte S. 68; 12 Commerce St; ⌚Mo–Fr 10–19 Uhr) ist die kleine Schwester in der Innenstadt.

Ponsonby Village International Food Court FOOD HALL $
(Karte S. 82; www.ponsonbyfoodcourt.co.nz; 106 Ponsonby Rd; Hauptgerichte 8–20 NZ$; ⌚10–22 Uhr; ✎) Hier kann man italienisch, japanisch, malaysisch, chinesisch, türkisch, thailändisch, laotisch und indisch sowie hervorragend vietnamesisch und indonesisch essen.

Burgerfuel BURGER $
(Karte S. 82; www.burgerfuel.com; 114 Ponsonby Rd; Burger 6–13 NZ$; ✎) Die Feinschmecker-Burger sind auch im **Zentrum** (Karte S. 68; 291 Queen St; ⌚10–23 Uhr), in **Parnell** (Karte S. 72; 187 Parnell Rd; ⌚11–22 Uhr) und **Mt. Eden** (Karte S. 90; 214 Dominion Rd; ⌚11–22 Uhr) zu haben.

★ **Blue Breeze Inn** CHINESISCH $$
(Karte S. 82; ☎09-360 0303; www.thebluebreezeinn.co.nz; 146 Ponsonby Rd, Ponsonby Central; kleine Gerichte 10–18 NZ$, große Gerichte 26–38 NZ$; ⌚17 Uhr–open end) Die chinesische Regionalküche wird in einem schrägen, nostalgischen Pazifik-Ambiente serviert. Das Personal ist flink, die Rum-Cocktails sind herrlich stark und auf der Karte finden sich Köstlichkeiten wie gedämpfte Brötchen mit Schweinebauch nach Peking-Art und eingelegten Gurken oder kräftig mit Kumin gewürztes Lamm.

Ponsonby Central CAFÉS, RESTAURANTS $$
(Karte S. 82; www.ponsonbycentral.co.nz; 136-138 Ponsonby Rd; Hauptgerichte 15–35 NZ$; ⌚So–Mi 11.30–22.30, Do–Sa 11.30–24 Uhr) In den Restaurants und Cafés der noblen Feinschmeckerpassage bekommt man die beste Pizzas der Stadt sowie argentinisches, thailändisches und japanisches Essen.

MooChowChow THAI $$
(Karte S. 82; ☎09-360 6262; www.moochowchow.co.nz; 23 Ponsonby Rd; Hauptgerichte 16–30 NZ$; ⌚Di–Fr 12–15, Mo–Sa 17.30 Uhr–open end) Ein Thailänder der anderen Art, bei dem das Essen aus den Straßen Bangkoks salonfähig gemacht wird, ohne an typischer Schärfe einzubüßen. Die asiatisch inspirierten Cocktails sind ebenso umwerfend. In der Regel sitzt man mit anderen Gästen an großen Tischen zusammen.

Mekong Baby ASIATISCH $$
(Karte S. 82; www.mekongbaby.com; 262 Ponsonby Rd; Hauptgerichte 24–32 NZ$; ⌚Di–So 12 Uhr–open end) Das stilvolle, stets gut besuchte Restaurant mit Bar serviert ausgezeichnete Gerichte aus ganz Südostasien, vor allem aber aus Vietnam, Kambodscha und Laos. Unbedingt das Ziegen-Curry probieren.

Satya INDISCH $$
(Karte S. 82; ☎09-361 3612; www.satya.co.nz; 17 Great North Rd; Hauptgerichte 11–26 NZ$; ⌚Mo–Sa 11.30–14.30, tgl. 17.30–22 Uhr; ✎) Das ungemein beliebte, sehr schlichte und preiswerte Restaurant serviert das beste *dahi puri* (Kichererbsen, Kartoffeln und Joghurt auf Papadam-Fladenbrot) der Stadt. Eine Filiale gibt's in der **K Rd** (Karte S. 68; ☎09-377 0007; 271 Karanahape Rd; ⌚Mo–Sa 11.30–14.30, tgl. 17.30–22 Uhr).

Ponsonby Road Bistro INTERNATIONAL $$
(Karte S. 82; ☎09-360 1611; www.ponsonbyroadbistro.co.nz; 165 Ponsonby Rd; Hauptgerichte 25–36 NZ$; ⌚Mo–Fr 12–15 Uhr, Mo–Sa 17.30 Uhr–open end) Die Portionen sind groß in diesem modernen, noblen Restaurant mit italienisch-französischem Touch und erstklassigem Service. Zu den Highlights gehören der importierte Käse und Wein; die knusprige, riesige Pizza können sich gleich mehrere Personen teilen.

Prego ITALIENISCH $$
(Karte S. 82; ☎09-376 3095; www.prego.co.nz; 226 Ponsonby Rd; Hauptgerichte 23–40 NZ$; ⌚12–24 Uhr) Das freundliche, schicke italienische Restaurant deckt alle Grundbedürfnisse ab: Im Winter knistert das Feuer im Kamin, im Sommer lockt die Terrasse.

Landreth & Co CAFÉ $$
(Karte S. 82; www.landrethandco.co.nz; 272 Ponsonby Rd; Hauptgerichte 11–25 NZ$; ⌚6.30–16 Uhr; 📶) Ein beliebtes Café zum Brunchen mit einer Sonnenterrasse hinter dem Haus und kostenlosem WLAN. Und falls jemand

zu seinen Eiern im Schlafrock unbedingt ein Bier zischen möchte: Das Café darf auch Alkohol ausschenken.

Cocoro JAPANISCH $$$
(Karte S. 82; ☎ 09-360 0927; www.cocoro.co.nz; 56a Brown St; Hauptgerichte 7–28, Verkostungsmenü 85 NZ$; ⏲ Di–Sa 12–14 & 17.30–22 Uhr) Das ausgezeichnete Restaurant wird durch und durch von japanischer Eleganz beherrscht: von der indirekten Beleuchtung über die schicke Einrichtung bis hin zu den kunstvoll arrangierten Speisen. Die Gerichte sind jeweils für mehrere Personen geeignet.

Newton

Die K Rd ist vor allem bekannt für ihre Nachtclubs, doch zwischen nostalgischen Klamottenläden, Secondhand-Geschäften, Tattoostudios und Sex-Shops gibt es auch jede Menge Cafés und preiswerte Restaurants mit Ethno-Küche.

Alleluya CAFÉ $
(Karte S. 68; St Kevin's Arcade, Karangahape Rd; Hauptgerichte 10–19 NZ$; ⏲ Mo–Sa 9–17.30 Uhr, So bis 15 Ugr;) Für die Besucher der K Rd steht das Alleluya für guten Kaffee, köstlichen Kuchen und jede Menge vegetarische Speisen. Das Café liegt am Ende der hippsten Arkade der Stadt. Durch die Fenster schimmert die Skyline von Auckland – ein toller Schnappschuss.

Scullery CAFÉ $$
(Karte S. 68; 166 Karangahape Rd; Hauptgerichte 12–20 NZ$; ⏲ So–Mi 7–18.30, Do–Sa 7–21 Uhr;) Zum Frühstück gibt's gesundes Pilzragout mit Halloumi-Käse, zum Mittagessen großartige Tacos mit koreanisch gewürztem Rindfleisch. Von Donnerstag bis Samstag wird abends auch eine kleine Auswahl an Weinen aus der Region und Bieren aus Kleinbrauereien sowie ein Quartett prickelnder Cocktails angeboten.

Coco's Cantina ITALIENISCH $$
(Karte S. 68; www.cocoscantina.co.nz; 376 Karangahape Rd; Hauptgerichte 25–32 NZ$; ⏲ Di–Sa 17 Uhr–open end) In dem mit Aucklands Trendsettern und Feinschmeckern immer gut gefüllten Restaurant gehört das Warten auf einen freien Tisch einfach dazu. Kein Wunder, bei der guten Stimmung und der ausgezeichneten Getränkekarte. Die solide Speisekarte konzentriert sich auf das Wesentliche, das sich am saisonalen Angebot orientiert und durchweg lecker ist.

French Cafe FRANZÖSISCH $$$
(Karte S. 90; ☎ 09-377 1911; www.thefrenchcafe.co.nz; 210 Symonds St; Hauptgerichte 46 NZ$, Verkostungsmenü mit/ohne passendem Wein 220/140 NZ$; ⏲ Fr 12–15, Di–Sa 18 Uhr–open end) Das legendäre „Café" wurde schon vor mehr als 20 Jahren zu einem der besten Restaurants der Stadt gekürt und ist immer noch klasse. Die Küche ist prinzipiell französisch, doch Küchenchef Simon Wright setzt jede Menge asiatische und pazifische Akzente.

Kingsland

Petra Shawarma NAHÖSTLICH $
(Karte S. 90; 482 New North Rd; Hauptgerichte 10–15 NZ$; ⏲ 11 Uhr–open end) Die freundliche Inhaberfamilie aus Jordanien serviert fettarme, gesunde Fleischspieße mit Saucen und Salaten, die den etwas weiteren Anfahrtsweg mit dem Zug allemal wert sind.

Atomic Roastery CAFÉ $
(Karte S. 90; www.atomiccoffee.co.nz; 420c New North Rd; Snacks 9–10 NZ$; ⏲ Mo–Sa 8–15, So 9–14 Uhr) Zum Kaffee aus einer der besten Röstereien des Landes gibt's Pies in kleinen Pfännchen, Bagels, Salate und Kuchen.

Fridge CAFÉ $$
(Karte S. 90; 7.30–16 Uhr; 507 New North Rd; Hauptgerichte 9–22 NZ$; ⏲ morgens & mittags) In diesem „Kühlschrank" gibt's köstliche Pies, gesunde Salate und Wraps sowie sagenhafte Kuchen.

Sake Bar 601 JAPANISCH $$
(Karte S. 90; ☎ 09-849 7268; www.601newnorthroad.co.nz; 601 New North Rd; Hauptgerichte 20–35 NZ$; ⏲ Di–Sa 11.30–13.30 & 18–21.30 Uhr) Bei einem eiskalten Sapporo-Bier kann man den freundlichen, surfbegeisterten Japanern beim Zubereiten des besten Sushi und Sashimi der Stadt zusehen. Ebenfalls sehr gut sind die frittierten Garnelen und das Terikayi-Hühnchen. Da das Restaurant ebenso klein wie beliebt ist, muss man unbedingt vorher reservieren.

Mt. Eden

Merediths MODERN-NEUSEELÄNDISCH $$$
(Karte S. 90; ☎ 09-623 3140; www.merediths.co.nz; 365 Dominion Rd; Verkostungsmenü mit 6–9 Gängen 90–140 NZ$; ⏲ Fr 12–15, Di–Sa 18 Uhr–open end) Essen bei Meredith ist das kulinarische Äquivalent zum Wildwasser-Raften: Ständig wird man von einem neuen Geschmack überrascht, man weiß nie, was als Nächstes

kommt und ist am Ende völlig überwältigt von den vielen Eindrücken.

Molten MODERN-NEUSEELÄNDISCH **$$$**
(Karte S. 90; ☎ 09-638 7236; www.molten.co.nz; 422 Mt. Eden Rd; Hauptgerichte 29–37 NZ$; ⊙ Mi–Fr 12–15, Mo–Sa 18 Uhr–open end) Das Restaurant am Fuß eines Vulkans verbindet eine atemberaubende Lage mit spektakulärem Geschmack. Das durchweg ausgezeichnete Essen orientiert sich am saisonalen Angebot und ist äußerst kreativ.

Parnell & Newmarket

Teed St Larder CAFÉ **$**
(Karte S. 88; www.teedstreetlarder.co.nz; 7 Teed St; ⊙ 8–16 Uhr) Polierter Betonboden, grobe Biertische und riesige, bunte Lampenschirme bestimmen das Ambiente des besten Cafés von Newmarket. Auf der Karte steht eine Fülle an verführerischen Gerichten und kaum ein Gast kommt an den köstlichen Sandwiches und leckeren Quiches am Tresen vorbei.

Basque Kitchen Bar TAPAS **$**
(Karte S. 88; ☎ 09-523 1057; www.basquekitchenbar.co.nz; 61 Davies Cres; Tapas 7–15 NZ$; ⊙ Mo–Do & Sa 16.30 Uhr–open end, Fr 12 Uhr–open end) Die dunkle, kleine Bar serviert leckere Tapas zu spanischem Wein, Bier und Sherry. Besonders toll sind die mit geschmortem Tintenfisch oder mit Chorizo-Wurst und Garnelen, aber auch die *churros* zum Nachtisch sind sehr zu empfehlen.

La Cigale FRANZÖSISCH **$$**
(Karte S. 72; ☎ 09-366 9361; www.lacigale.co.nz; 69 St. Georges Bay Rd; Hauptgerichte Café 8–18 NZ$, Hauptgerichte Bistro 34 NZ$; ⊙ Café Mo–Fr 9–16 Uhr, Bistro Mi–Fr ab 18 Uhr, Markt Sa & So 9–13.30 Uhr) Freunde der Küche Frankreichs können sich hier mit original französischen Produkten eindecken oder die feinen Kuchen im Café genießen. Beim Bauernmarkt am Wochenende zirpt die „Zikade" so richtig, denn dann biegen sich die Tische unter den frischen Erzeugnissen und Produkten aus der Region. Von Mittwoch bis Freitag verwandelt sich das Café abends in ein quirliges Bistro. Reservierung empfohlen.

Devonport

Calliope Road Cafe CAFÉ **$**
(Karte S. 85; 33 Calliope Rd; Hauptgerichte 9–18 NZ$; ⊙ Mi–Mo 8–15 Uhr) Im besten Café von Devonport, das etwas abseits der eigentlichen Touristenmeile liegt, gibt's verschiedene Kaffee-Klassiker und südostasiatische Gerichte. Das wissen auch die Einheimischen zu schätzen.

Bette's Bar & Eatery CAFÉ, BAR **$$**
(Karte S. 85; www.facebook.com/bettesdevonport; 8 Victoria Rd; Tapas 15–18 NZ$; ⊙ 11 Uhr–open end) Bei ordentlichen Weinen, Cocktails und Bieren zu guten Tapas und Kneipensnacks kann man sich von der Erkundung Devonports erholen.

Andere Gegenden

★ St Heliers Bay Bistro

MODERN-NEUSEELÄNDISCH **$$**
(Karte S. 66; www.stheliersbaybistro.co.nz; 387 Tamaki Dr; Hauptgerichte 14–26 NZ$; ⊙ 7–23 Uhr) Die Busfahrt auf dem Tamaki Dr ist eine gute Einstimmung auf das noble Restaurant mit Blick auf den Hafen. Reservierungen sind nicht möglich, aber das flotte Personal findet schnell ein Plätzchen für hungrige Gäste. Die Gerichte lassen meist einen mediterranen oder nahöstlichen Einfluss erkennen.

Takapuna Beach Cafe CAFÉ **$$**
(Karte S. 66; www.takapunabeachcafe.co.nz; 22 The Promenade; Hauptgerichte 15–27 NZ$; ⊙ 7 Uhr–open end; 🖉) Anspruchsvolles Essen und der tolle Blick auf den Takapuna Beach sorgen dafür, dass das Café immer rappelvoll ist. Wer keinen Platz findet, entscheidet sich einfach für eine oder mehrere der preisgekrönten Eissorten – schon mal salziges Karamell probiert? – und spaziert am Strand entlang.

Engine Room MODERN-NEUSEELÄNDISCH **$$$**
(Karte S. 66; ☎ 09-480 9502; www.engineroom.net.nz; 115 Queen St, Northcote; Hauptgerichte 34–36 NZ$; ⊙ Di–Sa 18 Uhr–open end, Fr 12–14.30 Uhr) In dem zwanglosen Restaurant, das zu den besten Aucklands gehört, gibt's luftig-leichte Ziegenkäsesoufflés, kreative Hauptgerichte und sagenhafte Schokoladentrüffel. Dafür lohnt es sich, mit der Fähre nach Northcote überzusetzen und von der Anlegestelle noch etwa 1 km zu Fuß zu gehen. Unbedingt vorher reservieren.

The Commons MODERN-NEUSEELÄNDISCH **$$$**
(Karte S. 66; ☎ 09-929 2791; www.thecommons.co.nz; 21 Hurstmere Rd, Takapuna; Kneipensnacks 9–16 NZ$, Hauptgerichte 36 NZ$; ⊙ 11.30 Uhr–open end) Das große, elegante Lokal mit lebhafter Bar befindet sich in einem umgebauten Kaufhaus, in dem es auch ein gutes mexikanisches und ein italienisches Restaurant gibt.

Ausgehen & Nachtleben

Das Nachtleben von Auckland ist wochentags recht ruhig. Wer nach einem Lebenszeichen Ausschau hält, sollte der Ponsonby Rd, Britomart oder Viaduct einen Besuch abstatten. Die K Rd erwacht freitags und samstags erst spät nachts zum Leben – vor 23 Uhr lohnt es sich nicht, dort aufzukreuzen.

Zentrum

Brothers Beer BIERKNEIPE
(Karte S. 68; www.brothersbeer.co.nz; 90 Wellesley St, City Works Depot; ⌚ Mi–Sa 12–22, Di & So 12–20 Uhr, Mo geschl.) Eine der besten Bars von Auckland ist im rustikalen Industrie-Design eingerichtet und hat 18 Zapfhähne, aus denen neben den hauseigenen Brothers-Biere auch andere Biere aus Neuseeland und dem Rest der Welt fließen. Daneben sind Hunderte von Flaschenbieren im gut gekühlten Angebot. Zu essen gibt's erstklassige Pizzas und andere Kneipensnacks. Bei den gelegentlichen „Tap takeovers" fließt eine Zeitlang das gesamte Biersortiment einer Brauerei aus den Zapfhähnen. Ausführliche Infos gibt's auf der Internetseite.

Mo's BAR
(Karte S. 68; www.mosbar.co.nz; Ecke Wolfe St & Federal St; ⌚ Mo–Fr 16–3, Sa 18–3 Uhr) Die winzige Eckkneipe hat etwas an sich, dass die Gäste am liebsten irgendwelche Probleme erfinden würden, nur um sich von dem ausgesprochen netten Personal hinter dem Tresen mit beruhigenden Worten – und natürlich auch mit einem meisterhaft eingeschenkten Martini – trösten zu lassen.

Hotel de Brett BAR
(Karte S. 68; www.hoteldebrett.com; 2 High St; ⌚ 12 Uhr–open end) In dem Hotel stehen gleich drei Lokalitäten zur Wahl: Eine Bierkneipe, eine schicke Cocktail-Bar im Art-déco-Stil und das nette Kamin-Restaurant im überdachten Innenhof zwischen den alten Gebäuden.

Cassette Nine CLUB
(Karte S. 68; www.cassettenine.com; 9 Vulcan Lane; ⌚ Di–Sa 12 Uhr–open end) In der exzentrischen Club-Bar gibt's Livemusik von Indie-Bands und DJs aus aller Welt legen auf.

Ding Dong Lounge CLUB
(Karte S. 68; www.facebook.com/dingdonglounge nz; 26 Wyndham St; Eintrittspreis variiert; ⌚ Mi–Sa

SCHWULEN- & LESBENSZENE IN AUCKLAND

Die „Queen City" – wie Auckland aus ganz anderen Gründen auch genannt wird – hat heute bei weitem die größte Homogemeinde des ganzen Landes und die Freizügigkeit der Großstadt lockt immer noch Schwule und Lesben von überall her an. Allerdings bevorzugen viele der 30- bis 40-Jährigen die noch größere Freizügigkeit im australischen Sydney, sodass diese Altersgruppe nur sehr schwach vertreten ist. Ein paar Schwulentreffpunkte gibt's dennoch, in denen es aber nur am Wochenende so richtig abgeht.

Die aktuellsten Infos über die Szene finden sich in der vierzehntägig erscheinenden Zeitschrift *Express*, die es in allen Schwulentreffpunkten gibt, sowie auf www.gaynz.com. Die größten Veranstaltungen des Jahres sind das Auckland Pride Festival (S. 80) und das Filmfestival Out Takes (S. 81).

Die Szene ändert sich mit erschreckender Regelmäßigkeit. So waren zum Zeitpunkt der Recherche folgende Treffs angesagt:

Family (Karte S. 68; www.familybar.co.nz; 270 Karangahape Rd, Newton) In der etwas kitschigen, wilden, witzigen Bar mit jungem Publikum kann man bis zum frühen Morgen abtanzen.

Urge (Karte S. 68; www.urgebar.co.nz; 490 Karangahape Rd, Newton; ⌚ Do–Sa 21 Uhr–open end, So 15–19 Uhr) Die schwarz gestrichene, winzige Bar ist älter und verwegener als das Family. Freitag- und samstagabends legen DJs auf.

Poof (Karte S. 82; www.facebook.com/PoofonPonsonby; 212 Ponsonby Rd, Ponsonby; ⌚ Di–Sa 17 Uhr–open end) In der Cocktailbar herrscht eine bunte, poppige Stimmung.

Legend (Karte S. 68; www.facebook.com/legend.co.nz; 373 Karangahape Rd, 1. Stock; ⌚ Do–So 22–4 Uhr) Die Bar bietet eine freundliche Club-Atmosphäre, Travestieshows und einen tollen Blick auf die Stadt.

Centurian (Karte S. 68; www.centuriansauna.co.nz; 18 Beresford St, Newton; Eintritt vor/nach 15 Uhr 23/28 NZ$; ⌚ So–Do 11–2, Fr & Sa 11–6 Uhr) Eine Sauna nur für Schwule.

20–4 Uhr) Hier wird Rock-, Indie- und alternative Musik live oder vom Plattenteller gespielt.

Britomart, Viaduct Harbour & Wynyard Quarter

Tyler Street Garage BAR
(Karte S. 68; www.tylerstreetgarage.co.nz; 120 Quay St; ⏲11.30 Uhr–open end) Die Kneipe war tatsächlich früher eine Autowerkstatt. Zum Beweis sind immer noch die Parklinien auf dem Betonboden zu sehen. Von der kleinen Dachterrasse blickt man direkt auf die Piers im Hafen.

Jack Tar KNEIPE
(Karte S. 68; www.jacktar.co.nz; 34-37 Jellicoe St, North Wharf; ⏲Mo–Do 10 Uhr–open end, Fr–So 8 Uhr–open end) Die Kneipe inmitten des entspannten Hafenviertels Wynyard Quarter ist ideal für ein gemütliches Bier oder Glas Wein am späten Nachmittag und frühen Abend. Dazu gibt's Pizza mit Garnelen und süßem Chili oder einen Tintenfischsalat.

Xuxu COCKTAILBAR
(Karte S. 68; Ecke Galway St & Commerce St; ⏲Mo–Sa 15 Uhr–open end) Die Mischung aus asiatisch angehauchten Cocktails und von vietnamesischen Garküchen inspirierten Kneipensnacks ist absolut überzeugend. An den Wochenenden legen DJs auf.

Orleans BAR, LIVEMUSIK
(Karte S. 68; www.orleans.co.nz; 48 Customs St; ⏲So–Do 11.30–24, Fr & Sa 11.30–4 Uhr) In der südpazifischen Variante einer Südstaaten-Jazzkneipe gibt's höllische Cocktails und jeden Abend Live-Jazz oder -Blues. Dazu passen Kneipensnacks wie die für New Orleans typischen *po'boy sandwiches*.

Northern Steamship Co. PUB
(Karte S. 68; www.northernsteamship.co.nz; 122 Quay St; ⏲12 Uhr–open end) In dem großen, attraktiven Pub am Bahnhof hängen Lampen verkehrt herum von der Decke herunter und die Wandmalerei hinter der Bar lässt die Gäste von herrlichen Sommerferien in Neuseeland träumen.

Ponsonby & Grey Lynn

In der Ponsonby Rd ist die Unterscheidung zwischen Café, Restaurant, Bar und Club verwischt. Viele Speiselokale bieten auch Livemusik oder verwandeln sich spätabends in einen Club.

Golden Dawn BAR
(Karte S. 82; www.goldendawn.co.nz; 134b Ponsonby Rd, Ecke Ponsonby Rd & Richmond Rd; ⏲Di–Do 16 Uhr–open end, Fr–So ab 15 Uhr) In der trendigen Bar, die sich in einem ehemaligen Ladengeschäft und den dazugehörenden Stallungen befindet, sorgen regelmäßig DJs und Livebands für Stimmung bis in die Puppen. Das ausgezeichnete Speisenangebot (12–16 NZ$) reicht von gegrilltem Schweinefleisch im Brötchen bis zu Garnelensandwiches mit japanischer Mayonnaise und Chili. Der Zugang erfolgt über eine nicht gekennzeichnete Tür an der Richmond Rd.

Freida Margolis BAR
(www.facebook.com/FreidaMargolis; 440 Richmond Rd, West Lynn; ⏲16 Uhr–open end) Die grandiose kleine Eckkneipe mit der Atmosphäre einer südamerikanischen Hinterhofbar war früher eine Metzgerei, an die noch das Werbeschild für Bio-Fleisch von West Lynn erinnert. Die einheimische Stammkundschaft sitzt mit ihren Hunden draußen, trinkt Sangria, Wein oder Bier, isst Häppchen von Holzbrettern oder rustikalen Tellern und lauscht der bunt gemischten Plattensammlung des Inhabers.

Dida's Wine Lounge & Tapas Bar WEINBAR
(Karte S. 82; www.glengarrywines.co.nz; 54 Jervois Rd; ⏲11.30–24 Uhr) Das hervorragende Essen und die noch bessere Weinkarte locken ein eher gesetztes Publikum an. Zur Bar gehören auch eine gutsortierte Weinhandlung, ein Lager und ein Café nebenan sowie eine Filiale in der **Freemans Bay** (Karte S. 68; Ecke Sale St & Wellesley St; Tapas 7–12 NZ$; ⏲So & Mo 8–18, Di–Sa 7–2 Uhr). Dort liegt der Schwerpunkt des Angebots auf Lebensmitteln.

Newton

Wine Cellar & Whammy Bar BAR, LIVEMUSIK
(Karte S. 68; www.facebook.com/thewhammybar; St. Kevin's Arcade, Karangahape Rd; ⏲Mo–Do 17–24, Fr & Sa 17.30–2 Uhr) Die im Untergeschoss einer Arkade versteckte Bar ist düster, schmuddelig und absolut genial. In der benachbarten Whammy Bar gibt's von Donnerstag bis Samstag regelmäßig Livemusik.

Galbraith's Alehouse BRAUEREI, PUB
(Karte S. 90; www.alehouse.co.nz; 2 Mt. Eden Rd; ⏲12–23 Uhr) In dem typisch englischen Pub wird das hauseigene Ale und Lagerbier nicht nur gezapft, sondern auch vor Ort gebraut. Außerdem sind auch immer Fassbiere

aus anderen Brauereien im Angebot. Das Essen ist ebenfalls sehr gut.

Kings Arms Tavern PUB, LIVEMUSIK
(Karte S. 90; www.kingsarms.co.nz; 59 France St; ⌚wechselnde Öffnungszeiten bei Veranstaltungen) Aucklands erste Adresse für Auftritte von regionalen und weniger bekannten internationalen Bands.

Ink & Coherent CLUB
(Karte S. 68; www.inkcoherent.co.nz; 262 & 268 Karangahape Rd) Die beiden Clubs sind richtige Tanzlokale, in denen manchmal auch die Stars der DJ-Szene auflegen.

Thirsty Dog PUB, LIVEMUSIK
(Karte S. 68; www.thirstydog.co.nz; 469 Karangahape Rd) In dem Pub gibt's regelmäßig Comedy-, Folk- und Reggaeveranstaltungen sowie Dichterwettbewerbe.

Mt. Eden

Liquid Molten WEIN, TAPAS
(Karte S. 90; www.molten.co.nz; 42 Mt. Eden Rd; ⌚Mo–Sa 16 Uhr–open end) Auf den gemütlichen Lederbänken oder im Garten hinter dem Haus kann man die entspannte Atmosphäre genießen, ein gutes Glas Wein oder Bier trinken und sich mit kreativem Kneipenessen stärken.

Ginger Minx BAR
(Karte S. 90; www.facebook.com/GingerMinxNZ; 117 Valley Rd; ⌚Mi–So 16–3 Uhr) Schräge Einrichtung, nostalgische Möbel und professionell gemixte Cocktails kennzeichnen die trendige kleine Bar.

Kingsland

Neighbourhood BAR
(Karte S. 90; www.neighbourhood.co.nz; 498 New North Rd; ⌚ 11 Uhr–open end;) Die Panoramafenster gehen auf den Eden Park hinaus, die Terrasse vor dem Haus avanciert bei Einbruch der Dunkelheit zum Hotspot für einen Aufriss. Das noble Pub ist der Treff schlechthin nicht nur bei Rugby-Veranstaltungen. Am Wochenende legen DJs auf.

Portland Public House BAR, LIVEMUSIK
(Karte S. 90; 463 New North Rd; ⌚Di–So 12 Uhr–open end) Mit bunt zusammengewürfeltem Mobiliar, Kunstwerken im Stil von Karikaturen und jeder Menge dunkler Nischen und Ecken fühlt man sich hier wie in einer Studentenbude mit Bühne, auf der ausgezeichnete Livemusik geboten wird.

TOP 10: MUSIKTITEL

Die folgenden Songs über Auckland sollte man sich auf den MP3-Player herunterladen:

- *Grey Lynn Park* – The Veils (2011)
- *Auckland CBD Part Two* – Lawrence Arabia (2009)
- *Forever Thursday* – Tim Finn (2008)
- *Riverhead* – Goldenhorse (2004)
- *A Brief Reflection* – Nesian Mystik (2002)
- *Hopetoun Bridge* – Dave Dobbyn (2000)
- *New Tattoo* – Hello Sailor (1994)
- *Dominion Road* – The Mutton Birds (1992)
- *Andy* – The Front Lawn (1989)
- *One Tree Hill* – U2 (1987)

☆ Unterhaltung

Donnerstags und samstags veröffentlicht der *NZ Herald* in seiner Beilage *Time Out* den aktuellen Veranstaltungskalender. Infos über die Bars und Clubs der Karangahape Rd findet man unter www.kroad.co.nz.

Eintrittskarten für die meisten großen Veranstaltungen sind bei folgenden Agenturen erhältlich:

Ticketek KARTENVERKAUF
(Karte S. 68; ☎0800 842 538; www.ticketek.co.nz) Verkaufsstellen gibt's auch im Real Groovy (S. 99) und im **SkyCity Theatre** (Karte S. 68; ☎09-363 6000; www.skycity.co.nz; Ecke Victoria St & Federal St).

Ticketmaster KARTENVERKAUF
(Karte S. 72; ☎09-970 9700; www.ticketmaster.co.nz) Verkaufsstellen gibt's auch im Real Groovy (S. 99), in der Vector Arena (S. 97) und im Aotea Centre (S. 98).

Livemusik

Power Station LIVEMUSIK
(Karte S. 90; www.powerstation.net.nz; 33 Mt. Eden Rd; Eintrittspreise variieren) Auf der mittelgroßen Bühne treten vor allem ausländische Nachwuchsmusiker und bekannte Gruppen aus Neuseeland auf.

Vector Arena STADION
(Karte S. 72; ☎09-358 1250; www.vectorarena.co.nz; Mahuhu Cres; Eintrittspreise variieren; ⌚9–

14 Uhr) In der Halle finden die Konzerte der großen Stars aus aller Welt statt.

Kino

In den meisten Kinos ist der Eintritt an Wochentagen bis 17 Uhr günstiger und Dienstag ist generell Kinotag.

Rialto KINO

(Karte S. 88; ☎ 09-369 2417; www.rialto.co.nz; 167 Broadway, Newmarket; Erw./Kind 16,50/10 NZ$) Hier werden hauptsächlich anspruchsvolle internationale Streifen und Arthousefilme gezeigt, aber auch gehobene Massenware. Außerdem finden regelmäßig besondere Filmfestivals statt.

Academy Cinemas KINO

(Karte S. 68; ☎ 09-373 2761; www.academycinemas.co.nz; 44 Lorne St, City; Erw./Kind 15,50/10 NZ$) Im Untergeschoss der Central Library flimmern fremdsprachige und anspruchsvolle Filme über die Leinwand.

Event Cinemas KINO

(Karte S. 68; ☎ 09-369 2400; www.eventcinemas.co.nz; Level 3, 297 Queen St, City; Erw./Kind 17/12 NZ$) In dem Kinokomplex kann man nicht nur die aktuellen Kassenschlager sehen, sondern auch Bowling spielen und im Food-Court essen.

NZ Film Archives KINO

(Karte S. 68; ☎ 09-379 0688; www.filmarchive.org.nz; 300 Karangahape Rd, Newton; ⌚ Mo–Fr 11–17 Uhr) Gut 2000 neuseeländische Filme, Dokumentationen und TV-Shows kann man sich hier kostenlos am Computer ansehen.

Theater, klassische Musik & Comedy

The Edge ist das größte Kunst- und Unterhaltungszentrum der Stadt, das sich rund um den Aotea Square erstreckt (☎ 09-357 3355; www.the-edge.co.nz) und das Rathaus, das Civic Theatre (S. 66) und das Aotea Centre umfasst.

Auckland Town Hall KLASSISCHE MUSIK

(Karte S. 68; 305 Queen St) In dem eleganten edwardianischen Gebäude von 1911 sind das **Neuseeländische Sinfonieorchester** (www.nzso.co.nz) und **Aucklands Philharmonie** (www.apo.co.nz) zu Hause. Außerdem kann man hier immer wieder Konzerte von Rockbands aus aller Welt besuchen.

Aotea Centre THEATER

(Karte S. 68; 50 Mayoral Dr; ⌚ Mo–Fr 9–17.30, Sa & So 10–16 Uhr) Hier finden Theater-, Tanz-, Ballett- und Opernaufführungen statt. So gastiert die **NZ Opera** (www.nzopera.com) regelmäßig hier.

Q Theatre THEATER

(Karte S. 68; ☎ 09-309 9771; www.qtheatre.co.nz; 305 Queen St) Das Theater wird von mehreren Ensembles genutzt und auch für kleine Livemusik-Veranstaltungen. Häufig gastiert hier das **Silo Theatre** (www.silotheatre.co.nz).

Classic Comedy Club COMEDY

(Karte S. 68; ☎ 09-373 4321; www.comedy.co.nz; 321 Queen St; Karten 5–27 NZ$) Montags und mittwochs bis samstags werden hier die Lachmuskeln strapaziert.

Maidment Theatre THEATER

(Karte S. 68; ☎ 09-308 2383; www.maidment.auckland.ac.nz; 8 Alfred St) Im Theater der Universität gehen zumeist die Produktionen der **Auckland Theatre Company** (www.atc.co.nz) über die Bühne.

Sport

Eden Park RUGBY, CRICKET

(Karte S. 90; www.edenpark.co.nz; Reimers Ave, Kingsland) In dem Stadion finden im Winter die Rugby-Spitzenturniere der **All Blacks** (www.allblacks.com) und im Sommer die Cricket-Spiele der **Black Caps** (www.blackcaps.co.nz) statt. Zudem ist es das Heimstadion der Mannschaften von **Auckland Rugby** (www.aucklandrugby.co.nz), **Blues** Super Rugby (www.theblues.co.nz) und **Auckland Cricket** (www.aucklandcricket.co.nz). Um hierher zu kommen, fährt man per Zug von Britomart nach Kingsland und folgt dann den Besuchermassen.

Mt. Smart Stadium RUGBY, FOOTBALL

(Karte S. 66; www.mtsmartstadium.co.nz; Maurice Rd, Penrose) Im Heimstadion der Rugby-League-Mannschaft der **Warriors** (www.warriors.co.nz) sowie der **Auckland Football Federation** (www.aucklandfootball.org.nz) und der Leichtathleten von **Athletics Auckland** (www.athleticsauckland.co.nz) finden auch die ganz großen Rockkonzerte statt.

North Shore Events Centre BASKETBALL

(Karte S. 66; ☎ 09-443 8199; www.nseventscentre.co.nz; Argus Pl, Wairau Valley) Neben der Vector Arena ist diese Halle der zweite Austragungsort für die Heimspiele der Basketballmannschaft der **NZ Breakers** (www.nzbreakers.co.nz). Gelegentlich finden hier auch Konzerte statt.

ASB Tennis Centre TENNIS

(Karte S. 72; www.aucklandtennis.co.nz; 1 Tennis Lane, Parnell) Im Januar findet hier das **ASB**

Classic (www.asbclassic.co.nz) der Frauen statt, danach die **Heineken Open** (www.heinekenopen.co.nz) der Männer.

Shoppen

Modebewusste werden im Britomart Precinct, in der Teed St und der Nuffield St in Newmarket und der Ponsonby Rd fündig. Secondhand-Klamotten und andere Gebrauchtwaren findet man vor allem in der K Rd und der Ponsonby Rd.

Zentrum

Real Groovy MUSIK
(Karte S. 68; www.realgroovy.co.nz; 438 Queen St; ⊙ Sa–Mi 9–19, Do & Fr 9–21 Uhr) Hier gibt's neue, gebrauchte und ganz seltene Platten und CDs sowie Konzertkarten, Riesenposter, DVDs, Bücher, Zeitschriften und sogar Klamotten.

Pauanesia SOUVENIRS
(Karte S. 68; www.pauanesia.co.nz; 35 High St; ⊙ Mo–Fr 9.30–18.30, Sa & So 10–16.30 Uhr) Polynesisch und neuseeländisch inspirierte Haushaltswaren und Souvenirs.

Unity Books BÜCHER
(Karte S. 68; www.unitybooks.co.nz; 19 High St; ⊙ Mo–Do 8.30–19, Fr 8.30–20, Sa 9–18, So 11–18 Uhr) Unabhängiger Buchladen.

Strangely Normal BEKLEIDUNG
(Karte S. 68; www.strangelynormal.com; 19 O'Connell St; ⊙ Mo–Sa 10–17, So 11–16 Uhr) Neben hochwertigen, in Neuseeland hergestellten Oberhemden, die unübersehbar an den Elvis-Presley-Film *Blaues Hawaii* erinnern, findet man hier die neueste Hutmode, edle Schuhe und Manschettenknöpfe.

Karen Walker BEKLEIDUNG
(Karte S. 68; www.karenwalker.com; 18 Te Ara Tahuhu, The Pavilions, Britomart Precinct; ⊙ 10–18 Uhr) Auch Madonna und Kirsten Dunst tragen die schicken, aber teuren Roben der neuseeländischen Designerin. Filialen gibt's in **Ponsonby** (Karte S. 82; 128a Ponsonby Rd) und **Newmarket** (Karte S. 88; 6 Balm St).

Zambesi BEKLEIDUNG
(Karte S. 68; www.zambesi.co.nz; 56 Tyler St; ⊙ 10–18 Uhr) Die original neuseeländische Modemarke ist bei einheimischen wie ausländischen Promis gleichermaßen beliebt. Man findet sie auch in **Ponsonby** (Karte S. 82; 169 Ponsonby Rd) und **Newmarket** (Karte S. 88; 38 Osborne St).

> **POLYNESIER IN AUCKLAND**
>
> Mit fast 180 000 Zuwanderern von den Pazifikinseln ist Auckland die größte polynesische Stadt der Welt. Die Hauptgruppe bilden die Samoaner, gefolgt von Einwanderern von den Cook-Inseln, aus Tonga, Fidschi, Tokelau und Tuvalu. Die größte polynesische Gemeinde lebt in Süd-Auckland sowie in kleineren Gebieten im Westen und im Zentrum.
>
> Wie die Renaissance der Maori in den letzten Jahrzehnten, so macht auch Pasifika unter den Trendsettern Aucklands zunehmend Furore. Polynesische Motive finden sich allenthalben: in Kunst, Architektur und Mode, aber auch bei Haushaltsartikeln, in Filmen und ganz besonders in der Musik.

Whitcoulls BÜCHER
(Karte S. 68; www.whitcoulls.co.nz; 210 Queen St; ⊙ 8–18 Uhr) Dies ist die Hauptfiliale der größten Buchkette des Landes.

Ponsonby & Grey Lynn

Women's Bookshop BÜCHER
(Karte S. 82; www.womensbookshop.co.nz; 105 Ponsonby Rd; ⊙ 10–18 Uhr) Ausgezeichneter, unabhängiger Buchladen.

Texan Art Schools KUNST, KUNSTHANDWERK
(Karte S. 82; www.texanartschools.co.nz; 95 Ponsonby Rd; ⊙ 9.30–17.30 Uhr) 200 Künstler und Kunsthandwerker aus der Region verkaufen hier gemeinsam ihre Arbeiten. Ein zweiter Laden befindet sich in **Newmarket** (Karte S. 88; 366 Broadway).

Kingsland

Royal Jewellery Studio SCHMUCK
(Karte S. 90; www.royaljewellerystudio.com; 486 New North Rd; ⊙ 10–17 Uhr) Zu den hier angebotenen Schmuckstücken von Goldschmieden aus der Region gehören auch wunderbare Arbeiten der Maori und Schmuck aus dem für das Land typischen Punamu-Nephrit.

Andere Gegenden

Otara Market MARKT
(Karte S. 66; Newbury St; ⊙ Sa 6–12 Uhr) Der Markt mit polynesischem Flair findet auf dem Parkplatz zwischen der Manukau Polytech und dem Zentrum von Otara statt. Er ist eine gute Adresse für Lebensmittel,

Musik und Mode aus dem Südpazifik. Der Bus 497 fährt vom Britomart (6,80 NZ$, 50 Min.) dorthin.

Avondale Sunday Market MARKT
(Karte S. 66; www.avondalesundaymarkets.co.nz; Avondale Racecourse, Ash St; ⌚So 6–12 Uhr) Auf dem hervorragenden Lebensmittelmarkt herrscht eine eindeutig asiatisch-polynesische Atmosphäre. Vom Bahnhof Britomart fährt ein Zug bis nach Avondale.

ℹ Praktische Informationen

INTERNETZUGANG

Kostenloses WLAN bietet die Stadtverwaltung von Auckland in Teilen der Innenstadt sowie in Newton, Ponsonby, Kingsland, Mt. Eden und Parnell. In den öffentlichen Bibliotheken steht ebenfalls kostenloses WLAN zur Verfügung. Spielsüchtige können sich in den Internetcafés der Innenstadt austoben.

MEDIEN

Metro Das monatlich erscheinende Hochglanzmagazin widmet sich ausführlich dem Geschehen in und um Auckland.

New Zealand Herald (www.nzherald.co.nz) ist die größte Tageszeitung des Landes.

The Denizen (www.thedenizen.co.nz) beschreibt die neuesten Cafés, Bars und Restaurants der Stadt.

MEDIZINISCHE VERSORGUNG

Auckland City Hospital (☎09-367 0000; www.adhb.govt.nz; Park Rd, Grafton; ⌚24 Std.) Das wichtigste Krankenhaus der Stadt hat eine engagierte Unfall- und Notaufnahme (A&E).

Auckland Metro Doctors & Travelcare (☎09-373 4621; www.aucklandmetrodoctors.co.nz; 17 Emily Pl; ⌚Mo–Fr 9–17.30, Sa 10–14 Uhr) Der medizinische Dienst hat sich auf die Versorgung von Reisenden spezialisiert und führt auch Impfungen und reisemedizinische Beratungen durch.

Starship Children's Hospital (☎09-367 0000; www.adhb.govt.nz; Park Rd, Grafton; ⌚24 Std.) Die Kinderklinik hat eine eigene Unfall- und Notaufnahme für die kleinen Patienten.

TOURISTENINFORMATION

Ausführliche Infos zu den *i-SITE*-Büros der Stadt gibt's auf www.aucklandnz.com.

Auckland Domestic Airport i-SITE (Karte S. 66; ☎09-256 8480; ⌚7–21 Uhr) im Terminal von Air New Zealand.

Auckland International Airport i-SITE (Karte S. 66; ☎09-275 6467; ⌚24 Std.) im internationalen Flughafen am Ausgang der Zollabfertigung auf der linken Seite.

Cornwall Park Information Centre (Karte S. 66; ☎09-630 8485; www.cornwallpark.co.nz; Huia Lodge; ⌚10–16 Uhr)

Devonport i-SITE (Karte S. 85; ☎09-446 0677; www.northshorenz.com; Devonport Wharf; ⌚8.30–17 Uhr; 📶)

DOC Auckland Information Centre (Department of Conservation; Naturschutzbehörde; Karte S. 68; ☎09-379 6476; www.doc.govt.nz; 137 Quay St, Princes Wharf; ⌚Mo–Sa 9–17 Uhr)

Karanga Plaza Kiosk (Karte S. 68; www.waterfrontauckland.co.nz; Wynyard Quarter; ⌚10–17.30 Uhr)

Princes Wharf i-SITE (Karte S. 68; ☎09-307 0612; 137 Quay St; ⌚9–17.30 Uhr)

SkyCity i-SITE (Karte S. 68; ☎09-363 7182; SkyCity Atrium, Ecke Victoria St & Federal St; ⌚8–20 Uhr)

Takapuna i-SITE (Karte S. 66; ☎09-486 8670; 34-36 Hurstmere Rd; ⌚Mo–Fr 8.30–17, Sa & So 10–15 Uhr)

ℹ An- & Weiterreise

AUTO, WOHNWAGEN & WOHNMOBIL

Mietwagen

Die Autovermietungen in der Nähe des Zentrums befinden sich vor allem in der Beach Rd und der Stanley St.

A2B (☎0800 545 000; www.a2b-car-rental.co.nz; 167 Beach Rd; ⌚8–17 Uhr) Die preiswerten, schon etwas älteren Autos sind nicht als Mietwagen zu erkennen.

Apex Car Rentals (☎09-307 1063; www.apexrentals.co.nz; 156 Beach Rd; ⌚8–17 Uhr)

Budget (☎09-976 2270; www.budget.co.nz; 163 Beach Rd; ⌚Mo–Fr 7–18, Sa & So 8–17 Uhr)

Escape (☎0800 216 171; www.escaperentals.co.nz; 39 Beach Rd; ⌚8–17 Uhr) vermietet sehr exzentrisch bemalte Wohnmobile.

Kea, Maui & Britz (☎09-255 3910; www.maui.co.nz; 36 Richard Pearse Dr, Mangere; ⌚8–18 Uhr)

Gateway 2 NZ (☎050 822 5587; www.gateway2nz.co.nz; 50 Ascot Rd, Mangere; ⌚8–18 Uhr)

Gateway Motor Home Hire (☎09-296 1652; www.motorhomehire.co.nz; 33 Spartan Rd, Takanini)

Go Rentals (☎09-257 5142; www.gorentals.co.nz; George Bolt Memoral Drive, Bay 2-10, Cargo Central; ⌚6–22 Uhr)

Hertz (☎09-367 6350; www.hertz.co.nz; 154 Victoria St; ⌚7.30–17.30 Uhr)

Jucy (☎0800 399 736; www.jucy.co.nz; 2-16 The Strand; ⌚8–17 Uhr)

Kea Campers (☎09-448 8800; www.keacampers.com; 36 Richard Pearse Drive, Mangere; ⌚8–16.30 Uhr)

NZ Frontiers (☎ 09-299 6705; www.newzealandfrontiers.com)

Omega (☎ 09-377 5573; www.omegarentals.com; 75 Beach Rd; ⏲ 8–17 Uhr)

Quality Rentals (☎ 0800 680 123; www.qualityrental.co.nz; 8 Andrew Baxter Dr, Mangere; ⏲ 8–16 Uhr)

Thrifty (☎ 09-309 0111; www.thrifty.co.nz; 150 Khyber Pass Rd; ⏲ 8–17 Uhr)

Wilderness Motorhomes (☎ 09-255 5300; www.wilderness.co.nz; 21 Rennie Drive, Mangere; ⏲ 8–17 Uhr)

Autokauf

Auf den Gebrauchtwagenmärkten, bei denen die Verkäufer eine Art Standgebühr entrichten müssen, stehen KFZ-Mechaniker zum Durchchecken der angebotenen Autos bereit.

Die **Auckland Car Fair** (☎ 09-529 2233; www.carfair.co.nz; Ellerslie Racecourse, Green Lane East; Standgebühr 35 NZ$; ⏲ So 9–12 Uhr) ist der größte Automarkt der Stadt.

City Car Fair (☎ 09-837 7817; www.aucklandcitycarfair.co.nz; 155 Fanshawe St; Standgebühr 25 NZ$; ⏲ Sa 8–13 Uhr)

BUS

In der Regel fahren die Busse gegenüber dem Ferry Building (172 Quay St) ab, nur die InterCity-Busse starten vom **SkyCity Coach Terminal** (Karte S. 68; ☎ 09-913 6220; 102 Hobson St). Viele der in Richtung Süden fahrenden Busse halten auch am Flughafen.

Go Kiwi (☎ 07-866 0336; www.go-kiwi.co.nz) Die Shuttle-Busse verkehren täglich auf der Strecke Auckland City–International Airport–Thames–Tairua–Whitianga.

InterCity (www.intercity.co.nz)

Naked Bus (☎ 0900 62533; www.nakedbus.com) Die „nackten Busse" fahren auf dem SH1 bis Kerikeri (4 Std.) im Norden und Wellington (12 Std.) im Süden sowie nach Tauranga (3½ Std.) und Napier (12 Std.). Telefonische Auskünfte werden für 1,99 NZ$ pro Minute erteilt.

FLUGZEUG

Auckland ist das wichtigste Tor zu Neuseeland und eine Drehscheibe für Inlandsflüge. Der **Auckland International Airport** (AKL; Karte S. 66; ☎ 09-275 0789; www.aucklandairport.co.nz; Ray Emery Dr, Mangere) liegt 21 km südlich des Zentrums und besteht aus zwei getrennten Terminals: einem internationalen und einem für die Inlandsflüge. In beiden gibt's eine Touristeninformation. Zwischen 5 und 22.30 Uhr fährt alle 15 Minuten ein kostenloser Shuttle-Bus zwischen den beiden Terminals. Man kann die Strecke aber auch auf einem ausgeschilderten Fußweg zurücklegen (10 Min.). Beide Terminals haben eine Gepäckaufbewahrung, Geldautomaten und Schalter von Autovermietungen. Die Preise für Mietwagen sind in der Stadt aber günstiger.

FLUGZEUG VERSPÄTET? ZEIT FÜR EINE ZECHTOUR!

Das Dröhnen der Jets stört die Weinreben überhaupt nicht, wie die prämierteste Weinkellerei, nur 4 km vom Flughafen entfernt, zeigt. Das parkartige Grundstück der **Villa Maria Estate** (Karte S. 66; www.villamaria.co.nz; 118 Montgomerie Rd; Teller 40–50 NZ$, Mittagessen 28–35 NZ$; ⏲ Mo–Fr 9–18, Sa & So 9–16 Uhr) ist eine grüne Oase mitten im Industriegebiet. Jeden Januar und Februar findet hier ein Konzertzyklus mit international renommierten Künstlern statt, den die 40- bis 50-jährigen Weinfreunde sehr zu schätzen wissen.

Kurze Führungen (5 NZ$) stehen um 11 und um 15 Uhr auf dem Programm; für die Weinprobe werden 5 NZ$ verlangt. Eines ist sicher: Bei Wein und Käse auf der Terrasse zu sitzen macht deutlich mehr Spaß, als in der Abflughalle herumzuhängen.

Infos zu Flügen nach Great Barrier Island stehen auf S. 117.

Air New Zealand (☎ 09-357 3000; www.airnewzealand.co.nz) fliegt nach Kaitaia, Kerikeri, Whangarei, Hamilton, Tauranga, Whakatane, Gisborne, Rotorua, Taupo, New Plymouth, Napier, Whanganui, Palmerston North, Masterton, Wellington, Nelson, Blenheim, Christchurch, Queenstown und Dunedin.

Jetstar (☎ 0800 800 995; www.jetstar.com) fliegt nach Wellington, Christchurch, Queenstown und Dunedin.

Sunair (☎ 0800 786 847; www.sunair.co.nz) fliegt nur nach Whitianga (einfache Strecke 160 NZ$).

MOTORRAD

NZ Motorcycle Rentals (☎ 09-486 2472; www.nzbike.com; 72 Barrys Point Rd, Takapuna; 145–360 NZ$/Tag) Es werden auch geführte Touren in ganz Neuseeland angeboten.

ZUG

Die Züge des **Northern Explorer** (☎ 0800 872 467; www.kiwirailscenic.co.nz) fahren montags, donnerstags und samstags jeweils um 7.50 Uhr im **Bahnhof Britomart** (Queen St) ab und kommen um 18.25 Uhr in Wellington an. Unterwegs halten sie in Hamilton (2½ Std.), Otorohanga (3 Std.), am Tongariro National Park (5½ Std.), in Ohakune (6½ Std.), Palmerston North (9½ Std.)

und Paraparaumu (11 Std.). Der normale Fahrpreis nach Wellington beträgt zwischen 119 und 186 NZ$, aber einige ermäßigte Sitzplätze sind schon für 99 NZ$ zu haben. Sie werden nach dem Prinzip „Wer zuerst kommt, mahlt zuerst" vergeben.

ℹ Unterwegs vor Ort

AUTO & MOTORRAD

Zu den Hauptverkehrszeiten sind Aucklands Autobahnen hoffnungslos verstopft. Dies gilt insbesondere für die in Richtung Norden und Süden führenden Schnellstraßen. Daher meidet man sie am besten zwischen 7 und 9 Uhr sowie 16 und 19 Uhr. Außerhalb der Ferienzeiten wird es auch gegen 15 Uhr eng, denn dann ist Schulschluss.

Das Parken im Zentrum von Auckland ist montags bis samstags von 8 bis 18 Uhr gebührenpflichtig. Die meisten Parkautomaten spucken einen Parkschein aus, der hinter die Windschutzscheibe gelegt werden muss. Zwischen 18 und 8 Uhr sowie an Sonntagen kann man normalerweise kostenlos parken, dennoch sollte man sicherheitshalber immer einen kurzen Blick auf den jeweiligen Parkautomaten bzw. die Straßenschilder werfen.

Aucklands Parkhäuser sind zumeist sehr teuer. Günstiger sind die städtischen Parkplätze in der Nähe des alten Bahnhofs (126 Beach Rd; 8 NZ$/Tag) und auf dem Ngaoho Place unweit von The Strand (6 NZ$/Tag).

FAHRRAD

Die von **Auckland Transport** (☎ 09-366 6400; www.at.govt.nz) herausgegebenen, kostenlosen Radkarten sind bei öffentlichen Einrichtungen wie Bahnhöfen, Bibliotheken und i-SITEs erhältlich. Je nach verfügbarem Platz dürfen Fahrräder auch kostenlos auf Fähren und in Zügen mitgenommen werden. In Bussen sind nur Klappräder erlaubt.

Adventure Cycles (☎ 09-940 2453; www.adventure-auckland.co.nz/adventurecycles; 9 Premier Ave, Western Springs; 30–40 NZ$/Tag, 120–160 NZ$/Woche, 260–350 NZ$/Monat; ⏲ Do–Mo 7.30–19 Uhr) verleiht Straßen- und Tourenräder sowie Mountainbikes und repariert auch Räder. Hier gekaufte Fahrräder werden auch zurückgekauft.

VOM/ZUM FLUGHAFEN

Eine Taxifahrt vom Flughafen ins Zentrum kostet in der Regel zwischen 65 und 85 NZ$; wenn man in einen Stau gerät, wird es deutlich teurer.

Der **Airbus Express** (☎ 09-366 6400; www.airbus.co.nz; einfache Strecke/hin & zurück Erw. 16/28 NZ$, Kind 6/12 NZ$) verkehrt von 7 bis 19 Uhr alle 10 bis 15 Minuten und nachts mindestens einmal pro Stunde zwischen den Terminals und dem Zentrum. Unterwegs halten die Busse in der Mt. Eden Rd oder der Dominion Rd (nach Bedarf) sowie in der Symonds St, der Queen St und beim Ferry Building. Eine Reservierung ist nicht erforderlich, die Fahrscheine können direkt beim Busfahrer oder im Internet gekauft werden. In der Regel dauert die Fahrt etwas weniger als eine Stunde, in der Hauptverkehrszeit auch länger.

Super Shuttle (☎ 0800 748 885; www.supershuttle.co.nz) Der bequeme Shuttle-Service bringt die Fahrgäste vom Flughafen direkt zu ihrem Hotel. Für Adressen in der Innenstadt kostet das 29 NZ$ pro Person, in den äußeren Vororten etwas mehr. Noch günstiger wird es, wenn man sich mit mehreren Personen ein Shuttle teilt.

ÖFFENTLICHE VERKEHRSMITTEL

Die öffentlichen Verkehrsmittel der Stadt unterstehen einer Vielzahl von Betreibern, die sich aber auf die für alle geltende *AT HOP Smartcard* (www.athop.co.nz) einigen konnten, mit der es gut 10 % Ermäßigung für die meisten Bus-, Zug- und Fährverbindungen gibt. Eine solche AT-HOP-Karte kostet 10 NZ$, die nicht zurückerstattet werden. Daher lohnt sie sich eigentlich nur, wenn man länger in Auckland bleiben will.

Das Informationsbüro von **Auckland Transport** (☎ 09-366 6400; www.at.govt.nz) hat ausführliches Infomaterial über alle Busse, Bahnen und Fähren sowie ausgezeichnete Tipps zur Reiseplanung. Mit dem Discovery Pass (16 NZ$) kann man einen ganzen Tag lang mit fast allen Zügen, Bussen und den Fähren nach North Shore fahren. Die Tageskarte bekommt man in Bussen, Zügen und den Büros der Fährgesellschaft Fullers.

Bus

Das gut ausgebaute Busnetz deckt die ganze Stadt ab. Die Fahrscheine kauft man direkt im Bus. Viele Linien enden rund um den Bahnhof Britomart. An einigen Bushaltestellen zeigen elektronische Anzeigetafeln die voraussichtlichen Wartezeiten an. Doch Achtung, diese stimmen oft nicht!

Eine einfache Fahrt in der Innenstadt kostet für Erwachsene 1 NZ$, für Kinder 0,60 NZ$. Fahrten zu weiter entfernten Zielen kosten zwischen 1,90/1,10 NZ$ und 10,30/6,10 NZ$ (pro Erw./Kind).

Am praktischsten sind die umweltfreundlichen Link-Busse, die von 7 bis 23 Uhr auf drei Routen unterwegs sind und dabei an vielen der wichtigsten Sehenswürdigkeiten vorbeifahren:

Die Busse von **City Link** (0,50/0,30 NZ$ pro Erw./Kind, mit AT-HOP-Karte kostenlos; alle 7–10 Min.) verkehren im Britomart, der Queen St und der Karangahape Rd, teilweise mit Anschluss ins Wynyard Quarter.

Inner Link (1,90 NZ$, alle 10–15 Min.) bedient Queen St, SkyCity, Victoria Park, Ponsonby Rd,

Karangahape Rd, Museum, Newmarket, Parnell und Britomart.

Outer Link (höchstens 3,40 NZ$, alle 15 Min.) fährt auf der Route Art Gallery–Ponsonby–Herne Bay–Westmere–MOTAT 2–Pt. Chevalier–Mt. Albert–St. Lukes Mall–Mt. Eden–Newmarket–Museum–Parnell–Universität.

Fähre

Das **Ferry Building** (Karte S. 68; Quay St) im üppigen edwardianischen Stil steht am Ende der Queen St.

360 Discovery (Karte S. 68; ☎ 0800 360 3472; www.360discovery.co.nz; Pier 4, 139 Quay St; Rundfahrt Erw./Kind 27/17 NZ$, 3-Tage-Karte 35/21 NZ$; ⏲ 10, 12 & 14.30 Uhr) Die Fähren schippern nach Coromandel, Gulf Harbour, Motuihe, Rotoroa und Tiritiri Matangi.

Fullers (Karte S. 68; ☎ 09-367 9111; www.fullers.co.nz; Ferry Building, 99 Quay St) Die Fähren nach Bayswater, Birkenhead, Devonport, Great Barrier Island, Half Moon Bay, Northcote, Motutapu, Rangitoto und Waiheke legen direkt hinter dem Ferry Building ab.

Sealink (☎ 09-300 5900; www.sealink.co.nz) Die Fähren nach Great Barrier Island legen am Wynyard Wharf ab. Hier starten auch einige Autofähren nach Waiheke, doch ansonsten legen die Fähren nach Waiheke zumeist in Half Moon Bay im Osten der Stadt ab.

Zug

Die Zugverbindungen von und nach Auckland halten sich in Grenzen. Die Züge fahren nur selten, sind im Allgemeinen aber preiswert, sauber und pünktlich. Allerdings kann schon eine kleine Störung das gesamte Schienennetz lahmlegen. Fahrpläne und Tourenvorschläge findet man auf www.at.govt.nz.

Im imposanten Bahnhof Britomart (S. 101) gibt's neben dem Fahrkartenschalter auch Lebensmittelläden und Wechselstuben sowie Schließfächer im Untergeschoss.

Es gibt nur vier Zugstrecken: in Richtung Westen nach Waitakere, nach Onehunga im Süden und zwei weitere in Richtung Süden nach Pukekohe. Zwischen 6 und 20 Uhr (am Wochenende länger) fahren die Züge mindestens einmal pro Stunde. Fahrkarten gibt's in allen Bahnhöfen am Automaten oder Schalter. Alle Züge haben Rampen für Rollstühle.

TAXI

Die zahllosen Taxis in Auckland warten meistens an Taxiständen, fahren aber auch in Erfolg versprechenden Gegenden der Stadt umher.

Auckland Co-op Taxis (☎ 09-300 3000; www.3003000.co.nz) ist eines der größten Unternehmen in Auckland. Für die Fahrt vom und zum Flughafen sowie zu den Fähren wird ebenso ein Zuschlag berechnet wie für die telefonische Bestellung.

INSELN IM HAURAKI GULF

Der Hauraki Gulf liegt zwischen Auckland und der Coromandel Peninsula, ist durchzogen von *motu* (Inseln) und macht in puncto Schönheit der Bay of Islands Konkurrenz. Einige Inseln liegen nur ein paar Minuten von der Stadt entfernt und eignen sich ausgezeichnet für einen Tagesausflug: Die weindurchtränkte Insel Waiheke und die Vulkaninsel Rangitoto sollten auf keinen Fall ausgelassen werden. Es erfordert schon mehr Anstrengung (und auch Geld), nach Great Barrier zu fahren, aber dafür ist die Insel ein wirklich idyllischer Rückzugsort.

Im Hauraki Gulf Maritime Park, der vom DOC betrieben wird, gibt es 47 Inseln. Einige sind richtig groß, andere sind nicht viel mehr als Felsen, die aus dem Meer ragen. Sie wurden locker in zwei Kategorien eingeteilt: Erholung und Naturschutz. Die Erholungsinseln kann man ganz einfach besichtigen. Im Sommer sind ihre Häfen voller Jachten. Zu den unter Naturschutz stehenden Inseln gibt es aber nur begrenzten Zugang. Einige können mit einer Erlaubnis besucht werden, andere sind komplett geschlossene Schutzgebiete für die Erhaltung seltener Pflanzen und Tiere, vor allem die von Vögeln.

Der Golf ist eine belebte Wasserstraße für Meeressäuger. Weiter außerhalb zeigen sich regelmäßig Sei-, Zwerg- und Brydewale, zusammen mit Orcas und Großen Tümmlern. Vielleicht bekommt man auch eine echte Sensation zu sehen, nämlich einen vorbeiziehenden Buckelwal.

Rangitoto Island & Motutapu Island

75 EW.

Der **Rangitoto** (www.rangitoto.org), mit 259 m der größte und jüngste Vulkankegel Aucklands, ragt elegant aus dem Wasser des Golfs heraus und bietet eine malerische Kulisse für alle Aktivitäten in der Stadt. Der Vulkan stieg erst vor 600 Jahren aus dem Meer empor und war wahrscheinlich einige Jahre lang aktiv, bevor er erlosch.

Die Maori, die auf **Motutapu** (Heilige Insel; www.motutapo.org.nz) lebten, wurden höchstwahrscheinlich Zeuge der Ausbrüche, da in der Asche einige Fußabdrücke gefunden wurden und mündliche Überlieferungen auch besagen, dass hier bereits vor der Eruption einige Generationen von ihnen lebten. Rangitoto ist heute durch einen Damm mit Motutapu verbunden.

Rangitot ist ein perfektes Ziel für einen Tagesausflug. Die rauen Hänge aus vulkanischer Schlacke haben überraschend viel Flora (u.a. den größten Pohutukawa-Wald der Welt) zu bieten und es gibt ausgezeichnete Wanderwege. Allerdings braucht man festes Schuhwerk und man sollte auch jede Menge Wasser auf die Wanderung mitnehmen. Auch wenn der Vulkan von weitem steil aussieht, aus der Nähe betrachtet ähnelt er eher einem Ei, das in der Pfanne brutzelt. Die Wanderung auf den Gipfel dauert rund eine Stunde und wird mit einer atemberaubenden Aussicht belohnt. Oben angekommen führt ein Rundweg am Rand des Kraters entlang. Ein Weg zu den Lavahöhlen zweigt vom Gipfelpfad ab – hin und zurück benötigt man dafür weitere 30 Minuten. Am Anlegeplatz gibt es eine Informationstafel mit Karten zur Orientierung.

Motutapu ist im Gegensatz zu Rangitoto größtenteils mit Gras bewachsen, das Schafe und Rinder ernährt. Archäologisch gesehen ist die Insel sehr bedeutend. Hier finden sich Spuren von jahrhundertelanger Besiedlung durch Menschen.

In der Home Bay in Motutapu befindet sich ein **DOC-Campingplatz** (www.doc.govt.nz; Erw./Kind 6/3 NZ$) mit einfachen Einrichtungen (fließendes Wasser und WC). Ein Kocher ist mitzubringen, da offenes Feuer verboten ist. Gebucht wird übers Internet. Von der **Rangitoto Wharf** (S. 66) kommt man in drei Stunden zu Fuß zum Campingplatz. Fullers unterhält ausschließlich an Sommerwochenenden eine Verbindung zur Home Bay.

Im Jahr 2011 wurden beide Inseln nach umfassenden Ausrottungsmaßnahmen zum schädlingsfreien Gebiet erklärt. Gefährdete Vogelarten wie Takahe und Tieke (eine Wellensittichart) wurden hier ausgesetzt und wieder heimisch gemacht, Kakariki und Glockenvögel sind mittlerweile freiwillig zurückgekehrt.

ℹ Anreise & Unterwegs vor Ort

Fullers (☎ 09-367 9111; www.fullers.co.nz; Ferry Building, 99 Quay St; hin & zurück nach Auckland oder Devonport Erw./Kind 29/14,50 NZ$) Die Fähren nach Rangitoto legen beim Ferry Building in Auckland (20 Min., 3-mal tgl. an Wochentagen, 4-mal am Wochenende) und in Devonport (2-mal tgl.) ab. Die Gesellschaft bietet auch den Volcanic Explorer (Erw./Kind inkl. Fähre 60/30 NZ$; ⏲ Start um 9.15 & 12.15 Uhr) an, eine Inselrundfahrt in einem „überdachten Zug auf der Straße".

Motuihe Island

Die 176 ha große Motuihe Island zwischen Rangitoto und Waiheke fasziniert Besucher mit seiner Geschichte und einem reizenden, weißen Sandstrand. In seinen drei *pas* siedelten zuletzt die Ngati Paoa. 1840 wurde die Insel für Decken, Kittel, Gartenwerkzeuge, Töpfe, Pfannen und eine Jungkuh verkauft. Von 1872 bis 1941 diente sie als Quarantänestation. Während des Ersten Weltkriegs war hier der schneidige „Seeteufel" Felix Graf von Luckner (1881–1966) zusammen mit anderen Deutschen und Österreichern interniert. Nach seiner gewagten Flucht schaffte er es bis zu den 1000 km entfernten Kermadec Islands. Dort wurde er jedoch wieder gefangengenommen.

Das mittlerweile schädlingsfreie Motuihe wird nun einem umfassenden Wiederaufforstungsprogramm unterzogen, das Freiwillige begeistert umsetzen. Aus diesem Grund sind hier inzwischen wieder gefährdete Vogelarten, darunter der geschwätzige Tieke, heimisch.

Abgesehen vom Hauptquartier des Trust besteht die einzige Unterkunft auf der Insel aus einem einfachen **DOC-Campingplatz** (www.doc.govt.nz; Erw./Kind 6/3 NZ$), der nur über Toiletten und Wasser verfügt und unbedingt im Voraus übers Internet gebucht werden muss. Auf der ganzen Insel gibt's keine ständigen Bewohner und auch keine Einkaufs- oder Einkehrmöglichkeiten, mit Ausnahme eines Kiosks, der im Januar über die Mittagszeit geöffnet ist.

ℹ An- & Weiterreise

360 Discovery (☎ 0800 360 3472; www.360discovery.co.nz; hin & zurück Erw./Kind 28/17,50 NZ$) Die Fähre, die jeden Tag um 8.45 Uhr in Auckland ablegt und um 15.30 Uhr zurückkehrt, fährt eine Stunde lang bis zur Insel.

Waiheke Island

7700 EW.

Nur 35 Fährminuten von Aucklands Zentrum entfernt verspricht Waiheke Island ganze 93 km² voller Inselglück. Einst war dieses Stückchen Land kaum von Interesse. Heute aber drängen sich hier Multimillionäre, Althippies und unkonventionelle Künstler, die dem Eiland seinen „grünen" Ruf beschert haben. So träumen manche von Aucklands Bürohengsten davon, den täglichen Autobahnstau gegen eine maritime Pendelstrecke und warmes, trockenes Mikroklima einzutauschen.

Auf der Auckland zugewandten Seite der Insel schwappt smaragdgrünes Wasser gegen felsige Buchten. In Richtung Ozean liegen dagegen ein paar der schönsten Sandstrände der Region. Das zweite Highlight ist der Wein: Auf der Insel laden 19 Nobelweingüter oft mit feschen Restaurants und atemberaubendem Stadtblick zum Genießen und Verweilen ein. Und es gibt Dutzende von Galerien und Kunsthandwerksläden.

Menschen – zuletzt die Ngati Paoa – siedeln mindestens seit dem 14. Jh. auf Waiheke, über das sich mehr als 40 *pas* verteilen. Im frühen 19. Jh. traf der Missionar Samuel Marsden mit den ersten Europäern ein, die kurz darauf den Kauriwald vollständig abholzten.

Tankstellen befinden sich in Oneroa, Ostend und Onetangi, Geldautomaten in Oneroa und Ostend, einen Supermarkt gibt es in Ostend.

Sehenswertes & Aktivitäten

Strände

Die besten Strände auf Waiheke sind der **Onetangi**, ein langer, weißer Sandstreifen im Zentrum der Insel, und der **Palm Beach** in einer hübschen, kleinen, hufeisenförmigen Bucht zwischen Oneroa und Onetangi. Beide verfügen über einen Nacktbadestrand, der sich jeweils am westlichen Ende hinter ein paar Felsen verbirgt. Der Strand von **Oneroa** und der benachbarte **Little Oneroa** sind ebenfalls sehr schön, doch im Sommer liegen immer viele Jachten vor der Küste. In der **Man O' War Bay**, die man über eine unbefestigte Straße durch Felder und Wiesen erreicht, befindet sich ein kleiner, aber ausgezeichneter Badestrand.

Weingüter

Goldie Vineyard WEINGUT
(www.goldiewines.co.nz; 18 Causeway Rd; Weinprobe 10 NZ$, wird beim Kauf zurückerstattet; Verkostungsraum tgl. 12–16 Uhr, Café Sa & So 12–16 Uhr, Ende Dez.–Mitte Jan. tgl. 12–16 Uhr) Das 1978 als Goldwater Estate gegründete Weingut war das erste auf Waiheke. Außer Wein werden im Verkostungsraum auch üppig gefüllte Picknick-Körbe für zwei Personen angeboten (60 NZ$).

Passage Rock WEINGUT
(09-372 7257; www.passagerockwines.co.nz; 438 Orapiu Rd; Aug.–Dez. Sa & So 12–16 Uhr, Jan. tgl., Feb.–April Mi–So) Zum guten Wein des Weingutes wird auch eine hervorragende Pizza serviert.

Man O' War Vineyards WEINGUT
(www.manowarvineyards.co.nz; Man O' War Bay; Sommer 11–18 Uhr, Winter 11–16.30 Uhr) Auf dem wunderbaren Weingut wird zum hauseigenen Valhalla-Chardonnay ein Teller voller Tapas gereicht. Bei gutem Wetter kann man auch in der herrlichen Man O' War Bay baden.

Stonyridge WEINGUT
(09-372 8822; www.stonyridge.com; 80 Onetangi Rd; Verkostung 3–15 NZ$/Weinsorte; 11.30–17 Uhr) Berühmte Bio-Rotweine, ein malerisches Café, Führungen (10 NZ$, 35 Min.,

INSIDERWISSEN

WAIHEKE ISLAND

Vor 30 Jahren war Waiheke Island die Heimat einer extravaganten Mischung von *dropouts*, die nicht mehr in der „normalen" Gesellschaft leben konnten oder wollten: Hippies, Eremiten und alternative Heiler, aber auch Schriftsteller, Töpfer und Marijuana-Anbauer in allen Spielarten. Seitdem Waiheke Ende der 1980er-Jahre „entdeckt" wurde, hat sich die Insel vollkommen verändert. Doch all diesen Veränderungen zum Trotz – den edlen Speiselokalen, Weingärten und Luxusferienhäusern – lassen sich Individualismus und Geisteshaltung der Insel nicht leugnen. Das Wetter ist so herrlich wie früher auch, ebenso das sagenhafte Panorama, das üppige Buschland und die einheimischen Vögel, die Hühner im Hof des Nachbarn und das Gefühl, dass hier ruhig alles ein bisschen langsamer gehen darf – wir nennen das die „Waiheke-Zeit". Und dann wären da noch der Duft von Geißblatt, das kristallklare Meer, die besten Fish & Chips der Welt, das Haus, in dem ich geboren wurde, und vielleicht noch immer ein paar Leute, die Marihuana anpflanzen. Waiheke war und ist einfach einzigartig auf dieser Welt.

Zoë Bell, Stuntfrau und Schauspielerin

Waiheke Island

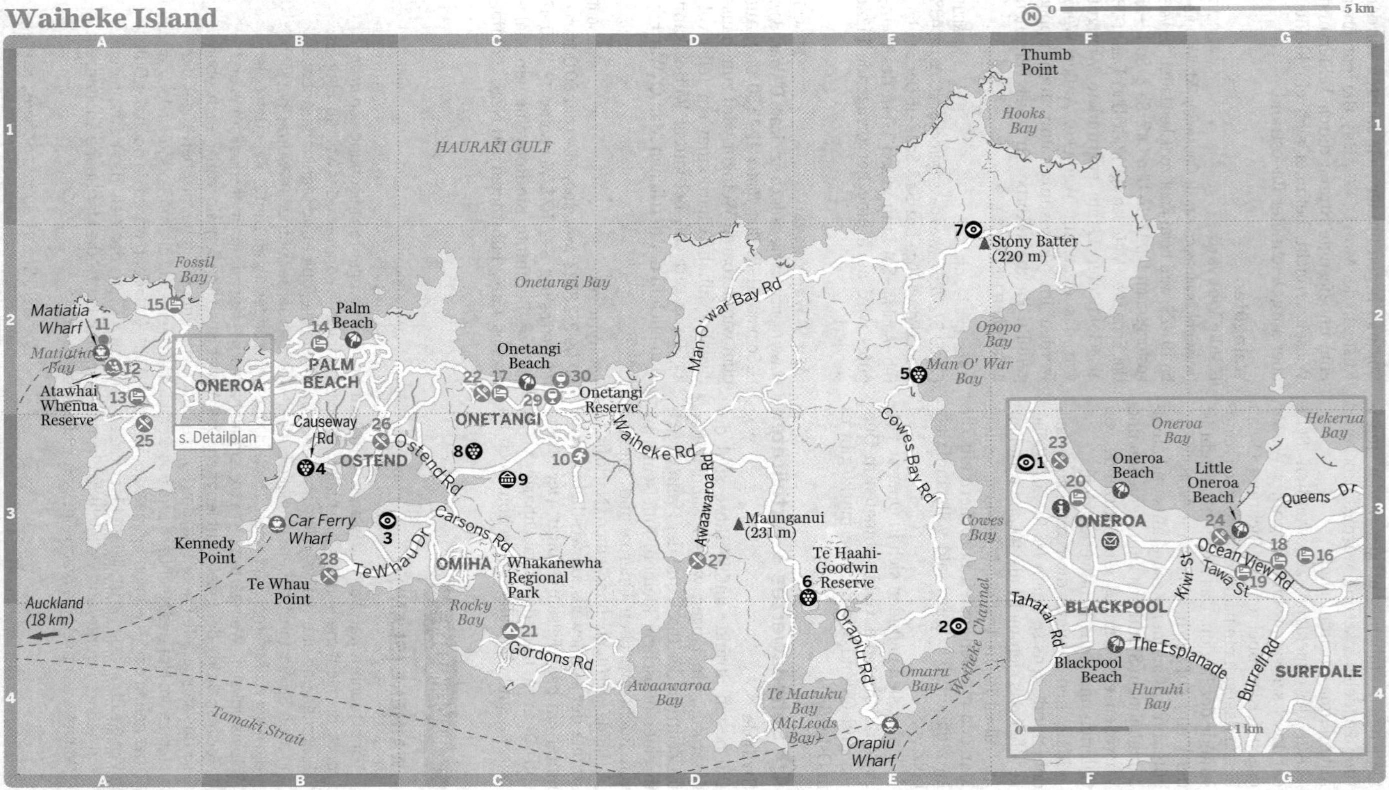

Waiheke Island

Sehenswertes

	Art Gallery	(siehe 1)
1	Artworks Complex	F3
2	Connells Bay	E4
3	Dead Dog Bay	B3
4	Goldie Vineyard	B3
5	Man O' War Vineyards	E2
6	Passage Rock	E3
7	Stony Batter Historic Reserve	E2
8	Stonyridge	C3
9	Waiheke Museum & Historic Village	C3
	Whittaker's Musical Museum	(siehe 1)
	Wild On Waiheke	(siehe 8)

Aktivitäten, Kurse & Touren

10	EcoZip Adventures	C3
11	Fullers	A2
12	Ross Adventures	A2

Schlafen

13	Cable Bay Views	A2
14	Enclosure Bay	B2
15	Fossil Bay Lodge	A2
16	Hekerua Lodge	G3
17	Kina	C2
18	Punga Lodge	G3
19	Tawa Lodge	G3
20	The Oyster Inn	F3
21	Whakanewha Regional Park Campsite	C4

Essen

	Cable Bay	(siehe 13)
22	Casita Miro	C2
23	Delight	F3
24	Dragonfired	G3
25	Mudbrick	A3
26	Ostend Market	B3
27	Poderi Crisci	D3
	Solar Eating House	(siehe 23)
28	Te Whau	B3
	The Oyster Inn	(siehe 20)
	Wai Kitchen	(siehe 20)

Ausgehen & Nachtleben

29	4th Avenue Eatery & Bar	C2
30	Charlie Farley's	C2

Unterhaltung

	Art-House Cinema	(siehe 1)
	Community Theatre	(siehe 1)

Sa & So 11.30 Uhr) und gelegentlich eine Tanzparty.

Wild On Waiheke WEINGUT, BRAUEREI
(☎ 09-372 3434; www.wildonwaiheke.co.nz; 82 Onetangi Rd; Verkostung 2 NZ$/Bier oder Wein; ⊙ Do–So 11–16 Uhr, Sommer tgl.) Das Weingut mit kleiner Brauerei bietet Wein- und Bierproben, Bogen- und Laser-Tontaubenschießen, Boule, Schach im Freien und einen Sandkasten für die Kleinen.

Kunst & Kultur

Die kostenlose Broschüre *Waiheke Art Map* mit einem Verzeichnis aller Galerien und Kunstgewerbeläden ist im i-SITE erhältlich.

Artworks Complex KUNSTZENTRUM
(2 Korora Rd; 📶) Im Artworks-Komplex befinden sich ein **Gemeindetheater** (☎ 09-372 2941; www.artworkstheatre.org.nz), ein **Programmkino** (☎ 09-372 4240; www.waihekecinema.net; Erw./Kind 14/7 NZ$), eine bemerkenswerte **Kunstgalerie** (☎ 09-372 9907; www.waiheke artgallery.org.nz; ⊙ 10–16 Uhr) GRATIS und **Whittaker's Musical Museum** (☎ 09-372 5573; www.musical-museum.org; ⊙ 13–16 Uhr, Liveshow Sa 13.30 Uhr) GRATIS mit einer Sammlung alter Konzertinstrumente. Hier steht auch kostenloser Internetzugang zur Verfügung und zwar entweder an den Computern in der **Bibliothek** (⊙ Mo–Fr 9–17.30, Sa 10–16 Uhr; 📶) oder über WLAN.

Stony Batter Historic Reserve HISTORISCHE STÄTTE
(www.fortstonybatter.org; Stony Batter Rd; Erw./Kind 8/5 NZ$; ⊙ 9–17 Uhr) Am östlichen Ende der Insel liegt das Stony Batter Historic Reserve mit Tunnel aus dem Zweiten Weltkrieg und Kanonenstellungen, die 1941 zur Verteidigung des Hafens von Auckland errichtet wurden. Der 20-minütige Spaziergang vom Parkplatz führt über privates Ackerland. Ihren Namen verdankt die Stätte den Felsblöcken, die hier überall herumliegen. Unbedingt eine Taschenlampe und Bargeld einstecken.

Waiheke Museum & Historic Village MUSEUM
(www.waihekemuseum.org.nz; 165 Onetangi Rd; Eintritt gegen Spende; ⊙ Mi, Sa & So 12–16 Uhr) Präsentiert werden verschiedene Artefakte der Inselbewohner in sechs restaurierten Gebäuden.

Dead Dog Bay GARTEN
(www.deaddogbay.co.nz; Margaret Reeve Lane; Erw./Kind 10 NZ$/frei; ⊙ 10–17 Uhr) Hier wanderte man auf steilen Pfaden durch Regenwald, Sumpfgebiete und Gärten, in denen Skulpturen stehen.

Connells Bay GÄRTEN
(☎09-372 8957; www.connellsbay.co.nz; Cowes Bay Rd; Erw./Kind 30/15 NZ$; ⏲ nach Vereinbarung, Ende Okt.–Ende März) Ein teurer, aber hervorragender Skulpturenpark in Privatbesitz, in dem Künstler aus Neuseeland ihre sehenswerten Werke ausstellen. Eintritt im Rahmen einer zweistündigen Führung; im Voraus buchen.

Wanderungen

Die i-SITE hält Informationen zu den wunderschönen Küstenwanderungen (1–3 Std.) auf der Insel sowie zum 3 km langen Cross Island Walkway bereit. Er führt quer über die Insel von Onetangi zur Rocky Bay. Andere Touren verlaufen durch den **Whakanewha Regional Park**, ein Refugium für seltene Küstenvögel und Geckos, sowie durch drei Naturschutzgebiete der Royal Forest & Bird Protection Society: **Onetangi** (Waiheke Rd), **Te Haahi-Goodwin** (Orapiu Rd) und **Atawhai Whenua** (Ocean View Rd).

Noch mehr Aktivitäten

Hike Bike Ako WANDERN, RADFAHREN
(☎021 465 373; www.hikebikeako.co.nz; Wanderung Erw./Kind NZ$99/79, Radtour & Radwandertour 139 NZ$) Die Touren zur Inselerkundung werden zu Fuß (3 Std.), mit dem Fahrrad (5 Std.) oder einer Kombination aus beidem (5 Std.) durchgeführt. Allen gemeinsam ist, dass die Teilnehmer an der Fähre abgeholt werden, das Mittagessen in einem Café oder auf einem Weingut enthalten ist und man viel über die Mythen, Geschichte und Kultur der Maori erfährt. Das Mindestalter für die Wanderungen beträgt sieben, für die Radtouren 16 Jahre.

Ross Adventures KAJAKFAHREN
(☎09-372 5550; www.kayakwaiheke.co.nz; Matiatia Beach; Halb-/Ganztagestour 85/145 NZ$, Verleih ab 25 NZ$/Std.) Ross ist der felsenfesten Überzeugung, dass auf Waiheke die Möglichkeiten, Kajak zu fahren, genauso gut sind wie im legendären Abel Tasman National Park. Und er muss es wirklich wissen, denn er bietet schon seit über 20 Jahren Kajakausflüge an. Erfahrene Kajakfahrer können die Insel bequem in vier Tagen umrunden und dabei versteckte Buchten und Sandbänke erkunden, die sich über Land nicht erreichen lassen.

EcoZip Adventures ZIP-LINES
(☎0800 246 947; www.ecozipadventures.co.nz; Trig Hill Rd; Erw./Kind 99/69 NZ$) An drei voneinander unabhängigen, 200 m langen Zip-Lines (Seilrutschen) saust man über Weingüter, dichten Urwald und blaues Wasser hinweg, bevor es auf einem 1,5 km langen Waldweg gemütlich zurück geht. Im Preis enthalten ist der Transfer von Matiatia Wharf oder Oneroa, sofern man kein eigenes Fahrzeug hat.

Geführte Touren

Ananda Tours ESSEN, WEIN
(☎09-372 7530; www.ananda.co.nz) Auf dem Programm stehen eine Gourmet-Tour mit Wein und leckerem Essen (120 NZ$) sowie eine „Connoisseur-Tour“ (230 NZ$). Informelle Exkursionen in Kleingruppen werden nach Kundenwünschen gern zusammengestellt, darunter auch Besuche von interessanten Künstlerateliers.

Fullers ESSEN, WEIN
(☎09-367 9111; www.fullers.co.nz) Die Option „Wine on Waiheke“ (Erw. 119 NZ$, 4½ Std., Abfahrt in Auckland um 13 Uhr) besucht drei örtliche Spitzenweingüter und beinhaltet einen Snackteller. „Taste of Waiheke“ (Erw. 129 NZ$, 5½ Std., Abfahrt in Auckland um 11 Uhr) umfasst ebenfalls drei Weingüter sowie einen Olivenhain und einen Mittagsimbiss. Zudem gibt es „Explorer“-Inseltouren (Erw./Kind 52/26 NZ$, 1½ Std., Abfahrt in Auckland 10, 11 & 12 Uhr). Alle Preise inklusive Fähre und Tagesbuspass.

Sunshine Tours ESSEN, WEIN
(☎09-372 6127; www.waihekeislandadventures.com) Schöne Touren durch die Natur (45 NZ$) und Besichtigung von Weingütern (45 NZ$).

Waiheke Executive Transport WEIN, KULTUR
(☎0800 372 200; www.waiheketransport.co.nz) Im Angebot sind u.a. Touren zu den Highlights der Insel (26 NZ$) und Weintouren (110–115 NZ$).

Feste & Events

Sculpture on the Gulf KUNST
(www.sculptureonthegulf.co.nz) In ungeraden Jahren kann man Ende Januar drei Wochen lang einen 2,5 km langen Skulpturenweg auf den Klippen entlang spazieren.

Waiheke Island of Wine Vintage Festival WEIN, ESSEN, MUSIK
(www.waihekevintagefestival.co.nz; ⏲ Ende März–Anfang April) Bei dem 2014 erstmals stattfindenden Festival wird auf den Weingütern eine Woche lang Jazz und klassische Musik gespielt, Kunst ausgestellt, ein Bauernmarkt veranstaltet und natürlich ganz viel Essen

und Wein angeboten. Zwischen den insgesamt 17 Weingütern, die daran teilnehmen, pendeln Shuttle-Busse.

Waiheke Island International Jazz Festival MUSIK
(www.waihekejazzfestival.co.nz; Eintritt variiert je nach Veranstaltung) An Ostern treten von Freitag bis Sonntag überall auf der Insel Jazzmusiker aus der Region und der ganzen Welt auf.

Schlafen

Waiheke ist in den Sommerferien so beliebt, dass viele Einheimische lieber ihre eigenen Häuser vermieten und das Weite suchen. Man muss unbedingt im Voraus buchen und selbst dann sind kaum Schnäppchen zu ergattern. Dagegen wird es an Wochentagen im Winter deutlich günstiger. Als gute mittelteure Unterkunft bietet sich ein Ferienhaus an, das man unter www.bookabach.co.nz oder www.holidayhouses.co.nz mieten kann, aber dann sollte man auch über ein eigenes Fahrzeug verfügen.

Fossil Bay Lodge HÜTTEN $
(☎ 09-372 8371; www.fossilbay.webs.com; 58 Korora Rd; EZ 49 NZ$, DZ 80–125 NZ$, Zelt 80–105 NZ$;) Die drei hübschen Hütten gehen auf einen Innenhof hinaus. Im Haupthaus gegenüber befinden sich die Toiletten, eine Gemeinschaftsküche und der Aufenthaltsbereich sowie ein kleines Apartment im Obergeschoss. Seit kurzem stehen auch zwei gemütliche Tipi-Zelte für Luxuscamper zur Verfügung. Abgesehen von quakenden Enten oder kreischenden Kindern des benachbarten Waldorf-Kindergartens ist es sehr ruhig und friedlich.

Hekerua Lodge HOSTEL $
(☎ 09-372 8990; www.hekerualodge.co.nz; 11 Hekerua Rd; Stellplatz ab 18 NZ$, B 30–36 NZ$, EZ 55 NZ$, DZ 90–120 NZ$; @) Das abgeschiedene Hotel liegt mitten im Wald, bietet aber einen Grillplatz, einen mit Natursteinen gefliesten Swimmingpool, eine Sonnenterrasse, einen zwanglosen Aufenthaltsbereich und einen eigenen Wanderweg. Es ist zwar alles andere als luxuriös, dafür aber sehr entspannt und gesellig, wozu auch die ruhige, neutrale Ausstattung und die Buddhastatuen beitragen.

Kina HOSTEL $
(☎ 09-372 8971; www.kinabackpackers.co.nz; 421 Seaview Rd; B 28–34 NZ$, EZ/2BZ 55/72 NZ$, DZ 72–90 NZ$; @) Das altmodische, schön gelegene Hostel hat einen großen Garten mit Rasen und Blick auf den Onetangi Beach. Es besteht aus einem älteren und einem recht neuen Gebäude, in dem sich jeweils ziemlich kleine Schlafsäle und Zimmer befinden. Geleitet wird es von einem tüchtigen neuseeländischen Ehepaar mit kleinen Kindern und freundlichem Hund.

Whakanewha Regional Park Campsite CAMPINGPLATZ $
(☎ 09-366 2000; www.arc.govt.nz; Gordons Rd; Stellplatz 13/6 NZ$ pro Erw./Kind) Schöner, aber sehr einfacher Campingplatz mit Toiletten, Gasgrill und Trinkwasser. Wohnmobile werden an den benachbarten Campingplatz Poukaraka Flats verwiesen.

Tawa Lodge PENSION $$
(☎ 09-372 9434; www.pungalodge.co.nz; 15 Tawa St; Zi. 120 NZ$, Apt. 175–240 NZ$;) Zwischen dem komplett ausgestatteten Häuschen im vorderen Teil und dem Apartment auf der Rückseite gibt's noch drei preislich angemessene Zimmer im Dachgeschoss, die sich eine kleine Küche und ein Bad teilen. Allen Gästen steht die Terrasse zur Verfügung, von der man einen tollen Blick aufs Meer hat.

Punga Lodge B&B $$
(☎ 09-372 6675; www.pungalodge.co.nz; 223 Ocean View Rd; Zi. 145–150 NZ$, Wohneinheit 140–200 NZ$; @) Sowohl die farbenfrohen Zimmer mit eigenem Bad im Haus als auch die komplett ausgestatteten Wohneinheiten im Garten haben eine Terrasse mit Blick auf den üppigen Tropengarten. Es gibt auch einen Wellnessbereich. Im Preis inbegriffen ist ein hausgemachtes Frühstück, Tee am Nachmittag und der Transfer zur Fähre.

The Oyster Inn BOUTIQUEHOTEL $$$
(☎ 09-372 2222; www.theoysterinn.co.nz; 124 Ocean View Rd; Zi. 285–335 NZ$) Das Hotel im sommerlich frischen Stil der amerikanischen Ostküste steht mitten in Oneroa und hat nur drei luxuriöse Zimmer. Die Gäste werden in einem schönen alten VW-Bus vom Fähranleger in Matiatia abgeholt. Dieser Sinn für exquisite Kleinigkeiten setzt sich in der schicken Einrichtung, den erstklassigen Sanitärartikeln und dem sehr persönlichem Service fort.

Enclosure Bay B&B $$$
(☎ 09-372 8882; www.enclosurebay.co.nz; 9 Great Barrier Rd; Zi. 375 NZ$, Suite 450–499 NZ$) Wer sich den Luxus eines wirklich tollen B&Bs gönnen möchte und das Besondere sucht,

wird hier mit Sicherheit fündig. Jedes der drei Zimmer hat einen Balkon mit einer tollen Aussicht. Die Besitzer pflegen die typisch neuseeländische Gastfreundschaft und scheuen keine Mühe.

Cable Bay Views APARTMENTS $$$
(☎09-372 2901; www.cablebayviews.co.nz; 103 Church Bay Rd; DZ 250 NZ$;) Die drei modernen, komplett ausgestatteten Apartments bieten einen sensationellen Blick auf die Weinberge und liegen zudem ganz in der Nähe von einigen der besten Weingut-Restaurants der Insel. Im Internet findet man oft gute Angebote für Tage unter der Woche und in der Nebensaison.

Essen

Auf Waiheke gibt's einige ausgezeichnete Restaurants, in denen die spektakuläre Aussicht – mit etwas Glück – die saftigen Preise vergessen lässt.

Dragonfired PIZZERIA $
(Little Oneroa Beach; Hauptgerichte 8–16 NZ$; ⏲10.30–20.30 Uhr;) Der Imbisswagen am Strand hat sich auf Pizza, Polenta und gefülltes Fladenbrot aus dem Holzofen spezialisiert. Damit bekommt man hier das beste preiswerte Essen auf der Insel.

Ostend Market MARKT $
(www.ostendmarketwaiheke.co.nz; War Memorial Hall, Belgium St; ⏲Sa 7.30–13 Uhr) Neben frischen Lebensmitteln aus der Region wird hier einheimisches Kunsthandwerk sowie Trödel und Gebrauchtes angeboten.

Wai Kitchen CAFÉ $$
(www.waikitchen.co.nz; 1/149 Ocean View Rd, Oneroa; Hauptgerichte 17–23 NZ$; ⏲9–16 Uhr, im Sommer länger) Warum das Wai Kitchen für ein Essen wählen? Nun, zuerst einmal gibt es hier eine abwechslungsreiche Speisekarte mit einer Fülle mediterraner und asiatischer Gerichte. Und dann wären da noch der reizende Service und das angenehme Ambiente samt einem beständig wehenden lauen Lüftchen in diesem verglasten, keilförmigen Lokal am *wai* (Wasser).

Casita Miro SPANISCH $$
(☎09-372 7854; www.mirovineyard.co.nz; 3 Brown St, Onetangi; Gerichte 19–40 NZ$; ⏲tgl. 12–15 Uhr, Jan. & Feb. Do–Sa 18–22 Uhr, im Winter verkürzte Öffnungszeiten) In einem Pavillon aus Schmiedeeisen und Glas, der in einem Garten mit Mosaikfliesen im Stil von Gaudi steht, serviert eine sehr unterhaltsame Truppe köstliche *ración tapas*. Diese sind größer als normale Tapas und deshalb ideal zum Teilen.

The Oyster Inn SEAFOOD, MODERN-NEUSEELÄNDISCH $$
(☎09-372 2222; www.theoysterinn.co.nz; 124 Ocean View Rd; Hauptgerichte 23–36 NZ$; ⏲11 Uhr–open end) Das Restaurant ist ein beliebter Treffpunkt der Schickeria von Auckland. Auf der ausgezeichneten Speisekarte stehen viele Meeresfrüchte-Gerichte, Austern und Champagner. Die Atmosphäre des Restaurants mit Bar ist geschäftig, aber dennoch entspannt. Mit dem Brunch ab 11 Uhr auf der Veranda fängt der Tag richtig gut an.

Delight TÜRKISCH $$
(☎09-372 9035; www.delightcafe.co.nz; 29 Waikare Rd, Oneroa; Hauptgerichte 14–23 NZ$, Mezze 10–19 NZ$; ⏲ganzjährig tgl. 8–15 Uhr) Wer keine Eier Benedict mehr sehen kann, sollte in diesem schicken Café mit Mezze-Bar einmal eine pikante Tagine zum Frühstück probieren. Neben traditionelleren Mezze kommen auch Paninis, Wraps und Salate auf den Tisch – und alles ist köstlich!

Solar Eating House CAFÉ, BAR $$
(139 Oceanview Rd; Hauptgerichte 15–24 NZ$; ⏲8–21.30 Uhr) Mit dem großzügigen Außenbereich und dem tollen Blick aufs Meer ist dieses entspannte Café der ideale Ort für den ersten Kaffee des Tages oder auch ein Bier oder Glas Wein am Abend. Für das Essen werden überwiegend Zutaten aus Bio-Anbau und nachhaltiger Landwirtschaft verwendet.

Poderi Crisci ITALIENISCH $$
(☎09-372 2148; www.podericrisci.co.nz; 205 Awaawaroa Rd; Hauptgerichte 24–33 NZ$; ⏲Do–Mo 12–15 Uhr, im Sommer verlängerte Öffnungszeiten) Das Restaurant hat sich schnell einen hervorragenden Ruf erworben. Besonders legendär ist das sonntägliche Mittagessen (65 NZ$/Pers.), das sich über vier Stunden hinzieht. Neben die bereits vorhandenen Rebsorten wurden auch typisch italienische Weintrauben und Oliven gepflanzt. Für all das lohnt sich die Fahrt in das einsame Tal allemal.

Te Whau WEINGUT $$$
(☎09-372 7191; www.tewhau.com; 218 Te Whau Dr; Hauptgerichte 37–42 NZ$; ⏲Nov.–Ostern Mi–Mo 11–17, Sa 18.30 Uhr–open end, im Winter verkürzte Öffnungszeiten) Das Restaurant eines Weinguts an der Spitze der Halbinsel Te Whau bietet einen spektakulären Ausblick, hervorragendes Essen, erstklassigen Service

und eine der besten Weinkarten des Landes. Die beeindruckenden Bordeaux-, Merlot-, Chardonnay- und Rosé-Weine des Hauses können für jeweils 3 NZ$ verkostet werden (11–17 Uhr).

Cable Bay WEINGUT $$$
(☎09-372 5889; www.cablebayvineyards.co.nz; 12 Nick Johnstone Dr; 2-/3-Gänge-Menü 72/90 NZ$; ⌚tgl. 12–15 & 18 Uhr–open end) Das hochgelobte Restaurant beeindruckt mit hypermoderner Architektur, Skulpturen und herrlichem Ausblick. Das Essen ist vom Feinsten, aber auch extrem teuer. Wer sich das nicht leisten will, sollte zumindest eine Weinprobe (ab 8 NZ$) machen oder sich eines der kleinen Gerichte (10–15 NZ$) schmecken lassen, die ab 11 Uhr auf der Terrasse serviert werden.

Mudbrick WEINGUT $$$
(☎09-372 9050; www.mudbrick.co.nz; 126 Church Bay Rd; Hauptgerichte 42–49 NZ$, Verkostungsmenü mit/ohne Wein 190/110 NZ$; ⌚11.30–15.30 & 18–22.30 Uhr) Von der idyllischen Veranda des Restaurants aus zeigen sich Auckland und der Golf von ihrer besten Seite. Das Weingut bietet auch Führungen und Verkostungen an (ab 10 NZ$, 10–17 Uhr).

Ausgehen & Nachtleben

Bars gibt's vor allem in Oneroa, Pubs und Kneipen in Surfdale und Ostend.

Charlie Farley's BAR
(www.charliefarleys.co.nz; 21 The Strand, Onetangi; ⌚8.30 Uhr–open end) Bei einem Glas Wein von der Insel oder einem kühlen Bier im Schatten des Eisenholzbaumes auf der Terrasse mit Blick zum Strand wird schnell klar, warum die Einheimischen diese Bar so sehr lieben.

4th Avenue Eatery & Bar PUB, CAFÉ
(www.fourthavenue.co.nz; 1 Fourth Ave, Onetangi) Halb Bar und halb Bistro mit schicker Einrichtung und sonniger Terrasse mit Blick auf den Onetangi Beach. Es gibt eine gute Auswahl an Bier vom Fass, ordentliche Gerichte für mehrere Personen und gemischte Platten (20–49 NZ$).

Praktische Informationen

Waiheke Island i-SITE (☎09-372 1234; www.waihekenz.com; 118 Ocean View Rd; ⌚9–17 Uhr) Neben dem Hauptbüro mit sehr hilfsbereitem Personal gibt's ein weiteres (in der Regel allerdings unbesetztes) Büro im Fährhafen von Matiatia.

An- & Weiterreise

360 Discovery (☎0800 360 3472; www.360discovery.co.nz) Die Touristenfähre legt auf ihrer Fahrt von Auckland nach Coromandel einen Zwischenstopp in Orapiu ein. Allerdings ist der Fähranleger von Orapiu recht abgelegen und mit dem Bus nicht zu erreichen.

Fullers (☎09-367 9111; www.fullers.co.nz; hin & zurück Erw./Kind 36/18 NZ$; ⌚Mo–Fr 5.20–23.45, Sa 6.25–23.45, So 7–21.30 Uhr) An der Matiatia Wharf legen zwischen 9 und 17 Uhr stündlich Passagierfähren aus Auckland an, die teilweise auch über Devonport fahren.

Sealink (☎09-300 5900; www.sealink.co.nz; hin & zurück Erw./Kind/Auto/Motorrad 36,50/20/152/58 NZ$; ⌚Mo–Do 4.30–18.30, Fr 4.30–20, Sa & So 6–18.30 Uhr) Die Autofähren, die am Kennedy Point anlegen, starten zumeist in Half Moon Bay im Osten von Auckland, manche aber auch an der Wynyard Wharf in der Innendstadt. Die Fähren legen mindestens alle zwei Stunden ab und sind 45 Minuten unterwegs. Unbedingt reservieren!

Unterwegs vor Ort

AUTO, MOTORRAD & ROLLER

Fun Rentals (☎09-372 8001; www.funrentals.co.nz; 14a Belgium St, Ostend; Auto/Motorroller/Geländewagen ab 59/49/59 NZ$ pro Tag)

Rent Me Waiheke (☎09-372 3339; www.rentmewaiheke.co.nz; 14 Ocean View Rd, Matiatia; Auto/Motorroller 59/49 NZ$ pro Tag)

Waiheke Auto Rentals (☎09-372 8998; www.waihekerentals.co.nz; Matiatia Wharf; Auto/Motorroller ab 69/79 NZ$ pro Tag)

Waiheke Rental Cars (☎09-372 8635; www.waihekerentalcars.co.nz; Matiatia Wharf; Auto/Geländewagen ab 59/79 NZ$ pro Tag)

BUS

Auf der Insel fahren regelmäßig Busse, die von der **Matiatia Wharf** durch Oneroa (Erw./Kind 1,60/0,80 NZ$, 5 Min.) bis Onetangi im Westen (Erw./Kind 4,40/2,40 NZ$, 30 Min.) in alle größeren Orte fahren. Die Fahrpläne sind bei **Auckland Transport** (☎09-366 6400; www.at.govt.nz) erhältlich. Im Fullers-Büro an der Matiatia Wharf werden Tageskarten verkauft (Erw./Kind 9/5,50 NZ$).

Waiheke Vineyard Hopper (☎09-367 9111; www.waihekevineyardhopper.co.nz; 20 NZ$/Pers.; ⌚26. Dez.–Anfang Feb.) Die eigens eingesetzten Shuttle-Busse fahren im Sommer alle 40 Minuten acht verschiedene Weingüter an. Die Tageskarte für 54 NZ$ gilt auch für Fähren und die öffentlichen Busse der Insel.

FAHRRAD

Verschiedene Fahrradtouren sind in der Broschüre *Bike Waiheke!* beschrieben, die es am

Fähranleger und im i-SITE gibt. Dabei sind einige Hügel zu bewältigen.

Waiheke Bike Hire (☎ 09-372 7937; www.waihekebikehire.co.nz; Matiatia Wharf) Bei dem Laden in der Nähe des Fähranlegers und des i-SITE in Oneroa kann man Mountainbikes (halber/ganzer Tag 25/35 NZ$) leihen.

Waiheke E Bikes (☎ 027 467 883, 022 050 2233; www.waihekeebikes.co.nz; 50 NZ$/Tag) Im teilweise recht hügeligen Gelände der Insel radelt es sich mit einem E-Bike deutlich angenehmer. Wer zwei Räder leiht, wird kostenlos an der Fähre abgeholt und wieder hingebracht.

TAXI

Island Taxis (☎ 0800 372 4111; www.islandtaxis.co.nz)

Waiheke Express Taxis (☎ 0800 700 789; www.waihekeexpresstaxis.co.nz)

Waiheke Independent Taxis (☎ 0800 300 372)

Rotoroa Island

Von 1911 bis 2005 hatten nur Alkoholiker und Drogensüchtige Zugang zu dieser herrlichen, kleinen Insel an der weiter vom Festland entfernt liegenden Seite Waihekes: Sie waren hier unter der Obhut der Heilsarmee zum Entzug verdonnert. 2011 wurde – nach 100 Jahren – die 82 ha große Insel **Rotoroa** (☎ 0800 76 86 76; www.rotoroa.org.nz; Zugangsgebühr 5 NZ$) dann wieder der Öffentlichkeit zugänglich gemacht. Die Besucher können sich seitdem an den Sandstränden tummeln und sich in den restaurierten Gebäuden des ehemaligen Therapiezentrums eine Ausstellung zur Sozialgeschichte und Kunst ansehen. Außerdem besteht die Möglichkeit, eines von drei gut ausgestatteten Ferienhäusern zu mieten (375–650 NZ$), die sehr nostalgisch wirken. Und es gibt zusätzlich tolle Unterkünfte in den Schlafsälen (35 NZ$/Pers.) im ehemaligen Haus des Leiters.

ℹ An- & Weiterreise

360 Discovery (☎ 0800 360 3472; www.360discovery.co.nz; Erw./Kind ab Auckland 49/29 NZ$, ab Orapiu 21/13 NZ$) Die Fähre ab Auckland mit Zwischenstopp in Orapiu auf Waiheke Island ist 75 Minuten unterwegs. Vom Labour Day im Oktober bis Ostern verkehren vier Schiffe pro Woche (im Jan. tgl.), in den kühleren Monaten nur zwei pro Woche.

Tiritiri Matangi Island

Auf den magischen 220 ha der raubtierfreien **Insel** (www.tiritirimatangi.org.nz) ist der Tuatara zu Hause, eine Art prähistorische Eidechse. Zudem gibt es hier viele bedrohte einheimische Vögel wie den extrem seltenen und farbenfrohen Südinsel-Takahe. Zu den sonstigen Vögeln gehören u.a. Glocken- und Gelbbandhonigfresser, Sattelvögel (Tieke), Weißköpfchen, Springsittiche (Kakariki), Lappenkrähen (Kokako), Zwergkiwis, Neuseelandenten, Langbeinschnäpper, Farnsteiger und Pinguine. Bislang wurden auf der Insel 78 Vogelarten gesichtet. Mit 150 Exemplaren war der Sattelvogel einst fast ausgestorben, während allein auf Tiritiri heute wieder 600 von ihnen leben. Wer in der **DOC-Schlafbaracke** (☎ 09-425 7812; www.doc.govt.nz; Erw./Kind 30/20 NZ$) übernachtet, erlebt den glutroten Sonnenuntergang in voller Pracht – eine rechtzeitige Reservierung und ein Platz auf der Fähre vorausgesetzt.

Die Insel wurde 1841 an die englische Krone verkauft, abgeholzt und bis in die 1970er-Jahre landwirtschaftlich genutzt. Seit 1984 haben Hunderte Freiwillige 250 000 einheimische Bäume gepflanzt und so die Erholung des Waldes ermöglicht. Am östlichen Inselende steht ein Leuchtturm von 1864.

ℹ An- & Weiterreise

360 Discovery (☎ 0800 360 3472; www.360discovery.co.nz; hin- & zurück Auckland/Gulf Harbour 69/37 NZ$; ⏲ Mi–So) Es besteht die Möglichkeit, mit dem Fährticket eine geführte Wanderung (5 NZ$) zu buchen; die Guides wissen am besten, wo sich die vielen Vögel gerade aufhalten.

Motuora Island

Auf halber Höhe zwischen Tiritiri Matangi und Kawau bietet Motuora Island 80 raubtierfreie Hektar Land und wird deshalb als „Kiwi-Krippe" genutzt. An der Westküste der Insel befindet sich ein Bootsanleger, der sich jedoch nur mit dem eigenen Schiff erreichen lässt. Der **DOC-Campingplatz** (☎ 027-492 8586; www.doc.govt.nz; Erw./Kind 6/3 NZ$) muss im Voraus gebucht werden. Der Platz bietet Toiletten, kalte Duschen und Wasser. Außerdem wird noch eine Hütte für fünf Personen vermietet (52 NZ$); Bettwäsche und Essen muss man selbst mitbringen.

Kawau Island

300 EW.

Kawau Island liegt 50 km nördlich von Auckland abseits der Mahurangi Peninsula.

Mangels ordentlicher Straßen verlassen sich seine Einwohner hauptsächlich auf Boote. Hauptattraktion ist das **Mansion House** (Erw./Kind 4/2 NZ$; ⊙ Mo–Fr 12–14 Uhr) von 1845. Der eindrucksvolle hölzerne Landsitz wurde einst durch Gouverneur George Grey erweitert, der die Insel 1862 erwarb. Die tolle viktorianische Sammlung im Haus umfasst auch ein paar von Greys Privatgegenständen. Ums Haus herum erstreckt sich der original erhaltene Tropengarten. Vom Mansion House aus führen ausgeschilderte Kurzwanderungen (10–120 Min.) zu Stränden, einer alten Kupfermine und einem Aussichtspunkt. Das DOC (www.doc.govt.nz) stellt die Übersichtskarte *Kawau Island Historic Reserve* zum Download bereit.

Schlafen & Essen

Kawau Lodge B&B $$$
(☎09-422 8831; www.kawaulodge.co.nz; North Cove; EZ 160 NZ$, DZ 210–245 NZ$) Das umweltbewusste Boutiquehotel hat einen eigenen Bootsanleger und rund ums Haus Terrassen mit Panoramablick. Auf Wunsch werden die Gäste auch bekocht (10–75 NZ$) und Ausflüge organisiert.

Mansion House Cafe Restaurant CAFÉ $$
(☎09-422 8903; Mittagessen 12–18 NZ$, Abendessen 18–28 NZ$; ⊙ wechselnde Öffnungszeiten) Wer keinen Picknickkorb mitgebracht hat, bekommt in dem idyllisch gelegenen Café den ganzen Tag über Frühstück, Sandwiches und abends eine herzhafte Mahlzeit.

An- & Weiterreise

Kawau Water Taxis (☎0800 111 616; www.kawaucruises.co.nz) betreiben die täglich zwischen Sandspit und Kawau fahrenden Fähren (hin & zurück Erw./Kind 55/31 NZ$) sowie verschiedene Wassertaxis (Mindestpreis 142,50 NZ$). Die Super Cruise (Erw./Kind 68/30 NZ$, Grill-Mittagessen 27/15 NZ$) startet um 10.30 Uhr in Sandspit, schippert einmal rund um die Insel und liefert dabei an 75 Bootsstegen auch die Post ab.

Great Barrier Island

860 EW.

Bei den Maori heißt die Insel Aotea (Wolke), Kapitän James Cook nannte sie aufgrund ihrer Lage am Rand des Hauraki Gulfs Great Barrier. Die zerklüftete, unglaublich schöne Insel ist nach South-, North- und Stewart Island die viertgrößte Insel Neuseelands (285 km²). Sie erinnert stark an die Coromandel Peninsula, mit der sie einst verbunden war; und wie Coromandel war sie früher ein Zentrum des Bergbaus, der Holzindustrie und des Walfangs. Diese Industrien gibt es jedoch längst nicht mehr. Heute sind zwei Drittel der Insel in Staatsbesitz und werden vom DOC verwaltet.

Auf der Insel findet man unberührte Strände, Thermalquellen, alte Kauridämme, ein Waldschutzgebiet und ein Netz von Wanderwegen. Da hier keine Possums ihr Unwesen treiben, ist die natürliche Vegetation sehr üppig.

Obwohl nur 88 km von Auckland entfernt, wirkt die Great Barrier Island, als ob sie unendlich weit weg sei. Hier gibt es weder Supermärkte noch Stromversorgung (nur private Generatoren, Solar- und Windanlagen) oder Kanalisation (nur Desinfektionstanks). Viele Straßen sind unbefestigt und die Benzinpreise lösen bei Sparfüchsen wahre Schreikrämpfe aus. Der Handyempfang ist sehr eingeschränkt, Banken, Geldautomaten oder Straßenbeleuchtung sucht man vergeblich.

Hauptsaison ist von Mitte Dezember bis Mitte Januar, daher Transport, Unterkünfte und Aktivitäten frühzeitig buchen.

Die größte Siedlung **Tryphena** liegt 4 km von der Anlegestelle an der Shoal Bay entfernt. Sie verteilt sich auf mehrere Kilometer Küstenstraße und besteht aus ein paar Dutzend Häusern und einer Handvoll Läden und Unterkünften. Von den Landungsbrücken sind es 3 km nach Mulberry Grove, von dort aus ist es nochmals 1 km über die Landzunge zum Pa Beach und zum Stonewall Store (S. 117).

Der Flughafen befindet sich in **Claris**, einer kleinen Siedlung 12 km nördlich von Tryphena. Hier gibt es Gemischtwaren- und Getränkeläden, eine Wäscherei und eine Kfz-Werkstatt, eine Apotheke und ein Café.

Whangaparapara ist eine alte Holzfällerstadt, die im 19. Jh. das Zentrum der Walfangindustrie auf der Insel war. Der zweite Haupthafen namens **Port Fitzroy** liegt eine Stunde Autofahrt von Tryphena entfernt an der Westküste. In diesen vier Hauptsiedlungen bekommt man Benzin und Diesel.

Aktivitäten

Wassersport

Die Strände an der Westküste gelten als sicher, an der Ostküste ist aufgrund der starken Brandung allerdings Vorsicht gebo-

Great Barrier Island

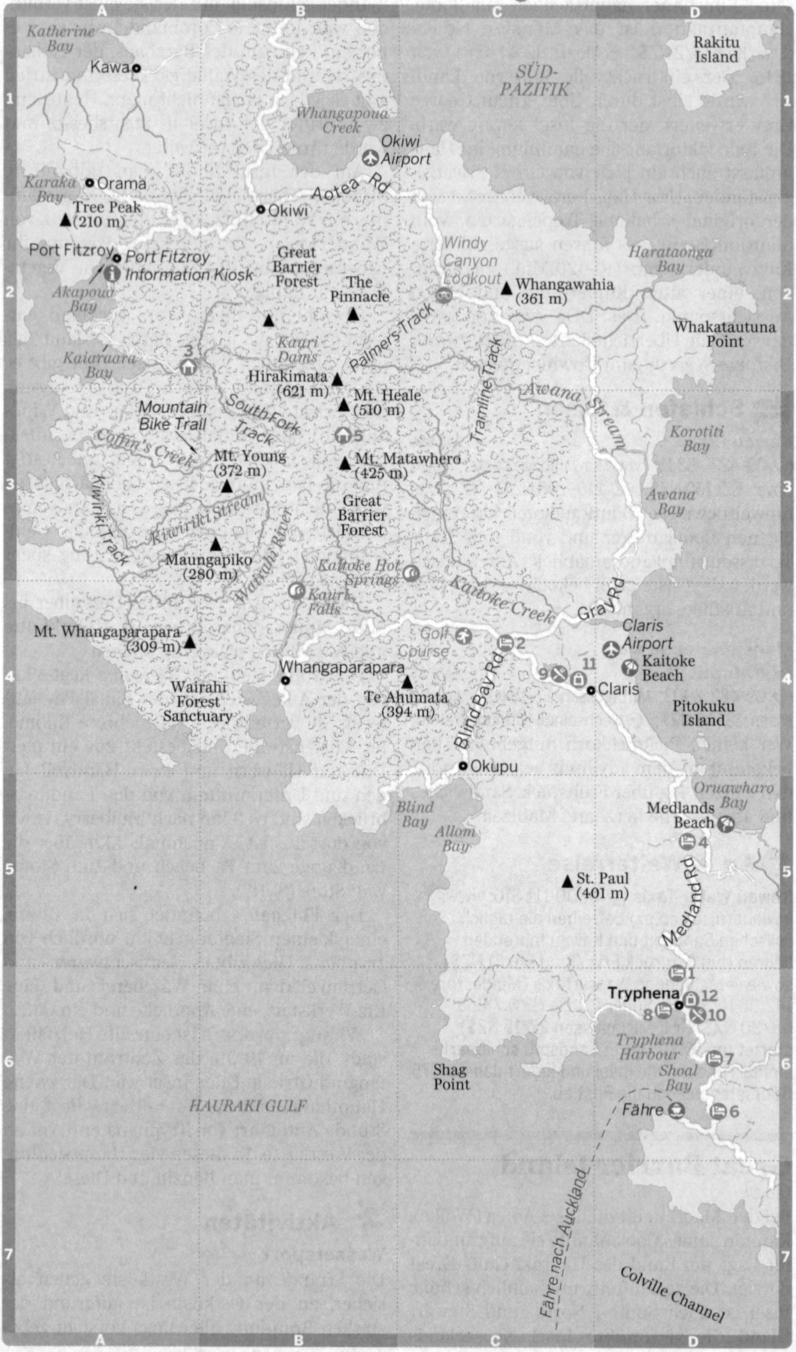
0 4 km
SÜD-PAZIFIK
HAURAKI GULF
Katherine Bay
Kawa
Whangapoua Creek
Okiwi Airport
Karaka Bay
Orama
Aotea Rd
Tree Peak (210 m)
Okiwi
Port Fitzroy
Port Fitzroy Information Kiosk
Akapoua Bay
Great Barrier Forest
The Pinnacle
Windy Canyon Lookout
Whangawahia (361 m)
Harataonga Bay
Rakitu Island
Whakatautuna Point
Kaiaraara Bay
Kauri Dams
Palmers Track
Tramline Track
Hirakimata (621 m)
Mt. Heale (510 m)
Awana Stream
Mountain Bike Trail
South Fork Track
Coffin's Creek
Mt. Young (372 m)
Mt. Matawhero (425 m)
Korotiti Bay
Kiwiriki Track
Kiwiriki Stream
Awana Bay
Maungapiko (280 m)
Wairahi River
Kaitoke Hot Springs
Kauri Falls
Kaitoke Creek
Gray Rd
Claris Airport
Kaitoke Beach
Mt. Whangaparapara (309 m)
Golf Course
Whangaparapara
Te Ahumata (394 m)
Blind Bay Rd
Claris
Pitokuku Island
Wairahi Forest Sanctuary
Okupu
Blind Bay
Allom Bay
Oruawharo Bay
Medlands Beach
St. Paul (401 m)
Medland Rd
Tryphena
Tryphena Harbour
Shoal Bay
Shag Point
Fähre
Fähre nach Auckland
Colville Channel
1
2
3
4
5
6
7
8
9
10
11
12
A
B
C
D

Great Barrier Island

Aktivitäten, Kurse & Touren
Hooked on Barrier ....(siehe 11)

Schlafen
1 Aotea Lodge D6
2 Crossroads Lodge C4
3 Kaiaraara Hut A2
4 Medlands Beach Backpackers............D5
5 Mt. Heale Hut...B3
6 Shoal Bay Lodge D6
7 Sunset Waterfront Lodge D6
8 Tipi & Bob's Waterfront Lodge D6

Essen
9 Claris Texas C4
Currach Irish Pub.....................(siehe 10)
Tipi & Bob's...................................(siehe 8)
10 Wild Rose D6

Shoppen
11 Aotea Community Art Gallery............ C4
12 Stonewall Store D6

ten. Der weitläufige **Medlands Beach** mit seinem weißen Sand gehört zu den schönsten und am problemlosesten zugänglichen Stränden der Insel. Der entlegene **Whangapoua** im Nordosten ist dagegen mühsamer zu erreichen. **Kaitoke**, **Awana Bay** und **Harataonga** an der Ostküste lohnen ebenfalls einen Besuch.

Okiwi Bar kann mit einem tollen Right-Hand-Break aufwarten, Awana sogar mit einem Left- und einem Right-Hand-Break. Die hübschen Buchten um Tryphena liegen im Schatten von Pohutukawa-Bäumen.

Die Bedingungen zum Tauchen sind auf Great Barrier Island sehr gut: Auf die Taucher warten Schiffswracks, Felsspitzen und jede Menge Fische – und das bei einer Sichtweite von über 33 m (die Sichtweite wechselt je nach Jahreszeit).

Hooked on Barrier TAUCHEN, FISCHEN
(☎09-429 0740; www.hookedonbarrier.co.nz; 89 Hector-Sanderson Rd; Halb-/Ganztags-Charter 700/1200 NZ$) Hooked on Barrier verleiht Tauch-, Schnorchel-, Angel-, Surf- und Kajakausrüstung und veranstaltet spannende Bootsausflüge zum Fischen, Tauchen und Sightseeing.

Mountainbiken

Die wilde Landschaft und der relativ geringe Verkehr machen Touren mit dem Mountainbike zu einer beliebten Freizeitbeschäftigung auf Great Barrier Island. Schön ist ein ausgewiesener, 25 km langer Radweg. Ausgangspunkt ist die Blind Bay Rd in Okupu. Dann schlängelt sich der Weg unterhalb der Klippen von Ahumata dahin, bis er die Whangaparapara Rd quert und es 15 km lang über die Forest Rd durch den Wald nach Port Fitzroy geht. Das Befahren von DOC-Wanderwegen ist verboten.

Wandern

Die überaus beliebten Wanderwege der Insel sind im kostenlosen DOC-Büchlein *Great Barrier Island (Aotea Island)* zusammengestellt. Vor jeder Tour sollte man sich vergewissern, dass auch genug Wasser und Verpflegung in den Rucksack gepackt sind. Kleidungsmäßig sollte man für Sonne, aber auch Regen gerüstet sein.

Die beliebteste – einfache – Wanderung ist der **Kaitoke Hot Springs Track.** Er beginnt in der Whangaparapara Rd und führt in 45 Minuten zu natürlichen heißen Quellen (die Wassertemperatur prüfen und nicht mit dem Kopf untertauchen!) an einem Bach im Busch.

Der **Windy Canyon**, nur 15 Minuten zu Fuß von der Aotea Rd entfernt, beeindruckt mit bizarren Felsformationen und einem sagenhaften Blick über die Insel. Vom Windy Canyon führt ein hervorragender Pfad in rund zwei bis drei Stunden weiter durch den Busch nach Hirakimata (Mt. Hobson, 621 m), dem höchsten Punkt der Insel mit einem großartigen Ausblick auf den Hauraki Gulf und Coromandel. Unweit vom Gipfel erstreckt sich ein üppiger Wald mit ein paar alten Kauri-Kiefern, die den Holzeinschlag überlebt haben. Von Hirakimata sind es 40 Minuten Richtung Süden zur Mt. Heale Hut oder zwei Stunden in Richtung Westen durch Wälder und vorbei an einem Transportweg für Kauri-Kiefern zur Kaiaraara Hut; von dort braucht man noch weitere 45 Minuten nach Port Fitzroy.

Eine anspruchsvollere Tour ist der hügelige **Tramline Track** (5 Std.). Er beginnt an der Aotea Rd und folgt einem alten Baumtransportweg bis zum Whangaparapara Harbour. Am Anfang führt der Weg querfeldein; der Boden kann nach Regenfällen stellenweise rutschig werden.

Etwa die gleiche Länge (11 km) hat der ebenere und einfachere **Harataonga Coastal Walk** (5 Std.) von der Harataonga Bay nach Whangapoua.

Viele weitere Wanderwege mit Gehzeiten zwischen 30 Minuten und fünf Stunden führen durch den Wald. Der **Aotea Track** kombiniert Teilstrecken der hier vorgestellten Wanderwege zu einer Drei-Tagestour; übernachtet wird in den genannten Hütten.

Einzelheiten zu den Shuttlebussen zu/von den Ausgangspunkten der Wanderwege siehe „Unterwegs vor Ort“ auf S. 118.

Schlafen

Abgesehen von Campingplätzen sind die Unterkünfte auf Great Barrier deutlich teurer als anderswo – und das in jeder Kategorie. Allerdings fallen die Preise auch hier in der Nebensaison. **Island Accommodation** (09-429 0995; www.islandaccommodation.co.nz) bietet einen Buchungsservice, der besonders bei der Suche nach einem komplett ausgestatteten Ferienhaus für einen längeren Aufenthalt sehr praktisch ist. Auf den Internetseiten von Unterkünften und Informationsbüros der Insel finden sich auch oft Pauschalangebote mit Flug und Mietwagen. Von Weihnachten bis Mitte Januar schnellen die Preise in astronomische Höhen und es ist überall rappelvoll.

Medlands Beach Backpackers HOSTEL $
(09-429 0320; www.medlandsbeach.com; 9 Mason Rd; B 35 NZ$, DZ/Wohneinheiten ab 70/120 NZ$) In dem Hostel mit Garten auf einem Hügel und Blick auf den herrlichen Medlands Beach können sich die Gäste so richtig entspannen. Das Areal für Backpacker ist einfach; eine kleine Doppelhütte ist das Richtige für romantische Sparfüchse, sie liegt etwas abseits von den restlichen Gebäuden. In den Häusern für Selbstversorger können bis zu sechs Personen übernachten.

Crossroads Lodge HOSTEL $
(09-429 0889; www.xroadslodge.com; 1 Blind Bay Rd; B/EZ/DZ 30/50/75 NZ$; @) Die bescheidene Backpacker-Unterkunft liegt 2 km vom kleinen Flughafen entfernt unweit vom Wald und den heißen Quellen. Die Gäste können Mountainbikes oder Golfschläger ausleihen, um dann auf dem 9-Loch-Platz in der Nähe eine Runde zu spielen.

Kaiaraara Hut & Mt. Heale Hut HÜTTEN $
(www.doc.govt.nz; B Erw./Kind 15/7,50 NZ$) In diesen DOC-Hütten im Great Barrier Forest stehen Stockbetten, es gibt fließendes kaltes Wasser, Chemie-Toiletten und eine Küche mit Essbereich. Die Gäste müssen einen Schlafsack und Kochutensilien mitbringen und über das Internet buchen. In der Mt. Heale Hut können 20 Personen übernachten; sie ist mit einem Gaskocher bestückt. In der Kaiaraara Hut kommen 24 Personen unter; Gaskocher gibt es dort keinen. Beide müssen im Vorfeld gebucht werden.

DOC Campsites CAMPINGPLÄTZE $
(09-379 6476; www.doc.govt.nz; Stellplatz Erw./Kind 10/5 NZ$) Campingplätze befinden sich in der Harataonga Bay, am Medlands Beach, in der Akapoua Bay, in Whangapoua, in The Green (Whangaparapara) sowie in der Awana Bay. Alle Plätze verfügen über einfache Einrichtungen, darunter Wasser, kalte Duschen (außer in The Green), Toiletten und einen Unterstand, in dem das Essen zubereitet werden kann. Die Gäste müssen allerdings einen Gaskocher mitbringen, denn es ist verboten, Feuer zu machen. Im Voraus online buchen.

Aotea Lodge APARTMENTS $$
(09-429 0628; www.aotealodge.com; 41 Medland Rd; Wohneinheit 100–150 NZ$;) Die nicht zu teuren Häuschen stehen in einem sehr gepflegten, sonnigen Garten auf dem Hügel über Tryphena. Das Angebot reicht von einem Haus mit zwei Schlafzimmern bis zu einer sehr ungewöhnlichen Wohnung mit Zwischengeschoss und jeder Menge Stockbetten. Allen gemeinsam ist eine eigene Küche.

Shoal Bay Lodge APARTMENTS $$
(09-429 0890; www.shoalbaylodge.co.nz; 145 Shoal Bay Rd; Apt. 160–290 NZ$) Die gemütlichen, komplett ausgestatteten Apartments im Schatten unzähliger Bäume bieten einen tollen Blick hinus aufs Meer, Vogelgezwitscher und Solarenergie. Am schönsten ist das Haus mit drei Schlafzimmern und Terrasse, auf der man den Sonnenuntergang genießen kann.

Tipi & Bob's Waterfront Lodge MOTEL $$$
(09-429 0550; www.waterfrontlodge.co.nz; 38 Puriri Bay Rd; Wohneinheit 195–250 NZ$) Die hübschen Wohneinheiten im Stil eines Motels befinden sich westlich von Tryphena und gehören einem äußerst hilfsbereiten Pärchen. Von einigen hat man einen schönen Blick aufs Meer. Auf dem Gelände befinden sich auch ein Restaurant und eine Bar. Ebenfalls im Angebot ist ein kleines Doppelzimmer für 135 NZ$.

Sunset Waterfront Lodge MOTEL $$$
(09-429 0051; www.sunsetlodge.co.nz; Mulberry Grove; Apt. 195–245 NZ$) Von den hübschen

Apartments schweift der Blick über den Rasen aufs Meer. Eines der beiden Schlafzimmer in den Nurdachhäusern ist direkt unter dem Dach. Nebenan befinden sich ein kleiner Laden und ein Café.

Essen & Ausgehen

Im Sommer haben die meisten Lokale täglich geöffnet, in den anderen Monaten oft nur sporadisch. Auf www.thebarrier.co.nz werden jeden Monat die aktuellen Öffnungszeiten veröffentlicht. Wer abends zum Essen gehen möchte, sollte dennoch vorher anrufen.

Für Selbstversorger gibt's kleine Läden in Tryphena, Claris, Whangaparapara und Port Fitzroy. Der **Stonewall Store** (82 Blackwell Dr; 8.30–18 Uhr) in Tryphena hat eine gute Auswahl an Wein, Bier und regionalen Erzeugnissen. Außerdem wird hier jeden Samstag ab 10 Uhr ein kleiner Markt abgehalten.

Wild Rose CAFÉ $

(09-429 0905; Blackwell Dr; Hauptgerichte 11–21 NZ$; Mi–So 10–15 Uhr;) Das Café sorgt für Aucklander Flair auf der Insel und bietet zudem getoastete Sandwiches und legendäre Burger, für die nach Möglichkeit nur Zutaten aus Bio-Anbau, nachhaltiger Landwirtschaft und Freilandhaltung in der Region verwendet werden.

Claris Texas CAFÉ $

(129 Hector Sanderson Rd; Hauptgerichte 7–18 NZ$; 8–16 Uhr;) Das Lokal erfüllt die Erwartungen, die der kuriose Name weckt, leider nicht, ist aber dennoch der beste „Lückenfüller" in Sachen englisches Frühstück, Nachos, Salate und Pasteten auf der Insel.

Currach Irish Pub PUB $$

(09-429 0211; www.currachirishpub.co.nz; Blackwell Dr; Hauptgerichte 19–30 NZ$; ab 16 Uhr) Auf der oft wechselnden Speisekarte des lebhaften, kinderfreundlichen Pubs stehen Meeresfrüchte, Steaks und Burger. Hier trifft sich die ganze Insel und es treten immer wieder Musiker aus der Region auf.

Tipi & Bob's RESTAURANT $$$

(09-429 0550; www.waterfrontlodge.co.nz; 38 Puriri Bay Rd; Frühstück 16–20 NZ$, Abendessen 34–40 NZ$; 8.30–10 & 17.30–22 Uhr) Auf der einladenden Terrasse des beliebten Lokals hoch über dem Hafen werden einfache, aber sättigende Gerichte in üppigen Portionen serviert. In der Bar gibt's günstigeres Kneipenessen.

Shoppen

Aotea Community Art Gallery KUNST, KUNSTHANDWERK

(80 Hector Sanderson Rd; 10.30–15.30 Uhr) Der kunterbunte Laden der Künstlergilde der Insel verkauft so ziemlich alles von Gemälden und Skulpturen über handgemachte Seife bis hin zu Honig aus der Region.

Praktische Informationen

Im Büro von GBI Rent-A-Car (S. 118) in Claris befindet sich ein kleiner Informationsstand. Internetzugang gibt's im Café Texas in Claris.

Great Barrier Island i-SITE (www.greatbarriernz.com; Flughafen Claris ; Mo, Mi & Fr 11–12, Sa 8–14.30 Uhr, im Sommer verlängerte Öffnungszeiten) Zu den hier erhältlichen Broschüren gehört auch die hauseigene *Great Barrier Island* mit nützlichen Infos und einer praktischen Karte.

Port Fitzroy Information Kiosk (09-429 0848; www.thebarrier.co.nz; Mo–Sa 9.30–15 Uhr) Der private Kiosk gibt auch den *Great Barrier Island Visitor Information Guide* heraus.

An- & Weiterreise

FLUGZEUG

FlyMySky (09-256 7025, 0800 222 123; www.flymysky.co.nz) fliegt mindestens dreimal täglich von Auckland nach Claris. Günstiger ist es, wenn man sonntags auf die Insel fliegt oder freitags wieder abreist (89 NZ$). Besonders günstig sind Hin- und Rückfahrt, wenn eine Strecke mit dem Flugzeug und die andere mit der Fähre zurückgelegt wird (Erw./Kind 187/138 NZ$).

Great Barrier Airlines (09-275 9120, 0800 900 600; www.greatbarrierairlines.co.nz) startet mindestens zweimal täglich von Aucklands Inlandsflughafen und mindestens einmal täglich vom North Shore Aerodrome zum 30-minütigen Flug nach Claris. Im Sommer heben die Flugzeuge auch in Whangarei ab.

Sunair (0800 786 847; www.sunair.co.nz; einfache Strecke 150–190 NZ$) fliegt täglich von Whitianga und Tauranga nach Claris.

SCHIFF/FÄHRE

Fullers (09-367 9111; www.fullers.co.nz; Ferry Building, 99 Quay St) Von Mitte Dezember bis Ende Januar sowie über das Labour-Day-Wochenende Ende Oktober und die Osterfeiertage sind dies die schnellsten Fähren (2½ Std.), die vom Ferry Building in Auckland nach Tryphena (Shoal Bay) und Port Fitzroy übersetzen. Allerdings sind es reine Passagierfähren.

SeaLink (09-300 5900, 0800 732 546; www.sealink.co.nz) Die Autofähren fahren dreibis fünfmal pro Woche zwischen der Wynyard Wharf in Auckland und der Shoal Bay von Tryphena (6 Std.).

Unterwegs vor Ort

Die meisten Straßen sind schmal und kurvig, aber selbst mit kleinen Mietwagen sind die unbefestigten Abschnitte gut zu bewältigen. In vielen Unterkünften kann man die Abholung am Flughafen oder Fähranleger vereinbaren.

Aotea Car Rentals (☎ 0800 426 832; www.aoteacarrentals.co.nz; Mulberry Grove) vermietet Autos (ab 60 NZ$), Geländewagen (ab 80 NZ$) und Kleinbusse (ab 99 NZ$). Kunden der Autovermietung können kostenlos den Shuttle-Service von Great Barrier Travel nutzen.

GBI Rent-A-Car (☎ 09-429 0062; www.greatbarrierisland.co.nz; 67 Hector Sanderson Rd) Die angebotenen Autos ab 40 NZ$ und Geländewagen ab 70 NZ$ sind schon etwas älter und klappriger. Außerdem betreibt die Gesellschaft auch einen Shuttle-Verkehr von Claris nach Tryphena (20 NZ$), Medlands (15 NZ$), Whangaparapara (20 NZ$) und Port Fitzroy (30 NZ$, mind. 4 Pers.) sowie weitere Shuttle-Dienste. Einzelne Fahrgäste bezahlen eine Grundgebühr von 5 NZ$. Der Shuttle-Bus muss telefonisch gebucht werden.

Great Barrier Travel (☎ 09-429 0474, 0800 426 832; www.greatbarriertravel.co.nz; Tickets ab 10 NZ$) Bietet Shuttles auf der Strecke Tryphena–Claris (mit Anschluss zu allen Flugzeugen und Fähren), einen Shuttle von Claris nach Port Fitzroy sowie den Transport zu/von den Wanderwegen. Vorher unbedingt anrufen, um die genauen Fahrzeiten abzuklären und die entsprechende Fahrt zu buchen.

WESTLICH VON AUCKLAND

Das Gebiet westlich von Auckland ist der Inbegriff von rauer Natur: wilde Strände mit schwarzem Sand, von Gestrüpp durchzogene Gebirgsketten und „Westies" mit Vokuhila-Frisur und schwarzen T-Shirts. Sie stellen aber nur eines der Klischees dar, die es von den Einwohnern dieser Gegend gibt. Andere sind die Hippies, die zurück zur Natur möchten, die exzentrischen, unkonventionellen Künstler und die kiffenden Surfertypen. Eines haben sie alle gemeinsam: Sie bevorzugen ein einfaches Leben am Rand der Wildnis.

Zu dieser bunten Mischung kommen noch die kroatischen Immigranten hinzu, denen die fruchtbaren Felder am Fuß der Waitakere Ranges den Spitznamen „Dallie Valley" verdanken (nach der dalmatinischen Küste, wo die meisten herkommen). Diese Pionierfamilien pflanzten erste Rebstöcke und erzeugten eigenen Wein, womit sie einen der größten Industriezweige Neuseelands schufen.

Titirangi

3200 EW.

Das kleine Dorf markiert das Ende der Vororte von Auckland und ist ein guter Ort, um bei einem Kaffee, einem Wein oder einem kühlen Bier alle oben genannten Klischees zu begutachten. Hier lebte einst Neuseelands größter moderner Maler Colin McCahon, und das Dorf verbreitet immer noch eine künstlerische Atmosphäre. Titirangi bedeutet „Himmelsrand" – ein wahrlich geeigneter Name für das Tor zu den Waitakere Ranges. Hier hat man die letzte Möglichkeit zum Tanken und zum Geldabheben auf dem Weg nach Westen.

Sehenswertes

McCahon House MUSEUM
(www.mccahonhouse.org.nz; 67 Otitori Bay Rd; Eintritt 5 NZ$; ⏲ Mi, Sa & So 10–15 Uhr) Es ist ein Zeichen von Wertschätzung, die Colin McCahon entgegengebracht wird: In diesem Haus, das als Mini-Museum der Öffentlichkeit zugänglich gemacht wurde, lebte und malte der Künstler in den 1950er-Jahren. Im schicken modernen Gebäude nebenan wohnt ein Künstler, der das Glück hatte, die McCahon Arts Residency zu gewinnen: Er kann sich hier ein Jahr lang ungestört seinem Schaffen widmen. Wie man hinkommt? Einfach kurz vor dem Dorf Titirangi nach dem Wegweiser in der Park Rd Ausschau halten.

Lopdell House Gallery GALERIE
(www.lopdell.org.nz; 418 Titirangi Rd; ⏲ 10–16.30Uhr) GRATIS Die hervorragende Galerie für moderne Kunst befindet sich im ehemaligen Hotel Titirangi von 1930 am Ortsrand. Nach der umfangreichen Renovierung in den Jahren 2012 bis 2014 erstrahlt das Gebäude nun wieder im alten Glanz.

Schlafen & Essen

Fringe of Heaven B&B $$$
(☎ 09-817 8682; www.fringeofheaven.com; 4 Otitori Bay Rd; Zi. 230 NZ$) Das von Frank Lloyd Wright inspirierte Haus mitten im Busch bietet einen sagenhaften Blick über den Ma-

nukau Harbour, ein Bad unter freiem Himmel, Glühwürmchen im Garten und einen wahren Chor an Vogelgezwitscher – und das alles gerade einmal 20 Minuten vom Zentrum entfernt.

Hardware Cafe CAFÉ **$$**
(www.hardwarecafe.org.nz; 404 Titirangi Rd; Brunch 10–18 NZ$, Abendessen 18–28 NZ$; ⏲ So–Di 6–16.30, Mi–Sa 6 Uhr–open end) In dem beliebten Café mit Alkoholausschank gibt's köstliches englisches Frühstück und leckeres Mittagessen zu vernünftigen Preisen sowie eine verlockende Theke mit Essen zum Mitnehmen. Die reichhaltigeren Abendmahlzeiten kosten ab 18 NZ$ aufwärts.

Waitakere Ranges

Diese 160 km² große Wildnis war bis Mitte des 19. Jhs. mit Kauribäumen bewachsen, bis die meisten dieser Riesen der Holzindustrie zum Opfer fielen. Einige Gruppen von Kauri- und anderen einheimischen Bäumen konnten im dichten Buschwerk des sich wieder erholenden Regenwaldes allerdings überleben, der mittlerweile im Waitakere Ranges Regional Park geschützt ist. Die raue Natur des Parks wird im Westen von den wunderschön wilden Stränden der Tasmansee begrenzt und ist ein ausgezeichnetes Ziel für einen lohnenswerten Tagesausflug von Auckland aus.

Sehenswertes & Aktivitäten

Arataki VISITORS CENTRE
(☎ 09-817 0077; www.arc.govt.nz; Scenic Dr; ⏲ 9–17 Uhr) Neben vielen Infos zu den insgesamt 250 km langen Wanderwegen des Nationalparks bietet das Zentrum auch einen spektakulären Ausblick und Einblicke in die Schnitzkunst der Maori. So zeigen die Schnitzereien am Eingang die Vorfahren des Kawerau-Stammes. Hier kann man auch einen der sehr einfachen Campingplätze in der Wildnis buchen (Erw./Kind 6/4 NZ$). Entlang eines 1,6 km langen Naturpfads, der gegenüber dem Visitors Centre beginnt, sind viele einheimische Pflanzen mit Infotafeln versehen, darunter auch uralte Kauri-Bäume.

Hillary Trail & andere Wanderwege WANDERN
(www.arc.govt.nz/hillarytrail) Das Arataki Visitor Centre ist Startpunkt des anspruchsvollen, 70 km langen Wanderwegs, der nach dem Erstbesteiger des Mount Everest, Sir Edmund Hillary, benannt ist. Er kann in mehreren einzelnen Etappen oder aber innerhalb von vier Tagen mit Übernachtung auf den Campingplätzen gegangen werden. Der Weg führt zunächst nach Huia an der Küste und dann weiter nach Whatipu, Karekare, Piha und Anawhata. Von dort kann man entweder an der Küste entlang nach Te Henga und Muriwai wandern oder durch den Busch in den Cascades Kauri Park und die Wanderung am Bahnhof von Swanson beenden.

Weitere lohnende Wanderwege durch den Park sind der Kitekite Track (einfach Strecke 1,8 km, 30 Min.) sowie die Rundwanderwege Fairy Falls Track (5,6 km, 2½ Std.) und Auckland City Walk (1,5 km, 1 Std.).

Rain Forest Express EISENBAHN
(☎ 09-302 8028; www.watercare.co.nz; 280 Scenic Dr; 2½-stündige Fahrt Erw./Kind 25/12 NZ$) Abfahrt ist im Jacobsons' Depot, dann geht es auf einem alten Holztransportweg durch mehrere Tunnel tief in den Busch hinein. Die Fahrt muss lang im Voraus gebucht werden, die genauen Abfahrtszeiten verrät die Website. Weniger regelmäßig finden die 3½ Stunden langen Fahrten in der Däm-

INSIDERWISSEN

HILLARY TRAIL

Meine Familie liebte schon immer die wilde Westküste von Auckland, wo die Tasmansee an schwarze Sandstrände tost und sich schwarze Mantelmöven in der Weströmung tummeln. Meine Familie lebt hier bereits seit fast einem Jahrhundert und erkundet diese Gegend; als meine Mutter und meine Schwester 1975 ums Leben kamen, trafen wir uns hier, um zu trauern. Die belebende salzhaltige Luft und der herrliche Blick auf die unberührte Tasmansee waren Balsam für die traurige Seele. Mein Vater kam immer her, um seinen Träumen nachzuhängen und sich dann für die Herausforderung einer neuen Expedition zu rüsten. Die Natur schien für jemanden wie ihn wie geschaffen zu sein: keine langweilige Küste, sondern Spannung pur: riesige Klippen, tosende Wellen, dichter Busch und ein schier atemberaubend weit entfernter Horizont.

Peter Hillary, Bergsteiger & Abenteurer

merung (Erw./Kind 28/14 NZ$) statt, bei denen die Teilnehmer einen Blick auf Glühwürmchen und Langfühlerschnecken werfen können.

Waitakere Tramline Society EISENBAHN
(☎09-818 4946; www.waitakeretramline.org.nz; Erw./Kind 15/5 NZ$) Jeden Sonntag steht ein malerischer Ausflug auf dem Programm, der durch einen Tunnel mit Glühwürmchen zu den Waitakere Falls und einem Stausee führt. Die Exkursionen beginnen am Ende der Christian Rd, sie verläuft südlich vom Bahnhof Swanson. Zum Zeitpunkt der Recherche war die Attraktion vorrübergehend geschlossen. Aktuelle Informationen gibt's auf der Homepage.

AWOL Canyoning Adventures CANYONING
(☎09-834 0501; www.awoladventures.co.nz; ⌚Halbtages-/Tagestour 160/195 NZ$) Der Veranstalter bietet zahllose glitschige, rutschige und vor allem nasse Touren in den Piha Canyon und den Blue Canyon an sowie nächtliche Ausflüge im Licht von Glühwürmchen (185 NZ$). Der Transfer von Auckland ist im Preis inbegriffen.

Karekare

Nur wenige Sandstreifen haben mehr Charakter als Karekare. Wer anfällig ist für metaphysische Grübeleien, wird unweigerlich auf Beschreibungen wie „spirituell" und „nachdenklich" zurückgreifen. Wahrscheinlich hat die Geschichte hier einen Abdruck hinterlassen: 1825 gab es an diesem Ort ein unbarmherziges Massaker durch Eindringlinge der Ngapuhi an dem einheimischen Kawerau-*iwi*. Der berühmte Strand ist wild und traumhaft unerschlossen und diente schon als Drehort sowohl für hochintellektuelle als auch für wenig anspruchsvolle Filme – vom Oscar-Gewinner *Das Piano* bis hin zur TV-Serie *Xena – Die Kriegerprinzessin*.

Der schnellste Weg vom Parkplatz zum schwarzsandigen Strand führt durch einen Bach. Karekare gehört zu den gefährlichsten Stränden des Landes, es gibt eine starke Unterströmung, die völlig unvorhersehbar ihre Richtung ändert. Man darf also nicht mal daran denken, hier zu schwimmen, außer wenn der Strand von Rettungsschwimmern bewacht wird (normalerweise aber nur im Sommer). Eddie Vedder, der Sänger von Pearl Jam, ertrank hier 1995 beinahe, als er die Hütte von Neil Finn in Karekare besuchte.

Folgt man der Straße über die Brücke und läuft 100 m weit die Lone Kauri Rd hinauf, kommt man an einen kurzen Weg, der zu den hübschen **Karekare Falls** führt. An diesem grünen Picknickplatz beginnen verschiedene Wanderwege.

In Karekare gibt es keine erwähnenswerten Läden und keine öffentlichen Verkehrsmittel. Um hierherzukommen, nimmt man den Scenic Dr und die Piha Rd, bis man an die gut beschilderte Abzweigung zur Karekare Rd kommt.

Piha

Sieht man einen Surfertypen aus Auckland, dessen Blick in die Ferne schweift, träumt er wahrscheinlich gerade von Piha… Dieser wunderschön schroffe Strand mit Quarzsand war lange Zeit sehr beliebt bei allen, die dem Stress der Großstadt entfliehen wollten – entweder auf einem Tagesausflug, einer Teenie-Wochenendparty oder beim gemütlichen Familienurlaub.

Trotz seiner Beliebtheit ist Piha auch unglaublich gefährlich. Die wilde Brandung und die starke Unterströmung führten sogar zu einer populären eigenen Reality Show namens *Piha Rescue*. Wer nicht aus Versehen darin mitspielen will, sollte immer zwischen den Fahnen schwimmen. Dort können einem die Rettungsschwimmer helfen, wenn man in Schwierigkeiten kommt.

Piha ist zwar größer und dichter bevölkert als Karekare, aber trotzdem gibt es auch hier keinen Supermarkt, keine Bank und keine Tankstelle. Allerdings steht Besuchern ein kleiner Kramladen zur Verfügung, der auch als Café, Takeaway und Post dient.

Sehenswertes & Aktivitäten

Wenn man die Piha Rd hinunterfährt, ist der Blick auf die Küste spektakulär. In der Nähe der Strandmitte steht der **Lion Rock** (101 m), dessen „Mähne" in der Abendsonne golden glänzt. Der Fels ist eigentlich der ausgewaschene Kern eines alten Vulkans und war ein *pa* der Maori. Ein Pfad am südlichen Ende des Strandes führt zu einigen großartigen Aussichtspunkten. Bei Ebbe kann man in südlicher Richtung am Strand entlanglaufen und der Brandung zusehen, wie sie durch eine Schlucht auf einen weiteren großen Felsen mit dem Namen **Camel** zuschießt. Noch etwas weiter weg krachen die Wellen durch den **Gap** und verflachen sich zu einem sicheren Schwimmbecken. Am nördlichen Ende des Strandes nistet eine kleine Kolonie von Zwergpinguinen.

Surfboards kann man im Piha Store und im Piha Surf Shop leihen; Einzelheiten dazu s. rechte Spalte.

Schlafen & Essen

Piha Beachstay – Jandal Palace HOSTEL $
(☎09-812 8381; www.pihabeachstay.co.nz; 38 Glenesk Rd; B 33 NZ$, Zi. 80–120 NZ$; @📶) Das Hostel ist hübsch und umweltfreundlich. Die Lodge aus Holz und Glas bietet sehr schicke Einrichtungen und liegt 1 km vom Strand entfernt. Am unteren Ende des Grundstücks plätschert ein Bach, in der Nähe führen Pfade durch den Busch. Im Winter sorgt ein offenes Kaminfeuer im großen Aufenthaltsraum für Wärme.

Piha Domain Motor Camp CAMPINGPLATZ $
(☎09-812 8815; www.pihabeach.co.nz; 21 Seaview Rd; Stellplatz ab 15 NZ$, EZ/DZ-Hütte 50/60 NZ$; 📶) Der gepflegte Campingplatz direkt am Strand eignet sich perfekt für einen traditionellen, preiswerten Familienurlaub ohne viel Firlefanz. Gäste unter 20 Jahre müssen in Begleitung der Eltern kommen – damit die Teens nicht herumflippen. Die Hütten sind winzig.

Piha Surf Accommodation HÜTTEN $
(☎09-812 8723; www.pihasurf.co.nz; 122 Seaview Rd.; Wohnwagen & Hütten 60–90 NZ$) Jeder der einfachen, aber recht charmant gealterten Wohnwagen ist mit Bettwäsche, TV, Kühlschrank, einem Kocher und einem Abtritt versehen; alle teilen sich die einfache Dusche. Die Hütten sind gemütlicher, nutzen aber ebenfalls das spartanische Bad.

Black Sands Lodge APARTMENT $$
(☎021 969 924; www.pihabeach.co.nz/Black-Sands-Lodge.htm; Beach Valley Rd; Hütte 130 NZ$, Apt. 180–220 NZ$; 📶) Die beiden modernen Apartments mit jeweils eigener Terrasse machen der tollen Lage mit so attraktiven Extras wie Stereoanlage und DVD-Player alle Ehre. Wer in der Hütte im Stil einer Kiwi-Hütte der 1950er-Jahre schläft, muss das Gemeinschaftsbad im Haupthaus benutzten. Die Gäste können sich auch über kostenlose Fahrräder und WLAN freuen. Auf Wunsch werden Massagen auf dem Zimmer und üppige Abendessen organisiert.

Piha Store BÄCKEREI $
(Seaview Rd; Snacks 2–10 NZ$; ⏲7.30–17.30 Uhr) Die Bäckerei verkauft nicht nur Backwaren und Pasteten, sondern auch Lebensmittel und Eis. Im dazu gehörenden Lion Rock Surf Shop werden Surfbretter (20/30/40 NZ$ für 2 Std./halber/ganzer Tag) und Bodyboards (10/20/30 NZ$) verliehen.

Piha Cafe CAFÉ $$
(20 Seaview Rd; Hauptgerichte 14–23 NZ$; ⏲Mo–Do 8.30–16, Fr–So 8.30–19 Uhr) 🍃 In dem freundlichen, umweltbewussten Café fühlen sich formell gekleidete Geschäftsleute ebenso wohl wie entspannte Touristen in Flip-Flops. Mit englischem Frühstück und knuspriger Pizza kann man sich für einen anstrengenden Tag auf dem Surfbrett stärken. Nach dem Surfen lockt dann ein kühles Getränk auf der schönen Terrasse.

Shoppen

West Coast Gallery KUNST, KUNSTHANDWERK
(www.westcoastgallery.co.nz; Seaview Rd; ⏲Mi–So 10–17 Uhr) Die Werke von über 180 einheimischen Künstlern stehen in dieser kleinen unkommerziellen Galerie unweit der Feuerwache von Piha zum Verkauf.

Piha Surf Shop OUTDOOR-AUSRÜSTUNG
(www.pihasurf.co.nz; 122 Seaview Rd; ⏲8–17 Uhr) In diesem kleinen Familienunternehmen verkauft der bekannte Surfbrett-Designer Mike Jolly seine Surf-Utensilien, während seine Frau Pam eine kleine Auswahl an schönem Kunsthandwerk anbietet. Verliehen werden Surfboards (pro 3 Std./Tag 25/35), Neoprenanzüge (8/15 NZ$) und Bodyboards (15/25 NZ$); auf Wunsch wird auch Surfunterricht organisiert.

An- & Weiterreise

Nach Piha fahren keine öffentlichen Verkehrsmittel, doch bei guten Surfbedingungen bietet **NZ Surf'n'Snow Tours** (☎09-828 0426; www.newzealandsurftours.com; einfache Strecke 25 NZ$, hin & zurück inkl. Surfausrüstung 99 NZ$) einen Shuttle-Service an. **Go Hitch** (☎0800 467 442; www.gohitch.co.nz; 40 NZ$/Pers.; ⏲Sa & So ab 8.30 & 10.30 Uhr) betreibt ebenfalls einen Shuttle-Service nach Piha. Allerdings fahren die Busse vom Zentrum Aucklands und von Ponsonby nur am Wochenende.

Te Henga (Bethells Beach)

Der atemberaubende Bethells Beach lässt sich über die Tenga Rd am nördlichen Ende des Scenic Dr erreichen. Der ursprüngliche schwarze Sandstrand bietet eine tolle Brandung, Dünen und Wanderwege, beispielsweise die beliebte Wanderung über Riesendünen zum Lake Wainamu (Ausgangspunkt an der Brücke beim Zugang zum Strand).

Kumeu & Umgebung

Im wichtigsten Weinbaugebiet West-Aucklands gibt's noch einige Weingüter, die ursprünglich kroatischen Familien gehörten; sie brachten die Weinindustrie Neuseelands erst in Gang. Die schicken Speiselokale, die in den letzten Jahren wie Pilze aus dem Boden geschossen sind, haben dem rustikalländlichen Flair dieser Region kaum Abbruch getan und bieten sich auf dem Rückweg vom Strand oder von den Thermalbädern an, um einen gemütlichen Nachmittag zu verbringen. Die meisten Verkostungen in den Weinkellern hier sind kostenlos.

Essen & Ausgehen

Tasting Shed TAPAS $$
(☎ 09-412 6454; www.thetastingshed.co.nz; 609 SH16; Gerichte 5–24 NZ$; ⏲ Mi & Do 16–22, Fr–So 12–23 Uhr) Das schicke Restaurant auf dem Land mit passender rustikaler Einrichtung serviert köstliche Gerichte, die ideal zum Teilen sind. Auf der Speisekarte stehen nicht nur Tapas und andere spanische Spezialitäten, sondern auch Köstlichkeiten aus Asien, dem Nahen Osten, Kroatien, Serbien, Italien und Frankreich.

Hallertau BRAUEREI
(☎ 09-412 5555; www.hallertau.co.nz; 1171 Coatesville-Riverhead Hwy, Riverhead; Platte für zwei 11–15 NZ$, Hauptgerichte 24–31 NZ$; ⏲ 11–24 Uhr) Wer sich nicht entscheiden kann, macht einfach eine „Bierprobe" (14 NZ$), bei der verschiedene Erzeugnisse der hauseigenen Brauerei auf der weinumrankten Terrasse serviert werden. Es werden auch regelmäßig Biere aus anderen Brauereien ausgeschenkt, was zusammen mit dem guten Essen und gelegentlicher DJ- oder Livemusik am Wochenende die Kneipe so ungemein beliebt bei Aucklands Biertrinkern macht.

Soljans Estate WEINGUT
(www.soljans.co.nz; 366 SH16; Hauptgerichte 19–33 NZ$; ⏲ Verkostung 9–17.30 Uhr, Café 9.30–15 Uhr) Als eines der ersten Weingüter in Besitz einer kroatisch-neuseeländischen Familie bietet das Soljans in seinem Café einen hervorragenden Brunch an, aber auch Tintenfisch auf dalmatinische Art und einen Winzerteller mit vielen mediterranen Köstlichkeiten.

Riverhead PUB
(www.theriverhead.co.nz; Ecke Queen St & York St, Riverhead; Hauptgerichte 20–31 NZ$; ⏲ Mo–Fr 11 Uhr–open end, Sa & So 10 Uhr–open end) Ein Drink auf der tollen Terrasse im Schatten von Eichen mit Blick auf den Fluss macht dieses Hotel aus dem Jahr 1857 zu einem unvergesslichen Erlebnis. Die Speisekarte erfüllt die Erwartungen an einen Gastro-Pub allerdings nicht so richtig. Spaß macht ein Bootsausflug (S. 80) von der Stadt zum privaten Anlegesteg des Lokals.

Kumeu River WEINGUT
(www.kumeuriver.co.nz; 550 SH16; ⏲ Mo–Fr 9–17, Sa 11–17 Uhr) Das Weingut in Besitz der Familie Brajkovich produziert neben anderen edlen Tropfen einen der besten Chardonnays Neuseelands.

Coopers Creek WEINGUT
(www.cooperscreek.co.nz; 601 SH16, Huapai; ⏲ 10.30–17.30 Uhr) Am besten ersteht man hier eine gute Flasche Wein und macht dann ein Picknick in den wunderschönen Gärten des Weinguts. Von Januar bis Ostern gibt's am Sonntagnachmittag eine Jazz-Session.

An- & Weiterreise

Vom Zentrum Aucklands lässt sich Kumeu über den Northwestern Motorway (SH16) erreichen; es sind nur 25 km. Busse nach Helensville halten hier; sie fahren in der Lower Albert St (Erw./Kind 7,90/4,50 NZ$, 50 Min.) ab. Aber eigentlich braucht man ein Auto oder Fahrrad, um die Gegend wirklich kennenzulernen.

Muriwai Beach

Der Strand mit schwarzem Sand und starker Brandung ist gut 60 km lang und vor allem für die große **Tölpelkolonie des Takapu Refuge** bekannt, das sich über den ganzen Süden der Landzunge und die vorgelagerten Felsen erstreckt. Von den Aussichtsplattformen kann man die faszinierenden Tiere gut beobachten (und riechen). Jedes Jahr im August kehren die erwachsenen Vögel hierher zurück, um ihre Partner wieder zu treffen und sich an die Arbeit zu machen. D.h., es werden ausgiebig Hälse aneinander gerieben, es wird geschnäbelt und gekuschelt. Dabei kommt in jeder Brutsaison aber nur ein einziges Küken heraus. Diese sind im Dezember oder Januar dann so weit, dass sie flügge werden und sich in die weite Welt hinaus wagen.

In der Nähe des Schutzgebiets führen ein paar kurze Wanderwege durch das schöne Waldgebiet zu einem Aussichtspunkt, von dem man den ganzen Strand überblickt. Wegen der starken Brandung und trügerischen Strömungen sollte man hier nur ins Wasser gehen, wenn der Strand überwacht ist und auch dann nur innerhalb der Fahnen schwimmen. Abgesehen vom Surfen ist der Muriwai Beach auch sehr beliebt zum Drachen- und Gleitschirmfliegen, Kitesurfen und Reiten. Zudem befinden sich hier Tennisplätze, ein Golfplatz und ein Café mit Imbissstand.

Helensville

2600 EW.

Ein paar historische Gebäude, Antiquitätenläden und Cafés machen das dörfliche Helensville zu einem netten Zwischenstopp, wenn man auf der SH16 nach Norden fährt.

Aktivitäten

Parakai Springs THERMALBÄDER
(www.parakaisprings.co.nz; 150 Parkhurst Rd; Erw./Kind 20/10 NZ$; 10–21 Uhr) Die Aucklander besuchen mit ihren gelangweilten Kids an feuchten Wintertagen gern Parakai, 2 km nordwestlich von Helensville – eine preiswerte Alternative zu Waiwera. Hier erwarten sie große Schwimmbecken mit warmem Thermalwasser, private Kuranlagen (8 NZ$/Std.) sowie diverse Wasserrutschen.

Woodhill Mountain Bike Park MOUNTAINBIKEN
(027 278 0949; www.bikepark.co.nz; Restall Rd, Woodhill; Erw./Kind 7/2 NZ$, Fahrradverleih 30 NZ$/Std.; Do–Di 9–17, Mi 10–22 Uhr) Biker finden hier zahlreiche anspruchsvolle Tracks (inkl. Sprungschanzen und Schwebebalken) im Woodhill Forest, 14 km südlich von Helensville.

Tree Adventures OUTDOOR
(0800 827 926; www.treeadventures.co.nz; Restall Rd, Woodhill; Kurse 16–40 NZ$; 9.30–17.30 Uhr) Mehrere Hochseilstrecken im Woodhill Forest mit schwankenden Baumstämmen, Netzen, Schwebebalken, Tarzan-Schaukeln und einer Zip-Line.

4 Track Adventures QUADBIKES
(09-420 8104; www.4trackadventures.co.nz; Restall Rd, Woodhill; Touren 1½/2½/3½ Std. 155/255/295 NZ$) Es macht Spaß, mit einem Quadbike durch den Woodhill Forest und auf längeren Touren auch über den Muriwai Beach zu brettern. Für 50 NZ$ pro Person werden die Kunden sogar in Auckland abgeholt.

> **TÖLPEL AUF GROSSER TOUR**
>
> Nachdem die jungen Tölpel den letzten Schliff in Sachen Flugfähigkeit erhalten haben, bekommen sie die ultimative Chance, ihr Können auch unter Beweis zu stellen – auf dem 2000 km langen Flug nach Australien. Dort leben sie dann mehrere Jahre, bevor sie wieder nach Hause zurückfliegen – und diese Reise danach nie wieder machen. In der Heimat warten die Tölpel ein paar Jahre auf einen freien Platz am Wasser in ihrer Kolonie, dann lassen sie sich mit einem festen Partner nieder, um zu nisten – und zwar jedes Jahr auf demselben Fleckchen Erde. Anders ausgedrückt: Sie sind wie der typische Neuseeländer auf großer Tour in Übersee. Warum nennt man sie gleich wieder Kiwis?

Praktische Informationen

Helensville Library (Commercial Rd;)

Visitor Information Centre (09-420 8060; www.helensville.co.nz; 87 Commercial Rd; Mo–Sa 10–16 Uhr) Hier gibt's kostenlose Broschüren zum *Helensville Heritage Trail* und *Helensville Riverside Walkway.*

An- & Weiterreise

Bus 60 fährt von der Lower Albert St in Auckland (in der Nähe vom Britomart) nach Helensville (10,30 NZ$, 1½ Std.).

NÖRDLICH VON AUCKLAND

Der Großraum Auckland reicht vom CBD 90 km nach Norden bis Wellsford, wo der SH16 in den SH1 übergeht. Strände, Naturparks, Wanderwege, Dörfer, Weingüter und viele Stellen zum Kajakfahren und Schnorcheln machen den Reiz der Region aus.

Long Bay Regional Park

Die Long Bay ist die nördlichste von Aucklands East Coast Bays und ein schöner Ort für ein Familienpicknick und zum Schwimmen. Über das Jahr verteilt kommen über 1 Mio. Besucher hierher. Eine dreistündige Küstenwanderung (hin & zurück) führt nach Norden vom Sandstrand zum Okura River, vorbei an den abgeschiedenen Buchten Grannys Bay und Pohutukawa Bay (beliebt bei FKK-Fans).

Regelmäßig fahren Busse von der Albert St im Zentrum (Erw./Kind 6,80/4 NZ$, 1 Std.) nach Long Bay. Wer mit dem eigenen Wagen unterwegs ist, fährt vom Northern Motorway an der Ausfahrt Oteha Valley Rd ab und weiter in Richtung Browns Bay; die Strecke ist ausgeschildert.

Shakespear Regional Park

Kurz vor Orewa bildet sich gen Osten die Halbinsel Whangaparaoa aus, ein stark besiedelter Landstrich mit einer beachtlichen Gemeinde an Südafrikanern, die sich hierniedergelassen hat. An der Spitze der Halbinsel erstreckt sich der herrliche 376 ha große Regionalpark, dessen Fauna durch einen 1,7 km langen, schädlingssicheren Zaun geschützt wird.

Schafe, Kühe, Pfauen und Purpurhühner tummeln sich auf dem mit Gras bestandenen Landvorsprung. Die von Pohutukawa-Bäumen gesäumte **Te Haruhi Bay** bietet einen herrlichen Blick auf die Inseln im Golf und die Stadt. Auf Wanderwegen (40 Min.–2 Std.) können der Wald, Geschützstellungen aus dem Zweiten Weltkrieg, Maori-Stätten und Aussichtspunkte erkundet werden. Wem der Abschied sehr schwerfällt, bleibt noch eine Weile auf dem idyllischen **Campingplatz** (☎09-301 0101; www.arc.govt.nz; Erw./Kind 13/6 NZ$) am Meer mit WCs und kalten Duschen.

Der Regionalpark lässt sich im Rahmen einer qualvollen, zweistündigen Busfahrt ab der Albert St erreichen; die einfache Fahrt kostet 10,30 NZ$ (16 NZ$ für den Discovery Tagespass). Eine andere Möglichkeit ist, die Fähre von **360 Discovery** (☎0800 360 3472; www.360discovery.co.nz; Erw./Kind 14/8,30 NZ$) zum **Gulf Harbour** zu nehmen, einem Konglomerat von Stadthäusern, Jachthafen, Countryclub und Golfplatz wie aus dem Spielzeugland. Am besten erkundigt man sich im Büro der Reederei nach einem Bus oder Taxi für die Weiterfahrt. Die verbleibenden 3 km bis zum Park lassen sich aber natürlich auch zu Fuß locker bewältigen. Die Fähre bietet sich auch für Radfahrer an, die sich die langweilige Strecke aus Auckland hinaus ersparen wollen; die Mitnahme des Fahrrads ist gratis.

Orewa

7400 EW.

Die Einheimischen haben Angst, dass sich Orewa in Neuseelands Pendant zur Gold Coast von Queensland in Australien verwandelt. Aber wenn sie nicht damit anfangen, Rentner zu exportieren und sie durch Parkwächterinnen in Bikinis zu ersetzen, wird das wohl kaum passieren. Der Ort ist trotzdem sehr bebaut und langsam schießen immer mehr hohe Apartmenthäuser aus dem Boden.

Sehenswertes & Aktivitäten

Orewa Beach STRAND

Der 3 km lange Sandstrand ist die eigentliche Attraktion von Orewa. Da er am Golf liegt, hält sich die Brandung in Grenzen; in der Hochsaison schiebt hier aber trotzdem die Wasserwacht Dienst.

Alice Eaves Scenic Reserve WALD

(Old North Rd) Das Reservat bietet 10 ha einheimischen Busch mit Bäumen, die mit Info-Schildchen versehen sind, außerdem eine *pa*-Stätte, einen Aussichtspunkt und kurze, einfache Wanderwege.

Millennium Walkway WANDERN

Der 8 km lange Rundweg beginnt an der South Bridge und schlängelt sich anschließend durch verschiedene Parks, bevor er dann am Strand entlang wieder zurückführt; einfach den blauen Markierungen folgen.

Snowplanet WINTERSPORT

(www.snowplanet.co.nz; 91 Small Rd, Silverdale; Tageskarte Erw./Kind 66/47 NZ$; ⏲Sa–Do 10–22, Fr 10–24 Uhr) In diesem Winterwunderland kann man das ganze Jahr über Skifahren, Snowboarden und Rodeln. Die Skihalle liegt 8 km südlich von Orewa am SH1.

Schlafen

Orewa Beach Top 10 FERIENPARK $

(☎09-426 5832; www.orewaholidaypark.co.nz; 265 Hibiscus Coast Hwy; Stellplatz 40 NZ$, Wohneinheit 60–115 NZ$; @) Der riesige Ferienpark am südlichen Ende des Strandes ist sehr gepflegt und bietet ausgezeichnete Einrichtungen, liegt jedoch in Hörweite einer verkehrsreichen Straße.

Orewa Motor Lodge MOTEL $$

(☎ 09-426 4027; www.orewamotorlodge.co.nz; 290 Hibiscus Coast Hwy; Wohneinheit 170–190 NZ$; 📶) Eines der vielen Motels, die die Hauptstraße von Orewa säumen. Es besteht aus blitzsauberen Holzhäuschen, die mit farbenprächtigen Blumenampeln geschmückt sind. Außerdem gibt's einen Wellness-Pool.

Waves APARTMENTS $$$

(☎ 09-427 0888; www.waves.co.nz; Ecke Hibiscus Coast Hwy & Kohu St; Wohneinheiten 170–299 NZ$; 📶) Der Komplex im Stil eines Motels, aber wesentlich luxuriöser, bietet geräumige Apartments für Selbstversorger. Zu den Wohneinheiten unten gehört ein Garten, mit Bad mit Whirlpool. Der Strand ist nur ein paar Meter entfernt.

Essen

Asahi JAPANISCH $

(6 Bakehouse Lane; Hauptgerichte 11–20 NZ$; ⌚ Mo 9–15, Di–Sa 9–21 Uhr) Hier gibt's ausgezeichnetes Sushi und gute Bentoboxen (21,50 NZ$).

Casablanca CAFÉ, TÜRKISCH $$

(www.casablancacafenz.co.nz; 336 Hibiscus Coast Hwy; Hauptgerichte 13–30 NZ$; ⌚ Mo–Fr 10 Uhr–open end, Sa & So 9 Uhr–open end) Das betriebsame Café bietet türkische, nordafrikanische und mediterrane Küche. Die herzhaften Spiegeleier nach maurischer Art sind eine gute Grundlage für die Erkundung der Gegend.

Praktische Informationen

Orewa Information Centre (☎ 09-426 5338; www.orewabeach.co.nz; 40-46 Orewa Sq; ⌚ Mo–Fr 9–15.30, Sa 10–12 Uhr) Die Touristeninformation ist im Bürgerbüro der Stadt.

An- & Weiterreise

Es gibt direkte Busverbindungen zwischen Orewa und der Albert St in Auckland (Erw./Kind 10,30/6,10 NZ$, 1¼ Std.) sowie dem Shakespear Regional Park (Erw./Kind 1,90/1,10 NZ$, 50 Min.) und Waiwera (Erw./Kind 1,90/1,10 NZ$, 10 Min.).

WELCHER HIGHWAY?

Von Auckland führt der mehrspurige Northern Motorway (SH1) auf einer **Mautstrecke** (☎ 0800 40 20 20; www.tollroad.govt.nz; Auto/Motorrad 4/2 NZ$) an Orewa und Waiwera vorbei. Dadurch lassen sich rund zehn Minuten einsparen, vorausgesetzt, man bezahlt die Gebühr online oder telefonisch (im Voraus oder innerhalb von 5 Tagen) und muss sich nicht an den Mautstationen in die Schlange stellen.

In der Zeit von Weihnachten bis Neujahr ist die SH1 in Richtung Norden zwischen der Mautstrecke und Wellsford oft fürchterlich verstopft; als Alternative bietet sich dann die SH16 über Kumeu und Helensville an. Dies gilt auch für die ersten Tage nach Neujahr in Richtung Süden.

Waiwera

Das hübsche Städtchen an einer Flussmündung hat zwar einen herrlichen Strand, aber viel interessanter sind die *wai wera* (heißen Quellen). Das warme, mineralhaltige Wasser sprudelt aus 1500 m Tiefe in die 19 Becken des **Waiwera Thermal Resort** (☎ 09-427 8800; www.waiwera.co.nz; 21 Main Rd; Erw./Kind 26/15 NZ$; ⌚ 9–21 Uhr). Das Badeparadies bietet ein Becken mit Kinoleinwand, zehn Riesenrutschen, Grillstellen, Wannenbäder (40 NZ$) und einen Gesundheits- und Wellnessbereich. Direkt daneben wurden moderne, luxuriös ausgestattete Ferienhäuser gebaut (DZ 180 NZ$), die auch im Paket mit der Nutzung des Thermalbads vermietet werden.

Zwischen den Flüssen Waiwera und Puhoi erstreckt sich der traumhafte, 134 ha große **Wenderholm Regional Park** (☎ 09-366 2000; www.arc.govt.nz; Stellplatz 13/6 NZ$ pro Erw./Kind, Haus 120–145 NZ$) mit einem vielfältigen Ökosystem, zahllosen Vogelarten, schönen Stränden und Wanderwegen (30 Min.–2½ Std.). **Couldrey House** (www.historicouldreyhouse.co.nz; Erw./Kind 5 NZ$/frei; ⌚ Sa & So 13–16 Uhr, Jan. tgl.) Das ehemalige Farmhaus aus den 1860er-Jahren ist heute ein Museum. Der Campingplatz auf dem Gelände hat nur fließendes Wasser und Plumpsklos, doch die Gemeinde vermietet auch zwei gemütliche, komplett ausgestattete Ferienhäuser.

Bus 895 fährt von der Albert St in Auckland über Orewa nach Waiwera (Erw./Kind 10,30/6,10 NZ$, 1 Std.).

Puhoi

450 EW.

Schmuddelige Cafés und ernste Dichter kann man getrost vergessen – das malerische Dorf ist ein Stück echtes Böhmen. 1863 kamen rund 200 deutschsprachige Einwanderer aus der heutigen Republik Tschechien hierher, um sich im damals dichten Busch anzusiedeln.

Sehenswertes & Aktivitäten

Church of Sts. Peter & Paul KIRCHE
(www.holyname.org.nz; Puhoi Rd) Die hübsche katholische Dorfkirche von 1881 beeindruckt mit einem interessanten Tabernakelgemälde (das Original hängt in Böhmen), Buntglasfenstern und Statuen.

Bohemian Museum MUSEUM
(www.puhoihistoricalsociety.org.nz; Puhoi Rd; Erw./Kind 3 NZ$/frei; Sa & So 13–16 Uhr, Weihnachten bis Ostern tgl.) Das Museum erzählt die Geschichte der böhmischen Pioniere, die mit Ausdauer allen Entbehrungen trotzten.

Puhoi River Canoe Hire KANUFAHREN
(09-422 0891; www.puhoirivercanoes.co.nz; 84 Puhoi Rd) Hier kann man sich ein Kajak oder einen Kanadier ausleihen, und zwar entweder nach Stunden (Kajak/Kanu 25/50 NZ$) oder, um vom Dorf aus einen tollen Ausflug 8 km flussabwärts zum Wenderholm Regional Park (einfaches Kajak/Doppelkajak 50/100 NZ$, inkl. Rücktransport) zu unternehmen. Ohne vorherige Buchung geht allerdings gar nichts.

Essen & Ausgehen

Puhoi Valley CAFÉ $$
(www.puhoivalley.co.nz; 275 Ahuroa Rd; Hauptgerichte 13–22 NZ$; 10–16 Uhr) Das noble Café mit Käseverkauf gehört zu der in ganz Neuseeland bekannten, gleichnamigen Molkerei. Der entsprechende Käse dominiert denn auch die Speisekarte des Cafés, das nicht nur malerisch an einem See liegt, sondern auch einen Springbrunnen und einen Kinderspielplatz hat. Im Sommer kann man zur Musik auf dem grünen Rasen ein köstliches Feinschmeckereis genießen.

Puhoi Hotel PUB
(www.puhoipub.co.nz; Ecke Saleyards Rd & Puhoi Rd; 10–22 Uhr) Das Hotel hat Charakter.Dies gilt auch für den Pub aus dem Jahr 1879: Die Wände sind über und über mit alten Fotos, ausgestopften Tierköpfen und nostalgischen Haushaltsartikeln vollgepflastert.

Puhoi Cottage TEEHAUS
(www.puhoicottage.co.nz; 50 Ahuroa Rd; Fr–So 10–16 Uhr) Einfach einmal auf einen köstlichen Devonshire Cream Tea (11 NZ$) hier vorbeischauen – und der sieht so aus: Tee mit Milch, frische Muffins, Sahne und fruchtige Erdbeerkonfitüre.

An- & Weiterreise

Puhoi liegt 1 km westlich der SH1. Der Abzweigung befindet sich 2 km hinter dem Johnstone-Hills-Tunnel.

Mahurangi & Scandrett Regional Parks

Rund um den Mahurangi Harbour erstreckt sich der **Mahurangi Regional Park** (09-366 2000; www.arc.govt.nz; Stellplatz ab 6 NZ$, Häuschen 120–145 NZ$) mit seinen drei Fingern: Mahurangi West beginnt an einer Abzweigung 3 km nördlich von Puhoi, die Zufahrt zum Scott Point im Osten liegt 16 km südöstlich von Warkworth und der abgelegene Teil von Mahurangi East ist nur mit dem Boot zu erreichen. Das Paradies für Kanuten umfasst große Flächen mit Küstenwald, Maori-Siedlungen, eine ehemalige Farm und einen Friedhof. An den geschützten Sandstränden kann man toll baden und picknicken oder man wandert auf schönen Rundwegen 1½ bis 2½ Stunden lang durch den Park. Übernachten kann man auf vier einfachen Campingplätzen und in vier Ferienhäuschen für jeweils sechs bis acht Personen. Der Stellplatz für ein Wohnmobil kostet 6 NZ$ pro Person.

Auf dem Weg nach Mahurangi West kommt man am **Zealandia Sculpture Garden** (09-422 0099; www.zealandiasculpturegarden.co.nz; 138 Mahurangi West Rd; Eintritt 10 NZ$; Nov.–März nach Vereinbarung) vorbei, wo auf einem Gelände mit beeindruckender Architektur die Arbeiten des neuseeländischen Bildhauers Terry Stringer zu sehen sind.

Der **Scandrett Regional Park** (09-366 2000; www.arc.govt.nz; Ferienhaus 145 NZ$) an der meerseitigen Küste der Mahurangi Peninsula lockt mit feinem Sandstrand, Wanderwegen, aufgeforsteten Wäldern, einer ehemaligen Farm, ein paar Maori-Siedlungen und einem Blick auf Kawau Island. An Unterkünften gibt's drei Ferienhäuser für jeweils sechs bis acht Personen und Stellplätze für Wohnmobile (6 NZ$/Pers.).

Warkworth

3300 EW.

Der Ort an beiden Flussufern bietet sich für einen netten Zwischenstopp an; in der schmucken Hauptstraße herrscht noch viel dörfliches Flair.

ABSTECHER

TE HANA TE AO MARAMA

In ganz Neuseeland lassen sich in den Hügeln die Terrassen vieler historischer *pa* (befestigtes Dorf) besichtigen. Wer jedoch einen Eindruck gewinnen möchte, wie diese Wehrdörfer wirklich einmal ausgesehen haben, sollte an einer Führung im rekonstruierten **pa Te Hana Te Ao Marama** (www.tehana.co.nz; 307-308 SH1, Te Hana) teilnehmen. Sie beginnen täglich jeweils zur vollen Stunde zwischen 10 und 15 Uhr (Erw./Kind 25/13 NZ$) und lassen sich gut mit einer *powhiri* (offizielle Begrüßung) im sehr authentisch anmutenden *marae* (Maori-Tempel) nebenan verbinden; bei einigen Pauschalangeboten sind eine Mahlzeit und ein Konzert im Preis inbegriffen.

Ein wirklich stimmungsvolles Erlebnis bieten die *Starlight Tours* (Erw./Kind 100/50 NZ$, Bus ab Auckland 25 NZ$ extra) am Freitagabend. Die Teilnehmer werden zuerst mit einem *powhiri* empfangen, nehmen dann im Marae-Komplex das Abendessen ein, um anschließend im effektvoll beleuchteten Dorf eine Führung samt Konzert zu erleben.

Sehenswertes

Dome Forest WALD

Rund 2 km nördlich von Warkworth führt an der SH1 ein Fußweg durch wiederaufgeforsteten Wald auf den Gipfel des Dome (336 m) hinauf. An einem klaren Tag sieht man von einem Aussichtspunkt unweit des Gipfels sogar den Sky Tower im Zentrum. Die Besteigung des Gipfels dauert hin und zurück etwa 1½ Stunden. Es ist aber auch möglich, eine anstrengende, siebenstündige Wanderung (einfache Strecke) durch das Totora Peak Scenic Reserve zu machen; der Startpunkt liegt an der Govan Wilson Rd.

Sheepworld FARM

(www.sheepworldfarm.co.nz; SH1; Erw./Kind 15/8 NZ$, inkl. Show 28/10 NZ$; ⌚9–17 Uhr) Hier können Stadtkinder einen Bauernhof kennenlernen, Ponys reiten, Lämmer füttern und auch noch eine Schaf- und Hundeschau samt einer interessanten Demonstration im Schafscheren (Vorführungen um 11 und 14 Uhr) ansehen.

Warkworth & District Museum MUSEUM

(www.wwmuseum.orcon.net.nz; Tudor Collins Dr; Erw./Kind 8/2 NZ$; ⌚9–15 Uhr) In diesem kleinen Museum sind Relikte aus der Pionierzeit ausgestellt. Interessanter ist jedoch der **Parry Kauri Park** außen herum: Hier stehen einige gigantische Kauri-Kiefern, darunter die 800 Jahre alte McKinney-Kauri (Umfang: 7,6 m).

Essen & Ausgehen

Chocolate Brown CAFÉ, SÜSSWAREN **$$**

(www.chocolatebrown.co.nz; 6 Mill Lane; Hauptgerichte 10–20 NZ$; ⌚8.30–16 Uhr) Das Café ist mit kurioser Kunst zum Thema Neuseeland geschmückt, die zumeist auch verkauft wird, und bietet ausgezeichneten Kaffee, herzhaftes Frühstück mit viel Ei und köstliche, hausgemachte Backwaren. Danach kann man sich im Laden nebenan mit Schokolade aller Art und süßen Mitbringseln eindecken.

Ransom Wines WEINGUT

(www.ransomwines.co.nz; Valerie Close; Weinprobe bei Kauf kostenlos, ansonsten gegen eine Spende von 5 NZ$ für das Tawharanui Open Sanctuary; ⌚Di–So 10–17 Uhr) Das vom SH1 aus gut ausgeschilderte Weingut 3 km südlich von Warkworth produziert hervorragende Tafelweine. Zur Weinprobe werden üppig mit Rauchfleisch und Käse aus der Region bestückte Platten (20 NZ$/Pers.) gereicht. Eine Probe mit fünf Weinen kostet 12 NZ$.

Tahi Bar BIERKNEIPE

(www.tahibar.com; 1 Neville St; ⌚Mi–So 12 Uhr–open end) Die in einer ruhigen Gasse versteckte Kneipe zapft acht neuseeländische Biere vom Fass, die ständig wechseln. Das außergewöhnlich freundliche Personal serviert auch gemischte Platten und sonstiges Kneipenessen auf der rustikalen Sonnenterrasse.

Shoppen

Honey Centre ESSEN

(www.honeycentre.co.nz; Ecke SH1 & Perry Rd; ⌚8.30–17 Uhr) Rund 5 km südlich von Warkworth bietet sich dieses Honigzentrum mit Café, kostenloser Honigverkostung und einigen Bienenstöcken hinter Glas für eine interessante Pause an. Im Laden sind allerlei Produkte erhältlich, die alle irgendwie mit den Bienen zu tun haben – von Honigwachskerzen bis hin zu Honigwein. Wer Honig liebt wird hier sicher fündig.

Praktische Informationen

Warkworth i-SITE (☎ 09-425 9081; www.warkworthnz.com; 1 Baxter St; ⏲ Mo–Fr 8.30–17, Sa & So 9–15 Uhr)

An- & Weiterreise

Die Busse von **InterCity** (☎ 09-583 5780; www.intercity.co.nz) und **Naked Bus** (www.nakedbus.com) fahren auf ihrem Weg von Auckland in die Bay of Islands und zurück durch den Ort.

Matakana & Umgebung

Noch vor 15 Jahren war Matakana ein unbedeutendes Dorf auf dem Land mit einer Handvoll alter Gebäude und einem ebenso alten Pub. Heute amüsieren sich die Einheimischen über die vielen Aucklander, die stundenlang in den stilvollen Weinstuben und Cafés sitzen. Die **Matakana Cinemas** (☎ 09-422 9833; www.matakanacinemas.co.nz; 2 Matakana Valley Rd) befinden sich in einem beeindruckenden Gebäude, dessen Kuppeldach an ein Badehaus des Osmanischen Reiches erinnert. Direkt davor findet jeden Samstag der ausgezeichnete **Farmers Market** (www.matakanavillage.co.nz; ⏲ Sa 8–13 Uhr) statt.

Der Grund für diesen Wandel liegt in den kleinen, aber feinen Weingütern der Gegend, die bekannt sind für ihre Grauburgunder, Merlots, Syrahs und unzähligen Varianten. Eine ausführliche Beschreibung der Weingüter in der Region findet sich in den kostenlosen Broschüren *Matakana Coast Wine Country* (www.matakanacoast.com) und *Matakana Wine Trail* (www.matakanawine.com), die beide in der Touristeninformation des Ortes im Foyer des Kinos erhältlich sind.

Sehenswertes

★ Tawharanui Regional Park STRAND
(☎ 09-366 2000; www.arc.govt.nz; Takatu Rd) Eine teilweise unbefestigte Straße führt zu diesem 588 ha großen Naturschutzpark am Ende der Halbinsel. Er ist ein Refugium für einheimische Vögel, umgeben von einem Schädlingszaun; an der Nordküste erstreckt sich ein Meeresschutzgebiet (Schnorchelausrüstung mitbringen). Im Park gibt's zahlreiche Wanderwege (1½–4 Std.), die eigentliche Hauptattraktion ist jedoch die **Anchor Bay** mit einem der schönsten weißen Sandstrände der Region. Auf zwei einfachen Campingplätzen unweit vom Strand darf man zelten (Erw./Kind 13/6 NZ$); außerdem besteht die Möglichkeit, ein *bach* (145 NZ$) für sechs Personen zu mieten.

Blue Adventures WASSERSPORT
(☎ 022 630 5705; www.blueadventures.co.nz; Unterricht 60–75 NZ$/Std.) Der Veranstalter mit Sitz in Matakana bietet nicht nur Unterricht im Kitesurfen, Stehpaddeln und Wakeboarden an, sondern auch Touren von Auckland nach Mangawhai sowie Jetbootfahrten vor der Küste von Matakana (75–300 NZ$/Pers.).

Matakana Cycle Hire FAHRRADVERLEIH
(☎ 09-423 0076; www.matakanabicyclerental.co.nz; 951 Matakana Rd; Leihgebühr halber/ganzer Tag 30/40 NZ$, Touren ab 60 NZ$) Mit den Leihrädern kann man prima die Weingüter und Strände der Umgebung erkunden.

Omaha Beach STRAND
Der nächstgelegene Badestrand von Matakana ist der lange Omaha Beach mit weißem Sand, guter Brandung und noblen Ferienhäuser.

Brick Bay Sculpture Trail PARK
(www.brickbaysculpture.co.nz; Arabella Lane, Snells Beach; Erw./Kind 12/8 NZ$; ⏲ 10–17 Uhr) Nach einem ausgiebigen Streifzug in Sachen Kunst durch das Gelände von Brick Bay Wines macht es Spaß, sich im architektonisch beeindruckenden Café bei einer Weinprobe zu erholen.

Morris & James KUNSTHANDWERK
(www.morrisandjames.co.nz; 48 Tongue Farm Rd; ⏲ 9–17 Uhr) GRATIS Hier kann man im Rahmen einer kostenlosen Führung (tgl. 11.30 Uhr) den Töpfern über die Schulter schauen oder auch einfach einmal vorbeikommen, um die farbenfrohen Keramiken und das Café im Hof in Augenschein zu nehmen.

Schlafen

Sandspit Holiday Park URLAUBSPARK $
(☎ 09-425 8610; www.sandspitholidaypark.co.nz; 1334 Sandspit Rd; Stellplatz ab 17 NZ$, Wohneinheiten 70–120 NZ$; @) Der als Pionierdorf aufgemotzte Campingplatz bietet auf seinem Gelände pseudo-historische Gebäude und Ladenauslagen. Er liegt direkt am Wasser bei Sandspit.

Matakana Country Lodge B&B $$$
(☎ 09-422 3553; www.matakanacountry.co.nz; 149 Anderson Rd; Zi. 275–375 NZ$;) Die nur fünf Minuten von Matakana entfernte Lodge lässt sich über eine unbefestigte Straße und eine Zufahrt erreichen. Hier findet man Ruhe,

Ruhe und nochmals Ruhe sowie einen weiten Blick über die Landschaft. Die Gäste der drei Zimmer haben freien Zutritt zur Lodge, inklusive Küche, Pool und Wellnesscenter.

Essen & Ausgehen

Charlie's Gelato Garden EIS $
(www.charliesgelato.co.nz; 17 Sharp Rd; Eis 4–6 NZ$, Pizzas ab 5 NZ$; ⏲9–17 Uhr, Winter verkürzte Öffnungszeiten) Im Sommer gibt's von Freitag bis Sonntag hier köstliches Sorbet und Eis, das aus frischen Früchten und interessanten Zutaten wie Lakritze oder Ingwerbier hergestellt wird, sowie ausgezeichnete Pizzas aus dem Holzofen.

Mahurangi River Winery & Restaurant WEINGUT $$$
(☎09-425 0306; www.mahurangiriver.co.nz; 162 Hamilton Rd; Hauptgerichte 24–36 NZ$, gemischte Platte 25–45 NZ$; ⏲Feb.–Dez. Do–Mo 11–16 Uhr, Jan. tgl. 11–16 Uhr) In dem ländlichen Lokal an der Straße nach Sandspit genießt man ausgezeichnetes Essen in entspannter Atmosphäre und mit Blick auf die Weinberge.

The Matakana PUB $$
(www.matakana.co.nz; 11 Matakana Valley Rd; Hauptgerichte 17–25 NZ$; ⏲12 Uhr–open end) Nach gründlicher Sanierung bietet der altehrwürdige Pub nun eine abgefahrene Einrichtung, edle Weine aus der Umgebung, Biere aus Kleinbrauereien und ordentliches Bistro-Essen inklusive Austern aus der Bucht von Mahurangi. Gelegentlich heizen DJs und Livebands den Gästen im coolen Außenbereich ein.

Plume WEINGUT $$
(☎09-422 7915; www.plumerestaurant.co.nz; 49a Sharp Rd; Hauptgerichte 29–40 NZ$; ⏲Mi–So 11–15, Fr & Sa 18 Uhr–open end) Die Terrasse bietet einen weiten Blick aufs Land, die Speisekarte ist eine abenteuerliche Mischung aus chinesischer und spanischer Küche mit einer starken Prise Thailand und Indien.

Vintry WEINBAR
(☎09-423 0251; www.thevintry.co.nz; 2 Matakana Valley Rd; Weinprobe ab 5 NZ$; ⏲10–22 Uhr) Die Weinbar im Gebäudekomplex der Matakana Cinemas ist so etwas wie die Probierstube aller Weingüter der Umgebung.

Praktische Informationen

Matakana Information Centre (☎09-422 7433; www.matakanainfo.org.nz; 2 Matakana Valley Rd; ⏲10–13 Uhr) Im Foyer des Kinokomplexes.

An- & Weiterreise

Das Dorf Matakana liegt 10 km nordöstlich von Warkworth an der Matakana Rd; öffentliche Verkehrsmittel gibt es nicht. Fähren nach Kawau Island legen in Sandspit, 8 km östlich von Warkworth, an der Sandspit Rd ab.

Leigh

390 EW.

Das hübsche kleine Dorf (www.leighbythesea.co.nz) hat einen malerischen Hafen voller Fischerboote und einen ordentlichen Badestrand in der **Matheson Bay**. Die alteingesessene Tauchschule **Goat Island Dive & Snorkel** (☎0800 348 369; www.goatislanddive.co.nz; 142a Pakiri Rd; Leihgebühr Maske, Schnorchel & Flossen 22 NZ$, Tauchausflüge inkl. Ausrüstung 110–250 NZ$, PADI-Open-Water-Schein 499 NZ$) bietet das ganze Jahr über PADI-Kurse und Bootsfahrten zum Tauchen im Hauraki Gulf an.

Abgesehen von der Nähe zur Goat Island ist das Dorf auch wegen der legendären **Leigh Sawmill** (☎09-422 6019; www.sawmillcafe.co.nz; 142 Pakiri Rd; Hauptgerichte 14–35 NZ$; ⏲Jan.–Mitte Feb. tgl. 10 Uhr–open end, Mitte Feb.–März Mo–Mi 10–15, Do–So 10 Uhr–open end, April–Nov. Do–So 10 Uhr–open end) bekannt. In der verwegenen kleinen Kneipe mit Biergarten finden jeden Sommer Rockkonzerte statt, bei denen oft überraschend große Stars auftreten. Wer ein Bier der **Hausbrauerei** (⏲Fr & Sa 13.30–17 Uhr) zuviel getrunken hat, kann im alten Schuppen der Sägemühle übernachten. Dort stehen jetzt einfache Hostelzimmer (ab 25 NZ$) und große Doppelzimmer mit eigenem Bad (ab 125 NZ$) zur Wahl. Oder man mietet das Cosy Sawmill Family Cottage (ab 300 NZ$), in dem bis zu zehn Personen Platz finden.

Goat Island Marine Reserve

Nur 3 km von Leigh entfernt erstreckt sich dieses 547 ha große Meeresschutzgebiet, das 1975 als erstes des Landes gegründet wurde. In nicht einmal 40 Jahren hat sich das Meer inzwischen in ein gigantisches Aquarium zurückverwandelt und vermittelt einen Eindruck, wie die Küste Neuseelands wohl einmal ausgesehen hat, bevor sich die ersten Siedler hier niederließen. Man muss nur bis zu den Knien ins Wasser waten, um Snapper (große Fische mit blauen Punkten und blauen Flossen), blaue Maomao (Preußenfische) und gestreifte Parore (eine Barschart) bestaunen zu können. Die gesamte Insel ist von Tauchrevieren umgeben. Da Goat Island nicht weit draußen im Meer liegt, besteht die Möglichkeit, gleich vom Strand aus zu schnorcheln oder zu tauchen.

Ausgezeichnete Infotafeln erklären die Bedeutung der Maori in dieser Gegend (hier landete einst eines ihrer Kanus an), außerdem zeigen Bilder die Tierarten, die man vermutlich zu Gesicht bekommen wird. Bunte Schwämme, Wälder aus Seegras, Eberfische, Krebse und Stachelrochen lassen sich sehen, mit etwas Glück aber auch Schwertwale und Flaschennasendelfine. Die Sichtweite liegt zu 75 % bei etwa 10 m.

Mit dem **Glasbodenboot** (☎ 09-422 6334; www.glassbottomboat.co.nz; Erw./Kind 28/15 NZ$) bietet sich Gelegenheit, das Unterwasserleben in Augenschein zu nehmen, ohne nasse Füße zu bekommen. Die Fahrten (ganzjährig, nur bei entsprechendem Wetter) dauern 45 Minuten und beginnen am Strand. Am besten vorher telefonisch anfragen und auch gleich buchen.

Im nagelneuen **Goat Island Marine Discovery Centre** (☎ 09-923 3645; www.goatislandmarine.co.nz; Goat Island Rd, Leigh; Erw./Kind/Fam. 10/5/20 NZ$; ⏲ Mitte Dez.–März tgl. 10–16 Uhr) sind Meeresbiologen und Absolventen der Universität von Auckland beschäftigt, die gern die interessante Ausstellung zum Ökosystem des Meeresschutzgebiets erläutern. Bevor man tatsächlich in die Unterwasserwelt von Goat Island abtaucht, sollte man dem Museum unbedingt einen Besuch abstatten. Vor allem Kinder werden von den interaktiven Ausstellungsstücken und dem Gezeitenbecken voller Meerestiere begeistert sein. Die Öffnungszeiten von April bis Mitte Dezember muss man telefonisch erfragen.

Im Allgemeinen werden Kajaks und Schnorchelausrüstungen direkt am Strand verliehen. Schnorchelausrüstung (ab 9 NZ$) und Nassanzüge (ab 12 NZ$) gibt's auch bei **Seafriends** (☎ 09-422 6212; www.seafriends.org.nz; 7 Goat Island Rd; ⏲ 9–19 Uhr) an der Straße zum Strand. Der Verleih mit Meerwasseraquarien betreibt auch ein Café.

Pakiri

Der herrliche Pakiri Beach, 12 km hinter Goat Island (davon 4 km auf unbefestigter Straße), ist ein unberührter weißer Sandstrand, an dem die Wellen tosen – ein größerer Abschnitt steht als Regionalpark unter Naturschutz.

Der **Pakiri Beach Holiday Park** (☎ 09-422 6199; www.pakiriholidaypark.co.nz; 261 Pakiri River Rd; Stellplatz ab 50 NZ$, Wohneinheiten 80–400 NZ$) direkt am Meer verfügt über einen Laden sowie diverse ordentliche, aber unterschiedlich komfortable Wohneinheiten im Schatten von Pohutukawa-Bäumen.

Nur 6 km von Pakiri entfernt stehen auf dem Gestüt **Pakiri Horse Riding** (☎ 09-422 6275; www.horseride-nz.co.nz; Rahuikiri Rd.) über 80 Pferde. Hoch zu Ross geht es von dort aus durch den wunderschönen Busch oder am Strand entlang; die Ausritte dauern zwischen einer Stunde (65 NZ$) und mehreren Tagen. Die Gäste übernachten in einfachen, aber sagenhaft schön gelegenen Hütten am Meer (B/Hütte 35/155 NZ$) oder in bequemen Vier-Bett-Häusern (500 NZ$), die in den Dünen versteckt liegen.

Bay of Islands & Northland

☎ 09

Inhalt ➡

Gut essen

- à Deco (S. 142)
- Havana Cabana (S. 144)
- Bennetts (S. 135)
- Food at Wharepuke (S. 161)

Schön übernachten

- Endless Summer Lodge (S. 170)
- Relax a Lodge (S. 158)
- Tree House (S. 171)
- Kahoe Farms Hostel (S. 163)

Auf zur Bay of Islands & nach Northland!

Viele Neuseeländer verbinden mit „hoch in den Norden" nostalgische Erinnerungen an Strandurlaube mit der Familie, blühende Pohutukawa-Bäume und herumtollende Delfine in idyllischen Buchten. Ob auf dem Pausenhof oder in der Kantine: Wer ein *bach* (Ferienhaus) „oben im Norden" sein eigen nennt, ist überall beliebt.

Die zahllosen Strände sind hier die Hauptattraktion. Besucher aus dicht besiedelten Ländern staunen nicht schlecht, wenn sie einen völlig unberührten Strand betreten und feststellen, dass weit und breit kein Mensch zu sehen ist. An der Westküste wachsen die spektakulären Überreste des uralten Kauri-Waldes, der einst das ganze Land bedeckte. Die noch verbliebenen Riesenbäume flößen große Ehrfurcht ein und zählen zu den wahren Schätzen Neuseelands.

Aber es gibt nicht nur die Schönheit der Natur zu bewundern, auch an historischen Stätten herrscht kein Mangel. In Northland liegen die ersten Siedlungsplätze der Maori und der Europäer, weshalb diese Gegend zweifellos den Titel „Wiege der Nation" verdient.

Reisezeit

- An Neujahr ist an den Stränden Northlands die Hölle los und die Lage beruhigt sich während der Schulferien im Januar nur unwesentlich. Diese Zeit der langen, faulen Sommertage zieht sich für gewöhnlich bis in den Februar oder sogar in den März hinein.
- Im „winterlosen Norden" erwartet den Besucher ein subtropisches Klima, vor allem in der Region von Kerikeri und weiter nördlich. Dort gibt's im Sommer durchschnittlich sieben Regentage pro Monat, im Winter sind es jedoch 16.
- Die durchschnittlichen Höchsttemperaturen liegen im Winter bei etwa 16° C, die Mindesttemperaturen bei rund 7° C.
- In dieser Region, besonders an der Ostküste, ist es oft ein bis zwei Grad wärmer als in Auckland.

Highlights

1. Sich an der **Matauri Bay** (S. 162) in der Sonne räkeln, planschen oder bodysurfen.
2. Das **Cape Reinga** besuchen, wo die Ozeane aufeinanderstoßen, während sich die Seelen toter Maori auf eine lange Reise begeben (S. 166)
3. Im **Waipoua Forest** (S. 174) auf uralte Kauri-Giganten treffen
4. Vor **Poor Knights Islands** (S. 142), an einem der fantastischsten Tauchspots der Welt, die Unterwasserwelt erkunden
5. Zur **Bay of Islands** (S. 145) fahren, wo Delfine im Wasser herumtollen
6. Die Sanddünen am **Ninety Mile Beach** (S. 166) oder an Hokiangas **North Head** (S. 171) hinuntergleiten
7. Auf den **Waitangi Treaty Grounds** (S. 154) in Geschichte und Kultur eintauchen

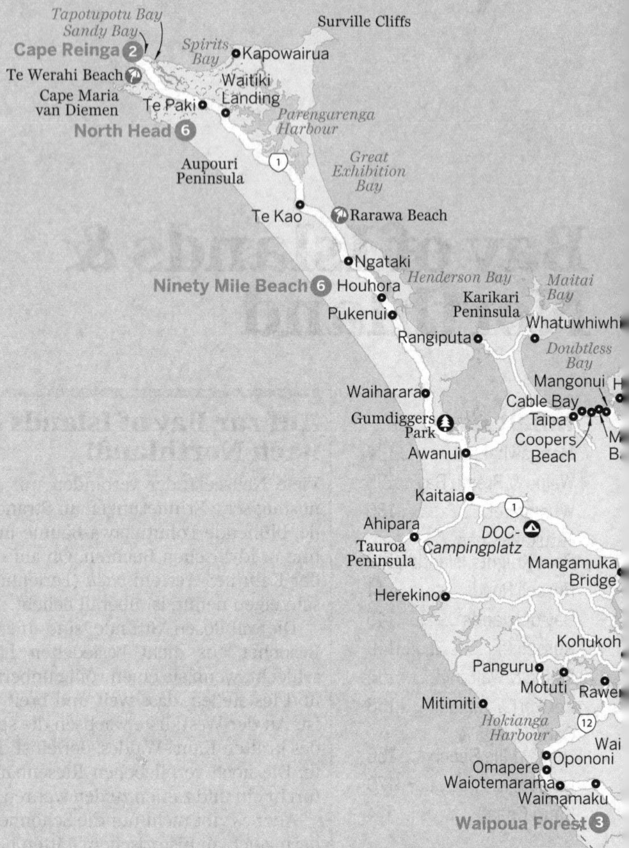

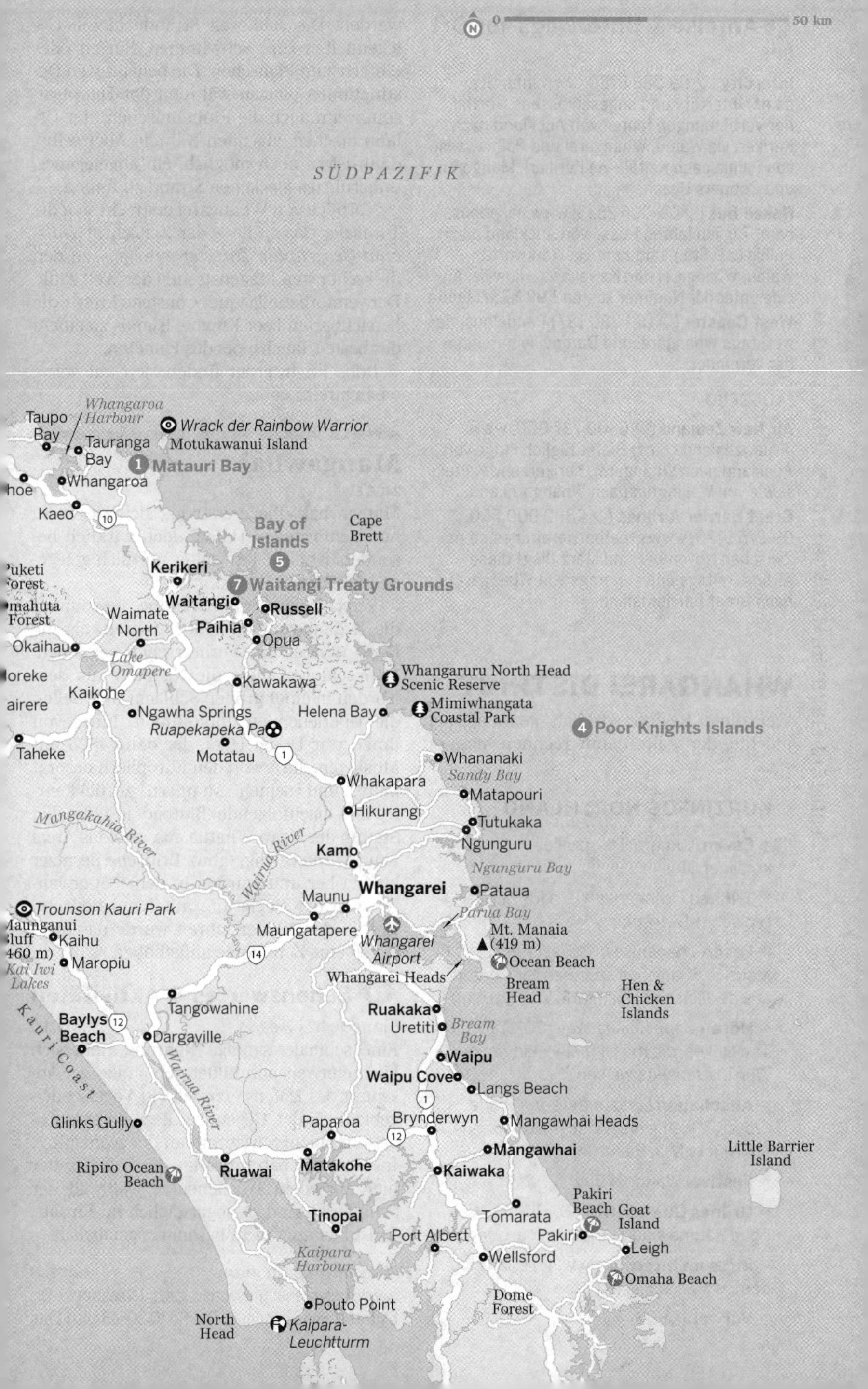

0
50 km
N
SÜDPAZIFIK
Whangaroa Harbour
Taupo Bay
Tauranga Bay
Wrack der Rainbow Warrior
Motukawanui Island
1 Matauri Bay
Whangaroa
Kaeo
10
Bay of Islands
Cape Brett
5
Kerikeri
7 Waitangi Treaty Grounds
Waitangi
Russell
Waimate North
Paihia
Opua
Okaihau
Lake Omapere
Kaikohe
Kawakawa
Whangaruru North Head Scenic Reserve
Mimiwhangata Coastal Park
Helena Bay
Ngawha Springs
Ruapekapeka Pa
4 Poor Knights Islands
Taheke
Motatau
1
Whananaki
Sandy Bay
Whakapara
Matapouri
Hikurangi
Tutukaka
Mangakahia River
Ngunguru
Wairua River
Kamo
Ngunguru Bay
Whangarei
Pataua
Maunu
Trounson Kauri Park
Parua Bay
Mt. Manaia (419 m)
Maungatapere
Whangarei Airport
Kaihu
14
Maropiu
Ocean Beach
Kai Iwi Lakes
Whangarei Heads
Bream Head
Hen & Chicken Islands
Tangowahine
Kauri Coast
Ruakaka
Baylys Beach
12
Uretiti
Bream Bay
Dargaville
Waipu
Waipu Cove
Langs Beach
1
Glinks Gully
Paparoa
Brynderwyn
Mangawhai Heads
12
Little Barrier Island
Mangawhai
Ripiro Ocean Beach
Ruawai
Matakohe
Kaiwaka
Pakiri Beach
Goat Island
Tinopai
Tomarata
Pakiri
Port Albert
Leigh
Kaipara Harbour
Wellsford
Omaha Beach
Dome Forest
Pouto Point
North Head
Kaipara-Leuchtturm

Anreise & Unterwegs vor Ort

BUS

InterCity (☎09-583 5780; www.intercity.co.nz) InterCity und angeschlossene Northliner-Verbindungen fahren von Auckland nach Kerikeri via Waipu, Whangarei und Paihia sowie von Paihia nach Kaitaia via Kerikeri, Mangonui und Coopers Beach.

Naked Bus (☎09-006 2533; www.nakedbus.com) Täglich fahren Busse von Auckland nach Paihia (3¾ Std.), und zwar via Warkworth, Waipu, Whangarei und Kawakawa. Hinweis: Anrufe unter der Nummer kosten 1,99 NZ$/Minute.

West Coaster (☎021 380 187) Pendelbus, der werktags Whangarei und Dargaville miteinander verbindet.

FLUGZEUG

Air New Zealand (☎0800 737 000; www.airnewzealand.co.nz) Bietet täglich Flüge von Auckland nach Whangarei, Kerikeri und Kaitaia sowie von Wellington nach Whangarei an.

Great Barrier Airlines (☎0800 900 600, 09-275 9120; www.greatbarrierairlines.co.nz) Zwischen November und März fliegt diese Airline freitags und sonntags von Whangarei nach Great Barrier Island.

WHANGAREI DISTRICT

Wer diese Region wirklich kennenlernen möchte, der sollte damit rechnen, nass zu werden. Die zahllosen Strände bieten Gelegenheiten zum Schwimmen, Surfen oder einfach zum Planschen. Die beliebtesten Destinationen platzen während der Hauptsaison, wenn auch die Einheimischen hier Urlaub machen, aus allen Nähten. Aber selbst dann ist es noch möglich, ein abgelegenes, unberührtes Fleckchen Strand zu finden.

Nördlich von Whangarei erstreckt sich die Tutukaka Coast, die – der Zeitschrift *National Geographic Traveler* zufolge – zu den drei schönsten Küstenstreifen der Welt zählt. Der verstorbene Jacques Cousteau krönte die benachbarten Poor Knights Islands zu einem der besten Tauchspots des Planeten.

Infos im Internet finden sich auf www.whangareinz.com.

KURZINFOS NORTHLAND

- **Essen** Kumara, Dargavilles knolliger Star
- **Trinken** Orangensaft, ein für Kerikeri typisches Getränk
- **Lesen** *The House of Strife* (1993), Maurice Shadbolts spannender Roman aus der Zeit des Northland War (19. Jh.)
- **Hören** *Cape Reinga Way* (2011) von The Nukes, die mit Ukulele-Klängen den Weg ins Jenseits weisen
- **Anschauen** *Land of the Long White Cloud* (2009) – angelnde Philosophen am Ninety Mile Beach
- **Festival** Waitangi Day
- **Grünes Gewissen** Mit Footprints Waipoua Bäumen ein Ständchen darbringen
- **Infos im Internet** www.northlandnz.com; www.kauricoast.com
- **Vorwahl** ☎09

Mangawhai

2400 EW.

Mangawhai Village erstreckt sich an einem hufeisenförmigen Hafen, doch wirklich besonders ist das 5 km weiter nördlich gelegene Mangawhai Heads.

Verschiedene Maoristämme bewohnten die Region vor den 1660er-Jahren, als die Ngati Whatua ihre Vorherrschaft begannen. 1807 schlugen diese die Ngapuhi aus dem Norden in einer großen Schlacht und ließen die Überlebenden entkommen. Einer von ihnen war Hongi Hika, der dann 1825 mit Musketen, die er von den Europäern besorgt hatte, und seinen Männern zurückkehrte. Das nachfolgende Blutbad löschte den Stamm der Ngati Whatua aus, und das Areal wurde *tapu* (heilig, tabu). Britische Besatzer kamen her und wurden in den 1850er-Jahren von der Regierung mit Land bedacht. Erst in den 1990er-Jahren wurde das *tapu* durch eine Zeremonie aufgehoben.

Sehenswertes & Aktivitäten

Mangawhai Heads STRAND

Eine schmale, sandige Nehrung zieht sich kilometerweit und bildet den südlichen Abschnitt des Hafens, wo sich ein Vogelschutzgebiet befindet. Gegenüber liegt ein Urlaubsort mit einem Surfstrand an der Nordspitze. Im Sommer patrouillieren die Lebensretter hier an jedem Wochenende, während der Schulferien sind sie sogar täglich im Einsatz. Es ist hier aber nicht besonders gefährlich.

Mangawhai Museum MUSEUM

(www.mangawhai-museum.org.nz; Molesworth Dr; Eintritt gegen Spende; ⏲Do–So 10.30–13 Uhr) Das neue Museum der Mangawhai Historical Society befand sich zum Zeitpunkt der Recherche noch im Bau, sollte aber demnächst fertiggestellt sein. Es ist in einem spektakulären Gebäude an der Hauptstraße untergebracht, die von Mangawhai Village nach Mangawhai Heads führt. Das Dach ist cool: Es hat die Form eines Stachelrochens.

Mangawhai Cliff Top Walkway WANDERN
Dieser bei Mangawhai Heads beginnende Wanderweg verzaubert mit schönen Ausblicken auf Meer und Land. Die Wanderung dauert zwei bis drei Stunden, wenn man bei Ebbe den Rückweg über den Strand nimmt. Der Weg ist Teil des neuseeländischen Fernwanderwegs Te Araroa.

Schlafen

Coastal Cow Backpackers HOSTEL $
(09-431 5246; www.mangawhaibackpackes.com; 299 Molesworth Dr, Mangawhai Heads; B 28 NZ$, EZ 55–88 NZ$, DZ & 2BZ 66–95 NZ$) Ein heimeliges Hostel mit einfachen Zimmern, die in einem abgefahrenen Rinder-Look aufgemacht sind. Es gibt auch eine abgeschlossene Wohneinheit (95 NZ$).

Milestone Cottages APARTMENTS $$
(09-431 4018; www.milestonecottages.co.nz; 27 Moir Pt Rd, Mangawhai Heads; Apt. 125–170 NZ$;) Ein Pazifikparadies mit einem üppig grünen tropischen Garten und Apartments. Ein Fußpfad führt zu einem kleinen Strand, der sich zum Baden und Kajakfahren eignet.

Mangawhai Lodge B&B $$$
(09-431 5311; www.seaviewlodge.co.nz; 4 Heather St, Mangawhai Heads; EZ/DZ 185/190 NZ$, Einheit 175–220 NZ$; @) Die eleganten Zimmer dieses Boutique-B&Bs gehen auf eine malerische Veranda hinaus, die ums ganze Haus herum verläuft. Die Aussicht ist ein Traum.

Essen & Ausgehen

Mangawhai Market MARKT $
(Moir St; Sa 9–13 Uhr) Dieser Markt wird in der Eingangshalle der Bibliothek von Mangawhai Village abgehalten und ist ein guter Ort, um sich mit Bio-Produkten einzudecken (etwa Wein und Olivenöl) und nach lokalem Kunsthandwerk zu stöbern. Ein weiterer Markt findet sonntagmorgens zwischen Mitte Oktober und Ostern in der Mangawhai Heads Domain statt.

Bennetts CAFÉ $$
(09-431 5072; www.bennettsofmangawhai.com; 52 Moir St, Mangawhai Village; Hauptgerichte 13–23 NZ$; Laden 9.30–16.30 Uhr, Café Mo–Fr 9–16, Sa & So ab 8.30 Uhr) Dieses stimmungsvolle Café ist eine Mischung aus *chocolaterie* und *gelateria* und bringt eine europäische, ländliche Idylle nach Mangawhai. Man kann bei einem Gläschen Wein am Brunnen sitzen und nebenher köstliche französische und italienische Gerichte genießen.

Sail Rock Cafe CAFÉ $$
(12a Wood St, Mangawhai Heads; Hauptgerichte 13–32 NZ$; 9.30 Uhr–open end, außerhalb der Sommersaison Mi geschl.) Die Spezialität hier ist der Salt-and-Pepper-Squid (Tintenfisch). Zudem werden selbst gebrautes, neuseeländisches Bier vom Fass und gluten- und laktosefreie Gerichte serviert. Die leckere Pizza (13–25 NZ$) gibt's auch zum Mitnehmen.

Frog & Kiwi CAFÉ $$
(www.facebook.com/FrogAndKiwiRestaurant; The Hub, 6 Molesworth Dr, Mangawhai Village; Frühstück & Mittagessen 9–21 NZ$, Abendessen 32–38 NZ$; 9–14.30 & 18–22 Uhr) Dieses Café-Bistro – mit französischem und neuseeländischem Einfluss – hat eine tolle Theke mit verschiedenen Gerichten und günstige Mittagsangebote für 12 NZ$, die es auch zum Mitnehmen gibt. Abends werden hochwertige französische Klassiker serviert.

Mangawhai Tavern PUB, LIVEMUSIK
(www.mangawhaitavern.co.nz; Moir St; 11 Uhr–open end) Die Taverne ist einer der ältesten Pubs des Landes (1865 erbaut) und ist mit seiner Lage am Hafen eine Topadresse für ein gemütliches Bier am Nachmittag. Samstagabends und sonntagnachmittags wird meist Livemusik gespielt und in der Zeit zwischen Weihnachten und Neujahr treten in der Gartenbar einige der besten Bands des Landes auf.

Praktische Informationen

Visitor Information Centre (09-431 5090; www.mangawhai.co.nz) Nur sporadisch besetzt (meist an Wochenenden und im Sommer), draußen gibt's aber Infotafeln.

Waipu & Bream Bay

1854 EW.

Die ersten 934 britischen Siedler kamen zwischen 1853 und 1860 aus Schottland über Nova Scotia (Kanada) nach Waipu. Die mürrischen Schotten hatten genug Verstand, um einen großen Bogen um das kühle Otago zu machen, wo so viele ihrer Mitstreiter siedelten, und wollten sich in wärmeren Gefilden niederlassen. Die Geschichte wird im **Waipu Museum** (www.waipumuseum.co.nz; 36 The Centre; Erw./Kind 8/3 NZNZ$; ⏲ 10–16 Uhr) in Hologrammen, einem kurzen Film und mit interaktiven Exponaten wieder lebendig.

Nur noch 10 % der heutigen Bevölkerung haben schottische Wurzeln, aber jedes Jahr am 1. Januar findet eine große Zusammenkunft statt, in deren Rahmen im Caledonian Park die 1871 eingeführten **Highland Games** (www.waipugames.co.nz; Erw./Kind 15/5 NZNZ$) abgehalten werden. Südlich der Stadt Waipu kann man an der **Waipu Cove** und am **Langes Beach** gut schwimmen.

In der gleichen Ecke kann man auch wunderbar wandern, u.a. auf dem **Waipu Coastal Trail**, der von der Waipu Cove über die **Pancake Rocks** nach Süden zum Langs Beach führt. Der 2 km lange **Waipu Caves Walking Track** beginnt an der Ormiston Road und zieht sich durch Felder und Wiesen sowie durch ein malerisches Naturschutzgebiet bis hin zu einer großen Höhle mit Glühwürmchen und Tropfsteinen. Für die Erkundung der Unterwelt sind Taschenlampe, Kompass und gutes Schuhwerk zu empfehlen.

Der traumhafte Strand von Bream Bay scheint endlos, der schöne Eindruck wird allerdings durch eine gigantische Ölraffinerie am Nordende etwas getrübt. Der Strand von **Uretiti**, er liegt südlich des **DOC-Campingplatzes** (www.doc.govt.nz; SH1; Zeltstellplatz Erw./Kind 10/5 NZ$), ist ein inoffizieller FKK-Strand. Über Neujahr tummeln sich hier Kiwi-Familien, europäische Nudisten und Schwule.

Schlafen

Waipu Wanderers Backpackers HOSTEL $
(☎ 09-432 0532; www.waipu-hostel.co.nz; 25 St Marys Rd; B/EZ/DZ 30/45/66 NZ$; 📶) Es gibt nur drei Zimmer in diesem freundlichen Backpacker-Hostel im Örtchen Waipu. Man darf sich – je nach Jahreszeit – auf kostenloses Obst freuen.

Ruakaka Reserve Motor Camp CAMPINGPLATZ $
(☎ 09-432 7590; 21 Ruakaka Beach Rd; Zeltstellplatz ab 30 NZ$, Hütte 50–90 NZ$; 📶) Preislich und was seine Lage anbetrifft ist der Platz wohl irgendwo zwischen einem DOC-Campingplatz und einer Ferienanlage anzusiedeln. Der riesige Camperpark auf einer Wiese am Strand bei der Flussmündung von Ruakaka bietet Unterkünfte mit einfacher Ausstattung.

Stonehouse PENSION $$
(☎ 09-432 0432; www.stonehousewaipu.co.nz; 641 Cove Rd; Apt. 80–160 NZ$; 📶) Zwischen der Straße nach Waipu Cove und einer Salzwasserlagune liegt diese Pension, die genau wie die Häuser Cornwalls aus großen Steinblöcken errichtet wurden, und bietet drei in fröhlichen Farben gehaltene Apartments. Sie reichen sie vom günstigen „cutesy" (mit Doppelschlafsofa und sechs Stockbetten) bis hin zu komfortableren Zimmern, die einzeln oder als Wohnung mit drei Schlafzimmern vermietet werden.

Essen

Cafe Deli CAFÉ $
(29 The Centre; Hauptgerichte 10–22 NZ$; ⏲ 9–16 Uhr) In diesem hübschen Café an der Hauptstraße von Waipu werden leckere Salate, Pasta, Muffins und Fairtrade-Biokaffee serviert.

Pizza Barn ITALIENISCH $$
(2 Cove Rd; Hauptgerichte 19–30 NZ$; ⏲ April–Nov. Mi–So 11.30 Uhr–open end, Dez.–März tgl.) Die beliebten gemischten Platten, die leichten Gerichte und die tolle Pizza (12–26 NZ$) vertragen sich hervorragend mit einem kühlen Bier. Abends verwandelt sich das coole Lokal in eine Bar.

Two Fish Cafe CAFÉ $$
(www.twofishcafe.co.nz; 910 Cove Rd; Hauptgerichte 18–30 NZ$; ⏲ April–Juni & Aug.–Dez. Do–So 9–20 Uhr, Jan.–März tgl. 9 Uhr–open end, Juli geschl.) Auf der Terrasse eines traditionellen Cottages in der Nähe der Waipu Cave werden selbstgebackene Köstlichkeiten, gute Pizza und der wohl beste Gourmet-Fischburger in ganz Northland aufgetischt.

Praktische Informationen

Infomaterial für Touristen und einen Internetzugang gibt es im Waipu Museum.

An- & Weiterreise

Nach Waipu Cove gelangt man über eine äußerst malerische Straße, die von Mangawhai Heads über Langs Beach führt. Oder man biegt 38 km südlich von Whangarei auf den SH1 ab.

Busse von InterCity und Naked Bus fahren den Ort ebenfalls an.

Whangarei

52 900 EW.

Die einzige Stadt in Northland ist von wundervoller Natur umgeben und das kompakte

DIE MAORI IN NORTHLAND

Diese von den Maori Te Tai Tokerau genannte Region blickt auf eine lange und stolze Vergangenheit zurück. Die meisten Maori Neuseelands leben hier in Northland. In dieser Gegend kann man – wie am East Cape – vielleicht sogar noch die Maori-Sprache hören. In der Mythologie gilt Northland als der Schwanz des Fisches von Maui.

Zu den bedeutendsten Maori-Stätten zählen Cape Reinga, die Waitangi Treaty Grounds, die Ruapekapeka Pa Historic Reserve und Tane Mahuta im Waipoua Forest.

Einen Einblick in die Maori-Kultur bieten zahlreiche heimische Unternehmen, darunter Footprints Waipoua, Sandtrails Hokianga, Motuti Marae, Ahikaa Adventures, Sand Safaris, Terenga Paraoa, Native Nature Tours, Taiamai Tours, Rewa's Village und Culture North. Viele Touristikunternehmen gehören einzelnen Maori oder Stammesgruppen (hapu). **Tai Tokerau Tourism** (www.taitokerau.co.nz) führt viele davon auf seiner Website auf.

Stadtzentrum hat an Regentagen einiges zu bieten. Es gibt eine blühende Künstlergemeinde, ein paar gute Wanderungen und interessante Cafés und Bars.

Sehenswertes

Town Basin

In dieser hübschen Marina am Fluss gibt's ein Oldtimer- und ein Uhrenmuseum, Cafés, Geschäfte, Kunst im öffentlichen Raum und ein Information Centre. Die ausgeschilderten Spaziergänge **Art Walk** und **Heritage Trail** laden zum Umherschlendern ein. Samstags (Okt.–April) wird im Schatten der Fußgängerbrücke ein **Kunsthandwerksmarkt** abgehalten.

★ **Whangarei Art Museum** GALERIE

(www.whangareiartmuseum.co.nz; The Hub, Town Basin; Eintritt gegen Spende; ⌚10–16 Uhr) Die städtische Galerie Whangareis ist durch das Hub Information Centre (S. 142) zu erreichen und bietet eine interessante ständige Sammlung, deren Glanzstück ein Maori-Porträt aus dem Jahr 1904 ist. Basierend auf architektonischen Entwürfen des österreichischen Künstlers Friedensreich Hundertwasser soll auch bald ein neues **Hundertwasser Art Centre** entstehen. Näheres zum Spendenaufruf und zur Unterstützungskampagne für das Projekt unter www.hundertwasser.co.nz. Ein Modell des geplanten Gebäudes ist im Information Centre zu sehen.

★ **Clapham's Clocks** MUSEUM

(www.claphamsclocks.com; Town Basin; Erw./Kind 8/4 NZ$; ⌚9–17 Uhr) Eine recht spannende Sammlung aus über 1400 tickenden, gongenden und „Kuckuck" rufenden Zeitmessern zeichnet dieses nationale Uhrenmuseum aus.

Stadtzentrum

Old Library Arts Centre GALERIE

(www.oldlibrary.org.nz; 7 Rust Ave; ⌚Di–Do 10–16 Uhr) GRATIS In diesem wunderschönen Art-déco-Gebäude sind die Werke einheimischer Künstler ausgestellt. Auf der Website findet man Infos über sporadisch stattfindende Konzerte. Zwischen der alten und der neuen Bibliothek steht **Pou**, eine faszinierende Skulptur aus zehn großen Pfählen, in die polynesische, keltische, kroatische, koreanische und Maorimotive geschnitzt worden sind. Die Bibliothek hat eine Broschüre mit Erläuterungen.

Botanica & Cafler Park GÄRTEN

(First Ave & Water St; ⌚10–16 Uhr) GRATIS Heimische Farne, tropische Pflanzen und Kakteen wachsen in diesem kleinen städtischen Farngarten am Rande des entzückenden Cafler Park. Durch den Park, der auch einen Rosen- und Duftgarten umfasst, fließt der Waiarohia Stream.

Umgebung

Abbey Caves HÖHLE

(Abbey Caves Rd) GRATIS Die Abbey Caves sind ein unerschlossenes Netzwerk aus drei Höhlen voller Glühwürmchen und Kalksteinformationen 6 km östlich der Stadt. Ausgestattet mit Taschenlampe, festem Schuhwerk und einer Begleitung geht's hinein in die Höhlen – und ins kühle Nasse. Der umliegende Naturpark ist ein Wald aus seltsamen Felsformationen. Wer in der benachbarten Little Earth Lodge wohnt, kann sich dort Helme und Stirnlampen ausleihen.

Kiwi North MUSEUM, TIERE

(www.kiwinorth.co.nz; 500 SH14, Maunu; Erw./Kind 15/5 NZ$; ⌚10–16 Uhr) Der 5 km westlich

Whangarei

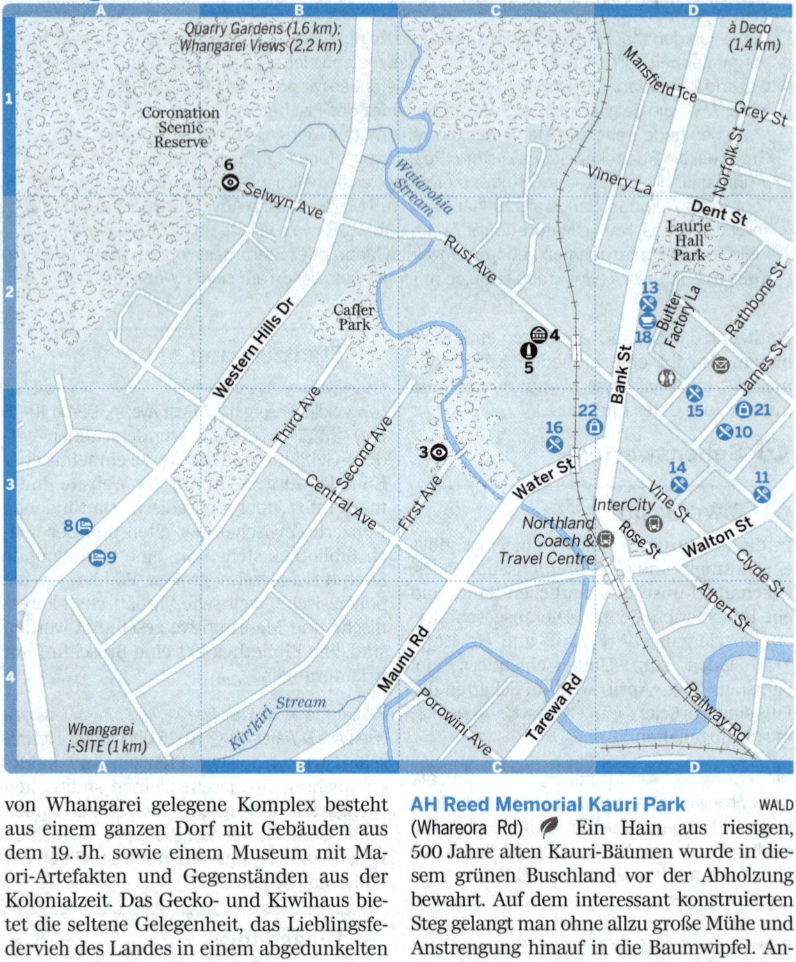

von Whangarei gelegene Komplex besteht aus einem ganzen Dorf mit Gebäuden aus dem 19. Jh. sowie einem Museum mit Maori-Artefakten und Gegenständen aus der Kolonialzeit. Das Gecko- und Kiwihaus bietet die seltene Gelegenheit, das Lieblingsfedervieh des Landes in einem abgedunkelten Nachthaus zu erleben.

Native Bird Recovery Centre TIERE

(www.nbr.org.nz; 500 SH14, Maunu; ⌚Di–Do 10–16.30, Mo & Fr 13–16.30 Uhr) GRATIS Im Vogelhospital werden kranke und verletzte Tiere wieder aufgepäppelt. Unbedingt bei den sprechenden Tuis vorbeischauen.

Whangarei Falls WASSERFALL

(Otuihau; Ngunguru Rd) Auf Spaziergängen rund um die 26 m hohen Wasserfälle kann man sich das Spektakel des aus einem von Lava geformten Basaltbecken herabstürzenden Wassers ansehen. Die Fälle sind mit dem Tikipunga-Bus (3 NZ$, nur Mo–Sa) erreichbar. Abfahrt ist an der Rose Street im Zentrum.

AH Reed Memorial Kauri Park WALD

(Whareora Rd) Ein Hain aus riesigen, 500 Jahre alten Kauri-Bäumen wurde in diesem grünen Buschland vor der Abholzung bewahrt. Auf dem interessant konstruierten Steg gelangt man ohne allzu große Mühe und Anstrengung hinauf in die Baumwipfel. Anfahrt: Von der Bank Street nach Norden und dann rechts in die Whareora Road.

Quarry Gardens GÄRTEN

(www.whangareiquarrygardens.org.nz; Russell Rd; Eintritt: Spende erbeten; ⌚8–17 Uhr) Freiwillige mit grünem Daumen haben diesen alten Steinbruch in einen bezaubernden Park mit See, Wasserfällen, betörendem Blumenduft, kleinen Wildnisinseln und viel positiver Energie verwandelt. Der Weg führt von der Rust Avenue rechts in den Western Hills Drive und dann links in die Russell Road.

Quarry Arts Centre KUNSTZENTRUM

(www.quarryarts.org; 21 Selwyn Ave; ⌚9.30–16.30 Uhr) GRATIS Ein exzentrisches Dorf aus Ma-

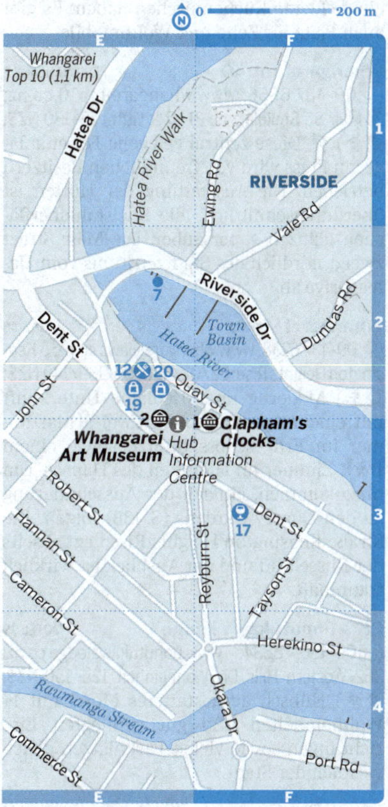

Whangarei

lerateliers und Galeriekooperativen, wo es günstige Kunst und Kunsthandwerk zu kaufen gibt.

Kingdom of Zion ZOO
(☎09-435 0110; www.kingdomofzion.co.nz; Gray Rd, Kamo; Erw./Kind/Fam. ab 60/25/150 NZ$; ⏲9–17 Uhr) Ein Muss für alle Liebhaber großer Katzen. Hier sind über 30 Löwen, Tiger, Geparde und Leoparden zu sehen. Es werden verschiedene Führungen angeboten; am beliebtesten ist die Feed Tour (Erw./Kind 80/30 NZ$), bei der man bei der Fütterung dabei sein kann. Außerdem kann man mit manchen Tieren auf Tuchfühlung gehen. Kingdom of Zion liegt etwa 9 km nordwestlich von Whangarei. Ein Shuttlebus (hin & zurück 25 NZ$) fährt täglich um 13.15 Uhr am Town Basin ab.

Aktivitäten

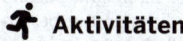

Die bei der i-SITE (S. 142) kostenlos erhältliche *Whangarei-Walks*-Broschüre enthält Karten und detaillierte Beschreibungen von einigen hervorragenden Wanderwegen der Gegend. Der **Hatea River Walk** führt vom Town Basin entlang des Flusses zu den Wasserfällen (hin & zurück 3 Std.). Auf längeren Wanderungen geht es durch das **Parihaka Reserve** östlich des Hatea River, vorbei an den Überresten eines Vulkankegels (241 m) und eines großen *pa* (Wehrdorf). Vom Aussichtspunkt des Kegels, der mit dem Auto erreichbar ist, lässt sich die Stadt in allen Einzelheiten betrachten. Weitere Wanderwege führen durch das Buschland **Coronation Scenic Reserve**, das direkt westlich des Zentrums liegt. Hier gibt es zwei *Pa*-Stätten und aufgelassene Steinbrüche zu sehen.

Skydive Ballistic Blondes FALLSCHIRMSPRINGEN
(☎0800 695 867; www.skydiveballisticblondes.co.nz; Tandemsprung aus rund 3,7 km Höhe 320 NZ$) Dies ist nicht nur der Fallschirmsprunganbieter mit dem sicherlich seltsams-

ten Namen, sondern auch der Einzige, der am Strand landen darf (Ocean Beach oder Paihia).

Pacific Coast Kayaks KAJAKFAHREN
(☎09-436 1947; www.nzseakayaking.co.nz; Verleih 4/8 Std. 60/80 NZ$, Touren 40–130 NZ$) Vermietet Kajaks und bietet geführte Paddeltouren zu verschiedenen Zielen in der Umgebung von Whangarei an.

Geführte Touren

Pupurangi Hire & Tour KULTUR
(☎09-438 8117; www.hirentour.co.nz; Jetty 1, Riverside Dr; ⏲Okt.–April 9.30–17.30 Uhr, Mai–Sept. nur am Wochenende) Organisiert verschiedene einstündige Touren durch Whangarei, die alle auf die Maori-Geschichte eingehen, darunter auch *waka*-(Kanu-)Trips auf dem Fluss (35 NZ$). Vermietet auch Kajaks (17 NZ$/Std.), *waka* (25 NZ$), Wasserfahrräder (17 NZ$) und Fahrräder (15 NZ$).

Terenga Paraoa KULTUR
(☎09-430 3083; Abfahrt Town Basin; Erw./Kind morgens 55/30 NZ$, nachmittags 32/20 NZ$; ⏲9.30 & 13 Uhr) Geführte Touren mit dem Schwerpunkt Maorikultur. Es geht zum Whangarei Harbour, Mt. Manaia (131), Kauri Park und – bei den morgendlichen Touren – nach Parihaka *pa*.

Schlafen

Little Earth Lodge HOSTEL $
(☎09-430 6562; www.littleearthlodge.co.nz; 85 Abbey Caves Rd; B/EZ/DZ/3BZ 31/68/72/93 NZ$; @📶) Auf einer Farm 6 km außerhalb der Stadt und gleich neben den Abbey Caves ist das Little Earth untergebracht, das die meisten anderen Hostels in den Schatten stellt. Vergessen sind vollgestopfte Schlafsäle mit ekligen, weichen Stockbetten. Hier schläft man in richtigen, gemütlichen Betten mit hübscher Bettwäsche und maximal zwei weiteren Zimmergenossen. Weitere Hausbewohner sind unter anderem die beiden Minipferde Tom und Jerry und das liebenswerte Hündchen Muttley.

Whangarei Falls Holiday Park & Backpackers HOSTEL $
(☎09-437 0609; www.whangareifalls.co.nz; 12 Ngunguru Rd, Glenbervie; B 26–28 NZ$, EZ 42–52 NZ$, DZ & 2BZ 56–66 NZ$; 📶) 5 km vom Zentrum von Whangarei entfernt, dafür nur einen kurzen Fußmarsch von den Whangarei Falls, liegt diese Unterkunft mit günstigen Hütten und Schlafsälen, von denen einige kleine Küchennischen haben. Es gibt auch Platz für Zelte und Wohnmobile.

Whangarei Top 10 FERIENANLAGE $
(☎09-437 6856; www.whangareitop10.co.nz; 24 Mair St; Stellplatz ab 21 NZ$, Hütte 75–130 NZ$; @📶) Diese zentral gelegene Ferienanlage am Fluss wird von freundlichen Besitzern betrieben. Die Ausstattung der Hütten ist überdurchschnittlich, alle Edelstahloberflächen glänzen supersauber. Die Mair Street zweigt nördlich des Stadtzentrums vom Hatea Drive ab.

Whangarei Views B&B $$
(☎09-437 6238; www.whangareiviews.co.nz; 5 Kensington Heights Rise; EZ/DZ/Apt. 109/139/149 NZ$; @📶) Moderne und friedliche Unterkunft mit einem Apartment, das zwei Schlafzimmer im Erdgeschoss besitzt, sowie einem B&B-Zimmer im Hauptteil des Hauses. Um hinzukommen, einfach der Ausschilderung zu den Quarry Gardens (S. 138) folgen. Die Straße Kensington Heights Rise liegt abseits der Russell Rd und der Ausblick ist wirklich traumhaft.

BK's Pohutukawa Lodge MOTEL $$
(☎09-430 8634; www.pohutukawalodge.co.nz; 362 Western Hills Dr; Wohneinheit 125–150 NZ$; @📶) Hübsch ausgestattetes Motel mit 14 Wohneinheiten und gut gepflegten Einrichtungen sowie vielen Parkplätzen gleich westlich der Stadt.

Lodge Bordeaux MOTEL $$$
(☎09-438 0404; www.lodgebordeaux.co.nz; 361 Western Hills Dr; Apt. 195–230 NZ$; @📶) Die Lodge Bordeaux hat geschmackvoll eingerichtete Wohneinheiten mit hitverdächtigen Küchen und Bädern (meist mit Whirlpool), private Balkons und hervorragenden Wein. Anfahrt über die Rust Ave, dann links in den Western Hills Dr abbiegen.

Essen

Nectar CAFÉ $
(www.nectarcafe.co.nz; 88 Bank St; Hauptgerichte 12–20 NZ$; ⏲Mo–Fr 7–15, Sa 8–14 Uhr) Das Nectar ist eine gelungene Mischung aus freundlichem Personal, Fairtrade-Kaffee und großzügigen Portionen von Gerichten, die vorwiegend aus regionalen Zutaten aus Northland zubereitet werden. Von den hinteren Fenstern aus hat man eine schöne Aussicht auf die Stadt, die man am besten bei einem Brunch mit Shakshuka (gebratenen Eiern nach Israeli-Art) mit Bio-Quinoa genießt.

Fresh CAFÉ $

(12 James St; Hauptgerichte 10–22 NZ$; ⌚Sa–Mi 7.30–16, Do & Fr 7.30–19 Uhr) Frisch wie der Morgen: Das Fresh hat übergroße Blumenfotos am den Wänden und serviert guten Kaffee sowie interessantes Frühstück in schicker Atmosphäre. Donnerstag und Freitag gibt's After-Work-Drinks; dann ist hier länger geöffnet.

La Familia CAFÉ $

(www.lafamilia.co.nz; 84 Cameron St; Hauptgerichte 10–15 NZ$, Pizza 12–19 NZ$; ⌚Di–Sa 7–16, So 9–14.30 Uhr) Das gemütliche Eckcafé setzt auf Vielseitigkeit. Neben leckerem Gebäck, Essen von der Theke und Kaffee gibt's zur Mittagszeit auch italienische Hauptgerichte und Pizza. Zum Zeitpunkt der Recherche gab es Pläne, La Familie freitags und samstags auch zum Abendessen zu öffnen.

Whangarei Growers' Market MARKT

(Water St; ⌚Sa 6.30–11 Uhr) Auf diesem Bauernmarkt kann man sich mit frischem Obst und Gemüse aus der Region eindecken.

Mokaba CAFÉ $$

(www.mokabacafe.co.nz; Town Basin; Hauptgerichte 9–21 NZ$; ⌚8–17 Uhr) Das beste Café am Town Basin hat Sitzgelegenheiten im Freien, von denen aus man den Wald aus Segeljachten bewundern kann. Der Sitzbereich im Innern dient gleichzeitig auch als Galerie.

Nomad MAROKKANISCH $$

(www.nomadcafe.co.nz; Quality St Mall, 71 Cameron St; Hauptgerichte 24–28 NZ$; ⌚Di–Sa 17 Uhr–open end) „Dining & Vibe" lautet das Motto am Fenster und es beschreibt ganz gut, was diese schicke, im marokkanischen Stil gehaltene Bar mit Restaurant so besonders macht. Die feurigen Garnelen, Kofta und Tagines sind die Glanzstücke der Speisekarte. In derselben Fußgängerstraße gibt's auch noch andere Lokale mit israelischer, japanischer und italienischer Küche.

Pimarn Thai THAI $$

(www.pimarnthai.co.nz; 12 Rathbone St; Hauptgerichte 16–23 NZ$; ⌚Mo–Sa 11–14.30, tgl. ab 17 Uhr; ✎) Das Pimarn ist so farbenprächtig, wie es sich für ein ordentliches Thai-Restaurant gehört. Auf der Speisekarte stehen alle thailändischen Klassiker, darunter ein exzellentes *yum talay* (scharfer Salat mit Meeresfrüchten).

★ à Deco NEUSEELÄNDISCH $$$

(☎09-459 4957; 70 Kamo Rd; Hauptgerichte 37–42 NZ$; ⌚Fr 12–15 Uhr, Di–Sa 18 Uhr–open end) Northlands bestes Restaurant serviert fantasievolle Gerichte, überwiegend aus heimischen Produkten, z. B. Meeresfrüchte. Art-déco-Fans werden von dem Haus begeistert sein – eine wundervoll kurvige Villa im Marinelook mit Originaleinrichtung. Von der Bank Street fährt man Richtung Norden, biegt dann links in die Kamo Rd ein und schon ist man da.

Ausgehen & Unterhaltung

The Old Stone Butter Factory CAFÉ, BAR

(www.facebook.com/OldStoneButterFactory; 84 Bank St; ⌚Mo–So 10 Uhr–open end) In dieser Tapas- und Cocktail-Bar, die in einem umgebauten Bankgebäude untergebracht ist, wird freitags Livemusik gespielt. Nach ein paar Stunden treten dann die DJs auf den Plan. Sie ist außerdem eine beliebte Bühne für tourende neuseeländische Bands und Musiker. Die Bier- und Weinauswahl ist auch sehr gut. Im sonnigen Hof lässt es sich bei einem Kaffee gut aushalten.

Brauhaus Frings BRAUEREI

(www.frings.co.nz; 104 Dent St; ⌚10–22 Uhr) Die beliebte Kleinbrauerei ist bekannt für ihr gutes Bier, ihre Terrasse, die Holzofenpizza und ihre Livemusik jeden Mittwoch (Jam Night) und jeden zweiten Sonntag ab 16 Uhr. Unter der Woche wird hier meist um 22 Uhr dicht gemacht, am Wochenende kann es aber auch mal 3 Uhr werden.

Shoppen

Siehe auch Quarry Arts Centre (S. 138).

Tuatara KUNST & KUNSTHANDWERK

(www.tuataradesignstore.co.nz; 29 Bank St; ⌚Mo–Fr 9.30–17, Sa 8–14 Uhr) Design, Kunst und Kunsthandwerk im Maori- und Pasifika-Stil (typische Produkte aus dem pazifischen Raum).

Bach KUNST & KUNSTHANDWERK

(www.thebach.org.nz; Town Basin; ⌚9.30–16.30 Uhr) Laden einer Kooperative, durch die über 100 Kunsthandwerker aus Northland vertreten werden.

Burning Issues KUNST & KUNSTHANDWERK

(www.burningissuesgallery.co.nz; Town Basin; ⌚10–17 Uhr) Glas- und Keramikwaren sowie Schmuck.

Kathmandu OUTDOOR-AUSRÜSTUNG

(www.kathmandu.co.nz; 22 James St; ⌚Mo–Fr 9–17.30, Sa 9–16, So 10–15 Uhr) Outdoor- und Reiseausstatter.

Praktische Informationen

DOC Büro (☎ 09-470 3300; www.doc.govt.nz; 2 South End Ave, Raumanga; ⌚ Mo–Fr 8.30–16 Uhr) An der South End Ave; etwa 2 km südlich des Zentrums von Whangarei vom SH1 nach rechts abbiegen.

Hub Information Centre (☎ 09-430 1188; Town Basin; ⌚ Mo–Fr 8.30–17, Sa & So 9–16 Uhr;) Zentral gelegener Ableger des i-SITE; im Foyer des Art Museum.

Whangarei i-SITE (☎ 09-438 1079; www.whangareinz.com; 92 Otaika Rd/SH1; ⌚ Mo–Fr 8.30–17, Sa & So 9–16 Uhr;) Informationen, Café, Toiletten und Internet.

Anreise & Unterwegs vor Ort

BUS

Das Busunternehmen InterCity bedient Whangarei. Die Busse halten vor dem **Northland Coach & Travel Centre** (☎ 09-438 3206; 3 Bank St; ⌚ Mo–Fr 8–17, Sa & So 8.30–14.30 Uhr). Auch Busse von Naked Buses (Haltestelle am Hub beim Town Basin) und West Coaster steuern die Stadt an.

FLUGZEUG

Whangarei Airport (WRE; ☎ 09-436 0047; www.whangareiairport.co.nz; Handforth St) Der Whangarei Airport liegt bei Onerahi, 6 km südöstlich des Zentrums. Air New Zealand, und Great Barrier Airlines fliegen Whangarei an. Ein Taxi in die Stadt kostet rund 30 NZ$. An der Church Street, etwa 400 m entfernt, hält ein Stadtbus (3 NZ$, Mo–Fr 18-mal tgl., Sa 7-mal tgl.).

TAXI

A1 Cabs (☎ 0800 438 3377)

Whangarei Heads

Die Whangarei Heads Road führt über 35 km an den nördlichen Ausläufern des Hafens entlang und vorbei an Mangroven sowie von Pohutukawa gesäumten Buchten bis zum Hafeneingang. Um die kleine Siedlung am Wasser herum liegen Ferienhäuser, B&Bs und Galerien. Von der Spitze des **Mt. Manaia** (419 m), einer Felsnase über McLeod Bay, hat man ein großartiges Panorama, aber der eineinhalbstündige Aufstieg hat es wirklich in sich.

Bream Head ist das Ende der felsigen Landzunge. Die etwa fünfstündige Wanderung (einfache Strecke) von der **Urquharts Bay** zum **Ocean Beach** verläuft durch das **Bream Head Scenic Reserve**, die zauberhafte **Smugglers Bay** und schließlich die **Peach Cove**.

Der grandiose Ocean Beach erstreckt sich auf der anderen Seite der Landzunge über Meilen. Man kann hier surfen und im Sommer ist der Strand bewacht. Ein Umweg von **Parua Bay** führt einen ins hübsche **Pataua**, eine kleine Siedlung an einem seichten Meeresarm, die über eine Fußgängerbrücke mit einem Surfstrand verbunden ist.

Schlafen & Essen

Kauri Villas B&B $$

(☎ 09-436 1797; www.kaurivillas.com; 73 Owhiwa Rd, Parua Bay; DZ 130–175 NZ$;) Die hübsche blau verzierte Villa thront auf einem Hügel mit Blick auf den Hafen und auf Whangarei. Alles wirkt ein wenig nostalgisch, was wohl auch an der ziemlich kitschigen Tapete liegt. Die separate Lodge und die Zimmer des Anbaus sind etwas dezenter eingerichtet.

Parua Bay Tavern PUB $$

(www.paruabaytavern.co.nz; 1034 Whangarei Heads Rd; Mahlzeit 15–31 NZ$; ⌚ 11.30 Uhr-open end Ein zauberhaftes Fleckchen für einen Sommertag: Der nette Pub steht auf einer daumenförmigen Halbinsel, und ein einzelner Pohutukawa-Baum blüht feuerrot am grün schimmernden Wasser. Einfach einen Platz auf der Veranda suchen und dort ein kühles Getränk und ein gutes, ordentliches Pubessen genießen.

Tutukaka Coast & Poor Knights Islands

Wer das Goat Island Marine Reserve mag, wird auch die Poor Knights lieben. Abgesehen von der Unterwasserszenerie findet man hier auch zwei versenkte alte Marineschiffe – ein Traum!

Wer der Straße nordöstlich von Whangarei für 26 km folgt, kommt im putzigen Dörfchen **Ngunguru** an, nahe der Mündung eines breiten Flusses. **Tutukaka** liegt noch 1 km weiter und hat einen geschäftigen Jachthafen, Tauchveranstalter und Sportangelboote zu bieten.

Von Tutukaka führt die Straße ein Stück weit ins Landesinnere und kommt nach etwa 10 km am goldenen Sandstrand von **Matapouri** wieder zum Vorschein. Ein schöner, 20-minütiger Strandspaziergang führt zur **Whale Bay**, die von riesigen Pohutukawa-Bäumen gesäumt wird.

Wer von Matapouri aus weiter nach Norden fährt, gelangt zur endlosen **Sandy Bay**,

DIE MARINEN SCHÄTZE DER POOR KNIGHTS ISLANDS

Das 1981 eingerichtete Poor-Knights-Meeresschutzgebiet gehört zu den zehn besten Tauchspots der Welt. Die Inseln liegen inmitten einer subtropischen Strömung aus dem Korallenmeer, deshalb gibt es hier viele tropische und subtropische Fische, die man sonst in den Gewässern um Neuseeland kaum findet. Das Wasser ist klar und ohne Sedimente oder Verschmutzungen. Die 40 bis 60 m hohen Riffe fallen steil zum sandigen Boden ab und bilden ein Labyrinth aus Bögen, Höhlen, Tunneln und Spalten. Sie bieten Lebensraum für eine große Vielfalt von Schwämmen und bunten Pflanzen. Fischschwärme, Aale und Rochen (in der richtigen Jahreszeit sogar Manta-Rochen) sind hier keine Seltenheit.

Die beiden vulkanischen Hauptinseln Tawhiti Rahi und Aorangi waren einst die Heimat des Ngai-Wai-Stammes, aber seit einem Massaker 1825 sind die Inseln *tapu* (tabu). Bis heute sind sie für die Öffentlichkeit nicht zugänglich, um die unberührte Natur zu schützen. Hier brüten Tuataras und Graumantel-Sturmtaucher, und eine absolut einzigartige Pflanzenspezies ist hier zu Hause: die Poor Knights Lily.

einem der besten Surfstrände von Northland. Hier finden im Sommer Longboarding-Wettkämpfe statt. Am Strand macht die Straße einen Schlenker und führt zum SH1 bei Hikurangi. An einer Abzweigung kann man wieder zurück zur Küste fahren und bei **Whananaki** weitere fantastische Strände und den **DOC-Campingplatz Otamure Bay** ansteuern (☎09-433 8402; www.doc.govt.nz; Zeltstellplatz Erw./Kind 10/5 NZ$).

Aktivitäten

Von Tutukaka aus werden Tauchfahrten für Anfänger und Fortgeschrittene angeboten. An der Küste entlang lässt es sich wunderbar wandern. Bei der Whangarei-i-SITE (S. 142) nach der Broschüre *Tutukaka Coast Tracks & Walks* fragen.

Dive! Tutukaka TAUCHEN
(☎0800 288 882; www.diving.co.nz; Marina Rd; 2 Tauchgänge inkl. Ausrüstung 249 NZ$) Tauchexkursionen und -kurse, darunter ein fünftägiger PADI-Open-Water-Kurs (799 NZ$). Wer nicht taucht, kann sich zur Perfect Day Ocean Cruise (149 NZ$) anmelden. Sie beinhaltet ein Mittagessen sowie Snacks, Schnorcheln im Meerespark, Kajakfahren durch Höhlen und unter Steinbögen hindurch, Stehpaddeln und (meist) die Sichtung von Delfinen und (gelegentlich) Walen. Die Bootsfahrten finden zwischen November und April statt (11–16.15 Uhr). Außerhalb der Saison können Schnorchler auf den Tauchbooten mitfahren. Dive! Tutukaka holt Kunden zweimal täglich mit Shuttlebussen in Whangarei ab (20 NZ$).

Yukon Dive TAUCHEN
(☎09-434 4506; www.yukon.co.nz; 2 Tauchgänge mit kompletter Ausrüstung 245 NZ$) Hier werden maximal zwölf Leute auf eine Tauchexkursion mitgenommen; der Besitzer ist gleichzeitig auch der Veranstalter.

Tutukaka Surf Experience SURFEN
(☎09-434 4135; www.tutukakasurf.co.nz; Marina Rd; 2 Std. Unterricht 75 NZ$) Bietet im Sommer fast täglich (in der übrigen Zeit am Wochenende) um 9.30 Uhr Surfunterricht an. Die Wahl des Strandes hängt davon ab, wo an diesem Tag die Wellen für Anfänger am besten sind. Verleiht auch Surfbretter (45 NZ$/Tag) und Stehpaddelbretter (20 NZ$/Tag).

Schlafen

Lupton Lodge B&B $$
(☎09-437 2989; www.luptonlodge.co.nz; 555 Ngunguru Rd; EZ 125–155 NZ$, DZ 170–245 NZ$; @ ☎ ≋) Die Zimmer des historischen Hauses (1896) sind geräumig, luxuriös und haben das gewisse Etwas. Die Villa liegt ruhig inmitten von Weiden und Wiesen auf halber Strecke zwischen Whangarei und Ngunguru. Zur Unterhaltung spaziert man entweder durch den Obstgarten, planscht ein wenig im Pool oder spielt in der Gästelounge eine Runde Snooker.

Pacific Rendezvous MOTEL $$
(☎09-434 3847; www.pacificrendezvous.co.nz; Motel Rd; Apt. 199–250 NZ$) Die für Familien und Kleingruppen ideale Unterkunft bietet durch ihre perfekte Lage atemberaubende Ausblicke auf das Südende des Hafens von Tutukaka. Die meisten Wohneinheiten sind Duplex-Wohnungen (mit mehreren Schlafräumen) und stammen noch aus den 1960er-Jahren. Aber sie umfassen jeweils eine abgeschlossene Einheit und sind unterschiedlich eingerichtet.

Essen & Ausgehen

★ Havana Cabana SÜDAMERIKANISCH $
(www.havanacabana.co.nz; 23 McAuslin Rd, Sandy Bay; Snacks & Gerichte 5–16 NZ$; ⏲ 2. Weihnachtstag bis Anfang Feb. tgl. 11–20 Uhr, Anfang Feb.–Ostern nur Sa & So) In der Sandy Bay, etwa 20 Minuten nördlich von Tutukaka, steht etwas abseits des Strandes dieser bunte Wohnwagen, der hervorragende kubanische und südamerikanische Speisen serviert. Zu den Leckereien gehören Empanadas, Tacos, tolle kubanische Sandwichs mit Schweinebraten und karibisches Jerk Pork. Zum Hinunterspülen eignen sich kubanischer Kaffee oder eiskalte Piña Colada.

Schnappa Rock CAFÉ, BAR $$
(www.schnapparock.co.nz; Ecke Marina Rd & Marlin Pl; Frühstück/Mittagessen 10–27 NZ$, Abendessen 26–35 NZ$, Barsnacks 8–19 NZ$; ⏲ 8 Uhr–open end, Juni–Okt. So abends geschl.) Morgens tummeln sich hier die Taucher, abends all jene, die ihrem „perfekten Tag" die Krone aufsetzen wollen: In diesem Café-Restaurant ist fast immer was los. Im Sommer spielen am Wochenende oft neuseeländische Bands.

Marina Pizzeria PIZZERIA $$
(www.marinapizzeria.co.nz; Tutukaka Marina; Pizza 15–30 NZ$; ⏲ Fr 16 Uhr–open end, Sa & So 10 Uhr–open end) In diesem hervorragenden Restaurant (Essen auch zum Mitnehmen) ist alles hausgemacht: Brot, Pasta, Pizza und Eiscreme. Am Wochenende gibt's ab 10 Uhr herzhaftes Frühstück.

Russell Road

Nach Russell gelangt man am schnellsten über den SH1 nach Opua und dann weiter mit der Fähre. Die alte Russell Rd hingegen ist eine gewundene, malerische Strecke, die zwar eine halbe Stunde länger dauert, dafür aber wunderschön ist.

Die Ausfahrt 6 km nördlich von Hikurangi bei Whakapara kann leicht übersehen werden (dem Schild nach Oakura folgen). Nach 13 km lohnt ein Zwischenstopp bei **Gallery & Cafe** (www.galleryhelenabay.co.nz; 1392 Old Russell Rd, Helena Bay; Hauptgerichte 14–18 NZ$; ⏲ 10–17 Uhr), hoch oben über Helena Bay. Hier gibt's hervorragenden Fairtrade-Kaffee, leckere Kuchen, eine traumhafte Aussicht sowie interessante neuseeländische Kunst und Kunsthandwerk.

Bei **Helena Bay** führt ein Umweg von 8 km auf einer unbefestigten Straße zum **Mimiwhangata Coastal Park** mit Sanddünen, Pohutukawa-Bäumen, ins Wasser ragenden Landspitzen und malerischen Stränden. Das DOC unterhält einige Unterkünfte im Schutzgebiet, darunter eine einfache, aber komfortable Hütte und ein Strandhaus (613 NZ$/Woche) mit jeweils Platz für sieben oder acht Personen. Einfache Campingmöglichkeiten (Erw./Kind 10/5 NZ$) gibt's an der abgelegenen Waikahoa Bay.

Zurück auf der Russell Rd erreicht man die **Farm** (☎ 09-433 6894; www.thefarm.co.nz; 3632 Russell Rd; Stellplatz ab 13 NZ$, B/EZ/DZ 20/30/80 NZ$), eine etwas raue, weitläufige Backpacker-Unterkunft mit verschiedenen Gebäuden, z. B. einem alten Wolllager mit einer Diskokugel als Deko. Die Zimmer sind einfach und die Farm ist während der Sommerferien bei Trialbikern sehr beliebt. Außerhalb der Saison ist diese Unterkunft eine entspannte, rustikale Bleibe. Angeboten werden zudem Ausritte (1½ Std., 50 NZ$) und Motorradtouren (60 NZ$/Std.) über das 400 ha große Gelände der bewirtschafteten Farm.

An der Kreuzung kurz hinter der Farm führt von der Russell Rd eine unbefestigte, kurvenreiche Straße nach links durch das **Ngaiotonga Scenic Reserve**. Wer nicht vorhat, den Wald zu erkunden, sollte die befestigte Rawhiti Rd nehmen. Ansonsten gibt es hier zwei kurze Wanderwege: den zehnminütigen **Kauri Grove Nature Walk** und den ebenfalls zehnminütigen **Twin Bole Kauri Walk**.

Nach 2,6 km führt eine Seitenstraße zum **Whangaruru North Head Scenic Reserve**, das mit Stränden und Wanderwegen in schöner Landschaft lockt. Ein Rundweg führt vom **DOC-Campingplatz Puriri Bay** (☎ 09-433 6160; www.doc.govt.nz; Zeltstellplatz Erw./Kind 10/5 NZ$) auf einen Bergrücken mit sehenswertem Küstenpanorama.

Wer direkt nach Russell will, folgt der Rawhiti Rd für weitere 7 km und biegt dann links in die Manawaora Rd ein, die an einer Reihe von kleinen idyllischen Buchten vorbeiführt, bevor sie wieder in die Russell Road mündet.

Auch ein Abstecher zum abgelegenen **Rawhiti**, einer kleinen Ngapuhi-Siedlung, lohnt sich. Hier dreht sich das Leben noch immer um die *marae* (Versammlungshaus-Anlage). Rawhiti ist der Ausgangspunkt für eine anstrengende Wanderung zum Cape Brett; für die 16,3 km lange Strecke bis zur Spitze der Halbinsel braucht man acht Stunden. Übernachten kann man in der vom DOC un-

POU HERENGA TAI TWIN COAST CYCLE TRAIL

Voraussichtlich im Jahr 2015 soll dieser Radweg gänzlich fertiggestellt sein (einige Teilstrecken sind bereits vorher geöffnet), der von der Bay of Islands quer durchs Land zum Hokianga Harbour führen wird. Das sind zwar nur 84 km, aber jeder, der es geschafft hat, kann zu Hause zu Recht damit prahlen. Die komplette Route wird von Opua über Kawakawa, Ngawha Springs und Kaikohe bis nach Horeke führen.

Zum Zeitpunkt der Recherche war bereits die Hälfte der Strecke fertiggestellt und das 20 km lange Stück von **Kaikohe** nach **Okaihau**, das westlich von Kaikohe beginnt und durch einen stillgelegten Eisenbahntunnel führt, bevor es entlang des Ufers des **Lake Omapere** verläuft, sah sehr vielversprechend aus. Karten, Tipps und neueste Infos zum Stand der Dinge gibt's auf www.nzcycletrail.com. Näheres zum Thema Fahrradverleih und Shuttletransport – auch von Paihia in der Bay of Islands – findet sich auf www.toptrail.co.nz.

terhaltenen **Cape Brett Hut** (B 15 NZ$). Die Hütte muss man im Voraus buchen. Für das Überqueren von Privatgelände wird eine Gebühr fällig (Erw./Kind 30/15 NZ$), die man im Paihia i-SITE (S. 157) bezahlt. Eine andere Möglichkeit bietet ein Wassertaxi von Russell oder Paihia zum Leuchtturm von Cape Brett. Zurück geht's zu Fuß.

Ein kürzerer Wanderweg führt über Maoriland und durch das **Whangamumu Scenic Reserve** nach **Whangamumu Harbour**. Auf der Halbinsel gibt's mehr als 40 alte Maoristätten und die Überreste einer ungewöhnlichen Walfangstation.

BAY OF ISLANDS

Die Bay of Islands ist einer der neuseeländischen Touristenmagneten schlechthin. Im türkisfarbenen Wasser der Bucht liegen etwa 150 naturbelassene Inseln. Besonders Paihia bietet hervorragende Budget-Unterkünfte; zudem sind Bootstouren und Wassersport sehr beliebt.

Die Bay of Islands ist zudem ein Ort von enormer historischer Bedeutung. Die Maori kennen sie als Pewhairangi und siedelten hier seit Beginn ihrer Einwanderung. Russell ist die erste permanente englische Siedlung und somit Geburtsstätte der europäischen Kolonisation im Land. In dieser Region wurde der Vertrag von Waitangi ausgearbeitet und 1840 zum ersten Mal unterzeichnet. Er ist heute noch die Basis für die Beziehungen zwischen den verschiedenen Bevölkerungsgruppen von Neuseeland.

Aktivitäten

In der Bay of Islands lässt sich die subtropische Unterwasserwelt wunderbar ertauchen – eine der Hauptattraktionen ist die gesunkene, 113 m lange Fregatte HMNZS *Canterbury* in der Deep Water Cove in der Nähe des Cape Brett. Die örtlichen Tauchschulen fahren auch zum Wrack der *Rainbow Warrior* bei den Cavalli Islands hinaus. Von Paihia ist man mit dem Boot rund eine Stunde Richtung Norden unterwegs. Beide Wracks sind lohnende Tauchziele: Zwischen bunten Anemonen und gelben Schwämmen schwimmen zahllose Fischschwärme umher.

Die Bucht bietet sich auch zum Kajakfahren oder Segeln an – entweder im Rahmen einer geführten Tour oder indem man sich ganz einfach ein Boot mietet und auf eigene Faust loszieht, um das Gewässer zu erkunden. Schiffsfahrten und Schwimmen mit Delfinen werden ebenfalls angeboten.

Dive North TAUCHEN
(☎09-402 5369; www.divenorth.co.nz; Riff & Wrack 225 NZ$) Sitz des Anbieters ist Kerikeri, Kunden werden aber auch kostenlos in Paihia abgeholt.

Paihia Dive TAUCHEN
(☎09-402 7551; www.divenz.com; Williams Rd, Paihia; Riff & Wrack 229 NZ$) Exkursionen mit Tauchgängen am Riff sowie am Schiffswrack der *Canterbury* oder der *Rainbow Warrior*.

Dive Ops TAUCHEN
(☎0800 387 892, 09-402 5454; www.diveops.co.nz; 2 Tauchgänge inkl. Ausrüstung 230–280 NZ$) Eine nahe Paihia gelegene Tauchbasis in Familienhand.

Island Kayaks & Bay Beach Hire KAJAK, BOOT
(☎09-402 6078; www.baybeachhire.co.nz; Marsden Rd, Paihia, halbtägige Kajaktour 69 NZ$; ⏲9–17.30 Uhr) Vermietet Kajaks (Std. ab 15 NZ$), Katamarane (50 NZ$ erste Std., 40 NZ$ jede weitere Std.), Motorboote (85 NZ$ erste Std.,

Bay of Islands

25 NZ$ jede weitere Std.), Mountainbikes (Tag 35 NZ$), Boogie Boards (Tag 25 NZ$), Angeln (Tag 10 NZ$), Neoprenanzüge und Schnorchelausrüstung (jeweils Tag 20 NZ$).

Coastal Kayakers KAJAK
(☎0800 334 661; www.coastalkayakers.co.nz; Te Karuwha Pde., Paihia) Es werden geführte Touren (halber/ganzer Tag 85/115 NZ$, mind. 2 Pers.) und mehrtägige Fahrten angeboten. Kajaks (Std./halber/ganzer Tag 15/40/50 NZ$) können geliehen werden.

Flying Kiwi Parasail PARASAILING
(☎0800 359 691; www.parasail-nz.co.nz; Solo 99 NZ$, Tandem je 89 NZ$, Kind 69 NZ$) Der Anbieter mit Neuseelands höchstem Parasailing-Erlebnis (1200 Fuß bzw. 365 m) legt sowohl in Paihia als auch in Russell am Bootssteg ab.

Tango Jet Ski & Island Boat Tours BOOTSTOUR, JETSKI
(☎0800 253 8752; www.tangojetskitours.co.nz; Bootstour/Jetski-Verleih ab 65/100 NZ$) Hier kann man in einem schnellen, aufblasbaren Boot durch die Bucht jagen oder einen Jetski steuern. Darauf finden zwei Personen Platz.

Great Escape Yacht Charters SEGELN
(☎09-402 7143; www.greatescape.co.nz) Bietet Segel-Schnupperkurse (2 Tage 445 NZ$) sowie längere Törns.

Northland Paddleboarding STEHPADDELN
(☎027 777 1035; www.northlandpaddleboarding.co.nz; Anfängerunterricht 50 NZ$/Std.) Unterricht und geführte Paddeltouren.

Horse Trek'n REITEN
(☎027 233 3490; www.horsetrekn.co.nz; 2-stündiger Ausritt 120 NZ$) Führt durch den Waitangi Forest.

Geführte Touren

Was ist das Wichtigste? Zunächst einmal sollte man für gutes Wetter beten, denn sintflutartige Regenfälle oder eine raue See können einigen Optionen schon mal den Garaus machen. Die Touren können im i-SITE (S. 157) in Paihia sowie in vielen Unterkünften gebucht werden.

Bootstouren

Hier kann man segeln oder mit Jetbooten und großen Barkassen übers Wasser fahren. Die Boote legen in Paihia oder Russell ab und halten im jeweils anderen Ort an.

Eine der schönsten Inseln der Bucht ist **Piercy Island (Motukokako)** nahe dem Cape Brett am Ostrand der Bucht. Die steile Felsenfestung ist von einem eindrucksvollen natürlichen Felsbogen geprägt, dem berühmten **Hole in the Rock**. Wenn die Voraussetzungen stimmen, fahren die meisten Boote geradewegs hindurch. Unterwegs lassen sich oft Große Tümmler und andere Delfine sowie Orcas, diverse Walarten und Pinguine beobachten.

Die beste Option, die Bucht zu erkunden, ist mit einem Segelboot. Man kann entweder der Besatzung zur Hand gehen (keine Erfahrung notwendig) oder den ganzen Nachmittag mit Insel-Hopping, Sonnenbaden, Schwimmen, Schnorcheln, Kajakfahren oder Angeln verbringen.

Explore NZ BOOTSFAHRT, SEGELN
(☎09-402 8234; www.explorenz.co.nz; Ecke Marsden Rd & Williams Rd, Paihia) Die Bootstour „Swim with the Dolphins" (Erw./Kind 89/45 NZ$, fürs Schwimmen zusätzl. 15 NZ$) dauert vier Stunden und legt um 8 und um 12.30 Uhr ab. Die ebenfalls vierstündige Discover the Bay Cruise (Erw./Kind 99/49 NZ$) legt um 9 und um 13.30 Uhr in Richtung Hole in the Rock ab und legt einen Zwischenstopp auf Urupukapuka Island ein. Es gibt auch die Möglichkeit, verschiedene Touren zu kombinieren, etwa noch eine Bustour entlang des Ninety Mile Beach zu unternehmen.

Eine weitere Option (nur Dez.–März) ist ein eintägiger Segeltörn auf der *Lion NZ* (Erw./Kind 110/70 NZ$), der über 24 m langen Jacht, die vom verstorbenen Sir Peter Blake bei seiner Weltumsegelung sowie dem Sydney-to-Hobart-Törn zum Einsatz kam.

Fullers Great Sights BOOTSFAHRT
(☎0800 653 339; www.dolphincruises.co.nz; Paihia Wharf) Die vierstündige Dolphin Cruise (Erw./Kind 95/50 NZ$) startet täglich um 9 und um 13.30 Uhr. Dabei wird unterwegs zum Hole in the Rock aktiv nach Delfinen Ausschau gehalten. Auf dem Rückweg steht ein Halt auf Urupukapuka Island an. Bei der vierstündigen Dolphin Eco Experience (Erw./Kind 109/55 NZ$, Abfahrt 8 & 12.30 Uhr) ist das Hole in the Rock nicht beinhaltet; hier geht's eher darum, Delfine zum gemeinsamen Schwimmen zu finden.

Der Cream Trip (Erw./Kind 119/60 NZ$) dauert den ganzen Tag und folgt der Postroute rund um die Bucht. Unterwegs kann man auch mit Delfinen schwimmen. Zwischen September und April ist die zweitägige Tour auf der *Ipipiri* mit Übernachtung in prächtigen Kabinen mit Bad (ab 299 NZ$/Pers.) eine wahrhaft glamouröse Art und Weise, die Bucht zu erkunden. Im Preis inbegriffen sind die Mahlzeiten, Kajakfahren, Schnorcheln und Spaziergänge auf den Inseln.

R. Tucker Thompson SEGELN
(☎09-402 8430; www.tucker.co.nz) Die von einer Wohltätigkeits- und Bildungsstiftung unterhaltene *Tucker* ist ein majestätisches Schiff, auf der Tagestörns (Erw./Kind 145/73 NZ$, inkl. Mittags-BBQ) und Nachmittagstouren (Erw./Kind 59/30 NZ) angeboten werden.

Rock BOOTSFAHRT
(☎0800 762 527; www.rocktheboat.co.nz; B/EZ/DZ ab 158/346/376 NZ$) Diese frühere Autofähre ist heute ein schwimmendes Hostel mit Kabinen und einer Bar. Die Rundfahrten starten immer um 17 Uhr und beinhalten ein Abendessen mit Barbecue und Meeresfrüchten sowie Livemusik. Am zweiten Tag kann man dann Inselhüpfen betreiben, angeln, Kajak fahren, schnorcheln oder einfach schwimmen. Tagestouren kosten nur 98 NZ$ pro Person.

Carino SEGELN, SCHWIMMEN MIT DELFINEN
(☎09-402 8040; www.sailingdolphins.co.nz; Erw./Kind 114/69 NZ$) Der 15 m lange Katamaran ist das einzige Boot, das berechtigt ist, mit Delfinen zu schwimmen. Für 6 NZ$ gibt's an Bord noch ein Mittagessen vom Grill.

MIT DELFINEN SCHWIMMEN

Schiffsfahrten, bei denen man in Kontakt mit Delfinen tritt, werden das ganze Jahr über angeboten. Meist verläuft die Sichtung erfolgreich, aber falls doch einmal keine Delfine zu sehen waren, wird als Entschädigung oft eine Freifahrt angeboten. Das Delfinschwimmen hängt vom Wetter und den Meeresbedingungen ab. Sollten Delfinkälber in der Nähe sein, gelten Beschränkungen.

Es bleibt völlig den Delfinen überlassen, ob sie sich den menschlichen Schwimmern anschließen. Wer mit den Tieren mithalten will, sollte ein guter Schwimmer sein – selbst wenn die Tiere Rücksicht nehmen und nur mit halber Geschwindigkeit dahinschießen.

Nur drei Veranstalter dürfen Delfinschwimmen dieser Art durchführen: Explore NZ (S. 147), Fullers (S. 147) und die Jacht Carino (S. 147). Ein Teil ihrer Einnahmen fließt über das DOC in die Meeresforschung.

Ecocruz SEGELN
(☎ 0800 432 627; www.ecocruz.co.nz; B/DZ 650/1500 NZ$) Segeltörns von drei Tagen und zwei Nächten an Bord der 22 m langen, hochseetauglichen Jacht *Manawanui*. Im Preis inbegriffen sind Unterkunft, Verpflegung, Angeln, Kajakfahren und Schnorcheln.

She's a Lady SEGELN
(☎ 0800 724 584; www.bay-of-islands.com; eintägiger Törn 97 NZ$) Tagestouren mit der Möglichkeit zum Schnorcheln oder zum Paddeln in einem Kajak mit durchsichtigem Boden. Es gibt hier auch Charterboote für längere Ausflüge sowie eine Segelschule.

Phantom SEGELN
(☎ 0800 224 421; www.yachtphantom.com; Erw./Kind 110/60 NZ$) Eine schnelle, 15 m lange Rennjacht, die für ihr ausgezeichnetes Essen bekannt ist. Bier und Wein können selbst mitgebracht werden.

Gungha II SEGELN
(☎ 0800 478 900; www.bayofislandssailing.co.nz; Tagestörn 95 NZ$) 20 m lange Hochseejacht mit freundlicher Crew; Mittagessen ist inklusive.

Mack Attack JETBOATFAHREN
(☎ 0800 622 528; www.mackattack.co.nz; 9 Williams Rd, Paihia; Erw./Kind 95/40 NZ$) Eine berauschende, eineinhalbstündige Tour im Hochgeschwindigkeits-Jetboot zum Hole in the Rock.

Bustouren

Es ist billiger und geht schneller, wenn man von Ahipara, Kaitaia oder Doubtless Bay zum Cape Reinga fährt. Wer aber nicht viel Zeit hat, der kann Cape Reinga auch im Rahmen einer langen Tagestour (10–12 Std.) von der Bay of Islands aus besuchen. Alle Bustouren fahren am Ninety Mile Beach entlang und legen einen Stopp zum Sandboarden in den Dünen ein.

Fullers (S. 147) veranstaltet regelmäßig Bustouren und bietet auch auf Backpacker gemünzte Varianten an. Es ist jeweils ein Halt im Puketi Forest inbegriffen. Die kinderfreundliche Standardversion (Erw./Kind 135/68 NZ$) kann durch ein Mittagessen in Pukenui erweitert werden. Fullers bietet auch die **Awesome NZ Touren** (☎ 0800 653 339; www.awesomenz.com; Tour 119 NZ$) mit lauter Musik, mehr Zeit zum Sandboarden und zusätzlichen Stopps zum Frisbeespielen am Tapotupotu Bay und zum Fish & Chips essen in Mangonui an.

Dune Rider (S. 147; Erw./Kind 149/110 NZ$) – angeboten von Explore NZ – fährt ebenfalls nach Mangonui, um die viel gelobten Fish & Chips nicht zu verpassen. Im Gumdiggers Park wird ein Zwischenstopp eingelegt.

Die Optionen, mit öffentlichen Verkehrsmitteln nach Hokianga und zum Waipoua Forest zu kommen, sind begrenzt, und wer kein eigenes Auto hat oder unter Zeitmangel leidet, der kann das Ganze auch in einem Tagesausflug abklappern. Die von Fullers angebotene Tour Discover Hokianga (S. 172; Erw./Kind 112/65 NZ$) dauert acht Stunden und führt nach Tane Mahuta und zu den Wairere Boulders; die Guides sind einheimische Maori.

Kulturtouren

Native Nature Tours KULTUR, WANDERN
(☎ 0800 668 873; www.nativenaturetours.co.nz; 581 Tipene Rd, Motatau; Tageswanderung 145–235 NZ$, mit Übernachtung 375 NZ$) Ein Maori-Pärchen aus dem Ort empfängt seine Gäste in förmlicher Manier in ihrem *marae* und bietet verschiedene Wanderungen auf dem Land ihrer Vorfahren an. Dazu gehören beispielsweise ein Besuch der heiligen Stätten sowie eine Einführung in die Maori-Gerichte und die -Medizin. Alternativ können Bäume gepflanzt oder Übernachtungen mit traditionellem *hangi* (im Boden zubereitetes Essen) und Glühwürmchen-Suche organisiert werden.

Taiamai Tours Heritage Journeys KULTUR, KANUFAHREN
(☎ 09-405 9990; www.taiamaitours.co.nz; 2½-stündige Tour 135 NZ$; ⏲ Okt.–April 10 & 13 Uhr) Wer sich hier anmeldet, kann mit einem traditionellen, 15 m langen und mit Schnitzereien versehenen *waka* (Kanu) von der Waitangi-Brücke bis zu den Haruru Falls paddeln. Die Guides (Ngapuhi) tragen traditionelle Kleidung, geben echte *karakia* (Beschwörungen) zum Besten und erzählen Geschichten.

Sonstige Touren

Salt Air PANORAMAFLUG
(☎ 09-402 8338; www.saltair.co.nz; Marsden Rd, Paihia) Zu den Angeboten zählen etwa ein fünfstündiger Panoramaflug in einem Leichtflugzeug mit einer Jeeptour zum Cape Reinga und dem Ninety Mile Beach (425 NZ$) oder Helikopterflüge zum Hole in the Rock (230 NZ$). Bei einer seit Neuestem angebotenen Tour landet man sogar auf der berühmten Insel (ab 379 NZ$).

ABSTECHER

DURCHHALTEN BIS KAWAKAWA

Kawakawa ist ein ganz normaler Kiwi-Ort am SH1 südlich von Paihia – die öffentlichen Toiletten (60 Gillies St) sind jedoch alles andere als normal. Sie wurden vom in Österreich geborenen Künstler und Öko-Architekten Friedensreich Hundertwasser entworfen, der von 1973 bis zu seinem Tod im Jahr 2000 in der Nähe von Kawakawa in einem abgeschiedenen Haus ohne Stromanschluss lebte. Die meistfotografierten Toiletten Neuseelands sind typisch Hundertwasser – biodynamische, geschwungene Linien, verziert mit Keramikmosaiken und bunten Flaschen, und auf dem Dach wachsen Gras und andere Pflanzen. Andere Arbeiten des Künstlers sind in Wien und in Osaka zu bewundern.

Eine weitere Sehenswürdigkeit in Kawakawa ist die Eisenbahn, die mitten über die Hauptstraße tuckert. Eine Fahrt mit der **Dampflok Gabriel** (☎021 171 2697; www.bayofislandsvintagerailway.org.nz; Erw./Kind 20/5 NZ$; ⌚Fr–So 10.45, 12, 13.15, 14.30 Uhr, während der Schulferien tgl.) dauert 45 Minuten.

Südlich der Stadt weist ein Schild auf dem SH1 den Weg zu den **Kawiti Glowworm Caves** (☎09-404 0583; www.kawiticaves.co.nz/; 49 Waiomio Rd; Erw./Kind 15/7,50 NZ$; ⌚8.30–16.30 Uhr). Die Höhlen werden von Glühwürmchen erleuchtet und können ausschließlich im Rahmen einer 30-minütigen Führung besichtigt werden.

Russell Mini Tours (S. 151) bietet Touren im Minibus von Paihia nach Kawakawa und zu den Höhlen an.

Total Tours ESSEN & WEIN
(☎0800 264 868; www.totaltours.co.nz) Im Rahmen der halbtägigen Food, Wine and Craft Tour (65 NZ$) oder der halbtägigen Weintour (75 NZ$) geht's raus nach Kerikeri.

Feste & Events

Tall Ship Race SPORT
Findet am ersten Samstag nach Neujahr in Russell statt.

Waitangi Day KULTUR
Verschiedene feierliche Veranstaltungen in Waitangi am 6. Februar.

Country Rock Festival MUSIK
(www.country-rock.co.nz; Festivalpass 50 NZ$) Am zweiten Wochenende im Mai.

Russell Birdman VERRÜCKTES
(www.russellbirdman.co.nz) Eine Horde Verrückter stürzt sich im Juli in unterschiedlichsten Fluggeräten ins eiskalte Wasser.

Jazz & Blues Festival MUSIK
(www.jazz-blues.co.nz; Festivalpass 50 NZ$) Zweites Wochenende im August.

Weekend Coastal Classic SPORT
(www.coastalclassic.co.nz) Neuseelands größtes Jachtrennen von Auckland bis zur Bay of Islands; am Labour-Day-Wochenende (Okt.).

Bay of Islands Food & Wine Festival ESSEN, WEIN
(www.paihianz.co.nz/it_festival; Erw./Kind 45/15 NZ$; ⌚11–18 Uhr) Essen, Wein und lokale Musik in Paihia; am letzten Samstag im Oktober.

Russell

720 EW.

Auch wenn es einst als „Höllenschlund des Pazifiks" bekannt war, werden diejenigen, die mal so richtig einen draufmachen wollten, enttäuscht sein: Sie haben die Strandorgien um knapp 170 Jahre verpasst. Stattdessen findet man ein historisches Örtchen mit Souvenirläden und B&Bs vor, und im Sommer kann man am Strand Kanus oder Dinghis ausleihen.

Bevor es Höllenschlund bzw. Russell genannt wurde, hieß der Ort klangvoll Kororareka (süßer Pinguin) und war eine befestigte Ngapuhi-Siedlung. Im frühen 19. Jh. erlaubte der Stamm die Umwandlung in Aotearoas erste europäische Siedlung. Schnell wurde die Stadt ein Sammelbecken für entflohene Sträflinge, Walfänger, Seeleute und andere raue Gesellen. In den 1830er-Jahren lagen hier Dutzende Walfangschiffe vor Anker. Charles Darwin beschrieb Russell im Jahr 1835 als „angefüllt mit dem Ausschuss der Gesellschaft".

Im Jahr 1830 war die Siedlung Schauplatz der sogenannten Mädchenkriege, bei dem zwei junge Maoridamen um die Gunst eines Walfängerkapitäns namens Brind buhlten. Ein zufälliges Treffen der Rivalinnen am Strand führte zuerst zu verbalen und anschließend zu tätlichen Auseinanderset-

Russell

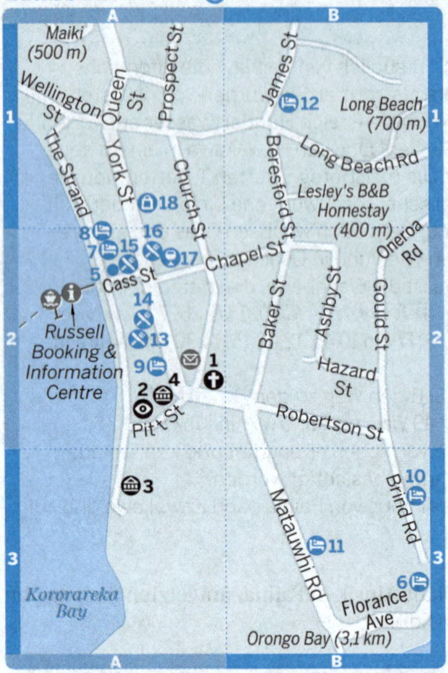

Russell

Sehenswertes

1 Christ Church A2
2 Haratu A2
3 Pompallier Mission A3
4 Russell Museum A2

Aktivitäten, Kurse & Touren

5 Russell Mini Tours A2

Schlafen

6 Arcadia Lodge B3
7 Commodore's Lodge A2
8 Duke of Marlborough A2
9 Hananui Lodge & Apartments A2
10 Pukeko Cottage B3
11 Russell Motel B3
12 Russell Top 10 .... B1

Essen

Duke of Marlborough .... (siehe 8)
13 Gables A2
14 Hone's A2
15 Newport Chocolates A2
The Wharf .... (siehe 5)
16 Tuk Tuk A2

Ausgehen & Nachtleben

17 Pub 'round the Corner A2

Shoppen

18 Just Imagine... .... A1

zungen. Der eigentlich harmlose Konflikt eskalierte, als weitere Familienmitglieder aufeinandertrafen, um die Ehre der Mädchen wiederherzustellen: Innerhalb von nur zwei Wochen wurden Hunderte getötet oder verletzt, ehe britische Missionare ein Friedensabkommen zwischen den Parteien aushandeln konnten.

Nach der Unterzeichnung des Vertrags von Waitangi 1840 war Okiato (wo heute die Fähre abfährt) der Sitz des Gouverneurs und zeitweilige Hauptstadt. Die Regierung wurde 1841 nach Auckland verlegt, und Okiato, das zu diesem Zeitpunkt Russell hieß, wurde aufgegeben. Der Name ging dann auf Kororareka über.

Sehenswertes

Pompallier Mission HISTORISCHES GEBÄUDE
(www.pompallier.co.nz; The Strand; Tour Erw./Kind 10 NZ$/frei; ⌚10–16 Uhr) Das teils aus Stampflehm erbaute Gebäude wurde 1842 errichtet, um darin die Druckerpresse der Katholischen Mission unterzubringen. Das Haus ist das letzte noch verbliebene Gebäude der Mission im Westpazifik. Kaum zu glauben, dass hier insgesamt 40 000 Bücher auf Maori gedruckt wurden! In den 1870er-Jahren wurde es in ein Privathaus umgewandelt. Doch inzwischen hat man es restauriert und in seinen ursprünglichen Zustand zurückversetzt, inklusive Gerberei und Druckerwerkstatt.

Christ Church KIRCHE
(Church St) Der Bau der ältesten Kirche des Landes (1836) wurde mit einer Spende des englischen Naturforschers Charles Darwin finanziert. Das größte Denkmal auf dem Friedhof erinnert an Tamati Waka Nene, einen mächtigen Ngapuhi-Häuptling aus Hokianga, der sich im Northland War gegen Hone Heke stellte. Die Einschüsse in den Mauern der Kirche stammen von Musketen und Kanonenkugeln aus der Schlacht von 1845.

Maiki HÜGEL
(Flagstaff Rd) Auf diesem Hügel, der hoch über Russell aufragt, schlug Hone Heke den Flaggenmast insgesamt viermal ab. Man kann zwar hinauffahren, die Aussicht ist aber so schön, dass sie auch den Fußmarsch rechtfertigt. Bei Ebbe den Weg von der Bootsrampe gen Westen am Strand entlang nehmen, bei Flut geht's die Wellington St hinauf.

Tapeka Point AUSSICHTSPUNKT, STRAND
Nördlich von Russell, auf der anderen Seite des Maiki-Hügels, führt die Tapeka Rd

hinunter zu einem ruhigen Sandstrand im Schatten einer felsigen Landzunge, auf der einst ein *pa* zu finden war. Vom Fußweg aus kann man bis zum nördlichsten Ende der Bay of Islands blicken.

Long Beach STRAND

(Long Beach Rd) Etwa 1,5 km hinter Russell (bequem zu Fuß oder mit dem Fahrrad erreichbar) liegt dieser angenehme, kinderfreundliche Strand. Links (mit Blick aufs Meer) geht es zur Donkey Bay, einer kleinen Bucht mit einem inoffiziellen und doch beliebten FKK-Strand.

Russell Museum MUSEUM

(www.russellmuseum.org.nz; 2 York St; Erw./Kind 7.50/2 NZ$; ⏲ 10–16 Uhr) Das kleine moderne Museum besitzt eine gelungene Maori-Abteilung, ein großes Modell (Maßstab 1:5) von Captain Cooks *Endeavour* und zeigt außerdem ein zehnminütiges Video über die Geschichte der Stadt.

Haratu KULTURZENTRUM

(www.kororarekanz.com; Ecke The Strand & Pitt St; Spaziergang Erw./Kind 20/10 NZ$; ⏲ Galerie 11–15 Uhr, Spaziergang 11 & 14 Uhr) Das von der einheimischen *marae*-Gesellschaft geleitete Haratu stellt in Russells Hafenviertel authentische Maori-Kunst und Maori -Kunsthandwerk aus; der Großteil davon kann auch käuflich erworben werden. Es gibt außerdem audiovisuelle Beiträge und Infotafeln. Im Sommer (sonst nur nach Vereinbarung) wird ein einstündiger Spaziergang mit Maori-Geschichten angeboten. Das Zentrum wird von Freiwilligen betreut, sodass die Öffnungszeiten variieren können.

Geführte Touren

Russell Mini Tours MINIBUS

(☎ 0800 646 486; www.russellminitours.com; Ecke The Strand & Cass St; Erw./Kind 29/15 NZ$; ⏲ Touren 10, 11, 13, 14, 15 & 16 Uhr) Geführte Touren im Minibus durch das historische Russell. Los geht's in Paihia (Erw./Kind 40/20 NZ$); auch Touren nach Kawakawa und zu den Kawiti Glowworm Caves können gebuchte werden.

Schlafen

Russell hat einige annehmbare Mittelklasseoptionen. Hinzu kommen kleine, preiswerte Lodges, die in der Hauptreisezeit im Voraus gebucht werden müssen. Wer Budgetunterkünften nichts abgewinnt, der kann sich auch in Russells Luxus-B&Bs einquartieren.

Wainui HOSTEL $

(☎ 09-403 8278; www.pelnet.org/wainui; 92d Te Wahapu Rd; B/Zi. 28/66 NZ$; 📶) Obwohl es

HONE HEKE & DER NORTHLAND-KRIEG

Nur fünf Jahre nach der Unterzeichnung des Friedensvertrags von Waitangi war der Ngapuhi-Häuptling Hone Heke so desillusioniert, dass er plante, den Fahnenmast in Kororareka, das Symbol der britischen Autorität, ein viertes Mal zu fällen. Gouverneur FitzRoy war jedoch absolut entschlossen, es nicht dazu kommen zu lassen, und stationierte Soldaten und Marineinfanteristen in der Stadt.

Am 11. März 1845 belagerten die Ngapuhi die Stadt als Ablenkungsmanöver. Die Taktik ging auf, die Angriffe von Häuptling Kawiti aus dem Süden und von einer anderen Gruppe von Long Beach aus waren ein großer Erfolg. Während die Truppen losstürmten, um den Ort zu verteidigen, fällte Hone Heke den Union Jack auf dem Maiki (Flagstaff Hill) zum vierten und letzten Mal. Die Briten wurden gezwungen, sich auf ihre vor Anker liegenden Schiffe zurückzuziehen. Der Kapitän der HMS *Hazard* wurde in der Schlacht schwer verletzt, und sein Stellvertreter befahl, die Stadt unter Beschuss zu nehmen. Die meisten Gebäude wurden dem Erdboden gleich gemacht. Das war der Beginn des ersten Neuseelandkriegs.

In den folgenden Monaten lieferten sich britische Truppen (zusammen mit Ngapuhi aus Hokianga) einige Schlachten mit Heke und Kawiti. In dieser Zeit entstand das moderne *pa*, das erste hochentwickelte Grabensystem zur Verteidigung. Es lohnt sich, am **Ruapekapeka Pa Historic Reserve** (Ruapekapeka Rd), am SH1 südlich von Kawakawa, einen Zwischenstopp einzulegen und einen Blick auf die beeindruckenden Festungsanlagen zu werfen. Hier kann man an jenem Ort herumspazieren, an dem die letzte Schlacht des Northland-Kriegs stattfand, der durch detaillierte Infotafeln zu neuem Leben erweckt wird. Letztendlich schlossen Heke, Kawiti und George Grey (der neue Gouverneur) hier Frieden, ohne einen klaren Sieger zu benennen.

nicht ganz leicht zu finden ist, lohnt sich die Suche: Das moderne Buschcamp mit direktem Zugang zum Strand hat gerade einmal zwei Zimmer, die sich einen gemütlichen Gemeinschaftsbereich teilen. Es liegt 5 km von Russell entfernt an der Straße zur Autofähre. Von der Te Wahapu Rd nach rechts in den Waiaruhe Way abbiegen.

Ferry Landing Backpackers HOSTEL $
(09-403 7985; www.ferrylandingrussell.co.nz; 395 Aucks Rd, Okiato Pt.; B/EZ/DZ 30/50/60 NZ$; @) Dies ist eigentlich eher eine Privatunterkunft als ein Hostel: Die zwei Zimmer befinden sich direkt im Wohnhaus der Vermieter, das auf dem Hügel über der Fähranlegestelle in Okiato steht – man braucht ein Auto.

Russell-Orongo Bay Holiday Park FERIENANLAGE $
(09-403 7704; www.russellaccommodation.co.nz; 5960 Russell Rd; Stellplatz ohne/mit Strom 40/44 NZ$, Tipi 80–90 NZ$, Hütten & Wohneinheiten 80–165 NZ$; @) Die entspannte Ferienanlage ist von 5,6 ha Wald voller Vögel umgeben und liegt etwa 3 km vom Anleger der Opua-Okiato-Fähre entfernt. Die Auswahl an Unterkünften ist groß, darunter befinden sich ein abgefahrenes Tipi und komfortable, abgeschlossene Wohneinheiten.

Russell Top 10 FERIENANLAGE $
(09-403 7826; www.russelltop10.co.nz; 1 James St; Stellplatz/Hütte/Wohneinheit ab 41/80/140 NZ$; @) In diesem baumbestandenen Park gibt es einen kleinen Laden, gute Anlagen, wundervolle Hortensien, gepflegte Hütten und hübsche Apartments. Die Duschen sind sauber, aber kostenpflichtig.

Pukeko Cottage HOSTEL $
(09-403 8498; www.pukekocottagebackpackers.co.nz; 14 Brind Rd; 30 NZ$/Pers.;) Fühlt sich eher an, als ob man bei einem Kumpel übernachten würde. Das gemütliche Haus vermietet nur zwei Zimmer sowie einen Caravan im hinteren Garten. Es ist bestimmt nicht schmutzig, aber die Sauberkeit bewegt sich nur auf Standardniveau. Barry, seines Zeichens Künstler und Besitzer des Anwesens, ist dafür immer für einen kleinen Plausch zu haben.

Lesley's B&B Homestay B&B $$
(09-403 7099; www.lesleys.co.nz; 1 Pomare Rd; EZ 110–150 NZ$, DZ 140–180 NZ$;) Die Zimmer dieses freundlichen B&Bs, das von einem reiselustigen Künstler aus dem Ort geführt wird, sind hell und farbenfroh. Das Frühstück ist legendär – der Besitzer Lesley ist auch noch ausgebildeter Koch – und die Gäste können, wenn sie wollen, auch selbst den Grill anwerfen. Im Garten rund um das Anwesen stehen zahlreiche Palmen und die Attraktionen und Cafés von Russell liegen zu Fuß gerade einmal zehn Minuten entfernt.

Russell Motel MOTEL $$
(09-403 7854; www.motelrussell.co.nz; 16 Matauwhi Rd; Wohneinheit 130–165 NZ$;) Dieses in einem gepflegten Garten gelegene Traditionsmotel umfasst verschiedenste Apartments sowie einen nierenförmigen Pool, den besonders Kinder lieben. Die Studios sind etwas dunkel, aber bei dem Preis mitten in Russell kann man sich wirklich nicht beschweren.

Duke of Marlborough HISTORISCHES HOTEL $$
(09-403 7829; www.theduke.co.nz; 35 The Strand; Zi. 165–360 NZ$;) Das Duke besitzt Neuseelands älteste Schankerlaubnis und rühmt sich, „seit 1827 Schurken und Spitzbuben zu bewirten“. Seit damals ist das Gebäude allerdings schon zweimal abgebrannt… Die Zimmer im oberen Stockwerk reichen von kleinen, hellen Räumen in einem Anbau aus den 1930er-Jahren bis hin zu schicken, geräumigen Doppelzimmern mit Meerblick.

Arcadia Lodge B&B $$$
(09-403 7756; www.arcadialodge.co.nz; 10 Florance Ave; DZ 200–270 NZ$;) Die individuell eingerichteten Zimmer des Hanghauses von 1890 sind mit interessanten Antiquitäten und schöner Bettwäsche ausgestattet. Außerdem gibt es hier das wahrscheinlich beste Frühstück der Stadt – köstliche Bioqualität und als Extra obendrauf einen grandiosen Blick von der Veranda.

Commodore's Lodge MOTEL $$$
(09-403 7899; www.commodoreslodgemotel.co.nz; 28 The Strand; Wohneinheit 200–310 NZ$;) Der neidische Blick der Passanten entschädigt für den Mangel an Privatsphäre, den die der Uferpromenade zugewandten Apartments aufweisen. Es gibt geräumige, hübsch hergerichtete Wohneinheiten und einen kleinen Pool. Kajaks, Schlauchboote und Fahrräder können kostenlos genutzt werden.

Orongo Bay Homestead LODGE $$$
(09-403 7527; www.thehomestead.co.nz; Aucks Rd; Zi. 585 NZ$;) Das aus Holz erbaute Gehöft von 1860 beherbergte einst das erste

amerikanische Konsulat des Landes. Es liegt 4 km von der Stadt entfernt. Die Unterkunft umfasst drei stilvoll-elegante Zimmer in der umgebauten Scheune mit Blick auf einen winzigen See. Das Frühstück ist der Hammer. Auf Anfrage gibt's auch Abendessen.

Hananui Lodge & Apartments MOTEL $$$
(☎09-403 7875; www.hananui.co.nz; 4 York St; Wohneinheit 185–320 NZ$;) Zur Wahl stehen die bestechend schönen, motelartigen Zimmer der gepflegten Lodge am Wasser sowie die Apartments im neueren Anbau quer über der Straße. Die beste Wahl sind die im oberen Stock gelegenen Wohneinheiten am Wasser, von denen aus man den Strand überblickt.

Essen & Trinken

Für ein Land mit beachtlicher Kaffeekultur und eine Stadt, die sich dem Tourismus verschrieben hat, ist das Angebot in Russell eher eine Enttäuschung.

Newport Chocolates CAFÉ, SÜSSIGKEITEN $
(www.newportchocolates.co.nz; 3 Cass St; Schokolade ca. 3 NZ$; ⏱10–17 Uhr) Leckere handwerklich und vor Ort hergestellte Schokolade in verschiedenen Geschmacksrichtungen, u. a. Himbeere, Limette mit Chili und – am allerbesten – Karamell mit Meersalz. Auch eine tolle Adresse für eine dickflüssige heiße Schokolade und erfrischende Frappés.

Gables MODERN-NEUSEELÄNDISCH $$
(☎09-403 7670; www.thegablesrestaurant.co.nz; 19 The Strand; Mittagessen 19–25 NZ$, Abendessen 25–32 NZ$; ⏱Fr–Mo 12–15, Do–Mo ab 18 Uhr) In dem Gebäude am Meer, erbaut 1847, das auf einem Fundament aus Walwirbeln errichtet ist, gibt's Kiwi-Klassiker (mit Lamm, Rind und Meeresfrüchte) samt fantasievollem Touch. Schön sind die Tische am Fenster mit Blick aufs Meer. Serviert werden viele Gerichte aus lokalen Zutaten wie Austern, Käse und Zitrusfrüchte aus Kerikeri.

Duke of Marlborough PUB $$
(www.theduke.co.nz; 35 The Strand; Mittagessen 12–32 NZ$, Abendessen 24–37 NZ$; ⏱11 Uhr–open end) Die Sonnenterrasse des Duke ist der beste Ort in Russell, um mit einem Drink in der Hand die Zeit verstreichen zu lassen. Glücklicherweise steht das hochwertige Kneipenessen dem einmaligen Ausblick in nichts nach und es gibt dazu noch eine hervorragende Weinkarte und eine große Auswahl an hausgebrauten, neuseeländischen Bieren.

Tuk Tuk THAI $$
(www.tuktukrestaurant.co.nz; 19 York St; Hauptgerichte 18–24 NZ$; ⏱10.30–23 Uhr;) Die Tische sind mit thailändischen Stoffen bedeckt und auf der Speisekarte stehen die beliebtesten Thai-Klassiker. Bei mildem Wetter setzt man sich am besten an einen der Tische draußen und lässt Russells kleine Welt an sich vorbeiziehen.

The Wharf CAFÉ $$
(www.thewharfrussell.co.nz; 29 The Strand; Frühstück 12–18 NZ$, Abendessen 25–35 NZ$; ⏱Mi–So 11–15 & 17 Uhr–open end) Gemütliches Lokal mit mariner Deko und vorzüglich zubereiteten Meeresfrüchten, leckerem Fleisch vom Steingrill und leichten Gerichten im Tapas-Stil. Das günstige Frühstück macht fit für einen ereignisreichen Tag.

Hone's PIZZERIA, BAR $$
(York St; Pizza 19–27 NZ$; ⏱nur im Sommer 12 Uhr–open end) Im kiesbedeckten Hof hinter dem Gables werden in sehr angenehmer Atmosphäre Holzofenpizza und kühles Bier serviert.

Pub 'round the Corner PUB
(19 York St; ⏱12 Uhr–open end) Eine coole, gemütliche Taverne mit Billardtischen und vielen Einheimischen.

Shoppen

Just Imagine… KUNST & KUNSTHANDWERK
(www.justimagine.co.nz; 25 York St; ⏱10–17 Uhr) Hier finden sich Glaskunst, Gemälde und Geschenke.

Praktische Informationen

Russell Booking & Information Centre (☎09-403 8020; www.russellinfo.co.nz; Russell Pier; ⏱8–17 Uhr, im Sommer auch länger)

An- & Weiterreise

Mit dem Auto geht es am schnellsten per Autofähre nach Russell (Auto/Motorrad/Passagier 11/5,50/1 NZ$), die zwischen 6.40 und 22 Uhr alle 10 Minuten von Opua (5 km von Paihia entfernt) Richtung Okiato (8 km von Russell entfernt) ablegt. Die Tickets werden an Bord verkauft. Wer von Süden aus anreist, kann die landschaftlich reizvolle Russell Road nehmen.

Um ohne Fahrzeug einfach nach Russell zu kommen, nimmt man eine Passagierfähre in Paihia (Erw./Kind einfach 7/3 NZ$, hin & zurück 12/6 NZ$). Sie fahren von 7–19 Uhr (Okt.–Mai 7–22 Uhr) und im Allgemeinen alle 20 Minuten, abends stündlich. Fahrkarten werden an Bord oder bei i-SITE (S. 157) in Paihia verkauft.

Paihia & Waitangi

1800 EW.

Waitangi, der Geburtsort von Neuseeland, nimmt einen besonderen Platz in der nationalen Psyche ein. Das zeigt sich am Mix aus Party, Gedenkfeier, Protest und Apathie, der den Geburtstag der Nation (Waitangi Day, 6. Feb.) begleitet.

Hier wurde der lange ignorierte, umstrittene und oft angefochtene Vertrag von Waitangi zwischen Maorihäuptlingen und der britischen Krone erstmals unterzeichnet. Im Vertrag hat man die Zugehörigkeit zu Großbritannien vereinbart – oder so was Ähnliches, je nachdem, ob man die englische oder die Maoriversion des Vertrags liest bzw. auslegen möchte. Wen die Geschichte Neuseelands und die Beziehungen zwischen den Bevölkerungsgruppen wirklich interessieren, der findet hier einen idealen Ausgangspunkt.

Paihia ist mit Waitangi über eine Brücke verbunden. Die Küstenstadt wäre nicht weiter erwähnenswert, wenn sie nicht der Hauptzugang zur Bay of Islands wäre. Wenn das Geld nicht zu knapp ist, sollte man per Fähre nach Russell tuckern, wo es wesentlich hübscher ist.

In der Gegend lässt es sich wunderbar wandern – z.B. von Opua nach Paihia auf einem einfachen, 5 km langen Weg entlang der Küste.

Sehenswertes & Aktivitäten

★ Waitangi Treaty Grounds HISTORISCHE STÄTTE

(☎ 09-402 7437; www.waitangi.net.nz; 1 Tau Henare Dr; Erw./Kind 25 NZ$/frei; ⏲ März–Dez. 9–17 Uhr, Jan.–Feb. bis 19 Uhr) Die Waitangi Treaty Grounds, auf einer Landzunge mit adrettem Rasen und akkuraten Büschen gelegen, ist Neuseelands bedeutsamste historische Stätte. Hier unterzeichneten am 6. Februar 1840 die wichtigsten 43 Maori-Häuptlinge nach langwieriger Diskussion den Treaty of Waitangi mit der Britischen Krone. Nach und nach sollten insgesamt über 500 Häuptlinge diesen Vertrag unterschrieben.

Das Treaty House mit seinen vier Räumen wurde 1832 als Wohnstätte des Briten James Busby erbaut. Heute ist es eine Gedenkstätte mit Museum, in dem unter anderem eine Kopie des Vertrages zu sehen ist. Auf der anderen Seite der Rasenfläche steht das reicht verzierte *whare runanga* (Versammlungshaus), das 1940 zur Hundertjahrfeier des Vertrages fertiggestellt wurde. Die aufwendigen Schnitzereien repräsentieren die wichtigsten Maori-Stämme. Nahe der Bucht befindet sich das 35 m lange *waka taua* (Kriegskanu). Eine Fotoausstellung zeigt, wie es zum Jubiläum aus gigantischen Kauri-Stämmen gefertigt wurde.

Neuseeländer wissen sehr gut über die Bedeutung des Vertrags Bescheid, ausländische Besucher wundern sich aber vielleicht, dass nicht mehr Informationen über die Rolle des Vertrages für die Geschichte des Landes vorhanden sind – über die schier endlose Reihe an Vertragsbrüchen durch die Krone, die darauffolgenden Kriege und Landenteignungen und die Protestbewegungen, die schließlich den bis heute anhaltenden Wiedergutmachungsprozess für vergangenes Unrecht einleiteten.

Besucher ohne Hintergrundwissen sollten deshalb – trotz des ohnehin schon recht teuren Eintritts – zusätzlich eine Führung (10 NZ$) oder Kulturvorstellung (15 NZ$) buchen. Die 30-minütige Vorführung (11 & 13 Uhr) umfasst traditionelle Maori-Gesänge und -Tänze, darunter der *haka* (Kriegstanz). Das Ultimate Combo (Erw./Kind 40 NZ$/frei) ist ein Kombiticket für Führung und Vorstellung. Zudem wird ein Maori Cultural Workshop (Erw./Kind 60/35 NZ$) angeboten und von Dezember bis März gibt's ein *hangi* mit Konzert (Erw./Kind 105/50 NZ$, Mi & Sa) im Whare Waka Café (S. 157) auf dem Gelände.

Haruru Falls WASSERFALL

(Haruru Falls Rd) Ein Wanderweg (einfache Strecke 1½ Std., 5 km) führt von den Treaty Grounds am Waitangi entlang zu diesen sehenswerten hufeisenförmigen Wasserfällen. Ein Teil des Weges führt über einen Holzsteg durch die Mangroven. Wer nicht laufen will, nimmt einfach das Auto und zweigt von der Puketona Rd rechts auf die Haruru Falls Rd ab.

St. Paul's Church KIRCHE

(Marsden Rd) Die 1925 aus Kawakawa-Stein erbaute Kirche hat jede Menge Charakter und steht an jener Stelle, an der im Jahr 1823 Neuseelands erste Kirche, eine einfache Raupohütte (aus Rohrkolben), errichtet wurde. Im Buntglasfenster über dem Altar sind heimische Vögel zu erkennen. Der Kotare (Eisvogel) steht für Jesus (der König und „Menschenfischer"), während der Tui und der Kereru (Maori-Fruchttaube) die Gebrüder Williams darstellen (einer gelehrt,

Paihia

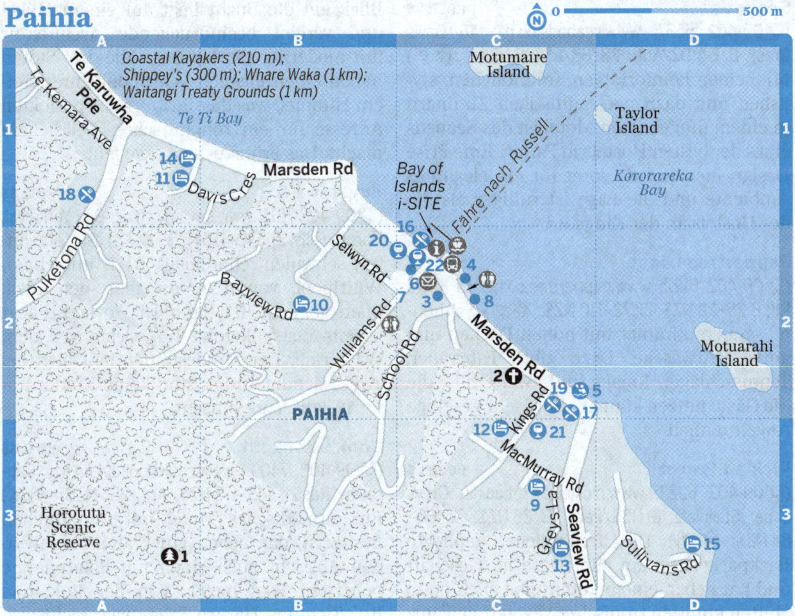

Paihia

Sehenswertes

1 Opua Forest A3
2 St. Paul's Church C2

Aktivitäten, Kurse & Touren

3 Explore NZ C2
4 Fullers Great Sights C2
5 Island Kayaks & Bay Beach Hire C2
6 Mack Attack C2
7 Paihia Dive C2
8 Salt Air C2

Schlafen

9 Admiral's View Lodge C3
10 Allegra House B2
11 Cap'n Bob's Beachhouse A1
12 Peppertree Lodge C3
13 Pickled Parrot C3
14 Seabeds A1
15 Tarlton's Lodge D3

Essen

16 35 Degrees South C2
17 Alfresco's C2
18 Countdown A1
19 El Cafe C2
Paihia Farmers Market .... (siehe 3)

Ausgehen & Nachtleben

20 Bay of Islands Swordfish Club C2
21 Pipi Patch Bar C3
22 Sauce C2

der andere praktisch veranlagt), die hier eine Missionsstation aufbauten.

Opua Forest WALD

Gleich hinter Paihia liegt der wieder aufgeforstete Wald mit seinen Wanderwegen. Hier kann man sich die Beine vertreten – ob nun zehn Minuten oder fünf Stunden lang Einige größere Bäume haben Axt und Feuer überlebt, u.a. ein paar mächtige Kauribäume. Von der School Rd geht es zu Fuß etwa 30 Minuten bergan, dann sind einige gute Aussichtspunkte erreicht. Informationen zu Wanderwegen im Opua Forest gibt's beim i-SITE. Um den Wald zu erreichen, nimmt man aus Opua die nach Westen führende Oromahoe Rd.

Schlafen

Wer über das nötige Kleingeld verfügt, bekommt in Russell mehr Flair, Paihia ist aber günstiger und seine Motels, Apartments und B&Bs liegen direkt am Wasser oder in den umliegenden Hügeln. Paihia bietet eine hervorragende Auswahl an Hostels und die Kings Rd bildet das Zentrum der Backpacker-Gemeinde.

Seabeds HOSTEL $
(☎09-402 5567; www.seabeds.co.nz; 46 Davis Cres; B/EZ/DZ/Apt. 28/68/85/95 NZ$; @📶) Mit seinen komfortablen, freundlichen, stylishen und dazu noch günstigen Zimmern in einem umgebauten Motel ist das Seabeds eines der besten Hostels in Paihia. Eine Prise Design hier und da sorgt für ein elegantes Ambiente und die Lage ist ruhiger als die der Hostels an der Kings Rd.

Peppertree Lodge HOSTEL $
(☎09-402 6122; www.peppertree.co.nz; 15 Kings Rd; B 25–28 NZ$, Zi. 72–110 NZ$; @📶) Schlichte, saubere Zimmer mit hohen Decken und guter Bettwäsche. Dazu gibt's Fahrräder, Tennisschläger, Kajaks und zwei Grills, die die Gäste nutzen können. Eine sehr gesellige Angelegenheit.

Pickled Parrot HOSTEL $
(☎09-402 6222; www.pickledparrot.co.nz; Greys Lane; Stellplatz 19 NZ$/Pers., B 26 NZ$, Zi. 66–84 NZ$; @📶) Das freundliche, gepflegte Backpackers ist ein alter Hase im Geschäft und hat neben einem guten Vibe auch nette Hütten inmitten tropischer Vegetation. Fahrräder können kostenlos entliehen werden.

Cap'n Bob's Beachhouse HOSTEL $
(☎09-402 8668; www.capnbobs.co.nz; 44 Davis Cres; B/EZ/2BZ/DZ 25/49/64/86 NZ$; @📶) Dieses kleine Backpackers ist wie ein zweites Zuhause. Es bietet jede Menge relaxten Charme und die Veranda punktet mit Meerblick.

Beachside Holiday Park FERIENANLAGE $
(☎09-402 7678; www.beachsideholiday.co.nz; 1290 SH11; Zeltstellplatz/Apt. ab 18/65 NZ$; @📶) 🍃 Auf diesem geschützten Campingplatz südlich der Stadt wacht man direkt am Wasser auf. Die verwinkelten, zitronengelben Hütten verströmen den Charme der 1970er-Jahre. Außerdem werden Kajaks vermietet.

Bay of Islands Holiday Park FERIENANLAGE $
(☎09-402 7646; www.bayofislandsholidaypark.co.nz; 678 Puketona Rd; Stellplatz/Wohneinheit ab 38/70 NZ$; @📶🏊) Nach 7 km auf der Puketona Rd ist diese wundervolle Ferienanlage am Waitangi River erreicht, die im Schatten hoher Bäume und an einer Reihe von Stromschnellen liegt. Es stehen hervorragende Wohneinheiten sowie schattige Stellplätze zur Verfügung.

Tarlton's Lodge B&B $$
(☎09-402 6711; www.tarltonslodge.co.nz; 11 Sullivans Rd; Zi. 175–220 NZ$; 📶🏊) Das B&B mit Blick auf die Bucht liegt auf einem Hügel und vereint beeindruckende Architektur mit moderner Einrichtung. Alle drei Suiten haben einen eigenen Whirlpool unter freiem Himmel, was das Tarlton's zur perfekten Adresse für ein romantisches Stelldichein macht. Das Frühstück ist exzellent.

Baystay B&B B&B $$
(☎09-402 7511; www.baystay.co.nz; 93a Yorke Rd, Haruru Falls; Zi. 140–175 NZ$; @📶) Ein elegantes, schwulenfreundliches B&B mit einem Whirlpool, von dem aus man den Blick übers Tal genießen kann. Die Yorke Rd liegt abseits der Puketona Rd, gleich vor dem Wasserfall. Der Mindestaufenthalt liegt bei zwei Nächten und es sind keine Kinder unter 12 Jahren erwünscht.

Cook's Lookout MOTEL $$
(☎09-402 7409; www.cookslookout.co.nz; Causeway Rd; Zi. 145–175 NZ$, Apt. 255 NZ$; 📶🏊) Ein altmodisches Motel mit freundlichen Besitzern, das neben einer atemberaubenden Aussicht auch einen mit Solarenergie beheizten Pool bietet. Von der Puketona Rd (Richtung Haruru Falls) nach rechts auf die Yorke Rd abbiegen und dann die Zweite rechts nehmen.

Admiral's View Lodge MOTEL $$
(☎09-402 6236; www.admiralsviewlodge.co.nz; 2 MacMurray Rd; Apt. 120–195 NZ$; @) Die schicken Apartments mit Balkon schreien bei Sonnenuntergang förmlich nach Gin Tonic und jeder Menge Entspannung. Einige Apartments der auf dem Berg gelegenen Lodge mit Meerblick verfügen sogar über ein Spa-Bad.

Allegra House B&B $$$
(☎09-402 7932; www.allegra.co.nz; 39 Bayview Rd; Zi. 220–245 NZ$, Apt. 275 NZ$; @📶) Hoch über dem Ort liegt dieses schöne B&B mit drei Zimmern, einem geräumigen Apartment und einem wirklich beeindruckenden Blick auf die Bucht.

✖ Essen

El Cafe CAFÉ, SÜDAMERIKANISCH $
(2 Kings Rd; Snacks 5–10 NZ$; ⌚8–17 Uhr) Hervorragendes Café in chilenischer Hand mit dem besten Kaffee der Stadt und guten Burritos, Tacos, Empanadas und süßen, lateinamerikanischen Leckereien zum Frühstück. Auch die Smoothies sind an einem warmen Tag ein Hit. Dem Besitzer Javier ruhig mal einen Gruß vom Lonely Planet Team ausrichten!

Shippey's FISH & CHIPS $
(www.shippeys.com; Waitangi Bridge; Hauptgerichte 7–16 NZ$; ⏲ 11 Uhr–open end) Auf dem fest verankerten Großsegler aus dem 19. Jh. werden die frischen Fish & Chips noch so serviert, wie sie „der liebe Gott geschaffen hat": eingewickelt in Zeitungspapier und mit einem kühlen Getränk. Der Blick über den Meeresarm und die Bucht ist magisch, vor allem bei Sonnenuntergang.

Paihia Farmers' Market MARKT$
(www.bayofislandsfarmersmarket.org.nz; Village Green; ⏲ Di 14–17.30 Uhr) Wer will, kann sich hier mit regionalen Produkten direkt vom Produzenten eindecken: Obst, Gemüse, Pickles, Honig, Fisch, Wurstprodukte, Eier, Käse, Brot, Wein und Öl.

Countdown SUPERMARKT$
(6 Puketona Rd; ⏲ 7–21 Uhr) Hier können die Vorräte wieder aufgestockt werden.

Whare Waka CAFÉ $$
(Waitangi Treaty Grounds; Hauptgerichte 15–24 NZ$; ⏲ 9–17 Uhr) An einem von Enten bevölkerten Teich und vor einer Kulisse aus grünem Gestrüpp liegt das Whare Waka Café mit Blick auf die Waitangi Treaty Grounds. Tagsüber eine tolle Adresse für gute Café-Kost. Zwischen Dezember und März werden hier mittwochs und samstags *hangi*-Dinner angeboten.

Alfresco's PUB $$
(☎ 09-402 6797; www.alfrescosrestaurantpaihia.com; 6 Marsden Rd; Frühstück & Mittagessen 12–20 NZ$, Abendessen 18–33 NZ$; ⏲ 8 Uhr–open end) Das lockere Restaurant mit Café und Bar lockt mit seinem guten Essen zu vernünftigen Preisen – z. B. jede Menge Gerichte mit Meeresfrüchten – auch viele Einheimische an. Jeden Sonntagnachmittag wird zwischen 15 und 18 Uhr Livemusik gespielt. Täglich gibt es außerdem eine Happy Hour von 15 bis 18 Uhr.

35 Degrees South MODERN-NEUSEELÄNDISCH, MEERESFRÜCHTE $$
(www.35south.co.nz; 69 Marsden Rd; Probierteller 10–15 NZ$, Hauptgerichte 25–30 NZ$) Der Service ist mitunter etwas schlecht organisiert, darüber tröstet die unschlagbare Location über dem Wasser, mitten in Paihia, jedoch hinweg. Die beste Wahl sind die aus lokalen Gewässern stammenden Austern und die kleinen Probierteller. Lecker sind auch die Tempura-Fischtortillas. Und zum Nachtisch vielleicht noch einen Rosinen-Donut?

Ausgehen

Gott segne die Backpacker: denn ohne sie wäre in den Bars nichts los! In der Kings Road und im Stadtzentrum gibt es zahlreiche Kneipen. Die folgende Liste soll aber niemanden von eigenen Erkundungsgängen abhalten!

Pipi Patch Bar BAR
(18 Kings Rd; ⏲ 17 Uhr–open end) Zum Party-Hostel gehört auch eine Party-Bar: eine beliebte Kneipe mit großen Videobildschirmen und einer ordentlichen Terrasse. Um Mitternacht werden die Gäste ins Haus geschoben, damit die Nachbarn ruhig schlafen können – obwohl die meisten davon sowieso Backpacker sind, die mitfeiern.

Sauce BIER
(Marsden Rd; Pizza 12–22 NZ$; ⏲ Di–So 11 Uhr–open end) Hier kann man nicht nur seine eigene Pizza zusammenstellen, sondern dabei auch noch vom hervorragenden Fass-Bier der Good George Brewery in Hamilton kosten.

Bay of Islands Swordfish Club BAR
(Swordy; www.swordfish.co.nz; OG, 96 Marsden Rd; ⏲ 16 Uhr–open end) Tolle Aussicht, kaltes Bier und irre Geschichten gibt es in dieser hell erleuchteten Clubbar, wo diverse Meerestiere aus allen möglichen Ecken hervorlugen. Es gibt auch ganz gute Burger, Steaks und Meeresfrüchte (12–28 NZ$).

Praktische Informationen

Bay of Islands i-SITE (☎ 09-402 7345; www.northlandnz.com; Marsden Rd; ⏲ März–Mitte Dez. 8–17 Uhr, Mitte Dez.–Feb. bis 19 Uhr) Informationen und Buchungen.

Anreise & Unterwegs vor Ort

Alle Busse, die Paihia auf dem Fahrplan haben – etwa InterCity und Naked Bus – halten am Maritime Building am Kai.

Es gibt regelmäßige Fährverbindungen nach Russell.

Fahrräder kann man bei Bay Beach Hire (S. 157) mieten.

Urupukapuka Island

Die größte Insel der Bucht ist Urupukapuka, ein ruhiges Plätzchen, durchzogen von Wanderwegen und umgeben von aquamarinblauem Wasser. Auf dieser und den Nachbarinseln flattern unzählige heimische

Vögel herum, und zwar dank einer Schutzinitiative, die alle Raubtiere fernhält. Vor der Abfahrt nach Urupukapuka besser noch einmal nachsehen, ob sich Ratten, Mäuse oder Ameisen im Boot oder im Gepäck verstecken.

Die meisten Bootstouren gehen in der Otehei Bay vor Anker – ein Tagestrip ist etwas für alle, die nur ein wenig Inselluft schnuppern wollen. Wer lieber übernachten möchte, kann die Tour aufteilen und an einem anderen Tag zurückfahren. Es gibt **DOC-Campingplätze** (www.doc.govt.nz; Zeltstellplatz pro Erw./Kind 10/5 NZ$) in Cable, Sunset und Urupukapuka Bays. Trinkwasser und kalte Duschen (außer Sunset Bay) sowie Komposttoiletten sind vorhanden; Essen, ein Kocher und Brennstoff sollten mitgebracht werden.

Bei **Waterfront Bar & Cafe** (www.otehei bay.co.nz; Otehei Bay; Hauptgerichte 15–25 NZ$; ⌚11–20 Uhr) werden leichte Gerichte und Snacks serviert. Während der Saison gibt's auch Abendessen. Auf der Insel können Kajaks bei **Bay of Islands Kayaking** (☎021 272 3353; www.bayofislandskayaking.co.nz; Verleih ab 10 NZ$, Transport auf die Insel & geführte Paddeltour 160 NZ$) angemietet werden.

Kerikeri

6500 EW.

Kerikeri bedeutet „graben, graben" – und die umliegenden fruchtbaren Felder werden tatsächlich oft umgepflügt. Die Stadt ist berühmt für ihre Orangen, produziert aber auch viele Kiwifrüchte, Gemüse und Wein. Wer nach körperlich anstrengender, schlecht bezahlter Arbeit sucht, die die Einheimischen nicht gerne machen, kann hier direkt aktiv werden.

Eine Reihe von historischen Stätten am hübschen Kerikeri Basin gewährt Einblick in die frühen Beziehungen zwischen Maori und Pakeha (europäische Neuseeländer). 1819 erlaubte der mächtige Ngapuhi-Häuptling Hongi Hika dem Reverend Samuel Marsden, eine Missionsstation im Schatten seines Kororipo Pa zu errichten. Momentan läuft eine Kampagne mit dem Ziel, die Stätte als UNESCO-Weltkulturerbe anerkennen zu lassen.

Sehenswertes & Aktivitäten

★ Stone Store & Mission House — HISTORISCHE GEBÄUDE

(www.historic.org.nz; 246 Kerikeri Rd; ⌚10–16 Uhr) Der Stone Store von 1836 ist Neuseelands ältestes Steingebäude. Zu kaufen gibt es interessante Kiwiana-Geschenke sowie Waren, die in dem Store wohl schon viel früher angeboten wurden. Führungen (10 NZ$) durch das hölzerne Mission House, Neuseelands ältestes Gebäude (1822), beginnen hier und beinhalten auch den Eintritt zur Ausstellung *The Soul Trade* im 1. Stock des Ladens.

Ein Stück den Hügel hinauf beginnt ein markierter historischer Weg zum **Kororipo Pa**. Von Hika angeführte Kampftruppen sammelten sich hier und zogen aus, um North Island zu terrorisieren, wobei während der Musketenkriege Tausende niedergemetzelt wurden. Welche Rolle die Missionare bei der Bewaffnung der Ngapuhi gespielt haben, bleibt umstritten. Der Weg führt in die Nähe der kleinen Holzkirche **St. James Anglican Church** (1878).

Rewa's Village — MUSEUM

(Landing Rd; Erw./Kind 5/1 NZ$; ⌚9.30–16.30 Uhr) Wer sich Kororipo Pa im ursprünglichen Zustand nur schwer vorstellen kann, sollte die Fußgängerbrücke über den Fluss überqueren und das faszinierende, traditionelle Maori-Fischerdorf besichtigen, das hier nachgebaut wurde.

Aroha Island — NATURSCHUTZGEBIET

(☎09-407 5243; www.arohaisland.co.nz; 177 Rangitane Rd; ⌚9.30–17.30 Uhr) GRATIS Die 5 ha große Insel kann über einen Dammweg, der quer durch die Mangroven führt, erreicht werden. Sie ist ein Rückzugsgebiet für den Streifenkiwi und andere heimische Vögel und gleichzeitig ein großartiger Picknickplatz für seine Bewunderer. Es gibt ein Besucherzentrum, einen Kajakverleih sowie Nachtwanderungen mit der Chance, einen Blick auf einen Kiwi in freier Wildbahn zu erhaschen (35 NZ$/Pers.). Die Chancen stehen 50:50 und man muss im Voraus buchen.

Kerikeri River Track — WANDERN

Ausgehend vom Kerikeri Basin führt dieser 4 km lange Wanderweg an den **Wharepuke Falls** und den **Fairy Pools** vorbei zu den **Rainbow Falls**, wo das Wasser über eine moosbedeckte Höhle fällt. Die Rainbow Falls sind auch über die Rainbow Falls Road und von dort über einen zehnminütigen Spaziergang erreichbar.

Schlafen

Relax a Lodge — GASTFAMILIE $

(☎09-407 6989; www.relaxalodge.co.nz; 1574 Springbank Rd/SH10; EZ 55 NZ$, DZ & 2BZ 70–

Kerikeri

0 — 500 m

90 NZ$, Cottage 110–135 NZ$;) Das ruhige Landhaus 4 km außerhalb der Stadt ist keine richtige Farm, aber schon mehr als ein Orangenhain. In der gastfreundlichen Unterkunft finden zwölf Personen Platz. Auf dem Gelände verstreut liegen außerdem ein paar frisch renovierte Cottages, die auch ein sehr gutes Preis-Leistungs-Verhältnis bieten.

Aroha Island CAMPINGPLATZ $
(09-407 5243; www.arohaisland.co.nz; 177 Rangitane Rd; Stellplatz/Wohneinheit ab 18/119 NZ$) Auf der Öko-Insel der Liebe (*aroha*) kann man in Gesellschaft von Kiwis übernachten. Es gibt viele Optionen zu vernünftigen Preisen, von ruhigen Stellplätzen in der Nähe des mit Muschelresten übersäten Strands mit einfachen Einrichtungen bis hin zu einem ganzen Haus. Die Insel ist komplett rauchfrei – drinnen und draußen!

Pagoda Lodge LODGE, CAMPINGPLATZ $
(09-407 8617; www.pagoda.co.nz; 81 Pa Rd; Zeltstellplatz/Safarizelt/Wohnwagen ab 40/120/130 NZ$, Apt. 120–350 NZ$;) Die Lodge wurde in den 1930er-Jahren von einem komischen Schotten mit Asienfimmel erbaut: Das pagodenförmige Dach sitzt auf einem hölzernen Cottage. Das ungewöhnliche Anwesen zieht sich bis zum Fluss hinunter und ist mit Buddhas, Zigeunerwagen und Safarizelten mit richtigen Betten übersät. Die Gäste können aber auch ihr eigenes Zelt aufschlagen. Von der Cobham Road geht es links in die Kerikeri Inlet Road und dann nochmals links in die Pa Road – und schon ist man da.

Kauri Park MOTEL $$
(09-407 7629; www.Kauripark.co.nz; 512 Kerikeri Rd; Apt. 130–170NZ$;) Auf dem Weg nach Kerikeri versteckt sich dieses preisgünstige Motel hinter hohen Bäumen: Die Räume sind recht unterschiedlich ausgestattet – manche sind stilvoll eingerichtet, andere wirken dagegen ein wenig altmodisch.

Kerikeri

Highlights
1 Stone Store & Mission House D2

Sehenswertes
2 Rewa's Village............D2
3 Wharepuke Falls D1

Schlafen
4 Bed of Roses............C1
5 Pagoda Lodge D2
6 Wharepuke Subtropical Accommodation C1

Essen
7 Cafe Jerusalem B1
8 Cafe Zest............A1
9 Fishbone............A1
Food at Wharepuke ....(siehe 6)
10 Kerikeri Farmers Market............A1
11 Pear Tree D2
The Village Cafe ....(siehe 7)

Wharepuke Subtropical Accommodation HÜTTEN $$
(09-407 8933; www.accommodation-bay-of-islands.co.nz; 190 Kerikeri Rd; Hütte 150 NZ$;) Wharepuke ist zwar hauptsächlich für sein Essen und den üppigen Garten bekannt, vermietet aber auch fünf Cottages (mit je einem Schlafzimmer), die sich zwischen Palmen verstecken. Sie sehen zwar wie die Fertighütten eines Ferienparks aus, sind jedoch hinsichtlich Ausstattung und Größe etwas besser.

Bed of Roses B&B $$$
(☎ 09-407 4666; www.bedofroses.co.nz; 165 Kerikeri Rd; Zi. 295–475 NZ$; @) Nur Blütenblätter und keine Dornen schmücken dieses stilvolle B&B, das mit französischen Antiquitäten, edler Bettwäsche und bequemen Betten aufwarten kann. Das Ambiente ist Art déco, die Aussicht atemberaubend.

Essen & Ausgehen

Cafe Jerusalem NAHÖSTLICH $
(www.cafejerusalem.co.nz; Village Mall, 85 Kerikeri Rd; Snacks & Hauptgerichte 9–18 NZ$; ⌚ Mo–Sa 10 Uhr–open end, im Sommer So 17 Uhr–open end) Hier gibt's die besten Falafel und Lammkebabs Northlands – serviert mit einem Lächeln in netter Atmosphäre –, außerdem Salate, Wein und Bier. Als Brunch eignet sich *shakshuka* (Eier in Tomatensauce) bestens.

Fishbone CAFÉ, BAR $
(www.fishbonecafe.co.nz; 88 Kerikeri Rd; Hauptgerichte 10–18 NZ$; ⌚ Mo–Mi 8–16, Do–Fr bis 20, Sa & So 8.30–15 Uhr) Im besten Frühstückscafé von Kerikeri bekommt man hervorragenden Kaffee und leckeres Essen. Fans des Kinderbuchautors Dr. Seuss sollten die grünen (Pesto-)Eier mit Schinken (green eggs and ham …) probieren. Donnerstags und freitags verwandelt sich das Fishbone zwischen 16 und 19 Uhr in eine Weinbar.

The Village Cafe CAFÉ $
(Village Mall, 85 Kerikeri Rd; Hauptgerichte 10–17 NZ$; ⌚ Mo–Fr 8–16, Sa & So bis 14 Uhr) Ein schickes, weltoffenes Café, das von den Einheimischen wegen seines guten Kaffees, der frischen Gerichte von der Theke sowie der Brunch- und Mittagsoptionen geschätzt wird. Man schnappe sich einen Tisch im Freien und genieße eine herzhafte Portion Kartoffelrösti im Sonnenschein.

Cafe Zest CAFÉ, BAR $
(73 Kerikeri Rd; Hauptgerichte 10–19 NZ$; ⌚ Mo–Mi 7.30–16, Do–Sa bis 20.30, So bis 14 Uhr) Das niedliche Zest tischt tagsüber typische Café-

KERIKERIS HEIMMANUFAKTUREN

Bei der Flut an Kunsthandwerksläden, die die Zufahrtsstraße in den Ort säumen, liegt die Annahme nahe, dass jeder Einwohner von Kerikeri auf die eine oder andere Weise in eine kleine Heimmanufaktur verwickelt ist.

Während Northland nicht gerade für Weinbau bekannt ist, setzt eine Handvoll Winzer alles daran, dies zu ändern. Es hat sich gezeigt, dass die bisher eher unbekannte rote Rebsorte Chambourcin, neben Pinotage und Shiraz, im subtropischen, feuchten Klima der Region besonders gut gedeiht.

Am besten holt man sich die Broschüren *Art & Craft Trail* und *Wine Trail*. Hier gibt's vorab schon einige Empfehlungen.

Kerikeri Farmers Market (www.boifm.org.nz; Hobson Ave; ⌚ So 8.30–12 Uhr) Hat nahezu alles – von Gourmetwürstchen bis *limoncello*.

Get Fudged & Keriblue (www.getfudged.co.nz; 560 Kerikeri Rd; ⌚ 9–17 Uhr) Ungewöhnliche Kombination aus Keramiken und großen, dekadenten Fudgebrocken.

Makana Confections (www.makana.co.nz; 504 Kerikeri Rd; ⌚ 9–17.30 Uhr) Fabrik mit handwerklicher Schokoladenherstellung und jeder Menge Kostproben.

Marsden Estate (www.marsdenestate.co.nz; 56 Wiroa Rd; Hauptgerichte 19–32 NZ$, Probierplatten 35 NZ$; ⌚ 10–17 Uhr) Auf der Terrasse werden exzellenter Wein und Mittagessen serviert.

Ake Ake (☎ 09-407 8230; www.akeakevineyard.co.nz; 165 Waimate North Rd; Weinprobe 5 NZ$, Tour 5 NZ$, Hauptgerichte 27–34 NZ$, Mittagsplatte 25–48 NZ$; ⌚ Weinkeller Mi–So 10–16.30 Uhr, Restaurant Winter Mi–So 12 Uhr–open end, Sommer tgl.) Führungen über das Weingut (11.30 Uhr) und Weinproben sind beim Kauf von Wein oder einem Mittagessen im Restaurant kostenlos. An Tagen, an denen der Weinkeller geöffnet ist, serviert auch das elegante Restaurant Mittag- und Abendessen.

Cottle Hill (www.cottlehill.co.nz; Cottle Hill Dr; Weinprobe 5 NZ$, beim Kauf von Wein kostenlos; ⌚ Nov.–März 10–17.30 Uhr, April–Okt. Mi–So 10–17 Uhr) Wein und Portwein.

Fat Pig Vineyard (www.fatpig.co.nz; 177 Puketotara Rd; ⌚ Fr 15–19, Sa & So 11–19 Uhr) Wein und Portwein.

ABSTECHER

PUKETI & OMAHUTA FORESTS

Landeinwärts von Kerikeri existiert ein noch weitgehend intaktes Gebiet ursprünglichen Regenwalds, bestehend aus dem Puketi Forest und dem Omahuta Forest. Die Abholzung wurde in Puketi 1951 beendet, um nicht nur die verbliebenen Kauri-Bäume, sondern auch den gefährdeten Kokakovogel zu retten. Unterwegs sollte man nach diesem seltenen Charmeur Ausschau halten (er ist grau und hat eine blaue Kehle).

Es gibt verschiedene Zugänge zu den Wäldern, die von einem Netz an Wanderwegen durchzogen sind. Die Gehzeiten reichen von 15 Minuten (auf dem rollstuhltauglichen Manginangina Kauri Walk) bis zu zwei Tagen (auf dem anspruchsvollen Waipapa River Track); auf der DOC-Website sind weitere Wanderungen aufgeführt.

In der Puketi Recreation Area am Ostrand des Waldes befindet sich ein **DOC-Campingplatz** (☎ 09-407 0300; www.doc.govt.nz; Waiare Rd; Zeltstellplatz pro Erw./Kind 6/3 NZ$) mit zwei Hütten für drei Personen (21 NZ$) und einer mit 18 Stockbetten (zur alleinigen Benutzung 62 NZ$). In dieser Hütte gibt es heiße Duschen, eine Küche und ein WC, wohingegen die Bewohner der anderen Hütten und des Campingplatzes mit kalten Duschen auskommen müssen.

Adventure Puketi (www.forestwalks.com; Touren 75–155 NZ$) führt Interessierte auf Ökotouren durch den Wald – auch abends, wenn die Nachttiere aktiv sind.

Kost, abends Tapas auf. Der Hauptgrund, hier vorbeizuschauen, sind jedoch die Weine aller lokalen Anbieter der Gegend. Gleich nebenan haben die Besitzer ein flippiges neues Lokal eröffnet, in dem frische Waffeln serviert werden.

Food at Wharepuke CAFÉ **$$**
(☎ 09-407 8936; www.foodatwharepuke.co.nz; 190 Kerikeri Rd; Frühstück 14–22 NZ$, Mittagessen 24–38 NZ$, Abendessen 30–40 NZ$; ⌚ Di–Sa 10–22, So 9–15 Uhr) Das eine Bein in Europa, das andere in Thailand und der Kopf in den grünen Baumwipfeln der Wharepuke Subtropical Gardens. Kerikeris ungewöhnlichstes und beseeltestes Lokal serviert an Freitagabenden beliebte Thai-Bankette (3 Gänge 47,50 NZ$) und hat jeden Sonntagnachmittag Livejazz im Programm. Nebenan liegt das interessante Wharepuke Print Studio & Gallery.

Pear Tree RESTAURANT, BAR **$$**
(☎ 09-407 8479; www.thepeartree.co.nz; 215 Kerikeri Rd; Mittagessen 15–20 NZ$, Abendessen 25–32 NZ$; ⌚ tgl. 10–14, Mi–Mo 18 Uhr–open end) Das Pear Tree ist das gehobenste Restaurant im Ort und gleichzeitig das mit der besten Lage. Es ist in einem alten Gehöft am Hafenbecken untergebracht. Die Hauptgerichte sind vor allem Bistro-Klassiker, es gibt aber auch asiatische Gerichte. Wer auf der Veranda sitzen möchte, sollte reservieren.

ℹ Praktische Informationen

Procter Library (Bibliothek; Cobham Rd; ⌚ Mo–Fr 8–17, Sa 9–14, So 9–13 Uhr; 📶) Touristeninfos und kostenloser Internetzugang.

ℹ An- & Weiterreise

BUS

InterCity (S. 134) und seine Partnerunternehmen starten an der Haltestelle in der 9 Cobham Rd gegenüber der Bibliothek.

FLUGZEUG

Der **Bay of Islands (Kerikeri) Airport** (☎ 09-407 7147; www.bayofislandsairport.co.nz; 218 Wiroa Rd) liegt 8 km südwestlich der Stadt. Air New Zealand bietet Flüge von Auckland nach Kerikeri an. **Super Shuttle** (☎ 0800 748 885; www.supershuttle.co.nz; 25 NZ$) betreibt einen Shuttlebus vom Flughafen nach Kerikeri, Paihia, Opua und Kawakawa.

FAR NORTH

Hier bietet sich die Gelegenheit, die ausgetretenen Pfade zu verlassen – auch wenn dies meist bedeutet, sich auf unbefestigte Straßen vorzuwagen. Der abgelegene „Hohe Norden" spielt in der Bay of Islands sowohl in puncto Aufmerksamkeit als auch Förderung seit jeher die zweite Geige. Und das obwohl die subtropische Spitze der Nordinsel mehr atemberaubende Küste hat als jede andere Gegend, mit Ausnahme der vor der Küste gelegenen Inseln. Obwohl man hier nicht unbedingt vom „winterlosen Norden" sprechen kann, sind die Sommer doch lang und ruhig. Man muss aber wissen, dass sich Teile des Far North in einer schweren, wirtschaftlichen Krise befinden und manche Gegenden können bestenfalls noch als nüchtern beschreiben werden. Onlineinfos gibt's auf www.topofnz.co.nz.

Matauri & Tauranga Bays

Zwar muss man vom SH10 aus einen kurzen Umweg nehmen, doch die landschaftlich ausgesprochen reizvolle Rundtour zu diesen Traumstränden führt in eine Gegend, die Welten von der glitzernden Oberfläche entfernt ist, die Touristen in der Bay of Islands zu sehen bekommen.

Matauri Bay mit den 17 Cavalli Islands in der Ferne ist ein langer Surfsandstrand, der 18 km abseits vom SH10 liegt. Der **Matauri Bay Holiday Park** (☎09-405 0525; www.matauribayholidaypark.co.nz; Zeltstellplätze ab 20 NZ$, Apt. 130–140 NZ$) befindet sich am nördlichen Strandende. Im Laden gibt es Lebensmittel, Alkohol und Benzin. Auf der Landzunge oberhalb des Parks steht ein Denkmal für die *Rainbow Warrior:* Die letzte Ruhestätte des berühmten Greenpeaceschiffes zwischen den Cavalli Islands ist heute ein beliebter Tauchplatz.

Das DOC betreibt auf Motukawanui Island eine **Hütte** (☎09-407 0300; www.doc.govt.nz; Erw./Kind 15/10 NZ$) für zwölf Personen. Man braucht aber ein Boot oder ein Kajak, um hinzukommen und muss im Voraus buchen. Außer Wasser, Matratzen und einer Komposttoilette wird nichts geboten, man muss also alles selbst mitbringen.

Zurück auf der Hauptstraße geht die Fahrt weiter gen Westen durch das nette Dorf Te Ngaere und an ein paar kleinen Buchten vorbei, bis man schließlich die Abfahrt zur Tauranga Bay erreicht. Der Sand an diesem kleinen Strand ist pfirsichfarben. Der **Tauranga Bay Holiday Park** (☎ 09-405 0436;

DAS ATTENTAT AUF DIE RAINBOW WARRIOR

Als die Neuseeländer am Morgen des 10. Juli 1985 aufwachten, mussten sie erfahren, dass bei einem Terroranschlag im Hafen von Auckland ein Mensch ums Leben gekommen war. Das Flaggschiff von Greenpeace, die *Rainbow Warrior*, wurde an ihrem Liegeplatz an der Marsden Wharf versenkt. Sie wurde gerade für die Fahrt zum Mururoa Atoll in der Nähe von Tahiti vorbereitet – geplant war eine Protestaktion gegen französische Atomtests.

Einem Hinweis einer Nachbarschaftswache ist es zu verdanken, dass schließlich zwei Agenten vom französischen Geheimdienst (DGSE), die sich als Touristen ausgegeben hatten, verhaftet wurden. Die Agenten hatten zwei Sprengsätze am Schiff befestigt – der erste sollte die Crew veranlassen, das Schiff zu verlassen, der zweite sollte es dann versenken. Einige der Crewmitglieder gingen aber nach der ersten Explosion wieder an Bord, um Untersuchungen anzustellen und den Anschlag zu dokumentieren. Der Greenpeace-Fotograf Fernando Pereira kam bei der zweiten Explosion um. Die Agenten wurden des Totschlags überführt und zu zehn Jahren Haft verurteilt. Die französische Regierung drohte daraufhin mit einem Boykott neuseeländischer Waren. Der Export in die EU sollte untersagt werden, was verheerende Folgen für die neuseeländische Wirtschaft gehabt hätte. Schließlich wurde vereinbart, dass Frankreich 13 Mio. NZ$ an Neuseeland zahlen und sich entschuldigen müsse. Dafür sollten die Agenten den Franzosen ausgeliefert und drei Jahre auf einer Insel im Südpazifik inhaftiert werden. Letztendlich zahlte Frankreich als Wiedergutmachung etwa 8 Mio. NZ$ an Greenpeace – die Bombenleger wurden vor Ende der Haftstrafe entlassen.

Anfangs leugnete der französische Präsident François Mitterrand jegliche Beteiligung der Regierung an dem Anschlag. Nach den Untersuchungen entließ er aber den Verteidigungsminister und DGSE-Leiter Admiral Pierre Lacoste. Am 20. Jahrestag des Attentats wurde in *Le Monde* ein Bericht von Lacoste aus dem Jahr 1986 veröffentlicht, in dem er erklärt, dass der Präsident dieses Attentat persönlich genehmigt hatte.

Der Bombenanschlag hatte nachhaltige Auswirkungen auf Neuseeland. Die französischen Atomtests auf Mururoa wurden 1996 endgültig eingestellt. Das Wrack der *Rainbow Warrior* wurde in die Gewässer um Northlands Cavalli Islands gebracht, wo es heute von Tauchern erforscht werden kann. Die Masten kaufte das Dargaville Museum, sie thronen jetzt über der Stadt. Die Erinnerung an Fernando Pereira lebt in einem friedlichen Vogelschutzgebiet in Thames weiter. Ein Denkmal für das Schiff befindet sich in einem Maori-*pa* (Wehrdorf) in der Matauri Bay nördlich der Bay of Islands.

www.taurangabay.co.nz; Stellplatz ab 20 NZ$, Hütte 97–170 NZ$; @ 🛜) bietet Zeltplätze und Hütten am Strand, hat aber wenige Bäume, sodass man dem Wetter ausgeliefert ist. Im Januar kostet der Stellplatz mindestens 59 NZ$, und man muss sieben Nächte bleiben.

An einer Privatstraße an der Tauranga Bay organisiert **Northland Sea Kayaking** (☎ 09-405 0381; www.northlandseakayaking.co.nz; Touren halber/ganzer Tag 75/95 NZ$) Kajaktouren entlang der märchenhaften Küste mit Buchten, Höhlen und Inseln. Eine Unterkunft kann zusammen mit einer Tour für 25 NZ$ pro Person zusätzlich gebucht werden.

Öffentliche Verkehrsmittel in dieser Gegend oder im benachbarten Whangaroa gibt es nicht.

Whangaroa Harbour

Gleich hinter der Landzunge von Tauranga Bay liegt die schmale Zufahrt zum Whangaroa Harbour. Das kleine Fischerdorf Whangaroa liegt 6 km vom SH10 entfernt und wird als „Marlin Capital of NZ", also Neuseelands Marlin-Hauptstadt, bezeichnet.

Entsprechend viele Boote, die sich zum Hochseeangeln eignen, werden hier vermietet (Dez.–April); die Preise beginnen bei etwa 1200 NZ$ pro Tag. Wer eines der Monster am Haken zappeln hat, sollte darauf bestehen, dass es anschließend wieder ins Meer befördert wird: Der Gestreifte Marlin und der Schwertfisch gehören zu Neuseelands gefährdeten Fischarten.

Ein wunderbarer, 20-minütiger Spaziergang beginnt am Parkplatz am Ende der Old Hospital Rd und führt hinauf zum **St. Paul's Rock** (213 m), der das Dorf überragt. Oben muss man sich an einem Drahtseil hochziehen, was sich lohnt, denn die Aussicht ist es wirklich wert.

Der **Wairakau Stream Track** beginnt unweit der Gemeindehalle an der Campbell Rd in Totara North auf der anderen Seite der Bucht und führt Richtung Norden zur Pekapeka Bay. Die Strecke ist wunderschön und noch völlig unberührt. Unterwegs kann man sich in Naturwasserbecken abkühlen. Die zweistündige Tour führt durch den Wald, vorbei an einer verlassenen Farm und einer Flussmündung mit steilen Ufern, und endet schließlich an der **Lane Cove Hut** (☎ 09-407 0300; www.doc.govt.nz; zur alleinigen Benutzung 164 NZ$) des DOC, die mit 16 Betten und Komposttoiletten ausgestattet ist. Alles andere muss mitgebracht werden. Unbedingt frühzeitig buchen, da die Hütte im Sommer meist von neuseeländischen Familien belegt ist.

Der Startpunkt des **Duke's Nose Track** (hin & zurück 1¼ Std.) liegt hinter dem Cottage, und von dort geht es hinauf zu den Kairara Rocks. Am Felsen kann man Ausschau nach dem Adlerprofil des Duke of Wellington halten. Die letzten 10 m müssen sich die Wanderer dann noch an einer Kette nach oben ziehen, die Mühe lohnt sich aber angesichts der Aussicht durchaus. Wer absolut keine Lust hat, (zurück) zu wandern, hat eine Alternative: Das Unternehmen **Bushmansfriend** (☎ 09-405 1844; www.bushmansfriend.co.nz) vermittelt Wassertaxis ab der Lane Cove (20 NZ$) sowie einstündige Bootstouren (45 NZ$).

Hinter der nördlichen Landspitze des Hafens liegt die **Taupo Bay**, ein beliebter Surfstrand, der im Sommer stets von seinen treuen neuseeländischen Fans bevölkert ist. Bei östlicher Dünung kann man am Südende dieser Bucht an der Flussmündung Quality Righthanders, also rechtsbrechende Wellen, surfen. Zu erreichen ist die Taupo Bay über eine 11 km lange, befestigte Straße, die vom SH10 ausgehend ausgeschildert ist.

Schlafen & Essen

★ **Kahoe Farms Hostel** HOSTEL $
(☎ 09-405 1804; www.kahoefarms.co.nz; B 30 NZ$, Zi. 76–96 NZ$) Das Hostel mit dem großartigen Ruf liegt am SH10, 10 km nördlich der Abzweigung nach Whangaroa: Es ist berühmt für die komfortable Unterkunft, die bukolische Lage und das hausgemachte italienische Essen, am meisten aber wohl für die warmherzigen Gastgeber. Das Backpacker-Cottage ist toll, doch ein Stück den Hügel hinauf liegt eine noch beeindruckendere Villa mit sehr günstigen Zimmern (inkl. Bad). Alle Zimmer sind hell und angenehm eingerichtet, die meisten sogar mit Blick auf den Garten

Sunseeker Lodge HOSTEL $
(☎ 09-405 0496; www.sunseekerlodge.co.nz; Old Hospital Rd; B/EZ/DZ/3BZ 25/50/66/90 NZ$, Apt. 120–150 NZ$; @ 🛜) Diese am Hügel in Whangaroa gelegene, sehr freundliche Lodge verfügt über ein Spa (bei der dortigen Aussicht steht einem der Mund vor Staunen offen) und verleiht Kajaks und Motorboote. Die Besitzer holen ihre Gäste in Kaeo am SH10 ab. Vermietet werden günstige, einfache Zimmer, aber auch Apartments und Ferienhäuser.

Marlin PUB $$
(Whangaroa Rd; Hauptgerichte 15–20 NZ$; ⏲ Mittag- & Abendessen) Ein sehr netter Pub mit gutem, ordentlichem Essen aus dem zugehörigen Café.

Praktische Informationen

Boyd Gallery (☎ 09-405 0230; Whangaroa Rd; ⏲ 8–19 Uhr) Gemischtwarenladen und Touristeninfo.

Doubtless Bay

6030 EW.

Die Bucht verdankt ihren ungewöhnlichen Namen dem Eintrag in Cooks Logbuch, in dem er schreibt, dieses Gewässer sei „zweifelsohne (doubtless) eine Bucht". Da hatte er recht, der Käpt'n – noch dazu ist die Bucht mit einer ganzen Reihe hübscher Badestrände gesegnet, die sich Richtung Karikari Peninsula erstrecken.

Das Zentrum **Mangonui** („Großer Hai") konnte sich trotz der Cafés und Souvenirläden, die die schönen historischen Gebäude am Ufer verunstalten, das Flair eines Fischereihafens bewahren. Die Häuser wurden gebaut, als Mangonui ein Zentrum der Walfangindustrie (1792–1850) war und Flachs, Kauriholz und Gummi exportierte.

Die beliebten Feriensiedlungen **Coopers Beach**, **Cable Bay** und **Taipa** sind friedvolle Strandenklaven, in denen die Gentrifizierung um sich greift.

Sehenswertes & Aktivitäten

Die Broschüre *Heritage Trail* (gibt es im Information Centre) beschreibt u. a. eine etwa 3 km lange Wanderung, die an 22 historischen Stätten vorbeiführt. Weitere Touren führen zur schönen **Mill Bay** westlich von Mangonui und zum **Rangikapiti Pa Historic Reserve**, wo alte Maori-Terrassen sowie die grandiose Aussicht auf die Doubtless Bay locken – besonders bei Sonnenauf- und Sonnenuntergang. Von der Mill Bay aus führt ein Pfad zum *pa* (man kann aber auch fast bis zum Gipfel hinauffahren).

Butler Point Whaling Museum MUSEUM
(www.butlerpoint.co.nz; Marant Rd, Hihi; Erw./Kind 12/2 NZ$; ⏲ nach Vereinbarung) Das kleine Privatmuseum bei Hihi, ein viktorianisches Wohnhaus (1843) inmitten eines hübschen Gartens, steht 15 km nordöstlich von Mangonui. Der erste Besitzer, Captain Butler, verließ das englische Dorset mit 14 Jahren, mit 24 Jahren war er bereits Kapitän eines Walfängers. Schließlich ließ er sich 1839 hier nieder, zeugte 13 Kinder und wurde Händler, Farmer, Magistrat und Parlamentsmitglied

Schlafen

Es gibt zahlreiche Unterkünfte, die im Sommer aber überteuert sind – außerhalb der Saison beruhigt sich dann die Lage.

Puketiti Lodge HOSTEL $
(☎ 09-406 0369; www.puketitilodge.co.nz; 10 Puketiti Dr; B/EZ/DZ 40/100/150 NZ$; @ 📶) Wenn das hier „Flashpacking" ist – dann nichts wie her damit! Für 40 NZ$ gibt's ein bequemes Stockbett in einem Sechser-Schlafsaal mit großer Veranda und überwältigender Aussicht, einen verschließbaren Schrank, in den selbst der dickste Rucksack passt, und – was vielleicht am meisten überrascht – ein Frühstück. An der Midgley Rd, 6 km südlich des Örtchens Mangonui, gleich hinter der Abzweigung nach Hihi landeinwärts fahren.

Old Oak BOUTIQUEHOTEL $$
(☎ 09-406 1250; www.theoldoak.co.nz; 66 Waterfront Dr, Mangonui; DZ 175–275 NZ$, Suite 295–325 NZ$; 📶) Der stimmungsvolle Kauri-Inn von 1861 wurde in ein elegantes Boutiquehotel mit modernem Design und erstklassiger Einrichtung verwandelt. Es trieft nur so vor Charakter – und das nicht zuletzt, weil es hier angeblich spuken soll.

Mangonui Waterfront Apartments Motel APARTMENTS $$
(☎ 09-406 0347; www.mangonuiwaterfront.co.nz; 88 Waterfront Dr, Mangonui; Apt. 120–225 NZ$; @ 📶) Diese historischen Apartments (2–8 Pers.) an der Promenade von Mangonui sind recht individuell eingerichtet – keines gleicht dem anderen, aber alle haben einen Balkon, reichlich Platz und einen eigenen Grill. Das 100 Jahre alte Tahi ist sehr zu empfehlen.

Essen

Auch an den anderen Stränden gibt es Cafés, Imbisse und Läden.

Mangonui Fish Shop FISH & CHIPS $
(137 Waterfront Dr, Mangonui; Fish & Chips 10 NZ$; ⏲ 10–20 Uhr; 📶) Hier kann man draußen über dem Wasser speisen und neben Fish & Chips gibt's auch noch geräucherten Fisch und Salate mit Meeresfrüchten. Einfach einen Krebssalat und ein kühles Bier bestellen und schon ist die Welt in Ordnung. Der Fish-&-Chips-Laden gegenüber ist auch gut.

Waterfront Cafe & Bar CAFÉ $$
(Waterfront Dr, Mangonui; Brunch 11–18 NZ$, Abendessen 14–29 NZ$; ⌚8.30 Uhr–open end) Das Waterfront bietet neben dem Blick aufs Wasser auch noch jede Menge Charme der Alten Welt. Ab der Mittagszeit wird Pizza serviert, am Abend dann noch eine Reihe von Bistrogerichten.

Thai Chef THAI $$
(☎09-406 1220; www.thaichef.co.nz; 80 Waterfront Dr, Mangonui; Hauptgerichte 18–26 NZ$; ⌚Di–So 17–23 Uhr) Im besten Thai-Restaurant Northlands werden pikante Gerichte mit interessanten Namen wie The 3 Alcoholics, Spice Girls oder BangkokShowtime serviert.

Shoppen

Flax Bush KUNST & KUNSTHANDWERK
(www.flaxbush.co.nz; 50 Waterfront Dr, Mangonui; ⌚10–17 Uhr) Muscheln, Pasifika und Maori-Kunsthandwerk.

Exhibit A KUNST & KUNSTHANDWERK
(Old Courthouse, Waterfront Dr; ⌚10–16.30 Uhr) Diese Galerie einer Kooperative zeigt Werke von Künstlern aus Far North.

Praktische Informationen

Doubtless Bay Visitor Information Centre (☎09-406 2046; www.doubtlessbay.co.nz; 118 Waterfront Dr, Mangonui; ⌚Mo–Sa 10–16 Uhr)

An- & Weiterreise

InterCity-Busse starten in der Nähe des Watefront Cafe in Mangonui, vor dem Großhändler in Coopers Beach, gegenüber dem Laden in Cable Bay sowie vor der Shell-Tankstelle in Taipa. **Busabout Kaitaia** (☎09-408 1092; www.cbec.co.nz) steuert Kaitaia (5 NZ$, 1 Std.) an.

Karikari Peninsula

Die ungewöhnlich geformte Halbinsel Karikari bildet einen fast perfekten rechten Winkel, sodass die nicht weit voneinander entfernten Strände nach Norden, Süden, Osten und Westen weisen. Wen der Wind stört oder wer der Sonne beim Auf- und Untergehen zusehen will, wechselt eben einfach schnell den Strand. Trotz ihrer natürlichen Schönheit ist die sonnenverwöhnte Halbinsel auf wundersame Weise unberührt, weshalb es derzeit noch wesentlich mehr Farmer als Touristikveranstalter gibt. Es existieren keine öffentlichen Verkehrsmittel, auch Läden, Cafés und Restaurants sind dünn gesät.

Sehenswertes & Aktivitäten

Tokerau Beach heißt der lange, sandige Abschnitt, der das westliche Ende der Doubtless Bay bildet. Das benachbarte **Whatuwhiwhi** ist kleiner und im hinteren Bereich der Bucht dichter bebaut. Die **Maitai Bay** mit ihren beiden kleinen Buchten ist die schönste von allen. Sie liegt am einsamen Zipfel der Halbinsel, am Ende einer unbefestigten Straße. Hier kann man fantastisch baden. Die Bucht ist geschützt genug für Kids, bietet aber auch ausreichend Brandung zum Bodysurfen.

Rangiputa liegt am Ellenbogen der Halbinsel Richtung Westen. Der blütenweiße Sand und das herrlich kristallklare, geschützte Meer scheinen direkt aus einem südpazifischen Inseltraum zu stammen. Eine Abzweigung von der Straße nach Rangiputa führt zum abgelegenen **Puheke Beach**. Der lange, windige Streifen mit schneeweißen Sanddünen bildet den nördlichen Rand von Karikari.

Verschiedene örtliche Wassersportanbieter sind unter **Watersports Paradise** (☎050 872 7234; www.watersportsparadise.co.nz) zu erreichen.

Karikari Estate WEINLOKAL
(www.karikariestate.co.nz; Maitai Bay Rd; Weinprobe 12 NZ$; ⌚Nov.–April 11–16 Uhr) Eins der Zeichen der fortschreitenden Gentrifizierung ist dieser Luxusgolfclub mit Weinlokal auf dem Weg nach Maitai Bay. Das beeindruckende Karikari Estate mit angeschlossenem Café produziert gefeierte Rotweine. Während die Weinprobe schamlos überteuert ist, zahlt man zumindest für die tolle Aussicht nichts.

Airzone Kitesurfing School KITESURFEN
(☎021 202 7949; www.kitesurfnz.com; 1-/2-/3-Tageskurse 195/350/485 NZ$) Ihre absolut einzigartige Lage macht die Karikari Peninsula zu einem der heißesten Orte fürs Kitesurfen. Anfänger verbessern hiert erst einmal ihr Können im flachen Wasser, bevor es anschließend hinaus in die Brandung geht. Leute mit Erfahrung dagegen können einfach rund um die Halbinsel dem Wind nachjagen.

A to Z Diving TAUCHEN
(☎09-408 3336; www.atozdiving.co.nz; 13–15 Whatuwhiwhi Rd; 2 Tauchgänge inkl. Ausrüstung 160–230 NZ$) Bietet PADI-Kurse und Tauchfahrten in der Doubtless Bay und zur *Rainbow Warrior* an.

Schlafen

Whatuwhiwhi Top 10 Holiday Park FERIENANLAGE $
(☎09-408 7202; www.whatuwhiwhitop10.co.nz; 17 Whatuwhiwhi Rd; Stellplatz ab 62 NZ$, Wohneinheit 82–385 NZ$) Diese toll gelegene, von Hügeln abgeschirmte und sehr freundliche Ferienanlage mit Blick auf den Strand hat gute Einrichtungen, kostenlose Grillstellen und einen Kajakverleih. Es werden auch Tauchflaschen befüllt und PADI-Kurse angeboten.

Maitai Bay DOC Campsite CAMPING $
(www.doc.govt.nz; Maitai Bay Rd; Stellplatz je Erw./Kind 10/5 NZ$) Ein großer Campingplatz ohne Reservierungsmöglichkeit (wer zuerst kommt, mahlt zuerst) am schönsten Strand der Halbinsel mit Chemietoiletten, Trinkwasser und kalten Duschen.

Pepper's Carrington Resort RESORT $$$
(☎09-408 7222; www.peppers.co.nz; Zi. ab 245 NZ$; @ ☒) Diese Lodge auf einem Hügel sieht mit ihren breiten Veranden und den Eukalyptusbäumen irgendwie australisch aus, im Innern erinnern das Design der geräumigen Zimmer und Villen dann aber doch an die Maori und die Pazifikregion. Der Blick über den Golfplatz bis zum blendend weißen Strand ist wunderschön.

Cape Reinga & Ninety Mile Beach

Für die Maori ist Cape Reinga (Te Rerenga-Wairua) der Ort, an dem die Seelen der Verstorbenen ihre Reise in die spirituelle Heimat antreten. Die Aupouri Peninsula ist also ein riesiges Sprungbrett und sieht auch so aus – lang und schmal. Sie erstreckt sich über 108 km bis zu Neuseelands nördlichstem Punkt. An der Westküste befindet sich der Ninety Mile Beach („Ninety Kilometre Beach" wäre aber eher korrekt…), ein endloser Strand mit hohen Sanddünen, flankiert vom Aupouri Forest.

Sehenswertes & Aktivitäten

Cape Reinga LANDMARKE
Wenn man am windumtosten **Cape Reinga Lighthouse** (1 km Fußweg vom Parkplatz) steht und über den Ozean blickt, überkommt einen das Gefühl, am Ende der Welt angekommen zu sein. Hier treffen die Tasmansee und der Pazifik aufeinander, was bei stürmischem Wetter schon mal zu 10 m hohen Wellen führen kann. Oft kleben kleine Wölkchen an den Gebirgshängen, die selbst an heißen Tagen kurze, kühle Windstöße mit sich bringen.

Ganz am Ende des Kaps, etwas gen Osten, steht ein spirituell wichtiger, 800 Jahre alter Pohutukawa-Baum. Die Seelen sollen zu seinen Wurzeln hinunter gleiten. Aus Respekt vor der heiligsten Stätte der Maori sollte man sich dem Baum nicht nähern und in seiner Umgebung nichts essen oder trinken.

Cape Reinga Coastal Walkway WANDERN
Entgegen der landläufigen Meinung ist Cape Reinga nicht der nördlichste Punkt Neuseelands. Diese Ehre gebührt den Surville Cliffs weiter östlich. Eine Wanderung entlang des Te Werahi Beach führt zum Cape Maria van Diemen (hin & zurück 5 Std.), dem westlichsten Punkt der nördlichen Insel. Es handelt sich um einen der zahlreichen Abschnitte des drei bis vier Tage in Anspruch nehmenden, 53 km langen Cape Reinga Coastal Walkway (von Kapowairua zum Te Paki Stream). Diese Tour kann man ohne Probleme allein bewerkstelligen. Die schöne **Tapotupotu Bay** ist zu Fuß in zwei Stunden erreichbar; vom Cape Reinga wandert man in Richtung Osten vorbei an der Sandy Bay und den Klippen. Von der Tapotupotu Bay führt eine achtstündige Wanderung zur **Spirits Bay**. Beide Buchten sich auch über die Straße erreichbar.

Te Paki Recreation Reserve NATURSCHUTZGEBIET
Ein großer Teil des Gebiets rund um Cape Reinga ist Teil des Te Paki Recreation Reserve, das vom DOC betrieben wird. Es ist öffentliches Gelände mit unbeschränktem Zugang; man sollte die Tore aber so belassen, wie man sie vorgefunden hat, und die Tiere nicht stören. Auf jeder Seite der Mündung des Te Paki Stream sind 7 km² Sanddünen, die sich für Flying Leaps oder Toboggan-Fahrten anbieten. Im Sommer verleiht Ahikaa Adventures (S. 167) Sandboards (15 NZ$).

Great Exhibition Bay STRAND
Die Great Exhibition Bay an der Ostküste begeistert mit schimmernden, schneeweißen Quarzsanddünen. Keine öffentliche Straße führt dorthin, doch bei einigen Touren wird eine *koha* (Spende) gezahlt, damit das Maori-Land überquert werden darf. Von Parengarenga Harbour ist der Sandstrand auch per Kajak zu erreichen.

Nga-Tapuwae-o-te-Mangai TEMPEL
(6576 Far North Rd) Mit seinen zwei kuppelgekrönten Türmen (Arepa und Omeka, Alpha

und Omega) und dem Ratana-Symbol aus Stern und Mondsichel kann man diesen Tempel leicht für eine Moschee halten. Ratana ist eine christliche Maori-Sekte mit über 50 000 Anhängern, die 1925 von Tahupotiki Wiremu Ratana gegründet wurde, der als „Sprachrohr Gottes" bekannt war. Einst stand Ratana genau dort, wo schließlich der Tempel errichtet wurde, und der Name bedeutet so viel wie „die heiligen Schritte des Sprachrohrs". Das Bauwerk liegt bei Te Kao, 46 km südlich von Cape Reinga.

Gumdiggers Park MUSEUM
(www.gumdiggerspark.co.nz; 171 Heath Rd, Waiharara; Erw./Kind 14/7 NZ$; ⏲9–17 Uhr) Das Gebiet war 100 000 Jahre lang von Kauriwäldern bedeckt. Zurück blieben uralte Baumstämme und wertvoller Gum, der zur Herstellung von Lacken und Linoleum verwendet wird und unter der Oberfläche begraben liegt. Das Ausgraben dieses Rohstoffes war zwischen den 1870er- und den 1920er-Jahren die Hauptindustrie der Region. Ab 1900 buddelten etwa 7000 Gumgräber in ganz Northland – und so auch hier – zahllose Löcher. Ein 15-minütiger Film liefert erste Infos dazu; danach folgt man den Wegen durch den Busch, die an Gumgräberhütten, alten Kauristümpfen, riesigen konservierten Baumstämmen und von den Gumgräbern hinterlassenen Löchern vorbeiführen.

Ancient Kauri Kingdom DRECHSLER
(www.ancientkauri.co.nz; 229 Far North Rd, Awanui; ⏲8.30–17 Uhr; 📶) Hier kann man 50 000 Jahre alte Kauristümpfe sehen, die aus den Sümpfen ausgegraben und zu Möbeln, Holzhandwerk und allerlei Touristenkitsch verarbeitet werden. Auf dem großen Gelände befinden sich ein Café, ein Souvenirladen und eine Werkstatt. In einen riesigen Kauristamm wurde eine beeindruckende Wendeltreppe hineingeschnitzt.

Geführte Touren

Bustouren nach Cape Reinga werden von Kaitaia, Ahipara, der Doubtless Bay und der Bay of Islands aus angeboten. Öffentliche Verkehrsmittel mit regelmäßigen Abfahrtszeiten gibt's hier oben nicht.

Cape Reinga Adventures JEEPTOUR
(☎09-409 8445; www.capereingaadventures.co.nz; Jeeptour halber/ganzer Tag 75/135 NZ$) Bietet Touren mit Allradwagen an, darunter auch Trips zum Cape bei Sonnenuntergang, wenn die Menschenmassen verschwunden sind. Außerdem stehen Angeln, Kajakfahren und Sandboarding als Tagesausflug oder mit Übernachtung in Zelten auf dem Programm.

Far North Outback Adventures JEEPTOUR
(☎09-408 0927; www.farnorthtours.co.nz; Preis auf Anfrage) Flexible Tagestouren ab Kaitaia/Ahipara, inkl. zweitem Frühstück und Mittagessen. Zur Wahl stehen verschiedene Optionen, u.a. eine Fahrt in so abgelegene Gebiete wie die Great Exhibition Bay.

Harrisons Cape Runner ABENTEUERTOUR
(☎0800 227 373; www.harrisonscapereingatours.co.nz; Erw./Kind 50/25 NZ$) Tagesausflüge von Kaitaia zum Ninety Mile Beach einschließlich Sandboarding und Mittagspicknick.

Sand Safaris ABENTEUERTOUR
(☎09-408 1778, 0800 869 090; www.sandsafaris.co.nz; Erw./Kind 50/30 NZ$) Bustouren ab Ahipara und Kaitaia mit Sandboarding und Mittagspicknick.

Ahikaa Adventures KULTUR
(☎09-409 8228; www.ahikaa-adventures.co.nz; Tour 70–190 NZ$) Diese Touren haben die Kultur der Maori als Themen-Schwerpunkt, schließen aber auch Sandboarding, Kajakfahren, Angeln und traditionelle *kai*-Gerichte mit ein.

Schlafen & Essen

Wer nicht gerade ein leidenschaftlicher Camper ist, der wird sich hier oben schwer tun, eine anständige Bleibe zu finden. Pukenui – übersetzt heißt das „Großer Magen" – ist der beste Ort, um eben diesen zu füllen. Dort gibt's ein Café, Imbisse und ein Lebensmittelgeschäft. Eine weitere Option ist der freundliche Fischerclub in Houhora.

SAMEN FÜR DIE ZUKUNFT

Die einheimischen Ngati Kuri, die Wächter der heiligen Orte rund ums Kap, haben sich eine einzigartige Idee einfallen lassen, um Geld für die Wiederaufforstung zu sammeln. Für 20 NZ$ kann man seine persönliche CO_2-Schuld verringern, indem man einen selbst ausgesuchten heimischen Baum oder Busch pflanzt – oder, falls man sich nicht die Finger schmutzig machen will – vom Personal pflanzen lässt. Wer sich dafür interessiert, kann Kontakt aufnehmen mit **Natives** (☎09-409 8482; www.natives.co.nz).

North Wind Lodge Backpackers HOSTEL $
(☎ 09-409 8515; www.northwind.co.nz; 88 Otaipango Rd, Henderson Bay; B/EZ/2BZ/DZ 30/60/80/80 NZ$) Dieses Haus mit dem ungewöhnlichen betürmten Dach liegt an der Ostseite der Aupouri-Halbinsel, 6 km abseits der Hauptstraße an einem Schotterweg. Hier herrscht eine heimelige Atmosphäre und es gibt jede Menge Rasenflächen, auf denen man es sich mit einem Buch bequem machen kann.

DOC-Campingplätze CAMPINGPLATZ $
(www.doc.govt.nz; Zeltstellplatz pro Erw./Kind 10/5 NZ$) Die Lage der Campingplätze von Kapowairua, Tapotupotu Bay und Rarawa Beach ist spektakulär! Ausgestattet sind sie nur mit Wasser, Komposttoiletten und kalten Duschen, d.h. jeder muss sich einen Kocher mitbringen (es darf kein Feuer angezündet werden!). Und unbedingt an ausreichend Mückenschutzmittel denken, um die Moskitos und Sandfliegen zu verscheuchen. „Freedom/Leave-No-Trace"-Camping, also wildes Campen, ist am Cape Reinga Coastal Walkway erlaubt.

Anreise & Unterwegs vor Ort

Abgesehen von den Fahrzeugen der zahlreichen Tourveranstalter gibt es nördlich von Pukenui, von dem aus Busse von **Busabout Kaitaia** (☎ 09-408 1092; www.cbec.co.nz) nach Kaitaia (5 NZ$, 45 Min.) fahren, keine öffentlichen Verkehrsmittel.

Neben der Far North Road (SH1) können entsprechend ausgerüstete Fahrzeuge auch den Ninety Mile Beach als Fahrstraße benutzen. Allerdings bleiben immer wieder Autos im weichen Sand stecken und werden von der Flut verschluckt – einige dieser unglückseligen Fahrzeuge ragen als Mahnmal aus dem Sand heraus. Vor dem Aufbruch unbedingt die Gezeitentafel studieren: 2½ Std. vor und nach der Flut sollte man auf keinen Fall losfahren! Vorsicht: am Te Paki Stream gibt es „Treibsand" – dort ohne Stopp weiterfahren! Viele Autovermieter verbieten eine Fahrt durch den Sand: Die Versicherungen zahlen nicht, wenn jemand im Sand stecken bleibt.

Unbedingt noch einmal auftanken, bevor es auf die Aupouri Peninsula geht.

Kaitaia

4900 EW.

Niemand kommt den ganzen Weg bis nach Far North, um dann in diesem Provinznest herumzuhängen, aber Kaitaia ist ein guter Zwischenstopp, wenn man einen Supermarkt, eine Post oder einen Geldautomaten braucht. Hier beginnen auch die Touren zum Cape Reinga und zum Ninety Mile Beach.

Sehenswertes

Te Ahu Centre KUNSTZENTRUM
(www.teahu.org.nz; Matthews Ave; WLAN) Im Bürger- und Gemeindezentrum sind ein Kino, die vielseitige **Te-Ahu-Heritage-Ausstellung** (www.teahuheritage.co.nz; ⌚ Mo–Fr 10–16, Sa bis 14 Uhr) GRATIS des Far North Regional Museum sowie das örtliche i-SITE Information Centre untergebracht. Auch ein Café und eine Bücherei mit kostenlosem WLAN gehören dazu.

Okahu Estate Winery WEINGUT
(www.okahuestate.co.nz; 520 Okahu Rd; ⌚ Do–Sa 12–17 Uhr, auch an Feiertagswochenenden geöffnet) Gleich südlich der Stadt, unweit der Straße nach Ahipara, liegt Kaitaias einziges Weingut, das übrigens auch kostenlose Weinproben anbietet und interessante regionale Produkte verkauft, darunter die berühmte Kaitaia Fire Chilli Sauce. Führungen kosten 5 NZ$.

Schlafen & Essen

Mainstreet Lodge HOSTEL $
(☎ 09-408 1275; www.mainstreetlodge.co.nz; 235 Commerce St; B 27–30 NZ$, EZ 55–70 NZ$, DZ & 2 BZ 64–78NZ$; @WLAN) Das tolle alte Cottage ist mit zahllosen Maori-Schnitzereien geschmückt. Die angenehmen und hellen Zimmer sind komfortabel eingerichtet. Es gibt darüber hinaus noch einen zum Hinterhof gelegenen, modernen Flügel. Die netten Besitzer kennen die Gegend in- und auswendig.

Loredo Motel MOTEL $$
(☎ 09-408 3200; www.loredomotel.co.nz; 25 North Rd; Wohneinheit 130–160 NZ$; WLAN, Pool) Das ordentliche Motel versprüht ein luftiges, spanisches Flair und bietet gut gepflegte Wohneinheiten, die zwischen Palmen und Grünflächen verstreut liegen. Ein Swimmingpool sorgt für Abkühlung.

Beachcomber RESTAURANT $$
(www.beachcomber.net.nz; 222 Commerce St; Mittagessen 19–33 NZ$, Abendessen 24–36 NZ$; ⌚ Mo–Fr 11–15, Mo–Sa 17 Uhr–open end) Das wohl beste Restaurant im Ort. Es punktet mit einer großen Auswahl an guten Meeresfrüchten und Fleischgerichten sowie einer reichhaltigen Salatbar.

Praktische Informationen

Far North i-SITE (☎ 03-408 9450; www.northlandnz.com; Te Ahu Centre, Ecke Matthews Ave & South Rd; 8.30–17 Uhr)

An- & Weiterreise

Der **Kaitaia Airport** (www.bayofislandsairport.co.nz; Quarry Rd) liegt 6 km nördlich der Stadt. **Busabout Kaitaia** (☎ 09-408 1092; www.cbec.co.nz) fährt zur Doubtless Bay (5 NZ$, 1 Std.), nach Pukenui (5 NZ$, 45 Min.) und Ahipara (3,50 NZ$, 15 Min.). Sowohl Air New Zealand (S. 134) als auch InterCity (S. 134) fliegen Kaitaia an.

Ahipara

EW. 1130

Alles Schöne geht einmal zu Ende, und der Ninety Mile Beach tut es in diesem Badeort. Zwar haben sich einige Ferienhäuser eingeschlichen, aber die Einheimischen achten darauf, dass es nicht zu viele werden. Surfer auf Besuch werden aber toleriert. Die Gegend ist bekannt für ihre riesigen Sanddünen und enormen Gum Fields, auf denen einst 2000 Menschen arbeiteten. Sandboarding und Quadfahren sind beliebte Aktivitäten in den Dünen oberhalb von Ahipara und auf der Tauroa Peninsula.

Sehenswertes

Shipwreck Bay STRAND

(Wreck Bay Rd) Der beste Surfspot der Insel liegt in einer kleinen Bucht an der Westseite Ahiparas. Seinen Namen verdankt der Strand den Schiffswracks, die bei Ebbe immer noch zu sehen sind.

Ahipara Viewpoint AUSSICHTSPUNKT

(Gumfields Rd) Dieser Aussichtspunkt oben auf einer Steilküste hinter Ahipara ist über eine extrem holprige Straße zu erreichen, die von der unbefestigten Gumfields Rd abführt. Diese wiederum beginnt am westlichen Ende des Foreshore Dr.

Aktivitäten

Ahipara Adventure Centre ABENTEUERSPORT

(☎ 09-409 2055; www.ahiparaadventure.co.nz; 15 Takahe St) Verleiht Sandboards (10 NZ$/halber Tag), Surfboards (30 NZ$/halber Tag), Mountainbikes (50 NZ$/Tag), Kajaks (25 NZ$/Std.), Strandsegler (65 NZ$/Std.) sowie Quads (95 NZ$/Std.).

Tua Tua Tours QUADS

(☎ 0800 494 288; www.ahipara.co.nz/tuatuatours; 250 Ahipara Rd; Fahrt 1/2 Pers. ab 100/110 NZ$) Angeboten werden Riff- und Dünentouren sowie die Gumfields Safari (1/2 Pers. 175/185 NZ$), die drei Stunden dauert und auch Sandboarden einschließt.

NZ Surf Bros SURFEN

(☎ 09-945 7276; www.nzsurfbros.com; 27 Kaka St; Surfunterricht 60 NZ$, Stehpaddeln 60–100 NZ$) Dieser Anbieter sitzt in einem coolen Haus mit unglaublichem Blick auf die Brandung. Auf dem Programm stehen Stehpaddel-Unterricht sowie Tagesausflüge oder mehrtä-

NGATI TARARA

Wer im Norden herumfährt, bemerkt vielleicht die ungewöhnliche Anhäufung von Straßennamen, die auf „-ich" enden. Auf dem Schild am Ortseingang von Kaitaia steht „*haere mai, dobro došli* und *welcome*" Ausdrücke aus dem ethnischen Sprachenmix!

Ende des 19. Jhs. kamen die ersten Männer von der dalmatinischen Küste im heutigen Kroatien nach Neuseeland, um hier zu arbeiten. Viele von ihnen landeten auf den Gum Fields von Northland. Die Pakeha-Gemeinde (Weiße-Gemeinde) gab sich aber den Immigranten gegenüber nicht besonders gastfreundlich, vor allem nicht im Ersten Weltkrieg, da die Kroaten mit österreichischen Pässen reisten. In den kleinen Maorigemeinden im Norden war das jedoch anders. Hier fanden die Immigranten ein Abbild des dalmatinischen Dorflebens – ausgeprägte Gastfreundschaft und Familienbande –, ganz zu schweigen von dem gemeinsamen Schicksal der ungerechten Behandlung durch die Kolonialmächte.

Die Maori nannten sie scherzhaft Tarara, da sich schnell gesprochenes Kroatisch in Maori-Ohren wie „ta-ra-ra-ra-ra" anhörte. Viele Kroaten heirateten einheimische *wahine* (Frauen) und gründeten Clans, aus denen einige der heute berühmten Maori mit kroatischen Nachnamen hervorgingen, z. B. die Sängerin Margaret Urlich und der ehemalige Rugby-Nationalspieler Frano Botica. Im hohen Norden, in Dargaville und West Auckland gibt es große Tarara-Gemeinden.

gige Exkursionen zu den Stränden der Ost- und Westküste von Northland.

Ahipara Treks REITEN

(☎ 09-409 4122; www.ahiparahorsetreks.moonfruit.com; 1/2/3 Std. 50/70/110 NZ$) Der Veranstalter organisiert wunderbare Ausritte am Strand, inklusive Abstecher zu Farmen und sogar hinein in den Ozean (sofern die Brandung es auch zulässt).

Schlafen

★ **Endless Summer Lodge** HOSTEL $

(☎ 09-409 4181; www.endlesssummer.co.nz; 245 Foreshore Rd; B 30 NZ$, DZ 70–85 NZ$; @) Diese herrliche Kaurivilla (1880) gegenüber vom Strand wurde wunderschön restauriert und in ein wirklich außergewöhnliches Hostel umgewandelt. Es gibt kein TV, dafür kann man aber auf der Terrasse hinterm Haus sitzen und inmitten von Weinreben andere Traveller kennenlernen. Dort stehen auch ein langer Tisch und ein Holzofen. Boogieboards und Sandboards stehen kostenlos zur Verfügung, Surfbretter können gemietet werden.

90 Mile Beach Ahipara Holiday Park FERIENANLAGE $

(☎ 0800 888 988; www.ahiparaholidaypark.co.nz; 168 Takahe St; Zeltstellplatz ab 40 NZ$, B/Zi. 28/95 NZ$, Apt. 75–125 NZ$; @ 📶) Der Holiday Park bietet eine ganze Reihe an Unterkünften, darunter Hütten, Motel-Apartments und eine etwas in die Jahre gekommene, aber völlig akzeptable Backpacker-Lodge, die dem HI angeschlossen ist. Im Gemeinschaftsraum mit bunten Wandmalereien flackert ein angenehm wärmendes Feuer im offenen Kamin.

Beachfront APARTMENTS $$

(☎ 09-409 4007; www.beachfront.net.nz; 14 Kotare St; Apt. 175–310 NZ$; 📶) Vielleicht ein bisschen bourgeois für Ahipara – aber wen interessiert das? Diese zwei gehobenen Apartments mit Blick aufs Wasser punkten mit direktem Zugang zum Strand.

Essen

Bidz Takeaways FISH & CHIPS $

(Takahe St; Gerichte 6–12 NZ$; ⏲ 9–20 Uhr; 📶) Hier gibt's frischen Fisch zum Mitnehmen und die besten Fish & Chips sowie Burger in der ganzen Ortschaft. Mit jedem Einkauf bekommt man kostenlosen WLAN-Zugang. Zum Imbiss gehört auch der kleine Laden nebenan.

Gumdiggers Cafe CAFÉ $$

(3 Ahipara Rd; Hauptgerichte 6–26 NZ$; ⏲ 7–14 & 17–22 Uhr) Das kleine, freundliche Café ist für seinen guten Kaffee und die riesigen Portionen bekannt. Es gibt außerdem warmes Frühstück, Nachos, Burger und gigantische gemischte Platten. Abends ist die Küche meist ab 17 Uhr geöffnet.

ℹ Anreise & Unterwegs vor Ort

Busabout Kaitaia (☎ 09-408 1092; www.cbec.co.nz) fährt ab Kaitaia (3,50 NZ$, 15 Min.).

HOKIANGA

Der Hokianga Harbour streckt seine dünnen Tentakel weit aus und ist deshalb der viertgrößte Naturhafen des Landes. Die herrlich raue Landschaft weist alle Schattierungen von Grün und Braun auf, und sein Wasser hat wegen der Flüsse aus dem Buschland, die den Hafen speisen, die Farbe von Ginger Ale.

Von allen entlegenen Teilen Northlands ist dies die Stelle, die am weitesten vom Mainstream entfernt zu sein scheint. Anspruchsdenken hat hier keine Chance. Isolierte, von Maori dominierte Gemeinden schmiegen sich rund um die vielen Arme des Hafens, und dies tun sie schon seit Jahrhunderten. Entdeckt vom legendären Forscher Kupe ist Hokianga Harbour seit dem 14. Jh. durch die Ngapuhi besiedelt. In den 1960er-Jahren trafen hier zahlreiche Hippies ein; ihr Vermächtnis ist eine ansehnlich blühende Kunstszene.

Viele der Straßen sind nicht befestigt. Die Touristendollars werden nach Osten zur Bay of Islands gelenkt, was das faszinierende Hokianga erstaunlich unterentwickelt bleiben lässt. Vielen der Einheimischen gefällt es allerdings so wie es ist.

Infos unter www.hokiangatourism.org.nz.

Mitimiti

Die 30 Familien der winzigen Gemeinde Mitimiti (wo es nicht einmal einen Laden gibt) können die unberührten 20 km Küstenlinie zwischen Hokianga und Whangape Harbour ganz exklusiv genießen. Die 40 km lange Anfahrt von Kohukohu über Panguru (davon 14 km auf einer Schotterstraße) ist eine einmalige Erfahrung, bei der es gilt, Kühen, Schafen, Schlaglöchern und Kindern auszuweichen.

INSIDERWISSEN

HOKIANGA

Ich liebe den Norden von Northland, die wilde, ungezähmte und wunderschöne Landschaft und den *wairua* der Gegend. Die kleinen Städtchen oben im Norden, wo ich aufgewachsen bin, ziehen sich an der wunderschönen Westküste entlang. Als wir noch Kinder waren, schlichen mein Bruder und ich zu den Ngawha Springs, um ein morgendliches Schlammbad zu nehmen – den Rest des Tages stanken wir dann nach verfaulten Eiern. In Opononi suchten wir mit Onkel Rata zwischen den Felsen nach Krabben und fuhren anschließend mit der Autofähre heim nach Rawene. Bei Pawarenga – einem staubigen alten Maoridorf – gingen wir mit unseren Cousins reiten, lernten von meinem Grandpa Maori, aßen *karahu* und Austern und nahmen, als wir etwas älter waren, gemeinsam mit unseren Tanten und Onkeln einen Drink ein. Wir fuhren für unseren wöchentlichen Großeinkauf nach Kaitaia und hingen dort in den Pubs rum. Weiter nördlich gab es den Mangonui Fish & Chip Shop, das beste *kai* in Aotearoa. Wenn wir dann müde wurden, fuhren wir nach Ahipara und machten ein Nickerchen am Strand.

Anika Moa, Sängerin/Liedermacherin

Sandtrails Hokianga (☎09-409 5035; www.sandtrailshokianga.co.nz; 32 Paparangi Dr) gibt Einblick in Mitimitis eng verbundene Maori-Gemeinschaft: Bei den zweistündigen, wilden Sandscapes-Dune-Buggy-Touren geht es etwa 12 km am Strand entlang, hinüber zu den Riesendünen, die das Nordende des Hafens bilden (155 NZ$). Eine Alternative sind die individuellen Touren mit Übernachtung im Haus des Guides (2 Pers. für 640 NZ$).

Motuti

Ein lohnender Abstecher von der Straße nach Mitimiti führt zur **St. Mary's Church** (Hata Maria; www.hokiangapompallier.org.nz; Motuti Rd), wo Neuseelands erster katholischer Bischof seine letzte Ruhestätte fand. Jean Baptiste Pompallier kam 1838 nach Hokianga und feierte in Totara Point zum ersten Mal eine Messe auf neuseeländischem Boden. 2002 wurde er hier begraben, nachdem seine Gebeine auf einer emotionsgeladenen 14-wöchigen Pilgerreise mit Maori-Zeremonien aus Frankreich überführt worden waren.

Das nahe gelegene **Motuti Marae** (☎09-409 5545; www.motuti.co.nz; 318 Motuti Rd; Führung 90 Min./Tag 36/60 NZ$, mit Übernachtung 214 NZ$) bietet *Marae*-Touren mit traditioneller Maori-Begrüßung. Auf den längeren Führungen können sich Besucher beim Flachsweben und Schnitzen und bei Stockspielen erproben.

Kohukohu

190 EW.

Irgendjemand sollte schnell eine Denkmalschutzverordnung für Kohukohu erlassen, bevor es zu spät ist! Wahrscheinlich gibt es nur wenige Orte in Neuseeland, wo ein viktorianisches Dorf voller interessanter Kauri-Gebäude so vollständig erhalten geblieben ist, ohne dass ein modernes Monstrum zu sehen ist. In der Blütezeit der Kauri-Industrie war Kohukohu ein geschäftiges Städtchen mit einer Sägemühle, einer Werft, zwei Zeitungen und einigen Banken. Heute ist es ein verschlafenes Fleckchen am Nordufer des Hokianga Harbour, 4 km von der Autofähre in Rawene entfernt (S. 172). Der Pub des Ortes sowie das **KB Cafaway** (Ecke Beach Rd & Kohukohu Rd; Hauptgerichte 12–14 NZ$; ⏲Mi–So 12–20 Uhr) mit seiner gemütlichen Terrasse haben gutes Essen. **Village Arts** (www.villagearts.co.nz; 1376 Kohukohu Rd; ⏲10–16 Uhr, im Winter bis 15 Uhr) ist eine hervorragende kleine Kunstgalerie.

Das **Tree House** (☎09-405 5855; www.treehouse.co.nz; 168 West Coast Rd; Stellplatz/B 19/32 NZ$, EZ 60–70 NZ$, 2BZ & DZ 86 NZ$; 📶) 🍃 ist die beste Unterkunft in Hokianga und hat hilfsbereite Gastgeber sowie Cottages in fröhlichen Farben, die zwischen exotischen Obst- und Nussbäumen stehen. Die beschauliche Oase liegt 2 km vom Fähranleger entfernt (gleich nach Verlassen der Fähre scharf links abbiegen).

Horeke & Umgebung

Das winzige Horeke war nach Russell Neuseelands zweite europäische Siedlung. Von 1828 bis 1855 stand hier eine Wesleyanische Mission. Im Jahr 1840 versammelten sich 3000 Ngapuhi zur größten Unterzeichnung des Vertrags von Waitangi. Die rustikale

Horeke Tavern (www.horeketavern.co.nz; 2118 Horeke Rd; ⌚ Mi–So 13 Uhr–open end, Bistro Do–So 17.30–20 Uhr) ist angeblich der ältestes Pub im Land (der erste Drink wurde hier 1826 ausgeschenkt) und die Garten-Bar bietet im Sommer an mehreren Wochenenden Livemusik.

Horeke ist auch das westliche Ende des Pou Herenga Tai Twin Coast Cycle Trail (S. 145).

Sehenswertes & Aktivitäten

Mangungu Mission House HISTORISCHES GEBÄUDE
(www.historic.org.nz; Motukiore Rd; Erw./Kind 10 NZ$/frei; ⌚ Sa & So 12–16 Uhr) Dieses Holzhäuschen wurde 1839 errichtet und beherbergt Relikte aus dem Leben der Missionare, die hier einst wohnten, sowie aus der Zeit, als in Horeke noch Schiffe gebaut wurden. Auf dem Gelände stehen ein Steinkreuz und eine Holzkirche. Mangungu liegt an der unbefestigten Straße, die von Horeke aus am Hafen entlangführt, man läuft rund 1 km dorthin.

Wairere Boulders Nature Park NATURPARK
(www.wairereboulders.co.nz; McDonnell Rd; Erw./Kind/Fam. 15/5/35 NZ$; ⌚ Winter/Sommer bis 17/19 Uhr) Die Basaltformationen in Wairere sind durch die Säure der alten Kauriwälder zu seltsam geriffelten Formen erodiert. Der Hauptrundweg dauert rund eine Stunde, man sollte aber dennoch feste Schuhe tragen und sich auf ein munteres Auf und Ab gefasst machen. Ein weiterer Pfad führt durch den Regenwald zu einer Plattform am Ende des Boulder Valley (etwa 1½ Std.). Der Park ist vom SH1 und von Horeke aus ausgeschildert. Die letzten 3 km sind unbefestigt.

Wer keinen eigenen fahrbaren Untersatz hat, kann sich der von Fullers (S. 147) organsierten Discover Hokianga Tour anschließen, die in Paihia startet.

Wairere Adventure Park QUAD, KAJAKFAHREN
(☎ 09-401 9544; www.wairereadventurepark.co.nz; 34 McDonnell Rd; Quadtouren 65–135 NZ$, Kajakverleih 15 NZ$) Hat Quadtouren mit Hafen, Busch und Felsenlandschaft im Angebot. Mit Mietkajaks kann der malerische Ästuar erkundet werden. Es ist empfehlenswert, die Kajaks vorab zu reservieren, sodass man die richtigen Gezeiten abpassen kann.

Rawene

440 EW.

Rawene wurde kurz nach Horeke gegründet und war somit Neuseelands dritte europäische Siedlung. Überraschend viele historische Gebäude (darunter sechs Kirchen!) haben hier bis heute überdauert und zeugen von einer Zeit, in der im Hafen noch deutlich mehr los war als heute. Ein mit Infotafeln versehener Heritage Trail führt an den wichtigsten Sehenswürdigkeiten vorbei.

Im Lebensmittelgeschäft am Four Square gibt's einen Geldautomaten. Auch tanken ist hier möglich.

Sehenswertes

Clendon House HISTORISCHES GEBÄUDE
(www.historic.org.nz; Clendon Esplanade; Erw./Kind 10 NZ$/frei; ⌚ Nov.–April Sa & So 10–16 Uhr, Mai–Okt. So) James Clendon, ein Händler, Schiffseigner und Magistrat, ließ Clendon House während der geschäftigen 1860er-Jahre errichten. Nach seinem Tod stand seine 34-jährige Witwe Jane (Halb-Maori) mit einer Schar Kinder sowie mit einem kolossalen Schuldenberg von 5000 £ völlig mittellos da. Doch es gelang ihr, die Schulden zurückzuzahlen, sodass ihre Nachkommen bis 1972 im Haus leben konnten. Danach ging es in den Besitz des Historic Places Trust über, zusammen mit dem Großteil des Hausrats.

Schlafen & Essen

Rawene Holiday Park FERIENANLAGE $
(☎ 09-405 7720; www.raweneholidaypark.co.nz; 1 Marmon St; B 20 NZ$, Stellplatz/Apt. ab 32/65 NZ$; @ 📶 🏊) In dieser gut geführten Ferienanlage verstecken sich Zeltstellplätze im Buschland. Eine der schlichteren Hütten wurde für Rucksackreisende mit Stockbetten ausgestattet (Bettwäsche kostet extra).

Boatshed Cafe CAFÉ $
(☎ 09-405 7728; 8 Clendon Esplanade; Hauptgerichte 10–20 NZ$; ⌚ 8.30–16 Uhr) In diesem ausgezeichneten Café speist man mit Blick aufs Wasser. Es ist ein nettes Plätzchen mit gutem Essen und einem Souvenirladen, in dem lokale Kunst und Kunsthandwerk erhältlich sind. Ab und zu gibt's hier am Wochenende auch Abendessen.

An- & Weiterreise

Es gibt keine regelmäßigen Busverbindungen nach Rawene. Eine **Autofähre** (☎ 09-405 2602; Auto/Wohnmobil/Motorrad 20/40/5 NZ$, Passagier 2 NZ$; ⌚ 7.30–20 Uhr) fährt jedoch ins nördliche Hokianga und legt mindestens einmal pro Stunde 4 km südlich von Kohukohu an. Tickets für die 15-minütige Überfahrt können an Bord gekauft werden. Abfahrt in Rawene ist für gewöhnlich zur halben Stunde, an der Nordseite von Kohukohu zur vollen Stunde.

Opononi & Omapere

480 EW.

Diese ruhigen Siedlungen in der Nähe der Südspitze des Hokianga Harbour gehen direkt ineinander über. Das Wasser hier ist außergewöhnlich klar und man kann prima baden. Der Ausblick ist geprägt von den riesigen Sanddünen am North Head auf der anderen Uferseite. Wer von Süden her nach Omapere kommt, der sollte sich den spektakulären Blick auf den Hafen nicht entgehen lassen.

Aktivitäten

Hokianga Express SANDBOARDEN

(☎021 405 872; www.hokiangaexpress.webs.com; Erw./Kind 25/15 NZ$; ⏲ab 10 Uhr) Das Boot dieses Anbieters legt am Opononi Jetty ab und fährt zu den großen, goldfarbenen Sanddünen, wo man auf einer 30 m langen Piste sandboarden und dann übers Wasser gleiten kann. Die Boote legen zur vollen Stunde ab. Reservierung erforderlich.

Jim Taranaki's Bone Carving Studio KNOCHENSCHNITZEN

(☎09-405 8061; hokiangabonecarvingstudio@gmail.com; 15 Akiha St, Omapere; 60 NZ$) In diesem Studio mit Meerblick kann man einen Knochen im Maori-Stil schnitzen.

Arai te Uru Heritage Walk WANDERN

Dieser kurze Wanderweg (hin & zurück 30 Min.) beginnt am Parkplatz am Ende der Signal Station Road, führt die Klippen entlang und durch einen Manuka-Hain, bevor er auf die grasbewachsene südliche Landzunge von Hokianga mündet, auf der die Überreste einer alten Signalstelle zu finden sind. Ursprünglich wurde sie errichtet, um den Schiffen die Passage durch die Hafeneinfahrt zu erleichtern. Seit 1951 ist sie aber geschlossen, da der Schiffsverkehr im Hafen immer mehr abnahm.

Six Foot Track WANDERN

Der Six Foot Track am Ende der Mountain Road ist der Zugangsweg zu vielen Wanderwegen durch den Waima Forest.

Geführte Touren

Footprints Waipoua KULTUREXKURSION

(☎09-405 8207; www.footprintswaipoua.co.nz; Erw./Kind 95/35 NZ$) Auf dieser vierstündigen Dämmerungstour durch den Waipoua Forest geben die Maori-Führer eine fantastische kulturelle und naturkundliche Einführung. Sie erläutern die historische Entwicklung der Stammeskultur, erzählen Geschichten und stimmen unter den gigantischen Bäumen betörende *karakia* (Gebete, Beschwörungsformeln) an.

Sandtrails Hokianga DUNE-BUGGY-FAHREN

(☎09-409 5035; www.sandtrailshokianga.co.nz) Runter vom Hokianga-Express-Boot (S. 173) und gleich hinein in den Dune Buggy für einen sandigen Trip nach Mitimiti (185 NZ$, 3 Std.) oder die 70-minütige „Sandsecrets Tour"(95 NZ$).

Schlafen & Essen

In beiden Orten gibt's einen Lebensmittelladen und einen Imbiss; auch das Opononi Hotel hat ein gutes Bistro mit Bar.

GlobeTrekkers Lodge HOSTEL $

(☎09-405 8183; SH12, Omapere; B/EZ/DZ 29/53/67 NZ$; @) Ganz lässig entspannen kann man in diesem einer Privatunterkunft ähnelnden Hostel mit Hafenblick und hellen Schlafräumen. In den Zimmern wurde an alles gedacht: Schreibtisch, Spiegel, Kunst und flauschige Handtücher. Es gibt eine Stereoanlage, aber kein TV, was dazu beiträgt, dass in der weinumrankten Barbecue-Ecke viel gequatscht wird.

Hokianga Haven B&B $$

(☎09-405 8285; www.hokiangahaven.co.nz; 226 SH12, Omapere; Zi. 140–200 NZ$) Das moderne Haus mit echter neuseeländischer Kunst an den Wänden bietet geräumige Zimmer am Rand des Hafens mit grandioser Aussicht auf die Dünen. Alternative Heilbehandlungen können hier separat gebucht werden.

Copthorne Hotel & Resort HOTEL $$

(☎09-405 8737; www.milleniumhotels.co.nz; 336 SH12, Omapere; Zi. 140–200 NZ$;) Obwohl die tolle, ursprünglich viktorianische Villa durch die modernen Aluminiumrahmen etwas verschandelt wurde, ist dieses Anwesen am Wasser ein reizvolles Plätzchen für einen sommerlichen Drink oder eine Bistromahlzeit (19–36 NZ$). Die teureren Zimmer im Neubau haben Terrassen mit Blick aufs Meer.

Opononi Hotel HOTEL $$

(☎09-405 8858; www.opononihotel.com; 19 SH12; Zi. 110–130 NZ$) Die Zimmer im alten Opononi Pub sind nicht gerade riesig, wirken aber mit dem neuen weißen Anstrich und dem hellen Holz angenehm dezent. Am besten eines der vorderen beiden nehmen: Sie sind etwas größer und haben die schönere Aussicht. Ansonsten eines der Zimmer aussuchen, die nicht in Richtung Pub weisen – es sei denn, man ist lärmunempfindlich.

Kokohuia Lodge B&B $$$
(☎ 021 779 927; www.kokohuialodge.co.nz; DZ inkl. Frühstück 295 NZ$;) Luxuriös, nachhaltig und umweltfreundlich: Dieses neue B&B liegt in einer sich regenerierenden Buschlandschaft hoch über den silbern glänzenden und von Dünen gesäumten Ausläufern des Hokianga Harbour. Es ist modern und elegant und bietet neben Solarenergie, Bioprodukten und Produkten aus Freilandhaltung auch jede Menge Luxus.

Praktische Informationen

Opononi i-SITE (☎ 09-405 8869; 29 SH12; 8.30–17 Uhr) Beherbergt die Hokianga Art Gallery.

An- & Weiterreise

Es gibt keine regelmäßigen Verkehrsverbindungen nach Opononi – wer die Gegend also auf eigene Faust erkunden will, muss sich in Kerikeri oder in Paihia ein Auto mieten. Alternativ schließt man sich dem von Fullers (S. 147) organisierten Tagestrip Discover Hokianga (Erw./Kind 112/56 NZ$) an, der in Paihia startet und Opononi, Omapere und die Waiere Boulders auf dem Programm hat.

Waiotemarama & Waimamaku

Diese beiden benachbarten Dörfer liegen zwischen dem Hokianga Harbour und dem Waipoua Forest. Sie sind die ersten einer ganzen Reihe von ländlichen Gemeinden, die den wenig besiedelten Abschnitt des SH12 säumen.

Aktivitäten

Labyrinth Woodworks LABYRINTH
(www.nzanity.co.nz; 647 Waiotemarama Gorge Rd; Labyrinth 4 NZ$; 9–17 Uhr) Um den Code des Freiluftlabyrinths zu knacken, müssen Buchstaben gesammelt werden, die dann ein Wort ergeben. Auch das Puzzlemuseum und die zahlreichen alten Brettspiele sind recht interessant. Ganz in der Nähe führen einige Pfade zu einem Wasserfall und atemberaubenden Kauribäumen.

Essen

Morrell's Cafe CAFÉ $$
(7235 SH12, Waimamaku; Hauptgerichte 10–24 NZ$; 9–16 Uhr) Dieses Café mit Kunsthandwerksladen ist in einer ehemaligen Käserei untergebracht. Es ist vor Baylys Beach die letzte gute Adresse, um einen Happen zu essen. Ein Frühstücksstopp (mit Omelette & Co.) oder eine Kaffeepause lohnen sich also auf jeden Fall.

KAURI COAST

Der 110 km lange Küstenstreifen zwischen Hokianga und Kaipara Harbours wird, von ein paar Flüssen und der einen oder anderen Klippe einmal abgesehen, von nichts unterbrochen und ist absolut unerschlossen. Der Hauptgrund für einen Besuch in der Gegend sind die bestaunenswerten Kauriwälder, eines der großen Naturhighlights von Neuseeland. Hier stehen ganz schöne Riesen herum: Um diese zu knuddeln, bräuchte man Arme von 8 m Länge.

Nördlich von Dargaville gibt's nur noch wenige Läden oder Lokale und keine Geldautomaten, weshalb man sich rechtzeitig um alles Nötige kümmern sollte. Wer gerne wandern gehen möchte, findet Infos hierzu auf der DOC-Website (www.doc.govt.nz).

Besucherinfos findet man auf www.kauricoast.com.

Waipoua Forest

Das Highlight von Northlands Westküste ist dieser fantastische Wald, der 1952 infolge des starken öffentlichen Drucks unter Naturschutz gestellt wurde. Er ist das größte Überbleibsel der einst riesigen Kauribestände im Norden Neuseelands. Die Straße durch den Wald (SH12) ist 18 km lang und führt an ein paar riesigen Exemplaren vorbei. Ein Kauri kann 60 m hoch werden und einen Stamm mit einem Durchmesser von bis zu 5 m haben.

Als Teil der Wiedergutmachung der durch die Krone begangenen Verstöße gegen den Vertrag von Waitangi wurde die Aufsicht über den Park wieder an den hiesigen *iwi* (Stamm) der Te Roroa übertragen. Auch das **Waipoua Forest Visitor Centre** (☎ 09-439 6445; www.waipouakauriforest.co.nz; 1 Waipoua River Rd; Sommer 9–18.30 Uhr, Winter bis 16 Uhr), das nahe dem südlichen Ende des Parks liegt, wird von den Te Roroa betrieben.

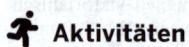

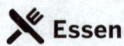

Der Wald kann auch im Rahmen einer Dämmerungstour besucht werden. Diese startet in Omapere und wird von Footprints Waipoua (S. 173) organisiert.

Sehenswertes & Aktivitäten

Tane Mahuta BAUM

Nahe dem nördlichen Ende des Parks, nicht weit von der Straße entfernt, steht der mächtige Tane Mahuta, der nach dem Waldgott der Maori benannt ist. Mit 51,1 m Höhe, einem Umfang von 13,8 m und einer Holzmasse von 244,5 m^3 ist er der größte lebende Kauri – und er hält hier schon seit sage und schreibe 1200 bis 2000 Jahren Hof.

Te Matua Ngahere, Four Sisters & Yakas BAUM

Von dem Kauri-Walks-Parkplatz führt eine 20-minütige Wanderung (einfache Strecke) zum Te Matua Ngahere („Vater des Waldes"). Unterwegs passiert man die Four Sisters (vier Schwestern), einen Hain mit vier hoch aufragenden, anmutigen Bäumen, die an ihrem Stamm zusammengewachsen sind. Te Matua Ngahere ist mit seinen 30 m zwar kleiner als der Tane Mahuta, ist aber dennoch eine beeindruckende Erscheinung. Dazu trägt nicht zuletzt sein beträchtlicher Umfang bei (mit 16,4 m ist er der dickste lebende Kauri), aufgrund dessen die ausgewachsenen Bäume der Lichtung, über die er wacht, wie dünne Streichhölzer aussehen.

In der Nähe der Four Sisters beginnt ein 30-minütiger Wanderweg (einfache Strecke), der zu Yakas, dem siebtgrößten Kauri, führt.

Lookout AUSSICHTSPUNKT

Wer das Blätterdach aus der Vogelperspektive betrachten will, kann das am Aussichtspunkt im Wald am Südende des Parks tun. Entweder fährt man hin (die Straße ist gut ausgeschildert, aber nicht für Wohnmobile geeignet) oder man wählt den 2,5 km langen Fußweg Lookout Track, der beim Besucherzentrum beginnt.

Waipoua Visitor Centre KUNST & KUNSTHANDWERK

(www.waipouakauriforest.co.nz; 1 Waipoua River Rd; ⏲ Sommer 9–18.30 Uhr, Winter bis 16 Uhr) Hier gibt es eine interessante Ausstellung über die Kauriwälder, Führungen (25 NZ$), Unterricht im Flachsweben (5 NZ$) und ein gutes Café. Für 180 NZ$ darf man seinen eigenen Kauribaum pflanzen und bekommt hinterher sogar die genauen GPS-Koordinaten dazu.

Schlafen & Essen

Waipoua Forest Campground CAMPING $

(☎ 09-439 6445; www.waipouakauriforest.co.nz; 1 Waipoua River Rd; Stellplatz/Wohneinheit/Haus ab 15/20/175 NZ$) Direkt am Waipoua River und gleich neben dem Visitor Centre liegt dieser ruhige Campingplatz mit warmen Duschen, Spültoiletten und Küche. Die Hütten sind mit ihren nicht bezogenen Schlafsofas (Bettwäsche entweder selbst mitbringen oder leihen) äußerst spartanisch eingerichtet. Vermietet werden auch ganze Häuser, in denen bis zu zehn Personen Platz finden.

Waipoua Lodge B&B $$$

(☎ 09-439 0422; www.waipoualodge.co.nz; SH12; Zi. 585 NZ$) Diese schöne alte Villa am südlichen Waldrand hat vier luxuriöse, geräumige Suiten, die früher einmal ein Stall, ein Wolllager und ein Stall zur Kälberaufzucht waren. Es gibt auch ganz gutes Abendessen (75 NZ$).

Trounson Kauri Park

Durch den 450 ha großen Trounson Kauri Park führt ein leichter, halbstündiger Rundweg, der bei der Picknickzone an der Straße beginnt. Er schlängelt sich durch ein schönes Waldstück mit Bächen, einigen beachtlichen Kauri-Kolonien, umgestürzten Bäumen und vorbei an einem weiteren Exemplar von „Four Sisters" – in Gestalt von zwei Baumpaaren mit zusammengewachsenen Stämmen. Der DOC betreibt am Rande des Parks einen **Campingplatz** (www.doc.govt.nz; Zeltstellplatz Erw./Kind 10/5 NZ$) mit Gemeinschaftsküche und heißen Duschen.

Gerade einmal 2 km vom SH12 entfernt liegt der **Kauri Coast Top 10 Holiday Park** (☎ 09-439 0621; www.kauricoasttop10.co.nz; Trounson Park Rd; Zeltstellplatz/Apt. ab 42/95 NZ$; @), ein ansprechender Campingplatz am Fluss mit akzeptablen Einrichtungen und einem kleinen Laden. Die Mitarbeiter organisieren nächtliche **Naturwanderungen** (Erw./Kind 25/15 NZ$), auf denen die hiesige Flora und Fauna erklärt wird. Es besteht dabei übrigens auch eine klitzekleine Chance, einen wilden Kiwi zu sehen. Trounson hat außerdem ein Programm zum Schutz vor Raubtieren und wurde so zu einem sicheren Hafen für bedrohte heimische Vogelarten auf dem Festland: So sollte man also zumindest einen Morepork (Neuseeland-Kuckuckskauz) oder einen braunen Kiwi zu hören bekommen.

Wer von Norden anreist, sollte nahe Kaihu besser die zweite Abzweigung zum Park wählen: Auf diese Weise kann die holprige Schotterstraße umgangen werden.

Kai Iwi Lakes

In der Nähe der Küste und 12 km vom SH12 entfernt liegen diese drei forellenreichen Süßwasserseen nahe beieinander. Das blaue Wasser des Taharoa (größter See) wird von kleinen Sandstränden gesäumt. Lake Waikere erfreut sich großer Beliebtheit bei Wasserskifahrern, während Lake Kai Iwi relativ unberührt ist. Ein halbstündiger Spaziergang führt von den Seen zur Küste. Nach weiteren zwei Stunden gelangt man zum Fuß des vulkanischen **Maunganui Bluff** (460 m). Hinauf und wieder hinunter dauert die Wanderung fünf Stunden.

Zelten (☎09-439 0986; lakes@kaipara.govt.nz; Erw./Kind 10/5 NZ$) ist am Ufer des Lake Taharoa erlaubt, wo es kalte Duschen, Trinkwasser und WCs gibt.

Baylys Beach

Das Dorf mit seinen farbenfrohen *baches* und einigen neuen Ferienhäusern liegt 12 km von Dargaville entfernt am SH12. Es ist am 100 km langen Ripiro Ocean Beach zu finden, einem Küstenabschnitt mit starker Brandung und vielen Schiffswracks. Der Strand ist ein ausgewiesener Highway, denn bei Ebbe kann man über den festen Sand fahren – allerdings ist das eher etwas für Fahrzeuge mit Allradantrieb. Obwohl es der längste befahrbare Strand Neuseelands ist, ist er weniger bekannt und folglich auch weniger überlaufen als der Ninety Mile Beach. Am besten fragt man die Einheimischen nach den aktuellen Gegebenheiten und liest sich erst einmal den Mietwagenvertrag genau durch, bevor man sich ins Sandabenteuer stürzt. Quads (Einsitzer/Zweisitzer 75/95 NZ$) können im Wohnmobilpark gemietet werden. Dort gibt's auch Infos zu Ausritten mit **Baylys Beach Horse Treks** (☎0800 229 597; www.baylysbeachhorsetreks.webs.com; 24 Seaview Rd; 1/2/3 Std. 50/70/90 NZ$; ⏲Ende Okt.–Ostern).

Schlafen

Baylys Beach Holiday Park FERIENANLAGE $
(☎09-439 6349; www.baylysbeach.co.nz; 24 Seaview Rd; Stellplatz/Wohneinheit ab 16/65 NZ$; @📶) Der mittelgroße Campingplatz ist von Pohutukawa-Bäumen umgeben und hat saubere Einrichtungen und hübsche, cremefarben-grüne Wohneinheiten, einige davon mit einer abgefahrenen, typisch neuseeländischen Deko. Von einfachen Hütten bis hin zu Cottages für bis zu sechs Personen ist alles zu haben.

Sunset View Lodge B&B $$
(☎09-439 4342; www.sunsetviewlodge.co.nz; 7 Alcemene Lane; Zi. 175–190 NZ$; @≋) Wer gerne mit einem Glas Gin in der Hand in den Sonnenuntergang schaut, ist in diesem großen, modernen B&B bestens aufgehoben: Von den Zimmern im oberen Stockwerk hat man einen sagenhaften Ausblick aufs Meer. In der Gästelounge gibt es eine Selbstbedienungsbar mit Kasse zum Geldeinwerfen.

Essen

Funky Fish CAFÉ, BAR $$
(☎09-439 8883; www.thefunkyfish.co.nz; 34 Seaview Rd; Mittagessen 14–22 NZ$, Abendessen 22–32 NZ$; ⏲Di–So 11 Uhr–open end, im Winter kürzer) Die äußerst beliebte Mischung aus Café, Restaurant und Bar ist mit bunten Wandgemälden und Mosaiken dekoriert und hat hinterm Haus einen wunderschönen Garten. Die umfangreiche Speisekarte beinhaltet auch viele Gerichte mit Meeresfrüchten. Im Sommer sollte man reservieren. Auf der Facebook-Seite finden sich Infos zu gelegentlicher Livemusik.

Dargaville

4500 EW.

Von einer Stadt, die sich selbst als „Kumara Capital of NZ" (hier werden zwei Drittel der lecker schmeckenden Süßkartoffeln des Landes erzeugt) bezeichnet, ist wohl nicht allzu viel zu erwarten. Der im Jahr 1872 von Holzhändler Joseph Dargaville gegründete Ort war früher ein bedeutender Flusshafen und blühte durch den Export von Kauriholz und Gummi auf. Als die Baumbestände immer spärlicher wurden, begann der Niedergang Dargavilles – heute ist es nur noch ein ruhiger Ort, der Northern Wairoa mit landwirtschaftlichen Produkten versorgt.

Sehenswertes & Aktivitäten

Dargaville Museum MUSEUM
(www.dargavillemuseum.co.nz; Erw./Kind 15/2 NZ$; ⏲9–16 Uhr) Das oben auf einem Hügel gelegene Dargaville Museum ist interessanter als die meisten anderen Regionalmuseen.

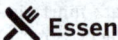

Es beherbergt eine umfassende Gumdigger-Ausstellung sowie Sektionen zum Meer, zu den Maori und zu Musikinstrumenten. Auch eine nette Modelleisenbahn ist zu sehen. Die Schiffsmasten der *Rainbow Warrior* sind draußen an einem Aussichtspunkt in der Nähe einer *pa*-Stätte aufgestellt und es kann ein nachgebautes Gumdigger-Camp besichtigt werden.

Kumara Box FARM

(☎09-439 7018; www.kumarabox.co.nz; 503 Pouto Rd; Führung 20 NZ$) Wer alles über die Kumara erfahren möchte, kann sich die Show „Kumara Ernie" anschauen. Sie ist überraschend unterhaltsam und sollte unbedingt vorab gebucht werden. Meist dreht man auch eine Runde mit dem selbstkonstruierten Traktor-Zug und fährt über die Felder zur „kleinsten Kirche Neuseelands".

Schlafen & Essen

Für 15 NZ$ pro Nacht können Wohnmobile auf dem Parkplatz des Dargaville Museum abgestellt werden.

Greenhouse Backpackers HOSTEL $

(☎09-439 6342; greenhousebackpackers@ihug.co.nz; 15 Gordon St; B/EZ/DZ 28/45/70 NZ$; @📶) Die Klassenzimmer dieses ehemaligen Schulhauses von 1921 wurden in einen großen Schlafsaal und einen Gemeinschaftsbereich mit bunten Wandmalereien umgewandelt. Hinten im Garten befinden sich gemütliche Wohneinheiten.

The Hangi Hut MAORI $

(☎09-439 4264; www.facebook.com/thehangihut; 1 Murdoch St; Hangi 12 NZ$; ⏲Di–Sa 11–18 Uhr) Im Hangi Hut gegenüber dem Information Centre werden großzügige Fleisch- und Gemüseplatten serviert – Letztere natürlich auch mit heimischer Kumara. Das Fleisch – zur Wahl stehen Lamm, Schwein oder Hühnchen – ist köstlich gefüllt und wird langsam auf heißem Vulkangestein gedämpft. Es gibt auch rohen Fisch in Kokosmilch (5 NZ$) und traditionelles *paraoa parae* (nach Maori-Art gebratenes Brot, 0,50 NZ$).

Riverside Produce Market MARKT $

(Kapia St; ⏲Do 14.30–17.30 Uhr) Lokale Erzeugnisse und Kunsthandwerk.

Blah, Blah, Blah ... CAFÉ, BAR $$

(101 Victoria St; Frühstück 12–25 NZ$, Mittagessen 13–18 NZ$, Abendessen 22–34 NZ$; ⏲Di–Sa 9 Uhr–open end, So–Mo bis 16 Uhr) Das beste Restaurant in Dargaville bietet einen Garten, hippe Musik, Feinkost-Snacks, eine internationale Speisekarte (u.a. mit *dukkah*, Pizza und Steak) sowie Bier, Wein und Cocktails.

Praktische Informationen

DOC Kauri Coast Area Office (☎09-439 3450; www.doc.govt.nz; 150 Colville Rd; ⏲Mo–Fr 8–16.30 Uhr)

Visitor Information Centre (☎09-439 4975; www.kauriinfocentre.co.nz; 4 Murdoch St; ⏲9–17.30 Uhr; 📶) Betreibt das interessante Woodturners Kauri Gallery & Studio und kann Unterkünfte und Touren buchen.

An- & Weiterreise

Unter der Woche verkehren Shuttlebusse von West Coaster (S. 134) zwischen Dargaville und Whangarei.

Pouto Point

Eine lange, schmale Landzunge zieht sich, begrenzt von der Tasmansee und dem Wairoa River, von Dargaville nach Süden. An der Einfahrt zu Kaipara, Neuseelands größtem Hafen, endet sie abrupt. Das Kap mit dem einsamen Kaipara Lighthouse (1884 aus Kauri-Holz erbaut) liegt scheinbar am Ende der Welt und ist von Dutzenden winziger Dünenseen durchsetzt. Nur 10 km liegen zwischen dem Nord- und dem Südkap von Kaipara Harbour – auf dem Landweg müsste man 267 km zurücklegen!

Ein Geländewagen ist auf dem 71 km langen Strand von Dargaville ganz in seinem Element. *Pouto Hidden Treasures* vom DOC ist eine hilfreiche Broschüre für alle, die hier mit einem Fahrzeug unterwegs sind. Darin enthalten sind Tipps, wie man sowohl sein Auto als auch das fragile Ökosystem am besten vor Schaden bewahrt. Die Broschüre kann unter www.doc.govt.nz heruntergeladen werden.

Wer die riesige Fläche aus Sanddünen mit einer geführten Tour erkunden möchte, informiert sich am besten bei **Poutu Sand Safaris** (☎09-439 6678, www.poutu.co.nz; ab 35 NZ$/Pers.).

Matakohe

400 EW.

Abgesehen vom ländlichen Charme dieses Dorfes lohnt sich ein Besuch auch wegen des großartigen **Kauri Museum** (www.kauri museum.com; 5 Church Rd; Erw./Kind 25/8 NZ$; ⏲9–17 Uhr). Schon allein die riesigen Baumscheiben sind äußerst beeindruckend. Die ganze Holzindustrie wird durch Videofilme, Artefakte, fabelhafte Möbel und Intarsien sowie Nachbauten einer Sägemühle aus der Pionierzeit, eines Wohnheims, einer Gumdigger-Hütte und eines viktorianischen Hauses wieder zum Leben erweckt. Im Gum Room ist eine eigenartige und wunderbare Sammlung von Objekten aus Kauri-Holz ausgestellt. Das Holz wird geschnitzt, zu Skulpturen verarbeitet und kann solange poliert werden, bis es wie ein Edelstein schimmert. Der Museumsshop verkauft Souvenirs aus Kauri-Holz und -Harz.

Dem Museum gegenüber steht die kleine **Matakohe Pioneer Church** (1867) aus Kauri-Holz, die von Methodisten und Anglikanern gleichermaßen genutzt wurde und zudem als Gemeindesaal und Schule diente. Ganz in der Nähe kann man durch ein historisches **Schulhaus** (1878) und ein **Post- und Fernsprechamt** (1909) spazieren.

Schlafen & Essen

Matakohe Holiday Park FERIENANLAGE $

(☎09-431 6431; www.matakoheholidaypark.co.nz; 66 Church Rd; Stellplatz/Wohneinheit ab 38/65 NZ$; @ ᯤ ☒) Der kleine Campingplatz hat modere Einrichtungen, jede Menge Platz und bietet einen tollen Ausblick auf den Kaipara Harbour.

Petite Provence B&B $$

(☎09s431 7552; www.petiteprovence.co.nz; 703c Tinopai Rd; EZ/DZ 120/160 NZ$) Attraktives, französisch angehauchtes B&B, das vor allem bei Wochenendausflüglern aus Auckland sehr beliebt ist. Am besten im Voraus buchen. Auf Anfrage wird auch ein ganz hervorragendes Abendessen serviert (45 NZ$/Pers.).

Matakohe House B&B $$

(☎09-431 7091; www.matakohehouse.co.nz; 24 Church Rd; DZ 160 NZ$; @ ᯤ) Dieses B&B ist in einer hübschen Villa mit angeschlossenem Café untergebracht. Die einfach eingerichteten Zimmer gehen auf die Veranda hinaus. Kleine Aufmerksamkeiten wie kostenloser Portwein und Schokolade versüßen den Gästen ihren Aufenthalt.

An- & Weiterreise

Matakohe wird zwar von keinem Linienbus angefahren, das Kauri Museum kann allerdings von Auckland aus im Rahmen eines organisierten Tagesausflugs (149 NZ$) besucht werden. Diesen kann man unter www.kauri-museum.com buchen.

Waikato & Coromandel Peninsula

Inhalt ➡

Strände & Outdoor-Aktivitäten

- ➡ New Chum's Beach (S. 222)
- ➡ Cathedral Cove (S. 226)
- ➡ Otama Beach (S. 222)
- ➡ Manu Bay (S. 193)
- ➡ Blackwater-Raften in den Waitomo Caves (S. 203)

Schön übernachten

- ➡ Wairua Lodge (S. 223)
- ➡ Driving Creek Villas (S. 220)
- ➡ Purangi Garden Accommodation (S. 227)
- ➡ Solscape (S. 190)

Auf nach Waikato & zur Coromandel Peninsula!

Sattgrüne, sanfte Hügel säumen Neuseelands mächtigen Waikato River. Adrenalin-Junkies können in der Brandung vor Raglan surfen oder die phänomenalen Höhlen von Waitomo unter die Lupe nehmen.

Diese Region ist auch die Heimat der Tainui. In den 1850er-Jahren wählte dieser mächtige Stamm einen König, um sich gegen den Verlust von Land und Souveränität zu wehren. Das fruchtbare Waikato wurde ihm gewaltsam genommen, aber er behielt bis zum 20. Jh. das King Country.

Im Nordosten ragt die Coromandel Peninsula in den Pazifik und bildet den Ostrand des Hauraki-Golfs. An ihrer Ostküste befinden sich einige der schönsten weißen Sandstrände der Nordinsel. Die sumpfigen Feuchtgebiete und die malerischen Felsbuchten an der Westküste waren lange Zeit das Ziel von Leuten, die einen alternativen Lebensstil suchten. Die Berge in der Mitte sind von Wanderwegen überzogen, auf denen Wanderer unberührtes Buschland mit zahlreichen Kauri-Bäumen erkunden können.

Reisezeit

- ➡ In den Sommerferien von Weihnachten bis Ende Januar können Strandunterkünfte in Waihi, Whitianga, Whangamata und Raglan knapp werden. Um Silvester ist am meisten los.
- ➡ In den milden Monaten Februar und März mit beständigem Wetter ist es auf der Coromandel Peninsula sehr viel ruhiger. Von Mai bis September erreichen die Regenfälle in der gebirgigen Coromandel-Region ihren Höhepunkt.
- ➡ In Waikato kann es im Sommer recht trocken sein, wohingegen es im Süden von Taumarunui oft feucht und kühl ist.
- ➡ Außerhalb der Sommerschulferien (Weihnachten–Januar) findet man in der Waikato-Region problemlos eine Unterkunft.
- ➡ An den Surfstränden von Raglan ist das ganze Jahr viel los.

Highlights

1 In **Far North Coromandel** (S. 220) auf entlegenen Schotterpisten unter dem Dach aus purpurfarbenen Blüten uralter Pohutukawa-Bäume umherfahren

2 Mit dem Kajak im **Te Whanganui-A-Hei Marine Reserve** (S. 223) verborgene Inseln, Höhlen und Buchten entdecken

3 Sich in **Coromandel** (Stadt; S. 217) den Bauch mit geräucherten Muscheln vollschlagen

4 Die geheimnisvollen Tiefen des dichten Buschlands im **Coromandel Forest Park** (S. 218) und in der **Karangahake Gorge** (S. 233) durchdringen

5 Am **Hahei Beach** (S. 227) zusehen, wie die untergehende Sommersonne die Inseln vor der Küste erglühen lässt

6 Abenteuer in der Tiefe der **Waitomo Caves** (S. 203) erleben und Blackwater-Rafting ausprobieren

7 Auf den Wellen vor **Raglan** (S. 189) reiten und danach eine Kneipe besuchen

8 Durch das paradiesische **Sanctuary Mountain Maungatautari** (S. 196) wandern

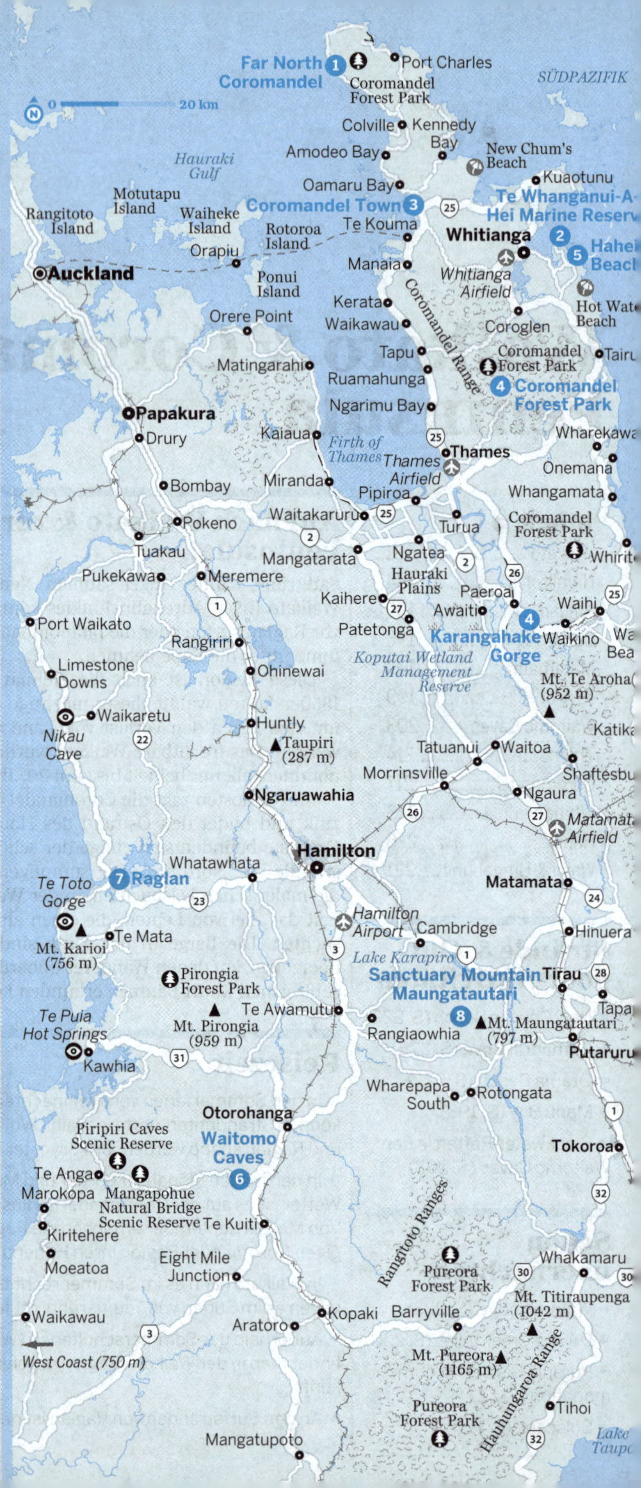

ℹ Anreise & Unterwegs vor Ort

Hamilton ist der Verkehrsknotenpunkt der Region. Vom hiesigen Flughafen werden zahlreiche Städte Neuseelands angeflogen. Busse verbinden die Stadt mit allen Orten auf der Nordinsel. Auch die meisten im Inland gelegenen Städte sind per Bus zu erreichen. Die entlegenen Küstengemeinden (außer Mokau am SH3) werden allerdings seltener angefahren. Weitere Infos über Verkehrsmittel stehen auf S. 189.

Auf der Coromandel Peninsula gibt es weniger Verkehrsmittel. Strände und Küsten erreicht man am besten mit dem eigenen Fahrzeug.

AUTO

Die entlegeneren Regionen sind nur mit dem Auto erreichbar, doch ist bei den Mietverträgen Umsicht geboten, denn es gibt viele Schotterstraßen und Flüsse, die durchquert werden müssen. Die meisten Straßen sind aber in gutem Zustand und können mit normalen Autos befahren werden, es sei denn, es hat stark geregnet.

BUS

Go Kiwi (☎07-866 0336; www.go-kiwi.co.nz) Betreibt ganzjährig einen täglichen Shuttle-Service mit der Route Auckland City–Internationaler Flughafen–Thames–Tairua–Whitianga mit Anschlüssen nach Opoutere und Whangamata. Von Mitte Dezember bis Ostern verkehren auch Shuttles von Rotorua über Tauranga, Waihi, Whangamata, Whitianga und Coromandel (Stadt) nach Whitianga.

InterCity (www.intercity.co.nz) Befährt zwei Strecken zur/von der Coromandel Peninsula: Auckland–Thames–Paeroa–Waihi–Tauranga und Hamilton–Te Aroha–Paeroa–Thames–Coromandel Town. Regionale Linien gehen von Thames über Coromandel nach Whitianga und von Whitianga über Tairua nach Thames.

Naked Bus (www.nakedbus.com) Die Busse der Strecke Auckland–Tauranga–Mt. Maunganui–Rotorua–Gisborne halten in Ngatea, von wo dann das regionale Partnerunternehmen Tairua Bus Company bis Whitianga weiterfährt.

Tairua Bus Company (TBC; ☎07-808 0748; www.tairuabus.co.nz) Regionalbusse fahren die Strecke Hamilton–Cambridge–Te Aroha–Thames–Tairua und die Strecke Thames–Tairua–Hahei–Whitianga– Coromandel.

FLUGZEUG

Sunair (☎0800 786 247; www.sunair.co.nz) Die regionale Fluggesellschaft der Nordinsel fliegt nach Auckland, Whitianga, Hamilton, Gisborne, Napier, Tauranga, Great Barrier Island und nach New Plymouth.

SCHIFF

360 Discovery (☎0800 360 3472; www.360discovery.co.nz) Betreibt Fähren nach und von Auckland (einfache Strecke/hin & zurück 57/92 NZ$, 2 Std.) über Orapiu auf Waiheke Island (einfache Strecke/hin & zurück 37/62 NZ$, 70 Min.), und zwar fünfmal pro Woche (im Sommer tgl.). Die Schiffe legen an der Hannafords Wharf, Te Kouma, an, von wo aus kostenlose Shuttle-Busse die Passagiere ins 10 km entfernte Coromandel bringen. Das Ganze ist ein großartiger Tagesausflug von Auckland aus (hin & zurück am selben Tag 69 NZ$). Es gibt auch Tagestouren mit einem Hop-on-hop-off-Bus (Erw./Kind 94 NZ$).

WAIKATO

Geschichte

Als die Europäer in diese Region kamen, die sich nach Norden bis zum Manukau Harbour von Auckland erstreckt, war sie schon seit Langem die Heimat der Waikato-Stämme, Nachkommen der Tainui. Bei der Besiedlung des Landes hatten die Waikato-Stämme andere vertrieben, die in früheren Einwanderungswellen in die Region gelangt waren.

KURZINFOS WAIKATO & COROMANDEL PENINSULA

Essen Coromandel-Schalentiere – Miesmuscheln, Austern und Jakobsmuscheln sind die Spezialität der Region

Trinken Das lokale Craft-Bier Good George in Hamilton (S. 188)

Lesen *The Penguin History of New Zealand* (2003) von dem verstorbenen Michael King, einem Bewohner von Opoutere

Hören Die von Waikato beeinflusste Musik von Kimbra, den Topp Twins und den Datsuns

Anschauen Die Vögel am Firth of Thames in Miranda

Festival Das auf der ganzen Coromandel Peninsula stattfindende **Pohutukawa Festival** (www.pohutukawafestival.co.nz)

Grünes Gewissen Tipis abseits der Zivilisation im Solscape (S. 193)

Infos im Internet www.thecoromandel.com, www.hamiltonwaikato.com, www.kingcountry.co.nz

Vorwahl ☎07

Waikato & King Country

Anfänglich war der Kontakt mit den Europäern für die einheimischen Maori von Vorteil. Ihr fruchtbares Land, das sie mit Kumara (Süßkartoffeln) und anderen Feldfrüchten bestellten, eignete sich gut für die Anpflanzung neuer Früchte und den Gemüseanbau. In den 1840er-Jahren blühte die Wirtschaft in Waikato, große Mengen landwirtschaftlicher Erzeugnisse wurden zu den Siedlern nach Auckland und darüber hinaus exportiert.

Die Beziehung zwischen den beiden Kulturen verschlechterte sich während der 1850er-Jahre, hauptsächlich weil die Kolonisten unbedingt Maori-Land kaufen wollten. Als Reaktion vereinigte sich eine Stammeskonföderation zum Schutz der eigenen Interessen, wählte einen König und bildete die sogenannte Kingitanga (Königsbewegung).

Im Juli 1863 entsandte Gouverneur Grey eine starke Streitmacht nach Waikato, um dort die Kolonialherrschaft durchzusetzen. Nach fast einjährigem Kampf, dem sogenannten Waikato Land War, musste sich die Königsbewegung nach Süden in das seitdem als King Country bezeichnete Gebiet zurückziehen.

Als Ergebnis des Krieges wurden 3600 km² Land konfisziert, den größten Teil erhielten koloniale Soldaten, die es bestellen und verteidigen sollten. 1995 entschuldigte sich die britische Krone bei den Waikato-Stämmen für die unrechtmäßige Invasion und die Beschlagnahme ihrer Ländereien. Damit verbunden war eine Wiedergutmachung in Höhe von 170 Mio. NZ$, die außerdem die Rückgabe von Land beinhaltete, das sich noch im Besitz der Krone befand.

Rangiriri

Auf dem SH1 in Richtung Süden folgt man dem Weg der Kolonialarmee während des Waikato Land War, des berüchtigten Landraubs. Unterstützt von Kanonenbooten und Artillerie griffen am 20. November 1863 etwa 1500 britische Soldaten die starken Befestigungsanlagen an, die die Krieger des Maori-Königs in Rangiriri errichtet hatten. Sie wurden mehrfach zurückgeschlagen und verloren 49 Mann, in der Nacht aber zogen sich viele der 500 Maori-Krieger zurück; die verbliebenen 183 Mann wurden am nächsten Tag gefangen genommen, nachdem sich die Briten unter Missachtung der weißen Parlamentärsflagge Zutritt zum *pa* (befestigtes Dorf) verschafft hatten.

Das **Rangiriri Heritage Centre** (☎07-826 3663; www.nzmuseums.co.nz; 12 Rangiriri Rd; Eintritt 3 NZ$, Film 5 NZ$; ⏲8–16 Uhr) zeigt einen kurzen Film über die Schlacht. Auf dem **Maori War & Early Settlers Cemetery** (Soldatenfriedhof; Rangiriri Rd; ⏲24 Std.) GRATIS gegenüber finden sich die Soldatengräber und ein Erdhügel über dem Massengrab von 36 Maori-Kriegern.

Neben dem Heimatmuseum steht das historische **Rangiriri Hotel** (☎07-826 3467; 8 Talbot St; Mittagessen 11–20 NZ$, Abendessen 17–30 NZ$; ⏲11–23 Uhr), ein herrliches Plätzchen für ein Mittagessen oder ein Bier.

Ngaruawahia & Umgebung

4940 EW.

Ngaruawahia, der Sitz der Königsbewegung der Maori, liegt 19 km nördlich von Hamilton am SH1. Die eindrucksvolle Umzäunung des **Turangawaewae Marae** (☎07-824 5189; 29 River Rd) sorgt dafür, dass die bedeutende Anlage ungestört bleibt; zweimal jährlich werden Besucher eingelassen. Der **Regatta Day** findet Mitte März mit *waka*-Rennen (Kanurennen) und sonstigen Veranstaltungen statt. Ab dem 15. August steht das *marae* (Versammlungshaus) eine Woche lang zur Feier des **Koroneihana** offen, des Jahrestags der Krönung des derzeitigen Königs Tuheitia.

DIE MAORI IN WAIKATO & AUF DER COROMANDEL PENINSULA

Waikato und das King Country gehören noch immer zu den am stärksten von Maori geprägten Regionen Neuseelands. Sie bilden das Kernland der Tainui-Stämme, der Nachfahren jener Einwanderer, die im 14. Jh. mit dem *tainui waka* (Kanu) in Kawhia eintrafen. Die Tanui sind in vier Hauptstämme gegliedert (Waikato, Hauraki, Ngati Maniapoto & Ngati Raukawa) und untrennbar mit der Kingitanga (Königsbewegung) verbunden, die in Ngaruawahia ihren Ausgangspunkt hat.

Die besten Gelegenheiten, die Maori-Kultur hautnah zu erleben, sind das Kai Festival in Kawhia (S. 201) sowie der Regatta Day und das Koroneihana-Fest in Ngaruawahia (s. oben). Interessante *taonga* (Schätze) sind in den Museen in Hamilton und Te Awamutu ausgestellt.

Zeugnisse des Waikato Land War sind in Rangiriri, Rangiaowhia und Orakau zu sehen. Landkarten, Audio-Dateien und eine App mit diversen Orten, in denen von 1863 bis 1864 gekämpft wurde, kann man unter www.waikatowar.co.nz herunterladen.

Dutzende *marae* (Versammlungshäuser) liegen verstreut in der Landschaft, u. a. in Awakino und in Kawhia, wo das *tainui waka* begraben ist. Ohne Genehmigung dürfen die *marae* nicht besichtigt werden, aber sie sind von den Toren aus gut zu erkennen. Auf einigen Touren wird auch auf die Maori-Kultur eingegangen, z. B. auf der Tour in die Ruakuri Cave (S. 203) und auf den Bootsrundfahrten durch den Kawhia Harbour (S. 201).

Obwohl die in der Nähe gelegene Coromandel Peninsula eine lange und reiche Geschichte der Maori aufzuweisen hat, gibt es hier nur wenige Möglichkeiten, sich mit deren Kultur auseinanderzusetzen. Historische *pa* (befestigte Dörfer) sind überall zu finden; am besten zugänglich ist Paaku (S. 228). Es gibt weitere am Opito Beach, in Hahei und am Hot Water Beach.

Hamilton

206 400 EW.

Städte im Landesinneren einer Insel werden nie die glamouröse Attraktivität von Küstenorten haben. Rotorua kompensiert das mit heißem Schlamm und Taupo mit seinem See. Hamilton hat dagegen außer dem majestätischen Waikato River nicht allzu viel zu bieten.

Dennoch hat die Stadt ihre Reize. In der Hauptstraße gibt es um die Hood St und die Victoria St pulsierende Bars und ausgezeichnete Restaurants und Cafés, in denen man mit Sicherheit gut essen wird. Auch die Besichtigung der Highlights, z. B. der Hamilton Gardens, lohnt sich unbedingt.

Seltsamerweise wendet Hamilton dem grau-grünen, trägen Waikato River größtenteils den Rücken zu, obwohl der Fluss mitten durch die Stadt hindurchfließt. Man bemerkt ihn kaum – außer man fährt über eine Brücke.

Sehenswertes

★ Hamilton Gardens GARTENANLAGE

(www.hamiltongardens.co.nz; Cobham Dr; ⊙umzäunte Gärten 7.30–17 Uhr, Informationszentrum 9–17 Uhr) GRATIS Die Hamilton Gardens bilden zusammen einen ungefähr 50 ha großen Park mit einem Café, einem Restaurant und diversen üppig bepflanzten, separat umschlossenen Themengärten. Zu Letzteren gehören beispielsweise ein italienischer Renaissance-Garten sowie chinesische, japanische, englische, amerikanische und indische Gärten mit Kolonnaden, Pagoden und einem Miniatur-Taj-Mahal. Ebenso interessant sind die nachhaltige Productive Garden Collection, der duftende Kräutergarten und der vorkoloniale Maori-Garten Te Parapara. Ein echter Blickfang am Haupttor ist die eindrucksvolle Skulptur *Nga Uri O Hinetuparimaunga* (Erdmantel). Die Gärten befinden sich südöstlich des Stadtzentrums von Hamilton.

Hamilton

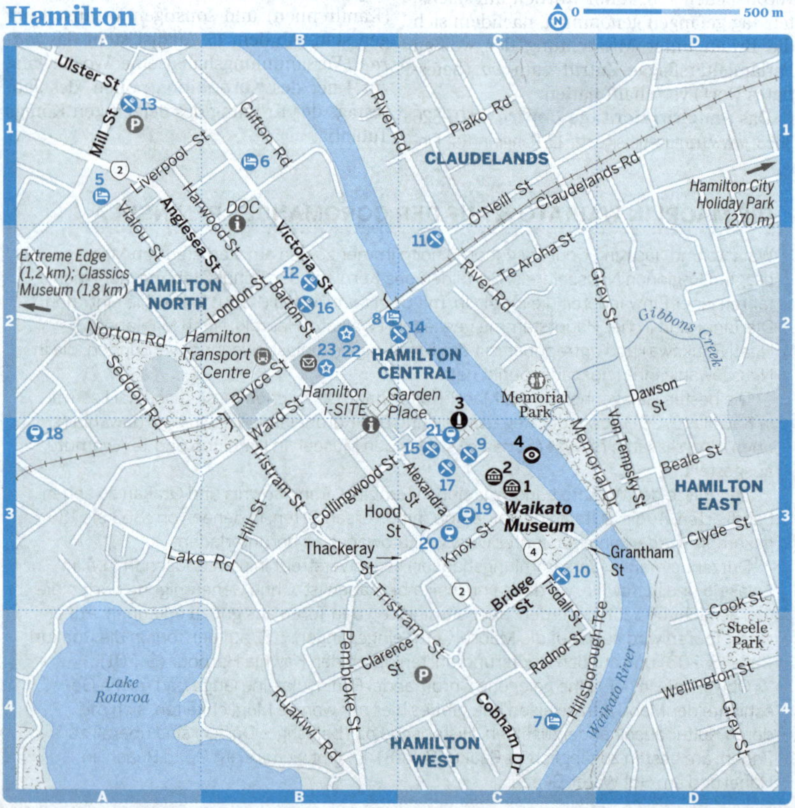

★ Waikato Museum
MUSEUM

(www.waikatomuseum.co.nz; 1 Grantham St; Eintritt frei–6,50 NZ$; ⏲10–16.30 Uhr) Das hervorragende Waikato Museum besteht aus fünf Abteilungen: einer Kunstgalerie, einem interaktiven Wissenschaftsmuseum, der Tainui-Abteilung mit den Maori-Schätzen – u.a. dem prachtvoll geschnitzte *waka taua* (Kriegskanu) *Te Winikawaka* –, eine Ausstellung zur Geschichte Hamiltons namens *Never a Dull Moment* (Niemals langweilig) und eine weitere über den Waikato River. Das Museum bietet auch ein umfangreiches Veranstaltungsprogramm. Für einige Ausstellungen wird Eintritt verlangt.

Waikato River
FLUSS, PARK

Von Gebüsch gesäumte Uferwege verlaufen an beiden Flussufern und bilden den Grüngürtel der Stadt. Die Joggingwege führen bis zum Promenadenweg um den Lake Rotoroa westlich des Zentrums. Der Memorial Park liegt näher an der Stadt, wo auch die Reste der *PS Rangiriri* – ein gepanzertes, dampfbetriebenes Kanonenboot aus dem Waikato Land War – am Flussufer liegen.

Riff Raff
DENKMAL

(www.riffraffstatue.org; Victoria St; 📶) Die lebensgroße Statue des Autoren der *Rocky Horror Picture Show*, Richard O'Brien alias „Riff Raff, der Zeitreisende vom Planeten Transsexual", ist eines der eher ungewöhnlichen öffentlichen Kunstwerke in Hamilton. Sie steht an einem kleinen Park, wo sich einst das Embassy Theatre befand, in dem O'Brien als Friseur arbeitete. Allerdings ist es schwer vorstellbar, dass das Hamilton der 1960er-Jahre jemanden zur Geschichte bisexueller, außerirdischer Dekadenz inspirierte. Für kostenloses WLAN sorgt Riff Raffs dreizackige Laserwaffe.

ArtsPost
GALERIE

(www.artspost.co.nz; 120 Victoria St; ⏲10–16.30 Uhr) GRATIS Diese moderne Galerie mit Geschenkladen ist in einem stattlichen ehemaligen Postamt untergebracht. Im Mittelpunkt steht hochwertige einheimische Kunst: Gemälde, Glas, Drucke, Textilien und Fotos.

Hamilton Zoo
ZOO

(☎07-838 6720; www.hamiltonzoo.co.nz; 183 Brymer Rd; Erw./Kind/Fam. 19/9/56 NZ$ zzgl. Führungen; ⏲9–17 Uhr, letzter Einlass 15.30 Uhr) Im Hamilton Zoo leben über 500 Tierarten, u.a. hinterlistige, neugierige Schimpansen. Bei den Führungen steht man den Tieren Auge in Auge gegenüber und kann hinter die Kulissen schauen. Außerdem werden täglich *Meet the Keeper*-Gespräche angeboten – dann beantworten Tierpfleger die Fragen der Besucher. Der Zoo befindet sich 8 km nordwestlich von Hamiltons Stadtzentrum.

Classics Museum
MUSEUM

(www.classicsmuseum.co.nz; 11 Railside Pl, Frankton; Erw./Kind 20/8 NZ$; ⏲9–16 Uhr) Beim Betrachten der über 100 Oldtimer aus der ersten Hälfte des 20. Jhs. fühlt man sich in eine andere Zeit versetzt. Auch wer kein Autofreak ist, wird von dem verrückten Amphicar und dem coolen Maserati oder der Corvette begeistert sein. Das Museum liegt am SH1 nordwestlich von Hamiltons Zentrum.

Aktivitäten

Extreme Edge
KLETTERN

(☎07-847 5858; www.extremeedge.co.nz; 90 Greenwood St; Tageskarte inkl. Klettergurt Erw./

Hamilton

Highlights
1 Waikato Museum ... C3

Sehenswertes
2 ArtsPost ... C3
3 Riff Raff ... C3
4 Waikato River ... C3

Schlafen
5 Anglesea Motel ... A1
6 Backpackers Central ... B1
7 City Centre B&B ... C4
8 Ibis Hotel ... B2

Essen
9 Banh Mi Caphe ... C3
10 Chim Choo Ree ... C3
11 Hamilton Farmers Market ... C2
12 Hazel Hayes ... B2
13 Pak 'n Save ... A1
14 Palate ... C2
15 River Kitchen ... C3
16 Rocket Coffee ... B2
17 Scott's Epicurean ... C3

Ausgehen & Nachtleben
18 Good George ... A3
19 Gothenburg ... C3
20 House on Hood ... C3
21 Wonderhorse ... C3

Unterhaltung
22 Lido Cinema ... B2
23 Metro by Hoyts ... B2

Kind 18,50/14 NZ$; ⏲Mo–Fr 12–21.30, Sa & So 9–19 Uhr) In dieser Anlage unweit des Bahnhofs Frankton gibt's knallbunte Kletterwände mit Überhängen von 14 m. Kinder haben einen eigenen Kletterbereich; Anfänger bekommen kostenlosen Sicherheitsunterricht.

Waikato River Explorer BOOTSFAHRT
(☎0800 139 756; www.waikatoexplorer.co.nz; Anleger Hamilton Gardens; Erw./Kind 26/13 NZ$; ⏲Do–So) Wunderschöne 90-minütige Bootsfahrt auf dem Waikato River. Los geht's am Anleger Hamilton Gardens. Sonntagnachmittags werden Weinverkostungsausflüge angeboten (Erw./Kind 55/24 NZ$).

Kiwi Balloon Company BALLONFAHRT
(☎021 912 679, 07-843 8538; www.kiwiballooncompany.co.nz; 350 NZ$/Pers.) Wie wär's mit Waikato von oben? Das ganze Abenteuer dauert ca. vier Stunden einschließlich Champagnerfrühstück und einstündigem Flug über die grüne Landschaft.

Feste & Events

Hamilton Gardens Arts Festival THEATER
(www.hamiltongardensartsfestival.co.nz; Hamilton Gardens) Musik, Comedy, Theater, Tanz und Filme unter freiem Himmel in den Hamilton Gardens. In den letzten beiden Februarwochen.

Balloons Over Waikato SPORT
(www.balloonsoverwaikato.co.nz) Buntes Heißluftballonfest im März.

Schlafen

Die Straße von Auckland in die Stadt (Ulster St) ist gesäumt von Dutzenden gesichtslosen Motels, die viel Verkehrslärm abbekommen und höchstens für einen Kurzaufenthalt empfehlenswert sind.

J's Backpackers HOSTEL $
(☎07-856 8934; www.jsbackpackers.co.nz; 8 Grey St; B/EZ/DZ/3BZ 28/55/66/84 NZ$; @📶) Das freundliche J's ist ein gemütliches, sicheres Hostel in einem Haus voller Charakter in der Nähe der Hamilton Gardens. Es hat eine behagliche Küche, kostenlose Fahrräder und helle, saubere Zimmer. Hinten gibt es einen Grillbereich, auf dem Rasen vorn eine mongolische Jurte, in der man wunderbar relaxen kann.

Backpackers Central HOSTEL $
(☎07-839 1928; www.backpackerscentral.co.nz; 846 Victoria St; B 25 NZ$, EZ 50–60 NZ$, Zi. 75–140 NZ$; @📶) Gut geführtes Hostel mit Schlafsälen, Einzel-, Doppel- und Familienzimmern, von denen einige über ein eigenes Bad verfügen. Es gibt eine Gemeinschaftsküche und eine Lounge. Wenn man als Pärchen oder in einer Gruppe unterwegs ist, bietet sich diese Unterkunft als gute Alternative zu einem Motel an.

Hamilton City Holiday Park FERIENPARK $
(☎07-855 8255; www.hamiltoncityholidaypark.co.nz; 14 Ruakura Rd; Stellplatz/Hütte/Wohneinheit ab 37/47/75 NZ$; @📶) Der schattige Park hat einfache Hütten und Stellplätze im Grünen. Die Anlage ist nicht allzu weit von der Stadt entfernt (2 km östl. des Zentrums) und sehr erschwinglich.

City Centre B&B B&B $$
(☎07-838 1671; www.citycentrebnb.co.nz; 3 Anglesea St; Zi. 90–165 NZ$; @📶≋) Das saubere, separate Apartment am Fluss in einer ruhigen Straße im Zentrum (5 Min. zu Fuß zur Victoria St & zur Hood St) hat direkt vor der Haustür einen Pool. In einem Flügel des Haupthauses wird zusätzlich ein Zimmer vermietet. Die Zutaten für das Frühstück werden den Gästen bereitgestellt.

Anglesea Motel MOTEL $$
(☎0800 426 453, 07-834 0010; www.angleseamotel.co.nz; 36 Liverpool St; Wohneinheit 140–300 NZ$; @📶≋) Diese Unterkunft wird von Travellern sehr gelobt und ist eine der besten in der „Motelstraße" namens Ulster St. Das Anglesea bietet reichlich Platz, freundliche Manager, einen Pool, Squash- und Tennisplätze und relativ elegante Innenräume.

Ibis Hotel HOTEL $$
(☎07-859 9200; www.ibis.com/hamilton; 18 Alma St; Zi. 100–130 NZ$; 📶) Kleine, aber saubere und nett eingerichtete Zimmer. Das Ibis am Flussufer ist eine gute Wahl, wenn man auf der Suche nach einer ruhigen, zentral gelegenen Bleibe in der Nähe der besten Bars und Restaurants von Hamilton ist. Geräumige und farbenfroh gestaltete Gemeinschaftsbereiche und ein Restaurant mit gutem Frühstücksbuffet (20 NZ$).

Essen

Rocket Coffee CAFÉ $
(www.rocketcoffee.co.nz; 302 Barton St; Kaffee ab 4 NZ$; ⏲Mo–Fr 8–16 Uhr) An einem Weg nahe der Barton St versteckt sich das nach Meinung der Einheimischen hippste Café Hamiltons. Das Rocket Coffee ist ein speicherartig anmutendes Kaffeeparadies, in dem die Bohnen vor Ort geröstet und Kof-

feinsüchtige an die großen Tische voller Zeitungen gelockt werden. Die Angestellten legen altmodische Schallplatten auf (und nehmen Wünsche entgegen), betätigen sich als Baristas und verpacken Bohnen zum Versand in Säcke.

Scott's Epicurean INTERNATIONAL $
(☎07-839 6680; www.scottsepicurean.co.nz; 181 Victoria St; Hauptgerichte 11–20 NZ$; ⏱Mo–Fr 7–15, Sa & So 8.30–16 Uhr) Das großartige Lokal lockt mit schnieken Ledersitzbänken, tollem Kaffee und einem interessanten und erschwinglichen Speisenangebot, z. B. mit Pyttipanna (der schwedischen Variante eines Resteessens) oder den stets beliebten Spaghetti *aglio e olio*. Der Service ist freundlich, und das Lokal besitzt auch eine Schanklizenz.

Banh Mi Caphe VIETNAMESISCH $
(www.facebook.com/banhmicaphe; 198/2 Victoria St; Snacks & Hauptgerichte 7–14 NZ$; ⏱Di, Mi, Sa & So 11–16 Uhr, Do & Fr 11 Uhr–open end) Frische Frühlingsrollen, vietnamesische *banh mi*-Sandwiches und dampfende Schalen mit *pho* (Nudelsuppe) stehen auf der Speisekarte des hippen Restaurants, das sich auch in einer Seitengasse in Hanoi befinden könnte. In der näheren Umgebung gibt es noch diverse andere Lokale, in denen man lecker essen kann. Die Victoria St und die Hood St sind von indischen, thailändischen, chinesischen, mexikanischen und japanischen Restaurants gesäumt.

Hamilton Farmers Market MARKT $
(www.waikatofarmersmarkets.co.nz; Parkplatz in der River Rd, 204 River Rd; ⏱So 8–12 Uhr) Wie wär's mit einem Bummel über die Claudelands-Road-Brücke zum Bauernmarkt, wo Käse aus der Region, Backwaren sowie Obst und Gemüse angeboten werden? Ein empfehlenswertes Frühstück ist ein Kaffee vom Rocket-Wagen und dazu ein leckerer Hot-Dog von Bangin Bangaz.

Pak'n Save SUPERMARKT $
(Mill St; ⏱7–22 Uhr) Nördlich von Hamiltons Innenstadt.

Hazel Hayes CAFÉ $$
(www.hazelhayes.co.nz; 587 Victoria St; Hauptgerichte 10–20 NZ$; ⏱Mo–Fr 7–16, Sa 8–15 Uhr) Dieses Café im Country-Stil serviert kreativ zubereitete Kaffees. Freilaufendes und biologisch angebautes Allerlei zieren die kurze Speisekarte, und sowohl der Service als auch der Kaffee sind ausgezeichnet. Die Weine und Biere sind ebenfalls von erstklassiger Qualität. Der Delikatessladen Hazel's Counter nebenan lohnt ebenfalls einen Besuch.

River Kitchen CAFÉ $$
(www.theriverkitchen.co.nz; 237 Victoria St; Hauptgerichte 7–18 NZ$; ⏱Mo–Fr 7–16, Sa & So 8–16 Uhr; ✎) Das River Kitchen serviert Einfaches, das aber mit Stil: leckere Kuchen, ein Gourmetfrühstück und frische, saisonale Mittagsgerichte (sehr schmackhaft ist z. B. das Lachshack). Der Barista kennt sich super mit Kaffee aus. Es ist die Art Café, in die die Leute zum Frühstück kommen, zum Mittagessen zurückkehren und dann am nächsten Tag wieder zum Frühstück gehen.

★ **Chim Choo Ree** MODERN-NEUSEELÄNDISCH $$$
(☎07-839 4329; www.chimchooree.co.nz; 14 Bridge St; Hauptgerichte 30–34 NZ$; ⏱Mo–Sa 11.30–14 & 17 Uhr–open end) Das luftige Restaurant in einem denkmalgeschützten Gebäude am Fluss serviert Platten für mehrere Esser, z. B. Thunfischtatar, geräucherte Kartoffelravioli und Sichuan-Schweinebauch sowie größere, kreative Hauptgerichte mit Ente, Lamm, Wild und Schnapper. Hiesige Gourmets trinken dazu einen der guten Weine oder eines der aromatischen Craft-Biere.

Palate MODERN-NEUSEELÄNDISCH, FUSION $$$
(☎07-834 2921; www.palaterestaurant.co.nz; 20 Alma St; Hauptgerichte 34–38 NZ$; ⏱Mi–Fr 11.30–14, Mo–Sa 17.30 Uhr–open end) Das einfache, anspruchsvolle Palate hat den wohlverdienten Ruf, das kulinarische Niveau in dieser Gegend anzuheben. Auf der innovativen Speisekarte stehen Highlights wie gebratene Ente mit Süßkartoffeln, Jakobsmuscheln, Shiitake-Pilzen und Chili-Brühe. Eine bessere Weinauswahl ist in Hamilton nicht zu finden.

Ausgehen & Nachtleben

In den Blocks rund um die Victoria St und die Hood St kann man gut von einer Bar in die nächste ziehen. Wenn an den Wochenenden keine Livebands auftreten, stehen DJs am Plattenteller. Freitags ist am meisten los.

Wonderhorse COCKTAILBAR
(www.facebook.com/wonderhorsebar; 232 Victoria St; ⏱Mi–Sa 17–3 Uhr) Ausschau halten nach dem dezent gesprayten Wonderhorse-Logo auf dem Gehweg und dann den weißen Pfeilen in diese coole Cocktailbar folgen! Es werden auch regelmäßig Craft-Biere aus hiesigen Kleinbrauereien wie Shunters Yard, Brewaucracy und 666 angeboten. Auf dem Plattenteller drehen sich oft alte Vinylplat-

TAUPIRI

Etwa 26 km nördlich von Hamilton liegt der Taupiri (287 m) am SH1, der **heilige Berg** der Tainui. Er ist am Friedhof an seinem Hang zu erkennen und auch am Hupen vorbeifahrender Autos – die Einheimischen grüßen damit ihre Angehörigen. Im August 2006 versammelten sich hier Tausende, als die allseits beliebte Maori-Königin Dame Te Atairangikaahu mit dem *waka* (Kanu) flussaufwärts zu ihrem letzten Ruheplatz, einem unmarkierten Grab auf dem Gipfel, gebracht wurde.

ten. Cheeseburger (5 NZ$) und Wahnsinnscocktails vervollständigen das Angebot der besten Bar Hamiltons.

Good George BRAUEREI
(07-847 3223; www.goodgeorge.co.nz; 32a Somerset St, Frankton; Führung inkl. Bier & Essen 15 NZ$; 11 Uhr–open end, Führungen Mo–Do ab 17.30 Uhr) Coolen, industriellen Charme verbreitet die ehemalige Church of St. George, die jetzt ein Craft-Bier-Tempel ist. Hier sollte man eine Bierprobe machen (6 Biere 19 NZ$) und sich dazu eine Pizza aus dem Holzofen (20–23 NZ$), eine gemischte Platte (12–16 NZ$) oder eines der Hauptgerichte (20–34 NZ$) bestellen. Besonders empfehlenswert sind das herbe White Ale und der prickelnde Drop Hop Cidre. Führungen müssen im Voraus gebucht werden.

Gothenburg BAR
(www.gothenburg.co.nz; 15 Hood St; 10.30 Uhr–open end) In der gemütlichen Mischung aus Bar und Restaurant werden Bier- und Weingenuss ernst genommen. Es gibt Craft-Biere aus der Gegend und eine beeindruckende Auswahl belgischer Biere. In puncto Essen gibt's von Tapas bis hin zu Hauptgerichten so ziemlich alles. Empfehlenswert sind vietnamesischer Schweinebauch und in Gin getränkter Lachs. Der Service ist um einige Stufen besser als in den umliegenden Lokalen in der manchmal etwas lauten Hood St.

House on Hood BAR
(www.houseonhood.co.nz; 27 Hood St; 11 Uhr–open end) Dies ist eine Scheune von 1915, in der man wunderbar seinen Durst löschen kann. Ständig gibt es Bier- und Speisen-Specials sowie Bierverkostungen; samstagabends spielen Bands und sonntagnachmittags stehen DJs am Plattenteller.

☆ Unterhaltung

Lido Cinema KINO
(www.lidocinema.co.nz; Level 1, Centre Place, 501 Victoria St; Erw./Kind 15,50/9,50 NZ$; 10 Uhr–open end) Arthouse-Filme. Dienstags ist Kinotag (10 NZ$).

Metro by Hoyts KINO
(www.hoyts.co.nz; Centre Place Shopping Centre, 12 Ward St; Erw./Kind 14/10 NZ$) Blockbusterstreifen. Dienstags kostet das Ticket 10 NZ$.

Praktische Informationen

Anglesea Clinic (07-858 0800; www.angleseamedical.co.nz; Ecke Anglesea & Thackeray St; 24 Std.) Bei Unfällen und wenn dringende medizinische Versorgung gebraucht wird.

DOC (Department of Conservation; 07-858 1000; www.doc.govt.nz; Level 5, 73 Rostrevor St; Mo–Fr 8–16.30 Uhr)

Hamilton i-SITE (0800 242 645, 07-958 5960; www.visithamilton.co.nz; Ecke Caro & Alexandra St; Mo–Fr 9–17, Sa & So 9.30–15.30 Uhr; WLAN) Buchungen von Unterkünften, Aktivitäten und Verkehrsverbindungen, außerdem kostenloses WLAN im Bereich des Garden Place.

Waikato Hospital (07-839 8899; www.waikatodhb.govt.nz; Pembroke St; 24 Std.)

An- & Weiterreise

BUS

Alle Busse fahren vom und zum **Hamilton Transport Centre** (07-834 3457; www.hamilton.co.nz; Ecke Anglesea St & Bryce St; WLAN).

Die Regionalbusse von **Busit!** (0800 4287 5463; www.busit.co.nz) des Waikato Regional Council fahren u. a. nach Ngaruawahia (3,20 NZ$, 25 Min.), Cambridge (6,70 NZ$, 40 Min.), Te Awamutu (6,70 NZ$, 50 Min.) und Raglan (8,50 NZ$, 1 Std.).

InterCity (09-583 5780; www.intercity.co.nz) fährt u. a. die folgenden Ziele an:

ZIEL	PREIS (NZ$)	DAUER	HÄUFIGKEIT (TGL.)
Auckland	12–35	2 Std.	11-mal
Cambridge	10–20	25 Min.	9-mal
Matamata	10–25	50 Min.	4-mal
Ngaruawahia	10–21	20 Min.	9-mal
Rotorua	14–35	1½ Std.	5-mal
Te Aroha	10	1 Std.	2-mal
Te Awamutu	10–22	35 Min.	3-mal
Wellington	27–70	5 Std.	3-mal

Naked Bus (0900 625 33; www.nakedbus.com) bedient u. a. die folgenden Orte:

ZIEL	PREIS (NZ$)	DAUER	HÄUFIGKEIT (TGL.)
Auckland	17–19	2 Std.	5-mal
Cambridge	15	30 Min.	5- bis 7-mal
Matamata	20	1 Std.	1-mal
Ngaruawahia	15	30 Min.	5-mal
Rotorua	10	1½ Std.	4- bis 5-mal
Wellington	20–30	9½ Std.	1- bis 2-mal

FLUGZEUG

Air New Zealand (☎ 0800 737 000; www.airnewzealand.co.nz) Regelmäßige Direktflüge von Hamilton nach Auckland, Christchurch, Palmerston North und Wellington.

Sunair (☎ 0800 786 247; www.sunair.co.nz) Direktflüge nach Gisborne, Napier und New Plymouth.

SHUTTLE-BUS

Minibus Express (☎ 0800 646 428, 07-856 3191; www.minibus.co.nz) Pendelt zwischen Hamilton und dem Auckland Airport hin und her (einfache Strecke 75 NZ$).

Raglan Scenic Tours (☎ 021 0274 7014, 07-825 0507; www.raglanscenictours.co.nz) Pendelverkehr zwischen Hamilton und Raglan (einfache Strecke 35 NZ$). Es gibt auch eine Verbindung zum Auckland Airport.

ZUG

Hamilton liegt an der Strecke des **Northern Explorer** (☎ 0800 872 467; www.kiwiscenic.co.nz) zwischen Auckland (48 NZ$, 2½ Std.) und Wellington (186 NZ$, 9½ Std.) via Otorohanga (48 NZ$, 45 Min.). Die Züge verlassen Auckland montags, donnerstags und samstags und halten in Hamilton am **Bahnhof Frankton** (Fraser St), 1 km westlich des Stadtzentrums. Es gibt hier keinen Fahrkartenverkauf; weitere Infos über Tickets stehen auf der Website.

Unterwegs vor Ort

AUTO

Rent-a-Dent (☎ 07-839 1049; www.rentadent.co.nz; 383 Anglesea St; ⌚ Mo–Fr 7.30–17, Sa 8–12 Uhr) Autovermietung.

BUS

Die Stadtbusse von **Busit!** (☎ 0800 4287 5463; www.busit.co.nz; Stadtstrecken Erw./Kind 3,30/2,20 NZ$) fahren täglich von etwa 7 bis 19.30 Uhr (Fr länger) durch das Stadtzentrum und die Vororte. Alle Busse halten auch im Hamilton Transport Centre. Busit! betreibt auch den kostenlosen Bus Onboard CBD, der alle zehn Minuten (Mo–Fr 7–18 Uhr, Sa 9–13 Uhr) in einer Schleife durch die Straßen Victoria, Liverpool, Anglesea und Bridge fährt.

ZUM/VOM FLUGHAFEN

Der **Hamilton International Airport** (HIA; ☎ 07-848 9027; www.hamiltonairport.co.nz; Airport Rd) liegt 12 km südlich der Stadt. Der **Super Shuttle** (☎ 0800 748 885, 07-843 7778; www.supershuttle.co.nz; einfache Strecke 26 NZ$) fährt bis zur gewünschten Adresse in der Stadt. Eine Taxifahrt kostet um die 50 NZ$.

TAXI

Hamilton Taxis (☎ 0800 477 477, 07-8477 477; www.hamiltontaxis.co.nz)

Raglan

2740 EW.

Das lässige Raglan ist der perfekte Surferort in Neuseeland. Das Örtchen ist klein genug, um einer Massenbebauung zu entgehen, aber groß genug für etwas Trubel – es gibt gute Lokale und eine Bar, in der im Sommer bekannte Bands auftreten. Hier finden sich nicht nur die berühmten Surfspots im Süden, sondern auch eine Bucht, die sich perfekt zum Kajakfahren eignet. Auch die vor Ort vertretene Kunstszene kann sich sehen lassen. In den hiesigen Galerien und Geschäften, kann man wunderbar herumstöbern.

Sehenswertes & Aktivitäten

Old School Arts Centre KUNSTZENTRUM, GALERIE
(www.raglanartscentre.co.nz; Stewart St; ⌚ Mo & Mi 10–14 Uhr, bei Ausstellungen unterschiedlich) GRATIS Das Gemeindezentrum Old School Arts Centre veranstaltet wechselnde Ausstellungen und Workshops zu den Themen Weben, Schnitzen, Yoga und Geschichtenerzählen. Im Sommer werden regelmäßig Filme gezeigt (11 NZ$) und dabei Curry und Bier serviert. Der **Raglan Creative Market** findet jeden zweiten Sonntag im Monat (9–14 Uhr) vor dem Zentrum statt.

Raglan Surf School SURFEN
(☎ 07-825 7873; www.raglansurfingschool.co.nz; 5b Whaanga Rd; 3 Std. Unterricht inkl. Fahrt ab Raglan 89 NZ$) Die Raglan Surf School rühmt sich damit, dass 95 % aller Anfänger schon in der ersten Stunde auf dem Brett stehen können. Surfbretter (ab 20 NZ$/Std.), Bodyboards (5 NZ$/Std.) und Neoprenanzüge (5 NZ$/Std.) werden auch verliehen. Die Schule befindet sich in der Karioi Lodge an der Whale Bay. Angeschlossen ist **Surfdames** (www.surfdames.co.nz): Surfkurse nur für Frauen sowie Yoga, Massagen und Schönheitskuren.

Raglan

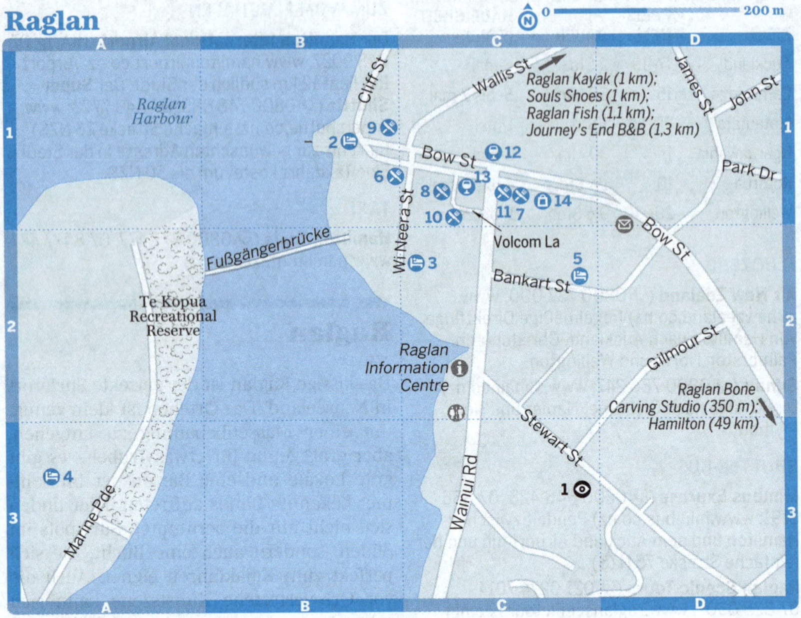

Raglan

Sehenswertes
1 Old School Arts Centre C3

Aktivitäten, Kurse & Touren
Raglan Scenic Tours .... (siehe 5)

Schlafen
2 Bow St Studios B1
3 Raglan Backpackers C2
4 Raglan Kopua Holiday Park A3
5 Raglan Sunset Motel C2

Essen
6 Aloha Market Place B1
7 Banteay Srey C1
8 Juantanameras C1
9 Orca B1
10 Raglan Roast C1
11 The Shack C1

Ausgehen & Nachtleben
12 Harbour View Hotel C1
13 Yot Club C1

Shoppen
14 Jet Collective C1

Raglan Rock KLETTERN, CAVING
(0800 724 7625; www.raglanrock.com; Klettern halber/ganzer Tag 89/119 NZ$, Caving 89–99 NZ$, min. 2 Pers.) Hier bekommt man Unterricht und das Equipment zum Klettern in den Kalksteinfelsen des nahe gelegenen Stone Valley. Aufregend ist die Klettertour „Stupid Fat Hobbit“ und das Abseilen über der Bucht von Raglan. Caving-Möglichkeiten gibt's u.a. im Stone Valley. Besonders herausfordernd ist die „Rattlesnake“.

Solscape SURFEN
(07-825 8268; www.solscape.co.nz; 611 Wainui Rd) Das äußerst umweltfreundliche Solscape bietet zweieinhalbstündige Surfkurse (85 NZ$) an und verleiht Surfbretter und Neoprenanzüge (halber Tag 35 NZ$).

Raglan Kayak KAJAKFAHREN
(07-825 8862; www.raglaneco.co.nz; Raglan Wharf) Der Raglan Harbour eignet sich perfekt zum Kajakfahren. Dieser Anbieter organisiert dreistündige geführte Paddeltouren durch die Bucht (75 NZ$/Pers.) und verleiht Kajaks (Einer-/Zweierkajak halber Tag 40/60 NZ$). Anfänger können auf dem sanften Opotoru üben. Wer will, kann auch zu den „Pancake Rocks“ mit den vielen Vorsprüngen und Gesteinsritzen am Nordu-

fer der Bucht paddeln. Stehpaddelbretter (SUPs) sind natürlich auch erhältlich (1 Std./halber Tag 20/40 NZ$).

Raglan Bone Carving Studio KNOCHENSCHNITZEN
(☎021 0223 7233; raglanbonecarvingstudio@hotmail.com; Workshops 69 NZ$) Hier kann sich jeder seinen eigenen Knochenanhänger schnitzen – und zwar mit Rangi Wills, einem „Ex-Problemjugendlichen", der merkte, dass er richtig gut schnitzen kann. Die Workshops dauern vier Stunden, Rangi kann die Fahrt von Raglan zu seinem Studio organisieren. Rechtzeitiges Buchen ist ein Muss.

Geführte Touren

Raglan Scenic Tours GEFÜHRTE TOUR
(☎07-825 0507; www.raglanscenictours.co.nz; 5a Bankart St) Sightseeingtouren, u. a. zweieinhalbstündige Touren durch Raglan (Erw./Kind 55/20 NZ$) und vierstündige Touren zum Mount Karioi mit Besichtigung der Bridal Veil Falls und der Te Toto Gorge (90/40 NZ$). Es werden auch diverse Trecks und SUP-Kurse angeboten, außerdem kann man sich Kajaks, Mountainbikes und SUPs ausleihen.

Cruise Raglan BOOTSFAHRT
(☎07-825 7873; www.raglanboatcharters.co.nz; Erw./Kind 40/29 NZ$) Zweistündige Bootsausflüge bei Sonnenuntergang durch den Raglan Harbour auf der *Wahine Moe*, komplett mit Fish & Chips und ein paar Drinks. Im Angebot sind auch 90-minütige Bootsfahrten am frühen Morgen durch die Bucht (Erw./Kind 30/15 NZ$).

Schlafen

Raglan Backpackers HOSTEL $
(☎07-825 0515; www.raglanbackpackers.co.nz; 6 Wi Neera St; B 27–29 NZ$, EZ 58 NZ$, 2BZ & DZ 72–82 NZ$; @) Lockeres Hostel direkt am Wasser. Einige Zimmer haben Meerblick, andere liegen um einen Hofgarten oder befinden sich in einem separaten Gebäude. Fahrräder und Kajaks stehen den Gästen kostenlos zur Verfügung, Surfbretter bekommt man gegen Bares. Man kann an einem Yogakurs teilnehmen, auf der Gitarre klimpern oder in der Sauna relaxen. Kein WLAN – es „stört die Schwingungen".

Raglan Kopua Holiday Park FERIENPARK $
(☎07-825 8283; www.raglanholidaypark.co.nz; Marine Pde; Stellplatz ab 34 NZ$, B/Hütte/Zi. ab 56/85/100 NZ$; @ 📶) Eine gepflegte Anlage mit vielen verschiedenen Arten von Unterkünften auf der Landzunge hinter dem Meeresarm (eine Fußgängerbrücke führt von der Stadt aus hinüber, Autofahrer müssen ein ganzes Stück fahren). Schatten gibt es nicht, aber einen Strand zum Baden und viel Platz zum Herumtollen.

Bow St Studios APARTMENT $$
(☎07-825 0551; www.bowstreet.co.nz; 1 Bow St; Wohnstudio 145-225 NZ$, Cottage 205 NZ$; 📶) Die Bow St Studios mitten in der Stadt und dennoch am Wasser sind Wohnstudios für Selbstversorger; ein historisches Cottage gehört ebenfalls dazu. Die Anlage mit einem subtropischen Garten liegt im Schatten von schön angepflanzten Pohutukawa-Bäumen und hat eine ziemlich coole, schicke Einrichtung.

Journey's End B&B B&B, APARTMENT $$
(☎07-825 6727; www.raglanaccommodation.co.nz; 49 Lily St; EZ/DZ 100/140 NZ$, exklusiv 200 NZ$; 📶) Die zwei schönen Zimmer mit Bad teilen sich ein modernes Wohnzimmer mit Kochnische und eine wunderbare Terrasse mit Blick auf Hafen und Bucht. Man kann die ganze Unterkunft mieten oder auch nur eines der Zimmer. Das Haus liegt 15 Minuten zu Fuß vom Ort entfernt.

Raglan Sunset Motel MOTEL $$
(☎07-825 0050; www.raglansunsetmotel.co.nz; 7 Bankart St; DZ ab 150 NZ$; 📶) Die geräumigen, modernen Wohneinheiten sind nur einen Block von den Geschäften und Restaurants in der Bow St entfernt. Die Besitzer vermieten auch Ferienwohnungen (DZ ab 160 NZ$) und Strandhäuser (4 Pers. 300 NZ$). Der Verleih von Fahrrädern/Kajaks kostet pro halbem Tag 30/45 NZ$.

Essen

Juantanameras SÜDAMERIKANISCH $
(Electric Ave, unweit 5 Wainui Rd; Snacks 3–7 NZ$; ⏲9–17 Uhr) Von diesem Food-Truck aus werden nur im Sommer leckere venezuelanische *arepas* (Maisküchlein) oder mexikanische Quesadillas und Tacos verkauft. Wer Appetit auf *churros* (mexikanische Donuts) hat, sollte frühzeitig dort aufschlagen. Die Dinger passen perfekt zu einem Raglan-Kaffee, den man gleich nebenan bekommt. Das Juantanameras ist im Winter nur von freitags bis sonntags geöffnet, und selbst das ist nicht sicher, sondern hängt von den Surf-Bedingungen ab. Herzlich willkommen im lässig-lockeren Raglan!

Aloha Market Place JAPANISCH $

(5 Bow St; Sushi 1,20–2,20 NZ$, Hauptgerichte 10–13 NZ$; ⌚9–17 Uhr; ✎) Hier bekommen Surfer alles mit einem hawaiianisch-japanischen Touch: Sushi nach Wunsch, Udon-Nudeln und Schüsseln mit *donburi*-Reis. Im Winter kürzere Öffnungszeiten.

Raglan Roast CAFÉ $

(www.raglanroast.co.nz; Volcom Lane; Kaffee 4 NZ$; ⌚7–17 Uhr) Der winzige Kaffeeröster braut den besten Kaffee der Stadt. Das Ganze ist eine nette Adresse für einen Kaffee, einen Keks und einen Plausch. Im Winter kürzere Öffnungszeiten.

Raglan Fish FISH'N'CHIPS $

(www.facebook.com/RaglanFishShop; Raglan Wharf, 92 Wallis St; Fish & Chips 6–10 NZ$; ⌚9–20 Uhr) In diesem bei Einheimischen äußerst beliebten Lokal direkt an Raglans erst vor Kurzem restauriertem Kai gibt's superfrische Fish & Chips in abgefahrener Umgebung. Austern, Muscheln und Seafood-Salat kommen ebenfalls aus der Küche.

The Shack CAFÉ, INTERNATIONAL $$

(www.theshackraglan.com; 19 Bow St; Tapas 6–14 NZ$, Hauptgerichte 12–27 NZ$; ⌚So–Do 8–17, Fr & Sa 8 Uhr–open end; ✎) Das beste Café im Ort ist gleichzeitig auch ein Brunch-Klassiker. Unbedingt probieren sollte man die Kichererbsen- und Maisplätzchen, interessant sind zudem die Hauptgerichte für mehrere Personen wie Tintenfisch-Tempura und Hähnchen mit Sternanis. An der Wand hängt ein Surfbrett, die Holzdielen knarzen, die Musik ist flott, und das internationale Personal serviert Weine und Qualitätsbiere – eine gute Adresse.

Banteay Srey KAMBODSCHANISCH $$

(☎07-825 0952; www.raglancambodian.weebly.net; 23 Bow St; Hauptgerichte 18–24 NZ$; ⌚8.30–21 Uhr) Auf der Speisekarte stehen zwar auch westliche Gerichte, aber in dieses Restaurant geht man eigentlich wegen des authentischen kambodschanischen Essens. Besonders empfehlenswert sind das Char-Kreoung-Hähnchen, das Rindfleisch mit Zitronengras und Limetten und Amok, ein köstlicher, gedämpfter Fisch mit Curry. Dienstags wird ab 18.30 Uhr ein Buffet (28 NZ$/Pers.) aufgefahren. Man sollte rechtzeitig einen Tisch bestellen.

Orca CAFÉ, MODERN-NEUSEELÄNDISCH $$

(☎07-825 6543; www.orcarestaurant.co.nz; 2 Wallis St; Frühstück 11–21 NZ$, Hauptgerichte 19–30 NZ$; ⌚Mo–Fr 10 Uhr–open end, Sa & So 9 Uhr–open end) Ein Tag, der an einem Fensterplatz im Orca mit Blick aufs Wasser und ein paar Eggs Benedict und einem Kaffee beginnt, kann nur gut werden. Abends locken Lachsrisotto, gemischte Platten für mehrere Personen und Livemusik.

Ausgehen & Nachtleben

Yot Club BAR, LIVEMUSIK

(www.mukuna.co.nz/waikato/raglan/yot-club.htm; 9 Bow St; Eintritt frei–25 NZ$; ⌚21 Uhr–open end) Laute Nachtbar mit DJs und tourenden Bands.

Harbour View Hotel KNEIPE

(14 Bow St) Klassische alte Kneipe mit den üblichen Drinks, die man auf einer schattigen Veranda genießt. Ordentliche Pizzas. Gelegentlich wird an den Wochenenden und im Sommer auch Livemusik geboten.

Shoppen

Jet Collective KUNST & KUNSTHANDWERK

(www.jetcollective.co.nz; 19a Bow St; ⌚Mi–Mo 10–16 Uhr) Uriger Galerieladen, der nur Werke von Künstlern aus Raglan anbietet – von Musik-CDs und Mixed-Media-Stücken bis hin zu Kiwiana-Arbeiten. Es ist auch ein netter Ort, um mit den freundlichen Betreibern ein Schwätzchen über die wachsende Kunstszene in Raglan zu halten.

Soul Shoes SCHUHE, ACCESSOIRES

(www.soulshoes.co.nz; Raglan Wharf, Wallis St; ⌚10–17 Uhr) Der seit 1973 in Raglan ansässige, weltberühmte Laden Soul Shoes verkauft handgemachte Schuhe und seit Neuestem auch coole Aktentaschen, Rucksäcke und Taschen.

Praktische Informationen

Raglan Information Centre (☎07-825 0556; www.raglan.org.nz; 13 Wainui Rd; ⌚Mo–Fr 9.30–17, Sa 10–17, So 10–16 Uhr) Hier bekommt man Broschüren des Department of Conservation (DOC) sowie Infos über Unterkünfte und Aktivitäten wie Kitesurfen und Stehpaddeln. Interessant ist auch das zugehörige Museum, besonders die Ausstellung über die Geschichte der Surfszene in Raglan.

West Coast Health Centre (☎07-825 0114; wchc@wave.co.nz; 12 Wallis St; ⌚Mo–Fr 9–17 Uhr) Allgemeine medizinische Versorgung.

Anreise & Unterwegs vor Ort

Von Hamilton erreicht man Raglan (48 km) über den SH23 in Richtung Westen. Unbefestigte Nebenstraßen verbinden Raglan mit dem 50 km weiter südlich gelegenen Kawhia. Auf den kurvenreichen, immer wieder von Felsrutschen bedrohten Straßen kommt man zwar nur langsam voran, dafür ist die malerische Strecke aber mit Sicherheit abseits der Touristenpfade. Man fährt zunächst 7 km zurück nach Hamilton, nimmt dann die Ausfahrt „Te Mata/Kawhia" und folgt den Schildern. Die Fahrt dauert mindestens eine Stunde.

Die Regionalbusse von **Busit!** (☎ 0800 4287 5463; www.busit.co.nz; Erw./Kind 8,50/5,50 NZ$) des Waikato Regional Council verkehren an Wochentagen dreimal und an Wochenenden zweimal täglich zwischen Hamilton und Raglan (1 Std.).

Raglan Scenic Tours (S. 191) betreibt einen Shuttle-Bus zwischen Raglan und Hamilton (einfache Strecke 35 NZ$) und fährt auch direkt zum Auckland International Airport.

Ein Taxi bekommt man bei **Raglan Taxi** (☎ 07-825 0506).

Südlich von Raglan

Die Surfspots in der Nähe von Raglan – Indicators, Whale Bay und Manu Bay – sind für ihre Point Breaks auf der ganzen Welt bekannt. Bruce Browns klassischer Surffilm *The Endless Summer* wurde 1964 in der Manu Bay gedreht.

Ocean Beach

Der Ocean Beach befindet sich 4 km südwestlich von Raglan an der Öffnung der Bucht und ist über den Riria Kereopa Memorial Drive zu erreichen. Der Strand ist beliebt bei **Wind-** und **Kitesurfern**, aber wegen starker Strömungen für Schwimmer extrem gefährlich.

Ngarunui Beach

Der Ngarunui Beach knapp 1 km südlich des Ocean Beach eignet sich für **Surferneulinge** hervorragend zum Üben. Oben auf der Klippe steht ein Clubhaus für die freiwilligen Rettungsschwimmer, die von Ende Oktober bis April einen Teil des schwarzsandigen Strands überwachen. Es ist der einzige Strand mit Rettungsschwimmern und der beste zum Schwimmen.

Manu Bay

2,5 km hinter dem Ngarunui Beach folgt die Manu Bay, ein legendärer **Surfstrand**, der den längsten Left-Hand Break der Welt haben soll. Die langgestreckten, gleichmäßig ausrollenden Wellen entstehen durch den Winkel, in der die Dünung der Tasmansee auf die Küste trifft (die besten Bedingungen herrschen bei einer Südwestdünung).

Schlafen

★ **Solscape** HOSTEL, HÜTTEN $
(☎ 07-825 8268; www.solscape.co.nz; 611 Wainui Rd; Stellplatz ab 17 NZ$, Waggon B/DZ 30/72 NZ$, Tipi 36 NZ$/Pers., Hütte DZ 82–189 NZ$; @ 📶) Im umweltfreundlichen Solscape auf einem Hügel inmitten von Buschland übernachtet man u.a. in Tipis, runden Lehmhäusern, Eisenbahnwaggons und schicken Öko-Ferienhäusern. Es gibt Stellplätze für Zelte und Wohnmobile sowie einfache Hütten. Umweltschutz wird hier großgeschrieben: Solarenergie und in dem Café Conscious Kitchen werden für die Zubereitung der Mahlzeiten für die Gäste nur Bioprodukte aus dem Permakultur-Garten benutzt.

Yoga, Massage und Surfunterricht komplettieren das Angebot, außerdem ist Solscape YHA-Mitglied.

Whale Bay

Die Whale Bay ist ein bekannter **Surfort** 1 km westlich der Manu Bay. Hier trifft man meist weniger Leute als in der Manu Bay, dafür muss man allerdings 600 m über Felsen klettern, um zum Break zu kommen.

Schlafen

Karioi Lodge HOSTEL $
(☎ 07-825 7873; www.karioilodge.co.nz; 5b Whaanga Rd; B/DZ 30/75 NZ$; @ 📶) Die Karioi Lodge tief im Buschland bietet eine Sauna, eine Seilrutsche, Mountainbikes, Busch- und Strandwanderungen, die Raglan Surf School sowie Möglichkeiten, biologisch zu gärtnern und Bäume zu pflanzen. Die Zimmer haben

ABSTECHER

RUAPEKE BEACH

Die Whale Bay liegt am Ende der Asphaltstraße, von wo eine Schotterpiste weiter bis zum Ruapuke Beach (22 km von Raglan entfernt) führt. Der Strand ist gefährlich für Schwimmer, aber sehr beliebt bei Brandungsanglern. Die Schotterpiste geht weiter zum Mount Karioi und endet in Te Mata wieder an der Straße landeinwärts.

kein eigenes Bad, sind aber sauber und gemütlich. Die netten Besitzer betreiben auch das benachbarte **Sleeping Lady Lodges** (☎ 07-825 7873; www.sleepinglady.co.nz; 5b Whaanga Rd; Haus 175–260 NZ$), eine Gruppe aus sechs Luxushäusern mit Meerblick.

Mt. Karioi

In der Legende ist der Mt. Karioi (756 m) die Schlafende Frau (im Profil zu erkennen), die Schwester des Mount Pirongia. Die **Te Toto Gorge** (8 km südl. der Whale Bay) ist eine steile Schlucht am Fuß des Berges mit einem schwindelerregenden Aussichtspunkt hoch über dem Abgrund.

Vom Parkplatz der Te Toto Gorge führt ein anstrengender, aber landschaftlich schöner Weg den Westhang hinauf. Bis zum Aussichtspunkt läuft man zweieinhalb Stunden, eine weitere, aber weniger anstrengende Stunde bis zum Gipfel. Der **Wairake Track** am Osthang ist ein steilerer, zweieinhalbstündiger Aufstieg zum Gipfel, wo er auf den Te Toto Track trifft.

Waireinga (Bridal Veil Falls)

Gleich hinter der Te Mata (eine kurze Fahrt nach Süden ab der Hauptstraße zwischen Raglan und Hamilton) führt eine 4 km lange Abzweigung von der Hauptstraße zum 55 m hohen Wasserfall Waireinga (Bridal Veil Falls; Brautschleierfälle). Vom Parkplatz läuft man 10 Minuten durch moosiges Buschland bis nach oben zum Wasserfall (zum Baden nicht geeignet). Bis nach unten sind es weitere 10 Minuten zu Fuß. Unbedingt das Auto abschließen: Immer wieder kommt es zu Einbrüchen.

Magic Mountain Horse Treks (☎ 07-825 6892; www.magicmountain.co.nz; 334 Houtchen Rd, Te Mata; Ausritte ½ Std. 50/80 NZ$) bietet Ausritte durchs Hügelland sowie einen Ritt zum Waireinga (100 NZ$).

Pirongia Forest Park

Die Hauptattraktion des 170 km² großen Waldparks ist der 959 m hohe **Mt. Pirongia** (www.mtpirongia.org.nz), dessen Gipfel in fast ganz Waikato zu sehen ist. Der Berg wird meist von der Corcoran Road aus bestiegen (einfache Strecke 3–5 Std.), wo auch Wege zu anderen Aussichtspunkten beginnen. Am Berghang steht übrigens Neuseelands größte bekannte Warzen-Eibe (66,5 m). Wer übernachten muss, kann das in der DOC-Hütte mit sechs Kojen nahe dem Gipfel tun: Karten und Informationen gibt es im DOC-Büro in Hamilton (S. 189).

Te Awamutu

9800 EW.

Te Awamutu (bedeutet „Ende des Flusses"; der Waikato war ab hier für die größeren Kanus nicht mehr befahrbar) liegt tief im Milchviehzuchtgebiet und ist ein nettes, ländliches Dienstleistungszentrum. Die Hauptstraße wird von blühenden Bäumen gesäumt, und das schöne Museum ist ebenfalls einen Besuch wert. Kurz gesagt: TA (alias Rosenstadt) eignet sich gut für einen Zwischenstopp.

Sehenswertes

★ Te Awamutu Museum MUSEUM

(www.tamuseum.org.nz; 135 Roche St; Eintritt gegen Spende; Mo–Fr 10–16, Sa 10–13, So 13–16 Uhr) Das Te Awamutu Museum, „in dem sich die Geschichte niemals wiederholt", beherbergt einen in *True Colours* bemalten Schrein für die Lokalhelden Tim und Neil Finn. Es können goldene Schallplatten, originale Songtexte, Erinnerungsstücke und auch Kurioses wie Neils Übungsbuch aus der zweiten Klasse bewundert werden. Außerdem gibt es eine schöne Sammlung von Maori-*taonga* (Schätze) und eine ausgezeichnete Ausstellung über den Waikato Land War. Ein wirklich tolles kleines Museum, das einen Besuch lohnt!

TE AWAMUTUS HEILIGER SOUND

Mit den Anfangszeilen der ersten Single *(Mean to Me)* von Crowded House verhalf Neil Finn seiner verschlafenen Heimatstadt Te Awamutu im Alleingang zu internationalem Ruhm. Inspiriert hatte der Ort aber auch schon vorher: Die Songs *Haul Away* und *Kia Kaha* von Split Enz mit Neils älterem Bruder Tim enthalten ähnliche Bezüge.

Auch wenn die brillanten neuseeländischen Songwriter-Brüder nicht mehr auf der Höhe ihres Ruhms stehen, so pilgern Finn-Fans noch immer nach Te Awamutu. Im i-SITE bekommt man Finn-Briefmarken, und ein interessantes Sammelalbum informiert über den Erfolg der Brüder.

Rose Garden GARTEN
(Ecke Gorst Ave & Arawata St; ⌚24 Std.) GRATIS Im Rosengarten neben dem i-SITE gedeihen 2500 Rosenbüsche und 51 Arten mit wunderbar verrückten Namen wie Lady Gay und Sexy Rexy. Die Rosen blühen von November bis Mai.

Schlafen

Rosetown Motel MOTEL $$
(☎07-871 5779, 0800 767 386; www.rosetownmotel.co.nz; 844 Kihikihi Rd; DZ 120–145 NZ$;) Die älteren Wohneinheiten im Rosetown besitzen eine Küche, neue Bettwäsche, TV und teilen sich ein Spa. Es ist eine angenehme Unterkunft für alle, die echte Kleinstadtatmosphäre lieben.

Essen

Walton St Coffee CAFÉ $
(www.facebook.com/WaltonStreetCollective; 3 Walton St; Snacks 5–10 NZ$; ⌚Mo–Fr 6.30–14 Uhr) Diese Mischung aus Café, Galerie und Veranstaltungsstätte ist in einem rustikalen Gebäude mit Deckenbalken und Retro-Einrichtung untergebracht. Es ist Te Awamutus Top-Location für guten Kaffee. Die Betreiber legen sehr viel Wert auf Bio- und glutenfreie Produkte.

Sugoi Sushi SUSHI $
(343 Alexandra St; Sushi 8–10 NZ$; ⌚7.30–18 Uhr) Höchstwahrscheinlich Waikatos bestes Sushi-Restaurant mit enormer Auswahl und erstklassigem Service.

Red Kitchen CAFÉ $$
(www.redkitchen.co.nz; 51 Mahoe St; Hauptgerichte 14–20 NZ$; ⌚Mo–Fr 7–17.30, Sa 7.30–14.30 Uhr) Hervorragender Kaffee, Thekengerichte, internationaler Brunch und Mittagsgerichte – das Macadamia-Cranberry-Müsli ist ein echter Hit. Zu diesem netten Café gehören außerdem ein Lebensmittelladen und eine Kochschule. Gourmets sollten sich eines der wirklich guten TV-Dinners bestellen und die Mikrowelle im Motel anwerfen.

Redoubt Bar & Eatery KNEIPE $$
(www.redoubtbarandeateryta.co.nz; Ecke Rewi St & Alexandra St; Hauptgerichte 16–34 NZ$; ⌚10 Uhr–open end) Ein zwangloses kleines Lokal mit alten Fotos der Sportmannschaften von Te Awamutu an den Wänden. Man kann hier etwas essen oder einen Drink nehmen. Es werden preiswerte, starke Cocktails und eine breite Palette von Speisen von Pasta bis Currys serviert.

Unterhaltung

Regent Theatre KINO
(www.facebook.com/RegentTeawamutu; 235 Alexandra St; Erw./Kind 15,50/9,50 NZ$; ⌚10 Uhr–open end) Art-déco-Kino voller Film-Memorabilien.

Praktische Informationen

Te Awamutu i-SITE (☎07-871 3259; www.teawamutuinfo.com; 1 Gorst Ave; ⌚Mo–Fr 9–17, Sa & So 10–16 Uhr) Infos und Buchungen.

An- & Weiterreise

Te Awamutu liegt am SH3 auf halber Strecke zwischen Hamilton und Otorohanga (jeweils 29 km entfernt). Die Regionalbusgesellschaft **Busit!** (☎0800 4287 5463; www.busit.co.nz) bietet die preiswerteste Verbindung nach Hamilton (Erw./Kind 6,70/4,50 NZ$, 50 Min., werktags 8-mal tgl., am Wochenende 3-mal tgl.).

InterCity (☎09-583 5780; www.intercity.co.nz) verbindet dreimal täglich Te Awamutu mit Auckland (14–45 NZ$, 2½ Std.) und Hamilton (21 NZ$, 35 Min.).

Rangiaowhia

Vor dem Einfall in Waikato war Rangiaowhia (5 km östl. von Te Awamutu an der Rangiaowhia Rd; eine Wegbeschreibung gibt es im i-SITE) eine florierende landwirtschaftlich geprägte Maori-Stadt, die Weizen, Mais, Kartoffeln und Obst bis nach Australien exportierte. Sie hatte Tausende Einwohner, zwei Kirchen, eine Getreidemühle und eine Rennbahn – ein perfektes Beispiel dafür, wie Neuseeland nach Wunsch der Maori infolge des Vertrags von Wairangi hätte aussehen können: das Zusammenleben zweier unabhängiger Völker, die zu beiderseitigem Vorteil zusammenarbeiten …

Im Februar 1864 blieb die Siedlung unverteidigt, während die Krieger von König Tawhiao befestigte Stellungen weiter nördlich einnahmen. Mit einem entscheidenden taktischen Schachzug umging General Cameron sie und nahm die Stadt ein, tötete dabei Frauen, Kinder und Alte. Das war ein Wendepunkt in dem Feldzug. Die Maori waren fortan demoralisiert, ihre Krieger verließen die fast uneinnehmbaren *pas* (Befestigungen).

Leider ist alles, was von der Stadt übrig blieb, nur die hübsche anglikanische **St. Paul's Church** (☎07-871 5568; Rangiaowhia Rd; ⌚Gottesdienst 1. & 3. So im Monat 9 Uhr) von 1854 und der **Friedhof** der katholischen Mission inmitten fruchtbaren Ackerlands – das den

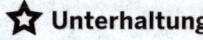

ABSTECHER

SANCTUARY MOUNTAIN MAUNGATAUTARI

Kann ein Vulkan im Binnenland ein Inselparadies sein? Angeregt durch den Erfolg der Schädlingsausrottung und der Wiedereinführung einheimischer Arten am Hauraki Gulf hat eine Gemeindestiftung einen 47 km langen schädlingssicheren Zaun um die drei Gipfel des Maungatautari (797 m) gezogen und so das beeindruckende **Sanctuary Mountain Maungatautari** (www.sanctuarymountain.co.nz; Erw./Kind 15/6 NZ$) geschaffen. In diesem Regenwaldatoll, das die Skyline zwischen Te Awamutu und Karapiro beherrscht, sind jetzt erstmals seit 100 Jahren wieder Kiwiküken geschlüpft. Der Haupteingang ist beim Visitor Centre an der Südseite des Schutzgebietes.

Out in the Styx (☎07-872 4505; www.styx.co.nz; 2117 Arapuni Rd, Pukeatua; B/EZ/DZ 95/130/260 NZ$) liegt nahe dem südlichen Ende des Maungatautari und bietet geführte Tages- und Nachtwanderungen an. Die drei stilvoll eingerichteten und thematisch möblierten Zimmer (polynesisch, afrikanisch oder im Stil der Maori) sind besonders hübsch. Außerdem gibt es Schlafsäle und einen Wellnessbereich, in dem man die müden Beine wieder in Schwung bringen kann. Im Preis enthalten sind ein viergängiges Abendessen und das Frühstück. Wer von Süden nach Norden über den Berg wandern (ca. 6 Std.) möchte, kann sich dort dann abholen lassen.

Maori geraubt und dann an Kolonialsoldaten verteilt wurde.

Der Krieg endete weiter südlich in **Orakau**. Dort markiert ein Obelisk am Straßenrand die Stätte, an der 300 Maori unter der Führung von Rewi Maniapoto drei Tage lang in einem unvollendeten *pa* die Angriffe von 1500 Soldaten abwehrten, bevor sie ausbrachen und sich in das heutige King Country zurückzogen (wobei sie 70 Krieger verloren).

Wharepapa South

Die surreale Landschaft aus zerklüftetem Kalkstein bietet einige der tollsten Möglichkeiten zum **Klettern** auf der Nordinsel. Kletterer mit Grundkenntnissen können hier zeigen, was sie drauf haben.

Bryce's Rockclimbing (☎07-872 2533; www.rockclimb.co.nz; 1424 Owairaka Valley Rd; 1 Tag Unterricht f. 1–2 Pers. 440 NZ$) richtet sich an ambitionierte Kletterer. Der hauseigene Kletterladen ist der größte Neuseelands und verkauft und verleiht Equipment. Die Benutzung der Kletterhalle ist für Gäste der blitzblanken Unterkunft (B/DZ 30/76 NZ$) kostenlos. Außerdem gibt es ein Café mit Alkohollizenz (Snacks 6–16 NZ$; Fr–Mo 8–17 Uhr). Auch Nichtkletterer sind gern gesehene Übernachtungsgäste.

Cambridge

15 200 EW.

Der Name sagt schon alles. Trotz des tosenden Waikato River, der so gar nicht nach Cam passt, haben sich die Bewohner der Stadt alle Mühe gegeben, mit von Bäumen gesäumten Alleen das Flair englischer Vornehmheit zu schaffen.

Cambridge ist berühmt für seine Zucht und das Training von Vollblutpferden. Der Bezug zu Pferden zeigt sich anhand von Skulpturen und auf Tafeln, die auf die Sieger des Melbourne Cups hinweisen.

Sehenswertes & Aktivitäten

Cambridge Museum MUSEUM
(www.cambridgemuseum.org.nz; 24 Victoria St; Eintritt gegen Spende; ⌚Mo–Fr 10–16, So bis 14 Uhr) Im skurrilen Cambridge Museum in einem ehemaligen Gerichtshof gibt es reichlich Pionierrelikte, einen Raum zur Militärgeschichte und eine kleine Ausstellung zum lokalen Te Totara Pa vor dessen Zerstörung.

Jubilee Gardens GARTEN, DENKMAL
(Victoria St; ⌚24 Std.) Abgesehen vom Uhrenturm, errichtet im spanischen Missionsstil, sind die Jubilee Gardens ein vollmundiges Bekenntnis zum „Mutterland". Ein britischer Löwe bewacht das Ehrenmal mit einer Plakette mit der Inschrift *Tell Britain ye who mark this monument faithful to her we fell and rest content* (etwa so übersetzt: „Ihr, die ihr dieses Denkmal seht, berichtet Britannien, dass wir in Treue fielen und froh ruhen").

Lake Karapiro SEE
(☎07-827 4178; www.waipadc.govt.nz; Maungatautari Rd) Karapiro, 8 km südöstlich von Cambridge gelegen, ist flussabwärts das letzte

von acht Wasserkraftwerken am Waikato River. Es ist ein eindrucksvoller Anblick, besonders bei der Fahrt über den 1947 errichteten Damm. Der etwa 21 km lange Stausee ist auch eine ziemlich bekannte Austragungsstätte von internationalen Ruderwettkämpfen.

Boatshed Kayaks KAJAKFAHREN
(☎07-827 8286; www.theboatshed.net.nz; 21 Amber Lane; Einer-/Zweierkajak 3 Std. 25/50 NZ$, Stehpaddelbrett 20 NZ$; ⏲Mi–So 9–17 Uhr) Im Boatshed Cafe kann man einfache Kajaks und SUPs mieten. Innerhalb von etwa einer Stunde erreicht man mehrere Wasserfälle. Es werden auch geführte Kajaktouren in der Abenddämmerung (Erw./Kind 110/40 NZ$) in eine Schlucht voller Glühwürmchen unweit des Pokewhaenua angeboten. Diese Ausflüge müssen unbedingt im Voraus gebucht werden.

Waikato River Trails RADFAHREN, WANDERN
(www.waikatorivertrails.com) Die 100 km langen Waikato River Trails östlich von Cambridge sind Teil des neuseeländischen Radwegprojekts **Nga Haerenga,** (www.nzcycletrail.com). Die fünf zusammengefassten Wege (oder einzelne Abschnitte von ihnen) mit viel Geschichte und typischen Landschaften können zu Fuß oder mit dem Fahrrad erkundet werden.

Heritage & Tree Trail SPAZIERGANG
Der Spaziergang durch Cambridge führt zum Waikato River, zur St. Andrew's Anglican Church aus dem Jahr 1881 (mit einem Gallipoli-Fenster) und zu dem von Bäumen gesäumten Lake Ko Utu. Eine Karte ist im i-SITE erhältlich.

Camjet JETBOOTFAHREN
(☎0800 226 538; www.camjet.co.nz; Erw./Kind 75/50 NZ$) Rasanter 35-minütiger Jetboottrip zum Karapiro-Staudamm. Eine 15-minütige Spritztour kostet 45 NZ$. Mindestteilnehmerzahl zwei Personen.

Schlafen

Cambridge Motor Park FERIENPARK $
(☎07-827 5649; www.cambridgemotorpark.co.nz; 32 Scott St; Stellplatz ab 17 NZ$, Hütte EZ/DZ ab 47/57 NZ$, Wohneinheit DZ 110 NZ$; 📶) Ein ruhiger, gepflegter Campingplatz mit viel Grün. Der Platz ist vor allem für Zelte und Wohnmobile gedacht. Es gibt aber auch gute Hütten und Wohneinheiten. Der Ferienpark ist vom Stadtzentrum aus über die schmale Victoria Bridge zu erreichen.

Cambridge Coach House B&B, HÜTTE $$
(☎07-823 7922; www.cambridgecoachhouse.co.nz; 3796 Cambridge Rd, Leamington; DZ/Cottage 150/160 NZ$; 📶🏊) Das Bauernhaus ist zwar ein wenig kitschig, aber dennoch eine schöne Unterkunft inmitten der ländlichen Pracht Waikatos. Es gibt zwei separate Doppelzimmer und ein Cottage für Selbstversorger. Das Cambridge Coach House liegt ein paar Kilometer südlich der Stadt an der Straße nach Te Awamutu.

Cambridge Mews MOTEL $$
(☎07-827 7166; www.cambridgemews.co.nz; 20 Hamilton Rd; DZ 160–200 NZ$; 📶) Die geräumigen Wohneinheiten in diesem Motel im Chalet-Stil haben Doppelwhirlpools, ordentliche Küchen und sind makellos gepflegt. Das Motel ist zehn Gehminuten von der Stadt entfernt.

Essen

Boatshed Cafe CAFÉ $
(www.theboatshedkarapiro.co.nz; 21 Amber Lane, bei der Gorton Rd; Hauptgerichte 10–19 NZ$; ⏲Di–So 10–15 Uhr) Das stilvolle Café am Ufer des Lake Karapiro (von Cambridge aus auf dem SH1 gen Süden fahren und nach rechts in die Gorton Rd abbiegen!) ist ein genialer Ort zum Brunchen oder Mittagessen. Es empfiehlt sich, sich einen der Tische draußen auszusuchen, Eggs Benedict zu bestellen, den Blick auf den See zu genießen und dem Vogelgezwitscher zu lauschen.

Red Cherry CAFÉ $$
(www.redcherrycoffee.co.nz; Ecke SH1 & Forrest Rd; Mahlzeiten 16–20 NZ$; ⏲7.30–16.30 Uhr; 🖉) Das scheunenartige Red Cherry mit der ständig zischenden, kirschroten Espressomaschine bietet vor Ort gerösteten Kaffee, köstliche Buffetgerichte und beeindruckende Frühstücksgerichte an. Mittags kommen unschlagbar leckere Rindfleischburger aus der Küche. Cambridges bestes Café liegt 4 km außerhalb der Stadt an der Straße nach Hamilton.

Onyx CAFÉ, RESTAURANT $$
(☎07-827 7740; www.onyxcambridge.co.nz; 70 Alpha St; Hauptgerichte 17–30 NZ$; ⏲9 Uhr–open end) Das Onyx ist den ganzen Tag geöffnet. Der luftige Raum ist mit onyxschwarzen Möbeln eingerichtet und hat einen in warmen Tönen gehaltenen Holzfußboden. Der Schwerpunkt liegt auf Pizza aus dem Holzofen (20–24 NZ$). Es gibt aber auch Salate, Tortillas, Sandwiches, Steaks, Kuchen,

Biokaffee und neuseeländische Weine und Biere.

Praktische Informationen

Cambridge i-SITE (07-823 3456; www.cambridge.co.nz; Ecke Victoria St & Queen St; Mo–Fr 9–17, Sa & So 10–16 Uhr;) Kostenlose Karten für den Heritage & Tree Trail, Stadtpläne und Internetzugang.

An- & Weiterreise

Da Cambridge am SH1, 22 km südöstlich von Hamilton, liegt, gibt es gute Busverbindungen. Die Regionalbusse **Busit!** (0800 4287 5463; www.busit.co.nz) fahren nach Hamilton (6,70 NZ$, 40 Min., werktags 7-mal tgl., am Wochenende 3-mal tgl.).

InterCity (09-583 5780; www.intercity.co.nz) fährt u. a. in die folgenden Orte:

ZIEL	PREIS (NZ$)	DAUER	HÄUFIGKEIT (TGL.)
Auckland	27–45	2½ Std.	12-mal
Hamilton	10–25	30 Min.	8-mal
Matamata	10–22	30 Min.	2-mal
Rotorua	17–35	1¼ Std.	5-mal
Wellington	28–68	8½ Std.	3-mal

Naked Bus (0900 625 33; www.nakedbus.com) steuert dieselben Ziele an:

ZIEL	PREIS (NZ$)	DAUER	HÄUFIGKEIT (TGL.)
Auckland	13–17	2½ Std.	6-mal
Hamilton	20	30 Min.	5-mal
Matamata	24–25	2¼ Std.	1-mal
Rotorua	10	1¼ Std.	4-mal
Wellington	28	9½ Std.	1-mal

Matamata

7800 EW.

Matamata war nur eines von vielen netten Städtchen auf dem Land, bis es durch Peter Jacksons epische Filmtrilogie *Der Herr der Ringe* berühmt wurde. Während der Dreharbeiten hatten 300 Einwohner einen Job als Statisten (behaarte Füße waren nicht Voraussetzung).

Danach wurde dann *Der Hobbit* hier gedreht. Der Mittelerde-Schauplatz wird mittlerweile von der Stadt mit Begeisterung präsentiert. Es gibt beispielsweise eine gruselige Gollum-Statue, und auch die Touristeninformation erhielt ein entsprechend neues Gesicht.

Die meisten Traveller, die nach Matamata kommen, sind eingefleischte Hobbit-Fans. Für alle anderen gibt's auch noch ein tolles Café, Alleen mit alten Bäumen und sanft geschwungene grüne Hügel.

Sehenswertes & Aktivitäten

Hobbiton Movie Set Tours DREHORT
(0508 446 224 866, 07-888 1505; www.hobbitontours.com; 501 Buckland Rd, Hinuera; Erw./Kind 75/37,50 NZ$; Führungen 10–16.30 Uhr) Aus urheberrechtlichen Gründen wurden alle aufwendig konstruierten Filmkulissen nach den Dreharbeiten des Films *Der Herr der Ringe* hier und an anderen Sets des Landes wieder abgebaut. Aber die Besitzer von Hobbiton (dt. Hobbingen) durften schließlich ihre Hobbitwohnungen behalten; für die Dreharbeiten von *Der Hobbit* wurden neue gebaut. Im Preis der Führung ist ein Getränk im wunderschönen Green Dragon Inn (Grüner Drachen) enthalten. Kostenlosen Transport gibt es ab dem i-SITE in Matamata; Zeiten erfährt man auf der Hobbiton-Website. Rechtzeitiges Buchen ist ein Muss.

Wer ein eigenes Fahrzeug hat, nimmt von Matamata die Straße in Richtung Cambridge, biegt rechts in die Puketutu Rd und dann links in die Buckland Rd ein. Parken kann man am Shire's Rest Cafe.

Wairere Falls WASSERFALL
Etwa 15 km nordöstlich von Matamata befinden sich die spektakulären, 153 m hohen Wairere Falls (der höchste Wasserfall auf der Nordinsel). Vom Parkplatz sind es 45 Minuten zu Fuß durch Buschland bis zum Aussichtspunkt oder ein 90-minütiger steiler Aufstieg bis ganz nach oben.

Firth Tower MUSEUM, HISTORISCHES GEBÄUDE
(www.firthtower.co.nz; Tower Rd; Gelände frei, Touren Erw./Kind 5/1 NZ$; Gelände tgl. 10–16 Uhr, Gebäude Do–Mo 10–16 Uhr) Der Firth Tower wurde 1882 vom Aucklander Geschäftsmann Josiah Firth gebaut. Der 18 m hohe Betonturm war ein schickes Statussymbol und birgt heute Maori- und Pionierartefakte. Um den Turm liegen zehn weitere historische Gebäude, darunter eine einklassige Schule, eine Kirche und ein Gefängnis. Man findet ihn 3 km östlich der Stadt.

Opal Hot Springs BADEN
(www.opalhotsprings.co.nz; 257 Okauia Springs Rd; Erw./Kind 8/4 NZ$, 30 Min. Einzelbad 10/5 NZ$; 9–21 Uhr) Die Opal Hot Springs sind keineswegs so glamourös wie sie klingen, aber

es gibt dort immerhin drei große Thermalbecken. Die Anlage erreicht man über die Abzweigung gleich nördlich des Firth Tower, von dort fährt man noch 2 km. Ein Ferienpark befindet sich dort ebenfalls.

Schlafen

Broadway Motel & Miro Court Villas MOTEL $$
(☎07-888 8482; www.broadwaymatamata.co.nz; 128 Broadway; EZ 89–145 NZ$, DZ 99–165 NZ$, Villa mit 2 Schlafzi. 265 NZ$; @≋) Der gepflegte, ältere Block des weitläufigen, familiengeführten Motels wurde mit zunehmend neueren und nobleren Blocks erweitert, die ein Stück abseits der Straße liegen. Am nettesten sind die schicken Miro-Court-Apartments.

Essen & Ausgehen

Workman's Cafe Bar CAFÉ $$
(www.matamata-info.co.nz/workmans; 52 Broadway; Brunch 12–18 NZ$, Tapas 11 NZ$, Abendessen 2033 NZ$; ⏲Mi–So 9–22, Di–So 15–22 Uhr) Das abgefahrene Lokal ist wahrhaft exzentrisch (alte Transistorradios hängen von der Decke, die Wände sind mit Art-déco-Spiegeln übersät, aus den Lautsprechern dröhnt Musik von Johnny Cash) und hat sich einen Namen gemacht, der weit über Matamata hinaus bekannt ist. Abends fungiert das Café auch als Bar.

Redoubt Bar & Eatery KNEIPE
(www.redoubtbarandeatery.co.nz; 48 Broadway; Mittagessen 11–20 NZ$, Abendessen 21–34 NZ$; ⏲Mo–Fr 11 Uhr–open end, Sa & So 10 Uhr–open end) Dünne, knusprige Pizza mit *Herr der Ringe*-Namen, sättigende Suppen, Steaks, leckere Hacksteaks und freitagabends Livemusik. Das Ganze ist eine Art Mini-Schrein für alles, was mit Sport und Matamata zu tun hat.

Praktische Informationen

Matamata i-SITE (☎07-888 7260; www.matamatanz.co.nz; 45 Broadway; ⏲Mo–Fr 9–17, Sa & So 9–15 Uhr) In einem wunderschönen Hobbit-Pförtnerhaus. Hier beginnen die Hobbiton-Führungen.

An- & Weiterreise

Matamata liegt 20 km nördlich von Tirau am SH27.

Busse von **InterCity** (☎09-583 5780; www.intercity.co.nz) fahren nach Cambridge (22 NZ$, 40 Min., 2-mal tgl.), Hamilton (27 NZ$, 1 Std., 3-mal tgl.), Rotorua (25 NZ$, 1 Std., 1-mal tgl.) und Tauranga (26 NZ$, 1 Std., 2-mal tgl.).

Busse von **Naked Bus** (☎0900 625 33; www.nakedbus.com) fahren nach Auckland (13 NZ$, 3½ Std., 2-mal tgl.), Cambridge (20 NZ$, 2 Std., 1-mal tgl.), Hamilton (20 NZ$, 3½ Std., 2-mal tgl.) und Tauranga (14 NZ$, 1 Std., 1-mal tgl.).

Te Aroha

3800 EW.

In Te Aroha herrscht eine tolle Atmosphäre oder gar „die Liebe", denn das ist die wörtliche Übersetzung des Namens. Der Ort am Fuß des mit Büschen bewachsenen Mt. Te Aroha (952 m) ist ein guter Ausgangspunkt für Wanderungen oder eine „Kur" in den heilenden Thermalquellen. Hier ist auch der südliche Startpunkt des Hauraki Rail Trail (S. 213).

Sehenswertes & Aktivitäten

Te Aroha Museum MUSEUM
(www.tearoha-museum.com; Te Aroha Domain; Erw./Kind 4/2 NZ$; ⏲Nov.–März 11–16 Uhr, April–Okt. 12–15 Uhr) Das Museum ist in dem verschnörkelten früheren Kurhaus (dem „Schatz von Te Aroha") untergebracht. Zu sehen sind u.a. skurrile Keramiken, alte Kurwasserflaschen, historische Fotos und eine alte Druckerpresse.

Te Aroha Mineral Spas SPA
(☎07-884 8717; www.tearohamineralspas.co.nz; Boundary St, Te Aroha Domain; 30 Min. Behandlung Erw./Kind 18/11 NZ$; ⏲Mo–Fr 10.30–21, Sa & So 10.30–22 Uhr) Dieses Spa in der edwardianischen Hot Springs Domain bietet Wannenbäder, Massagen, Schönheitsbehandlungen und Aromatherapien an. Hier befindet sich außerdem der sprudelige **Mokena Geyser** – der einzige kohlensäurehaltige Geysir der Welt. Er schießt sein Wasser etwa alle 40 Minuten 3 m hoch in die Luft (die heftigsten Eruptionen finden zwischen 12 und 14 Uhr statt). Spa und Behandlungen müssen im Voraus gebucht werden.

Te Aroha Leisure Pools SCHWIMMEN, BADEANSTALT
(☎07-884 4498; www.tearohaleisurepools.co.nz; Boundary St, Te Aroha Domain; Erw./Kind 7/5 NZ$; ⏲Mo–Fr 10–17.45, Sa & So 10–18.45 Uhr) Freibad mit warmem Süßwasser, Thermalhallenbad und Kinderbecken.

Mt. Te Aroha WANDERN, MOUNTAINBIKEN
Die Wanderwege auf den Mt. Te Aroha beginnen am oberen Ende der Domain. Bis

zum Aussichtsturm Bald Spur/Whakapipi (350 m) sind es 45 Minuten, bis zum Gipfel dann noch 2,7 km (2 Std.). Infos über Mountainbikewege bekommt man beim i-SITE.

Schlafen

Te Aroha Holiday Park FERIENPARK $
(☎ 07-884 9567; www.tearohaholidaypark.co.nz; 217 Stanley Rd; Stellplatz ab 15 NZ$, Mietwohnmobil EZ/DZ 30/40 NZ$, Hütte & Wohneinheit 53–90 NZ$; @ 📶 🏊) Wer ließe sich nicht gern von einem Vogelkonzert wecken? Zu dieser Anlage voller Eichen gehören ein Grastennisplatz, ein Fitnessraum und ein Thermalpool. Der Ferienpark liegt 2 km südwestlich der Stadt.

★ **Aroha Mountain Lodge** LODGE, B&B $$
(☎ 07-884 8134; www.arohamountainlodge.co.nz; 5 Boundary St; EZ/DZ/Suite/Cottage 115/135/155/295 NZ$) Die noble Mountain Lodge in zwei „arohaischen" edwardianischen Villen am Hang oberhalb der Stadt sorgt für erschwinglichen Luxus und bietet auf Wunsch ein Frühstück (20 NZ$/Pers.) an. Das Gold Miner's Cottage für Selbstversorger hat Platz für sechs Personen.

Te Aroha Motel MOTEL $$
(☎ 07-884 9417; www.tearohamotel.co.nz; 108 Whitaker St; Wohneinheit 115–145 NZ$; 📶) Altmodische, aber bezahlbare und saubere Wohneinheiten mit Kochecke. Tolle Lage mitten in der Stadt.

Essen

Ironique CAFÉ $$
(www.ironique.co.nz; 159 Whitaker St; Hauptgerichte 10–35 NZ$; ⌚ Mo–Fr 8 Uhr–open end, Sa & So 16 Uhr–open end) Nachdem man den Hauraki Rail Trail bezwungen hat, kann man hier ganz wunderbar einen guten Kaffee und ein stärkendes Eggs-Benedict-Frühstück oder abends gegrillten Lachs und Entenkonfit genießen. Der ruhige Hof hinter dem Haus eignet sich perfekt für einen Drink. Oder auch zwei.

Berlusconi on Whitaker ITALIENISCH, TAPAS $$
(☎ 07-884 9307; www.tearoha-info.co.nz/berlusconi; 149 Whitaker St; Mittagessen 14–20 NZ$, Pizza 27 NZ$, Abendessen 33–24 NZ$; ⌚ Di–So 11.30–15.30 Uhr, Mi–So 18 Uhr–open end) Es ist ja bekannt, dass der abgedankte italienische Ministerpräsident seine Finger überall im Spiel hat, aber bestimmt nicht in dieser gehobenen Wein-, Tapas- und Pizzabar in Te Aroha!

Praktische Informationen

Te Aroha i-SITE (☎ 07-884 8052; www.tearohanz.co.nz; 102 Whitaker St; ⌚ Mo–Fr 9.30–17, Sa & So bis 16 Uhr)

An- & Weiterreise

Te Aroha liegt am SH26, 21 km südlich von Paeroa und 55 km nordöstlich von Hamilton. Die Regionalbusgesellschaft **Busit!** (☎ 0800 4287 5463; www.busit.co.nz) fährt von/nach Hamilton (Erw./Kind 8/4 NZ$, 1 Std., Mo–Fr 2-mal tgl.). Die Busse von **Naked Bus** (☎ 0900 625 33; www.nakedbus.com) fahren nach Hamilton (20 NZ$, 1 Std., 1-mal tgl.) und Cambridge (20 NZ$, 1½ Std., 1-mal tgl.).

KING COUNTRY

Dieses Gebiet hat gut und gern Anspruch auf den Titel „Neuseelands Kernland". Hier mag man keinen Schnickschnack, hier züchtet man Rinder und widmet sich den All Blacks. Die Bastion des unabhängigen Maoritums wurde im Krieg gegen die Königsbewegung nicht erobert. Der Legende nach soll König Tawhiao seinen Hut auf eine große Karte Neuseelands gelegt und erklärt haben, dass das von dem Hut bedeckte Land unter seiner *mana* (Herrschaft) bleiben würde. Und tatsächlich war diese Region für Europäer bis 1883 tabu.

Die Waitomo Caves sind die Hauptattraktion der Region. Sie sind schon an sich ein unglaubliches Naturphänomen, aber daneben gibt es auch noch jede Menge Aktivitäten für Adrenalin-Junkies.

Kawhia

670 EW.

Das ruhige Kawhia (gesprochen wie „Mafia" mit einem K) hat sich nicht nur kultureller Vernichtung widersetzen können, sondern entging auch einer groß angelegten Bebauung und behielt so das Flair eines verschlafenen Fischerdorfs. Viel gibt es hier nicht zu sehen oder zu besuchen, der Ort verfügt über einen Gemischtwarenladen, ein paar Imbissbuden und eine Tankstelle. Selbst Kapitän Cook übersah damals die schmale Einfahrt in die große Bucht, als er 1770 hier vorbeisegelte.

Sehenswertes & Aktivitäten

Kajaks werden vom Kawhia Beachside S-Cape und vom Kawhia Motel verliehen.

Ocean Beach STRAND, QUELLE

(Te Puia Rd) 4 km westlich von Kawhia liegt der Ocean Beach mit seinen hohen schwarzen Sanddünen. Baden kann hier recht gefährlich sein, eine bis zwei Stunden vor und nach der Ebbe aber kann man die Te Puia Hot Springs im Sand entdecken – einfach ein Loch graben, und schon hat man seinen eigenen warmen Naturpool, worin man dann baden und entspannen kann.

Kawhia Regional Museum & Gallery MUSEUM, GALERIE

(www.kawhiaharbour.co.nz; Omimiti Reserve, Kawhia Wharf; Eintritt gegen Goldmünzenspende; Mi–So 12–15 Uhr) Kawhias bescheidenes Museum am Ufer informiert über die hiesige Geschichte, zeigt maritime und Maori-Artefakte und organisiert regelmäßig Kunstausstellungen. Es dient gleichzeitig als Touristenzentrum.

Maketu Marae MARAE

(www.kawhia.maori.nz; Kaora St) Vom Kai führt ein Weg die Küste entlang bis zum Maketu Marae mit seinem eindrucksvoll geschnitzten Versammlungshaus, dem Auaukiterangi. Zwei Steine – Hani und Puna – markieren hier den Vergrabungsort des *Tainui waka*. Von der Straße aus ist nicht viel zu sehen, aber da das *marae* Privatgrund ist, sollte es nicht ohne Erlaubnis des **Maketu Marae Committee** (info@kawhia.maori.nz) betreten werden.

Kawhia Harbour Cruises BOOTSFAHRTEN

(021 966 754; www.kawhiaharbourcruises.co.nz; Tour 35 NZ$/Erw.) Rund um den abgeschieden gelegenen Kawhia Harbour gibt es einige hinreißende Strände und bizarre Felsformationen, deshalb unbedingt Badesachen mitbringen! Voraussetzung für das Auslaufen des Bootes ist die Mindestteilnehmerzahl von sechs erwachsenen Teilnehmern.

Dove Charters ANGELN

(07-871 5854; www.westcoastfishing.co.nz; ganzer Tag 110 NZ$) Ganztägige Angelausflüge.

Feste & Events

Kawhia Traditional Maori Kai Festival ESSEN

(www.kawhiakaifestival.co.nz; Erw./Kind 10/2 NZ$) Während des jährlichen Kai Festivals Anfang Februar strömen über 10 000 Menschen hierher, um traditionelles Maori-*kai* (Essen) zu genießen und sich mit *whanau* (Verwandten) zu treffen. Wenn der Magen mit all den Meeresfrüchten, *Rewana*-Brot und vergorenem Mais gefüllt ist, sorgen Bands und mitreißende *kapa haka* (traditioneller Gruppengesang und -tanz der Maori) für Unterhaltung.

Schlafen & Essen

Kawhia Beachside S-Cape FERIENPARK $

(07-871 0727; www.kawhiabeachsidescape.co.nz; 225 Pouewe St; Stellplatz ab 30 NZ$, Hütte B/EZ/DZ ab 30/40/58 NZ$, Cottage 165–185 NZ$) Der Campingplatz am Wasser macht von der Straße aus zwar einen schäbigen Eindruck, bietet aber gemütliche Cottages, Hütten und Stellplätze mit Gemeinschaftsbädern. Ein Kajak kostet für zwei Stunden 12 NZ$ pro Person.

KINGITANGA

Die Einstufung der Maori als Volk ist relativ neu. Bis Mitte des 19. Jhs. bestand Neuseelands Bewohnerschaft tatsächlich aus vielen unabhängigen Stammesvölkern, die ab 1840 neben den Briten existierten.

1856 formierte sich angesichts einer Flut britischer Einwanderer die Kingitanga (Königsbewegung), eine Vereinigung der Stämme, die sich auf diese Weise besser gegen den weiteren Verlust von Land und Kultur wehren wollten. Eine Versammlung von Anführern wählte den Waikato-Häuptling Potatau Te Wherowhero zum ersten Maori-König, in der Hoffnung, dass sein großes Ansehen den gleichen Zusammenhalt schaffen würde, den die Briten unter ihrer Königin hatten.

Trotz der gewaltigen Verluste im Waikato Land War und der schlussendlichen Öffnung des King Country blieb die Kingitanga bestehen – auch wenn sie keine formelle staatsrechtliche Funktion hat. Ein Ausdruck der Stärke der Bewegung war die große Trauerbekundung, als Te Arikinui Dame Te Atairangikaahu, Potataus Ururenkelin, 2006 nach 40 Jahren Herrschaft starb. Auch wenn das Ganze keine Erbmonarchie ist (die Führer der verschiedenen Stämme wählen einen Nachfolger), so setzte sich doch Potataus Linie mit dem derzeitigen Maori-König Tuheitia Paki bis heute fort.

KAWHIAS KANU

Das *tainui waka* – ein historisches Kanu aus dem 14. Jh. – legte zum letzten Mal in Kawhia an. Die Expeditionsleiter Hoturoa, der Häuptling bzw. Kapitän, und Rakataura, der *tohunga* (Priester), suchten die Westküste ab, bis sie ihren prophezeiten Landeplatz fanden. Nachdem sie das *waka* an Land gezogen hatten, banden sie es an einen Pohutukawa-Baum, den sie Tangi te Korowhiti nannten. Dieser nicht markierte Baum steht noch immer an der Küste zwischen dem Kai und dem Maketu Marae. Das *waka* wurde dann einen Hügel hinaufgezogen und vergraben: Heilige Steine wurden über beiden Enden des Kanus abgelegt, um den Vergrabungsort zu markieren, der heute Teil des Geländes des *marae* ist.

Kawhia Motel MOTEL, FERIENHAUS $$
(07-871 0865; www.kawhiamotel.co.nz; Ecke Jervois St & Tainui St; DZ 129–169 NZ$;) Die sechs farbenfroh gestrichenen, gepflegten, eher altmodischen Motelzimmer liegen direkt neben den Geschäften der Stadt. Der Verleih von Kajaks/Fahrrädern kostet 20/15 NZ$ pro Stunde.

Annie's Cafe & Restaurant CAFÉ, RESTAURANT $
(146 Jervois St; Mahlzeiten 10–22 NZ$; Ostern–Okt. 7–15 Uhr, Nov.–Ostern 7 Uhr–open end) Altmodisches Restaurant mit Alkohollizenz in der Hauptstraße, das Espresso, Sandwiches und lokale Spezialitäten wie Flunder und Whitebait mit Süßkartoffelfritten auf der Speisekarte hat.

An- & Weiterreise

Kawhia hat keine Busnetzanbindung. Autofahrer nehmen den SH31 ab Otorohanga (58 km) oder fahren über die malerische, aber teilweise holprige Straße nach Raglan (50 km, 22 km unbefestigt).

Otorohanga

2700 EW.

Otorohangas Hauptstraße ist geschmückt mit Bildern von hoch geschätzten Kiwi-Ikonen: von Schafen, Gummistiefeln, Flip-Flops, Nr.-8-Allzweckdraht, den All Blacks, Baiserkuchen und vom beliebten Kinderspielzeug Buzzy Bee. Ein Besuch des Kiwi House lohnt sich absolut.

Sehenswertes

Otorohanga Kiwi House & Native Bird Park ZOO
(www.kiwihouse.org.nz; 20 Alex Telfer Dr; Erw./Kind 22/7 NZ$; Sept.–Mai 9–16.30 Uhr, Juni–Aug. 9–16 Uhr) In dem Vogelhaus gibt es ein Nachtgehege, in dem man aktive Kiwis dabei beobachten kann, wie sie mit ihren langen Schnäbeln eifrig nach Futter suchen. Dies ist der einzige Ort Neuseelands, an dem man einen Großen Fleckenkiwi, den größten der drei Kiwiarten, bewundern kann. Die Kiwis werden täglich um 13.30 Uhr gefüttert. Außerdem leben hier noch andere einheimische Vögel wie Kakas, Keas, Kuckuckskauze und Wekaralle.

Ed Hillary Walkway GEDENKSTÄTTE
(24 Std.) GRATIS So wie die Hauptstraße mit Kiwikram geschmückt ist, ist der Ed Hillary Walkway (ab der Maniapoto St) mit Infotafeln über die All Blacks, über Marmite und natürlich Sir Ed gesäumt.

Schlafen

Otorohanga Holiday Park FERIENPARK $
(07-873 7253; www.kiwiholidaypark.co.nz; 20 Huiputea Dr; Stellplatz ab 30 NZ$, Hütte & Wohneinheit 89–120 NZ$; @) Der nette Park hat vielleicht nicht schönste Lage, aber neben sauberen Sanitäranlagen ein Fitnesscenter und eine Sauna zu bieten. Und wer in Waitomo keine Unterkunft findet (auch das kommt vor), muss sich keine Sorgen machen, Otorohanga ist nur 16 km weit weg.

Essen & Ausgehen

Origin Coffee Station CAFÉ $
(www.origincoffee.co.nz; 7 Wahanui Cres; Kaffee 4–5 NZ$; Mo–Fr 8.30–16.30 Uhr) Die Betreiber des Origin nehmen das Thema Kaffee todernst: Sie spüren ihn auf, importieren und rösten ihn selbst.

Countdown SUPERMARKT $
(www.countdown.co.nz; 123 Maniapoto St; 7–22 Uhr) Da es in Waitomo keinen Supermarkt gibt, sollte man sich hier in Otorohonga auf dem Weg zu den Höhlen mit Proviant eindecken.

Thirsty Weta KNEIPE
(www.theweta.co.nz; 57 Maniapoto St; Mahlzeiten 10–37 NZ$; 10–1 Uhr) Herzhafte Gerichte wie Pizzas, Steaks, Burger und Quesadillas. Später am Abend wird aus der Kneipe eine Weinbar, in der einheimische Musiker für Stimmung sorgen.

Praktische Informationen

Otorohanga i-SITE (☎ 07-873 8951; www.otorohanga.co.nz; 27 Turongo St; ⊙ Mo–Fr 9–17, Sa & So 10–14 Uhr; 📶) Kostenloses WLAN und Infos über die Gegend.

An- & Weiterreise

BUS

Die Busse von **InterCity** (☎ 09-583 5780; www.intercity.co.nz) fahren von Otorohanga nach Auckland (47 NZ$, 3¼ Std., 4-mal tgl.), Te Awamutu (21 NZ$, 30 Min., 3-mal tgl.), Te Kuiti (20 NZ$, 1 Std., 3-mal tgl.) und Rotorua (53 NZ$, 2½ Std., 2-mal tgl.).

Naked Bus (☎ 0900 625 33; www.nakedbus.com) macht sich einmal täglich auf den Weg zu den Waitomo Caves (20 NZ$, 30 Min.), nach Hamilton (25 NZ$, 1 Std.) und New Plymouth (30 NZ$, 3¼ Std.).

Der **Waitomo Shuttle** (☎ 0800 808 279, 07-873 8279; einfache Strecke Erw./Kind 12/7 NZ$) fährt zu den Waitomo Caves (5-mal tgl.), abhängig von den Ankunftszeiten der Busse und Züge. Reservierung empfehlenswert.

ZUG

Otorohanga liegt an der Route des **Northern Explorer** (☎ 0800 872 467; www.kiwiscenic.co.nz), der zwischen Auckland (ab 48 NZ$, 3¼ Std.) und Wellington (ab 99 NZ$, 9 Std.) via Hamilton (48 NZ$, 50 Min.) verkehrt.

Waitomo Caves

Selbst diejenigen, denen feuchte, dunkle Tunnel wie der Inbegriff der Hölle erscheinen, sollten sich zu den Waitomo Caves begeben. Die Kalksteinhöhlen mit ihren Glühwürmchen sind eine der größten Attraktionen der Nordinsel.

Der Name Waitomo stammt von *wai* (Wasser) und *tomo* (Loch oder Schacht): In der Region gibt es zahlreiche Schächte, die zu unterirdischen Höhlen und Flüssen führen; in der Gegend sind bereits mehr als 300 Höhlen kartografiert. Die drei größten Höhlen – Glowworm, Ruakuri und Aranui – bezaubern Besucher schon seit über 100 Jahren.

Klaustrophobiker können aufatmen: Der Besuch der Waitomo Caves dürfte kein Stressfaktor werden: Die elektrisch beleuchtete, kathedralengroße Glowworm Cave wirkt alles andere als einengend. Aber auch all jene Traveller, die es gern eng, etwas geheimnisvoll, pitschnass und pechschwarz mögen, finden eine solche Atmosphäre in Waitomo.

Sehenswertes

Waitomo Caves Visitor Centre BESUCHERZENTRUM
(☎ 0800 456 922; www.waitomo.com; Waitomo Caves Rd; ⊙ 9–17 Uhr) Die drei großen Waitomo Caves werden alle von der gleichen Gesellschaft verwaltet, die ihren Sitz im schicken Waitomo Caves Visitor Centre (hinter der Glowworm Cave) hat. Das Zentrum beherbergt auch ein Café und ein Filmtheater. Es gibt verschieden Kombi-Angebote, z. B. die Triple Cave Combo (Erw./Kind 91/40 NZ$). Wenn möglich, sollte man die großen Reisegruppen, die meistens zwischen 10.30 und 14.30 hier eintreffen, meiden.

★ **Glowworm Cave** HÖHLE
(Erw./Kind 48/21 NZ$; ⊙ 45-min. Touren alle 30 Min. 9–17 Uhr) Die Tour durch die Glowworm Cave hinter dem Visitor Centre führt zwischen beeindruckenden Stalaktiten und Stalagmiten hindurch in die große „Kathedralenhöhle". Die Akustik ist so gut, dass die Sängerin Kiri Te Kanawa und die Wiener Sängerknaben hier schon Konzerte gegeben haben. Das Highlight folgt am Ende der Tour, wenn die Teilnehmer mit einem Boot über den Fluss fahren. Sobald sich die Augen an die Dunkelheit gewöhnt haben, ist eine ganze Milchstraße aus kleinen Lichtern ringsum zu sehen – die Glühwürmchen. Die Touren können im Visitor Centre gebucht werden.

Aranui Cave HÖHLE
(Erw./Kind 48/21 NZ$; ⊙ 1-stündige geführte Tour um 9.30, 11, 13, 14.30 & 16 Uhr) Die Aranui Cave liegt 3 km westlich der Glowworm Cave. Diese Höhle ist trocken (deshalb gibt's hier auch keine Glühwürmchen), punktet dafür aber mit unglaublichen Kalksteinformationen. An der Decke hängen Tausende winziger „Strohhalm"-Stalaktiten. Die Touren kann man im Visitor Centre buchen, von wo aus man auch zum Höhleneingang gefahren wird. Ein 15-minütiger Spaziergang durch den Busch ist ebenfalls im Preis enthalten.

Ruakuri Cave HÖHLE
(☎ 0800 782 587, 07-878 6219; Erw./Kind 67/26 NZ$; ⊙ 2-stündige geführte Tour um 9, 10, 11.30, 12.30, 13.30, 14.30 & 15 Uhr) Eine eindrucksvolle 15 m hohe Wendeltreppe sorgt in der Ruakuri Cave dafür, dass niemand über die Begräbnisstätte der Maori am Höhleneingang trampelt. Die geführten Touren gehen durch 1,6 km des insgesamt 7,5 km

Waitomo Caves

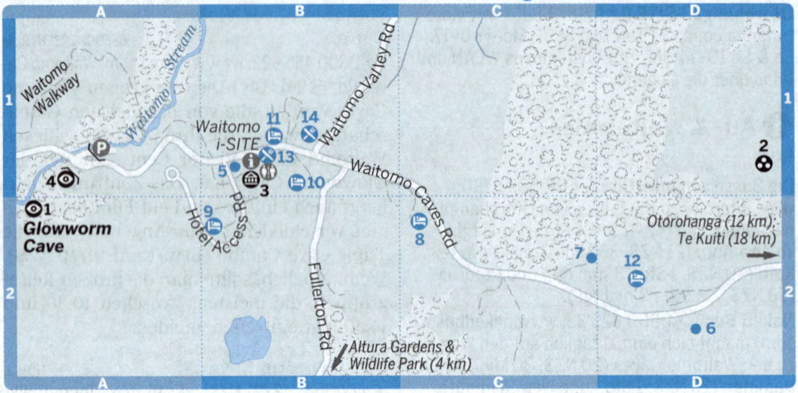

Waitomo Caves

Highlights
1 Glowworm Cave A2

Sehenswertes
2 Opapake Pa D1
3 Waitomo Caves Discovery Centre B1
4 Waitomo Caves Visitor Centre A1

Aktivitäten, Kurse & Touren
5 CaveWorld B1
6 Legendary Black Water Rafting Company D2
Spellbound .... (siehe 13)
7 Waitomo Adventures C2

Schlafen
8 Abseil Inn C2
9 Kiwi Paka B2
10 Waitomo Caves Guest Lodge B1
11 Waitomo Top 10 Holiday Park B1
12 YHA Juno Hall Waitomo D2

Essen
13 Florence's Kitchen B1
14 Huhu B1
Morepork Cafe .... (siehe 9)

Ausgehen & Nachtleben
King Country Brewing Company. (siehe 13)

langen Höhlensystems, u.a. durch Höhlenräume mit Glühwürmchen, mit unterirdischen Flüssen und Wasserfällen sowie mit beeindruckenden komplexen Kalksteinformationen. Besucher beschreiben die Höhle als spirituell – einige behaupten, dass es darin spukt. Es ist üblich, sich beim Verlassen der Höhle die Hände zu waschen, um das *tapu* (Tabu) zu entfernen. Buchen kann man die Touren im Visitor Centre oder bei der Legendary Black Water Rafting Company, wo sie auch beginnen.

Waitomo Caves Discovery Centre MUSEUM
(☎07-878 7640, 0800 474 839; www.waitomocaves.com; 21 Waitomo Caves Rd; Erw./Kind 5 NZ$/frei; ⏱9–17.30 Uhr) Das Waitomo Caves Discovery Centre neben dem i-SITE zeigt eine exzellente Ausstellung über die Entstehung von Höhlen, die unterirdische Flora und Fauna und die Geschichte der Waitomo Caves und der Höhlenforschung.

Aktivitäten

Unterirdisch

Legendary Black Water Rafting Company CAVING, ABENTEUERTOUR
(☎0800 782 5874; www.waitomo.com; 585 Waitomo Caves Rd; ⏱Black Labyrinth Tour 9, 10.30, 12, 13.30 & 15 Uhr, Black Abyss Tour 9 & 14 Uhr, Black Odyssey Tour 10 & 14.30 Uhr) Die Black Labyrinth Tour (3 Std., 125 NZ$) besteht aus einer Fahrt im Neoprenanzug auf einem Gummireifen über einen Fluss in der Ruakuri Cave. Das Highlight ist der Sturz einen kleinen Wasserfall hinunter, um danach durch eine lange Passage voller Glühwürmchen zu treiben. Der Trip endet mit einer Dusche, Suppe und Bagels in dem Café. Die abenteuerlichere Black Abyss Tour (5 Std., 225 NZ$) umfasst eine 35 m lange Abseilstrecke in die Ruakuri Cave, eine Seilrutsche, noch mehr Glühwürmchen und Tubing.

Die vor Kurzem eingeführte Black Odyssey Tour (4 Std., 175 NZ$) ist anspruchsvolles Caving durch eine Trockenhöhle mit Seilrutschen und Hochseilen. Für alle Touren ist ein Mindestalter vorgeschrieben. Wer eine Tour online bucht, bekommt einen Rabatt von 10%.

Spellbound CAVING, GEFÜHRTE TOUR
(☎0800 773 552, 07-878 7622; www.glowworm.co.nz; 10 Waitomo Caves Rd; Erw./Kind 73/26 NZ$; ⏱3-stündige geführte Tour 10, 11, 14 & 15 Uhr, im Juni geschl.) Spellbound ist genau das Richtige für alle, die nicht nass werden wollen, mehr an Glühwürmchen als an Action interessiert sind und die Menschenmassen in den Haupthöhlen umgehen möchten. Die Touren in kleinen Gruppen führen in Teile des von unzähligen Glühwürmchen bewohnten Mangawhitiakau-Höhlensystems, 12 km südlich von Waitomo (eine Floßfahrt gibt es trotzdem).

Waitomo Adventures CAVING, ABENTEUERTOUR
(☎07-878 7788, 0800 924 866; www.waitomo.co.nz; 654 Waitomo Caves Rd) Waitomo Adventures bietet diverse Höhlenabenteuer an. Ermäßigungen gibt es für Kombinationen und bei Vorausbuchung. Der Lost World Trip (4/7 Std., 340/490 NZ$) ist eine Kombi aus Abseilen über 100 m, Klettern, Waten und Schwimmen. Die Tour Haggas Honking Holes (4 Std., 260 NZ$) besteht aus drei Abseilabenteuern an Wasserfällen, Klettern und dem Besuch eines unterirdischen Flusses. TumuTumu Toobing (4 Std., 180 NZ$) ist eine Wander-, Kletter-, Bade- und Tubing-Tour. Zur St. Benedict's Cavern Tour (3 Std., 180 NZ$) gehören Abseilen und eine unterirdische Seilrutsche.

Green Glow Eco-Adventures HÖHLENWANDERN, ABENTEUERTOUR
(☎0800 476 459; www.greenglow.co.nz; 1117 Oparure Rd, Te Kuiti; 6-stündige Tour 220 NZ$/Pers.) Green Glow Eco-Adventures bietet individuelle Waitomo-Touren in kleinen Gruppen an, der Schwerpunkt liegt wahlweise auf Höhlenwanderung, Klettern, Abseilen, Fotografieren oder der Beobachtung von Glühwürmchen. Das Büro befindet sich in Te Kuiti, 20 Minuten von Waitomo entfernt.

CaveWorld CAVING, ABENTEUERTOUR
(☎0800 228 338, 07-878 6577; www.caveworld.co.nz; Ecke Waitomo Caves Rd & Hotel Access Rd) CaveWorld bietet Tube It (2 Std., 139 NZ$) an, eine Raftingtour durch die von Glühwürmchen bevölkerte Te Anaroa. Ebenfalls im Angebot sind eine nächtliche Abseiltour im Schein von Glühwürmchen in eine 45 m tiefe Spalte namens Glowworm Canyon (2 Std., 199 NZ$) und die Footwhistle Glowworm Cave Tour (1 Std., 55 NZ$).

ZAUBERWELT DER GLÜHWÜRMCHEN

Glühwürmchen sind die Larven der Pilzmücke. Die Glühwürmchenlarven haben Leuchtorgane, die ein sanftes grünes Licht erzeugen. Sie leben in einer Art Hängematte, die von einem Überhang herabbaumelt, und spinnen klebrige, nach unten hängende Fäden, mit denen sie unachtsame Insekten fangen, die durch das Licht angezogen werden. Fliegt ein Opfer ins Licht, bleibt es an den Spinnfäden kleben. Danach rollt das Glühwürmchen den Faden auf und frisst das Insekt.

Das Larvenstadium dauert sechs bis neun Monate, je nachdem, wie viel die Glühwürmchen zu fressen bekommen. Wenn sie die Größe eines Streichholzes erreicht haben, verpuppen sie sich in einer Art Kokon. Nach etwa zwei Wochen schlüpft daraus die ausgewachsene Pilzmücke.

Die ausgewachsenen mundlosen Insekten leben nicht sehr lange. Sie schlüpfen, paaren sich, legen Eier und sterben – alles in zwei bis drei Tagen. Aus den klebrigen Eiern, die in Haufen von jeweils 40 oder 50 gelegt werden, schlüpfen innerhalb von etwa drei Wochen schon wieder die nächsten Glühwürmchenlarven.

Glühwürmchen leben eigentlich in feuchten, dunklen Höhlen, können aber auch überall dort überleben, wo es Feuchtigkeit, Überhänge und Insekten zum Fressen gibt. Waitomo ist berühmt für seine Glühwürmchen; man kann sie aber auch an vielen anderen Orten in Neuseeland sehen, und zwar sowohl in Höhlen als auch im Freien.

Wer auf Glühwürmchen trifft, sollte weder ihre Hängematten noch ihre Fäden berühren, leise sein und sie nicht anleuchten, denn all das wird sie veranlassen, ihr Licht zu dimmen. Es dauert dann mehrere Stunden, bis sie wieder funkeln, und in dieser Zeit bekommen sie natürlich Hunger. Die am hellsten leuchtenden Glühwürmchen sind die hungrigsten.

INSIDERWISSEN

WAITOMO CAVES

Die schönste Art, die Glühwürmchenhöhlen von Waitomo zu erleben, ist das Blackwater-Rafting. Es ist ein aufregendes Erlebnis, bei dem die Teilnehmer sich in Neoprenanzüge zwängen (und sich dabei totlachen, weil alle so komisch aussehen), sich dann in einen Reifenschlauch setzen (was auch sehr lustig ist) und dann mit zwei Führern und viel Mut unter den Glühwürmchen hindurch durch die Kalksteinhöhlen rauschen. Es ist ein wirklich packendes Abenteuer und erfordert etwas Gewandtheit und den Mumm, rückwärts über kleine Wasserfälle hinabzurauschen. Zum Schluss treiben alle in ihren Schläuchen still und mit abgeschalteten Kopflampen durch die Höhlen, um die faszinierenden Glühwürmchen zu beobachten.

Dr. Farah Rangikoepa Palmer, ehemalige Mannschaftskapitänin der Black Ferns (neuseeländische Rugbymannschaft der Frauen)

Kiwi Cave Rafting CAVING, ABENTEUERTOUR
(☎07-873 9149, 0800 228 372; www.caveraft.com; 95 Waitomo Caves Rd) Die Expeditionen in kleinen Gruppen (5 Std., 225 NZ$) beginnen mit einem Abseil-Training. Danach geht's 27 m runter in eine Naturhöhle und weiter in einem Gummischlauch auf einem unterirdischen Fluss. Überall sind Glühwürmchen. Es folgen eine kleine Tour durch die Höhle, gesichertes Klettern an einer 20-m-Klippe und schon erblickt man wieder das Tageslicht. Eine dreistündige Trockentour (125 NZ$) ohne Gummischlauch-Abenteuer wird ebenfalls angeboten.

Wandern

Das i-SITE in Waitomo verteilt kostenlose Infoblätter zu Wanderwegen in der Umgebung. Der Weg von der **Aranui Cave** zur **Ruakuri Cave** ist eine exzellente Kurzstrecke. Vom Waitomo Caves Visitor Centre führt der 5 km lange **Waitomo Walkway** (hin & zurück 3 Std.) durch Ackerland und folgt dem Waitomo-Bach bis ins **Ruakuri Scenic Reserve**, von wo aus der 30-minütige Rückweg an einem natürlichen Kalksteintunnel vorbeiführt. Nachts sind hier Glühwürmchen zu sehen – mit einer Taschenlampe ist der Weg vom Parkplatz aus gut zu finden. Nahe dem Büro von Waitomo Adventures führt eine 20-minütige Wanderung durch Buschland, dann an Ackerland vorbei bis zum verlassenen **Opapake Pa**, wo noch Terrassen und Süßkartoffeläcker zu sehen sind.

Dundle Hill Walk WANDERN
(☎0800 924 866, 07-878 7788; www.dundlehillwalk; Erw./Kind 75/35 NZ$) Der private Dundle Hill Walk ist ein 27 km langer Rundweg, der ohne Begleitung in zwei Tagen durch das Busch- und Ackerland Waitomos zurückgelegt werden kann. Unterwegs wird in einer Berghütte hoch oben im Buschland übernachtet.

Schlafen

Waitomo Top 10 Holiday Park FERIENPARK $
(☎0508 498 666, 07-878 7639; www.waitomopark.co.nz; 12 Waitomo Caves Rd; Stellplatz ab 23 NZ$, Hütte 70–130 NZ$, Wohneinheit 150–180 NZ$; @🛜🏊) Der wunderschöne Ferienpark mitten im Ort hat blitzsaubere Sanitäranlagen und moderne Hütten. Für Kids gibt es zahlreiche Beschäftigungsmöglichkeiten im Freien.

Kiwi Paka HOSTEL $
(☎07-878 3395; www.waitomokiwipaka.co.nz; Hotel Access Rd; B/EZ/DZ 32/65/70 NZ$, Chalet EZ/DZ/2BZ/4BZ 95/100/110/160 NZ$; @🛜) Bei diesem zweckmäßigen Hostel im Stil einer Berghütte erwarten Gäste Vierbettschlafsäle im Haupthaus und separate Spitzdach-Chalets, das Morepork Cafe und supersaubere Sanitäranlagen. Das Kiwi Paka ist vor allem bei großen Gruppen beliebt.

YHA Juno Hall Waitomo HOSTEL $
(☎07-878 7649; www.junowaitomo.co.nz; 600 Waitomo Caves Rd; Stellplatz ab 17 NZ$, B 30 NZ$, DZ mit/ohne Bad 84/74 NZ$; @🛜🏊) Schickes, zweckmäßig gebautes Hostel 1 km vom Ort entfernt. Man kann sich auf herzlichen Empfang, wärmendes Holzfeuer in der holzverkleideten Lounge sowie einen Pool und einen Tennisplatz freuen.

Abseil Inn B&B $$
(☎07-878 7815; www.abseilinn.co.nz; 709 Waitomo Caves Rd; DZ ab 150 NZ$; 🛜) Eine *seeehr* steile Auffahrt führt zu diesem reizenden B&B mit vier thematisch eingerichteten Zimmern, leckerem Frühstück und geistreichen Gastgebern. Das größte Zimmer hat eine Doppelbadewanne und Blick aufs Tal.

Waitomo Caves Guest Lodge B&B $$
(☎0800 465 762, 07-878 7641; www.waitomocavesguestlodge.co.nz; 7 Te Anga Rd; EZ 90 NZ$, DZ inkl. Frühstück 110–130 NZ$; 📶) Diese Unterkunft im Zentrum bietet in einem zauberhaften Garten am Berghang kleine, gemütliche Hütten. Von den oberen Hütten hat man einen schönen Blick aufs Tal. Im Preis enthalten ist ein großes kontinentales Frühstück. Der liebenswerte Hund darf gratis gestreichelt werden.

Essen & Ausgehen

Der Gemischtwarenladen in Waitomo verkauft zwar alles Lebensnotwendige, es ist aber deutlich preiswerter, sich vorher in Otorohanga oder Te Kuiti mit Proviant einzudecken.

★ **Huhu** CAFÉ, MODERN-NEUSEELÄNDISCH $$
(☎07-878 6674; www.huhucafe.co.nz; 10 Waitomo Caves Rd; kleine Gerichte 11–17 NZ$, Hauptgerichte 19–33 NZ$; ⏲12 Uhr–open end; 📶) Das schicke, moderne Huhu bietet eine tolle Aussicht von der Terrasse und leckere modern-neuseeländische Gerichte. Außerdem gibt es starken Kaffee und Craft-Bier sowie ein tapasartiges Menü aus neuseeländischen Köstlichkeiten, beispielsweise langsam geschmortem Lamm, Teriyaki-Lachs und Biorinderfiletsteak.

Florence's Kitchen CAFÉ $$
(www.facebook.com/WaitomoGeneralStore; Waitomo General Store, 15 Waitomo Caves Rd; Snacks & Hauptgerichte 12–20 NZ$; ⏲7.30–22 Uhr) Dieses Café im Gemischtwarenladen von Waitomo hat eine gute Auswahl von Speisen, an denen man sich vor oder nach einer Caving-Tour stärken kann.

Morepork Cafe CAFÉ, PIZZERIA $$
(Kiwi Paka, Hotel Access Rd; Frühstück & Mittagessen 10–18 NZ$, Abendessen 15–27 NZ$; ⏲8–22.30 Uhr; 📶) In diesem netten, beliebten Lokal im Kiwi Paka kann man morgens, mittags und abends entweder drinnen im Speisesaal oder draußen auf der Terrasse essen. Die „Caveman"-Pizza ist der Renner.

King Country Brewing Company BRAUEREI
(www.facebook.com/kingcountrybrewingcompany; Waitomo General Store, 15 Waitomo Caves Rd) In dieser Brauerei werden vier Top-Biere hergestellt – ein IPA, ein Helles, ein Weizenbier und ein Cidre. Gelegentlich sind auch Biere aus kleineren neuseeländischen Brauereien im Angebot. Ein Vierer-Probierset kostet 16 NZ$.

Praktische Informationen

Es existiert keine Tankstelle im Ort. Im Kiwi Paka gibt's einen Geldautomaten.

Waitomo i-SITE (☎07-878 7640, 0800 474 839; www.waitomocaves.com; 21 Waitomo Caves Rd; ⏲9–17.30 Uhr) Internetzugang, Post und Buchungsbüro.

An- & Weiterreise

Naked Bus (☎0900 625 33; www.nakedbus.com) Fährt einmal täglich nach Otorohanga (20 NZ$, 20 Min.), Hamilton (25 NZ$, 1¼ Std.) und New Plymouth (30 NZ$, 3 Std.).

Waitomo Shuttle (☎0800 808 279, 07-873 8279; waikiwi@ihug.co.nz; einfache Strecke Erw./Kind 12/7 NZ$) Fährt fünfmal täglich von Otorohanga zu den Höhlen (15 Min.); die Fahrten sind auf die Ankunftszeiten der Busse und Züge abgestimmt.

Waitomo Wanderer (☎03-477 9083, 0800 000 4321; www.travelheadfirst.com) Bietet einen täglichen Pendelservice von Rotorua oder Taupo an, auf Wunsch auch mit Höhlenwanderungen, Glühwürmchengucken und Tubing (Pauschalpakete ab 133 NZ$). Der Shuttle-Service kostet hin und zurück 99 NZ$.

Von Waitomo nach Awakino

Die abgelegene Route auf der Te Anga Rd von Waitomo aus in Richtung Westen ist eine zeitintensive, aber faszinierende Alternative zum SH3, wenn das Ziel Taranaki heißt. Nur 12 km der 111 km langen Strecke sind noch nicht befestigt, die Straße ist jedoch fast auf der gesamten Länge kurvenreich und schmal. Man sollte etwa zwei Stunden einkalkulieren (ohne Zwischenstopps) und vorher volltanken.

Die Wanderwege im **Tawarau Forest**, der 20 km westlich der Waitomo Caves gelegen ist, sind in der DOC-Broschüre *Waitomo & King Country Tracks* beschrieben (1 NZ$, erhältlich im DOC in Hamilton oder Te Kuiti), u.a. der einstündige Wanderweg zu den Tawarau Falls ab dem Ende der Appletree Rd.

Das **Mangapohue Natural Bridge Scenic Reserve** 26 km westlich von Waitomo ist ein 5,5 ha großes Naturschutzgebiet mit einem riesigen Kalksteinbogen. Über den auch für Rollstuhlfahrer zugänglichen Weg spaziert man in fünf Minuten zum Felsbogen. Auf der anderen Seite ragen große, mit 35 Mio. Jahre alten fossilen Austern übersäte Felsblöcke aus dem Gras. Nachts kann man das Leuchten der Glühwürmchen sehen.

Etwa 4 km weiter westlich liegt das **Piripiri Caves Scenic Reserve**. Ein fünfminütiger Spaziergang führt zu einer großen Höhle mit fossilierten Riesenaustern. Unbedingt eine Taschenlampe mitbringen! Nach starken Regenfällen kann die Wanderung eine ziemlich matschige Angelegenheit sein. Eine Treppe führt hinunter in das Dunkel…

Die eindrucksvoll gestuften, 30 m hohen **Marokopa Falls** liegen 32 km westlich von Waitomo. Ein kurzer Weg (hin & zurück 15 Min.) führt ab der Straße zur Basis des Wasserfalls.

Gleich hinter Te Anga führt eine Abzweigung nordwärts ins 59 km entfernte Kawhia, weiter gen Südwesten geht es nach Marokopa (1560 Ew.), in ein kleines Küstendorf mit schwarzen Strand und einigen pompösen neuen Villen. Die ganze Umgebung von Te Anga bzw. Marokopa ist voller Höhlen.

Der **Marokopa Campground** (☎07-876 7444; marokopacampground@xtra.co.nz; Rauparaha St; Stellplatz ab 24 NZ$, B/Van-DZ 18/45 NZ$) ist nicht schick, aber hat eine schöne Lage dicht an der Küste. Es gibt einen kleinen Laden, der die nötigsten Lebensmittel führt.

Die Straße verläuft südwärts Richtung Kiritehere, über idyllisches Ackerland nach **Moeatoa** und zweigt dann rechts (nach Süden) in die Mangatoa Rd ab. Hier ist man nun wirklich in der tiefsten Provinz. Weiter geht es bis hin zum dichten **Whareorino Forest**. Die vom DOC betriebene **Leitch's Hut** (☎07-878 1050; www.doc.govt.nz; 5 NZ$/Erw.) bietet 16 Schlafkojen, eine Toilette, Wasser und einen Holzofen.

Es lohnt sich, in **Waikawau** den 5 km langen Abstecher über eine unbefestigte Straße zur Küste am **Ngarupupu Point** zu machen, wo ein 100 m langer Weg durch einen nasskalten Tunnel zu einem herrlich einsam gelegenen schwarzen Sandstrand führt. Vom Schwimmen wird dringend abgeraten: Es gibt hier eine gefährliche Brandungsrückströmung.

Die Straße zieht sich 28 km lang kurvenreich durch dichten Wald mit verstreuten Farmhäusern, bis sie östlich von Awakino auf den SH3 trifft (S. 209).

Te Kuiti

4380 EW.

Das reizende Te Kuiti liegt in einem Tal zwischen malerischen Hügeln. Willkommen in der Schafschurhauptstadt der Welt und auf dem jährlich stattfindenden Great New Zealand Muster!

Sehenswertes

Big Shearer WAHRZEICHEN
(Rora St) Die 7 m hohe und 7,5 t schwere Statue Big Shearer steht am Südende der Stadt.

Te Kuititanga-O-Nga-Whakaaro DENKMAL
(Rora St) Te Kuititanga-O-Nga-Whakaaro (Sammeln der Gedanken und Ideen) ist ein wunderschöner Pavillon aus Ätzglas, *tukutuku* (Platten aus geflochtenem Flachs) und Holzschnitzereien – alles ist der Geschichte des Ortes gewidmet.

Feste & Events

Great New Zealand Muster KULTUR, ESSEN
(www.waitomo.govt.nz/events/the-great-nz-muster) Das Highlight des Great New Zealand Muster ist das legendäre **Running of the Sheep**: 2000 wollige Teufel rasen über die Hauptstraße von Te Kuiti. Zu dem Ende März bzw. Anfang April stattfindenden Fest gehören auch Schafschurmeisterschaften, ein Umzug, traditionelle Maori-Aufführungen, Livemusik, Grillen, *hangi* und Marktstände.

Schlafen & Essen

Waitomo Lodge Motel MOTEL $$
(☎07-878 0003; www.waitomo-lodge.co.nz; 62 Te Kumi Rd; Wohneinheit 125–140 NZ$; 📶) Motel am Ortsrand von Te Kuiti in Richtung Waitomo. Die modernen Zimmer bieten zeitgenössische Kunst, Flachbildfernseher und kleine Terrassen. Von den Wohneinheiten hinten kann man den Blick über den Mangaokewa Stream genießen.

Simply the Best B&B B&B $$
(☎07-878 8191; www.simplythebestbnb.co.nz; 129 Gadsby Rd; EZ/DZ inkl. Frühstück 70/110 NZ$) Es ist schwer, etwas gegen den angeberischen Namen einzuwenden, wenn die Preise derart erschwinglich, das Frühstück so üppig und die Gastgeber so charmant sind.

New World SUPERMARKT $
(www.newworld.co.nz; Te Kumi Rd; ⏲8–20 Uhr) Selbstversorger auf dem Weg nach Waitomo sollten sich hier mit Proviant eindecken.

Bosco Cafe CAFÉ $
(theteam@boscocafe.co.nz; 57 Te Kumi Rd; Hauptgerichte 10–20 NZ$; ⏲8–17 Uhr; 📶☎) Das ausgezeichnete Café im Industrie-Look

bietet großartigen Kaffee und köstliches Essen (unbedingt in Speck eingewickelten Hackbraten mit Gemüse probieren!). WLAN gibt's gratis zu jeder Bestellung dazu.

Praktische Informationen

DOC (Department of Conservation; 07-878 1050; www.doc.govt.nz; 78 Taupiri St; Mo–Fr 8–16.30 Uhr)

Te Kuiti i-SITE (07-878 8077; www.waitomo.govt.nz; Rora St; Mo–Fr 9–17, Sa 10–14 Uhr) Internetzugang und Touristeninformation.

An- & Weiterreise

BUS

Die Busse von **InterCity** (09-583 5780; www.intercity.co.nz) fahren täglich u. a. die folgenden Orte an:

ZIEL	PREIS (NZ$)	DAUER (STD.)	HÄUFIGKEIT (TGL.)
Auckland	28–58	3½	3-mal
Mokau	30	1	2-mal
New Plymouth	30	2½	2-mal
Otorohanga	20	¾	3-mal
Taumarunui	34	1¼	1-mal

Naked Bus (0900 625 33; www.nakedbus.com) fährt einmal täglich nach Auckland (35 NZ$, 4 Std.), Hamilton (25 NZ$, 1½ Std.), New Plymouth (30 NZ$, 2¼ Std.) und Otorohanga (20 NZ$, 30 Min.).

Von Te Kuiti nach Mokau

Von Te Kuiti führt der SH3 zunächst in südwestlicher Richtung zur Küste und folgt dann der zerklüfteten Küstenlinie bis nach New Plymouth. Lohnend ist bei Pio Pio ein Abstecher in nordwestlicher Richtung ins Mangaotaki-Tal und zum **Hairy Feet Waitomo** (07-877 8003; www.hairyfeetwaitomo.co.nz; 1411 Mangaotaki Rd, Pio Pio; Erw./Kind 50/25 NZ$; 10 & 13 Uhr), Neuseelands neuestem Mittelerde-Drehort: Vor der imposanten Kalksteinkulisse wurden Szenen des Films *Der Hobbit* gedreht.

An dieser malerischen Strecke liegen sowohl Schaffarmen als auch bizarre Kalksteinformationen, die etwas später – wenn der Highway dem Lauf des Awakino River folgt – üppigem, unberührtem Buschland weichen.

Der Awakino River mündet bei dem winzigen Dorf **Awakino** (60 Ew.) in die Tasmansee. Die Boote ankern geschützt im Mündungsarm, während sich die Einheimischen im bodenständigen **Awakino Hotel** (06-752 9815; www.awakinohotel.co.nz; SH3; Mahlzeiten 11–20 NZ$; 7–23 Uhr) treffen.

Ein Stück weiter südlich steht unübersehbar das eindrucksvolle **Maniaroa Marae** auf den Klippen über dem Highway. Die bedeutende Anlage birgt den Ankerstein des *tainui waka*, den die Ureinwohner der Region aus ihrer polynesischen Heimat mitbrachten. Das furchteinflößend geschnitzte Versammlungshaus Te Kohaarua ist von außerhalb des Zauns gut zu sehen – das *marae* darf aber auf keinen Fall betreten werden, es sei denn, man wäre persönlich dazu eingeladen worden.

5 km weiter südlich – da, wo der Mt. Taranaki am Horizont auftaucht – liegt das Dorf **Mokau** (400 Ew.). Es hat einen schönen schwarzen Sandstrand und gute Surf- und Angelmöglichkeiten. Von August bis November schlüpfen im Mokau River (dem zweitlängsten Fluss auf der Nordinsel) zahllose Whitebaits, was ganze Schwärme von Anglern aus der Gegend anlockt. Das interessante **Tainui Historical Society Museum** (06-752 9072; mokaumuseum@vodafone.co.nz; SH3; Eintritt gegen Spende; 10–16 Uhr) zeigt alte Fotos und Artefakte aus der Zeit, als dieser einst abgelegene Vorposten ein Verschiffungshafen für Kohle und Holz der Siedlungen am Fluss war. **Mokau River Cruises** (0800 665 2874; www.mokaurivercruises.co.nz; Erw./Kind 50/15 NZ$) bietet dreistündige, kommentierte Flussfahrten auf der historischen MV *Cygnet* an. Fahrten in der Abenddämmerung stehen auch auf dem Programm.

Gleich nördlich von Mokau befindet sich der **Seaview Holiday Park** (0800 478 786; seaviewhp@xtra.co.nz; SH3; Stellplatz ab 14 NZ$, DZ Hütte/Wohneinheit ab 65/90 NZ$). Er ist recht einfach, liegt dafür aber an einem breiten Strand. Im **Mokau Motel** (06-752 9725; www.mokaumotels.co.nz; SH3; EZ/DZ/Suite ab 95/110/125 NZ$;) oberhalb des Dorfes bekommt man Angeltipps. Übernachten kann man in Wohneinheiten für Selbstversorger oder in einer der drei Luxussuiten.

Taumarunui

5140 EW.

Taumarunui wirkt an einem kalten Tag ein bisschen trist, aber der Ort im Herzen des King Country hat dennoch seine Reize. Der Hauptgrund, sich hier aufzuhalten, sind Kajaktouren auf dem Fluss Whanganui – oder die billigeren Wohnmöglichkeiten, wenn man im Tongariro National Park Ski fahren will. Zudem gibt es einige schöne Wander- und Fahrradwege in der Umgebung.

Näheres zum Forgotten World Hwy zwischen Taumarunui und Stratford findet sich unter „Taranaki" (S. 235). Für Informationen zum Kanu- und Kajakfahren auf dem Whanganui River s. „Whanganui National Park" (S. 260).

Sehenswertes & Aktivitäten

Der 3 km lange **Riverbank Walk** am Flussufer des Whanganui führt von der Cherry Grove Domain, 1 km südlich der Stadt, zum Taumarunui Holiday Park. Der **Te Peka Lookout** am anderen Flussufer des Ongarue am Westrand der Stadt ist ein guter Aussichtspunkt.

Hakiaha St STRASSE

Am Ostende der Straße befindet sich das **Hauaroa Whare**, ein Haus mit wunderschönen Schnitzereien. Am Westende erinnert hingegen das **Te Rohe Potae** mit der Skulptur eines Zylinderhuts auf einem großen Felsen an König Tawhiaos Anspruch auf seine *mana* (Herrschaft) über das King Country.

Raurimu Spiral EISENBAHN

Die Raurimu Spiral, 30 km südlich der Stadt, ist die einzigartige Meisterleistung einer Eisenbahnkonstruktion, die 1908 nach zehn Jahren Bauzeit vollendet wurde. Eisenbahnfreaks können die Kehrschleife bei einer Fahrt mit dem *Northern Explorer*, der von Auckland und Wellington zur Nationalparksiedlung fährt, erleben (von Otorohonga hin & zurück ca. 96 NZ$). Leider hält dieser Zug seit 2012 nicht mehr in Taumarunui.

Forgotten World Adventures GEFÜHRTE TOUR

(☎0800 7245 2278; www.forgottenworldadventures.co.nz; 1 Hakiaha St; 1/2 Tage 285/495 NZ$; ⌚Buchungsbüro 9–14 Uhr) Wie wär's mit einer Fahrt in urig umgebauten Golfbuggys über die Gleise der Eisenbahnlinie von Taumarunui ins Dorf Whangamomona in Taranaki? Der spektakuläre Trip führt durch 20 Tunnel. Im Angebot sind eine Bahn- und Jetboottour sowie längere zweitägige Exkursionen – die ganzen 140 km von Taumarunui nach Stratford (inkl. einer Übernachtung in Whangamomona). Weitere Infos auf S. 235.

Taumarunui Jet Tours JETBOOTFAHREN

(☎0800 853 886, 07-896 6055; www.taumarunuijettours.co.nz; Cherry Grove Domain; Fahrt 30/

PUREORA FOREST PARK & TIMBER TRAIL

Der 78 000 ha große Pureora Forest liegt am westlichen Ufer des Lake Taupo und ist der Standort des höchsten Totara-Baums Neuseelands. Nach einer langen Kampagne von Umweltschützern wurde in den 1980er-Jahren die Abholzung in diesem Waldgebiet gestoppt. Inzwischen hat sich der Wald auf eindrucksvolle Weise erholt. Zu den Wanderwegen im Park gehören u. a. Wege zu den Gipfeln des **Mt. Pureora** (1165 m) und zur Felsnadel des **Mt. Titiraupenga** (1042 m). Nach einem kurzen Spaziergang vom Parkplatz in der Bismarck Rd erreicht man einen 12 m hohen Turm, von dem aus man in Baumwipfelhöhe wunderbar Vögel beobachten kann.

Um in einer der drei **DOC-Hütten** (Erw./Kind 5/2,50 NZ$) zu übernachten, muss man sich vorher Hüttentickets gekauft haben, es sein denn, man hat einen Backcountry Hut Pass. Die drei **Campingplätze** (Erw./Kind 6/3 NZ$) haben Selbstanmeldungskästen. Hüttentickets, Karten und Infos sind beim DOC erhältlich.

Awhina Wilderness Experience (www.awhinatours.co.nz; 90 NZ$/Pers.) organisiert fünfstündige Wanderungen mit Maori-Führern durch unberührte Buschlandschaft zum Gipfel ihres heiligen Bergs Titiraupenga. Es besteht auch die Möglichkeit, auf einer Farm zu übernachten.

Wer will, kann sich aufs Rad schwingen und den spektakulären **Timber Trail** in Angriff nehmen. Er beginnt im Ort Pureora im Norden des Parks und führt über 85 km in Richtung Südwesten nach Ongarue. Unterkünfte und Shuttle-Service gibt's bei **Pa Harakeke** (☎07-929 8708; www.paharekeke.co.nz; 138 Maraeroa Rd; DZ 150 NZ$), einer interessanten, von Maori ins Leben gerufenen Initiative in der Nähe des Dorfes Pureora, und in der **Black Fern Lodge** (☎07-894 7677; www.blackfernlodge.co.nz; Ongarue Stream Rd, Waimiha; ab 58 NZ$/Pers.) in Waimiha, die immer wieder für ihre Hausmannskost gelobt wird.

Karten, Infos über Shuttle-Service, Fahrradverleih und Routenplanung sind unter www.thetimbertrail.com zu finden.

60 Min. ab 60/100 NZ$) Rasante Jetboottrips auf dem Whanganui River.

Schlafen & Essen

Taumarunui Holiday Park FERIENPARK $
(☎07-895 9345; www.taumarunuiholidaypark.co.nz; SH4; Stellplatz ab 16 NZ$, DZ Hütte & Cottage 65–85 NZ$; @📶) Zu dem schattigen Platz am Ufer des Whanganui River 4 km östlich der Stadt gehören eine sichere Schwimmstelle im Fluss und saubere Sanitäranlagen. Die netten Besitzer haben jede Menge Tipps und erzählen Travellern gern, was sie unternehmen können und sich anschauen sollten.

Twin Rivers Motel MOTEL $$
(☎07-895 8063; www.twinrivers.co.nz; 23 Marae St; Wohneinheit 90–215 NZ$; 📶) Die zwölf Zimmer im Twin Rivers sind picobello, in den größeren Wohneinheiten können bis zu sieben Personen übernachten.

Jasmine's Cafe & Thai Restaurant CAFÉ, THAI $$
(43 Hakiaha St; Hauptgerichte 10–16 NZ$; ⏲7–21 Uhr) Solides Lokal, in dem man den ganzen Tag Frühstück, ordentlichen Kaffee und verdammt gute, getoastete Sandwiches bekommt. Abends wird aus dem Café dann ein Thai-Restaurant. Die Mittagsspecials (10–13 NZ$) sind ihr Geld unbedingt wert.

Praktische Informationen

Taumarunui i-SITE (☎07-895 7494; www.visitruapehu.com; 116 Hakiaha St; ⏲9–17 Uhr) Touristeninformation und Internetzugang.

An- & Weiterreise

Taumarunui liegt 81 km südlich von Te Kuiti und 41 km nördlich der Nationalparksiedlung am SH4.

Die Busse von **InterCity** (☎0508 353 947; www.intercity.co.nz) fahren nach Auckland (29–61 NZ$, 4½ Std., 1-mal tgl.) über Te Kuiti (14–30 NZ$, 1 Std.) und nach Palmerston North (29–61 NZ$, 4¾ Std., 1-mal tgl.) über den National Park (21 NZ$, 30 Min.).

Owhango

210 EW.

In dem Miniort Owhango beginnen alle Straßennamen mit einem O. Er eignet sich als gemütliches Basislager für Wanderer, Mountainbiker (hier endet die **42 Traverse**) und Skifahrer, die sich eine Unterkunft dichter an den Hängen im Tongariro National Park nicht leisten können oder wollen. Von der Omaki Rd aus erreicht man einen zweistündigen Rundweg durch den unberührten Wald des **Ohinetonga Scenic Reserve**.

Schlafen & Essen

Forest Lodge LODGE $
(☎07-895 4854; www.owhangohotel.co.nz/forest-lodge; 12 Omaki Rd; B/DZ 25/60 NZ$, Motel-DZ 80 NZ$; @📶) Eine gemütliche Backpackerunterkunft mit komfortablen, sauberen Zimmern und guten Gemeinschaftsräumen. Wer mehr Privatsphäre wünscht, kann in einem der Motelzimmer für Selbstversorger nebenan einchecken. Mountainbikes und ein Bike-Shuttle-Service für die 42 Traverse stehen ebenfalls zur Verfügung.

Blue Duck Station LODGE, HOSTEL $$
(☎07-895 6276; www.blueduckstation.co.nz; RD2, Whakahoro; B/DZ 45/195 NZ$) 🍃 Die Öko-Unterkunft mit Blick auf den Retaruke River 36 km südwestlich von Owhango (1 km südlich der Stadt die Abzweigung nach Kaitieke nehmen!) besteht aus mehreren Lodges. Man kann in Schlafsälen in einem alten Schafschererquartier übernachten. Außerdem gibt es ein separates Familien-Cottage, in dem bis zu acht Personen Platz haben. Die Betreiber sind überzeugte Umweltschützer, die sich um die heimische Vogelwelt kümmern und historische Gebäude restaurieren.

Cafe 39 South CAFÉ $
(☎07-895 4800; www.facebook.com/cafe39south; SH4; Mahlzeiten 9–20 NZ$; ⏲Mo–Do 8–15, Sa & So 8–16 Uhr) Köstliches Essen – die Maisplätzchen sind ein Hochgenuss –, ausgezeichneter Kaffee, Tages-Specials wie Suppen und ein elektrischer Kamin sind dafür verantwortlich, dass man an kalten Tagen hier gar nicht mehr weg möchte. Der 39. Breitengrad verläuft auf der Straßenseite gegenüber.

An- & Weiterreise

Owhango liegt 14 km südlich von Taumarunui am SH4. Alle Busse von **InterCity** (☎0508 353 947; www.intercity.co.nz), die in Taumarunui halten, legen auch hier einen Zwischenstopp ein.

COROMANDEL PENINSULA

Geschichte

Die Maori bezeichneten die ganze Region einschließlich der Halbinsel, der Inseln und

Coromandel Peninsula

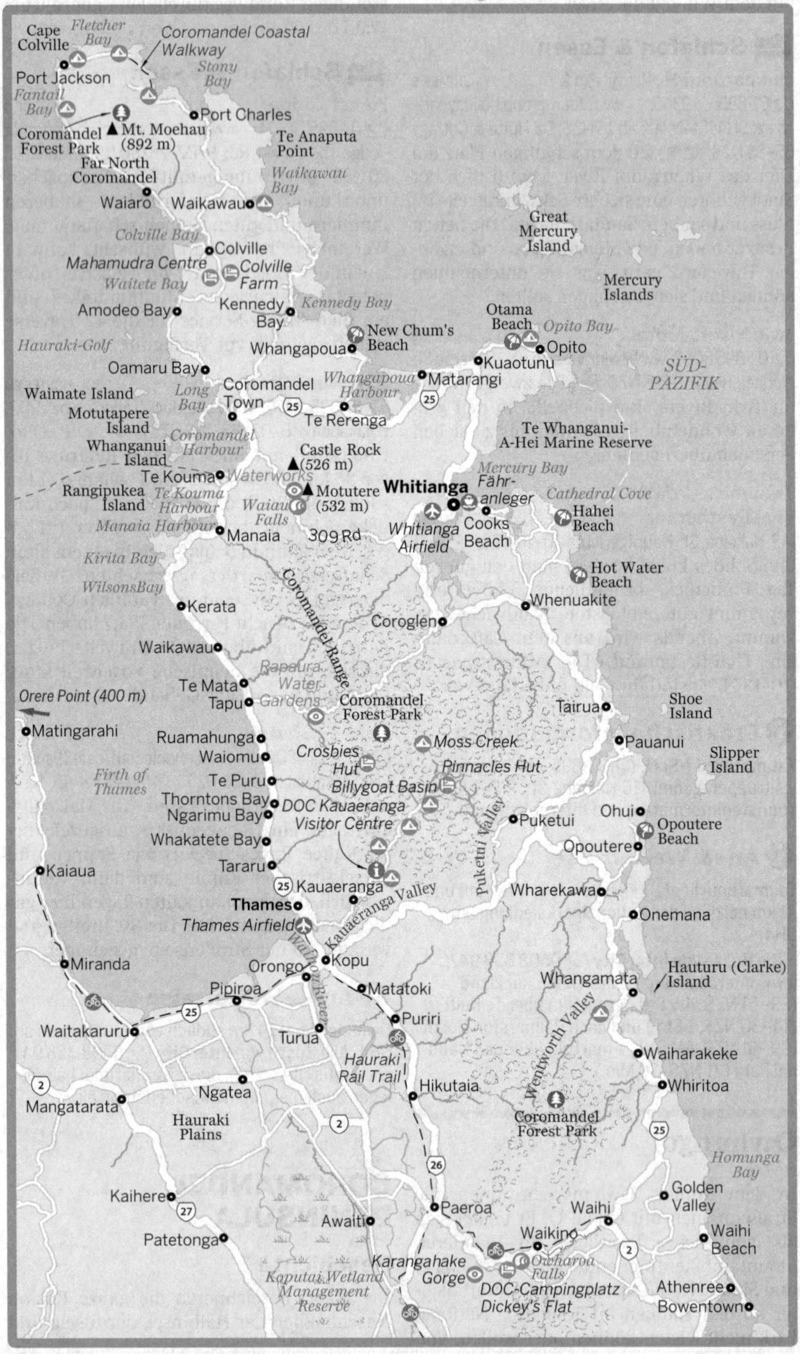
0
20 km
Cape Colville
Fletcher Bay
Coromandel Coastal Walkway
Port Jackson
Stony Bay
Fantail Bay
Port Charles
Coromandel Forest Park
Mt. Moehau (892 m)
Te Anaputa Point
Far North Coromandel
Waikawau Bay
Waiaro
Waikawau
Great Mercury Island
Colville Bay
Colville
Mahamudra Centre
Colville Farm
Waitete Bay
Mercury Islands
Amodeo Bay
Kennedy Bay
Otama Beach
Opito Bay
Hauraki-Golf
New Chum's Beach
Whangapoua
Opito
Kuaotunu
SÜD-PAZIFIK
Oamaru Bay
Whangapoua Harbour
Matarangi
Waimate Island
Long Bay
Coromandel Town
25
Motutapere Island
Te Rerenga
Te Whanganui-A-Hei Marine Reserve
Whanganui Island
Coromandel Harbour
Castle Rock (526 m)
Mercury Bay
Te Kouma
Waterworks
Rangipukea Island
Te Kouma Harbour
Motutere (532 m)
Whitianga
Fähr-anleger
Cathedral Cove
Waiau Falls
Hahei Beach
Manaia Harbour
Manaia
309 Rd
Whitianga Airfield
Cooks Beach
Kirita Bay
Hot Water Beach
WilsonsBay
Coromandel Range
Whenuakite
Kerata
Coroglen
Waikawau
Rapaura Water Gardens
Te Mata
Orere Point (400 m)
Tapu
Coromandel Forest Park
Shoe Island
Tairua
Matingarahi
Ruamahunga
Moss Creek
Pauanui
Waiomu
Crosbies Hut
Pinnacles Hut
Slipper Island
Firth of Thames
Te Puru
Billygoat Basin
Thorntons Bay
DOC Kauaeranga Visitor Centre
Ngarimu Bay
Ohui
Puketui
Puketui Valley
Opoutere Beach
Whakatete Bay
Opoutere
Kaiaua
Tararu
Kauaeranga
Kauaeranga Valley
Wharekawa
Thames
Thames Airfield
Onemana
Waihou River
Kopu
Miranda
Orongo
Hauturu (Clarke) Island
Whangamata
Pipiroa
Matatoki
Wentworth Valley
Waitakaruru
Puriri
Turua
Hauraki Rail Trail
Waiharakeke
2
Ngatea
Hikutaia
Whiritoa
Mangatarata
Coromandel Forest Park
Hauraki Plains
Homunga Bay
26
Golden Valley
Kaihere
Paeroa
Waihi
27
Awaiti
Waikino
Waihi Beach
Patetonga
Owharoa Falls
Karangahake Gorge
Koputai Wetland Management Reserve
DOC-Campingplatz Dickey's Flat
Athenree
Bowentown

der beiden Küsten des Golfs als Hauraki. Verschiedene *iwi* (Stämme) beanspruchten Teile dieser Gegend, darunter der *Pare Hauraki*-Zweig der Tainui-Stämme oder Nachfahren der Te Arawa und frühere Migranten. Funde polynesischer Artefakte und Hinweise auf die Moa-Jagd lassen Rückschlüsse auf eine gut 1000 Jahre andauernde Besiedlung der Region zu.

Die Hauraki-*iwi* gehörten zu den ersten, die mit europäischen Händlern in Berührung kamen. Anfangs sorgten die geografische Nähe der Region zu Auckland, sichere Anlegeplätze und reicher Nachschub von wertvollem Bauholz für den Wirtschafts-Boom. Das Abholzen der Kauri-Bäume auf der Halbinsel war ein Riesengeschäft. Mit dem Holzhandel verbunden war der Schiffsbau, der seine Anfänge im Jahr 1832 nahm, als an der Mercury Bay eine Fabrik errichtet wurde. Doch die Zeiten wurden rauer, als der Kauri-Bestand an der Küste erst einmal ausgedünnt war und die Holzfäller zur Nutzholzgewinnung tiefer in den Busch vordringen mussten. Man baute Kauri-Dämme, um mithilfe von Wasserkraft die riesigen Baumstämme zur Küste befördern zu können. Und nachdem schließlich in den 1930er-Jahren kein Kauri-Baum mehr übrig geblieben war, wurde der Industriezweig vollends stillgelegt.

HAURAKI RAIL TRAIL

Der Hauraki Rail Trail verläuft von Thames in südlicher Richtung nach Paeroa und dann weiter gen Süden nach Te Aroha oder gen Westen nach Waihi. Aufgrund seiner Nähe zu den beiden Großstädten Auckland und Hamilton erfreut sich der Radweg wachsender Beliebtheit. Die zwei- und dreitägigen Touren sind am beliebtesten, aber auch kürzere Abschnitte lohnen sich wirklich. Die Route von Paeroa in Richtung Osten durch die Karangahake Gorge und über Waikino nach Waihi ist traumhaft, denn sie führt durch ein bezauberndes, malerisches Flusstal. In den Hauptzentren Thames, Paeroa, Te Aroha und Waihi gibt es alles, was Radler benötigen, so auch einen Fahrradverleih, Shuttle-Service und Unterkünfte. Detaillierte Infos, Fahrradwegkarten und Tipps für Tagestouren stehen unter www.haurakirailtrail.co.nz.

Der erste Goldfund Neuseelands in der Nähe der Stadt Coromandel datiert aus dem Jahr 1852. Obwohl dieser erste Goldrausch nur kurzlebig war, machte man rund um Thames 1867 weitere Funde, später auch an anderen Orten. Die Halbinsel hat auch reiche Schätze an Halbedelsteinen, z. B. farbige Varianten des Quarzes, etwa Amethyst, oder Achat und Jaspis. Das Schürfen an einem beliebigen Strand der Westküste kann sich also lohnen.

Trotz jahrzehntelanger erfolgreicher Beziehungen zu den Europäern waren die Hauraki-*iwi* von der Kolonialisierung mit am härtesten betroffen. Skrupellose Geschäfte von Siedlern und der Regierung mit dem Ziel, Zugang zu den wertvollen Ressourcen zu erlangen, führten dazu, dass die Maori in den 1880er-Jahren den Großteil ihres Landbesitzes einbüßten. Selbst heute ist die Präsenz der Maori auf der Halbinsel deutlich geringer ausgeprägt als in benachbarten Gegenden.

Miranda

Die Siedlung mit dem hübschen Namen in der Sumpflandschaft am Firth of Thames befindet sich nur eine einstündige Autofahrt von Auckland entfernt. Es gibt zwei Gründe, sie zu besuchen: Man kann dort in den Thermalbädern herumplanschen und **Vögel beobachten**.

Dieses Fleckchen Erde ist das ganze Jahr über eine der am einfachsten zugänglichen Regionen Neuseelands, wenn es darum geht, Sumpf- oder Watvögel zu beobachten. In der riesigen Wattlandschaft wimmelt es nur so von Ringelwürmern und Krustentieren, die im Winter Tausende in der Arktis nistende Watvögel anlocken – man hat hier 43 verschiedene Watvogelarten gesichtet. Die beiden wichtigsten sind die Pfuhlschnepfe und der Knuttstrandläufer, aber auch Steinwälzer, Flussuferläufer und der eigentümliche, umherstolzierende Rotkehl-Strandläufer sind hier nicht ungewöhnlich. Der Weg einer hier erfassten Schnepfe konnte nachverfolgt werden – sie brachte von Alaska aus einen 11 570 km langen Nonstop-Flug hierher hinter sich! Kurzstreckenflieger sind u. a. der Magellan-Austernfischer und der vom Aussterben bedrohte Schiefschnabel-Regenpfeifer von der Südinsel sowie der Doppelband-Regenpfeifer und der Stelzenläufer.

Das **Miranda Shorebird Centre** (☎09-232 2781; www.miranda-shorebird.org.nz; 283

East Coast Rd; ⌚9–17 Uhr) zeigt Ausstellungen über Vögel, verleiht Feldstecher und verkauft nützliche Merkblätter für die Vogelbeobachtung (2 NZ$). In der Nähe sind ein **Hochsitz** und mehrere **Wanderwege** (30 Min.–2 Std.). Das Centre bietet eine saubere Unterkunft mit Stockbetten und Küche (B/Zi. 25/95 NZ$) an.

Miranda Hot Springs (www.mirandahotsprings.co.nz; Front Miranda Rd; Erw./Kind 13/6 NZ$; ⌚9–21.30 Uhr), 5 km südlich, besitzt ein großes Thermalbad (dem Vernehmen nach das größte in der gesamten südlichen Hemisphäre), ein angenehm warmes Saunabecken und Wellness-Einrichtungen (zzgl. 10 NZ$).

Nebenan liegt der **Miranda Holiday Park** (☎07-867 3205; www.mirandaholidaypark.co.nz; 595 Front Miranda Rd; Stellplatz pro Erw./Kind 23/11 NZ$, Wohneinheit 89–189 NZ$; @ 📶 🏊) mit glänzend sauberen Wohn- und Sanitäreinrichtungen, einem eigenen Thermalbecken, einer Campinganlage und einem Tennisplatz mit Flutlicht.

Thames

6800 EW.

Die Holzgebäude aus der Zeit des Goldrausches im 19. Jh. dominieren noch immer das Stadtbild von Thames, aber die grau gekleideten Goldschürfer sind Menschen mit alternativem Lebensstil gewichen. Der Ort ist ein guter Ausgangspunkt für Wanderungen oder Kanuausflüge in das nahe gelegene Kauaeranga Valley.

1769 landete übrigens Captain James Cook in dieser Ecke der Halbinsel und nannte den Waihou River „Thames" (Themse), weil er doch eine „gewisse Ähnlichkeit mit diesem Fluss in England" habe (ob das stimmt, mag jeder selbst beurteilen). Die Gegend war im Besitz der Ngati Maru, Nachfahren des Tainui-Stamms. Ihr atemberaubendes Versammlungsgebäude Hotunui (1878) nimmt einen Ehrenplatz im Auckland Museum ein.

Nachdem sie 1867 den Goldschürfern Zugang zur Stadt gewährt hatten, wurden die Ngati Maru in nur einem Jahr von einem Strom von rund 10 000 europäischen Siedlern überschwemmt. Als der anfängliche Boom mit hochschnellenden Preisen zum Erliegen kam, führte ein zweifelhaftes System von Regierungskrediten zur Verschuldung der Maori und zwang sie letztendlich dazu, Land zu verkaufen.

Sehenswertes

★ Goldmine Experience BERGWERK

(www.goldmine-experience.co.nz; Ecke Moanataiari Rd & Pollen St; Erw./Kind 15/5 NZ$; ⌚Jan.–März tgl. 10–16 Uhr, April, Mai & Sept.–Dez. 10–13 Uhr) Man wandert hier durch einen Bergwerkstunnel, beobachtet Stampfer, die Gestein zertrümmern, erfährt etwas über die Bergarbeiter, die aus Cornwall hierher kamen, und versucht sich im Goldschürfen (zzgl. 2 NZ$).

School of Mines & Mineralogical Museum MUSEUM

(www.historicplaces.org.nz; 101 Cochrane St; Erw./Kind 5 NZ$/frei; ⌚März–Dez. Mi–So 11–15 Uhr, Jan.–Feb. tgl.) Der Historic Places Trust bietet Führungen durch die Gebäude an, die eine umfangreiche Sammlung neuseeländischer Gesteine, Mineralien und Fossilien beherbergen. Der älteste Teil (1868) gehörte zu einer methodistischen Sonntagsschule, die sich auf einem Totenacker der Maori befand. Der Trust verteilt auch kostenlose Broschüren, in denen weitere bedeutende Bauwerke in Thames beschrieben werden, die man auf eigene Faust erkunden kann.

Butterfly & Orchid Garden GARTEN

(www.butterfly.co.nz; Victoria St; Erw./Kind 12/6 NZ$; ⌚9.30–16.30 Uhr) Der Garten befindet sich etwa 3 km nördlich der Stadt mitten im Dickson Holiday Park. Es ist ein abgeschlossenes Stückchen Urwald mit vielen Hundert exotischen Schmetterlingen.

Historical Museum MUSEUM

(Ecke Cochrane St & Pollen St; Erw./Kind 5/2 NZ$; ⌚13–16 Uhr) Ausgestellt sind Überreste aus der Pionierzeit, Gesteine und alte Fotos der Stadt.

Aktivitäten

Karaka Bird Hide VOGELBEOBACHTUNG

GRATIS Die Hütte wurde von den Entschädigungszahlungen nach dem Anschlag auf die *Rainbow Warrior* errichtet und ist auf Laufstegen durch die Mangroven von der Brown St aus zu erreichen.

Thames Small Gauge Railway SCHMALSPURBAHN

(Brown St; Ticket 2 NZ$; ⌚So 11–15 Uhr) Kids haben viel Spaß auf der 900 m langen Rundfahrt in dieser zuckersüßen Bahn.

Canyonz KANUFAHREN

(☎0800 422 696; www.canyonz.co.nz; Trip 360 NZ$) Es werden ganztägige Kanu-

Thames

fahrten zum Sleeping God Canyon im Kauaeranga Valley angeboten. Auf dieser Strecke geht es über 300 m steil hinunter – mit Abseilen, Wasserrutschen und Sprüngen. Los geht's in Thames um 8.30 Uhr; man kann sich auch um 7 Uhr in Hamilton abholen lassen. Aufgepasst: Thames ist nur eine 90-minütige Autofahrt von Aucklands Stadtzentrum entfernt. Wer ein eigenes Fahrzeug hat, kann den Ort also auch bequem im Rahmen eines Tagesausflugs besuchen.

Eyez Open RADFAHREN

(☎07-868 9018; www.eyezopen.co.nz) Verleiht Fahrräder (30 NZ$/Tag) und organisiert Radtouren in kleinen Gruppen über die Coromandel Peninsula (1- bis 3-tägige Touren 150–660 NZ$).

Paki Paki Bike Shop FAHRRADVERLEIH

(☎07-867 9026; 535 Pollen St; Mo–Fr 9–17, Sa 9–13 Uhr) Verleiht (25 NZ$/Tag) und repariert Fahrräder.

Thames

Highlights
1 Goldmine Experience A1

Sehenswertes
2 Historical Museum A2
3 School of Mines & Mineralogical Museum A2

Aktivitäten, Kurse & Touren
4 Karaka Bird Hide A2
5 Paki Paki Bike Shop B3
6 Thames Small Gauge Railway A2

Schlafen
7 Gateway Backpackers B4
8 Ocean View on Thames A1
9 Sunkist Backpackers A1

Essen
10 Cafe Melbourne A2
11 Coco Espresso A2
12 Nakontong A2
Organic Co-op .... (siehe 12)
13 The Wharf Coffee House & Bar B4

Ausgehen & Nachtleben
14 Junction Hotel A2
15 Rick's Wine & Brew A2

Unterhaltung
16 Multiplex Cinemas A2

Shoppen
17 Grahamstown Market B2

Schlafen

Sunkist Backpackers HOSTEL $

(☎07-868 8808; www.sunkistbackpackers.com; 506 Brown St; B 26–29 NZ$, EZ/DZ 55/70 NZ$; @ 📶) Dieses Hostel in einem reizenden, denkmalgeschützten Gebäude aus den 1860er-Jahren hat geräumige Schlafsäle und einen sonnigen Garten. Man kann hier auch einen Geländewagen oder einen normalen Pkw mieten und einen Shuttle ins Kauaeranga Valley (hin & zurück 35 NZ$) buchen. Wer den Hauraki Rail Trail in Angriff nehmen möchte, bekommt hier Räder und kann einen Shuttle-Service vereinbaren.

Gateway Backpackers HOSTEL $

(☎07-868 6339; overend@xtra.co.nz; 209 Mackay St; B 25–27 NZ$, EZ 53 NZ$, DZ 62–72 NZ$; @) Ganze Generationen von Neuseeländern sind in stattlichen Häusern wie diesem aufgewachsen. Es herrscht eine entspannte und freundliche Atmosphäre, und man fühlt sich schnell wie zu Hause. Die Anzahl der Bäder ist etwas knapp, aber die Zimmer und der Garten sind hübsch. Die Waschmaschinen können von den Gästen gratis benutzt werden.

Cotswold Cottage B&B $$
(07-868 6306; www.cotswoldcottage.co.nz; 46 Maramarahi Rd; Zi. 180–210 NZ$;) Die hübsche Villa 3 km südöstlich der Stadt mit Blick auf den Fluss und die Rennbahn ist mit edler Bettwäsche auf den Betten ausgestattet und hat einen Wellness-Pool unter freiem Himmel. Die Gäste in den gemütlichen Zimmern haben alle Zugang zu einer Terrasse.

Ocean View on Thames B&B $$
(07-868 3588; www.retreat4u.co.nz; 509 Upper Albert St; Suite 160–180 NZ$, Apt. 180-200 NZ$;) Abgesehen von der wundervollen Aussicht sind es die ganz kleinen Dinge, die diese Unterkunft so besonders machen – beispielsweise frische Blumen und im Zwei-Zimmer-Apartment im Erdgeschoss ein Kühlschrank mit Getränken, für die auf Vertrauensbasis zum Selbstkostenpreis abgerechnet wird.

Coastal Motor Lodge MOTEL $$
(07-868 6843; www.stayatcoastal.co.nz; 608 Tararu Rd; Wohneinheit 150–179 NZ$;) In dieser schönen, einladenden Unterkunft 2 km nördlich von Thames übernachtet man im Motel und in Hütten im Chalet-Stil. Da man von hier den Blick aufs Meer genießt, ist die Anlage vor allem in den Sommermonaten sehr gefragt.

Grafton Cottage & Chalets CHALET $$
(07-868 9971; www.graftoncottage.co.nz; 304 Grafton Rd; Wohneinheit 140–220 NZ$; @) Die meisten der hübschen auf einem Hügel stehenden Holz-Chalets haben Terrassen mit traumhaften Ausblick. Die gastfreundlichen Inhaber gewähren freien Internetzugang und bieten Frühstück sowie die Benutzung des Pools, des Spas und der anlageneigenen Grillplätze.

Brunton House B&B B&B $$
(07-868 5160; www.bruntonhouse.co.nz; 210 Parawai Rd; Zi. 160–180 NZ$, 3BZ 195 NZ$; @) Die beeindruckende zweistöckige Kauri-Villa (1875) hat zwar eine moderne Küche und Bäder, aber der historische Charakter des Gebäudes ist erhalten geblieben (es gibt keine Zimmer mit Bad). Die Gäste können überall auf dem Grundstück, am Pool, in der Gäste-Lounge oder auf der Terrasse im Obergeschoss relaxen.

Essen

Cafe Melbourne CAFÉ $
(www.facebook.com/CafeMelbourneGrahamsTown; 715 Pollen St; Hauptgerichte 12–19 NZ$; Mo–Do 8–17, Fr 8–21, Sa & So 9–16 Uhr) Das stilvolle, große Café strahlt das Kosmopolitische einer gewissen australischen Stadt aus. Es gibt coole Industriemöbel und große Tische, an denen schnell gute Stimmung aufkommt. Auf der Speisekarte steht von sättigenden Ricotta-Pfannkuchen zum Brunch bis hin zu vollgepackten Rindfleisch-Sandwiches und Fisch-Currys zum Mittagessen so ziemlich alles.

The Wharf Coffee House & Bar CAFÉ, BAR $
(www.facebook.com/TheWharfCoffeehouseandbar; Shortland Wharf, Queen St; Snacks & Hauptgerichte 10–18 NZ$; Mo 9–15, Di, Mi & So 9–20, Do–Sa 9–21 Uhr) In dem rustikalen, mit Holz verkleideten Pavillon am Wasser werden hervorragende Fish & Chips serviert. Wenn man mit einem Glas Bier oder Wein an einem der Tische draußen sitzt, wird man schnell verstehen, warum das Wharf Coffee House & Bar bei den Einheimischen so unheimlich beliebt ist.

Coco Espresso CAFÉ $
(661 Pollen St; Snacks ab 4,50 NZ$; Di–Fr 8–14.30, Sa 8–12 Uhr) In der Ecke einer alten Villa serviert das schicke, kleine Café ausgezeichneten Kaffee sowie verführerisches Gebäck und Kuchen.

Organic Co-op SELBSTVERSORGER $
(736 Pollen St; Mo–Fr 9–17, Sa 9–12 Uhr;) Eine gute Adresse für biologisches Gemüse, Nüsse, Brot, Eier und Fleisch.

Nakontong THAI $$
(07-868 6821; www.nakontong.com; 728 Pollen St; Hauptgerichte 16–21 NZ$; Mo–Fr 11–14.30, tgl. 17–22 Uhr;) Das weit und breit beliebteste Restaurant in Thames. Das viel zu helle Licht trägt zwar nicht gerade zu einer romantischen Atmosphäre bei, aber dafür sorgen die scharfen Thai-Gerichte für innere Wärme.

Ausgehen & Unterhaltung

Rick's Wine & Brew WEINBAR
(746 Pollen St; Mi–So 16 Uhr–open end) Das Rick's mit seinen Art-déco-Lüstern, seinen urigen Tapeten und seiner Livemusik ist ein Fleckchen, an dem sich auch Alleinreisende beiderlei Geschlechts bei einem Glas Wein wohlfühlen können.

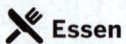

Junction Hotel PUB
(www.thejunction.net.nz; 700 Pollen St; Pizza 16–22 NZ$, Hauptgerichte 15–30 NZ$; ⌚10 Uhr–open end) Das Junction bediente schon 1869 durstige Goldgräber. Es ist eine etwas raue, historische Kleinstadtkneipe, wie sie im Buche steht. Am Wochenende strömen junge Leute wegen der Livemusik hierher, wohingegen Familien eher ins Grahamstown Bar & Diner an der anderen Straßenecke gehen, um das deftige Essen zu genießen.

Multiplex Cinemas KINO
(www.cinemathames.co.nz; 708 Pollen St; Erw./Kind 15/10 NZ$) Hier laufen die neuesten Blockbuster; mittwochs kosten die Karten nur 11 NZ$.

Shoppen

In der Pollen St gibt's mehrere Geschäfte, die Kunst und Kunsthandwerk aus der Region anbieten.

Grahamstown Market MARKT
(Pollen St; ⌚Sa 8–12 Uhr) Samstagvormittags werden hier Bioprodukte und Kunsthandwerk verkauft.

Praktische Informationen

Thames i-SITE (☎07-868 7284; www.thamesinfo.co.nz; 206 Pollen St; ⌚9–17 Uhr)

Anreise & Unterwegs vor Ort

Die Busse von **InterCity** (☎09-583 5780; www.intercity.co.nz), **Tairua Bus Company** (☎07-808 0748; www.tairuabus.co.nz) und **Go Kiwi** (☎0800 446 549; www.go-kiwi.co.nz) fahren nach Thames.

Von Thames nach Coromandel

Der schmale SH25 schlängelt sich an der Küste entlang, vorbei an hübschen kleinen Buchten und steinigen Stränden. Es gibt Seevögel en masse, man kann angeln, nach Muscheln suchen und am Strand nach Quarz, Jaspis und sogar nach Goldkörnchen schürfen. Wenn im Dezember der Pohutukawa (oft auch als „Weihnachtsbaum Neuseelands" bezeichnet) blüht, färbt sich die Landschaft purpurfarben.

Eine Handvoll Geschäfte, Motels, B&Bs und Campingplätze verteilt sich an den malerischen Buchten. Rucksackreisende können beispielsweise im **Te Puru** in **Wolfie's Lair** (☎07-868 2777; 11 Firth View Rd, Te Puru; DZ & 2BZ 54 NZ$), einem sauberen Haus mit drei Zimmern übernachten. Direkt nördlich des Te Puru sollte man in dem farbenfrohen **Waiomu Beach Cafe** (62 Thames Coast Rd, Waiomu Bay; Hauptgerichte 10–23 NZ$; ⌚7–18 Uhr) einen Zwischenstopp einlegen. Hier kommen ausgesprochen leckere Pizzas, frisch gepresste Säfte und gesunde Salate auf die Tische.

Ab **Tapu** kann man sich ins Landesinnere begeben und über eine weitgehend befestigte Straße 6 km zu den **Rapaura Water Gardens** (☎07-868 4821; www.rapaurawatergardens.co.nz; 586 Tapu-Coroglen Rd; Erw./Kind 15/6 NZ$; ⌚9–17 Uhr) fahren, einer hübschen Mischung aus Wasser, Grün und Skulpturen. Dort gibt es auch Unterkünfte (Cottage/Lodge 165/275 NZ$) und ein Café (Hauptgerichte 14–29 NZ$).

Ab der **Wilsons Bay** entfernt sich die Straße langsam von der Küste und steigt über mehrere Hügel und Täler langsam an, bevor sie dann zur Stadt Coromandel hin, 55 km von Thames, wieder abfällt. Der Blick über den mit kleinen Inseln gesprenkelten Coromandel Harbour ist etwas ganz Besonderes.

Coromandel

1480 EW.

Coromandel (auch: Coromandel Town) mit seinen unzähligen unter Denkmalschutz stehenden Gebäuden ist ein durch und durch netter kleiner Ort. Die schicken Cafés, interessanten Kunstläden, ausgezeichneten Unterkünfte und köstlichen geräucherten Muscheln haben schon so manch einen länger als geplant hier verweilen lassen.

1852 wurde im Driving Creek Gold entdeckt. Anfangs behielt der örtliche Patukirikiri-*iwi* die Herrschaft über das Land und erhielt Geld für Schürflizenzen. Nach anfänglichem finanziellem Erfolg ereilte die Einheimischen aber das gleiche Schicksal wie die Ngati Maru in Thames. Bis 1871 mussten sie wegen Schulden ihr gesamtes Land mit Ausnahme von 315 ha gebirgigen Geländes verkaufen. Heute sind weniger als 100 Menschen übrig, die sich diesem *iwi* zurechnen lassen.

Achtung: Die Stadt Coromandel ist nur ein Teil der Coromandel Peninsula. Durch die Lage an der Westküste der Halbinsel ist der Ort keine gute Ausgangsbasis für den Besuch der Cathedral Cove und des Hot Water Beach an der Ostküste.

NICHT VERSÄUMEN

COROMANDEL FOREST PARK

Mehr als 30 Wanderwege gehen kreuz und quer durch den Coromandel Forest Park, der sich in mehreren großen Teilstücken in der Mitte der Coromandel Peninsula erstreckt. Die beliebteste Wanderung ist die anspruchsvolle Strecke hinauf zu den **Pinnacles** (759 m) im Kauaeranga Valley hinter Thames (hin & zurück 6–8 Std.). Ebenfalls fantastisch sind der **Coromandel Coastal Walkway** an der Nordspitze der Coromandel Peninsula, der von Fletcher Bay nach Stony Bay geht, und der **Puketui Valley Walk** zu verlassenen Goldminen.

Im **DOC Kauaeranga Visitor Centre** (Department of Conservation; ☎07-867 9080; www.doc.govt.nz; Kauaeranga Valley Rd; ⏲8.30–16 Uhr) bekommt man Karten und Infos und erfährt anhand von interessanten Exponaten vieles über den Kauri-Wald und seine Geschichte. Das Zentrum ist 14 km vom SH25 entfernt. Von dort sind es dann noch 9 km Schotterstraße bis zum Ausgangspunkt der Wanderwege. Shuttle-Infos bekommt man in den Hostels in Thames.

Die **DOC Pinnacles Hut** (Erw./Kind 15/7 NZ$) hat 80 Betten, Gaskocher, Heizung, Toiletten und kalte Duschen. Die **Crosbies Hut** (Erw./Kind 15/7,50 NZ$) verfügt über Schlafstätten, man erreicht sie von Thames oder dem Kauaeranga Valley nach einem vier- bis sechsstündigen Marsch. Unbedingt rechtzeitig reservieren! Außerdem gibt es in diesem Teil des Parks vier einfache **Campingplätze** (Erw./Kind 6/3 NZ$): Einen in der Nähe einer jeden Hütte und je einen am Moss Creek und Billygoat Basin. Mehr als eine Toilette darf man allerdings nicht erwarten. Weitere acht DOC-**Campingplätze** (Erw./Kind 10/5 NZ$) sind von der Kauaeranga Valley Rd zugänglich. Buchungen für die Hütten und einige der Campingplätze haben online zu erfolgen.

Sehenswertes

Viele der historischen Stätten sind in der Broschüre *Coromandel Town* vom Historic Places Trust beschrieben.

Coromandel Goldfield Centre & Stamper Battery HISTORISCHES GEBÄUDE
(☎021 0232 8262; www.coromandelstamperbattery.weebly.com; 360 Buffalo Rd; Erw./Kind 10/5 NZ$; ⏲10–16 Uhr, Führungen stündl. 10–15 Uhr) Die Maschine zum Zerkleinern von Gestein wird während der informativen einstündigen Führung durch diese Fabrik aus dem Jahr 1899 zu neuem Leben erweckt. Man kann sich auch im Goldschürfen versuchen (5 NZ$). Unabhängig von den Führungen lohnt es sich, an Neuseelands größtem noch funktionierendem Wasserrad anzuhalten.

Coromandel Mining & Historic Museum MUSEUM
(841 Rings Rd; Erw./Kind 5 NZ$/frei; ⏲Mitte Dez.–Jan. tgl. 10–16 Uhr, Feb.–Mitte Dez. Sa & So 10–13 Uhr) Das kleine Museum vermittelt einen Einblick in das Leben der Pioniere.

Aktivitäten

★**Driving Creek Railway & Potteries** SCHMALSPURBAHN
(☎07-866 8703; www.drivingcreekrailway.co.nz; 380 Driving Creek Rd; Erw./Kind 25/10 NZ$; ⏲10.15 & 14 Uhr) Diese einzigartige Eisenbahn ist die lebenslange Liebe ihres Besitzers. Sie überwindet steile Hänge, rattert über vier Bockbrücken, durch zwei Schleifen, eine Doppelkehre und zwei Tunnel und endet am „Eye-full Tower". Die einstündige Fahrt geht vorbei an Kunstwerken und Aufforstungen von einheimischen Bäumen – mehr als 17 000 Jungbäume wurden gepflanzt, u. a. auch 9000 Kauri. Es lohnt sich, sich das Video über den außergewöhnlichen Menschen, der hinter all dem steht, anzuschauen: Es ist der bekannte Töpfer Barry Brickell. Im Sommer sollte man die Fahrt rechtzeitig buchen.

Coromandel Kayak Adventures KAJAKFAHREN
(☎07-866 7466; www.kayakadventures.co.nz) Paddeltouren, u. a. halbtägige Ökotouren (ab 150 NZ$) und Angelausflüge (halber/ganzer Tag 200/340 NZ$).

Mussel Barge Snapper Safaris ANGELN
(☎07-866 7667; www.musselbargesafaris.co.nz; Erw./Kind 50/25 NZ$) Lustige Angelausflüge mit viel Lokalkolorit.

Geführte Touren

Tri Sail Charters SEGELN
(☎0800 024 874; www.trisailcharters.co.nz; halber/ganzer Tag 55/110 NZ$) Törn zusammen

mit (min. 4) anderen Travellern auf einem 11,2 m langen Trimaran durch den Coromandel Harbour.

Coromandel Adventures AUTOTOUR
(☎07-866 7014; www.coromandeladventures.co.nz; Erw./Kind 25/15 NZ$) Im Angebot sind verschiedene Ausflüge, u.a. auch ein Hop-on-Hop-off-Service durch Coromandel und ein Transfer zum Whangapoua Beach.

Schlafen

Anchor Lodge MOTEL, HOSTEL $
(☎07-866 7992; www.anchorlodgecoromandel.co.nz; 448 Wharf Rd; B 26 NZ$, Zi. 55–75 NZ$, Wohneinheit 165–350 NZ$; @🛜🏊) Gehobene Backpacker-Unterkunft mit eigener Goldmine, Glühwürmchenhöhle, beheiztem Pool und Spa. Von den Wohneinheiten im 1. Stock hat man einen herrlichen Blick auf die Bucht.

Lion's Den HOSTEL $
(☎07-866 8157; www.lionsdenhostel.co.nz; 126 Te Tiki St; B/Zi. 27/62 NZ$; 🛜) In dieser zauberhaften Unterkunft mit schickem Hippie-Ambiente kann man wunderbar entspannen. Es gibt einen ruhigen Garten mit Fischteich, märchenhafte Lampen und Glyzinien, einen Masseur und eine breite Auswahl gemütlicher Zimmer.

Coromandel Motel & Holiday Park FERIENPARK $
(☎07-866 8830; www.coromandelholidaypark.co.nz; 636 Rings Rd; Stellplatz ab 44 NZ$, Wohneinheit 65–210 NZ$; @🛜🏊) Großer, ordentlicher, einladender Park mit hübsch gestrichenen Hütten und gepflegten Rasenflächen. Zu der Anlage gehört, halb abgetrennt, das Coromandel Town Backpackers. Im Sommer ist viel los, sodass man im Voraus buchen sollte. Ein Fahrradverleih fehlt natürlich auch nicht (20 NZ$/Tag).

Tui Lodge HOSTEL $
(☎07-866 8237; www.coromandeltuilodge.co.nz; 60 Whangapoua Rd; Stellplatz ab 15 NZ$, B 28–31 NZ$, Zi. 70–90 NZ$; @🛜) Diese nette Unterkunft für Rucksackreisende liegt angenehm ländlich inmitten vieler Bäume. Es gibt Fahrräder (kostenlos), Obst (der Saison) und ordentliche Zimmer, von denen die teureren eigene Bäder haben.

Hush Boutique Accommodation WOHNSTUDIO $$
(☎07-866 7771; www.hushaccommodation.co.nz; 425 Driving Creek Rd; Wohnmobil 35 NZ$, Hütte & Wohnstudio 120–199 NZ$) Die rustikalen, aber schicken Wohnstudios liegen verstreut auf einem Buschgelände. Viel honigfarbenes Echtholz schafft eine warme Atmosphäre. Der Gemeinschaftsbereich Hush Alfresco mit Kochgelegenheit und einer Grillstelle ist ideal, um Gleichgesinnte zu treffen.

Jacaranda Lodge B&B $$
(☎07-866 8002; www.jacarandalodge.co.nz; 3195 Tiki Rd; EZ 85 NZ$, DZ 140–170 NZ$; 🛜) 🍃 Das zweistöckige Cottage liegt inmitten von 6 ha Ackerland und Rosengärten. Der freundliche Inhaber beglückt seine Gäste mit einem ausgezeichneten Frühstück, für das er häufig Zutaten – Pflaumen, Mandeln, Macadamianüsse und Zitrusfrüchte – aus dem hauseigenen Biogarten verwendet. Einige Zimmer haben kein eigenes Bad.

Little Farm APARTMENT $$
(☎07-866 8427; www.thelittlefarmcoromandel.co.nz; 750 Tiki Rd; Zi. 115–130 NZ$; 🛜) Die drei komfortablen Wohneinheiten mit Blick auf ein privates Sumpflandschutzgebiet an der Rückseite einer echten Farm bieten viel Ruhe und Frieden. Die größte Wohneinheit verfügt über eine voll eingerichtete Küche und bietet den Gästen herrlichen Blick auf die Sonnenuntergänge.

Green House B&B $$
(☎07-866 7303; www.greenhousebandb.co.nz; 505 Tiki Rd; Zi. 160–170 NZ$; @🛜) Das Green House wartet mit Gastfreundschaft und hübsch eingerichteten Zimmern auf. Das Quartier im Erdgeschoss ist mit dem Wohnzimmer des Gastgebers verbunden, sodass es sich lohnt, die 15 NZ$ mehr für ein höher gelegenes Zimmer mit Aussicht zu zahlen.

Coromandel Accommodation Solutions ZIMMERVERMITTLUNG $$
(☎07-866 8803; www.accommodationcoromandel.co.nz; 265 Kapanga Rd; Wohneinheit & Apt. 120–

MIT DEM FAHRRAD ÜBERS WASSER

Auf der 360-Discovery-Fähre (S. 181) kann man kostenlos Fahrräder mitnehmen. Radtouristen können die Autoabgase von Auckland und gefährliche Straßen umgehen, indem sie die Fähre am Gulf Harbour (nördlich von Auckland) nehmen, die sie direkt zum Fährterminal von Auckland und von dort nach Coromandel hinüber bringt.

250 NZ$) Hier kann man Cottages und Ferienhäuser auf der Coromandel Peninsula buchen. Eine ausgezeichnete Möglichkeit, eine Unterkunft an der Küste zu ergattern! Es stehen außerdem zwei schicke Apartments in zentraler Lage in Coromandel selbst zur Verfügung.

★ Driving Creek Villas COTTAGE $$$
(☎ 07-866 7755; www.drivingcreekvillas.com; 21a Colville Rd; Villa 325 NZ$; 📶) Die drei geräumigen, modernen, vornehmen Holzvillen sind eher etwas für erwachsene Selbstversorger, die ihre Privatsphäre lieben. Die polynesisch beeinflusste Inneneinrichtung ist raffiniert und die Lage im Wald mit plätscherndem Bach grandios.

Essen & Ausgehen

Driving Creek Cafe VEGETARISCH $
(180 Driving Creek Rd; Hauptgerichte 9–16 NZ$; ⌚ 9.30–17 Uhr; 📶 ✎) 🍃 In diesem abgefahrenen Café aus Lehmziegeln warten vegetarische, vegane, glutenfreie, biologische und fair gehandelte Gaumenfreuden auf Gäste. Die Speisen sind frisch, gesund und wunderschön arrangiert. Nach dem Essen können die Kleinen im Sandkasten spielen, während die Großen ihre E-Mails checken.

The Chai Tea House CAFÉ $
(www.facebook.com/ChaiTeaHouse; 24 Wharf Rd; Snacks 6–12 NZ$; ⌚ Di–So 10–17 Uhr; ✎) 🍃 Das einladende Café mit künstlerischem New-Age-Touch serviert biologische, vegane und vegetarische Leckereien. In dem Garten, in dem es gelegentlich auch Live-Gigs gibt, kann man wunderbar relaxen.

Mussel Kitchen SEAFOOD $$
(www.musselkitchen.co.nz; Ecke SH25 & 309 Rd; Hauptgerichte 9–18 NZ$; ⌚ Jan. & Feb. 9–15.30 & 18–22 Uhr) Coole Café-Bar auf dem Land 3 km südlich der Stadt. Die Muscheln werden entweder mit thailändisch oder mediterran angehauchter Sauce oder in der geöffneten Schale gegrillt serviert. Im Sommer eignet sich der Garten perfekt, um einen Muschel-Burger und ein eiskaltes Bier zu genießen. Es gibt auch geräucherte und mit Chili gewürzte Muscheln zum Mitnehmen.

Pepper Tree MODERN-NEUSEELÄNDISCH $$
(☎ 07-866 8211; www.peppertreerestaurant.co.nz; 31 Kapanga Rd; Mittagessen 18–26 NZ$, Abendessen 26–36 NZ$; ⌚ 10–21 Uhr; 📶) Coromandels bestes Restaurant serviert großzügige Portionen. Der Schwerpunkt liegt auf Meeresfrüchten aus der Gegend. An einem lauen Sommerabend gibt es keinen besseren Ort, um den Hunger zu stillen, als einen der Tische im schattigen Hof.

Umu CAFÉ $$
(www.facebook.com/umucafe; 22 Wharf Rd; Frühstück 11–18 NZ$, Mittagessen 12–25 NZ$, Abendessen 14–32 NZ$; ⌚ 9–21 Uhr; 📶) Klassische Kaffeehauskost, u.a. Pizza, Thekengerichte (Tartes & Quiches ca. 7 NZ$), erstklassiger Kaffee und üppiges Frühstück.

Coromandel Smoking Co SEAFOOD
(www.corosmoke.co.nz; 70 Tiki Rd; Fisch 5–15 NZ$; ⌚ 9–17 Uhr) Der geräucherte Fisch und die Meeresfrüchte eignen sich zum Kochen und als Snack.

Coromandel Oyster Company SEAFOOD
(1611 Tiki Rd; Fisch 5–25 NZ$; ⌚ 9–17 Uhr) Superfrische Muscheln, Jakobsmuscheln, Austern und gekochter Krebs.

Star & Garter Hotel KNEIPE
(www.starandgarter.co.nz; 5 Kapanga Rd; ⌚ 11 Uhr–open end) Die nette Kneipe mit einfachem Kauri-Interieur in einem Gebäude aus dem Jahr 1873 bietet Billardtische, vernünftige Musik und an den Wochenenden regelmäßig Livemusik und DJs. Der hübsche Biergarten ist mit Wellblech eingerichtet.

Shoppen

The Source KUNST & KUNSTHANDWERK
(31 Kapanaga Rd; ⌚ 10–16 Uhr) Kreative Ausstellung mit Werken von mehr als 30 einheimischen Künstlern.

Praktische Informationen

Coromandel Town Information Centre (☎ 07-866 8598; www.coromandeltown.co.nz; 85 Kapanga Rd; ⌚ 10–16 Uhr)

An- & Weiterreise

Die bei Weitem schönste Art der Anreise von Auckland nach Coromandel ist mit der 360-Discovery-Fähre (S. 181). Die Stadt wird aber auch von **InterCity-** (☎ 09-583 5780; www.intercity.co.nz), **Tairua-Bus-Company-** (☎ 07-808 0748; www.tairuabus.co.nz; Vorausbuchungspreise ab 1 NZ$) und **Go-Kiwi-Bussen** (☎ 0800 446 549; www.go-kiwi.co.nz) angefahren.

Far North Coromandel

Die zerklüftete Spitze der Coromandel Peninsula ist äußerst einsam und atemberaubend schön. Die Anstrengung, dorthin zu gelangen, lohnt sich auf jeden Fall. Die beste Reisezeit ist im Sommer, wenn die Schotterstraßen trocken sind, die Pohutukawa-Bäume in ihrer purpurfarbenen Pracht erstrahlen und Zelten kein Problem ist (es gibt hier oben nur wenige Unterkünfte).

Die 1260 ha große **Colville Farm** (☎ 07-866 6820; www.colvillefarmholidays.co.nz; 2140 Colville Rd; Stellplatz/Wohneinheit ab 12/75 NZ$, B/EZ/DZ 25/38/76 NZ$; @📶) hat Übernachtungsmöglichkeiten u.a. in einfachen Buschhütten und Selbstversorgerhäusern. Gäste können sich an der Arbeit auf der Farm beteiligen (beispielsweise beim Melken) oder an ein- bis fünfstündigen Ausritten teilnehmen (40–150 NZ$).

Im nahe gelegenen **Mahamudra Centre** (☎ 07-866 6851; www.mahamudra.org.nz; Stellplatz/B/EZ/2BZ 15/28/45/70 NZ$), einer ruhigen tibetisch-buddhistischen Bleibe, gibt es einen Stupa, einen Meditationsraum und regelmäßig Meditationskurse. Die einfachen Unterkünfte befinden sich in einer parkähnlichen Umgebung.

1 km weiter liegt die winzige Siedlung **Colville** (25 km nördl. von Coromandel). Es ist eine abgelegene, ländlich geprägte Gemeinde an einer verschlammten Bucht, die mittlerweile ein Anziehungspunkt für Anhänger eines alternativen Lebensstils geworden ist. Hier gibt es nicht viel Attraktives außer dem **Green Snapper Cafe** (☎ 07-866 6697; www.greensnapper.co.nz; 2312 Colville Rd; Hauptgerichte 13–22 NZ$; ⏲ tgl. 8–15, Fr 18–22 Uhr), in dem man freitagabends leckere Pizza aus dem Holzofen bekommt, und dem urigen **Colville General Store** (☎ 07-866 6805; Colville Rd; ⏲ 8.30–17 Uhr), der von Biolebensmitteln bis hin zu Benzin so ziemlich alles verkauft (Achtung: Dies ist tatsächlich die letzte Möglichkeit, etwas zu essen und Benzin zu bekommen!).

3 km nördlich von Colville endet die geteerte Straße und gabelt sich in zwei Schotterpisten, von denen je eine an der West- und Ostküste der Halbinsel verläuft. An der Westküste ragen uralte Pohutukawas in den Himmel, wenn man an dem türkisfarbenen Wasser und den Kieselsteinstränden vorbeifährt. Der **DOC-Campingplatz Fantail Bay** (Erw./Kind 9,20/2 NZ$), 23 km nördlich von Colville, verfügt über fließendes Wasser und ein paar Plumpsklos im Schatten von Puriri-Bäumen. Nach weiteren 7 km erreicht man den **Port-Jackson-Campingplatz** (Erw./Kind 9,20/2 NZ$), eine größere DOC-Anlage direkt am Strand.

Etwa 4 km weiter gibt es einen spektakulären Aussichtspunkt, an dem man anhand einer Metallplatte die einzelnen Inseln am Horizont identifizieren kann. Die nur 20 km entfernte Great Barrier Island sieht wie eine Verlängerung der Coromandel Peninsula aus, was sie früher auch war.

Die Straße endet an der **Fletcher Bay** – dem zauberhaften Ende der Welt. Obwohl die Bucht nur 37 km von Colville entfernt ist, sollte man eine Stunde für die Fahrt einplanen. Hier gibt es einen weiteren **DOC-Campingplatz** (Erw./Kind 10/5 NZ$) und das **Fletcher Bay Backpackers** (☎ 07-866 6685; www.doc.govt.nz; B 26 NZ$) – eine einfache Unterkunft mit vier Zimmern mit je vier Schlafplätzen. Bettwäsche und Verpflegung mitbringen!

Der **Coromandel Coastal Walkway** ist ein idyllischer Wanderweg (einfache Strecke 3½ Std.) zwischen Fletcher Bay und **Stony Bay**. Es ist eine relativ einfache Wanderung teils über Äcker und Wiesen mit grandiosem Blick aufs Meer. Wer nicht die ganze Strecke zurücklaufen will, kann sich von **Coromandel Discovery** (☎ 07-866 8175; www.coromandeldiscovery.co.nz; Erw./Kind 125/70 NZ$) von Coromandel zur Fletcher Bay fahren und sich dann vier Stunden später an der Stony Bay wieder abholen lassen.

An der Stony Bay, wo die Straße an der Ostküste endet, gibt es einen weiteren **DOC-Campingplatz** (Erw./Kind 10/5 NZ$) und ein kleines DOC-Ferienhaus für fünf Personen (77 NZ$). Weiter im Süden in Richtung der etwas größeren Siedlung **Port Charles** gibt es ein paar nette Strände mit Ferienhäusern am Wegesrand.

Das **Tangiaro Kiwi Retreat** (☎ 07-866 6614; www.kiwiretreat.co.nz; 1299 Port Charles Rd; Wohneinheit 220–350 NZ$; 📶) hat acht sehr gemütliche Ein- und Zwei-Zimmer-Holz-Cottages für Selbstversorger im Angebot. Es gibt außerdem ein Spa am Waldrand, eine Masseurin (70 NZ$/Std.) und im Sommer ein Café sowie ein Restaurant mit Alkohollizenz.

Nach weiteren 8 km erreicht man die Abzweigung, die zurück nach Colville führt. Alternativ kann man südlich zur **Waikawau Bay** fahren; dort befinden sich ein großer **DOC-Campingplatz** (☎ 07-866 1106; Erw./Kind 10/5 NZ$) und ein nur im Sommer geöffneter Laden. Die Straße schlängelt sich dann weiter gen Süden vorbei an der **Kennedy Bay** und endet schließlich unweit der Driving Creek Railway.

Alle DOC-Campingplätze sollten online unter www.doc.govt.nz gebucht werden.

Von Coromandel nach Whitianga

Von Coromandel aus gibt es zwei Strecken gen Südosten nach Whitianga. Die etwas längere, aber schnellere Variante führt über die Hauptstraße SH25 und bietet großartige Ausblicke auf den Pazifik; kleine Umwege zu unberührten Sandstränden sind problemlos möglich. Die andere Route ist die weniger befahrene, aber legendäre 309 Rd, eine unbefestigte, raue 21-km-Piste mitten durchs Buschland.

State Hwy 25

Der SH25 steigt zunächst steil bis zu einem unglaublichen Aussichtspunkt an, um dann wieder steil abzufallen. Die Abzweigung bei Te Rerenga folgt der Bucht bis nach **Whangapoua**. An diesem Strand gibt es außer ein paar Ferienhäusern nicht viel. Man kann aber an der felsigen Küste zum abgelegenen, wunderschön einsamen und jungfräulichen **New Chum's Beach** (30 Min.) wandern, der als einer der schönsten Strände des Landes gilt. Zurück in Te Rerenga am SH25 kann man sich dann im **Castle Rock Cafe** (www.castlerockcafe.co.nz; 1242 Whangapoua Rd, Te Rerenga; Hauptgerichte 15–32 NZ$; ⌚ So–Do 9–15, Fr & Sa 9–20.30 Uhr) stärken. Auf der Speisekarte stehen gute Pizzas und leckere Burger sowie zahlreiche selbst gemachte Marmeladen, Dressings und Saucen.

Weiter auf dem SH25 in Richtung Osten erreicht man **Kuaotunu**, einen etwas interessanteren Urlaubsort an einem wunderschönen weißen Sandstrand. Im Ort sind ein Café, ein Laden und eine uralte Benzinpumpe vorhanden. Die **Black Jack Lodge** (☎ 07-866 2988; www.black-jack.co.nz; 201 SH25; B 35 NZ$, EZ/2BZ/DZ ab 55/80/90 NZ$; 📶) steht in Traumlage direkt gegenüber vom Strand. Sie ist ein hübsches kleines Hostel mit guter Ausstattung und Fahrrad- sowie Kajakverleih. In **Luke's Kitchen** (www.lukeskitchen.co.nz; 20 Blackjack Rd, Kuaotunu; Pizza 12–28 NZ$; ⌚ tgl. 9 Uhr–open end) im Ort Kuaotunu herrscht rustikale Surferstimmung, es gibt kaltes Bier und Pizza aus dem Holzofen. Das Luke's lohnt den Zwischenstopp unbedingt, denn gelegentlich gibt's auch Livemusik, Seafood aus der Region und cremige Obst-Smoothies. Es ist allerdings nur im Sommer lange geöffnet. Mit mehr Luxus kann die **Kuaotunu Bay Lodge** (☎ 07-866 4396; www.kuaotunubay.co.nz; SH25; EZ/DZ 270/295 NZ$; 📶) aufwarten, ein elegantes B&B mitten in einem schön angelegten Garten mit ein paar geräumigen Zimmern mit Meerblick.

Fährt man bei Kuaotunu vom Highway ab, erreicht man (über eine unbefestigte Straße) eines der am besten gehüteten Geheimnisse der Coromandel Peninsula. Zunächst kommt der lange Streifen des **Otama Beach** in Sicht, der abgesehen von ein paar Häusern und Farmen menschenleer ist. Dort gibt es das sehr einfache **Otama Beach Camp** (☎ 07-866 2362; www.otamabeachcamp.co.nz; 400 Blackjack Rd; Stellplatz Erw./Kind 10/5 NZ$, Cottage 220–260 NZ$) auf dem Acker eines Farmers (mit Plumpsklo in einer Wellblechhütte). Unten am Strand stehen ein paar umweltfreundliche Selbstversorgerhütten (f. 4–6 Pers.) mit Solaranlage, Brauchwasseraufbereitung und schönem Meerblick.

Fährt man die schmale Straße weiter, erreicht man schließlich wieder einen asphaltierten Abschnitt und kommt nach **Opito**. Das ist eine versteckte Enklave mit 250 Luxushäusern (die einfach zu schick sind, um sie als Ferienhäuser zu bezeichnen), von denen gerade mal 16 ständig bewohnt sind. Von diesem schon fast magisch anmutenden Strand kann man zu der Stätte eines Ngati-Hei-*pa* (Wehrdorf) am äußersten Ende laufen.

Die **Leighton Lodge** (☎ 07-866 0756; www.leightonlodge.co.nz; 17 Stewart Pl; EZ 135–145 NZ$, DZ 175–195 NZ$; @) in Opito ist ein schickes B&B mit freundlichen Gastgebern, einer Ferienwohnung im Erdgeschoss und einem Zimmer mit Balkon im Obergeschoss mit Traumblick.

309 Road

Die 309 beginnt 3 km südlich von Coromandel und führt 21 km durch die Coromandel Range (der größte Teil ist nicht befestigt, aber in gutem Zustand) und erreicht dann 7 km südlich von Whitianga wieder den SH25. Die **Waterworks** (www.thewaterworks.co.nz; 471 309 Rd; Erw./Kind 20/15 NZ$; ⌚ Nov.–April 10–18 Uhr, Mai–Okt. 10–16 Uhr) 🍃, 5 km vom SH25 entfernt, sind eine wunderbar bizarre Anlage voller skurriler, mit Wasserkraft betriebener Attraktionen, die aus alten Küchenmessern, Waschmaschinen, Fahrrädern und Toiletten hergestellt sind.

2 km weiter gelangt man nach einem nur zweiminütigen Spaziergang durch Buschland zu den 10 m hohen **Waiau Falls**. Nach weiteren 500 m bzw. einem zehnminütigen Busch-Spaziergang erreicht man einen umwerfenden Kauri-Hain. Die 600 Jahre alten Baumriesen entgingen der Abholzung im 19. Jh. und sind ein Zeugnis dafür, wie majestätisch die Halbinsel wohl einst ausgesehen hat. Der größte Baum hat einen Umfang von 6 m.

Wer die Abgeschiedenheit mag und ein wenig verweilen möchte, kann in der **Wairua Lodge** (☎07-866 0304; www.wairualodge.co.nz; 251 Old Coach Rd; Zi. 150–235 NZ$) übernachten. Das ruhige B&B mit seinen charmanten Gastgebern versteckt sich im Busch Richtung Whitianga fast am Ende der 309. Auf dem Grundstück gibt es eine Badestelle am Fluss, einen Grillplatz, ein Spa und eine romantische Badewanne im Freien.

Whitianga

3800 EW.

Die großen Attraktionen von Whitianga sind die Sandstrände an der Mercury Bay sowie die Tauchspots und die Möglichkeiten, an der zerklüfteten Küste und im nahe gelegenen Te Whanganui-A-Hei Marine Reserve Boot oder Kajak zu fahren. Die hübsche Bucht ist bekannt für Sportfischerei (insbesondere Speer- und Thunfisch; Jan.–März). Die Preise für Angeltouren liegen zwischen 500 NZ$ und mehreren Tausend Dollar. Wer eine geschützte Fischart an der Angel hat, sollte das Tier wieder freilassen.

Der legendäre polynesische Entdecker und Seefahrer Kupe soll um 950 n. Chr. hier in der Nähe gelandet sein. Der Name Whitianga ist die Kurzversion Te Whitianga a Kupe (Kupes Überfahrtsort).

Sehenswertes & Aktivitäten

Der **Buffalo Beach** erstreckt sich entlang der Mercury Bay nördlich des Whitianga Harbour. Mit der Fähre (S. 226) durch die Bucht erreicht man in fünf Minuten **Ferry Landing**. Von dort kann man zu den hiesigen Sehenswürdigkeiten wie dem Whitianga Rock Scenic & Historical Reserve, einem Park mit grandiosem Blick übers Meer, und zum **Shakespeare Cliff Lookout** wandern. Etwas weiter entfernt liegen Hahei Beach (13 km), Cathedral Cove (15 km) und Hot Water Beach (18 km, per Fahrrad 1 Std.). Wer von Ferry Landing zu diesen Orten radeln will, der kann sich auf ein relativ flaches Gelände mit nur wenigen zu überstrampelnden Hügeln freuen.

Mercury Bay Museum MUSEUM
(www.mercurybaymuseum.co.nz; 11a The Esplanade; Erw./Kind 5/0,50 NZ$; ⏲10–16 Uhr) Ein kleines, aber interessantes Museum, das sich auf Regionalgeschichte spezialisiert hat – besonders auf die berühmtesten Besucher von Whitianga: Kupe und Cook.

Lost Spring SPA
(www.thelostspring.co.nz; 121a Cook Dr; Std./Tag 35/60 NZ$; ⏲So–Fr 11–18, Sa 11–20 Uhr) Dieser teure, aber faszinierende Thermalkomplex im Disney-Rotorua-Stil umfasst mehrere Warmwasserbecken in üppig grüner, dschungelartiger Umgebung – den aktiven Vulkan gibt's inklusive. Da Kinder unter 14 Jahren hier nicht zugelassen sind, können sich die Erwachsenen in tropischer Ruhe mit einem Cocktail in der Hand entspannen. Außerdem gibt es noch ein Tages-Spa und ein Café.

Dive Zone TAUCHEN
(☎07-867 1580; www.divethecoromandel.co.nz; 7 Blacksmith Lane; Ausflüge 150–225 NZ$) Tauchgänge vor der Küste vom Kajak und vom Boot.

Twin Oaks Riding Ranch REITEN
(☎07-866 5388; www.twinoaksridingranch.co.nz; 927 Kuaotunu-Wharekaho Rd; 2-stündiger Ausritt 60 NZ$) Hier geht es auf dem Rücken eines Pferdes durch Feld und Wald. 9 km nördlich von Whitianga gelegen.

Highzone SEILGARTEN
(☎07-866 2113; www.highzone.co.nz; 49 Kaimarama Rd; Aktivitäten 10–70 NZ$) An den Seilen erwarten einen spannende Abenteuer mit Trapezsprung, Hochschaukel und Seilrutsche. Die Anlage liegt 7 km südlich von Whitianga, nur ein kleines Stück abseits der Hauptstraße. Die Öffnungszeiten lassen sich telefonisch erfragen

The Bike Man FAHRRADVERLEIH
(☎07-866 0745; thebikeman@xtra.co.nz; 16 Coghill St; 25 NZ$/Tag; ⏲Mo–Fr 9–17, Sa 9–13 Uhr) Nachdem man sich hier ein Fahrrad geliehen hat, fährt man mit der Fähre rüber und erkundet den Hahei Beach und den Hot Water Beach.

Windborne SEGELN
(☎027 475 2411; www.windborne.co.nz; 95 NZ$/Tagestörn) Von Dezember bis April werden Tagestörns auf einem 19 m langen Schoner aus

Whitianga

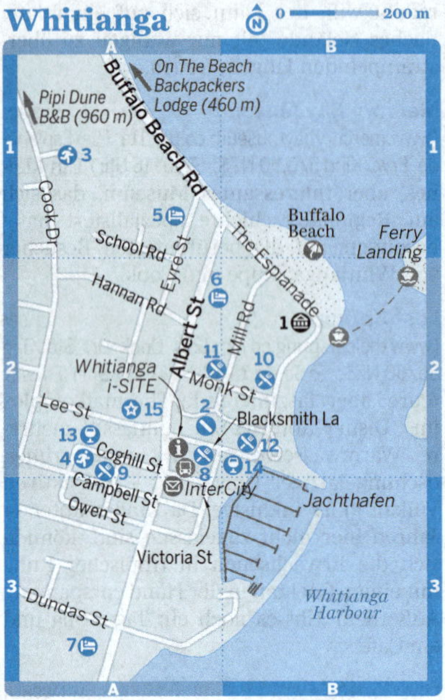

Whitianga

Sehenswertes
1 Mercury Bay Museum ... B2

Aktivitäten, Kurse & Touren
2 Dive Zone ... A2
3 Lost Spring ... A1
4 The Bike Man ... A2

Schlafen
5 Beachside Resort ... A1
6 Cat's Pyjamas ... A2
7 Mercury Bay Holiday Park ... A3

Essen
8 Cafe Nina ... A2
9 Coghill House ... A2
10 Monk St Market ... B2
11 Motu Kitchen ... A2
12 Squids ... B2

Ausgehen & Nachtleben
13 Bay Brewery Bistro ... A2
14 Blacksmith Bar ... B2

Unterhaltung
15 Mercury Twin Cinemas ... A2

dem Jahr 1928 und im Februar und März Fahrten zu den Mercury Islands (150 NZ$) angeboten.

Geführte Touren

Es gibt erstaunlich viele Touren ins **Te Whanganui-A-Hei Marine Reserve**, wo man interessante Felsformationen und mit etwas Glück Delfine, Seebären, Pinguine und Orcas zu sehen bekommt. Manche Schiffe fahren eigens zu diesem Zweck hinaus, andere bieten wahlweise auch Schwimmen und Schnorcheln an.

Banana Boat BOOTSFAHRT
(☎07-866 5617; www.whitianga.co.nz/bananaboat; Fahrt 10–35 NZ$; ⏲26. Dez.–31. Jan.) In der Mercury Bay kann man sich auf einem hellgelben Banana Boat mit Motor vergnügen – oder zur Cathedral Cove fahren.

Cave Cruzer BOOTSFAHRT
(☎07-866 0611; www.cavecruzer.co.nz) Ein- (Erw./Kind 50/30 NZ$) oder zweistündige Tour (Erw./Kind 75/40 NZ$) mit einem stabilen Schlauchboot.

Ocean Leopard BOOTSFAHRT
(☎0800 843 8687; www.oceanleopardtours.co.nz; Erw./Kind 70/40 NZ$; ⏲Fahrten 8, 10.30, 13.30 & 16 Uhr) Die zweistündigen Ausflüge entlang der Küste führen u.a. natürlich auch zur Cathedral Cove. Das Boot ist praktischerweise mit einem praktischen Sonnendach ausgestattet. Außerdem wird eine einstündige „Whirlwind Tour" (Erw./Kind 50/30 NZ$) angeboten.

Glasbodenboot BOOTSFAHRT
(☎07-867 1962; www.glassbottomboatwhitianga.co.nz; Erw./Kind 95/50 NZ$) Zweistündige Tour mit einem Glasbodenboot.

Whitianga Adventures BOOTSFAHRT
(☎0800 806 060; www.whitianga-adventures.co.nz; Erw./Kind 65/40 NZ$) Ein zweistündiges Meereshöhlenabenteuer an Bord eines Schlauchboots.

Feste & Events

Coromandel Gold Festival MUSIK
(www.coromandelgold.co.nz; Ohuka Farm, Buffalo Beach Rd; 2-Tage-Karte 169 NZ$) Zu dem zweitägigen Musikfestival rücken Topbands aus Neuseeland und aller Welt an. Höhepunkt sind die ersten Stunden des Neujahrstags. 2013 fand das Festival nicht statt, für 2014 ist es aber wieder geplant. Weitere Infos auf der Website.

Scallop Festival ESSEN
(www.scallopfestival.co.nz) Anfang September sorgt das Scallop Festival eine Woche lang für gutes Essen und Unterhaltung.

Schlafen

On the Beach Backpackers Lodge HOSTEL $
(☎07-866 5380; www.coromandelbackpackers.com; 46 Buffalo Beach Rd; B/EZ/DZ 26/41/80 NZ$; @) Das hell gestrichene YHA-Hostel am Strand hat viele ganz unterschiedliche Zimmer, von denen einige Meerblick gewähren und ein eigenes Bad haben. Kajaks, Boogieboards und Spaten (für den Hot Water Beach) werden kostenlos zur Verfügung gestellt. Man kann Campen (15 NZ$) und sich auch Fahrräder ausleihen (20 NZ$).

Cat's Pyjamas HOSTEL $
(☎07-866 4663; www.cats-pyjamas.co.nz; 12 Albert St; B 25 NZ$, DZ 60–70 NZ$; @) Das umgebaute Haus liegt perfekt zwischen den Kneipen und dem Strand und bietet sowohl Schlafsaalbetten als auch separate Zimmer, teils mit Bad.

Mercury Bay Holiday Park FERIENPARK $
(☎07-866 5579; www.mercurybayholidaypark.co.nz; 121 Albert St; Stellplatz ab 18 NZ$, Wohneinheit 75–160 NZ$; @) Dieser kleine, komfortable und saubere Ferienpark liegt seltsamerweise in einem Vorort-Wohnviertel. Zur Anlage gehören Spielplätze, ein Trampolin, ein Pool und ein Billardtisch.

Pipi Dune B&B B&B $$
(☎07-869 5375; www.pipidune.co.nz; 5 Pipi Dune; Zi. 160 NZ$;) Dieses hübsche B&B in einer ruhigen Sackgasse verfügt über Gäste-Lounges, Kochnischen sowie Waschmaschinen und bietet Gratis-WLAN. Hin kommt man über den Cook Dr gen Norden, dann biegt man links in die Surf St ab und danach in die erste Straße rechts.

Beachside Resort MOTEL $$
(☎07-867 1356; www.beachsideresort.co.nz; 20 Eyre St; Wohneinheit 175–225 NZ$;) Dieses moderne Motel am Rand des weitläufigen Oceans Resort besitzt saubere Wohneinheiten mit Kitchenettes; diejenigen im oberen Stockwerk sind mit Balkonen ausgestattet. Obwohl der Name eine Strandlage suggeriert, liegt das Haus ein Stückchen landeinwärts, hat aber immerhin einen beheizten Pool zu bieten.

Within the Bays B&B $$$
(☎07-866 2848; www.withinthebays.co.nz; 49 Tarapatiki Dr; Zi. 295 NZ$; @) Die Kombination von charmanten Gastgebern und einem unglaublichem Ausblick macht dieses B&B auf einem Hügel über der Mercury Bay so attraktiv. Es ist geradezu ideal für Menschen mit eingeschränkter Beweglichkeit – es gibt sogar einen Waldweg auf dem Gelände, der problemlos mit dem Rollstuhl befahren werden kann.

Essen

Coghill House CAFÉ $
(www.thecog.co.nz; 10 Coghill St; Hauptgerichte 8–17 NZ$; ⌚8–15 Uhr) Die Sonnenterrasse dieses Straßencafés ist ein wunderbares Fleckchen, um den Tag zu beginnen. Neben gutem Essen von der Theke bekommt man hier riesige Maisplätzchen und leckere Tortilla-Wraps.

Cafe Nina CAFÉ $
(20 Victoria St; Hauptgerichte 8–20 NZ$; ⌚8–15 Uhr) Gegrilltes zum Frühstück? Warum eigentlich nicht? Es ist hier einfach zu cool, um in den eigenen vier Wänden zu bleiben. Die Köche braten Schinken und Eier auf einer Kochplatte draußen, und die Kunden bevölkern die Tische im Park. Im Angebot sind außerdem griechische Salate und schmackhafte Quesadillas.

Monk St Market FEINKOST $
(1 Monk St; ⌚Mo–Sa 10–18 Uhr) Anspruchsvolle Selbstversorger können sich hier mit Delikatessen, importierter Schokolade und Bioprodukten eindecken.

Squids SEAFOOD $$
(☎07-867 1710; www.squids.co.nz; 15/1 Blacksmith Lane; Hauptgerichte 15–29 NZ$; ⌚11–14.30 & 17.30 Uhr–open end) Das locker-lässige Restaurant in Toplage an einer Ecke mit Blick auf die Bucht serviert erschwingliche Seafood-Gerichte. Es gibt gedünstete Muscheln, Platten mit geräucherten Meeresfrüchten, Fischsuppe – manchmal asiatisch gewürzt – und auch gute Steaks.

Motu Kitchen MODERN-NEUSEELÄNDISCH $$$
(www.motukitchen.co.nz; 2 Mill Rd; kleine Platten 10–15 NZ$, Hauptgerichte 26–37 NZ$; ⌚Di–Sa 16 Uhr–open end) Diese Villa im mediterranen Stil mit Schatten spendenden Palmen im Garten beherbergt das eleganteste Restaurant der Stadt. Zu den Leckerbissen gehören Jakobsmuscheln aus der Region, Coromandel-Austern und interessante Kreationen aus Rindfleisch, Lamm und Ente. Die kleineren Platten kommen mit Pilzbällchen und Falafel daher. Zwischen 16 und 18 Uhr kosten die handgebrauten Biere der Hot Water Brewing Co nur 5 NZ$. Abendessen gibt's ab 18 Uhr.

Ausgehen & Unterhaltung

Bay Brewery Bistro KNEIPE
(www.baybrew.co.nz; 25 Coghill St; ⌚ So–Fr 17 Uhr–open end, Sa ab 12 Uhr) Gute, von Toby gebraute englische Biere. Der freundliche, unterhaltsame Ex-Journalist bereitet ordentliches Kneipenessen (21–24 NZ$) zu, u.a. erstklassige Fish & Chips und Burger. Die nächste Coromandel-Tour sollte man mit einem Abstecher zur dazugehörigen Gartenbar planen.

Blacksmith Bar KNEIPE
(www.blacksmithbar.co.nz; 1 Blacksmith Lane; ⌚ 10.30 Uhr–open end) An den Wochenenden halten Livebands die Gäste bis in die frühen Morgenstunden (nun ja, genau genommen bis 1 Uhr) bei Laune. Dies ist eine typische Kleinstadtkneipe mit Biergarten für jedermann, egal welchen Alters oder Typs und mit welchen Tanzfertigkeiten.

Mercury Twin Cinemas KINO
(☎ 07-867 1001; www.flicks.co.nz; Lee St; Erw./Kind 15/10 NZ$) Hier werden die neuesten Filme gezeigt.

Praktische Informationen

Whitianga i-SITE (☎ 07-866 5555; www.whitianga.co.nz; 66 Albert St; ⌚ Mo–Fr 9–17, Sa & So 9–16 Uhr) Infos und Internetzugang. Im Sommer längere Öffnungszeiten.

Anreise & Unterwegs vor Ort

Sunair (☎ 0800 786 247; www.sunair.co.nz) verbindet Whitianga mit Auckland, Great Barrier Island und Tauranga. **InterCity** (S. 181), die **Tairua Bus Company** (☎ 07-864 7770; www.tairuabus.co.nz) und **Go Kiwi** (S. 181) bieten Busverbindungen an.

Die **Personenfähre** (☎ 07-866 5472; www.whitiangaferry.co.nz; Erw./Kind/Fahrrad 3/1,50/1,50 NZ$; ⌚ Ostern–Ende Okt. 7.30–18.30 Uhr, Ende Okt.–Ostern 7.30–22.30 Uhr) schippert zwischen Buffalo Beach und Ferry Landing hin und her.

Coroglen & Whenuakite

Coroglen und Whenuakite sind Dörfer, an denen man schnell vorbeifährt, wenn man nicht aufpasst. Sie liegen am SH25 südlich von Whitianga und westlich des Hot Water Beach. Die legendäre **Coroglen Tavern** (www.coroglentavern.com; 1937 SH25) ist eine typische Landgaststätte mitten im Nirgendwo. Im Sommer treten hier bekannte neuseeländische Bands auf.

Vom Labour Day (Ende Okt.) bis zum Geburtstag der Queen (Anfang Juni) wird auf dem **Coroglen Farmers Market** (SH25; ⌚ So 9–13 Uhr) so ziemlich alles verkauft, von Gemüse bis hin zu Kompost. Ganz in der Nähe reiten die Leute von der **Rangihau Ranch** (☎ 07-866 3875; www.rangihauranch.co.nz; Rangihau Rd, Coroglen; Ausritt 40 NZ$/Std.) mit ihren Gästen über einen Weg, der früher mit Packpferden benutzt wurde, durch eine wunderschöne Buschlandschaft zu spektakulären Aussichtspunkten.

Die **Hot Water Brewing Co** (www.hotwaterbrewingco.com; 1043 SH25, Whenuakite; 11 Uhr–open end) im netten **Seabreeze Holiday Park** (☎ 07-866 3050; www.seabreezeholidaypark.co.nz; 1043 SH25, Whenuakite; Stellplatz ab 36 NZ$, B 30 NZ$, Wohneinheit 75–195 NZ$; 📶) ist eine moderne Brauerei mit vielen Plätzen unter freiem Himmel. Hier bekommen Gäste hervorragende Biere, z.B. das nach Hopfen schmeckende Kauri Falls Pale Ale und das kräftige Walkers Porter. Die Gerichte und Pizzas (18–35 NZ$) passen ganz wunderbar zum Bier. **Colenso** (www.colensocafe.co.nz; SH25, Whenuakite; Hauptgerichte 7–14 NZ$; ⌚ 10–17 Uhr) ist besser als die gewöhnlichen Highway-Raststätten und serviert hervorragenden Kaffee, Scones, Kuchen und leichte Snacks. Im dazugehörigen Laden werden Haushaltswaren und Geschenkartikel verkauft.

Hahei

270 EW. (IM SOMMER 7000)

Das kleine Hahei ist eine legendäre neuseeländische Stadt am Strand. Im Sommer wird sie fast bis zum Platzen aufgebläht, ansonsten aber ist sie fast verwaist – sieht man mal von den Busladungen von Touristen ab, die hier den obligatorischen Zwischenstopp an der Cathedral Cove einlegen. Der Ort ist wirklich bezaubernd und eignet sich prima, um einige Tage zu entspannen, besonders in den ruhigeren Monaten. Seinen Namen verdankt er Hei, dem Vorfahren des Ngati-Hei-Volks, das im 14. Jh. mit dem Kanu *Te Arawa* landete.

Sehenswertes

Cathedral Cove STRAND
Die schöne Cathedral Cove mit ihrem berühmten gigantischen Steinbogen und der natürlichen Wasserfalldusche sollte man frühmorgens oder spätabends besuchen – so umgeht man die Massen.

Am Parkplatz, 1 km nördlich von Hahei, beginnt eine ca. 30- bis 40-minütige Wanderung. Unterwegs kommt man an der felsigen **Gemstone Bay** (mit Schnorchelpfad, auf dem man große Schnapper, Krebse und Stechrochen bewundern kann) und der sandigen **Stingray Bay** vorbei. Der Marsch vom Hahei Beach zur Cathedral Cove dauert ca. 70 Minuten. Alternativ nimmt man ein Wassertaxi, dann ist man in zehn Minuten (S. 228) da.

Hahei Beach STRAND

Der lange, wunderschöne Hahei Beach wird durch den Blick auf die zerklüfteten Inseln in der Ferne noch zauberhafter. Von Südzipfel des Hahei Beach kann man in 15 Minuten nach Te Pare laufen. Von diesem *pa* aus hat man einen spektakulärem Blick auf die Küste.

Aktivitäten

Cathedral Cove Sea Kayaking KAJAKFAHREN

(☎07-866 3877; www.seakayaktours.co.nz; 88 Hahei Beach Rd; halber/ganzer Tag 95/160 NZ$; ⏲9 & 14 Uhr) Dieser Anbieter organisiert geführte Kajaktouren zu den Felsbogen, Höhlen und Inseln in der Gegend um die Cathedral Cove und die Mercury Bay. Die Remote Coast Tour geht genau in die entgegengesetzte Richtung zu Höhlen, Hohlräumen und langen Tunneln – allerdings nur, wenn die Witterungsbedingungen günstig sind.

Cathedral Cove Dive & Snorkel TAUCHEN

(☎07-866 3955; www.hahei.co.nz/diving; 48 Hahei Beach Rd; Tauchgänge ab 85 NZ$) Organisiert täglich Tauchgänge und verleiht Tauch- und Schnorchelausrüstung (20 NZ$), Fahrräder (20 NZ$) und Boogieboards (20 NZ$). Ein Tauchschnupperkurs für Anfänger dauert einen halben Tag und kostet 195 NZ$ einschließlich der notwendigen Ausrüstung.

Hahei Explorer BOOTSFAHRT

(☎07-866 3910; www.haheiexplorer.co.nz; Erw./Kind 70/40 NZ$) Einstündige Jetbootfahrten entlang der Küste.

Schlafen

Tatahi Lodge HOSTEL, MOTEL $

(☎07-866 3992; www.tatahilodge.co.nz; Grange Rd; B 30 NZ$, Zi. 88–123 NZ$, Wohneinheit 150–275 NZ$; @📶) In dieser wunderschönen Unterkunft werden Rucksackreisenden genauso viel Liebe und Respekt entgegengebracht wie den vielen Bromelien im Garten. Die Schlafsäle und ausgezeichneten Gemeinschaftseinrichtungen sind ebenso attraktiv wie die teureren Motel-Wohneinheiten.

★ **Purangi Garden Accommodation** COTTAGE $$

(☎07-866 4038; www.purangigarden.co.nz; Lees Rd; DZ 170–190 NZ$) Diese lässige Unterkunft an einer ruhigen Bucht am Purangi River besteht aus gemütlichen Chalets, größeren Häusern und einer geräumigen Jurte für Selbstversorger. Durch den hübsch angelegten Garten und über sanft geschwungene Wiesen erreicht man den Fluss, der sich hervorragend zum Schwimmen und Kajakfahren eignet. Manchmal wird man von den freundlichen Inhabern auch mit Bio-Obst oder frisch gebackenem Brot überrascht.

Hahei und der Hot Water Beach sind nur eine kurze Autofahrt entfernt.

Church COTTAGE $$

(☎07-866 3533; www.thechurchhahei.co.nz; 87 Hahei Beach Rd; Cottage 130–250 NZ$; @📶) Die wunderschön ausstaffierten rustikalen Holz-Cottages mitten in einem subtropischen Garten sprühen nur so vor Charme. Die zauberhafte Holzkirche am Ende der Straße ist Haheis mondänstes Restaurant. Hier kommen ausgezeichnete Gerichte mit mediterranem und asiatischem Touch aus der Küche. Außerdem gibt es eine fantastische Auswahl neuseeländischer Craft-Biere, die allerdings nicht ganz billig sind.

Essen & Ausgehen

Hahei vermittelt in der Nebensaison jene Stimmung, die zum Angeln einfach dazugehört. Der Laden im Ort bleibt geöffnet, und die Restaurants wechseln sich mit ihren Öffnungszeiten ab, sodass man abends nicht verhungern muss.

Mercury Bay Estate WEINGUT $$

(www.mercurybayestate.co.nz; 761a Purangi Rd, Cooks Beach; Platten 18–35 NZ$, Weinproben 8–12 NZ$) Recyceltes Holz und Wellblech sind das besondere Merkmal dieses rustikalen, aber schicken Weinguts an der Straße von Ferry Landing nach Cooks Beach. Hier werden Werke von einheimischen Künstlern verkauft. Die Meeresfrüchte, der Käse und die Wurstwaren passen ausgezeichnet zu den Weinen wie dem sehr guten Lonely-Bay-Chardonnay.

The Pour House KNEIPE

(www.coromandelbrewingcompany.co.nz; 7 Grange Rd; ⏲11–23 Uhr) Diese Kneipe mit Bistro in der Hauptniederlassung der Coromandel Brewing Company schenkt ihre fünf eigenen Biere und weitere Biere aus neuseeländischen Kleinbrauereien aus. In dem Biergarten werden auch Fleisch-, Käse- und Seafoodplatten sowie Pizzas serviert. Sehr empfehlenswert ist das nach belgischer Art gebraute Weizenbier Cloud 9. Im Sommer kürzere Öffnungszeiten.

ℹ Anreise & Unterwegs vor Ort

Die Tairua Bus Company (S. 181) fährt nach Hahei. Im Hochsommer betreibt die Gemeinde einen Busservice vom Fähranleger am Cooks Beach zum Hot Water Beach mit Zwischenstopp in Hahei (Erw./Kind 3/2 NZ$). Eine weitere Möglichkeit auf dieser Strecke ist der **Cathedral Cove Shuttle** (☎ 027 422 5899; www.cathedralcoveshuttles.co.nz; max. 5 Fahrgäste 30 NZ$).

Cathedral Cove Water Taxi (☎ 027 919 0563; www.cathedralcovewatertaxi.co.nz; hin & zurück/einfache Strecke Erw. 25/15 NZ$, Kind 15/10 NZ$, alle 30 Min.) Wassertaxis von Hahei zur Cathedral Cove.

Hot Water Beach

Der außergewöhnliche Hot Water Beach ist zu Recht berühmt. Je zwei Stunden vor und nach der Ebbe hat man Zugang zu einem Strandabschnitt vor einem Felsvorsprung in der Mitte des Strandes, wo heißes Wasser aus der sandigen Oberfläche heraussprudelt. Einfach einen Spaten mitbringen, ein Loch graben – und schon hat mein sein eigenes, ganz privates Thermalbad! Surfer machen noch vor dem Hauptstrand Halt, wo es ein paar ganz ordentliche Brecher gibt. Auf der Landzunge zwischen den beiden Stränden befinden sich noch immer Spuren eines *pa* der Ngati Hei.

Spaten (5 NZ$) können im **Hot Water Beach Store** (Pye Pl; ⏲ 9–17 Uhr) ausgeliehen werden. Zu diesem Laden gehört auch Hottie's Cafe.

In der Nähe des Strandes verkauft **Moko** (www.moko.co.nz; 24 Pye Pl; ⏲ 10–17 Uhr) moderne Kunst, Skulpturen und Schmuck mit pazifischem bzw. Maori-Einschlag.

Schlafen & Essen

Hot Water Beach Top 10 Holiday Park FERIENPARK $
(☎ 07-866 3116; www.hotwaterbeachholidaypark.com; 790 Hot Water Beach Rd; Stellplatz ab 18 NZ$, B 30 NZ$, Wohneinheit 70–200 NZ$; @ 📶) 🌿 Ein gut geführter, von hohen Bambus- und Gummibäumen umgebener Ferienpark, der von grünen Stellplätzen über eine funkelnagelneue, makellose Backpacker-Lodge bis hin zu schicken Villen mit Deckenbogen aus Holz so ziemlich alles Mögliche zu bieten hat.

Hot Water Beach B&B B&B $$$
(☎ 07-866 3991; www.hotwaterbedandbreakfast.co.nz; 48 Pye Pl; Zi. 260 NZ$) Diese auf einem Hügel gelegene Unterkunft gewährt einen unbezahlbaren Blick und hat einen Whirlpool auf der Terrasse sowie hübsche Wohnbereiche.

Hot Waves CAFÉ $
(8 Pye Pl; Hauptgerichte 12–26 NZ$; ⏲ 8.30–16 Uhr, Dez.–Feb. Fr & Sa 8.30–20.30 Uhr) Im Sommer will in diesem hervorragenden Café jeder einen Tisch im Garten haben. Hier kann man sich auch Spaten für den Strand ausleihen (5 NZ$). Sonntagnachmittags ab 13 Uhr gibt's manchmal Musik-Sessions.

ℹ An- & Weiterreise

Hier halten die Hahei-Busse der Tairua Bus Company (S. 181) und die Busse des Cathedral Cove Shuttle (S. 228), allerdings für gewöhnlich nur nach vorheriger Buchung.

Tairua

1270 EW.

Tairua und ihre Zwillingsstadt befinden sich je an einer Seite der Flussmündung, die perfekt zum Windsurfen ist und an deren Stränden kleine Kinder nach Herzenslust im Wasser planschen können. Beide Orte haben ausgezeichnete Surfstrände (der in Pauanui ist wahrscheinlich einen Tick besser). Doch damit hören die Gemeinsamkeiten auch schon auf. Tairua ist eine normale Wohnstadt (mit Geschäften, Geldautomaten und mehreren Lokalen), Pauanui hingegen ist ein Refugium für wohlhabende Aucklander. Das nette Tairua hat seine Bodenständigkeit behalten. Beide Orte sind im Sommer extrem beliebt.

Sehenswertes & Aktivitäten

Mehrere Veranstalter bieten Angeltouren und Sightseeing-Trips an, darunter auch **Pauanui Charters** (☎ 07-864 9262; www.pauanuicharters.co.nz) und **Epic Adventures** (☎ 021-227 4354; www.epicadventures.co.nz).

Paaku BERG
Vor rund 7 Mio. Jahren war Paaku eine Vulkaninsel, heute bildet sie den Nordzipfel des

Hafens von Tairua. Die Ngati Hei hatten hier ein *pa,* bevor die Gegend dann im 17. Jh. von Ngati Maru eingenommen wurde. Zum Gipfel führt eine 15-minütige Wanderung vom Ende des Paku Drive aus. Die Mühe wird mit einem atemberaubenden Ausblick über Tairua, Pauanui und die Alderman Islands belohnt. Tafeln am Wegesrand erläutern die Kolonialgeschichte von Tairua. Eine berichtet etwas abschätzig über die Besatzung durch die Maori.

Tairua Dive & Marine TAUCHEN
(☎ 07-864 8800; www.tairuadiveandmarine.co.nz; 7 The Esplanade; Tauchgang vom Boot ab 200 NZ$, PADI-Discovery 25 NZ$; ⏲ 7.30–17 Uhr) Zuverlässiger Anbieter mit gutem Service. Verleih von Schnorchelausrüstung, Kajaks und Stehpaddelbrettern (25–40 NZ$/Std.).

Schlafen

Tairua Beach Villa Backpackers HOSTEL $
(☎ 07-864 8345; www.tairuabackpackers.co.nz; 200 Main Rd; B 25–28 NZ$, EZ 60–73 NZ$, DZ 70–86 NZ$; @) Die Zimmer in dieser an einer Flussmündung gelegenen Herberge sind gemütlich und freundlich. Die Aussicht von den Schlafsälen aus ist phänomenal. Den Gästen stehen Angeln, Kajaks, Surfbretter und Fahrräder zur Verfügung.

Pacific Harbour Lodge HOTEL $$
(☎ 07-864 8581; www.pacificharbour.co.nz; 223 Main Rd; Chalet 144–233 NZ$; @) Das „inseltypische" Resort im Stadtzentrum bietet geräumige Ferien-Chalets mit viel Holz und Dekor im Stil von Gauguin im Inneren und einem Südseegarten draußen. Online kann man preiswertere Pauschalpakete buchen.

Essen

Old Mill Cafe CAFÉ $
(www.theoldmillcafe.co.nz; 1 The Esplanade; Hauptgerichte 12–33 NZ$; ⏲ tgl. 8–16, Fr & Sa ab 17.30 Uhr) Das Old Mill Cafe mit seinen hellrosa getünchten Wänden und den eleganten Möbeln auf der Veranda serviert interessante Kaffeehausspeisen. Freitags und samstags kann man hier auch zu Abend essen. Freitags gibt's außerdem manchmal Livemusik.

Manaia Kitchen & Bar CAFÉ $$
(☎ 07-864 9050; 228 Main Rd; Frühstück 11–17 NZ$, Mittagessen 17–24 NZ$, Abendessen 24–33 NZ$; ⏲ 8.30 Uhr–open end) Mit Sitzplätzen im Innenhof für einen beschaulichen Brunch im Sommer und einer Bar aus oxidiertem Kupfer für einen Drink später am Abend ist das Manaia die kosmopolitischste Location in Tairua. Die neuen Betreiber haben das Café zu neuem Leben erweckt. Auf der interessanten Speisekarte stehen jetzt Leckerbissen wie Tortilla mit Jakobsmuscheln und Shrimp-Naan-Pizza.

> **GEFAHREN & ÄRGERNISSE**
>
> Am Hot Water Beach gibt es gefährliche Strömungen, besonders direkt vor der warmen Hauptbadestelle. Deshalb zählt dieser Strand zu den vier gefährlichsten des Landes, zumindest was die Menge der Todesopfer angeht. Allerdings ist diese Zahl vermutlich etwas verzerrt, wenn man die Scharen von Touristen in Betracht zieht, die es hierher zieht. Wie dem auch sei: Das Schwimmen ist hier nicht sicher, wenn keine Rettungsschwimmer vor Ort sind.

Praktische Informationen

Tairua Information Centre (☎ 07-864 7575; www.tairua.info; 223 Main Rd; ⏲ 9–17 Uhr)

Anreise & Unterwegs vor Ort

InterCity, Tairua Bus Company und Go Kiwi betreiben Busse nach Tairua.

Tairua und Pauanui sind durch eine **Personenfähre** (☎ 027-497 0316; einfache Strecke/hin & zurück 3/5 NZ$; ⏲ Dez. & Jan. tgl.) miteinander verbunden, die von 9 bis 17 Uhr alle zwei Stunden verkehrt (Jan. bis 23 Uhr). In den anderen Monaten gibt es einen Wassertaxi-Service.

Puketui Valley

12 km südlich von Tairua befindet sich die Abzweigung ins Puketui Valley und zu den historischen **Goldgräberstätten von Broken Hills**, die wiederum 8 km abseits der Hauptstraße liegen und über eine Schotterpiste zu erreichen sind. Auf kurzen Wanderwegen gelangt man zu den Pochwerken, der schönste führt durch den 500 m langen **Stollentunnel Collins Drive**. Hinter dem Tunnel geht ein kurzer, mit „Lookout" markierter Seitenweg zu einem Aussichtspunkt, von dem aus man das ganze Panorama überblicken kann. Für diese Wanderung braucht man hin und zurück drei Stunden. Nicht vergessen, eine Taschenlampe und eine Jacke mitzunehmen!

Hier findet man einen einfachen **DOC-Campingplatz** (www.doc.govt.nz; Erw./Kind

10/5 NZ$) an einer hübschen Stelle am Fluss. Man befindet sich aber in der Wildnis und muss entsprechend vorbereitet und umsichtig sein. Das Wasser aus dem Fluss vor Gebrauch abkochen!

Opoutere

Opoutere gehört mit Sicherheit zu den am besten gehüteten Geheimnissen der Coromandel Peninsula. Abgesehen von ein paar Häusern gibt es hier meilenweit gar nichts. Schwimmen kann vor allem unweit der Hikinui Islet, die sich in Strandnähe befindet, gefährlich sein. Auf der sandigen Landzunge wurde das **Wharekawa Wildlife Refuge** angelegt, ein Brutplatz für den bedrohten Maori-Regenpfeifers.

Schlafen

YHA Opoutere HOSTEL $
(☎ 0800 278 299, 07-865 9072; www.yha.co.nz; 389 Opoutere Rd; B 30–33 NZ$, Zi. 80–110 NZ$) Ein Teil dieser wunderschönen Herberge mit viel Vogelgezwitscher ist in der historischen Opoutere Native School untergebracht. Man kann sich Kajaks, Wärmflaschen, Wecker, Stelzen und Hula-Hoop-Reifen ausleihen.

Copsefield B&B $$
(☎ 07-865 9555; www.copsefield.co.nz; 1055 SH25; Zi. 100–200 NZ$) Copsefield liegt am SH25, aber näher an Opoutere als an Whangamata; es handelt sich um eine friedliche Landhausvilla in einem hübschen, dicht bewachsenen Garten mit einem Spa und einer Badestelle am Fluss. Vermietet werden drei schöne Pensionszimmer. Etwas preiswerter ist das stilvolle separate Cottage.

An- & Weiterreise

Der saisonal verkehrende **Go Kiwi**-Shuttle Auckland–Whitianga (☎ 0800 446 549; www.go-kiwi.co.nz) hält auf Wunsch auch in Opoutere.

Whangamata

3560 EW.

Wenn die Angehörigen der aufstrebenden Schicht von Auckland nach Pauanui strömen, macht sich die Jugend auf nach Whangamata, um dort zu surfen, zu kiffen und zu flirten. Zu Neujahr, wenn auf einmal mehr als 40 000 Menschen den Ort bevölkern, kann es hier recht rau zugehen. Whangamata ist ein typischer Sommerferienort, in dem in der Nebensaison nicht viel los ist.

Aktivitäten

Neben **Angeln** (Sportfischen Jan.–April), **Schnorcheln** vor Hauturu (Clarke) Island, **Surfen**, **Kajakfahren**, **Orientierungsläufen** und **Mountainbiken** gibt es hier auch hervorragende Wandermöglichkeiten. Ein beliebtes Ziel, das man gut mit dem Kajak oder einem Stehpaddelbrett erreichen kann, ist Whenuakura (Donut Island), ca. 1 km nördlich des Strandes. Achtung: Im Zuge des Versuchs, den Status der Inseln als Naturschutzgebiet zu stärken, ist das Betreten verboten worden. Zwischen den Inseln mit dem Boot herumzuschippern, ist jedoch erlaubt.

Der **Wentworth Falls Walk** dauert zweieinhalb Stunden (hin & zurück), beginnt 3 km südlich der Stadt und verläuft über 4 km die unbefestigte Wentworth Valley Rd hinunter. Weitere 3 km südlich der Wentworth Valley Rd befindet sich die Parakiwai Quarry Rd, an deren Ende der **Wharekiraupонga Walk** beginnt, ein teilweise schlammiger Weg (hin & zurück 10 km, 3½–4 Std.) zu einem Bergarbeitercamp mit Pochwerk. Schließlich kommt man noch zu einem Wasserfall, der an sehr ungewöhnlichen sechseckigen Lavasäulen vorbeirauscht. Die ganze Gegend ist ein wahres Paradies für Federvieh.

SurfSup FAHRRADVERLEIH, STEHPADDELN
(☎ 07-865 8096; www.pedalandpaddelnz.com; 703 Port Rd) Verleih von Fahrrädern (halber/ganzer Tag 15/30 NZ$), Kajaks (halber/ganzer Tag ab 30/50 NZ$) und Stehpaddelbrettern (1/2 Std. 20/30 NZ$). Es werden auch Stehpaddel-Unterricht (99 NZ$) sowie Kajak- und Stehpaddeltouren angeboten.

Kiwi Dundee Adventures WANDERN
(☎ 07-865 8809; www.kiwidundee.co.nz) Doug Johansen sieht aus wie die neuseeländische Variante von Crocodile Dundee und organisiert informative ein- bis 16-tägige Wanderungen durch die Wildnis sowie geführte Touren auf der Coromandel Peninsula und im ganzen Land.

Schlafen

Wentworth Valley Campsite CAMPING $
(☎ 07-865 7032; www.doc.govt.nz; 474 Wentworth Valley Rd; Erw./Kind 10/5 NZ$) Dieser Campingplatz ist ein bisschen gehobener als die meisten DOC-Plätze und vom Wentworth Falls Walk aus zugänglich. Er verfügt über Toiletten, Duschen und Gasgrillgeräte für die Gäste.

Southpacific Accommodation MOTEL $$
(07-865 9580; www.thesouthpacific.co.nz; 249 Port Rd; Wohneinheit 130–216 NZ$;) Dieses Eckhaus ist kaum zu übersehen. Es besteht aus einem Café und freundlich eingerichteten Motel-Wohneinheiten für Selbstversorger. Die sanitären Einrichtungen sind sauber und modern. Einen Fahrrad- und Kajakverleih gibt es auch.

Breakers MOTEL $$
(07-865 8464; www.breakersmotel.co.nz; 324 Hetherington Rd; Wohneinheit 175–230 NZ$;) Das neuere Motel am Jachthafen an der Straße von Tairua nach Whangamata macht die durchgelegenen Betten mit einem ansprechenden Pool und Whirlpools auf den Terrassen der oberen Wohneinheiten durchaus wieder wett.

Essen

Lazy Lizard CAFÉ $
(427 Port Rd; Hauptgerichte 10–20 NZ$; Di–So 7.30–15.30 Uhr) Das abgefahrene Lizard mit seinen bizarr geformten Stühlen erfreut den Gaumen mit Gerichten von der Theke, warmem Frühstück, Bagels und Salaten. Besonders empfehlenswert ist das Tortilla-Frühstück „It's a Wrap".

Soul Burger BURGER $
(www.soulburger.co.nz; 441 Port Rd; Burger 10–15 NZ$; Ostern–Ende Okt. Do 17–21 Uhr, Fr–So 8–21 Uhr, Ende Okt.–Ostern Mi–So 17–open end) Das hippe Ecklokal serviert ausgefallene Burger mit Namen wie „Soul Blues Brother" und „Vegan Vibe". Dank der Ausschanklizenz bekommt man zum Burger auch ein kühles Bier.

The Lincoln CAFÉ, KNEIPE $$
(www.thelincolnbar.co.nz; 501 Port Rd; Hauptgerichte 17–34 NZ$) Das Lincoln ist teils Bar, teils Bistro. In dieser wandlungsfähigen Location in Whangamatas Hauptstraße verbringt man mit Sicherheit eine gute Zeit. Im Sommer stehen an den Wochenenden DJs am Plattenteller.

Praktische Informationen

Whangamata i-SITE (07-865 8340; www.whangamatainfo.co.nz; 616 Port Rd; Mo–Fr 9–17, Sa & So 9.30–15.30 Uhr)

An- & Weiterreise

Go Kiwi (0800 446 549; www.go-kiwi.co.nz) betreibt einen Shuttle-Service nach Whangamata.

Waihi & Umgebung

4500 & 1800 EW.

Seit 1878 wurden aus Waihis **Martha Mine**, Neuseelands reichster Mine, Gold und Silber herausgeholt. Die Stadt entwickelte sich danach sehr schnell und schmückte sich mit prachtvollen Gebäuden und einer protzigen Allee voller Phoenix-Palmen, die mittlerweile prächtig gewachsen sind.

Die Mine wurde 1952 geschlossen, doch 1988 wurde wieder mit dem Tagebau begonnen, und neueste Pläne, das Potenzial weiterer Minen in der Nähe zu nutzen, reichen bis in das Jahr 2020. Ein weiterer Glücksfall für Waihi ist der tolle Hauraki Rail Trail (S. 213).

Waihi ist für einen Kurzbesuch interessant, doch das eigentliche Ziel zum längeren Verweilen ist **Waihi Beach**. Die beiden Orte sind so unterschiedlich wie Surfen und Bergbau. Sie sind durch 11 km Farmland voneinander getrennt. Der lange Sandstrand des Ortes erstreckt sich über 9 km bis nach Bowentown am nördlichen Rand des Tauranga Harbour. Und dort gibt es wunderschöne Stränden wie den der **Anzac Bay**. Von hier aus kann man eine sehr beliebte 45-minütige Wanderung durch den Busch zur unberührten **Orokawa Bay** unternehmen, zu der keine Straße führt.

Sehenswertes

Die Seddon St, Waihis Hauptstraße, ist mit interessanten Skulpturen geschmückt, es gibt Infotafeln über die goldene Vergangenheit der Stadt und Kreisverkehre, die wie zerquetschte Daleks (aus *Doctor Who*) aussehen. Gegenüber dem Visitor Centre steht das Wahrzeichen der Stadt, das „Gerippe" eines zerfallenen **Cornish Pumphouse** (1904), das abends stimmungsvoll beleuchtet wird. Von hier bieten sich auf dem **Pit Rim Walkway** faszinierende Blicke in die 250 m tiefe Martha Mine. Wer hinabsteigen möchte, kann an der eineinhalbstündigen **Waihi Gold Mine Tour** (www.waihigoldminetours.co.nz; Erw./Kind 28/14 NZ$; Mo–Sa 10 & 12.30 Uhr) der Bergbaugesellschaft teilnehmen. Los geht's am Waihi Visitor Centre.

Die Broschüre *Historic Hauraki Gold Towns* (gratis im Visitor Centre) beschreibt Rundgänge durch Waihi und Paeroa.

Athenree Hot Springs THERMALBECKEN
(www.athenreehotsprings.co.nz; 1 Athenree Rd, Athenree; Erw./Kind 7/4,50 NZ$; 10–19.30 Uhr) In den kühleren Monaten kann man

sich gut in diese beiden kleinen, aber wohlig warmen Thermalbecken zurückziehen, die sich in einem Ferienpark verstecken.

Waihi Arts Centre & Museum MUSEUM
(www.waihimuseum.co.nz; 54 Kenny St, Waihi; Erw./Kind 5/3 NZ$; ⏲ Do & Fr 10–15, Sa–Mo 12–15 Uhr) Das Waihi Arts Centre & Museum beherbergt eine Kunstgalerie und Exponate über die Goldgräbergeschichte der Region. Beim Anblick der Sammlung von abgehackten Bergarbeiterdaumen, die in Glasbehältern aufbewahrt werden, läuft es einem eiskalt den Rücken runter.

Aktivitäten

Goldfields Railway EISENBAHN
(☎ 07-863 8251; www.waihirail.co.nz; 30 Wrigley St, Waihi; Erw./Kind hin & zurück 18/10 NZ$, Fahrrad zzgl. 2 NZ$; ⏲ Sept.–März tgl., April–Aug. Fr–Mo) Altmodische Eisenbahnen rattern von Waihi über sieben idyllische Kilometer nach Waikino (30 Min.). Wer will, kann sein Fahrrad mit in den Zug nehmen und dann die Karangahake Gorge am Hauraki Rail Trail erkunden. Der Fahrplan ist je nach Saison unterschiedlich, also am besten auf der Website nachschauen!

Dirtboard Waihi DIRTBOARDEN
(☎ 021 244 1646; www.dirtboard.co.nz; abseits der Orchard Rd, Waihi; 30 NZ$/Std.) Auf einer Kombination aus Snowboard und Skateboard kann man die Hänge runterrutschen.

Waihi Bicycle Hire FAHRRADVERLEIH
(☎ 07-863 8418; www.waihibicyclehire.co.nz; 25 Seddon St, Waihi; Fahrrad halber/ganzer Tag ab 25/40 NZ$; ⏲ 8–17 Uhr) Hier können Traveller sich Räder leihen und bekommen unzählige Infos über das Ende des Hauraki Rail Trail in Waihi.

Bularangi Motorbikes MOTORRADTOUREN
(☎ 07-863 6069; www.motorbikesnz.co.nz) Bei Bularangi Motorbikes mit Sitz in Waihi kann man sich Harleys ausleihen und an ein- bis 21-tägigen geführten Touren durch das ganze Land teilnehmen.

Schlafen

Bowentown Beach Holiday Park FERIENPARK $
(☎ 07-863 5381; www.bowentown.co.nz; 510 Seaforth Rd, Waihi Beach; Stellplatz ab 44 NZ$, Wohneinheit 72–195 NZ$; @📶) Der beeindruckend gepflegte Ferienpark hat einen schönen Strandabschnitt für sich reserviert und bietet erstklassige Motel-Wohneinheiten und Stellplätze für Camper an.

Athenree Hot Springs & Holiday Park FERIENPARK $
(☎ 07-863 5600; www.athenreehotsprings.co.nz; 1 Athenree Rd, Athenree; Stellplatz ab 44 NZ$, Wohneinheit 70–175 NZ$; @📶🏊) 🍃 Der an der Bucht gelegene Ferienpark Athenree besticht mit schicken Unterkünften und freundlichen Betreibern. Da die Gäste freien Eintritt zu den Thermalbecken haben, ist dieser Park auch für die Wintermonate eine erstklassige Wahl.

Waihi Beach Top 10 Holiday Resort FERIENPARK $
(☎ 0800 924 448; www.waihibeachtop10.co.nz; 15 Beach Rd, Waihi Beach; Stellplatz ab 27 NZ$, Wohneinheit 110–220 NZ$; @📶🏊) Der große Ferienpark im Resortstil ist recht aufwendig ausgestattet: mit Pool, Fitnessraum, Spa, schöner Küche und einer bunten Mischung unterschiedlicher Schlafgelegenheiten.

Westwind B&B B&B $
(☎ 07-863 7208; westwindgarden@xtra.co.nz; 58 Adams St, Waihi; EZ/DZ 50/90 NZ$) Das altmodische B&B wird von einem reizende Paar – selbst eingefleischte Traveller – betrieben. Es gibt zwei gemütliche Zimmer mit Gemeinschaftsbad.

Beachfront B&B B&B $$
(☎ 07-863 5393; www.beachfrontbandb.co.nz; 3 Shaw Rd, Waihi Beach; Zi. 140 NZ$) Die komfortable Erdgeschosswohnung macht ihrem Namen alle Ehre: Sie liegt direkt am Strand, bietet einen spektakulären Blick aufs Meer, ist mit TV und Kühlschrank ausgestattet und hat direkten Zugang zur Brandung.

Manawa Ridge LODGE $$$
(☎ 07-863 9400; www.manawaridge.co.nz; 267 Ngatitangata Rd, Waihi; Zi. 850 NZ$) 🍃 Der Blick von dem schlossähnlichen Ökohaus, das 6 km nordöstlich von Waihi auf einem 310 m hohen Bergkamm thront, reicht über die ganze Bay of Plenty. Die Zimmer sind aus recycelten Eisenbahnbohlen, Lehmziegeln und kalkverputzten Strohwänden konstruiert – eine ideale Verbindung aus Erdverbundenheit und schickem Luxus.

Essen

Ti-Tree Cafe & Wine Bar CAFÉ $
(14 Haszard St, Waihi; Hauptgerichte 12–20 NZ$; ⏲ 9–16 Uhr; 📶) Das Ti-Tree ist in einem niedlichen kleinen Holzhaus mit Tischen

und Stühlen zwischen Schatten spendenden Punga-Bäumen untergebracht. Hier gibt es fair gehandelten Biokaffee, warmes Frühstück und im Sommer köstliche Fruchtsorbets und Eis. Sonntagnachmittags wird manchmal Livemusik gespielt.

Porch CAFÉ, BAR **$$**
(23 Wilson Rd, Waihi Beach; Brunch 14–20 NZ$, Abendessen 29–36 NZ$; ⏲Mo & Di 9–15, Mi–So 9–1 Uhr) In Waihi Beachs coolster Location werden raffinierte, gehaltvolle Hauptgerichte serviert.

Waitete CAFÉ, EIS **$$**
(☎07-863 8980; www.waitete.co.nz; 31 Orchard Rd; Hauptgerichte 10–34 NZ$; ⏲tgl. 11–15 & 18 Uhr–open end, Sa & So 8.30–11 Uhr) Serviert köstliches Eis – unbedingt das Lakritz- oder Feige-Honig-Eis probieren! Außerdem gibt's eine lange Speisekarte mit leckeren deutschen und europäischen Gerichten. Das Lokal befindet sich am SH2 westlich von Waihi.

Flatwhite CAFÉ **$$**
(www.flatwhitecafe.co.nz; 21 Shaw Rd, Waihi Beach; Brunch 14–24 NZ$, Abendessen 20–33 NZ$; ⏲8 Uhr–open end; 📶) Das unkonventionelle Flatwhite mit Alkohollizenz liegt direkt am Strand. Abwechslungsreiche Brunchkarte, ordentliche Pizza und dicke Burger.

Shoppen

Artmarket KUNST & KUNSTHANDWERK
(www.artmarket.co.nz; 65 Seddon St, Waihi; ⏲10–17 Uhr) Kunst und Kunsthandwerk aus der Region.

Praktische Informationen

Waihi Visitor Centre (☎07-863 6715; www.waihi.org.nz; 126 Seddon St, Waihi; ⏲9–17 Uhr) Man bekommt Infos über die Region und kann sich das interessante Waihi Gold Discovery Centre ansehen, eine moderne interaktive Ausstellung über die goldlastige Vergangenheit, Gegenwart und Zukunft der Waihi-Region.

An- & Weiterreise

Waihi wird von **InterCity**-Bussen (www.intercity.co.nz) und je nach Saison von **Go Kiwi**-Shuttle-Bussen (☎0800 446 549; www.go-kiwi.co.nz) angefahren.

Karangahake Gorge

Die Straße von Waihi nach Paeroa zwischen den bewaldeten Hängen der Karangahake Gorge hindurch ist eine der schönsten Kurzstrecken des Landes. Wander- und Radwege wurden auf den alten Pfaden der Maori angelegt. Der Weg führt durch gespenstisch dichten Wald vorbei an Überresten alter Minen und Bahngleise. In der Maori-Legende heißt es, dass diese Gegend unter dem Schutz eines übernatürlichen Wesens, eines *taniwha*, steht. Die örtlichen *iwi* hatten es geschafft, dieses Areal bis 1875 vor Minenarbeitern zu schützen, indem sie sich mit dem militanten Te Kooti verbündeten.

Für den sehr lohnenden 4,5 km langen **Karangahake Gorge Historic Walkway** braucht man (pro Strecke) eineinhalb Stunden. Ausgangspunkt ist der Parkplatz 14 km westlich von Waihi. Der Weg folgt der stillgelegten Eisenbahnlinie und dem Ohinemuri River zum Bahnhof Waikino. Von dort kann man mit einem historischen Zug nach Waihi fahren und vorher noch im **Waikino Station Cafe** (SH2; Hauptgerichte 10–18 NZ$; ⏲9.30–15 Uhr) einkehren. Auch der nach Osten führende Abschnitt des Hauraki Rail Trail führt hier entlang, sodass man die Zugfahrt von Waihi mit einer Spritztour auf diesem Weg durch den spektakulärsten Abschnitt der Schlucht kombinieren kann. Fahrräder kann man sich im Waikino Station Cafe (45 NZ$/Tag) leihen. Vom Café aus gesehen auf der anderen Seite des Flusses befindet sich das **Victoria Battery Tramway & Museum** (www.vbts.org.nz; ⏲Mi & So 10–15 Uhr), das ehemals größte Quarzerz verarbeitende Werk in Australasien. Hier kann man eine nette Bahnfahrt unternehmen und an einer Führung zu den unterirdischen Öfen teilnehmen.

Ein paar Kilometer weiter westlich führt die Waitawheta Rd vom SH2 über den Fluss zu den **Owharoa Falls**. Gegenüber den Wasserfällen ist in einer Holzhütte unter Schatten spendenden Bäumen das **Bistro at The Falls Retreat** (www.fallsretreat.co.nz; 25 Waitawheta Rd; Pizza 20 NZ$, Hauptgerichte 20–36 NZ$; ⏲10–22 Uhr) zu finden. Hier kommen regelmäßig erstklassige Pizzas und deftige Fleischgerichte aus dem Holzofen, und es gibt sogar einen tollen kleinen Spielplatz für die Kids.

Es existieren noch ein paar kürzere Wander- und Rundwege mit Ausgangspunkt am Hauptparkplatz an der Karangahake Gorge. Eine Taschenlampe ist wegen der Tunnel unterwegs recht sinnvoll. Nach einem zweistündigen Marsch erreicht man **Dickey's Flat**, wo es einen kostenlosen **DOC-Campingplatz** (Dickey's Flat Rd) und eine gute

Badestelle gibt. Das Flusswasser bitte unbedingt vor dem Trinken abkochen! Auf den DOC-Infotafeln am Bahnhof und am Hauptparkplatz bekommt man Informationen über Wanderwege und die Geschichte der Region.

Gegenüber vom Parkplatz befindet sich die **Golden Owl Lodge** (☎07-862 7994; www.goldenowl.co.nz; 3 Moresby St; B 29 NZ$, Zi. 62–100 NZ$; @ 📶), eine ziemlich gemütliche, ideal gelegene Basis für Wanderungen. Hier können allerdings nur bis zu zwölf Personen übernachten. Für die Bettwäsche in den Schlafsälen muss man 5 NZ$ extra hinblättern.

Weiter oben an derselben Straße liegt die im lettischen Stil erbaute **Ohinemuri Estate Winery** (☎07-862 8874; www.ohinemuri.co.nz; Moresby St; Hauptgerichte 19–32 NZ$; ⏲Mi–So 10–16 Uhr, Dez.–Feb. tgl.). Hier bekommt man ein ausgezeichnetes Mittagessen. Wer an der Eignung dieser Region für den Weinanbau zweifelt, hat recht – die Trauben kommen aus anderen Regionen. Weinproben kosten 5 NZ$. Dieser Betrag wird beim Einkauf verrechnet. Wer zu tief ins Glas geschaut hat, kann in der Hütte im Chalet-Stil übernachten (135 NZ$/Nacht) und die zauberhafte Atmosphäre dieses abgeschiedenen Fleckchens genießen.

Paeroa

3980 EW.

Paeroa ist die Heimat von Lemon & Paeroa (L&P), dem Inbegriff neuseeländischer Kulturgüter, die sich selbst als „in Neuseeland weltberühmt" vermarkten. Ironischerweise wird das beliebte Erfrischungsgetränk heute von CocaCola Amatil in Auckland hergestellt. Dennoch: Ganze Generationen neuseeländischer Kinder haben ihren Eltern zugesetzt, bloß ja einen Abstecher nach Paeroa zu machen, weil sie unbedingt die riesigen L&P-Flaschen sehen wollten.

Das kleine **Museum** (37 Belmont Rd; Erw./Kind 2/1 NZ$; ⏲Mo–Fr 12–15 Uhr) beherbergt eine große Sammlung von Royal-Albert-Porzellan und andere Artefakte der Pioniere und Maori. Paeroa ist auch für seine Antiquitätengeschäfte bekannt.

Im **L&P Cafe & Bar** (www.lpcafe.co.nz; SH2; Hauptgerichte 7–20 NZ$; ⏲Mo–Mi 8.30–15, Do–So 8.30–20 Uhr) kann man L&P-Fish-&-Chips und L&P-Frühstück bestellen und das Ganze mit dem zitronig-süßen Getränk runterspülen. Das Café teilt sich das Gebäude mit dem **Information Centre** (☎07-862 8636; www.paeroa.org.nz; ⏲9–16 Uhr), wo man sich Räder (45 NZ$/Tag) leihen und dann den Hauraki Rail Trail (S. 213) in Angriff nehmen kann.

Taranaki & Whanganui

Inhalt ➡

Beste Outdoor-Aktivitäten

- New Plymouth's Coastal Walkway (S. 242)
- Surfen auf dem Surf Highway 45 (S. 250)
- Wandern auf dem Mt. Taranaki (S. 247)
- Kanufahren auf dem Whanganui River (S. 260)
- Durch den Whanganui National Park streifen (S. 260)

Schön übernachten

- Fitzroy Beach Motel (S. 243)
- Ahu Ahu Beach Villas (S. 251)
- Anndion Lodge (S. 257)
- Plum Trees Lodge (S. 268)

Auf nach Taranaki & Whanganui!

Taranaki (oder einfach „Naki") liegt auf halbem Weg zwischen Auckland und Wellington und ist das Texas Neuseelands: Öl und Gas von den Bohrinseln sorgen für den oft beneideten Wohlstand der Region. New Plymouth ist das Zentrum und die Heimat einer ausgezeichneten Kunstgalerie sowie eines ebenso guten Provinzmuseums und ist außerdem noch ein Paradies für Kaffeeliebhaber.

Hinter der Stadt liegt der düstere Vulkankegel des Mt. Taranaki – eigentlich ein Pflichtprogramm für jeden Neuseelandbesucher! Die Region Taranaki bietet aber auch jede Menge schwarzer Sandstrände, die im Sommer gleichermaßen von Surfern wie Badeurlaubern besucht werden.

Weiter im Osten schlängelt sich der geschichtsträchtige Whanganui River durch den Whanganui National Park hinunter zur Stadt Whanganui. Hier sieht man gleich, dass die Hafenstadt aus dem 19. Jh. in Würde gealtert ist.

Palmerston North, die größte Stadt von Manawatu, wird von zwei verschiedenen Menschentypen bewohnt: Neben Fast-Food-Provinzlern mit rauem Umgangston und aufgemotzten Autos leben hier koffeinsüchtige Intellektuelle von der Massey University. Die Umgebung der Stadt bietet ländliche Anmut, gemischt mit der Beschaulichkeit vergangener Tage – hier kann man die Seele baumeln lassen.

Reisezeit

- Der Vulkan Mt. Taranaki gehört zu den regenreichsten Orten Neuseelands und bekommt häufig Schnee ab – sogar im Sommer. Das Wetter dort kann extrem schwanken. Trotz veränderlicher Witterung führt New Plymouth aber auch die Liste mit den meisten Sonnenstunden der Nordinsel an. Reisende können mit warmen Sommern und kalten Wintern rechnen.
- In Whanganui sind die Winter milder – eine Ausnahme bilden allerdings die Ebenen um Palmerston North. An Sonnenschein herrscht aber auch hier kein Mangel – das Jahresmittel liegt bei 2000 Stunden!

Highlights

❶ Wandern auf oder um den mächtigen Kegel des **Mt. Taranaki** (S. 247)

❷ Einen Ritt auf den Riesenwellen des **Surf Highway 45** (S. 250) wagen

❸ Experimentelle Kunst in der **Govett-Brewster Art Gallery** von New Plymouth erleben (S. 239)

❹ Kaffeetrinken in den **Cafés von New Plymouth** zur Wissenschaft machen (S. 244)

❺ Glasbläser in einem der **Glasstudios von Whanganui** besuchen (S. 254)

❻ Entspannung finden bei einer Kanu- oder Kajakfahrt auf dem **Whanganui River** (S. 262)

❼ Mit dem Auto oder dem Fahrrad die regenreiche **Whanganui River Road** (S. 261) entlangzuckeln – der Weg ist das Ziel; es geht nicht darum, wie schnell man ankommt

❽ Beim Besuch im **New Zealand Rugby Museum** von Palmerston Nord den Geist der All Blacks kennenlernen (S. 266)

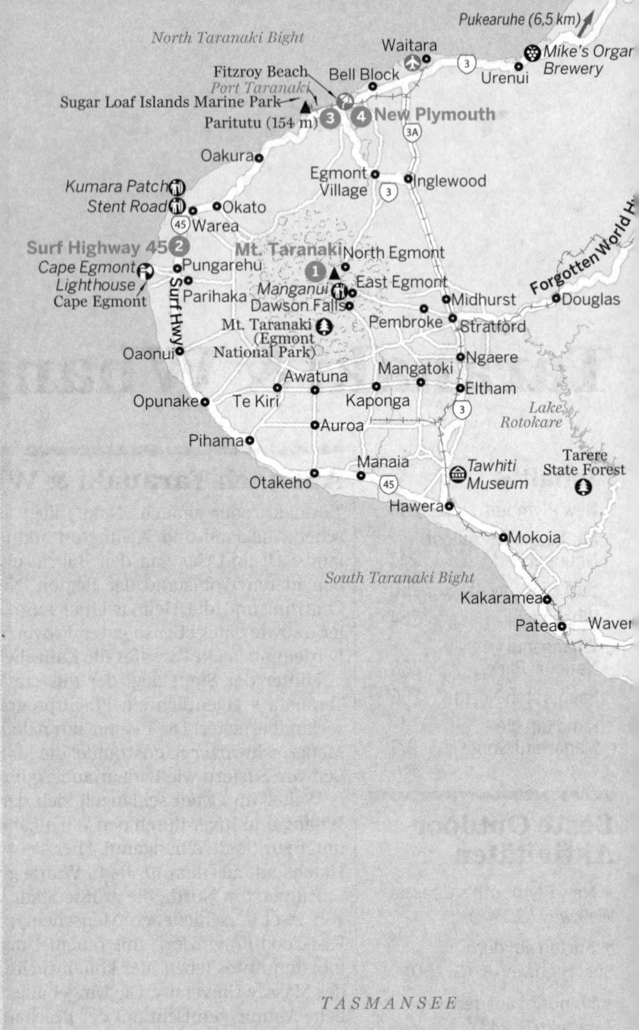

Taumarunui (43 km)
Taumarunui (14 km)
Taupo (39 km)
Ohinepane (10 km)
Owhango
41
Turangi
Ohura Falls
Maraekowhai
Mt. Pihanga (1325 m)
Kaimanawa Mountains
43
Whakahoro
Rangipo
Mt. Tongariro (1967 m)
47
Whangamomona
Ohura River
Mangapurua Trig (663 m)
Mt. Ngauruhoe (2291 m)
Tongariro National Park
National Park
Whanganui National Park
Mangapurua/ Kaiwhakauka Track
Whakapapa Village
Iwikau Village
Kaimanawa Forest Park
6 Whanganui River
Mt. Ruapehu (2797 m)
Mt. Humphries (730 m)
Tohunga Junction
Desert Rd
Matemateaonga Track
Raetihi
Ohakune
1
49
Waiouru
Pipiriki
4
Paraparas
Whanganui River
Hiruharama
Ranana
Matahiwi
Whanganui National Park
Koriniti
Raukawa Falls
Atene
Atene Tracks & Taumata Trig
Whanganui River Road 7
Parikino
Mangaweka
Kai Iwi
Kai Iwi Valley Rd
Kai Iwi Beach
Ohingaiti
Ruahine Forest Park
5 Whanganui
Castlecliff
Whanganui Airport
Hunterville
54
Turakina
Ruahine Range
Marton
Turakina Beach
Bulls
2
Dannevirke
Fielding
3
Ashhurst
Moanaroa Beach
Manawatu Gorge
Palmerston North Airport
Woodville
Palmerston North 8
Himatangi Beach
Ballance
56
1
57
Mangatainoka
Foxton Beach
Foxton
Manawatu Rv
Makerua
Konini
Shannon
Makuri
Tararua Range
Hokio Beach
2
Levin
Eketahuna
52
Waikawa Beach
Manakau
Otaki Beach
Masterton (25 km)
Masterton (36 km)

ℹ Anreise & Unterwegs vor Ort

In Taranaki unterhält Air New Zealand (S. 246) Inlandsflüge nach/von New Plymouth. Die Busbetriebe Naked Bus (S. 246) und InterCity (S. 246) fahren nach New Plymouth. Es gibt Shuttledienste zwischen dem Mt. Taranaki, New Plymouth und den umliegenden Städten.

Air New Zealand fliegt auch nach Whanganui und Palmerston North; beide Städte stehen außerdem auf dem Fahrplan der Busse von InterCity und Naked Bus. Die Züge von KiwiRail Scenic Journeys (S. 270) halten in Palmerston North auf ihrer Fahrt zwischen Auckland und Wellington.

New Plymouth

53 400 EW

New Plymouth, das vom Mt. Taranaki überragt wird und von fruchtbarem Ackerland umgeben ist, hat den einzigen internationalen Tiefseehafen in diesem Abschnitt von Neuseeland. Die Stadt hat eine blühende Kunstszene, viele tolle Cafés und dank seiner Surfstrände und des nahen Egmont National Park einen hohen Freizeitwert in Sachen Outdoor-Aktivitäten.

Geschichte

Die einheimischen Maori-*iwi* (Stämme) haben Taranaki lange verteidigt. In den 1820er-Jahren sind sie vor den Waikato-Stämmen zur Cook-Straße geflohen, bevor diese die Region im Jahre 1832 in Besitz nahmen. Nur eine kleine Gruppe blieb in Okoki Pa (New Plymouth). Als 1841 europäische Siedler an die Küste von Taranaki kamen, war sie geradezu ausgestorben, und es gab nur wenig Widerstand gegen die Besiedlung. Die New Zealand Company kaufte den verbliebenen Maori große Landstücke ab.

Als Gruppen anderer einheimischer Stämme aus dem Exil zurückkehrten, protestierten sie gegen die Landverkäufe. Ihre Forderungen wurden von Gouverneur Fitzroy aufrechterhalten, allerdings erwarb die Krone nach und nach immer mehr Land von den Maori – europäische Siedler drängten auf den fruchtbaren Boden. Die Siedler zwangen die Regierung schließlich, die Verhandlungen mit den Maori abzubrechen, und 1860 kam es zum Krieg. Bis 1870 waren über 500 ha des Landes der Maori konfisziert.

Das folgende wirtschaftliche Wachstum verdankt die Region hauptsächlich der Milchwirtschaft. Die Entdeckung von Gas und Öl in der South Taranaki Bight im Jahre 1959 sorgte dafür, dass es der Provinz bis heute finanziell gut geht.

KURZINFOS TARANAKI & WHANGANUI

Essen In einem der hippen Restaurants in der George St von Palmerston North

Trinken Eine Flasche Mike's Pale Ale von Mike's Organic Brewery

Lesen *Wanganui Chronicle*, Neuseelands älteste Zeitung

Hören Das tolle Album *Back to the Burning Wreck* der aus Whanganui stammenden Riff-Stars The Have

Anschauen *The Last Samurai*, mit Tom Cruise in einer Nebenrolle (der Mt. Taranaki hat die Hauptrolle)

Grünes Gewissen Paddeltour auf dem Whanganui River, einem eindrucksvollen Stück neuseeländischer Wildnis

Infos im Internet www.taranaki.co.nz; www.wanganui.com; www.ourregion.co.nz

Vorwahl ☎06

Sehenswertes

In der Stadt

★ Puke Ariki MUSEUM

(www.pukeariki.com; 1 Ariki St; ⌚Mo, Di, Do & Fr 9–18, Mi bis 21, Sa & So bis 17 Uhr) GRATIS Übersetzt wird der Name Puke Ariki mit „Hügel der Häuptinge". Hier befindet sich das i-SITE (S. 246), ein Museum, eine Bibliothek, ein Café und das tolle Restaurant Arborio (S. 245). Das ausgezeichnete Museum besitzt eine umfangreiche Sammlung von Maori-Artefakten sowie Ausstellungen zur Kolonialzeit, zur Geologie der Berge und zur Natur (wir hoffen, der in der Eingangshalle hängende Hai ist nicht lebensgroß...).

★ Pukekura Park GÄRTEN

(www.pukekura.org.nz; Liardet St; ⌚7.30–18, Nov.–März bis 20 Uhr) Pukekura, die Perle unter den Parks von New Plymouth, erstreckt sich über 49 ha und umfasst Gärten, Spielplätze, Naturpfade, Bäche , Wasserfälle, Teiche und Ausstellungsgebäude. **Ruderboote** (30 Min. 10 NZ$, nur im Dez. und Jan.) gleiten über den großen See (in dem es von armdicken Aalen wimmelt) und nebenan werden im **Tea House** (Liardet St; Snacks 4–9 NZ$, Hauptgerichte 10–12 NZ$; ⌚März–Nov. 9–16, Dez.–Feb.

DIE MAORI IN TARANAKI & WHANGANUI

Seit der Mt. Taranaki wegen romantischer Verwicklungen in diese Gegend flüchtete, blickt die Region Taranaki auf eine bewegte Geschichte zurück. Nach den Konflikten zwischen den einheimischen *iwi* (Stämmen) und Eindringlingen aus dem Waikato kam es zu zwei Kriegen mit der Regierung: Der erste dauerte von 1860 bis 1861, der zweite von 1865 bis 1869. Nach den Kriegen wurden große Landstriche konfisziert, in Parihaka formierte sich dagegen eine starke Widerstandsbewegung.

Weiter östlich führt eine Fahrt auf der Whanganui River Rd in traditionelles Maori-Gebiet – dabei kommt man durch die Maori-Dörfer Atene, Koriniti, Ranana und Hiruharama. In Whanganui lohnt sich ein Besuch im Whanganui Regional Museum (S. 254) mit seinen wunderbaren Exponaten indigener Kultur. Die Kirche in Putiki (S. 256) beeindruckt durch erstklassige Maori-Schnitzereien.

In Palmerston North legt das Te Manawa Museum (S. 266) einen Schwerpunkt auf die Kultur der Maori, während das New Zealand Rugby Museum (S. 266) die Verdienste der Maori bei den All Blacks würdigt, ohne die das Team niemals internationale Bedeutung gewonnen hätte.

9 Uhr–open end) Snacks serviert. Im Sommer zieht das bunte Festival of Lights (S. 242) ebenso wie das typisch englische **Kricketfeld** Scharen von Besuchern an.

★ Govett-Brewster Art Gallery GALERIE
(☎06-759 6060; www.govettbrewster.com; 42 Queen St; ⏲10–17 Uhr) GRATIS Dies ist die wohl beste regionale Kunstgalerie des Landes. Gezeigt wird hier zeitgenössische – oft experimentelle – lokale sowie internationale Kunst. Zugleich ist die Galerie auch für ihre guten Beziehungen zum berühmten neuseeländischen Bildhauer, Filmemacher und Künstler Len Lye (1901–80) bekannt. Hier befindet sich auch ein cooles Café. Zum Zeitpunkt unseres Besuches war es wegen Überprüfungen zur Erdbebensicherheit geschlossen, die Wiedereröffnung war für das Jahr 2015 geplant. Aktuelle Infos gibt's per Telefon oder auf der Website.

Puke Ariki Landing SKULPTURENPARK
(St. Aubyn St) An der Uferpromenade liegt Puke Ariki Landing, ein historisches Viertel mit Skulpturen. Darunter befindet sich auch die herrlich exzentrische, kinetische Skulptur **Wind Wand** (www.windwand.co.nz) von Len Lye.

Paritutu BERG
(Centennial Dr) Westlich der Stadt liegt Paritutu, ein zerklüfteter Hügel (154 m) mit einer Steilwand. Sein Name bedeutet „emporragender Felshang". Vom Gipfel aus kann man meilenweit sehen – bis hin zu den Sugar Loaves, hinunter auf die Stadt und zu den Bergen dahinter. Der beschwerliche Aufstieg dauert allerdings 20 Minuten.

Sugar Loaf Islands Marine Park INSEL
(www.doc.govt.nz) Die zerklüfteten Inselchen (in der Sprache der Maori heißen sie Nga Motu), 1 km vor der Küste, sind Reste erodierter Vulkane und bilden ein Refugium für Seevögel und über 400 Neuseeländische Seebären. Die meisten Tiere kommen zwischen Juni und Oktober, manche bleiben aber auch das ganze Jahr. In der winzigen Dolmetscherkabine an der Breakwater Bay Promenade erfährt man mehr über den Park, und Touren (S. 242) werden ebenfalls angeboten.

Real Tart Gallery GALERIE
(www.tact.org.nz; 19 Egmont St; ⏲Mo–Fr 10–17, Sa & So 10–15 Uhr, Juni–Aug. Mo geschl.) GRATIS Wer sich für Arbeiten einheimischer Künstler interessiert, sollte dieses 100 Jahre alte, restaurierte Lagerhaus besuchen. Die Ausstellungen wechseln regelmäßig, und die meisten Arbeiten stehen zum Verkauf. Auf keinen Fall darf man das alte Graffiti, das durch Plexiglas geschützt wird, verpassen.

Brooklands Park PARK
(www.newplymouthnz.com; Brooklands Park Dr; ⏲tagsüber) Gleich neben Pukekura liegt der Brooklands Park mit der **Bowl of Brooklands** (www.bowl.co.nz; Brooklands Park Dr), einer erstklassigen Freiluftbühne, in der Festivals wie das WOMAD (S. 242) stattfinden und schon so berühmte Rockbands wie Fleetwood Mac aufgetreten sind. Zu den Highlights im Park zählen ein 2000 Jahre alter Puriri-Baum, eine Talsenke mit 300 Rhododendronarten und der bauernhofartige **Brooklands Zoo** (www.newplymouthnz.com; Brooklands Park Dr; ⏲9–17 Uhr) GRATIS.

New Plymouth

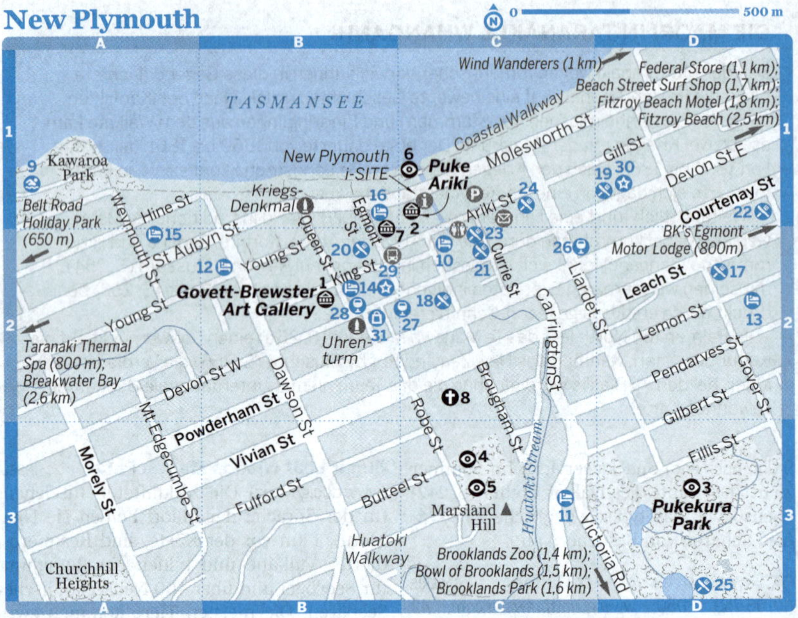

Taranaki Cathedral KIRCHE
(www.taranakicathedral.org.nz; 37 Vivian St; ⌚tgl. Gottesdienst) Die schmucklose Church of St. Mary (1846) ist zwar Neuseelands älteste Steinkirche, aber gleichzeitig auch ihre jüngste Kathedrale! Auf ihrem Friedhof findet man die Grabsteine der frühen Siedler und Soldaten, die während der Taranaki Land Wars fielen. Außerdem sind hier mehrere Maori-Häuptlinge begraben. Besonders schön ist die Gewölbedecke aus Holz im Kirchenschiff.

New Plymouth Observatory OBSERVATORIUM
(☎021 751 524; www.sites.google.com/site/astronomynp; Marsland Hill, Robe St; Erw./Kind/Fam. 5/3/10 NZ$; ⌚März–Okt. Di 19.30–21.30 Uhr, Nov.–Feb. Di 20.30–22 Uhr) Ganz oben auf dem Marsland Hill (tolle Aussicht!) steht ein winziges Observatorium. Auf dem Berg befindet sich auch das mit 37 Glocken bestückte **Kibby Carillon**, ein riesiges, automatisch spielendes Glockenspiel, dessen Klänge über die Dächer von New Plymouth schallen.

Südlich der Stadt

Pukeiti GÄRTEN
(www.pukeiti.org.nz; 2290 Carrington Rd; ⌚9–17 Uhr) GRATIS In diesem 4 km² großen Garten, 20 km südlich von New Plymouth, wachsen unzählige Rhododendron- und Azaleenbüsche. Sie blühen zwischen September und November, aber der Park ist zu jeder Jahreszeit einen Besuch wert. Die Fahrt hierher führt durch die Pouakai Range und die Kaitake Range; beide Gebirgszüge sind Teil des Egmont National Park. Hier gibt's auch ein Café.

Tupare HISTORISCHES GEBÄUDE, GÄRTEN
(www.tupare.info; 487 Mangorei Rd; ⌚April–Okt. 9–17, Nov.–März bis 20 Uhr, geführte Touren Okt.–März Fr–Mo 11 Uhr) GRATIS Tupare ist ein vom berühmten Architekten James Chapman-Taylor im Tudor-Stil entworfenes Haus. Es ist zwar so schön wie ein Gemälde, aber das Highlight dieses Ziels 7 km südlich von New Plymouth ist zweifelsohne der weitläufige, 3,6 ha große Park, in dem das Haus steht. Glockenblumen und Vogelgezwitscher zwischen den Ästen – ein wahres Picknick-Paradies.

Hurworth Cottage HISTORISCHES BAUWERK
(www.historic.org.nz; 906 Carrington Rd; Erw./Kind/Fam. 5/2/10 NZ$; ⌚Sa & So 11–15 Uhr) Dieses aus dem Jahr 1856 stammende Cottage, das 8 km südlich von New Plymouth liegt, wurde für Harry Atkinson erbaut, den viermaligen Premierminister von Neuseeland. Das Haus ist das letzte Relikt einer Siedlung, die zu Beginn der Taranaki Land Wars aufgegeben wurde, und gewährt einen sehr

New Plymouth

Highlights
1 Govett-Brewster Art Gallery B2
2 Puke Ariki C1
3 Pukekura Park D3

Sehenswertes
4 Kibby Carillon C3
5 New Plymouth Observatory C3
6 Puke Ariki Landing C1
7 Real Tart Gallery B2
8 Taranaki Cathedral C2
Wind Wand .... (siehe 6)

Aktivitäten, Kurse & Touren
9 Todd Energy Aquatic Centre A1

Schlafen
10 Ariki Backpackers C2
11 Carrington Motel C3
12 Dawson Motel B2
13 Ducks & Drakes D2
14 King & Queen Hotel Suites B2
15 Seaspray House A2
16 Waterfront B1

Essen
17 Andre's Pies & Patisserie D2
Arborio .... (siehe 2)
18 Chaos C2
19 Elixir D1
20 Frederic's B2
21 Laughing Buddha C2
22 Pak 'n Save D1
23 Petit Paris C2
24 Portofino C1
25 Tea House D3

Ausgehen & Nachtleben
26 Hour Glass C2
27 Mayfair C2
28 Snug Lounge B2

Unterhaltung
29 Basement B2
30 Event Cinemas D1

Shoppen
31 Kina B2

interessanten Einblick in das Leben der frühen Siedler.

Taranaki Aviation, Transport & Technology Museum MUSEUM
(TATATM; http://tatatm.tripod.com/museum; Ecke SH3 & Kent Rd; Erw./Kind/Fam. 7/2/16 NZ$; ⏲ Sa & So 10.30–16.30 Uhr) Etwa 9,5 km südlich von New Plymouth liegt dieses Museum mit der etwas ungeordneten Ausstellung, die aus alten Flugzeugen, Zügen, Automobilen und Haushaltsgegenständen jeder Art besteht. Man sollte sich auch die Sachen zeigen lassen, die der verrückte Bienenzüchter entworfen hat – z.B. komische Sechsecke.

Nach Norden über den SH3

Fährt man von New Plymouth auf dem SH3 in Richtung Norden, dann passiert man mehrere Abzweigungen, die zum Meer, zu hohen Sanddünen und zu Surfstränden führen. **Urenui**, 16 km hinter Waitara gelegen, ist im Sommer ein beliebtes Ziel.

Etwa 5 km hinter Urenui liegt, für viele zumindest, das Highlight von North Taranaki überhaupt: **Mike's Organic Brewery** (☎ 06-752 3676; www.organicbeer.co.nz; 487 Mokau Rd; Verkostung/Führungen 15/25 NZ$; ⏲ 10–18 Uhr). Die Brauerei bietet Führungen (im Voraus buchen), Bier zum Mitnehmen, Verkostungen des legendären Mike's Pale Ale (aber auch Pilsener und Lager sind spitze) und im Oktober (ja, wann denn sonst?) ein Oktoberfest. Fährt man noch etwas weiter, erreicht man den Abzweig nach **Pukearuhe** und zu den **White Cliffs**, riesigen Steilhängen, die an ihre Namensvetter in Dover erinnern. Vom Pier in Pukearuhe kann man losziehen auf den **White Cliffs Walkway**, einen dreistündigen Rundwanderweg mit überwältigenden Ausblicken auf die Küste und die Berge (Taranaki und Ruapehu). Die Gezeiten können einen Spaziergang am Strand heikel werden lassen, besonders zwei Stunden vor und nach der Ebbe.

Setzt man die Fahrt nordwärts nach **Mokau** fort, lohnt sich ein Zwischenstopp bei den **Three Sisters**, einer Felsformation vor der Küste, die gleich südlich der Tongaporutu Bridge ausgeschildert ist. Bei Ebbe kann man an der Küste zu den Felsen laufen. Etwas verloren stehen zwei Schwestern vor der Küste, die dritte Schwester ist vor zehn Jahren zu einem Steinhaufen zusammengefallen. Zu sehen ist aber auch, wie aus den ausgewaschenen Klippen eine neue Schwester entsteht.

Aktivitäten

Surfen

Taranakis Strände aus schwarzem Vulkansand sind hervorragend zum Surfen. Unweit des östlichen Stadtrands liegen der **Fitzroy Beach** und der **East End Beach** (angeblich die saubersten Strände Ozeaniens). Ein schöner Strand zum Surfen ist auch der **Back Beach** in der Nähe von Paritutu am westlichen Stadtrand. Oder man fährt weiter zum Surf Hwy 45 (S. 250).

Beach Street Surf Shop SURFEN
(☎06-758 0400; beachstreet@xtra.co.nz; 39 Beach St; 11/2 Std. Kurs 75 NZ$; ⌚Mo–Do 10-17, Fr bis 18, Sa & So bis 15 Uhr) Dieser Surfshop liegt unweit des Fitzroy Beach und bietet Surfunterricht, verleiht Surfausrüstung (Surfbrett/Neoprenanzug 10/5 NZ$ pro Std.) und organisiert Surftouren.

Tarawave Surf School SURFEN
(☎021 119 6218; www.tarawavesurfschool.com; 11/2 Std. Kurs 75 NZ$) Die Surfschule liegt 15 km südlich der Stadt in Oakura am Surf Hwy 45.

Wandern

Im i-SITE gibt es die Broschüre *Taranaki: A Walker's Guide*, in der Wanderwege entlang der Küste, in Naturschutzgebieten und Parks eingetragen sind. Der ausgezeichnete **Coastal Walkway** (11 km) von Bell Block nach Port Taranaki bietet einen Blick auf New Plymouth und führt über die reizvoll gebaute **Te Rewa Rewa Bridge**. Der **Huatoki Walkway** (5 km) schlängelt sich am Huatoki Stream entlang und ist ein netter Spaziergang ins Stadtzentrum. Eine Alternative bietet die Broschüre über den **New Plymouth Heritage Trail**, der zu historisch wichtigen Orten führt und eine eindringliche Begegnung mit der Vergangenheit ermöglicht.

Noch mehr Aktivitäten

Taranaki Thermal Spa SPA, MASSAGE
(☎06-759 1666; www.windwand.co.nz/mineralpools; 8 Bonithon Ave; Anwendungen 13–245 NZ$; ⌚Mo & Di 10–17, Mi–Fr 10–21, Sa & So 15–21 Uhr) Das warme Mineralwasser, das die Becken im Taranaki Thermal Spa füllt, wurde um 1910 bei der Suche nach Öl entdeckt. Die Gäste bekommen jeweils ein eigenes Becken gefüllt, außerdem gibt es eine Reihe von Massagen und Schönheitskuren. Entspannung pur!

Todd Energy Aquatic Centre SCHWIMMEN
(☎06-759 6060; www.newplymouthnz.com; Tisch Ave, Kawaroa Park; Erw./Kind 4,50/3,50 NZ$, Wasserrutsche 3,50 NZ$; ⌚Mo–Fr 6–20.15, Sa & So 7–18.45 Uhr) Gleich westlich der Stadt liegt im idyllisch-grünen Kawaroa Park das Todd Energy Aquatic Centre mit einem Innen- und einem Außenschwimmbecken. Die Wasserrutsche ist bei Groß und Klein gleichermaßen beliebt.

Wind Wanderers FAHRRADVERLEIH
(☎027 358 1182; www.windwanderer.co.nz; Parkplatz Nobs Line, East End Reserve; Verleih pro Rad/Tandem 10/15 NZ$/Std.; ⌚9–17 Uhr) Fahrradverleih und Touren auf New Plymouths wunderbarem Coastal Walkway. Man kann auch lustige Nebeneinander-Tandemfahrräder mieten.

Geführte Touren

Chaddy's Charters BOOTSTOUR
(☎06-758 9133; www.chaddyscharters.co.nz; Ocean View Pde; Erw./Kind 35/10 NZ$) Man sollte eine Tour mit Chaddy zu den Sugar Loaf Islands unternehmen: Der einstündige Ritt auf den Wellen garantiert mindestens vier Lacher pro Minute. Start täglich ab der Breakwater Bay – sofern es die Gezeiten und das Wetter zulassen. Man kann hier auch Kajaks (Ein-/Zweisitzer 15/30 NZ$/Std.) und Fahrräder (10 NZ$/Std.) mieten.

Canoe & Kayak Taranaki KAJAKFAHREN
(☎06-769 5506; www.canoeandkayak.co.nz; halber Tag inkl. Ausrüstung 95 NZ$) Man paddelt hinaus zu den Sugar Loaf Islands oder über die nicht sehr wilden Stromschnellen des Waitara River.

Feste & Events

Festival of Lights KULTUR
(www.festivaloflights.co.nz) Livemusik und kostümierte Menschen beleben den bunt erleuchteten Pukekura Park von Ende Dezember bis Ende Januar.

WOMAD MUSIK, KULTUR
(World of Music Arts & Dance; www.womad.co.nz) Alljährlich im März treten diverse einheimische und internationale Künstler in der Bowl of Brooklands auf. Das Festival ist überaus populär und Musikfans aus ganz Neuseeland reisen an.

Taranaki International Arts Festival ARTS
(www.taft.co.nz/artsfest) Das große regionale Kulturfestival findet im August statt und umfasst Theater, Tanz, Musik, visuelle Kunst und Paraden; dazu gibt's reichlich Essen und Wein.

Taranaki Garden Spectacular GARTENKUNST
(www.taft.co.nz/gardenfestnz) Ein traditionsreiches neuseeländisches Gartenfestival, das alljährlich Anfang November stattfindet: So

viele Rhododendronsträucher an einem Ort sieht man wohl nirgendwo sonst.

Schlafen

Seaspray House HOSTEL $

(☎06-759 8934; www.seasprayhouse.co.nz; 13 Weymouth St; B/EZ/DZ 31/54/74 NZ$; ⏲Juni–Aug. geschl.; @📶) Das Seaspray, ein großes, 100 Jahre altes Haus mit herrlich hohen Decken, wurde innen vor Kurzem renoviert, dennoch ist es entspannt, verträumt und erschwinglich geblieben und bietet gut ausgesuchtes Retro-Mobiliar sowie Antiquitäten. Dieses erfrischend andere Hostel ist eine der wenigen Backpackerunterkünfte ohne Etagenbetten und ohne TV (was durchaus gesprächsfördernd wirkt).

Ariki Backpackers HOSTEL $

(☎06-769 5020; www.arikibackpackers.com; Ecke Ariki & Brougham Sts; B 27–30 NZ$, DZ 70–90 NZ$; @📶) Im oberen Stockwerk des alten Royal Hotel (hier hat sogar schon die britische Königin Elizabeth II. übernachtet!) befindet sich das freundliche, zentral gelegene Ariki mit seinen tollen Teppichen, einem großen Aufenthaltsraum mit Retro-Sofas und einer fantastischen Dachterrasse mit Blick über den Park bis zum Puke Ariki. Die meisten Zimmer haben eine eigene Dusche und Toilette. Man kann auch Fahrräder und Surfbretter mieten.

Ducks & Drakes HOSTEL, HOTEL $

(☎06-758 0404; www.ducksanddrakes.co.nz; 48 Lemon St; Hostel B/EZ/DZ 30/63/84 NZ$, Hotel Zi. ab 125 NZ$; @📶) Das Hostel befindet sich in einem labyrinthartigen, denkmalgeschützten Gebäude aus den 1920er-Jahren mit Streifentapeten und reich verziertem Gebälk. Es strahlt jede Menge Charakter aus. Die Zimmer im Obergeschoss sind die besten: abgeschieden, ruhig und von der Morgensonne beschienen. Nebenan gibt es einen etwas teureren Hotelanbau mit piekfeinen Studios und Suiten.

Belt Road Holiday Park FERIENANLAGE $

(☎06-758 0228, 0800 804 204; www.beltroad.co.nz; 2 Belt Rd; Stellplatz ab 20 NZ$, Hütte 70–140 NZ$; @📶) 🍃 Diese ökologisch betriebene und mit Pohutukawa-Blumen übersäte Ferienanlage liegt weit oben auf einem Steilufer mit Blick auf das interessante Breakwater-Bay-Gebiet, das von der Stadt nur etwa zehn Gehminuten entfernt ist. Die sechs besten Hütten hier haben wirklich einen Millionen-Dollar-Ausblick. „Recyceln, das ist das, was wir Kiwis tun sollten!", findet der Manager.

Egmont Eco Lodge HOSTEL $

(☎06-753 5720; www.yha.co.nz; 12 Clawton St; B/DZ ab 29/75 NZ$; @📶) Eine makellose, an die YHA angeschlossene Einrichtung auf einer Lichtung mit zwitschernden Vögeln und einem plätschernden Bach (mit Aalen darin!). Die gemischten Schlafsäle befinden sich in der Haupt-Lodge, außerdem gibt es weiter unten kleinere Kiefernholzhütten (für 4 Pers.). Man muss zwar von der Stadt einen Aufstieg zu Fuß in Kauf nehmen, aber die Aussicht auf den abendlichen kostenlosen Egmontkuchen macht das wieder wett.

New Plymouth Top 10 Holiday Park FERIENANLAGE $

(☎06-758 2566, 0800 758 256; www.nptop10.co.nz; 29 Princes St; Stellplatz/Hütte ab 20/80 NZ$, Wohneinheit 95–180 NZ$; @📶🏊) Der schöne Top 10 liegt abgeschieden in Fitzroy, 3,5 km östlich der Stadt, und nur 7 Min. vom Strand entfernt. In der familiengeführten Ferienanlage fühlt man sich zwischen den aneinandergereihten kleinen Wohneinheiten ein wenig wie im Schullandheim. Es gibt ein Schachspiel mit lebensgroßen Figuren, ein Trampolin, einen Waschsalon und eine geräumige Küche.

★ **Fitzroy Beach Motel** MOTEL $$

(☎06-757 2925; www.fitzroybeachmotel.co.nz; 25 Beach St; 1-/2-Zi.-Wohneinheiten ab 155/190 NZ$; 📶) Das ruhige, altmodische (nur 160 m vom Fitzroy Beach entfernte) Motel wurde gründlich renoviert und ausgebaut. Zu den Highlights zählen hochwertige Teppiche, Doppelverglasung, hübsche Bäder und Flachbild-TVs. Es gibt außerdem keine winzigen Zimmer, sondern nur Wohneinheiten mit ein oder zwei Schlafzimmern. Fahrräder kann man kostenlos ausleihen. Eindeutig ein Gewinner!

Dawson Motel MOTEL $$

(☎06-758 1177; www.thedawsonmotel.co.nz; 16 Dawson St; DZ ab 150 NZ$, 1-/2-Zi.-Wohneinheiten ab 180/210 NZ$; 📶) Das Dawson ist ein erst wenige Jahre altes Geschäftshotel in einem auffälligen zweigeschossigen Gebäude, dessen Interieur ganz in Weiß, Rot und Schwarz gehalten ist. Von den Zimmern im Obergeschoss aus genießt man den Blick aufs Meer und auf die Berge. Auch die Lage ist toll: Das Hotel liegt nur fünf Gehminuten von der Stadt und nur 50 m vom Coastal Walkway entfernt.

BK's Egmont Motor Lodge MOTEL $$

(☎0800 115 033, 06-758 5216; www.egmontmotorlodge.co.nz; 115 Coronation Ave; DZ 130–200 NZ$; P 📶) Das gegenüber der Rennbahn gelegene, ziemlich niedrig gebaute BK hat ebenerdige Wohneinheiten und obendrein auch jede Menge Parkplätze. Die Zimmer sind schick, bequem und sauber, und die Manager haben (genau wie die Gäste) immer ein freundliches Wort für das Personal übrig (was ein gutes Zeichen ist). Kostenloses WLAN und DVDs.

Carrington Motel MOTEL $$

(☎0800 779 431, 06-757 9431; www.carringtonmotel.co.nz; 61 Carrington St; EZ/DZ/FZ ab 89/98/155 NZ$; 📶) Die 16 in die Jahre gekommenen, aber sauberen Wohneinheiten liegen dicht am Pukekura Park und nur 10 Minuten Fußweg von der Stadt entfernt. Das Motel ist sehr familienfreundlich und (vor allem im Winter) preiswert – allerdings ist es ziemlich laut, wenn die Autos über die Carrington Street brausen. Die Möblierung ist eine wilde Mischung aus vergangenen Zeiten, und die Duschen erinnern eher an einen Sturzbach.

★ King & Queen Hotel Suites BOUTIQUEHOTEL $$$

(☎06-757 2999; www.kingandqueen.co.nz; Ecke King & Queen Sts; Suite 200–400 NZ$) Neu hinzugekommen zu den Übernachtungsmöglichkeiten in New Plymouth ist dieses königliche Boutiquehotel an der Ecke der King St und der Queen St (was wohl kein Zufall sein dürfte). Es wird von einem tadellosen Team geführt und besitzt 17 Zimmer, die sich über zwei Geschosse verteilen. Jede Suite hat antike Möbel in marokkanischem und europäischem Stil, Plüschteppiche, schwarze Hochglanzfliesen, hippe Kunst, Retro-Ledersessel und echte Blumen. Vor Ort gibt's eine Kaffeerösterei. Hübsch!

Waterfront HOTEL $$$

(☎06-769 5301; www.waterfront.co.nz; 1 Egmont St; Zi. 190–550 NZ$; @ 📶) Das schicke Waterfront ist die beste Unterkunft hier – jedenfalls wenn der Chef die Rechnung zahlt. Die minimalistischen Studios sind recht protzig, aber die Penthäuser stehlen ihnen mit ihren großen TVs und den kleinen Balkonen die Show. In manchen Zimmern (allerdings nicht in allen) hat man eine sagenhafte Aussicht – vom Bar-Restaurant mit seiner kurvigen Vorderfront genießt man sie aber auf jeden Fall.

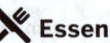

Essen

Chaos CAFÉ $

(36 Brougham St; Mahlzeiten 8–16 NZ$; ⏱Mo–Fr 7.30–15.30, Sa 8.30–15, So 9–14 Uhr; 🌱) Das weniger chaotische, sondern eher etwas in die Jahre gekommene Lokal ist ein guter Ort für einen Kaffee und ein kräftiges Frühstück. Ob Bohnen mit Speck oder Avocado mit Sour Cream – im Hintergrund läuft Jazz, es gibt freundliche Angestellte und ein Interieur mit künstlerischem Touch – das alles ist eigentlich kaum zu übertreffen! Es ist eine reiche Auswahl an vegetarischen und glutenfreien Grichten vorhanden. Auffallend ist die mit Graffiti bedeckte Seitenwand.

Petit Paris BÄCKEREI $

(www.petitparis.co.nz; 34 Currie St; Mittagessen 8–15 NZ$; ⏱Mo–Fr 7.30–16.30, Sa & So bis 14.30 Uhr) *Ooh-la-la!* Jede Menge buttriger Leckereien! Das Petit Paris, das mit Stolz die Trikolore wehen lässt, ist eine Boulangerie und Patisserie, in der knusprige Baguettes und *tart au citron* (Zitronenkuchen), aber zu Mittag auch ein Omelett oder *croque-monsieur* serviert werden.

Andre's Pies & Patisserie BÄCKEREI $

(44 Leach St; Pie 4–8 NZ$; ⏱Mo–Fr 6–15.30 Uhr) Seit 1972 schon bringt diese Bäckerei die schlanke Linie in große Gefahr. Die Versuchung liegt an der Hauptstraße, sodass man rechts anhalten und hineingehen kann. Es gibt herzhafte Pies, Brötchen, Sandwichs und kalorienreiche Kuchenstücke.

Pak 'n Save SUPERMARKT $

(www.paknsave.co.nz; 53 Leach St; ⏱8–23 Uhr) Der Supermarkt liegt gleich östlich des Zentrums von NP.

★ Federal Store CAFÉ $$

(440 Devon St E; Hauptgerichte 10–20 NZ$; ⏱Mo–Fr 7–17, Sa & So 9–17 Uhr; 🌱) Das überaus beliebte und mit Retro-Möbeln vollgestopfte Lokal schafft die Atmosphäre eines Eckcafés der 1950er-Jahre herbei. Flinke Bedienungen mit der typischen Kopfbedeckung nehmen die Kaffeebestellungen an. Während man für etwas Essbares an der Theke Schlange steht, unterhält man sich solange mit den anderen Gästen, bis die warmen Kuchen, die New Yorker Sandwichs oder die würzigen Bohnen fertig sind. Es gibt hier wirklich herrliche Kuchen, Obsttorten und ein Büfett mit Fertiggerichten (das frittierte Gemüse sollte man probieren!). Außerdem ist man hier sehr kinderfreundlich.

Arborio MEDITERRAN $$
(06-759 1241; www.arborio.co.nz; Puke Ariki, 1 Ariki St; Hauptgerichte 13–34 NZ$; 9 Uhr–open end) Obwohl es irgendwie wie eine Käserei-be aussieht, ist das Arborio im Puke-Ariki-Gebäude der Star unter den Restaurants von New Plymouth. Es ist luftig, modern, hat einen künstlerischen Touch und bietet einen schönen Blick aufs Meer sowie einen tadellosen Service. Die mediterran beeinflusste Speisekarte reicht von herrlicher Tandoori-Hähnchen-Pizza zu Pasta, Risotto und würzigem Tintenfisch mit Knoblauch und Koriander. Es gibt auch Cocktails und neuseeländische Weine.

Elixir CAFÉ $$
(www.elixircafe.co.nz; 117 Devon St E; Brunch 8–18 NZ$, Abendessen 18–31 NZ$; Mo 7–16.30, Di–Sa 7 Uhr–open end, So 8–16 Uhr) Hinter den seltsamen Jalousien an der Devon Street befindet sich das Elixir mit einer Atmosphäre wie in einem amerikanischen Diner. Serviert wird alles Mögliche – von Kaffee, Kuchen, Bagels und Eiern auf Toast bis hin zu einfallsreichen Abendgerichten. Die hübsche Bedienung weiß hervorragend mit der Kaffeemaschine unter den großen Rockpostern umzugehen.

Bach on Breakwater CAFÉ, RESTAURANT $$
(06-769 6967; www.bachonbreakwater.co.nz; Ocean View Pde; Brunch 11–24 NZ$, Abendessen 27–38 NZ$; Mi–So 9.30–22 Uhr;) Das aus recycelten Holzbalken erbaute, ziemlich coole Café-Bistro im aufstrebenden Viertel Breakwater Bay ähnelt einer alten Seemannsküche, die nach dem Sturm an Land gespült wurde. Die Speisekarte bietet zahlreiche Seafood-Gerichte, leckere Steaks und tollen Kaffee, serviert auf einer sonnigen Terrasse. Der Seafood-Eintopf wärmt an kalten Wintertagen. Es gibt hier außerdem jede Menge glutenfreie und vegetarische Gerichte.

Frederic's TAPAS $$
(www.frederics.co.nz; 34 Egmont St; Platten 12–19 NZ$, Hauptgerichte 18–25 NZ$; 11 Uhr–open end) Das Freddy's ist eine tolle Schlemmerbar mit wirklich ungewöhnlicher Innenausstattung (rostige mittelalterlich anmutende Leuchter, Tapete mit Pfauenfedermotiven, Ikonenbilder), in der großzügige Portionen auf den Tisch kommen. Am besten Tintenfisch in Zitronenschale oder Grünlippmuscheln mit Kokoscreme, Chili und Koriander bestellen. Dazu passt auch ein Monteith's pale ale.

Portofino ITALIENISCH $$
(06-757 8686; www.portofino.co.nz; 14 Gill St; Hauptgerichte 20–49 NZ$; Di–So 5–open end) Das dezente, familiengeführte kleine Restaurant gibt es hier schon seit vielen Jahren. Auf der Karte stehen klassische italienische Pastagerichte und Pizza, wie sie schon die *nonna* (Großmutter) machte. Die Rigatoni Portofino (mit Spinat, Feta, Knoblauch und sonnengetrockneten Tomaten) sind einfach umwerfend.

Laughing Buddha CHINESISCH $$
(06-759 2065; www.facebook.com/laughingbuddha2009; Ecke Devon St E & Currie St; Hauptgerichte 12–19 NZ$; Di–Sa abends) Rot leuchtende Fenster und ein recht bedrohlich blickender Buddha lassen den Besucher an einen Nachtclub denken, aber wer in den ersten Stock geht, betritt stattdessen das beste chinesische Restaurant von New Plymouth. Schon allein von den Vorspeisen könnte man satt werden (4–8 NZ$; die Schweinefleischbällchen probieren), oder man bestellt ein dampfendes Hauptgericht (das in Scheiben geschnittene Rindfleisch mit Kreuzkümmel und Chili ist herrlich). Bestens geeignet für Gruppen.

Ausgehen & Nachtleben

Hour Glass BAR
(www.facebook.com/thehourglass49; 49 Liardet St; Di–Sa 16–12.30 Uhr) An einem unspektakulären Anstieg der Liardet St gelegen, ist dies die neueste Tapas-Bar für den späten Abend. In einem Ambiente mit hochroten, reich brokatverzierten Vorhängen, Holzstühlen mit hoher Lehne und interessanten Holzverkleidungen werden mehr als 30 Biersorten, tolle Cocktails und flotte Tapas geboten: New Plymouth kann wohl einfach nicht genug kriegen!

Snug Lounge COCKTAILBAR
(www.snuglounge.co.nz; Ecke Devon St W & Queen St; Di–Do & Sa 16 Uhr–open end, Fr 12 Uhr–open end) Dieser Geheimtipp am Rande der Stadt ist der tollste Ort in der Stadt für einen Drink. In Schale geworfen bestellt man einen Lychee Long Time (Sake, Vodka, Apfelsaft und Rosenwasser) und tut so, als gehöre einem die ganze Stadt. Einige Teller mit ausgezeichneten japanischen Häppchen stellen sicher, dass man nicht umkippt.

Mayfair BAR, LIVEMUSIK
(www.themayfair.co.nz; 69 Devon St W; 11–open end) Dieses alte Kino hat expandiert und

hinzugekommen sind die angrenzenden Räumlichkeiten, die jetzt das Mayfair beherbergen – eine mainstreamtaugliche, stets gut besuchte Location mit Bar, Restaurant und Livemusik. Rock-Bands, Jazz-Trios, Stand-up-Komiker, DJs und Kammerorchester treten im Hauptraum auf; an der vorderen Bar gibt's Pizza, diverse Platten und eine ordentliche Weinkarte.

☆ Unterhaltung

Basement LIVEMUSIK, COMEDY

(www.facebook.com/thebasementnightclub; Ecke Devon St W & Egmont St) Im Grunde ist das Basement ein Irish Pub, und die leicht schmuddelige Bar ist außerdem der beste Ort der Stadt, um Nachwuchs-Bands live zu erleben, die meistens Rock, Metal und Punk spielen. Die Öffnungszeiten hängen von den Auftritten ab.

Event Cinemas KINO

(www.eventcinemas.co.nz; 119 Devon St E; Erw./Kind 14/9 NZ$; ⏲10–open end) Mainstream-Filme in einem Mega-Kinokomplex an der Hauptstraße. Der Boden ist übersät von Popcorn. Dienstags kosten alle Tickets 8,50 NZ$.

Shoppen

Kina SCHMUCK, DESIGN

(www.kina.co.nz; 101 Devon St W; ⏲Mo–Fr 9–17.30, Sa 9.30–16, So 11–16 Uhr) Herrliches neuseeländisches Kunsthandwerk, Schmuck- und Designartikel, ausgestellt in einer reizenden Ladenfront an der Hauptstraße und zusätzlich regelmäßige Galerieausstellungen. Der ideale Ort, um ein typisch neuseeländisches Souvenir zu erwerben.

Praktische Informationen

DOC (Department of Conservation; ☎06-759 0350; www.doc.govt.nz; 55a Rimu St; ⏲Mo–Fr 8–16.30 Uhr)

New Plymouth i-SITE (☎06-759 6060; www.taranaki.co.nz; Puke Ariki, 1 Ariki St; ⏲Mo–& Do–Fr 9–18, Mi bis 21, Sa & So bis 17 Uhr) Im Puke-Ariki-Gebäude gelegen, mit fantastischer interaktiver Touristeninformation.

Phoenix Urgent Doctors (☎06-759 4295; www.phoenixdoctors.co.nz; 95 Vivian St; ⏲8.30–20 Uhr) Arztbesuch nach Vereinbarung und schnelle medizinische Hilfe.

Post (21 Currie St; ⏲Mo–Fr 8.30–17, Sa 9–13 Uhr) Geldwechsel ist bei diesem lokalen Postamt möglich.

Taranaki Base Hospital (☎06-753 6139; www.tdhb.org.nz; David St; ⏲24 Std.) Für Unfälle und Notfälle.

An- & Weiterreise

BUS

Die Busse fahren vom **Busbahnhof** (Ecke Egmont & Ariki Sts) ab.

InterCity (www.intercity.co.nz) fährt zu folgenden Zielen:

ZIEL	PREIS (NZ$)	DAUER (STD.)	HÄUFIGKEIT (TGL.)
Auckland	73	6	2-mal
Hamilton	49	4	2 -mal
Palmerston North	35	4	1-mal
Wellington	45	7	1-mal
Whanganui	29	2½	1-mal

Naked Bus (www.nakedbus.com) verkehrt auf denselben Strecken:

ZIEL	PREIS (NZ$)	DAUER (STD.)	HÄUFIGKEIT (TGL.)
Auckland	30	6	1-mal
Hamilton	30	4	1-mal
Palmerston North	23	3½	1-mal
Wellington	20	6¼	1-mal
Whanganui	18	2½	1-mal

FLUGZEUG

Der **New Plymouth Airport** (www.newplymouthairport.com; Airport Dr) liegt 11 km östlich vom Zentrum nahe am SH3. **Air New Zealand** (☎06-757 3300; www.airnewzealand.co.nz; 12-14 Devon St E; ⏲Mo–Fr 9–17 Uhr) fliegt täglich direkt nach/ab Auckland, Wellington und Christchurch mit Anschluss zu weiteren Zielen.

Unterwegs vor Ort

Citylink (www.taranakibus.info; Erw./Kind 3,50/2,10 NZ$) hat Busse, die von Montag bis Freitag in der ganzen Stadt sowie weiter nördlich nach Waitara und südlich bis Oakura fahren. Die Abfahrt ist am Busbahnhof.

Chaddy's Charters (☎06-758 9133; www.windwand.co.nz/chaddiescharters; Ocean View Pde; 30 Min. 10 NZ$) Fahrradverleih.

Cycle Inn (☎06-758 7418; www.cycleinn.co.nz; 133 Devon St E; 2 Tage/ganzer Tag 10/20 NZ$; ⏲Mo–Fr 8.30–17, Sa 9–16, So 10–14 Uhr) Fahrradverleih.

Energy City Cabs (☎06-757 5580)

Rent-a-Dent (☎06-757 5362, 0800 736 823; www.rentadent.co.nz; 592 Devon St E; ⏲Mo–Fr 8–17, Sa bis 12 Uhr) Hier gibt's günstige Mietwagen.

Scott's Airport Shuttle (☎0800 373 001, 06-769 5974; www.npairportshuttle.co.nz; Erw.

ab 25 NZ$) unterhält einen Shuttledienst vom/zum Flughafen bis vor die Haustür.

Mt. Taranaki (Egmont National Park)

Der Mt. Taranaki, ein typisch geformter, 2518 m hoher Vulkankegel, dominiert die Landschaft und zieht jeden magisch an, der ihn zum ersten Mal erblickt. Aus geologischer Sicht ist der Taranaki der jüngste von drei großen Vulkanen – der Kaitke und der Pouakai sind die beiden anderen –, die sich entlang der selben Verwerfungszone befinden. Da sein letzter Ausbruch vor über 350 Jahren stattfand, sind die Experten der Ansicht, dass ein neuer Ausbruch eigentlich überfällig sei. Dennoch sollte man sich davon nicht abschrecken lassen – dieser Berg ist eine absolute Schönheit und das Highlight eines jeden Besuchs in der Region.

Die Zugangspunkte zum Berg sind North Egmont, Dawson Falls und East Egmont. Es gibt DOC-Infocenter in North Egmont und Dawson Falls; für Unterkunft und Versorgung muss man nach Stratford und Inglewood fahren.

Geschichte

Einer Maori-Legende nach gehörte der Taranaki zu einer Gruppe von Vulkanen im Zentrum der Nordinsel. Allerdings wurde er in grauer Vorzeit von dort vertrieben, nachdem er mit der wunderschönen Pihanga, dem Vulkan in der Nähe des Lake Taupo und der Geliebten des Mt. Tongariro, erwischt worden war. Als er nach Süden floh – manche sagen aus Schande, andere, um den Frieden zu wahren –, hinterließ Taranaki eine große Narbe in der Erde, durch die heute der Whanganui River fließt. Schließlich ließ sich der Vulkan im Westen an seinem jetzigen Standort nieder, an dem er in majestätischer Einsamkeit steht und sein Gesicht hinter einer Wolke aus Tränen versteckt.

Aktivitäten

Wandern

Weil er gut zugänglich ist, gilt der Mt. Taranaki als der „am häufigsten bestiegene" Berg Neuseelands. Dennoch ist das Wandern auf diesem Berg gefährlich und sollte keinesfalls unterschätzt werden. Es ist absolut lebenswichtig, sich bevor man aufbricht Ratschläge einzuholen und das Department of Conservation (DOC), das Visitor Centre oder das i-SITE über sein geplantes Vorhaben zu informieren.

Die meisten Wanderwege sind von North Egmont, Dawson Falls oder East Egmont aus erreichbar. Weitere Details findet man in der DOC-Sammlung detaillierter Wander-Flyer (je 1 NZ$) oder in der kostenlosen Broschüre *Taranaki: A Walker's Guide*.

Der wichtigste Wanderweg von North Egmont aus ist der landschaftlich reizvolle **Pouakai Circuit**, ein 25 km langer Rundwanderweg, der in zwei bis drei Tagen durch alpine, sumpfige und von Büschen überwucherte Gebiete mit toller Aussicht führt. Von hier aus gibt es aber auch leichtere und kürzere Wanderwege, etwa den **Ngatoro Loop Track** (1 Std.), den **Veronica Loop** (2 Std.) und den **Nature Walk** (15 Min., Rundwanderweg). Der **Summit Track** beginnt ebenfalls in North Egmont. Es ist ein 14 km langer Wanderweg, für den man hin und zurück acht bis zehn Stunden braucht und den unerfahrene Wanderer, vor allem bei Eis und Schnee, meiden sollten.

Von East Egmont aus gibt es den **Potaema Track** (rollstuhlgeeignet, hin & zurück 30 Min.) und den **East Egmont Lookout**

MT. TARANAKI – DER TRÜGERISCHE BERG

Der Mt. Taranaki mag aussehen, als wäre er leicht zu besteigen, aber der malerische Vulkankegel hat schon über 60 Menschenleben gefordert. Das Wetter auf dem Berg kann sich urplötzlich ändern: Eben noch Sommersonne, tobt eine Minute später schon ein Schneesturm. Außerdem drohen steil abfallende Felsvorsprünge und vereiste, steile Hänge.

Es gibt viele kurze Wanderwege, die die meiste Zeit des Jahres sicher begangen werden können. Für abenteuerlustige Wanderer empfehlen sich als beste Zeit die Monate Januar bis März. Unbedingt notwendig ist eine detaillierte topographische Karte (die Karte *Topo50 1:50000 Mt. Taranaki* oder *Mt. Egmont* sind empfehlenswert). Vor dem Aufstieg sollte man sich im DOC über die aktuellen Wetterbedingungen und den Zustand der Wege informieren. Außerdem muss man sich im DOC-Besucherzentrum (S. 249), bei i-SITE (S. 250) oder einfach online unter www.adventuresmart.org.nz registrieren.

(hin & zurück 10 Min.); ein längerer Wanderweg ist der steile **Enchanted Track** (hin & zurück 2–3 Std.).

In Dawson Falls kann man mehrere kurze Wanderungen unternehmen, z.B. auf dem **Wilkies Pools Loop** (hin & zurück 1¼ Std.) oder auf dem herrlichen, aber schwierigen **Fanthams Peak Return** (hin & zurück 5 Std.), der im Winter verschneit ist. Der **Kapuni Loop Track** (1 Std.) führt zu den 18 m hohen **Dawson Falls**. Die Wasserfälle sieht man auch vom Aussichtspunkt, zu dem man vom Besucherzentrum aus 10 Minuten geht.

Der schwierige, 55 km lange **Around-the-Mountain Circuit** nimmt drei bis fünf Tage in Anspruch und ist nur für erfahrene Wanderer geeignet. Entlang der Strecke gibt es eine Reihe von Hütten, die Tickets zum Übernachten muss man im Voraus kaufen.

Der **York Loop Track** (3 Std.), erreichbar von der York Rd nördlich von Stratford, ist ein faszinierender Wanderweg, der stellenweise einer stillgelegten Bahnstecke folgt.

Zwischen Februar und März, wenn es weniger schneit, kann man ohne Bergführer wandern. Ansonsten sollten unerfahrene Wanderer sich beim DOC über Clubs und Führer informieren. Heuert man einen Führer an, so kostet das etwa 300 NZ$ pro Tag. Zu den guten Veranstaltern zählen neben Mt. Taranaki Guided Tours die Folgenden:

Adventure Dynamics BERGSTEIGEN
(☎ 06-751 3589; www.adventuredynamics.co.nz)

Top Guides BERGSTEIGEN
(☎ 021 838 513, 0800 448 433; www.topguides.co.nz)

Skifahren

Manganui Ski Area SKIFAHREN
(☎ Skihütte 06-765 5493, Schnee-Infotelefon 06-759 1119; www.skitaranaki.co.nz; Tagespass Lift Erw./Kind 40/25 NZ$) Von Stratford aus fährt man auf der Pembroke Rd hoch zum Stratford Plateau, von wo aus es noch 1,5 km zu Fuß (20 Min.) bis zum kleinen Skigebiet Manganui Ski Area sind. Im i-SITE von Stratford (S. 250) findet man tagesaktuelle Infos über das Wetter und die Schneeverhältnisse; ansonsten kann man beim Schnee-Infotelefon anrufen oder sich über die Webcam informieren.

Geführte Touren

Mt Taranaki Guided Tours GEFÜHRTE WANDERUNG
(☎ 027 441 7042; www.mttaranakiguidedtours.co.nz) Geführte Bergwanderungen von ein bis drei Tagen, begeleiten von einem Führer mit dem treffenden Namen Ian McAlpine. Preis auf Anfrage.

Taranaki Tours GEFÜHRTE TOUR
(☎ 0800 886 877, 06-757 9888; www.taranakitours.com; ab 130 NZ$/Pers.) Führt Ganztagestouren rund um den Berg durch, mit besonderem Schwerpunkt auf Maori-Kultur und Naturgeschichte.

Heliview PANORAMAFLUG
(☎ 0800 767 886, 06-753 0123; www.heliview.co.nz; Flug ab 149 NZ$) Ein 25-minütiger Flug zum Gipfel kostet 249 NZ$ pro Person.

Schlafen & Essen

Auf dem Berg gibt es mehrere verstreut liegende DOC-Hütten, die über Wanderwege erreichbar sind. Die meisten kosten 15 NZ$ pro Nacht (Syme und Kahui jeweils 5 NZ$); die Tickets für die Hütten kauft man im Voraus beim DOC. Kochgeschirr, Verpflegung und Schlafsack selbst mitbringen! Vorausbuchungen sind nicht möglich – wer zuerst kommt, mahlt zuerst. Unterkünfte gibt's auch in den nahen Orten Stratford und Inglewood.

Camphouse HOSTEL $
(☎ 06-278 6523; www.mttaranaki.co.nz; Egmont Rd, North Egmont; B/DZ/FZ 38/90/225 NZ$) Das wie eine Backpackerunterkunft mit Etagenbetten ausgestattete Hostel liegt hinter dem North Egmont Visitor Centre in einem historischen Wellblechhaus von 1850. An den Wänden sieht man noch die Einschusslöcher von jenen Kugeln, mit denen die Siedler während des Taranaki Land Wars auf die Maori schossen. Von der Terrasse reicht der Blick bis zum Horizont. Tagesgebühr für Wanderer 20 NZ$ (mit warmer Dusche).

EcoInn HOSTEL $
(☎ 06-752 2765; www.ecoinnovation.co.nz; 671 Kent Rd; EZ/2BZ/DZ 35/70/70 NZ$; @ 📶) Dieses umweltfreundliche Haus liegt rund 6,5 km vom Abzweig zum Aviation, Transport & Technology Museum entfernt. Es wurde aus recyceltem Holz erreichtet und wird mit Solar-, Wind- und Wasserenergie versorgt. Es gibt ein Spa und einen Billardtisch. Für Gruppen gut geeignet.

Konini Lodge LODGE $
(☎ 06-756 0990; www.doc.govt.nz; Manaia Rd, Dawson Falls; B 25 NZ$) Die einfache Unterkunft mit Etagenbetten liegt vom Besucherzentrum Dawson Falls aus etwa 100 m berg-

ab. Für die Bewohner der sechs Schlafsäle gibt es einen riesigen Gemeinschaftsraum mit Küche.

Mountain House LODGE $$
(☎06-765 6100; www.stratfordmountainhouse.co.nz; 998 Pembroke Rd; B 155 NZ$, 20 NZ$/weitere Pers.) Die einladende Lodge auf der Stratford-Seite des Berges (15 km von der Abzweigung vom SH3 und 3 km vom Skigebiet Manganui entfernt) hat kürzlich renovierte Zimmer im Motel-Look und ein modernes europäisches **Restaurant/Café** (Brunch 13–38 NZ$, Abendessen 34–42 NZ$; ⌚Mi–So 9–open end) zu bieten. Es ist auch Halbpension möglich (ab 295 NZ$).

Mountain Cafe CAFÉ $
(www.mttaranaki.co.nz; Egmont Rd; Mahlzeiten 10–18 NZ$; ⌚Dez.–Feb. 9–15, März–Nov. 10–15 Uhr) Es befindet sich im North Egmont Visitor Centre.

ℹ Praktische Informationen

Dawson Falls Visitor Centre (☎027 443 0248; www.doc.govt.nz; Manaia Rd; ⌚Do–So 9–16 Uhr, in den Schulferien tgl.) An der südöstlichen Seite des Berge gelegen; davor steht ein Ehrfurcht gebietender Totempfahl.

MetPhone (☎0900 999 06) Aktuelles Bergwetter.

North Egmont Visitor Centre (☎06-756 0990; www.doc.govt.nz; Egmont Rd; ⌚8–16.30 Uhr) Aktuelle und umfassende Infos über den Nationalpark.

ℹ An- & Weiterreise

Es gibt drei Hauptzugangsstraßen zum Egmont National Park, die allesamt gut ausgeschildert sind und entweder am DOC Visitor Centre vorbeiführen oder dort enden. Am nächsten bei New Plymouth liegt North Egmont: Man fährt auf den SH3 und nimmt 12 km südlich von New Plymouth die Abzweigung bei Egmont Village und folgt 14 km lang der Egmont Road. Von Stratford aus nimmt man die Abzweigung an der Pembroke Rd und folgt der Straße 15 km bis East Egmont und zum Skigebiet Manganui. Aus südöstlicher Richtung führt die Manaia Rd zu den Dawson Falls, die 23 km von Stratford entfernt sind.

Es gibt keine öffentlichen Busse zum Nationalpark, dafür aber zahlreiche Betreiber von Shuttlebussen sowie Tourenanbieter, die einen gerne für etwa 40/55 NZ$ einfache Fahrt/hin & zurück dorthin bringen (für Gruppen meistens billiger).

Cruise NZ Tours (☎0800 688 687) Der Shuttlebus zum Berg fährt in New Plymouth um 7.30 Uhr nach North Egmont ab; die Rückfahrt ist um 16.30 Uhr. Andere Zu-/Aussteigeorte nach Vereinbarung. Im Angebot sind auch Ausflugsfahrten.

Eastern Taranaki Experience (☎06-765 7482; www.eastern-taranaki.co.nz) Shuttledienst, aber auch geführte Touren und Unterkunft in Stratford.

Outdoor Gurus (☎027 270 2932, 06-758 4152; www.outdoorgurus.co.nz) Abholorte (New Plymouth) und Abfahrtszeiten nach Vereinbarung; auch Vermietung von Ausrüstung.

Taranaki Tours (☎06-757 9888, 0800 886 877) Fahrten von New Plymouth nach North Egmont und zurück.

Rund um den Mt. Taranaki

Inglewood

3250 EW.

Der kleine Ort Inglewood, der sich an einer Hauptstraße entlangzieht, liegt sehr nahe am SH3 Richtung Berg. Er eignet sich bestens als Zwischenstopp , um sich im Supermarkt mit Vorräten einzudecken oder um in der **Nelsons Bakery** (☎06-756 7123; 45 Rata St; Pies 3–4 NZ$; ⌚Mo–Fr 6–16.30, Sa 7–16 Uhr) Pie mit Steak und Ei zu genießen. Inglewoods anderes Highlight ist das niedliche **Fun Ho! National Toy Museum** (☎06-756 7030; www.funhotoys.co.nz; 25 Rata St; Erw./Kind 6/3 NZ$; ⌚10–16 Uhr), das altmodische Sandguss-Spielzeuge ausstellt (und verkauft). Es dient auch als Besucherinformation. Die Website www.inglewood.co.nz ist eine gute Informationsquelle.

Von New Plymouth aus kommend, liegt an der Straße in den Ort das **White Eagle Motel** (☎06-756 8252; www.whiteeaglemotel.co.nz; 87b Rata St; EZ/DZ ab 90/105 NZ$, zusätzl. Pers. 20 NZ$; 📶), ein Motel alter Schule, das aber sauber und ruhig ist und mit Kästen voller blühender Blumen erfreut. Die Wohneinheiten mit zwei Schlafzimmern wirken größer, als sie sind.

In einem denkmalgeschützten, feuerwehrroten Gebäude aus dem Jahr 1878 befindet sich das **Caffe Windsor** (☎06-756 6665; www.caffewindsor.co.nz; 1 Kelly St; Brunch 9–23 NZ$, Abendessen 23–30 NZ$; ⌚Mo–Mi 8.30–17, Do–Sa open end, So bis 15 Uhr), das tagsüber riesige Puddingtörtchen und Kaffee und abends beispielsweise Thai-Hähnchen-Curry serviert. In der Nähe liegt das **Funkfish Grill** (☎06-756 7287; www.funkfishgrill.co.nz; 32 Matai St; zum Mitnehmen 5–10 NZ$, Hauptgerichte 23–36 NZ$; ⌚16 Uhr–open end), eine hippe Pizzeria, in der es auch Fish & Chips sowie Mahlzeiten zum Mitnehmen gibt, die sich abends aber in eine Bar verwandelt. Köstlich sind die Tempura-Muscheln.

Stratford

5470 EW.

40 km südöstlich von New Plymouth liegt am SH3 der Ort Stratford, der überall an seinen Namensvetter Stratford-upon-Avon (Shakespeares Geburtsort) erinnert. Alle Straßen im Ort tragen die Namen von Figuren aus den Werken des Dramatikers. Stratford besitzt auch Neuseelands erstes **Glockenspiel**. Viermal täglich (10, 13, 15 und 19 Uhr) spielt es aus Shakespeares größten Dramen – etwas mühevoll und auf recht hölzerne Art vertont.

Im **Stratford i-SITE** (☎06-765 6708, 0800 765 6708; www.stratford.govt.nz; Prospero Pl, Broadway S; ⌚Mo–Fr 8.30–17, Sa & So 10–15 Uhr) befindet sich auch die **Percy Thomson Gallery** (☎06-765 0917; www.percythomsongallery.org.nz; Prospero Pl; ⌚Mo–Fr 10.30–16, Sa & So bis 15 Uhr) GRATIS, eine Gemeindegalerie, die nach einem ehemaligen Bürgermeister benannt wurde und die eine bunte Mischung von regionaler Kunst und Wanderausstellungen zeigt.

1 km südlich von Stratford liegt am SH3 das **Taranaki Pioneer Village** (☎06-765 5399; www.pioneervillage.co.nz; Erw./Kind 12/5 NZ$; ⌚10–16 Uhr). Auf dem 40 ha großen Gelände des Freilichtmuseums stehen 40 historische Gebäude aus vergangenen Zeiten (und es ist dort mehr als nur ein bisschen gruselig ...).

Der recht altmodische **Stratford Top Town Holiday Park** (☎0508 478 728, 06-765 6440; www.stratfordtoptownholidaypark.co.nz; 10 Page St; Stellplatz/B/Hütte/Wohneinheit ab 16/20/40/98 NZ$; @📶) ist noch immer eine gepflegte Ferienanlage, die auch Hütten mt jeweis einem Zimmer, diverse motelähnliche Wohneinheiten und Etagenbetten für Backpacker anbietet.

Das ziemlich neue **Amity Court Motel** (☎06-765 4496; www.amitycourtmotel.co.nz; 35 Broadway N; DZ & Apt. 130–200 NZ$; 📶) mit seinen Steinsäulen, kecken Dachvorsprüngen, Holzjalousien und gedämpften dunklen Farben hat die Übernachtungsoptionen im Ort bedeutend verbessert.

Surf Highway 45

Von New Plymouth zieht sich bis Hawera im Süden der 105 km lange SH45, auch als Surf Highway 45 bekannt. Entlang der Strecke findet man jede Menge schwarzer Sandstrände – wer aber erwartet, dass er während der ganzen Fahrt die Wellen an die Küste branden sieht, wird vermutlich enttäuscht sein: Die meiste Zeit schlängelt sich die Straße durch Farmland – immer wieder muss man Traktoren und Kühen ausweichen. In den Besucherzentren liegt die Broschüre *Surf Highway 45* zum Mitnehmen aus.

ABSEITS DER ÜBLICHEN PFADE

FORGOTTEN WORLD HIGHWAY

Die 155 km lange Fernstraße zwischen Stratford und Taumarunui (SH43) ist auch als Forgotten World Highway bekannt. Die Strecke, von der ein kleiner Teil (etwa 11 km) noch nicht asphaltiert ist, windet sich durch hügeliges Buschland – vorbei an *pa* (Wehrdörfern) der Maori, verlassenen Kohlebergwerken und Gedenktafeln für längst Verstorbene. Man sollte vier Stunden und viele Stopps einplanen – vorher auf alle Fälle volltanken (unterwegs gibt es keine Tankstelle)! Die i-SITEs und DOC-Besucherzentren der Gegend haben eine Broschüre über die Straße.

Ein Highlight ist **Whangamomona** (30 Ew.): Der schrullige Ort hat sich 1989 nach Meinungsverschiedenheiten mit der lokalen Verwaltung zur unabhängigen Republik ausgerufen. In den Jahren mit ungeraden Jahreszahlen wird im Januar mit pseudomilitärischem Gepränge der Unabhängigkeitstag gefeiert. Im Ortszentrum steht das nicht zu verfehlende, großartige alte **Whangamomona Hotel** (☎06-762 5823; www.whangamomonahotel.co.nz; 6018 Forgotten World Hwy.; Unterkunft pro Pers. mit Frühstück 75 NZ$, Hauptgerichte 16–35 NZ$; ⌚11 Uhr-open end), ein Gasthaus mit einfachen Quartieren und üppig portionierten ländlichen Gerichten.

Wer nicht selber fahren möchte, kann die Tour auch bei **Eastern Taranaki Experience** (☎06-765 7482, 027 471 7136; www.eastern-taranaki.co.nz; Tagesausflüge pro Pers. ab 60 NZ$) buchen. Weitere Infos siehe Forgotten World Adventures (S. 210).

PARIHAKA

Ab Mitte der 1860er-Jahre wurde Parihaka, eine kleine Maori-Siedlung östlich des SH45 in der Nähe von Pungarehu, das Zentrum einer friedlichen Widerstandsbewegung, der sich nicht nur andere Stämme aus Taranaki, sondern Maori aus dem ganzen Land anschlossen. Ihre Anführer, Te Whiti-o-Rongomai und Tohu Kakahi, waren Angehörige sowohl des Taranaki- als auch des Te-Ati-Awa-*iwi*.

Nach den Land Wars war die Konfiszierung von Stammesland das zentrale Problem, dem sich die Maori von Taranaki gegenübersahen. Unter der Führung Te Whitis wurde eine neue Herangehensweise an dieses Problem entwickelt: mit gewaltfreien Methoden Widerstand gegen europäische Siedlungen leisten.

Als die Regierung 1879 damit begann, beschlagnahmtes Land in der Waimate-Ebene zu vermessen, behinderten unbewaffnete Anhänger von Te Whiti die Arbeiten. Mit einer weißen Feder im Haar und bester Laune pflügten sie Gräben quer über die Straßen, stellten wahllos Zäune auf und zogen Vermessungspfosten aus der Erde. Viele wurden verhaftet und ohne Gerichtsverfahren auf der Südinsel festgehalten, doch die Proteste gingen weiter und nahmen sogar noch zu. Im November 1881 entsandte die Regierung schließlich eine Streitmacht von mehr als 1500 Mann nach Parihaka. Die Einwohner wurden verhaftet oder vertrieben, und das Dorf wurde später zerstört. Te Whiti und Tohu wurden verhaftet und bis 1883 eingesperrt. In ihrer Abwesenheit wurde Parihaka wieder aufgebaut, und die Pflugaktionen hielten bis in die 1890er-Jahre an.

2006 entschuldigte sich die neuseeländische Regierung schließlich offiziell bei den Stämmen, die von der Invasion und der Konfiszierung des Parihaka-Lands betroffen gewesen waren, und entschädigte sie finanziell.

Te Whitis Geist lebt in Parihaka in jährlichen Treffen seiner Nachfahren und einem öffentlichen Musik- und Kunstfestival, dem Parihaka International Peace Festival, weiter, das zu Anfang eines jeden Jahres stattfindet. Weitere Hinweise findet man auf www.parihaka.com.

Oakura

1380 EW

Von New Plymouth kommend ist der erste Stopp das verschlafene Örtchen Oakura, 15 km südwestlich am SH45 gelegen. Sein breiter Strand ist wegen seiner rechtsbrechenden Wellen bekannt, ist aber auch bei Familien sehr beliebt (Sandalen mitnehmen, denn im schwarzen Sand verbrennt man sich die Füße). Der Surfshop **Vertigo** (☎06-752 7363; www.vertigosurf.com; Kurse ab 80 NZ$; ⏲Mo–Fr 9–17, Sa 10–16 Uhr) an der Hauptstraße bietet Surf- und Stand-Up-Paddle-Kurse an. Siehe auch Tarawave Surf School (S. 242).

Schlafen

Wave Haven HOSTEL $

(☎06-752 7800; www.thewavehaven.co.nz; Ecke Lower Ahu Ahu Rd & SH45; B/EZ/DZ ab 25/50/60 NZ$; @📶) Einen Hauch von kolonialzeitlichen Charme zeigt diese Backpackerunterkunft für Surfer ganz in der Nähe der großen Wellen. Man findet hier eine Kaffeemaschine, eine große Terrasse zum Entspannen, Surfbretter, einige freundliche Newfoundland-Hunde sowie herumliegende leere Weinflaschen.

Oakura Beach Holiday Park FERIENANLAGE $

(☎06-752 7861; www.oakurabeach.com; 2 Jans Tce.; Stellplatz ab 20 NZ$, Hütten 70–140 NZ$; @📶) Die klassische Ferienanlage zwischen den Klippen und dem Meer ist besonders für Wohnwagen geeignet, bietet aber auch einfache Hütten und gut gelegene Stellplätze für alle, die zelten wollen (direkt am Meer!).

Oakura Beach Motel MOTEL $$

(☎06-752 7680; www.oakurabeachmotel.co.nz; 53 Wairau Rd; DZ ab 115 NZ$, zusätzliche Pers. 20 NZ$; 📶) Das ruhige Motel mit sieben Wohneinheiten liegt abseits der Hauptstraße und nur etwa drei Minuten Fußweg vom Strand entfernt. Die Anlage stammt aus den 1970er-Jahren, aber der Besitzer hält alles tipptopp in Schuss. Falls einem in der Nacht einmal langweilig werden sollte: Es gibt rund 300 DVDs zum Ausleihen!

★ **Ahu Ahu Beach Villas** BOUTIQUEHOTEL $$$

(☎06-752 7370; www.ahu.co.nz; 321 Lower Ahu Ahu Rd; DZ ab 270 NZ$; 📶) Teuer, aber recht beeindruckend: Die von Architekten entworfenen

Villen auf einer Anhöhe mit Blick auf den Ozean sind herrlich ausgefallen, haben riesige Holzbalken, in die Wände eingelassene Flaschen, mit Flechten bewachsene französische Dachziegel und glänzenden Zementboden mit eingearbeiteten Paua-Muscheln. Eine neue Lodge bietet Platz für vier Personen. Sogar Rockstars übernachten hier!

Essen

Carriage Café CAFÉ $

(☎06-752 7226; 1143 SH45; Mahlzeiten 10–20 NZ$; ⌚8.30–15 Uhr) Das Café liegt abseits der Hauptstraße in einem langsam rollenden Eisenbahnwagen von 1914. Das ungewöhnliche Lokal bietet gutes Frühstück, Pies mit Speck und Ei sowie Scones mit Käse – und dazu gibt's einen guten Kaffee.

Cafe Mantra INDISCH $$

(☎06-752 7303; www.cafemantra.co.nz; 1131 SH45; Hauptgerichte 14-23; ⌚7.30–14 & 16.30–22 Uhr) „Lass die guten Zeiten wieder aufleben", ist das Mantra dieses indischen Cafés, das interkulturelle Zusammenkünfte zwischen Currys, Burgern, Holzofenpizza, Sandwichs, Muffins, Gebäck und Kaffee anbahnt. In den Wintermonaten montags geschlossen.

Von Oakura nach Opunake

Bei Oakura schwenkt der SH45 ins Landesinnere, aber trotzdem führen immer wieder Nebenstraßen zu diversen Stränden. Unweit von Okato liegt am Highway das buttermilchfarbene, 130 Jahre alte **Stony River Hotel** (☎06-752 4253; www.stonyriverhotel.co.nz; 2502 SH45; 2BZ/DZ/3BZ inkl. Frühstück 95/120/150 NZ$, Hauptgerichte 10–28 NZ$; ⌚Mi–So mittags 10–14 Uhr; 📶) mit einfachen Zimmern im Landhausstil und einer soliden, öffentlichen Bar.

Gleich nach Warea beginnt die **Stent Rd**, ein legendäres Brandungsriff, das für erfahrene Surfer geeignet ist (der Name steht auf einem Fels, weil das Straßenschild immer wieder gestohlen wurde). Eine andere berühmte Stelle ist der westlich von Okato an der Komene Rd gelegene **Kumara Patch** mit seinem etwa 150 m langen Lefthander.

Bei **Pungarehu** führt eine Abzweigung Richtung Küste zum 3 km entfernten **Cape Egmont Lighthouse**, einem malerischen Leuchtturm, der 1881 von Mana Island bei Wellington hierher versetzt wurde. Abel Tasman erblickte dieses Kap 1642 und nannte es „Nieuw Zeeland". Eine Kopie dieses Leuchtturms gibt es abseits der Bayly Rd, etwas weiter westlich; sie wurde erbaut, um das Licht des originalen Leuchtturms aufzunehmen, nachdem der Betrieb 1986 automatisiert wurde.

Die Straße nach Parihaka (S. 251) führt von diesem Abschnitt des SH45 landeinwärts.

SNELLY!

Opunake ist mehr als nur ein Surfermekka. Es ist der Geburtsort des Mittelstreckenläufers Peter Snell (geb. 1938), der in Neuseeland Kultstatus erreicht hat. Bei den Olympischen Spielen von 1960 in Rom und von 1964 in Tokio rannte er seinen Konkurrenten einfach davon. Old Snelly gewann in Italien beim 800-m-Lauf die Goldmedaille; in Japan holte er Gold sowohl über 800 m als auch über 1500 m. Er ist wirklich eine Legende! Vor der Bibliothek in Opunake steht eine drollige Statue, die ihn beim Laufen zeigt.

Opunake

1335 EW

Der Ferienort ist das Surfzentrum von Taranaki und besitzt einen geschützten Familienbereich und weiter draußen jede Menge herausfordernde Wellen. Der **Dreamtime Surf Shop** (☎06-761 7570; www.opunakesurf.co.nz; Ecke Tasman & Havelock Sts; Surfbrett/Bodyboard/Neoprenanzug halber Tag 30/20/10 NZ$; ⌚9–17 Uhr, Juni–Aug. So geschl.) bietet Internetzugang und verleiht Surfausrüstung.

Schlafen

Opunake Beach Holiday Park FERIENANLAGE $

(☎0800 758 009, 06-761 7525; www.opunakebeachnz.co.nz; Beach Rd; Stellplatz/Hütte/Cottage 38/70/105 NZ$; @📶) Der Opunake Beach Holiday Park ist ein zwangloser Ort hinter dem Surfstrand. Es gibt grasbewachsene Stellplätze, eine große Campingküche sowie höhlenartige Sanitäranlagen – und die Wellen sind nur wenige Meter entfernt.

Opunake Motel & Backpackers MOTEL, HOSTEL $

(☎06-761 8330; www.opunakemotel.co.nz; 36 Heaphy Rd; B/EZ/DZ/FZ ab 30/95/110/130 NZ$; 📶) Am Rande einsamer Felder gelegen, ist das Opunake Motel & Backpackers eine lockere Unterkunft mit recht altmodischen Motelzimmern und einer winzigen Lodge als Schlafsaal (ein Triumph des echten Retro-Stils).

Headlands HOTEL $$
(☎06-761 8358; www.headlands.co.nz; 4 Havelock St; DZ 120–250 NZ$) Nur 100 m vom Strand entfent liegt das Headlands, ein neues Hotel, zu dem ein modernes, luftiges Bistro (Hauptgerichte 10–35 NZ$; geöffnet 8.30 Uhr–open end) und ein aufgewertetes, dreistöckiges Gebäude mit Zimmern gehören. Von den besten Zimmern aus genießt man den Blick auf herrliche Sonnenuntergänge. Man kann wählen zwischen Übernachtung mit Frühstück oder Halbpension.

Essen

★ **Sugar Juice Café** CAFÉ $$
(42 Tasman St; Snacks 4–10 NZ$, Hauptgerichte 10–34 NZ$; ⌚Di–Sa 9–open end, So bis 16 Uhr;) Im Sugar Juice Café gibt es das beste Essen entlang des SH45. Es ist stets voll und bietet eine Fülle köstlicher hausgemachter Gerichte (die Ravioli mit Languste und Garnelen oder Lammhaxe mit Preiselbeeren unbedingt probieren). Toller Kaffee, Salate, Wraps, Kuchen, Gebäck und große Frühstücksteller – ein Aufenthalt hier lohnt sich allemal. Im Sommer auch montags geöffnet.

Praktische Informationen

Opunake Library (☎0800 111 323; opunakel@stdc.govt.nz; Tasman St; ⌚Mo–Fr 9–17, Sa 9.30–13 Uhr;) Sie dient auch als Besucherzentrum und verfügt über mehrere Terminals im Hof und kostenloses WLAN rund um die Uhr.

Hawera

11 100 EW.

Viel städtischen Charme darf man vom landwirtschaftlich geprägten Hawera, der größten Stadt von South Taranaki, nicht erwarten. Aber hier kann man gut seine Vorräte aufstocken, sich die Beine vertreten oder eine Nacht verbringen. Und bloß nicht Elvis verpassen!

Sehenswertes & Aktivitäten

★ **KD's Elvis Presley Museum** MUSEUM
(☎06-278-7624; www.elvismuseum.co.nz; 51 Argyle St; Eintritt gegen Spende) Elvis lebt! Jedenfalls in Kevin D. Wasleys erstaunlichem Museum, in dem sich mehr als 10 000 Platten des King sowie eine unglaubliche Sammlung von Elvis-Devotionalien befinden, alles über einen einen Zeitraum von 50 Jahren hinweg gesammelt. Besessenheit sei als Erklärung untertrieben, sagt KD. Aber nicht nach dem pausbäckigen Elvis der Las-Vegas-Zeit fragen: KD konzentriert sich auf den hüftschwingenden König des Rock'n'Roll aus den 1950er- und 1960er-Jahren und den Sun Studios. Einlass ist nach Vereinbarung, im Voraus also anrufen.

Hawera-Wasserturm TURM, AUSSICHTSPUNKT
(www.southtaranaki.com; 55 High St; Erw./Kind/Fam. 2,50/1/6 NZ$; ⌚10–14 Uhr) Der schmucklose Hawera Water Tower (54,21 m) neben dem i-SITE gehört zu den coolsten Dingen in Hawera. Einfach den Schlüssel bei i-SITE abholen, 215 Stufen hochsteigen und dann den Horizont nach Lebenszeichen absuchen (an klaren Tagen kann man die Küste und den Mt. Taranaki sehen).

Tawhiti Museum MUSEUM
(www.tawhitimuseum.co.nz; 401 Ohangai Rd; Erw./Kind 12/6 NZ$; ⌚Feb.–Mai & Sept.–Dez. Fr–Mo 10–16 Uhr, Juni–Aug. nur So, Jan. tgl.) Das ausgezeichnete Tawhiti Museum beherbergt eine Reihe von Exponaten und Dioramen sowie erschreckend lebensechte Figuren, für die Menschen aus der Gegend Modell gestanden haben. Eine große Traktoren-Sammlung würdigt das ländliche Erbe; außerdem gibt es eine Eisenbahn, die ein Stück durch das Buschland führt, sowie Fahrten mit dem „Traders & Whalers"-Schiff (beides kostet extra). Das Museum befindet sich 4 km nördlich der Stadt unweit der Kreuzung mit der Tawhiti Rd.

Schlafen

Wheatly Downs Farmstay FERIEN AUF DEM BAUERNHOF $
(☎06-278 6523; www.mttaranaki.co.nz; 484 Ararata Rd; Stellplatz ab 20 NZ$, B/EZ/2BZ 30/75/75 NZ$, DZ mit/ohne Bad 130/75 NZ$; @) Das in ländlicher Idylle gelegene, denkmalgeschützte Gebäude verfügt über klassische Holzböden und eine schnörkellose Ausstattung. Hausherr Gary ist sehr liebenswürdig und präsentiert gerne seine ausgefallene Schweinerasse. Anfahrt: am Tawhiti Museum vorbei und weitere 5,5 km die Ararata Rd entlang. Eine Abholung ist nach Vereinbarung möglich.

Hawera Central Motor Lodge MOTEL $$
(☎06-278 8831; www.haweracentralmotorlodge.co.nz; 53 Princes St; DZ 140–175 NZ$;) Dies ist die beste Adresse unter allen Hotels der Stadt (und besser als alle an der South Rd). Im glänzenden Hawera Central zeugt

alles von Stil: graue und eukalyptusgrüne Farbtöne, rahmenlose Glasduschen, große Flachbild-TVs, eine gute Security, DVD-Player, eine kostenlose Filmbibliothek und WLAN gratis.

Essen

Indian Zaika INDISCH $$
(06-278 3198; www.indianzaika.co.nz; 91 Princes St; Haptgerichte NZ$17–20; Di–Sa 11–14, tgl. 17 Uhr–open end;) Wer ein feines Mittag- oder Abendessen haben möchte, sollte in dieses nach Gewürzen duftende, schwarz-weiß eingerichtete Restaurant gehen, in dem man in modernem Ambiente ordentliche Currys bekommt. Ganz toll sind die Mittagsgerichte zum Mitnehmen (um 10 NZ$).

Praktische Informationen

South Taranaki i-SITE (06-278 8599; www.southtaranaki.com; 55 High St; Mo–Fr 8.30–17, Sa & So 9.30–16 Uhr) Bietet alle Infos für South Taranaki. Im Winter verkürzte Öffnungszeiten an Wochenenden.

Whanganui

42 150 EW.

Die Flöße am Ufer erinnern irgendwie an Huckleberry Finn. Whanganui ist eine raue, etwas verlotterte historische Stadt am Ufer des breiten Whanganui River. Die heimische Kunstszene boomt: Alte Hafengebäude verwandeln sich in Werkstätten für Glaskunst. Auch das Stadtzentrum wurde erneuert – es gibt kaum etwas Schöneres im ganzen Umkreis, als einen sonnigen Nachmittag unter den Blätterdächern auf der Victoria Avenue zu verbringen.

Geschichte

Die Maori siedelten sich in Whanganui schon um das Jahr 1100 an. Der erste Europäer, der sich im Jahr 1831 am gleichnamigen Fluss niederließ, war Andrew Powers. Aber die eigentliche Besiedlung durch die Europäer begann erst ab 1840, als die New Zealand Company den Landbedarf in Wellington nicht mehr befriedigen konnte und die Siedler hierher zogen.

Als die Maori begriffen, dass die Geschenke der Pakeha (Europäer) als Tauschmittel für das Land dienten, waren sie verständlicherweise aufgebracht. Es folgten sieben konfliktreiche Jahre. Tausende von Regierungssoldaten besetzten Rutland Stockade im Queens Park. Schließlich wurde der Konflikt durch ein Schiedsgericht beigelegt. Während der Taranaki Land Wars unterstützten die Whanganui-Maori dann die Pakeha.

Sehenswertes & Aktivitäten

★ **Whanganui Regional Museum** MUSEUM
(www.wrm.org.nz; Watt St, Queens Park; 10–16.30 Uhr) GRATIS Das Whanganui Regional Museum ist eines der besseren neuseeländischen Naturkundemuseen. Zu den Highlights unter den Maori-Exponaten gehören das geschnitzte Te-Mata-o-Hoturoa-Kriegskanu und einige brutal aussehende *mere* (Keulen aus Nephrit). Die Installationen zur Kolonialgeschichte und die Präparate zur Tierwelt sind erstklassig. Kinder können im Museum jede Menge Knöpfe drücken und Schubladen öffnen und sind damit eine ganze Weile beschäftigt.

★ **Sarjeant Gallery** GALERIE
(06-349 0506; www.sarjeant.org.nz; Queens Park; 10.30–16.30 Uhr) GRATIS Als wir sie besuchten, war die elegante neoklassizistische Sarjeant Gallery wegen Arbeiten an der Sicherheit bei Erdbeben bis auf Weiteres ausgelagert. Sie zeigt aber in ihrer umfangreichen Dauerausstellung dennoch die wichtigsten Stationen von der historischen bis zur zeitgenössischen Kunst und beherbergt häufig auch Sonderausstellungen (darunter Glasarbeiten vom alljährlichen Wanganui Festival of Glass). Anrufen oder sich im Internet informieren, ob die Umbauarbeiten abgeschlossen sind; ist dies noch nicht der Fall, so kann man in 38 Taupo Quay ausgewählte Werke besichtigen.

★ **Whanganui Riverboat Centre** MUSEUM
(www.riverboats.co.nz; 1a Taupo Quay; 10–16 Uhr) GRATIS Die historischen Exponate sind interessant, aber fast alle Besucher kommen wegen der *Waimarie*, dem letzten Schaufelraddampfer, der den Whanganui River befuhr. Im Jahr 1900 wurde der Raddampfer von England hierher gebracht und fuhr unermüdlich auf dem Whanganui, bis er im Jahr 1952 ganz unspektakulär an seinem Anlegeplatz sank. 41 Jahren später wurde das Wrack geborgen, restauriert und am ersten Tag des 21. Jhs. wieder vom Stapel gelassen. Heute werden wie einst zweistündige Fahrten auf dem Whanganui River angeboten.

Chronicle Glass Studio GALERIE
(www.chronicleglass.co.nz; 2 Rutland St; Mo–Fr 9–17, Sa & So 10–15 Uhr) GRATIS Das Chronicle

Whanganui

0 500 m

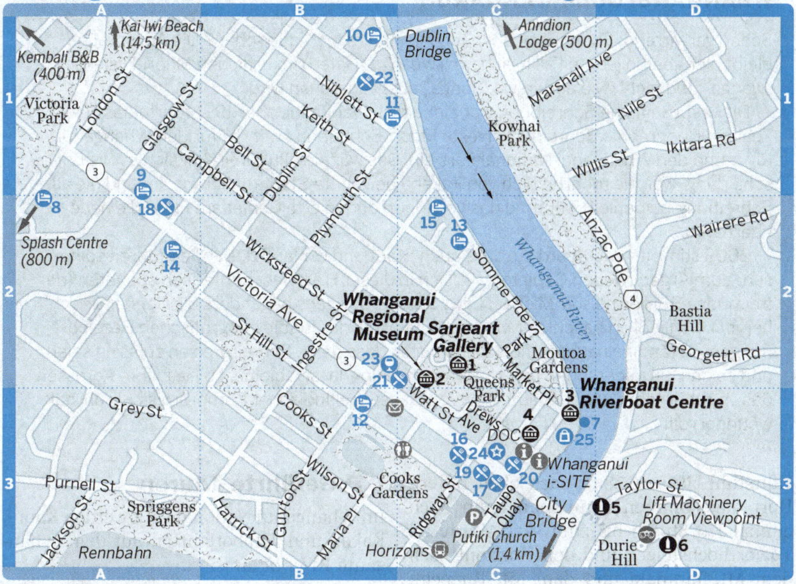

Whanganui

Highlights
- 1 Sarjeant Gallery ... C2
- 2 Whanganui Regional Museum ... C2
- 3 Whanganui Riverboat Centre ... C3

Sehenswertes
- 4 Chronicle Glass Studio ... C3
- 5 Durie Hill Elevator ... D3
- 6 War Memorial Tower ... D3

Aktivitäten, Kurse & Touren
- 7 Waimarie Paddle-Steamer Tours ... C3

Schlafen
- 8 151 on London Motel ... A2
- 9 Aotea Motor Lodge ... A1
- 10 Astral Motel ... B1
- 11 Braemar House YHA ... B1
- 12 Grand Hotel ... B3
- 13 Riverview Motel ... C2
- 14 Siena Motor Lodge ... A2
- 15 Tamara Backpackers Lodge ... C2

Essen
- Big Orange ... (siehe 16)
- 16 Ceramic Lounge ... C3
- 17 Jolt Coffee House ... C3
- 18 New World ... A2
- 19 Spice Guru ... C3
- 20 Stellar ... C3
- 21 WA Japanese Kitchen ... C2
- 22 Yellow House Café ... B1

Ausgehen & Nachtleben
- Grand Irish Pub ... (siehe 12)
- 23 Spirit'd ... B2

Unterhaltung
- 24 Embassy 3 Cinemas ... C3

Shoppen
- 25 River Traders Market ... C3

ist das Beste der Glasstudios in Whanganui: Hier kann man den Glasbläsern zusehen, durch die Ausstellung bummeln, am Wochenende an einem Glasbläserkurs teilnehmen (390 NZ$) oder sich auch an einem kühlen Nachmittag aufwärmen. Für Eilige gibt es einen einstündigen Kurs mit Herstellung eines Briefbeschwerers (100 NZ$).

Durie Hill Elevator TURM

(www.wanganui.govt.nz; Anzac Pde.; Erw./Kind einfach 2/1 NZ$; ⌚Mo–Fr 8–18 Uhr, Sa & So 10–17 Uhr) Vom Stadtzentrum aus gesehen jenseits der City Bridge befindet sich dieser Fahrstuhl, der als Zugang zum Wohngebiet Durie Hill gebaut wurde. Ein Tunnel bohrt sich 213 m tief in den Berg, von wo aus der

WHANGANUI ODER WANGANUI?

Schon verwirrend: Schreibt sich Whanganui nun mit „h" oder ohne? Die Aussprache bleibt hier aber in jedem Fall gleich, weil *whanga* (Hafen) im örtlichen Maori-Dialekt „wanga" und nicht, wie anderswo, „fanga" ausgesprochen wird.

Die ursprüngliche Schreibung war einheitlich Wanganui, aber 1991 führte das New Zealand Geographic Board die korrekte Maori-Schreibung mit „h" für den Whanganui River und den Whanganui National Park ein. Das war eine kulturell rücksichtsvolle Entscheidung, weil die mehrheitlich von Pakeha bewohnte Stadt mit ihrem Umland die alte Schreibung beibehielt, während das von Maori dominierte Gebiet am Fluss die neue übernahm.

2009 stimmte das Board zu, dass auch Stadt und Umland das „h" einführen sollten – sehr zum Ärger in jenen Gebieten, die sich in dieser Frage fast paritätisch spalteten (der freimütige Bürgermeister Michael Laws tat sich übrigens besonders als Gegner des „h" hervor). Schließlich beschied Maurice Williamson, der für die geografischen Bezeichnungen zuständige neuseeländische Minister, dass beide Schreibweisen zulässig seien und es den Einzelpersonen und Unternehmen überlassen bleibe, ob sie in ihre Adressen das „h" übernehmen oder nicht. Ein typisch neuseeländischer Kompromiss – wahrhaft whundervoll!

Fahrstuhl (1919) 65,8 m nach oben rattert. Dort angekommen kann man dann noch einmal 176 Stufen bis zum **War Memorial Tower** hochsteigen und den Horizont nach dem Mt. Taranaki und dem Mt. Ruapehu absuchen.

Putiki Church KIRCHE
(20 Anaua St; pro Pers. 2 NZ$ plus 20 NZ$ Kaution; ⏲ Gottesdienst So 9 Uhr) Jenseits der City Bridge, etwa 1 km Richtung Meer, steht die Putiki Church, die eigentlich St. Paul's Memorial Church heißt. Ihr Äußeres ist eher unscheinbar, aber wie bei den Besuchern ist es natürlich das Innere, das zählt: Der Kirchenraum ist umwerfend, er ist komplett mit Schnitzereien der Maori und *tukutuku* (geflochtenen Paneelen) bedeckt. Gäste können sonntags zum Gottesdienst kommen oder sich den Schlüssel zur Kirche im i-SITE ausleihen.

Kai Iwi Beach STRAND
Kai Iwi Beach ist ein wilder Ozeanstrand mit schwarzem Sand und jeder Menge Treibholz. Man fährt zunächst auf der Great North Road 4 km Richtung Norden aus der Stadt heraus, biegt dann links ab auf die Rapanui Road und fährt noch einmal 10 km Richtung Meer.

Splash Centre SCHWIMMEN
(www.splashcentre.co.nz; Springvale Park, London St; Erw./Kind 4,50/3 NZ$, Wasserrutsche 3 NZ$; ⏲ Mo–Fr 6–20, Sa & So 8–18 Uhr) Wenn das Meer zu wild tobt, bietet sich das Splash Centre zum Schwimmen, Planschen und Rutschen an.

Geführte Touren

Im Whanganui National Park werden Kanu-, Kajak- und Jetbootfahrten auf dem Whanganui River organisiert.

Waimarie Paddle-Steamer Tours BOOTSFAHRT
(☎ 06-347 1863, 0800 783 2637; www.riverboats.co.nz; 1a Taupo Quay; Erw./Kind/Fam. 39/15/89 NZ$; ⏲ Okt.–März Fahrten 10 Uhr; 📶) Eine zweistündige Fahrt auf dem Whanganui mit dem historischen *Waimarie*, dem letzten Schaufelraddampfer auf dem Fluss.

Wanganui City Guided Walking Tours WANDERUNG
(☎ 06-349 3258; 10 NZ$/Pers.; ⏲ ❄ ☀ 10 & 14 Uhr) Hier kann man an einer 1½-stündigen geführten Tour durch das alte Whanganui teilnehmen und die Beine in Schwung bringen, während man die historischen Sehenswürdigkeiten besichtigt. Die Touren starten beim i-SITE (Tickets drinnen kaufen).

Feste & Events

Vintage Weekend KULTUR
(www.vintageweekend.co.nz) Historische Autos, Kleidung, Musik und Architektur sowie gute Stimmung am Whanganui River verspricht das Vintage Weekend an drei Tagen im Januar.

Wanganui Festival of Glass KUNST
(www.wanganuiglass.co.nz) Tolles Glaskunstfestival im September. Viele Werkstätten sind geöffnet und bieten Vorführungen sowie Workshops.

Whanganui Literary Festival KULTUR
(www.facebook.com/whanganuiliteraryfestival) Gedanken, Worte und Gedanken über Worte. Alle zwei Jahre (immer die mit den ungeraden Jahreszahlen) im September.

Cemetery Circuit Motorcycle Race SPORT
(www.cemeterycircuit.co.nz) Am zweiten Weihnachtsfeiertag findet in den Straßen von Whanganui ein Motorradrennen mit Höllenlärm statt. Ist das die örtliche Version des TT-Rennen auf der Isle of Man?

Schlafen

Anndion Lodge HOSTEL $
(☎06-343 3593, 0800 343 056; www.anndionlodge.co.nz; 143 Anzac Pde.; EZ/DZ/FZ/Suite ab 75/88/105/135 NZ$;) Die Besitzer Ann und Dion (genau, daher der Name) sind ständig dabei, ihr Super-Hostel zu verschönern und zu vergrößern. Die Gäste werden mit Stereoanlagen, großen TVs, Spa und Swimmingpool, Grillbereich, Restaurant, Bar und kostenlosem Shuttle verwöhnt. „Das Wort Nein kennen wir nicht", sagt die liebenswerte Ann.

Tamara Backpackers Lodge HOSTEL $
(☎06-347 6300; www.tamaralodge.com; 24 Somme Pde.; B/EZ ab 28/53 NZ$, DZ/2BZ mit/ohne Bad 84/70 NZ$;) Das Tamara ist ein fotogenes, unübersichtliches zweistöckiges historisches Gebäude mit großem Balkon, hohen Decken (waren die Leute 1904 größer?), Küche, TV-Raum, kostenlosen Fahrrädern und einem grünen Garten voller Hängematten. Am besten eines der schönen Doppelzimmer mit Flussblick verlangen!

Braemar House YHA HOSTEL $
(☎06-348 2301; www.braemarhouse.co.nz; 2 Plymouth St; B/EZ/DZ/2BZ 30/50/75/75 NZ$, FZ 96–130 NZ$, Pension inkl. Frühstück EZ/DZ 95/130 NZ$;) Das am Fluss gelegene Braemar kombiniert ein viktorianisches B&B von 1895 mit einer zuverlässigen YHA-Backpacker-Unterkunft. Es gibt Zentralheizung in den blumig-verspielt gestalteten Gästezimmern; die luftigen Schlafsäle versprühen aber etwas mehr gute Laune. Im Hinterhof laufen Hühner herum.

Whanganui River Top 10 Holiday Park FERIENANLAGE $
(☎06-343 8402, 0800 272 664; www.wrivertop10.co.nz; 460 Somme Pde; Stellplatz/Hütte/Wohneinheit ab 21/72/135 NZ$;) Der saubere Top-10-Park liegt 6 km nördlich der Dublin Bridge am Westufer des Whanganui. Die Ausstattung (z. B. Pool, Spielezimmer und Hüpfburg) ist hervorragend. Man kann auch Kajaks mieten. Die Besitzer fahren einen flussaufwärts, sodass man zurück zur Anlage paddeln kann. Die preisgünstigen Hütten am Flussufer bieten eine tolle Aussicht. Was das Essen anbelangt, versorgt man sich am besten selbst oder isst in einem Restaurant in der Stadt. Die Busse von Horizons (S. 259) fahren hier vorbei.

Aotea Motor Lodge MOTEL $$
(☎06-345 0303; www.aoteamotorlodge.co.nz; 390 Victoria Ave; DZ ab 150 NZ$, 1-Zi.-Suite ab 190 NZ$;) Es erfreut das Herz, wenn man sieht, dass jemand seinen Job gut macht, und die Besitzer von Whanganuis neuestem Motel tun genau das. Das schicke, zweigeschossige Motel liegt im oberen Teil der Victoria Ave und bietet geräumige Suiten, luxuriöse Bettwäsche, Ledersessel, dunkles Holz und jede Menge Stein und Marmor – einfach alles vom Feinsten.

Kembali B&B B&B $$
(☎06-347 1727; www.bnb.co.nz/kembali.html; 26 Taranaki St, St Johns Hill; EZ/DZ mit Frühstück ab 110/125 NZ$) Auf dem grünen St. Johns Hill, der auf dem Weg nach Taranaki liegt, bietet das Familien-B&B zwei private Gästezimmer im Obergeschoss, in denen vier Personen unterkommen können und die man ganz für sich allein nutzen kann. Ein ruhiges Plätzchen mit Aussicht auf ein Feuchtgebiet voller Tuis (Pastorenvögel), Pukeko-Bäumen und brauner Laubfrösche.

151 on London Motel MOTEL $$
(☎0800 151 566, 06-345 8668; www.151onlondon.co.nz; 151 London St; DZ 115–160 NZ$, Apt. 200–280 NZ$;) Dieses erst fünf Jahre alte, schicke und hypermoderne Motel hat dank seiner Architektur, der qualitätvollen Teppiche und der Bettwäsche, der silber-schwarzen Farbtöne und der großen TVs schon viele Fans gewonnen. Die teuersten Wohneinheiten im Erd- und im Obergeschoss (für bis zu 6 Pers.) sind das Vornehmste, was Whanganui zu bieten hat.

Siena Motor Lodge MOTEL $$
(☎06-345 9009, 0800 888 802; www.siena.co.nz; 335 Victoria Ave; DZ 130–160 NZ$;) Die kompakten Zimmer, die wohl eigentlich an die Toskana erinnern sollen, eher aber an Taranaki denken lassen, sind blitzsauber und verleihen dem Motel vier Sterne. Geschäftsreisende schätzen die doppelte Verglasung, die DVDs, den Fitnessraum, die beheizten

Handtuchhalter, den Kaffeetauchsieder und den guten Kaffee.

Riverview Motel MOTEL $$
(☎06-345 2888, 0800 102 001; www.wanganuimotels.co.nz; 14 Somme Pde; DZ 98–150 NZ$; 📶) Man kann wählen zwischen einer der zehn älteren, aber modernisierten Wohneinheiten mit Kochecke im Hauptgebäude und fünf Suiten mit Spa, die nach hinten rausgehen. Fazit: super sauber, erschwinglich, zentral gelegen und geführt von einem bezaubernden irischen Wirt.

Grand Hotel HOTEL $$
(☎0800 843 472, 06-345 0955; www.thegrandhotel.co.nz; Ecke St Hill & Guyton Sts; RZ/DZ/Suite ab 79/99/130 NZ$; 📶) Wer nicht in einem seelenlosen Motel übernachten will, findet in den Zimmern (alle mit Bad) dieses stattlichen altmodischen Whanganui-Gebäudes (von 1927) schon mehr Charakter vor. Die Einzel- und Doppelzimmer sind einfach, aber ihren Preis wert; die Suiten sind sehr geräumig. Der Grand Irish Pub und ein Restaurant befinden sich im Erdgeschoss.

Astral Motel MOTEL $$
(☎06-347 9063, 0800 509 063; www.astralmotel.co.nz; 46 Somme Pde; EZ/DZ/FZ ab 85/95/110 NZ$; 📶🏊) Die nahe gelegene Dublin Bridge verleiht diesem Motel eine gewisse Erdung. Die Zimmer sind etwas in die Jahre gekommen und hellhörig, aber gut gepflegt und ihr Geld allemal wert. Es gibt auch einen Pool, und selbst wenn man erst nach Mitternacht vom Highway kommend hier eintrudelt, ist das kein Problem: Die Rezeption hat rund um die Uhr geöffnet.

Essen

Jolt Coffee House CAFÉ $
(19 Victoria Ave; Stück 3–8 NZ$; ⊙Mo–Fr 7–16.30, Sa 7.30–13, So 8–13 Uhr) Beschwingt in den Morgen starten kann man in diesem hippen Café, das in den 105-jährigen Räumlichkeiten einer ehemaligen Apotheke eingerichtet ist. Die Speisekarte ist nicht sehr groß (Muffins, Karamellstückchen und Schokocroissants). Der Schwerpunkt liegt auf Fair-Trade-Kaffee. Jeden zweiten Freitag im Monat gibt's abends Musik wie bei Bob Dylan persönlich.

WA Japanese Kitchen JAPANISCH $
(☎06-345 1143; www.facebook.com/wa.wanganui; Victoria Court, Victoria Ave; Sushi 2–3 NZ$, Hauptgerichte 7–14 NZ$; ⊙Mo & Di 10–17, Mi–Fr 10–18, Sa 11–20 Uhr) Wer den ruhigen, kleinen Victoria Court an der Hauptstraße betritt, entdeckt dieses entzückende winzige japanische Restaurant, das köstliches Sushi, Bento-Lunchboxen und Donburi-Reisschüsseln serviert.

Yellow House Café CAFÉ $
(Ecke Pitt & Dublin Sts; Mahlzeiten 10–18 NZ$; ⊙tgl. 8–16 Uhr; 🌿) Etwas abseits von der Hauptstraße erwarten den Gast schrille Töne, Buttermilchpfannkuchen, Werke einheimischer Künstler und Tische unter dem blühenden Kirschbaum im Hof. Wow – es gibt sogar Marmelade und Mandeltörtchen!

Big Orange CAFÉ $
(www.facebook.com/bigorangecafe; 51 Victoria Ave; Mahlzeiten 9–22 NZ$; ⊙Mo–Fr 7.30–17, Sa 9–open end, So 9–17 Uhr; 📶) Das Big Orange in einem eindrucksvollen alten Backsteingebäude ist eine lebhafte Espessobar, in der Gourmet-Hamburger, sättigendes Frühstück, Muffins, Kuchen und Sandwichs (besonders gut ist das mit Schinken, Salat und Tomaten) serviert werden. Die Tische draußen sind im Sommer heiß begehrt.

New World SUPERMARKT $
(www.newworld.co.nz; 374 Victoria Ave; ⊙7–21 Uhr) Gut für Selbstversorger.

Spice Guru INDISCH $$
(☎06-348 4851; www.spiceguru.co.nz; 23a Victoria Ave; Hauptgerichte 17–25 NZ$; ⊙Di–Sa 11–14, tgl. 17–open end; 🌿) In der Stadt am Fluss gibt es einige indische Restaurants (hat man hier etwa eine Affinität zum Ganges?), aber das Spice Guru ist dank seiner charmanten Schwarz-weiß-Einrichtung, des aufmerksamen Service und der gut gewürzten Speisen einfach die Top-Adresse (das *chicken tikka masala* ist großartig). Es gibt auch eine Menge vegetarischer Gerichte.

Ceramic Lounge CAFÉ, LOUNGE $$
(www.facebook.com/ceramicloungebar; 51 Victoria Ave; Hauptgerichte 9–33 NZ$; ⊙Di–Sa 16 Uhr–open end; 📶) Die Ceramic Lounge teilt sich die Räume mit dem angrenzenden Orange und übernimmt die Abendschicht. Dann gibt es gehobene Cafégerichte (köstliche Quesadillas) in einer gedämpft beleuchteten, rostfarbenen Umgebung. Gelegentlich beschallen DJs die Cocktailtrinker.

Stellar CAFÉ, BAR $$
(www.stellarwanganui.co.nz; 2 Victoria Ave; Hauptgerichte 15–33 NZ$; ⊙Mo–Fr 11 Uhr–open end, Sa & So 9 Uhr–open end; 📶) Das Stellar ist eine gesellige Restaurant-Bar an der Ecke Hauptstraße/Taupo Quay. Innen einfach versuchen,

die Spielautomaten zu ignorieren, und Pizza, Steak, Salat oder ein kaltes Bier genießen.

Ausgehen & Nachtleben

Auch das Stellar und das Ceramic Lounge eignen sich gut für abends.

Grand Irish Pub IRISH PUB
(www.thegrandhotel.co.nz; Ecke St Hill & Guyton St; ⌚11 Uhr–open end) Der Pub setzt auf die maßlose (schon beinahe nervtötende) Vorliebe der Neuseeländer für irische Pubs. Diese Version im Grand Hotel ist eine nette Adresse, um an einem diesigen Nachmittag am Fluss ein paar Guinness zu genießen, für den Hunger zwischendurch gibt es gutes Kneipenessen.

Spirit'd BAR
(75 Guyton St; ⌚10–open end) Billardtische, Jack Daniels, Metallica aus der Jukebox und junge Einheimische, die sich gegenseitig beeindrucken wollen – wie schon 1989, aber ohne Zigaretten.

Unterhaltung

Embassy 3 Cinemas KINO
(☎06-345 7958; www.embassy3.co.nz; 34 Victoria Ave; Erw./Kind ab 12,50/9 NZ$, Di ab 9 NZ$; ⌚11 Uhr–open end) Die abends laufenden Blockbuster sind schneller ausverkauft, als man „gelangweilte Teenager aus Whanganui" sagen kann.

Shoppen

River Traders Market BAUERNMARKT
(www.therivertraders.co.nz; Moutoa Quay; ⌚Sa 9–13 Uhr) Der River Traders Market findet am Samstagvormittag in der Nähe des Riverboat Centre statt, wobei viel heimisches Kunsthandwerk und Bioprodukte angeboten werden.

Praktische Informationen

DOC (Department of Conservation; ☎06-349 2100; www.doc.govt.nz; 34-36 Taupo Quay; ⌚Mo–Fr 8.30–16.30 Uhr)

Post Office (115 Victoria Ave; ⌚Mo–Fr 8.30–17, Sa 9–13 Uhr)

Whanganui Hospital (☎06-348 1234; www.wdhb.org.nz; 100 Heads Rd; ⌚24 Std.) Unfälle und Notfälle.

Whanganui i-SITE (☎06-349 0508; www.whanganuinz.com; 31 Taupo Quay; ⌚Mo–Fr 8.30–17, Sa & So 9–15 Uhr; 📶) Touristeninformation und DOC (wenn das auf der anderen Straßenseite befindliche DOC-Büro geschlossen hat) in einem eindrucksvollen renovierten Gebäude am Fluss (unbedingt einen Blick auf die alten Dielen werfen). Internetzugang ist vorhanden.

An- & Weiterreise

BUS

Die Busse von **InterCity** (www.intercity.co.nz) fahren vom **Whanganui Travel Centre** (☎06-345 7100; 160 Ridgeway St; ⌚Mo–Fr 8.15–17.15 Uhr) ab. Ziele, die u. a. angefahren werden:

ZIEL	PREIS (NZ$)	DAUER (STD.)	HÄUFIGKEIT (TGL.)
Auckland	65	8	1-mal
Hamilton	58	5½	1-mal
New Plymouth	29	2½	1-mal
Palmerston North	48	2¾	3-mal
Wellington	39	4	3-mal

Die Busse von **Naked Bus** (www.nakedbus.com) fahren ab dem Whanganui i-SITE zu den meisten Zentren der Nordinsel, u. a. nach:

ZIEL	PREIS (NZ$)	DAUER (STD.)	HÄUFIGKEIT (TGL.)
Auckland	39	9	1-mal
Hamilton	32	7	1-mal
New Plymouth	18	2½	1-mal
Palmerston North	25	1½	1-mal
Wellington	20	4	1-mal

FLUGZEUG

Der **Whanganui Airport** (www.wanganuiairport.co.nz; Airport Rd) liegt 4 km südlich der Stadt auf der anderen Flussseite in Richtung Meer.

Air New Zealand (☎06-348 3500; www.airnewzealand.co.nz; 133 Victoria Ave; ⌚Mo–Fr 9–17 Uhr) fliegt täglich direkt nach/von Auckland und Wellington; dort gibt es auch Anschlussverbindungen.

Unterwegs vor Ort

BUS

Horizons (www.horizons.govt.nz; Erw./Kind 2,50/1,50 NZ$) betreibt vier Nahverkehrsbuslinien, die in Schleifen vom Trafalgar-Square-Einkaufszentrum am Taupo Quay abfahren, darunter auch die orangefarbene und die purpurrote Route hinter dem Whanganui River Top 10 Holiday Park in Aramoho.

FAHRRAD

Bike Shed (☎06-345 5500; www.bikeshed.co.nz; Ecke Ridgway & St. Hill Sts; ⌚Mo–Fr 8–17.30, Sa 9–14 Uhr) Vermietet ab 35 NZ$/

Tag Fahrräder inkl. Helm & Schloss. Dies ist auch eine gute Infoquelle für die Radtour Mountains to Sea (S. 264) vom Mt. Ruapehu nach Whanganui, die Teil des **Nga Haerenga, New Zealand Cycle Trail** (www.nzcycletrail.com) ist.

TAXI

Rivercity Cabs (☎ 06-345 3333, 0800 345 3333; www.wanganui.bluebubbletaxi.co.nz)

Whanganui National Park

Der Whanganui River – die Hauptschlagader des Whanganui National Park – fließt von seiner Quelle am Mt. Tongariro 290 km weit bis in die Tasmansee. Er ist der längste schiffbare Fluss des Landes und heute tummeln sich Kanus, Kajaks und Jetboats auf dem Strom, der im Sommer tief grün und spiegelglatt und im Winter aufgewühlt und braun ist.

An heimischen Pflanzen wachsen hier Steineiben und Farne. Gelegentlich sieht man am Fluss Pappeln und andere eingeführte Baumarten, Überbleibsel lang verschwundener Siedlungen. Entlang des Flusses tauchen auch Spuren von Maori-Wohnstätten mit alten *pa* (befestigtes Dorf) und *kainga* (Dorf) auf, und am Zusammenfluss der Flüsse Whanganui und Ohura bei Ma-

Whanganui National Park

raekowhai stehen *niu*-Pfähle (Kriegs- und Friedenspfähle) der Hauhau.

Die unglaublich malerische Whanganui River Road, eine teilweise unbefestigte Straße, die dem Flussverlauf von Wanganui nach Pipiriki folgt, ist eine fabelhafte Alternative zum schneller befahrbaren, aber weniger reizvollen SH4.

Geschichte

Nach einer Legende der Maori entstand der Whanganui River, als der Mt. Taranaki, nachdem er mit dem Mt. Tongariro um den schönen Mt. Pihanga gekämpft hatte, aus dem Zentrum der Nordinsel zum Meer hin floh und dabei eine lange Furche hinterließ. An der Küste wandte er sich nach Westen und machte an seinem gegenwärtigen Standort Halt. Der Mt. Tongariro schickte kühles Wasser, um die entstandene Verwundung der Erde zu heilen – und so entstand der Whanganui River.

Kupe, der große polynesische Entdecker, soll gegen 800 n. Chr. den Whanganui 20 km weit hinaufgefahren sein. Als die Europäer in den späten 1830er-Jahren hier Fuß fassten, säumten Maori-Siedlungen die Ufer im Flusstal. Missionare reisten stromaufwärts; ihre Siedlungen – Hiruharama, Ranana, Koriniti and Atene – blieben bis heute bestehen.

Einzelne Schaufelraddampfer wagten sich erst ab der Mitte der 1860er-Jahre auf den Fluss. Im Jahre 1886 richtete ein in Whanganui ansässiges Unternehmen schließlich die erste kommerzielle Dampfschifffahrtslinie auf dem Fluss ein. Schon bald folgten weitere, die den Fluss zwischen Whanganui und Taumarunui als Transportverbindung nutzten.

Neuseelands moderne Tourismusindustrie hatte hier ihren Ursprung. Die auch im Ausland angepriesenen Ausflüge auf dem „Rhein des Maori-Lands" wurden so beliebt, dass 1905 bereits 12 000 Touristen die Flussfahrt stromaufwärts von Whanganui nach Pipiriki oder stromabwärts von Taumarunui aus unternahmen. Die Leistungen, die der Fluss Technik und Mannschaft abverlangte, waren legendär.

Nach 1918 wurde das Land stromaufwärts von Pipiriki Kriegsheimkehrern des Ersten Weltkriegs überlassen. Die Bedingungen für die Landwirtschaft waren ungünstig: Viele Familien kämpften jahrelang darum, dem wilden Land ihren Lebensunterhalt abzutrotzen. Nur einige wenige hielten bis in die frühen 1940er-Jahre durch.

Die Fertigstellung der Eisenbahnlinie von Auckland nach Wellington und der Ausbau der Straßen versetzten schließlich der kommerziellen Flussschifffahrt den Todesstoß; 1959 stellte das letzte Schiff seinen Betrieb ein. Heute ist nur noch ein einziges Schiff der alten Dampferflotte auf dem Fluss unterwegs: die *Waimarie* (S. 256).

Whanganui National Park

Sehenswertes

1	Aramoana Hill	C5
2	Bridge to Nowhere	B2
3	Downes Hut	C4
4	John Coull Hut	B1
5	Kawana Flour Mill	C3
6	Koriniti Marae	C4
7	Operiki Pa	C4
8	St. Joseph's Church	C3
9	Tieke Kainga	C2
10	Whakahoro Bunkroom	C1

Schlafen

11	Bridge to Nowhere Lodge	B2
12	Flying Fox	C4
13	Kohu Cottage	C4
14	Rivertime Lodge	C4
	St. Joseph's Church	(siehe 8)
15	Te Punga Homestead	C4

Sehenswertes

Die Landschaft entlang der **Whanganui River Road** auf dem Weg nach Pipiriki ist besonders fotogen: kahle, feuchte Berghänge fallen zum trägen, jadegrünen Wasser des Whanganui River ab.

Vom **Aramoana Hill** in der Nähe des südlichen Endes der Straße bietet sich ein herrlicher Blick: Gipfel, Pferdekoppeln, Pappeln und der sich dahinwindende Fluss. Während es flussaufwärts geht, tauchen plötzlich die Maori-Dörfer **Atene, Koriniti, Ranana** und **Hiruharama** auf – zuerst einen Einheimischen fragen, bevor man sich hier auf eigene Faust umsieht. Man kann durch **Koriniti Marae** (☎ 06-342 8198; www.koriniti.com; Koriniti Pa Rd), das zwischen der Straße und dem Fluss liegt (die Beschilderung beachten), bummeln – es sei denn, es findet gerade ein *marae* statt.

Eine französisch-katholische Mission unter der Leitung von Suzanne Aubert begründete 1892 in Jerusalem den Orden der Daughters of Our Lady of Compassion. Hinter einer Kurve ragt die bilderbuchreife **St. Joseph's Church** auf einem Landvorsprung über einer tiefen Flussbiegung auf. Zu den weiteren Sehenswürdigkeiten, die entlang der Straße auftauchen, zählen die restaurierte, 1854 erbaute Mühle **Kawana Flour Mill** (www.historic.org.nz; ⏲ Sonnenaufgang–Sonnenuntergang) GRATIS bei Matahiwi, **Operiki Pa** und weitere *Pa*-Stätten.

Pipiriki liegt am nördlichen Ende der Whanganui River Rd am Fluss. Es ist eine verregnete Ortschaft, in der heute nicht mehr viel los ist (es gibt weder Läden noch eine Tankstelle), aber früher war sie ein viel besuchter Ferienort, der von Dampfschiffen und anderen Boten angefahren wurde. Auf dem alten **Pipiriki Hotel** muss wohl ein Fluch liegen, denn das einst glamouröse Resort voller ausländischer Touristen brannte zweimal bis auf die Grundmauern nieder. Neuere Versuche, es wiederaufzubauen, scheiterten an der Finanzierung. Außerdem wurde es geplündert und alles, was irgendwie verwertbar war, wurde mitgenommen, sodass eine leere Backsteinhülle mit ungenutzten Möglichkeiten übrig blieb. Pipiriki ist die Endstation für Kanutouren flussabwärts und ein Startpunkt für Jetbootfahrten.

Ein stummer Zeuge für den Optimismus der frühen Siedler ist die 1936 erbaute **Bridge to Nowhere**. Die einsame Brücke – einst Teil einer inzwischen schon lange aufgegebenen, 4,5 m breiten Straße, die früher von Raetihi zum Fluss führte – liegt am Wanderweg Mangapurua Track (S. 263). Von der Anlegestelle Mangapurua stromaufwärts von Pipiriki aus, die mit dem Jetboot erreichbar ist, sind es 40 Gehminuten dorthin.

Aktivitäten

Kanu- & Kajakfahren

Der beliebteste Flussabschnitt für Kanu- und Kajakfahrten ist die 145 km lange Strecke flussabwärts von Taumarunui nach Pipiriki. Sie wurde unter dem Namen **Whanganui Journey** in das System der Great Walks aufgenommen. Der Fluss hat den Schwierigkeitsgrad II – leicht genug für Unerfahrene, aber mit genügend Stromschnellen, um die Strecke auch für Erfahrene interessant zu machen. (Wer ein Great Walks Ticket braucht, muss es sich vor Antritt der Fahrt besorgen; siehe S. 264.)

Von **Taumarunui nach Pipiriki** sollte man fünf Tage/vier Nächte ansetzen, von **Ohinepane nach Pipiriki** vier Tage/drei Nächte und von **Whakahoro nach Pipiriki** drei Tage/zwei Nächte. Die Route von **Taumarunui nach Whakahoro** mit Übernachtung ist beliebt, besonders bei Wochenendausflüglern. Man kann auch einen eintägigen Trip von **Taumarunui nach Ohinepane** oder von **Ohinepane nach Whakahoro** machen. Von Whakahoro bis nach Pipiriki, 87 km flussabwärts, gibt es keinen Zugang von der Straße aus, also ist man ein paar Tage lang nur mit dem Fluss in enger Gemeinschaft. Die meisten Kanuten legen einen Stopp in Pipiriki ein.

Die Saison für Kanufahrten dauert von September bis Ostern. Bis zu 5000 Menschen machen jährlich die Flussreise, meist zwischen Weihnachten und Ende Januar, also im neuseeländischen Sommer. Im Winter ist der Fluss nahezu leer – die kalten Ströme erweisen sich als schnell und tief, Regenwetter und kurze Tage schrecken Paddler ab.

Die Leihgebühr pro Kanadier kostet für 1/3/5 Tage etwa 80/200/250 NZ$ pro Person, der Transport ist darin nicht enthalten (etwa 50 NZ$ pro Nase). Für ein Einer-Kajak werden um die 60 NZ$ pro Tag verlangt. Die Veranstalter statten die Kanuten mit allem aus, was sie brauchen, samt Schwimmweste und wasserdichtem Behälter (unentbehrlich, wenn man kentert).

Die Alternative dazu sind geführte Kanu- oder Kajaktouren, sie kosten für 2/5 Tage ab 350/850 NZ$ pro Person.

Diese Veranstalter organisieren solche Touren:

Awa Tours KANU- & KAJAKFAHREN
(☎ 027 698 5135; www.awatours.co.nz; Raetihi)

Blazing Paddles KANU- & KAJAKFAHREN
(☎ 07-895 5261, 0800 252 946; www.blazingpaddles.co.nz; Taumarunui)

Canoe Safaris KANU- & KAJAKFAHREN
(☎ 0800 272 335, 06-385.9237; www.canoesafaris.co.nz; Ohakune)

Taumarunui Canoe Hire KANU- & KAJAKFAHREN
(☎ 07-895 7483, 0800 226 6348; www.taumarunuicanoehire.co.nz; Taumarunui)

Unique Whanganui River Experience KANU- & KAJAKFAHREN
(☎ 06-323 9842, 027 245 2567; www.uniquewhanganuiriver.co.nz; Feilding)

Whanganui River Canoes KANU- & KAJAKFAHREN
(☎ 06-385 4176, 0800 408 888; www.whanganuirivercanoes.co.nz; Raetihi)

Wades Landing Outdoors KANU- & KAJAKFAHREN
(☎ 027 678 6461, 07-895 4854; www.whanganui.co.nz; Raurimu)

Yeti Tours KANU- & KAJAKFAHREN
(☎06-385 8197; www.canoe.co.nz; Ohakune)

Jetbootfahren

Den Hut gut festhalten und zur Sicherheit die Schwimmweste umschnallen: Bei Jetboottouren bekommt man Teile des Flusses zu sehen, die man sonst erst nach tagelanger Paddelfahrt erreichen würde. Jetboote legen in Pipiriki und Whanganui ab; vierstündige Ausflüge gibt es ab ca. 125 NZ$/Pers. Die folgenden Anbieter können einen auch zu den Stellen am Fluss bringen, von denen aus man den Matemateaonga und den Mangapurua Track erreicht:

Bridge to Nowhere Tours JETBOOT- & KANUFAHREN
(☎06-385 4622, 0800 480 308; www.bridgetonowhere.co.nz) Auch Kanufahrten können gebucht werden.

Whanganui River Adventures JETBOOT- & KANUFAHREN
(☎0800 862 743; www.whanganuiriveradventures.co.nz; Pipiriki) Organisiert auch Kanufahrten und Campingtouren in Pipiriki.

Whanganui Scenic Experience Jet JJETBOOT- & KANUFAHREN
(☎06-342 5599, 0800 945 335; www.whanganuiscenicjet.com) Kanufahrten sind ebenfalls im Angebot.

Wandern

Bridge to Nowhere Track WANDERN
Der beliebteste Wanderweg im Whanganui National Park führt in 40 Minuten von der Mangapurua Landing zur Bridge to Nowhere (S. 262), die 30 km flussaufwärts von Pipiriki liegt und zu der man nur mit einem Jetboot kommt. Die Fahrt dorthin kann über Jetbootbetreiber organisiert werden (einfach ca. 100 NZ$/Pers.).

Atene Viewpoint Walk & Atene Skyline Track WANDERN
Etwa 22 km nördlich der Kreuzung mit dem SH4 kann man in Atene an der Whanganui River Road den kurzen Atene Viewpoint Walk laufen. Der Aufstieg dauert etwa eine Stunde und führt durch Busch- und Farmland entlang einer Fahrbahn, die 1959 vom früheren Ministry of Works and Development gebaut wurde. Damals brauchte man die Straße, als man ein Projekt zur Gewinnung von Wasserkraft am Whanganui River prüfte; angedacht war ein Staudamm in Atene, der das Flusstal bis nach Taumarunui geflutet hätte. Von hier bietet sich auch eine tolle Sicht über den Whanganui National Park.

Den Viewpoint Walk kann man noch verlängern, indem man dem 18 km langen Rundweg Atene Skyline Track folgt. Die Wanderung dauert sechs bis acht Stunden und bietet naturbelassene Wälder, Sandsteinfelsen und den **Taumata Trig** (523 m) mit einer Sicht bis zum Mt. Ruapehu, Mt. Taranaki und zur Tasmansee. Der Weg endet 2 km flussabwärts vom Ausgangspunkt wieder an der Whanganui River Road.

Matemateaonga Track WANDERN
Drei bis vier Tage braucht man insgesamt für den 42 km langen Matemateaonga Track, der als einer der besten Wanderwege Neuseelands gilt. Da er sehr abgeschieden liegt, zieht er nicht die Horden von Wanderern an, die Neuseelands berühmtere Wanderwege bevölkern. Der Wanderweg, der tief in wilden Busch und in hügeliges Land hineinführt, führt am Kamm der Matemateaonga Range die Whakaihuwaka Road entlang, die 1911 eine bessere Verbindung mit der Bahn von Stratford nach Raetihi schaffen sollte. Der Erste Weltkrieg unterbrach die Planung, und die Straße wurde nie zu Ende gebaut.

Der eineinhalbstündige Abstecher zum Gipfel des **Mt. Humphries** (730 m) lockt mit atemberaubenden Aussichten bis zum Mt. Taranaki und zu den Vulkanen von Tongariro. Es gibt einen steilen Abschnitt zwischen dem Whanganui River (75 m über dem Meeresspiegel) und der Puketotara-Hütte (427 m über dem Meeresspiegel), doch insgesamt ist die Strecke leicht zu bewältigen. Am Weg stehen vier DOC-Backcountry-Hütten: Oma-

FERNWANDERWEGE

Die Matemateaonga und Mangapurua/Kaiwhakauka Tracks sind großartige Fernwanderwege (DOC-Broschüre 1 NZ$, aktuelle Infos zu den Wegen unter www.doc.govt.nz). Beide sind nur als Wanderungen in eine Richtung gedacht, die an abgelegenen Stellen am Fluss beginnen (bzw. enden), sodass man einen Weg mit dem Jetboot zum Start- oder Endpunkt am Fluss organisieren muss – die Jetbootbetreiber helfen aber gerne dabei. Die Fahrt von Pipiriki zum Beginn des Matemateaonga Track kostet etwa 50 NZ$ pro Person; zum Startpunkt des Mangapurua Track werden etwa 100 NZ$ verlangt.

CAMPING- & HUT-PÄSSE

Great Walk Tickets beantragt man im Whanganui National Park vom 1. Oktober bis zum 30. April. Sie gelten für die Nutzung der Hütten (Erw./Kind 32 NZ$/frei) und Stellplätze (Erw./Kind 14 NZ$/frei) zwischen Taumarunui und Pipiriki. Außerhalb der Hauptsaison braucht man nur einen **Backcountry Hut Pass** (Erw./Kind für 1 Jahr 122/61 NZ$, für 6 Monate 92/46NZ$) oder man zahlt für jede Nacht einzeln (Erw./Kind 5 NZ$/frei). Pässe und Tickets erhält man auch online (www.greatwalks.co.nz), über E-Mail (greatwalks@doc.govt.nz) oder telefonisch (☎0800 694 732) sowie direkt bei einem DOC-Büro in Whakapapa, Taumarunui, Ohakune oder Whanganui.

ru (8 Schlafplätze), Pouri (12 Schlafplätze), Ngapurua (10 Schlafplätze) und Puketotara (12 Schlafplätze); die Übernachtung in einer Hütte kostet 15 NZ$ pro Person.

Mangapurua/Kaiwhakauka Track WANDERN
Mangapurua/Kaiwhakauka Track heißt ein 40 km langer Wanderweg zwischen Whakahoro und Mangapurua Landing, die beide am Whanganui liegen. Er folgt zwei kleinen Nebenflüssen des Whanganui, dem Mangapurua und dem Kaiwhakauka. Zwischen den Tälern verläuft ein Nebenpfad zum 663 m hohen **Mangapurua Trig**, dem höchsten Punkt der Region. Hier blickt man ungehindert hinüber zum Tongariro und den Vulkanen im Egmont National Park. Dann geht es vorbei an der Bridge to Nowhere (S. 262). Der gesamte Marsch dauert etwa 20 Stunden bzw. drei bis vier Tage. Die einzige vorhandene Hütte (10 NZ$) ist die Whakahoro Bunkroom bei Whakahoro am Ende des Wegs. Dafür gibt es jede Menge tolle Campingmöglichkeiten (kostenlos oder bis 10 NZ$). Am Ende, bei Whakahoro, ist der Weg von der Straße aus zugänglich. Dies gilt auch für eine Nebenstrecke, die am Ende der Ruatiti Valley-Ohura Road (aus Richtung Raetihi) beginnt.

Mountainbiken

Die Whanganui River Rd und der Mangapurua/Kaiwhakauka Track wurden in den 317 km langen **Mountains-to-Sea-** (www.mountainstosea.co.nz) bzw. Mt.-Ruapehu-Whanganui-Radweg als Teil des Radprojekts **Nga Haerenga**, **New Zealand Cycle Trail** (www.nzcycletrail.com) aufgenommen. Der Erfahrung nach benötigt man von der Anlegestelle Mangapurua am Whanganui River neben der Bridge to Nowhere ein (vorher reserviertes) Jetboot, das einen flussabwärts nach Pipiriki bringt, dann fährt man weiter auf der Whanganui River Rd. Infos zu einem Fahrradverleih und zum Zustand des Radwegs gibt es bei Bike Shed in Whanganui.

Geführte Touren

Siehe auch beim Stichwort „Aktivitäten“ (S. 262) für Infos zu Kanu- und Jetboottouren auf dem Whanganui River.

Whanganui Tours GEFÜHRTE TOUR
(☎06-345 3475; www.whanganuitours.co.nz) Eine Reise mit dem Postboten auf der Whanganui River Rd nach Pipiriki (63 NZ$; Abfahrt 7 Uhr) bietet die Gelegenheit, viel über soziale und historische Aspekte zu lernen. Die Rückkehr findet im Laufe des Nachmittags statt. Es lohnt sich zu fragen, ob es Transportmöglichkeiten/Radfahroptionen von Jerusalem auf der Straße nach Whanganui gibt.

Whanganui River Road Tours GEFÜHRTE TOUR
(☎0800 201 234; www.whanganuiriverroad.com; 80 NZ$/Person) Der Veranstalter bietet eine fünfstündige Tour im Van auf der River Rd mit vielen Stopps und Erklärungen an. Alternativ besteht die Möglichkeit, nur eine verkürzte Tour bis Pipiriki zu unternehmen, und danach zurück nach Whanganui zu radeln (100 NZ$/Pers., mit Fahrrad). Die Mindestteilnehmerzahl beträgt bei beiden Touren vier Personen.

Schlafen

Whanganui National Park

Im Park gibt es etliche Hütten, eine Lodge und zahlreiche Campingplätze. Entlang des Abschnitts zwischen Taumarunui und Pipiriki stehen drei Hütten, die während des Sommers als Great Walks Huts und außerhalb der Hauptsaison als Backcountry Huts eingestuft sind: **Whakahoro Bunkroom**, **John Coull Hut** und **Tieke Kainga Hut**, die als *marae* wiedebelebt wurde (man kann hier übernachten, muss dann allerdings das komplette *marae*-Protokoll einhalten). Am unteren Flussabschnitt, am Westufer gegenüber von Atene, liegt **Downes Hut**. Weitere Infos zur Buchung finden sich links oben in der Box.

Bridge to Nowhere Lodge LODGE $
(☎ 0800 480 308; www.bridgetonowhere.co.nz; B/DZ 50/100 NZ$) Auf der anderen Flussseite, gegenüber von der Tieke-Kainga-*marae*, liegt diese einsame Lodge mitten im Nationalpark, 21 km flussaufwärts von Pipiriki und gleich neben dem Matemateaonga Track. Der einzige Weg, um zur Lodge zu gelangen, ist per Jetboot von Pipiriki aus oder aber zu Fuß. Die Lodge verfügt über eine Bar mit Schanklizenz und serviert gute Hausmannskost. Außerdem bietet sie Jetbootfahrten sowie Ausflüge mit dem Kanu oder Mountainbike an. Package-Angebote mit Transport, Unterkunft und Mahlzeiten können organisirt werden.

Whanganui River Road

Es gibt einen inoffiziellen Campingplatz mit Toiletten und kaltem Wasser in Pipiriki und einen anderen (allerdings noch weniger offiziellen) gleich nördlich von Atene. Ein richtiger Campingplatz befindet sich außerdem in Pipiriki und wird von Whanganui River Adventures (S. 263) geführt (vorher anrufen).

Von Süden nach Norden gibt es, abgesehen von Campings, u. a. folgende Unterkünfte (im Voraus buchen):

Rivertime Lodge LODGE $$
(☎ 06-342 5599; www.rivertimelodge.co.nz; 1569 Whanganui River Rd; DZ 160 NZ$, 35 NZ$/zusätzl. Pers.) Eine ländliche Idylle: grasbewachsene Hügel, die zum Fluss hin abfallen, und von Zeit zu Zeit auch blökende Schafe. Das Rivertime ist ein einfaches Bauernhaus mit zwei Schlafzimmern, einer Wäscherei, einem Wasserkocher, einer netten Terrasse – und ohne TV! Es besteht Platz für fünf Personen; Mahlzeiten können bestellt werden.

Te Punga Homestead LODGE $$
(☎ 06-342 8239; www.tepunga.co.nz; 2929 Whanganui River Rd; Stellplatz 25 NZ$, DZ 150 NZ$, zusätzl. Pers./ 25 NZ$; 📶) Eine einfache Selbstversorgerhütte neben dem Haus des Betreibers, gleich südlich von Atene. Man kann seinen Van hier parken oder sein Zelt auf der angrenzenden Koppel aufschlagen. Es gibt Platz für fünf Personen.

Flying Fox LODGE, B&B $$
(☎ 06-342 8160; www.theflyingfox.co.nz; Whanganui River Rd; Stellplatz 20 NZ$, DZ 100–200 NZ$; 📶) 🍃 Dieses ökoorientierte Refugium liegt am Flussufer gegenüber von Koriniti. Selbstversorger können in den Hütten Brewers, James K. oder Glory Cart übernachten, sich für ein B&B-Zimmer (120 NZ$/Pers.) entscheiden oder ein Zelt auf einer Lichtung im Busch aufschlagen. Erreichbar ist die Anlage mit dem Jetboot, aber man kann auch am gegenüberliegenden Ufer parken und mit dem „Flying Fox" über den Fluss schweben.

Kohu Cottage FERIENHAUS $
(☎ 06-342 8178; kohu.cottage@xtra.co.nz; 3154 Whanganui River Rd; DZ ab 70 NZ$) Eine behagliche kleine, cremefarbene (100 Jahre alte) Hütte aus Schindelbrettern oberhalb der Straße in Koriniti, die Platz für drei Personen bietet. Es gibt eine einfache Küche und für kalte Nächte am Fluss einen Holzofen.

St. Joseph's Church HOSTEL $
(☎ 06-342 8190; www.compassion.org.nz; Whanganui River Rd; B Erw./Kind 25/15 NZ$, Bettwäsche 10 NZ$) Die Schwestern von St. Joseph bieten 20 Betten und eine einfache Küche für abgekämpfte Wanderer, deren Nöte sie gerne lindern – für dieses Privileg sollte man aber vorher reservieren. Direkt stromabwärts befindet sich Moutoa Island, das im Jahr 1864 Schauplatz einer Schlacht wurde.

ℹ Praktische Informationen

Informationen über den Nationalpark erhält man in den freundlichen i-SITEs von Whanganui (S. 259) oder Taumarunui (S. 211) oder unter www.doc.govt.nz und www.whanganuiriver.co.nz. Wer Gedrucktes vorzieht, sollte zum *Guide to the Whanganui River* (10 NZ$) der neuseeländischen Recreational Canoeing Association greifen. Der **Wanganui Tramping Club** (☎ 06-346 5597; www.wanganuitrampingclub.org.nz) gibt das vierteljährlich erscheinende Magazin *Wanganui Tramper* heraus.

Entlang der River Road gibt es keinen Mobilfunkempfang, keine Tankstellen und keine Geschäfte. Während des Sommers stehen in Pipiriki jedoch einige kleine Imbissbuden, außerdem gibt es in Matahiwi das recht einfache Café **Matahiwi Gallery** (☎ 06-342 8112; www.matahiwigallery.com; 3925 Whanganui River Rd; Snacks 3–5 NZ$; ⏲ Do–So 9–15.30 Uhr). Am besten vorher anrufen, ob auch geöffnet ist.

ℹ An- & Weiterreise

Vom Norden hat man über Straßen Zugang zum Whanganui River bei Taumarunui, Ohinepane und Whakahoro. Die letztgenannte Verbindung bedeutet jedoch eine lange Fahrt über abgelegene, meist unbefestigte Pisten. Straßen nach Whakahoro gehen bei Owhango und Raurimu ab, die beide am SH4 liegen. Danach gibt es bis Pipiriki aber keinen weiteren Straßenzugang zum Fluss.

Aus Süden kommend geht die Whanganui River Road 14 km nördlich von Whanganui vom SH4 ab, in den sie bei Raetihi, 91 km nördlich von Whanganui, wieder einmündet. Man braucht ungefähr zwei Stunden für die 79 km lange Strecke zwischen Whanganui und Pipiriki. Für den vollen Rundkurs von Whanganui über Pipiriki und Raetihi und zurück auf den SH4 muss man mindestens vier Stunden veranschlagen (länger wenn man eine Pause machen möchte und sich etwas anschaut). Eine Alternative ist eine der in Whanganui angebotenen River-Road-Touren.

Achtung: Ab Ranana bis 4 km südlich von Pipiriki ist die River Road nicht asphaltiert, der Ausbau der gesamten Strecke schreitet aber stetig voran.

Palmerston North

83 800 EW.

Die wohlhabende, von Schafzucht und Milchwirtschaft geprägte Region Manawatu umfasst die Bezirke Rangitikei im Norden und Horowhenua im Süden. Das Zentrum bildet das an den Ufern des Manawatu River gelegene Palmerston North, dessen – allerdings nicht allzu hohe – Hochhäuser aus den Ebenen emporragen. Als Neuseelands größte Universität prägt die Massey University das kulturelle und soziale Leben der Stadt. Dank der Universität besitzt „Palmy" eine aufgeschlossene, zugleich ländliche und akademische Atmosphäre.

John Cleese ließ das alles kalt: Nach einem Besuch spottete er: „Wer sich umbringen will, aber einfach nicht genug Mut dafür aufbringt, sollte nach Palmerston North fahren. Das wirkt todsicher." Die Stadt rächte sich, indem sie eine Müllhalde nach ihm benannte.

Sehenswertes

★ New Zealand Rugby Museum MUSEUM

(www.rugbymuseum.co.nz; Te Manawa Complex, 326 Main St; Erw./Kind/Fam. 12,50/5/30 NZ$; ⌚10–17 Uhr) Fans des ovalen Balls sind ganz verzückt vom New Zealand Rugby Museum, einem außergewöhnlichen Raum, der überquillt vor Rugby-Reliquien – von einem Trikot der All Blacks aus dem Jahr 1905 bis hin zu einer Scrum Machine und der Trillerpfeife, mit der jedes erste Spiel des Rugby World Cup angepfiffen wird. Natürlich gewann Neuseeland 2011 den Rugby World Cup. Über die Aufstellung der All Blacks 2015 wird heiß diskutiert.

★ Te Manawa MUSEUM

(www.temanawa.co.nz; 326 Main St; ⌚10–17 Uhr) GRATIS Das Te Manawa verbindet Museum und Kunstgalerie zu einer einzigen tollen Erfahrung. Die umfangreichen Sammlungen schlagen den Bogen zwischen „Leben, Kunst und Geist". Das Museum setzt einen Schwerpunkt auf die Maori, während die Ausstellungen der Galerien regelmäßig wechseln. Kinder sind vor allem vom Bereich der interaktiven Exponate begeistert. Das New Zealand Rugby Museum befindet sich im selben Gebäudekomplex.

The Square AREAL

(The Square) The Square, der das englische Stadtbegrünungskonzept auf ein ganz neues Niveau hebt, ist das Herz und die Seele von Palmy. Auf sieben Hektar gibt es einen Uhrturm, einen Ententeich, ein Riesen-Schachspiel, Maori-Schnitzereien, Statuen und interessante Bäume. Einheimische genießen in der Sonne ihr Mittagessen auf dem gepflegten Rasen.

Aktivitäten

Ins i-SITE hineingehen und sich die Broschüren *Discover City Walkways* und *Cycling the Country Road Manawatu* schnappen!

Lido Aquatic Centre SCHWIMMEN

(www.lidoaquaticcentre.co.nz; 50 Park Rd; Erw./Kind 4/3 NZ$, Wasserrutsche 5 NZ$; ⌚Mo–Do 6–20, Fr 6–21, Sa & So 8–20 Uhr) Wenn die Ebene in der Sommerhitze glüht, hilft ein Sprung ins kühle Wasser des Lido Aquatic Centre. Es kommt zwar nicht ganz an den venezianischen Lido heran, aber es bietet eine 50-m-Bahn für notorische Streckenschwimmer, Wasserrutschen, ein Café und einen Fitnessraum.

Manawatu Gorge Experience Jet JETBOOTFAHREN

(☎06-342 5599, 0800 945 335; www.manawatugorgejet.com; 25-Min.-Touren ab 75 NZ$/Pers.) Jetboottouren durch die überwältigende Manawatu Gorge, etwa 25 Minuten von Palmerston entfernt.

Geführte Touren

Feilding Saleyard Tours KULTUREXKURSIONEN

(☎06-323 3318; www.feilding.co.nz; Feilding; Tour 10 NZ$; ⌚Fr 11 Uhr) In der kleinen Ortschaft nördlich vom Stadtzentrum weisen Farmer die Besucher in die hohe Kunst der Viehauktionen ein. Jeden Freitag findet hier von 9 bis 14 Uhr ein Bauernmarkt statt.

Tui Brewery Tours GEFÜHRTE TOUR

(☎06-376 0815.; www.tuibrewery.co.nz; SH2, Mangatainoka; 35-minütige Tour 20 NZ$/Pers.;

Palmerston North

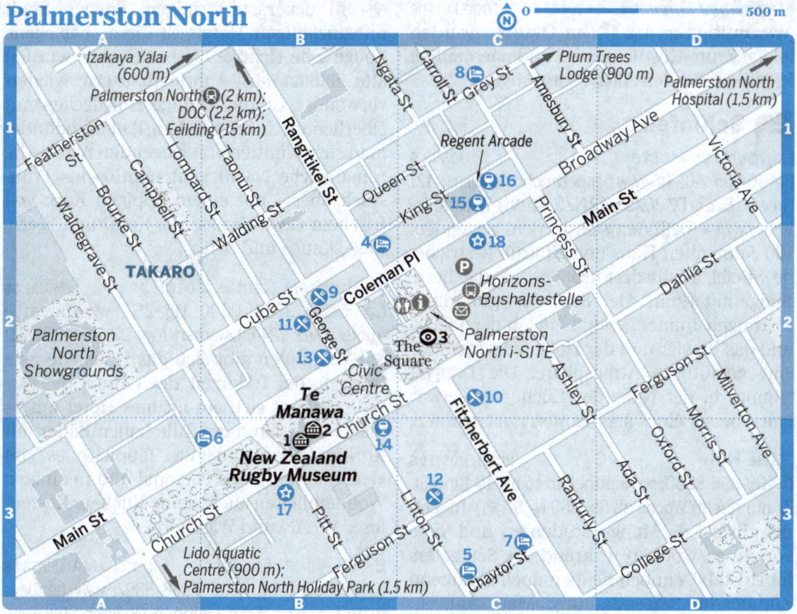

Palmerston North

Highlights
1 New Zealand Rugby Museum ... B3
2 Te Manawa ... B3

Sehenswertes
3 Square ... C2

Schlafen
4 @ the Hub ... B2
5 Bentleys Motor Inn ... C3
6 Café de Paris ... B3
7 Fitzherbert Castle Motel ... C3
8 Peppertree Hostel ... C1

Essen
9 Café Cuba ... B2
10 Halikarnas ... C2
11 Indian2nite ... B2
12 Pak 'n Save ... C3
13 Tomato Cafe ... B2

Ausgehen & Nachtleben
14 Brewer's Apprentice ... B3
15 Celtic Inn ... C1
16 Fish ... C1

Unterhaltung
17 Centrepoint Theatre ... B3
18 CinemaGold ... C2
Downtown Cinemas ... (siehe 18)

⏲11 & 14 Uhr) Auch wer eher auf craft-beer steht als auf das allgegenwärtige Tui, kommt bei dieser bierseligen Tour voll auf seine Kosten. Die Brauerei und das Museum sind sehr interessant und man kann auch das eine oder andere Tui-Bier probieren. Die Brauerei liegt etwa 30 Minuten östlich von Palmerston North; Reservierung erforderlich.

Feste & Events

Festival of Cultures KULTUR, FOOD & WEIN
(www.foc.co.nz) Großes Festival zu Kunst, Kultur und Lifestyle nebst Handwerker- und Foodmarkt, der Ende März auf dem Square stattfindet.

International Jazz & Blues Festival MUSIK
(www.jazzandblues.co.nz) Ende Mai/Anfang Juni dreht sich hier alles um Jazz, Blues und Swing, ergänzt um eine Reihe von Workshops.

Manawatu Wine & Food Festival ESSEN & WEIN
(www.mwff.co.nz) An einem Wochenende Mitte Juni gibt es viel Kulinarisches und dazu die besten Tropfen der Region.

Manawatu Harvest Festival FOOD, KULTUR
(www.maifarm.org.nz) Im Oktober werden lokale Ernte-Köstlichkeiten und nachhaltige Praktiken für den Alltag vorgestellt.

Schlafen

Peppertree Hostel HOSTEL $
(06-355 4054; www.peppertreehostel.co.nz; 121 Grey St; B/EZ/DZ 30/53/72 NZ$;) Unerklärlicherweise befinden sich in dem reizenden, 100 Jahre alten Haus überall grün gestrichene Stiefel. Nichtsdestotrotz ist es die beste Budgetunterkunft der Stadt. Es gibt dicke Matratzen, immer genug Löffel in der Küche, und das Klavier und der Holzofen sorgen für eine gemütliche Atmosphäre. Die Doppelzimmer in der Nähe der Küche sind etwas laut – besser eines nach hinten raus nehmen.

@the Hub HOTEL, HOSTEL $
(06-356 8880; www.atthehub.co.nz; 10 King St; Zi. pro Nacht/Woche ab 85/350 NZ$;) In Palmy gibt's jede Menge Studenten und viele von ihnen wohnen während des Semesters im Hostel. Dennoch bleiben noch genügend Zimmer für Reisende übrig. Man kann ein Doppelzimmer mit Bad, Kochecke und Service buchen oder ein einfaches, gefühlt schuhkartongroßes Zimmer (ebenfalls mit Bad). Tolle Lage, tolles Preis-Leistungs-Verhältnis!

Palmerston North Holiday Park FERIENANLAGE $
(06-358 0349; www.palmerstonnorthholidaypark.co.nz; 133 Dittmer Dr; Stellplatz/Hütte ab 35/45 NZ$, DZ-Wohneinheit 80 NZ$;) Ewa 2 km vom Square entfernt, in der Nähe der Ruha St, befindet sich dieser schattige Park mit einer von Gänseblümchen bedeckten Wiese, der irgendwie an ein Ausbildungscamp erinnert. Er ist aber ruhig, erschwinglich und dirkt an den Gärten der Victoria Esplanade gelegen. Für Kinder sehr gut geeignet.

Café de Paris HOTEL $
(06-355 2130; www.cafedeparisinn.co.nz; 267 Main St; EZ/DZ 60/80 NZ$; P) Zwar ist dies nicht der Montmartre, aber das freundliche Hotel von 1893, nur drei Gehminuten vom Square entfernt, hat im Obergeschoss überraschend nette Zimmer, die alle TV, Bad und eine bunte Möblierung haben. Gutes Preis-Leistungs-Verhältnis! Begrenzte Parkplätze an der Straße.

★ **Plum Trees Lodge** LODGE $$
(06-358 7813; www.plumtreeslodge.co.nz; 97 Russell St; EZ/DZ mit Frühstück ab 150/185 NZ$;) In der rasterförmigen, flachen Stadt mit unzähligen Motels ist diese abgelegene Lodge eine richtige Oase. Gekonnt wurden alte Balken aus Abbruchhäusern wiederverwendet, es gibt schräge Holzdecken mit Oberlichtern, und auf dem Balkon befindet man sich inmitten von wogenden Ästen. Die romantische Nacht geht nahtlos ins Frühstück über – mit einem üppigen Korb voll frischem Obst, Croissants, Konfitüre, Eiern, Käse, Kaffee und Saft.

Fitzherbert Castle Motel MOTEL $$
(06-358 3888, 0800 115 262; www.fitzcastle-motel.co.nz; 124 Fitzherbert Ave; DZ 110–195 NZ$;) Von außen gibt sich das Haus wie eine Burg aus der Tudorzeit, doch hinter der Fassade verbirgt sich ein intimes Hotel mit 14 makellosen Zimmern. Alle haben Bäder mit Korkfußboden und gute Teppiche, es gibt viele Bäume, nettes Personal und in einigen Wohneinheiten auch kleine Küchen. Kostenloses WLAN und Wäscherei.

Bentleys Motor Inn MOTEL, APARTMENTS $$
(06-358 7074, 0800 2368 5397; www.bentleysmotorinn.co.nz; Ecke Linton & Chaytor Sts; Suite 155–320 NZ$) Das Motel mit dem Markennamen im Logo und seine Fünf-Sterne-Apartments lohnen die Investition. Innen verfügen sie über den neuesten Schnickschnack in Form von DVD-Playern, Whirlpool, Stereoanlage, modernen Möbel und SkyTV; draußen gibt's ein großes Fitnesscenter, eine Squashanlage und eine Sauna. Man könnte hier Wochen verbringen …

Essen

Pak'n Save SUPERMARKT $
(www.paknsave.co.nz; 335 Ferguson St; 8–22 Uhr) Günstig und freundlich.

★ **Tomato Cafe** CAFÉ, BISTRO $$
(06-357 6663; www.tomatocafe.co.nz; 72 George St; Brunch 7–30 NZ$, Abendessen 16–30 NZ$; So–Mi 7–16, Do–Sa bis 21 Uhr) Das herrliche neue Café ähnelt einer lauten, gelben Box, die übersät ist mit „Kiwi-Souvenirs": neuseeländischen Retro-Albumcovern, Fotos, Drucken und Ölgemälden. Der überaus geschäftstüchtige Boss steht um 5 Uhr auf, um die täglichen Donuts zu backen. Seine Begeisterung ist ansteckend: Das gut gelaunte Personal serviert tolle Salate, Pizza, Croissants mit Schinken, Salat und Tomate sowie vorzügliche Eggs Benedict. Freitagabend ist Happy Hour und gelegentlich gibt es auch Livejazz. Ein Besuch hier lohnt sich allemal!

Izakaya Yatai JAPANISCH $$

(☎ 06-356 1316; www.yatai.co.nz; 316 Featherston St; Hauptgerichte 16–30 NZ$; ⌚ Di–Fr 12–14, Di–Fr 6–21 Uhr) Einfaches, frisches, authentisches japanisches Essen, zubereitet von Atsushi Taniyama in einem schlichten Vorstadthaus, auf dessen Fensterbänken leere Sakeflaschen stehen. Die Restaurantchefin Barbara ist eine interessante Persönlichkeit. Im Angebot sind auch Menüs.

Indian2nite INDISCH $$

(☎ 06-353 7400; www.indian2nite.com; 22 George St; Hauptgerichte 10–19 NZ$; ⌚ tgl. 10.30–15 & 17–open end;) In diesem gehobenen Restaurant mit genau dem richtigen Maß an Bollywood-Schmalz riecht es ganz verlockend und der Besuch hier reißt sicherlich kein Loch in die Reisekasse. Hinter Panoramafenstern an der George St und versteckt unter einem Gewölbe servieren superfreundliche Kellner nordindische Currys. Einen Versuch wert ist das *dal makhani*.

Café Cuba CAFÉ $$

(www.cafecuba.co.nz; Ecke George & Cuba Sts; Brunch 9–26 NZ$, Abendessen 26–31 NZ$; ⌚ So–Di 7–22 Uhr, Mi–Sa bis open end;) Eine Dosis Zucker gefällig? Dann nichts wie ins Café Cuba, das mit langen Öffnungszeiten erfreut. Die Kuchen sind das Richtige für Schokoladensüchtige. Hervorragende Kaffee-Spezialitäten und Cafégerichte (Risotto, Salat, Curry, frittierte Maisplätzchen) ziehen viele Gäste an. Der Kumara-Kuchen mit Avocado, süßem Chili und Creme ist herrlich. Jeden Freitagabend gibt's Livemusik.

Halikarnas TÜRKISCH $$

(☎ 06-357 5777; www.halikarnas.co.nz; 15 Fitzherbert Ave; Hauptgerichte 18–25 NZ$; ⌚ Di–Fr 12–14, tgl. 17 Uhr–open end) Eine Atmosphäre wie aus 1001 Nacht sollen Fliegende Teppiche, Wasserpfeifen aus Messing und schräger Bosphorus-Beat im Halikarnas schaffen. Hier türmen sich türkische Köstlichkeiten, von Lammkebab bis Falafel bis hin zu tollem türkischen Kaffee. Nebenan gibt's Kebab zum Mitnehmen.

Ausgehen & Nachtleben

Fish COCKTAIL BAR

(Regent Arcade; ⌚ Mi 16–23, Do bis 1, Fr & Sa bis 3 Uhr) Die progressive, schicke, pazifisch angehauchte Cocktailbar hat den Finger fest am Puls von Palmerston North. Wenn die DJs donnerstags und freitags Musik auflegen, vergessen die trendverliebten städtischen Gäste bei Manhattans und Tamarillo Mules ihre Sorgen (und ja, die haben es wirklich in sich!).

Brewer's Apprentice KNEIPE

(www.brewersapprentice.co.nz; 334 Church St; ⌚ Mo–Mi 16 Uhr–open end, Do–So ab 11 Uhr) Was einmal eine schäbige Studentenkneipe war, ist heute eine schicke Bar, die von Monteith gesponsert wird. Mittags fallen hungrige Angestellte ein (Brunch und Mittagessen 8–18 NZ$, Dinner 23–29 NZ$) und abends bevölkern Gäste über 25 den Biergarten. Freitagabend gibt's Livemusik. Man sei gewarnt: „Keine ungeputzten Schuhe erwünscht!"

Celtic Inn IRISCHE KNEIPE

(www.celticinn.co.nz; Regent Arcade; ⌚ Mo–Sa 11 Uhr –open end, So 16–11 Uhr) Das Celtic macht dem Fish nebenan mit guter altmodischer Kneipenatmosphäre ernste Konkurrenz. Arbeiter, Reisende und Studenten heben hier das eine oder andere süffige Pint. Freundliches Personal, Livemusik, rote Plüschsessel, Kinder, die um die Beine ihrer Eltern wuseln – hier gibt es einfach alles!

☆ Unterhaltung

CinemaGold KINO

(www.cinemagold.co.nz; Downtown Shopping Arcade, Broadway Ave; Erw./Kind 17/12 NZ$; ⌚ 10–24 Uhr) Im gleichen Gebäudekomplex wie die stärker mainstream-orientierten **Downtown Cinemas** (www.dtcinemas.co.nz; Erw./Kind 16/10 NZ$; ⌚ 10–24 Uhr) untergebracht. Im CinemaGold kann man dank Plüschsesseln und Schanklizenz die Kunstfilmklassiker und selten gezeigte Filme richtig genießen.

Centrepoint Theatre THEATER

(www.centrepoint.co.nz; 280 Church St; ⌚ Infobox Mo–Fr 9–17 Uhr) Das Centrepoint ist eine Stütze der brodelnden Theaterszene von Palmerston North und bietet große Shows mit bekannten Namen, Theatersport und saisonal bedingte Stücke.

ℹ Praktische Informationen

DOC (Department of Conservation; ☎ 06-350 9700; www.doc.govt.nz; 717 Tremaine Ave; ⌚ Mo–Fr 8–16.30 Uhr) DOC-Infozentrum 3 km nördlich des Square.

Palmerston North Hospital (☎ 06-356 9169; www.midcentraldhb.govt.nz; 50 Ruahine St; ⌚ 24 Std.) Hilfe bei Unfällen und Notfällen.

Palmerston North i-SITE (☎ 06-350 1922; www.manawatunz.co.nz; The Square; ⌚ Mo–Fr

9–17, Sa & So 10–14 Uhr;) Eine sehr hilfreiche Quelle für Touristeninformationen, außerdem gibt's kostenlosen WLAN-Zugang auf dem ganzen Square.

Post (Ecke Main St & The Square; Mo–Fr 8–17.30, Sa 9–17.30 Uhr)

Radius Medical, The Palms (06-354 7737; www.radiusmedical.co.nz; 445 Ferguson St; Mo–Fr 8–19, Sa & So 9–16 Uhr) Notversorgung und Arzttermine nach Vereinbarung samt Apotheke.

An- & Weiterreise

BUS

Die Busse von **InterCity** (www.intercity.co.nz) starten am **Palmerston North Travel Centre** (06-355 4955; Ecke Main & Pitt Sts; Mo–Do 8.45–17, Fr 8.45–19.45, Sa 9–14.45 & 15.45–17, So 9–14.45 & 15.45–19.15 Uhr). Zu den angefahrenen Orten zählen:

ZIEL	PREIS (NZ$)	DAUER (STD.)	HÄUFIGKEIT (TGL.)
Auckland	72	9	2-mal
Napier	29	3½	2-mal
Taupo	35	4	2-mal
Wellington	35	2¼	7-mal
Whanganui	25	1½	3-mal

Die Busse von **Naked Bus** (www.nakedbus.com) fahren vom i-SITE und vor dem Gerichtsgebäude in der Main St ab. Zu den angefahrenen Orten zählen:

ZIEL	PREIS (NZ$)	DAUER (STD.)	HÄUFIGKEIT (TGL.)
Auckland	25	9	2-mal
Napier	18	3	1-mal
Taupo	24	4¼	2-mal
Wellington	15	2¼	4-mal
Whanganui	13	1¼	1-mal

FLUGZEUG

Der **Palmerston North Airport** (www.pnairport.co.nz; Airport Dr) liegt 4 km nördlich vom Stadtzentrum. Air New Zealand hat täglich Direktflüge nach Auckland, Christchurch und Wellington im Programm.

ZUG

KiwiRail Scenic Journeys (04-495 0775, 0800 872 467; www.kiwirailscenic.co.nz) betreibt Fernverkehrszüge zwischen Wellington und Auckland, die auch am alten, heruntergekommenen Bahnhof **Palmerston North Train Station** (Mathews Ave) halten. Dieser liegt nahe der Tremaine Ave, etwa 2,5 km nördlich vom Square. Von Palmy nach Wellington nimmt man den *Northern Explorer* (48 NZ$, 2½ Std.), der montags, donnerstags und samstags um 16.20 Uhr abfährt, oder den *Capital Connection* (30,50 NZ$, 2 Std.), der von Palmy von Montag bis Freitag täglich um 6.15 Uhr startet. Der *Northern Explorer* (198 NZ$, 9 Std.) nach Auckland fährt dienstags, freitags und samstags um 10 Uhr ab. Fahrkarten kauft man direkt bei KiwiRail Scenic Journeys oder im *Capital-Connection*-Zug (kein Kartenverkauf am Bahnhof).

Unterwegs vor Ort

BUS

Die Busse von **Horizons** (www.horizons.govt.nz; Fahrkarten Erw./Kind 2,50/1,50 NZ$) verkehren täglich von der Bushaltestelle an der Main St an der Ostseite des Square. Die Buslinie 1 fährt zur Massey University; es gibt aber keinen Bus zum Flughafen.

FAHRRAD

Crank It Cycles (06-358 9810; www.crankitcycles.co.nz; 244 Cuba St; Mo–Fr 8–17.30, Sa 10–15, So 10–14 Uhr) Vermietet Cityräder ab 20/30 NZ$ pro halbem/ganzen Tag, inklusive Helm und Schloss (Hinterlegung eines Garantiebetrags von 50 NZ$).

ZUM/VOM FLUGHAFEN

Es gibt keine öffentlichen Verkehrsmittel zwischen der Stadt und dem Flughafen, dafür aber jede Menge Taxis. Auch ein **Super Shuttle** (09-522 5100, 0800 748 885; www.supershuttle.co.nz; Fahrkarten 16 NZ$) bringt Traveller in einem Mini-Van (vorherige Reservierung erforderlich) in die Stadt. Ein Taxi aus der Stadt zum Flughafen kostet rund 20 NZ$.

TAXI

Gold & Black Taxis (0800 351 2345, 06-351 2345; www.facebook.com/taxisgoldblack) ist ein familiengeführter Betrieb.

Rund um Palmerston North

Auf dem Weg nach Wellington liegen direkt südlich der „Studentenstadt", im unterschätzten Bezirk Horowhenua, die verschlafenen Landstädtchen **Shannon** (1250 Ew.) und **Foxton** (2650 Ew.).

Die gefiederten Freunde im **Owlcatraz** (06-362 7872; www.owlcatraz.co.nz; SH57, Shannon; Erw./Kind inkl. 2-stündige Tour 25/10 NZ$; 9–17 Uhr) hören auf so drollige Namen wie Owlvis Presley und Owl Capone. Die Fahrt zu den Eulen im Vogel- und Wildtierpark dauert von Palmerston North aus ungefähr 30 Minuten.

Der **Foxton Beach** ist ein Exemplar einer ganzen Reihe breiter, flacher Strände am Rand der Tasmansee – braunen Sand, Treibholz und Ferienhäuser gibt es hier in rauen Mengen. Auch die Strände **Himatangi**, **Hokio** und **Waikawa** lohnen einen Besuch.

Die Stadt **Levin** (19 550 Ew.) ist zwar größer, liegt aber zu dicht an Wellington und Palmerston North, um Reisende zu einem Halt zu veranlassen.

Rund um die Manawatu Gorge

Etwa 15 km nordöstlich von Palmerston North taucht der SH2 in die **Manawatu Gorge** ein. Die Maori tauften die Schlucht Te Apiti (enger Durchgang) und glaubten, dass der große, rötliche Felsen in deren Mitte Schutzgeist sei. Angeblich ändert der Felsen die Intensität seiner Farbe, wenn ein bedeutendes Mitglied des Rangitane-Stammes stirbt oder verletzt wird. Für eine Wanderung durch die Schlucht braucht man von beiden Enden aus rund vier Stunden, man kann sie aber auch per Jetboot (S. 266) entdecken.

Am südwestlichen Rand der Schlucht liegt, etwa 40 Autominuten von Palmerston North entfernt, die **Tararua Wind Farm** (www.trustpower.co.nz), der angeblich größte Windpark der südlichen Hemisphäre. Von der Hall Block Rd aus hat man einen beeindruckenden Blick auf die Turbinen. Ähnlich viele Windräder stehen nördlich der Schlucht auf der **Te Apiti Wind Farm** (www.meridianenergy.co.nz). Von der Saddle Road aus hat man eine herrliche Aussicht – den Weg zu beiden Farmen kann man sich im Palmerstone North **i-SITE** (☎06-350-1922, 0800 626 292; www.manawatunz.co.nz; The Square; ⏲Mo–Fr 9–17, Sa & So 10–14 Uhr; 📶) erklären lassen.

Eine gute Alternative, um der Stadt zu entkommen, bietet ein Besuch bei **Timeless Horse Treks** (☎06-376 6157; www.timelesshorsetreks.co.nz; Gorge Rd, Ballance; 1-/2-stündiger Ausritt ab 45/75 NZ$). Bei leichten Ausritten erkundet man den Manawatu River und die umliegenden Hügel. Angeboten werden auch ein Ausritt mit Übernachtung (225 NZ$). Reiter können in Palmerston North abgeholt und wieder zurückgebracht werden.

Taupo & Central Plateau

Inhalt ➡

Gut essen

➡ Lakeland House (S. 289)

➡ L'Arté (S. 284)

➡ Station (S. 297)

➡ Piccolo (S. 284)

➡ Bearing Point (S. 300)

Schön übernachten

➡ Station Lodge (S. 300)

➡ Powderhorn Chateau (S. 300)

➡ Creel Lodge (S. 289)

➡ Reef Resort (S. 283)

➡ Lake Taupo Top 10 Holiday Resort (S. 283)

Auf nach Taupo & zum Central Plateau!

Ob tiefe Flüsse oder hohe Berge: In dieser facettenreichen Region hat Neuseelands Geologie ihren großen Auftritt – und der ist wirklich ganz groß! Der wichtigste Akt spielt entlang der Taupo Volcanic Zone, die sich als aktives Vulkangebiet über Rotorua bis hinüber nach Whakaari (White Island) in der Bay of Plenty erstreckt. Dem regionalen Tumult unter der Erdoberfläche verdankt die Nordinsel ein paar ihrer Hauptattraktionen – beispielsweise den größten See des Landes oder die drei aktiven Vulkane des Tongariro National Park.

Doch der Nervenkitzel geht noch weiter: Die Gegend macht Queenstown in Sachen Outdoor-Abenteuer kräftig Konkurrenz. Wie wär's mit flotten Jetbootfahrten zu einem Wasserfall, Bungeespringen über einem Fluss, Fallschirmspringen oder Skifahren im frischen Pulverschnee? Wer's lieber entspannter mag, kann auch im Thermalwasser baden oder ein paar gemütliche Tage beim Fliegenfischen verbringen. In beiden Fällen sind Taupo und die zentrale Hochebene absolute Pflichtziele bei Trips auf die Nordinsel.

Reisezeit

➡ Neuseelands Zentrum ist im Winter und im Sommer gleichermaßen beliebt; eine wirklich schlechte Reisezeit gibt's eigentlich nicht.

➡ Die Skisaison dauert ungefähr von Juli bis Oktober. Stürme und Temperaturen unter 0° C können in den Bergen aber jederzeit auftreten. Über 2500 m Höhe ist ein kleiner Teil der Region permanent verschneit.

➡ Aufgrund der Höhenlage ist das Klima der zentralen Hochebene allgemein recht kühl. Im Durchschnitt liegen die Höchsttemperaturen etwa zwischen 3° C im Winter und 24° C im Sommer.

➡ Von Weihnachten bis Ende Januar strömen Kiwi-Urlauber scharenweise zum Lake Taupo. Unterkünfte für diese Zeit sollte man daher rechtzeitig reservieren!

Highlights

1 Faszinierende Vulkanlandschaften beim Wandern entlang des **Tongariro Alpine Crossing** (S. 293) erkunden

2 In **Orakei Korako** (S. 279) das „verlorene Tal“ wiederentdecken

3 In der Welthauptstadt des Fallschirmspringens alias **Taupo** (S. 274) an einen wildfremden Menschen gegurtet Richtung Erdboden rasen

4 Am **Mt. Ruapehu** (S. 289) durch frischen Pulverschnee wedeln

5 Bei MTB-Touren entlang der **Ohakune Old Coach Road** (S. 299) das 284 m hohe Hapuawhenua Viaduct mit dem Rad überqueren

6 Auf dem Lake Taupo paddeln und dabei moderne **Maori-Reliefs** (S. 275) bewundern

7 Per Jetboot den Waikato River bis zum Fuß der **Huka Falls** (S. 276) hinaufdüsen

8 In den Becken der **Wairakei Terraces** (S. 277) im geothermalen Heilwasser zur Ruhe kommen

An- & Weiterreise

BUS

InterCity (☎ 07-348 0366; www.intercitycoach.co.nz) Taupo ist eine wichtige Drehscheibe für Fernbuslinien von InterCity. Mit diesen geht's direkt nach Auckland (über Rotorua und Hamilton), Tauranga (über Rotorua), Napier und Hastings – ebenso über Turangi, Waiouru, Taihape, Palmerston North und Ortschaften an der Kapiti Coast nach Wellington. Die Route Palmerston North–Auckland passiert zuerst Whanganui und dann den Westrand des Tongariro National Park (über Ohakune und National Park). Anschließend führt sie über Taumaranui, Te Awamutu und Hamilton nach Norden.

Naked Bus (www.nakedbus.com) Ab Taupo fährt diese Firma z. B.nach Auckland (über Hamilton), Rotorua, Tauranga, Gisborne (über Rotorua), Napier und Hastings. Zudem bedient sie Wellington über Turangi, Waiouru, Taihape, Palmerston North und Ortschaften an der Kapiti Coast. Tochtergesellschaften steuern weitere Ziele an; solche Trips lassen sich daher über die Naked-Bus-Website buchen.

FLUGZEUG

Air New Zealand (☎ 0800 737 000; www.airnz.co.nz) Die nationale Fluglinie verbindet Taupo täglich direkt mit Auckland und Wellington.

KURZINFOS TAUPO & CENTRAL PLATEAU

Essen Forelle – aber die muss erst gefangen werden!

Trinken Ein Schluck Flusswasser beim Bungeespringen über dem Waikato River

Lesen *Awesome Forces* von Hamish Campbell und Geoff Hicks; das Buch erzählt die geologische Geschichte Neuseelands mit packenden Details

Anhören Das klangvolle Zwitschern der Tui-Honigfresser entlang des Tongariro River Trail

Anschauen *Herr der Ringe*, *Der Hobbit* und dann Tongariros „Filmstarberge"

Radfahren Bei der Lake Taupo Cycle Challenge

Erkunden Die alpine Flora und die geologischen Kuriositäten des Tongariro National Park

Infos im Internet www.greatlaketaupo.com; www.visitruapehu.com; www.nationalpark.co.nz; www.visitohakune.co.nz

Vorwahl ☎ 07

ZUG

KiwiRail Scenic (☎ 04-495 0775, 0800 872 467; www.kiwirailscenic.co.nz) Entlang der Route Auckland–Hamilton–Palmerston North–Wellington hält der *Northern Explorer* beim National Park, in Ohakune und in Taihape.

LAKE TAUPO & UMGEBUNG

Der Lake Taupo ist Neuseelands größter See. Er liegt im Krater eines Vulkans, der vor über 300 000 Jahren das erste Mal ausbrach. Die Caldera entstand vor etwa 26 500 Jahren bei dem Ausbruch des Oruanui, wobei 750 km³ Asche und Bimsstein in die Luft geschleudert wurden – da erscheint der berühmte Ausbruch des Krakatau mit 8 km³ fast schon als unbedeutende Kleinigkeit.

Der letzte Ausbruch fand 180 n. Chr. statt und schleuderte so viel Asche in die Atmosphäre, dass römische und chinesische Himmelsbeobachter die dadurch ausgelösten rötlichen Himmelsfärbungen in ihren Aufzeichnungen festhielten. Die Region ist noch immer vulkanisch aktiv und bietet, genau wie Rotorua, faszinierende Thermalgebiete.

Heute präsentiert sich der 622 km² große See mit seinen umliegenden Wasserwegen derart ruhig, dass ihn begeisterte Angler aus der ganzen Welt ansteuern. Aufgrund ihrer guten Lage am See sind Taupo und Turangi beliebte Touristenziele. Vor allem in Taupo werden etliche Unternehmungen und Einrichtungen angeboten, sowohl für Familien als auch für Individualreisende.

Taupo

26 100 EW.

Dank malerischer Lage am nordöstlichen Seeufer konkurriert Taupo heute mit Rotorua um den Titel des „führenden Ferienortes der Nordinsel". Vor Ort herrscht kein Mangel an Aktivitäten, die das Adrenalin in Wallung bringen. Doch auch wer keine Lust auf kreidebleiche Wangen und einen umgedrehten Magen hat, kommt hier voll auf seine Kosten – z. B. bei Spaziergängen am Seeufer, an klaren Tagen genießt man dabei eine schöne Aussicht auf die verschneiten Gipfel des Tongariro National Park. Taupo ist zudem ein Mekka für Outdoorsportler und etabliert sich momentan als eines von Neuseelands besten Revieren zum Radfahren auf oder abseits der Straße.

DIE MAORI AUF DEM CENTRAL PLATEAU

Um eine Gruppe von Bergen im Zentrum der Nordinsel ranken sich mehrere Maori-Legenden von Lust und Untreue, die damit enden, dass einige Berge in andere Teile der Insel fliehen (nur ein Beispiel ist die traurige Geschichte des Mt. Taranaki).

Lange Zeit nach diesen Begebenheiten ging der *tohunga* (Priester) Ngatoro-i-rangi, der mit dem Boot aus Hawaiki ankam, hier an Land. Bei seiner Erkundung der Region gab er den verbliebenen Bergen Namen. Der heiligste unter ihnen war der Tongariro, der mindestens zwölf Vulkankegel besaß und somit als Anführer aller anderen Berge betrachtet wurde.

Der größte *iwi* (Stamm) der Region sind die **Ngati Tuwharetoa** (www.tuwharetoa.co.nz). Sie sind einer der wenigen *iwis* in Neuseeland, die immer noch einen unumstrittenen *ariki* (Oberhäuptling) haben. Der derzeitige *ariki*, Tumu Te Heuheu Tukino VIII., ist ein Ururenkel von Te Heuheu Tukino IV., der wiederum ein Nachkomme von Ngatoro-i-rangi ist und 1887 die Berge von Tongariro dem neuseeländischen Staat übereignete.

Um die Geschichte der örtlichen Maori und ihrer Vorfahren kennenzulernen, besucht man am besten das Taupo Museum (s. unten), die in die Klippen geritzten Gesichter in der Mine Bay (s. unten) oder die Wairakei Terraces (S. 277).

Nahe der Stadt entspringt der Waikato River aus dem Lake Taupo. Danach donnert der längste Fluss des Landes die Huka Falls und die Aratiatia Rapids hinunter. Schließlich plätschert er behäbig gen Westküste und mündet dort gleich südlich von Auckland ins Meer.

Geschichte

Als der Maorihäuptling Tamatea-arikinui die Gegend zum allerersten Mal besuchte, glaubte er, der Boden sei hohl, weil seine Schritte einen Nachhall erzeugten. Deshalb nannte er sie Tapuaeharuru (nachhallende Schritte). Der heutige Name bezieht sich allerdings auf die Geschichte Tias, der den See entdeckte und, in seinen Umhang gehüllt, neben ihm schlief. So wurde das Gebiet dann Taupo Nui a Tia (großer Umhang des Tia) genannt.

Die ersten europäischen Siedler ließen sich hier während des Ostküstenkriegs (1868–1872) nieder, in dem Taupo zu einem strategisch wichtigen Militärstützpunkt wurde: 1869 legte man eine Schanze an und im selben Jahr wurde hier eine Garnison berittener Polizisten bis zur Niederlage von Te Kooti stationiert.

Dank der zunehmenden Motorisierung wuchs Taupo im 20. Jh. von einem kleinen Dorf am See mit rund 750 Einwohnern zu einem größeren Ferienstädtchen heran, das von den meisten Orten der Nordinsel aus leicht zu erreichen ist. Auch heute steigt die Zahl der Einwohner in der Hochsaison erheblich an, wenn Neuseeländer und ausländische Touristen gleichermaßen zum „Great Lake“ strömen.

Sehenswertes

Viele der hiesigen Attraktionen liegen außerhalb von Taupo und konzentrieren sich vor allem nördlich der Stadt im Bereich des Wairakei Park.

★ Taupo Museum MUSEUM

(Karte S. 278; www.taupo.govt.nz/museum; Story Pl; Erw./Kind 5 NZ$/frei; ⏲10–16.30 Uhr) Dieses kleine Museum ist ein interessantes Ziel für Regentage. Es zeigt u. a. eine hervorragende Maori-Galerie, historische Exponate zu heimischen Wirtschaftszweigen, ein Moa-Skelett und den Nachbau eines Ladens aus dem 19. Jh. Eine weitere Galerie ist regionalen Stücken und Wanderausstellungen gewidmet. Zu sehen gibt's außerdem so Schräges wie einen Wohnwagen aus den 1960er-Jahren, dessen Benutzer scheinbar gerade erst zum See hinuntergelaufen sind. Herzstück des Museums ist ein Maori-Versammlungshaus (Te Aroha o Rongoheikume) mit aufwendigen Schnitzereien. Der „Ora Garden of Wellbeing“ im Hof bildet Neuseelands Beitrag zur Chelsea Flower Show von 2004 nach, der mit einer Goldmedaille ausgezeichnet wurde. Auch der benachbarte Rosengarten ist sehr sehenswert.

Maori-Felsreliefs RELIEFS

Während der späten 1970er-Jahre wurden diese 10 m hohen Reliefs vom Steinmetz Matahi Whakataka-Brightwell in die Felsen nahe der Mine Bay gemeißelt. Sie sind nur per Boot erreichbar und zeigen den visionären Maori-Seefahrer Ngatoro-i-rangi. Dieser führte die Stämme Tuwharetoa und Te Arawa vor 1000 Jahren in die Taupo-Region.

Taupo & Wairakei

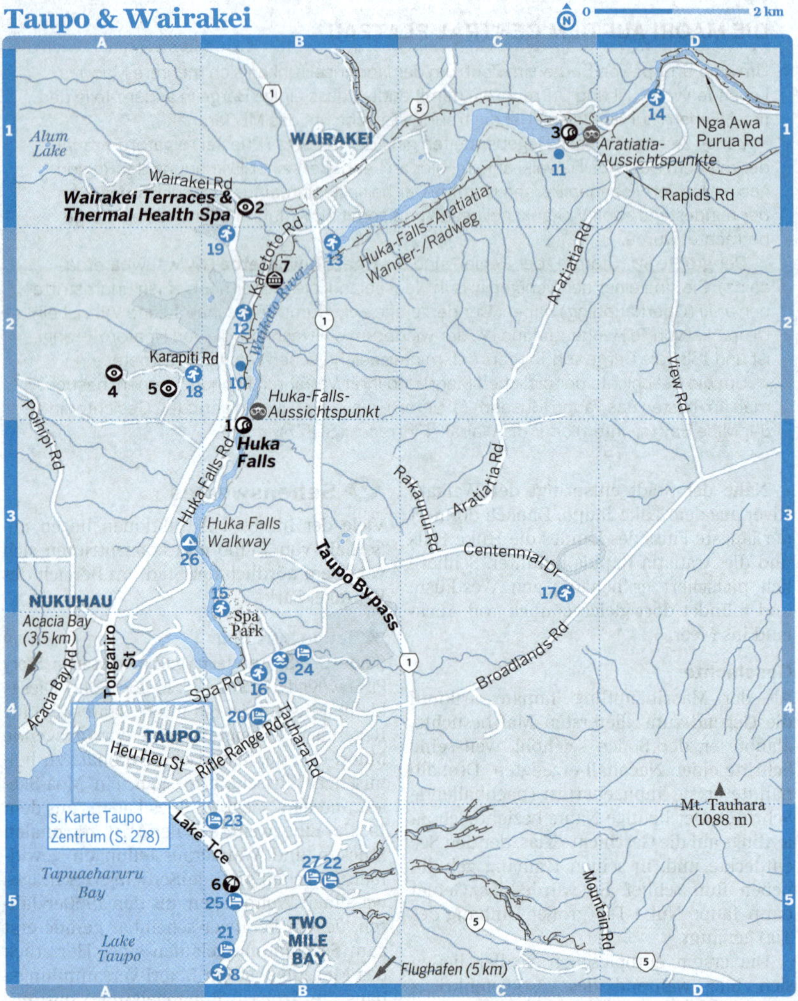

Die Abschnitte „Wassersport" (S. 279) und „Geführte Touren" (S. 282) informieren über Firmen, die Trips zu den Reliefs anbieten.

★ Huka Falls

WASSERFALL

(Karte S. 276; Huka Falls Rd) GRATIS Die Huka Falls markieren jenen Punkt, an dem Neuseelands längster Fluss, der Waikato, durch eine enge Schlucht 10 m in die Tiefe stürzt. Der Wasserfall ist gut ausgeschildert, es gibt einen Parkplatz sowie einen Kiosk. Beim Überqueren der Brücke lässt sich die volle Wucht des reißenden Stroms, den die Maori Hukanui („Großer Gischtkörper") nannten, am eindrucksvollsten betrachten. An sonnigen Tagen ist das Wasser glasklar, vom Aussichtspunkt auf der anderen Seite der Fußgängerbrücke aus kann man dann großartige Fotos schießen. Die Umgebung bietet sich für kurze Spaziergänge an; über den Huka Falls Walkway (S. 279) kann man zurück in den Ort oder entlang des Aratiatia Rapids Walking/Cycling Track zu den Stromschnellen wandern.

Aratiatia Rapids

WASSERFALL

(Karte S. 276) GRATIS Dieser Teil des Waikato River war einst richtig spektakulär – bis die Regierung ein Wasserkraftwerk quer über den Fluss baute und damit die Strömung

Taupo & Wairakei

Highlights
1 Huka Falls B3
2 Wairakei Terraces & Thermal Health Spa B1

Sehenswertes
3 Aratiatia Rapids C1
4 Craters of the Moon A2
5 Craters of the Moon MTB Park A2
6 Hot Water Beach B5
7 Volcanic Activity Centre B2

Aktivitäten, Kurse & Touren
8 2 Mile Bay Sailing & Watersports Centre B5
9 AC Baths B4
10 Heli Adventure Flights B2
11 Huka Falls River Cruise C1
12 Huka Honey Hive B2
13 Huka Prawn Park B2
Hukafalls Jet .... (siehe 13)
Rapid Sensations & Kayaking Kiwi .... (siehe 10)
14 Rapids Jet D1
Rock'n Ropes .... (siehe 12)
15 Spa Park Hot Spring B3
16 Taupo Bungy B4
Taupo DeBretts Hot Springs .... (siehe 27)
17 Taupo Gliding Club C3
18 Taupo Horse Treks A2
19 Wairakei Golf & Sanctuary B2

Schlafen
20 All Seasons Kiwi Holiday Park B4
21 Cottage Mews B5
22 Hilton Lake Taupo B5
23 Lake B5
24 Lake Taupo Top 10 Holiday Resort B4
25 Reef Resort B5
26 Reid's Farm Recreation Reserve A3
27 Taupo DeBretts Spa Resort B5

lahmlegte. Ganz verschwunden ist das Spektakel jedoch nicht: Wenn die Fluttore in der Staumauer geöffnet werden (Okt.–März 10, 12, 14 & 16 Uhr, April–Sept. 10, 12 & 14 Uhr), lässt sich das hindurchschießende Wasser von zwei guten Aussichtspunkten aus bewundern. Die Stromschnellen liegen 2 km abseits des SH5 und sind per Auto erreichbar. Alternativ bietet sich ab der Stadt eine gemütliche Radtour am Fluss an (hin & zurück 4 Std. bzw. 30 km).

Geothermales Gebiet

Volcanic Activity Centre MUSEUM
(Karte S. 276; www.volcanoes.co.nz; Karetoto Rd; Erw./Kind 10/6 NZ$; Mo–Fr 9–17, Sa & So 10–16 Uhr) Dieses Zentrum beantwortet alle Fragen zur geothermalen bzw. vulkanischen Aktivität in der Taupo-Region. Das hervorragende (wenn auch leicht textlastige) Ausstellungsmaterial umfasst z. B. einen funktionierenden Seismographen, der die Erde „live" überwacht. Besonders beliebt bei Kindern ist der Erdbebensimulator: Die nachgestellten Stöße und Erschütterungen in der kleinen Kabine bringen Besucherzähne kräftig zum Klappern. Ansonsten kann man auch seinen eigenen Tornado kreieren und diesen dann bei seinem Zerstörungswerk beobachten. Zudem lässt sich hier ein künstlicher Geysir ober- und unterirdisch bewundern. Ein kleines Kino zeigt Filme zu örtlichen Vulkanausbrüchen und darüber hinaus ein zehnminütiges Video zum Christchurch-Erdbeben von 2011.

Craters of the Moon THERMALFELD
(Karte S. 276; www.cratersofthemoon.co.nz; Karapiti Rd; Erw./Kind 8/4 NZ$; 8.30–17.30 Uhr) Dieses weniger bekannte Thermalfeld wurde beim Bau des Kraftwerks erschlossen. Als der unterirdische Wasserspiegel gesenkt wurde und sich der Druck veränderte, traten hier neue Dampfquellen und blubbernde Schlammlöcher an die Oberfläche. Der Rundgang dauert ungefähr 45 Minuten und bietet einen wunderbaren Blick auf den See und die Berge im Hintergrund. Die Freiwilligen, die im Kiosk arbeiten, sind so freundlich, einen Blick auf die auf dem Parkplatz abgestellten Autos zu werfen. Das Thermalfeld ist ab dem SH1, ca. 5 km nördlich von Taupo, ausgeschildert.

★ **Wairakei Terraces & Thermal Health Spa** THERMALQUELLEN
(Karte S. 276; 07-378 0913; www.wairakeiterraces.co.nz; Wairakei Rd; Terraces Walkway Erw./Kind 18/9 NZ$, Baden 25 NZ$, Massagen ab 80 NZ$; 8.30–19 Uhr) Unser Favorit unter den regionalen Thermalquellen: Vom nahen geothermalen Dampffeld Wairakei strömt hier stark mineralhaltiges Wasser über Quarzterrassen in Badebecken (Benutzung ab 14 Jahren), die von ruhigen Naturgärten umgeben sind. Besucher können Heilbäder nehmen und dem **Terraces Walkway** auf eigene Faust zu einem nachgebauten Maori-Dorf fol-

gen. Unterwegs zeigen Reliefs die Geschichte Neuseelands, der Maori und des örtlichen *iwi* Ngati Tuwahretoa. Zudem imitieren künstliche Geysire und Quarzterrassen die berühmten Pink & White Terraces, die 1886 beim Ausbruch des Tarawera zerstört wurden.

Die abendliche **Maori Cultural Experience** (Erw./Kind 98/49 NZ$) vermittelt einen Eindruck vom Maori-Leben in den geothermalen Gebieten. Neben traditionellen Elementen (Begrüßung, Herausforderung, *hangi*-Mahlzeit) umfasst sie auch ein Konzert und eine Führung.

Aktivitäten

Wandern & Radfahren

(Rad-)Wanderkarten und Leihfahrräder gibt's bei **Pack & Pedal** (Karte S. 278; ☎07-377

Taupo Zentrum

Taupo Zentrum

Highlights
1 Taupo Museum A2

Aktivitäten, Kurse & Touren
Big Sky Parasail .... (siehe 5)
Boating Lake Taupo .... (siehe 3)
2 Canoe & Kayak C1
3 Chris Jolly Outdoors A2
4 Cornershop Cycles B2
Ernest Kemp Cruises .... (siehe 5)
5 Fish Cruise Taupo A2
6 Greenstone Fishing B1
7 Pack & Pedal B1
8 Pointons B2
Sail Barbary .... (siehe 5)
9 Taupo Rod & Tackle B2
10 Taupo's Floatplane A2

Schlafen
11 Beechtree Suites D3
12 Blackcurrant Backpackers C1
13 Catelli's of Taupo C3
14 Silver Fern Lodge C2
15 Taupo Urban Retreat B2
16 Tiki Lodge C2

Essen
17 Brantry D3
18 Indian Affair B2
19 Merchant C1
20 Piccolo B2
21 Plateau B2
22 Saluté B2

Ausgehen & Nachtleben
23 Finn MacCuhal's B2
24 Jolly Good Fellows C3
25 Vine Eatery & Bar B2

Unterhaltung
26 Great Lake Centre B2
27 Starlight Cinema Centre B2

ABSTECHER

ORAKEI KORAKO

Orakei Korako (www.orakeikorako.co.nz; 494 Orakeikorako Rd; Erw./Kind 36/15 NZ$) liegt etwas abseits und verzeichnet weniger Besucher als andere geothermische Areale. Seit der Zerstörung der Pink & White Terraces ist das Gelände aber die wohl am besten erhaltene Thermalzone des Landes – auch wenn zwei Drittel seiner Originalfläche heute von einem aufgestauten Teil des Waikato River bedeckt werden.

Über Stufen und Holzplanken führt ein Wanderweg (hin & zurück ca. 1½ Std.) rund um die farbenprächtigen **Quarzterrassen**, für die der Park berühmt ist. Dabei passiert er auch **Geysire** und die **Ruatapu Cave**. In der eindrucksvollen Naturhöhle sollen sich einst Maori-Frauen für Rituale geschmückt und dabei das jadegrün schimmernde Wasserbecken als Spiegel benutzt haben (Orakei Korako bedeutet „Ort des Schmückens"). Die Bootsfahrt über den See (im Parkeintritt enthalten) startet am netten Visitor Centre mit Café.

Um ab Taupo nach Orakei Korako zu gelangen (ca. 30 Min.), den SH1 gen Hamilton nehmen (23 km) und dann der ausgeschilderten Abzweigung folgen (14 km). Aus Richtung Rotorua fährt man bei Mihi vom SH5 ab. Eine Alternative zum Auto ist der NZ River Jet (S. 281).

4346; taupo@packandpedal.co.nz; 5 Tamamutu St; Leihfahrrad 35 NZ$/Tag) oder bei **Cornershop Cycles** (Karte S. 278; ☎07-378 7381; craig@cornershop.co.nz; Ecke Horomatangi & Ruapehu St; Leihfahrrad halber/ganzer Tag 35/50 NZ$).

Great Lake Walkway RADFAHREN, WANDERN & TREKKEN
Vorbei an öffentlichen Stränden folgt diese schöne Route dem Seeufer bei Taupo südwärts zur Five Mile Bay (10 km). Dank des flachen Terrains ist sie leicht per pedes oder mit dem Drahtesel zu bewältigen.

Great Lake Trail RADFAHREN, WANDERN & TREKKEN
(www.greatlaketrail.com) Dieser eigens angelegte Pfad (71 km) führt von der Whakaipo Bay an den entlegenen Nordwestausläufern des Sees entlang nach Waihaha. Entlang des Abschnitts **W2K** (Whakaipo–Kinloch) schaut man übers Wasser auf den Tongariro National Park. Für etwas mutigere Offroad-Biker empfiehlt sich der **Craters of the Moon MTB Park** (Karte S. 276; www.biketaupo.org.nz; Craters Rd).

Huka Falls Walkway RADFAHREN, WANDERN & TREKKEN
Ab dem Spa-Park-Parkplatz (am Ende der County Ave abseits der Spa Rd gelegen) folgt diese malerische und dabei recht leichte Wanderung dem Ostufer des Waikato River entlang zu den Wasserfällen (ca. 1 Std.). Dort beginnt wiederum der **Huka Falls to Aratiatia Rapids Walking Track** (7 km, ca. 2 Std.). Für die Rundroute Taupo–Huka Falls–Aratiatia brauchen Radler insgesamt etwa vier Stunden.

Thermalquellen

Das Erkunden der faszinierenden Thermalzone bei den Wairakei Terraces (S. 277) ist die ideale Ergänzung zum Baden im warmen Wasser.

Spa Park Hot Spring THERMALQUELLEN
(Karte S. 276; Spa Park) GRATIS An dieser hübschen und gut besuchten Stelle unter einer Brücke treffen das heiße Thermalwasser des Otumuheke und das kühle Wasser des Waikato River aufeinander und bilden dabei einen natürlichen (und kostenlosen) Whirlpool. Aber Vorsicht: Es sind bereits einige Besucher beim Abkühlen im schnell fließenden Wasser ertrunken! Die Badestelle liegt nicht weit vom Startpunkt des Huka Falls Walkway entfernt, ungefähr 20 Minuten außerhalb des Ortszentrums.

Taupo DeBretts Hot Springs THERMALQUELLEN
(Karte S. 276; ☎07-377 6502; www.taupodebretts.com; 76 Napier Taupo Hwy; Erw./Kind 20/10 NZ$; ⏲8.30–21.30 Uhr) Hier füllt mineralreiches Thermalwasser diverse Innen- und Außenbecken. Kinder werden die riesige Wasserrutsche in Drachenform lieben. Auf Erwachsene warten allerlei Behandlungen (z. B. Massagen oder Peelings).

Wassersport

Der Lake Taupo ist für sein kühles Wasser berühmt. Allerdings sprudeln mancherorts Thermalquellen direkt unter der Oberfläche – beispielsweise am **Hot Water Beach** (Karte S. 276) gleich südlich vom Zentrum, wo man quasi direkt vor der Stadt schwimmen kann. Besonders nett ist jedoch die **Acacia Bay**, die 5 km weiter westlich liegt. Noch besser und ruhiger wird's aber nach weiteren 7 km gen Westen: Die naturbelassenen, geschützten Ufer der **Whakaipo Bay** eignen sich ideal für faule Nachmittage.

Canoe & Kayak KANU- & KAJAKFAHREN
(Karte S. 278; ☎07-378 1003, 0800 529 256; www.kayaktoursnz.co.nz; 54 Spa Rd; ⏰Mo–Sa 9–17 Uhr) Kurse, Leihboote und geführte Touren – z. B. auf dem Waikato River (49 NZ$/2 Std.) oder zu den Maori-Reliefs (S. 275; halber Tag 95 NZ$).

Rapid Sensations & Kayaking Kiwi KAJAKFAHREN, RAFTING
(Karte S. 276; ☎07-374 8117, 0800 35 34 35; www.rapids.co.nz; 413 Huka Falls Rd) Offeriert Kajaktrips zu den Maori-Reliefs (98 NZ$/4 Std.), gemütliches Paddeln auf dem Waikato River (48 NZ$/2 Std.), Rafting auf dem Tongariro River (88–11 NZ$), geführte MTB-Touren (90 NZ$) und Leihfahrräder (halber/ganzer Tag 45/60 NZ$).

Taupo Kayaking Adventures KAJAKFAHREN
(☎07-376 8981, 0274 801 231; www.tka.co.nz; Acacia Bay) Die geführten Kajaktrips ab dem Firmensitz an der Acacia Bay besuchen z. B. die Maori-Reliefs (100 NZ$ inkl. Erfrischungen, hin & zurück ca. 4 Std.). Längere Paddelausflüge sowie diberse Kombinationen aus Wandern und Radfahren sind ebenfalls im Angebot.

2 Mile Bay Sailing & Watersports Centre SEGELN, KAJAKFAHREN
(Karte S. 276; ☎0274 967 350, 0275 886 588; www.sailingcentre.co.nz; Lake Tce; ⏰9–22 Uhr) Das Wassersportzentrum mit uferseitiger Cafébar verleiht Paddelbretter (30 NZ$), Kajaks (ab 30 NZ$), Kanus (ab 30 NZ$), Windsurfbretter (ab 55 NZ$), Segelboote (75 NZ$) sowie Katamarane (ab 65 NZ$). Hinweis: Die genannten Preise gelten jeweils pro Stunde.

AC Baths SCHWIMMEN, KLETTERN
(Karte S. 276; www.taupodc.govt.nz; 26 AC Baths Ave; Erw./Kind 7/3 NZ$, Wasserrutschen 5 NZ$, Kletterwand Erw./Kind 14/10 NZ$; ⏰6–21 Uhr, die Kletterwand hat wechselnde Öffnungszeiten) Dieser Komplex gehört zum Taupo Events Centre, das rund 2 km östlich der Stadt liegt. Hier gibt's zwei beheizte Schwimmbecken, zwei Wasserrutschen, private Mineralwasserpools, eine Sauna, eine Kletterwand und einen Fitnessraum.

Abenteuersport & Adrenalinkicks

Mehr als 30 000 Sprünge pro Jahr machen Taupo zur Welthauptstadt der Fallschirmspringer. Und dies ist auf jeden Fall ein super Revier für diese Sportart: Der tiefblaue See und die verschneiten Gipfel des Tongariro National Park bieten einen atemberaubenden Anblick – vorausgesetzt, man lässt seine Augen beim Springen offen. Fallschirmveranstalter bieten Gratisshuttles zum Taupo Airport an, der 8 km südlich der Stadt liegt.

Taupo Tandem Skydiving FALLSCHIRMSPRINGEN
(☎07-377 0428, 0800 826 336; www.tauptandemskydiving.com; Anzac Memorial Dr; aus 3650/4570 m Höhe 249/339 NZ$) Offeriert verschiedene Pauschalangebote inklusive DVDs, Fotos, T-Shirts usw. (388–679 NZ$); Kombipakete mit Bungeesprüngen sind ebenfalls buchbar.

Skydive Taupo FALLSCHIRMSPRINGEN
(☎07-378 4662, 0800 586 766; www.skydivetaupo.co.nz; Anzac Memorial Dr; aus 3650/4570 m Höhe 249/339 NZ$) Die Pauschalangebote (ab 439 NZ$) umfassen auch vergünstigte Zweitsprünge für echte Höhenjunkies.

Taupo Bungy BUNGEESPRINGEN
(Karte S. 276; ☎07-377 1135, 0800 888 408; www.taupobungy.co.nz; 202 Spa Rd; Solo-/Tandemsprung 169/338 NZ$; ⏰9–17 Uhr, im Sommer längere Öffnungszeiten) Der malerische Bungee-Sprungplatz auf einem Felsen hoch über dem Waikato River ist der beliebteste seiner Art auf der Nordinsel. Auf sanftere Gemüter warten hier auch zahlreiche Aussichtspunkte. Wagemutige werden jedoch zu einer Plattform hinausgeführt, die 20 m über den Felsen hinaussteht. Vom Rand können sie sich dann atemberaubende 47 m in die Tiefe stürzen. Tandemsprünge sind ebenfalls möglich und auch für die Cliffhanger-Riesenschaukel (Solo-/Tandemsprung 119/238 NZ$) im Angebot.

Hukafalls Jet JETBOOTFAHREN
(Karte S. 276; ☎07-374 8572, 0800 485 253; www.hukafallsjet.com; 200 Karetoto Rd; Erw./Kind 109/65 NZ$) Die aufregenden Fahrten (30 Min.) werden ganztägig von Hukafalls Jet angeboten (Preise inkl. Shuttle ab Taupo). Flussaufwärts geht's dabei zum gischtvernebelten Fuß der Huka Falls, flussabwärts zum Aratiatia Dam. Unterwegs unternehmen die Boote ständig gewagte Manöver und vollführen akrobatische Drehungen um 360°.

Rapids Jet JETBOOTFAHREN
(Karte S. 276; ☎07-374 8066, 0800 727 437; www.rapidsjet.com; Nga Awa Purua Rd; Erw./Kind 110/65 NZ$) Diese sensationellen Jetbootfahrten (35 Min.) durch den unteren Teil der Aratiatia Rapids machen den Trips zu den Huka Falls in Sachen Spannung starke Konkurrenz. Los geht's am Ende der Zugangsstraße zu den Aratiatia-Aussichtspunkten. Um die Stelle zu erreichen, der Rapids Rd folgen und dann in die Nga Awa Purua Rd einbiegen.

NZ River Jet JETBOOTFAHREN
(☎07-333 7111, 0800 748 375; www.riverjet.co.nz; Mihi Bridge, SH5; 1½-stündige Fahrt inkl. Zugang zu Orakei Korako Erw./Kind 159/79 NZ$) In Richtung Orakei Korako (S. 279) flitzt NZ River Jet den Waikato River entlang und passiert dabei auch die 50 m tiefe Tutukau Gorge. Im Angebot sind zudem die Scenic Safari (Erw./Kind 125/79 NZ$, 1¼ Std.) und der Squeeze-Jetboottrip (Erw./Kind 145/79 NZ$). Bei letzterem geht man in warmem Wasser von Bord, quetscht sich durch eine Klamm und erreicht schließlich einen natürlichen Thermalwasserfall, der sich im Busch versteckt.

Taupo Horse Treks REITEN
(Karte S. 276; ☎0274 786 104, 0800 244 398; www.taupohorsetreks.co.nz; Karapiti Rd; 70 NZ$/Std., Ponyritt 30 NZ$) Bei den geführten Pferdetreks durch den Urwald reicht die Aussicht bis über die Craters of the Moon und den Waikato River hinaus.

Big Sky Parasail PARASAILING
(Karte S. 278; ☎0800 724 4759; www.bigskyparasail.co.nz; Taupo Boat Harbour, Redoubt St; Flug 95 NZ$; ⏲Dez.–April 9–18 Uhr) Die Parasailing-Flüge in luftiger Höhe starten direkt am Seeufer. Für Frühaufsteher gibt's einen Sondertarif (85 NZ$). Unbedingt reservieren!

Rock'n Ropes HOCHSEILPARK
(Karte S. 276; ☎07-374 8111, 0800 244 508; www.rocknropes.co.nz; 65 Karetoto Rd; Riesenschaukel 20 NZ$, Adrenalin-Kombo 40 NZ$, halber Tag 65 NZ$) In dem anspruchsvoll schwindelerregenden Hochseilpark klettert man Seile hinauf, balanciert zwischen schwankenden „Baumwipfeln" und meistert eine schwierige Brücke aus zwei Drähten. Die „Adrenalin-Kombo" beinhaltet die Schaukel, den Hochbalken und das Trapez.

Taupo Gliding Club SEGELFLIEGEN
(Karte S. 276; ☎07-378 5627; www.taupogliding club.co.nz; Centennial Dr; Flüge 160–205 NZ$) Bei geeignetem Wetter starten die Segelflüge nach Vereinbarung täglich.

Pointons SKIFAHREN, WASSERSPORT
(Karte S. 278; ☎07-377 0087; www.pointons.co.nz; 57 Tongariro St; Leihgebühr Ski/Snowboard 35/45 NZ$; ⏲Juni–Sept. 7–19 Uhr, Okt.–Mai 9–17 Uhr) Verleiht Skiausrüstung im Winter sowie Wassersport-Equipment (z. B. Neoprenanzüge) im Sommer.

Angeln

Fish Cruise Taupo ANGELN
(Launch Office; Karte S. 278; ☎07-378 3444; www.fishcruisetaupo.co.nz; Taupo Boat Harbour, Redoubt St; ⏲Okt.–März 9–17 Uhr, April–Sept. 9.30–15 Uhr) Dieses Buchungsbüro vertritt ein Kollektiv von 13 privaten Charterbooten. Angler können zwischen Trips mit kleinen Flitzern und gediegenen Törns auf großen Jachten wählen.

Boating Lake Taupo KAJAKFAHREN, SEGELN
(Karte S. 278; ☎0800 262 833; www.boatinglake taupo.co.nz; Marina) Fünf Gehminuten vom Zentrum entfernt können hier Kajaks (Ein-/Zweisitzer 20/30 NZ$), Paddelbretter (25 NZ$) und Motorboote (90–95 NZ$) am Jachthafen ausgeliehen werden. Im Angebot sind auch Wasserskilaufen und Wakeboarden (180–220 NZ$). Hinweis: Die angegebenen Preise gelten jeweils pro Stunde.

Greenstone Fishing ANGELN
(Karte S. 278; ☎07-378 3714; www.greenstone fishingtaupo.co.nz; 147 Tongariro St; Leihausrüstung ab 20 NZ$; ⏲Mo–Sa 8–17, So 9–15 Uhr) Zentral gelegener Angelladen mit Lizenzen, Leihausrüstung und geführten Trips (halber Tag ab 250 NZ$).

Taupo Rod & Tackle ANGELN
(Karte S. 278; ☎07-378 5337; www.tauporodand tackle.co.nz; 7 Tongariro St; Leihausrüstung 20–35 NZ$; ⏲8–18, Fr 8–20 Uhr) Leihausrüstung, Angelguiding und Charterboote.

Noch mehr Aktivitäten

Huka Prawn Park AQUARIUM
(Karte S. 276; www.hukaprawnpark.co.nz; Karetoto Rd; Erw./Kind 26/15 NZ$; ⏲9.30–16 Uhr) Diese interessante Anlage zählt zu den wenigen Süßwasser-Garnelenfarmen weltweit, die mit geothermaler Wärme beheizt werden. Das überraschende Angebot an Aktivitäten beinhaltet auch „Garnelenfischen", sogenanntes Killer Prawn Golf und einen interaktiven Spaziergang rund um die Zuchtteiche. Natürlich gibt's hier auch ein Restaurant.

Huka Honey Hive HONIG
(Karte S. 276; www.hukahoneyhive.com; 65 Karetoto Rd; ⏲10–17 Uhr) Der reizende Laden wartet mit Honigverkostungen, einem verglasten Schaubienenstock und einem Café auf. Zudem verkauft er Met und alle Arten von essbaren, medizinischen oder kosmetischen Bienenprodukten.

Wairakei Golf & Sanctuary GOLF
(Karte S. 276; ☎07-374 8152; www.wairakeigolfcourse.co.nz; SH1; 18 Löcher 160 NZ$) Ein Zaun (2 m hoch, 5 km lang) umgibt diesen anspruchsvollen Golfplatz, der gleichzeitig ein wunderschönes Reservat für heimische Vögel ist.

Geführte Touren

Huka Falls River Cruise BOOTSFAHRT
(Karte S. 276; ☎0800 278 336; www.hukafallscruise.co.nz; Aratiatia Dam; Erw./Kind 37/15 NZ$; ⏲ganzjährig 10.30, 12.30 & 14.30 Uhr, Dez.–Feb. auch 17 Uhr) Fotografenfreundliche Bootsfahrt (80 Min.), die gemächlich vom Aratiatia Dam zu den Huka Falls führt.

Sail Barbary BOOTSFAHRT
(Karte S. 278; ☎07-378 5879; www.sailbarbary.com; Taupo Boat Harbour, Redoubt St; Erw./Kind 44/16 NZ$; ⏲ganzjährig 10.30 & 14 Uhr, Dez.–Feb. auch 17 Uhr) Die klassische Jacht von 1926 schippert jeden Tag zu den Maori-Felsreliefs (2½ Std.). Im Sommer am besten mal nach den beliebten Törns mit Film und Musik fragen!

Chris Jolly Outdoors BOOTSFAHRT, ANGELN
(Karte S. 278; ☎07-378 0623, 0800 252 628; www.chrisjolly.co.nz; Taupo Boat Harbour, Ferry Rd) Mit der großen, modernen *Cruise Cat* geht's hinaus zum Angeln und hinüber zu den Maori-Reliefs (Erw./Kind 44/16 NZ$; tgl. 10.30, 13,30 & 17 Uhr). Die Sonntagsfahrten mit Brunch (Erw./Kind 62/34) sind ebenfalls empfehlenswert. Angeboten werden auch Chartertrips, geführte Wanderungen und MTB-Touren.

Ernest Kemp Cruises BOOTSFAHRT
(Karte S. 278; ☎07-378 3444; www.ernestkemp.co.nz; Taupo Boat Harbour, Redoubt St; Erw./Kind 40/10 NZ$; ⏲Dez.–Feb. 10.30, 14 & 17.30 Uhr) Die zweistündigen Touren mit dem Dampfernachbau *Ernest Kemp* führen zu den Maori-Reliefs, zum Hot Water Beach, dem Seeufer und der Acacia Bay. Zum flotten Bordkommentar gibt's Gratiskaffee bzw. -tee. Interessenten können bei Fish Cruise Taupo buchen.

Helipro HUBSCHRAUBERFLUG
(☎07-377 8805, 0800 435 4776; www.helipro.co.nz; Anzac Memorial Dr; Flüge 99–1250 NZ$) Dieser Spezialist für Hubschrauberflüge offeriert neben Bergtrips samt Landung auch kürzere Touren über die Stadt, den See und die Vulkane.

Heli Adventure Flights HUBSCHRAUBERFLUG
(Karte S. 276; ☎07-374 8680, 0508 435 474; www.helicoptertours.co.nz; 415 Huka Falls Rd; Flüge 99–740 NZ$) Die verschiedenen Panoramaflüge per Hubschrauber dauern zehn bis 90 Minuten. In Form der Helijet-Kombo (189 NZ$) lassen sie sich mit dem Hukafalls Jet kombinieren. Helibiking- und Jagdabenteuer sind ebenfalls im Angebot.

Taupo's Floatplane PANORAMAFLUG
(Karte S. 278; ☎07-378 7500; www.tauposfloatplane.co.nz; Taupo Boat Harbour, Ferry Rd; Flüge 105–790 NZ$) Dieses Wasserflugzeug (nahe dem Jachthafen stationiert) unternimmt neben Kurztrips über dem See auch längere Flüge über White Island oder den Mt. Ruapehu. Die dreistündige Option „Taupo Trifecta" (505 NZ$) kombiniert einen Panoramaflug mit einer Jetbootfahrt und einem Abstecher nach Orakei Korako.

Paradise Tours BUSTOUR
(☎07-378 9955; www.paradisetours.co.nz; Erw./Kind 99/45 NZ$) Veranstaltet dreistündige Ausflüge zu den Aratiatia Rapids, Craters of the Moon und den Huka Falls. Weitere Tagesausflüge führen zum Tongariro National Park, nach Orakei Korako, Rotorua, Hawke's Bay und zu den Höhlen von Waitomo.

Feste & Events

Als selbsternannte „Eventhauptstadt Neuseelands" ist Taupo ganzjährig Gastgeber von allerlei Festivitäten – viele davon sportlicher Natur oder welche zum Mitmachen. Details gibt's im Internet unter www.greatlaketaupo.com und www.eventpromotions.co.nz.

Ironman New Zealand SPORT
(www.ironman.co.nz; ⏲Anfang März) Bei diesem Ultra-Triathlon sind zahllose gestählte Hinterteile zu bewundern. Das eine oder andere davon gehört einem der weltbesten Athleten.

Erupt Festival KUNST
(www.erupt.co.nz; ⏲Mai) Elftägiges Kunstfestival, das alle zwei Jahre (in Jahren mit gerader Jahreszahl) stattfindet.

Winterfest FAMILIE
(August) Steigt drei Tage lang in der ganzen Stadt und wird als traditioneller Familienspaß beworben.

Lake Taupo Cycle Challenge SPORT
(www.cyclechallenge.com; letzter Sa im November) Bei einem von Neuseelands größten jährlichen Radsportevents strampeln rund 10 000 Teilnehmer über 160 km weit rund um den See.

Schlafen

Ende Dezember, im Januar und während großer Sportveranstaltungen sind Taupos zahlreiche Unterkünfte heiß begehrt. Für diese Zeiten empfiehlt sich daher eine Reservierung. Wohnmobiltouristen ohne Anschluss- und Toilettenbedarf können gratis im „Freedom Camp" auf einem Parkplatz an der Ferry Rd übernachten (17–10 Uhr). Wer Anschlüsse bzw. Toiletten braucht, kann sein Vehikel beispielsweise auf der (allerdings leicht ungepflegten) **Reid's Farm Recreation Reserve** (Karte S. 276; Huka Falls Rd) am Waikato River abstellen.

★ Lake Taupo Top 10 Holiday Resort FERIENANLAGE $
(Karte S. 276; 07-378 6860, 0800 332 121; www.taupotop10.co.nz; 41 Centennial Dr; Stellplatz ab 48 NZ$, Wohneinheit 97–306 NZ$;) Rund 2,5 km von der i-SITE entfernt wartet dieses schicke, gepflegte Gelände (8 ha) mit allen modernen Extras auf. Vorhanden sind z. B. ein beheizter Pool, Tennisplätze und ein hauseigener Laden. Auch die feschen neuen Unterkünfte und blitzsauberen Sanitäranlagen machen den Park ganzjährig zur tollen Campingoption.

Blackcurrant Backpackers HOSTEL $
(Karte S. 278; 07-378 9292; www.blackcurrantbp.co.nz; 20 Taniwha St; B/EZ/DZ 27/60/78 NZ$;) Unser örtlicher Hostel-Favorit befindet sich in einem umgebauten Motel-Oldtimer. Die Privatzimmer punkten mit eigenen Bädern und wirklich bequemen Betten. Das Personal ist fast so fröhlich wie die schwarzen Cartoon-Johannisbeeren in der Ribena-Werbung.

Taupo Urban Retreat HOSTEL $
(Karte S. 278; 07-378 6124, 0800 872 261; www.tur.co.nz; 65 Heu Heu St; B 25–29 NZ$, DZ 75 NZ$;) Viele jüngere Gäste schätzen dieses Hostel für seinen kneipenartigen Gemeinschaftsbereich (mit zurückfahrbarem Dach) und seine sorglose Atmosphäre. Trotz der Lage an einer belebten Straße sorgt das erfrischend moderne Design für Strandhaus-Feeling.

Silver Fern Lodge HOSTEL $
(Karte S. 278; 07-377 4929; www.silverfernlodge.co.nz; Ecke Tamamutu & Kaimanawa St; B 28–30 NZ$, DZ 85–99 NZ$;) Der eigens errichtete Großkomplex aus glänzendem Riffelstahlblech wirkt von außen seltsam leblos und von innen recht schmucklos. Das Zimmerspektrum reicht von Schlafsälen mit fünf Betten bis hin zu Wohnstudios mit eigenen Bädern. Vorhanden sind auch eine Lounge und eine große Gemeinschaftsküche.

Tiki Lodge HOSTEL $
(Karte S. 278; 07-377 4545, 0800 845 456; www.tikilodge.co.nz; 104 Tuwharetoa St; B 27 NZ$, DZ 76–80 NZ$;) Dieses Hostel überzeugt u. a. mit See- und Bergblick vom Balkon. Hinzu kommen eine große Küche, gemütliche Aufenthaltsbereiche, Maori-Kunst und ein Whirlpool hinter dem Haus. Gäste können außerdem Fahrräder und Motorräder ausleihen.

All Seasons Kiwi Holiday Park FERIENANLAGE $
(Karte S. 276; 07-378 4272, 0800 777 272; www.taupoallseasons.co.nz; 16 Rangatira St; Stellplatz ab 25 NZ$, B 47 NZ$, Wohneinheit 75–160 NZ$;) Rund 20 Gehminuten oberhalb der Stadt liegt dieser nette Ferienpark mit reizendem Personal, großen Bäumen und Heckenreihen zwischen den Stellplätzen. Zudem gibt's hier einen Kinderspielplatz, ein Spielezimmer, einen Thermalpool, einen Fahrradverleih und gute Gästeküchen. Das große Unterkunftsangebot reicht von Lodgezimmern und Hütten bis hin zu separaten Moteleinheiten.

Taupo DeBretts Spa Resort FERIENANLAGE $
(Karte S. 276; 07-378 8559; www.taupodebretts.com; 76 Napier Taupo Hwy; Stellplatz ab 22 NZ$, Wohneinheit 95–285 NZ$;) Recht schicke Ferienanlage (und weniger ein Resort): Von Moteleinheiten bis hin zu Zeltstellplätzen zwischen Heckenreihen findet man hier so ziemlich alles. Die fünf Fahrminuten ab der Innenstadt lohnen sich auch wegen der tollen hauseigenen Thermalpools, die Gäste zum halben Preis benutzen dürfen.

★ Reef Resort APARTMENTS $$
(Karte S. 276; 0800 733 378, 07-378 5115; www.accommodationtaupo.com; 219 Lake Tce; DZ 150–250 NZ$;) Dieser attraktive Komplex

hebt sich von den anderen Apartmentburgen an Taupos Seeufer ab: Die eleganten, preisgünstigen Wohneinheiten (1–3 Schlafzi.) verteilen sich rund um eine reizvolle Poolterrasse.

Lake MOTEL $$
(Karte S. 276; ☎ 07-378 4222; www.thelakeonline.co.nz; 63 Mere Rd; DZ 130–200 NZ$;) Das aparte Boutique-Motel erinnert daran, dass die 1960er- und 1970er-Jahre in Sachen Stil nicht immer nur ultrasupergroovy à la Austin Powers waren: Das ganze Mobiliar stammt nämlich von den berühmtesten Designern dieser Zeit. Die vier Wohneinheiten haben jeweils ein Schlafzimmer, eine Kochecke und ein Wohnzimmer mit Essbereich. Der nette Hintergarten steht allen Gästen zur Verfügung.

Waitahanui Lodge MOTEL $$
(☎ 07-378 7183, 0800 104 321; www.waitahanuilodge.co.nz; 116 SH1, Waitahanui; DZ 119–179 NZ$;) Rund 10 km südlich von Taupo liegt diese waschechte Enklave des Retro-Ferienhausstils. Die Quartiere sind ideal zum Schwimmen, Angeln und Genießen des Sonnenuntergangs: Sie punkten mit geselligen Gemeinschaftsbereichen und Direktzugang zum See. Am allerbesten sind die beiden Hütten direkt am Ufer. Gäste können kostenlos Kajaks und Ruderboote ausleihen.

Cottage Mews MOTEL $$
(Karte S. 276; ☎ 07-378 3004, 0800 555 586; www.cottagemews.co.nz; 311 Lake Tce, Two Mile Bay; DZ 115–130 NZ$, 4BZ 150 NZ$;) Nur wenige Motels sind so charmant: Doch dieser niedliche Komplex mit Giebeldächern und vielen Blumenampeln schafft es, schon fast rustikal auszusehen. Vieler der Wohneinheiten mit kleinen Privatgärten warten mit Seeblick und Whirlpool auf. Fahrrad- und Kajakverleih.

Catelli's of Taupo MOTEL $$
(Karte S. 278; ☎ 07-378 4477, 0800 884 477; www.catellis.co.nz; 23–27 Rifle Range Rd; DZ 135–165 NZ$, 4BZ 230 NZ$;) Von außen erinnern die aneinandergereihten Moteleinheiten mit ihren hobbitartigen Kurven, den Schrägdächern und der rosaroten Aufmachung stark an die 1980er-Jahre. Innen herrscht jedoch ein frisch-modernes Flair. Im Sommer lohnt sich der Aufpreis für ein Wohnstudio mit Garten.

Beechtree Suites MOTEL $$
(Karte S. 278; ☎ 0800 233 248, 07-377 0181; www.beechtreemotel.co.nz; 56 Rifle Range Rd; Apt. 145–380 NZ$;) Die noblen Zimmer überzeugen mit fröhlich-modernem Design in neutralen Farben. Zudem verfügen sie über große Fenster, Terrassen (unten) oder Balkone (oben).

Acacia Cliffs Lodge B&B $$$
(☎ 07-378 1551; www.acaciacliffslodge.co.nz; 133 Mapara Rd, Acacia Bay; DZ 700 NZ$;) Das luxuriöse B&B hoch über der Acacia Bay vermietet vier zeitgenössisch und künstlerisch gestaltete Suiten. Drei davon empfangen Gäste mit herrlichem Seeblick. Die vierte bietet stattdessen einen Privatgarten und ein Bad mit geschwungenen Formen (595 NZ$). Der Eigentümer ist zugleich Küchenchef und tischt spitzenmäßiges Essen auf (auf Wunsch auch abends). Der Preis beinhaltet Frühstück, Häppchen, Apéritifs vor dem Abendessen und Shuttles zum/vom Flughafen Taupo.

Hilton Lake Taupo HOTEL $$$
(Karte S. 276; ☎ 07-378 7080; www.hilton.com/laketaupo; 80–100 Napier Rd; Zi. ab 220 NZ$;) Dieser große Komplex umfasst das historische Terraces Hotel (erb. 1889) und einen modernen Anbau. Mit eleganten Suiten, einem beheizten Freiluftpool und dem anständigen Hausrestaurant Bistro Lago erfüllt er alle Erwartungen an den luxuriösen Hilton-Standard. Das Ganze liegt zwar etwas außerhalb der Stadt, aber dafür in angenehmer Nähe zum DeBretts-Thermalbad.

Essen

★ L'Arté CAFÉ $
(www.larte.co.nz; 255 Mapara Rd, Acacia Bay; Snacks 4–9 NZ$, Hauptgerichte 10–19 NZ$; ⏲ Mi–So 9–16 Uhr, Jan. tgl.) Das wunderbar künstlerische Café auf dem Hügel hinter der Acacia Bay stellt seine vielen Köstlichkeiten ganz frisch her. Am besten zuerst in der Sonne brunchen, dann den Skulpturengarten und die Galerie besichtigen.

Merchant FEINKOST $
(Karte S. 278; www.themerchant.co.nz; 114 Spa Rd; ⏲ Mo–Sa 9–19, So 10–17 Uhr) Der Feinkostladen am Stadtrand importiert ausländische Spezialitäten und promotet neuseeländische Boutique-Erzeuger. Auf diese Weise wird er zur ergiebigen Quelle für alle, die sich z. B. mit Käse, Schokolade oder hausgebrautem Bier bevorraten wollen.

★ Piccolo CAFÉ $$
(Karte S. 278; www.taupocafe.co.nz; 41 Ruapehu St; Hauptgerichte 12–24 NZ$; ⏲ 7–16 Uhr;) Das

fesche, moderne Café serviert einen üppigen, gut ausgewogenen Mix aus Backwaren, Sandwichs, Salaten, super Kaffee und tollen selbstgemachten Süßigkeiten. Bei Lust auf einen guten Tropfen empfiehlt sich einer der offenen Weine mit prima Preis-Leistungs-Verhältnis.

Saluté CAFÉ, FEINKOST **$$**
(Karte S. 278; www.salutedelicatessen.co.nz; 47 Horomatangi St; Snacks 3–9 NZ$, Hauptgerichte 10–20 NZ$; ⌚ Mo–Fr 8–17, Sa 9–17, So 9–16 Uhr; ✎) Das großartige Café empfängt seine Gäste mit Opernmusik, Taupos bestem Espresso, einem Feinkostladen, jeder Menge Picknickproviant und einem begehbaren Käsekühlschrank (absolutes Must-See!). Auf der mediterran angehauchten Karte stehen Pizza, frische selbstgemachte Pasta und aromatisches *carzuela* mit Schweinefleisch. Hinzu kommt eine ganze Theke voller hochwertiger, verführerischer Knabbereien wie Bagels, Schnittchen, Kuchen und Cronuts.

Indian Affair INDISCH **$$**
(Karte S. 278; ☎ 07-378 2295; www.indianaffair.co.nz; Ecke Ruapehu & Tuwharetoa St; Hauptgerichte 16–29 NZ$; ⌚ Mo–Fr mittags, tgl. abends; ✎) Dieses indische Lokal ist durch und durch modern: Statt gesetzter Curryhaus-Tradition herrschen hier Lederstühle mit hohen Rückenlehnen und Wände mit knallbunten Blumenmustern vor. Das freundliche Personal serviert pikante Klassiker (Tipp: die Tikka-Lammkoteletts oder das Hühnchen-*jalfrezi*) und guten Whisky. Die Freilufttische bekommen viel Abendsonne ab.

Plateau KNEIPE **$$**
(Karte S. 278; www.plateautaupo.co.nz; 64 Tuwharetoa St; Hauptgerichte 20–35 NZ$; ⌚ 11.30 Uhr–open end; 📶) Das beliebte Plateau ist ein stimmungsvolles Plätzchen für ein paar Humpen Monteith's und zeigt auch in Sachen Essen keine Schwächen: Auf der modernen Kneipenkarte stehen z. B. kunstvolle Steak-Sandwichs oder Räucherlachs-Salat mit Cornflakes.

Brantry MODERN-NEUSEELÄNDISCH **$$$**
(Karte S. 278; ☎ 07-378 0484; www.thebrantry.co.nz; 45 Rifle Range Rd; Hauptgerichte 30 NZ$, 2-/3-gängiges Festpreismenü 45/55 NZ$; ⌚ abends) Das Brantry in einem unauffälligen Haus aus den 1950er-Jahren zählt weiterhin zu den besten Restaurants der Region. Im klassischen Stil serviert es u. a. attraktiv angerichtete fleischlastige Hauptgerichte mit prima Preis-Leistungs-Verhältnis. Idealerweise komplettiert man sein Mahl mit Vorspeise und Dessert.

🍷 Ausgehen & Nachtleben

Im Hochsommer hauchen die Besucherscharen der Stadt jede Menge Leben ein. Während des übrigen Jahres ist es oft eher angesagt, sein Pint bei der Zeitungslektüre zu genießen.

Vine Eatery & Bar TAPAS, WEINBAR
(Karte S. 278; www.vineeatery.co.nz; 37 Tuwharetoa St; Tapas 9–20 NZ$; ⌚ 9 Uhr–open end) Diese Weinbar gilt unter Taupos Gutbetuchten als beste örtliche Adresse zum Essen und Plauschen. Wie der Name schon andeutet: Der Laden teilt sich seine scheunenartige Heimat mit dem Weingeschäft Scenic Cellars. Die traditionellen Tapas und größeren Gerichte (jeweils teilbar) werden von einer großen Auswahl an preislich attraktiven guten Tropfen begleitet.

Jolly Good Fellows KNEIPE
(Karte S. 278; www.jollygoodfellows.co.nz; 80 Lake Tce; ⌚ 11 Uhr–open end) Bei Gott: Wir haben noch nie so eine waschechte Schänke außerhalb von England gesehen! Geboten sind jede Menge Kolonial-Klischee, passender Gerstensaft vom Fass (z. B. London Pride) und ein paar handgebraute Kiwi-Biere. Dazu anständiger Service, reichliche Essensportionen, Freilufttische, Seeblick – einfach großartig!

Finn MacCuhal's IRISH PUB
(Karte S. 278; www.finns.co.nz; Ecke Tongariro St & Tuwharetoa St; ⌚ 11 Uhr bis spätabends) An der Wand hängen irische Erinnerungsstücke, nebenan steht ein Backpacker Hostel – klar also, dass es hier hoch her geht.

☆ Unterhaltung

Great Lake Centre KONZERTHALLE
(Karte S. 278; www.taupovenues.co.nz; Tongariro St) Veranstaltet Konzerte, Ausstellungen und Kongresse. Im i-SITE erhält man das aktuelle Programm.

Starlight Cinema Centre KINO
(Karte S. 278; www.starlightcinema.co.nz; Starlight Arcade, abseits der Horomatangi St; Erw./Kind 14,50/10 NZ$) Zeigt die neuesten Hollywoodfilme.

ℹ Praktische Informationen

Taupo i-SITE (Karte S. 278; ☎ 07-376 0027, 0800 525 382; www.greatlaketaupo.com;

Tongariro St; ⌚8.30–17 Uhr) Bucht Unterkunft, Transport und Aktivitäten, gibt freundliche Ratschläge, vertreibt DOC-Karten und Stadtpläne.

ℹ An- & Weiterreise

Der **Taupo Airport** (☎07-378 7771; www.taupoairport.co.nz; Anzac Memorial Dr) liegt 8 km südlich der Stadt. Busse von InterCity und Naked Bus (s. S. 274) halten vor der i-SITE, die Ticketbuchungen vornimmt.

ℹ Unterwegs vor Ort

Die Stadtbusse von **Busit!** (☎0800 4287 5463; www.busit.co.nz) bedienen u. a. Taupo North (Mo–Fr 2-mal tgl.). Hierbei fahren sie bis hinaus nach Wairakei und zu den Huka Falls.

Minibusse von **Hotbus** (☎0508 468 287; www.alpinehotbus.co.nz) klappern die Hauptattraktionen der Stadt ab (beliebiges Zu- und Aussteigen). **Great Lake Shuttles** (☎021 656 424; www.greatlakeshuttles.co.nz) offeriert Charterfahrten durch die Region und stellt auf Wunsch Kontakt zu Fahrradverleihern her.

Örtliche Taxifirmen wie **Taupo Taxi** (☎07-378 5100; www.taupotaxi.co.nz) oder **Top Cabs** (Karte S. 278; ☎07-378 9250; 23 Tuwharetoa St) verlangen für die Strecke vom Flughafen zum Stadtzentrum ca. 25 NZ$.

Turangi und der Tongariro National Park sind ganzjährig mit diversen Shuttleservices erreichbar. Da das Angebot je nach Jahreszeit (Skifahren oder Wandern) variiert, lässt man sich am besten von der i-SITE eine passende Option empfehlen.

Turangi & Umgebung

3000 EW.

Das verschlafene Turangi entstand als Dienstleistungsort für das nahe gelegene Wasserkraftwerk. Heutzutage ist der Ort bekannt als die Welt-Forellen-Hauptstadt und einer der besten Orte für Wildwasser-Rafting. Der Ort liegt am Tongariro River und ist auch ein idealer Ausgangspunkt für Skitage in den umliegenden Skigebieten und Wanderungen im Tongariro National Park.

Sehenswertes & Aktivitäten

Der Tongariro River Trail ermöglicht nette Spaziergänge ab dem Stadtzentrum. Auch weiter draußen gibt's mehrere gute Routen: Der **Hinemihi's Track** nahe dem Gipfel des Te Ponanga Saddle beginnt 8 km westlich von Turangi am SH47 (hin & zurück 15 Min.). Der Anfang des **Maunganamu Track** liegt 4 km westlich von Turangi am SH41 (hin & zurück 40 Min.). Und 12 km nördlich von

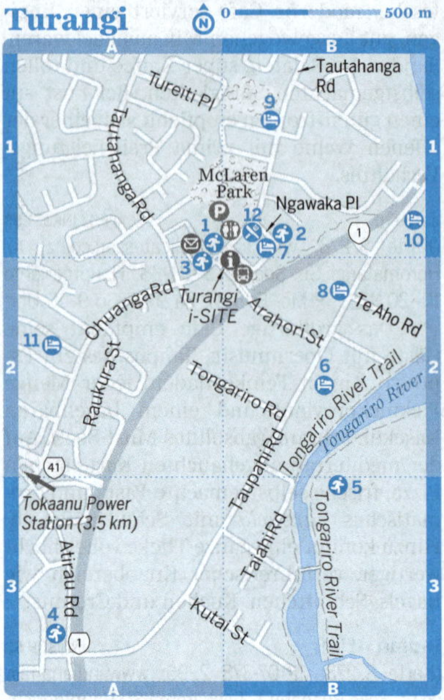

Turangi

Aktivitäten, Kurse & Touren

	Creel Tackle House & Cafe	(siehe 6)
1	Greig's Sporting World	A1
2	Rafting NZ	B1
3	Sporting Life	A2
4	Tongariro River Rafting	A3
5	Tongariro River Trail	B3

Schlafen

6	Creel Lodge	B2
7	Extreme Backpackers	B1
8	Judges Pool Motel	B2
9	Riverstone Backpackers	B1
10	Sportmans Lodge	B1
11	Turangi Kiwi Holiday Park	A2

Essen

12	Grand Central Fry	B1

Turangi kann man bei Te Rangiita am SH1 den **Tauranga–Taupo River Walk** in Angriff nehmen (hin & zurück 30 Min.).

Der Tongariro River hat ein paar Stromschnellen des Grades III, die sich bestens zum **Rafting** eignen. Im Sommer wartet der Unterlauf mit ein paar anfängerfreundlichen Abschnitten des Grades I auf.

Parallel demonstriert die Präsenz von Petrijüngern an allen Flussbiegungen: Dies ist auch ein gutes Revier zum **Forellenangeln.**

Tongariro National Trout Centre AQUARIUM
(www.troutcentre.com; SH1; Erw./Kind 10 NZ$/frei; ⌚10–15 Uhr) Die vom DOC betriebene Forellenaufzucht bietet lehrreiches Anschauungsmaterial, eine Sammlung von Angelzubehör mit historischen Exponaten aus dem Jahr 1880 sowie Süßwasseraquarien, die das schaurig-schöne Leben im Fluss zeigen. Ein kurzer Spaziergang auf dem Fußweg führt zur Zuchtstation mit Teichen, gläsernem Unterwassergang, zum Tongariro River und zur Picknickstelle.

★ **Tongariro River Trail** RADFAHREN, WANDERN & TREKKEN
(www.tongarirorivertrail.co.nz) Wer Turangi zumindest einen halben Tag widmen kann, der sollte unbedingt eine Wanderung auf dem malerischen Tongariro River Trail (16 km) unternehmen. Dieser Rundweg für Wanderer und Radfahrer führt ab der Stadt flussaufwärts zur Red-Hut-Hängebrücke; unterwegs passiert er das National Trout Centre. Die ganze Rundroute lässt sich zu Fuß in etwa vier Stunden bewältigen. Dank des leicht zu meisternden Terrains brauchen Radler dafür etwa zwei Stunden. Tongariro River Rafting verleiht Drahtesel – optional auch kombiniert mit dem Eintritt zum Trout Centre (35 NZ$). Der Marsch durchs Grüne kann bei Bedarf verkürzt werden: Jenseits der Major Jones Bridge beginnt ein Rundweg namens **Tongariro River Lookout Track** (hin & zurück 1½ Std.), der entlang des Flussufers zum Mt. Pihanga führt und dabei mehrere Aussichtspunkte passiert.

Tongariro River Rafting RAFTING
(☎07-386 6409, 0800 101 024; www.trr.co.nz; Atirau Rd) Mit Turangis Rafting-Pionieren kann man z. B. das Wildwasser beim Gentle Family Float (Erw./Kind 75/65 NZ$) testen, sich geradewegs in Stromschnellen des Grades III stürzen (Erw./Kind 115/105 NZ$) oder vergleichsweise anstrengende Kajaktrips (129 NZ$) unternehmen. Im Sommer wird auch Angeln vom Floß aus angeboten (Preise auf Anfrage). Hinzu kommen Leih-MTBs und geführte Radtouren, die regionalen Routen wie 42 Traverse, Tongariro River Trail, Tree Trunk Gorge oder Fishers Track folgen. Zu empfehlen sind die Pauschalangebote mit mehreren Aktivitäten.

Rafting NZ RAFTING
(☎07-386 0352, 0800 865 226; www.raftingnewzealand.com; 41 Ngawaka Pl) Diese professionelle Firma veranstaltet vor allem Tongariro-Trips mit optionalem Sprung über einen Wasserfall (Grad III, 4 Std.; Erw./Kind 129/119 MZ$) sowie spaßige Familientouren durch harmlosere Stromschnellen (Grad II, 3 Std.; Erw./Kind 85/75 NZ$). Für mindestens vierköpfige Gruppen gibt's zweitägige Ausflüge mit Übernachtung in einem Camp am Flussufer (Grad III+, 350 NZ$/Pers.).

Motuoapa Hire Boats BOOTSVERLEIH
(☎0275 303 333; Motuoapa Esplanade; Leihkajak 20–25 NZ$/Std.) Verleiht Kajaks, Paddelboote und kleine Motorboote am firmeneigenen Anleger – zu finden 10 km nordöstlich von Turangi.

Tokaanu Thermal Pools THERMALQUELLEN
(www.tokaanuthermalpools.co.nz; Mangaroa St, Tokaanu; Erw./Kind 6/4 NZ$, private Becken 20 Min. 10/6 NZ$; ⌚10–12 Uhr) Das familienfreundliche, schlichte Thermalbad liegt 5 km nordwestlich von Turangi. Ein 10-minütiger Spaziergang auf dem Holzsteg (rollstuhlgerecht) führt über blubbernde Schlammlöcher, heiße Thermalquellen und einen murmelnden Bach voller Forellen.

Schlafen

Extreme Backpackers HOSTEL $
(☎07-386 8949; www.extremebackpackers.co.nz; 22 Ngawaka Pl; B 25–27 NZ$, EZ 46–56 NZ$, DZ 62–72 NZ$; 📶) Dieses moderne Hostel besteht aus Wellblech und heimischen Hölzern. Zu seinen Pluspunkten zählen eine Kletterwand, ein Café, eine Lounge mit offenem Kamin und ein sonniger Innenhof mit Hängematten. In den Schlafsälen stehen vier bis acht Betten. Die etwas teureren Privatzimmer haben eigene Bäder. Das Personal hilft gern beim Organisieren des Alpine Crossing und anderer Aktivitäten.

Turangi Kiwi Holiday Park FERIENANLAGE $
(☎07-386 8754, 0800 386 875; www.turangiholidaypark.com; 13 Te Reiti Tamara Grove; Stellplatz ab 18 NZ$/Pers., DZ 50–120 NZ$; 📶) Die weitläufige, vorstädtische Ferienanlage auf grünem Gelände liegt fünf Gehminuten vom Stadtzentrum entfernt. Die Hütten und Sanitäranlagen sind zwar betagt, aber sauber. Zudem werden sie immer wieder von den freundlichen, fleißig arbeitenden Eigentümern modernisiert. Für Wohnmobile und Zelte gibt's hübsche Nischen.

Riverstone Backpackers HOSTEL $
(☎07-386 7004; www.riverstonebackpackers.com; 222 Tautahanga Rd; B 26–28 NZ$, Zi. 64–85 NZ$; 📶) Dieses gemütliche Hostel belegt ein re-

FORELLEN

Die frühen europäischen Siedler wollten Neuseelands Möglichkeiten für Landwirtschaft, Jagd und Fischerei verbessern. Dabei führten sie auch schlimme Schädlinge wie Opossums und Kaninchen ein. Eine ihrer harmloseren Auswilderungskampagnen brachte Bach- und Regenbogenforellen während der zweiten Hälfte des 18. Jhs. in die Flüsse des Landes.

Heute sind die Fische eine begehrte Beute von Sportanglern, die ihre Fliegen auswerfen, während sie bis zu den Oberschenkeln in klaren Flüssen oder am Rand von tiefen grünen Teichen stehen. Der Reiz dieser Freizeitbeschäftigung (bzw. die Besessenheit davon) blieb für die Autoren dieses Buches ein Geheimnis. Nichtsdestotrotz bereitet das Angeln seinen Anhängern offenbar viel unbändige Freude und Zufriedenheit. Wie es der neuseeländische Schriftsteller und Dichter Kevin Ireland in seinem aufschlussreichen Buch *How to Catch a Fish* ausdrückte: „Es hat genauso viel mit schlichter Sturheit und persönlicher Getriebenheit zu tun wie mit allerlei komplexen Vorstellungen von Glück und mystischer Erfüllung. Am allerwenigsten besteht ein nachvollziehbarer Bezug zum Erfolg."

Als größter und wichtigster Laichfluss im Bezirk Taupo ist der Tongariro River weltweit für seine Fische bekannt. Erfundene Geschichten erzählen von Taupo-Forellen, die mehr als ein Sack Kartoffeln gewogen haben und so lang wie ein Surfbrett gewesen sein sollen. In Wahrheit werden hier jedes Jahr mehr als 28 000 normale Forellen legal von begeisterten Anglern aus Neuseeland und aller Welt gefangen.

Das Forellenfischen unterliegt vielen strengen Bestimmungen (z. B. zu Angelplätzen oder -methoden) und erfordert praktisch überall eine Lizenz. Details hierzu liefert **Fish & Game New Zealand** (www.fishandgame.org.nz). Am besten sucht man sich jedoch einen Angelguide. Die meisten davon bieten flexible Trips an und verlangen stolze 250 NZ$ für einen halben Tag. Beispiele für örtliche Experten:

Creel Tackle House & Cafe (☎ 07-386 7929; www.creeltackle.com; 183 Taupahi Rd) Angelausrüstung, Tipps, Guiding und Kaffee.

Bryce Curle Fly Fishing (☎ 07-386 6813; www.brycecurleflyfishing.com) In Turangi ansässiger Guide

Fish Tongariro (Peter Canziani; ☎ 07-386 7775) In Turangi ansässiger Guide.

Flyfishtaupo (Brent Pirie; ☎ 07-377 8054; www.flyfishtaupo.com) Unter den verschiedenen Angelausflügen befindet sich auch die Option „Old Farts & Tarts".

Greig's Sporting World (☎ 07-386 6911; www.greigsports.co.nz; 59 Town Centre) Ausrüstungsverleih und -verkauf plus Buchungsservice für Guides und Charterboote.

Sporting Life (www.sportinglife-turangi.co.nz; Town Centre) Sportgeschäft mit allem möglichem Angelkram und einer Website, die detailliert über die aktuellen Gewässerbedingungen informiert.

AJ Charters (☎ 07-386 7992; www.ajtaupocharters.com) Veranstaltet Angeltrips ab Turangi und malerische Seekreuzfahrten mit einem 11,5 m langen Katamaran.

Ian & Andrew Jenkins (☎ 07-386 0840; www.tui-lodge.co.nz) Fliegenfischer-Guiding-Gespann aus Vater und Sohn.

Central Plateau Fishing (Brett Cameron; ☎ 07-378 8192, 027 681 4134; www.cpf.net.nz) In Turangi ansässiger Guide.

noviertes Haus in Zentrumsnähe. Die beneidenswert tolle Küche und die wirklich komfortable Lounge werden durch einen sehr stilvoll gestalteten Garten mit Pizzaofen ergänzt.

Sportmans Lodge LODGE **$**
(☎ 07-386 8150, 0800 366 208; www.sportsmanslodge.co.nz; 15 Taupahi Rd; Zi./Hütte 80/115 NZ$; 📶) Die Sportmans Lodge grenzt hinten an den Fluss an und ist ein recht günstiger Geheimtipp für passionierte Forellenangler, die am liebsten ihre Ruhe haben wollen. Die sauberen Kompaktzimmer teilen sich eine Lounge mit offenem Kamin und gut ausgestatteter Küche. Die separat stehende Selbstversorgerhütte bietet Platz für bis zu vier Personen.

★ **Creel Lodge** LODGE $$
(☎07-386 8081, 0800 273 355; www.creel.co.nz; 183 Taupahi Rd; Wohneinheit 130–150 NZ$; 📶) 🍃 Dieses himmlische Refugium steht auf einem grünen und ruhigen Grundstück, das an einen wunderbaren Abschnitt des Tongariro River angrenzt. Die geräumigen Wohneinheiten besitzen Küchen, separate Aufenthaltsbereiche und idyllische Terrassen – perfekt, um einen Sundowner zu genießen. Gäste können kostenlos grillen und im hauseigenen Creel Tackle House & Cafe essen.

Judges Pool Motel MOTEL $$
(☎07-386 7892, 0800 583 439; www.judgespoolmotel.co.nz; 92 Taupahi Rd; DZ 110 NZ$; 📶) Das etwas ältere Motel verfügt über große, saubere Zimmer mit Kochnischen. Alle 1-Zimmer-Apartments haben Terrassen. Die Grillecke ist allerdings der beste Ort, um sich gegenseitig von nur ganz knapp entwischten Forellen zu erzählen.

Oreti Village APARTMENTS $$$
(☎07-386 7070; www.oretivillage.com; Mission House Dr, Pukawa; Apt. 220–280 NZ$; 📶) Diese Enklave von attraktiven Apartments für Selbstversorger liegt hoch droben über dem See. Drum herum erstrecken sich vogelreiches Buschland und gepflegte Gärten mit farbenprächtigen Rhododendren. Gäste können z.B. den herrlichen Seeblick vom Balkon aus genießen, eine Partie Tennis spielen oder im Hallenbad schwimmen. Anfahrt: Dem SH41 ab Turangi in Richtung Nordwesten folgen (15 km) und dann nach rechts in die Pukawa Rd einbiegen.

Essen

Grand Central Fry FASTFOOD $
(8 Ohuanga Rd; Gerichte 3–8 NZ$; ⏲11–20.30 Uhr) Diese örtliche Institution serviert super Fish & Chips, Burger und allerlei Anderes mit Bratpotential. Hinweis: Die Öffnungszeiten werden nur recht ungenau eingehalten.

Licorice CAFÉ $
(57 SH1, Motuoapa; Hauptgerichte 9–17 NZ$; ⏲Mo–Sa 8–16, So 9–15 Uhr) Dieses Café liegt 8 km nördlich von Turangi am Straßenrand und ist an einem riesigen Lakritz-Allsort (eine Art bunte, viereckige Praline) auf dem Dach erkennbar. Prima Kaffee und Gebäck machen es besser als alle Konkurrenten im Ort.

★ **Lakeland House** INTERNATIONAL $$
(☎07-386 6442; 88 Waihi Rd, Waihi; Brunch 16–25 NZ$, Abendessen 23–42 NZ$; ⏲10–15 & 18 Uhr–open end) Dieses echte Gastroziel am Südende des Lake Taupo serviert tagsüber vor allem üppige Nudelgerichte, Salate und Seafood-Suppen. Abends können sich Fleischfans dann beispielsweise an Lammkarree mit Baumtomaten und Pflaumenkompott laben – idealerweise abgerundet mit leckerer Maracuja-Baisertorte. Das Lokal liegt 6 km hinter Turangi gleich abseits des SH41.

Praktische Informationen

Turangi i-SITE (☎07-386 8999, 0800 288 726; www.greatlaketaupo.com; Ngawaka Pl.; ⏲8.30–17 Uhr; 📶) Gut für Informationen zum Tongariro National Park, dem Kaimanawa Forest Park, zum Forellenangeln sowie zu Schnee- und Straßenbedingungen. Außerdem sind hier DOC-Hüttentickets, Skipässe und Angelscheine erhältlich. Transport, Unterkunft und Aktivitäten können ebenfalls gebucht werden.

An- & Weiterreise

InterCity und Naked Bus (S. 274) halten am i-SITE.

CENTRAL PLATEAU

Tongariro National Park

Der Tongariro National Park (797 km²) liegt im Herzen der Nordinsel. Seine Wahrzeichen sind drei aktive Feuerberge: der Ruapehu, der Ngauruhoe und der Tongariro, die das Südende einer Vulkankette markieren. Vorbei an Taupo und Rotorua erstreckt sich letztere gen Nordwesten durch das Zentrum der Nordinsel, um schließlich Whakaari (White Island) zu erreichen. Der regionale Vulkanismus beschert dem Nationalpark seine heißen Quellen, die brodelnden Schlammlöcher, Fumarolen und Krater.

In geologischer Hinsicht sind die hiesigen Vulkane relativ jung: Der Ruapehu und der Tongariro haben jeweils nicht einmal 300 000 Jahre auf dem Buckel. Hauptsächlich während der letzten Eiszeit wurden beide von einer Mischung aus Eruptionen und Gletschererosion geformt. Die Gletscher am Ruapehu reichten einst bis auf 1300 m hinunter und hobelten den Fels dort weit unterhalb ihrer heutigen Tore ab.

Mit 2797 m ist der **Mt. Ruapehu** (www.mtruapehu.com) der höchste Berg auf der Nordinsel. Zudem zählt er zu den aktivsten

Tongariro National Park & Umgebung

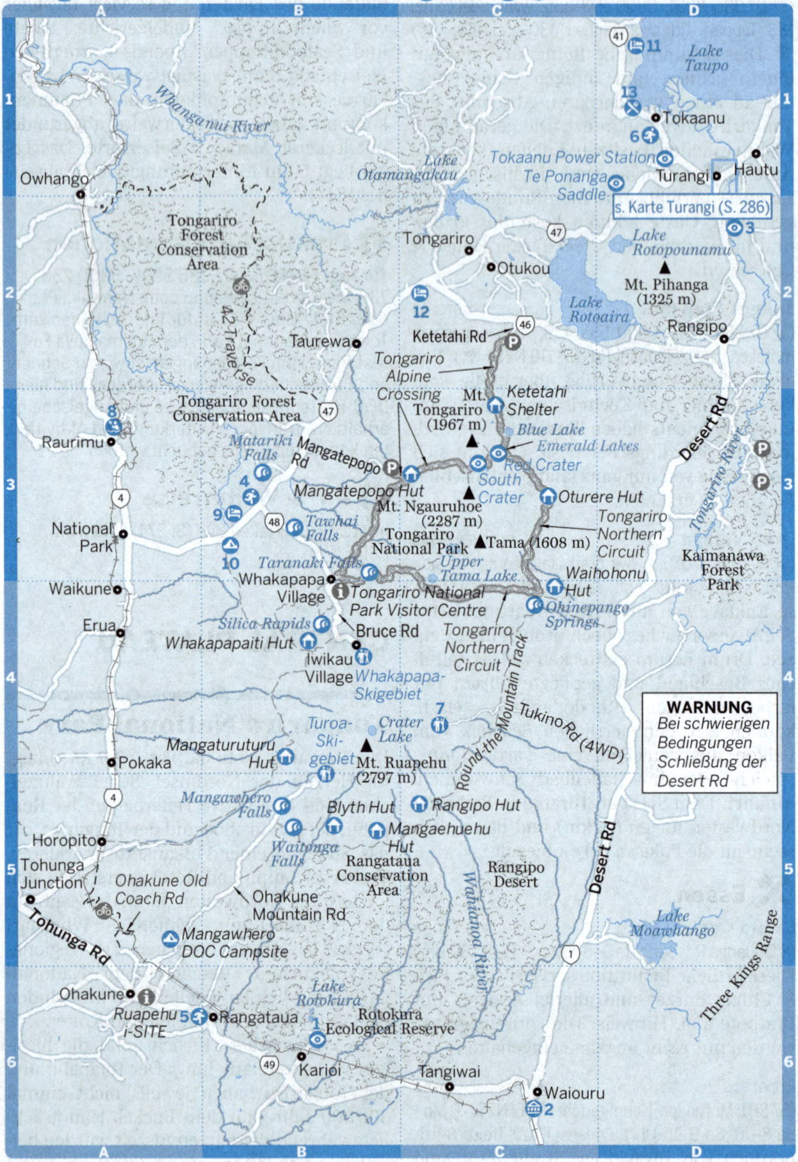

Vulkanen der Welt: Ein Ausbruch begann im März 1945 und dauerte fast ein Jahr. Dabei wurde der Kratersee mit Lava geflutet, während riesige dunkle Aschewolken bis hinüber nach Wellington trieben. Kein Wunder, dass der Name des Bergers „Grube des Schalls“ bedeutet.

Der Ruapehu rumorte aber auch 1969 und 1973. Die schlimmste Katastrophe ereignete sich jedoch 1953, als an Heiligabend eine Seite des Kraterrands einstürzte. Daraufhin strömte das Wasser des Kratersees in einem gigantischen pyroklastischen Schlammstrom zu Tal und riss alles in seinem Weg

Tongariro National Park & Umgebung

Sehenswertes
1 Lake Rotokura B6
2 National Army Museum C6
3 Tongariro National Trout Centre D2

Aktivitäten, Kurse & Touren
4 Mountain Air B3
5 Ruapehu Homestead A6
6 Tokaanu Thermal Pools D1
7 Tukino Ski Area C4
8 Wades Landing Outdoors A3

Schlafen
9 Discovery Lodge B3
10 Mangahuia DOC Campsite B3
11 Oreti Village D1
12 Tongariro Family Holiday Park C2

Essen
13 Lakeland House D1

mit sich fort – darunter eine Eisenbahnbrücke. Kurz darauf raste ein vollbesetzter Zug in den Fluss, wobei 151 Menschen ums Leben kamen. Bis heute zählt dieses Unglück zu den schrecklichsten in der Geschichte des Landes.

Der Ruapehu gibt auch heute noch keine Ruhe: Größere Eruptionen treten mit verdächtiger Regelmäßigkeit auf. 2007 hatte ein Grundschullehrer Glück im Unglück, als ein Felsbrocken durch das Dach einer Wanderhütte geschleudert wurde und (nur) sein Bein brach.

Die anhaltende Aktivität erinnert deutlich daran, dass diese regionalen Vulkane alles andere als schlafend sind. Zum letzten großen Ausbruch kam es 2012, als der **Mt. Tongariro** (1967 m) – der nördlichste und niedrigste Gipfel des Parks – ein paar ordentliche Salven aus seinen Nordkratern abgab. Ergebnis war eine neunmonatige Teilsperrung des berühmten Alpine-Crossing-Pfads. Videos von aktuellen Eruptionen gibt's unter www.doc.govt.nz/eruption zu sehen.

Nordöstlich des Ruapehu erhebt sich mit dem **Mt. Ngauruhoe** (2287 m) der jüngste der drei Vulkane. Vor 2500 Jahren brach er wohl erstmals aus. Bis 1975 kam es spätestens alle neun Jahre zu einer Eruption – so auch 1954, als der Berg im Lauf von elf Monaten insgesamt 6 Mio. m^3 Lava ausspie. Im Gegensatz zu seinen mehrschlotigen Nachbarn ist der Ngauruhoe ein konischer Vulkan mit Einzelkrater und perfekt symmetrischen Hängen. Aus diesem Grund hatte er seinen Auftritt als Schicksalsberg in Peter Jacksons *Herr der Ringe*.

1887 wurde Tongariro als Neuseelands erster Nationalpark ausgewiesen. In der Zeit nach den Land- bzw. Maori-Kriegen war ein Jahr zuvor der Native Land Court zusammengetreten, um die Landbesitzverhältnisse bezüglich der Tongariro-Region zu klären. Dabei hatte der Ngati-Tuwharetoa-Häuptling Horonuku Te Heuheu Tukino IV. leidenschaftlich dafür plädiert, das Areal intakt zu lassen – mit dem Hintergedanken an die Pakeha und ihrem Wunsch nach Weidemöglichkeiten für Vieh. „Wenn dieser Court unsere Berge von Tongariro so gewöhnlich wie die anderen Landstücke behandelt", sagte er, „was wird mit ihnen geschehen? Sie werden zerteilt und verkauft. Ein Stück wird einem Pakeha zufallen, ein anderes einem anderen."

1887 sicherte Horonuku schließlich den ewigen Schutz des Landes, indem er es der britischen Krone zwecks Ausweisung eines Nationalparks schenkte (des ersten Nationalparks in Neuseeland und des damals erst vierten weltweit). Für einen Mann seiner Zeit bewies der Häuptling damit eine unglaubliche Weitsicht: Er hatte erkannt, dass Tongariros Wert in unbezahlbarer Schönheit und Tradition bestand – und nicht im Nutzen als weitere Schafweide.

Die Erschließung des Nationalparks ging zuerst recht langsam voran. Erst mit der Main Trunk Railroad kamen ab 1909 die ersten größeren Besucherscharen in die Region. In den 1950er- und 1960er-Jahren wurde die Entwicklung dann mit neuen Asphaltstraßen, Wanderwegen und Hütten stark vorangetrieben.

Mit ca. 1 Mio. Besuchern im Jahr ist Tongariro heute der populärste Nationalpark des Landes. Viele kommen zum Skifahren hierher, da die Schneefelder des Ruapehu das einzige offizielle Skigebiet nördlich von Wellington bilden. Deutlich mehr Menschen finden sich jedoch im Sommer ein, um die Berge hinauf- und hinabzuwandern oder sie zu umrunden. So sorgen vor allem die beliebten Tageswanderungen für starken Betrieb im Park. Doch die meisten Besucher betrachten dies als kleinen Preis für die Chance, die Magie der Gegend zu erleben.

Alpine Crossing und Northern Circuit sind die beliebtesten örtlichen Trekkingrouten. Parallel gibt's aber noch viele weitere

Möglichkeiten. Diese reichen von kurzen Spaziergängen bis hin zu tollen Tageswanderungen – z. B. entlang des Whakapapa Valley oder des Tama Lakes Track, die beide am National Park Visitor Centre in Whakapapa beginnen. Hinzu kommen diverse anspruchsvolle Optionen, die sich nur für trainierte, erfahrene und gut ausgerüstete Wanderer eignen. Hierzu zählt u. a. der entlegene Round the Mountain Track rund um den Mt. Ruapehu (71 km, 4–6 Tage).

Aktivitäten

Wandern & Trekken

In Whakapapa (S. 295), Ohakune (S. 301) und Turangi (S. 289) gibt's jeweils DOC-Besucherzentren bzw. i-SITEs, die mit Wanderkarten und -infos zum Park aufwarten. Zudem bekommt man dort aktuelle Details zu Wetter und Wegezustand. Jeden Januar veranstaltet das DOC hervorragende geführte Wanderungen im Bereich des Parks. Näheres hierzu wissen die DOC-Zentren, wo auch gebucht werden kann.

Die beliebteste und sicherste Zeit für Nationalparkwanderungen ist die von Dezember bis März. Dann sind die Pfade normalerweise schneefrei, während das Wetter etwas beständiger ist. Im Winter werden viele Routen zu waschechten Alpin-Abenteuern, die nur mit Eispickel, Steigeisen und Erfahrung im Bergsteigen zu meistern sind.

Bei den insgesamt zehn Hütten an den Wanderwegen des Parks bezahlt man zumeist den Standardpreis (5 NZ$). Der Tongariro Northern Circuit zählt zu den Great Walks. Während der Great-Walks-Saison (Mitte Okt.–30. April) wird bei den Hütten von Mangatepopo, Oturere und Waihohonu daher der entsprechende Great-Walk-Tarif (32 NZ$) fällig. Alle Hütten verfügen über Gaskocher, Heizung, fließend Kaltwasser, Matratzenlager und die guten alten Plumsklos. Wer direkt daneben zeltet (15 NZ$), kann die Einrichtungen mitbenutzen.

Great-Walk-Hüttentickets (Reservierung erforderl.) sind beim Tongariro National Park Visitor Centre (S. 295), bei **Great Walks Bookings** (☎0800 694 732; www.greatwalks.co.nz) und bei DOC-Besucherzentren im ganzen Land erhältlich. Während der Great-Walks-Saison ist es ratsam, so früh wie möglich zu buchen. In der Nachsaison werden die Hütten zu Standard-Varianten (5 NZ$) ohne Gaskocher, die sich mit einem Backcountry-Hüttenpass bzw. -ticket benutzen lassen.

Tongariro Northern Circuit WANDERN & TREKKEN

Die Umrundung des Ngauruhoe (4 Tage, 50 km) zählt aus gutem Grund zu den Great Walks. Ab dem Whakapapa Village, der Mangatepopo Rd oder der Ketetahi Rd (sie werden jeweils regelmäßig von Wandershuttles bedient) lässt sich diese Route innerhalb von vier Tagen bewältigen. Der Pfad erfordert zwar etwas mittelschwere Kraxelei, ist aber gut ausgeschildert und prima in Schuss. Somit eignet er sich auch für mittelmäßig erfahrene und trainierte Trekker.

Der Northern Circuit passiert viele der spektakulären und farbenprächtigen Vulkanformationen, denen der Park seinen UNESCO-Welterbestatus verdankt. Zu den Highlights gehören Krater wie der South, Central und Red Crater – ebenso strahlend bunte Seen (z. B. die Emerald, Upper und Lower Tama Lakes oder der Blue Lake) sowie die kalten Soda Springs. Hinzu kommen diverse anderen Formationen wie Kegel, Lavaströme und eisige Täler. Optionale Nebenrouten führen zu den Gipfeln des Ngauruhoe und des Tongariro. Diese beiden Berge erheben sich an einem Abschnitt des Tongariro Alpine Crossing, der zugleich ein Teil des Northern Circuit ist.

Traditioneller Start- und Zielpunkt ist das Whakapapa Village, wo sich auch das Besucherzentrum des Parks befindet. Viele Wanderer brechen jedoch an der Mangate-

SICHERES BERGWANDERN

Viele Touristen bekommen Probleme in Neuseelands Bergen: Das Wetter schlägt hier oft schneller als erwartet um – Rettungsaktionen, aber auch tödliche Unglücke sind keine Seltenheiten. Wer entlegene Pfade in Angriff nehmen will, muss unbedingt angemessen ausgerüstet sein und entsprechende Sicherheitsvorkehrungen treffen. Dazu gehört auch, vertrauenswürdige Dritte über die geplante Route zu informieren. Außerordentlich wichtig ist geeignete Bekleidung – idealerweise mehrere Schichten aus Wolle unter einer wasserdichten Jacke. Selbst im Sommer empfehlen sich zusätzlich Handschuhe und eine Kopfbedeckung. Stabile Wanderstiefel sind ohnehin Pflicht. Vor allem an heißen Tagen heißt's außerdem genügend Trinkwasser und Sonnenschutzmittel mitnehmen.

popo Rd auf, um sicherzugehen, dass am schwierigsten Tag des Treks gutes Wetter herrscht. Dies reduziert die Wanderzeit auf insgesamt drei Tage, wobei auf dem Weg zum Whakapapa Village in der Oturere und der Waihohonu Hut übernachtet wird. Geschätze Wanderzeiten im Sommer:

STRECKE	DAUER (STD.)
Whakapapa Village–Mangatepopo Hut	3–5
Mangatepopo Hut–Oturere Hut	5–6
Oturere Hut–Waihohonu Hut	3
Waihohonu Hut–Whakapapa Village	5–6

★ Tongariro Alpine Crossing

WANDERN & TREKKEN

Diese legendäre Route wird oft als Neuseelands schönste Tageswanderung gepriesen und jährlich von 60 000 bis 70 000 Trekkern absolviert. Kein Wunder: Nur sehr wenige Tageswanderungen begeistern mit einer derart aufregenden Landschaft bei weitem Ausblick in fast alle Himmelsrichtungen. Unter den Highlights sind skurrile Felsformationen, eigentümliche Mondkrater, unglaubliche Geröllhänge und dampfende Schlote bzw. Quellen. Unterwegs durchquert man verschiedene Vegetationszonen, deren Spektrum von alpinem Busch- und Grasland bis hin zu komplett unbewachsenem Höhenterrain reicht.

Achtung: Für diesen Trek muss das Wetter einigermaßen gut sein. Bei schlechten Bedingungen ist das Ganze nicht viel mehr als ein mühsames Auf und Ab, wobei die Strecke dann nur an den orangefarbenen Spitzen der Markierungspfähle zu erkennen ist. Wenn am Rand des Red Crater (höchster Punkt der Wanderung) starker Wind herrscht, kriecht man dort oben praktisch auf allen Vieren entlang.

Zudem ist dies eine Hochgebirgswanderung, die jedem den entsprechenden Respekt abnötigt. Das bedeutet nicht nur ausreichende Fitness, sondern auch richtige Vorbereitung auf alle möglichen Wetterbedingungen. Der Alpine Crossing ist für furchtbar schlecht ausgerüstete Wanderer berüchtigt – von ungeeignetem Schuhwerk und fehlenden Regenjacken bis hin zu total durchnässten Jeans war da schon alles mit dabei. Da es zwischen Mangatepopo und Ketetahi keinerlei Trinkwasser gibt, muss auch diesbezüglich ein ausreichender Vorrat mitgeführt werden.

Der stärkste Betrieb auf dem Track herrscht an den ersten schönen Tagen nach Weihnachten und Ostern, wenn zwischen den beiden Straßenenden locker mehr als 1000 Wanderer unterwegs sind. Der Vorteil dieser Popularität besteht in super Shuttleverbindungen, die von zahlreichen Firmen inklusive Hin- und Rückfahrt angeboten werden. Wichtig: Shuttles unbedingt rechtzeitig buchen und unterwegs stets das Vorankommen im Auge behalten, um die Abfahrt nicht zu verpassen!

Der Crossing beginnt abseits des SH47 an der Mangatepopo Rd (Parkplatz) und endet abseits des SH46 an der Ketetahi Rd. Für die insgesamt 19,4 km braucht man sieben bis acht Stunden. Die Wanderzeit verlängert sich jedoch deutlich, wenn Abstecher zum Gipfel des Ngauruhoe oder Tongariro eingeschoben werden (jeweils zzgl. 2–3 Std. – sehr lohnend). Achtung: Wer die Hänge des Ngauruhoe erklimmt, sollte stets sorgfältig auf Steinschlag achten: Hier werden immer wieder Wanderer von lose herabpolternden Felsbocken verletzt! Geschätzte Wanderzeiten im Sommer:

STRECKE	DAUER (STD.)
Ende Mangatepopo Rd–Mangatepopo Hut	¼
Mangatepopo Hut–South Crater	1½–2
South Crater–Gipfel des Mt. Ngauruhoe (Nebenroute)	2–3 (hin & zurück)
Red Crater–Gipfel des Tongariro (Nebenroute)	1½ (hin & zurück)
South Crater–Emerald Lakes	1–1½
Emerald Lakes–Ketetahi Shelter	1½
Ketetahi Shelter–Straßenende	1½

Crater Lake

WANDERN & TREKKEN

Die raue, unmarkierte Route zum Crater Lake des Ruapehu (hin & zurück 7 Std.) ist sehr schön, da man den säurehaltigen Kratersee aus nächster Nähe bewundern kann. Der mittelschwere bis schwere Trek beginnt im Iwikau Village am oberen Ende der Bruce Rd. Mit dem **Sessellift** (Erw./Kind 30/17 NZ$; ⌚ Mitte Dez.–April 9–15.50 Uhr) ab dem Whakapapa-Skigebiet lässt sich die Wanderzeit um drei Stunden verkürzen. Zusammen mit dem Verband Safety & Mountaineering Guides leiten einheimische Kulturführer vom Stamm der Ngati Hikairo **geführte Wanderungen** (☎0508 782 734; www.mtruapehu.com; Erw./Kind inkl. Liftpass 145/95 NZ$; ⏲Mitte Dez.–Mai, wetterabhängig) zum Crater Lake. Wie bei den meisten anderen Nationalpark-Treks gilt auch in diesem Fall: Vor dem Start unbedingt die aktuelle Wetterlage checken und nicht im Winter losziehen, es sei denn man ist ein erfahrener, professioneller Bergsteiger!

Noch mehr Aktivitäten

Whakapapa-&-Turoa-Skigebiet SKIFAHREN, SNOWBOARDEN
(☎Turoa 06-385 8456, Whakapapa 07-892 4000; www.mtruapehu.com; Tagespass Erw./Kind 97/58 NZ$) Diese Pistenareale auf beiden Hangseiten des Mt. Ruapehu sind miteinander verbunden und bilden Neuseelands größtes Skigebiete. Beide bieten ähnliche Bedingungen auf gleicher Höhe (ca. 2300 m) und zudem Abfahrten für alle Erfahrungsstufen (von Anfängerhängen bis hin zu Profi-Strecken mit schwarzer Diamantmarkierung). Die Liftpässe gelten jeweils für beide Bereiche.

Private Lodges (diese befinden sich hauptsächlich im Besitz von Skiclubs) sind die einzigen Unterkünfte im Skigebiet Whakapapa. Die meisten Besucher übernachten daher im Whakapaka oder National Park Village. Von Turoa aus sind's gerade einmal 16 km bis Ohakune, wo die Après-Ski-Szene nicht zu verachten ist.

Tukino Ski Area SKIFAHREN, SNOWBOARDEN
(☎06-387 6294, 0800 885 466; www.tukino.co.nz; Tagespass Erw./Kind 50/30 NZ$) Ein Skiclub betreibt das recht abgeschiedene Pistenareal von Tukino, das 46 km hinter Turangi am Osthang des Mt. Ruapehu liegt. Die 14 km lange, geschotterte Zufahrtspiste ab der Desert Rd (SH1) erfordert einen Geländewagen. Die menschenleeren Abfahrten in der Wildnis zielen vor allem auf Anfänger und Fortgeschrittene ab.

Mountain Air PARONRAMAFLUG
(☎0800 922 812; www.mountainair.co.nz; Kreuzung SH47 & SH48; 15-/25-/35-minütige Flüge 120/185/225 NZ$) Die Panoramaflüge starten beispielsweise vom firmeneigenen Flugplatz, der auf halbem Weg zwischen dem Whakapapa und dem National Park Village liegt. Alternativ geht's auch in Turangi oder Taupo los.

Whakapapa Village

100 / 300 EW. (SOMMER / WINTER)

Innerhalb des Tongariro National Park liegt Whakapapa Village (Aussprache „fa-ka-papa") auf 1140 m Höhe an den unteren Hängen des Mt. Ruapehu. Als Tor zum Park beheimatet es dessen Besucherzentrum und fungiert als Ausgangspunkt vieler Wanderrouten.

Aktivitäten

Whakapapa Nature Walk WANDERN & TREKKEN
Dieser rollstuhlgerechte Rundweg (15 Min.) beginnt ca. 250 m oberhalb des Besucherzentrums. Er führt durch Buchenwälder und Gärten, deren Flora typisch für die Vegetationszonen des Parks ist.

Ridge Track WANDERN & TREKKEN
Diese Rundroute (30 Min.) ab dem Dorf führt durch Buchenwälder hinauf zu einem alpinen Buschareal, von dem aus man auf den Ruapehu und den Ngauruhoe schaut.

Taranaki Falls Track WANDERN & TREKKEN
Über diesen Rundweg (2 Std., 6 km) geht's vom Dorf zu den Taranaki Falls, die über einen alten Lavastrom 20 m tief in ein natürliches Felsbecken stürzen.

Silica Rapids Track WANDERN & TREKKEN
Von Whakapapa Village aus führt der Rundweg (2½ Std., 7 km) zu den Silica Rapids, die nach der Kieselerde (Silica) benannt sind, die durch die Stromschnellen im Waikare dort abgelagert wurde.

Tama Lakes Track WANDERN & TREKKEN
Dieser Teilabschnitt des Tongariro Northern Circuit (hin & zurück 5–6 Std., 17 km) verbindet das Whakapapa Village mit den Tama Lakes, die auf dem Tama Saddle zwischen dem Ruapehu und dem Ngauruhoe liegen. Der obere See punktet mit prima Aussicht auf den Ngauruhoe und den Tongariro.

Edge to Edge AUSRÜSTUNGSVERLEIH
(☎0800 800 754; www.edgetoedge.co.nz; Skotel Alpine Resort; komplette Skiausrüstung 35–65 NZ$/Tag, Snowboardausrüstung 43–71 NZ$/Tag) Großes Verleihangebot für Skifahrer, Kletterer und Bergwanderer.

Schlafen & Essen

Das Unterkunftsangebot in Whakapapa Village ist begrenzt; während der Skisaison sind die Preise am höchsten. Vergleichsweise mehr Optionen gibt's im National Park

Village und in Ohakune. Letzteres bietet die größte Auswahl in Sachen Restaurants und Einkaufen.

Whakapapa Holiday Park FERIENANLAGE $
(☎07-892 3897; www.whakapapa.net.nz; Stellplatz ab 19 NZ$, B 25 NZ$, Wohneinheit 69–149 NZ$;) Das große Unterkunftsspektrum des beliebten DOC-Parks am Whakapapanui Stream umfasst u. a. Wohnmobilstellplätze am Rand eines wunderschönen Buchenwalds. Vorhanden sind auch eine Backpacker-Lodge mit 32 Betten (Bettwäsche mitbringen), Hütten (Bettwäsche mitbringen) und eine abgeschlossene Wohneinheit für Selbstversorger. Der hauseigene Laden verkauft ein paar Lebensmittel.

Mangahuia DOC Campsite CAMPING $
(www.doc.govt.nz; Stellplatz pro Erw./Kind 6/3 NZ$) Dieser einfache DOC-Campingplatz liegt zwischen dem National Park Village und der SH48-Ausfahrt in Richtung Whakapapa. Am Straßenrand gibt's hier Buschstellplätze, Kaltwasser und Plumpsklos. Achtung: Nur für Wohnmobile, die keine Strom- und Wasseranschlüsse brauchen!

Skotel Alpine Resort HOSTEL $
(☎07-892 3719, 0800 756 835; www.skotel.co.nz; Ngauruhoe Pl; EZ/2BZ/3BZ ohne Bad 40/55/75 NZ$, Zi. mit Bad 110–185 NZ$, Hütte 185 NZ$;) Definitiv mehr Hostel als Hotel – betrachtet man es so, sind die z. T. gammligen Teppiche oder das billige Linoleum auch eher zu entschuldigen. Am besten erfreut man sich einfach am holzvertäfelten Berghütten-Ambiente und den definitiv nicht hostelmäßigen Einrichtungen: Vorhanden sind eine Sauna, ein Whirlpool, ein Fitnessraum (jeweils gratis benutzbar), ein Skiverleih und eine Restaurantbar.

Tongariro Family Holiday Park FERIENANLAGE $
(☎07-386 8062; www.thp.co.nz; SH47; Stellplatz pro Pers. ohne/mit Strom 18/20 NZ$, Hütte 60–90 NZ$, Wohneinheit ab 130 NZ$;) Irgendwo im Nirgendwo und doch im Mittelpunkt des Geschehens: Dieses Minijuwel liegt sehr günstig für alle Alpine-Crossing-Wanderer – nämlich am Highway auf halbem Weg zwischen Routenbeginn und -ende. Das einfache, sonnige und einladende Gelände ist von Wald umgeben. Zwischen den Bäumen findet man viele Rasenflächen und einen Kinderspielplatz. Die Sanitäranlagen, Hütten und Wohneinheiten für Selbstversorger sind nichts Besonderes, aber gepflegt. Whakapapa Village und Turangi liegen jeweils 24 km entfernt.

Bayview Chateau Tongariro HOTEL $$$
(☎07-892 3809, 0800 242 832; www.chateau.co.nz; Whakapapa Village; DZ 155–355 NZ$;) Mit Herrenhauspracht in wunderbarer Lage verspricht dieses Kulthotel heute noch genauso viel wie bei seiner Eröffnung im Jahr 1929. Drinnen wirkt der ganze Zauber jedoch irgendwie verblasst. Nichtsdestotrotz zählt das Chateau immer noch zu Neuseelands romantischsten Hotels. Hierfür sorgen z. B. High Tea in der Bibliothek, Aperitifs in der eleganten Foyerbar und Abendessen im mondänen **Ruapehu Room** (Hauptgerichte 32–38 NZ$; ⏲abends). Vorhanden sind auch zwei Cafés, ein Hallenbad, ein Kino und ein Golfplatz mit neun Löchern. Die Zimmer verteilen sich auf den historischen (und charmanteren) Gebäudeteil und einen modernen Anbau.

Tussock KNEIPE $
(Whakapapa Village; Gerichte 5–18 NZ$; ⏲15 Uhr–open end;) Das freundliche und behagliche Tussock ist ein sympathischer Mix aus Kiwi-Hinterhofkneipe und Skiclub-Treff. Auf den Tisch kommt einfache Kost wie Pizza, Burger oder Muffins mit Speck und Ei. Gäste können Poolbillard spielen, große Sportveranstaltungen im TV verfolgen und den Blick durch die großen Fenster genießen.

Praktische Informationen

Weitere Infos zum Nationalpark liefern die i-SITEs in Ohakune (S. 301), Turangi (S. 289) und Taupo (S. 285).

Tongariro National Park Visitor Centre
(☎07-892 3729; www.doc.govt.nz; Whakapapa Village; ⏲8–17 Uhr) Neben Karten gibt's hier auch Infos zu allen Parkbereichen (auch zu Wanderrouten und Hütten) sowie Details zu den aktuellen Bedingungen (Wetter, Pisten- und Wegezustand). Mit den Ausstellungen zur regionalen Geologie und Menschheitsgeschichte kann man sich an Regentagen mehrere Stunden lang beschäftigen. Die Broschüre *Walks in and around Tongariro National Park* (3 NZ$) gibt einen nützlichen Überblick über 30 Wanderrouten in der Umgebung.

Anreise & Unterwegs vor Ort

BUS

Der Tongariro National Park wird von vielen Shuttlefirmen bedient. Diese steuern das Whakapapa Village, das National Park Village, Ohakune, Taupo, Turangi und beliebte Trailheads (Weganfänge) an. Im Sommer stehen dabei

Wanderer im Mittelpunkt, während im Winter hauptsächlich Services zu Skigebieten angeboten werden. Unbedingt rechtzeitig reservieren, um nicht auf einmal festzusitzen!

Viele Shuttlebusfirmen sind Ableger oder Geschäftspartner von Unterkunftsbetreibern. Somit lohnt es sich, beim Buchen einer Bleibe gleich nach entsprechenden Transportoptionen zu fragen. Alternativ empfehlen sich **Tongariro Expeditions** (☎ 0800 828 763; www.tongariroexpeditions.com) in Taupo, **Turangi Alpine Shuttles** (☎ 0272 322 135, 07-386 8226; www.turangirentals.co.nz) in Turangi und **Roam** (☎ 021 588 734, 0800 762 612; www.roam.net.nz) im Whakapapa Village.

National Park Village

200 EW.

Auf 825 m Höhe liegt dieses Nest an der Kreuzung des SH4 und des SH47. Rund 15 km vom belebten Whakapapa Village entfernt herrscht hier während der Skisaison Hochbetrieb. Im Sommer ist das Dorf zwar ziemlich verschlafen, aber dennoch eine gute Ausgangsbasis für Aktivitäten im Bereich des Nationalparks.

Besucher werden schnell bemerken, dass die Gegend hier Eisenbahnland ist: Etwa 20 km weiter südlich steht bei **Horopito** ein Denkmal für den „Last Spike" am SH4 – den Schienennagel, mit dessen Einschlag die Main Trunk Railway Line zwischen Auckland und Wellington vollendet wurde (1908). Allerdings ist Horopito eher für den Smash Palace (Neuseelands berühmtesten Autofriedhof) bekannt. Etwa 5 km nördlich von National Park findet man bei **Raurimu** ein Meisterwerk der Ingenieurskunst: Eingeschleischt Eisenbahnfans werden sich an der „Spirale" ergötzen, während sich alle anderen Besucher wohl fragen, was daran so besonders sein soll (denn zu sehen ist da nicht wirklich viel).

Aktivitäten

Im eigentlichen Dorf gibt's nicht viel zu unternehmen. Hauptattraktion ist die Nähe zu den Wanderrouten des Nationalparks, zu den Kanumöglichkeiten auf dem Whanganui River und zu diversen MTB-Trails (S. 299). Auch regionale Skipisten sind von hier aus gut erreichbar. Im Winter bieten die meisten örtlichen Unterkünfte daher Pauschalpakete inklusive Liftpass und Leihausrüstung an. Die Preise sind dabei weitaus niedriger als weiter oben am Berg. Ski-Equipment lässt sich auch bei **Eivins** (☎ 07-892 2843; www.eivins.co.nz; Carroll St), **Snow Zone** (☎ 07-892 2757; www.snowzone.co.nz; 25-27 Buddo St) und **Ski Biz** (☎ 07-892 2717; www.skibiz.co.nz; 10 Carroll St) mieten.

Von National Park aus fahren Shuttlebusse täglich zu den Skipisten (Winter) sowie zum Tongariro Alpine Crossing und zum Whakapapa Village (Sommer).

Adrift Guided Outdoor Adventures KANUFAHREN, WANDERN & TREKKEN
(☎ 07-892 2751, 0800 462 374; www.adriftnz.co.nz; 3 Waimarino-Tokaanu Road) Das Angebot umfasst neben geführten Kanutrips auf dem Whanganui River (1–6 Tage, 245–999 NZ$) auch Leihkanus für Touren auf eigene Faust (3–5 Tage, 185–205 NZ$) sowie alle erforderlichen Shuttleverbindungen. Hinzu kommen außerdem geführte Wanderungen im Tongariro National Park (2 Std.–3 Tage, 95–850 NZ$).

Wades Landing Outdoors KANU- & KAJAKFAHREN
(☎ 07-895 4854; www.whanganui.co.nz; 11 Kaitieke Rd, Raurimu) Diese Firma offeriert u. a. Leihkanus bzw. -kajaks für Whanganui-River-Touren auf eigene Faust (1–5 Tage, 150–190 NZ$); der Preis beinhaltet dabei ein Jetboot- oder Busshuttle zum jeweiligen Startpunkt. Im Angebot sind auch Shuttles zum Alpine Crossing (35 NZ$) und zu diversen MTB-Trails – ergänzt durch *Herr der Ringe*-Thementouren und einen Skulpturenpark aus prähistorischem Treibholz.

Kiwi Mountain Bikes MOUNTAINBIKEN
(☎ 0800 562 4537; www.kiwimountainbikes.co.nz; 54 Carroll St) Der liebenswerte Rick verleiht Mountainbikes (halber/ganzer Tag ab 40/65 NZ$) und bringt Kunden zum 17 km langen Fishers Track (35 NZ$), der zusammen mit der 42 Traverse größtenteils bergab führt. Zusätzlich gibt's Infos und Shuttles zu weiteren regionalen MTB-Trails.

Kletterwand KLETTERN
(www.npbp.co.nz; 4 Findlay St; Erw./Kind 15/10 NZ$; ⏲ 9–20 Uhr) Für Regentage eignet sich die 8 m hohe Kletterwand im National Park Backpackers. Wer lieber draußen klettern möchte und seine eigene Ausrüstung dabei hat, der findet gute Möglichkeiten im Manataupo Valley und in der Whakapapa Gorge.

Schlafen

National Park hat hauptsächlich Budget-Bleiben und Mittelklassehotels. Das macht natürlich auch Sinn, weil die meisten sowieso die meiste Zeit draußen in der Natur verbringen.

Die folgenden Preisangaben gelten jeweils für den Sommer. Auf dem Höhepunkt der Skisaison ist Reservieren ein Muss, weil die örtlichen Unterkünfte dann heiß begehrt sind.

Plateau LODGE, HOSTEL **$**
(☎ 07-892 2993; www.plateaulodge.co.nz; 17 Carroll St; B 30 NZ$, DZ 70–110 NZ$, Apt. ab 160 NZ$; 📶) Die gemütlichen Zimmer des familienfreundlichen Plateau verfügen z. T. über TV und eigene Bäder. In den Schlafsälen stehen maximal zwei Stockbetten, während die Apartments mit zwei Schlafzimmern bis zu sechs Personen aufnehmen. Hinzu kommen eine attraktive Gemeinschaftslounge, eine Küche, ein Whirlpool und Shuttleverbindungen zu Zielen in der Umgebung.

National Park Backpackers HOSTEL **$**
(☎ 07-892 2870; www.npbp.co.nz; 4 Findlay St; B 26–29 NZ$, DZ 62–86 NZ$; 📶) Dieser große, alte YHA-Oldtimer aus Holzlatten und -brettern lädt Gäste zum Relaxen in einem weitläufigen Garten ein. Vorhanden sind auch Standardzimmer, eine gut ausgestattete Küche, ein kleiner Laden und eine Kletterwand für Regentage. Gute Anlaufstelle, um alle möglichen Aktivitäten in der Umgebung zu buchen.

Tongariro Crossing Lodge LODGE **$$**
(☎ 07-892 2688; www.tongarirocrossinglodge.com; 27 Carroll St; EZ 115–125 NZ$, DZ 155–165 NZ$; 📶) Babyblaue Elemente und im Sommer üppige Blumenpracht zieren dieses bildhübsche weiße Cottage im Weatherboard-Stil. Das Spektrum der gemütlichen Quartiere reicht von Standard-Doppelzimmern bis hin zu größeren Apartments mit eigenem Eingang. Überall steht zeitgenössisches Mobiliar. Das optionale Frühstück kostet extra (17–26 NZ$), während WLAN und eine sonnige Grillterrasse gratis zur Verfügung stehen.

Adventure Lodge & Motel LODGE, MOTEL **$$**
(☎ 07-892 2991; www.adventurenationalpark.co.nz; 21 Carroll St; DZ/2BZ 50/70 NZ$, Wohneinheit ab 110 NZ$; 📶) Diese Bleibe zielt vor allem auf Wanderer ab, die den Tongariro Alpine Crossing in Angriff nehmen wollen. So gibt's hier auch entsprechende All-Inclusive-Pauschalangebote (170–265 NZ$) mit zwei Übernachtungen, Shuttleservice, Frühstück, Mittagessen, Abendessen und einem T-Shirt. Nach dem Wandern kann man gemütlich im Whirlpool, Aufenthalts- oder Grillbereich abhängen. Die Moteleinheiten sind sauber, aber recht unspektakulär.

Discovery Lodge LODGE **$$**
(☎ 07-892 2744; www.discovery.net.nz; SH47; Hütte 30 NZ$/Pers., DZ in Wohneinheit 145–225 NZ$) Dieser Komplex steht auf halber Strecke zwischen dem Dorf und der Abzweigung nach Whakapapa. Sein Unterkunftsangebot reicht von einfachen Hütten und beigefarbenen Motelzimmern bis hin zu noblen Sennhütten für vier Personen. Hinzu kommen eine große Terrasse, eine Bar, eine gemütliche Lounge und ein Hausrestaurant mit Blick auf den Ruapehu. Der engagierte Eigentümer hilft Gästen gern beim Entdecken seiner Heimat und bietet auch Shuttles an.

Essen & Ausgehen

★ Station CAFÉ **$$**
(☎ 07-892 2881; www.stationcafe.co.nz; Ecke Findlay St & Station Rd; Gerichte mittags 9–18 NZ$, abends 29–38 NZ$; ⏲ Mi–Mo 9 Uhr–open end, Di 9–15 Uhr) Wer den kleinen Bahnhof an den Schienen findet, sollte sich glücklich schätzen: Der reizende, sorgsam restaurierte Oldtimer serviert Sandwichs, Kaffee, leckere Kuchen und Brunch mit viel Ei. Die eindruckvolle Abendkarte wird noch durch einenSonntagsbraten (35 NZ$) und den Curry-Donnerstag (16 NZ$) ergänzt.

Four Square Supermarket SELBSTVERSORGER **$**
(Ecke SH4 & Waimarino-Takaanu Rd; ⏲ 7–19 Uhr) Ein Mix aus Laden und Tankstelle, der Lebensmittel, Wanderproviant und allerlei andere nützliche Artikel verkauft.

Schnapps KNEIPE
(www.schnappsbarruapehu.com; Findlay St; Gerichte 14–28 NZ$; ⏲ 12 Uhr–open end) Die beliebte Kneipe punktet mit einer recht fleischlastigen Speisekarte, einem offenen Kamin, einem Großbild-TV, einem Pooltisch und einem sehr praktischen Geldautomaten. An Winterwochenenden ist hier ganz schön was los.

ℹ Praktische Informationen

Da National Park Village keine i-SITE hat, sind Online-Infos (www.nationalpark.co.nz, www.visitruapehu.com) willkommen.

ℹ An- & Weiterreise

Vor Ort halten *The Northerner* von KiwiRail Scenic (S. 274) und außerdem Busse von **In-**

terCity (☎ 06-835 4326; www.intercity.co.nz) sowie von **Naked Bus** (www.nakedbus.com).

Ohakune

1000 EW.

In Ohakune muss man überall damit rechnen, Karotten zu Gesicht zu bekommen: Es ist zweifellos die Karottenhauptstadt Neuseelands. In den 1920er-Jahren wurde das ehrwürdige Gemüse hier erstmals von chinesischen Siedlern angebaut, die das Land von Hand und mit Sprengstoff rodeten. Heute wird die Rübe jedes Jahr mit dem **Carrot Carnival** (www.carrotcarnival.org.nz) gefeiert. Und zwecks ehrender Verewigung steht hier seit 1984 auch noch die **Big Carrot** (Rangataua Rd) unübersehbar am Straßenrand.

Die Einheimischen brauchen aber nicht unbedingt erwähnen, dass Karotten die Leber reinigen und gut für die Augen sind: Ohakune gewinnt Besucherherzen auch allein mit seinem Charme. Im Sommer ist der kleine Ort ein hübsches Refugium mit jeder Menge Outdoor-Optionen. Im Winter erwacht er dann richtig zum Leben, wenn der erste Schnee auf das Turoa-Skigebiet fällt und die Invasion der Skihasen einsetzt.

Ohakune hat im Prinzip zwei Zentren: Entlang des Highways erstreckt sich der Geschäftsbezirk. Das nördliche Ortsende rund um den Bahnhof (Junction) wird im Winter zur Drehscheibe. Als Bindeglied zwischen beiden Bereichen fungiert der **Mangawhero River Walkway**, für den man zu Fuß rund 25 Minuten braucht.

Aktivitäten

In der Umgebung warten mehrere malerische Wanderungen, die größtenteils an der Ohakune Mountain Rd starten. Diese 17 km lange Straße führt von Ohakune zum Turoa-Skigebiet (S. 294) am Mt. Ruapehu. Einen guten ersten Überblick gibt die DOC-Broschüre *Walks in and Around Tongariro National Park* (3 NZ$), die bei der örtlichen i-SITE erhältlich ist.

Ab Ohakune fahren zahlreiche Shuttlebusse regelmäßig zum Beginn des Tongariro Alpine Crossing. Über dessen Verlängerung namens Waitonga Falls Track geht's bei Bedarf weiter zum **Round the Mountain Track** (www.doc.govt.nz).

Mangawhero Forest Walk WANDERN
Dieser angenehme Spaziergang fängt am Beginn der Ohakune Mountain Rd an (1-stündiger Rundgang, 3 km) und führt durch heimische Wälder sowie am Mangawhero vorbei. Der Weg ist gut befestigt und rollstuhl- sowie kinderwagenfreundlich.

Waitonga Falls & Lake Surprise Tracks WANDERN & TREKKEN
Der Pfad zu den Waitonga Falls (hin & zurück 1½ Std., 4 km), Tongariros höchstem Wasserfall (39 m), bietet einen wunderbaren Blick auf den Mt. Ruapehu. Eine anspruchsvollere Wanderung geht zum flachen Lake Surprise (hin & zurück 5 Std., 9 km). Beide Wege beginnen an der Ohakune Mountain Rd.

Mountain Bike Station MOUNTAINBIKEN
(☎ 06-385 8797; www.mountainbikestation.co.nz; 60 Thames St) Verleiht Mountainbikes (halber/ganzer Tag ab 35/50 NZ$) und bringt Kunden für 20 NZ$ zu örtlichen MTB-Routen wie der Ohakune Old Coach Rd (S. 299). Pauschalpakete inklusive Leihfahrrad und Shuttle werden ebenfalls angeboten. Der Ableger namens Ski & Board Station vermietet Snowboard- und Skiausrüstung (ab 25 NZ$).

TCB AUSRÜSTUNGSVERLEIH
(☎ 06-385 8433; www.tcbskiandboard.co.nz; 29 Ayr St) Dieser Laden verleiht Mountainbikes (halber/ganzer Tag 35/50 NZ$), Skiausrüstung (ab 35 NZ$) und Snowboard-Equipment (ab 40 NZ$). Parallel liefert er gute Infos zu örtlichen MTB-Routen und gibt eine kostenlose Radwegkarte heraus.

Ski Shed AUSRÜSTUNGSVERLEIH
(☎ 06-385 9173; www.skished.com; 71 Clyde St) Verleiht Skiausrüstung (ab 35 NZ$), Snowboard-Equipment (ab 43 NZ$) und schneetaugliche Bekleidung.

SLR AUSRÜSTUNGSVERLEIH, KLETTERN
(☎ 06-385 9018; www.slr.co.nz; Goldfinch St) Betreibt einen Ausrüstungsverleih (Ski oder Snowboard ab 25 NZ$) und hinter dem Haus das **Vertigo Climbing Centre** (www.vertigoclimbing.co.nz) mit einer Kletterwand (15 NZ$).

Powderhorn Snow Centre AUSRÜSTUNGSVERLEIH
(☎ 06-385 9100; www.snowcentre.co.nz; 194 Mangawhero Tce) Verkauft und verleiht neben Wintersportausrüstung auch Mountainbikes (halber/ganzer Tag 35/55 NZ$).

Ruapehu Homestead REITEN
(☎ 027-267 7057; www.ruapehuhomestead.co.nz; Ecke Piwara St & SH49, Rangataua; 30 Min.–3 Std.

MOUNTAINBIKEN AUF DER OLD COACH RD

Die **Ohakune Old Coach Rd** (www.ohakunecoachroad.co.nz) beschert auch mittelmäßig trainierten Radlern ein großartiges Abenteuer. Erleichtert wird das Ganze durch lokale Firmen, die in Sachen Leihausrüstung und Shuttles alles Nötige anbieten.

Der Mehrzweckpfad für Wanderer und Radfahrer ist ein Paradebeispiel für eine Restaurierung zu Freizeit- bzw. Erholungszwecken. Die 15 km lange Strecke folgt der originalen Pferdekutschenroute von Ohakune nach Horopito. Diese wurde 1886 größtenteils von Hand angelegt – von Arbeitern, die in Leinwandzelten lebten und rauem Winterklima trotzten. Für den Transport von Passagieren und Waren wurde die Old Coach Rd dann immer weiter ausgebaut und war bis zur Eröffnung des SH49 (1909) in Betrieb. Anschließend geriet sie größtenteils in Vergessenheit und wurde von Vegetation überwuchert. Doch schließlich sorgten die Einheimischen für ein Revival und restaurierten die Strecke zu altem Glanz.

Und der strahlt hell: Die Route mit ihren sanften Steigungen zählt zu den schönsten Halbtages-Radtouren (3–4 Std.) in ganz Neuseeland. Unterwegs passiert sie ein paar einzigartige Errungenschaften der Ingenieurskunst – mit den Viadukten von Hapuawhenua und Toanui etwa die beiden einzigen erhaltenen Kurvenviadukte der Südhalbkugel. Zudem führt der Weg durch uralte Wälder aus riesigen Rimu-Harzeiben und Totaras, die den Taupo-Ausbruch von 180 n. Chr. überstanden, weil sie sich im Windschatten des Ruapehu befanden. Am Fuß des Vulkans schweift der Blick über Hügelchen und kleine Tafelberge in seltsamen Formen.

Radler starten am besten in Horopito: Die Anzahl der Gefällstrecken ist dann insgesamt größer (zudem lässt sich dort vor dem Start noch der Autofriedhof „Smash Palace" erkunden). Nichtsdestotrotz muss das Bike unterwegs auch mal ordentlich bergauf geschoben werden. Doch für seine Mühen wird man mit genügend Zeit im Sattel belohnt – vor allem auf ein paar der langen Abfahrten, die über historisches Kopfsteinpflaster führen: Das Gehoppel ist ein Spaß für die ganze Familie.

Doch die Old Coach Rd ist nur die Spitze des MTB-Eisbergs namens zentrale Hochebene: Sie markiert den Anfang des 317 km langen **Mountains to Sea Trail** (Nga Ara Tuhono; www.mountainstosea.co.nz) vom Mt. Ruapehu nach Whanganui. Diese Monsterroute umfasst auch die immer besser werdenden Mangapurua und Kaiwhakauka Tracks, die von Ohakune und National Park aus leicht erreichbar sind. Beide Trails konkurrieren inzwischen mit den schon lange existierenden Strecken **42 Traverse** und **Fishers Track** um den Titel als regionale Pflicht-Tagesradtouren.

Für Leihfahrräder plus Shuttles empfehlen sich TCB (S. 298) und die Mountain Bike Station (S. 298) in Ohakune oder aber Kiwi Mountain Bikes (S. 296) in National Park Village.

Erw. 30–120 NZ$, Kind 15–90 NZ$) Das Ruapehu Homestead liegt ungefähr 4 km östlich von Ohakune bei Rangataua und bietet geführte Pferde-Treks auf seinen Koppeln an. Hinzu kommen außerdem längere Ausritte entlang des Flusses oder auf Wildnispfaden mit Bergblick.

Canoe Safaris KANUFAHREN, RAFTING
(☎06-385 9237, 0800 272 3353; www.canoesafaris.co.nz; 6 Tay St) Hier gibt's beispielsweise geführte Kanutrips auf dem Whanganui River (1–5 Tage, 175–995 NZ$) oder dem Rangitikei River (1–4 Tage, 175–875 NZ$). Gebucht werden können auch geführte Raftingtouren auf dem Mohaka River (2–4 Tage, 425–950 NZ$) sowie Leihkanus und -kajaks (2–5 Tage, 170–205 NZ$).

Yeti Tours KANU- & KAJAKFAHREN
(☎06-385 8197, 0800 322 388; www.yetitours.co.nz; 61 Clyde St; 2- bis 6-tägige Touren 365–895 NZ) Offeriert nicht nur geführte Kanusafaris auf dem Whanganui oder dem Mokau River, sondern darüber hinaus auch verschiedene Leihkanus und -kajaks (2–6 Tage, 175–210 NZ$).

Heliview PANORAMAFLUG
(☎0800 435 426; www.heliview.co.nz; Ohakune Airfield, SH49; 30-/45-minütige Flüge 329/439 NZ$) Unter den Panoramaflügen per Hubschrauber befinden sich beispielsweise die Optionen „Carrot to Crater" (35 Min.) über den Gipfel des Ruapehu sowie die „Three Peaks" (45 Min.) über die drei Berge des Nationalparks hinweg.

Schlafen

Die folgenden Preisangaben gelten für den Sommer. Im Winter bezahlt man oft das Doppelte und sollte zudem unbedingt rechtzeitig reservieren. Allerdings bringt ein Aufenthalt unter der Woche manchmal Rabatt auf die Winterpreise.

★ Station Lodge HOSTEL $
(06-385 8797; www.stationlodge.co.nz; 60 Thames St; B/Zi. 27/54 NZ$, Wohneinheit 100–200 NZ$;) Dieses tolle YHA-Hostel befindet sich in einer reizenden alten Villa mit Holzfußböden und hohen Decken. Hier warten eine gut ausgestattete Küche, eine komfortable Lounge und ein gepflegter Garten mit Pizzaofen. Wer mehr Privatsphäre möchte, kann in separaten Sennhütten und Apartments nächtigen. Die gut informierten Inhaber betreiben auch die Mountain Bike Station und die Ski & Board Station.

Ohakune Top 10 FERIENANLAGE $
(06-385 8561, 0800 825 825; www.ohakune.net.nz; 5 Moore St; Stellplatz 42 NZ$, Wohneinheit 68–135 NZ$;) Ein glucksender Bach säumt diese Ferienanlage mit vielen verschiedenen Übernachtungsmöglichkeiten (z. B. sauberen Moteleinheiten). In puncto Extras sind ein Spielplatz, ein Grillbereich und ein privater Whirlpool zu nennen.

Mountain View MOTEL $
(06-385 8675; www.mountain-viewmotel.co.nz; 2 Moore St; Wohneinheit 75–100 NZ$;) Das alte Mountain View mit seinem Whirlpool erinnert ganz entfernt an den Tudor-Stil. Die Zimmer sind einfach, aber sauber, ruhig und ihr Geld wert. Zumeist verfügen sie über eigene Kochgelegenheiten.

Snowhaven APARTMENTS, B&B $$
(06-385 9498; www.snowhaven.co.nz; 92 Clyde St; Apt. 95–125 NZ$, Zi. 195 NZ$, Stadthaus ab 195 NZ$;) Ein angenehmes Trio – erstens: moderne Studio-Apartments in einem schieferverkleideten Häuserblock an der Hauptstraße. Zweitens: drei Stadthäuser an der Junction, jeweils für Selbstversorger und mit drei Schlafzimmern ausgestattet. Drittens: luxuriöse B & B-Zimmer irgendwo zwischen den beiden anderen Optionen. Alle Quartiere sind super in Schuss und bieten ein prima Preis-Leistungs-Verhältnis.

Peaks Motor Inn MOTEL $$
(06-385 9144, 0508 843 732; www.thepeaks.co.nz; Ecke Mangawhero Tce & Shannon St; Wohneinheit 99–124 NZ$;) Dieses gepflegte Motel vermietet geräumige Zimmer mit guten Bädern und voll ausgestatteten Küchen. Mehrere Rasenflächen, ein einfacher Fitnessraum, eine Sauna und ein großer Outdoor-Whirlpool können von allen Gästen genutzt werden.

★ Powderhorn Chateau HOTEL $$$
(06-385 8888; www.powderhorn.co.nz; Ecke Thames St & Mangawhero Tce; Zi. ab 215 NZ$;) Das Powderhorn ist seit Langem als Magnet während der Skisaison bekannt. Mit seiner hölzernen Einrichtung, den Schieferfußböden und den freiliegenden Balken verbreitet es die Atmosphäre einer Schweizer Berghütte. Im kräftig beheizten Hallenbad kann man sich vom Skifahren erholen, bevor man sich den übrigen Hoteleinrichtungen widmet.

ABSTECHER

LAKE ROTOKURA

Das **Rotokura Ecological Reserve** (www.doc.govt.nz) befindet sich 14 km südöstlich von Ohakune bei Karioi, unmittelbar abseits des SH49 (*karioi* bedeutet „Orte zum Verweilen"). Es gibt dort zwei Seen: Der Dry Lake ist eigentlich recht nass und perfekt für ein Picknick, der weiter entfernte Lake Rotokura wird von den Maori als *tapu* (heilig) verehrt, weshalb Essen, Angeln und Baden dort verboten ist. Der Rundweg dauert 45 Minuten – oder länger, wenn man ein bisschen verweilt, um die uralten Buchen und Wasservögel wie Zwergtaucher und Paradieskasarkas zu bestaunen.

Essen & Ausgehen

Die Junction ist das Pflicht-Pflaster in Sachen Après-Ski. Während der Skisaison eröffnen viele Hotels eigene Restaurants. Im Sommer verlagert sich ein Großteil der Action ans andere Ortsende.

New World SUPERMARKT $
(12 Goldfinch St; 7–19 Uhr) Vor dem Aufbruch nach National Park oder Whakapapa decken sich Selbstversorger am besten hier mit Vorräten ein.

★ Bearing Point INTERNATIONAL $$
(06-385 9006; www.thebearingpointrestaurant.co.nz; Clyde St; Hauptgerichte 26–36 NZ$; Di–Sa 18 Uhr–open end) Das überraschend schi-

cke Bearing Point kredenzt herzhafte und gleichzeitig kultivierte Kost. Für Behagen im Magen sorgen hier beispielsweise Feuertopf mit Wildbret, gereifte Steaks, pikante Thai-Currys oder leckerer, mit Ahornsirup glasierter Lachs.

OCR CAFÉ **$$**
(☎ 06-385 8322; www.ocrcafe.co.nz; 2 Tyne St; Hauptgerichte 10–29 NZ$; ⏲ Fr & Sa 9 Uhr–open end, So 9–15 Uhr) Dieses coole Café in einem großen alten Bungalow hat nur sehr eingeschränkte Öffnungszeiten. Nichtsdestotrotz ist es bei Einheimischen und Touristen immer noch gleichermaßen beliebt. Burger, Sandwichs, Salate, herzhaftes Frühstück, Kuchen und Schnittchen werden hier allesamt mit derselben Sorgfalt zubereitet. Ein Holzofen und überhaupt nicht abgehobene Musik verleihen dem Ganzen eine rustikale Atmosphäre.

Powderkeg & Matterhorn BAR, RESTAURANT **$$**
(☎ 06-385 8888; www.powderhorn.co.nz; Ecke Thames St & Mangawhero Tce; Barkarte 11–22 NZ$, normale Karte 22–36 NZ$; ⏲ 16 Uhr–open end) Das Powderkeg ist die Partybar des Powderhorn Chateau: Im Winter legen hier DJs auf, während die Gäste regelmäßig auf den Tischen tanzen und eine bemerkenswerte Auswahl an hausgebrautem Bier bechern. Im Stockwerk darüber befindet sich das noblere Matterhorn, das Cocktails zu einem A-la-carte-Menü mit fleischlastigen Hauptspeisen und dekadenten Desserts serviert. Wenn das Matterhorn im Sommer geschlossen hat, gibt's dieselben Gerichte im Powderkeg.

Cyprus Tree ITALIENISCH **$$**
(19a Goldfinch St; Hauptgerichte 23–32 NZ$; ⏲ 9 Uhr–open end) Das ganzjährig geöffnete Barrestaurant serviert einen leckeren Mix aus italienischen und neuseeländischen Einflüssen. Heraus kommen dabei z. B. Pasta, Risotto und Lamm mit Gewürzsumach. Freundliches Personal, Cocktails und hochwertige Biere bzw. Weine lassen einen das Chaos der Skisaison vergessen.

Mountain Rocks BAR, CAFÉ
(www.themountainrocks.co.nz; Ecke Clyde & Goldfinch St; Hauptgerichte 14–33 NZ$; ⏲ 8 Uhr–open end) Das Mountain Rocks erinnert an eine Blockhütte, die sich an einem typischen US-Diner orientiert. Zusammen mit Einheimischen kann man hier günstiges Bier und eine wenig überraschende Auswahl an Gerichten (Burger, Lammschenkel, Steaks, Fish & Chips) in riesigen Portionen konsumieren. Die belebte Gartenbar hält eine Großbildleinwand für die Präsentation großer Sportveranstaltungen bereit.

ℹ Praktische Informationen

Ohakune Public Library (☎ 06-385 8364; 37 Ayr St; ⏲ Mo–Fr 8–17 Uhr; 📶) Gratis-Internetzugang.

Ruapehu i-SITE (☎ 06-385 8427; www.visitruapehu.com; 54 Clyde St; ⏲ 9–17 Uhr) Bucht Aktivitäten, Verkehrsmittel und Unterkünfte; an den allermeisten Tagen sind DOC-Vertreter anwesend (10–16.30 Uhr).

Visit Ohakune (www.visitohakune.co.nz) Nützliche Website zu „The Mountain Town" und deren Umgebung.

ℹ Anreise & Unterwegs vor Ort

Vor Ort halten *The Northerner* von KiwiRail Scenic (S. 274) und Busse von **InterCity** (www.intercity.co.nz) oder **Naked Bus** (www.nakedbus.com).

Von Ohakune aus bietet **Matai Shuttles** (☎ 06-385 8724; www.mataishuttles.co.nz) diverse Trips im Bereich der zentralen Hochebene an.

Waiouru

740 EW.

Rund 27 km östlich von Ohakune liegt Waiouru (792 m) an der Kreuzung des SH1 und des SH49. Der Ort dient in erster Linie als Armeestützpunkt und Benzinquelle für Autofahrer, die der 56 km langen Desert Rd nach Turangi folgen und hier dann noch einmal auftanken. Die einzigartige **Rangipo Desert** ist eigentlich gar keine Wüste: Ihre kahle rötliche Sandlandschaft mit ein paar wenigen Grasbüscheln ist vielmehr das Ergebnis der Vulkanausbrüche mehrerer Millionen Jahre. Dies gilt vor allem für die Taupo-Eruption vor rund 2000 Jahren, die das Land mit einer dichten Bimssteinschicht bedeckte und alle Vegetation zerstörte. Im Winter ist die Straße mitunter wegen Schnees gesperrt.

Das **National Army Museum** (www.armymuseum.co.nz; Erw./Kind 15/5 NZ$; ⏲ 9–16.30 Uhr) 🍃 befindet sich in einem großen Betonbunker am südlichen Ortsrand. Von der Kolonialzeit bis heute bewahrt es die Geschichte der neuseeländischen Armee und erinnert an deren verschiedene Einsätze. Die ausgestellten Waffen, Uniformen, Orden und Erinnerungsstücke erzählen bewegende Geschichten.

Taihape & Umgebung

1500 EW.

Taihape liegt 20 km südlich von Waiouru und erfreut sich des zweifelhaften Rufs, die „Welthauptstadt der Gummistiefel" zu sein. Und der wird – wie könnte es auch anders sein – mit einem riesigen Wellblech-Gummistiefel an der Hauptstraße gefeiert. Der Ort ist zudem das Tor zum **Mokai Gravity Canyon** (☎06-388 9109, 0800 802 864; www.gravitycanyon.co.nz; 332 Mokai Rd; ⌚9–17 Uhr), der sich 20 km weiter südöstlich erstreckt. Adrenalinjunkies können dort beispielsweise eine 1 km lange und 170 m hohe Seilrutsche entlangflitzen (bis zu 160 km/h; 155 NZ$) oder den tiefsten Brücken-Bungeesprung der Nordinsel wagen (80 m, 179 NZ$). Offeriert werden auch ein Platz in einer Tandemschaukel (50 m, 159 NZ$) sowie Pauschalangebote mit verschiedenen aufregenden Aktivitäten.

Taihape liegt außerdem recht nahe am Abenteuerzentrum **River Valley** (☎06-388 1444; www.rivervalley.co.nz), das mit seiner Lodge rund 32 km weiter nordöstlich zu finden ist (Anfahrt ab dem Gretna Hotel in Taihape ausgeschildert). Die beliebten halbtägigen Raftingtrips des Zentrums führen durch die wilden Stromschnellen des Rangitikei River (Grad V, 175 NZ$). Im Angebot sind auch individuell gestaltbare Pferdetreks, bei denen man auf den Mt. Ruapehu, die Ruahine Range und den Rangitikei River schaut (2 Std./halber Tag 109/175 NZ$). Die Lodgezimmer (ab 31 NZ$) werden durch ein Hausrestaurant ergänzt, das frische Zutaten aus dem eigenen Garten verwendet.

Weitere Infos gibt's im Internet unter www.taihape.co.nz.

Rotorua & Bay of Plenty

Inhalt ➡

Tolle Outdoor-Aktivitäten

- Rotorua Canopy Tours (S. 309)
- Surfen in Mt. Maunganui (S. 332)
- Redwoods Whakarewarewa Forest (S. 323)
- Waikite-Valley-Thermalquellen (S. 325)

Schön übernachten

- Regent of Rotorua (S. 316)
- Warm Earth Cottage (S. 338)
- Captain's Cabin (S. 343)
- Opotiki Beach House (S. 348)

Auf nach Rotorua und zur Bay of Plenty!

Ihren Namen verdankt die Bay of Plenty James Cook, der hier 1769 vorbeisegelte. Und noch immer wird sie ihrem Namen gerecht: Die Bucht, die sich von Waihi Beach im Westen bis Opotiki im Osten erstreckt, ist mit viel Sonne und Sand gesegnet, an ihren Ufern liegen die Ferienorte Tauranga, Mount Maunganui und Whakatane.

Vor der Küste bei Whakatane liegt der aktivste Vulkan Neuseelands, der Whakaari (White Island). Überhaupt prägt vulkanische Aktivität diese Region, aber nirgends tritt die unterirdische Gewalt deutlicher zutage als in Rotorua. Hier nimmt das tägliche Leben seinen Gang zwischen dampfenden heißen Quellen, aufbrausenden Geysiren, blubbernden Schlammtümpeln und den Schwaden von Schwefelgas, die für den „Duft" nach faulen Eiern sorgen.

Rotorua und die Bay of Plenty sind Kernsiedlungsgebiete der Maori und bieten zahlreiche Möglichkeiten, die reiche Kultur der neuseeländischen Ureinwohner kennenzulernen – z. B. beim Besuch einer eindrucksvollen Konzertaufführung, bei einem *hangi* (Maori-Festessen) oder bei einer Demonstration der kunsthandwerklichen Techniken.

Reisezeit

- Die Bay of Plenty ist eine der sonnigsten Regionen Neuseelands – Whakatane verzeichnet im Jahresdurchschnitt 2350 Sonnenstunden. Im Sommer (Dez.–Feb.) liegen die Höchsttemperaturen bei 20 bis 27° C. Der Andrang ist dann zwar groß, aber die angenehme Urlaubsatmosphäre entschädigt dafür.
- Ein Besuch in Rotorua lohnt sich immer: Die geothermische Aktivität ist egal zu welcher Jahreszeit ein Naturschauspiel, und auch Betten sind rund ums Jahr ausreichend vorhanden.
- Im Winter kann die Temperatur nachts bis auf 5° C fallen, an der Küste ist es meistens wärmer (und den Strand hat man dann ganz für sich allein).

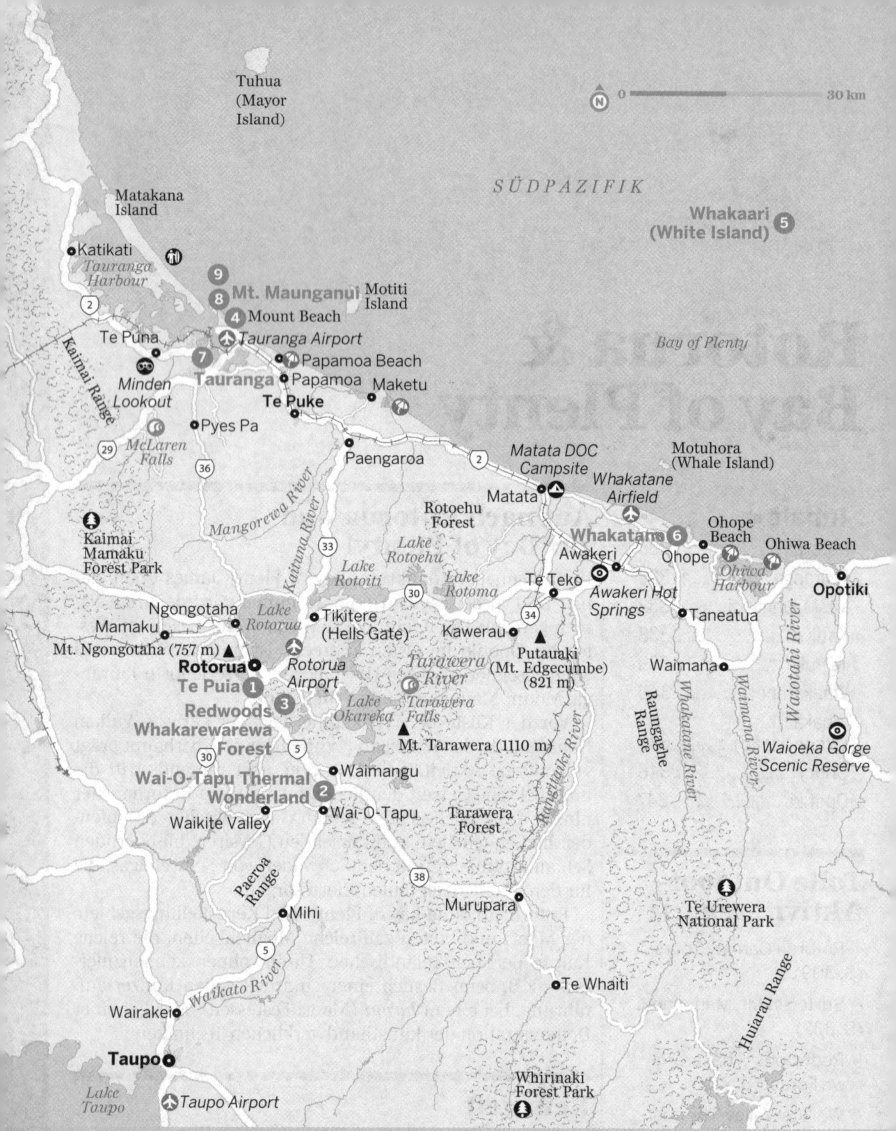

Highlights

1 Den Ausbruch des Geysirs in **Te Puia** (S. 306) oder den im **Whakarewarewa Thermal Village** (S. 307) beobachten

2 Farbspektakel und Schlammtümpel im **Wai-O-Tapu Thermal Wonderland** (S. 325) bestaunen

3 Mountainbiketouren im **Redwoods Whakarewarewa Forest** machen (S. 323)

4 In **Mt. Maunganui** (S. 332) auf den Wellen von Neuseelands erstem künstlichen Riff reiten

5 Einen Flug oder eine Bootsfahrt zum einzigen aktiven Meeresvulkan des Landes, dem **Whakaari** (S. 345), unternehmen

6 Ein paar Tage in **Whakatane** (S. 340) entspannen – einem oft unterschätzen Küstenort

7 In **Tauranga** (S. 325) mit den Delfinen schwimmen

8 Nach einem schönen Nachmittag am Strand einen leckeren Drink in **Mt. Maunganui** (S. 336) genießen

9 Die Besteigung des mit Pohutukawa-Bäumen bestandenen **Mauao** (Mt. Maunganui; S. 332) wagen

Anreise & Unterwegs vor Ort

Air New Zealand (www.airnewzealand.co.nz) bietet Direktflüge von Tauranga und Rotorua nach Auckland, Wellington und Christchurch an, außerdem von Rotorua nach Sydney (Di und Sa) und von Whakatane nach Auckland.

Linienbusse von **InterCity** (www.intercity.co.nz) und **Naked Bus** (www.nakedbus.com) fahren von Tauranga, Rotorua und Whakatane in die meisten größeren Städte Neuseelands. Busse von **Bay Hopper** (☎ 0800 422 928; www.baybus.co.nz) verkehren zwischen Tauranga, Whakatane und Opotiki. Busse von **Twin City Express** (☎ 0800 422 928; www.baybus.co.nz) verbinden Tauranga und Rotorua.

ROTORUA

65280 EW.

Man nimmt nur eine einzige Nase von der schwefelreichen Luft Rotoruas, und schon weiß man, was einen in Neuseelands dynamischster Thermalgegend erwartet: sprühende Geysire, dampfende Thermalquellen und brodelnde Schlammtümpel. Die Maori verehrten diesen Ort und nannten eine der spektakulärsten Quellen „Wai-O-Tapu“ (Heilige Wasser). Heute machen die Maori 35% der Gesamtbevölkerung aus und sind mit ihren kulturellen Darbietungen und traditionellen *hangi* selbst mindestens so bemerkenswert wie die Landschaft, die sie bewohnen.

Trotz des durchdringenden Geruchs nach faulen Eiern ist die „Schwefelstadt“ mit beinahe 3 Mio. Besuchern jährlich eine der touristischsten Gegenden der gesamten neuseeländischen Nordinsel. Einige Einheimische sind der Meinung, dass dieser Erfolg die Stadt dazu verleitet hat, sich auf ihren Lorbeeren auszuruhen, und dass Rotorua in sozialer Hinsicht hinter fortschrittlicheren Orten wie Tauranga oder Taupo zurückliegt. Mit mehr als 30 Motels ist die städtische Maschinerie „RotoVegas“ auch nicht gerade einladend ... Aber wo sonst bekommt man schon einen 30 m hohen Geysir zu Gesicht?!

Geschichte

Die Region wurde erstmals im 14. Jh. besiedelt, als das Kanu *Te Arawa* unter der Führung von Tamatekapua aus Hawaiki kommend bei Maketu im Zentrum der Bay of Plenty landete. Die Siedler nahmen den Stammesnamen Te Arawa an, um des Bootes zu gedenken, mit dem sie die weite Reise zurückgelegt hatten.

In den folgenden Jahrhunderten bildeten sich Unterstämme, die das Territorium untereinander aufteilten, sich schließlich aber wegen des knapper werdenden Landes zerstritten. Eine Zäsur ereignete sich 1823, als Stämme aus Northland in den sogenannten Musketenkriegen in das Land der Arawa einfielen. Nachdem sowohl die Arawa als auch die Northland-Maori schwere Verluste erlitten hatten, zogen sich letztere zurück.

Im Waikato-Landkrieg (1863–1864) schlossen die Te Arawa dann mit der Regierung ein Bündnis gegen ihre Erzfeinde, die Waikato. Mit dieser Verstärkung im Rücken verhinderten die Te Awara erfolgreich, dass die Kingitanga-Bewegung durch Nachschub von der Ostküste weiteren Auftrieb bekam.

Als in den 1870er-Jahren endlich wieder friedlichere Zeiten anbrachen, verbreitete sich rasant die Kunde von der landschaftlichen Schönheit der Gegend und dem heilenden Wasser, das alle möglichen Krankheiten kurieren sollte. Rotorua erlebte daraufhin einen gigantischen Aufschwung und die Pink and White Terraces entwickelten sich zur Hauptattraktion. Diese Quarzablagerun-

KURZINFOS ROTORUA & BAY OF PLENTY

Essen Gebutterter Maiskolben aus Rotorua, gegart im einzigen echten Thermal-*hangi* im Whakarewarewa Thermal Village (S. 307)

Trinken In Rotorua gebrautes *pale ale* (helles Bier) aus der kleinen Croucher Brewing Co genießen

Lesen *How to Watch a Bird* – über die Faszination der Vogelbeobachtung. Das Buch stammt aus der Feder von Steve Braunias, der in Mount Maunganui zur Schule gegangen ist.

Hören *Kora*, das schnörkellose Album der gleichnamigen Soulband aus Whakatane

Anschauen Maori TV und Te Reo, die beiden neuseeländischen Maori-TV-Sender

Grünes Gewissen Unter www.sustainablenz.com Tipps finden, wie der Besuch in Rotorua umweltfreundlicher gestaltet werden kann

Infos im Internet www.rotoruanz.com, www.bayofplenty.co.nz

Vorwahl ☎ 07

Rotorua

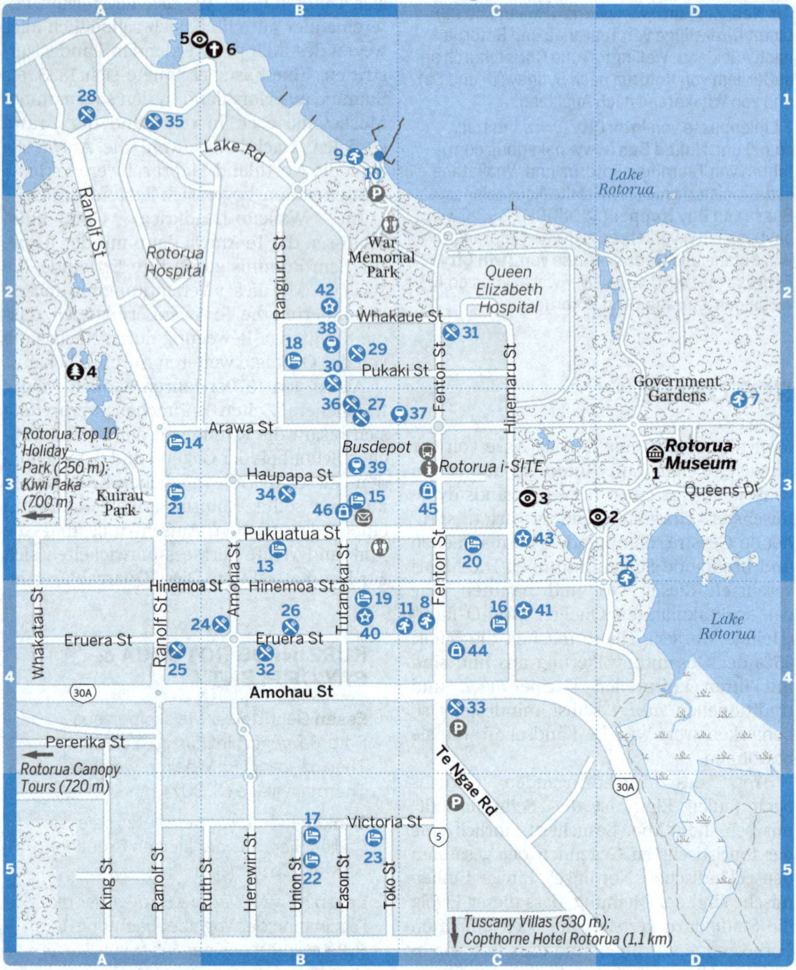

gen, infolge vulkanischer Aktivität entstanden, bezeichnete man seinerzeit ehrfürchtig als achtes Weltwunder. Leider wurden die Terrassen bereits im Jahr 1886 durch einen Ausbruch des Mt. Tarawera zerstört.

Sehenswertes

Te Puia GEYSIR, KULTURELLE TOUR

(Karte S. 322; ☎07-348 9047, 0800 837 842; www.tepuia.com; Hemo Rd; Erw./Kind geführte Tour 48,50/24,50 NZ$, geführte Tour & kulturelle Veranstaltung bei Tag 60,50/30,50 NZ$, geführte Tour, kulturelle Veranstaltung & hangi abends 150/75 NZ$; ⏲Nov.–April 8–18 Uhr, Mai–Okt. bis 17 Uhr) Rotoruas Hauptattraktion ist **Te Whakarewarewa** („fa-ka-re-wa-re-wa" ausgesprochen), ein Geothermalfeld 3 km südlich des Stadtzentrums. In der Region liegen über 500 Quellen. Die bekannteste ist **Pohut** (was „Großer Spritzer" oder „Explosion" bedeutet), ein Geysir, der bis zu 20-mal am Tag ausbricht und dabei heißes Wasser bis zu 30 m hoch in die Luft schießt. Wann ein Ausbruch bevorsteht, ist leicht zu erkennen, denn der benachbarte Geysir **Prince of Wales' Feathers** bricht immer kurz vorher aus. Beide Geysire gehören zu Te Puia, der am meisten herausgeputzten Attraktion der Maori-Kultur in Neuseeland. Hier befinden sich auch die National Carving School und

Rotorua

Highlights
1 Rotorua Museum D3

Sehenswertes
2 Blue Baths D3
3 Government Gardens C3
4 Kuirau Park A2
5 Ohinemutu A1
6 St. Faith's Anglican Church B1

Aktivititäten, Kurse & Touren
7 Ballbusters D3
8 Bike Barn C4
9 Kawarau Jet B1
Lakeland Queen .... (siehe 10)
10 Mana Adventures B1
Mokoia Island Wai Ora Experiences .... (siehe 9)
11 O'Keefe's Fishing Specialists C4
12 Polynesian Spa D3
The Wall .... (siehe 19)
Volcanic Air Safaris .... (siehe 10)

Schlafen
13 Astray B3
14 Base Rotorua A3
15 Blarney's Rock B3
16 Crash Palace C4
17 Funky Green Voyager B5
Millennium Hotel .... (siehe 41)
18 Regent of Rotorua B2
19 Rock Solid Backpackers B4
20 Rotorua Central Backpackers C3
21 Rotorua YHA A3
22 Six on Union B5
23 Victoria Lodge B5

Essen
24 Abracadabra Cafe Bar B4
25 Bistro 1284 .... A4
26 Capers Epicurean B4
27 Fat Dog Cafe & Bar B3
28 Fish & Chip Shop A1
29 Indian Star B2
30 Leonardo's B2
31 Lime Caffeteria C2
32 Mistress of Cakes B4
33 Pak 'n Save C4
34 Sabroso B3
35 Third Place Cafe A1
36 Weilin's Noodle House B3

Ausgehen & Nachtleben
37 Belgian Bar C3
38 Brew B2
39 Pig & Whistle B3

Unterhaltung
40 Basement Cinema B4
41 Millennium Hotel Rotorua C4
42 Novotel Rotorua B2
43 Tamaki Maori Village C3

Shoppen
44 Mountain Jade C4
45 Out of New Zealand C3
46 Rotorua Night Market B3

die National Weaving School, in denen Gäste Arbeit und Techniken der traditionellen Holzschnitzer und Weber kennenlernen können. Außerdem gibt es ein Versammlungshaus, ein Café, Galerien, ein Kiwi-Schutzgebiet und einen Souvenirladen. Geführte Touren dauern 1½ Std. und starten stündlich ab 9 Uhr (die letzte Tour 1 Std. vor Schließung). Die 45-minütigen kulturellen Vorführungen beginnen um 10.15, 12.15 und 15.15 Uhr; die abendlichen Te-Po-Konzerte mit *Hangi*-Festessen um 18 Uhr (insg. 3 Std., im Anschluss an die 16.30-Uhr-Tour im Kombiangebot).

Whakarewarewa Thermal Village THERMALVORKOMMEN, KULTURELLE TOUR
(Karte S. 322; ☎07-349 3463; www.whakarewarewa.com; 17 Tryon St; Führung & Aufführung Erw./Kind 35/15 NZ$; ⊙8.30–17 Uhr) Das Whakarewarewa Thermal Village ist ein lebendiges Dorf, dessen *tangata whenua* (Einheimische) immer noch so leben wie vor Jahrhunderten. Die Dorfbewohner führen die Besucher herum und erzählen von ihrem Leben und der Bedeutung der dampfenden, blubbernden Tümpel, Quarzterrassen und Geysire. Diese sind zwar vom Dorf aus nicht erreichbar, aber von einigen Aussichtspunkten aus kann man sie sehr gut sehen (der Blick auf den Pohutu ist von hier aus genauso toll wie von Te Puia – und erheblich preiswerter).

Die Läden im Dorf verkaufen authentische Kunst und Kunsthandwerk, und man kann mehr über die Traditionen der Maori erfahren, z. B. über Flachsweben, Schnitzen und *ta moko* (Tätowierkunst). Ganz in der Nähe gibt es leckere Maiskolben mit Butter (2 NZ$), direkt aus einem heißen Mineralbecken – das einzige echte geothermische *hangi* der Stadt! Um 11.15 und 14 Uhr finden Kulturdarbietungen statt, und um 9, 10, 11, 12, 13, 15 und 16 Uhr werden Führungen angeboten.

★ **Rotorua Museum** MUSEUM, GALERIE
(Karte S. 306; ☎07-351 8055; www.rotoruamuseum.co.nz; Queens Drs, Government Gardens; Erw./

DIE MAORI IN ROTORUA & DER BAY OF PLENTY

Der traditionelle Name der Bay of Plenty – Te Rohe o Mataatua – erinnert an das sagenumwobene Mataatua-Kanu, das von Hawaiki kommend in Whakatane landete. Die Geschichte der Region reicht aber noch deutlich weiter zurück: Der Polynesier Toi soll hier um 800 n. Chr. die erste Siedlung Aotearoas errichtet haben.

Die Hauptstammesgruppen der Region sind die Ngati Awa (www.ngatiawa.iwi.nz) in der Gegend von Whakatane, die Whakatohea (www.whakatohea.co.nz) in Opotiki, die Ngai Te Rangi (www.ngaiterangi.org.nz) in Tauranga und die Te Arawa (www.tearawa.iwi.nz) in Rotorua. Stämme in dieser Region waren auf beiden Seiten an den Neuseelandkriegen des späten 19. Jhs. beteiligt. Diejenigen, die gegen die Regierung kämpften, mussten umfangreiche Landenteignungen hinnehmen, die noch bis in die Gegenwart rechtliche Probleme aufwerfen.

In der Umgebung leben besonders viele Maori, und Reisende können auf vielfältige Weise etwas über deren Kultur erfahren. In Opotiki steht die Hiona St. Stephen's Church (S. 347) – hier starb 1865 der Regierungsspitzel Reverend Carl Volkner; sein Tod gab die Anregung zur reizenden Augapfel-Szene im Film *Utu*. In Whakatane gibt es eine besucherfreundliche *marae* (Anlage mit Versammlungshaus) an der Hauptstraße (S. 340), und Toi's Pa ist möglicherweise das älteste *pa* (Wehrdorf) Neuseelands. In Rotorua finden sich traditionelle Maori-Dörfer, *hangi* und zahlreiche kulturelle Darbietungen.

Kind 20/8 NZ$; ⏲9–17 Uhr, Dez.–Feb. bis 18 Uhr, geführte Touren 10–16 Uhr, Dez.–Feb. auch 17 Uhr) Das herausragende Museum ist in einem prächtigen Gebäude im Tudor-Stil untergebracht, dem Bath House (1908). Ausstellungen in den ehemaligen Duschräumen der eleganten Badeanstalt vermitteln einen faszinierenden Einblick in einige der ausgefallenen Therapien, die hier angewendet wurden, darunter „elektrische Bäder" und der Bergonie Chair.

Ein fesselnder zwanzigminütiger Film über die Geschichte von Rotorua – einschließlich des Ausbruchs des Tarawera – läuft ab 9 Uhr alle 20 Min. Der Film ist allerdings nichts für kleinere Kinder: Die Eruptionsgeräusche wirken sehr authentisch (und dadurch natürlich auch entsprechend furchterregend). Der fabelhafte **Don Stafford Wing** beherbergt acht objektreiche Galerien, die dem Te-Arawa-Volk aus Rotorua gewidmet sind. Gezeigt werden verschiedene Holzschnitzereien, Webarbeiten aus Flachs, Jade, interaktive audiovisuelle Schautafeln und die Geschichte des 28. Maori-Bataillons aus dem Zweiten Weltkrieg. Außerdem gibt es hier zwei **Kunstgalerien** (in denen die Luft nicht nach Schwefel riecht) und ein cooles Café mit Blick auf den Garten. Die schönste Aussicht der Stadt hat man allerdings von der Aussichtsplattform auf dem Dach.

Lake Rotorua SEE

GRATIS Der Lake Rotorua ist der größte unter den 16 Seen des Distrikts. In seinem Wasser verbirgt sich ein erloschener Vulkan. Die Insel Mokoia Island im See wurde über die Jahrhunderte von verschiedenen Maori-Unterstämmen der Region bewohnt. Am Ufer preisen mehrere Anbieter Bootstouren an.

Kuirau Park PARK

(Karte S. 306; 326; Ecke Ranolf & Pukuatua St) GRATIS Lust auf ein günstiges geothermisches Erlebnis? Im Westen des Stadtzentrums von Rotorua liegt der Kuirau Park, ein durch und durch vulkanisches Gebiet, das man kostenlos erkunden kann. Im Jahr 2003 begrub ein Vulkanausbruch den Großteil des Parks (einschließlich der Bäume) unter Schlamm, der dadurch zu einer neuen touristischen Attraktion mutierte. Heute befinden sich hier ein Kratersee, Tümpel mit kochendem Schlamm und jede Menge wabernder Dampfwolken. Aber Vorsicht: Die Tümpel sind wirklich kochend heiß – es hat hier schon schlimme Unfälle gegeben.

Government Gardens GÄRTEN

(Karte S. 306; Hinemaru St) GRATIS Die gepflegten Government Gardens (im englischen Stil) am Rotorua Museum sind ein richtiges Postkartenidyll. Jede Menge Rosen in vielen Farben, hier und da dampfende Thermalteiche und auch einige Annehmlichkeiten wie ein Krocket-Rasen und Bowling-Greens, das hochklassige Polynesian Spa und Ballbusters Golf sind hier zu finden.

Blue Baths BADEHAUS

(Karte S. 306; ☎07-350 2119; www.bluebaths.co.nz; Government Gardens; Erw./Kind/Fam.

11/6/30 NZ$; ⏲ April–Okt. 12–18 Uhr, Nov.–März 10–18 Uhr) Die prächtigen Blue Baths im spanischen Missionsstil wurden 1933 eröffnet, waren allerdings (erstaunlicherweise) im Zeitraum von 1982 bis 1999 geschlossen. Wer spontan Lust auf ein Bad verspürt, kann sich in den **beheizten Pool** stürzen und entspannen. Es lohnt sich, nach den gelegentlichen Dinner- und Cabaret-Shows zu fragen (ab 80 NZ$/Pers.).

Ohinemutu MAORI-DORF

(Karte S. 306) GRATIS Ohinemutu ist ein bezauberndes, wenn auch baufälliges Maori-Dorf am Seeufer. Man erreicht es über die Straßen Kiharoa, Haukotuku oder Korokai von der Lake St nördlich des Rotorua Hospital aus. Hier lässt sich die Verschmelzung von europäischer- und Maori-Kultur nachvollziehen. Zu den Highlights gehören das **Tama-te-kapua-Versammlungshaus** von 1905 (Ecke Kiharoa St und Mataiawhea St; Besucher dürfen es nur von außen besichtigen), jede Menge dampfender Vulkanschlote, und die historische Holzkirche **St. Faith's Anglican Church** (Karte S. 306; ☎ 07-348 2393; Ecke Mataiawhea St & Korokai St; Eintritt gegen Spende; ⏲ 8–18 Uhr, Gottesdienste So 9 & Mi 10 Uhr). Sie ist kunstvoll mit Maori-Schnitzereien, *tu kutuku* (geflochtenen Matten) und Buntglasfenstern geschmückt. Eines dieser Fenster zeigt Christus im Maori-Gewand, der über das Wasser des dahinter liegenden Lake Rotorua zu wandeln scheint. Beim Besuch des Dorfs sollte man sich respektvoll verhalten: Es ist privater Grund und Boden und die Einheimischen schätzen keine lauten, neugierigen Touristen, die umherstreifen und fotografieren.

Aktivitäten

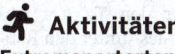

Extremsportarten

Rotorua Canopy Tours EXTREMSPORT

(Karte S. 322; ☎ 07-343 1001, 0800 226 679; www.canopytours.co.nz; 173 Old Taupo Rd; 3-stündige Touren pro Erw./Kind/Fam. 129/85/399 NZ$; ⏲ Okt.–April 8–20 Uhr, Mai–Sept. 8–18 Uhr) Nur zehn Minuten außerhalb der Stadt kann man sich in Gesellschaft vieler heimischer Vögel in einem 1,2 km langen Netz aus Hängebrücken, Seilrutschen und Plattformen 22 m über den üppigen Baumkronen bewegen (es heißt, die Rimu-Harzeibe sei 1000 Jahre alt!). Kostenloser Abholservice.

Agroventures EXTREMSPORT

(Karte S. 322; ☎ 07-357 4747, 0800 949 888; www.agroventures.co.nz; Western Rd, abseits der Paradise Valley Rd; Ngongotaha; 1/2/4/8 Fahrten 49/75/99/179 NZ$; ⏲ 9–17 Uhr) Agroventures ist ein Bienenstock voller Action – man findet den Anbieter 9 km nördlich von Rotorua am SH5 (Shuttleservice steht zur Verfügung).

Los geht's mit dem 43 m-**Bungee-Sprung** und dem **Swoop**. Die Schaukel, in der man 130 km/h erreicht, kann man sowohl alleine als auch mit Freunden genießen. Wem das noch nicht reicht, auf den wartet **Freefall Xtreme**, die Simulation eines Fallschirmsprungs, bei der man auf einer Luftsäule 3 m hoch in die Luft gepustet wird. Außerdem gibt es hier auch **Shweeb**, ein Monorail-System mit Pedalantrieb. In den herabhängenden durchsichtigen Kabinen erreichen die Besucher halb liegend mit Pedalkraft Geschwindigkeiten von bis zu 60 km/h. Nebenan rast bei **Agrojet** Neuseelands angeblich schnellstes Jetboot über einen 1 km langen Kurs.

Zorb EXTREMSPORT

(Karte S. 322; ☎ 07-357 5100, 0800 227 474; www.zorb.com; Ecke Western Rd & SH5, Ngongotaha; 1/2/3 Fahrten 45/70/90 NZ$; ⏲ 9–17 Uhr, Dez.–März 9–19 Uhr) Zorb liegt 9 km nördlich von Rotorua am SH5 – unschwer zu erkennen am Grashang, auf dem große, durchsichtige, mit Menschen besetzte Kugeln bergab rollen. Das ist keine Fata Morgana! Es gibt drei Kurse: 150 m geradeaus, 180 m im Zickzack oder 250 m freie Fahrt. Zwei Varianten sind möglich: Festgeschnallt und trocken oder in einer mit Wasser gefüllten Kugel.

Ogo EXTREMSPORT

(Karte S. 322; ☎ 07-343 7676, 0800 646 768; www.ogo.co.nz; 525 Ngongotaha Rd; Fahrten ab 45 NZ$; ⏲ 9–17 Uhr, Dez.–Feb. 9–18.30 Uhr) So ähnlich wie Zorb ist Ogo (etwa 5 km nördlich der Stadt), wo man in einer großen Blase mit oder ohne Wasser einen grasbewachsenen Hügel hinuntergleitet. Verrückt? Lustig? Beängstigend? Eine Mix aus allem!

The Wall KLETTERN

(Karte S. 306; ☎ 07-350 1400; www.thewall.co.nz; 1140 Hinemoa St; Erw./Kind inkl. Klettergurt 16/12 NZ$, Schuhverleih 5 NZ$; ⏲ Mo–Fr 12–22, Sa & So, 10–22 Uhr) The Wall bietet in einer Halle eine dreigeschossige Kletterwand mit vielen Überhängen.

Skyline Rotorua EXTREMSPORT

(Karte S. 322; ☎ 07-347 0027; www.skyline.co.nz; Fairy Springs Rd; Erw./Kind Gondel 25/12,50 NZ$, Rennrodel 3 Fahrten 42/32 NZ$, Himmelsschaukel 63/53 NZ$; ⏲ 9–23 Uhr) Die Gondel fährt auf

HINEMOA & TUTANEKAI

Hinemoa war eine junge Frau aus einem *hapu* (Unterstamm), der am Westufer des Lake Rotorua lebte. Der junge Tutanekai hingegen gehörte dem *hapu* von Mokoia Island an. Die beiden begegneten sich auf einem der regelmäßigen Stammestreffen und verliebten sich ineinander. Zwar waren beide edler Abstammung, aber Tutanekai war ein uneheliches Kind und eine Hochzeit darum unmöglich.

Zuhause auf Mokoia spielte der von Liebeskummer geplagte Tutanekai für seine Liebste auf der Flöte, und der Wind trug die Melodie über das Wasser. Hinemoa hörte seine Liebeserklärung, und die Mitglieder ihres Stammes banden nachts die Kanus fest, um sie davon abzuhalten, zu ihm zu fahren.

Tutanekais Musik war jedoch stärker, und so legte Hinemoa die Kleider ab und schwamm den langen Weg vom Ufer bis zur Insel. Als sie auf Mokoia ankam, befand sie sich in einem Dilemma: Sie hatte zum Schwimmen ihre Kleider zurückgelassen und konnte den Inselbewohnern nun doch nicht nackt entgegentreten! Sie sprang in einen heißen Tümpel, um in Ruhe über ihren nächsten Schritt nachzudenken.

Schließlich kam ein Mann, um aus der kühlen Quelle neben dem Tümpel Wasser zu schöpfen. Mit tiefer Männerstimme rief Hinemoa: „Wer ist da?" Der Mann antwortete, er sei Tutanekais Sklave und hole Wasser für ihn. Hinemoa ergriff die Kalebasse des Sklaven und zerschmetterte sie. Weitere Sklaven kamen und Hinemoa zerschmetterte auch deren Gefäße, bis zuletzt Tutanekai zum Tümpel kam und von dem Eindringling verlangte, dass er sich zu erkennen gäbe. Die Überraschung war groß, als dieser sich als Hinemoa entpuppte! Heimlich brachte er sie in seine Hütte.

Nachdem Tutanekai am nächsten Morgen verdächtig lange nicht aufstand, ließ ein Sklave verlauten, dass jemand in Tutanekais Bett sei. Man entdeckte die beiden Liebenden, und als bekannt wurde, welch übermenschliche Anstrengungen Hinemoa auf sich genommen hatte, um zu ihrem Geliebten zu kommen, wurde die Vereinigung der beiden schließlich doch noch ausgiebig gefeiert.

Die Nachkommen von Hinemoa und Tutanekai leben noch heute in der Gegend um Rotorua.

den Mt. Ngongotaha hinauf, der etwa 3 km nordwestlich der Stadt liegt. Von oben genießen Besucher einen schönen Blick auf den See und können im Anschluss mit einer Mischung aus Rodeln und Go-Kart-Fahren auf drei verschiedenen Pisten bergab sausen. Auf die wirklich Temposüchtigen wartet die sogenannte Himmelsschaukel: Sky Swing katapultiert seine kreischenden Passagiere mit bis zu 160 km/h durch die Luft. Auf dem Gipfel gibt es außerdem ein Restaurant, ein Café und Wanderwege.

Kawarau Jet JETBOOTFAHREN

(Karte S. 306; ☎07-343 7600, 0800 538 7746; www.kjetrotorua.co.nz; Seeufer; 30 Min. Erw./Kind 74/54 NZ$; ⌚9–18 Uhr) Beim Jetbootfahren mit Kawarau Jet nimmt man richtig Fahrt auf. Auch Gleitschirmflüge (30 Min. Tandem/Solo 80/115 NZ$) und Angelausflüge (ab 170 NZ$/Std.) sind möglich.

Mountainbiken

Am Rand der Stadt liegt der Redwoods Whakarewarewa Forest (S. 323) mit einigen der schönsten Mountainbikerouten des Landes. Das Wegenetz ist fast 100 km lang – genug, um Fahrer auf unterschiedlich schwierigen Strecken tagelang bei Laune zu halten. Aber Achtung: Nicht alle Wege im Wald sind für Radfahrer bestimmt, deshalb unbedingt die Hinweisschilder beachten. Im Besucherzentrum sind Streckenkarten erhältlich.

Außerdem gibt's hier den **Te Ara Ahi Trail** – eine der „Great Rides" unter den Radwegen des **New Zealand Cycle Trail** (www.nzcycletrail.com). Die Tour dauert zwei Tage und führt aus der Stadt über 66 km in südlicher Richtung zum **Wai-O-Tapu Thermal Wonderland** – und darüber hinaus.

Im Rotorua i-SITE erhält man die „Get On Your Bike"-Rotorua-Radtourenkarte mit vielen weiteren Informationen. Online gibt's zum Thema Radfahren und Mountainbiken Infos bei www.rotoruanz.com/visit/to-do.

Mountain Bike Rotorua FAHRRADVERLEIH

(Karte S. 322; ☎0800 682 768; www.mtbroto rua.co.nz; Waipa State Mill Rd; Mountainbikes 2 Std./Tag ab 35/45 NZ$, geführte Tour halber/ganzer Tag ab 130/275 NZ$; ⌚9–17 Uhr) Der Ausrüster verleiht Räder an der Zufahrt zum Parkplatz

Waipa Mill am Redwoods Whakarewarewa Forest, dem Ausgangspunkt für viele Radrouten. Es gibt außerdem ein Depot auf der anderen Seite des Waldes am Besucherzentrum. Wer mag, kann eine Strecke durch den Wald fahren und mit dem Shuttlebus zum Ausgangspunkt zurückkehren.

Planet Bike FAHRRADVERLEIH

(Karte S. 322; ☎ 027 280 2817; www.planetbike.co.nz; Waipa Bypass Rd; Mountainbikes 2 Std./Tag 35/60 NZ$) Fahrradverleih und geführte Touren (2 Std./halber Tag ab 75/115 NZ$) in den Redwoods Whakarewarewa Forest.

Bike Barn FAHRRADVERLEIH

(Karte S. 306; ☎ 07-347 1151; www.bikebarn.co.nz; 1275 Fenton St; Mountainbikes halber/ganzer Tag ab 45/60 NZ$; ⏲ Mo–Fr 8.30–17.30, Sa 9–16.30, So 10–16.30 Uhr) Fahrradverleih und -reparatur im Zentrum von Rotorua.

Wildwasser-Rafting, Sledging & Kajakfahren

Rund um Rotorua gibt es reichlich Areale für jegliche Arten von Kajakfahrten und Wildwassersport. Dazu zählt auch der **Kaituna River** mit Stromschnellen der Kategorie V und einer äußerst spektakulären, 7 m hohen Stufe an den Okere-Wasserfällen. Die meisten dieser Ausflüge dauern einen Tag. Einige Firmen steuern die weiter entfernten Flüsse **Rangitaiki River** (Kategorie III–VI) und **Wairoa River** (Kategorie V) an, die allerdings nur befahrbar sind, wenn an jedem zweiten Sonntag der Damm geöffnet wird. Sledging (falls es jemand noch nicht weiß) bedeutet, auf einem Bodyboard flussabwärts zu sausen. Die meisten Anbieter sorgen auch für den Transport.

River Rats RAFTING, KAJAKFAHREN

(☎ 07-345 6543, 0800 333 900; www.riverrats.co.nz) Im Angebot sind Rafting auf dem Wairoa (129 NZ$), Kaituna (105 NZ$) und Rangitaiki (139 NZ$); außerdem bietet der Veranstalter einen Ausflug auf dem unteren Rangitaiki (Kategorie II) an, der sich auch gut für Jugendliche eignet (Erw./Kind 139/110 NZ$). Kajaks können für Touren ohne Begleitung gebucht werden (halber/ganzer Tag 40/60 NZ$). Schließlich gibt's noch geführte Lake Rotoiti-Touren (4 Std., 110 NZ$).

Wet 'n' Wild RAFTING

(☎ 07-348 3191, 0800 462 7238; www.wetnwildrafting.co.nz) Veranstaltet Fahrten auf dem Kaituna (99 NZ$), Wairoa (110 NZ$) und Mokau (160 NZ$) sowie gemütlichere Ausflüg auf dem Rangitaiki (Erw./Kind 130/110 NZ$) und längere Touren zu abgelegenen Abschnitten von Motu und Mohaka (2–5 Tage, 650–1095 NZ$).

ROTORUA IN …

… zwei Tagen

Nach dem Frühstück im **Third Place Cafe** folgt ein Bummel durch den dunstigen **Kuirau Park** zurück in die Stadt. Der nächste Halt ist das fabelhafte Rotorua Museum, gefolgt von einem entspannenden Bad in den **Blue Baths**. Am Abend geht es zu einem *hangi* und einem Konzert ins **Tamaki Maori Village** oder ins **Mitai Maori Village**.

Der zweite Tag beginnt mit einer geführten Tour im **Whakarewarewa Thermal Village**; dort kann man zuschauen, wie der Geysir **Pohutu** in die Luft geht. Von dort ist es nicht weit zum **Redwoods Whakarewarewa Forest**, für dessen Erkundung mit dem Mountainbike man ruhig ein paar Stunden einplanen sollte. Noch mehr Waldabenteuer erwartet einen im Anschluss bei **Rotorua Canopy Tours** – oder man besucht die Falken im **Wingspan National Bird of Prey Centre**.

… vier Tagen

Von geothermischen Abenteuern kann man doch eigentlich nicht genug bekommen! Deshalb auf zu zwei weiteren Attraktionen im Süden: dem **Waimangu Volcanic Valley** und dem **Wai-O-Tapu Thermal Wonderland**. Die nahe gelegenen **Waikite Valley Thermal Pools** sind perfekt, um den Tag mit einem wohligen Bad ausklingen zu lassen.

Am letzten Tag geht es nach Südosten, um das **Buried Village** zu besichtigen, im **Lake Tarawera** zu baden oder einen langen Spaziergang auf einem der Wanderwege am nahen **Lake Okataina** zu unternehmen. Zurück in der Stadt bietet sich ein Streifzug durch die Restaurants und Bars der **Tutanekai Street** (auch bekannt als „Eat Street") an, wo bei **Brew** ein kaltes Bier als Lohn der Anstrengungen auf einen wartet.

Raftabout RAFTING, SLEDGING
(☎07-343 9500, 0800 723 822) Bietet Raftingtouren auf dem Kaituna (105 NZ$), Rangitaiki (139 NZ$) und Wairoa (129 NZ$) sowie Sledging auf dem Kaituna (119 NZ$) an.

Kaituna Cascades RAFTING, KAJAKFAHREN
(☎07-345 4199, 0800 524 8862; www.kaitunacascades.co.nz) Raftingabenteuer auf dem Kaituna (84 NZ$), Rangitaiki (118 NZ$) und Wairoa (108 NZ$), plus Möglichkeiten zu Kajak- und Kombi-Touren.

Go Wild Adventures KAJAKFAHREN
(☎07-533 2926; www.adventurekayaking.co.nz) Unternimmt Trips auf den Seen Rotorua, Rotoiti, Tarawera und Okataina (2 Std./halber/ganzer Tag ab 80/95/130 NZ$); außerdem verleiht der Anbieter Kajaks (Tag ab 50 NZ$).

Kaitiaki Adventures RAFTING, SLEDGING
(☎07-357 2236, 0800 338 736; www.kaitiaki.co.nz) Wildwasser-Raftingtrips auf dem Kaituna (95 NZ$), Wairoa (99 NZ$) und Rangitaiki (125 NZ$), plus Sledging auf dem Wairoa (299 NZ$) sowie auf einem Abschnitt des Kaituna (Kategorie III; 109 NZ$).

Kaituna Kayaks KAJAKFAHREN
(☎07-362 4486; www.kaitunakayaks.co.nz; Halbtagesfahrten ab 199 NZ$, Unterricht halber/ganzer Tag ab 199/299 NZ$) Geführte Tandemtouren und Kajakunterricht (für Gruppen billiger) auf dem Kaituna River.

Thermalbecken & Massage

Zu den Spa-/Pool-Anlagen in der Gegend zählen u.a. Hells Gate & Wai Ora Spa (S. 321), das 16 km nordöstlich von Rotorua liegt, und die Waikite Valley Thermal Pools (S. 325), die man etwa 35 km südlich von Rotorua findet.

Polynesian Spa WELLNESS, MASSAGE
(Karte S. 306; ☎07-348 1328; www.polynesianspa.co.nz; 1000 Hinemoa St; Becken nur für Erw. 25 NZ$, private Becken 30 Min. Erw./Kind ab 18/6,50 NZ$, Familienbecken Erw./Kind/Fam. 14,50/6,50/36 NZ$, Wellnessbehandlungen ab 85 NZ$; ⌚8–23 Uhr, Wellnessbehandlungen 10–19 Uhr) 1882 wurde an den Quellen der Government Gardens ein Badehaus eröffnet, seither schwören die Leute auf das Wasser hier. Es gibt Mineralbäder (36–42° C) in mehreren malerischen Becken am Rand des Sees, in Marmor gefasste terrassierte Pools und ein größeres Hauptbecken. Neben Luxusbehandlungen (Massage, Schlamm und Schönheitsbehandlungen) gibt es auch ein Café.

Wandern

Rund um Rotorua bieten sich viele Gelegenheiten, sich die Füße zu vertreten, besonders empfehlenswert sind die Tageswanderungen. Das Heft *Walks in the Rotorua Lakes Area* (2,50 NZ$), das im i-SITE ausliegt, beschreibt Stadtspaziergänge wie den beliebten Bummel am Seeufer entlang (20 Min.). Siehe auch www.doc.govt.nz.

Der **Eastern Okataina Walkway** (einfach 3 Std.) verläuft am Ostufer des Lake Okataina bis zum Lake Tarawera und führt am Soundshell, einem natürlichen Amphitheater, denÜberresten eines *pa* (Wehrdorf) und mehreren Badestellen vorbei. Der Western Okataina Walkway (einfach 5 Std.) verläuft auf der Westseite des Sees.

Der **Northern Tarawera Track** (einfach 3 Std.) ist die Fortsetzung des Eastern Okataina Walkway; beide zusammen lassen sich zu einer Zwei-Tages-Wanderung von Ruato oder Lake Okataina zum Lake Tarawera mit Zeltübernachtung bei Humphries Bay (kostenlose Zeltplätze) oder Tarawera Outlet (Zeltplätze pro Erw./Kind 6/3 NZ$) kombinieren. Von Tarawera Outlet kann man zu den 65 m hohen **Tarawera Falls** laufen (hin & zurück 4 Std.). Von Kawerau, einem düsteren Holzfällerort im Schatten des Putauaki (Mt. Edgecumbe) führt eine Forststraße zum Tarawera Outlet, sie zweigt von der Straße nach Whakatane ab; der Zugang kostet 5 NZ$, Passierscheine sind im **Besucherzentrum Kawerau** (☎07-323 6300; www.kawerauonline.com; Busbahnhof Plunkett St; ⌚Dez.–März 8–18 Uhr, April–Nov. 8–16 Uhr) erhältlich.

Die **Okere Falls** liegen etwa 21 km nordöstlich von Rotorua am SH33. Hier führt ein leichter Wanderweg (hin & zurück 30 Min.) an den 7 m hohen Wasserfällen (beliebtes Rafting-Revier) vorbei. Der Weg verläuft durch einen Wald aus heimischen Steineiben (Koniferen) und am Kaituna River entlang. Unterwegs gibt es bei Hinemoa's Steps einen Aussichtspunkt mit Blick auf den Fluss.

Gleich nördlich von Wai-O-Tapu am SH5 beginnt der **Rainbow Mountain Track** (einfach 1½ Std.). Die anstrengende Wanderung führt zu jenem Gipfel hinauf, den die Maori Maungakakaramea – Berg der gefärbten Erde – nennen. Die Aussicht von dort oben auf den Lake Taupo und den Tongariro National Park ist spektakulär.

Für einen kurzen Spaziergang eignen sich die **Hamurana Springs** (Karte S. 322) am nördlichen Ende von Lake Rotorua – für die Ngati-Rangiwewehi-Maori ein heiliger Platz – ein 1,5 km langer Rundweg führt an den kristallklaren Quellen entlang durch den Redwood Grove.

Am Mount Ngongotaha, etwa 10 km nordwestlich von Rotorua, gibt es mehrere schöne Wanderwege: Der leichte, 3,2 km lange **Nature Walk** windet sich durch den Wald, der steile **Jubilee Track** (hin & zurück 5 km) führt zum Gipfel, der aber leider keine Aussicht bietet. Siehe www.ngongotaha.org.

Angeln

Rund um Rotorua bieten sich viele gute Gelegenheiten, Forellen zu angeln. Man kann dafür einen Führer anheuern oder allein losziehen: In beiden Fällen braucht man aber einen Angelschein (Tag/halbe/ganze Saison 23/73/121 NZ$), der bei den **O'Keefe's Fishing Specialists** (Karte S. 306; ☎07-346 0178; www.okeefesfishing.co.nz; 1113 Eruera St; ⏲Mo–Fr 8.30–17, Sa 9–14, So 9–13 Uhr) erworben werden kann. Am Seeufer in Rotorua ist das Angeln mit Angelschein erlaubt, allerdings dürfen nicht alle Seen das ganze Jahr über befischt werden; Infos dazu gibt's bei O'Keefe's oder im i-SITE.

Trout Man ANGELN
(☎07-357 5255, 0800 876 881; www.waiteti.com; 2 Std./Tag ab 40/140 NZ$) Angeln lernen bei dem erfahrenen Angler Harvey Clark – erste Erfahrungen sammelt man in einigen Stunden oder aber bei mehrtägigen Trips.

Clark Gregor ANGELN
(☎07-347 1123; www.troutnz.co.nz; Std. 105 NZ$) Fliegenfischen und Angeln vom Boot aus.

Gordon Randle ANGELN
(☎07-349 2555; www.rotoruatrout.co.nz; Charter halber/ganzer Tag 370/750 NZ$) Es werden auch preisgünstige Stundensätze angeboten.

Reiten

Farmhouse REITEN
(Karte S. 322; ☎07-332 3771; www.thefarmhouse.co.nz; 55 Sunnex Rd, nahe Central Rd; 30/60/120 Min. 26/42/74 NZ$) Das Farmhouse nördlich des Lake Rotorua bietet seinen Gästen kurze Ausritte (Anfänger) und längere für erfahrene Reiter.

Golf

Ballbusters GOLF
(Karte S. 306; ☎07-348 9126; www.ballbusters.co.nz; Queens Dr, Government Gardens; ⏲7.30–20 Uhr) Ballbusters hat einen Neun-Loch-Golfkurs (Erw./Kind 18/12 NZ$), Minigolf (11/8 NZ$) und eine Übungsfläche (80 Bälle 11 NZ$). Ein 40 NZ$-Golf-Package umfasst Schläger, Greenfees, Bälle und Tees. Außerdem gibt es hier einen Schlagkäfig mit Ballwurfmaschine fürs Baseballtraining (Eimer mit Bällen 10 NZ$).

☞ Geführte Touren

Happy Ewe Tours FAHRRADFAHREN
(☎022 622 9252; www.happyewetours.com; Pro Pers. 35 NZ$; ⏲10–14 Uhr) Rauf auf den Sattel und ab geht's auf eine dreistündige Tour in kleinen Gruppen, bei der man an 20 Sehenswürdigkeiten Rotoruas vorbei durch die Stadt radelt. Die Strecke ist flach, das Tempo zurückgenommen, man muss körperlich also nicht besonders fit sein – denn schließlich befindet man sich ja im Urlaub und nicht auf der Flucht.

Foris Eco Tours RAFTING, WANDERN
(☎0800 367 471; www.foris.co.nz; Erw./Kind 169/99 NZ$) Der Tagesausflug beginnt mit einem einstündigen Spaziergang durch den alten Regenwald des Whirinaki Forest Park, bevor man sich anschließend auf einem Floß gemütlich über den Rangitaiki River treiben lässt. Ganztageswanderungen sind ebenfalls im Angebot, jeweils inklusive Mittagessen, Transfers und jeder Menge Tierbeobachtungsmöglichkeiten.

Rotorua Paddle Tours STEHPADDELN
(☎0800 787 768; www.rotoruapaddletours.co.nz; Touren ab 90 NZ$; ⏲10 & 15 Uhr) Lust, einmal stehend auf einem Brett übers Wasser zu paddeln, ohne sich dabei hohen Wellen aussetzen zu müssen? Rotorua Paddle Tours bietet dreistündige Fahrten auf dem Lake Rotoiti, dem Blue Lake und dem Lake Tarawera an, immer inmitten grenzenlos schöner Landschaften. Besondere Kenntnisse sind nicht erforderlich.

Geyser Link Shuttle BUSTOUR
(☎03-477 9083, 0800 304 333; www.travelheadfirst.com/local-legends/geyser-link-shuttle) Touren zu einigen der wichtigsten Sehenswürdigkeiten, einschließlich Wai-O-Tapu (halber Tag Erw./Kind 70/35 NZ$) und Waimangu Volcanic Valley (halber Tag 70/35 NZ$) oder beiden (ganzer Tag 120/60 NZ$). Es gibt auch die Möglichkeit, nur den Transfer zu buchen.

Rotorua Duck Tours TOUR
(☎07-345 6522; Erw./Kind/Fam. 68/38/175 NZ$; ⏲Touren Okt.–April 11, 13 & 15.30 Uhr, Mai–Sept. 11 & 14.15 Uhr) 90-Minuten-Trips in einem mit Biotreibstoff betriebenen Amphibienfahr-

zeug zu den wichtigsten Sehenswürdigkeiten der Stadt und den drei Seen Rotorua, Okareka und Tikitapu/Blue Lake. Auch längere Ausflüge auf dem Lake Tarawera stehen auf dem Programm.

Elite Adventures TOUR
(☎07-347 8282; www.eliteadventures.co.nz; Touren Erw./Kind halber Tag 145/100 NZ$, ganzer Tag 240/170 NZ$) Touren in Kleingruppen zu verschiedenen Kultur- und Naturattraktionen rund um Rotorua.

Thermal Land Shuttle BUSTOUR
(☎0800 894 287; www.thermalshuttle.co.nz; Touren Erw./Kind ab 33/65 NZ$) Tägliche Touren (morgens, nachmittags sowie nachts) zu einigen der wichtigsten Sehenswürdigkeiten, etwa Waimangu, Wai-O-Tapu, Te Puia und Rainbow Mountain. Man kann aber auch einfach nur den Transport dorthin buchen.

Mana Adventures BOOTSFAHRTEN, KAJAKFAHREN
(Karte S. 306; ☎07-348 4186, 0800 333 660; www.manaadventures.co.nz; Seeufer; ⏲9–17 Uhr) Direkt am See bietet Mana Adventures (wenn das Wetter es zulässt) Tretboote (20 Min. Erw./Kind 9/6 NZ$) und Kajaks (Std./halber Tag 50/75 NZ$) an. Auch im Angebot sind: einstündige Bootsfahrten auf dem See (Erw./Kind 55/39 NZ$), Fahrten zum Forellenangeln und Ausflüge nach Mokoia Island (Erw./Kind 95/75 NZ$, 3 Std.).

Volcanic Air Safaris RUNDFLÜGE
(Karte S. 306; ☎0800 800 848, 07-348 9984; www.volcanicair.co.nz; Lakefront; Ausflüge 95–915 NZ$) Diverse Flüge mit einem Wasserflugzeug oder einem Helikopter rund um den Mt. Tarawera und die ihn umgebenden geothermischen Stätten, darunter Hell's Gate, Buried Village und Waimangu Volcanic Valley. Ganz oben auf der Preisliste steht ein Ausflug (3¼ Std.) nach Whakaari bzw. zum Mt. Tarawera.

Helipro RUNDFLÜGE
(Karte S. 322; ☎0800 435 477, 07-357 2515; www.helipro.co.nz; Hemo Rd; Flüge 99–940 NZ$) Helipro bevölkert den Himmel über Rotorua mit kleinen roten Hubschraubern (8-minütiger Rundflug über die Stadt 99 NZ$). Die Flüge können auch bis zum Mt. Tarawera und bis Whakaari (White Island) ausgedehnt werden. Landungen an verschiedenen Orten kosten extra.

Lakeland Queen BOOTSFAHRT
(Karte S. 306; ☎07-348 0265, 0800 572 784; www.lakelandqueen.com; Seeufer) Der Raddampfer Lakeland Queen legt zu gemütlichen einstündigen Frühstücksfahrten (Erw./Kind 38/22,50 NZ$) und längeren Ausflügen (mit Mittagessen 55/22,50 NZ$; im Sommer Sa mit Abendessen für größere Gruppen 59/30 NZ$) auf dem Lake Rotorua ab.

Mokoia Island Wai Ora Experiences BOOTSFAHRT, KULTURELLE TOUR
(Karte S. 306; ☎07-349 0976; www.mokoiaisland.co.nz; Seeufer; Touren Erw./Kind 75/38 NZ$; ⏲9.30 & 14 Uhr) Der Anbieter verspricht ein 2½-stündiges, „ultimatives" Inselerlebnis auf Mokoia Island. Unterwegs können die Passagiere Wildtiere beobachten, sie bekommen Geschichten über die Insel zu hören und haben die Möglichkeit, die Zehen in das legendäre heiße Becken von Hinemoa zu tauchen. Es gibt eine Mindestteilnehmerzahl.

Schlafen

Rotorua verfügt über viele Campingplätze und eine sich ständig wandelnde Backpackerszene. Klassische Motels stehen dicht an dicht an der Fenton Street – bessere und interessantere Zimmer finden sich abseits der Hauptstraße.

★ **Funky Green Voyager** HOSTEL $
(Karte S. 306; ☎07-346 1754; www.funkygreenvoyager.co.nz; 4 Union St; B ab 25 NZ$, DZ mit/ohne Bad 68/59 NZ$; @📶) Grün ist hier das Motto – und zwar von innen und von außen (dank mehrerer Eimer Farbe und einer umweltfreundlichen Einstellung): Das schuhfreie Funky GV bietet eine entspannte Atmosphäre und jede Menge Geselligkeit unter den unternehmungslustigen Gästen. Die Besitzer kennen sich aus in der Welt und wissen, was Reisende sich so wünschen. Die besten Doppelzimmer haben eigene Bäder, die geräumigen Schlafsäle sind mit hochwertigen Matratzen und stabilen Holzbetten bestückt.

Rotorua Central Backpackers HOSTEL $
(Karte S. 306; ☎07-349 3285; www.rotoruacentralbackpackers.co.nz; 1076 Pukuatua St; B ab 25 NZ$, 2BZ & DZ 62 NZ$; @📶) Dieses Hostel wurde im Jahr 1936 erbaut; und einige historische Details wie dunkle Sockelleisten und Türrahmen aus Holz, tiefe Badewannen und Heizungen, die geothermisch betrieben werden, sind noch erhalten. Die Schlafsäle haben maximal sechs Betten (und keine Kojen), außerdem gibt's einen Wellness-Pool und einen Grill. Hier ist man richtig, wenn man nicht dringend auf Party aus ist.

Waiteti Trout Stream Holiday Park FERIENANLAGE $
(Karte S. 322; ☎ 0800 876 881, 07-357 5255; www.waiteti.com; 14 Okona Cres, Ngongotaha; Stellplätze 36 NZ$, B ab 25 NZ$, DZ Hütte/Motel ab 58/110 NZ$; @ 📶) Die gepflegte Anlage ist eine tolle Option für Leute, die die 8 km lange Fahrt in die Stadt nicht scheuen. Der Holiday Park liegt auf zwei Morgen Gartenland am Ufer eines forellenreichen Bachs und ist eine gemütliche Unterkunft mit schönen Moteleinheiten, kleinen Hütten, einer netten Blockhütte für Backpacker und schönen Zeltplätzen am Bach. Kajaks und Dinghies werden kostenlos verliehen, Unterrichtseinheiten im Fliegenfischen (ab 30 NZ$) sind hier ebenfalls buchbar. Und das alles ohne Schwefelgeruch!

Blarney's Rock HOSTEL $
(Karte S. 306; ☎ 07-343 7904; www.blarneysrock.com; 1210 Tutanekai St; B 20–27 NZ$, DZ 50–60 NZ$; @ 📶) Wer hier betrunkene Backpacker erwartet, die oberhalb eines Irish Pub Anekdoten aus ihrem Leben erzählen, wird enttäuscht sein. Das Blarney's ist eine ruhige, saubere und komfortable Unterkunft mit einem Manager, der auch hier wohnt und dafür sorgt, dass die Party im Untergeschoss bleibt. Klein, heimelig, mit sonniger Terrasse, kostenlosem WLAN (und, ebenfalls gratis, zweimal wöchentlich Apfelkuchen) sowie – an kühlen Abenden – Wärmflaschen fürs Bett.

Rotorua YHA HOSTEL $
(Karte S. 306; ☎ 07-349 4088; www.yha.co.nz; 1278 Haupapa St; B 26–35 NZ$, DZ mit/ohne Bad 90/70 NZ$; @ 📶) Hell und blitzblank präsentiert sich dieses zweckmäßige Hostel. Besonders Leute, die Outdooraktivitäten im Sinn haben, sind hier gut aufgehoben: Die Mitarbeiter reißen sich geradezu darum, beim Buchen von Ausflügen behilflich zu sein. Dazu kommen Unterstellmöglichkeiten für Fahrräder und Kajaks. Die teureren Zimmer haben ein eigenes Bad, außerdem gibt es einen Grillbereich und eine Terrasse zum Entspannen. Ein weiterer Bonus sind die hauseigenen Parkplätze.

Crash Palace HOSTEL $
(Karte S. 306; ☎ 0800 892 727, 07-348 8842; www.crashpalace.co.nz; 1271 Hinemaru St; B/EZ/DZ/FZ ab 22/45/65/95 NZ$; @ 📶) Das Crash hat sich in einem großen, senffarbenen Hotel aus den 1930er-Jahren unweit der Government Gardens eingerichtet. Die Atmosphäre hält die Balance zwischen Party und Grabesstille, ohne zu sehr nach einer Seite zu kippen. Die schönsten Zimmer haben Dielen, an den Wänden hängt viel Kunst. In der Lobby gibt's einen Billardtisch und ein DJ-Pult, und nach hinten raus auch eine schöne Terrasse. Die Zahl der Parkplätze ist begrenzt.

Astray MOTEL, HOSTEL $
(Karte S. 306; ☎ 0800 481 200, 07-348 1200; www.astray.co.nz; 1202 Pukuatua St; B/EZ/DZ ab 24/40/60 NZ$, FZ 95–150 NZ$; @ 📶) Selbst wenn man ein Riese ist, das Astray – ein „Mikro-Motel" wie man es wahrscheinlich mehr in Tokio erwarten würde als in Rotorua – passt! Sauber, ordentlich, ruhig, freundlich und zentral gelegen. Eine Unmenge an Platz sollte man allerdings nicht erwarten. Kostenloses WLAN ist ein Bonus.

Rotorua Thermal Holiday Park FERIENANLAGE $
(Karte S. 322; ☎ 07-346 3140; www.rotoruathermal.co.nz; 463 Old Taupo Rd; Stellplätze ab 32 NZ$, DZ Hütten/Wohneinheiten ab 51/98 NZ$; @ 📶 🏊) Die superfreundliche Ferienanlage am Stadtrand schwimmt voll auf der Freizeitwelle mit. Grillplätze, Spielplatz, jede Menge Zeltplätze sowie ein Laden und ein Café erwarten den Traveller. Die Rasenflächen bieten reichlich Platz für Bewegung, außerdem gibt's heiße Mineralbecken, um den Tag im Wasser ausklingen zu lassen. Mit Fahrradverleih.

Rock Solid Backpackers HOSTEL $
(Karte S. 306; ☎ 07-282 2053; www.rocksolidrotorua.co.nz; 1140 Hinemoa St; B 19–25 NZ$, DZ & 2BZ 58 NZ$; @ 📶) Das Rock Solid ist in einer ehemaligen Einkaufspassage untergebracht – man nächtigt also möglicherweise in einem ehemaligen Blumen- oder Feinkostladen. Die Schlafsäle über der Straße sind sonnig, und es gibt eine große, helle Küche. Im Untergeschoss warten eine Kletterwand sowie das Programmkino Basement Cinema. Kostenloses WLAN und Billardtisch.

Rotorua Top 10 Holiday Park FERIENANLAGE $
(Karte S. 322; ☎ 0800 223 267, 07-348 1886; www.rotoruatop10.co.nz; 1495 Pukuatua St; Stellplätze ab 38 NZ$, DZ Hütte/Motel ab 80/125 NZ$; @ 📶 🏊) Die kleine, aber perfekt gestaltete Ferienanlage, die sich kontinuierlich um Verbesserungen bemüht, hat in letzter Zeit einen neuen Spielplatz, Sanitärblocks und heiße Mineralbecken hinzubekommen. Die Hütten sind in gutem Zustand und haben kleine Kühlschränke und eine Mikrowelle. Auf dem Platz gibt es viele Sträucher und Picknicktische.

Kiwi Paka HOSTEL $
(Karte S. 322; ☎ 07-347 0931; www.kiwipaka.co.nz; 60 Tarewa Rd; Stellplätze ab 15 NZ$, B/EZ/DZ 29/60/64 NZ$, Chalets mit Bad DZ/3BZ/4BZ 87/107/147 NZ$;) Die weitläufige Anlage liegt nur einen zehnminütigen Spaziergang durch den Kuirau Park vom Stadtzentrum entfernt. Die Atmosphäre ähnelt ein bisschen der eines Landschulheims. Bei den Unterkünften reicht die Auswahl von Zeltplätzen über schlichte Schlafsäle und Hüttenzimmer bis hin zu zweigeschossigen, holzverkleideten Chalets. Auf dem Gelände gibt's zudem drei Küchen, ein Café und eine Bar.

Base Rotorua HOSTEL $
(Karte S. 306; ☎ 0800 227 369, 07-348 8636; www.stayatbase.co.nz; 1286 Arawa St; B/EZ/DZ ab 25/70/70 NZ$;) Das riesige Hostel, das zur Base-Kette gehört, ist besonders beim Partyvolk unter den Backpackern angesagt, die die Lava Bar (billiges Essen, Toga-Partys, Wet-T-Shirt-Wettbewerbe usw.) lieben. In den Schlafsälen kann es eng werden (bis zu 12 Betten), aber Extras wie die reinen Mädchenzimmer, die Doppelzimmer mit Bad, der große, beheizte Pool im Freien und die Parkplätze für Wohnmobile (pro Pers. 9 NZ$) machen das wett.

Tuscany Villas MOTEL $$
(Karte S. 322; ☎ 0800 802 050, 07-348 3500; www.tuscanyvillasrotorua.co.nz; 280 Fenton St; DZ ab 145 NZ$;) Mit seiner italienisch angehauchten Bauweise und den spitzen Koniferen hebt sich dieses Motel in Familienbesitz von den anderen an der Fenton St auffallend ab. Die Unterkunft passt perfekt für Geschäftsreisende wie für Urlauber, die die großzügige Möblierung, die zahlreichen Fernseher, DVD-Player und die Whirlpools zu schätzen wissen. Kostenloses WLAN.

Six on Union MOTEL $$
(Karte S. 306; ☎ 0800 100 062, 07-347 8062; www.sixonunion.co.nz; 6 Union St; B/FZ ab 105/145 NZ$;) Die schlichte Anlage ist eine erschwingliche Unterkunft mit Pool, Wellnessbereich und Küchenzeilen in allen Wohneinheiten. Die Zimmer sind funktional eingerichtet, die Besitzer (aus Yorkshire) halten die Schwimmbecken in gutem Zustand. Das Haus liegt abseits des Verkehrslärms, aber nur einen kleinen Spaziergang vom Stadtzentrum entfernt.

Sandi's Bed & Breakfast B&B $$
(Karte S. 322; ☎ 07-348 0884, 0800 726 3422; www.sandisbedandbreakfast.co.nz; 103 Fairy Springs Rd; EZ/DZ/FZ inkl. Frühstück 85/130/160 NZ$;) Das freundliche Familien-B&B wird von der gut gelaunten Sandi geführt, die mit einem allgegenwärtigen Lächeln Urlaubern Tipps gibt. Die besten Optionen sind die beiden Chalets mit TV und viel Platz. Das Haus steht an einer belebten Straße einige Kilometer nördlich der Stadt.

Victoria Lodge MOTEL $$
(Karte S. 306; ☎ 0800 100 039, 07-348 4039; www.victorialodge.co.nz; 10 Victoria St; DZ/Apt. ab 115/160 NZ$;) Das freundliche Vic hat schon viele Mitbewerber kommen und gehen sehen und dabei seine Position am Markt behauptet. Das Geheimnis liegt möglicherweise in der individuellen Einrichtung der Zimmer. Die Studios mit ihren thermisch beheizten Tauchbecken sind besonders attraktiv. In die voll ausgestatteten, frisch gestrichenen Apartments können sich bis zu sieben Leute quetschen, gemütlicher ist's aber mit nur vier Personen.

Ann's Volcanic Motel MOTEL $$
(Karte S. 322; ☎ 0800 768 683, 07-347 1007; www.rotoruamotel.co.nz; 107 Malfroy Rd; DZ/1-Zi.-/2-Zi.-Apt. ab 95/129/209 NZ$;) Das Ann's ist ein erschwingliches Motel mit familiärem Charme und einer unerschütterlich freundlichen Gastgeberin. Sie hat haufenweise Tipps auf Lager und erklärt geduldig, was es rund um Rotorua zu sehen und zu tun gibt. Zu den größeren Zimmern gehören Whirlpools im Freien und Einrichtungen für Reisende mit Behinderung; nebenan steht ein Haus für größere Gruppen (für bis zu 9 Pers.). Die Zimmer an der Straße können ein bisschen laut sein.

★ **Regent of Rotorua** BOUTIQUEHOTEL $$$
(Karte S. 306; ☎ 0508 734 368, 07-348 4079; www.regentrotorua.co.nz; 1191 Pukaki St; DZ/Suite ab 169/239 NZ$;) Wow! Es wurde wirklich Zeit für eine solch stilvolle Schlummerstätte in Rotorua: Das Regent, ein renoviertes Motel aus den 1960er-Jahren, erfüllt nun diesen Wunsch. „Die 60er-Jahre waren eine tolle Zeit zum Reisen", sagen die Besitzer. Das spiegelt sich auch in der Einrichtung mit Schwarz-Weiß-Tönen, verrückten Spiegeln, Retro-Tapeten und verschiedensten Farb-Akzenten wider. Zum Hotel gehören ein Pool und ein Restaurant. Die Restaurants an der Tutanekai Street liegen nur einen Katzensprung entfernt. Nebenan gibt's einen neuen Flügel mit weiteren Zimmern. Großartiges Preis-Leistungs-Verhältnis.

Millennium Hotel HOTEL $$$
(Karte S. 306; ☎07-347 1234; www.millenniumrotorua.co.nz; Ecke Eruera & Hinemaru St; DZ ab 200 NZ$;) Die von der Bauweise der Maori inspirierte Hochglanz-Lobby ist das Kernstück des eleganten fünfstöckigen Motels. Die Zimmer am Seeufer bieten eine tolle Aussicht – und ebenso die Club-Lounge, die bei Geschäftsleuten und dem internationalen Publikum hoch im Kurs steht. Der *hangi* am Pool ist fantastisch; und das gilt auch für das hauseigene Restaurant Nikau. Wer im Voraus bucht, bekommt bessere Konditionen.

Essen

Am See-Ende der Tutanekai Street – auch bekannt als **Eat Street** – findet sich eine Reihe guter Restaurants, und auch im übrigen Stadtgebiet gibt's viele Lokale.

Mistress of Cakes BÄCKEREI $
(Karte S. 306; www.mistressofcakes.co.nz; 1224 Eruera St; Stück 4–8 NZ$; Mo–Fr 7.30–14.30 Uhr) „Essen wie bei Muttern" lautet das Motto hier. Aber wessen Mutter (bei aller gebührender Hochachtung!) kriegt schon eine derart fantastische Zitronen-Passionsfrucht-Meringue hin wie die, die die Mistress serviert? Fabelhafte Muffins, Kekse, Scones und Quiches gibt's außerdem, alles hausgemacht und mit Zutaten aus der Region.

Fish & Chip Shop FISH & CHIPS $
(Karte S. 306; ☎07-343 7400; 47 Lake Rd; Hauptgerichte 5–15 NZ$; Mo–Do 11–20, Fr–So 11–20.30 Uhr) In diesem himmelblauen Lädchen in der Nähe von Ohinemutu kriegt man genau das, was man erwartet: erstklassige Fish & Chips zum Mitnehmen.

Weilin's Noodle House NUDELN, CHINESISCH $
(Karte S. 306; ☎07-343 9998; 1148 Tutanekai St; Hauptgerichte 9–25 NZ$; Mi–Mo 12–15 & 17–21 Uhr) Der kleine, aber feine Laden serviert traditionelle (und erfreulich wenig fettige, salzige, schwere) chinesische Klöße und Unmengen an Nudeln in Suppen und Pfannengerichten (auch zum Mitnehmen). Die Nudeln mit würzigem Schweinefleisch und Erdnüssen sollte man unbedingt probieren.

Pak 'n Save SUPERMARKT $
(Karte S. 306; www.paknsave.co.nz; Ecke Fenton St & Amohau St; 7.30–22 Uhr) Am Rande der Innenstadt.

★ **Third Place Cafe** CAFÉ $$
(Karte S. 306; ☎07-349 4852; www.thirdplacecafe.co.nz; 36 Lake Rd; Hauptgerichte 12–18 NZ$; Mo–Fr 8–16, Sa 8–15 Uhr) Das Third Place ist ein wirklich interessantes Café abseits des Rummels und gleichzeitig eines der besten vor Ort. Das ganztägig bestellbare Frühstück (Brunch) passt großartig zwischen Hähnchen-Jambalaya, Fish & Chips und das fantastische „Mumble Jumble" aus pürierter Kumara (Süßkartoffel), grünen Tomaten und würziger Chorizo, garniert mit Speck, pochiertem Ei und Sauce Hollandaise. Die Gäste können sich auf ein rotes Ledersofa plumpsen lassen oder auf einen Fensterplatz mit Blick auf Ohinemutu hoffen.

Abracadabra Cafe Bar ARABISCH/MEXIKANISCH, CAFÉ $$
(Karte S. 306; ☎07-348 3883; www.abracadabracafe.com; 1363 Amohia St; Hauptgerichte 19–30 NZ$; Di–Fr 8.30–23, Sa 9–23, So 9–15 Uhr) Im Stil irgendwo zwischen Mexiko und Marokko angesiedelt, ist das Abracadabra eine wundersame Höhle würziger Köstlichkeiten: von Rind-und-Aprikosen-Tajine, Königsgarnelen-Fajitas bis hin zum Tijuana-Schweinefleisch-Chili. Mit einer Tour durch die Tequila-Karte kann man sich hier seinen ganz eigenen „Tag der Toten" (nämlich den Tag danach) heraufbeschwören. Die schöne Terrasse lädt zu einem Bier unter freiem Himmel.

Sabroso LATEINAMERIKANISCH $$
(Karte S. 306; ☎07-349 0591; www.sabroso.co.nz; 1184 Haupapa St; Hauptgerichte 18–29 NZ$; Do–Mo 17–21 Uhr) Was für eine Überraschung! Die bescheidene lateinamerikanische Cantina – geschmückt mit Sombreros, Gitarren, Jutetischdecken und Salz-und-Pfeffer-Streuern, die aus Corona-Flaschen gemacht sind – bringt abenteuerliche Gerichte aus Mittelamerika auf den Tisch, die den Kiwi-Gaumen gewürztechnisch aufmischen. Das Chili mit schwarzen Bohnen ist hervorragend (und ebenso die Margaritas).

Lime Caffeteria CAFÉ $$
(Karte S. 306; ☎07-350 2033; Ecke Fenton & Whakaue St; Hauptgerichte 13–24 NZ$; 7.30–16.30 Uhr;) Dieses Café liegt in einer ruhigen Ecke in der Nähe des Sees und bietet Frühstück im Freien sowie Gerichte mit dem gewissen Etwas an: Einen Versuch wert sind der Salat mit Hähnchen und Chorizo oder das Garnelen-Lachs-Risotto mit Limettensauce. Außerdem gibt es klassische Theken-Snacks und ausgezeichneten Kaffee. „So ein gutes Mittagessen habe ich schon ewig nicht mehr genossen", sagte uns ein zufriedener Gast.

Indian Star INDISCH $$
(Karte S. 306; ☎ 07-343 6222; www.indianstar.co.nz; 1118 Tutanekai St; Hauptgerichte 14–22 NZ$; ⌚ 11–14 Uhr & 17 Uhr–open end; ✎) In der Stadt gibt es mehrere indische Lokale – dieses hier sticht jedoch mit makellosem Service und fantastischen Zubereitungsvarianten indischer Klassiker hervor. Die Portionen sind ansehnlich, und es gibt eine gute Auswahl vegetarischer Gerichte (wie wäre es beispielsweise mit dem Kichererbsen-Masala?). Für abendliche Besuche sollte man vorher reservieren.

Leonardo's ITALIENISCH $$
(Karte S. 306; ☎ 07-347 7084; www.leonardospureitalian.nznic.biz; 1176 Pukaki St; Hauptgerichte 22–32,50 NZ$; ⌚ Mo–Do 17–22, Fr–So 11.30–14 & 17–22 Uhr) In der Nähe des Sees, hinter einer schlichten Ladenfront, packt das Leonardo's die gesammelten Werke klassisch-kitschiger Marketingklischees à la „so wie Mama das immer gemacht hat" aus, nur um dann aus der Küche Dinge auf den Tisch zu bringen, die mit Kitsch rein gar nichts zu tun haben, sondern einfach nur lecker sind. Als da wären: Die einfachen, aber perfekten Gnocchi mit Tomaten, Mozzarella und Pesto, oder Capellini mit Muscheln und Sardellen.

Capers Epicurean CAFÉ, FEINKOST $$
(Karte S. 306; ☎ 07-348 8818; www.capers.co.nz; 1181 Eruera St; Frühstück & Mittagessen 7–23 NZ$, Abendessen 27–32 NZ$; ⌚ 7.30–21 Uhr; ✎) Dieser schicke, scheunenartige Feinkostladen ist immer voller Gäste. Sie kommen vor allem wegen der köstlichen Gourmet-Sandwichs, Pasteten, Salate und Kuchen in den Vitrinen und dem ausgezeichneten wechselnden Angebot an Frühstückvariationen sowie anderen leckeren warmen Speisen (empfehlenswert ist beispielsweise der Schweinebauch mit Kürbisknödeln). Außerdem gibt's eine Feinkostabteilung mit Olivenölen, Marinaden, Relish, Marmeladen und Schokoladen.

Urbano Bistro MODERN-NEUSEELÄNDISCH, CAFÉ $$
(Karte S. 322; ☎ 07-349 3770; www.urbanobistro.co.nz; Ecke Fenton & Grey Sts; Frühstück & Mittagessen 14–21 NZ$, Abendessen 24–43 NZ$; ⌚ Mo–Sa 9–23, So 9–15 Uhr) Das Vorstadtcafé mit seinem Riesenschachbrettboden und der auffälligen Tapete ist ein kühner Wurf von angesehenen lokalen Restaurateuren. Zu essen gibt es einige der köstlichsten Gerichte der Stadt (zu empfehlen ist das Rindfleischcurry mit Ananas und Kumara), die alle aromatisch und gut zubereitet werden. Dazu gibt es gute Weine und einen bemerkenswert guten Service.

Fat Dog Cafe & Bar CAFÉ $$
(Karte S. 306; ☎ 07-347 7586; 1161 Arawa St; Frühstück & Mittagessen 12–23 NZ$, Abendessen 28–30 NZ$; ⌚ 7–21 Uhr; ✎) An die Wände sind Pfotenabdrücke und alberne Verse gemalt – so wird man im muntersten und kinderfreundlichsten Café der Stadt empfangen. Tagsüber kommen Burger (unbedingt einmal die Version Dogs Bollox probieren!), Nachos, Salate und Sandwichs auf den Tisch; abends gibt's schmackhaftes Lamm und Wild bei Kerzenschein.

Bistro 1284 MODERN-NEUSEELÄNDISCH $$$
(Karte S. 306; ☎ 07-346 1284; www.bistro1284.co.nz; 1284 Eruera St; Hauptgerichte 35–39 NZ$; ⌚ 17 Uhr–open end) Das intime Lokal (farblich dominieren Schokoladen- und Graubraun) ist zweifellos eines der angesagtesten Lokale in RotoVegas. Auf den Tisch kommen asiatisch beeinflusste, geschmackvolle Kiwi-Gerichte. Das Lamm ist immer gut; es empfiehlt sich außerdem, ein bisschen Platz für eins der köstlichen Desserts als krönenden Abschluss zu lassen.

Ausgehen & Unterhaltung

Brew BAR, BRAUEREI
(Karte S. 306; www.brewpub.co.nz; 1103 Tutanekai St; ⌚ Mo–Do 16 Uhr–open end, Fr 12 Uhr–open end, Sa & So 11 Uhr–open end) Die Jungs von Croucher Brewing Co, der besten Hausbrauerei von Rotorua, betreiben das Brew, das an einem sonnigen Fleckchen auf Rotoruas Hauptfressmeile liegt. Gäste haben die Qual der Wahl zwischen einem Pint hellem Bier, aromatischem Hopfenbitter oder malzigem Pilsener und fragen sich danach wahrscheinlich, wie sie morgen wieder aus dem Bett kommen sollen. Es gibt auch guten Kaffee und leckere Pizza. Freitags legen DJs auf und donnerstags ist der Tag des offenen Mikros.

Pig & Whistle PUB, BRAUEREI
(Karte S. 306; www.pigandwhistle.co.nz; Ecke Haupapa & Tutanekai St; ⌚ 11 Uhr–open end) Die lebhafte Hausbrauerei ist in einer ehemaligen Polizeiwache untergebracht und bietet Swine Lager, Großbild-TV, einen gemütlichen Biergarten und von Donnerstag bis Samstag auch Livemusik. Außerdem gibt es hier einfaches, aber sehr gutes Essen (Hauptgerichte 19–32 NZ$). Die Speisekar-

NICHT VERSÄUMEN

MAORI-KONZERTE & HANGI

Die Maori-Kultur wird in Rotorua großgeschrieben und trotz aller Kommerzialisierung bietet sich hier eine tolle Gelegenheit, etwas über Neuseelands indigene Bevölkerung zu erfahren. Die beiden Hauptaktivitäten sind Konzerte und Hangi-Festessen, die oft zu einem Abendprogramm zusammengefasst werden, bei dem auch das berühmte *hongi* (Maori-Begrüßung, bei der die Menschen Stirn und Nase aneinanderdrücken und so den Lebensatem teilen) sowie die Tänze *haka* und *poi* vorgeführt werden.

Etabliert und sehr beliebt ist das **Tamaki Maori Village** (Karte S. 306; ☎07-349 2999; www.maoriculture.co.nz; Buchungsbüro 1220 Hinemaru St; Erw./Kind/Fam. 110/20–60/250 NZ$; ⏲geführte Touren Nov.–April 17, 18.15 & 19.30 Uhr, Mai–Okt. 18.15 Uhr). Ganz ausgezeichnet ist die Tour in der Abenddämmerung zu einem *marae* (Versammlungshaus) und Maori-Dorf 15 km südlich von Rotorua. Busse sammeln die Gäste am Buchungsbüro an der Hinemaru St und den örtlichen Unterkünften ein. Vor Ort geht es auf eine interaktive Reise durch Geschichte, Künste, Traditionen und Gebräuche der Maori von der voreuropäischen Zeit bis zur Gegenwart. Auf ein Konzert folgt ein eindrucksvolles *hangi*.

Das familiengeführte **Mitai Maori Village** (Karte S. 322; ☎07-343 9132; www.mitai.co.nz; 196 Fairy Springs Rd; Erw./Kind/Fam. 111/21,50–55/290 NZ$; ⏲18.30 Uhr) bietet eine dreistündige Abendveranstaltung mit Konzert, *hangi* und Glühwürmchenwanderung durch den Busch. Das Programm lässt sich auch mit einer geführten Tour (Erw./Kind 150/75 NZ$) des **Hells Gate Thermal Reserve** (S. 321) oder einer ins (126/67 NZ$) **Ohinemutu Maori Village** (S. 309) kombinieren. Eine Abholung der Teilnehmer ist möglich.

Te Puia (S. 306) und das Whakarewarewa Thermal Village (S. 307) veranstalten ebenfalls Shows, viele der großen Hotels bieten Maori-Konzerte und *hangi* an, die zwar in Sachen Atmosphäre nicht so ganz mithalten können, aber eine bequeme Alternative darstellen. Zu den Hauptveranstaltungsorten zählen:

Copthorne Hotel Rotorua (Karte. S. 322; ☎07-348 0199; www.millenniumhotels.co.nz; 328 Fenton St; Konzert Erw./Kind 25/15 NZ$, inkl. hangi 55/25,25 NZ$)

Holiday Inn Rotorua (Karte S. 322; ☎0800 476 488, 07-348 1189; www.holidayinnrotorua.co.nz/cultural-show.php; Ecke Froude St & Tryon St; Konzerte & hangi Erw./Kind 69/34,50 NZ$)

Millennium Hotel Rotorua (Karte S. 306; ☎07-347 1234; www.millenniumrotorua.co.nz; Ecke Eruera St & Hinemaru St; Konzerte Erw./Kind 30/15 NZ$, inkl. hangi 70/35 NZ$)

Novotel Rotorua (Karte S. 306; ☎07-346 3888; www.novotelrotorua.co.nz; 11 Tutanekai St; Konzerte Erw./Kind 39/18 NZ$, inkl. hangi 69/19 NZ$)

te umfasst die ganze Skala von knusprigem Schweinebauch-Salat über Burger bis hin zu vegetarischen Nachos.

Belgian Bar BAR, LIVEMUSIK
(Karte S. 306; www.facebook.com/pages/belgian-bar/137762819598058; 1151 Arawa St; ⏲Di–Fr 16 Uhr–open end, Sa & So 14 Uhr–open end) Für Liebhaber von Livemusik und gutem Bier die beste Adresse der Stadt. Regelmäßige Blues- und Akustik-Acts („Clapton ist Gott" lautet ein Grafitto hinter der Bühne) untermalen das Gemurmel der Gäste, die hier ein halbes Dutzend europäischer Biere vom Fass sowie 42 Flaschenbiere probieren können. Hinter dem Haus ist eine Gartenbar.

Pheasant Plucker PUB, LIVEMUSIK
(Karte S. 326; www.thepheasantplucker.co.nz; 1153 Arawa St) Das nette Pheasant ist immer für ein ordentliches Pint gut. Ausgeschenkt werden lokale und britische Biersorten; dazu gibt es Kneipenessen sowie Open-Mic-Sessions, Blues, Rock, Roots und Singer-Songwriter-Auftritte.

Basement Cinema KINO
(Karte S. 306; ☎07-350 1400; www.basementcinema.co.nz; 1140 Hinemoa St; Tickets 14,50 NZ$; Mo–Fr 12–22, Sa & So 10–22 Uhr) Das Basement liegt im selben Gebäudekomplex wie die Kletterwand The Wall. Das Programmkino zeigt immer wieder auch fremdsprachige Filme.

Shoppen

Südlich der Stadt bieten Te Puia und Whakarewarewa Thermal Village eine ausgezeichnete Auswahl an echten Maori-Arbeiten.

Rotorua Night Market MARKT
(Karte S. 306; www.rotoruanightmarket.co.nz; Tutanekai St; ⌚Do ab 17 Uhr) Am Donnerstagabend wird die Tutanekai St zwischen Haupapa und Pukuatua St gesperrt, damit der Nachtmarkt von Rotorua ausreichend Platz zur Verfügung hat. Die Besucher finden hier lokal produziertes Kunsthandwerk, Souvenirs, kitschige Straßenmusiker, Kaffee, Wein und eine ganze Menge Imbiss-Stände mit leckerem Essen.

Mountain Jade KUNSTHANDWERK, SCHMUCK
(Karte S. 306; www.mountainjade.co.nz; 1288 Fenton St; ⌚9–18 Uhr) Hier gibt's hochwertigen, handgearbeiteten Jadeschmuck und Schnitzereien. Durch ein Fenster an der Straßenseite kann man den Schnitzern bei der Arbeit zusehen.

Out of New Zealand KUNSTHANDWERK, SCHMUCK
(Karte S. 306; 1189 Fenton St; ⌚10–18 Uhr, Dez.–März 10–21 Uhr) Der Laden verkauft in Neuseeland hergestelltes Kunsthandwerk und allerhand Kleinigkeiten, darunter beispielsweise Schnitzereien, Keramik und Schmuck – alles erschwingliche, gut zu verstauende Souvenirs.

ℹ Praktische Informationen

Es gibt viele Geldautomaten überall in der Stadt. Die meisten Banken tauschen auch Fremdwährungen.

Lakes Care Medical (☎07-348 1000; 1165 Tutanekai St; ⌚8–22 Uhr) Medizinische Notfallversorgung.

Polizei (☎111, ohne Notfall 07-349 9400; 1190 Fenton St; ⌚24 Std.)

Post (Karte S. 306; Ecke Tutanekai St & Pukuatua St; ⌚Mo–Fr 8–17.30, Sa 9–13 Uhr)

Rotorua Hospital (☎07-348 1199; www.lakesdhb.govt.nz; Arawa St; ⌚24 Std.) Medizinische Versorgung rund um die Uhr.

Rotorua i-SITE (Karte S. 306; ☎0800 768 678, 07-348 5179; www.rotoruanz.com; 1167 Fenton St; ⌚Sept.–Mai 7.30–19 Uhr, Juni–Aug. kürzere Öffnungszeiten) Die zentrale Anlaufstelle für Reiseinfos des Department of Conservation (DOC) sowie für Buchungen einschließlich Wanderungen hat auch eine Wechselstube, ein Café, Duschen und Schließfächer.

ℹ An- & Weiterreise

BUS

Alle größeren Busunternehmen halten vor dem Rotorua i-SITE; dort kann man auch Tickets buchen.

InterCity-Busse fahren u. a. zu folgenden Zielen:

REISEZIEL	FAHRPREIS	FAHRZEIT	HÄUFIGKEIT
Auckland	55 NZ$	3½ Std.	7-mal tgl.
Gisborne	64 NZ$	4½ Std.	1-mal tgl.
Hamilton	40 NZ$	1½ Std.	5-mal tgl.
Napier	60 NZ$	4 Std.	1-mal tgl.
Taupo	32 NZ$	1 Std.	4-mal tgl.
Tauranga	25 NZ$	1½ Std.	2-mal tgl.
Wellington	65 NZ$	7 Std.	5-mal tgl.
Whakatane	35 NZ$	1½ Std.	1-mal tgl.

Naked Bus bedient die folgenden Ziele:

REISEZIEL	FAHRPREIS	FAHRZEIT	HÄUFIGKEIT
Auckland	15 NZ$	4 Std.	3-mal tgl.
Gisborne	19 NZ$	4¾ Std.	1-mal tgl.
Hamilton	10 NZ$	1½ Std.	3-mal tgl.
Napier	18 NZ$	3 Std.	3-mal tgl.
Taupo	10 NZ$	1 Std.	3-mal tgl.
Tauranga	10 NZ$	1½ Std.	3-mal tgl.
Wellington	19 NZ$	8 Std.	1-mal tgl.
Whakatane	14 NZ$	1½ Std.	1-mal tgl.

Busse von Twin City Express verkehren von Montag bis Freitag zweimal täglich zwischen Rotorua und Tauranga/Mt. Maunganui via Te Puke (11,60 NZ$, 1½ Std.).

White Island Shuttle (☎0800 733 529, 07-308 9588; www.whiteisland.co.nz; einfach/hin & zurück 35/60 NZ$) wird betrieben von White Island Tours in Whakatane und bietet Shuttlefahrten von Rotorua nach Whakatane und zurück. Der Shuttledienst ist angeblich ausschließlich für Teilnehmer der eigenen Touren gedacht, in der Regel werden aber auch alle anderen Interessierten mitgenommen.

FLUGZEUG

Der **Rotorua Airport** (Karte S. 322; ☎07-345 8800; www.rotorua-airport.co.nz; SH30; 📶) liegt 10 km nordöstlich der Stadt. **Air New Zealand** (☎07-343 1100; www.airnewzealand.co.nz; 1267 Tutanekai St; ⌚Mo–Fr 9–17 Uhr) bietet Direktflüge zwischen Rotorua und Auckland, Wellington und Christchurch sowie Sydney (Di und Sa).

ℹ Unterwegs vor Ort

AUTO

Die bekannten Mitwagenfirmen wetteifern am Rotorua Airport um die Aufmerksamkeit der Ankommenden. Darüber hinaus kann man es auch bei **Rent a Dent** (☎07-349 3993; 39 Fairy Springs Rd; ⌚Mo–Fr 8–17, Sa 8–12 Uhr) versuchen.

BUS

Viele lokale Attraktionen bieten einen kostenlosen Abhol-/Bringdienst. Shuttleservices stehen auch für außerhalb liegende Attraktionen zur Verfügung (s. S. 314).

Baybus betreibt lokale Busdienste innerhalb der Stadt sowie nach Ngongotaha (Linie 1, 2,50 NZ$) und zum Flughafen (Linie 10, 2,50 NZ$).

ZUM/VOM FLUGHAFEN

Super Shuttle (☎ 0800 748 885, 09-522 5100; www.supershuttle.co.nz) bietet einen Tür-zu-Tür-Flughafenservice (1. Pers. 21 NZ$, 5 NZ$ für jeden weiteren Passagier) an. **Baybus** (☎ 0800 422 928; www.baybus.co.nz) unterhält einen täglichen Airport-Busdienst (2,50 NZ$). Ein Taxi zur/von der Stadt kostet um die 25 NZ$.

TAXI

Rotorua Taxis (☎ 07-348 1111; www.rotorua taxis.co.nz)

RUND UM ROTORUA

Nördlich von Rotorua

Sehenswertes & Aktivitäten

Rainbow Springs WILDRESERVAT

(Karte S. 322; ☎ 0800 724 626; www.rainbow springs.co.nz; 192 Fairy Springs Rd; 24-Std.-Pass Erw./Kind/Fam. 40/20/99 NZ$; ⏲ 8.30 Uhr–open end) Rainbow Springs, etwa 3 km nördlich der Innenstadt von Rotorua gelegen, ist ein beliebtes und familienfreundliches Ausflugsziel. In den natürlichen Quellen tummeln sich Wildforellen und Aale, die Besucher durch ein Unterwasserfenster beobachten können. Es gibt Lehrpfade, eine neue Wasserbahn namens „Big Splash" und viele, viele Tiere – darunter Tuataras (eine heimische Echsenart) und verschiedene Vögel (Kea, Kaka und Pukeko).

Ein Highlight ist der **Kiwi Encounter**, der einen seltenen Einblick in die Lebensweise dieser bedrohten Vogelart eröffnet: Dazu gehört eine 30-minütige Führung (kostet zusätzlich 10 NZ$/Pers.), bei der die Teilnehmer auf Zehenspitzen durch Brut- und Aufzuchtstation schleichen.

Wingspan National Bird of Prey Centre WILDTIERZENTRUM

(Karte S. 322; ☎ 07-357 4469; www.wingspan.co.nz; 1164 Paradise Valley Rd, Ngongotaha; Erw./Kind 25/8 NZ$; ⏲ 9–15 Uhr) Wingspan widmet sich dem Schutz von drei bedrohten neuseeländischen Vogelarten: Falke, Habicht und Eule. Die Schautafel im Museum informiert über die Vögel, anschließend gibt es einen Blick in die Brutstation und dann einen Gang durch die Allwetter-Voliere. Die Flugshow um 14 Uhr sollte man sich nicht entgehen lassen!

Paradise Valley Springs WILDRESERVAT

(☎ 07-348 9667; www.paradisevalleysprings.co.nz; 467 Paradise Valley Rd; Erw./Kind 30/15 NZ$; ⏲ ab 8 Uhr bis Einbruch der Dämmerung) Im Paradise Valley am Fuß des Mt. Ngongotaha (8 km außerhalb von Rotorua) liegt Paradise Valley Springs, ein 6 ha großer Park mit Forellenteichen, großen, schlüpfrigen Aalen und verschiedenen Landtieren. Dazu gehören Rehe, Alpakas, Possums und ein Rudel Löwen (die um 14.30 Uhr gefüttert werden). Es gibt außerdem ein Café und einen erhöhten Steg durch die Baumwipfel.

Agrodome LANDWIRTSCHAFT

(Karte S. 322; ☎ 07-357 1050; www.agrodome.co.nz; 141 Western Rd, Ngongotaha; 1 Std. Führung Erw./Kind/Fam. 41/20/84,50 NZ$, 1 Std. Show 31/15,50/79,50 NZ$, Führung & Show 51/25,50/118,50 NZ$; ⏲ 8.30–17 Uhr, Shows 9.30, 11 & 14.30 Uhr, Führungen 10.40, 12.10, 13.30 & 15.40 Uhr) Im lehrreichen Agrodome erfahren Besucher alles, was sie über Schafe wissen müssen. Zu der Show gehören eine Parade preisgekrönter Schafböcke, eine Viehauktion und Vorführungen der Schafschur und der Hütehunde. Bei der Führung gibt es verschiedene Nutztiere zu sehen, u. a. Schafe. Zu den weiteren Agrar-Attraktionen zählen ein Schurschuppen-Museum und ein Café.

aMAZEme LABYRINTH

(Karte S. 322; ☎ 07-357 5759; www.amazeme.co.nz; 1335 Paradise Valley Rd, Ngongotaha; Erw./Kind/Fam. 16/9/45 NZ$; ⏲ 9–17 Uhr) Das fantastische, 1,4 km lange Labyrinth besteht aus exakt beschnittenen, mannshohen Escallonia-Hecken. In den nicht enden wollenden Kreisen verlaufen sich Erwachsene und Kinder gleichermaßen.

Nordöstlich von Rotorua

Sehenswertes & Aktivitäten

Hells Gate & Wai Ora Spa VULKANISCHES GEBIET, WELLNESS

(Karte S. 322; ☎ 07-345 3151; www.hellsgate.co.nz; SH30, Tikitere; Eintritt Erw./Kind/Fam.

Rund um Rotorua

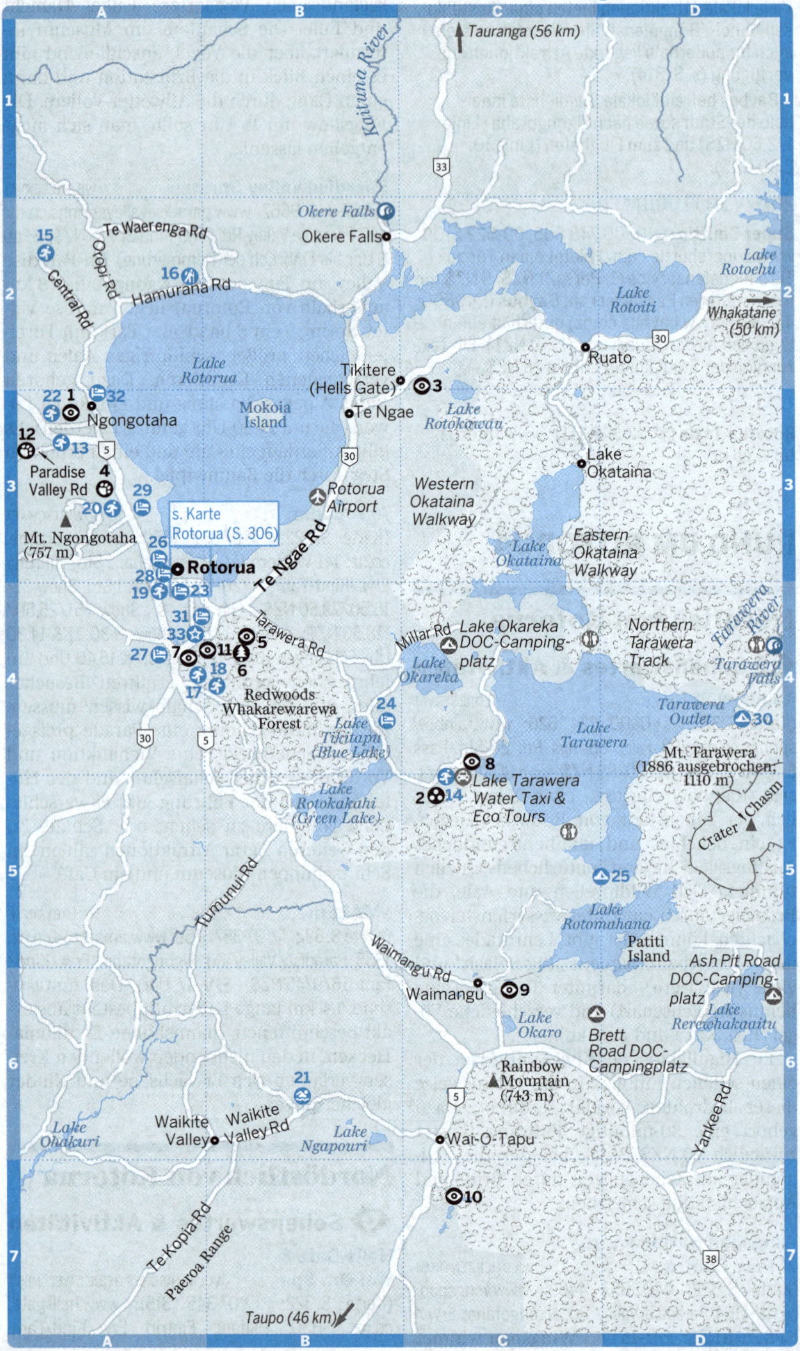

0 — 5 km
Tauranga (56 km)
Kaituna River
Okere Falls
Okere Falls
Te Waerenga Rd
Oropi Rd
Central Rd
Hamurana Rd
Lake Rotorua
Mokoia Island
Ngongotaha
Tikitere (Hells Gate)
Te Ngae
Lake Rotoehu
Lake Rotoiti
Whakatane (50 km)
Ruato
Lake Rotokawau
Lake Okataina
Paradise Valley Rd
Mt. Ngongotaha (757 m)
s. Karte Rotorua (S. 306)
Rotorua
Rotorua Airport
Te Ngae Rd
Western Okataina Walkway
Eastern Okataina Walkway
Lake Okataina
Tarawera Rd
Millar Rd
Lake Okareka DOC-Campingplatz
Lake Okareka
Northern Tarawera Track
Tarawera River
Tarawera Falls
Redwoods Whakarewarewa Forest
Lake Tikitapu (Blue Lake)
Lake Tarawera
Tarawera Outlet
Mt. Tarawera (1886 ausgebrochen; 1110 m)
Chasm
Crater
Lake Rotokakahi (Green Lake)
Lake Tarawera Water Taxi & Eco Tours
Tumunui Rd
Lake Rotomahana
Patiti Island
Ash Pit Road DOC-Campingplatz
Waimangu Rd
Waimangu
Lake Okaro
Brett Road DOC-Campingplatz
Lake Rerewhakaaitu
Rainbow Mountain (743 m)
Yankee Rd
Lake Ohakuri
Waikite Valley
Waikite Valley Rd
Lake Ngapouri
Wai-O-Tapu
Te Kopia Rd
Paeroa Range
Taupo (46 km)

Rund um Rotorua

Sehenswertes

1 Agrodome ... A3
2 Buried Village ... C5
3 Hells Gate & Wai Ora Spa ... C2
4 Rainbow Springs ... A3
5 Redwoods Gift Shop & Visitor Centre ... B4
6 Redwoods Whakarewarewa Forest ... B4
7 Te Puia ... A4
8 The Landing ... C4
9 Waimangu Volcanic Valley ... C6
10 Wai-O-Tapu Thermal Wonderland ... C7
11 Whakarewarewa Thermal Village ... B4
12 Wingspan National Bird of Prey Centre ... A3

Aktivitäten, Kurse & Touren

Agroventures ... (siehe 13)
13 aMAZEme ... A3
14 Clearwater Cruises ... C5
15 Farmhouse ... A2
16 Hamurana Springs ... A2
Helipro ... (siehe 7)
17 Mountain Bike Rotorua ... A4
Ogo ... (siehe 20)
18 Planet Bike ... B4
19 Rotorua Canopy Tours ... A4
20 Skyline Rotorua ... A3
21 Waikite Valley Thermal Pools ... B6
22 Zorb ... A3

Schlafen

23 Ann's Volcanic Motel ... A4
24 Blue Lake Top 10 Holiday Park ... B4
25 Hot Water Beach Campsite ... D5
26 Kiwi Paka ... A3
27 Rotorua Thermal Holiday Park ... A4
28 Rotorua Top 10 Holiday Park ... A3
29 Sandi's Bed & Breakfast ... A3
30 Tarawera Outlet Campsite ... D4
31 Tuscany Villas ... A4
32 Waiteti Trout Stream Holiday Park ... A3

Essen

Urbano Bistro ... (siehe 31)

Unterhaltung

33 Copthorne Hotel Rotorua ... A4
Holiday Inn Rotorua ... (siehe 33)
Mitai Maori Village ... (siehe 20)

35/17,50/85 NZ$, Schlammbäder & Wellness 75/35/185 NZ$, Massage 30/60 Min. 85/130 NZ$; ⏲8.30–20.30 Uhr) Hells Gate (Höllentor), das die Maori Tikitere nennen, ist ein eindrucksvolles geothermisches Gebiet, das etwa 16 km nordöstlich von Rotorua an der Straße nach Whakatane (SH30) liegt. Tikitere ist die Abkürzung für *Taku tiki i tere nei* (Meine jüngste Tochter wurde davongetrieben) – der Name erinnert nämlich an das tragische Schicksal eines jungen Mädchens, das in eines der Thermalbecken sprang. Die englische Bezeichnung wiederum geht auf einen Besuch von George Bernard Shaw im Jahr 1934 zurück. Das Gebiet ist etwa 10 ha groß und ein 2,5 km langer Wanderweg führt zu den verschiedenen Attraktionen, darunter befindet sich auch ein Wasserfall mit heißem Wasser. Außerdem kann man einem Meister der Holzschnitzerei bei der Arbeit zusehen und das Flachsweben sowie diverse andere Maori-Traditionen kennenlernen.

Tikitere gilt den Maori schon seit langer Zeit als Ort der Heilung; aus diesem Grund gibt es hier auch das Wai Ora Spa, in dem die Gäste sich verschiedenen schlammlastigen Behandlungen unterziehen können. Außerdem steht den Besuchern auch ein kostenloser Shuttleservice von und nach Rotorua zur Verfügung.

Südöstlich von Rotorua

Sehenswertes & Aktivitäten

Redwoods Whakarewarewa Forest WALD
(Karte S. 322; www.redwoods.co.nz; Long Mile Rd, abseits der Tarawera Rd; ⏲5.30–20.30 Uhr) GRATIS Dieser zauberhafte Wald liegt 3 km südöstlich der Stadt an der Tarawera Rd. Ursprünglich wuchsen hier 170 verschiedene Baumarten, inzwischen sind es allerdings ein paar weniger. Sie wurden ab 1899 gepflanzt, um herauszufinden, welche sich besonders gut als Bauholz eigneten. Die Monterey-Kiefer erwies sich als Volltreffer (wie in ganz NZ unschwer zu erkennen ist). Heute sind es aber vor allem die mächtigen Küstenmammutbäume, die dem Park seine Würde verleihen.

Die Wanderwege sind deutlich beschildert, und die Besucher haben die Wahl zwischen halbstündigen Spaziergängen durch den Redwood Grove bis hin zu einer angenehmen Tageswanderung zu den Seen Blue Lake und Green Lake. Die meisten Wanderungen starten am **Redwoods Gift Shop & Visitor Centre** (Karte S. 322; ☎07-350 0110; www.redwoods.co.nz; Long Mile Rd, abseits der Tarawera Rd; ⏲Okt.–März Mo–Fr 8.30–17.30, Sa & So 10–17 Uhr, April–Sept. Mo–Fr 8.30–16.30, Sa & So

10–16 Uhr). Dort sind Karten erhältlich, und Schautafeln informieren über den Wald. Der Park eignet sich nicht nur für Wanderungen, sondern ist auch ein toller Platz für Picknicks und wird für die gut zugänglichen **Mountainbikewege** gelobt. Mountain Bike Rotorua (S. 310) und Planet Bike (S. 311) verleihen Fahrräder auf der anderen Seite des Parks in der Nähe der Waipa State Mill Rd.

Buried Village ARCHÄOLOGISCHE STÄTTE, MUSEUM
(Karte S. 322; ☎07-362 8287; www.buriedvillage.co.nz; 1180 Tarawera Rd; Erw./Kind/Fam. 35/10/66 NZ$; ⏲Nov.–März 9–17 Uhr, April–Okt. 9–16.30 Uhr) 15 km von Rotorua entfernt stößt man hinter den hübschen Seen Blue Lake und Green Lake auf das Dorf Te Wairoa, das durch den Ausbruch des Mt. Tarawera im Jahre 1886 verschüttet wurde. Te Wairoa war einst ein beliebter Anlaufpunkt für Reisende, die hier die Sinterterrassen in Pink und Weiß besuchten. Heute zeigt ein Museum Gegenstände, die aus den Ruinen stammen. Führer in historischen Kostümen eskortieren Gruppen durch die Ausgrabungen. Es gibt auch einen Wanderweg zu den 30 m hohen **Te Wairoa Falls** und ein Teehaus für alle, die es lieber ruhig angehen lassen.

Lake Tarawera SEE
(www.doc.govt.nz; Tarawera Rd) Tarawera bedeutet „Verbrannter Pfeil" – der Name geht auf einen Jäger zurück, der seine Vogelpfeile in einer Hütte zurückließ und bei der Rückkehr in der nächsten Saison feststellen musste, dass Pfeile und Hütte verbrannt waren. Der See ist malerisch und eignet sich besonders gut zum Baden, Angeln, Bootfahren und zum Wandern.

Ein guter Zugang zum See besteht bei der Anlegestelle **The Landing** (Karte S. 322), etwa 2 km hinter dem verschütteten Dorf. Hier haben die **Clearwater Cruises** (Karte S. 322; ☎027 362 8590, 07-345 6688; www.clearwater.co.nz; Bootsfahrt Std. Ausflugsboot/kleines Boot zum Selbststeuern 550/140 NZ$) ihren Sitz. Die Firma bietet Rundfahrten für Gruppen und Ausflüge zum Forellenangeln mit verschiedenen Booten an. Außerdem steht hier das **Landing Café** (www.thelandinglaketarawera.co.nz; Hauptgerichte 15–30 NZ$; ⏲10–open end). Es überzeugt mit herzhaften Hauptgerichten wie Lammlende, allerlei Fisch und Meeresfrüchten – und einer herrlichen Aussicht. Auch **Lake Tarawera Water Taxi & Eco Tours** (Karte S. 322; ☎07-362 8080; www.ecotoursrotorua.co.nz; 1375 Tarawera Rd; ab 55 NZ$) hat hier seinen Sitz. Es transportiert seine Gäste jederzeit zu jeder beliebigen Stelle am See. Ein Ausflug zum Hot Water Beach kostet 55 NZ$.

In **Hot Water Beach** (Karte S. 322; ☎07-349 3463; www.whakarewarewa.com/tarawera; Erw./Kind 10/5 NZ$) gibt's einen privat betriebenen Campingplatz (er ist nur per Boot erreichbar; Reservierung ist Voraussetzung für den Aufenthalt) sowie den vom DOC-geführten **Lake-Tarawera-Outlet-Campingplatz** (Karte S. 322; ☎07-323 6300; www.doc.govt.nz; Erw./Kind 6/3 NZ$). Der **Blue Lake Top 10 Holiday Park** (Karte S. 322; ☎0800 808 292, 07-362 8120; www.bluelaketop10.co.nz; 723 Tarawera Rd; Stellplätze ab 21 NZ$, Hütten 73–120 NZ$, Wohneinheiten 125–180 NZ$; @📶) bietet Zelt-

ABSTECHER

WHIRINAKI FOREST PARK

Der Steineiben-Waldpark liegt 90 km südöstlich von Rotorua abseits des SH38, auf dem Weg zum Te Urewera National Park (in Te Whaiti Richtung Minginui abbiegen!). Hier locken Canyons, Wasserfälle, Aussichtspunkte und fließende Gewässer sowie die **Oriuwaka Ecological Area** und die **Arahaki Lagoon**.

Die Wanderpfade variieren in Länge und Schwierigkeitsgrad: Die Broschüre des DOC – *Walks in Whirinaki Forest* (2,50 NZ$) – informiert detailliert über Wander- und Zeltmöglichkeiten. Man kann sie im Besucherzentrum **Murupara des DOC** (☎07-366 1080; www.doc.govt.nz; SH38, Murupara; ⏲Mo–Fr 9–17 Uhr) kaufen.

Relativ kurz ist die Wanderung auf dem **Whirinaki Waterfalls Track** (hin & zurück 4 Std.), der dem Whirinaki River folgt. Längere Wanderwege sind u. a. der **Whirinaki Track** (2 Tage), der mit dem **Te Hoe Track** (4 Tage) kombiniert werden kann. Außerdem gibt es hier einen 16 km langen **Mountainbike Track**, der es in sich hat.

Im Park bestehen mehrere gut zugängliche Campingbereiche und es gibt zehn Hütten im Hinterland (teilweise kostenlos, sonst bis zu 15 NZ$); die Übernachtung wird bei beiden Angeboten im DOC-Büro bezahlt.

möglichkeiten am Blue Lake (gut geeignet zum Baden und Kajakfahren). Auf ihn stößt man 6 km vor Lake Tarawera. Die Anlage ist gepflegt, besitzt blitzsaubere Gemeinschafteinrichtungen und eine Auswahl an verschiedenen Hütten.

Südlich von Rotorua

Sehenswertes & Aktivitäten

Waimangu Volcanic Valley VULKANISCHES GEBIET, QUELLE

(Karte S. 322; ☎07-366 6137; www.waimangu.com; 587 Waimangu Rd; Erw./Kind geführte Wanderung 34,50/11 NZ$, Bootsfahrt 42,50/11 NZ$; ⊙tgl. 8.30–17 Uhr, Jan. 8.30–18 Uhr, letzter Einlass 15.30, Jan. 16.30 Uhr) Das interessante Thermalgebiet entstand während des Ausbruchs des Mt. Tarawera im Jahre 1886 – nach geologischen Maßstäben ist es also noch sehr jung. Die Bezeichnung Waimangu (Schwarzes Wasser) bezieht sich auf die dunkle, schlammige Farbe, die das Wasser hier meist hat.

Auf dem einfachen Weg bergab kommt man an vielen spektakulären thermalen und vulkanischen Phänomenen vorbei, u.a. am Inferno Crater Lake, dessen Wasser bis zu 80°C heiß wird, und am **Frying Pan Lake**, der größten Heißwasserquelle der Erde. Der Weg führt weiter hinunter zum Lake Rotomahana (was „warmer See" bedeutet). Von hier aus kann man sich entweder zum Ausgangspunkt zurückbringen lassen oder während einer 45-minütigen Bootsfahrt über den See an dampfenden Klippen und den früheren Pink and White Terraces vorbeischippern.

Waimangu liegt 20 Min. südlich von Rotorua. Man fährt 14 km auf dem SH5 Richtung Taupo und dann vom ausgeschilderten Abzweig aus nochmals 6 km.

Wai-O-Tapu Thermal Wonderland VULKANISCHES GEBIET, GEYSIR

(Karte S. 322; ☎07-366 6333; www.waiotapu.co.nz; 201 Waiotapu Loop Rd, nahe der SH5; Erw./Kind/Fam. 32,50/11/80 NZ$; ⊙8.30–17 Uhr, letzter Einlass 15.45 Uhr) Wai-O-Tapu (Heilige Wasser) ist zwar ein ziemlich kommerzieller Betrieb, aber die geothermischen Phänomene, die sich auf diesem kleinen Areal finden, sind wirklich spannend anzuschauen, darunter auch der kochende, vielfarbige Champagne Pool, der blubbernde Schlammteich, faszinierende Mineralterrassen und der Lady Knox Geysir, der immer pünktlich um 10.15 Uhr ausbricht (mit einem kleinen Stups durch eine organische Seife) und sein Wasser etwa eine Stunde lang bis zu 20 m hoch in die Luft schießt (man sollte am besten schon um 9.45 Uhr da sein).

Wai-O-Tapu liegt am SH5 (Richtung Taupo), 27 km südlich von Rotorua. Vom ausgeschilderten Abzweig aus sind es noch einmal 2 km zu fahren.

Waikite Valley Thermal Pools SCHWIMMEN

(Karte S. 322; ☎07-333 1861; www.hotpools.co.nz; 648 Waikite Valley Rd; öffentliche Becken Erw./Kind/Fam. 15/8/38 NZ$, private Becken 40 Min. 18 NZ$; ⊙10–21 Uhr) Rund 30 km südlich von Rotorua liegen diese ausgezeichneten Freiluftbecken, die in den 1970er-Jahren offiziell eingerichtet, davor aber schon jahrhundertelang benutzt wurden. Es gibt vier Hauptbecken, zwei entspannende kleinere Becken und vier private Wellnessbereiche. Die Wassertemperatur liegt zwischen 35 und 40°C. Dazu kommen noch ein Café und Zeltplätze (Erw./Kind Stellplätze ohne Strom, 20/10 NZ$, mit Strom 22/12 NZ$); für Camper ist der Zugang zu den Pools kostenlos.

Um dorthin zu kommen, biegt man vom SH5 gegenüber dem Abzweig nach Wai-O-Tapu rechts ab und fährt 6 km weiter. Alleine wegen des grandiosen Blicks aufs Tal, der sich bietet, wenn man über den Hügel fährt, lohnt sich die Fahrt.

BAY OF PLENTY

Die Bay of Plenty erstreckt sich entlang der mit Pohutukawa-Bäumen übersäten Küste von Waihi Beach bis Opotiki und landeinwärts bis zur Kaimai Range. Seit Generationen fahren die Neuseeländer in die Bucht, um Urlaub zu machen, das Meer zu genießen und Sonne zu tanken.

Tauranga

114 800 EW.

Tauranga (ausgesprochen „toe-rung-ah") erlebt seit den 1990er-Jahren einen Boom und ist damit eine der schnellstwachsenden Städte Neuseelands. Zugleich besitzt die Stadt den geschäftigsten Hafen des Landes – mit Ölraffinerien und Bergen von Kohle und Nutzholz. Aber die Urlauber mit Sehnsucht nach einem Strand haben dafür gesorgt, dass aus dem alten Arbeitspferd ein Zirkuspony wurde: Restaurants und Bars säumen heute die sanierte Uferfront, schicke Hotels sind entstanden, und die

Tauranga

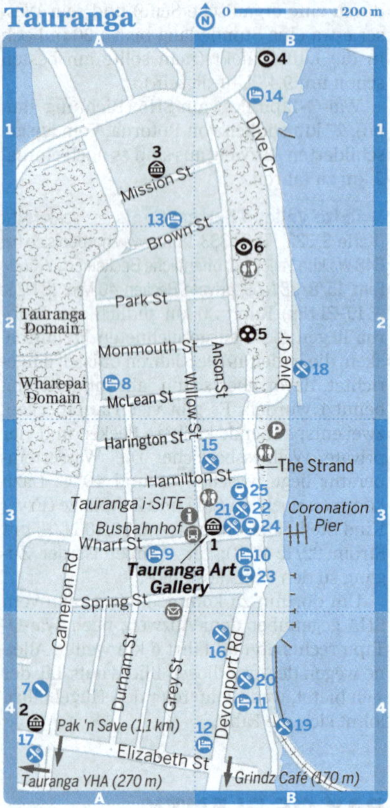

Tauranga

Highlights
1 Tauranga Art Gallery B3

Sehenswertes
2 Brain Watkins House A4
3 Elms Mission House A1
4 Mission Cemetery B1
5 Monmouth Redoubt B2
6 Robbins Park B2

Aktivitäten, Kurse & Touren
7 Dive Zone A4

Schlafen
8 City Suites A2
9 Harbour City Motor Inn A3
10 Harbourside City Backpackers B3
11 Hotel on Devonport B4
12 Loft 109 .... B4
13 Roselands Motel A1
14 Trinity Wharf B1

Essen
15 City Markets B3
16 Collar & Thai B4
17 Elizabeth Cafe & Larder A4
18 Fresh Fish Markets B2
19 Harbourside B4
20 Mediterraneo Café B4
21 Shima B3
22 Zeytin on the Strand B3

Ausgehen & Nachtleben
23 Brew B3
24 Crown & Badger B3
25 Phoenix B3

Unterhaltung
Rialto Cinemas .... (siehe 16)

einst verschlafenen Viertel Mt. Maunganui und Papamoa sind zu neuem Wohlstand erwacht. Viel mehr Riviera geht nicht in Neuseeland! Eine kommerzielle, aber nützliche Infoquelle ist die Website www.downtowntauranga.co.nz

Sehenswertes

★ Tauranga Art Gallery KUNSTGALERIE
(☎07-578 7933; www.artgallery.org.nz; Ecke Wharf & Willow St; ⏲10–16.30 Uhr) GRATIS Die Tauranga Art Gallery präsentiert historische und aktuelle Kunst und beherbergt eine Dauersammlung sowie regelmäßig wechselnde Ausstellungen. Das Gebäude war früher eine Bank, obwohl das heutzutage kaum noch zu erkennen ist. Ein Rundgang durch die Galerien im Erdgeschoss und in den Zwischenetagen dauert ungefähr eine Stunde.

Elms Mission House HISTORISCHES GEBÄUDE
(www.theelms.org.nz; 15 Mission St; Haus Erw./Kind 5/0,50 NZ$, Gärten kostenlos; ⏲Haus Mi, Sa & So 14–16 Uhr, Gärten tgl. 9–17 Uhr) Das 1847 erbaute Elms Mission House ist das älteste Gebäude in der Bay of Plenty. Es ist im Stil seiner Epoche eingerichtet und steht zwischen anderen gut erhaltenen Missionsgebäuden in schönen, baumbestandenen Gärten. Der schaurige **Mission Cemetery** (Ecke Marsh St & Dive Cres; ⏲24 Std.) liegt nicht weit entfernt – es ist ein schattiger Ort mit Bäumen und Grabsteinen.

Classic Flyers NZ MUSEUM
(☎07-572 4000; www.classicflyersnz.com; 8 Jean Batten Dr; Erw./Kind/Fam. 10/5/25 NZ$; ⏲10–16 Uhr) In der Nähe des Flughafens liegt das Classic Flyers New Zealand, ein sehr interessantes Luftfahrtmuseum (Doppeldecker, ausgediente Jets der US Airforce, Helikopter usw.) mit einem eigenen, ziemlich trubeligen Café.

Monmouth Redoubt ARCHÄOLOGISCHE STÄTTE, PARK
(Monmouth St; 24 Std.) GRATIS Während der Neuseelandkriege war die unheimliche, von riesigen Pohutukawa-Bäumen beschattete Monmouth Redoubt eine Festung. Daneben liegt der **Robbins Park** (Cliff Rd), ein grünes Fleckchen Erde voller Rosen mit weitem Blick bis hinüber zum Mt. Maunganui. Am Fuße der Redoubt liegt am Ende von The Strand, **Te Awa nui Waka**, ein nachgebautes Maori-Kanu.

Minden Lookout AUSSICHTSPUNKT
(Minden Rd) Vom Minden Lookout, etwa 10 km westlich von Tauranga Richtung Katikati, hat man einen ausgezeichneten Blick zurück auf die Kraniche im Hafen von Tauranga und über die Bay of Plenty. Der Weg dorthin führt über den SH2 nach Te Puna und dann auf der Minden Rd Richtung Süden; der Aussichtspunkt liegt etwa 3 km diese Straße hinauf.

Brain Watkins House HISTORISCHES GEBÄUDE
(07-578 1835; www.taurangahistorical.blogspot.co.nz; 233 Cameron Rd; Erw./Kind/Fam. 4/2/10 NZ$; So 14–16 Uhr) Das Brain Watkins House ist eine sittsame viktorianische Villa und eines der besterhaltenen Kolonialhäuser in Tauranga. Es wurde im Jahr 1881 aus Kauri-Holz erbaut.

Mills Reef Winery WEINGUT
(07-576 8800; www.millsreef.co.nz; 143 Moffat Rd, Bethlehem; 10–17 Uhr) Das herrschaftliche Gut Mills Reef, 7 km vom Stadtzentrum entfernt in Bethlehem, bietet Verkostungen seiner preisgekrönten Weine (unbedingt den Chardonnay probieren) sowie ein Edelrestaurant, das täglich – nach Reservierung – mittags und abends öffnet (Hauptgerichte 25–39 NZ$).

Huria Marae MARAE
(07-578 7838; www.huriamarae.co.nz; Te Kaponga St, Judea) GRATIS Das Huria Marae steht an einer unscheinbaren Vorstadtstraße und weist innen wie außen sensationelle Schnitzereien auf. Um es zu besuchen, muss man vorher anrufen. Das gilt auch, wenn man ein kulturelles Erlebnis buchen will (nur für größere Gruppen).

Aktivitäten

Das kostenlose Heft Tauranga City Walkways beschreibt sehr detailliert Wanderwege rund um Tauranga und Mt. Maunganui. Geschichtsfans sollten sich für ihre Erkundungen ein Exemplar der Gratisbroschüre Historic Tauranga holen und einen gemütlichen Bummel zu den recht versteckt liegenden historischen Stätten der Stadt unternehmen. Erhältlich sind die Hefte bei den i-SITEs.

Adventure Bay of Plenty KAJAKFAHREN, MOUNTAINBIKEN
(0800 238 267; www.adventurebop.co.nz; Touren 2 Std. /halber Tag /ganzer Tag ab 95/125/180 NZ$) Bietet ein verlockendes Spektrum an Erlebnistouren im Kajak, per Mountainbike und zu Pferd an. Halbtägige Paddeltouren rund um Mt. Maunganui mit einem Stopp auf Matakana Island kosten pro Erwachsenem/Kind 150/125 NZ$. Für eine zwei- bis dreistündige Fahrradtour rund um Tauranga werden 95 NZ$ fällig.

Adrenalin Forest EXTREMSPORT
(07-929 8724; www.adrenalin-forest.co.nz; Upper Pyes Pa Rd, TECT All Terrain Park; Erw./Kind 42/27 NZ$; tgl. 10–14.30 Uhr, Juni–Aug. Mo & Di geschl.) Etwa 26 km von Tauranga entfernt, auf dem Weg nach Rotorua, erwartet einen dieser Pulsbeschleuniger: Hochseile, Seilrutsche, Plattformen und Hängebrücken führen durch einen Hain hoher Nadelbäume. Für die, die ihre Nerven herausfordern wollen, gibt's sechs verschiedene Strecken mit zunehmendem Schwierigkeitsgrad.

Waimarino Adventure Park KAJAKFAHREN, WASSERSPORT
(0800 456 996, 07-576 4233; www.waimarino.com; 36 Taniwha Pl; Kajaktouren ab 65 NZ$, Kajakmiete Std./Tag 26/55 NZ$, Park Tagespass Erw./Kind 40/32 NZ$; Sept.–April 10–18 Uhr, Mai–Aug. 10–17 Uhr) Am Ufer des Wairoa River, 8 km westlich der Stadt, verleiht Waimarino Kajaks für Touren auf eigene Faust und bietet auch Seekajaktouren an. Die Glühwürmchentour (120 NZ$/Pers.) ist eine zauberhafte Fahrt im Dunkeln durch den McLaren Falls Park. Waimarino ist aber auch ein Erlebnispark mit vielfältigem Wasserspaß: Kajakrutsche, Sprungbrett, Hochseilgarten, Zorbing auf dem Wasser, Warmwasserbecken und ein menschliches Katapult namens „The Blob" sorgen für den nötigen Adrenalinschub.

Kaimai Mamaku Forest Park WANDERN
(www.doc.govt.nz; SH29) GRATIS Im Hinterland des westlichen Teils der Bay of Plenty liegt der zerklüftete, 70 km lange Kaimai Mamaku Forest Park. Das 35 km südwestlich von Tauranga liegende Schutzgebiet bietet Wan-

derungen sowie Hütten (pro Pers. & Nacht 5–15 NZ$) und Zeltplätze (6 NZ$) an. Weitere Infos finden sich in der DOC-Broschüre *Kaimai to Coast* (2,50 NZ$). **Kaimai New Zealand Tours** (☎07-552 5257; www.kaimai-new-zealand-tours.com) hat geführte Wanderungen im Angebot.

Dolphin Blue TIERBEOBACHTUNG
(☎027 666 8047; www.dolphinblue.co.nz; Tagesausflüge Erw./Kind 150/100 NZ$; ⏲Abfahrt 8.30 Uhr) Gemütliche Tagesausflüge in kleinen Gruppen (max. 15 Pers.) quer durch den Hafen von Tauranga und – im Gefolge von Delfinschulen – hinaus in die Bay of Plenty. Trifft man auf selbige, kann man ins Wasser springen und mit ihnen planschen.

Dolphin Seafaris TIERBEOBACHTUNG
(☎0800 326 8747, 07-577 0105; www.nzdolphin.com; halber Tag Erw./Kind 140/95 NZ$; ⏲Abfahrt Tauranga 8 Uhr, Mt. Maunganui 8.15 Uhr) Bietet Ausflüge zum Delfinbeobachten, bei denen man auch mit den großen Fischen (ja okay, Säugetieren) schwimmen kann. Tierschutz spielt dabei eine große Rolle.

Blue Ocean Charters ANGELN
(☎0800 224 278, 07-544 3072; www.blueocean.co.nz; Ausflüge ab 120 NZ$) Angel-, Tauch- und Sightseeing-Ausflüge (darunter einer nach Tuhua Island) auf der TS Ohorere, MV Te Kuia oder der MV Ratahi.

Dive Zone TAUCHEN
(☎07-578 4050; www.divezone.co.nz; 213 Cameron Rd; Ausflüge/Kurse ab 120/600 NZ$; ⏲Mo–Fr 8–18, Sa 7.30–16, So 7.30–14 Uhr) Hier gibt es PADI-qualifizierende Kurse oder Ausflüge zu lokalen Wracks und Riffen und zusätzlich einen Ausrüstungsverleih.

Elements Watersports WASSERSPORT
(☎0800 486 729; www.elementsonline.co.nz; Unterricht ab 20 NZ$) Wer mit dem Wasser noch nicht so vertraut ist, findet bei Elements Watersports Unterricht im Segeln, Windsurfen und Jetskifahren und darüber hinaus auch einen Ausrüstungsverleih.

Tauranga Tandem Skydiving FALLSCHIRMSPRINGEN
(☎07-574 8533; www.tandemskydive.co.nz; 2 Kittyhawk Way, Tauranga Airport; Sprünge 8000/10000/12000 Fuß 285/325/375 NZ$) Tauranga Tandem Skydiving organisiert Fallschirmsprünge aus drei verschiedenen Höhen mit einem einzigartigen Blick auf Whakaari (White Island), den Mt. Ruapehu und über die Bay of Plenty.

Geführte Touren

Tauranga Tasting Tours TOUR
(☎07-544 1383; www.tastingtours.co.nz; Touren 130 NZ$) Diese feuchtfröhliche Exkursion führt zunächst in eine lokale Brauerei, dann zu den Weingütern Mills Reef und Morton Estate und anschließend wieder zurück in die Stadt – natürlich auf einen abschließenden Cocktail.

No. 8 Farm Tours GEFÜHRTE TOUR
(☎07-579 3981; www.no8farmtours.co.nz; Touren Erw./Kind ab 89/69 NZ$) Im Programm befinden sich halbtägige Tauranga-Touren plus Ausflüge mit dem Jeep zu einer bewirtschafteten Neuseeland-Farm; dort darf man sich über Schafschur, Melken, Begegnungen mit Hütehunden, Rotwild und ein Frühstück freuen.

Aerius Helicopters RUNDFLÜGE
(☎0800 864 354; www.aerius.co.nz; Flüge ab 65 NZ$) Lokale Flüge und weitere Exkursionen bis nach Lake Tarawera, Rotorua und Whakaari (White Island); Abflug ist in Tauranga.

Gyrate RUNDFLÜGE
(☎021 038 0760, 0800 3592 4976; www.gyrate.co.nz; Flüge ab 135 NZ$) Mit dem Drehflügler (dem Jetski des Himmels) geht's auf Rundflüge in der Umgebung von Tauranga/Mt. Maunganui.

Shore Trips & Tours GEFÜHRTE TOUR
(☎07-574 1779; www.shoretripsandtours.com; halb-/ganztägige Touren ab 49/90 NZ$) Diverse Ausflüge zu den Sehenswürdigkeiten und Verlockungen von Tauranga – vornehmlich gedacht für Kreuzfahrtpassagiere, die der Landratte in sich Auslauf geben wollen. Längere Touren bis nach Rotorua sind ebenfalls im Angebot.

Feste & Events

National Jazz Festival MUSIK, ESSEN & WEIN
(www.jazz.org.nz) Österliches Spektakel mit großen Bläsern und jeder Menge Schubidu – außerdem gibt's gute Konzerte sowie superleckeres Essen und süffigen Wein im Überfluss.

Tauranga Arts Festival DARSTELLENDE KÜNSTE
(www.taurangafestival.co.nz) Das Festival erfreut seine Besucher am ersten Septemberwochenende (in Jahren mit ungeraden Jahreszahlen) mit Tanz-, Comedy- und Theateraufführungen sowie anderen sehenswerten Darbietungen.

Schlafen

Harbourside City Backpackers HOSTEL $
(07-579 4066; www.backpacktauranga.co.nz; 105 The Strand; B/2BZ/DZ ab 29/74/74 NZ$; @) Von diesem geselligen Hostel (einem renovierten ehemaligen Hotel), es liegt in Reichweite der Bars von The Strand, lässt sich der Meerblick ausgezeichnet genießen. Die Zimmer sind zwar recht klein geschnitten, aber sauber; die meisten Gäste verbringen aber ohnehin den Löwenanteil der Zeit auf der tollen Dachterrasse. Es gibt leider keinen hauseigenen Parkplatz, aber weiter unten an der Straße liegt ein öffentlicher Parkplatz, der, wenn man zur richtigen Zeit kommt, auch immer wieder einige freie Stellplätze bietet.

Loft 109 HOSTEL $
(07-579 5638; www.loft109.co.nz; 109 Devonport Rd, Obergeschoss; B/DZ/3BZ ab 28/76/90 NZ$; @) Das zentral gelegene Haus wirkt mit der gemütlichen Küche und dem süßen kleinen Balkon fast wie eine Privatwohnung. Die Räume sind dank vieler Oberlichter schön hell, für kältere Tage gibt es einen Gasofen. Insgesamt geht es hier absolut relaxt zu – aber nicht in Sachen Sicherheit oder Trunkenheit.

Tauranga YHA HOSTEL $
(07-578 5064, 0800 278 299; www.yha.co.nz; 171 Elizabeth St; B ab 29 NZ$, DZ mit/ohne Bad 110/90 NZ$; @) Die gepflegte, überraschend geräumige Jugendherberge mit einem großen, grasbewachsenen Hinterhof liegt ganz in der Nähe eines Stegs durch den Mangrovensumpf. Die einladenden Schlafsäle sind mit eigenen Schließfächern ausgestattet, außerdem gibt's Infos zu lokalen Wanderwegen und ein Schwarzes Brett für alles, was aus Sicht des Umweltschutzes interessiert.

Just the Ducks Nuts Backpackers HOSTEL $
(07-576 1366; www.justtheducksnuts.co.nz; 6 Vale St; B ab 27 NZ$, mit/ohne Bad EZ 66/56 NZ$, DZ 78/70 NZ$; @) Ganz in der Nähe des Stadtzentrums steht dieses freundliche Haus mit seinen farbenfrohen Zimmern, einer umfangreichen Bibliothek, vielen TVs sowie einer Menge Eigenheiten – etwa einer mit Blumen bepflanzten Badewanne und entenmäßig dekorierten Toiletten. Ein bisschen erinnert alles an eine Studenten-WG, allerdings ohne die üblichen Partys. Kostenloser Transfer zur/ab der Bushaltestelle. Auch Wohnungen für Selbstversorger sind im Angebot.

Tauranga Tourist Park FERIENANLAGE $
(07-578 3323; www.taurangatouristpark.co.nz; 9 Mayfair St; Stellplätze ohne/mit Strom ab 30/35 NZ$, Hütten ab 55 NZ$; @) Die Anlage wirkt ein bisschen beengt (großzügige Stellplätze gibt es hier nicht), aber sie ist gepflegt, sauber und aufgeräumt. Klasse sind die Stellplätze in der Nähe der Bucht unter den Pohutukawa-Bäumen.

Roselands Motel MOTEL $$
(07-578 2294, 0800 363 093; www.roselands.co.nz; 21 Brown St; DZ/Suite ab 110/135 NZ$;) Das entzückend altmodische Motel in ruhiger, aber zentraler Lage wurde mit Farbtupfern in Orange sowie neuer Bettwäsche aufgehübscht. Auf die Gäste warten geräumige Wohneinheiten (allesamt mit Küche), freundliche Gastgeber, die alle Gäste bei ihrem Vornamen nennen, und neue TVs. Nett ist es hier!

Harbour City Motor Inn MOTEL $$
(07-571 1435, 0800 253 525; www.taurangaharbourcity.co.nz; 50 Wharf St; DZ/1-Zi.-Apt. ab 150/170 NZ$;) Das noch recht neue, zitronengelb gestrichene Motor Inn überzeugt durch seine Lage direkt im Stadtzentrum, mit reichlich Parkraum und einer modernen Ausstattung. In den Zimmern gibt es einen Whirlpool, und die freundlichen Mitarbeiter geben fundierte Ratschläge zur Reiseroute ihrer Gäste.

City Suites HOTEL $$
(07-577 1480; www.citysuites.co.nz; 32 Cameron Rd; Zi. ab 155 NZ$;) Die großen Zimmer (alle entweder mit Terrasse oder Balkon) verströmen mit ihren übergroßen Betten und komplett eingerichteten Küchen ein fast königliches Flair. Ein Schwimmbecken, kostenloses WLAN und sichere Parkplätze komplettieren die Liste der unabdingbaren Annehmlichkeiten für ständig auf Achse befindliche Geschäftsleute.

Ambassador Motor Inn MOTEL $$
(0800 735 294, 07-578 5665; www.ambassador-motorinn.co.nz; 9 Fifteenth Ave; DZ/FZ ab 110/175 NZ$;) Das schmucke Motel hat Lärmschutzfenster, die einen ruhigen Schlaf garantieren. Einige Zimmer verfügen über Whirlpools, und alle sind mit einer Küche ausgestattet. Wie bei Botschafters geht es vielleicht nicht gerade zu, aber das Haus ist fleckenlos sauber, und die neuen Besitzer ge-

ben sich alle Mühe, den besten Eindruck zu hinterlassen.

Hotel on Devonport HOTEL $$$
(☎07-578 2668; www.hotelondevonport.net.nz; 72 Devonport Rd; DZ/Suite ab 165/205 NZ$; @📶) Das Devonport im Stadtzentrum ist die erste Adresse in Tauranga. Zimmer mit Blick auf die Bucht, Lärmschutzfenster, schicke Einrichtung und beflissene Angestellte sprechen nicht nur Geschäftsreisende, sondern auch anspruchsvolle Wochenendurlauber an. Man kann sich an der Schale mit Äpfeln in der Lobby bedienen.

Trinity Wharf HOTEL $$$
(☎07-577 8700, 0800 577 8700; www.trinitywharf.co.nz; 51 Dive Cres; DZ ab 180 NZ$; @📶) Der dreistöckige Hotelturm unweit der Hafenbrücke hat eine schicke, moderne Lobby – mit weißen Kacheln und stacheligen Topfpflanzen; von der geht's hinauf zum anspruchsvollen hauseigenen Restaurant Halo (Hauptgerichte 15–36 NZ$). Die Zimmer sind groß und luxuriös und in warmen Naturtönen eingerichtet. Zu den Annehmlichkeiten des Hauses zählen ein kaum genutzter Fitnessraum, ein Infinity-Pool und kostenloses WLAN. Bemerkenswert!

Essen

★ **Grindz Café** CAFÉ $
(☎07-579 0017; www.facebook.com/pages/grindz-cafe/110512979024824; 50 First Ave; Gerichte 5–15 NZ$; ⌚Mo–Fr 7–16, Sa 8–15.30, So 8–15 Uhr; 📶) Das unangefochtene Highlight der breiten First Ave ist das Grindz, ein hippes Café mit Tischen, die auf dem Fußweg stehen. Drinnen wirkt der Laden geräumig: Er hat verschiedene Ebenen und ungewöhnliche Tapeten, Antiquitäten und Retro-Reliquien. An Tagesgerichten gibt es Bagels, Veggie Stacks, Muffins, Kuchen und Salate, außerdem diverse Kaffeekreationen (wer noch ein bisschen verschlafen ist, sollte „The Troug" probieren: eine „Tasse" Kaffee in der Größe einer Suppenschüssel – mit der vierfachen Koffeindröhnung). Außerdem gibt es kostenloses WLAN.

Fresh Fish Markets FISH & CHIPS $
(☎07-578 1789; 1 Dive Cres; Gerichte ab 6 NZ$; ⌚11–20 Uhr) Diese lokale Institution serviert frisch zubereitete Fish & Chips an sechseckigen Tischen unter freiem Himmel und direkt am Wasser. Zahllose gierige Möwen leisten den zufriedenen Gästen beim Essen Gesellschaft.

City Markets MARKT $
(Ecke Willow St & Hamilton St; ⌚Mo–Fr 9–17, Sa 9–12 Uhr) Selbstversorger finden allerhand Frisches (Früchte, Obst, Brot, Eier, Milch, etc.) auf dem City Market – eine Querstraße von The Strand entfernt.

Pak 'n Save SUPERMARKT $
(www.paknsave.co.nz; 476 Cameron Rd; ⌚8–22 Uhr) Dieser Laden liegt nur wenige Autominuten südlich des Stadtzentrums von Tauranga.

Elizabeth Cafe & Larder MODERN-NEUSEELÄNDISCH, BAR $$
(☎07-579 0950; www.elizabethcafe.co.nz; 247 Cameron Rd; Frühstück & Mittagessen 10–20 NZ$, Abendessen 24–34 NZ$; ⌚Mo & Di 7–16, Mi 7–15, Do & Fr 7–21, Sa 8–21, So 8–16 Uhr) „Essen, trinken, genießen", so lautet das Motto im Elizabeth, der angesagten neuen Café-Bar im Erdgeschoss eines vierstöckigen Bürogebäudes in der Innenstadt. Entsprechend verbringen viele Gäste ihre Arbeitstage in den darüber liegenden Etagen. Was aber nicht bedeutet, dass man hier im Anzug zu erscheinen hätte, um den grandiosen marokkanischen Lamm-Salat mit einem Glas Pinot Gris aus Central Otago zu genießen. Interessante Industrieästhetik – zudem gibt's Peroni vom Fass.

Zeytin on the Strand TÜRKISCH $$
(☎07-579 0099; www.zeytin.co.nz; 83 The Strand; Hauptgerichte 20–30 NZ$; ⌚Di–So 11.30–15 Uhr & 16.30 Uhr–open end; ✎) Wer die Einheimischen nach ihrem Lieblingsrestaurant fragt, bekommt als Antwort meist das Zeytin genannt – ein echtes türkisches Lokal. Die authentische türkische Küche bietet für jeden Geschmack etwas: Kebabs, leckere, hausgemachte Brote, verschiedene Dips, gesunde Salate, Holzofenpizza und ein paar exotische Überraschungen.

Collar & Thai THAILÄNDISCH $$
(☎07-577 6655; www.collarandthai.co.nz; Goddards Centre, 21 Devonport Rd; Mittagessen 14–17 NZ$, Abendessen 21–32 NZ$; ⌚Mo–Sa 11.30–14, tgl. 17–22 Uhr) Für den Besuch in diesem Lokal im Obergeschoss, das kreativ ausgeklügelte Varianten von thailändischen Standardgerichten sowie jede Menge superfrisches Meeresgetier auf den Tisch bringt, ist keine Krawatte erforderlich. Perfekt geeignet ist es aber für eine Mahlzeit vor dem Kinobesuch (das Rialto Cinemas liegt gleich nebenan)! Es gibt hier auch einen günstigen Mittagstisch.

Shima JAPANISCH, KOREANISCH $$

(☎07-571 1382; www.nzshima.co.nz; 15 Wharf St; Hauptgerichte 12–30 NZ$; ⏰12–15 Uhr & 18 Uhr–open end) Das Shima ist eine einfache, unprätenziöse Sushi- und Sashimi-Bar, dekoriert mit japanischen Fächern, Schirmen und Lampions. Die Bento-Boxen und Festpreismenüs schonen den Geldbeutel.

★ **Harbourside** MODERN-NEUSEELÄNDISCH $$$

(☎07-571 0520; www.harboursidetauranga.co.nz; Railway Bridge, The Strand; Hauptgerichte 26–38 NZ$; ⏰11.30–14.30 & 17.30 Uhr–open end) Das Harbourside ist in einem atmosphärisch wunderbaren, 100 Jahre alten Bootshaus am Ende von The Strand untergebracht. Um einen herum plätschern die Wellen, die alte Eisenbahnbrücke spannt ihren Bogen über den Hafen, und einem romantischen Abendessen – oder auch nur dem stimmungsvollen Drink davor – steht absolut nichts im Wege. Die gebratene Ente mit Chinakohl, Limette und Chili ist kaum zu überbieten.

Somerset Cottage MODERN-NEUSEELÄNDISCH $$$

(☎07-576 6889; www.somersetcottage.co.nz; 30 Bethlehem Rd; Hauptgerichte 30–40 NZ$; ⏰Mi–Fr 11.30–14.30, Mo–Sa 18–21 Uhr) Das meistgelobte Restaurant der Bay ist das Somerset Cottage, ein schlichtes, aber elegantes Lokal und genau die richtige Adresse für ein besonderes kulinarisches Erlebnis. Die Speisen sind saisonal ausgerichtet, verwendet werden beste heimische Zutaten, die eindrucksvoll, aber nicht übertrieben aufwendig verarbeitet werden. Zu den herausragenden Gerichten zählen das Käse-Soufflé, die Ente mit Kokos-Kumara und das berühmte Lakritz-Eis.

Ausgehen & Unterhaltung

Brew SPEZIALBIERE, PUB

(www.brewpub.co.nz; 107 The Strand; ⏰Mo–Do 16 Uhr–open end, Mi–So 11 Uhr–open end) Die lange Beton-Bar bietet vielen Ellenbogen Platz – und vielen Gläsern mit Crouchers leckeren, saisonalen Bieren, Pilsener und Stouts (Starkbier; mit etwas Glück gibt's äthiopisches Coffee-Stout vom Fass). Die Stimmung ist locker, auf die Gemeinschaftstische kommen Teller mit tpischem Pub-Essen in Portionen, die ideal sind für mehrere Personen (8–28 NZ$). Was es nicht gibt, ist TV. Alles in allem einfach wunderbar.

Phoenix PUB

(www.thephoenixtauranga.co.nz; 67 The Strand; ⏰Mo–Fr 10.30 Uhr–open end, Sa & So 8.30 Uhr–open end) Das Phoenix erhebt sich über dem nördlichen Ende von The Strand. In dem geräumigen Pub gibt's gehaltvolle Pub-Leckereien (Hauptgerichte 20–34 NZ$; die Schweinerippchen sind besonders zu empfehlen) und feine Biere von Monteith (einst nur Insidern bekannt, heute Mainstream). Das Publikum ist gut gekleidet und aus den Boxen dröhnen die Red Hot Chili Peppers.

Crown & Badger PUB

(www.crownandbadger.co.nz; Ecke The Strand & Wharf St; ⏰9 Uhr–open end) Eine besonders überzeugende, schwarz gestrichene Britenkneipe, die echte Pints Tennent's und Guinness ausschenkt, und Essen wie Würstchen mit Kartoffelbrei oder das Standardsandwich mit Speck, Salat und Tomaten serviert (Hauptgerichte 17–29 NZ$). Am Wochenende treten Livebands auf und bringen die Bude erst so richtig in Schwung.

Rialto Cinemas KINO

(☎07-577 0445; www.rialtotauranga.co.nz; Goddards Centre, 21 Devonport Rd; Tickets Erw./Kind 18,50/12,50 NZ$; ⏰Einlass 30 Min. vor Vorstellungsbeginn) Als Sitz der Tauranga Film Society ist das Rialto der beste Ort in der ganzen Stadt, um sich einen guten Film, egal ob Klassiker, Kult, Programmkino oder international, anzusehen. Dazu kann man im Dunkeln einen Kaffee oder ein Glas Wein trinken.

Praktische Informationen

Paper Plus (17 Grey St; ⏰Mo–Fr 8.30–17.30, Sa 9–16, So 10–15 Uhr) Der lokale Ableger der neuseeländischen Post.

Tauranga Hospital (☎07-579 8000; www.bopdhb.govt.nz; 375 Cameron Rd; ⏰24 Std.) Einige Kilometer südlich der Stadt.

Tauranga i-SITE (☎07-578 8103; www.bayofplentynz.com; 8 Wharf St; ⏰Mo–Fr 8.30–17.30 Uhr, kürzere Öffnungszeiten im Winter; 📶) Lokale Touristeninformation, die Buchungen, InterCity-Bustickets und DOC-Karten anbietet.

An- & Weiterreise

AUTO

Wer auf der Route K Richtung Hamilton unterwegs ist, muss eine Gebühr von 1,50 NZ$ an der Mautstelle entrichten.

BUS

Busse von **Twin City Express** verkehren von Montag bis Freitag zweimal täglich zwischen Rotorua und Tauranga/Mt. Maunganui über Te Puke (11,60 NZ$, 1½ Std.).

Tickets & Fahrpläne für **InterCity-Busse** erhält man am i-SITE. Sie fahren zu folgenden Zielen:

REISEZIEL	FAHR-PREIS	REISEZEIT	HÄUFIG-KEIT
Auckland	46 NZ$	4 Std.	3-mal tgl.
Hamilton	33 NZ$	2 Std.	2-mal tgl.
Rotorua	32 NZ$	1½ Std.	2-mal tgl.
Taupo	52 NZ$	3 Std.	2-mal tgl.
Wellington	55 NZ$	9 Std.	1-mal tgl.

Naked Bus bedient die folgenden Ziele. Wer im Voraus bucht, zahlt meist deutlich weniger.

REISEZIEL	FAHR-PREIS	REISEZEIT	HÄUFIG-KEIT
Auckland	16 NZ$	3¼ Std.	3-mal tgl.
Hamilton	10 NZ$	3 Std.	2-mal tgl.
Napier	35 NZ$	5 Std.	2-mal tgl.
Rotorua	10 NZ$	1 Std.	3-mal tgl.
Taupo	15 NZ$	3 Std.	2-mal tgl.
Wellington	23 NZ$	9 Std.	1-mal tgl.
Whakatane	18 NZ$	3 Std.	1-mal tgl.

Shuttlebus

Mehrere Firmen holen Fahrgäste von den Flughäfen in Auckland oder Rotorua ab und bringen sie per Bus nach Tauranga (allerdings zahlt man für dieses Privileg ab 100 NZ$ aufwärts):

Luxury Airport Shuttles (☎ 07-547 4444; www.luxuryairportshuttles.co.nz) Bietet Travellern Transfers auch zwischen Tauranga Airport und Tauranga (ab 10 NZ$) an.

Apollo Connect Shuttles (☎ 07-218 0791; www.taurangashuttles.co.nz)

FLUGZEUG

Air New Zealand (☎ 07-577 7300; www.airnewzealand.co.nz; Ecke Devonport Rd & Elizabeth St; ⊙ Mo–Fr 9–17, Sa 10–13 Uhr) Bietet täglich Direktflüge nach Auckland, Wellington und Christchurch an.

Unterwegs vor Ort

AUTO

Zahlreiche Autovermieter haben Niederlassungen in Tauranga, beispielsweise **Rent-a-Dent** (☎ 0800 736 823, 07-578 1772; www.rentadent.co.nz; 19 Fifteenth Ave; ⊙ Mo–Fr 8–17, Sa 8–12 Uhr).

BUS

Taurangas leuchtend gelbe Bay-Hopper-Busse fahren zu den meisten Zielen in der Gegend, z. B. nach Mt. Maunganui (3 NZ$, 15 Min.) und Papamoa (3 NZ$, 30 Min.). Es gibt eine zentrale Haltestelle an der Wharf Street; Fahrpläne sind im i-SITE erhältlich.

FAHRRAD

Cycle Tauranga (☎ 0800 253 525, 07-571 1435; www.cycletauranga.co.nz; Harbour City Motor Inn, 50 Wharf St; halber/ganzer Tag 29/49 NZ$) verleiht Trekkingräder, Helme, Schlösser, Satteltaschen und Karten. Auch geführte Touren sind im Angebot.

TAXI

Ein Taxi von Tauranga Zentrum zum Flughafen oder nach Mt. Maunganui kostet ca. 20 NZ$, z. B. mit **Tauranga Mount Taxis** (☎ 07-578 6086; www.taurangataxis.co.nz).

Mt. Maunganui

30 400 EW.

Mt. Maunganui ist nach dem massiven, 232 m hohen Hügel benannt, der die sandige Halbinsel, auf der die Stadt erbaut ist, dominiert. Oft wird die Stadt aber nur als „The Mount" bezeichnet oder als „Mauao", was so viel heißt wie „in Tageslicht getaucht". Allgemein wird sie als Teil des Großraums Taurangas betrachtet, aber sie ist eigentlich eine Enklave für sich, mit großartigen Cafés und ausgezeichneten Restaurants, angesagten Bars und wunderschönen Stränden. Sonnenanbeter strömen im Sommer in Scharen nach The Mount, auf dessen Landzunge allerdings immer mehr zehnstöckige Apartmentblocks das Bild bestimmen.

Sehenswertes & Aktivitäten

The Mount erhebt den Anspruch, Neuseelands **Surfer-Metropole** zu sein (hier wird Surfen sogar in der Schule unterrichtet!). Man kann z. B. die Wellen am **Mount Beach** durchpflügen – der Strand bietet schöne Breaks und ein 100 m langes, künstliches Riff vor der Küste. Surf-Unterricht erteilen u. a. die folgenden Anbieter: **Hibiscus** (☎ 027 279 9687, 07-575 3792; www.surfschool.co.nz; Unterricht 2 Std./2 Tage 85/165 NZ$), **Discovery Surf School** (☎ 027 632 7873; www.discoverysurf.co.nz; 2 Unterrichtsstunden 90 NZ$, 4 Unterrichtsstunden 320 NZ$) und **Mount Surfshop** (☎ 07-575 9133; www.mountsurfshop.co.nz; 96 Maunganui Rd; Verleih Wetsuit/Bodyboard/Surfboard/Paddleboard Std. ab 5/5/10/20 NZ$, Unterricht 2 Std. 80 NZ$; ⊙ Mo–Sa 9–17, So 10–17 Uhr).

★ Mauao BERG, AUSSICHTPUNKT

Den eigentlichen Berg – Mauao (Mt. Maunganui) – kann man auf Wanderwegen erkunden, die in vielen Kehren zum Gipfel führen. Für eine Gipfelwanderung sollte man rund eine Stunde einkalkulieren (inkl.

kleiner Pause oben). Man kann aber auch einfach nur auf den Felsen von **Moturiki Island** herumklettern, die mit der Halbinsel verbunden ist. Die Insel und den Fuß des Mauao verbindet der **Mauao Base Track** (3½ km, 45 Min.); er führt durch zauberhafte Pohutukawa-Haine, die zwischen November und Januar blühen. Die Mauoa-Karte kann man sich am Infostand des Beachside Holiday Parks besorgen.

Mount Hot Pools BADEN

(www.tcal.co.nz; 9 Adams Ave; Erw./Kind/Fam. 11/8/31 NZ$; ⌚Mo–Sa 6–22, So 8–22 Uhr) Wer sich beim Besteigen des Mauao einen Muskelkater geholt hat, kann am Fuß des Berges ein langes, entspanntes Bad in diesen schönen Heißwasserbecken genießen.

Canoe & Kayak KAJAKFAHREN

(☎07-574 7415; www.canoeandkayak.co.nz; 3/5 MacDonald St; Touren pro Pers. ab 99 NZ$) Canoe & Kayak veranstaltet 2½-stündige Kajaktouren rund um Mauao. Die Teilnehmer bekommen dabei mit etwas Glück Seehunde zu sehen, passieren bizarre Felsformationen und hören interessante Legenden. Lohnend sind auch die nächtlichen Glühwürmchenfahrten (3 Std.) im nahe gelegenen McLarens Falls Park.

Rock House KLETTERN

(www.therockhouse.co.nz; 9 Triton Ave; Erw./Kind 16,50/14,50 NZ$ Ausrüstung kostet extra; ⌚Di–Fr 12–21, Sa & So 10–18 Uhr) Im Rock House, einem riesigen blauen Stahlschuppen mit blauen Kletterwänden, kann man seine Kletterkünste verbessern. Ausrüstungsgegenstände kann man ausleihen.

Baywave BADEN

(☎07-575 0276; www.tcal.co.nz; Ecke Girven & Gloucester Rd; Erw./Kind 7,50/5 NZ$, Wasserrutsche 4,60 NZ$; ⌚Mo–Fr 5.30–21, Sa & So 7–19 Uhr) Wer mal ohne Salz im Haar aus dem Wasser steigen will, sollte das Baywave mit traditioneller Schwimmbecken-Action und dem größten Wellenbad Neuseelands, einer Wasserrutsche sowie Aqua-Aerobics-Angeboten besuchen.

DAS WRACK DER RENA

Am 5. Oktober 2011 lief das 47 000 t schwere Frachtschiff MV *Rena*, beladen mit 1368 Containern und 1900 t Treibstoff, am Astrolabe Reef auf Grund – 22 km vor der Küste von Mt. Maunganui. Das Schiff sollte Tauranga Harbour, den stärkstfrequentierten Hafen Neuseelands, anlaufen, traf aber auf dem Weg dorthin – unerklärlicherweise – auf eines der eigentlich zuverlässig verzeichneten Hindernisse. Die *Rena* saß fatalerweise mit ihrem aufgerissenen Rumpf genau auf dem Riff fest. Öl lief aus und vom Deck rutschten Container ins Meer. In den folgenden Tagen sahen Einheimische ungläubig dabei zu, wie Ölklumpen, Container, tote Fische und Seevögel an ihre herrlichen Strände geschwemmt wurden.

Die Schuldfrage wurde gestellt: Der Kapitän? Die Eigner? Die Reederei, die das Schiff gechartert hatte? Tausende Freiwillige halfen bei der Reinigung der Strände und Tiere. Bergungsschiffen gelang es schließlich, den Großteil des Öls auf dem Schiff abzupumpen, bevor die *Rena* am 8. Januar 2012 endgültig in zwei Teile zerbrach und der verbliebene Treibstoff und Dutzende weiterer Container ins Meer gespült wurden. Das Heck versank schließlich vollständig.

Anfänglich galt alle Aufmerksamkeit der Verhinderung einer Ölpest. Der Auslöser selbst war ein Problem, zu dem zunächst niemand etwas einfiel. Das Schiff wieder flott zu machen, war keine Option. Also drehte sich die Debatte darum, was zu tun sei: Sollte man den Bug ebenfalls vom Felsen ziehen? Sollte man daraus vielleicht einen zukünftigen Tauchplatz für die Bay of Plenty machen? Zum Zeitpunkt der Recherchen für dieses Buch hatte man den Plan, die Bugsektion bis auf einen Meter unterhalb der Wasserlinie abzuschneiden und den vierstöckigen Unterkunftsturm vom untergetauchten Heck zu entfernen.

Das Ganze ist eine ökologische und wirtschaftliche Katastrophe, aber die langfristigen Auswirkungen sind schwer abzuschätzen. Nachdem das Schiff auf Grund gelaufen war, litten die örtlichen Unternehmen, doch inzwischen laufen die Geschäfte wieder und die schönen Strände sind wieder sauber. Unter www.renaproject.co.nz findet man den aktuellen Stand der Dinge. Man kann aber auch einen Einheimischen nach seiner Meinung fragen – was ziemlich sicher zu einem längeren Gespräch führt.

Mt. Maunganui

Schlafen

Seagulls Guesthouse B&B B&B, HOSTEL $

(☎07-574 2099; www.seagullsguesthouse.co.nz; 12 Hinau St; B/EZ/DZ/FZ ab 30/65/85/110 NZ$; @ 📶) Keine Lust auf noch eines der überfüllten, alkoholgeschwängerten Hostels? Bitte sehr: Das Seagulls liegt an einer ruhigen Straße unweit der Stadt und ist ein Juwel – ein makelloses, anspruchsvolles Hostel, in dem mehr Wert auf den friedlichen Genuss der Umgebung als auf das Suhlen in den Exzessen der Jugend gelegt wird. Die besten Zimmer haben ein eigenes Bad und TV. Es gibt kostenloses WLAN.

Pacific Coast Lodge & Backpackers HOSTEL $

(☎0800 666 622, 07-574 9601, ; www.pacificcoastlodge.co.nz; 432 Maunganui Rd; B/DZ ab 27/78 NZ$; @ 📶) Das straff geführte, stilvolle Hostel unweit des Geschehens ist gesellig, aber nicht partyorientiert; wer etwas trinken möchte, wird nach 22 Uhr freundlich aufgefordert, dies doch in der Stadt zu tun. Die zweckmäßig eingerichteten Schlafsäle mit Etagenbetten sind geräumig und mit Strandbildern geschmückt. WLAN und Surfbretter gibt's kostenlos.

Beachside Holiday Park FERIENANLAGE $

(☎07-575 4471; www.mountbeachside.co.nz; 1 Adams Ave; Stellplätze ab 35 NZ$, Mietwohnwagen 60–90 NZ$, Hütten 80–130 NZ$; @) Mit drei verschiedenen Campingbereichen am Fuß des Mt. Maunganui bietet der gemeindeeigene Campingplatz spektakuläre Stellplätze mit allen erforderlichen Einrichtungen; außerdem liegt er günstig zu den Mount Hot Pools (für Camper gibt's Rabatt) und einer Reihe guter Restaurants. Das örtliche Informationszentrum ist die Rezeption.

Mount Backpackers HOSTEL $

(☎07-575 0860; www.mountbackpackers.co.nz; 87 Maunganui Rd; B/2BZ/3BZ ab 25/80/90 NZ$; @ 📶) Das saubere, aufgeräumte Hostel besticht durch seine Lage unweit des Strandes

Mt. Maunganui

und ist nur einen Katzensprung von den besten Restaurants und Bars in The Mount entfernt. Hinzu kommen Extras wie günstige Preise für den Verleih von Surfboards und Fahrrädern sowie andere interessante Angebote, z.B. für Surf-Unterricht.

Cosy Corner Holiday Park FERIENANLAGE $
(☎07-575 5899, 0800 684 654; www.cosycorner.co.nz; 40 Ocean Beach Rd; Stellplätze ab 40 NZ$, Hütten & Apt. 70–120 NZ$; @📶🏊) Der spartanische Campingplatz hat eine gesellige Atmosphäre und verfügt über Grillplätze, Trampoline und ein Spielzimmer. Günstige Lage nahe am Strand. Neuer Whirlpool!

Mission Belle Motel MOTEL $$
(☎0800 202 434, 07-575 2578, ; www.missionbellemotel.co.nz; Ecke Victoria Rd & Pacific Ave; DZ/FZ ab 130/190 NZ$; 📶) Von außen sieht dieses familiengeführte Motel ganz und gar Tex-Mex-mäßig aus (wie aus einem alten Clint-Eastwood-Film), drinnen ist es aber ganz modern eingerichtet. Besonders gut sind die Familienzimmer, die sich über zwei Etagen erstrecken und große Badewannen haben; schön sind auch die überdachten Grillplätze und Innenhofbereiche.

Westhaven Motel MOTEL $$
(☎07-575 4753; www.westhavenmotel.co.nz; 27a The Mall; Wohneinheiten 100–210 NZ$; 📶) Die Motel-Architektur à la 1969 hat etwas Abgefahrenes, doch die neuen Besitzer modernisieren die Anlage Zimmer für Zimmer (Retro-Fans sollten sich also ranhalten!). Selbstversorger werden von den voll ausgestatteten Küchen begeistert sein, Geschäfte und Restaurants sind schnell zu Fuß erreichbar. Es ist das günstigste Motel im kompletten Umkreis.

Mt. Maunganui B&B B&B $$
(☎07-575 4013; www.mountbednbreakfast.co.nz; 463 Maunganui Rd; EZ/DZ inkl. warmes Frühstück ab 70/100 NZ$; @📶) Das B&B mit fünf Zimmern an der Straße in die Stadt bietet ein gutes Preis-Leistungs-Verhältnis. Die Gäste können sich auf eine gemütliche Gäste-Lounge, eine einfache Gemeinschaftsküche, Billardtisch, Grill und Kabel-TV freuen. Die beiden vorderen Zimmer leiden etwas unter Verkehrslärm, die übrigen sind aber in Ordnung. Gut für Gruppen geeignet.

Belle Mer HOTEL, APARTMENTS $$$
(☎07-575 0011, 0800 100 235; www.bellemer.co.nz; 53 Marine Pde; Apt. 190–450 NZ$; 📶🏊) Eine protzige Strandanlage mit Ein-, Zwei- und Drei-Zimmer-Apartments, von denen einige einen Balkon mit Meerblick haben und andere wiederum einen eigenen Bereich im Innenhof – obwohl die an ein Urlaubsresort erinnernde Terrasse mit Pool sicher attraktiver ist. Die Quartiere sind in fein abgestimmten, warmen Farben geschmackvoll eingerichtet, und man bekommt hier alles geboten, was man für einen längeren Aufenthalt braucht, etwa eine voll ausgetattete Küche und eine Wäscherei.

Essen

Providores Urban Food Store CAFÉ, FEINKOST $
(☎07-572 1300; 19a Pacific Ave; Gerichte 5–22 NZ$; ⏲7.30–17 Uhr, April–Okt. Mo & Di geschl.; 🌱) Mexikanische Teppiche und kuschelige Sofas

bestimmen hier die Atmosphäre, während die Augen schon mal über das frisch gebackene Brot, die Buttercroissants, hausgeräuchertes Fleisch, diverse Käsesorten, Bio-Marmelade und Eier aus Freilandhaltung gleiten – perfekte Zutaten für ein Frühstück der Extraklasse oder einen Fresskorb für ein Picknick am Strand. Hervorragend!

Mount Mainstreet Farmers Market MARKT $
(www.mountmaunganui.org.nz; Phoenix Car Park, Maunganui Rd; ⊙So 9–13 Uhr) Auf geht's zu einem sonntäglichen Morgenspaziergang über den örtlichen Wochenmarkt. Hier gibt's alles, was das Herz erfreut: frisches Obst und Gemüse, Kaffee, Gebäck, Honig, Käse, Säfte … nur Kunst und Kunsthandwerk, das gibt's hier nicht.

New World SUPERMARKT $
(www.newworld.co.nz; cnr Tweed St & Maunganui Rd; ⊙7–21 Uhr) Ein Paradies für Selbstversorger.

Slowfish CAFÉ $$
(☎07-574 2949; www.slowfish.co.nz; Shop 5, Twin Towers, Marine Pde; Hauptgerichte 15–24 NZ$; ⊙7–16.30 Uhr; 🖉) Die Köche dieses umweltbewussten Cafés haben sich der Förderung des guten regionalen Essens verschrieben. Der Massenansturm ist gewaltig: Die Gäste genießen hier hausgemachte Gerichte mit Eiern (von freilaufenden Hühnern) und Speck, griechische Salate und Fischfrikadellen mit Chili-Marmelade.

Thai Khan Koon THAILÄNDISCH $$
(☎07-574 8500; www.thaikhankoon.co.nz; 277 Maunganui Rd; Hauptgerichte 15–19 NZ$; ⊙Mo, Mi–Fr & So 11–22, Di 17–22, Sa 11 Uhr–open end) Ein paar flatternde Thai-Fahnen weisen auf dieses bescheidene Lokal hin, das an einem wenig aufregenden Abschnitt der Hauptstraße von Mt. Maunganui liegt. Doch weder von der Lage noch von den künstlichen Orchideen oder den schillernden Fotos sollte man sich abschrecken lassen: Was zählt, ist was hier auf den Tisch kommt. Und das ist gut. Das gilt z. B. für *gaeng dang bhed* (rotes Entencurry), aber auch für die klassischen Thai-Fishcakes.

Kwang Chow CHINESISCH $$
(☎07-575 5063; 241 Maunganui Rd; Mittag-/Abendessen 15/20 NZ$; ⊙Di–So 11.30–22 Uhr) Dieser All-you-can-eat-Chinese ist bei den Einheimischen beliebt, denn es ist ein preisgünstiges Lokal, das auf Geschmack und Aroma setzt, statt ein fades Einerlei aufzutischen. Der Innenraum erinnert an eine Höhle, er hat Holzdielen sowie allerhand nette kleine Schmuckelemente in Gold und Purpur sowie viele Spiegel.

★ **Drawing Room** MODERN-NEUSEELÄNDISCH, FRANZÖSISCH $$$
(☎07-575 0096; www.thedrawingroom-nz.tumblr.com; 107 Maunganui Rd; Hauptgerichte 34 NZ$; ⊙April–Okt. Mo–Sa 8 Uhr–open end, Nov.–März 15 Uhr–open end) Dieses neue, hervorragende französische Restaurant füllt eine Nische: gehobene Küche, gleichzeitig völlig unprätentiös, und mit Engagement für regionale Produkte und lokale Kunst (das Bild im Fenster wechselt monatlich). Innen erwarten einen Lederbänke und Holzdielen. Auf der Getränkekarte stehen französische und neuseeländische Weine, Single Malts und Biere aus Kleinbrauereien. Die gebratenen Muscheln sollte man probieren – aber noch Platz lassen für ein ausgefallenes Dessert.

Mount Bistro MODERN-NEUSEELÄNDISCH $$$
(☎07-575 3872; www.mountbistro.co.nz; 6 Adams Ave; Hauptgerichte 26–64 NZ$; ⊙Di–So 17.30–21 Uhr) Das buttermilchfarbene Mount Bistro sorgt für ein unprätentiöses Feinschmeckererlebnis am Fuße des Mauao: Hier werden hochwertige lokale Fleischsorten (Lamm, Rind, Hähnchen, Ente) sowie Fisch und Languste als fantasievolle klassische Gerichten zubereitet (z. B. Lammhaxe, Fischsuppe) und mit Schwung serviert. Genau richtig für einen stilvollen Abend.

🍷 Ausgehen & Unterhaltung

★ **Major Tom's** BAR, LIVEMUSIK
(www.majortomsbar.com; 297 Maunganui Rd; ⊙So–Di 16–23, Mi & Do 17–23, Fr & Sa 16–1 Uhr) Das Gebäude, in dem die unkonventionelle kleine Bar etwas abseits der Hauptstraße liegt, erinnert an Major Toms Raumschiff. Drinnen ist alles voller verrückter Antiquitäten, altmodischer Sofas, baumelnder Tischlampen und Drucken von Elvis, der *Mona Lisa* und (natürlich) David Bowie. Fabelhafte Terrasse an der Straße, coole Musik, kostenloses WLAN und gelegentliche Live-Acts. Jeder hier singt: „Planet Earth is blue, and there's nothing I can do …"

Astrolabe PUB
(☎07-574 8155; www.astrolabe.co.nz; 82 Maunganui Rd; ⊙10–1 Uhr) Das Astrolabe wird von der Mac-Brauerei betrieben und trumpft mit seiner abgedrehten Retro-Stimmung

auf – wozu etwa die geblümten Teppiche beitragen, außerdem gehören Bücherregale, vollgestopft mit alten Romanen, Sonnenschirme, abgewetzte Koffer und altmodische Tischsets dazu. Demjenigen, der mit derartiger Deko nur wenig anzufangen weiß, könnte mit frischem Pils und einigen Fisch-Tacos (Hauptgerichte 15–25 NZ$) dennoch geholfen werden.

Latitude 37 BAR
(www.37.co.nz; 181 Maunganui Rd; ⏲ Mo 16–1, Di–So 12–1 Uhr; 📶) Eine schicke Bar mit steinverkleideten Wänden, Faltfenstern und brennenden Fackeln vor der Tür. Viele Leute kommen auch zum Essen hierher (Hauptgerichte 22–39 NZ$ – oh, die geräucherten Bourbon-Miesmuscheln!), aber es ist ebenso ein schöner Fleck für ein kaltes Heineken nach einem Tag in der Brandung.

Bay City Cinemas KINO
(☎ 07-572 3311; www.baycitycinemas.co.nz; 249 Maunganui Rd; Tickets Erw./Kind 16/10 NZ$; ⏲ 10 Uhr–open end) Mainstream-Filmangebot.

ℹ Praktische Informationen

Die Rezeption des Beachside Holiday Park dient gleichzeitig als informeller Infostand für The Mount; geöffnet von 8.30 bis 19.00 Uhr

ℹ Anreise & Unterwegs vor Ort

AUTO

Mt. Maunganui liegt am anderen Ende der Hafenbrücke von Tauranga, von Süden aus ist es über Te Maunga auf dem SH2 zu erreichen. Leihwagen gibt es u. a. bei **Rite Price Rentals** (☎ 07-575 2726, 0800 250 251; www.riteprice rentals.co.nz; 63 Totara St; ⏲ 8–17 Uhr).

BUS

Busse von InterCity und Naked Bus, die Tauranga anfahren, halten auch in Mt. Maunganui. Die Preise sind vergleichbar mit denen nach/ab Tauranga. Die Busse halten an der Sailsbury Ave.

Papamoa

20 100 EW.

Papamoa ist ein aufblühender Ort in unmittelbarer Nachbarschaft zu Mt. Maunganui; beide trennen nur ein paar leere Koppeln, die schon bald erschlossen werden dürften. Wegen der großen neuen Häuser an makellosen Straßen wirkt Papamoa in manchen Vierteln wie eine bewachte Wohnsiedlung, aber der Strand hinter den Dünen ist einfach fantastisch – und spätestens dort versteht man, warum so viele Leute nach Papamoa ziehen.

Vom Strand ein paar Kilometer landeinwärts liegt **Blo-kart Heaven** (☎ 07-572 4256; www.blokartheaven.co.nz; 176 Parton Rd; Blokartfahren 1 Std. 50 NZ$; ⏲ 10–16.30 Uhr). Hier kann man sich auf einer eigens gebauten Rennstrecke im Landsegeln versuchen (Blokarts sind in Neuseeland konzipierte, spezielle Strandsegler).

Das weitläufige **Papamoa Beach Top 10 Holiday Resort** (☎ 07-572 0816, 0800 232 243; www.papamoabeach.co.nz; 535 Papamoa Beach Rd; Stellplätze ab 40 NZ$, Villen & Wohneinheiten 98–275 NZ$; @📶) ist eine blitzsaubere, moderne Ferienanlage, die hinsichtlich Ausstattung und Preis längst über ihre Anfänge als Campingplatz hinausgewachsen ist. Hier gibt es für Selbstversorger fantastische Villen hinter den Dünen (und in Hörweite der Brandung des Meeres). Mit seiner kantigen Wellblechfassade und den geschmackvollen Korbmöbeln bietet sich das **Beach House Motel** (☎ 07-572 1424, 0800 429 999; www.

ABSEITS DER ÜBLICHEN PFADE

TUHUA (MAYOR ISLAND)

Der inaktive Vulkan 35 km nördlich von Tauranga wird allgemein Mayor Island genannt. Die Privatinsel ist berühmt für ihr schwarzes, glasartiges Vulkangestein (Obsidian) und ihre **Vogelwelt**. Hier leben sogar Kiwis, die im Jahr 2006 auf dieser Insel ohne natürliche Feinde der Kiwis ausgewildert wurden. Wanderwege führen durch das überwucherte Kratertal, die Nordwestecke der Insel ist ein **Meeresschutzgebiet**.

Um die Insel zu besuchen, braucht man die Erlaubnis der *kaitiaki* (Hüter). Der Kontakt läuft über das **Tuhua Trust Board** (☎ 07-577 0942), die Anlandegebühr beträgt 5 NZ$. Die Gäste müssen strenge Quarantäneregeln einhalten. Die Unterkünfte beschränken sich auf einfache Zeltstellplätze/Hütten (10/30 NZ$); Essen und Wasser müssen Besucher selbst mitbringen (es gibt keinen Kühlschrank). In den Kosten für die Unterkunft ist die Anlandegebühr enthalten. Mehrere Bootsverleiher bringen Passagiere nach Tuhua, darunter Blue Ocean Charters (S. 328). Weitere Infos erhält man im **DOC** (☎ 07-578 7677; taurangainfo@doc.govt.nz) in Tauranga.

beachhousemotel.co.nz; 224 Papamoa Beach Rd; DZ ab 130 NZ$;) für eine anspruchsvollere Version des Kiwi-Urlaubs im Wochenendhäuschen an – entspannt und nahe am Strand. Es gibt einen Pool, falls es am Strand zu windig ist, und aus den Steingärten lugen die Gänseblümchen. Das **Bluebiyou** (07-572 2099; www.bluebiyou.co.nz; 559 Papamoa Beach Rd; Hauptgerichte 15–38 NZ$; Mi & Do 12–14.30 & 17.30 Uhr–open end, Fr & Sa 12 Uhr–open end, So 10 Uhr–open end) ist ein luftiglässiges Restaurant hoch in den Dünen; serviert werden ein umfangreicher Brunch und Spezialitäten mit Fisch und Meeresfrüchten. Die leckeren Garnelen sorgen für einen guten Start in den Sonntag. Im Sommer sieben Tage die Woche geöffnet.

Matakana Island

Die im Privatbesitz befindliche Insel Matakana ist etwa 24 km lang und bildet die dem Meer zugewandte Seite von Tauranga Harbour. Die Ostküste der Insel wird von abgeschiedenen, weißsandigen Surf-Stränden gesäumt (nur für erfahrene Leute), das Inselleben ist entspannt. Zu erreichen ist Matakana nur im Rahmen einer Kajaktour mit Adventure Bay of Plenty (S. 327).

Katikati

4060 EW.

Die kleine Stadt, von den Einheimischen „Katikat" genannt, ist die weltweit einzige geplante Ulster-Siedlung. Diese Tatsache feiert sie mit farbenfrohen **Wandbildern**. Das **Mural Town Information Centre** (07-549 1658; www.katikati.org.nz; 36 Main Rd; Mo–Fr 8–17, Sa 9–14, So 10–14 Uhr;) verkauft eine Broschüre mit Erläuterungen zu den verschiedenen Wandbildern (2,50 NZ$), daneben gibt's auch **Führungen** in kleinen Gruppen (07-549 2977; pro Pers. 5 NZ$).

Sehenswertes & Aktivitäten

Katikati Heritage Museum MUSEUM
(07-549 0651; www.katikatiheritagemuseum.co.nz; 3 Wharawhara Rd; Erw./Kind 7,50/5 NZ$; 9–16 Uhr) Das etwas in die Jahre gekommene Museum gibt in einem bezaubernden Mix aus Maori-Artefakten und Ulster-Historie einen Überblick über die Lokalgeschichte. Zu den weiteren Ausstellungsstücken zählen Moa-Knochen, alte Traktoren und die angeblich größte Flaschensammlung der südlichen Hemisphäre.

Haiku Pathway WANDERWEG
(www.katikati.co.nz; 24 Std.) GRATIS Vom Informationszentrum aus können Besucher den Haiku Pathway erkunden. Er verläuft am Uretara River entlang und führt an Felsblöcken vorbei, auf denen Haiku-Verse stehen. Entspannend!

Katikati Bird Gardens WILDRESERVAT
(07-549 0912; www.birdgardens.co.nz; 263 Walker Rd E; Erw./Kind/Fam. 9,50/5/25 NZ$; 10–16.30 Uhr) Etwa 7 km südlich der Stadt liegen die 4 ha großen Katikati Bird Gardens voller heimischer Vögel (schon mal einen Kawaupaka gesehen?). Außerdem gibt es hier ein kleines Café, eine Galerie sowie eine Unterkunft im Boutique-Cottage (DZ im B&B 160 NZ$).

Morton Estate WEINGUT
(www.mortonestatewines.co.nz; 2389 SH2; 9.30–17 Uhr) Das klosterartige Morton Estate am SH2 liegt 8 km südlich von Katikati. Das Anwesen zählt zu den größten Weingütern Neuseelands. Besucher können die dort gekelterten Weine verkosten und kaufen. Unbedingt den Chardonnay probieren – er ist weich wie Sahne.

Schlafen

Kaimai View Motel MOTEL $$
(07-549 0398; www.kaimaiview.co.nz; 84 Main Rd; DZ ab 120 NZ$;) Hinter einem ungewöhnlichen Bild an der Fassade bietet dieses moderne Motel hübsche Zimmer (die alle nach heimischen Baumarten benannt sind) mit CD-Spielern, Küchenzeilen und einem Whirlpool (den aber nur in den größeren Zimmern). Die Aussicht, nach der das Motel benannt wurde, genießt man hinter dem Haus.

★ **Warm Earth Cottage** HÜTTE, B&B $$$
(07-549 0962; www.warmearthcottage.co.nz; 202 Thompsons Track; DZ 220 NZ$) In diesem ländlichen Idyll, 5 km südlich der Stadt und dann 2 km auf dem SH2 nach Westen, kann man vielleicht seine romantische Ader wiederentdecken und in einfachen Freuden schwelgen. Zwei einfache Hütten ohne Strom stehen am Ufer des Waitekohe River, in dem man auch baden kann. Also den Grill anwerfen (großzügige BBQ-Pakete gibt es für 85 NZ$ zu kaufen), in ein holzbefeuertes Bad im Freien eintauchen oder in der netten Gäste-Lounge/-Bibliothek ein Buch lesen. Ein großes Frühstück zum Selbermachen ist im Preis inbegriffen.

Essen

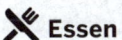

Ambria MODERN-NEUSEELÄNDISCH $$
(07-549 2272; www.ambria.co.nz; 5/62 Main Rd; Mittagessen 15–19 NZ$, Abendessen 24–36 NZ$) Das Ambria an einer unscheinbaren Einkaufsstraße auf der östlichen Seite der Stadt ist eine überraschend atmosphärische Bar mit ziemlich guter Küche. Der mit Salbei, Apfel und Speck gefüllte Schweinebauch schmeckt mit einen Glas neuseeländischem Wein besonders lecker.

Talisman Hotel & Landing Restaurant PUB $$
(07-549 2218; www.facebook.com/talismanhotel; 7 Main Rd; Hauptgerichte 18–30; 11.30–14.30 & 17–21 Uhr) Das Talisman beherbergt die örtliche Kneipe mit gelegentlichen Livemusik-Darbietungen (dazu gehören auch „Sing For Your Supper"-Abende – wer also für sein Essen singen will: nicht vergessen, die Gitarre mitzubringen!). Das Restaurant Landing serviert den ganzen Tag über Kneipenessen wie Pizza, Steak mit Pommes frites, Lamm Wellington, gebratenen Lachs und surf'n'turf (ein gutes Gericht, das Fleisch von Land- und Meerestieren kombiniert).

Te Puke

7500 EW.

Willkommen in der „Welthauptstadt der Kiwifrucht"! Während der Erntezeit, wenn es jede Menge Arbeit gibt, ist hier richtig viel los. Das **Te Puke Visitor Information Centre** (07-573 9172; www.tepuke.co.nz; 130 Jellicoe St; Mo–Fr 8–17, Sa 9–12 Uhr;) befindet sich im selben Gebäude wie die öffentliche Bücherei (die Mitarbeiter können übrigens bestätigen, dass „Puke" Puhkie ausgesprochen wird und nicht „Pjuk").

Wer alles über die Kiwifrucht wissen will, sollte dem **Kiwi360** (0800 549 4360, 07-573 6340; www.kiwi360.com; 35 Young Rd, über den SH2 ; Eintritt frei, Touren Erw./Kind/Fam. 20/6/46 NZ$; 9–17 Uhr) an der Abzweigung nach Maketu einen Besuch abstatten. Das Besucherzentrum inmitten von Plantagen mit Nashi-Birnen, Zitrusfrüchten, Avocados und (Überraschung!) Kiwis bietet eine Reihe Attraktionen, darunter eine 35-minütige Plantagentour mit dem Kiwikarren, einen Kiwi-Aussichtsturm (ohne besondere Aussicht) und ein Café, das verschiedene Köstlichkeiten aus Kiwifrüchten auftischt.

Lust auf etwas Süßes? Etwa 10 km südlich von Te Puke, in Paengaroa, liegt **Comvita** (0800 493 782, 07-533 1987; www.experience comvita.com; 23 Wilson Rd S, Paengaroa; Eintritt frei, geführte Touren Erw./Kind/Fam. 22,50/11/64 NZ$; Mo–Fr 8.30–17, Sa & So 9.30–17 Uhr) GRATIS, die Heimat der berühmtesten neuseeländischen Gesundheitsprodukte aus Honig- und anderen Imkereierzeugnissen. Sobald das neue Beucherzentrum fertig ist, soll das Angebot um ein Café, einen Laden und geführte Touren erweitert werden. Wer noch ein Mitbringsel sucht, kann z.B. einen Tiegel Vitamin-E-Creme mit Blütenpollen und Manuka-Honig kaufen.

Unweit von Comvita bietet **Kaituna Jet** (0800 867 386; www.jetboating.co.nz; 316 SH33, Paengaroa; Erw./Kind/Fam. 104/49/277 NZ$; 9–16 Uhr) Jetbootfahrten auf einem ansonsten

EIN PELZIGES FRÜCHTCHEN – DIE KIWI

Die unscheinbare Kiwifrucht bringt NZ jedes Jahr mehr als 1 Mrd. NZ$ ein. Da die Bay of Plenty hier ganz dick im Geschäft ist, verwundert es nicht, dass die Einheimischen die Frucht auch persönlich sehr schätzen.

Ursprünglich stammt die Frucht aus China, wo sie Affenpfirsich genannt wurde (sie galt als reif, wenn die Affen sie verspeisten). Bei ihrer Übersiedelung nach Neuseeland wurde sie in Chinesische Stachelbeere umbenannt – damals war sie noch deutlich kleiner. Findige Neuseeländer züchteten aber zunehmend größere Exemplare und begannen in den 1950er-Jahren mit dem Export. Die Frucht erhielt einen attraktiven neuen Namen: Zespri. Heute bauen die Zesprianer zwei Sorten Kiwis an: die gewöhnliche, mit Flaum bedeckte grüne und die goldene Frucht mit der weichen Haut. Um mehr über die Kiwi zu erfahren, empfiehlt sich ein Besuch im Kiwi360 in Te Puke.

Für Reisende, die zwischendurch mal ein paar Dollar dazuverdienen wollen, gibt es in dieser Gegend immer Arbeit beim Kiwipflücken – überwiegend natürlich in der Erntezeit (Mai und Juni): Man sollte aber nicht mehr als 14 NZ$ pro Stunde erwarten. Am besten fragt man bei den regionalen i-SITEs nach oder schaut online auf der Website www.picknz.co.nz nach Angeboten.

ABSTECHER

PADDELN & PASTETEN: MAKETU

Wenn man auf dem SH2 durch Te Puke fährt und dann links in die Maketu Rd einbiegt, findet man sich in einem historischen Badeort wieder, der schon bessere Tage gesehen hat.

Maketu (1240 Ew.) spielte in der neuseeländischen Geschichte eine wichtige Rolle: Hier landete im Jahre 1340 das Kanu Te Arawa. An das historische Ereignis erinnert heute jedoch nur noch ein unscheinbares Denkmal von 1940 am Strand.

Berühmter ist der Ort wohl wegen der **Maketu Pies** (☎07-533 2358; www.maketupies.co.nz; 6 Little Waihi Rd; ⏲Mo–Fr 9–15.30 Uhr), die hier täglich frisch gebacken werden und dem Großteil der Einwohner Arbeit verschaffen. Die Pasteten gibt's frisch aus dem Ofen direkt beim Hersteller oder auch im Geschäft nebenan zu kaufen (zu empfehlen ist besonders die legendäre Füllung mit Lamm und Minze).

ruhigen Abschnitt des Kaituna River an. Ebenfalls in der Nähe bietet **Briars Horse Trek** (☎07-533 2582; www.briarshorsetrek.co.nz; 540 SH33, Paengaroa; Ausritte 1/2/4 Std. ab 65/110/195 NZ$) Ausritte durch die hiesigen Wälder und entlang der Flüsse.

Unterkünfte in Privathäusern und auf Bauernhöfen sind rund um Te Puke die gängige Art der Übernachtung; das Besucherzentrum hält eine Liste bereit. Für Obstpflücker und eingefleischte Schlafsaalbewohner gibt's eine rustikale Hostel-Unterkunft im **Hairy Berry** (☎07-573 8015; www.hairyberrynz.com; 2 No 1 Rd; B/2BZ/DZ ab 25/60/60 NZ$; @☜). Der scheunenartige Bau auf der Whakatane-Seite der Stadt verfügt über einen großzügigen Gemeinschaftsraum und kleine, saubere Schlafzimmer. Eine gesellige Angelegenheit.

Whakatane

18 950 EW.

Whakatane (sprich: fo-ka-ta-ne) ist ein wahres Paradies aus Pohutukawa-Bäumen, das in einem natürlichen Hafenbecken an der Mündung des gleichnamigen Flusses liegt. Für den landwirtschaftlichen Bezirk Rangitaiki ist die Stadt der Dreh- und Angelpunkt. Whakatane hat aber noch mehr Reize – herrliche Strände, eine Hauptstraße mit sonnigem Flair und das vulkanische Whakaari (White Island) sind nur ein paar davon. Außerdem ist es (trotz Nelsons Protesten) offiziell die sonnigste Stadt von Neuseeland!

Sehenswertes

Te Manuka Tutahi Marae MARAE
(☎07-308 4271; www.mataatua.com; 105 Muriwai Dr; ⏲Dez.–Feb. 9–16 Uhr, März–Nov. kürzere Öffnungszeiten) GRATIS Das Herzstück des brandneuen Ngati Awa *marae* ist nicht neu: **Mataatua Wharenui** – „das Haus, das nach Hause kam" – ist ein Versammlungshaus von 1875 mit fantastischen Schnitzereien. 1879 wurde es abgebaut und nach Sydney verschifft, ab 1925 verbrachte es 71 Jahre im Otago Museum, 1996 schließlich kehrte es nach Ngati Awa zurück. Man kann das Mataatua Wharenui kostenlos von außen anschauen (auf respektvolles Benehmen achten!) – oder eine exzellente 90-minütige, kulturelle Tour buchen (Erw./Kind 49/15 NZ$).

★ **Whakatane District Museum** MUSEUM, GALERIE
(☎07-306 0509; www.whakatanemuseum.org.nz; Esplanade Mall, Kakahoroa Dr; Eintritt durch Spende; ⏲Mo–Fr 9–17, Sa & So 10–14 Uhr) Das eindrucksvolle neue Museum mit Galerie im Gebäude der Bücherei zeigt kunstvoll präsentierte Exponate über einstige Siedlungen der Maori und Europäer in diesem Gebiet: Durch *taonga* (Schätze) der ortsansässigen Maori kann deren Abstammung bis zum Mataatua-Kanu zurückverfolgt werden. Weitere Schwerpunkte sind Whakaari (White Island) und Motuhora (Whale Island). Die Galerie präsentiert ein abwechslungsreiches Programm neuseeländischer und internationaler Ausstellungen.

Wairere Falls WASSERFALL
(Toroa St) Hinter der Stadt plätschert der Bilderbuch-Wasserfall Te Wairere (Wairere Falls) über die Klippen und sorgt für dunstige Luft. Früher trieb der Fluss Flachs- und Kornmühlen an und versorgte Whakatane mit Trinkwasser. Das grandiose Stückchen Erde ist noch nahezu unentdeckt: Wohl überall sonst gäbe es einen Ticketschalter, Schautafeln und einen Hotdog-Wagen!

Pohaturoa MONUMENT
(Ecke The Strand & Commerce St) Neben einem Kreisverkehr am Strand erhebt sich

Pohaturoa, ein großer *tapu* (heiliger) Felsvorsprung, auf dem Rituale bei Taufe, Tod, Krieg und *moko* (Tattoo) durchgeführt wurden. Der Vertrag von Waitangi wurde hier 1840 von den Ngati-Awa-Häuptlingen unterzeichnet; ein Denkmal erinnert an den Ngati-Awa-Häuptling Te Hurinui Apanui.

Muriwai's Cave HÖHLE

(Muriwai Dr) Die teilweise eingestürzte Te Ana o Muriwa (Muriwai's Cave) erstreckte sich einst 122 m weit in den Hang. Hier fanden 60 Menschen Unterschlupf, unter ihnen Muriwai, eine berühmte Seherin und die Tante von Wairaka. Neben den Wairere Falls und einem Felsen in der Hafeneinfahrt war die Höhle eine jener drei Landmarken, nach denen Toroa auf Geheiß seines Vaters Irakewa Ausschau halten sollte, als er im *Mataatua*-Kanu eintraf.

Te Papaka & Puketapu ARCHÄOLOGISCHE STÄTTEN, AUSSICHTSPUNKT

Oben auf den Klippen hinter dem Ort gibt es zwei antike *pa* der Ngati Awa – Te Papaka und Puketapu; beide bieten eine sensationelle Aussicht auf Whakatane (und ließen sich sehr gut verteidigen).

Aktivitäten

Lust auf einen Spaziergang? Der **Kohi Point Walkway** ist sehr empfehlenswert: Es ist eine vierstündige, 5,5 km lange Wanderung durch den Busch mitsamt Panoramablick von den Klippen und einem wirklich atemberaubenden Ausblick auf die Otarawairere Bay. Ein kurzer Umweg belohnt außerdem mit faszinierender Aussicht von Toi's Pa (Kapua te rangi), der angeblich ältesten *pa*-Stätte des Landes. Toi's Pa ist auch über eine teilweise unbefestigte Straße zu erreichen, die von der Straße Whakatane–Ohope abzweigt. Von Ohope aus fährt ein Bus zurück nach Whakatane – falls die müden Beine die zusätzlichen Kilometer nicht mehr schaffen. Beim i-SITE erhält man diverse Wanderkarten.

Eine im Vergleich dazu deutlich weniger hügelige Option ist der **River Walk** (2–3 Std.): Er folgt dem Whakatane River, führt vorbei an den botanischen Gärten, der Muriwai-Höhle und dann weiter zur Wairaka-Statue.

Informationen zu Boot- und Hubschrauber-Touren nach Whakaari (White Island) gibt's auf S. 345. Auf S. 345 erfährt man mehr über mögliche Ausflüge nach Motuhora (Whale Island).

Diveworks Dolphin & Seal Encounters TAUCHEN, TIERBEOBACHTUNG

(☎0800 354 7737, 07-308 2001; www.whaleislandtours.com; 96 The Strand; Schwimmen mit Delfinen & Seehunden Erw./Kind 160/130 NZ$, Tauchen inkl. Ausrüstung ab 215 NZ$) Der Tauch-/Ökotour-Anbieter veranstaltet ab Whakatane Ausflüge zum Schwimmen mit Delfinen und Seehunden (wenn man nur vom Boot aus zusehen möchte, wird es billiger) sowie Tauchausflüge nach Motuhora (Whale Island; Erw./Kind 120/85 NZ$) und nach Whakaari (White Island; zwei Tauchgänge inkl. Ausrüstung 275 NZ$). Auch diverse Angelausflüge hat dieser Veranstalter im Programm.

Whakatane Observatory ASTRONOMIE

(☎07-308 6495; www.whakatane.info/business/whakatane-astronomical-society; 22 Hurinui Ave; Erw./Kind/Fam. 15/5/35 NZ$; ⏲Di & Fr 19.30 Uhr) Das Observatorium von Whakatane liegt auf einem Bergkamm hinter der Stadt und bietet – natürlich nur bei klarem Himmel – eine wunderbare Möglichkeit, die Sterne zu betrachten.

Whakatane District Aquatic Centre BADEN

(www.tlc.net.nz; 28 Short St; Erw./Kind/Fam. 4/2.20/11,50 NZ$; ⏲Mo–Fr 6–20, Sa & So 7–18 Uhr) Schwimmbecken innen und außen, Whirlpools und ein schlauchartiger gelber Wurm von Wasserrutsche (4,50 NZ$).

FRAUENPOWER

Der Name Whakatanes entstand vor rund 800 Jahren, 200 Jahre nach Ankunft der ersten Maori. Der Krieger Toroa und seine Familie segelten in einem riesigen *waka* (Kanu), dem Mataatua, in die Gegend um den Meeresarm. Als die Männer an Land gingen, um die einheimischen Stammesführer zu begrüßen, kam die Flut und das *waka* wurde – mitsamt den Frauen an Bord – hinaus aufs offene Meer getrieben. Toroas Tochter, Wairaka, aber rief: „E! Kia whakatane au i ahau!" (Lass mich handeln wie ein Mann!) Sie missachtete das traditionelle *tapu* (Tabu) für Frauen, ein *waka* zu steuern, ergriff das Paddel und brachte das Boot sicher ans Ufer zurück. Eine etwas skurrile **Statue Wairakas** steht heute stolz auf einem Felsen im Hafen von Whakatane und erinnert an diese tapfere Tat.

Whakatane

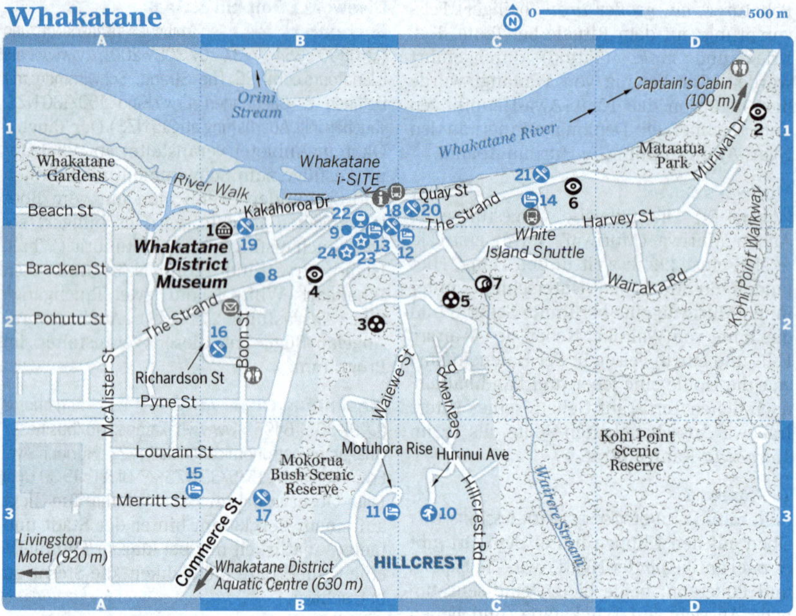

Whakatane

Highlights
1 Whakatane District Museum B2

Sehenswertes
2 Muriwai's Cave D1
3 Papaka Pa B2
4 Pohaturoa B2
5 Puketapu Pa C2
6 Te Manuka Tutahi Marae C1
7 Wairere Falls C2

Aktivitäten, Kurse & Touren
8 Dive White Island B2
9 Diveworks Dolphin & Seal Encounters B2
10 Whakatane Observatory C3
White Island Tours .... (siehe 14)

Schlafen
11 Motuhora Rise B&B B3
12 Tuscany Villas C2
13 Whakatane Hotel B2
14 White Island Rendezvous C1
15 Windsor Backpackers A3

Essen
16 Cafe Coco B2
17 Countdown B3
18 L'Epicerie B1
19 Niko Niko B2
20 Roquette C1
21 Wally's on the Wharf C1

Ausgehen & Nachtleben
Craic .... (siehe 13)
Detour .... (siehe 22)
22 Office B1

Unterhaltung
23 Boiler Room B2
24 WhakaMax Movies B2

Tui Glen Farm REITEN
(☎027 232 5367, 07-323 6457; www.tuiglenfarm.com; Kawerau Loop Rd, Kawerau; Reiten 30 Min. Erw./Kind 35/25 NZ$, 1 Std. 60/45 NZ$) Unweit von Kawerau, etwa 35 km von Whakatane entfernt am SH30 nach Rotorua gelegen, bietet die Tui Glen Farm Ausritte durch Busch- und Farmland für Anfänger und Abenteuerlustige an. Es gibt auch einfache Übernachtungsmöglichkeiten im Schlafsaal (35 NZ$) bzw. Campingoptionen (10 NZ$).

Schlafen

Whakatane Hotel HOTEL $
(☎07-307 1670; www.whakatanehotel.co.nz; 79 The Strand; B/EZ 25/40 NZ$, DZ mit/ohne Bad ab

75/55 NZ$; 📶) Der hübsche Jugendstilklassiker bietet 27 einfache, aber sehr ordentliche Zimmer im Obergeschoss von zwei Gebäudeflügeln. Saubere Gemeinschaftsbäder, hohe Decken, Gemeinschaftsküche… ein tolles Preis-Leistungs-Verhältnis. Einige Zimmer bekommen vom Lärm des darunter liegenden Pub einiges ab, aber die Besitzer versuchen die Leute so zu verteilen, dass sie möglichst wenig davon mitbekommen.

Windsor Backpackers HOSTEL $
(☎07-308 8040; www.windsorlodge-backpackers.co.nz; 10 Merritt St; B/EZ/DZ ab 27/48/66 NZ$; @📶) Das beste Backpackers in Whakatane liegt in einem umgebauten Beerdigungsinstitut… man kann also mit ruhigem Schlaf rechnen! Die ausgezeichneten Unterkünfte reichen von zweckmäßigen Schlafsälen bis hin zu einigen Doppelzimmern mit Motelstandard nach vorne hinaus. Gemeinschaftsküche, Lounge und Grillplatz im Hof sind geräumig und sauber.

Awakeri Hot Springs FERIENANLAGE $
(☎07-304 9117; www.awakerisprings.co.nz; SH30; Stellplätze 36 NZ$, DZ Hütten/Apt./Wohneinheiten 70/85/95 NZ$; 📶) Etwa 16 km von Whakatane entfernt, an der Straße nach Rotorua (SH30), liegt die altmodische, aber tipptopp gepflegte Ferienanlage Awakeri Hot Springs. Zur Ausstattung gehören (wie der Name verspricht) Thermalquellen (Erw./Kind 7,50/5 NZ$), Picknickplätze und Betten in Unterkünften verschiedener Preisklassen.

Captain's Cabin APARTMENT $$
(☎07-308 5719; www.captainscabin.co.nz; 23 Muriwai Dr; DZ ab 125 NZ$, jde. weitere Pers. 25 NZ$) In einem ruhigen Teil der Stadt und mit ausgezeichneter Aussicht auf den Hafen ist diese gemütliche Wohneinheit der perfekte Ort für alle, die ein paar Tage hierbleiben (ab zwei Tagen Aufenthalt wird der Übernachtungspreis günstiger). Ein gemütlicher Wohnbereich kombiniert geschickt Schlafzimmer, Lounge, Küche und Esszimmer mit einem zweiten kleineren Raum und einem kleinen, aber feinen Bad – alles ist ganz entzückend im nautischen Stil eingerichtet. Drei Personen können hier übernachten.

White Island Rendezvous HOTEL, B&B $$
(☎0800 733 529, 07-308 9500 ; www.whiteisland.co.nz; 15 The Strand E; DZ 100–160 NZ$, Apt. ab 200 NZ$, B&B 190 NZ$; 📶) Die makellose Anlage mit 28 Zimmern wird von den kompetenten Leuten von White Island Tour (für Tour-Teilnehmer sind die Preise günstiger) geführt. Auf den vielen Balkons und der großzügigen Terrasse können die Gäste frische Seeluft schnuppern; drinnen sind alle Böden mit Dielen ausgelegt, was zusätzlich für eine maritime Atmosphäre sorgt. Die Luxuszimmer verfügen über Whirlpools; für Rollstuhlfahrer zugängliche Einrichtungen stehen ebenfalls zur Verfügung. Das B&B nebenan serviert morgens ein warmes Frühstück.

Tuscany Villas MOTEL $$
(☎07-308 2244; www.tuscanyvillas.co.nz; 57 The Strand; DZ 155–200 NZ$; 📶) Dieses moderne Motel liegt zwar ziemlich weit von Florenz entfernt, aber die interessante Architektur, die schmiedeeisernen Balkone und Blumentöpfe auf jedem freien Fleckchen wecken schon den Gedanken an Italien. Die bequemen, luxuriösen Zimmer haben superbreite Betten und Whirlpools.

Livingston Motel MOTEL $$
(☎0800 770 777, 07-308 6400; www.livingston.co.nz; 42 Landing Rd; DZ/FZ 130/220 NZ$; 📶) Es liegt zwar ein bisschen vom Stadtzentrum entfernt, aber unter dem halben Dutzend ähnlicher Unterkünfte an der Landing Rd sticht dieses blitzsaubere Motel im Ranch-Stil durchaus hervor. Die geräumigen, gepflegten Wohneinheiten sind mit bequemen Betten möbliert. Ein besonderes Extra sind die großen Whirlpools in den Privatsuiten.

Motuhora Rise B&B B&B $$$
(☎07-307 0224; www.motuhorarise.com; 2 Motuhora Rise; EZ/DZ/3BZ inkl. Frühstück 205/230/350 NZ$; 📶) Die flotte Unterkunft, die ein bisschen Rocky-Mountains-Atmosphäre verströmt, steht in mehrfachem Sinne an der Spitze der Stadt (die Zufahrt ist steil!) und ermöglicht außerdem einen weiten Blick bis nach Motuhora (Whale Island). Bei der Anreise werden die Gäste mit einer Gourmet-Käseplatte begrüßt, weitere Extras sind das Heimkino, ein Außenwellnessbereich sowie Angelruten und Golfschläger. Kinderfreie Zone.

Essen

Wally's on the Wharf FISH & CHIPS $
(☎07-307 1100; www.whakatane.info/business/wallys-wharf; 2 The Strand; Gerichte 6–19 NZ$; ⏲11–19 Uhr) Wally kennt sich aus mit Fish & Chips und serviert auch Hoki, Snapper, Flunder, Petersfisch und Tarakihi – frittiert, vom Grill oder als fantastische Fischburger. In der Saison gibt es Whitebait-Bratlinge

und Pommes frites, die auf dem Knusprometer einen ziemlich hohen Wert erreichen. Die neu eingeführten Tintenfischringe erfüllen nicht ganz die Erwartungen – doch zumindest den Möwen scheint das nichts auszumachen.

L'Epicerie CAFÉ, FRANZÖSISCH $
(☎07-308 5981; www.lepicerie.co.nz; 73 The Strand; Hauptgerichte 10–16 NZ$; ⊙Mo–Fr 7.30–15.30, Sa 8–16, So 8.30–14.30 Uhr) *Ooh-la-la!* Dieses klassisch-französische Café in der Innenstadt von Whakatane ist eine echte Überraschung: Auf die Tische kommen grandiose Omeletts, Croissants, Crêpes und Croque-Monsieurs. Fantastischer Kaffee und ein angeschlossener Feinkostladen, dessen Regale voll sind mit Konserven, Broten, Senf und herrlich stinkendem französischem Käse, vervollständigen diese sehr frankophile Erscheinung.

Niko Niko JAPANISCH $
(https://foursquare.com/v/niko-niko-sushi/; 43 Kakahoroa Dr; Sushi 2–3 NZ$; ⊙9–19 Uhr) Dieser Sushi-Laden liegt ein bisschen versteckt zwischen The Strand und dem Ufer, mit sonnigen Tischen im Freien. Besonders zu empfehlen: die herrlich präsentierten Chili-Hühnchenrollen.

Cafe Coco CAFÉ $
(☎07-308 8337; www.whakatane.info/business/cafe-coco; 10 Richardson St; Hauptgerichte 8–19 NZ$; ⊙Mo–Fr 7.30–16.30, Sa 8.30–14 Uhr) Das ziemlich angesagte, L-förmige Ecklokal serviert leckere frische Snacks: Bagels, Paninis, Maisbratlinge, Säfte, French Toast, Kuchen, Fair-trade-Bio-Kaffee, Eier in allen Variationen... und, nicht zu vergessen, den „Crêpe der Woche". Der Laden ist sehr kinderfreundlich.

Countdown SUPERMARKT $
(www.countdown.co.nz; 105 Commerce St; ⊙7–22 Uhr) Hier kann man seine Vorräte auffüllen.

Roquette MODERN-NEUSEELÄNDISCH, MEDITERRAN $$$
(☎07-307 0722; www.roquette-restaurant.co.nz; 23 Quay St; Mittagessen 20–34 NZ$, Abendessen 30–36 NZ$; ⊙Mo–Sa 10 Uhr–open end) Das sonnige Roquette ist ein modernes Restaurant am Wasser und ist im Erdgeschoss eines der neuen großen Wohnblocks untergebracht. Auf den Tisch kommen köstliche, mediterran beeinflusste Gerichte: und zwar jede Menge sommerlicher Salate, Risotto und Fisch. Entspannte Musik, viel Glas und Mosaike, guter Kaffee und obendrein Mitarbeiter, die gut drauf sind, runden das Ganze ab. Zu empfehlen ist der Salat mit über Holzkohle gegrilltem Lamm.

Ausgehen & Unterhaltung

Craic IRISH PUB
(www.whakatanehotel.co.nz; Whakatane Hotel, 79 The Strand; ⊙11–2 Uhr) Das Craic ist eine lebhafte Kneipe, in der besonders Kiwis irischer Abstammung anzutreffen sind. Es ist ein netter Ort für ein oder zwei Pints oder einen Becher heißer Schokolade für all jene, denen der Sinn nicht nach Bier steht. Fantastische Terrasse an der Straße für sonnige Nachmittage sowie deftiges Kneipenessen (Hauptgerichte 13–22 NZ$).

Office BAR
(www.whakatane.info/business/office-bar-grill; 82 The Strand; ⊙11 Uhr–open end) Im sportiven Office ist das ganze Angebot sehr gut: große Essensportionen mit reichlich Pommes und Salat (Hauptgerichte 18–32 NZ$), abends Livebands und/oder DJs (Do–Sa) sowie leckeres Bier. Nebenan betreiben die selben Jungs die gehobenere Bar **Detour** (www.whakatane.info/business/detour-bar-lounge; 84 The Strand; ⊙12 Uhr–open end), die sich an ein Publikum über 25 wendet, und in der es Tapas und Cocktails gibt.

Boiler Room CLUB, LIVEMUSIK
(www.whakatanehotel.co.nz; Whakatane Hotel, 79 The Strand; ⊙Fr & Sa 22–2.30 Uhr) Neben dem Craic im Whakatane Hotel liegt das Boiler Room, ein höhlenartiger, hedonistischer Ort voller Billardtische. Genau genommen ist es der einzige echte Club in Whakatane. DJs und Livebands verschaffen sich jeweils am Freitag- und Samstagabend Gehör – oft kostenlos.

WhakaMax Movies CINEMA
(☎07-308 7623; www.whakamax.co.nz; 99 The Strand; Tickets Erw./Kind 14/9 NZ$; ⊙10 Uhr–open end) Genau in der Mitte von The Strand präsentiert das WhakaMax die neuesten Filme. Vor 16.30 Uhr (Dienstags den ganzen Tag) gibt's Tickets zum reduzierten Preis.

Praktische Informationen

Post (197 The Strand; ⊙Mo–Fr 8.30–17, Sa 9–12 Uhr) Wechselt auch fremde Währungen.

Whakatane Hospital (☎07-306 0999; www.bopdhb.govt.nz; Ecke Stewart St & Garaway St; ⊙24 Std.) Medizinische Notfallbehandlung.

Whakatane i-SITE (☎0800 924 528, 07-306 2030; www.whakatane.com; Ecke Quay St &

Kakahoroa Dr; ⌚ Mo–Fr 8–17, Sa & So 10–16 Uhr; 📶) Kostenloser Internetzugang (WLAN auf der Terrasse vor dem Gebäude rund um die Uhr), Buchung von Touren und Unterkünften und allgemeine Anfragen an DOC.

ℹ Anreise & Unterwegs vor Ort

BUS

InterCity-Busse halten vor dem i-SITE und verbinden Whakatane mit Rotorua (20 NZ$, 1½ Std., 1-mal tgl.), Tauranga (30 NZ$, 3 Std., 1-mal tgl.; über Rotorua) sowie Gisborne (46 NZ$, 3 Std., 1-mal tgl.; über Opotiki) und bieten darüber hinaus auch diverse Anschlussverbindungen.

Naked Bus fährt folgende Ziele an:

FAHRZIEL	FAHRPREIS	FAHRZEIT	HÄUFIGKEIT
Auckland	35 NZ$	6 Std.	1-mal tgl.
Gisborne	20 NZ$	3¼ Std.	1-mal tgl.
Hamilton	25 NZ$	2½ Std.	1-mal tgl.
Rotorua	19 NZ$	1½ Std.	1-mal tgl.
Tauranga	18 NZ$	4 Std.	1-mal tgl.
Wellington	65 NZ$	10 Std.	1-mal tgl.

Lokale Busse von **Bay Hopper** fahren nach Ohope (3 NZ$, 45 Min., 6-mal tgl.), Opotiki (8,60 NZ$, 1 Std., Mo & Mi 2-mal tgl.) und Tauranga (13,70 NZ$, 2 Std., Mo–Sa 1-mal tgl.).

Shuttlebus

White Island Tours in Whakatane betreibt das **White Island Shuttle** (☎ 07-308 9588, 0800 733 529; www.whiteisland.co.nz; einfach/hin & zurück 60/35 NZ$) und verkehrt auf der Strecke Rotorua–Whakatane. Auch Reisende, die keine Tour gebucht haben, können die Shuttlebusse benutzen.

FAHRRAD

Wer die Gegend auf zwei Rädern erkunden will, findet bei **Barringtons Bike Hire** (☎ 0800 830 130, 07-308 4273; www.barringtonsmotorlodge.co.nz; 34 Landing Rd; Fahrrad halber/ganzer Tag 30/40 NZ$, Tandems 40/50 NZ$) Fahrräder, die sowohl für Touren als auch fürs Gelände geeignet sind.

FLUGZEUG

Air New Zealand (☎ 0800 737 000, 07-308 8397; www.airnewzealand.com) bietet täglich Flüge von Whakatane nach Auckland.

Whakaari (White Island)

Neuseelands aktivster Vulkan (der letzte Ausbruch liegt gar nicht so lange zurück, er war im Jahre 2013) liegt 49 km vor der Küste Whakatanes. Die kleine Insel bestand ursprünglich aus drei separaten Vulkankegeln, die unterschiedlich alt waren. Inzwischen hat der jüngste die beiden älteren unter sich begraben: Er schoss einfach zwischen ihnen in die Höhe. Der Mt. Gisborne ist mit 321 m der höchste Punkt der Insel. Geologisch gesehen ist Whakaari mit Motuhora (Whale Island) und Putauaki (Mt. Edgecumbe) verwandt, da alle in der Taupo-Vulkanzone liegen.

Hier spielt sich wahrlich Dramatisches ab: Aus den zahlreichen Spalten des Kraterbodens zischt und dampft es nur so hervor, an manchen Stellen wurden Temperaturen von 600 bis 800° C gemessen!

Die Insel befindet sich in Privatbesitz, daher darf sie nur von lizenzierten Tourveranstaltern besucht werden. Einfache Pa-

ABSTECHER

MOTUHORA (WHALE ISLAND)

Motuhora oder Whale Island – so genannt wegen ihrer an einen Wal erinnernden Form – liegt 9 km von Whakatane entfernt. Auch diese Insel gehört zu den Vulkanen der Taupo Volcanic Zone, ist aber weitaus weniger aktiv, obwohl sich an ihrer Küste einige heiße Quellen finden. Auf der Insel mit ihrem 353 m hohen Gipfel befinden sich mehrere historische Stätten, darunter eine sehr alte *pa*, ein Steinbruch und ein Lager.

Auf Whale Island befand sich ursprünglich eine Maori-Siedlung. Im Jahr 1829 metzelten die Maori die Seeleute des Handelsschiffs *Haweis* nieder, das in Sulphur Bay vor Anker lag, und 1867 ging die Insel dann in europäischen Besitz über. Sie befindet sich heute in privater Hand, ist seit 1965 aber ein amtlich ausgewiesenes DOC-Schutzgebiet für See- und Küstenvögel.

Wegen des Status eines Naturschutzgebiets ist die Zahl der Inselbesucher begrenzt. Touren auf die Insel dürfen nur zwischen Januar und März durchgeführt werden. Anbieter sind z. B. White Island Tours (S. 346), Diveworks Dolphin & Seal Encounters (S. 341) sowie KG Kayaks (S. 346).

noramaflüge in Flugzeugen sind ebenso zu haben wie Boots- und Helitouren mit Wanderung auf der Insel, die u. a. zu den Überresten einer Schwefelmine mit einer äußerst interessanten Geschichte führt. Die meisten Touren starten in Whakatane; Rundflüge über das ehemalige Tauranga und Rotorua sind möglich.

Geführte Touren

White Island Tours BOOTSTOUR
(☎0800 733 529, 07-308 9588; www.whiteisland.co.nz; 15 The Strand, Whakatane; 6-Std.-Tour Erw./Kind 199/130 NZ$; ⏲ Abfahrten zwischen 7 & 12.30 Uhr) Dies ist der einzige offizielle Anbieter für Bootsausflüge nach Whakaari (dabei geht man an Bord des schönen Schiffs *Pee Jay*). Auf der zweistündigen Tour zur Insel kann man auch immer wieder Delfine beobachten. Moutohora-(Whale Island)-Tour Erw./Kind 90/60 NZ$.

White Island Flights RUNDFLÜGE
(☎0800 944 834; www.whiteislandflights.co.nz; Whakatane Airport; Flüge pro Pers. 249 NZ$) Der Veranstalter organisiert fantastische Rundflüge über Whakaari mit vielen Gelegenheiten zum Fotografieren. Ein Kombi-Flug Whakaari/Mount Tarawera hat aber seinen Preis – er kostet 339 NZ$.

Dive White Island TAUCHEN
(☎0800 348 394, 07-307 0714; www.divewhite.co.nz; 186 The Strand, Whakatane; Schnorcheln pro Pers. 225 NZ$, 2-stündiger Tauchgang mit Ausrüstung 395 NZ$) Im Angebot sind Ganztagesausflüge zum Schnorcheln und Tauchen; Mittagessen und Ausrüstung sind im Preis enthalten. Zu sehen gibt's untermeerische Vulkangebiete und jede Menge Fische.

Frontier Helicopters RUNDFLÜGE
(☎0800 804 354, 07-308 4188; www.vulcanheli.co.nz; Whakatane Airport; Flüge pro Pers. ab 650 NZ$) Zweistündige Tour nach Whakaari (Abflug von Whakatane), inklusive einer einstündigen geführten Wanderung auf dem Vulkan.

Ohope

2760 EW.

Von Whakatane sind es nur 7 km über die Hügel nach Ohope; der Ort besitzt tolle Strände, die geradezu perfekt zum Faulenzen, Sonnenbaden oder Surfen geeignet sind. Etwas weiter hinten liegt der verschlafene **Ohiwa Harbour**.

Aktivitäten

KG Kayaks KAJAKFAHREN
(☎07-315 4005, 027 272 4073; www.kgkayaks.co.nz; Touren 85–150 NZ$, Leihkajak 2 Std. Einzel/Doppel 50/70 NZ$) Der Veranstalter bietet wahlweise Kajaks für eigene Touren und 2½-stündige geführte Touren (85 NZ$) durch den Hafen von Ohiwa sowie vierstündige Kajaktouren rund um Motuhora (Whale Island) an – inklusive der Anreise mit dem Boot (150 NZ$).

By Salt Spray Surf School SURFEN
(☎0211 491 972, 07-312 4909; www.facebook.com/bysaltspraysurfschool; 2 Std. Kurs ab 90 NZ$) Wer sich in der Brandung am Ohope Beach tummeln möchte, kann bei Beaver in der By Salt Spray Surf School Unterricht nehmen. Die Schule stellt auch sämtliche Ausrüstung bereit und bietet Gruppen einen Rabatt.

Schlafen

Aquarius Motel MOTEL
(☎07-312 4550; www.aquariusmotorlodge.co.nz; 103 Harbour Rd; DZ 85–150 NZ$; 📶) Das Aquarius ist eine ruhige, erschwingliche Option im Motelstil. Die einfache Anlage bietet verschiedene Zimmervarianten, alle haben eine Küche und liegen nur 100 m vom Strand entfernt (da braucht man kein Extra-Schwimmbecken!)

Ohope Beach Top 10 Holiday Park FERIENANLAGE $$
(☎07-312 4460, 0800 264 673; www.ohopebeach.co.nz; 367 Harbour Rd; Stellplätze ohne/mit Strom pro Pers. ab 24/26 NZ$, Hütten/Wohneinheiten/Apt. ab 150/230/300 NZ$; @📶🏊) Der Ohope Beach Top 10 Holiday Park ist geradezu das Modell einer modernen Ferienanlage mit familienfreundlichen Einrichtungen: Sportplätze, Minigolf, Pool ... Außerdem gibt's einige tolle Apartments, die über die Dünen an der Bay of Plenty schauen. Während des Sommers ist man im Park beschäftigt wie ein Eichhörnchen (was sich am Preis zeigt).

Essen

Ohiwa Oyster Farm MEERESFRÜCHTE, FAST FOOD $
(☎07-312 4566; www.whakatane.info/business/ohiwa-oyster-farm; 111 Wainui Rd; Gerichte 5–14 NZ$; ⏲ Nov.–Feb. 9–20 Uhr, März–Okt. bis 19 Uhr) An einem sumpfigen Seitenarm von Ohiwa Harbour (einem wichtigen Austerngebiet) steht diese klassische Imbissbude am Straßenrand – perfekt für ein Picknick mit Fish & Chips (und Austern).

Hui Bar & Grill MODERN-NEUSEELÄNDISCH $$
(☎ 07-312 5623; www.huibarandgrill.com; 19 Pohutukawa Ave; Hauptgerichte Mittagessen 10–25 NZ$, Abendessen 29–35 NZ$; ⊙ 10 Uhr–open end, Juni–Aug. Mo & Di geschl.) Polierte Betonböden, weiße Lederbänke und eine Wand mit Faltfenstern: Das Hui ist ein nobles neues Bistro, das an der Einkaufsmeile des kleinen Ohope Furore macht. Empfehlenswerte Gerichte sind z. B. in der Pfanne sautierte Jakobsmuscheln mit Chorizo und Brunnenkresse oder scharfe Muscheln mit Knoblauch und Kräutern. Dazu gibt's Weine aus Neuseeland und Freitagabend und Sonntagnachmittag Live-Musik. Das Lokal hat wirklich Klasse.

Opotiki

8440 EW.

Die Gegend um Opotiki wurde spätestens ab dem Jahr 1150 besiedelt, etwa 200 Jahre vor der großen Migration im 14. Jh. Die Maori-Traditionen sind hier bis heute sehr lebendig – entlang der Hauptstraße kann man die verschiedenen Werke hervorragender Holzschnitzer bewundern, und gelegentlich sieht man das eine oder andere Gesichts-*moko*. Opotiki, das Tor zur East Coast, hat wunderschöne, einladende Strände – Ohiwa und Waiotahi – und ein hervorragendes, sehr sehenswertes Museum.

Sehenswertes & Aktivitäten

Im i-SITE ist die Broschüre *Historic Opotiki* erhältlich (auch als Download unter www.opotikinz.com verfügbar) – sie enthält Infos zu den historischen Gebäuden der Stadt.

Opotiki Museum MUSEUM
(www.opotikimuseum.org.nz; 123 Church St; Erw./Kind/Fam. 10/5/25 NZ$; ⊙ Mo–Fr 10–16, Sa 10–14 Uhr) Das ausgezeichneten Opotiki Museum wird von Freiwilligen betreut und zeigt interessante historische Ausstellungsstücke, darunter Maori-*taonga*, Militaria, rekonstruierte Geschäftsfassaden (Friseur, Schreiner, Drucker ...) und Gegenstände aus der Landwirtschaft, beispielsweise Traktoren und ein Pferdefuhrwerk. Das Ticket gilt auch für das Shalfoon & Francis Museum.

Shalfoon & Francis Museum MUSEUM
(129 Church St; Erw./Kind/Fam. 10/5/25 NZ$; ⊙ Mo–Fr 10–16, Sa 10–14 Uhr) Der ehemalige Gemischtwarenladen von Opotiki ist inzwischen wieder zu neuem Leben erwacht, und in den Regalen türmen sich Lebensmittel und Haushaltswaren von früher. Egal, ob man nach Handtaschen, Klebebandspendern, Waagen oder Büchern fragt – alles ist hier zu finden. Der Besuch des Ladens ist im Ticket für das große Opotiki Museum enthalten.

Hiona St. Stephen's Church KIRCHE
(128 Church St; ⊙ Gottesdienste So 8 & 9.30, Do 10 Uhr) St. Stephen (1862) mit seinen weißen Wetterschenkeln ist eine anglikanische Kirche mit einem perfekt proportionierten holzvertäfelten Innenraum. Reverend Carl Volkner, den der lokale Whakatohea-Stamm als Regierungsspitzel enttarnte, wurde hier im Jahre 1865 ermordet. 1992 gewährte der Generalgouverneur Mokomoko dem Mann, der für dieses Verbrechen gehängt wurde, aber im Nachhinein eine vollständige Begnadigung, die im Vorraum zu sehen ist.

Hukutaia Domain WALD, ARCHÄOLOGISCHE STÄTTE
(☎ 07-315 3030; Woodlands Rd; ⊙ tagsüber) GRATIS Etwa 8 km südlich der Stadt liegt Hukutaia Domain, Heimat einer der schönsten Sammlungen heimischer Pflanzen in Neuseeland. Mittendrin steht Taketakerau, ein altehrwürdiger, 23 m hoher Puriri-Baum, dessen Alter auf mehr als 2000 Jahre geschätzt wird und der als Begräbnisplatz für hoch angesehene Tote des Upokorehe *hapu* (Unterstamm) der Whakatohea diente. Ihre sterblichen Überreste sind inzwischen an anderem Ort beigesetzt.

Motu Trails MOUNTAINBIKEN
(☎ 04-472 0030; www.motutrails.co.nz) Die Motu-Trails gehören zu den Great Rides unter den Neuseeland-Radwegen (s. S. 51) und bestehen aus drei Strecken rund um Opotiki: dem einfachen, 19 km langen Dunes Trail, dem etwas anspruchsvolleren, 78 km langen Motu Trail und, eher für Fortgeschrittene geeignet, dem über 44 km gehenden Pakihi Track; Teile der jeweiligen Touren lassen sich zu einer 91 km langen Schleife verbinden. Auf der Website findet man dazu weitere Informationen; Infos zu Fahrradverleih und Shuttle-Diensten gibt's unter www.motucycletrails.com oder www.hireandshuttle.co.nz.

Motu River Jet Boat Tours JETBOOTFAHREN
(☎ 07-325 2735; www.motujet.co.nz; Trips Erw./Kind ab 90/50 NZ$) Veranstaltet den Sommer über jeden Tag drei 1½-stündige Touren auf dem Motu River, der durch die Raukumara Ranges bei Opotiki fließt. Wer im Winter Fahrten unternehmen möchte, sollte mit dem Anbieter verhandeln.

Wet 'n' Wild RAFTING
(☎07-348 3191, 0800 462 7238; www.wetnwildrafting.co.nz; Ausflüge ab 995 NZ$) Bietet mehrtägige Rafting-und Camping-Abenteuer auf dem Motu River (Stromschnellen Kategorie III-IV) an, darunter Touren von bis zu 100 km; in der Nähe von Opotiki.

Feste & Events

Opotiki Rodeo RODEO
(www.opotikirodeo.co.nz) Sporen einölen und Cowboyhut abstauben für das alljährliche Opotiki Rodeo im Dezember!

Schlafen

★**Opotiki Beach House** HOSTEL $
(☎07-315 5117; www.opotikibeachhouse.co.nz; 7 Appleton Rd; B/EZ/DZ ab 30/48/66 NZ$; 📶) Die lässige, schuhfreie Herberge am Strand besitzt eine sonnige, mit Hängematten bestückte Terrasse, Meerblick und einen sehr weitläufigen sandigen Hinterhof. Hinter den Schlafsälen und der luftigen Lounge befindet sich ein schrulliger Caravan (für 2 Pers.) für alle, die den wahren Geschmack von Kiwi-Sommerferien kosten möchten. Die Unterkunft liegt etwa 5 km westlich der Stadt und bietet vierzehn Schlafplätze.

Central Oasis Backpackers HOSTEL $
(☎07-315 5165; www.centraloasisbackpackers.co.nz; 30 King St; B/DZ ab 24/54 NZ$; 📶) Das zentral gelegene Hostel findet man in einem Kauri-Haus aus dem späten 19. Jh., es wird von super-entspannten Deutschen geleitet und ist ein lauschiges Plätzchen mit geräumigen Zimmern, einem knisternden Feuer und einem großen Hof vor dem Haus zum Abhängen. Max, der Hund, patrouilliert im Vorgarten.

Capeview Cottage COTTAGE $$
(☎0800 227 384, 07-315 7877; www.capeview.co.nz; 167 Tablelands Rd; DZ 150 NZ$, zusätzliche Pers. 30 NZ$; 📶) Umgeben von zwitschernden Vögeln und Kiwi-Plantagen steht dieses ruhige Cottage mit zwei Schlafzimmern, einem Grill und einem fantastischen Whirlpool im Freien, von dem aus man einzigartige Aussichten auf die Küste hat. Nach den Wochenpreisen fragen.

Eastland Pacific Motor Lodge MOTEL $$
(☎07-315 5524, 0800 103 003; www.eastlandpacific.co.nz; Ecke Bridge & St John St; DZ ab 110 NZ$, Wohneinheiten mit 1/2 Zi. 130/150 NZ$; 📶) Das helle, saubere Eastland ist ein gepflegtes Motel mit neuen Teppichen, TVs, Whirlpools und einen Flügel mit neuen Wohneinheiten nach hinten raus; die mit zwei Schlafzimmern sind für diesen Preis ein Spitzenangebot (weitere Pers. 30 NZ$).

Essen

★**Two Fish** CAFÉ $
(102 Church St; Snacks 5–10 NZ$, Hauptgerichte 7–21 NZ$; Mo–Fr 8–16, Sa 8.30–14 Uhr) Gute Lokale sind in Opotiki dünn gesät, was für eine Überraschung also, hier das beste Café auf dieser Seite von Tauranga zu entdecken! Serviert werden deftige hausgemachte Burger, Fischsuppe, Toasties, Steak-Sandwichs, fantastische Muffins und Salate sowie eine Riesenauswahl an Snacks in der Vitrine. Dazu bietet das Two Fish noch zufriedene Mitarbeiter, kubanische Musik, eine tolle Retro-Einrichtung und einen Innenhof. Und super Kaffee! Wirklich nett hier.

New World SUPERMARKT $
(www.newworld.co.nz; 19 Bridge St; ⏲7–21 Uhr) Alles für Selbstversorger.

Unterhaltung

De Luxe Cinema KINO
(☎07-314 5344; www.odc.govt.nz/visiting/themovies; 127 Church St; Karte Erw./Kind 14/7 NZ$; ⏲10 Uhr–open end, Juni–Aug. kürzere Öffnungszeiten) Das betörend alte De Luxe Cinema zeigt aktuelle Filme und bietetgelegentlich auch Brass-Band-Konzerte. Im Fenster werden künftige Ereignisse angekündigt, z. B. das alljährliche **Stummfilmfestival** (www.silentfilmfest.org.nz) im September.

Praktische Informationen

DOC (☎07-315 1001; www.doc.govt.nz; 70 Bridge St; ⏲Mo–Fr 8–12 Uhr) Im selben Gebäude wie das i-SITE.
Opotiki i-SITE (☎07-315 3031; www.opotikinz.com; 70 Bridge St; ⏲Mo–Fr 9–16.30, Sa & So 9–13 Uhr; 📶) Das schicke neue Opotiki i-SITE übernimmt Buchungen für Aktivitäten und Transport und hat das unentbehrliche kostenlose East-Coast-Büchlein *Pacific Coast Highway* auf Lager.

An- & Weiterreise

BUS

Für die Fahrt von Opotiki Richtung Osten gibt es zwei Routen: den SH2, der die spektakuläre Waioeka Gorge durchquert, und den SH35 rund um das East Cape. Bei der Fahrt über den SH2 sind einige schöne Tageswanderungen im Waioeka Gorge Scenic Reserve möglich. Die Schlucht wird immer steiler und enger, je weiter man landeinwärts fährt. Beim Abstieg nach Gisborne führt die Straße dann über die typischen sanften grünen Hügel, auf denen Schafe weiden.

Busse halten zum Ein- und Aussteigen am Hot Bread Shop an der Ecke von Bridge St und der St. John St, Fahrkarten und Buchungen werden aber über das i-SITE oder den **Travel Shop** (☎ 07-315 8881; www.travelshop.co.nz; 104 Church St; ⌚ Mo–Fr 9–16 Uhr) abgewickelt. Der Travel Shop verleiht außerdem Fahrräder (halber/ganzer Tag 30/50 NZ$).

InterCity-Busse fahren täglich von Opotiki nach Whakatane (22 NZ$, 45 Min.), Rotorua (36 NZ$, 2½ Std.) und Auckland (72 NZ$, 7½ Std.). Richtung Süden bestehen täglich Verbindungen nach Gisborne (36 NZ$, 2 Std.).

Naked Bus unterhält tägliche Verbindungen u. a. zu folgenden Reisezielen:

REISEZIEL	FAHRPREIS	FAHRZEIT
Auckland	31 NZ$	6 Std.
Gisborne	19 NZ$	2½ Std.
Rotorua	23 NZ$	2½ Std.
Tauranga	20 NZ$	5 Std.
Wellington	45 NZ$	11 Std.

Der örtliche Bay Hopper-Bus fährt nach Whakatane (8,60 NZ$, 1¼ Std., Mo & Mi 2-mal tgl.).

East Coast

Inhalt ➡

Beste Outdoor-Abenteuer

- Cape Kidnappers (S. 383)
- Cooks Cove Walkway (S. 357)
- Hawke's Bay Trails (S. 369)
- Surfen in Gisborne (S. 361)
- Lake Waikaremoana Track (S. 367)

Schön übernachten

- Stranded in Paradise (S. 357)
- Clive Colonial Cottages (S. 380)
- Millar Road (S. 380)
- Seaview Lodge B&B (S. 375)

Auf zur East Coast!

Neuseeland ist für seinen Mix aus sehr unterschiedlichen Landschaften bekannt. An der Ostküste steht jedoch eher Soziologisches im Mittelpunkt: Von den urigen Siedlungen am East Cape bis hin zu Havelock Norths wohlhabenden, weingetränkten Wohngegenden ist hier das volle Spektrum an Kiwi-Leben geboten.

An der Ostküste tritt zudem die Maori-Kultur am stärksten in Erscheinung. *Marae* (große Versammlungshäuser) mit herrlichen Schnitzereien stehen in der ganzen Landschaft verteilt, während *te reo* und *tikanga* (Sprache und Brauchtum) bis heute lebendig sind.

Furchtlose können den Touristenscharen problemlos entgehen – sei es entlang des Pacific Coast Hwy (State Hwy 35; SH35), auf ländlichen Nebenstrecken, an abgeschiedenen Stränden oder im Te Urewera National Park. Und wenn der Koffeinentzug dann den Ruf der Wildnis verstummen lässt, hilft ein Schlückchen Kaffee in Gisborne oder Napier. Auch an guten Tropfen herrscht hier kein Mangel: Weinreben durchziehen die ganze Region Hawke's Bay.

Reisezeit

- Das Ostküstenklima ist warm und größtenteils trocken. In Napier und im sonnigen Gisborne erreichen die Sommertemperaturen etwa 25 °C. Im Winter wird's kaum kälter als 8 °C.
- Die Region Hawke's Bay erfreut sich ganzjährig eines milden, trockenen und damit auch weinfreundlichen Klimas. Pro Jahr fallen hier im Durchschnitt gerade einmal 800 mm Regen. Die Weinlese erfolgt zwischen März und Mai (Herbst in Neuseeland).
- Im Winter unterspülen heftige Unwetter mitunter Teile des Pacific Coast Hwy im Bereich des East Cape. Vor dem Aufbruch heißt's daher unbedingt Informationen zum Straßenzustand an beiden Routenenden (Opotiki bzw. Gisborne) einholen!

ℹ Anreise & Unterwegs vor Ort

Die einzigen Regionalflughäfen befinden sich in Gisborne und Napier. **Air New Zealand** (www.airnewzealand.co.nz) bedient beide ab Auckland und Wellington (Napier auch ab Christchurch). **Sunair Aviation** (www.sunair.co.nz) fliegt ab Gisborne direkt nach Rotorua, Tauranga und Napier. Von Napier aus geht's nach Gisborne und Hamilton, wo jeweils Anschlussflüge starten.

Busse von **Intercity** (www.intercity.co.nz) und **Naked Bus** (www.nakedbus.com) sind regelmäßig auf dem State Hwy 2 (SH2) und State Hwy 5 (SH5) unterwegs. Hierbei verbinden sie Gisborne, Opotiki, Wairoa, Napier und Hastings mit allen Großstädten.

Im Bereich des East Cape und des Te Urewera National Park ist die Auswahl an öffentlichen Verkehrsmitteln begrenzt. **Bay Hopper** (www.baybus.co.nz) pendelt zwischen Opotiki und Potaka/Cape Runaway (15 NZ$, 2 Std., Di & Do), **Cooks Passenger & Courier Services** (☎ 06-864 4711, 021 371 364) zwischen Te Araroa und Gisborne (50 NZ$, 3½ Std., Mo–Sa). Ansonsten bleibt nur ein eigenes Fahrzeug.

EAST CAPE

Das bedächtige East Cape ist eine einzigartige und ganz besondere Ecke Neuseelands. Hier geht es spürbar ruhiger zu, jeder scheint jeden zu kennen. Was alle hier verbindet, ist die Arbeit in der Landwirtschaft und die Leidenschaft für das Meer. Ein Ausritt, eine Traktorfahrt zum Strand, frischer Fisch zum Abendessen – das ist hier Alltag.

Im Landesinneren bildet die wilde Raukumara Range das zackige und schroffe Rückgrat des Kaps. Nahe der Küste verläuft von Opotiki bis Gisborne der 323 km lange Pacific Coast Highway (SH35). Treibholz wird an entlegenen Stränden angespült, während geradezu bilderbuchartige Sandbuchten ein paar wenige Besucher anlocken.

Pacific Coast Highway

Autotouren entlang der langen, kurvigen Straße rund um den östlichsten Punkt der Nordinsel haben für Neuseeländer seit Langem Kultstatus. Wer malerische Fahrten mag und sich nicht daran stört, wenn die Attraktionen weit verstreut sind, wird diesen abenteuerlichen Trip als sehr faszinierend empfinden.

Traveller mit wenig Zeit fahren am besten von Opotiki aus über den SH2 nach Gisborne (144 km). Diese Alternativroute ermöglicht den Besuch der **Waioeka Gorge** und eine Wanderung ab der historischen **Tauranga Bridge** (2–3 Std.). Die reine Fahrtzeit beträgt dabei etwa zweieinhalb Stunden. Das Ganze lässt sich aber problemlos zum Tagestrip ausbauen.

Beide Routen sind im hervorragenden *Pacific Coast Highway Guide* beschrieben, der bei den i-SITES in Gisborne und Opotiki erhältlich ist. Unbedingt volltanken und genügend Lebensmittel einpacken: Läden und Tankstellen sind unterwegs rar. Auch Restaurants und Unterkünfte liegen ziemlich weit verteilt: Sie sind in der Reihenfolge aufgeführt, in der sie in Sicht kommen, wenn man ab Opotiki gen Osten fährt.

Von Opotiki nach Te Kaha

Der erste Abschnitt bietet diesige Ausblicke auf Whakaari (White Island), einen kettenrauchenden aktiven Vulkan. Die einsamen Strände bei **Torere**, **Hawai** und **Omaio** fallen steil ab und sind mit Strandgut übersät. Unbedingt die herrlichen *whakairo* (Schnitzereien) am Schultor in Torere ansehen. Hawai markiert die Grenze des Stammesgebiets der Whanau-a-Apanui, deren *rohe* (traditionelles Land) sich bis zum Cape Runaway erstreckt.

KURZINFOS EAST COAST

Essen Leckere Frischkost vom Hastings Farmers Market (S. 378)

Trinken Chardonnay aus Hawke's Bay

Lesen Witi Ihimaeras Roman *Whale Rider* (1987) – danach die eindrucksvolle Verfilmung (2002) anschauen

Hören Uawa FM (88,5 FM/88,8 FM/99,3 FM) in Tolaga Bay

Anschauen Taika Waititis alle Rekorde brechenden und urkomischen Film *Boy* (2010), der an der Waihau Bay gedreht wurde

Grünes Gewissen Millton Vineyard (S. 360)– ökologisch, biodynamisch und obendrein lecker

Infos im Internet www.hawkesbaynz.com, www.gisbornenz.com, www.lonelyplanet.com/new-zealand/the-east-coast

Vorwahl ☎ 07 im Gebiet von Opotiki nach East Bay (ostwärts); ☎ 06 in der übrigen Region

Highlights

1. Umgeben von **Napiers** (S. 370) Art-déco-Juwelen eine Zeitreise in die 1930er-Jahre unternehmen
2. Gute Tropfen auf den Weingütern von **Hawke's Bay** (S. 382) oder **Gisborne** (S. 360) verkosten
3. Sich im **Te Urewera National Park** (S. 366) in mächtigen Wäldern und der interessanten Maori-Kultur verlieren
4. So berühmte Wahrzeichen wie das **Cape Kidnappers** (S. 383), die **Tolaga Bay** (S. 357), die **Tokomaru Bay** (S. 356) oder das **East Cape Lighthouse** (S. 356) bei einer Fahrt entlang der Küste abklappern
5. Sich bei **Gisborne** (S. 361) mit einem Surfbrett in die wilden Ostküstenwellen stürzen

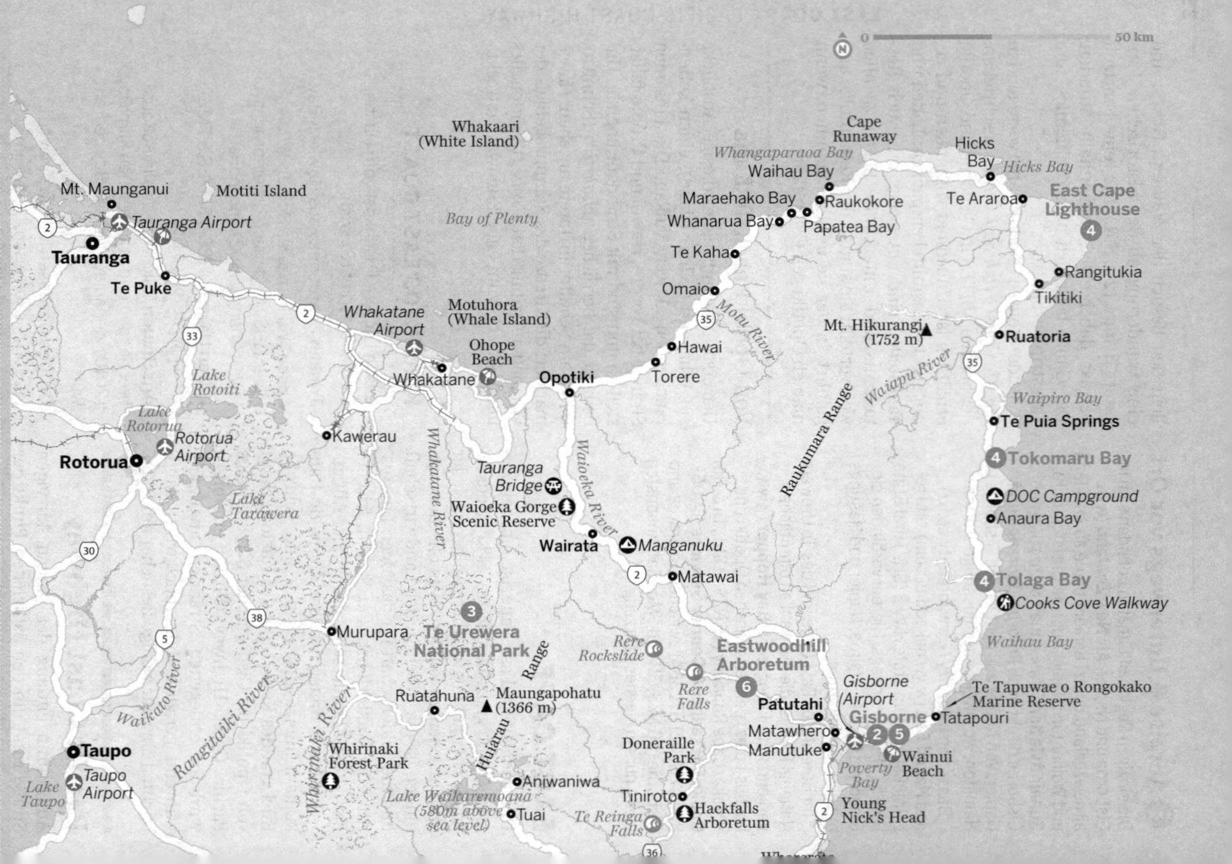

6 Zwischen den magischen Waldwegen des **Eastwoodhill Arboretum** (S. 359) nach geheimnisvollen Waldnymphen suchen

DIE MAORI AN DER EAST COAST

Die größten regionalen *iwi* (Stämme) sind die Te Whanau-a-Apanui (www.apanui.co.nz; Westseite des East Cape), die Ngati Porou (www.ngatiporou.com; Ostseite des East Cape), die Ngati Kahungunu (www.kahungunu.iwi.nz; Küstengebiet ab der Hawke's Bay) und die Ngati Tuhoe (www.ngaituhoe.iwi.nz; landeinwärts in Te Urewera).

Die Ngati Porou und die Ngati Kahungunu sind die zweit- bzw. drittgrößten *iwi* des Landes. Im späten 19. Jh. brachten diese Stämme bedeutende Politiker hervor: James Carroll war der erste Minister mit Maori-Wurzeln, während Apirana Ngata sogar kurzzeitig als Premierminister amtierte. Ngata (dessen Gesicht heute die 50-NZ$-Note ziert) setzte sich im Parlament unermüdlich für eine Wiederbelebung der Maori-Kultur ein. Die regional zu findenden *marae* (Versammlungshäuser) mit prachtvollen Schnitzereien sind Teil seines Vermächtnisses.

Das Maori-Leben spielt sich größtenteils im Bereich des East Cape ab. Als Zentren der verschlafenen Dörfer fungieren die vielen *marae*. Die *tangata whenua* (indigenen Einheimischen) des Cape bilden enge Gemeinschaften, die ihren Lebensunterhalt größtenteils mit Landwirtschaft und Fischfang bestreiten. Sie vermitteln Besuchern einen faszinierenden Einblick, wie die Maori heute leben würden, wenn sie nicht im 19. Jh. dermaßen rigoros von ihrem Land vertrieben worden wären.

Mit Maori kommt man hier überall in Kontakt. In puncto Unterkunft mit indigenem Charakter empfehlen sich das Maraehako Bay Retreat oder das Hikihiki's Inn (S. 368). Wer hautnah in die *Maoritanga* (Maori-Kultur) eintauchen möchte, bucht am besten eine geführte Tour bei Long Island Guides (S. 379) oder Waimarama Tours (S. 379).

Vergleichsweise passiveren Kulturkontakt ermöglichen das Tairawhiti Museum in Gisborne (S. 359), Otatara Pa in Napier (S. 373) und die St. Mary's Church in Tikitiki.

Rund 42 km östlich von Opotiki überquert die Straße das breite Kiesbett des **Motu River**. Er war der erste Fluss in Neuseeland, der als Wilderness Area ausgewiesen wurde. Von der Motu Bridge am Highway aus brettert Motu River Jet Boat Tours (S. 347) das ganze Jahr über den Fluss hinauf (außer, das Wetter macht allen einen Strich durch die Rechnung). **Wet 'n' Wild Rafting** (☎ 0800 462 7238; www.wetnwildrafting.co.nz; 2–5 Tage 995–1095 NZ$) bietet mehrtägige Ausflüge an; der längste führt 100 km flussabwärts. Für die zweitägige Tour ist ein Hubschraubertransfer erforderlich, dadurch kosten die zwei Tage so viel wie die fünftägige Tour.

Rund 25 km weiter entlang der Straße läutete der Fischerort **Te Kaha** einst die Totenglocke für vorbeiziehende Wale. Hier gibt's einen Laden, eine Ferienanlage und die **Tui Lodge** (☎ 07-325 2922; www.tuilodge.co.nz; 200 Copenhagen Rd, Te Kaha; EZ/DZ inkl. Frühstück 135/160 NZ$; @). Diese einladende Pension mit fünf Zimmern steht in einem gepflegten Garten (1,2 ha), der auf Tui-Honigfresser und viele andere Vögel unwiderstehlich wirkt. Auf Wunsch gibt's hier Mahlzeiten, Pferdetreks sowie Angel- und Tauchausflüge. In puncto Essen empfiehlt sich ansonsten das moderne **Te Kaha Beach Resort** (☎ 07-325 2830; www.tekahabeachresort.com; 3 Hotel Rd, Te Kaha; Hauptgerichte 25–35 NZ$; ⌚ 15–21 Uhr; 📶) am Wasser.

Von Te Kaha zur Whangaparaoa Bay (Cape Runaway)

Hinter Te Kaha folgen sechs beschauliche Buchten aufeinander. In Richtung **Whanarua Bay** steht das magische **Waikawa B&B** (☎ 07-325 2070; www.waikawa.net; 7541 SH35, Te Kaha; DZ/Wohneinheit ab 110/130 NZ$, zzgl. 35 NZ$/weitere Pers.; @) an einer privaten Felsbucht, von der aus man auf White Island und den Sonnenuntergang schaut. Die kunstvolle Gebäudearchitektur kombiniert verwittertes Holz auf tolle Weise mit Riffelblech und Einlegearbeiten aus Paua. Die beiden B&B-Doppelzimmer werden durch ein Ferienhäuschen mit zwei Schlafzimmern ergänzt, das sich perfekt für zwei bis vier Selbstversorger eignet.

In der Nähe verkauft **Pacific Coast Macadamias** (☎ 07-325 2960; www.macanuts.co.nz; SH35, Whanarua Bay; Snacks 3–9 NZ$; ⌚ 10–15 Uhr, Dez.–Feb. längere Öffnungszeiten) sein herliches hausgemachtes Honigeis mit Macadamianüssen. Dank getoasteter Sandwichs und nussig-süßer Köstlichkeiten eignet sich das Lokal mit Blick auf einen der spektakulärsten Küstenabschnitte auch super zum Mittagessen. Allerdings hat es etwas unregelmäßig geöffnet – daher besser vorher anrufen.

Zwischen uralten Pohutukawa-Bäumen gelegen wirkt das **Maraehako Bay Retreat** (☎07-325 2648; www.maraehako.co.nz; SH35, Maraehako Bay; B/EZ/DZ 28/43/66 NZ$; @) ein bisschen so, als ob es aus Treibgut zusammengezimmert worden wäre, das in der felsigen Bucht angespült wurde. Dieses Hostel ohne TV (!) ist rustikal, aber einzigartig: Alles, was man hier an Extras eventuell vermissen könnte, wird durch die *manaakitanga* (Gastfreundschaft) mehr als wettgemacht. Gäste können z.B. unterm Sternenhimmel im Whirlpool relaxen (5 NZ$) und kostenlos Kajaks ausleihen. Hinzu kommen Angelausflüge, *marae*-Touren und geführte Wanderungen zu moderaten Preisen. Neben dem Retreat betreibt dieselbe *hapu* (Untersippe) auch den **Maraehako Camping Ground** (☎07-325 2901; SH35, Maraehako Bay; Stellplatz pro Erw./Kind 12/8 NZ$), ein echtes Strandparadies mit sauberen Toiletten, Duschen und Pohutukawa-Bäumen.

An der **Papatea Bay** empfiehlt sich ein Zwischenstopp, um das Tor der **Hinemahuru Marae** zu bewundern: Die aufwändigen Schnitzereien zeigen Soldaten des Maori-Bataillons, das im Ersten Weltkrieg kämpfte. Die **Christ Church Raukokore** (erb. 1894) auf einer einsamen Landzunge in der Nähe ist ein hübsches Wahrzeichen des Glaubens. Sonntags um 11 Uhr finden hier Gottesdienste statt. Die Tür ist aber normalerweise auch zu anderen Zeiten offen (Aushang beachten).

Am Westende der **Waihau Bay** steht eine Zapfsäule neben der alten **Waihau Bay Lodge** (☎07-325 3805; www.thewaihaubaylodge.co.nz; Orete Point Rd, Waihau Bay; Hauptgerichte 25–35 NZ$; ⌚So–Mi 16 Uhr–open end, Do–Sa 14 Uhr–open end) am Pier. Der zweistöckige Kneipen-Oldtimer aus Holz serviert deftige Mahlzeiten. Sein Unterkunftsangebot reicht von Stellplätzen (15 NZ$) und Schlafsaalbetten (35 NZ$) bis hin zu Wohneinheiten mit eigenen Bädern (max. 8 Pers., 185 NZ$, zzgl. 25 NZ$/weitere Pers.). Übernachtet werden kann alternativ auch im **Oceanside Apartments** (☎07-325 3699; www.waihaubay.co.nz; 10932 SH35, Waihau Bay; DZ ab 110 NZ$; @), dessen zwei wunderbar gepflegte Moteleinheiten direkt neben einem separaten *bach* (Ferienhäuschen) stehen. Nach Vereinbarung bekommen Gäste hier auch etwas zu essen serviert.

Rund 17 km hinter der Waihau Bay liegt das nur zu Fuß erreichbare **Cape Runaway (Whangaparaoa Bay)**, wo die *kumara* (Süßkartoffel) erstmals nach Neuseeland eingeführt wurde.

Von der Whangaparaoa Bay (Cape Runaway) zum East Cape

Während die Straße ab der Whangaparaoa Bay landeinwärts führt, durchquert sie das hügelige Territorium der Ngati Porou. Auf die Küste trifft sie dann wieder beim Ort **Hicks Bay**, der mit seinem herrlichen Strand mitten im Nirgendwo liegt. Hoch über der Bucht steht hier die 50 Jahre alte **Hicks Bay Motel Lodge** (☎06-864 4880; www.hicksbaymotel.co.nz; 5198 SH35, Hicks Bay; B 23 NZ$, DZ 75–130 NZ$, Wohneinheit mit 2 Zi. 165 NZ$;). Die altmodischen Zimmer sind nicht gerade schick und das Ambiente erinnert irgendwie an eine Baracke. Hierfür entschädigen die großartige Aussicht, ein Restaurant (Hauptgerichte 21–35 NZ$, morgens & abends), ein Laden, ein Pool und eine Glühwürmchen-Grotte.

Knapp 10 km weiter erreicht man das einsame Dorf **Te Araroa** mit zwei Läden, einer Tankstelle, einem Imbiss und wunderschönen *marae*-Schnitzereien. Hier wechselt die Beschaffenheit der Gesteine von Vulkanfelsen zu Sandsteinklippen. Dem dichten Buschland im Hintergrund scheint es jedoch egal

WILDES CAMPEN

Die Stadtverwaltung von Gisborne (GDC; ☎0800 653 800; www.gdc.govt.nz/freedom-camping) ist eine der wenigen Behörden, die *freedom camping* („wildes Campen" – sehr billig und unbürokratisch) gestattet, aber nur an ein paar ausgewiesenen Orten zwischen Te Araroa und Gisborne und nur zwischen Ende September und Anfang April. Eine Erlaubnis ist online erhältlich; sie kostet für 2/10/28 aufeinanderfolgende Nächte 10/25/60 NZ$. Die Erlaubnis, wild zu campen, ist ein Privileg, daher werden alle Camper gebeten, sich an die Hinweise in der GDC-Broschüre Freedom Camping zu halten, die online oder in den Touristeninformationen erhältlich ist. Grundvoraussetzung für die Bewilligung sind ein eigener Gaskocher, eine chemische Toilette und ein eigener Wasservorrat.

zu sein, auf was es da konkret wächst. Der 350 Jahre alte **Te-Waha-O-Rerekohu** im Schulhof von Te Araroa ist mit 20 m Höhe und 40 m Breite angeblich Neuseelands größter Pohutukawa-Baum. Hier ansässig ist auch die fortschrittliche **East Cape Manuka Company** (☎06-864 4824; www.eastcapemanuka.co.nz; 4464 Te Araroa Rd, Te Araroa; ⏲Nov.–April tgl. 8.30–16.30 Uhr, Mai–Okt. nur Mo–Fr), die aus der würzigen Südseemyrte des East Cape Seifen, Öle, Cremes und Honig herstellt. Hier kann man prima einen Zwischenstopp bei Kaffee, Frucht-Shakes oder einem warmem Frühstück einlegen (Gerichte und Snacks 5–20 NZ$). Dank eines Schaukastens an der Wand lassen sich die fleißigen Bienen bei der Arbeit beobachten. Das **Te Araroa Backpackers** (☎06-864 4896; www.teararoabackpackers.com; 57 Waione Rd, Te Araroa; B ab 25 NZ$) vermietet einfache Backpacker-Quartiere in einem 135 Jahre alten Haus.

Von Te Araroa aus empfiehlt sich ein Abstecher zum **East Cape Lighthouse**, das den östlichsten Punkt des neuseeländischen Festlands markiert. Dazu folgt man zunächst einer größtenteils unbefestigten Straße in Richtung Osten (21 km, 30 Min.). Dann geht's über 750 (!) Stufen hinauf zum Leuchtturm. Am besten den Wecker stellen, um rechtzeitig zu Sonnenaufgang dort zu sein!

Vom East Cape nach Tokomaru Bay

Fährt man durch das Farmland südlich von Te Araroa, trifft man als Erstes auf das Städtchen **Tikitiki**. Wer es noch nicht geschafft hat, sich ein *marae* anzuschauen, erkennt hier beim Besuch der außergewöhnlichen **St. Mary's Church** (1924), was einem damit entgangen ist. Von außen macht die Kirche nicht viel her, aber innen erwartet den Besucher ein wahrer Augenschmaus, u.a. gewebte *tukutuku* (Paneele aus Flachs) an den Wänden, geometrisch gemusterte, bunte Glasfenster, bemalte Holzbalken und tolle Schnitzereien (z.B. die kleinen Kerle, die die Kanzel stützen). In einer Kreuzigungsszene hinter der Kanzel sind auch Soldaten des Maori-Bataillons aus dem Zweiten Weltkrieg dargestellt.

Die weiten Landwirtschaftsflächen von **Rangitukia** erstrecken sich südlich von Tikitiki entlang der Küste. Etwa 8 km weiter bietet **Eastender Horse Treks** (☎06-864 3033; www.eastenderhorsetreks.co.nz; 836 Rangitukia Rd, Rangitukia; 2-/4-stündige Pferdetreks 85/120 NZ$) Strandritte an und organisiert Kurse im Knochenschnitzen (ab 60 NZ$). Achtung: Der Strand ist zu gefährlich zum Schwimmen!

INSIDERWISSEN

MURRAY BALL: DIE BALLADE DER FOOTROT FLATS

Wo die schwarzen Raukumara-Berge
Östlich von allem liegen,
Haben Sonne und Regen das Land entblößt,
Sodass seine Gebeine bleich daliegen.
In diesem Land der Wale,
Der Opossums, Rehe und Ratten
Redet man viel von Arbeitshunden
Und vom Mann von Footrot Flats.

Mt. Hikurangi (1752 m), der die Raukumara Range überragt, ist der höchste nichtvulkanische Gipfel der Nordinsel. Hier lässt sich die Sonne morgens als Erstes auf der Welt blicken. Eine regionale Legende besagt, dass es das erste Stück Land war, dass emporgezogen wurde, als Gott Maui die Nordinsel am Haken hatte. In der Version der Ngati Porou fanden Mauis Kanu und seine sterblichen Überreste hier an diesem heiligen Berg die letzte Ruhe.

Weiter südlich passiert die Straße die völlig trostlosen Nester **Ruatoria** und **Te Puia Springs**, wo es jeweils einen Laden und eine Tankstelle gibt. Entlang dieses Routenabschnitts bietet sich jedoch ein lohnender Abstecher zur **Waipiro Bay** an (hin & zurück 14 km).

Rund 11 km südlich von Te Puia kommt mit **Tokomaru Bay** der wohl interessanteste Ort der ganzen Strecke in Sicht. Mächtige Klippen rahmen hier einen breiten Strand ein. Seit in den 1950er-Jahren die lokalen Tiefkühlfabriken geschlossen wurden, hat das Städtchen harte Zeiten durchlebt. Nichtsdestotrotz wartet es bis heute mit mehreren Attraktionen auf. Neben guten Möglichkeiten zum Schwimmen und Surfen (vor allem für Anfänger) findet man hier auch die **Te Puka Tavern** (☎06-864 5465; www.tepukatavern.co.nz; 135 Beach Rd, Tokomaru Bay; Gerichte 10–27 NZ$; ⏲11 Uhr–open end; 📶). Diese gut geführte Kneipe mit traumhaftem Meerblick ist ein Eckpfeiler der Gemeinde und versorgt jeden hier mit Essen und Trinken. Zudem können Besucher hier übernachten (Wohneinheit 140–180 NZ$).

In Tokomaru Bay gibt's zudem eine Post, ein Imbisslokal und ein B&B, das sich im früheren Postamt befindet. Hinzu kommen ein paar bröckelnde Überraschungen am anderen Ende der Bucht. Droben auf dem Hügel punktet das **Stranded in Paradise** (☎06-864-5870; www.bbh.co.nz; 21 Potae St; Stellplatz 15 NZ$/Pers., B/EZ/DZ 28/45/66 NZ$; 📶) mit super Aussicht, umweltfreundlichen Toiletten und Gratis-WLAN. Die insgesamt zwölf Betten verteilen sich auf zwei pfiffige Dachstuben (jeweils für mehrere Personen), ein Doppelzimmer im Untergeschoss und drei wellenförmige Hütten. Alternativ kann man auf einem Hügelchen mit herrlichem Panoramablick zelten.

Von Tokomaru Bay nach Gisborne

Nach 22 km Fahrt auf dem Highway, quer durch eine idyllische Landschaft, kommt der Abzweig zur 6 km entfernt liegenden **Anaura Bay** in Sicht. Es ist atemberaubender Moment, wenn die Bucht ganz weit unten erstmals zu sehen ist. Captain Cook traf 1769 hier ein und erwähnte den „absoluten Frieden", in dem die Menschen hier lebten, sowie ihre „wahrlich erstaunlichen" Anpflanzungen. Der **Anaura Bay Walkway** (3,5 km) bietet eine zweistündige Wanderung durch steiles Busch- und Grasland und fängt an der Nordseite der Bucht an. Hier gibt es einen der üblichen Campingplätze des Department of Conservation (DOC; Erw./Kind 6/3 NZ$), auf dem nur Wohnmobile mit eigenem Wasser-/Abwassertank erlaubt sind.

Abgesehen von ein paar B&Bs bietet die Gegend hauptsächlich Möglichkeiten für Camper. Beim grasbewachsenen **Anaura Bay Family Motor Camp** (☎06-862 6380; www.gisbornenz.com/accommodation/view/401; Anaura Bay Rd; Stellplatz pro Erw./Kind ab 18/9 NZ$; 📶) mit Duschen, Toiletten und einer anständigen Küche ist die Lage der allergrößte Pluspunkt: Direkt am Strand säumt es den kleinen Bach, an dem James Cook einst seinen Wasservorrat auffüllte.

Zurück auf dem Highway erreicht man nach weiteren 14 km gen Süden die größte Gemeinde des East Cape: **Tolaga Bay** (765 Ew.). Im Foyer des örtlichen Radiosenders (Uawa FM; 88,5 FM) befindet sich eine **Touristeninformation** (☎06-862 6826; uawafm@xtra.co.nz; 55 Cook St; ⏲Mo–Fr 9–17 Uhr). Gleich abseits der Hauptstraße belegt die **Tolaga Bay Cashmere Company** (☎06-862 6746; www.cashmere.co.nz; 31 Solander St; ⏲Mo–Fr 10–16 Uhr) das frühere Rathaus im Art-déco-Stil. Besucher können den Strickern bei der Arbeit zuschauen und die feinen, kostspieligen Produkte auch gleich vor Ort kaufen. Am besten vorher anrufen, um zu erfahren, ob geöffnet ist!

Tolagas Wahrzeichen ist der wunderbare **historische Kai** von 1929 – mit 660 m der längste seiner Art auf der Südhalbkugel. Das Bauwerk wurde bis 1968 kommerziell genutzt. Heute schwankt es irgendwo zwischen rostigem Verfall und engagierten (sowie teuren!) Erhaltungsbemühungen. In der Nähe führt der leicht zu meisternde **Cooks Cove Walkway** (⏲Aug.–Okt. geschl.) durch Felder und Buschland zu einer weiteren Bucht, an der Cook einst landete (hin & zurück 5,8 km, 2½ Std.). Der **Tatarahake Cliffs Lookout** am nördlichen Strandende ist ein super Aussichtspunkt, der sich mittels eines flotten Fußmarschs in zehn Minuten erreichen lässt.

Direkt am Kai befindet sich eine recht ungewöhnliche Bleibe: Auf dem Gelände des **Tolaga Bay Holiday Park** (☎06-862 6716; www.tolagabayholidaypark.co.nz; 167 Wharf Rd, Tolaga Bay; Stellplatz ab 16 NZ$, Hütte 40–100 NZ$) zerzaust die steife Meeresbrise die Norfolktannen, während die schattenlosen Rasenflächen in der Sonne braten. Das **Tolaga Inn** (☎06-862 6856; www.tolagainn.co.nz; 12 Cook St; B/EZ/DZ 25/60/80 NZ$) im eigentlichen Ort stammt aus den 1930er-Jahren. Das Gebäude im imitierten Tudor-Stil beherbergt einfache, aber saubere Zimmer (oben) und eine Bar mit günstigem Essen (unten; Gerichte 6–10 NZ$).

Rund 16 km nördlich von Gisborne verwaltet das DOC das 2450 ha große **Te Tapuwae o Rongokako Marine Reserve**, in dem sich viele Meeresbewohner tummeln (u.a. Seebären, Delphine und Wale). Erkundet werden kann das Schutzgebiet mit **Dive Tatapouri** (☎06-868 5153; www.divetatapouri.com; 532 SH35, Tatapouri Beach), die Tauchausflüge, Surfkurse, ausleihbare Schnorchelausrüstungen, Öko-Rifftouren und sogar Hai-Tauchen im Käfig anbieten.

Gisborne

34 800 EW.

Wer die Stadt mag, nennt sie „Gizzy", Gisborne (ausgesprochen Gis-born, nicht Gis-ban) ist eine hübsche Kleinstadt, die von Surfstränden und einem Meer von Chardon-

Gisborne

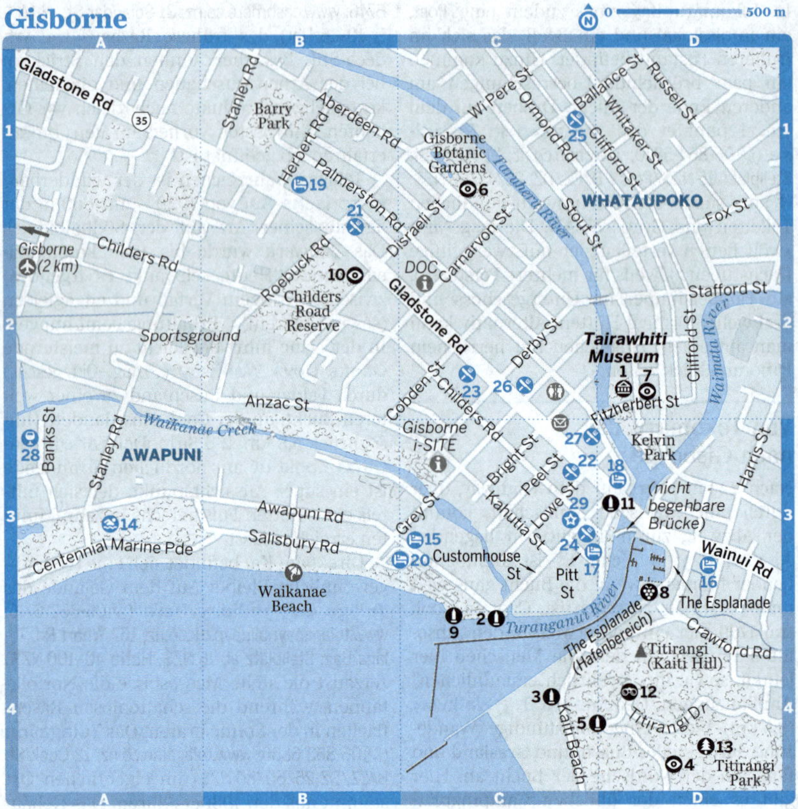

Gisborne

Highlights
1 Tairawhiti Museum D2

Sehenswertes
2 Captain-Cook-Statue C4
3 Cook Monument C4
4 Cook Observatory D4
5 Cook's Plaza C4
6 Gisborne Botanic Gardens C1
7 Gisborne Farmers Market D2
8 Gisborne Wine Centre D3
9 Statue des Young Nick C4
10 Sunshine Brewing Company B2
11 Te Tauihu Turanga Whakamana D3
12 Titirangi Lookout D4
13 Titirangi Park D4

Aktivitäten, Kurse & Touren
14 Olympic Pool A3

Schlafen
15 Captain Cook Motor Lodge C3
16 Gisborne YHA D3
17 Pacific Harbour Motor Inn C3
18 Quality Hotel Emerald D3
19 Teal Motor Lodge B1
20 Waikanae Beach Top 10 Holiday Park C3

Essen
Cafe 1874 ..... (siehe 29)
21 Morrell's Artisan Bakery B1
22 Muirs Bookshop & Café C3
23 Pak N Save C2
24 USSCO Bar & Bistro C3
25 Villaggio C1
26 Yoko Sushi C2
27 Zest C3

Ausgehen & Nachtleben
Rivers ..... (siehe 18)
28 Smash Palace A3

Unterhaltung
29 Dome Cinema C3
Poverty Bay Club ..... (siehe 29)

nay-Reben umrahmt wird. Der Ort wirbt damit, dass sich hier zu Beginn eines neuen Tages die Sonne weltweit als Erstes zeigt. Wie dem auch sei: In Gisborne lässt es sich gut ein paar Tage aushalten, man kann sich prima am Strand erholen und anschließend ein Gläschen Wein genießen.

Geschichte

Die Region Gisborne ist schon seit mehr als 700 Jahren besiedelt. Ein Pakt zwischen zwei nomadischen *waka*-(Kanu-)Kapitänen, Paoa vom *Horouta* und Kiwa vom *Takitimu*, führte zur Gründung von Turanganui a Kiwa (heute Gisborne). *Kumara*, die Süßkartoffel, gedieh prächtig in dem fruchtbaren Boden und die Siedlung blühte auf.

1769 war dies der erste Teil Neuseelands, den die Cook-Expedition entdeckte. Um ihre Vorräte aufzufüllen und das Hinterland zu erkunden, gingen sie an Land, sehr zum Erstaunen der einheimischen Bevölkerung. Als die Maori-Männer ihre traditionellen, angsteinflößenden Kriegstänze anstimmten, setzte die Cook-Mannschaft leider einen unglücklichen Startpunkt für die interkulturellen Beziehungen, indem sie auf die Begrüßung mit einer Gewehrsalve reagierte und sechs der Männer tötete. Sie fühlten sich bedroht, was, wie sich herausstellte, ein Missverständnis war.

Die *Endeavour* segelte ohne Vorräte weiter, woraufhin Cook, vielleicht in einem Anflug von Trotz, die Gegend Poverty Bay nannte, da sie „nichts von dem bereitstellte, was wir benötigten".

Die europäische Besiedelung begann 1831 mit dem Walfang; Farmer und Missionare folgten. In den 1860er-Jahren brachen Kämpfe zwischen Siedlern und Maori aus. Der Aufstand der Hauhau nahm seinen Anfang in Taranaki, breitete sich dann zur Ostküste aus und erreichte mit der Schlacht von Waerenga a Hika 1865 seinen Höhepunkt.

Gisbornes historische Stätten lassen sich mit Hilfe der Broschüre *Historic Walk*, die man in der i-SITE erhält, erkunden.

Sehenswertes

★ Tairawhiti Museum MUSEUM
(www.tairawhitimuseum.org.nz; Kelvin Rise, Stout St; Erw./Kind 5 NZ$/frei, Mo freier Eintritt; ⏲ Mo–Sa 10–16, So 13.30–16 Uhr) Das Tairawhiti Museum mit einer neuen Galerie legt den Fokus auf die Maori der Ostküste und die Kolonialgeschichte. Seine Kunstausstellung bildet das Herzstück der Kunstszene in Gisborne; es werden wechselnde Exponate sowie ausgezeichnete Ausstellungen alter Fotos gezeigt. Lohnend ist auch die Abteilung für Maritimes, sie zeigt *waka* und Exponate zu den Themen Walfang und Cooks Poverty Bay. Aber all das verblasst angesichts der Sammlung von alten Surfbrettern.

Museumsgeschäft und -café bieten einen schönen Ausblick auf den Kelvin Park, und davor steht das nachgebaute **Wyllie Cottage** (1872), Gisbornes ältestes Haus.

Titirangi Park PARK
Das ehemalige *pa* Titrangi liegt hoch oben auf dem Kaiti Hill und überblickt die Stadt. Zum *pa* kommt man über den Queens Drive per Auto oder zu Fuß. Schön ist auch der Fußweg, der am Cook Monument beginnt. In Gipfelnähe befindet sich der **Titirangi Lookout** sowie ein weiteres Cook-Gebäude, **Cook's Plaza**. Aufgrund eines Missverständnisses sieht die dort stehende Cook-Statue Cap'n Jim allerdings so gar nicht ähnlich. Auf einer Tafel steht „Wer war er? Wir haben keine Ahnung!" Nebenan steht ein unscheinbarer Pohutukawabaum, den Prinzessin Diana 1983 pflanzte. Etwas weiter befindet sich das **Cook Observatory** (www.possumobservatory.co.nz/astrogas/cook_observatory01.htm; Besuchervorführung 5 NZ$; ⏲ Vorführung Di 20.30 Uhr), die östlichste Sternwarte der Welt.

Eastwoodhill Arboretum GARTEN
(☎ 06-863 9003; www.eastwoodhill.org.nz; 2392 Wharekopae Rd, Ngatapa; Erw./Kind/Fam. 15/2/34 NZ$; ⏲ 9–17 Uhr) Dieses grüne, nach Kiefern duftende Paradies ist in der südlichen Hemisphäre die größte Sammlung von Bäumen und Sträuchern, die sonst eigentlich auf der Nordhalbkugel wachsen. Mit dem Erkunden der insgesamt 25 km langen Themenpfade auf dem herrlichen Gelände kann man einen ganzen Tag zubringen. Vor Ort gibt's auch Unterkünfte (s. S. 362). Das Arboretum liegt 35 km nordwestlich von Gisborne; die Anfahrt ist gut ausgeschildert.

Gisborne Farmers Market MARKT
(www.gisbornefarmersmarket.co.nz; Ecke Stout & Fitzherbert Sts; ⏲ Sa 9.30–12.30 Uhr) Hier gibt's u.a. frisches Obst, Macadamianüsse (nebst Macadamia-Nusspaste!), Fleischprodukte, Honig, Kräuter, Kaffee, Wein, Brot, Backwaren, Fisch und Käse – alles total regional.

Cook Monument MONUMENT
Am Fuß des jetzigen Titirangi Parks betrat James Cook zum allerersten Mal neuseelän-

GISBORNES WEINGÜTER

Heiße Sommer und fruchtbare Lößböden machen das Waipaoa River Valley nordwestlich von Gisborne zu einem der führenden Weinbaugebiete des Landes. Die Region ist für ihren Chardonnay berühmt, macht aber zunehmend auch mit Gewürztraminer und Pinot Gris von sich reden. Eine Übersichtskarte mit örtlichen Weingütern (außerhalb der Hauptsaison allgemein kürzer geöffnet) gibt's unter www.gisbornewine.co.nz. Fünf der besten Kellereien:

Bushmere Estate (06-868 9317; www.bushmere.com; 166 Main Rd, Matawhero; Mi–So 11–17 Uhr) Toller Chardonnay und Gewürztraminer, Mittagessen im Hauscafé Bond Room (Mittagessen 8–18 NZ$, Abendessen 16–28 NZ; Abendessen nur Fr & Sa) und Livemusik an Sommersonntagen.

Kirkpatrick Estate (06-862 7722; www.kew.co.nz; 569 Wharekopae Rd, Patutahi; 11–16 Uhr) Öko-Winzerei mit einem großen Programm an wunderbaren Tropfen (u. a. leckerer Malbec). Hier am besten einen Antipasti-Teller in der Sonne genießen!

Matawhero (06-867 6140; www.matawhero.co.nz; Riverpoint Rd, Matawhero; Do–Mo 11–17 Uhr, Jan. tgl.) Hier können Besucher inmitten von ländlicher Pracht picknicken und dabei eine ganze Reihe von tollen Weinen verkosten (z. B. besonders süffigen Chardonnay).

Millton (06-862 8680; www.millton.co.nz; 119 Papatu Rd, Manutuke; Feb.–Nov. nach Vereinbarung, Dez. & Jan. tgl. 10–17 Uhr) Millton arbeitet nachhaltig, ökologisch und obendrein biodynamisch. Idealerweise bringt man ein Picknick mit und genießt es umgeben von dickstämmigen Rebstöcken.

Gisborne Wine Centre (06-867 4085; www.gisbornewine.co.nz; Shed 3, 50 The Esplanade; So–Mi 10–17, Do–Sa 10–19 Uhr) In dem Laden am Hafen lassen sich viele regionale Weine verkosten. Chardonnay im Gaumen entschädigt dabei für den penetranten Meeresgeruch.

dischen Boden. Heute kaum mehr als ein kleines Stück Rasen mit einem nüchternen Obelisken – an dieser trostlosen Stelle ist auch die *Horouta waka* gelandet. Man kann sich den verschwitzten Joggern, die den steilen Weg hinaufeilen, der vom Monument auf den Kaiti Hill führt, anschließen.

Statue des Young Nick MONUMENT

Der *Endeavour* von Gisborne lässt sich schwerlich entkommen – im Park am Fluss steht eine Statue von Nicholas Young. Cooks Schiffsjunge erspähte mit Adleraugen als erstes Neuseeland, und zwar die weißen Klippen von Young Nick's Head. In der Nähe befindet sich eine weitere Statue von **Captain Cook**. Sie steht auf einem Globus, auf dem die Routen seiner drei Weltreisen sichtbar sind.

Gisborne Botanic Gardens GARTEN

(www.gdc.govt.nz/botanical-gardens; Aberdeen Rd; 24 Std.) GRATIS Der Stadtgarten in hübscher Lage am Taruheru River ist ein tolles Plätzchen für ein Picknick. Der **Bushland Walkway** windet sich durchs Buschland.

Te Tauihu Turanga Whakamana MONUMENT

(Der Kanubug; Ecke Gladstone Rd & Customhouse St) Te Tauihu Turanga Whakamana ist eine große, moderne Skulptur, die die Form eines *tauihu* (Kanubugs) hat. Sie erinnert an die frühen Maori-Entdecker.

East Coast Museum of Technology MUSEUM

(ECMOT; www.ecmot.org.nz; SH2, Makaraka; Erw./Kind 5/2 NZ$; Mo–Sa 10–16, So 13–16 Uhr) Hier geht alles noch eher analog als digital zu, und die Exponate stammen eher aus dem „Altertum" als aus dem Zeitalter der Raumfahrt. Etwa 5 km westlich des Stadtzentrums hat das unglaubliche Konglomerat aus landwirtschaftlichen Geräten, Feuerwehrfahrzeugen und anderen diversen Geräten in einer alten Melkscheune und verschiedensten Hofgebäuden ein passendes Zuhause gefunden. Man beachte die Ironie des Willkommensschilds ...

Matawhero Church KIRCHE

(www.standrewsgis.org.nz/faith.html; Church Lane, abseits der Saleyard Rd, Matawhero; 9–17 Uhr) Diese presbyterianische Kirche, 7 km westlich der Stadtmitte im Vorort Matawhero gelegen, ist das einzige Gebäude im Dorf, das den Überfall durch Te Kooti 1868 heil überstanden hat. Das Gotteshaus ist ein charmantes Holzgebäude mit einem Glockentürmchen und einer liebevoll gepflegten Gartenanlage.

Sunshine Brewing Company BRAUEREI
(☎06-867 7777; www.gisbornegold.co.nz; 109 Disraeli St; ⏲Mo–Sa 9–18 Uhr) GRATIS Die Sunshine Brewing Company, Gisbornes eigene Brauerei, stellt vier Qualitätsbiere her, darunter das berühmte Gisborne Gold und seinen großen Bruder, Gisborne Green. Kostenlose Führungen und Bierproben sind nach Vereinbarung möglich.

Aktivitäten

Wassersport

In Gisborne ist Surfen Volkssport – dementsprechend sehen die hiesigen Jugendlichen aus. Der **Waikanae Beach** und die **Roberts Road** eignen sich gut für Anfänger. Erfahrene Surfer zieht es gen Süden zur **Pipe** oder ostwärts zur **Sponge Bay** und nach **Tuamotu Island**. Weiter östlich entlang des SH35 warten **Wainui** und **Makorori** ebenfalls mit guten Breaks auf. Am Waikanae und **Midway Beach** gibt's sichere, ausgeflaggte Schwimmbereiche.

Surfing With Frank SURFEN
(☎06-867 0823, 021 119 0971; www.surfingwithfrank.com; Surfkurse 50–75 NZ$, Leihbrett & Neoprenanzug 30 NZ$/3 Std.) Neben Kursen bei Wainui offeriert dieser Veranstalter auch Trips zu den besten Breaks der East Coast und der Region Taranaki.

Rere Rockslide SCHWIMMEN
(Wharekopae Rd; ⏲tagsüber) GRATIS Die Felsrutsche findet man am Rere River, 50 km nordwestlich von Gisborne entlang der Wharekopae Road. Ein gut aufgepumpter Reifenschlauch oder ein Boogiebord helfen, die heftigsten Schläge abzufedern. Also ab ins Vergnügen und über eine 60 m lange Felsstrecke flussabwärts in ein Wasserloch. 3 km weiter sorgen die **Rere Falls** für einen 20 m breiten Wasservorhang an einer 5 m tiefen Geländestufe. Wem es nichts ausmacht, nass zu werden, kann hinter den Schleier laufen.

Olympic Pool SCHWIMMEN
(Centennial Marine Pde, Midway Beach; Erw./Kind 3,80/2,80 NZ$; ⏲tgl. 6–20 Uhr, Mai–Aug. Sa & So 8–20 Uhr) Gisbornes großes Schwimmbad hat ein lauwarm beheiztes Becken (50 m; halb drinnen, halb draußen) mit Wasserrutsche.

Surfit Charters TAUCHEN
(☎06-867 2970; www.surfit.co.nz; ab 310 NZ$/Pers.) Beim Haitauchen im Käfig mit Surfit wird man sich schlagartig seiner Sterblichkeit bewusst. Vergleichsweise harmlosere Angel- und Schnorcheltrips sind ebenfalls im Angebot.

Wandern

Es gibt zahlreiche Wandermöglichkeiten rundum Gisborne. Am einfachsten ist ein entspannter Spaziergang am Fluss entlang. Das i-SITE hat Broschüren über den *Historic Walk* und zu den *Walking Trails of Gisborne City*.

Der **Te Kuri Walkway** (2 Std.; 5,6 km, Aug.–Okt. geschl.), der sich durch Farmland und Wald zieht und unterwegs imposante Ausblicke bietet, beginnt 4 km nördlich der Stadt am Ende der Shelley Rd.

Geführte Touren

Gisborne Cycle Tour Company RADFAHREN
(☎06-927 7021; www.gisbornecycletours.co.nz; geführte Touren halber/ganzer Tag ab 100/200, Leihfahrrad ab 50 NZ$/Tag) Die geführten Radtouren (halb- bis mehrtägig) besuchen lokale Sehenswürdigkeiten und weiter draußen z. B. Weingüter oder das Eastwoodhill Aboretum. Ansonsten gibt's hier auch Karten, Tipps und Leihfahrräder (bei mehrtägiger Miete günstiger) für Trips auf eigene Faust.

Feste & Events

Feast Gisborne ESSEN, WEIN
(www.feastgisborne.co.nz; ⏲Okt.) Am Labour-Day-Wochenende vereinen Gisbornes Winzer und Essensexperten ihre Fähigkeiten bei diesem Fest auf einem lokalen Weingut. Normalerweise treten dabei auch begnadete neuseeländische Musiker auf. Zutritt ab 18 Jahren.

Rhythm & Vines MUSIK, WEIN
(www.rhythmandvines.co.nz; ⏲Dez.) Das dreitägige Festival vor Neujahr ist ein Großereignis im örtlichen Musikkalender und sorgt in Gisborne für Unterkunftsmangel. Mit von der Partie sind bekannte Bands bzw. DJs aus Neuseeland und aller Welt.

Schlafen

Gisborne YHA HOSTEL $
(☎06-867 3269; www.yha.co.nz; 32 Harris St; B/EZ/DZ/FZ 30/50/66/108 NZ$; @📶) Ab der Stadt führt ein kurzer Fußmarsch entlang des Flusses zu diesem gut geführten Hostel in einem geräumigen, attraktiven Gebäude von 1925. Die Zimmer (darunter eine Famili-en-Wohneinheit mit eigenem Bad) sind groß und behaglich – und dies gilt sogar für den

TE KOOTI

In der Geschichte der Maori finden sich immer wieder Mystiker, Propheten und Krieger – darunter der legendäre Te Kooti.

1865 kämpfte er auf Seiten der Regierung gegen die Hauhau (Anhänger des Pai-Marire-Glaubens, der von einem anderen Krieger-Propheten gegründet wurde), wurde jedoch der Spionage verdächtigt und ohne Gerichtsverfahren auf den Chatham Islands inhaftiert.

Während er dort war, las Te Kooti die Bibel und gab an, Visionen des Erzengels Michael gehabt zu haben. Seine charismatischen Predigten und „Wunder" – u.a. erzeugte er mit seinen Händen Flammen (seine Wärter behaupteten, er habe Phosphor von Streichhölzern verwendet) – trugen dazu bei, die Pai Marire von seiner eindeutig maorigeprägten Sichtweise des christlichen Glaubens zu überzeugen.

1867 gelang Te Kooti eine spektakuläre Flucht von den Chathams. Er kaperte ein Versorgungsschiff und segelte mit 200 Anhängern zur Poverty Bay. Einen Zweifler warf er unterwegs als Menschenopfer über Bord. Nach ihrer sicheren Ankunft erhoben Te Kootis Anhänger ihre rechte Hand als Ehrerbietung gegenüber Gott, statt sich unterwürfig zu verneigen – *ringa tu* (erhobene Hand) wurde daher auch der Name von Te Kootis Kirche.

Te Kooti bat um Gespräche mit der Kolonialregierung, wurde jedoch erneut zurückgewiesen; Friedensrichter Reginald Biggs verlangte seine sofortige Kapitulation. Unbeeindruckt von der Pakeha-Gerichtsbarkeit (europäische Neuseeländer) begann Te Kooti eine besonders effektive Guerillakampagne. Als Erstes tötete er in Matawhero bei Gisborne Biggs und etwa 50 weitere Personen, darunter auch Frauen und Kinder, Maori und Pakeha.

Daraufhin jagte man ihn insgesamt vier Jahre. Te Kooti suchte Zuflucht im King Country, dem weitläufigen Herrschaftsgebiet des Maori-Königs, in das sich die Regierungstruppen nicht hineinwagten.

Die Sinnlosigkeit des Verhaltens der Regierung in dieser Angelegenheit wurde durch die offizielle Begnadigung Te Kootis 1883 deutlich. Inzwischen hatte dieser sich landesweit einen Ruf als Prophet und Heiler erworben. Seine Ringatu-Kirche hat heute über 16 000 Anhänger.

Zehnbett-Schlafsaal unterm Dach. Draußen laden Rasenflächen und eine Terrasse zum Plaudern ein. Gäste können Fahrräder und Surfbretter ausleihen.

Waikanae Beach Top 10 Holiday Park FERIENANLAGE $
(☎06-867 5634, 0800 867 563; www.waikanaebeachtop10.co.nz; 280 Grey St; Stellplatz ab 22 NZ$, Hütte & Wohneinheit 70–155 NZ$; @ᯤ) Zehn lässige Gehminuten außerhalb der Stadt liegt diese grüne Ferienanlage direkt am Strand. Die Hütten und Wohneinheiten mit gutem Preis-Leistungs-Verhältnis werden durch Rasenstellplätze für Zelte oder Wohnmobile ergänzt. Einige der günstigeren Hütten könnten jedoch mal eine Renovierung vertragen. Surfbrett- und Fahrradverleih.

Teal Motor Lodge MOTEL $$
(☎06-868 4019, 0800 838 325; www.teal.co.nz; 479 Gladstone Rd; DZ 125–175 NZ$, FZ 195–245 NZ$; @ᯤ) Das stilmäßig leicht alpin wirkende Teal punktet u.a. mit Gratis-WLAN und seiner super Lage an der Hauptstraße (500 m bis zur Stadt). Die familienfreundlichen Wohneinheiten machen einen anständigen und sauberen Eindruck. Vorhanden sind auch ein Salzwasserpool und makellose Rasenflächen, auf denen Kinder herumtollen können.

Eastwoodhill Arboretum LODGE $$
(☎06-863 9003; www.eastwoodhill.org.nz; 2392 Wharekopae Rd, Ngatapa; B/2BZ/DZ inkl. Zugang zum Garten 35/80/120 NZ$) Die Schlafsäle und Zimmer des Eastwoodhill Arboretum (S. 359) sind recht einfach. Doch wenn man hier weilt, lassen sich die Tage und Nächte mit zahllosen Waldwundern füllen. Nach Vereinbarung gibt's auch Mahlzeiten; alternativ steht eine voll ausgestattete Küche zur Verfügung. Hinweis: Selbstversorger sollten genügend Vorräte mitbringen, da sich in der Nähe keinerlei Läden befinden.

Pacific Harbour Motor Inn MOTEL $$
(☎06-867 8847; www.pacific-harbour.co.nz; 24 Reads Quay; DZ 125–195 NZ$; @ᯤ) Das zweistöckige Motel am Hafen vermietet gut ge-

pflegte Wohneinheiten mit Kochecken und hübschen kleinen Balkonen. Auch dank schwarzer Ledersofas wirkt das Ganze etwas nobler als ein Allerweltsmotel. Die besten Zimmer liegen auf der Flussseite und bekommen den ganzen Tag über Sonne ab.

Quality Hotel Emerald HOTEL $$
(06-868 8055; www.emeraldhotel.co.nz; 13 Gladstone Rd; Zi. 140–280 NZ$;) Das moderne Emerald besitzt angeblich Neuseelands größte Hotelzimmer und sieht innen deutlich attraktiver aus als außen. Sein Poolbereich ist eine angemessene Verkörperung von fescher Internationalität. Die 48 vornehmen Suiten drum herum liegen an endlos langen Korridoren, die die verschiedenen Gebäudeteile miteinander verbinden. Gratis-WLAN und hauseigene Parkplätze.

Captain Cook Motor Lodge MOTEL $$
(0800 227 826; www.captaincook.co.nz; Ecke Grey St & Awapuni Rd; DZ ab 125 NZ$, Wohneinheit mit 1/2 Zi. 145/165 NZ$;) Hier wohnt man nicht wegen der Architektur – die 36 Zimmer säumen einen Großparkplatz. Hauptattraktion ist vielmehr die Lage: Gleich jenseits der benachbarten Ferienanlage erstreckt sich schnell erreichbar der Waikanae Beach.

Knapdale Eco Lodge LODGE $$$
(06-862 5444; www.knapdale.co.nz; 114 Snowsill Rd, Waihirere; DZ inkl. Frühstück ab 398 NZ$;) Dieses ländliche Luxusidyll empfängt Gäste mit einem See, Bauernhoftieren und eigenen Landwirtschaftsprodukten. Die moderne Lodge wird von Kunst aus aller Welt geziert. Ihr verglaster Vorderbereich grenzt an eine breite Terrasse mit Grill und Pizzaofen. Nach Vereinbarung gibt's ein fünfgängiges Abendessen (85 NZ$). Um hinzukommen, der Back Ormond Rd ab Gisborne gen Nordwesten folgen (10 km).

Essen

Cafe 1874 CAFÉ $
(06-863 3165; www.1874.co.nz; 38 Childers Rd; Gerichte 7–22 NZ$; Mo–Fr 7–15, Sa 9–14 Uhr;) Die knarrende Pracht des Gentleman's Club an der Poverty Bay (erbaut 1874) ist bereits Grund genug für einen Besuch. Das darin befindliche Café steigert den Reiz definitiv noch: Es überzeugt mit appetitlichen Thekengerichten, Ganztagesbrunch, Pizza, Sonderangeboten auf einer Kreidetafel und vernünftigen Preisen. Besonders toll ist die lange Sitzbank entlang der Außenmauer.

Zest CAFÉ $
(06-867 5787; www.zestcafe.co.nz; 22 Peel St; Hauptgerichte 8–16 NZ$; Mo–Sa 6–16 Uhr) Quizfrage: Wieviele Cafés in der westlichen Welt heißen „Zest"? Sehr viele. Doch mal abgesehen von dieser Einfallslosigkeit zählt dieser Laden an der East Coast zu den besten seiner Art. Auf den Tisch kommen Pizza, Pasta, üppiges Frühstück, Salate, Wraps, Waffeln und Frucht-Shakes – alles ebenfalls nicht allzu originell, aber dafür super frisch, perfekt zubereitet und erschwinglich. Bleibt nur zu hoffen, dass die hier regelmäßig zusammenkommende Strickgruppe nicht gerade alle Plätze belegt.

Muirs Bookshop & Café CAFÉ $
(www.muirsbookshop.co.nz; 62 Gladstone Rd; Gerichte 8–13 NZ$; Mo–Fr 9–15.30, Sa 9–15 Uhr) Muirs Bookshop in einem schmucken historischen Gebäude ist individuell, uralt und heiß geliebt. Im oberen Stockwerk serviert dieses schlichte Café eine kleine, aber feine Auswahl an Thekengerichten und super Salaten. Literaturfans mit einem Faible für guten Espresso müssen hier wohl mit Gewalt hinausgeworfen werden. An lauschigen Tagen empfiehlt sich der Straßenbalkon.

Morrell's Artisan Bakery BÄCKEREI $
(www.facebook.com/morrellsartisanbakery; 437 Gladstone Rd; Backwaren 4–9 NZ$; Di–Sa 7–14 Uhr;) Die hervorragenden Pies, das gesunde Brot, die Kekse und die übrigen leckeren Backwaren werden direkt vor Ort kunstvoll von Hand hergestellt. Auf keinen Fall den Eiercremekuchen mit Kokos und Maracuja übergehen!

Yoko Sushi SUSHI $
(06-868 6400; www.yokosushi.co.nz; 87 Grey St; Sushi 5–12 NZ$; Mo–Sa 8–17 Uhr) Wer Sushi mag, wird vom Yoko garantiert zur Tür hereingelockt (auch wenn er nicht John heißt). Der vorbildlich zubereitete Rohfisch wird durch die üblichen miso-lastigen Extras ergänzt (und hübsche Bento-Boxen).

Pak N Save SUPERMARKT $
(274 Gladstone Rd; 7–21 Uhr) Beim Füllen des Einkaufswagens nicht die heimischen Orangen vergessen!

Villaggio CAFÉ $$
(06-863 3895; villagio@threechefs.co.nz; 57 Ballance St; Hauptgerichte mittags 18–26 NZ$, abends 28–36 NZ$; So–Mi 8–16, Do–Sa 8 Uhr–open end) Nördlich vom Fluss geht's durch ein Tor zu diesem alten Art-déco-Haus, das

super schick auf seine roten, weißen und hölzernen Grundelemente reduziert wurde. Auf der Karte stehen einfallsreich zubereitete Klassiker wie Fish & Chips oder sämige Seafood-Suppe. Hinzu kommt Buntes im mediterranen Stil (z. B. marokkanische Gemüse-Tagine oder Spaghetti mit Tomaten, Ziegenkäse und Kräutern). Mittags kann man prima mit einem Glas Wein im Garten abhängen.

★**USSCO Bar & Bistro** MODERN-NEUSEELÄNDISCH $$$
(☎06-868 3246; www.ussco.co.nz; 16 Childers Rd; Hauptgerichte 30–42 NZ$; ⊙16.30 Uhr–open end) Dieses durch und durch noble Lokal befindet sich im restaurierten Gebäude der Union Steam Ship Company (USSCO – daher der Name). Die Gewieftheit des Küchenteams äußert sich in einer sehr saisonalen, stets üppig portionierten Menüzusammenstellung (z. B. mit Soja glasierter Schweinebauch, karamellisierte Süßkartoffeln, Pastinaken-Püree und Salat mit Röstnüssen). Parallel warten hier höllisch gute Desserts, viele Regionalweine, handgebraute Kiwi-Biere, mehrgängige Sonderangebote und live gespielte Klaviermusik.

Ausgehen & Unterhaltung

Smash Palace BAR
(☎06-867 7769; 24 Banks St; ⊙Mo–Do 15 Uhr–open end, Fr 14 Uhr–open end, Sa 12 Uhr–open end, So 14–23 Uhr) Bechern auf dem Schrottplatz: Die Kult-Kaschemme in Gisbornes industriellem Brachland ist randvoll mit allerlei Krempel. Den Biergarten ziert sogar eine „abgestürzte" Douglas DC-3. Gelegentlich gibt's hier auch Livemusik.

Rivers KNEIPE
(Ecke Gladstone Rd & Reads Quay; ⊙Mo–Sa 11 Uhr–open end, So 12 Uhr–open end) Die gut geführte, gemütliche Kneipe à la Großbritannien wird ihrem Stil mit Steak & Ale Pie, anständigem Pudding, Poolbillard und Großbild-TV gerecht. Zudem ist sie familienfreundlich und gibt sich mit ein paar ausgewählten Ausstellungsstücken einen überzeugenden historischen Anstrich. Dienstags ist Quizabend.

Poverty Bay Club LIVEMUSIK, KINO
(☎06-863 2006; www.thepovertybayclub.co.nz; 38 Childers Rd; ⊙Mi–Fr 17 Uhr–open end, Sa 20 Uhr–open end, So 17.30 Uhr–open end) Der schmucke alte Bau beherbergt neben einem Café und einem Kunstladen auch die **Winston's Bar**, die Gäste mit alten Brettspielen und gelegentlichen Livemusik-Darbietungen erfreut. Hinzu kommt das **Dome Cinema** (☎08-324 3005; www.domecinema.co.nz; Tickets 15 NZ$; ⊙Mi–So ab 17.30 Uhr) mit Kunstfilmen und Sitzsäcken.

Praktische Informationen

DOC (Department of Conservation; ☎06-869 0460; www.doc.govt.nz; 63 Carnarvon St; ⊙Mo–Fr 8–16.30 Uhr) Touristeninformation.

Gisborne Hospital (☎06-869 0500; www.tdh.org.nz; Ormond Rd; ⊙24 Std.)

Gisborne i-SITE (☎06-868 6139; www.gisbornenz.com; 209 Grey St; ⊙Mo–Fr 8.30–17.30, Sa 9–17, So 10–16 Uhr; 📶) Diese Touristeninformation neben einem Prachtexemplar von kanadischem Totempfahl liefert alle möglichen Details. Zudem hat sie Toiletten, einen Internetzugang und einen Reiseschalter.

Polizei (☎06-869 0200; www.police.govt.nz; Ecke Gladstone Rd & Customhouse St; ⊙24 Std.)

Post (www.nzpost.co.nz; 127 Gladstone Rd; ⊙Mo–Fr 8.30–17, Sa 9–12 Uhr)

Anreise & Unterwegs vor Ort

Das i-SITE bucht viele regionale und landesweite Verkehrsverbindungen.

AUTO

Gisborne Airport Car Rental (☎1300 350 401; www.gisborneairportcarhire.co.nz) Fungiert als Agentur für sieben Autovermieter (internationale Großunternehmen und lokale Firmen).

BUS

Vor dem i-SITE starten täglich Busse von InterCity, die über Wairoa (30 NZ$, 1½ Std.) nach Napier (47 NZ$, 4 Std.) fahren. Parallel geht's über Opotiki (36 NZ$, 2 Std.) und Rotorua (64 NZ$, 5 Std.) nach Auckland (85 NZ$, 10 Std.).

Mit Naked Bus gelang man täglich über Opotiki (17 NZ$, 2 Std.) und Rotorua (25 NZ$, 4½ Std.) nach Taupo (24 NZ$, 5½ Std.).

Auf S. 351 stehen Infos zu Kurierdiensten, die dem malerischen SH35 entlang des East Cape von Gisborne nach Opotiki folgen.

FLUGZEUG

Der **Gisborne Airport** (www.eastland.co.nz/gisborne-airport; Aerodrome Rd) liegt 3 km westlich der Stadt. Air New Zealand verbindet ihn mit Auckland und Wellington (inkl. Anschlussflüge). Sunair Aviation fliegt ab Gisborne direkt nach Rotorua, Tauranga und Napier.

TAXI

Ein Taxi zum Flughafen kostet etwa 20 NZ$.

Gisborne Taxis (☎06-867 2222)

Von Gisborne zur Hawke's Bay

Wer ab Gisborne südwärts gen Napier fahren will, hat die Qual der Wahl: Der SH2 verläuft näher an der Küste, während der SH36 über Tiniroto durchs Landesinnere führt. In beiden Fällen erreicht man schließlich Wairoa.

Eine kürzere Fahrtzeit und gelegentlicher Meerblick machen die Küstenroute vielleicht zur besseren Wahl. Dennoch ist auch die **Tiniroto Road** (SH36) eine nette Auto- oder Radstrecke mit mehreren guten Möglichkeiten für Zwischenstopps. Rund 49 km hinter Gisborne erstreckt sich das geschützte Buschland des ruhigen **Doneraille Park**. Hier kann man in einem kalten Fluss baden und im Wohnmobil übernachten, falls dieses über eine umweltfreundliche Komplettausstattung verfügt (s. S. 355). An der Tiniroto Tavern beginnt eine Abzweigung (3 km), die Baumfans einen Abstecher zum **Hackfalls Arboretum** (☎06-863 7083; www.hackfalls.org.nz; 187 Berry Rd, Tiniroto; Erw./Kind 10 NZ$/frei; ⏲9–17 Uhr) ermöglicht. Rund 12 km weiter südlich sind die schneeweißen Kaskaden der **Te Reinga Falls** ebenfalls einen Zwischenstopp wert.

Der stärker befahrene SH2 führt landeinwärts und dann nach kurzer Zeit in den **Wharerata State Forest** (Vorsicht: Holzlaster!) hinein. Gleich nachdem man diesen wieder verlassen hat, kommen (55 km hinter Gisborne) die **Morere Hot Springs** (☎06-837 8856; www.morerehotsprings.co.nz; SH2, Morere; Erw./Kind 10/5 NZ$; ⏲10–17 Uhr, Dez.–Feb. längere Öffnungszeiten) in Sicht. Deren Wasser sprudelt durch einen Grabenbruch im **Morere Springs Scenic Reserve** an die Erdoberfläche. Besucher können baden und davor noch eine Buschwanderung unternehmen (20 Min.–3 Std.). Das Hauptbecken befindet sich nahe am Eingang. Ein fünfminütiger Fußmarsch durch den unberührten Regenwald bringt einen alternativ zu den Nikau Pools.

Zum Park gehört auch **Morere Tearooms & Camping Ground** (☎06-837 8792; www.morereaccommodation.co.nz; SH2, Morere; Stellplatz ab 17 NZ$, DZ 60–90 NZ$), wo anständige getoastete Sandwichs serviert werden. Zudem warten dort reizende Stellplätze und einfache Hütten am murmelnden Tunanui Stream. Gleich jenseits des Bachs liegt mit dem **Morere Hot Springs Lodge & Cabins** (☎06-837 8824; www.morerelodge.co.nz; SH2, Morere; DZ 80–120 NZ$, pro weiterem Erw./Kind 20/10 NZ$) eine farmähnliche Enklave, die ihre Übernachtungsgäste in zwei wirklich niedlichen Selbstversorgerhütten oder einem klassischen Bauernhaus aus dem Jahre 1917 unterbringt.

Wer ab Gisborne auf dem SH2 unterwegs ist, sollte unbedingt nach dem **Taane-nui-a-Rangi Marae** auf der linken Straßenseite Ausschau halten. Von der Straße aus hat man einen guten Blick auf dieses bunt bemalte Versammlungshaus – aber bitte nicht ohne Einladung hineingehen!

In Richtung Süden setzt sich der SH2 nun nach Nuhaka am Nordende der Hawke Bay fort. Von dort aus geht's westwärts nach Wairoa und gen Osten zur salzwasserumspielten **Mahia Peninsula**. Kurz hinter dem Kreisverkehr in Nuhaka kann vom Straßenrand aus das **Kahungunu Marae** (www.visitwairoa.co.nz/pages/kahungunu_marae; Ecke Ihaka & Mataira St) bewundert werden. Bemerkenswert ist die Schnitzerei am höchsten Punkt des Hauses: Der stehende Krieger mit einem *taiaha* (Speer) in der Hand wirkt weniger stilisiert als die meisten anderen traditionellen Schnitzereien.

ABSTECHER

MAHIA PENINSULA

Die ausgewaschenen Hügel, die Sandstrände und das leuchtend blaue Meer von Mahia lassen die Halbinsel wie ein Mini-Abbild der Coromandel-Halbinsel erscheinen – nur ohne die Touristenhorden, dafür aber mit dramatischeren Klippen, die wiederum an die weißen Klippen von Dover erinnern. Die Bewohner der East Coast fahren gerne für einen Boot- und Strandurlaub dorthin, was auch wirklich zu empfehlen ist. Ein oder zwei Tage lassen sich locker damit zubringen, das landschaftlich schöne Schutzgebiet zu erkunden und den Vogelreichtum der Maungawhio Lagoon zu bestaunen, am Strand abzuhängen (bei Sonnenuntergang ist Mahia Beach einfach ein Traum) oder einfach nur eine Runde Golf zu spielen.

Zu Mahia gehören mehrere kleine Ortschaften, in denen man mehrere Pensionen, einen Campingplatz, eine ordentliche Kneipe und eine Molkerei findet. Infos über die Halbinsel stehen auf der Homepage: www.voyagemahia.co.nz.

Te Urewera National Park

Nebel und Mystik: Der Te Urewera National Park ist der größte der Nordinsel und umfasst 2127 km² unberührten Waldes, die von Seen und Flüssen bestimmt sind. Das Highlight ist der **Lake Waikaremoana** (See des sich kräuselnden Wassers). Um dieses tiefe Wasserloch windet sich der Lake Waikaremoana Track, einer von Neuseelands Great Walks. Felsige Klippen treffen auf schilfige Buchten und die spiegelglatte Oberfläche des Sees wird nur von Bergzephyren und gelegentlich auffliegenden Wasservögeln gestört.

Der Name Te Urewera schafft es noch immer, dass sich *Pakeha*-Neuseeländer (Weiße) etwas unbehaglich fühlen – nicht nur, weil er übersetzt „der verbrannte Penis" bedeutet. Dieses ungezähmte Waldgebiet mit seiner reichen Geschichte zum Widerstand der Maori hat einfach etwas Ursprüngliches und Unkontrolliertes.

Das einheimische Tuhoe-Volk – bekannt als die „Kinder des Nebels" – haben den Vertrag von Waitangi nie unterzeichnet und während der Neuseelandkriege mit Rewi Maniapoto bei Orakau gekämpft. Die Armee von Te Kooti suchte hier während der ständigen Kämpfe mit Regierungstruppen

Lake Waikaremoana Track

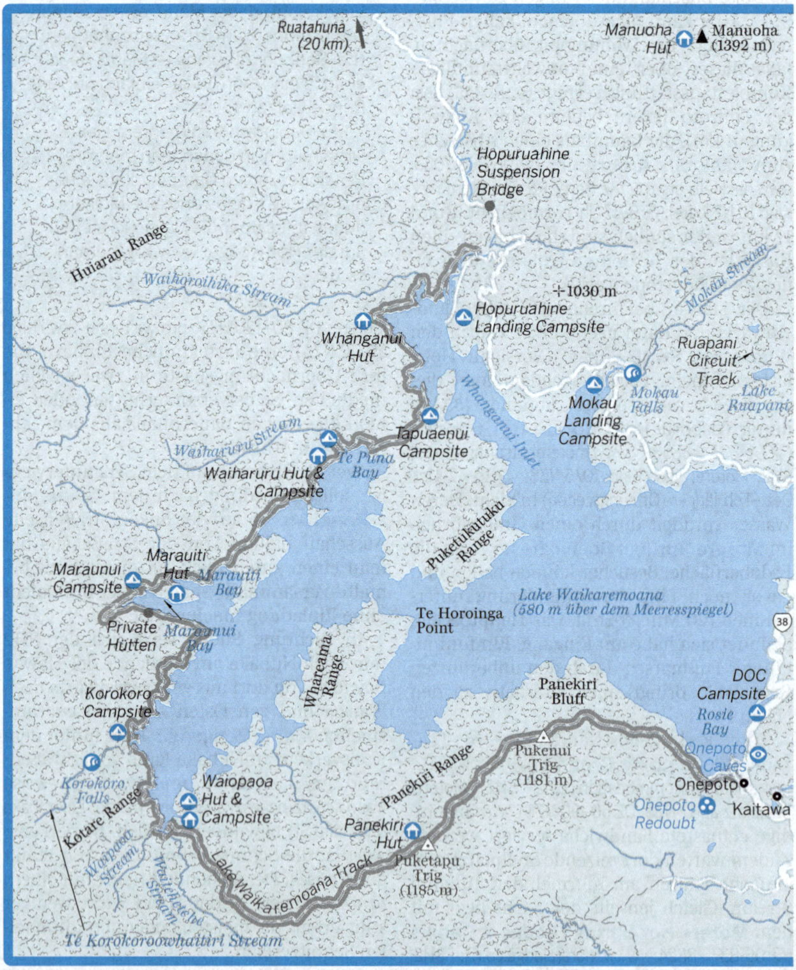

Zuflucht. Te Kootis Nachfolger, Rua Kenana, führte ab 1905 unterhalb des heiligen Bergs Maungapohatu (1366 m) eine blühende Gemeinschaft, bis er 1916 aus politischen Motiven verhaftet wurde. Dies löschte die letzte Bastion des Maori-Widerstandes im Land wirksam aus. Maungapohatu erholte sich davon nie, und heute ist nur noch eine kleine Siedlung übrig. Das außergewöhnliche Mataatua-Marae des nahe gelegenen Ruatahuna feiert Te Kootis Heldentaten.

Die Tuhoe sind stolz auf ihre Identität und ihre Traditionen, rund 40 % verwenden immer noch *Te Reo Maori* (die Maori-Sprache) im Alltag.

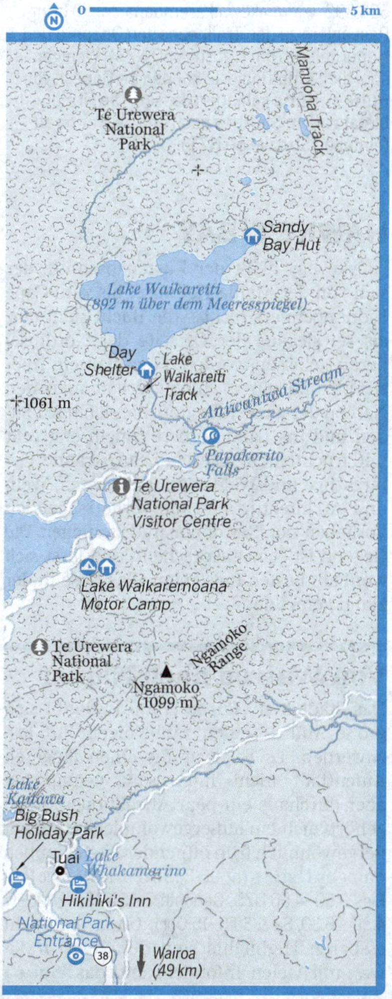

Aktivitäten

Lake Waikaremoana Track

Dieser 46 km lange Weg, für den man drei bis vier Tage einkalkulieren sollte, erklimmt den spektakulären Panekiri Bluff, wo weite Panoramablicke mit Farnhainen und Wald abwechseln. Die Wanderung wird als mittelschwierig eingestuft; der einzige schwere Abschnitt ist der steile Anstieg zum Panekiri Bluff. Im Sommer kann es mitunter ganz schön voll werden.

Der Track ist zwar das ganze Jahr über geöffnet, aber im Winter hält der Regen viele Menschen von der Tour ab, da die Nässe die Wanderung sehr erschwert. Bei einer Höhe von 580 m über dem Meeresspiegel können die Temperaturen sogar im Sommer sehr schnell sinken. Wanderer sollten einen Kocher und Benzin mitführen, weil es auf der Strecke keinerlei Kochgelegenheiten gibt.

Über die Strecke verteilen sich fünf **Hütten** (Erw./Kind 32 NZ$/frei) sowie **Campingplätze** (pro Übernachtung Erw./Kind 14 NZ$/frei). Diese Unterkünfte müssen zu allen Jahreszeiten im Voraus über das DOC gebucht werden. Buchungen sind bei den örtlichen DOC-Büros bzw. den i-SITES möglich – oder online auf www.greatwalks.co.nz.

Wer ein Auto hat, parkt es am Lake Waikaremoana Motor Camp oder dem Big Bush Holiday Park und nimmt ein Wassertaxi zum Startpunkt. Die Alternative ist eine geführte Tour mit drei Übernachtungen und Vollverpflegung, die die enthusiastischen und erfahrenen Mitarbeiter von **Walking Legends** (☎ 07-312 5297, 0800 925 569; www.walkinglegends.com; Touren 1390 NZ$) anbieten.

Entweder läuft man den Trail im Uhrzeigersinn mit Start kurz vor **Onepoto** im Süden oder man marschiert gegen den Uhrzeigersinn ab der **Hopuruahine Suspension Bridge** im Norden.

Ungefähre Wanderzeiten:

STRECKE	DAUER (STD.)
Onepoto–Panekiri Hut	5
Panekiri Hut–Waiopaoa Hut	3–4
Waiopaoa Hut–Marauiti Hut	5
Marauiti Hut–Waiharuru Hut	2
Waiharuru Hut–Whanganui Hut	2½
Whanganui Hut–Hopuruahine Suspension Bridge	2

Noch mehr Wanderrouten

Dutzende von Wanderstrecken durchziehen den riesigen Park. Die meisten davon werden in den DOC-Broschüren *Lake Waikaremoana Walks* und *Recreation in Northern Te Urewera* (je 2,50 NZ$) beschrieben. Am Visitor Centre und am Lake Waikaremoana Motor Camp beginnen jeweils viele Kurzwanderungen.

In der Nähes des Visitor Centre startet außerdem der einstündige Fußmarsch zum Ufer des zauberhaften **Lake Waikareiti**. Dieser See mit unberührten Inseln kann per Ruderboot erkundet werden (Schlüssel beim Visitor Centre erhältlich, 20 NZ$).

Der Pfad zum Lake Waikareiti bietet Zugang zum anspruchsvolleren **Ruapani Circuit Track** (6 Std.) durch Feuchtgebiete und dichten Urwald.

Schlafen & Essen

Innerhalb des Parks unterhält das DOC über 30 Hütten und Campingplätze. Der Großteil davon ist sehr simpel ausgestattet.

Lake Waikaremoana Motor Camp FERIENANLAGE $
(☎ 06-837 3826; www.holidayparks.co.nz; SH38, Lake Waikaremoana; Stellplatz pro Erw./Kind ab 15/8 NZ$, DZ in Hütte/Wohneinheit ab 120/190 NZ$) Die Ferienanlage am Ufer vermietet Stellplätze, Fischerhütten und Holzhütten im Schweizer Stil (fast alle mit Blick aufs Wasser). Der hauseigene Laden hat eine Zapfsäule und verkauft viele lebensnotwendige Dinge (z. B. heiße Pies, Schokolade oder Angelfliegen).

Big Bush Holiday Park FERIENANLAGE $
(☎ 06-837 3777, 0800 525 392; www.lakewaikaremoana.co.nz; SH38; Stellplatz/EZ/DZ ab 15/30/60 NZ$) Rund 4 km vom Onepoto-Trailhead entfernt gibt's hier Zeltstellplätze, gepflegte Hütten, Backpackerzimmer und eine Gepäckverwahrung. Auf Wunsch werden auch Wassertaxis, Shuttles nach/ab Wairoa und das Absetzen bzw. Abholen rund um den See organisiert.

Hikihiki's Inn B&B $$
(☎ 06-837 3701; www.hikihiki.co.nz; 9 Rotten Row, Tuai; EZ 80–120 NZ$, DZ 160–240 NZ$) Dieses kleine Juwel im Weatherboard-Stil steht 6 km von Onepoto entfernt im niedlichen Nest Tuai. Die Betreiber des B&Bs sind „100 % Kiwi" und können maximal sechs Gäste gleichzeitig aufnehmen. Der Preis beinhaltet ein europäisches Frühstück; gegen Aufpreis werden auch weitere Mahlzeiten serviert (Anmeldung bis spätestens 24 Std. vorher).

Praktische Informationen

Das **Te Urewera National Park Visitor Centre** (☎ 06-837 3803; www.doc.govt.nz; Aniwaniwa; ⏲ 8–16.45 Uhr) wird vom DOC betrieben. Es versorgt Besucher mit Wetterberichten, Unterkunftsinfos und Hütten- bzw. Campingpässen für den Lake Waikaremoana Track.

Anreise & Unterwegs vor Ort

Von Wairoa aus führt der SH38 zum Lake Waikaremoana (ca. 1 Std.) und dann weiter nach Rotorua. Etwa 95 km der Gesamtstrecke Wairoa–Rotorua (195 km, 4 Std.) sind unbefestigt und sorgen zwischendurch für eine extrem holprige Fahrt.

Big Bush Water Taxi (☎ 06-837 3777, 0800 525 392; www.lakewaikaremoana.co.nz) bringt Passagiere zu den Trailheads von Onepoto und Hopuruahine (hin & zurück 50 NZ$). Weniger sportlich Ambitionierte können ihr Gepäck von Hütte zu Hütte schippern lassen. Die Firma bietet zudem Shuttles nach und ab Wairoa an (einfache Strecke 50 NZ$).

HAWKE'S BAY

Hawke Bay heißt der Küstenabschnitt, der sich von der Mahia-Halbinsel bis zum Cape Kidnappers erstreckt – die Bucht sieht aus, als sei sie aus der Ostseite der Nordinsel herausgebissen worden. Fügt man ein Apostroph und ein „s" hinzu, erhält man den Namen der ganzen Region, die sich nach Süden und ins Landesinnere hinein erstreckt und fruchtbares Ackerland, Surfstrände, Gebirgszüge und Wälder umfasst. Essen, Wein und Architektur sind die vorherrschenden Vorlieben der Bewohner und Besucher. Die Gegend ist sehr ansprechend und lässt sich wohl am besten mit einem Glas Rosé in der Hand genießen.

Von Wairoa nach Napier

Das Städtchen **Wairoa** (7900 Ew.) gibt sich große Mühe, seinen raubeinigen Ruf loszuwerden. Es ist zwar für einen längeren Aufenthalt nicht interessant genug, hat aber durchaus ein paar Attraktionen. Dazu gehört auch ein außergewöhnlicher und außergewöhnlich früh öffnender Pie-Schuppen namens **Oslers** (☎ 06-838 8299; 116 Marine Pde; Pies 3,50–4,50 NZ$, Gerichte 7–15 NZ$; ⏲ Mo–Fr 4.30–16.30, Sa & So 6–15 Uhr). Unter den nicht essbaren Highlights sind der **River Walkway** mit vielen Infotafeln und das **Wairoa**

Museum (☎ 06-838 3108; www.wairoamuseum.org.nz; 142 Marine Pde; ⏲ Di–Fr 10–16, Sa 10–12 Uhr) GRATIS in einer alten Bank. Wer dringend aufs Örtchen muss, kann die Toiletten der örtlichen Motels benutzen. Das **Wairoa i-SITE** (☎ 06-838 7440; www.visitwairoa.co.nz; Ecke SH2 & Queen St; ⏲ Mo–Fr 8–17, Sa & So 10–16 Uhr) liefert Infos (u. a. zum Lake Waikaremoana).

Der Highway-Abschnitt zwischen Wairoa und Napier führt in weiten Teilen durch wenig fotogenes Farmland, und Bäume verwehren auf dem größten Teil der 117 km langen Strecke die Aussicht. Meistens folgt die Straße der Bahnstrecke, die inzwischen nur noch von Güterzügen genutzt wird – wie schade das ist, wird klar, wenn man unter dem **Mohaka Viaduct** (1937), dem höchsten Bahnviadukt Australasiens (97 m), hindurchfährt.

Lake Tutira war schon von den frühen Maori besiedelt und hat Wanderwege und ein Vogelschutzgebiet im Angebot. Im Dorf Tutira, gleich nördlich des Sees, führt die Pohokura Rd zum wundervollen **Boundary Stream Scenic Reserve**, einem bedeutenden Naturschutzgebiet. Drei Rundwege beginnen an der Straße und dauern zwischen 40 Minuten und drei Stunden. Entlang dieser Straße befinden sich auch das **Opouahi** und das **Bellbird Bush Scenic Reserve**. In beiden kann man großartig wandern. Infos zu all diesen Reserves findet man unter www.doc.govt.nz.

Unweit der Waipatiki Rd, 34 km außerhalb von Napier, liegt der Strand von Waipatiki, ein wunderschönes Fleckchen mit einem gemütlichen Campingplatz und dem etwa 64 ha großen Schutzgebiet **Waipatiki Scenic Reserve**. Etwas weiter, 29 km von Napier entfernt am SH2, liegt das **White Pine Bush Scenic Reserve**, das von Warzeneiben (*kahikatea*) und Nikaupalmen geprägt wird. Im **Tangoio Falls Scenic Reserve**, 27 km nördlich von Napier, lohnen die Te Ana Falls sowie der große Bestand an Baumfarnen (*wheki-ponga*) und heimischen Orchideen einen Besuch. Auch zu diesen Reserves findet man unter www.doc.govt.nz Infos. Der **Tangoio Walkway** (hin & zurück 3 Std.), der dem Kareaara Stream folgt, verbindet die Naturschutzgebiete White Pine und Tangoio Reserve.

RADFAHREN IN HAWKE'S BAY

Das 180 km lange Netz der **Hawke's Bay Trails** (www.nzcycletrail.com/hawkes-bay-trails) ist Teil des nationalen New Zealand Cycle Trails Project (Nga Haerenga). Die Möglichkeiten für Radfahrer reichen von urbanen Kurztrips bis hin zu hügeligen Singletrack-Abenteuern. Rund um Napier, Hastings und die Küstenlinie erstrecken sich ausgewiesene Radrouten, die z. T. unter einem bestimmten Motto (Landschaft, Wasser, Wein) stehen. Die Broschüre *Hawke's Bay Trails* ist online und beim i-SITE erhältlich.

Napier selbst ist sehr fahrradfreundlich. Dies gilt vor allem für die Marine Pde, wo **Fishbike** (Karte S. 372; ☎ 06-833 6979; www.fishbike.co.nz; 22 Marine Pde; Leihfahrrad halber/ganzer Tag 35/50 NZ$, Tandem halber/ganzer Tag 70/90 NZ$; ⏲ 9–17 Uhr) komfortable Drahtesel vermietet; auch Tandems – für Kunden, die eine Scheidung riskieren wollen.

Der **Eskdale Mountain Bike Park** (Karte S. 370; ☎ 06-873 8793; www.hawkesbaymtb.co.nz; Nutzungsgenehmigung für 3 Wochen 10 NZ$) im Wald bereitet Mountainbikern jede Menge Spaß (für Wegbeschreibung anrufen oder Website besuchen). Gleich außerhalb vom Stadtzentrum lassen sich MTBs bei **Pedal Power** (Karte S. 370; ☎ 06-844 9771; www.pedalpower.co.nz; 340 Gloucester St, Taradale; halber/ganzer Tag ab 30/60 NZ$; ⏲ Mo–Fr 8–17.30, Sa 9–15, So 10–15 Uhr) in Taradale ausleihen.

Die zahllosen Routen gehen mit radlerfreundlichem Klima und Terrain einher. So überrascht es nicht, dass zahlreiche Firmen All-Inclusive-Radtouren im Bereich der Bucht anbieten. Abstecher zu Weingütern sind dabei schon fast Pflicht. Beispiele für Veranstalter:

Bike About Tours (☎ 06-845 4836; www.bikeabouttours.co.nz; Touren halber/ganzer Tag ab 35/45 NZ$)

Bike D'Vine (☎ 06-833 6697; www.bikedevine.com; Touren Erw./Kind ab 35/15 NZ$)

On Yer Bike Winery Tours (☎ 06-650 4627; www.onyerbikehb.co.nz; Ganztagstouren mit/ohne Mittagessen 60/50 NZ$)

Takaro Trails (☎ 06-835 9030; www.takarotrails.co.nz; Tagestouren ab 40 NZ$, 3-/5-tägige Ausfahrten inkl. Unterkunft ab 479/899 NZ$)

Hawke's Bay

Auf den letzten 25 km entlang der Küste bietet der Highway eine eindrucksvolle Aussicht Richtung Napier. Die Weinbauregion Hawke's Bay beginnt an der Mündung des Esk River.

Napier

57 240 EW.

Das heutige Napier ist eine charismatische, sonnige und ruhige Stadt mit der Atmosphäre eines betuchten englischen Seebads. Allerdings resultiert dies aus dem gelungenen Wiederaufbau nach dem verheerenden Erdbeben von 1931: Damals wurde Napier in den beliebten Architekturstilen der Epoche neu errichtet. So findet man hier nun eine einzigartige Konzentration von Art-déco-Architektur. Das Chrysler Building darf man hier nicht erwarten – die Gebäude sind allesamt niedrig. Nichtsdestotrotz dürften die intakten Fassaden und Straßenzüge aus den 1930er-Jahren selbst die unromantischste Seele dazu verleiten, im Stil des *Großen Gatsby* zu flanieren.

Geschichte

Die Gegend ist etwa seit dem 12. Jh. besiedelt und war den Maori als Ahuriri bekannt. Als James Cook sie im Oktober 1769 in Augenschein nahm, herrschte hier der Stamm der Ngati Kahungunu und kontrollierte die Küste bis Wellington.

In den 1830er-Jahren kamen einige Walfänger nach Ahuriri und gründeten im Jahr 1839 eine Handelsstation. Bis in die 1850er-Jahre hinein kaufte die Krone – mit oftmals fragwürdigen Mitteln – 5665 km² Land in Hawke's Bay, den Ngati Kahungunu blieben dagegen weniger als 1600 ha. Die Stadt Napier wurde im Jahr 1854 geplant und nach dem britischen General und Kolonialverwalter Charles Napier benannt.

Am 3. Februar 1931 um 10.46 Uhr wurde die Stadt durch ein katastrophales Erdbeben (7,9 auf der Richterskala) dem Erdbo-

Hawke's Bay

Sehenswertes
1 Black Barn Vineyards C4
2 Crab Farm Winery B1
3 Craggy Range C4
4 Hastings Farmers Market B3
5 Mission Estate Winery B2
6 National Tobacco Company Building D2
7 Otatara Pa B3
8 Te Mata Estate C4
9 Te Mata Peak Lookout C4
10 Westshore Beach C1

Aktivitäten, Kurse & Touren
11 Eskdale Mountain Bike Park B1
12 Gannet Beach Adventures C4
13 Gannet Safaris C4
14 Pandora Kayaks D2
15 Pedal Power B2
16 Splash Planet B4

Schlafen
17 Clive Colonial Cottages C3
18 Crown Hotel D2
19 Eco Lodge Pakowhai B3
20 Hastings Top 10 Holiday Park B4
21 Havelock North Motor Lodge B4
22 Kennedy Park Resort C2
23 Mangapapa Petit Hotel C4
24 Millar Road C4
25 Rocks Motorlodge D2

Essen
26 Bay Espresso B4
Deliciosa .... (siehe 21)
Diva .... (siehe 21)
Pipi .... (siehe 21)
27 Westshore Fish Café C2

Ausgehen & Nachtleben
28 Filter Room B2
29 Gintrap D2
Loading Ramp .... (siehe 21)
Rose & Shamrock .... (siehe 21)
Thirsty Whale .... (siehe 29)

Unterhaltung
Globe Theatrette .... (siehe 18)

Shoppen
30 Arataki Honey C4
31 Silky Oak Chocolate Company B3
Strawberry Patch .... (siehe 21)
32 Telegraph Hill B4

den gleichgemacht. In Napier und dem nahe gelegenen Hastings gab es insgesamt 258 Tote. Napier war mit einem Mal um 40 km² größer, da das Erdbeben Teile dessen, was vorher eine Lagune war, 2 m über den Meeresspiegel angehoben hatte (Napiers Flughafen war früher mehr „Hafen" und weniger „Flug"). Fieberhaft baute man dann die Stadt wieder auf – und so entstand eine der einheitlichsten Art-déco-Städte der Welt.

Sehenswertes

Wer keine Zeit für eine geführte Tour oder einen Art-déco-Stadtspaziergang auf eigene Faust hat, schlendert einfach ein paar Straßen entlang (vor allem die Tennyson und die Emerson St). Dabei immer schön nach oben schauen!

Deco Centre — TOURISTENINFORMATION

(Karte S. 372; www.artdeconapier.com; 7 Tennyson St; ⌚9–17 Uhr) Das inzwischen verlegte und renovierte Deco Centre ist der beste Ausgangspunkt für Erkundungstouren. Seine einstündigen geführten Art-déco-Stadtspaziergänge (17 NZ$) starten täglich um 10 Uhr am i-SITE. Die zweistündige Version (20 NZ$) beginnt jeden Tag um 14 Uhr vor dem eigentlichen Zentrum, das auch einen netten kleinen Laden beherbergt. Für Erkundungen auf eigene Faust gibt's vor Ort die hervorragenden Broschüren *Art Deco Walk* (7,50 NZ$), *Art Deco Scenic Drive* (5 NZ$) und *Marewa Meander* (3 NZ$). Alternativ kann man Radtouren (50 NZ$, 4 Std.), Oldtimer-Autotrips (75 NZ$, 1 Std.) und eine Art-déco-Schatzsuche für Kinder (4 NZ$) unternehmen.

★ Daily Telegraph Building — GEBÄUDE

(Karte S. 372; 49 Tennyson St) Tolle Zickzacklinien, springbrunnenartige Formen und die Ästhetik babylonischer Tempeltürme machen dieses Gebäude zu einem der Stars von Napiers Art-déco-Show. Falls die Vordertür offen ist, unbedingt das akribisch restaurierte Foyer von innen bewundern!

★ MTG Hawke's Bay — MUSEUM, THEATER

(Museum Theatre Gallery; Karte S. 372; ☎06-835 7781; www.mtghawkesbay.com; 1 Tennyson St; Erw./Kind 15 NZ$/frei; ⌚10–18 Uhr) Das frisch renovierte MTG ist das pulsierende Herz von Napiers Kulturleben. Der strahlend weiße Komplex am Wasser fungiert als Museum, Galerie und Theater. So treffen hier Liveaufführungen und Filmvorstellungen auf wechselnde Galerie- und Museumsausstellungen (u. a. Wanderausstellungen oder Präsentationen von regionaler Kunst).

Napier

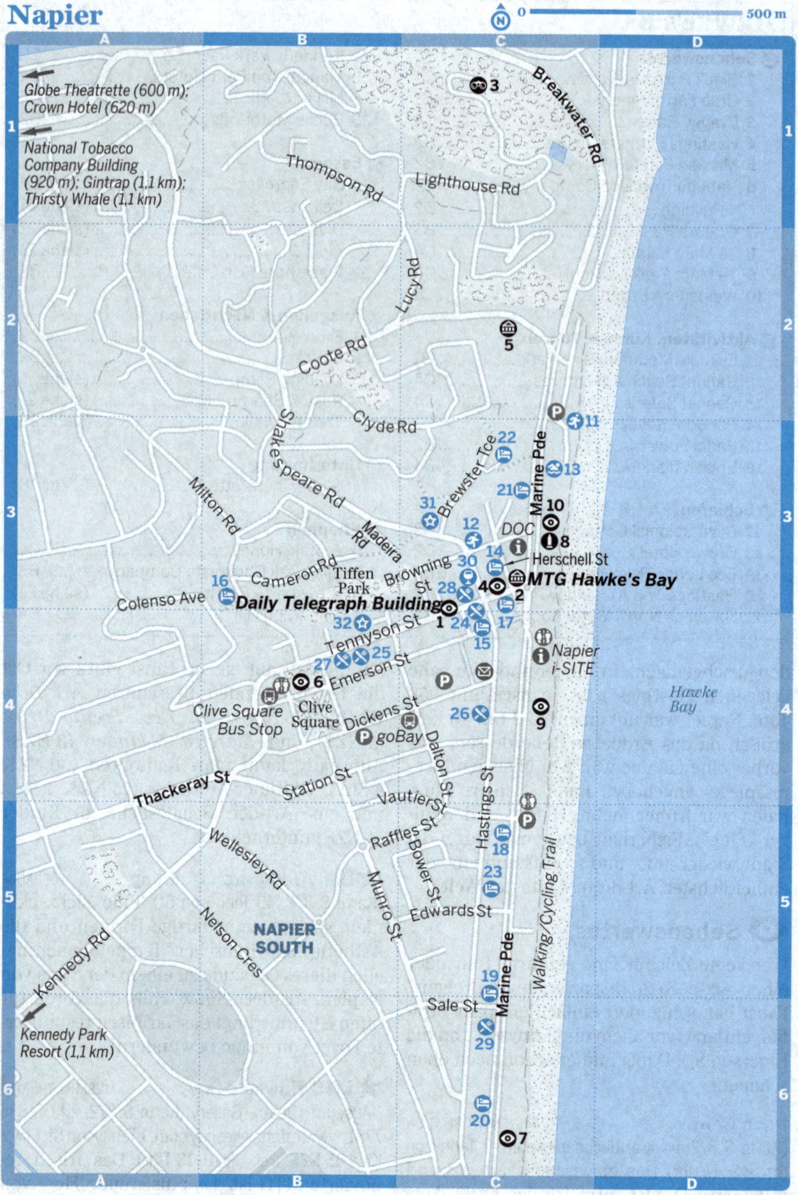

National Tobacco Company Building GEBÄUDE
(Karte S. 370; Ecke Bridge & Ossian St, Ahuriri) Dieses interessante Ufergebäude bei Ahuriri ist das absolute Art-déco-Meisterstück der Region: Es kombiniert die stiltypischen Art-déco-Formen mit den Naturmotiven des Jugendstils. Rosen, *raupo* (Rohrkolben) und Weinstöcke rahmen den elegant geschwungenen Eingang ein. Während der Geschäftszeiten kann man an den blätterförmigen Türknäufen aus Messing ziehen und darüber hinaus auch die ersten beiden Räume besichtigen.

Napier

Marine Parade STRASSE

Napiers eleganter Küstenboulevard wird von mächtigen Norfolktannen, Motels und attraktiven Holzvillen gesäumt. Hinzu kommen Parks, die abgefahrenen **Sunken Gardens** (Karte S. 372), ein Minigolfplatz, ein Skaterpark, ein Musikpavillon, ein Schwimmzentrum und ein Aquarium. Der **Tom Parker Fountain** (Karte S. 372) nahe dem nördlichen Straßenende wirkt im Licht seiner aufwendigen Abendbeleuchtung am schönsten. Direkt daneben befindet sich die Skulptur der halbnackten **Pania of the Reef** (Karte S. 372).

National Aquarium of New Zealand AQUARIUM

(Karte S. 372; www.nationalaquarium.co.nz; 546 Marine Pde; Erw./Kind/Fam. 20/10/54 NZ$; ⏲ 9–17 Uhr, Fütterungen 10 & 14 Uhr) Das Dach des modernen Komplexes ist der Form eines Stachelrochens nachempfunden. Darunter tummeln sich zahllose Fischarten (z. B. Piranhas, Aale), Sumpfschildkröten, Kiwis und Brückenechsen. Besucher können mit Haien schnorcheln (80 NZ$) und auf Tuchfühlung mit Zwergpinguinen gehen (60 NZ$).

Bluff Hill Lookout AUSSICHTSPUNKT

(Karte S. 372; Lighthouse Rd; ⏲ 24 Std.) Entlang der kurvigen Straße zur Spitze des Bluff Hill (102 m) erinnert das ständige Auf und Ab irgendwie an einen Aufzug mit Amphetaminrausch (ein besonderer Spaß für Selbstfahrer). Oben wird man dann mit weiter Aussicht auf den Hafen belohnt. Am besten ein Picknick oder Fish & Chips mitbringen!

Napier Urban Food Market MARKT

(Karte S. 372; www.hawkesbayfarmersmarket.co.nz; Lower Emerson St; ⏲ Sa 9–13 Uhr) Hier gibt's superfrische regionale Produkte wie Obst, Gemüse, Brot, Kaffee, Milchprodukte und Honigwein.

Napier Prison HISTORISCHES GEBÄUDE

(Karte S. 372; ☎ 06-835 9933; www.napierprison.com; 55 Coote Rd; Erw./Fam. 20/50 NZ$; ⏲ 9–17 Uhr) Auf der Flucht vor dem Gesetz? Mit einer Audiotour (in 16 Sprachen verfügbar) auf eigene Faust durch das Napier Prison von 1906 kann man seine Schuldgefühle vielleicht beschwichtigen. Der trostlose Bau steht auf dem Hügel hinter der Stadt.

Otatara Pa ARCHÄOLOGISCHE STÄTTE

(Karte S. 370; www.doc.govt.nz; ⏲ 24 Std.) GRATIS Holzpalisaden, geschnitzte *pou* (Gedenkpfähle) und ein geschnitztes Tor erwecken diese ehemalige *Pa*-Stätte wieder zum Leben. Ein einstündiger Rundgang über grasbedeckte Hügel führt an (allerdings kaum erkennbaren) archäologischen Überresten vorbei, bietet dafür aber umwerfende Ausblicke auf die Umgebung. Von der Stadt aus auf der Taradale Rd und der Gloucester St nach Südwesten fahren, und dann kurz vor dem Fluss rechts auf die Springfield Rd abbiegen.

Aktivitäten

Napiers kiesiger Strand ist zu gefährlich zum Schwimmen. Die Einheimischen fahren gerne nordwärts zum **Westshore** (Karte S. 370) oder zu den Surfstränden südlich des Cape Kidnappers.

Pandora Kayaks KAJAKFAHREN
(Karte S. 370; ☎06-835 0684; www.pandorakayaks.co.nz; 53 Pandora Rd; ein-/zweisitziges Leihkajak pro Std. 15/22 NZ$, Leihfahrrad 40 NZ$/Tag; ⌚9–17 Uhr) Am Ufer des Pandora Pond können hier Kajaks, (Wind-)Surfboards, Paddelbretter, Fahrräder und kleine Segelboote ausgeliehen werden. Im Angebot sind auch Kurse im Windsurfen und Segeln.

Ocean Spa SCHWIMMEN
(Karte S. 372; www.oceanspa.co.nz; 42 Marine Pde; Erw./Kind 10,50/7,90 NZ$, Privatbecken 30 Min. Erw./Kind 12,50/9,50 NZ$; ⌚Mo–Sa 6–21.45, So 8–21.45 Uhr) Schicker Schwimmbadkomplex am Ufer, der mit Warmwasserpools, einem bahnentauglichen Becken, einem Wellnessbereich und einem Fitnessraum aufwartet.

New Zealand Wine Centre WEINPROBE
(Karte S. 372; ☎06-835 5326; www.nzwinecentre.co.nz; 1 Shakespeare Rd; Verkostung von 3/6 Weinen 16/29 NZ$; ⌚tgl. 10–18 Uhr, Juni–Aug. So geschl.) Keine Zeit für eine ausgedehnte Weinguttour im Bereich der Hawke's Bay? Dann auf zum NZ Wine Centre, um bei den „Wine Tasting Adventures" ein paar der besten regionalen Tröpfchen zu verkosten.

Mountain Valley ABENTEUERSPORT
(☎06-834 9756; www.mountainvalley.co.nz; 408 McVicar Rd, Te Pohue; Pferdetrek/Angeln/Rafting pro Pers. ab 30/60/250 NZ$) Diese Hochburg der Outdoor-Action liegt 60 km nördlich von Napier am SH5. Das Angebot umfasst Pferdetreks, Rafting, Kajakfahren, Fliegenfischen und Unterkünfte (Stellplatz/B/DZ ab 12/22/70 NZ$).

Geführte Touren

Infos zu geführten Fahrradtouren auf S. 369.

Absolute de Tours BUSTOUR
(☎06-844 8699; www.absolutedetours.co.nz) Veranstaltet mit dem Deco Centre Stadttouren, die auch Marewa und den Bluff Hill besuchen (40 NZ$); hinzu kommen Halbtagstrips durch Napier und Hastings (60 NZ$).

Ferg's Fantastic Tours GEFÜHRTE TOUR, WEIN
(☎0800 428 687; www.fergstours.co.nz; Touren 40–120 NZ$) Die geführten Touren (2–7 Std.) erkunden Napier und dessen Umgebung. Hierbei werden auch Weingüter, diverse Gourmet-Adressen, Aussichtspunkte und der Te Mata Peak besucht.

Hawke's Bay Scenic Tours GEFÜHRTE TOUR
(☎06-844-5693; www.hbscenictours.co.nz; Touren ab 50 NZ$) Das kunterbunte Tourspektrum beinhaltet z. B. Weinguttrips und den „Napier Whirlwind".

Bay Tours & Charters GEFÜHRTE TOUR, WEIN
(☎06-845 2736; www.baytours.co.nz; Touren ab 40 NZ$) Unter den familienfreundlichen Touren sind u. a. die Optionen „Napier Highlights" (2 Std.) und „Best of the Bay" (3 Std.).

Packard Promenade GEFÜHRTE TOUR
(☎06-835 0022; www.packardpromenades.co.nz; Touren ab 150 NZ$, max. 4 Pers.) Art-déco- und Weinguttouren mit einem flotten Oldtimer-Auto (Packard Six) von 1939.

Feste & Events

Art Deco Weekend KULTUR
(www.artdeconapier.com; ⌚3. Woche im Februar) Wenn Napier und Hastings zusammen das sensationelle Art Deco Weekend veranstalten, finden rund 200 Events in einer Woche statt (oft kostenlos). Geboten werden Dinner, Picknick, Tanzveranstaltungen, Bälle, Bands und schicke Klamotten à la Großer Gatsby. Napiers Art-déco-Botschafter Bertie ist überall mit dabei.

Schlafen

Napier YHA HOSTEL $
(Karte S. 372; ☎06-835 7039; www.yha.co.nz; 277 Marine Pde; B/EZ/DZ ab 26/45/69 NZ$; @📶) Eine anständige Wahl: Napiers freundliches YHA-Hostel am Strand befindet sich in einer reizenden alten Holzvilla mit scheinbar endlos vielen Zimmern, einem sonnigen Hinterhof und einem tollen Leseerker. Das Personal hilft mit Buchungen und Lokalinfos.

Criterion Art Deco Backpackers HOSTEL $
(Karte S. 372; ☎06-835 2059; www.criterionartdeco.co.nz; 48 Emerson St; B/DZ/FZ ab 26/85/120 NZ$; @📶) Das äußerst charmante, rubinrote Innenstadthostel im Obergeschoss ist wieder auf dem Weg nach oben: Die neuen Eigentümer investieren viel Geld, um Napiers wichtigsten Vertreter des spanischen Pseudo-Missionsstils kräftig aufzumöbeln. Im Aufenthaltsbereich gibt's einen wunderbaren alten offenen Kamin, und über der Emerson St schwebt ein schmucker kleiner Balkon.

Kennedy Park Resort FERIENANLAGE $
(Karte S. 370; ☎ 06-843 9126, 0800 457 275; www.kennedypark.co.nz; 1 Storkey St; Stellplatz ab 46 NZ$, Hütte & Wohneinheit 61–227 NZ$; @ 📶 🏊) Napiers führende Campingeinrichtung ist weniger eine Ferienanlage, sondern mehr ein ganzer Vorort für Urlauber. Das Gelände liegt 2,5 km südwestlich vom Zentrum und liegt damit von den örtlichen Campingplätzen am nächsten zur Stadt. Vorhanden sind alle erdenklichen Einrichtungen, eine Karaoke-Maschine und vielerlei verschiedene Hütten bzw. Wohneinheiten.

Archie's Bunker HOSTEL $
(Karte S. 372; ☎ 0800 272 443, 06-833 7990; www.archiesbunker.co.nz; 14 Herschell St; B/EZ/DZ ab 25/35/62 NZ$; @ 📶) Das moderne, ruhige, sichere und tadellos saubere Hostel in einem alten Bürogebäude steht eine Straße hinter dem Strand. Hier warten freundliche Eigentümer, ein Fahrradverleih und eine riesige DVD-Videothek für ruhige Abende im Haus. Ein paar Zimmer sind fensterlos, aber trotzdem gut belüftet.

Stables Lodge Backpackers HOSTEL $
(Karte S. 372; ☎ 06-835 6242; www.stableslodge.co.nz; 370 Hastings St; B/EZ/DZ ab 25/55/69 NZ$; 📶) Dieses frühere Stallgebäude ist heute eine stimmungsvolle, freundliche Adresse zum „Absatteln". Hierfür sorgen Hippie-Atmosphäre, Gratis-WLAN, Wandbilder und ein Innenhof mit Grill. Sättel zieren das ganze Haus.

★ **Seaview Lodge B&B** B&B $$
(Karte S. 372; ☎ 06-835 0202; www.aseaviewlodge.co.nz; 5 Seaview Tce.; EZ 130–140 NZ$, DZ 170–180 NZ$; 📶) Die prächtige viktorianische Villa (1890) ist Königin über alles, was sie überblickt – und das ist der Großteil der Stadt und ein gutes Stück Ozean. In den eleganten Zimmern befinden sich geschmackvolle historische Elemente; die Zimmer haben ein eigenes Bad auf dem Gang oder im Raum selbst. Und was gibt es Schöneres, als auf der Veranda vor der gemütlichen Gästelounge bei Sonnenuntergang ein Gläschen zu heben? Kostenloses WLAN und freies Parken neben der Straße sind weitere Pluspunkte.

Pebble Beach Motor Inn MOTEL $$
(Karte S. 372; ☎ 0800 723 224, 06-835 7496; www.pebblebeach.co.nz; 445 Marine Pde; DZ/FZ ab 145/165 NZ$; 📶) Im Gegensatz zu den meisten anderen Kiwi-Motels gehört dieses hier den Inhabern selbst und ist nicht nur gepachtet. Instandhaltung und Service rangieren beim Personal ganz oben. Die 25 blitzsauberen Zimmer mit Küche, Whirlpool, Balkon und Meerblick verteilen sich auf insgesamt drei Stockwerke. An den meisten Abenden herrscht Vollbelegung.

Green House on the Hill B&B $$
(Karte S. 372; ☎ 06-835 4475; www.the-green-house.co.nz; 18b Milton Rd; EZ/DZ 110/135 NZ$; 📶) Auf einem steilen Hügel empfängt dieses vegetarische B&B aus den 1970er-Jahren seine Gäste mit super Stadt- bzw. Meerblick in grüner Umgebung. Auf dem Gästestockwerk befinden sich zwei Schlafzimmer – eins mit direkt angeschlossenem Bad, das andere mit separatem Privatbad. Für das hervorragende Preis-Leistungs-Verhältnis sorgen u. a. prima Kräutertees, Gratis-WLAN und selbstgebackene Köstlichkeiten.

Masonic Hotel HOTEL $$
(Karte S. 372; ☎ 06-835 8689; www.masonic.co.nz; Ecke Tennyson St & Marine Pde; Zi. 179–499 NZ$; 📶) Das Masonic im Art-déco-Stil scheint das Herz der Innenstadt zu bilden: Seine Zimmer, Restaurants und Bars nehmen fast einen ganzen Block ein. Dank der schrittweise vorangehenden (und dringend nötigen) Renovierung wird der charmante Altbau so langsam wieder richtig attraktiv. Die günstigeren „Originalzimmer" sind bislang unrenoviert, aber dennoch anständig. Gratis-WLAN und gute Online-Rabatte.

Rocks Motorlodge MOTEL $$
(Karte S. 370; ☎ 06-835 9626; www.therocksmotel.co.nz; 27 Meeanee Quay, Westshore; Wohneinheit 110–180 NZ$; 📶) Mit Riffelblech und Mosaiken hat das Rocks die Stil-Messlatte für die Motelmeile am Westshore höher gelegt. Nur 80 m vom Strand entfernt gibt's hier Gratis-Internet, einen Fitnessraum (Benutzung kostenlos) und eine Waschgelegenheit für schmutzige Straßenkrieger. Manche der vornehmen und farbenfroh gestalteten Zimmer verfügen über Whirlpools, andere über Badewannen mit Löwenfüßen.

Nautilus HOTEL $$
(Karte S. 372; ☎ 06-974 6550, 0508 628 845; www.nautilusnapier.co.nz; 387 Marine Pde; DZ/Apt. ab 175/300 NZ$; 📶) Der recht neue Zweistöcker am Ufer punktet mit Whirlpools, Privatbalkonen, Kochecken, modernem Art-déco-Dekor und einem Hausrestaurant (in Napier aber eigentlich nicht nötig). Von allen Zimmern schaut man aufs Meer; die Apartments bieten Platz für bis zu sechs Personen.

Sea Breeze B&B B&B $$
(Karte S. 372; ☎06-835 8067; www.seabreezebnb.co.nz; 281 Marine Pde; EZ/DZ ab 100/110 NZ$; 📶) Dieses viktorianische Haus (erb. 1906) am Meer hat das Erdbeben von 1931 überlebt. Die drei farbenfrohen Themenzimmer (chinesisch, indisch, türkisch) sind mit allen möglichen Dingen dekoriert. Obwohl das Ganze etwas übertrieben wirkt, gehen Lage und Preis (europäisches SB-Frühstück inkl.) in Ordnung. Gratis-WLAN ist außerdem vorhanden.

Scenic Hotel Te Pania HOTEL $$$
(Karte S. 372; ☎06-833 7733; www.scenichotels.co.nz; 45 Marine Pde; DZ 185 NZ$, Apt. mit 1/2 Zi. 255/400 NZ$; @📶) Das renovierte, kurvenreiche Te Pania mit seinen sechs Stockwerken wirkt wie ein Mini-UN-Hauptquartier am Meer. Trotz des offensichtlichen Retro-Reizes sind die Zimmer alles andere als altmodisch: Sie überzeugen mit Designer-Bettwäsche, lederbezogenem Wohnzimmermobiliar und deckenhohen Schiebefenstern, die viel frische Meeresluft hereinlassen.

Crown Hotel HOTEL $$$
(Karte S. 370; ☎06-833 8300; www.thecrownnapier.co.nz; Ecke Bridge St & Hardinge Rd, Ahuriri; DZ/Zi. mit 1 Schlafzi./Apt. ab 189/199/400 NZ$; @📶) Der Umbau dieser Kneipe (1932 errichtet) zu einem Nobelhotel im Apartmentstil muss einigen Fischern das Herz gebrochen haben. Der neue Gebäudeteil wartet aber mit Pastellfarben, super Meerblick, netten Tapeten und schöner Bettwäsche auf. Gäste können Fahrräder ausleihen.

Essen

Groove Kitchen Espresso CAFÉ $
(Karte S. 372; www.groovekitchen.co.nz; 112 Tennyson St; Gerichte 9–19 NZ$; ⏲Mo–Fr 8–14, Sa & So 8.30–14 Uhr; ✎) In den kleinen, abgefahrenen Räumlichkeiten des kultivierten Cafés werden hervorragender Brunch und super Kaffee zu DJ-Klängen serviert. Angesagte Wraps, belegte Brötchen und Salate kommen ebenfalls auf den Tisch. Am Donnerstagabend gibt's gelegentlich Livemusik.

Café Ujazi CAFÉ $
(Karte S. 372; www.facebook.com/ujazicafe; 28 Tennyson St; Snacks 4–10 NZ$, Gerichte 9–19 NZ$; ⏲8–17 Uhr; ✎) Durch die offenen Fenster von Napiers unkonventionellstem Café wabert die alternative Atmosphäre hinaus auf die Straße. Diese alteingesessene, verlässlich gute Institution mit eindrucksvoller Teeauswahl kredenzt herzhafte Thekensnacks und schreibt ihre Gerichteauswahl auf einer Kreidetafel an. Zu empfehlen ist das klassische *rewana*-Special (ein üppiges Frühstück mit traditionellem Maori-Brot).

Kitchen Table CAFÉ $
(Karte S. 372; www.pghb.co.nz/page/cafe; 138 Tennyson St; Brunch 8–19 NZ$; ⏲morgens & mittags; 📶) Dieses farbenfrohe und obendrein ziemlich pfiffige Café mit Gratis-WLAN teilt sich einen luftigen Galerieraum mit einem Fotostudio. Die Wände sind so inspirierend wie die Karte voller *homemade loveliness* (hausgemachte Herrlichkeit) – sie erfreut mit Klassikern, die von Scones bis hin zu Salat mit Ziegenkäse reichen. Gleichermaßen attraktiv wirken auch das tattooartige Schild und die verrückten Einrichtungsgegenstände.

Westshore Fish Café FISH & CHIPS $
(Karte S. 370; ☎06-834 0227; 112 Charles St, Westshore; Essen zum Mitnehmen 7–12 NZ$, Hauptgerichte 14–28 NZ$; ⏲Di & Mi 17–20, Do–So 11.30–14 & 17–20 Uhr) Hier kann man Fish & Chips mitnehmen und sich dann drunten am Strand von den Möwen belagern lassen. Wer stattdessen lieber mit Besteck isst, setzt sich in den Speiseraum.

Kilim TÜRKISCH $
(Karte S. 372; ☎06-835 9100; 193 Hastings St; Gerichte 10–17 NZ$; ⏲So–Do 11–21, FR & Sa 11–21.30 Uhr; ✎) Dieses türkische Café ist authentisch mit osmanischen Kissen und Wandbehängen eingerichtet. Zum frischen und leckeren Essen (Falafel, Kebab, Salat) gibt's superstarken türkischen Kaffee. Allerdings ist der Service hier mitunter etwas langsam.

★ **Mister D** MODERN-NEUSEELÄNDISCH $$
(Karte S. 372; ☎06-835 5022; www.misterd.co.nz; 47 Tennyson St; Mittagessen 15–29 NZ$, Abendessen 25–29 NZ$; ⏲So–Mi 7.30–16, Do–So 7.30 Uhr–open end) Hip und stilvoll, aber nicht unerschwinglich: Das langgestreckte Lokal mit Bodendielen und einer grün gefliesten Bar ist der hellste Stern an Napiers Feinschmeckerhimmel. Der super schnelle Service serviert z.B. Pulled Pork mit weißer Polenta oder Maisbratlinge mit Speck und Ahornsirup. Der Preis für die Innovation des Jahres geht an die Donuts, die selbst per beiliegender Injektionsspritze mit Marmelade, Schoko- oder Eiercreme gefüllt werden können. Hinweis: Der Laden ist extrem beliebt – ohne Reservierung geht hier gar nichts!

Restaurant Indonesia INDONESISCH $$
(Karte S. 372; ☎ 06-835 8303; www.restaurantindonesia.co.nz; 409 Marine Pde; Hauptgerichte 20–27 NZ$; ⏲ 17.30–21 Uhr; ✎) Dieses traute Restaurant voller indonesischer Kuriositäten strotzt vor Authentizität. Spezialität des Hauses sind leckere *rijsttafel*-Probiermenüs im indo-niederländischen Stil (14 Gerichte, 30–36 NZ$) – eine ideale Option für Romantiker. Reservierung ist ratsam.

Ausgehen & Nachtleben

★ **Emporium** BAR
(Karte S. 372; www.emporiumbar.co.nz; Masonic Hotel, Ecke Tennyson St & Marine Pde; ⏲ 7 Uhr–open end; 📶) Ein Marmortresen, tolle Art-déco-Details und viele altmodische Relikte machen Napiers kultivierteste Bar ungemein atmosphärisch. Flottes Personal, kreative Cocktails, guter Kaffee, neuseeländische Weine, Bistrogerichte (Teller 15–30 NZ$) und die Spitzenlage runden das Paket ab.

Guffle Bar BAR
(Karte S. 372; www.guffle.co.nz; 29A Hastings St; ⏲ Di–Fr 16 Uhr–open end, Sa 18 Uhr–open end) Coole Musik, stilvolle Drinks, geniale Profis hinterm Tresen und ein perfekter Fensterplatz: All dies lockt Napiers kultivierte Nachtschwärmer zur Tür herein.

Gintrap KNEIPE
(Karte S. 370; www.gintrap.co.nz; 64 West Quay, Ahuriri; ⏲ Mo–Fr 11 Uhr–open end, Sa & So 9.30 Uhr–open end) Das Gintrap ist die beste der großen Bars in Ahuriris Uferbereich, wo sich die Stadtverwaltung inzwischen um die Eindämmung der Geräuschkulisse durch lärmender Nachtschwärmerhorden bemüht. Tagsüber kann man hier Seafood in der Sonne genießen (Hauptgerichte 19–32 NZ$).

Thirsty Whale BAR
(Karte S. 370; www.thethirstywhale.co.nz; 62 West Quay, Ahuriri; ⏲ Mo–Fr 11 Uhr–open end, Sa & So 9 Uhr–open end; 📶) Trinken Wale überhaupt? Oder filtern sie nur Krill aus dem Wasser? Egal: Die riesige Hafenbar mit Großbild-TV für Sportveranstaltungen ist prima, um zusammen mit anderen Großsäugern ein Bier oder eine Mahlzeit (Hauptgerichte 14–34 NZ$) einzunehmen. Am Freitag- und Samstagabend wird der Laden zur Disco.

Unterhaltung

Napier Municipal Theatre THEATER
(Karte S. 372; ☎ 06-835 1059; www.napiermunicipaltheatre.co.nz; 119 Tennyson St; ⏲ Tageskasse Mo–Fr 9–17, Sa 9–12.30 Uhr) Napiers größter Veranstaltungsort für Rockkonzerte, Bühnenstücke und Tanzvorstellungen (1000 Zuschauerplätze) ist weltweit eines der wenigen Art-déco-Theater, die noch in Betrieb sind. Schon die Originallampen im Foyer lohnen den Besuch! Tageskasse.

Globe Theatrette KINO
(Karte S. 370; ☎ 06-833 6011; www.globenapier.co.nz; 15 Hardinge Rd, Ahuriri; Tickets 16 NZ$; ⏲ Mi–So 13 Uhr–open end, Dez.–Feb auch Di 18 Uhr–open end) Eine Vision in Violett: Dieses Boutique-Kino zeigt Kunstfilme in einem opulenten Saal mit 45 Zuschauerplätzen. Noble Snacks und Getränke sind dabei stets in Reichweite.

Cabana Bar LIVEMUSIK
(Karte S. 372; ☎ 06-835 1102; www.cabana.net.nz; 11 Shakespeare Rd; ⏲ Mi–Sa 18 Uhr–open end) Dieser legendäre Liveschuppen der 1970er-, 1980er- und 1990er-Jahre schloss 1997. Doch dank ein paar vorausdenkender Musikfans wurde er wiederbelebt, um Napiers Livekonzert-Liebhabern den Abend zu retten.

Praktische Informationen

DOC (Department of Conservation; Karte S. 372; ☎ 06-834 3111; www.doc.govt.co.nz; 59 Marine Pde; ⏲ Mo–Fr 9–16.15 Uhr) Karten, Tipps und Pässe.

Napier Health Centre (☎ 06-878 8109; www.hawkesbay.health.nz; 76 Wellesley Rd; ⏲ 24 Std.) Medizinische Hilfe rund um die Uhr.

Napier i-SITE (Karte S. 372; ☎ 06-834 1911; www.napiernz.co.nz; 100 Marine Pde; ⏲ 9–17 Uhr, Dez.–Feb. längere Öffnungszeiten; 📶) Praktisch und hilfreich.

Polizei (☎ 06-831 0700; www.police.govt.nz; 77 Station St; ⏲ 24 Std.)

Post (Karte S. 372; www.nzpost.co.nz; Shop 9–12 Ocean Boulevard, Dickens St; ⏲ Mo–Fr 9–17, Sa 9–16, So 10–14 Uhr)

An- & Weiterreise

BUS

Tickets für InterCity-Busse lassen sich online und beim i-SITE buchen. Vom **Clive Square Bus Stop** (Karte S. 372) geht's täglich über Taupo (33 NZ$, 2 Std.) nach Auckland (82 NZ$, 7½ Std.) und über Wairoa (27 NZ$, 2½ Std.) nach Gisborne (43 NZ$, 4 Std.). Bedient werden auch Wellington (40 NZ$, 5½ Std.) und Hastings (22 NZ$, 30 Min., 4-mal tgl.).

Naked Bus fährt u. a. täglich über Palmerston North (10 NZ$, 2½ Std.) nach Wellington (20 NZ$, 5½ Std.) und über Taupo (10 NZ$, 2 Std.) nach Auckland (25 NZ$, 8 Std.).

FLUGZEUG

Der **Hawke's Bay Airport** (Karte S. 370; www.hawkesbay-airport.co.nz) liegt 8 km nördlich der Stadt.

Air New Zealand (☎ 06-833 5400; www.airnewzealand.co.nz; Ecke Hastings & Station St; ⏲ Mo–Fr 9–17, Sa 9–12 Uhr) verbindet ihn jeden Tag nonstop mit Auckland, Wellington und Christchurch. Sunair Aviation pendelt werktags direkt zwischen Napier, Gisborne und Hamilton

Unterwegs vor Ort

Die meisten wichtigen Sehenswürdigkeiten der Stadt sind zu Fuß erreichbar. Eiligere mieten ein Fahrrad bei Fishbike (S. 369).

AUTO

Am Hawke's Bay Airport sind große internationale Autovermieter und lokale Verleihfirmen vertreten (Sonderangebote auf www.rentalcars.com). **Rent-a-Dent** (☎ 0800 736 823, 06-834 0688; www.napiercarrentals.co.nz; Hawke's Bay Airport; ⏲ Mo–Fr 8–17, Sa 8–13 Uhr) findet man ebenfalls am Flughafen.

BUS

Die Lokalbusse von **goBay** (Karte S. 372; ☎ 06-878 9250; www.hbrc.govt.nz) haben Fahrradständer und starten jeweils am Dalton Street Bus Stop. Sie verkehren jeden Tag sehr häufig zwischen Napier, Hastings und Havelock North. Die Fahrt von Napier nach Hastings (Erw./Kind 5,20/2,80 NZ$) dauert entweder 30 Minuten (Express) oder 55 Minuten (über alle Haltestellen).

TAXI

Ein Taxi von der Stadt zum Flughafen kostet etwa 22 NZ$.

Hawke's Bay Combined Taxis (☎ 0800 627 437, 06-835 7777; www.hawkes-bay.bluebubbletaxi.co.nz)

Super Shuttle (☎ 06-835 0055, 0800 748 885; www.supershuttle.co.nz; einfache Strecke 20 NZ$/Pers., zzgl. 5 NZ$/weitere Pers.) Bringt Passagiere vom Flughafen direkt zu Unterkünften in Napier.

Hastings, Havelock North & Umgebung

73 250 EW.

Das geschäftige Hastings liegt 20 km südlich von Napier in der Mitte des Obstgartens der Hawke's Bay und ist das kommerzielle Zentrum der Region. Ein paar Kilometer an Obstplantagen trennen es von Havelock North mit seiner Dorfatmosphäre und dem Gipfel des Te Mata im Hintergrund.

Sehenswertes & Aktivitäten

Ähnlich wie Napier wurde auch Hastings durch das Erdbeben von 1931 verwüstet, und auch hier findet man noch einige schöne Gebäude im Art-déco- bzw. spanischen Missionsstil, die nach der Katastrophe wiederaufgebaut wurden. Zu den Highlights auf der Main Street zählt das **Westerman's Building** (Karte S. 379; Ecke Russell St & Heretaunga St E, Hastings) – es ist mit Sicherheit das beste Beispiel des spanischen Missionsstils in der Bucht, obwohl es hier unzählige architektonische Schätze gibt. I-SITE bietet den Besuchern die Broschüre *Art Deco Hastings* (1 NZ$) – darin sind zwei Stadtrundgänge detailliert beschrieben.

Te Mata Peak PARK

(www.tematapark.co.nz) Als Teil des 98 ha großen **Te Mata Trust Park** ragt der Te Mata Peak (399 m) melodramatisch aus den Heretaunga Plains empor. Die Straße zum Gipfel passiert Schafspfade, wackelige Zäune und schwindelerregende Steilhänge. Die trostlose Landschaft erinnert dabei an einen Mix aus Mondoberfläche und schottischen Highlands. An klaren Tagen reicht der Blick vom **Aussichtspunkt** (Karte S. 370) bis hinüber zur Hawke's Bay, zur Mahia Peninsula und zum fernen Mt. Ruapehu.

Rund 16 km südlich von Havelock North gibt es auch diverse Wanderrouten (30 Min.–2 Std.). Diesbezüglich verteilen örtliche i-SITES die Broschüre *Te Mata Trust Park*.

Hastings City Art Gallery KUNSTGALERIE

(HCAG; Karte S. 379; www.hastingscityartgallery.co.nz; 201 Eastbourne St E, Hastings; ⏲ 10–16.30 Uhr) GRATIS Die städtische Galerie präsentiert zeitgenössische Kiwi-Werke und internationale Kunst in einem hellen, eigens dafür errichteten Gebäude. Die ausgestellten Stücke sind teilweise deutlich exzentrischer als Hastings selbst.

Hastings Farmers Market BAUERNMARKT

(Karte S. 370; www.hawkesbayfarmersmarket.co.nz; Showgrounds, Kenilworth Rd; ⏲ So 8.30–12.30 Uhr) Wer sonntags in Hastings weilt, muss einfach den hiesigen Markt besuchen. Mitzubringen sind ein leerer Magen, etwas Bargeld und eine geräumige Einkaufstasche.

Splash Planet SCHWIMMEN

(Karte S. 370; ☎ 06-873 8033; www.splashplanet.co.nz; Grove Rd, Hastings; Erw./Kind 26/18 NZ$; ⏲ Nov.–Feb. 10–17.30 Uhr) Riesiges Wasser-Wunderland mit zahllosen Becken, Rutschen und anderen nassen Attraktionen.

Hastings

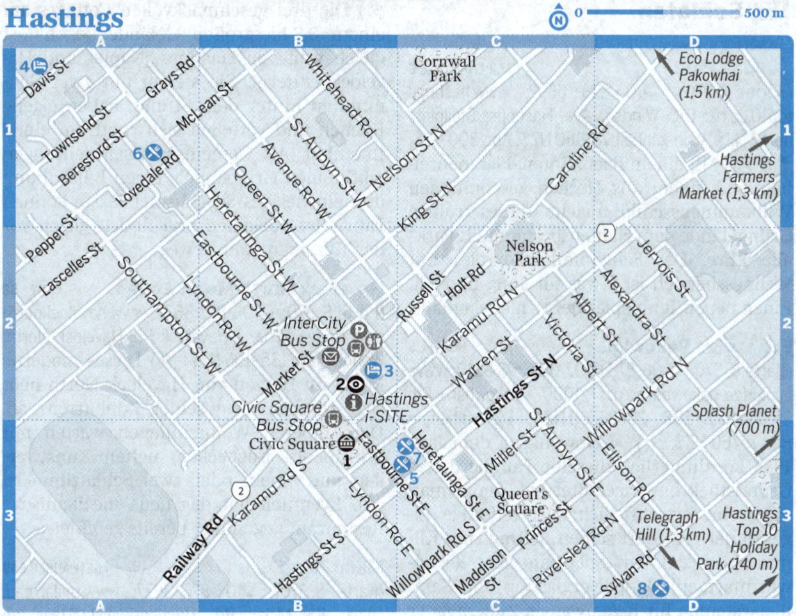

Airplay Paragliding GLEITSCHIRMFLIEGEN
(☎ 06-845 1977; www.airplay.co.nz; 1-tägige Kurse 220 NZ$) Jede Menge Aufwinde machen den Te Mata Peak zu einem Hotspot für Gleitschirmflieger. Wer selbst in die Lüfte starten will, kann eintägige Anfängerkurse bei Airplay buchen.

Geführte Touren

Infos zu geführten Radtouren durch die Region gibt es auf S. 369.

Long Island Guides GEFÜHRTE TOUR
(☎ 06-874 7877; www.longislandtoursnz.com; halbtägige Tour 180 NZ$) Individualtouren für viele verschiedene Interessen (z. B. Maori-Kultur, Buschwandern, Kajakfahren, Reiten und natürlich auch Essen und Wein).

Prinsy's Tours WEINTOUR
(☎ 0800 004 237, 06-845 3703; www.prinsyexperience.co.nz; halb-/ganztägige Touren 60/85 NZ$) Die fröhlichen Halb- und Ganztagstrips besuchen vier bis fünf Weingüter. Die Erklärungen sind dabei auch für Laien gut verständlich.

Waimarama Tours KULTUREXKURSION
(☎ 021 057 0935; www.waimaramaori.com; 2- bis 4-stündige Touren ab 70 NZ$) Maori leiten diese Touren rund um den Te Mata Peak und geben dabei viele Einblicke in ihre Kultur.

Hastings

Sehenswertes
1 Hastings City Art Gallery B3
2 Westerman's Building B2

Schlafen
3 Rotten Apple B2
4 Sleeping Giant A1

Essen
5 Opera Kitchen C3
6 Rush Munro's A1
7 Taste Cornucopia C3
8 Vidal D3

Grape Escape WEINTOUR
(☎ 0800 100 489; www.grapeescape.net.nz; Touren ab 70 NZ$) Die Halbtagstrips besuchen vier oder fünf Weingüter. Die sechsstündigen Varianten (90 NZ$) beinhalten jeweils ein Mittagessen. Bierfans können alternativ auch nach Brauereitouren fragen.

Feste & Events

Hastings Blossom Festival KULTUR
(www.blossomfestival.co.nz; ⏲ 2. Septemberhälfte) Dieses sehr blütenreiche Frühlingsfest ist für den „Aufstand der Zwölf" im Jahr 1960 berüchtigt. Paraden, Kunst, Kunsthandwerk und Gastkünstler prägen das blumige Treiben.

Schlafen

Hastings Top 10 Holiday Park FERIENANLAGE $
(Karte S. 370; 06-878 6692; www.hastingstop10.co.nz; 610 Windsor Ave, Hastings; Stellplatz ab 44 NZ$, Wohneinheit 78–160 NZ$, Apt. 300 NZ$;) Mit einem Bach, Enten, Platanenreihen und einem aus Hecken geschnittenen Willkommensschild macht dieses ruhige Grüngelände dem Namensbestandteil „Park" alle Ehre. Der Schwimmbadkomplex mit Wellnessbereich ist etwas für Jung und Alt. Einen neuen Tennisplatz gibt's hier ebenfalls.

Eco Lodge Pakowhai HOSTEL $
(Karte S. 370; 06-876 6997, 027 298 8910; www.ecolodge-pakowhai.co.nz; 1000 Pakowhai Rd; Stellplatz/B/2BZ 20/25/60 NZ$, DZ mit/ohne Bad 75/60 NZ$;) Obwohl seit dem Jahr 1885 kontinuierlich dieselbe Familie dieses Grundstück bewirtschaftet hat, denkt man hier sehr fortschrittlich: Der redselige Eigentümer reduziert seinen Beitrag zum Klimawandel z. B. mit Solarpaneelen, Regenwurmfarmen, Doppelverglasung und Sammelsystemen für Regenwasser. Zudem ist er Experte für das Besorgen von Travellerjobs auf Farmen. Zur Verfügung stehen fesche neue Hütten und Schlafsäle in einem alten Bauernhaus. Hinzu kommen Gratis-WLAN und eine Waschküche. Prima Wochentarife!

Rotten Apple HOSTEL $
(Karte S. 379; 06-878 4363; www.rottenapple.co.nz; 114 Heretaunga St E, Hastings; B/EZ/DZ 26/50/70 NZ$;) Das Hostel in einem Obergeschoss im Zentrum ist eine „fruchtige" Angelegenheit: Erntehelfer auf Obstplantagen wohnen hier wochenweise. Geboten werden eine gesellige Atmosphäre, eine anständige Küche und eine kleine Terrasse. Das Personal hilft bei der Arbeitssuche (und sortiert dabei sozusagen „faule Äpfel" aus).

Sleeping Giant HOSTEL $
(Karte S. 379; 06-878 5393; www.hastingsbackpackers.co.nz; 109 Davis St, Hastings; B/2BZ/DZ 20/50/60 NZ$;) Zehn Gehminuten von der Stadt entfernt ist dieses unordentliche, aber trotzdem heimelige Hostel in einem Vorstadthaus untergebracht. Braungebrannte Farmhelfer sorgen in den recht beengten Gemeinschaftsräumen für Geselligkeit. Im Schuppen steht ein Pooltisch.

★ **Clive Colonial Cottages** MIETHÄUSER $$
(Karte S. 370; 06-870 1018; www.clivecolonialcottages.co.nz; 198 School Rd, Clive; DZ ab 135 NZ$;) Die drei geschmackvollen Cottages auf einem 0,8 ha großen Gelände liegen fast gleich weit von Hastings, Napier und Havelock entfernt. Sie stehen nur zwei Gehminuten hinter dem Strand, haben eigene Küchen und verteilen sich rund um einen Innenhof. Als Gemeinschaftseinrichtungen gibt's einen Grillbereich, einen Billardraum und ein riesiges Schachspiel. Gäste können Fahrräder ausleihen und finden gleich vor der Tür einen Wanderweg.

Havelock North Motor Lodge MOTEL $$
(Karte S. 370; 06-877 8627; www.havelocknorthmotorlodge.co.nz; 7 Havelock Rd, Havelock North; Wohneinheit 135–195 NZ$;) Dieses moderne Motel im Herzen von Havelock North hebt sich durchaus von seiner Konkurrenz ab. Die sauberen Wohneinheiten warten mit Whirlpools, Kochecken, netten Kunstwerken und einem oder zwei Schlafzimmern auf. Eventuell hat das neue mexikanische Restaurant gegenüber bereits geöffnet.

Millar Road MIETHÄUSER $$$
(Karte S. 370; 06-875 1977; www.millarroad.co.nz; 83 Millar Rd, Hastings; Villa/Haus ab 400/650 NZ$;) Diese angenehme architektonische Überraschung mit Weinberg- und Buchtblick versteckt sich in den Tuki Tuki Hills. Neuseeländische Möbel und heimische Kunst zieren die beiden vornehmen Villen (jeweils max. 4 Pers.) und das sehr stilvolle Ferienhaus (max. 8 Pers.). Gäste können das 20 ha große Gelände erkunden und ganz entspannt am Pool abhängen.

Mangapapa Petit Hotel BOUTIQUEHOTEL $$$
(Karte S. 370; 06-878 3234; www.mangapapa.co.nz; 466 Napier Rd, Havelock North; DZ inkl. Frühstück 450–1500 NZ$;) Fünf Autominuten von Hastings entfernt wurde hier ein historisches Haus von 1885 auf attraktive Weise zum Boutiquehotel umgebaut. Auf dem Gartengelände findet man einen Tennisplatz, einen Pool, eine kleine Golfanlage und insgesamt zwölf modern eingerichtete Luxussuiten. Ein Restaurant und ein Day Spa erhöhen den Opulenzfaktor noch. Der adrette Türsteher begrüßt Gäste mit „Good afternoon, Sir."

Essen

Taste Cornucopia CAFÉ $
(Karte S. 379; www.tastecornucopia.co.nz; 219 Heretaunga St E, Hastings; Gerichte 7–22 NZ$; Mo–Fr 7.30–16, Fr 18.30 Uhr–open end;) Unter den hohen Decken dieses preisgekrönten

Ökocafés im Stadtzentrum kommen üppiges Frühstück und Biokaffee auf den Tisch – außerde, Currys, vegetarische Lasagne, Pies mit Räucherfisch und tolle neuseeländische Weine. Die großartigen „Marshmallows" sehen aus wie riesige Zahnpasta-Kleckse. Jeden Freitag gibt's ein leckeres Abendessen.

Bay Espresso CAFÉ $
(Karte S. 370; 19 Middle Rd, Havelock North; Hauptgerichte 10–19 NZ$; ⌚ Mo–Fr 7.30–16, Sa & So 8–16 Uhr) Das noch immer populäre Café an der Middle Rd in Havelocks Mitte ist alles andere als mittelmäßig. Es serviert selbstgerösteten Biokaffee zu anständigem Brunch und appetitlichen Thekengerichten. Freddy-Mercury-Gedudel und Blaubeerpfannkuchen – eine Top-Kombination!

Rush Munro's EISKREM $
(Karte S. 379; www.rushmunro.co.nz; 704 Heretaunga St W, Hastings; Eiskrem 3–8 NZ$; ⌚ Mo–Fr 11–18, Sa & So 11–19 Uhr, im Winter kürzere Öffnungszeiten) Diese Hastings-Ikone kredenzt ihr selbstgemachtes Eis schon seit 1926. Am besten die Sorte mit Ahornsirup und Walnuss probieren!

★ **Opera Kitchen** CAFÉ $$
(Karte S. 379; www.operakitchen.co.nz; 312 Eastbourne St E, Hastings; Hauptgerichte 9–25 NZ$; ⌚ Mo–Fr 7.30–16, Sa & So 9–15 Uhr; ✎) Das moderne, stilvolle Café neben dem Hawke's Bay Opera House weckt die Morgengeister mittels Whiskey-Porridge mit Sahne und riesigen Haferkeksen. Für einen etwas gewöhnlicheren Start in den Tag empfiehlt sich das tolle Bauernfrühstück. Das flotte Personal serviert auch himmlische Backwaren und klasse Kaffee. Gefuttert wird drinnen oder draußen im sonnigen Innenhof.

Deliciosa TAPAS $$
(Karte S. 370; ☎ 06-877 6031; www.deliciosa.co.nz; 21 Napier Rd, Havelock North; Tapas 8–19 NZ$; ⌚ Mo & Di 16 Uhr–open end, Mi–Sa 11 Uhr–open end) Die reizende Tapasbar wird von einem Auswanderer aus Seattle geführt und tischt Großes in kleinen Portionen auf. Unter den Gerichten aus heimischen Zutaten sind z. B. Schweinebauch mit Granatapfel-Jus oder Tintenfisch mit Salz, Pfeffer, Orange und Petersilie. Die Weinkarte reicht von Italien bis Spanien. Auch die Bierauswahl ist nicht von schlechten Eltern.

Pipi PIZZERIA $$
(Karte S. 370; ☎ 06-877 8993; www.pipicafe.co.nz; 16 Joll Rd, Havelock North; Hauptgerichte 16–28 NZ$; ⌚ Di–So 16–22 Uhr) Mit grellen Rosatönen, Bonbonstreifen und zusammengewürfeltem Mobiliar setzt das Pipi einen humorvollen Gegenpol zum Kleinstadtmief. Beim Essen liegt der Schwerpunkt auf einfachen Nudelgerichten und dünnkrustiger Pizza. Wer auf einen Tisch wartet, kann dies in der gegenüberliegenden **Pipi Bar** tun. Zu unregelmäßigen Zeiten verkauft der **Pipi Truck** die hiesige Küche auf den Straßen rund um die Bucht (für genaue Standorte s. Facebook).

Diva MODERN-NEUSEELÄNDISCH $$
(Karte S. 370; ☎ 06-877 5149; www.divabar.co.nz; 10 Napier Rd, Havelock North; Hauptgerichte mittags 16–20 NZ$, abends 22–35 NZ$; ⌚ Di–Fr 11.30–14.30, Di–Sa 17.30 Uhr–open end) Hier herrscht ein sexy Mix aus Orange, Schwarz und schokoladenfarbenem Holz vor. Es gibt Mittagsgerichte mit gutem Preis-Leistungs-Verhältnis (von Paua-Burgern bis hin zu Steaks). Auf der bistromäßigen Abendkarte stehen Seafood und saisonale Spezialitäten. Gegessen werden kann in einem glamourösen Speiseraum, an einer abgefahrenen Bar (kleine Gerichte 5–17 NZ$) oder an geselligen Straßentischen.

Vidal MODERN-NEUSEELÄNDISCH $$$
(Karte S. 379; ☎ 06-872 7440; www.vidal.co.nz; 913 St Aubyn St E, Hastings; Hauptgerichte mittags 25–29 NZ$, abends 28–36 NZ$; ⌚ 11.30–15 & 18 Uhr–open end) Dieses Weingutrestaurant an einer Seitenstraße in Hastings wirkt überhaupt nicht vorstädtisch. Der freundliche, holzvertäfelte Speiseraum schafft ein passendes Ambiente für die elegante Küche. Wer die Jahresspezialität des Hauses (2014 war es Wild) bestellt und dazu einen Syrah genießt, der fühlt sich so richtig im Urlaub.

Ausgehen

Loading Ramp BAR
(Karte S. 370; www.loadingramp.co.nz; 8 Treachers Lane, Havelock North; ⌚ Di–Sa 15 Uhr–open end) Diese Bar mit hohen Decken lockt ein gemischtes Publikum aus jüngeren und älteren Besuchern an. Sie gucken All-Blacks-Spiele auf dem Großbild-TV, trinken Monteith's oder laben sich an Tapas (oder alles gleichzeitig). Großzügig portionierte Kneipenkost (Hauptgerichte 22–30 NZ$) wird ebenfalls serviert.

Filter Room BRAUEREI
(Karte S. 370; www.thefilterroom.co.nz; Awatoto Rd, Meeanee; ⌚ So–Do 10–17, Fr & Sa 10–19 Uhr) Inmitten von Obstgärten wird hier ein eindrucksvolles, selbst hergestelltes Angebot

DIE WEINGÜTER VON HAWKE'S BAY

Einst war diese Region für ihre Obstplantagen berühmt. Heute stehen hier jedoch gute Tropfen im Mittelpunkt: Hawke's Bay ist das zweitgrößte Weinbaugebiet Neuseelands. Gekeltert werden hervorragender Syrah, Chardonnay und roter Bordeaux. Der *Hawke's Bay Winery Guide* mit Karte ist beim i-SITE erhältlich und kann auch unter www.winehawkesbay.co.nz heruntergeladen werden. Ein paar unserer Favoriten:

Black Barn Vineyards (Karte S. 370; 06-877 7985; www.blackbarn.com; Black Barn Rd, Havelock North; Mo–Fr 9–17, Sa & So 10–17 Uhr) Hippes, innovatives Weingut mit Bistro, Galerie und einem Bauernmarkt (einem der ersten des Landes) am Samstag. Hinzu kommt ein Amphitheater für Konzerte und Filmvorführungen. Unbedingt den Chardonnay (das Aushängeschild des Hauses) probieren.

Crab Farm Winery (Karte S. 370; 06-836 6678; www.crabfarmwinery.co.nz; 511 Main North Rd, Bay View; tgl. 10–17, Fr 18 Uhr–open end) Hier warten anständige, erschwingliche Weine und ein tolles rustikales Café mit regelmäßiger Livemusik im relaxten Ambiente. Prima für ein Mittagessen oder ein Glas Rosé (oder natürlich beides).

Mission Estate (Karte S. 370; 06-845 9354; www.missionestate.co.nz; 198 Church Rd, Taradale; Mo–Sa 9–17, So 10–16.30 Uhr) Auf Neuseelands ältestem Weingut (gegründet 1851!) führt eine schier endlos lange Allee zu einem wunderschön restaurierten Seminargebäude mit Restaurant und Weinkeller.

Te Mata Estate (Karte S. 370; www.temata.co.nz; 349 Te Mata Rd, Havelock North; Mo–Fr 8.30–17, Sa 10–17 Uhr) Schon allein der legendäre rote Coleraine lohnt die Fahrt zu diesem schlichten, altmodischen Familienbetrieb.

Craggy Range (Karte S. 370; 06-873 0141; www.craggyrange.com; 253 Waimarama Rd, Havelock North; 10–18 Uhr, April–Okt. Mo & Di geschl.) Das Hausrestaurant namens Terroir befindet sich in einem „Weinfass" und zählt zu den beständigsten Spitzenlokalen der Region. Gäste genießen einen Postkartenblick auf den schroffen Te Mata Peak.

an Bieren und Apfelweinen ausgeschenkt. Besucher können auch Probiertabletts und ganz normale Gerichte bestellen.

Rose & Shamrock KNEIPE
(Karte S. 370; www.roseandshamrock.co.nz; Ecke Napier Rd & Porter Dr, Havelock North; 10.30 Uhr–open end) Diese Schänke im britischen Stil ist mit Teppichböden und dunklem Holz eingerichtet. Aus den Zapfhähnen laufen insgesamt 27 Fassbiere aus aller Welt (sogar südaustralisches Coopers Sparkling!). Dazu gibt's herzhaftes Kneipenessen (Hauptgerichte 14–26 NZ$).

Shoppen

Mit zahlreichen Boutique-Produzenten scheinen Hastings und seine Umgebung größtenteils darauf abzuzielen, die Geschmacksnerven von Besuchern zu befriedigen.

Strawberry Patch LEBENSMITTEL
(Karte S. 370; www.strawberrypatch.co.nz; 76 Havelock Rd, Havelock North; 9–17.30 Uhr) Während der Saison (Ende Nov. bis zum Sommer) kann man hier selbst Beeren pflücken. Frische landwirtschaftliche Produkte, Picknick-Proviant, Kaffee und echtes Fruchteis (4 NZ$) sind ganzjährig zu haben.

Arataki Honey LEBENSMITTEL
(Karte S. 370; www.aratakihoneyhb.co.nz; 66 Arataki Rd, Havelock North; 9–17 Uhr) Kunden dieses Familienbetriebs können gratis Honig verkosten und sich mit Bienenprodukten für ihren Toast oder ihre Haut eindecken. Eine interaktive Ausstellung erklärt den ganzen klebrigen Prozess – von der Blüte bis zum Glas.

Telegraph Hill LEBENSMITTEL
(Karte S. 370; www.telegraphhill.co.nz; 1279 Howard St, Hastings; Mo–Fr 9–17 Uhr, Okt.–März auch Sa 10–15 Uhr) Mit Leidenschaft werden hier Oliven, Öle und allerlei Köstlichkeiten im mediterranen Stil produziert. Wer gleich vor Ort darin schwelgen will, holt sich einen Picknickkorb für vier Personen (40 NZ$).

Silky Oak Chocolate Company LEBENSMITTEL
(Karte S. 370; www.silkyoakchocs.co.nz; 1131 Links Rd, Napier; Mo–Do 9–17, Fr 9–16, Sa & So 10–16 Uhr) Besucher können den Chocolatiers bei der Arbeit zusehen, während sie noch

zwischen leckeren Trüffelpralinen und Rugby-Eiern aus Schokolade schwanken. Das Museum (Erw./Kind 8/5 NZ$) erzählt die Geschichte der Kakaoverarbeitung und zeigt auch einen 2500 Jahre alten Becher aus der Maya-Zeit. Ein Café ist hier ebenfalls vorhanden.

Praktische Informationen

Hastings i-SITE (Karte S. 379; ☎ 06-873 0080; www.visithastings.co.nz; Westermans Bldg, Ecke Russell St & Heretaunga St E; ⏲ Mo–Fr 9–17, Sa 9–15, So 10–14 Uhr; 📶) Internetzugang, Buchungsservice, Gratiskarten und Broschüren zu Wanderwegen.

Havelock North i-SITE (Karte S. 370; ☎ 06-877 9600; www.havelocknorthnz.com; Ecke Te Aute & Middle Rd, Havelock North; ⏲ Mo–Fr 10–17, Sa 10–16, So 10–15 Uhr; 📶) Niedlicher Ministand mit Lokalinfos.

Hawke's Bay Hospital (☎ 06-878 8109; www.hawkesbay.health.nz; Omahu Rd; ⏲ 24 Std.)

Polizei (☎ 06-873 0500; www.police.govt.nz; 205 Railway Rd; ⏲ 24 Std.)

Post (Karte S. 379; www.nzpost.co.nz; 100 Market St; ⏲ Mo–Fr 8.30–17, Sa 9–12 Uhr)

An- & Weiterreise

Der Hawke's Bay Airport in Napier (S. 378) liegt 20Fahrtminuten von Hastings entfernt. **Air New Zealand** (☎ 06-873 2200; www.airnewzealand.co.nz; 117 Heretaunga St W; ⏲ Mo–Fr 9–17 Uhr) unterhält einen Ableger im Stadtzentrum.

Der **InterCity Bus Stop** (Karte S. 379) befindet sich an der Russell St. Bustickets von InterCity und Naked Bus lassen sich online oder beim i-SITE buchen.

Unterwegs vor Ort

Lokalbusse von **goBay** (☎ 06-878 9250; www.hbrc.govt.nz) verfügen über Fahrradständer und starten am **Civic Square Bus Stop** (Karte S. 379) in Hastings. Sie verbinden die Stadt täglich mit Napier und Havelock North. Die Fahrt von Hastings nach Napier (Erw./Kind 5,20/2,80 NZ$) dauert entweder 30 Minuten (Express) oder 55 Minuten (über alle Haltestellen). Die Busse nach Havelock North verkehren von Montag bis Samstag (Erw./Kind 3,40/1,80 NZ$, 35 Min.).

Hastings Taxis (☎ 06-878 5055) ist die örtliche Taxigesellschaft.

Cape Kidnappers

Von Mitte September bis Ende April drängen sich am Cape Kidnappers (so benannt, weil einheimische Maori hier versuchten, Cooks tahitianischen Dienstjungen zu entführen) kreischende Australtölpel. Normalerweise nisten die großen Vögel auf abgelegenen Inseln, aber hier haben sie sich fürs Festland entschieden und lassen sich von menschlichen Beobachtern nicht stören.

Die Vögel nisten gleich nach ihrer Ankunft. Nachdem die Eier etwa sechs Wochen bebrütet wurden, schlüpfen die Jungen ab Anfang November. Im März beginnen die Tölpel ihre Wanderung; im Mai sind alle Vögel verschwunden.

Anfang November bis Ende Februar ist die beste Zeit für einen Besuch. Man kann an einer geführten Tour teilnehmen oder auf dem Walkway zur Kolonie spazieren: Vom Parkplatz des Clifton Reserve (1 NZ$) beim Clifton Motor Camp aus sind es hin und zurück ungefähr fünf Stunden. Auf der Strecke entdeckt man interessante Klippenformationen, Gezeitentümpel, einen geschützten Picknickplatz und schnatternde Basstölpel. Bei der Wanderung muss man den Gezeitenstand beachten: Nicht früher als drei Stunden nach der Flut losgehen und nicht später als anderthalb Stunden nach Ebbe den Rückweg antreten!

Nach Clifton fahren Busse nur unregelmäßig, die Touranbieter bringen Gäste aber gegen eine zusätzliche Gebühr zum Kap; mit dem Rad hinzufahren wäre eine weitere und im Übrigen günstigere Option.

Geführte Touren

Gannet Beach Adventures ÖKOTOUR
(Karte S. 370; ☎ 06-8750 898, 0800 426 638; www.gannets.com; 475 Clifton Rd, Clifton; Erw./Kind 42/24 NZ$) Diese spaßigen geführten Touren (hin & zurück 4 Std.) starten am Clifton Reserve. Teilnehmer fahren zuerst in einem Traktoranhänger am Strand entlang und erkunden das Cape im Anschluss 90 Minuten lang zu Fuß.

Gannet Safaris ÖKOTOUR
(Karte S. 370; ☎ 06-875 0888, 0800 427 232; www.gannetsafaris.co.nz; 396 Clifton Rd, Te Awanga; Erw./Kind 60/30 NZ$) Die dreistündigen Geländewagentrips (Abfahrt 9.30 & 13.30) führen über Felder zur Tölpelkolonie. Abholen in Napier oder Hastings kostet extra.

Im Zentrum von Hawke's Bay

Südlich von Hastings erstrecken sich saftige Weiden und zwischendrin die prächtigen

Gehöfte der viktorianischen Viehzüchter. In diese Gegend (auch „Land der Lämmer" genannt) verirren sich kaum Touristen, aber sie ist reich an Geschichte und einsamen Stränden. Waipukurau (auch genannt „Wai-puk"), die wichtigste Siedlung, ist nicht gerade spannend, doch lohnt ein Halt beim äußerst hilfreichen **Central Hawke's Bay Information Centre** (☎06-858 6488; www.lambcountry.co.nz; Railway Esplanade.; ⏲Mo–Fr 8.30–16.30, Sa 10–15 Uhr) im alten Bahnhof.

Sehenswertes & Aktivitäten

Es gibt an der hiesigen Küste nicht weniger als sechs windgepeitschte Strände: **Kairakau**, **Mangakuri**, **Pourerere**, **Aramoana**, **Blackhead** und **Porangahau**. Die ersten fünf sind zum Schwimmen geeignet, und außerdem werden eine ganze Reihe von Aktivitäten rund um Sand und Salzwasser angeboten – darunter Surfen, Angeln und Wanderungen zwischen Treibholz und Teichen in den Felsen. Zwischen dem Aramoana und dem Blackhead Beach liegt das von der DOC geführte **Te Angiangi Marine Reserve** – Schnorchel mitbringen!

Es ist ein unscheinbarer Hügel im gefühlten Nirgendwo, aber der Ort mit dem längsten Namen der Welt bietet sich trotzdem für einen Fototermin an. Ob man es glaubt oder nicht: **Taumatawhakatangihangakoauauotamateaturipukakapikimaungahoronukupokaiwhenuakitanatahu** ist nämlich die Abkürzung für „Die Kuppe des Hügels, wo Tamatea, der Mann mit den großen Knien, der rutschte, kletterte und Berge verschluckte und der deshalb der Landverspeiser genannt wird, seinem Bruder auf der Flöte vorspielte". Um dorthin zu gelangen, sollte man in Waipukurau nochmals tanken und der Route 52 für 40 km bis zur Mangaorapa-Kreuzung folgen. Dort biegt man links ab und fährt 4 km Richtung Porangahau. An der Kreuzung mit den Wegweisern rechts abbiegen, dann sind es noch 4,3 km bis zum Ortsschild.

In **Ongaonga**, einem alten Dorf 16 km westlich von Waipawa, stehen interessante viktorianische und edwardianische Gebäude. Eine Broschüre über Stadtspaziergänge erhält man in der Touristeninformation in Waipukurau.

Das **Central Hawke's Bay Settlers Museum** (www.chbsettlersmuseum.co.nz; 23 High St, Waipawa; Erw./Kind 2 NZ$/frei; ⏲10–16 Uhr) in **Waipawa** zeigt Artefakte aus der Pionierzeit, informative Schaubilder zu Gehöften (homesteads) der Region und ein schönes Exemplar eines Flusskanus (*waka*).

Schlafen

Lochlea Backpacker Farmstay FERIENBAUERNHOF, HOSTEL $
(☎06-855 4816; www.bbh.co.nz; 344 Lake Rd, Wanstead; B/EZ/DZ/FZ ab 26/37/56/137 NZ$;) Diese bewirtschaftete Schaf- und Rinderfarm liegt weitab von urbaner Hektik: Hier bläst der Wind durch Baumgruppen und Weiden am Hang. Die einfachen Zimmer werden durch eine gemütliche Gemeinschaftslounge, einen Pool und einen Tennisplatz ergänzt. Zudem kann man auf schier endlosen Koppeln das Schaf in sich entdecken. Gratis-Shuttles ab Waipukurau (Mo–Fr).

Gwavas Garden Homestead B&B $$
(☎06-856 5810; www.gwavasgarden.co.nz; 5740 SH50, Tikokino; DZ inkl. Frühstück 160-180;) Dieses prachtvolle Gehöft (erbaut 1890) im Cornwall-Stil liegt 6 km außerhalb von Tikokino. Nach sorgfältiger Einzelrenovierung warten die Zimmer nun mit Blumentapeten, zeitgenössischen Möbeln und schweren Bettlaken auf; von den Wänden starren Portraits herab. Nach dem Frühstück auf der Veranda können Gäste eine Runde Rasentennis spielen oder durch den vogelreichen Garten schlendern.

Essen

Paper Mulberry Café CAFÉ $
(www.papermulberrycafe.co.nz; SH2, Pukehou; Gerichte 8–17 NZ$; ⏲Mi–Mo 7–16 Uhr) Prima für hungrige Stöberwütige: Auf halber Strecke zwischen Waipukurau und Hastings ist dieser Retro-Mix aus Café und Galerie in einer 100 Jahre alten, aquamarinblauen Kirche untergebracht. Auf den Tisch kommen toller Kaffee, Frucht-Shakes und Hausmannskost (z. B. unschlagbare Buttertoffees).

Misty River Cafe CAFÉ $$
(☎06-857 8911; 12 High St, Waipawa; Hauptgerichte 10–20 NZ$; ⏲Mi–So 9–16 Uhr) Dieses jadefarbene Café bringt etwas noblen Retrostil an die triste High Street. Auf dem Teller landen hier leckere Salate, Maisbratlinge, Nudelgerichte, Nachos und andere Klassiker. Die Backwaren sind der Hit (Tipp: der Kokoskuchen mit Limette!).

An- & Weiterreise

Auf der Route Wellington–Napier halten Inter City und Naked Bus in Waipawa und Waipukurau.

Kaweka & Ruahine Ranges

Die entlegenen Kaweka und Ruahine Ranges trennen Hawke's Bay von der zentralen Hochebene. In dieser bewaldeten Wildnis warten ein paar der besten Wandermöglichkeiten der Nordinsel. Die DOC-Broschüren *Kaweka Forest Park & Puketitiri Reserves* und *Eastern Ruahine Forest Park* (jeweils auch online unter www.doc.govt.nz erhältlich) liefern Details zu Routen bzw. Hütten.

Ab Omahu bei Hastings verläuft die **Gentle Annie Road** (136 km) entlang eines uralten Maori-Pfads landeinwärts nach Taihape. Hierbei passiert sie Otamauri und Kuripapango, wo es einen recht einfachen, aber sehr netten DOC-Campingplatz (Erw./Kind 6/3 NZ$) gibt. Für diese einsame Strecke braucht man mit dem Auto etwa drei Stunden (alternativ ein paar Tage mit dem Fahrrad).

Der **Kaweka J** (1724 m) ist der höchste Punkt der Bergkette und ab dem Ende der Kaweka Rd in einer drei- bis fünfstündigen Wanderung erreichbar. Von Napier aus nimmt man zuerst die Puketitiri Rd und dann die Whittle Rd. Die Route (hin & zurück 3 Std.) ist z.T. unbefestigt und lohnt sich schon allein wegen der Fahrt.

Der **Te Puia Track** ermöglicht dreistündige Wanderungen entlang des malerischen **Mohaka River**. Davor oder danach laden natürliche Thermalbecken zum Relaxen ein. Um die **Mangatutu Hot Pools** (www.doc.govt.nz) von Napier aus zu erreichen, folgt man der Puketitiri Rd, der Pakaututu Rd und dann der Makahu Rd bis zu deren Ende. Achtung: Manche Straßenabschnitte können tückisch sein – daher möglichst ein Allradfahrzeug verwenden!

Mohaka Rafting (☎06-839 1808; www.mohakarafting.com; Trips ab 95 NZ$) ermöglicht Rafting auf dem Mohaka River.

Wellington & Umgebung

Inhalt ➡

Gut essen

- Ortega Fish Shack (S. 405)
- Logan Brown (S. 405)
- Ombra (S. 404)
- Duke Carvell's (S. 405)
- Nikau Cafe (S. 404)

Schön ausgehen

- Goldings Free Dive (S. 406)
- Hawthorn Lounge (S. 407)
- Little Beer Quarter (S 406)
- Havana (S. 407)
- Micro Wine Bar (S. 417)

Auf nach Wellington!

Führte die Neuseelandreise bislang durch freie Natur und verschlafene Dörfer auf dem Land, kann man in Wellington wieder Großstadtluft schnuppern. Programmkinos, flippige Boutiquen, schicke Bars, Theater und zahllose Restaurants kennzeichnen die „Kulturhauptstadt" des Landes.

Als Übergang zwischen der Nord- und der Südinsel war die Stadt schon immer eine Durchgangsstation für Reisende. Heute kommen viele wegen der bekannten Sehenswürdigkeiten – z. B. Te Papa oder Zealandia – und entdecken bei einem längeren Aufenthalt noch die vielen anderen Vorzüge der Stadt und ihrer Umgebung: den interessanten, windumtosten Hafen mit der schönen Promenade, die von hübschen Holzhäusern geschmückten Hügel, eine Innenstadt voller Überraschungen und die frischste Stadtluft der Welt.

Nur knapp eine Stunde weiter nördlich befinden sich die ruhigen Strände und gemütlichen Küstenorte der Kapiti Coast und das herrliche Naturschutzgebiet von Kapiti Island. Eine Stunde jenseits der Rimutaka Range reicht das fruchtbare Ackerland der Wairarapa-Ebene mit friedlichen Dörfern und berühmten Weingütern bis an die wild zerklüftete Küste.

Reisezeit

- In der Hauptstadt ist es oft stürmisch, kalt und grau, aber durchaus nicht immer. Wenn sich an einem der vielen schönen Tage des Jahres ein strahlend blauer Himmel über „Windy Welly" erstreckt und T-Shirt-Wetter herrscht, ist „Wellington wirklich unschlagbar", wie die Einheimischen sagen.
- In der warmen Jahreszeit von November bis April liegen die Höchsttemperaturen im Durchschnitt um die 20 °C. Von Mai bis August ist es kühler und regnerischer und die Temperaturen erreichen nur noch etwa 12 °C.
- Wesentlich wärmer, nicht so windig und deutlich sonniger ist es an der Kapiti Coast und im Wairarapa.

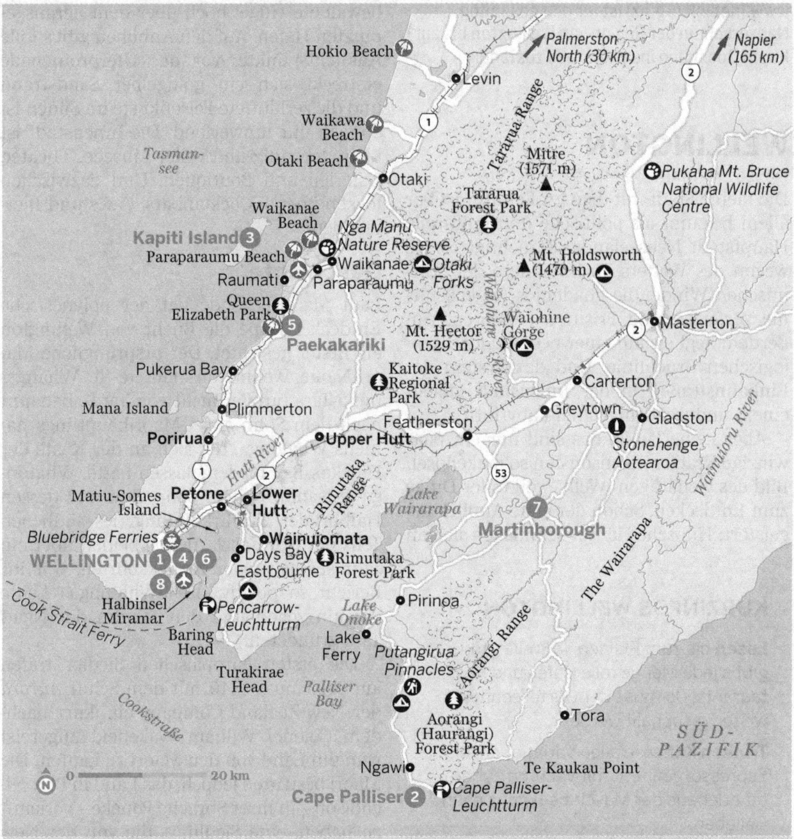

Highlights

1. Einen interaktiven Besuch im **Te Papa** (S. 394) erleben, dem besten Museum Neuseelands.
2. Die Stufen des einsamen Leuchtturms am wilden **Cape Palliser** (S. 418) hinauf steigen.
3. Bei einer Nachtwanderung auf **Kapiti Island** (S. 413) echte Kiwis beobachten.
4. Rund um die **Cuba Street** die kreative Seite der Hauptstadt entdecken
5. In den Dünen des **Queen Elizabeth Park** (S. 412) beim Badeort **Paekakariki** spazieren gehen
6. Mit der **Standseilbahn** (S. 392) vom Lambton Quay zum grünen **Botanischen Garten** (S. 392) hinauf fahren
7. Mit dem Fahrrad die malerischen **Weingüter von Martinborough** (S. 415) abklappern
8. Geheime Abkürzungen zu den tollen Aussichtspunkten rund um die **hügelige Innenstadt Wellingtons** (S. 392) entdecken

ℹ Anreise & Unterwegs vor Ort

Wellington ist ein wichtiger Verkehrsknotenpunkt und der Hafen für den Fährverkehr zur Südinsel. Fernreisezüge von **KiwiRail Scenic Journeys** (☎04-495 0775, 0800 872 467; www.kiwirailscenic.co.nz) fahren von Wellington über Palmerston North nach Auckland. Wellington Airport wird von internationalen und nationalen Fluglinien bedient.

Die Busse des größten Unternehmens der Nordinsel **InterCity** (☎04-385 0520; www.intercity.co.nz) fahren praktisch überall hin. Wer von Norden nach Wellington kommt, fährt entweder auf dem State Highway 1 (SH1) entlang der Kapiti Coast im Westen oder auf dem SH2 durch Wairarapa und das Hutt Valley im Osten.

Die Stadt ist auch hervorragend mit Bus und Bahn zu erreichen. **Metlink** (☎0800 801 700;

www.metlink.org.nz) ist für den gesamten Nahverkehr in der Region von Wellington bis zur Kapiti Coast und ins Wairarapa zuständig.

WELLINGTON

190 950 EW. (STADT), 488 160 EW. (UMLAND)

Die kleine Stadt mit dem großen Ruf ist vor allem bekannt als politische und kulturelle Hauptstadt Neuseelands. Berüchtigt ist sie wegen des Wetters, insbesondere der stürmischen Winde, die gnadenlos Regenschirme zerfetzen und Frisuren zerstören. Außerdem liegt sie auf einer bedeutenden geologischen Bruchlinie. Und das System der Einbahnstraßen in der Innenstadt gleicht einem undurchdringlichen Labyrinth.

Aber keine Panik, das sind nur ein paar winzige Kratzer im ansonsten so makellosen Bild des vielfältigen „Welly" voll toller Dinge zum Entdecken. Schon der erste Anblick begeistert: Hübsche Häuser schmiegen sich an bewaldete Hügel hoch über dem herausgeputzten Hafen. Auf den Anhöhen gibt's tolle Aussichtspunkte, vor der Uferpromenade erstreckt sich ein goldgelber Sandstrand und die zerklüftete Felsenküste im Süden ist einfach nur umwerfend. Die Innenstadt ist klein, lebendig und voller Museen, Theater, Galerien und Boutiquen. Und dazwischen locken überall Cocktailbars, Cafés und Bierkneipen.

KURZINFOS WELLINGTON

Essen bis zum Platzen: In Wellington gibt's jede Menge tolle Cafés und Restaurants. Da muss der Gürtel schnell weiter geschnallt werden!

Trinken Kaffee in allen Variationen: als Espresso, gefiltert, mit Vakuum zubereitet oder aus der Maschine – ganz nach Belieben.

Lesen beim Spaziergang auf dem literarischen Writers Walk an der Hafenpromenade.

Hören Radio New Zealand National (101.3FM, www.radionz.co.nz), das Programm der Einheimischen.

Anschauen „Wellington Airport Landings" auf YouTube.

Festival Summer City (S. 397) mit kostenlosem Spaß in der Sonne, theoretisch.

Grünes Gewissen Im Pukaha Mount Bruce National Wildlife Centre im Wairarapa leben zahllose neuseeländische Vogelarten, Aale und Brückenechsen.

Infos im Internet www.wellingtonnz.com, www.naturecoast.co.nz, www.wairarapanz.com; www.lonelyplanet.com/new-zealand/wellington

Vorwahl ☎ 04

Geschichte

Laut Maori-Legende hat der polynesische Entdecker Kupe die Bucht von Wellington als Erster gesichtet. Der ursprüngliche Maori-Name Wellingtons lautete Te Whanganui-a-Tara (große Bucht von Tara), benannt nach dem Sohn eines Maorihäuptlings namens Whatonga, der sich an der Küste der Hawke's Bay niedergelassen hatte. Whatonga entsandte seinen Sohn Tara und dessen Halbbruder zur Erkundung des südlichen Teils der Nordinsel. Als die beiden über ein Jahr später wieder zurückkehrten, war ihr Bericht so positiv, dass Whatongas Leute dorthin zogen und den Stamm der Ngati Tara gründeten.

Die ersten europäischen Siedler trafen am 22. Januar 1840 mit dem Schiff *Aurora* der New Zealand Company ein, kurz nachdem Colonel William Wakefield angereist war, um Land von den Maori zu kaufen. Die Maori bestritten jedoch, das Land in Port Nicholson – in ihrer Sprache Poneke – verkauft zu haben, eine Siedlung, die von der New Zealand Company hastig und durch rechtswidrigen Kauf gegründet wurde. Wie in vielen Teilen Neuseelands kam es zu Kämpfen um Landbesitz, die für lange Zeit das Land plagen sollten.

1850 war Wellington, obwohl es nicht genug flaches Land gab, eine florierende Siedlung mit etwa 5500 Einwohnern. Ursprünglich lag das Ufer um den Lambton Quay, 1852 begannen die Arbeiten zur Landgewinnung in der Bucht. 1855 zerstörte ein gewaltiges Erdbeben weite Teile Wellingtons sowie das untere Hutt Valley und das Land, über das heute die Hutt Road verläuft.

Obwohl schon 1865 der Regierungssitz von Auckland nach Wellington verlegt worden war, begann die Stadt erst gegen Ende des 19. Jhs. so richtig davon zu profitieren. Anfang des 20. Jhs. erlebte der Hafen einen enormen Aufschwung und überall in der Gegend wurden Produktionsfirmen und Banken gegründet. Weitere Unternehmen

DIE MAORI IN WELLINGTON

Die Gegend um Wellington, in der Legende das „Maul von Mauis Fisch" und ursprünglich Te Whanganui-a-Tara genannt, wurde ab Mitte des 19. Jhs. von den Maori als „Poneke" bezeichnet (eine Transliteration von Port Nicholas, wie der europäische Name für Wellington damals lautete).

Die großen iwi (Stämme) der Region waren einst die Te Ati Awa und die Ngati Toa. Die Ngati Toa waren der iwi von Te Rauparaha, der das heute berühmte Ka Mate haka verfasst hatte. Wie in den meisten Städten leben heute auch in Wellington Maori von vielen iwi, die manchmal kollektiv Ngati Poneke genannt werden.

Neuseelands Nationalmuseum Te Papa (S. 394) zeigt exzellente Ausstellungen zur traditionellen und modernen Kultur der Maori sowie ein farbenprächtiges marae (Versammlungshaus). Im Andenkenladen des Museums gibt es wunderbares Schnitzwerk und anderes Kunsthandwerk zu kaufen, ebenso in den benachbarten Galerien Kura (S. 409) und Ora (S. 409).

Kapiti Island Nature Tours (S. 413) bietet Geschichtsinteressenten einen fundierten Einblick in die Maori-Kultur rund um und in Wellington. Auch Kiwi Coastal Tours (S. 396) hat gute Informationen dazu.

folgten und die Stadt breitete sich immer weiter ins Hutt Valley, nach Porirua und bis zur Kapiti Coast aus.

Trotz andauernder Einschnitte ist die Stadt heute noch immer ein bedeutendes Verwaltungs- und Dienstleistungszentrum und verfügt ebenfalls über einen hohen Anteil an technischen und kreativen Firmen.

Sehenswertes

Museum of Wellington City & Sea — MUSEUM

(Karte S. 390; www.museumswellington.org.nz; Queens Wharf; 10–17 Uhr) GRATIS Das interaktive, informative Museum beleuchtet die soziale und maritime Geschichte der Stadt. Zu den Glanzstücken der Ausstellung gehört die ergreifende Dokumentation der *Wahine*-Tragödie: Die zwischen der Nord- und Südinsel verkehrende Fähre geriet 1968 in einen verheerenden Sturm und sank im Hafeneingang. 51 Menschen kamen dabei ums Leben. Ebenso einfühlsam werden die Mythen und Legenden der Maori mithilfe von winzigen 3D-Hologrammen und Spezialeffekten erzählt. Das Gebäude selbst ist ein ehemaliges Zolllager von 1892.

City Gallery — GALERIE

(Karte S. 398; www.citygallery.org.nz; Civic Sq, Wakefield St.; Eintritt bei größeren Ausstellungen; 10–17 Uhr) GRATIS Wellingtons allseits beliebte City Gallery in der monumentalen alten Bibliothek am Civic Sq organisiert erstklassige Ausstellungen internationaler zeitgenössischer Kunst und kümmert sich auch um Neuentdeckungen sowie um die Förderung derer, die an der Spitze der neuseeländischen Kunstszene stehen. Ein voller Veranstaltungskalender und das exzellente Nikau Café (S. 404) sind weitere Pluspunkte.

Academy Galleries — GALERIE

(Karte S. 390; www.nzafa.com; 1 Queens Wharf; 10–17 Uhr) GRATIS Die Academy Galleries sind das Glanzlicht der New Zealand Academy of Fine Arts und zeigen häufige Wechselausstellungen von neuseeländischen Künstlern.

New Zealand Portrait Gallery — GALERIE

(Karte S. 390; www.nzportraitgallery.org.nz; Shed 11, Queens Wharf; 10.30–16.30 Uhr) GRATIS Die Galerie im historischen Bootsschuppen Nr. 11 an der Hafenpromenade zeigt eine große Auswahl neuseeländischer Porträtkunst, die sowohl aus der museumseigenen Sammlung als auch von häufig wechselnden Wanderausstellungen stammt.

Parliament House — BAUWERK

(Karte S. 390; www.parliament.nz; Bowen St; Touren jede volle Stunde Mo–Fr 10–16 Uhr) Das strenge, grau- und cremefarbene Parlamentsgebäude wurde 1922 vollendet. Die kostenlosen Führungen beginnen im Foyer im Erdgeschoss (15 Min. vorher eintreffen). Nebenan befinden sich die neogotische Parlamentsbibliothek von 1899 und der modernistische **Beehive** (Karte S. 390) des britischen Architekten Sir Basil Spence, der von 1969 bis 1980 entstand.

Das Bauwerk war seinerzeit höchst umstritten – bewundert und verabscheut – und ist das architektonische Symbol des Landes. Gegenüber liegen die **Government Buildings** (Karte S. 390): Das größte Holzgebäude der südlichen Hemisphäre sieht aus wie aus Stein gebaut.

Großraum Wellington

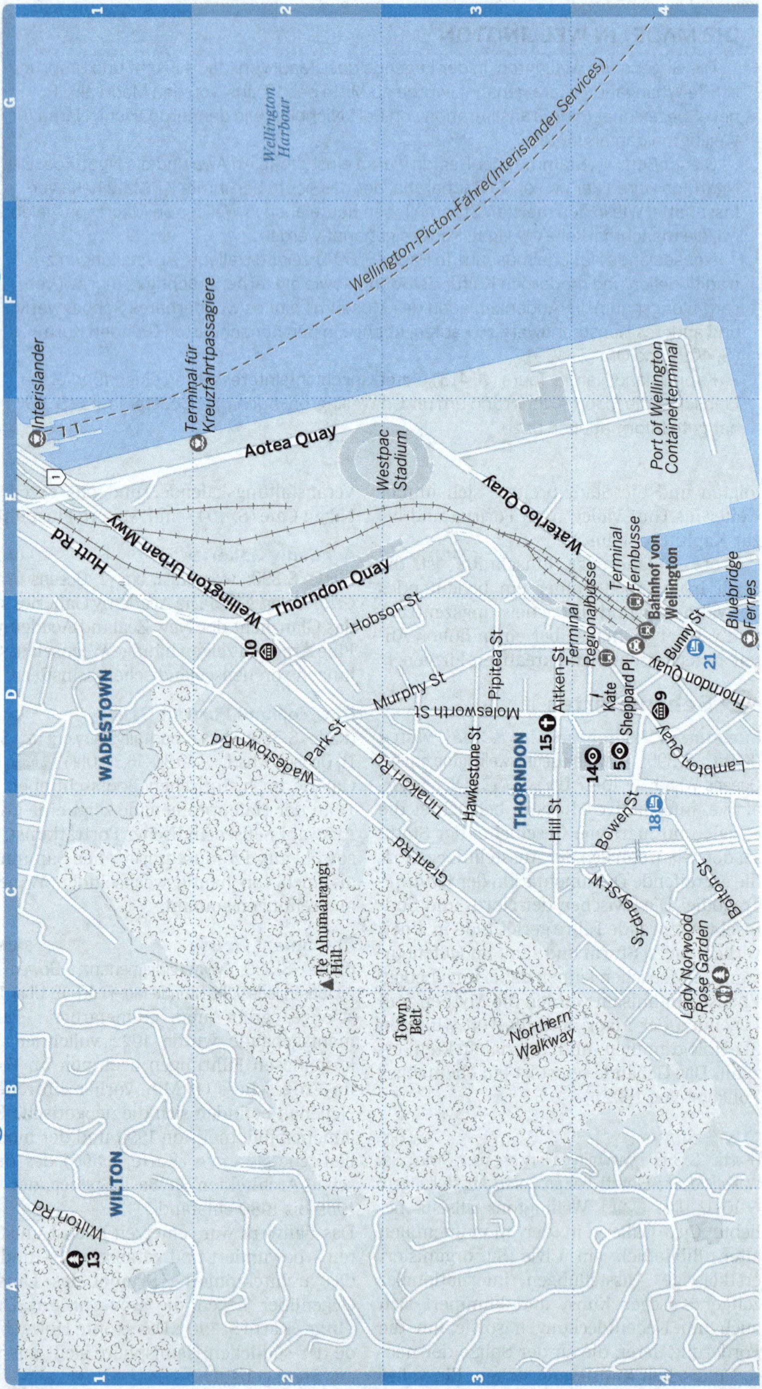
0
500 m
Wellington Harbour
Wellington-Picton-Fähre(Interislander Services)
Interislander
Terminal für Kreuzfahrtpassagiere
Aotea Quay
Westpac Stadium
Port of Wellington Containerterminal
Waterloo Quay
Terminal Fernbusse
Bahnhof von Wellington
Terminal Regionalbusse
Bluebridge Ferries
Bunny St
21
Thorndon Quay
Lambton Quay
Hutt Rd
Wellington Urban Mwy
Thorndon Quay
Hobson St
10
Murphy St
Molesworth St
Pipitea St
Aitken St
Kate
Sheppard Pl
9
15
14
5
Hawkestone St
THORNDON
Hill St
Bowen St
18
Sydney St W
Bolton St
Lady Norwood Rose Garden
WADESTOWN
Wadestown Rd
Park St
Tinakori Rd
Grant Rd
Te Ahumairangi Hill
Town Belt
Northern Walkway
WILTON
Wilton Rd
13

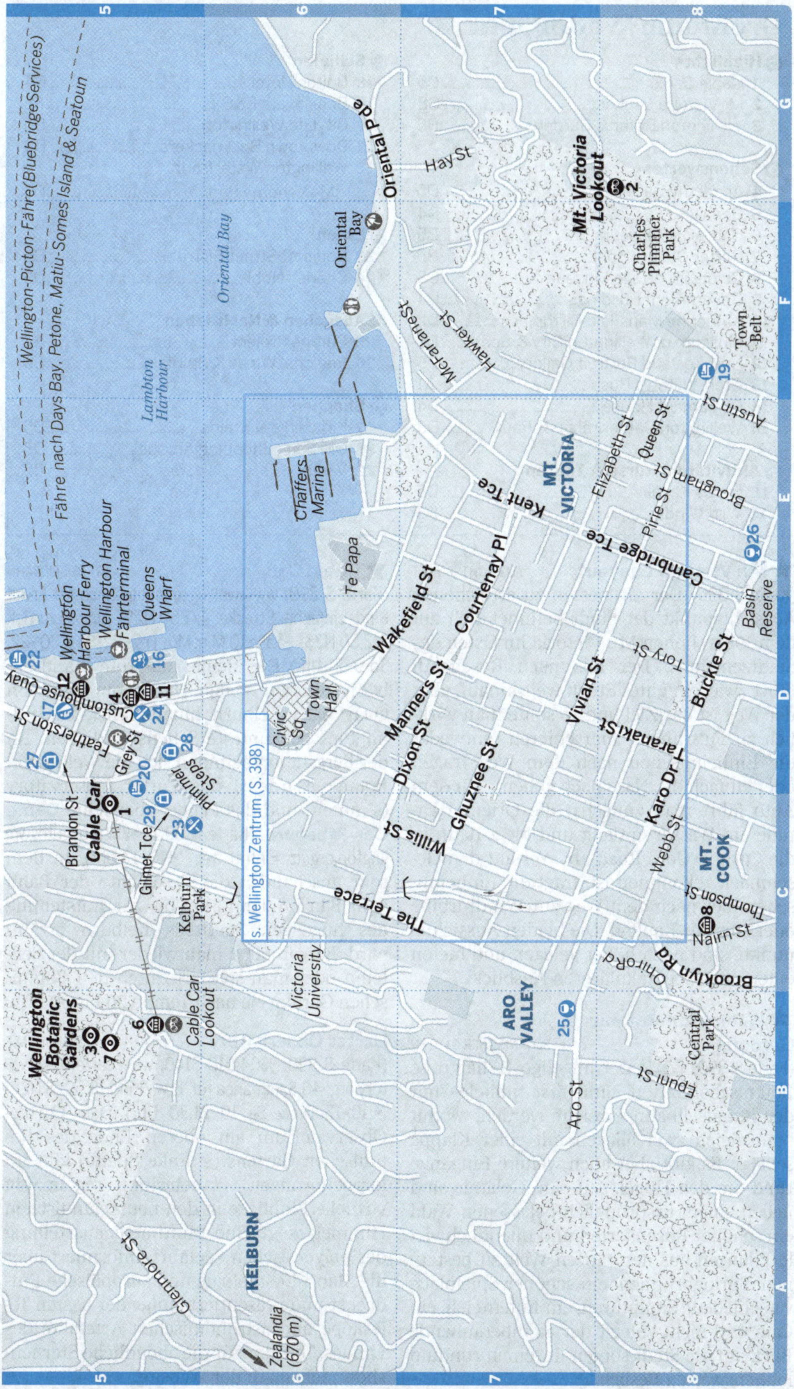
Wellington-Picton-Fähre (Bluebridge Services)
Fähre nach Days Bay, Petone, Matiu-Somes Island & Seatoun
Lambton Harbour
Oriental Bay
Oriental Bay
Oriental Pde
Hay St
Mt. Victoria Lookout
2
Charles Plimmer Park
Town Belt
McFarlane St
Hawker St
19
Austin St
Queen St
Elizabeth St
MT. VICTORIA
Kent Tce
Brougham St
Pirie St
Cambridge Tce
26
Basin Reserve
Tory St
Buckle St
Taranaki St
Vivian St
Karo Dr
Webb St
MT. COOK
Thompson St
8
Nairn St
Brooklyn Rd
Ohiro Rd
Central Park
Epuni St
25
ARO VALLEY
Aro St
Chaffers Marina
Te Papa
Wakefield St
Courtenay Pl
Manners St
Dixon St
Ghuznee St
Willis St
The Terrace
Civic Sq
Town Hall
s. Wellington Zentrum (S. 398)
Victoria University
Kelburn Park
Cable Car Lookout
Wellington Botanic Gardens
3
7
6
KELBURN
Glenmore St
Zealandia (670 m)
Gilmer Tce
Cable Car
1
Brandon St
Plimmer Steps
Grey St
Featherston St
Customhouse Quay
Wellington Harbour Ferry
Wellington Harbour Fährterminal
Queens Wharf
22
12
17
4
11
24
16
27
28
20
29
23
5
6
7
8
A
B
C
D
E
F
G

Großraum Wellington

Highlights
1 Cable Car C5
2 Mt Victoria Lookout G8
3 Wellington Botanic Gardens B5

Sehenswertes
4 Academy Galleries D5
5 Beehive D4
6 Cable Car Museum B5
7 Carter Observatory B5
8 Colonial Cottage Museum C8
9 Government Buildings D4
10 Katherine Mansfield Birthplace D2
11 Museum of Wellington City & Sea D5
12 New Zealand Portrait Gallery D5
13 Otari-Wilton's Bush A1
14 Parliament House D4
15 Wellington Cathedral of St Paul D3

Aktivitäten, Kurse & Touren
16 Ferg's Kayaks D5
17 Wild Winds D5

Schlafen
18 Bolton Hotel C4
19 Booklovers B&B F8
20 CityLife Wellington D5
21 Downtown Backpackers D4
22 Wellington Waterfront Motorhome Park D5

Essen
23 Boulcott Street Bistro C5
24 Charley Noble D5

Ausgehen & Nachtleben
25 Garage Project B7
26 Regional Wines & Spirits E8

Shoppen
27 Kirkcaldie & Stains D5
28 Old Bank Shopping Arcade D5
29 Vault C5

★ Mt. Victoria Lookout — AUSSICHTSPUNKT

(Karte S. 390) Der am besten zu erreichende Aussichtspunkt der Stadt befindet sich auf dem 196 m hohen Mt. Victoria im Osten des Stadtzentrums. Der Bus nach Roseneath fährt zwar ein gutes Stück weit hinauf, aber der Weg ist das Ziel und so sollte man wirklich zu Fuß hinauf marschieren (entweder die Einheimischen nach dem Weg fragen oder einfach der Nase nach gehen). Mit dem Auto fährt man zunächst die Oriental Parade am Wasser entlang und biegt dann in die Carlton Gore Road ab. Wer auf den Geschmack gekommen ist, fragt die Einheimischen hier nach dem Weg zur Windturbine oder zum Mt Kaukau. Die beiden Aussichtspunkte sind noch höher gelegen und bieten einen noch spektakuläreren Ausblick.

★ Wellington Botanic Gardens — BOTANISCHER GARTEN

(Karte S. 390) GRATIS Der hügelige, 25 ha große Botanische Garten kann *fast* mühelos mit der Standseilbahn erreicht werden, womit man gleich zwei Fliegen mit einer Klappe schlägt. Es gibt aber auch weitere Eingänge rund um den Hügel. Auf dem Gelände sind neben einem ursprünglich belassenen Wald ein schöner Rosengarten und unendlich viele Pflanzen aus der ganzen Welt zu bestaunen. Springbrunnen, ein schöner Spielplatz, verschiedene Skulpturen, ein Ententeich, ein Café und nicht zuletzt der atemberaubende Blick auf die Stadt sorgen für einen rundum lohnenswerten Besuch.

★ Cable Car — STANDSEILBAHN

(Karte S. 390; www.wellingtoncablecar.co.nz; Erw./Kind einfache Strecke 4/1,50 NZ$, hin & zurück 7/2,50 NZ$; ⌚ alle 10 Min. Mo–Fr 7–22, Sa 8.30–22, So 9–21 Uhr) Die kleine, knallrote Standseilbahn, die den steilen Hang vom Lambton Quay nach Kelburn hinauf fährt, ist Wellingtons bekannteste Sehenswürdigkeit. An der Bergstation befinden sich die Wellington Botanic Gardens, das Carter Observatory (s. unten) und das kleine, aber feine **Cable Car Museum** (Karte S. 390; www.museumswellington.org.nz; Eintritt frei; ⌚10–17 Uhr), in dem sehr anschaulich die Geschichte der Bahn vom Bau im Jahr 1902 bis zur Entstehung des hügeligen Stadtteils Kelburn erzählt wird. Bergab fährt man wieder mit der Seilbahn oder man spaziert durch den Botanischen Garten – je nach Tempo 20 bis 60 Min.

Carter Observatory — ASTRONOMIE

(Karte S. 390; %04-910 3140; www.carterobservatory.org; 40 Salamanca Rd; Erw./Kind 18,50/8 NZ$; ⌚10–17, Di & Sa 10–21.30 Uhr) Das Carter-Observatorium am oberen Ende des Botanischen Gartens (s. linke Spalte) gibt im kuppelförmigen Planetarium regelmäßig virtuelle Einblicke in den neuseeländischen Himmel, zeigt eine Multimediaausstellung der polynesischen Seefahrt, informiert über die Maori-Kosmologie und europäische Entdecker und präsentiert einige der besten Teleskope und astronomischen Artefakte des Landes. Termine für die abendliche Sternenshow stehen auf der Website.

Zealandia NATURSCHUTZGEBIET
(☎04-920 9200; www.visitzealandia.com; Waiapu Rd; Erw./Kind/Fam. nur Ausstellung 7,50/5/20 NZ$, Ausstellung & Park 17,50/9/44 NZ$; ⏲10–17 Uhr, letzter Einlass 16 Uhr) Das einzigartige ökologische Schutzgebiet liegt in einem Tal zwischen den Hügeln gut 2 km westlich der Stadt. Die Busse nach Karori fahren in der Nähe vorbei, es gibt aber auch einen kostenloen Shuttlebus (nähere Infos auf der Webseite von Zealandia). Auf dem umzäunten Gelände leben in freier Wildbahn mehr als 30 einheimische Vogelarten, darunter seltene Arten wie Takahe, Sattelvögel, Honigfresser und Waldpapagei, aber auch Brückenechsen und Kiwis. Die ausgezeichnete Ausstellung informiert über neuseeländische Naturkunde und die Geschichte dieses weltbekannten Naturschutzprojekts. Der Park kann auf den mehr als 30 km langen Wanderwegen auf eigene Faust erkundet werden oder man nimmt an einer der regelmäßigen Führungen teil. Bei der Nachtführung bekommt man die nachtaktiven Tiere wie Kiwis, Frösche und Glühwürmchen zu sehen (Erw./Kind 75/36 NZ$). Auf dem Gelände befinden sich auch ein Café und ein Souvernirladen.

Katherine Mansfield Birthplace HISTORISCHES GEBÄUDE
(Karte S. 390; www.katherinemansfield.com; 25 Tinakori Rd, Thorndon; Erw./Kind 8/2 NZ$; ⏲Di–So 10–16 Uhr) Die oft in einem Atemzug mit Tschechow und Maupassant genannte, neuseeländische Schriftstellerin wurde 1888 geboren und starb mit nur 34 Jahren 1923 an Tuberkolose. In dem hübschen alten Haus im Stadtteil Thorndon verbrachte sie zwar nur fünf Jahre ihrer Kindheit, dennoch ist es ihrem Leben und Werk gewidmet. Auch ein Dokumentationsfilm ist hier zu sehen. Sie hinterließ vor allem Kurzgeschichten, die in dem Band *Sämtliche Erzählungen von Katherine Mansfield* gesammelt sind.

Otari-Wilton's Bush PARK
(Karte S. 390; 160 Wilton Rd; ⏲Sonnenaufgang–Sonnenuntergang) GRATIS Etwa 3 km westlich der Stadt erstreckt sich der einzige Botanische Garten des Landes, der sich ganz auf die einheimische Pflanzenwelt spezialisiert hat. So sind hier mehr als 1200 Arten zu bestaunen, darunter auch einige der ältesten Bäume der Stadt. Wanderwege mit einer Gesamtlänge von 11 km durchziehen das Gelände und führen auch zu schönen Picknickplätzen. Die Busse in Richtung Wilton fahren am Eingang vorbei.

Colonial Cottage Museum MUSEUM
(Karte S. 390; www.museumswellington.org.nz; 66 Nairn St, Mt Cook; Erw./Kind 8/4 NZ$; ⏲Sa & So 12–16 Uhr) Das im Hochsommer täglich, ansonsten nur am Wochenende geöffnete Museum ist gerade einmal 5 Min. vom Ende der Cuba St entfernt. Das älteste Bauernhaus

WELLINGTON IN ...

... zwei Tagen

Für einen ersten Überblick über die Gegend empfiehlt sich die Wanderung (oder Autofahrt) zum **Mt Victoria Lookout** oder die Fahrt mit der **Standseilbahn** zu den **Wellington Botanic Gardens** hinauf. Nach dem Mittagessen in der tollen **Cuba Street** geht es ins Neuseelandmuseum **Te Papa** oder ins **Museum of Wellington City & Sea.** Mit einer Tour durch die zahlreichen Bierkneipen der Stadt lässt man den ersten Tag ausklingen.

Am zweiten Tag stärkt man sich mit Kaffee und gebratenen Eiern mit Salbei im **Nikau** in der City Gallery und besucht dann seltene Vögel und andere vom Aussterben bedrohte Tierarten im ökologischen Schutzgebiet **Zealandia**. Wer lieber andere 'komische Vögel' besichtigen möchte, macht am besten eine Führung durchs **Parliament House.** Bei **Moore Wilson** deckt man sich mit Käse und Wein für ein abendliches Picknick im Waitangi Park ein, bevor man sich ins Nachtleben mit Livemusik oder Kino im herrlich restaurierten **Embassy Theatre** stürzt.

... vier Tagen

Nachdem man die ersten beiden Tage wie oben beschrieben verbracht hat, geht man am dritten Tag auf Seerobben-Safari am wilden Cape Palliser und krönt den Tag mit einer Weinprobe in **Martinborough.** Am nächsten Tag stürzt man sich bei **Paekakariki** in die Fluten des Pazifik und gönnt sich danach ein Eis am Strand, bevor man die Dünen im benachbarten **Queen Elizabeth Park** in Angriff nimmt.

NICHT VERSÄUMEN

DIE SCHÄTZE DES TE PAPA

★ **Te Papa** (Karte S. 398; www.tepapa.govt.nz; 55 Cable St; ⌚ Fr–Mi 10–18, Do 10–21 Uhr) GRATIS ist ein unbedingtes Muss, und das nicht nur, weil es Neuseelands Nationalmuseum ist! Es ist interaktiv, höchst spannend und steckt voller Überraschungen.

„Te Papa Tongarewa" bedeutet – sehr passend – so viel wie „Schatzkiste". Zu den Schätzen gehören eine erstaunliche Sammlung an Maori-Artefakten und das museumseigene, farbenprächtige *marae* (Versammlungshaus), Naturkunde- und Umweltausstellungen, Abteilungen zur pazifischen und neuseeländischen Geschichte, Nga Toi/Arts Te Papa (die nationale Kunstsammlung; www.arts.teppa.govt.nz) und thematische, interaktive „Entdeckerzentren" für Kinder. Es gibt beeindruckende Räumlichkeiten mit viel Hightech. Für Wechselausstellungen mit Arbeiten berühmter Künstler wird ein Eintritt verlangt, auch wenn der eigentliche Eintritt zum Museum kostenlos ist.

Besucher können einen ganzen Tag in den sechs Stockwerken des Te Papa verbringen und haben noch immer nicht alles gesehen. Am besten ist es, sich an den Informationsschalter im 1. Stock zu wenden. Um die Highlights zu sehen und um sich einen Überblick zu verschaffen, empfiehlt sich die einstündige Führung „Introducing Te Papa" (14 NZ$). Die Führungen beginnen am Informationsschalter – im Winter täglich um 10.15, 12 und 14 Uhr, im Sommer häufiger. Zwei Cafés und zwei Andenkenläden gibt es außerdem im Te Papa, das durchaus auch zwei oder mehr Besuche vertragen kann.

in Wellington wurde sorgfältig restauriert und zeigt nun – komplett mit Biogarten und Hühnerstall –, wie die ersten Siedler hier einst lebten. Die genauen Zeiten der in der Regel stündlich stattfindenden Führungen finden sich im Internet.

Wellington Zoo ZOO
(www.wellingtonzoo.com; 200 Daniell St; Erw./Kind 20/10 NZ$; ⌚ 9.30–17 Uhr, letzter Einlass 16.15 Uhr) Der Zoo widmet sich mit einem aktiven Zuchtprogramm der intensiven Erforschung und Erhaltung bestimmter Tierarten. So leben hier nicht nur eine Vielzahl einheimischer Tiere, sondern auch Exoten wie Löwen und Krallenaffen. Im Nachttierhaus sind Kiwis und Brückenechsen zu sehen. Gegen eine Sondergebühr kommt man beim 'Gefährlichen Zusammentreffen' ganz nahe an Raubkatzen, Rote Pandas, Giraffen und niedliche kleine Meerkatzen heran. Der Zoo liegt 4 km südlich außerhalb des Stadtzentrums und ist mit dem Bus in Richtung Newtown zu erreichen.

Weta Cave MUSEUM
(www.wetanz.com; Ecke Camperdown Rd & Weka St, Miramar; ⌚ 9–17.30 Uhr) GRATIS Ein Muss für alle Filmfreaks ist das witzige, umwerfende Minimuseum der mit vielen Oscars ausgezeichneten Produktionsgesellschaft, die Megahits wie *Der Herr der Ringe, King Kong, Die Abenteuer von Tim und Struppi* und *Der Hobbit* herausbrachte. Bei der 45-minütigen Führung *Window into Workshop* (20 NZ$, alle 30 Min.) blickt man hinter die Kulissen und erfährt, wie solche Filme entstehen.

Weta Cave befindet sich 9 km östlich des Stadtzentrums. Dorthin kann man entweder am Wasser entlang radeln oder 20 Min. mit dem Bus nach Miramar fahren.

New Zealand Film Archive KINO
(Karte S. 398; ☎ Programmauskunft 04-499 3456; www.filmarchive.org.nz; Ecke Taranaki St & Ghuznee St; Kino 8 NZ$; ⌚ Mo–Fr 9–17 Uhr, Abendvorstellung Mi–Sa 19 Uhr) GRATIS Das Filmarchiv ist eine wahre Schatzkammer der bewegten Bilder aus Neuseeland, in der man tagelang stöbern kann. In dem riesigen Archiv werden mehr als 30 000 Spielfilme, Dokumentationen, Kurzfilme, Amateurfilme, Wochenschauen, Fernsehserien und Werbefilme aufbewahrt. Im hauseigenen Kino werden regelmäßig Filme gezeigt (8 NZ$). Man kann sich die Filme aber auch kostenlos an Sichtgeräten im Archiv ansehen, bis man viereckige Augen hat. Auch ein tolles Café ist vorhanden.

Dowse Art Museum GALERIE
(www.dowse.org.nz; 45 Laings Rd, Lower Hutt; ⌚ 10–17 Uhr;) GRATIS Das Dowse Art Museum liegt 15 Min. mit dem Auto oder dem Bus von der Innenstadt entfernt und lohnt schon allein wegen seiner Architektur einen Besuch. Es ist ein freundliches, offenes Kunstmuseum, das Bildende Künste, Kunsthandwerk und interessantes Design Neuseelands präsentiert und auch über ein gemütliches Café verfügt.

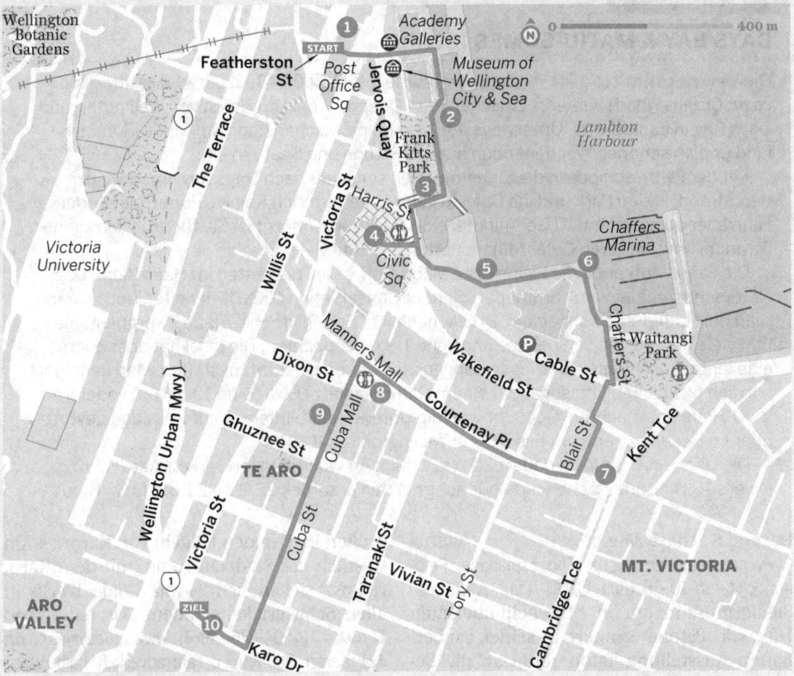

Stadtspaziergang
Skulpturenweg

START POST OFFICE SQ
ZIEL KARO DR
LÄNGE/DAUER: 3,5 KM; 2–3 STD.

Startpunkt ist der Post Office Sq, wo Bill Culberts 1 **SkyBlues** wie Spiralnudeln in den Himmel ragen. Nach Überquerung des Jervois Quay geht man zwischen der New Zealand Academy of Fine Arts und dem Museum of Wellington City & Sea hindurch. Am Queens Wharf biegt man in Richtung Süden ab und geht am großen Bootsschuppen vorbei zum 2 **Water Whirler** des Künstlers Len Lye. Die scheinbar starre, kinetische Nadel erwacht mehrmals täglich jeweils zur vollen Stunde zum Leben.

Nun geht man entweder weiter am Wasser entlang oder durch den Frank Kitts Park an der 3 **Albatross Fountain** vorbei. Ein Abstecher über City to Sea Bridge führt zum Civic Sq, der von i-SITE, Stadtbibliothek und City Gallery eingerahmt ist. Hoch über dem Platz scheint die Skulptur 4 **Ferns** von Neil Dawson in der Luft zu schweben.

Zurück an der Uferpromenade geht man am Te Raukura mit 5 **Hikitia**, dem ältesten, noch in Betrieb befindlichen Schwimmkran der Welt vorbei. Dann geht's am Wasser entlang zur Bronzestatue 6 **Solace in the Wind** und entlang Katherine Mansfields heiterem Beitrag zum Wellington Writers Walk.

Über die Fußgängerbrücke gelangt man in den Waitangi Park, und danach durch die Chaffers St und die Blair St mit ihren Lagerhäusern zum Courtenay Pl. Dort steht die Eisenskulptur 7 **Tripod.** Es geht weiter in Richtung Westen über die Taranaki Street zum 8 **Te Aro Park** mit dem Kanubug.

In der Cuba St geht man gen Süden durch die Fußgängerzone. Dort spritzt die 9 **Bucket Fountain** ihr Wasser in alle Richtungen.

Weiter geht's bis zum Ende der Cuba St und den Resten der historischen Altstadt, durch die nun die umstrittene innerstädtische Umgehungsstraße hindurch führt. Der Spaziergang endet bei Regan Gentrys Skulptur 10 **Subject to Change** und dem Backsteinbrunnen der Familie Tonks gleich daneben.

ABSTECHER

DAYS BAY & MATIU-SOMES ISLAND

Die kleine **Wellington Harbour Ferry** (Karte S. 390; ☎04-499 1282; www.eastbywest.co.nz; Queens Wharf) verkehrt zwischen dem Queens Wharf im Hafen von Wellington und Days Bay in Eastbourne. Unterwegs legt sie einen Zwischenstopp auf Matiu-Somes Island und an schönen Wochenenden auch in Petone und Seatoun ein.

Mit der Fähre schippern die Einheimischen seit jeher nach Days Bay, um dort an den Strand, in den Park und ins Café zu gehen oder um sich Kajaks, Ruderboote oder Fahrräder auszuleihen. 10 Gehminuten von Days Bay entfernt ist Eastbourne, ein kleiner Strandort mit weiteren Cafés, einem netten Pub und vielem mehr.

Die Fähre läuft auch die kleine Insel Matiu-Somes an, die mitten im Hafen liegt. Das Naturschutzgebiet wird vom Department of Conservation (DOC) verwaltet, und so kann man dort Langfühlerschnecken, Brückenechsen, Springsittiche, Blaue Zwergpinguine und viele andere, typisch neuseeländische Tiere beobachten. Die Insel hat aber auch eine lange Geschichte als Kriegsgefangenenlager und Quarantänestation. Man kann dort herrlich picknicken und sogar auf einem Campingplatz (Erw./Kind 10/5 NZ$) oder im DOC-Haus übernachten. Gebucht wird die Unterkunft im Internet auf www.doc.govt.nz oder im Besucherzentrum des DOC in Wellington (S. 409).

Die Überfahrt zur Insel dauert 20 bis 30 Min. An Wochentagen verkehrt die Fähre jeweils 16-mal, am Wochenende nur achtmal (hin & zurück 22/12 NZ$ pro Erw./Kind).

Petone Settlers Museum MUSEUM
(www.petonesettlers.org.nz; The Esplanade, Petone; ⏲Mi–So 10–16 Uhr) GRATIS Das Art-déco-Siedlermuseum am mit Muscheln übersäten Ufer von Petone erinnert in seiner zauberhaften Ausstellung Tatou Tatou an die Besiedlung der Gegend. Es liegt zehn Autominuten von der Innenstadt entfernt und ist auch mit dem Bus erreichbar.

Aktivitäten

Ferg's Kayaks KAJAKFAHREN
(Karte S. 390; www.fergskayaks.co.nz; Shed 6, Queens Wharf; ⏲Mo–Fr 10–20, Sa & So bis 18 Uhr) Sportbegeisterte können beim Hallenklettern ihre Sehnen strapazieren (Erw./Kind 15/10 NZ$), die Uferwege auf Inlinern abfahren (2 Std. 15 NZ$) oder sich mit Kajak oder Stand-up-Paddlingbrett auf dem Wasser vergnügen (1 Std. ab 15 NZ$). Es gibt auch einen Fahrradverleih (1 Std. ab 15 NZ$) und geführte Kajaktouren.

Wild Winds WINDSURFEN & STEHPADDELN
(Karte S. 390; ☎04-473 3458; www.wildwinds.co.nz; 36 Customhouse Quay) Bei so viel Wind und Wasser ist Wellington ideal zum Windsurfen, Kitesurfen und Stand-up-Paddling. Alle drei Sportarten kann man hier ausprobieren und erlernen. Einen zweistündigen Kurs gibt's ab 110 NZ$.

Makara Peak Mountain Bike Park MOUNTAINBIKEN
(www.makarapeak.org; South Karori Rd, Karori; Eintritt mit Spende) Durch den tollen, 200 ha großen Park in den Hügeln von Karori, 4 km westlich des Stadtzentrums (mit dem Karori Bus), ziehen sich 24 km Single Tracks in allen Schwierigkeitsgraden. Das nahe **Mud Cycles** (☎04-476 4961; www.mudcycles.co.nz; 421 Karori Rd, Karori; Fahrradverleih halb-/ganztags/Wochenende ab 30/45/75 NZ$) verleiht Mountainbikes und bietet geführte, unterschiedlich schwere Touren für Radler an. Wellington entwickelt sich zu einem echten Mountainbike-Mekka – auf www.tracks.org.nz finden sich Infos.

Geführte Touren

Walk Wellington STADTFÜHRUNG
(www.walkwellington.org.nz; Erw./Kind 20/10 NZ$; ⏲Touren tgl. 10 Uhr, Nov.–März auch Mo, Mi & Fr 17.30 Uhr) Informative und preisgünstige, zweistündige Führung durch Stadt und Ufergebiet, die am i-SITE beginnt. Die Tour kann online oder telefonisch gebucht werden, man kann aber auch einfach ohne Voranmeldung vorbeischauen.

Zest Food Tours FÜHRUNG
(☎04-801 9198; www.zestfoodtours.co.nz; Führung ab 169 NZ$) Die Feinschmeckertouren in kleinen Gruppen dauern zwischen drei und fünfeinhalb Stunden. Bei den längeren Führungen ist ein Mittagessen mit ausgesuchten Weinen im legendären Logan Brown (S. 405) enthalten.

Kiwi Coastal Tours JEEPTOUR
(☎0272 520 099; www.kiwicoastaltours.co.nz; 3-/5-stündige Tour 150/225 NZ$) Die ausge-

zeichneten Jeeptouren an die zerklüftete Südküste werden von einheimischen Maori geleitet, die unendlich viele spannende Geschichten zu erzählen haben.

John's Hop On Hop Off BUSTOUR
(☎0274 535 880, 0800 246 877; www.hoponhopoff.co.nz; 45 NZ$/Pers.) Bei den zweistündigen Stadtrundfahrten, die beim i-SITE beginnen, kann man an 18 Stellen ein- und aussteigen. Die Tickets sind jeweils 24 Stunden lang gültig.

Flat Earth KULTUREXKURSION
(☎04-472 9635, 0800 775 805; www.flatearth.co.nz; Halbtages- & Tagestouren 175–385 NZ$) Die Touren mit kleinen Gruppen sind verschiedenen Themen gewidmet: Highlights der Stadt, Schätze der Maori, Kunst, Drehorte in Mittelerde.

Movie Tours FÜHRUNG
(☎0274 193 077; www.adventuresafari.co.nz; Touren ab 45/30 NZ$ pro Erw./Kind) Bei den umfangreichen Halbtages- und Ganztagestouren bekommt man mehr Requisiten, Filmausschnitte und Drehorte in Mittelerde zu sehen, als selbst hartgesottene Fans bewältigen können.

South Coast Shuttles FÜHRUNG
(☎04-389 2161; www.southcoastshuttles.co.nz; 2½-stündige Führung 55 NZ$; ⏲Führungen 10 & 13 Uhr) Neben der täglich stattfindenden, zweistündigen Führung zu den Hauptsehenswürdigkeiten der Stadt sowie der Südküste und in Otari Wilton's Bush werden auch individuell maßgeschneiderte Touren angeboten, wie z.B. die frühmorgendliche Tour für Vogelfotografen, die um 7 Uhr (2 Std., 45 NZ$) beginnt.

Wellington Rover FÜHRUNG
(☎04-471 0044, 0800 426 211; www.wellingtonrover.co.nz; Touren ab 95/50 NZ$ pro Erw./Kind) Im Angebot sind Halbtages- und Ganztagesführungen durch die Stadt, zur Seerobbenkolonie und zu den Hobbits.

Feste & Events

Den Veranstaltungskalender der Stadt gibt's entweder beim i-SITE oder auf www.wellingtonnz.com/events. Tickets für alle möglichen Veranstaltungen bekommt man bei **Ticketek** (www.ticketek.co.nz) und **TicketDirect** (☎0800 224 224; www.ticketdirect.co.nz).

Summer City KULTUR
(www.wellington.govt.nz) Ein ganzer Reigen von sommerlichen Veranstaltungen, die oft kostenlos und im Freien sind wie die wunderbaren Konzerte bei „Gardens Magic", findet von Januar bis März statt.

New Zealand International Sevens SPORT
(www.sevens.co.nz) Im Februar strömen die Massen zum Turnier der besten Rugby-Sevens-Mannschaften der Welt. Deshalb sind die Karten immer in Rekordgeschwindigkeit ausverkauft.

New Zealand International Arts Festival KULTUR
(www.festival.co.nz) In geraden Jahren wird von Mitte Februar bis Mitte März einen ganzen Monat lang Theater, Tanz, Musik, visuelle Kunst und Literatur geboten. Dabei sind auch viele Künstler aus aller Welt zu sehen und zu hören.

Fringe NZ KULTUR
(www.fringe.org.nz) Von Februar bis März dreht sich hier drei Wochen lang alles um

WELLINGTON MIT KINDERN

Der mit Abstand größte Hit für Kids in Wellington ist Te Papa (S. 394), denn das Nationalmuseum scheint wirklich von Fünfjährigen gestaltet und eingerichtet worden zu sein. Es gibt jede Menge interaktiver Spielereien und weit mehr krabbelnde, komische und verblüffende Dinge zu entdecken, als man sich vorstellen kann. Dazu kommen noch zahllose Sonderaktionen für alle Altersstufen. Auf der Webseite des Museums wurde sogar eine spezielle Seite für Kinder eingerichtet.

Zudem liegt das Museum auch noch sehr günstig zwischen dem **Frank Kitts Park** und dem **Waitangi Park** mit ihren Spielplätzen sowie in unmittelbarer Nähe von Rollschuhbahnen, Eisständen und belebenden Espressobars für die Erwachsenen.

Eine Fahrt mit der Standseilbahn (S. 392) und eine Runde durch den Botanischen Garten (S. 392) hält die Kleinen ordentlich auf Trab. Wenn es dunkel wird, können sie dann im Carter Observatory (S. 392) die Sterne in weit entfernten Galaxien betrachten. Wesentlich irdischer sind die teilweise recht merkwürdigen Tiere im Wellington Zoo (S. 394) oder Zealandia (S. 393).

Wellington Zentrum

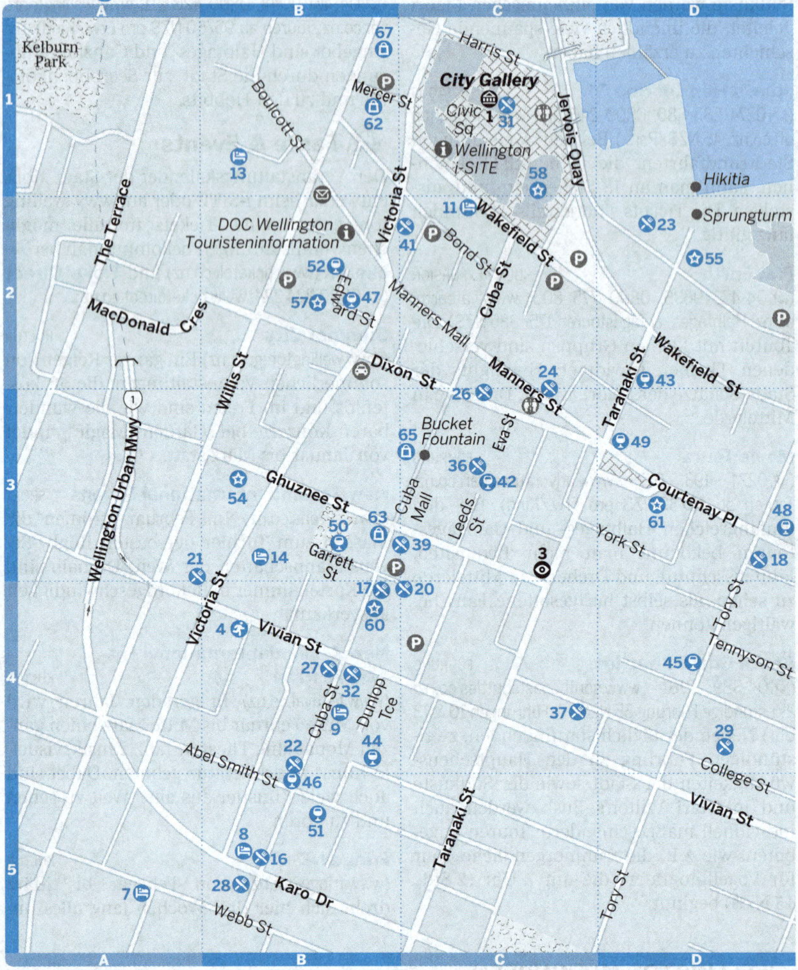

experimentelle Varianten von visueller Kunst, Musik, Tanz und Theater.

New Zealand Comedy Festival COMEDY
(www.comedyfestival.co.nz) Drei Wochen im April/Mai werden die Lachmuskeln bis aufs Äußerste strapaziert. Bei diesem beliebten Festival treten bekannte einheimische Komiker, aber auch ein paar richtig weltberühmte Größen auf.

Matariki KULTUR
(www.tepapa.govt.nz) Das Neujahrsfest der Maori (im Juni) mit einem kostenlosen Festival mit Tanz, Musik und anderen Veranstaltungen im Te Papa.

International Film Festival FILM
(www.nzff.co.nz) Ein zweiwöchiges Fest des Independentfilms mit Vorführungen erstklassiger neuseeländischer und internationaler Produktionen – ein Muss für Cineasten. Findet im Juli/August statt.

Beervana BIER
(www.beervana.co.nz) Eine ganze Welle Bierliebhaber rollt im August in die Stadt, um ein Wochenende lang genüsslich das Bier aus den Kleinbrauereien zu probieren.

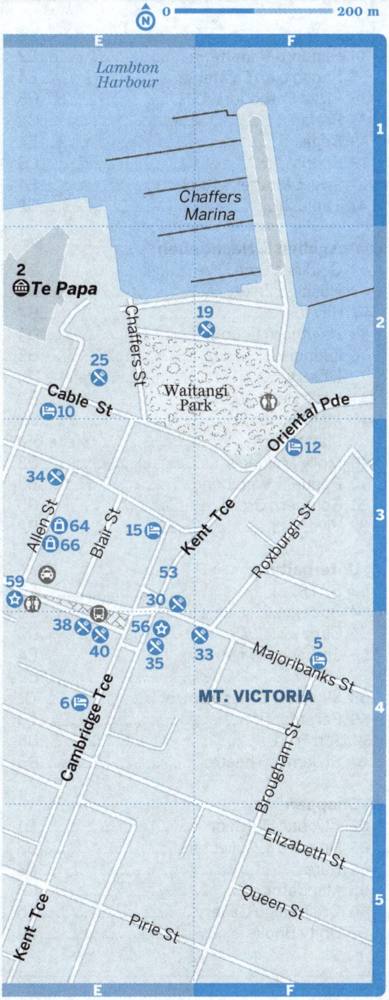

Wellington on a Plate ESSEN
(www.wellingtononaplate.com) Ein köstliches Programm gastronomischer Events und toller Angebote in den Restaurants der Stadt. Findet im August statt.

World of WearableArt MODE
(www.worldofwearableart.com) Zwei Wochen im September wird allabendlich im Rahmen spektakulärer Shows fantastische Mode gezeigt. Die Tickets zur Teilnahme an diesem Modespektakel sind heiß begehrt.

Toast Martinborough ESSEN & TRINKEN
(www.toastmartinborough.co.nz) Ein Tag des Hedonismus in den Weingütern von Martinborough. Die Tickets gehen weg wie warme Semmeln. Die Veranstaltung findet im November statt.

Schlafen

Die Unterkünfte in Wellington sind in der Regel teurer als in anderen Regionen. Das Niveau ist recht hoch, und es gibt eine große Auswahl direkt im Stadtzentrum oder in Laufnähe. Ein Problem sind die fehlenden Parkplätze: Wer mit dem Mietwagen anreist, sollte bei der Buchung nach einem Parkplatz fragen.

Bei Wellingtons Budgetunterkünften handelt es sich meist um Hostels in mehrstöckigen Gebäuden. Es gibt in der Stadt keine „Motelstraße", alle Motels liegen verstreut am Stadtrand. Da Wellington Regierungs- und Geschäftsstadt ist, sind Apartments sehr beliebt. Häufig werden sie über das Wochenende billiger vermietet.

In der Hochsaison (Dez.–Feb.) oder während größerer Events sollte die Unterkunft frühzeitig gebucht werden.

Campingplätze sind in Wellington so selten wie schlechter Kaffee. Zum Zelten eignen sich am besten der Wellington Top 10 Holiday Park (S. 401) in Seaview oder der Paekakariki Holiday Park (S. 413). Wohnmobilfahrer sind am besten im sehr praktischen Wellington Waterfront Motorhome Park aufgehoben.

★ **YHA Wellington City** HOSTEL $
(Karte S. 398; ☎ 04-801 7280; www.yha.co.nz; Ecke Cambridge Tce. & Wakefield St; B 29–36 NZ$, DZ mit/ohne Bad 120/88 NZ$; @ 🛜) Wellingtons bestes Hostel punktet mit fantastischen Gemeinschaftsräumen, darunter befinden sich zwei große Küchen mit Speiseraum, ein seperates Spielzimmer, ein Lesezimmer und ein Fernsehzimmer. Auch die Umweltfreundlichkeit (Recycling, Kompostierung und stromsparend erzeugtes Heißwasser) des Hauses beeindruckt. An der Rezeption gibt es einen Buchungsservice und Espresso.

Nomads Capital HOSTEL $
(Karte S. 398; ☎ 0508 666 237, 04-978 7800; www.nomadscapital.com; 118 Wakefield St; B 28–36 NZ$, DZ 95–105 NZ$; @ 🛜) Das Nomads liegt mitten im Zentrum, ist gut gesichert und hat blitzsaubere Zimmer, eine hauseigene Café-Bar (abends kostenlose leichte Gerichte und Happy Hour) und gewährt Ermäßigungen bei längerem Aufenthalt. Küche und Lounge lassen zwar etwas zu wünschen übrig, aber

Wellington Zentrum

Highlights
1 City Gallery C1
2 Te Papa E2

Sehenswertes
3 New Zealand Film Archive C3

Aktivitäten, Kurse & Touren
4 On Yer Bike B4

Schlafen
5 Apollo Lodge F4
6 Cambridge Hotel E4
7 Capital View Motor Inn A5
8 City Cottages B5
9 Comfort & Quality Hotels B4
10 Museum Art Hotel E2
11 Nomads Capital C2
12 Ohtel F3
13 Trek Global B1
14 Victoria Court B3
15 YHA Wellington City E3

Essen
16 Arthur's B5
17 Aunty Mena's B4
Capitol .... (siehe 56)
18 Chow D3
19 City Market F2
20 Duke Carvell's C4
21 Farmers Market A3
22 Fidel's B4
23 Gelissimo Gelato D2
24 Great India C2
25 Harbourside Market E2
26 Little Penang C3
27 Logan Brown B4
28 Martha's Pantry B5
29 Moore Wilson Fresh D4
30 Mt Vic Chippery E3
31 Nikau Cafe C1
32 Ombra B4
33 Ortega Fish Shack F4
34 Pandoro Panetteria E3
35 Phoenician Falafel E4
36 Pizza Pomodoro C3
37 Prefab C4
38 Regal E4
39 Scopa C3
40 Sweet Mother's Kitchen E4
41 Tatsushi C2

Ausgehen & Nachtleben
42 Goldings Free Dive C3
43 Hashigo Zake D2
44 Havana B4
45 Hawthorn Lounge D4
46 Laundry B5
Library .... (siehe 18)
47 Little Beer Quarter B2
48 Malthouse D3
Matterhorn .... (siehe 65)
49 Molly Malone's D3
50 Rogue & Vagabond B3
51 Southern Cross B5
52 Vivo B2

Unterhaltung
53 BATS E3
54 Bodega B3
55 Circa D2
56 Embassy Theatre E4
57 Meow B2
58 Michael Fowler Centre C1
59 Paramount E3
60 San Fran B4
61 St James Theatre D3

Shoppen
62 Bivouac Outdoor B1
63 Hunters & Collectors B3
64 Kura E3
65 Mandatory C3
66 Ora Design Gallery E3
67 Unity Books B1

dafür lenken der flotte Service und die vielen historischen Details von den Schwachstellen ab.

Trek Global HOSTEL $
(Karte S. 398; ☎ 0800 868 735, 04-471 3480; www.trekglobal.net; 9 O'Reilly Ave; B 22–26 NZ$, EZ 59 NZ$, 2BZ mit/ohne Bad 89/69 NZ$; P @ ☎) Große Vorteile des Hostels in einer Nebenstraße sind der tolle Eingangsbereich zum Abhängen und der gemütliche Fernsehraum. Die Schlafräume und Küchen sind durch lange, enge Korridore miteinander verbunden, aber es ist recht ruhig, die Zimmer sind sauber und es gibt nette Extras wie einen Fahrradverleih, Parkplatz (20 NZ$/Tag), einen Schlafsaal mit Sonnenterrasse nur für Frauen und freundliche Hilfe beim Buchen von Touren.

Downtown Backpackers HOSTEL $
(Karte S. 390; ☎ 04-473 8482, 0800 225 725; www.downtownbackpackers.co.nz; 1 Bunny St; B 28–31 NZ$, EZ 68 NZ$, DZ 85–95 NZ$; @ ☎) Das Hostel in einem alten Art-déco-Hotel in der Nähe des Bahnhofs bietet seinen Gästen helle, saubere Zimmer und viele geräumige Gemeinschaftsbereiche voller Charme, beispielsweise eine gemütliche Bar mit einem gemeißelten Kamin. Morgens und abends gibt's im Café ein preiswertes Essen.

Cambridge Hotel HOSTEL $
(Karte S. 398; ☎ 04-385 8829; www.cambridgehotel.co.nz; 28 Cambridge Tce; B 25–30 NZ$, EZ mit/ohne Bad 90 NZ$, DZ 105/85 NZ$; @ ☰) Komfortable, erschwingliche Unterkunft in einem historischen Hotel mit einer Kneipe im Erdgeschoss. Die Zimmer mit Bad haben Sky-TV, Telefon und Kühlschrank (die Zimmer nach hinten raus sind die ruhigeren). Der Backpacker-Flügel hat eine gemütliche Küche und Lounge, schicke Badezimmer und Schlafsäle mit wenig natürlichem Licht, aber himmelhohen Decken. Das Frühstück für 3 NZ$ ist ein weiterer Pluspunkt.

Wellington Waterfront Motorhome Park WOHNMOBILPARKPLATZ $
(Karte S. 390; www.wwmp.co.nz; 12 Waterloo Quay; Stellplatz mit Strom 50 NZ$; ☰) Eigentlich ist es nur ein einfacher Parkplatz direkt am Wasser, aber er ist unglaublich praktisch, man darf über Nacht bleiben und die Parkgebühren am Tag sind sehr günstig. Ein tolles Waschhaus und Stromanschluss sind ebenfalls vorhanden. Der Platz muss per Internet gebucht werden.

Moana Lodge HOSTEL $
(☎ 04-233 2010; www.moanalodge.co.nz; 49 Moana Rd, Plimmerton; B 34 NZ$, DZ mit Gemeinschaftsbad 86–96 NZ$; @ ☰) Das ungewöhnliche Hostel direkt am Wasser liegt 25 km entfernt von Wellington am SH1, ist in 30 Minuten aber gut mit dem Zug oder Auto zu erreichen. Dafür bietet es viel Ruhe und Entspannung sowie einen tollen Blick aufs Meer. Das hübsche alte Haus ist makellos und sehr einladend. Die freundlichen Inhaber informieren ihre Gäste gerne über alle Sehenswürdigkeiten in der Gegend.

Wellington Top 10 Holiday Park FERIENPARK $
(☎ 0800 948 686, 04-568 5913; www.wellingtontop10.co.nz; 95 Hutt Park Rd, Seaview; Stellplatz 45 NZ$, Hütte 60–100 NZ$, Motel 115–170 NZ$; @ ☰) Der Park 13 km nordöstlich von Wellington ist sehr praktisch, wenn man mit der Fähre ankommt oder abreist. Zu den familienfreundlichen Einrichtungen gehören Gemeinschaftsküchen, Spielzimmer, Hüpfburg und Spielplatz. Leider liegt er mitten in einem Industriegebiet. Vom SH2 in Richtung Petone und Seaview folgt man der Beschilderung oder fährt mit öffentlichen Verkehrsmitteln.

Comfort & Quality Hotels HOTEL $$
(Karte S. 398; ☎ 0800 873 553, 04-385 2156; www.hotelwellington.co.nz; 223 Cuba St; DZ 104–200 NZ$; P @ ☰ ≋) Das Haus mitten in der Cuba Street besteht aus zwei Teilen: das schön renovierte, historische „Trekkers"-Gebäude mit kleinen, preiswerten Zimmern („Comfort") und das schicke Quality-Hochhaus mit fünf komplett ausgestatteten Apartments. Allen Gästen steht eine Bar und ein Restaurant (Hauptgerichte 14–35 NZ$) sowie ein Parkplatz (25 NZ$/Tag) zur Verfügung.

Booklovers B&B B&B $$
(Karte S. 390; ☎ 04-384 2714; www.booklovers.co.nz; 123 Pirie St; EZ/DZ ab 150/180 NZ$; P @ ☰) Die schöne Pension der Schriftstellerin Jane Tolerton ist voller Bücher und hat drei Doppelzimmer mit eigenem Bad, eines davon mit einem dritten Bett. Der Bus zum Courtenay Pl und Bahnhof fährt am Haus vorbei und die grüne Lunge der Stadt beginnt gleich nebenan. WLAN und Parkplatz sind kostenlos.

Capital View Motor Inn MOTEL $$
(Karte S. 398; ☎ 04-385 0515, 0800 438 505; www.capitalview.co.nz; 12 Thompson St; DZ 125–240 NZ$; P ☰) Die meisten Zimmer des mehrgeschossigen Gebäudes in der Nähe der Cuba St sind sehr gepflegt und bieten tatsächlichen einen kapitalen Ausblick. Dies gilt insbesondere für das große, recht preiswerte Penthouse für bis zu fünf Personen. Alle Zimmer sind komplett ausgestattet und blitzsauber. Parken ist kostenlos.

Victoria Court MOTEL $$
(Karte S. 398; ☎ 04-385 710, 0800 282 8502; www.victoriacourt.co.nz; 201 Victoria St; DZ 149–205 NZ$; P ☰) Das Motel liegt mitten in der Innenstadt und hat geräumige Apartments und Wohnungen mit Küchenzeile, hochwertigen Holzmöbeln, gemütlicher Einrichtung und frisch renovierten Badezimmern. Es gibt auch zwei behindertengerechte Wohneinheiten. Die größeren Apartments bieten Platz für bis zu sechs Personen. Gäste parken kostenlos auf dem Gelände.

Apollo Lodge MOTEL $$
(Karte S. 398; ☎ 04-385 1849, 0800 361 645; www.apollolodge.co.nz; 49 Majoribanks St; DZ 140–160 NZ$, 4BZ 190–240 NZ$; P ☰) Die lose Ansammlung von 35 verschiedenen Wohneinheiten mit ein bis zwei Schlafzimmern ist nur einen Katzensprung vom Courtenay Pl entfernt. Das Angebot reicht von kleinen Apartments bis hin zu familienfreundlichen Wohnungen mit komplett ausgestatte-

ter Küche. Ganz in der Nähe werden auch Apartments an Dauergäste vermietet.

City Cottages FERIENHAUS $$
(Karte S. 398; ☎ 021 073 9232; www.citybedandbreakfast.co.nz; Tonks Gr; DZ/4BZ 170/200 NZ$) Die beiden winzigen Häuschen von 1880 stehen mitten in einem Viertel mit schönen, alten Häusern im Stil der Cuba St. Durch einen geschickten Umbau wurden sie in moderne, komplett ausgestattete Einzimmerapartments verwandelt, die ideal für zwei Personen sind, aber dank ausziehbarer Sofas auch Platz für vier bieten. Sie sind stilvoll, praktisch und sehr „kubanisch". Allerdings könnte der Verkehrslärm für empfindliche Ohren zum Problem werden.

CityLife Wellington APARTMENTS $$$
(Karte S. 390; ☎ 04-922 2800, 0800 368 888; www.heritagehotels.co.nz; 300 Lambton Quay; DZ ab 189 NZ$; P @ ᯤ) Die luxuriösen Apartments mit Hotelservice mitten im Stadtzentrum haben ein bis drei Schlafzimmer, einige auch eine komplett ausgestattete Küche und Waschmaschine sowie Blick auf den Hafen. Am Wochenende sind sie zudem ein echtes Schnäppchen. Die Einfahrt für Autos liegt in der Gilmer Tce, einer Seitenstraße der Boulcott St (der Parkplatz kostet 15,50 NZ$ pro Tag).

Ohtel BOUTIQUEHOTEL $$$
(Karte S. 398; ☎ 04-803 0600; www.ohtel.com; 66 Oriental Parade; DZ 295–425 NZ$; ᯤ) Das Hotel in der Oriental Parade ist ein wahres Schmuckstück. Die ganz individuell eingerichteten Zimmer und Suiten sind mit stilvollen Möbeln, moderner Kunst und Keramik ausgestattet, die der Inhaber und Architekt des Hauses begeistert zusammenträgt. Am besten den Lieblingscocktail mixen und in der edlen Badewanne genießen.

Museum Hotel HOTEL $$$
(Karte S. 398; ☎ 04-802-8900, 0800 994 335; www.museumhotel.co.nz; 90 Cable St; Zi. & Apt. Mo–Do 209–399 NZ$, Fr–So 189–249 NZ$; ≋) Das einstige „Hotel de Wheels" – um Platz für das Te Papa zu schaffen, wurde es vom originalen Standort 120 m weiter an seinen heutigen Platz versetzt – ist heute ein mit Kunstgegenständen dekoriertes und noch immer reichlich schräges Hotel. Ein engagiertes Personal, ein sehr gutes Restaurant mit abgefahrener Einrichtung und coole Musik in der Lobby sorgen für eine erfrischende Abwechslung von den sonst einheitlichen Businesshotels. Tolle Wochenend- und Wochenpreise.

Bolton Hotel HOTEL $$$
(Karte S. 390; ☎ 04-472-9966, 0800 996 622; www.boltonhotel.co.nz; Ecke Bolton & Mowbray St; DZ 189–359 NZ$; @ ᯤ ≋) Das elegante Hochhaus mit gutem Service wird seinen fünf Sternen in jeder Hinsicht gerecht. Die Zimmer sind unterschiedlich, aber alle in gedämpften Tönen gehalten und mit edler Bettwäsche und farbenfrohen Kunstwerken versehen. Die meisten sind groß, haben voll ausgestattete Küchen und verfügen teilweise über Park- oder Stadtblick. Erfreulich sind auch der beheizte Pool, der Whirlpool und die Sauna.

Essen

Wellington bietet eine verblüffend große und vielseitige Auswahl an fabelhaften Restaurants, die vor allem im Stadtzentrum, oft aber auch in den Vororten zu finden sind. Neben den vielen modernen Cafés und noblen Restaurants gibt's zahllose günstige Lokale wie die üblichen Nudelküchen, bei denen die große Konkurrenz dafür sorgt, dass der Standard hoch und die Preise niedrig bleiben.

Sonntags gibt es in der Innenstadt jeweils von Sonnenaufgang bis gegen 14 Uhr gleich drei ausgezeichnete Lebensmittelmärkte: der **Farmers Market** (Karte S. 398; Ecke Victoria St & Vivian St) mit gutem Obst und Gemüse, der **Harbourside Market** (Karte S. 398; Wakefield St) mit größerem Angebot neben dem Te Papa, und schließlich der **City Market** (Karte S. 398; Chaffers Dock Bldg, 1 Herd St; ⌚ So 8.30–12.30 Uhr), wo es auch jede Menge Feinkost und alle möglichen Schlemmereien aus regionaler Produktion gibt.

Moore Wilson Fresh SUPERMARKT $
(Karte S. 398; www.moorewilson.co.nz; Ecke College St & Tory St; ⌚ 7.30–18 Uhr) Ein Muss für alle Selbstversorger: Der überwältigende Lebensmittelladen hat sich voll und ganz dem Verkauf von Erzeugnissen aus unabhängiger und traditioneller Produktion verschrieben. Hier gibt's das Beste aus Wellington und ganz Neuseeland.

Gelissimo Gelato EIS $
(Karte S. 398; www.gelissimo.co.nz; 11 Cable St, Taranaki Wharf; Eis 4–8 NZ$; ⌚ 8–17.30 Uhr) Der heißeste Tipp für Gefrorenes ist das Eis und Sorbet von Meister Graham, der in einem Obstgeschäft groß geworden ist und sich bestens mit Äpfeln und Himbeeren, aber auch mit Schokolade auskennt. Eine weitere Filiale gibt's an der Oriental Bay.

Pandoro Panetteria BÄCKEREI $

(Karte S. 398; www.pandoro.co.nz; 2 Allen St; Backwaren 3–8 NZ$; ⌚7–17 Uhr; ✎) Die ausgezeichnete italienische Bäckerei serviert preiswerte Köstlichkeiten wie Kuchen, Gebäck, Brot und Brötchen zu aromatischem Kaffee in gemütlichem Ambiente. Eine zweite Filiale ist in der Woodward St 14.

Little Penang MALAYISCH $

(Karte S. 398; Oaks Complex, Dixon St; Hauptgerichte 8–13 NZ$; ⌚Mo–Sa 10.30–20.30 Uhr) Das winzige Lokal stiehlt all den anderen hervorragenden malayischen Restaurants die Schau mit seiner frischen, perfekt gewürzten und oft höllisch scharfen Straßenküche. Das Curry-Reisgericht *nasi lemak* wird nach traditioneller Art mit Ei, Erdnüssen und viel Kokosmilch zubereitet. Das ebenso leckere *nasi goreng* kostet gerade einmal 8 NZ$. Auch die Blätterteigtaschen mit Curry-Füllung sind einfach köstlich. Kein Wunder, dass zur Mittagszeit hier die Hölle los ist.

Aunty Mena's VEGETARISCH $

(Karte S. 398; 167 Cuba St; Hauptgerichte 10–19 NZ$; ⌚11.30–21.30 Uhr; ✎) Das freundliche Café bereitet die kalorienärmsten und gesündesten Nudelgerichte der Stadt zu. Das recht gemischte Publikum lässt sich so auch die vegetarischen und veganen malayischen und chinesischen Speisen mit gutem Gewissen schmecken. Leicht sterile, zu grell beleuchtete Einrichtung.

Phoenician Falafel LIBANESISCH $

(Karte S. 398; 10 Kent Tce; Hauptgerichte 8–16 NZ$; ⌚11.30–21.30 Uhr; ✎) Die freundlichen libanesischen Inhaber brutzeln typische Falafel, Fleischspieße und *shawarma* (eine Art Döner). Die Fleischgerichte sind die besten der Stadt, dicht gefolgt von denen des Schwesterlokals, der Phoenician Cuisine in der Cuba St 245.

★ **Mt. Vic Chippery** FISH & CHIPS $

(Karte S. 398; www.mtvicchippery.co.nz; 5 Majoribanks St; Hauptgerichte 8–16 NZ$; ⌚Mi–So 12–21, Mo & Di 16–21 Uhr) Die Bestellung der Fish & Chips folgt einem festen Ablauf: 1. Den Fisch aussuchen (aus mindestens drei Arten). 2. Die Panade aussuchen (Bierteig, Panko-Paniermehl, Tempura …). 3. Die Pommes aussuchen (aus fünf Sorten!). 4. Mit Aioli, Krautsalat, grünem Salat oder Soße garnieren und ein alkoholfreies Getränk dazu nehmen. 5. Direkt vor Ort essen oder einpacken lassen. Wer keinen Fisch mag, hat die Qual der Wahl zwischen Burgern und panierten Würstchen.

Havana Coffee Works CAFÉ $

(www.havana.co.nz; 163 Tory St; Snacks 4–7 NZ$; ⌚Mo–Fr 8.30–17 Uhr) Das zur erstklassigen Kaffeerösterei Havana gehörende Café ist eine tolle Mischung aus Tradition und Moderne mit ausgezeichnetem, flinkem Personal. Zu essen gibt's nur Brötchen und Pasteten, die aber warm gemacht werden.

Fidel's CAFÉ $

(Karte S. 398; www.fidelscafe.com; 234 Cuba St; Snacks 4–7 NZ$, Hauptgerichte 10–24 NZ$; ⌚7.30–10 Uhr; ✎) Eine Institution in der Cuba St für die koffeinsüchtige Alternativszene. Die winzige Küche produziert am laufenden Band Eier in jeder Form, Pizza und klasse Salate sowie die besten Milchshakes der Stadt. Revolutionsrelikte schmücken die Wände des coolen Cafés, draußen stehen ebenfalls Tische. Die superemsige Bedienung hat das Chaos bewundernswert gut im Griff.

Martha's Pantry CAFÉ $

(Karte S. 398; 276 Cuba St; Snacks 4–9 NZ$; ⌚Di–Fr 9–17, Sa & So 10–17 Uhr) Die Teestube gehört den Damen McLeod, die aus dieser Gegend stammen und ihre Tradition auf köstliche Art pflegen. Martha serviert handliche Sandwiches, köstliche Quiches und Tee in feinem Porzellan, während es bei **Arthur** (Karte S. 398; 272 Cuba St; Hauptgerichte 17–24 NZ$; ⌚Mi–Sa 10 Uhr–open end) direkt gegenüber männlich-deftige Pfannengerichte, Gebratenes und kleine „Schweinereien" gibt.

Sweet Mother's Kitchen AMERIKANISCH $

(Karte S. 398; www.sweetmotherskitchen.co.nz; 5 Courtenay Pl; Hauptgerichte 10–27 NZ$; ⌚So–Do 8–22, Fr & Sa 8 Uhr–open end; ✎) Auf der Karte des immer gut besuchten Lokals stehen etwas dubiose, aber sehr leckere Gerichte der Südstaaten- und mexikanischen Küche wie Burritos, Nachos, Po'boy-Sandwiches, Jambalaya und Key-Lime-Kuchen. Es ist preiswert, nett, hat Bier aus kleinen Brauereien und eine sonnige Terrasse.

Pizza Pomodoro PIZZERIA $$

(Karte S. 398; ☎04-381 2929; www.pizzapomodoro.co.nz; 13 Leeds St; Pizza 13–24 NZ$; ⌚Mi–Fr 12–14, Mo–Sa 17–21 Uhr; ✎) Inhaber Massimo meint es mit seiner Holzofenpizza so ernst, dass er sogar Mitglied der „Associazione

Verace Pizza Napoletana" ist, die sich für den Schutz und die Förderung der echten Pizza einsetzt. Die beste Pizza der Stadt kann entweder mitgenommen oder in dem winzigen Lokal gegessen werden. Oder man geht nach nebenan ins Goldings Free Dive (S. 406) und gönnt sich ein kühles Bier dazu. Gute Wahl!

Prefab CAFÉ $$

(Karte S. 398; www.pre-fab.co.nz; 14 Jessie St; Frühstück 5–18 NZ$, Mittagessen 14–20 NZ$; ⏲ Mo–Fr 7–16, Sa 8–16 Uhr) In einem großen, minimalistischen Industriegebäude befindet sich Wellys schickste Espressobar mit eigener Rösterei. Diese brachte einst den Ball der legendären Kaffeekultur der Stadt ins Rollen. Das wunderbare, selbst gebackene Brot gibt's zu all den leckeren, perfekt zubereiteten Gerichten wie Räucherfisch, Spargel und pochierten Eiern zum Frühstück oder Schweinebauch mit Rucola-Apfel-Fenchel-Salat zum Mittagessen. Mit sonniger Terrasse.

★ Nikau Cafe CAFÉ $$

(Karte S. 398; www.nikaucafe.co.nz; City Gallery, Civic Sq; Mittagessen 14–25 NZ$; ⏲ Mo–Fr 7–16, Sa 8–16 Uhr; ✎) Das luftige Nikau gehört zu den edleren Cafés und serviert die einfachsten, aber trotzdem besten Gerichte der Stadt. Im Angebot: erfrischende Aperitifs, legendäres Kedgeree, Salbei-Eier und göttliche Süßspeisen. Ein sonniger Garten im Hof macht das Café zu einem echten Highlight.

Tatsushi JAPANISCH $$

(Karte S. 398; 99 Victoria St; Hauptgerichte 4–27 NZ$; ⏲ Di–Sa 11.30–14.30, Mi–Sa 18–22 Uhr) Das kleine Zen-Lokal wird von der offenen Küche beherrscht, in der die original japanischen Gerichte wie superfrisches Sashimi, hausgemachter *agedashi*-Tofu, *chazuke*-Suppe, *sunomono*-Salat und leckeres Karaage-Hühnchen zubereitet werden. Wer richtig japanisch essen möchte, muss hierher kommen. Zum Mitnehmen gibt's Sushi und Bento-Boxen.

Chow FUSION $$

(Karte S. 398; www.chow.co.nz; 45 Tory St; Hauptgerichte 7–24 NZ$; ⏲ 12–24 Uhr; 📶✎) Das stilvolle asiatische Restaurant mit Bar läuft wie geschmiert. Kein Wunder bei dem tollen Essen und den kreativen Cocktails in geselliger Atmosphäre. Es gibt täglich wechselnde Sonderangebote, kostenloses WLAN und eine Verbindungstür zur witzigen Library-Bar (S. 407) direkt dahinter.

Scopa ITALIENISCH $$

(Karte S. 398; www.scopa.co.nz; Ecke Cuba St & Ghuznee St; Hauptgerichte 16–26 NZ$; ⏲ Mo–Fr 8 Uhr–open end, Sa & So 9 Uhr–open end; ✎) Original italienische Pizza, Pasta und Gnocchi machen das Essen in dem modernen Restaurant zum kulinarischen Hochgenuss. Die weiße Pizza (*bianca*) ist eine ebenso willkommene Abwechslung wie die Pizza der Woche nach Laune des Chefs (*pizzaiolo*). Von einem Tisch am Fenster kann man das Treiben auf der „Cuba" beobachten. Es gibt auch einen Mittagstisch und Abendmenüs mit Cocktails.

★ Ombra ITALIENISCH $$

(Karte S. 398; www.ombra.co.nz; 199 Cuba St; Snacks & kleine Gerichte 4–18 NZ$; ⏲ 10 Uhr–open end; ✎) Die Taverne im venezianischen Stil serviert köstliches italienisches Essen in einer lebendigen, herzlichen Atmosphäre. Bei Aperitif und Platten voller Leckereien wie *arancini* (frittierte Reisbällchen), *pizzette* (Minipizzen) und Fleischbällchen kann man die trendige, leicht in die Jahre gekommene Einrichtung bewundern. Zum Nachtisch gibt's Klassiker wie Tiramisù und Panna cotta mit Safran und Honig. *Delizioso!*

Capitol MODERN-NEUSEELÄNDISCH $$

(Karte S. 398; www.capitolrestaurant.co.nz; Ecke Kent Tce & Majoribanks St; Hauptgerichte 22–36 NZ$; ⏲ 12–14.30 & 17.30–21.30 Uhr) Der Fixstern am kulinarischen Himmel der Stadt bietet einfache, saisonabhängige Kost im Stil der klassischen italienischen Küche, die mit erstklassigen Zutaten aus der Region perfekt zubereitet wird – so z. B. die Lammleber mit Parmesankruste. Der Speiseraum ist etwas eng und laut, aber dennoch elegant. Und wer achtet schon auf das Ambiente, wenn das Essen so ausgezeichnet ist? Daher lohnt es sich auch, eine Weile an der winzigen Theke zu warten. Abends kann man nicht reservieren.

Great India INDISCH $$

(Karte S. 398; www.greatindia.co.nz; 141 Manners St; Hauptgerichte 15–32 NZ$; ⏲ mittags & abends; ✎) Das hier ist ganz und gar nicht der typische Inder. Das Restaurant ist etwas teurer als die Konkurrenz, bietet dafür aber hervorragend gewürzte Currys und andere erstklassige Spezialitäten. Die angebotene Auswahl an Reis und Brot sollte man unbedingt probieren.

Regal CHINESISCH $$

(Karte S. 398; ☎ 04-384 6656; 7 Courtenay Pl; Yum Cha um 20 NZ$) Yum Cha (Nachmittagstee mit Imbiss) ist in Wellington ein beliebter Zeitvertreib, und nur eines von vielen chinesischen Restaurants um den Courtenay Pl, die zu diesem Wochenendritual proppenvoll sind. Es erfreut mit einem schnellen Service, der Größe der Portionen und der Qualität seiner Gerichte. Die mit Garnelen gefüllten Dampftaschen, die Brötchen mit gegrilltem Schweinefleisch, die Pekingente und der Kokoskuchen sind erstklassig. Eine Reservierung ist ratsam.

★ **Duke Carvell's** MEDITERRAN $$$
(Karte S. 398; ☎ 04-385 2240; www.dukecarvell.co.nz; 6 Swan Lane; kleine Gerichte 9–19 NZ$, Hauptgerichte 38–80 NZ$; ⏲ Mo–Fr 12 Uhr–open end, Sa & So 9 Uhr–open end) Beim schönen Herzog kann man in mediterranem Hochgenuss schwelgen. Auf den gemischten Platten stapeln sich hausgemachte Wurstwaren, Paella, Käse und Mousse au chocolat. An den Wänden hängen Kunstwerke aus dem Familienbesitz, Kronleuchter vom Flohmarkt werfen ein dämmriges Licht auf das Geschehen. Das Mittagsmenü mit drei Gängen und einem Glas Wein ist ein echtes Schnäppchen (35 NZ$).

★ **Ortega Fish Shack** SEAFOOD $$$
(Karte S. 398; ☎ 04-382 9559; www.ortega.co.nz; 16 Marjoribanks St; Hauptgerichte 32–39 NZ$; ⏲ Di–Sa 17.30–22 Uhr) Fischerboote, alte Porträts und ägyptische Bodenfliesen bilden die farbenfrohe, mediterrane Kulisse für den Genuss von Meeresfrüchten. Die Fischgerichte sind absolut international (Bratfisch mit malayischer Soße, Sashimi mit Limettendressing), der Nachtisch mit Orangen-Crêpes und einer der besten Käseplatten der Stadt ist sehr französisch. Ausgezeichnetes Essen in einer lockeren, recht fröhlichen Atmosphäre.

Boulcott Street Bistro BISTRO $$$
(Karte S. 390; ☎ 04-499 4199; www.boulcottstreetbistro.co.nz; 99 Boulcott St; Hauptgerichte Mittagessen 25–39 NZ$, Abendessen 33–39 NZ$; ⏲ Mo–Fr 12–15 & 18 Uhr–open end, Sa & So 17.30 Uhr–open end) In einem hübschen alten Häuschen zwischen meterhohen Hochhäusern zaubert der unvergleichliche Meisterkoch Rex Morgan klassische Bistrogerichte. Abends kann man nicht reservieren, doch bei einem Glas Sekt oder Bier an der netten Bar lässt es sich gut auf einen freien Tisch warten – auch wenn's mal länger dauert. Sonntags gibt es ein günstiges Menü mit Braten und zwei Gängen (45 NZ$) sowie täglich einen preiswerten Mittagstisch (20 NZ$).

Charley Noble MODERN-NEUSEELÄNDISCH $$$
(Karte S. 390; www.charleynoble.co.nz; Post Office Sq; Vorspeisen & kleine Gerichte 5–18 NZ$, Hauptgerichte 22–40 NZ$) Chefkoch Paul Hoather, Inhaber des renommierten und alteingesessenen Nobelrestaurants White House, lässt es in diesem großartigen Lokal in einem frisch renovierten, alten Gebäude nun etwas lockerer angehen. Mit rohen Austern und Schwenkbraten folgt er dem allgemeinen kulinarischen Trend, zeichnet sich aber vor allem durch seine kreativen Gerichte aus, wie Schweineschwänzchen mit Granatapfelsalat oder gegrilltem Tintenfisch mit knackigen Kapern.

★ **Logan Brown** MODERN-NEUSEELÄNDISCH $$$
(Karte S. 398; ☎ 04-801 5114; www.loganbrown.co.nz; 192 Cuba St; Hauptgerichte 45–51 NZ$; ⏲ Mo–Sa 12–14, Mo–So 17.30 Uhr–open end; 📶) Das regelmäßig zu Recht als bestes Restaurant der Stadt gepriesene Lokal ist wirklich erstklassig und dabei kein bisschen protzig oder übertrieben förmlich. Der Speiseraum in einer Bankschalterhalle aus den 1920er-Jahren bringt die Gäste ebenso zum Staunen wie die Speisekarte mit Pasteten aus Waikanae-Krabben oder Rehlende mit Ziegenkäse und Kirschen. Das ausgezeichnete, Drei-Gänge-Bistromenü (45 NZ$) ist ein erschwinglicher Einstieg in das noble Angebot, wobei ein Wein der ellenlangen Karte die Ersparnis sofort wieder zunichte macht. Unbedingt reservieren.

🍷 Ausgehen & Nachtleben

Die Wellingtoner lieben das Nachtleben und finden es ganz normal, erst dann auszugehen, wenn andere Leute ihren Schlummertrunk nehmen. So wimmelt es in der Stadt von lebhaften Musikkneipen und Bars mit gutem Essen, ausgefallenen Cocktails, großartigem Wein aus Neuseeland und leckerem Bier aus kleinen Brauereien.

Vor allem die Bierkneipen erfahren einen regen Zulauf, denn mit den vielen kleinen Brauereien rund um die Stadt hat sich eine richtige Bierkultur entwickelt. Besonders zu empfehlen ist die unkonventionelle Brauereikneipe **Garage Project** (Karte S. 390; www.garageproject.co.nz; 68 Aro St; ⏲ Di–Sa 12–20 Uhr) oder das irrwitzige **Regional Wines & Spirits** (Karte S. 390; www.regionalwines.co.nz; 15 Ellice St; ⏲ Mo–Sa 9–22, So 11–19.30 Uhr). Mehr

Infos und weitere Bierkneipen finden sich auf www.craftbeercapital.com.

Mittelpunkt der Kneipenszene in der Innenstadt ist die Gegend rund um den Courtenay Pl (kurze Röcke, hohe Schuhe, toller Trubel) sowie die Cuba St und die Victoria St (bunt und flippig, trendig und schick). Eine kurze Kneipentour ist auch an der Uferpromenade möglich.

Die Musikszene konzentriert sich auf winzige Kneipen und oft auch nur eine Ecke in einer Bar. Die Termine für größere Veranstaltungen findet man auf www.undertheradar.co.nz und www.eventfinder.co.nz. Oder man hält Ausschau nach Plakaten in den Straßen und informiert sich auf den Webseiten und Facebook-Einträgen der jeweiligen Lokalitäten.

★ Goldings Free Dive — BIERKNEIPE

(Karte S. 398; www.goldingsfreedive.co.nz; 14 Leeds St; ⌚ 12–23 Uhr; 📶) Die grandios grelle Kneipe in einer aufstrebenden Nebenstraße unweit der Cuba St ist ein wahres Bierparadies. Von ihren unendlich vielen Qualitäten seien hier nur einige genannt: Drehstühle, die aus einem Spielkasino stammen, tolle Weinkarte, herzhafte Sauerkrautsandwiches und leckere Pizza vom Pomodoro nebenan. Knallbunter Plastiktrödel in in Hülle und Fülle macht den fantastischen Wahnsinn komplett.

Hashigo Zake — BIERKNEIPE

(Karte S. 398; www.hashigozake.co.nz; 25 Taranaki St; ⌚ 12–24 Uhr; 📶) Die düstere Kellerbar mit Backsteinmauern bietet neben einer feinen Auswahl an neuseeländischen Bieren auch jede Menge bekannte Marken aus aller Welt, die regelmäßig wechseln. Rund um die niemals stillstehenden Zapfhähne und brummenden Kühlschränke drängt sich ein breites Spektrum an Bierliebhabern, wenn sie nicht gerade dicht an dicht der Livemusik in der Mini-Lounge lauschen (jeden Samstag ab 22 Uhr).

Malthouse — BIERKNEIPE

(Karte S. 398; www.themalthouse.co.nz; 48 Courtenay Pl; ⌚ Mo & Di 15 Uhr–open end, Mi–So 12–1 Uhr) Für einen Besuch der allerersten Brauereikneipe der Stadt gab es zuletzt fast 200 gute Gründe – auch wenn sie sich nun in einem unscheinbaren Betonblock befindet, aber immer noch über Stehtische, gemütliche Ecksofas und einen beliebten Außenbereich verfügt, von wo aus man das Treiben auf der Straße beobachten kann. Auf der schwarzen Schultafel stehen die neuesten Biere im Angebot oder man fragt einfach das kundige Personal nach etwas Passendem.

★ Little Beer Quarter — BIERKNEIPE

(Karte S. 398; www.littlebeerquarter.co.nz; 6 Edward St; ⌚ Mo 16 Uhr–open end, Di–Sa 12 Uhr–open end) Die nette Kneipe in einer Nebenstraße ist eine mit weiblichem Charme geführte, lebhafte Bar. Sie hat genau das richtige Maß an Herzlichkeit, Attraktivität und Sanftheit und lockt mit ihrer geschickt zusammengestellten Auswahl an Fass- und Flaschenbieren dennoch Massen von „echten" Biertrinkern an. Es werden aber auch gute Cocktails, Weine und Whiskys sowie leckere Kneipengerichte, Pizza und knusprige Grieben serviert. Von Montag bis Donnerstag gibt's günstige Sonderangebote.

Rogue & Vagabond — BIERKNEIPE

(Karte S. 398; www.rogueandvagabond.co.nz; 18 Garrett St) Die leicht schmuddelige, bunte, quirlige Bar mitten in der Cuba St und gegenüber von einem hübschen, kleinen Park hat einiges zu bieten: 18 Biere vom Fass, riesige Pizza mit dickem Boden (15–22 NZ$), regelmäßig Livemusik und einen schönen Innenhof.

Southern Cross — PUB

(Karte S. 398; www.thecross.co.nz; 39 Abel Smith St; ⌚ 8 Uhr–open end) Hier sind alle gleichermaßen willkommen: fünfjährige Rabauken ebenso wie ihre Omas mit dem Strickzeug. Das witzige und sehr legere Pub besteht aus mehreren farbenfrohen Räumen, in denen sich ein ordentliches Restaurant, eine lebhafte Bar, Tanzfläche, Billard und die beste Gartenwirtschaft der Stadt befinden. Es gibt leckeres Bier vom Fass, Essen in allen Preisklassen und regelmäßige Veranstaltungen wie Bingo, Livemusik und Quizabende.

Laundry — BAR

(Karte S. 398; www.laundry.net.nz; 240 Cuba St; ⌚ Mi–So 10 Uhr–open end, Di 16 Uhr–open end) In der schäbigen Kneipe kann man von morgens bis abends Tacos mit Bier hinunterspülen und zusammen mit knitterfreien Trendsettern abhängen. Zur feucht-fröhlichen Stimmung tragen regelmäßig auftretende Livebands und DJs ebenso bei wie stimulierende Getränke und die bunt zusammen gewürfelte, farbenfrohe, an Karneval erinnernde Einrichtung. Passend dazu: der alte Wohnwagen im schmuddeligen Hinterhof.

Molly Malone's PUB
(Karte S. 398; www.mollymalones.co.nz; Ecke Courtenay Pl & Taranaki St; ⌚ So–Do 11–1, Fr & Sa 11–3 Uhr) Der sehr gepflegte irische Pub bietet fast jeden Abend Livemusik, Kneipengerichte zu vernünftigen Preisen und einen Balkon mit Blick auf das Geschehen. Wem der Trubel im Untergeschoss zu viel ist, geht in die ruhigere Pianobar.

Havana BAR
(Karte S. 398; www.havanabar.co.nz; 32 Wigan St; ⌚ Mo–Fr 11.30 Uhr–open end, Sa 15 Uhr–open end) Die feine Nadel im Heuhaufen von Wellingtons Kneipenszene befindet sich in zwei schönen alten Häusern in einer Nebenstraße, die sich einen tollen Hinterhof teilen. Erst stärkt man sich mit Tapas und Hochprozentigem, dann schwatzt, raucht und/oder flirtet man ein bisschen, bevor man schließlich in der winzigen Disco abtanzt.

Vivo WEINBAR
(Karte S. 398; www.vivowinebar.com; 19 Edward St; ⌚ Mo–Fr 15 Uhr–open end, Sa 17 Uhr–open end) Wer guten Wein, gute Tapas und ein gutes Gespräch sucht, ist hier genau richtig. Auf der ellenlangen Weinkarte findet sich zu jedem der 30 köstlichen Gerichte der passende Rebensaft. Der an einen Weinkeller erinnernde Speiseraum mit Backsteinmauern und Holzbalken ist ideal zum Entspannen. Ein echtes Kleinod in dieser an Schätzen so reichen Stadt: dunkel und verborgen, sinnlich und köstlich.

WILLKOMMEN IN WELLYWOOD

In den vergangenen Jahren wurde Wellington als Standort der dynamischen neuseeländischen Filmindustrie berühmt und hat sich dabei den Spitznamen „Wellywood" eingebracht. Der renommierte Regisseur Peter Jackson lebt noch immer in der Stadt. Der Erfolg seiner Filmtrilogie *Der Herr der Ringe* und weiterer Produktionen wie *King Kong*, *Die Abenteuer von Tim und Struppi* und *Der Hobbit* machten ihn zu einem mächtigen Hollywoodakteur und stärkten Wellingtons Ruf.

Nachdem die nächsten drei Folgen von *Avatar* in Neuseeland gedreht werden sollen, hat sich auch der kanadische Regisseur James Cameron mit seiner Familie hier niedergelassen und ein Anwesen im ländlichen Wairarapa erworben.

Filmfans können ein Stück der einheimischen Kinomagie bei einem Besuch des kleinen Museum Weta Cave (S. 394) oder bei der Besichtigung eines der vielen Filmschauplätze in der Region erleben – eine Spezialität der lokalen Tourenanbieter..

Hawthorn Lounge COCKTAILBAR
(Karte S. 398; www.hawthornlounge.co.nz; 82 Tory St; ⌚ Di–Sa 18 Uhr–open end) Die feudale Cocktailbar scheint in den goldenen 1920er-Jahren stehen geblieben zu sein. Es fehlen nur die gestreiften Westen und Filzhüte. Man kann etwas trinken und Poker spielen oder einfach nur dem Spektakel hinter der Theke zuschauen, wo absolute Profis die klassischen Cocktails zu modernen Meisterwerken aufpeppen. Die Weine sind auch nicht zu verachten.

Library BAR
(Karte S. 398; www.thelibrary.co.nz; 53 Courtenay Pl; ⌚ 17 Uhr–open end) Die Bar ist tatsächlich voller Bücher. In den mit Samt ausgeschlagenen Sitzecken kann man sich mit Brettspielen vergnügen oder Bestseller-Cocktails schlürfen. Die ausgezeichnete Getränkeauswahl wird durch eine äußerst empfehlenswerte Speisekarte mit süßen und pikanten Leckereien wie Schokoladenkonfekt und Käse ergänzt. Gelegentlich gibt's auch Livemusik.

Matterhorn BAR
(Karte S. 398; www.matterhorn.co.nz; 106 Cuba St; ⌚ 15 Uhr–open end) Das erst Anfang des 21. Jhs. eröffnete „Horn" hat sich mit ordentlichem Essen (Tapas am Nachmittag, täglichem Abendessen, Brunch am Wochenende), flottem Service und regelmäßiger Livemusik einen Spitzenplatz in der Kneipenszene gesichert. Die leicht anrüchige Einrichtung im Designerstil, für die es einst berühmt war, ist mittlerweile etwas verblasst und altmodisch, aber das fällt im gedämpften Licht des spätabendlichen Betriebs nicht weiter auf.

☆ Unterhaltung

In Wellington ist das alteingesessene Theater Circa mit festem Ensemble zu Hause. Das umfangreiche Programm wird ergänzt durch zahlreiche Laienschauspielgruppen und experimentelles Theater sowie Studentengruppen und regelmäßige Gastvorstellungen. Der Veranstaltungskalender findet sich auf www.eventfinder.co.nz. Karten für fast alle Veranstaltungen sind bei den Verkaufsstellen von **Ticketek** (www.ticketek.co.nz) im **St. James Theatre** (Karte S. 398; 77 Courtenay Pl) und **Michael Fowler Centre** (Karte S. 398; 111 Wakefield St) sowie im Internet bei **TicketDirect** (www.ticketdirect.co.nz) erhältlich. Im i-SITE werden oft Karten für Veranstaltungen am selben Tag mit erheblichem Preisnachlass verkauft.

Da es in „Wellywood" einfach zu viele gute, unabhängige Kinos gibt, sind hier nur die interessantesten in der Innenstadt aufgeführt. Das Kinoprogramm findet man in der Tageszeitung *Dominion Post* und auf www.flicks.co.nz.

Circa THEATER
(Karte S. 398; ☎04-801 7992; www.circa.co.nz; 1 Taranaki St; ⊙Di–So) Das Theater an der Uferpromenade hat zwei Bühnen, auf denen von ultramodernen, avantgardistischen Stücken bis hin zu vorweihnachtlichen Krippenspielen alles gespielt wird. Restkarten sind eine Stunde vor Beginn der jeweiligen Aufführung erhältlich.

BATS THEATER
(☎04-802 4175; www.bats.co.nz; 1 Kent Tce) Das sehr alternative, aber gut erreichbare Haus präsentiert avantgardistisches und experimentelles Theater aus Neuseeland auf einer frisch renovierten, kleinen Bühne. Das Programm ist vielseitig und preiswert.

Light House Cinema KINO
(☎04-385-3337; www.lighthousecuba.co.nz; 29 Wigan St; Erw./Kind 17,50/12,50 NZ$) Das kleine, moderne, stilvolle Kino am oberen Ende der Cuba St zeigt in drei Sälen ein breites Spektrum an Blockbustern, Kunst- und fremdsprachigen Filmen. Dazu werden ausgewählte Snacks serviert.

Embassy Theatre KINO
(Karte S. 398; ☎04-384 7657; www.eventcinemas.co.nz; 10 Kent Tce; Erw./Kind ab 18,50/13,50 NZ$) Die Mutter aller Wellywood-Kinos ist ein schönes Art-déco-Gebäude aus den 1920er-Jahren. Heute flimmern vor allem aktuelle Filme mit modernster Technik und Akustik über die Leinwand. Zum Kino gehören auch ein Café und mehrere Bars.

Paramount KINO
(Karte S. 398; ☎04-384 4080; www.paramount.co.nz; 25 Courtenay Pl.; Erw./Kind 15,90/10,50 NZ$; ⊙12–24 Uhr) Ein wunderbarer, alter Kinokomplex, ein Eldorado für Cineasten, der überwiegend Arthouse-, Dokumentar- und ausländische Filme zeigt.

Meow BAR & LIVEMUSIK
(Karte S. 398; www.welovemeow.co.nz; 9 Edward St; ⊙Mo 16.30 Uhr–open end, Di–So 10 Uhr–open end) Mit den verschiedensten Musik- und anderen Veranstaltungen ist die Bar einsame Spitze. Dazu gibt's praktisch den ganzen Tag über auch noch hervorragendes Essen zu günstigen Preisen, darunter vieles für Naschkatzen, und eine große Auswahl preiswerter Biere. Die bunt zusammengewürfelte Einrichtung im Retrostil sorgt für eine leicht anrüchige Atmosphäre.

San Fran LIVEMUSIK
(Karte S. 398; www.sanfran.co.nz; 171 Cuba St; ⊙12–open end) Die heiß geliebte, mittelgroße Musikkneipe schlägt jetzt andere Töne an, denn sie ist ebenfalls auf den Biertrend aufgesprungen und versorgt die Gäste außerdem mit heißen Fleischgerichten. Livemusik gibt's aber immer noch, getanzt wird auch und die Sonne scheint nachmittags immer noch auf den Balkon.

Bodega LIVEMUSIK
(Karte S. 398; www.bodega.co.nz; 101 Ghuznee St; ⊙16 Uhr–open end) Der Wegbereiter der aktuellen Livemusikszene der Stadt hat sich bemerkenswert lange gehalten und bietet immer noch ein regelmäßiges, abwechslungsreiches Programm. In dieser angenehmen Kneipe mit guter Akustik treten häufig Musiker aus aller Welt auf, zu denen das Publikum ordentlich abtanzt.

Shoppen

In Wellington findet man eine große Anzahl unabhängiger Läden, darunter viele Designerboutiquen. Trotz billiger Importware und Internethandel findet man immer noch vieles „Made in New Zealand", denn die Einzelhändler verkaufen mit viel Stolz „ihre" einheimischen Produkte.

Unity Books BÜCHER
(Karte S. 398; www.unitybooks.co.nz; 57 Willis St; ⊙Mo–Fr 9–18, Sa 10–18, So 11–17 Uhr) Dieser Buchladen bildet den Maßstab für den Buchhandel im ganzen Land und hat eine besonders große Auswahl an neuseeländischen Titeln.

Vault KUNST & KUNSTHANDWERK
(Karte S. 390; www.thevaultnz.com; 2 Plimmer Steps; ⊙Mo–Do 9.30–17.30, Fr 9.30–19, Sa 10–17, So 11–16.30 Uhr) Der nette Laden verkauft

Schmuck, Bekleidung, Taschen, Keramik, Kosmetik und viele andere schöne Dinge, die größtenteils in Neuseeland hergestellt werden.

Kura KUNST & KUNSTHANDWERK
(Karte S. 398; www.kuragallery.co.nz; 19 Allen St; ⌚ Mo–Fr 10–18, Sa & So 11–16 Uhr) Hier gibt's Gemälde, Keramiken, Schmuck, Skulpturen und andere Werke zeitgenössischer indigener Künstler.

Ora Design Gallery KUNST & KUNSTHANDWERK
(Karte S. 398; 23 Allen St; ⌚ Mo–Fr 9–18, Sa 9–17, So 10–16 Uhr) Die hier angebotenen Skulpturen, Textilien, Schmuckstücke und anderen modernen Kunstwerke kommen frisch, frech und fröhlich daher.

Mandatory BEKLEIDUNG
(Karte S. 398; www.mandatory.co.nz; 108 Cuba Mall; ⌚ Mo–Do 10–18, Fr 10–19, Sa 10–16.30, So 12–16 Uhr) Ausgezeichneter Service und trendige Männerbekleidung zeichnen diesen tollen Laden aus.

Hunters & Collectors VINTAGE
(Karte S. 398; 134 Cuba St.; ⌚ Mo–Sa 10–18, So 11–17 Uhr) Konfektions- und Vintagekleidung (Punk, Skate und Mod) sowie Schuhe und Accessoires. Und dazu noch die schönste Schaufensterdekoration Neuseelands!

Bivouac Outdoor OUTDOORAUSRÜSTUNG
(Karte S. 398; www.bivouac.co.nz; 39 Mercer St; ⌚ Mo–Fr 9–17.30, Sa & So 10–17 Uhr) Im besten der vielen Outdoorläden der Stadt arbeiten nur Leute, die aus eigener Erfahrung wissen, wovon sie reden.

Old Bank Shopping Arcade EINKAUFSZENTRUM
(Karte S. 390; www.oldbank.co.nz; Ecke Lambton Quay & Willis St; ⌚ Mo–Fr 9–18, Sa 10–16, So 11–15 Uhr) In dem schönen, alten Gebäude befinden sich zahllose Boutiquen.

Kirkcaldie & Stains KAUFHAUS
(Karte S. 390; 165-177 Lambton Quay; ⌚ Mo–Fr 9–17.30, Sa 10–16, So 11–15 Uhr) Neuseelands Antwort auf Bloomingdale's oder Harrods wurde 1863 gegründet. Bei Vorlage der Reisedokumente gibt es steuerfreie Schnäppchen.

ℹ Praktische Informationen

INFOS IM INTERNET

Best of Wellington (www.bestofwellington.co.nz) Der seit Langem bestehende, unabhängige Online-Reiseführer ist sehr unterhaltsam und richtet sich vor allem an Besucher, die länger in der Stadt bleiben.

Stuff (www.stuff.co.nz) Zu dem Online-Nachrichtendienst gehört auch Wellingtons Tageszeitung *Dominion Post*.

INTERNETZUGANG

Kostenloses WLAN gibt es in den meisten CBD-Bereichen (www.cbdfree.co.nz); auch das i-SITE hat Internetzugang.

MEDIZINISCHE VERSORGUNG

Wellington Accident & Urgent Medical Centre (☎ 04-384 4944; www.wamc.co.nz; 17 Adelaide Rd, Newtown; ⌚ 8–23 Uhr) Die Notfallaufnahme liegt in der Nähe des Basin Reserve am nördlichen Ende der Adelaide Rd. Anmeldung ist nicht nötig; es gibt hier auch eine Nachtapotheke.

Wellington Hospital (☎ 04-385 5999; www.ccdhb.org.nz; Riddiford St, Newtown; ⌚ 24 Std.) 1 km südlich des Stadtzentrums.

POST

Post (Karte S. 398; 2 Manners St; ⌚ Mo–Fr 8.30–17.30, Sa 9–15 Uhr) Dieses Postamt hat am längsten von allen in der Stadt geöffnet.

TOURISTENINFORMATION

DOC Wellington Visitor Centre (Karte S. 398; ☎ 04-384 7770; www.doc.govt.nz; 18 Manners St; ⌚ Mo–Fr 9.30–17, Sa 10–15.30 Uhr) Hier kann man alles mögliche buchen und erhält Tageskarten sowie ausführliche Infos über Wanderungen in der Stadt und auf dem Land sowie über Fernwanderwege, Nationalparks, Hütten und Campingplätze.

Wellington i-SITE (Karte S. 398; ☎ 04-802 4860; www.wellingtonnz.com; Civic Sq, Ecke Wakefield St & Victoria St; ⌚ 8.30–17 Uhr) Das Personal hilft bei allen Buchungen und verteilt munter den *Official Visitor Guide* zu Wellington sowie andere Karten und nützliche Broschüren. Außerdem gibt's hier Internetzugang und ein Café.

ℹ An- & Weiterreise

BUS

Wellington ist eine wichtige Drehscheibe des Busverkehrs, der zum größten Teil in den Händen von **InterCity** (☎ 04-385 0520; www.intercity.co.nz) liegt. Die Busse in Richtung Norden fahren von Gleis 9 des Bahnhofs nach Auckland (11 Std.) und in alle größeren Städte dazwischen, wie Palmerston North (2¼ Std.), Rotorua (7½ Std.) und Napier (5½ Std.). Die Fahrkarten kauft man am Intercityschalter des Bahnhofs oder im Internet, wo sie günstiger sind.

Naked Bus (☎ 0900 625 33; www.nakedbus.com) fährt ab Wellington zu allen größeren Orten auf der Nordinsel, darunter Palmerston North

(2½ Std.), Napier (5 Std.), Taupo (6½ Std.) und Auckland (11½ Std.), mit unzähligen Stopps zwischendurch. Die Busse fahren gegenüber dem Amora Hotel in der Wakefield St ab und halten auch in der Bunny St gegenüber vom Bahnhof. Fahrkarten gibt es online oder im i-SITE; je früher gebucht wird, desto billiger.

FLUGZEUG

Wellington ist das Tor der Welt nach Neuseeland. **Wellington Airport** (WLG; ☎ 04-385 5100; www.wellingtonairport.co.nz; Stewart Duff Dr, Rongotai; ⏲ 4–1.30 Uhr) In der Gepäckhalle des Flughafens befinden sich Informationskioske mit Touchscreenterminals sowie eine Wechselstube, Geldautomaten, Schalter der Autovermietungen, Geschäfte und natürlich auch eine sensationelle Espressobar. Selbst bei Transit- oder sehr frühen Flügen darf man nicht im Terminal übernachten.

Air New Zealand (☎ 0800 737 000; www.airnewzealand.co.nz) fliegt von Wellington in die meisten großen Städte des Landes wie Auckland, Nelson, Christchurch, Dunedin und Queenstown. Außerdem werden Direktflüge nach Sydney, Melbourne und Brisbane angeboten.

Jetstar (☎ 0800 800 995; www.jetstar.com) bietet günstige Flüge von Wellington nach Auckland und Christchurch, nimmt aber keinerlei Rücksicht auf Passagiere, die zu spät einchecken. Direktflüge gehen auch nach Sydney und Melbourne.

Qantas (☎ 0800 808 767; www.qantas.com.au) verkehrt direkt zwischen Wellington, Sydney und Melbourne.

Soundsair (☎ 03-520 3080, 0800 505 005; www.soundsair.com) fliegt bis zu achtmal täglich von Wellington nach Picton (ab 95 NZ$), Nelson (ab 113 NZ$) und Blenheim (ab 95 NZ$).

Wer menschliche Unterstützung bei der Buchung braucht, wendet sich an die hilfsbereiten Mitarbeiter von **Flight Centre** (www.flightcentre.co.nz; Ecke Willis St & Manners St; ⏲ Mo–Fr 9–17.30, Sa 10–16 Uhr).

SCHIFF/FÄHRE

An einem klaren Tag in Wellington Harbour oder die Marlborough Sounds einzulaufen, ist ein einmaliges Erlebnis. Die See in der Cookstraße kann zuweilen sehr rau sein, doch die großen Fähren kommen damit gut zurecht, sodass die Passagiere die Salons, Cafés, Bars, Informationsschalter und Kinos (aber keine Billardtische) an Bord ungestört genießen können. Der Fährverkehr zwischen Wellington und Picton liegt in den Händen der beiden Reedereien Bluebridge und Interislander.

Die Buchung per Internet ist am billigsten, doch auch das Personal im i-SITE und in den Hotels ist gern behilflich. Bluebridge hat seinen Sitz am Waterloo Quay, gegenüber dem Bahnhof von Wellington. Der Terminal von Interislander befindet sich gut 2 km nordöstlich des Stadtzentrums. Ein auf die Fähren abgestimmter Shuttlebus (2 NZ$) verkehrt zwischen dem Fähranleger und Gleis 9 des Bahnhofs, wo auch die Fernbusse abfahren. Es gibt aber auch einen Taxistand vor dem Terminal.

Ebenso können in den Fährhäfen die Fahrzeuge der Autovermietungen abgeholt und wieder abgestellt werden. Wer außerhalb der Geschäftszeiten ankommt, kann das Auto nach vorheriger Absprache auch direkt am Parkplatz des Terminals abholen.

Bluebridge Ferries (Karte S. 390; ☎ 04-471 6188, 0800 844 844; www.bluebridge.co.nz; 50 Waterloo Quay) Die Überfahrt dauert 3½ Std. In beiden Richtungen verkehren bis zu vier Fähren täglich. Ein Auto oder Wohnmobil kostet ab 118 NZ$, ein Motorrad 51 NZ$, ein Fahrrad 10 NZ$. Die Fahrpreise für Personen betragen 51/26 NZ$ pro Erw./Kind.

Interislander (Karte S. 390; ☎ 0800 802 802, 04-498 3302; www.interislander.co.nz; Aotea Quay) Die Überfahrt dauert 3 Std. und 10 Min. In beiden Richtungen verkehren bis zu fünf Fähren täglich. Ein Auto kostet ab 118 NZ$, ein Wohnmobil (bis 5,5 m Länge) ab 133 NZ$, ein Motorrad ab 56 NZ$, ein Fahrrad 15 NZ$. Die Fahrpreise für Personen betragen mindestens 55/28 NZ$ pro Erw./Kind.

ZUG

Im Bahnhof von Wellington befinden sich sechs **Fahrkartenschalter** (☎ 0800 801 700; ⏲ Mo–Do 6.30–20, Fr & Sa 6.30–1, So 6.30–19 Uhr), von denen zwei die Tickets für die Züge von **KiwiRail Scenic Journeys** (☎ 04-495 0775, 0800 872 467; www.kiwirailscenic.co.nz), die Fähren von Interislander und die Busse von InterCity verkaufen. Bei den anderen vier bekommt man die Fahrkarten für die Nahverkehrszüge von **Tranz Metro** (☎ 0800 801 700; www.tranzmetro.co.nz), die nach Johnsonville, Melling, Hutt Valley, Kapiti und Wairarapa fahren.

Der *Northern Explorer* von KiwiRail Scenic fährt jeden Dienstag, Freitag und Sonntag von Wellington nach Auckland und jeden Montag, Donnerstag und Samstag wieder zurück (ab 99 NZ$, 12 Std.). KiwiRail betreibt auch die Pendlerzüge der *Capital Connection* von und nach Palmerston North, die um 6.15 Uhr nach Wellington und um 17.15 Uhr zurück nach Palmerston North fahren.

ℹ Unterwegs vor Ort

Metlink (☎ 0800 801 700; www.metlink.org.nz) ist für den gesamten Bus- und Bahnverkehr in der Region von Wellington sowie für den Fährverkehr im Hafen zuständig.

AUTO

Wellington besteht praktisch nur aus Einbahnstraßen und Parkplätze sind tagsüber rar und teuer. Wer mit einem Auto oder Wohnmobil unterwegs ist, sollte unbedingt in einem der Vororte parken und sich dann zu Fuß oder mit öffentlichen Verkehrsmitteln in die Innenstadt begeben. Wohnmobile dürfen tagsüber auch im Wellington Waterfront Motorhome Park und auf dem Parkplatz vor dem Te Papa abgestellt werden.

Neben den großen, internationalen Autovermietungen sind in Wellington auch mehrere kleine Anbieter vertreten, die günstigere Tarife, insbesondere für eine Mietdauer von zwei Wochen und länger anbieten. In der Regel sind Mietwagen hier aber nicht so günstig wie in Auckland. Die Listenpreise reichen von 40 bis 80 NZ$ pro Tag, die Autos sind im Allgemeinen nur wenige Jahre alt und in recht gutem Zustand. Hier eine Auswahl der örtlichen Anbieter:

Jucy Rentals (☎ 0800 399 736, 04-380 6211; www.jucy.co.nz; 5 Ropa Lane, Miramar)

Apex Car Rental (☎ 0800 300 110, 04-385 2163; www.apexrentals.co.nz; 186 Victoria St)

Omega Rental Cars (☎ 0800 667 722, 04-472 8465; www.omegarentalcars.com; 77 Hutt Rd)

Die meisten Vermieter raten Kunden, die auch die Südinsel bereisen wollen, das Auto in Wellington wieder abzugeben und nach Überquerung der Cookstraße ein neues in Picton anzumieten. Das ist eine gängige (und vor allem erschwinglichere) Vorgehensweise, die von den Leihwagenfirmen problemlos geregelt wird.

Es gibt auch preisgünstige Angebote, einen Wagen von Wellington nach Auckland zurückzuführen (die meisten Leihwagen fahren in die andere Richtung). Der Nachteil daran ist allerdings, dass für die Fahrt nur 24 oder 48 Stunden Zeit bleibt.

BUS

Häufige und effiziente Busverbindungen decken die gesamte Region Wellington ab und verkehren in regelmäßigen Abständen im Zeitraum von 6 bis 23.30 Uhr. Größere Busknotenpunkte sind der Bahnhof und der Courtenay Pl nahe der Kreuzung mit der Cambridge Tce. Streckenpläne und Fahrkarten gibt es im i-SITE, in kleinen Läden oder online von Metlink. Die Fahrpreise sind jeweils nach Zonen gestaffelt: Eine Fahrt durch das Stadtzentrum (Zone 1) kostet 2 NZ$ und nach Norden bis nach Masterton (Zone 14) 18 NZ$.

Metlink betreibt auch die Nachtbuslinie **After Midnight**, die samstags und sonntags von 24 bis 4.30 Uhr von zwei zentralen Stellen in der Stadt (Courtenay Pl und Cuba St) auf mehreren Strecken in die Vororte fährt. Die Preise liegen zwischen 6,50 und 13,50 NZ$, je nachdem, wie weit es bis zur Unterkunft ist.

FAHRRAD

Wer fit ist oder im Flachland bleibt, kann die Stadt auch mit dem Rad erkunden. Fahrräder leihen kann man bei **On Yer Bike** (Karte S. 398; ☎ 04-384 8480; www.onyerbikeavantiplus.co.nz; 181 Vivian St; ½ Tag 20–30 NZ$, ganzer Tag 30–40 NZ$, Woche 150 NZ$) in der Nähe der Cuba St und bei Ferg's Kayaks (S. 396) an der Uferpromenade. Die Regionalverwaltung von Wellington hat mit großem Engagement Karten und Tourenvorschläge auf der Internetseite **Journey Planner** (www.journeyplanner.org.nz) zusammengestellt.

TAXI

Gut belegte Taxistände gibt es am Courtenay Pl, an der Ecke Dixon und Victoria St, in der Featherston St und vor dem Bahnhof. Zwei von vielen Taxifirmen:

Green Cabs (☎ 0508 447 336; www.greencabs.co.nz)

Wellington Combined Taxis (☎ 04-384 444; www.taxis.co.nz)

VOM/ZUM FLUGHAFEN

Die Minibusse von **Co-op Shuttles** (☎ 04-387 8787; www.co-opshuttles.co.nz; 1/2 Fahrgäste 20/26 NZ$) verkehren von Tür zu Tür zwischen der Innenstadt und dem Flughafen 8 km südöstlich der Stadt. Wenn zwei oder mehr Fahrgäste zum gleichen Ziel fahren, wird es billiger. Die Shuttlebusse sind auf alle ankommenden Flüge abgestimmt.

Die Busse des **Airport Flyer** (☎ 0800 801 700; www.airportflyer.co.nz) verkehren von 6 bis 20 Uhr zwischen dem Flughafen, Wellington und dem Hutt Valley. Die Fahrt in die Innenstadt von Wellington kostet etwa 9 NZ$.

Eine Taxifahrt von der Innenstadt zum Flughafen kostet dagegen 30 NZ$.

ZUG

Vier Bahnstrecken der Tranz Metro (☎ 0800 801 700; www.tranzmetro.co.nz) führen durch die Vororte Wellingtons zu regionalen Zielorten. Die Züge fahren von 6 bis 23 Uhr vom Bahnhof in Wellington ab.

Die Strecken: Johnsonville über Ngaio und Khandallah; Kapiti über Porirua, Plimmerton, Paekakariki und Paraparaumu, Melling über Petone; Hutt Valley über Waterloo bis Upper Hutt. Ein Zug fährt auch nach Wairarapa und hält in Featherston, Carterton und Masterton. Fahrpläne gibt es in Nachbarschaftsläden, im Bahnhof, im i-SITE und online. Die Standardpreise von Wellington bis zu den Endbahnhöfen der fünf Strecken liegen zwischen 5 und 18 NZ$. Ein Day-Rover-Ticket (14 NZ$) ermöglicht unbegrenzte Fahrten außerhalb der Stoßzeiten und am Wochenende auf allen Strecken außer nach Wairarapa.

KAPITI COAST

Die Kapiti Coast ist mit ihren breiten und nicht überlaufenen Stränden ein beliebter sommerlicher Tummelplatz und erweiterter Vorort der Wellingtoner. Ihren Namen erhielt die landschaftlich reizvolle Gegend von Kapiti Island, einem Wildschutzgebiet 5 km vor Paraparaumu. Der bergige Tararua Forest Park bildet am gesamten Küstenabschnitt einen fantastischen Hintergrund. Durch das Berggebiet führen einige gute kürzere und längere Wanderwege.

Die Kapiti Coast ist ein prima Tagesausflug von Wellington aus, hat aber auch genug Interessantes für Leute zu bieten, die dort ein paar ruhige Tage verleben wollen.

Praktische Informationen

Die offizielle Touristeninformation der Kapiti Coast ist das **Paraparaumu i-SITE** (04-298 8195; Coastlands Mall, Rimu Rd; Mo–Fr 9–17, Sa & So 10–14 Uhr) im Einkaufszentrum Coastlands, wo es alle möglichen Einrichtungen wie Banken, Geldautomaten, Postamt und Supermärkte gibt.

Anreise & Unterwegs vor Ort

AUTO & MOTORRAD

Von Wellington zur Küste ist es nur eine angenehm kurze Autofahrt. Auf dem SH1 ist man in 30 Min. in Paekakariki und in 45 Min. in Paraparaumu. Dabei fährt man fast die ganze Zeit auf der Autobahn.

BUS

Die Busse von **InterCity** (04-385 0520; www.intercity.co.nz) halten in allen größeren Städten der Kapiti Coast, wenn sie von Wellington (45 Min.) über Taupo (5½ Std.) nach Auckland (10 Std.) fahren. Die günstigsten Preise gibt's bei der Buchung im Internet.

Auch die Busse von **Naked Bus** (0900 625 33; www.nakedbus.com) legen auf ihrer täglichen Route in den Norden einen Zwischenstopp in den größeren Städten der Kapiti Coast ein.

Metlink (0800 801 700; www.metlink.org.nz) ist für den Nahverkehr rund um Paraparaumu und bis nach Waikanae und Otaki zuständig, wobei alle Orte entlang des Highways und der Küste angefahren werden.

FLUGZEUG

Der **Kapiti Coast Airport** (PPQ; www.kapitiairport.co.nz; Toru Rd, Paraparaumu Beach) in Paraparumu wurde erst vor kurzem ausgebaut und erweitert. Von hier fliegt **Air2there** (0800 777 000; www.air2there.com) täglich nach Blenheim und Nelson. **Air New Zealand** (0800 737 000; www.airnewzealand.co.nz) bietet regelmäßige Direktflüge nach Auckland.

ZUG

Die Pendlerzüge von Tranz Metro (S. 410), die zwischen Wellington und der Küste verkehren, sind bequemer und fahren häufiger als die Busse. Die Züge von Wellington nach Paraparaumu (12 NZ$, von 6–23 Uhr im Allgemeinen alle 30 Min., zu Stoßzeiten öfter) halten unterwegs in Paekakariki (10,50 NZ$). Außerhalb der Stoßzeiten (9–15 Uhr) an Wochentagen kosten die Fahrkarten auch um bis zu 2 NZ$ weniger.

Der Fernzug *Northern Explorer* von **KiwiRail Scenic Journeys** (04-495 0775, 0800 872 467; www.kiwirailscenic.co.nz), der zwischen Wellington und Auckland verkehrt, hält unterwegs in Paraparaumu. Dagegen halten die Züge der *Capital Connection*, die nur zu den Stoßzeiten an Wochentagen morgens nach Wellington und abends zurück nach Palmerston North fahren, sowohl in Paraparaumu als auch in Waikanae und Otaki.

Paekakariki

1665 EW.

Das kleine Künstlerdorf liegt 41 km nördlich von Wellington an der Küste und hat einen schwarzen Sandstrand. Es ist mit dem Zug oder über den Highway gut zu erreichen.

Sehenswertes & Aktivitäten

★ Queen Elizabeth Park PARK

(SH1; 8–20 Uhr) GRATIS Mit dem sanft gewellten, 650 ha großen Park direkt am Meer wird eine der letzten, noch recht ursprünglichen Dünen- und Sumpflandschaften geschützt. Es gibt viele Möglichkeiten zum Baden, Wandern, Radfahren und Picknicken sowie ein Straßenbahnmuseum und einen Reitstall. Die drei Eingänge zum Park befinden sich an der Wellington Rd in Paekakariki, bei der MacKay's Crossing des SH1 und an der Esplanade in Raumati im Norden.

Tramway Museum MUSEUM

(www.wellingtontrams.org.nz; Eingang MacKay's Crossing, Queen Elizabeth Park; Eintritt mit Spende, Straßenbahnfahrten Erw./Kind/Fam. 10/5/24 NZ$; Museum tgl. 10–16.30 Uhr, Straßenbahnen Sa & So 11–16.30 Uhr, 26. Dez.–Ende Jan. tgl.) Restaurierte hölzerne Straßenbahnen und ein Museum, untergebracht in einem großen Depot, geben interessante Einblicke in das historische Wellington. Ein 2 km langer Schienenweg führt durch den Queen Elizabeth Park zum Strand hinab. Im Museum gibt es auch eine Eisbude.

ABSTECHER

KAPITI ISLAND

Die 10 km lange und 2 km breite Insel ist die Hauptattraktion dieser Küste und steht schon seit 1897 unter Naturschutz. Da sie seit 1998 praktisch frei von Raubtieren ist, sind hier nun bemerkenswert viele Vogelarten heimisch, die im übrigen Neuseeland stark gefährdet oder bereits ausgestorben sind.

Die Insel ist für die Öffentlichkeit zugänglich, doch ist die Zahl der Besucher pro Tag in **Rangatira** mit dem 521 m hohen Berg Tuteremoana auf 100 beschränkt. An der **Nordspitze**,wo kurze, angenehme Wanderwege zu Aussichtspunkten und einer Lagune führen, sind sogar nur 60 Tagesbesucher erlaubt.

Der Besuch der Insel ist auch nur im Rahmen einer Tour mit einem der drei autorisierten Veranstalter möglich. Die Fahrt muss am Morgen des gebuchten Tages rückbestätigt werden, da sie stark vom Wetter abhängig ist. Alle Boote legen am Strand von Paraparaumu ab, der gut mit dem Zug zu erreichen ist. Folgende Veranstalter dürfen nach Kapiti Island fahren: **Kapiti Marine Charter** (☎027 442 4850, 04-297 2585; www.kapitimarinecharter.co.nz; Erw./Kind 95/55 NZ$); **Kapiti Tours** (☎0800 527 484, 04-237 7965; www.ngatitoakapititours.co.nz; Erw./Kind 105/65 NZ$) und **Kapiti Island Nature Tours** (☎021 126 7525, 06-362 6606; www.kapitiislandnaturetours.co.nz; Bootsfahrt Erw./Kind 95/55 NZ$) der Maori-Familien Barrett und Clark, die eine lange und innige Tradition mit der Insel verbindet. Neben Tagesausflügen bieten sie auch eine Tour mit Übernachtung auf der Insel an (Erw./Kind ab 369/215 NZ$), bei der man viel über Tiere und Pflanzen sowie die Geschichte und Traditionen der Maori erfährt. Bei der Nachtwanderung im Urwald kann man die niedlichen, aber extrem scheuen Kiwis entdecken. Im Preis enthalten sind die Mahlzeiten und die Übernachtung in Einzelzimmern oder Schlafsälen einer Lodge.

Weitere Infos findet man in der Broschüre *Kapiti Island Nature Reserve* des Department of Conservation (DOC) oder direkt beim Besucherzentrum des DOC in Wellington (S. 409).

Stables on the Park REITEN
(☎027 448 6764, 06-364 3336; www.stablesonthepark.co.nz; Eingang MacKay's Crossing, Queen Elizabeth Park; 30–90 Min. Reiten 50–100 NZ$; ⏲im Sommer fast immer geöffnet) Mandy und ihre Freunde organisieren Ausritte auf braven Pferden. Die eineinhalbstündige Tour führt über den Strand mit Blick auf Kapiti Island und dann zurück auf Parkwegen dürch den Queen Elizabeth Park. Auch Anfänger sind willkommen.

Schlafen & Essen

Paekakariki Holiday Park FERIENPARK $
(☎04-292 8292; www.paekakarikiholidaypark.co.nz; 180 Wellington Rd; Stellplatz ab 16 NZ$/Erw., Hütte & Wohnung ab 65 NZ$; @📶) Die Einrichtungen des großen, schattigen Campingplatzes sind ziemlich abgenutzt und veraltet, doch er liegt sehr günstig und ist nur 1,5 km von der Ortschaft am südlichen Eingang zum Queen Elizabeth Park entfernt.

Finn's HOTEL & PUB $$
(☎04-292 8081; www.finnshotel.co.nz; 2 Beach Rd; DZ 135–150 NZ$; 📶) Das schicke Hotel ist der erfrischende Blickfang des unscheinbaren Eisenbahnerdorfs. Es punktet mit geräumigen Zimmern, preiswertem Essen (Hauptgerichte 17–29 NZ$), Bier vom Fass und einem eigenen Kino mit 26 Sitzplätzen. Schallschutzfenster schützen gegen den Lärm des nahen Highways.

Beach Road Deli CAFÉ $
(5 Beach Rd; Snacks 3–8 NZ$, Pizza 13–22 NZ$; ⏲Mi–Sa 7–20, So 7–16.30 Uhr) Das schmucke Feinkostgeschäft mit einer Holzofenpizzeria bietet seinen Gästen selbst gebackenes Brot und Gebäck, Käse, Wurst und eine reiche Auswahl an Köstlichkeiten aus aller Welt sowie erstklassigen Kaffee. Ein Geschenk des Himmels für hungrige Autofahrer und alle, die sich für ein Picknick eindecken wollen oder Lust auf eine Bratwurst im Brötchen haben.

Waikanae & Umgebung

Nur wenige Meilen nördlich von Paekakariki liegt schon die nächste Stadt der Kapiti Coast. **Paraparaumu** (17190 Ew.) ist der größte Ort und das Wirtschaftszentrum der Region. Die Stadt besteht aus zwei gleichwertigen Teilen: Im Hauptort am Highway befinden sich die Geschäfte und Einkaufszentren, in Paraparaumu Beach der Strand mit Promenade und den üblichen Einrichtungen, wo man nicht nur gut baden kann, sondern auch einen atemberaubenden Blick auf Kapiti Island hat. Die korrekte Aussprache lautet „Pah-ra-pah-ra-uhmuh", was soviel wie „Reste aus dem Ofen" bedeutet. Der Name entstand angeblich, als Maori-Krieger die damalige Siedlung überfielen und nur noch Essensreste vorfanden. Da der Name für die Neuseeländer der reinste Zungenbrecher ist, nennen sie den Ort in der Regel meist nur „Para-param".

15 Minuten (oder 20 km) nördlich von Paraparaumu liegt **Waikanae** (10 640 Ew.), das lange Zeit ein beliebter Altersruhesitz war, in letzter Zeit jedoch zunehmend von jungen Familien entdeckt wird, die aus Wellington hinaus aufs Land ziehen.

Der attraktive, sonnige Küstenort lohnt einen kurzen Abstecher zur Erholung am Strand.

Sehenswertes & Aktivitäten

Nga Manu Nature Reserve NATURSCHUTZGEBIET
(www.ngamanu.co.nz; 281 Ngarara Rd; Erw./Kind/Fam. 15/6/35 NZ$; 10–17 Uhr) Das 15 ha große Vogelschutzgebiet mit Picknickplätzen, Waldwanderwegen, Volieren und einem Nachttierhaus mit Kiwis, Eulen und Brückenechsen ist die Hauptattraktion von Waikanae. Jeden Tag werden um 14 Uhr die Aale gefüttert und am Wochenende (im Winter nur sonntags) beginnen zu dieser Uhrzeit Führungen durch den Park. Um hierher zu kommen, fährt man vom SH1 auf die Te Moana Rd in Richtung Küste, biegt gleich rechts ab in die Ngarara Rd und folgt dann der Beschilderung.

Tuatara Brewery BRAUEREI
(www.tuatarabrewing.co.nz; 7 Sheffield St, Paraparaumu; Mi–So 11–19 Uhr) Nach der Besichtigung der ältesten und berühmtesten Brauerei von Wellington gibt's noch eine Bierprobe mit einfachen Kneipensnacks wie Bierstangen und Pizza. Noch besser ist die Brauereiführung mit dem unterhaltsamen Mr. McInness und anschließender Bierprobe (30 NZ$).

Southward Car Museum MUSEUM
(www.southwardcarmuseum.co.nz; Otaihanga Rd; Erw./Kind 13/3 NZ$; 9–16.30 Uhr) Das interessante Automuseum besitzt eine der größten Sammlungen an Oldtimern und ungewöhnlichen Autos Australasiens. Besonders sehenswert sind u.a. der DeLorean und der Gangster-Cadillac von 1950.

Waikanae Estuary Bird Tours ÖKOTOUREN
(04-905 1001; www.kapitibirdtours.co.nz; 2-stündige Führung 35 NZ$) In der Flussmündung des Waikanae sind zahllose Vogelarten heimisch, zu denen sich jedes Jahr gut 60 Arten von Zugvögeln gesellen. Die sehr persönlichen Führungen werden von begeisterten Vogelkundlern geleitet und enden immer mit Tee und frisch gebackenen Scones (25 NZ$ ohne Erfrischungen).

Hemi Matenga Memorial Park WANDERN
Zu dem 330 ha großen, ursprünglich belassenen Naturschutzgebiet hoch über Waikanae gehört auch ein großer Kohekohewald. Die Wanderung durch den steil ansteigenden Park vom tiefsten (150 m) zum höchsten Punkt, dem 514 m Te Au, dauert etwa vier Stunden. Es gibt noch viele weitere Wanderwege, darunter der schöne und bequem in 30 Minuten zu bewältigende Kohekohe Walk. Der Parkeingang befindet sich in der Nähe der Reikorangi Rd in Waikanae.

Schlafen & Essen

Kapiti Gateway Motel MOTEL $$
(0800 429 360, 04-902 5876; www.kapitigateway.co.nz; 114 Main Rd, Waikanae; DZ 115–155 NZ$;) Das luftige, saubere Motel am Highway hat einen mit Solarenergie beheizten Swimmingpool und äußerst gastfreundliche Inhaber, die sich bestens in der Gegend auskennen und dieses Wissen gerne weitergeben. Wer lieber im Hotel bleibt, kann sich mit kostenlosem WLAN und SkyTV vergnügen oder sich in der Küche austoben.

Long Beach CAFÉ $$
(www.longbeach.net.nz; 40 Tutere St, Waikanae; Hauptgerichte 16–30 NZ$; 8.30–22 Uhr) Die Speisekarte des heimeligen, familienfreundlichen Cafés reicht von selbst geräuchertem Lachs und feinem Risotto bis hin zu Pizza und Fish & Chips. Im großen, hellen Wintergarten kommt man sich vor wie am Strand, wenn man in geselliger Runde etwas von der grandiosen Getränkeliste zu sich nimmt. Das Café Front Room nebenan ist auch sehr gut.

Ambience Café CAFÉ $
(10 Seaview Rd, Paraparaumu; Mittagessen 13–22 NZ$; So–Do 8–16 Uhr;) Ein sehr typisches Café mit sowohl leichten als auch reichhaltigen und vor allem mit viel Liebe zubereiteten Mahlzeiten (z. B. Fischfrikadellen, Sandwiches mit Speck, Tomaten und

Salat) sowie abwechslungsreichen vegetarischen Gerichten. Die Kuchenvitrine quillt über, und auch der Kaffee ist klasse.

DIE REGION WAIRARAPA

Das weite Land der Region Wairarapa östlich und nordöstlich von Wellington wird von den beiden Gebirgszügen Tararua und Rimutaka begrenzt. Benannt ist es nach dem Wairarapa Moana bzw. Lake Wairarapa, was soviel bedeutet wie „Meer des glitzernden Wassers". Der flache, 80 km² große See und die umliegende Sumpflandschaft unterliegen der dringend notwendigen, ökologischen Sanierung, um den Auswirkungen der hier jahrzehntelang sehr intensiv betriebenen Schafzucht entgegenzuwirken. Schafherden gibt's zwar immer noch jede Menge, aber nun kommen immer mehr Weingüter und der damit verbundene Tourismus dazu, sodass sich die Gegend allmählich in das bevorzugte Ausflugsziel gut betuchter Wochenendurlauber verwandelt.

Regionale Infos finden sich auf www.wairarapanz.com, lohnenswert ist aber auch der **Classic New Zealand Wine Trail** (www.classicwinetrail.co.nz), der einen wunderbaren Überblick über die Weingegend von Wairarapa, die benachbarten Hawke's Bay und Marlborough bietet.

Die Vorwahl ist hier übrigens ☎06, nicht ☎04 wie in der übrigen Wellington-Region!

An- & Weiterreise

Die Züge von **Tranz Metro** (☎0800 801 700; www.tranzmetro.co.nz) fahren von Wellington nach Masterton (17,50 NZ$, Mo–Fr 5- bis 6-mal tgl., Sa und So 2-mal tgl.) und halten an sieben Bahnhöfen in Wairarapa, darunter Featherston und Carterton. Zu den Orten abseits der Bahnstrecke fahren Busse.

Die Busse der **Tranzit Coachlines** (mehr Infos bei Metlink; ☎0800 801 700; www.metlink.org) verkehren zwischen allen größeren Orten in Wairarapa und fahren außerdem nach Palmerston North.

Martinborough

1470 EW.

Der schönste Ort des Wairarapa ist ein hübsches Städtchen mit einem schattigen Dorfplatz und ein paar zauberhaften alten Gebäuden, das von einem bunten Flickenteppich aus Weideland und Weinbergen umgeben ist. Es ist weithin bekannt für seine Weingüter, welche von vielen Besuchern aufgesucht werden, die den herrlichen Rebensaft zu einem guten Essen genießen und danach in die weichen Kissen einer der noblen Unterkünfte sinken wollen. Abgesehen von den Weingütern befinden sich die meisten Sehenswürdigkeiten der Gegend an der Küste und in ländlichen Gebieten, die nur mit einem eigenen Fahrzeug zu erreichen sind. Aber wie so oft ist auch hier der Weg das Ziel, denn die ganze Gegend um Martinborough ist einfach malerisch schön.

Schlafen

★ **Martinborough Top 10 Holiday Park** FERIENPARK $

(☎06-306 8946, 0800 780 909; www.martinboroughholidaypark.com; Ecke Princess St & Dublin St; Stellplatz ab 18 NZ$/Pers., Hütte 65–139 NZ$; @📶) Der schöne Campingplatz mit Blick auf die Weinberge ist nur fünf Gehminuten von der Stadt entfernt. Er wird von Bäumen beschattet und hinter dem Gelände liegt das Freibad – eine kühle Oase an heißen Tagen. Die einfachen Hütten sind recht preiswert, sodass genügend Geld für den Weinkauf bleibt. Fahrräder kosten ab 25 NZ$ pro Tag.

Claremont MOTEL $$

(☎0800 809 162, 06-306 9162; www.theclaremont.co.nz; 38 Regent St; DZ 130–158 NZ$, Apt. für 4 Pers. 280 NZ$; 📶) Die schicke Unterkunft liegt nur 15 Gehminuten vom Stadtzentrum entfernt. Es gibt zweistöckige Wohneinheiten, die komplett ausgestattet und in bestem Zustand sind, moderne Apartments mit Wellnessbad und blitzblanke Wohnungen mit zwei Schlafzimmern, alle zu vernünftigen Preisen, die im Winter bzw. am Wochenende noch günstiger sind. Weitere Pluspunkte sind die ungestörte Aussicht, schöne Gartenanlagen, Grillplätze und der Fahrradverleih.

Aylstone Retreat BOUTIQUEHOTEL $$$

(☎06-306 9505; www.aylstone.co.nz; 19 Huangarua Rd; DZ mit Frühstück 230–260 NZ$; 📶) Das elegante Haus inmitten der Weinreben am Rand des Dorfs ist ideal für Romantiker. Die sechs Zimmer mit Bad verströmen einen leicht blumigen, französisch-provinziellen Charme und teilen sich einen ziemlich noblen Leseraum. Und im hauseigenen Bistro gibt es die leckersten Croissants der Region. Rund um das Hotel liegt eine Art Schlossgärtchen mit Rasen, gestutzten Hecken und verspielten Gartenmöbeln.

WEINLAND WAIRARAPA

Das weltbekannte Weinanbaugebiet des Wairarapa blieb um ein Haar in seinen Anfängen stecken. Nachdem die ersten Reben 1883 gepflanzt worden waren, setzte die Prohibition ab 1908 allen hochfliegenden Plänen ein jähes Ende. Erst in den 1980er-Jahren wurde der Weinanbau wiederbelebt, nachdem man entdeckt hatte, dass der Boden rund um Martinborough dem *terroir* (natürliche Umgebung) des französischen Burgund sehr ähnlich ist. Schnell wurden die ersten Weingüter gegründet, deren Zahl heute bei gut 40 in der ganzen Gegend liegt. Im Zentrum des Weinanbaus steht eindeutig Martinborough, doch die Weingüter rund um Gladstone und Masterton sind eine echte Konkurrenz. Dabei sind zwischen den Weinreben auch einige Olivenbäume zu entdecken, deren Öl man hier ebenfalls probieren und kaufen kann.

In Martinborough findet auch immer am dritten Sonntag im November das große Event des **Toast Martinborough** (www.toastmartinborough.co.nz; Eintritt 70 NZ$) statt. Bei dem äußerst populären Wein-, Spezialitäten- und Musikfest wird buchstäblich bis zum Umfallen gefeiert. Und die Karten sind extrem schnell ausverkauft.

Beim **Wairarapa Wines Harvest Festival** (www.wairarapawines.co.nz; Eintritt 45 NZ$) wird der Beginn der Weinlese mit ausgezeichneten Weinen, tollem Essen und Unterhaltung für die ganze Familie gefeiert. Das Fest findet an einem Samstag Mitte März an einem abgelegenen Flussufer, 10 Minuten von Carterton entfernt, statt.

Die Weingüter des Wairarapa locken Massen von Besuchern an. So sind gut die Hälfte der um die 25 Kellereien jeden Tag geöffnet, der Rest zumindest am Wochenende. Neben den allgegenwärtigen Probe- und Verkaufsräumen verfügen einige Güter auch über ein eigenes Café oder Restaurant oder bieten einen gut gefüllten Picknickkorb zum Verzehr im hauseigenen Garten an. In der beim i-SITE in Martinborough und an vielen anderen Orten erhältlichen *Wairarapa Wine Trail Map* sind alle Weingüter verzeichnet. Weitere Infos findet man auf www.winesfrommartinborough.com.

Einen Überblick über die hier erzeugten Weine und Infos zum Verkauf vor Ort bietet das **Martinborough Wine Centre** (www.martinboroughwinecentre.co.nz; 6 Kitchener St; ⏲10–17 Uhr), in dem auch Olivenöl aus der Gegend sowie Bücher, Bekleidung und Kunst verkauft werden.

Die beste und umweltfreundlichste Art, die Weine des Wairarapa zu entdecken, ist mit dem Fahrrad, denn die ganze Region ist recht eben. Einige Weingüter sind sogar zu Fuß zu erreichen. Wer sich lieber fahren lässt, bucht eine Verkostungstour bei **Tranzit Tours** (☎06-370 6600, 0800 471 227; www.tranzittours.co.nz; Tour ab 150 NZ$). Im Preis inbegriffen ist die Weinprobe in vier Kellereien, Mittagessen und Nachmittagskaffee mit Käse.

Empfehlenswerte Weingüter

Ata Rangi (www.atarangi.co.nz; 14 Puruatanga Rd; ⏲Mo–Fr 13–15, Sa & So 12–16 Uhr) Eines der ältesten Weingüter der Gegend, das durchweg großartige Tropfen produziert und einen hübschen Verkaufsraum hat.

Essen & Ausgehen

Café Medici CAFÉ **$$**
(www.cafemedici.co.nz; 9 Kitchener St; Frühstück & Mittagessen 13–23 NZ$, Abendessen 24–32 NZ$; ⏲8.30–16 Uhr, Do–Sa abends ab 18.30 Uhr) Das luftige Café mit Florentiner Charme und sonnigem Innenhof ist seit ewigen Zeiten bei Einheimischen und Dauergästen gleichermaßen beliebt. Es gibt leckere, hausgemachte Muffins, Pasteten und andere Backwaren, viele Köstlichkeiten zum Brunch, wie Spiegeleier auf spanische Art, und abends mediterrane Gerichte, wie marokkanisches Lamm im Tontopf. Der Kaffee schmeckt hier natürlich ausgezeichnet!

★**Tirohana Estate** MODERN-NEUSEELÄNDISCH **$$**
(☎06-306 9933; www.tirohanaestate.com; 42 Puruatanga Rd; Hauptgerichte Mittagessen 16–33 NZ$, 3-Gänge-Menü-Abendessen 59 NZ$; ⏲mittags 12–15, Di–So abends 18 Uhr–open end) Auf der Terrasse des schönen Weinguts kann man ein ungezwungenes Mittagessen mit einem Glas Wein oder auch zwei genießen. Beim Abendessen im eleganten Speiseraum geht es wesentlich förmlicher zu. Das recht „bo-

Coney (☎ 03-306 8345; www.coneywines.co.nz; Dry River Rd; ⏰ Fr–So 11–16 Uhr) Mit ein bisschen Glück wird die Weinprobe vom einzigartigen Tim Coney höchstpersönlich durchgeführt. Der liebenswürdige Winzer produziert nicht nur einen prachtvollen Syrah, sondern ist ein ebenso begnadeter Sänger. Zum Gut gehört auch das ausgezeichnete **Trio Cafe** (Hauptgerichte 23–26 NZ$). Unbedingt reservieren!

Haythornthwaite (www.ht3wines.co.nz; 45 Omarere Rd; ⏰ 13–17 Uhr) Bodenständige, nachhaltig produzierte Weine wie Spätburgunder mit leichtem Kirscharoma und sensationeller Gewürztraminer.

Margrain (www.margrainvineyard.co.nz; Ecke Ponatahi Rd & Huangarua Rd; ⏰ Fr–So 11–17 Uhr) Das breite Spektrum erstklassiger Weine kann in einem Verkaufsraum voller Charme verkostet werden. In dem ungezwungenen Café des Weinguts blickt man direkt auf die Reben.

Palliser (www.palliser.co.nz; Kitchener St; ⏰ 10.30–16 Uhr) Die Weine sind so gut, dass selbst die Queen sie im königlichen Weinkeller lagert. Ebenso edel ist das Ambiente.

Poppies (www.poppiesmartinborough.co.nz; 91 Puruatanga Rd; ⏰ 11–16 Uhr) Die köstlichen, traditionell erzeugten Weine werden von dem engagierten Winzerehepaar höchstpersönlich kredenzt. Zur Verkostung im stilvoll schlichten Verkaufsraum werden Platten mit passenden Häppchen gereicht.

Schubert (www.schubert.co.nz; 57 Cambridge Rd; ⏰ 11–15 Uhr) Die deutschen Einwanderer suchten und fanden den besten Ort der Welt für den Anbau ihres Lieblingsweins, dem Spätburgunder. Zu den vielen edlen Tropfen, die man in dem kleinen, sehr individuellen Verkaufsraum probieren kann, gehört auch der außergewöhnliche Tribianco, eine Cuvée aus drei Sorten weißer Reben.

Fahrradverleih

Die bequemen Fahrräder haben alle Satteltaschen zum Verstauen des Einkaufs. So sollte man zu fortgeschrittener Stunde besonders vorsichtig fahren.

Christina Estate Vineyard (☎ 06-306 8920; christinaestate@xtra.co.nz; 28 Puruatanga Rd; Fahrrad/Tandem 25/50 NZ$ pro Tag; ⏰ 8.30–18 Uhr)

Green Jersey Cycle Tour Company (☎ 021 074 6640; www.greenjersey.co.nz; 3-stündige Tour inkl. Mittagessen 110 NZ$)

March Hare (☎ 03-306 5010; www.march-hare.co.nz; 18 Kitchener St; Leihgebühr pro Tag inkl. Lunchpaket 65 NZ$)

Martinborough Top 10 Holiday Park (☎ 06-306 8946, 0800 780 909; www.martinboroughholidaypark.com; Ecke Princess St & Dublin St; Leihgebühr 35 NZ$/Tag)

Martinborough Wine Centre (☎ 06-306 9040; www.martinboroughwinecentre.co.nz; 6 Kitchener St; halber/ganzer Tag 25/35 NZ$)

denständige" Essen wie panierte Garnelen, Rinderfilet mit Kartoffelbrei oder Brotpudding wird in üppigen Portionen serviert und ist frisch und sehr professionell zubereitet. Der Service ist tadellos. Abends muss man unbedingt reservieren.

★ **Micro Wine Bar** WEINBAR
(www.microbar.co.nz; 14c Ohio St; ⏰ Do–Mo 15 Uhr–open end) Die appetitliche kleine Bar hat eine ausgezeichnete Weinkarte mit zumeist regionalen, aber auch importierten Tropfen, eine bemerkenswerte Auswahl an Bieren kleiner Brauereien und leckere Häppchen von asiatischen Dim Sum bis mediterranen Tapas. All das kann man auf der sonnigen Straße, in der romantischen Bar oder im geselligen Hof genießen.

Martinborough Hotel PUB
(www.themartinboroughhotel.com; Memorial Sq; ⏰ 8 Uhr–open end) Die Settlers Bar im Martinborough Hotel ist ein altehrwürdiges Pub mit einer ordentlichen Getränkekarte und kleinen Bistro- und Kneipengerichten (Hauptgerichte 18–32 NZ$). Man kann sich entweder draußen in die Sonne setzen oder

sich drinnen unter die Einheimischen und auswärtigen Gäste mischen.

★ Unterhaltung

Circus KINO

(☎ movieline 06-306 9434; www.circus.net.nz; 34 Jellicoe St; Erw./Kind 16/11 NZ$; ⌚ Mi–Mo 15 Uhr–open end) Martinborough kann sich glücklich schätzen, ein eigenes Programmkino zu haben, und noch dazu eines mit soviel Stil. Das winzige, moderne Filmtheater hat zwei gemütliche Kinosäle und ein Café mit sonnigem Zen-Garten. Hier gibt's Kneipensnacks und Pizza, aber auch Hauptgerichte mit Gemüse der Saison und Eis zu vernünftigen Preisen (Hauptgerichte 22–32 NZ$).

ℹ Praktische Informationen

Martinborough i-SITE (☎ 06-306 5010; www.wairarapanz.com; 18 Kitchener St; ⌚ Mo–Fr 9–17, Sa & So 10–16 Uhr) In dem kleinen Büro sind jede Menge Straßenkarten des Weinanbaugebiets erhältlich, darunter auch eine, die von den Machern der sehr nützlichen Internetseite www.martinboroughnz.com herausgegeben wird.

Cape Palliser

Der Küstenabschnitt südlich von Martinborough an der Palliser Bay bis zum Cape Palliser ist abgelegen und nur dünn besiedelt. Wer etwas Zeit und einen fahrbaren Untersatz hat, sollte dennoch einen Abstecher zum markanten Leuchtturm am Kap unternehmen. Die Fahrt dauert zwar nur etwas mehr als eine Stunde, doch lohnt es sich, einen halben oder sogar ganzen Tag dafür einzuplanen.

Von Martinborough windet sich die Straße durch malerische Felder und Wiesen, bevor sie an der Küste auf die **Cape Palliser Road** trifft. Dieser Teil der Fahrt ist landschaftlich besonders reizvoll, denn auf der einen Seite der Straße erstrecken sich das weite Meer und die schwarzen Sandstrände, auf der anderen Seite ragen die felsigen Klippen empor. An einem klaren Tag kann man sogar die Südinsel am Horizont ausmachen.

In dieser Wildnis befindet sich der herrliche **Aorangi (Haurangi) Forest Park** mit anspruchsvollen Wanderwegen durchs Hinterland sowie einem Campingplatz und einer Hütte des DOC. Ausführliche Infos zum Park erhält man im i-SITE in Martinborough. Mitten im Park erheben sich die **Putangirua Pinnacles**. Der Zugang zu den Felstürmen erfolgt durch das Putangirua Scenic Reserve, wo es einen Parkplatz und einen Campingplatz des DOC gibt. Die riesigen Orgelpfeifen oder „Hoodoos" aus nacktem Fels wurden von Wind und Regen geformt. Ein leichter Pfad führt in eineinhalb Stunden zum Aussichtspunkt. Oder man wandert dreieinhalb Stunden lang auf einem Rundweg über Hügel und Aussichtspunkte an der Küste entlang.

Fährt man die Küstenstraße weiter in Richtung Süden, kommt man in das windgepeitschte Fischerdorf **Ngawi**. Hier fallen zuerst die rostigen Bulldozer ins Auge, mit denen die Fischerboote an den Strand gezogen werden. Direkt daneben befindet sich ein Picknickplatz mit Rasen. Hier gibt's zwar keinen Kaffee, aber dafür salzige Meerluft.

Noch ein Stück weiter hört und riecht man schon von weitem die **Robbenkolonie,** die sich auf dem größten Aufzuchtplatz der Nordinsel tummelt. Fotografen sollten sich keinesfalls zwischen die Robben und das Meer stellen, denn wenn ihnen der Fluchtweg abgeschnitten ist, können die Tiere recht aggressiv werden.

Direkt dahinter steht der **Cape Palliser-Leuchtturm,** dessen 250 Stufen man hochsteigen kann. Oben angekommen, hat man einen sagenhaften Ausblick, wird aber fast vom Wind weggeblasen.

Auf dem Weg zum Leuchtturm lohnt sich ein kurzer Abstecher in die uralte Küstensiedlung **Lake Ferry** am Lake Onoke. Die geschmackvollste Attraktion hier ist das **Lake Ferry Hotel** (www.lakeferryhotel.co.nz; 1 Lake Ferry Rd; Hauptgerichte 12–28 NZ$; ⌚ ab 11 Uhr), das mit seinen Resopaltischen und alten Stammgästen in einer Zeitschleife gefangen zu sein scheint. Das sollte einen nicht davon abhalten, sich auf einer Bank am Fenster niederzulassen und eine gute Portion Fish & Chips zu genießen.

Und man sollte Lake Ferry keinesfalls verlassen, ohne sich hinter dem Pub in die grauen Dünen des Kiesstrandes an der Flussmündung zu wagen, wo das Wasser zwischen den Felsen herrlich rauscht und gurgelt, während große Mantelmöven lautstark ihre Kreise am Himmel ziehen. In dieser für die neuseeländische Küste so typischen Ecke ist absolut nichts los, aber es gibt jede Menge zu sehen.

Das i-SITE in Martinborough kann bei der Buchung einer Unterkunft auf Campingplätzen oder in Ferienhäusern in der

Gegend um Lake Ferry und Cape Palliser behilflich sein.

Greytown

2200 EW.

Die bezauberndste der vielen kleinen Städtchen am SH2 hat sich in den letzten Jahren mächtig herausgeputzt und hat nun eine kritische Zahl von Einwohnern erreicht, zu denen am Wochenende noch Massen von Wellingtoner Ausflüglern hinzukommen. Es gibt jede Menge Unterkünfte, ein paar ordentliche Restaurants, drei Pubs in der Hauptstraße und ein paar schicke Geschäfte. Weitere Infos gibt's auf www.greytown.co.nz.

Sehenswertes

Cobblestones Village Museum MUSEUM
(www.cobblestonesmuseum.org.nz; 169 Main St; Erw./Kind/Fam. 5/2/10 NZ$; ⊙10–16.30 Uhr) Greytown war die erste geplante Stadt im Landesinneren, was noch gut an den völlig intakten, viktorianischen Gebäuden der Hauptstraße zu erkennen ist. Das hübsche Freilichtmuseum mit nagelneuer Touristeninformation besteht aus mehreren Gebäuden des 19. Jhs., die mit zahlreichen Gegenständen der damaligen Zeit eingerichtet sind. Das Ganze befindet sich auf einem schönen Gelände, das zu einem Picknick einlädt.

Schoc Chocolates CHOCOLATERIE
(www.chocolatetherapy.com; 177 Main St) Nichts für ein Picknick vorrätig? Kein Problem. Ab ins Schoc, das in einem Haus aus den 1920er-Jahren neben dem Cobblestones Village Museum zu finden ist. Hier gibt es Schokoladen in köstlichen Geschmacksrichtungen, die jeden Penny der 12 NZ$ pro Tafel wert sind, z. B. Trüffel, Rocky-Road-Schoko und Erdnusskrokant – alle dürfen gratis probiert werden.

Stonehenge Aotearoa MONUMENT
(☎06-377 1600; www.stonehenge-aotearoa.co.nz; Touren Erw./Kind 16/13 NZ$; ⊙Mi–So 10–16 Uhr, Touren Sa & So 11 Uhr & nach Vereinbarung) Die maßstabsgerechte Adaption des britischen Stonehenge ist etwa 10 km von Greytown entfernt und wurde bewusst auf einem Grashügel in der Wairarapa-Ebene errichtet. Der Zweck: Der Nachthimmel soll selbst bei Tageslicht erlebbar werden. Der Vortrag vor der Tour und die audiovisuelle Präsentation sind erstklassig, und das Monument selbst wirkt ganz schön surreal. Eigenständige „Stone-Trek"-Touren sind ebenfalls möglich und kosten pro Erw./Kind 8/4 NZ$.

Schlafen & Essen

Greytown Campground CAMPINGPLATZ $
(☎027 449 4980, 06-304 9387; www.greytowncampground.co.nz; Kuratawhiti St; Stellplatz 14 NZ$/Pers., Hütte 40 NZ$) Der sehr einfache Campingplatz mit ebenso einfachen Einrichtungen bietet auch zwei winzige Hütten im malerischen Soldiers Memorial Park, 500 m außerhalb der Stadt.

Greytown Hotel HOTEL $
(☎06-304 9138; www.greytownhotel.co.nz; 33 Main St; EZ/DZ mit Gemeinschaftsbad 50/80 NZ$; 📶) Das Top Pub (wie es genannt wird) ist ein echter Anwärter auf den Titel „ältestes Hotel Neuseelands", sieht aber für sein Alter hervorragend aus. Die Zimmer oben sind klein und schlicht, aber komfortabel. Unten gibt's ein modernes Restaurant mit einer guten alten Bar (Mahlzeiten 14–34 NZ$) und einem vielbesuchten Hofgarten.

Oak Estate Motor Lodge MOTEL $$
(☎0800 843 625, 06-304 8188; www.oakestate.co.nz; Ecke Main St & Hospital Rd; Zi. 125–190 NZ$; 📶) Die schöne Anlage mit komplett ausgestatteten Wohneinheiten, Apartments und Wohnungen mit zwei Schlafzimmern versteckt sich hinter mächtigen Eichen und einem schönen Garten.

French Baker BÄCKEREI $
(81 Main St; kleine Gerichte 7–13 NZ$; ⊙Mo–Fr 8–15, Sa & So 8–16 Uhr) Zarte Buttercroissants, verführerische Kuchen und original französisches Brot: die traditionelle Bäckerei ist einsame Spitze. Man kann die Leckereien einfach nur mitnehmen oder sich vor Ort ein Frühstück mit Müsli, Toast oder Schinkensandwich und gutem Espresso gönnen.

Salutė TAPAS $$
(www.salute.net.nz; 83 Main St; Tapas 8–17 NZ$, Pizza 20 NZ$; ⊙Mi–Sa 12 Uhr–open end, So 10.30–15.30 Uhr; ✎) Das marokkanisch angehauchte Café bietet scharfe, saftige, knusprige Grill- und Pfannengerichte, die in Olivenöl schwimmen und mit Zitronenscheiben garniert sind. Das Lokal und das Essen ist ein köstlicher Farbtupfer in der „grauen Stadt".

Masterton & Umgebung

Die unbefangene Stadt mit 20100 Einwohnern ist das Versorgungszentrum des

Wairarapa, wo man einfach nur seinen Geschäften nachgeht. In die Geschichtsbücher eingehen könnte allenfalls der alljährliche, internationale Schafschur-Wettbewerb **Golden Shears** (www.goldenshears.co.nz), der seit mittlerweile 50 Jahren immer in der ersten Märzwoche stattfindet.

Das ganze Jahr über zu bewundern ist das **Wool Shed** (www.thewoolshednz.com; Dixon St; Erw./Kind/Fam. 8/2/15 NZ$; ⏲10–16 Uhr), ein traumhaftes kleines Museum, das ganz dem Schafschur- und Wolle produzierenden Gewerbe Neuseelands gewidmet ist. Im Museum werden auch handgestrickte Mützen verkauft.

Nebenan befindet sich die herausragendste kulturelle Institution der Gegend, das kleine, aber sehr feine **Aratoi Wairarapa Museum of Art & History** (www.aratoi.co.nz; Ecke Bruce St & Dixon St; Eintritt gegen Spende; ⏲10–16.30 Uhr), das ein beeindruckendes Ausstellungs- und Veranstaltungsprogramm bietet – und einen sehr schönen Laden hat.

Gegenüber den beiden Museen erstreckt sich der **Queen Elizabeth Park** (Dixon St), in dem man herrlich spazieren gehen kann. Oder man füttert die Enten, schwingt mit der Wippe auf und ab, spielt eine Runde Minigolf oder versucht sich im Cricket. Zur Stärkung holt man sich in der weithin bekannten Bäckerei **Ten O'Clock Cookie** (180 Queen St; ⏲Mo–Fr 7–16.30, Sa 8–14.30 Uhr) eine feine Fleischpastete.

Wer für all das nichts übrig hat, kann sich vielleicht für Musik begeistern. Masterton hat nämlich eine erstklassige Musikszene zu bieten. Das **King Street Live** (www.kingstreetlive.co.nz; ⏲Do–Sa 16 Uhr–open end, andere Tage bei Veranstaltungen) ist eine perfekt ausgestattete, professionell geführte, supertolle Musikkneipe mit ausgezeichneter Akustik und Gartenwirtschaft, deren Mitinhaber der legendäre Musiker Warren Maxwell von Trinity Roots ist. Das vielseitige Programm bietet einen Querschnitt durch alle Musikrichtungen.

In der weiteren Umgebung gibt's noch ein paar sehenswerte Orte, wie etwa **Castlepoint**, 68 km östlich von Masterton. Das schöne Küstenstädtchen scheint wirklich am Ende der Welt zu liegen, hat aber einiges zu bieten: ein weit ins Meer ragendes Kap, den 162 m hohen Castle Rock, einen relativ sicheren Badestrand und schöne Wanderwege. Ein bequemer, wenn auch manchmal extrem windiger Fußweg führt in 30 Minuten über das Kap zum Leuchtturm und wieder zurück. In den Felsen sind 70 oder mehr versteinerte Muschelarten zu entdecken. Nach einer einstündigen Wanderung gelangt man in eine riesige Kalksteinhöhle (Taschenlampe nicht vergessen!) oder man geht in eineinhalb Stunden von der Deliverance Cove zum Castle Rock und wieder zurück. Bei stürmischer See sollte man keinesfalls die Klippen hinuntersteigen. Das i-SITE-Büro in Masterton erteilt Auskünfte über die Übernachtungsmöglichkeiten in der Gegend.

30 km nördlich von Masterton liegt das **Pukaha Mt. Bruce National Wildlife Centre** (www.pukaha.org.nz; Erw./Kind/Fam. 20/6/50 NZ$; ⏲9–16.30 Uhr) direkt am SH2. Das Naturreservat ist nicht nur eines der erfolgreichsten Zentren zur Erhaltung und Aufzucht gefährdeter Tierarten in Neuseeland, sondern auch das vom Highway am besten zugängliche Urwaldgebiet. Auf dem landschaftlich reizvollen Rundwanderweg mit schönen Aussichtspunkten erhält man in eineinhalb Stunden einen guten Überblick über die 10 km² große Wildnis. Das Visitor Centre bietet verschiedene Ausstellungen, darunter auch eine interaktive, sowie ein Kiwihaus mit erwachsenen Tieren, einem Brutbereich und einem Kükengehege. In weiteren Volieren sind jede Menge anderer neuseeländischer Vögel zu bewundern. Jeden Tag können die Besucher beim Füttern der Brückenechsen (11.30 Uhr), Aale (13.30 Uhr) und Kaka-Papageien (15 Uhr) zusehen. Außerdem werden Führungen bei Tag und bei Nacht angeboten (Erw./Kind ab 20/6 NZ$). Auf dem Gelände gibt's auch ein Café und einen Laden.

Die Abzweigung zum Haupteingang im Osten des **Tararua Forest Park** (www.doc.govt.nz) befindet sich gleich südlich von Masterton. Vom SH2 fährt man in die Norfolk Road und dann 15 km bis zum Parkeingang. Bergbäche rauschen durch den Urwald des Reservats, das hier **Holdsworth** heißt. In dem Erholungsgebiet gibt's Badebecken, Picknickstellen, Campingplätze und eine Lodge. Die Wanderwege in die Berge reichen von kurzen, einfachen Fußpfaden für Familien über ausgezeichnete ein- oder zweitägige Touren bis hin zu anspruchsvollen Fernwegen für erfahrene Buschwanderer, die bis nach Otaki Forks im Westen führen. Beim Parkverwalter im Ort erhält man Karten und Infos über die Übernachtungsmöglichkeiten in Hütten. Vor dem Aufbruch sollte man unbedingt die Wetteraussichten und den aktuellen Zustand der Wege erfragen, denn es muss jederzeit mit ungünstigen Bedingungen wie Hitze, Sturm und heftigem Regen gerechnet werden.

Weiter südlich liegt das kleine Dorf **Carterton** direkt am SH2. Es ist mit den bei weitem schönsten Blumenampeln geschmückt und verfügt auch über einige gute Secondhand-Läden und Cafés, die einen kurzen Aufenthalt lohnen.

Wer soweit gekommen ist, hat noch einen allerletzten Tipp verdient. Sofern man mit dem eigenen Fahrzeug unterwegs ist, sollte man unbedingt eine Pause in der tollen Gartenwirtschaft des **Gladstone Inn** (51 Gladstone Rd, Gladstone) einlegen. Prost!

Praktische Informationen

Masterton i-SITE (☎ 370 0900; www.wairarapanz.com; Ecke Dixon St & Bruce St; ⌚ Mo–Fr 9–17, Sa & So 10–16 Uhr) versorgt Besucher mit unzähligen Informationsblättern wie etwa dem *Wairarapa Visitor Guide*, gibt Tipps zu Unterkünften und weist den Weg zum Gladstone Inn.

Marlborough & Nelson

Inhalt ➡

Gut essen

- Rock Ferry (S. 439)
- Hopgood's (S. 452)
- Green Dolphin (S. 446)
- Sans Souci Inn (S. 467)

Schön übernachten

- Te Mahia Bay Resort (S. 433)
- Watson's Way (S. 436)
- South Street Cottages (S. 451)
- Kerr Bay-Campingplatz (S. 471)

Auf nach Marlborough & Nelson!

Für viele Traveller sind Marlborough und Nelson die erste Begegnung mit der – wie die Bewohner der Südinsel sagen – „Hauptinsel" Neuseelands. Nachdem sie das windige Wellington verlassen und die Überfahrt über die Cook Strait überstanden haben, sind viele Leute überrascht, dass hier die Sonne scheint und es bis zu 10 °C wärmer ist.

Die beiden benachbarten Regionen an der Spitze der Südinsel haben noch mehr gemeinsam als das freundliche Klima: Beide haben berühmte Ferienziele an der Küste, z. B. die Marlborough Sounds, den Abel Tasman National Park und Kaikoura. Dann gibt es hier noch zwei weitere Nationalparks (Kahurangi & Nelson Lakes) und viele Gebirgszüge.

Kein Wunder, dass die beiden Regionen auch eine Menge leckerer Erzeugnisse zu bieten haben: von Wildfleisch und Meeresfrüchten bis hin zu Sommerobst! Am berühmtesten aber sind die Trauben, die in den Weingläsern der besten Restaurants der Welt zu finden sind. Hier sollte man stets Taschenmesser und Picknickkorb griffbereit haben!

Reisezeit

- Die Aussichten sind gut: Marlborough und Nelson gehören zu den sonnigsten Regionen Neuseelands. Der Januar und der Februar sind mit Temperaturen von durchschnittlich 22 °C die wärmsten Monate.
- Am kältesten ist es mit durchschnittlich 12 °C im Juli. An der Spitze der Südinsel kann man aber auch schöne Wintertage erleben, an denen die frostigen Morgen oft klarem Himmel und T-Shirt-Wetter weichen.
- Und ja, es stimmt: Je näher man der West Coast kommt, desto feuchter und windiger wird es.
- Von Weihnachten bis Mitte Februar machen an der Spitze der Südinsel unzählige Kiwis Urlaub. Für diese Zeit ist es also ratsam, im Voraus zu planen. Um man sollte darauf gefasst sein, mit Flip-Flops tragenden Familien um Platz zu rangeln.

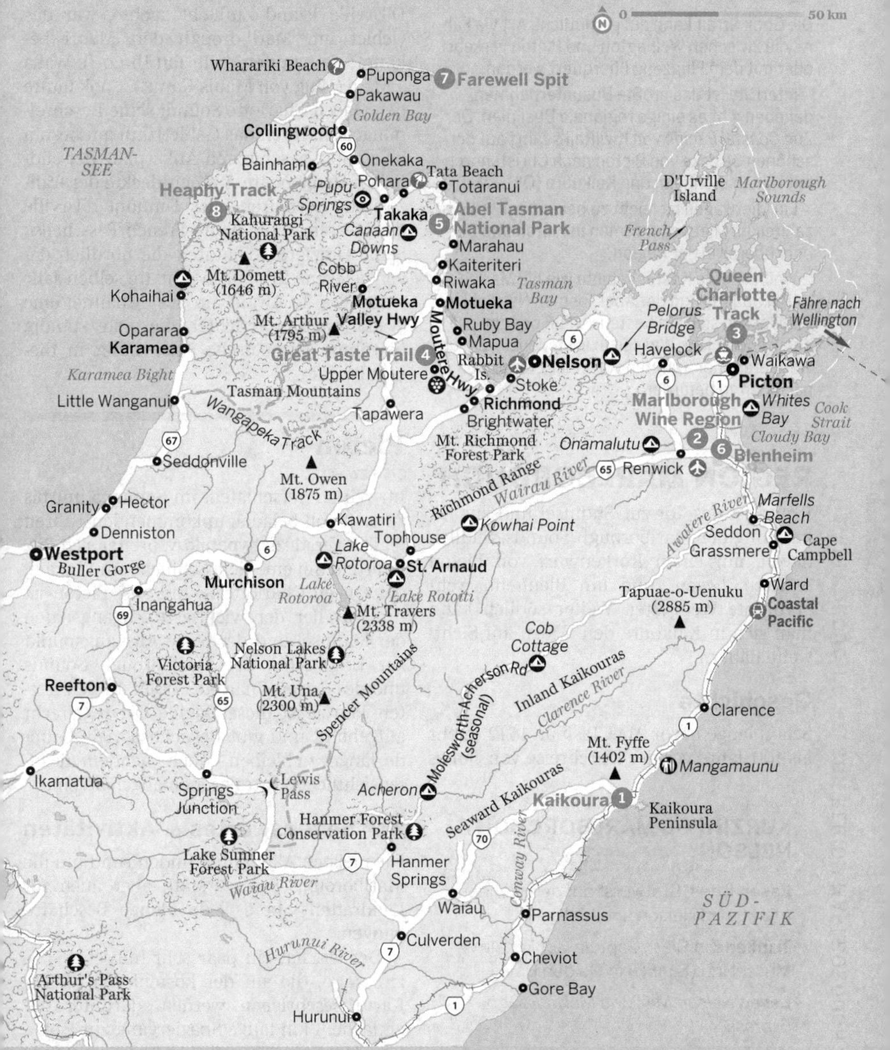

Highlights

1 In **Kaikoura** (S. 443) mit Wildtieren wie Walen, Seehunden, Delfinen und Albatrossen auf Tuchfühlung gehen

2 Sich durch die **Marlborough Wine Region** (S. 438) testen

3 Auf dem **Queen Charlotte Track** (Marlborough Sounds S. 431) wandern oder radeln

4 Auf Nelsons **Great Taste Trail** (S. 454) so viel essen und trinken wie möglich

5 Im wunderschönen **Abel Tasman National Park** (S. 460) in einem seetüchtigen Kajak paddeln

6 Sich in Blenheims **Omaka Aviation Heritage Centre** (S. 435), einem der besten Museen Neuseelands, für die Luftfahrt begeistern lassen

7 Durch Dünenlandschaft bis zum **Farewell Spit** (S. 468) fahren und Tölpel und Schnepfen beobachten

8 Über den **Heaphy Track** (S. 470) durch den Kahurangi National Park die wilde West Coast zu Fuß erreichen

Anreise & Unterwegs vor Ort

Die Cook Strait kann auf gemütliche Art via Fähre, die zwischen Wellington und Picton verkehrt, oder mit dem Flugzeug überquert werden.

InterCity ist das größte Busunternehmen, daneben gibt es einige regionale Buslinien. Der Zug *Coastal Pacific* von KiwiRail's fährt auf der schönen Strecke von Picton nach Christchurch mit Halt in Blenheim und Kaikoura (Okt.–Mai).

Ein Mietwagen ist leicht zu bekommen; es gibt zahlreiche Mietwagenfirmen in Picton und Depots überall in der Region.

Vielbesuchte Küstengebiete wie die Marlborough Sounds und der Abel Tasman National Park lassen sich am besten zu Fuß oder im Kajak entdecken. Wassertaxis stehen bereit, um Wanderer oder Kanuten von einer Etappe zur nächsten zu befördern.

REGION MARLBOROUGH

Picton ist das Tor zur Südinsel und zur Erkundung der Marlborough Sounds. Südlich davon, nur einen Korkenwurf von Picton entfernt, liegen rund um Blenheim weltberühmte Weingüter. Weiter südlich kann man sich in Kaikoura den Walen auf Sichtweite nähern.

Geschichte

Schon lange bevor Abel Tasman 1642 (mehr als 100 Jahre vor der Durchreise von James Cook im Jahr 1770) an der Ostküste von D'Urville Island Zuflucht suchte, war das Gebiet um Marlborough den Maori bekannt; sie nannten es Te Tau Ihu o Te Waka a Maui („Bug von Mauis Kanu"). Cook taufte den Queen Charlotte Sound; seine Beschreibungen machten das Gebiet zum am besten bekannten geschützten Ankerplatz der südlichen Hemisphäre. 1827 entdeckte der französische Seefahrer Jules Dumont d'Urville die Meerenge, die heute French Pass heißt. Seine Offiziere benannten die nördlich davon gelegene Insel nach ihm. Im selben Jahr wurde bei Te Awaiti am Tory Channel eine Walfangstation errichtet, die erste ständig bewohnte europäische Ansiedlung in diesem Bezirk.

KURZINFOS MARLBOROUGH & NELSON

Essen Doris' Bratwurst auf den Wochenmärkten in Nelson und Motueka

Trinken Ein Glas „Captain Cooker" im Mussel Inn (S. 466) in Golden Bay

Lesen *Nelson Mail* und *Marlborough Express*

Hören Das Morgenkonzert der Vögel im Nelson Lakes National Park

Anschauen Den steten Wechsel von Ebbe und Flut

Festival Marlborough Wine Festival

Grünes Gewissen Der Heaphy Track ist eine ökologische Wunderwelt.

Infos im Internet www.destinationmarlborough.com; www.nelsonnz.com; www.kaikoura.co.nz

Vorwahl ☎ 03

Picton

2750 EW.

Im Winter verschlafen, im Sommer mit bis zu acht voll beladen ankommenden Fähren täglich geradezu hyperaktiv, breitet sich Picton rund um eine tiefe Schlucht am Eingang des Queen Charlotte Sound aus. Picton ist für Traveller der wichtigste Zugangshafen der Südinsel und der beste Ausgangspunkt zur Erkundung der Marlborough Sounds und des Queen Charlotte Track. In den letzten Jahren ist dieser kleine Ort regelrecht aufgeblüht und gibt Besuchern viele Gründe, länger zu bleiben – auch nachdem die offensichtlichen Attraktionen abgehakt sind.

Sehenswertes & Aktivitäten

Die meisten Aktivitäten finden rund um die Marlborough Sounds statt, aber auch für Landratten gibt es jede Menge Beschäftigungen.

Der Ort hat ein paar sehr hübsche **Spazierwege**, die auf der kostenlosen i-SITE-Karte beschrieben werden, darunter der einfache, 1 km lange Spaziergang zur **Bob's Bay**. Der **Snout Track** (hin & zurück 3 Std.) führt am Bergrücken entlang und bietet tolle Ausblicke aufs Wasser. Der **Tirohanga Track** führt hinter der Stadt auf einen Hügel hinauf. Die zweistündige Rundroute gewährt tolle Aussichten. Bei Wilderness Guides (S. 428) kann man für die ganze Familie Fahrräder leihen und damit die Stadt erkunden.

Edwin Fox Maritime Museum MUSEUM
(www.edwinfoxsociety.co.nz; Dunbar Wharf; Erw./Kind 10/4 NZ$; ⌚9–17 Uhr) Die *Edwin Fox* gilt

als das drittälteste Holzschiff der Welt, sie wurde in Kalkutta aus Teakholz gebaut und brach 1853 zu ihrer Jungfernfahrt auf. Im Verlauf ihres wechselvollen Daseins beförderte sie Soldaten an die Krim, Zuchthäusler nach Australien und Auswanderer nach Neuseeland. Das Museum zeigt maritime Ausstellungsstücke, darunter die ehrwürdige alte Dame höchstpersönlich.

Eco World Aquarium NATURSCHUTZZENTRUM
(www.ecoworldnz.co.nz; Dunbar Wharf; Erw./Kind/Fam. 22/10/55 NZ$; ⌚ Okt.–April 10–17.30 Uhr, Mai–Sept. 10–16 Uhr) Der eigentliche Sinn dieses Zentrums ist die Rettung verschiedener Tierarten: Alle möglichen Kriechtiere werden hierher gebracht, um gesund gepflegt zu werden oder sich auszuruhen – oder was sie sonst eben tun. Besondere Arten sind der neuseeländische „lebende Dinosaurier", der Tuatara (eine Brückenechse), sowie Zwergpinguine, Geckos und Riesen-Wetas (Langfühlerschrecken). Die Fischfütterung (11 & 14 Uhr) ist ein besonders spritziger Spaß. In einem anderen Teil des alternden Gebäudes befindet sich das **Picton Cinema** (☎ 03-573 6030; www.pictoncinemas.co.nz; Dunbar Wharf; Erw./Kind 15/9 NZ$), wo Mainstream-Filme und ausgefallene Streifen laufen.

Picton Museum MUSEUM
(London Quay; Erw./Kind 5/1 NZ$; ⌚ 10–16 Uhr) Wer sich für die Geschichte der Region begeistert, deren Höhepunkte der Walfang, die Schifffahrt und die Rollschuhmeisterschaften von 1964 sind, ist hier genau richtig. Die Fotoausstellungen sind unbedingt sehenswert.

Schlafen

Tombstone Backpackers HOSTEL $
(☎ 03-573 7116, 0800 573 7116; www.tombstonebp.co.nz; 16 Gravesend Pl; B 28–29 NZ$, DZ mit/ohne Bad 85/78 NZ$; @ 📶) In den eleganten Schlafsälen, Doppelzimmern oder einem Apartment für Selbstversorger (118 NZ$) schläft es sich einfach spitze. Zum Gebotenen gehören auch der Whirlpool mit Blick auf den Hafen, kostenloses Frühstück, ein sonniges Lesezimmer, ein Billardtisch, kostenloser Internetzugang, Abhol- und Bringservice von der bzw. zur Fähre … und noch mehr.

Jugglers Rest HOSTEL $
(☎ 03-573 5570; www.jugglersreStcom; 8 Canterbury St; Stellplatz ab 19 NZ$, B 32 NZ$, DZ 70-75 NZ$; ⌚ Juni–Sept. geschl.; @ 📶) In dieser gut geführten, umweltfreundlichen Backpackerherberge (ohne Stockbetten) halten die witzigen Betreiber ihre Gäste stets bei Laune. Das Haus in friedlicher Lage ist nur zehn Gehminuten vom Zentrum entfernt – mit einem kostenlos ausleihbaren Fahrrad geht's noch schneller. Die netten hauseigenen Gartenanlagen sind prima, um mit anderen Travellern in Kontakt zu kommen, besonders während der gelegentlichen Feuerwerke.

DIE MAORI IN MARLBOROUGH & NELSON

Obwohl die Maori-Kultur auf der Südinsel viel weniger offen zutage tritt als im Norden, ist sie in bestimmten Gebieten, vor allem rund um den Küstenort Marlborough, noch deutlich wahrnehmbar.

Kaikoura ist reich an geschichtlichen Hinweisen auf die Maori; historische Einblicke ermöglicht der Veranstalter Maori Tours Kaikoura (S. 444). Auch die Marlborough Sounds selbst erzählen von der Geschichte der Ureinwohner. Auf den ökologisch ausgerichteten Touren und Tiersafaris von Myths & Legends Eco-Tours (S. 428) kann man diesen Spuren nachgehen.

Sequoia Lodge Backpackers HOSTEL $
(☎ 03-573 8399, 0800 222 257; www.sequoialodge.co.nz; 3a Nelson Sq; B 26–29 NZ$, DZ mit/ohne Bad 78/68 NZ$; @ 📶) Eine gut geführte Backpackerherberge in einem bunten viktorianischen Haus mit hohen Räumen. Sie liegt ein bisschen außerhalb des Zentrums, hat aber andere Vorteile zu bieten, z. B. kostenlosen Internetzugang, Hängematten, Grills, einen Whirlpool und Pudding am Abend. Von Mai bis Oktober gibt's kostenloses Frühstück.

Buccaneer Lodge LODGE $
(☎ 03-573 5002; www.buccaneerlodge.co.nz; 314 Waikawa Rd; EZ/DZ/3BZ 75/85/110124 NZ$; @ 📶) Die Inhaber haben die Lodge an der Waikawa Bay auf Hochglanz gebracht und bieten gute Zimmer mit eigenen Bädern an, viele davon mit einem weiten Blick vom Balkon in der oberen Etage. Gäste werden kostenlos aus der Stadt abgeholt, es gibt einen ebenfalls kostenlosen Fahrradverleih und einen hübschen Strand, zu dem man nur fünf Minuten läuft.

Parklands Marina Holiday Park FERIENPARK $
(☎ 03-573 6343, 0800 111 104; www.parktostay.co.nz; 10 Beach Rd, Waikawa; Stellplatz ab 30 NZ$,

Picton

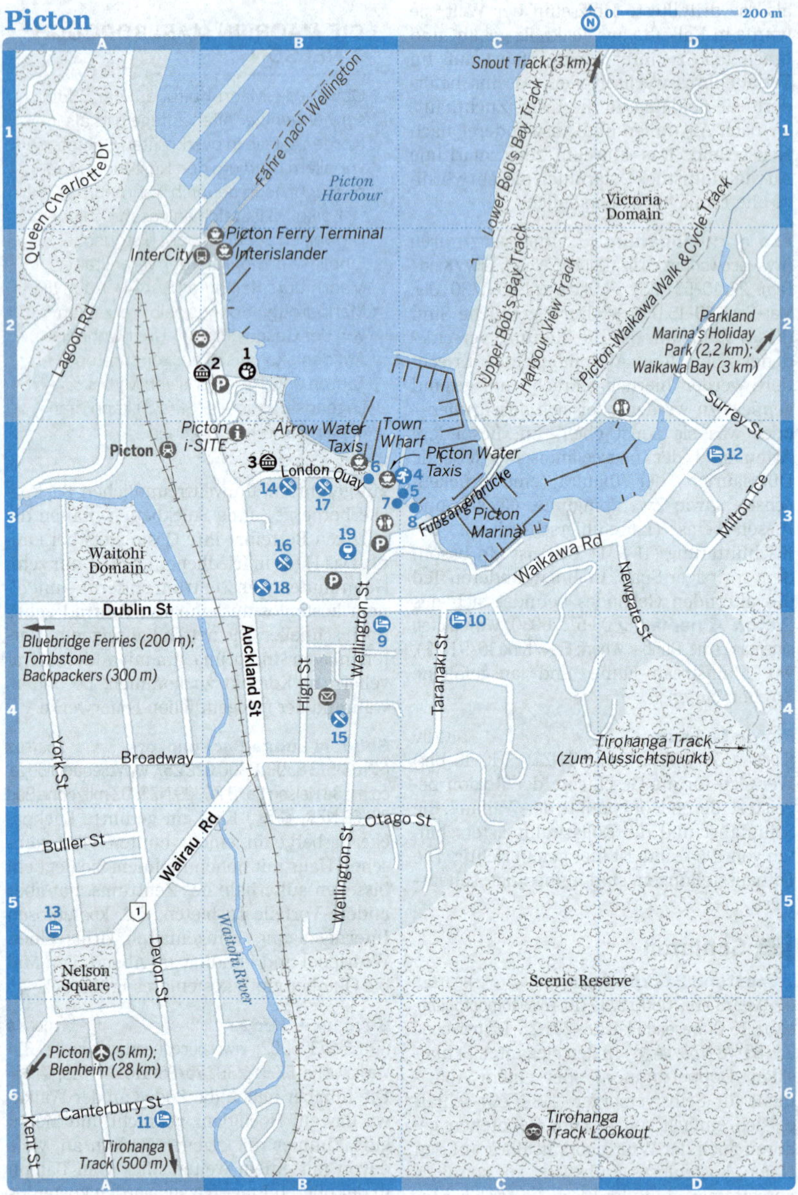

Wohneinheit 55–95 NZ$; @ 🛜 ≋) Großer, grüner Campingplatz mit begrünten Stellplätzen, ausreichend Hütten und gutem Zugang zur schönen Waikawa Bay und zur Victoria Domain. Die 3 km in die Stadt kann man bequem zu Fuß oder mit dem Rad bewältigen. Bring- und Abholservice möglich.

Picton Top 10 Holiday Park FERIENPARK $
(☎03-573 7212, 0800 277 444; www.pictontop10.co.nz; 70 Waikawa Rd; Stellplatz ab 21 NZ$, Wohneinheit 75–160 NZ$; @ 🛜 ≋) Ungefähr 500 m außerhalb der Stadt liegt dieser kompakte, gepflegte Park mit viel Rasen, Picknickbänken und familienfreundlichen Einrichtun-

Picton

Sehenswertes

Aktivitäten, Kurse & Touren

Schlafen

Essen

Ausgehen & Nachtleben

Unterhaltung

gen wie Spielplatz, Grillbereich und Swimmingpool.

Harbour View Motel MOTEL $$
(03-573 6259, 0800 101 133; www.harbourviewpicton.co.nz; 30 Waikawa Rd; B 125–200 NZ$;) Die erhöhte Lage des Motels gewährt von den geschmackvoll eingerichteten, separaten Studios mit Plankenböden aus einen weiten Blick über einen Wald von Schiffsmasten im Hafen von Picton.

Bay Vista Waterfront Motel MOTEL $$
(03-573 6733; www.bayvistapicton.co.nz; 303 Waikawa Rd, Waikawa; DZ 130–185 NZ$;) Dieses Motel befindet sich direkt am Ufer von Waikawa mit Blick über den Queen Charlotte Sound. Alle Einheiten verfügen über eine eigene Terrasse und führen auf einen großen, grünen Rasen hinaus. Die Anlage liegt 4 km von Picton entfernt (kostenlose Abholung auf Anfrage möglich).

Gables B&B B&B $$
(03-573 6772; www.thegables.co.nz; 20 Waikawa Rd; EZ 100 NZ$, DZ 140–170 NZ$, Wohneinheiten 155–200 NZ$, alle inkl. Frühstück; @) Das historische B&B (das frühere Wohnhaus von Pictons Bürgermeister) hat drei individuell gestaltete Zimmer mit Bad im Hauptgebäude und dahinter zwei gemütliche Wohneinheiten für Selbstversorger. Billiger wird's, wenn man auf das Frühstück verzichtet. Die Gastgeber sind liebenswürdig und humorvoll (nach dem Muffin Club fragen!).

Whatamonga Homestay HOMESTAY $$
(03-573 7192; www.whsl.co.nz; 425 Port Underwood Rd; DZ inkl. Frühstück 175 NZ$; @) Folgt man der Waikawa Rd, die dann zur Port Underwood Rd wird, für 8 km, landet man bei dieser noblen, am Wasser gelegenen Unterkunft. Das Haus bietet zwei Selbstversorger-Wohneinheiten mit großen Betten und Balkonen, von denen man eine tolle Aussicht hat. Außerdem gibt es zwei andere Zimmer im Haupthaus, die sich das Bad teilen, aber gute Aussicht bieten. Kostenloser Verleih von Kajaks, Dingis und Angelausrüstung.

Essen & Ausgehen

Picton Village Bakkerij BÄCKEREI $
(Ecke Auckland St & Dublin St; Stück 3–8 NZ$; 6–16 Uhr) Die niederländischen Eigentümer produzieren körbeweise europäische Leckereien, darunter interessante Brote, Sandwiches, Kuchen, Süßigkeiten und schmackhafte Törtchen. Ein guter Zwischenstopp auf dem Weg zur oder von der Fähre!

Gusto CAFÉ $
(33 High St; Gerichte 14–20 NZ$; 7.30–14.30 Uhr;) In diesem freundlichen Café mit hart arbeitendem Personal gibt's wunderbares Frühstück (z. B. erstklassige Rühreier mit Lachs und das deftige Frühstück „Morning Glory", das seine Kalorien wert ist). Mittags gibt's u. a. Muscheln aus der Region oder Steak-Sandwiches.

Fresh Choice Supermarket SUPERMARKT $
(Mariners Mall, 100 High St; 7–21 Uhr) So ziemlich der einzige Supermarkt hier, aber zum Glück ein guter.

Le Café CAFÉ $$
(www.lecafepicton.co.nz; London Quay; Mittagessen 12–24 NZ$, Abendessen 20–34 NZ$; 7.30–22.30 Uhr;) Wegen seiner Lage am Kai, des guten Essens und des Havanna-Kaffees stets sehr beliebter Laden. Am Tresen gibt es Salami-Sandwiches und Süßes, à la carte werden gute Antipasti-Platten, üppige Portionen Pasta, einheimische Muscheln, Lamm- und Fischgerichte angeboten. Entspannte

Atmosphäre, selbst gebrautes Bier und gelegentliche Live-Musik machen dieses Café zu einer guten Wahl am Abend.

Café Cortado CAFÉ $$
(www.cortado.co.nz; Ecke High St & London Quay; Hauptgerichte 17–36 NZ$; ⌚8 Uhr–open end) Das Café Cortado ist ein gemütliches Eckcafé mit Bar und Blick auf den Hafen (allerdings muss man für Letzteren zwischen den Pohutukawa-Bäumen und Palmen am Ufer durchgucken). In dem alteingesessenen Laden gibt es Fischgerichte, gute Cheeseburger und ordentliche Pizza.

DURCH DIE MARLBOROUGH SOUNDS

Die Marlborough Sounds sind ein Labyrinth aus Bergen, Buchten und Meeresarmen, das entstand, als das Meer nach dem Ende der letzten Eiszeit Flusstäler überflutete. Die Sounds sind zerrissen: Der Pelorus Sound z. B. ist 42 km lang, hat aber eine Küste von 379 km Länge.

Viele spektakuläre Stellen sind mit dem Auto erreichbar. Entlang des 35 km langen, kurvigen **Queen Charlotte Drive**, der von Picton nach Havelock führt, bieten sich viele Möglichkeiten für tolle Schnappschüsse. Wer noch einen Tag länger Zeit hat, der sollte bis zum **French Pass** (oder sogar nach **D'Urville Island**) fahren, um dort traumhafte Bilder von den Outer Sounds zu machen. Die Straßen sind überwiegend schmal und stellenweise nicht geteert. Viel Fahrzeit einplanen und auf die Straße konzentrieren!

Viel schneller kommt man mit dem Boot voran (von Punga Cove bis Picton z. B. braucht man mit dem Auto zwei bis drei Stunden, mit dem Boot nur 45 Minuten). Zum Glück gibt es unzählige Anbieter, die Boote nach Fahrplan oder auf Nachfrage fahren lassen. Die meisten sind in Picton ansässig und fahren durch den Queen Charlotte Sound, einige verkehren auch von Havelock zu den Kenepuru und Pelorus Sounds.

Wandern, padeln oder radeln ist auch möglich, genau wie tauchen, etwa zum Wrack der *Mikhail Lermontov*, eines russischen Kreuzfahrtschiffs, das 1986 in Port Gore gesunken ist.

Ab Picton

Die meisten geführten Touren ab Picton beginnen an der eleganten Town Wharf. Es gibt alles Mögliche, vom direkten Transfer zu den Lodges über Ausflugsfahrten zu Orten wie der **Ship Cove** und zum Vogelschutzgebiet **Motuara Island** bis hin zu Rundtouren auf dem **Queen Charlotte Track** mit Gepäcktransport, damit Wanderer unbeschwert laufen können. Auch Fahrräder und Kajaks können transportiert werden.

Cougar Line (☎03-573 7925, 0800 504 090; www.cougarlinecruises.co.nz; Town Wharf; Track hin & zurück 105 NZ$, ganztägige Tour ab 80 NZ$) Transport zum Queen Charlotte Track, außerdem verschiedene halb- und ganztägige Bootstouren/Wanderungen, darunter die spezielle (individualisierbare) Ökotour nach Motuara Island und die Picknickfahrt zur Ship Cove.

Beachcomber Fun Cruises (☎03-573 6175, 0800 624 526; www.beachcombercruises.co.nz; Town Wharf; Postboot 93 NZ$, Bootsausflüge ab 35 NZ$, Track-Tour 99 NZ$) Zwei- bis vierstündige Fahrten, einige mit Mittagessen in Resorts. Auch Kombis aus Bootsfahrt und Wanderung, Bootsfahrt und Radtour sowie Touren auf dem Queen Charlotte Track sind im Angebot.

Wilderness Guides (☎03-573 5432, 0800 266 266; www.wildernessguidesnz.com; Town Wharf; Tagestour ab 120 NZ$, Kajak-/Fahrradverleih 60 NZ$/Tag) Anbieter der beliebten und flexiblen ein- bis dreitägigen „Multisport"-Trips (Kajak/wandern/radeln) und vieler weiterer geführter und individueller Wander-, Rad- und Kajaktouren, darunter auch die Bootsfahrt zur abgelegenen Ship Cove. Es steht auch eine große Auswahl von Leihrädern bereit.

Marlborough Sounds Adventure Company (☎03-573 6078, 0800 283 283; www.marlboroughsounds.co.nz; Town Wharf; Tour halber Tag–3 Tage 85–545 NZ$) Rad-, Wander- und Kajaktouren für jeden Geschmack. Die eintägige Kajaktour mit Wanderung (175 NZ$) ist besonders gut. Man kann auch Fahrräder, Kajaks und Campingausrüstung leihen.

Dolphin Watch Nature Tours (☎03-573 8040, 0800 945 354; www.naturetours.co.nz; Town Wharf; Schwimmen mit Delfinen/Beobachtungstour 165/99 NZ$, weitere Touren ab 75 NZ$) Halbtägiges Schwimmen mit Delfinen und Beobachtungstouren, u. a. auch nach Motuara Island.

Myths & Legends Eco-Tours (☎03-573 6901; www.eco-tours.co.nz; Bootstouren halber/ganzer Tag 200/250 NZ$) Ein Tag auf den Gewässern der Sounds mit einer einheimischen

Seamus's PUB
(25 Wellington St; Gerichte 20–24 NZ$; ⏲12–1 Uhr) Eine gemütliche Kneipe mit Guinness und einer großen Auswahl an Whisky. Zusammen mit herzhaftem Essen, regelmäßiger Livemusik und einer sonnigen Gartenbar ergibt das die lebhafteste Location in der Stadt.

ℹ Praktische Informationen

Picton i-SITE (☎03-520 3113; www.lovemarlborough.co.nz; Foreshore; ⏲Mo–Fr 9–17, Sa & So bis 16 Uhr) Alles Wichtige für Traveller: Karten, Infos zum Queen Charlotte Track, Schließfächer, Transport sowie ein Schalter des Dedicated Department of Conservation (DOC).

Maorifamilie. Sie lebt schon lange hier, kennt viele Geschichten und kümmert sich um die Umwelt. Sechs Touren sind im Angebot, u. a. eine Vogeltour und ein Besuch der Ship Cove.

Marlborough Travel (☎03-577 9997, 0800 990 800; www.marlboroughtravel.co.nz; Town Wharf; Erw./Kind 135/55 NZ$; ⏲Abfahrt 13.30 Uhr) Bietet die dreieinhalbstündige Bootsfahrt „Seafood Odyssea" zu einer Lachsfarm an. Lachsessen und ein Sauvignon Blanc dürfen da nicht fehlen.

Dive Boat Picton (☎03-573 7199, 0800 934 837; www.ninedives.co.nz; 6-stündiger Trip 195 NZ$) Hat Tauchausflüge in den Sounds im Angebot. Es geht zu Meeresschutzgebieten und verschiedenen Schiffswracks wie zur *Mikhail Lermontov*. Tauchtraining, Schnorchelausflüge und Schwimmen mit Seehunden stehen ebenfalls auf dem Programm.

Arrow Water Taxis (☎027 444 4689, 03-573 8229; www.arrowwatertaxis.co.nz; Town Wharf) Sind so ziemlich überall zu finden. Auf Nachfrage, für Gruppen ab vier Personen.

Picton Water Taxis (☎027 227 0284, 03-573 7853; www.pictonwatertaxis.co.nz) Wassertaxis und Sightseeing-Trips rund um den Queen Charlotte Sound; auf Nachfrage.

Float Plane (☎03-573 6866, 021 704 248; www.nz-scenic-flights.co.nz; Fährterminal; Flüge ab 75 NZ$) Bietet Flüge zu Unterkünften am Queen Charlotte Track und in den Sounds, Rundflüge und Ausflüge nach Nelson, in den Abel Tasman National Park und zur Nordinsel an.

Ab Anakiwa

Sea Kayak Adventures (☎03-574 2765, 0800 262 5492; www.nzseakayaking.com; Ecke Queen Charlotte Dr & Anakiwa Rd; halb-/zweitägige geführte Kajaktouren 85/190 NZ$) Geführte und teilgeführte Kajaktouren mit Radel- und Wanderoptionen an den Queen Charlotte, Kenepuru und Pelorus Sounds; Leihkajaks und -mountainbikes (halber/ganzer Tag 40/60 NZ$).

Ab Havelock

Pelorus Mail Boat (☎03-574 1088; www.mail-boat.co.nz; Jetty 1; Erw./Kind 128 NZ$/frei; ⏲Abfahrt Di, Do & Fr 9.30 Uhr) Beliebte, ganztägige Bootsfahrt zu abgelegenen Ecken des Pelorus Sound mit einem echten neuseeländischen Postboot. Reservierung erforderlich; das Mittagessen muss mitgebracht werden. Man kann sich in Picton und Blenheim abholen bzw. absetzen lassen.

Greenshell Mussel Cruise (☎0800 990 800, 03-577 9997; www.greenshellmusselcruise.co.nz; Erw./Kind 115/39 NZ$; ⏲Abfahrt 13.30 Uhr) Dreistündige Ausflugsfahrt mit einem Katamaran zu den Muschelgründen von Kenepuru. Im Preis inbegriffen sind eine Portion gedämpfte Muscheln und ein Glas Wein. Reservierung erforderlich.

Waterways Boating Safaris (☎03-574 1372; www.waterways.co.nz; 745 Keneperu Rd; halber/ganzer Tag 110/150 NZ$) Geführte Touren rund um den Kenepuru Sound im eigenen flotten Boot. Eine einzigartige Methode, aufs Wasser zu kommen, die Landschaft zu sehen und etwas über die Ökologie und Geschichte der Gegend zu lernen! Mittagessen muss mitgebracht werden. Man kann sich abholen bzw. absetzen lassen.

Pelorus Sound Water Taxi (☎03-574 2151, 027 444 2852; www.pelorussoundwatertaxis.co.nz; Jetty 1a) Wassertaxifahrten und Sightseeing ab Havelock rund um den Pelorus Sound; auf Nachfrage.

Kenepuru Water Taxi (☎03-573 4344, 021 455 593; www.kenepuru.co.nz; 7170 Kenepuru Rd) Wassertaxifahrten und Sightseeingtouren rund um den Kenepuru Sound; auf Nachfrage.

Marlborough Sounds

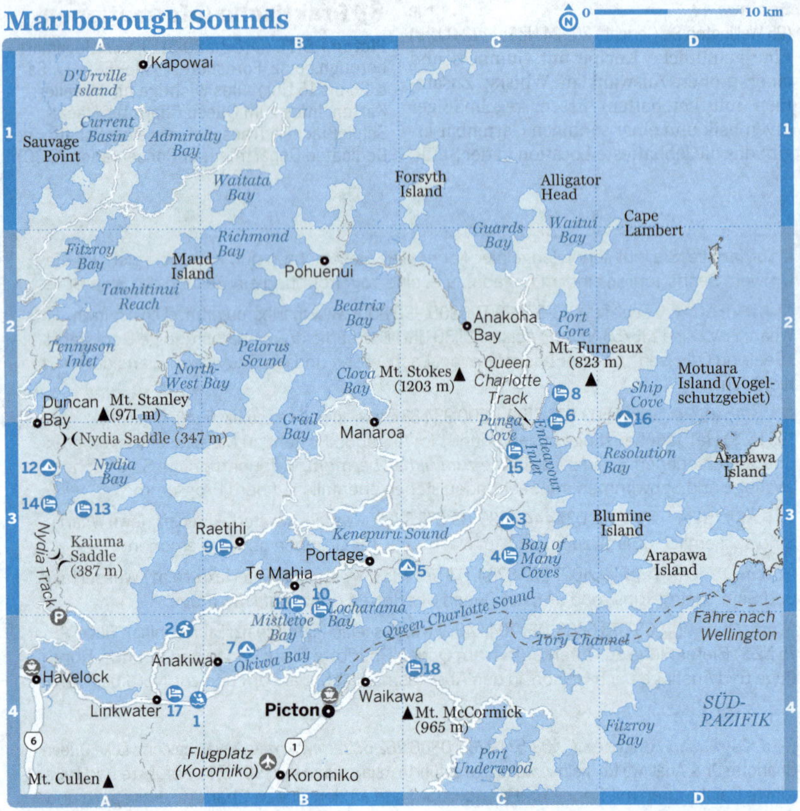

Picton Library (67 High St; ⏲ Mo–Fr 8–17, Sa 10–13 Uhr; 📶) Kostenloses WLAN.

Post (Mariners Mall, 72 High St)

ℹ An- & Weiterreise

Buchungen für landesweiten Transport können komfortabel beim Picton i-SITE vorgenommen werden.

BUS

Die Busse nach Picton fahren vom Interislander-Terminal oder vor dem nahe gelegenen i-SITE ab.

InterCity-Busse (☎ 03-365 1113; www.intercity.co.nz) fahren in Richtung Süden über Blenheim (30 Min.) und Kaikoura (2½ Std.) nach Christchurch (5½ Std.); es gibt Anschlüsse nach Dunedin, Queenstown und Invercargill. Verbindungen nach bzw. von Nelson (2¼ Std.) mit Anschluss nach Motueka und zur West Coast existieren ebenfalls. Mindestens mit einem Bus pro Tag auf jeder dieser Fahrtrouten haben Traveller Anschluss zur Fähre hinüber nach Wellington.

Kleinere Shuttle-Busse von **Atomic Shuttles** (☎ 03-349 0697, 0508 108 359; www.atomictravel.co.nz) verkehren ebenfalls von Picton nach Christchurch; Plätze darin können über **Naked Bus** (www.nakedbus.com) gebucht werden.

FLUGZEUG

Soundsair (☎ 03-520 3080, 0800 505 005; www.soundsair.co.nz) Das Unternehmen hat tägliche Flüge zwischen Picton und Wellington (Erw./Kind ab 95/85 NZ$) im Programm; eine Shuttle-Bus-Fahrt zum/vom Landeplatz in Koromiko, 8 km südlich, kostet 7 NZ$.

SCHIFF/FÄHRE

Es gibt zwei Anbieter, die zwischen Picton und Wellington die Cook Strait überqueren, und obwohl alle Fähren mehr oder weniger vom gleichen Ort aus losfahren, hat jeder Anbieter sein eigenes Terminal. Den Verkehrsknotenpunkt (auch mit Autovermietungen) bildet das Interislander-Terminal, wo es zusätzlich öffentliche Duschen, ein kleines Café und Internetzugang gibt.

Marlborough Sounds

Aktivitäten, Kurse & Touren

1 Sea Kayak Adventures A4
2 Waterways Boating Safaris A4

Schlafen

3 Campingplatz Bay of Many Coves C3
4 Bay of Many Coves Resort C3
5 Campingplatz Black Rock C3
Campingplatz Camp Bay ....(siehe 15)
6 Cnoc Na Lear C3
7 Campingplatz Davies Bay B4
8 Furneaux Lodge C2
9 Hopewell B3
10 Lochmara Lodge B3
Mahana Lodge ....(siehe 15)
11 Mistletoe Bay B3
Noeline's Homestay ....(siehe 15)
12 DOC-Campingplatz Nydia Bay A3
13 Nydia Lodge A3
14 On the Track Lodge A3
15 Punga Cove Resort C3
16 Campingplatz Schoolhouse Bay D2
17 Smiths Farm Holiday Park A4
18 Whatamonga Homestay C4

Bluebridge Ferries (☎0800 844 844, in Wellington 04-471 6188; www.bluebridge.co.nz; Erw./Kind ab 51/26 NZ$; WLAN) Diese Fähren brauchen für die Überfahrt dreieinhalb Stunden; es fahren bis zu vier Fähren täglich in jede Richtung. Für Autos und Wohnmobile zahlt man ab 118 NZ$, für Motorräder 51 NZ$, für Fahrräder 10 NZ$. Die Nachtfähre kommt um 6 Uhr in Picton an.

Interislander (☎0800 802 802; www.interislander.co.nz; Erw./Kind 55/28 NZ$) Die Schiffe benötigen für die Überfahrt drei Stunden und zehn Minuten. Hier fahren bis zu fünf Fähren täglich in jede Richtung. Für Autos legt man ab 118 NZ$ hin, für Wohnwagen (bis 5,5 m) ab 133 NZ$, für Motorräder 56 NZ$ und für Fahrräder 15 NZ$.

ZUG

KiwiRail Scenic (☎04-495 0775, 0800 872 467; www.kiwirailscenic.co.nz) betreibt den täglich verkehrenden *Coastal Pacific* (Okt.–Mai) zwischen Picton und Christchurch über Blenheim und Kaikoura (durch 22 Tunnel und über 175 Brücken). Abfahrt in Christchurch ist um 7 Uhr, in Picton um 13 Uhr. Die einfache Fahrt Picton–Christchurch kostet pro Erwachsenem zwischen 79 und 159 NZ$. Mit Anschluss zur Interislander-Fähre.

Unterwegs vor Ort

Shuttle-Bus-Fahrten um die Stadt und in der Region bietet **Picton Shuttles** (☎027 696 5207). Transportmöglichkeiten entlang des Queen Charlotte Drive zwischen Picton und Havelock hat **Coleman Post** (☎027 255 8882; 15 NZ$) im Angebot

In Picton ein Auto zu mieten, ist einfach und verhältnismäßig günstig (ab 35 NZ$/Tag). Zahlreiche Autovermietungen befinden sich am Interislander-Fährterminal oder in der näheren Umgebung. **Ace** (☎03-573 8939; www.acerentalcars.co.nz; Fährterminal), **Omega** (☎03-573 5580; www.omegarentalcars.com; 1 Lagoon Rd) und **Pegasus** (☎03-573 7733; www.carrentalspicton.co.nz; 1 Auckland St) gehören zu den verlässlichsten Anbietern. Bei den meisten Autovermietern ist es möglich, das Auto in Christchurch abzugeben; wer auch auf die Nordinsel fahren will, dem wird meist geraten, das Fahrzeug in Picton zu lassen und nach der Überquerung der Cook Strait in Wellington ein anderes zu mieten.

Queen Charlotte Track

Der unglaublich beliebte, gewundene Queen Charlotte Track hat eine prachtvolle Küstenlandschaft zu bieten. Der 70 km lange Weg verbindet die historische Ship Cove mit Anakiwa. Er führt über Privatgelände und durch DOC-Reservate. Inwieweit der Zugang gestattet ist, hängt von den jeweiligen Grundeigentümern ab; man sollte deren Eigentum respektieren, indem man nur ausgewiesene Campingplätze und Toiletten benutzt und seinen Müll wieder mitnimmt. Jeder kann seinen Beitrag zur Erhaltung des Tracks leisten, indem er bei Anbietern in der Stadt oder auf dem Track selbst den **Track Pass** (15–18 NZ$) kauft.

Der Queen Charlotte Track ist gut ausgeschildert und eignet sich für Wanderer mit durchschnittlicher Fitness. Zahlreiche Bootsfahrt- und Tourenveranstalter bieten ihre Dienste auf dem Track an. Somit kann man entweder die ganze drei- bis fünftägige Strecke zu Fuß bewältigen, oder anfangen und aufhören, wo man möchte – zu Fuß, mit dem Kajak oder dem Rad (d.h. mit dem Mountainbike; fitte, erfahrene Off-Roader werden Spaß haben). Allerdings ist ein Teil der Strecke vom 1. Dezember bis Ende Februar für Radler gesperrt. Während dieser Zeit gibt es aber immer noch genügend andere gute Radwege, die man nutzen kann.

Die Ship Cove ist der übliche (und sehr empfehlenswerte) Ausgangspunkt – vor allem deshalb, weil man leichter ein Boot von Picton zur Ship Cove kriegt als umgekehrt –, man kann aber auch in Anakiwa losmarschieren. In Anakiwa gibt es ein öffentliches Telefon, in der Ship Cove nicht.

Geschätzte Wanderzeiten:

ABSCHNITT	STRECKE (KM)	DAUER (STD.)
Ship Cove–Resolution Bay	4,5	1½–2
Resolution Bay– Beginn des Endeavour Inlet	10,5	2½–3
Endeavour Inlet–Camp Bay/Punga Cove	12	3–4
Camp Bay/Punga Cove–Torea Saddle/Portage	24	6–8
Torea Saddle/Portage–Te Mahia Saddle	7,5	3–4
Te Mahia Saddle–Anakiwa	12,5	3–4

Schlafen & Essen

Das Schöne am Queen Charlotte Track sind die zahlreichen Möglichkeiten für Tagesausflüge, für die Picton der perfekte Ausgangspunkt ist. Aber es gibt auch genügend Unterkünfte entlang des Tracks, und die Bootsanbieter fahren einem das Gepäck hinterher.

Für Camper stehen sechs DOC-Campingplätze zur Verfügung: an der **Schoolhouse Bay**, **Camp Bay**, **Bay of Many Coves**, **Black Rock**, **Cowshed Bay** und **Davies Bay**. Alle bieten Toiletten und Wasser, aber keine Kochgelegenheiten. Außerdem ist eine gute Auswahl von Resorts, Lodges, Backpackerherbergen und Pensionen vorhanden. Die folgende Aufzählung ist von der Ship Cove bis nach Anakiwa geordnet. Wer nicht campen will, sollte seine Unterkunft lange im Voraus buchen, insbesondere für den Sommer.

Über den ganzen Track verteilt befinden sich auch zahlreiche Cafés, von denen die meisten nur im Hochsommer komplett geöffnet sind. Einige – z.B. die **Furneaux Lodge** (www.furneaux.co.nz), das **Punga Cove Resort** (www.pungacove.co.nz; @ ≋) und das **Portage Resort Hotel** (www.peppers.co.nz/portage; ≋) – sind die Hauscafés von alteingesessenen, aber nicht immer tollen Resorts in den Sounds. Wir empfehlen, sich in diesen Lokalen nur mit einem kalten Bier und Snacks von der Bar zu begnügen.

Eine Liste der Unterkünfte und Restaurants gibt's im offiziellen **Queen Charlotte Track Directory** (www.qctrack.co.nz).

Cnoc Na Lear PENSION $$
(☎03-579 8444; www.cnocnalear.co.nz; Endeavour Inlet; DZ/3BZ inkl. Frühstück 195/255 NZ$;) Diese moderne Pension oberhalb des Tracks mit Blick auf die Bucht bietet viele Annehmlichkeiten wie Abendessen und Lunch-Pakete auf Anfrage sowie kontinentales Frühstück.

Mahana Lodge LODGE $$
(☎03-579 8373; www.mahanalodge.co.nz; Endeavour Inlet; DZ 195 NZ$; ⏲ Juni–Aug. geschl.) Die wunderschöne Anlage besteht aus einer hübschen Wiese am Wasser und einer zweckmäßigen Lodge mit vier Doppelzimmern mit eigenen Bädern. Der Naturschutz (Erneuerung von Buschland, Schädlingsbekämpfung und ökologische Gemüsebeete) wird hier großgeschrieben – so wie generell auf das Wohlgefühl der Gäste viel Wert gelegt wird: Es gibt kostenlose Kajaks, Bademäntel, eine eigene Bäckerei und einen Wintergarten voller Blüten und Pflanzen, in dem das Abendessen serviert wird (3 Gänge 55 NZ$).

Noeline's Homestay GASTFAMILIE $
(☎03-579 8375; Endeavour Inlet; B 30–40 NZ$) Rosafarbene Pfeile weisen den Weg von der Camp Bay zu dieser Unterkunft. Die 70-jährige Noeline, als Bilderbuchgroßmutter weithin bekannt, heißt ihre Gäste mit selbst gemachtem Gebäck willkommen. Sie vermietet Betten für fünf Gäste, bietet Kochgelegenheiten und schöne Ausblicke in die Landschaft.

Bay of Many Coves Resort RESORT $$$
(☎03-579 9771, 0800 579 9771; www.bayofmanycoves.co.nz; Bay of Many Coves; Apt. mit 1/2/3 Schlafzi. 640/845/995 NZ$; ≋) Diese eleganten und ruhig gelegenen Apartments bieten allen modernen Komfort und eigene Balkone mit Blick aufs Wasser. Zu der erstklassigen Küche kommen noch verschiedene Annehmlichkeiten wie Zimmerservice, Massagen, Spa und Whirlpool hinzu.

DeBretts PENSION $
(☎03-573 4522; www.stayportage.co.nz; EZ mit/ohne Bettzeug 50/45 NZ$) Die zwei Pensionen DeBretts und **Treetops** (☎03-573 4404) sind ein Familienbetrieb und bieten zusammen sechs Zimmer in zwei gemütlichen Backpackerherbergen auf einem Hügel hinter dem Portage Resort an. Gepäcktransport von Torea Bay ist im Preis inbegriffen.

Lochmara Lodge RESORT $$
(☎03-573 4554; www.lochmaralodge.co.nz; Lochmara Bay; Wohneinheiten 95–295 NZ$;) Diese kunstvolle Ökolodge kann entweder

über den Queen Charlotte Track oder direkt von Picton mit dem Wassertaxi der Lodge (hin & zurück 55 NZ$) erreicht werden. Die Zimmer mit Bad, die Wohneinheiten und Chalets sind von üppigem Grün umgeben. Es gibt ein Café-Restaurant mit Schanklizenz und ein Badehaus, wo sich Gäste im Spa oder bei Massagen entspannen können.

Mistletoe Bay FERIENPARK $
(☎03-573 4048; www.mistletoebay.co.nz; Mistletoe Bay; Stellplatz ohne Strom 32 NZ$, B/DZ 30/70 NZ$, Hütte 140 NZ$, Bettzeug 7,50 NZ$;) Inmitten bewachsener Hügel gibt es hier schöne Campingplätze ohne Schnickschnack. Zur Verfügung stehen acht moderne Hütten mit Platz für bis zu sechs Personen und ein Schlafsaal. Es wird Wert auf Nachhaltigkeit gelegt, und es bieten sich viele Möglichkeiten zur Freizeitgestaltung: vom Steg ins Wasser springen, in der Bucht paddeln oder auf dem Track wandern.

★ **Te Mahia Bay Resort** RESORT $$
(☎03-573 4089; www.temahia.co.nz; DZ 148–248 NZ$;) Dieses nette, bescheidene Resort liegt in nächster Nähe zum Queen Charlotte Track in einer malerischen Bucht am Kenepuru Sound. Es gibt zahlreiche hübsche Zimmer mit Aussicht und hervorragende Wohneinheiten in einem historischen Gebäude. Der Laden vor Ort verkauft Fertiggerichte, Pizza, Kuchen, Kaffee und Campingverpflegung (Wein!), vermietet außerdem Kajaks und organisiert Massagen.

Anakiwa Backpackers HOSTEL $
(☎03-574 1388; www.anakiwabackpackers.co.nz; 401 Anakiwa Rd; B 35 NZ$, DZ 85–105 NZ$;) Dieses ehemalige Schulgebäude steht am südlichen Ende des Tracks und ist ein nettes Plätzchen zum Ausruhen und Nachdenken. Es gibt zwei Doppelzimmer (eines mit eigenem Bad), einen Schlafraum mit drei Betten und eine Wohneinheit für Selbstversorger am Strand. Die humorvollen Betreiber lassen einen direkt vom Anleger aus ins Wasser springen und versorgen einen aus ihrem kleinen grünen Wohnwagencafé (im Sommer nachmittags geöffnet) mit Espresso und Eis (Halleluja!). Mahlzeiten auf Anfrage und kostenloser Kajakverleih.

Smiths Farm Holiday Park FERIENPARK $
(☎03-574 2806, 0800 727 578; www.smithsfarm.co.nz; 1419 Queen Charlotte Dr, Linkwater; Stellplatz ab 16 NZ$, Hütte 60–30 NZ$, Wohneinheit 130 NZ$; @) Dieser freundliche Ferienpark liegt an der passend benannten Linkwater-Ebene zwischen dem Queen Charlotte und dem Pelorus Sound. Er ist ein praktischer Ausgangspunkt für Wanderungen auf dem Track und weitere Ziele. Die gepflegten Hütten und Wohneinheiten gewähren Ausblick auf die buschbewachsenen Hügel, und auf den grünen Campingplätzen weiden Tiere. Nach kurzen Wanderungen gelangt man z. B. zu einem Wasserfall und einem zauberhaften Tal voller Glühwürmchen.

Praktische Informationen

Die besten Tipps und Infos zum Track bekommt man im Picton i-SITE (S. 429), wo man auch den Transport und die Unterkunft buchen kann. Weitere Infos gibt's online im **Queen Charlotte Track Directory** (www.qctrack.co.nz).

Kenepuru Sound & Pelorus Sound

Der Kenepuru Sound und der Pelorus Sound westlich des Queen Charlotte Sound sind weniger besucht und bieten deshalb auch weniger Service für Traveller, z. B. in Sachen Transport. Die Landschaft dort ist allerdings z. T. wirklich atemberaubend, und diejenigen, die ein bisschen Zeit mitbringen, werden für ihre Anstrengungen belohnt.

Havelock ist das Zentrum dieser Gegend, das westliche Ende des 35 km langen Queen Charlotte Drive (Picton ist das östliche) und die selbst ernannte „Grünschalmuschel-Hauptstadt der Welt". Havelock gehört zwar nicht gerade zu den aufregendsten Städten Neuseelands, bietet aber das Nötigste wie Unterkünfte, Benzin und Essen. Je weiter man in die Sounds kommt, desto knapper wird das Benzin, und die Läden, in denen es vielleicht Tiefkühlbrot und altmodisches Eis am Stiel gibt, werden auch immer rarer.

Genauere Infos und eine Liste mit allen Dienstleistungen für Besucher gibt es unter www.pelorusnz.co.nz. Die Website deckt Havelock, den Kenepuru und den Pelorus Sound und die Ausläufer des **French Pass** sowie **D'Urville Island** ab.

Sehenswertes & Aktivitäten

Wen ein Spaziergang durch die Straßen von Havelock zu dem Gedanken veranlasst, dass diese Gegend doch noch mehr zu bieten haben müsste, der hat Recht. Einen ersten Eindruck davon bekommt man am **Cullen Point Lookout**, zehn Fahrminuten auf dem Queen Charlotte Drive von Havelock entfernt. Ein kurzer Weg führt bergauf und um

NICHT VERSÄUMEN

PELORUS BRIDGE

Dieses schöne Schutzgebiet besteht aus dichten, grünen Wäldern, unterbrochen von gewöhnlichem Weideland. Es liegt 18 km westlich von Havelock und beheimatet einen der letzten Flussebenenwälder in Marlborough. Der Baumbestand konnte nur deshalb überdauern, weil eine Stadt, die 1865 geplant wurde, nicht vor 1912 verwirklicht werden konnte. Wegen der zerstörerischen Holzfällerei zu dieser Zeit wurde der Wald dann als besonders wertvoll angesehen und erhalten. Besucher können die vielen Wanderwege des Reservats erkunden, die historische Brücke bewundern, in den klaren Pelorus River hüpfen (der verführerisch genug war, um in Peter Jacksons Film *The Hobbit* vorzukommen) und in einem Café hausgemachte Köstlichkeiten probieren. Die Glücklichen, die mehr Zeit haben, können auf dem vom DOC geführten kleinen, aber perfekt angelegten **Pelorus Bridge Campground** (☎ 03-571 6019; www.doc.govt.nz; Stellplatz ohne/mit Strom pro Pers. 12/6 NZ$) mit seinem todschicken Sanitärgebäude übernachten. Bei Sonnenuntergang sollte man nach der Fledermausart *Chalinolobus tuberculatus* Ausschau halten. Im Reservat lebt eine der letzten Kolonien von Marlborough.

eine Landzunge herum, mit Blick auf Havelock, die umliegenden Täler und den Pelorus Sound. Im Wanderführer mit Karte *Havelock Map & Walkway Guide* sind mehr Wanderungen in der Gegend beschrieben.

Weitere Infos zu Ausflügen in die Sounds selbst gibt es auf S. 428.

Nydia Track WANDERN

Der Nydia Track (27 km, 10 Std.) führt von der Kaiuma Bay zur Duncan Bay (oder umgekehrt). Etwa auf halber Strecke befindet sich die schöne Nydia Bay. Dort gibt es einen **DOC-Campingplatz** (Erw./Kind 6/1,50 NZ$) und die **Nydia Lodge** (☎ 03-520 3002; www.doc.govt.nz; B 15 NZ$, min. 4 Pers., d.h. 60 NZ$), eine unbewirtschaftete Hütte mit 50 Betten. Ebenfalls in der Nydia Bay liegt die **On the Track Lodge** (☎ 03-579 8411; www.nydiatrack.org.nz; B 40 NZ$, DZ 110–150 NZ$), eine ruhige, umweltfreundliche Unterkunft, die alles bietet von Lunch-Paketen über Abendessen bis hin zum Whirlpool. Um die Tour zu vollenden, braucht man Wasser und ein Transportmittel: Die Blue Moon Lodge in Havelock betreibt einen Shuttle zur Duncan Bay.

Pelorus Eco Adventures KAJAKFAHREN

(☎ 03-574 2212, 0800 252 663; www.kayak-newzealand.com; Blue Moon Lodge, 48 Main Rd, Havelock; Trips ab 95 NZ$) Im aufblasbaren Kajak kann man auf dem schönen Pelorus River paddeln, der in der Szene mit dem Fass im Film *The Hobbit* vorkommt. Es geht Stromschnellen hinunter, durch kristallklare Wasserbecken hindurch und vorbei an einheimischem Regenwald und Wasserfällen. Keine Erfahrung nötig (min. 2 Pers.).

Schlafen & Essen

Entlang der Kenepuru Rd gibt es jede Menge Unterkünfte, von denen die meisten leicht vom Queen Charlotte Track aus zugänglich sind. In der Gegend finden sich auch ein paar malerische DOC-Campingplätze (die meisten sind im Januar brechend voll), einige abgelegene Lodges und der sehr komfortable Smiths Farm Holiday Park (S. 433) bei **Linkwater**, der Verbindung zwischen dem Queen Charlotte Sound und dem Kenepuru Sound, wo es eine Tankstelle mit Snacks gibt. Auch in Havelock sind ein paar nette Unterkünfte zu finden.

Hopewell LODGE $

(☎ 03-573 4341; www.hopewell.co.nz; 7204 Kenepuru Rd, Double Bay; B ab 40 NZ$, DZ mit/ohne Bad ab 135/100 NZ$, Cottage f. 4 Pers. 240 NZ$; @ ☎) Das abgelegene, bei Reisenden sehr beliebte Hopewell steht von Buschland umgeben direkt am Ufer der Double Bay. Die kurvenreiche Anfahrt selbst ist reizvoll, als Alternative fahren auch Wassertaxis von Te Mahia zur Lodge. Für den Aufenthalt sollte man einige Tage einplanen, um Zeit zum Relaxen zu haben und wenigstens einige der fast unerschöpflich vielen Möglichkeiten sportlicher Betätigung – beispielsweise Mountainbike und Kajak fahren, segeln, angeln – nutzen zu können. Für das leibliche Wohl gäbe es dann noch Gourmetpizzas, Wellness im Freien und vieles mehr…

Blue Moon Lodge HOSTEL $

(☎ 03-574 2212; www.bluemoonhavelock.co.nz; 48 Main Rd, Havelock; B 28 NZ$, Zi. mit/ohne Bad 96/76 NZ$; @ ☎) Diese nette und entspannte Lodge hat gemütliche Zimmer im Hauptgebäude (eines mit Bad) sowie Hütten und eine Schlafbaracke im Hof. Zu erwähnen sind noch die sonnige Veranda zum Grillen, Touren in aufblasbaren Kajaks auf dem Pelorus River und der Gepäcktransport für Wanderer auf dem Track.

Havelock Garden Motel MOTEL $$
(03-574 2387; www.gardenmotels.com; 71 Main Rd, Havelock; DZ 115–150;) Die Ferienwohnungen aus den 1960er-Jahren liegen in einem großen, schönen Park, in dem eindrucksvolle alte Bäume stehen und ein von vielen Enten genutzter Bach fließt. Sie wurden inzwischen geschmackvoll modernisiert und bieten behaglichen Komfort. Sportliche Aktivitäten in der Region können auf Wunsch organisiert werden.

An- & Weiterreise

InterCity-Busse (03-365 1113; www.intercity.co.nz) fahren täglich von Picton über Blenheim nach Havelock (1 Std.) und von Havelock nach Nelson (1¼ Std.). **Atomic Shuttles** (0508 108 359, 03-349 0697; www.atomictravel.co.nz) verkehrt auf denselben Strecken. Wer zwischen Havelock und Picton günstig über den Queen Charlotte Drive fahren will, der wendet sich an Coleman Post (S. 431). Die Busse fahren auf halbem Weg die Hauptstraße runter vor dem Restaurant mit den Muscheln auf dem Dach ab.

Blenheim

27 150 EW.

Blenheim ist eine landwirtschaftlich geprägte Stadt, 29 km südlich von Picton in der Wairau Plain zwischen den Wither Hills und den Richmond Ranges. Die Stadt ist nicht gerade ein Besuchermagnet – es sind die Attraktionen außerhalb, die die Besucher anziehen.

Sehenswertes & Aktivitäten

Omaka Aviation Heritage Centre MUSEUM
(Karte S. 436; www.omaka.org.nz; 79 Aerodrome Rd; Erw./Kind/Fam. 25/10/62 NZ$; 10–17 Uhr) Dieses fesselnde Museum beherbergt eine ausgezeichnete Sammlung von originalen und nachgebauten Flugzeugen aus dem Ersten Weltkrieg, die mit Dioramen, die dramatische Kriegsszenen wie den Tod des „Roten Barons" zeigen, einen Rahmen bekommen. Die ausgestellten Erinnerungsstücke und Fotos sorgen für weitere Hintergrundinformationen. Eine Führung kostet 5 NZ$ extra, ist ihren Preis aber wert. Vor Ort gibt es ein Café und einen Shop, und nebenan befindet sich **Omaka Classic Cars** (Karte S. 436; www.omakaclassiccars.co.nz; Erw./Kind 10 NZ$/frei; 10–16 Uhr) mit über 100 Fahrzeugen aus den 1950er- bis 1980er-Jahren.

Marlborough Museum MUSEUM
(Karte S. 436; www.marlboroughmuseum.org.nz; 26 Arthur Baker Pl, abseits der New Renwick Rd; Erw./Kind 10/5 NZ$; 10–16 Uhr) Neben dem Nachbau einer Siedlung, alten Gerätschaften und gut präsentierten Artefakten gibt es eine Weinausstellung, durch die man Wissenswertes für seine Weintour erfährt.

Wither Hills Farm Park WANDERN
In einer Stadt, die so flach ist wie ein Pfannkuchen, ist dieser hügelige, 1100 ha große Park eine willkommene Abwechslung. Von den vielen Wander- und Radwegen aus hat man tolle Ausblicke über das Wairau Valley bis hin zur Cloudy Bay. Man kann eine Karte im i-SITE mitnehmen oder sich die Infotafeln an den vielen Eingängen wie Redwood St und Taylor Pass Rd anschauen.

High Country Horse Treks REITEN
(03-577 9424; www.high-horse.co.nz; 961 Taylor Pass Rd; 1- bis 3-stündige Ausritte 50–120 NZ$) Die tierfreundlichen Betreiber veranstalten Ausritte für Anfänger bis Fortgeschrittene ab den Stallungen 11 km südwestlich der Stadt (nach dem Weg fragen!).

Feste & Events

Marlborough Wine Festival ESSEN & WEIN
(www.wine-marlborough-festival.co.nz; Tickets 55 NZ$) Das Fest findet Mitte Februar auf dem Brancott Vineyard statt. Alles dreht sich um einheimische Weine, gutes Essen und Unterhaltung. Die Unterkunft weit im Voraus reservieren!

Schlafen

Stadtzentrum

Blenheims Budgetunterkünfte sind auf Langzeitgäste ausgelegt, die für die Saisonarbeit herkommen; die Hostelbetreiber helfen bei der Arbeitssuche und bieten günstige Wochenpreise an. Die meisten Mittelklassemotels stehen in der Middle Renwick Rd westlich vom Stadtzentrum und am SH1 Richtung Christchurch.

Grapevine Backpackers HOSTEL $
(03-578 6062; www.thegrapevine.co.nz; 29 Park Tce; Stellplatz 18 NZ$, B 25 NZ$, DZ 64–68 NZ$, 3BZ 81 NZ$;) Das Grapevine ist in einer ehemaligen Entbindungsklinik zehn Minuten Fußmarsch vom Stadtzentrum entfernt

untergebracht und bietet nette Zimmer für Traveller. Die Küche ist sehr eng, ein Nachteil, der aber durch kostenlosen Kanuverleih und eine ruhige Grillecke am Opawa River wieder wettgemacht wird. Fahrräder gibt es für 25 NZ$ pro Tag.

Koanui Lodge & Backpackers HOSTEL $
(☎03-578 7487; www.koanui.co.nz; 33 Main St; B 26–30 NZ$, DZ mit/ohne Bad 85/56 NZ$; @ 📶) Dieses gepflegte Hostel an der Hauptstraße ist sowohl für Saisonarbeiter als auch für Traveller ausgelegt. Die alte Villa und auch der neuere Lodgeflügel sind sauber und aufgeräumt, aber ansonsten unauffällig.

Blenheim Top 10 Holiday Park FERIENPARK $
(☎03-578 3667, 0800 268 666; www.blenheimtop10.co.nz; 78 Grove Rd; Stellplatz ab 35 NZ$, Hütte 72–92 NZ$, Wohneinheit & Motelzi. 100–145 NZ$; @ 📶 🏊) Zehn Gehminuten von der Stadt entfernt erstreckt sich dieser Ferienpark unter und entlang der Hauptbrücke über den Opawa River. Man sollte hier nach dem ruhigsten Platz fragen. Die Hütten und Wohneinheiten sind durchschnittlich und auf Asphalt gebaut. Für die Freizeit gibt es einen Whirlpool, einen Pool, einen Spielplatz und Fahrradverleih (20 NZ$/halber Tag).

171 on High MOTEL $$
(☎03-579 5098, 0800 587 856; www.171onhighmotel.co.nz; 171 High St; DZ 145–185 NZ$; @ 📶) Eine freundliche Option in der Nähe der Stadt: die geschmackvollen, farbenfroh gehaltenen Studios und Apartments wirken tagsüber hell und luftig und abends warm und gemütlich. Es gibt viele Extras, und das Personal ist für ausgezeichneten Service bekannt.

Weinbaugebiet

★ **Watson's Way Lodge** LODGE $
(Karte S. 436; ☎03-572 8228; www.watsonswaylodge.com; 56 High St, Renwick; B 30 NZ$, DZ 70–90 NZ$; ⏲ Aug.–Sept. geschl.; @ 📶) Das zweckmäßige Hostel überzeugt Reisende durch blitzsaubere Zimmer, hauptsächlich Zweibett- und Doppelzimmer (einige mit eigenem Bad). In einem großen, grünen Park stehen einzelne Obstbäume, es gibt Hängematten, eine Badewanne auf Klauenfüßen unter freiem Himmel, dazu einen Fahrradverleih (Lodge-Gäste/Nichtgäste Tag 18/28 NZ$) und eine Fülle von Informationen über die Region.

Olde Mill House B&B $$
(Karte S. 436; ☎03-572 8458; www.oldemillhouse.co.nz; 9 Wilson St, Renwick; DZ 150 NZ$; @ 📶) Das charmante alte Haus ist hoch gelegen im ansonsten eher ziemlich flachen Renwick. Die alteingesessenen Gastgeber betreiben ein einladendes B&B mit herrschaftlicher Ausstattung, Obst aus eigenem Anbau und hausgemachten Köstlichkeiten zum Frühstück. Daneben gibt's hier kostenlose Fahrräder, Wellness unter freiem Himmel und Gärten – ein super Quartier mitten im Weinbaugebiet.

St. Leonards COTTAGES $$
(Karte S. 436; ☎03-577 8328; www.stleonards.co.nz; 18 St Leonards Rd; DZ 120–350 NZ$, weiterer Erw. 35 NZ$; 📶 🏊) Diese vier rustikalen Cottages auf dem Gelände eines Gehöfts von 1886 bieten viel Privatsphäre – und guten Grund, ein bisschen zu bleiben. Jedes Cottages ist einzigartig und bietet Aussicht auf die Gär-

Weinbaugebiet Marlborough

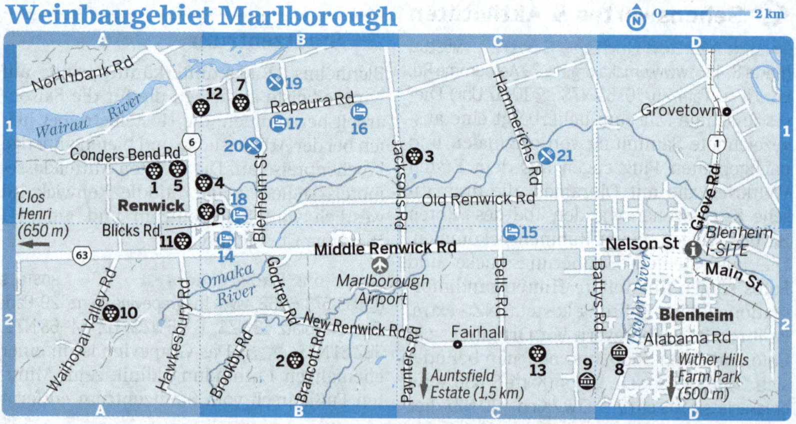

ten und Weinberge. Ein besonderer Tipp ist das Stables mit Ausblick auf den Zitronenhain. Will jemand Tennis spielen?

Vintners Hotel HOTEL $$$
(Karte S. 436; 03-572 5094, 0800 684 190; www.mvh.co.nz; 190 Rapaura Rd; DZ 260–295 NZ$;) Die 16 von Architekten gestalteten Suiten bieten einen tollen Ausblick auf das Tal, besitzen luxuriöse Bäder und sind mit abstrakter Kunst dekoriert. Im eleganten Empfangsgebäude befinden sich eine Bar und ein Restaurant, das sich zu einem Garten voller Kirschbäume und einem Biogemüsegarten hin öffnet.

Stonehaven B&B $$$
(Karte S. 436; 03-572 9730; www.stonehavenhomestay.co.nz; 414 Rapaura Rd; DZ inkl. Frühstück 275–295 NZ$;) Das wunderbare, aus Stein und Holz errichtete B&B steht inmitten malerischer Weinberge und verfügt über zwei Gästezimmer mit eigenem Bad. Bei den Betten wird an Kissen nicht gespart, das Frühstück gibt's in der Laube, und Abendessen wird auf Anfrage zubereitet. Dazu kommen seltene Weine aus dem Keller auf den Tisch.

Essen & Ausgehen

Bewirtung in Blenheim ist häufig Glückssache; viele der besten Optionen sind auf den Weingütern zu finden.

Ritual Cafe CAFÉ $
(10 Maxwell Rd; Gerichte 7–18 NZ$; Mo–Mi 7–16, Do–Sa bis 22 Uhr) Angesagtes Café mit B-Movie-Dekor, Tischnischen und wiederverwerteten Möbeln. Jeder, der cool ist, kommt hierher und lässt sich mit großartigem Kaffee, ganztägigem Eierfrühstück und Gebäck und Salaten von der Theke verwöhnen. Ausgezeichnete Smoothies zum Überwinden des Katers!

BV Gourmet DELIKATESSEN, CAFÉ $
(www.bvgourmet.co.nz; 2a Park Tce; Snacks 4–8 NZ$; Mo–Fr 8–17, Sa & So 9–15 Uhr) Winziges Café mit einer übersichtlichen Auswahl von Gebäck, Salaten, Süßigkeiten und gutem Kaffee. Fürs Picknick gibt es hier tollen von Hand hergestellten Käse, Fleisch und andere Köstlichkeiten von Erzeugern aus Neuseeland und Übersee.

Dodson Street QUALITÄTSBIER
(www.dodsonstreet.co.nz; 1 Dodson St) Pub mit Garten und Bierzeltatmosphäre und dazu passend deutsche Gerichte (17–27 NZ$) wie Schweinshaxe, Wurst und Schnitzel. Das Highlight des Pubs sind die 24 Zapfhähne, aus denen erstklassiges Qualitätsbier fließt, darunter auch das Siegerbier des Brewer's Guild 2013, das Renaissance.

Praktische Informationen

Blenheim i-SITE (Karte S. 436; 03-577 8080, 0800 777 181; www.lovemarlborough.com; Bahnhof; Mo–Fr 8.30–17.30, Sa 9–17, So 9–16 Uhr) Informationen über Marlborough und mehr. Weintourenkarten und Buchungen für alles, was man unter der Sonne finden kann.

Post (Ecke Scott St & Main St)

Wairau Hospital (03-520 9999; www.nmdhb.govt.nz; Hospital Rd)

Anreise & Unterwegs vor Ort

BUS

Busse von **InterCity** (03-365 1113; www.intercity.co.nz) fahren täglich vom Blenheim i-SITE nach Picton (30 Min.) und Nelson (1¾ Std.). Außerdem verkehren Busse Richtung Süden über Kaikoura nach Christchurch (2-mal tgl.). Auf eini-

Weinbaugebiet Marlborough

Sehenswertes
1 Bladen Estate ... A1
2 Brancott Estate Heritage Centre ... B2
3 Cloudy Bay ... C1
4 Forrest ... B1
5 Framingham ... A1
6 Gibson Bridge ... B1
7 Huia ... B1
8 Marlborough Museum ... D2
9 Omaka Aviation Heritage Centre ... C2
Omaka Classic Cars ... (siehe 9)
10 Spy Valley Wines ... A2
11 Te Whare Ra ... A2
12 Wairau River ... A1
13 Wither Hills ... C2

Schlafen
14 Olde Mill House ... B2
15 St. Leonards ... C2
16 Stonehaven ... B1
17 Vintners Hotel ... B1
18 Watson's Way Lodge ... B1

Essen
19 Herzog Winery ... B1
20 La Veranda ... B1
21 Rock Ferry ... C1
Wairau River ... (siehe 12)
Wither Hills ... (siehe 13)

WEINGÜTER IN MARLBOROUGH

Marlborough ist Neuseelands Weinriese. Hier werden drei Viertel des Weines des ganzen Landes angebaut. Bei der letzten Erhebung waren 22 600 ha mit Weinreben bepflanzt – das sind ungefähr 26 500 Rugbyfelder! Sonnige Tage und kühle Nächte bilden die perfekten Bedingungen für Trauben, die es kühl mögen: für den weltbekannten Sauvignon Blanc, den erstklassigen Pinot Noir und die angesehenen Sorten Chardonnay, Riesling, Gewürztraminer, Pinot Gris sowie Sekt. Von einer Weinprobe zur nächsten zu fahren und auf den Weingütern zu essen, ist ein Erlebnis, das man auf der Südinsel auf keinen Fall auslassen darf.

Die meisten der 148 Weingüter Marlboroughs liegen im Wairau Valley rund um Blenheim und Renwick. Ein paar befinden sich auch im kühleren Awatere Valley oder in den südlichen Tälern des Wairau River.

Ein Vorgeschmack auf die Weinverkostungen

Etwa 35 Weingüter sind zugänglich. Die, die wir ausgewählt haben, bieten erstklassige Weinproben in Weinkellern an, von denen die meisten zwischen 10.30 Uhr und 16.30 Uhr geöffnet haben (im Winter oft kürzer). Die Winzer verlangen manchmal eine kleine Gebühr für die Verkostung, die man meist wiederkriegt, wenn man etwas kauft. Beim Blenheim i-SITE (S. 437) und unter www.wine-marlborough.co.nz ist die Karte *Marlborough Wine Trail* erhältlich. Wer wenig Zeit hat, sollte beim **Wino's** (www.winos.co.nz; 49 Grove Rd) in Blenheim reinschauen – hier gibt's die besseren und selteneren Tropfen von Marlborough.

Auntsfield Estate (www.auntsfield.co.nz; 270 Paynters Rd) Erstklassige, handgefertigte Weine von einem historischen Weingut am Fuß der Hügel. Touren nach Vereinbarung (15 NZ$).

Bladen Estate (Karte S. 436; www.bladen.co.nz; 83 Conders Bend Rd) Kleines, elegantes Weingut im Familienbetrieb mit sehr viel Charme.

Brancott Estate (Karte S. 436; www.brancottestate.com; 180 Brancott Rd) Topmoderne Anlage mit Weinkeller und Restaurant an einem Hügel voller originaler Sauvignon-Blanc-Reben.

Clos Henri (www.clos-henri.com; 639 SH63) Französische Weinherstellung plus Marlborough-Terrain ergibt *très bien* Ergebnisse. Der Weinkeller ist in einer hübsch restaurierten einheimischen Landkirche untergebracht.

Cloudy Bay (Karte S. 436; www.cloudybay.co.nz; Jacksons Rd) Berühmt für den weltweit begehrten Sauvignon Blanc, Sekt und Pinot Noir sowie für Jack's Raw Bar Summer Sundays mit ausgelösten Austern und Muscheln. Sehr dekadent!

Forrest (Karte S. 436; www.forreStco.nz; 19 Blicks Rd) Hier bekommt man von den Betreibern, die Ärzte sind, eine feine Auswahl weinhaltiger Medizin verschrieben – darunter auch der stimmungsaufhellende Riesling.

Framingham (Karte S. 436; www.framingham.co.nz; 19 Conders Bend Rd) Solide Qualitätsweine, z. B. außergewöhnlicher Riesling und erstklassige Likörweine.

Gibson Bridge (Karte S. 436; www.gibsonbridge.co.nz; Ecke Gee St & SH6) Toller Pinot Gris und ein grandioser Weinkeller auf engstem Raum.

Huia (Karte S. 436; www.huia.net.nz; 22 Boyces Rd) Nachhaltiger Weinanbau im Kleinformat und der niedlichste Weinkeller der Stadt. Vorzüglicher trockener Gewürztraminer.

Saint Clair (www.saintclair.co.nz; 13 Selmes Rd; ⊙9–17 Uhr) Die Auswahl von Sauvignon Blanc und Pinot Noir von Pioneer Block and Reserve ist umwerfend. Es gibt auch ein Café.

Spy Valley Wines (Karte S. 436; www.spyvalleywine.co.nz; 37 Lake Timara Rd, Waihopai Valley) Dieses Weingut mit stilvoller, hipper Architektur steht ganz unter dem Motto „Spionage". Hier bekommt man gute Weine und tolle Mitbringsel.

Te Whare Ra (Karte S. 436; www.twrwines.co.nz; 56 Anglesea St, Renwick) Kompaktes Gut mit hervorragendem Sauvignon Blanc, Riesling, Gewürztraminer und Pinot Gris.

Wairau River (Karte S. 436; www.wairauriverwines.com; 11 Rapaura Rd) Klimaneutral arbeitendes Weingut im Familienbesitz mit einigen der ältesten Weine von Marlborough. Entspannende Gärten und ein schicker neuer Weinkeller.

Wither Hills (Karte S. 436; www.witherhills.co.nz; 211 New Renwick Rd) Eines der Flaggschiffe unter den Weingütern der Region und ein architektonisches Juwel. Erstklassige Weine und fesselnde „Winzer für einen Tag"-Touren (45 NZ$).

Yealands Estate (03-575 7618; www.yealandsestate.co.nz; Ecke Seaview Rd & Reserve Rd, Seddon) CO_2-neutrale Weinherstellung in großem Rahmen auf einem spacigen Weingut in der Nähe von Seddon; Führungen auf Anfrage.

Die besten Wein- & Dinneradressen

Zu gutem Wein gehört gutes Essen. Hier kommen Vorschläge, wo man beides verbinden kann. Die Öffnungszeiten gelten für den Sommer (Reservierungen erforderlich).

Wairau River (Karte S. 436; 03-572 9800; www.wairauriverwines.com; Ecke Rapaura Rd & SH6; Hauptgerichte 20–27 NZ$; 12–15 Uhr) Modisch abgewandeltes Bistro aus Lehm mit breiter Veranda und schönen Gärten mit jeder Menge Schatten. Die Muschelsuppe und das doppelt gebackene Blauschimmelkäse-Soufflé sind besonders zu empfehlen. Total entspannt und angenehm.

★ **Rock Ferry** (Karte S. 436; 03-579 6431; www.rockferry.co.nz; 80 Hammerichs Rd; Hauptgerichte 22–26 NZ$; 11.30–15 Uhr) Angenehmes Umfeld, sowohl innen als auch außen, mit leicht groovigem Flair. Zu dem sommerlichen Menü – z. B. mit Teeblättern geräucherter Lachs oder Biosteak-Sandwich – werden Weine aus Marlborough und Otago gereicht.

Wither Hills (Karte S. 436; 03-520 8284; www.witherhills.co.nz; 211 New Renwick Rd; Hauptgerichte 23–31 NZ$, gemischte Platten 36–56 NZ$; 11–16 Uhr) Einfaches, gut zubereitetes Essen in stilvollem Ambiente. Auf einem Sitzsack à la David Hockney sitzend kann man heißen, geräucherten Lachs, Rinderrippe oder eine gemischte Platte vertilgen, bevor es hinauf auf den Turm geht, von wo man beeindruckende Ausblicke über den Wairau genießt.

Herzog Winery (Karte S. 436; 03-572 8770; www.herzog.co.nz; 81 Jefferies Rd; Hauptgerichte 44–49 NZ$, 5-Gang-Verkostungsmenü mit/ohne Wein 197/125 NZ$; Restaurant Mi–So ab 19 Uhr, Bistro 11–10 Uhr, Mai–Okt. kürzere Öffnungszeiten) Edel essen im opulenten Speisesaal der Herzog Winery: schön zubereitetes Essen, bemerkenswerte Weinkarte. Die Bistrogerichte (Hauptgerichte 28–30 NZ$) haben ein ausgezeichnetes Preis-Leistungs-Verhältnis.

La Veranda (Karte S. 436; 03-572 9177; www.laveranda.co.nz; 56 Vintage Lane; gemischte Platten 19–23 NZ$; Di–So 11–16.30 Uhr) Gemischte Platten zu scharf kalkulierten Preisen: Es gibt erstklassiges Fleisch, Käse und französisches Dessert – so sollte man auf einem Weingut essen! Die Leckereien können entweder draußen oder in dem eleganten Restaurant Domaine George Michel eingenommen werden.

Weintouren

Weintouren werden normalerweise in einem Minibus angeboten, dauern zwischen vier und sieben Stunden, beinhalten den besuch von vier bis sieben Weingütern und kosten zwischen 65 und 95 NZ$ (es gibt auch Tagestouren für bis zu 200 NZ$ mit Mittagessen auf dem Weingut). Hier kommen die *Grand Crus*:

Highlight Wine Tours (03-577-9046, 0800 494 638; www.highlightwinetours.co.nz) Hier steht auch der Besuch einer Schokoladenfabrik auf dem Programm. Maßgeschneiderte Führungen auf Anfrage.

Bubbly Grape (0800 228 2253, 027 672 2195; www.bubblygrape.co.nz) Drei verschiedene Touren mit optionalem Gourmet-Mittagessen.

Sounds Connection (0800 742 866, 03-573 8843; www.soundsconnection.co.nz) Dieser Anbieter arbeitet mit der Herzog Winery zusammen und bietet Mittagessen mit Wein an.

Bike2Wine (0800 653 262, 03-572 8458; www.bike2wine.co.nz; 9 Wilson St, Renwick; Fahrrad/Tandem pro Tag 30/60 NZ$, Transport pro Rad 5–10 NZ$) Eine andere Möglichkeit, auf zwei Rädern zu den Weinbergen zu gelangen. Dieser Veranstalter hat geführte Touren oder Touren auf eigene Faust mit kompletter Ausrüstung im Angebot.

gen Strecken bietet **Naked Bus** (www.naked bus.com) auch günstige Plätze in InterCity-Bussen an, auf den längeren Strecken fahren die Naked-Busse selbst.

Shuttles (und Touren) rund um Blenheim und die Region Marlborough hat **Blenheim Shuttles** (☎ 03-577 5277, 0800 577 527; www.blenheim shuttles.co.nz).

FAHRRAD

Avantiplus (☎ 03-578 0433; www.bikemarlbo rough.co.nz; 61 Queen St; Fahrradverleih halber/ganzer Tag ab 25/40 NZ$) Verleiht Räder; längere Leihdauer und Lieferung nach Absprache.

FLUGZEUG

Der **Marlborough Airport** (Karte S. 436; www. marlboroughairport.co.nz) liegt 6 km westlich der Stadt an der Middle Renwick Rd. **Air New Zealand** (☎ 0800 747 000; www.airnewzealand. co.nz) hat Direktflüge nach/aus Wellington, Auckland und Christchurch. **Soundsair** (www. soundsair.co.nz) verbindet Blenheim mit Wellington und Paraparaumu.

TAXI

Taxis gibt's bei **Marlborough Taxis** (☎ 03-577 5511).

ZUG

KiwiRail Scenic (☎ 04-495 0775, 0800 872 467; www.kiwirailscenic.co.nz) betreibt den *Coastal Pacific*, der täglich auf dem Weg nach Picton (ab 29 NZ$; Okt.–Mai) über Blenheim Richtung Norden und gen Süden über Kaikoura (ab 49 NZ$) nach Christchurch (79 NZ$) fährt.

Kaikoura

3550 EW.

Fährt man auf dem SH1 von Blenheim aus 132 km nach Südosten (oder von Christchurch 183 km nach Norden), kommt man nach Kaikoura, das malerisch auf einer Halbinsel vor der Kulisse der schneebedeckten Gipfel der Seaward Kaikoura Range liegt. Es gibt nur wenige Orte auf der Welt, an denen man so viele Wildtiere beobachten kann, ob sie nun hier leben oder auf der Durchreise sind: Wale, Delfine, Seebären, Pinguine, Sturmtaucher, Sturmvögel und Albatrosse.

Dass hier so viele Meerestiere leben, liegt an den Strömungsverhältnissen im Ozean und an den geografischen Gegebenheiten: Der Meeresboden sinkt vom Land aus allmählich ab und fällt dann steil bis auf mehr als 800 m Tiefe ab, wo die Südströmung auf den Kontinentalsockel trifft. Dadurch entsteht ein Aufwärtsstrom, der Nahrung vom Meeresboden hinauf in die Zone schwemmt, in der sich die Meeresbewohner aufhalten.

Geschichte

Einer Legende der Maori zufolge saß der Halbgott Maui auf der Halbinsel Kaikoura (Taumanu o Te Waka a Maui), als er die Nordinsel aus den Tiefen der See holte. Die Gegend war dicht von Maori bewohnt, und Ausgrabungen belegen, dass hier schon vor 800 bis 1000 Jahren Moa-Jäger gesiedelt hatten. Der Name Kaikoura kommt von „Kai" (Essen) und „koura" (Languste).

1770 segelte James Cook an der Halbinsel vorbei, ging aber nicht an Land. In seinen Tagebuch heißt es, dass 57 Maori in vier doppelrumpfigen Kanus auf die *Endeavour* zu ruderten, sich aber „nicht zum Anlegen bewegen ließen".

1828 gab es am Strand von Kaikoura einen erbitterten Kampf. Ein kriegerischer Stamm der Ngati Toa aus dem Norden, angeführt von Häuptling Te Rauparaha, fiel hier ein und tötete oder fing mehrere Hundert Menschen des einheimischen Stammes der Ngai Tahu.

Die Europäer errichteten hier 1842 eine Walfangstation, und der Ort blieb bis 1922 ein Walfangzentrum. Danach lebte die Gemeinde von Waffen und vom Fischen. Erst in den 1980er-Jahren begann man mit Touren durch die Natur, was die Stadt in das Touristenmekka verwandelte, das sie heute ist.

◉ Sehenswertes

Point Kean Seal Colony TIERSCHUTZGEBIET

Am äußeren Ende der Halbinsel räkeln sich Seebären friedlich im Gras und auf den Felsen und lenken damit alle Aufmerksamkeit auf sich. Man sollte vorsichtshalber einen größeren Abstand zu ihnen einhalten (min. 10 m) und ihnen nie den Weg zum Meer verstellen – denn sie greifen sonst an, wenn sie sich in die Enge getrieben fühlen. Dann können sie sich erstaunlich schnell bewegen.

Fyffe House HISTORISCHES GEBÄUDE

(www.fyffehouse.co.nz; 62 Avoca St; Erw./Kind 10 NZ$/frei; ⏲ Nov.–April tgl. 10–17.30 Uhr, Mai–Okt. Do–Mo bis 16 Uhr) Kaikouras ältestes erhaltenes Gebäude ist das Fyffe House, dessen Basis 1844 aus Walknochen gelegt wurde. Das kleine, zweistöckige Cottage präsentiert sich stolz hinter einem bunten Garten und bietet einen faszinierenden Einblick in das Leben der kolonialen Siedler. Lehrreiche Infotafeln werden durch historische Objekte ergänzt, und die abblätternde Tapete und hier und da ein paar Spinnennetze sorgen für Authentizität. Netter Laden mit Meeressachen!

Kaikoura Museum MUSEUM
(www.kaikoura.govt.nz; West End; Erw./Kind 5/1 NZ$; ⏲ Mo–Fr 10–16.30, Sa & So 14–16 Uhr) Dieses Kleinstadtmuseum ist zusammen mit der Bibliothek im neuen Ratsgebäude untergebracht und zeigt historische Fotografien, Artefakte der Maori und aus der Kolonialzeit, den riesigen Kieferknochen eines Pottwals und die versteinerten Überreste eines Plesiosauriers.

Point Sheep Shearing Show FARM
(www.pointsheepshearing.co.nz; Fyffe Quay; Erw./Kind 10/5 NZ$; ⏲ Shows 13.30 & 16 Uhr) Die etwa 30 Minuten dauernde Schafschurvorführung beim Point B&B macht viel Spaß und ist dazu auch noch sehr lehrreich. Die Zuschauer und Gäste dürfen bei der Fütterung von Schafböcken und – zwischen September und Februar – auch von Lämmern helfen. Neuseeland wie aus dem Bilderbuch!

Aktivitäten

Vor der Esplanade gibt es einen sicheren **Strand** zum baden und ein **Schwimmbad** (Erw./Kind 3/2 NZ$; ⏲ Nov.–März 10–17 Uhr) für Leute mit Abneigung gegen Salzwasser.

In der Gegend finden sich auch tolle Stellen zum **Surfen**, besonders am **Mangamaunu Beach** (15 km nördl. der Stadt), wo ein 500 m langer Point Break aufläuft. Bei guten Bedingungen ein Mordsspaß! Bei **Board Silly Surf Adventures** (☎ 0274 188 900, 0800 787 352; 134 Southbay Pde; 3 Std. Unterricht 75 NZ$, Surfbrett & Neoprenanzug ab 45 NZ$) an der South Bay gibt's Infos, Transportorganisation, Surfunterricht und Ausrüstung. Surfbrettverleih und Tipps bieten auch **R&R Sport** (www.rrsport.co.nz; 14 West End) und **Surf Kaikoura** (www.surfkaikoura.co.nz; 4 Beach Rd).

Kaikoura Peninsula Walkway WANDERN & TREKKEN
Eine lohnender Rundweg (3–4 Std.) von der Stadt aus führt nach Point Kean, an den Klippen entlang zur South Bay und dann über die Landenge zurück in die Stadt (natürlich kann man auch in umgekehrter Richtung laufen). Auf dem Weg sind Kolonien von Neuseeländischen Seebären, Rotschnabelmöwen und Dunklen Sturmtauchern zu sehen. Toll ist auch ein Halt an den Aussichtspunkten; interessante Schautafeln geben Einblick in Flora und Fauna. Wanderer können sich mit einer Karte vom i-SITE oder auf eigene Faust auf den Weg machen.

Dive Kaikoura TAUCHEN
(☎ 03-319 6622, 0800 348 352; www.divekaikoura.co.nz; Yarmouth St; halber Tag 250 NZ$) Die Küste von Kaikoura bietet mit ihren Felsformationen und der reichen Meeresfauna sagenhafte Tauch- und Schnorchelmöglichkeiten. Dive Kaikoura veranstaltet Kleingruppentouren und Tauchtrainings.

Clarence River Rafting RAFTING
(☎ 03-319 6993; www.clarenceriverrafting.co.nz; 3802 SH1, an der Clarence Bridge; Halbtagestour Erw./Kind 120/80 NZ$) Die Stromschnellen (Grad II) des schönen Clarence River laden zu einer halbtägigen Raftingtour (2 Std. auf dem Wasser) oder längeren Touren wie einem Fünf-Tages-Trip mit Campen (1350 NZ$) ein. Der Veranstalter ist am SH1 ansässig, 40 km nördlich von Kaikoura in der Nähe der Clarence Bridge.

Geführte Touren

Touren sind in Kaikoura eine wichtige Einnahmequelle. Alles dreht sich um Meeressäuger: Man sollte sich die Chance nicht entgehen lassen, Wale (Pott-, Zwerg-, Schwert- und Buckelwale sowie Südkaper), Delfine (Hector-Delfine, Tümmler und Schwarzdelfine) sowie Neuseeländische Seebären aus der Nähe zu betrachten. Außerdem gibt es noch jede Menge Vogelarten wie Albatrosse und Zwergpinguine. Im Sommer empfiehlt es sich, die Touren ein paar Wochen im Voraus zu buchen und wegen des Wetters etwas Spielraum einzuplanen.

Walbeobachtung

In Sachen Transportmittel stehen Schiffe, Flugzeuge und Helikopter zur Wahl. Die Flüge sind kurz und kostspielig, ermöglichen aber den Anblick eines Wales in voller Länge – anders als eine Schiffstour, bei der man häufig nur einen flüchtigen Blick auf die Fluke, die Flipper oder das Blasloch erhascht.

Whale Watch Kaikoura ECOTOUR
(☎ 03-319 6767, 0800 655 121; www.whalewatch.co.nz; Bahnhof; 3 Std. Erw./Kind 145/60 NZ$) Mit fachkundiger Begleitung und der faszinierenden Animation „World of Whales" an Bord geht der größte Veranstalter von Kaikoura regelmäßig auf Tour und macht die Teilnehmer mit den ganz großen Bewohnern des Ozeans bekannt. Der Preis wird zu 80 % erstattet, wenn keine Wale gesichtet werden

Kaikoura

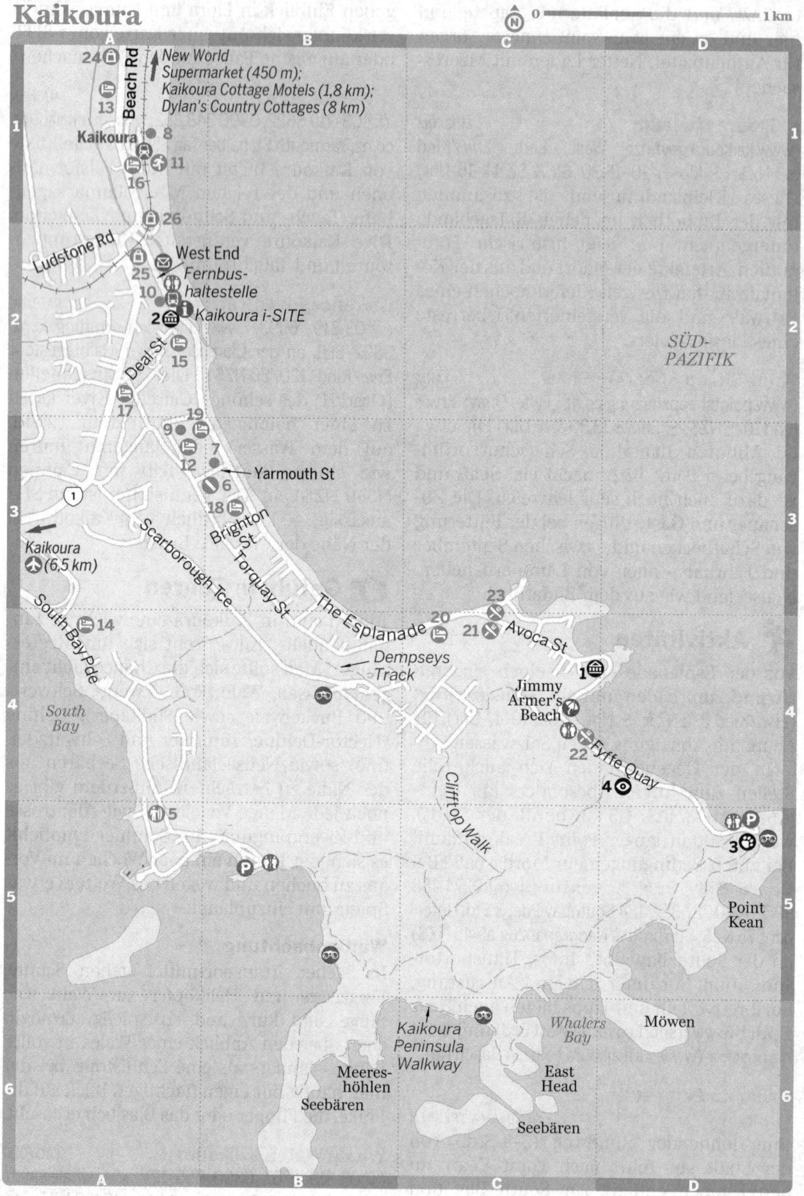

(die Erfolgsquote liegt bei etwa 98 %). Wer eine Tour machen will, sollte einige Extratage einplanen, falls das Wetter umschlägt.

Kaikoura Helicopters TOURISTENFLÜGE (☎03-319 6609; www.worldofwhales.co.nz; Bahnhof; Flug 15–60 Min. ab 100–490 NZ$) Walbeobachtungsflüge (Standardtour 30 Min. 220 NZ$/Pers., min. 3 Pers.), Flüge um die Halbinsel, um Mt. Fyffe und andere Gipfel.

Wings Over Whales ECOTOUR (☎0800 226 629, 03-319 6580; www.whales.co.nz; 30 Min. Flug Erw./Kind 180/75 NZ$) Ultraleicht-

Kaikoura

Sehenswertes
1 Fyffe House C4
2 Kaikoura Museum A2
3 Point Kean Seal Colony D5
4 Point Sheep Shearing Show D4

Aktivitäten, Kurse & Touren
Albatross Encounter (siehe 7)
5 Board Silly Surf Adventures A5
6 Dive Kaikoura B3
7 Dolphin Encounter B3
8 Kaikoura Helicopters A1
9 Kaikoura Kayaks A3
10 Seal Swim Kaikoura A2
11 Whale Watch Kaikoura A1

Schlafen
12 Albatross Backpacker Inn A3
13 Alpine Pacific Holiday Park A1
14 Bay Cottages A4
15 Dolphin Lodge A2
16 Kaikoura Top 10 Holiday Park A1
17 Nikau Lodge A2
18 Sails Motel B3
19 Waves on the Esplanade A3
20 YHA Kaikoura Maui C4

Essen
Cafe Encounter (siehe 7)
21 Green Dolphin C4
22 Kaikoura Seafood BBQ C4
23 Pier Hotel C4
Reserve Hutt (siehe 10)

Shoppen
24 Cods & Crayfish A1
25 R&R Sport A2
26 Surf Kaikoura A1

flugzeuge starten vom Kaikoura Airport, 7 km südlich der Stadt. Die Erfolgsquote in Sachen Sichtungen liegt bei 95 %.

Delfin- & Seebärenbeobachtung

★ **Seal Swim Kaikoura** ÖKOTOUR
(☎ 03-319 6182, 0800 732 579; www.sealswimkaikoura.co.nz; 58 West End; Touren 70–110 NZ$, Beobachtungen Erw./Kind. 55/35 NZ$; ⏲ Okt.–Mai) Während der zweistündigen geführten Schnorcheltouren, die von der Familie Chambers angeboten werden, kann man (warm eingepackt im Neoprenanzug) mit den vielen verspielten Seebären von Kaikoura schwimmen (darunter sind auch ein paar sehr süße Babys). Es gibt Touren an der Küste oder mit dem Boot.

Dolphin Encounter ÖKOTOUR
(☎ 0800 733 365, 03-319 6777; www.encounterkaikoura.co.nz; 96 Esplanade; Schwimmen Erw./Kind 175/155 NZ$, Beobachtung 90/45 NZ$; ⏲ Touren 8.30 & 12.30 Uhr, Nov.–April auch 5.30 Uhr) Hier bietet sich eine Gelegenheit, Schwarzdelfinschulen im Rahmen einer dreistündigen Tour ganz nahe zu kommen. Die Teilnehmerzahl ist begrenzt, also unbedingt frühzeitig buchen!

Kaikoura Kayaks KAJAKFAHREN
(☎ 03-319 7118, 0800 452 456; www.kaikourakayaks.co.nz; 19 Killarney St; 3 Std. Tour Erw./Kind 95/70 NZ$; ⏲ geführte Touren Nov.–April 8.30, 12.30 & 16.30 Uhr, Mai–Okt. 9 & 13 Uhr) Ausgezeichnete familienfreundliche geführte Touren in hochseetauglichen Kajaks zu den Seebären, wobei auch die Küste der Halbinsel erkundet wird. Angelausflüge mit dem Kajak und andere Touren auf Anfrage; Kajak- und Paddelbootverleih.

Vogelbeobachtung

Albatross Encounter VOGELBEOBACHTUNG
(☎ 03-319 6777, 0800 733 365; www.encounterkaikoura.co.nz; 96 Esplanade; Erw./Kind 115/55 NZ$; ⏲ Touren ganzjährig 9 & 13 Uhr, Nov.–April auch 6 Uhr) Kaikoura ist das Paradies für Hobbyornithologen, die mit Adleraugen nach Gelegenheiten zur Beobachtung von Seevögeln Ausschau halten. Sie sehen z. B. Dunkle Sturmtaucher, Kormorane, Schwarzbrauenalbatrosse, Sturmvögel und die unvergleichlichen Königsalbatrosse.

Angeln

Angeln ist in Kaikoura eine verbreitete Leidenschaft. Jeder, der ein Boot besitzt, hat stets einen Grund parat, aus dem er jetzt unbedingt rausfahren muss. Das ist eine gute Möglichkeit zum *kai koura* (Langusten essen). Touren werden ab ca. 60 NZ$ angeboten; beim **i-SITE** (☎ 03-319 5641; www.kaikoura.co.nz; West End; ⏲ Mo–Fr 9–17, Sa & So bis 16 Uhr, Dez.–März länger geöffnet) gibt's eine Liste mit allen Anbietern.

Fishing at Kaikoura ANGELN
(☎ 03-319 3003; geraRddiedrichs@xtra.co.nz) Angeln, Langustenfang, Ausflugsfahrten und Wasserskifahrten auf der 6 m langen *Sophie-Rose*.

Kaikoura Fishing Charters ANGELN
(☎ 03-319 6888; www.kaikourafishing.co.nz) Zuerst wirft man von der 12 m langen *Takapu* die Angel aus, dann nimmt man den filetierten Fang zum Essen mit nach Hause.

Kaikoura Fishing Tours ANGELN
(☎0800 246 6597; www.kaikoura-fishing-tours.co.nz) Schöne Landschaft und Angeln auf einer Tour. Der Fang wird hier küchenfertig filetiert.

Trampen & Radfahren

Fahrräder in der Stadt gibt's bei R&R Sport (S. 441) und Surf Kaikoura (S. 441). Dort kann man auch nach dem Track zum Fuß des Mt Fyffe fragen.

Walks Kaikoura WANDERN
(☎027 473 2659, 027 437 2426; www.walkskaikoura.com; halber/ganzer Tag ab 75/145 NZ$) Erfahrene einheimische Führer bieten individuelle Wandertouren in der Gegend an: von Berg- bis Küstenwanderungen mit Hubschrauberflügen bis hin zu Fahrradtouren auf ruhigen, geteerten Straßen und dem neu angelegten Weg am Flussufer entlang.

Kaikoura Coast Track WANDERN
(☎03-319 2715; www.kaikouratrack.co.nz; 230 NZ$) Diese einfache dreitägige, 37 km lange Wandertour in Eigenregie über privates Farmland verbindet Küsten- und Bergpanorama miteinander. Im Preis enthalten sind drei Übernachtungen in Farm-Cottages und der Gepäcktransport; Schlafsack und Verpflegung müssen mitgebracht werden. Der Anfang der Tour liegt 45 km südlich von Kaikoura.

Kaikoura Wilderness Walks WANDERN
(☎03-319 6966, 0800 945 337; www.kaikourawilderness.co.nz; Pauschalangebot mit 1/2 Übernachtungen 1195/1595 NZ$) Zwei- oder dreitägige Touren durch das private Puhi Peaks Nature Reserve hoch oben auf der Seaward Kaikoura Range. Im Preis enthalten sind Unterkunft und das üppige Essen in der luxuriösen Shearwater Lodge.

Noch mehr Touren

Kaikoura Mountain Safaris TAUCHEN
(☎03-319 6424, 021 869 643; www.kaikouramountainsafaris.co.nz; halber Tag Erw./Kind 100/55 NZ$, 1 Tag Erw./Kind 165/100 NZ$) Fahrten ins Hinterland im Geländewagen oder Unimog: Drei unterschiedliche Touren (mit Start vor dem i-SITE) führen in die Bergwelt, zu abgelegenen Farmen und ins Tal des Clarence River.

Maori Tours Kaikoura KULTURELLE TOUR
(☎03-319 5567, 0800 866 267; www.maoritours.co.nz; 3½ Std. Erw./Kind 134/74 NZ$; ⏲Touren 9 & 13.30 Uhr) Faszinierende halbtägige Touren in kleinen Gruppen, die durch die Gastfreundlichkeit der Maori und etwas Landeskunde abgerundet werden. Man bekommt historische Stätten gezeigt, Legenden erzählt und die Nutzung von Bäumen und Pflanzen erklärt. Frühzeitige Reservierung erforderlich.

Schlafen

Im Sommer sind die Unterkünfte schnell vergeben, also am besten frühzeitig reservieren oder die Reise in die Nebensaison verlegen, wenn die Übernachtungspreise fallen!

Albatross Backpacker Inn HOSTEL $
(☎03-319 6090, 0800 222 247; www.albatross-kaikoura.co.nz; 1 Torquay St; B 29-32 NZ$, 2B/DZ 69/74 NZ$; @📶) Diese farbenfrohe, künstlerische Backpackerunterkunft nimmt drei nette Gebäude ein (eines ist das ehemalige Postamt), die in Strandnähe stehen, aber vor der Meeresbrise geschützt sind. Neben einer Lounge mit Musikinstrumenten zum Jammen gibt es auch Terrassen und Verandas zum Relaxen.

Dolphin Lodge HOSTEL $
(☎03-319 5842; www.dolphinlodge.co.nz; 15 Deal St; B 28 NZ$, DZ mit/ohne Bad 69/62 NZ$; @📶) Die Besitzer dieses kleinen, gemütlichen Hostels haben einen grünen Daumen und pflegen ihren Garten liebevoll. Drinnen ist es ein bisschen eng, aber an trockenen Tagen spielt sich sowieso alles draußen ab: auf der schönen Veranda, rund um den Grill oder im Whirlpool.

Alpine Pacific Holiday Park FERIENPARK $
(☎03-319 6275, 0800 692 322; www.alpine-pacific.co.nz; 69 Beach Rd; Stellplatz ab 46 NZ$, Hütt 78 NZ$, Wohneinheit 130–195 NZ$; @📶🏊) Dieser kompakte und gepflegte Ferienpark bewältigt den Besucheransturm gut und bietet ausgezeichnete Einrichtungen wie eine saubere Küche, ein luxuriöses Pool-Areal und einen Grillpavillon. Die Hütten und Wohneinheiten sind etwas stilvoller als der Durchschnitt, und aus vielen Blickwinkeln bietet sich eine tolle Aussicht auf die Berge.

Kaikoura Top 10 Holiday Park FERIENPARK $
(☎03-319 5362, 0800 363 638; www.kaikouratop10.co.nz; 34 Beach Rd; Stellplatz 42–52 NZ$, Hütte 70–95 NZ$, Wohneinheit 110–160 NZ$; @📶🏊) Eine mächtige Hecke schirmt den gut besuchten, gepflegten Campingplatz mit familienfreundlichen Einrichtungen (beheizter Pool, Whirlpool, Trampolin), Hütten und Wohneinheiten mit üblichen Top-10-Standard vom Highway ab.

YHA Kaikoura Maui HOSTEL $

(☎ 03-319 5931, 0800 278 299; www.yha.co.nz; 270 Esplanade; B 33 NZ$, DZ 89–110 NZ$, 3BZ 102 NZ$; @ 📶) 15 Gehminuten von der Stadt entfernt steht diese Jugendherberge am Meer und bietet ungetrübte Aussicht über die Bucht auf die von Pinien gesäumte Esplanade und die mächtigen Gipfel dahinter. Aus vielen Zimmern und vom Speisesaal mit den Panoramafenstern aus hat man eine ähnlich prächtige Aussicht. Das 1962 eigens errichtete Hostel ist insgesamt ordentlich und praktisch, nur die Ecken sind etwas versifft.

★ Dylan's Country Cottages COTTAGES $$

(☎ 03-319 5473; www.lavenderfarm.co.nz; 268 Postmans Rd; DZ 195 NZ$; ⌚ Mai–Aug. geschl.; 📶) Auf dem Gelände der wunderbaren Kaikoura Lavender Farm, die im Nordwesten der Stadt liegt, bieten sich zwei abgeschlossene Cottages als duftende Zuflucht vor den Küstenwinden an. Eines hat ein eigenes Bad im Freien mit einer Dusche unter einem Baum; das andere einen Spa-Bereich und eine Liegewiese. Hausgemachte Scones, leckere Marmeladen und frische Freilandeier gibt es zum Frühstück. Nett, elegant, romantisch.

Kaikoura Cottage Motels MOTEL $$

(☎ 03-319 5599, 800 526 882, 03-319 5599; www.kaikoura-cottagemotels.co.nz; Ecke Old Beach & Mill Rd; DZ 140–160 NZ$; 📶) Die Enklave aus acht modernen Apartments, die von blühenden einheimischen Pflanzen umgeben ist, ist ein toller Anblick. In den separaten, zu den Bergen ausgerichteten Wohneinheiten mit großem, offenem Wohnbereich und einem Schlafzimmer finden je vier Traveller Platz. Alles hier ist in ruhigen Blau- und Cremetönen gehalten und hochwertig möbliert.

Bay Cottages MOTEL $$

(☎ 03-319 5506; www.baycottages.co.nz; 29 South Bay Pde; Cottage/Motel-Zi. 100/130 NZ$; 📶) Eine tolle Alternative an der South Bay, ein paar Kilometer südlich der Stadt: Die Anlage umfasst fünf Cottages für bis zu vier Personen mit Küche und Bad, sowie zwei schicke Motelzimmer mit Edelstahlbänken, gemütlicher Atmosphäre und klaren Linien. Bei gutem Wetter nimmt einen der freundliche Besitzer vielleicht zum Langustenfang mit.

Sails Motel MOTEL $$

(☎ 03-319 6145; www.sailsmotel.co.nz; 134 Esplanade; DZ 120–140 NZ$, 4BZ 170 NZ$; 📶) Da das Motel keinen Blick aufs Meer (oder auf Segel) bietet, müssen die netten Besitzer schon mit Qualität beeindrucken. Die vier abgeschiedenen, geschmackvoll eingerichteten Wohneinheiten für Selbstversorger liegen am Ende einer Zufahrtsstraße in einem Garten (mit viel ungestörtem Platz im Freien).

Nikau Lodge B&B $$$

(☎ 03-319 6973; www.nikaulodge.com; 53 Deal St; DZ 190–260 NZ$; @ 📶) In diesem hübschen B&B am Hügel mit toller Aussicht erwartet Besucher ein herzliches Willkommen. Die fünf schicken und komfortablen Zimmer mit Bad sind noch nicht alles: Dazu gibt's noch leckeres Frühstück mit frischem Kaffee. Gute Stimmung, selbst gemachte Backwaren, kostenloser WLAN-Zugang, Gratis-Getränke, Whirlpool und ein blühender Garten – hier würde man gern einziehen!

Waves on the Esplanade APARTMENT $$$

(☎ 03-319 5890, 0800 319 589; www.kaikouraapartments.co.nz; 78 Esplanade; Apt. 240–350 NZ$; 📶) Wer ohne den gewohnten häuslichen Komfort nicht leben kann, ist hier genau richtig: Gästen stehen geräumige, luxuriöse Apartments mit zwei Schlafzimmern, Sky-TV, DVD-Spielern, zwei Bädern, Waschküche und Küche zur Verfügung. Natürlich gibt's großartigen Meerblick vom Balkon aus. Die Preise gelten für bis zu vier Gäste.

Essen & Trinken

Kaikoura hat ein paar klasse Cafés und Restaurants und viele grottenschlechte.

Kaikoura Seafood BBQ SEAFOOD $

(Fyffe Quay; 5–9 NZ$; ⌚ 10.30–19 Uhr) Dieser alteingesessene Grillimbiss am Straßenrand liegt praktischerweise auf dem Weg zur Seebärenkolonie von Point Kean und verkauft leckeres Seafood wie Langusten und Muscheln zu erschwinglichen Preisen.

Reserve Hutt CAFÉ $

(72 West End; Gerichte 10–20 NZ$; ⌚ 9–15 Uhr) Der leckerste Kaffee im Stadtzentrum stammt aus eigener Rösterei und wird von den Baristas des besten Cafés von Kaikoura liebevoll gebrüht. Von der nostalgischen Kiwiana-Schwärmerei einmal abgesehen, ist dies ein hübscher Ort, um ein paar Stunden bei leckeren Muffins, köstlichen Schinkencroissants oder einem gehaltvollen Brunch zu verbringen.

Cafe Encounter CAFÉ $

(96 Esplanade; Gerichte 8–23 NZ$; ⌚ 7–17 Uhr; 📶 ✍) Das im Komplex von Encounter Kaikoura untergebrachte Café ist mehr als nur ein Aufenthaltsraum, in dem man auf den

LANGUSTEN BIS ZUM ABWINKEN

Unter den vielen Meerestieren Kaikouras ist eine Spezies, an der man praktisch nicht vorbeikommt: die Languste. Ihr delikates Fleisch dominiert die hiesigen Speisekarten. Unglücklicherweise (manchen meinen auch überflüssigerweise) sind die Tierchen teuer: In Restaurants muss man rund 55 NZ$ für eine halbe, bzw. über 100 NZ$ für eine ganze Languste berappen. Frische, gekochte oder rohe Langusten erhält man auch bei **Cods & Crayfish** (81 Beach Rd; ⌚8–18 Uhr) oder am berühmten **Nins Bin** (SH1; ⌚8–18 Uhr), einem Imbisswagen am Strand 23 km nördlich der Stadt. Hier bekommt man für 50 NZ$ aufwärts schon ein ordentliches Exemplar. Ansonsten kann man auch selbst eine Angeltour unternehmen oder einfach zum Kaikoura Seafood BBQ, einem Stand am Straßenrand in der Nähe der Seebärenkolonie gehen, wo die gekochten Langusten im Sonnenschein am Meer genossen werden können.

Beginn seiner Tour wartet. An der Theke gibt es gute Sandwiches, Gebäck und Kuchen sowie eine täglich andere Auswahl von Gerichten wie Schweineschnitzel und Fenchelsalat. Von der sonnigen Veranda aus hat man eine schöne Aussicht aufs Meer.

New World Supermarket SUPERMARKT $
(124-128 Beach Rd; ⌚7.30–21 Uhr) Zehn Gehminuten vom Stadtzentrum entfernt.

Pier Hotel PUB $$
(☎03-319 5037; www.thepierhotel.co.nz; 1 Avoca St; Mittagessen 1523 NZ$, Abendessen 27–38 NZ$; ⌚11 Uhr–open end) Das historische Pier Hotel in bester Strandlage ist ein freundliches, einladendes Lokal mit Panoramablick. Hier kann man draußen oder drinnen an der schönen öffentlichen Bar oder im Speisesaal etwas essen oder trinken. Die Unterkünfte im Obergeschoss sind zwar schon alt, aber preiswert (DZ inkl. Frühstück ab 90 NZ$).

★ **Green Dolphin** MODERN-NEUSEELÄNDISCH $$$
(☎03-319 6666; www.greendolphinkaikoura.com; 12 Avoca St; Hauptgerichte 25–39 NZ$; ⌚17–23 Uhr) In dieser Spitzeninstitution von Kaikoura werden erstklassige Zutaten wie Meeresfrüchte, Rind, Lamm und Wild verwendet, und es kommen saisonale Gerichte wie frische Tomatensuppe auf den Tisch. Außerdem kann man ausgezeichnete selbst gemachte Pasta bestellen. Auf der langen Getränkekarte stehen u. a. kreative Aperitifs, Qualitätsbier, interessante Weine und vieles mehr. Reservierung ist ratsam, besonders wenn man sich einen Tisch am Fenster mit Blick auf den Sonnenuntergang sichern will.

ℹ Praktische Informationen

Kaikoura i-SITE (☎03-319 5641; www.kaikoura.co.nz; West End; ⌚Mo–Fr 9–17, Sa & So 9–16 Uhr, Dez.–März länger geöffnet) Hilfsbereite Mitarbeiter nehmen Reservierungen für Touren, Unterkünfte und Fahrten vor und helfen bei allen Fragen zum DOC.

Paperplus/Post (☎03-319 6808; 41 West End) Poststelle.

ℹ An- & Weiterreise

BUS

Atomic Shuttles (☎0508 108 359, 03-349 0697; www.atomictravel.co.nz) Busse fahren auf ihrer Route von Christchurch nach Picton an Kaikoura vorbei, wo es u. a. Verbindungen nach Nelson, Queenstown und Invercargill gibt.

InterCity (☎03-365 1113; www.intercity.co.nz) Busse von Kaikoura nach Nelson (3½ Std.), Picton (2¼ Std.) und Christchurch (2¾ Std.). Sie halten auf dem Parkplatz neben dem i-SITE (Fahrkarten und Infos sind drinnen erhältlich).

Naked Bus (☎0900 625 33; www.nakedbus.com) Auf größeren Routen gibt es Tickets für die eigenen Busse, und auf anderen Strecken werden je nach Kapazität auch Tickets für Plätze in anderen Bussen verkauft.

ZUG

KiwiRail Scenic (☎0800 872 467; www.kiwirailscenic.co.nz) betreibt den *Coastal Pacific*, der in Kaikoura auf der täglichen Fahrt zwischen Picton (ab 59 NZ$, 2¼ Std.; Okt.–Mai) und Christchurch (ab 49 NZ$, 3 Std.) Halt macht. Der Zug Richtung Norden verlässt Kaikoura um 9.54 Uhr, der nach Süden um 15.28 Uhr.

ℹ Unterwegs vor Ort

Kaikoura Shuttles (☎03-319 6166; www.kaikourashuttles.co.nz) Bietet Rundfahrten zu den Sehenswürdigkeiten der Region sowie Fahrten vom/zum Flughafen.

REGION NELSON

Die Region um Nelson, deren Zentrum die Tasman Bay bildet und die sich nordwärts bis zur Golden Bay und dem Farewell Spit sowie südwärts bis zu den Nelson Lakes erstreckt, ist ein beliebtes Reiseziel für Ausländer wie Einheimische. Das ist nur allzu verständlich: Hier gibt es nicht nur drei Nationalparks (den Kahurangi, den Nelson Lakes und den Abel Tasman National Park), auch in Sachen Essen, Wein und Bier, Kunst und Feste bleiben fast keine Wünsche offen. Aber das größte Freizeitvergnügen ist, einfach im Sonnenschein zu dösen.

Nelson

46 440 EW.

Wegen der wunderbaren Kombination aus tollem Wetter und schöner Landschaft wird Nelson als eine der „lebenswertesten Städte Neuseelands" gepriesen. Im Sommer wimmelt es hier nur so von Besuchern, die die zahlreichen Angebote der Stadt nutzen.

Sehenswertes

Nelson besitzt ungewöhnlich viele Galerien, die meisten sind in der Broschüre *Art & Crafts Nelson City* (mit Wanderkarte) aufgeführt, die beim i-SITE erhältlich ist. Ein lohnender Spaziergang beginnt beim **Fibre Spectrum** (www.fibrespectrum.co.nz; 280 Trafalgar St), wo handgewebte Wollwaren verkauft werden, weiter geht es zum Juwelier **Jens Hansen** (www.jenshansen.com; 320 Trafalgar Sq.), dem „Herrn der Ringe", und anschließend zur Glasbläserei **Flamedaisy** (www.flamedaisy.com; 324 Trafalgar Sq.). Um die Ecke liegt die Töpferei von Nelson, die **South Street Gallery** (www.nelsonpottery.co.nz; 10 Nile St W). Weiteres interessantes Kunsthandwerk aus der Region findet man samstags auf dem **Nelson Market** (Montgomery Sq.; Sa 8–13 Uhr).

★ **Christ Church Cathedral** KIRCHE
(www.nelsoncathedral.org; Trafalgar Sq; Nov.–März 8–19 Uhr, April–Okt. bis 17 Uhr) GRATIS Schon ewig das Wahrzeichen von Nelson ist die im Art-déco-Stil erbaute Christ Church Cathedral, die am Ende der Trafalgar St über die Stadt aufragt. Die beste Besuchszeit ist während der Sonntagsmessen um 10 und 18 Uhr, wenn man dem Organisten und dem Chor lauschen kann.

Nelson Provincial Museum MUSEUM
(www.nelsonmuseum.co.nz; Ecke Hardy St & Trafalgar St; Erw./Kind 7/5 NZ$; Mo–Fr 10–17, Sa & So 10–16.30 Uhr) Der moderne Ausstellungsraum ist voller Exponate zum kulturellen Erbe und zur Naturgeschichte mit Schwerpunkt auf der Region. Regelmäßig werden auch Sonderausstellungen gezeigt (mit wechselnden Eintrittsgebühren). Es gibt auch einen großen Dachgarten.

★ **Suter Art Gallery** GALERIE
(www.thesuter.org.nz; 208 Bridge St; Erw./Kind 3/0,50 NZ$, Sa Eintritt frei; 10.30–16.30 Uhr) Neben den Queen's Gardens befindet sich Nelsons Kulturhochburg. Hier finden Wanderausstellungen, Vorträge, Musical- und Theatervorstellungen sowie Filmabende statt. Seit August 2014 wird das Suter renoviert. Auf der Website gibt's Infos über die Wiedereröffnung und Details zu verlagerten Ausstellungen.

Founders Heritage Park MUSEUM
(www.founderspark.co.nz; 87 Atawhai Dr; Erw./Kind/Fam. 7/5/15 NZ$; 10–16.30 Uhr) In diesem Park, 2 km vom Stadtzentrum entfernt, lassen sich die Nachbildung eines historischen Dorfes, ein Museum und eine Galerie besichtigen, zudem gibt es von Hand Hergestelltes wie Schokolade und Kleidung. Den faszinierenden Spaziergang durch das Dorf rundet ein Besuch bei **Founders Brewery & Café** (www.foundersbrewery.co.nz; Gerichte 11–20 NZ$; So–Do 10–18, Fr & Sa 10–21 Uhr) ab. Der sonnendurchflutete Hopfengarten und das frisch gebraute Bier, das auf einer Probierplatte für 10 NZ$ daherkommt, machen diesen Fleckchen perfekt für ein gemütliches Essen oder einen leichten Snack. Der Beef-Burger ist fabelhaft!

Queens Gardens GÄRTEN
(Bridge St) In diesen schön gestalteten Gärten, die dem 50. Kronjubiläum von Queen Victoria gewidmet sind, taucht man in über 120 Jahre botanische Geschichte ein. Die Anlage eignet sich perfekt für ein Picknick oder ein Nickerchen auf dem Rasen.

Tahuna Beach STRAND
Nelsons bester Spielplatz kommt in Form eines langen Sandstrands (im Sommer bewacht) daher. Auf den großen Grünflächen dahinter finden sich ein echter Kinderspielplatz, ein Espressoverkäufer, ein Swimmingpool, verschiedene andere Freizeitmöglichkeiten und eine Restaurantmeile. An den Wochenenden kann es hier ausgesprochen voll werden.

Aktivitäten

Nelson bietet unendlich viele Möglichkeiten für Outdoor-Aktivitäten.

Nelson Zentrum

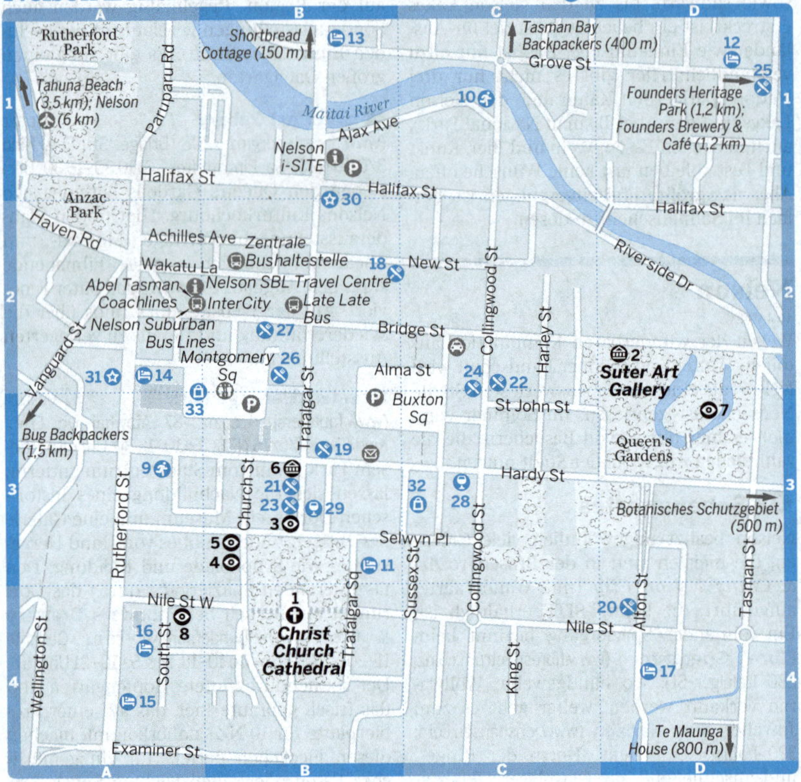

Wandern & Radfahren

In der und um die Stadt wurden viele gute Wander- und Radwege angelegt, die auf den Karten des i-SITE verzeichnet sind. Die klassische Strecke ist die über das **Botanical Reserve** (Milton St) zum **Centre of NZ**. Wem das gefallen hat, der sollte die **Grampians** ausprobieren. Das **Dun Mountain Trail**-Netz erstreckt sich über die Hügel südlich des Zentrums und bietet viele Routen für fitte, erfahrene Mountainbiker, genau wie der **Codgers MTB Park**. Auf dem neuen Great Taste Trail (S. 454) geht es über flaches Land, und überall gibt es lokale Biere und Wein.

UBike RADFAHREN
(☎ 0800 282 453; www.ubike.co.nz; Collingwood St Bridge; Verleih halber/ganzer Tag 40/60 NZ$) Nicht weit vom i-SITE entfernt verleiht UBike City- und Mountainbikes von einem Wohnwagen am Fluss aus. Hier bekommt man auch Karten und Tipps sowie einen Espresso als Antrieb.

Gentle Cycling Company RADFAHREN
(☎ 03-929 5652, 0800 932 453; www.gentlecycling.co.nz; 5-/8-stündige Tour 75/80 NZ$) Radtouren in Eigenregie entlang dem Great Taste Trail mit Besuchen (und Verköstigungen) in Weingütern, Brauereien, Cafés und gelegentlich Galerien. Fahrradverleih (45 NZ$/Tag) und Shuttles sind ebenfalls möglich.

Biking Nelson MOUNTAINBIKING
(☎ 021 861 725, 0800 224 532; www.bikingnelson.co.nz; 3-stündige geführte Tour 115 NZ$, Fahrradverleih halber/ganzer Tag 45/65 NZ$) Auf geht's zu den Mountainbike-Trails von Nelson mit Dave und seiner Crew, die geführte Touren für Anfänger und Fortgeschrittene anbieten (mit kompletter Ausrüstung)! Man kann sich auch nur ein Fahrrad leihen und gute Tipps abholen.

Bike Barn RADFAHREN
(www.bikebarn.co.nz; 114 Hardy St; Verleih ab 40 NZ$/Tag) Fahrradverleih im Stadtzentrum plus Service und Reparatur.

Nelson Zentrum

Highlights
1 Christ Church Cathedral ... B4
2 Suter Art Gallery ... D2

Sehenswertes
3 Fibre Spectrum ... B3
4 Flamedaisy Glass Design ... B3
5 Jens Hansen ... B3
6 Nelson Provincial Museum ... B3
7 Queens Gardens ... D3
8 South Street Gallery ... A4

Aktivitäten, Kurse & Touren
9 Bike Barn ... A3
10 UBike ... C1

Schlafen
11 Accents on the Park ... B3
12 Almond House ... D1
13 Cedar Grove Motor Lodge ... B1
14 Nelson YHA ... A2
15 Palazzo Motor Lodge ... A4
16 South Street Cottages ... A4
17 Trampers Rest ... D4

Essen
18 DeVille ... B2
19 Falafel Gourmet ... B3
20 Fish Stop ... D4
21 Ford's ... B3
22 Free House ... C2
23 Hopgood's ... B3
24 Indian Café ... C2
25 Organic Greengrocer ... D1
26 Penguino Ice Cream Café ... B2
Stefano's ... (siehe 30)
27 Swedish Bakery & Café ... B2

Ausgehen & Nachtleben
28 Sprig & Fern ... C3
29 Vic ... B3

Unterhaltung
30 State Cinemas ... B2
31 Theatre Royal ... A2

Shoppen
32 Nelson Farmers' Market ... C3
33 Nelson Market ... A2

Gleitschirmfliegen, Kitesurfen & Stehpaddeln

Nelson ist der perfekte Ort, um hoch hinaus oder ins kühle Nass zu kommen. Im Sommer ist vor allem rund um den fantastischen Tahuna Beach jede Menge Action geboten. Tandem-Gleitschirmflüge kosten rund 180 NZ$, Kitesurf-Einführungskurse gibt's ab 150 NZ$, und für rund 25 NZ$ pro Stunde kann man sich ein Stehpaddel-Brett leihen.

Nelson Paragliding GLEITSCHIRMFLIEGEN
(☎03-544 1182; www.nelsonparagliding.co.nz)

Kitescool KITESURFEN, STEHPADDELN
(☎021 354 837; www.kitescool.co.nz)

Kite Surf Nelson KITESURFEN
(☎0800 548 363; www.kitesurfnelson.co.nz)

Supstar STEHPADDELN
(☎021 0268 5552; www.supstarboards.co.nz)

Noch mehr Aktivitäten

★ **Nelson Bonecarving** SCHNITZEN
(☎03-546 4275; www.carvingbone.co.nz; 87 Green St, Tahunanui; 1-tägiger Kurs 79 NZ$) Wer die Schnitzkunst der Maori bewundert, wird von diesem zertifizierten Knochenschnitzkurs begeistert sein. Kursleiter Stephan sorgt für alle Materialien, Werkzeuge, Anleitung, Ermutigung und viele Tassen Tee (Teilnehmer werden auf Wunsch kostenlos von ihrer Unterkunft abgeholt und zurückgebracht). Mit Fantasie und ein bisschen Talent kann jeder sein eigenes Knochenschnitzstück kreieren.

Happy Valley Adventures ABENTEUERSPORT
(☎03-545 0304, 0800 157 300; www.happyvalleyadventures.co.nz; 194 Cable Bay Rd; Skywire Erw./Kind 85/55 NZ$, Quadbike-Tour ab 95 NZ$, Ausritt 75 NZ$) Hier kann man an einem „Skywire" (Mix aus Sessellift und Seilrutsche) 150 m über dem Wald 1,65 km weit durch die Luft sausen. Wem das nicht genügt, der kann mit dem Quad durch die Gegend preschen. Wer es lieber ruhiger angeht, sollte bei einem Ausritt die Gegend erkunden. Der Anbieter sitzt 15 Fahrtminuten nordöstlich von Nelson am SH6; es gibt ein Café vor Ort.

Cable Bay Kayaks KAJAKFAHREN
(☎03-545 0332, 0508 222 532; www.cablebaykayaks.co.nz; Cable Bay Rd; halber/ganzer Tag 85/145 NZ$) 15 Fahrtminuten außerhalb von Nelson trifft man Nick und Jenny, die geführte Seekajaktrips entlang der Küste anbieten. Auf Schnorcheltouren (Ausrüstung liegt im Boot bereit) sind hautnahe Begegnungen mit Meerestieren und vielleicht sogar ein Höhlenbesuch möglich.

Geführte Touren

Bay Tours GEFÜHRTE TOUR
(☎03-548-6486, 800 229 868; www.baytoursnelson.co.nz; halber/ganzer Tag ab 75/144 NZ$)

Die Touren drehen sich um die Themen Stadt und Region Nelson, Wein, Bier, Essen und Kunst. Eine ganztägige Fahrt durch die Gegend umfasst einen Besuch in Kaiteriteri und eine Bootsfahrt zum Abel Tasman National Park.

Nelson Tours & Travel GEFÜHRTE TOUR
(☎0272 375 007, 0800 222 373; www.nelsontoursandtravel.co.nz) C.J. und seine Crew bieten verschiedene flexible Touren für Kleingruppen an, bei denen sich alles um die ess- und trinkbaren Highlights Nelsons dreht. Im Rahmen der fünfstündigen Tour „Best of Both Worlds" besucht man Weingüter und Brauereien (95 NZ$), auf der Eintagestour geht's rüber zu den Weingütern von Marlborough (160 NZ$).

Feste & Events

Aktuelle Infos zu Veranstaltungen in Nelson gibt's unter www.itson.co.nz und www.nelsonfestivals.co.nz.

Nelson Jazz & Blues Festival MUSIK
(www.nelsonjazzfeStco.nz) Über 50 Jazz-Events an acht Tagen im Januar. Regionale und internationale Künstler treten in Hallen und an Straßenecken überall in der Region auf.

Nelson Arts Festival KUNST
(www.nelsonfestivals.co.nz) Das Kunstfest im Oktober dauert über zwei Wochen. Zu den Events gehören ein Straßenkarneval, Ausstellungen, Kabarett, Lesungen, Theateraufführungen und Konzerte.

Schlafen

Accents on the Park HOSTEL $
(☎03-548 4335, 0800 888 335; www.accentsonthepark.com; 335 Trafalgar Sq; Stellplatz ab 15 NZ$, B 20–28 NZ$, DZ mit/ohne Bad ab 92/60 NZ$; @ WLAN) Dieses perfekt gelegene Hostel wirkt eher wie ein Hotel. Es bietet professionelle Mitarbeiter, Balkone, Filmabende mit kostenlosem Popcorn, täglich kostenlos frisches Brot, WLAN, schalldichte Zimmer, hochwertige Bettwäsche, saubere Badezimmer und einen Fahrradverleih. Vor Ort befindet sich auch das **East St**, ein cooles Veggie-Café mit Bar.

Shortbread Cottage HOSTEL $
(☎03-546 6681; www.shortbreadcottage.co.nz; 33 Trafalgar St; B 26 NZ$, EZ & DZ 58 NZ$; @ WLAN) Diese renovierte, 100 Jahre alte Villa hat zwar nur ein Dutzend Betten, sprüht aber nur so vor Charme und Gastfreundlichkeit. Geboten sind kostenloser Internetzugang, frisches Brot und Shortbread bei der Ankunft. Außerdem liegt das Quartier nur einen Katzensprung vom Stadtzentrum entfernt.

Tasman Bay Backpackers HOSTEL $
(☎03-548 7950, 0800 222 572; www.tasmanbaybackpackers.co.nz; 10 Weka St; Stellplatz ab 18 NZ$, B 26–28 NZ$, DZ 70–85 NZ$; @ WLAN) Dieses gut gestaltete, freundliche Hostel verfügt über luftige Gemeinschaftsräume, superbunte Zimmer, eine sonnige Veranda und eine gern genutzte Hängematte. Als kostenlose Extras gibt's WLAN, Fahrräder, Frühstück im Winter und Schokoladenpudding und Eis das ganze Jahr über.

Trampers Rest HOSTEL $
(☎03-545 7477; 31 Alton St; B/EZ/DZ 28/46/66 NZ$; ⊗geschl. Juni–Sept.; @ WLAN) Das kleine, aber beliebte Hostel mit nur sieben Betten (keine Etagenbetten) ist in punkto Behaglichkeit kaum zu übertreffen. Der enthusiastische Inhaber ist selbst leidenschaftlicher Wanderer und Radfahrer und kann so seine Gäste umfassend informieren. Räder werden kostenlos verliehen. Außerdem gibt es eine kleine Küche, eine Bücherbörse und ein Klavier für den Musikabend.

Bug Backpackers HOSTEL $
(☎03-539 4227; www.thebug.co.nz; 226 Vanguard St; B 25–28 NZ$, DZ 66–100 NZ$; @ WLAN) Das gut geführte Hostel liegt 15 Gehminuten von der Stadt entfernt und nimmt eine umgebaute Villa, ein brandneues Gebäude gleich nebenan und eine günstige Wohneinheit für Selbstversorger mit Platz für fünf Personen ein. Durch die mutig-bunten Farben, hochwertigen Betten, den gemütlichen Innenhof und die freundlichen Besitzer verströmt das Bug pure Lebensfreude. Kostenlose Extras sind der Fahrradverleih, WLAN und Abhol-/Bringservice.

Almond House HOSTEL $
(☎03-545 6455; www.almondbackpackers.co.nz; 63 Grove St; B/EZ/EZ 29/46/68 NZ$; @ WLAN) Dieses Hostel besteht aus einem Haus mit Garten in der Nähe des Stadtzentrums und verfügt über Schlafsäle mit vier Betten und Doppelzimmer, die mit bunter, regionaler Kunst und hochwertiger Bettwäsche ausgestattet sind. Die freundliche Atmosphäre macht einen fast zum Familienmitglied. Kostenloser Internetzugang und Fahrräder.

Nelson YHA HOSTEL $
(☎03-545 9988; www.yha.co.nz; 59 Rutherford St; B/EZ/DZ ab 33/66/87 NZ$, DZ mit Bad 110 NZ$;

DIE WUNDERBARE WELT DER TRAGBAREN KUNST

Nelson verströmt Kreativität, so ist es kaum verwunderlich, dass die fantasievollste Modenschau Neuseelands in dieser Stadt ins Leben gerufen wurde. Das Ganze geht auf das Jahr 1987 zurück, als die Modeschöpferin Suzie Moncrieff eine unkonventionelle Modenschau veranstaltete. Das Konzept bestand darin, Kunstwerke zu kreieren, die wie Kleidungsstücke getragen und präsentiert werden konnten. Die Idee schlug ein: Die World of WearableArt Awards Show ist zu einer jährlichen Veranstaltung geworden. Holz, Papiermaché, Paua-Muschelschalen, Ohrstöpsel, Getränkedosen und Pingpongbälle wurden schon zu Modekreationen verarbeitet. Die Präsentationen der „Bizarre Bras" sind Publikumserfolge.

Der Kreativitätswettbewerb wurde mittlerweile nach Wellington verlegt, doch ein anderer Augenschmaus ist Nelson geblieben: das **World of WearableArt & Classic Cars Museum** (WOW; www.wowcars.co.nz; 1 Cadillac Way; Erw./Kind 22/8 NZ$; ⏲10–17 Uhr). In Hightech-Galerien sind u. a. ein Laufsteg in Karussellgestalt und andere Illusionen und Illuminationen zu sehen.

PS statt BH gefällig? Unter demselben Dach werden um die 50 Oldtimer und Motorräder in tadellosem Zustand gezeigt. In wechselnden Ausstellungen sind z. B. ein Cadillac (1959) in Pink, ein gelber Bullet Nose Studebaker Convertible (1950) und eine Isetta von BMW zu sehen. Nebenan sind weitere 70 Automobile zur Classic Collection (zusätzlich 8 NZ$) zusammengestellt. Es gibt ein Museumscafé und eine Kunstgalerie.

@📶) Ein sauberes, gut geführtes, zentrales Hostel mit Top-Gemeinschaftsbereichen wie einem schalldichten Fernsehzimmer (inkl. kostenlose DVDs), zwei gut organisierten Küchen und einer sonnigen Terrasse. Das Personal weiß viel über regionale Touren und Aktivitäten; buchen kann man auch.

Tahuna Beach Kiwi Holiday Park FERIENPARK $

(☎03-548 5159, 0800 500 501; www.tahunabeach.co.nz; 70 Beach Rd; Stellplatz/Hütte/Wohneinheit ab 18/55/100 NZ$; @📶) In der Nähe des Tahuna Beach und 5 km von der Stadt entfernt liegt dieser riesige Ferienpark, in dem sich im Hochsommer Tausende tummeln. Für die einen ist das die Hölle, andere finden es super. Außerhalb der Saison hat man den Minigolfplatz praktisch für sich allein.

Te Maunga House B&B $$

(☎03-548 8605; www.nelsoncityaccommodation.co.nz; 15 Dorothy Annie Way; EZ 90 NZ$, DZ 125–140 NZ$; ⏲Mai–Sept. geschl.; @📶) Der Name des Gebäudes bedeutet „der Berg" – und dieses prächtige, alte, auf einer Anhöhe thronende Familienhaus mit großartiger Aussicht trägt ihn auch zu Recht. Möbel mit Charakter und feine Bettwäsche prägen die beiden Doppel- und das Einzelzimmer, zu denen jeweils ein eigenes Bad gehört. Das herzhafte Frühstück arbeitet man im Laufe des Tages beim Auf- und Absteigen am Hügel gleich wieder ab. Rauf und runter sind es zwar nur zehn Minuten (bis zur Stadt insgesamt 15 Min.), aber nur begeisterte Fußgänger werden daran ihre wahre Freude haben.

Palazzo Motor Lodge MOTEL $$

(☎0800 472 5293, 03-545 8171; www.palazzomotorlodge.co.nz; 159 Rutherford St; Studio 130–225 NZ$, Apt. 230–390 NZ$; @📶) Ambitionierte Gastgeber heißen ihre Gäste in der beliebten, modernen, italienisch angehauchten Lodge fröhlich willkommen. Elegante Studios und Die Ein- und Zwei-Zimmer-Apartments sind mit schönen, vollständig eingerichteten Küchen (hier gibt es sogar Glaswaren mit Klasse und Geschirrspüler) ausgestattet.

Cedar Grove Motor Lodge MOTEL $$

(☎0800 233 274, 03-545 1133; www.cedargrove.co.nz; Ecke Trafalgar St & Grove St; DZ 155–210 NZ$; @📶) Eine große, alte Zeder ist das Wahrzeichen dieses schicken, modernen Blocks mit geräumigen Apartments nur drei Gehminuten von der Stadt entfernt. Die Studios und Doppelzimmer sind vornehm und elegant und haben eine gute Kochgelegenheit.

★ **South Street Cottages** MIETHAUS $$$

(☎03-540 2769; www.cottageaccommodation.co.nz; South St; DZ ab 230 NZ$) An der ältesten erhaltenen Straße Neuseelands wohnen die Gäste in drei eleganten, separaten Cottages (aus der Zeit um 1860) mit jeweils zwei Schlafzimmern. Jedes bietet viel Komfort wie eine Küche, eine Waschküche und einen Hofgarten; Die Frühstückszutaten werden bereitgestellt. Ein Mindestaufenthalt von zwei Nächten wird erwartet.

Essen

Nelson besitzt eine lebhafte Cafészene und eine Vielzahl von Restaurants. Selbstversorger sollten auf alle Fälle den Nelson Market (S. 447) am Samstag und den **Farmers Market** (Morrison Sq, Ecke Morrison St & Hardy St; Mi 11–16 Uhr) am Mittwoch besuchen – da bekommen sie Vitamine pur.

Falafel Gourmet NAHOST-KÜCHE **$**
(195 Hardy St; Gerichte 8–18 NZ$; Mo–Sa 9.30–17.30, Fr bis 20 Uhr;) Ein beliebtes Lokal mit dem besten Kebab im Umkreis von Meilen. Und gesund sind sie auch noch!

Swedish Bakery & Café BÄCKEREI **$**
(www.theswedishbakery.co.nz; 54 Bridge St; Snacks 2–8 NZ$; Mo–Fr 8.30–16, Sa 9–14 Uhr) Der hiesige skandinavische Bäcker sorgt für köstliche Brote, Gebäck, Kuchen und leckere Schokoladenköstlichkeiten. Frisch belegte Brötchen, Bagels und Croissants gibt's außerdem. Entweder isst man in dem netten Café oder nimmt seine Leckereien mit.

Fish Stop FISH & CHIPS **$**
(24 Alton St; Fish & Chips 5–9 NZ$; 11–20 Uhr) Fünf Gehminuten von der Kathedrale entfernt verkauft dieser tolle Fischverkäufer mit einem Lächeln im Gesicht Frittiertes. Innen gibt es nur einen kleinen Essbereich.

Stefano's PIZZERIA **$**
(91 Trafalgar St; Pizza 6–29 NZ$; 10 Uhr–open end;) Der im Obergeschoss des State-Cinema-Komplexes untergebrachte Italiener serviert eine der besten Pizzas in Neuseeland: dünn, knusprig, delikat und mit verschiedenen Beilagen ein absolutes Schnäppchen. Am besten mit einem Bier runterspülen und ein cremiges Dessert zum Nachtisch ordern!

Penguino Ice Cream Café EIS **$**
(Montgomery Sq; Eis 4–7 NZ$; 11–17 Uhr) Hier gibt es köstliches Eis und Sorbet in den Sorten Vanille, Boysenbeere, Manuka-Honig... Morgen dann vielleicht einen Shake, Smoothie, Sundae oder *stroopwafels*?

Organic Greengrocer BIO **$**
(www.organicgreengrocer.co.nz; Ecke Tasman St & Grove St; Mo–Fr 9–17.30, Sa & So 10–16 Uhr;) Essen für Umweltbewusste, einheimische Erzeugnisse, Biogetränke und Naturkosmetik. Kaffee und Essen gibt's auch zum Mitnehmen.

DeVille CAFÉ **$$**
(22 New St; Gerichte 11–20 NZ$; Mo–Sa 9–16 Uhr;) Die meisten Tische des DeVille stehen in einem reizenden, ummauerten Innenhof; die stille Oase in der Innenstadt ist der ideale Ort für ein Essen oder einen Tee am Morgen. Das Essen ist gut – vom frischen Gebäck über Brunch mit Chorizo-Burrito und Caesar's Salad bis hin zum Sandwich mit Schweinefleisch. Im Sommer ist das Café bei Livemusik bis zum späten Freitag- und Samstagabend geöffnet.

Indian Café INDISCH **$$**
(03-548 4089; www.theindiancafe.com; 94 Collingwood St; Hauptgerichte 15–23 NZ$; Mo–Fr 12–14, tgl. 17 Uhr–open end;) Die safranfarbene eduardianische Villa beherbergt ein indisches Restaurant, das beeindruckende Interpretationen anglo-indischer Standardgerichte wie Chicken Tandoori, Rogan Josh und Beef Madras serviert. Zuerst sollte man sich einen Vorspeiseteller teilen. Als Beilage zum Hauptgericht stehen zehn Brotsorten zur Auswahl.

Ford's MODERN-NEUSEELÄNDISCH **$$**
(03-546 9400; www.fordsnelson.co.nz; 276 Trafalgar St; Mittagessen 16–22 NZ$; 8 Uhr–open end) Ein beliebtes Mittagslokal mit Tischen in der Sonne am Ende der Trafalgar St und einer Speisekarte mit modernen Klassikern wie der ausgezeichneten Suppe aus Meeresfrüchten, dem Steaksandwich und dem Salat Niçoise. Man kann hier entweder auf einen Kaffee und ein Scone vorbeischauen, oder bis zum Abendessen bleiben, das ungefähr einen Zehner kostet.

★ **Hopgood's** MODERN-NEUSEELÄNDISCH **$$$**
(03-545 7191; www.hopgoods.co.nz; 284 Trafalgar St; Hauptgerichte 34–38 NZ$; Mo–Sa 17.30 Uhr–open end, Fr 11.30–14 Uhr) Das innen getäfelte Hopgood's ist perfekt für ein romantisches Abendessen – oder wenn man sich einfach mal verwöhnen lassen will. Das Essen ist raffiniert und sorgfältig zubereitet, aber unprätentiös, sodass die hochwertigen regionalen Zutaten gut zur Geltung kommen. Die knusprig gebratene asiatische Ente oder das lang gelagerte Rinderfilet mit Wildpilzgratin sind hervorragend. Auf der Weinkarte stehen erlesene Tropfen, überwiegend aus Neuseeland. Reservierung wird empfohlen.

Ausgehen & Nachtleben

In Nelson grassiert das Bierfieber. Ein Grund dafür sind die vielen in Kleinbrauereien hergestellten Biere. Wenn die Reisekasse es erlaubt, sind Hopfen und Malz also nicht verloren. Preiswertere Geschmackserlebnis-

„HOPFENTEE" GEFÄLLIG?

Die Region um Nelson bezeichnet sich selbst als Qualitätsbier-Hauptstadt Neuseelands. Seit den 1840er-Jahren wächst hier schon erstklassiger Hopfen, und zwischen Nelson und der Golden Bay gibt es etwa ein Dutzend Brauereien. Eine davon ist **McCashin's** (www.mccashins.co.nz; 660 Main Rd, Stoke), ein Vorreiter im neuen Zeitalter der Bierbrauerei in Neuseeland. In der historischen Cider-Fabrik werden Touren mit Verköstigung angeboten.

In der Karte zum **Nelson Craft Beer Trail** (erhältlich beim i-SITE und an vielen anderen Stellen und online unter www.craftbrewingcapital.co.nz) sind alle Brauereien und Pubs eingezeichnet. Hier kann man besonders gut ein Bier trinken gehen: Free House Brewing Company, McCashins, Moutere Inn (S. 455), Golden Bear (S. 455) Mussel Inn (S. 466).

se bieten sich in zahlreichen Gaststätten, die sich an der Bridge Street bis zur Kreuzung mit der Collingwood Street ballen.

Free House QUALITÄTSBIER
(www.freehouse.co.nz; 95 Collingwood St) Kommet zu Hauf in diese Kirche des Bieres! In dem geschmackvoll für seinen neuen – profanen – Zweck umgebauten Kirchengebäude bekommt man eine ausgezeichnete, häufig wechselnde Auswahl neuseeländischer Qualitätsbiere. Man kann drinnen, draußen oder sogar in einer Jurte trinken, wo regelmäßig Livemusik gespielt wird. Halleluja!

Sprig & Fern QUALITÄTSBIER
(www.sprigandfern.co.nz; 280 Hardy St) Dieser Pub der Brauerei Sprig & Fern aus Richmond hat 18 verschiedene Biere vom Fass im Angebot, vom Lager bis zum Doppelbock, aber auch Beeren-Cider. Einarmige Banditen oder Fernseher gibt es hier nicht, nur ordentliches Bier, gelegentlich Livemusik und einen netten Außenbereich. Drinnen kann Pizza bestellt werden. Ein weiterer Pub der Brauerei befindet sich in der 143 Milton St, in der Nähe des Founders Park.

Vic PUB
(www.vicbrewbar.co.nz; 281 Trafalgar St; 12 Uhr–open end) Ein löbliches Beispiel für eine Mac's Brewbar: Der Laden ist mit schrägem Neuseelandkitsch ausstaffiert, z. B. einem gestrickten Hirschkopf. Einfach ein paar Krüge leeren, ordentliches Pub-Essen (Hauptgerichte 12–33 NZ$) genießen und bei der regelmäßigen Livemusik (Mo Open-Mic-Session) mitwippen! Auf den Sitzplätzen an der Straße kann man die Nachmittagssonne genießen und Leute beobachten.

☆ Unterhaltung

Theatre Royal THEATER
(www.theatreroyalnelson.co.nz; 78 Rutherford St) Hochmodernes Theater in einem liebevoll restaurierten alten Gebäude. In dieser „alten Dame von Nelson" (136 Jahre alt) wird das volle Programm von einheimischen und internationalen Theater-, Tanz- und Musikproduktionen gezeigt. Programminfos und Onlinetickets bekommt man unter www.ticketdirect.co.nz oder persönlich am **Ticketschalter** (Mo–Fr 10–16, Sa 10–12 Uhr). Zugabe!

State Cinemas KINO
(03-548 3885; www.statecinemas.co.nz; 91 Trafalgar St) Hier laufen neue Mainstream-Streifen.

Praktische Informationen

Zahlreiche Banken und Geldautomaten liegen an der Trafalgar St.

After Hours & Duty Doctors (03-546 8881; 96 Waimea Rd; 8–22 Uhr)

Nelson Hospital (03-546 1800; www.mdhb.govt.nz; Waimea Rd)

Nelson i-SITE (03-548 2304; www.nelsonnz.com; Ecke Trafalgar St & Halifax St; Mo–Fr 8.30–17 Uhr, Sa & So 9–17 Uhr; @) Ein professionelles Zentrum mit DOC-Infoschaltern, an denen man sich über Nationalparks und Wanderwege informieren kann, u. a. über den Abel Tasman Track und den Heaphy Track. Zum Mitnehmen empfiehlt sich der *Nelson Tasman Visitor Guide*.

Post (www.nzpoStco.nz; 209 Hardy St)

An- & Weiterreise

BUS

Tickets für Abel Tasman Coachlines, InterCity, KiwiRail Scenic und Fähren von Interisland kann man im **Nelson SBL Travel Centre** (03-548 1539; www.nelsoncoachlines.co.nz; 27 Bridge St) oder beim i-SITE buchen.

Abel Tasman Coachlines (03-548 0285; www.abeltasmantravel.co.nz) fährt nach Motueka (1 Std.), Takaka (2 Std.), Kaiteriteri und Marahau (jeweils 2 Std.). Es gibt Anschluss zu Bussen von Golden Bay Coachlines (S. 467) nach Takaka und dessen Umgebung. Transport

ABSTECHER

GREAT TASTE TRAIL

Im Rahmen eines Geniestreichs, angetrieben durch tolles Wetter und eine gefällige Topografie, hat Nelson einen Radweg erdacht, der einer von Neuseelands beliebtesten werden wird. Warum? Weil kein anderer so viele Möglichkeiten für Zwischenstopps mit Essen, Wein, Qualitätsbier und Kunst bietet, während er sich durch verschiedene Landschaften, über sanfte Hügel und an Uferpromenaden entlangschlängelt.

Der komplette 175 km lange Radweg soll 2016 fertiggestellt sein. Aber es gibt jetzt schon jede Menge befahrbare Abschnitte, z. B. die 69 km lange Coastal Route von Nelson nach Kaiteriteri. Diese Strecke lässt sich in zwei Tagen bewältigen (es gibt jede Menge Unterkünfte am Weg). Oder man unternimmt nur eine kurze Radtour zum Mittagessen. Ein guter Einstieg ist der 14 km lange Abschnitt von Stoke (in der Nähe von Nelson City) zu den Weingütern rund um Brightwater.

Die Fahrradläden von S. 448 verleihen Drahtesel und geben Ratschläge, auch die Website des **Great Taste Trail** (www.heartofbiking.org.nz) ist empfehlenswert.

zu/von den drei Nationalparks wird von **Trek Express** (☎ 027 222 1872, 0800 128 735; www.trekexpress.co.nz) angeboten.

Atomic Shuttles (☎ 03-349 0697; www.atomictravel.co.nz) fährt von Nelson nach Motueka (1 Std.), Picton (2¼ Std.), Christchurch (7¾ Std.) mit Verbindung nach Greymouth und zu anderen Zielen im Süden wie Queenstown, Dunedin und Invercargill. Tickets können beim i-SITE gebucht werden. Hier fahren die Busse auch ab.

InterCity (☎ 03-548 1538; www.intercity.co.nz; Bridge St, Abfahrt SLB Travel Centre) fährt von Nelson zu vielen großen Städten der Südinsel wie Picton (2 Std.), Kaikoura (3½ Std.), Christchurch (7 Std.) und Greymouth (6 Std.).

FLUGZEUG

Air New Zealand (☎ 0800 737 000; www.airnewzealand.co.nz) hat Direktflüge nach/von Wellington, Auckland, Christchurch und Palmerston North.

Soundsair (☎ 0800 505 005, 03-520 3080; www.soundsair.com) fliegt täglich zwischen Nelson und Wellington.

ℹ Unterwegs vor Ort

BUS

Nelson Suburban Bus Lines (SBL; ☎ 03-548 3290; www.nelsoncoachlines.co.nz; Bridge St) betreibt das regionale Busnetz NBUS zwischen Nelson und Richmond (über Tahunanui) und Bishopdale (Mo–Fr bis ca. 19 Uhr, Sa, So bis 16.30 Uhr). Zum Busbetrieb gehört auch der **Late Late Bus** (⏲ stündlich Fr & Sa 22–3 Uhr) von Nelson nach Richmond über Tahunanui (Abfahrt von der Westpac Bank an der Trafalgar St). Der Preis für diese Busverbindungen liegt bei maximal 4 NZ$ pro Fahrt.

FAHRRAD

Fahrräder können bei **Stewarts Avanti Plus Nelson** oder UBike (S. 448) geliehen werden.

VOM/ZUM FLUGHAFEN

Der Nelson Airport liegt 6 km südwestlich der Stadt beim Tahunanui Beach. Eine Taxifahrt von dort in die Stadt kostet 25 NZ$. **Super Shuttle** (☎ 0800 748 885; www.supershuttle.co.nz) bringt Gäste für 21 NZ$ bis zur Haustür (weitere Fahrgäste 17 NZ$).

TAXI

Nelson City Taxis (☎ 03-548 8225)
Sun City Taxis (☎ 03-548 2666)

Von Nelson nach Motueka

Von Richmond, südlich von Nelson, führen zwei Routen nach Motueka: der viel befahrene Küstenhighway (SH60) und der Moutere Hwy im Landesinneren, eine schöne Alternative und eine gute Möglichkeit für eine Zusatzschleife. Welchen Weg man auch nimmt, in der Gegend gibt es jede Menge Attraktionen. Man sollte also genug Zeit für Abstecher einplanen. Über den Great Taste Trail kann die Gegend auch mit dem Fahrrad erkundet werden.

Es gibt mehrere Weingüter in der Region; die Broschüre *Nelson Wine Guide* (www.wineart.co.nz) hilft bei der Orientierung.

Zahlreiche Galerien mit Kunst und Kunsthandwerk aus der Gegend werden in den Broschüren *Nelson Art Guide* und *Nelson's Creative Pathways* aufgelistet. Sie sind in den örtlichen i-SITEs erhältlich, die auch Informationen über Übernachtungsmöglichkeiten in der Region bereithalten.

Auf dem SH60 über Mapua

Rund um das Waimea Inlet und entlang der Ruby Coast ist dies der schnellste Weg von

Nelson nach Motueka (ca. 45 Fahrtminuten) – auch wenn es auf der Strecke zahlreiche Ablenkungen gibt, die einen langsamer werden lassen.

Nur 10 km von Richmond entfernt gelangt man zum Weingut **Waimea** (www.waimeaestates.co.nz; SH60; ⌚10–18 Uhr), wo es eine große Auswahl interessanter Weine zu verkosten gilt. Das dazugehörige **Cellar Door** (www.thecellardoor.net.nz; Hauptgerichte 16–29 NZ$) ist ein stilvolles Wintergarten-Café mit Blick auf die Weinberge und Gerichten im Tapas-Stil.

Meisterwerke der Glasbläserkunst gibt es bei **Höglund Glass Art** (www.hoglundartglass.com; 52 Lansdowne Rd, Appleby; ⌚10–17 Uhr) zu sehen, wo man Meister Ola und seinen Lehrlingen dabei zusehen kann, wie sie die Kunstwerke herstellen.

Etwas weiter die Straße entlang kommt die Abzweigung nach **Rabbit Island** in Sicht. Das Erholungsgebiet bietet wunderschöne Blicke aufs Wasser, Sandstrände und jede Menge ruhige Kiefernwälder. Die Brücke zur Insel wird bei Sonnenuntergang gesperrt; auf der Insel zu übernachten, ist verboten.

Das Weingut **Seifried** (www.seifried.co.nz; Ecke SH60 & Redwood Rd; ⌚10–17 Uhr) liegt an der Abzweigung nach Rabbit Island. Es ist eines der größten der Region und hat ein nettes Gartenrestaurant und den vorzüglichen Sweet-Agnes-Riesling zu bieten.

Am Ende des Inlet angekommen, kann man entweder weiter auf dem SH60 bleiben oder über die ursprüngliche Küstenstraße, die heute **Ruby Bay Scenic Route** heißt, zurückfahren. An dieser Strecke liegt die Siedlung **Mapua** an der Mündung des Waimea River; sie hat viele kunstlastige Läden und Lokale. Eines von Letzteren ist das **Smokehouse** (www.smokehouse.co.nz; Mapua Wharf; Fish & Chips 8–12 NZ$; ⌚11–20 Uhr), wo man Fish & Chips bekommt, die man dann in der Gesellschaft von Möwen am Kai essen kann. Außerdem gibt es köstlichen Räucherfisch und Pâté zum Mitnehmen. Wunderschön drinnen essen kann man bei **Jellyfish** (www.jellyfishmapua.co.nz; Mapua Wharf; Mittagessen 13–20 NZ$, Abendessen 25–35 NZ$; ✎), wo Fischgerichte zwischen vielen anregenden Kreationen der Fusion-Küche auf der Speisekarte stehen.

Unter den Gasthäusern am Kai ist die **Golden Bear Brewing Company** (www.goldenbearbrewing.com; Mapua Wharf; Gerichte 10–20 NZ$) schon am Duft zu identifizieren. Das Brauhaus bietet verschiedene Biersorten an, die man im Freien probieren kann. Authentisches mexikanisches Essen hilft dabei, trotz der Verkostung einen klaren Kopf zu behalten. Ab und zu wird Livemusik gespielt, es gibt Bier zum Mitnehmen und eine Auswahl von Touren in die Umgebung.

Wenige Kilometer bevor die Ruby Bay Scenic Route wieder in die SH60 einmündet, liegt **Jester House** (www.jesterhouse.co.nz; 320 Aporo Rd, Tasman; Gerichte 13–23 NZ$; ⌚9–17 Uhr). Das Restaurant allein lohnt diesen Umweg, zum einen wegen der zahmen Aale des Hauses, zum anderen auch wegen des friedlichen Skulpturengartens, der zu einer ausgedehnten Mittagspause verleitet. Eine kleine, einfache Speisekarte führt neuseeländische Klassiker mit eigener Note (Wildschwein-Burger, Lavendelkekse) auf, dazu gibt es Bier und Wein aus der Region. Das Lokal liegt jeweils 8 km von Mapua und Motueka entfernt.

Moutere Hwy

Diese Straße führt durch leicht hügelige Landschaft, die von Farmen, Obstgärten und Lifestyle Blocks (neuseeländische Hobby-Farmen) geprägt ist. Touristenattraktionen sind hier eher rar und liegen weit auseinander, aber die Strecke ist landschaftlich einfach wunderschön und idyllisch. Besonders im Hochsommer, wenn auf den Beerenfarmen Hochbetrieb herrscht, ist hier alles voller Obst. Die einheimischen Hersteller und Künstler sind unter www.moutereartisans.co.nz aufgelistet.

Die Abzweigung zum Moutere Hwy ist am SH60 bei Appleby angeschrieben. Nur ein kurzes Stück weiter kommt die Abzweigung zur Old Coach Rd, wo man den Schildern zum **Woollaston** (www.woollaston.co.nz; School Rd, Upper Moutere; ⌚11–16.30 Uhr) folgen kann, einem schicken Weingut auf dem Hügel mit Verkostungsraum und zeitgenössischer Kunstgalerie. Die Veranda ist der perfekte Platz für einen gemischten Mittagsteller.

Upper Moutere ist die Hauptsiedlung auf dieser Strecke. Sie wurde zuerst von deutschen Einwanderern besiedelt und hieß ursprünglich Sarau. Heute ist sie ein verschlafener Weiler mit einem Laden, einem Café und angeblich Neuseelands ältestem Pub, dem **Moutere Inn** (www.moutereinn.co.nz; 1406 Moutere Hwy; Gerichte 12–30 NZ$). Passend dazu schaut es innen ziemlich altertümlich und nach Alltag aus. Hier werden ordentliche Gerichte (Pizza, Burger, Fish & Chips) und überwiegend regionales Qualitätsbier serviert. An einer Bierverkostung teilzunehmen, draußen auf der sonnigen Veranda zu sitzen oder abends regelmäßig Livemusik zu hören, ist einfach toll.

Fährt man den Moutere Hwy weiter entlang, ist die Neudorf Rd gut angeschrieben, die zu ein paar besonderen Highlights führt. Bei der **Neudorf Dairy** (www.neudorfdairy.co.nz; 226 Neudorf Rd; Mi–So 10–17 Uhr) kann man preisgekrönten Ziegenkäse aus eigener Herstellung kaufen, der sich prima für ein Picknick eignet. Das Weingut von **Neudorf** (www.neudorf.co.nz; 138 Neudorf Rd; ⏲ 10–17 Uhr, Mai–Okt. geschl.) hat herrlichen Pinot Noir und einen der besten Chardonnays des Landes zu bieten.

Motueka

7600 EW.

Motueka („Insel der Wekas") ist ein munteres Landwirtschaftszentrum und ein toller Ausgangspunkt für Ausflüge in die Umgebung. Hier gibt es alles, was man zum Leben braucht: jede Menge Unterkünfte, Cafés, Obststände am Straßenrand und einen schönen, sauberen Fluss zum Schwimmen und Angeln. Wer auf dem Weg zur Golden Bay und zu den Nationalparks Abel Tasman und Kahurangi ist, kann hier Vorräte besorgen.

Sehenswertes & Aktivitäten

Obwohl die meisten Anziehungspunkte Motuekas außerhalb der Stadt liegen, gibt es auch hier ein paar Attraktionen, die einen Besuch wert sind. Die belebteste von ihnen ist wohl das Aerodrom, wo immer noch viele Aktivitäten in der Luft angeboten werden. Bei einem Kaffee in der Sonne mit guter Aussicht kann man die paar Menschen beobachten, die hierher kommen.

Auch wenn man es von der Hauptstraße aus vielleicht nicht sieht: Motueka ist nur einen Steinwurf vom Meer entfernt. Von der **Promenade** kann man das Meer, die Vögel und die Salzwasserbecken betrachten. Entweder man fragt Einheimische nach dem Weg oder holt sich eine Karte beim i-SITE.

Wer wissen will, was es in der Stadt an Skulpturen, Wandmalereien und Merkwürdigkeiten zu sehen gibt, sollte im i-SITE die Broschüre *Motueka Art Walk* mitnehmen.

Motueka District Museum MUSEUM
(140 High St; Eintritt mit Spende; ⏲ Dez.–März Mo–Fr 10–16 Uhr, April–Nov. Di–Fr 10–15 Uhr) Eine interessante Kunstsammlung aus der Region, die in einem liebenswürdigen alten Schulhaus untergebracht ist.

Motueka

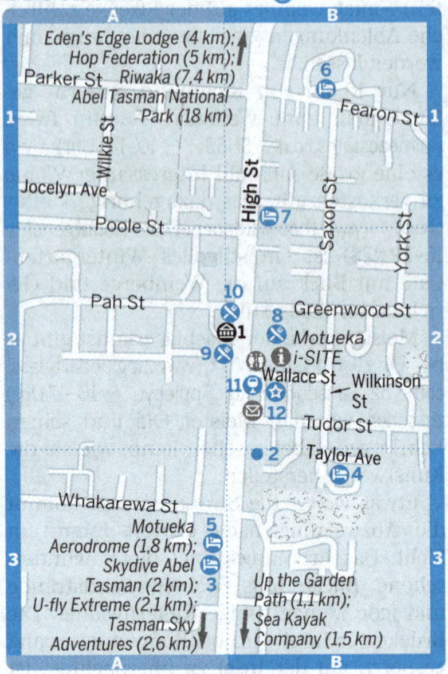

Hop Federation BRAUEREI
(☎ 03-528 0486; www.hopfederation.co.nz; 483 Main Rd, Riwaka) Entweder man schaut in dieser winzigen, aber unglaublichen Brauerei kurz zur Bierverkostung vorbei und nimmt sich die eine oder andere Flasche mit, oder man ruft an und bucht eine Führung. Sie liegt 5 km von Motueka entfernt. Eine gute Wahl unter den Ales ist das hopfige Pale Ale, das besonders an einem Sommertag wunderbar schmeckt.

Skydive Abel Tasman SKYDIVING
(☎ 03-528 4092, 0800 422 899; www.skydive.co.nz; Motueka Aerodrome, College St; Sprünge aus 3962/4877 m 299/399 NZ$) Die Tandemsprünge von Taupo sind nichts dagegen: Motueka ist die unangefochtene Nummer eins (die vielen anwesenden Sportspringer scheinen gleicher Meinung zu sein; einige von ihnen können vielleicht im Landeanflug beobachtet werden). Für DVDs und Fotos muss man zusätzlich bezahlen, dafür ist der Transfer von/nach Motueka bzw. Nelson kostenlos.

Tasman Sky Adventures RUNDFLÜGE
(☎ 027 229 9693, 0800 114 386; www.skyadventures.co.nz; Motueka Aerodrome, 60 College St;

Motueka

Sehenswertes

Aktivitäten, Kurse & Touren

Schlafen

Essen

Ausgehen & Nachtleben

Unterhaltung

30-minütiger Flug 205 NZ$) Eine seltene Gelegenheit, in einem Ultraleichtflugzeug zu fliegen! Besonders toll sind die Flüge über den Abel Tasman National Park; für Mutige gibt es Tandem-Drachenflüge (15/30 Min., 760/1610 m Höhe 195/275 NZ$).

U-fly Extreme LUFTAKROBATIK
(☎03-528 8290, 0800 360 180; www.uflyextreme.co.nz; Motueka Aerodrome, College St; 15/20 Min. 345/445 NZ$) Im offenen Cockpit einer Pitt Special selbst den Steuerknüppel in den Händen halten – das ist ein Erlebnis, für das man keine Flugerfahrung, aber einen starken Magen braucht. Roger!

Schlafen

Eines muss im Voraus gesagt werden: Die Bevölkerung von Motueka verdoppelt sich im Sommer! Wer trotzdem hier festsitzt, der kann sich vom i-SITE (S. 458) noch irgendwo reinquetschen lassen.

★ **Motueka Top 10 Holiday Park** FERIENPARK $
(☎03-528 7189, 0800 668 835; www.motueka top10.co.nz; 10 Fearon St; Stellplatz ab 40 NZ$, Hütte 55–130 NZ$, Wohneinheit 99–350 NZ$; @ 📶 🏊) Ein Ferienpark mit jeder Menge Grasflächen und grünem Charme. Die hoch aufragenden Kahikatea-Bäume sind einfach wunderbar! Die zahlreichen Einrichtungen sind tipptopp in Ordnung, darunter ein familienfreundlicher Swimmingpool und Sprungkissen. Die erstklassigen Unterkünfte reichen von sauberen Hütten bis hin zu einem Deluxe-Familienapartment für bis zu elf Personen. Wein- und Radtouren in der Region lassen sich organisieren.

Eden's Edge Lodge HOSTEL $
(☎03-528 4242; www.edensedge.co.nz; 137 Lodder Lane, Riwaka; Stellplatz ab 17 NZ$, B 28 NZ$, DZ mit/ohne Bad 82/76 NZ$; @ 📶 🏊) Diese zweckmäßig errichtete, von Obstplantagen umgebene und nur 4 km von Motueka entfernte Lodge kommt einem Backpackerparadies ziemlich nahe. Zu den gut gestalteten Einrichtungen gehören eine makellose Küche und einladende Gemeinschaftsbereiche. Für den Sommer gibt es einen von Regenwasser gespeisten Pool und einen Fahrradverleih. Und alles liegt in Gehweite zu Bier, Eiscreme und Kaffee!

Hat Trick Lodge HOSTEL $
(☎03-528 5353; www.hattricklodge.co.nz; 25 Wallace St; B 27 NZ$, DZ mit/ohne Bad 70/62 NZ$; @ 📶) Eine zweckmäßig errichtete Lodge mitten in der Stadt. Was ihr an Persönlichkeit fehlt, macht sie mit Sauberkeit, vielen Parkplätzen, einer touristenfreundlichen Atmosphäre und sonnigen Balkonen wett.

Laughing Kiwi HOSTEL $
(☎03-528 9229; www.laughingkiwi.co.nz; 310 High St; B 28 NZ$, DZ mit/ohne Bad 74/66 NZ$; 📶) Eine kompakte, unauffällige Jugendherberge von YHA, deren Zimmer sich auf eine alte Villa und eine zweckmäßig errichtete Backpacker-Lodge mit eleganter Küche bzw. Lounge verteilen. Die Ferienhütte für Selbstversorger ist eine gute Option für Gruppen (DZ 130 NZ$).

Equestrian Lodge Motel MOTEL $$
(☎03-528 9369, 0800 668 782; www.equestrian lodge.co.nz; Avalon Ct; DZ 120–156 NZ$, 4BZ 165–220 NZ$; @ 📶 🏊) Dass weder von Pferden noch von einer Lodge die geringste Spur zu sehen ist, macht nichts. Denn diese Motelanlage liegt stadtnah (neben der Tudor St) und bietet weite Rasenflächen, einen Rosengarten und einen beheizten Pool mit Whirlpool. Die Zimmer sind einfach, aber makellos, und viele haben einen Ofen. Die freundlichen Besitzer beziehen einen bei heimischen Aktivitäten gern mit ein.

Nautilus Lodge MOTEL $$
(☎03-528 4658, 0800 628 845; www.nautilus lodge.co.nz; 67 High St; DZ 162–225 NZ$; @ 📶)

Ein erstklassiger Motelkomplex mit zwölf Wohneinheiten in dezenten Farben und mit guten Möbeln, z.B. Betten mit Lattenrost. Alle Wohneinheiten verfügen über elegante Badezimmer und Kochgelegenheiten, in einigen gibt es einen Whirlpool, Sky-TV und Balkon oder Terrasse, wo man die Nachmittagssonne genießen kann.

Avalon Manor Motel MOTEL $$
(☎03-528 8320, 0800 282 566; www.avalonmotels.co.nz; 314 High St; DZ 150–215 NZ$; 📶) Das auffällig L-förmige Motel mit geräumigen Zimmern liegt fünf Gehminuten vom Stadtzentrum entfernt. Alle Zimmer sind modern eingerichtet und verfügen über Kochgelegenheiten. Die luxuriösen Studios haben große Doppelbetten und riesige Flachbild-TVs. Für die Gäste gibt es außerdem noch einen Grill, eine Waschmöglichkeit – und super Aussicht auf den Mt. Arthur.

Resurgence LODGE, CHALETS $$$
(☎03-528 4664; www.resurgence.co.nz; Riwaka Valley Rd; Lodge- DZ ab 625 NZ$, Chalets ab 525 NZ$; @📶🏊) 🍃 In diesem magisch wirkenden Waldrefugium, das 15 Fahrtminuten südlich vom Abel Tasman National Park und einen halbstündigen Fußmarsch von der malerischen Quelle des Riwaka River entfernt liegt, kann man zwischen luxuriösen Lodge-Zimmern mit Bad und Chalets für Selbstversorger wählen. Im Preis für die Lodge-Zimmer sind Aperitifs, ein viergängiges Abendessen und Frühstück inbegriffen. Die Preise für die Chalets gelten für Übernachtung und Frühstück; für das Abendessen werden 100 NZ$ extra berechnet.

Essen & Ausgehen

Patisserie Royale BÄCKEREI $
(152 High St; Backwaren 2–8 NZ$; ⌚Mo–Sa 6–16.30, So 6–14 Uhr) Die beste Bäckerei Motuekas ist jede einzelne Kalorie wert. Hier gibt es viele französische Leckereien und verflixt gute Pies.

Up the Garden Path CAFÉ $$
(www.upthegardenpath.co.nz; 473 High St; Gerichte 15–24 NZ$; ⌚9–16 Uhr; 🌱) Dieses Galerie-Café mit Schanklizenz ist der ideale Ort für ein Mittagessen oder einen Kaffee. Es befindet sich in einem Haus aus den 1890er-Jahren, das inmitten einer idyllischen Gartenanlage steht. Kids können im Spielzimmer von der Leine gelassen werden, während man selbst sich mit einem Blaubeerpfannkuchen, Chicken-Burger, Lamm-Souvlaki, Pasta oder einer Zitronentart stärkt. Auch für Vegetarier, Gluten- und Laktosesensible ist gesorgt.

Simply Indian INDISCH $$
(130 High St; Hauptgerichte 16–24 NZ$; ⌚Mo–Sa 11–22, So 17–22 Uhr; 🌱) Wie der Name schon sagt: Das ist ein einfaches Currylokal mit schlichtem Ambiente. Das Essen ist aber durchgängig gut und vergleichsweise billig. Serviert werden die üblichen Tikkas, Tandoori-Gerichte, Madras und Vindaloos und das allgegenwärtige Naan in acht Varianten – auch zum Mitnehmen.

Sprig & Fern QUALITÄTSBIER
(www.sprigandfern.co.nz; Wallace St; Gerichte 14–19 NZ$; ⌚14 Uhr–open end) Diese Taverne in einer Seitenstraße gehört zur Familie der Sprig-&-Fern-Pubs und legt unter Motuekas Kneipen noch einen drauf. Sie ist klein, aber oho und schenkt 20 verschiedene, handgezapfte Biersorten aus, serviert einfaches Essen (Burger, Pizza, gemischte Platten) und präsentiert gelegentlich Livemusiker.

Unterhaltung

Gecko Theatre KINO
(www.geckotheatre.co.nz; 23b Wallace St; Tickets 9–13 NZ$) In diesem winzigen, unabhängigen Kino kann man sich in bequemen Sesseln einen interessanten Kunstfilm anschauen.

Shoppen

Motueka Sunday Market MARKT
(Wallace St; ⌚8–13 Uhr) Jeden Sonntag füllt sich der Parkplatz hinter dem i-SITE zum Motueka Sunday Market mit Tapeziertischen, auf denen sich landwirtschaftliche Erzeugnisse, Schmuck, Kunst und Kunstgewerbe türmen. Dazu gibt es Straßenmusik und Doris' bekanntermaßen himmlische Bratwürste.

Praktische Informationen

Motueka i-SITE (☎03-528 6543; www.abeltasmanisite.co.nz; 20 Wallace St; ⌚Mo–Fr 8.30–17, Sa & So 9–16 Uhr) Ein ausgezeichnetes Zentrum mit hilfsbereiten Mitarbeitern, die Buchungen für Ziele wie Kaitaia und Bluff vornehmen und ihre Kenntnisse über den Nationalpark weitergeben.

Take Note/Post (207 High St) Buchhandlung, die abends als Postamt dient.

An- & Weiterreise

Alle Busse fahren vor dem i-SITE in Motueka ab.

Abel Tasman Coachlines (☎03-528 8850; www.abeltasmantravel.co.nz) Fährt täglich zwischen Motueka und Nelson (1 Std.), Kaiteriteri (25 Min.) und Marahau (30 Min.). Diese Busse haben Anschluss zu den Bussen von Golden Bay Coachline nach Takaka (1¼ Std.), zu weiteren Zielen in der Golden Bay wie Totaranui im Abel Tasman National Park, Collingwood und zum Ausgangspunkt des Heaphy Track. Von Mai bis September gilt auf allen Linien ein eingeschränkter Fahrplan.

Atomic Shuttles (☎ 03-349 0697, 0508 108 359; www.atomictravel.co.nz) Fährt von Motueka nach Nelson mit weiteren Verbindungen über Christchurch nach Greymouth und runter nach Queenstown und Dunedin.

Von Motueka zum Abel Tasman National Park

Kaiteriteri

Das kurz „Kaiteri" genannte winzige Dorf am Meer liegt 13 km von Motueka entfernt und ist der beliebteste Ferienort der Gegend. Während der Sommerferien fühlt man sich an dem herrlichen, sicheren Strand eher wie in Nouméa als wie in Neuseeland, denn vor lauter Badetüchern ist von dem goldfarbenen Sand kaum etwas zu sehen. Der Strand ist auch ein wichtiger Startpunkt für Fahrten zum Abel Tasman National Park, auch wenn Marahau der Hauptabfahrtspunkt ist. Im Dorf befindet sich auch der **Kaiteriteri Mountain Bike Park** (www.kaiteriterimtbpark.org.nz) mit Wegen für Anfänger und Fortgeschrittene.

Schlafen & Essen

Kaiteriteri Beach Motor Camp FERIENPARK $
(☎ 03-527 8010; www.kaiteriteribeach.co.nz; Sandy Bay Rd; Stellplatz ab 19 NZ$, Hütte 45–85 NZ$; @ 📶) Ein riesiger Park in Spitzenlage gegenüber vom Strand. Die Anlage ist sehr beliebt, also sollte man besser schon weit im Voraus buchen. In dem Laden auf dem Platz gibt es alles Nötige, und vor der Eisdiele bildet sich oft eine lange Schlange.

Kaiteri Lodge LODGE $
(☎ 03-527 8281; www.kaiterilodge.co.nz; Inlet Rd; B 30–35 NZ$, DZ 80–160 NZ$; @ 📶) Moderne, zweckmäßige Lodge mit kleinen, einfachen Schlafsälen und Doppelzimmern mit Bad. Das nautische Dekor verleiht den etwas langweiligen Gemeinschaftsbereichen ein fröhliches Flair. Das Personal der geselligen Bar vor Ort, des **Beached Whale** (Abendessen 18–28 NZ$; ⏲16 Uhr–open end), serviert Holzofenpizza, Steaks und mehr, während der Wirt ein paar Takte auf seiner Gitarre klampft. Die Bar öffnet, sobald der große Ansturm beginnt.

Torlesse Coastal Motels MOTELS $$
(☎ 03-527 8063; www.torlessemotels.co.nz; 8 Kotare Pl, Little Kaiteriteri Beach; DZ 130–180 NZ$, 4/5BZ 180–280 NZ$; 📶) Nur 200 m vom Little Kaiteriteri Beach (gleich um die Ecke vom Hauptstrand) an einem Hang steht dieser Komplex aus geräumigen Wohneinheiten mit schrägen Decken, Küche und Waschmaschine. Die meisten der Quartiere gewähren Ausblick aufs Wasser, und es gibt einen Grillbereich und einen Whirlpool.

Bellbird Lodge B&B $$$
(☎ 03-527 8555; www.bellbirdlodge.co.nz; Kaiteriteri-Sandy Bay Rd; DZ 275–350 NZ$; @ 📶) Das gehobene B&B, 1,5 km vom Kaiteri Beach den Hügel rauf, bietet zwei Zimmer mit Bad, Blick auf den Wald und das Meer, einen großen Garten, erstklassiges Frühstück (selbst gemachtes Müsli und Obstkompott) und hat freundliche Gastgeber.

Shoreline RESTAURANT $$
(www.shorelinekaiteriteri.co.nz; Ecke Inlet Rd & Sandy Bay Rd; Gerichte 15–24 NZ$; ⏲8–21 Uhr, April–Nov. kürzere Öffnungszeiten) Ein modernes Café in Beige mit Bar und Restaurant direkt am Strand. Die Gäste entspannen sich auf einer sonnigen Terrasse, verweilen bei den üblichen Sandwiches, Pizzas und Burgern oder schauen kurz auf einen Kaffee und Kuchen vorbei. Im Winter sind die Öffnungszeiten unregelmäßig. Draußen gibt es Burger zum Mitnehmen.

An- & Weiterreise

Kaiteriteri wird von Bussen von **Abel Tasman Coachlines** (S. 462) angesteuert.

Marahau

200 EW.

Der Küstenort Marahau liegt in einiger Entfernung zu Kaiteriteri, 18 km nördlich von Motueka, und ist das wichtigste Tor zum Abel Tasman National Park. Es ist weniger ein Dorf als vielmehr eine langgestreckte Ferienhaussiedlung mit touristischen Einrichtungen.

Wem der Sinn nach Pferden und einem Ausritt steht, findet bei **Pegasus Park** (☎ 03-526 8050; www.pegasuspark.co.nz) und **Marahau Horse Treks** (☎ 03 527-8425) Gelegenheiten, hoch zu Ross und mit wehendem

Haar am Strand entlangzujagen (Ponyreiten f. Kinder 35 NZ$, 2-stündige Ausritte 90 NZ$). Beide Veranstalter befinden sich an der Marahau-Sandy Bay Rd.

Schlafen & Essen

Barn HOSTEL $

(☎03-527 8043; www.barn.co.nz; 14 Harvey Rd; Stellplatz ohne/mit Strom pro Pers. 14/16 NZ$, B 28 NZ$, DZ 55–70 NZ$;) Dieses Backpackerhostel bricht mit komfortablen neuen Schlafsälen, einer sauberen Sanitäranlage, Campingplätzen auf dem Rasen, kleinen Hütten, Küchen im Freien und Grillbereichen alle Rekorde. Die Scheune mit Gemeinschaftsküche und Lounge-Bereich zum Quatschen ist der Mittelpunkt der Anlage – ähnlich wie die zentrale Veranda mit Feuerstelle. Buchungsmöglichkeiten für Aktivitäten und sichere Parkplätze stehen ebenfalls zur Verfügung.

Kanuka Ridge HOSTEL $

(☎03-527 8435; www.abeltasmanbackpackers.co.nz; Moss Rd, abseits der Marahau-Sandy Bay Rd; B 29 NZ$, DZ & 2BZ mit/ohne Bad 89/64 NZ$;) Diese zweckmäßige Ansammlung von Cottages liegt fünf Fahrminuten von Marahau entfernt und ist von Wald umringt. Die zugewachsene Umgebung mit Vogelgezwitscher sorgt für ein bisschen Ruhe und Frieden. Die bemühten Gastgeber sind gern dazu bereit, Aktivitäten innerhalb und außerhalb des Nationalparks für Traveller zu organisieren. Gesicherte Parkplätze verfügbar.

Ocean View Chalets CHALET $$

(☎03-527 8232; www.accommodationabeltasman.co.nz; 305 Sandy Bay-Marahau Rd; DZ 145–235 NZ$, 4BZ 290 NZ$;) Die netten, von Zypressen umgebenen Chalets befinden sich 300 m entfernt vom Abel Tasman Track und bieten Ausblick über die Tasman Bay bis nach Fisherman Island. Die Chalets stehen an einem grünen Hang, sodass die Gäste völlig ungestört sind. Die Unterkünfte sind für Selbstversorger gedacht; Frühstück und Lunch-Pakete sind verfügbar.

Abel Tasman Marahau Lodge MOTEL $$

(☎03-527 8250; www.abeltasmanmarahaulodge.co.nz; Sandy Bay-Marahau Rd; DZ 135–255 NZ$;) In der bogenförmigen Anlage mit zwölf hübschen Studios und Wohneinheiten für Selbstversorger mit Giebeldach und Zugang zum schön angelegten Garten mit üppigem Rasen lassen sich durchaus ein paar tolle Tage verbringen. Es gibt auch eine voll ausgestattete Küche für Selbstversorger, außerdem einen Whirlpool und eine Sauna. Kuckucke, Tuis und Neuseeländische Glockenvögel singen im umliegenden Gehölz.

★ **Fat Tui** BURGER $

(Ecke Marahau-Sandy Bay Rd & Marahau Valley Rd; Burger 13–16 NZ$; Sommer tgl. 12–20.30 Uhr, Winter Mi–So;) Der schräge Vogel ist weithin bekannt, sein Caravan rollt zum Glück nicht so leicht davon. Er verkauft Burger der Superlative, z. B. Cowpat (Rindfleisch), Ewe Beaut (Lamm) und Sparrow's Fart (Frühstücks-Burger), ebenfalls gut sind Fish & Chips und der Kaffee.

Park Cafe CAFÉ $$

(www.parkcafe.co.nz; Harvey Rd; Mittagessen 9–22 NZ$, Abendessen 16–30 NZ$; Mitte Sept.–Mai 8 Uhr – open end;) Da es genau am Startpunkt des Abel Tasman Track liegt, ist dieses luftige Café ideal, um auszuruhen und frische Kraft zu tanken. Das große Frühstück, Pizzas, Burger und Kuchen sorgen für ordentlichen Kaloriennachschub. Es gibt aber auch Meeresfrüchte und Salate. Entspannen kann man sich entweder drinnen mit Ausblick oder im sonnigen Hof. Gelegentlich Livemusik.

Hooked on Marahau CAFÉ $$

(☎03-527 8576; Marahau-Sandy Bay Rd; Mittagessen 15–19 NZ$, Abendessen 24–29 NZ$; Öffnungszeiten variieren) Dieses Restaurant ist sehr beliebt – zum Abendessen sollte man besser reservieren. Der mit Kunstwerken geschmückte Innenraum öffnet sich zu einer Terrasse mit einem Ausblick, der einen fast vom Essen abhält. Mittags kommen hier vor allem Salate, Fischsuppen und Wraps auf den Tisch, während abends frischer Fisch des Tages, Grünschalmuscheln und Neuseeland-Lamm auf der Karte stehen.

An- & Weiterreise

Marahau wird von Bussen der Abel Tasman Coachlines (S. 462) angefahren.

Abel Tasman National Park

Der an der Küste gelegene Abel Tasman National Park nimmt das nördliche Ende einer Kette von Marmor- und Kalksteinhügeln ein, die im Kahurangi National Park beginnt. Es gibt verschiedene Wanderwege im Park, u. a. eine Route im Binnenland. Hauptsächlich kommen die Besucher aber wegen

Abel Tasman National Park

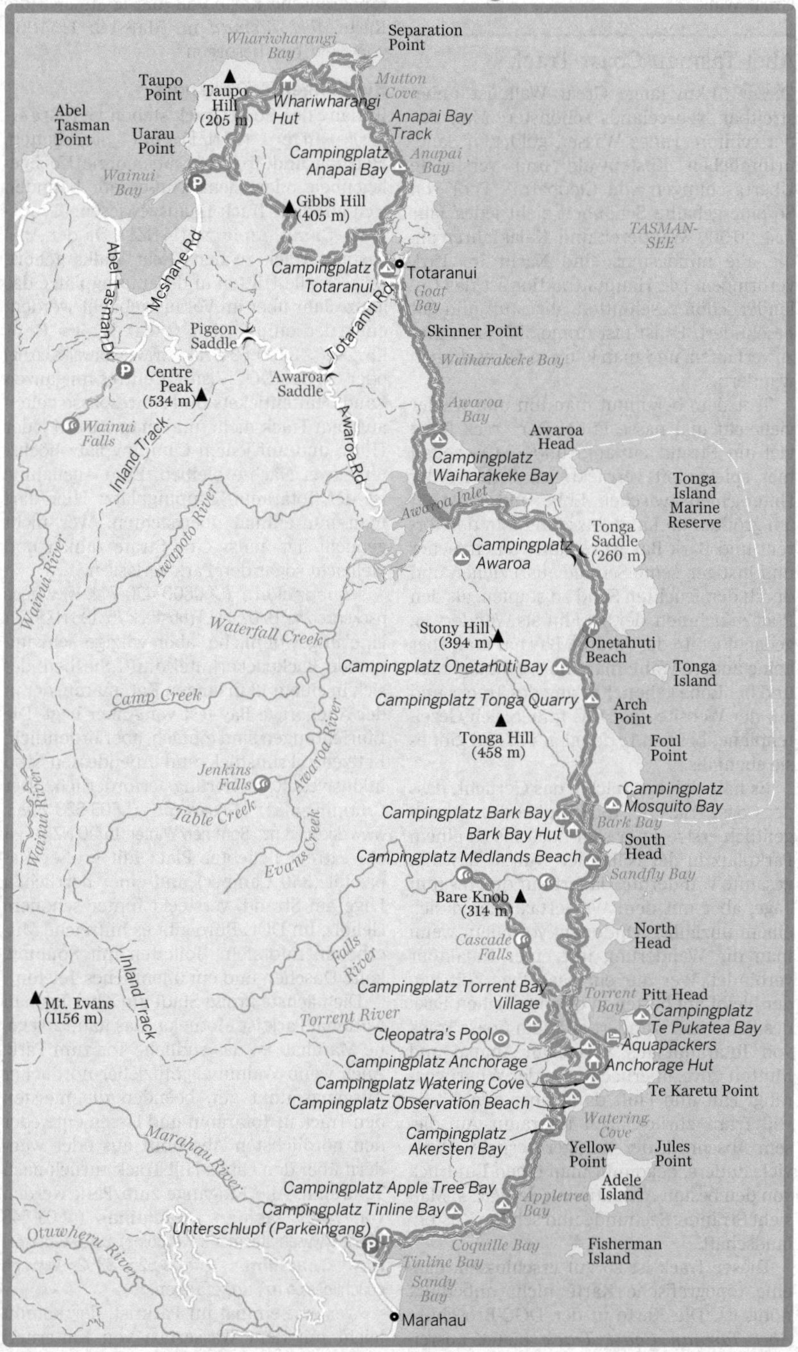
0
4 km
Separation Point
Wharíwharangi Bay
Mutton Cove
Taupo Point
Taupo Hill (205 m)
Whariwharangi Hut
Abel Tasman Point
Uarau Point
Anapai Bay Track
Campingplatz Anapai Bay
Anapai Bay
Wainui Bay
Gibbs Hill (405 m)
TASMAN-SEE
Abel Tasman Dr
Mcshane Rd
Campingplatz Totaranui
Totaranui
Totaranui Rd
Goat Bay
Skinner Point
Pigeon Saddle
Waiharakeke Bay
Centre Peak (534 m)
Awaroa Saddle
Wainui Falls
Inland Track
Awaroa Rd
Awaroa Bay
Awaroa Head
Campingplatz Waiharakeke Bay
Tonga Island Marine Reserve
Awaroa Inlet
Awapoto River
Wainui River
Tonga Saddle (260 m)
Campingplatz Awaroa
Waterfall Creek
Stony Hill (394 m)
Onetahuti Beach
Campingplatz Onetahuti Bay
Tonga Island
Camp Creek
Campingplatz Tonga Quarry
Arch Point
Tonga Hill (458 m)
Foul Point
Awaroa River
Jenkins Falls
Campingplatz Mosquito Bay
Table Creek
Campingplatz Bark Bay
Bark Bay
Bark Bay Hut
South Head
Evans Creek
Campingplatz Medlands Beach
Sandfly Bay
Bare Knob (314 m)
North Head
Cascade Falls
Falls River
Campingplatz Torrent Bay Village
Mt. Evans (1156 m)
Torrent Bay
Pitt Head
Campingplatz Te Pukatea Bay
Torrent River
Cleopatra's Pool
Aquapackers
Campingplatz Anchorage
Anchorage Hut
Campingplatz Watering Cove
Te Karetu Point
Campingplatz Observation Beach
Watering Cove
Campingplatz Akersten Bay
Yellow Point
Jules Point
Marahau River
Adele Island
Campingplatz Apple Tree Bay
Appletree Bay
Campingplatz Tinline Bay
Unterschlupf (Parkeingang)
Coquille Bay
Fisherman Island
Otuwhero River
Tinline Bay
Sandy Bay
Marahau

des Coast Track, Neuseelands beliebtestem Great Walk.

Abel Tasman Coast Track

Dieser 51 km lange Great Walk ist unbestreitbar Neuseelands schönster: Man findet schimmerndes Wasser, goldenen Sand, urtümlichen Küstenwald und versteckte Überraschungen wie Cleopatra's Pool vor. So eine geballte Schönheit zieht jedes Jahr fast 30 000 Wanderer und Kajakfahrer an, die alle mindestens eine Nacht im Park verbringen. Die Hauptattraktion ist das Gelände: schön geschnitten, abgestuft und gut beschildert. Es ist fast unmöglich, sich hier zu verlaufen, und man kann in Turnschuhen wandern.

Trotzdem bekommt man hin und wieder vielleicht mal nasse Füße. Der Track führt viel am Strand entlang, und die Gezeiten hier spielen oft verrückt. Im Park ist der Unterschied zwischen Ebbe und Flut mit am größten im Land: bis zu 6 m. In der Torrent und Bark Bay ist es sehr viel einfacher und lustiger, seine Schuhe auszuziehen und durch den feuchten Sand zu stapfen, als den Pfad zu nehmen, der bei Flut als Wanderweg gedacht ist. In der Awaroa Bay hat man aber keine andere Wahl: man muss genau planen und bei Ebbe gehen. Entlang des Tracks und auf der Website des DOC finden sich Gezeitenpläne; bei den regionalen i-SITES gibt es sie ebenfalls.

Es hält sich hartnäckig das Gerücht, dass der Coast Track bei Totaranui endet, aber eigentlich erstreckt er sich noch bis zu einem Parkplatz in der Nähe der Wainui Bay. Die gesamte Wanderung dauert nur drei bis fünf Tage, aber mit dem Wassertaxi bieten sich einem unzählige Optionen, vor allem wenn man die Wanderung mit einer Kajaktour verbindet. Wer nur ein paar Tage Zeit hat, der bleibt am besten in der nördlichen Ecke des Parks und wandert auf dem Coast Track von Totaranui aus, vorbei an Anapai und Mutton Cove, übernachtet in der Whariwharangi Hut und läuft dann über den **Gibbs Hill Track** zurück nach Totaranui. Auf diesem Abschnitt, der weniger besucht ist als viele andere, bekommt man einen Eindruck von den besten Attraktionen des Parks: Man sieht Strände, Seehunde und schöne Küstenlandschaft.

Dieser Track ist so gut erschlossen, dass eine topografische Karte nicht unbedingt nötig ist. Die Karte in der DOC-Broschüre *Abel Tasman Coast Track* bietet ausreichend Informationen. Wer dennoch eine topografische Karte will, der sollte sich die Karte *Abel Tasman* im Maßstab 1:55 000 von NewTopo besorgen.

Buchungen & Transport

Entlang des Coast Track stehen vier **Great-Walk-Hütten** (32 NZ$) mit Stockbetten, Heizung und Toiletten, aber ohne Kochgelegenheit oder Licht. Außerdem befinden sich auf dem Track 19 ausgewiesene **Great-Walk-Campingplätze** (14 NZ$). Da der Abel Tasman Track zu den Great Walks gehört, müssen alle Hütten und Campingplätze das ganze Jahr über im Voraus gebucht werden; entweder online über **Great Walks Bookings** (☎0800 694 732; www.greatwalks.co.nz) oder bei den DOC Visitor Centres im ganzen Land. Hüttentickets und Jahrespässe gelten auf dem Track nicht, und man darf in jeder Hütte und auf jedem Campingplatz höchstens zwei Nächte bleiben. Eine Ausnahme ist der Totaranui-Campingplatz: Hier darf man nur einmal übernachten. Wer nicht gebucht hat, muss eine Strafe zahlen und vielleicht sogar den Park verlassen.

Aquapackers (☎0800 430 744; www.aquapackers.co.nz; B/DZ inkl. Frühstück 75/195 NZ$) ist eine ungewöhnliche, aber witzige schwimmende Backpackerunterkunft. Sie befindet sich in einem 13 m langen Katamaran, der in der Anchorage Bay fest vor Anker liegt. Die Einrichtungen sind einfach, aber ordentlich; Bettzeug, Frühstück und Abendessen sind inklusive. Reservierung erforderlich. Der **Campingplatz Totaranui** (☎03-528 8083; www.doc.govt.nz; Sommer/Winter 15/10 NZ$) ist ein extrem beliebter Platz mit großer Kapazität (850 Camper) und einer herrlichen Lage am Strand, versteckt hinter schönem Gehölz. Im DOC-Büro gibt es hilfreiche Mitarbeiter, Infotafeln, Toiletten mit Spülung, kalte Duschen und ein öffentliches Telefon.

Die nächste große Stadt am Abel Tasman National Park ist Motueka. Das nahe gelegene Marahau ist das südliche Tor zum Park. Auch wenn Wainui als offizieller nördlicher Ausgangspunkt gilt, beenden die meisten den Track in Totaranui und lassen entweder den nördlichsten Abschnitt aus oder wandern über den Gibbs Hill Track zurück nach Totaranui. Alle Eingänge zum Park werden von **Abel Tasman Coachlines** (☎03-548 0285; www.abeltasmantravel.co.nz) und **Golden Bay Coachlines** (☎03-525 8352; www.gbcoachlines.co.nz) angefahren.

Wer erst einmal im Park ist, der kommt leicht mit dem Wassertaxi von Kaiteriteri

MIT DEM KAJAK AUF DEM ABEL TASMAN COAST TRACK

Der Abel Tasman Coast Track war lange Zeit das Territorium der Wanderer schlechthin, die Schönheit seiner Küstenlandschaft macht ihn jedoch auch zu einer lohnenden Strecke für Seekajaktouren, die mit Wanderungen und Camping kombiniert werden können. Eine Vielzahl professioneller Veranstalter stattet die Interessierten mit allem Notwendigen aus, es gibt zahllose Möglichkeiten und Varianten für geführte bzw. Touren auf eigene Faust. Die Touren sind einen halben bis drei Tage lang; als Unterkünfte stehen Campingplätze oder DOC-Hütten, Strandhäuser *(baches)* und sogar ein schwimmendes Backpacker-Hostel zur Auswahl. Einige Unterkünfte bieten Vollverpflegung an, andere richten sich an Selbstversorger. Interessant sind auch die Kombinationsmöglichkeiten: So kann man eine Tagesstrecke im Kajak zurückgelegen, die Nacht auf einem Campingplatz verbringen und am nächsten Tag weiter zu Fuß durch den Park wandern. Am Endpunkt übernimmt dann ein Wassertaxi den Rücktransport.

Die meisten Veranstalter bieten ähnliche Ausflüge zu vergleichbaren Preisen an. Marahau ist der wichtigste Ausgangsort, Ausflüge beginnen aber auch in Kaiteriteri. Eine populäre Möglichkeit bei knapper Zeit ist eine mehrstündige Kajakfahrt im Tonga Island Marine Reserve und danach eine Wanderung von Tonga Quarry zur Bark Bay. Im Preis von rund 195 NZ$ sind die Fahrten im Wassertaxi inbegriffen. Dreitägige Ausflüge enden in der Regel am nördlichen Parkrand, von wo aus der Weg im Kajak zurückführt (oder umgekehrt); ab 620 NZ$ inkl. Verpflegung. Eintägige Ausflüge mit Führung kosten rund 200 NZ$.

Zweierkajaks, mit denen man auf eigene Faust unterwegs ist, kosten inklusive Leihausrüstung etwa 70/110 NZ$ pro Nase (2 Tage); ein Verleih an Einzelpersonen ist verboten. Alle Touren beginnen in Marahau mit Ausnahme der Touren von Golden Bay Kayaks (S. 467) mit Sitz am Tata Beach in Golden Bay.

Die Teilnehmer erhalten eine Einführung. Die meisten Tourveranstalter setzen ein Mindestalter von acht oder 14 Jahren voraus, je nach Art des Ausflugs. Touren auf eigene Faust sind nicht erlaubt. Campingausrüstung wird bei Ausflügen mit Übernachtung üblicherweise bereitgestellt; für Autofahrer, die mehrere Tage im Park verbringen wollen, haben die meisten Veranstalter kostenlose Parkplätze.

Von November bis Ostern ist der Besucherandrang am größten, der absolute Spitzenwert wird zwischen Dezember und Februar erreicht. Kajakfahren ist jedoch im ganzen Jahr möglich, gerade im Winter hat es einen ganz eigenen Reiz: Das Wetter ist überraschend angenehm, die Robben sind verspielter, es sind mehr Vögel zu sehen, und weniger Dunst trübt die Aussicht.

Die folgenden sind die größten Anbieter auf dem heiß umkämpften Markt; das Vergleichen lohnt sich daher.

Abel Tasman Kayaks (☎03-527 8022, 0800 732 529; www.abeltasmankayaks.co.nz; Main Rd, Marahau)

Kahu Kayaks (☎03-527 8300, 0800 300 101; www.kahukayaks.co.nz; Ecke Marahau Valley Rd)

Kaiteriteri Kayaks (☎03-527 8383, 0800 252 925; www.seakayak.co.nz; Kaiteriteri Beach)

Marahau Sea Kayaks (☎03-527 8176, 0800 529 257; www.msk.co.nz; Abel Tasman Centre, Franklin St, Marahau)

Sea Kayak Company (☎03-528 7251, 0508 252 925; www.seakayaknz.co.nz; 506 High St, Motueka)

Wilsons Abel Tasman (☎0800 221 888, 03-528 2027; www.abeltasman.co.nz; 265 High St, Motueka)

oder Marahau an jeden Punkt entlang des Tracks. Preise für die einfache Strecke: Anchorage und Torrent Bay (33 NZ$), Bark Bay (38 NZ$), Tonga (40 NZ$), Awaroa (43 NZ$) und Totaranui (45 NZ$). Zu den wichtigsten Anbietern gehören:

Abel Tasman Sea Shuttle BOOTSFAHRT
(☎03-527 8688, 0800 732 748; www.abeltasmanseashuttles.co.nz; Kaiteriteri) Regelmäßiger Betrieb mit Boot-/Wanderoption. Auch zwischen Nelson und Kaiteriteri (1. Dez–31. März; hin & zurück Erw./Kind 40/20 NZ$).

Abel Tasman Aqua Taxi BOOTSFAHRT
(☎ 03-527 8083, 0800 278 282; www.aquataxi.co.nz; Marahau-Dandy Bay Rd, Marahau) Linienverkehr und Fahrten auf Abruf sowie Angebote für Bootsfahrten und Wanderungen.

Wilsons Abel Tasman BOOTSFAHRT
(☎ 03-528 2027, 0800 223 582; www.abeltasman.co.nz; 265 High St, Motueka; Pass Erw./Kind 150/75 NZ$) Bietet einen Explorer-Pass für unbegrenzt viele Taxifahrten an drei von fünf aufeinanderfolgenden Tagen, außerdem Backpacker-Specials und verschiedene geführte Touren.

Marahau Water Taxis BOOTSFAHRT
(☎ 03-527 8176, 0800 808 018; Abel Tasman Centre, Franklin St, Marahau) Linienfahrten sowie Optionen für Bootsfahrten und Wanderungen.

Geführte Touren

Die Tourenanbieter holen Traveller normalerweise kostenlos in Motueka ab und bringen sie auch wieder zurück. Bring-/Abholservice von und nach Nelson kostet extra.

Abel Tasman Sailing Adventures SEGELN
(☎ 03-527 8375, 0800 467 245; www.sailingadventures.co.nz; Kaiteriteri; Tagestour 179 NZ$) Zeitlich festgelegte Katamaran-Trips und Touren auf Anfrage mit Segel-, Wander- und Kajak-Kombi. Im Preis für den beliebten Tagesausflug ist ein Mittagessen am Anchorage Beach enthalten.

Abel Tasman Tours & Guided Walks GEFÜHRTE WANDERUNG
(☎ 03-528 9602; www.abeltasmantours.co.nz; ab 220 NZ$) Geführte Tageswanderungen in kleinen Gruppen (min. 2 Pers.) inklusive Lunch-Paket und Wassertaxi.

Wilsons Abel Tasman WANDERN, KAJAKFAHREN
(☎ 03-528 2027, 0800 223 582; www.abeltasman.co.nz; 265 High St, Motueka; halbtägige Bootsfahrten 78 NZ$, Bootsfahrt & Wanderung 60–78 NZ$, Kajak & Wanderung 80–195 NZ$) Beeindruckendes Angebot von Kombi-Touren mit Bootsfahrt, Wanderung und Kajaktour, darunter eine Backpacker-Tagestour für 35 NZ$ und eine Bootsfahrt mit Barbecue (besonders im Winter schön). Die Teilnehmer an geführten Touren können in luxuriösen Lodges am Strand von der Awaroa und der Torrent Bay übernachten.

Abel Tasman Canyons CANYONING
(☎ 03-528 9800, 0800 863 472; www.abeltasmancanyons.co.nz; Ganztages-Trip 250 NZ$) Nur wenige Besucher des Abel Tasman National Park erkunden auch den wunderschönen Torrent River. Hier bekommt man die Chance, die umwerfend schönen Granitschlucht beim Schwimmen, Rutschen, Abseilen und Sprüngen in kristallklare Wasserbecken kennenzulernen.

Golden Bay

Von Motueka nach Takaka

Hinter Motueka windet sich der SH60 in schwindelerregenden Kurven den Takaka Hill hinauf, vorbei an Aussichtspunkten, die einen spektakulären Blick über die Tasman Bay und den Abel Tasman National Park gewähren. Danach führt die Strecke dann nach Takaka und Collingwood hinunter. Am besten erkundet man diese Region mit dem eigenen Fahrzeug.

Der **Takaka Hill** (791 m) trennt die Tasman Bay von der Golden Bay. Gleich unterhalb des Gipfels finden sich die **Ngarua Caves** (SH60; Erw./Kind 15/7 NZ$; ⏲ 45-minütige Führungen Sept.–Mai 10–16 Uhr stündl., Juni–Aug. nur Sa & So), eine Sehenswürdigkeit im Karstgestein, in der unzählige unterirdische Schätze zu sehen sind, darunter auch Moa-Knochen. In die Höhlen kommt man nur im Rahmen einer Führung, eine Besichtigung auf eigene Faust ist nicht möglich.

Ebenfalls kurz vor dem Berg zweigt ein Weg zum **Canaan Downs Scenic Reserve** ab, das am Ende einer 11 km langen Schotterstraße liegt. Das Gebiet erlangte Berühmtheit als Filmkulisse für die Trilogie *Der Herr der Ringe* und für *Der Hobbit*, doch das hervorstechendste Merkmal dieser Landschaft ist das **Harwood's Hole**. Es ist eine der größten Dolinen (*tomo*, Einsturztrichter im Karst) des Landes: Die Höhle ist insgesamt 357 m tief und 70 m breit. An der Oberkante beginnt ein 176 m tiefer, senkrecht abfallender Höhlenschacht, der unten auf die Starlight Cave trifft. Vom Parkplatz sind es 30 Minuten zu Fuß dorthin. Es braucht nicht betont zu werden, dass die Höhle ausschließlich für äußerst erfahrene Höhlenwanderer zugänglich ist!

Gut trainierte Mountainbiker können sich auf mehrere neue Rundstrecken wagen oder fahren die ganze Strecke bis nach Takaka über den berühmten **Rameka Track** (Lieferung/Abholung der Räder kann in Takaka vereinbart werden). Einen schlichten **DOC-Campingplatz** (6 NZ$/Pers.) gibt es hier auch.

Nahe dem Gipfel führt der **Takaka Hill Walkway**, ein dreistündiger Rundkurs, zwischen Felsformationen aus Marmorkarst, durch urtümlichen Wald und über Farmland. Hier befindet sich auch der **Harwood Lookout**, von dem aus man eine prima Aussicht ins Takaka River Valley bis nach Takaka und zur Golden Bay hat. Wer mehr Informationen zu den Wanderungen auf der sonnigen Seite des Hügels möchte, findet diese in der DOC Broschüre *Walks in Golden Bay*.

Takaka & Umgebung

Obwohl hier die meisten Yogahosen, Dreadlocks und Leute mit Alternativ-Touch in ganz Neuseeland zu finden sind, ist Takaka (1240 Ew.) eine überwiegend bodenständige Ortschaft und das letzte „große“ Zentrum auf dem Weg zum Farewell Spit im Westen. Hier findet man alles, was man braucht, und auch ein paar Dinge, die man nicht braucht. Haben wir nicht alle ein ungetragenes Batik-Tanktop in unserem Schrank?

Sehenswertes & Aktivitäten

Die meisten Sehenswürdigkeiten Takakas sind leicht mit dem Rad erreichbar. Verleih und Karten gibt's beim altmodischen **Quiet Revolution Cycle Shop** (☎03-525 9555; www.quietrevolution.co.nz; 11 Commercial St; Fahrradverleih 25–65 NZ$/Tag) an der Hauptstraße.

Te Waikoropupu Springs QUELLE

Die kurz „Pupu“ genannten Te Waikoropupu Springs sind die größten Süßwasserquellen in Australasien und angeblich die reinsten der Welt. Rund 14 000 l Wasser strömen pro Sekunde durch unterirdische Öffnungen, schleudern „tanzenden Sand“ nach oben und wirbeln merkwürdige Pflanzen durch bunte Wasserbecken, die von einem Netz aus Wanderwegen aus beobachtet werden können. Schwimmen ist verboten! Von Takaka geht es zunächst auf dem SH60 4 km Richtung Nordwesten, bei der Waitapu Bridge dann 3 km ins Landesinnere (ausgeschildert).

Grove Scenic Reserve AUSSICHTSPUNKT

Rund zehn Fahrminuten von Takaka entfernt (an der Clifton Rd ausgeschildert) befindet sich dieses verrückte Kalksteinlabyrinth, das von knorrigen alten Rata-Bäumen durchzogen ist. Der Fußmarsch dauert ungefähr zehn Minuten und führt zu einem beeindruckenden Aussichtspunkt.

Rawhiti Cave HÖHLE

(www.doc.govt.nz) Der größte geologische Blickfang, den es in dieser Gegend gibt, sind die Phytokarst-Formationen der Rawhiti Cave, 15 Fahrtminuten von Takaka entfernt (über Motupipi kommend rechts auf die Glenview Rd, dann links auf die Packard Rd fahren und den Schildern folgen!). Bei der anstrengenden Wanderung hin und zurück (auf trockenen Abschnitten steil, in nassen Bereichen gefährlich) verschlägt es einem glatt die Sprache.

Golden Bay Museum & Gallery MUSEUM

(Commercial St; Eintritt mit Spende; ⌚10–16 Uhr) Zu den beeindruckendsten Ausstellungsstücken des kleinen Museums gehört ein schönes Diorama, das die Landung Abel Tasmans im Jahr 1642 und zweifelhafte menschenähnliche Gestalten zeigt (unbedingt nach dem Albatross fragen!). In der angrenzenden Galerie sind nette regionale und nationale Kunstobjekte zu sehen und einige hochwertige Andenken zu kaufen. Weitere Spazierwege durch die regionale Kunstszene findet man in den kostenlosen Broschüren *Artists in Golden Bay* und *Arts Trail*.

Pupu Hydro Walkway WANDERN

Diese angenehme, zweistündige Wanderung führt durch Strandwälder, vorbei an technischen Relikten aus der Zeit der Goldminen zum wiederhergestellten (und funktionsfähigen) Pupu Hydro Powerhouse, das 1929 errichtet wurde. Die 4 km lange Schotterstraße, die einen hierher bringt, ist an der Pupu Springs Rd ausgeschildert.

Adventure Flights Golden Bay RUNDFLÜGE

(☎03-525 6167, 0800 150 338; www.adventureflightsgoldenbay.co.nz; Takaka Airfield).

Golden Bay Air RUNDFLÜGE

(☎03-525 8725, 0800 588 885; www.goldenbayair.co.nz; Takaka Airfield) Rund- und Charterflüge um die Golden Bay und Umgebung ab 49 NZ$.

Schlafen

Kiwiana HOSTEL $

(☎03-525 7676, 0800 805 494; www.kiwianabackpackers.co.nz; 73 Motupipi St; Stellplatz 18 NZ$/Pers. B/EZ/DZ 28/45/66 NZ$; @) In dem niedlichen Cottage mit einladendem Garten sind die Zimmer nach typisch neuseeländischen Begriffen benannt: Jandal (Flip-Flops), Buzzy Bee (ein Kinderspielzeug) usw. Die Garage wurde in eine gesellige Lounge mit Kamin, Tischtennisplatte, Billardtisch,

Musik, Büchern und Spielen umgebaut. Gäste dürfen kostenlos Fahrräder nutzen.

Annie's Nirvana Lodge HOSTEL $
(☎ 03-525 8766; www.nirvanalodge.co.nz; 25 Motupipi St; B 28 NZ$, DZ 60–66 NZ$; @) Sauberes, gemütliches YHA-Hostel mit Schlafsälen im Haupthaus und vier Doppelzimmern am Ende des abgeschiedenen Gartens, in dem sich Holzmöbel finden, die der freundliche Besitzer selbst hergestellt hat. Fluffy, die Katze, treibt sich hier herum und ist der haarige Liebling der Gäste.

Golden Bay Holiday Park FERIENPARK $
(☎ 03-525 9742; www.goldenbayholidaypark.co.nz; Tukurua Rd; Stellplatz ohne/mit Strom 41/45 NZ$, Hütte DZ/3BZ 70/105 NZ$; @) 18 km nördlich von Takaka liegt dieser schöne Park an einem ruhigen Strand. Er bietet viele Grünflächen, Schatten spendende Bäume und Hecken sowie Gemeinschaftseinrichtungen, die nicht weit entfernt liegen. Es gibt saubere, familienfreundliche Hütten für Traveller mit kleinem Geldbeutel und luxuriöse Strandhäuser mit Platz für vier Personen (270–350 NZ$).

Golden Bay Motel MOTEL $$
(☎ 03-525 9428, 0800 401 212; www.goldenbaymotel.co.nz; 132 Commercial St; DZ 100–145 NZ$;) Die Anlage ist wirklich golden gestrichen! Saubere, geräumige Wohneinheiten für Selbstversorger mit anständiger, aber betagter Einrichtung und ebenso anständigen, betagten Gastgebern. Von den hinteren Terrassen blickt man auf eine Rasenfläche.

Adrift COTTAGES $$$
(☎ 03-525 8353; www.adrift.co.nz; Tukurua Rd; DZ 250–500 NZ$; @) In einer dieser fünf Hütten inmitten eines wunderschön angelegten Grundtsücks direkt am Strand kann man in himmlischen Betten glückselig schlafen. Erst den Tag mit einem Frühstückskorb beginnen, sich dann in der voll ausgestatteten Küche selbst etwas kochen, dann auf der sonnigen Terrasse essen und danach im Whirlpool entspannen!

Essen & Ausgehen

Top Shop MOLKEREI $
(9 Willow St; Snacks 2–9 NZ$; Mo–Fr 6–19, Sa & So 7.30–18 Uhr) Molkerei und Teestube am Eingang zur Stadt. Essen zum Mitnehmen, z. B. köstliche Pies, gibt's hier auch.

Fresh Choice SUPERMARKET $
(13 Willow St; 8–19 Uhr) Hier sollte man seine Vorräte aufstocken.

Dangerous Kitchen CAFÉ $$
(46a Commercial St; Gerichte 14–28 NZ$; Mo–Sa 9 Uhr–open end;) Das DK hat seinen Namen einem Songtext von Frank Zappa *(In the kitchen of danger, you can feel like a stranger)* entlehnt und serviert überwiegend gesundes, preiswertes Essen wie Falafel, Pizza, scharfe Bohnenburritos, frische Pasta, leckeres Gebäck und Säfte. Der freundliche und entspannte Laden hat einen sonnigen Hinterhof und eine Terrasse an der Straße, von der aus man gut Leute beobachten kann.

★ **Mussel Inn** PUB $$
(www.musselinn.co.nz; 1259 SH60, Onekaka; Tagesgerichte 5–18 NZ$, Abendessen 23–30 NZ$; 11 Uhr–open end, Juli–Aug. geschl.) Auf halbem Weg zwischen Takaka und Collingwood liegt eine von Neuseelands beliebtesten Brauerei-Tavernen. Das Mussel Inn verkörpert das dörfische Neuseeland schlechthin: Es gibt knarzendes Holz, einen weitläufigen Biergarten mit Grill, Livemusik und herzhaftes, selbst gemachtes Essen. Hier kann man ein oder zwei Gläser „Captain Cooker" probieren, ein braunes, natürlich gebrautes Bier mit Manuka-Honig, oder das köstliche „Bitter Ass".

Brigand CAFÉ, BAR $$
(www.brigand.co.nz; 90 Commercial St; Gerichte 16–35 NZ$; Mo–Sa 11 Uhr–open end) In diesem Café mit Bar warten hinter den Türen gute Gerichte wie Sandwiches, Fischsuppe und fleischhaltige Hauptspeisen in relaxter Atmosphäre auf die Gäste. Eine Gartenbar und gute Backwaren sind auch vorhanden! Was ebenso wichtig ist: Das Brigand ist die Hauptstütze der örtlichen Unterhaltungsszene mit regelmäßiger Livemusik und beliebten Open-Mic-Donnerstagen, an denen jeder mal ans Mikrofon darf.

Roots Bar BAR
(www.rootsbar.co.nz; 1 Commercial St; Mi–So 16.30–open end;) In dieser beliebten Bar mit Dance-Musik gibt es ordentliches Bier vom Fass und ein erstklassiges Soundsystem. Toll sind die lebhaften Abende und die Gartenbar mit der obligatorischen Baumwurzel. Hier bekommt man die typische Hautfarbe der Bay-Bewohner.

Paul's Coffee Cart CAFÉ
(Takaka Library-Parkplatz; Mo–Sa 8–13 Uhr) Der Kerl mit der Musik verkauft von seinem Caravan auf dem Parkplatz der Bibliothek aus den besten Kaffee der Stadt.

Unterhaltung

Village Theatre KINO
(www.villagetheatre.org.nz; 32 Commercial St; Erw./Kind 12,50/7 NZ$) Hier merkt man, dass die Leute im provinziellen Neuseeland Lust auf gute Filme haben.

Praktische Informationen

DOC-Büro (☎ 03-525 8026; www.doc.govt.nz; 62 Commercial St; ⏰ Mo–Fr 13–15 Uhr) Informationen zum Abel Tasman und zum Kahurangi National Park, zum Heaphy Track, zu Farewell Spit und dem Cobb Valley. Verkauf von Hüttenpässen.

Golden Bay Visitor Centre (☎ 03-525 9136; www.goldenbaynz.co.nz; Willow St; ⏰ Mo–Fr 10–16, Sa & So bis 14 Uhr) Nettes, kleines Informationszentrum mit allen notwendigen Infos und der unentbehrlichen Touristenkarte. Buchungen und DOC-Pässe.

Anreise & Unterwegs vor Ort

Golden Bay Air (☎ 0800 588 885, 03-525 8725; www.goldenbayair.co.nz) Fliegt jeden Tag mindestens ein bis viermal zwischen Wellington und Takaka hin un her.

Golden Bay Coachlines (☎ 03-525 8352; www.gbcoachlines.co.nz) Bietet Busse von Takaka an der Golden Bay nach Collingwood (25 Min.), zum Heaphy Track (1 Std.), nach Totaranui (1 Std.) und über den Berg nach Motueka (1¼ Std.) und Nelson (2¼ Std.).

Pohara

350 EW.

Rund 10 km nordöstlich von Takaka liegt das winzige Pohara, ein Ferienort am Strand, dessen Bevölkerung sich im Sommer vervierfacht. Hier gibt es mehr protzige Ferienhäuser als in anderen Teilen der Golden Bay, trotzdem ist die Atmosphäre noch angenehm. Das liegt nicht zuletzt an gutem Essen, netten Unterkünften und einem Strand, der bei Ebbe so groß ist wie das Rollfeld des Londoner Flughafens. Ausschau halten nach den **Golden Bay Blokarts** (778 Abel Tasman Dr)!

Pohara liegt in der Nähe des nördlichen Eingangs zum Abel Tasman National Park. Die weitgehend unbefestigte Straße in den Park führt am **Tarakohe Harbour** (Poharas Hafen) und der **Ligar Bay** vorbei. Der Aufstieg zum Abel-Tasman-Aussichtspunkt lohnt sich allemal.

Die nächste Siedlung auf dem Weg ist **Tata Beach**, wo **Golden Bay Kayaks** (☎ 03-525 9095; www.goldenbaykayaks.co.nz; geführte Touren halber Tag Erw./Kind 85/35 NZ$, Verleih halber/ganzer Tag 90/110 NZ$) Kajaks und Stehpaddelbretter verleiht und geführte Touren (auch mehrtägige) in den Abel Tasman National Park anbietet.

Von der Totaranui Rd in der **Wainui Bay** ist ein grüner Wanderweg zu den schönsten Wasserfällen der Bucht ausgeschildert: den **Wainui Falls**. Die Wanderung dauert hin und zurück eine Stunde, kann aber durchaus verlängert werden, wenn man seine Füße hier und da in den Fluss steckt.

Schlafen & Essen

Pohara Beach Top 10 Holiday Park FERIENPARK $
(☎ 03-525 9500, 0800 764 272; www.poharabeach.com; 809 Abel Tasman Dr; Stellplatz ab 20 NZ$, Hütte & Wohneinheit 61–164 NZ$; @ 📶) Was für ein Riesending! Der Ferienpark auf einem langen, grünen Streifen zwischen den Dünen und der Hauptstraße hat eine erstklassige Lage, doch im Sommer fühlt man sich hier manchmal eher wie in der Vorstadt als wie am Meer. Überall stehen hübsche Hütten, und vor Ort gibt es auch einen Gemischtwarenladen plus Essen zum Mitnehmen.

Sans Souci Inn LODGE, RESTAURANT $$
(☎ 03-525 8663; www.sanssouciinn.co.nz; 11 Richmond Rd; EZ/DZ 90/115 NZ$, separate Wohneinheit ab 160 NZ$, Hauptgerichte abends 32–35 NZ$; ⏰ Juli–Mitte Sept. geschl.; 📶) 🌿 Ein Aufenthalt in einem der sieben Zimmer mit südeuropäisch geprägtem Flair und Lehmziegelwänden verläuft bestimmt „ohne Sorgen". Die Gäste teilen sich ein Bad, das mit Mosaikfliesen, Pflanzen und Komposttoiletten eingerichtet ist. Eine luftige Lounge und Küche öffnen sich zu einem halbtropisch anmutenden Innenhof. Das Abendessen im angeschlossenen Restaurant ist sehr zu empfehlen (Reservierung erforderlich), ein Frühstück gibt es auf Wunsch.

Ratanui LODGE $$
(☎ 03-525 7998; www.ratanuilodge.com; 818 Abel Tasman Dr; DZ 155–269 NZ$; @ 📶 🏊) Diese Boutique-Lodge gehört zu den romantischsten in Neuseeland: viktorianische Pracht innen und ein farbenfroher Garten mit Cottages draußen. Zu den eleganten Zimmer kommen noch unzählige tolle Extras hinzu: Swimmingpool, Massagen, Cocktails und ein Restaurant mit Kronleuchtern (auch für Nichtgäste geöffnet; Reservierung erforderlich). Außerdem gibt's kostenlosen Fahrradverleih.

NICHT VERSÄUMEN

FAREWELL SPIT

Das unwirtliche, den Elementen ausgesetzte, außergewöhnliche **Farewell Spit** ist ein Feuchtgebiet von internationaler Bedeutung und ein bekanntes Vogelschutzgebiet: Im Sommer tummeln sich hier Tausende Watvögel, z. B. Schnepfen (die aus der arktischen Tundra kommen), Raubseeschwalben und Australische Tölpel. Den 35 km langen Strand säumen gigantische, halbmondförmige Dünen, von denen aus man einen weiten Blick über die Golden Bay und die gewaltige, bei Ebbe freiliegende Salzmarsch hat. Spaziergänger können die ersten 4 km des Spit auf verschiedenen Wegen erkunden (s. die DOC-Broschüre *Farewell Spit*), aber darüber hinaus kommt man nur im Rahmen einer geführten Tour, die sich nach den Gezeiten richtet.

Die Anlaufstelle beim Spit ist das Visitor Centre mit Café, wo es jede Menge Parkplätze gibt. Hier kann man vor allem an ungemütlichen Tagen bequem bei einem Kaffee Postkarten schreiben.

Farewell Spit Eco Tours (✆ 03-524 8257, 0800 808 257; www.farewellspit.com; Tasman St, Collingwood; geführte Touren 120-155 NZ$) Der erfahrene Veranstalter Paddy und seine professionellen Führer sind schon seit fast 70 Jahren im Geschäft und haben eine Reihe von zwei bis sechseinhalbstündigen Touren von Collingwood zum Spit im Programm, bei denen man den Leuchtturm und bis zu 20 verschiedene Vogelarten wie Tölpel und Schnepfen zu sehen bekommt. Außerdem kriegt man ganz viel herrliches Seemannsgarn erzählt.

Farewell Spit Nature Experience (✆ 03-524 8992, 0800 250 500; www.farewellspittours.com; Pakawau; geführte Touren 120–145 NZ$) Dieses Unternehmen (Büro mit Klimaanlage) veranstaltet vierstündige Touren ab dem Farewell Spit Visitor Centre und eine sechsstündige Tour, die am Old School Cafe in Pakawau beginnt.

Penguin Café & Bar PUB $$
(www.penguincafe.co.nz; 818 Abel Tasman Dr; Mittagessen 13–22 NZ$, Abendessen 20–33 NZ$; ⏱ Nov.–April 10 Uhr–open end, Mai–Okt. Mo–Mi 16 Uhr–open end, Do–So 11 Uhr–open end) Das bei Einheimischen sehr beliebte und gut geführte Lokal mit großem Garten eignet sich bestens, um an sonnigen Tagen seinen Durst zu löschen oder sich einen abendlichen Drink zu genehmigen. Für die wenigen ungemütlichen Tage gibt's drinnen einen offenen Kamin. Tagsüber werden sättigende Barsnacks serviert, für abends stehen eher Meeresfrüchte auf der Karte.

ℹ An- & Weiterreise

Golden Bay Coachlines (✆ 03-525 8352; www.gbcoachlines.co.nz) lässt täglich Busse von Takaka nach Pohara (15 Min.) und weiter nach Totaranui fahren.

Collingwood & Umgebung

Das entlegene Collingwood (250 Ew.) ist die letzte Ortschaft in diesem Teil des Landes – und so fühlt man sich hier auch. Im Sommer ist das Örtchen recht belebt, für die meisten Besucher allerdings nur eine Durchgangsstation zum Heaphy Track oder für Ausflüge zum Farewell Spit.

Das **Collingwood Museum** (Tasman St; Eintritt gegen Spende; ⏱ 10–16 Uhr) ohne Personal nimmt einen kleinen Korridor ein. Die seltsame Sammlung umfasst Sattelzeug, Artefakte der Maori, Moa-Knochen, Muscheln und alte Schreibmaschinen. Gleich nebenan zeigt das **Aorere Centre** multimediale Präsentationen, darunter die Arbeiten des genialen Foto-Pioniers Fred Tyree.

Ein Aufenthalt in Collingwood wäre nicht vollständig ohne einen Besuch bei **Rosy Glow** (54 Beach Rd; Pralinen 3–5 NZ$; ⏱ Sa–Do 10–17 Uhr). Eine einmalige Chance für Schokoholiker!

Ein Ausflug nach Farewell Spit ist ein Muss! Von dort weisen Schilder auf den **Wharariki Beach** hin (6 km unbefestigte Straße, dann ein 20-minütiger Spaziergang durch den Puponga Farm Park). Die Westküste präsentiert sich hier wild, mit mächtigen Dünenformationen, hoch aufragenden Felsinseln direkt vor der Küste und einer Robbenkolonie an ihrem östlichen Ende. So einladend das Baden hier erscheint, man sollte gewarnt sein: Die Unterströmungen sind sehr stark.

Wie es einem Grenzgebiet zukommt, ist dies der richtige Ort, um in den Sattel zu steigen, z. B. bei **Cape Farewell Horse Treks**

(☎ 03-524 8031; www.horsetreksnz.com; McGowan St, Puponga; ⌚ Ausritte ab 75 NZ$). Ausritte durch dieses windumtoste Stück Land dauern zwischen eineinhalb (nach Pillar Point) und drei Stunden (zum Wharariki Beach), längere Ausflüge (inkl. Übernachtung) sind nach Vereinbarung möglich.

Die Straße zum Wharariki Beach führt zum **Wharariki Beach Holiday Park** (S. 469), einem hübschen, noch neuen Campingplatz mit angenehmen öffentlichen Einrichtungen.

Schlafen & Essen

In dieser Gegend gibt es nicht viele Lokale und Einkaufsmöglichkeiten – also am besten immer etwas Käse und Cracker im Ärmel haben!

★ Innlet Backpackers & Cottages HOSTEL $
(☎ 027 891 7728, 03-524 8040; www.theinnlet.co.nz; Collingwood-Puponga Rd, Pakawau; Stellplatz ab 23 NZ$, B/DZ 31/73 NZ$, Hütte ab 83 NZ$; @ 📶) Diese tolle Unterkunft liegt 10 km von Collingwood entfernt am Weg zum Farewell Spit. Im Haupthaus befinden sich elegante Backpackerzimmer und auf dem Gelände diverse Stellplätze und Hütten für Selbstversorger, darunter ein Cottage für bis zu sechs Personen. Die Gegend kann entweder mit dem Rad oder einem Kajak erkundet werden, oder man streift zu Fuß über das bewachsene Anwesen.

Somerset House HOSTEL $
(☎ 03-524 8624; www.backpackerscollingwood.co.nz; 10 Gibbs Rd, Collingwood; B/EZ/DZ inkl. Frühstück 30/46/72 NZ$; ⌚ Juni–Sept. geschl.; @ 📶) Ein kleines, einfach gehaltenes Hostel in einem hellen, hoch gelegenen historischen Bauwerk mit weitem Blick von der Terrasse. Tipps für Wanderungen geben die kundigen Inhaber, die außerdem für Transport, kostenlose Fahrräder und Kajaks und für frisch gebackenes Brot zum Frühstück sorgen.

Wharariki Beach Holiday Park FERIENPARK $
(☎ 03-524 8507; www.whararikibeachholidaypark.co.nz; Stellplatz ab 18 NZ$, B 25 NZ$) Liegt direkt neben dem Ausgangspunkt des Wharariki Beach Track – perfekt für diejenigen, die einen Spaziergang bei Sonnenuntergang machen wollen. Der einfache Campingplatz hat alle nötigen Einrichtungen und ist hübsch gelegen. Auf der anderen Seite des Zaunes weiden Pferde, und auf dem ganzen Grundstück läuft Federvieh herum. Für wen Pfauenkacke ein Problem ist, der sollte diesen Platz meiden.

Old School Cafe CAFÉ $$
(1115 Collingwood Puponga Rd, Pakawau; Hauptgerichte 14–31 NZ$; ⌚ Do–Fr 16 Uhr–open end, Sa & So 11 Uhr–open end) Die Leute verdienen die Bestnote für ihre Mühe, einen unberechenbaren Gästestrom mit gutem Essen anzulocken. Was der Küche an Einfallsreichtum fehlt (es gibt Steak, Pizza und einen Shrimpscocktail), macht das Café durch eine künstlerische Atmosphäre, eine Gartenbar und eine Gastfreundschaft mehr als wett.

An- & Weiterreise

Die Busse von **Golden Bay Coachlines** (☎ 03-525 8352; www.goldenbaycoachlines.co.nz) fahren zweimal täglich von Takaka nach Collingwood (25 Min.).

Kahurangi National Park

Der Kahurangi, dessen Name in einer von vielen Übersetzungen „blauer Himmel" bedeutet, ist der zweitgrößte Nationalpark Neuseelands und zweifellos einer der facettenreichsten. Die größten Highlights sind geologischer Natur und reichen von windgepeitschten Stränden und Klippen am Meer über von Erdbeben gebeutelte Hänge und von Moränen eingedämmte Seen bis hin zu den glatten, seltsamen Karstformationen des im Landesinnern liegenden Hochplateaus.

Etwa 85 % des 4520 km² großen Parks sind bewaldet und überwiegend von Buchen, Rimu-Harzeiben und Steineiben bewachsen. Im Großen und Ganzen kann man sagen, dass in dem Park 50 % von Neuseelands Pflanzenarten zu finden sind, darunter 80 % der alpinen Pflanzengattungen. Zu den 60 verschiedenen Vogelarten des Parks zählen auch Haastkiwis, Keas, Kakas und Saumschnabelenten. Es gibt hier gruselige Höhlenschrecken, seltsame Käfer und riesige Spinnen mit langen Beinen, zudem eine majestätische, uralte Schneckenart, die unter dem Namen *Powelliphanta* bekannt ist – sie so etwas wie ein (langsamer) Flaggenträger für das Tierreich des Parks. Wer auf einem Ausflug gern neue und seltsame Sachen sehen will, für den ist der Kahurangi National Park hervorragend geeignet.

Der bekannteste Wanderweg des Kahurangi ist der **Heaphy Track**. Dann gibt es noch den anspruchsvolleren **Wangapeka** und den abgeschiedenen **Leslie-Karamea**, die beide weniger besucht sind und auch nur einen Teil des 650 km langen Wegenetzes bilden. Für schöne Ganztagsausflüge und Wanderungen mit Übernachtung eignen sich das **Cobb Valley** und der **Mt. Arthur/Tablelands**. Genauere Infos zu allen Wanderwegen im Kahurangi National Park gibt's unter www.doc.govt.nz.

Heaphy Track

Der Heaphy Track ist einer der beliebtesten Wanderwege des Landes. Er ist in jeder Hinsicht ein Great Walk und führt durch vielfältiges Terrain: dichte einheimische Wälder, die mystischen Gouland Downs, abgeschiedene Flusstäler und Strände, die von salziger Gischt umnebelt und von Nikaupalmen gesäumt sind.

Obwohl er recht lang ist, ist der Heaphy Track gut angelegt, was ihn einfacher begehbar macht als jeden anderen langen Wanderweg im Kahurangi National Park. Trotzdem kann er noch sehr anstrengend sein, besonders bei nicht so gutem Wetter.

Wenn man von Osten nach Westen wandert, hat man die meisten Kletterpartien schon am ersten Tag geschafft, und die schöne Strecke am Strand entlang bleibt für den Schluss aufgespart – ein passendes und belebendes großes Finale.

Von Mai bis September ist der Weg auch für Mountainbiker zugänglich. In Anbetracht der Entfernungen, der Abgeschiedenheit und der unbeständigen Wetterbedingungen, sollte die gewaltige Strecke nur von gut ausgerüsteten, fortgeschrittenen Bikern in Angriff genommen werden. Eine gute Informationsquelle sind die Leute vom Quiet Revolution Cycle Shop (S. 465) in Takaka.

Ein erfahrener Wanderer kann den Heaphy Track in drei Tagen schaffen, aber die meisten brauchen vier Tage. Eine genaue Beschreibung des Tracks findet man in der DOC-Broschüre *Heaphy Track*. Geschätzte Wanderzeiten:

ABSCHNITT	DAUER (STD.)
Brown Hut–Perry Saddle Hut	5
Perry Saddle Hut–Gouland Downs Hut	2
Gouland Downs Hut–Saxon Hut	1½
Saxon Hut–James Mackay Hut	3
James Mackay Hut–Lewis Hut	3½
Lewis Hut–Heaphy Hut	2½
Heaphy Hut–Kohaihai River	5

Buchungen & Transport

Am Track liegen sieben ausgewiesene **Great-Walk-Hütten** (32 NZ$) mit Stockbetten, Küche, Heizung, Toiletten und Waschbecken mit kaltem Wasser. Nicht alle, aber die meisten haben Gasherdplatten, ein paar können auch mit Licht aufwarten. Außerdem gibt es noch neun **Great-Walk-Campingplätze** (14 NZ$) und den am Strand gelegenen **Kohaihai-Campingplatz** (www.doc.govt.nz; NZ$6) am Ausgangspunkt des West Coast Track. Die zwei Unterstände sind wirklich nur das, was ihr Name sagt – Übernachtungen sind hier nicht erlaubt.

Da der Heaphy Track zu den Great Walks gehört, müssen alle Hütten und Campingplätze das ganze Jahr über im Voraus gebucht werden. Die Buchungen können online über **Great Walks Bookings** (☎0800 694 732; www.greatwalks.co.nz) oder bei den DOC-Büros im ganzen Land vorgenommen werden. Die beste Quelle für ausführliche Infos zum Heaphy Track und der beste Ort, um Buchungen vorzunehmen, ist der Schalter des DOC im i-SITE von Nelson (S. 453). Am Track-Ende in der Golden Bay bekommt man Hüttentickets und kann Buchungen vornehmen. Weitere Informationen gibt es beim DOC-Büro (S. 467) oder beim Visitor Centre (S. 467) in Takaka. Näheres findet sich zudem unter www.heaphytrack.com und in der DOC-Broschüre *Heaphy Track*.

Die beiden Endpunkte des Heaphy Track sind unfassbar weit voneinander entfernt: 463 km, um genau zu sein. Von Takaka aus kommt man über Collingwood mit **Golden Bay Coachlines** (☎03-525 8352; www.gbcoachlines.co.nz; 33 NZ$; ⌚1 Std.) zum Heaphy Track. **Heaphy Bus** (☎0272 221 872, 0800 128 735; www.theheaphybus.co.nz) betreibt einen Shuttle-Service für Hin- und Rückweg: Man wird von Kohaihai abgeholt und auch dorthin gebracht (110 NZ$). Außerdem gibt's auf Anfrage noch weitere Transportmöglichkeiten auf dem Track. **Heaphy Track Help** (☎03-525 9576; www.heaphytrackhelp.co.nz) bietet Auto-Überführungen (je nach Ziel & Dauer 200–300 NZ$), Lebensmittellieferungen, Shuttles und Tipps an.

Der Ausgangspunkt bei Kohaihai liegt 15 km von dem kleinen Ort Karamea entfernt. Der **Karamea Express** (☎03-782 6757; info@karamea-express.co.nz) fährt von Oktober bis Ende April um 13 und 14 Uhr von der Wartehalle ab (15 NZ$).

Flüge zwischen Karamea und Takaka machen **Adventure Flights Golden Bay**

(☎03-525 6167, 0800 150 338; www.adventureflightsgoldenbay.co.nz; Takaka Airfield) ab 185 NZ$ pro Person (max. 4 Pers.), **Golden Bay Air** (☎0800 588 885; www.goldenbayair.co.nz) ab 169 NZ$ pro Nase und **Helicopter Charter Karamea** (☎03-782 6111; www.karameahelicharter.co.nz) für 750 NZ$ für bis zu drei Personen.

Geführte Touren

Bush & Beyond WANDERN

(☎03-528 9054; www.bushandbeyond.co.nz) Verschiedene Wanderungen sind möglich – Tageswanderungen zum Mt. Arthur oder zum Cobb Valley (220 NZ$) bis hin zu sechstägigen Heaphy-Track-Packages mit Führer (1795 NZ$).

Kahurangi Guided Walks WANDERN

(☎03-525 7177; www.kahurangiwalks.co.nz) Abenteuertouren in kleinen Gruppen, z. B. fünftägige Wanderungen auf dem Heaphy Track (1749 NZ$), und verschiedene Tagestouren, z. B. zum Abel Tasman und zum Cobb Valley (ab 220 NZ$).

Nelson Lakes National Park

Der unberührte Nelson Lakes National Park erstreckt sich um die zwei Seen Rotoiti und Rotoroa, die vor dem Hintergrund grauer Sandsteinfelsen (Grauwacke) von duftenden Buchenwäldern eingerahmt werden. Mit seiner Lage am nördlichen Rand der Neuseeländischen Alpen in einer schroffen, von Gletschern geformten Landschaft bietet der National Park eindrucksvolle Naturerlebnisse.

Ein Teil des Parks, östlich von Lake Rotoiti, ist ein isoliertes Habitat, eine sogenannte *mainland island*. Dort läuft ein Naturschutzprogramm mit dem Ziel, eingeführte Schädlinge wie Beutelratten und Wiesel auszurotten und dann vor Ort heimische Tiere und Pflanzen nachzuzüchten. Es gibt hervorragende Wanderwege (auch kurze Spazierwege), schöne Ausblicke auf die Seen und vereinzelt die lästigen *sandflies* (Sandfliegen). Im Park sind zahlreiche Vogelarten heimisch, und Bachforellenangler können sich auf ein berühmtes Angelrevier freuen.

Aktivitäten

Es gibt viele spektakuläre Wanderwege, von denen aus man diese raue Landschaft bewundern kann. Aber bevor man sich auf den Weg macht, sollte man beim DOC Visitor Centre (S. 472) Halt machen und sich Karten, aktuelle Infos zum Track und zum Wetter abholen und seine Hütten- oder Campingplatzgebühren bezahlen.

Der fünfstündige **Mt. Robert Circuit Track** beginnt südlich von St. Arnaud und umrundet den Berg. Die alternative Seitenroute entlang der Robert Ridge bietet atemberaubende Ausblicke ins Herz des Nationalparks. Der **St. Arnaud Range Track** (hin & zurück 5 Std.) an der Ostseite des Sees steigt stetig bis zu dem Gebirgskamm an, der an die Parachute Rocks grenzt. Beide Wanderungen sind anstrengend, doch man hat umwerfende Aussichten auf Gletschertäler, Berggrate und den Lake Rotoiti. Die Wanderungen sollten nur bei gutem Wetter unternommen werden. Bei schlechtem Wetter sind beide nicht sinnvoll (keine Aussicht) und gefährlich.

Von der Kerr Bay am Lake Rotoiti und vom Straßenende am Lake Rotoroa aus gibt es auch jede Menge kürzere (und flachere) Wanderwege. Sie sind zusammen mit längeren Tageswanderungen in der DOC-Broschüre *Walks in Nelson Lakes National Park* (2 NZ$) beschrieben.

Fitte und gut ausgerüstete Wanderer können sich auch an längere Wanderungen wie den **Lake Angelus Track** wagen. Diese herrliche zwei- bis dreitägige Wanderung folgt der Robert Ridge zum Lake Angelus, wo man eine oder zwei Nächte in der tollen Angelus Hut (Erw./Kind 20/10 NZ$) übernachten kann, bevor es über eine der drei Routen zurück nach St. Arnaud geht. Weitere Infos sind in der DOC-Broschüre *Angelus Hut Tracks & Routes* (2 NZ$) enthalten.

Schlafen & Essen

★ **DOC-Campingplätze** CAMPING $

(☎03-521 1806; www.doc.govt.nz) Der sehr beliebte Campingplatz Kerr Bay in der Nähe des Lake Rotoiti verfügt über Stellplätze mit Strom, Toiletten, Warmwasserduschen sowie Wasch- und Kochgelegenheiten (ohne/mit Strom 10/15 NZ$). 3 km von St. Arnaud entfernt liegt der Campingplatz West Bay mit Stellplätzen ohne Strom (6 NZ$). Hier ist nur das Nötigste vorhanden; geöffnet ist nur im Sommer. Für die Weihnachts- und Osterferien muss reserviert werden.

Travers-Sabine Lodge HOSTEL $

(☎03-521 1887; www.nelsonlakes.co.nz; Main Rd, St. Arnaud; B/DZ 26/62 NZ$; @☎) Dieses moderne Hostel ist eine prima Basis für diverse Outdoor-Abenteuer. Es ist preisgünstig, sauber und komfortabel und liegt nur ein kurzes Stück vom Lake Rotoiti entfernt. In den Schlafsälen, Doppelzimmern und dem Familienzimmer findet sich Bettwäsche in fröhlichen, bunten Farben. Die Betreiber sind selbst erfahrene Outdoor-Abenteurer, sodass für gute und praktische Tipps gesorgt ist. Wanderausrüstung und Schneeschuhe können ausgeliehen werden.

Nelson Lakes Motels MOTEL $$
(☎03-521 1887; www.nelsonlakes.co.nz; Main Rd; DZ 120–130 NZ$; @📶) Blockhütten und schlichte, neuere Wohnungen bieten allen modernen Komfort, u.a. kleine Küchen und Sky-TV. In den größeren Wohnungen können bis zu sechs Gäste übernachten.

Alpine Lodge LODGE $$
(☎03-521 1869; www.alpinelodge.co.nz; Main Rd; DZ 155–205 NZ$; @📶) Diese Lodge mit einer großen Auswahl von Unterkünften tut ihr Möglichstes, um eine alpine Atmosphäre herzustellen. Die besten Unterkünfte sind die Doppelzimmer auf zwei Ebenen mit Mezzanin-Schlafzimmer, Whirlpool und jeder Menge Kiefernholztäfelung. Die angrenzende Backpacker-Lodge (B/DZ 29/69 NZ$) ist spartanisch, aber sauber und warm und verleiht Mountainbikes. Das zugehörige Restaurant ist gemütlich und bietet eine tolle Aussicht auf die Berge sowie gutes Essen (Gerichte 10–29 NZ$). Auf dass das Sonntagabend-Barbecue noch ewig währe!

Tophouse Historic Guesthouse HISTORISCHES HOTEL $$
(☎03-521 1848, 0800 544 545; www.tophouse.co.nz; 68 Tophouse Rd; EZ/DZ inkl. Frühstück 115/175 NZ$) 9 km von St. Arnaud entfernt scheint dieses Hotel von 1887 wahre und erfundene Geschichten zu erzählen. Als Erfrischung gibt es Devonshire-Tee, Suppen und Sandwiches (Mittagessen 10–18 NZ$) und Abendessen nach Absprache. Außerdem befinden sich hier Neuseelands kleinste Bar und ein Garten mit toller Aussicht auf die Berge. In altmodischen Zimmern im Hotel werden Übernachtungen mit Frühstück angeboten; in den Chalets haben bis zu vier Personen Platz (DZ 110 NZ$, jede weitere Pers. 20 NZ$).

St. Arnaud Alpine Village Store SUPERMARKT, TAKE-AWAYS
(🕗8–18 Uhr, Take-aways Fr & Sa 16.30–19.30 Uhr, Dez.–Feb. tgl.) Der einzige Laden der Siedlung verkauft Lebensmittel, Benzin, Bier und Socken aus Opossumwolle. Ein Mountainbike zu leihen kostet 20/40 NZ$ pro halbem/ganzem Tag. Hier gibt es Essen für Wanderer, Sandwiches und Pies, und am Wochenende und in der Hauptsaison täglich sogar Fish & Chips (6–10 NZ$).

ℹ Praktische Informationen

DOC Visitor Centre (☎03-521 1806; www.doc.govt.nz; View Rd; 🕗8–16.30 Uhr, Sommer bis 17 Uhr) Hat Infos zum Park (Wetter, Aktivitäten), Hüttenpässe und Infotafeln über die Ökologie und die Geschichte des Parks.

ℹ Anreise & Unterwegs vor Ort

Nelson Lakes Shuttles (☎03-521 1900, 021 490 095; www.nelsonlakesshuttles.co.nz) verkehrt von Dezember bis April dreimal wöchentlich zwischen Nelson und dem Nationalpark (Mo, Mi & Fr; 45 NZ$); auf Nachfrage auch das ganze Jahr über. Fahrgäste von anderen Bussen zwischen Nelson und der West Coast werden an der Kawatiri Junction am SH63 abgesetzt/abgeholt. Außerdem gibt es noch Verbindungen von St. Arnaud weiter nach Picton und Blenheim. **Trek Express** (☎027 222 1872, 0800 128 735; www.trekexpress.co.nz) verkehrt ebenfalls regelmäßig auf der Strecke.

Rotoiti Water Taxis (☎021 702 278; www.rotoitiwatertaxis.co.nz) fahren zwischen der Kerr und West Bay und dem Lakehead Jetty (100 NZ$, max. 4 Pers.). Kajaks, Kanus und Ruderboote können für 40 NZ$ pro halbem Tag geliehen werden; Angelausflüge und Ausflugsfahrten können ebenfalls organisiert werden.

West Coast

Inhalt ➡

Toll wandern

- Scotts Beach (S. 484)
- Charming Creek Walkway (S. 482)
- Denniston-Plateau (S. 479)
- Lake Matheson (S. 506)

Schön übernachten

- Old Slaughterhouse (S. 482)
- Beaconstone Eco Lodge (S. 485)
- Theatre Royal Hotel (S. 492)
- Okarito Campground (S. 499)

Auf zur West Coast!

Die Westküste, eingerahmt von der wilden Tasmanischen See und den Southern Alps, ist eine ganz besondere Region Neuseelands.

An den Ausläufern der Küste wähnt man sich am Ende der Welt, so z. B. im verschlafenen, von Farmen umgebenen Karamea und im angrenzenden Kahurangi National Park, der am südlichen Ende des State Highway 6 liegt und als Tor zu den UNESCO-Weltnaturerbestätten Neuseelands dient. Die Region bietet eine verlockende Mischung aus unerschlossenen Küsten, aufregender Wildnis und geschichtsträchtigen Attraktionen.

Die Vergangenheit der Küstenbewohner, die ihr Glück auf Gold, Kohle und Holz gründeten, ist haarsträubend. Diese zähen und eigenwilligen Menschen stellen nur 1 % der Gesamtbevölkerung Neuseelands, leben aber auf fast 9 % seiner Landfläche.

Die meisten Traveller besuchen nur die „Highlights" der Region, die Punakaiki-Felsen und den Franz-Josef- sowie den Fox-Gletscher. Wer aber ein wenig vom ausgetretenen Pfad abweicht, wird von den spektakulären Sehenswürdigkeiten der Westküste begeistert sein.

Beste Reisezeit

- Im Sommer ist viel los auf der Küstenstraße, vor allem wegen der zahlreichen Wohnmobile.
- Von Mai bis September ist es warm und die Luft ist klar; es gibt weniger Touristen und die Unterkünfte sind billiger.
- An der Westküste regnet es viel (rund 5000 mm im Jahr), aber es scheint genauso oft die Sonne wie in Christchurch.
- Dennoch ist es schwer, trocken zu bleiben – einfach eine Regenjacke mitbringen und das Beste hoffen.
- Wer Wanderungen durch das Hinterland unternehmen will, sollte sich vorher beim Department of Conservation (DOC) nach den Klimabedingungen erkundigen. Die Flüsse können zu jeder Jahreszeit tückische Gefahrenquellen sein.

Highlights

1 Die Kalksteinformationen und Wälder des **Oparara Basin** (S. 483) besichtigen

2 Den mächtigen **Buller River** (S. 475) erkunden

3 In die goldene Vergangenheit von **Reefton** (S. 477) eintauchen

4 Die atemberaubende Schönheit der wilden Pancake Rocks von **Punakaiki** (S. 486) bewundern

5 Bei der Fahrt über den **West Coast Wilderness Trail** (S. 492) unvergessliche Momente erleben

6 In den Galerien von **Hokitika** (S. 493) nach echtem *pounamu* („Greenstone") stöbern

7 Das türkisfarbene Wasser der **Hokitika Gorge** (S. 494) bestaunen

8 Mit dem Kajak durch die von zahlreichen Vögeln bevölkerten Kanäle der **Okarito Lagoon** (S. 498) gleiten

9 Über den **Franz Josef Glacier** (S. 500) und **Fox Glacier** (S. 505) tief in die Southern Alps Neuseelands vordringen

10 Auf dem malerischen und geschichtsträchtigen Highway von **Haast** nach **Jackson Bay** (S. 509) das Ende der Welt erreichen

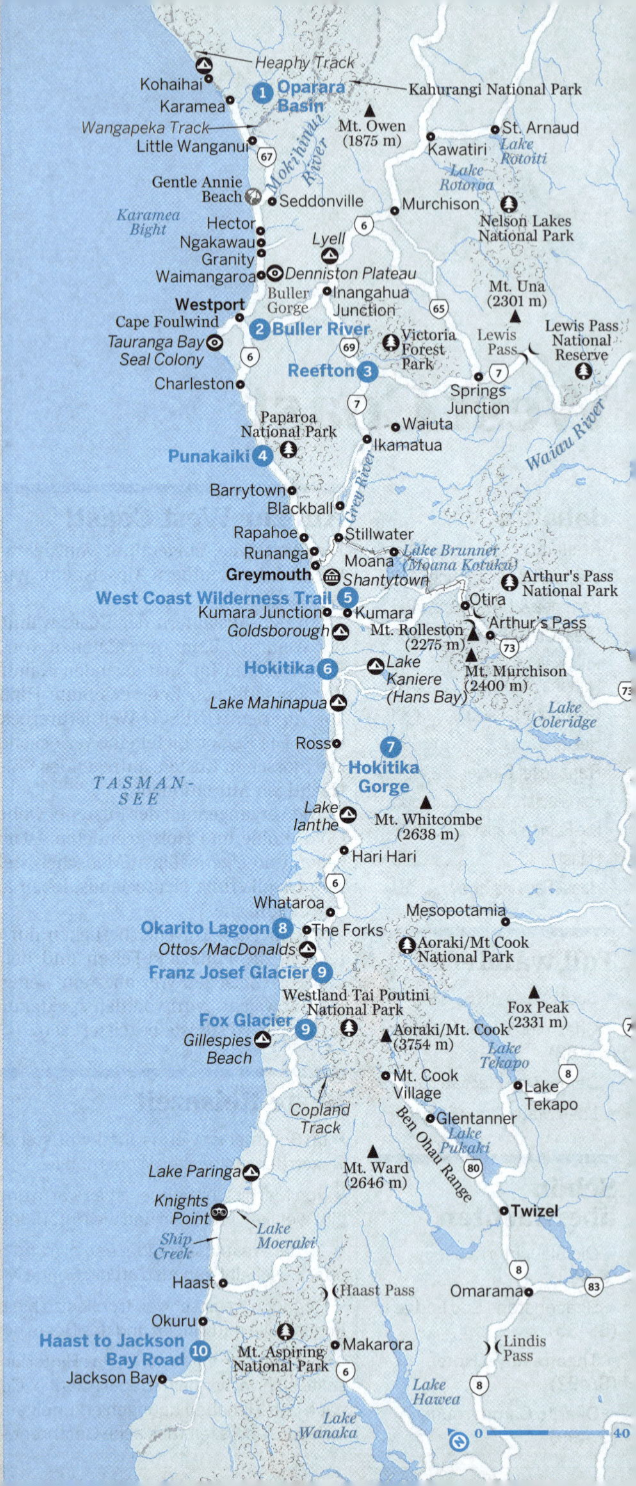

Anreise & Unterwegs vor Ort

Air New Zealand (☎ 0800 737 000; www.airnz.co.nz) bietet Flüge zwischen Westport und Wellington sowie zwischen Hokitika und Christchurch an.

Reisebusse und Shuttles verkehren zwar nicht häufig, sind aber zuverlässig und steuern alle erdenklichen Ziele an, darunter auch Nelson, Christchurch und Queenstown. Die meisten Verbindungen werden von **Atomic Travel** (☎ 03-349 0697, 0508 108 359; www.atomictravel.co.nz), **InterCity** (☎ 03-365 1113; www.intercity.co.nz) und **Naked Bus** (www.nakedbus.com) betrieben, während **West Coast Shuttle** (☎ 03-768 0028, 0274 927 000; www.westcoastshuttle.co.nz) täglich einen Bus von Greymouth nach Christchurch und zurück bietet. Die Shuttle-Anbieter vor Ort fahren verschiedene Ziele an.

Der TranzAlpine (S. 488), eine der schönsten Zugstrecken der Welt, verbindet Greymouth mit Christchurch.

BULLER-DISTRIKT

Für Traveller, die aus dem Osten anreisen, ist Murchison das Tor zur nördlichen Westküste. Von dort schlängelt sich der SH6 durch die Buller Gorge, eine Strecke, für die man gut und gerne einen oder zwei Tage einplanen kann, sofern man unterwegs einen Rafting- oder Jetboat-Trip unternehmen, Lyell erkunden und unterwegs an anderen interessanten Stellen halten will.

An der Straßengabelung bei Inangahua muss man sich entscheiden, wohin die Reise gehen soll. Wer nach Westen auf dem SH6 durch die Untere Buller Gorge weiterfährt, kommt nach Westport, dem Tor zum hohen Norden. Wer bei Inangahua auf dem SH69 nach Süden weiterreist und Punakaiki auslässt, gelangt nach Reefton, wo man entweder westwärts zur Küste bei Greymouth oder ostwärts über den Lewis Pass nach Hanmer Springs weiterfahren kann. Auf dem SH65, der 10 km westlich von Murchison verläuft, kann man auch direkt zum Lewis-Pass fahren.

Murchison & Buller Gorge

Murchison (490 Ew.) liegt 125 km südwestlich von Nelson und 95 km östlich von Westport an der „Four Rivers Plain" („Ebene der Vier Flüsse"). Tatsächlich gibt es hier nicht nur vier, sondern unzählige Flüsse – der größte ist der Buller River, der nördlich der Stadt verläuft. Wildwassersport und Forellenangeln sind hier sehr beliebt Aktivitäten, während die umliegenden bewaldeten Hügel Abenteuer für Landratten bieten.

Sehenswertes & Aktivitäten

Im **Visitor Centre** (☎ 03-523 9350; www.nelsonnz.com; 47 Waller St; ⌚ Okt.–Mai 10–18 Uhr, April–Sept. verkürzte Öffnungszeiten) von Murchison kann man sich eine Kopie der *Murchison District Map* holen, auf der lokale Wanderwege – z. B. Skyline, Six Mile und Johnson Creek – sowie Mountainbikestrecken verzeichnet sind. Die Angestellten organisieren auch Guides zum Forellenangeln.

Murchison Museum MUSEUM
(60 Fairfax St; Eintritt gegen Spende; ⌚ 10–16 Uhr) Zu sehen gibt es hier die unterschiedlichsten Exponate aus der Region; am interessantesten sind diejenigen aus der Zeit der Erdbeben von 1929 und 1968.

Wild Rivers Rafting RAFTING
(☎ 050 846 7238; www.wildriversrafting.co.nz; 2 Std. Rafting Erw./Kind 130/85 NZ$) Wildwasser-Rafting mit Bruce und Marty an einem be-

KURZINFOS WEST COAST

Essen *whitebaits* (s. S. 496; gibt es zu fairen Preisen bei erfahrenen Fischern)

Trinken Die einzige Röstung an der Küste ist der Kawatiri-Kaffee

Lesen Eleanor Cattons 2013 veröffentlichter, mit dem Man-Booker-Preis ausgezeichneter Roman *The Luminaries* handelt in Hokitika.

Hören Den entspannten Lokalsender von Karamea auf 107,5 FM – hier kann man sogar seine eigene Musik auflegen lassen.

Anschauen *Denniston Incline* auf YouTube ansehen und sich vorstellen, in dem Wagen auf dem Weg nach unten zu sitzen

Festival Beim Wildfoods Festival (S. 495) in Hokitika schräges Bush Food probieren

Grünes Gewissen Im West Coast Wildlife Centre (S. 500) gibt's fluffige Kiwi-Hühner zu sehen! Zu niedlich!

Infos im Internet www.westcoastnz.com; www.buller.co.nz; www.glaciercountry.co.nz

Vorwahl ☎ 03

sonders aufregenden Abschnitt der Earthquake Rapids im wunderschönen Buller River (viel Glück beim „Gunslinger" und „Pop-up Toaster"!).

Ultimate Descents RAFTING
(☎ 03-523 9899, 0800 748 377; www.rivers.co.nz; 38 Waller St; 2 Std. Rafting 130 NZ$, halbtägige Kajaktour 125 NZ$) Wildwasser-Rafting und Kajaktrips auf dem Buller River sowie halbtägige, einfachere Familienausflüge (Erw./Kind 115/95 NZ$). Von seinem neuen Büro in Murchison aus organisiert das Unternehmen auf Wunsch auch Helirafting-Touren.

Natural Flames Experience ÖKOTOUR
(☎ 0800 687 244; www.naturalflames.co.nz; Erw./Kind 85/65 NZ$) Organisiert interessante und informative halbtägige Touren, bei denen man mit dem Allradwagen und zu Fuß durch das Buschland zu entlegenen Tälern und Wäldern fährt/wandert. Unterwegs besucht man eine Stelle zwischen Bäumen und Farnen, an der Gas aus dem Boden austritt, das bereits seit 1922 durchgehend brennt. Man kann sich über den Flammen Tee und Eierkuchen zubereiten, bevor es wieder zurück in die Zivilisation geht.

Buller Gorge Swingbridge BRÜCKE
(☎ 0800 285 537; www.bullergorge.co.nz; SH6; Spaziergang über die Brücke Erw./Kind 5/2 NZ$; ⏲ Dez.–April 8–19 Uhr, Mai–Nov. 9–17 Uhr) Etwa 14 km westlich von Murchison schwingt sich Neuseelands längste Hängebrücke (110 m lang) über den Buller River. Einige kurze Spaziergänge führen über sie hinweg, u. a. der Weg zur White Creek Faultline, jener Bruchlinie, an der das Epizentrum des Erdbebens von 1929 liegt. Auf dem Rückweg sollte man sich die Überquerung der Schlucht mittels des 160 m langen Cometline Flying Fox nicht entgehen lassen. Die abenteuerliche Fahrt mit der Seilrutscht kann sitzend (Erw./Kind 30/15 NZ$) oder fliegend als „Supaman" (45 NZ$, im Tandem Erw./Kind 30/15 NZ$) zurückgelegt werden.

DIE MAORI AN DER WEST COAST

Für die Maori dienten die Flusstäler und Berge der West Coast als traditionelle Quelle für den teuren *pounamu* (Greenstone), der zu Werkzeugen, Waffen und Schmuck verarbeitet wurde. In der *pounamu*-Ausstellung im Hokitika Museum (S. 493) kann man sein Wissen über den wertvollen Stein aufpolieren und danach die feinen, von aus der Region stammenden Künstlern gefertigten Steinarbeiten bewundern.

Buller Canyon Jet JETBOAT
(☎ 03-523 9883; www.bullercanyonjet.co.nz; SH6; Erw./Kind 95/50$; ⏲ Sep–April) Von der Hängebrücke der Buller Gorge aus startet eine der malerischsten und preiswertesten Jetboat-Touren Neuseelands – bei dem Trip düst man 40 Minuten mit einem spaßigen Kapitän über den wunderschönen Buller River.

Schlafen & Essen

Murchison hat einige Cafés, ein paar Lebensmittelläden und einen Metzger, der ausnehmend guten Schinken räuchert.

Kiwi Park Motels & Holiday Park MOTEL, FERIENPARK $
(☎ 03-523 9248, 0800 228 080; www.kiwipark.co.nz; 170 Fairfax St; Campingplätze mit/ohne Strom ab 25/20 NZ$, Hütten 65–85 NZ$, Motel 140–225 NZ$; @ 📶) Der grüne Park am Stadtrand bietet zahlreiche Unterkünfte, z. B. einen von hohen Bäumen umgebenen Zelt- und Campingplatz, einfache Hütten und geräumige Hotels inmitten blühender Natur. Die fröhlichen Gastgeber und eine ganze Sammlung an freundlichen Farmtieren geben dem Park eine perfekte Familienatmosphäre.

Lazy Cow HOSTEL $
(☎ 03-523 9451; www.lazycow.co.nz; 37 Waller St; B 30 NZ$, DZ 74–90 NZ$; @ 📶)Bei all den Annehmlichkeiten, die das Haus bietet – gemütliche Betten und einen sonnigen Wohnhof – ist es einfach, hier eine „faule Kuh" zu sein. Die Gäste werden mit kostenlosen Muffins oder Kuchen begrüßt. Die Besitzer betreiben vor Ort auch das beliebte Restaurant **Cow Shed** (⏲ Do–Sa 18–21 Uhr). Selbst wenn das Lokal nicht geöffnet ist, sind abends frisch gekochte Gerichte erhältlich.

Commercial Hotel HOTEL $
(☎ 03-523 9696; www.commercialhotel.co.nz; Ecke Waller & Fairfax Street; EZ/DZ/3BZ 40/75/100 NZ$; ⏲ 8–20.30 Uhr; @ 📶) Die sonnige Eckbar mit toller Atmosphäre bietet in ihrem Speiseraum alles, was man braucht. Es gibt auch einen Billardtisch, ansprechende Sitzbereiche im Freien sowie gutes Kneipenessen (Hauptgerichte 14–29 NZ$). Am Ende des schachbrett-purpurfarbenen Ganges befinden sich ein paar billige, aber hübsche Gästezimmer mit Gemeinschaftsbad und Miniküche.

Murchison Lodge B&B $$
(☎03-523 9196, 0800 523 9196; www.murchisonlodge.co.nz; 15 Grey St; EZ inkl. Frühstück 150–210 NZ$, DZ inkl. Frühstück 175–235 NZ$; ⊙Mai–Aug. geschl.;) Das von einheimischen Bäumen umgebene B&B ist nur wenige Gehminuten vom Fluss entfernt. Der freundliche Hund des Besitzers wird einen wahrscheinlich dorthin begleiten. Das Holzdekor, die erstklassigen Kunstwerke und die charmanten Gastgeber tragen noch zur komfortablen Atmosphäre bei. Zum Frühstück gibt's selbst gemachten Schinken und Eier von Hühnern aus eigener Aufzucht; auf Wunsch werden auch abends Gerichte serviert.

Praktische Informationen

In der Stadt gibt's keinen Geldautomaten; die Post befindet sich in der Fairfax St.

Das Visitor Centre (S. 475) von Murchison hat Infos zu Aktivitäten und Verkehrsmitteln.

An- & Weiterreise

Busse von **InterCity** (☎03-365 1113; www.intercity.co.nz) und **Naked Bus** (www.nakedbus.com) passieren Murchison auf dem Weg zwischen der West Coast und Nelson/Picton. Sie halten am Beechwoods Café in der Waller St, ebenso wie die Busse von **Trek Express** (☎0272 221 872, 0800 128 735; www.trekexpress.co.nz), die in der Wandersaison regelmäßig zwischen Nelson und den Wanderstrecken Wangapeka Track/Heaphy Track verkehren.

Reefton

1030 EW.

Reefton ist seit Generationen für den hiesigen Bergbau und die Einführung des Stromnetzes und der Straßenbeleuchtung berühmt – daher auch sein Slogan „The City of Light". Heute kommen die Besucher allerdings aus einem ganz anderen Grund: dem erstklassigen Roller Park (Skatepark), der Stuntfans aus allen Ecken von Neuseeland anzieht. Um einen Einwohner Reeftons zu zitieren: „Das ist mehr, als wir verdienen." Das sehen wir anders. Wenn so viele Freiwillige und Sponsoren bereit sind, in einer Stadt, die noch immer wie eine Kulisse aus *Bonanza* aussieht, eine solch ausgefallene Anlage zu erbauen, dann glauben wir, dass dieser verrückte kleine Ort etwas ganz Besonderes ist!

Sehenswertes & Aktivitäten

Mit seinen alten Gebäuden, die sich innerhalb eines Radius von 200 m ums Zentrum verteilen, ist Reefton der perfekte Ort für einen Spaziergang. Wer herausfinden will, wer hier lebte und warum, sollte dem **Heritage Walk** folgen. Dieser ist in der Broschüre *Historic Reefton* (1 NZ$) beschrieben, die bei der i-SITE (S. 478) erhältlich ist. Hier bekommt man auch das kostenlose Heft *Reefton*, das noch andere Stadtspaziergänge auflistet, z. B. den **Bottled Lightning Powerhouse Walk** (40 Min.).

Rund um Reefton erstreckt sich der 2060 km² große **Victoria Forest Park**, der größte Waldpark Neuseelands, der eine vielfältige Flora und Fauna aufweist und mit historischen Stätten wie den alten Goldfeldern bei Blacks Point aufwartet. Die schöne Rundtour auf dem **Murray Creek Track** beginnt (oder endet) am Blacks Point und dauert rund fünf Stunden.

Weitere Wanderwege im Waldpark sind der dreitägige **Kirwans Track** oder der zweitägige **Big River Track**, die beide auch mit dem Mountainbike zurückgelegt werden können. Weitere Details dazu gibt's in der kostenlosen Broschüre *Reefton Mountain Biking ('the best riding in history')*; Räder kann man im **Reefton Sports Centre** (☎03-732 8593; 56 Broadway; Leihfahrrad 30 NZ$/Tag) ausleihen – hier kann man sich auch über das legendäre Forellenangeln in der Umgebung informieren.

Blacks Point Museum MUSEUM
(Blacks Point, SH7; Erw./Kind/Fam. 5/3/12 NZ$; ⊙Okt.–April Mi–Fr & So 9–12 & 13–16, Sa 13–16 Uhr, im Winter auch in den Schulferien geöffnet) Das in einer alten Kirche untergebrachte Museum liegt 2 km östlich von Reefton an der Straße nach Christchurch. Es ist vollgestopft mit Exponaten zum Thema Bergbau. Gleich am oberen Ende der Zufahrt steht die immer noch funktionierende **Golden Fleece Battery** (Erw./Kind 1 NZ$/frei; ⊙Okt.–April Mi & So 13–16 Uhr), die zum Zerstoßen von goldhaltigem Quarz genutzt wurde. Auch die Wanderungen zum Blacks Point beginnen hier.

Bearded Mining Company HISTORISCHES BAUWERK
(Broadway; Eintritt gegen Spende; ⊙9–14 Uhr) Die Typen, die in dieser Bergbauhütte abhängen, sehen aus wie Mitglieder von ZZ Top. Sie können es kaum erwarten, einen mit wahren (und nicht ganz so wahren) Geschichten aus den Socken zu hauen. Wer Glück hat, bekommt auch einen Tee aus dem Kessel.

Waiuta HISTORISCHE STÄTTE
(www.waiuta.org.nz; abseits des SH7) Die einst boomende, abgelegene Goldgräberstadt Waiuta wurde 1951 aufgegeben, nachdem der Minenschacht zusammengebrochen war; heute zählt sie heute zu den berühmtesten Geisterstädten an der West Coast. Hier gibt es große alte, rostige Öfen, einen überwucherten Swimmingpool, alte Ziegelschornsteine und noch intakte Cottages, die sich gegen Mutter Natur behaupten, die ihnen wucherndes Unkraut schickt. Waiuta, das sich auf einem mehrere Quadratkilometer großen Plateau erstreckt, von Tieflandwäldern umgeben ist und auf die Southern Alps blickt, ist ein sehr schöner Ort für Wanderungen und Spaziergänge. Anfahrt: Auf dem SH7 von Reefton geht es 23 km südwärts bis zur ausgeschilderten Abfahrt nach Waiuta. Von dort sind es noch 17 km bis zum Ziel; der letzte Straßenabschnitt ist unbefestigt, kurvenreich und teilweise sehr schmal. Weitere Infos und Karten gibt's in den lokalen i-SITE-Büros.

Geführte Touren

Reefton Gold Mine Tours KULTURELLE TOUR
(☎ 027 442 4777, 03-732 8497; www.reeftongold.co.nz) Bei den zweistündigen historischen Führungen (25 NZ$) werden die Highlights der Stadt besichtigt. Die Gold Mine Tour (Erw./Kind/Fam. 55/30/120 NZ$) beinhaltet einen Besuch der örtlichen Mine, wo man über die Grubenkante schauen und mehrere Maschinen in Aktion erleben kann. Die Touren können bei der i-SITE oder bei Broadway Tearooms gebucht werden.

Schlafen & Essen

Es gibt nicht viele Restaurants in Reefton – am besten versorgt man sich selbst mit Lebensmitteln oder verbringt den Abend im Pub.

Old Nurses Home GÄSTEHAUS $
(☎ 03-732 8881; www.reeftonaccommodation.co.nz; 104 Shiel St; EZ/DZ 55/80 NZ$; @ 📶) Das stattliche alte Gebäude hat eine herzliche und komfortable Atmosphäre und verfügt über schöne Gemeinschaftsbereiche, einen hübschen Garten und eine Terrasse. Die Zimmer sind sauber und haben gemütliche Betten.

Reefton Motor Camp FERIENPARK $
(☎ 03-732 8477; reeftonmotorcamp@xtra.co.nz; 1 Ross St; Campingplätze ab 15 NZ$, Hütte DZ 45 NZ$) Das Camp im alten Stil liegt am Inangahua River inmitten schattiger Tannen und ist nur eine Gehminute vom Broadway entfernt. Nebenan befindet sich ein großes grünes Sportfeld.

Lantern Court Motels MOTEL $$
(☎ 03-732 8574, 0800 526 837; www.lanterncourtmotel.co.nz; 63 Broadway; alte Einheiten DZ 95–120 NZ$, neue Einheiten DZ 145–170 NZ$; 📶) Das historische Hotel hat ein großartiges Preis-Leistungs-Verhältnis: Es bietet Selbstversorger-Unterkünfte für Einzelreisende und Familien, während der gepflegte Motelblock im klassischen Stil gleich nebenan über alle modernen Annehmlichkeiten verfügt.

Broadway Tearooms BÄCKEREI $
(31 Broadway; Snacks 3–8 NZ$, Gerichte 10–20 NZ$; ⏲ 5–17 Uhr) In der Bäckerei ist tagsüber sehr viel los. Hier kann man gepflegt zu Mittag essen und sich frisches Brot oder eine Packung Kekse holen. Die Speisenauswahl reicht von Frühstück mit Eiern bis hin zu Fischgerichten. Es gibt Tische im Freien und hübsche Sitzbereiche drinnen.

Wilson's Hotel PUB $$
(32 Broadway; Hauptgerichte 13–30 NZ$; ⏲ 11–23 Uhr) Ein solider Stadtpub für jedermann: Hier verkehren Jugendliche mit Zigarette im Mundwinkel genauso wie suppenschlürfende Senioren. Auf der Speisekarte dominieren Fleischgerichte, es gibt aber auch drei vegetarische Optionen. Alle Gerichte sind herzhaft und hausgemacht. Gelegentlich treten Bands und DJs auf, die für ein wenig Unterhaltung sorgen.

Praktische Informationen

Die **Reefton i-SITE** (☎ 03-732 8391; www.reefton.co.nz; 67 Broadway; ⏲ Mo–Fr 9–17, Sa & So 10–15 Uhr) hat hilfsbereite Angestellte und zeigt ein kompaktes Modell der Quartzopolis Mine (Besichtigung kostet eine Goldmünze). In der Bibliothek, die auch als Post dient, gibt's Internetzugang.

An- & Weiterreise

East West Coaches (☎ 03-789 6251; www.eastwestcoaches.co.nz) hält täglich außer samstags in Reefton auf der Strecke zwischen Westport (1¼ Std.) und Christchurch (3¾ Std.).

Westport & Umgebung

5600 EW.

Der Hafen von Westport ist durch Kohleabbau reich geworden; und bis heute leistet die Kohle noch einen wichtigen Beitrag zur Erhaltung der Stadt. Außer herzlicher Gastfreundschaft hat diese eher wenig zu bieten, doch ist sie ein guter Ausgangspunkt zur Erkundung der faszinierenden Küste und der nördlich gelegenen Ziele Karamea, Oparara und Heaphy Track.

Sehenswertes & Aktivitäten

Westport eignet sich gut für einen Spaziergang – in der i-SITE erfährt man alles zum **Millenium Walkway** und zum **North Beach Reserve**. Das aufregendste Abenteuer in der Region ist Höhlen-Rafting mit Norwest Adventures (S. 480), obwohl auch Mountainbiketouren bei den Einheimischen und Touristen immer beliebter werden. Die Angestellten von Habitat Sports (S. 482) verleihen Fahrräder, verteilen Karten und geben Tipps.

Coaltown Museum MUSEUM
(www.coaltown.co.nz; 123 Palmerston St; Erw./Kind 15/7 NZ$; ⏲ Mo–Fr 9–17, Sa & So 10–16 Uhr) Das Museum wurde 2013 im neuen Gewand wiedereröffnet und erzählt dasselbe alte Seemannsgarn aus vergangenen Zeiten, jetzt aber mit guten Anzeigetafeln und einer exzellenten Sammlung von Fotografien, Relikten der örtlichen Industriezweige und allerlei Eintagsfliegen der Pioniere. Das Highlight sind die Exponate zu Denniston.

Denniston Plateau HISTORISCHE STÄTTE
(www.doc.govt.nz) 9 km landeinwärts und 600 m über dem Meeresspiegel liegt Denniston, der einst größte Kohleproduzent Neuseelands. 1911 lebten hier 1500 Einwohner – 1981 waren es nur noch acht. Die Stadt ist für den extrem steilen Denniston Incline bekannt – ein Meisterwerk der Ingenieurskunst ermöglichte es, mit Kohle beladene Loren einen Hügel mit einem Gefälle von 45° hinabzubefördern.

Denniston ist ein faszinierender Ort – seine geisterhaften Ruinen werden durch hervorragende Infotafeln wieder lebendig. Die Broschüre *Denniston Rose Walking Tour* (2 NZ$, erhältlich in der DOC/Westport Library; auch als App verfügbar) wird eifrige Leser zum lokalen Buchladen locken, um die Romane von Jenny Pattrick zu kaufen, die in der Region handeln.

Die **Denniston Mine Experience** (☎ 0800 881 880; www.denniston.co.nz; Denniston; 2-std. Tour Erw./Kind 95/65 NZ$) bietet geführte Fahrten im „Gorge Express“ durch die historische Banbury-Mine: ein etwas gruseliges, aber umso spannenderes Grubenabenteuer!

Das Plateau ist über den Denniston Bridle Track (3 Std. bergaufwärts, 2 Std. bergab) zu erreichen, der an einigen Abschnitten entlang des Steilhangs verläuft. Erfahrene Mountainbiker sollten mit den Angestellten von Habitat Sports (S. 482) in Westport sprechen, die Karten in petto haben und Räder verleihen.

Cape-Foulwind-Walkway & Robbenkolonie WANDERN, WILDTIERE
Der arme alte Abel Tasman – er war 1642 der erste Europäer, der das Kap sah. Er taufte es Clyppygen Hoek (Felsenpunkt), wurde aber 1770 von James Cook in den Hintergrund gedrängt, der den Namen nicht ansprechend genug fand.

An guten Tagen kann man auf dem Cape Foulwind Walkway (hin & zurück 1½ Std.) tolle Wanderungen unternehmen. Er führt von der Lighthouse Rd bei Omau im Norden zur malerischen Tauranga-Bucht im Süden durch sanfte Hügellandschaften und ist für seine guten Surfmöglichkeiten berühmt (und ein Café, das – wenn offen – wirklich eine tolle Adresse ist).

Am südlichen Ende des Weges lebt eine Robbenkolonie: Je nach Jahreszeit tummeln sich auf den Felsen unterhalb des Küstenpfads bis zu 200 Neuseeländische Seebären. Weiter nördlich entlang des Weges passiert man ein nachgebautes Astrolabium, mit dessen Hilfe Seefahrer einst navigierten, und einen Leuchtturm. Bei Omau, am nördlichen Ende des Weges, befindet sich die Star Tavern (S. 481), wo man eine Verschnaufpause einlegen und etwas essen kann.

Cape Foulwind ist von Westport aus gut ausgeschildert – bis Omau sind es 13 km, bis zur Tauranga-Bucht 16 km.

Old Ghost Road WANDERN, RADFAHREN
(www.oldghostroad.org.nz) Die 80 km lange „Alte Geisterstraße“ ist einer der ehrgeizigsten neuen Radwege in Neuseeland. Sie folgt einem historischen Nebenweg, der in den 1870er Jahren erbaut, aber nach dem Ende des Goldrausches nie fertiggestellt wurde. Der nach intensiver Arbeit nun vollendete spektakuläre Wanderweg führt durch einheimische Wälder, Tussockgras, Flussbetten und Täler.

Das südliche Ende des Pfades liegt bei **Lyell**, das nur 50 Autominuten (62 km) östlich von Westport an der malerischen Buller Gorge liegt (SH6). Der DOC-Campingplatz und die Tageswanderungen, die man hier unternehmen kann, sind seit Langem sehr beliebt – sie ziehen mit ihren gut zugänglichen historischen Stätten (z. B. einem Friedhof mitten im Buschland) zahlreiche Besucher an. Das nördliche Ende des Weges liegt bei **Seddonville** (S. 482), das 45 Autominuten (50 km) nördlich von Westport abseits des SH67 liegt. Von hier aus schlängelt sich der Pfad an den steilen Abhängen des ebenso beeindruckenden Mokihinui River entlang. An beide Enden des Weges grenzen Gebirgsabschnitte, die Ausblicke auf den Sonnenaufgang und -untergang bieten.

Den Track können sowohl Wanderer als auch Mountainbiker nutzen. Erfahrene Fahrer können ihn in zwei bis drei Tagen zurücklegen, Wanderer benötigen mindestens fünf Tage. Unterwegs befinden sich fünf Hütten, die allerdings im Voraus gebucht werden müssen. Vom südlichen oder nördlichen Ende des Pfades kann man auch Tageswanderungen unternehmen, die ebenfalls aufregende Abenteuer bieten.

Die Strecke ist brandneu und gerade dabei, sich zu etablieren – daher sollte man die Website besuchen, um die neuesten Infos zu erfahren, und die i-SITE-Büros in Murchison und Westport aufsuchen, um Hinweise zu An- und Abreise sowie zu Buchungen zu erhalten.

Norwest Adventures HÖHLENRAFTING, EISENBAHN
(☎03-788 8168, 0800 116 686; www.caverafting.com; SH6, Charleston) Von seiner gigantischen Lage (mit Café) in Charleston, 26 km südlich von Westport, können verschiedene Höhlentouren gebucht werden, z. B. in die Höhlen des Nile River, in der es von Glühwürmchen (Larven von Pilzmücken) nur so wimmelt (Höhlen-Rafting 4 Std. 165 NZ$). Wer nur das Glühen der Würmchen sehen will (ohne Raften), bezahlt 110 NZ$ pro Person. Beide Touren beginnen mit einer vergnüglichen Bahnfahrt durch den Regenwald, die auch separat gebucht werden kann (1½ Std. Erw./Kind 20/15 NZ$). Der „Adventure Caving Trip" (5 Std. 340 NZ$) umfasst eine 40 m lange Abseilstrecke durch enge Felsspalten ins *Te Tahi tomo* (Loch), vorbei an Wasserfällen, prähistorischen Fossilien und bizarren Höhlenformationen.

Schlafen

Bazil's Hostel HOSTEL $
(☎03-789 6410; www.bazils.com; 54 Russell St; B 28 NZ$, DZ ohne/mit Bad 68/90 NZ$) Das flippige Bazil's wird von sportlichen und weitgereisten Einheimischen geführt, die auch eine eigene Surfschule betreiben (3-stündiger Kurs 70 NZ$; Surfbrett und -anzug 30 NZ$/Tag), Mountainbikes und Kajaks (letztere kostenlos) ausleihen und weitere Unternehmungen in der Umgebung organisieren. Das Hostel hat klugerweise einen eigenen Bereich für Tourbusgäste und bietet viele friedliche und ruhige Ecken für Backpacker.

Trip Inn HOSTEL $
(☎03-789 7367, 0800 737 773; www.tripinn.co.nz; 72 Queen Street; B 27–29 NZ$, DZ 74 NZ$; @ WLAN) Westports stattliches Hostel ist in einer großen, 150 Jahre alten Villa untergebracht und verfügt über üppig grüne Gärten. Es bietet eine gute Auswahl an sauberen Zimmern und ein Nebengebäude mit weiteren Räumen. Die Gemeinschaftsbereiche sind riesig.

Westport Holiday Park FERIENPARK $
(☎03-789 7043; www.westportholidaypark.co.nz; 31 Domett St; Campingplätze ab 34 NZ$, DZ 98–145 NZ$) Was dem Ferienpark an landschaftlicher Schönheit fehlt, macht er mit seinen gepflegten, einfachen Gemeinschaftsbereichen und preisgünstigen, A-förmigen Hütten wieder wett. Er liegt nur 15 Gehminuten von der Stadt entfernt; nebenan befindet sich eine Minigolfanlage.

Seal Colony Top 10 Holiday Park FERIENPARK $
(☎050 893 7876, 03-789 8002; www.top10westport.co.nz; 57 Marine Pde, Carters Beach; Stellplätze ab 38 NZ$, Wohneinheiten 70–145 NZ$; @ WLAN) Der schnörkellose Ferienpark liegt direkt am Carters Beach und ist nur 4 km von Westport und 12 km von Tauranga Bay entfernt. Er bietet Einrichtungen mit allem Drum und Dran und einem mehr als akzeptablen Standard. Eine gute Option für Reisende, die einen sauberen und friedlichen Zwischenaufenthalt suchen und vielleicht auch ein paar Runden schwimmen wollen.

Buller Court Motel MOTEL $$
(☎03-789 7979; www.bullercourtmotel.co.nz; 253 Palmerston St; DZ 125–175 NZ$, 4BZ 195–215 NZ$; WLAN) Eine von vielen Optionen an der Hauptstraße – der etwas altmodische Komplex ist geschmackvoll eingerichtet und beeindruckt mit idyllischem Flair und kleinen, aber privaten Gärten.

Omau Settlers Lodge LODGE $$
(☎03-789 5200; www.omausettlerslodge.co.nz; 1054 Cape Rd; Zi. inkl. Frühstück 135–155 NZ$; WLAN)

Unweit von Cape Foulwind und gegenüber der exzellenten Star Tavern bietet die Omau Settlers Lodge moderne und stilvolle Unterkünfte, Ruhe, Frieden und ein gutes kontinentales Frühstücks. Die Zimmer haben zwar Küchennischen, doch kann man in der Gemeinschaftsküche bzw. im Speiseraum wunderbar Leute treffen. Der von Büschen umgebene Whirlpool sorgt für maximale Entspannung.

Archer House B&B $$
(☎ 0800 789 877, 03-789 8778; www.archerhouse.co.nz; 75 Queen St; DZ inkl. Frühstück 185–225 NZ$; @ 📶) Das wunderschöne historische Gebäude hat drei Zimmer (für bis zu acht Personen) mit eigenen Bädern, drei Lounge-Bereiche und eine idyllische Gartenanlage. Die freundlichen Gastgeber, der kostenlose Sherry und das üppige kontinentale Frühstück machen das Archer House zur schicksten Unterkunft Westports.

Essen & Ausgehen

Westport hat mehr als nur einige Kneipen und Restaurants – hier gibt's auch tolle Plätze für einen leckeren Espresso und zwei große Supermärkte für Selbstversorger.

PR's Cafe CAFÉ $
(124 Palmerston St; Gerichte 12–19 NZ$; ⏲ Mo–Fr 8–16.30, Sa & So 8–15 Uhr; 📶) Das unscheinbare Schild vor dem Café trügt: Die cleveren Besitzer des PR's bieten eine beeindruckende Auswahl an tollen Sandwiches und Gebäck. Der Tresen ächzt unter dem Gewicht der wundervollen Kuchen (z. B. Red Velvet Cake, holländischer Apfelkuchen) und Kekse. Man kann den ganzen Tag lang sorgfältig zubereitete, moderne Café-Mahlzeiten ordern, z. B. Lachsomelette mit Dill-Aioli, Spanakopita und diverse Saisongerichte.

Porto Bello BAR, RESTAURANT $$
(62 Palmerston St; Gerichte 16–32 NZ$; ⏲ 17 Uhr–open end) Römische Säulen und Renaissance-Kunstwerke verleihen dieser Bar klassisches Flair, das Essen hat jedoch hauptsächlich US-amerikanische Wurzeln. Das Fassbier aus einer Mikrobrauerei, ein Steak-Special für 16,50 NZ$, Burger mit eingelegtem Gemüse, Pizza und Schweinerippchen machen die Gäste glücklich, ebenso wie die gelegentliche Livemusik.

Star Tavern PUB
(6 Lighthouse Rd, Omau; Gerichte 9–30 NZ$) Die ländliche Taverne unweit von Cape Foulwind handelt getreu dem Motto „Als Fremder kommen, als Freund gehen". In ihrem altmodischen Speiseraum wird Kneipenessen in üppigen Portionen aufgetischt. Die Gäste werden herzlich empfangen, im unscheinbaren Barbereich stehen Billardtische und eine Jukebox und es gibt einen schönen Garten zum Entspannen. Hier erlebt man einfach nur wunderbare Gastfreundschaft.

Praktische Informationen

Die bekanntesten Banken befinden sich an der Palmerston St. Kostenlose WLAN-Hotspots gibt's in der **Westport Library** (87 Palmerston St).

Buller Hospital (☎ 03-788 9030; Cobden St)

Department of Conservation Office (DOC; ☎ 03-788 8008; www.doc.govt.nz; 72 Russell St; ⏲ Mo–Fr 8–12 & 14–16.30 Uhr) Die i-SITE nimmt DOC-Buchungen vor und erteilt Auskünfte. Wer etwas kompliziertere Fragen hat, sollte diese Geschäftsstelle besuchen.

Post (Ecke Brougham & Palmerston Street)

i-SITE von Westport (☎ 03-789 6658; www.coaltown.co.nz; 123 Palmerston St; ⏲ Mo–Fr 9–17, Sa & So 10–16 Uhr) Informationen zu lokalen Wanderwegen, Spazierstrecken, geführten Touren, Unterkünften und Verkehrsmitteln. Hier bekommt man DOC-Infos und kann Unterkünfte und Wanderungen buchen (s. auch unter www.westcoastnz.com).

Anreise & Unterwegs vor Ort

AUTO

Mietwagen gibt's bei **Wesport Hire** (☎ 03-789 5038; wesporthire@xtra.co.nz; 294 Palmerston St).

BUS

Westport ist eine Haltestelle auf der täglichen Busstrecke von Nelson zum Fox Glacier, die von **InterCity** (☎ 03-365 1113; www.intercity.co.nz) betrieben wird. Die Fahrtzeit nach Nelson beträgt dreieinhalb Stunden, nach Greymouth zweieinviertel Stunden und zum Franz Josef Glacier sechs Stunden. **Naked Bus** (www.nakedbus.com) fährt dreimal wöchentlich dieselbe Route. Die Busse starten vor der i-SITE.

East West Coaches (☎ 03-789 6251; www.eastwestcoaches.co.nz) bietet einen Direktbus nach Christchurch via Reefton und Lewis Pass. Der Bus verkehrt täglich außer samstags und fährt von der Caltex-Tankstelle ab.

Karamea Express (☎ 03-782 6757; info@karamea-express.co.nz) verbindet Westport mit Karamea (2 Std.). Die Busse verkehren von Mai bis September montags bis freitags, von Oktober bis April zusätzlich auch samstags und fahren von der i-SITE ab.

Trek Express (☎ 0272 221 872, 0800 128 735; www.trekexpress.co.nz) schickt in der Hochsaison regelmäßig Busse von Nelson zu den Wanderwegen des Wangapeka bzw. Heaphy Track und hält unterwegs in Westport.

FAHRRAD

Leihfahrräder und hilfreiche Tipps gibt's bei **Habitat Sports** (☎ 03-788 8002; www.habitatsports.co.nz; 234 Palmerston St; Leihfahrrad halber Tag 35 NZ$; ⊙ Mo–Fr 9–17, Sa 9–13 Uhr).

FLUGZEUG

Air New Zealand (☎ 0800 737 000; www.airnewzealand.co.nz) fliegt täglich bis zu dreimal ab/nach Wellington.

TAXI

Buller Taxis (☎ 03-789 6900) fährt zum bzw. vom Flughafen (rund 20 NZ$).

Von Westport nach Karamea

Nordwärts verläuft der SH67 an der felsigen Küste entlang durch eine saftig grüne, hügelige Landschaft. Wer bis nach Karamea weiterreist, sollte in Westport tanken – von hier aus sind es 98 km bis zur nächsten Tankstelle!

Die erste Stadt hinter Westport ist **Waimangaroa** mit einem Geschäft für hausgemachte Torten und Eiscreme, das einen Zwischenstopp lohnt. Hier befindet sich auch die Abzweigung zum Denniston-Plateau (S. 479), das man in gut einer Stunde besichtigen kann.

Das verschlafene **Granity** liegt 30 km nördlich von Westport. Hier ist nicht viel los – man wird hauptsächlich die vielen Minenarbeitern mit Warnwesten sehen, die den Ort auf dem Weg nach **Stockton**, dem größten Kohlebergwerk Neuseelands 8 km landeinwärts, passieren.

Der nächste Küstenort ist **Ngakawau**, kurz darauf gefolgt von **Hector**, wo ein Denkmal für die Delfine der Region steht, die zu den kleinsten in Neuseelands Gewässern zählen. Wenn man nicht gerade zu einer ungünstigen Zeit hierher kommt, wird man mit etwas Glück auch welche sehen.

Etwa 1 km nördlich von Hector befindet sich hoch auf dem Hügel und umgeben von Buschland ein ziemlich spezielles Hostel mit tollen Ausblicken auf die Tasmansee. Das **Old Slaughterhouse** (☎ 027 529 7640, 03-782 8333; www.oldslaughterhouse.co.nz; B 32–36 NZ$, DZ 80 NZ$; ⊙ Juni–Okt. manchmal geschl.) wurde hauptsächlich aus recyceltem Holz erbaut und ist mit großartigen Kunstwerken und luxuriösen Möbeln eingerichtet. Es verfügt über idyllische Gemeinschaftsbereiche, in denen man sich ideal entspannen und in Ruhe über sich und den Rest der Welt sinnieren kann. Der steile, zehnminütige Weg auf den Hügel ist die Mühe wert und vermittelt das Gefühl, wirklich am Ende der Welt zu sein.

In dieser Region befindet sich auch der **Charming Creek Walkway**, der eine der besten Tageswanderungen (sechs Stunden hin & zurück) an der Küste bietet und bei jedem Wetter zugänglich ist. Der Pfad folgt einer alten Kohletransportstrecke und führt durch die Ngakawau River Gorge. Er ist von zahlreichen verrosteten Relikten gesäumt und passiert unterwegs Tunnel, eine Hängebrücke und einen Wasserfall. Entlang des Pfades kann man viele interessante Pflanzen und geologische Formationen sehen. Wer nicht den ganzen Weg nicht wieder zurücklaufen will, bittet am besten einen der Einheimischen um Abholung.

Man kann die Wanderung in Ngakawau beginnen, wo sich das **Charming Creek B&B** (☎ 03-782 8007; www.bullerbeachstay.co.nz; Ngakawau; DZ inkl. Frühstück 139–169 NZ$; 📶) befindet. Es bietet zauberhafte Zimmer und einen holzbeheizten Whirlpool direkt am Meer, gleich beim „Beach Nest", einem Ferienhaus für Selbstversorger und drei bis vier Gäste (95–135 NZ$, mind. 2 Übernachtungen). Man sollte nach dem Wanderpaket inklusive zwei Übernachtungen, Abendessen und Picknicklunch fragen.

Der nördliche Zugangspunkt für den Wanderweg liegt 10 km außerhalb von **Seddonville**, einem kleinen Städtchen im Buschland am Mokihinui River, wo der **Seddonville Holiday Park** (☎ 03-782 1314; 108 Gladstone St; Stellplatz 10 NZ$/Pers.) auf einem alten Schulgelände gute Campingmöglichkeiten bietet. Dieser kleine Punkt auf der Landkarte ist dabei, sich zu vergrößern, denn er gilt als nördlicher Ausgangspunkt für die spektakuläre neue Old Ghost Road (S. 479).

An der Mündung des Mokihinui River, 3 km abseits des Highways, liegen der **Gentle Annie Beach** und die **Gentle Annie Coastal Enclave** (☎ 0274 188 587, 03-782 1826; www.gentleannie.co.nz; De Malmanche Rd, Mokihinui; Stellplatz ab 12 NZ$, EZ/DZ/3BZ ab 25/50/75 NZ$, Hütte 130 NZ$; 📶) mit Campingplätzen, einer Lodge, Unterkünften für

Selbstversorger und der Cowshed Gallery & Cafe. In der Nähe kann man auch Buschwanderungen machen, einen Aussichtspunkt besuchen und nachts Glühwürmchen bewundern.

Zwischen Mokihinui und Little Wanganui schlängelt die Straße sich am dicht bewaldeten **Karamea Bluff** entlang, das beeindruckende Ausblicke auf die Tasmansee bietet. Es lohnt sich, den Spaziergang am **Lake Hanlon** (30 Min. hin & zurück) auf der Karamea-Seite des Hügels zu machen.

Karamea & Umgebung

Karamea (380 Ew.) ist ein Ort mit entspannter Atmosphäre und bezeichnet sich selbst als den „besten Geheimtipp" an der West Coast. Und wirklich: Wer einmal dort war, gerät ins Schwärmen. Obwohl ziemlich abseits gelegen, ist Karamea doch ein bisschen so etwas wie ein Mittelpunkt, ist es doch End- bzw. Ausgangspunkt der Fernwanderwege Heaphy Track und Wangapeka Track sowie Tor zum magischen Oparara Basin, das man unbedingt besucht haben muss. Wegen des angenehmen Klimas und der Gelassenheit von Einheimischen wie Besuchern eignet sich die Region um Karamara ideal dazu, sich abseits überlaufener Touristenpfade ein paar faule Tage zu gönnen.

Sehenswertes & Aktivitäten

Hut ab vor der Gemeinde von Karamea, die den sehr schönen **Karamea Estuary Walkway** angelegt hat, einen gemütlichen Spazierweg am Karemea River und dessen Mündung. Man läuft die Strecke, die über eine reiche Vogelwelt verfügt, am besten bei Sonnenuntergang. Am besten fragt man einen Einheimischen nach dem Weg und geht dann einfach immer der Nase nach. Oder man holt sich eine Infobroschüre im Karamea Information & Resource Centre (S. 485). Interessant ist auch die kostenlose Broschüre *Karamea*, die weitere Wanderwege beschreibt, z. B. den **Big Rimu** (45 Min. hin & zurück), den **Flagstaff** (1 Std.

NICHT VERSÄUMEN

OPARARA VALLEY

Mit den Worten eines Einheimischen ausgedrückt: „Wenn es irgendwo anders wäre, würden die Massen nur so herbeiströmen." Wie wahr! Das im Kahurangi National Park gelegene **Oparara Basin** ist ein Naturspektakel höchsten Ranges – ein verstecktes Tal mit Naturwundern wie Kalksteinbögen und eigenartigen Höhlen. All dies liegt in einem dichten Wald mit mächtigen, moosbewachsenen Bäumen verborgen, die über einem poetisch anmutenden Dickicht thronen, das in allen nur vorstellbaren Grüntönen leuchtet. Am Hauptparkplatz und im Picknickbereich stehen exzellente Infotafeln.

Die Hauptattraktion des Tals ist der 200 m lange und 37 m hohe **Oparara Arch**, der sich über den malerischen Oparara River wölbt und sich entlang eines einfachen Wanderwegs (45 Min. hin & zurück) erstreckt. Hier leben auch extrem niedliche, seltene blaue Enten namens Whio. Der kleinere, aber nicht minder eindrucksvolle **Moria Gate Arch** (43 m lang, 19 m hoch) ist über einen einfach wunderschönen Waldrundweg (1½ Std.) zu erreichen, der auch den **Mirror Tarn** passiert.

Nur zehn Gehminuten vom zweiten Autoparkplatz entfernt befinden sich die **Crazy Paving & Box Canyon Caves**. Mit einer Taschenlampe bewaffnet, betritt man hier eine Welt kurioser unterirdischer Formen und seltener langbeiniger Spinnen. Spinnen, Höhlen, Finsternis … klingt das nicht nach Spaß?

Weiter hinten liegen die herrlichen **Honeycomb Hill Caves & Arch**, die nur auf geführten Touren zugänglich sind (3-/5-stündige Tour 95/150 NZ$), die vom Karamea Information & Resource Centre angeboten werden. Dort kann man sich nach weiteren geführten Wanderungen durch die Region und nach Transportmitteln zum **Oparara Valley Track** erkundigen. Letzterer ist ein lohnender, fünfstündiger Wanderweg, den man auf eigene Faust zurücklegen kann. Er führt durch uralte Wälder und am Fluss entlang zum Parkplatz des **Fenian Walk**.

Wer von Karamea aus ins Tal gelangen will, hält sich auf der Hauptstraße 10 km in Richtung Norden und fährt an der McCallum's Mill Road ab. Von hier aus weisen Schilder den Weg über eine kurvenreiche, teilweise sehr holprige und steile Kiesstraße weitere 14 km bergauf- und ab ins Tal.

hin & zurück) und den **Zig Zag** (1 Std. hin & zurück).

Längere Wanderwege rund um Karamea sind z. B. der **Fenian Track** (4 Std. hin & zurück), der zu den **Cavern Creek Caves** und zu **Adams Flat** führt, wo sich eine nachgebaute Goldgräberhütte befindet. Auf dem erstem Abschnitt des **Wangapeka Track** gelangt man zur Belltown Hut; dieser ist eine vier- bis sechstägige Route durch das Hinterland, die sich nur für erfahrene Wanderer eignet.

Ferner kann man in der Umgebung schwimmen, angeln, Kajak fahren und mountainbiken. Am besten fragt man Einheimische nach Tipps und folgt seinem gesunden Menschenverstand – besonders wenn es um Aktivitäten im und am Wasser geht. Der flexible und freundliche Anbieter **Karamea Outdoor Adventures** (☎03-782 6181; www.karameaadventures.co.nz; Bridge St; geführte Kajak-/Riverbug-Trips ab 60 NZ$, Leihkajaks 30 NZ$/2 Std., Leihmountainbikes 30 NZ$/2 Std.) veranstaltet geführte und ungeführte Kajak- und Riverbug-Touren an vier Flüssen der West Coast, verleiht Mountainbikes und gibt Tipps zu Exkursionen vor Ort.

Heaphy Track

Die Straße an der West Coast endet 14 km von Karamea entfernt bei **Kohaihai,** dem westlichen Ausgangspunkt (und meist auch dem Endpunkt) des Heaphy Track. Hier befindet sich ein **DOC-Campingplatz** (Department of Conservation = Naturschutzbehörde; Erw./Kind 6 NZ$). Von hier aus kann man problemlos Tageswanderungen oder Wanderungen mit Übernachtung unternehmen, etwa zum **Scotts Beach** (1½ Std. hin & zurück) oder bis zur tollen neuen **Heaphy Hut** (Hütte/Stellplatz 32/14 NZ$; 5 Std.), wo man für ein oder zwei Nächte verweilen kann.

Von Mai bis September kann dieser Abschnitt des Heaphy Track (sowie der gesamte Wanderweg; 2–3 Tage) auch mit dem Mountainbike befahren werden; Leihräder und Infos gibt's bei Habitat Sports (S. 482) in Westport.

Helicopter Charter Karamea (☎03-782 6111; www.karmeahelicjarter.co.nz; 79 Waverley St) fliegt für 750 NZ$ zum nördlichen Ende des Wanderwegs in der Golden Bay. Auch andere Punkte, an denen Wanderer und Fahrräder abgesetzt oder abgeholt werden wollen, können vereinbart werden.

Detailinformationen zum Heaphy Track finden sich auf S. 470 oder unter www.heaphytrack.com.

Schlafen & Essen

Cafés und Restaurants sind unterwegs dünn gesät, daher ist es ratsam, sich im Karamea Four Square Supermarket mit dem Nötigsten einzudecken und unterwegs auf die „open"-Schilder zu achten.

Karamea Domain Camp CAMPINGPLATZ $
(☎03-782 6069; www.karamea.org.nz; Waverley St; Stellplatz 1/2 Pers. ohne Fahrzeug 12/16 NZ$, mit Fahrzeug 13/18 NZ$) Inmitten des … nun ja … Trubels bietet dieser sehr einfache Stadtcampingplatz Zeltmöglichkeiten am Rand eines Sportplatzes. Die hübschen alten Plunket Rooms wurden zu Gemeinschaftseinrichtungen mit einfacher Küche und Lounge, guten Bädern und Schlafsälen (13 NZ$/Pers.) umgebaut.

Karamea Holiday Park FERIENPARK $
(☎03-782 6758; www.karamea.com; Maori Point Rd; Stellplatz mit/ohne Fahrzeug 32/28 NZ$, Hütte 30–50 NZ$, DZ 86–89 NZ$; @📶) Ein schlichtes, altmodisches Camp an der Flussmündung mitten im Buschland, 3 km südlich des Dorfes Karamea gelegen. Die klassischen rustikalen Hütten sind sauber und gepflegt.

Rongo Backpackers HOSTEL $
(☎03-782 6667; www.rongobackpackers.com; 130 Waverley St; Stellplatz ab 20 NZ$, B 30–32 NZ$, DZ 75 NZ$; @📶) Teils Künstlerparadies für Neo-Hippies, teils Bio-Garten für Vegetarier in Regenbogenfarben gehalten, sogar mit eigener Radiostation (107.5 FM, www.karamearadio.com). Beliebt ist das Rongo bei Langzeitgästen, die oft hängenbleiben und dann mitarbeiten – entweder im Garten oder als Freizeit-DJs. Jede vierte Nacht ist kostenlos.

Karamea Farm Baches HÜTTEN $
(☎03-782 6838; www.karameafarmbaches.com; 17 Wharf Rd; DZ/3BZ/4BZ 95/120/145 NZ$; @📶) Hier wird alles wiederverwendet und recycelt! Die sieben Selbstversorger-Ferienhütten aus den 1960er-Jahren sind ein echter Hit, original mit Spinnweben in den Ecken und zerfransten Bettlaken. Wer auf Bio, freundliche Hunde und farbenfrohe Gastgeber steht, wird diese Bleibe lieben!

Karamea River Motels MOTEL $$
(☎03-782 6955; www.karameamotels.co.nz; 31 Bridge St; Zi. 169 NZ$; 📶) Die Auswahl der gepflegten Zimmer in diesem modernen, ländlich geprägten Motel reicht von Studios bis zu Zwei-Zimmer-Wohneinheiten. Eine extra Erwähnung verdienen die weiten Rundbli-

cke, die Barbecues und die üppig grüne Gartenanlage mit Seerosenteich.

Last Resort LODGE $$
(☎03-782 6617, 0800 505 042; www.lastresort.co.nz; 71 Waverley St; EZ 50 NZ$, DZ 97–155 NZ$, 4BZ 195 NZ$; @) Das kultige, rustikale Resort hat bereits gute und weniger gute Zeiten hinter sich, zurzeit steht es aber dank der freundlichen einheimischen Besitzer, der frisch renovierten Unterkünfte und einer umfassenden Aufräumaktion sehr passabel da. Am besten macht man sich bei einem Espresso oder Bier im Café oder in der Bar (Gerichte 9–25 NZ$) zunächst einmal einen Eindruck von der Lodge oder sieht sich ein paar der Räume an, die von einfachen Doppelzimmern bis hin zu Familiensuiten reichen und in denen viel Holz aus der Umgebung verarbeitet wurde.

★ **Karamea Village Hotel** PUB $$
(www.karameahotel.co.nz; Ecke Waverley & Wharf St; Gerichte 9–29 NZ$; 11–23 Uhr) Einfache Freuden und gute Gastfreundschaft sind hier die Erfolgsgaranten: ein Billardtisch, ein Ale und heiße Bratgerichte mit altmodischem Pudding zum Dessert.

Praktische Informationen

Karamea Information & Resource Centre (☎03-782 6652; www.karameainfo.co.nz; Market Cross; Mo–Fr 9–17, Sa & So 10–13 Uhr, in der Nebensaison verkürzte Öffnungszeiten) Das exzellente, von der Gemeinde geführte Zentrum weiß alles über die Region und bietet Internetzugang, Karten und Tickets für DOC-Hütten. Es dient auch als Tankstelle.

An- & Weiterreise

Karamea Express (☎03-782 6757; info@karamea-express.co.nz) verbindet Karamea mit Westport (35 NZ$, 2 Std., Mai–Sept. Mo–Fr 7.40 Uhr, Okt.–April auch Sa). In der Hochsaison im Sommer und bei Bedarf verkehren auch zweimal täglich Busse nach Kohaihai. Es fahren auch Busse nach Wangapeka.

Heaphy Bus (☎03-540 2042, 0800 128 735; www.theheaphybus.co.nz) mit Sitz in Nelson verkehrt zwischen beiden Enden des Heaphy Tracks und zum Wangapeka Track.

Helicopter Charter Karamea (☎03-782 6111; www.karameahelicharter.co.nz; 79 Waverley St), **Golden Bay Air** (☎0800 588 885; www.goldenbayair.co.nz) und **Adventure Flights Golden Bay** (☎03-525 6167, 0800 150 338; www.adventureflightsgoldenbay.co.nz) fliegen für 190 NZ$/Pers. von Karamea nach Takaka. Zurück geht's auf dem Heaphy Track; genauere Auskünfte erteilt das Information & Resource Centre.

Rongo Backpackers bietet bei Bedarf Verkehrsmittel zwischen den Städten und Wanderwegen sowie zum Heaphy Track, zum Wangapeka Track, zum Oparara Bassin und nach Westport.

GREAT COAST ROAD

Dieser wunderschöne Abschnitt des SH6 bietet wundervolle Ausblicke, doch seine berühmtesten Attraktionen sind die geologisch faszinierenden Pancake Rocks bei Punakaiki. In Westport sollte man tanken und sich mit Bargeld eindecken – bis Runanga, 92 km entfernt, gibt's keine Tankstelle und der nächste Geldautomat befindet sich erst wieder in Greymouth.

Von Westport nach Punakaiki

Auf 42 idyllischen Hektar Land befindet sich 17 km südlich von Westport die mit Solarstrom energieeffizient betriebene **Beaconstone Eco Lodge** (☎027 431 0491; www.beaconstoneecolodge.co.nz; Birds Ferry Rd; B 28–31 NZ$, DZ 70–74 NZ$; Okt.–Mai), ein Rückzugsort im Buschland mit typisch amerikanischer Coolness. Sie bietet gemütliche Betten und einen relaxten Gemeinschaftsbereich. Und hinter dem Anwesen führen Wege zu idyllischen Badeplätzen am Fluss. Es ist nur Platz für 14 Gäste, also besser im Voraus buchen.

Jack's Gasthof (☎03-789 6501; www.jacksgasthof.co.nz; SH6; Hauptgerichte 12–28 NZ$; Okt.–April ab 11 Uhr) liegt 21 km südlich von Westport am Little Totara River. Hier betreiben die Berliner Jack und Petra ihre seit Jahren sehr beliebte Pizzeria mit angrenzender Bar, in der sogar eine Diskokugel hängt. Wer hier übernachten will, kann einen Campingplatz (ab 6 NZ$) oder ein einfaches Zimmer (50 NZ$) buchen.

Um einen authentischen Einblick in die Geschichte der Goldsuche in dieser Region zu bekommen, lohnt sich der Abstecher zur **Mitchell's Gully Gold Mine** (www.mitchellsgullygoldmine.co.nz; SH6; Erw./Kind 10 NZ$/frei; 9–17 Uhr), die 22 km südlich von Westport liegt. Dort trifft man auf die Nachkommen eines Pioniers und kann die Familiengoldmine besichtigen. Interessante Geschichten werden erzählt und es gibt Erinnerungsstücke, Tunnel und Bahngleise, außerdem ein Riesenwasserrad.

Der nächste mögliche Zwischenstopp ist **Charleston**, 26 km südlich von Westport. Heute will man es kaum glauben, dass dieser Ort während des Goldrauschs in den 1860er-Jahren einen Boom mit 80 Hotels, drei Brauereien und Hunderten hungriger Goldsucher erlebte, die hier ihre Claims entlang des Nile River absteckten. Heute ist davon nicht mehr viel übrig, abgesehen von einem Motel, einem Campingplatz, einer Reihe von Häusern einheimischer Kiwis und dem exzellenten Unternehmen Norwest Adventures (S. 480), das die Touristen zu einigen versteckten Naturwundern führt.

Von Charleston nach Punakaiki geht die Fahrt weiter durch eine Postkartenlandschaft aus Tiefland-Pakihi-Büschen und üppigen grünen Wäldern am Rand einiger Buchten. Die unnachgiebig an die Küste brandenden Wellen haben einige spektakulär geformte Felsklippen geschaffen. Wenn es der nachfolgende Verkehr zulässt, sollte man so langsam wie möglich fahren, um diesen schönen Küstenabschnitt gebührend zu genießen.

Punakaiki & Paparoa National Park

Auf halbem Weg zwischen Westport und Greymouth liegt Punakaiki, eine kleine Siedlung am Rand des urtümlichen, 38 000 ha großen Paparoa National Park. Die meisten Reisenden machen hier nur einen kurzen Zwischenstopp, bei dem sie ein Eis essen und einen schnellen Blick auf die Pancake Rocks werfen. Dabei entgehen ihnen ausgezeichnete Wandermöglichkeiten und einige bedauernswert wenig besuchte Unterkünfte.

Sehenswertes

Der Paparoa National Park ist mit hohen Klippen, menschenleeren Stränden, einer beeindruckenden Bergkette und faszinierenden Flusstälern aus Kalkstein gesegnet. Hier findet man eine vielfältige Pflanzen- und Vogelwelt vor. Hobbyornithologen werden sich vor allem an der Wekaralle und dem Westlandsturmvogel erfreuen, einem seltenen Meeresvogel, der nur hier nistet.

Pancake Rocks NATURLANDSCHAFT

Punakaiki ist berühmt für die fantastischen Pancake Rocks und Spritzlöcher. Durch den Prozess der Schichtverwitterung, das sogenannte Stylobedding, hat der Dolomite-Point-Kalkstein die Form von dicken Pfannkuchenstapeln angenommen. Bei Flut (die Tidenzeiten sind im Visitor Information Centre angeschlagen) strömt das Meer in Aushöhlungen hinein und schießt dann mit brüllendem Lärm aus Spritzlöchern ins Freie. Wenn man das Phänomen an einem stürmischen Tag beobachtet, begreift man, wie ausgeliefert der Mensch der Natur ist. Ein leichter, 15-minütiger Rundkurs führt vom Highway hinaus zu den Felsen und Spritzlöchern.

Aktivitäten

In der Region um Punakaiki befinden sich u. a. die Wanderwege **Truman Track** (30 Min. hin & zurück) und der **Punakaiki–Porari Loop** (3½ Std.), der die spektakuläre Kalksteinschlucht des Pororari River hinauf, über einen Hügel und dann entlang des Punakaiki River wieder nach unten zum Highway führt.

Trittsichere Wanderer können den **Fox River Cave Walk** (3 Std. hin & zurück) erkunden, der 12 km nördlich von Punakaiki liegt und auch für Amateure zugänglich ist. Nicht vergessen: Taschenlampe und feste Schuhe mitnehmen!

Weitere Wanderwege im Nationalpark werden in der DOC-Broschüre *Paparoa National Park* (1 NZ$) detailliert beschrieben, z. B. der **Inland Pack Track** (2–3 Tage), eine Route, die 1866 von Minenarbeitern angelegt wurde, um das schwierige Küstenterrain zu umgehen.

Da viele der Wanderwege im Inland Paparoas anfällig für Flussüberschwemmungen sind, sollte man sich vor dem Start unbedingt im DOC-Besucherzentrum (S. 487) in Punakaiki nach dem aktuellen Zustand der jeweiligen Pfade erkundigen.

Punakaiki Canoes KAJAK FAHREN

(☎ 03-731 1870; www.riverkayaking.co.nz; SH6; Kanuverleih 2 Std./ganzer Tag 40/60 NZ$, Familienpreise verfügbar) Dieser Anbieter verleiht an der Brücke über den Pororari River Kanus für ruhige und malerische Paddelfahrten, die sich für Amateure wie Profis eignen.

Punakaiki Horse Treks REITEN

(☎ 03-731 1839; www.pancake-rocks.co.nz; SH6; 3-stündiger Ausritt 160 NZ$; ⏲ Nov.–Mai) Punakaiki Horse Treks mit Sitz in den Hydrangea Cottages veranstaltet Ausritte im Punakaiki-Tal, bei denen man den Fluss überquert und zum Schluss am Strand ankommt.

Schlafen & Essen

Es gibt gute und schlechte Nachrichten. Die guten sind, dass es zahlreiche Unterkünfte in Punakaiki gibt. Die schlechten: Es gibt keinen Lebensmittelmarkt und keine Tankstelle und das einzige Café im Ort wird nicht jeden zufriedenstellen. Die Taverne die Straße herunter serviert jedoch zuverlässig gute Hauptgerichte. Weiter so!

★ Punakaiki Beach Hostel HOSTEL $
(☎ 03-731 1852; www.punakaikibeachhostel.co.nz; 4 Webb St; Stellplatz 20 NZ$/Pers., B/EZ/DZ 28/54/75 NZ$; @ 📶) Das entspannte Hotel hat eine Veranda mit Meerblick und liegt nur einige Gehminuten von den Pancake Rocks entfernt. Die zuvorkommenden Besitzer haben schon alles Mögliche erlebt und wissen genau, was ihre Gäste wollen: ein sauberes Hostel mit guten Betten, tollen Gemeinschaftsbereichen und Angestellten, die ihr Lächeln auch so meinen. Das fast direkt am Strand gelegene Sunset Cottage (115 NZ$) ist die Extrakosten wirklich wert.

Punakaiki Beach Camp FERIENPARK $
(☎ 03-731 1894; www.punakaikibeachcamp.co.nz; 5 Owen St; Stellplatz mit/ohne Fahrzeug 20/17 NZ$/Pers., DZ 48–92 NZ$; 📶) Der herrlich grüne Strandpark befindet sich vor einer Kulisse aus steilen Klippen. Er bietet saubere Hütten im alten Stil und ausgezeichnete öffentliche Einrichtungen. Ein klassischer neuseeländischer Küsten-Campingplatz.

Te Nikau Retreat HOSTEL $
(☎ 03-731 1111; www.tenikauretreat.co.nz; 19 Hartmount Pl; Stellplatz ab 18 NZ$, B 28 NZ$, DZ 75–90 NZ$, Hütte ab 96 NZ$; @ 📶) 🍃 Auf dieser unkonventionellen Anlage kann man sich entspannen, erholen und die schöne Umgebung erkunden. Das Hostel besteht aus zahlreichen Gebäuden, die sich auf verschiedene Ecken im Regenwald verteilen, und ist nur einen kurzen Fußweg vom Strand entfernt. Es gibt Zimmer im Haupthaus, mehrere niedliche Hütten und die große Nikau Lodge für bis zu neun Personen.

Hydrangea Cottages FERIENHAUS $$
(☎ 03-731 1839; www.pancake-rocks.co.nz; SH6; DZ 140–310 NZ$; 📶) Die fünf einzeln auf einem Hügel mit Blick auf die Tasmansee stehenden Ferienhäuser (im größten ist Platz für sieben Pers.) sind aus Holz und Stein erbaut – alles Materialien, die aus den Flüssen der Umgebung stammen. Die meisten sind für Selbstversorger konzipiert. Es herrscht eine noble und doch entspannte Atmosphäre in dieser Enklave mit bunten Mosaiken und einem hübschen Garten. Den Besitzern gehören auch die Pferdeställe von Punakaiki Horse Treks.

Punakaiki Tavern PUB $$
(www.punakaikitavern.co.nz; SH6; Hauptgericht 19–33 NZ$; ⏲ 8 Uhr–open end; 📶) Ob Frühstück, Mittag- oder Abendessen: Hier gibt es immer gutes Essen und großzügig bemessene Portionen in gemütlicher Atmosphäre. Abends besteht das Publikum sowohl aus Einheimischen wie Touristen aus aller Welt –es gibt also viel Gelegenheit, sich zu unterhalten und freundschaftlich über die unterschiedlich ausgelegten Regeln des Poolbillards zu debattieren.

ℹ Praktische Informationen

Das **Paparoa National Park visitor information centre and i-SITE** (☎ 03-731 1895; www.doc.govt.nz; SH6; ⏲ Okt.–Nov. 9–17 Uhr, Dez.–März 9–18 Uhr, April–Sept. 9–16.30 Uhr) gibt Infos zum Park und zum Zustand der Wanderwege. Außerdem nimmt es Buchungen für Attraktionen und Unterkünfte sowie für Wanderhütten entgegen.

Auf der Website von **Punakaiki Promotions** (www.punakaiki.co.nz) findet man eine Aufstellung der Unternehmungen und Reiseveranstalter vor Ort.

ℹ An- & Weiterreise

InterCity (☎ 03-365 1113; www.intercity.co.nz) fährt täglich Richtung Norden nach Westport (45 Min.) und Richtung Süden nach Greymouth (45 Min.) sowie zum Fox Glacier (5 Std.). **Naked Bus** (www.nakedbus.com) bedient dreimal wöchentlich dieselben Strecken. Beide Unternehmen halten lange genug an den Pancake Rocks, damit die Passagiere diese ausgiebig bewundern können.

Von Punakaiki nach Greymouth

Der Highway von Punakaiki nach Greymouth ist von schaumgekrönten Wellen und felsigen Buchten auf der einen und von den steilen und grünen Paparoa Ranges auf der anderen Seite flankiert.

In **Barrytown,** 17 km südlich von Punakaiki, betreiben Steve und Robyn **Barrytown Knifemaking** (☎ 03-731 1053, 0800 256 433; www.barrytownknifemaking.com; 2662 SH6, Barrytown; Kurse 150 NZ$; ⏲ Mo geschl.), wo man sein eigenes Messer herstellen kann, angefangen vom Schmieden bis hin zur

Herstellung des Griffes aus einheimischem Rimu-Holz. Der ganztägige Kurs beinhaltet ein Mittagessen, Bogenschießen, Axtwerfen und zahlreiche schlechte, aber unterhaltsame Witze von Steve. Man muss vorher buchen; eine Abholung von Punakaiki kann arrangiert werden.

Das **Ti Kouka House** (☎03-731 1460; www.tikoukahouse.co.nz; 2522 SH6, Barrytown; DZ inkl. Frühstück 305 NZ$; 📶) beeindruckt mit einer Regenwaldkulisse und tollen Küstenblicken, mit einem kunstvollen architektonischen Design, recycelten Baumaterialien und Skulpturen drinnen und draußen. Das hervorragende B&B bietet drei luxuriöse Zimmer.

Breakers (☎03-762 7743; www.breakers.co.nz; 1367 SH6, Nine Mile Creek; DZ inkl. Frühstück 215–365 NZ$; @📶) liegt 14 km nördlich von Greymouth und ist wohl eines der am besten gehüteten Geheimnisse an der Küste. Die wundervoll eingerichteten Zimmer mit Privatbädern blicken auf das Meer hinaus und Abenteurer haben vor Ort herrliche Surfmöglichkeiten. Die Besitzer sind sportlich, freundlich und haben einen netten Hund.

2 km weiter südlich liegt **Rapahoe**, das 12 km von Greymouth entfernt ist. Die winzige Küstensiedlung ist der nördliche Ausgangspunkt für den reizvollen Point Elizabeth Walkway (S. 489). Wer sich vor oder nach der Wanderung erfrischen will, geht ins **Rapahoe Hotel** (1 Beach Rd; Hauptgerichte 12–29 NZ$). Der einfache ländliche Pub in idyllischer Lage bietet herzliche Gastfreundschaft und üppige Portionen mit Fish & Chips.

REGION GREYMOUTH

In der Region um Greymouth, die auf halber Strecke am West Coast Highway liegt, befindet sich der berühmteste Bergpass Neuseelands. Die vielfältige Gegend bietet einfachen Zugang zu den nördlich und südlich gelegenen Attraktionen.

Greymouth

8900 EW.

Willkommen in „Big Smoke", das sich an die Mündung des Flusses mit dem fantasievollen Namen Grey River schmiegt. Die größte Stadt der West Coast hat Gold in ihren Adern und ihr Schicksal ist eng mit dem Bergbau verbunden, obwohl auch Milchwirtschaft und Tourismus Geld in die Kassen spülen. Die Stadt ist gut auf Traveller ausgerichtet und bietet alle nötigen Serviceleistungen und einige sonderbare Attraktionen: Die berühmteste ist Shantytown.

Sehenswertes & Aktivitäten

Shantytown MUSEUM
(www.shantytown.co.nz; Rutherglen Rd., Paroa; Erw./Kind/Fam. 31,50/15,50/74 NZ$; ⏲8.30–17 Uhr) In Shantytown, 8 km südlich von Greymouth und 2 km landeinwärts von der SH6 gelegen, wurde eine Goldgräberstadt der 1860er-Jahre originalgetreu wieder zum Leben erweckt – touristengerecht mit Dampflokfahrten und dem Nachbau von Post, Pub und „Rosie's House of Ill Repute". Als weitere Attraktionen gibt es die Möglichkeit, Gold zu waschen, eine Seilrutsche, ein Sägewerk und ein Krankenhaus voller furchterregender Instrumente und zu guter Letzt eine zehnminütige holografische Filmvorführung im Princess Theatre.

★ **Left Bank Art Gallery** GALERIE
(www.leftbankarts.org.nz; 1 Tainui St; Eintritt frei/Spende; ⏲tgl. 10–16 Uhr) Im 90 Jahre alten ehemaligen Bankgebäude werden heute zeitgenössische neuseeländische Greenstone-Schnitzereien gezeigt, außerdem Drucke, Gemälde, Fotografien und Keramiken. Die Galerie fördert und unterstützt zahlreiche Künstler aus der Region.

History House Museum MUSEUM
(www.history-house.co.nz; 27 Gresson St; Erw./Kind 6/2 NZ$; ⏲Mo–Fr 10–16 Uhr) In diesem Museum wird mithilfe einer eindrucksvollen Fotosammlung die Geschichte Greymouths vor 1920 dokumentiert.

TranzAlpine ZUGTOUR
(☎03-341 2588, 0800 872 467; www.kiwirailscenic.co.nz; Erw./Kind einfache Strecke ab 99/69 NZ$; ⏲Abfahrt in Christchurch 8.15 Uhr, in Greymouth 13.45 Uhr) Die TranzAlpine ist eine der schönsten Zugstrecken der Welt. Sie führt vom Pazifischen Ozean zur Tasmansee und führt dabei über die Southern Alpes und durch den Arthur's Pass National Park. Unterwegs passiert man viele eindrucksvolle Landschaften: die flachen, angeschwemmten Canterbury Plains, schmale Bergschluchten, einen 8,5 km langen Tunnel, von Buchenwäldern gesäumte Flusstäler und einen idyllischen See. Die viereinhalbstündige Reise ist unvergesslich, selbst bei schlech-

Greymouth

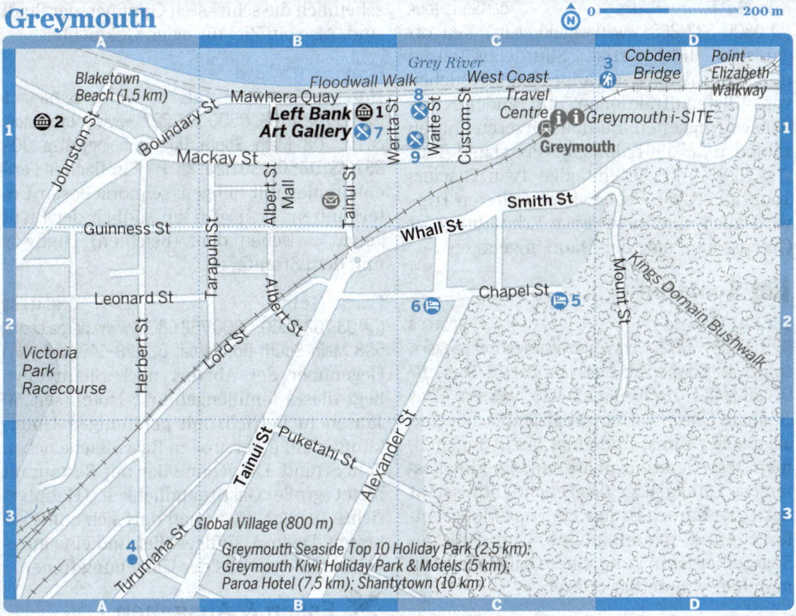

Greymouth

Highlights
1 Left Bank Art Gallery B1

Sehenswertes
2 History House Museum A1

Aktivitäten, Kurse & Touren
3 Floodwall Walk D1
4 Monteith's Brewing Co A3

Schlafen
5 Ardwyn House C2
6 Noah's Ark Backpackers C2

Essen
7 Ali's Eating & Drinking B1
8 DP:One Cafe C1
9 Freddy's Cafe C1

tem Wetter (wenn es an der einen Küste regnet, ist an der anderen wahrscheinlich schönes Wetter).

Monteith's Brewing Co BRAUEREI
(☎03-768 4149; www.monteiths.co.nz; Ecke Turumaha & Herbert St; ⊙10.30–19.30 Uhr) Die Monteith's-Brauerei ist zwar nur der Hauptsitz für Mainstream-Produkte, die auch anderswo hergestellt werden, aber die exzellenten Führungen (1 Std., 20 NZ$, inkl. großzügigen Bierproben; drei bis fünf Touren/Tag) durch das Gebäude vermitteln Geschichte hautnah. Der Verkostungsraum mit Bar ist heute die aufregendste Kneipe von Greymouth (leckere Snacks 7–18 NZ$) – es ist nur sehr badauerlich, dass sie so früh schließt.

Floodwall Walk SPAZIERGANG
Man kann einen zehnminütigen Spaziergang entlang des Mawhera-Kais machen oder eine Stunde weiterlaufen und die Fischerbucht, den Hafendamm sowie den Blaketown Beach besichtigen, der weiter zum West Coast Wilderness Trail (S. 492) führt. Weitere Wanderwege (die meist zu historischen Bergbaustätten führen) werden in der kostenlosen Kartenbroschüre von Greymouth beschrieben, die in der i-SITE (S. 491) erhältlich ist.

Point Elizabeth Walkway WANDERN
Der reizvolle Wanderweg (hin & zurück 3 Std.) ist von der Dommett Esplanade in Cobden, 6 km nördlich von Greymouth, aus zugänglich und führt durch eine dicht bewaldete Landspitze im Schatten der Rapahoe Range zu einem Aussichtspunkt am Ozean und dann weiter zu seinem nördlichen Ausgangspunkt bei Rapahoe (12 km von Greymouth) – einer kleinen Stadt mit großem Strand und einem sympathischen Pub.

Kea Heritage Tours GEFÜHRTE TOUR
(☎0800 532 868; www.keatours.co.nz) Kea organisiert hochwertige Shuttlebus-Touren mit kenntnisreichen Guides und Besuchen von Küstenattraktionen und anderen Sehenswürdigkeiten. Zu den kürzeren Touren zählen u. a. die halbtägige Punakaiki Tour (115 NZ$) und die eintägige Twin Glaciers Tour (295 NZ$). Neben vielen weiteren Trips wird auch eine mehrtägige Erkundung der Greenstone-Pfade der Maori angeboten.

Schlafen

Global Village HOSTEL $
(☎03-768 7272; www.globalvillagebackpackers.co.nz; 42 Cowper St; Stellplatz 18 NZ$/Pers., B/DZ/3BZ/4BZ 28/70/96/120 NZ$; @ WLAN) Das „globale Dorf" wartet mit afrikanischer und asiatischer Kunst und einer lässig-angenehmen Travelleratmosphäre auf. Es gibt kostenlose Leihkajaks – das Feuchtlandreservat des Lake Karoro ist nur ein paar Meter entfernt – und -mountainbikes. Und dank des Spas, einer Sauna und einer Grillstelle kann man hier wunderbar relaxen.

Noah's Ark Backpackers HOSTEL $
(☎03-768 4868, 0800 662 472; www.noahs.co.nz; 16 Chapel St; Stellplatz 17 NZ$/Pers., B/EZ/DZ 27/54/68 NZ$; @ WLAN) Das farbenfrohe Noah's war früher ein Kloster. Heute bietet es exzentrische Zimmer mit Tiermotto, einen Balkon mit Blick auf den Sonnenuntergang und einen ruhigen Garten auf der Rückseite mit tollem Whirlpool. Mountainbikes und Angelausrüstung kann man kostenlos ausleihen.

Ardwyn House B&B $
(☎03-768 6107; ardwynhouse@hotmail.com; 48 Chapel St.; EZ/DZ inkl. Frühstück ab 60/90 NZ$; WLAN) Das altmodische B&B liegt am Ende einer ruhigen Sackgasse umgeben von Gärten, die sich die Steilhänge hinaufziehen. Die Gastgeberin Mary, selbst reiseerfahren, bereitet ein tolles Frühstück zu.

Greymouth Seaside Top 10 Holiday Park MOTEL, FERIENPARK $
(☎03-768 6618, 0800 867 104; www.top10greymouth.co.nz; 2 Chesterfield St; Stellplatz 40–60 NZ$, Hütte 60–125 NZ$, Motel-Zi. 110–374 NZ$; @ WLAN) Der große Park liegt 2,5 km südlich des Stadtzentrums – ideal für Spaziergänge bei Sonnenuntergang. Er hat unterschiedliche Stellplätze für Zelte und Campingwagen sowie Unterkünfte, die von einfachen Hütten bis hin zu luxuriösen Motelzimmern mit Meerblick reichen; Letztere sind wahrscheinlich die schicksten Optionen der Stadt sind. Also ein Ziel für jeden Geldbeutel.

Greymouth Kiwi Holiday Park & Motels MOTEL, FERIENPARK $
(☎03-762 6768, 0800 101 222; www.southbeach.co.nz; 318 Main South Rd; Campingplätze 30–35 NZ$, DZ 50–130 NZ$; @ WLAN) Ein flacher Ferienkomplex mit billigen, schnörkellosen Unterkünften. Er liegt 6 km südlich der Stadt genau zwischen dem (belebten) Highway und dem Strand.

Paroa Hotel HOTEL $$
(☎03-762 6860, 0800 762 6860; www.paroa.co.nz; 508 Main South Rd, Paroa; DZ 128–140 NZ$; WLAN) Gegenüber der Abfahrt nach Shantytown liegt dieses familiengeführte Hotel (seit 60 Jahren in Betrieb) mit geräumigen Unterkünften auf einer großen Rasenfläche neben dem Strand. Die schöne Bar mit Restaurant bietet große Gastfreundlichkeit (Hauptgerichte 18–32 NZ$) – man darf sich auf Röstbraten, Pavlova, süffiges Bier und eine angenehme Klientel aus der Umgebung freuen.

Essen & Ausgehen

Greymouth hat tagsüber eine schöne Cafészene, nachts jedoch gibt's das beste Essen in den Pubs am Stadtrand und außerhalb der Stadt.

DP:One Cafe CAFÉ $
(104 Mawhera Quay; Gerichte 7–23 NZ$; ⏲Mo–Fr 8–20, Sa & So 9–17 Uhr; WLAN) Das hippe Café mit gutem und günstigem Pubessen ist ein langjähriger Vertreter der Gastroszene von Greymouth. Die gute Musik, WLAN, die entspannte Stimmung und die Tische direkt am Kai machen das DP zu einem einladenden Ort zum Abhängen.

Freddy's Cafe CAFÉ $
(115 Mackay St; Snacks 4–7 NZ$, Gerichte 8–18 NZ$; ⏲8–17 Uhr) Nicht die Eingangstür verpassen, denn das Café im Retro-Looklieg im oberen Stockwerk! Es bietet guten Espresso, heiße Mahlzeiten (Pfannkuchen, Seafood-Suppe, Pasta) und eine ansprechende Auswahl an Fertiggerichten. Die Gerichte wie vegetarische Quiches können mit verschiedenen Schokodesserts abgerundet werden – wir empfehlen das leckere Afghanische Biskuit.

Ali's Eating & Drinking CAFÉ $$
(9 Tainui St; Hauptgerichte 12–27 NZ$; ⏲Mo–Sa 8–22, So 8–15 Uhr) Das konservative, aber gemütliche Ali's ist in warmen Orangetönen gehalten und mit lokalen Kunstwerken ge-

schmückt. Es serviert Bodenständiges mit internationalem Touch, z. B. Laksa, Pasta, Steak und *whitebaits* sowie köstliche hausgemachte Desserts wie *Knickerbocker Glory*.

Praktische Informationen

Kostenlose Stadtpläne und Landkarten gibt's in der i-SITE. Die wichtigsten Banken befinden sich rund um die Mackay und Tainui St. Ins Internet kommt man in der i-SITE und der **Bibliothek** (18 Albert St; 📶).

i-SITE von Greymouth (☎03-768 5101, 0800 473 966; www.greydistrict.co.nz; Railway Station, 164 Mackay St; ⏲Mo–Fr 9–17, Sa & So 9.30–16 Uhr; 📶) Die hilfsbereiten Mitarbeiter in diesem Zentrum im Bahnhof geben Tipps und nehmen Buchungen vor, z. B. auch für DOC-Hütten und Wandertouren. S. auch www.westcoastnz.com.

Grey Base Hospital (☎03-768 0499; High St)

Post (36 Tainui St)

Anreise & Unterwegs vor Ort

Zusammen mit der i-SITE im Bahnhof bucht das **West Coast Travel Centre** (☎03-768 7080; www.westcoasttravel.co.nz; Railway Station, 164 Mackay St; ⏲Mo–Fr 9–17, Sa & So 10–16 Uhr; 📶) regionale und landesweite Verbindungen; zudem hat es eine Gepäckaufbewahrung.

AUTO

Im Bahnhof befinden sich mehrere Schalter verschiedener Autovermietungen. Zu den lokalen Anbietern zählen z. B. **Alpine West** (☎03-768 4002, 0800 257 736; www.alpinerentals.co.nz; 11 Shelley St) und **NZ Rent-a-Car** (☎03-768 0379; www.nzrentacar.co.nz; 170 Tainui St).

BUS

Alle Busse halten vor dem Bahnhof.

InterCity (☎03-365 1113; www.intercity.co.nz) schickt täglich Busse nordwärts nach Westport (2 Std.) und Nelson (6 Std.) sowie südlich zum Franz Josef Glacier (3½ Std.). **Naked Bus** (www.nakedbus.com) bedient dreimal wöchentlich dieselben Strecken. Beide Unternehmen haben auch Verbindungen zu anderen Zielen im Land im Fahrplan.

Atomic Travel (☎03-349 0697, 0508 108 359; www.atomictravel.co.nz) passiert Greymouth auf seiner täglichen Route von Nelson zum Franz Josef Glacier (und weiter nach Queenstown). Es bietet auch einen Bus über den Arthur's Pass nach Christchurch. **West Coast Shuttle** (☎03-768 0028, 0274 927 000; www.westcoastshuttle.co.nz) betreibt täglich einen Bus zwischen Greymouth und Christchurch.

TAXI

Greymouth Taxis (☎03-768 7078)

Blackball

Etwa 25 km flussaufwärts von Greymouth liegt die marode Stadt Blackball – sie wurde 1866 als Basislager von Goldgräbern gegründet; der Kohlebergbau hatte hier seine Blütezeit zwischen 1890 und 1964. Der Gewerkschaftsbund National Federation of Labour wurde in Blackball erdacht, geboren aus wirkmächtigen Streiks in den Jahren 1908 und 1931. Die Geschichte seiner Entstehung wird auf historischen Anzeigetafeln an der Hauptstraße erklärt.

In der Nähe befindet sich der Dreh- und Angelpunkt der Stadt, das **Formerly the Blackball Hilton** (☎03-732 4705, 0800 425 225; www.blackballhilton.co.nz; 26 Hart St; EZ/DZ mit kontinentalem Frühstück 55/110 NZ$), wo man den nützlichen Stadtplan *Historic Blackball* erhält. Diese offizielle Historische Stätte bietet Erinnerungsstücke en masse, zudem gibt es warme Gerichte, kühles Bier, viel Nachmittagssonne und eine Auswahl an Zimmern mit dem Charme längst vergangener Zeiten – seinen Namen erhielt das Hotel, nach dem eine bestimmte weltweit vertretene Hotelkette nervös reagierte, als ihr Name geklaut wurde.

Blackball Salami Co (www.blackballsalami.co.nz; 11 Hilton St; ⏲Mo–Fr 8–16, Sa 9–14 Uhr) konkurriert mit dem „Hilton" um Ruhm und Ansehen. Das Unternehmen stellt leckere Salami und Würstchen her: von Chorizo bis hin zu Blutwurst.

Blackball ist außerdem berühmt dafür, das südliche Ende des **Croesus Track** zu sein, einer zweitägigen historischen Goldfeldroute, die auf dem Weg nach Barrytown eine Anhöhe erklimmt. Details gibt's auf der Website des DOC.

Lake Brunner

Der **Lake Brunner** (www.golakebrunner.co.nz) liegt im Inland der Region Greymouth und ist über die Abfahrt des SH7 bei Stillwater (39 km Fahrt) zu erreichen. Von Süden kommt man auch über Kumara Junction zum See.

Der Lake Brunner, einer von vielen Seen in dieser Gegend, ist ein friedvoller Ort für Wanderungen durch das Buschland, Vogelbeobachtungen und verschiedene Wassersportarten, Bootsausfahrten und Angeln. Die Einheimischen prahlen, dass die Forellen im See und im Arnold River „sehr alt sterben" – was darauf schließen lässt, dass die Fische besonders clever oder die Fischer besonders vom Pech verfolgt sind. Die i-SITE in Greymouth organisiert Guides für den Lake Brunner. Man kann zum Jachthafen laufen oder verschiedene kurze Spaziergänge in der Stadt unternehmen.

Moana ist die Hauptsiedlung mit zahlreichen Unterkünften, allen voran das **Lake Brunner Country Motel** (☎03-738 0144; www.lakebrunnermotel.co.nz; 2014 Arnold Valley Rd; Stellplatz ab 30 NZ$, Hütte 60–70 NZ$, Cottage-DZ 135–145 NZ$; 📶), das 2 km vom See entfernt liegt. Auf einer parkähnlichen Hotelanlage mit einheimischer Bepflanzung bietet es Hütten, Cottages und Stellplätze für Campingwagen, während auf dem üppig grünen Campingplatz im hinteren Bereich Zelte aufgestellt werden können. Es ist ein friedlicher und ruhiger Ort, es sei denn, man stört sich am Gesang der Vögel oder am Blubbern des Whirlpools.

Moana hat auch mehrere Restaurants und ein Café gegenüber vom Bahnhof, an dem auch der TranzAlpine hält. Auch in der Tankstelle und im hiesigen Pub (der immer besser wird) gibt's Essen.

Kumara

310 EW.

30 km südlich von Greymouth liegt nicht weit vom westlichen Ende des Arthur's Pass (SH73) Kumara, eine weitere ehemalige Goldgräberstadt, deren beste Zeit schon längst vorbei ist. Heute leben nur noch wenige beinharte Einwohner in dem Ort und halten ihn am Laufen. Zum Glück, denn gäbe es diese nicht, dann gäbe es auch keinen Startpunkt für das **Coast to Coast** (www.coasttocoast.co.nz), dem berühmtesten Mehrkampf-Wettbewerb Neuseelands. Bei dem zweitägigen Event, das jedes Jahr im Februar stattfindet, laufen, radeln und paddeln die bärenstarken, mutigen und am Ende total erschöpften Teilnehmer insgesamt 243 km über die Berge nach Christchurch – die Besten schaffen die Strecke in weniger als elf Stunden!

Da die winzige Stadt den Startpunkt des Rennens seit über 30 Jahren mit bewährter Gastfreundschaft hütet, kann sie auch mit anderen sportlichen Besuchern umgehen, also auch u. a. mit den Zeitgenossen, die den durch die Stadt führenden West Coast Wilderness Trail (S. 492) mit dem Fahrrad bereisen. Deren Wünsche nimmt das äußerst beliebte **Theatre Royal Hotel** (☎03-736 9277; www.theatreroyalhotel.co.nz; 81 Seddon St, SH73, Kumara; Hauptgerichte 22–42 NZ$, DZ inkl. Frühstück 135–290 NZ$; ⏲10 Uhr–open end; 📶) bereits vorweg. Das komplett restaurierte Highway-Hotel hat Kumara sicher ins 21 Jh. geführt, vor allem mit seiner schicken Bar, dem edlen Speiseraum und den luxuriösen Zimmern im Obergeschoss, die jeweils eine historische Persönlichkeiten zum Thema ha-

ABSTECHER

RIDE ON THE WILD SIDE

Der 120 km lange **West Coast Wilderness Trail** (www.westcoastwildernesstrail.co.nz) wurde 2013 offiziell eröffnet und ist einer von zwei Dutzend neuen **NZ Cycle Trails** (www.nzcycletrail.com). Der sanft an- und absteigende Radweg erstreckt sich derzeit von Greymouth nach Hokitika, soll aber weiter südwärts bis nach Ross ausgebaut werden. Er folgt Pfaden aus Zeiten des Goldrausches, Wasserwegen, Holztransportbahnen und historischen Zuglinien, bricht aber auch neue Wege querfeldein. Unterwegs passiert man prachtvolle Landschaften aus dichtem Regenwald, Gletscherflüssen und -seen und Sumpfgebieten. Nicht zu vergessen die herrlichen Ausblicke auf die schneebedeckten Berge der Southern Alpes und auf die raue Tasmansee.

Wer den gesamten Radweg absolvieren will, benötigt je nach Fitness zwei bis vier Tage – man kann die Reise problemlos in Etappen verschiedener Längen einteilen, die für jedes Leistungsniveau und alle Interessensbereiche etwas bereithalten. Die Strecke von Milltown nach Kumara eignet sich für eine exzellente Tagesfahrt: Sie dauert vier bis sechs Stunden und endet am prachtvollen Theatre Royal Hotel (S. 492).

An den wichtigsten Startpunkten des Radweges kann man Fahrräder ausleihen, sich beraten lassen und Verkehrsmittel buchen. In Hokitika kontaktiert man am besten den **Wilderness Trail Shuttle** (☎021 263 3299, 03-755 5042; www.wildernesstrailshuttle.co.nz), in Greymouth die Mitarbeiter von **West Coast Rail Trail** (☎03-768 6649, 0800 946 543; www.westcoastrailtrail.com).

ben. Die Liebe zum Detail, mit der die Möbel und das antike Dekor ausgesucht wurden, ist einfach bezaubernd. Hier kann man mit das beste Essen an der gesamten West Coast genießen (Fish & Chips, Wildfleisch aus der Region, Pizza und köstliche Kuchen) oder einfach nur auf einen Drink vorbeischauen und mit den Einheimischen schwatzen.

Wer den Arthur's Pass überqueren will, kann im **Jacksons Retreat** (☎03-738 0474; www.jacksonsretreat.co.nz; Jacksons, SH73; Stellplatz ab 35 NZ$; @📶) 🍃, 33 km westlich vom Dorf Arthur's Pass, übernachten. Es erstreckt sich über abschüssige sechs Hektar Land mit außergewöhnlichen Ausblicken auf den Taramakau River und bietet tolle Einrichtungen für Camper und Zeltende.

WESTLAND

Das untere, als Westland bekannt Drittel der West Coast besteht aus einem Mix aus landwirtschaftlichen Flächen und Regenwald. Im Hintergrund erheben sich die Southern Alpes, die so senkrecht aufragen, dass man den Kopf in den Nacken legen muss. Die Region ist vor allem für ihre Gletscher bekannt.

Hokitika

3000 EW.

Hokitikas Reichtümer sind vielseitig: Der Ort ist vor allem historisch Interessierten bekannt, aber auch als Schauplatz vieler Romane über Neuseeland – allen voran *The Luminaries* von Eleanor Catton, für das sie 2013 mit dem Man Booker Prize ausgezeichnet wurde. Die Stadt wurde ursprünglich von Goldgräbern gegründet, gilt heute aber als Hochburg des *pounamu* (Grünsteins), der neben vielen anderen Kunstrichtungen und Handwerkskünsten um Aufmerksamkeit buhlt und zahlreiche Besucher auf die breiten Straßen der Stadt lockt.

Sehenswertes & Aktivitäten

Hokitika ist ein großartiger Ausgangspunkt für Wanderungen und Fahrradtouren in der Region. Man kann sich die DOC-Broschüre *Walks in the Hokitika Area* (1 NZ$) herunterladen oder vor Ort besorgen, bei **Hokitika Cycles & Sports World** (☎03-755 8662; www.hokitikasportsworld.co.nz; 33 Tancred St; Leihfahrrad 55 NZ$/Tag) Fahrräder ausleihen und sich dort über Radwanderwege wie den West Coast Wilderness Trail (S. 492) informieren.

Hokitika Museum MUSEUM

(www.hokitikamuseum.co.nz; 17 Hamilton St; Erw./Kind 5/2,50 NZ$; ⏲10–17 Uhr) Das vorbildliche Provinzmuseum im eindrucksvollen Carnegie Building von 1908 zeigt eine durchdacht, übersichtlich und modern gestaltete Ausstellung. Zu den Highlights zählen die faszinierende Ausstellung *Whitebait!* und die Schau im *Pounamu*-Raum. Ein Besuch ist die ideale mentale Vorbereitung für das anschließende Stöbern nach Greenstone-Schmuckstücken in den Galerien des Ortes.

Sunset Point AUSSICHTSPUNKT

(Gibson Quay) Wie der Name schon sagt, ist dies einer der herrlichsten Orte der Gegend für eine tête-à-tête mit dem Sonnenuntergang. Der Aussichtspunkt bietet aber auch tagsüber spektakuläre Ausblicke. Surfer, Möwen, Fish & Chips: *Das* ist Neuseeland.

Hokitika Heritage Walk WANDERWEG

Am besten holt man sich für 0,50 NZ$ eine Broschüre bei der i-SITE und macht eine Wanderung auf der alten Werftanlage. Eine weitere Broschüre beschreibt den **Hokitika Heritage Trail**, einen 11 km langen Rundweg (2–3 Std.), der historische Stätten passiert und interessante Ausblicke auf die Stadt bietet.

Glowworm Dell NATURWUNDER

Kurz ist der Spazierweg von der SH6 zur unmittelbar nördlich der Stadt gelegenen Glühwürmchenhöhle. Eine gute Gelegenheit, das entrückte Habitat der in Neuseeland heimischen *fungus gnat larvae* (Pilzmückenlarven, also keineswegs Würmchen, „unsere" Glühwürmchen sind dagegen Käfer) kennenzulernen. Eine Informationstafel am Eingang informiert die Besucher über die faszinierenden Tiere.

Lake Kaniere SEE

(www.doc.govt.nz) Im Herzen eines 70 km² großen, landschaftlich malerischen Reservats liegt der wunderschöne Lake Kaniere, der 8 km lang, 2 km breit und 195 m tief ist. Sein Wasser ist recht kühl, wie man merken wird, wenn man sich zu einem Bad überwunden hat. Manche werden lieber nur an der **Hans Bay** (www.doc.govt.nz) zelten oder picknicken, andere einen der vielen Wanderwege in der Umgebung erkunden: vom 15-minütigen Canoe Cove Walk bis zur siebenstündigen (hin & zurück) Besteigung des Mount Tuhua. Der historische **Kaniere Water Race Walkway** (einfache Strecke 3½ Std.) ist Teil des neuen West Coast Wilderness Trail.

Hokitika

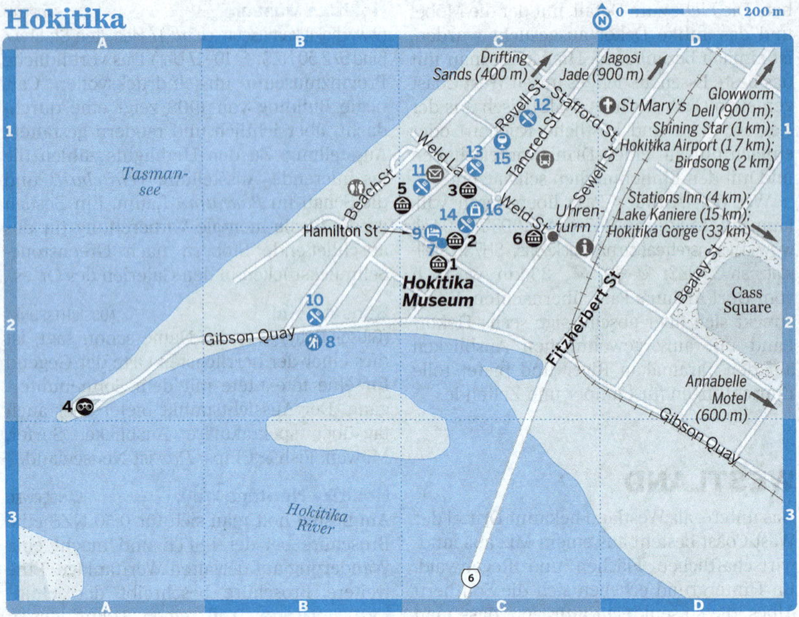

Hokitika

Highlights
- 1 Hokitika Museum C2

Sehenswertes
- 2 Hokitika Craft Gallery C2
- 3 Hokitika Glass Studio C1
- 4 Sunset Point A2
- 5 Tectonic Jade C1
- 6 Waewae Pounamu C2

Aktivitäten, Kurse & Touren
- 7 Bonz 'N' Stonz C2
- 8 Hokitika Heritage Walk B2

Schlafen
- 9 Teichelmann's B&B C2

Essen
- 10 Dulcie's Takeaways B2
- 11 Fat Pipi Pizza C1
- 12 New World C1
- 13 Stumpers Cafe & Bar C1
- 14 Sweet Alice's Fudge Kitchen C1

Ausgehen & Nachtleben
- 15 West Coast Wine Bar C1

Shoppen
- 16 Hokitika Cycles & Sports World C1

Hokitika Gorge SCHLUCHT
(www.doc.govt.nz) Eine landschaftlich reizvolle, 35 km lange Fahrt führt zur Hokitika Gorge, einer hinreißenden Schlucht mit unglaublich türkisfarbenem Wasser, das von Gletscher-„Mehl" gefärbt wird. Wer den kurzen Waldweg und die Drehbrücke hierher entlanggeht, kann die faszinierende Schlucht aus jedem nur erdenklichen Blickwinkel betrachten und fotografieren. Die Schlucht ist von der Stafford Street (hinter der Milchfabrik) aus gut ausgeschildert. Unterwegs passiert man **Kowhitirangi,** den Schauplatz des ersten Massenmords Neuseelands, der eine zwölftägige Großfahndung nach sich zog (verewigt im 1982 erschienenen Filmklassiker *Bad Blood*). Neben dem Bauernhof steht ein ergreifendes Denkmal in Form einer steinernen Säule an der Straße.

Galerien

Die Kunst- und Kunsthandwerksgalerien gehören zu den größten Attraktionen Hokis, in denen ein Tag wie im Flug vergeht. Es gibt zahlreiche Möglichkeiten, die Künstler kennenzulernen und ihnen in ihren Werkstätten bei der Arbeit zuzusehen. Man sollte jedoch wissen, dass in einigen Galerien aus Europa und Asien importierte Jade verkauft wird, da der wertvolle neuseeländische *pounamu* (Greenstone) nur mit großem Aufwand gewonnen werden kann.

Bonz 'N' Stonz SCHNITZKUNST
(www.bonz-n-stonz.co.nz; 16 Hamilton St; ganztägiger Workshop 85–180 NZ$) Hier kann man unter Anleitung von Steve sein eigenes Meisterstück aus *pounamu*, Knochen oder Paua entwerfen, schnitzen und polieren. Die Preise variieren je nach verwendeten Material und gewünschtem Design. Eine vorherige Buchung ist empfehlenswert.

Hokitika Craft Gallery GALERIE
(www.hokitikacraftgallery.co.nz; 25 Tancred St) Dieses Geschäft einer Kooperative ist wohl das beste der Stadt. Es zeigt eine breite Auswahl an Produkten aus der Region, darunter *pounamu*-Arbeiten, Schmuck, Textilien, Keramik und Holzarbeiten.

Jagosi Jade GALERIE
(☎ 03-755 6243; 246 Sewell St) Aden Hoglund schnitzt traditionelle und moderne Maori-Kunstwerke aus Steinen der Umgebung, auch auf Anfrage.

Tectonic Jade GALERIE
(www.tectonicjade.com; 67 Revell St) Diese einladende Galerie ist ein toller Ort, um sich den lokalen *pounamu* anzusehen und zu kaufen. Die daraus geschaffenen Schmuckstücke stammen vom talentierten Rex Scott.

Waewae Pounamu GALERIE
(www.waewaepounamu.co.nz; 39 Weld St) Diese Hochburg des neuseeländischen *pounamu* zeigt in ihrer großen Galerie an der Hauptstraße traditionelle und moderne Designs.

Hokitika Glass Studio GALERIE
(www.hokitikaglass.co.nz; 9 Weld St.) Glaskunst, die das ganze Spektrum von protzig bis wunderschön abdeckt! Ein guter Tipp: An den Werktagen kann man den Glasbläsern bei der Arbeit zuschauen.

Geführte Touren

Wilderness Wings LANDSCHAFTLICH REIZVOLLE FLÜGE
(☎ 0800 755 8118; www.wildernesswings.co.nz; Hokitika Airport; Flüge ab 285 NZ$) Veranstaltet Panoramarundflüge über Hokitika und weiter hinaus nach Aoraki (Mount Cook) und zu den Gletschern.

Feste & Events

Driftwood & Sand KUNST
(www.driftwoodandsand.co.nz) Jedes Jahr im Januar wird am Hokitika Beach eine Woche lang Strandgut zu überraschend kunstvollen oder kitschig-albernen Skulpturen verarbeitet.

Wildfoods Festival ESSEN
(www.wildfoods.co.nz) Das Festival findet Anfang März statt und zieht Tausende neugieriger wie mutiger Gourmets an, die eine Menge an Sachen essen, vor denen sie sonst abhauen würden. Ein legendärer Spaß; man sollte früh buchen.

Schlafen

★ **Drifting Sands** HOSTEL $
(☎ 03-755 7654; www.driftingsands.co.nz; 197 Revell St; Stellplatz ab 16 NZ$, B/EZ/DZ 30/60/78 NZ$; @ 📶) Der Zugang zum Strand vom Garten auf der Rückseite und die familiäre Atmosphäre des Hostels machen es zur besten aller Budgetunterkünfte Hokis. Der fröhliche Besitzer und die frische Bettwäsche sind sicher auch nicht von Nachteil.

Shining Star Beachfront Accommodation FERIENPARK, MOTEL $
(☎ 03-755 8921, 0800 744 646; www.shiningstar.co.nz; 16 Richards Dr; Stellplatz ohne/mit Fahrzeug 16/20 NZ$/Pers., DZ 95–175 NZ$; @ 📶) Ein schöner und vielseitiger Strandpark mit allen möglichen Einrichtungen: von Campingplätzen bis hin zu schicken Unterkünften am Strand für Selbstversorger. Kinder werden das Tiergehege lieben, in dem Schweine und Alpakas leben. Die Eltern werden wahrscheinlich das Spa und die Sauna bevorzugen (15 NZ$/2 Pers.).

Birdsong HOSTEL $
(☎ 03-755 7179; www.birdsong.co.nz; SH6; B/EZ 30/60 NZ$, DZ mit Band/ohne Bad 79/94 NZ$; @ 📶) Das 2,5 km nördlich der Stadt liegende Hostel mit Vogelbildern an den Zimmerwänden lockt mit Seeblick und einer gemütlichen Atmosphäre. Die kostenlos Leihfahrräder, die Nähe zum Strand und andere Extras haben schon manch einen zu einer Verlängerung seines Aufenthalts verführt.

Annabelle Motel MOTEL $$
(☎ 050 854 9494, 03-755 8160; www.annabellemotel.co.nz; 214 Weld St.; EZ 130 NZ$, DZ 140–190 NZ$; 📶) Das hübsche Annabelle liegt nicht einmal 1 km vom Uhrturm in Hokitika entfernt. Abgeschottet von Strand-

und Stadttrubel ist es genau richtig für Gäste, die Ruhe und Behaglichkeit suchen. Die tipptopp gepflegten Zimmer, die sommerfrisch grün gestrichenen Wände und das exklusive Mobiliar entsprechen durchaus einem modernen Hotelstandard.

Stations Inn MOTEL $$
(☎03-755 5499; www.stationsinnhokitika.co.nz; Blue Spur Rd; DZ 170–300 NZ$; 📶) Der moderne Komplex liegt auf einem Hügel fünf Fahrminuten von der Stadt entfernt und punktet mit einem schönen Blick auf den entfernten Ozean. Das Motel bietet schicke Unterkünfte mit Kingsize-Betten und einem Whirlpool. Das hauseigene Restaurant (Hauptgerichte 30–45 NZ$; Di–Sa ab 17 Uhr) hat einen Hof, einen Teich und ein Wasserrad und ist spezialisiert auf Wildfleisch-, Rind- und Lammgerichte, serviert aber auch Petit Fours und Käse zum Dessert.

Teichelmann's B&B B&B $$$
(☎03-755 8232; www.teichelmanns.co.nz; 20 Hamilton St; DZ 235–255 NZ$; 📶) In diesem charmanten B&B lebte einst der Chirurg, Bergsteiger und überzeugte Bartträger Ebenezer Teichelmann. Alle Zimmer haben eigene Bäder, auch das intime Teichy's Cottage in der Gartenoase auf der Rückseite.

Essen & Ausgehen

Dulcie's Takeaways FISH & CHIPS $
(Ecke Gibson Quay & Wharf St; Fish & Chips 6–11 NZ$; ⌚11–21 Uhr) Hier gibt's köstliche „Fush 'n' Chups" (wir empfehlen die Variante mit Steinbutt oder Dorsch), mit denen man zum Sunset Point gehen und sie direkt aus der Tüte essen kann – ein Highlight von Hokitika.

Sweet Alice's Fudge Kitchen SÜSSWAREN $
(27 Tancred St; ⌚10–17 Uhr) Bei Alice's kann man sich mit einem Stück hausgemachtem Fudge aus Bio-Zutaten (7 NZ$), einem Eis aus echten Früchten oder einer Tüte Bonbons verwöhnen – oder vielleicht sogar mit allen dreien.

New World SUPERMARKT $
(116 Revell St; ⌚8–20 Uhr) Wer nach Süden weiterreist, sollte wissen, dass dies der letzte richtige Supermarkt vor Wanaka ist ... und das ist 426 km entfernt!

★ Fat Pipi Pizza PIZZERIA $$
(89 Revell St; Pizzas 20–30 NZ$; ⌚Di–So 12–21, Mo 17–21 Uhr; 🌱) Vegetarier, Fleischliebhaber und auch alle anderen werden diese Pizzas, die direkt vor den Augen der Gäste zubereitet werden, anbeten! Es gibt auch eine Variante mit *whitebaits*, außerdem leckere Kuchen, Honigbrötchen und allerlei Säfte. Am besten genießt man sein Essen in der Gartenbar.

Stumpers Cafe & Bar CAFÉ, BAR $$
(2 Weld St; Mittagessen 10–22 NZ$, Abendessen 18–36 NZ$; ⌚7 Uhr–open end) Hier gibt's für jeden etwas, zu jeder Tageszeit. Abends werden Fleischgerichte serviert und man trifft eine Menge Einheimische, die sich in der Bar auf ein Pint treffen und eine Runde Billard spielen.

West Coast Wine Bar WEINBAR
(108 Revell St; ⌚So–Do 15–20 Uhr, Fr & Sa 15 Uhr–open end) Das winzige Lokal mit einer süßen Gartenbar hebt den Gourmetfaktor Hokis. Es serviert alle möglichen köstlichen Weine und dazu kleine Häppchen. Man kann auch edle Weine kaufen.

IM WHITEBAIT-FIEBER

Selbst bei nur einer kurzen Stippvisite an der Küste wird man *whitebaits* begegnen, egal, ob sie an einem Straßenstand in einem Sandwich verkauft, in Museen ausgestellt oder in allen möglichen Geschichten erwähnt werden. Diese winzigen, durchsichtigen Fischchen sind junge Exemplare einiger der wertvollsten Fische Neuseelands, darunter Inanga, Kokopu, Stints und sogar Aale. Seltsamerweise sehen sie alle gleich aus und schmecken auch identisch.

Da 1 kg dieser Fische bis zu 80 NZ$ Dollar kostet (anderswo auch noch deutlich mehr), gibt es kaum jemanden an der West Coast, der es nicht versuchen würde, diesen schwer fassbaren Fische zu fangen. Die Saison verläuft von August bis November – in dieser Zeit sind die Flussufer und Fischerstände von Karamea bis Haast am belebtesten.

Das klassische *whitebait*-Rezept wird mit kaum mehr als einem Ei zubereitet, dazu wird eine Zitronenscheibe serviert – wenngleich einige meinen, dass der Fisch am besten mit Minzsoße schmeckt. Die *Whitebait!*-Ausstellung im Hokitika Museum (S. 493) gibt Besuchern eine Vorstellung davon, worum es bei all dem Trubel geht.

Praktische Informationen

Banken gibt's in der Weld St und Revell St, kostenloses WLAN in der **Bibliothek** (20 Sewell St; Mo–Fr 9.30–17.30, Sa 10–13 Uhr).

i-SITE von Hokitika (03-755 6166; www.hokitika.org; 36 Weld St; Mo–Fr 8.30–18, Sa & So 9–18 Uhr) Eine der besten i-SITEs Neuseelands. Das Büro bietet umfassende Buchungsoptionen inklusive Tickets für alle Busunternehmen. Hält auch allerlei DOC-Infos bereit – buchen muss man allerdings online oder in einem der DOC-Besucherzentren. S. auch www.westcoastnz.com.

Postamt (Revell St)

Westland Medical Centre (03-755 8180; 54a Sewell St; 8.30–22 Uhr)

Anreise & Unterwegs vor Ort

AUTO

Es gibt mehrere Autovermietungen am Hokitika Airport. **Hokitika Airport Car Rental** (0800 556 606; www.hokitikaairportcarhire.co.nz) bietet einen Online-Preisvergleich an; alternativ wendet man sich an die i-SITE, wo man ebenfalls Preise vergleichen und anschließend auch gleich buchen kann.

BUS

InterCity (03-365 1113; www.intercity.co.nz) schickt von der Tancred St täglich Busse nach Greymouth (45 Min.), Nelson (7 Std.) und zum Franz Josef Glacier (2 Std.). **Naked Bus** (www.nakedbus.com) bedient dreimal wöchentlich dieselben Routen. Beide Busunternehmen bieten auch Verbindungen zu landesweiten Zielen an.

FLUGZEUG

Der **Hokitika Airport** (www.hokitikaairport.co.nz; Airport Dr, abgehend von der Tudor St) liegt 1,5 km östlich des Stadtzentrums. **Air New Zealand** (www.airnz.co.nz) bietet täglich vier Flüge ab/nach Christchurch.

TAXI

Taxis kann man telefonisch bei **Hokitika Taxis** (03-755 5075) bestellen.

Von Hokitika zum Westland Tai Poutini National Park

Von Hokitika sind es 140 km Richtung Süden zum beliebten Franz Josef Glacier, die meisten Reisenden fahren ohne Zwischenstopp dorthin. Wer mehr Zeit hat, findet entlang der Strecke einige Überraschungen, die im Folgenden genannt werden. Die Busse von Intercity und Naked Buses halten unterwegs auch an der SH6.

Lake Mahinapua

8 km südlich von Hokitika weist ein Hinweisschild zum Parkplatz, der den Beginn des **Mahinapua Walkway** (einfache Strecke 2 Std.) markiert. Der schöne Wanderweg führt durch Wälder mit verschiedenen Gehölzen und an einer alten Trasse für den Holztransport entlang, an der noch Überbleibsel früherer Waldarbeiten zu sehen sind. Besser noch ist die Strecke für Mountainbiker geeignet. Am Ende des Weges geht es noch 2 km weiter bis zum Eingang des **Lake Mahinapua Scenic Reserve** mit Picknickareal und einem DOC-Campingplatz. Von hier starten wiederum zahlreiche kurze Wanderwege.

5 km weiter befindet sich eine ausgeschilderte Abzweigung zum **West Coast Treetops Walkway** (050 887 3386, 03-755 5052; www.treetopsnz.com; 1128 Woodstock-Rimu Rd; Erw./Kind 38/15 NZ$; 9–17 Uhr), der nach weiteren 2 km beginnt. Dieser „Wanderweg" ist 450 m lang, verläuft 20 m oberhalb der Erdoberfläche und bietet einen ungewöhnlichen Ausblick auf die Baumkronen des Regenwalds, der u. a. aus vielen alten Rimu- und Kamahi-Bäumen besteht. Das Highlight des Weges ist der 40 m hohe Turm, von dem man eindrucksvolle Aussichten über den Lake Mahinapua, die Southern Alpes und die Tasmansee genießt. Im Informationszentrum, das auch eine sonnenüberflutete Terrasse hat, befinden sich ein Café und ein Souvenirshop.

Ross

Ross, 30 km südlich von Hokitika gelegen, ist der Ort, wo 1907 der größte Goldnugget Neuseelands ausgegraben wurde (der 2,772 kg schwere „Honourable Roddy") – man kann sich lebhaft die Aufregung vorstellen, die dieser Fund auslöste. Das **Ross Goldfields Heritage Centre** (www.ross.org.nz; 4 Aylmer St; Dez.–März 9–16 Uhr, April–Nov. 9–14 Uhr) zeigt eine Replik von Roddy und ein maßstabsgetreues Modell (2 NZ$) der Stadt zu ihrer Blütezeit.

Der **Water Race Walk** (hin & zurück 1 Std.) beginnt unweit des Museums und passiert unterwegs alte Goldgräberstätten, Höhlen, Tunnel und einen Friedhof. Wer sich als **Goldwäscher** versuchen will, leiht sich im Informationszentrum eine Goldwäscherpfanne (10 NZ$) und geht zur Jones Creek, um dort nach Roddy II. zu suchen.

Das 1866 eröffnete **Empire Hotel** (19 Aylmer St; Gerichte 15–25 NZ$) ist eines der versteckten Juwele der Westküste – seine Bar (und viele ihrer Stammgäste) erinnern an längst vergangene Zeiten. Das Gebäude hat eine sehr authentische Atmosphäre, die man bei einem Hauch von Holzrauch, einem Bier und einer ehrlichen Mahlzeit genießen kann.

Hari Hari

Etwa 22 km südlich des Lake Ianthe, liegt Hari Hari, wo der verwegene australische Flugpionier Guy Menzies 1931 sein Doppeldeckerflugzeug in einem Sumpf notlandete und damit den ersten Soloflug von Sydney über die Tasmanische See vollendete. In einem Gedenkpark am südlichen Ende der Stadt kann man alles darüber lesen und einen Nachbau seines Flugzeugs besichtigen.

Der **Hari Hari Coastal Walk** (www.doc.govt.nz) ist ein bei Ebbe begehbarer Rundweg entlang der Flüsse Poerua und Wanganui River, der durch Moore, Naturschutzgebiete und einen sumpfigen Wald führt. Der Pfad (2¾ Std.) beginnt 20 km abseits des SH6, die letzten 8 km sind unbefestigt; einfach den Ausschilderungen von der Wanganui Flats Road folgen. Die Tidezeiten hängen bei Pukeko Tearooms aus, das auch gutes Essen und Kaffee serviert.

Wer vor Ort übernachten will, steuert am besten **Flaxbush Motels** (☎03-753 3116; www.flaxbushmotels.co.nz; SH6; DZ 65–120 NZ$; 📶) an; die stimmungsvollen Hütten und Unterkünfte bieten für (fast) jeden Geldbeutel etwas. Bei längeren Aufenthalten sind die Gastgeber bereit, um den Preis zu verhandeln.

Whataroa

Unweit von Whataroa, 35 km südlich von Hari Hari, liegt das **Kotuku Sanctuary**, die einzige Niststätte Neuseelands für den Kotuku (Silberreiher), der hier zwischen November und Februar rastet und brütet. Die einzige Möglichkeit, den Nistplatz zu besuchen, ist eine Exkursion mit **White Heron Sanctuary Tours** (☎03-753 4120, 0800 523 456; www.whiteherontours.co.nz; SH6, Whataroa; Erw./Kind 120/55 NZ$; ⏰tgl. 4 Touren von Ende Sept.–März). Die unterhaltsamen Touren dauern zweieinhalb Stunden und beinhalten eine gemächliche Jetboat-Fahrt und eine kurze Wanderung zu einem versteckten Beobachtungsposten. Die Vögel zu Massen in den Büschen sitzen zu sehen, ist ein magisches Erlebnis. Ganzjährig wird zum gleichen Preis auch eine malerische Regenwaldtour angeboten, wenn die Silberreiher auf Wanderschaft sind.

Die Besitzer des Tourunternehmens betreiben das **Sanctuary Tours Motel** (☎03-753 4120, 0800 523 456; www.whiteherontours.co.nz; SH6; Hütte 65–75 NZ$, DZ 110–135 NZ$), das einfache Hütten mit Gemeinschaftsbädern (10 NZ$ extra für Bettwäsche) und bunt bemalte MoteIunterkünfte bietet.

Glacier Country Scenic Flights (☎03-753 4096, 0800 423 463; www.glacieradventures.co.nz; SH6, Whataroa; Flüge 195–435 NZ$) veranstaltet eine große Auswahl an malerischen Panoramaflügen mit einem Helikopter. Der Flugplatz befindet sich im Whataroa Valley. Das kleine Team bietet seinen Passagieren bessere Ausblicke auf die Berge im Süden Neuseelands als viele der teureren Konkurrenten, die in den Ortschaften direkt an den Gletschern abheben.

Okarito

15 km südlich von Whataroa befindet sich die Abzweigung zu der Gabelung, die nach 3 km westwärts zum zauberhaften Küstendorf Okarito (etwa 30 Ew.) führt. Es liegt am südlichen Ende der **Okarito Lagoon**, dem größten unberührten Sumpfgebiet Neuseelands, wo man wunderbar Vögel wie den seltenen Kiwi und den majestätischen Kotuku beobachten kann. Im idyllischen Okarito gibt es keine Geschäfte und nur wenige Einrichtungen für Touristen – man sollte sich vor der Anreise also ausreichend mit allem Nötigen eindecken.

👁 Sehenswertes & Aktivitäten

Am Parkplatz neben dem Strand beginnt der leichte **Wetland Walk** (20 Min.), ein längerer Wanderweg zur **Three Mile Lagoon** (hin & zurück 2¾ Std.) und der Aufstieg zum **Okarito Trig** (1½ Std. hin & zurück), der einen zwar aus der Puste bringt, die Mühe aber mit spektakulären Ausblicken auf die Southern Alps und die Okarito Lagoon (wetterabhängig) wettmacht.

Andris Apse Wilderness Gallery GALERIE
(☎03-753 4241; www.andrisapse.com; 109 The Strand) In Okarito ist der ausgezeichnete Landschaftsfotograf Andris Apse zu Hause. Seine sehr gut sortierte Galerie zeigt seine

faszinierenden Arbeiten, die direkt vor Ort gekauft werden können. In seinem Laden vertreibt er außerdem seine erschwinglicheren Bücher. Vor dem Besuch telefonisch nach den Öffnungszeiten erkundigen oder auf die Infotafel am Beginn der Auffahrt achten.

Okarito Nature Tours KAJAKTOUREN
(☎050 865 2748, 03-753 4014; www.okarito.co.nz; Kajak halber/ganzer Tag 60/70 NZ$; 📶) Verleiht Kajaks für Fahrten in die Lagune und hinauf zu den prachtvollen Urwaldkanälen, an denen alle möglichen Vögel leben. Es gibt auch geführte Touren (ab 85 NZ$) und erfahrene Paddler können auch Kajaks über Nacht (85 NZ$) ausleihen, um noch weiter hinauszufahren. Im einladenden Lounge-Büro gibt's köstlichen Espresso und WLAN.

Okarito Boat Tours WILDTIERBEOBACHTUNG
(☎03-753 4223; www.okaritoboattours.co.nz) Okarito Boat Tours veranstaltet Lagunentrips mit Möglichkeiten zur Vogelbeobachtung, allen voran die besonders interessante „Early-Bird-Tour" (7.30 Uhr, 1½ Std., 70 NZ$). Weitere lohnende Optionen sind die einstündige Sightseeingtour (14.30 Uhr, 45 NZ$) und die zweistündige Naturexkursion (9 & 11.30 Uhr, 85 NZ$). Die fröhlichen, seit Langem in Okarito lebenden Veranstalter Paula und Swade vermitteln Touristen auch Unterkünfte im Dorf.

Okarito Kiwi Tours WILDLIFE TOUR
(☎03-753 4330; www.okaritokiwitours.co.nz; 3 Std. 75 NZ$) Nachtausflüge mit 95%iger Wahrscheinlichkeit, den seltenen Kiwi zu sichten, werden von dieser Firma angeboten. Da nur Platz für acht Personen vorhanden ist, muss vorher gebucht werden.

Schlafen

★Okarito Campground CAMPINGPLATZ
(Abzweigung von der Russell St; Stellplatz Erw./Kind 12,50 NZ$/frei) Der Okarito Campground ist ein von der Gemeinde betriebenes Areal mit Küche und warmen Duschen (1 NZ$). Schwemmholz vom Strand lässt sich entweder für die Feuerstelle benutzen oder man entzündet bei Sonnenuntergang gleich ein Feuer am Strand. Keine Reservierung nötig.

Okarito Beach House HOSTEL, LODGE
(☎03-753 4080; www.okaritobeachhouse.com; The Strand; B 28 NZ$, DZ 60–100 NS$; 📶) Das Okarito Beach House bietet unterschiedliche Unterkünfte an: Vor allem das verwitterte, separat stehende „Hutel" (100 NZ$) ist wirklich sein Geld wert. Von der Summit Lodge gibt es atemberaubende Ausblicke, drinnen steht der tollste Esstisch, den man je gesehen hat.

WESTLAND TAI POUTINI NATIONAL PARK

Die Highlights im Westland Tai Poutini National Park sind die beiden Gletscher, der Franz Josef Glacier und der Fox Glacier. Nirgendwo sonst auf diesem Breitengrad reichen Gletscher so nah ans Meer. Im Wesentlichen verdanken sie ihre erstaunliche Entstehung dem ausgiebigen Niederschlag an der Westküste. Der Schnee, der auf die ausgedehnten Nährgebiete der Gletscher fällt, gefriert in 20 m Tiefe zu klarem Eis und rutscht dann die steilen Täler hinunter.

Für einige ist der Franz Josef Glacier das imposanteste Gletschererlebnis überhaupt. Optisch mag dieser zwar eindrucksvoller sein, jedoch ist der Weg zum Fox Glacier kürzer und interessanter, noch dazu kommt man dichter ans Eis heran. Beide Gletschertore sind durch Seile abgesperrt, um zu verhindern, dass Menschen durch Eisbrüche und Gletscherflüsse in Gefahr geraten. Und das Risiko ist durchaus gegeben: 2009 wurden zwei Touristen von herabfallendem Eis erschlagen, weil sie sich zu nah herangewagt hatten. Die einzige Möglichkeit, sich dem Gletscher zu nähern, ohne dabei in Gefahr zu geraten, ist eine geführte Tour.

Abseits der Gletscher bietet der Park in seinen tieferen Zonen einsame Strände an der Tasmansee, von denen aus es durch bunt gefärbte Podocarp-Wälder (Steineibenwälder) hinauf zu den höchsten Gipfeln Neuseelands geht. Vielgestaltig und oftmals einzigartig drängen sich hier voneinander abhängige Ökosysteme in dichter Folge. Robben tollen in der Brandung, während in den benachbarten Wäldern das Rotwild umherstreift. Zu den hier heimischen gefährdeten Vogelarten zählen der Ziegensittich, dem sein meckernder Ruf zu seinem Namen verhalf, der Kaka (Waldpapagei), der Rowi (Brauner Okarito Kiwi) sowie der Kea (Bergpapagei), der nur auf der Südinsel vorkommt. Keas sind neugierige und drollige Vögel, die man ihrer Gesundheit zuliebe auf keinen Fall füttern sollten.

Die 23 km voneinander entfernt liegenden Gletscherorte Franz Josef Village und Fox Village werden von den Touristenmassen manchmal geradezu überschwemmt. Franz Josef Village bietet mehr Action, während Fox Village sich einen zurückhaltenderen alpinen Charme bewahrt hat. Von Dezember bis Februar geht es manchmal in beiden Orten wie in einem Tollhaus zu, weshalb man die Gletscher nach Möglichkeit besser in der Nebensaison (Sept/Okt. & März/April) bereisen sollte.

Franz Josef Glacier

Früher nannten die Maori den Franz Josef Glacier „Ka Roimata o Hine Hukatere" (Tränen des Lawinenmädchens). Denn der Legende nach verlor ein Mädchen ihren Geliebten, als dieser hier von den Gipfeln in den Tod stürzte; ihre Tränenströme gefroren daraufhin zu Gletschereis. Der Franz Josef Glacier wurde 1865 erstmals von Europäern erforscht, der Österreicher Julius Haast gab ihm – zu Ehren seines Kaisers Franz Josef – seinen heutigen Namen. Der Parkplatz des für Besucher des Eisgebirges liegt 5 km vom gleichnamigen Ort Franz Josef Village entfernt; von dort bis zum besten Aussichtspunkt sind es 40 Minuten zu Fuß.

Sehenswertes & Aktivitäten

★ West Coast Wildlife Centre TIERE
(www.wildkiwi.co.nz; Ecke Cron & Cowan St.; Tagespass Erw./Kind/Fam. 30/18/80 NZ$, inkl. Backstagepass 50/30/125 NZ$;) Das Wildlife Centre allein erfüllt schon viele Wünsche (Ausstellung, Café und Verkauf sowie WLAN), dann aber folgt die eigentliche Attraktion: Ans Zentrum angeschlossen ist eine Brut- und Aufzuchtstation für Rowis, die seltensten Kiwis überhaupt. Der Tagespass lohnt sich, weil man so Informationen zu Schutzmaßnahmen, Gletschern und Geschichte erhält und man die Kiwis in ihren Gehegen sehen kann. Der zusätzlich zu kaufende Backstagepass erlaubt einen Besuch der Brut- und Aufzuchtstation. Hier hat man die seltene Gelegenheit zu erfahren, wie versucht wird, eine aussterbende Tierart zu retten. Wer Glück hat, sieht dabei die wohl niedlichsten Küken der Welt aus nächster Nähe!

Ungeführte Wanderungen

Wer nicht direkt zum Gletscherparkplatz fahren will, kann auch den lohnenden **Te Ara a Waiau Walkway/Cycleway**, der mitten durch den Regenwald verläuft, entlangwandern oder -radeln. Er beginnt unweit der Feuerwehrstation am südlichen Ende der Stadt. Man kann den Wanderweg in einer Stunde (einfache Strecke) zu Fuß bzw. einer halben Stunde mit dem Fahrrad zurücklegen; Leihfahrräder gibt's bei Across Country Quad Bikes (S. 503) oder bei YHA (S. 503).

Mehrere Gletscher-Aussichtspunkte sind vom Parkplatz aus zu erreichen, etwa über den **Sentinel Rock Walk** (hin & zurück 20 Min.) und den **Ka Roimata o Hine Hukatere Walk** (hin & zurück 1½ Std.). Bitte die Schilder lesen und die Absperrungen beachten!

Zu den anderen längeren Wanderwegen gehören der **Douglas Walk** (hin & zurück 1 Std.). Dieser führt jenseits der Glacier Access Road an der 1750 vom Gletschervorstoß gebildeten Moräne und am kleinen „Kesselsee" Peter's Pool entlang. Der **Terrace Track** (hin & zurück 30 Min.) ist eher ein Spazierweg über die mit Büschen überzogenen Hügel hinter dem Ort mit Blick auf den Waiho River. Als schöne Wanderungen durch den Regenwald empfehlen sich der **Tatare Tunnels Walk** und der **Callery Gorge Walk** (jeweils hin & zurück etwa 1½ Std.); beide beginnen an der Cowan Street.

Der anstrengendere **Roberts Point Track** (hin & zurück rund 5 Std.) beginnt an der Douglas Swing Bridge, zu der man über den Douglas Walk gelangt. Der **Alex Knob Track** (hin & zurück 8 Std.) startet an der Glacier Access Road und führt auf den 1303 m hohen Gipfel des Alex Knob. Wenn die Wolken es zulassen, werden die Wanderer mit drei Aussichtspunkten auf den Gletscher und aufs Meer belohnt. Sowohl der Roberts Point Track als auch der Alex Knob Track sollten nur von gut ausgerüsteten und erfahrenen Wanderern begangen werden.

Morgens und abends sollte man sich über das aktuelle Wetter informieren; bei schlechtem Wetter fahren häufig weniger Tourbusse.

Man kann sich auch die exzellente DOC-Broschüre *Glacier Region Walks* (2 NZ$) holen, die Karten und aufschlussreiche Hintergrundinformationen beinhaltet.

Geführte & Heli-Wanderungen

Die **Franz Josef Glacier Guides** (☎03-752 0763, 0800 484 337; www.franzjosefglacier.com; 6 Main Rd) veranstalten Touren in kleinen Gruppen mit erfahrenen Führern (Schuhe, Jacken & weiteres Equipment werden gestellt). Zu beiden Standardtouren umfassen Helikopterflüge zum/vom Eis: Der Trip Ice

Explorer (325 NZ$) beinhaltet einen vierminütigen Flug mit rund drei Stunden auf dem Eis; beim einfacheren Heli Hike (429 NZ$) erkundet man höher gelegenere Bereiche des Gletschers und unternimmt einen zehnminütigen Flug mit rund zwei Stunden Aufenthalt auf dem Eis. Der dreistündige Glacier Valley Walk (75 NZ$) folgt dem Waiho River zur Moräne hinauf und bietet die Möglichkeit, hinter die öffentlichen Grenzmarkierungen zu gelangen und das Eis von Nahem zu sehen. Bei allen Touren gibt es für Kinder Ermäßigungen von 10 bis 30 NZ$.

Sightseeing aus der Luft

Sandfliegen und Moskitos? Nein; das Summen kommt von den Flugzeugen, die im Schatten des Aoraki/Mount Cook über den Gletschern ihre Runden drehen. Ein regulärer Helikopterflug (200–230 NZ$) dauert 20 Minuten und führt zum Anfang des Franz Josef Glacier und dort zu einer Landestelle auf dem Schnee. Beim „Twin Glacier Flight" besucht man in 30 Minuten den Fox Glacier und den Franz Josef Glacier; die Flüge sind für 300 NZ$ zu haben, ein umfassender 40-minütiger Flug (mit Umkreisung des Aoraki/Mount Cook) schlägt mit 400 NZ$ aufwärts zu Buche. Die Preise für Kinder unter 15 Jahren liegen bei ca. 60–70 % des Preises für Erwachsene. Vorher sollte man unbedingt die verschiedenen Angebote vergleichen – die meisten Veranstalter befinden sich auf der Hauptstraße in Franz Josef Village.

Air Safaris PANORAMAFLÜGE
(☎03-752 0716, 0800 723 274; www.airsafaris.co.nz) Das einzige Starrflügelflugzeug am Franz Josef Glacier bietet 30-minütige Touren zu den beiden Gletschern („Twin gla-

GLETSCHER-ABC

Während der letzten Eiszeit (vor 15 000–20 000 Jahren) wuchsen die Zwillingsgletscher Westlands bis ins Meer hinein. In der darauffolgenden Eisschmelze schrumpften sie wahrscheinlich weiter zurück, als ihre derzeitigen Standorte ahnen lassen, aber im 14. Jh. kam es zu einer weiteren kleinen Eiszeit, in der die Gletscher bis 1750 ihre heutige größte Ausdehnung erreichten; die Endmoränen sind bis heute noch zu sehen.

Damit Traveller, die durch das neuseeländische Gletscherland reisen, bei diesem Thema nicht im Regen sitzen, folgen hier einige Gesprächsaufhänger für Unterhaltungen mit Gletscherkennern im Pub.

Ablationsgebiet Hier schmilzt das Gletschereis.

Akkumulationsgebiet Hier sammeln sich Eis und Schnee; auch Nährgebiet genannt.

Bergschrund Eine große Spalte im Eis am Anfang des Gletschers

Blaueis Wenn der Schnee des Akkumulationsgebietes durch aufeinanderfolgende Schneefälle zusammengepresst wird, verwandelt er sich erst in Firn und dann in Blaueis.

Gletscherkalben Der Prozess des Abbrechens von Eis von im Meer oder Binnengewässern endenden Gletscherwänden

Gletscherspalte Risse im Gletschereis entstehen, wenn der Gletscherfluss beispielsweise durch ein unterschiedliches Gefälle des Untergrunds gestört wird.

Firn Teilweise gepresster Schnee, der sich langsam in Blaueis verwandelt.

Gletschermehl Feine Gesteinspartikel in den milchigen Flüssen, die aus dem Gletschertor fließen.

Gletscherbruch Wenn ein Gletscher so steil abfällt, dass die obere Eisschicht in Eisblöcke zerfällt.

Toteissee Ein See, der durch das Abschmelzen von isoliertem Toteis entsteht.

Moräne Schuttwände an den Gletscherseiten (Seitenmoräne) oder -enden (Endmoräne).

Névé Schneefeld, auf dem sich Firn bildet.

Séracs Eistürme, die sich – wie Gletscherspalten – bilden, wenn der Gletscher über Hindernisse hinwegrollt.

Terminus Unteres vereistes Ende am Fuß des Gletschers.

Franz Josef Glacier & Village

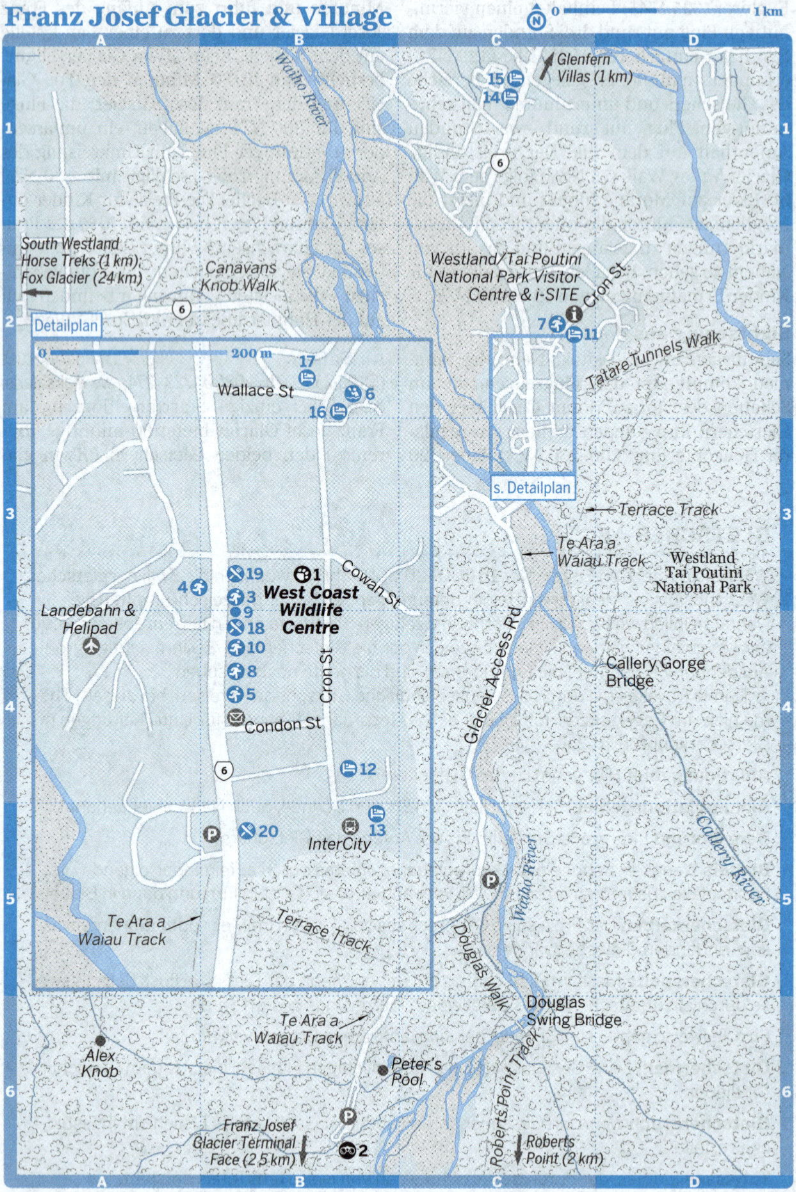

cier", 250 NZ$) und 50-minütige „Grand traverse"-Flüge (340 NZ$).

Fox & Franz Josef Heliservices PANORAMAFLÜGE
(☎ 03-752 0793, 0800 800 793; www.scenic-flights.co.nz)

Glacier Helicopters PANORAMAFLÜGE
(☎ 03-752 0755, 0800 800 732; www.glacierhelicopters.co.nz)

Helicopter Line PANORAMAFLÜGE
(☎ 03-752 0767, 0800 807 767; www.helicopter.co.nz)

Franz Josef Glacier & Village

Highlights
1 West Coast Wildlife Centre........B3

Sehenswertes
2 Sentinel Rock........B6

Aktivitäten, Kurse & Touren
Across Country Quad Bikes........(siehe 3)
3 Air Safaris........B3
4 Fox & Franz Josef Heliservices........A3
5 Franz Josef Glacier Guides........B4
6 Glacier Country Kayaks........B2
Glacier Helicopters........(siehe 3)
7 Glacier Hot Pools........C2
8 Helicopter Line........B4
9 Mountain Helicopters........B4
10 Skydive Franz........B4

Schlafen
11 58 on Cron........C2
12 Chateau Franz........B4
13 Franz Josef Glacier YHA........B5
14 Franz Josef Top 10 Holiday Park........C1
15 Holly Homestead........C1
16 Rainforest Retreat........B2
17 Te Waonui Forest Retreat........B2

Essen
18 Four Square........B4
19 Landing Bar & Restaurant........B3
20 Picnics........B5

Mountain Helicopters PANORAMAFLÜGE
(☎03-752 0046, 0800 369 432; www.mountainhelicopters.co.nz)

Weitere Aktivitäten

Glacier Country Kayaks KAJAKTOUREN
(☎03-752 0230, 0800 423 262; www.glacierkayaks. com; 46 Cron St; Kajak 3 Std. 105 NZ$, 4-stündige Kajak- & Wandertour 145 NZ$) Bei den geführten Kajaktrips auf dem Lake Mapourika (7 km nördlich des Franz Josef Glacier) bekommt man faszinierende Hintergrundinfos, eine vielseitige Vogelwelt, Bergblicke, eine idyllische Kanalfahrt und eine kleine Wanderung geboten. Morgens sind die Wetterbedingungen besser. Der Veranstalter hat auch Familientouren im Programm und verleiht Kajaks und Paddelboards.

Glacier Hot Pools WARMWASSERPOOLS
(www.glacierhotpools.co.nz; 63 Cron St; Erw./Kind 25/18 NZ$; ⏲13–21 Uhr) Der stilvolle Komplex am Rande der Stadt wurde geschickt in den schönen Regenwald eingebettet und eignet sich perfekt für einen Besuch nach dem Wandern oder an Regentagen. Im Angebot sind Gemeinschaftspools, Privatpools (42,50 NZ$/45 Min.) und Massagen.

Skydive Franz FALLSCHIRMSPRINGEN
(☎03-752 0714, 0800 458 677; www.skydivefranz.co.nz; Main Rd) Das Unternehmen rühmt sich damit, die höchsten Fallschirmsprünge Neuseelands anzubieten (knapp 5500 m, 80 Sek. freier Fall, 559 NZ$). Es sind auch Sprünge aus einer Höhe von rund 4600 m (419 NZ$) und aus 3650 m (319 NZ$) möglich. Mit dem Blick auf den Aoraki/Mount Cook in der Ferne könnten diese Fallschirmsprünge die landschaftlich schönsten sein, die man je gemacht hat.

Eco-Rafting RAFTING
(☎03-755 4254, 0508 669 675; www.ecorafting.co.nz; Familientrip Erw./Kind 135/110 NZ$, 7-stündiger Trip 450 NZ$) Rafting-Abenteuer an der gesamten Küste: Von einfachen Familientrips bis hin zur siebenstündigen Grand-Canyon-Tour auf dem Whataroa River mit seinen riesigen Granitwänden ist alles dabei. Letztgenannte Tour umfasst auch einen 15-minütigen Helikopterflug.

South Westland Horse Treks REITEN
(☎03-752 0223, 0800 187 357; www.horsetreknz.com; Waiho Flats Rd; 2-stündige Tour 99 NZ$) Das Trekkingunternehmen 5 km westlich der Stadt veranstaltet ein- bis sechsstündige Ausritte durch Farmgebiete und über entlegene Strände.

Glacier Valley Eco Tours GEFÜHRTE TOUR
(☎03-752 0699, 0800 999 739; www.glaciervalley.co.nz) Veranstaltet drei- bis achtstündige Wandertouren zu lokalen Sehenswürdigkeiten (70–160 NZ$), bei denen man jede Menge über die Region erfährt. Bietet auch einen Gletscher-Shuttleservice (Hin- & Rückfahrt 12,50 NZ$).

Across Country Quad Bikes QUADFAHREN
(☎03-752 0123, 0800 234 288; www.acrosscountry quadbikes.co.nz; Air Safaris Building, SH6) Aufregende Quadtouren durch den Regenwald (2 Std., Fahrer/Passagier 160/70 NZ$). Verleiht auch Mountainbikes (halber/ganzer Tag 25/40 NZ$).

Schlafen

Franz Josef Glacier YHA HOSTEL $
(☎03-752 0754; www.yha.co.nz; 2-4 Cron St; B 23–30 NZ$, EZ 57 NZ$, DZ 85–110 NZ$; @📶) Das saubere Hostel bietet angenehme, geräumi-

ge Gemeinschaftsbereiche, Familienzimmer, eine kostenlose Sauna, einen Fahrradverleih und einen Buchungsschalter für Transportmittel und Aktivitäten. Obwohl es 130 Betten hat, sollte man trotzdem unbedingt im Voraus buchen!

Franz Josef Top 10 Holiday Park FERIENPARK $
(☎03-752 073, 0800 467 8975; www.franzjoseftop10.co.nz; 2902 Franz Josef Hwy; Stellplatz 40–45 NZ$, DZ 65–165 NZ$; @ 📶) Der weitläufige Ferienpark, 1,5 km vom Dorf entfernt, bietet einwandfreie Einrichtungen und eine Menge Unterkünfte. Für Camper gibt's sonnige, grüne Rasenflächen abseits der Straße mit Blick auf Ackerfelder.

Chateau Franz HOSTEL $
(☎03-752 073, 0800 728 3728; www.sircedrics.co.nz; 8 Cron St; B 23–33 NZ$, DZ 50–110 NZ$; @ 📶) Die etwas baufällige Enklave mit Schlafsälen und Motel-Unterkünften ist ein guter Unterschlupf mit ordentlichen Betten und schönen Extras wie einem Whirlpool, kostenloser Suppe und unbegrenztem Internet. Die abgenutzten, aber einladenden Gemeinschaftsbereiche umfassen einen sonnigen Hof, zwei Küchen und einen Raum mit Holzofen.

Rainforest Retreat HOSTEL, FERIENPARK $$
(☎03-752 0220, 0800 873 346; www.rainforestretreat.co.nz; 46 Cron St; Stellplatz 39 NZ$, B 28–32 NZ$, DZ 85–220 NZ$; @ 📶) Die geräumige Ferienanlage bietet auf ihrem bewaldeten Gelände jede Menge an Unterkünften und Einrichtungen. Am besten sind die Hütten, Häuser und Lodges. Wer mit dem Campingwagen anreist, genießt ähnliche Privatsphäre, muss sich aber mit den viel genutzten öffentlichen Einrichtungen und den Backpackern arrangieren, die in großen Tourgruppen anreisen. Die parkeigene Monsoon Bar hat einen niedrigen Tresen, eine lebhafte Atmosphäre und gutes Essen (Gerichte 22–32 NZ$).

58 on Cron MOTEL $$
(☎03-752 0627, 0800 662 766; www.58oncron.co.nz; 58 Cron St; DZ 175–245 NZ$; 📶) So inspirationslos wie der Name ist auch das Dekor des Hotels. Dennoch beeindruckt es mit Komfort, modernen Annehmlichkeiten und einer freundlichen Einstellung.

★ Glenfern Villas APARTMENT $$$
(☎03-752 005, 0800 453 6334; www.glenfern.co.nz; SH6; DZ 230–289 NZ$; 📶) Nur 3 km außerhalb des Touristentrubels stehen auf einer gepflegten Anlage die schönen Glenfern Villas mit jeweils einem oder zwei Schlafzimmern sowie privaten Terrassen mit Blick auf die Berge. Die topmodernen Betten, voll ausgestatteten Küchen, der Fahrradverleih und die familienfreundlichen Einrichtungen machen aus den Unterkünften echte Ferienparadiese.

Holly Homestead B&B $$$
(☎03-752 0299; www.hollyhomestead.co.nz; SH6; DZ 265–430 NZ$; @ 📶) Die Gäste werden in diesem von Glyzinien umrankten, 1926 erbauten Haus mit Selbstgebackenem begrüßt. Fünf wunderschöne Zimmer mit Bad und eine Suite stehen zur Auswahl. Alle haben eine eigene Veranda – perfekt für einen abendlichen Drink. Leider gibt es schlechte Nachrichten für Familien mit jüngerem Nachwuchs: Das Haus nimmt Kinder erst ab 12 Jahren auf!

Te Waonui Forest Retreat HOTEL $$$
(☎03-752 0555, 0800 696 963; www.tewaonui.co.nz; 3 Wallace St; EZ/DZ ab 579/699 NZ$; @ 📶) 🍃 Das edelste Hotel am Franz Josef Glacier kommt solide und unspektakulär daher. Seine Räume sind in natürlichen Farbtönen gehalten und mit Strukturtapeten und dicken, hellen Teppichen versehen. Es gibt einen Portierservice, Degustations-Dinner (zusammen mit dem Frühstück im Preis inbegriffen) und eine schicke Bar. In den luxuriösen Zimmern, die allesamt über Terrassen mit Waldblick verfügen, schläft man wie in Abrahams Schoß.

Essen

Es gibt zahlreiche Restaurants und Lokale, die aber nicht unbedingt kulinarische Hochgenüsse bieten; einige Speisekarten haben sich seit der letzten Eiszeit nicht mehr verändert.

Picnics BÄCKEREI $
(SH6; Snacks 3–7 NZ$; ⏲8–17 Uhr) Um diese großartige kleine Bäckerei zu finden, muss man nur den pinken Sandwichtafeln folgen. Verkauft werden preisgünstige Leckereien zum Mitnehmen, u. a. auch köstliche Pasteten, die sich wunderbar für ein Picknick oder als Vorspeise zum Abendessen eignen. Ein weiterer Grund zur Freude sind z. B. das frische Brot und der Donut-Samstag.

Landing Bar & Restaurant PUB $$
(www.thelandingbar.co.nz; SH6; Hauptgerichte 20–40 NZ$; ⏲7.30 Uhr–open end; 📶) Der belebte,

aber gut geführte Pub bietet eine riesige Speisekarte mit allseits beliebten Gerichten wie Burgern, Steaks und Pizza. Die sonnenüberflutete, mit Gasheizern ausgestattete Terrasse ist ein guter Ort, um sich nach einem Tag auf dem Eis zu entspannen.

Four Square SUPERMARKT
(SH6; ⌚7.45–21.30 Uhr) Mr. Four Square kommt auch zur Party – spitzenmäßig!

Praktische Informationen

WLAN gibt's in den meisten Unterkünften und in einigen Restaurants. An der Hauptstraße befindet sich ein Geldautomat; die Post ist bei **Glacier Motors** (SH6) untergebracht.

Franz Josef Health Centre (☎03-752 0700, 0800 7943 2584; 97 Cron St; ⌚Mo–Fr 9–16 Uhr) Das größte medizinische Zentrum im Süden Westlands.

Westland/Tai Poutini National Park Visitor Centre & i-SITE (☎03-752 0796; www.doc.govt.nz; Cron St; ⌚Sommer 8.30–18 Uhr, Winter 8.30–17 Uhr) Regionales DOC-Büro mit guten Ausstellungen, Wetterberichten und aktuellen Infos zu den Wanderwegen; am Schalter der i-SITE kann man Verkehrsmittel im ganzen Land (außer den Interislander) buchen. S. auch www.glaciercountry.co.nz.

Anreise & Unterwegs vor Ort

Die Bushaltestelle befindet sich gegenüber dem Four-Square-Supermarkt.

InterCity (☎03-365 1113; www.intercity.co.nz) schickt täglich Busse südwärts zum Fox Glacier (35 Min.) und nach Queenstown (8 Std.) sowie nordwärts nach Nelson (10 Std.). Einige Verbindungen können auch via Atomic Travel (S. 475) gebucht werden. Tickets können im DOC-Besucherzentrum oder in der YHA-Herberge erworben werden. **Naked Bus** (www.nakedbus.com) bedient dreimal wöchentlich dieselben Strecken. Beide Unternehmen bieten auch Verbindungen zu Zielen im ganzen Land an.

Glacier Valley Shuttle (☎03-752 0699, 0800 999 739; www.glaciervalley.co.nz) unterhält einen Shuttle mit festen Fahrplänen zum Gletscherparkplatz (Hin- & Rückfahrt 12,50 NZ$).

Fox Glacier

Fox Village ist kleiner und auch weniger turbulent als Franz Josef Village. Es herrscht hier beinahe schon eine ländliche Atmosphäre und erfreulicherweise ist der beschauliche Ort nicht so stark zugebaut. Zu den Highlights der Umgebung gehören der wunderschöne Lake Matheson sowie die historische Strandwanderung am Gillespies Beach.

Sehenswürdigkeiten & Aktivitäten

Glacier Valley Walks
Von Fox Village sind es 1,5 km bis zur Abzweigung zum Gletscher und dann nochmals 2 km bis zum Parkplatz. Auf Schusters Rappen oder per Rad erreicht man diesen vom Ort aus über den **Te Weheka Walkway/Cycleway**, einen hübschen Weg durch den Regenwald, der unmittelbar südlich des Bella Vista Motels beginnt. Zu Fuß ist man etwas über eine Stunde hin und zurück unterwegs, mit dem Rad 30 Minuten (die Fahrräder müssen am Parkplatz abgestellt werden, denn das Radfahren ist auf den Gletscherwegen nicht gestattet). Drahtesel können im Motel Westhaven (S. 507) ausgeliehen werden.

Vom Parkplatz gelangt man nach einem 30- bis 40-minütigen Fußmarsch zum Gletschertor. Wie weit man sich diesem nähern darf, hängt von den jeweils aktuellen Bedingungen ab. Alle Schilder sind unbedingt zu beachten, denn der Gletscher ist unberechenbar!

Zu den kürzeren Wanderwegen in Gletschernähe gehören der **Moraine Walk** (über eine Moräne aus dem 18. Jh.) und der **Minnehaha Walk**. Der **River Walk** geht in den **Chalet Lookout Track** über (hin & zurück 1½ Std.) und führt zu einem Aussichtspunkt mit Blick auf den Gletscher. Der **River Walk Lookout Track** (hin & zurück 20 Min.) beginnt am Parkplatz an der Glacier View Road und eröffnet Besuchern (egal, wie fit sie sind) einen tollen Blick auf den Gletscher.

Man sollte sich auch die exzellente DOC-Broschüre *Glacier Region Walks* (2 NZ$) holen, die Karten und aufschlussreiche Hintergrundinformationen beinhaltet.

Fox Glacier Guiding GEFÜHRTE WANDERUNG
(☎03-751 0825, 0800 111 600; www.foxguides.co.nz; 44 Main Rd) Fox Glacier Guiding organisiert geführte Wanderungen (Equipment wird gestellt). Halbtägige Touren kosten 132/105 NZ$ pro Erwachsener/Kind, ganztägige Wandertrips schlagen mit 185 NZ$ zu Buche. Helikopterwanderungen kosten 399/369 NZ$ pro Erwachsener/Kind, ein ganztägiger Kurs im Eisklettern für Anfänger ist für 320 NZ$ pro Erwachsener zu haben. Die Alterseinschränkungen variieren je nach Trip. Es gibt auch einfache zweistündige und sehr informative Wanderungen zum Gletscher (Erw./Kind 49/35 NZ$). Auch längere, geführte Abenteuer mit einer Kombi-

Fox Glacier & Village

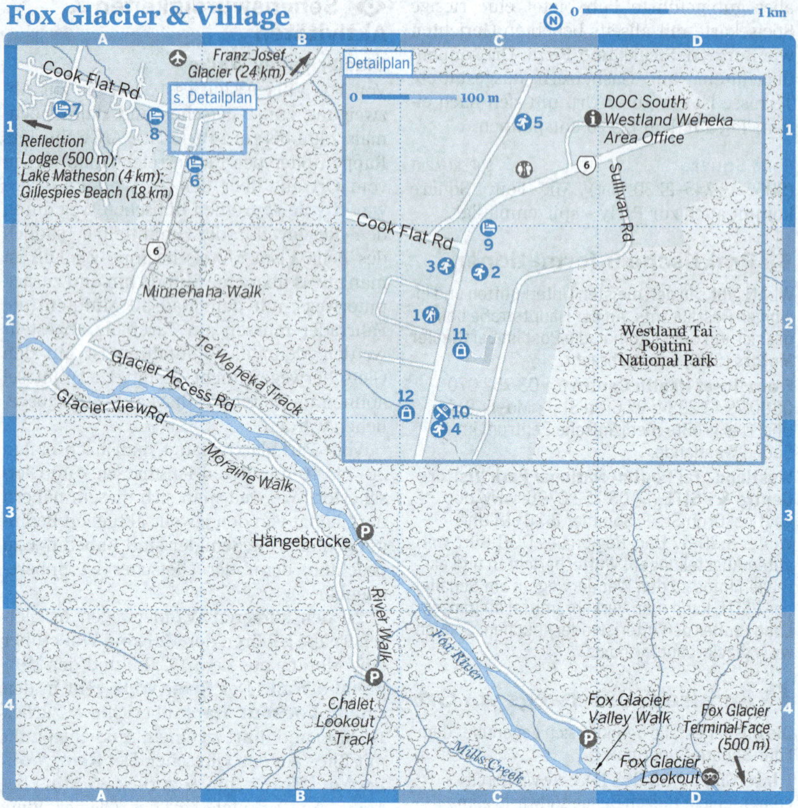

nation aus Helikopterflügen und Wanderungen werden angeboten.

Weitere Wanderungen

Lake Matheson SEE

Von der Cook Flat Road sind es 5 km bis zum berühmten „Spiegelsee". Die empfehlenswerte Umrundung des Sees sollte man gemütlich angehen und dauert dann eineinhalb Stunden. An seinem äußersten Ende kann man dann – an einem klaren Tag – vielleicht sein Superfoto schießen. Wenn nicht, lässt es sich in dem exzellenten Geschenkeladen am Parkplatz in Form einer Postkarte kaufen. Die schönsten Momente am See erlebt man entweder am frühen Morgen oder am Spätnachmittag bei tief stehender Sonne. Für das Matheson Café ist hingegen jede Tageszeit passend!

Gillespies Beach STRAND

Wer der Cook Flat Road ihrer gesamten Länge nach 21 km folgt (die letzten 12 km

Fox Glacier & Village

Aktivitäten, Kurse & Touren

Fox & Franz Josef Heliservices .(siehe 1)
1 Fox Glacier Guiding C2
2 Glacier Helicopters C2
3 Helicopter Line C2
4 Mountain Helicopters C3
5 Skydive Fox Glacier C1

Schlafen

6 Fox Glacier Lodge A1
7 Fox Glacier Top 10 Holiday Park A1
8 Rainforest Motel A1
9 Westhaven C2

Essen

10 Last Kitchen C2

Shoppen

11 Fox Glacier General Store C2
12 Fox Glacier Motors C2

sind unbefestigt), stößt auf den entlegenen Gillespies Beach, einen schwarzen Sandstrand, an dem sich früher eine alte Bergbausiedlung befand. Hier beginnen mehrere interessante Wanderwege, z. B. ein fünfminütiger Pfad zu einem alten Friedhof für Minenarbeiter oder ein dreieinhalbstündiger Weg (hin & zurück) zum Galway Beach, wo häufig Robben dösen – man sollte sie bitte nicht beim Faulenzen stören. Auf dem Weg hierher oder zurück sollte man an der ausgeschilderten **Peak View Picnic Area** Halt machen und bei einem Rundumblick versuchen, die Berge zu benennen.

Fallschirmspringen & Panoramaflüge

Bei der Kulisse, vor der sich der Fox Glacier erhebt – den Southern Alpes, dem Regenwald und dem Ozean –, kann man sich kaum einen besseren Ort vorstellen, um in die Lüfte abzuheben. Die Flugtouren am Fox Glacier kosten ungefähr so viel wie die am Franz Josef Glacier und auch hier herrscht ein gesunder Wettbewerb: Alle Helikopterunternehmen haben ihre Büros an der Hauptstraße.

Skydive Fox Glacier FALLSCHIRMSPRINGEN
(☎03-751 0080, 0800 751 0080; www.skydive-fox.co.nz; Flugplatz am Fox Glacier, SH6) Aus ca. 4900 m (399 NZ$) oder 3650 m (299 NZ$) Höhe kann man hier jede Menge spektakuläre Naturlandschaften sehen. Der Flugplatz liegt praktischerweise nur drei Gehminuten vom Stadtzentrum.

Fox & Franz Josef Heliservices PANORAMAFLÜGE
(☎03-751 0866, 0800 800 793; www.scenic-flights.co.nz)

Glacier Helicopters PANORAMAFLÜGE
(☎03-751 0803, 0800 800 732; www.glacierhelicopters.co.nz; SH6)

Helicopter Line PANORAMAFLÜGE
(☎03-752 0767, 0800 807 767; www.helicopter.co.nz; SH6)

Mountain Helicopters PANORAMAFLÜGE
(☎03-751 0045, 0800 369 423; www.mountainhelicopters.co.nz)

Schlafen

★ Fox Glacier Top 10 Holiday Park FERIENPARK $
(☎03-751 0821, 0800 154 366; www.fghp.co.nz; Kerrs Rd; Stellplatz ab 20 NZ$/Pers., EZ/DZ 70 NZ$, Hütte & Wohneinheit 70–215 NZ$; @ Wi-Fi) Der Park bietet Unterkünfte für jedes Budget, von gut entwässerten Zeltstellplätzen und Kiesplätzen für Campingwagen bis hin zu Lodge-Zimmern und schicken Moteleinheiten. Zu den tadellosen öffentlichen Einrichtungen zählen auch eine luxuriöse Gemeinschaftsküche mit Speiseraum und ein Spielplatz für Kinder.

Rainforest Motel MOTEL $$
(☎03-751 0140, 0800 724 636, 03-751 0140; www.rainforest motel.co.nz; 15 Cook Flat Rd.; DZ 115–145 NZ$; Wi-Fi) Die außen rustikal aussehenden Blockhütten haben innen eine eher einfallslose Einrichtung. Sie bieten aber sehr schöne Rasenflächen zum Herumtollen oder Ausspannen mit Blick auf die Berge. Eine saubere und günstige Option.

Westhaven MOTEL $$
(☎03-751 0084, 0800 369 452; www.thewesthaven.co.nz; SH6; DZ 145–185 NZ$; @ Wi-Fi) Die architektonisch perfekten Suiten mit roten und elfenbeinfarbenen Wänden bieten einen klassischen Stilmix aus Stahl und Steinelementen. Die Deluxe-King-Zimmer haben Whirlpools. Es können auch Fahrräder ausgeliehen werden (halber/ganzer Tag 20/40 NZ$).

Fox Glacier Lodge B&B $$$
(☎03-751 0888, 0800 369 800, 03-751 0888; www.foxglacierlodge.com; 41 Sullivan Rd.; DZ 195–225 NZ$; Wi-Fi) Ansprechende Holzverkleidungen außen und innen schmücken diesen attraktiven Lodge-Komplex und verleihen ihm ein echtes Berghüttenflair. Ähnlich im Stil sind auch die separaten Apartments mit Zwischenstock und Whirlpools.

Reflection Lodge B&B $$$
(☎03-751 0707; www.reflectionlodge.co.nz; 141 Cook Flat Rd; DZ 210 NZ$; Wi-Fi) Die geselligen Gastgeber dieses B & B im Stil einer Skilodge tun alles, um ihren Gästen einen unvergesslichen Aufenthalt zu bereiten. Die blühenden Gärten, der Teich, an dem Monet seine Freude gehabt hätte, und die Bergblicke tun den Rest.

Essen & Ausgehen

Gäbe es am Fox Glacier nicht zwei tolle Cafés, würde man am Essen hier wohl verzweifeln.

Last Kitchen CAFÉ $$
(Ecke Sullivan Rd & SH6; Mittagessen 10–20 NZ$, Abendessen 22–32 NZ$; ⌚12 Uhr–open end) Last

Kitchen macht das Beste aus seiner sonnigen Ecklage; das vergleichsweise elegante Café serviert moderne à-la-carte-Cafékost wie Halloumisalat, Schweinebauch mit fünf Gewürzen und einzigartige Gourmetburger. Es hat nicht viele warme Gerichte zu bieten, ist aber ein guter Ort für Café und Kuchen sowie edlen Wein und Häppchen.

★ **Matheson Cafe** MODERN-NEUSEELÄNDISCH **$$**
(☎ 03-751 0878; www.lakematheson.com; Lake Matheson Rd; Frühstück & Mittagessen 9–20 NZ$, Abendessen 17–33 NZ$; ⏲ Nov.–März 8 Uhr–open end, April–Okt. 8–16 Uhr) Das nicht weit vom Ufer des Lake Matheson gelegene Café macht alles richtig: Es hat ein stilvolles Ambiente, das genug Raum für inspirierende Bergblicke lässt, und serviert starken Kaffee, Biere aus Mikrobrauereien und Gerichte für gehobene Ansprüche wie Frühstücksbagels mit Räucherlachs, langsam gegartes Lamm und Beerencrumble zum Dessert. Nebenan befindet sich die ReflectioNZ-Galerie, die hochwertige, hauptsächlich in Neuseeland hergestellte Kunstwerke und Souvenirs verkauft.

ℹ Praktische Informationen

Die Touranbieter und Unterkünfte bieten gute Infos zu lokalen Dienstleistungen (und in der Regel auch einen Buchungsservice), aber man kann sich auch online bei der **Fox Glacier Tourism Promotions Group** (www.foxglaciertourism.co.nz) oder unter www.glaciercountry.co.nz informieren. Einen Geldautomaten findet man im **Fox Glacier General Store** (⏲ 8–20 Uhr), den letzten bis Wanakaheaded weiter südwärts. **Fox Glacier Motors** (SH6) ist die letzte Tankstelle vor dem 120 km entfernten Haast.

DOC South Westland Weheka Area Office (☎ 03-751 0807; SH6; ⏲ Mo–Fr 10–14 Uhr) Das Büro ist kein allgemeines Besucherinformationszentrum mehr, hält aber die üblichen DOC-Infos bereit, bucht Hütten und weiß alles über das Wetter der nächsten Tage und die aktuellen Zustände der Wanderwege.

Fox Glacier Guiding (☎ 03-751 0825, 0800 111 600; www.foxguides.co.nz; SH6) Bucht Intercity- und Atomic-Busse, hat einen Postservice und wechselt Geld.

Fox Glacier Health Centre (☎ 03-751 0836, 0800 7943 2584; SH6) Die Öffnungszeiten der Klinik hängen im Zentrum aus; alternativ ruft man die 0800-Nummer des Franz Josef Health Centre an.

ℹ Anreise & Unterwegs vor Ort

Die meisten Busse halten vor dem Gebäude von Fox Glacier Guiding.

InterCity (☎ 03-365 1113; www.intercity.co.nz) fährt zweimal täglich nach Norden zum Franz Josef Glacier (40 Min.); der Bus am Morgen fährt weiter bis Nelson (11 Std.). Täglich verkehren Busse in Richtung Süden nach Queenstown (7½ Std.). Einige Busse können auch bei Atomic Travel (S. 475) gebucht werden.

Naked Bus (www.nakedbus.com) schickt dreimal wöchentlich Busse nördlich die Küste entlang nach Nelson sowie südlich nach Queenstown.

Fox Glacier Shuttles (☎ 0800 369 287) mit dem einzigartigen Fahrer Murray bringt seine Passagiere vom Franz Josef Glacier zum Copland Valley und hält unterwegs am Lake Matheson, am Gillespies Beach und an den Gletschern. Der Bus parkt gegenüber von Fox Glacier Motors.

SÜDWÄRTS NACH HAAST

Vom Fox Glacier sind es noch 120 km (zwei Fahrstunden) bis nach Haast. Die Route folgt einer landschaftlich schönen Autobahnstrecke, die durch flache Wälder und über Wiesen führt. Unterwegs genießt man immer wieder herrliche Aussichten auf dreiseitige Täler und auf das Meer.

Etwa 26 km südlich des Fox Glaciers bildet das **Copland Valley** am SH6 das westliche Ende des **Copland Track**. Die Wanderung zur legendären **Welcome Flat** dauert sechs bis sieben Stunden. Nur wenige Meter von der **Welcome Flat Hut** (Erw./Kind 15/7,50 NZ$) des DOC sprudeln hier Thermalquellen aus dem Boden. Die Hütte und der nahe gelegene Campingplatz – beide von einem Aufseher betreut – sind dementsprechend beliebt und müssen vorher entweder online oder persönlich in einem der DOC-Besucherzentren gebucht werden.

Der **Lake Moeraki**, 31 km nördlich von Haast, ist ein netter kleiner See zum Angel. An seinem südlichen Ende steht eine der besten Ökolodges Neuseelands, die **Wilderness Lodge Lake Moeraki** (☎ 03-750 0881; www.wildernesslodge.co.nz; SH6; DZ inkl. Frühstück & Abendessen 700–1000 NZ$; 📶) 🍃. In grüner Lage am Rand eines Flusskanals bietet sie komfortable Zimmer und Vier-Gänge-Abendmenüs – aber das Highlight sind die Outdoor-Aktivitäten, zu denen Kajaktrips und Küstenwanderungen zählen, die von wahren Naturschützern geführt werden.

Etwa 5 km südlich des Lake Moeraki befindet sich der oft fotografierte **Knights**

Point, wo die Straße nach Haast 1965 eröffnet wurde. Wenn möglich, sollte man unbedingt hier halten.

Ship Creek, 15 km nördlich von Haast gelegen, ist ein herrlicher Ort, um die Beine auszustrecken. Hier beginnen zwei fantastische Wanderwege mit interessanten Infotafeln: der **Dune Lake Walk** (hin & zurück 30 Min.), der durch Sanddünen und Wälder zu einem überraschenden Aussichtspunkt führt, und der sumpfige **Kahikatea Swamp Forest Walk** (20 Min. hin & zurück).

Wer noch nicht genug von den typischen kleinen fischigen Leckerbissen, den *whitebaits,* hat, geht zur **Curly Tree Whitebait Company** (⌚10–17 Uhr), 10 km nördlich von Haast an der Brücke über den Waita River. Hier gibt's *whitebaits*-Frikadellen für 8 NZ$ und frische *whitebaits* zu Marktpreisen.

DIE REGION HAAST

Die Region Haast besteht hauptsächlich aus Wildnis. Mit ihren Kahikatea- und Rata-Wäldern, Feuchtgebieten, Sanddünen und Robben- und Pinguinkolonien, der reichen Vogelwelt und den herrlichen Stränden zählt sie zum Unesco-Weltnaturerbe „Southwest New Zealand (Te Wahipounamu)".

Haast

Etwa 120 km südlich des Fox Glaciers krümmt sich rund um die Mündung des breiten Haast River die Stadt Haast, die sich in drei Ortsteile untergliedert: Haast Junction, Haast Village und Haast Beach. Sie ist ein praktischer Zwischenstopp, um zu tanken und eine Mahlzeit einzunehmen, dient aber auch als Tor zu einer spektakulären Landschaft, die herunter bis zur **Jackson Bay** führt und auf unterschiedliche Weise erkundet werden kann. Die DOC-Broschüre *Walks and Activities in the Haast Area* (2 NZ$) listet alle Optionen auf.

Wer nach Norden weiterreist, sollte hier volltanken, befindet sich doch in Haast die letzte Tankstelle vor dem Fox Glacier.

Schlafen

Haast Beach Holiday Park FERIENPARK $
(☎03-750 0860, 0800 843 226; www.haastpark.com; 1348 Jackson Bay Rd, Haast Beach; Stellplatz ab 34 NZ$, B 25 NZ$, DZ 45–110 NZ$) Der beliebte alte Ferienpark lohnt die 14 km lange Fahrt ab Haast Junction gen Süden – er hat viel Charme, verfügt über saubere Einrichtungen und bietet alle möglichen Wohnmöglichkeiten, die von einfachen Hütten bis hin zu Unterkünften für Selbstversorger reichen. Außerdem gibt's einen schönen Campingplatz mit einer komfortablen Lounge und einem tollen Ausblick von der Terrasse. Der Hapuka Estuary Walk startet auf der anderen Straßenseite und führt in 20 Gehminuten zu einem idyllischen Strand.

Haast River Top 10 FERIENPARK $
(☎03-750 0020, 0800 624 847; www.haasttop10.co.nz; SH6, Haast Village; Stellplatz ohne/mit Fahrzeug 38/42 NZ$, DZ 110–155 NZ$; @ Wi-Fi) Dieser Ferienpark am Highway hat eine eigene Hangar für seine öffentlichen Einrichtungen, was ihm etwas Stil verleiht. Leider gibt es keine Tür (Herr Ober, da ist eine Sandfliege in meiner Suppe!). Die Moteleinheiten sind geräumig und bieten bei gutem Wetter tolle Ausblicke.

Haast Lodge LODGE $
(☎03-750 0703, 0800 500 703; www.haastlodge.com; Marks Rd, Haast Village; Campingplätze ab 16 NZ$, B 25 NZ$, DZ/2BZ 55–65 NZ$, Wohneinheit-DZ 98–130 NZ$; @ Wi-Fi) Die Lodge bietet ein breites Spektrum an Unterkünften und saubere, gepflegte Einrichtungen, darunter auch einen hübschen Gemeinschaftsbereich für Lodge-Gäste und Camper. Im Aspiring Court nebenan werden saubere Motelzimmer vermietet.

Collyer House B&B $$
(☎03-750 0022; www.collyerhouse.co.nz; Cuttance Rd., Okuru; EZ 180–250 NZ$; @ Wi-Fi) In diesem B&B-Juwel werden die Gäste mit dicken Bademänteln, hochwertiger Bettwäsche, Strandblick und dem Strahlen der Wirtin verwöhnt, die auch noch ein exzellentes Frühstück zubereitet. All dies macht das Collyer House zu einer großzügigen und gemütlichen Unterkunft. Einfach nach der Abfahrt von der SH6 für 12 km der Beschilderung an der Jackson Bay Road folgen.

Essen & Ausgehen

Okoto Espresso CAFÉ $
(Haast Village; Snacks 2–10 NZ$) In der rostigen Hütte mit dem orangefarbenen Landrover davor gibt's exzellenten Kaffee, Smoothies und frittierte *whitebaits.*

Haast Foodcentre SUPERMARKT $
(Pauareka Rd) Der kleine Supermarkt hat Lebensmittel im Angebot und verkauft Frittiertes zum Mitnehmen und Kaffee.

Hard Antler PUB $$
(Marks Rd, Haast Village; Abendessen 20–30 NZ$; ⌚ Gerichte 11–21 Uhr) Nomen est omen: Allein schon die vielen Hirschgeweihe (engl.: *antler*) an den Wänden reichen aus, um den Besucher auf einen Abend in rustikalem Flair und eine Runde Billard einzustimmen. Passend dazu gibt es in dem riesigen, verwegenen Pub einfache Fleischgerichte.

ℹ Praktische Informationen

Das **DOC Haast Visitor Information Centre** (☎ 03-750 0809; www.doc.govt.nz; Ecke SH6 & Jackson Bay Rd; ⌚ Nov.–März 9–18 Uhr, April–Okt. 9–16.30 Uhr) bietet Infos zu Stadt und Hinterland und hat Telefone, mit denen man auf eigene Faust Unterkünfte und Aktivitäten buchen kann. Im kleinen Kino wird der leider viel zu kurze Landschaftsfilm *Edge of Wilderness* (Erw./Kind 3 NZ$/Eintritt frei) gezeigt.

ABSTECHER

DIE JACKSON BAY ROAD

Ab Haast Junction reisen die meisten Traveller auf dem SH6 weiter: entweder nordwärts oder ins Landesinnere. Doch es gibt noch eine weitere Möglichkeit, nämlich die Strecke Richtung Süden ... bis ans (gefühlte) Ende der Welt.

Die Straße nach Jackson Bay ist kaum befahren, dafür landschaftlich unglaublich bezaubernd. Die Farmen in der Ebene vor der Kulisse der hoch aufragenden Southern Alpes und die verstreut liegenden Siedlungen dazwischen bezeugen, dass es wohl niemals widerstandsfähigere Siedler in ganz Neuseeland gegeben hat als diese Menschen hier. Bis in die 1950er-Jahre konnte Haast auf dem Landweg nur über Pisten von Hokitika und Wanaka aus erreicht werden. Vorräte wurden durch Küstenschiffe herangeschafft, die alle paar Monate einmal anlegten.

Neben den hier und dort anzutreffenden Reminiszenzen an Ruhm und Ehre vergangener Tage gibt es noch vieles mehr, was sich auf dem Weg nach Jackson Bay zu erkunden lohnt.

Unweit von Okuru startet der **Hapuka Estuary Walk** (hin & zurück 20 Min.), ein Plankenweg, der sich durch ein abgelegenes Wildtierreservat zieht und den Wanderern unterwegs auf Lehrtafeln Informationen liefert.

5 km weiter südlich (19 km südlich von Haast Junction) findet man den Hauptsitz von **Waiatoto River Safaris** (☎ 03-750 0780, 0800 538 723; www.riversafaris.co.nz; Jackson Bay Rd; Erw./Kind 199/139 NZ$; ⌚ Trips 10, 13 & 16 Uhr). Das Unternehmen veranstaltet aufregende zweistündige Jetboat-Trips flussaufwärts in die Berge und dann runter zum Meer. Unterwegs werden die Teilnehmer mit zahlreichen Infos über die Naturgeschichte und die Menschen der Region unterhalten.

Die Straße verläuft weiter Richtung Westen zur **Arawhata Bridge**, dort zweigt ein Weg zum 3,5 km von hier entfernt liegenden **Ellery Creek Walkway** ab. Dieser gemütliche Spazierweg durch moosgrünen Südbuchenwald (hin & zurück 1½ Std.) führt zum **Ellery Lake**. Dort kann man herrlich auf einer Picknickbank das Mittagessen auspacken, um anschließend noch ein wenig im Wasser zu planschen.

Knapp eine Stunde dauert die Fahrt von Haast zum Fischerdorf **Jackson Bay**, dem einzigen natürlichen Hafen an der West Coast. 1875 landeten Siedler hier mit dem Ziel, sich eine Existenz aufzubauen. Doch ihre Pläne, Landwirtschafts- und Holzfräsbetriebe aufzubauen, wurden durch den ewigen Regen und den fehlenden Landeplatz – er wurde erst 1938 gebaut – zunichte gemacht. Einige Familien fassten dennoch Wurzeln und bestritten ihre Existenz fortan weitgehend mit Eigenanbau.

Wer gutes Timing hat, besucht den Ort, wenn der **Cray Pot** (☎ 03-750 0035; Fish & Chips 17–29 NZ$; ⌚ 12–16 Uhr) geöffnet hat. Das Lokal ist für seinen Speiseraum (einen Caravan), seine Lage (Blick auf die Bucht) und für seine aufrichtige Kost aus Meeresfrüchten bekannt – hier gibt's leckere Gerichte wie Fish & Chips, Langusten, Fischsuppe und *whitebaits*. Vorher am besten einen Einheimischen nach den aktuellen Öffnungszeiten fragen.

Die Kalorien kann man auf dem **Wharekai Te Kou Walk** (hin & zurück 40 Min.) gleich wieder abtrainieren. Er führt zum Ocean Beach, einer winzigen Bucht mit riesiger Brandung und interessanten Felsformationen. Alternativ gibt es noch den längeren, drei- bis vierstündigen **Smoothwater Bay Track**, der ganz in der Nähe verläuft.

Allgemeine Infos zur Region und Dienstleistungen für Besucher findet man im Onlineverzeichnis von **Haast Promotions** (www.haastnz.com).

An- & Weiterreise

Die Busse von **InterCity** (03-365 1113; www.intercity.co.nz) halten auf ihrer täglichen Fahrt zwischen West Coast und Queenstown am Visitor Centre. Auch **Naked Bus** (www.nakedbus.com) hält hier, allerdings nur dreimal wöchentlich.

Haast Pass Highway

Die frühen Maori, die diese Route zwischen Zentral-Otago und der Westküste auf der Suche nach *pounamu* überquerten, nannten die Strecke Tioripatea („Klarer Pfad"). Die erste Gruppe von Europäern, die die Route 1863 bereiste, wurde wahrscheinlich von dem deutschen Geologen Julius von Haast angeführt – daher der Name des Passes, des Flusses und der Stadt. In Wahrheit war es aber wohl der schottische Goldgräber Charles Cameron, der den Pass als erster überquerte. Dies war eine beachtliche Leistung, wurde doch aufgrund des schwierigen Terrains der Haast Pass Highway erst 1965 eröffnet.

Der Highway (SH6) schlängelt sich von Haast landeinwärts nach Wanaka (145 km, 2½ Std.) am Haast River entlang. Kurz nachdem man den vierten Gang eingelegt hat, überquert er die Grenze zum Mount Aspiring National Park. Je weiter man fährt, umso schmaler wird das Flusstal, bis die Straße schließlich nur noch steile Talwände erklimmt, die von Wasserfällen und Geröll gesäumt sind. Es werden gewaltige Summen investiert, um diesen Highway frei zu halten – und dennoch stellt er unachtsamen Fahrern zahlreiche Fallen.

Unterwegs kann man anhalten, um die Landschaft zu bewundern und die vielen Aussichtspunkte zu genießen oder kurze Wanderwege zurückzulegen, z. B. die Pfade zu den **Fantail Falls** und **Thunder Creek Falls**. Diese Wanderwege werden in der DOC-Broschüre *Walks along the Haast Highway* (2 NZ$) detailliert beschrieben; an den Ausgangspunkten der Pfade erhält man ebenfalls genaue Informationen.

Der Highway erreicht die Passhöhe auf 563 m. Kurz danach kann man in Makarora etwas essen und auftanken. Oh, hallo Otago!

Christchurch & Canterbury

Inhalt ➡

Gut essen

- Pegasus Bay (S. 548)
- Cornershop Bistro (S. 530)
- C1 Espresso (S. 528)
- Saggio di Vino (S. 529)
- Addington Coffee Co-op (S. 530)

Schön übernachten

- Double Dutch (S. 541)
- Maison de la Mer (S. 541)
- Chalet Boutique Motel (S. 562)
- Halfmoon Cottage (S. 542)

Auf nach Christchurch & Canterbury!

Nirgendwo in Neuseeland gehen Veränderungen und Neuerungen so schnell vonstatten wie in dem von Erdbeben erschütterten Christchurch. Zu sehen, wie die zweitgrößte Stadt des Landes wiederaufgebaut und wiederbelebt wird, ist interessant und bewundernswert zugleich.

Unweit von Christchurch liegt die Bank Peninsula mit ihren versteckten Buchten und Stränden – eine Traumkulisse für Wildnistouren. Bei Sonnenuntergang ist man zurück in Akaroa, um dessen Attraktionen zu genießen. Im Norden befinden sich die Weingüter des Waipara Valleys und das Familienferienparadies Hanmer Springs. Im Westen gehen die ordentlich aufgereihten Farmen der Canterbury Plains rasch in die spektakuläre Wildnis der Southern Alps über.

Die von Flussläufen durchzogenen alpinen Täler rund um den Arthur's Pass sind im Sommer das Ziel vieler Wanderer, Mountainbiker radeln in Scharen um die türkisblauen Seen des Mackenzie Country. Im Winter geht es dann zu den Skigebieten. Und das ganze Jahr über wacht der Aoraki alias Mt. Cook – der höchste Berg des Landes – stoisch über diese landschaftlich abwechslungsreiche Region.

Reisezeit

- Canterbury ist eine der trockensten Regionen Neuseelands, weil die feuchten Westwinde von der Tasmansee ihre Wolken an der Westküste abregnen lassen, noch ehe sie den Osten der Südinsel erreichen. Wer zwischen Januar und März kommt, kann mit heißem und ruhigem Sommerwetter rechnen und in der landschaftlich reizvollen Gegend viel unternehmen.
- Der Sommer ist auch die Zeit der Feste in Christchurch: Im Januar steigt das World Buskers Festival, im März die Ellerslie International Flower Show.
- Von Juli bis Oktober locken die Skipisten am Mt. Hutt und in Canterburys kleineren Wintersportgebieten.

Anreise & Unterwegs vor Ort

BUS

Christchurch ist der Knotenpunkt für Busse und Shuttles. Sie fahren die Küste hinauf bis nach Picton, hinunter bis nach Dunedin (und weiter nach Te Anau), über die Südalpen nach Greymouth und quer durchs Land nach Queenstown.

FLUGZEUG

Christchurchs internationaler Flughafen ist das wichtigste Drehkreuz auf der Südinsel. Air New Zealand fliegt von 15 Zielen im Land, Jetstar aus Auckland, Wellington und Queenstown. Air New Zealand fliegt auch zwischen Timaru und Wellington.

ZUG

Der *TranzAlpine* verbindet Christchurch mit Greymouth, der *Coastal Pacific* schnauft nordwärts nach Picton, wo es Fährverbindungen über die Cook Strait zur Nordinsel gibt.

CHRISTCHURCH

342 000 EW.

Christchurch ist eine energiegeladene Stadt im Übergang, die kreativ mit den Folgen der zweitgrößten Naturkatastrophe in der Geschichte Neuseelands umgeht. Traditionell war Christchurch die englischste Stadt des Landes, aber das historische Zentrum wurde durch die Erdbeben von 2010 und 2011, bei denen 186 Menschen starben, praktisch ausgelöscht.

Stechkähne gleiten immer noch gemächlich den Avon hinab, und die Botanic Gardens und der Hagley Park gehören nach wie vor zu den schönsten öffentlichen Anlagen in Neuseeland. Inzwischen sind aber auf den abgeräumten Parzellen und in den verlassenen Gebäuden, die das Erdbeben hinterließ, interessante Kunstprojekte entstanden, und kreative Leute sorgen dafür, dass etwas geschieht. Jede Neueröffnung und jede Restaurierung wird von der dankbaren Öffentlichkeit, die von dem langsamen Wiederaufbau enttäuscht ist und erfahren will, wie ihre Stadt künftig aussehen wird, begeistert begrüßt.

Wer Sorge hat, dass sein Interesse an Christchurch nach dem Erdbeben als voyeuristisch empfunden werden könnte, kann beruhigt sein: Generell freuen sich die meisten Einheimischen, wenn sie einfühlsame Besucher wieder in ihrer Stadt begrüßen können – und trotz allem Schmerz sind sie auch die ersten, die zugeben, dass das ganze Geschehen faszinierend ist.

Geschichte

Die ersten Menschen, die in der Gegend des heutigen Christchurch lebten, waren Moa-Jäger, die gegen 1250 ins Land kamen. Unmittelbar vor der europäischen Kolonisierung unterhielt der Iwi (Stammesverband) der Ngai Tahu ein kleines, jahreszeitlich bewohntes Dorf an den Ufern des Avon, das Otautahi genannt wurde.

1880 kamen britische Siedler im Rahmen eines geplanten Projekts der Church of England; die Passagiere der ersten vier Schiffe wurden denn auch von der britischen Presse als die „Canterbury Pilgrims" tituliert. Christchurch sollte zu einem Modell einer englischen Klassengesellschaft im Südpazifik, nicht zu einem weiteren gammeligen kolonialen Vorposten werden. So wurden statt Pubs Kirchen gebaut, das fruchtbare Farmland vergab man bewusst an Angehörige der Gentry und dank des Wollhandels kam die Elite Christchurchs schnell zu Wohlstand.

1856 wurde Christchurch offiziell zur ersten Stadt Neuseelands, und zwar einer sehr englischen. Stadtplanung und Architektur hielten enge Fühlung zum „Mutterland" und

KURZINFOS CHRISTCHURCH & CANTERBURY

Essen Lachs, der im Schatten von Neuseelands höchsten Bergen herangewachsen ist

Trinken Neuseelands bestes Kleinbrauereibier im Pomeroy's Old Brewery Inn (S. 531)

Lesen *Old Bucky & Me*, der erschütternde Bericht über das Erdbeben von 2011 von der Christchurcher Journalistin Jane Bowron

Hören *The Crusader* (2003) von dem Rapper Scribe, immer noch der beste Anfeuerungsruf dieser Region – der Titel ist eine Anspielung auf Canterburys Super-Rugby-Team

Anschauen *Heavenly Creatures*, Sir Peter Jacksons bester Film ohne Hobbits, der in Christchurch spielt

Grünes Gewissen Im umweltfreundlichen Okuti Garden (S. 541) auf der Banks Peninsula wohnen

Infos im Internet www.christchurchnz.com, www.mtcooknz.com

Vorwahl ☎ 03

Highlights

1 Den aufregenden Wiederaufbau der Stadt **Christchurch** (S. 513) unterstützen

2 Zu Fuß oder im Stechkahn auf dem Avon River Christchurchs schönen **botanischen Garten** (S. 516) erleben

3 Die überirdische Schönheit des Mackenzie-Beckens und den tiefblauen Lake Tekapo vom Gipfel des **Mt. John** (S. 560) bestaunen

4 In den **Hanmer Springs Thermal Pools** (S. 544) ein entspannendes Bad nehmen

5 Von der Summit Rd aus die Küstenbrecher der Banks Peninsula bewundern und dann unten im frankophilen **Akaroa** (S. 536) ein feines Abendessen genießen

6 Im Schatten von Neuseelands mächtigstem Gipfel im **Aoraki/**

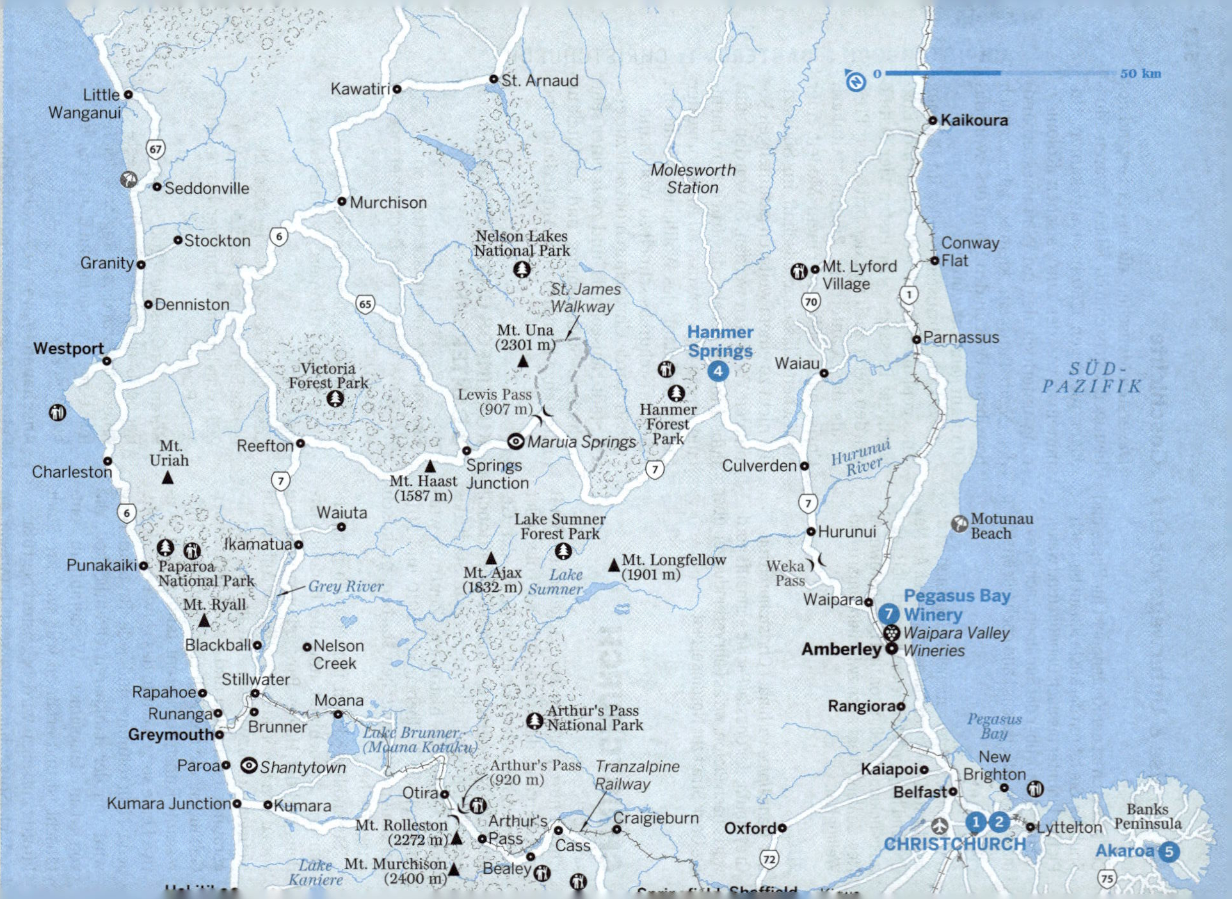

Mt. Cook National Park (S. 5636) wandern

7 Im Weingut **Pegasus Bay** (S. 548) entspannt zu Mittag essen und dann durch die Weingüter des Waipara Valley spazieren

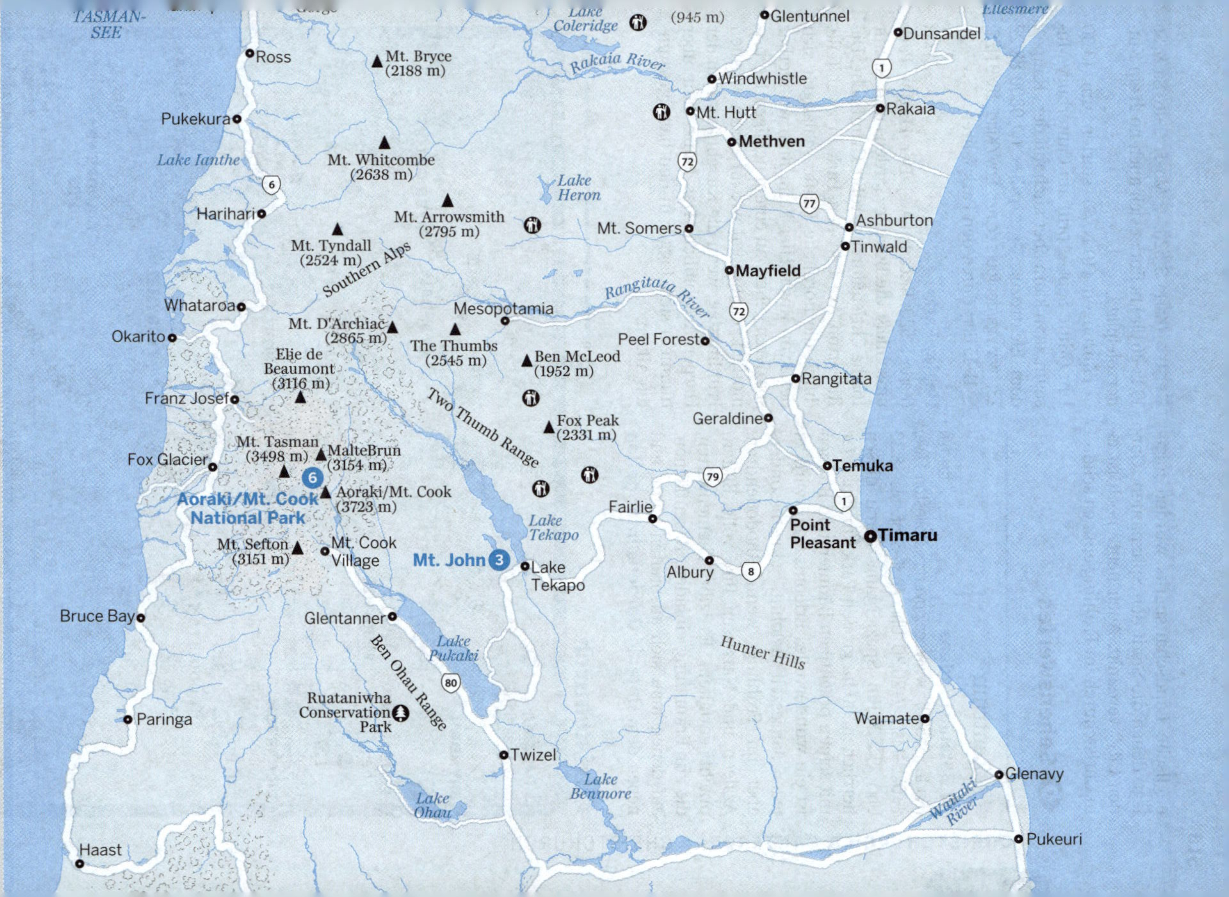

englische Landschaftsparks wurden angelegt, denen die Stadt den Spitznamen „Garden City" verdankt. Auch heute noch ist es in Christchurch im Frühling einfach schön.

Sehenswertes

Zentrum

★ Botanic Gardens GARTEN
(Karte S. 520; www.ccc.govt.nz; Rolleston Ave; Okt.–März 7–20.30 Uhr, April–Sept. bis 18.30 Uhr) GRATIS Ein Spaziergang durch diesen herrlichen, 30 ha großen Park am Flussufer mit seinen prächtigen Bäumen und Blumen ist ein wundervolles Erlebnis. Man wird zu jeder Jahreszeit belohnt, ganz besonders aber im Frühling, wenn Rhododendren, Azaleen und Narzissen ihre volle Blütenpracht entfalten. Es gibt Themengärten, die zur Erkundung einladen, Rasenflächen, auf denen man sich ausbreiten kann, und neben dem **Botanic Gardens Information Centre** (Karte S. 520; Mo–Fr 9–16, Sa & So 10.15–16 Uhr) befindet sich auch noch ein Kinderspielplatz.

Führungen (10 NZ$) starten um 13.30 Uhr (Mitte Sept.–April) am Canterbury Museum, man kann aber auch mit der „Raupe", dem Elektrozug **Caterpillar** (0800 88 22 23; www.gardentours.co.nz; Erw./Kind 18/9 NZ$; 11–15 Uhr) durch den Park fahren.

Hagley Park PARK
(Karte S. 520; Riccarton Ave) Der Hagley Park umschließt die Botanic Gardens und ist mit 165 ha Christchurchs größte Grünfläche. Die Riccarton Ave teilt den Park in zwei Teile, durch die nördliche Hälfte schlängelt sich der Avon River. Hier kann man wunderbar spazieren gehen, an einem nebligen Herbstmorgen genauso gut wie an einem warmen Frühlingstag, wenn die Kirschbäume an der Harper Ave blühen. Das ganze Jahr über tummeln sich Jogger in den baumgesäumten Alleen.

Christchurch

0 — 5 km

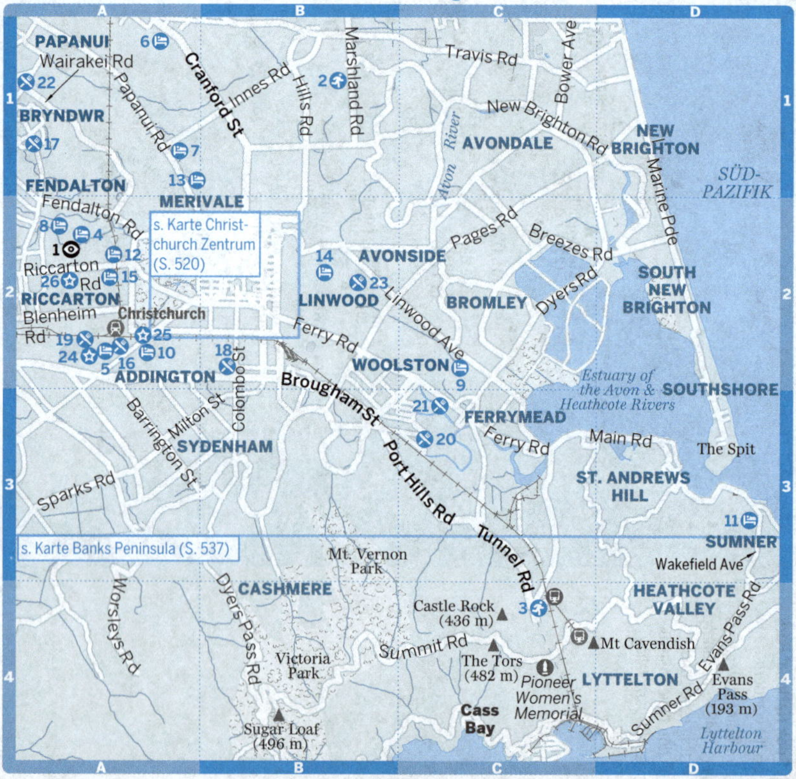

★**Canterbury Museum** MUSEUM
(Karte S. 520; ☎03-366 5000; www.canterburymuseum.com; Rolleston Ave; ⏲9–17 Uhr) GRATIS Es gibt hier auch eine Mumie und Dinosaurierknochen, aber die Highlights dieses Museums stammen aus der Region und sind jüngeren Datums. In den Maori-Sälen werden schöne Arbeiten aus *pounamu* („Greenstone", Nephrit-Jade) gezeigt, und in der „Christchurch Street" macht man einen stimmungsvollen Bummel durch die koloniale Vergangenheit. Die Reproduktion von Fred & Myrtles Paua Shell House (Muschelschalenhaus) ist Kiwi-Kitsch vom Feinsten, und Kinder werden an den interaktiven Ausstellungsstücken im Discovery Centre (Eintritt 2 NZ$) ihren Spaß haben. Dienstags und donnerstags gibt's einstündige Führungen (15.30 Uhr).

Arts Centre HISTORISCHE GEBÄUDE
(Karte S. 520; www.artscentre.org.nz; 2 Worcester Blvd) In dem 1877 erbauten Komplex aus neugotischen Gebäuden residierte früher das Canterbury College, der Vorläufer der Canterbury University. Der berühmteste Alumnus des College war Lord Ernest Rutherford, der neuseeländische Physiker, dem 1917 als erstem die Spaltung eines Atomkerns gelang und der damit die moderne Atomphysik begründete. (Heute ziert sein Porträt den 100-NZ$-Schein.)

Traveller müssen sich damit begnügen, die Bauten von der Straße aus zu bewundern, denn der Komplex wurde bei den Erdbeben schwer beschädigt. Einige Teile sollen Ende 2015 wiedereröffnet werden, aber die Restaurierung der gesamten Anlage wird voraussichtlich 10 Jahre dauern.

Quake City MUSEUM
(Karte S. 520; www.quakecity.co.nz; 99 Cashel St; Erw./Kind 10 NZ$/frei; ⏲10–18 Uhr) Das kleine Museum ist eine der neuen Hauptattraktionen der Stadt. Mithilfe von Fotos, Videomaterial und Artefakten erzählt es die Geschichte der Erdbeben. Zu den Artefakten zählen heruntergefallene Teile der Kathedrale und die Statue des „Canterbury-Gründers" John Robert Goldley, die beim Beben vom Februar 2011 von ihrem Sockel auf den Platz stürzte. Am bewegendsten ist der Film, in dem Einheimische von ihren Erlebnissen an dem schrecklichen Tag berichten.

★**Cathedral Square** PLATZ
(Karte S. 520) An Christchurchs historischem Herz laufen die Straßen des verwüsteten Zentrums zusammen. In der Mitte stehen (zumindest derzeit noch) die Überreste der Christ Church Cathedral. Das 1881 erbaute geliebte Wahrzeichen der Stadt ist im Kampf um die Erneuerung der Stadt zwi-

Christchurch

Sehenswertes
1 Riccarton House & Bush A2

Aktivitäten, Kurse & Touren
2 Bone Dude B1
3 Gondola C4

Schlafen
4 Anselm House A2
5 Arena Motel A2
6 Christchurch Top 10 .... A1
7 Elm Tree House A1
8 Fendalton House A2
9 Haka Lodge C2
10 Jailhouse A2
11 Le Petit Hotel D3
12 Lorenzo Motor Inn A2
13 Merivale Manor A1
14 Old Countryhouse B2
15 Roma on Riccarton A2
Sumner Bay Motel .... (siehe 11)

Essen
16 Addington Coffee Co-op A2
Bamboozle .... (siehe 11)
17 Bodhi Tree A1
18 Burgers & Beers Inc B2
Christchurch Farmers' Market .... (siehe 4)
Cornershop Bistro .... (siehe 11)
19 Edesia A2
20 Gustav's C3
21 Holy Smoke C3
22 Kinji A1
Mosaic by Simo .... (siehe 16)
23 Under the Red Verandah B2

Ausgehen & Nachtleben
The Brewery .... (siehe 20)
Volstead Trading Company .... (siehe 15)

Unterhaltung
24 AMI Stadium A2
Court Theatre .... (siehe 16)
25 Dux Live A2
Hollywood Cinema .... (siehe 11)
26 Hoyts Riccarton A2

Shoppen
Sunday Artisan Market .... (siehe 4)
The Tannery .... (siehe 20)
Westfield Riccarton .... (siehe 26)

CHRISTCHURCH IN ...

...zwei Tagen

Nach dem Frühstück im **C1 Espresso** sollte man sich etwas Zeit für einen Rundgang durch das Zentrum mit seinen Ruinen und den Spuren neuen Lebens nehmen, **Quake City** besuchen und über den **Cathedral Square** schlendern. Nach dem Rundgang durchs **Arts Centre** stellt man sich ein zwangloses Mittagessen bei **Canterbury Cheesemongers** zusammen. Anschließend stehen ein Besuch im ausgezeichneten **Canterbury Museum** und ein Spaziergang in den schönen **Botanic Gardens** auf dem Programm. Am Abend schaut man sich in den Restaurants und Bars an der Victoria St um.

Der zweite Tag beginnt mit einem Frühstück im **Addington Coffee Co-op**, dann geht's mit Gondel hinauf, um die Aussicht zu genießen und ein bisschen auf dem Gipfel zu wandern. Nach dem Mittagessen in Lyttelton kehrt man für eine Stechkahnfahrt auf dem **Avon River** in die Stadt zurück. Im Sommer kann man am späten Nachmittag baden oder spazieren gehen, nach dem Abendessen schaut man sich einen Film im **Hollywood Cinema** an.

...vier Tagen

Nach dem Zwei-Tages-Programm geht's am dritten Tag nach Akaroa, um Flora und Fauna des Hafens und die anderen schönen Buchten der Banks Peninsula zu erkunden. Am vierten Tag folgen ein Besuch im **Orana Wildlife Park** und des Einkaufszentrums **Tannery** in Woolston.

schen Denkmalschützern, kostenbewussten Pragmatikern und jenen, die alles Alte durch Neues ersetzen wollen, zu einem heiß umkämpften Symbol geworden.

Beim Erdbeben vom Februar 2011 brach der 63 m hohe gotische Kirchturm zusammen, nur der Turmstumpf blieb stehen. Bei folgenden Erdbeben im Juni und Dezember 2011 wurde auch die beeindruckende Fensterrose der Kathedrale vernichtet. Obschon das Schiff weitgehend intakt geblieben war, kündigte die anglikanische Diözese im März 2012 an, die Kathedrale abzureißen. Denkmalschützer zogen daraufhin vor Gericht, um den Abriss zu verhindern – dies war jedoch vergeblich.

Weitere Baudenkmäler rund um den Cathedral Sq wurden ebenfalls schwer beschädigt. Doch ein modernes Wahrzeichen blieb erhalten: die 18 m hohe Metallskulptur *Chalice*, die Neil Dawson 2001 anlässlich des neuen Milleniums geschaffen hat.

Gap Filler AKTIVITÄTEN

(www.gapfiller.org.nz) Angesichts der vielen leeren Parzellen in der Stadt tut diese Organisation ihr Bestes, um sie mit interessanten Dingen und Aktivitäten zu füllen. Es gibt Installationen von sonderbaren Kunstwerken über bewegende Gedenkstätten für die Erdbebenopfer bis hin zu einer Minigolfanlage, die sich über mehrere abgeräumte Grundstücke erstreckt. Man kann hier auf Klavieren klimpern, Bücher lesen oder riesige Schachfiguren ziehen. Eines der größeren Projekte ist der the **Pallet Pavilion** (Karte S. 520; www.palletpavilion.com; Ecke Kimore & Durham St; 📶), eine große, durch blaue Lagerpaletten abgegrenzte Veranstaltungsfläche mit einer Cafébar.

Die Dinge sind im Fluss, deswegen sollte man einen Blick auf die Gap Map auf der Website werfen oder einfach durch die Straßen laufen und selber herausfinden, was sich gerade tut.

Transitional Cathedral KIRCHE

(Karte S. 520; www.christchurchcathedral.co.nz; 234 Hereford St; empfohlene Spende 5 NZ$; ⏲ 9–17 Uhr) Die wegen der 98 Pappröhren, die zu ihrem Bau verwendet wurden, allgemein als Cardboard Cathedral bezeichnete interessante Konstruktion dient als temporäre anglikanische Kathedrale und als Konzertstätte. Das von dem japanischen „Katastrophenarchitekten" Shigeru Ban entworfene Gebäude wurde in 11 Monaten fertiggestellt.

Vorstädte

Riccarton House & Bush GARTEN, WALD

(Karte S. 516; www.riccartonhouse.co.nz; 16 Kahu Rd, Riccarton) GRATIS Das historische Riccarton House (1856) ist seit dem Erdbeben für die Öffentlichkeit geschlossen, aber immer noch strömen Hunderte zum Farmers Market (S. 530) am Samstag und zum Artisan Market (S. 533) am Sonntag auf das schöne Anwesen. Gleich hinter dem Hauptgebäude steht das niedliche kleine **Deans Cottage**, das im Jahr 1843 errichtet wurde und damit das älteste Gebäude in den Canterbury Plains ist.

Noch ehrwürdiger ist das kleine Stück raubtierfreien Walds hinter dem Landhaus. Der durch einen Zaun gegen Schädlinge geschützte Wald ist der letzte Rest der Kahikatea-Auwälder in Canterbury. Die Neuseeländische Warzeneibe oder Kahikatea ist mit bis zu 60 m der höchste endemische Baum Neuseelands; die höchsten Bäume hier sind nur 30 m hoch, aber dennoch zwischen 300 und 600 Jahre alt. Ein kurzer Rundweg führt mitten durch den Wald.

DIE CHRISTCHURCH-ERDBEBEN

Christchurchs seismischer Albtraum begann am 4. September 2010 um 4.35 Uhr morgens. Ein 40 Sekunden langes Erdbeben mit der Stärke 7,1 weckte die Einwohner äußerst unsanft und zerstörte viele ältere Gebäude im Zentrum. Das Epizentrum lag nur 40 km westlich der Stadt. Dort, im ländlichen Darfield, taten sich gewaltige Risse im Weideland auf, und die Schienen der Haupteisenbahnlinie der Südinsel wurde gebogen und gekrümmt. Weil das Beben so früh am Morgen passierte, als die meisten Leute noch zu Hause in ihren Betten lagen, gab es keine Todesopfer. Viele meinten, Christchurch sei gerade noch einmal davongekommen.

22. Februar 2011, 12.51 Uhr: Zur Mittagszeit war Christchurchs Zentrum voller Menschen auf Einkaufstour und Angestellte genossen ihre Mittagspause. Diesmal hatte das Beben die Stärke 6,3, und sein Zentrum lag viel näher – nur 10 km südöstlich der City und 5 km unter der Oberfläche. Das Erdbeben richtete deutlich mehr Schäden an, viele Leute wurden gewaltsam fast waagerecht in die Luft geschleudert. Die maximale Bodenbeschleunigung (Peak Ground Acceleration) überstieg den Wert 1,8 und war damit doppelt so stark wie die Erdanziehung. Als sich nach 24 traumatischen Sekunden der Staub legte, hatte sich Neuseelands zweitgrößte Stadt für immer verändert. Der hohe Turm der Christ Church Cathedral, ein Wahrzeichen der Stadt, lag in Trümmern, Mauern und Balkone waren auf die Einkaufsstraße gestürzt und zwei mehrstöckige Gebäude waren in sich zusammengesackt. Von den insgesamt 185 Toten (aus 20 Nationen) waren allein 115 im sechsstöckigen Canterbury-TV-Gebäude zu beklagen, wo viele Schüler einer internationalen Sprachenschule ums Leben kamen. Der historische Hafen von Lyttelton wurde schwer beschädigt, Straßen und Brücken waren zerstört, die Wohnvororte im Osten von Tonnen von Schlick, der aus dem Boden trat, überschwemmt worden.

In den Monaten nach der Katastrophe schüttelten Hunderte von Nachbeben die traumatisierten Einwohner durch (und forderten ein weiteres Menschenleben), aber die Cantabrians zeigten Tapferkeit und Durchhaltevermögen. Aus dem ländlichen Kernland von Canterbury strömte die „Farmy Army" in die Stadt, bewaffnet mit Schaufeln und Fresskörben. Über soziale Medien wurden 10 000 Studenten mobilisiert, und diese Freiwilligenarmee wurde zu einem wichtigen Faktor beim Aufräumen der schwer getroffenen östlichen Vorstädte. Aufrichtige Hilfe und Unterstützung kam aus allen Teilen Neuseelands, sieben ausländische Staaten schickten speziell für Einsätze in Städten ausgebildete Such- und Rettungsteams.

Die Folgen dessen, was an einem warmen Sommertag im Februar 2011 geschah, werden länger als eine Generation spürbar bleiben. Ganze Straßen und Viertel in den östlichen Vorstädten mussten aufgegeben werden, und Christchurchs Baudenkmäler erlitten unwiederbringlichen Schaden. Drei Jahre nach dem Erdbeben leben Familien in manchen Teilen der Stadt immer noch in Behelfsunterkünften und warten auf die Regulierung von Versicherungsansprüchen. Rund 80 % der Gebäude an den berühmten vier Avenuen im Zentrum sind bereits abgerissen oder warten auf den Abriss. Zum Zeitpunkt der Recherche wirkten die vielen frei geräumten Parzellen gespenstisch; große Teile des Zentrums erinnern an einen riesigen Parkplatz.

Die Pläne für den Wiederaufbau sehen vor, dass in den nächsten 20 Jahren ein dichtes, aber nicht hohes Zentrum mit großen Grünflächen und Parks und Radwegen am Avon entstehen soll. Man schätzt die Kosten für Wiederaufbau und Reparaturen auf 40 Mrd. NZ$.

Christchurch Zentrum

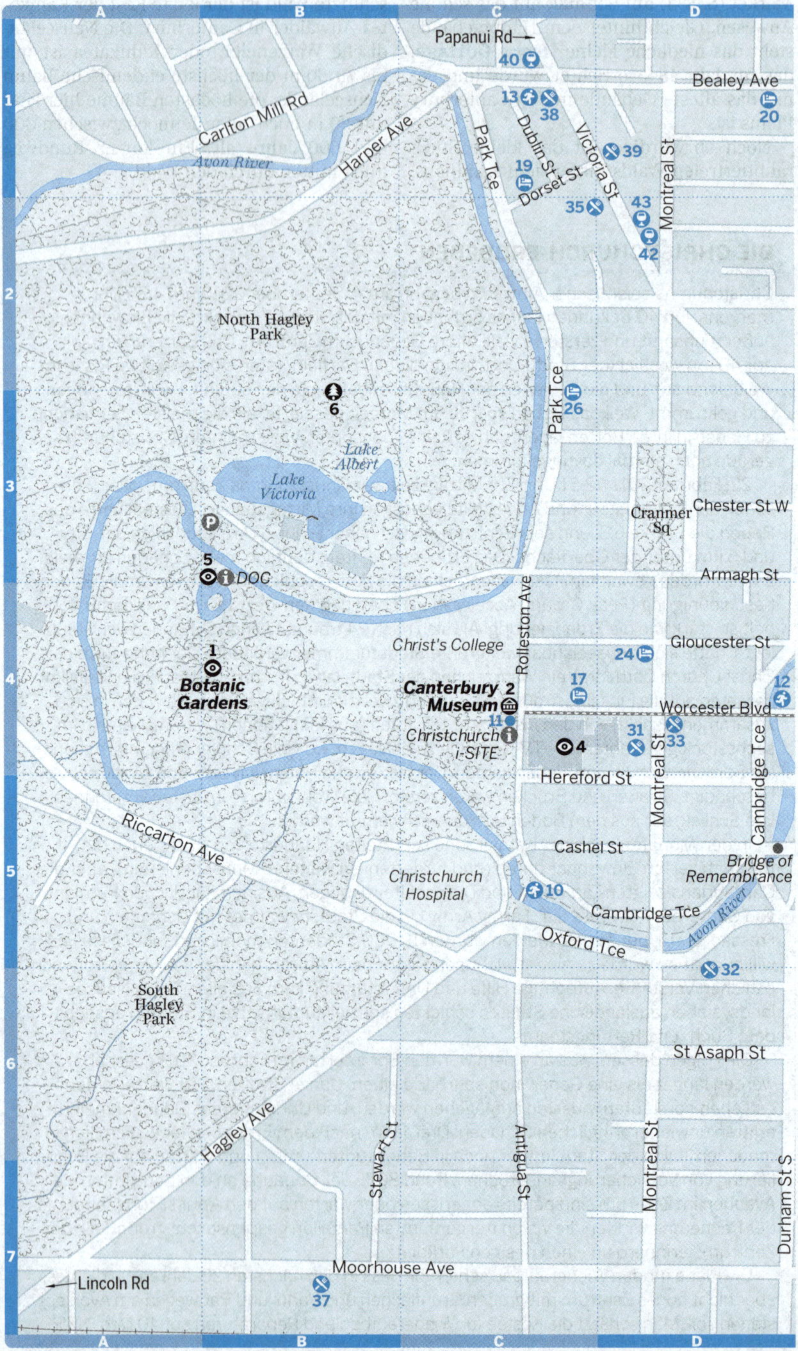
A
B
C
D
1
2
3
4
5
6
7
Papanui Rd
40
Bealey Ave
20
13
38
Carlton Mill Rd
Harper Ave
Avon River
Park Tce
Dublin St
Dorset St
Victoria St
39
19
35
43
42
Montreal St
North Hagley Park
6
Park Tce
26
Lake Albert
Lake Victoria
Cranmer Sq
Chester St W
P
5
DOC
Armagh St
Rolleston Ave
1
Botanic Gardens
Christ's College
24
Gloucester St
17
12
Canterbury Museum
2
11
Worcester Blvd
Christchurch i-SITE
4
31
33
Hereford St
Cambridge Tce
Riccarton Ave
Cashel St
Bridge of Remembrance
Christchurch Hospital
10
Cambridge Tce
Avon River
Oxford Tce
32
South Hagley Park
St Asaph St
Hagley Ave
Stewart St
Antigua St
Montreal St
Durham St S
Moorhouse Ave
Lincoln Rd
37

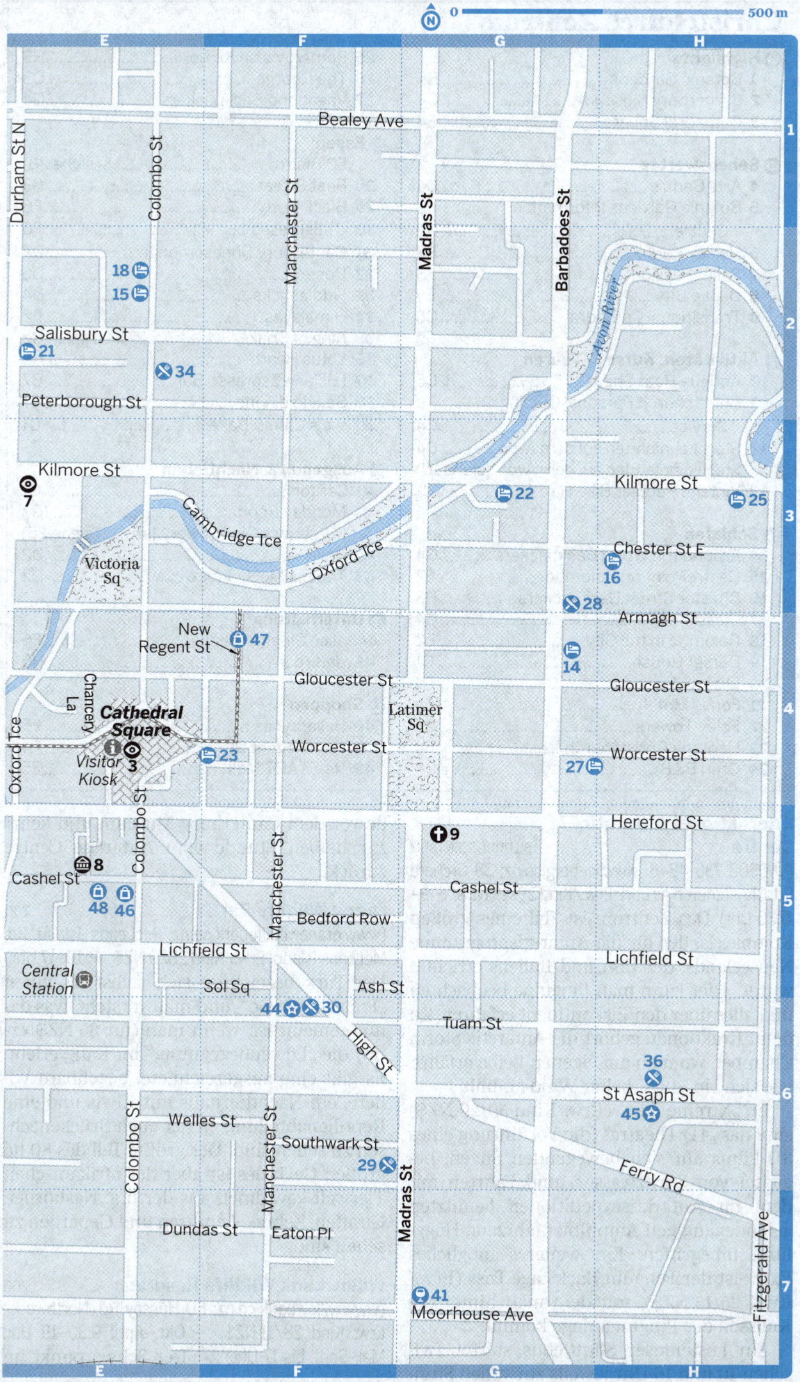
0
500 m
N
E
F
G
H
1
2
3
4
5
6
7
Bealey Ave
Durham St N
Colombo St
Manchester St
Madras St
Barbadoes St
18
15
Salisbury St
21
34
Peterborough St
Avon River
Kilmore St
7
Cambridge Tce
22
Kilmore St
25
Victoria Sq
Oxford Tce
Chester St E
16
28
Armagh St
New Regent St
47
14
Gloucester St
Gloucester St
Chancery La
Cathedral Square
Latimer Sq
Worcester St
Worcester St
Oxford Tce
Visitor Kiosk
3
23
27
Colombo St
Hereford St
9
8
Cashel St
Cashel St
48
46
Manchester St
Bedford Row
Lichfield St
Lichfield St
Central Station
Sol Sq
Ash St
44
30
Tuam St
High St
36
St Asaph St
45
Colombo St
Welles St
Manchester St
Southwark St
Ferry Rd
29
Madras St
Dundas St
Eaton Pl
Fitzgerald Ave
41
Moorhouse Ave

Christchurch Zentrum

Highlights
1 Botanic Gardens B4
2 Canterbury Museum C4
3 Cathedral Square E4

Sehenswertes
4 Arts Centre C4
5 Botanic Gardens Information Centre B3
6 Hagley Park B3
7 Pallet Pavilion E3
8 Quake City E5
9 Transitional Cathedral G5

Aktivitäten, Kurse & Touren
10 Antigua Boat Sheds C5
11 Christchurch Personal Guiding Service C4
12 Stechkahnfahrten auf dem Avon D4
Stechkahnfahrten auf dem Avon .... (siehe 10)
13 Vintage Peddler Bike Hire Co C1

Schlafen
14 Around the World Backpackers G4
15 CentrePoint on Colombo E2
16 Chester Street Backpackers H3
17 Classic Villa C4
18 Colombo in the City E2
19 Dorset House C1
20 Eliza's Manor D1
21 Focus Motel E2
22 Foley Towers G3
23 Heritage Christchurch F4
24 Orari B&B D4
25 Pomeroy's on Kilmore H3
26 The George C3
27 Vagabond Backpackers G4

Essen
50 Bistro .... (siehe 26)
28 Beat Street G3
29 Black Betty F6
30 C1 Espresso F6
31 Canterbury Cheesemongers D4
32 Dose D6
33 Fiddlesticks D4
34 Himalayas E2
35 King of Snake C2
36 Lotus Heart H6
37 Luciano Espresso Bar B7
38 Saggio di Vino C1
39 Vic's Cafe & Bake D1

Ausgehen & Nachtleben
40 Carlton C1
41 Monday Room G7
Pomeroy's Old Brewery Inn .... (siehe 25)
42 Revival D2
43 Tequila Mockingbird D2

Unterhaltung
44 Alice Cinematheque F6
45 darkroom H6

Shoppen
46 Ballantynes E5
47 New Regent St F4
48 Re:START Mall E5

International Antarctic Centre BILDUNGSZENTRUM
(☎0508 736 4846; www.iceberg.co.nz; 38 Orchard Rd, Christchurch Airport; Erw./Kind 39/19 NZ$; ⊙9–17.30 Uhr) Das Zentrum ist Teil eines großen Komplexes, der für die Antarktisprogramme Neuseelands, der USA und Italiens errichtet wurde. Hier kann man Pinguine beobachten und alles über den Eiskontinent erfahren. Zu den Attraktionen gehört die Antarctic Storm Chamber, wo man am eigenen Leibe erfährt, wie sich ein –18 °C kalter Wind anfühlt.

Im „Xtreme Pass" (Erw./Kind 59/29 NZ$) sind das „4D Theatre" (die Vorführung eines 3D-Films auf sich bewegenden Sitzen, begleitet von Spritzwasser) und Fahrten mit dem für Antarktisexpeditionen benutzten geländegängigen Amphibienfahrzeug Hägglund inbegriffen. Ein weiteres mögliches Extra ist der Penguin Backstage Pass (Erw./Kind 25/15 NZ$), mit dem man hinter die Kulissen der Pinguinanlage kommt.

Ein kostenloser Shuttlebus startet zwischen 10 und 16 Uhr jeweils zur vollen Stunde vor dem Canterbury Museum und kehrt zur halben Stunde vom Antarctic Centre zurück.

Orana Wildlife Park ZOO
(www.oranawildlifepark.co.nz; McLeans Island Rd, McLeans Island; Erw./Kind 28/9 NZ$; ⊙10–17 Uhr) Der Park bezeichnet sich selbst als einen „Freigeländezoo", und man versteht, was damit gemeint ist, wenn man (für 35 NZ$ extra) die „Löwenbegegnung" im Käfig erlebt. Es gibt eine ausgezeichnete, begehbare Voliere, ein Nachttierhaus mit Kiwis und eine Reptilienabteilung, in der auch Brückenechsen zu sehen sind. Der größte Teil des 80 ha großen Geländes ist aber der afrikanischen Tierwelt gewidmet, aus der u.a. Nashörner, Giraffen, Zebras, Lemuren und Geparden zu sehen sind.

Willowbank Wildlife Reserve ZOO
(www.willowbank.co.nz; 60 Hussey Rd, Northwood; Erw./Kind 28/11 NZ$; ⊙Okt.–April 9.30–19 Uhr, Mai–Sept. bis 17 Uhr) Der Schwerpunkt im

Willowbank Reserve, das sich rund 10 km nördlich vom Zentrum befindet, liegt auf einheimischen Tierarten, u.a. Kiwis, ferner auf alten Haustierrassen und auf interaktiven Anlagen für Wallabys, Hirsche und Lemuren. Zu sehen ist auch die Nachempfindung eines Maori-Dorfs. Am Abend gibt es dort das **Ko Tane** (www.kotane.co.nz; Erw./Kind 135/68 NZ$; 17.30 Uhr), ein Kulturerlebnis, bestehend aus einer traditionellen Maori-Begrüßung, einer Kulturvorführung und einem Mahl aus dem *hangi* (Erdofen).

Aktivitäten

Bootsausflüge

Antigua Boat Sheds BOOTFAHREN, KAJAKFAHREN
(Karte S. 520; 03-366 6768; www.boatsheds.co.nz; 2 Cambridge Tce; 7–17 Uhr) Die malerischen grün-weißen Antigua Boat Sheds stammen von 1882. Hier werden Ruderboote (35 NZ$), Kajaks (12 NZ$), Kanadier (35 NZ$) und Fahrräder (Erw./Kind 10/5 NZ$) verliehen; alle Preise beziehen sich auf eine Stunde. Zur Anlage gehört auch ein ausgezeichnetes Café.

Stechkahnfahrten auf dem Avon BOOTFAHREN
(Karte S. 520; www.punting.co.nz; 2 Cambridge Tce; Erw./Kind 25/12 NZ$; Okt.–März 9–18 Uhr, April–Sept. 10–16 Uhr) Die Antigua Boat Sheds sind auch der Ausgangspunkt für halbstündige Stechkahnfahrten durch den Botanischen Garten. Man setzt sich entspannt in einen Kahn mit flachem Boden, während ein strammer Bursche in edwardianischen Klamotten, der mit einer langen Stange bewaffnet ist, die Arbeit tut. Weitere Boote fahren von der **Worcester St Bridge** (Karte S. 520) durch das in Ruinen liegende Zentrum.

Schwimmen & Surfen

Nördlich vom Ästuar, das die Flüsse Avon und Heathcliff bilden, erstreckt sich ein langer Sandstrand, dessen einzelne Abschnitte zwar verschiedene Namen haben, aber ununterbrochen zusammenhängen. Am nächsten beim Zentrum liegt **New Brighton** mit seiner auffälligen, 300 m ins Meer ragenden Seebrücke und einer von Dattelpalmen gesäumten Fußgängerpromenade. Die zu beiden Seiten anschließenden Abschnitte **South New Brighton** und **North Beach** sind ruhiger, gleiches gilt auch für das weiter nördlich folgende **Waimairi**.

Kleiner, aber hübscher ist **Sumner**, das nur 12 km vom Zentrum entfernt an der Südseite des Ästuars am Fuß der Port Hills liegt. Mit seinen guten Restaurants, Unterkünften und einem anspruchsvollen Kino verspricht der Strandort immer einen netten Abstecher oder auch einen erholsamen Urlaub.

Das abgelegene **Taylors Mistake** weiter östlich, um die Landspitze herum, bietet von allen Stränden der Stadt das sauberste Wasser und hat auch ein paar gute Surfwellen. Anfänger sollten sich aber an Sumner oder New Brighton halten.

Spaziergänge/Wandern

Aktuelle Informationen über mögliche Spaziergänge in und um Christchurch erhält man bei der i-SITE. Einige beliebte Strecken, vor allem um Port Hills, waren zum Zeitpunkt der Recherche wegen Felsabbrüchen und unsicheren Bedingungen nach den Erdbeben noch gesperrt – bevor man aufbricht ist es deshalb sehr wichtig, sich über die aktuelle Situation zu informieren (unter www.ccc.govt.nz – Stichwort „Port Hills").

Für einen wunderbaren Blick auf die Stadt bietet sich der Weg an, der am **Sign of the Takahe** an der Dyers Pass Road beginnt. Häuser mit dem Namen „Sign of…" in dieser Gegend waren ursprünglich Rasthäuser, die zur Zeit der Großen Depression errichtet worden sind. Der hier vorgestellte Weg führt durch den Victoria Park zum **Sign of the Kiwi** und weiter entlang der Summit Rd zum Scotts Reserve. Entlang der Strecke liegen gleich mehrere schöne Aussichtsplätze.

Von Heathcote Valley aus (erreichbar mit Bus 28) kann man auf dem **Bridle Path** in 1½ Std. nach Lyttelton wandern.

KOMBIANGEBOTE VON WELCOME ABOARD

Welcome Aboard (03-365 8282; www.welcomeaboard.co.nz) heißt das Unternehmen, das Stechkahntouren, die Stadtrundfahrten mit der historischen Straßenbahn, die Gondel und die Kleinbahntouren im Botanic Garden sowie Thrillseekers Adventures in Hanmer Springs betreibt. Eine unüberschaubare Menge von Kombitickets sind im Angebot, mit denen man einiges Geld spart, wenn man mehr als eine dieser Aktivitäten nutzen will. Angeboten wird auch die sechsstündige Grand Tour (Erw./Kind 119/69 NZ$), die alle vier Aktivtäten in Christchurch und einen Stopp in Sumner umfasst.

Der **Godley Head Walkway** (hin & zurück 2 Std.) beginnt am Taylors Mistake, überquert zweimal die Summit Rd und gewährt bei klarem Wetter schöne Aussichten.

Radfahren

Christchurch hat mehr Radfahrer als jede andere neuseeländische Stadt, weil das Gelände eben ist und es 330 km an Radwegen an und abseits der Straßen gibt. Ausführliche Infos dazu bietet die Website der Stadtverwaltung (www.ccc.govt.nz), auf der auch aktuelle Informationen zum Zustand der Mountainbike-Pisten durch die Port Hills zu finden sind.

Der 49 km lange **Little River Railtrail** (www.littleriverrailtrail.co.nz) verbindet Christchurchs Vorstadt Hornby mit dem Weiler Little River auf der Banks Peninsula. Ein paar kleine Abschnitte führen über Straßen ohne Radwege, doch ist dies nur ein vorübergehender Zustand. Wer nur ein Teilstück fahren möchte, sollte 20 km vor Little River bei Motukarara beginnen; das ist der schönste Abschnitt.

City Cycle Hire FAHRRADVERMIETUNG
(☎ 03-377 5952; www.cyclehire-tours.co.nz; Fahrrad halber/ganzer Tag 25/35 NZ$, Mountainbike halber/ganzer Tag 30/45 NZ$) Das Unternehmen bringt die Stadträder und Mountainbikes direkt vor die Haustür und holt sie dort ab. Wer die 16 km lange Abfahrt von der Bergstation der Gondelbahn unternehmen will, bekommt sein Rad auch dorthin geliefert (70 NZ$ inkl. Gondelfahrt; 1½ Std.).

Natural High FAHRRADVERMIETUNG
(☎ 03-982 2966; www.naturalhigh.co.nz; 690a Harewood Rd, Harewood; pro Tag/Woche ab 50/175 NZ$) Das Unternehmen vermietet Tourenräder und Mountainbikes und kann bei geführten und selbstgeführten Touren durch Canterbury und über die Südinsel helfen.

Vintage Peddler Bike Hire Co FAHRRADVERLEIH
(Karte S. 520; ☎ 03-365-6530; www.thevintagepeddler.co.nz; 16 Bealey Ave; Std./Tag 15/30 NZ$) Vermietet Retro-Fahrräder. Ebenfalls verliehen werden Helme und Schlösser, die Tipps zu schönen Routen gibt es gratis dazu.

Noch mehr Aktivitäten

Gondola SEILBAHN
(Karte S. 516; www.gondola.co.nz; 10 Bridle Path Rd; hin & zurück Erw./Kind 25/12 NZ$; ⏲ 10–17 Uhr) Die 945 m lange Seilbahn führt auf den Gipfel des Mt. Cavendish (500 m). Von oben bietet sich ein wunderbarer Blick über die Stadt, Lyttelton, die Banks Peninsula und die Canterbury Plains. Oben gibt's ein Café und für Kinder den *Time Tunnel* mit nachgestellten historischen Szenen. Man kann auch bis zum Aussichtspunkt am Cavendish Bluff (hin & zurück 30 Min.) oder zum Pioneer Women's Memorial (hin & zurück 1 Std.) wandern.

Straßenbahn STRASSENBAHN
(☎ 03-377 4790; www.tram.co.nz; Erw./Kind 10 NZ$/frei) Vor dem Erdbeben fuhren historische Straßenbahnen auf einer 2,5 km langen Schleife durch die Innenstadt. Ein eingeschränkter Betrieb wurde Ende 2013 auf der Strecke zwischen New Regent St und Canterbury Museum (35 Min.) wieder aufgenommen. Die Strecke wird im Zuge des Wiederaufbaus nach und nach erweitert werden.

Bone Dude COURSE
(Karte S. 516; ☎ 03-385 4509; www.thebonedude.co.nz; 153 Marshland Rd, Shirley; ab 60 NZ$; ⏲ Mo–Fr 13–16, Sa 10–13 Uhr) Wer seiner Kreativität freien Lauf lassen will, sollte eine Sitzung beim Bone Dude buchen, wo man in drei Stunden unter Anleitung seine eigenen Anhänger aus Knochen schnitzt. Die Sitzungen sind auf acht Teilnehmer beschränkt, daher im Voraus buchen!

Garden City Helicopters RUNDFLÜGE
(☎ 03-358 4360; www.helicopters.net.nz; 20-minütige Flüge 199 NZ$) Bei Hubschrauberflügen über die Stadt und Lyttelton sieht man die Erdbebenschäden und die Wiederaufbauarbeiten von oben.

☞ Geführte Touren

Discovery Tours BUSTOUR
(☎ 0800 372 879; www.discoverytravel.co.nz; Touren ab 130 NZ$) Angeboten werden Ausflüge nach Akaroa, zum Aoraki/Mt. Cook, nach Hanmer Springs, Kaikoura und in die Weinregion Waipara Valley. Die Arthur's-Pass-Tour (Erw./Kind 355/178 NZ$) packt die Fahrt mit dem Zug *TranzAlpine*, eine Jetboat-Fahrt und den Besuch auf einer Farm in einen spannenden Tag.

Hassle Free Tours BUSTOUR
(☎ 03-385 5775; www.hasslefree.co.nz) Hassle Free organisiert Stadtrundfahrten im oben offenen Doppeldeckerbus (Erw./Kind 29/15 NZ$) und Ausflüge in die Region, z. B. eine bequeme Bergtour im Geländewagen, Jetbootfahrten auf dem Waimakariri River

und einen Besuch in der Königsstadt Edoras aus der Trilogie *Der Herr der Ringe*.

Red Bus Rebuild Tour BUSTOUR
(☎0800 500 929; www.redbus.co.nz; Erw./Kind 29/15 NZ$) Die Kommentare konzentrieren sich auf die Vergangenheit, Gegenwart und Zukunft der vom Erdbeben beschädigten Stätten im Zentrum. Die Rundfahrten dauern 90 Minuten und beinhalten auch Videomaterial vom früheren Aussehen der Stadtlandschaft.

Christchurch Sightseeing Tours BUSTOUR
(☎0508 669 660; www.christchurchtours.co.nz; Touren ab 75 NZ$) Veranstaltet neben Stadtrundfahrten auch Ausflüge nach Akaroa, Hanmer Springs und in die Waipara-Weinregion.

Christchurch Bike Tours RADFAHREN
(☎0800 733 257; www.chchbiketours.co.nz; 2/4 Std. 50/160 NZ$) Die informativen zweistündigen Fahrten führen täglich durch die Stadt und am Samstag zum Farmers Market. Angeboten wird auch eine vierstündige Gourmettour, die mit einem Drei-Gänge-Mittagessen abschließt. Die Touren starten an den Antigua Boat Sheds.

Christchurch Segway Tours RADFAHREN
(☎027 542 1887; www.urbanwheels.co.nz; 190 NZ$) Zweistündige Radtouren durch das Zentrum, den Hagley Park und Riccarton.

Hiking Guys TOUR
(☎09-281 4481; www.hikingguys.co.nz; Erw./Kind 445/223 NZ$) Die Tagesausflüge umfassen die Zugfahrt mit dem *TranzAlpine* und Wandern am Arthur's Pass. Auch mehrtägige Touren werden veranstaltet.

Christchurch Personal Guiding Service STADTSPAZIERGANG
(Karte S. 520; ☎03-383 2495; Rolleston Ave; Tour 15 NZ$; ⏱tgl. 13 Uhr) Die gemeinnützige Organisation veranstaltet informative zweistündige Stadtspaziergänge. Los geht's am i-SITE; dort oder an dem rotschwarzen Kiosk in der Nähe kauft man auch das Ticket.

South Pacific Motorcycle Tours MOTORRADTOUR
(☎03-312 0066; www.motorbiketours.co.nz) Angeboten werden geführte oder selbstgeführte mehrtägige Straßentouren auf dem Motorrad.

Feste & Events

Unter www.bethere.co.nz findet man eine umfangreiche Veranstaltungsliste.

Garden City SummerTimes MUSIK
(www.summertimes.co.nz) Mit vielen Open-Air-Events von Dezember bis März begrüßt die Stadt den Sommer.

World Buskers Festival DARSTELLENDE KUNST
(www.worldbuskersfestival.com) Nationale und internationale Talente unterhalten Mitte Januar zehn Tage lang die Passanten – und sind dankbar für eine finanzielle Anerkennung ihrer Darbietung. Die Veranstaltungsorte sind auf der Website angegeben.

Festival of Flowers BLUMEN
(www.festivalofflowers.co.nz) Drei Wochen im Februar stehen blühende Blumen in Christ-

CHRISTCHURCH MIT KINDERN

In Christchurch herrscht kein Mangel an kinderfreundlichen Sehenswürdigkeiten und Aktivitäten. Wenn der Spaß mit der ganzen Familie an erster Stelle steht, sollten Traveller ihren Besuch für die Zeit von Neuseelands größtem Kinderfestival **KidsFest** (www.kidsfest.org.nz) planen. Dieses Festival findet jedes Jahr im Juli statt und bietet jede Menge Shows, Workshops und Partys. Auch das alljährliche World Buskers Festival (Straßenkünstlerfestival; S. 525) Ende Januar ist immer ein Hit.

Für Picknicks und zum Herumtoben im Freien eignet sich der Botanische Garten (S. 516) hervorragend: Neben dem Café gibt es einen Spielplatz und die kleinen Kinder lieben die Fahrt mit dem Elektrozug „Caterpillar". Weitere Naturerlebnisse garantieren die Besuche im Orana Wildlife Park (S. 522) und im Willowbank Wildlife Reserve (S. 522). Energie werden Kinder auch bei einer Ruder- oder Paddelbootsfahrt von Antigua Boat Sheds (S. 523) los. Im International Antarctic Centre (S. 522) und im Discovery Centre im Canterbury Museum (S. 517) kann man still und heimlich Spaß und Wissenswertes kombinieren.

Bei schönem Wetter lohnt sich zum Sandburgenbauen der Besuch der Strände von Sumner und New Brighton sehr.

churchs altehrwürdigen Parks im Mittelpunkt dieses Festivals.

Ellerslie Flower Show BLUMEN
(www.ellerslieflowershow.co.nz) Der Hagley Park erwacht Ende Februar/Anfang März bei Neuseelands größter Blumenschau zum Leben.

Christchurch Arts Festival DARSTELLENDE KUNST
(www.artsfestival.co.nz) Im Winter stehen ab Mitte August über einen Monat lang Musik, Theater und Tanz auf dem Programm.

Festa ARCHITEKTUR
(www.festa.org.nz) Am Labour-Day-Wochenende im Oktober steht Christchurchs durch das Erdbeben geborene „transitorische" Architektur im Scheinwerferlicht.

NZ Cup & Show Week PFERDERENNEN
(www.nzcupandshow.co.nz) In einer Novemberwoche stehen das Pferderennen um den NZ Cup, Modenschauen, Feuerwerk und als Hauptereignis die A&P Show an, eine Landwirtschaftsausstellung, zu der das gesamte Umland in die Stadt kommt.

Schlafen

Zentrum

Chester Street Backpackers HOSTEL $
(Karte S. 520; ☎03-377 1897; www.chesterst.co.nz; 148 Chester St E; B/2BZ/DZ 32/68/70 NZ$; @ ᯤ) Die farbenfroh angestrichene Villa hat eine entspannte Atmosphäre und eine große Bibliothek im sonnigen Zimmer vorne. Bei den Hostel-Grillabenden ist die freundliche Hauskatze immer mit dabei. Das Haus ist beliebt, daher vorab buchen!

Dorset House HOSTEL $
(Karte S. 520; ☎03-366 8268; www.dorsethouse.co.nz; 1 Dorset St; B/EZ 39/90 NZ$, DZ 105–110 NZ$; P @ ᯤ) Die 1871 erbaute Holzvilla verfügt über eine sonnige Terrasse, eine große, herrschaftliche Lounge mit offenem Kamin, einen Billardtisch und statt Stockbetten über richtige Betten. Sie liegt nur einen kurzen Spaziergang vom Hagley Park entfernt.

Around the World Backpackers HOSTEL $
(Karte S. 520; ☎03-365 4363; www.aroundtheworld.co.nz; 314 Barbadoes St; B 30 NZ$, DZ 76–80 NZ$; P @ ᯤ) Uns gefallen die freundliche Atmosphäre, das Kiwi-Dekor und der sonnige Garten mit Hängematten und Grillplatz hinter dem Haus. Wer mit seiner/seinem Liebsten unterwegs ist, sollte nach der „Love Shack" fragen.

Foley Towers HOSTEL $
(Karte S. 520; ☎03-366 9720; www.backpack.co.nz/foley.html; 208 Kilmore St; B 30–33 NZ$, DZ mit/ohne Bad 78/72 NZ$; P @ ᯤ) Die von alten Bäumen abgeschirmte Anlage bietet gepflegte Zimmer rund um einen ruhigen Garten im Hof. Die Schlafsäle haben sechs Plätze in drei Stockbetten, es gibt aber auch Gemeinschaftszimmer mit drei Einzelbetten.

Vagabond Backpackers HOSTEL $
(Karte S. 520; ☎03-379 9677; www.vagabondhostel.co.nz; 232 Worcester St; B 26–30 NZ$, EZ 53 NZ$, DZ 60–70 NZ$; P @ ᯤ) Das alte Haus erinnert an eine große WG. Es gibt einen ansprechenden Garten, und das etwas schmuddelige Ambiente wird durch Preise wett gemacht, die günstiger sind als in den meisten anderen Unterkünften.

★ **Pomeroy's on Kilmore** B&B $$
(Karte S. 520; ☎03-374 3532; www.pomeroysonkilmore.co.nz; 282 Kilmore St; Zi. 145–195 NZ$; P ᯤ) Auch wenn die niedliche Holzvilla nicht gleich neben dem besten Kleinbrauerei-Pub von Christchurch läge, zu dem sie auch gehört, würden wir sie immer noch sehr mögen. Drei der fünf elegant eingerichteten Zimmer öffnen sich zu einem sonnigen Garten. Im Preis ist ein kontinentales SB-Frühstück inbegriffen.

Focus Motel MOTEL $$
(Karte S. 520; ☎03-943 0800; www.focusmotel.com; 344 Durham St N; Zi. 150–200 NZ$; P ᯤ) Das schicke, freundliche und zentral gelegene Motel bietet Ein- und Zweizimmerunterkünfte mit großen TVs, iPod-Anschlüssen, Kochnischen und supermoderner Einrichtung. Es gibt für die Gäste einen Grill und eine Waschküche. Pralinen auf dem Kopfkissen versüßen das Angebot.

CentrePoint on Colombo MOTEL $$
(Karte S. 520; ☎03-377 0859; www.centrepointoncolombo.co.nz; 859 Colombo St; Zi./Apt. ab 165/190 NZ$; P ᯤ) Die freundlichen neuseeländisch-japanischen Betreiber haben diesem zentral gelegenen Motel Stil und Komfort gegeben. Mit kleinen Extras wie Stereoanlagen, Verdunkelungsvorhängen und (in den Deluxe-Zimmern) Whirlpools nähert man sich der nächsthöheren Kategorie.

Colombo in the City MOTEL $$
(Karte S. 520; ☎03-366 8775; www.motelcolombo.co.nz; 863 Colombo St; DZ 170–190 NZ$, Apt.

190–290 NZ$; P @) Die hübschen Wohneinheiten mit ein bis drei Zimmern haben Sky TV, CD-Player, doppelt verglaste Fenster und Whirlpools.

Heritage Christchurch HOTEL $$$
(Karte S. 520; 03-983 4800; www.heritagehotels.co.nz; 28-30 Cathedral Sq; Suite 235–440 NZ$;) Das 1909 errichtete Old Government House steht stolz inmitten der Ruinen des Cathedral Sq. Dass es erhalten blieb, ist der Verstärkung des Tragwerks zu danken, die in den 1990er-Jahren beim Umbau zum Hotel vorgenommen wurde. Nach dreijähriger, dem Erdbeben geschuldeter Restaurierung sind die geräumigen Suiten heute eleganter denn je. Alle verfügen über komplett ausgestattete Küchen.

Orari B&B B&B $$$
(Karte S. 520; 03-365 6569; www.orari.co.nz; 42 Gloucester St; EZ 175–235 NZ$, DZ 195–255 NZ$; P) Das Wohnhaus von 1893 wurde mit hellen, pastellfarbenen Zimmern, einladenden Gästebereichen und einem hübschen Garten vorne aufgefrischt. Ein benachbarter Block, der in ähnlichem Stil gebaut ist, enthält fünf Apartments mit drei Schlafzimmern.

The George HOTEL $$$
(Karte S. 520; 03-379 4560; www.thegeorge.com; 50 Park Tce; Zi. 295–315 NZ$, Suite 472–630 NZ$; P @) Das George umfasst 53 hübsch eingerichtete Zimmer in einem an die 1970er-Jahre erinnernden Gebäude am Rand des Hagley Parks. Die diskreten Angestellten erfüllen alle Wünsche, Für ein Luxusambiente sorgen große TVs, schicke Toilettenartikel und Hochglanzmagazine.

Classic Villa B&B $$$
(Karte S. 520; 03-377 7905; www.theclassicvilla.co.nz; 17 Worcester Blvd; EZ 179 NZ$, DZ 289–389 NZ$, Suite 489 NZ$; P) Die schöne rosa Villa von 1899 gehört zu den elegantesten Unterkünften von Christchurch. Die Zimmer sind mit alten Möbeln und türkischen Teppichen ausstaffiert, beim geselligen mediterranen Frühstück kommt man sich näher.

Eliza's Manor HOTEL $$$
(Karte S. 520; 03-366 8584; www.elizas.co.nz; 82 Bealey Ave; Zi. 235–345 NZ$; P) Die Teddybärplage tut dem Denkmalflair des großen Landhauses von 1861 kaum Abbruch. Glyzinien ringeln sich um die Schindeln; die Zimmer sind geräumig und schick.

Merivale

Merivale Manor MOTEL $$
(Karte S. 516; 03-355 7731; www.merivalemanor.co.nz; 122 Papanui Rd; DZ 145–180 NZ$; P) Ein anmutiges viktorianisches Herrenhaus aus dem 19. Jh. bildet den Mittelpunkt dieses eleganten Motels, das Ein- bis Dreizimmerunterkünfte im Haupthaus und in typischeren Motelblocks an der Zufahrt bietet.

Elm Tree House B&B $$$
(Karte S. 516; 03-355 9731; www.elmtreehouse.co.nz; 236 Papanui Rd; Zi./Suite 265/295 NZ$; P) Das elegante, in den 1920er-Jahren erbaute Elm Tree House hat sechs stilvolle Zimmer und Suiten, einen Essbereich, der zu einem sonnigen Rosengarten überleitet, und eine geräumige, holzverkleidete Gästelounge mit einer funktionstüchtigen Wurlitzer-Jukebox.

Fendalton

Anselm House B&B $$
(Karte S. 516; 03-343 4260; www.anselmhouse.co.nz; 34 Kahu Rd; Zi. 190 NZ$; P) Bei unserem Besuch war die Reparatur der Erdbebenschäden an diesem architektonisch interessanten Wohnhaus noch im Gang, doch Gäste konnten den netten „River Room" noch bewohnen, von dem man auf den gurgelnden Avon blickt. Vielleicht ist inzwischen auch der „Rococo Room" wiederhergestellt.

Fendalton House B&B $$
(Karte S. 516; 03-343 1661; www.fendaltonhouse.co.nz; 28a Kotare St; Zi. 165 NZ$; P) In dem freundlichen, an eine Gastfamilienunterkunft erinnernden B&B gibt es gerade mal ein Gästezimmer. Das Haus steht in den schönen Straßen im grünen Fendalton. Im Preis inbegriffen sind das warme Frühstück und kostenloser WLAN-Zugang.

Riccarton

Lorenzo Motor Inn MOTEL $$
(Karte S. 516; 03-348 8074; www.lorenzomotorlodge.co.nz; 36 Riccarton Rd; WE 159–239 NZ$; P) Über dem zweistöckigen Motel – dem besten von vielen an der geschäftigen Riccarton Rd – liegt mediterranes Flair. Die Angebote reichen von Einzimmerunterkünften bis zu Apartments mit zwei Schlafzimmern; manche haben Whirlpools und Balkone.

Roma on Riccarton MOTEL $$
(Karte S. 516; 03-341 2100; www.romaonriccarton.com; 38 Riccarton Rd; DZ 158–230 NZ$; P)

Die Anlage wirkt wie das Spiegelbild des benachbarten Lorenzo, aber es handelt sich um zwei vollkommen eigenständige Unternehmen. Aber auch hier gibt es hochmoderne Unterkünfte von Ein- bis zu Dreiraumapartments.

Addington

Jailhouse HOSTEL $
(Karte S. 516; ☎03-982 7777; www.jail.co.nz; 338 Lincoln Rd; B 32–35 NZ$, 2BZ/DZ 89/92 NZ$; @ WLAN) Von 1874 bis 1999 war dies das Gefängnis von Addington, heute ist es eines der ansprechendsten und freundlichsten Hostels in Christchurch. Die privaten Zimmer sind etwas klein – es waren schließlich früher mal Zellen.

Arena Motel MOTEL $$
(Karte S. 516; ☎03-338 4579; www.arenamotel.co.nz; 30 Whiteleigh Ave; DZ 135–185 NZ$; P WLAN) In Gehentfernung vom Bahnhof und dem zunehmend angesagteren Addington bietet dieses Motel ordentliche, moderne Wohneinheiten mit ein bis drei Zimmern.

Sumner

Le Petit Hotel HOTEL $$
(Karte S. 516; ☎03-326 6675; www.lepetithotel.co.nz; 16 Marriner St; DZ 155 NZ$; P @ WLAN) Das entspannte Frühstück mit Kaffee und Croissants, freundliche Betreiber und die Nähe zum Strand von Sumner und zu einigen der besten Restaurants von Christchurch sprechen entschieden für diese Unterkunft. Früh kommen, und ein Zimmer mit Ausblick im Obergeschoss verlangen!

Sumner Bay Motel MOTEL $$
(Karte S. 516; ☎03-326 5969; www.sumnermotel.co.nz; 26 Marriner St; DZ 159–185 NZ$; P) Die Wohneinheiten mit ein bis drei Zimmern in diesem auffälligen und modernen Komplex bieten alle entweder einen Balkon oder einen Hof, außerdem hochwertige Möbel und Sky TV. Die Dreizimmerapartments haben eine komplett ausgestattete Küche, die übrigen Kochnischen.

Weitere Vorstädte

Haka Lodge HOSTEL $
(Karte S. 516; ☎03-980 4252; www.hakalodge.com; 518 Linwood Ave, Woolston; B/DZ/Apt. 32/79/170 NZ$; WLAN) Die über drei Stockwerke eines modernen Vorstadthauses ausgebreitete Unterkunft gehört zu Christchurchs neuesten Hostels. Die Zimmer sind blitzsauber und farbenfroh, abends entspannt man in der komfortablen Lounge oder unter Vogelgezwitscher im Garten.

Old Countryhouse HOSTEL $
(Karte S. 516; ☎03-381 5504; www.oldcountryhousenz.com; 437 Gloucester St, Linwood; B 35–37 NZ$, DZ mit/ohne Bad 102/92 NZ$; P @ WLAN) Das über drei separate Villen verteilte Hostel befindet sich 1 km östlich des Latimer Sq. In der entspannten Anlage gibt's handgefertigte Holzmöbel, eine Leselounge und einen hübschen Garten mit endemischen Farnen. Zur Entspannung dienen ein Whirlpool und eine Sauna.

Christchurch Top 10 FERIENPARK $
(Karte S. 516; ☎03-352 9176; www.christchurchtop10.co.nz; 39 Meadow St, Papanui; Stellplatz 39–50 NZ$, WE mit/ohne Bad ab 94/76 NZ$; P @ WLAN Pool) Die Anlage könnte eine Auffrischung vertragen, ist aber trotzdem der beste Ferienpark in Christchurch. Es gibt Stellplätze, einfache Hütten und Motelzimmer, ein Hallenbad, Spielezimmer und einen Kinderspielplatz.

Airport Gateway MOTEL $$
(☎03-358 7093; www.airportgateway.co.nz; 45 Roydvale Ave, Burnside; DZ 155–195 NZ$; P @ WLAN) Das große Motel ist praktisch, wenn man einen frühen Flug erwischen will, und bietet unterschiedliche Zimmer mit guten Einrichtungen. Ein Airport-Transfer ist rund um die Uhr kostenlos verfügbar. Der neuere Block ist sehr komfortabel und hat ein gutes Preis-Leistungs-Verhältnis.

Essen

Nach dem Erdbeben vom Februar 2011 mussten viele Restaurants aus beschädigten Häusern ausziehen und ihren Standort in die Vorstädte verlagern. Deswegen findet man heute echte Juwele in unpassenden Nachbarschaftsläden. Mittelpunkte der kulinarischen Szene sind die Victoria St (nordwestlich vom Zentrum), Addington, Riccarton, Merivale und der Strandvorort Sumner.

Zentrum

★ **C1 Espresso** CAFÉ $
(Karte S. 520; www.c1espresso.co.nz; 185 High St; Hauptgerichte 10–19 NZ$; ⏲7–22 Uhr; WLAN) Aus den Trümmer wiedererstanden, hat das C1 schöner denn je in einem prächtigen alten Postamt, das der Katastrophe irgendwie

entgangen ist, neu eröffnet. Der Innenraum ist mit wiederverwertetem Material (viktorianische Eichenholztäfelungen, bauchige Leuchtkörper der 1970er-Jahre) gestaltet, und auch draußen auf dem kleinen Platz stehen Tische. Die Speisen, der Kaffee und die Bedienung sind ausgezeichnet.

Black Betty CAFÉ $

(Karte S. 520; www.blackbetty.co.nz; 163 Madras St; Hauptgerichte 10–20 NZ$; ⌚8–16 Uhr; 📶) Das vom Duft der Rösterei Switch Espresso durchzogene Café in einem industriell-schicken Lagerhaus ist eine beliebte Anlaufstelle für Studenten der nahegelegenen CPIT. Hier gibt's den ganzen Tag über Frühstück, ausgezeichnetes Thekenessen und die besten neuseeländischen Weine und Biere.

Vic's Cafe & Bake CAFÉ $

(Karte S. 520; www.vics.co.nz; 132 Victoria St; Hauptgerichte 11–18 NZ$; ⌚7.30–16.30 Uhr) Hierher kommt man für ein deftiges Frühstück an den großen Gemeinschaftstischen oder für ein ausgedehntes Mittagessen auf der Frontterrasse. Man kann sich aber einfach auch nur Backwaren und noch warmes Brot für ein Picknick am Flussufer holen.

Canterbury Cheesemongers DELI $

(Karte S. 520; www.cheesemongers.co.nz; Rückseite, 301 Montreal St; Sandwiches 5–8 NZ$; ⌚Di–Sa 9–17 Uhr) Hier bekommt man handwerklich hergestellten Käse und kann sich gut sein eigenes Sandwich aus frisch gebackenem Sauerteigbrot oder Ciabatta und allen erdenklichen Käsesorten zusammenstellen. Zusammen mit dem Kaffee und Säften hat man so ein gutes, preiswertes Mittagessen.

Beat Street CAFÉ $

(Karte S. 520; 324 Barbadoes St; Hauptgerichte 10–19 NZ$; ⌚So–Di 7–17, Mi–Sa bis 22 Uhr; 🖉) In der schmuddeligen Zentrale von Christchurchs cooler Cafészene gibt's allerlei Bio-Produkte, tolle Eierfrühstücke, Gourmet-Pies und starken Kaffee. Hinzu kommen abends Open Mikes mit Musik oder Poesie.

Dose CAFÉ, JAPANISCH $

(Karte S. 520; www.cafedose.co.nz; 77 Tuam St; Hauptgerichte 7–19 NZ$; ⌚Mo & Di 7.30–16, Mi–Sa open end) Hier gibt's ausgezeichneten Kaffee, erstklassige Thekengerichte, getoastete Bagels und die wohl besten Eggs Benedict in Christchurch. Abends verwandelt sich das Dose in eine *izakaya*-Bar mit herzhaften Grillspießen und eiskaltem japanischem Bier.

King of Snake ASIATISCH $$

(Karte S. 520; ☎03-365 7363; www.kingofsnake.co.nz; 145 Victoria St; Hauptgerichte 24–37 NZ$; ⌚Mo–Fr 11–15.30, tgl. 17.30–22 Uhr) Dunkles Holz, goldene Fliesen und eine purpurrote Tapete mit Totenkopfmuster geben dem gerade schwer angesagten Restaurant mit Cocktailbar die richtige unheimliche Pracht. Die Karte plündert sehr erfolgreich die asiatischen Küchen von Indien bis Korea. Die Resultate sind köstlich, aber nicht billig.

Fiddlesticks RESTAURANT, BAR $$

(Karte S. 520; ☎03-365 0533; www.fiddlesticksbar.co.nz; 48 Worcester Blvd; Hauptgerichte 20–40 NZ$; ⌚9 Uhr–open end) Man speist hier entweder im förmlicheren Speisesaal oder auf der verglasten Terrasse neben der geschwungenen Cocktailbar. Zu essen gibt's eine große Auswahl, von Suppen über schön angerichtete Salate und einfallsreiche Fleischpasteten bis hin zu Steaks vom Angus-Rind.

Lotus Heart VEGETARISCH $$

(Karte S. 520; www.thelotusheart.co.nz; 363 St Asaph St; Hauptgerichte 13–22 NZ$; ⌚Di–So 7.30–15, Fr–Sa 17–21 Uhr; 🖉) 🌿 Das von Schülern Sri Chinmoys geführte vegetarische Restaurant serviert Currys, Pizzen, Wraps, frisch gepresste Bio-Säfte und reichhaltig gefülltes Pita. Es gibt jede Menge Bio-, veganische und glutenfreie Angebote sowie einen interessanten Geschenkeladen.

50 Bistro EUROPÄISCH $$

(Karte S. 520; ☎03-371 0250; www.thegeorge.com; 50 Park Tce; Hauptgerichte morgens 17–22 NZ$, mittags 20–24 NZ$, abends 20–37 NZ$; ⌚6.30–Open End; 🖉) Das zwanglose, gut besuchte Restaurant im Hotel George serviert schmackhafte regionale Abwandlungen klassischer Bistrogerichte. Lohnend ist das Mittagmenü „Nifty 50": für 29 NZ$ gibt's eine Suppe und ein Hauptgericht.

Himalayas INDISCH $$

(Karte S. 464; ☎03-377 8935; www.himalayas.co.nz; 830a Colombo St; mittags 9–14 NZ$, abends 18–24 NZ$; ⌚Di–Fr 11.30–14 & Di–So 17 Uhr–open end; 🖉) Im stilvollen Himalayas speisen die Gäste Klassiker vom Subkontinent, z. B. Vegetarisches wie sämige *dal makhani* (schwarze Linsen mit duftenden Gewürzen) oder Hühnchen *kadhai* mit Chili, Ingwer und Koriander – zu dem ein kaltes Bier perfekt passt.

★ Saggio di Vino EUROPÄISCH $$$

(Karte S. 520; ☎03-379 4006; www.saggiodivino.co.nz; 179 Victoria St; Hauptgerichte 35–42 NZ$;

17–22 Uhr) Trotz des italienischen Namens setzt das elegante Restaurant, das wahrscheinlich das beste in Christchurch ist, vor allem französische Akzente. Man darf mit köstlichen Versionen von Terrine (kalter Fleischpastete), Enten-*confit* und Steak Café de Paris rechnen. Der gut beladene Käsewagen hilft, das Mahl abzurunden.

Addington

★ Addington Coffee Co-op CAFÉ $

(Karte S. 516; www.addingtoncoffee.org.nz; 297 Lincoln Rd; Hauptgerichte 6–19 NZ$; Mo–Fr 7.30–16, Sa & So 9–16 Uhr;) Das Café ist eines der größten, beliebtesten und besten in Christchurch. Ein kleiner Stand mit T-Shirts aus Bio-Baumwolle kämpft um Aufmerksamkeit gegenüber den köstlichen Kuchen, Gourmet-Pies und dem legendären Frühstück. Für geschäftige Traveller ist der Waschsalon vor Ort eine willkommene Ergänzung.

Luciano Espresso Bar CAFÉ $

(Karte S. 520; www.facebook.com/LucianoEspresso; 76 Moorhouse Ave; Hauptgerichte 10–21 NZ$; 7–16.30 Uhr) „Christchurchs besten Kaffee" verspricht dieses Café, und wir zweifeln nicht an der Berechtigung dieser Aussage. Man wählt aus den interessanten Gerichten auf der Karte oder schaut sich die appetitanregenden Sachen an der Theke an. Das schicke Dekor lenkt gut von dem unaufhörlichen Verkehr vor der Tür ab.

Mosaic by Simo MAROKKANISCH $

(Karte S. 516; www.simos.co.nz; 300 Lincoln Rd; Tapas & Hauptgerichte 8–19 NZ$; Mo–Sa 9–21 Uhr) Das Deli-Café ist beliebt wegen seiner *bocadillos* (gegrillte Wraps mit einer großen Auswahl nahöstlich und afrikanisch inspirierter Füllungen, Saucen und Garnierungen) zum Mitnehmen. Zu den weiteren leckeren Angeboten gehören sautierte Calamari, würzige *merguez*-Würstchen und Tajine-Gerichte.

Edesia EUROPÄISCH $$$

(Karte S. 516; 03-943 2144; www.edesia.co.nz; 12 Show Pl; Hauptgerichte mittags 25–29 NZ$, abends 38–43 NZ$; Mo–Mi 11.30–15, Do & Fr 8.30–15, Sa 8.30–13, tgl. 17.30–22 Uhr) Am besten ignoriert man das Büropark-Ambiente, denn die feinen Gerichte im Edesia lohnen die Anreise. Auf der Abendkarte stehen innovative Abwandlungen von Gerichten mit Wild und Lamm aus der Region, auf der Mittagskarte Pasta und Salate. Am Feierabend verwandelt sich der Laden in eine gemütliche Bar für Bürohengste aus der Gegend.

Woolston

Gustav's RESTAURANT, BAR $$

(Karte S. 516; 03-389 5544; www.gustavs.co.nz; The Tannery, Garlands Rd, Woolston; Tapas 10–14 NZ$, Hauptgerichte 28–33 NZ$; 11 Uhr–open end) Sechseckige Eichentische und altmodische Tapeten geben dem Restaurant einen Hauch edwardianischer Klasse; Live-Jazz und die Gäste, die sich ihre Gerichte teilen, sorgen für eine muntere Atmosphäre. Auf der Speisekarte stehen internationale Gerichte, hauptsächlich mit Meeresfrüchten und Fleisch aus der Region.

Holy Smoke CAFÉ, DELI $$

(Karte S. 516; www.holysmoke.co.nz; 650 Ferry Rd, Woolston; Hauptgerichte 12–19 NZ$; Di–Sa 7–16.30 Uhr) Hier kann man sich mit der Eigenart von *manuka,* der Südseemyrte, vertraut machen. Alles von Schinken bis Lachs wird in diesem freundlichen Deli mit Café geräuchert und dann zum Frühstück oder in den Thekengerichten aufgetischt.

Sumner

★ Cornershop Bistro FRANZÖSISCH $$

(Karte S. 516; 03-326 6720; www.cornershopbistro.co.nz; 32 Nayland St, Sumner; Hauptgerichte mittags 17–21 NZ$, abends 27–35 NZ$; Fr–So 10–15, Mi–So 17.30–22 Uhr) Klassische Gerichte wie *coq au vin* werden in diesem überragenden Bistro französischer Art, das sich in einem entspannten Strandvorort befindet, fachkundig zubereitet. Zum Brunch bleibt man gern länger als geplant.

Bamboozle ASIATISCH $$

(Karte S. 516; 03-326 7878; www.facebook.com/bamboozlerestaurant; 6 Wakefield St; Hauptgerichte 18–29 NZ$; Di–Sa 17–22 Uhr) Asiatische Fusionküche ist das Markenzeichen im modischen Bamboozle, in dem talentierte Köche innovative Abwandlungen traditioneller Gerichte zaubern. Platz lassen für die ausgezeichnete Crème brûlée.

Andere Vorstädte

Christchurch Farmers' Market MARKT $

(Karte S. 516; www.christchurchfarmersmarket.co.nz; 16 Kahu Rd, Riccarton; Sa 9–12 Uhr) Der ausgezeichnete Bauernmarkt findet auf dem hübschen Gelände des Riccarton House statt. Man findet ein schmackhaftes Angebot von Bio-Obst und Bio-Gemüse, Käse von der Südinsel, Lachs, Bier aus örtlichen Kleinbrauereien und Leckeres aus aller Welt.

Kinji JAPANISCH $$
(Karte S. 516; ☎ 03-359 4697; www.kinjirestaurant.com; 279b Greers Rd, Bishopdale; Hauptgerichte 16–18 NZ$; ⏰ Mo–Sa 17.30–22 Uhr) Die Zerstörung seines Standorts im Zentrum zwang das gerühmte japanische Restaurant zum Umzug in eine abgelegene Vorstadt. Glücklicherweise blieben ihm seine Stammkunden treu, sodass man unbedingt reservieren muss. Hier kann man sich an Sashimi und Tintenfisch mit Ingwer laben, sollte aber Platz für das Tiramisu mit grünem Tee lassen – ein überraschendes Highlight.

Under the Red Verandah CAFÉ $$
(Karte S. 516; www.utrv.co.nz; Ecke Tancred & Worcester St, Linwood; Hauptgerichte 10–20 NZ$; ⏰ 7.30–16 Uhr; ✍) Durch den Umzug nach dem Erdbeben hat dieses Café seine Beliebtheit bei den Gourmets der Stadt keineswegs eingebüßt. Man sitzt unter der besagten Veranda und labt sich an Backwaren, Haferpfannkuchen und Maiskrapfen.

Bodhi Tree BIRMANISCH $$
(Karte S. 516; ☎ 03-377 6808; www.bodhitree.co.nz; 399 Ilam Rd, Bryndwr; Gerichte 13–18 NZ$; ⏰ Di–Sa 18–22 Uhr; ✍) Das Restaurant umwirbt die Einheimischen schon mehr als zehn Jahre mit den subtilen Aromen der birmanischen Küche. Die Gerichte haben Vorspeisenformat, sind mit ausgesprochen frischen Zutaten zubereitet und darauf berechnet, dass man sie sich teilt. Herausragend sind z. B. *le pet thoke* (Salat aus eingelegten Teeblättern) und *ciandi thoke* (gebratene Aubergine).

Burgers & Beers Inc BURGER $$
(Karte S. 516; www.burgersandbeersinc.co.nz; 355 Colombo St, Sydenham; Burger 13–18 NZ$; ⏰ 11 Uhr–open end) Die Gourmet-Burger mit skurrilem Namen – z. B. der Woolly Sahara Sand Hopper (marokkanisch gewürztes Lamm mit Zitronen-Joghurt) oder der Shagged Stag (Reh mit Tamarillo und Pflaumen-Chutney) – und die ständig wechselnde Auswahl an Bieren aus neuseeländischen Kleinbrauereien sind gute Gründe für einen Abstecher nach Süden.

Ausgehen & Nachtleben

Zentrum

Pomeroy's Old Brewery Inn PUB
(Karte S. 520; www.pomspub.co.nz; 292 Kilmore St; ⏰ Di–Do 15–23, Fr–So 12–23 Uhr) Das einladende Pomeroy's ist die hopfige Zentrale der Fans der schnell wachsenden Kleinbrauereiszene Neuseelands. An den Gäste-Zapfhähnen kann man eine große Auswahl einheimischer Biere probieren. Regelmäßig gibt's Livemusik und im angeschlossenen Victoria's Kitchen tolles Kneipenessen (Hauptgerichte 22–26 NZ$).

Carlton BAR
(Karte S. 520; www.carltonbar.co.nz; 1 Papanui Rd, Merivale; ⏰ So–Mi 11–24, Do–Sa bis 2 Uhr) Der ultramoderne Look des wiederaufgebauten Carlton umfasst an die Wand gepinnte alte Plankarten und Anspielungen auf die Container, in denen die Bar ihren Betrieb weiterführte, nachdem der historische Pub dem Erdbeben zum Opfer gefallen war. Die Terrasse oben ist an einem sonnigen Nachmittag prima.

Revival BAR
(Karte S. 520; www.revivalbar.co.nz; 94 Victoria St; ⏰ Mo–Di 16–21, Mi bis 24, Do–So bis 3 Uhr) 🍃 Das Revival ist die angesagteste Containerbar in Christchurch mit einer irren Lounge-Area mit Autositzen und -hecks sowie alten Überseekoffern. Regelmäßig legen hier DJs auf.

Tequila Mockingbird BAR, RESTAURANT
(Karte S. 520; www.tequilamockingbird.co.nz; 98 Victoria St; Teller zum Teilen 8–24 NZ$; ⏰ Mo–Fr 11.30 Uhr–open end, Sa & So 17 Uhr–open end) Wen der merkwürdige Name noch nicht in dieses gehobene lateinamerikanische Barrestaurant lockt, lässt sich vielleicht von den karibisch angehauchten Cocktails, dem schicken Dekor und den DJs am späten Abend verführen. Auch das Essen ist ausgezeichnet.

Monday Room WEINBAR
(Karte S. 520; www.themondayroom.co.nz; 367 Moorhouse Ave; ⏰ Mo–Fr 8 Uhr–open end, Sa & So 10–open end) Der vielseitige Monday Room – teils Café, teils Restaurant und teils Weinbar – ist die Art von Lokal, in dem man zu jeder Tageszeit gut abhängen kann. In dem kuriosen Ambiente eines restaurierten alten Gebäudes werden interessante Brunch- und Lunchoptionen angeboten, am Abend rücken Tapas, Biere, Cocktails und Livemusik in den Mittelpunkt.

Vorstädte

★ **The Brewery** BRAUEREI
(Karte S. 516; www.casselsbrewery.co.nz; 3 Garlands Rd, Woolston; ⏰ 7 Uhr–open end) Ein unverzichtbares Ziel für Bierliebhaber: Die Brauerei Cassels & Sons braut ihr Bier in einem mit Holz befeuertem Kessel, was

gute, starke Biere ergibt. Für Neugierige und Unentschlossene gibt's Verkostungstabletts, an den meisten Abenden spielen Livebands, und auch das Essen– darunter Holzofenpizza – ist spitze.

Volstead Trading Company BAR
(Karte S. 516; www.volstead.co.nz; 55 Riccarton Rd, Riccarton; ⌚Mo–Sa 16–23 Uhr) Komfortable alte Sofas wie in einer Studenten-WG, skurrile Wandmalereien und interessante Biere aus Kleinbrauereien prägen diese sehr coole, schäbig-schicke Bar. Gegen den kleinen Hunger gibt's Popcorn, Nachos und getoastete Sandwiches.

☆ Unterhaltung

Listen von Musikbühnen und Clubs findet man unter www.christchurchmusic.org.nz und www.mukuna.co.nz sowie im Magazin *Groove Guide*, das in Cafés ausliegt.

Court Theatre THEATER
(Karte S. 516; ☎03-963 0870; www.courttheatre.org.nz; Bernard St, Addington) Christchurchs originales Court Theatre war ein integraler Bestandteil des Arts Centre, musste aber nach den Erdbeben in dieses Lagerhaus umziehen. Die neue Spielstätte ist viel geräumiger: ein toller Ort, um beliebte internationale Stücke und Werke neuseeländischer Dramatiker zu erleben.

Dux Live LIVEMUSIK
(Karte S. 516; www.duxlive.co.nz; 363 Lincoln Rd, Addington) Die anheimelnde Spielstätte mit 250 Plätzen ist eine der Hauptstützen der Livemusikszene. An den meisten Abenden gibt's Auftritte.

darkroom LIVEMUSIK
(Karte S. 520; www.facebook.com/darkroom.nz; 336 St Asaph St; ⌚Mi–So 17 Uhr–open end) Die angesagte Kombination aus Livemusiktreff und Bar hat viele neuseeländische Biere und tolle Cocktails im Angebot. Liveauftritte gibt's hier häufig; und oft sind sie kostenlos.

AMI Stadium STADION
(Rugby League Park; Karte S. 516; www.crfu.co.nz; 95 Jack Hinton Dr, Addington) Nach der Zerstörung des AMI Stadium im Lancaster Park, der traditionellen Heimat von Rugby Union (15er-Rugby) und Kricket in Christchurch, hat die Canterbury Rugby Union ihre Heimspiele in den Rugby League Park verlegt (der aus Sponsoring-Gründen jetzt verwirrenderweise ebenfalls als AMI Stadium bezeichnet wird).Die Crusaders spielen hier von Ende Februar bis Juli um die Super-Rugby-Meisterschaft, von Juli bis September spielt Canterbury um die neuseeländische Meisterschaft.

Alice Cinematheque KINO
(Karte S. 520; ☎03-365 0615; www.aliceinvideoland.co.nz; 209 Tuam St; Erw./Kind 16/12 NZ$) Nur 38 Plätze gibt's in diesem ägyptisch gestalteten Filmkunsttheater, das an den ausgezeichneten Video- und DVD-Laden Alice in Videoland angeschlossen ist.

Hollywood Cinema KINO
(Karte S. 516; www.hollywoodcinema.co.nz; 28 Marriner St; Erw./Kind 16/10 NZ$) Das Kino in der Strandvorstadt Sumner zeigt hauptsächlich anspruchsvolle Streifen und ausländische Filme in Originalfassung.

Hoyts Riccarton KINO
(Karte S. 516; www.hoyts.co.nz; Westfield Riccarton, Riccarton Rd; Erw./Kind 16,50/11,50 NZ$) Das Multiplex-Kino liegt dem SZentrum am nächsten und zeigt Hollywood-Blockbuster.

Shoppen

Zentrum

Re:START Mall MALL
(Karte S. 520; www.restart.org.nz; Cashel Mall; ⌚10–17 Uhr; 📶) Das bunte Labyrinth aus in Containern untergebrachten Läden war nach dem Erdbeben das erste Lebenszeichen des Handels in Christchurchs zentralem Geschäftsviertel. Es gibt ein paar ordentliche Cafés und eine gute Auswahl an Läden, sodass sich das Umschauen lohnt. Achtung: das Re:START ist nur eine Behelfseinrichtung, wird also irgendwann in nicht allzu ferner Zukunft wieder verschwinden.

Ballantynes WARENHAUS
(Karte S. 520; www.ballantynes.com; Ecke Colombo & Cashel St; ⌚9–17 Uhr) Das altehrwürdige Warenhaus verkauft Damen- und Herrenmode, Kosmetik, Reisebedarf und ausgewählte Neuseeland-Souvenirs. Modefans sollten sich die Contemporary Lounge im oberen Stockwerk anschauen.

New Regent St MALL
(Karte S. 520; www.newregentstreet.co.nz) Ein Vorläufer moderner Malls: Die hübsche kleine Zeile pastellfarbener Läden im Stil spanischer Missionen wurde bei ihrer Fertigstellung 1932 als Neuseelands schönste Straße gepriesen. Nach dem Erdbeben vollständig

restauriert, lädt sie wieder zu einem angenehmen Bummel durch kleine Galerien, Geschenkläden und Cafés ein.

Vorstädte

★ **The Tannery** EINKAUFSZENTRUM
(Karte S. 516; www.thetannery.co.nz; 3 Garlands Rd, Woolston; ⏲ Mo–Sa 10–17.30, So bis 16 Uhr) In einer Stadt, die den Verlust ihres baulichen Erbes betrauert, kommt diese Umgestaltung einer viktorianischen Gerberei wie gerufen. Die Industriegebäude aus dem 19. Jh. wurden mit Fliesen aus der Zeit, Schmiedeeisen und Buntglas aufgemöbelt und mit schicken Läden gefüllt, in denen alles von Büchern über Bekleidung bis hin zu Surfbrettern angeboten wird. Gelangweilte Begleiter von Kaufsüchtigen können sich auf einen Drink in The Brewery oder Gustav's (S. 530) zurückziehen. Zudem plant die Videothek Alice in Videoland, hier zwei Kinos zu eröffnen.

Westfield Riccarton MALL
(Karte S. 516; www.westfield.co.nz; Riccarton Rd, Riccarton; ⏲ Sa–Mi 9–18, Do & Fr bis 21 Uhr) Seit den Erdbeben hat sich das Shoppen in Christchurch weitgehend in die Vorstadt-Malls verlagert. Am bequemsten für Traveller ist diese riesige Mall westlich vom Zentrum. Neben einer Menge Läden für Kleidung, Haushaltswaren und Unterhaltung gibt's hier ein Multiplex-Kino, einen Supermarkt und 22 Imbisse und Restaurants.

Sunday Artisan Market MARKT
(Karte S. 516; 16 Kahu Rd, Riccarton; ⏲ So 11–14 Uhr) Auf dem kleinen Markt auf dem grünen Gelände des Riccarton House gibt's regionales Kunsthandwerk, Imbissstände mit leckerem Essen und Livemusik.

ℹ Praktische Informationen

INFOS IM INTERNET

CERA (www.cera.govt.nz) Auf der Website der Canterbury Earthquake Recovery Authority findet man alles Wissenswerte zu Wiederaufbauplänen und dem aktuellen Zustand bestimmter Gebäude und Einrichtungen.

Christchurch & Canterbury Tourism (www.christchurchnz.com) Die offizielle Tourismus-Website für die Stadt und die umliegende Region.

Christchurch City Council (www.christchurch.org.nz) Offizielle Website der Stadtverwaltung.

Neat Places (www.neatplaces.co.nz) Ein Blogger aus der Stadt gibt Tipps zu Christchurchs besten Läden, Restaurants und Bars.

MEDIEN

Cityscape (www.cityscape-christchurch.co.nz) Das vierteljährlich erscheinende Magazin zu Unterhaltung und Events ist in Cafés und Läden in der Innenstadt erhältlich. Auf der Webseite findet man aktuelle Infos zu Neueröffnungen überall in der Stadt.

The Press (www.stuff.co.nz/the-press/) Christchurchs Zeitung erscheint montags bis samstags. Die Freitagsausgabe enthält einen Veranstaltungskalender.

MEDIZINISCHE VERSORGUNG

24 Hour Surgery (☎ 03-365 7777; www.24hoursurgery.co.nz; Ecke Bealey Ave & Colombo St) Keine Terminvereinbarung erforderlich.

Christchurch Hospital (☎ 03-364 0640, Notfallstation 03-364 0270; www.cdhb.govt.nz; 2 Riccarton Ave) Hat eine rund um die Uhr geöffnete Notaufnahme.

Urgent Pharmacy (☎ 03-366 4439; Ecke Bealey Ave & Colombo St; ⏲ Mo–Fr 18–23, Sa & So 9–23 Uhr) Die Nachtapotheke liegt gleich neben der 24 Hour Surgery.

TOURISTENINFORMATION

Airport i-SITE (☎ 03-353 7774; www.christchurchnz.com; ⏲ 7.30–19 Uhr)

Christchurch i-SITE (Karte S. 520; ☎ 03-379 9629; www.christchurchnz.com; Botanic Gardens, Rolleston Ave; ⏲ 8.30–17 Uhr, Sommer verlängerte Öffnungszeiten)

DOC (Department of Conservation; Karte S. 520; ☎ 03-379 4082; www.doc.govt.nz; Botanic Gardens Information Centre, Armagh St; ⏲ Mo–Fr 9–16, Sa & So 10.15–16 Uhr) Die Naturschutzbehörde hat Infos zu den Nationalparks und Wanderungen auf der Südinsel.

Visitor Kiosk (Karte S. 520; Cathedral Sq; ⏲ 9.30–17 Uhr)

ℹ An- & Weiterreise

BUS

Die im folgenden genannten Busdienste halten, wenn nicht anders angegeben, vor dem Canterbury Museum in der Rolleston St. Infos zu saisonalen Ski-Shuttles erhält man im i-SITE.

Akaroa French Connection (☎ 0800 800 575; www.akaroabus.co.nz; einfache Strecke/hin & zurück 25/45 NZ$) Fährt täglich nach Akaroa.

Akaroa Shuttle (☎ 0800 500 929; www.akaroashuttle.co.nz; einfache Strecke/hin & zurück 35/50 NZ$) Fährt täglich und zwischen November und April zweimal täglich nach Akaroa.

Atomic Shuttles (☎ 03-349 0697; www.atomictravel.co.nz) Das Unternehmen fährt u. a. nach Picton (35 NZ$, 5¼ Std.), Greymouth (45 NZ$, 3¾ Std.), Timaru (25 NZ$, 2½ Std.), Dunedin (30–35 NZ$, 5¾ Std.) und Queenstown (50 NZ$, 7 Std.).

Budget Buses & Shuttles (☎03-615 5119; www.budgetshuttles.co.nz; ⏲Mo–Sa) Bietet einen Tür-zu-Tür-Service nach Geraldine (57 NZ$) und Timaru (47 NZ$) sowie günstigere fahrplanmäßig verkehrende Busse (ab 27 NZ$).

Hanmer Connection (☎0800 242 663; www.hanmerconnection.co.nz; einfache Strecke/hin & zurück 30/50 NZ$) Das Unternehmen hat täglich einen Bus von/nach Hanmer Springs über Amberley und Waipara.

InterCity (☎03-365 1113; www.intercity.co.nz) Das verlässlichste Busunternehmen mit dem größten Streckennetz. Der Hauptbusbahnhof liegt in der Armagh St zwischen der New Regent und der Manchester St. Zweimal täglich fahren Busse nach Picton (ab 26 NZ$, 5¼ Std.), Timaru (ab 28 NZ$, 2½ Std.), Dunedin (ab 40 NZ$, 6 Std.) und Queenstown (ab 55 NZ$, 8–11 Std.) sowie einmal täglich nach Te Anau (ab 61 NZ$, 10¾ Std.).

Knightrider (☎03-342 8055; www.knightrider.co.nz) Hat einen Bus, der an den meisten Abenden nach Timaru (38 NZ$, 3 Std.), Oamaru (43 NZ$, 4 Std.), Moeraki (47 NZ$, 5 Std.) und Dunedin (50 NZ$, 6 Std.) fährt. Er startet an der 118 Bealey Ave.

Naked Bus (www.nakedbus.com; Preise variieren; 📶) Fährt u. a. nach Picton (4½–5¾ Std.), Kaikoura (1½ Std.), Dunedin (6 Std.), Wanaka (7½ Std.) und Queenstown (8 Std.).

West Coast Shuttle (☎03-768 0028; www.westcoastshuttle.co.nz) Die Busse starten vor der Central Station an der Tuam St. Sie fahren von/nach Springfield (30 NZ$, 1¼ Std.), Arthur's Pass (40 NZ$, 2¾ Std.) und Greymouth (53 NZ$, 4 Std.).

FLUGZEUG

Der **Christchurch Airport** (CHC; ☎03-358 5029; www.christchurchairport.co.nz; Durey Rd) ist das wichtigste internationale Tor der Südinsel; Infos zu internationalen Flügen stehen im Kapitel „Verkehrsmittel & -wege". Der neu modernisierte und erweiterte Flughafen hat sehr gute Einrichtungen, darunter eine Gepäckaufbewahrung, Schalter von Autovermietern, Geldautomaten, Wechselstuben und eine i-SITE-Touristeninformation.

Im Folgenden sind die Inlandsfluglinien mit den angeflogenen Zielen genannt, die auf dem Flughafen von Christchurch vertreten sind

Air New Zealand (☎0800 737 000; www.airnewzealand.co.nz) Air New Zealand fliegt von/nach Auckland, Wellington, Dunedin und Queenstown. Unter dem gleichen Code fliegen kleinere regionalere Fluglinien von/nach Blenheim, Hamilton, Hokitika, Invercargill, Napier, Nelson, New Plymouth, Palmerston North, Paraparaumu, Rotorua und Tauranga.

Jetstar (☎0800 800 995; www.jetstar.com) Fliegt von/nach Auckland, Wellington und Queenstown.

ZUG

Der **Bahnhof Christchurch** (☎03-341 2588; www.kiwirailscenic.co.nz; Troup Dr, Addington; ⏲Kartenbüro 6.30–15 Uhr) ist die Endstation zweier malerischer Zugstrecken. Zum Zeitpunkt der Recherche fuhr ein kostenloser Shuttle von den Unterkünften im Zentrum zum Bahnhof. Es kann sein, dass dieser Service eingestellt wird, daher sollte man im i-SITE oder bei seiner Unterkunft nachfragen.

Der *Coastal Pacific* fährt von Oktober bis April täglich um 7 Uhr in Christchurch ab und erreicht Picton um 12.13 Uhr (79–159 NZ$). Haltepunkte unterwegs sind u. a. Waipara (59 NZ$, 56 Min.), Kaikoura (49–69 NZ$, 3 Std.) und Blenheim (79–159 NZ$, 4¾ Std.). Die Rückfahrt beginnt in Picton um 13 Uhr; Ankunft in Christchurch ist um 18.21 Uhr.

Der *TranzAlpine* gilt weithin als eine der schönsten Zugreisen der Welt. Der Zug fährt täglich ganzjährig zwischen Christchurch und Greymouth (99–198 NZ$, 4½ Std.) und hält unterwegs in Springfield (89 NZ$, 1 Std.), Arthur's Pass (89 NZ$, 2½ Std.) und Lake Brunner (99–198 NZ$, 3½ Std.).

ℹ Unterwegs vor Ort

AUTO & MOTORRAD

Mieten

Die meisten großen Auto- und Wohnmobilvermietungen haben Niederlassungen in Christchurch, hinzu kommen zahlreiche kleinere lokale Unternehmen. Damit die Wagen landesweiter Anbieter von Christchurch nach Auckland zurückgebracht werden (die meisten Kunden fahren von Nord nach Süd), kann man für die Strecke nach Norden oft einen günstigeren Preis bekommen.

Kleinere Auto- und Motorradvermieter sind u. a.:

Ace Rental Cars (☎03-360 3270; www.acerentalcars.co.nz; 20 Abros Pl, Burnside)

First Choice (☎03-358 6132; www.firstchoice.co.nz; Christchurch Airport)

New Zealand Motorcycle Rentals & Tours (☎09-486 2472; www.nzbike.com; 22 Lowther St, Sockburn) Veranstaltet auch geführte Motorradtouren.

Omega Rental Cars (☎03-377 4558; www.omegarentalcars.com; 252 Lichfield St)

Pegasus Rental Cars (☎03-358 5890; www.rentalcars.co.nz; 578 Wairakei Rd, Burnside)

Kaufen

Traveller können sich an den schwarzen Brettern in Hostels, beim **Backpackers Car Market** (☎03-377 3177; www.backpackercarschristchurch.co.nz; 33 Battersea St; ⏲9.30–17 Uhr), bei **Turners Auctions** (☎03-343 9850; www.turners.co.nz; 1 Detroit Pl; ⏲Mo–Fr 8–18, Sa & So 10–16 Uhr) sowie unter www.trademe.co.nz und www.autotrader.co.nz umschauen.

VOM/ZUM FLUGHAFEN

Der Christchurch Airport ist nur 10 km vom Zentrum entfernt, aber ein **Taxi** vom/zum Flughafen schlägt mit deftigen 45 bis 65 NZ$ zu Buche. Alternativ ist der Flughafen gut mit **öffentlichen Bussen** (www.metroinfo.co.nz) zu erreichen. Der Bus 3 fährt über Riccarton (25 Min.) zum zentralen Busbahnhof (35 Min.) und weiter nach Sumner (70 Min.), der Bus 29 über Fendalton (10 Min.) zum Busbahnhof (30 Min.). Die Fahrt kostet jeweils 8 NZ$; beide Linien verkehren halbstündlich ungefähr zwischen 7 und 23 Uhr.

Shuttledienste sind u. a.:

Steve's Shuttle (☎ 0800 101 021; www.steveshuttle.co.nz; Fahrt ins Zentrum 18 NZ$, jede weitere Pers. 5 NZ$; ⏲ 3–18 Uhr)

Super Shuttle (☎ 0800 748 885; www.supershuttle.co.nz; Fahrt ins Zentrum 19 NZ$, jede weitere Pers. 5 NZ$; ⏲ 24 Std.)

ÖFFENTLICHE VERKEHRSMITTEL

Christchurchs Busnetz **Metro** (☎ 03-366 8855; www.metroinfo.co.nz) ist preisgünstig und effizient. Die meisten Busse fahren von der **Central Station** (Karte S. 520; 46-50 Lichfield St). Fahrpläne erhält man im i-SITE oder am Informationsschalter an der Central Station. Fahrkarten (Erw./Kind 3,50/1,80 NZ$) kann man im Bus kaufen; sie gelten zwei Stunden und erlauben einmaliges Umsteigen. Mit einer Metrocard fährt man unbegrenzt zwei Stunden/einen Tag für 2,50/5 NZ$, aber die Karten kosten 10 NZ$ und müssen zusätzlich mit mindestens noch einmal 10 NZ$ aufgeladen werden.

TAXI

Blue Star (☎ 03 379 9799; www.bluestartaxis)

First Direct (☎ 0800 505 555; www.firstdirect.net.nz)

Gold Band (☎ 0800 379 5795; www.goldbandtaxis.co.nz)

RUND UM CHRISTCHURCH

Lyttelton

2860 EW.

Südöstlich von Christchurch liegen die markanten Port Hills, die zum Hafen der Stadt, Lyttelton Harbour, hin abfallen. Hier gingen 1850 Christchurchs erste europäische Siedler an Land und begannen ihren historischen Marsch über die Hügel. Heute geht die Reise dank des 2 km langen Straßentunnels erheblich schneller.

Lyttelton wurde von den Erdbeben der Jahre 2010 und 2011 schwer getroffen; viele der historischen Gebäude an der London St mussten danach abgetragen werden. Lyttelton konnte aber schnell wieder zu einer der interessantesten Gemeinden Christchurchs werden. Die künstlerisch aufgeschlossene Boheme-Atmosphäre ist stärker denn je, und der Ort ist wieder zu einer Anlaufstelle mit guten Bars, Cafés und Restaurants geworden. Es lohnt sich, mit dem Bus aus Christchurch zu kommen und in die lokale Szene einzutauchen, ganz besonders am Sonnabendvormittag, wenn buntes Markttreiben herrscht.

Von Lyttelton aus fahren Fähren von **Black Cat** (☎ 03-384 0621; www.blackcat.co.nz; B Jetty, Lyttelton Wharf) zur Quail Island (Erw./Kind hin & zurück 25/13 NZ$, nur Okt.–April) und zum verschlafenen Diamond Harbour (Erw./Kind einfache Strecke 6,20/3,10 NZ$).

Essen

Lyttelton Farmers' Market MARKT $

(www.lyttelton.net.nz; London St; ⏲ Sa 10–13 Uhr) Jeden Samstagvormittag weichen die Autos in Lytteltons Hauptstraße den Marktständen. Hier kann man sich wunderbar mit Obst und Gemüse eindecken, aber daneben gibt es auch viele Backwaren und warmes Essen. Gleich um die Ecke gibt's gleichzeitig an der Grundschule einen Trödelmarkt.

Samo Lyttelton CAFÉ $

(www.samo.co.nz; 3 Canterbury St; Hauptgerichte 9–19 NZ$; ⏲ 8–15.30 Uhr) Nach der Zerstörung der Lyttelton Coffee Company, einer lokalen Institution, haben einige ehemalige Angestellte dieses improvisierte Café in einer Garage um die Ecke eröffnet. Vielleicht verschwindet es wieder, wenn das LCC in der London St wieder eröffnet, einstweilen aber ist es das beste Café vor Ort.

Freemans ITALIENISCH, BAR $$

(☎ 03-328 7517; www.freemansdiningroom.co.nz; 47 London St; Hauptgerichte morgens 15–18 NZ$, mittags 22–25 NZ$, abends 22–37 NZ$; ⏲ Mo–Fr 15 Uhr–open end, Sa & So 10 Uhr–open end) Das Freemans serviert frische Pasta, erstklassige Pizzas und Biere aus der Christchurcher Brauerei Three Boys. Man schnappt sich einen Platz auf der Terrasse und genießt den wundervollen Blick auf den Hafen. Sonntags gibt's ab 15 Uhr ein Jazzkonzert.

Fisherman's Wharf MEERESFRÜCHTE $$

(www.fishermanswharf.net.nz; 39 Norwich Quay; Hauptgerichte 14–29 NZ$; ⏲ Fr–So 11.30–20 Uhr)

Teils Freiluftbar, teils leckeres Fish-and-Chips-Lokal – das Fisherman's Wharf ist prima für ein kaltes Bier und schmackhafte Meeresfrüchte. Am besten wählt man den – auf vier Arten zubereiteten – Fisch des Tages und schaut zu, was sich in dem rauen Hafen so tut.

Ausgehen & Nachtleben

Wunderbar BAR

(www.wunderbar.co.nz; 19 London St, Eingang vom Parkplatz hinten; Mo–Fr 17–2, Sa & So 13–3 Uhr) Das Wunderbar ist ein erstklassiger Ort, um Neuseelands interessantere Bands zu erleben, raubeinigen Rock genauso wie Dub am frühen Morgen. Schon allein die schrille Deko lohnt den Abstecher nach Lyttelton.

Porthole BAR

(www.portholebar.co.nz; Ecke Canterbury & London St; 11–1 Uhr;) Das Porthole ist eine weitere schrille Version einer Bar in einem schlichten Container. In dem gut besuchten Innenraum werden regionale Weine und Biere aus neuseeländischen Kleinbrauereien ausgeschenkt, während entspannte Einheimische draußen auf der Terrasse abhängen. An den meisten Abenden gibt's Livemusik.

Praktische Informationen

Lyttelton Visitor Information Centre (03-328 9093; www.lytteltonharbour.info; 20 Oxford St; 10–16 Uhr)

An- & Weiterreise

Die Busse 28 und 535 fahren von Christchurch nach Lyttelton (Erw./Kind 3,50/1,80 NZ$, 25 Min.). Zum Zeitpunkt der Recherchen waren die Summit Rd nach Christchurch und die Straße nach Sumner gesperrt.

Governors Bay

870 EW.

Von Lyttelton führt die Hafenstraße westwärts auf malerischen 9 km ins hübsche Governors Bay, wo es ein paar gute Lokale fürs Mittagessen gibt. Wenn man weiterfährt, erreicht man schließlich die Banks Peninsula – diese gewundene Straße ist länger, aber idyllischer als die SH75.

Schlafen & Essen

Governors Bay Hotel PUB $$

(03-329 9433; www.governorsbayhotel.co.nz; 52 Main Rd; DZ 110–160 NZ$, Hauptgerichte 18–33 NZ$; 11 Uhr–open end;) Der von 1870 stammende Pub gehört zu den ältesten in Neuseeland, die immer noch in Betrieb sind. Er besitzt eine einladende Terrasse, auf der man nachmittags fein etwas trinken kann, und auch die klassischen Pubgerichte sind ausgezeichnet. Im Obergeschoss gibt's schick renovierte Zimmer mit Gemeinschaftsbädern.

She Chocolat CAFÉ $$

(03-329 9825; www.shechocolat.com; 79 Main Rd; Hauptgerichte 13–20 NZ$; 10–16 Uhr) Das esoterische Café verbindet ausgezeichnetes Essen mit einem tollen Ausblick. Schokolade hat sich hier tief in der Speisekarte eingegraben und findet ihren Weg in Porridge, Kumara-Kuchen und Reiswaffelrollen. Schließlich gibt's auch noch Trüffel zum Kaffee.

Banks Peninsula

3050 EW.

Die prächtige Banks Peninsula (Horomaka) entstand durch zwei gewaltige Vulkanausbrüche vor rund 8 Mio. Jahren. Um das Zentrum der Halbinsel gruppieren sich Häfen und Buchten, durch die sie eine ungewöhnliche Zahnradform erhalten hat. Die historische Ortschaft **Akaroa**, 80 km von Christchurch entfernt, ist ein Highlight – genau wie die unglaublich schöne Fahrt auf der Summit Rd um den Rand eines der uralten Krater. Auch die kleinen Buchten, die den Rand der Halbinsel säumen, sind lohnende Ziele.

In den Gewässern rund um die Banks Peninsula lebt die kleinste und seltenste Art der Delfine: der nur in den neuseeländischen Gewässern vorkommende Hector-Delfin. In Akaroa starten diverse Touren zur Beobachtung dieser und weiterer Meeresbewohner, z.B. Weißflossenpinguine (eine Variante des Zwergpinguins), Schwertwale und Neuseeländische Seebären.

Akaroa („Langer Hafen" auf Maori) war die Stätte der ersten französischen Ansiedlung auf Neuseeland, und die Nachkommen der französischen Siedler leben heute noch hier. Das charmante Dorf versucht, bis hin zu den Namen der Straßen und Häuser die Atmosphäre eines französischen Provinzstädtchens zu schaffen. Die verschlafene Ruhe wird gelegentlich unterbrochen, wenn riesige Kreuzfahrtschiffe mit Besuchermassen hier anlegen. Vor den Erdbeben taten sie das in Lyttelton Harbour, doch Akaroa ist schnell zu einem beliebten Ausweichziel geworden. Selbst wenn Lyttelton wieder auf

Banks Peninsula

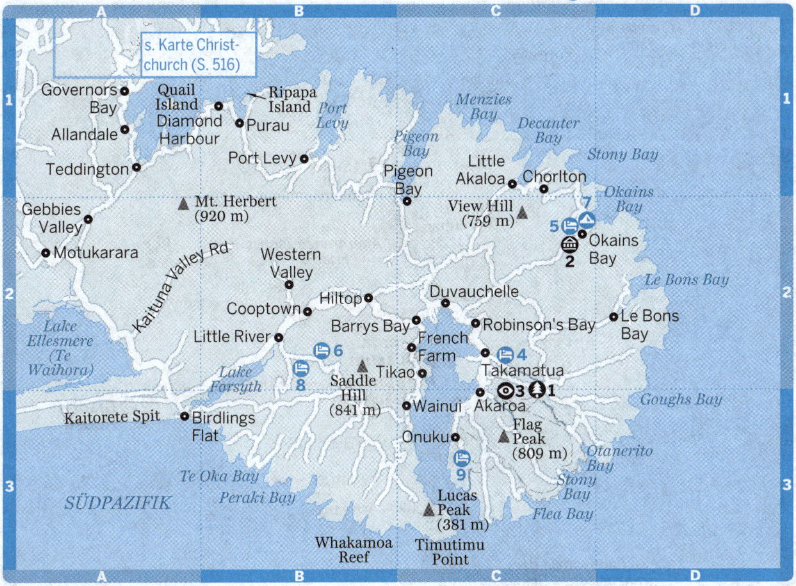

die Beine gekommen ist, werden die Schiffe nur ungern abziehen.

Geschichte

James Cook sichtete die Halbinsel 1770. Er hielt sie für eine Insel und benannte sie nach dem Naturforscher Sir Joseph Banks.

1831 wurde Onawe, ein *pa* (Wehrdorf) der ortsansässigen Ngai Tahu, vom Stamm der Ngati Toa unter deren Häuptling Te Rauparaha angegriffen. Bei den anschließenden Massakern wurden die Ngai Tahu stark dezimiert. Sieben Jahre später handelte der Walfänger Jean Langlois den Kauf der Banks Peninsula mit den Überlebenden aus. Der Kapitän reiste daraufhin nach Frankreich zurück, um eine Handelsgesellschaft zu gründen. Mit Unterstützung der französischen Regierung brachen 63 Siedler zu der Halbinsel auf (1840), aber wenige Tage vor ihrer Ankunft erreichte ein britisches Kriegsschiff, das die alarmierten britischen Beamten ausgeschickt hatten, Akaroa. Die Briten hissten dort ihre Flagge und erhoben unter Berufung auf den Vertrag von Waitangi Anspruch auf das Gebiet. Wären die Siedler zwei Jahre früher angekommen, hätte die gesamte Südinsel zu einer französischen Kolonie werden und die Geschichte Neuseelands einen ganz anderen Verlauf nehmen können.

Banks Peninsula

Sehenswertes

1 Hinewai Reserve C3
2 Okains Bay Maori & Colonial Museum C2
3 Tree Crop Farm C3

Schlafen

4 Coombe Farm C2
5 Double Dutch C2
6 Little River Campground B2
7 Okains Bay Camping Ground C2
8 Okuti Garden B2
9 Onuku Farm Hostel C3

Die Franzosen siedelten sich trotzdem in Akaroa an, doch 1849 wurden ihre Landtitel an die New Zealand Company verkauft, und 1850 kam eine große Gruppe britischer Siedler. Das bewaldete Gebiet wurde gerodet, und schon bald wurde die Landwirtschaft zum wichtigsten Wirtschaftszweig der Halbinsel.

Sehenswertes

Akaroa

★ Giant's House GARTEN
(Karte S. 538; www.thegiantshouse.co.nz; 68 Rue Balguerie; Erw./Kind 20/10 NZ$; Jan.–April

Akaroa

12–17 Uhr, Mai–Dez. 14–16 Uhr) Noch immer arbeitet die hiesige Künstlerin Josie Martin mit viel Liebe an dieser spielerisch-skurrilen Kombination aus Skulpturen und Mosaik-Kaskaden, die sich über einen Hügel oberhalb von Akaroa ergießen. Die komplizierten Collagen aus Spiegeln, Fliesen und Porzellanscherben erinnern an Gaudí und Miró und überall gibt es wundersame Nischen und Winkel zu entdecken. Gemälde und Skulpturen stellt Martin auch im hübschen, 1880 erbauten Haus aus, in dem früher Akaroas erster Bankdirektor residierte.

★ Akaroa Museum — MUSEUM

(Karte S. 538; www.akaroamuseum.org.nz; Ecke Rue Lavaud & Rue Balguerie; Erw./Kind 4/1 NZ$; ⏲10.30–16.30 Uhr) Zum sehenswerten Akaroa Museum gehören mehrere historische Gebäude, darunter das alte Gericht, das kleine Zollhaus von 1858 an der Daly's Wharf und eines der ältesten Häuser Neuseelands, das Langlois-Eteveneaux. Einige interessante Ausstellungsstücke sind der einst bedeutsamen Maoribevölkerung der Insel gewidmet. Außerdem gibt's ein Gerichtssaal-Diorama und eine 20-minütige Videovorführung zur Geschichte der Halbinsel.

St. Patrick's Catholic Church — KIRCHE

(Karte S. 538; www.akaroacatholicparish.co.nz; 29 Rue Lavaud; ⏲8–20 Uhr) Akaroas niedliche katholische Kirche, deren Dachkanten mit ausgezahnten Verzierungen besetzt sind, wurde 1865 erbaut und ersetzte eine ältere, die ein Sturm niedergerissen hatte. Die reichen Buntglasfenster wurden aus Stuttgart importiert.

Tree Crop Farm — GARTEN

(Karte S. 537; ☎03-304 7158; www.treecropfarm.com; Rue Grehan; Eintritt 5 NZ$; ⏲nur bei gutem Wetter 10–16 Uhr; 📶) Der kuriose private Wildgarten, der locker dem Vorbild von Renoirs Garten folgt, hat verzweigte, überwucherte Wege. Auf der verfallenen Veranda des Hauses macht man es sich auf mit

Akaroa

Highlights
1 Akaroa Museum ... B2
2 Giant's House ... D3

Sehenswertes
3 St. Patrick's Catholic Church ... C1

Aktivitäten, Kurse & Touren
4 Akaroa Adventure Centre ... B2
5 Akaroa Cooking School ... B4
6 Akaroa Dolphins ... B4
7 Akaroa Sailing Cruises ... A4
8 Black Cat Cruises ... A4
9 Captain Hector's Sea Kayaks ... B4
10 Coast Up Close ... B4
11 Fox II Sailing ... B2

Schlafen
12 Beaufort House ... C1
13 Bon Accord ... B2
14 Chez la Mer ... B2
15 La Rochelle ... B1
16 Maison de la Mer ... B3
17 Tresori Motor Lodge ... B4

Essen
18 Akaroa Fish & Chips ... B4
Bully Hayes ... (siehe 18)
19 Little Bistro ... B2
20 Trading Rooms ... B4
21 Vangionis ... B2

Ausgehen & Nachtleben
22 Harbar ... B3

Unterhaltung
23 Akaroa Cinema & Café ... B4

Shoppen
24 Artisans' Gallery ... B2

Schaffellen bedeckten Sofas bequem. In den sogenannten „Bohemian Love Shacks", zu denen jeweils ein mit Holz beheiztes Bad im Freien gehört, findet man rustikale, romantische Unterkunft (DZ 200–250 NZ$) .

Andere Gebiete

Okains Bay Maori & Colonial Museum MUSEUM
(Karte S. 537; www.okainsbaymuseum.co.nz; 1146 Okains Bay Rd; Erw./Kind 10/2 NZ$; 10–17 Uhr) Das Museum befindet sich nordöstlich von Akaroa. Seine Sammlung umfasst Artefakte der frühen europäischen Siedler und der Maori, darunter die Nachbildung eines Versammlungshauses, einen heiligen Götterstab aus dem 15. Jh. und ein Kriegskanu.

Hinewai Reserve WALD
(Karte S. 537; Long Bay Rd) Das in Privatbesitz befindliche, mit hier heimischen Bäumen aufgeforstete 10,5 km² große Naturschutzgebiet vermittelt einen Eindruck davon, wie die Halbinsel einst aussah. Im Visitor Centre gibt's eine Broschüre, die das 15 km große Wanderwegenetz beschreibt.

Aktivitäten

Die Touristeninformation hat Infos und Broschüren zu Wanderungen auf der Halbinsel, darunter auch über den dreistündigen **Akaroa Historic Area Walk**, auf dem man die alten Holzhäuser und Kirchen bewundert, die Akaroa prägen. Es gibt auch Audioguides für die, die alleine losziehen wollen (10 NZ$).

Banks Peninsula Track WANDERUNG
(06-304 7612; www.bankstrack.co.nz; 2/4 Tage ab 150/230 NZ$; Okt.–April) Der privat angelegte und unterhaltene, 35 km lange Wanderweg führt an der dramatischen Küste östlich von Akaroa durch Farmland und Wälder. Im Preis inbegriffen sind der Transport ab Akaroa und die Unterbringung in Hütten. Die zweitägige Wanderung umfasst ebenfalls die Gesamtstrecke, die man nur entsprechend schneller absolviert.

Fox II Sailing SEGELN
(Karte S. 538; 0800 369 7245; www.akaroafoxsail.co.nz; Daly's Wharf; Erw./Kind 75/30 NZ$; Abfahrt Jan.–Mai 10.30 & 13.30 Uhr) Bei einer Fahrt mit Neuseelands ältestem Gaffelsegler genießt man die Landschaft, beobachtet Meerestiere und kann selbst mit Hand anlegen.

Akaroa Sailing Cruises SEGELN
(Karte S. 538; 0800 724 528; www.aclasssailing.co.nz; Main Wharf; Erw./Kind 75/38 NZ$) 2½-stündiger aktiver Segeltörn an Bord einer prächtigen A-Class-Yacht von 1946.

Akaroa Guided Sea Kayaking Safari KAJAKFAHREN
(021 156 4591; www.akaroakayaks.com; 3 Std./halber Tag 125/159 NZ$) Frühaufsteher paddeln bei der dreistündigen „Sunrise Nature Safari" um 7.30 Uhr los. Wer ausschlafen will, kann sich dem „Bays & Nature Paddle" um 11.30 Uhr anschließen. Eine größere Herausforderung ist die halbtägige „Try Sea Kayaking Experience".

Akaroa Adventure Centre KAJAKFAHREN, RADFAHREN
(Karte S. 538; ☎03-304 8709; 74a Rue Lavaud; ⌚9–18 Uhr) Vermietet Seekajaks (20/60 NZ$ pro Std./Tag), Fahrräder (15 NZ$/Std.), Angelruten (10 NZ$/Tag) und Surfbretter (28 NZ$/Tag).

Captain Hector's Sea Kayaks KAJAKFAHREN, KANUFAHREN
(Karte S. 538; ☎03-304 7866; Beach Rd) Vermietet Kajaks (45 NZ$/Tag), Kanus (20 NZ$/Std.), Tretboote (30 NZ$/Std.) und Waterbikes (35 NZ$/Std.).

Kurse

Akaroa Cooking School KOCHKURS
(Karte S. 538; ☎021 166 3737; www.akaroacooking.co.nz; 81 Beach Rd; 210 NZ$/Pers.) Im Angebot sind der beliebte Kochkurs „Gourmet in a Day" (10–16 Uhr) sowie gelegentliche spezielle Grill-Kochkurse. Jeder Kurs endet mit dem Verspeisen der selbst zubereiteten Gerichte mit einem Glas Wein aus der Region. Gelegentlich wagt sich die Schule auch an die Küchen anderer Länder, z. B. die thailändische, französische oder italienische; die Termine stehen auf der Website.

Geführte Touren

Pohatu Plunge TOUR
(☎03-304 8552; www.pohatu.co.nz) Das Unternehmen veranstaltet abendliche Touren zu einer Kolonie von Weißflossen-Zwergpinguinen (Erw./Kind 70/55 NZ$). Diese sind in der Brutsaison (Aug.–Jan.) besonders lohnend, aber das ganze Jahr über möglich. Angeboten werden auch Ausflüge in die Natur mit Seekajaks oder Geländewagen (jeweils Erw./Kind 90/65 NZ$) und der Option, in einem abgelegenen Cottage zu übernachten.

Akaroa Farm Tours TOUR
(☎03-304 8511; www.akaroafarmtours.com; Erw./Kind 80/50 NZ$) Die 2½-stündigen Touren starten an der Touristeninformation und führen zu einer Farm in den Hügeln in der Nähe der Paua Bay, wo es eine Schafschurdemonstration, Spaß mit Hütehunden, Gartenspaziergänge und hausgemachte Scones gibt.

Akaroa Dolphins BOOTSTOUR
(Karte S. 538; ☎03-304 7866; www.akaroadolphins.co.nz; 65 Beach Rd; Erw./Kind 74/35 NZ$; ⌚ganzjährig 12.45 Uhr, Okt.–April zusätzlich 10.15 & 15.15 Uhr) Zweistündige Bootsfahrten zur Naturbeobachtung mit einem kostenlosen Getränk und hausgemachtem Backwerk. Unbedingt Murphy, den klugen Spürhund, von uns grüßen. Über den gibt's sogar ein Bilderbuch für Kinder, das im Büro von Akaroa Dolphins zu haben ist.

Black Cat Cruises BOOTSTOUR
(Karte S. 538; ☎03-304 7641; www.blackcat.co.nz; Main Wharf; Bootsfahrt zur Naturbeobachtung Erw./Kind 72/30 NZ$, Schwimmen mit Delfinen 145/120 NZ$) Neben zweistündigen Bootsfahrten in die Natur veranstaltet Black Cat auch dreistündiges Schwimmen mit Delfinen. Neoprenanzug und Schnorchelausrüstung werden gestellt, ebenso die anschließende warme Dusche an Land. Zuschauer können mitkommen (Erw./Kind 75/35 NZ$), aber pro Tour können nur 12 Personen mit den Delfinen schwimmen, daher vorab reservieren! Die Touren haben eine Erfolgsrate von 98 % bei der Sichtung von Delfinen. Beim Schwimmen mit den Tieren sind es noch 81 % – wenn das Schwimmen nicht möglich ist, werden 50 NZ$ vom Preis zurückerstattet.

Coast Up Close BOOTSTOUR
(Karte S. 538; ☎0800 126 278; www.coastupclose.co.nz; Main Wharf; Erw./Kind ab 70/25 NZ$; ⌚Abfahrt 10.15 & 13.45 Uhr) Bootsausflüge mit dem Schwerpunkt auf Tierbeobachtung. Auch Angeltouren lassen sich vereinbaren.

Tuatara Tours WANDERTOUR
(☎03-962 3280; www.tuataratours.co.nz; 1575 NZ$/Pers.; ⌚Nov.–April) Auf dem geführten **Akaroa Walk** braucht man nur sein Tagesgepäck zu schleppen. Die entspannte, 46 km lange, drei Tage dauernde Wanderung führt von Christchurch über Diamond Harbour nach Akaroa. Im Preis inbegriffen sind die gute Unterkunft und leckeres Essen.

Eastern Bays Scenic Mail Run BUSTOUR
(☎03-304 8526; Tour 70 NZ$; ⌚Mo–Fr 9 Uhr) Traveller können die Postler bei ihrer fünfstündigen Auslieferungstour begleiten. Der Kleinbus startet am Besucherinformationszentrum zu der 120 km langen Rundfahrt, bei der man abgelegene Gemeinden und Buchten besucht. Da es nur acht Plätze gibt, ist reservieren dringend geboten!

Feste & Events

French Fest ESSEN & WEIN
(www.frenchfest.co.nz) Dieses gallisch inspirierte Beisammensein hat seinen Schwerpunkt auf Kulinarischem, Wein, Musik und Kunst gelegt. Bloß nicht verpassen (oder drauftreten): *Le Race D'Escargots*, ein Wettlauf von

glitschigen, bestens trainierten Schnecken. Auch französische Kellner liefern sich ein Wettrennen. Das Fest findet im Oktober (in ungeraden Jahren) statt.

Schlafen

Akaroa

Chez la Mer HOSTEL $

(Karte S. 538; 03-304 7024; www.chezlamer.co.nz; 50 Rue Lavaud; B 28–31 NZ$, Zi. mit/ohne Bad 83/73 NZ$;) Das hübsche und freundliche rosa Hostel hat gepflegte Zimmer und einen schattigen Garten mit Fischteichen, Hängematten, Sitzbereichen und Grillplatz. TVs gibt es nicht, aber Fahrräder und Angelruten werden kostenlos verliehen.

Bon Accord HOSTEL $

(Karte S. 538; 03-304 7782; www.bon-accord.co.nz; 57 Rue Lavaud; B/EZ/DZ ab 27/63/69 NZ$;) Das farbenfrohe, aber etwas schäbige Hostel verteilt sich über zwei benachbarte Häuser im Zentrum. Zum Entspannen gibt's eine Terrasse und zwei gemütliche Lounges, im Kräutergarten kann man auf kulinarische Entdeckungsreise gehen.

La Rochelle MOTEL $$

(Karte S. 538; www.larochellemotel.co.nz; 1 Rue Grehan; DZ 140 NZ$;) Das zentral gelegene La Rochelle hat eine Reihe ordentlicher, kompakter Motelzimmer zu vernünftigen Preisen. Zu jedem gehört eine kleine, halbprivate Terrasse oder ein Balkon. Bei den einen ist das Schlafzimmer größer und das Bad kleiner, bei den anderen ist es umgekehrt.

Tresori Motor Lodge MOTEL $$

(Karte S. 538; 03-304 7500; www.tresori.co.nz; Ecke Rue Jolie & Church St; DZ 155–205 NZ$;) Das Motel vermietet zwölf saubere und schicke Zimmer. Alle haben eine Kochnische, da aber Akaroas Uferstreifen mit seinen Cafés und Restaurants ganz in der Nähe liegt, wird man sie wohl kaum nutzen.

★ **Maison de la Mer** B&B $$$

(Karte S. 538; 03-304 8907; www.maisondelamer.co.nz; 1 Rue Benoit; Zi. 475–550 NZ$;) In Frankreich würde man dieses schöne Holzhaus wohl der Belle Époque zurechnen, da es aber in Akaroa steht, nennen wir es edwardianisch. In jedem Fall ist dieses Luxus-B&B einfach *magnifique*. Die beiden Zimmer im Haupthaus verströmen französisches Flair, während sich das geräumige Bootshaus nautisch gibt. Alle Zimmer bieten eine herrliche Aussicht.

Beaufort House B&B $$$

(Karte S. 538; 03-304 7517; www.beauforthouse.co.nz; 42 Rue Grehan; Zi. 350 NZ$) Versteckt hinter einem prächtigen Garten an einer ruhigen Straße liegt dieses hübsche Wohnhaus von 1898, das in ein luxuriöses B&B umgewandelt wurde. Drei der vier Zimmer haben ein angeschlossenes Bad, das vierte zum Ausgleich ein großes eigenes Bad mit Klauenfuß-Badewanne am Korridor gleich gegenüber.

Okains Bay

★ **Double Dutch** HOSTEL $

(Karte S. 479; 03-304 7229; www.doubledutch.co.nz; 32 Chorlton Rd; B/EZ 30/60 NZ$, DZ mit/ohne Bad 80/74 NZ$;) Das relaxte Hostel inmitten von Weideland an einer abgeschiedenen Flussmündung wäre schick genug, um als B&B durchzugehen, schont aber die Reisekasse. Ein Gemischtwarenladen und ein Strand sind zu Fuß erreichbar. In der luxuriösen Küche kann man sich aus selbst mitgebrachten Zutaten etwas Schönes zubereiten.

Okains Bay Camping Ground CAMPING $

(Karte S. 537; 03-304 8789; www.okainsbaycamp.co.nz; 1162 Okains Bay Rd; Stellplatz Erw./Kind 12/6 NZ$) Der schlichte Campingplatz befindet sich auf einem mit Kiefern bewachsenen Grundstück direkt am Strand. Die Einrichtungen beschränken sich auf Küchen, Toiletten und Münzduschen mit Warmwasser. Die Gebühr bezahlt man in dem Haus am Eingang des Campingplatzes.

Little River

Okuti Garden ÖKO-UNTERKUNFT $

(Karte S. 537; 03-325 1913; www.okuti.co.nz; 216 Okuti Valley Rd; pro Erw./Kind $40/20;) Die familiäre Öko-Unterkunft ist abgefahren, aber rundum freundlich. Man kann in einem Tipi, einer mongolischen Jurte, einem Wohnwagen, einer Lehmziegelhütte oder im Bauernhaus übernachten. Es gibt ein vegetarisches Frühstück (20 NZ$) und frische Kräuter werden gestellt, sodass man seiner kulinarischen Kreativität in der Gemeinschaftsküche freien Lauf lassen kann.

Little River Campground FERIENPARK $

(Karte S. 537; 03-325 1014; www.littlerivercampground.co.nz; 287 Okuti Valley Rd; Stellplatz ab 17 NZ$, Hütte 40–110 NZ$) Die Unterkünfte auf diesem großen Familiencampingplatz reichen von grasbewachsenen Stellplätzen bis zu rustikalen Hütten voller Kiwi-Kitsch. Nette Extras für Kinder sind Lagerfeuer, eine Schlammrutsche und eine natürliche Badestelle am Fluss.

Andere Gebiete

★ Halfmoon Cottage HOSTEL $

(☎03-304 5050; www.halfmoon.co.nz; SH75; B/EZ/DZ 30/53/78 NZ$; ⏲Juni–Sept. oft geschl.; 📶) Das hübsche Cottage im 12 km von Akaroa entfernten Barrys Bay ist ein netter Ort, um ein paar Tage faul auf den großen Veranden oder in einer Hängematte im Garten zu dösen. Die Zimmer sind freundlich dekoriert, und man kann die Gegend per Fahrrad oder Kajak erkunden. Bei unserem Besuch stand das Hostel zum Verkauf, deswegen unbedingt vorher anrufen.

Onuku Farm Hostel HOSTEL $

(Karte S. 537; ☎03-304 7066; www.onuku.co.nz; Hamiltons Rd, Onuku; Stellplatz ab 15 NZ$, B/DZ ab 28/66 NZ$; ⏲Okt.–April; @📶) Das Hostel befindet sich hübsch abgeschieden auf einer Schaffarm 6 km südlich von Akaroa. Es besteht aus einem grasbewachsenen Campinggelände und schlichten, ordentlichen Zimmern in einem Bauernhaus. Wer es intimer mag und dazu einen atemberaubenden Blick aufs Meer haben will, entscheidet sich für eines der beiden Zimmer in der neu gebauten Tonga Hut (80 NZ$). Die Besitzer bieten auch Schwimmen mit Delfinen (100 NZ$) und Kajaktouren (50 NZ$) an.

Coombe Farm B&B $$

(Karte S. 537; ☎03-304 7239; www.coombefarm.co.nz; 18 Old Le Bons Track, Takamatua Valley; DZ 160–180 NZ$; 📶) Hier kann man zwischen der intimen und romantischen Shepherd's Hut – mit eigenem Bad im Freien – oder einer Unterkunft im historischen Farmhaus wählen, das jetzt liebevoll restauriert und mit interessanter zeitgenössischer Kunst und asiatischen Antiquitäten ausgeschmückt wurde. Nach dem Frühstück kann man den privaten Forst der Farm erkunden und auf dem hübschen Weg am Bach spazieren gehen.

Essen & Ausgehen

Barrys Bay Cheese KÄSEREI $

(☎03-304 5809; www.barrysbaycheese.co.nz; Christchurch-Akaroa Rd; Käse 7–11 NZ$; ⏲9–17 Uhr) Nahe der Stelle, an der die Hauptstraße, 12 km außerhalb von Akaroa, den Akaroa Harbour erreicht, lockt diese einladende Käserei mit ihrem selbst hergestellten Cheddar, Maasdamer und Gouda. Für einen spontanen Snack am Meer gibt's auch Cracker und Chutney.

Akaroa Fish & Chips FISH & CHIPS $

(Karte S. 538; 59 Beach Rd; Hauptgerichte 6–19 NZ$; ⏲11–20 Uhr) Man holt sich seine Portion zum Mitnehmen und setzt sich ans Meer oder schnappt sich einen Tisch und verwöhnt sich dort mit Blue Cod (eine Sandbarschart), Muscheln, Austern und den anderen frittierten maritimen Köstlichkeiten. So oder so muss man dabei ein Auge auf die hungrigen Katzen und Möwen haben.

Vangionis ITALIENISCH $$

(Karte S. 538; ☎03-304 7714; www.vangionis.co.nz; 40f Rue Lavaud; Tapas 7–19 NZ$, Hauptgerichte 25–39 NZ$; ⏲Mi–So 17–22 Uhr) In dieser Trattoria nach toskanischer Art stehen Pizzas mit dünnem Boden, Vorspeisen, Pasta sowie Biere und Weine aus der Canterbury-Region auf dem Programm. Man sollte versuchen, einen Tisch in dem hübschen Hof voller Olivenbäume und Lavendelsträucher zu bekommen. Es gibt auch Pizza zum Mitnehmen.

Bully Hayes CAFÉ $$

(Karte S. 538; www.bullyhayes.co.nz; 57 Beach Rd; Hauptgerichte morgens 16–22 NZ$, mittags 19–26 NZ$, abends 24–42 NZ$; ⏲8–21 Uhr; 📶) Das nach einem weit herumgekommenen US-amerikanischen Freibeuter benannte Café ist Akaroas beste Adresse in Sachen Frühstück. Die Nachmittagssonne lockt Besucher zu Burgern und frischen Meeresfrüchten in den abgeschirmten Hof, wo sie dann bei Monteith's-Bieren und Weinen aus der Region gern länger verweilen.

★ Little Bistro FRANZÖSISCH $$$

(Karte S. 538; ☎03-304 7314; www.thelittlebistro.co.nz; 33 Rue Lavaud; Hauptgerichte 28–40 NZ$; ⏲Di–Sa 17 Uhr–open end) *Très petite, très chic* und ausgesprochen lecker: Klassischen Bistrogerichten wird hier mit regionalen Meeresfrüchten, Weinen von der Südinsel und Bier aus Kleinbrauereien der Region Canterbury stolz eine neuseeländische Note gegeben. Die Karte ändert sich saisonal, aber beliebte Gerichte wie Krustenbraten vom Lamm oder Terrine mit Akaroa-Lachs stehen eigentlich immer darauf.

Trading Rooms FRANZÖSISCH $$$

(Karte S. 538; ☎03-304 7656; www.thetradingrooms.co.nz; 71 Beach Rd; Hauptgerichte mittags

18–29 NZ$, abends 32–38 NZ$; ⌚Do–Mo 10–15, Fr–Mo 17–22 Uhr) Akaroas teuerstes Restaurant hat eine eindrucksvolle Lage in der Ladenzeile am Ufer. Man schnappt sich einen Platz an einem der kleinen Marmortische und labt sich z.B. an Schnecken, Muscheln, Terrine, französischer Zwiebelsuppe oder Cassoulet. Mittags geht's nicht ganz so französisch zu; dann stehen auch Burger und spanische Tortillas auf der Karte.

Harbar BAR, CAFÉ
(Karte S. 538; www.harbar.co.nz; 83 Rue Jolie; ⌚10–21.30 Uhr) Die perfekte Lage am Ufer und rustikale Sitze draußen ergeben den idealen Ort für einen Sundowner in Akaroa. Es gibt auch Pizza und Fish and Chips.

☆ Unterhaltung

Akaroa Cinema & Café KINO
(Karte S. 538; ☎03-304 7678; www.cinecafe.co.nz; Ecke Rue Jolie & Selwyn Ave; Erw./Kind 15/13 NZ$; 📶) Im zugehörigen Café holt man sich ein Glas Wein und widmet sich dann einem Arthouse-Film, einem Filmklassiker oder einem ausländischen Streifen.

Shoppen

Artisans' Gallery KUNSTHANDWERK
(Karte S. 538; 45 Rue Lavaud; ⌚11–16 Uhr) Der niedliche kleine Laden bietet Arbeiten lokaler Kunsthandwerker, die mit Stoffen, Glas, Keramik oder Holz arbeiten.

ℹ Praktische Informationen

Akaroa Information Centre (Karte S. 538; ☎03-304 8600; www.akaroa.com; 120 Rue Jolie; ⌚9–17 Uhr) Infos zu geführten Touren, Aktivitäten und Unterkünften, zudem Postdienste.

ℹ An- & Weiterreise

Akaroa French Connection (☎0800 800 575; www.akaroabus.co.nz; einfache Strecke/hin & zurück 25/45 NZ$) Täglicher Shuttleservice von/nach Christchurch.

Akaroa Shuttle (☎0800 500 929; www.akaroashuttle.co.nz; einfache Strecke/hin & zurück 35/50 NZ$) Fährt einmal täglich und von November bis April zweimal täglich von/nach Christchurch.

NÖRDLICHES CANTERBURY

Von Kaikoura aus führt der SH1 nach Süden durch die Hundalee Hills in den Hurunui-Distrikt, der für seinen Wein und den Thermalkurort Hanmer Springs bekannt ist. Hier beginnen auch die Canterbury Plains, ein großes, flaches, stark von Landwirtschaft geprägtes Gebiet, das von auffällig verzweigten Flüssen durchschnitten wird. Im Westen grenzt das Gebiet an die Southern Alps. Von Westport oder Nelson aus führt der kürzeste Weg über die wunderschöne Lewis Pass Rd (SH7) quer durch das Gebirge.

Lewis Pass

Der Lewis Pass ist der nördlichste der drei Gebirgspässe, die die Westküste mit dem Osten verbinden. Mit 907 m ist er nicht so hoch und steil wie die beiden anderen (der Arthur's und der Haast Pass), und auch der Wald ist hier nicht so dicht. Er besteht hauptsächlich aus Roten und Silbernen Scheinbuchen, und an den Uferterrassen der Flüsse wachsen auch Kowhai-Bäume.

Das Gebiet bietet einige interessante Wanderwege, die vor einer Kulisse aus schneebedeckten Gipfeln, Seen, Bergseen und Flüssen durch den Scheinbuchenwald führen. Beliebt sind u.a. der **St. James Walkway** (66 km; 3–5 Tage) und die Wege durch den **Lake Sumner Forest Park**; Infos dazu finden sich in der Broschüre *Lake Sumner & Lewis Pass* (2 NZ$) des Department of Conservation (DOC). Es herrschen subalpine Witterungsbedingungen, darum sollte man in den Büchern der Hütten unbedingt eintragen, welchen Weg man einschlagen will.

Maruia Springs (☎03-523 8840; www.maruiasprings.co.nz; SH7; DZ 179–199 NZ$; ⌚Pools 8–19.30 Uhr; @📶) ist ein kleines, japanisch gestaltetes Thermalresort am Maruia River, 7 km westlich vom Lewis Pass, mit elegant-minimalistischen Unterkünften, einem Café mit Bar und einem japanischen Restaurant (morgens & abends). In die Thermalbecken (Erw./Kind 20/9 NZ$, Übernachtungsgäste frei), die aus einem nach Geschlechtern getrennten traditionellen japanischen Badehaus und Felsbecken im Freien bestehen, wird mit den schwarzen mineralischen Flocken der „Thermalblumen" versetztes Wasser gepumpt. Im Winter bei Schneefall ist das Baden geradezu magisch, im Sommer stören die Kriebelmücken. Auch Massagen (48/90 NZ$ für 30/60 Min.) und private Badehäuser (26 NZ$/45 Min.) werden angeboten.

Vom Lewis Pass windet sich der Highway 62 km nach Osten, bis die Abzweigung nach Hanmer Springs erreicht ist.

Hanmer Springs

843 EW.

Das von wie gemeißelt wirkenden Bergen umgebene Hanmer Springs ist der wichtigste Thermalkurort der Südinsel. Hier kann man sich entspannt verwöhnen – mit einem Bad in den Thermalquellen, gutem Essen und Anwendungen in dem Wellness-Komplex. Wem das zu einschläfernd ist, findet eine Reihe familienfreundliche Aktivitäten, darunter auch einige, die für einen Adrenalinstoß sorgen.

Sehenswertes & Aktivitäten

Wai Ariki Farm Park FARM, ZOO

(☎03-315 7772; www.waiariki-farmpark.co.nz; 108 Rippingale Rd; Erw./Kind 12/6 NZ$; ⊙Di–So 10–16 Uhr, tgl. während der Schulferien) Mit mehr Tieren als auf Dr. Dolittles Facebook-Seite ist Wai Ariki ein prima Erlebnis für Kinder. Man findet Lamas, tibetische Yaks, Kaninchen, Meerschweinchen und Ziegen. Viele der Tiere können von Hand gefüttert werden; für die Kleinen gibt es auch Ausritte (ab 50 NZ$). Die Eltern können sich unterdessen in der Kunsthandwerksgalerie umschauen oder sich in dem Café mit Schanklizenz erfrischen.

★**Hanmer Springs Thermal Pools** SPA

(☎03-315 0000; www.hanmersprings.co.nz; 42 Amuri Ave; Erw./Kind 20/10 NZ$, Schließfach 2 NZ$; ⊙10–21 Uhr) Nach einer Maori-Legende entstanden die Quellen, als nach einem Ausbruch des Mt. Ngauruhoe auf der Nordinsel hier Glut vom Himmel fiel. Der Haupt-Poolkomplex besteht aus einer Reihe großer Becken mit unterschiedlichen Temperaturen sowie kleineren, landschaftlich gestalteten Felsbecken, einem 25-m-Süßwasser-Langschwimmbecken mit angeschlossenem Whirlpool, privaten Thermalbecken (30 NZ$/30 Min.) und einem Café. Kinder aller Altersstufen lieben die Wasserrutschen und den rasanten Super Bowl Ride (eine Wildwasserrutsche; 10 NZ$).

Im angeschlossenen **Spa** (☎0800 873 529, 03-315 0029; www.hanmerspa.co.nz; ⊙10–19 Uhr) gibt es Massagen und Wellness-Anwendungen ab 75 NZ$. Wer die Einrichtungen des Spa nutzt, zahlt bei den Becken nur 12 NZ$ Eintritt.

Hanmer Forest Park WANDERN

Wanderer und Mountainbiker finden in dem 130 km² großen Waldgebiet um den Ort viel Bewegungsfreiheit. Der leichte Woodland Walk beginnt 1 km die Jollies Pass Rd hinauf und führt durch Anpflanzungen von

DIE MAORI IN CANTERBURY

Nur 14 % der Maori leben auf der Südinsel, davon aber die Hälfte in der Region Canterbury. Der erste größere Stammesverband, der sich hier ansiedelte, waren die Waitaha, die im 16. Jh. von den Ngati Mamoe unterworfen und aufgenommen wurden. Im folgenden Jahrhundert traf diese das gleiche Schicksal durch die Ngai Tahu (www.ngaitahu.iwi.nz), einen Stammesverband, dessen Ursprünge an der Ostküste der Nordinsel lagen.

1848 wurde der größte Teil der Region Canterbury an die Krone verkauft. Die Vereinbarung sah vor, dass ein Gebiet von rund 4 ha pro Person für den Stammesverband reserviert bleiben sollte, tatsächlich blieb ihm aber kaum die Hälfte davon. Mit so wenig Land konnten sich die Ngai Tahu nicht mehr selbst versorgen und erlitten starke finanzielle Einbußen. Erst 1997 wurde diese Ungerechtigkeit beendet: Der Stammesverband erhielt eine Entschuldigung der Krone und eine Entschädigung in Höhe von 170 Mio. NZ$. Teil der Vereinbarung war zudem, dass der wichtigste spirituelle Ort im Land ihrer Ahnen künftig offiziell die Maori-Bezeichnung als Namensbestandteil enthält: der Aoraki/Mt. Cook.

Heute gelten die Ngai Tahu als eine der großen Erfolgsgeschichten der Maori. Der Verband gilt als finanziell gut geführt, er gibt vernünftige Ratschläge zur Kulturförderung und besitzt gute wirtschaftliche Grundlagen in Form von Ländereien, Forsten, Fischereibetrieben und vielen angesehenen Tourismusunternehmen.

Es gibt viele Möglichkeiten, die Maori-Kultur in Canterbury kennenzulernen. Artefakte zeigen das Canterbury Museum (S. 517), das Akaroa Museum (S. 538), das Okains Bay Maori & Colonial Museum (S. 539) und das South Canterbury Museum (S. 557). Im Willowbank Wildlife Reserve (S. 522) gibt es den Nachbau eines Maori-Dorfs und abends eine Kulturvorführung. Weiter südlich in Timaru zeigt das Te Ana Maori Rock Art Centre (S. 557) interaktive Exponate und organisiert Führungen zu jahrhundertealten Felskunststätten.

Hanmer Springs

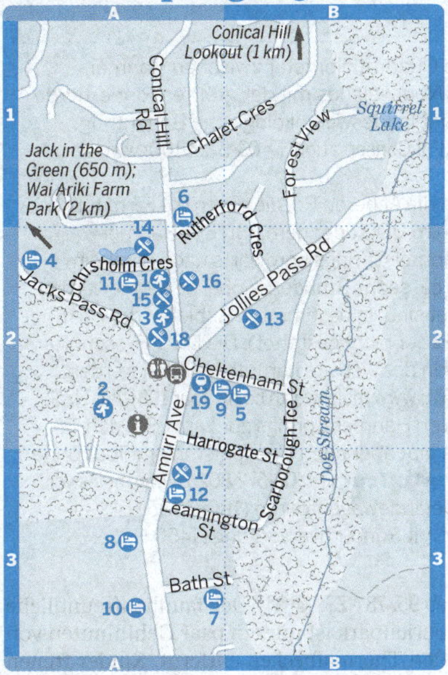

Hanmer Springs

Aktivitäten, Kurse & Touren

1 Hanmer Springs Adventure Centre ... A2
2 Hanmer Springs Thermal Pools ... A2
3 Thrillseekers Adventures ... A2

Schlafen

4 Chalets Motel ... A2
5 Cheltenham House ... B2
6 Hanmer Backpackers ... A1
7 Hanmer Springs Top 10 ... A3
8 Kakapo Lodge ... A3
9 Rosie's ... A2
10 Scenic Views ... A3
11 St. James ... A2
12 Tussock Peak Motor Lodge ... A3

Essen

13 Chantellini's ... B2
14 Coriander's ... A2
15 Hanmer Springs Bakery ... A2
16 Malabar ... A2
17 No. 31 ... A3
18 Powerhouse Cafe ... A2

Ausgehen & Nachtleben

19 Monteith's Brewery Bar ... A2

Douglasien, Pappeln und Mammutbäumen. Der Weg vereinigt sich dann mit dem Majuba Walk, der zum Conical Hill Lookout und von dort wieder zurück in den Ort führt (1½ Std.). Im i-SITE gibt's die Broschüre *Forest Park Walks* und eine Karte für Mountainbiker (jeweils 3 NZ$).

Thrillseekers Adventures ABENTEUERSPORT
(☎03-315 7046; www.thrillseekers.co.nz; Hanmer Springs Rd) Angeboten werden Bungee-Sprünge von einer 35 m hohen Brücke (169 NZ$), Jetboot-Touren durch die Waiau Gorge (Erw./Kind 115/60 NZ$), Wildwasser-Rafting (Klasse II–III) auf dem Waiau River (Erw./Kind 149/79 NZ$) und Quad-Fahrten (Erw./Kind 149/99 NZ$). Das Thrillseekers Adventure Centre liegt neben der Brücke nahe der Ausfahrt vom SH7, es gibt aber auch ein **Buchungsbüro** (☎03-315 7346; www.thrillseekers.co.nz; Conical Hill Rd; ⏲9–17 Uhr) im Ort (mit kostenlosem Internetzugang).

Hanmer Springs Adventure Centre ABENTEUERSPORT
(☎03-315 7233; www.hanmeradventure.co.nz; 20 Conical Hill Rd; ⏲8.30–17 Uhr) Angeboten werden Quad-Biken (ab 129 NZ$), Mountainbike-Shuttles auf die Passhöhe des Jack's Pass (115 NZ$), Tontauben- (35 NZ$) und Bogenschießen (35 NZ$). Das Unternehmen bucht auch Touren in die Gegend und vermietet Mountainbikes (ab 19/45 NZ$ pro Std./Tag), Angelruten (29 NZ$/Tag) sowie Ski- und Snowboard-Ausrüstung.

Hanmer Springs Ski Area SKIFAHREN
(☎027 434 1806; www.skihanmer.co.nz; Tageskarte Erw./Kind 60/30 NZ$) Der nur 17 km vom Ort entfernte, über eine unbefestigte Straße erreichbare kleine Komplex hat Pisten aller Schwierigkeitsgrade. In der Saison fahren Shuttles des Adventure Centre dorthin.

Mt. Lyford Alpine Resort SKIFAHREN
(☎03-315 6178, Schneebericht 03-366 1220; www.mtlyford.co.nz; Tageskarte 70/35 NZ$) Das Skigebiet ist 60 km von Hanmer entfernt und liegt abseits der nach Kaikoura führenden Inland Rd.

Schlafen

Hanmer Backpackers HOSTEL $
(☎03-315 7196; www.hanmerbackpackers.co.nz; 41 Conical Hill Rd; Stellplatz ab 16 NZ$, B 28 NZ$, EZ mit/ohne Bad 71/61 NZ$, DZ 74/64 NZ$; 📶) Das erste Hostel im Ort ist eine gemütliche, von Wald umgebene Oase mit freundlichen und weit gereisten niederländisch-japanischen Betreibern. Weitere Pluspunkte sind die gepflegten Gemeinschaftsbereiche sowie kostenloses Obst, Kaffee und (gelegentlich) selbstgemachte Backwaren.

ABSEITS DER ÜBLICHEN PFADE

MOLESWORTH STATION

Die Molesworth Station umfasst 180 gebirgige Quadratkilometer zwischen Hanmer Springs und Blenheim. Sie ist die größte Farm Neuseelands mit der größten Rinderherde des Landes (bis zu 10 000 Tiere). Das Gebiet hat landesweit ökologische Bedeutung, weshalb die Farm heute vom **DOC** (Department of Conservation; ☎03-572 9100; www.doc.govt.nz) verwaltet wird.

Besuche sind in der Regel nur möglich, wenn die Acheron Rd, die durch die Farm führt, offen ist (Nov.–Anfang April, wetterabhängig; beim DOC oder dem i-SITE in Hanmer Springs fragen). Die 207 km lange Fahrt von Hanmer Springs nordwärts nach Blenheim dauert auf der schmalen, unbefestigten Straße ca. sechs Stunden, wobei beachtet werden muss, dass die Tore nur von 7 bis 19 Uhr geöffnet sind. In bestimmten Gebieten der Farm kann man zelten (Erw./Kind 6/3 NZ$; offenes Feuer nicht gestattet). Die DOC-Broschüre *Molesworth Station* gibt's im i-SITE und kann von der Website heruntergeladen werden.

Molesworth Heritage Tours (☎03-315 7401; www.molesworth.co.nz; Tour 198–750 NZ$; ⏲Okt.–Mai) veranstaltet Geländewagentouren von Hanmer Springs zur Farm. Bei den Tagestouren ist ein Mittagspicknick inbegriffen, es gibt aber auch eine fünfstündige Tour ohne Extras. Von Blenheim aus veranstaltet **Molesworth Tours** (☎03-572 8025; www.molesworthtours.co.nz) ein- bis viertägige Heritage- und Geländewagentouren (190–1835 NZ$; alles inkl.) sowie viertägige Mountainbike-Abenteuer mit Rundumversorgung (1450 NZ$).

Rosie's B&B $
(☎03-315 7095; www.rosiesbandbhanmer.co.nz; 9 Cheltenham St; 2BZ 85–95 NZ$, DZ mit/ohne Bad 130/95 NZ$) Rosie ist zwar weg, aber das anheimelnde, hostelartige B&B hat sich die Gastlichkeit bewahrt. Die meisten Zimmer haben Gemeinschaftsbäder. Im Preis enthalten sind ein kontinentales Frühstück und leckere getoastete Croissants.

Jack in the Green HOSTEL $
(☎03-315 5111; www.jackinthegreen.co.nz; 3 Devon St; Stellplatz/B 20/29 NZ$, DZ mit/ohne Bad 86/70 NZ$; @📶) Das charmante, umgebaute alte Wohnhaus ist zehn Gehminuten vom Zentrum entfernt. Große Zimmer (ohne Stockbetten), entspannende Gartenanlagen und ein hübscher Loungebereich sind die wichtigsten Pluspunkte. Wer es intimer mag, bucht eines der Garten-„Chalets" mit angeschlossenem Bad.

Kakapo Lodge HOSTEL $
(☎03-315 7472; www.kakapolodge.co.nz; 14 Amuri Ave; B 28 NZ$, DZ mit/ohne Bad 90/66 NZ$; @📶) Das YHA-Hostel bietet eine geräumige Küche und Lounge, eine Unterflurheizung und eine Terrasse im 1. Stock. Die Schlafsäle haben teilweise eigene Bäder und keine Stockbetten, außerdem gibt's eine motelartige Wohneinheit (100 NZ$) mit eigenem TV und Kochgelegenheit.

Hanmer Springs Top 10 FERIENPARK $
(☎03-315 7113; www.hanmerspringstop10.co.nz; Bath St; Stellplatz 36–46 NZ$, WE mit/ohne Bad ab 95/78 NZ$; @📶) Der familienfreundliche Ferienpark ist nur ein paar Gehminuten von den Thermalbecken entfernt. Kinder freuen sich über den Spielplatz und das Trampolin. Zur Auswahl stehen Unterkünfte von spartanischen Hütten (alles selber mitbringen!) bis hin zu motelartigen Einheiten mit zwei Schlafzimmern und allem Drum und Dran.

★ **Woodbank Park Cottages** COTTAGES $$
(☎03-315 5075; www.woodbankcottages.co.nz; 381 Woodbank Rd; DZ 200 NZ$) Von Hamner Springs aus ist man in nicht einmal zehn Autominuten bei diesen beiden in einem Wald gelegenen Cottages – und fühlt sich in einer anderen Welt. Die Einrichtung ist hell und modern, die Bäder und Küchen sind gut ausgestattet, und die Holzterrassen bieten einen Gasgrill sowie den Blick in die ländliche Umgebung.

Chalets Motel MOTEL $$
(☎03-315 7097; www.chaletsmotel.co.nz; 56 Jacks Pass Rd; DZ 135–180 NZ$; 📶) Von den ordentlichen, vernünftig ausgepreisten, freistehenden Holzhütten auf den Hängen hinter dem Zentrum kann man den Blick in die Berge genießen. Alle haben komplett ausgestattete Küchen, die teureren zudem einen Whirlpool.

Tussock Peak Motor Lodge MOTEL $$
(☎03-315 5191; www.tussockpeak.co.nz; 2 Leamington St; DZ 150–165 NZ$; 📶) Die moderne, pieksaubere und zentral gelegene Anlage zeichnet sich durch farbenfrohes Dekor und freundlichen Service gegenüber anderen

Motels an Hanmers Hauptstraße aus. Es gibt Einraum-Zimmer und Einheiten mit ein und zwei Schlafzimmern; manche haben Whirlpools und Balkone.

Scenic Views MOTEL $$
(☎03-315 7419; www.hanmerscenicviews.co.nz; 2 Amuri Ave; DZ 140–220 NZ$; 📶) Die hübsche Anlage aus Holz und Stein enthält moderne Einraum-Zimmer (eines mit Whirlpool im Freien) sowie Apartments mit zwei und drei Schlafzimmern. Der Ausblick in die Berge ist garantiert.

Cheltenham House B&B $$$
(☎03-315 7545; www.cheltenham.co.nz; 13 Cheltenham St; Zi. 235–280 NZ$; 📶) Das große Haus aus den 1930er-Jahren bietet Platz genug für einen Billardtisch und einen Konzertflügel sowie vier Suiten im Haupthaus, zu denen noch zwei in lauschigen Gartenhäuschen dazukommen. Das warme Feinschmecker-Frühstück wird aufs Zimmer gebracht, abends wird Wein ausgeschenkt.

St. James APARTMENTS $$$
(☎03-315 5225; www.thestjames.co.nz; 20 Chisholm Cres; Apt. 190–365 NZ$; 📶) Die Anlage bietet schicke Luxus-Ferienwohnungen mit allen Schikanen wie iPod-Anschluss und einer topmodernen Einbauküche von Fisher & Paykel. Zur Wahl stehen Ein- bis Dreizimmerwohnungen.

Essen & Ausgehen

Hanmer Springs Bakery BÄCKEREI $
(16 Conical Hill Rd; ⏲6–16 Uhr) In der Hauptsaison reicht die Schlange der Wartenden, die vor dieser schlichten Bäckerei nach Fleischpasteten und Lachs-Bagels anstehen, bis vor die Tür.

Malabar ASIATISCH $$
(☎03-315 7745; www.malabar.co.nz; 5 Conical Hill Rd; Hauptgerichte mittags 10–22 NZ$, abends 28–33 NZ$; ⏲So–Fr 17–22, Sa 11.30–22 Uhr) Das elegante Restaurant präsentiert asiatische Küche von Beijing bis Bengaluru, wobei das Schwergewicht mehr auf der indischen Seite liegt. Alle Gerichte sind so berechnet, dass man sie sich teilen kann. Es gibt auch ein beschränktes Angebot an indischen, chinesischen und thailändischen Gerichten zum Mitnehmen.

Powerhouse Cafe CAFÉ $$
(☎03-315 5252; www.powerhousecafe.co.nz; 8 Jacks Pass Rd; Brunch 15–23 NZ$, abends 36 NZ$; ⏲tgl. 7.30–15, Sa 18–22 Uhr; 📶) Mit dem riesigen „High Country"-Frühstück oder dem karamellisierten, mit Whisky durchtränkten „Highland Fling"-Porridge kann man gut auftanken. Mittags stehen dann Burger, Laksa und Curries auf der Karte. Am Samstagnachmittags wird der Laden zum Bistro.

Coriander's INDISCH $$
(☎03-315 7616; www.corianders.co.nz; Chisholm Cres; Hauptgerichte 14–22 NZ$; ⏲Mo–Fr 11.30–14, tgl. 17–22 Uhr; 🖉) In dem bunt angestrichenen nordindischen Restaurant geht's würzig zu. Rindfleisch steht hier nicht auf der Karte, aber es gibt viele leckere Lamm-, Hähnchen- und Meeresfrüchtegerichte sowie eine sehr große Auswahl vegetarischer Speisen.

★ **Chantellini's** FRANZÖSISCH $$$
(☎03-315 7667; www.chantellinis.com; 11 Jollies Pass Rd; Hauptgerichte 36–39 NZ$; ⏲Mo–Sa 18–22 Uhr) Versteckt hinter der Hauptstraße überzeugt diese ruhige Oase mit klassischen französischen Gerichten, großzügigen Portionen und charmanter Bedienung. Kerzenleuchter und schwarze Vorhänge schaffen ein elegantes Ambiente.

No. 31 MODERN-NEUSEELÄNDISCH $$$
(☎03-315 7031; 31 Amuri Ave; Hauptgerichte 32–39 NZ$; ⏲Di–So 17.30–23 Uhr) In dem hübschen Holzhaus stehen komplizierte, raffinierte Gerichte auf der Karte, die aber hier, anders als sonst üblich, in durchaus substanziellen Portionen aufgetischt werden. Das elegante Ambiente entspricht den Preisen, was allerdings nicht für die Papierservietten gilt.

Monteith's Brewery Bar PUB
(www.mbbh.co.nz; 47 Amuri Ave; ⏲9–23 Uhr) Der beste Pub vor Ort kredenzt viele verschiedene Biere von Monteith's sowie schmackhaftes Essen von warmem Frühstück (12–17 NZ$) über Barsnacks (10–17 NZ$) bis hin zu kompletten Mahlzeiten (23–35 NZ$). Sonntags gibt's ab 16 Uhr Livemusik.

ℹ Praktische Informationen

Hurunui i-SITE (☎03-315 0000; www.visithanmersprings.co.nz; 42 Amuri Ave; ⏲10–17 Uhr) Nimmt Buchungen von Verkehrsmitteln, Unterkünften und Aktivitäten vor.

ℹ An- & Weiterreise

Die **Hauptbushaltestelle** befindet sich nahe der Kreuzung der Amuri Ave mit der Jacks Pass Rd.

Hanmer Connection (☎0800 242 663; www.hanmerconnection.co.nz; einfache Strecke/hin & zurück 30/50 NZ$) Bietet täglich einen

Bus von/nach Christchurch über Waipara und Amberley.

Hanmer Tours & Shuttle (☎03-315 7418; www.hanmertours.co.nz) Betreibt Shuttles von/nach Waipara (20 NZ$), Amberley (20 NZ$) sowie vom/zum Zentrum (30 NZ$) und vom/zum Flughafen von Christchurch (40 NZ$).

Waipara Valley

Das entschieden ländliche Gebiet liegt bequem am SH1 nahe der Abzweigung nach Hanmer Springs und bietet sich daher für einen leckeren Zwischenstopp auf dem Weg nach Christchurch an. Die warmen, trocknen Sommer und kühlen Herbstnächte im Tal sind ideal für den Anbau von Wein, Oliven, Haselnüssen und Lavendel. Seit hier 1982 erstmals Wein angebaut wurde, hat sich das Tal schnell eine Reputation für Riesling, Chardonnay und Pinot noir erworben; heute liefern die hiesigen Weingüter mehr als 250 000 Kisten Wein pro Jahr.

Um den ganzen Reichtum des Tals zu entdecken, holt man sich ein Exemplar der Waipara Valley Map (auch zum Herunterladen unter www.waiparawine.co.nz) oder schaut auf die Website www.foodandwinetrail.co.nz. Mehrere der großen Güter sieht man aber auch vom Highway aus. Die beiden wichtigsten Orte in der Gegend sind das winzige Waipara und das etwas größere Amberley; letzterer liegt aber gerade außerhalb des eigentlichen Weinbaugebiets.

Das **Waipara Wine & Food Festival** (www.waiparawineandfood.co.nz) findet jedes Jahr im März statt.

Schlafen

Waipara Sleepers HOSTEL $
(☎03-314 6003; www.waiparasleepers.co.nz; 12 Glenmark Dr, Waipara; Stellplatz ab 20 NZ$, B 25 NZ$, EZ 35–45 NZ$, DZ 55–65 NZ$; @📶) Bahnfans werden das ungewöhnliche Hostel mögen, wo man in umgebauten Zugabteilen übernachtet und sein Essen im „Bahnhofshaus" zubereitet. Die Einrichtungen sind ziemlich schlicht. Für den Schlafsaal braucht man den eigenen Schlafsack.

Essen & Ausgehen

Pukeko Junction CAFÉ, DELI $
(www.pukekojunction.co.nz; 458 Ashworths Rd (SH1); Hauptgerichte 10–19 NZ$; ⌚9–16.30 Uhr) Einer der beliebtesten Stopps am Straßenrand ist dieses Café mit Andenkenladen in Leithfield, südlich von Amberley. Hier gibt's köstliche Backwaren, darunter Gourmet-Bratwurstbrötchen und Pies mit Lammkeule. Der Laden verkauft außer Kunsthandwerk auch eine gute Auswahl von Weinen aus der Region.

Nor'wester CAFÉ $$
(www.norwestercafe.co.nz; 95 Carters Rd (SH1); Hauptgerichte morgens 9–21 NZ$, mittags 18–26 NZ$, abends 20–39 NZ$; ⌚9 Uhr–open end) In der alten Holzvilla an der Hauptstraße von Amberley bekommt man großartigen Kaffee, leckere Muffins und eine große Palette an warmen Mahlzeiten von Pizza und Pasta bis hin zu Bistrogerichten am Abend.

Brew Moon CAFÉ, BRAUEREI $$
(www.brewmooncafe.co.nz; 150 Ashworths Rd (SH1); Hauptgerichte 16–28 NZ$; ⌚10 Uhr–open end) Gleich südlich von Amberley am SH1 stellt das Brew Moon sechs verschiedene Biere und mehrere saisonale Biersorten her; vier davon kann man für 16 NZ$ probieren. Auf der Karte stehen warmes Frühstück, Gourmetpizzas, Pasta und Tagesgerichte mit Fisch.

Waipara Hills WEINGUT, CAFÉ $$
(www.waiparahillswines.co.nz; 780 Glasnevin Rd (SH1); Hauptgerichte 23–27 NZ$; ⌚Weinproben 10–17, Restaurant 10–15 Uhr) Das Weingut ist wegen des eindrucksvollen Gebäudes unmittelbar südlich von Waipara kaum zu übersehen. Es produziert neben den im Tal gängigeren Sorten auch einen ausgezeichneten Gewürztraminer. Auf der Caféterrasse kann man entspannt zu Mittag essen. Im Sommer veranstaltet das Weingut gelegentlich auch Konzerte mit bekannten Künstlern (s. www.adayonthegreen.com.au).

Waipara Springs WEINGUT, CAFÉ $$
(www.waiparasprings.co.nz; SH1; Hauptgerichte 20–27 NZ$; ⌚11–17 Uhr; 📶) Das ein Stück nördlich der Ortschaft Waipara gelegene Weingut gehört zu den ältesten im Tal. Im angeschlossenen Café gibt's mittags Tellerund Bistrogerichte.

★ **Pegasus Bay** RESTAURANT, WEINGUT $$$
(☎03-314 6869; www.pegasusbay.com; Stockgrove Rd; Hauptgerichte 38–45 NZ$; ⌚Restaurant 12–16 Uhr, Weinproben 10–17 Uhr) Es ist nur passend, dass das bedeutendste Weingut im Waipara Valley auch die schönste Lage und dazu eines der besten Restaurants in Canterbury hat. Eine wunderschöne Gartenanlage ist die Kulisse für moderne neuseeländische Gerichte, die auf erstklassige lokale Zutaten und passende gute Weine setzen.

An- & Weiterreise

Der Zug *Coastal Pacific* hält auf der Fahrt von Christchurch nach Picton in Waipara. Mehrere Reiseveranstalter in Christchurch bieten Weintouren an.

Hanmer Connection (☎ 0800 242 663; www.hanmerconnection.co.nz) Die Busse fahren nach Hanmer Springs (20 NZ$, 50 Min.) und Christchurch (20 NZ$, 1¼ Std.).

Hanmer Tours & Shuttle (☎ 03-315 7418; www.hanmertours.co.nz) Betreibt Shuttles von/nach Hanmer Springs (20 NZ$) sowie vom/zum Zentrum (15 NZ$) und vom/zum Flughafen von Christchurch (25 NZ$).

InterCity (☎ 03-365 1113; www.intercity.co.nz) Die Busse fahren zweimal täglich von/nach Picton (ab 24 NZ$, 4½ Std.), Blenheim (ab 22 NZ$, 4 Std.), Kaikoura (ab 13 NZ$, 1¾ Std.) und Christchurch (ab 10 NZ$, 1 Std.).

ZENTRALES CANTERBURY

Während die völlig flachen, landwirtschaftlich genutzten Canterbury Plains den größten Teil dieser Region ausmachen, gibt es im Westen, wo sich die Southern Alps zu schneebedeckten Gipfeln auftürmen, für Traveller viel zu entdecken. Hier liegen Canterburys beste Skigebiete und ein paar ausgezeichnete Wanderwege durch unberührte Natur.

Ungewöhnlich für Neuseeland ist, dass die malerischsten Straßen hier nicht der Küste folgen. Die meisten interessanten Stellen erreicht man über eine von zwei spektakulären Straßen: den Great Alpine Highway (SH73), der von Christchurch quer durch die Ebene in die Berge führt, bzw. die Inland Scenic Route (SH72), die den Ausläufern der Berge folgt.

Selwyn District

Der nach Neuseelands erstem anglikanischen Bischof benannte, weitgehend ländliche Distrikt scheint eine englische Landkarte verschluckt zu haben, um das schöne, grüne Land mit Ortsnamen wie Lincoln, Darfield und Sheffield zu verzieren. Doch alle englischen Assoziationen schwinden sofort angesichts der hochragenden, schneebedeckten Southern Alps, die einen rauen Kontrast zu „Englands grünen Hügeln" bieten.

Die vielen Skigebiete von Selwyn sind vielleicht nicht die glamourösesten im Land, aber für Skibegeisterte bieten sie allemal sehr viel Spaß und Spannung. Porters (S. 48) ist das wichtigste kommerzielle Skigebiet, hinzu kommen u.a. die als Clubs organisierten Skigebiete Mt. Olympus (S. 49), Mt. Cheeseman (S. 48), Broken River (S. 48), Craigieburn Valley (S. 48) und Temple Basin (S. 48).

Der ungeheuer malerische Great Alpine Highway führt auf seiner Route von Christchurch zur Westküste mitten durch den Distrikt. Noch vor dem Verlassen der Canterbury Plains führt die Straße durch die kleine Ortschaft **Springfield** (219 Ew.), die sich durch zwei bemerkenswerte Denkmäler auszeichnet. Das eine ehrt Rewi Alley (1897–1987), einen hier geborenen Mann, der zu einem großen Helden in der Chinesischen Kommunistischen Partei wurde und der wohl das einzige Parteimitglied sein dürfte, dem der Ritterschlag angeboten wurde (den lehnte er natürlich ab, nahm aber die Mitgliedschaft im Queen's Service Order – den neuseeländischen Zivilverdienstorden – an); mehr über sein faszinierendes Leben steht auf den Informationstafeln.

Das zweite Monument ist ein riesiger Donut mit rosa Zuckerguss, ursprünglich eine Reklame für *Die Simpsons – der Film*, die inzwischen aber zu einer Dauerinstallation geworden ist – man kann nur spekulieren, was Alley dazu sagen wohl würde.

Westlich von Springfield weitet sich die Landschaft, bis der Highway zwischen den Gebirgszügen der Torlesse und der Craigieburn Ranges verschwindet. Gerade wenn man glaubt, der Ausblick könne nicht spektakulärer werden, öffnet sich der Blick auf den verzweigten Waimakariri River.

Das Dörfchen **Arthur's Pass** (www.arthurspass.com; 62 Ew.) liegt 4 km von dem gleichnamigen Pass entfernt. Auf einer Höhe von 900 m ist es die höchstgelegene Siedlung Neuseelands und ein praktischer Ausgangspunkt zum Wandern, Klettern und Skifahren. Die Behauptung, dass es hier viel regne, ist noch eine Untertreibung.

Die Maori nutzten den Pass, um die Southern Alps zu durchqueren, lange vor seiner „Entdeckung" durch Arthur Dobson (1864). Infolge des Goldrauschs in Westland suchte man nach einem von Christchurch aus nutzbaren verlässlichen Übergang über die Southern Alps, und so wurde die Kutschenstraße innerhalb eines Jahres fertiggestellt. Später verlangte der Transport von Kohle und Bauholz eine Bahnstrecke, die schließlich 1923 in Betrieb ging.

Sehenswertes & Aktivitäten

Castle Hill WAHRZEICHEN

Die zerklüfteten Kalksteinfelsen des Castle Hill ragen rund 33 km von Springfield entfernt über dem Highway auf und sehen einer alten Burgruine überraschend ähnlich. Keine Überraschung ist hingegen, dass das Gebiet bei Kletterern und Boulderern beliebt ist. Szenen aus *Die Chroniken von Narnia* wurden in dieser Gegend gedreht.

Cave Stream Scenic Reserve HÖHLE

(www.doc.govt.nz) 2 km hinter dem Castle Hill und nahe der Broken River Bridge lohnt sich ein Stopp, um einen Blick auf die kreisrunde Öffnung dieser 594 m langen Höhle zu werfen, auch wenn man nicht vorhaben sollte, ihre Tiefen zu erforschen. Wem eine einstündige Wanderung in einer pechschwarzen Höhle, bei der einem das eiskalte Wasser bis an die Hüften reicht, verlockend erscheint, sollte dafür alle nötigen Vorsichtsmaßnahmen (Prüfung des Wasserstands, Schutzhelm, mindestens eine Taschenlampe pro Person, Ersatzbatterien etc.) treffen; detaillierte Infos stehen in der Broschüre *Cave Stream Scenic Reserve* des DOC. Es wird empfohlen, bei der Ausmündung in die Höhle einzusteigen und zum Ausstieg die installierte Leiter neben dem 3 m hohen Wasserfall am Zufluss benutzen.

Craigieburn Forest Park WALD

(www.doc.govt.nz) Scheinbuchenwälder bedecken die unteren Hänge und die Täler dieser Gebirgsregion, die auf den Gipfeln Büschen und alpinen Sträuchern weichen. Bei Wanderungen kann man mit Glück Südinsel-Edelweiß, Kareareas (Maorifalken) und Keas (Bergpapageien) erspähen. Mehrere Gipfel in der Craigieburn Range sind über 2000 m hoch. Der Gebirgszug ist eines der besten Skigebiete Neuseelands mit Pisten für erfahrene Skifahrer. Zu diesen Skigebieten gehören u.a. Mt. Cheeseman, Broken River und Craigieburn Valley. Auf der Website des DOC sind viele Tages- und Langstreckenwanderungen sowie mittelschwere und schwere Mountainbike-Tracks aufgelistet. Am besten holt man sich ein Exemplar der Broschüre *Craigieburn Forest Park Day Walks*.

Arthur's Pass National Park NATIONALPARK

(www.doc.govt.nz) Das 1143 km² große alpine Wildnisgebiet wurde 1923 zum ersten Nationalpark der Südinsel erklärt. Bei Tageswanderungen hat man ständig einen Blick auf schneebedeckte Gipfel, von denen viele über 2000 m hoch sind – der höchste ist der Mt. Murchison (2400 m). Die DOC-Broschüre *Discover Arthur's Pass* informiert detailliert über Dutzende Wanderwege, Hütten im Hinterland und Campingplätze. Der neueste Weg ist der **Arthur's Pass Walkway**, eine sichere, vergleichsweise leichte Route, die vom Dorf zum Dobson Memorial auf dem Scheitel des Passes führt (hin & zurück 2½ Std.).

Andere Optionen sind z.B. der zu einem 131 m hohen Wasserfall führende **Devils Punchbowl Walking Track** (hin & zurück 1 Std.) und die steile Wanderung zum Skigebiet **Temple Basin ski field** (hin & zurück 3 Std.), die einen mit wundervollen Ausblicken belohnt. Auf dem **Bealey Spur Track** (hin & zurück 4–5 Std.) hat man einen weiten Blick auf das Tal des Waimakariri River und die umliegenden Berge. Der angenehme **Dobson Nature Walk** (hin & zurück 30 Min.) ist zwischen November und Februar am schönsten, wenn die Bergblumen blühen.

Fitte Wanderer können sich an den **Avalanche Peak Track** (hin & zurück 8 Std.) wagen. Zu den längeren Wanderungen vor der herrlichen Gebirgskulisse gehören der **Goat Pass Track** (2 Tage) und die längeren und schwierigeren Wanderungen zum **Harman Pass** bzw. **Harpers Pass**. Diese Strecken sind nur für erfahrene Wanderer geeignet, weil die Flüsse durch Überflutung gefährlich werden können und das Wetter hier extrem launisch ist – unbedingt vorher beim DOC nachfragen! Spezifische Infos zu den Wetterverhältnissen bekommt man unter www.softrock.co.nz.

Rubicon Horse Treks REITEN

(☎03-318 8886; www.rubiconvalley.co.nz; 534 Rubicon Rd) Auf einer Schaffarm 6 km außerhalb von Springfield bietet Rubicon einstündige Ausritte über die Farm (50 NZ$), zweistündige Ausritte am Fluss, durchs Tal oder in den Sonnenuntergang (85 NZ$) sowie sechsstündige Ritte auf Gebirgspfaden an (250 NZ$).

Schlafen

Von Springfield bis Bealey

Smylies Accommodation HOSTEL $

(☎03-318 4740; www.smylies.co.nz; 5653 West Coast Rd, Springfield; B/EZ/DZ 30/50/70 NZ$; @ 📶) 🌿 Das einladende YHA-Hostel hat eine große Gemeinschaftsküche sowie eine umfangreiche Bibliothek und DVD-Sammlung. Es bietet auch ein paar in sich abgeschlossene Motelzimmer (85–160 NZ$) und ein Cottage mit drei Schlafzimmern (220 NZ$). Im Winter gibt's auch Pauschalangebote inklusive Skiausrüstungsverleih und Transport zu den Pisten.

Flock Hill Lodge MOTEL, HOSTEL $$
(☎ 03-318 8196; www.flockhill.co.nz; Great Alpine Hwy, Craigieburn Valley; B/DZ 31/155 NZ$; @) Auf einem ruhigen Flecken nahe dem Craigieburn Forest Park und dem Lake Pearson bietet diese hochgelegene Schaffarm ein gemütliches Barrestaurant, komfortable Motel-Wohnungen mit zwei Schlafzimmern und große Cottages mit Kochnischen. Weniger wählerische Backpacker übernachten in den rustikalen Schafschererbaracken.

Wilderness Lodge LODGE $$$
(☎ 03-318 9246; www.wildernesslodge.co.nz; Cora Lynn Rd, Bealey; EZ 450–699 NZ$, DZ 700–1160 NZ$;) In dieser Berghütte, die sich auf einer 24 km² großen Schaffarm in einem Scheinbuchenwald versteckt, fühlt man sich mitten im Nirgendwo. Die freistehenden Wohnstudios mit eigenem Whirlpool wirken sogar noch isolierter. Im Preis enthalten sind zwar Frühstück, Abendessen und geführte Aktivitäten, er ist aber trotzdem entschieden zu hoch.

Arthur's Pass

Campen kann man nahe dem primitiven **öffentlichen Unterstand** (Erw./Kind 6/3 NZ$) gegenüber dem DOC-Büro, wo es fließendes Wasser, eine Spüle, Tische und Toiletten gibt. Kostenlos campen kann man bei **Klondyke Corner**, 8 km südlich von Arthur's Pass. Dort beschränkt sich die Infrastruktur auf eine Toilette und Wasser aus dem Bach, das man abkochen muss.

Mountain House YHA HOSTEL $
(☎ 03-318 9258; www.trampers.co.nz; 83 Main Rd; Stellplatz 22 NZ$, B 27–31 NZ$, EZ/DZ/WE 74/86/145 NZ$; @) Der ausgezeichnete Komplex liegt im Ortskern am Highway und umfasst ein gepflegtes Hostel, zwei gehobene Motel-Einheiten und zwei Cottages mit drei Schlafzimmern und offenen Kaminen (340 NZ$). Camper müssen sich vor den diebischen Keas hüten.

Arthur's Pass Village B&B B&B $$
(☎ 021 394 776; www.arthurspass.org.nz; 72 School Tce; DZ 100 NZ$;) Das ehemalige Eisenbahnerhäuschen ist heute ein gemütliches B&B mit offenem Kamin, Bio-Speck und Bio-Eiern sowie selbstgebackenem Brot zum Frühstück und interessanten, mitteilsamen Gastgebern. Es gibt auch Hausmannskost zum Abendessen (35 NZ$). Die beiden Gästezimmer teilen sich ein Bad.

Arthur's Pass Alpine Motel MOTEL $$
(☎ 03-318 9233; www.apam.co.nz; 52 Main Rd; DZ 125–145 NZ$;) An der südlichen Zufahrt zum Dorf bietet dieses Motel älterer Art schlichte Zimmer, von denen einige einen Gaskamin haben. Falls man eingeschneit wird, sorgen Satelliten-TV und eine gute DVD-Auswahl für Abwechslung.

Essen

Famous Sheffield Pie Shop BÄCKEREI $
(www.sheffieldpieshop.co.nz; 51 Great Alpine Hwy, Sheffield; Pies 4–5 NZ$; ⌚ 7.30–16 Uhr) Diese Bäckerei an der Straße im ruhigen Dörfchen Sheffield in den Canterbury Plains liefert Fleisch-Pies, die zu den besten in der Region gehören. Mehr als 20 Variationen werden hier angeboten, außerdem auch belegte Brötchen, Süßwaren und erstaunlich guter Kaffee.

Arthur's Pass Store & Cafe CAFÉ $
(85 Main Rd, Arthur's Pass; Hauptgerichte 5–15 NZ$; ⌚ 8–17 Uhr;) Der Laden verkauft Sandwiches, Burger, Pies und Frühstücksgerichte, außerdem Benzin sowie Grundnahrungsmittel.

Wobbly Kea CAFÉ, BAR $$
(www.wobblykea.co.nz; 108 Main Rd, Arthur's Pass; Frühstück 10–17 NZ$, Hauptgerichte 23–25 NZ$; ⌚ 9–20 Uhr) Das Frühstück im Wobbly Kea ist eine örtliche Tradition, bei der man richtig munter wird. Abends serviert das freundliche Café mit Bar Steaks, Currys, Pasta und Pizzas. Pizzas gibt's auch zum Mitnehmen (29 NZ$).

Praktische Informationen

DOC Arthur's Pass Visitor Centre (☎ 03-318 9211; www.doc.govt.nz; 80 Main Rd; ⌚ 8.30–16.30 Uhr) Das Besucherzentrum hat Ausstellungen zum Park, darunter auch ein kurzes Video zur Geschichte des Arthur's Pass. Die Angestellten geben Infos und Ratschläge zu geeigneten Wanderungen und zu den wechselnden Wetterbedingungen im Park. Man kann Wegebeschreibungen und detaillierte topografische Karten kaufen und Ortungsgeräte ausleihen (dringend anzuraten). Auf Computern kann man seine Wanderpläne auf der AdventureSmart-Website (www.adventuresmart.org.nz) hinterlassen.

An- & Weiterreise

AUTO

Unbedingt vor dem Verlassen von Springfield (bzw. von Hokitika oder Greymouth, wenn man in entgegengesetzter Richtung unterwegs ist) überprüfen, ob man noch ausreichend Benzin hat. Es gibt zwar eine Zapfsäule im Arthur's Pass Store, aber sie ist teuer und außerdem nur von 8 bis 17 Uhr in Betrieb.

BUS

Atomic Shuttles (☎ 03-349 0697; www.atomictravel.co.nz) Von Arthur's Pass fährt ein Bus von/nach Christchurch (35 NZ$, 2½ Std.), Springfield (35 NZ$, 1 Std.), Lake Brunner (30 NZ$, 50 Min.) und Greymouth (35 NZ$, 1¼ Std.).

West Coast Shuttle (☎ 03-768 0028; www.westcoastshuttle.co.nz) Die Busse, die in Arthur's Pass halten, fahren von/nach Christchurch (40 NZ$, 2¾ Std.), Springfield (30 NZ$, 1 Std.) und Greymouth (30 NZ$, 1¾ Std.).

ZUG

TranzAlpine (☎ 0800 872 467; www.kiwirailscenic.co.nz; alle Ziele 89 NZ$) Ein Zug in jeder Richtung hält in Arthur's Pass. Die Züge fahren von/nach Springfield (1½ Std.) und Christchurch (2½ Std.) bzw. von/nach Lake Brunner (1 Std.) und Greymouth (2 Std.).

Methven

1330 EW.

Methven ist im Winter am lebendigsten, denn dann treffen sich hier Wintersportfreunde und machen den nahegelegenen Mt. Hutt unsicher. Zu anderen Zeiten jagen allerdings keine Steppenhexen die Hauptstraße hinunter – sehr zur Enttäuschung der Möchtegern-Revolverhelden, die im Oktober zu dem rauen Rodeo kommen. Den Sommer über ist der Ort entspannt und eine preisgünstige Basis für Wanderer, Radler und Angler.

Das Ortszentrum wird von zwei riesigen historischen Pubs beherrscht, die sich über die Hauptstraße hinweg finster beäugen. Trotz ihrer Rivalität sind sich der Blue Pub und der Brown Pub (der eigentlich beige ist aber lieber nicht die Sprache darauf bringen!) ansonsten erstaunlich ähnlich.

Aktivitäten

Im i-SITE gibt's Infos zum Wandern, Reiten, Mountainbike fahren, angeln, golfen, Tontauben schießen, Bogenschießen sowie zu Hubschrauber-Rundflügen und Jetbootfahrten durch die nahegelegene Rakaia Gorge.

Methven Heliski SKIFAHREN
(☎ 03-302 8108; www.methvenheli.co.nz; Main St; 5-Pisten-Tagestour 975 NZ$; ⏲ Juli–Sept.) hat Touren inklusive Bergführer, Sicherheitsausrüstung und Mittagessen im Programm.

Black Diamond Safaris SKIFAHREN
(☎ 027 450 8283; www.blackdiamondsafaris.co.nz; ⏲ Mai–Okt.) bringt seine Kunden in Geländewagen zu weniger überlaufenen Club-Pisten. Die Preise beginnen bei 100 NZ$ nur für den Transport und die Sicherheitsausrüstung. Für 275 NZ$ bekommt man außerdem einen Liftpass, einen Bergführer und ein Mittagessen.

Aoraki Balloon Safaris BALLONFAHREN
(☎ 03-302 8172; www.nzballooning.com; Fahrt 385 NZ$) veranstaltet jeden Morgen Ballonfahrten über schneebedeckte Gipfel einschließlich Sektfrühstück.

Skydiving NZ FALLSCHIRMSPRINGEN
(☎ 03-302 9143; www.skydivingnz.com; Pudding Hill Airfield) Bietet Tandemsprünge aus 3600 m (335 NZ$) und 4500 m Höhe (440 NZ$).

Big Al's Snow Sports AUSRÜSTUNGSVERLEIH
(☎ 03-302 8003; www.bigals.co.nz; The Square, Main St; Mountainbikes pro Std./Tag ab 15/45 NZ$) Im Winter liegt der Schwerpunkt auf dem Verleih von Ski- und Snowboard-Ausrüstung, im Sommer auf dem von Mountainbikes. Fragen sollte man nach einer Karte des Mt. Hutt Bike Park (nahe dem unteren Punkt der Mt. Hutt Skifield Access Rd), in dem es 26 Tracks von kindgerecht bis extrem schwer gibt.

Schlafen

Einige Unterkünfte sind im Sommer geschlossen, die unten genannten sind aber ganzjährig geöffnet. In der Skisaison sollte man weit im Voraus buchen, ganz besonders bei Budgetunterkünften. Im Folgenden sind die Preise im Sommer genannt, im Winter steigen sie deutlich.

Alpenhorn Chalet HOSTEL $
(☎ 03-302 8779; www.alpenhorn.co.nz; 44 Allen St; B 30 NZ$, DZ 65–85 NZ$; @ ☎) Das kleine, einladende Haus hat einen Wintergarten und einen Whirlpool. Kaminfeuer, kostenloser Internetzugang und Espresso auf Kosten des Hauses überzeugen auch die Skeptiker. Die Schlafzimmer sind geräumig und farbenfroh und zeigen viel warmes, naturbelassenes Holz. Manche der Doppelzimmer verfügen über ein angeschlossenes Bad.

Redwood Lodge HOSTEL $
(☎03-302 8964; www.redwoodlodge.co.nz; 3 Wayne Pl; EZ 50–60 NZ$, DZ 90 NZ$; @📶) Obwohl zu BBH gehörend, gibt es in diesem charmanten, familienfreundlichen Hostel keine Schlafsäle. Die Doppelzimmer mit angeschlossenem Bad haben TVs und außerdem hat die Lodge eine große Gemeinschaftslounge und eine Küche. Die Einrichtung in den größeren Zimmern lässt sich so umstellen, dass sie für Familien geeignet sind.

Big Tree Lodge HOSTEL $
(☎03-302 9575; www.bigtreelodge.co.nz; 25 South Belt; B 35–40 NZ$, Zi. 75 NZ$, Apt. 120–160 NZ$; @📶) Aus dem einstigen Pfarrhaus ist ein entspanntes Hostel mit Schlafsälen ohne Stockbetten und Badezimmern mit Holzleisten geworden. Versteckt gleich dahinter liegt das Little Tree Studio, eine separate Wohneinheit für bis zu vier Personen.

Snow Denn Lodge HOSTEL $
(☎03-302 8999; www.methvenaccommodation.co.nz; Ecke McMillan St & Bank St; B 25 NZ$, DZ mit/ohne Bad 80/70 NZ$; @📶) Das über zwei identische große Holzhäuser verteilte moderne YHA-Hostel hat einladende Ess- und Wohnbereiche und große Küchen. Im Preis inbegriffen sind das Frühstück und die Ausleihe von Ausrüstung (Fahrräder, Golfschläger, Angelzubehör etc.). Gründlicheres Putzen der Badezimmer könnte nicht schaden.

Whitestone Cottages FERIENHÄUSER $$$
(☎021 179 0257; www.whitestonecottages.co.nz; 3016 Methven Hwy; Haus 210–350 NZ$) Für jene Augenblicke in der Ferienmitte, wo man einfach auspacken, ein Essen kochen, seine Wäsche waschen und etwas Privatsphäre haben will, sind diese vier großen, freistehenden Häuser am Ortsrand ideal. In jedem können sechs Personen in zwei Schlafzimmern mit angeschlossenem Bad übernachten.

Essen & Ausgehen

Aqua JAPANISCH $
(112 Main St; Hauptgerichte 11–17 NZ$; ⏲ Jan.–Okt. 17–21 Uhr) In dem winzigen entspannten Restaurant servieren Kellnerinnen in Kimonos den dankbaren Gästen *yakisoba* (gebratene Nudeln), *ramen* (Nudelsuppe) und *izakaya*-artige Barhappen. Zum Abschluss bietet sich ein Eis mit Sesam oder grünem Tee an.

Cafe 131 CAFÉ $
(131 Main St; Gerichte 10–20 NZ$; ⏲7.30–17 Uhr; 📶) Poliertes Holz und Bleiglasfenster geben dem schicken Lokal Wärme und Stil. Auf der Karte stehen ganztägig Frühstücksgerichte, dazu günstige Platten, Suppen, Pasta und Sandwiches; später treten dann Bier und Wein in den Vordergrund. Das Lokal fungiert auch als das inoffizielle Internetcafé des Ortes.

Cafe Primo CAFÉ $
(38 McMillan St; Gerichte 7–18 NZ$; ⏲7.30–16 Uhr) Inmitten der Souvenir-Teelöffel und Buzzy-Bee-Buchstützen ist in diesem Trödelladen noch Platz für leckere Kuchen, Panini, die legendären Schinken-Ei-Sandwiches und Methvens besten Kaffee.

Blue Pub PUB
(www.thebluepub.co.nz; Barkers Rd; Hauptgerichte 20–35 NZ$; 📶) Entweder trinkt man an der riesigen Theke, die aus einem einzigen Stamm eines einheimischen Baumes gefertigt wurde, oder man widmet sich den herzhaften Gerichten in dem ruhigeren Café. Danach kann man die Einheimischen zu einer Partie Billard herausfordern oder schaut Rugby auf dem Großbild-TV.

☆ Unterhaltung

Cinema Paradiso KINO
(☎03-302 1957; www.cinemaparadiso.co.nz; Main St; Erw./Kind 15/10 NZ$) Abgefahrenes Kino mit Arthouse-Einschlag.

ℹ Praktische Informationen

Medical Centre (☎03-302 8105; The Square, Main St; ⏲8.30–17.30 Uhr)

NICHT VERSÄUMEN

SKIGEBIET MT. HUTT

Canterburys bestes Skigebiet, Mt. Hutt (S. 48), hat die größte zum Skifahren geeignete Fläche der kommerziellen Skigebiete Neuseelands (365 ha): die längste Piste erstreckt sich über 2 km. Die Hälfte des Geländes eignet sich für fortgeschrittene Skifahrer, der Rest zu gleichen Teilen für Anfänger und für Könner. Meist dauert die Saison von Mitte Juni bis Mitte Oktober.

Das Skigebiet ist zwar nur 26 km von Methven entfernt, aber bei winterlichen Bedingungen dauert die Fahrt dorthin ca. 40 Minuten; von Christchurch muss man mit rund zwei Stunden rechnen. **Methven Travel** (☎03-302 8106, 0800 684 888; www.methventravel.co.nz) betreibt in der Saison Busse zum Berg (20 NZ$).

Methven i-SITE (☎ 03-302 8955; www.amazingspace.co.nz; 160 Main St; ⏲ Juli–Sept. 7.30–18 Uhr, Okt.–Juni Mo–Fr 9–17, Sa & So 10–15 Uhr; 📶) Die Touristeninformation befindet sich im Heritage Centre. Dort gibt es auch ein Café, eine Kunstgalerie (Eintritt frei) und die interaktive Ausstellung *NZ Alpine & Agriculture Encounter* (Erw./Kind 18/10 NZ$).

ℹ Anreise &Unterwegs vor Ort

Methven Travel (☎ 03-302 8106; www.methventravel.co.nz) Betreibt Shuttlebusse zwischen Methven und dem Flughafen von Christchurch (42 NZ$). Die Busse fahren drei- bis viermal pro Woche und in der Skisaison bis zu dreimal täglich.

Mt. Somers

Die kleine Siedlung Mt. Somers liegt am Rand der Southern Alps unterhalb des gleichnamigen Bergs. Die größte Attraktion in der Gegend ist der **Mt. Somers Track** (30 km), eine ein- bis zweitägige Wanderung rund um den Berg, die die beliebten Picknickplätze Sharplin Falls und Woolshed Creek miteinander verbindet. Zu den Highlights unterwegs gehören vulkanische Felsformationen, Felszeichnungen der Maori, tiefe, von Flüssen gegrabene Schluchten und eine vielfältige Flora. Auf der Route ist mit plötzlichen Wetterumschwüngen zu rechnen, darum sollte man entsprechende Vorsichtsmaßnahmen treffen.

Am Track gibt's zwei vom DOC geführte Hütten: die Pinnacles Hut und die Woolshed Creek Hut (Erw./Kind 15/7,50 NZ$). Informationen und Tickets für die Hütten bekommt man im **Mt. Somers General Store** (61 Pattons Rd; ⏲ 8–18 Uhr).

Schlafen & Essen

Mt. Somers Holiday Park FERIENPARK $
(☎ 03-303 9719; www.mountsomers.co.nz; Hoods Rd; Stellplatz 18–32 NZ$, Hütte mit/ohne Bad 80/55 NZ$) Der kleine, freundliche und gepflegte Park bietet Stellplätze mit und ohne Strom. Die Hütten mit angeschlossenem Bad sind komplett eingerichtet, bei den Standardhütten muss man eigenes Bettzeug mitbringen (oder hier Bettzeug ausleihen).

Stronechrubie CHALETS, RESTAURANT $$
(☎ 03-303 9814; www.stronechrubie.co.nz; Ecke Hoods Rd & SH72; DZ 120–160 NZ$, Hauptgerichte 33–38 NZ$; ⏲ Restaurant 18.30–21 Uhr; 📶) Die Anlage mit dem seltsamen Namen bietet komfortable Chalets mit ein bis drei Zimmern, die sich über einen von Vogelgezwitscher erfüllten Park verteilen. In dem anheimelnden Restaurant kommen Gerichte mit Fleisch (Rind, Lamm, Reh und Ente) aus der Region auf den Teller.

SÜDLICHES CANTERBURY

Nachdem sie den Rangitata River ins südliche Canterbury überquert haben, nähern sich der SH1 und die Inland Scenic Route (SH72) bei der idyllischen Ortschaft Geraldine bis auf 8 km aneinander an. Dort hat man die Wahl zwischen dem stark befahrenen Küsten-Highway, der über die Hafenstadt Timaru weiter nach Oamaru und Dunedin führt, und der Weiterfahrt durchs Binnenland auf dem SH79. Hier gelangt man in das Mackenzie-Becken, eine weite Hochebene, aus der über tiefblauen Seen Neuseelands höchste Gipfel aufragen. Die meisten Traveller entscheiden sich für die letztgenannte Alternative.

Das Mackenzie-Becken ist eine unberührte, mit Gestrauch bewachsene Ebene am Fuß der Southern Alps, die von uralten Gletschern geformt wurde. Benannt wurde sie nach dem legendären James „Jock" Mckenzie (auch MacKenzie oder McKenzie), der in den 1850er-Jahren gestohlene Schafherden in die völlig menschenleere Gegend trieb. Als er 1855 schließlich gefasst wurde, erkannten andere Siedler das Potenzial der kargen Gegend als Weideland und gründeten hier Schaffarmen.

Der Regisseur Sir Peter Jackson nutzte die raue und ungezähmte Landschaft als Kulisse für seine *Herr-der-Ringe*-Trilogie.

Peel Forest

Der zwischen den Ausläufern der Southern Alps und dem Rangitata River versteckte (vom SH72 gut ausgeschilderte) Peel Forest gehört zu den wichtigsten Resten der einheimischen Steineibenwälder. Viele der Totara-, Kahikatea- (Neuseeländische Warzeneibe) und Matai-Bäume sind Hunderte von Jahren alt. Auf ihnen leben unzählige Vogelarten, darunter Grünschlüpfer, Maori-Fruchttauben, Maori-Glockenhonigfresser, Neuseelandfächerschwänze und Maorigerygonen. Ein Totara-Exemplar am Big Tree Walk (hin & zurück 30 Min.) ist über 1000 Jahre alt, 31 m hoch und hat einen

Stammumfang von 9 m. Wanderwege führen auch zu den Emily Falls (hin & zurück 1½ Std.), den Rata Falls (hin & zurück 2 Std.) und den Acland Falls (hin & zurück 1 Std.); im Peel Forest Store gibt's die Broschüre *Peel Forest Park* (2 NZ$).

Von der nahen Mt. Peel Sheep Station führt eine Straße nach Mesopotamia, wo der englische Schriftsteller Samuel Butler in den 1860er-Jahren lebte. Seine hiesigen Erlebnisse gingen in seine berühmte Satire *Erewhon* („nowhere" – also nirgendwo, rückwärts gelesen) ein.

Sehenswertes & Aktivitäten

St. Stephen's Church KIRCHE

Auf einer hübschen Lichtung direkt neben dem Gemischtwarenladen steht diese 1885 erbaute, prächtige kleine anglikanische Kirche (1885). Sie hat einen warm mit Holz verkleideten Innenraum und ein paar interessante Buntglasfenster. Auf einem ist der hl. Franz von Assisi umgeben von neuseeländischen Pflanzen und Tieren zu sehen (man kann sich einen Spaß daraus machen, die Kinder nach der Brückenechse suchen zu lassen).

Peel Forest Horse Trekking REITEN

(☎03-696 3703; www.peelforesthorsetrekking.co.nz; 1 Std./2 Std./halber/ganzer Tag 55/110/220/380 NZ$) Kürzere Ausritte in den üppigen Wald und mehrtägige Treks (982–1623 NZ$, mind. 4 Pers.). Es gibt auch Pauschalangebote inklusive Übernachtung in der Peel Forest Lodge.

Rangitata Rafts RAFTING

(☎0800 251 251; www.rafts.co.nz; Rangitata Gorge Rd; ⏰Sept.–Mai) Angeboten werden haarsträubende, dreistündige Fahrten durch Stromschnellen (Grad V) in der Rangitata Gorge (208 NZ$, Mindestalter 15 Jahre) oder, weiter unten, gemächlichere zweistündige Fahrten auf dem Rangitata River durch Grad-II-Stromschnellen (165 NZ$, Mindestalter 6 Jahre).

Hidden Valleys RAFTEN

(☎03-696 3560; www.hiddenvalleys.co.nz; ⏰Sept.–Mai) Der Veranstalter hat seinen Sitz im Peel Forest, beschränkt sich aber nicht auf Raftingtouren auf dem Rangitata. Es gibt mehrtägige Expeditionen auf dem Waimakariri, dem Waiau, dem Landsborough, dem Grey und dem Waiatoto River und als längste Tour eine fünftägige Fahrt den Clarence hinunter (nahe Kaikoura). Angeboten werden aber auch kurze, für Kinder geeignete Fahrten auf dem Rangitata River (Erw./Kind 200/180 NZ$).

Schlafen & Essen

DOC-Campingplatz CAMPING $

(☎03-696 3567; www.peelforest.co.nz; Stellplatz pro Erw./Kind 18/8,50 NZ$, Hütte 50–80 NZ$) Rund 3 km hinter dem Peel Forest Store befindet sich am Rangitata River dieser ausgezeichnete Campingplatz. Er bietet einfache Hütten mit zwei bis vier Schlafkojen (eigener Schlafsack erforderlich), Warmwasserduschen und einer Küche. Eingecheckt wird im Laden.

Peel Forest Lodge LODGE $$$

(☎03-696 3703; www.peelforestlodge.co.nz; DZ 350 NZ$, weitere Pers. 40 NZ$; 📶) Möchtegern-Davy Crocketts, die es trotzdem gern etwas bequemer haben, werden die schöne Blockhütte im Wald zu schätzen wissen. Es gibt vier Zimmer für acht Personen, da aber jeweils immer nur eine Buchung angenommen wird, hat man mit seinem Anhang den Ort für sich allein. Das Haus ist vollkommen separiert, aber Mahlzeiten lassen sich vereinbaren.

Peel Forest Store CAFÉ, SELBSTVERSORGUNG $$

(☎03-696 3567; www.peelforest.co.nz; Hauptgerichte mittags 13–15 NZ$, abends 24–30 NZ$; ⏰So–Do 9–17.30, Fr & Sa bis 20.30 Uhr) Der Laden, in dem es Lebensmittel, Essen zum Mitnehmen und Internetzugang gibt, betreibt auch den Campingplatz und das angeschlossene Café mit Bar. Zu essen gibt's u.a. Burger, Pizzas und Steaks.

Geraldine

2420 EW.

Das hübsche Geraldine ist in seiner Hingabe an englische Gartenanlagen typisch für Canterbury. Der Ort hat eine freundliche dörfliche Atmosphäre und eine lebendige Künstlerszene. Im Frühjahr kann man hinter dem Kriegsdenkmal an der Talbot St in den River Garden Walk eintauchen, wo Einheimische mit grünem Daumen wie verrückt Azaleen und Rhododendren pflanzen.

Sehenswertes

Vintage Car & Machinery Museum MUSEUM

(178 Talbot St; Erw./Kind 10 NZ$/frei; ⏰Okt.–Mai tgl. 9.30–16 Uhr, Juni–Sept. Sa & So 10–16 Uhr) Man muss nicht autoversessen zu sein, um an dieser Oldtimer-Sammlung seinen Spaß

zu haben. Das älteste Gefährt ist ein De Dion-Bouton von 1907, aber das Glanzstück ist ein glänzender, komplett restaurierter Bentley von 1926. Zu sehen gibt's auch einen eigens für die königliche Tour von 1954 gebauten Daimler, mehrere sehr hübsche Jaguars, Muscle-Cars aus den 1970er-Jahren und alle möglichen landwirtschaftlichen Maschinen.

1066 – A Medieval Mosaic GALERIE
(www.1066.co.nz; 10 Wilson St; ⏲10–16 Uhr) GRATIS Man kann über die obsessive Hingabe nur staunen, die dieser 42 m langen Nachschöpfung des Teppichs von Bayeux zugrundeliegt. Das Werk besteht aus 2 Mio. angemalten Stahlteilchen aus alten Strickmaschinen. Genauso eindrucksvoll sind auch die maßgefertigten mathematischen Puzzle und Spiele, die man hier kaufen kann. Wen es fröstelt: Hier ist auch die größte Wollstrickjacke der Welt ausgestellt.

Geraldine Historical Museum MUSEUM
(5 Cox St; ⏲Mo–Sa 10–15, So 12.30–15 Uhr) GRATIS Im malerischen, 1885 erbauten Gebäude der Stadtverwaltung erzählt das niedliche kleine Museum mit einer bunten Sammlung von Exponaten die Geschichte des Städtchens. Zu sehen gibt's u.a. alte Fotos, ein Hochzeitskleid und ein Harmonium (auf dem man auch spielen darf).

Aktivitäten

Big Rock Canyons CANYONING
(☎03-693 8904; www.bigrockcanyons.co.nz; ⏲Nov.–April) Der Veranstalter bietet rutschiges, ganztägiges Schluchtenklettern im Kaumira Canyon (260 NZ$) und an fünf anderen Stellen mit unterschiedlichem Schwierigkeitsgrad.

Skydiving Kiwis FALLSCHIRMSPRINGEN
(☎0800 359 549; www.skydivingkiwis.com; 1 Brodie Rd) Kiwis können zwar nicht fliegen, aber runter kommen sie bestimmt auch. Hier schnallt man sich an einen (natürlich die menschliche Version) und springt aus 1800 m (235 NZ$), 2700 m (285 NZ$) oder 3600 m (335 NZ$). Die Flüge starten vom Rangitata Island Airport, 21 km östlich von Geraldine.

Schlafen

Rawhiti House HOSTEL $
(☎03-693 8252; www.rawhitibackpackers.co.nz; 27 Hewlings St; B/EZ/DZ 32/50/72 NZ$; @📶) Die ehemalige Entbindungsklinik an einem Hang am Ortsrand ist heute ein sonniges und geräumiges Hostel mit guten Gemeinschaftsbereichen, komfortablen Zimmern und blitzblanken Bädern. Es gibt einen Fahrradverleih.

Geraldine Kiwi Holiday Park FERIENPARK $
(☎03-693 8147; www.geraldineholidaypark.co.nz; 39 Hislop St; Stellplatz 33–36 NZ$, WE mit/ohne Bad ab 80/50 NZ$; @📶) 🍃 Der erstklassige Campingplatz unter alten Bäumen ist nur durch die Straße von einem grasbewachsenen Park getrennt. Außer schlichten Hütten und Motelzimmern gibt es hier ein TV-Zimmer und einen Spielplatz.

Scenic Route Motor Lodge MOTEL $$
(☎03-693 1700; www.motelscenicroute.co.nz; 28 Waihi Tce; DZ 135–140 NZ$; 📶) Das Motel aus Stein und Holz wirkt vage traditionell, die modernen Zimmer haben aber Doppelverglasung, Flachbild-TVs und Breitband-Internet. Die größeren Einheiten bieten Whirlpools.

Essen

An der Four Peaks Plaza an der Kreuzung der Talbot St mit der Cox St gibt es eine Bäckerei, einen Feinkostladen, Cafés und den Käseladen Talbot Forest. Im Sommer findet jeden Samstag ein **Farmers Market** (⏲9–12.30 Uhr) mit leckeren Bio-Produkten statt.

Verde CAFÉ $
(45 Talbot St; Hauptgerichte 11–18 NZ$; ⏲9–16 Uhr) In einer Gasse hinter dem alten Postamt liegt inmitten schöner Gärten dieses Lokal, das wohl das beste Restaurant in Geraldine ist. Schade nur, dass es nicht auch abends geöffnet hat.

Coco SÜSSWAREN, CAFÉ $
(www.coco-geraldine.co.nz; 10 Talbot St; Trüffel 2 NZ$; ⏲10–17 Uhr) Wer seinen Zuckerbedarf mit Qualitätswaren decken will, findet hier Pralinen aus eigener Herstellung, erlesen Tees, Kaffee, heiße Schokolade und Kuchen.

Unterhaltung

Geraldine Cinema KINO
(☎03-693 8118; www.facebook.com/GeraldineCinema; Talbot St; Erw./Kind 10/8 NZ$) Das Kino zeigt sowohl Hollywood-Streifen als auch künstlerisch anspruchsvolle Filme. Gelegentlich gibt's auch Livemusik, meist Folk, Blues oder Country.

Praktische Informationen

Geraldine Visitor Centre (☎03-693 1006; www.southcanterbury.org.nz; Ecke Talbot St & Cox St; ⏲10–15 Uhr)

An- & Weiterreise

Atomic Shuttles (✆03-349 0697; www.atomictravel.co.nz) Täglich fahren Busse von/nach Christchurch (30 NZ$, 2 Std.), Lake Tekapo (ab 21 NZ$, 1¼ Std.), Twizel (25 NZ$, 2 Std.), Cromwell (35 NZ$, 4¼ Std.) und Queenstown (35 NZ$, 5 Std.).

Budget Buses & Shuttles (✆03-615 5119; www.budgetshuttles.co.nz; ⌚Mo–Sa) Bietet einen Tür-zu-Tür-Shuttle nach Christchurch (57 NZ$) und einen günstigeren fahrplanmäßigen Bus (47 NZ$).

InterCity (✆03-365 1113; www.intercity.co.nz) Täglich fahren Busse von/nach Christchurch (ab 32 NZ$, 2¼ Std.), Lake Tekapo (ab 21 NZ$, 1¼ Std.), Mt. Cook Village (ab 38 NZ$, 3 Std.), Cromwell (ab 40 NZ$, 4¾ Std.) und Queenstown (ab 42 NZ$, 5¾ Std.).

Timaru

26 900 EW.

Die Hafenstadt Timaru ist ein bequemer Zwischenstopp auf halber Strecke zwischen Christchurch und Dunedin. Viele Traveller fahren zwar lieber gleich noch 85 km weiter nach Süden ins kleinere, charmantere Oamaru, aber auch Timaru bietet einige lohnende Attraktionen. Der Name der Stadt leitet sich von dem Maori-Wort „Te Maru" ab und bedeutet „Zuflucht". Vor 1839 gab es hier keine ständig bewohnte Siedlung, dann gründeten die Brüder Weller eine Walfangstation. Das Segelschiff *Caroline*, mit dem der Waltran abtransportiert wurde, gab der malerischen Bucht ihren Namen.

Sehenswertes

Caroline Bay Park PARK, STRAND

(Marine Pde) Die Caroline Bay, die sich von einem formvollendet angelegten edwardianischen Park unterhalb der Klippen des Bay Hill über eine große Rasenfläche und umfangreiche Dünen bis zum Strand erstreckt, ist der beliebteste Treff in Timaru. Im formalen Teil gibt es eine Konzertmuschel, ein Kriegerdenkmal und die 1000 romantischen Blumen, Lauben und Wasserspiele des **Trevor Griffiths Rose Garden** GRATIS. Hector-Delfine besuchen die Bucht regelmäßig. Wer Glück hat, kann am Strand auch einen Seebären, einen Seelöwen oder Pinguin erspähen – in diesem Fall Abstand halten!

Te Ana Maori Rock Art Centre MUSEUM

(✆03-687 7372; www.teana.co.nz; 2 George St; Erw./Kind Eintritt 20/10 NZ$, Führung 125/50 NZ$; ⌚10–15 Uhr) Engagierte Führer vom Stamm der Ngai Tahu lassen in dieser innovativen Multimedia-Ausstellung die Felskunst der Maori lebendig werden. Angeboten werden auch dreistündige Exkursionen (Nov.–April 14 Uhr) zu abgelegenen Felskunststätten; Vorab-Buchung erforderlich.

South Canterbury Museum MUSEUM

(www.timaru.govt.nz/museum; Perth St; Eintritt gegen Spende; ⌚Di–Fr 10–16.30, Sa & So 13.30–16.30 Uhr) Ausgestellt sind historische und natürliche Artefakte aus der Region. Zu den Highlights gehören die Maori-Abteilung und der Nachbau der Maschine des örtlichen Flugpioniers und Erfinders Richard Pearse. Es wird vermutet, dass er seinen ersten halbwegs erfolgreichen Versuch mit einer Flugmaschine schwerer als Luft noch vor dem berühmten Flug der Gebrüder Wright unternahm (1903).

Aigantighe Art Gallery GALERIE

(www.timaru.govt.nz/art-gallery; 49 Waiiti Rd; ⌚Di–Fr 10–16, Sa & So 12–16 Uhr) GRATIS Das Herrenhaus von 1908 beherbergt eine der größten öffentlichen Galerien der Südinsel mit einer wichtigen Sammlung neuseeländischer, pazifischer und europäischer Kunst aus den letzten vier Jahrhunderten. Zu den Lokalmatadoren, die hier vertreten sind, gehören Frances Hodgkins, Colin McCahon und Ralph Hotere. Der schottisch-gälische Name der Galerie bedeutet „zu Hause" und wird wie englisch „egg and tie" ausgesprochen. Wenn die Galerie geschlossen ist, sollte man sich den Skulpturengarten ansehen.

Timaru Botanic Gardens GARTEN

(Ecke King St & Queen St; ⌚8 Uhr–Sonnenuntergang) GRATIS In dem 1864 angelegten Garten gibt es Teiche, ein Gewächshaus, eine Voliere, Rosenbeete und endemische Baumfarne. Der Garten liegt südlich vom Zentrum, der Eingang ist an der Queen St.

Sacred Heart Basilica KIRCHE

(7 Craigie Ave, Parkside) Die schöne, neoklassizistische katholische Kirche von 1911 wirkt mit ihren vielen Kuppeln, ionischen Säulen und reich verzierten Buntglasfenstern ausgesprochen römisch. Ihr Architekt, Francis Petre, entwarf auch die großen Basiliken in Christchurch (seit dem Erdbeben von 2011 eine Ruine) und Oamaru. Die Stuckverzierungen im Innenraum erinnern in der Verschränkung von Blumen- und Herzmotiven an den Jugendstil. Feste Öffnungszeiten gibt es nicht, einfach schauen, ob die Seitentür geöffnet ist.

Timaru

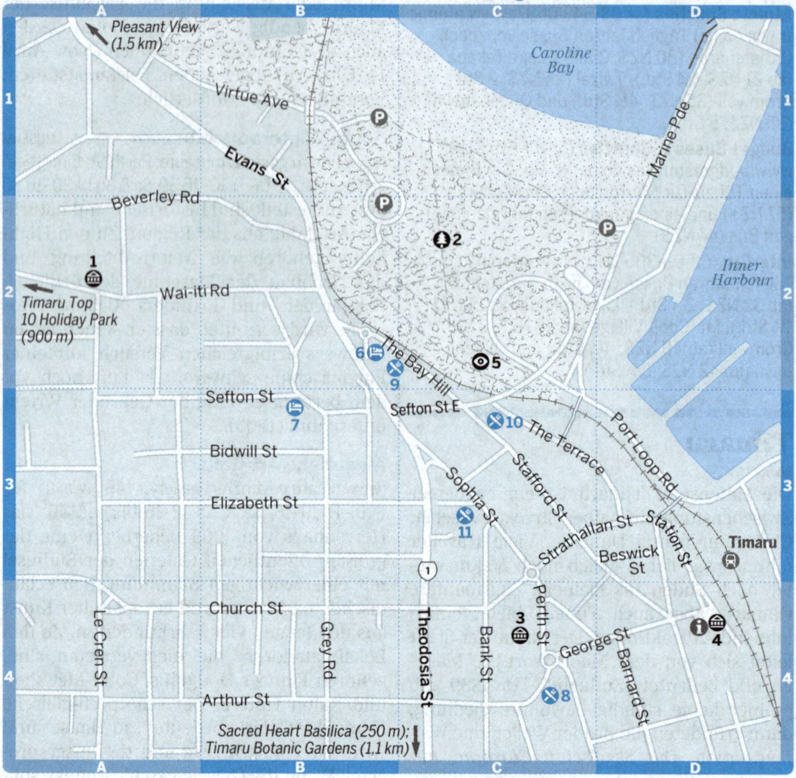

Feste & Events

Timaru Festival of Roses KULTUR
(www.festivalofroses.co.nz) Bei dem dreitägigen Fest Ende November stehen öffentliche und private Gärten im Mittelpunkt.

Christmas Carnival MUSIK
(www.carolinebay.org.nz) Bei dem lustigen Fest in Caroline Bay, das 1912 ins Leben gerufen wurde, stehen vom 26. Dezember bis Mitte Januar Konzerte, Events und Fahrgeschäfte auf dem Programm.

Schlafen

Timaru Top 10 Holiday Park FERIENPARK $
(☎03-684 7690; www.timaruholidaypark.co.nz; 154a Selwyn St, West End; Stellplatz 38–42 NZ$, WE mit/ohne Bad ab 92/62 NZ$; @) Der ausgezeichnete Campingplatz mit sauberen, farbenfrohen Einrichtungen liegt versteckt am Stadtrand. Die Benutzung des nahegelegenen Campingplatzes ist im Übernachtungspreis inbegriffen.

Timaru

Sehenswertes
1 Aigantighe Art Gallery A2
2 Caroline Bay Park C2
3 South Canterbury Museum C4
4 Te Ana Maori Rock Art Centre D4
5 Trevor Griffiths Rose Garden C2

Schlafen
6 Panorama Motor Lodge B2
7 Sefton Homestay B3

Essen
8 Arthur St Café C4
9 Fusion B2
10 Ginger & Garlic C3
11 Zest C3

Ausgehen & Nachtleben
Speight's Ale House .... (siehe 4)

Pleasant View B&B $$
(☎03-686 6651; www.pleasantview.co.nz; 2 Moore St, Waimataitai; EZ 99–115 NZ$, DZ 129–145 NZ$; 📶) In diesem modernen Haus auf einer Klippe mit Blick auf die Caroline Bay kann man beim Frühstück nach Hector-Delfinen Ausschau halten. Die beiden Zimmer sind sehr komfortabel, aber nur von einem hat man den tollen Ausblick. Das macht aber nichts, weil man den auch in der großen Gästelounge mit Nespresso-Maschine und Großbild-TV genießen kann.

Sefton Homestay B&B $$
(☎03-688 0017; www.seftonhomestay.co.nz; 32 Sefton St, Seaview; Zi./Suite 125/135 NZ$; 📶) Zurückgesetzt hinter einem hübschen Garten bietet dieses imposante, denkmalgeschützte Haus zwei Gästezimmer, das eine mit angeschlossenem Bad, das andere mit einem größeren Schlafzimmer, einer Glasveranda und dem Bad jenseits des Korridors. Im Gästewohnzimmer kann man bei einem Glas Portwein Reisegeschichten austauschen.

Panorama Motor Lodge MOTEL $$
(☎03-688 0097; www.panorama.net.nz; 52 The Bay Hill; WE ab 135 NZ$; 📶) Die Zimmer in diesem auf einem Hügel liegenden Motel sind modern und gut eingerichtet. Wenn man vor die Wahl gestellt wird, ein Zimmer mit Meerblick oder eines mit Whirlpool zu nehmen, sollte man sich für den Meerblick entscheiden, denn einen großen Whirlpool samt Sauna gibt es in dem Komplex für die Gäste ohnehin.

Essen & Ausgehen

Arthur St Café CAFÉ $
(8 Arthur St; Hauptgerichte 9–19 NZ$; ⏲Mo–Fr 7–17.30, Sa 9–15 Uhr) Ausgezeichneter Kaffee und lässiger Kiwi-Dub ist immer gut für einen entspannten Start in den Tag. Das mit Retro-Möbeln ausstaffierte Café ist Timarus schrillstes Lokal. Es bietet Quiches, Bagels und ein bei den Einheimischen berühmtes Frühstück. Gelegentlich gibt's auch Livemusik in Richtung Alt-Rock oder Folk.

Zest PIZZERIA, CAFÉ $$
(☎03-688 8313; www.zestrestaurant.co.nz; 4a Elizabeth St; Hautgerichte mittags 15–20 NZ$, abends 19–29 NZ$; ⏲10–22 Uhr) Neapolitaner dürften über die nicht gerade der Tradition entsprechend belegten griechischen und hawaiianischen Pizzas die Nase rümpfen, die in dieser umgebauten Kirche serviert werden – bei den Gästen jedoch haben sie viele Fans. Auf der Karte stehen aber auch viele andere beliebte Gerichte, z. B. Currys, Pasta, Schnitzel, Steaks und Salate.

Fusion CAFÉ, RESTAURANT $$
(☎03-688 8550; www.restaurantfusion.co.nz; 64 The Bay Hill; Hauptgerichte morgens 15–18 NZ$, mittags 17–22 NZ$, abends 24–31 NZ$; ⏲10–22 Uhr) Das modische rot-schwarze Dekor bildet die Kulisse für Gerichte, die mediterrane und asiatische Einflüsse zusammenbringen. Zwischen den Mahlzeiten kann man sich hier auch gut an Kaffee und Kuchen laben und die Aussicht auf die Caroline Bay genießen.

Ginger & Garlic MODERN-NEUSEELÄNDISCH $$$
(☎03-688 3981; www.gingerandgarlic.co.nz; 335 Stafford St; Hauptgerichte 26–39 NZ$; ⏲16–22 Uhr) Timarus raffinierteste Gerichte kommen in diesem alteingesessenen Lokalfavoriten auf den Teller. Asiatische, nahöstliche und europäische Einflüsse verbinden sich auf der abenteuerlustigen Karte mit hochwertigen regionalen Produkten.

Speight's Ale House PUB
(www.timarualehouse.co.nz; 2 George St; ⏲11.30 Uhr–open end; 📶) Der zweifellos beste Pub in Timaru hat sieben herzhafte Pubgerichte – Burger, Steaks und Meeresfrüchte – auf seiner Karte und dazu die ganze Palette der Speight's-Biere vom Fass. Der Besuch lohnt alleine schon, um sich den Innenraum des aus den 1870er-Jahren stammenden Landing Service Building anzuschauen.

Praktische Informationen

Timaru Visitor Centre (☎03-687 9997; www.southcanterbury.org.nz; 2 George St; ⏲10–15 Uhr)

An- & Weiterreise

BUS

Atomic Shuttles (☎03-349 0697; www.atomictravel.co.nz) Die Busse halten am Visitor Centre auf der Fahrt nach Christchurch (25 NZ$, 2½ Std.), Oamaru (20 NZ$, 1¼ Std.) und Dunedin (25 NZ$, 2¾ Std.).

Budget Buses & Shuttles (☎03-615 5119; www.budgetshuttles.co.nz; ⏲Mo–Sa) Tür-zu-Tür-Shuttleservice nach Christchurch (47 NS$), daneben auch Fahrten auf festgelegten Strecken (27 NZ$).

InterCity (☎03-365 1113; www.intercity.co.nz) Die Haltestelle befindet sich vor dem Bahnhof. Die Busse fahren nach Christchurch (ab 28 NZ$, 2½ Std., 2-mal tgl.), Oamaru (ab 14 NZ$, 1 Std., 2-mal tgl.), Dunedin (ab 32 NZ$,

3 Std., 2-mal tgl.), Gore (ab 47 NZ$, 6 Std., tgl.) und Te Anau (ab 51 NZ$, 8 Std., tgl.).

Knightrider (☎ 03-342 8055; www.knightrider.co.nz) Bietet an den meisten Abenden einen Bus von/nach Christchurch (38 NZ$, 3 Std.), Oamaru (28 NZ$, 1¼ Std.), Moeraki (39 NZ$, 2¼ Std.) und Dunedin (44 NZ$, 3¼ Std.).

FLUGZEUG

Air New Zealand (☎ 0800 737 000; www.airnewzealand.co.nz) Die Tochtergesellschaft Eagle Airways fliegt zwei- bis viermal täglich zwischen Wellington und Timarus Richard Pearse Airport (TIU; Falvey Rd, Levels).

Fairlie

693 EW.

Das grüne Fairlie wird oft als „Tor zum Mackenzie" beschrieben. Tatsächlich weitet sich im Westen, während die Straße den Burkes Pass hinaufklettert, die Landschaft zu der offenen Ebene des Mackenzie-Beckens. Fairlie ist ein guter Ort für eine Mittagspause.

Sehenswertes & Aktivitäten

Die Touristeninformation hat Infos zu nahen **Mountainbike**-Strecken. Das wichtigste Skigebiet, Mt. Dobson (S. 48), liegt in einem 3 km breiten, baumlosen Becken 26 km nordwestlich von Fairlie. Es gibt noch ein Club-Skigebiet 29 km nordwestlich bei Fox Peak (S. 48) in der Two Thumb Range.

Fairlie Heritage Museum MUSEUM
(www.fairlieheritagemuseum.co.nz; 49 Mt. Cook Rd; Erw./Kind 5 NZ$/frei; ⌚ 9.30–16.30 Uhr) Farmgeräte, Modellflugzeuge und Planwagen füllen dieses mäßig interessante historische Museum, zu dem auch ein altes Cottage gehört, das so eingerichtet ist, als wollte der letzte Bewohner gleich zurückkommen. Ein kleines Café ist dem Museum angeschlossen.

Schlafen & Essen

Pinewood Motels MOTEL $$
(☎ 03-685 8599; www.pinewoodmotels.co.nz; 25-27 Mt. Cook Rd; DZ 105–125 NZ$; 📶) Decken aus Kiefernholz geben diesen komfortablen, preiswerten und mit Flachbild-TVs ausgestatteten Zimmern einen rustikalen Touch. Die Familienwohnungen mit zwei Schlafzimmern bieten eine komplett ausgestattete Küche, die Einraumwohnungen Kochnischen.

Eat Deli & Bar CAFÉ $$
(www.eatdeliandbar.co.nz; 76 Main St; Hauptgerichte 10–20 NZ$; ⌚ Di–So 8–16 Uhr) Das familienfreundliche Café mit Spielecke lockt mit exzellentem Kaffee und Tresenessen (oft mit Asien-Touch), Bier, Wein und kostenloser Internetverbindung auch Erwachsene an.

Praktische Informationen

Fairlie Heartland Resource & Information Centre (☎ 03-685 8496; www.fairlienz.com; 67 Main St; ⌚ Mo–Fr 10–16 Uhr)

An- & Weiterreise

Atomic Shuttles (☎ 03-349 0697; www.atomictravel.co.nz) Täglich fahren Busse von/nach Christchurch (30 NZ$, 2½ Std.), Geraldine (20 NZ$, 35 Min.), Lake Tekapo (20 NZ$, 40 Min.), Cromwell (35 NZ$, 3¾ Std.) und Queenstown (35 NZ$, 4½ Std.).

InterCity (☎ 03-365 1113; www.intercity.co.nz) Täglich fahren Busse von/nach Christchurch (ab 34 NZ$, 3¼ Std.), Lake Tekapo (ab 13 NZ$, 35 Min.), Mt. Cook (ab 30 NZ$, 2½ Std.), Cromwell (ab 39 NZ$, 4 Std.) und Queenstown (ab 40 NZ$, 5 Std.).

Lake Tekapo

369 EW.

Von diesem kleinen Ort am gleichnamigen See hat man einen unverstellten Blick über das türkisblaue Wasser auf sanfte Hügel und schneebedeckte Berge. Der Ort ist ein beliebter Zwischenstopp von Reisebussen auf dem Weg nach Mt. Cook und Queenstown, die ihre Fahrgäste hier aussteigen lassen, um sich ein Eis oder einen Kaffee zu holen und ein paar Fotos zu schießen.

Statt gleich weiter zu hasten, lohnt es sich aber, den prächtigen Nachthimmel vom Gipfel des nahegelegenen Mt. John zu betrachten. Im 2012 wurde das Aoraki-Mackenzie-Gebiet zu einem International Dark Sky Reserve erklärt – von diesen Lichtschutzgebieten gibt es gerade einmal fünf weltweit.

Sehenswertes & Aktivitäten

Als das Mackenzie-Becken von den Gletschern planiert wurde, blieb der **Mt. John** (1029 m) als eine Insel aus festem Felsgestein inmitten des Eismeers stehen. Eine Straße führt zum Gipfel, man kann aber auch den Rundweg (hin & zurück 2½ Std.) einschlagen. Um aus dem Ausflug eine ganztägige Wanderung zu machen, marschiert man zum Alexandrina Lake und zum McGregor Lake weiter. Weitere Wanderwege sind in den kostenlosen Karten beschrieben, die überall im Ort erhältlich sind.

Das Lake Tekapo YHA vermietet Mountainbikes (10/25 NZ$ pro Std./halber Tag) und Kajaks (25 NZ$/Std.). Im Winter wird Lake Tekapo zur Basis für Ski-Abfahrtsläufer, die sich am Mt. Dobson (S. 48) oder im Skigebiet Roundhill (S. 48), sowie für Skilangläufer, die sich in der Two Thumb Range tummeln.

Church of the Good Shepherd KIRCHE
(⌚9–17 Uhr) Der wichtigste Punkt, an dem die Reisebusse ihre Passagiere ausspucken, ist diese 1935 aus Stein und Eichenholz erbaute interkonfessionelle Kirche am See. Durch das Panoramafenster hinter dem Altar haben Kirchenbesucher einen fast schon andachtsstörend herrlichen Blick auf den See und die majestätischen Berge – kein Wunder, dass die Kirche ein beliebter Ort für Hochzeiten ist. Wer den alle Beschaulichkeit verscheuchenden Massen entgehen will, sollte frühmorgens oder am späten Nachmittag kommen.

Ganz in der Nähe steht die Statue eines Collies; sie zollt den Hütehunden Tribut, die eine wichtige Rolle bei der Erschließung des Mackenzie-Beckens spielten.

Tekapo Springs SPA, TUBING
(☎03-680 6550; www.tekaposprings.co.nz; 6 Lakeside Dr; Erw./Kind Thermalbad 20/15 NZ$, Vergnügungspark pro Aktivität 20/15 NZ$, Kombiticket 52/36 NZ$; ⌚10–21 Uhr) Vom 36 °C warmen Becken arbeitet man sich über das 38 °C warme bis zu dem 40 °C warmen Becken den Hügel hinauf. Dort badet man in dem Thermalwasser umgeben von endemischen Bäumen und blickt dabei hinunter auf den See. Gegen die Winterkälte gibt's auch noch einen Dampfraum und eine Sauna (8 NZ$ extra) sowie ein Tages-Spa, wenn man sich ein wenig verwöhnen will (Massage ab 55 NZ$).

Das ist aber nur die halbe Geschichte: An den Komplex ist ein Vergnügungspark angeschlossen, der im Winter Schlittschuhlaufen und Reifenrodeln anbietet. Im Sommer locken die größte aufpumpbare Rutsche der Welt und Tubing-Fahrten den schlüpfrigen Hang hinunter.

Mackenzie Alpine Horse Trekking REITEN
(☎0800 628 269; www.maht.co.nz; 60/280/350 NZ$ pro Std./Tag/Ausflug mit Übernachtung) Der Anbieter organisiert Reitausflüge hinaus in die offene Ebene, darunter sind auch Touren, die eine Camping-Übernachtung einschließen.

INSIDERWISSEN

BLAUE WEITE

Die leuchtend türkisblaue Farbe des Lake Tekapo – der dieses Merkmal mit anderen Seen in der Nähe teilt, z. B. mit dem Lake Pukaki – ist auf das Sediment im Wasser zurückzuführen. Dieses „Gesteinsmehl" entstand, als das Becken des Sees von Gletschern mit Steinen an der Unterseite ausgehöhlt wurde, die über die Erdoberfläche wanderten. Dabei wurden durch die Reibung von Stein auf Stein feine Partikel abgeschmirgelt, die sich schließlich mit dem Schmelzwasser des Gletschers vermischten. Dieses Sediment gibt dem Wasser sein milchiges Aussehen und bricht das Licht der Sonnenstrahlen, wodurch die leuchtende Farbe entsteht.

☞ Geführte Touren

Earth & Sky TOUR
(☎03-680 6960; www.earthandsky.co.nz; SH8) Dank des klaren Himmels und der Entfernung zu größeren Städten ist Lake Tekapo für Himmelsbeobachtungen einer der besten Orte weltweit. Nächtliche Sternguckertouren führen zum Observatorium der University of Canterbury auf dem Mt. John (Erw./Kind 135/80 NZ$). Führungen durch die Einrichtungen gibt es im Winter auf Anfrage, im Sommer ist zwischen ca. 12 und 15 Uhr eigentlich immer ein Führer verfügbar (Erw./Kind 20/10 NS$).

Wer nicht so viel Geld ausgeben will oder kleine Kinder im Schlepptau hat (das Mindestalter bei den Mt.-John-Touren beträgt 8 Jahre), kann sich für die einstündige nächtliche Tour zum kleineren Cowan Observatory (Erw./Kind 80/50 NZ$) entscheiden.

Air Safaris PANORAMAFLÜGE
(☎03-680 6880; www.airsafaris.co.nz; SH8) Wenn man nicht gerade ein ernsthafter Bergsteiger ist, der viel Zeit totzuschlagen hat, gibt es keine bessere Möglichkeit, sich den Aoraki/Mt. Cook aus der Nähe zu betrachten als die „Grand Traverse"-Rundflüge (Erw./Kind 340/220 NZ$). Einen ähnlichen Flug gibt's auch im Glentanner Park, er ist aber teurer (Erw./Kind 375/265 NZ$).

Tekapo Helicopters PANORAMAFLÜGE
(☎03-680 6229; www.tekapohelicopters.co.nz; SH8) Zur Auswahl stehen fünf Möglichkeiten: von einem 20-minütigen Flug (195 NZ$)

NICHT VERSÄUMEN

LAKE PUKAKI LOOKOUT

Fährt man auf dem SH8 von Lake Tekapo weiter, kommt nach 39 km der noch größere Lake Pukaki in Sicht. Dass alle Reisebusse an dem etwa 8 km dahinter folgenden Aussichtspunkt anhalten, ist gut zu verstehen: An klaren Tagen bietet sich von hier aus ein wundervoller Blick über den tiefblauen See auf den Aoraki/Mt. Cook und die umliegenden Gipfel.

Neben dem Aussichtspunkt ist das **Lake Pukaki Information Centre** (www.mtcookalpinesalmon.com; SH8; ⌚8.30–18 Uhr), das eine Außenstelle von Mt. Cook Alpine Salmon ist, der höchstgelegenen Lachsfarm des Planeten. Die eigentliche Farm liegt in einem Kanalsystem des Wasserkraftwerks am Ostrand des Sees. Sie ist derzeit nicht für Besucher geöffnet, aber im Informationszentrum kann man sich mit Sashimi (10 NZ$) verwöhnen oder sich Fisch für sein Abendessen holen.

bis hin zu einem einstündigen Trip zum Aoraki/Mt. Cook sowie dem Fox und dem Franz Josef Glacier (500 NZ$). Bei allen Flügen gibt's eine Landung im Schnee und den Blick auf den Aoraki/Mt. Cook.

Cruise Tekapo BOOTSTOUR
(☎027 479 7675; www.cruisetekapo.co.nz) Veranstaltet Rundfahrten (25 Min.–2 Std.) auf dem See und Angelausflüge.

Schlafen

Tailor-Made-Tekapo Backpackers HOSTEL $
(☎03-680 6700; www.tailor-made-backpackers.co.nz; 9-11 Aorangi Cres; B 29–31 NZ$, EZ 62 NZ$, DZ mit/ohne Bad 84/74 NZ$; @📶) Das gesellige Hostel mit richtigen Betten statt Stockbetten verteilt sich über mehrere gepflegte Häuser an einer friedlichen Straße. Es gibt auch einen Garten mit hohen Bäumen, Grillstelle und Kinderspielplatz. Bei unserem letzten Besuch stand das Hostel gerade zum Verkauf, daher besser vorher anrufen!

Lake Tekapo YHA HOSTEL $
(☎03-680 6857; www.yha.co.nz; 3 Simpson Lane; B 36–39 NZ$, DZ 98 NZ$; @📶) Es gibt nur drei Privatzimmer, die Schlafsäle sind etwas beengt, und für ein Hostel ist die Unterkunft ein bisschen teuer, aber dafür hat man eine herrliche Aussicht. Im Winter macht man es sich um den offenen Kamin gemütlich, im Sommer entspannt man am See.

★ **Chalet Boutique Motel** APARTMENTS $$
(☎03-680 6774; www.thechalet.co.nz; 14 Pioneer Dr; WE 185–295 NZ$; 📶) Der Ausdruck „Boutiquemotel" tut der tollen Anlage am See unrecht. Der ließe sich allenfalls auf die vier komfortablen Wohnungen im Haupthaus anwenden, nicht aber auf das moderne Haus mit zwei Schlafzimmern (und angeschlossener Einraumwohnung) nebenan und auch nicht auf die dahinter stehende wundervoll anheimelnde „Henkel Hut".

Peppers Bluewater Resort RESORT $$
(☎03-360 1063; www.peppers.co.nz; SH8; DZ 111–226 NZ$, Apt. 256–466 NZ$; 📶) Das um Felsteiche und strauchbewachsene Gartenanlagen verteilte große Resort bietet diverse schicke moderne Unterkünfte, von winzigen Hotelzimmern über alle Zwischenstufen bis hin zu Vierzimmerwohnungen.

Lake Tekapo Lodge B&B $$$
(www.laketekapolodge.co.nz; 24 Aorangi Cres; Zi. 300–450 NZ$; 📶) In dem sagenhaft eigenwilligen, aber superluxuriösen B&B, das bis zum Rand mit zeitgenössischer Kiwi-Kunst gefüllt ist, darf man ruhig etwas spinnen. Die Zimmer sind nicht besonders groß, aber die Betten sind sehr komfortabel und der Blick auf dem See ist zum Dahinschmelzen.

Glacier Rock Bed & Breakfast B&B $$$
(☎03-680 6669; www.glacierrock.co.nz; 35 Lochinver Ave; DZ 210–250 NZ$; @📶) Das Haus wurde von einem der Besitzer entworfen und unten in der Galerie bietet er auch selbstgeschaffene Kunstwerke an. Die beiden Gästezimmer sind groß, warm und luftig. Das Frühstück wird in einem sonnigen Raum mit riesigen Panoramafenstern serviert.

Essen

★ **Astro Café** CAFÉ $
(Mt. John Observatory, Godley Peaks Rd; Hauptgerichte 6–11 NZ$; ⌚10–17 Uhr) Von dem Glaspavillon auf dem Mt. John hat man einen spektakulären Rundblick auf das ganze Mackenzie-Becken – eine bessere Lage kann ein Café gar nicht haben. Empfehlenswert sind die Bagels mit Aoraki-Lachs oder die frischen Knochenschinken-Sandwiches; auch der Kaffee und der Kuchen sind gut.

Kohan JAPANISCH $$
(www.kohannz.com; SH8; Hauptgerichte 11–19 NZ$, Bento-Box 25–35 NZ$) Das Kohan serviert mit

das beste japanische Essen auf der Südinsel, und angesichts des Blicks auf den See stört einen das Cafeteria-Ambiente nicht. Da eine Lachsfarm gleich ein Stück die Straße hinauf zu finden ist, darf man sicher sein, dass das Sashimi superfrisch ist. Platz lassen für das hausgemachte Eis mit grünem Tee!

Run 77 CAFÉ **$$**
(www.run77laketekapo.co.nz; SH8; Hauptgerichte 11–22 NZ$; ⏲7.30–16 Uhr; 📶) Man sitzt entspannt auf knorrigen Holzmöbeln und labt sich an Sandwiches, Burgern und Pies mit Lachs aus der Region, sowie an Rind. Lamm und Reh aus dem Anwesen des Besitzers (dem eigentlichen Run 77). Die Suppen, Salate und Vorspeisenteller sind gesund und lecker.

Mackenzie's Bar & Grill PUB **$$**
(SH8; Hauptgerichte mittags 15–20 NZ$, abends 22–34 NZ$; ⏲Mo–Fr 11.30 Uhr–open end, Sa & So ab 10 Uhr) Das Lokal bietet interessante Versionen von Steak, Hühnchen und Meeresfrüchten, und den herrlichen See- und Bergblick gibt's gratis dazu. Gerichte wie Lammkeule oder Aoraki-Lachs sind *die* Antwort auf einen Tag voller strapaziöser Aktivitäten.

ℹ Praktische Informationen

Tekapo Springs Sales & Information Centre (☎03-680 6579; SH8; ⏲10–18 Uhr) Seit das i-SITE geschlossen ist, sind die Betreiber von Tekapo Springs eingesprungen und verteilen Broschüren und Ratschläge. Buchungen nehmen sie aber nur für den eigenen Komplex vor.

ℹ An- & Weiterreise

Atomic Shuttles (☎03-349 0697; www.atomictravel.co.nz) Busse fahren täglich von/nach Christchurch (30 NZ$, 3¼ Std.), Geraldine (20 NZ$, 1¼ Std.), Twizel (20 NZ$, 40 Min.), Cromwell (30 NZ$, 3 Std.) und Queenstown (30 NZ$, 3¾ Std.).

Cook Connection (☎0800 266 526; www.cookconnect.co.nz) Shuttleservice nach Mt. Cook (35 NZ$, 1½ Std.).

InterCity (☎03-365 1113; www.intercity.co.nz) Busse fahren täglich von/nach Christchurch (ab 36 NZ$, 3¾ Std.), Geraldine (ab 21 NZ$, 1¼ Std.), Mt. Cook (ab 30 NZ$, 1½ Std.), Cromwell (ab 36 NZ$, 2¾ Std.) und Queenstown (ab 36 NZ$, 4¾ Std.).

Aoraki/Mt. Cook National Park

Der spektakuläre 700 km² große Aoraki/Mt. Cook National Park ist seit 1990 mit den Nationalparks Fiordland, Mt. Aspiring und Westland Teil der Southwest New Zealand (Te Wahipounamu) World Heritage Area, die sich vom Cook River in Westland bis Fiordland erstreckt. Das Parkgebiet wird von den Southern Alps und den Gebirgsketten Two Thumb, Liebig und Ben Ohau begrenzt. Mehr als ein Drittel des Gebiets ist dauerhaft von Schnee und Gletschereis bedeckt.

Von den 23 Dreitausendern Neuseelands liegen 19 in diesem Park. Der höchste ist der mächtige Aoraki/Mt. Cook – mit 3724 m ist er zugleich der Rekordhalter Australasiens. Die Maori haben ihn nach der Gottheit Aoraki (der die Wolken durchbohrt) benannt, seinen englischen Namen bekam er 1851 zu Ehren seines Entdeckers James Cook.

Das Gebiet war immer das Ziel von Bergsteigern. Am 2. März 1882 scheiterten William Spotswood Green und seine zwei Schweizer Kameraden bei einem dramatischen 62-stündigen Aufstieg mit ihrem Versuch, den Mt. Cook zu bezwingen. Zwei Jahre später wurden drei Bergsteiger aus der Umgebung, Tom Fyfe, George Graham und Jack Clarke, durch die Nachricht angespornt, dass zwei bekannte europäische Bergsteiger sich am Berg versuchen wollten. Sie setzten sich in den Kopf, den Berg vor ihnen zu erklimmen. An Weihnachten 1894 erreichten sie über den Hooker Glacier und den Nordgrat den Gipfel – eine für die damalige Zeit brillante Leistung.

1913 war die australische Bergsteigerin Freda du Faur die erste Frau auf dem Gipfel. 1948 wählte Sir Edmund Hillary den südlichen Grat als Route – Hillary war später der erste Mensch auf dem Mt. Everest. Seither ist der Berg auch über die gefährlichsten Strecken erklommen worden.

Die anderen hoch aufragenden Berge der Region haben so klangvolle Namen wie: Sefton, Tasman, Silberhorn, Malte Brun, La Perouse, Hicks, De la Beche, Douglas und The Minarets. Viele können vom Westland National Park aus bestiegen werden. Auf beiden Seiten der Wasserscheide gibt es ein Netz von Bergsteigerhütten.

Der Aoraki/Mt. Cook bietet einen wundervollen Anblick – sofern keine Wolken stören. Die meisten Besucher werden in Reisebussen herangekarrt; sie steigen vor dem Hermitage Hotel aus, machen ein paar Fotos und rasen dann auf der SH80 wieder ins Tal. Man sollte den großartigen Gipfel und die prächtige Landschaft aber lieber in Ruhe genießen und einen der tollen kurzen Wanderwege ausprobieren. Unterwegs begegnet man vielleicht ei-

Aoraki/Mt. Cook National Park

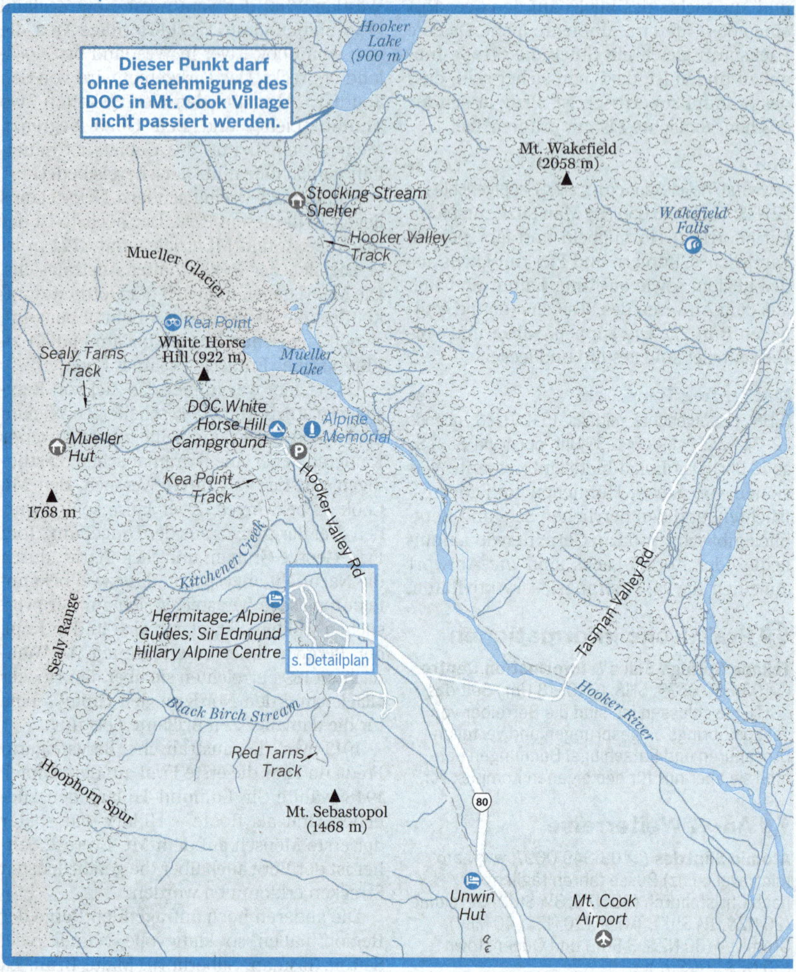

nem der aus Eurasien eingeführten Säugetiere, etwa einem Tahr (Hemitragus), einer Himalaja-Ziege; zudem sind die kleineren und leichter gebauten, ebenfalls klettertüchtigen Gämsen, ursprünglich aus Europa, und auch Rotwild, ebenfalls aus Europa, zu erspähen. Und am Wegrand blühen im Sommer die Mt.-Cook-Lilie (eine Hahnenfußart), Berggänseblümchen, Enzian und das Edelweiß.

Sehenswertes

DOC Aoraki/Mt. Cook Visitor Centre INFORMATIONSZENTRUM
(☎ 03-435 1186; www.doc.govt.nz; 1 Larch Grove; ⏲ 8.30–16.30 Uhr) GRATIS Neben allem Wissenswerten zu Wanderwegen und Wetterbedingungen bietet das Zentrum auch ausgezeichnete Ausstellungen zur örtlichen Flora, Fauna und Geschichte sowie Videos und einen abgesenkten Garten mit einer historischen Berghütte. Hier kann man auch die meisten Aktivitäten buchen.

Sir Edmund Hillary Alpine Centre MUSEUM
(www.hermitage.co.nz; The Hermitage; Erw./Kind 20/10 NZ$; ⏲ Okt.–März 7–20.30 Uhr, April–Sept. 8–19 Uhr) Das multimediale Museum wurde gerade einmal drei Wochen vor dem Tod des Mannes eröffnet (Jan. 2008), den viele

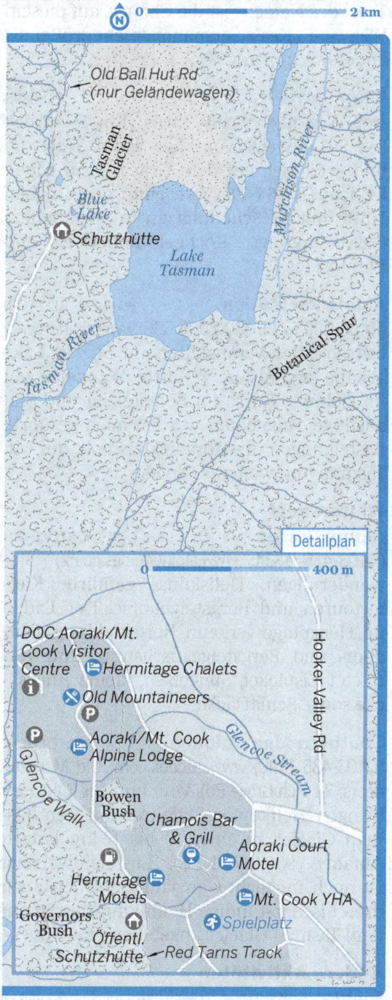

für den größten Neuseeländer aller Zeiten halten. Sir Eds Kommentare wurden wenige Monate vor seinem Tod aufgenommen. Neben Erinnerungsstücken und Exponaten zum Bergsteigen gibt es ein digitales Planetarium (mit vier verschiedenen Vorführungen) und ein Kino (in dem vier Dokumentationen laufen, darunter der 3-D-Film *Mt. Cook Magic* und ein faszinierender, 75-minütiger Film über die Bezwingung des Mt. Everest durch Sir Ed).

Tasman Glacier GLETSCHER

Mit 27 km Länge und bis zu 3 km Breite ist der Tasman der größte Gletscher Neuseelands, aber er geht schnell zurück und verliert jedes Jahr mehrere hundert Meter an Länge. Er schmilzt zudem von oben nach unten und hat seit der ersten Messung im Jahr 1891 rund 150 m an Mächtigkeit verloren. Im unteren Abschnitt wurden durch die Schmelze Felsen, Steine und Felsbrocken freigelegt, die eine unansehnliche Masse über der Eisschicht bilden. Trotz des starken Abschmelzens ist das Eis an der mächtigsten Stelle schätzungsweise immer noch über 600 m dick.

Der **Tasman Lake** am Fuß des Gletschers begann sich erst in den 1970er-Jahren zu bilden und erstreckt sich mittlerweile über 7 km. Man schätzt, dass er durch die anhaltenden Folgen des Klimawandels in den nächsten 20 Jahren auf 16 km anwachsen wird. Der See ist von unüberschaubaren gewaltigen Eisbergen bedeckt, die ständig an der Gletscherzunge abbrechen. Am 22. Februar 2011 brach aufgrund des Erdbebens von Christchurch ein 1,3 km langer, 300 m hoher und 30 Mio. t schwerer Block ab und verursachte 3,5 m hohe Wellen, die auf die Touristenboote zurollten, die zu jener Zeit auf dem See unterwegs waren – glücklicherweise wurde niemand verletzt.

Bei seinem letzten größeren Vordringen vor 17 000 Jahren kam der Gletscher so weit nach Süden, dass er den Lake Pukaki formte. Bei einem späteren Vordringen reichte er nicht bis zu den Wänden des Tals, sodass es eine Lücke zwischen den äußeren Talwänden und den Seitenmuränen gibt, die der Gletscher bei diesem späteren Vordringen hinterließ. Die unbefestigte Tasman Valley Rd, die 800 m südlich vom Dorf von der Mt. Cook Rd abzweigt, führt durch diese Lücke. Vom Unterstand Blue Lakes Shelter, nach 8 km auf dieser Straße, führt der **Tasman Glacier View Track** (hin & zurück 40 Min.) zu einem Aussichtspunkt auf der Muräne. Unterwegs kommt man an den Blue Lakes vorbei.

Aktivitäten

Wandern & Klettern

Mehrere leichte Wanderungen in der Umgebung des Hermitage sind in Broschüren beschrieben, die beim DOC erhältlich sind. Längere Wanderungen sind nur Travellern mit Erfahrung im Bergsteigen zu empfehlen, da die Bedingungen in größeren Höhenlagen schwierig und die Wege gefährlich sind. Falls man in einer der Hütten des Parks übernachten will, muss man seine Absicht im DOC-Besucherbüro registrieren und dort die Hüttengebühr bezahlen. Karten mit seinem Wanderziel zu hinterlassen empfiehlt sich auch bei längeren Tageswanderungen.

Für erfahrene Kletterer sind die Möglichkeiten hier beinahe unbegrenzt, doch wie geübt man auch sein mag, Vorsichtsmaßnahmen sind immer angebracht – mehr als 200 Menschen sind hier schon bei Kletterunfällen gestorben. Das düstere Gedenkbuch im Visitor Information Centre beginnt mit dem ersten Toten am Aoraki/Mt. Cook im Jahr 1907, und seither sind schon mehr als 70 Kletterer allein auf diesem Gipfel gestorben.

Das Wetter ist hier außerordentlich wechselhaft: Der Aoraki/Mt. Cook ist nur 44 km von der Küste entfernt, und Witterungsänderungen, die von der Tasmansee aufziehen, können sich in plötzlichen Unwettern entladen. Wenn man damit keine Erfahrung hat, sollte man nirgendwo ohne einen Bergführer klettern.

Bevor man einen Aufstieg unternimmt, sollte man sich immer bei den Parkrangern erkunden und deren Ratschläge unbedingt befolgen. Vor dem Losmarschieren die Karte mit dem angestrebten Ziel ausfüllen – damit die Ranger nach einem suchen, wenn man überfällig ist – und sich nach der Rückkehr wieder austragen. Das Visitor Centre vermietet auch Positionsanzeiger (30/40 NZ$ pro 3 Tage/Woche).

Wanderer können die **öffentliche Schutzhütte** (⏲ Okt.–April 8–19 Uhr, Mai–Sept. bis 17 Uhr) im Dorf benutzen, wo es fließendes Wasser, Toiletten und Münzduschen gibt. Die Schutzhütte kann aber nicht für Übernachtungen genutzt werden.

Hooker Valley Track WANDERN

Dieser Weg (vom Dorf hin & zurück 3 Std.) ist die vielleicht schönste Tageswanderung. Sie führt das Hooker Valley hinauf über drei Hängebrücken zum Stocking Stream und der Zunge des Hooker Glacier. Nach der zweiten Hängebrücke dominiert der Aoraki/Mt. Cook vollkommen den Blick; oft sieht man Eisberge im Hooker Lake schwimmen.

Kea Point Track WANDERN

Auf dem Weg zum Kea Point (vom Dorf hin & zurück 2 Std.) sieht man viele endemische Pflanzen. Er endet an einer Plattform mit ausgezeichneter Sicht auf den Aoraki/Mt. Cook, das Hooker Valley und die vereisten Hänge des Mt. Sefton und des Footstool. Trotz des Namens ist die Chance, auf diesem Weg einen Kea zu erspähen, nicht größer als anderswo im Park.

Sealy Tarns Track WANDERN

Der Weg nach Sealy Tarns (hin & zurück 3–4 Std.) zweigt vom Kea Point Track ab und setzt sich auf dem Grat bis zur Mueller Hut (B 36 NZ$) fort, einer gemütlichen Hütte mit 28 Schlafplätzen in Stockbetten, Gasversorgung, Kochgelegenheiten und Plumpsklos.

Alpine Recreation WANDERN, KLETTERN

(☎ 03-680 6736, 0800 006 096; www.alpinerecreation.com) Der Veranstalter mit Sitz in Lake Tekapo organisiert geführte Wanderungen im Gebirge, Kurse im Bergsteigen und Skiausflüge. Angeboten werden auch geführte Besteigungen des Aoraki/Mt. Cook, des Mt. Tasman und weiterer Gipfel.

Wintersport

Alpine Guides WINTERSPORT

(☎ 03-435 1834; www.alpineguides.co.nz) Skiwanderungen, Heliskiing, geführte Klettertouren und Bergsteigekurse. Der Laden im Hermitage verkauft Reisekleidung, Outdoor- und Bergsteigeausrüstung und vermietet Eispickel, Steigeisen, kleine Rucksäcke sowie Schlafsäcke.

Southern Alps Guiding WINTERSPORT

(☎ 03-435 1890; www.mtcook.com; Old Mountaineers, 3 Larch Grove Rd) Von Juni bis Oktober bringen Helikopter Skifahrer auf den Tasman Glacier zu einer 10 bis 12 km langen Abfahrt (830–870 NZ$). Einzeleinweisung ist auch möglich. Ganzjährig werden auch drei- bis vierstündige Helihiking-Touren auf dem Tasman Glacier angeboten (450 NZ$).

Andere Aktivitäten

Glentanner Horse Trekking REITEN

(☎ 03-435 1855; www.glentanner.co.nz; Ausritt 1/2/3 Std. 70/90/150 NZ$; ⏲ Nov.–April) Geführte Ausritte auf einer Schaffarm im offenen Hochland mit Angeboten für Anfänger und Fortgeschrittene.

Glacier Sea-Kayaking KAJAKFAHREN

(☎ 03-435 1890; www.mtcook.com; 145 NZ$/Pers.; ⏲ Okt.–April) Geführte Kajaktouren führen auf die Seen an der Zunge des Tasman oder des Mueller Glacier. Meist muss man sich dabei mit Eisbergen auseinandersetzen, aber wenn dies der Hauptgrund ist, warum man die Tour machen will, sollte man vorher nachfragen, ob es wirklich welche gibt. Wegen der Gefahr kalbender Eisberge kann

NICHT VERSÄUMEN

DER ALPS 2 OCEAN CYCLE TRAIL

In der Hoffnung, zum Otago Central Rail Trail aufzuschließen, wurde die neue Mountainbikeroute geschaffen, die von Mt. Cook Village über Twizel, die Lake Ohau Lodge, Omarama, Otematata, Kurow und Duntroon bis nach Oamaru führt. Einige recht lange Abschnitte verlaufen auf dem SH83, aber 40 % des Trails führen querfeldein. Meistens geht es bergab; die Höhendifferenz zwischen Anfang und Ende der 300 km langen Strecke beträgt immerhin 780 m.

Die Route ist in acht Abschnitte unterteilt, die man einzeln oder in Folge innerhalb einer vier- bis sechstägigen Tour bewältigen kann. Der offizielle Startpunkt erfordert einen kostspieligen Hubschrauberflug über den Tasman River, deswegen ist es vielleicht besser, die Fahrt erst später, am südlichen Ende des Lake Pukaki, zu beginnen.

Weitere Infos finden sich unter www.alps2ocean.com.

man die Zungen der Gletscher und die größeren Eisberge nur von fern bewundern. Bei den Touren verbringt man ungefähr eine Stunde auf dem Wasser; buchen kann man sie im Old Mountaineers Cafe.

Big Sky HIMMELSBEOBACHTUNG
(☎0800 686 800; www.hermitage.co.nz; Erw./Kind 60/30 NZ$, nur Planetarium 24/12 NZ$) Der südliche Sternenhimmel, der von Neuseelands aus zu sehen ist, wird zunächst in einem 45-minütigen Programm im computergesteuerten Planetarium des Alpine Centre vorgestellt, ehe die Teilnehmer mit Teleskopen, Feldstechern und einem Astronomieführer den echten Sternen zuleibe rücken. Wenn das Wetter nicht mitspielt, muss man sich mit dem Planetarium begnügen.

Geführte Touren

Tasman Valley 4WD & Argo Tours TOUR
(☎0800 686 800; www.mountcooktours.co.nz; Erw./Kind 75/38 NZ$) Veranstaltet 90-minütige Touren mit einem Argo (Geländefahrzeug mit 8 Rädern) zum Tasman Glacier und dem See an seiner Zunge. Bei der interessant kommentierten Tour gibt es viel alpine Flora zu bewundern. Buchen kann man online oder am Aktivitätenschalter des Hermitage.

Glacier Explorers BOOTSTOUR
(☎03-435 1641; www.glacierexplorers.com; Erw./Kind 145/70 NZ$) Mit einem eigens konstruierten Motorschlauchboot geht's auf den Tasman Lake hinaus, wo man 300 Jahre alten Eisbergen ganz nahe kommt. Buchen kann man am Aktivitätenschalter des Hermitage.

Helicopter Line PANORAMAFLUG
(☎03-435 1801; www.helicopter.co.nz) Vom Glentanner Park bietet Helicopter Line 20-minütige „Alpine Vista"-Flüge (230 NZ$), den herrlichen 35-minütigen Flug über die Ben Ohau Range (345 NZ$) und den 40-minütigen „Mountains High"-Flug über den Tasman Glacier und entlang des Aoraki/Mt. Cook (425 NZ$). Bei allen Flügen gibt's auch eine Landung im Schnee.

Mount Cook Ski Planes PANORAMAFLUG
(☎03-430 8034; www.mtcookskiplanes.com) Das Unternehmen mit Sitz am Mt. Cook Airport bietet 40- (Erw./Kind 405/ 295 NZ$) und 55-minütige (Erw./Kind 530/ 405 NZ$) Flüge jeweils mit einer Landung im Schnee. Rundflüge ohne Landung sind die preiswertere Option; zur Wahl stehen hier der 25-minütige „Mini Tasman"- (Erw./Kind 275/255 NZ$) oder der 45-minütige „Alpine Wonderland"-Flug (Erw./Kind 370/275 NZ$).

Schlafen

Die Unterkünfte in Mt. Cook Village sind teurer als in Twizel, aber angesichts der so nahen Berge lohnt sich die zusätzliche Ausgabe.

Mt. Cook YHA HOSTEL $
(☎03-435 1820; www.yha.co.nz; 4 Bowen Dr; B 37 NZ$, DZ 118 NZ$; @ 📶) Das hübsch mit Kiefernholz gestaltete ausgezeichnete Hostel hat eine kostenlose Sauna, einen Raum zum Wäschetrocknen, Kamine und DVDs. Die Zimmer sind sauber und freundlich, wenn auch teilweise eng (insbesondere die Zweibettzimmer mit Stockbetten).

DOC White Horse Hill Campground CAMPING $
(☎03-435 1186; Hooker Valley Rd; Stellplatz pro Erw./Kind 10/5 NZ$) Vom Dorf Aoraki/Mt. Cook 2 km ins Hooker Valley hinauf liegt dieser Campingplatz mit Selbstregistrierung. Er hat keinen Strom und keine Kochgelegenheiten, wohl aber fließendes Wasser,

Toiletten und einen sagenhaften Ausblick. Er ist ein idealer Ausgangspunkt für viele Wanderwege in der Gegend.

Glentanner Park Centre FERIENPARK $
(☎03-435 1855; www.glentanner.co.nz; Mt. Cook Rd; Stellplatz 19–22 NZ$, B 29 NZ$, WE mit/ohne Bad ab 160/80 NZ$; @📶) Die Anlage am Nordufer des Lake Pukaki, 22 km südlich vom Dorf, ist der dem Nationalpark nächstgelegene komplett ausgestattete Campingplatz. Es gibt diverse Hütten und Motelzimmer, eine Schlafbaracke und ein Restaurant.

Unwin Hut HOSTEL $
(☎03-435 1100; www.alpineclub.org.nz; Mt. Cook Rd; B Erw./Kind 30/15 NZ$; 📶) Rund 3,5 km vor dem Dorf liegt diese Lodge des New Zealand Alpine Club (NZAC). Mitglieder werden bevorzugt bedient, aber für Kletterfreunde ist in der Regel schon noch ein Bett frei. Das Haus hat schlichte Stockbetten (eigenes Bettzeug mitbringen!) und einen großen Gemeinschaftsraum mit Kamin und Küche.

Aoraki/Mt. Cook Alpine Lodge LODGE $$
(☎03-435 1860; www.aorakialpinelodge.co.nz; Bowen Dr; DZ 164–189 NZ$; @) Die moderne Lodge hat komfortable Zimmer mit angeschlossenem Bad und eine riesige Lounge mit Küchenbereich. Der erstklassige Blick in die Berge, den man vom Grillplatz aus hat, sorgt dafür, dass sich die Gäste um das Privileg reißen, die Würstchen zum Abendessen grillen zu dürfen.

Aoraki Court Motel MOTEL $$$
(☎03-435 1111; www.aorakicourt.co.nz; 26 Bowen Dr; DZ 205–295 NZ$) Anderswo wären solche Preise nicht durchzusetzen, aber diese neue Motelanlage ist schon sehr gut. Gemusterte Tapeten hübschen das Dekor auf, und auch die gefliesten Bäder zeigen Design-Elemente. Einige Zimmer haben Whirlpools, alle aber Einbauküchen und einen wundervollen Blick auf die Berge.

Hermitage HOTEL $$$
(☎03-435 1809; www.hermitage.co.nz; Terrace Rd; Zi. 239–599 NZ$; @📶) Das berühmte Hotel hat die absolut dominierende Lage in Mt. Cook Village und eine fantastische Sicht auf die Berge. Die Flure in einigen älteren Flügeln wirken etwas nüchtern, aber alle Zimmer wurden renoviert und auf hohen Standard gebracht. Neben dem Hotel gehören zum Hermitage auch noch Motelzimmer und gut ausgestattete Finnhütten.

Essen & Ausgehen

Old Mountaineers CAFÉ, BAR $$
(www.mtcook.com; Bowen Dr; Hauptgerichte morgens 10–15 NZ$, mittags 15–26 NZ$, abends 18–35 NZ$; ⏲Nov.–April tgl. 10–21 Uhr, Juli–Okt. Di–So; 📶) Eine preiswerte Alternative zu den Restaurants im Hermitage: Von diesem großen Lokal hat man durch Panoramafenster oder sommers von Tischen im Freien einen guten Blick auf die Berge. Neben warmem Frühstück gibt es erstklassige Burger, Pizza, Pasta und Salat. Es lohnt sich, einen Blick auf die alten Schwarzweißfotos und die Bergsteiger-Andenken zu werfen.

Panorama MODERN-NEUSEELÄNDISCH $$$
(☎0800 686 800, 03-435 1809; www.hermitage.co.nz; Terrace Rd; Hauptgerichte 34–40 NZ$; ⏲18–22 Uhr) Das prächtige Restaurant des Hermitage ist das bei weitem beste der hoteleigenen Lokale, zu denen noch ein Büffetrestaurant und ein glanzloses Café gehören. Das raffinierte Essen passt wunderbar zu der fantastischen Aussicht und der interessanten Architektur aus der Mitte des letzten Jahrhunderts.

Chamois Bar & Grill PUB
(www.mountcookbackpackers.co.nz; Bowen Dr; ⏲16 Uhr–open end) Im Obergeschoss der Mt. Cook Backpacker Lodge im Ortszentrum bietet diese große Bar Kneipenessen, einen Billardtisch, einen Großbild-TV und gelegentlich Livemusik.

Praktische Informationen

Das DOC Visitor Centre (S. 564) ist die beste Infoquelle zur Gegend. Geldautomaten und Supermärkte gibt es im Ort nicht, die nächsten Einrichtungen dieser Art befinden sich in Twizel.

An- & Weiterreise

Der kleine Flughafen des Dorfes wird nur für Panoramaflüge genutzt. Manche der Anbieter sind vielleicht bereit, den Aussichtsflug mit einem Transport zur Westküste, d. h. zum Franz Josef Glacier, zu verbinden, aber ob überhaupt geflogen werden kann, hängt stark von den Wetterbedingungen ab.

Autofahrer sollten in Lake Tekapo oder Twizel auftanken. Es gibt zwar Benzin in Mt. Cook, aber das ist teuer, und man muss (gegen Gebühr) einen „Tankwart" aus dem Hermitage kommen lassen.

Cook Connection (☎0800 266 526; www.cookconnect.co.nz) Bietet einen Shuttleservice nach Lake Tekapo (35 NZ$, 1½ Std.) und Twizel (25 NZ$, 1 Std.).

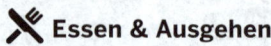

InterCity (☎ 03-365 1113; www.intercity.co.nz) Busse fahren täglich von/nach Christchurch (ab 67 NZ$, 5¼ Std.), Geraldine (ab 38 NZ$, 3 Std.), Lake Tekapo (ab 30 NZ$, 1½ Std.), Cromwell (ab 59 NZ$, 2¾ Std.) und Queenstown (ab 64 NZ$, 4 Std.). Sie halten am YHA-Hostel und dem Hermitage, die beide auch Buchungen annehmen.

Twizel

1140 EW.

Noch vor gar nicht zu langer Zeit wurde Twizel von den Neuseeländern mit Geringschätzung behandelt. Die von Wald umringte Stadt gleich südlich vom Lake Pukaki wurde 1968 für den Bau des nahegelegenen Wasserkraftwerks angelegt und sollte nach dessen Fertigstellung (1984) wieder aufgegeben werden. Nun aber sind die Bewohner Twizels diejenigen, die als letzte lachen, weil immer neue Parzellen am See bebaut werden und Leute hinziehen, die die entspannende Berg-und-Seen-Landschaft genießen wollen. Unterkünfte, Restaurants, Benzin und Lebensmittel sind in Twizel deutlich günstiger als in Mt. Cook Village.

Sehenswertes & Aktivitäten

Der nahe Lake Ruataniwha ist ein beliebtes Ziel zum Rudern, Boot fahren und Windsurfen. Auch Angeln in den örtlichen Flüssen, Kanälen und Seen steht hoch im Kurs; in der Touristeninformation nach ortskundigen Führern fragen.

Kaki Visitor Hide NATURSCHUTZGEBIET
(☎ 03-435 3124; Erw./Kind 20/10 NZ$; ⏲ Ende Okt.–April 9.30 & 16.30 Uhr) Der seltene Kaki (Schwarze Stelzenläufer) kommt nur in Neuseeland vor. Durch ein Aufzuchtsprogramm soll die Bestandssituation im Ahuriri Conservation Park verbessert werden. Im Rahmen einer einstündigen geführten Tour, die man in der Touristeninformation bucht, kann man die scheuen Vögel aus der Nähe beobachten. Die Touren starten an der Touristeninformation, man braucht aber ein eigenes Transportmittel.

Geführte Touren

OneRing Tours TOUR
(☎ 0800 213 868; www.lordoftheringstour.com) Wie oft hat man schon Gelegenheit, nachgebaute *Herr-der-Ringe*-Waffen zu schwingen? Bestimmt nicht oft genug! Die Touren führen zu der Schaffarm, die als Schauplatz der Schlacht auf dem Pelennor diente und bieten viele Infos über die Dreharbeiten. Zur Wahl stehen eine zweistündige Version (Erw./Kind 84/45 NZ$), eine abgekürzte einstündige (Erw./Kind 64/35 NZ$) sowie nur für Erwachsene eine Dämmerungstour mit Bier, Wein und Knabbereien, während die Sonne über Gondor untergeht (115 NZ$).

Helicopter Line PANORAMAFLUG
(☎ 03-435 0370; www.helicopter.co.nz; Pukaki Airport, Harry Wigley Dr) Angeboten werden u. a. die Panoramaflüge „Aoraki/Mt. Cook Discovery" (640 NZ$, 1 Std.), „Southern Alps Experience" (520 NZ$, 45 Min.), „Alpine Scenic Flight" (345 NZ$, 35 Min.) und „Alpine Express" (265 NZ$, 25 Min.). Bei allen, abgesehen von den kürzesten Flügen gibt es auch eine Landung im Schnee.

Schlafen

Twizel Holiday Park FERIENPARK **$**
(☎ 03-435 0507; www.twizelholidaypark.co.nz; 122 Mackenzie Dr; Stellplatz ab 34 NZ$, B 30 NZ$, WE 95–215 NZ$; WLAN) Auf einem grünen Grundstück voller Blumen gibt es Unterkunft in einer umgewandelten Entbindungsklinik. Hinzu kommen ein paar Hütten mit angeschlossenem Bad, eine Schlafbaracke und Stellplätze für Zelte und Wohnmobile. Die modernen separaten Cottages haben ein besonders gutes Preis-Leistungs-Verhältnis.

★ **Omahau Downs** B&B **$$**
(☎ 03-435 0199; www.omahau.co.nz; SH8; EZ/DZ 115/135 NZ$, Cottage 125–225 NZ$; ⏲ Juni–Aug. geschl.; WLAN) Auf der Farm 2 km nördlich von Twizel gibt es zwei gemütliche, eigenständige Cottages (eines für bis zu 6 Pers.) und eine Lodge mit funkelnden modernen Zimmern und einer Terrasse mit Blick auf die Ben Ohau Range. Ein tolles Erlebnis ist, bei Mondschein draußen in dem mit Holz beheizten Bad zu entspannen (20 NZ$).

Mountain Chalets MOTEL, HOSTEL **$$**
(☎ 03-435 0785; www.mountainchalets.co.nz; Wairepo Rd; B 28 NZ$, DZ 110–130 NZ$; WLAN) Die gemütlichen, gut ausgestatteten eigenständigen Finnhütten mit ein bis drei Zimmern wirken durch ihre Holzdecken rustikal. Es gibt auch eine kleine, entspannte Lodge, die für Backpacker ideal ist.

Heartland Lodge B&B **$$$**
(☎ 03-435 0008; www.heartland-lodge.co.nz; 19 North West Arch; Apt. 160 NZ$, EZ 230–260 NZ$, DZ 270–300 NZ$; WLAN) In dem großen modernen Haus am grünen Ortsrand gibt's jede Menge Platz, nämlich einen großen Wohnbereich

ABSEITS DER ÜBLICHEN PFADE

RUATANIWHA CONSERVATION PARK

Das 368 km² große Schutzgebiet umfasst einen großen Teil des Gebiets zwischen dem Lake Pukaki und dem Lake Ohau. Zu ihm gehören die Ben Ohau Range und diverse Täler und Scheinbuchenwälder. Die zahlreichen Wanderwege sind in der (online erhältlichen) DOC-Broschüre *Ruataniwha Conservation Park* beschrieben. Es gibt hier auch fünf gute Pisten für Mountainbiker.

Vom DOC verwaltete Hütten und Campingplätze verteilen sich über den gesamten Park. Komfortabler wohnt es sich in der **Lake Ohau Lodge** (☎03-438 9885; www.ohau.co.nz; Lake Ohau Rd; EZ 101–180 NZ$, DZ 107–205 NZ$), in idyllischer Lage am Westufer des bei Ruderern beliebten Sees. Hier gibt es alles von Budgetzimmern mit Gemeinschaftstoiletten bis hin zu eleganten Zimmern mit Terrasse und Blick in die Berge. Im Winter ist die Lodge Ausgangsbasis für das Skigebiet Ohau (S. 48). Im Sommer ist es ein ruhigeres Refugium. Es gibt auch Dinner-B & B-Pauschalangebote.

mit offenem Grundriss unten und oben geräumige Gästezimmer. Im Preis inbegriffen ist ein warmes Frühstück, sofern man nicht im „Retreat“ wohnt, einem separaten Apartment mit eigener Kochnische.

Essen & Ausgehen

★ **Shawty's** CAFÉ, BAR $$
(☎03-435 3155; www.shawtys.co.nz; 4 Market Pl; Brunch 12–20 NZ$, Abendessen 29–34 NZ$; ⏲April–Okt. Mo & Di 8.30–15, Mi–So 8.30 Uhr–open end, Nov.–März tgl. open end; 📶) Coole Rhythmen und Bier aus Kleinbrauereien schaffen eine für Twizel überraschend elegante Atmosphäre. Das große Frühstück bzw. eine Gourmetpizza (14–18 NZ$) sind ein guter Auftakt bzw. Ausklang eines von Aktivitäten gesättigten Tags in herrlicher Berglandschaft. In der benachbarten Grappa Lounge gibt's im Sommer DJs und Livemusik.

Poppies Cafe CAFÉ $$
(☎03-435 0848; www.poppiescafe.com; 1 Benmore Pl; Brunch 10–20 NZ$, Abendessen 23–35 NZ$; ⏲10–15 & 17.30–21 Uhr; 📶) Mittags kommen Gourmet-Pies, Burger, Pasta und dergleichen auf den Tisch, abends gibt's gehaltvollere Gerichte; die mittlere Alternative sind die ausgezeichneten Pizzas (20–24 NZ$) Das Café liegt am Ortsrand nahe dem Mackenzie Country Inn.

Jasmine Thai Café THAILÄNDISCH $$
(1 Market Pl; Mittagessen 12 NZ$, Abendessen 18–22 NZ$; ⏲Di–Sa 12–14 & tgl. 17–21 Uhr) Die würzig-schwungvollen Aromen des letzten Urlaubs an einem südostasiatischen Strand werden hier nach Neuseeland verfrachtet. Alkohol muss man selbst mitbringen – mit ein paar kühlen Bieren aus dem Four Square Supermarket lässt sich die authentische Schärfe des thailändischen Essens lindern.

Praktische Informationen

Twizel Information Centre (☎03-435 3124; Market Pl; ⏲Mo–Fr 8.30–17, Sa & So 11–14 Uhr)

An- & Weiterreise

Atomic Shuttles (☎03-349 0697; www.atomictravel.co.nz) Busse fahren täglich von/nach Christchurch (35 NZ$, 3¾ Std.), Geraldine (25 NZ$, 2 Std.), Lake Tekapo (20 NZ$, 40 Min.), Cromwell (30 NZ$, 2¼ Std.) und Queenstown (30 NZ$, 3¼ Std.).

Cook Connection (☎0800 266 526; www.cookconnect.co.nz) Bietet einen Shuttleservice nach Mt. Cook Village (25 NZ$, 1 Std.).

InterCity (☎03-365 1113; www.intercity.co.nz) Busse fahren täglich von/nach Christchurch (ab 40 NZ$, 5¼ Std.), Lake Tekapo (ab 13 NZ$, 50 Min.), Mt. Cook Village (ab 32 NZ$, 1 Std.), Cromwell (ab 29 NZ$, 2 Std.) und Queenstown (ab 35 NZ$, 3 Std.).

Dunedin & Otago

Inhalt ➡

Gut essen

- Riverstone Kitchen (S. 580)
- Fleur's Place (S. 582)
- The Shed at Northburn Station (S. 605)
- Pitches Store (S. 601)
- Otago Farmers' Market (S. 589)

Schön übernachten

- Burn Cottage Retreat (S. 605)
- Pitches Store (S. 601)
- Dunstan House (S. 603)
- Pen-y-bryn Lodge (S. 580)

Auf nach Dunedin & Otago!

Otago birgt städtische wie ländliche Highlights – von idyllischen Ortschaften bis hin zu Weingütern von Weltklasse und ein paar der am besten zugänglichen Naturschutzgebiete des Landes. Im historischen Herzen Otagos liegt Dunedin mit einer lebhaften Studentenkultur und Kunstszene. Vom stattlichen edwardianischen Bahnhof Dunedins fährt die berühmte Taieri Gorge Railway landeinwärts. Dort erwartet einen eine Radtour auf dem zerklüfteten, malerischen Otago Central Rail Trail.

Wer auf der Suche nach dem kolonialen Neuseeland ist, kann in die grenzstädtische Atmosphäre alter Goldgräberortschaften wie Clyde, St. Bathans, Naseby und des niedlichen Ophir eintauchen. Natur pur findet man auf der Otago Peninsula, wo sich jede Menge Pinguine, Albatrosse, Seelöwen und Seebären tummeln. Und das am Meer gelegene Oamaru hat ein wundervolles historisches Viertel, Pinguinkolonien und einen merkwürdigen Hang zur Steampunk-Kultur zu bieten.

Das gemütliche Otago steckt voller malerischer Landschaften und hat Travellern, die es gerne gemächlich angehen lassen, jede Menge zu bieten.

Reisezeit

- Im Februar und März herrscht normalerweise ruhiges, sonniges Wetter, und es locken saftig-frische Aprikosen, Pfirsiche und Kirschen.
- Zu Ostern angelt man sich beim Middlemarch Singles Ball einen „Southern Man" oder ertränkt beim Clyde Wine & Food Festival seinen Kummer.
- In den ruhigeren Monaten Mai und Dezember lädt der Otago Central Rail Trail zu einer Radtour ein.
- Im November beobachtet man die Profis draußen im Highlands Motorsport Park und radelt dann bei den Victorian Heritage Celebrations in Oamaru mit dem Hochrad in die Vergangenheit.

Highlights

1. Im verrückten **Oamaru** (S. 575) das kulturelle Erbe aus der Vergangenheit und die möglicherweise vom Steampunk geprägte Zukunft entdecken
2. Auf der **Otago Peninsula** (S. 595) Pinguine, Albatrosse und Seebären beobachten
3. In ruhigen Provinznestern wie **Ophir** (S. 600) und **Naseby** (S. 599) Neuseelands südliches Erbe erkunden
4. In den Weingütern rund um **Cromwell** (S. 604) ein paar der besten Pinot Noirs der Welt probieren
5. In den Bars und Cafés von **Dunedin** (S. 582) lokale Biere kosten und einheimischen Bands lauschen
6. Auf dem **Otago Central Rail Trail** (S. 598) durch einsame braun-goldene Landschaften radeln
7. Mit der **Taieri Gorge Railway** (S. 588) auf kurvenreicher Strecke Schluchten, Canyons und hohe Viadukte passieren

Anreise & Unterwegs vor Ort

Air New Zealand (☎0800 737 000; www.airnewzealand.co.nz) fliegt von Dunedin nach Christchurch, Wellington und Auckland, **Jetstar** (☎0800 800 995; www.jetstar.com) nach Auckland. Die einzigen Zugverbindungen sind die Museumsbahnen von Dunedin nach Middlemarch und von Dunedin nach Palmerston. Die wichtigsten Busverbindungen führen über den SH1 oder den SH8.

WAITAKI DISTRICT

Der breite, verästelte Waitaki River bildet im Norden von Otago die Grenze zu Canterbury. Durch das Waitaki Valley führt eine direkte, aber weniger befahrene Route von den Neuseeländischen Alpen zum Meer, an der man spektakuläre Kalksteinformationen, Felsmalereien der Maori und Fossilien zu sehen bekommt. Die Gegend ist zudem eine der jüngsten Weinbauregionen Neuseelands, und ein großer Abschnitt des neuen Alps 2 Ocean Cycle Trail (S. 567) verbindet den Aoraki/Mt. Cook National Park mit Oamaru an der Küste. In der wichtigsten Stadt des Distrikts, Oamaru, gibt es viele Pinguine und herrliche historische Gebäude.

Omarama

267 EW.

Omarama am Beginn des Waitaki Valley ist umgeben von Bergketten und märchenhaften Landschaften. Das verschlafene Nest erwacht jedes Jahr beim Rodeo (28. Dez.) und zur Schäferhundeprüfung (März) zum Leben.

Sehenswertes & Aktivitäten

Clay Cliffs Paritea AREAL

Die bizarre Mondlandschaft ist das Ergebnis einer 2 Mio. Jahre dauernden Erosion der Schlick- und Schotterschichten, die an der aktiven Ostler-Verwerfungslinie freigelegt wurden. Die Klippen liegen auf privatem Land, und bevor man sich auf den Weg macht, zahlt man bei Omarama Hot Tubs einen Eintritt von 5 NZ$ für sein Fahrzeug. Vom Ort fährt man 4 km Richtung Norden auf dem SH8, biegt links in die Quailburn Rd und nach 4 km wieder links in die unbefestigte Henburn Rd ein.

Wrinkly Rams FARM

(☎03-438 9751; www.thewrinklyrams.co.nz; 24 Omarama Ave; Erw./Kind 20/10 NZ$) Bei Wrinkly Rams halten regelmäßig Reisebusse. Veranstaltet werden 30-minütige Shows, bei denen Schafe geschoren, Schäferhunde vorgeführt und je nach Saison auch Lämmer gefüttert werden. Man sollte vorab anrufen, um sich einer Reisegruppe anzuschließen oder eine eigene Show buchen. Zu dem Hof gehört auch eines der besseren **Cafés** (Gerichte 7–25 NZ$; ⌚7–16.30 Uhr; 📶) von Omarama.

Omarama Hot Tubs SPA

(☎03-438 9703; www.hottubsomarama.co.nz; 29 Omarama Ave; Wanne 1/2/3/4 Pers. 45/80/105/120 NZ$, Badehaus 75/140/180/200 NZ$; ⌚11 Uhr–open end) Wer nach dem Mountainbiken oder Wandern seine müden Beine entspannen oder sich einfach nur an die/den Liebste/n kuscheln möchte, für den sind diese mit Holzfeuer beheizten Badewannen genau das Richtige. Das Konzept ist zwar japanisch, aber Bergketten wie die umliegenden, eine solche Lage am See und so einen makellosen Nachthimmel findet man nur auf der neuseeländischen Südinsel.

Zur Auswahl stehen ein 90-minütiges Bad in einer Wanne (jeweils mit Umkleidekabine) oder eine zweistündige Sitzung im Badehaus, das auch eine Sauna hat. Das Gletscher- und Schmelzwasser aus den Bergen ist frei von Chemikalien und wird nach je-

KURZINFOS OTAGO

Essen Käse aus der Whitestone-Käserei in Oamaru

Trinken Pinot Noir aus dem zentralen Otago

Lesen *Wenn Eulen schrein* von Janet Frame aus Oamaru

Hören *Tally Ho! Flying Nun's Greatest Bits, ein Sampler von* 2011 anlässlich des 30. Jubiläums von Dunedins Kult-Musiklabel

Anschauen *Als das Meer verschwand* (2004), das im zentralen Otago spielt

Festival Ende November die Victorian Heritage Celebrations in Oamaru

Grünes Gewissen Auf der Suche nach Gelbaugenpinguinen auf Zehenspitzen an den Stränden der Otago Peninsula entlangschleichen

Infos im Internet www.dunedinnz.com, www.centralotagonz.com

Vorwahl ☎03

der Benutzung gewechselt. Das Brauchwasser wird zur Bewässerung genutzt. Es gibt auch therapeutische Massagen (30/60 Min. 60/100 NZ$) und Schönheitskuren.

Glide Omarama SEGELFLIEGEN
(☎ 03-438 9555; www.glideomarama.com) Dank der Westwinde und warmen Sommeraufwinde eignet sich diese Region super zum Segelfliegen über die Hügel und die spektakulären Neuseeländischen Alpen. Im Dezember oder Januar findet hier ein nationales Segelfliegertreffen statt. Dieser Veranstalter bietet Kurse und Panoramaflüge von 30 Minuten (325 NZ$) bis zu drei Stunden (640 NZ$) an.

Schlafen & Essen

Buscot Station FARMSTAY, HOSTEL $
(☎ 027 222 1754; SH8; Stellplatz/B/EZ/DZ 10/25/43/61 NZ$) Ein komplett anderes, einmalig neuseeländisches Erlebnis verspricht ein Aufenthalt in diesem heimeligen Bauernhaus auf einer großen Schaf- und Rinderfarm. Es gibt Zimmer im Haupthaus und Betten in einer großen Schlafbaracke hinter dem Haus. Zu finden am SH8, 10 km nördlich von Omarama.

Omarama Top 10 FERIENPARK $
(☎ 03-438 9875; www.omaramatop10.co.nz; SH8; Stellplatz 34–39 NZ$, WE mit/ohne Bad 110/55 NZ$; @ 📶) Auf dem friedlichen, grünen Campingplatz am Bach gibt es kompakte Hütten und größere, in sich abgeschlossene Motelzimmer mit eigenem Bad.

Ladybird Hill WEINGUT $$
(www.ladybirdhill.co.nz; 1 Pinot Noir Ct; Gerichte 6–32 NZ$; ⏲ Aug.–Juni Do–So 10–16 Uhr) Man kann es sich natürlich leicht machen und einfach ein Mittagessen von der Karte bestellen. Oder man schnappt sich eine Angel, fängt sich in den gut bestückten Teichen den Lachs seiner Wahl und wartet, bis er fertig zubereitet und geräuchert serviert wird (37 NZ$, reicht für 2–3 Erw.). Es gibt hier auch einen Kinderspielplatz und Wanderwege über die hügeligen Weinberge.

DIE MAORI IN OTAGO

Die frühe Geschichte der Maori in Otago entspricht jener in Canterbury (S. 544): Die Ngai Tahu waren der herrschende Stamm zu der Zeit, als die Briten ins Land kamen. Eines der ersten Stücke Land, das die Ngai Tahu verkauften, war der sogenannte Otago-Block, eine 1618 km² große Parzelle, die im Jahr 1844 für 2400 £ den Eigentümer wechselte. Der Name Otago leitet sich davon ab, wie die Ngai Tahu Otakou aussprachen, den Namen eines kleinen Dorfes am äußersten Ende der Otago Peninsula, wo es noch immer eine *marae* (Maori-Versammlungsstätte) gibt.

Das Otago Museum (S. 583) in Dunedin hat die beste Maori-Ausstellung der Südinsel, die auch ein aufwendig beschnitztes *waka taua* (Kriegskanu) und kunstvoll bearbeiteten *pounamu* (Nephrit-Jade) umfasst. Im Waitaki Valley kann man Maori-Felskunst bestaunen.

Praktische Informationen

Omarama Hot Tubs fungiert gleichzeitig als Touristeninformation und hilft bei der Buchung von Unterkünften und Verkehrsmitteln. Weitere Infos gibt's unter www.discoveromarama.co.nz.

An- & Weiterreise

InterCity (☎ 03-471 7143; www.intercity.co.nz) Betreibt täglich Busse von/nach Christchurch (ab 42 NZ$, 5¾ Std.), Mt. Cook Village (ab 32 NZ$, 1¼ Std.), Twizel (ab 13 NZ$, 19 Min.), Cromwell (ab 23 NZ$, 1½ Std.) und Queenstown (ab 32 NZ$, 2½ Std.).

Atomic Shuttles (☎ 03-349 0697; www.atomictravel.co.nz) Die Busse machen in Omarama eine Pause, bevor sie weiter nach Christchurch (35 NZ$, 4 Std.), Lake Tekapo (20 NZ$, 1 Std.), Twizel (20 NZ$, 20 Min.), Cromwell (25 NZ$, 1½ Std.) und Queenstown (30 NZ$, 2¼ Std.) fahren.

Waitaki Valley

Wein, Wasserski und Lachsangelstellen sind nur einige der Anreize dieser wenig befahrenen Route. Hinter Omarama führt der SH83 an einigen tiefblauen Stauseen vorbei. Für einen malerischen Abstecher am Nordufer verlässt man bei Otematata den Highway und fährt über den großen Benmore Dam; über den Aviemore Dam geht's dann wieder zurück auf den Highway.

Eine Reihe verschlafener kleiner Ortschaften mit alten Bankgebäuden und Kneipen säumt den Highway. Eine der reizendsten ist das winzige **Kurow** (302 Ew.), in dem scheinbar die Zeit stehengeblieben ist. Von hier stammt Richie McCaw, der Mannschaftskapitän der All Blacks, der Rugby-Weltmeister. Vom fast ebenso niedlichen **Duntroon** (90 Ew.) können abenteuerlustige (und angemessen versicherte) Fahrer über die nicht asphaltierte Straße über den Danseys Pass nach Naseby fahren.

Obwohl es noch lange dauern wird, bis die wenigen Weinbau-Pioniere im Waitaki Valley weltweit den gleichen guten Ruf haben werden wie ihre Kollegen jenseits der Berge in Central Otago, haben sie mit ihren Weinen doch schon internationale Experten auf sich aufmerksam gemacht.

Sehenswertes

Kurow

Kurow Heritage & Information Centre MUSEUM
(03-436 0950; www.kurow.org.nz; SH83; Mo–Fr 9.30–16 Uhr) GRATIS Heute dreht sich zwar alles um Richie McCaw, aber Kurow hat noch einen anderen berühmten Sohn: Arnold Nordmeyer (1901–1989) war ein Vorsitzender der Labour Party und einer der Schlüsselarchitekten des Wohlfahrtsstaats und des öffentlichen Gesundheitswesens in Neuseeland. Sein Werk wird in diesem interessanten Gemeindemuseum geehrt, das sich selbst scherzhaft als„National Museum of Social Security" bezeichnet.

Vintner's Drop WEINGUT
(03-436 0545; www.ostlerwine.co.nz; 45 Bledisloe St; Nov.–März Do–So 12–17 Uhr) Das Vintner's Drop in der alten Post von Kurow ist der Weinverkostungsraum von Ostler Vineyards. Hier werden auch Weine von sieben anderen kleinen Weinproduzenten verkauft.

Pasquale Kurow Winery WEINGUT
(03-436 0443; www.pasquale.co.nz; 5292 Kurow-Duntroon Rd; Nov.–März 10–16 Uhr) Das beeindruckendste Weingut im Tal produziert Pinot Noir, Pinot Gris und Riesling sowie weniger verbreitete sortenreine Weine wie Gewürztraminer, Arneis und Viognier. Einfach vorbeikommen und die Weinprobe (10 NZ$, wird bei Weinkauf zurückerstattet) und die Weinplatte (38 NZ$) mit geräuchertem Aoraki-Lachs und Whitestone-Käse genießen!

Duntroon & Umgebung

Takiroa Maori Rock Painting Site ARCHÄOLOGISCHE STÄTTE
GRATIS Die gut ausgeschilderte Stätte mit jahrhundertealten Zeichnungen von mystischen Wesen, Tieren und sogar einem Segelschiff versteckt sich 3 km westlich von Duntroon in den Klippen am Highway.

Vanished World Centre MUSEUM
(www.vanishedworld.co.nz; 7 Campbell St; Erw./Kind 7,50 NZ$/frei; Fr–Mo 10.30–16.30 Uhr) Vielleicht gäbe es nicht so viele schlechte Delfin-Tatoos und Filme mit tanzenden Pinguinen, wenn mehr Leute dieses kleine, aber interessante, von Freiwilligen betriebene Zentrum in Duntroon besuchen würden. Denn wenn man erst die 25 Mio. Jahre alten Fossilien von mit haiartigen Zähnen bewehrten Delfinen und riesigen Pinguinen gesehen hat, wirken sie nicht mehr so niedlich.

Auf der Karte *Vanished World Trail* sind 20 verschiedene geologisch interessante Punkte im Waitaki Valley und an der Küste von North Otago verzeichnet.

Maerewhenua Maori Rock Painting Site ARCHÄOLOGISCHE STÄTTE
(Livingstone-Duntroon Rd) GRATIS Die von einem imposanten Kalksteinhang geschützte Stätte umfasst Kohle- und Ocker-Zeichnungen, die noch vor der Ankunft der Europäer in Neuseeland entstanden sind. Von Duntroon geht's Richtung Osten und hinter dem Maerewhenua River die erste Abzweigung nach rechts; die Stätte liegt 400 m weiter links.

Elephant Rocks FILMKULISSE
Die vom Wind, Regen und Fluss geformten riesigen Kalksteinfelsen in dieser bizarren Landschaft wurden in den in Neuseeland gedrehten Filmen *Narnia* (2005) als Kulisse für Aslans Lager genutzt. Sie befinden sich rund 5,5 km südlich vom Highway auf Farmland. Hinter dem Maerewhenua River der Ausschilderung folgen!

Oamaru

12 900 EW.

Nichts in Oamaru bewegt sich schnell: Die Traveller bummeln, die Einheimischen schlendern und die Pinguine watscheln. Sogar die gerühmten altmodischen Verkehrsmittel – Hochräder und Dampfloks – eilen mit Weile! Die meisten Traveller kommen wegen der Pinguine hierher, aber wenn man sich umschaut, spürt man auch die Exzentrik unter der Oberfläche brodeln. Kurz gesagt: Dies ist die coolste Stadt Neuseelands.

Unten am Wasser liegt ein Viertel mit einst vernachlässigten viktorianischen Gebäuden, in denen heute Querköpfe, Antiquare und Bohemiens aller Art Galerien,

Oamaru

faszinierende Läden, hippe Locations und sogar ein „urbanes Weingut" betreiben. Am auffälligsten sind die Steampunks, deren Ästhetik stark auf die Vergangenheit ausgerichtet ist und die sich die Zukunft als ein „Morgen wie es sein sollte" ausmalen. Das früher reiche und ambitionierte Oamaru war in seiner Glanzzeit in den 1880er-Jahren genauso groß wie das damalige Los Angeles. Die Verschiffung von Kühlfleisch bescherte der Stadt den nötigen Wohlstand, um die imposanten Gebäude zu errichten, die heute die Thames St zieren. Doch die Stadt übernahm sich und war am Ende des 19. Jhs. konkursreif.

Der wirtschaftliche Niedergang im 20. Jh. äußerte sich auch darin, dass die Abrissbirne, der so viele historische Stadtzentren zum Opfer fielen, hier nicht mit so großer Hingabe geschwungen wurde. In den letzten Jahrzehnten haben dann pfiffige kreative Typen die Einmaligkeit der viktorianischen Straßen Oamarus als Möglichkeit zur Entfaltung von verrückten Ideen für sich entdeckt.

Sehenswertes

★ Zwergpinguinkolonie NATUR

(03-433 1195; www.penguins.co.nz; Waterfront Rd; 10 Uhr–Sonnenuntergang) In einem

Oamaru

Highlights
1 Zwergpinguinkolonie D4
2 Gelbaugenpinguinkolonie D5

Sehenswertes
3 Forrester Gallery A4
4 Friendly Bay Playground B5
5 North Otago Museum C2
6 Oamaru Public Gardens B2
7 St. Patrick's Basilica C1
Steampunk HQ (siehe 9)

Aktivitäten, Kurse & Touren
8 Oamaru Cycle Works A5
9 Oamaru Steam & Rail A4

Schlafen
10 AAA Thames Court Motel C1
11 Criterion Hotel A4
12 Highfield Mews C1
13 Oamaru Top 10 A2
14 Pen-y-bryn Lodge A3

Essen
Harbour St Bakery (siehe 11)
15 Midori C2
16 Steam A4
17 Whitestone C1

Ausgehen & Nachtleben
Birdlands (siehe 11)
Criterion Hotel (siehe 11)
Fat Sally's (siehe 5)

Unterhaltung
18 Limelight Cinema C1
19 Penguin Club B5

alten Steinbruch nahe dem Ufer Oamarus kann man beobachten, wie die kleinen Racker im Wasser planschen und am Ufer herumwatscheln. Kurz vor Sonnenuntergang (Hochwinter gegen 17.30 Uhr, Hochsommer 21.30 Uhr) kommen die Pinguine gruppenweise an Land, und es dauert etwa eine Stunde, bis sie alle am Ufer sind. Zu beiden Seiten der Stelle sind Stände (Erw./Kind 28/14 NZ$) aufgestellt, von denen man einen guten Blick auf die Pinguine hat; es gibt noch einen Premium-Stand (40/20 NZ$), der noch näher am Ort des Geschehens ist, erreichbar über einen Plankenweg, der durch das Nistgebiet führt.

Im November und Dezember sieht man die meisten Pinguine (bis zu 180), von März bis August sind es manchmal nur 50 bis 70. Die besten Zeiten zur abendlichen Beobachtung sind beim i-SITE (S. 581) angeschrieben. Fotografieren ist verboten, und man sollte sich warm anziehen.

Wer sich für das Artenschutzprogramm des Zentrums und seine Erfolge in Sachen Wachstum der Pinguinpopulation interessiert, sollte tagsüber die Führung „Hinter den Kulissen" mitmachen (Erw./Kind ohne Führung 10/5 NZ$, mit Führung 16/8 NZ$). Es gibt auch Kombipakete für die Führung tagsüber und das Beobachten der Pinguine am Abend.

Unter keinen Umständen sollte man abends auf den Felsen am Meer herumklettern, um nach Pinguinen zu suchen. Das zerstört ihren Lebensraum und verfälscht die Studien über den Einfluss der Menschen auf die Tiere.

★ Yellow-Eyed Penguin Colony NATUR

(Bushy Beach Rd) GRATIS Die größeren und viel selteneren Gelbaugenpinguine kommen am späten Nachmittag am Bushy Beach an Land, um ihre Jungen zu füttern. Trotz ihres Maori-Namens *hoiho* (lautes Gebrüll) sind sie extrem scheu. Wenn sie jemanden sehen oder hören, laufen sie sofort wieder ins Wasser, und die Jungtiere bleiben hungrig zurück.

Zum Schutz dieser gefährdeten Tiere ist der Strand ab 15 Uhr gesperrt. Es gibt aber versteckte Unterstände in den Klippen (für eine ordentliche Sicht braucht man ein Fernglas). Die beste Zeit, um sie zu sehen, ist zwei Stunden vor Sonnenuntergang.

★ Victorian Precinct VIERTEL

Die nur aus ein paar Blocks rund um die Harbour und die Tyne St bestehende stimmungsvolle Enklave umfasst einige der am besten erhaltenen viktorianischen Geschäftsgebäude Neuseelands. In einer dunklen, nebligen Nacht könnte man glatt glauben, in einem Roman von Dickens gelandet zu sein. Von hier kommt aber auch alles Hippe, Coole und Freakige in Oamaru, und das Viertel ist einer der witzigsten Orte für einen Schaufensterbummel auf der ganzen Südinsel. Wer tagsüber hier durch die Straßen zieht, entdeckt Antiquariate, Antiquitätenläden, Galerien, Vintage-Läden, schräge Souvenirläden, Kunstateliers und Buchbinder. Abends findet man ein paar tolle kleine Bars vor, und man sieht vielleicht sogar einen Pinguin durch die Straßen watscheln – wirklich!

In dem Viertel ist sonntags am meisten los, wenn der exzellente Bauernmarkt von Oamaru in vollem Gange ist und Touristen auf Hochrädern die Harbour St rauf- und runterruckeln. Achtung: Einige Läden und Attraktionen sind montags geschlossen!

Steampunk HQ GALERIE

(www.steampunkoamaru.co.nz; 1 Itchen St; Erw./Kind 10/2 NZ$; ⏲10–16 Uhr) In dem faszinierenden Kunstprojekt zu Ehren der Steampunk-Kultur kann man eine alternative Vergangenheit entdecken – oder vielleicht eine skurrile Version der Zukunft. Alte Maschinen keuchen und prusten; die Überbleibsel aus dem Industriezeitalter des letzten Jahrhunderts werden zu anderen Zwecken genutzt und erzeugen unheimliche Effekte. Mit einer Münze kann man die Funken sprühende, spacige Lokomotive vor der Galerie zum Laufen bringen.

Friendly Bay Playground SPIELPLATZ

(Wansbeck St) Steampunk für Kids: Auf dem herrlichen Spielplatz gibt es Schaukeln, die von einem riesigen Hochrad hängen, eine Rutschstange, die über einen gepanzerten Elefanten zu erreichen ist, und ein gigantisches Hamsterrad.

Thames St STRASSE

Oamarus Hauptstraße ist so breit, weil hier früher Ochsenkarren wendeten. Die Ansprüche der Stadt gipfelten in einer Reihe prächtiger Gebäude aus milchigem lokalem Kalkstein (Oamaru-Stein oder Whitestone genannt), deren Architektur sich an der Mode jener Zeit orientierte – vor allem der Neoklassizismus ist stark vertreten.

Eindrucksvolle Beispiele sind die Forrester Gallery (Nr. 9, erbaut 1883), die ANZ Bank (Nr. 11, 1871), das Gebäude des Waitaki District Council (Nr. 20, 1883), das North Otago Museum (Nr. 60, 1882), das Gerichtsgebäude (Nr. 88, 1883) und die Oper (Nr. 92, 1907). Weitere Infos enthält die Broschüre *Historic Oamaru* des i-SITE (S. 581).

Forrester Gallery GALERIE

(www.forrestergallery.com; 9 Thames St; ⏲10.30–16.30 Uhr) GRATIS Die in dem tempelartigen früheren Bankgebäude untergebrachte

DIE BESTEN STELLEN, UM ...

... Gelbaugenpinguine zu sehen

Eine der weltweit seltensten Pinguinarten, der gefährdete Gelbaugenpinguin, lebt an der Küste Otagos. Schätzungsweise 4000 Pinguine gibt es noch, und etwa ein Viertel davon hat sein Brutgebiet an den einsamen Stränden im Südosten der Südinsel.

Der Eingriff der Menschen in ihren Lebensraum ist eine der Hauptursachen für den Rückgang des Pinguinbestands. Die Tiere leiden sehr darunter, dass Touristen sie mit Blitzlicht fotografieren oder durch ihr Brutgebiet latschen. Auf keinen Fall sollte man sich ihnen nähern. Selbst laute Stimmen können sie stören. Wer die Tiere in der Natur beobachten will, sollte sich einer Tour auf Privatland anschließen. Anbieter solcher Touren sind z. B. Nature's Wonders (S. 595) oder Penguin Place (S. 595) auf der Otago Peninsula. Auch von den Klippen am Bushy Beach (S. 577) nahe Oamaru sieht man die Pinguine.

... Zwergpinguine zu sehen

Anders als ihre Verwandten sind Zwergpinguine nicht so selten. Sie tauchen manchmal an den merkwürdigsten Orten auf (z. B. im Victorian Precinct von Oamaru). Die in der Sprache der Maori *korora* genannten süßen, kleinen Tapser können ganze Tage im Meer verbringen, bevor sie in Massen kurz vor Sonnenuntergang zu ihrer Kolonie zurückkehren.

Es besteht die Chance, dass man abends in Oamaru oder auf der Otago Peninsula einen Pinguin zu Gesicht bekommt, aber die besten Orte, um die putzigen Pinguine in Scharen zu beobachten, sind die Zwergpinguinkolonie (S. 576) in Oamaru oder das Royal Albatross Centre (S. 595) auf der Otago Peninsula.

... Seelöwen zu sehen

Seelöwen beobachtet man am besten im Rahmen einer Tour. Regelmäßig lassen sie sich an der Sandfly Bay, am Allans Beach und am Victory Beach auf der Otago Peninsula blicken. Es handelt sich überwiegend um männliche Junggesellen, die von Campbell Island oder den Auckland Islands rüberkommen. Man sollte ihnen viel Raum lassen, denn diese kräftigen Kerle können auf einer Strecke von 20 m richtig aufdrehen.

Galerie zeigt eine exzellente Sammlung regionaler und landesweiter Kunst. Dies ist der beste Ort, um sich Werke von Colin McCahon anzuschauen, einem der bedeutendsten modernen Künstler Neuseelands.

North Otago Museum MUSEUM
(www.northotagomuseum.co.nz; 60 Thames St; ⏲ Mo–Fr 10.30–16.30, Sa & So 13–16.30 Uhr) GRATIS Hinter seiner klassizistischen Fassade zeigt das Museum Ausstellungen zur Geschichte der Maori und Pakeha (europäische Neuseeländer), zur Schriftstellerin Janet Frame, zur Architektur und zur Geologie.

Oamaru Public Gardens PARK
(Severn St; ⏲ Sonnenaufgang–Sonnenuntergang) GRATIS In dem 1876 eröffneten schönen öffentlichen Park mit vielen Rasenflächen, Wasserläufen, Brücken und einem Kinderspielplatz kann man an heißen Tagen wunderbar chillen.

St. Patrick's Basilica KIRCHE
(64 Reed St) Wer schon mal davon geträumt hat, mit eigenen Augen das alte Rom zu sehen, sollte an den korinthischen Säulen vorbei diese prächtige katholische Kirche betreten. Der berühmte Architekt Francis Petre hat mit dieser Kirche bis hin zur Kassettendecke und einer Kuppel über dem Altar eine echte Reise in die Vergangenheit ermöglicht.

Aktivitäten

Oamaru Steam & Rail ZUGFAHRT
(www.oamaru-steam.org.nz; Erw./Kind/Fam. einfache Strecke 5/2/12 NZ$, hin & zurück 8/3/20 NZ$; ⏲ So 11–16 Uhr) Sonntags kann man eine halbstündige Fahrt mit einer alten Dampflock vom Victorian Precinct zum Ufer machen.

Oamaru Cycle Works HOCHRAD FAHREN
(☎ 027 439 5331; 4 Wansbeck St; Einführung & Radfahren 20 NZ$) Ein Abenteuer wie in viktorianischer Zeit verspricht die schwindelerregende Fahrt auf einem Hochrad über die Harbour St. Man kann David, den Inhaber, auch gleich nach seiner furchtlosen Fahrt auf dem Hochrad durch ganz Neuseeland fragen. Er vermietet zudem Räder im Stil der 1940er-Jahre (halber/ganzer Tag 20/45 NZ$). Die Öffnungszeiten variieren – am besten erkundigt man sich telefonisch.

Vertical Ventures RADFAHREN, KLETTERN
(☎ 03-434 5010; www.verticalventures.co.nz) Hier kann man ein Mountainbike mieten (ab 40 NZ$/Tag) oder sich einem geführten Mountainbike-Trip anschließen, z. B. auf dem Alps 2 Ocean Cycle Trail (7 Tage inkl. Transport, Verpflegung & Unterkunft 2700 NZ$). Im Angebot sind auch Heli-biking-Tagesausflüge (ab 415 NZ$). Für alle, die sich lieber vertikal fortbewegen, gibt es Klettertouren (ab 140 NZ$/Pers.).

Geführte Touren

Penguins Crossing NATUR
(☎ 03-437 0753; www.travelheadfirst.com; Erw./Kind 55/20 NZ$) Die Tour zur Beobachtung der Zwerg- und Gelbaugenpinguinkolonien führt quasi von Tür zu Tür. Im Preis inbegriffen ist der normale Eintritt für die Zwergpinguinkolonie.

Feste & Events

Oamaru Wine & Food Festival WEIN, ESSEN
(www.oamaruwineandfoodfest.co.nz) Am dritten Sonntag im Februar dreht sich alles um die Gourmet- und Weinszene von North Otago.

Victorian Heritage Celebrations KULTUR
(www.vhc.co.nz) Mitte November gibt es fünf Tage lang Spaß in Kostümen und als Höhepunkt eine große Fete.

Schlafen

★ **Old Bones Backpackers** HOSTEL $
(☎ 03-434 8115; www.oldbones.co.nz; Beach Rd; Zi. 90 NZ$, Wohnmobil 20 NZ$/Pers.; @) Rund 5 km südlich von Oamaru an der Küstenstraße bietet dieses erstklassige Hostel ganz ohne Schlafsaal geräumige Zimmer rund um einen sonnigen Innenhof. Wegen der einsamen Lage kann man beim Klang der Wellen von der anderen Seite der Straße so richtig relaxen.

Chillawhile Backpackers HOSTEL $
(☎ 03-437 0168; www.chillawhile.co.nz; 1 Frome St; B 26–30 NZ$, EZ/DZ 55/70 NZ$; @) In dem witzigen, bunten Hostel in einem zweistöckigen viktorianischen Haus kann man seiner Kreativität freien Lauf lassen. Gäste dürfen zeichnen, malen oder auf den verschiedenen Instrumenten Musik machen.

Waitaki Waters FERIENPARK $
(☎ 03-431 3880; www.campingoamaru.co.nz; 305 Kaik Rd; Stellplatz/Hütte ab 14/50 NZ$) Der ambitionierte junge Besitzer des einfachen Campingplatzes, 3 km abseits vom SH1, 20 km nördlich von Oamaru, hält die sanitären Anlagen und die Küchen blitzblank und trimmt die Hecken regelmäßig. Die Hütten sind schlicht, aber gut gepflegt – Bettzeug muss selbst mitgebracht werden.

NICHT VERSÄUMEN

RIVERSTONE

Es lohnt sich, den 14 km langen Abstecher von Oamaru zu diesem eigentümlichen Komplex zu machen, der sich an dem unscheinbaren kurzen Stück des SH1 zwischen der verästelten Mündung des Waitaki River und der Abzweigung zum SH83 befindet.

In erster Linie befindet sich hier das **Riverstone Kitchen** (☎ 03-431 3505; www.riverstonekitchen.co.nz; 1431 SH1, Hilderthorpe; Brunch & Mittagessen 14–29 NZ$, Abendessen 29–32 NZ$; ⏲ Do–Mo 9–17, Do–So 18 Uhr–open end; ✍), ein elegantes Café-Restaurant, das alle anderen in Oamaru in den Schatten stellt. Ledersofas und polierte Betonböden bilden die Kulisse für eine moderne, aber nicht überkandidelte Speisekarte. Viele der Zutaten stammen aus dem großen, eindrucksvollen Gemüsegarten des Restaurants, und auch das Fleisch – Ente, Wild, Schwein, Huhn und Rind – kommt aus der Region. Hier kann man zudem richtig gut bei exzellentem Kaffee und Rühreiern mit Trüffeln brunchen.

Direkt daneben, hinter einer auf alt getrimmten Ladenzeile, findet man das **Riverstone Country** (⏲ 9–17 Uhr), dessen Regale bis obenhin mit Souvenirs, Kunsthandwerk, Haushaltswaren, Garten- und Weihnachtsschmuck gefüllt sind. Draußen herrscht George, der streitlustige Kakadu, über eine Voliere voller Kanarienvögel, Loris und Meerschweinchen.

Schon das weist auf eine exzentrische Gesinnung hin, doch sollte man sich noch die Wasserburg hinter dem Komplex anschauen. Sind die letzten Arbeiten an den sechs Türmen, dem Wassergraben und der Zugbrücke einmal beendet, wollen die Eigentümer hier einziehen.

Oamaru Top 10 FERIENPARK $
(☎ 03-434 7666; www.oamarutop10.co.nz; 30 Chelmer St; Stellplatz 40–44 NZ$, WE mit/ohne Bad ab 105/65 NZ$; @📶) Der gut gepflegte, grasbewachsene Campingplatz mit Bäumen im hinteren Bereich liegt gleich neben dem öffentlichen Park. Die Standardhütten sind schlicht, aber es gibt auch noch viel schönere in sich abgeschlossene Wohneinheiten (in verschiedenen Komfortausführungen).

Highfield Mews MOTEL $$
(☎ 03-434 3437; www.highfieldmews.co.nz; 244 Thames St; DZ 140–170 NZ$; @📶) 🍃 Seit den 1960er- und 1970er-Jahren, als Motels kaum mehr als düstere Betonblocks waren, hat sich einiges geändert, wie das neue Highfield beweist. Die Wohneinheiten sind schicke Apartments mit Küche, Schreibtisch, Stereoanlage, Bad und Sitzmöbeln im Freien.

Criterion Hotel HOTEL $$
(☎ 03-434 6247; www.criterionhotel.co.nz; 3 Tyne St; EZ 60 NZ$, DZ mit/ohne Bad 120/90 NZ$; 📶) Die altmodisch eingerichteten Zimmer in dem hübsch restaurierten Hotel von 1877 sind recht klein, dafür haben sie neue Betten, und es gibt eine große Gäste-Lounge. Im Preis inbegriffen ist ein kontinentales Frühstück mit Selbstbedienung. Zur Zerstreuung gibt's unten eine tolle Eckkneipe.

AAA Thames Court Motel MOTEL $$
(☎ 03-434 6963; www.aaathamescourt.co.nz; 252 Thames St; DZ 120–150 NZ$; 📶) 🍃 Eine gute Option für Familien ist dieses Motel mit in Beige renovierten Wohneinheiten, die zudem komfortabel und preiswert sind. Es lohnt sich, für zusätzliche 5 NZ$ statt einer Einraumwohnung eines der viel größeren Zweizimmer-Apartments zu beziehen.

★ **Pen-y-bryn Lodge** B&B $$$
(☎ 03-434 7939; www.penybryn.co.nz; 41 Towey St; Zi. 550–625 NZ$) Die weit gereisten Inhaber, Gourmets, haben das wunderschöne Haus von 1889 wieder richtig zum Leben erweckt. Vor dem Abendessen gibt es Drinks im mit Antiquitäten bestückten Wohnzimmer, und man kann auch pauschal buchen (ab 850 NZ$), was ein viergängiges Abendessen im tollen Speisesaal beinhaltet.

✕ Essen

Steam CAFÉ $
(www.facebook.com/steamoamaru; 7 Thames St; Gerichte 4–7 NZ$; ⏲ Mo–Fr 8–17, Sa & So 8.30–14 Uhr) Ist auf Kaffee und Obstsäfte spezialisiert und bietet sich an, um frisch gemahlenen Kaffee für die Reise zu kaufen. Hier kann man gut frühstücken oder eine Pause mit frisch gebackenen Muffins machen.

Whitestone DELI, CAFÉ $
(www.whitestonecheese.co.nz; 3 Torridge St; ⏲ 9–17 Uhr) Das Whitestone ist eine Institution in der kulinarischen Szene Oamarus und der Entstehungsort von köstlichem, preisgekrönten Käse. In dem an die Käserei

angeschlossenen Café kann man alle Sorten durchprobieren. Es gibt hier aber nur Lebensmittel mit Käse, z.B. Käse-Scones, Käseplatten (5 NZ$) und große Teller mit Crackern und Quittenmus (18 NZ$).

Harbour St Bakery BÄCKEREI $
(4 Harbour St; Pies 5 NZ$; ⌚ Di–So 10–16 Uhr) Die holländische Bäckerei verkauft Brot europäischer Art und neuseeländische Fleischpasteten. An einem Tisch im Freien kann man das Leben in den historischen Straßen Oamarus wie in einem alten Film an sich vorüberziehen lassen.

Northstar MODERN-NEUSEELÄNDISCH $$
(☎ 03-437 1190; www.northstarmotel.co.nz; 495a Thames Hwy; Mittagessen 17–20 NZ$, Abendessen 26–31 NZ$; ⌚ 12–15 & 18–21 Uhr) Das Northstar ist erstaunlich schick für ein Restaurant, das zu einem am SH1 gelegenen Motel gehört. Wenn die Leute in Oamaru etwas zu feiern haben, kommen sie vorzugsweise hierher. Es gibt robuste Bistrokost mit einem Hauch zeitgenössischen Flairs.

Midori JAPANISCH $$
(☎ 03-434 9045; www.facebook.com/MidoriJapaneseSushiBarAndRestaurant; 1 Ribble St; Sushi 8–11 NZ$, Gerichte 12–18 NZ$; ⌚ Mo–Sa 10.30–20.30, So 12–20.30 Uhr) Das Midori in einem historischen Steingebäude holt mit Sashimi und Sushi das Beste aus frischen Meeresfrüchten aus der Region heraus. Es gibt auch andere sorgsam zubereitete Gerichte wie Lachs auf Reis und Sandbarsch-Teriyaki.

Ausgehen & Nachtleben

Criterion Hotel PUB
(www.criterionhotel.co.nz; 3 Tyne St; ⌚ Di–So 11.30 Uhr–open end) Diese Eckkneipe ist der viktorianischste von allen Pubs im Victorian Precinct. Es gibt eine gute Auswahl von Bieren und Weinen aus der Region. Freitags wird in der Regel Livemusik gespielt.

Birdlands WEINBAR
(www.birdlands-wine.com; 3 Harbour St; ⌚ Do 20 Uhr–open end, Fr–So ab 13 Uhr) Oamarus hippste Location: Der exzellente Wein wird hier nicht nur serviert, sondern auch hergestellt – aus Trauben aus dem Waitaki Valley. Es gibt auch Biere von Kleinbrauereien, andere Weine aus der Region, Whitestone-Käse und an vielen Wochenenden Livemusik.

Fat Sally's KNEIPE
(☎ 03-434 8368; www.facebook.com/fatsallys; 84 Thames St; ⌚ Di–So 11.30 Uhr–open end) Die fette Lady ist bei Einheimischen sehr beliebt, besonders am frühen Abend wegen der gehaltvollen Kneipengerichte. Mittwochabends herrscht beim Kneipenquiz eine ausgelassene Stimmung.

Unterhaltung

Penguin Club LIVEMUSIK
(www.thepenguinclub.co.nz; Emulsion Lane, abseits der Harbour St; Eintritt variiert) Versteckt sich in einer stimmungsvollen Gasse abseits einer historischen Straße aus dem 19. Jh. Die ungewöhnliche Lage passt zur Musik: Hier gibt's alles von tourenden Kiwi-Bands bis hin zu Punk-, Grunge-, Rock- und Country-Größen aus der Gegend. Bei der Jam Night am letzten Freitag des Monats ist die Bühne für jedermann zugänglich.

Limelight Cinema KINO
(☎ 03-434 1070; www.limelightcinema.co.nz; 239 Thames St; Erw./Kind 15/10 NZ$) Dienstag ist Kinotag.

Praktische Informationen

Oamaru i-SITE (☎ 03-434 1656; www.visitoamaru.co.nz; 1 Thames St; ⌚ 10–16 Uhr; 📶) Hat tonnenweise Infomaterial, u. a. über Spazierwege und Tiere. Hier sind auch täglich die Zeiten für die Beobachtung von Pinguinen angeschlagen. Zusätzlich gibt es einen Fahrradverleih (40 NZ$/Tag) und eine interessante, zehnminütige DVD zur Geschichte der Stadt.

Oamaru Whitestone Civic Trust (☎ 03-434 5385; www.historicoamaru.co.nz; 2 Harbour St; ⌚ 10–16 Uhr) Hat alte Schwarzweißfotos von Oamaru, Karten und Infos. Veranstaltet auch Spaziergänge durchs historische Viertel.

An- & Weiterreise

Die meisten Busse und Shuttles starten vor den **Lagonda Tearooms** (191 Thames St; ⌚ 9–16.30 Uhr). Sowohl in der Teestube als auch beim i-SITE bekommt man Busfahrkarten.

InterCity (☎ 03-471 7143; www.intercity.co.nz) Hat täglich zwei Busse von/nach Christchurch (ab 21 NZ$, 4¼ Std.), Timaru (ab 14 NZ$, 1 Std.), Moeraki (ab 11 NZ$, 30 Min.) und Dunedin (ab 14 NZ$, 40 Min.) sowie einen Bus nach Te Anau (ab 29 NZ$, 6½ Std.).

Atomic Shuttles (☎ 03-349 0697; www.atomictravel.co.nz) Betreibt täglich Busse von/nach Christchurch (30 NZ$, 3¾ Std.), Timaru (20 NZ$, 1¼ Std.) und Dunedin (20 NZ$, 1¾ Std.).

Coast Line Tours (☎ 03-434 7744; www.coastline-tours.co.nz) Hat Shuttles von/nach Dunedin (30 NZ$) mit optionalem Abstecher zum Flughafen Dunedin.

Knightrider (www.knightrider.co.nz) Betreibt an den meisten Abenden einen Bus von/nach Christchurch (43 NZ$, 4 Std.), vom/zum Flughafen Christchurch (48 NZ$, 3¾ Std.), von/nach Timaru (28 NZ$, 1¼ Std.), Moeraki (25 NZ$, 1 Std.) und Dunedin (33 NZ$, 2 Std.).

Naked Bus (☎ 0900 625 33; www.nakedbus.com; Preise variieren) Betreibt täglich Busse von/nach Christchurch (3¾ Std.), Timaru (1¼ Std.), Moeraki (35 Min.) und Dunedin (1¾ Std.).

Moeraki

Der Name Moeraki bedeutet „verschlafener Himmel" – und das sagt auch schon, wie das Leben in dem kleinen Fischerdorf aussieht. Es mag überraschen, dass dies eine der ersten europäischen Siedlungen in Neuseeland mit einer 1836 hier eingerichteten Walfangstation war. Seitdem hat Moeraki immer wieder nationale Schätze hervorgebracht – von Frances Hodgkins' Gemälden bis hin zu Keri Hulmes *Unter dem Tagmond* und Fleur Sullivans Kochkunst.

Neben Fleurs Lokal ist die Hauptattraktion eine Ansammlung großer, kugelförmiger Felsbrocken, die wie Riesenmurmeln verstreut an einem schönen Strandabschnitt liegen. Die berühmten **Moeraki Boulders** (Te Kaihinaki) findet man abseits des SH1, 1 km nördlich der Moeraki-Ausfahrt. Am besten kommt man bei Ebbe her.

Vom Dorf führt ein hübscher, 45-minütiger Spaziergang am Strand entlang zu den Steinkugeln. Nimmt man in entgegengesetzter Richtung den Kaiks Wildlife Trail, gelangt man zu einem hübschen alten Leuchtturm aus Holz. Man sieht vielleicht auch Gelbaugenpinguine und Seebären (Abstand halten!).

Schlafen & Essen

Olive Grove Lodge & Holiday Park HOSTEL $
(☎ 03-439 5830; www.olivebranch.co.nz; SH1, Waianakarua; Stellplatz/B 12/31 NZ$, DZ mit/ohne Bad 85/75 NZ$) Die Biofarm an einer Schleife des Waianakarua River, 12 km nördlich der Moeraki-Ausfahrt, bietet idyllische Stellplätze und eine bunte Lodge mit einer sonnigen Gemeinschafts-Lounge. Kinder lieben den Spielplatz und die Hochlandrinder, Eltern das Spa, den Ökolebensstil, das Biogemüse und die friedliche Atmosphäre.

Moeraki Village Holiday Park FERIENPARK $
(☎ 03-439 4759; www.moerakivillageholidaypark.co.nz; 114 Haven St; Stellplatz 32 NZ$, Wohneinheit mit/ohne Bad 100/60 NZ$; @) Auf einem kleinen Feld oberhalb der Straße in den Ort bietet dieser Komplex Stellplätze mit Strom, einfache Hütten (Bettwäsche mitbringen!) und voll ausgestattete Motelwohneinheiten.

Moeraki Beach Motel MOTEL $$
(☎ 03-439 4862; www.moerakibeachmotels.co.nz; Ecke Beach & Haven St; DZ ab 105 NZ$) Die vier zweistöckigen Wohneinheiten in diesem Motel sind nicht sonderlich schick, aber sehr geräumig und haben eine voll ausgestattete Küche und einen Balkon.

★ **Fleur's Place** MEERESFRÜCHTE $$$
(☎ 03-439 4480; www.fleursplace.com; Old Jetty, 169 Haven St; Gerichte 32–42 NZ$; ⊙ Mi–So 9.30 Uhr–open end) Die Holzhütte wirkt zwar ziemlich ramponiert, beherbergt aber eines der besten Meeresfrüchterestaurants der Südinsel. Am besten geht man nach oben auf die Terrasse und genießt frische Fischsuppe, zarten Sturmtaucher oder andere Schätze aus dem Meer. Unbedingt vorab reservieren!

An- & Weiterreise

Alle Busse zwischen Oamaru und Dunedin halten am SH1 an der Ausfahrt nach Moeraki. Von dort sind es zu Fuß 2 km ins Ortszentrum.

DUNEDIN

121 000 EW.

Wenn die Neuseeländer an ihre siebtgrößte Stadt denken, fallen ihnen sofort zwei Wörter ein: „Schottland" und „Studenten". Das „Edinburgh des Südens" ist furchtbar stolz auf sein schottisches Erbe und lässt keine Gelegenheit aus, Haggis (eine Spezialität der schottischen Küche) und Dudelsäcke hervorzukramen.

Der Name Dunedin leitet sich vom schottisch-gälischen Namen Dùn Èideann für Edinburgh ab. Die ersten europäischen Dauersiedler, zwei Schiffe voller frommer, hart arbeitender Schotten, kamen 1848 in Port Chalmers an. Unter ihnen war auch der Neffe des Nationalheiligen der schottischen Dichtung, Robbert Burns. Eine Statue des Dichters wacht über das Octagon, das Stadtzentrum, und die Stadt hat sogar ihr eigenes Schottenkaromuster.

Wenn es eine feine Verbindung zwischen den Schotten und den Studenten gibt, die in der Vorlesungszeit Dunedin beherrschen, ist das vermutlich Whisky. Die älteste Universität des Landes fördert viel studentische Energie zutage, die die Bars vor Ort am Laufen hält. In den 1980er-Jahren entstand hier mit den Flying Nun Records und dem sogenannten „Dunedin Sound“ sogar eine eigene international richtungsweisende Indie-Musikszene.

In Dunedin kann man gut ein paar Tage verbringen. Schindelhäuser, von stattlich bis schäbig, zieren den hügeligen Stadtrand, und viktorianische Basaltgebäude dominieren das kompakte Zentrum. Die Stadt ist ein guter Ausgangspunkt für Erkundungstouren der tierreichen Otago Peninsula, die offiziell noch innerhalb der Stadtgrenzen liegt.

Sehenswertes

★ Toitu Otago Settlers Museum MUSEUM
(Karte S. 586; www.toituosm.com; 31 Queens Gardens; Fr–Mi 10–16, Do bis 20 Uhr;) GRATIS Das ausgezeichnete interaktive Museum gewährt Einblicke in das Leben der einstigen Bewohner. Nach der fesselnden Maori-Abteilung folgt eine große Galerie mit vom Boden bis zur Decke reichenden Porträts von Siedlern aus viktorianischer Zeit, die einen hinter ihren Backenbärten oder in Spitze gehüllt anstarren. Mit einem Klick am Terminal erfährt man mehr über die jeweiligen Personen. Außerdem gibt es noch einen Nachbau einer Kajüte und eine faszinierende Autosammlung. Ein Raum widmet sich den Underground-Stars von Flying Nun Records.

★ Bahnhof HISTORISCHES GEBÄUDE
(Karte S. 586; Anzac Ave) Dunedins eindrucksvoller Bahnhof aus Basalt (erb. 1903–1906) ist mit seinem Mosaikböden und den prächtigen Buntglasfenstern eines der am meisten fotografierten Gebäude Neuseelands. Im Obergeschoss befinden sich die **NZ Sports Hall of Fame** (Karte S. 586; www.nzhalloffame.co.nz; Bahnhof Dunedin; Erw./Kind 5/2 NZ$; 10–16 Uhr), ein kleines Museum, das sich der nationalen Leidenschaft verschrieben hat, und die **Art Station** (Karte S. 586; www.otagoartsociety.co.nz; 10–16 Uhr), die Verkaufsgalerie der hiesigen Art Society.

Dunedin Public Art Gallery GALERIE
(Karte S. 586; www.dunedin.art.museum; 30 The Octagon; 10–17 Uhr;) GRATIS In der großen und luftigen Kunstgalerie kann man die Kunstszene Neuseelands erkunden. Es ist immer nur ein Teil der Sammlung ausgestellt; den meisten Platz nehmen die meistens avantgardistischen Wechselausstellungen ein.

Speight's Brewery BRAUEREI
(Karte S. 586; 03-477 7697; www.speights.co.nz; 200 Rattray St; Erw./Kind 25/10 NZ$; Juni–Sept. 12, 14, 16 & 18 Uhr, Okt.–Mai auch 17 & 19 Uhr) Seit dem späten 19. Jh. braut das Speight's schon Bier. Bei der 90-minütigen Führung kann man sechs Sorten kosten. Es gibt auch die Möglichkeit, die Führung mit einem Essen im benachbarten Ale House zu kombinieren (Mittag-/Abendessen 55/61 NZ$).

★ Olveston GEBÄUDE
(Karte S. 586; 03-477 3320; www.olveston.co.nz; 42 Royal Tce; Erw./Kind 19/9,50 NZ$; Führung 9.45, 10.45, 12, 13.30, 14.45 & 16 Uhr) Nach europäischen Maßstäben ist das spektakuläre Herrenhaus von 1906 zwar ein junges Küken, bietet aber einen tollen Einblick in die Vergangenheit Dunedins. Bis 1966 lebte hier die wohlhabenden Theomins, einflussreiche Kunstförderer, die auch kräftig zum Aufbau der Public Art Gallery beitrugen.

Der künstlerische Anspruch ist auch bei der Innenausstattung des Olveston sichtbar, zu der Arbeiten von Charles Goldie und Frances Hodgkins (einem Freund der Familie) zählen. Eine besondere Leidenschaft hegte die Familie für japanische Kunst, und überall im Haus finden sich exquisite Stücke. Da es sich um eine jüdische Familie handelte, ist der Esstisch für den Sabbat gedeckt.

Man kann das Haus im Rahmen einer faszinierenden Führung besichtigen, die vorab gebucht werden muss. Es gibt hier auch einen schönen kleinen Garten.

★ Otago Museum MUSEUM
(Karte S. 586; www.otagomuseum.govt.nz; 419 Great King St; Eintritt gegen Spende; 10–17 Uhr) Das Herzstück dieser herrlichen Institution ist die Ausstellung *Southern Land, Southern People*, die von der Geologie und den Dinosauriern bis zum heutigen Tag Otagos kulturelle und konkrete Vergangenheit und Gegenwart beleuchtet. Die Maori-Galerie *Tangata Whenua* beinhaltet ein eindrucksvolles *waka taua* (Kriegskanu), wundervolle alte Schnitzereien und einige hübsche Waffen, Werkzeuge und Schmuck aus *pounamu* (Nephrit-Jade).

Weitere große Galerien sind *Pacific Cultures, People of the World* (inkl. der obligatorischen Mumie), *Nature, Maritime* und *Animal Attic*. Die interaktive Ausstellung *Discovery World* (Erw./Kind 10/5 NZ$) ist vor allem auf Kinder ausgerichtet; der Tropenwald voller lebender bunter Schmetterlinge erfreut aber Leute jedes Alters.

Auf der Website stehen die Termine der täglichen Führungen (12 NZ$) und der kostenlosen Vorträge.

Dunedin Botanic Garden GARTEN

(Karte S. 584; www.dunedinbotanicgarden.co.nz; Ecke Great King St & Opoho Rd; ⏲ Sonnenaufgang–Sonnenuntergang) GRATIS Der friedliche, grasbewachsene und schattige botanische Garten stammt von 1863. Auf 22 ha verteilt finden sich Rosengärten, seltene endemische Pflanzen, ein 4 ha großes Rhododendron-Tal, Gewächshäuser, ein Spielplatz und ein Café. Kinder lieben die Bahn *Community Express* (Erw./Kind 3/1 NZ$).

Baldwin St STRASSE

(Karte S. 584) Sie gilt (laut *Guinness-Buch der Rekorde*) als die steilste Wohnstraße der Welt und weist ein Gefälle von 1 zu 2,86 (35 %) auf. Vom Stadtzentrum führt der Weg 2 km nördlich an der Great King St hinauf, bis die Straße links nach Timaru abbiegt. Dort geht eine schmale Straße nach rechts ab und in die North Rd über. Nach 1 km kommt die Baldwin St auf der rechten Seite in Sicht.

Aktivitäten

Schwimmen & Surfen

St. Clair und St. Kilda sind beliebte Badestrände (am Strand von St. Clair kann es aber gefährliche Strömungen geben). Beide Strände weisen beständige, gute Left-Hand Breaks auf, ebenso gut sind die Surfbedingungen bei Blackhead weiter im Süden und bei Aramoana im Norden des Otago Harbour.

Moana Pool SCHWIMMEN

(Karte S. 586; 60 Littlebourne Rd, Roslyn; Erw./Kind 6/3 NZ$; ⏲ Mo–Fr 6–22, Sa & So 7–19 Uhr) Dieser Hallenbadkomplex ist mit Wasserrutschen, Wellenbad, Spa und Fitnessraum ausgestattet.

St. Clair Hot Salt Water Pool SCHWIMMEN

(Karte S. 584; Esplanade, St. Clair; Erw./Kind 5,70/2,60 NZ$; ⏲ Okt.–März 7–19 Uhr) Das be-

Dunedin & Otago Peninsula

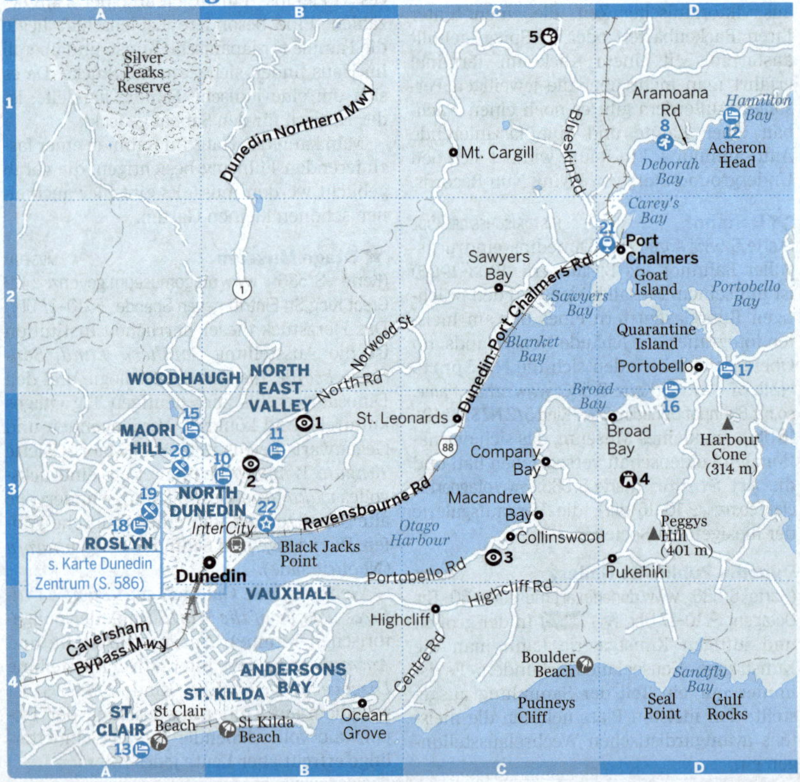

heizte Meerwasserfreibad liegt an der westlichen Landspitze des St. Clair Beach.

Esplanade Surf School SURFEN
(☎0800 484 141; www.espsurfschool.co.nz; Gruppenkurs 1½ Std. 60 NZ$, Einzelunterricht 120 NZ$) Das erfahrene Team agiert im Sommer (zu anderen Zeiten telefonisch anfragen) von einem Kleinbus aus, der am St. Clair Beach parkt. Es bietet Ausrüstung und Kurse.

Wandern & Radfahren

Der **Otago Tramping and Mountaineering Club** (www.otmc.co.nz) organisiert an den Wochenenden ein- und zweitägige Wanderungen, meist geht es zum Silver Peaks Reserve im Norden von Dunedin. Nichtmitglieder sind willkommen, müssen sich aber zuvor an die Tourbegleiter wenden.

Tunnel Beach Walkway WANDERN
(Tunnel Beach Rd, Blackhead) Der kurze, aber extrem steile Pfad (hinunter 15 Min., zurück nach oben 30 Min.) führt zu einem dramatischen Küstenabschnitt, wo der wilde Pazifik aus dem Kalkstein ungewöhnliche Felsformationen, Brandungspfeiler und Bogen geschliffen hat. Der Name kommt von dem Steintunnel am Fuß des Pfads, den der Gemeindepfarrer John Cargill von Hand hauen ließ, damit seine Familie leicht zum Picknicken zu dem abgeschiedenen Strandabschnitt kam. Aufgrund starker Strömungen ist das Baden hier gefährlich.

Der Pfad befindet sich 7 km südwestlich vom Zentrum Dunedins. Auf der Princes St südwärts und unter der Autobahn und der Bahnbrücke hindurch geradeaus weiter fahren! An der nächsten Ampel geht's rechts auf die Hillside Rd, der man bis zum Ende folgt, und dann scharf nach links und an-

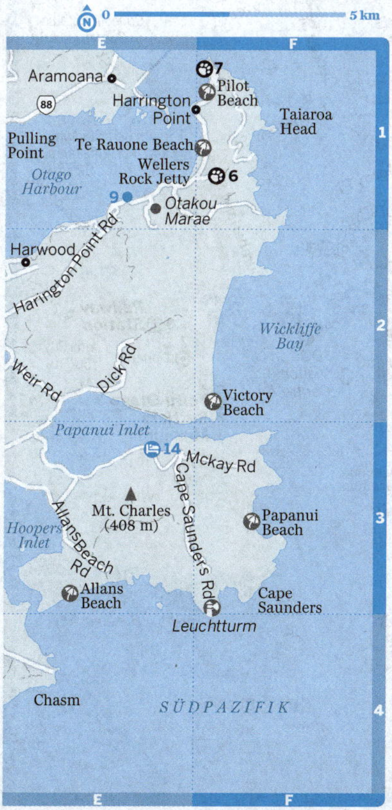

Dunedin & Otago Peninsula

Sehenswertes
1 Baldwin St B3
2 Dunedin Botanic Garden B3
3 Glenfalloch Woodland Garden C3
4 Larnach Castle D3
Nature's Wonders Naturally ...... (siehe 7)
5 Orokonui Ecosanctuary C1
6 Penguin Place F1
7 Royal Albatross Centre & Fort Taiaroa F1

Aktivitäten, Kurse & Touren
8 Hare Hill D1
9 Monarch Wildlife Cruises & Tours E1
St. Clair Hot Salt Water Pool.... (siehe 13)

Schlafen
10 858 George St B3
11 Arden Street House B3
12 Billy Brown's D1
13 Hotel St. Clair A4
14 Kaimata Retreat E3
Larnach Castle Lodge .... (siehe 4)
15 Leith Valley Touring Park A3
Majestic Mansions .... (siehe 13)
16 McFarmers Backpackers D3
Penguin Place Lodge .... (siehe 6)
17 Portobello Motel D2
18 Roslyn Apartments A3

Essen
1908 Cafe .... (siehe 17)
19 Luna A3
20 No 7 Balmac A3
Portobello Hotel & Bistro .... (siehe 17)
Starfish .... (siehe 13)

Ausgehen & Nachtleben
21 Chick's Hotel D2

Unterhaltung
22 Forsyth Barr Stadium B3

Dunedin Zentrum

Dunedin Zentrum

Highlights
1 Olveston ... B2
2 Otago Museum ... D2
3 Bahnhof ... D5
4 Toitu Otago Settlers Museum ... C5

Sehenswertes
Art Station ... (siehe 3)
5 Dunedin Public Art Gallery ... B5
New Zealand Sports Hall of Fame (siehe 3)
6 Speight's Brewery ... B6
7 Taieri Gorge Railway ... D5

Aktivitäten, Kurse & Touren
8 Cycle World ... C5
9 Moana Pool ... A3

Schlafen
10 315 Euro ... C3
11 Bluestone on George ... D2
12 Brothers Boutique Hotel ... A5
13 Chalet Backpackers ... A6
14 Dunedin Palms Motel ... A6
15 Fletcher Lodge ... A6
16 Hogwartz ... A5
17 Kiwi's Nest ... D1

Essen
18 Best Cafe ... C5
19 Circadian Rhythm ... C4
20 Etrusco at the Savoy ... B5
21 Everyday Gourmet ... D2
22 Governor's ... C2
23 Izakaya Yuki ... C5
24 Miga ... C3
25 Modaks Espresso ... C3
Nova Cafe ... (siehe 5)
26 Otago Farmers Market ... D5
27 Paasha ... C4
28 Plato ... C7
Saigon Van ... (siehe 19)
29 Scotia ... B5
30 The Good Oil ... C3
31 Two Chefs Bistro ... C5
32 Velvet Burger ... C5
33 Velvet Burger ... C3

Ausgehen & Nachtleben
34 Albar ... C5
Carousel ... (siehe 34)
Di Lusso ... (siehe 31)
35 Mazagran Espresso Bar ... B5
36 Mou Very ... C3
37 Pequeno ... B5
38 Pop ... C5
Speight's Ale House ... (siehe 6)
39 Strictly Coffee Company ... C5
Stuart St Mac's Brewbar ... (siehe 38)
40 The Fix ... C3
41 Tonic ... B5
42 Urban Factory ... C4

Unterhaltung
43 Fortune Theatre ... B5
44 Metro Cinema ... B4
45 Rialto Cinemas ... B5
46 Sammy's ... B7

Shoppen
47 Bivouac Outdoor ... C4
48 Gallery De Novo ... C5
49 Stuart St Potters Cooperative ... C5
50 University Book Shop ... D2

schließend rechts auf die Easther Cres. Auf dieser Straße bleibt man für etwa 3,5 km (sie ändert mehrmals ihren Namen) und hält dann links nach der Tunnel Beach Rd Ausschau.

Mt. Cargill-Bethunes Gully Walkway WANDERN
Man kann zwar auf den 676 m hohen Mt. Cargill hinauffahren, aber darum geht's hier nicht. Der Pfad (hin & zurück 3½ Std.) beginnt an der Norwood St, die von der North Rd zu erreichen ist. Vom Mt. Cargill führt ein Weg zu den 10 Mio. Jahre alten, aus Lava geformten Organ Pipes und nach einer weiteren halben Stunde zur Mt. Cargill Rd auf der anderen Seite des Berges.

Cycle World FAHRRADVERLEIH
(Karte S. 586; ☎ 03-477 7473; www.cycleworld.co.nz; 67 Lower Stuart St; 40 NZ$/Tag; ⌚ Mo–Fr 8.30–18, Sa & So 10–15 Uhr) Verleiht und repariert Fahrräder und hat Infos zum Mountainbiken.

Geführte Touren

Tasty Tours TOUR
(☎ 03-453 1455; www.tastytours.co.nz; Erw./Kind ab 99/59 NZ$) Spezielle kulinarische Touren, bei denen es um das genussvolle Entdecken regionaler Fischspezialitäten, Käse, Schokolade und Bier geht.

Back to Nature Tours BUS-RUNDFAHRT
(☎ 0800 286 000; www.backtonaturetours.co.nz) Die ganztägige Royal-Peninsula-Tour (Erw./Kind 189/125 NZ$) führt zu diversen interessanten Orten in Dunedin, bevor es zur Otago Peninsula geht. Zwischenstopps gibt's am Garten von Larnach Castle (der Burgeintritt kostet extra), zum Mittagessen in einem Pub, am Penguin Place und am Royal Albatross Centre. Im Angebot sind

ABSTECHER

TAIERI GORGE RAILWAY

Mit schmalen Tunneln, tiefen Schluchten, vielen Kurven, zerklüfteten Canyons und mehr als einem Dutzend (bis zu 50 m hohen) Viadukten aus Stein und Eisen steht die landschaftlich schöne **Taieri Gorge Railway** (Karte S. 586; ☎03-477 4449; www.taieri.co.nz; Abfahrt am Bahnhof Dunedin, Anzac Ave; ⏲Büro Mo–Fr 8.30–17, Sa–So bis 15 Uhr) bei Besuchern hoch im Kurs.

Die Fahrt mit der Museumsbahn aus den 1920ern dauert hin und zurück vier Stunden und führt ins 58 km entfernte Pukerangi (einfache Strecke/hin & zurück 59/89 NZ$). Einige Züge fahren weiter bis Middlemarch (einfache Strecke/hin & zurück 71/107 NZ$) – toll für diejenigen, die zum Radeln auf den Otago Central Rail Trail wollen. Man kann auch eine kombinierte Fahrt mit Zug und Reisebus nach Queenstown (einfache Strecke 139 NZ$) unternehmen.

auch ein halbtägiger Ausflug zu verschiedenen Buchten und Stränden (Erw./Kind 79/55 NZ$) sowie Touren auf dem Lovers Leap Track und dem Chasm Track (Erw./Kind 89/55 NZ$). Abfahrt ist am Port Chalmers, am Dunedin i-SITE und an zentral gelegenen Unterkünften.

First City Tours BUSRUNDFAHRT
(Erw./Kind 25/15 NZ$; ⏲Abfahrt der Busse am i-SITE 9, 10.30, 13 & 14.30 Uhr) Der Doppeldeckerbus macht eine Runde durch die Stadt mit Halt am Otago Museum, bei Speight's, den Botanic Gardens und an der Baldwin St.

Walk Dunedin STADTSPAZIERGANG
(☎03-434 3300; www.toituosm.com; Spaziergang 2 Std. 30 NZ$; ⏲10 Uhr) Das Settlers Museum organisiert historische Stadtspaziergänge mit Start am i-SITE.

Schlafen

Stadtzentrum

Hogwartz HOSTEL $
(Karte S. 586; ☎03-474 1487; www.hogwartz.co.nz; 277 Rattray St; B 29 NZ$, EZ 60 NZ$, DZ mit/ohne Bad ab 80/64 NZ$, Apt. 110–165 NZ$; @📶) Das wunderschöne Gebäude war von 1872 bis 1999 die Residenz des katholischen Bischofs. Heute befinden sich in dem faszinierenden Bau komfortable und sonnige Zimmer, viele davon mit Hafenblick. Die alte Remise und die Stallungen wurden kürzlich in schickere Zimmer und Apartments mit jeweils eigenem Bad umgewandelt.

Chalet Backpackers HOSTEL $
(Karte S. 586; ☎03-479 2075; www.chaletbackpackers.co.nz; 296 High St; B/EZ/DZ 29/43/66 NZ$; @📶) Das weitläufige, alte Gebäude hat eine große, sonnige Küche voller Blumen. Es gibt auch einen kleinen Garten, einen Billardtisch, ein Klavier und angeblich sogar einen Geist. Die Zimmer haben kein angeschlossenes Bad, manche aber ein Waschbecken.

315 Euro MOTEL $$
(Karte S. 586; ☎03-477 9929; www.eurodunedin.co.nz; 315 George St; DZ 160–200 NZ$; P📶) Die schicke Anlage erreicht man über eine unscheinbare Gasse, die von der Haupteinkaufsstraße Dunedins abzweigt. Man hat die Wahl zwischen modernen Studios und größeren Zweizimmerapartments mit voll ausgestatteter Küche. Dank der Doppelglasfenster bleibt der Trubel der George St draußen.

Dunedin Palms Motel MOTEL $$
(Karte S. 586; ☎03-477 8293; www.dunedinpalmsmotel.co.nz; 185-195 High St; WE 155–250 NZ$; P📶) Das nur einen kurzen Spaziergang vom Stadtzentrum entfernte Palms hat schick renovierte Wohnstudios sowie Wohneinheiten mit einem bzw. zwei Schlafzimmern rund um einen Parkplatz in der Mitte.

Fletcher Lodge B&B $$$
(Karte S. 586; ☎03-477 5552; www.fletcherlodge.co.nz; 276 High St; EZ 295–500 NZ$, DZ 335–595 NZ$, Apt. 650–775 NZ$; P@📶) 🍃 Das traumhafte Herrenhaus aus Backstein, das einst einer der reichsten Industriellenfamilien Neuseelands gehörte, liegt nur wenige Minuten von der Innenstadt entfernt. Der abgeschiedene Garten ist trotzdem ruhig. Die Zimmer sind elegant mit Antiquitäten eingerichtet und haben verzierte Stuckdecken.

Brothers Boutique Hotel HOTEL $$$
(Karte S. 586; ☎03-477 0043; www.brothershotel.co.nz; 295 Rattray St; DZ 170–395 NZ$; P📶) Die Zimmer in der aus den 1920er-Jahren stammenden Residenz der Christian Brothers wurden so renoviert, wie es sich die Mönche sicher nie hätten träumen lassen. Viele einzigartige Merkmale sind jedoch erhalten geblieben. Im Kapellraum (320 NZ$) findet man noch die originalen Rundbogenfenster aus Buntglas. Von den Wohneinhei-

ten unterm Dach genießt man eine grandiose Aussicht.

North Dunedin

Kiwi's Nest HOSTEL $

(Karte S. 586; ☎03-471 9540; www.kiwisnest.co.nz; 597 George St; B 28 NZ$, EZ mit/ohne Bad 60/45 NZ$, DZ 80/70 NZ$, Apt. 95 NZ$; @📶) Das wunderbar heimelige zweistöckige Hostel bietet eine Reihe ordentlicher Zimmer mit Zentralheizung, die teilweise mit Bad, Kühlschrank und Wasserkocher ausgestattet sind. Außerdem führt ein kurzer, gerader Weg zum Octagon – damit können nur wenige Hostels in Dunedin punkten.

858 George St MOTEL $$

(Karte S. 584; ☎03-474 0903; www.858georgestreetmotel.co.nz; 858 George St; WE 135–280 NZ$; P📶) 🍃 Mit ihrer cleveren Gestaltung fügt sich die erstklassige Motelanlage harmonisch in das aus zweistöckigen viktorianischen Häusern bestehende Viertel ein. Die unterschiedlich großen Wohneinheiten reichen von Studios bis zu Dreizimmerapartments mit Terrasse oder kleinem Balkon.

Bluestone on George APARTMENTS $$$

(Karte S. 586; ☎03-477 9201; www.bluestonedunedin.co.nz; 571 George St; Apt. 190–235 NZ$; P📶) Wer ein imposantes altes Gebäude aus Basalt erwartet, liegt falsch. Der vierstöckige Block könnte nicht moderner sein. Die eleganten Wohnstudios mit Kochnische, Waschküche und winzigen Balkonen sind in gedämpften Tönen gehalten.

St. Clair

Majestic Mansions APARTMENTS $$

(Karte S. 584; ☎03-456 5000; www.st-clair.co.nz; 15 Bedford St; Apt. 139–210 NZ$; P📶) Das alte Apartmenthaus aus den 1920er-Jahren, eine Straße hinter dem Strand von St. Clair, wurde vollkommen renoviert. Die kleinen Wohnungen haben zwar noch ihre alte Form, wurden aber mit Tapeten und schicken Möbeln ausstaffiert.

Hotel St. Clair HOTEL $$$

(Karte S. 584; ☎03-456 0555; www.hotelstclair.com; 24 Esplanade; Zi. 205–255 NZ$, Suite 370 NZ$; P📶) In dem zeitgenössischen, mittelgroßen Hotel kann man von Balkon seines schicken Zimmers die Strandatmosphäre genießen. Alle bis auf die billigsten Zimmer bieten Meerblick, und der Strand liegt nur ein paar Meter vor der Haustür.

Weitere Viertel

Leith Valley Touring Park FERIENPARK $

(Karte S. 584; ☎03-467 9936; www.leithvalleytouringpark.co.nz; 103 Malvern St, Woodhaugh; Stellplatz 38 NZ$, WE mit/ohne Bad ab 92/49 NZ$; P@📶) 🍃 Der Campingplatz liegt mitten im Busch zwischen Wanderwegen, Glühwürmchenhöhlen und einem kleinen Bach. Die modernen, in sich abgeschlossenen Motelzimmer sind sehr geräumig, dagegen verströmen die etwas kleineren Ferienapartments eine eher rustikale Atmosphäre (Bettwäsche mitbringen!).

Roslyn Apartments APARTMENTS $$

(Karte S. 584; ☎03-477 6777; www.roslynapartments.co.nz; 23 City Rd, Roslyn; Apt. mit 1/2 Schlafzi. 195/330 NZ$; P📶) Modernes Dekor und ein herrlicher Blick auf die Stadt und den Hafen prägen diese Apartments, die nur einen kurzen Gang von den Restaurants von Roslyn entfernt sind. Die Ledermöbel und Designerküchen tragen noch zur Klasse bei.

Arden Street House B&B $$

(Karte S. 584; ☎03-473 8860; www.ardenstreethouse.co.nz; 36 Arden St, North East Valley; EZ 75 NZ$, DZ mit/ohne Bad 130/120 NZ$; P@📶) Das Haus aus den 1930er-Jahren auf einem Hügel ist mit seinen verrückten Kunstwerken, dem Biogarten, den charmanten Gastgebern und einem Bullauge im Bad eine wundervoll exzentrische Bleibe. Um hierher zu gelangen, fährt man von der Stadt aus die North Rd hinauf, biegt rechts in die Glendining Ave und dann links in die Arden St.

Essen

Preiswerte asiatische Restaurants finden sich gehäuft an der George St. Die meisten bieten auch Gerichte zum Mitnehmen an. In Roslyn, vom Octagon bergauf gelegen, gibt es gute Restaurants und Cafés. Die Strandatmosphäre von St. Clair passt wundervoll zu einem ausgedehnten Brunch.

Stadtzentrum

★ Otago Farmers Market MARKT $

(Karte S. 586; www.otagofarmersmarket.org.nz; Bahnhof Dunedin; 🕗Sa 8–12.30 Uhr) Alles, was es auf dem belebten Bauernmarkt zu essen oder trinken gibt, stammt aus der Region und ist überwiegend biologisch erzeugt. Falafel oder Espresso halten einen bei Kräften, und man kann sich mit frischem Fleisch, Meeresfrüchten, Gemüse und Käse

HEISS, SCHWARZ, SÜSS!

In Dunedin gibt es mehrere ausgezeichnete Kaffeebars, in denen der Koffeinpegel wieder gehoben werden kann.

Fix (Karte S. 586; 15 Frederick St; ⏲ Mo–Sa) Berufstätige stehen morgens am Take-away-Schalter Schlange, Studenten und andere entspannte Leute sitzen im Hof. Speisen werden nicht serviert, man kann eigenen Proviant mitbringen.

Mazagran Espresso Bar (Karte S. 586; 36 Moray Pl; ⏲ Mo–Fr 8–16, Sa 10–14 Uhr) Das kleine Fachwerkhaus, das auch vielen Restaurants und Cafés der Stadt als Bezugsquelle für die zauberhaften Bohnen dient, ist quasi der Urahn der Cafészene von Dunedin.

Strictly Coffee (Karte S. 586; www.strictlycoffee.co.nz; 23 Bath St; ⏲ Mo–Fr 7.30–16 Uhr) Die elegante Kaffeebar im Retrostil liegt verborgen an der unansehnlichen Bath St. Verschiedene Räume bieten ganz unterschiedliche Ausblicke; beim Nippen an feinen Getränken ruht der Blick auf Kunstwerken.

für die Fahrt eindecken. Es gibt hier auch Biobier von Green Man.

The Good Oil CAFÉ $
(Karte S. 586; 314 George St; Gerichte 9–17 NZ$; ⏲ 7.30–16 Uhr) Das schicke kleine Café ist bei Kaffee und Kuchen die Nummer eins in Dunedin. Hier kann man den Tag mit einem einfallsreichen Brunch mit Süßkartoffelbrei und warmem Räucherlachs beginnen.

Circadian Rhythm VEGANISCH, VEGETARISCH $
(Karte S. 586; www.circadianrhythm.co.nz; 72 St Andrew St; Gerichte 9–13 NZ$; ⏲ Mo–Sa 11–21 Uhr; 🖉) Das Café hat sich auf Biocurrys, Falafel und Pfannengerichte spezialisiert – alles ohne Fleisch. Hier wird auch Musik gespielt, freitagabends ab 17.30 Uhr z. B. Jazz. Wer es mit dem gesunden Essen nicht übertreiben will, für den gibt's auch Bier von Dunedins Kleinbrauereien Emerson's und Green Man.

Best Cafe FISH & CHIPS $
(Karte S. 586; www.facebook.com/bestcafedunedin; 30 Stuart St; zum Mitnehmen 6–10 NZ$, Gerichte 10–23 NZ$; ⏲ Mo–Sa 11–14.30 & 17–20 Uhr) Das Stammlokal vieler Einheimischer serviert seit 1932 Fish & Chips. Das Erfolgsrezept sind Plastiktischdecken, von Hand geschnittene Pommes und Butterlocken auf Weißbrot. Wer mit Freunden kommt, sollte sich für „Old School" (43 NZ$) entscheiden.

Velvet Burger BURGER $
(Karte S. 586; www.velvetburger.co.nz; 150 Stuart St; Gerichte 9–16 NZ$; ⏲ 11.30 Uhr–open end) In bester Lage für die Heimkehrer vom Kneipenbummel bietet das VB superleckere Burger; besonders der riesige Goneburger (mit Rindfleisch, Geflügel *und* Schinken) ist prima zur Ausnüchterung. Eine weitere **Filiale** (Karte S. 586) befindet sich an der 375 George St (gleiche Öffnungszeiten).

Modaks Espresso CAFÉ, BAR $
(Karte S. 586; 337-339 George St; Hauptgerichte 9–16 NZ$; ⏲ 7.30–16 Uhr 🖉) In diesem ausgefallenen kleinen Café mit Bar stehen stilwidrig Resopaltische und gemütliche Sofas – es ist beliebt bei Studenten und allen Freunden von entspanntem Reggae und einem guten Becher Tee. Knusprige Bagels und eine Kanne Tee wärmen im Winter von innen.

Saigon Van VIETNAMESISCH $
(Karte S. 586; 66 St. Andrew St; Hauptgerichte 9–19–15 NZ$; ⏲ Di–So 11.30–14 & 15–21 Uhr) Die elegante Einrichtung wirkt asiatisch-edel, die Küche schont jedoch die Reisekasse. Eine gute Wahl sind die verschiedenen Frühlingsrollen sowie eine Flasche vietnamesisches Bier. Salate und eine Nudelsuppe *(pho)* mit Sojabohnensprossen sind ebenfalls lecker.

Etrusco im Savoy ITALIENISCH $$
(Karte S. 586; ☎ 03-477 3737; www.etrusco.co.nz; 8a Moray Pl; Gerichte 17–21 NZ$; ⏲ 17.30 Uhr–open end) Nur wenige Restaurants Neuseelands können sich mit der edwardianischen Eleganz des Savoy messen, das mit Stuckdecken, Buntglasfenstern mit Wappen, Messing-Kandelabern, grünen ionischen Säulen und sagenhaft prunkvollen Lampen ausgestattet ist. Pizza und Pasta scheinen hier vielleicht nicht reinzupassen, aber die leckeren rustikalen Gerichte des Etrusco suchen ihresgleichen.

Nova Cafe CAFÉ $$
(Karte S. 586; ☎ 03-479 0808; www.novadunedin.co.nz; 29 The Octagon; Frühstück 15–18 NZ$, Mittagessen 18–24 NZ$, Abendessen 18–34 NZ$; ⏲ Mo–Fr 7–23, Sa & So 8.30–22 Uhr) Wie zu erwarten ist das Café der Kunstgalerie sehr stilvoll. Der Tag beginnt mit einer interessanten Auswahl fürs Frühstück, mittags locken asiatisch inspirierte Gerichte, und zum Ausklang des Abends gönnt man sich bistroartige Grillgerichte und ein Glas Wein.

Miga KOREANISCH $$
(Karte S. 586; ☎ 03-477 4770; www.migadunedin.co.nz; 4 Hanover St; Gerichte 16–39 NZ$; ⊙ Mo–Sa 11–14 & 17–22 Uhr) In dem attraktiven Lokal mit Backsteinwänden setzt man sich in eine der Sitzecken und bestellt von der umfangreichen Karte ein im Tontopf gegartes Reis- oder Nudelgericht. Man kann aber auch direkt am Tisch koreanisch grillen.

Scotia MODERN-SCHOTTISCH $$
(Karte S. 586; ☎ 03-477 7704; www.scotiadunedin.co.nz; 199 Stuart St; Gerichte 18–32 NZ$; ⊙ Di–So 16 Uhr–open end) Das Scotia in einem gemütlichen historischen Stadthaus hat alles, was schottisch ist: eine Wand voller Single-Malt-Whiskys und herzhafte Gerichte wie Räucherlachs und Otago-Hase. Die beiden schottischen Burschen Burns und Coltrane sind stolz auf die Speisekarte, auf der auch Haggis und Whiskypastete stehen.

Paasha TÜRKISCH $$
(Karte S. 586; www.paasha.co.nz; 32 St. Andrew St; Hauptgerichte Mittagessen 12–20 NZ$, Abendessen 21–34 NZ$) Authentische türkische Kebabs, Dips und Salate werden in dieser altbewährten Institution von Dunedin verlässlich gut zubereitet. An den meisten Abenden ist der geräumige, gemütliche Raum voller Gäste, die beim Efes-Bier sitzen und köstliche, orientalische Gerichte miteinander teilen. Eine Spitzenadresse für Take-aways!

Izakaya Yuki JAPANISCH $$
(Karte S. 586; 29 Bath St; Gerichte 5–10 NZ$; ⊙ Mo–Fr 12–14 Uhr, tgl. 17–2.30 Uhr; 📶 🥬) Entzückend und behaglich, mit einer riesigen Auswahl kleiner Gerichte zum Probieren – damit ist das japanische Lokal eine wunderbare Adresse für ein spätes Abendessen oder ein entspanntes, langes japanisches Essen. Bei Sake oder Asahi-Bier, Sushi und Sashimi sowie *Kushiyaki* (Grillspieße) endet so mancher Abend später als geplant.

Plato MODERN-NEUSEELÄNDISCH $$$
(Karte S. 586; ☎ 03-477 4235; www.platocafe.co.nz; 2 Birch St; Brunch 16–22 NZ$, Abendessen 32–33 NZ$; ⊙ So 11–14, tgl. 18 Uhr–open end) Die verrückte Deko (mit Spielzeug und Bierkrügen) lässt kaum vermuten, dass es in dem relaxten Restaurant am Hafen richtig gutes Essen gibt. Vor allem Meeresfrüchte dominieren die international ausgerichtete Karte.

Two Chefs Bistro FRANZÖSISCH $$$
(Karte S. 586; www.twochefsbistro.com; 121 Stuart St; Gerichte 34–37 NZ$; ⊙ Fr 12–15, tgl. 18–22 Uhr) Vor der romantischen Kulisse aus hohen Räumen und dunklem Holz flirten die französischen Bistrogerichte mit asiatischen und nordafrikanischen Aromen. Der Service ist – anders als das Klischee über die Franzosen – reizend, aber nicht immer effizient. Platz lassen für den Nachtisch!

North Dunedin

Everyday Gourmet CAFÉ, DELI $
(Karte S. 586; www.everydaygourmet.net.nz; 466 George St; Gerichte 7–16 NZ$; ⊙ 8–17 Uhr) Abgesehen von den warmen Frühstücksgerichten kommen in dem exzellenten Bäckerei-Café mit Deli die meisten tollen Sachen von der Theke. Der Laden ist hell, lichterfüllt und extrem beliebt und hat auch eine gute Auswahl von Zeitschriften und Zeitungen.

Governor's CAFÉ $$
(Karte S. 586; 438 George St; Gerichte 10–19 NZ$; ⊙ 7–16 Uhr) Das bei Studenten beliebte Governor's macht morgens gute Pfannkuchen und andere leichte Gerichte. Wem die letzte Nacht noch in den Knochen steckt, für den sind ein starker Kaffee und ein Grillmix genau das Richtige.

Weitere Viertel

No 7 Balmac CAFÉ $$
(Karte S. 584; ☎ 03-464 0064; www.no7balmac.co.nz; 7 Balmacewen Rd, Maori Hill; Brunch 15–25 NZ$, Abendessen 28–37 NZ$; ⊙ Mo–Fr 7 Uhr–open end, Sa 8.30 Uhr–open end, So 8.30–17 Uhr) Das elegante Café oben auf dem Maori Hill ist die Fahrt mit dem Taxi den Hügel hinauf wirklich wert. Das raffinierte Angebot reicht von Wildpastete bis zu gut abgehangenem Rindfleisch. Wer auf Diät ist, sollte die Süßigkeiten besser gar nicht erst angucken.

Starfish CAFÉ, BAR $$
(Karte S. 584; ☎ 03-455 5940; www.starfishcafe.co.nz; 7/240 Forbury Rd, St. Clair; Brunch 14–20 NZ$, Abendessen 20–30 NZ$; ⊙ So–Di 7–17 Uhr, Mi–Sa open end) Das Starfish ist das Coolste, was die wachsende Restaurantszene am St. Clair Beach zu bieten hat. Werktags bekommt man mühelos einen Tisch draußen, um seine Gourmetpizza und ein Glas Wein zu genießen. Beim Abendessen geht's etwas stilvoller zu.

Luna MODERN-NEUSEELÄNDISCH $$$
(Karte S. 584; ☎ 03-477 2227; www.lunaroslyn.co.nz; 314 Highgate, Roslyn; Mittagessen 14–25 NZ$, Abendessen 34–37 NZ$; ⊙ 12 Uhr–open end) Die

Fahrt nach Roslyn zu diesem Glaspavillon oben auf einem Hügel wird mit einer originellen Karte und hervorragendem Hafenblick belohnt. Bei der Reservierung nach einem Tisch am Fenster fragen! Wer's etwas entspannter mag, kann in der erstklassigen Bar einen Drink und ein paar Happen von der Karte „Luna Bites" genießen.

Ausgehen & Nachtleben

Mou Very BAR

(Karte S. 586; www.facebook.com/MouVeryBar; 357 George St; ⌚7–0.30 Uhr) Willkommen in einer der kleinsten Bars der Welt: Sie ist zwar nur 1,8 m breit, hat aber regelmäßig DJs, Livebands und Autoren zu Gast. Es gibt sechs Barhocker – die Leute stehen bis in die benachbarte Gasse. Tagsüber kann man sich hier prima mit Kaffee versorgen.

Albar BAR

(Karte S. 586; 135 Stuart St; ⌚11 Uhr–open end) Die ehemalige Metzgerei ist heute eine unkonventionelle kleine Bar, deren Publikum die wahrscheinlich größte Altersspanne in ganz Dunedin aufweist. Die meisten kommen wegen der vielen Single-Malt-Whiskys, der interessanten Fassbiere und der saubilligen Barsnacks (6–9 NZ$).

Di Lusso COCKTAILBAR

(Karte S. 586; www.dilusso.co.nz; 117 Stuart St; ⌚Mo–Sa 16–3 Uhr) Das gehobene Di Lusso mit dunkler Holztäfelung, Kandelabern und einer von hinten beleuchteten Getränkevitrine serviert richtig gute Cocktails. Von Donnerstag bis Samstag legen DJs auf.

Carousel COCKTAILBAR

(Karte S. 586; www.carouselbar.co.nz; oben in der 141 Stuart St; ⌚Di–Sa 17 Uhr–open end) Die Schottenkarotapete, die Dachterrasse und großartige Cocktails bilden die Kulisse für die aufgetakelte Klientel, die es genießt, an einem so schicken Ort gesehen zu werden. Die DJs legen werktags bis spät in die Nacht House auf; freitagabends gibt's Livejazz.

Stuart St Mac's Brewbar BAR

(Karte S. 586; www.stuartst.co.nz; 12 The Octagon; ⌚10 Uhr–open end) Die Mac's-Brauerei aus Nelson dringt mit dieser witzigen Bar am Octagon in das Territorium von Speights' ein. Dies ist das sonnigste Plätzchen für ein Nachmittagsbier. Abends gibt's oft Livemusik.

Speight's Ale House KNEIPE

(Karte S. 586; www.thealehouse.co.nz; 200 Rattray St; ⌚11.30 Uhr–open end) Selbst in den Semesterferien ist das Ale House voll. Vor allem junge, stramme Kerle in ihren saubersten „dreckigen Shirts" kommen gerne her. Hier kann man gut Rugby im TV sehen oder die Palette der Speight's-Biere durchprobieren.

Pequeno COCKTAILBAR

(Karte S. 586; www.pequeno.co.nz; hinter 12 Moray Pl; ⌚Mo–Fr 17 Uhr–open end, Sa & So 19 Uhr–open end) In einer Seitengasse gegenüber vom Rialto-Kino überzeugt das Pequeno ein anspruchsvolles Publikum mit Ledersofas, einem behaglichen Kamin, einer ausgezeichneten Weinauswahl und einer Tapas-Speisekarte. Dazu ist eher relaxte Musik zu hören; freitags wird Livejazz gespielt.

Tonic BAR

(Karte S. 586; www.tonicbar.co.nz; 138 Princes St; ⌚Di–Fr 16 Uhr–open end, Sa 18 Uhr–open end) Spezialbiere von neuseeländischen Kleinbrauereien, Single-Malt-Whiskys und gute Cocktails locken ein anderes Publikum an als die vielen Studentenkneipen Dunedins. Antipasti, Käseplatten und Pizza sind ein guter Grund, noch auf einen weiteren Drink zu bleiben.

Urban Factory CLUB

(Karte S. 586; www.urbanfactory.co.nz; 101 Great King St; ⌚22–3 Uhr) Die besten Tourbands Neuseelands, regelmäßige DJ-Sessions und gute Cocktails.

Pop CLUB

(Karte S. 586; UG, 14 The Octagon; ⌚Mi–Sa 22 Uhr–open end) Das Pop mixt die besten Martinis Dunedins und rühmt sich erstklassiger DJs, die Funk und House auflegen.

Unterhaltung

Metro Cinema KINO

(Karte S. 586; ☎03-471 9635; www.metrocinema.co.nz; Moray Pl; Erw./Student 13/12 NZ$) Im Rathaus zeigt das Metro Arthousefilme und ausländische Streifen.

Rialto Cinemas KINO

(Karte S. 586; ☎03-474 2200; www.rialto.co.nz; 11 Moray Pl; Erw./Kind 16/10 NZ$) Blockbuster- und Arthouse-Filme. Dienstags ist der Eintritt oft billiger.

Fortune Theatre THEATER

(Karte S. 586; ☎03-477 8323; www.fortunetheatre.co.nz; 231 Stuart St) Das südlichste Profi-Ensemble der Welt führt seit fast 40 Jahren Dramen, Komödien, Märchenspiele, Klassiker und zeitgenössische nationale Produktionen auf. Das Programm umfasst sowohl Stücke für Erwachsene, als auch für Kinder. Die Bühne ist eine alte Wesleyaner-Kirche im gotischen Stil, in der natürlich auch der obligatorische Theatergeist zu Hause ist.

Sammy's LIVEMUSIK
(Karte S. 586; 65 Crawford St) Die führende Livemusik-Bühne in Dunedin präsentiert unterschiedlichste Richtungen von höllisch lautem Punk über entspannten Reggae bis hin zu ungeschminktem Dubstep. Außerdem ist sie die Hausbühne einer Reihe tourender Kiwi-Bands und aufstrebender internationaler Musiker.

Forsyth Barr Stadium STADION
(Karte S. 584; www.forsythbarrstadium.co.nz; 130 Anzac Ave) Das für den Rugby World Cup 2011 erbaute Stadion ist das einzige große, komplett überdachte Stadion Neuseelands. Hier sind das Highlanders-Super-15-Rugby-Team (www.thehighlanders.co.nz) und das Otago-Rugby-Team (www.orfu.co.nz) zu Hause.

Shoppen

Die Haupteinkaufsmeile von Dunedin ist die George St.

Gallery De Novo KUNST & KUNSTHANDWERK
(Karte S. 586; www.gallerydenovo.co.nz; 91 Stuart St; Mo–Fr 9.30–17.30, Sa & So 10–15 Uhr) Die interessante Galerie für moderne Kunst lohnt einen Blick, auch wenn man vielleicht kein größeres Stück Kiwi-Kunst kaufen will.

Stuart St Potters Cooperative KUNST & KUNSTHANDWERK
(Karte S. 586; 14 Stuart St; Mo–Fr 10–17, Sa 9–15 Uhr) Ton- und Keramikwaren von lokalen Künstlern.

Bivouac Outdoor OUTDOOR-AUSRÜSTUNG
(Karte S. 586; www.bivouac.co.nz; 171 George St; Mo–Fr 9–17.30, Sa & So 10–16 Uhr) Bekleidung, Schuhe und Ausrüstung für Freizeitsportler.

University Book Shop BÜCHER
(Karte S. 586; www.unibooks.co.nz; 378 Great King St; Mo–Fr 8.30–17.30, Sa & So 11–15 Uhr) Dunedins bester Buchladen mit vielen Büchern über die Maori, den Pazifikraum und Neuseeland.

Praktische Informationen

MEDIZINISCHE VERSORGUNG

Dunedin Hospital (03-474 0999, Notaufnahme 0800 611 116; www.southerndhb.govt.nz; 201 Great King St)

Urgent Doctors & Accident Centre (03-479 2900; www.dunedinurgentdoctors.com; 95 Hanover St; 8–23.30 Uhr) Daneben gibt's eine Apotheke, die bis spät in die Nacht geöffnet ist.

TOURISTENINFORMATION

DOC Visitor Centre (Department of Conservation; Karte S. 586; 03-477 0677; www.doc.govt.nz; 1. Stock, 77 Stuart St; Mo–Fr 8.30–17 Uhr) Hat Infos und Karten zu Wanderwegen in der Region, nimmt Buchungen für Great-Walks-Touren und Hütten an.

Dunedin i-SITE (Karte S. 586; 03-474 3300; www.isitedunedin.co.nz; 26 Princes St; 8.30–17 Uhr)

An- & Weiterreise

BUS

Busse und Shuttles starten, soweit nicht anders vermerkt, am Bahnhof Dunedin.

InterCity (Karte S. 584; 03-471 7143; www.intercity.co.nz; 7 Halsey St) Hat zweimal pro Tag Busse von/nach Christchurch (ab 40 NZ$, 6 Std.) und Oamaru (ab 14 NZ$, 40 Min.) und einen Bus täglich nach Cromwell (ab 20 NZ$, 3¼ Std.), Queenstown (ab 22 NZ$, 4¼ Std.) und Te Anau (ab 37 NZ$, 4½ Std.).

Alpine Connexions (03-443 9120; www.alpineconnexions.co.nz) Shuttles fahren von/nach Alexandra (40 NZ$), Clyde (40 NZ$), Cromwell (45 NZ$), Queenstown (45 NZ$) und Wanaka (45 NZ$) sowie zu Schlüsselstellen am Otago Central Rail Trail.

Atomic Shuttles (03-349 0697; www.atomictravel.co.nz) Fährt von/nach Christchurch (ab 30 NZ$, 5¾ Std.), Oamaru (20 NZ$, 1¾ Std.), Cromwell (30 NZ$, 3¾ Std.), Wanaka (35 NZ$, 4½ Std.) und Invercargill (37 NZ$, 3¼ Std.).

Catch-a-Bus (03-449-2024; www.catchabus.co.nz) Tür-zu-Tür-Shuttles zwischen Dunedin und Cromwell mit Zwischenstopp in Ortschaften am Otago Central Rail Trail. Fahrradmitnahme möglich.

Coast Line Tours (03-434 7744; www.coastline-tours.co.nz) Die Shuttles nach Oamaru (30 NZ$) fahren vom Octagon ab. Bei Bedarf sind Abstecher zum Dunedin Airport und nach Moeraki möglich.

Knightrider (03-342 8055; www.knightrider.co.nz) Hat an den meisten Abenden einen Bus von/nach Christchurch (50 NZ$, 6 Std.), zum Christchurch Airport (55 NZ$, 5½ Std.), nach Timaru (44 NZ$, 3¼ Std.), Moeraki (33 NZ$, 1¼ Std.) und Oamaru (33 NZ$, 2 Std.).

FLUGZEUG

Infos zu Auslandsflügen gibt's auf S. 742. Inlandsflüge bieten u. a. folgende Fluglinien an:

Air New Zealand (0800 737 000; www.airnewzealand.co.nz) Fliegt von/nach Auckland, Wellington und Christchurch.

Jetstar (☎ 0800 800 995; www.jetstar.com) Fliegt von/nach Auckland.

ZUG

Zwei interessante Züge starten am Bahnhof Dunedin (S. 583): die Taieri Gorge Railway (S. 588) und der **Seasider** (www.seasider.co.nz; einfache Strecke/hin & zurück 59/89 NZ$), der die Küste entlang nach Palmerston fährt.

Unterwegs vor Ort

AUTO

Alle großen Autovermieter haben Büros in Dunedin. Preiswerte örtliche Anbieter sind **Get Away** (☎ 03-489 7614; www.getawaycarhire.co.nz) und **Driven Rentals** (☎ 03-453 6576; www.drivenrentals.co.nz).

BUS

Das Busnetz von Dunedins **GoBus** (☎ 03-474 0287; www.orc.govt.nz; Erw. 2–6,70 NZ$) deckt die ganze Stadt ab. Besonders praktisch sind die Busverbindungen nach St. Clair, St. Kilda, Port Chalmers und bis nach Portobello auf der Otago Peninsula. Werktags fahren die Busse regelmäßig, an Wochenenden und Feiertagen aber sehr selten (oder gar nicht).

VOM/ZUM FLUGHAFEN

Dunedin Airport (DUD; ☎ 03-486 2879; www.flydunedin.com; Airport Rd, Momona) Der Flughafen liegt 27 km südwestlich der Stadt. Eine normale Taxifahrt zwischen Stadt und Flughafen kostet 80 bis 90 NZ$. Es gibt keine öffentlichen Busse dorthin, aber einige Tür-zu-Tür-Shuttles, z. B. **Kiwi Shuttles** (☎ 03-487 9790; www.kiwishuttles.co.nz; 1/2/3/4 Pers. 20/36/48/60 NZ$) oder **Super Shuttle** (☎ 0800 748 885; www.supershuttle.co.nz; 1/2/3/4 Pers. 25/35/45/55 NZ$.

TAXI

Dunedin Taxis (☎ 03-477 7777; www.dunedintaxis.co.nz)

Otago Taxis (☎ 03-477 3333)

RUND UM DUNEDIN

Port Chalmers & Umgebung

1370 EW.

Das kleine Port Chalmers liegt nur 13 km außerhalb von Dunedin, wirkt aber Welten entfernt. Das irgendwo zwischen Arbeiterklasse und Boheme angesiedelte Port Chalmers blickt auf eine Geschichte als Hafenstadt zurück und zieht immer mehr Künstlertypen aus Dunedin an. Dunedins bester Rock-'n'-Roll-Club, das **Chick's Hotel** (Karte S. 584; 2 Mount St; ⏲ Mi–So 16–1 Uhr), ist abends ein beliebtes Ziel. Für tagsüber gibt's unkonventionelle Cafés, Designerläden und Galerien.

Sehenswertes & Aktivitäten

Beliebt ist das traditionelle Freiklettern am Long Beach und an den Klippen bei Mihiwaka, beide erreichbar über die Blueskin Rd nördlich von Port Chalmers.

Orokonui Ecosanctuary NATURSCHUTZGEBIET
(Karte S. 584; ☎ 03-482 1755; www.orokonui.org.nz; 600 Blueskin Rd; Erw./Kind 16/8 NZ$; ⏲ 9.30–16.30 Uhr) Das 307 ha große, raubtierfreie Naturschutzgebiet umfasst den Nebelwald auf dem Kamm oberhalb von Port Chalmers und erstreckt sich bis zum Ästuar auf der gegenüberliegenden Seite. Es dient vor allem als Festlandrefugium für Spezies, die üblicherweise zu ihrem eigenen Schutz auf kleine Inseln vor der Küste verbracht werden. Es gibt hier seltene Vogelarten wie Kiwis, Sattelvögel, Südinseltakahe und Kakas sowie Reptilien wie Brückenechsen und Otago-Skinke.

Man kann das Schutzgebiet auf eigene Faust besuchen oder im Rahmen einstündiger (Erw./Kind 30/15 NZ$; tgl. 11 & 13.30 Uhr) bzw. zweistündiger geführter Touren (Erw./Kind 45/22 NZ$; tgl. 11 Uhr). Die zweistündigen Touren in der Dämmerung (Erw./Kind 69/39 NZ$) muss man vorab buchen. Der 6 km lange Weg von der Hauptstraße nach Port Chalmers ist gut ausgeschildert.

Hare Hill REITEN
(Karte S. 584; ☎ 03-472 8496; www.horseriding-dunedin.co.nz; 207 Aramoana Rd; Ausritt 80–160 NZ$) Bietet spannende Ausritte u. a. am Strand und auf dem Bauernhof an.

Schlafen

Billy Brown's HOSTEL
(Karte S. 584; ☎ 03-472 8323; www.billybrowns.co.nz; 423 Aramoana Rd, Hamilton Bay; B/DZ 30/75 NZ$) Das Hostel auf einer Farm an der Straße 5 km vor Port Chalmers bietet einen tollen Blick über den Hafen bis zur Halbinsel. Es gibt hier eine hübsche, rustikale Gemeinschafts-Lounge mit Holzofen und vielen alten Schallplatten. Wer Angst vor großen Hunden hat, sollte anderswo absteigen.

An- & Weiterreise

Werktags verkehren 15 Busse zwischen der Cumberland St in Dunedin und Port Chalmers (Erw./Kind 4,70/2,70 NZ$), freitagabends noch zwei zusätzliche, samstags hingegen insgesamt nur elf und sonntags lediglich drei Busse.

Otago Peninsula

4220 EW.

Die vielfältige Tierwelt der Halbinsel Otago ist die am leichtesten zugänglichste auf der gesamten Südinsel. Albatrosse, Pinguine, Neuseeländische Seebären und Seelöwen sind nur einige Attraktionen, ebenso spektakulär sind die wilde Landschaft, die einsamen Wanderwege, Strände sowie die interessanten historischen Stätten. Trotz einer großen Zahl geführter Touren über die Halbinsel bleiben die Stille und die ländliche Atmosphäre der Gegend erhalten. Broschüren und Karten kann man telefonisch beim i-SITE in Dunedin (S. 593) anfordern oder unter www.otago-peninsula.co.nz.

Sehenswertes

Royal Albatross Centre & Fort Taiaroa NATURSCHUTZGEBIET

(Karte S. 584; ☎ 03-478 0499; www.albatross.org.nz; Taiaroa Head; ⏲ 11.30 Uhr–Sonnenuntergang) Bei Taiaroa Head, am nördlichsten Zipfel der Halbinsel, findet man neben einer Militärfestung aus dem späten 19. Jh. die weltweit einzige auf dem Festland lebende Kolonie von Königsalbatrossen. Das Fort wurde 1885 zum Schutz vor einer befürchteten russischen Invasion erbaut. Die Armstrong-Verschwindlafette wurde so gebaut, dass sie unterirdisch geladen und ausgerichtet werden konnte, um dann wie der langsamste Springteufel der Welt hochzuschnellen und abgefeuert zu werden.

Albatrosse gibt es hier das ganze Jahr über, aber die beste Zeit für einen Besuch ist zwischen Dezember und Februar, wenn ein Elternteil das Junge bewacht, während der andere Futter heranschafft. Die meisten Vögel lassen sich am Nachmittag blicken, wenn Wind aufkommt; an windstillen Tagen bekommt man kaum welche zu Gesicht. Das verglaste Beobachtungsareal ist während der Brutzeit Mitte September bis Ende November geschlossen. Da die Vögel von Ende November bis Dezember in ihren Nestern bleiben, wird man ihre gewaltige Flügelspannweite kaum bewundern können.

Den einzigen Zugang zu dem Gebiet hat man im Rahmen einer Führung, z.B. der einstündigen „Classic Tour" mit Schwerpunkt auf den Albatrossen (Erw./Kind 39/19 NZ$) oder der 30-minütigen „Fort Tour" (Erw./Kind 19/9 NZ$); beide können zur „Unique Tour" (49/24 NZ$) verbunden werden.

Zwergpinguine schwimmen in der Abenddämmerung bei Pilots Beach an Land (gleich unterhalb des Parkplatzes), um zu ihren Nistplätzen in den Dünen zu gelangen. Zu ihrem Schutz wird der Strand jeden Abend gesperrt. Man kann die Pinguine aber von einer eigens aufgebauten Holzplattform aus beobachten (Erw./Kind 20/10 NZ$). Je nach Jahreszeit sieht man 50 bis 500 Pinguine vorbeiwatscheln.

Nature's Wonders Naturally NATURSCHUTZGEBIET

(Karte S. 584; ☎ 03-478 1150; www.natureswonders.co.nz; Taiaroa Head; Erw./Kind 55/45 NZ$; ⏲ Touren ab 10.15 Uhr) Was die unglaublich schönen Strände dieser Schaffarm an der Küste von anderen bedeutenden Naturreservaten unterscheidet, ist, dass sie sich (abgesehen von Schädlingsbekämpfungsmaßnahmen etc.) selbst überlassen bleiben. Die Tiere hier werden weder markiert noch gewogen, und viele der Privatstrände haben seit Jahren keinen Menschen gesehen.

Deshalb sieht man hier (durchs Fernglas) oft und zu jeder Tageszeit Gelbaugenpinguine, und Neuseeländische Seebären lümmeln an Schwimmlöchern in den Felsen, ohne sich von vorbeifahrenden Reisegruppen stören zu lassen. Je nach Jahreszeit sieht man auch Wale und Zwergpinguinküken.

Die Touren werden in Geländefahrzeugen unternommen, die überall hinkommen; die engagierten Führer sind teilweise echte Kiwi-Farmer – einfach fragen, ob man nicht bei der Schafschur dabei sein kann (Preis auf Anfrage)!

Penguin Place NATURSCHUTZGEBIET

(Karte S. 584; ☎ 03-478 0286; www.penguinplace.co.nz; 45 Pakihau Rd; Erw./Kind 49/15 NZ$) Das auf Privatland gelegene Reservat schützt die Nistplätze von Gelbaugenpinguinen. Die 90-minütigen Touren informieren über den Schutz der Pinguine und bieten von mehreren versteckten Unterständen einen näheren Blick auf die Tiere. Zwischen Oktober und März finden die Touren regelmäßig von 10.15 Uhr bis 90 Minuten vor Sonnenuntergang, zwischen April und September von 15.15 bis 16.45 Uhr statt. Vorabbuchung empfohlen.

Larnach Castle VILLA

(Karte S. 584; ☎ 03-476 1616; www.larnachcastle.co.nz; 145 Camp Rd; Villa & Anwesen Erw./Kind 28/10 NZ$, nur Anwesen 13/4 NZ$; ⏲ Okt.–März

9–19 Uhr, April–Sept. bis 17 Uhr) Das stolz auf einem Hügel thronende prächtige neugotische Herrenhaus wurde 1871 von dem aus Dunedin stammenden Bankier, Geschäftsmann und Politiker William Larnach erbaut, der damit seine Frau beeindrucken wollte, die aus dem französischen Adel stammte. Die Burg brachte ihm aber kein Glück. Seine ersten beiden Frauen starben, und der dritten wurde nachgesagt, sie hätte eine Affäre mit seinem Sohn. Larnach selbst erschoss sich 1898 im Sitzungssaal des Parlaments, und sein Sohn tat es ihm später gleich.

Das Herrenhaus ist voller aufwendiger Holzarbeiten und exquisiter Antiquitäten. Vom zinnenbewehrten Turm bietet sich ein weiter Blick auf die Halbinsel. Mit der Eintrittskarte erhält man eine Broschüre für einen Rundgang durch das Anwesen. Man kann aber auch eine iPhone-App kaufen (5 NZ$), durch die die Räume mit kostümierten Darstellern bevölkert erscheinen. Anschließend sollte man einen Bummel durch den Garten machen. Das Café im Ballsaal lädt um 15 Uhr zum Nachmittagstee.

Glenfalloch Woodland Garden PARK
(Karte S. 584; www.glenfalloch.co.nz; 430 Portobello Rd; Erw./Kind 5 NZ$/frei; 9.30 Uhr–Sonnenuntergang) Ein spektakulärer Hafenblick bietet sich von diesem 12 ha großen Park voller Blumen, Spazierwege und sich im Wind wiegender alter Bäume (darunter ein 1000 Jahre alter Mataī). Der Portobello-Bus hält direkt davor.

Aktivitäten

Die Wanderwege auf der Halbinsel bieten sowohl an der Küste als auch auf den Feldern beeindruckende Ausblicke und die Möglichkeit, Tiere in freier Natur zu beobachten. Dazu kann man sich bei der Touristeninformation die Broschüre *DOC Walks Around Dunedin* holen oder herunterladen. Ein beliebtes Wanderziel ist die schöne **Sandfly Bay**, die man über die Seal Point Rd erreicht (mittelschwer, hin & zurück 1 Std.). Vom Ende der Sandymount Rd führt ein Pfad zu einer eindrucksvollen **Schlucht** (20 Min.). Achtung: Sowohl der Lovers Leap Track als auch der Chasm Track bei Sandymount sind während der Ablammsaison zwischen August und Oktober gesperrt.

Wild Earth Adventures KAJAKFAHREN
(03-489 1951; www.wildearth.co.nz; Trip ab 115 NZ$) Veranstaltet Ausflüge in Zweier-Seekajaks, auf denen man oft Wildtiere erspäht. Die Trips dauern zwischen drei Stunden und einen Tag. Die Abholung erfolgt am Octagon in Dunedin.

Geführte Touren

Elm Wildlife Tours TOUR
(03-454 4121; www.elmwildlifetours.co.nz; Tour ab 105 NZ$) Der geschätzte Veranstalter organisiert Touren in Kleingruppen zur Beobachtung von Tieren in freier Natur mit der Option, einen Besuch im Royal Albatross Centre oder eine Bootsfahrt mit Monarch Cruise anzuhängen. Im Preis inbegriffen sind die Abholung von Dunedin und die Rückfahrt.

Monarch Wildlife Cruises & Tours BOOTSTOUR
(Karte S. 584; 03-477 4276; www.wildlife.co.nz) Bietet einstündige Bootstouren vom Wellers Rock (Erw./Kind 49/22 NZ$) sowie halb- (89/32 NZ$) und ganztägige Ausflüge (235/118 NZ$) ab Dunedin. Unterwegs erspäht man vielleicht Seelöwen, Pinguine, Albatrosse und Seebären.

Schlafen

McFarmers Backpackers HOSTEL $
(Karte S. 584; 03-478 0389; www.otago-peninsula.co.nz; 774 Portobello Rd; EZ 53 NZ$, DZ & 2BZ 66–76 NZ$, Cottage 120–150 NZ$) Die rustikale Blockhütte und das separate Cottage auf einer bewirtschafteten Schaffarm mit Blick auf den Hafen haben viel Charakter und vermitteln Gästen sofort das Gefühl, zu Hause zu sein. Der Portobello-Bus passiert das Tor.

Penguin Place Lodge HOSTEL $
(Karte S. 584; 03-478 0286; www.penguinplace.co.nz; 45 Pakihau Rd; Erw./Kind 30/12 NZ$) Die Lodge auf einem ruhigen Hügel inmitten von Feldern hat eine gute Gemeinschaftsküche, eine helle Lounge und schlichte Doppel- und Zweibettzimmer. Die Gäste genießen die Aussicht auf die Farm und den Hafen und die Nähe zu den Pinguinen. Bettwäsche kostet 5 NZ$ extra.

Portobello Motel MOTEL $$
(Karte S. 584; 03-478 0155; www.portobellomotels.com; 10 Harington Point Rd; DZ 145–160 NZ$;) Sonnige, moderne, separate Wohneinheiten direkt an der Hauptstraße in Portobello. Die Wohnstudios haben kleine Terrassen mit Blick auf die Bucht. Es stehen auch geräumige Wohneinheiten mit einem und zwei Schlafzimmern zur Verfügung, allerdings ohne Ausblick.

Larnach Castle Lodge LODGE $$
(Karte S. 584; ☎03-476 1616; www.larnachcastle.co.nz; 145 Camp Rd; Zi. Stall/Lodge/Anwesen 155/280/420 NZ$; @📶) Die Gartenlodge von Larnach Castle hat zwölf individuell und neckisch eingerichtete Zimmer. Weniger frivol sind die stimmungsvollen Zimmer in den 140 Jahre alten Stallungen. Einige Hundert Meter von der Villa entfernt bietet das Landhaus Camp Estate romantische Luxussuiten, die die Ausgabe wirklich lohnen. Im Preis inbegriffen sind das Frühstück und der Eintritt zur Villa; auf Wunsch können Abendessen in der Villa vereinbart werden.

Kaimata Retreat LODGE $$$
(Karte S. 584; ☎03-456 3443; www.kaimatanz.com; 297 Cape Saunders Rd; Ferienhaus/Zi./Lodge 160/525/1500 NZ$; @📶) Die luxuriöse Ökolodge hat drei Zimmer mit Blick auf eine wunderbar einsame Bucht am östlichen Rand der Halbinsel. Auf Wunsch werden Touren arrangiert, und im Sommer bereitet ein Chefkoch das Abendessen zu. Wer etwas preiswerter wohnen, aber auf den Ausblick nicht verzichten will, kann das Betty's Bach buchen, ein separates Retro-Ferienhaus in der Nähe.

Essen

1908 Cafe RESTAURANT $$
(Karte S. 584; ☎03-478 0801; www.1908cafe.co.nz; 7 Harington Point Rd; Mittagessen 13–24 NZ$, Abendessen 31–34 NZ$; ⏲Mi–So 11.30–14, tgl. 18–22 Uhr) Lachs, Wild und Steaks werden in dem gemütlichen, netten Restaurant neben frischen Fischgerichten und Tagesspezialitäten serviert. Mittags gibt's Café-Gerichte wie Suppen und getoastete Sandwiches. Die ehrwürdige Inneneinrichtung ist mit heiteren Werken lokaler Künstler verschönert.

Portobello Hotel & Bistro KNEIPE $$
(Karte S. 584; www.portobellohotelandbistro.co.nz; 2 Harington Point Rd; Mittagessen 13–19 NZ$, Abendessen 24–29 NZ$; ⏲11.30 Uhr–open end) Seit 1874 versorgt die Kneipe von Portobello durstige Traveller mit Erfrischungen und ist noch immer ein beliebter Boxenstopp. Man schnappt sich einen Tisch in der Sonne und genießt Meeresfrüchte-Eintopf, Burger, Falafel-Wrap oder Steak.

Anreise & Unterwegs vor Ort

Werktags verkehren 13 Busse zwischen der Cumberland St in Dunedin und Portobello Village (Erw./Kind 5,80/3,40 NZ$), samstags zehn und sonntags vier. Auf der Halbinsel kommt man ohne Fahrzeug kaum weiter. Die meisten Touranbieter holen einen in Dunedin ab.

Auf der Halbinsel gibt es keine Tankstelle.

ZENTRALES OTAGO

Sanfte Hügel, die in der unerbittlichen Sommersonne von Grün zu Gold bleichen, bilden die Kulisse für eine Reihe winziger, charmanter Ortschaften aus der Zeit des Goldrauschs. An den Theken der Pubs, in denen die Zeit stehengeblieben zu sein scheint, hängen derbe, wortkarge „Southern Men" ab. Die Region ist eines der bedeutendsten Weinbaugebiete des Landes. Sie bietet tolle Möglichkeiten für Radler, z.B. Mountainbiken auf den alten Goldminenwegen oder eine Tour auf dem Otago Central Rail Trail.

Middlemarch & Umgebung

156 EW.

Vor der Kulisse der Rock & Pillar Range ist **Middlemarch** (www.middlemarch.co.nz) Endstation der Taieri Gorge Railway und bildet auch das eine Ende des Otago Central Rail Trail. Die Kleinstadt ist in ganz Neuseeland für den Middlemarch Singles Ball (der in Jahren mit ungerader Zahl zu Ostern stattfindet) berühmt. Dann strömen Männer aus dem Süden der Region zusammen, um den Stadtmädchen den Hof zu machen.

Aktivitäten

Diese beiden Anbieter versorgen das ganze Jahre über Radler auf dem Otago Central Rail Trail. Sie haben Depots an der Hauptstraße von Middlemarch, verleihen Fahrräder und bieten logistische Unterstützung, z. B. Shuttles, Gepäcktransport und Buchung von Unterkünften an. Sie haben auch Depots in Clyde, am anderen Ende des Radwegs.

Cycle Surgery FAHRRADVERLEIH
(☎03-464 3630; www.cyclesurgery.co.nz; Swansea St; Fahrradverleih 35 NZ$/Tag; ⏲Depot Mitte Sept.–Mitte Mai)

Trail Journeys FAHRRADVERLEIH
(☎03-464 3213; www.trailjourneys.co.nz; Swansea St; Fahrradverleih 40 NZ$/Tag; ⏲Depot Sept.–April)

Schlafen & Essen

Otago Central Hotel HOTEL $$
(☎03-444 4800; www.hydehotel.co.nz; SH87, Hyde; mit/ohne Bad EZ 100/80 NZ$, DZ 170/130 NZ$;

OTAGO CENTRAL RAIL TRAIL

Von Dunedin nach Clyde verläuft die Eisenbahnstrecke der Central Otago Rail. Seit Beginn des 20. Jhs. bis in die 1990er-Jahre hinein verband der Schienenweg kleine, im Landesinnern gelegene Goldgräberstädte mit der Metropole. Nachdem die 150 km lange Bahnstrecke von Middlemarch bis Clyde stillgelegt worden war, wurden die Schienenstränge abgerissen und ein neuer Wander- und Radwanderweg, hauptsächlich aus Kies, angelegt, der ganzjährig befahrbar ist und Radfahrer, Wanderer und Reiter über eine historische Route mit alten Eisenbahnbrücken, Viadukten und Tunneln führt.

Der Fernwander- und -radweg, der mit hervorragenden Einrichtungen (Toiletten, Unterständen und Informationen) ausgestattet ist, weist nur wenige Steigungen auf, dafür aber traumhafte Ausblicke auf die Landschaft und Abgeschiedenheit. Der Trail zieht jährlich über 25 000 Besucher an. Am größten ist der Andrang im März, wenn dort unzählige Großstädter unterwegs sind, kann es passieren, dass man im Café 30 Minuten auf ein Panino warten muss. Im September ist es ruhiger.

Der Wander- und Radweg ist in jeder Richtung befahr- und begehbar. Die gesamte Strecke nimmt mit dem Fahrrad vier bis fünf Tage (zu Fuß eine Woche) in Anspruch, selbstverständlich können auch kürzere oder längere Abschnitte ausgewählt werden. Einige Umwege führen z. B. nach Naseby und St. Bathans.

Mountainbikes können in Dunedin, Middlemarch, Alexandra und Clyde geliehen werden. In allen i-SITEs der Region sind detaillierte Informationen erhältlich. Unter www.otagocentralrailtrail.co.nz und www.otagorailtrail.co.nz findet man Informationen zum Weg, Zeitpläne, Unterkunftsmöglichkeiten und Tourenveranstalter.

🛜) Die meisten der ordentlichen Zimmer in diesem coolen, alten Hotel, über den Radweg 27 km von Middlemarch entfernt, haben ein eigenes Bad, aber bei den wenigsten ist es auch ans Zimmer angeschlossen. Es gibt hier keine Kneipe mehr, und das Café auf der Sonnenterrasse, das auch Alkohol ausschenkt, schließt um 16 Uhr. So bleibt fürs Abendessen meilenweit nur die Option des Abendmenüs.

Kissing Gate Cafe CAFÉ **$**

(2 Swansea St; Gerichte 7–18 NZ$; ⏲ 8.30–16 Uhr) Man sitzt unter Obstbäumen in dem hübschen Garten der netten kleinen Holzhütte und genießt das warme Frühstück, Hackbraten, Frittata oder Backwaren.

Quench CAFÉ, BAR **$$**

(☎ 03-464 3070; 31 Snow Ave; Brunch 6–16 NZ$, Abendessen 21–29 NZ$; ⏲ Sept.–April So–Do 8–21, Fr & Sa bis 23.30 Uhr, Mai–Aug. bis 16 Uhr) Gegenüber vom Bahnhof macht das Quench seinem Namen (der für einen Hunger- und Durstlöscher steht) alle Ehre. Es gibt warmes Frühstück, Pies und Rail Burger (sehr zu empfehlen vor Aufbruch zum Rail Trail) sowie eiskaltes Speight's vom Fass (am Ende der Radtour unbedingt genießen!).

ℹ An- & Weiterreise

Die malerische **Taieri Gorge Railway** (☎ 03-477 4449; www.taieri.co.nz; ⏲ Mai–Sept. So, Okt.–April Fr & So) verkehrt nur eingeschränkt zwischen Dunedin und Middlemarch; die meisten Züge enden am 20 km entfernten Bahnhof Pukerangi. Beide großen Fahrradverleiher betreiben Shuttles nach Dunedin, Pukerangi und zu den Ortschaften am Rail Trail.

Ranfurly & Umgebung

663 EW.

Nach einigen Bränden in den 1930er-Jahren wurde Ranfurly im Stil jener Zeit wieder aufgebaut, und ein paar hübsche Art-déco-Gebäude säumen noch immer die verschlafene Hauptstraße. Die Kleinstadt gibt sich alle Mühe, Kapital aus ihrem dürftigen Erbe zu schlagen: Sie nennt sich die „Art-déco-Hauptstadt der Südinsel" und veranstaltet jedes Jahr am letzten Wochenende im Februar das **Art Déco Festival** (www.ranfurlyartdeco.co.nz). Es gibt hier sogar ein Art Déco Museum in dem prächtigen Gebäude der Centennial Milk Bar an der Hauptstraße.

Bei der Erkundung des Ortes auf eigene Faust hilft die Broschüre *Rural Art Deco – Ranfurly Walk* des **Ranfurly i-SITE** (☎ 03-444 1005; www.centralotagonz.com; 3 Charlemont St; ⏲ 9–17 Uhr; 🛜) im alten Bahnhof. In der Touristeninformation sollte man sich auch die Ausstellung zur Lokalgeschichte und die Sports Hall of Fame anschauen.

Um das zerklüftete Gelände, das der einheimische Landschaftmaler Grahame Sydney berühmt gemacht hat, zu inspizieren, nimmt man am besten mit **Maniototo 4WD Safaris** (☎03-444 9703; www.maniototo4wdsafaris.co.nz; halber/ganzer Tag 130/190 NZ$) Kontakt auf.

Im Ort gibt es ein paar Cafés und einen alten Pub, der Gerichte serviert und Zimmer vermietet.

Schlafen

Peter's Farm Lodge LODGE $
(☎03-444 9811; www.petersfarm.co.nz; 113 Tregonning Rd, Waipiata; 55 NZ$/Pers.) Das rustikale Bauernhaus von 1882 auf einer Schaffarm 13 km südlich von Ranfurly bietet bequeme Betten, herzhafte Grillgerichte am Abend (25 NZ$) und die kostenlose Abholung vom Rail Trail. Zur Verfügung stehen auch Kajaks, Angelruten und Goldwaschpfannen – es lohnt sich also, etwas länger zu bleiben. Übernachten kann man auch im benachbarten Tregonnings Cottage (1882).

Hawkdun Lodge MOTEL $$
(☎03-444 9750; www.hawkdunlodge.co.nz; 1 Bute St; EZ/DZ ab 125/175 NZ$;) Das schicke, neue Boutiquemotel ist die bei Weitem beste Unterkunft im Ortszentrum. Jede Wohneinheit hat eine Kochnische mit Mikrowelle, aber wer gut kocht, kann seine Kochkünste auch in der Gästeküche und am Grill unter Beweis stellen. Im Preis inbegriffen ist das kontinentale Frühstück.

Kokonga Lodge B&B $$$
(☎03-444 9774; www.kokongalodge.co.nz; 33 Kokonga-Waipiata Rd; Zi. 285 NZ$; @) Gleich abseits des SH87 zwischen Ranfurly und Hyde bietet dieser gehobene Landsitz sechs moderne Zimmer mit angeschlossenem Bad. In einem wohnte Sir Peter Jackson, als er in der Gegend den Film *Der Hobbit* drehte. In der Nähe verläuft der Rail Trail.

An- & Weiterreise

Die von Trail Journey eingesetzten Shuttles **Catch-a-Bus** (☎03-449 2024; www.catchabus.co.nz) fahren auf dem Weg von Cromwell nach Dunedin durch Ranfurly.

Naseby

120 EW.

Das niedliche Naseby – von Wald umgeben und mit Steingebäuden aus dem 19. Jh. geschmückt – gehört zu der Art von Kleinstädten, in denen die Uhren langsamer ticken. Dass der Ort vom relativ unbedeutenden neuseeländischen Curling besessen ist, deutet darauf hin, dass hier einfach nicht viel los ist. Die entspannte Kleinstadtatmosphäre und die guten Rad- und Wanderwege durch den umliegenden Wald machen Naseby aber trotzdem zu einem lohnenden Aufenthaltsort für ein paar Tage.

Aktivitäten

Maniototo Curling International CURLING
(☎03-444 9878; www.curling.co.nz; 1057 Channel Rd; 1½ Std. Erw./Fam. 30/80 NZ$; ⏲10–17 Uhr) In der ganzjährig geöffneten Eishalle kann man Curling spielen – auf Wunsch auch mit Anleitung. Im Winter gibt's auch draußen eine Eisbahn.

Naseby Ice Luge WINTERSPORT
(☎03-444 9270; www.lugenz.com; 1057 Channel Rd; Erw./Kind 30/25 NZ$; ⏲Juni–Aug.) Mit einem Holzschlitten kann man 360 m einen Hügel hinunterrodeln. Vorab buchen!

Schlafen & Essen

Royal Hotel PUB $
(☎03-444 9990; www.naseby.co.nz; 1 Earne St; B 40 NZ$, Zi. mit/ohne Bad 100/70 NZ$;) Das Royal Hotel von 1863 ist mit seinem königlichen Wappen und der wohl rustikalsten Gartenbar von ganz Neuseeland ist besser als die anderen historischen Pubs im Ort. Die Zimmer sind schlicht, aber pieksauber, und auch das Essen ist gut (Gerichte 25–30 NZ$).

Naseby Lodge APARTMENTS $$
(☎03-444 8222; www.nasebylodge.co.nz; Ecke Derwent & Oughter St; Apt. mit 1/2 Schlafzi. 170/260 NZ$;) Die separaten modernen Apartments haben umweltfreundliche Wände aus Strohballen in einer rustikalen Wellblechummantelung. Sie sind schick und geräumig und bieten eine voll ausgestattete Küche sowie Bodenheizung im Bad. Es gibt auch ein gutes Restaurant auf dem Gelände.

Old Doctor's Residence B&B $$$
(☎03-444 9775; www.olddoctorsresidence.co.nz; 58 Derwent St; Zi./Suite 275/325 NZ$;) So wohnt es sich toll! Das prächtige Haus aus den 1870er-Jahren versteckt sich hinter einem hübschen Garten und bietet zwei luxuriöse Gästezimmer und eine Lounge, in der abends Wein und Knabbereien serviert werden. Die Suite umfasst ein Wohnzimmer und ein angeschlossenes Bad (mit tollem Schminktisch). Vom kleineren Zimmer aus ist das Bad über den Flur zu erreichen.

Black Forest Café CAFÉ $
(☎ 03-444 9820; 7 Derwent St; Gerichte 10–17 NZ$; ⏲ 9–16 Uhr) Frische Backwaren und guter Kaffee sind die Markenzeichen dieses Cafés. Drinnen sorgen Steinwände, helle Farben und warmes, poliertes Holz für ein angenehmes Ambiente. Auf der umfangreichen Speisekarte finden sich Bagel, Panini und cremige Smoothies, die mit Obst aus dem zentralen Otago hergestellt wurden.

ℹ Praktische Informationen

Ernslaw One Forestry Office (☎ 03-444 9995; www.ernslaw.co.nz/naseby-recreational-area/; 34 Derwent St) Verwaltet das 500 ha große Erholungsgebiet im privaten Naseby Forest. Hier gibt's auch Karten von Wander- und Radwegen.

Naseby Information & Crafts (☎ 03-444 9961; Derwent St; ⏲ So, Mo & Fr 11–14, Sa bis 16 Uhr)

ℹ An- & Weiterreise

Die Ranfurly–Naseby Rd zweigt 4 km nördlich von Ranfurly vom SH85 ab. Es gibt keine öffentlichen Verkehrsmittel. Radfahrer könnten den 12 km langen Abstecher vom Rail Trail erwägen. Von Naseby kann man seinen Weg auf den nicht asphaltierten, gewundenen Straßen nordostwärts durch die spektakuläre Landschaft zum Danseys Pass bis nach Duntroon im Waitaki Valley fortsetzen.

St. Bathans

Ein lohnender, 17 km langer Abstecher vom SH85 führt in die Ausläufer der imposanten Dunstan Mountains und weiter ins winzige St. Bathans. In dem einst turbulenten Goldgräberstädtchen mit 2000 Bewohnern tummeln sich heute gerade mal ein halbes Dutzend ständige Einwohner zwischen den niedlichen Gebäuden aus dem 19. Jh. .

Der **Blue Lake** ist eine zufällig entstandene Attraktion: eine große Mulde, gefüllt mit erstaunlich blauem Wasser, das aus den verlassenen Goldminen abgeflossen ist. Am besten läuft man an den ausgehöhlten Klippen entlang bis zum Aussichtspunkt, von wo aus sich ein besserer Blick auf die fremdartige Landschaft bietet (hin & zurück 1 Std.).

Das **Vulcan Hotel** (☎ 03-447 3629; stbathans.vulcanhotel@xtra.co.nz; Loop Rd; Zi. 60 NZ$/Pers.) ist ein stimmungsvoller Ort, um etwas zu essen, zu trinken oder zu übernachten (und berühmt dafür, dass es hier spukt). Wenn man die wenigen Einwohner von St. Bathans in Betracht zieht, ist es freitagabends hier ziemlich voll, weil die durstigen Schafscherer aus dem ganzen Tal herkommen. Übernachten kann man auch im nahen **St. Bathans Jail & Constable's Cottage** (☎ 0800 555 016; www.stbathansnz.co.nz; 145–340 NZ$).

Lauder, Omakau & Ophir

Das winzige **Lauder** und das etwas größere **Omakau** (250 Ew.) liegen 8 km voneinander entfernt am SH85 und sind gute Stopps für Rail-Trailer mit wundem Hintern, die etwas zu essen und ein Bett brauchen. Doch der echte Schatz in der Gegend ist das bezaubernde **Ophir** (50 Ew.), 2 km von Omakau entfernt jenseits des Manuherikia River.

Hier wurde 1863 Gold gefunden, und so entwickeltes sich rasche ein Städtchen, das den Namen des biblischen Landes übernahm, aus dem König Salomo sein Gold bezog. Bis 1875 war die Bevölkerung auf über 1000 Menschen angewachsen, aber als das Gold ausging, verschwanden auch die Leute. Das Schicksal von Ophir war besiegelt, als die Eisenbahn 1904 einen Bogen um es herum machte. Seitdem ist auf der Hauptstraße die Zeit scheinbar stehengeblieben.

Von den vielen historischen Gebäuden gibt das beste Fotomotiv die noch immer genutzte **Post** (www.historic.org.nz; Swindon St; ⏲ Mo–Fr 9–12 Uhr) von 1886 ab. Am anderen Ende der Stadt endet die asphaltierte Straße an der aus Holzplanken gezimmerten **Dan O'Connell Bridge** aus den 1870er-Jahren. Hinter dem holprigen, aber malerischen Übergang folgt eine Schotterstraße zum SH85.

Ophir hat mit –21,6 bis 35 °C die größten Temperaturschwankungen im ganzen Land (in Alexandra, die Straße ein Stück weiter, wurden einmal 38 °C gemessen).

Schlafen & Essen

Muddy Creek Cutting B&B $$
(☎ 03-447 3682; www.muddycreekcutting.co.nz; SH85, Lauder; 80 NZ$/Pers.) Kunstwerke schmücken die Wände des charmant restaurierten Lehmziegel-Farmhauses aus den 1930er-Jahren. Es bietet fünf Schlafzimmer, deren Bewohner sich zwei Badezimmer teilen. Auf Wunsch gibt's auch Abendessen mit regionalen Bioprodukten (55 NZ$/Pers.).

Omakau Commercial Hotel PUB $$
(☎ 03-447 3715; www.omakauhotel.co.nz; 1 Harvey St, Omakau; EZ mit/ohne Bad ab 79/55 NZ$, DZ ab 109/105 NZ$; 📶) Ein altmodisches Ambiente beherrscht den altehrwürdigen Pub, der

gute, preiswerte Zimmer, ausgezeichnetes Essen und ein einheimisches Publikum zu bieten hat. In den Schlafzimmern gibt's keine Fernseher und Wasserkocher, dafür aber unten in der Gästelounge.

Chatto Creek Tavern HOTEL $$
(☎03-447 3710; www.chattocreektavern.co.nz; 1544 SH85, Chatto Creek; B/EZ/DZ ohne Bad 50/90/120 NZ$) Das attraktive Steinhotel von 1886 befindet sich direkt neben dem Rail Trail und dem Highway, 10 km südwestlich von Omakau. Einfach auf einen Fischpfannkuchen (in der Saison) oder ein Steak-Sandwich reinschauen oder die müden Wadenmuskeln in einem Schlafsaalbett oder Doppelzimmer entspannen! Frühstück ist im Preis inbegriffen.

★ **Pitches Store** B&B, RESTAURANT $$$
(☎03-447 3240; www.pitches-store.co.nz; 45 Swindon St, Ophir; Zi. 250 NZ$, Brunch 9–19 NZ$, Abendessen 33–35 NZ$; ⏲Restaurant Nov.–Mai tgl. 10 Uhr–open end, Juni–Okt. Fr–Mo 11 Uhr–open end) Das traditionelle Gebäude war früher ein Gemischtwarenladen mit Fleischerei. Es wurde behutsam in sechs elegante Gästezimmer und ein Spitzenklasserestaurant verwandelt. Die freiliegenden Steinwände zeugen von der Vergangenheit, die Speisekarte aber ist schrill-zeitgenössisch.

Stationside Cafe CAFÉ $
(Lauder-Matakanui Rd, Lauder; Gerichte 8–18 NZ$; ⏲Okt.–April 7–17 Uhr) Das kleine Café am Rail Trail hat hausgemachte Backwaren und Hausmannskost sowie gesunde Salate, Sandwiches, Suppen und Pasta.

Muddy Creek Cafe CAFÉ $
(2 Harvey St, Omakau; Gerichte 8–16 NZ$; ⏲Mo–Sa 8.30–19, So 10–19 Uhr) In dem freundlichen Café voller alter Radios kann man sich eine Verschnaufpause vom Rail Trail gönnen. Es bietet den ganzen Tag über Frühstück, Pasta, Pies und Eis; man kann sich aber auch vom Schalter einen Burger oder Fish & Chips zum Mitnehmen holen.

Alexandra

4800 EW.

Wer nicht extra wegen der Easter Bunny Hunt oder der im September stattfindenden neuseeländischen Merino Shearing Championships herkommt, wird im bescheidenen Alexandra wohl nur eines wollen: Mountainbiken. Dies ist die bei Weitem größte Siedlung am Rail Trail und bietet mehr Lokale und Unterkünfte als der Rest der Kuhdörfer entlang der Route. Hier beginnt auch der brandneue Roxburgh Gorge Trail.

Alex, wie es von den Bewohnern genannt wird, markiert die südöstliche Ecke der gefeierten Weinregion im zentralen Otago. Von den Dutzenden Weingütern in der unmittelbaren Umgebung sind nur ein paar für Verkostungen geöffnet. Diese sind in der *Central Otago Wine Map* aufgeführt – die Karte ist beim i-SITE (S. 603) erhältlich.

Sehenswertes & Aktivitäten

Wanderer und Mountainbiker lieben die alten Goldgräberwege, die sich durch die Hügel schlängeln. Entsprechende Karten bekommt man beim i-SITE. Der **Alexandra–Clyde 150th Anniversary Walk** (12,8 km, einfache Strecke 3 Std.) ist ein recht ebener Weg am Flussufer mit vielen Rastplätzen und viel Schatten.

Central Stories MUSEUM
(www.centralstories.com; 21 Centennial Ave; Eintritt gegen Spende; ⏲10–16 Uhr) Das exzellente Regionalmuseum widmet sich der Geschichte der Goldsuche, der Weinherstellung, der Obstplantagen und der Schaffarmen von Central Otago. Befindet sich im selben Gebäude wie das i-SITE.

Roxburgh Gorge Trail MOUNTAINBIKEN
(www.roxburghgorge.co.nz) Der 2013 mit viel Trara eröffnete gute Wander- und Radweg sollte eigentlich eine Verbindung zwischen Alexandra und dem Roxburgh Dam sein. Da aber die Verhandlungen für den Zugang zu einigen Farmländereien in den mittleren Abschnitten des Wegs nicht erfolgreich waren, muss man – wenn man eine Radtour über die gesamte Strecke machen will – im Vorfeld über die lokalen Touristeninformationen eine 13 km lange Fährüberfahrt (95 NZ$) buchen. Und zählt man dann noch die „freiwillige" Weginstandhaltungsgebühr (25 NZ$) hinzu, wird das eine recht teure Radtour. Eine Alternative ist, dass man an beiden Endabschnitten eine Fahrt hin und zurück macht: von Alexandra nach Doctors Point (hin & zurück 20 km) oder vom Roxburgh Dam zum Shingle Peak (hin & zurück 22 km). Teile des Radwegs haben einen Schwierigkeitsgrad der Stufe III und empfehlen sich nicht für Kinder unter 15 Jahren.

Vom Roxburgh Dam kann die Fahrt über den **Clutha Gold Trail** (www.cluthagold.co.nz) weitergehen. Der einfachere, 73 km lange Radweg folgt dem Verlauf des Clutha durch

ABSTECHER

ROXBURGH

Südlich von Alexandra windet sich der SH8 an schroffen, mit Felsbrocken übersäten Hügeln oberhalb des Clutha River und an den berühmten Obstplantagen von Central Otago vorbei. In der Saison werden an Straßenständen frisch gepflücktes Steinobst, Kirschen und Beeren verkauft. Entlang der Strecke liegen verstreut kleine Ortschaften, von denen viele aus der Zeit des Goldrauschs stammen.

Das **Speargrass Inn** (☎03-449 2192; www.speargrassinn.co.nz; 1300 Fruitlands-Roxburgh Rd (SH8), Fruitlands; DZ 180 NZ$; 📶), 13 km südlich von Alexandra, hat drei Wohneinheiten in einem hübschen Garten. Das Originalgebäude von 1869 beherbergt ein charmantes **Café** (Mittagessen 18–21 NZ$, Abendessen 20–31 NZ$; ⏰Mo & Do 9–16, Fr–So 9–19 Uhr). Ein gutes Plätzchen, um eine Pause mit Kaffee und Kuchen zu machen und sich mit leckeren hausgemachten Konserven und Chutneys zu versorgen!

Weiter südlich ergießt sich der Clutha in den **Lake Roxburgh** mit einem großen Wasserkraftwerk an seinem Ende, bevor er an Roxburgh (522 Ew.) selbst vorbeirauscht. Im **Visitor Information Centre** (☎03-446 8920; www.centralotagonz.com; 120 Scotland St; ⏰Nov.–März tgl. 9–17 Uhr, April–Okt. Mo–Fr) erhält man Infos zum Mountainbiken, zu Wassersport und Saisonarbeit als Erntehelfer in den Apfel- und Steinobstplantagen.

Obstpflücker können sich auch an **Villa Rose Backpackers** (☎03-446 8761; www.villarose.co.nz; 79 Scotland St; B 30 NZ$, DZ mit/ohne Bad 105/80 NZ$; 📶) wenden. Die hübschen, alten Bungalows haben geräumige Schlafsäle, komfortable separate Wohneinheiten und eine große, moderne Küche.

Vor der Abfahrt aus Roxburgh sollte man noch bei **Jimmy's Pies** (☎03-444-8596; 143 Scotland St; Pies 4–6 NZ$; ⏰Mo–Fr 7.30–17 Uhr) vorbeischauen, das seit 1959 auf der ganzen Südinsel bekannt ist. Wer in die Verlegenheit gerät, zwischen den Fleischpasteten zu wählen, sollte Hühnchen mit Aprikose probieren – immerhin ist man hier im Land der Obstplantagen.

Von Roxburgh führt die Straße weiter nach Süden durch Lawrence und das Manuka Gorge Scenic Reserve. Die malerische Route verläuft über bewaldete Hügel und durch Schluchten. In der Nähe von Milton trifft der SH8 auf den SH1.

Roxburgh bis Beaumont und führt dann nach Lawrence. Die Weginstandhaltungsgebühr gilt für beide Radwege.

Altitude Bikes FAHRRADVERLEIH
(☎03-448 8917; www.altitudeadventures.co.nz; 88 Centennial Ave; ab 25 NZ$/Tag) Verleiht Fahrräder und organisiert die Logistik für Radler auf dem Otago Central, dem Clutha Gold und dem Roxburgh Gorge Trail.

Clutha River Cruises BOOTSTOUR
(☎03-449 3173; www.clutharivercruises.co.nz; Erw./Kind 90/45 NZ$; ⏰Okt.–Mai 11 & 14 Uhr) Bei der zweieinhalbstündigen Bootstour kann man die Landschaft und die Geschichte der Region erkunden. Beim i-SITE buchen!

Schlafen

Marj's Place HOSTEL $
(☎03-448 7098; www.marjsplace.co.nz; 5 Theyers St; B 25–30 NZ$, EZ/DZ 40/70 NZ$; @📶) Die Qualität der drei benachbarten Häuser, aus denen das weitläufige Hostel besteht, ist sehr unterschiedlich. Das „Homestay" verfügt über private Zimmer, eine finnische Sauna und einen Whirlpool. Es ist viel hübscher und viel sauberer als das „Backpackers", in dem überwiegend Saisonarbeiter wohnen.

Quail Rock B&B $$
(☎03-448 7224; www.quailrock.co.nz; 5 Fairway Dr.; EZ/DZ ab 100/150 NZ$) Hoch über der Stadt liegt dieses sehr komfortable B&B und bietet gleichermaßen Privatsphäre und Aussicht auf die Berge. Hausgemachte Marmeladen machen das Frühstück zu einem unvergleichlichen Genuss, ein Abendessen kann ebenfalls bestellt werden. Ein netter Anblick sind die Wachteln, die sich manchmal zwischen den Steinen im Garten zeigen.

Essen

Tin Goose Cafe CAFÉ $
(www.thetingoosecafe.com; 22 Centennial Ave; 8–16 NZ$; ⏰6–17 Uhr) Hier beginnt der Tag mit warmem Frühstück, und später gibt's selbst gemachte Backwaren, tolle Fertiggerichte und interessante Salate.

Red Brick EUROPÄISCH $$$
(☎03-448 9174; www.redbrickrestaurant.co.nz; abseits der Limerick St; Abendessen 32–33 NZ$; ⌚Di–So 16.30 Uhr–open end) Befindet sich in dem Bau der einst ersten Bäckerei Alexandras. Hier neben dem Kundenparkplatz erwartet man kaum solch eine raffinierte modern-europäische Küche. Die meisten Zutaten und Weine stammen aus der Region.

Praktische Informationen

Alexandra i-SITE (☎03-448 9515; www.centralotagonz.com; 21 Centennial Ave; ⌚9–17 Uhr; 📶) Hier bekommt man eine kostenlose Karte der sehr weitläufigen Stadt.

An- & Weiterreise

InterCity (☎03-471 7143; www.intercity.co.nz) Täglich fährt ein Bus von/nach Dunedin (ab 21 NZ$, 3 Std.), Roxburgh (ab 14 NZ$, 34 Min.), Clyde (ab 15 NZ$, 9 Min.), Cromwell (ab 18 NZ$, 24 Min.) und Queenstown (ab 22 NZ$, 1½ Std.).

Atomic Shuttles (☎03-349 0697; www.atomictravel.co.nz) Täglich fährt ein Bus von/nach Dunedin (30 NZ$, 2¼ Std.), Roxburgh (15 NZ$, 30 Min.), Cromwell (15 NZ$, 50 Min.) und Wanaka (20 NZ$, 1¾ Std.).

Alpine Connexions (☎03-443 9120; www.alpineconnexions.co.nz) Shuttles fahren von/nach Dunedin (40 NZ$), Clyde (15 NZ$), Cromwell (24 NZ$), Queenstown (35 NZ$) und Wanaka (35 NZ$) sowie zu Schlüsselpunkten am Otago Central Rail Trail.

Clyde

1020 EW.

Clyde (www.clyde.co.nz), charmanter als das 8 km entfernte Alex, wirkt wie eine Kulisse für einen Film über den Goldrausch im 19. Jh. Es liegt am Ufer des Clutha River und hat sich ein freundliches Kleinstadtflair erhalten, auch wenn im Sommer Urlauber in Scharen einfallen. Clyde liegt zudem an einem Ende des Otago Central Rail Trail (s. S. 598).

Sehenswertes & Aktivitäten

Clyde Historical Museums MUSEUM
(5 Blyth St; Eintritt gegen Spende; ⌚Sept.–April Di–So 14–16 Uhr) Im Hauptgebäude gibt es viktorianische und Maori-Exponate und Infos über den Clyde Dam. Die größeren Exponate (Maschinen, Kutschen) befinden sich im Komplex der Herb Factory (12 Fraser St).

Trail Journeys FAHRRADVERLEIH
(☎03-449 2150; www.trailjourneys.co.nz; 16 Springvale Rd; ⌚Touren Sept.–April) 🍃 Am Anfang Rail Trails verleiht Trail Journeys Fahrräder (ab 40 NZ$/Tag) und organisiert Radtouren, Gepäcktransport und Shuttles. Hat auch eine Filiale in Middlemarch.

Festivals & Events

Clyde Wine & Food Festival WEIN, ESSEN
(www.promotedunstan.org.nz) Am Ostersonntag werden Erzeugnisse und Weine aus der Region präsentiert.

Schlafen

Im Februar und März sind ziemlich viele Radler in der Stadt – Unterkünfte unbedingt vorab buchen!

Post Master's House B&B $
(☎03-449 2488; www.postofficecafeclyde.co.nz; 4 Blyth St; DZ mit/ohne Bad 125/95 NZ$) Die großen, netten Zimmer in dem hübschen Stein-Cottage sind mit Antiquitäten ausstaffiert. Zwei der drei Zimmer teilen sich ein Bad, das dritte hat ein eigenes.

★ **Dunstan House** B&B $$
(☎03-449 2295; www.dunstanhouse.co.nz; 29 Sunderland St; DZ 95 NZ$, DZ mit/ohne Bad ab 160/120 NZ$; ⌚Okt.–April; 📶) Das restaurierte spätviktorianische Gebäude hat Balkone, hübsche Bar- und Lounge-Bereiche und ist im Stil jener Zeit dekoriert. Bewohner der günstigeren Zimmer teilen sich das Bad, wohnen aber genauso komfortabel und stimmungsvoll wie die anderen.

Oliver's B&B $$$
(☎03-449 2600; www.oliverscentralotago.co.nz; Holloway Rd; DZ 205–345 NZ$; 📶) 🍃 Das Oliver's ist in einem Kaufmannshaus aus den 1860er-Jahren und seinen steinernen Stallungen untergebracht. Die luxuriösen Zimmer sind mit alten Karten, Antiquitäten und Badewannen mit Klauenfüßen ausgestattet. Die meisten blicken auf den abgeschiedenen Garten im Hof.

Essen

Bank Cafe CAFÉ $
(www.bankcafe.co.nz; 31 Sunderland St; 9–15 NZ$; ⌚9–16 Uhr) Man schnappt sich einen Tisch drinnen oder draußen und genießt Kuchen, belegte Brote, Waffeln und leckere Burger. Die soliden Sandwiches zum Mitnehmen sind perfekt fürs Radler-Mittagessen.

Post Office Café & Bar CAFÉ $$
(www.postofficecafeclyde.co.nz; 2 Blyth St; Gerichte 15–32 NZ$; ⌚10–21 Uhr) Clydes Post von 1899

beherbergt heute ein beliebtes Restaurant, das berühmt ist für seine Tische im Garten und das herzhafte Essen. Es gibt hier viele Ecken und Winkel zum Zeitunglesen.

Shoppen

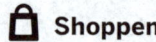

Central Gourmet Galleria ESSEN
(www.centralone.co.nz; 27 Sunderland St; ⌚ Aug.–Mai tgl. 10–17 Uhr, Juni & Juli Di–Sa) Hat eine Auswahl preisgekrönter Weine aus der Region im Angebot, von denen man viele nirgendwo anders findet. Hier gibt es auch jede Menge Spezialitäten aus Central Otago wie Marmeladen und Chutneys.

An- & Weiterreise

InterCity (☎ 03-471 7143; www.intercity.co.nz) Täglich fährt ein Bus von/nach Dunedin (ab 19 NZ$, 3¼ Std.), Roxburgh (ab 12 NZ$, 44 Min.), Alexandra (ab 15 NZ$, 9 Min.), Cromwell (ab 10 NZ$, 14 Min.) und Queenstown (ab 13 NZ$, 1½ Std.).

Alpine Connexions (☎ 03-443 9120; www.alpineconnexions.co.nz) Shuttles fahren von/nach Dunedin (40 NZ$), Alexandra (15 NZ$), Cromwell (24 NZ$), Queenstown (35 NZ$) und Wanaka (35 NZ$) sowie zu Schlüsselpunkten am Otago Central Rail Trail.

Cromwell & Umgebung

4150 EW.

Cromwell hat ein charmantes historisches Viertel am See, einen tollen wöchentlich stattfindenden Bauernmarkt und die wohl abgefahrensten „Big Things“ der Südinsel: mehrere gigantische Obstskulpturen am Highway.

Hier liegt auch das Herz der angesehenen Weinregion Central Otago (www.cowa.org.nz), die für ihren außerordentlich guten Pinot Noir und in geringerem Maß auch für ihren Riesling, Pinot Gris und Chardonnay bekannt ist. Das Cromwell-Becken, das sich vom 5 km südwestlich von Cromwell gelegenen Bannockburn nach Norden bis zum Lake Dunstan erstreckt, deckt über 70 % der Weinproduktion des gesamten Central Otago ab. Am besten besorgt man sich die *Central Otago Wine Map*, in der mehr als drei Dutzend Weingüter in dem Gebiet aufgeführt sind.

Sehenswertes & Aktivitäten

Old Cromwell Town HISTORISCHE GEBÄUDE
(www.oldcromwell.co.nz) Mit der Fertigstellung des Clyde Dam im Jahr 1992 wurde das originale Cromwell samt seinem Ortszentrum mit 280 Häusern, sechs Farmen und 17 Plantagen überflutet. Zuvor wurden jedoch viele der historischen Gebäude demontiert und an einer Fußgängerzone am Ufer des Lake Dunstan wiederaufgebaut. Während einige der Häuser jener Zeit entsprechend (mit Ställen usw.) aufgemacht sind, beherbergen andere ein paar gute Cafés, Galerien und interessante Läden. Im Sommer findet jede Woche ein ausgezeichneter **Bauernmarkt** (⌚ Nov.–Feb. So 9–13 Uhr) und einmal im Monat ein **Kunsthandwerksmarkt** (Nov.–Feb. jeden 3. So 10–14 Uhr) statt.

Highlands Motorsport Park MOTORSPORT
(☎ 03-445 4052; www.highlands.co.nz; Ecke SH6 & Sandflat Rd; ⌚ 10–17 Uhr) Das Rennfahrerparadies wurde in nur 18 Monaten von einer Koppel in eine erstklassige, 4 km lange Rennstrecke umgewandelt. Das erste große Rennen gab's hier 2013: das anfänglich dreitägige Highlands 101, das ab sofort immer im November stattfinden soll.

Wenn es gerade keine großen Events gibt, können Tempo-Freaks ihr Talent beim Gokartfahren (35 NZ$/10 Min.) erproben, bevor sie eine Fahrt mit 200 km/h in einem Highlands Taxi (2 Pers. 75 NZ$) machen, drei Runden als Beifahrer in einem Porsche GT3 (295 NZ$) drehen oder sich selbst in einem Suzuki Swift GT3 (295 NZ$) hinter das Lenkrad setzen.

Wer es lieber langsamer angehen lässt, kann sich im **National Motorsport Museum** (Erw./Kind 20/8 NZ$) Rennautos und Ausstellungen über neuseeländische Rennfahrerlegenden wie Bruce McLaren, Possum Bourne, Emma Gilmour und Scott Dixon anschauen. Hier kann man auch kostenlos Minigolf spielen.

Goldfields Jet JETBOOT FAHREN
(☎ 03-445 1038; www.goldfieldsjet.co.nz; Erw./Kind 95/49 NZ$) In einem Jetboot braust man in 40 Minuten durch die Kawarau Gorge.

Geführte Touren

Central Otago Motorcycle Hire TOUR
(☎ 03-445 4487; www.comotorcyclehire.co.nz; 271 Bannockburn Rd; ab 185 NZ$/Tag) Die gewundenen und hügeligen Straßen von Central Otago sind perfekt für Biker. Dieses Team verleiht Motorräder und empfiehlt unglaublich malerische Strecken. Im Angebot sind auch die geführte Gravel 'n' Gold Trail Bike Tour (ab 195 NZ$) und längere Straßentouren (ab 575 NZ$).

Bannockburn Historic Goldfields Tours STADTSPAZIERGANG
(☎ 03-445 1559; www.bannockburngold.co.nz; 15–29 NZ$/Pers.) Im Rahmen der informativen Touren erkundet man das Goldgräber-Erbe von Bannockburn.

Schlafen

Cromwell Top 10 FERIENPARK $
(☎ 03-445 0164; www.cromwellholidaypark.co.nz; 1 Alpha St; Stellplatz 40–42 NZ$, WE mit/ohne Bad 105/75 NZ$; @ 📶) Der Campingplatz von der Größe eines kleinen europäischen Landes bietet auf seinem Grundstück voller Bäume Hütten und verschiedene in sich abgeschlossene Wohneinheiten.

★ **Burn Cottage Retreat** FERIENHAUS $$
(☎ 03-445 3050; www.burncottageretreat.co.nz; 168 Burn Cottage Rd; DZ 195–200 NZ$; 📶) Das 3 km nordwestlich von Cromwell gelegene Burn Cottage auf einem Anwesen mit Walnussbäumen und Garten vermietet drei Luxus-Cottages mit erstklassigem Dekor, geräumiger Küche und modernem Bad. Im Haupthaus gibt's auch B&B-Unterkünfte.

Carrick Lodge MOTEL $$
(☎ 03-445 4519; www.carricklodge.co.nz; 10 Barry Ave; DZ 135–160 NZ$; @ 📶) Eines der schickeren Motels in Cromwell. Die geräumigen, modernen Wohneinheiten sind nur einen kurzen Spaziergang vom Haupteinkaufszentrum entfernt. Die Executive-Zimmer haben einen Whirlpool und Blick auf den Golfplatz.

Essen & Ausgehen

Grain & Seed Café CAFÉ $
(Melmore Tce; Gerichte 10–14 NZ$; ⏲ 9–16 Uhr) Das nette Café befindet sich in einem schönen Steingebäude, in dem früher der Jolly's Grain Store war. Es serviert leckere und preiswerte Gerichte in großen Portionen. Am besten schnappt man sich einen Tisch draußen am See.

★ **The Shed at Northburn Station** MODERN-NEUSEELÄNDISCH $$
(☎ 03-445 1743; www.northburn.co.nz; 45 Northburn Station Rd; Gerichte 25 NZ$; ⏲ 10.30–16.30 Uhr) Das gefeierte Weingut-Restaurant liegt 5 km von Cromwell entfernt am Ostufer des Lake Dunstan. Die Tische im Freien bieten den Vorteil des wunderbaren Blicks auf den See und die Berge. Die saisonale Karte umfasst nur ein paar Gerichte, die aber alle exzellent zubereitet sind.

Armando's Kitchen CAFÉ $$
(71 Melmore Tce; Frühstück 10–17 NZ$, Mittagessen 17–22 NZ$; ⏲ Dez.–März tgl. 9.30–16 Uhr, April–Nov. Di–So) Die Atmosphäre der Old Cromwell Town genießt man am besten bei einem Espresso oder einem leckeren Eis von der historischen Veranda dieses Cafés aus. Die hausgemachte Pasta, die Pizza, die Pies und Kuchen sind ebenfalls ausgezeichnet.

Mt. Difficulty MODERN-NEUSEELÄNDISCH $$$
(☎ 03-445 3445; www.mtdifficulty.co.nz; 73 Felton Rd, Bannockburn; Vorspeisen 19–28 NZ$, Hauptgerichte 35–36 NZ$; ⏲ Verkostung 10.30–16.30 Uhr, Restaurant 12–16 Uhr) Das Mt. Difficulty erzeugt nicht nur den unserer Meinung nach besten Pinot Noir, sondern ist auch ein hübscher Ort für ein entspanntes Mittagessen mit Blick über das Tal. Besonders köstlich sind die Desserts.

Praktische Informationen

Cromwell i-SITE (☎ 03-445 0212; www.centralotagonz.com; 47 The Mall; ⏲ 9–17 Uhr) Hat die Broschüre *Walk Cromwell* auf Lager, auf der die hiesigen Mountainbike- und Wanderwege verzeichnet sind, darunter auch der Weg zum nahe gelegenen Geisterstädtchen Bendigo aus der Zeit des Goldrauschs.

An- & Weiterreise

InterCity (☎ 03-471 7143; www.intercity.co.nz) Vier Busse fahren täglich nach Queenstown (ab 10 NZ$, 1 Std.) und je einer fährt zum Fox Glacier (ab 44 NZ$, 6½ Std.), nach Christchurch (ab 40 NZ$, 4¾ Std.), nach Alexandra (ab 18 NZ$, 24 Min.) und Dunedin (ab 20 NZ$, 3¼ Std.).

Alpine Connexions (☎ 03-443 9120; www.alpinecoachlines.co.nz) Die Shuttles fahren auf fester Strecke von/nach Clyde (24 NZ$, 20 Min.), Alexandra (24 NZ$, 35 Min.), Queenstown (25 NZ$, 1 Std.) und Wanaka (25 NZ$, 45 Min.).

Atomic Shuttles (☎ 03-349 0697; www.atomictravel.co.nz) Täglich fahren Busse von/nach Queenstown (15 NZ$, 50 Min.), Alexandra (15 NZ$, 50 Min.), Roxburgh (25 NZ$, 1¼ Std.), Dunedin (30 NZ$, 3¾ Std.) und Christchurch (40 NZ$, 5¼ Std.).

Catch-a-Bus (☎ 03-449 2024; www.catchabus.co.nz) Die Shuttles verkehren nach Clyde (20 Min.), Alexandra (30 Min.), Ranfurly (1¾ Std.), Middlemarch (2¾ Std.) und Dunedin (3¾ Std.). Fahrradmitnahme möglich.

Naked Bus (www.nakedbus.com; Preise variieren) Busse fahren von/nach Queenstown, Wanaka, Twizel, Tekapo und Christchurch.

Queenstown & Wanaka

Inhalt ➡

Gut essen

- Francesca's Italian Kitchen (S. 642)
- La Rumbla (S. 634)
- Bistro Gentil (S. 643)
- Botswana Butchery (S. 624)
- Fergbaker (S. 622)

Schön übernachten

- Riversong (S. 642)
- The Dairy (S. 621)
- Altamont Lodge (S. 640)
- Arrowtown Lodge (S. 634)
- Wanaka Bakpaka (S. 640)

Auf nach Queenstown & Wanaka!

Mit seiner Bilderbuchkulisse aus Bergen und Seen und einer unglaublichen Vielzahl an Möglichkeiten, Abenteuer zu erleben, ist es kein Wunder, dass Queenstown ganz oben auf dem Plan vieler Neuseelandreisender steht.

In Wanaka – Queenstowns kleiner Schwester – kann man anschließend den Gang etwas herunterschalten. Aber auch hier gibt es gute Restaurants, Bars und bei Bedarf auch Nervenkitzel unter freiem Himmel. Dank des nahen Mt. Aspiring National Park ist man nur eine kurze Autofahrt von Neuseelands atemberaubender Natur entfernt.

Noch gemächlicher geht es in Glenorchy zu, einer schönen Erinnerung daran, wie Queenstown und Wanaka einmal ausgesehen haben mögen, bevor hier scharenweise Abenteuerlustige einfielen. Tolle Naturerlebnisse bieten die Weitwanderwege Greenstone Track und Routeburn Track. Kajakfans zieht es dagegen zum Nordende des Lake Wakatipu.

Im historischen Arrowtown locken die Relikte aus der Goldgräberzeit, der Wein und ein schönes Abendessen in einem gemütlichen Bistro. Am nächsten Tag gibt es dann wieder unzählige Möglichkeiten, sich zurück ins wilde Getümmel von Queenstown zu stürzen.

Reisezeit

- Das ruhige Sommerwetter von Januar bis März ist perfekt für Queenstowns Angebot an Abenteuersportarten und Unternehmungen im Freien. Im März findet zudem in den Queenstown Gardens das Gibbston Wine & Food Festival statt.
- Ostern trifft sich ein Heer von Mountainbikern zum Queenstown Bike Festival.
- Ende Juni wird beim Queenstown Winter Festival der Beginn der Skisaison gefeiert. Von Juni bis August bevölkern Ski- und Sknowboardfans aus dem In- und Ausland die Skihänge rund um Queenstown und Wanaka.
- Die Schneeschmelze im Frühling ist der Vorbote des Wanaka Fests im Oktober.

Anreise & Unterwegs vor Ort

Inlandflüge verbinden Queenstown mit Auckland, Wellington und Christchurch; Infos zu internationalen Flügen stehen im Kapitel „Verkehrsmittel- & -wege". Queenstown ist auch das Zentrum des Busnetzes, von hier fahren Busse an die Westküste (über den Wanaka und Haast Pass), nach Christchurch, Dunedin (über Central Otago), Invercargill und Te Anau. Von Wanaka verkehren ebenfalls Busse nach Christchurch und Dunedin.

QUEENSTOWN

12 500 EW.

Umgeben von den indigofarbenen Gipfeln der Remarkables und eingerahmt von den gewundenen Buchten des Lake Wakatipu – so präsentiert sich das eigentlich beschauliche Städtchen im Süden Neuseelands. Kein Wunder also, dass Queenstown mit stolz geschwellter Brust daherkommt. Langeweile in Queenstown? Unmöglich! Queenstown mag vielleicht aussehen wie ein kleines Dorf, versprüht aber die Energie einer pulsierenden Stadt. Die Stadt wird nicht müde, ihren Ruf als „Adventure-Kapitale" des Planeten zu betonen. Und so verbringen viele Besucher hier auch die meiste Zeit damit, irgendwelche verrückten Dinge zu tun, von denen sie vielleicht kurz zuvor noch gar nicht gewusst haben, dass es sie überhaupt gibt.

Ganz langsam zeigt sich Queenstown auch von einer anderen Seite: kosmopolitischer, mit einer tollen Restaurant- und Kunstszene, ausgezeichneten Weingütern und fünf Golfanlagen nach internationalem Standard. Nach einem „Hopser" von einer Brücke oder aus einem Flugzeug sollte man sich also auch die Zeit nehmen, Queenstown ohne Adrenalin-Stoß zu erkunden. Sucht man dagegen etwas Ruhe, kann man beim Sonnenuntergang auf einer Bank am Seeufer einen der schönsten Ausblicke Neuseelands genießen.

Queenstown ist nur allzu vertraut mit Besuchern aus aller Herren Länder. Man kann also großartige Touristeneinrichtungen erwarten, muss aber auch auf Menschenmassen vorbereitet sein, vor allem im Sommer und Winter. Im Herbst (März–Mai) und Frühling (Okt. & Nov.) geht es dagegen etwas ruhiger zu, auch wenn Queenstown ganzjährig ein tolles Reiseziel ist.

Die Restaurants und Bars der Stadt sind die meiste Zeit mit einem überwiegend jungen Völkchen gefüllt, das es wirklich

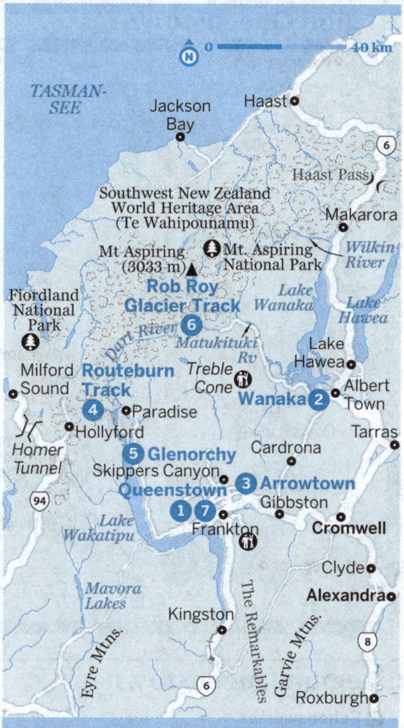

Highlights

1. In **Queenstown** (S. 610), dem Abenteuerzentrums Neuseelands, Dinge tun, von denen man schon immer geträumt hat
2. Die kultivierte Kleinstadtatmosphäre und die großartigen Seeblicke in **Wanaka** (S. 636) genießen
3. Tagsüber Mountainbiken und Gold waschen, abends in **Arrowtown** (S. 631) essen und entspannen
4. Den friedlichen **Routeburn Track** (S. 628), den wohl besten der neuseeländischen Great Walks, absolvieren
5. Von **Glenorchy** (S. 627) aus den nördlichen Teil des Lake Wakatipu auf dem Pferderücken, mit dem Kajak oder mit dem Jetboot erkunden
6. Im traumhaften Matukituki Valley am **Rob Roy Glacier Track** (S. 640) dem Drang widerstehen, lauthals zu jodeln
7. Bei einer abwechslungsreichen **Kneipentour in Queenstown** (S. 624) einen Abend lang feiern

Region Queenstown

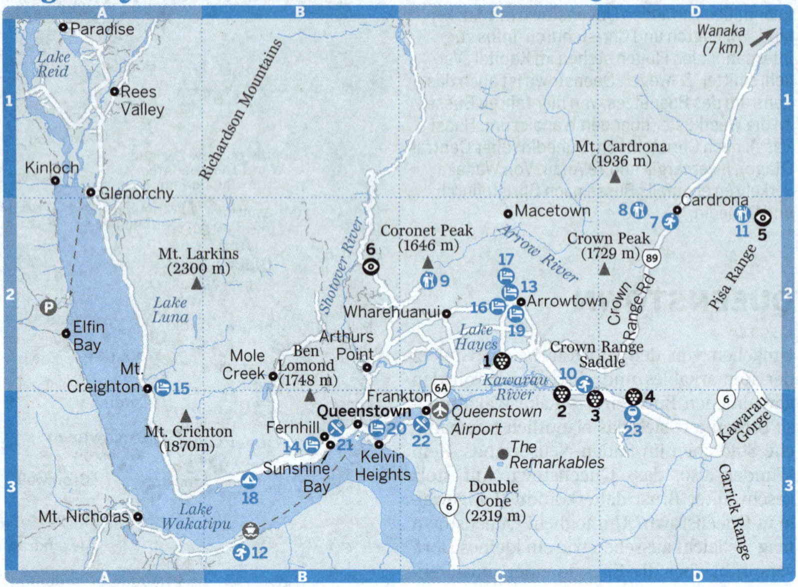

Region Queenstown

Sehenswertes

1 Amisfield Winery & Bistro C2
2 Chard Farm C3
3 Gibbston Valley Wines C3
4 Peregrine D3
5 Pisa Conservation Area D2
6 Skippers Canyon B2

Aktivitäten, Kurse & Touren

7 Backcountry Saddle Expeditions D2
8 Cardrona Alpine Resort D2
9 Coronet Peak C2
Eforea: Spa at Hilton .... (siehe 22)
10 Kawarau Bridge Bungy C2
11 Snow Farm New Zealand D2
Spa at Millbrook .... (siehe 16)
12 Walter Peak Farm B3

Schlafen

13 Arrowfield Apartments C2
14 Evergreen Lodge B3
15 Little Paradise Lodge A2
16 Millbrook C2
17 The Arrow C2
18 Twelve Mile Delta B3
19 Viking Lodge C2
20 Villa del Lago B3

Essen

21 VKnow B3
22 Wakatipu Grill C3

Ausgehen & Nachtleben

23 Gibbston Tavern D3

versteht, Urlaub zu machen. Wer eher der zurückgezogene Typ ist, sollte zumindest kurz ins Geschehen eintauchen und hautnah erfahren, warum um die Stadt so viel Aufhebens gemacht wird, bevor es dann in die erhabene Wildnis bei Glenorchy geht.

Geschichte

Als die ersten Paheka Mitte der 1850er-Jahre in der Gegend des heutigen Queenstown ankamen, war diese menschenleer. Dennoch sind auch heute noch Spuren ehemaliger Maori-Siedlungen anzutreffen. Zuerst kamen die Schafzüchter; nachdem jedoch zwei Männer 1862 am Ufer des Shotover River Gold gefunden hatten, folgte ein wahres Heer von Glücksrittern. Innerhalb eines Jahres war Queenstown eine Goldgräberstadt mit Straßen, permanenten Gebäuden und mehreren tausend Einwohnern.

Die neuseeländische Regierung bezeichnete die Siedlung als „fit for a queen“ – und so wurde die „Stadt der Königin“, Queenstown, geboren. Der Lake Wakatipu war Transportweg Nummer eins. Zu Hochzeiten pflügten vier Raddampfer und über 30 weitere Fahrzeuge durch die Fluten.

Um das Jahr 1900 waren die Goldvorkommen erschöpft und die Einwohnerzahl schrumpfte auf lediglich 190 Personen. Erst viele Jahrzehnte später,in den 1950er-Jahren wurde Queenstown zu einem beliebten Reiseziel auf der Südinsel.

Sehenswertes

Lake Wakatipu
SEE

Wie ein perfekter Comic-Blitz ist dieser herrliche See geformt, dessen Uferlänge 212 km beträgt und der bis zu 379 m tief ist (die Durchschnittstiefe liegt bei etwas über 320 m). In den See fließen fünf Flüsse, doch nur einer (der Karawau) fließt hinaus, was mitunter zu dramatischen Überflutungen führt.

Das Wasser sieht nicht nur sehr sauber aus, es ist es auch. Wissenschaftler bewerteten den Reinheitsgrad des Sees mit 99,9 %; damit ist er der zweitreinste See der Welt. Tatsächlich ist das Wasser sauberer als abgefülltes Mineralwasser. Es ist auch sehr kalt. Der Strand an der Marine Parade mag zwar an einem brütend heißen Tag verlockend wirken, doch wer will schon wirklich in Wasser herumplanschen, dessen Temperatur ganzjährig um die 10 °C liegt? Weil das Risiko zu ertrinken bei kaltem Wasser größer ist, sind nach den örtlichen Gesetzen auf allen Seen des Distrikts in allen Booten bis zu 6 m Länge, auch in Kajaks, Schwimmwesten Pflicht.

In der Tradition der Maori stellt die Form des Sees die ausgebrannten Umrisse des bösen Riesen Matau dar, wie er mit angezogenen Knien schläft. Matakauri, ein Bursche aus der Gegend, setzte das Gestrüpp in Brand, auf dem der Riese schlief, um seine Liebste Manata zu befreien, die Tochter eines Häuptlings, die der Riese gekidnappt hatte. Das Fett von Mataus Körper brachte das Feuer so stark zum Lodern, dass es ein tiefes Loch in die Erde brannte.

★ Queenstown Gardens
PARK

(Karte S. 612; Park St) Dieser hübsche Park liegt auf einer kleine Landzunge, die in die Queenstown Bay ragt. Er wurde von den gartenverrückten Viktorianern als Ort zum Promenieren angelegt. Die Mode hat sich zwar gewandelt (und die Kleider sind nicht mehr so ausladend), doch noch immer strömen die Menschen auf diese Halbinsel und gehen spazieren, machen ein Picknick oder relaxen einfach. Unternehmungslustigere Typen gehen geradewegs zum Frisbee-Golfplatz (S. 616).

Weitere Attraktionen im Park sind eine Eislaufbahn, ein Skateboard-Park, ein Rasenbowling-Club, Tennisplätze, ausgewachsene exotische Bäume (darunter große Mammutbäume und einige prächtige Andentannen bei der Rotunde) und ein Rosengarten. Am Denkmal für Kapitän Robert Scott (1868–1912), den Leiter der verhängnisvollen Expedition zum Südpol, ist seine bewegende letzte Botschaft eingraviert.

St. Peter's Anglican Church
KIRCHE

(Karte S. 616; www.stpeters.co.nz; 2 Church St) Diese hübsche Kirche (1932) mit hölzernen Deckenbalken und farbenfrohen Buntglasfenstern hat eine beeindruckende Orgel. Die adlerförmige Kanzel aus Zedernholz ist ein Werk des chinesischen Einwanderers Ah Tong, der sie 1874 der Kirche schenkte.

Underwater World
AUSSICHTSPUNKT

(Karte S. 616; www.kjet.co.nz; Hauptanlegestelle; Erw./Kind 5/3 NZ$; ⏲8.30–17 Uhr) Sechs riesige Fenster gewähren in diesem „umgekehrten" Aquarium (die Besucher sind hinter Glas) einen Blick unter die Oberfläche des Sees. Im Wasser wimmelt es von großen Bachforellen, und auch Süßwasseraale und Maori-Enten (Tauchenten) schwimmen an den Fenstern vorbei – vor allem, wenn der mit Münzen betriebene Futterautomat betätigt wird.

Kiwi Birdlife Park
VOGELSCHUTZGEBIET

(Karte S. 616; www.kiwibird.co.nz; Brecon St; Erw./Kind 42/21 NZ$; ⏲9–17 Uhr, Shows 11 & 15 Uhr)

KURZINFOS QUEENSTOWN & WANAKA

- **Essen** Ein gemütliches Mittagessen in einem Restaurant auf einem Weingut
- **Trinken** Eines der überraschend leckeren nur saisonal gebrauten Biere der Brauerei Wanaka Beerworks (S. 636)
- **Lesen** *Walking the Routeburn Track* von Philip Holden beschreibt die Geschichte sowie Flora und Fauna entlang des Fernwanderwegs
- **Hören** Die Ruhe während einer friedlichen Kajakfahrt in der Umgebung von Glenorchy und Kinloch
- **Anschauen** *Top of the Lake* von Jane Campion spielt am Lake Wakatipu.
- **Infos im Internet** www.queenstownnz.co.nz; www.lakewanaka.co.nz
- **Vorwahl** ☎ 03

DIE MAORI IN QUEENSTOWN & WANAKA

Hier vollzog sich der gleiche Wandel von Moa-Jägern zu Waitaha, von der Herrschaft der Ngati Mamoe zur Herrschaft der Ngai Tahu wie in anderen Teilen der Südinsel. Um den Lake Wakatipu ranken sich viele Legenden, und Gebiete nördlich des Sees waren sehr geschätzte Quellen von Greenstone.

Dem *iwi* (Stamm) der Ngai Tahu gehören die Unternehmen Shotover Jet (S. 613) und Dart River Jet Safaris (S. 630), wobei Letzteres auch eine kulturelle Komponente hat. Einen anderen Einblick in die Kultur gewähren Kiwi Haka (S. 626) bei ihren allabendlichen Auftritten oben auf der Gondola und die Maori-Kultur-Touren von Million Dollar Cruise (S. 617).

Auf diesen gut 2 ha leben 10 000 einheimische Pflanzen, Brückenechsen und Scharen von Vögeln, darunter Kiwis, Keas, Kuckuckskauze, Sittiche und die äußerst seltenen Schwarzen Stelzenläufer. Besucher können um die Volieren spazieren, die Vogelschutzshow sehen und leise ins abgedunkelte Kiwi-Haus gehen.

★ Skyline Gondola SEILBAHN
(Karte S. 612; www.skyline.co.nz; Brecon St; Erw./Kind hin & zurück 27/16 NZ$) Aus der Skyline Gondola bieten sich großartige Blicke. Auf dem Gipfel gibt's wie üblich ein Café, ein Restaurant, ein Souvenirgeschäft und eine Aussichtsplattform sowie den Queenstown Bike Park (S. 614) und eine Sommerrodelbahn (S. 615). Abends finden Maori-Kulturprogramme der Kiwi Haka (S. 626) und Sternenbeobachtungstouren (inkl. Gondola-Fahrt Erw./Kind 79/39 NZ$) statt.

Es gibt mehrere Wanderwege, darunter einen Rundweg durch Douglastannenwälder (hin & zurück 30 Min.). Wer besonders viel Energie hat (oder sehr sparsam ist), kann auf die Fahrt mit der Gondola verzichten und auf dem Tiki Trail (S. 610) nach oben laufen.

Aktivitäten

Eine erstaunliche Zahl von Geschäften im Zentrum bietet eine große Palette an Aktivitäten. Das Ganze wird noch verwirrender, weil einige Geschäfte im Sommer ihren Namen wechseln, einige Anbieter ganz unterschiedliche Aktivitäten vom selben Laden aus veranstalten, und einige Aktivitäten unterschiedlich genannt werden, aber eigentlich das Gleiche sind. Mehrere Einrichtungen nennen sich Informationszentrum, doch das einzige echte, unabhängige, offizielle Informationszentrum ist die i-SITE (S. 626).

Wer mehrere Aktivitäten ins Auge fasst, für den gibt's verschiedene Kombitickets, darunter die von **Queenstown Combos** (☎ 03-442 7318; www.combos.co.nz).

Wandern & Klettern

Die Broschüre *Wakatipu Walks* (5 NZ$) vom Department of Conservation (DOC) enthält Infos zu örtlichen Wanderwegen, die von leichten einstündigen Spaziergängen bis zu anstrengenden achtstündigen Gewaltmärschen reichen.

Queenstown Hill Walkway WANDERN
(Karte S. 612) Der anstrengende Aufstieg auf den 900 m hohen Queenstown Hill dauert hin und zurück zwei bis drei Stunden. Der Ausgangspunkt ist die Belfast Terrace.

Ben Lomond Track WANDERN
(Karte S. 612) Der steile Weg auf den Gipfel des Ben Lomond (1748 m, hin & zurück 6–8 Std.) erfordert eine sehr gute Kondition und sollte nicht unterschätzt werden. Schnee und Eis können ihn noch beschwerlicher machen; im Winter sollte man sich vorher unbedingt beim DOC oder bei der i-SITE informieren. Der Weg startet an der Lomond Avenue und folgt zunächst dem Tiki Trail.

Tiki Trail WANDERNG
(Karte S. 612) Die einstündige Wanderung hinauf zur oberen Station der Gondola ist nicht besonders reizvoll, doch die Aussicht von oben ist hervorragend. Zum Weg gelangt man über die Brecon Street oder über die Lomond Avenue.

Guided Nature Walks WANDERN
(☎ 03-442 7126; www.nzwalks.com; Erw./Kind ab 105/65 NZ$) Hervorragende Wanderungen in der Umgebung von Queenstown, darunter eine *Walk & Wine*-Variante und Schneeschuhwanderungen im Winter.

Ultimate Hikes WANDERN
(Karte S. 616; ☎ 03-450 1940; www.ultimatehikes.co.nz; 9 Duke St; ⏲ Nov.–April 8–18 Uhr) 🍃 Bietet Wanderungen ab Queenstown auf dem Routeburn Track (Erw./Kind 169/85 NZ$) und dem Milford Track (Erw./Kind 295/95 NZ$). Man kann die mehrtägigen Wanderwege

auch komplett absolvieren und dabei anstatt in den DOC-Hütten in den eigenen, mit Personal besetzten Lodges von Ultimate Hikes übernachten und sich dort über warme Mahlzeiten und Zimmer mit eigenem Bad freuen (Routeburn/Milford ab 1225/1930 NZ$).

Climbing Queenstown KLETTERN
(☎03-450 2119; www.climbingqueenstown.com; ab 149 NZ$) Klettern, Begehung von Klettersteigen und Bergwanderungen unter der Leitung qualifizierter Führer.

Bungee-Jumping & Riesenschaukeln

AJ Hackett Bungy BUNGEE-JUMPING
(Karte S. 616; ☎03-450 1300; www.bungy.co.nz; The Station, Ecke Camp St & Shotover St) Die Pioniere des Bungee-Jumpings bieten nun an drei Standorten rund um Queenstown Bungee-Sprünge an, und an zweien davon gibt es auch Riesenschaukeln. Alles begann an der historischen, 1880 erbauten **Kawarau Bridge** (Karte S. 608; Erw./Kind 180/130 NZ$), 23 km von Queenstown (Transport im Preis enthalten). Sie wurde 1988 mit einem 43-m-Sprung über dem Fluss der erste Standort des kommerziellen Bungee-Jumpings.

Queenstown am nächsten liegen der **Ledge Bungy** (Karte S. 612; Erw./Kind 180/130 NZ$) und die **Ledge Swing** (Karte S. 612; Erw./Kind 150/100 NZ$) an der oberen Station der Skyline Gondola; die Sprunghöhe beträgt nur 47 m, doch dafür befindet man sich 400 m über der Stadt. Im Winter kann man sich sogar in die Dunkelheit stürzen.

Der letzte, aber auch der nervenaufreibendste Standort ist der **Nevis Bungy** (260 NZ$/Pers.) – der tiefste Bungee-Sprung in Australasien. Busse mit Allradantrieb bringen einen vom Standort an der Kawarau Bridge auf privates Farmgelände. Dort kann man von einer speziell errichteten Konstruktion, 134 m über dem Nevis River, in die Tiefe springen. Die **Nevis Swing** (einzeln/Tandem 320/180 NZ$) beginnt 160 m über dem Fluss und vollzieht an einem Seil, das länger als ein Rugbyfeld ist, einen 300-Grad-Bogen über dem Canyon – sie ist die größte Schaukel der Welt.

Shotover Canyon Swing EXTREMSPORT
(Karte S. 616; ☎03-442 6990; www.canyonswing.co.nz; Buchungsbüro 35 Shotover St; 215 NZ$/Pers., zusätzliche Sprünge 35 NZ$) Es gibt hier verschiedene Möglichkeiten, sich 60 m im freien Fall in die Tiefe zu stürzen und anschließend mit 150 km/h über den Canyon zu schwingen: rückwärts, in einem Stuhl, auf dem Kopf…

Rafting & Sledging

Queenstown Rafting RAFTEN
(Karte S. 616; ☎03-442 9792; www.rafting.co.nz; 35 Shotover St; Raften/Heli-Raften 199/285 NZ$) Ganzjährige Raftingtouren auf dem beweg-

QUEENSTOWN IN…

…zwei Tagen

Nach einem Frühstück bei **Vudu Cafe & Larder** geht es entweder auf die Skihänge oder zur Shotover St, um die gewünschten aufregenden Aktivitäten zu buchen. Bei der Fahrt mit der **Skyline Gondola** kann man sich einen Überblick über die Landschaft verschaffen und danach mit der **Sommerrodelbahn** hinunterflitzen. Nach der Fahrt mit **Skippers Canyon Jet** bietet ein Spaziergang in den **Queenstown Gardens** in der Abenddämmerung Entspannung und eine dramatische Aussicht auf die **Remarkables**. Vor dem Abendessen in der **Botswana Butchery** ist noch Zeit für einen Drink zum Sonnenuntergang im **Pub on Wharf**. Anschließend geht's auf eine Kneipentour.

Am zweiten Tag wird zuerst im **Fergbaker** Energie getankt. Vormittags geht's zum Snowboarden, Bungee-Jumping, Fallschirmspringen oder Rafting. Den Nachmittag verbringt man auf zwei Rädern, entweder im **Queenstown Bike Park** oder bei einer Tour zu den Weingütern bei **Gibbston**.Nach dem Abendessen im **Public** locken Queenstowns Kneipen.

…vier Tagen

Nach dem Zwei-Tages-Programm geht es am dritten Tag nach **Arrowtown**, um die **chinesische Siedlung** zu erkunden und durch die Geschäfte zu schlendern. An nächsten Tag fährt man entlang des Ufers des Lake Wakatipu ins winzige **Glenorchy**. Nach einem Mittagessen im **Glenorchy Cafe** fährt man zum Ausgangspunkt des **Routeburn Track**, um eine kurze Wanderung zu unternehmen.

Queenstown

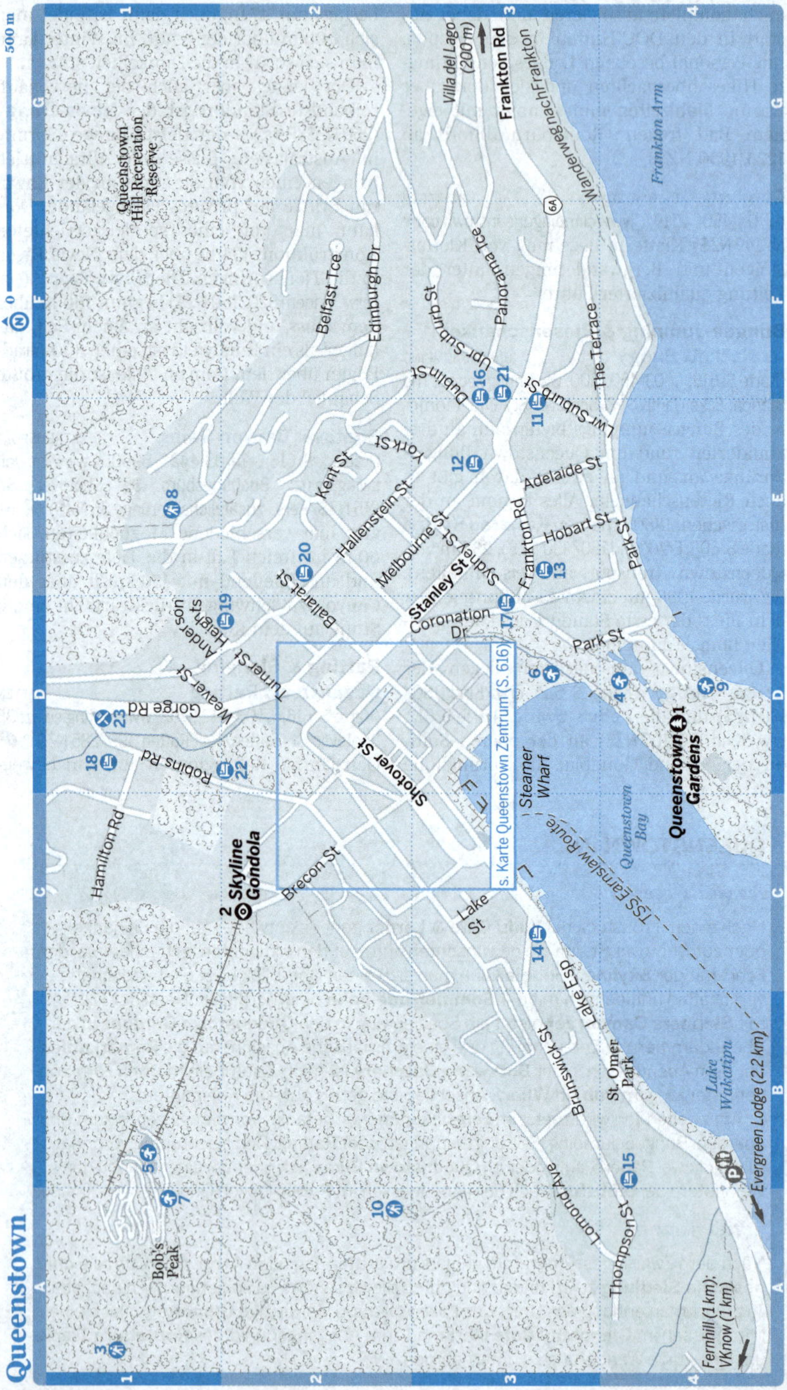
0 — 500 m
A B C D E F G
1 2 3 4
Queenstown Hill Recreation Reserve
Bob's Peak
2 Skyline Gondola
Hamilton Rd
Robins Rd
Gorge Rd
Weaver St
Anderson Heights
Turner St
Brecon St
Ballarat St
Kent St
Belfast Tce
Edinburgh Dr
Hallenstein St
York St
Melbourne St
Shotover St
Stanley St
Sydney St
Coronation Dr
Dublin St
Upr Suburb St
Panorama Tce
Villa del Lago (200 m)
Frankton Rd
Frankton Rd
Adelaide St
Hobart St
Lwr Suburb St
The Terrace
Wanderweg nach Frankton
6A
Park St
Park St
Lake St
s. Karte Queenstown Zentrum (S. 616)
Steamer Wharf
Queenstown Bay
TSS Earnslaw Route
Queenstown Gardens
Frankton Arm
Lake Wakatipu
Lake Esp
Brunswick St
Lomond Ave
Thompson St
St. Omer Park
Fernhill (1 km); VKnow (1 km)
Evergreen Lodge (2,2 km)
1 2 3 4 5 6 7 8 9 10 11 12 13 14 15 16 17 18 19 20 21 22 23

Queenstown

Highlights
- 1 Queenstown Gardens D4
- 2 Skyline Gondola C2

Aktivitäten, Kurse & Touren
- 3 Ben Lomond Track A1
- 4 Frisbee-Golf D4
- 5 G Force Paragliding B1
- Ledge Bungy .... (siehe 5)
- Ledge Swing .... (siehe 5)
- 6 Spielplatz D3
- 7 Queenstown Bike Park A1
- 8 Queenstown Hill Walkway E1
- 9 Queenstown Ice Arena D4
- Skyline Luge .... (siehe 5)
- 10 Tiki Trail A2
- Ziptrek Ecotours .... (siehe 5)

Schlafen
- 11 Alexis Queenstown E3
- 12 Amity Lodge E3
- 13 Black Sheep Lodge E3
- 14 Bumbles C3
- 15 Butterfli Lodge B4
- 16 Chalet Queenstown B&B F3
- 17 Coronation Lodge D3
- 18 Creeksyde Top 10 .... D1
- 19 Hippo Lodge D2
- 20 Historic Stone House E2
- 21 Queenstown Motel Apartments F3
- 22 Queenstown Park D2

Essen
- 23 Mediterranean Market D1

Unterhaltung
- Kiwi Haka .... (siehe 5)

ten Shotover River (Klassen III–V) und dem ruhigeren Kawarau River (Klassen II–III). Die Touren dauern vier bis fünf Stunden, davon ist man zwei bis drei Stunden auf dem Wasser. Eine aufregende Alternative sind Heli-Rafting-Trips mit dem Helikopter. Die Teilnehmer müssen mindestens 13 Jahre alt sein und mindestens 40 kg wiegen. Andere Unternehmen, die Heli-Raften auf dem Programm haben, z. B. **Extreme Green** (☎03-442 8517; www.nzraft.com; Raften/ Heli-Raften 195/279 NZ$) und **Challenge** (☎0800 423 836, 03-442 7318; www.raft.co.nz; Raften/ Heli-Raften 195/279 NZ$), veranstalten alle genau die gleichen Touren.

Family Adventures RAFTEN
(☎03-442 8836; www.familyadventures.co.nz; Erw./Kind 179/120 NZ$) Sanftere Fahrten auf dem Shotover, für Kinder ab 3 Jahren geeignet (Klasse I–II). Nur im Sommer.

Serious Fun EXTREMSPORT
(☎03-442 5262; www.riversurfing.co.nz; pro Pers. 195 NZ$) Das einzige Unternehmen, das den berüchtigten Chinese-Dogleg-Abschnitt des Kawarau befährt, und zwar auf einer Art Bodyboard.

Frogz EXTREMSPORT
(☎03-441 2318; www.frogz.co.nz; 195 NZ$/Pers.) Auf schwimmenden Schlitten geht's durch die Stromschnellen und Strudel des Kawarau River.

Jetbootfahren

Skippers Canyon Jet JETBOOTFAHREN
(☎03-442 9434; www.skipperscanyonjet.co.nz; Skippers Rd; Erw./Kind 129/79 NZ$) Beinhaltet eine rasante 30-minütige Fahrt durch die engen Schluchten des entlegenen **Skippers Canyon** (Karte S. 608) am Oberlauf des Shotover River. Die Tour (mit Abholung von der Unterkunft in Queenstown) dauert insgesamt 3 Stunden und widmet sich auch der Geschichte der Goldförderung in der Region.

Shotover Jet JETBOOTFAHREN
(☎03-442 8570; www.shotoverjet.com; Gorge Rd, Arthurs Point; Erw./Kind 129/69 NZ$) Halbstündige Touren durch die felsigen Canyons des Shotover Rivers mit vielen aufregenden 360-Grad-Drehungen.

K Jet JETBOOTFAHREN
(Karte S. 616; ☎03-409 0000; www.kjet.co.nz; Erw./Kind 119/69 NZ$) Einstündige Touren auf dem Kawarau River und dem Lower Shotover River, die an der Hauptanlegestelle starten.

Fallschirmspringen, Gleitschirmfliegen, Drachenfliegen & Parasailing

NZone FALLSCHIRMSPRINGEN
(Karte S. 616; ☎03-442 5867; www.nzone.biz; 35 Shotover St; Sprünge aus 2743–4572 m Höhe 269–439 NZ$) Sprung aus einem Flugzeug mit einem Experten für Tandem-Fallschirmspringen.

G Force Paragliding GLEITSCHRIMFLIEGEN
(Karte S. 612; ☎03-441 8581; www.nzgforce.com; 199 NZ$/Pers.) Gleitschirmfliegen im Tandem von der Spitze der Seilbahn oder vom Coronet Peak aus (der Start um 9 Uhr ist 20 NZ$ billiger).

QUEENSTOWN FÜR WENIG GELD

Erst spielt man in den Queenstown Gardens kostenlos Frisbee-Golf, dann nimmt man einen Wanderweg in Angriff oder mietet ein Rad, um die vielen Radrouten in der Gegend zu erkunden. Zum Essen geht's zu Fergbaker und Fergburger (S. 622) oder zum Mediterranean Market (S. 623), wo es die Zutaten für ein Picknick am See gibt.

Coronet Peak Tandem GLEITSCHIRMFLIEGEN, DRACHENFLIEGEN
(☎0800 467 325; www.tandemparagliding.com; ab 189 NZ$) Bietet spektakuläre Starts vom Coronet Peak; kostenlose Abholung von der Unterkunft in Queenstown.

Skytrek GLEITSCHIRMFLIEGEN, DRACHENFLIEGEN
(☎0800 759 873; www.skytrek.co.nz; ab 190 NZ$) Tandemflüge vom Coronet Peak; Transfer inbegriffen.

Queenstown Paraflights PARASAILING
(Karte S. 616; ☎0800 225 520; www.paraflights.co.nz; einzeln/Tandem pro Pers. 159/129 NZ$) Von einem Boot gezogen gleitet man 200 m über dem See dahin. Start ist am Hauptpier.

Elevation Paragliding School GLEITSCHIRMFLIEGEN
(☎0800 359 444; www.elevation.co.nz; Unterricht ab 240 NZ$) Hier kann man die Grundlagen des Gleitschirmfliegens erlernen und sein Können dann auf vier Soloflügen beweisen.

Mountainbiken

Mit der Eröffnung des Queenstown Bike Park hat sich die Region nun fest als internationales Mountainbike-Zentrum etabliert. Wer länger in der Stadt ist, kann sogar die Mitgliedschaft im **Queenstown Mountain Bike Club** (www.queenstownmtb.co.nz) ins Auge fassen.

Der **Queenstown Trail**, der insgesamt über 100 km lang ist, verbindet fünf kleinere, landschaftlich reizvolle Routen, die über Queenstown, Arrowtown, Gibbston, den Lake Wakatipu und den Lake Hayes führen. Er eignet sich für alle Radfahrer, vom Anfänger bis zum Profi.

Queenstown Bike Park MOUNTAINBIKEN
(Karte S. 612; ☎03-441 0101; www.queenstownbikepark.co.nz; Skyline; halber/ganzer Tag 60/85 NZ$; ⏲Sept.–Nov. 10–18 Uhr, Dez.–Feb. 10–20 Uhr) Dreizehn unterschiedliche Touren, von einfach (grün) bis zu extrem (doppelt schwarz) führen über den Bob's Peak hoch über dem See. Wer unten angekommen ist, steigt einfach in die Gondola und fährt noch einmal. Der beste Trail für Anfänger ist der 6 km lange **Hammy's Track**, der viele Ausblicke auf den See und Picknickplätze bietet. Das Rad muss man selbst mitbringen.

Vertigo Bikes MOUNTAINBIKEN
(Karte S. 616; ☎03-442 8378; www.vertigobikes.co.nz; 4 Brecon St; Verleih halber/ganzer Tag ab 39/59 NZ$) Wer ein echter Queenstown-Mountainbiker werden will, sollte unbedingt zuerst bei Vertigo vorbeischauen. Angeboten werden Trainingskurse (ab 149 NZ$), geführte Touren im Queenstown Bike Park (159 NZ$), Downhilltouren in den Skippers Canyon (2 Abfahrten 159 NZ$) und Heli-Biking in den Remarkables (399 NZ$).

Fat Tyre Adventures MOUNTAINBIKEN
(☎0800 328 897; www.fat-tyre.co.nz; Touren ab 229 NZ$) Die Touren sind für verschiedene Niveaus angelegt und umfassen Tagestouren, mehrtägige Touren, Heli-Biking und Singletrail-Fahrten. Leihfahrräder und Snacks sind im Preis enthalten.

Outside Sports FAHRRADVERLEIH
(Karte S. 616; ☎03-441 0074; www.outsidesports.co.nz; 36–38 Shotover St) Dieses Geschäft verleiht nicht nur Räder, sondern hat auch Infos zu den Trails. Außerdem verkauft es Sportausrüstung und verleiht im Winter Skis und Snowboards.

Queenstown Bike Hire FAHRRADVERLEIH
(Karte S. 616; ☎03-442 6039; 28 Church St; ⏲9 Uhr–Einbruch der Dunkelheit) Der beste Anbieter von Tandems (20 NZ$) und Radtouren am Seeufer (pro Std./Tag 14/38 NZ$). Verleiht auch Kajaks, Motorroller, Autos und Schneeketten.

Skifahren & Snowboarden

Die Queenstowner können zwischen zwei tollen Skigebieten wählen: den Remarkables (S. 47) und dem Coronet Peak (S. 47). Und wenn sie mal Lust auf eine Luftveränderung haben, gibt es immer noch Cardrona und Treble Cone (S. 47) in der Nähe von Wanaka. Coronet Peak ist das einzige Skigebiet, das Nachtskifahren anbietet – eine Erfahrung, die man nicht verpassen sollte.

Die Skisaison dauert in der Regel etwa von Juni bis September. Auf 99,2 FM werden zwischen 6.45 und 9 Uhr Informationen über die Schneeverhältnisse gesendet. Im

Winter sind die Geschäfte voll mit Skiausrüstung zum Verleih und Verkauf; ein bewährter Laden ist Outside Sports (S. 614).

Selbst außerhalb der Hauptskisaison wird für Skifahrer mit dem nötigen Kleingeld Heli-Skifahren angeboten, z. B. bei Over The Top Helicopters (S. 618), **Harris Mountains Heli-Ski** (☎03-442 6722; www.heliski.co.nz; ab 825 NZ$) und **Southern Lakes Heliski** (☎03-442 6222; www.heliskinz.com; ab 820 NZ$).

Noch mehr Aktivitäten

Es ist einfach unmöglich, alle Aktivitäten aufzuführen, die in Queenstown möglich sind. Wer sich für Golf, Minigolf, Segeln oder Tauchen interessiert, erkundigt sich am besten bei der i-SITE.

Skyline Luge SOMMERRODELBAHN

(Karte S. 612; ☎03-441 0101; www.skyline.co.nz; Skyline; 1/2/3/5 Fahrten inkl. Gondola 36/39/45/50 NZ$; ⏲10 Uhr–Abenddämmerung) Mit der Gondola geht's nach oben, dann saust man auf einem dreiädrigen Schlitten die 800 m langen Bahn hinunter. Wer einmal die „landschaftlich schöne" Abfahrt absolviert hat, darf auf die Bahn für Fortgeschrittene, die überhöhte Ecken und Tunnel aufweist.

Queenstown Ice Arena EISLAUFEN

(Karte S. 612; ☎03-441 8000; www.queenstownicearena.co.nz; 29 Park St; Eintritt inkl. Schlittschuhverleih 15 NZ$; ⏲April–Okt. So–Do 10–17, Fr & Sa 10–21.30 Uhr) Hier kann man über die Eisbahn gleiten oder Eishockeyspiele erleben.

WEINGÜTER UND WANDERUNGEN IM GIBBSTON VALLEY

Abenteuerlustige Besucher Queenstowns mögen am glücklichsten sein, wenn sie von einem riesigen Gummiseil baumeln, doch während sie auf den Kawarau River zustürzen, merken sie vielleicht gar nicht, dass sie im Herzen des Gibbston Valley sind, einer der wichtigsten Weinbauregionen von Central Otago, in der sich etwa 20 % der gesamten Weinanbaufläche befindet. Fast gegenüber von der Kawarau Bridge führt eine 2 km lange, abschüssige Schotterstraße zur **Chard Farm** (Karte S. 608; ☎03-442 6110; www.chardfarm.co.nz; Chard Rd; ⏲11–17 Uhr), dem malerischsten Weingut im Gibbston Valley. 800 m weiter am Gibbston Hwy (SH6) liegt **Gibbston Valley Wines** (Karte S. 608; www.gibbstonvalleynz.com; Weinproben 5–12 NZ$; ⏲10–17 Uhr), ein großer Komplex mit einer „Käserei" und einem Restaurant. Führungen durch den beeindruckenden Weinkeller beginnen stündlich von 10 bis 16 Uhr (15 NZ$ inkl. Weinproben).

3 km weiter auf der SH6 befindet sich das **Peregrine** (Karte S. 608; ☎03-442 4000; www.peregrinewines.co.nz; ⏲10–17 Uhr), eines der führenden Weingüter des Gibbston Valley, das ausgezeichnete Sauvignon Blancs, Pinot Gris', Rieslings und natürlich Pinot Noirs produziert. Auch die Architektur des Weinkellers ist beeindruckend: ein bunkerartiges Gebäude mit einem Dach, das dem Flügel eines fliegenden Falken ähnelt.

Amisfield (Karte S. 608; ☎03-442 0556; www.amisfield.co.nz; 10 Lake Hayes Rd; Gerichte 18–34 NZ$; ⏲Weinproben 10–18 Uhr, Restaurant 11–15 & 17.30–20 Uhr) am Ufer des Lake Hayes liegt zwar ganz kanpp außerhalb des Gibbston Valley (und der größte Teil seines Weins wird in der Nähe von Cromwell angebaut), doch es ist eines der besten Weingüter in der Region Queenstown. Bei der Weinprobe (8 NZ$, wird beim Kauf von Wein angerechnet) sollte man einige der international gefeierten Pinot Noirs probieren. Das Bistro genießt einen sehr guten Ruf und serviert auf der sonnigen Terrasse Gerichte, die sich bestens zum Teilen unter ein paar Freunden eignen. Abends gibt es das Menü „Trust the Chef" (60 NZ$/Pers.), bei dem der gewiefte Küchenchef köstliche Gerichte auf der Basis saisonaler Produkte zaubert.

Der **Gibbston River Trail** ist ein landschaftlich schöner Wander- und Mountainbikeweg, der dem Kawarau River von der Kawarau Bridge bis zum Weingut Peregrine folgt (1–2 Std., 5 km). Wanderer (aber keine Radfahrer) können vom Peregrine auf dem **Wentworth Bridge Loop** (1 Std., 2,7 km) weitergehen, der auf Holz- und Stahlbrücken über alte Bergbaustätten führt.

Während man in der Gegend ist, sollte man unbedingt die unglaublich rustikale **Gibbston Tavern** (Karte S. 608; www.gibbstontavern.co.nz; 8 Coal Pit Rd) besuchen, die hinter dem Peregrine gleich abseits des Highways liegt, und unbedingt nach den „Moonshine Wines" aus eigener Produktion fragen, die es nirgendwo sonst gibt.

Karten und Infos zu Touren bekommt man in Queenstown bei der i-SITE und im DOC-Zentrum.

Queenstown Zentrum

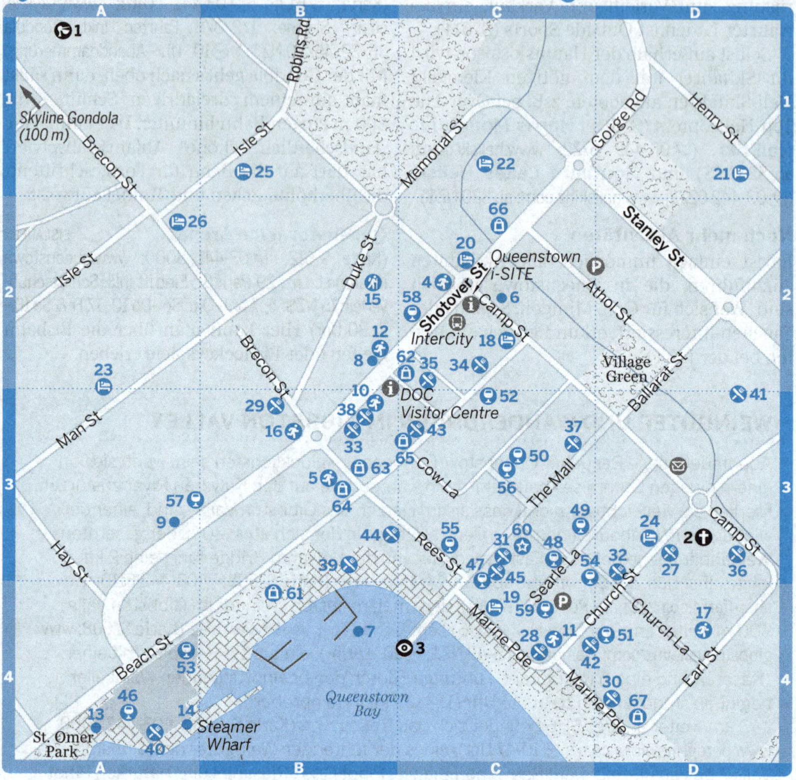

Ziptrek Ecotours
ZIP-LINES

(Karte S. 612; ☎03-441 2102; www.ziptrek.com; Skyline) Dieser adrenalingeschwängerte Trip im Gurtgeschirr, der mehrere Zip-Lines (Seilrutschen) beinhaltet, führt hoch über Queenstown von einem Baum zum nächsten. Die ausgeklügelte Konstruktion und die Umweltfreundlichkeit sind weitere Pluspunkte. Mutige können zwischen der zweistündigen „Moa"-Tour (Erw./Kind 129/79 NZ$), die über vier Seilrutschen führt, und der heftigeren dreistündigen Tour „Kea" über sechs Seilrutschen wählen (Erw./Kind 179/129 NZ$).

Canyoning.co.nz
CANYONING

(☎03-441 3003; www.canyoning.co.nz) Halbtägige Touren in den nahen 12 Miles Delta Canyon (185 NZ$) oder ins abgelegene Routeburn Valley (250 NZ$).

XD Dark Ride
SPIELEN

(Karte S. 616; ☎03-441 8080; 1/7 Earl St; Sessions 30 NZ$; ⏲11 Uhr–open end) In diesem Computerspiel mit zwei Bildschirmen und mehreren Spielern kann man Zombies oder Banditen im Wilden Westen abschießen – in 3D, mit Surround-Sound und auf multisensorischen Sitzen – super, wenn's regnet.

Stu Dever Fishing Charters
ANGELN

(☎027 433 3052; www.fishing-queenstown.co.nz; 2 Std. Erw./Kind 120/60 NZ$) Lachs- und Forellenangeln von der 10 m langen *Chinook*.

Frisbee Golf
FRISBEE

(Karte S. 612; www.queenstowndiscgolf.co.nz; Queenstown Gardens) GRATIS Der Kurs besteht aus 18 an Bäumen befestigten Drahtkörben; die örtlichen Sportgeschäfte verkaufen Frisbees und Wertungslisten.

Geführte Touren

Bootsfahrten auf dem See

TSS Earnslaw
BOOTSFAHRT

(Karte S. 616; ☎0800 656 501; www.realjourneys.co.nz; Steamer Wharf, Beach St; Bootsfahrten ab 55 NZ$) Das Dampfschiff TSS *Earnslaw*

Queenstown Zentrum

Sehenswertes

1 Kiwi Birdlife Park A1
2 St. Peter's Anglican Church D3
3 Underwater World C4

Aktivitäten, Kurse & Touren

4 AJ Hackett Bungy C2
5 Hush Spa B3
K Jet .... (siehe 3)
6 Kiwi Discovery C2
7 Million Dollar Cruise B4
8 Nomad Safaris B2
NZone .... (siehe 12)
9 Off Road Adventures A3
10 Outside Sports B3
11 Queenstown Bike Hire C4
Queenstown Paraflights .... (siehe 3)
12 Queenstown Rafting B2
13 Real Journeys A4
Shotover Canyon Swing .... (siehe 12)
14 TSS Earnslaw A4
15 Ultimate Hikes B2
16 Vertigo Bikes B3
17 XD Dark Ride D4

Schlafen

18 Adventure Queenstown C2
19 Eichardt's Private Hotel C4
20 Goodstays C2
21 Haka Lodge D1
22 Last Resort C1
23 Lomond Lodge A2
24 Nomads D3
25 Southern Laughter B1
26 The Dairy A2

Essen

27 @Thai D3
28 Aggy's Shack C4
29 Bella Cucina B3
30 Botswana Butchery D4
31 Captain's Restaurant C3
32 Devil Burger D3
Eichardt's Bar .... (siehe 19)
Fergbaker .... (siehe 33)
33 Fergburger B3
34 Fishbone C2
35 Habebe's C2
36 Halo D3
37 Kappa C3
38 Lick B3
39 Patagonia B3
40 Public Kitchen & Bar A4
41 Rata D3
42 Sasso C4
43 Vudu Cafe C3
44 Vudu Cafe & Larder B3
45 Winnie's C3

Ausgehen & Nachtleben

46 Atlas Beer Cafe A4
47 Ballarat Trading Company C3
48 Bardeaux C3
49 Barmuda C3
50 Debajo C3
51 Monty's D4
52 New Zealand Wine Experience C3
53 Pub on Wharf A4
54 Searle Lane C3
55 Surreal C3
56 Tardis Bar C3
57 The Find A3
58 World Bar C2
59 Zephyr C4

Unterhaltung

60 Reading Cinemas C3

Shoppen

61 Arts & Crafts Market B4
62 Fetch C2
63 Kapa B3
64 Kathmandu B3
65 Small Planet Outlet Store C3
66 Small Planet Sports C2
67 Vesta D4

feierte 2012 den 100. Jahrestag seines Einsatzes. Früher war es das Hauptverkehrsmittel auf dem See, inzwischen wirkt die schwarze Rußwolke in der ursprünglichen Umgebung irgendwie unpassend. Angeboten werden die 1½-stündige Standardfahrt auf dem Lake Wakatipu (Erw./Kind 55/22 NZ$) und eine 3½-stündige Exkursion zur **Walter Peak Farm** (Karte S. 608; Erw./Kind 68/20 NZ$) im Hochland, wo man Demonstrationen der Schafschur und Vorführungen von Schäferhunden erleben kann (Erw./Kind 75/22 NZ$).

Million Dollar Cruise BOOTSFAHRT
(Karte S. 616; ☎03-442 9770; www.milliondollarcruise.co.nz; ⊙Bootsfahrten 11, 14 & 16 Uhr) Preisgünstige, informative 90-minütige Bootsfahrten hinauf nach Frankton, vorbei an den millionenschweren Grundstücken von Kelvin Heights (25 NZ$). Es gibt auch Bootstouren mit Schwerpunkt Maorikultur, die von Führern der Ngai Tahu kommentiert werden (55 NZ$).

Rundflüge

Air Milford RUNDFLÜGE
(☎03-442 2351; www.airmilford.co.nz) Bietet u. a. einen Flug über den Milford Sound (Erw./Kind 420/255 NZ$), eine Kombination Flug/Bootsfahrt/Flug (499/300 NZ$) und längere Flüge zum Doubtful Sound und zum Aoraki/Mt. Cook.

Glenorchy Air RUNDFLÜGE
(☎ 03-442 2207; www.glenorchy.net.nz) Unter den landschaftlich reizvollen Touren ab Queenstown oder Glenorchy sind ein Flug über den Milford Sound (Erw./Kind 445/275 NZ$) und ein Flug über den Aoraki/Mt. Cook (Erw./Kind 625/350 NZ$).

Over the Top Helicopters HUBSCHRAUBER
(☎ 03-442 2233; www.flynz.co.nz; Trips ab 265 NZ$) Rund um Queenstown und weiter weg.

Sunrise Balloons BALLONFAHREN
(☎ 03-442 0781; www.ballooningnz.com; Erw./Kind 445/295 NZ$) Im Preis der einstündigen Ballonfahrten zum Sonnenaufgang ist ein Champagnerfrühstück inbegriffen.

Touren zu den Weingütern

Die meisten Touren umfassen Weingüter in den Regionen Gibbston und Cromwell Basin.

Appellation Central Wine Tours WEINPROBE
(☎ 03-442 0246; www.appellationcentral.co.nz; 175–225 NZ$) Die Touren schließen ein kaltes Mittagsbuffet auf einem Weingut ein.

Queenstown Wine Trail WEINPROBE
(☎ 03-441 3990; www.queenstownwinetrail.co.nz) Im Angebot sind eine fünfstündige Tour mit Weinverkostung in vier Weingütern (139 NZ$) und die kürzere Tour Summer Sampler inklusive Mittagessen (160 NZ$).

Cycle de Vine RADFAHREN
(☎ 0800 328 897; www.cycledevine.co.nz; Erw./Kind 155/95 NZ$; ⊙ Okt.–Mai) Auf einem Retro-Fahrrad wird die Gegend um Gibbston erkundet. Die Touren besuchen drei verschiedene Weingüter, unterwegs gibt's ein Picknick am Ufer des Kawarau River.

Milford Sound

Tagestouren von Queenstown zum Milford Sound über Te Anau dauern inklusive einer zweistündigen Bootsfahrt auf dem Sund 12 bis 13 Stunden. Auch Kombinationen Bus/Bootfahrt/Flug sind im Angebot, ebenso wie die Abholung vom Endpunkt des Routeburn Track. Es ist auch erwägenswert, Milford von Te Anau (S. 649) aus zu besuchen, denn das spart Zeit und Geld.

BBQ Bus GEFÜHRTE TOUREN
(☎ 03-442 1045; www.milford.net.nz; Erw./Kind 195/100 NZ$) Kleinere Gruppen (bis 22 Pers.) und ein Barbecue-Mittagessen.

Real Journeys GEFÜHRTE TOUREN
(Karte S. 616; ☎ 0800 656 501; www.realjourneys.co.nz; Steamer Wharf, Beach St; Erw./Kind ab 178/89 NZ$) Tagestouren und Touren mit Übernachtung zum Milford Sound und zum Doubtful Sound.

Kiwi Discovery GEFÜHRTE TOUREN
(Karte S. 616; ☎ 03-442 8794; www.kiwidiscovery.com; 37 Camp St) 🍃 Touren zum Milford Sound, Skipakete und Transport zum Ausgangspunkt der Wanderwege.

Quad- & Geländewagentouren

Off Road Adventures AUTO-TOUR
(Karte S. 616; ☎ 03-442 7858; www.offroad.co.nz; 61a Shotover St) Aufregende Offroadtouren mit dem Geländewagen (ab 109 NZ$), Quad-Bike (ab 199 NZ$) oder Geländemotorrad (269 NZ$).

Nomad Safaris AUTO-TOUR
(Karte S. 616; ☎ 03-442 6699; www.nomadsafaris.co.nz; 37 Shotover St; Erw./Kind ab 169/85 NZ$) Mit Nomad Safaris geht es durch grandiose Landschaften und zu schwer zugänglichen Aussichtspunkten in der Umgebung des Skippers Canyon und von Macetown oder auf eine „Safari of the Scenes" durch Mittelerde, also zu Schauplätzen der *Herr der Ringe*-Trilogie, rund um Glenorchy und das Wakatipu Basin. Man kann auch mit einem Quad-Bike durch eine Schafstation auf dem Queenstown Hill fahren (245 NZ$).

Queenstown Heritage Tours GEFÜHRTE TOUR
(☎ 03-409 0949; www.queenstown-heritage.co.nz; Erw./Kind 160/80 NZ$) 🍃 Der Skippers Canyon ist nur über eine enge, kurvenreiche Straße zu erreichen, die Anfang des 19. Jhs. von Goldgräbern angelegt wurde. Die malerische, aber haarsträubende Route für Geländewagen führt vom Arthurs Point zum Coronet Peak und dann weiter oberhalb des Shotover River. Auf dem Weg liegen einige Sehenswürdigkeiten aus der Zeit des Goldrausches. Es gibt auch Weintouren.

Noch mehr Touren

Segway on Q GEFÜHRTE TOUR
(☎ 03-442 8687; www.segwayonq.com) Bei einer zweistündigen Tour auf dem Segway erkundet man die Stadt und die Queenstown Gardens (Erw./Kind 119/109 NZ$), eine einstündige Tour rund um die Queenstown Bay (Erw./Kind 85/75 NZ$) ist ebenfalls möglich.

Art Adventures GEFÜHRTE TOUR
(☎ 0800 582 878; www.artadventures.co.nz) Arrangiert Atelier- und Galerietouren (200 NZ$) sowie die Gelegenheit, mit professionellen Kunstlehrern an seinem eigenen Meisterwerk zu arbeiten (310 NZ$).

QUEENSTOWN MIT KINDERN

Queenstown hat ein riesiges Angebot an Aktivitäten, doch für einige gibt es Altersbeschränkungen, die die kleinsten Mitreisenden ausschließen. Trotzdem dürfte es kein Problem sein, sie zu beschäftigen.

Zu den Attraktionen für alle Altersgruppen gehören der Kiwi Birdlife Park (S. 609), Bootsfahrten auf dem See mit der TSS *Earnslaw* (S. 616) und Geländewagentouren durch den engen, gewundenen Skippers Canyon (S. 613). In den Queenstown Gardens (S. 609) gibt's einen schönen **Spielplatz** (Karte S. 612) am Strand, in der Nähe des Eingangs an der Marine Parade. Die Queenstown Ice Arena (S. 615) befindet sich ebenfalls im Park und eignet sich toll für einen Regentag. Die Skyline Gondola (S. 610) ist ein eher gemächliches Erlebnis, allerdings in schwindelerregender Höhe. Auch kleine Kinder dürfen in Begleitung eines Erwachsenen auf der Sommerrodelbahn (S. 615) mitfahren, um allein zu fahren, müssen sie mindestens sechs Jahre alt und größer als 1,10 m sein.

Erstaunlich viele Anbieter sorgen dafür, dass auch kleine Abenteurer echten Nervenkitzel erleben können. Schon zweijährige Kinder dürfen bei Queenstown Paraflights (S. 614) einen Tandemflug mitmachen, vorausgesetzt, das kleinste Gurtgeschirr passt ihnen. Fünfjährige können bei Shotover Jet (S. 613) eine wilde Fahrt erleben, und schon Sechsjährige dürfen bei Ziptrek Ecotours (S. 616) die Zip-Lines nutzen. Furchtlose Zehnjährige können an allen Standorten von AJ Hackett (S. 611) außer dem Nevis Bungy (Mindestalter 13 Jahre) einen Bungee-Sprung wagen oder die Riesenrutsche ausprobieren. Queenstown Bike Hire (S. 614) verleiht auch Kinderroller und Babywagen sowie im Winter Schlitten.

Weitere Ideen und Informationen, darunter auch Einzelheiten zu Babysittern in Queenstown, gibt's bei der i-SITE (S. 626) und auf www.kidzgo.co.nz.

Feste & Events

Gibbston Wine & Food Festival ESSEN, WEIN
(www.gibbstonwineandfood.co.nz) Für einen Tag Mitte Mai kommt Gibbston in die Queenstown Gardens.

Queenstown Bike Festival SPORT
(www.queenstownbikefestival.co.nz) Zehn Tage voller Action auf zwei Rädern zu Ostern.

Queenstown Winter Festival SPORT
(www.winterfestival.co.nz) Zehn Tage Ende Juni, die mit verrückten Ski- und Snowboardaktivitäten, Livemusik, Comedy, Feuerwerk, einem Karneval, einer Parade, einem Ball und vielen frostigen Frivolitäten gefüllt sind.

Gay Ski Week SPORT, SCHWULE & LESBEN
(www.gayskiweekqt.com) Das größte und fröhlichste Schwulen- und Lesbenevent der Südinsel findet Ende August/Anfang September statt.

Schlafen

In Queenstown gibt es ein schier endloses Unterkunftsangebot, doch Zimmer der Mittelklasse sind schwer zu bekommen. Dafür herrscht unter den Hostels extreme Konkurrenz, sodass sie immer mehr aufbieten, um Kunden zu gewinnen – es lohnt sich, sie in Betracht zu ziehen, selbst wenn man sonst eigentlich nicht der Hostel-Typ ist. Zur Hauptsaison im Sommer (Dez.–Feb.) und während der Skisaison (Juni–Sept.) sind die Unterkünfte schnell ausgebucht und die Preise schießen in die Höhe; dann sollte man rechtzeitig im Voraus buchen.

Goodstays (Karte S. 616; ☎03-442 7518; www.goodstays.co.nz; 1. OG, 19 Camp St) hat auf seiner Website ein riesiges Angebot an Ferienhäusern und Apartments, die pro Nacht von ca. 150 bis 2000 NZ$ kosten; der Mindestaufenthalt beträgt drei Tage.

Zu den **DOC-Zeltplätzen** (Erw./Kind 6/3 NZ$) in der Nähe gehören der **12 Mile Delta** (Karte S. 608), 11 km außerhalb der Stadt Richtung Glenorchy, und Skippers in der Nähe des Coronet Peak.

Queenstown Zentrum

Adventure Queenstown HOSTEL $
(Karte S. 616; ☎03-409 0862; www.aqhostel.co.nz; 36 Camp St; B 29–35 NZ$, D/3BZ 120/135 NZ$; @ 📶) Das zentral gelegene Hostel mit blitzsauberen Schlafsälen, einer modernen Küche und Neid hervorrufenden Balkons führen erfahrene Traveller (wie die ausgestellten Fotos beweisen). Zu den kostenlosen Extras gehören unbegrenzter Internetzugang, internationale Gespräche in 30 Länder, Fahrräder und Frisbees. Die Privatzimmer haben ein eigenes Bad (ebenso wie einige der Schlafsäle), iPod-Anschlüsse und Blu-ray-Player.

Haka Lodge HOSTEL $
(Karte S. 616; ☎03-442 4970; www.hakalodge.com; 6 Henry St; B 29–31 NZ$, Zi. 79 NZ$; P 📶) Bei diesem *haka* kann man sich ruhig auf die Schenkel klopfen und die Beine in die Luft werfen, denn hier lohnt es sich, dabei zu sein. Die Bedürfnisse von Travellern wurden genau bedacht: In den hellen Schlafsälen gibt es maßgefertigte Stockbetten, die alle große, verschließbare Gepäckkästen und eigene Vorhänge, Lampen und Steckdosen haben.

Butterfli Lodge HOSTEL $
(Karte S. 612; ☎03-442 6367; www.butterfli.co.nz; 62 Thompson St; B/EZ/DZ 30/66/69 NZ$; P 📶) Das hübsche kleine Hostel, dessen heimlicher Herr die Katze Jimmy ist, liegt auf einem ruhigen Hügel westlich vom Zentrum. Es gibt keine Stockbetten, aber auch keine Badezimmer im Schlafsaal. Die Aussicht von der Terrasse ist unglaublich.

Nomads HOSTEL $
(Karte S. 616; ☎03-441 3922; www.nomadshostels.com; 5 Church St; B 28–37 NZ$, Zi. 110–135 NZ$; @ 📶) Zu den Einrichtungen dieses großen Hotels in bester Lage in der Nähe des Zentrums des Nachtlebens der Stadt gehören ein eigenes Minikino, Zimmer mit Bad, große Küchen und ein Reisebüro im Haus. Der Preis wird durch ein kostenloses Frühstück und Abendessen versüßt.

Creeksyde Top 10 FERIENANLAGE $
(Karte S. 612; ☎03-442 9447; www.camp.co.nz; 54 Robins Rd; Stellplatz 49–52 NZ$, DZ 77 NZ$, Zi. mit/ohne 128/89 NZ$; P @ 📶) Die Unterkunftspalette in dieser schönen, gartenähnlichen Ferienanlage reicht von einfachen Zeltstellplätzen bis zu Selbstversorgerzimmern im Motelstil. Skurrile Skulpturen und ein Sanitärblock, der wie eine mittelalterliche Hopfendarre gestaltet ist, geben ihr eine besondere Note.

Hippo Lodge HOSTEL $
(Karte S. 612; ☎03-442 5785; www.hippolodge.co.nz; 4 Anderson Heights; Stellplatz 20 NZ$, B 29–30 NZ$, EZ 42 NZ$, DZ mit/ohne Bad ab 90/70 NZ$; P @ 📶) Das legere, gemütliche und ein wenig schäbige Hostel hat das Flair einer Studentenbude, ist aber sehr viel sauberer. Der Preis für die schönste Aussicht sind viele Treppenstufen.

Bumbles HOSTEL $
(Karte S. 612; ☎03-442 6298; www.bumblesbackpackers.co.nz; Ecke Lake Esplanade & Brunswick St; Stellplatz/B/Zi. 20/30/65 NZ$; P @ 📶) Diese beliebte kleine Bleibe, die sich einer herrlichen Lage am See erfreut, ist farbenfroh eingerichtet und hat eine wunderbar relaxte Atmosphäre. Die zehn Betten verteilen sich auf ein Privatzimmer und einen Schlafsaal, außerdem gibt's begrenzte Stellplätze für Zelte und Wohnmobile.

Black Sheep Lodge HOSTEL $
(Karte S. 612; ☎03-442 7289; www.blacksheepbackpackers.co.nz; 13 Frankton Rd; B 29 NZ$, DZ 75–85 NZ$; P @ 📶) Hier fühlt sich ein jüngeres, kontaktfreudiges Völkchen wohl, denn

NICHT VERGESSEN, ES IST URLAUB …

Hier sind unsere besten Tipps, um wieder runterzukommen und sich daran zu erinnern, dass es beim Reisen um mehr geht als um haarsträubenden Nervenkitzel.

- In den Onsen Hot Pools (S. 635) gibt es private warme Bäder im japanischen Stil mit Blick auf die Berge. Wer im Voraus bucht, findet eine vorgewärmte Wanne vor.
- Wer sich nach Tagen mit Ski-, Rad- und Jetbootfahren regenerieren will, kann sich bei der **Mobile Massage Company** (☎0800 426 161; www.queenstownmassage.co.nz; 1 Std. ab 115 NZ$; ⏲9–21 Uhr) einen Masseur oder Spa-Behandlungen ins Hotel ordern.
- Einen Gang runter schaltet man bei einer Massage, einer Massage mit einem warmen Stein oder einer Pediküre im **Hush Spa** (Karte S. 616; ☎03-442 9656; www.hushspa.co.nz; 1. OG, 32 Rees St; 30/60 Min. Massage ab 70/125 NZ$; ⏲Di–Fr 9–21, Sa bis 19 Uhr).
- Wer Wellness auf Weltniveau möchte, macht sich auf den kurzen Weg nach Millbrook bei Arrowtown, wo sich das **Spa at Millbrook** (Karte S. 608; ☎03-441 7017; www.millbrook.co.nz; Malaghans Rd; Behandlungen ab 230 NZ$) befindet, das als eines der besten Spas der Welt bewertet wurde.
- Mit einem Wassertaxi geht's über den See zum **Eforea: Spa at Hilton** (Karte S. 608; ☎03-450 9416; www.queenstownhilton.com; Hilton Queenstown, Peninsula Rd; Behandlungen ab 120 NZ$).

es gibt einen Wellnesspool, Frisbees und Berge von DVDs. Wer sich mit seinem Buch zurückziehen will, findet viele ruhige Ecken. Die Zimmer teilen sich Gemeinschaftsbäder.

Last Resort HOSTEL $
(Karte S. 616; ☎03-442 4320; www.tlrqtn.com; 6 Memorial St; B 30 NZ$; @ 📶) Zu dem superzentral gelegenen, relativ kleinen Hostel geht es über eine winzige Brücke aus Holz und Ziegeln, die einen kleinen Bach im Hinterhof überquert. Seine Lage ist zauberhaft, doch es könnte eine Modernisierung vertragen.

Southern Laughter HOSTEL $
(Karte S. 616; ☎03-441 8828; www.sircedrics.co.nz; 4 Isle St; B 26–29 NZ$, Zi. mit/ohne Bad 80/70 NZ$; P 📶) Die Wände dieses klassischen Hostels sind mit lahmen Witzen gepflastert. Die Zimmer sind schön, doch die Bäder wirken ein wenig schäbig. Pluspunkte des Hostels sind die kostenlose Gemüsesuppe und ein Wellnesspool.

Amity Lodge MOTEL $$
(Karte S. 612; ☎03-442 7288; www.amitylodge.co.nz; 7 Melbourne St; Zi. ab 170 NZ$; P 📶) In einer ruhigen Seitenstraße nur fünf Minuten vom Zentrum liegt dieser eigenwillig geformte Block mit frisch renovierten Ein- und Zweibettzimmern und freundlichen Besitzern. Die Dreifachverglasung schützt gut gegen Kälte, weniger gegen Lärm.

Coronation Lodge LODGE $$
(Karte S. 612; ☎03-442 0860; www.coronationlodge.co.nz; 10 Coronation Dr; DZ 165–185 NZ$; P 📶) Dieses gepflegte Motel mit Parkplätzen im Keller, plüschiger Bettwäsche, Holzböden und türkischen Teppichen liegt direkt neben den Queenstown Gardens. In den größeren Zimmern gibt es Miniküchen.

Alexis Queenstown MOTEL $$
(Karte S. 612; ☎03-409 0052; www.alexisqueenstown.co.nz; 69 Frankton Rd; Zi. ab 155 NZ$; P 📶) Mit einem zehnminütiger Spaziergang entlang des Seeufers kommt man von Zentrum zu diesem modernen Motel auf einem Hügel. Die schönen Selbstversorgerzimmer warten mit aufmerksamen Extras wie Stereoanlagen und Bademänteln sowie tollem Seeblick auf.

Queenstown Motel Apartments MOTEL $$
(Karte S. 612; ☎03-442 6095; www.qma.co.nz; 62 Frankton Rd; Zi. ab 125 NZ$; P @ 📶) In dem gut geführten Motel gibt es sowohl neuere, schick gestaltete Zimmer als auch ältere, preiswertere Zimmer im Stil der 1970er-Jahre. Die Wäscherei vor Ort ist sehr praktisch, und der Blick auf den See und die Berge ist überall großartig, auch von den preiswerteren Zimmern.

Lomond Lodge LODGE $$
(Karte S. 616; ☎03-442 8235; www.lomondlodge.com; 33 Man St; DZ 145–169 NZ$; P @ 📶) Die gemütliche Lomond Lodge ist erst kürzlich modernisiert worden. Beim Grillen im Garten kann man mit anderen Travellern Reiseerlebnisse austauschen. Große Familienapartments (299 NZ$, max. 4 Pers.) gibt's auch.

★ **The Dairy** BOUTIQUEHOTEL $$$
(Karte S. 616; ☎03-442 5164; www.thedairy.co.nz; 10 Isle St; EZ 435–465 NZ$, DZ 465–495 NZ$; P @ 📶) 🍃 Der einstige Eckladen beherbergt heute ein luxuriöses B&B mit 13 Zimmern, die mit vielen edlen Elementen wie Designerbettwäsche, Seidenkissen und luxuriösen Mohair-Läufern ausgestattet sind. Im Preis enthalten sind ein warmes Frühstück und der Nachmittagstee mit frischem Gebäck.

Eichardt's Private Hotel BOUTIQUEHOTEL $$$
(Karte S. 616; ☎03-441 0450; www.eichardtshotel.co.nz; 1-3 Marine Pde; Apt. 1250–1900 NZ$, Zi. 1700–1950 NZ$; P 📶) Das restaurierte Hotel aus dem Jahr 1867 genießt eine unschlagbare Lage am See. Jede der fünf riesigen Suiten verfügt über einen Kamin, ein Kingsize-Bett, Fußbodenheizung, eine riesengroße Badewanne und Seeblick. Die vier in der Nähe gelegenen Apartments sind ebenso luxuriös.

Queenstown Park BOUTIQUEHOTEL $$$
(Karte S. 612; ☎03-441 8441; www.queenstownparkhotel.co.nz; 21 Robins Rd; Zi. 295–395 NZ$; P 📶) 🍃 In diesem sehr noblen Hotel mit 16 Zimmern wehen weiße Vorhänge über den mit luxuriöser Bettwäsche bezogenen Betten. Die „Remarkables-Zimmer" haben Balkone mit Blick über einen Park zur Bergkette (Seeblick gibt es nicht). Die Zimmer mit Blick auf die Gondola sind kleiner, haben aber eigene Höfe. Alle Zimmer verfügen über Miniküchen.

Historic Stone House APARTMENTS $$$
(Karte S. 612; ☎03-442 9812; www.historicstonehouse.co.nz; 47 Hallenstein St; Apt. ab 225 NZ$; P 📶) Das frühere Wohnhaus des Bürgermeisters, ein wunderschönes Steinhaus (1874), wurde in ein Apartment mit drei Schlafzimmern umgebaut; in einem Anbau aus Holz sowie in einem erhöht liegenden Gebäude dahinter befinden sich noch je ein Apartment mit einem Schlafzimmer.

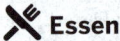

Die moderne Küche und das moderne Bad verschmelzen nahtlos mit dem historischen Mobiliar, und draußen gibt es einen alten Garten und einen Wellnesspool.

Chalet Queenstown B&B B&B $$$
(Karte S. 612; 03-442 7117; www.chaletqueenstown.co.nz; 1 Dublin St; EZ/DZ 195/245 NZ$; P) Die sieben perfekt ausgestatteten Zimmer in diesem eleganten B&B haben Flachbild-TVs, interessante Originalkunstwerke und hochwertige Bettwäsche. Alle bieten einen Balkon mit toller Aussicht; am besten kommt man zeitig und fragt nach einem Zimmer mit Seeblick.

Umgebung

Shotover Top 10 Holiday Park FERIENANLAGE $
(03-442 9306; www.shotoverholidaypark.co.nz; 70 Arthurs Point Rd, Arthurs Point; Stellplatz 38 NZ$, Zi. mit/ohne Bad ab 100/65 NZ$; P @) Die familienfreundliche Ferienanlage mit nagelneuen Motelzimmern liegt hoch über dem Shotover River, zehn Fahrminuten vom Trubel Queenstowns entfernt. Hier kann man aus dem Wohnmobil direkt in den berühmten Shotover Jet steigen.

Little Paradise Lodge LODGE $$
(Karte S. 608; 03-442 6196; www.littleparadise.co.nz; Glenorchy-Queenstown Rd, Mt. Creighton; B 45 NZ$, Zi. mit/ohne Bad 140/120 NZ$) Mit diesem vielfältigen kleinen Paradies haben die Schweizer/philippinischen Besitzer ihre einzigartige Vision verwirklicht. Jedes der rustikalen Zimmer hat Holzböden, skurrile Kunstwerke und handgefertigtes Mobiliar. Draußen geht der Spaß mit einem rustikalen Wellnesspool und kunstvoll gestalteten Wegen durch den schönen Garten weiter.

Asure Queenstown Gateway Apartments MOTEL $$
(03-442 3599; www.gateway.net.nz; 1066 Frankton Rd, Frankton; Apt. ab 155 NZ$; P) Dieser Motelkomplex liegt am Highway in der Nähe des Flughafens (und ist daher günstiger als gleichartige Unterkünfte in der Innenstadt) und bietet moderne Apartments mit zwei Ebenen und eigenem Hof. Die Apartments hinten sind ruhiger.

Villa del Lago APARTMENTS $$$
(Karte S. 608; 03-442 5727; www.villadellago.co.nz; 249 Frankton Rd, Queenstown East; Apt. ab 260 NZ$; P) Die geräumigen Apartments, die sich an die Klippen zwischen dem Highway und dem See schmiegen, haben Terrassen mit Blick auf den See und alle modernen Annehmlichkeiten, darunter eine komplette Küche, Waschmaschine und einen Gaskamin. Das Wassertaxi hält an der privaten Bootsanlegestelle.

Evergreen Lodge B&B $$$
(Karte S. 608; 03-442 6636; www.evergreenlodge.co.nz; 28 Evergreen Pl, Sunshine Bay; Zi. 695 NZ$; P @) Das luxuriöse, von Amerikanern geführte B&B versteckt sich oberhalb der Sunshine Bay und lockt mit freiem Blick auf den See und die Berge. Dazu kommen kostenlose Getränke wie Bier und Wein, eine Sauna und ein Fitnessraum – alles in allem ein sehr entspanntes Refugium vor dem Trubel Queenstowns.

Essen

Queenstown Zentrum

★ **Fergburger** BURGER $
(Karte S. 616; www.fergburger.com; 42 Shotover St; Burger 10–19 NZ$; 8.30–17 Uhr) Queenstowns legendärer Fergburger ist heute eine Touristenattraktion, sodass sich Einheimische ihre riesengroßen Gourmet-Burger manchmal schon woanders besorgen müssen. Wir denken, dass das Original noch immer das Warten lohnt. Bitte ordentlich anstellen!

★ **Fergbaker** BÄCKEREI $
(Karte S. 616; 42 Shotover St; Gebäck 6–9 NZ$; 6.30–16.30 Uhr) Fergburgers süßer Ableger bäckt Köstlichkeiten aller Art, und während in verschlafenem, verkaterten Zustand ohnehin fast alles lecker aussieht, bleiben diese auch bei Tageslicht verlockend. Hier gibt's u.a. Fleischpasteten, Brötchen mit Füllung, Blätterteiggebäck und Banoffee-Torte.

Patagonia SÜSSSPEISEN, CAFÉ $
(Karte S. 616; www.patagoniachocolates.co.nz; 50 Beach St; Hauptgerichte 10–18 NZ$; 9–20 Uhr;) Köstliche heiße Schokolade, selbst gebackene Schokoladenkuchen und Queenstowns beste Eiscreme – was will man mehr? Dazu kommen die Lage am See und kostenloses WLAN. Am besten beginnt man den Tag mit einem „Schokoladencroissant-Frühstück" und beendet ihn mit warmen *churros* (spanisches Fettgebäck).

Devil Burger BURGER $
(Karte S. 616; www.devilburger.com; 5-11 Church St; Hauptgerichte 10–19 NZ$; So & Mo 10.30–24, Di–Sa bis 4 Uhr) Ferg, aufgepasst: Dies ist ein ernstzunehmender Konkurrent im Wettbe-

werb um die besten Burger der Stadt. Der teuflische Neuzugang bereitet auch leckere Wraps zu, z. B. den Wrap „Walk of Shame", der jeden Kater besiegt und praktisch mit einem kompletten warmen Frühstück gefüllt ist.

Lick EISCREME $

(Karte S. 616; 40 Shotover St; Hauptgerichte 8–13 NZ$; ⏲10–22 Uhr) Sommer? Gourmet-Eiscremes wie Toffee-Apfel oder Macadamianuss locken. Winter? Wie wär's mit etwas Herzhaftem, z. B. einer Suppe und frischer Pasta?

Aggy's Shack FISH & CHIPS $

(Karte S. 616; Ecke Marine Pde & Church St; 9–20 NZ$; ⏲11–22 Uhr) In diesem schlichten Pavillon am See gibt's Fish & Chips, darunter saftigen Kabeljau und die Gelegenheit, lokale Spezialitäten wie Räucheraal, *kina* (Seeigel) und *titi* (Dunkler Sturmtaucher) zu probieren.

Habebe's NAHÖSTLICHN $

(Karte S. 616; www.habebes.co.nz; Plaza Arcade, 30 Shotover St; Mahlzeiten 8–17 NZ$; ⏲8–17.30 Uhr; ✎) Vom Nahen Osten inspirierte Salate und Wraps. Die Suppen und leckeren Pasteten (Tipp: die Hähnchen-Kumara-Pilz-Pastete) gehen neue Wege.

Mediterranean Market FEINKOST $

(Karte S. 612; www.mediterranean.co.nz; 53 Robins Rd; ⏲Mo–Sa 8–18.30, So 10–18 Uhr) In diesem fantastischen Feinkostgeschäft mit Bäckerei kann man seinen Korb prima mit Zutaten für ein Picknick am See füllen.

Public Kitchen & Bar MODERN-NEUSEELÄNDISCH $$

(Karte S. 616; ☎03-442 5969; www.publickitchen.co.nz; Steamer Wharf, Beach St; Gerichte 15–45 NZ$; ⏲12–23 Uhr) Der neue Trend zum zwangloseren, gemeinschaftlichen Essen hat Queenstown mit diesem ausgezeichnetem Restaurant am See erreicht. Man setzt sich einfach irgendwo dazu und bestellt von der Karte eines der Gerichte, die in unterschiedlichen Größen angeboten werden. Besonders gut sind die Fleischgerichte.

Vudu Cafe & Larder CAFÉ $$

(Karte S. 616; www.vudu.co.nz; 16 Rees St; Hauptgerichte 13–19 NZ$; ⏲7.30–18 Uhr) Exzellentes Hausgebackenes verbindet dieses kosmopolitische Café mit tollem Kaffee und leckerem warmem Frühstück. Innen hängt ein riesiges Foto vom viel weniger bevölkerten Queenstown der Vergangenheit, hinten im Garten bietet sich ein schöner Blick auf den See und die Berge. Um die Ecke befindet sich eine **Filiale** (Karte S. 616; 23 Beach St).

Eichardt's Bar TAPAS $$

(Karte S. 616; www.eichardtshotel.co.nz; 1-3 Marine Pde; Frühstück 16–18 NZ$, Mittagessen 24–26 NZ$, Tapas 7–10 NZ$; ⏲7.30–22 Uhr) Die kleine Bar am Eichardt's Private Hotel ist elegant, aber nicht spießig, und bietet ein wunderbares Refugium abseits des Trubels auf den Straßen. Was das Essen angeht, so stehen hier Tapas im Mittelpunkt; sie sind zwar nicht besonders spanisch, aber besonders köstlich.

Sasso ITALIENISCH $$

(Karte S. 616; ☎03-409 0994; www.sasso.co.nz; 14-16 Church St; Hauptgerichte 25–36 NZ$; ⏲16–22 Uhr) Ob man es sich an einem der Kamine in diesem steinernen Cottage (1882) gemütlich macht oder einen Tisch auf der Terrasse unter dem sommerlichen Sternenhimmel ergattert hat – an Atmosphäre herrscht in diesem gehobenen italienischen Restaurant wahrlich kein Mangel. Erfreulicherweise ist auch das Essen hervorragend.

Captain's Restaurant EUROPÄISCH $$

(Karte S. 616; ☎03-441 1633; www.captains.co.nz; 11 The Mall; Brunch 14–27 NZ$, Abendessen 28–50 NZ$; ⏲9 Uhr–open end) Innen sorgen unverputzte Steinwände für Atmosphäre, doch an den Tischen draußen bietet sich an einem sonnigen Tag eine unschlagbare Möglichkeit, das Leben und Treiben auf der Straße zu beobachten. Im Lauf des Tages verwandelt sich das Angebot von Gerichten im Café-Stil zu herzhaften Bistro-Klassikern.

Winnie's PIZZERIA, BAR $$

(Karte S. 616; www.winnies.co.nz; L1, 7 The Mall; Hauptgerichte 16–28 NZ$; ⏲12 Uhr–open end; 📶) Im Winnie's, einer Mischung aus Bar und Restaurant, ist immer viel los. Pizzas mit thailändischem, mexikanischem oder marokkanischem Einschlag sowie riesige Burger, Pasta und Steaks sind eine gute Grundlage für den Alkohol und sorgen für gute Laune. An milden Abenden wird das gesamte Dach geöffnet und die Party geht bis in die frühen Morgenstunden weiter.

Bella Cucina ITALIENISCH $$

(Karte S. 616; ☎03-442 6762; www.bellacucina.co.nz; 6 Brecon St; Hauptgerichte 26–36 NZ$; ⏲17–22 Uhr) In einem der gemütlichsten und romantischsten Restaurants der Stadt kann man sich wunderbar einfaches, perfekt zubereitetes Essen schmecken lassen. Die Highlights sind frische Pasta und Risottos, die knusprigen Pizzas aus dem Holzofen sind dagegen ideal für mehrere Esser.

Halo CAFÉ $$
(Karte S. 616; ☎ 03-441 1411; www.haloforbiddenbite.co.nz; Camp St; Brunch 11–19 NZ$, Abendessen 23–29 NZ$; ⏲ Mo & Di 7–17, Mi–So bis 21 Uhr) Das stilvolle, sonnige Café lässt die Grenzen zwischen Frühstück, Mittag- und Abendessen mühelos verschwimmen. Die Burritos zum Frühstück sind eine gute Grundlage für einen ganzen Tag voller Abenteuer. Es gibt viele Sitzplätze im Freien.

Kappa JAPANISCH $$
(Karte S. 616; L1, 36a The Mall; Mittagessen 11–14 NZ$, Abendessen 17–28 NZ$; ⏲ 12–22 Uhr) Das beste japanische Restaurant der Stadt ist auch das legerste. In den preiswerten Bento-Lunchboxen finden sich frischer Thunfisch und Lachs. Später am Abend geht es bei exzellenter Tempura und japanischem Bier und Sake gemächlicher zu. Im Sommer kann man von der Terrasse oben die Menschenströme vorbeiziehen sehen.

@Thai THAILÄNDISCH $$
(Karte S. 616; www.atthai.co.nz; L1, 8 Church St; Mittagessen 15 NZ$, Abendessen 17–28 NZ$; ⏲ Mi–Mo 12–22 Uhr) Über eine halb versteckte Treppe geht's hinauf zu diesem Restaurant, das fabelhaftes Pad Thai und unglaublich guten roten *hor-mok*-Meeresfrüchtecurry serviert. Es gibt auch Essen zum Mitnehmen.

★ **Botswana Butchery** MODERN-NEUSEELÄNDISCH $$$
(Karte S. 616; ☎ 03-442 6994; www.botswanabutchery.co.nz; 17 Marine Pde; Hauptgerichte 34–45 NZ$; ⏲ 12–23 Uhr) Das schicke Innere und der Blick auf den See bilden die Kulisse für eine brillante Karte, auf der Fleisch dominiert, und eine Weinkarte, die fast so dick wie ein Telefonbuch ist. Der Express-Lunch für 15 NZ$ ist ein echtes Schnäppchen.

Rata MODERN-NEUSEELÄNDISCH $$$
(Karte S. 616; ☎ 03-442 9393; www.ratadining.co.nz; 43 Ballarat St; Hauptgerichte 37–38 NZ$; ⏲ 12–23 Uhr) Nachdem er mit Restaurants in London, New York und L.A. Michelinsterne abgeräumt hat, brachte der Koch und Besitzer Josh Emett seine besondere, aber erstaunlich dezente Küche mit diesem gehobenen, aber zwanglosen Restaurant in einer Seitenstraße wieder nach Hause zurück. Die heimatlichen Gefilde bilden den Rahmen für die kleine Karte, die die besten saisonalen Erzeugnisse Neuseelands in den Mittelpunkt stellt.

Fishbone SEAFOOD $$$
(Karte S. 616; ☎ 03-442 6768; www.fishbonequeenstown.co.nz; 7 Beach St; Hauptgerichte 29–38 NZ$; ⏲ 17–22 Uhr) Queenstown liegt mitten im Binnenland, aber dennoch bringt das Fishbone die besten Meeresfrüchte Neuseelands zustande. Alles von Jakobsmuscheln bis hin zu Red Snapper wird hier auf leichte und innovative Art zubereitet.

Umgebung

VKnow MODERN-NEUSEELÄNDISCH $$
(Karte S. 608; ☎ 03-442 5444; www.vknow.co.nz; 155 Fernhill Rd, Fernhill; Pizzas 19–30 NZ$, Hauptgerichte 26–36 NZ$; ⏲ 16 Uhr–open end) Na gut, der Name ist wirklich blöd. Doch das sollte keinen abhalten, dieses außerordentlich freundliche, legere Restaurant zu besuchen – genau so eins wünscht sich jeder zu Hause um die Ecke. Auf der Karte stehen regionales Wild, Kabeljau und Canterbury-Lamm.

Wakatipu Grill EUROPÄISCH $$$
(Karte S. 608; ☎ 03-450 9400; www.queenstownhilton.com; Hilton Queenstown, Peninsula Rd, Kelvin Heights; Hauptgerichte 34–52 NZ$; ⏲ Mi–So 16 Uhr–open end) Das Hilton liegt an der Mündung des Kawarau River am See, und beim Besuch seines berühmten Restaurants ist die 8 km lange Fahrt mit dem Wassertaxi Teil des Vergnügens. Auf der Grillkarte stehen riesige T-Bone-Steaks vom Angusrind, die einen Fred Feuerstein glücklich machen würden; doch wer mehr nach Wilma Feuerstein schlägt, kann auch frisch geöffnete Austern, Pasta oder auf französische Art zubereitet Fisch-, Lamm- und Entengerichte essen.

Gantley's FRANZÖSISCH $$$
(☎ 03-442 8999; www.gantleys.co.nz; 172 Arthurs Point Rd, Arthurs Point; Hauptgerichte 37–44 NZ$; ⏲ 18–22 Uhr) Die französisch beeinflusste Küche und die exzellente Weinkarte sind die 7 km lange Fahrt von Queenstown wert. Das stimmungsvolle Restaurant befindet sich in einem Haus aus Holz und Stein, das 1863 als Gasthof errichtet wurde. Wer sich etwas gönnen will, sollte das Sechs-Gänge-Degustationsmenü (90 NZ$) probieren.

Ausgehen & Nachtleben

Ausgehen und etwas Trinken sind in Queenstown fast so etwas wie ein Sport, und es gibt eine gute Palette an Orten, um sich ihm nach Einbruch der Dunkelheit zu widmen. Allabendlich stehen Livemusik und Clubbing auf dem Programm, und selbst montags- und dienstagabends dürfte es kein Problem sein, eine Bar zu finden, die bis 4 Uhr morgens geöffnet ist.

Mehrere Anbieter veranstalten organisierte Kneipentouren, bei denen die Teilnehmer mit einem Armband versehen eine wilde Nacht mit verbilligten Drinks, Werbegeschenken und Spielen erleben – auf die Anzeigen in Hostels und Bars in der Stadt achten!

Ballarat Trading Company KNEIPE
(Karte S. 616; www.ballarat.co.nz; 7-9 The Mall; ⌚11 Uhr–open end) Ausgestopfte Bären, an der Wand hängende Enten und ein nachgebauter Gemischtwarenladen aus der Kolonialzeit – was die verrückteste Dekoration angeht, ist diese Kneipe um Längen vorn. Vom Mischmasch der Stilrichtungen mal abgesehen ist das Ballarat aber eigentlich ganz traditionell: Die Zapfhähne glänzen, auf dem Bildschirm läuft Sport, das Essen ist deftig und die Musik fällt manchmal in die 1980er-Jahre zurück.

Zephyr BAR
(Karte S. 616; 1 Searle Lane; ⌚20–4 Uhr) Queenstowns coolste Indie-Rock-Bar befindet sich – so wie es sich gehört – in einem düsteren Keller in einer Seitenstraße.

Pub on Wharf KNEIPE
(Karte S. 616; www.pubonwharf.co.nz; 88 Beach St; ⌚22 Uhr–open end; 📶) Dieser Pub kombiniert supercooles Design mit schönen Holzarbeiten und schummriger Beleuchtung, die ideal für ein Hipster-Versteck wäre. Die unechten Tierköpfe erinnern daran, dass man immer noch in Neuseeland ist. Das Mac's vom Fass, die Knabbereien und die gute Weinkarte machen die Kneipe zu einer tollen Adresse für einen entspannten Abend. Jeden Abend gibt's Livemusik.

Monty's KNEIPE
(Karte S. 616; www.montysbar.co.nz; 12 Church St) An warmen Sommerabenden ist die Terrasse dieser „Konzeptbar" der Monteith's Brewery wahnsinnig beliebt. Von Donnerstag bis Sonntag spielen abends Bands.

New Zealand Wine Experience WEINBAR
(Karte S. 616; ☎03-409 2226; www.winetastes.com; 14 Beach St; ⌚10.30–22 Uhr) Mal etwas anderes: Erst lädt man Bargeld auf eine Chipkarte, dann kann man sich aus einem automatischen Dispenser mit Schutzgas selbst einen Probierschluck oder ein Glas der über 90 verschiedenen neuseeländischen Weine einschenken.

Bardeaux WEINBAR
(Karte S. 616; Eureka Arcade, Searle Lane; ⌚16–4 Uhr) Die kleine unauffällige Weinbar hat Klasse. In dem niedrigen, höhlenartigen Raum stehen gemütliche Ledersessel, der Kamin ist aus Schiefer aus Central Otago. Die Weinkarte ist herausragend und die Preise einiger Flaschen liegen im vierstelligen Bereich.

Atlas Beer Cafe BAR
(Karte S. 616; www.atlasbeercafe.com; Steamer Wharf, Beach St; ⌚10–14 Uhr) Die winzige Bar am Ende der Steamer Wharf hat sich auf Biere aus der Emerson's Brewery in Dunedin und weitere regelmäßig angebotene Biere aus anderen Gegenden spezialisiert. Auf der kleinen Karte stehen leckere Gerichte und Tapas.

Searle Lane BAR
(Karte S. 616; www.searlelane.co.nz; 15 Church St; ⌚11 Uhr–open end) Billardtische, Tagesangebote zur Mittagszeit und Brathähnchen vom Spieß sorgen dafür, dass dies einer der besten Orte ist, um die neuen Gäste des eigenen Hostel besser kennenzulernen. Da schadet es auch nichts, dass das Bier großzügig fließt und die Cocktails gut gemixt sind.

Barmuda COCKTAILBAR
(Karte S. 616; Searle Lane; ⌚15 Uhr–open end) Das große offene Feuer macht den ummauerten Hof des Barmuda sehr einladend, selbst bei kaltem Wetter.

Surreal BAR
(Karte S. 616; www.surrealbar.co.nz; 7 Rees St; ⌚12 Uhr–open end; 📶) Die große Attraktion dieser ansonsten durchschnittlichen Bar ist die Dachterrasse – ein wunderbar verstecktes Plätzchen für einen Drink im Freien. Später am Abend sorgen DJs für Stimmung, und die Tanzfläche erwacht zum Leben. Der Dienstagsabend steht unter dem Motto „Open Mic".

Debajo CLUB
(Karte S. 616; www.facebook.com/Debajoqueenstown; Cow Lane; ⌚22 Uhr–4 Uhr) Ein Klassiker, um die Nacht ausklingen zu lassen – House und Big Beat lassen den Dancefloor bis zum morgendlichen Zapfenstreich wogen.

Tardis Bar BAR
(Karte S. 616; www.tardisbar.com; Skyline Arcade, 20 Cow Lane) Eine gute Tanzbar, in der regelmäßig DJs Hip-Hop, Drum 'n' Bass und Dub auflegen. Innen ist sie viel geräumiger, als man von außen denkt.

World Bar BAR
(Karte S. 616; www.theworldbar.co.nz; 27 Shotover St; ⏲16 Uhr–open end) Ehe sie 2013 bei einem Brand zerstört wurde, war die World Bar die legendäre Party-Location der Stadt. Zum Zeitpunkt der Recherche war der Wiederaufbau im Gang, vielleicht ist die Bar inzwischen wieder geöffnet. Wenn nicht, lohnt ein Besuch im **The Find** (Karte S. 616; 53 Shotover St), den das Team der World Bar als temporären Ersatz aus dem Boden gestampft hat.

☆ Unterhaltung

Der kostenlose monatliche Flyer *Source* (www.facebook.com/SourceNZ) informiert über Konzerte und Veranstaltungen.

Kiwi Haka TRADITIONELLER TANZ
(Karte S. 612; ☎03-441 0101; www.skyline.co.nz; Skyline; Erw./Kind ohne Gondola 39/26 NZ$) Traditionelle Maori-Kultur kann man am oberen Ende der Gondola erleben. Jeden Abend finden drei 30-minütige Shows statt; eine Reservierung ist unbedingt notwendig.

Reading Cinemas KINO
(Karte S. 616; ☎03-442 9990; www.readingcinemas.co.nz; 11 The Mall; Erw./Kind 17/11 NZ$) Dienstags gibt's Ermäßigungen.

Shoppen

★ **Vesta** KUNST & KUNSTHANDWERK
(Karte S. 616; www.vestadesign.co.nz; 19 Marine Pde; ⏲10.30–17.30 Uhr) Vesta verkauft echt coole Kunst und Kunsthandwerk aus Neuseeland und ist bis unter die Decke mit interessanten Drucken, Gemälden, Glaskunst und Geschenken gefüllt. Es befindet sich im Williams Cottage (1864), dem ältesten Wohnhaus Queenstowns. Der Besuch lohnt schon allein, um die Tapeten aus den 1930er-Jahren und den in den 1920er-Jahren angelegten Garten anzuschauen.

Kapa KUNST & KUNSTHANDWERK
(Karte S. 616; www.kapa.co.nz; 29 Rees St; ⏲10–20 Uhr) Skurriles, eklektisches neuseeländisches Design mit einer gesunden Dosis moderner Maori-Kultur.

Fetch BEKLEIDUNG
(Karte S. 616; www.fetchnz.com; 34 Shotover St; ⏲10–18 Uhr) Hier kann man coole Kiwi-Siebdruck-T-Shirts kaufen oder selbst welche entwerfen, um sie später daheim als Erinnerung an die Zeit des Bungee-Jumpings, des Mountainbikens und der Zip-Lines im Abenteuersport-Mekka Queenstown zu tragen.

Kathmandu OUTDOOR-AUSRÜSTUNG
(Karte S. 616; www.kathmandu.co.nz; 88 Beach St; ⏲10–18 Uhr) Eine bekannte und hochwertige Ware verkaufende neuseeländische Kette, die Zelte, Schlafsäcke, robuste Rucksäcke, Sport- und Outdoorschuhe sowie stilvolle Outdoor-Klamotten im Angebot hat.

Small Planet Sports OUTDOOR-AUSRÜSTUNG
(Karte S. 616; www.smallplanetsports.com; 17 Shotover St; ⏲Okt.–Mai 9–19, Juni–Sept. 8–21 Uhr) Neue und gebrauchte Outdoor-Ausrüstung. In der Stadt gibt's auch noch einen billigeren **Outlet-Store** (Karte S. 616; 23 Beach St).

Arts & Crafts Market MARKT
(Karte S. 616; www.marketplace.net.nz; Earnslaw Park; ⏲9.30–15.30 Uhr) Handgearbeitete Geschenke und Souvenirs aus der Region, am Seeufer neben der Steamer Wharf.

ℹ Praktische Informationen

DOC Touristeninformation (Department of Conservation; Karte S. 616; ☎03-442 7935; www.doc.govt.nz; 38 Shotover St; ⏲8.30–17 Uhr) Hier gibt's den Backcountry Hut Pass und aktuelle Infos zum Wetter und dem Zustand der Wege. Der DOC hat sein Büro über dem Laden Outside Sports. Man kann auch im Voraus für den Routeburn Track buchen.

Queenstown i-SITE (Karte S. 616; ☎03-442 4100; www.queenstown-vacation.com; Ecke Shotover St & Camp St; ⏲8.30–19 Uhr) Freundlich und informativ (aber oft auch hektisch); die Mitarbeiter helfen bei der Buchung von Unterkünften und haben Infos über Queenstown, Gibbston, Arrowtown und Glenorchy.

ℹ An- & Weiterreise

BUS

Die meisten Busse und Shuttlebusse halten in der Athol Street oder gegenüber der i-SITE (Einzelheiten bei der Buchung erfragen).

Alpine Connexions (☎03-443 9120; www.alpinecoachlines.co.nz) Shuttles fahren von/nach Cardrona (35 NZ$), Wanaka (35 NZ$), Cromwell (25 NZ$), Alexandra (35 NZ$) und Dunedin (45 NZ$) sowie zu wichtigen Haltestellen am Otago Central Rail Trail.

Atomic Shuttles (☎03-349 0697; www.atomictravel.co.nz) Täglich Busse nach Cromwell (15 NZ$, 50 Min.), Omarama (30 NZ$, 2¼ Std.), Twizel (30 NZ$, 3¼ Std.), Lake Tekapo (30 NZ$, 3¾ Std.) und Christchurch (50 NZ$, 7 Std.).

Connect Wanaka (www.connectabus.com) Fährt zweimal täglich von/nach Wanaka (35 NZ$, 1½ Std.).

InterCity (Karte S. 616; ☎03-442 4922; www.intercity.co.nz) Täglich Busse von/nach Wanaka (ab 17 NZ$, 1½ Std.), Franz Josef (ab 6 NZ$2,

8 Std.), Dunedin (ab 22 NZ$, 4¼ Std.) und Invercargill (48 NZ$, 3 Std.) sowie zweimal täglich nach Christchurch (ab 55 NZ$, 8–11 Std.).

Naked Bus (www.nakedbus.com) Zwei Busse täglich nach Wanaka (1¼ Std.); ein Bus nach Cromwell (1 Std.), Franz Josef (6 Std.) und Christchurch (9 Std.); weniger regelmäßige Verbindungen nach Te Anau (2¾ Std.). Schwankende Preise.

FLUGZEUG

Informationen zu internationalen Flügen stehen im Kapitel „Verkehrsmittel & -wege". Sowohl **Air New Zealand** (☎ 0800 737 000; www.airnewzealand.co.nz) als auch **Jetstar** (☎ 0800 800 995; www.jetstar.com) fliegen von Auckland, Wellington und Christchurch nach Queenstown.

TRANSPORTMÖGLICHKEITEN FÜR WANDERER & SKIFAHRER

Kiwi Discovery (S. 618) bietet ebenfalls Transportmöglichkeiten in die Berge und zu den Ausgangspunkten der Wanderwege an.

Info & Track Centre (☎ 03-442 9708; www.infotrack.co.nz; 37 Shotover St; ⌚ 7.30–20 Uhr) Während der Saison für die Great Walks organisiert diese Agentur Transfers zu den Ausgangspunkten des Routeburn Track, des Greenstone Track, des Caples Track sowie des Rees-Dart Track.

NZSki Snowline Express (www.nzski.com; hin & zurück 15 NZ$) In der Skisaison starten vor dem Snow Centre in der Duke Street von 8 bis 11.30 Uhr alle 20 Minuten Shuttles. Sie fahren sowohl zum Coronet Peak als auch zu den Remarkables. Die Busse fahren ab 13.30 Uhr immer zurück, wenn sie voll sind. Von 16 bis 19 Uhr fahren auch stündlich Busse zum Nachtskifahren am Coronet Peak, sie kehren von 17.30 bis 21.30 Uhr alle halbe Stunde zurück.

Trackhopper (☎ 021-187 7732; www.trackhopper.co.nz; ab 230 NZ$, plus Benzinkosten) Bietet einen praktischen Auto-Rückholservice von beiden Enden des Routeburn Track, des Greenstone Track, des Caples Track und des Rees-Dart Track.

ℹ Unterwegs vor Ort

VOM/ZUM FLUGHAFEN

Der **Queenstown Airport** (ZQN; Karte S. 608; ☎ 03-450 9031; www.queenstownairport.co.nz; Sir Henry Wrigley Dr, Frankton) liegt 7 km östlich vom Stadtzentrum.

Busse der Linie 11 von **Connnectabus** (☎ 03-441 4471; www.connectabus.com) fahren zwischen 6.50 und 23 Uhr alle 15 Minuten von der Camp Street zum Flughafen (Erw./Kind 8/5 NZ$). Es gibt auch Verbindungen nach Arrowtown und Wanaka.

Super Shuttle (☎ 0800 748 885; www.supershuttle.co.nz; Fahrpreis 16 NZ$) bietet einen Shuttle zwischen dem Flughafen und Queenstown.

Queenstown Taxis (☎ 03-450 3000; www.queenstown.bluebubbletaxi.co.nz) und **Green Cabs** (☎ 0508 447 336; www.greencabs.co.nz) verlangen für die Fahrt etwa 35 NZ$.

ÖFFENTLICHE VERKEHRSMITTEL

Connnectabus (☎ 03-441 4471; www.connectabus.com) betreibt mehrere Linien, die farblich markiert sind und bis Sunshine Bay, Fernhill, Arthurs Point, Frankton und Arrowtown fahren. Mit einer Tageskarte (Erw./Kind 20/12 NZ$) kann man alle Busse des Busnetzes nutzen. Eine Streckenkarte und Fahrpläne bekommt man bei der i-SITE. Die Busse fahren in der Camp Street ab.

RUND UM QUEENSTOWN

Glenorchy & Umgebung

360 EW.

Das winzige, überwältigend schön gelegene Glenorchy bildet das perfekte Gegenstück zu Queenstown. Immer mehr Anbieter von Abenteuersportarten sorgen dafür, dass Besucher den See und die nahe gelegenen Bergtäler mit dem Kajak, Jetboot oder auf dem Pferderücken aktiv erkunden können. Wer lieber die eigenen zwei Beine benutzt, findet in der bergigen Region am Südende des Lake Wakatipu einige der schönsten Wanderwege der Südinsel.

Wer ein robustes Fahrzeug hat, kann die herrlichen Täler nördlich von Glenorchy ansteuern. **Paradise** liegt 15 km nordwestlich der Stadt, gleich hinter dem Ausgangspunkt des Dart Track (S. 629). Man sollte aber nicht zu viel erwarten: Das „Paradies" ist nur eine Koppel, doch die Schotterstraße führt durch ein wunderschönes landwirtschaftliches genutztes Gebiet, das von majestätischen Bergen umrahmt wird. Falls es einem bekannt vorkommt: In der Filmtrilogie *Herr der Ringe* ging es durch diese Gegend sowohl nach Isengard als auch nach Lothlorien.

Aktivitäten

Bei fast allen organisierten Aktivitäten wird gegen eine kleine Gebühr auch der Transfer von und nach Queenstown arrangiert. Weitere angebotene Aktivitäten sind Farmbesuche, Fliegenfischen, geführte Fotoexkursionen sowie Kochkurse; nähere Infos gibt's in der i-SITE (S. 626) in Queenstown.

Wandern

Die beiden DOC-Broschüren *Head of Lake Wakatipu* und *Wakatipu Walks* (je 5 NZ$) beschreiben ausführlich Wanderungen ins Routeburn Valley, zum Lake Sylvan, zum Dart River und zum Lake Rere. Zwei der besten Kurzwanderungen sind der **Routeburn Nature Walk** (1 Std.) am Anfang des Routeburn Track sowie den **Lake Sylvan Tramp** (1 Std. 40 Min.).

Ehe man eine der längeren Wanderungen unternimmt, sollte man beim DOC in Queenstown (S. 626) oder **Te Anau** (☎03-249 7924; www.doc.govt.nz; Ecke Lakefront Dr & Te Anau-Manapouri Rd; ⏲8.30–16.30 Uhr, 9. Dez.–16. März bis 18 Uhr) vorbeischauen, um sich über die aktuellen Wegebedingungen zu informieren und genaue Karten zu kaufen. Nützliche Infos bietet auch der englischsprachige Lonely Planet Band *Tramping in New Zealand*.

Snacks und Lebensmittel für die Wanderung sollte man vorher in Lebensmittelgeschäften in Queenstown kaufen. Die besten Transportmöglichkeiten zu den Wanderwegen bestehen in der Saison für die Great Walks im Sommer (Ende Okt.–März); wenn möglich, bucht man im Voraus. Viele örtliche Unterkünfte bieten den Transport zu den Wanderwegen an; Infos zu Transportmöglichkeiten ab Queenstown stehen auf S. 627.

★ Routeburn Track WANDERN

(www.doc.govt.nz; Hütten/Stellplatz Nov.–April 54/18 NZ$, Mai–Okt. 15/5 NZ$) Der 32 km lange Routeburn Track, für den man zwei bis vier Tage benötigt, führt durch unglaublich vielfältige Landschaften und ist einer der beliebtesten neuseeländischen Wanderwege durch Regenwald und subalpines Gelände. Er ist einer der neun Great Walks, und viele Wanderer halten ihn für den besten.

Die wachsende Zahl der Wanderer hat in der Hauptsaison die Einführung eines Online-Buchungssystems notwendig gemacht, das alle Hütten und Stellplätze am Weg umfasst. Nach der Online-Reservierung muss

Routeburn, Greenstone & Caples Tracks

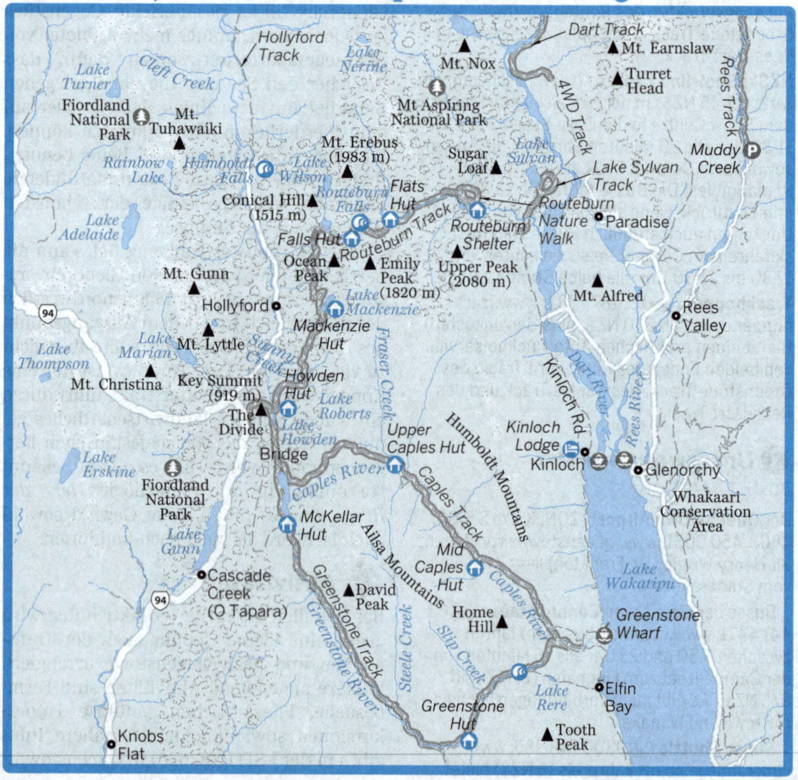

man am Tag der Wanderung oder einen Tag vorher ins DOC Visitor Centre in Queenstown oder Te Anau gehen, um das eigentlich Ticket abzuholen. Außerhalb der Hauptsaison ist keine Vorausbuchung erforderlich, man muss sich aber trotzdem in einem der DOC-Zentren melden, um Tickets für die Hütten bzw. Campingplätze zu kaufen.

Der Routeburn Track ist auch im Winter offen. Wanderer ohne Erfahrungen im Winteralpinismus sollten dann aber auf die alpinen Abschnitte verzichten. Auf der Strecke zwischen der Routeburn Falls Hut und der Howden Hut gibt es 32 Lawinenbereiche, und das Lawinenrisiko bleibt bis ins Frühjahr hoch. Man sollte sich immer beim DOC nach den aktuellen Bedingungen erkundigen.

Man kann den Routeburn Track von beiden Enden aus gehen. Viele Wanderer, die von Queentown aus kommen, versuchen, **The Divide** so zu erreichen, dass sie den Bus nach Milford bekommen, um dort eine Bootsfahrt auf dem Sund machen zu können. Herrliche Blicke bieten sich unterwegs vom **Harris Saddle** und vom Gipfel des nahen **Conical Hill**, von dem aus man die Brandung in der Martins Bay sehen kann. Vom **Key Summit** eröffnet sich ein Panoramablick auf das Hollyford Valley, das Eglinton Valley und das Greenstone River Valley.

An beiden Enden des Wegs gibt es Parkplätze; sie sind aber unbewacht, daher sollte man keine Wertsachen im Auto lassen.

ABSCHNITT	DAUER (STD.)
Routeburn Shelter–Flats Hut	ca. 1½–2½
Flats Hut–Falls Hut	ca. 1–1½
Falls Hut–Mackenzie Hut	ca. 4½–6
Mackenzie Hut–Howden Hut	ca. 3–4
Howden Hut–The Divide	ca. 1–1½

Greenstone & Caples Tracks WANDERN

(Hütten Erw./Kind 15/5 NZ$) Diese Tracks, die mäandernden Flüssen durch friedliche Täler folgen, bilden einen Rundweg, den viele Wanderer in einer moderaten Vier- oder Fünftagestour gehen. Unterwegs bieten die einfachen Hütten Mid Caples Hut, Upper Caples Hut, McKellar Hut und Greenstone Hut Übernachtungsmöglichkeiten; Backcountry-Hüttenpässe muss man im Voraus erwerben.

Beide Wege treffen auf den Routeburn Track, dem man entweder Richtung Süden bis zum Ende an The Divide folgen kann oder den man (bei Vorausbuchung) zurück nach Glenorchy wandern kann. Von der McKellar Hut gelangt man in zwei bis drei Stunden zur Howden Hut am Routeburn Track, die eine Stunde von The Divide entfernt liegt.

Der Zugang zum Greenstone Track und zum Caples Track erfolgt von Greenstone Wharf; in der Nähe befinden sich unbewachte Parkplätze.

ABSCHNITT	DAUER (STD.)
Greenstone Wharf–Mid Caples Hut	ca. 2–3
Mid Caples Hut–Upper Caples Hut	ca. 2–3
Upper Caples Hut–McKellar Hut	ca. 5–8
McKellar Hut–Greenstone Hut	ca. 5–7
Greenstone Hut–Greenstone Wharf	ca. 3–5

Rees-Dart Track WANDERN

(Hütten/Stellplatz 15/5 NZ$) Dies ist eine schwierige, anspruchsvolle Rundwanderung vom Nordende des Lake Wakatipu, für die man vier bis fünf Tage benötigt. Sie führt durch Täler und über einen Hochgebirgspass, und mit der entsprechenden Ausrüstung und Erfahrung ist auch ein Abstecher zum Dart Glacier möglich. Mit dem Auto kommt man bis zum Muddy Creek am Rees River, von dort sind es sechs Sunden bis zur Shelter Rock Hut.

Die meisten Wanderer gehen zuerst den Rees Track und kehren über den Dart Track zurück. Für die drei einfachen DOC-Hütten (Shelter Rock, Daleys Flat und Dart) muss man zuvor einen Backcountry-Pass kaufen.

ABSCHNITT	DAUER (STD.)
Muddy Creek–Shelter Rock Hut	ca. 6–8
Shelter Rock Hut–Dart Hut	ca. 4–6
Dart Hut–Daleys Flat Hut	ca. 5–7
Daleys Flat Hut–Paradise	ca. 6–8

Reiten

Dart Stables REITEN

(☎ 03-442 5688; www.dartstables.com; Coll St) Im Angebot sind u.a der zweistündige Ritt „River Wild" (135 NZ$) und die 1½-stündige Tour „Ride of the Rings" (175 NZ$) für Hobbit-Fans. Begeisterte Reiter können eine zweitägige Tour mit Übernachtung in Paradise (705 NZ$) machen.

High Country Horses REITEN

(☎ 03-442 9915; www.high-country-horses.co.nz; Priory Rd) Eine große Palette an Unterneh-

INSIDERWISSEN

REES VALLEY

Die gefeierte neuseeländische Filmemacherin Jane Campion, deren TV-Serie *Top of the Lake* von 2013 in der Region gedreht wurde, erzählt von ihrer Verbindung zum Rees Valley.

„So oft ich nur kann, reise ich zu einer Ferienhütte oben im Rees Valley, am oberen Ende des Lake Wakatipu. Ich liebe den See, die majestätischen Berge in der Umgebung, das gute Wetter im Tal, die Spaziergänge, die Flüsse, das Gefühl, am Ende der Welt zu sein und die Menschen, die in der Nähe wohnen. Jeder, der mich dort oben besucht hat, ist von der Magie der Landschaft und dem Gefühl, dass sich dort alle weltlichen Sorgen in Luft auflösen, infiziert. Der Lake Sylvan ist eines von vielen guten Zielen für eine Wanderung durch die Wildnis – eine ziemlich kurze Wanderung für eine Landschaft von solcher Größe. Aber das einzigartige Gefühl, das sich im Busch einstellt, macht sofort glücklich. Kürzlich war der Wasserstand des Sees besonders hoch, sodass man dort phänomenal schwimmen konnte."

mungen, vom einstündigen „Rees River Ride' (80 NZ$) bis zu zwei- und mehrtägigen Touren.

Andere Aktivitäten

Dart River Jet Safaris JETBOOTFAHREN
(☎03-442 9992; www.dartriver.co.nz; Erw./Kind 219/119 NZ$; ⏲Abfahrt 9 & 13 Uhr) Fahrten ins Herz der Wildnis des Dart River, die eine kurze Wanderung durch den Buchenwald und eine Geländewagenfahrt beinhalten. Die Rundtour von Glenorchy dauert drei Stunden. Man kann auch eine Jetbootfahrt mit einer Fahrt flussabwärts in einem dreisitzigen aufblasbaren *funyak* (Erw./Kind 319/219 NZ$) kombinieren. Die Abholung in Queenstown ist im Preis enthalten.

Skydive Paradise FALLSCHRIMSPRINGEN
(☎03-442 8333; www.skydiveparadise.co.nz; Glenorchy Airport; Sprünge aus ca. 3600–4600 m Höhe 335–409 NZ$) Tandemsprünge über einer der spektakulärsten Landschaften der Welt.

Geführte Touren

Ultimate Hikes GEFÜHRTE WANDERUNGEN
(☎03-450 1940; www.ultimatehikes.co.nz; ⏲Nov.–Mitte April) Wer Abenteuer mit Komfort schätzt, dem bietet Ultmimate Hikes eine dreitägige geführte Wanderung auf dem Routburn Track (ab 1225 NZ$); eine sechstägige „Grand Traverse", die Wanderungen auf dem Routeburn Track und dem Greenstone Track kombiniert (ab 1660 NZ$); und die achttägige „Classic"-Wanderung, die den Routeburn Track und den Milford Track verbindet (ab 3155 NZ$). Alle Touren sind inklusive Mahlzeiten und Übernachtung in den komfortablen Hütten von Ultimate Hikes. Eine eintägige Wanderung (Routeburn Encounter; 169 NZ$) ist auch im Programm.

Glenorchy Base GEFÜHRTE WANDERUNGEN
(☎03-409 0960; www.glenorchybase.co.nz; halber/ganzer Tag ab 350/420 NZ$) Spezialisiert auf geführte Wanderungen rund um Glenorchy. Zu den Highlights gehören Vogelbeobachtungen rund um den Lake Sylvan und eine Tageswanderung auf dem Routeburn Track.

Private Discovery Tours AUTO-TOUR
(☎03-442 2299; www.rdtours.co.nz) Halbtägige Geländewagentouren durch eine Schafstation im Hochland in einem entlegenen Tal zwischen dem Mt. Earnslaw und dem Mt. Alfred (Erw./Kind 185/92 NZ$). Ganztagestouren führen u.a. zu Schauplätzen der *Herr der Ringe*-Filme rund um Paradise (Erw./Kind 295/150 NZ$). Die Abholung aus Queenstown ist im Preis enthalten.

Schlafen & Essen

Kinloch Lodge LODGE, CAFÉ $
(☎03-442 4900; www.kinlochlodge.co.nz; Kinloch Rd; B 35 NZ$, DZ mit/ohne Bad ab 140/85 NZ$; @📶) Gegenüber von Glenorchy auf der anderen Seite des Lake Wakatipu (26 km über die Straße; 5 Min. mit dem Boot) liegt diese wunderbar einsame Lodge von 1868, die Mountainbikes verleiht, geführte Kajakfahrten anbietet und den Transport zu den Ausgangspunkten der Wanderwege organisiert. Die Heritage Rooms sind recht klein, aber stilvoll und haben kein eigenes Bad. Die Zimmer im Hostel, das der YHA angeschlossen ist, sind komfortabel und farbenfroh, außerdem gibt's einen warmen Whirlpool, der nach einer Wanderung ideal ist. Das hervorragende Café mit Bar ist das ganze Jahr über zum Mittagessen geöffnet, im Sommer gibt's Abendessen à la carte und im Winter ist es festgelegt.

DOC-Campingplatz Kinloch CAMPINGPLATZ $
(www.doc.govt.nz; Kinloch Rd; Erw./Kind 6/3 NZ$) Dieser Standardcampingplatz des DOC direkt am See und an der Kinloch Lodge hat Toiletten, einen Grill und reines Seewasser als Trinkwasser. Duschen (6 NZ$) und Mahlzeiten gibt's in der Lodge.

Mt. Earnslaw Motels MOTEL $$
(☎03-442 6993; mtearnslaw@xtra.co.nz; 89 Oban St, Glenorchy; Zi. 120 NZ$; 📶) Im Frühling zieren Blumen den Garten dieses unauffälligen, aber ordentlichen Motels. In den sieben Zimmern, die ein gutes Preis-Leistungs-Verhältnis bieten, gibt's komfortable Sessel, kleine Küchen und große Betten; einen Designpreis dürfte das Motel aber kaum gewinnen.

Glenorchy Lake House B&B $$$
(☎03-442 7084; www.glenorchylakehouse.co.nz; Mull St, Glenorchy; Zi. 325–380 NZ$; 📶) Nach einer Tageswanderung kann man im Wellnesspool dieses B&Bs am See die Batterien wieder aufladen. Andere kleine luxuriöse Extras sind die Bettwäsche aus ägyptischer Baumwolle, die Flachbild-TVs und die netten Toilettenartikel. Der Transfer zum Routeburn Track und zum Greenstone Track kann organisiert werden.

Glenorchy Cafe CAFÉ $$
(Mull St, Glenorchy; Hauptgerichte 10–20 NZ$, Pizzas 25 NZ$; ⌚Jan.–April So–Mi 9–17, Do–Sa bis 21 Uhr, Mai–Dez. So–Fr 10–17, Sa bis 21 Uhr) Tagsüber kann man sich hinter diesem hübschen kleinen Cottage in der Sonne niederlassen und sich warmes Frühstück, Sandwiches und Suppe schmecken lassen. Abends geht man hinein, um im Licht einer sonderbaren Beleuchtung Pizza zu essen und Bier zu trinken.

Glenorchy Hotel KNEIPE $$
(☎03-442 9902; www.glenorchy-nz.co.nz; Mull St, Glenorchy; Hauptgerichte 15–29 NZ$) Die Zimmer taugen nichts, doch der Garten vor dieser von Einheimischen besuchten Kneipe ist ganz nett, um ein Bier zu trinken oder ein sättigendes Essen zu verputzen.

ℹ Praktische Informationen

In Glenorchy gibt's eine Tankstelle, doch bevor man herkommt, sollte man in Queenstown mit preiswerterem Benzin volltanken. Am Glenorchy Hotel befindet sich ein Geldautomat.

Glenorchy Information Centre & Store
(☎03-409 2049; www.glenorchy-nz.co.nz; Mull St, Glenorchy; ⌚9–18 Uhr) Das kleine Geschäft am Glenorchy Hotel ist eine gute Quelle für aktuelle Wetter- und Wegeinformationen. Es verleiht auch Angeln und Mountainbikes und hat Wander- und Mountainbikekarten für das nahe gelegene Whakaari Conservation Area.

ℹ An- & Weiterreise

Glenorchy liegt am Nordende des Lake Wakatipu. Die 40-minütige Fahrt (46 km) von Queenstown Richtung Nordwesten ist äußerst reizvoll. Von der Asphaltstraße öffnen sich weite Blicke auf die Landschaft und das schimmernde Wasser, doch die vielen Hügel machen es Radlern sehr schwer. Es gibt keine Busverbindungen, Einzelheiten zu Shuttlebussen für Wanderer s. S. 626.

Arrowtown

2450 EW.

Das malerische Arrowtown, das bei Tagesausflüglern aus Queenstown beliebt ist, entstand in den 1860er-Jahren nach der Entdeckung von Gold im Arrow River. An den hübschen, von Bäumen gesäumten Avenuen stehen heute noch über 60 Originalgebäude aus der Zeit des Goldrauschs, doch das einzige Gold, das heute im Umlauf ist, sind die Kreditkarten, die in der ständig wachsenden Schar eleganter Geschäfte geschwenkt werden.

Statt sich den Tagestouristen anzuschließen und viel Geld auszugeben, sollte man die Stadt lieber als Basis nutzen, um mit den verbesserten öffentlichen Verkehrsverbindungen Queenstown und die Region zu erkunden. So kann man den historischen Charme Arrowtowns und seine ausgezeichneten Restaurants genießen, wenn die Ausflugsbusse wieder auf dem Weg zurück nach Queenstown sind.

Sehenswertes

Chinesische Siedlung HISTORISCHE STÄTTE
(Buckingham St; ⌚24 Std.) GRATIS In Arrowtown befindet sich Neuseelands bestes Beispiel für eine chinesische Siedlung aus der Zeit des Goldrauschs. Informative Schilder erläutern das Leben der chinesischen Goldgräber während des Booms (der letzte Bewohner starb 1932) sowie danach; und restaurierte Hütten und Läden machen die Geschichte noch greifbarer. Die Chinesen wurden oft Opfer von unverblümtem Rassismus und hatten keine andere Wahl, als den Abraum noch einmal nachzubearbeiten, statt sich vielversprechenden neuen Claims zuzuwenden.

Lake District Museum & Gallery MUSEUM
(www.museumqueenstown.com; 49 Buckingham St; Erw./Kind 8/2 NZ$; ⌚8.30–17 Uhr) Das Museum widmet sich der Goldgräberära und

Arrowtown

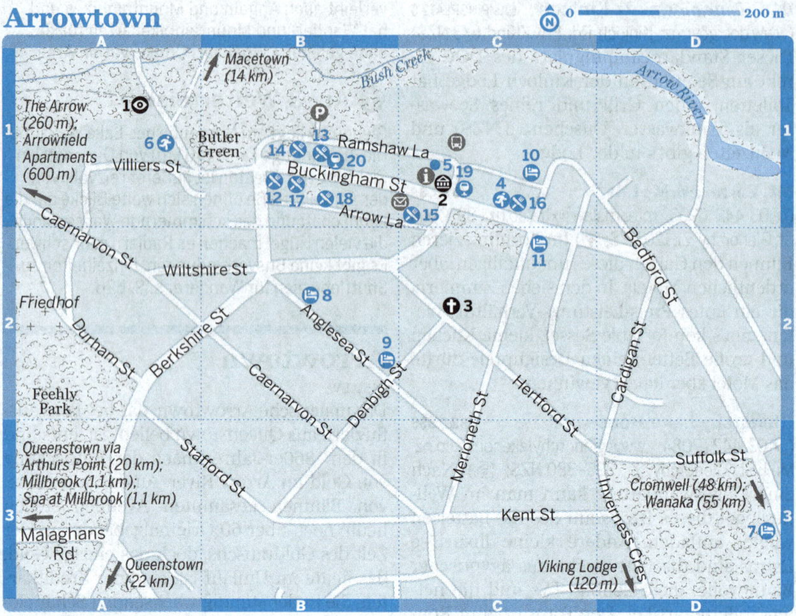

Arrowtown

Sehenswertes
1 Chinesische Siedlung A1
2 Lake District Museum & Gallery C1
3 St. Patrick's Catholic Church C2

Aktivitäten, Kurse & Touren
4 Arrowtown Bike Hire C1
5 Arrowtown Legends Tour C1
6 Dudley's Cottage A1
Queenstown Bike Tours .... (siehe 6)
Southern Explorer .... (siehe 4)

Schlafen
7 Arrowtown Born Of Gold D3
8 Arrowtown Lodge B2
9 Old Villa B2
10 Poplar Lodge C1
11 Shades of Arrowtown C2

Essen
12 Arrowtown Bakery B1
13 Bonjour B1
14 Cook's Store & Deli B1
15 La Rumbla C1
16 Provisions C1
17 Saffron B1
18 Stables B1

Ausgehen & Nachtleben
Blue Door .... (siehe 17)
19 Fork & Tap C1
20 New Orleans Hotel B1

Unterhaltung
Dorothy Browns .... (siehe 17)

den Anfängen der chinesischen Besiedlung rund um Arrowtown. Kleine Traveller werden Spaß mit dem Museum Fun Pack (5 NZ$) haben, das Arbeitsblätter, Karten fürs Schatzsuchen im Museum und ein paar Körnchen Gold enthalt. Hier kann man auch das Zubehör mieten, um sein Glück bei der Goldsuche am Arrow River (5 NZ$) zu versuchen; die größten Chancen, Spuren von Gold zu finden, hat man in einiger Entfernung vom Stadtzentrum.

St. Patrick's Catholic Church KIRCHE
(www.stjosephsqueenstown.co.nz; 7 Hertford St) Abgesehen vom Rosettenfenster in Form eines Davidsterns wäre diese Kirche aus dem Jahr 1874 nicht weiter beachtenswert, wenn sie nicht Verbindungen zur einzigen katholischen Heiligen Australiens hätte. Die Heilige Maria vom Heiligen Kreuz, die sehr beliebte Lehrerin Mary McKillop (1842–1909), gründete im benachbarten winzigen Bergarbeiter-Cottage aus den 1870er-Jahren

ein **Kloster**. Oft sind die Türen der Kirche nicht abgeschlossen – einfach probieren.

Aktivitäten

Im Informationszentrum gibt's die Broschüre *Cycling & Walking Trail* (1 NZ$), die Einzelheiten zu einigen tollen Wegen in der Gegend enthält. Eine besonders schöne neue Radroute ist der **Arrow River Bridges Track** (12 km) von Arrowtown zur Kawarau Bridge, der mehrere neue Hängebrücken überquert und durch einen Tunnel unter dem Highway führt.

Arrowtown Bike Hire MOUNTAINBIKEN
(☎0800 224 473; www.arrowtownbikehire.co.nz; 59 Buckingham St; halber/ganzer Tag 35/49 NZ$) Die neuen Mountainbikerouten in der Umgebung von Arrowtown sind ideal für alle, die sich unbedingt bewegen müssen. Ein tolles Erlebnis ist die „Mountain Bike Mania-Tour" (199 NZ$, Okt.–April), eine Kombination aus einer Fahrt mit Geländewagen und Mountainbikes im Gebiet des ehemaligen Goldgräberdorfs Macetown. Räder können auch für mehrere Tage geliehen werden.

Queenstown Bike Tours MOUNTAINBIKEN
(☎03-442 0339; www.queenstownbiketours.co.nz; Dudley's Cottage, 4 Buckingham St) Verleiht Räder (Erw./Kind 59/29 NZ$) und organisiert selbst geführte Touren, darunter Weintouren. Beim „Gold Rush Run" (85 NZ$) erhält man eine Einweisung ins Goldschürfen und die Ausrüstung und macht sich dann am Arrow River auf die Suche …

Dudley's Cottage GOLDSCHÜRFEN
(www.facebook.com/dudleyscottage; 4 Buckingham St; ⏲9–17 Uhr) In diesem historischen Cottage erhalten Besucher eine Einweisung ins Goldschürfen (10 NZ$) oder können sich mit einer wassergefüllte Schüssel und einem Eimer mit Kies aus dem Fluss selbst ans Goldschürfen machen (15 NZ$). Man kann auch einfach eine Pfanne und eine Schaufel (6 NZ$) oder eine Goldwaschrinne (25 NZ$) ausleihen und auf eigene Faust losziehen.

Geführte Touren

Arrowtown Legends Tour BUSTOUR
(☎0800 405 066; www.connectabus.com; Ramshaw Lane; Tour 20 NZ$; ⏲Touren 10, 11, 13, 14, 15 & 16 Uhr) Arrowtown ist winzig, doch dieser Doppeldeckerbus (ein ausgedienter Londoner Routemaster) schafft es, eine 30-minütige Rundfahrt mit interessantem Kommentar zu absolvieren.

Southern Explorer AUTO-TOUR
(☎03-441 1144; www.southernexplorer.co.nz; 59 Buckingham St; Tagestour 65–160 NZ$) Geländewagentouren durch die unglaublich malerische Landschaft und die historische Goldgräberregion um Arrowtown, durch den Skippers Canyon und Glenorchy. Man kann auch eine Nacht lang im Skippers Canyon oder in Macetown campen.

Schlafen

Poplar Lodge HOSTEL $
(☎03-442 1466; www.poplarlodge.co.nz; 4 Merioneth St; B/EZ/Apt. 30/62/120 NZ$, DZ mit/ohne Bad 99/70 NZ$; 📶) Das Angebot an Budgetunterkünften in Arrowtown ist begrenzt, doch dieses umgebaute Haus ist eine tolle Wahl. Im Hostel herrscht eine ruhige, gemütliche Atmosphäre, und die Zimmer sind bestens für einen erholsamen Schlaf geeignet. Im benachbarten Cottage gibt es auch ein Selbstversorgerapartment.

Arrowtown Born Of Gold FERIENANLAGE $
(☎03-442 1876; www.arrowtownholidaypark.co.nz; 12 Centennial Ave; Stellplatz 36 NZ$, Zi. 120–160 NZ$; @📶) Diese recht typische Ferienanlage in der Nähe des Zentrums bietet

ABSEITS DER ÜBLICHEN PFADE

MACETOWN

14 km nördlich von Arrowtown liegt Macetown, eine Geisterstadt aus der Goldgräberzeit. Nach Macetown führt eine holprige, oft überflutete Straße (die ursprünglich für die Wagen der Goldgräber gebaut wurde), die den Arrow River mehr als 25-mal überquert. An die Fahrt mit einem Mietwagen sollte man nicht einmal denken, sondern in Queenstown oder Arrowtown eine Tour mit dem Geländewagen buchen. Anbieter solcher Touren, die auch die Gelegenheit zum Goldschürfen bieten, sind u. a. Nomad Safaris (S. 618) und Southern Explorer (S. 633); eine andere Möglichkeit sind Mountainbiketripps mit Arrowtown Bike Hire (s. linke Spalte).

Man kann auch von Arrowtown nach Macetown wandern (16 km, hin & zurück 7½ Std.), im Winter und im Frühling ist dies aber besonders schwierig; vor dem Aufbruch sollte man sich im Informationszentrum über die Bedingungen zum Wandern informieren.

eine Reihe von Hütten mit eigenem Bad, die mit Rosen geschmückt sind, und einen recht neuen Sanitärblock mit Münzduschen.

★ **Arrowtown Lodge** B&B $$
(☎03-442 1101; www.arrowtownlodge.co.nz; 7 Anglesea St; DZ 160 NZ$;) Von außen sehen die Gästezimmer wie historische Cottages aus, doch innen sind sie gemütlich und modern und haben alle ein eigenes Bad und einen eigenen Eingang vom hübschen Garten aus. Ein kontinentales Frühstück ist inbegriffen.

Old Villa B&B $$
(☎03-442 1682; www.arrowtownoldvilla.co.nz; 13 Anglesea St; EZ 110 NZ$, DZ 140–160 NZ$;) Frisch gebackenes Brot und hausgemachte Marmeladen begrüßen Gäste in dieser historischen Villa mit einem Garten, der wie gemacht für sommerliche Grillabende ist. Die beiden Doppelzimmer mit Bad zieren frische Blumen. In einem der Zimmer steht ein zusätzliches Einzelbett.

Shades of Arrowtown MOTEL $$
(☎03-442 1613; www.shadesofarrowtown.co.nz; Ecke Buckingham & Merioneth Sts; DZ 110–155 NZ$;) Die hohen, schattigen Bäume und der Garten geben diesen stilvollen Cottages im Bungalowstil ein entspanntes Flair. Das zweistöckige Familienapartment (ab 180 NZ$) ist für eine ganze Familie sehr preiswert.

Viking Lodge MOTEL $$
(Karte S. 608; ☎03-442 1765; www.vikinglodge.co.nz; 21 Inverness Cres; Wohneinheit 145–193 NZ$;) Diese älteren Nurdachhäuser sind familienfreundlich. Wenn die Kinder nach einem Tag voller Erlebnisse immer noch nicht genug haben, kann man sie beim Schwimmen im Pool oder auf dem Spielplatz müde und ruhiger machen.

The Arrow BOUTIQUEHOTEL $$$
(Karte S. 608; ☎03-409 8600; www.thearrow.co.nz; 63 Manse Rd; DZ ab 395 NZ$;) In diesem modernen Hotel am Rand von Arrowtown warten fünf unaufdringliche, aber luxuriöse Suiten, die schick und modern sind. Große Panoramafenster setzen die Landschaft in Szene. Das Frühstück ist inbegriffen.

Arrowfield Apartments APARTMENTS $$$
(Karte S. 608; ☎03-442 0012; www.arrowfield.co.nz; 115 Essex Ave, Butel Park; Apt. 250–475 NZ$;) An einer ruhigen Seitenstraße in einem neuen Teil der Stadt stehen diese 13 geräumigen Stadthäuser mit eigener Garage im Haus, komplett ausgestatteten Küchen, Gaskaminen und drei Schlafzimmern. Wenn eine kleinere, günstigere Unterkunft gewünscht wird, können auch Zimmer verschlossen werden.

Millbrook RESORT $$$
(Karte S. 608; ☎03-441 7000; www.millbrook.co.nz; Malaghans Rd; DZ ab 245 NZ$;) Gleich außerhalb von Arrowtown liegt dieses riesige Resort, das selbst eine kleine Stadt ist. Die gemütlichen Villen sind mit allem erdenklichen Luxus versehen, und direkt vor der Tür ist ein erstklassiger Golfplatz. Abends kann man unter mehreren Restaurants wählen oder im Spa (S. 620) relaxen.

Essen

Arrowtown Bakery BÄCKEREI, CAFÉ $
(Buckingham St; Hauptgerichte 6–15 NZ$; 8–16 Uhr) Der kleine Laden ist Bäckerei und Café zugleich und serviert eine breite Palette köstlicher Gourmetpasteten (5,50 NZ$), darunter so exotische Varianten wie Lamm und Thai-Hühnchen. Man kann es sich aber auch einfach bei Kaffee und Kuchen gemütlich machen.

Provisions CAFÉ $
(www.provisions.co.nz; 65 Buckingham St; Hauptgerichte 9–19 NZ$; 8.30–17 Uhr) Eines der ältesten Cottages in Arrowtown ist heute ein hübsches Café, das in einem duftenden Garten liegt. Hier gibt's Frühstück und Kaffee, und man sollte die Stadt nicht verlassen, ohne eines der zu Recht berühmten klebrigen Brötchen probiert zu haben. Alles wird frisch vor Ort gebacken, auch Brot und Bagel.

Cook's Store & Deli FEINKOST, CAFÉ $
(www.cooksdeli.co.nz; 21 Ramshaw Lane; Hauptgerichte 9–12 NZ$; 8.30–17 Uhr) Das an ein Weingeschäft angeschlossene Feinkostgeschäft und Café ist der richtige Ort, um Zutaten für ein Picknick, darunter regionalen Käse, Bagel und Spezialbrot, zu kaufen.

★ **La Rumbla** TAPAS $$
(☎03-442 0509; www.larumbla.co.nz; 54 Buckingham St; Tapas 9–18 NZ$; Di–Do 16–24, Fr & Sa 14–2, So 16–23 Uhr) Hinter der Post versteckt sich dieses kleine Juwel, dem es perfekt gelingt, das kräftige Aroma und die spätabendlichen Essgewohnheiten Spaniens ins kleine Arrowtown zu bringen. Regionale Produkte werden in kleinen Häppchen wie Lammfleischbällchen oder Südinsel-Kroketten serviert.

Bonjour FRANZÖSISCH $$
(☎03-409 8946; www.bonjour-arrowtown.com; 25 Ramshaw Lane; Frühstück 7–19 NZ$, Mittagessen 11–19 NZ$, Abendessen 25–31 NZ$; So–Mi 8.30–

15, Do–Sa bis 22 Uhr) Zum Frühstück kann man sich Kaffee und Croissants genehmigen oder sich für eine der 18 unterschiedlichen Crêpes- und Galettesorten entscheiden, die den ganzen Tag erhältlich sind. Zum Abendessen werden Käsefondue und traditionelle Bistrogerichte aufgetischt.

Stables CAFÉ $$

(☎03-442 1818; www.stablesrestaurant.co.nz; 28 Buckingham St; Mittagessen 16–19 NZ$, Abendessen 32–38 NZ$; ⏲11–15 & 17–21 Uhr; 📶) Das Stables ist ein schönes Plätzchen für ein Mittagessen im Freien, denn die Tische im Hof stehen um einen grasbewachsenen Platz. Abends sollte man in das 1860 erbaute Steinhaus hineingehen, um gemütlich zu Abend zu essen – dann steht der Holzkohlegrill im Mittelpunkt.

Saffron MODERN-NEUSEELÄNDISCH $$$

(☎03-442 0131; www.saffronrestaurant.co.nz; 18 Buckingham St; Mittagessen 23–29 NZ$, Abendessen 37–40 NZ$; ⏲12–15 Uhr & 18 Uhr–open end) Das Saffron serviert anspruchsvolle Speisen in einem förmlichen, eleganten Ambiente. Das häufig wechselnde Angebot an Currys deckt mühelos ganz Asien ab, andere Gerichte stammen aus Europa und Neuseeland. Gäste können sogar das Kochbuch *The Taste of Central Otago* mit den besten Rezepten des Restaurants kaufen.

Ausgehen & Nachtleben

Blue Door BAR

(www.saffronrestaurant.co.nz; 18 Buckingham St; ⏲17 Uhr–open end) Diese coole kleine Bar liegt versteckt hinter einer schwer zu findenden blauen Tür. Sie bietet eine beachtliche Weinkarte und genug rustikales Ambiente für einen langen Abend. Die niedrigen Decken, der offene Kamin und die vielen Kerzen sorgen für eine gemütliche Atmosphäre, die zum Zechen animiert.

Fork & Tap KNEIPE

(www.theforkandtap.co.nz; 51 Buckingham St; ⏲11–23 Uhr) Handwerklich gebraute Biere, tolles Essen und ein sonniger, kinderfreundlicher Garten hinterm Haus machen das Fork & Tap zur besten Kneipe Arrowtowns. Das Gebäude wurde 1865 als Bank gebaut, heute spielen hier mittwochs irische Bands und an Sommersonntagen auch andere Musiker.

New Orleans Hotel KNEIPE

(www.neworleanshotel.co.nz; 27 Buckingham St; ⏲8–23 Uhr; 📶) Diese 1866 eröffnete Kneipe aus der Ära des Goldrauschs ist noch immer kantig genug, um einen Kontrast zum malerischen Ambientes Arrowtowns zu bieten. Die rauen Goldsucher sind längst verschwunden, stattdessen kommen (überwiegend) junge Männer aus der Stadt, um Billard zu spielen, im TV Sport zu schauen und auf der Terrasse ein paar Bierchen zu kippen.

QUEENSTOWN & WANAKA AN EINEM REGENTAG

Wellness im japanische Stil bieten die **Onsen Hot Pools** (☎03-442 5707; www.onsen.co.nz; 160 Arthurs Point Rd, Arthurs Point; Wanne für 2 80 NZ$; ⏲11–22 Uhr) in Queenstown. Man kann auch einen Bus nach Arrowtown nehmen, um im skurrilen Kino Dorothy Browns einen Film zu sehen. Das Cinema Paradiso (S. 643) und das Ruby's (S. 643) in Wanaka sind genauso cool. Andere Unternehmungen bei jedem Wetter in Wanaka sind die Puzzling World (S. 636), das tolle Wanaka Transport & Toy Museum (S. 636) sowie Warbirds & Wheels (S. 636). Wer zwischen April und Oktober hier ist, kann in der Queenstown Ice Arena Schlittschuh laufen (S. 615).

Unterhaltung

Dorothy Browns KINO

(☎03-442 1964; www.dorothybrowns.com; Ballarat Arcade, Buckingham St; Erw./Kind 19/10 NZ$) Ein Kino, wie es sein soll: bequeme Sitzplätze, in denen man sich auch an seinen Sitznachbarn kuscheln kann, und zu den Kunstfilmen, die hier überwiegend gezeigt werden, gibt's guten Wein und Käseplatten. In jede Vorführung im Hauptkino wird eine Pause eingebaut – die perfekte Gelegenheit, sich einen Becher Gourmeteis zu besorgen.

Praktische Informationen

Arrowtown Visitor Information Centre
(☎03-442 1824; www.arrowtown.com; 49 Buckingham St; ⏲8.30–17 Uhr) Die Touristeninformation teilt sich ein Gebäude mit der Lake District Museum & Gallery.

An- & Weiterreise

Busse der Linie 10 von **Connectabus** (☎03-441 4471; www.connectabus.com) fahren regelmäßig von Frankton nach Arrowtown (7.45–23 Uhr). Wer aus Queenstown kommt, fährt mit einem Bus der Linie 11 bis zur Ecke Frankton Rd und Kawarau Rd und steigt dort um. Die einzige Direktverbindung ist der Doppeldeckerbus, der täglich auf der ersten Tour von Arrowtown Legends Tour (S. 633) um 9.30 Uhr in Queenstown abfährt (8 NZ$).

WANAKA

6480 EW.

Welche Stadt ist besser – Queenstown oder Wanaka? Das ist in dieser Gegend die ewige Frage, und die Antwort darauf ist nicht einfach. Es ist schwer zu sagen, welche Stadt schöner ist – beide liegen herrlich an einem See und in den Bergen. Auch an der Frage, wo es die besseren Möglichkeiten zum Skifahren und Wandern gibt, scheiden sich die Geister.

Der größte Unterschied sind die Größe und der Trubel. Im Gegensatz zum lebenslustigen Queenstown auf der anderen Seite der Crown Range herrscht in Wanaka noch eine entspannte Kleinstadtatmosphäre. Das heißt aber nicht, dass es ein verschlafenes kleines Nest ist, und neue Restaurants und Bars sorgen für einen Anschein von Weltläufigkeit. Und während Wanaka nicht die gleiche Auswahl an adrenalingeschwängerten Aktivitäten bieten kann, so ist es doch sehr aktiv, was Outdoor-Abenteuer angeht. Zudem ist es billiger, was ja auch nicht ganz unwichtig ist.

Sehenswertes

Puzzling World VERGNÜGUNGSPARK
(www.puzzlingworld.com; 188 Wanaka Luggate Hwy/SH84; Erw./Kind 18/12 NZ$; ⌚8.30–17.30 Uhr) Ein großes 3-D-Labyrinth und viele faszinierende optische Illusionen, die einem den Kopf verdrehen, unterhalten und verwirren Besucher aller Altersgruppen. Die Puzzling World liegt auf dem Weg nach Cromwell, 2 km von der Stadt entfernt.

National Transport & Toy Museum MUSEUM
(www.wanakatransportandtoymuseum.com; 851 Wanaka Luggate Hwy/SH6; Erw./Kind 15/5 NZ$; ⌚8.30–17 Uhr) Kleine Armeen der Schlümpfe, *Star Wars*-Figuren und Barbie-Puppen teilen sich dieses gigantische Museum, das vier Hangars nahe beim Flughafens einnimmt, mit einem Dutzend Oldtimern und einem auf geheimnisvolle Weise erworbenen MiG-Jet. Insgesamt gibt es ca. 30 000 Ausstellungsstücke, darunter viele Spielzeuge, an die man sich wahrscheinlich noch von regnerischen Nachmittagen der eigenen Kindheit erinnert

Wanaka Beerworks BRAUEREI
(www.wanakabeerworks.co.nz; SH6; Führungen & Weinproben 10 NZ$; ⌚Weinproben 11–16 Uhr, Führungen Do–Di 14 Uhr) Die beiden wichtigsten Biere (das Lager Cardrona Gold und das Pils Brewski) dieser kleinen Brauerei, die etwas unpassend ans Spielzeugmuseum angeschlossen ist, werden durch Saisonbiere ergänzt. Der Besitzer Dave ist ein echt fähiger belgischer Brauer.

Warbirds & Wheels MUSEUM
(www.warbirdsandwheels.com; Wanaka Airport, 11 Lloyd Dunn Av; Erw./Kind 20/5 NZ$; ⌚9–17 Uhr) Das Museum, das den neuseeländischen Kampffliegern, ihren Flugzeugen und ihren Heldentaten gewidmet ist, zeigt Hawker Hurricanes, eine de Havilland Vampire und viele schön restaurierte Oldtimer. Im Retro-Diner kann man etwas essen und die Jukebox zum Klingen bringen.

Rippon WEINGUT
(www.rippon.co.nz; 246 Mt Aspiring Rd; ⌚Juli–April 12–16.30 Uhr) Im Rippon gibt's nicht nur die beste Aussicht aller Weingüter Neuseelands, sondern auch hervorragenden Wein. Um Streit zu vermeiden, wer trinken darf und wer fahren muss, spaziert man am besten 2 km entlang des Seeufers und achtet auf die Weg, der vom Ende des Sargood Drives den Hügel hinaufführt.

Aktivitäten

Wanaka ist das Tor zum Mt. Aspiring National Park und zu den Skigebieten Treble Cone (S. 47), Cardrona (S. 644), Harris Mountains und Pisa Range.

Wandern

Genaueres zu Wanderungen in der Nähe der Stadt, darunter verschiedene Seespaziergänge, steht in der DOC-Broschüre *Wanaka Outdoor Pursuits* (3,50 NZ$). Der kurze Aufstieg zum **Mt. Iron** (527 m, hin & zurück 1½ Std.) eröffnet eine Panoramaaussicht.

Nördlich von Wanaka läft der meist menschenleere **Minaret Burn Track** (6–7 Std.) im Mt. Alta Conservation Area zum Wandern und Mountainbiken ein. Nach zwei bis drei Stunden führt ein Pfad hinunter zum **Colquhouns Beach**, an dem man toll schwimmen kann.

Aspiring Guides BERGSTEIGEN, SKIFAHREN
(☎03-443 9422; www.aspiringguides.com; L1, 99 Ardmore St) Dieses Team verfügt über mehr als 20 Jahre alpine Erfahrung und bietet ein breites Spektrum an Unternehmungen, darunter geführte Wanderungen in der Wildnis (3–8 Tage), Kurse im Bergsteigen und Eisklettern, geführte Besteigungen des Mt.

Aspiring, des Aoraki/Mt. Cook und des Mt. Tasman sowie Skitouren abseits der Pisten (1- bis 5-tägige Expeditionen ins Hinterland).

Alpinism & Ski Wanaka BERGSTEIGEN, SKIFAHREN
(☎03-442 6593; www.alpinismski.co.nz; ab 135 NZ$) Geführte Tageswanderungen und Wanderungen mit Übernachtung sowie anspruchsvollere Bergtouren, Kurse und Skitouren.

Adventure Consultants BERGSTEIGEN
(☎03-443 8711; www.adventureconsultants.com; 5 Tage ab 4100 NZ$) Bietet zweitägige Exkursionen auf dem Brewster Glacier (890 NZ$) und dreitägige Touren zum Gillespies Pass (1250 NZ$) im Mt. Aspiring National Park sowie längere Wanderungen, Bergbesteigungen (Mt. Aspiring, Mt. Tutoko, Mt. Tasman und Aoraki/Mt. Cook) und Bergsteigerkurse.

Klettern

Beste Bedingungen fürss Klettern finden sich an der Hospital Flat – 25 km von Wanaka in Richtung Mt. Aspiring National Park.

Basecamp Wanaka KLETTERN
(☎03-443 1110; www.basecampwanaka.co.nz; 50 Cardrona Valley Rd; Erw./Kind 20/17 NZ$; ⏲Mo–Fr 12–20, Sa & So 10–18 Uhr) Bevor es in die Berge geht, kann man hier an Kletterwänden die Grundlagen lernen.

Wanaka Rock Climbing KLETTERN
(☎03-443 6411; www.wanakarock.co.nz;) Bietet Kletterkurse für Anfänger (halber/ganzer Tag 140/210 NZ$), eine halbtägige Einführung in das Abseilen (140 NZ$) und anspruchsvolle Felsen für erfahrene Kletterer.

Mountainbiken

Hunderte Kilometer Wege und Pfade in der Region sind auch für Mountainbiker geöffnet. Die DOC-Broschüre *Wanaka Outdoor Pursuits* (3,50 NZ$) beschreibt Mountainbikestrecken von 2 bis 24 km Länge, darunter den **Deans Bank Loop Track** (12 km).

Eine landschaftlich besonders reizvolle neue Strecke ist der **Newcastle Track** (12 km), der dem aufgewühlten blauen Wasser des Clutha River von der Albert Town Bridge bis zur Red Bridge folgt. Wenn man bei Luggate auf den **Upper Clutha River Track** wechselt, kann man beide Tracks zu einer 30 km langen Rundfahrt kombinieren.

Thunderbikes FAHRRADVERLEIH
(☎03-443 2558; www.thunderbikes.co.nz; 16 Helwick St; ⏲9–17 Uhr) Verleiht Fahrräder (halber/ganzer Tag ab 20/35 NZ$) und erledigt Reparaturen. Es befindet sich im Board House, das in der Saison auch Ski- und Snowboardausrüstung verleiht und Outdoorkleidung verkauft.

Outside Sports FAHRRADVERLEIH
(www.outsidesports.co.nz; Spencer House Mall, 23 Dunmore St; ⏲9–18 Uhr) Verleiht (halber/ganzer Tag ab 35/55 NZ$), repariert und verkauft Räder sowie Wintersportausrüstung und Kleidung.

Weitere Aktivitäten

Deep Canyon CANYONING
(☎03-443 7922; www.deepcanyon.co.nz; Canyoning ab 220 NZ$; ⏲Okt.–April) Jede Menge Klettern, Wandern und Abseilen an Wasserfällen durch enge, wilde Schluchten.

Skydive Lake Wanaka FALLSCHIRMSPRINGEN
(☎03-443 7207; www.skydivewanaka.com; Fallschirmspringen ab 329 NZ$) Sprünge aus über 3600 m Höhe oder für ganz Mutige das Maximum, ein Sprung aus mehr als 4500 m Höhe mit 60 Sekunden freiem Fall.

Wanaka River Journeys JETBOOTFAHREN, WANDERN
(☎03-443 4416; www.wanakariverjourneys.co.nz; Erw./Kind 229/119 NZ$) Kombination aus Buschwanderung (50 Min.) und einer Jetbootfahrt im herrlichen Matukituki Valley.

Wanaka Kayaks KAJAKFAHREN
(☎0800 926 925; www.wanakakayaks.co.nz; ab 12 NZ$/Std.; ⏲Dez.–März 9–18 Uhr) Verleiht Kajaks (14 NZ$/Std.), Stehpaddel-Bretter (18 NZ$/Std.) und Katamarane (60 NZ$/Std.) und bietet geführte Paddeltouren auf dem See (halber/ganzer Tag 75/149 NZ$). Am Seeufer gegenüber von 163 Ardmore Street.

Wanaka Paragliding GLEITSCHIRMFLIEGEN
(☎0800 359 754; www.wanakaparagliding.co.nz; Tandem 199 NZ$) Im Sommer ermöglichen die thermischen Aufwinde einen etwa 20-minüten Gleitflug rund um den Treble Cone.

Hatch ANGELN
(☎03-443 8446; www.hatchfishing.co.nz; 2 Erw. halber/ganzer Tag 490/750 NZ$) Im Lake Wanaka und im Lake Hawea sowie in den Flüssen in der Umgebung kann man wunderbar Forellen angeln. Hatch bietet Fliegenfischen mit der Option, per Hubschrauber oder Jetboot zu entlegenen Angelgebieten zu gelangen.

Pioneer Rafting RAFTEN
(☎03-443 1246; www.ecoraft.co.nz; halber Tag Erw./Kind 145/85 NZ$, ganzer Tag 195/105 NZ$) Raften auf dem wilden Clutha mit Strom-

Wanaka

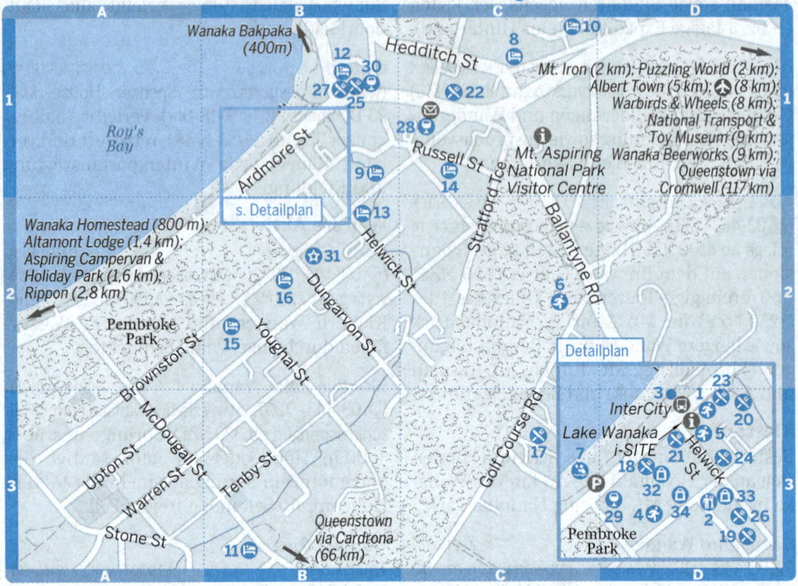

schnellen der Klassen II und III, Goldschürfen und Vogelbeobachtung.

Wanaka Golf Club GOLF
(☎03-443 7888; www.wanakagolf.co.nz; Ballantyne Rd; Platzgebühr 60 NZ$) Ein spektakulärer 18-Loch-Kurs.

Geführte Touren

Panoramaflüge

U-Fly PANORAMAFLÜGE
(☎03-445 4005; www.u-flywanaka.co.nz; Flüge ab 199 NZ$) Bei einem Panoramaflug über den Mt. Aspiring National Park lässt sich der Punkt „einmal selbst ein Flugzeug fliegen" schon mal abhaken. Keine Sorge, es gibt eine zweite Steuerung, über die im Fall des Falles sofort eingegriffen werden kann – so verrückt sind sie bei U Fly auch nicht.

Classic Flights PANORAMAFLÜGE
(☎03-443 4043; www.classicflights.co.nz; Flüge ab 249 NZ$) Veranstaltet Rundflüge in einer alten Tigermoth oder in einem Waco-Doppeldecker. Eine „Biggles"-Flugbrille und ein Seidenschal werden gestellt.

Wanaka Helicopters HUBSCHRAUBER
(☎03-443 1085; www.wanakahelicopters.co.nz) Das Angebot reicht von 15-minütigen Probierflügen (95 NZ$) bis zu zweistündigen Flügen zum Milford Sound (995 NZ$).

Aspiring Helicopters HUBSCHRAUBER
(☎03-443 7152; www.aspiringhelicopters.co.nz) Möglich sind 20-minütige Flüge (170 NZ$), aber auch eine 2½-stündige Tour zum Milford Sound (1250 NZ$); dazwischen liegt z. B. der Flug zum Mt. Aspiring.

Alpine Helicopters HUBSCHRAUBER
(☎03-443 4000; www.alpineheli.co.nz) Die Palette reicht von einem 20-minütigen Flug (185 NZ$) bis zur vierstündigen Fiordland Heli Traverse (7500 NZ$ für max. 6 Pers.).

Wanaka Flightseeing PANORAMAFLÜGE
(☎03-443 8787; www.flightseeing.co.nz) Spektakuläre Flüge über den Mt. Aspiring (240 NZ$), Aoraki/Mt. Cook (435 NZ$) und Milford Sound (490 NZ$).

Noch mehr geführte Touren

Adventure Wanaka BOOTSFAHRT, ANGELN
(☎03-443 6665; www.adventurewanaka.com) Bootsfahrten auf dem See und Angeltouren in einem 8 m langen Boot.

Lakeland Adventures BOOTSFAHRT, KAJAKFAHREN
(☎03-443 7495; www.lakelandadventures.co.nz; Log Cabin, 100 Ardmore St) Veranstaltet zweistündige Bootstouren nach Stevensons Island (Erw./Kind 95/55 NZ$) und eine dreistündige Fahrt zur Insel Mou Waho (Erw./Kind 165/55 NZ$), beide inklusive einer

Wanaka

Aktivitäten, Kurse & Touren
1 Aspiring Guides ... D3
2 Cardrona Alpine Resort (Buchungsbüro) ... D3
3 Lakeland Adventures ... D3
4 Outside Sports ... D3
5 Thunderbikes ... D3
6 Wanaka Golf Club ... C2
7 Wanaka Kayaks ... C3

Schlafen
8 Archway Motels ... C1
9 Asure Brookvale ... B1
10 Criffel Peak View ... C1
11 Harpers ... B3
12 Lakeside ... B1
13 Matterhorn South ... B2
14 Mountain View Backpackers ... C1
15 Wanaka View Motel ... B2
16 YHA Wanaka Purple Cow ... B2

Essen
17 Bistro Gentil ... C3
18 Boaboa Food Company ... D3
19 Federal Diner ... D3
20 Francesca's Italian Kitchen ... D3
21 Kai Whakapai ... D3
22 Red Star ... C1
23 Relishes Cafe ... D3
24 Ritual ... D3
25 Soulfood ... B1
26 Spice Room ... D3
27 The Landing ... B1
Yohei ... (siehe 4)

Ausgehen & Nachtleben
28 Barluga & Woody's ... C1
29 Gin & Raspberry ... D3
Lalaland ... (siehe 1)
30 Opium ... B1

Unterhaltung
31 Cinema Paradiso ... B2

Shoppen
32 Chop Shop ... D3
33 Gallery Thirty Three ... D3
34 MT Outdoors ... D3
Picture Lounge ... (siehe 4)

Führung durch den Busch und einer Teepause am Vor- oder Nachmittag. Man kann auch ein Kajak (Std. 15 NZ$) ausleihen und zur Ruby Island paddeln.

Auch einstündige Jetboottouren über den See (Erw./Kind 109/55 NZ$) und Wassertaxis zum Ausgangspunkt des Minaret Burn Track (75 NZ$) sind im Angebot.

Eco Wanaka Adventures WANDERN, BOOTSFAHRT
(☎03-443 2869; www.ecowanaka.co.nz; halber/ganzer Tag ab 105/170 NZ$) Geführte Touren, z. B.: eine Ganztagswanderung zum Rob Roy Glacier (250 NZ$), eine vierstündige Bootsfahrt mit Wanderung auf der Insel Mou Waho und eine ganztägige Kombination aus Bootsfahrt und Geländewagentour (390 NZ$).

Wanaka Bike Tours MOUNTAINBIKEN
(☎0800 862 453; www.wanakabiketours.co.nz; Touren ab 99 NZ$) Geführte Touren, darunter auch Heli-Biking-Optionen.

Ridgeline Adventures AUTO-TOUR
(☎0800 234 000; www.ridgelinenz.com Touren ab 140 NZ$) Auf einer Geländewagen-Safari kann man die Wildnis rund um Wanaka erkunden.

Funny French Cars AUTO-TOUR
(☎027 386 6932; www.funnyfrenchcars.co.nz) In einem alten Citroen geht's zu den Weingütern Central Otagos (165 NZ$/Pers.), hinauf in die Hügel zu einem Picknick zur Mittagszeit (150 NZ$/Pers.) oder zu den Highlights Wanakas (pro Auto 80 NZ$/Std.).

Feste & Events

Warbirds over Wanaka FLUGSHOW
(☎03-443 8619, 0800 496 920; www.warbirdsoverwanaka.com; Wanaka Airport; 3 Tage Erw./Kind 190/45 NZ$) Jedes zweite Jahr (in den geraden Jahren) zu Ostern steht diese unglaublich beliebte internationale Flugshow auf dem Veranstaltungsplan, zu der bis zu 50 000 Besucher kommen. Die Tickets kosten am ersten Tag nur 65/15 NZ$ pro Erw./Kind, am zweiten und dritten Tag je 90/15 NZ$.

Rippon Festival MUSIK
(www.ripponfestival.co.nz) Findet alle zwei Jahre (in geraden Jahren) Anfang Februar im Rippon Vineyard am See statt. Die Headliner sind namhafte neuseeländische Acts verschiedener Stilrichtungen, darunter R&B, Reggae, Rock, Pop und Punk.

Wanaka Fest KARNEVAL
(www.wanakafest.co.nz) Bei dem viertägigen Event herrscht die Atmosphäre einer Kleinstadtkirmes. Paraden, Livemusik und skurrile Wettkämpfe sorgen bei den Einheimischen für gute Laune.

NICHT VERSÄUMEN

MT. ASPIRING NATIONAL PARK

Grüne Täler, Bergwiesen, klare Flüsse, über 100 Gletscher und schroffe Berge machen den **Mt. Aspiring National Park** (www.doc.govt.nz) zu einem Paradies für Naturfreunde und Outdoor-Fans. 1964 wurde er zum Nationalpark erklärt und später in die Southwest New Zealand (Te Wahipounamu) World Heritage Area integriert. Der Park erstreckt sich über 3555 km² entlang der Southern Alps, vom Haast River im Norden bis zu seiner Grenze mit dem Fiordland National Park im Süden. Über den Park wacht der riesige Mt. Aspiring (Tititea; 3033 m), der höchste Gipfel außerhalb des Gebiets Aoraki/Mt. Cook.

Während sich im südlichen Teil des Mt. Aspiring National Park bei Glenorchy bekannte Wanderwege wie der Routeburn Track (S. 628), die Tracks Greenstone und Caples (S. 629) und der Rees-Dart Track (S. 629) befinden, gibt's im Matukituki Valley unweit von Wanaka viele wunderbar kurze Wanderungen, aber auch anspruchsvollere mehrtägige Wanderwege; Einzelheiten stehen in der Broschüre *Matukituki Valley Tracks* (2 NZ$) des Department of Conservation (DOC).

Der dramatische **Rob Roy Glacier Track** (hin & zurück 2–4 Stunden) führt zu Gletschern, Wasserfällen und einer Hängebrücke. Die Wanderung ist nur mäßig anstrengend, stellenweise aber sehr steil. Der **West Matukituki Valley Track**, eine schöne Wanderung vor allem über grasbewachsene Ebenen, führt weiter bis zur Aspiring Hut (hin & zurück 4–5 Std.; Hauptsaison/Nebensaison 25/20 NZ$ pro Nacht). Wer Lust auf eine mehrtägige Wanderung mit tollem Blick auf den Mt. Aspiring hat, geht weiter bis zu Liverpool Hut (1000 m; 15 NZ$/Nacht) und French Ridge Hut (1465 m; 20 NZ$/Nacht).

Auf vielen der Wege liegt oft Schnee und es besteht Lawinengefahr; sie können heimtückisch sein. Daher ist es unerlässlich, sich vor der Wanderung beim DOC in Wanaka (S. 646) zu erkundigen und Hüttentickets zu kaufen. Außerdem sollte man seine geplante Wanderung auf www.adventuresmart.org.nz. eintragen.

Die Wege erreicht man vom Raspberry Creek am Ende der Mt. Aspiring Road, 50 km von Wanaka aus. Die Straße ist über 30 km unbefestigt und durchquert neun Furten; in der Regel ist sie außer bei Regen aber mit einem normalen Auto mit Zweiradantrieb befahrbar (beim DOC nachfragen).

Schlafen

Im Sommer und besonders rund um Neujahr steigen die Nachfrage und die Preise erheblich an. Im Winter kommen viele internationale Snowboarder in die Stadt.

Wanaka

★ Altamont Lodge LODGE $
(☎ 03-443 8864; www.altamontlodge.co.nz; 121 Mt Aspiring Rd; EZ/DZ ohne Bad 49/79 NZ$; WLAN) Das Altamont am ruhigen Ende der Stadt hat ordentliche kleine Zimmer mit Gemeinschaftsbad und eine geräumige, gut ausgestattete Gemeinschaftsküche. Durch das Naturholz entsteht das Ambiente einer Skihütte, und der Wellnesspool und das lodernde Feuer in der Lounge sorgen dafür, dass die Gäste nach einem Tag auf den Skihängen wieder auftauen.

★ Wanaka Bakpaka HOSTEL $
(☎ 03-443 7837; www.wanakabakpaka.co.nz; 117 Lakeside Rd; B 28-29, DZ mit/ohne Bad 90/70 NZ$; @ WLAN) Ein energiegeladenes Ehepaar leitet dieses freundliche Hotel oberhalb des Sees mit der wohl schönsten Aussicht der Stadt. Die Einrichtungen sind erstklassig, und die Mitarbeiter sind super bei der Sache und bieten müden Travellern eine wunderbare Begrüßung. Wegen der herrlichen Aussicht lohnt es sich, etwas mehr für das Doppelzimmer mit Bad zu zahlen.

YHA Wanaka Purple Cow HOSTEL $
(☎ 03-443 1880; www.yha.co.nz; 94 Brownston St; B 31-34, DZ mit/ohne Bad ab 95/81 NZ$; @ WLAN) Das Purple Cow, das in der Hierarchie der neuseeländische YHA-Hostels sehr weit oben steht, bietet eine ganze Palette an Gemeinschafts- und Privatzimmern, darunter einige mit eigenem Bad in einem neueren Gebäude im hinteren Teil. Das Highlight ist die große Lounge mit tollem Blick auf den See und die Berge sowie einem Holzofen.

Aspiring Campervan & Holiday Park FERIENANLAGE $
(☎ 03-443 7766; www.campervanpark.co.nz; Studholme Rd; Stellplatz 20–25 NZ$, EZ/DZ 25/60 NZ$, Zi. mit/ohne Bad ab 75/65 NZ$; @ WLAN) Rasen-

stellplätze für Zelte und Wohnmobile, viele Bäume und der schöne Blick sorgen für eine entspannte Atmosphäre. Die Ausstattung umfasst einen Grillbereich mit Gasgrills, kostenloses WLAN, einen Wellnesspool und eine Sauna. Die älteren Motelzimmer sind alle renoviert worden, die neuesten preiswerten Hütten wirken mit ihren Holzböden warm und gemütlich.

Matterhorn South HOSTEL $
(☎03-443 1119; www.matterhornsouth.co.nz; 56 Brownston St; B 28–35, DZ mit/ohne Bad ab 115/80 NZ$; @ 📶) Dieses Hostel besteht aus zwei Gebäuden, der „Lodge" und dem etwas schlichteren „Backpackers", und hat saubere, günstige Schlafsäle und Privatzimmer. Jedes Haus ist mit einer eigenen Küche und einer Lounge ausgestattet, und im Garten kann man nach einem Tag voller Abenteuer wunderbar relaxen.

Mountain View Backpackers HOSTEL $
(☎03-443 9010; www.wanakabackpackers.co.nz; 7 Russell St; B 27–29 NZ$, DZ 68 NZ$; P @ 📶) Das farbenfrohe und charaktervolle renovierte Haus wartet mit einem gepflegten Rasen und warmen, komfortablen Zimmern auf. Nach einem Tag voller Aktivitäten kann man abends den Grill anwerfen. Praktische Extras sind u.a. ein Trockenraum und Parkplätze abseits der Straße.

Criffel Peak View B&B $$
(☎03-443 5511; www.criffelpeakview.co.nz; 98 Hedditch St; EZ 130 NZ$, DZ 160–165 NZ$, Apt. 270 NZ$) In einer ruhigen Sackgasse liegt dieses wunderbare B&B mit drei Zimmern, die sich eine große Lounge mit einem Holzfeuer und eine sonnige, von Glyzinien umrankte Terrasse teilen. Die charmanten Gastgeber wohnen in einem separaten Haus dahinter, in dem sich noch ein Selbstversorgerapartment mit zwei Schlafzimmern befindet.

Harpers B&B $$
(☎03-443 8894; www.harpers.co.nz; 95 McDougall St; 2BZ/DZ 140/160 NZ$) Der liebevoll gestaltete Garten (immerhin mit Teich und Wasserfall) ist das stolze Werk der älteren Eigentümer dieses ruhigen, gemütlichen B&Bs. Das berühmte Frühstück wird auf der sonnigen Terrasse mit weitem Blick serviert – am besten plant man gleich Zeit für eine geruhsame zweite Tasse Kaffee ein.

Wanaka View Motel MOTEL $$
(☎03-443 7480; www.wanakaviewmotel.co.nz; 122 Brownston St; Zi. 120–195 NZ$; 📶) Im modernisiertem Wanaka View gibt es fünf Apartments mit Sky TV, Wellnessbad, kompletter Küche und Seeblick; das größte Apartment hat drei Schlafzimmer. Hinter dem Motel versteckt sich noch ein preiswerteres komfortables Studio, allerdings ohne Küche oder Aussicht.

Archway Motels MOTEL $$
(☎03-443 7698; www.archwaymotels.co.nz; 64 Hedditch St; Zi. ab 120 NZ$; 📶) Das etwas ältere Motel mit sauberen, geräumigen Zimmern und Chalets erreicht man in einem kurzen Spaziergang bergauf vom Stadtzentrum aus. Die freundlichen, hilfsbereiten Besitzer, die neuen Flachbild-TVs und die Zedernholz-Whirlpools mit Bergblick sorgen für ein tolles Preis-Leistungs-Verhältnis in dieser zuweilen recht teuren Stadt. Im Internet gibt's in der Nebensaison manchmal gute Rabatte.

Asure Brookvale MOTEL $$
(☎03-443 8333; www.brookvale.co.nz; 35 Brownston St; DZ 150–180 NZ$; 📶 🏊) In diesem altmodischen Motel mit Studios und Familienzimmern führen die Terrassen auf einen Rasen hinaus, an dessen Rand ein friedlicher Bach murmelt. Außerdem gibt's einen Grillplatz, einen Whirlpool und einen Swimmingpool.

Lakeside APARTMENTS $$$
(☎03-443 0188; www.lakesidewanaka.co.nz; 7 Lakeside Rd; Apt. 295–795 NZ$; 📶 🏊) 🍃 Wer mal im Luxus schwelgen möchte, ist in diesen modernen Apartments in bester Lage mit Blick auf den See und direkt am Zentrum richtig. Sie haben alle drei Schlafzimmer, werden auf Wunsch aber auch mit nur ein oder zwei geöffneten Schlafzimmern vermietet. Der Pool ist in dieser Gegend eine echte Seltenheit und an heißen Tagen eine verlockende Alternative zum eisigen See.

Wanaka Homestead LANDHAUS $$$
(☎03-443 5022; www.wanakahomestead.co.nz; 1 Homestead Close; DZ 269 NZ$, Ferienhäuser 399–499 NZ$; @ 📶) 🍃 Dieses Luxushotel hat mit seiner Innenausstattung aus Holz, den Orientteppichen und den Kunstwerken lokaler Künstler bereits einige Preise für seine Nachhaltigkeitsbemühungen gewonnen. Aber trotz ökologischer Korrektheit geht es hier, z.B. mit Fußbodenheizung und einem Whirlpool unter dem Sternendach, sehr luxuriös zu. Die Gäste können zwischen Zimmern im Haupthaus oder Ferienhäusern wählen.

Albert Town

★ Riversong B&B $$
(☎ 03-443 8567; www.riversongwanaka.co.nz; 5 Wicklow Tce; DZ 160–190 NZ$;) Auf der anderen Seite des Clutha River im nahe gelegenen Albert Town liegt das Riversong mit zwei Gästezimmern in einem reizenden alten Holzhaus. Der weit gereiste Besitzer hat eine fantastische Sachbuch-Bibliothek. Wer es schafft, sich von den Büchern loszureißen, kann nur ein paar Meter weiter wunderbar Forellen angeln.

Wanaka Alpine Lodge B&B, APARTMENTS $$$
(☎ 03-443 5355; www.wanakaalpinelodge.co.nz; 114 Albert Town-Lake Hawea Rd; Zi. 259–289 NZ$, Apt. 390 NZ$;) Die Gäste der vier geräumigen, modernen Zimmer werden mit Selbstgebackenem, einem abendlichen Glas Wein und einem Whirlpool aus Zedernholz verwöhnt. Es liegt ein wenig außerhalb, doch die jungen Besitzer leihen den Gästen ein Motorrad und chauffieren sie sogar zum Abendessen.

Essen

Boaboa Food Company FAST FOOD $
(www.facebook.com/boaboafc; 137 Ardmore St; Hauptgerichte 10–18 NZ$; ⏲10–21 Uhr) Im Mittelpunkt dieses weiß gekachelten Imbisses stehen einfallsreiche Burger (würziges *pulled pork*, Hochlandlachs, Porterhousesteak), es gibt aber auch Fish & Chips und Brathähnchen. Zwar sind nur ein paar hohe Tische vorhanden, doch das Seeufer ist sehr reizvoll.

Kai Whakapai CAFÉ, BAR $
(Ecke Helwick St & Ardmore St; Brunch 7–18 NZ$, Abendessen 17–22 NZ$; ⏲7–23 Uhr) Das Kai (das Maori-Wort für Essen), eine Institution in Wanaka, ist *der* Ort für einen Sundowner bei einer riesigen Pizza oder einem ebenso riesigen Sandwich. Aus dem Hahn kommen die in der Stadt gebrauten Biere von Wanaka Beerworks und auch Weine aus Central Otago sind im Angebot.

Red Star BURGER $
(26 Ardmore St; Burger 10–17 NZ$; ⏲11.30–23.30 Uhr;) Das Red Star verwöhnt seine Gäste mit einer Karte, auf der viele einfallsreiche Dinge und 22 verschiedene Burger stehen. Für jeden ist etwas dabei, auch drei tolle Gerichte für Vegetarier.

Soulfood BIO, CAFÉ $
(www.soulfoodwanaka.co.nz; 74 Ardmore St; Hauptgerichte 10–15 NZ$; ⏲Mo–Fr 8–18, Sa & So bis 16 Uhr;) In diesem kleinen Bioladen gibt's kein *soul food* im afroamerikanischen Sinn, sondern verschiedene gesunde Suppen, Pizzas, Pastas und Muffins. Nicht alles ist vegetarisch, auch Wild und Schinken von Tieren aus Freilandhaltung sind zu finden. Die Säfte und Smoothies sind erwartungsgemäß kunstvoll, Kaffee gibt's aber nur aus dem Kaffeebereiter.

Yohei SUSHI $
(Spencer House Mall, 23 Dunmore St; Hauptgerichte 12–15 NZ$; ⏲8–17.30 Uhr;) In einer Einkaufspassage versteckt sich dieses funkige japanische Restaurant, das Sushi mit einer interessanten lokalen Note (z. B. mit Lamm) sowie fabelhafte Säfte und Smoothies serviert. Es gibt auch eine gute Auswahl an vegetarischen Gerichten und kostenloses WLAN bei Bestellungen ab 4 NZ$.

★ Francesca's Italian Kitchen ITALIENISCH $$
(☎ 03-443 5599; www.fransitalian.co.nz; 93 Ardmore St; Hauptgerichte 20–25 NZ$; ⏲12–15 Uhr & 17.30 Uhr–open end) Die überschwängliche Francesca, eine zugereiste Italienerin, hat mit diesem stilvollen, immer gut besuchten Restaurant den tollen Geschmack und die lockere Geselligkeit einer authentischen italienischen Familientrattoria nach Neuseeland gebracht. Selbst einfache Gerichte wie Pizzas, Pasta und Polenta-Chips sind überragend. Sie betreibt auch einen Pizzawagen gegenüber vom New-World-Parkplatz.

Florence's Foodstore & Cafe CAFÉ $$
(www.florencesfoodstore.co.nz; 71 Cardrona Valley Rd; Hauptgerichte 16 NZ$; ⏲8.30–16 Uhr) Holz, Wellblech und Jute schaffen in diesem Gourmetcafé am Stadtrand ein rustikales Ambiente. Hier gibt's den besten Lachs Benedikt der Gegend sowie Pasteten im französischen Stil und köstliche Schinken-Käse-Baguettes.

Relishes Cafe CAFÉ $$
(☎ 03-443 7538; www.relishescafe.co.nz; 99 Ardmore St; Brunch 11–20 NZ$, Abendessen 31–35 NZ$; ⏲7–22 Uhr) Tagsüber ist es ein normales Café mit gutem Frühstück und Mittagsgerichten, abends verwandelt es sich in ein elegantes Restaurant mit einer schönen Weinkarte. Tipp: Der Schweinebauch von Schweinen aus Freilandhaltung und der Aoraki-Lachs. Zur tollen Lage am See passt ein Glas eines der besten Weine aus Central Otago.

Spice Room INDISCH $$
(☎ 03-443 1133; www.spiceroom.co.nz; 43 Helwick St; Hauptgerichte 21–25 NZ$; ⏲17.30–22 Uhr;)

Die Kombination aus authentischem Curry, knusprigem Naan mit Knoblauch und einem kalten Bier ist ideal, um die Batterien nach dem Snowboarden oder Wandern wieder aufzuladen. Neben den bekannten Favoriten des indischen Subkontinents hält der Spice Room auch ein paar Überraschungen wie z. B. einen schwungvollen Jakobsmuscheln-Masala-Salat parat.

Ritual CAFÉ **$$**
(18 Helwick St; Hauptgerichte 10–20 NZ$; ⏲9–17 Uhr) Das Ritual, ein typisch neuseeländisches Café des 21. Jhs., ist schick, aber nicht zu trendig, schwulen-, aber auch familienfreundlich und bis zum Anschlag mit köstlichem Essen gefüllt. Die Theke ächzt geradezu unter dem Gewicht der leckeren Salate, Kuchen und Scones.

Federal Diner CAFÉ **$$**
(www.federaldiner.co.nz; 47 Helwick St; Hauptgerichte 9–21 NZ$; ⏲7–16 Uhr; 📶) In einer Nebenstraße verbirgt sich dieses kosmopolitische Café, das deftiges Frühstück, hervorragenden Kaffee und kräftige Gourmetsandwiches serviert. Besonders lecker ist der „Roaster Coaster" mit langsam gegarter Schweineschulter und Apfelsauce auf einem Ciabatta-Brot. Der Service ist zuweilen chaotisch.

★ **Bistro Gentil** FRANZÖSISCH **$$$**
(☎03-443 2299; www.bistrogentil.co.nz; 76a Golf Course Rd; Hauptgerichte 30–42 NZ$; ⏲Sa & So 11.30–14, Mi–So 17–21 Uhr, Dez.–Feb. länger geöffnet) Seeblick, fabelhafte neuseeländische Kunst, viele offene Weine und köstliche moderne französische Küche – das Gentils ist in vielerlei Hinsicht ein wunderbares Restaurant für einen unvergesslichen Abend. An warmen Tagen sollte man nach einem Tisch draußen fragen.

The Landing MODERN-NEUSEELÄNDISCH **$$$**
(☎03-443 5099; www.thelandinglakewanaka.co.nz; L1, 80 Ardmore St; Hauptgerichte 29–39 NZ$; ⏲17–22 Uhr) Dieses gehobene Restaurant, das sich am Treffpunkt der Hauptstraßen in einem Obergeschoss befindet, serviert innovative Gerichte mit regionalem Rind- und Lammfleisch sowie Lachs. Das schön angerichtete Essen passt optisch wunderbar zum spektakulären Blick auf den See.

🍷 Ausgehen & Nachtleben

Barluga & Woody's BAR
(Post Office Lane, 33 Ardmore St; ⏲16–2.30 Uhr) Der versteckte Komplex der Post Office Lane ist Wanakas coolster Ort, um abends etwas zu trinken, obwohl er keinen Seeblick hat. Die beiden benachbarten Bars, die einen gemeinsamen Hof und gemeinsame Besitzer haben, arbeiten im Prinzip wie ein Tandem, besonders wenn ein DJ zu Gast ist. Das Barluga wirkt mit seinen Ledersesseln und den alten Tapeten wie ein gediegener Herrenclub. Fantastische Cocktails und fette Beats zerstören diese Illusion aber schnell. Das Woodys spielt mit seinen Billardtischen und der Indie-Musik die Rolle des kleinen Bruders.

Lalaland COCKTAILBAR
(www.lalalandwanaka.co.nz; L1, 99 Ardmore St; ⏲15–2 Uhr) In diesem kleinen, schummrigen, total überspannten Cocktailpalast mit Rotlichtambiente kann man in einen bequemen Sessel sinken und den Blick über den See schweifen lassen. Der junge Besitzer und Barmixer versteht sein Geschäft und zaubert Drinks für jede Gelegenheit. Hinein geht's über eine Treppe auf der Rückseite.

Gin & Raspberry COCKTAILBAR
(www.ginandraspberry.co.nz; L1, 155 Ardmore St; ⏲16 Uhr-open end) Wer Lust auf etwas Glimmer und Glitzer hat, findet in dieser plüschigen Bar vergoldete Spiegel, funkelnde Leuchter, ein Piano und einen zentralen Kamin. Filmklassiker bilden die Kulisse für die klassischen Cocktails (darunter 7 verschiedene Martinis) und ab zu sorgt eine Liveband für Stimmung.

Opium CLUB
(L1, 68 Ardmore St; ⏲Mi–So 21 Uhr-open end) Ein Club im asiatischen Stil, in dem DJs auflegen und manchmal Livebands spielen. Im Winter ist er bei den Snowboardern beliebt, doch im Sommer ist in den Bars am See mehr los.

☆ Unterhaltung

Cinema Paradiso KINO
(☎03-443 1505; www.paradiso.net.nz; 72 Brownston St; Erw./Kind 15/9 NZ$) In dieser Institution der Stadt, die die besten Hollywood- und Autorenfilme zeigt, können Besucher es sich auf einer weichen Couch oder in einem alten Morris Minor bequem machen. In der Pause zieht der Duft frisch gebackener Cookies durchs Theater, doch das hausgemachte Eis ist mindestens genauso verführerisch.

Ruby's KINO
(☎03-443 6901; www.rubyscinema.co.nz; 50 Cardrona Valley Rd; Erw./Kind 19/13 NZ$) Diese

hippe Kombination aus Arthousekino und schicker Cocktailbar könnte genauso gut in New York oder Shanghai stehen und ist im eher für seine sportlichen Aktivitäten bekannten Wanaka eine echte Überraschung. Die Zuschauer sitzen in riesigen Kinosesseln oder chillen im roten Samt des Salons mit Spezialbieren, klassischen Cocktails und raffinierten Barsnacks. Das Ruby's liegt etwas versteckt im Basecamp-Wanaka-Gebäude an der Stadtgrenze.

Shoppen

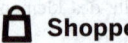

Picture Lounge FOTOGRAFIE
(www.thepicturelounge.co.nz; Spencer House Mall, 23 Dunmore St) Präsentiert großformatige Kunstfotos, vor allem von regionalen Landschaften.

Chop Shop BEKLEIDUNG
(www.chop.co.nz; Pembroke Mall) Der beste Kaffee in der Stadt und eine flotte Auswahl an Mützen lokaler Designer und starken T-Shirts für anspruchsvolle Snowboarder.

Gallery Thirty Three KUNST & KUNSTHANDWERK
(www.gallery33.co.nz; 33 Helwick St; ⏲10–17 Uhr) Töpferwaren, Glas und Schmuck, hergestellt von lokalen Künstlern.

MT Outdoors OUTDOOR-AUSRÜSTUNG
(www.mtoutdoors.co.nz; 17 Dunmore St; ⏲9–18 Uhr) Verkauft und verleiht Ausrüstung zum Klettern, Bergsteigen, Zelten und Wandern.

Praktische Informationen

Lake Wanaka i-SITE (☎03-443 1233; www.lakewanaka.co.nz; 103 Ardmore St; ⏲8.30–17.30 Uhr) Außerordentlich hilfsbereit, aber immer voll.

Mt. Aspiring National Park Visitor Centre (DOC; ☎03-443 7660; www.doc.govt.nz; Ardmore St; ⏲Nov.–April tgl. 8–17, Mai–Okt. Mo–Sa 8–17 Uhr) Das DOC-Zentrum, das sich in einem Nurdachhaus am Stadtrand befindet, nimmt Buchungen für Hütten vor und hilft mit Infos zu den Wegen und Wanderbedingungen. Außerdem gibt's hier eine kleine Ausstellung zur Geologie, Flora und Fauna von Wanaka.

Wanaka Medical Centre (☎03-443 7811; www.wanakamedical.co.nz; 23 Cardrona Valley Rd; ⏲Mo-Fr 8–18, Sa & So 9–12 & 16–18 Uhr) Versorgt die Wunden von Abenteuersportlern.

An- & Weiterreise

Alpine Connexions (☎03-443 9120; www.alpinecoachlines.co.nz) Verbindet Wanaka mit Queenstown, Cromwell, Alexandra, Dunedin und den Rail-Trail-Städten in Central Otago. Betreibt auch Shuttlebusse zum Wanaka Airport, im Sommer zum Startpunkt der Wanderwege zum Mt. Aspiring und zum Lake Hawea, und im Winter zu den Skigebieten Cardrona und Treble Cone.

Atomic Shuttles (☎03-349 0697; www.atomictravel.co.nz) Täglich ein Bus von/nach Dunedin (35 NZ$, 4½ Std.) über Cromwell (15 NZ$, 50 Min.), Alexandra (20 NZ$, 1¾ Std.) und Roxburgh (30 NZ$, 2¼ Std.).

Connectabus (☎0800 405 066; www.connectabus.com; einfach/hin & zurück 35/65 NZ$) Bietet zweimal täglich eine nützliche Verbindung von Wanaka zum Flughafen Queenstown (1¼ Std.) und nach Queenstown (1½ Std.), inklusive kostenloser Abholung von den meisten Unterkünften.

InterCity (☎03-442 4922; www.intercity.co.nz) Die Busse fahren vor dem Log Cabin am See ab und steuern täglich Cromwell (ab 10 NZ$, 44 Min.), Queenstown (ab 17 NZ$, 1½ Std.), den Lake Hawea (ab 10 NZ$, 24 Min.), Makarora (ab 12 NZ$, 1¾ Std.) und Franz Josef (ab 43 NZ$, 6½ Std.) an.

Naked Bus (www.nakedbus.com) Busse nach Queenstown, Cromwell, Franz Josef, zum Lake Tekapo und nach Christchurch. Die Preise variieren.

Unterwegs vor Ort

Adventure Rentals (☎03-443 6050; www.adventurerentals.co.nz; 20 Ardmore St) Vermietet Autos und Geländewagen.

Yello (☎03-443 5555; www.yello.co.nz) Taxis und Shuttles.

RUND UM WANAKA

Cardrona

Das hübsche Dörfchen Cardrona erreichte seine Blütezeit in den 1970er-Jahren auf dem Höhepunkt des Goldrausches, als es über 1000 Einwohner hatte. Heute ist es ein verschlafenes Örtchen, das zur Skisaison schlagartig zum Leben erwacht.

Die **Crown Range Road** von Cardrona nach Queenstown ist mit ihren Aussichten auf die Vorberge und die zahllosen schneebedeckten Gipfel eine der reizvollsten Straßen der Südinsel. Mit 1076 m Höhe ist sie auch die höchste asphaltierte Straße Neuseelands. In der **Pisa Conservation Area** (Karte S. 608), in der es mehrere kurze Wanderwege gibt, führt sie durch hohes, wogendes Tussockgras. Unterwegs gibt's mehrere schöne Fleckchen, an denen man anhalten und die Aussicht genießen kann, besonders am Queenstowner Ende der Straße vor den Serpentinen hinunter in Richtung Arrowtown. Die Straße ist allerdings eng und kurvenreich; bei schlechtem Wetter ist große Vorsicht nötig. Im Winter wird sie nach starkem Schneefall manchmal geschlossen, und oft ist sie nur mit Schneeketten befahrbar.

Aktivitäten

Cardrona Alpine Resort SKIFAHREN
(Karte S. 608; ☎03-443 7341; www.cardrona.com; an der Cardrona Valley Rd; Tagespass Erw./Kind 99/51 NZ$; ⌚Juli–Sept. 9–16 Uhr) Das gut organisierte, professionelle, 345 ha große Skigebiet bietet Abfahrten in allen Schwierigkeitsgraden (25 % für Anfänger, 50 % mittelschwer, 25 % für Fortgeschrittene) auf einer Höhe zwischen 1670 m und 1860 m. In der Skisaison ist in Wanaka ein **Buchungsbüro** (☎03-443 7411; 18 Dunmore St) geöffnet, das Skipässe und Tickets für die Yello-Shuttles (hin & zurück Erw./Kind 35/28 NZ$) verkauft.

Snow Farm New Zealand SKIFAHREN
(Karte S. 608; ☎03-443 7542; www.snowfarmnz.com; an der Cardrona Valley Rd; Tagespass Erw./Kind 40/20 NZ$) Im Winter gibt es hier über 40 km gewartete Strecken zum Skilanglaufen, Schneeschuhwandern, Schlittenfahren und für Hundeschlittentouren. Auch Unterricht und Skiverleih werden geboten.

Backcountry Saddle Expeditions REITEN
(Karte S. 608; ☎03-443 8151; www.backcountrysaddles.co.nz; Crown Range Rd; Erw./Kind 85/65 NZ$) Ausritte auf Appaloosa-Pferden durch das Cardrona Valley.

Schlafen & Essen

Cardrona Hotel KNEIPE $$
(☎03-443 8153; www.cardronahotel.co.nz; Crown Range Rd; DZ 185 NZ$; ⌚Bar 10–2 Uhr) Dieses berühmte Hotel mit einer traditionellen Südinsel-Kneipe, die 1863 erstmals ihre Pforten öffnete, ist unabdingbar, wenn es um Après-Ski geht. Heute bietet es ein gutes Restaurant (Hauptgerichte 20–32 NZ$) und eine tolle Gartenbar. Die liebevoll restaurierten Zimmer sind mit gemütlichen Möbeln im Landhausstil und Terrassen, die auf den Garten gehen (in Sommernächten kann es manchmal etwas lauter sein) ausgestattet.

An- & Weiterreise

Alpine Connexions (☎03-443 9120; www.alpinecoachlines.co.nz), **Yello** (☎03-443 5555; www.yello.co.nz) und Ridgeline Adventures (S. 639) in Wanaka sowie Kiwi Discovery (S. 618) in Queenstown bieten Ski-Shuttles an.

Lake Hawea

2180 EW.

Die Kleinstadt Lake Hawea liegt 15 km nördlich von Wanaka in der Nähe des Damms am Südende des gleichnamigen, 141 km² großen Sees. Der blaugrüne Lake Hawea, den eine schmale, „the Neck" genannte Landenge vom Lake Wanaka trennt, ist 35 km lang und 410 m tief. Im See gibt es viele Forellen und Atlantische Lachse. 1958 wurde der Wasserspiegel des Sees um 20 m angehoben, um die Leistung der flussabwärts liegenden Kraftwerke zu erhöhen.

Schlafen & Essen

Lake Hawea Holiday Park FERIENANLAGE $
(☎03-443 1767; www.haweaholidaypark.co.nz; SH6; Stellplatz 16–34 NZ$, Zi. mit/ohne Bad 130/60 NZ$; @📶) Die großzügige, friedliche altmodische Ferienanlage am Seeufer ist besonders bei Anglern und Bootsfahrern sehr beliebt. Die Unterkünfte reichen von einer Gruppe einfacher Hütten mit bunt gestrichenen Türen bis zu Motelzimmern und Cottages.

Lake Hawea Hotel HOTEL $$
(☎03-443 1224; www.lakehawea.co.nz; 1 Capell Ave; B/DZ 30/180 NZ$, Mittagessen 11–27 NZ$, Abendessen 19–32 NZ$; 📶) Von außen wirkt es ein wenig schäbig, doch die Zimmer wurden renoviert und bieten einen unschlagbaren Blick über den See. Zum Komplex gehören eine große Bar und ein Restaurant mit ebenso fantastischem Blick.

An- & Weiterreise

InterCity (☎03-442 4922; www.intercity.co.nz) Busse halten täglich am Damm (SH6) und fahren von/nach Queenstown (ab 20 NZ$, 2 Std.), Cromwell (ab 14 NZ$, 1¼ Std.), Wanaka (ab 10 NZ$, 24 Min.), Makarora (ab 10 NZ$, 1¼ Std.) und Franz Josef (ab 40 NZ$, 6 Std.).

Makarora

40 EW.

Das abgelegene Makarora ist die letzte Siedlung, ehe es über den Haast Pass an die wilde Westküste geht – hier herrscht definitiv die Atmosphäre eines Grenzpostens. Abgesehen von dem einen oder anderen Reisebus, der hier durchkommt, wirkt der Ort herrlich entlegen.

Aktivitäten

Wandern

Zu den kürzeren Wanderungen in dieser abgelegenen Gegend gehören der **Bridal Track** (einfache Strecke 1½ Std., 3,5 km) von der Passhöhe des Haast Pass zur Davis Flat sowie der **Blue Pools Walk** (hin & zurück 30 Min.), bei dem man riesige Regenbogenforellen und braune Forellen sehen kann.

Die längeren Strecken führen durch atemberaubende Landschaft, dürfen aber nicht leichtfertig angegangen werden. Die Bedingungen in den Bergen und an den Flüssen können sich sehr schnell ändern, sodass eine gute Vorbereitung alles ist. Auf jeden Fall vor dem Start beim DOC nachfragen! Die Broschüre *Tramping in the Makarora Region* (2 NZ$) ist eine absolut lohnende Investition.

Gillespie Pass WANDERN
Die dreitägige Gillespie-Pass-Rundwanderung führt durch die Täler von Young, Siberia und Wilkin. Der Gillespie ist ein hoher Gebirgspass, der im Winter und Frühling von Lawinen bedroht ist! In Verbindung mit einer Jetbootfahrt den Wilkin hinunter gehört diese Strecke zu einer der unvergesslichsten Touren in Neuseeland, die Wanderer einmal begangen haben sollten.

Wilkin Valley Track WANDERN
Der Wilkin Valley Track beginnt an der Kerin Forks Hut – oben am Wilkin River – und führt weiter zur Top Forks Hut und den malerischen Seen Diana, Lucidus und Castalia. Von der Top Forks Hut läuft man zum Lake Diana 1 Std., zum Lake Lucidus 1½ Std. und zum Lake Castalia 3–4 Std. Es fahren Jetboote zur Kerin Forks Hut und über die Mündung des Young River, wenn der Makarora Hochwasser führt. Eine andere Möglichkeit besteht darin, die High River Route von den Blue Pools (2 Std., 7 km) aus zu nehmen. Informationen gibt's bei Wilkin River Jets und dem DOC.

Noch mehr Aktivitäten

Siberia Experience ABENTEUERTOUR
(☎03-443 4385; www.siberiaexperience.co.nz; Erw./Kind 310/287 NZ$) Die extravagante Tour bietet viel Nervenkitzel und kombiniert einen 25-minütigen Flug in einem Kleinflugzeug, eine dreistündige Buschwanderung durch ein entlegenes Gebirgstal und eine halbstündige Jetbootfahrt den Wilkin River und den Makarora River im Mt. Aspiring National Park hinunter. Der Transfer von Wanaka aus kann ebenfalls organisiert werden.

Wilkin River Jets JETBOOTFAHREN
(☎03-443 8351; www.wilkinriverjets.co.nz) Ein großartiger einstündiger Jetboottrip (Erw./Kind 110/57 NZ$) über 50 km auf dem Makarora River und dem Wilkin River in den Mt. Aspiring National Park. Er ist günstiger als gleichartige Angebote in Queenstown und kann mit einem Hubschrauberflug kombiniert werden.

Southern Alps Air PANORAMAFLÜGE
(☎0800 345 666, 03-443 4385; www.southernalpsair.co.nz) Flüge zum Aoraki/Mt. Cook und zu den Gletschern (Erw./Kind 435/275 NZ$), Flüge über den Milford Sound (405/255 NZ$) sowie Kombitouren aus Flug und Bootsfahrt zum Milford Sound (490/305 NZ$).

Praktische Informationen

DOC Visitor Centre (☎03-443 8365; www.doc.govt.nz; SH6; ⏲Dez.–März tgl. 8–17 Uhr, Nov. & April Mo–Fr) Hier können sich Wanderer über die Wanderbedingungen und die Routen informieren, ehe sie in die Wildnis aufbrechen. Die nächsten DOC-Zeltplätze (Erw./Kind 6/3 NZ$) befinden sich 10 km nördlich von Makarora an der SH6 bei Cameron Flat und 18 km südlich von Makarora bei Boundary Creek am Ufer des Lake Wanaka.

Makarora Tourist Centre (☎03-443 8372; www.makarora.co.nz; 5944 Haast Pass-Makarora Rd/SH6; ⏲8–20 Uhr) Ein großer Komplex mit einem Café, einer Bar, einem Laden, einem Informationszentrum, einem Campingplatz, einer einfachen Schlafbaracke mit Stockbetten und Selbstversorgerzimmern.

An- & Weiterreise

InterCity (☎03-442 4922; www.intercity.co.nz) Täglich Busse von/nach Queenstown (ab 24 NZ$, 3½ Std.), Cromwell (ab 19 NZ$, 2½ Std.), Wanaka (ab 12 NZ$, 1¾ Std.), Lake Hawea (ab 10 NZ$, 1¼ Std.) und Franz Josef (ab 36 NZ$, 4¾ Std.).

Fiordland & Southland

Inhalt ➡

Gut essen

- Redcliff Cafe (S. 652)
- Miles Better Pies (S. 652)
- Yesteryears Museum Cafe (S. 664)
- The Batch (S. 667)
- South Sea Hotel (S. 681)

Schön übernachten

- Milford Sound Lodge (S. 660)
- A boat on Doubtful Sound (S. 662)
- Victoria Railway Hotel (S. 667)
- Newhaven Holiday Park (S. 674)
- Jo & Andy's B&B (S. 680)

Auf nach Fiordland & Southland!

Willkommen in einer Landschaft, die Abenteuererherzen schneller schlagen und sich von keiner Kamera angemessen festhalten lässt!

Im Westen liegt der Fiordland National Park mit gezackten, in Nebel gehüllten Gipfeln, glitzernden Seen und einer abgelegenen, einsamen Stille. Man erreicht den Park über den weltberühmten Milford Track. Das ist nur einer der vielen Wege, die sich durch die dicht bewaldeten, von Gletschern geformten und von gewaltigen Bergen umgebenen Täler schlängeln. Zum Fiordland gehören auch der Milford Sound und der Doubtful Sound mit von Bäumen gesäumten Klippen, die sich fast senkrecht aus den stillen, tiefen Wassern erheben. Beide Fjorde sind relativ einfach über die Straße oder zu Wasser per Boot oder Kajak zu erreichen. Im Osten von Southland führt eine Abzweigung abseits ausgetretener Pfade zu den friedlichen Catlins. Wasserfälle, üppige Wälder, eine vielfältige Fauna und eine herrlich zerklüftete Küste zeichnen diese Regione aus. Endstation der Reise könnte Stewart Island/Rakiura sein. Auf der einsamen Insel leben freundliche Seefahrer und eine Reihe schöner wie seltener Vögel, darunter das heiß geliebte Wahrzeichen Neuseelands: der Kiwi.

Reisezeit

- Von Dezember bis April hat man in dem launischen Klima von Fiordland noch die beste Chance auf ruhiges Wetter (aber auch dann muss man auf Niederschläge gefasst sein).
- Ende Oktober bis Ende April ist die Saison der Great Walks für die beliebten Tracks Milford, Kepler, Routeburn und Rakiura. Diese Wanderungen müssen vorab gebucht werden.
- Aufgrund des unbeständigen Wetters auf Stewart Island/ Rakiura kann man alle vier Jahreszeiten jederzeit an einem Tag erleben. Die Temperaturen sind allerdings milder als erwartet und liegen im Winter durchschnittlich bei 10 °C, im Sommer bei 16,5 °C.

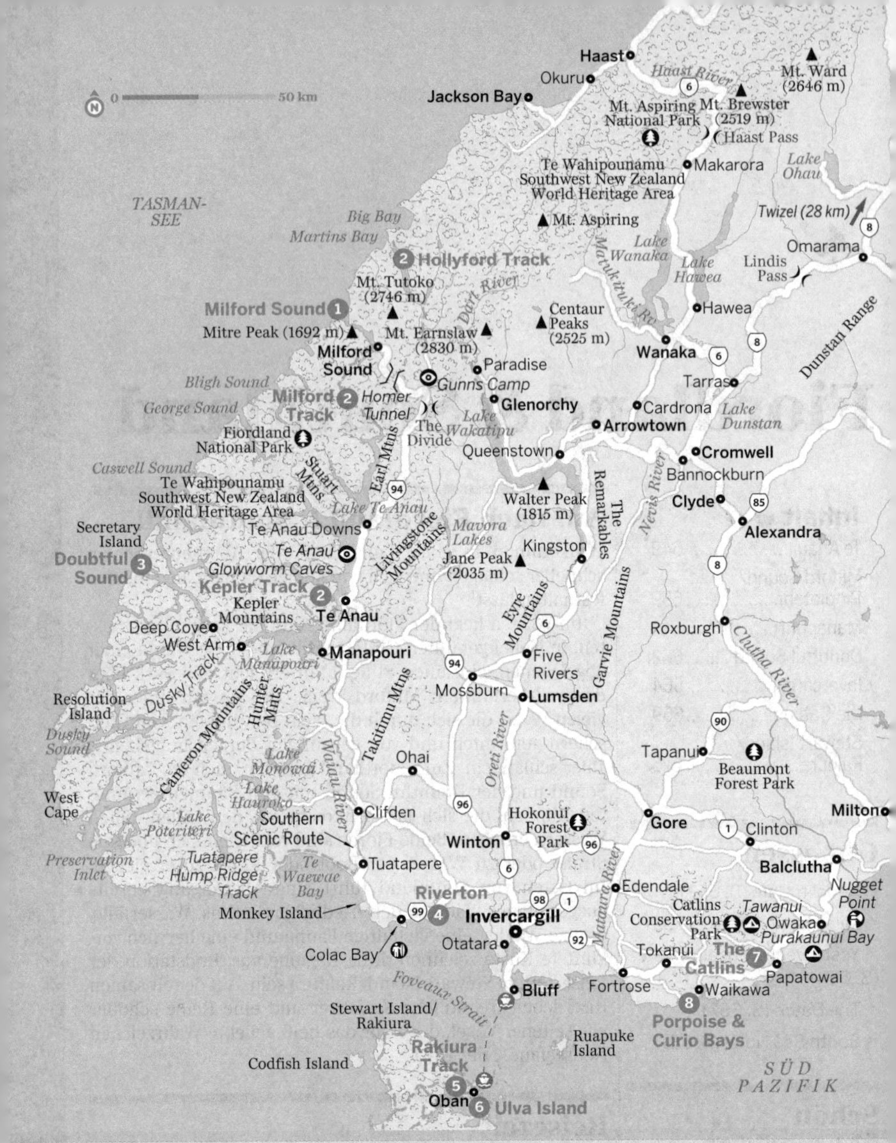

Highlights

1. An den steilen Meeresklippen im **Milford Sound** (S. 659) entlangpaddeln

2. Beim Wandern auf **Kepler** (S. 653), **Milford** (S. 655) oder **Hollyford Track** (S. 657) wilde Natur erleben

3. Auf dem **Doubtful Sound** (S. 662) den Sonnenunter- und Sonnenaufgang bewundern

4. Im exzellenten **Te Hikoi Museum** (S. 664) von Riverton Southlands bunte Geschichte entdecken

5. Auf dem **Rakiura Track** (S. 678), dem südlichsten Great Walk Neuseelands, die Einsamkeit genießen

6. Auf **Ulva Island** (S. 676) wunderbare Vögel beobachten

7. In den friedlichen und windumtosten **Catlins** (S. 669) einsame Sträßchen, Wasserfälle und Strände erkunden

8. An der **Porpoise Bay** und der **Curio Bay** (S. 671) seltenen Tieren wie Hector-Delfinen und Gelbaugenpinguinen begegnen

Anreise & Unterwegs vor Ort

Air New Zealand (☎ 0800 737 000; www.airnz.co.nz) hat Flüge zwischen Invercargill und Christchurch, **Stewart Island Flights** (☎ 03-218 9129; www.stewartislandflights.com) zwischen Invercargill und Oban, wo Stewart Island Experience (S. 682) auch Fährverbindungen betreibt.

Die wichtigsten Busunternehmen, die zwischen Te Anau und Invercargill (mit Anschluss nach Queenstown oder Dunedin) verkehren, sind **InterCity** (☎ 03-471 7143; www.intercity.co.nz) und **Naked Bus** (www.nakedbus.com); die Strecke wird aber auch von **Tracknet** (☎ 0800 483 262; www.tracknet.net) bedient. **Atomic Shuttles** (☎ 03-349 0697, 0508 108 359; www.atomictravel.co.nz) verkehrt zwischen Dunedin und Invercargill über Gore. Die Southern Scenic Route wird von **Bottom Bus** (☎ 03-477 9083; www.travelheadfirst.com) bedient.

FIORDLAND

Das respekteinflößende Fiordland ist Neuseelands größte und unzugänglichste Wildnis. Die zerklüftete, gebirgige und dicht bewaldete Landschaft ist von tief eingeschnittenen Fjorden durchzogen, die wie krumme Finger von der Tasmansee ins Landesinnere greifen.

Der Fiordland National Park bildet einen Teil der Te Wahipounamu Southwest New Zealand World Heritage Area, die aus vier Nationalparks im Südwesten Neuseelands besteht: Neben dem Fiordland National Park sind dies der Aoraki/Mt. Cook, der Westland Tai Poutini und der Mt. Aspiring National park. Das insgesamt 26 000 km² große Te Wahipounamu („Jade-Ort") ist wegen seiner kulturellen Bedeutung für den Maori-Stamm der Ngāi Tahu und seine einzigartige Flora und Fauna berühmt.

Wanderer können weit in das entlegene, zauberhafte Gebiet vordringen: Es locken nicht nur die berühmten, mehrtägigen Wanderwege Milford Track, Kepler Track und Hollyford Track, sondern auch kürzere Tageswanderungen direkt abseits vom Highway.

Te Anau

1910 EW.

Das friedliche, am See gelegene Te Anau ist das Haupttor für Wanderungen im Fiordland National Park und dem stets beliebten Milford Sound und auch sonst ein schöner Ort, in dem man gut ein paar Tage verbringen kann.

Im Osten liegen die Weiden des zentralen Southland, im Westen jenseits des Lake Te Anau die zerklüfteten Berge von Fiordland. Der See, Neuseelands zweitgrößter, wurde von einem riesigen Gletscher gegraben und greift mit mehreren Armen in das gebirgige, bewaldete Westufer aus. Seine tiefste Stelle beträgt 417 m.

Sehenswertes & Aktivitäten

Te Anau ist in erster Linie das Tor zu der großartigen Wildnis des Te Wahipounamu, zu dem solche Publikumsmagneten zählen wie der Milford Sound. Es gibt jedoch auch viel Interessantes im Ort, auf dem Wasser und in der Luft zu entdecken.

Te Anau Glowworm Caves HÖHLE

Das beeindruckende 200 m lange Höhlensystem existierte – so glaubte man lange Zeit – nur in Maori-Legenden. Im Jahr 1948 wurde es jedoch tatsächlich gefunden. Die Höhlen lassen sich ausschließlich mit dem Boot erreichen. Dem Besucher bietet sich eine zauberhafte Welt aus bizarren Felsformationen, kleinen und großen Wasserfällen, Was-

KURZINFOS FIORDLAND & SOUTHLAND

Essen Fish & Chips – die Menschen aus dem Süden Neuseelands haben da sehr hohe Ansprüche.

Trinken Die Biere der Mikrobrauerei Invercargill Brewery

Lesen *The Land of Doing Without* von Julia Bradshaw oder *Pioneers of Martin's Bay* von Alice Mackenzie – wahre Hollyford-Geschichten

Hören Das Tosen des Wasserfalls an der Straße zum Milford Sound

Anschauen *Ata Whenua*, ein aus der Luft aufgenommener Imagefilm für die Region, der im Fiordland Cinema in Te Anau gezeigt wird

Grünes Gewissen Beim Besuch der von Vögeln bevölkerten Ulva Island ahnt man, wie Neuseeland früher war – und auch wieder werden könnte

Infos im Internet www.fiordland.org.nz, www.southlandnz.com, www.southernscenicroute.co.nz, www.stewartisland.co.nz

Vorwahl ☎ 03

Te Anau

Te Anau

Aktivitäten, Kurse & Touren
1 Rosco's Milford Kayaks B2
2 Southern Discoveries B3
3 Southern Lakes Helicopters B3
4 Te Anau Bike Hire B2
5 Wings & Water Te Anau B3

Schlafen
6 Keiko's Cottages B&B D1
7 Te Anau Top 10 Holiday Park A2
8 Te Anau YHA Hostel A2

Essen
Fresh Choice Supermarket .... (siehe 13)
9 Mainly Seafood C2
10 Miles Better Pies B2
11 Redcliff Cafe B2
12 Ristorante Pizzeria Da Toni B2
13 Sandfly Cafe B2

Trinken & Ausgehen
14 Black Dog Bar C2
15 Fat Duck C2
16 Moose B2
17 Ranch Bar & Grill C2

Unterhaltung
Fiordland Cinema .... (siehe 13)

Shoppen
18 Bev's Tramping Gear Hire D3
19 Outside Sports B2

serstrudeln und einer schillernden Glühwürmchen-Grotte weit im Innern der Höhle (tatsächlich sind die Glühwürmchen Insektenlarven, die mit leuchtenden Fangfäden Beute anlocken). **Real Journeys** (☎0800 656 501; www.realjourneys.co.nz) veranstaltet Touren (2¼ Std., Erw./Kind 75/22 NZ$); die Teilnehmer gelangen über Stege und eine kurze unterirdische Bootsfahrt ins Zentrum des Höhlensystems.

DOC Te Anau Wildlife Centre ZOO
(Te Anau-Manapouri Rd; Eintritt gegen Spende; ⏲ Sonnenaufgang–Sonnenuntergang) Hier hat man Gelegenheit, endemische Vogelarten zu sehen, die in freier Wildbahn schwer aufzuspüren sind, darunter das Wahrzeichen Fiordlands, die extrem seltene Takahe.

Southern Lakes Helicopters PANORAMAFLÜGE
(☎ 03-249 7167; www.southernlakeshelicopters.co.nz; Lakefront Dr) Auf dem Programm stehen Flüge über Te Anau (25 Min., 195 NZ$), längere Flüge über den Doubtful, Dusky und Milford Sound (ab 540 NZ$) sowie Touren auf dem Kepler Track (Chopper/Wanderung/Boot; 185 NZ$).

Wings & Water Te Anau PANORAMAFLÜGE
(☎ 03-249 7405; www.wingsandwater.co.nz; Lakefront Dr) Fliegt rund zehn Minuten über die nächste Umgebung (Erw./Kind 95/55 NZ$), auf Wunsch aber auch etwas länger über den Kepler Track und den Doubtful und Milford Sound (ab 225 NZ$).

Luxmore Jet JETBOATFAHREN
(☎ 0800 253 826; www.luxmorejet.com; Erw./Kind 99/49 NZ$) Einstündige Ausflüge auf dem Upper Waiau River (auch River Anduin genannt).

Kurze Wanderungen & Radtouren

Te Anaus **Lakeside Track** verspricht in beiden Richtungen einen schönen Spaziergang: nach Norden zum Jachthafen und drum herum bis zum Upukerora River (hin & zurück ca. 1 Std.), nach Süden vorbei am Besucherzentrum und weiter bis zu dem Wehr und dem Anfang des Kepler Track (50 Min.). Mietfahrräder und Radwegekarten erhält man bei Outside Sports (S. 653) oder bei **Te Anau Bike Hire** (7 Mokonui St; Mountainbike ab 12/30 NZ$ pro Std./Tag; ⏲ Sept.–April ab 10 Uhr).

Die Wanderwege im Nationalpark sind von Te Anau leicht zu erreichen. **Kepler Water Taxi** (☎ 03-249 8364; stevsaunders@xtra.co.nz; einfache Strecke/hin & zurück 25/50 NZ$) bringt einen geschwind hinüber zur Brod Bay, von wo aus man zum Mt. Luxmore (7–8 Std.) oder auf dem Lakeside Track zurück nach Te Anau (2–3 Std.) wandern kann. Im Sommer veranstaltet **Trips & Tramps** (☎ 0800 305 807, 03-249 7081; www.tripsandtramps.com; ⏲ Okt.–April) geführte Wanderungen in kleiner Gruppe u. a. auf dem Kepler und dem Routeburn Track. Real Journeys (S. 662) bietet geführte Tageswanderungen (Erw./Kind 195/127 NZ$, Nov.–Mitte April) auf einem 11 km langen Abschnitt des Milford Track. Einige Tageswanderungen lassen sich durch eine anschließende Rückfahrt mit regelmäßig fahrenden Bussen von **Tracknet** (☎ 0800 483 262; www.tracknet.net) abschließen.

Wer auf eigene Faust losziehen will, holt sich in der Te Anau i-SITE oder im Fiordland National Park Visitor Centre die DOC-Broschüre *Fiordland National Park Day Walks* (2 NZ$). Man kann sie auch unter www.doc.govt.nz herunterladen.

Schlafen

Wenn möglich früh buchen: Die Unterkünfte in der Spitzensaison (Dez.–Feb.) sind oft schnell ausgebucht.

Bob & Maxines HOSTEL $
(☎ 03-249 7429; bob.anderson@woosh.co.nz; 20 Paton Pl, abseits der Oraka St; B 33 NZ$, DZ 86–100 NZ$; WLAN) Nur 2,5 km außerhalb vom Ort findet sich abseits des Te Anau–Milford Hwy dieses entspannte, moderne Hostel, das die Gäste wegen des wunderbaren Blicks in die Berge aus der Gemeinschaftslounge preisen. Man wärmt sich an dem Holzofen auf, fuhrwerkt in der gut ausgestatteten Gemeinschaftsküche oder hängt einfach nur ab. Leihfahrräder und WLAN sind gratis.

Rosie's Backpacker & Homestay HOSTEL $
(☎ 03-249 8431; www.rosiesbackpackers.co.nz; 23 Tom Plato Dr; B/DZ 33/78 NZ$; ⏲ Juni–Juli geschl.; @ WLAN) In dem schicken und intimen Homestay, ein kurzes Stück weg nördlich vom Ortszentrum, fühlt man sich gleich als Teil der Familie.

Te Anau YHA Hostel HOSTEL $
(☎ 03-249 7847; www.yha.co.nz; 29 Mokonui St; B 27–32 NZ$, DZ 84–92 NZ$; @ WLAN) Das zentral gelegene moderne Hostel hat tolle Einrichtungen und komfortable, farbenfrohe Zimmer. Man kann Volleyball auf dem grasbewachsenen Hinterhof spielen, den Grill anwerfen oder es sich einfach am Kaminfeuer in der Lounge gemütlich machen.

Barnyard Backpackers HOSTEL $
(☎ 03-249 8006; www.barnyardbackpackers.com; 80 Mt York Rd, an der SH95; B 29–31 NZ$, B 76 NZ$; @) Das Hostel besteht aus einem rustikalen Gemeinschaftsgebäude und einem Sammelsurium an Holzhütten ohne Hochbetten und mit eigenem Bad. Es liegt auf einer Hirschfarm, die sich 8 km südlich der Stadt auf einem Hügel mit tollem Panoramablick befindet. Die Hauptlodge bietet sich an, um eine Runde Billard zu spielen oder einfach eine Weile am warmen Kamin zu sitzen.

Te Anau Lakeview Holiday Park FERIENPARK $
(☎03-249 7457, 0800 483 262; www.teanau holidaypark.co.nz; 77 Manapouri-Te Anau Hwy; Stellplatz ab 17 NZ$/Pers., B/EZ 28/36 NZ$, Wohneinheit 70–260 NZ$; @📶) Der 9 ha große, grasbewachsene Campingplatz am Seeufer bietet viel Platz, um sein Zelt aufzubauen oder sein Wohnmobil zu parken. Es gibt auch diverse Unterkünfte von schlichten Schlafsaalbetten und Einzelzimmern über ordentliche Hütten und Motelzimmer bis hin zu den ziemlich schicken Marakura Apartments mit beneidenswertem Blick auf den See und die Berge. Beim freundlichen Personal erfährt man alles über angebotene Aktivitäten und Verkehrsverbindungen.

Te Anau Top 10 Holiday Park FERIENPARK $
(☎03-249 7462, 0800 249 746; www.teanautop10.co.nz; 128 Te Anau Tce; Stellplatz ab 20 NZ$/Pers., WE 75–166 NZ$; @📶) In der Nähe des Orts und des Sees bietet dieser Platz abgeschirmte Stellplätze, einen Spielplatz, ein Wellnessbad, einen Fahrradverleih, einen Grillbereich und moderne Kücheneinrichtungen. Die preisgünstigen Hütten und Wohneinheiten decken die ganze Palette von schlicht bis schick ab.

Keiko's Cottages B&B B&B $$
(☎03-249 9248; www.keikos.co.nz; 228 Milford Rd; DZ 165–195 NZ$; ⏱Juni–Aug. geschl.; 📶) Die abgeschirmten, in sich abgeschlossenen Cottages sind nett und von japanisch gestalteten Gartenanlagen umgeben. Lohnende Extras sind das japanische Frühstück am Morgen und das Bad in der bambusumrandeten Wanne am Abend.

Te Anau Lodge B&B B&B $$$
(☎03-249 7477; www.teanaulodge.com; 52 Howden St; DZ 240–350 NZ$; @📶) Der ehemalige, in den 1930er-Jahren erbaute Sisters-of-Mercy-Konvent ein Stück nördlich vom Ort wurde zu einem traumhaften B & B umgebaut und präsentiert sich nun als fast schon dekadentes Quartier. Nach einem kostenlosen Wein auf einem bequemen Chesterfield-Sofa vor dem Kamin können sich die Gäste in ihr Luxusbad zurückziehen, um anschließend in bequeme King-Size-Betten zu sinken. Am nächsten Morgen wird das köstliche Frühstück in der ehemaligen Kapelle serviert.

Essen

★ Miles Better Pies PIES $
(Ecke Town Centre & Mokonui St; Pies 5–7 NZ$) Hier gibt's Pies mit Reh, Lamm, Hackfleisch und Obst. Auf dem Bürgersteig stehen zwar ein paar Tische, aber netter sitzt es sich am See.

Mainly Seafood FISH & CHIPS $
(www.mainlyseafood.co.nz; 106 Town Centre; Fish & Chips 7–11 NZ$, Burger 8–14 NZ$; ⏱10–20.30 Uhr) Empfehlenswerte Fish & Chips und Burger mit hausgemachten Frikadellen – was will man mehr! Höchstens einen Massagesessel (2 NZ$), wenn einen das Warten in der Schlange gestresst hat.

Fresh Choice Supermarket SUPERMARKT $
(5 Milford Cres; ⏱7–21 Uhr) Ziemlich großer Supermarkt mitten im Ortszentrum.

Sandfly Cafe CAFÉ $$
(9 The Lane; Frühstück & Mittagessen 7–18 NZ$; ⏱7–16.30 Uhr; 📶) Die meisten Einheimischen sagen, hier gäbe es den besten Espresso im Ort. Das schlichte, aber zufriedenstellende Café ist das beste Lokal, um Frühstück (ganztägig erhältlich), Suppen, Pies oder süße Sachen zu verdrücken und dabei lässiger Musik zu lauschen oder sich auf dem Rasen zu sonnen.

Ristorante Pizzeria Da Toni ITALIENISCH $$
(☎03-249 4305; 1 Milford Cres; Pizza 23–25 NZ$, Hauptgerichte 20–29 NZ$; ⏱Mo–Fr 16–22, Sa & So 12–22 Uhr; 🖉) Der ziemlich nüchterne Raum wird durch rotkarierte Tischdecken, ein paar künstlerische Reminiszenzen an Rom und Venedig und ausgezeichnete authentisch italienische Gerichte verschönt. Hoch in Kurs steht die Holzofenpizza mit einfachem, aber richtig gutem Belag und die hausgemachte Pasta. Dazu kommen feine Desserts (10 NZ$), aufmerksame Bedienung und Barockmusik zur Untermalung.

★ Redcliff Cafe RESTAURANT $$$
(www.theredcliff.co.nz; 12 Mokonui St; Hauptgerichte 31–39 NZ$; ⏱16–22 Uhr) In einem nachgebauten alten Siedler-Cottage bietet das entspannte Restaurant mit gastlicher Atmosphäre erlesene Gerichte in großzügigen Portionen und akkuraten Service. Die Produkte stammen überwiegend aus der Region und sind erstklassig; zu empfehlen sind etwa das Wild und der Hase. Vor oder nach dem Essen kann man sich mit einem Drink in der Bar entspannen. Dort gibt's häufig Livemusik.

Ausgehen & Unterhaltung

Fat Duck BAR
(124 Town Centre; ⏱8.30 Uhr–open end; 📶) Die Eckkneipe mit Plätzen im Freien ist eine

gute Wahl für ein Glas Mac's oder auch zwei. Die guten modernen Kneipengerichte geben dem Laden eine dezent trendige Gastropub-Note (Frühstück 13–20 NZ$, Abendessen 22–39 NZ$).

Ranch Bar & Grill PUB
(www.theranchbar.co.nz; 111 Town Centre) Das Lokal ist bei Einheimischen wegen seiner großzügigen Kneipengerichte beliebt. Sonntags gibt's ein gutes Abendessen mit Braten (15 NZ$). Happy Hour ist täglich von 20 bis 21 Uhr.

Moose PUB
(www.themoose.co.nz; 84 Lakefront Dr) In der Uferbar kann man gut am späten Nachmittag auf der Terrasse ein Bier und ein paar Snacks zu sich nehmen. Den ganzen Tag gibt's auch richtige Mahlzeiten (20–35 NZ$).

Fiordland Cinema KINO
(☎ 03-249 8812; www.fiordlandcinema.co.nz; 7 The Lane; 📶) Zwischen den Wiederholungen der hervorragenden Doku *Ata Whenua* (Erw./Kind 10/5 NZ$) – im Grunde ein 32-minütiger Imagefilm für die Landschaft von Fiordland – dient das Fiorland Kino als Kino. Die angrenzende **Black Dog Bar** ist der edelste Treffpunkt der Stadt.

Shoppen

Bev's Tramping Gear Hire OUTDOOR-AUSRÜSTUNG
(☎ 03-249 7389; www.bevs-hire.co.nz; 16 Homer St; ⌚ 9–12 & 17.30–19 Uhr, So morgens geschl.) Die nette Bev lässt den Worten Taten folgen, verleiht Wander- und Campingausrüstung und verkauft Trockennahrung fürs Hinterland. Von Mai bis Oktober wird nur nach vorheriger Vereinbarung aufgemacht.

Outside Sports OUTDOOR-AUSRÜSTUNG
(www.outsidesports.co.nz; 38 Town Centre; ⌚ 9–17 Uhr) Verleih und Verkauf von Wander- und Campingausrüstung, außerdem Fahrradverleih (halber/ganzer Tag 30/50 NZ$).

Praktische Informationen

Fiordland i-SITE (☎ 03-249 8900; www.fiordland.org.nz; 85 Lakefront Dr; ⌚ 8.30–17.30 Uhr) Übernimmt Buchung von Unternehmungen, Unterkünften und Verkehrsmitteln.

Fiordland Medical Centre (☎ 03-249 7007; 25 Luxmore Dr; ⌚ Mo–Fr 8–17.30, Sa bis 12 Uhr)

Fiordland National Park Visitor Centre (DOC; ☎ 03-249 0200; www.doc.govt.nz; Ecke Lakefront Dr & Te Anau-Manapouri Rd; ⌚ 8.30–16.30 Uhr) Hilft bei Great-Walks-Buchungen, verkauft den allgemeinen Hüttenpass und erteilt Auskünfte. Außerdem gibt's hier eine naturkundliche Ausstellung und einen Laden, in dem man die unverzichtbaren topografischen Karten für Abstecher ins Hinterland bekommt.

Post (100 Town Centre; ⌚ Mo–Fr 8.30–17.30, Sa 9.30–17 Uhr) Im Buchladen.

Real Journeys (☎ 0800 656 501; www.realjourneys.co.nz; Lakefront Dr; ⌚ 9–17 Uhr) Bucht Touren und Unternehmungen in der Umgebung.

Rosco's Milford Kayaks (☎ 0800 476 726; www.roscosmilfordkayaks.com; 72 Town Centre; ⌚ 9–17 Uhr) Bucht Outdoor-Aktivitäten.

Southern Discoveries (☎ 0800 264 536; www.southerndiscoveries.co.nz; Lakefront Dr; ⌚ 9–17 Uhr) Bucht Touren und Unternehmungen in der Umgebung.

An- & Weiterreise

InterCity (☎ 03-471 7143; www.intercity.co.nz) Tägliche Busverbindungen zwischen Te Anau und Queenstown (2½ Std.), Invercargill (2½ Std.) und Dunedin (4¾ Std.). Die Busse starten vor dem Kiwi Country an der Miro St.

Bottom Bus (☎ 03-477 9083; www.travelheadfirst.com) Busservice mit beliebigem Aus- und Zusteigen, der Te Anau mit Queenstown, Invercargill und dem Milford Sound (1½ Std.) verbindet. **Naked Bus** (www.nakedbus.com) verbindet Te Anau mit Queenstown, Invercargill und dem Milford Sound.

Tracknet (☎ 0800 483 262; www.tracknet.net) mit Sitz in Te Anau fährt nordwärts nach Queenstown und südwärts nach Invercargill und bedient auch die Start- und Zielpunkte von Wanderstrecken und den Milford Sound.

Rund um Te Anau

Te Anau ist der Ausgangspunkt von gleich zwei Great Walks – dem Kepler und dem Milford Track– und des weniger bekannten, aber gleichermaßen lohnenden Hollyford Track. Ausführliche Infos gibt's im Lonely Planet Guide *Hiking & Tramping New Zealand* und bei den hilfsbereiten Leuten im Fiordland National Park Visitor Centre, wo man auch auf der AdventureSmart-Website (www.adventuresmart.org.nz) seinen Wanderplan hinterlegen kann.

Kepler Track

1988 zur Entlastung des Milford und des Routeburn Track eröffnet, ist der Kepler einer der am besten geplanten und heute beliebtesten Tracks in Neuseeland: Die mittelschwere, 60 km lange Schleife beginnt und endet an dem Wehr des Waiau-River am südlichen Ende des Lake Te Anau. Der Weg verspricht ganztägige Wanderungen zwischen den Berggipfeln mit wundervollen Ausblicken auf den See, die Jackson Peaks und die Kepler Mountains. Er führt über Felsgrate und strauchbewachsenes Buschland sowie durch friedvolle Scheinbuchenwälder.

Die Strecke lässt sich in vier Tagen bewältigen, mit Übernachtung in den drei Hütten. Sie lässt sich auch auf drei Tage verkürzen, indem man an der Moturau Hut weitergeht und den Track an der Rainbow Reach Swing Bridge verlässt. Andererseits ist aber die Übernachtung in der Moturau Hut am Ufer des Lake Manapouri ein idealer Abschluss der Wanderung. Der Track kann übrigens in beide Richtungen gelaufen werden, die Variante Luxmore–Iris Burn–Moturau ist jedoch die beliebtere.

Für die alpinen Abschnitte ist körperliche Fitness vonnöten. Im Winter können diese auch gesperrt sein. Ohnehin ist dieser Track das ganze Jahr über sehr stark von den Witterungsbedingungen abhängig.

Geschätzte Wanderzeiten:

TAG	STRECKE	DAUER
1	Fiordland National Park Visitor Centre–Stauwehr	45 Min-
1	Stauwehr–Brod Bay	1½ Std.
1	Brod Bay–Luxmore Hut	3½–4½ Std.
2	Luxmore Hut–Iris Burn Hut	5–6 Std.
3	Iris Burn Hut–Moturau Hut	5–6 Std.
4	Moturau Hut–Rainbow Reach	1½–2 Std.
4	Rainbow Reach–Stauwehr	2½–3½ Std.

Buchung & Transport

Der Kepler Track gehört zu den Great Walks: Zwischen Ende Oktober und Mitte April wird für die Hütten der Great Walk Pass

Kepler Track

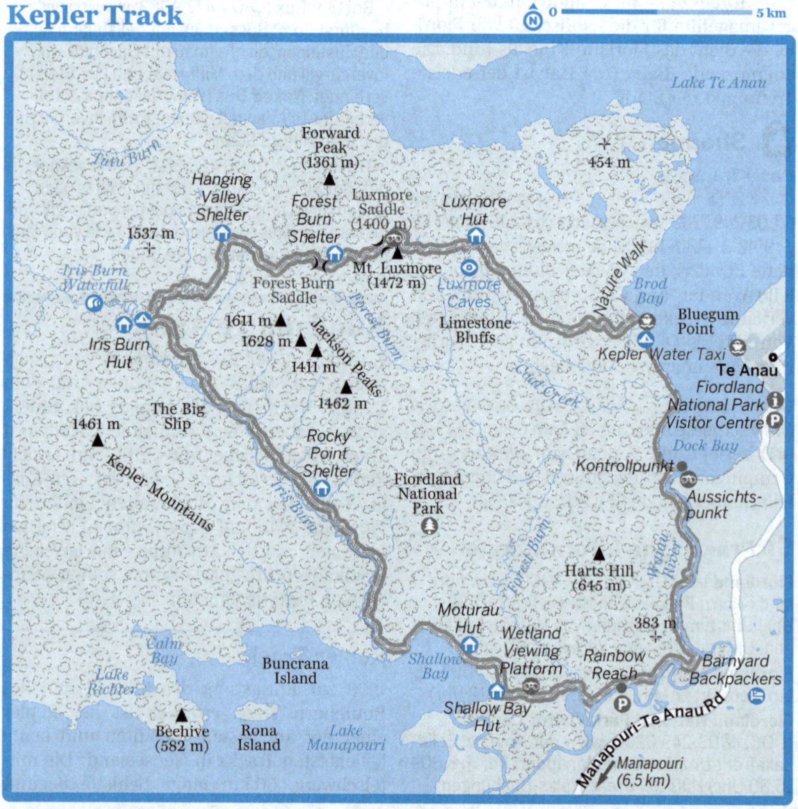

(Hütte 54 NZ$/Nacht) benötigt. Die Pässe müssen vorab gekauft werden und es empfiehlt sich, frühzeitig zu buchen, entweder online über **Great Walks Bookings** (☎0800 694 732; www.greatwalks.co.nz) des DOC oder persönlich in einem DOC-Besucherzentrum. In der Nebensaison sind die Hütten auf Serviced Huts (15 NZ$) im Hinterland heruntergestuft. Campingplätze gibt's an der Brod Bay und in der Nähe der Iris Burn Hut (Great-Walks-Saison 15 NZ$, Nebensaison frei).

Die empfohlene Karte für diese Wanderung ist *Parkmap 335-09 (Kepler Track)* im Maßstab 1 : 60 000.

Bequemerweise beginnt dieser Track weniger als 60 Gehminuten vom Fiordland National Park Visitor Centre entfernt, zu erreichen über den Uferweg, der anfangs parallel zur Manapouri–Te Anau Rd (SH95) verläuft. Am Stauwehr gibt es einen Parkplatz und einen Unterstand. **Tracknet** (☎0800 483 262; www.tracknet.net) betreibt Shuttles zum Startpunkt des Trails (6 NZ$) und bietet überwachte Parkplätze.

Kepler Water Taxi (☎03-249 8364; stevsaunders@xtra.co.nz) bietet morgens Boote über den Lake Te Anau zur Brod Bay (25 NZ$), durch die man am ersten Tag eineinhalb Stunden Wegzeit einspart.

Milford Track

Der Milford ist der bekannteste Fernwanderweg Neuseelands und wird schon routinemäßig als „die schönste Wanderung der Welt" beschrieben. Tatsächlich ist er absolut hinreißend: Regenwald, tief eingeschnittene Gletschertäler, ein wundervoller, von gewaltigen Gipfeln eingerahmter Alpenpass und mächtige Wasserfälle, darunter mit den legendären Sutherland Falls einer der höchsten der Welt, sind gute Gründe für seine Beliebtheit. Mehr als 14 000 Wanderer bewältigen pro Jahr die 54 km lange Strecke.

Während der Great-Walks-Saison darf auf dem Weg nur in einer Richtung, vom Glade Wharf aus, gewandert werden. Man muss die erste Nacht in der Clinton Hut übernachten, obwohl sie nur gut eine Stunde vom Ausgangspunkt des Wegs entfernt ist, und die Wanderung in den vorgeschriebenen vier Tagen und drei Nächten absolvieren. Das ist bei gutem Wetter vollkommen unproblematisch; bei schlechtem Wetter aber muss man trotzdem über den Mackinnon Pass ziehen und verpasst dabei die herrliche Aussicht. Man braucht also ein bisschen Glück.

In der Great-Walk-Saison sind auf dem Track auch geführte Wandergruppen unterwegs, die in gemütlichen, mit Teppichen ausgelegten Lodges mit Warmwasserduschen und angemessenem Essen übernachten. Wer sich dafür interessiert, wendet sich an **Ultimate Hikes** (☎03-450 1940, 0800 659 255; www.ultimatehikes.co.nz; Wanderung 5 Tage 1930–2095 NZ$), den einzigen Veranstalter, der eine Lizenz für geführte Wanderungen auf dem Milford Track besitzt.

Karten für diese Wanderung sind die NewTopo-Karte *Milford Track* (1 : 55 000) und die *Parkmap 335* im Maßstab 1 : 70 000.

TAG	STRECKE	DAUER
1	Glade Wharf–Glade House	20 Min.
1	Glade House–Clinton Hut	1 Std..
2	Clinton Hut–Mintaro Hut	5–6 Std.
3	Mintaro Hut–Dumpling Hut	6–7 Std.
3	Abstecher zu den Sutherland Falls	hin & zurück 1½ Std.
4	Dumpling Hut–Sandfly Point	5½–6 Std.

Buchung & Transport

Der Milford Track gehört zu den Great Walks: Zwischen Ende Oktober und Mitte April wird für die Übernachtung in den drei Hütten einen Great Walk Pass (162 NZ$) benötigt. Die Pässe müssen vorab gekauft werden und es empfiehlt sich, frühzeitig zu buchen, entweder online über **Great Walks Bookings** (☎0800 694 732; www.greatwalks.co.nz) des DOC oder persönlich in einem DOC-Besucherzentrum. In der Nebensaison sind die Hütten auf Serviced Huts (15 NZ$) im Hinterland heruntergestuft. Dann kann man den Track auch so langsam oder schnell absolvieren, wie man möchte. Aus diesem Grund sind die Monate direkt vor oder nach der Great-Walks-Saison für die Wanderung besonders zu empfehlen, sofern das Wetter mitspielt.

Der Wanderweg beginnt am Glade Wharf am Kopf des Lake Te Anau, der durch eine eineinhalbstündige Bootstour ab Te Anau Downs zu erreichen ist, das wiederum über die Straße zum Milford Sound 29 km von Te Anau entfernt ist. Der Track endet am Sandfly Point, der eine viertelstündige Bootsfahrt vom Dorf Milford Sound entfernt ist, von wo man über die Straße nach Te Anau zurückkehren kann (ca. 2 Std.). Bei der Buchung der Hüttentickets kann man online auch gleich die Rückfahrt buchen.

Wer An- und Abreise buchen will, wendet sich am besten an **Tracknet** (☎0800 483

Milford Track

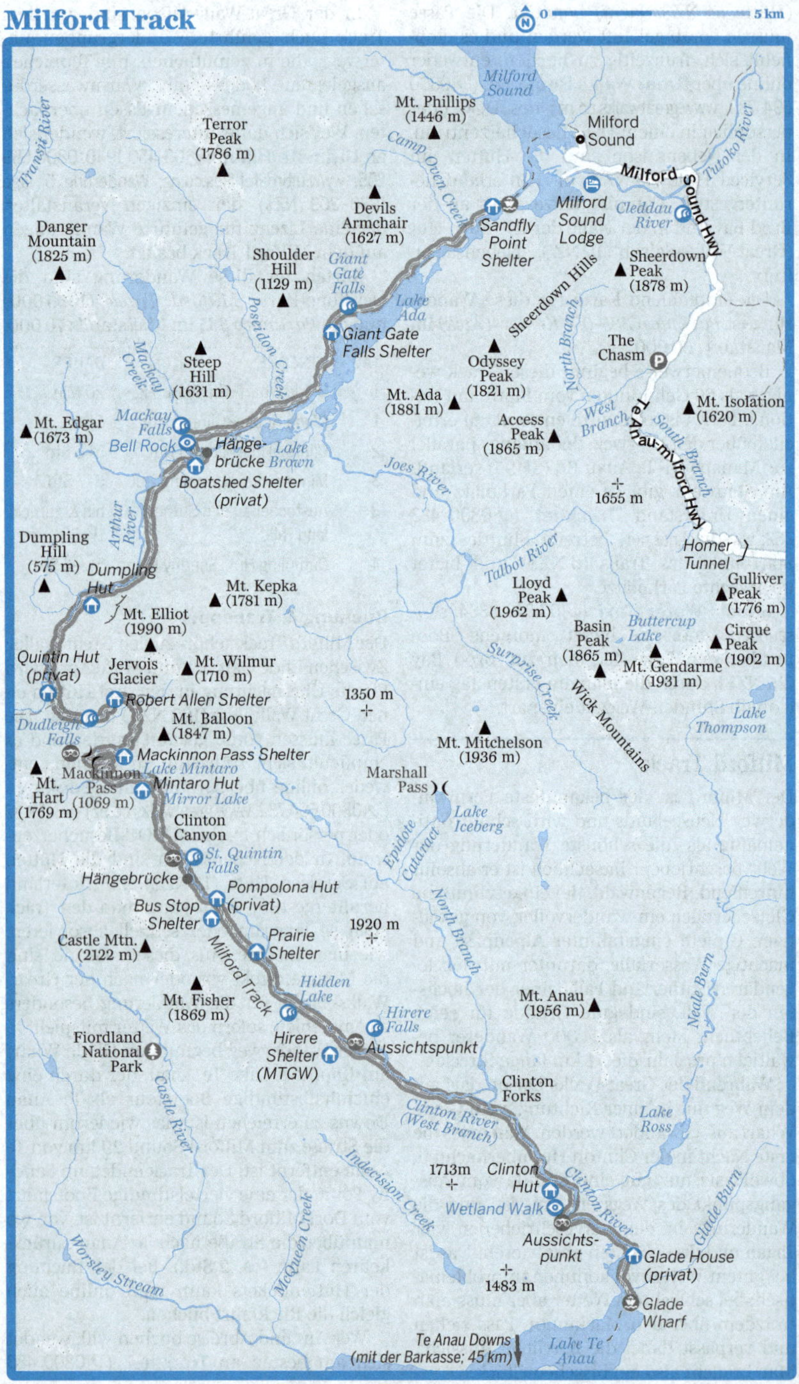

0
5 km
Milford Sound
Mt. Phillips (1446 m)
Milford Sound
Terror Peak (1786 m)
Transit River
Camp Oven Creek
Milford Sound Hwy
Tutoko River
Devils Armchair (1627 m)
Sandfly Point Shelter
Milford Sound Lodge
Cleddau River
Danger Mountain (1825 m)
Shoulder Hill (1129 m)
Giant Gate Falls
Sheerdown Peak (1878 m)
Sheerdown Hills
Lake Ada
Giant Gate Falls Shelter
Poseidon Creek
North Branch
The Chasm
Mackay Creek
Steep Hill (1631 m)
Odyssey Peak (1821 m)
Mt. Ada (1881 m)
West Branch
Mt. Isolation (1620 m)
Te Anau-Milford Hwy
Mt. Edgar (1673 m)
Mackay Falls
Bell Rock
Hängebrücke
Lake Brown
Access Peak (1865 m)
South Branch
Boatshed Shelter (privat)
Joes River
1655 m
Arthur River
Dumpling Hill (575 m)
Dumpling Hut
Homer Tunnel
Talbot River
Mt. Kepka (1781 m)
Lloyd Peak (1962 m)
Gulliver Peak (1776 m)
Mt. Elliot (1990 m)
Buttercup Lake
Basin Peak (1865 m)
Cirque Peak (1902 m)
Quintin Hut (privat)
Jervois Glacier
Mt. Wilmur (1710 m)
Surprise Creek
Mt. Gendarme (1931 m)
Robert Allen Shelter
1350 m
Wick Mountains
Dudleigh Falls
Mt. Balloon (1847 m)
Lake Thompson
Mackinnon Pass Shelter
Mt. Mitchelson (1936 m)
Mt. Hart (1769 m)
Mackinnon Pass (1069 m)
Lake Mintaro
Mintaro Hut
Mirror Lake
Marshall Pass
Lake Iceberg
Clinton Canyon
Epidote
Cataract
St. Quintin Falls
Hängebrücke
North Branch
Pompolona Hut (privat)
Bus Stop Shelter
1920 m
Castle Mtn. (2122 m)
Prairie Shelter
Milford Track
Neale Burn
Hidden Lake
Mt. Fisher (1869 m)
Mt. Anau (1956 m)
Hirere Falls
Aussichtspunkt
Fiordland National Park
Hirere Shelter (MTGW)
Clinton Forks
Castle River
Clinton River (West Branch)
Lake Ross
Indecision Creek
1713m
Clinton Hut
Clinton River
Glade Burn
Wetland Walk
Aussichtspunkt
Glade House (privat)
McQueen Creek
Worsley Stream
1483 m
Glade Wharf
Te Anau Downs (mit der Barkasse; 45 km)
Lake Te Anau

FIORDLAND & SOUTHLAND FIORDLAND

262; www.tracknet.net), das Pauschalangebote hin und zurück sowie bewachte Parkplätze in Te Anau anbietet. Zu den weiteren Optionen gehört ein Flug mit einem Wasserflugzeug von **Wings & Water Te Anau** (☎03-249 7405; www.wingsandwater.co.nz) von Te Anau zum Glade Wharf. Ratschläge zu geeigneten Optionen gibt's in der Te Anau i-SITE und im Fiordland National Park Visitor Centre.

Hollyford Track

Der fünftägige, 58 km lange Hollyford Track ist eine leichte bis mittelschwere Wanderung durch das niedrigere Hollyford Valley– das längste Tal im Fiordland National Park – bis zur abgelegenen Martin's Bay. Der Ausbau des Tracks, verbesserte Transportangebote und die Tatsache, dass es sich um einen ebenen, das ganze Jahr zugänglichen Weg handelt, haben dazu geführt, dass immer mehr Wanderer die prächtige Berg- und Seenlandschaft, den wunderbaren Wald, die reiche Vogelwelt und die zauberhafte Küste für sich entdecken. Dennoch absolvieren durchschnittlich nur 4000 Wanderer pro Jahr diese Strecke, sodass sie sich für jene anbietet, die ungestörte Ruhe suchen.

Der Track ist praktisch eine Einbahnstraße (wenn man ihn nicht mit der superschweren Pyke–Big Bay Route verbindet). Die meisten Wanderer marschieren bis zur Martins Bay, machen dort kehrt und gehen auf dem gleichen Weg zurück, sofern sie nicht von dem Flugfeld an der Bucht abfliegen. Wenn möglich, sollte man aber einen Tag Pause an der Bucht einlegen, wo man eine Seebärenkolonie und vielleicht auch den einen oder anderen Pinguin sehen kann – was den Ärger mit den wohl scheußlichsten Kriebelmücken Neuseelands mehr als wett macht.

Die besten Karten zu dieser Wanderung sind NZTopo50 *CB09 (Hollyford), CA09 (Alabaster)* und *CA08 (Milford Sound)*. Das DOC hat eine Broschüre zum Hollyford Track.

Buchung & Transport

Wanderer können sechs DOC-Hütten am Track in den Kategorien Serviced (15 NZ$) bis Standard (5 NZ$) nutzen. Campen (5 NZ$) ist neben den Hütten erlaubt, aber wegen den Kriebelmücken alles andere als ein Vergnügen. Die Tickets sollten vorab online bei einem DOC-Besucherbüro gekauft werden.

Shuttles zum Ausgangspunkt des Hollyford Track bieten **Tracknet** (☎0800 483 262; www.tracknet.net) und **Trips & Tramps** (☎03-249 7081, 0800 305 807; www.tripsandtramps.com). Gunn's Camp, 9 km vor dem Ausgangspunkt des Tracks (zu Fuß 2 Std.), ist ein gutes Schlupfloch vor und nach der Wanderung; es ist mit öffentlichen Verkehrsmittel zu erreichen und hat einen Parkplatz.

Fly Fiordland (☎0800 359 346; www.flyfiordland.com) fliegt zum Flugfeld an der Martins Bay und nach Milford Sound (160 NZ$/Pers., min. 2 Pers.). Jetboat-Touren auf dem Lake McKerrow veranstaltet **Hollyford Track** (☎03-442 3000, 0800 832 226; www.hollyfordtrack.com); der Veranstalter hat auch ausgezeichnete dreitägige geführte Trips auf dem Hollyford Track mit Übernachtung in privaten Hütten und Lodges und zum Abschluss einem Panoramaflug nach Milford Sound (1895 NZ$) im Programm.

Te Anau–Milford Highway

Eine Fahrt auf der 119 km langen Straße von Te Anau nach Milford (SH94) ist die einfachste Art, Fiordland zu erleben. In Te Anau sollte man gleich morgens (8 Uhr) oder am späten Vormittag (11 Uhr) aufbrechen, um den Reisebussen zu entgehen, in denen mittags Ausflugsgruppen am Sound entlangkutschiert werden. Vor dem Start sollte man in Te Anau auftanken. Achtung: Zwischen Mai und November müssen an Tagen, an denen Lawinen drohen (entsprechende Warnschilder sind an der Straße aufgestellt), Schneeketten mitgeführt werden; diese kann man an den meisten Tankstellen in Te Anau mieten.

Die Fahrt dauert ohne Zwischenstopps zwei bis zweieinhalb Stunden. Ein bisschen mehr Zeit sollte es aber schon sein, um die majestätische Landschaft zu genießen. Unterwegs gibt es viele Aussichtspunkte und Wanderwege. Infos dazu finden sich in der DOC-Broschüre *Fiordland National Park Day Walks* (2 NZ$), die in der Te Anau i-SITE, dem Fiordland National Park Visitor Centre oder als Download unter www.doc.govt.nz erhältlich ist. In der Broschüre sind auch die zehn einfachen DOC-Campingplätze (6 NZ$/Pers.) am Highway beschrieben. Alle sind malerisch, aber auch von Kriebelmücken geplagt.

Zunächst schlängelt sich die Straße auf der Endmoräne des Gletschers, der einst den Lake Te Anau schuf, durch hügeliges Farmland. Bei Kilometer 29 führt die Straße an **Te Anau Downs** vorbei. Dort führt eine leichte Wanderung (hin & zurück 45 Min.)

durch ein Waldstück zu dem kleinen Gletschersee **Lake Mistletoe**.

Weiter geht die Fahrt ins Eglinton Valley, in dem es zunächst einige Schafsweiden gibt, ehe man nach Überschreiten der Grenze zum Fiordland National Park tiefer in die Wildnis eintaucht. Die rauen Gipfel, dichten Scheinbuchenwälder, von Lupinen gesäumten Flussufer und grüne Wiesen sind fürwahr ein herrlicher Anblick.

Gleich hinter dem Campingplatz **Mackay Creek** (bei Km 51) hat man einen wunderbaren Blick auf die Gipfel des Pyramid Peak (2295 m) und des Ngatimamoe Peak (2164 m). Der Bohlenweg bei den **Mirror Lakes** (bei Km 58) führt einen durch Scheinbuchenwald und Feuchtgebiete; an ruhigen Tagen spiegeln sich die Berge jenseits des Tals in den Seen.

Bei Kilometer 63 liegt **Knob's Flat** (☎ 03-249 9122; www.knobsflat.co.nz; Stellplatz 15 NZ$/Pers., DZ 130–150 NZ$). Dort gibt es sechs separate Wohneinheiten, die hauptsächlich für Wanderer und Angler vorgesehen sind, sich aber ideal für alle eignen, die die einfachen Dinge des Lebens wie ein gemütliches Zimmer mit Aussicht zu schätzen wissen. Und die Aussicht ist hier wahrlich hinreißend. Stellplätze ohne Strom gibt's für jene, die eins werden wollen mit der Natur, ohne auf den kleinen Luxus von Warmwasserduschen und einer Küche mit Kühlschrank und Gaskochern zu verzichten.

Bei Kilometer 77 erreicht man den **Cascade Creek** und den **Lake Gunn**. Die Maori nannten das Gebiet O Tapara. Es war ein Rastplatz für Maori-Gruppen, die auf der Suche nach *pounamu* (Jade) zur Anita Bay unterwegs waren. Der **Lake Gunn Nature Walk** ist ein Rundweg (hin & zurück 45 Min.) durch einen Scheinbuchenwald voller Vogelgezwitscher. Abzweigungen führen zu ruhigen Stränden am See.

Bei Kilometer 84 ändert sich die Vegetation mit der Überquerung der **Divide**, des niedrigsten Ost-West-Passes in den Neuseeländischen Alpen. Die Schutzhütte am Straßenrand wird von Wanderern genutzt, die hier zum Routeburn, zum Greenstone oder zum Caples Track aufbrechen oder ihre Wanderung beenden. Busse fahren die Stelle regelmäßig an. Von hier aus kann man eine prächtige zweistündige Rundwanderung am Anfang des Routeburn Tracks unternehmen. Die Strecke führt durch Scheinbuchenwald hinauf zu den alpinen Tussock-Wiesen des **Key Summit**. An klaren Tagen haut einen der Blick auf die Humboldt und die Darran Mountains geradezu aus den Socken; und die Wanderung über sumpfige Hochebenen inmitten niedriger Scheinbuchen ist schon ein guter Grund, etwas länger zu verweilen.

Von der Divide führt die Straße hinunter in den Scheinbuchenwald des **Hollyford Valley** (ein Halt am Aussichtspunkt Pop's View lohnt sich). Dort führt die empfehlenswerte unbefestigte Nebenstraße vom SH94 durch das Lower Hollyford Valley zunächst zum Gunn's Camp (8 km) und nach weiteren 9 km zum Hollyford Track, wo auch der Wanderweg zu den **Humboldt Falls** (hin & zurück 30 Min.) beginnt.

Das auch als Hollyford Camp bekannte **Gunn's Camp** (www.gunnscamp.org.nz; Lower Hollyford Valley Rd; Campen 15 NZ$/Pers., B 25 NZ$, Hütte 65 NZ$, Bettwäsche 5 NZ$) ist Schauplatz vieler Pionierlegenden, die vom unsäglich schwierigen Straßenbau und von Davey Gunn handeln, dem hartgesottenen Buschmann, der 25 Jahre lang erst Vieh und später Touristen durch das Tal bugsierte und 1950 umkam, als er vom Pferd fiel und ertrank. In dem Bauarbeitercamp aus den 1930er-Jahren gibt es einen kleinen Laden und ein Museum (Erw./Kind 2 NZ$/frei), originale Hütten mit Kohle- oder Holzöfen, eine neuere Schlafbaracke und eine ebenfalls recht moderne Gemeinschaftslounge mit Küche. Zahlen kann man nur bar oder mit Kreditkarte; der Stromgenerator wird um 22 Uhr abgestellt.

Zurück auf der Hauptstraße nach Milford klettert die Route durch das von fantastischen Wasserfällen geprägte Tal hinauf zum 101 km von Te Anau entfernten **Homer Tunnel**, dessen Portal von einem spektakulären, vom Eis geformten natürlichen Amphitheater mit hohen Wänden umgeben ist. Der in den 1930er-Jahren im Rahmen einer Arbeitsbeschaffungsmaßnahme begonnene und schließlich 1954 dem Verkehr übergebene Tunnel ist eine Einbahnstraße; den Verkehr regelt eine 2004 installierte Ampelanlage. Der dunkle, prächtig roh aus dem Fels gehauene Tunnel, von dessen Wänden Wasser tröpfelt, gelangt nach 1270 m am Kopf des spektakulären **Cleddau Valley** wieder ans Tageslicht – ein wirklich beeindruckendes Erlebnis. Keas (Bergpapageien) hängen am Tunnel herum und spähen nach Touristen – nicht füttern, das schadet ihnen nur!

Rund 10 km vor Milford lohnt der auch für Rollstuhlfahrer und Eltern mit Kinderwagen geeignete **Chasm Walk** (hin & zurück 20 Min.) einen Zwischenstopp. Der von Wald gesäumte Cleddau River hat sich hier durch erodierte Felsbrocken seinen Weg in eine schmale Schlucht gebahnt, wobei Wasserfälle und eine natürliche Felsbrücke entstanden sind. Kurz vor Milford kann man über den Wipfeln des Scheinbuchenwalds einen Blick auf den **Mt. Tutoko** (2746 m) werfen, den höchsten Gipfel Fiordlands.

Milford Sound/Piopiotahi

114 EW.

Der erste Blick auf den Milford Sound ist einfach atemberaubend: Felsklippen ragen aus dem ruhigen, dunklen Wasser, an die Abhänge klammern sich Bäume um Halt bemüht. Sie wirken wie eine Art Baumlawine, die jeden Moment ins Meer zu stürzen droht. Der sagenhafte und fotogene Mitre Peak (1692 m) dominiert die Szenerie.

Den Milford Sound besuchen alljährlich rund 500 000 Besucher, die meisten von ihnen kommen im Januar und Februar. An die 14 000 Menschen wandern dann auf dem Milford Track entlang, der direkt am Sund endet. Noch mehr fahren mit dem Auto von Te Anau zum Sund, die Mehrzahl allerdings besucht ihn im Rahmen eines Busausflugs. Aber keine Sorge: Auf dem Wasser draußen wirken all diese Menschen im Angesicht der endlosen Weite ganz winzig.

Sehenswertes & Aktivitäten

Der Name verrät schon alles: Beim Milford Sound dreht sich alles um Wasser und die es umschließenden Landformationen. Hier kann einem schon neblig vor Augen werden, denn der durchschnittliche jährliche Niederschlag von 7 m sorgt für unzählige tosende Wasserfälle. In dem einmaligen Lebensraum – leichteres, gerbstoffreiches Süßwasser legt sich über Salzwasser –, herrschen Bedingungen ähnlich der Tiefsee vor; u. a. leben im und am Wasser Delfine, Seebären und Pinguine. Hier muss man sich einfach aufs Wasser hinauswagen.

Besonders gut erleben kann man den Sund von einem Kajak aus. Zwischen den hohen Klippen wirkt ein solches Gefährt winzig klein. Zwei Veranstalter bringen einen aufs Wasser, beide haben Buchungsbüros in Te Anau.

Rosco's Milford Kayaks KAJAKFAHREN
(☎0800 476 726, 03-249 8500; www.roscosmilfordkayaks.com; 72 Town Centre, Te Anau; Trip 99–255 NZ$) Zu den geführten Kajaktouren zählen „Morning Glory" (189 NZ$), eine schwierige Fahrt den ganzen Fjord hinunter bis zur Anita Bay, und die leichtere „Stirling Sunriser"-Tour (189 NZ$), die unter die 151 m hohen Stirling Falls führt. Daneben gibt es Touren, die „auch für Oma machbar" sind und Kombinationen aus Kajaktouren und Wanderungen auf dem Milford Track.

Fiordland Wilderness Experiences KAJAKFAHREN
(☎03-249-7700, 0800 200 434; www.seakayakfiordland.co.nz; Sandy Brown Rd, Te Anau; 145 NZ$/Pers.; ⏲Sept.–April) Veranstaltet geführte sechsstündige Touren auf dem Milford Sound, bei denen man vier bis fünf Stunden auf dem Wasser verbringt.

Descend Scubadiving TAUCHEN
(☎0800 337 2363; www.divemilfordsound.co.nz; ab Te Anau/Milford 349/299 NZ$) Hier bietet sich die Chance, die einzigartigen Meereslebewesen im Meeresschutzgebiet Fiordland zu sehen (darunter viele Korallen). Angeboten werden Tagesausflüge mit vierstündigem Trip auf dem Milford Sound (in einem 7 m langen Alloy-Cats-Boot) und zwei Tauchgängen unterwegs. Im Preis inbegriffen sind Transport, Ausrüstung, Mittagessen, heiße Getränke und Snacks.

Geführte Touren

Eine Bootstour auf dem Milford Sound ist die entspannteste Art, Fiordland zu erleben. Im schicken **Cruise Terminal** (⏲Okt.–April 8–17.15 Uhr, Mai–Sept. 9–16.15 Uhr), der zehn Gehminuten vom Café und dem Parkplatz entfernt ist, warten mehrere Anbieter auf Kundschaft.

Jeder Anbieter ist dabei angeblich ruhiger, kleiner, größer, günstiger oder sonstwie besser als die Konkurrenz. Den wichtigsten Unterschied macht aber der genaue Abfahrtszeitpunkt: Die meisten Tourbusse peilen die Trips um 13 Uhr an. Wer diese Zeit meidet, begegnet an Bord (und auf der Straße!) weniger Menschen. Zudem gewähren manche Veranstalter sogar Rabatte auf Bootstrips außerhalb der Stoßzeiten.

Leidenschaftliche Tierfreunde sollten nach einem Naturkundler an Bord fragen. Allgemein ist eine Reservierung unbedingt ratsam! Normalerweise muss man sich 20 Minuten vor der Abfahrt einfinden. Gegen eine Extragebühr sammeln die meisten Unternehmen ihre Passagiere auch in Te Anau ein. Tagesausflüge ab Queenstown bedeuten einen sehr langen 13-Stunden-Tag.

Alle Touren steuern die Mündung des Sunds in nur 15 km Entfernung zum Hafen an. Dabei durchpflügt der Bug die rauen Wogen der Tasmansee. Bei kürzeren Trips werden unterwegs weniger „Highlights" (z. B. Bowen Falls, Mitre Peak, Anita Bay, Stirling Falls) passiert.

Nur mit Bootstouren von Milford Sound Cruises und Mitre Peak Cruises kann man das **Milford Discovery Centre** (Erw./Kind 36/18 NZ$; ⏱9–15.45 Uhr) besuchen, ein fünfstöckiges, größtenteils versenktes Unterwasserobservatorium, von dem aus man Tiefseekorallen, Zylinderrosen und am Boden lebende Weiße Zackenbarsche beobachten kann.

Real Journeys BOOTSTOUR
(☎0800 656 501, 03-249 7416; www.realjourneys.co.nz; Erw./Kind ab 70/22 NZ$) Milfords größter Veranstalter bietet diverse Touren an, darunter eine beliebte Panoramafahrt (1¾ Std. Erw. 70–93 NZ$, Kind 22 NZ$) und eine längere Tour (2½ Std., Erw. 85–95 NZ$, Kind 22 NZ$), die sich mit dem Kommentar naturkundiger Führer hauptsächlich den Tieren dieses Seegebiets widmet. Auch Fahrten mit Übernachtung sind verfügbar, bei denen man Kajak fahren und die Natur unterwegs in leichten Booten erkunden kann. Diese Trips starten am Hafen in Milford gegen 16.30 Uhr und kehren gegen 9.30 Uhr am Folgetag zurück. Die *Milford Wanderer*, ein Boot nach dem Vorbild alter Frachtkähne, bietet Platz für 36 Passagiere. Diese übernachten in Zwei- und Vierbettkabinen (mit Stockbetten und Gemeinschaftsbad); der Preis liegt bei 335/168 NZ$ pro Erwachsener/Kind in Zweibettkabinen und 278/139 NZ$ in Vierbettkabinen. Auf der komfortableren *Milford Mariner* kommen 60 Passagiere unter. Hier gibt es nur Zweierkabinen mit Bad (Erw. 284–405 NZ$, Kind 142–203 NZ$). Zwischen April und September gelten günstigere Preise; die Busanfahrt aus Te Anau kostet extra.

Go Orange BOOTSTOUR
(☎03-249 8585, 0800 246 672; www.goorange.co.nz; Erw. 49–70 NZ$, Kind 15 NZ$) Die günstigen zweistündigen Bootstouren von Real Journeys (9, 12.30, 15.30 Uhr) führen über die gesamte Länge des Milford Sound; Snacks gibt's gratis dazu.

Jucy Cruize BOOTSTOUR
(☎0800 500 121; www.jucycruize.co.nz; Erw./Kind ab 50/15 NZ$) 90-minütige Ausflüge auf einem Boot mit 200 Plätzen.

Mitre Peak Cruises BOOTSTOUR
(☎0800 744 633; www.mitrepeak.com; Erw./Kind ab 70/17 NZ$) Zweistündige Touren in recht kleinen Booten (max. 75 Pers.). Zu empfehlen ist die Tour um 16.30 Uhr, weil viele größere Boote zu dieser Zeit bereits zurückkehren.

Southern Discoveries BOOTSTOUR
(☎0800 264 536; www.southerndiscoveries.co.nz; Erw./Kind ab 70/16 NZ$) Angeboten werden diverse Trips zur Erkundung des Milford Sound, die alle rund zwei Stunden dauern. Für die 135-minütige Naturtour wird ein kleineres Boot (75 Pers.) eingesetzt.

Schlafen & Essen

★ **Milford Sound Lodge** LODGE $
(☎03-249 8071; www.milfordlodge.com; SH94; Stellplatz ab 20 NZ$, B 33 NZ$; @📶) Die schlichte, aber komfortable Lodge am Cleddau River, 1,5 km vom Zentrum Milfords entfernt, hat eine bodenständige, von Aktivurlauber geprägte Atmosphäre. Traveller und Tramper treffen sich in der Lounge oder im **Pio Pio Cafe** (Gerichte 7–22 NZ$) vor Ort, in dem man Mahlzeiten, Wein und Espresso bekommt. Die sehr komfortablen Chalets (195–295 NZ$) stehen direkt am Fluss. Unbedingt vorab reservieren!

Blue Duck Café & Bar CAFÉ $$
(Frühstück 6–18 NZ$, Abendessen 16–27 NZ$; ⏱Café 8.30–16.30 Uhr, Bar 16 Uhr–open end) Das launische Café, dessen Gäste keine andere Wahl haben, serviert tagsüber Pies, Sandwichs und dergleichen; abends gibt's Pizza und Bier an der Bar. Das Café steht am Rand des Hauptparkplatzes von Milford; im Innern befindet sich auch ein Büro, in dem man Aktivitäten buchen kann.

An- & Weiterreise

AUTO

Es macht Sinn, in Te Anau nochmals das Auto aufzutanken, bevor man sich endgültig auf den Weg macht. Von Mai bis November müssen an Tagen mit Lawinengefahr Schneeketten mitgeführt werden (auf die entsprechenden Straßenschilder achten); sie können an Tankstellen in Te Anau ausgeliehen werden.

BUS

InterCity (☎03-471 7143; www.intercity.co.nz) hat tägliche Busverbindungen von Te Anau (3 Std.) und Queenstown (6 Std.) nach Milford Sound. An die Busfahrt kann man beim Buchen gleich eine Bootstour dranhängen. Auch **Naked Bus** (www.nakedbus.com) fährt von Te Anau zum Milford Sound.

Das in Te Anau ansässige Unternehmen **Tracknet** (☎ 0800 483 262; www.tracknet.net) hat regelmäßige Verbindungen nach Milford Sound. Die Busse aus Süden kommen aus Invercargill, die Busse aus Norden aus Queenstown. **Fiordland Tours** (☎ 021 537 704, 0800 247 249; www.fiordlandtours.co.nz) bietet Tagesausflüge in kleinen Gruppen nach Milford Sound (mit Bootstour) und zum Hollyford Track.

Alle Busse kommen an der Divide vorbei und beginnen bzw. enden am Routeburn, Greenstone und Caples Track.

Manapouri

230 EW.

Manapouri ist der Ausgangspunkt für Bootstouren zum Doubtful Sound; deswegen streben die meisten Besucher schnurstracks zum Bootshafen, um die Fähre zum West Arm zu nehmen. Insofern ist der Ort verschlafen und etwas unterbewertet, denn tatsächlich ist der Lake Manapouri einer der schönsten Seen Neuseelands mit einer Naturszenerie, die sich mit jener in Te Anau messen kann. Außerdem gibt's hier eine Reihe von Anbietern, mit denen man interessante Dinge unternehmen kann.

1969 war Manapouri Schauplatz einer der ersten größeren Umweltkampagnen in Neuseeland. Die ursprüngliche Planung für das Wasserkraftwerk West Arm, das Strom für die Aluminiumhütte bei Invercargill liefern sollte, sah vor, den Pegel des Sees um 30 m anzuheben. Dagegen wandte sich eine Bürgerinitiative, die 265 000 Unterschriften sammelte – damals 17 % aller wahlberechtigten Neuseeländer! Das Streitthema war letztlich einer der Gründe für die Niederlage der Regierung bei den folgenden Wahlen, das Resultat ein großer Erfolg für die Umweltbewegung: Das Kraftwerk wurde gebaut, ohne den Pegel des Sees anzuheben, und die Petition inspirierte in den 1970er- und 1980er-Jahren weitere Umweltaktionen im ganzen Land.

Aktivitäten

Wenn man bei Pearl Harbour den Waiau River überquert, erreicht man zahlreiche Tageswanderungen, die in der DOC-Broschüre *Fiordland National Park Day Walks* ausführlich beschrieben sind. Der klassische Ausflug ist der **Circle Track** (hin & zurück 3 Std.), an den man die Wanderung zum **Hope Arm** (hin & zurück 5–6 Std.) anschließen kann. Zur Überquerung des Flusses mietet man ein Ruderboot oder nimmt ein Wassertaxi von **Adventure Manapouri** (☎ 03-249 8070; www.adventuremanapouri.co.nz; Ruderboot 30 NZ$/Tag, Wassertaxi über den Waiau River hin & zurück 15 NZ$); das Unternehmen ist auch über Manapouri Stores zu erreichen.

Zwischen dem nördlichen Zugang zur Ortschaft Manapouri und Pearl Harbour verläuft der einstündige Wanderweg zum **Frasers Beach**, wo man Picknick- und Badestellen mit fantastischem Ausblick über den See vorfindet.

Der Kepler Track ist bei Rainbow Reach, 10 km nördlich der Ortschaft, am nördlichen Ende des Lake Manapouri zu erreichen.

Manapouri ist auch der Ausgangspunkt zum einsamen **Dusky Track**, einer sehr anspruchsvollen, 84 km langen Wanderung, für die man acht bis zehn Tage benötigt. Weitere Infos gibt's beim DOC oder bei **Lake Hauroko Tours** (☎ 03-226 6681; www.duskytrack.co.nz).

Mit einem Kajak lässt sich die herrliche Landschaft um Manapouri aus einer wunderbaren Perspektive erkunden. **Adventure Kayak & Cruise** (☎ 03-249 6626, 0800 324 966; www.fiordlandadventure.co.nz; 33 Waiau St) verleiht Kajaks (April–Okt. ab 50 NZ$/Pers., min. 2 Pers.); Funkgeräte werden kostenlos gestellt. Angeboten werden auch Kajaktouren auf dem Doubtful Sound (ab 245 NZ$/Pers.).

Schlafen & Essen

Freestone Backpackers HOSTEL $

(☎ 03-249 6893; www.freestone.co.nz; 270 Hillside-Manapouri Rd; B 22–33 NZ$, DZ 66–86 NZ$; 📶) Die rustikalen Kabinen, jeweils mit kleiner Küche, Kanonenofen, Veranda und Gemeinschaftsbädern, stehen an einem Hang rund 3 km östlich der Ortschaft. In einem umgebauten Familienhaus gibt es weitere acht Plätze in Einzel-, Doppel- und Zweibettzimmern. Zu den Gemeinschaftseinrichtungen zählt eine voll ausgestattete Küche. Nach Bootstouren erkundigen!

Possum Lodge FERIENPARK $

(☎ 03-249 6623; www.possumlodge.co.nz; 13 Murrell Ave; Stellplatz 2 Pers. 35 NZ$, B 20 NZ$, Wohneinheit 56–106 NZ$; 📶) Die attraktive kleine Ferienanlage versteckt sich in einem Waldgelände am See und bietet herrliche Wohnmobil-Stellplätze, sehr schlichte Hütten, altmodische Motelzimmer und eine voll ausgestattete Küche.

Manapouri Motels & Holiday Park FERIENPARK $

(☎ 03-249 6624; www.manapourimotels.co.nz; 86 Cathedral Dr; Stellplatz ab 16 NZ$, Wohneinheit

58–130 NZ$; @ 📶) Der exzentrische, aber charmante altmodische Campingplatz hat günstige Hütten, die sich teils im Look Schweizer Berghütten, teils als niedliches Schindelhaus präsentieren. Hinzu kommen ruhige Stellplätze und ein einladender Block mit Duschen und Toiletten. Als Extras gibt's eine Flotte alter Morris Minors und eine Sammlung alter Flipperautomaten zu bewundern.

Manapouri Stores CAFÉ **$**
(29 Waiau St; ⌚7–19 Uhr) Das Café serviert Espresso und traditionelle Teestuben-Gerichte, verkauft außerdem Grundnahrungsmittel und verleiht Ruderboote.

Lakeview Café & Bar PUB **$$**
(68 Cathedral Dr; Pizza 18–20 NZ$, Hauptgerichte 18–34 NZ$; ⌚11–22 Uhr; 📶) Hier gibt's gehaltvolle Gerichte mit einem wundervollen Meerblick als Beilage. In der angeschlossenen öffentlichen Bar erfährt man viel über die Geschichte der Region – ein Blick auf die Fotos an den Wänden lohnt sich.

An- & Weiterreise

Tracknet (☎0800 483 262; www.tracknet.net) fährt von Oktober bis Mai zweimal täglich zwischen Te Anau und Manapouri, das restliche Jahr über auf Anfrage. Die Busse fahren weiter nach Queenstown bzw. Invercargill.

Doubtful Sound

Die prächtige Wildnis des Doubtful Sound besteht aus zackigen, wie gemeißelt wirkenden Bergen, dichten Wäldern und donnernden Wasserfällen. Der Doubtful ist einer der größten Sunde Neuseelands (dreimal so lang wie der Milford Sound und von zehnfacher Fläche). Genau genommen ist er ein Fjord, weil er von Gletschern und nicht von einem Fluss geformt wurde. Und letztlich wird er auch deutlich weniger besucht als der Milford Sound. Wer genügend Zeit und Geld hat, sollte ihn sich aber nicht entgehen lassen.

Bis vor nicht allzu langer Zeit haben nur die abgebrühtesten Wanderer oder Seeleute eine Erkundung des Doubtful Sound unternommen. Selbst James Cook betrachtete den Fjord 1770 nur vom Land aus und war „voller Zweifel" („doubtful"), ob die Winde im Sund das Schiff überhaupt wieder ins Meer hinaustrügen. Die Meerenge wurde deutlich zugänglicher, als man 1959 die Straße über den Wilmot Pass eröffnete, um den Bau des Kraftwerks West Arm zu ermöglichen.

Um zum Doubtful Sound gelangen, nimmt man am Pearl Harbour in Manapouri ein Boot zur Überfahrt zum Kraftwerk West Arm (1 Std.). Dort schließt sich eine 22 km lange Fahrt (40 Min.) über den Wilmot Pass nach Deep Cove (ständige Einwohner: 2) an, wo man ein Boot für eine Tour auf dem Sund nehmen kann. Zwar ist Manapouri die bequemste Ausgangsbasis, doch lassen sich auch von Te Anau und Queenstown über die Anbieter der Bootstouren leicht Abholungen arrangieren.

Geführte Touren

Die Hauptfrage ist, ob man eine Tour mit Übernachtung – unsere eindeutige Empfehlung – oder einen Tagesausflug unternehmen soll. Außerdem muss man sich überlegen, wie groß das Schiff sein soll und ob man auch das Kraftwerk besichtigen will. Fahrten mit Übernachtung beinhalten die Mahlzeiten und die Möglichkeit zum Angeln und Kajakfahren. Das einzige in Manapouri ansässige Unternehmen, das Kajaktouren auf dem Doubtful Sound anbietet, ist **Adventure Kayak & Cruise** (☎0800 324 966; www.fiordlandadventure.co.nz; Tagestrip 245 NZ$; Kajak- & Campingtour 385 NZ$; ⌚Okt.–April).

Fiordland Cruises BOOTSTOUR
(☎0800 368 283; www.fiordlandcruises.co.nz; EZ/DZ 600/1200 NZ$) Rundfahrt mit Übernachtung an Bord der *Southern Secret* (max. 12 Pers.); die Zweierkabinen haben ein Bad.

Deep Cove Charters BOOTSTOUR
(☎0800 249 682; www.deepcovecharters.co.nz; B 500 NZ$, 2B/DZ-Kajüte 1100/1200 NZ$) Fahrt mit Übernachtung an Bord der *Seafinn* (max. 12 Pers.).

Real Journeys BOOTSTOUR
(☎0800 656 501; www.realjourneys.co.nz) Die eintägige „Wilderness Cruise" (Erw. 245–265 NZ$, Kind 65 NZ$) beinhaltet eine dreistündige Fahrt an Bord eines modernen Katamarans in Begleitung eines Guides mit naturkundlichem Wissen. Von September bis Mai wird eine Rundfahrt mit Übernachtung an Bord der *Fiordland Navigator* angeboten. Das Boot hat Platz für 70 Passagiere in Zweibett- (Erw. 417–595 NZ$, Kind 209–298 NZ$) und Vierbett-Kabinen (Erw. 263–375 NZ$, Kind 132–188 NZ$) mit jeweils eigenem Bad. Bei manchen Touren wird auch das in den Fels gebaute Kavernenkraftwerk von Manapouri besichtigt.

Go Orange BOOTSTOUR
(☎0800 246 672; www.goorange.co.nz; Erw. 199–225 NZ$, Kind 99–112,50 NZ$) Der Budget-Trip von Real Journeys findet mit einem Schiff für 45 Passagiere statt. Die ganztägige Tour umfasst eine dreistündige Bootsfahrt über die gesamte Länge des Sunds und die Besichtigung des Kraftwerks.

Fiordland Expeditions BOOTSTOUR
(☎0508 888 656; www.fiordlandexpeditions.co.nz; ab 450 NZ$) Rundfahrt mit Übernachtung an Bord der *Tutoko II* (max. 14 Pers.).

Fiordland Wilderness Experiences KAJAKFAHREN
(☎0800 200 434; www.seakayakfiordland.co.nz; Sandy Brown Rd, Te Anau; pro Pers. 399–2750 NZ$; ⏲Okt.–April) Im Angebot sind zwei- bis sechstägige Kajak- und Campingtouren auf dem Doubtful Sound sowie fünftägige Kajakausflüge auf dem entlegenen Dusky Sound. Die Teilnehmer übernachten auf dem Expeditionsschiff *Breaksea Girl*; sämtliche Mahlzeiten und auch der Transfer sind im Tourpreis inbegriffen.

SOUTHLAND

Neuseelands „tiefer Süden" präsentiert sich als ein kontrastreicher Mix aus rauen Küsten, unberührter Wildnis und ausgedehnten landwirtschaftlich genutzten Flächen. In der entspannten, nur dünn besiedelten Region verlässt man die ausgetretenen Pfade im Handumdrehen.

Southern Scenic Route

Die ruhige Southern Scenic Route beginnt in Queenstown und führt Richtung Süden über Te Anau nach Manapouri, Tuatapere, Riverton und Invercargill. Von Invercargill setzt sie sich nordwärts durch die Catlins bis nach Dunedin fort. Infos finden sich online unter www.southernscenicroute.co.nz; zu empfehlen ist auch die kostenlose Karte *Southern Scenic Route*. Auf dieser Route verkehren keine öffentlichen Verkehrsmittel; lediglich der Küstenabschnitt durch die Catlins wird von Bottom Bus bedient.

Tuatapere & Umgebung

Von Manapouri folgt die Straße Richtung Süden dem Waiau River zwischen dem blankgefegten Takitimu und den bewaldeten Hunter Mountains. In der Nähe von Clifden befindet sich die 1899 errichtete, elegante **Clifden Suspension Bridge**, eine der längsten Brücken auf der Südinsel. Hier gibt es einen Rastplatz mit Infotafeln, einem Picknicktisch und Toiletten.

Gleich südlich der Hängebrücke folgt die Abzweigung zum **Lake Hauroko**, dem tiefsten See Neuseelands, der von düsteren, grüblerischen, steilen und bewaldeten Hängen eingefasst ist. Hier endet (bzw. beginnt) der Dusky Track. Die 32 km lange Nebenstraße vom Highway ist überwiegend unbefestigt; der in Tuatapere ansässige Veranstalter **Lake Hauroko Tours** (☎03-226 6681; www.duskytrack.co.nz; Tour inkl. Mittagessen 120 NZ$; ⏲Nov.–April) bietet Tagesausflüge mit einer Rundfahrt auf dem See.

Das verschlafene **Tuatapere** (555 Ew.), einst ein Holzfällerstädtchen, lebt heute überwiegend von der Landwirtschaft. Die Holzfäller haben sehr effizient gearbeitet: Von dem einst gewaltigen Steineibenwald ist nur ein kleiner Rest übrig geblieben.

Die Wildnis ist aber trotzdem nah: Tuatapere ist der Ausgangspunkt des **Hump Ridge Track**, der von der hiesigen Gemeindeverwaltung konzipiert und gebaut und 2001 eröffnet wurde. Die dreitägige, 58 km lange Wanderung ist angesichts der Tatsache, dass sie über zerklüftete Höhen führt, relativ leicht. Sie bietet Naturfreunden wie kulturgeschichtlich interessierten Wanderern viel: eine spektakuläre Küsten- und Berglandschaft, faszinierende Überreste einer historischen Holzfällersiedlung, eine reiche Vogelwelt und sogar die Chance, auf dem Rückweg zum Ausgangspunkt an der einsamen, windigen Küste Hector-Delfine zu sehen. Unterwegs überquert der Weg einige hohe historischer Holzviadukte, darunter auch den höchsten in Neuseeland.

Wanderer müssen über das **Tuatapere Humpridge Track Information Centre** (☎0800 486 774, 03-226 6739; www.humpridgetrack.co.nz; 31 Orawia Rd; ⏲9.30–17 Uhr, Winter verkürzte Öffnungszeiten) buchen. In der Pauschale enthalten sind der Transport zum Startpunkt (in Rarakau, 19 km von Tuatapere entfernt) und die komfortable Unterbringung in Lodges. Die Wanderung ist ganzjährig möglich und in drei saisonale Kategorien unterteilt (ab 175 NZ$). Auch geführte Wanderungen sind möglich, Vorabbuchung erforderlich.

Das Humpridge Information Centre bietet für Touristen auch Infos über die gesamte Region. Wer über den Fluss mit dem größten Gefälle Neuseelands brausen will, erkundigt sich bei den beiden Jetboat-Betreibern vor Ort: **W-Jet** (☎ 0800 376 174; www.wjet.co.nz; ab 225 NZ$) und **Humpridge Jet** (☎ 0800 270 556; www.wildernessjet.co.nz; ab 210 NZ$). Im selben Gebäude ist auch das **Bushman's Museum** (Eintritt gegen Spende) untergebracht, das Relikte und Fotodokumente zur Holzfällervergangenheit der Gegend zeigt.

Tuatapere hat ein paar ausgezeichnete Lokale. Unbedingt besuchen sollte man – sofern es nicht gerade geschlossen ist – das **Yesteryears Museum Cafe** (3a Orawia Rd; kleine Gerichte 5–10 NZ$; ⏲ 7.30–17.30 Uhr). Zu Johnny Cash auf dem Plattenteller kann man hier in Haushaltströdel vergangener Zeiten stöbern, hausgemachte Marmelade kaufen, einen „Deep South"-Eis-Milchshake schlürfen und Aunt Daisys Zuckerbrötchen knabbern.

Das glückliche alte Tuatapere besitzt noch ein weiteres tolles Café und zwar in der **Last Light Lodge** (☎ 03-226 6667; www.lastlightlodge.com; 2 Clifden Hwy; Stellplatz ab 14 NZ$, B 30 NZ$, EZ/DZ 55/70 NZ$; @ 📶), einer großen Anlage mit Hütten, Schlafsälen und grasbewachsenen Stellplätzen. Der Betreiber der Lodge versteht es auch zu kochen: Er serviert nicht nur Kaffee und feinen Kuchen, sondern auch raffinierte Gerichte, deren Zutaten vielfach aus den Gärten vor Ort stammen. Die neue Terrasse und der Garten machen das Essen hier bei schönem Wetter zu einem echten Vergnügen, zumal auch gutes Bier aus Mikrobrauereien auf der Karte steht.

Rund 10 km südlich von Tuatapere sollte man am SH99 am **McCracken's Rest** mit spektakulärem Aussichtspunkt einen Stopp einlegen. Der Blick schweift über den gewölbten Bogen der **Te Waewae Bay** (in der sich gelegentlich Hector-Delfine und Südkaper sehen lassen) bis zu den schneebedeckten Gipfeln von Fiordland.

Gleich hinter Urepuki folgt die Ausfahrt zur **Monkey Island**, einem grasbewachsenen Inselchen, das nur wenige Meter vor der Küste liegt und bei Ebbe zugänglich ist. Vom Strand aus lässt sich wunderbar der Sonnenuntergang beobachten.

Colac Bay ist ein beliebtes Ferienziel und ein wundervoller Ort zum Surfen. Die besten Wellen gibt es bei Südwind; die Bedingungen sind jedoch das ganze Jahr recht beständig und die Bucht ist nie überlaufen. Der **Colac Bay Tavern & Holiday Park** (☎ 03-234 8399; www.colacbaytavern.co.nz; 15 Colac Bay Rd; Gerichte 15–27 NZ$, Stellplatz ab 13 NZ$, Hütte EZ/DZ 33/62 NZ$; 📶) ist ein einladendes Lokal für eine Holzofenpizza oder Fish & Chips; nach hinten hinaus gibt es einen ordentlichen Campingplatz und schlichte Zimmer.

Infos zu Tuatapere und dem westlichen Southland gibt's unter www.westernsouthland.co.nz.

Riverton & Umgebung

1430 EW.

Das ruhige kleine Riverton/Aparima liegt nur 38 km vor Invercargill entfernt und lohnt einen Stopp zum Mittagessen. Wer bei der Icebucket Challenge nur milde gelächelt hat, kann in der Gegend der **Riverton Rocks** oder in der **Taramea Bay** ein sehr „erfrischendes" Bad nehmen. Gegenüber dem Strand liegt das **Beach House** (126 Rocks Hwy; Hauptgerichte 16–35 NZ$; ⏲ 10–22 Uhr; 📶), ein stilvolles Café, das für Meeresfrüchte, besonders seinen sahnigen Chowder, berühmt ist. An sonnigen Sommertagen sollte man draußen Platz nehmen. In der übrigen Zeit, d. h. in neun von zehn Fällen, zieht man sich in den Speisesaal zurück und bewundert die Aussicht durchs Fenster.

Riverton ist wundervoll, doch die faszinierende Landschaft der Gegend ist nur ein Facette der Region, wie man im **Te Hikoi Southern Journey** (☎ 03-234 8260; www.tehikoi.co.nz; Erw./Kind 6 NZ$/frei; ⏲ Okt.–April 10–17 Uhr, Mai–Sept. bis 16 Uhr) entdeckt. Das tolle kleine Museum erzählt auf clevere und inspirierende Weise Geschichten aus der Gegend. Wären nur alle Kleinstadtmuseen so aufregend! Drinnen befindet sich auch das **Riverton Visitor Information Centre**, das einem mit Karten und Infos zu historischen Wegen und Unterkünften weiterhilft.

In einem unglaublich türkisfarbenen Gebäude, das schon seit 1891 in verschiedenen Verkörperungen als Restaurant dient, serviert **Mrs. Clark's Café** (108 Palmerston St; Gerichte 12–25 NZ$; ⏲ 7–16 Uhr; 📶) betont moderne, köstliche Speisen (besonders leckere Backwaren!), erstklassigen Espresso und Bier aus Kleinbrauereien.

Das **South Coast Environment Centre** (www.sces.org.nz; 154 Palmerston St) hat eine gute Auswahl an Bio-Lebensmitteln und fungiert als örtliche WWOOF-Agentur.

Invercargill

49 900 EW.

Die flache, irgendwie konturenlose Stadt weckt bei Besuchern gemischte Gefühle,

Invercargill

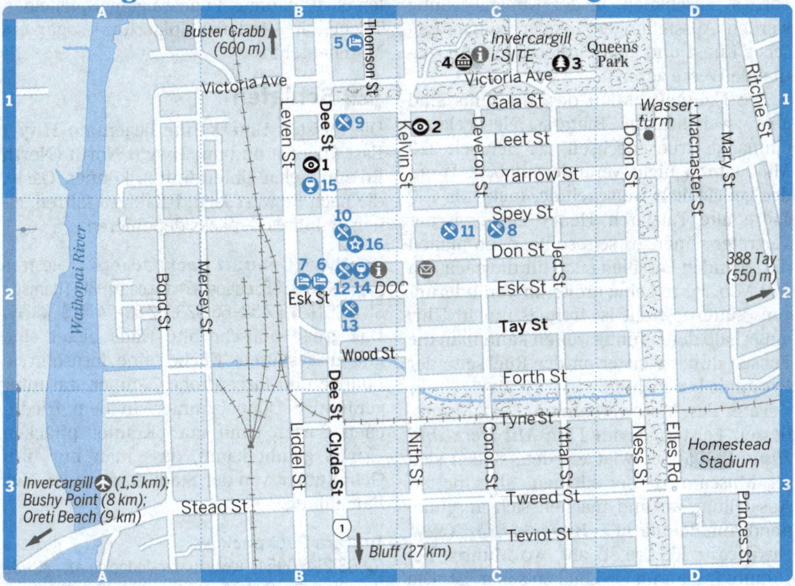

Invercargill

Sehenswertes
1 E Hayes & Sons ... B1
2 Invercargill Brewery ... C1
3 Queens Park ... C1
4 Southland Museum & Art Gallery ... C1

Schlafen
5 Southern Comfort Backpackers ... B1
6 Tuatara Backpackers ... B2
7 Victoria Railway Hotel ... B2

Essen
8 Batch ... C2
9 Colonial Bakery ... B1
10 Rocks ... B2
11 Seriously Good Chocolate Company ... C2
12 Three Bean Café ... B2
13 Turkish Kebabs ... B2

Ausgehen & Nachtleben
14 Kiln ... B2
15 Louie's ... B1

Unterhaltung
16 Tillermans Music Lounge ... B2

erfüllt aber alle Schlüsselanforderungen an eine Zwischenstation zwischen den Catlins, Stewart Island/Rakiura und Fiordland. Sie besitzt darüber hinaus ein paar hübsche Gebäude, eine bemerkenswerte Mikrobrauerei, ordentliche Restaurants, einige Kunstwerke und angenehme öffentliche Plätze.

Sehenswertes & Aktivitäten

In den Straßen von Invercargill kann man einige historische Gebäude und andere interessante Dinge entdecken, die in der Broschüre *Invercargill Heritage Trail* vorgestellt werden. In der Broschüre *Short Walks* sind verschiedene Stadtspaziergänge und kurze Wanderungen rund um die Stadt beschrieben, darunter mehrere um den **Sandy Point**, der in den Mündungstrichter des Oreti River hineinragt. Der **Oreti Beach**, 10 km südwestlich der Stadt, ist ein netter Ort zum Baden oder Spazierengehen.

Southland Museum & Art Gallery GALERIE
(www.southlandmuseum.com; Queens Park, 108 Gala St; Eintritt gegen Spende; Mo–Fr 9–17, Sa & So 10–17 Uhr) Invercargills kultureller Mittelpunkt zeigt Dauerausstellungen zur Naturkunde und Geschichte Southlands mit vielen faszinierenden Geschichten vor allem zu maritimen Heldentaten. Wer nach Stewart Island/Rakiura reisen will, sollte sich unbe-

dingt die Ausstellung „Beyond the Roaring Forties“ anschauen. In der Kunstabteilung werden Ausstellungen lokaler zeitgenössischer Kunst und gelegentlich auch internationale Werke gezeigt.

Die Hauptattraktion des Museums sind aber zweifellos die Tuataras, Neuseelands einmalige Brückenechsen, die sich seit 220 Mio. Jahren nicht verändert haben. Wenn der gemächlich watschelnde, mehr als 100 Jahre alte Patriarch Henry ein typischer Vertreter seiner Art sein sollte, dann planen die lebenden Fossilien auch für die nächsten 220 Mio. Jahre keine größeren Veränderungen. Fütterungszeit ist freitags um 16 Uhr; außerhalb der Öffnungszeiten kann man die Echsen durch Fenster an der Rückseite der Pyramide beobachten.

Fans des Motorradfahrers Burt Munro, dessen Leistungen im Film *Mit Herz und Hand* (2005) verewigt wurden, stellen sich im Museum zu der kleinen, aber netten Ausstellung an und machen sich anschließend zum Baumarkt **E. Hayes & Sons** (www.ehayes.co.nz; 168 Dee St) auf, wo Munros berühmte Indian im Original zu sehen ist. Die Motorsportbegeisterung Southlands wird in den nächsten Jahren mit dem besten Truck-Museum noch weitere Blüten treiben. Das ist kein Scherz: Wir haben die Exponate bereits mit eigenen Augen gesehen.

Anderson Park Art Gallery GALERIE
(McIvor Rd; Eintritt gegen Spende; ⌚Galerie 10–17 Uhr, Gärten 8 Uhr–Sonnenuntergang) Die hervorragende Galerie in einem Herrschaftshaus im georgianischen Stil von 1925 präsentiert Werke vieler neuseeländischer Künstler. Durch die mit Bäumen bestandenen Landschaftsgärten ziehen sich Wege, für die Kleinen gibt es einen Spielplatz und ein *wharepuni* (Schlafhaus). Die Galerie befindet sich 7 km nördlich des Stadtzentrums. Wie man hinkommt? Zuerst die North Road nehmen, dann rechts in die McIvor Road einbiegen.

Invercargill Brewery BRAUEREI
(www.invercargillbrewery.co.nz; 72 Leet St; ⌚10–18 Uhr) Die tolle Mikrobrauerei hat rund 20 Fassbiere und Ciders im Angebot. Man kann zu einer Verkostung vorbeischauen oder an der Führung (45 Min., tgl. 13 Uhr, 15 NZ$) teilnehmen. Unsere Favoriten sind das frische Biman Pilsner und das schokoladige Pitch Black Stout.

Queens Park PARK
Zum Spazierengehen lädt der halb verwilderte, halb kultivierte Queens Park ein. Auf dem riesigen, 81 ha großen Gelände verteilen sich Bäume, Pflanzungen, Spielfelder, Teiche, ein Kinderspielplatz und sogar ein Märchenschloss.

Schlafen

Die meisten Unterkünfte liegen am Hwy 1 East (Tay St) und am Hwy 6 North (North Rd). In vielen Unterkünften können Gäste, die nach Stewart Island/Rakiura fahren, einen Teil ihres Gepäcks deponieren.

Southern Comfort Backpackers HOSTEL $
(☎03-218 3838; coupers@xtra.co.nz; 30 Thomson St; B 28 NZ$, EZ 58–66 NZ$, DZ 68–74 NZ$; @📶) Das große hübsche alte Haus bietet eine gut ausgestattete Küche, eine fernsehfreie Lounge und farbenfrohe Zimmer, darunter geräumige Doppelzimmer. In dem friedlichen Garten kann man Kräuter pflücken – man glaubt kaum, dass man nur fünf Gehminuten von der Stadt entfernt ist. Nur Barzahlung.

Tuatara Backpackers HOSTEL $
(☎03-214 0954; www.tuataralodge.co.nz; 30–32 Dee St; B 25–29 NZ$, DZ 69–80 NZ$; @📶) In einem Gebäude in der Innenstadt hat das größte Hostel Invercargills viele schlichte Zimmer, die sich über drei Stockwerke verteilen. Wer Wert auf Sonnenlicht legt, sollte darauf achten, kein zu düsteres Zimmer zu erwischen. Das Café im Erdgeschoss ist zugleich ein Traveller-Treff; der Bus nach Bluff (zur Überfahrt nach Stewart Island/Rakiura) hält direkt vor der Haustür.

Invercargill Kiwi Holiday Park FERIENPARK $
(☎03-235 8031, 0800 234 600; www.invercargillkiwihp.co.nz; 352 Lorneville-Dacre Rd; Stellplatz 19 NZ$/Pers., Wohneinheit DZ 60–120 NZ$; @📶) 🍃 Der gut geplante, von Farmland umgebene Ferienpark besitzt viel Charakter. Die heimeligen Wohneinheiten präsentieren sich in einem liebevoll bewahrten und extra hervorgehobenen Retro-Look. Und die „Barn“, der neue Gemeinschaftsblock mit den Duschen und Toiletten für die Camper gehört zu den besten Einrichtungen, die wir je gesehen haben. Ländliche Entspannung, grüne Stellplätze, ein Spielplatz und nette Tiere – was will man mehr? Die freundliche Anlage liegt rund 10 km nördlich des Stadtzentrums, östlich vom Kreisverkehr von Lorneville.

Invercargill Top 10 Holiday Park FERIENPARK $
(☎03-218 9032, 0800 486 873; www.invercargilltop10.co.nz; 77 McIvor Rd; Stellplatz ab 20 NZ$,

Wohneinheit 78–150 NZ$; @) Der grüne Park, 6,5 km nördlich der Stadt ist dank seiner Motelzimmer und Hütten eine besonders attraktive Option. Hinzu kommen nette Stellplätze und schicke Gemeinschaftseinrichtungen.

Bushy Point Fernbirds HOMESTAY $$
(03-213 1302; www.fernbirds.co.nz; 197 Grant Rd, Otatara; EZ/DZ inkl. Frühstück 140/150 NZ$; @) Zwei freundliche Corgis zählen zu den Gastgebern dieses umweltbewusst geführten Privatquartiers am Rand eines 4,5 ha großen privaten Naturschutzgebiets mit Wäldern und Sümpfen. Das Fernbirds ist bei Vogelfreunden sehr beliebt, eine frühzeitig Reservierung ratsam. Von der Innenstadt Invercargills ist man mit dem Auto in fünf Minuten dort. Der Übernachtungspreis umfasst eine geführte Wanderung durch das Naturschutzgebiet ein.

★ Victoria Railway Hotel HISTORISCHES HOTEL $$
(0800 777 557, 03-218 1281; www.hotelinvercargill.com; Ecke Leven & Esk St; DZ 145–195 NZ$; @) In den luxuriösen, individuell gestalteten Zimmern mit Bad und den schicken Gästebereichen des renovierten prächtigen alten Hotels lebt das Erbe des 19. Jhs. weiter. Frühstück oder Abendessen wird in dem eleganten Speisesaal serviert, ein Ale aus einer Brauerei aus der Umgebung genießt man an der Hausbar. Alleinreisende und Menschen, die ein Zweibettzimmer wünsche, sollten nach den günstigeren Zimmern fragen.

388 Tay MOTEL $$
(03-217 3881 0508 388 829; www.388taymotel.co.nz; 388 Tay St; DZ 125–160 NZ$;) Moderne, geräumige Wohneinheiten und ein herzlicher Empfang sind in diesem gut geführten Motel eine Selbstverständlichkeit. Es befindet sich in der Tay Street in Invercargill, in der noch viele andere Motels zu finden sind.

Essen

Seriously Good Chocolate Company CAFÉ $
(147 Spey St; Mo–Fr 8–17, Sa 9–14 Uhr) Das niedliche kleine Café ist auf in Handarbeit hergestellte Pralinen spezialisiert (Stück rund 2,50 NZ$), die man beim Espresso knabbern oder in hübschen Geschenkkartons kaufen kann. Wir empfehlen die mit Ingwer oder Karamell ... und alle anderen Sorten auch.

Turkish Kebabs TÜRKISCH $
(29 Esk St; Kebap ab 10 NZ$; 10–22 Uhr;) Die großzügigen Portionen an Falafel, fleischhaltigen Kebabs und gemischten Teller verdrückt man in dem angenehmen Speisesaal oder nimmt sie mit. Weitere Läden mit internationalen Snacks zum Mitnehmen finden sich in der Nähe.

Colonial Bakery BÄCKEREI $
(25a Gala St; Snacks 2–8 NZ$; Di–Fr 7.30–17, Sa & So bis 15 Uhr) Hier gibt's europäische Backwaren wie Baguettes, Croissants und Schweizer Körnerbrot sowie Kiwi-Klassiker wie Obstbrötchen, Fleisch-Pies und Käsekuchen.

Three Bean Café CAFÉ $
(73 Dee St; Gerichte 11–20 NZ$; Mo–Fr 7–16, Sa 8–14.30 Uhr) Das Café an der Hauptstraße rühmt sich seines wirklich guten Kaffees. Dazu gibt's sorgfältig zubereitete Snacks, z. B. herzhafte Pies und leckeren Zitronenkuchen, aber auch substanziellere Gerichte wie Suppen, Salate und Burger. Das hilfsbereite Personal verdient jedes Lob.

★ Batch CAFÉ $$
(173 Spey St; Gerichte 10–20 NZ$; 7–16 Uhr) Die Gäste sitzen an großen Tischen beieinander, es herrscht eine entspannte Strandatmosphäre, der Kaffee und die Smoothies sind vom Feinsten – kein Wunder also, dass das Café immer wieder zur besten Adresse in Southland gekürt wird. Am Tresen locken leckere Bagels und Muffins, zu den gesunden Mittagsgerichten lassen sich ein paar wenige Weine und Biere bestellen. Freitags hat das Café länger geöffnet – bis 19.30 Uhr.

Rocks CAFÉ $$
(03-218 7597; www.shop5rocks.com; Courtville Pl, 101 Dee St; Mittagessen 12–25 NZ$, Abendessen 21–37 NZ$; Di–Sa 10–14 & 17 Uhr–open end) Versteckt in einem Einkaufszentrum bietet diese stilvolle Bar mit Kerzenbeleuchtung, burgunderroten und unverputzten Backsteinwänden gutes Essen zu fairen Preisen. Zu den Highlights am Mittag zählen belegte Brote mit Schweinebauch, Pasta und Salate, die Stars auf der umfangreichen Abendkarte sind Rehbraten mit Blaubeersauce und die sizilianische Fischsuppe.

Buster Crabb RESTAURANT $$
(www.bustercrabb.co.nz; 326 Dee St; Hauptgerichte mittags 16–27 NZ$, abends 24–39 NZ$; 10.30 Uhr–open end) Das unerklärlicherweise nach einem 1956 verschollenen britischen Marinetaucher benannte Restaurant residiert in einer geräumigen alten Villa und zählt zu

den besten Adressen in Invercargill. Angestellte strömen mittags in Massen herbei, um sich an Salaten, Braten, Burgern oder gemischten Tellern satt zu essen. Abends kommen frisch vom Holzkohlengrill fleischlastige Hauptgerichte, z. B. mit Speck umwickelte Rib-Eye-Steaks.

Ausgehen & Unterhaltung

Kiln BAR
(www.thekiln.co.nz; 7 Don St; Hauptgerichte 30–35 NZ$; ⏲11 Uhr–open end) Invercargills bester Gastropub ist zugleich mit modischen Tapeten und Stimmungsbeleuchtung aus übergroßen Lampenschirmen der stilvollste. Das Essen lohnt das Warten. Es kommt in großen Portionen und deckt die ganze Palette von Muscheln über Caesar Salad bis hin zu Fish & Chips oder einem großen Braten ab, das man sich mit mehreren teilen kann. Donnerstags gibt's das Steak schon für 15 NZ$; freitags spielen Bands.

Louie's BAR
(142 Dee St; Hauptgerichte 20–30 NZ$; ⏲Di–Sa 11.30 Uhr–open end) Die gemütliche Bar in der Innenstadt ist ein netter Ort, um einen Abend zu verbringen. Man macht es sich auf einem Sofa gemütlich oder sucht sich ein Plätzchen am Kamin. Zu den guten Bieren, Weinen und Spirituosen gibt Snacks und Tapas (13–17 NZ$), aber auch richtige Hauptgerichte (30–32 NZ$). Zur Untermalung gibt's coole Musik und gelegentlich auch Liveauftritte.

Tillermans Music Lounge LIVEMUSIK
(16 Don St; ⏲an Veranstaltungsabenden geöffnet) Mr. Tillermans Treff ist die Rettung für alle Fans von ehrlicher, bodenständiger Musik in Southland. Hier gibt's alles von Thrash bis Flash und dazu auch den passenden abgewetzten Tanzboden. Einen Besuch lohnt die öfter geöffnete Vinyl Bar im Erdgeschoss, wo man erfährt, was ansteht, und auch seine Fragen nach Roxy Music los wird.

Praktische Informationen

Im Büro des **DOC** (☎03-211 2400; www.doc.govt.nz; 7. OG, 33 Don St; ⏲Mo–Fr 8.30–16.30 Uhr) sollte man nur nach DOC-Infos und Karten fragen, wenn einem das i-SITE nicht weiterhel-

ABSTECHER

GORE

Gore, rund 66 km nordöstlich von Invercargill gelegen, ist die stolze „Countrymusik-Hauptstadt" Neuseelands. Die jährliche **Gold Guitar Week** (www.goldguitars.co.nz) sorgt Ende Mai und Anfang Juni dafür, dass die Unterkünfte des Städtchens an mindestens zehn Tagen aus allen Nähten platzen. In den übrigen 355 Tagen gibt's aber immer noch Gründe für einen Zwischenstopp: eine respektable Kunstgalerie, ein nettes kleines Museum und die Chance, alte Flugzeuge zu sehen.

Das **Hokonui Moonshine Museum** (www.hokonuiwhiskey.com; Eintritt 5 NZ$; ⏲Mo–Fr 8.30–17, Sa 9.30–16, So 13–16 Uhr) und das **Gore Historical Museum** (Eintritt gegen Spende) teilen sich ein Gebäude und zelebrieren gemeinsam Gores stolzen Beitrag zur Fischerei, der Landwirtschaft und zum Schwarzbrennen. Im Eintritt zum Moonshine Museum ist ein kleines Gläschen des hiesigen Whiskys inbegriffen.

Die ausgezeichnete **Eastern Southland Gallery** (☎03-208 9907; www.esgallery.co.nz; 14 Hokonui Dr; Eintritt gegen Spende; ⏲Mo–Fr 10–16.30, Sa & So 13–16 Uhr) – alias das „Goreggenheim" – in Gores 100 Jahre alter früherer Bibliothek beherbergt eine erstklassige Sammlung neuseeländischer Kunst, u. a. viele Werke von Ralph Hotere. Die wunderbare John Money Collection kombiniert indigene Volkskunst aus Westafrika und Australien mit Werken der Kiwi-Kultkünstlerin Rita Angus.

Die ca. 16 km außerhalb am SH94 Richtung Queenstown liegende **Croydon Aircraft Company** (www.croydonaircraft.com; 1558 Waimea Hwy, SH94; Eintritt 10 NZ$; ⏲Mo–Fr 9.30–16.30, Sa & So 11–15 Uhr) restauriert alte Flugzeuge. In dem Museumshangar (Eintritt 10 NZ$) kann man mehrere Schmuckstücke bewundern, darunter eine seltene Dragonfly. Ein besonderes Erlebnis sind die Panoramaflüge in einem Doppeldeckerflugzeug des Typs de Havilland Tiger Moth aus den 1930er Jahren (10/30 Min. 95/220 NZ$). Das benachbarte **Moth** (www.themoth.co.nz; 1558 Waimea Hwy, SH94; Mittagessen 12–26 NZ$, Abendessen 27–45 NZ$) ist ein helles und luftiges Speiselokal.

Weitere Infos zu Gore finden sich unter www.gorenz.com.

fen kann und man nicht zu einem DOC-Besucherzentrum kommt.

Invercargill i-SITE (☎ 03-211 0895; www.invercargillnz.com; Queens Park, 108 Gala St; ⌚ Mo–Fr 8–17, Sa & So bis 16 Uhr) Die i-SITE befindet sich im Gebäude des Southland Museum & Art Gallery und kann alle allgemeinen Fragen beantworten, u. a. auch zu DOC-Tracks. Es ist ein Himmelsgeschenk, wenn man eine Unterkunft auf Stewart Island/Rakiura oder in den Catlins sucht.

Post (51 Don St; ⌚ Mo–Fr 8.30–17.30, Sa 9–13 Uhr)

An- & Weiterreise

BUS

Die Busse starten an der Invercargill i-SITE, wo man auch Fahrkarten bekommt. Busse fahren nach Dunedin (4 Std.), Te Anau (3 Std.), Queenstown (4 Std.) und Christchurch (10 Std.).

Atomic Shuttles (☎ 03-349 0697, 0508 108 359; www.atomictravel.co.nz) Fährt über Gore nach Dunedin und Christchurch.

InterCity (☎ 03-471 7143; www.intercity.co.nz) Fährt nach Te Anau und Queenstown sowie über Gore nach Dunedin und Christchurch.

Naked Bus (www.nakedbus.com) Fährt nach Queenstown sowie über Gore nach Dunedin und Christchurch.

Tracknet (☎ 0800 483 262; www.tracknet.net) Fährt nach Te Anau und Queenstown.

FLUGZEUG

Air New Zealand fliegt mehrmals täglich zwischen Invercargill und Christchurch (1 Std.), wo es Anschlussverbindungen gibt.

Unterwegs vor Ort

Der **Invercargill Airport** (☎ 03-218 6367; www.invercargillairport.co.nz; 106 Airport Ave) liegt 3 km westlich vom Zentrum Invercargills. Der **Airport Shuttle** (☎ 03-214 3434) fährt von Tür zu Tür. Die Fahrt vom Stadtzentrum zum Flughafen kostet 5–10 NZ$; die Abholung aus anderen Stadtteil wird teurer. Die Taxifahrt kostet rund 22 NZ$; zu empfehlen ist **Blue Star Taxis** (☎ 03-217 7777).

Bluff

1791 EW.

Bluff ist Invercargills Hafen, 27 km südlich der Stadt. Hier befindet sich Neuseelands einzige Aluminiumhütte, Traveller kommen aber hauptsächlich, um die Fähre nach Stewart Island/Rakiura zu nehmen oder sich neben dem Wegweiser am **Stirling Point** für ein Foto zu postieren. Dieser soll den südlichsten Punkt Neuseelands bezeichnen, was aber nicht stimmt: Trotz der oft zitierten Redewendung „von Cape Reinga bis Bluff" und obwohl der SH1 am Stirling Point endet, ist Slope Point in den Catlins die südlichste Stelle der Südinsel. Und Stewart Island/Rakiura und eine Reihe abgelegener Felseilande liegen noch deutlich weiter im Süden. Aber mit diesen Tatsachen braucht man sich die Freude an einem Schnappschuss nicht vermiesen zu lassen.

Seemannsgarn gibt's in diesen Gefilden jede Menge, wie man in dem kleinen **Bluff Maritime Museum** (☎ 03-212 7534; 241 Foreshore Rd; Erw./Kind 2 NZ$/frei; ⌚ Mo–Fr 10–16.30, Sa & So 13–17 Uhr) erfährt, wo u. a. ein 100 Jahre altes Austernboot, eine Dampfmaschine und interessante Exponate zur Geschichte von Bluff zu sehen sind. Mit der Broschüre *Bluff Heritage Trail* findet man die lokalgeschichtlich interessanten Orte.

Austern sind Bluffs bekanntester Exportartikel und stehen im Mittelpunkt des alljährlich um den Mai stattfindenden **Bluff Oyster & Food Festival** (www.bluffoysterfest.co.nz). Während der Saison (Ende März–Ende Aug.) erhält man frische Austern bei **Fowlers Oysters** (Ocean Beach Rd; ⌚ März–Aug. 9–17 Uhr) links an der Zufahrtsstraße in den Ort.

Stella's (64 Gore St; ⌚ 7–15 Uhr), neben dem Four-Square-Supermarkt, ist die beste Adresse für einen Kaffee, ehe man sich zur Überfahrt nach Stewart Island/Rakiura einschifft. Der Muttonbird Pie ist vielleicht nicht wirklich die beste Wahl.

Weitere Infos zum Ort gibt's unter www.bluff.co.nz.

Die Catlins

Der SH1 ist die direkteste Verbindung zwischen Invercargill und Dunedin. Die ländliche Szenerie ist zwar hübsch, aber nicht so spektakulär wie die Küstenroute durch die Catlins auf dem SH92. Die Catlins sind eine bezaubernde Region mit üppigem Farmland, endemischen Wäldern, den üblichen Landmarken an der Küste, einsamen Stränden, Wanderwegen durch die Wildnis und guten Gelegenheiten zum Beobachten von Wildtieren. An klaren Sommertagen ist es hier einfach zauberhaft. Wenn allerdings die kräftige Südwinde aus der Antarktis blasen, wird man ganz anderer Meinung sein. Viel Glück!

An öffentlichen Verkehrsmitteln gibt's nur den **Bottom Bus** (☎ 03-477 9083; www.travelheadfirst.com), der dreimal pro Woche von

Die Catlins

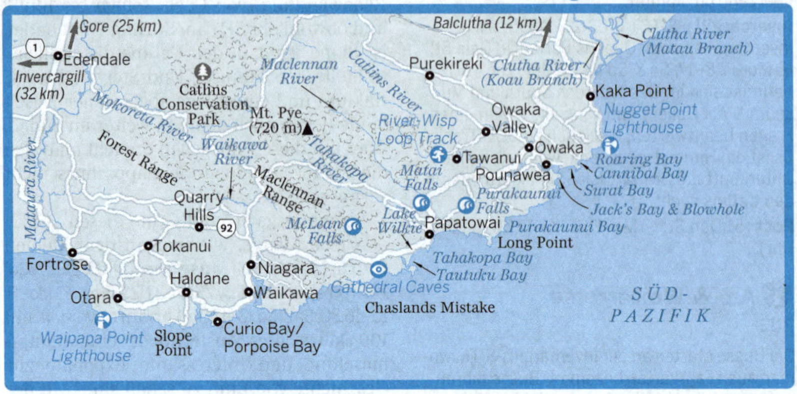

Dunedin aus hier geschwind durchfährt. Viel besser ist es, die Gegend mit einem eigenen fahrbaren Untersatz zu erkunden. Die Fahrt verläuft langsam, denn es gibt viele kurvenreiche, unbefestigte Abschnitte, Engpässe und potenzielle Abstecher – aber hier ist ja ohnehin der Weg das Ziel. Man sollte sich, wenn möglich, ein paar Tage Zeit nehmen und unbedingt die Broschüre *Southern Scenic Route* und die lila Broschüre *Catlins* inklusive Karte dabeihaben, in denen alle Punkte beschrieben sind. Auch das gelbe Heritage-Trail-Faltblatt ist nützlich.

Flora & Fauna

Die Catlins sind ein wunderbarer Ort für Naturbeobachtungen auf eigene Faust. Seebären und Seelöwen lümmeln an der Küste und im Frühjahr lassen sich gelegentlich auch vorbeiziehende Südkaper sichten. Delfine sind ebenfalls häufige Besucher dieser Küste.

Anders als in großen Teilen von Southland gibt es in den Catlins noch Wälder mit hohen Neuseeländischen Warzeneiben, Totara-Steineiben und Rimu-Harzeiben. Zu den vielen hier heimischen Vogelarten zählen die Tui mit ihrem wundersam lauten Gesang, die Maori-Fruchttaube, der gefährdete Gelbaugenpinguin und das seltene Gelbköpfchen (Mohua).

Aktivitäten

Catlins Wildlife Trackers NATUR

(☎03-415 8613, 0800 228 5467; www.catlins-ecotours.co.nz) Das in der Nähe von Papatowai ansässige, seit 1990 bestehende Unternehmen bietet auf Kundenwünsche zugeschnittene geführte Wanderungen und Touren mit einem Schwerpunkt auf Umweltthemen. Wer niedliche Gelbköpfchen, Pinguine, Seelöwen und andere Tiere sehen will, wendet sich an Mary und Fergus, die es verstehen, sie aufzuspüren. Die geführte dreitägige Pauschaltour mit zwei Übernachtungen kostet 800 NZ$, inklusive aller Mahlzeiten, Unterkünfte und Transport.

Catlins River-Wisp Loop Track WANDERN

(www.doc.govt.nz) Der 2013 eröffnete, 24 km lange Rundweg besteht aus zwei 12 km langen Abschnitten: dem in der Ebene verlaufenden, gut ausgebauten Catlins River Walk (5–6 Std.) und dem Wisp Walk (4–5 Std.), einer Wanderung in größerer Höhe mit einem Abstecher zum Rocky Knoll, wo man eine herrliche Aussicht und subalpine Vegetation bewundern kann. Die Routen lassen sich in jeder Richtung als eine lange Tageswanderung bewältigen, über zwei Tage verteilen oder auch in kürzere Abschnitte zerlegen, die von diversen Start- und Endpunkten aus zugänglich sind. Der eigentliche Ausgangspunkt liegt an der Catlins Valley Road, südlich von Owaka.

Catlins Surf School SURFEN

(☎03-246 8552; www.catlins-surf.co.nz) Die Surfschule befindet sich in der Porpoise Bay. Surfunterricht kostet pro 90 Minuten 50 NZ$. Dass gelegentlich mal eine Schule Delfine zuschaut, ist ein Gratis-Highlight. Surfer, die auf den Wellen schon eine ganz gute Figur machen, können sich hier auch für drei Stunden ein Surfbrett und/oder einen Neoprenanzug (unbedingt notwendig) ausleihen (40 NZ$). Firmenchef Nick erteilt Unterricht im Stand Up Paddling (2 Std., 75 NZ$).

Catlins Horse Riding REITEN
(☎ 027 269 2904, 03-415 8368; www.catlinshorseriding.co.nz; 41 Newhaven Rd, Owaka; Ausritt 1/2/3 Std. 60/100/150 NZ$) Mit Catlins Horse Riding lassen sich die eigenwillige Küste und die Landschaft hoch zu Ross erkunden. Angebote für Anfänger bis hin zu erfahrenen Reitern.

Praktische Informationen

Die i-SITEs in Invercargill und Balclutha haben viele Infos zu den Catlins. Unterwegs kommt man an zwei kleineren Informationszentren vorbei: dem kleinen Catlins Info Centre in Owaka und dem winzigen **Waikawa Information Centre** (☎ 03-246 8464; waikawamuseum@hyper.net.nz; Main Rd; ⏲10–17 Uhr). Online gibt's Infos unter www.catlins.org.nz und www.catlins-nz.com.

In den Catlins gibt es keine Banken und nur wenige Restaurants und Lebensmittelläden. Im Four-Square-Supermarkt in Owaka gibt's einen Geldautomaten und in Fortrose, Papatowai und Owaka Tankstellen (mit teilweise unregelmäßigen Öffnungszeiten).

Von Invercargill nach Papatowai

Von Invercargill führt der SH92 ost- und südwärts bei **Fortrose** in die Catlins. Dort nimmt man die Abzweigung zum Waipapa Point und fährt über die Küstenstraße über Haldane, Waikawa und Niagara (wo man wieder auf den SH92 kommt).

Das **Waipapa Point Lighthouse** wurde 1884 gebaut, drei Jahre nach dem Untergang der *SS Tararua*. Infotafeln berichten von dem Unglück, bei dem 131 Menschen ums Leben kamen. Um den Strand zu erkunden, muss man sich vorsichtig an den Seelöwen vorbeischleichen.

Schilder weisen den Weg zum **Slope Point**, dem echten südlichsten Punkt der Südinsel. Ein 20-minütiger Weg durch Farmland führt zu dem Schild, der diesen Punkt recht unspektakulär kennzeichnet. Dafür hat man einen tollen Ausblick aufs Meer, das donnernd auf die Küste trifft. In der Lammsaison im September und Oktober ist der Weg gesperrt.

In der **Curio Bay** weiter östlich sind vier Stunden vor bis vier Stunden nach Ebbe versteinerte Baumstämme aus dem Jura im Wasser zu sehen. Ungefähr eine Stunde vor Sonnenuntergang watscheln Gelbaugenpinguine an Land. Abstand halten, um die scheuen Vögel nicht zu stören! Hinter der Curio folgt die **Porpoise Bay**, ein beliebter Stopp für Traveller mit zahlreichen Unterkunftsoptionen. In den Dünen nisten Zwergpinguine, und an der Küste ziehen im Sommer Hector-Delfine ihre Jungen auf. Gelegentlich lassen sich auch Wale, Seebären und Seelöwen beobachten. Es gibt einen sicheren Badestrand und eine ausgezeichnete Surfschule.

Der nächste Vorposten der Zivilisation ist **Waikawa**, wo es ein kleines Museum, ein Informationszentrum, ein paar Unterkünfte und einen Imbiss gibt. Die Fahrt führt weiter zu den **McLean Falls**. Der Parkplatz liegt 4 km abseits des Highways; von dort führt ein Rundweg (hin & zurück 40 Min.) durch einen Wald mit Baumfarnen und Rimu-Harzeiben zu dem Wasserfall.

Die 150 m tief in die Klippen eingefrästen, hohen Gewölbe der **Cathedral Caves** (www.cathedralcaves.co.nz; Erw./Kind 5/1 NZ$) sind nur zwei Stunden vor bis zwei Stunden nach Ebbe zugänglich (den Gezeitenkalender findet man auf der Website, an der Highway-Abzweigung und in den Besucherzentren). Vom SH92 fährt man 2 km bis zum Parkplatz, von dort sind's 15 Minuten durch Farne hinunter zum Strand – der schöne Weg ist selbst schon ein Erlebnis – und weitere fünf Minuten bis zu den Höhlen.

Rund 6 km weiter östlich führt ein einfacher Waldweg (hin & zurück 20 Min.) zu dem düster-torfigem **Lake Wilkie**. Unterwegs hört man vielleicht die Rufe des Maori-Glockenhonigfressers. Rund 1 km weiter führt eine kurze Schotterpiste vom Highway zur weit geschwungenen **Tautuku Bay**, die man vom Aussichtspunkt **Florence Hill** unmittelbar vor der Abfahrt hinunter nach Papatowai auch aus der Höhe betrachten kann.

Das Must-See in **Papatowai** ist die **Lost Gypsy Gallery** (☎ 03-415 8908; SH92; ⏲ Do–Di 10–17 Uhr, Mai–Sept. geschl.; 📶). Die aus Fundstücken gefertigten Automaten des Künstlers Blair Sommerville sind wundervoll respektlos. Die verwirrende Sammlung im Bus (Eintritt frei) ist nur ein Vorgeschmack auf die unglaublichen Schöpfungen hinter dem Tor (Eintritt 5 NZ$, Kinder unter 12 Jahren kein Zutritt). Die dröhnenden Klänge und bunten Lichter der Orgel kitzeln einem die Rippen. Vor Ort gibt's einen Wohnwagen mit Espresso-Ausschank und WLAN.

In Papatowai und Umgebung gibt es einige kurze Wanderwege, einen Picknickplatz an der Mündung des Tahakopa River, ein paar Unterkünfte und einen Gemischtwarenladen mit einer Tanksäule.

Schlafen

SLOPE POINT

Slope Point Backpackers HOSTEL $

(☎03-246 8420; www.slopepoint.co.nz; 164 Slope Point Rd; Stellplatz ab 12 NZ$/Pers., B 22–27 NZ$, DZ 47 NZ$, WE 87 NZ$; @ 📶) Auf dem ländlichen Anwesen gibt's moderne Schlafsäle und Zimmer sowie eine separate Wohneinheit mit tollem Preis-Leistungs-Verhältnis. Camper finden grasbewachsene Stellplätze vor, während Wohnmobile auf Schotterplätzen abgestellt werden. Die Kinder der Betreiber zeigen Besuchern gern die Farm. Fernseher gibt's nicht, dafür aber Brettspiele, Puzzles und viele Zeitschriften.

CURIO BAY

Curio Bay Holiday Park FERIENPARK $

(☎03-246 8897; valwhyte@hotmail.com; 601 Curio Bay Rd; Stellplatz ohne/mit Strom 2 Pers. 20/30 NZ$) Der Campingplatz liegt auf einer Landzunge zwischen der Curio Bay und der Porpoise Bay, in Gehweite zu beiden Buchten, und bietet intime Stellplätze, die sich in dem Meer aus hohem Flachs verstecken. Ein wunderschöner Ort zum Campen, auch wenn die Ausstattung uralt ist. Die seit langem angekündigte Renovierung steht noch immer aus. Es werden auch geführte Touren durch die Natur angeboten.

Lazy Dolphin Lodge HOSTEL $

(☎03-246 8579; www.lazydolphinlodge.co.nz; 529 Curio Bay Rd; B/DZ/2BZ 35/76/76 NZ$; @ 📶) Diese Mischung aus Ferienhaus am Meer und Hostel funktioniert perfekt. Die hellen, luftigen Schlafzimmer haben saubere Bettwäsche. Gästen stehen zwei Küchen und Lounges zur Verfügung. Das Highlight ist die Terrasse mit Blick auf die Porpoise Bay.

Curio Bay Boutique Studios APARTMENTS $$

(☎03-246 8797; www.curiobay.co.nz; 501 Curio Bay Rd; DZ 160–200 NZ$) Hier stehen drei vornehme Apartments zur Auswahl: Eines ist an das Haus der Gastgeber angeschlossen, die zwei anderen befinden sich die Straße hinunter. Alle Wohneinheiten sind in sich abgeschlossen und im rustikalen Strandhausstil mit großen Fenstern und Sonnenterrassen direkt neben dem Strand ausgestattet. Das größere Cottage eignet sich gut für Gruppen. Die hübschen Unterkünfte bieten einen Hauch Romantik.

Catlins Beach Cottages FERIENHAUS $$

(☎03-246 8552; www.catlins-surf.co.nz; Häuser 110–190 NZ$) Das Unternehmen vermietet verschiedene Cottages und Ferienhäuser für Selbstversorger an der Curio Bay. Die Besitzer haben kein Problem damit, wenn man nur eine Nacht bleibt. Die Häuser eignen sich gut für Familien und Gruppen mit mehr als sechs Personen.

WAIKAWA

Penguin Paradise Holiday Lodge HOSTEL $

(☎03-246 8552; www.catlins-surf.co.nz; 612 Niagara-Waikawa Rd; B/DZ/2BZ 28/60/60 NZ$) Die entspannte Herberge befindet sich in einem historischen Cottage im Dorf Waikawa nahe dem Mündungstrichter Waikawa Harbour. Sonderangebote kombinieren eine Übernachtung mit einem 90-minütigen Surfkurs (75 NZ$).

Waikava Harbourview FERIENHAUS $$

(☎03-246 8866; www.southcatlins.co.nz; 14 Larne St; DZ 130–170 NZ$) Das Waikava Harbourview ist ein Haus mit vier Schlafzimmern und somit bestens für Familien oder Gruppen geeignet; bis zu zehn Personen können hier wohnen. Die neueren, 2009 eröffneten Wohneinheiten Harakeke und Toi Tois mit einem bzw. zwei Schlafzimmern bieten ebenfalls viel fürs Geld.

MCLEAN FALLS

Catlins Kiwi Holiday Park FERIENPARK $

(☎03-415 8338; www.catlinsnz.com; SH92; Stellplatz ab 20 NZ$, Hütte EZ/DZ 50/74 NZ$, Wohneinheit 135–195 NZ$; @ 📶) Der ehemalige McLean Falls Holiday Park ist ein moderner Campingplatz mit viel Charakter. Die Unterkünfte reichen von netten Hütten bis zu schicken Motelzimmern für Familien. Zelter finden hier die schöneren Stellplätze, aber alle können die guten Gemeinschaftseinrichtungen nutzen. Zudem gibt's in dem **Whistling Frog Cafe** auf dem Gelände mit das beste Essen in den Catlins.

PAPATOWAI

Hilltop LODGE $

(☎03-415 8028; www.hilltopcatlins.co.nz; 77 Tahakopa Valley Rd; B 34 NZ$, DZ 85–100 NZ$) Diese beiden gut in Schuss gehaltenen Cottages thronen 1,5 km außerhalb der Ortschaft oben auf einem Hügel. Mit Wald als Kulisse und umgeben von einer Schafsfarm bieten sie einen spektakulären Blick auf das Tahakopa Valley und die Küste. Man kann ein Zimmer oder auch das ganze Haus mieten. Das Doppelzimmer mit angeschlossenem Bad ist das beste unter den sehr guten Angeboten.

Catlins Mohua Park COTTAGES $$

(☎03-415 8613, 0800 228 5467; www.catlinsmohuapark.co.nz; 744 Catlins Valley Rd; DZ 120–200 NZ$) Die vier separaten Luxus-Cottages befinden sich am Rand eines friedlichen, 14 ha großen Naturschutzgebiets (7 km abseits vom Highway) und bilden einen perfekten Ausgangspunkt für Erkundungstouren in der Gegend. Mit dem interessanten Mischwald und den vielen Vögeln direkt vor der Haustür kann man allerdings auch eine kleine Weile einfach nur in den Tag hineinleben. Die Eigentümer bieten auch andere Unterkünfte bei Papatowai.

Essen

Am Straßenrand in Waikawa und Papatowai finden sich Imbisse. Der Gemischtwarenladen von Papatoawi führt auch eine begrenzte Auswahl von Lebensmitteln.

Whistling Frog Café & Bar CAFÉ $$

(☎03-415 8338; www.whistlingfrogcafe.com; SH92, McLeans Falls; Hauptgerichte 20–32 NZ$; ⊙8.30–21 Uhr;) Das farbenfrohe und lustige Frog auf dem Gelände des Catlins Kiwi Holiday Park nimmt das Essen und Trinken sehr ernst: Es bietet Fassbiere von Mikrobrauereien (Happy Hour 16.30–18 Uhr) und eine erfrischend kosmopolitische Karte. Wie wär's z. B. mit einem großen Steak-&-Ale-Pie mit Gourmet-Fritten und Salat mit Blaubeerdressing und kandierten Nüssen als Beilage? Oder mit einem Salat mit Entenbruststreifen, Blauschimmelkäse und Rucola?

Niagara Falls Café CAFÉ $$

(www.niagarafallscafe.co.nz; 256 Niagara-Waikawa Rd, Niagara; Hauptgerichte mittags 13–27 NZ$, abends 23–35 NZ$; ⊙8–22 Uhr;) In dem freundlichen Café in einem alten Schulgebäude kann man sich bei Kaffee und Scones prima die Zeit vertreiben. Man kann aber auch morgens, mittags und abends hausgemachte Gerichte genießen. Da gibt es z. B. leckere Lamm-Burger mit frisch gebackenem Brot, Sandbarsch, Chowder sowie viele vegetarische Speisen. Am besten pflanzt man sich in den grünen Garten und lässt sich das Bier einer Mikrobrauerei oder einen guten Wein schmecken.

Von Papatowai nach Balclutha

Von Papatowai geht es auf dem Highway nordwärts zu den **Matai Falls** (hin & zurück 30 Min. zu Fuß) am Maclennan River, dann in Richtung Südosten auf der ausgeschilderten Straße zu den beeindruckenden **Purakaunui Falls** (hin & zurück 20 Min.), die über mehrere Kaskaden in die Tiefe stürzen. Beide Wasserfälle lassen sich über kühle, dunkle Waldwege erreichen, die an Totaras und Baumfarnen vorbeiführen.

Anschließend nimmt man von den Purakaunui Falls eine Schotterstraße zum 55 m tiefen **Jack's Blowhole**. Der gigantisch brodelnde Hexenkessel liegt mitten in einer Koppel 200 m vom Meer entfernt und ist durch eine unterirdische Höhle mit dem Wasser verbunden. Benannt wurde das Naturphänomen nach dem Indianerhäuptling Tuhawaiki, der wegen seiner ständigen Fluchens als Bloody Jack bekannt war. Das Blasloch lässt sich flott marschierend in einer halben Stunde erreichen.

Owaka mit seinen stolzen 303 Einwohnern ist die größte Ortschaft in den Catlins. Im **Catlins Info Centre & Owaka Museum** (Erw./Kind 5 NZ$/frei; ⊙Mo–Fr 9.30–13 & 13.30–16.30, Sa & So 10–16 Uhr) erläutern Exponate die Lokalgeschichte. Videos zeigen, warum die Küste der Catlins den Ruf als Schiffsfriedhof hat. Im Ort gibt es eine Tankstelle, einen Four-Square-Supermarkt mit einem Geldautomaten und einige mittelmäßige Lokale, sodass man hier vor der Weiterfahrt gut seine Vorräte aufstocken kann.

Das 4 km weiter östlich gelegene **Pounawea** ist ein hübsches Nest am Rand des Catlins River Estuary. An der **Surat Bay** auf der anderen Seite des Meeresarms tummeln sich Seelöwen am Strand bis hin zur **Cannibal Bay**, die man auf dem Strandweg in etwa einer Stunde erreicht.

Bei der Fahrt von Owaka Richtung Norden kann man vom SH92 einen Abstecher zum **Nugget Point** und dort einen Spaziergang zum Leuchtturm machen. Dies ist der schönste Aussichtspunkt der Catlins – und der Ausblick wird umso spektakulärer durch die wellengepeitschten Klippen, die wie scharfe Zähne aus dem Wasser ragenden „Nuggets" und den Seebären und Seelöwen, die unter dem Leuchtturm Wind und Wetter und trotzen. Derweil lassen sich viele Vögel wie Sturmtaucher und Löffler von einer steifen Brise treiben.

Kurz vor dem Nugget-Point-Parkplatz befindet sich der Parkplatz der **Roaring Bay**. Dort gibt es einen gut platzierten Unterstand, von dem aus man die ans Ufer kommenden Gelbaugenpinguine beobachten kann (am besten 2 Std. vor Sonnenuntergang). Unbedingt alle Warnschilder befolgen, denn wie man sehen kann, ist ihre Existenz bedroht. Wer kein eigenes Fahrzeug hat, kann sich den **Abenddämmerungstouren** (☎0800 525 278; www.catlins.co.nz; 30 NZ$/Pers.) von Nugget View & Kaka Point Motels anschließen.

Von Nugget Point macht die Straße eine Schleife durch die kleine Ortschaft **Kaka Point** mit einem Badestrand, mehreren Unterkünften und einem Pub am Strand. Von hier führt die Straße weiter Richtung Norden nach Balclutha.

Schlafen & Essen

Verhungern wird man hier sicher nicht, denn am Highway finden sich zahlreiche Lokale. Trotzdem lohnt sich die Investition in Käse und Cracker, damit man nicht in Fish & Chips ersäuft.

Owaka & Purakaunui

DOC Camping CAMPINGPLATZ $
(www.doc.govt.nz; Erw./Kind 6/3 NZ$) In der Purakaunui Bay und landeinwärts in Tawanui finden sich einige DOC-Campingplätze.

POUNAWEA

Pounawea Motor Camp FERIENPARK $
(☎03-415 8483; www.catlins-nz.com/pounawea-motor-camp; Park Lane; Stellplatz ab 30 NZ$, WE 50–80 NZ$; 📶) Dieser kleine Campingplatz direkt am Meeresarm neben einem kostbaren Überbleibsel heimischen Waldes eignet sich vor allem für Zelter und Wohnwagencamper, die sich die alte Küche und die schicken sanitären Anlagen mit den Bewohnern der etwas muffigen Hütten teilen. Hohe Bäume und Vogelgezwitscher sorgen für eine angenehme Kulisse.

Pounaewa Grove Motel MOTEL $$
(☎03-415 8339; www.pounaweagrove.co.nz; 5 Ocean Grove; DZ 130 NZ$; 📶) Wer etwas Modernes mit großen, bequemen Betten, vornehmen Stoffen, Flachbildfernseher und schickem Bad sucht, ist in diesem Motelkomplex mit vier Wohnstudios goldrichtig. Allerdings wird man angesichts der etwas beengten Verhältnisse keine großen Sprünge machen können.

SURAT BAY

★ **Newhaven Holiday Park** FERIENPARK $
(☎03-415 8834; www.newhavenholiday.com; Newhaven Rd; Stellplatz ohne/mit Strom 32/35 NZ$, Wohneinheit 66–120 NZ$; 📶) Der nette kleine Campingplatz am Rand des Meeresarms unmittelbar vor der Strandpromenade an der Surat Bay bietet hübsche Stellplätze mit guten Gemeinschaftseinrichtungen, heitere Hütten und drei in sich abgeschlossene Apartments. Man kann mit riesigen Figuren Schach spielen oder es sich auf dem Rasen gemütlich machen.

NUGGET POINT & KAKA POINT

Kaka Point Camping Ground FERIENPARK $
(☎03-412 8801; www.kakapointcamping.co.nz; 39 Tarata St; Stellplatz ohne/mit Strom 14,50/16 NZ$ pro Pers., Hütte EZ/DZ 30/56 NZ$; 📶) Die Hütten sind schlicht, aber funktional; für Camper gibt es abgegrenzte Rasenflächen. Wanderwege führen in den umliegenden Wald und bis zum Strand und zum Dorf ist es nur ein kurzer, wenn auch steiler Weg den Hügel hinab.

Nugget Lodge LODGE $$
(☎03-412 8783; www.nuggetlodge.co.nz; Nugget Rd; DZ 175 NZ$; 📶) An der Straße zum Leuchtturm stehen auf einer Anhöhe neben dem Meer zwei moderne, in sich abgeschlossene Wohneinheiten im Ferienhausstil – eine mit Balkon, die andere mit eigenem Garten. Das riesige kontinentale Frühstück (12,50 NZ$/Pers.) mit frisch gebackenem Brot und hausgemachtem Müsli lohnt sich auf jeden Fall. Mit etwas Glück erspäht man ein paar der Seelöwen, die sich am Strand unterhalb der Lodge tummeln.

Nugget View & Kaka Point Motels MOTEL $$
(☎0800 525 278; www.catlins.co.nz; 11 Rata St; DZ 95–200 NZ$; 📶) Ein echtes Motel-Minidorf, dessen Angebot von älteren Einheiten mit gutem Preis-Leistungs-Verhältnis bis zu modernen Varianten mit eigenem Whirlpool reicht. Bis auf eine haben alle eine Veranda mit Meerblick. Die freundlichen Inhaber veranstalten auch Tagesausflüge durch die Catlins und Abenddämmerungstouren (30 NZ$/Pers.) zum Nugget Point und zur Pinguinkolonie an der Roaring Bay.

Point Café & Bar PUB $$
(58 Esplanade; Gerichte 13–30 NZ$) Hier kann man an dem aus Treibholz gezimmerten Tresen ein kühles Bier genießen, eine Partie Billard spielen oder sich einen Platz am Fenster mit Blick aufs Meer schnappen. Im angeschlossenen Laden gibt's Essen zum Mitnehmen und Eis – für 10 NZ$ bekommt man einen Burger und eine Kugel Eis.

Stewart Island/Rakiura

Bei einem Abstecher nach Stewart Island/Rakiura wird man von Kiwis mit und ohne Schnabel herzlich begrüßt. Auf Neuseelands „dritter" Insel lässt sich das scheue, gefiederte Nationalsymbol prima in freier Wildbahn beobachten, während die kleine Gemeinschaft von 381 relaxten Einheimischen Besucher sehr gastfreundlich willkommen heißt. Man sollte sich nicht allzu sehr wundern, dass die meisten Inselbewohner bereits nach wenigen Tagen wissen, wie man heißt und woher man kommt – vor allem wenn man in Neuseelands südlichster Kneipe im Hauptort Oban ein Bier mit ihnen getrunken hat.

Die Insel bietet viele Möglichkeiten für Abenteueraktivitäten: Man kann Kajak fahren und auf dem Great Walk oder den anderen Wegen im Rakiura National Park wandern, der 85 % der Landfläche Stewart Islands ausmacht. Neben der wunderschönen Landschaft an der Küste und landeinwärts bietet auch die Vogelwelt einen guten Grund für Ausflüge. Stewart Island/Rakiura ist ein Vogelschutzgebiet von internationalem Ruf: Selbst wer sich gar nicht für Vögel interessiert, wird von dem bezaubernden Gezwitscher, Gesang und Umherflattern der gefiederten Freunde fasziniert sein.

Geschichte

Auf Maori heißt Stewart Island Rakiura, „Glühender Himmel" – und beim Anblick des spektakulären glutroten Sonnenuntergangs oder des Aurora australis (Südlicht) weiß man, warum. Der Legende nach wurde Neuseeland von Maui aus dem Meer gehoben, der dabei folgende Worte sprach: „Lasst uns außer Sichtweite des Festlands gehen, weit hinaus in das offene Meer, und wenn wir kein Land mehr sehen können, lasst uns den Anker werfen." Die Nordinsel war der Fisch, den Maui gefangen hatte, die Südinsel sein Kanu und Rakiura der Anker – *Te Punga o te Waka o Maui*.

Es gibt Beweise, dass Teile von Rakiura schon im frühen 13. Jh. von Moa-Jägern besiedelt waren. Der *titi* (Dunkelsturmvogel) von den Nachbarinseln war in manchen Jahreszeiten eine wichtige Nahrungsquelle für die südlichen Maori.

Der erste europäische Besucher dieses Fleckens war James Cook. Er segelte 1770 um die Küsten im Osten, Süden und Westen, hielt Rakiura irrtümlicherweise für den äußersten Zipfel der Südinsel und nannte es South Cape. Im Jahr 1809 umsegelte schließlich der Robbenfänger *Pegasus* Rakiura, das nach dessen ersten Offizier William Stewart benannt wurde.

Im Juni 1864 kauften die eingewanderten Europäer den hiesigen Maori Stewart Island und die benachbarten kleinen Inseln für 6000 £ ab. Zu den ersten Wirtschaftszweigen gehörten die Robbenjagd, die Holzfällerei, die Fischverarbeitung und der Schiffsbau, begleitet von einem klitzekleinen Goldrausch zum Ende des 19. Jhs. Heute hängt die Wirtschaft der Insel vom Tourismus und dem Fischfang ab.

Flora & Fauna

Da es auf Stewart Island/Rakiura keine Marder wie Frettchen, Hermeline und Wiesel gibt, dafür aber große, intakte Waldflächen, findet man hier eine der größten und artenreichsten Vogelpopulationen Neuseelands. Selbst über Oban wimmelt es in der Luft von Vögeln wie Tui, Maori-Glockenhonigfresser und Kakas, die sich die Insel mit Wekarallen, Ziegensittichen, Farnsteigern, Schnäppern und Südlichen Streifenkiwis teilen. Zudem leben auf der Insel viele Wat- und Meeresvögel wie Regenpfeifer, Kormorane, Albatrosse, Walvögel und Sturmvögel sowie Dunkle Sturmtaucher, die man in der Brutzeit in großer Zahl sieht. Man kann auch die Einheimischen nach der Pinguinparade an dem kleinen Strand in der Nähe des Kais fragen. Achtung: Die Vögel auf keinen Fall füttern – das schadet ihnen massiv.

Auch Fellträger kommen auf Stewart Island/Rakiura vor, darunter zwei Arten von Hirschen: Rothirsche und Weißwedelhirsche, die im frühen 20. Jh. hier angesiedelt wurden. Auch der Fuchskusu wurde nach Neuseeland eingeschleppt; inzwischen haben sich die Beuteltiere auf der ganzen Insel ausgebreitet und sind als Schädlinge, die den Vogelbestand und die Flora bedrohen, wenig beliebt. Und zu guter Letzt lassen sich Neuseeländische Seebären, Seelöwen, Seeelefanten und hin und wieder auch Seeleoparden an den Stränden und der felsigen Küste der Insel blicken.

Anders als im übrigen Teil Neuseelands gibt's auf Stewart Island/Rakiura keinen Scheinbuchenwald. Die hier vorherrschende Tieflandvegetation besteht vor allen aus Steineibengewächsen mit ungewöhnlich hohen Rimu-Harzeiben, Miro-Bäumen (neuseeländische Koniferen), Totaras (Steineiben) und Kamahis. Dank der milden Winter, den

Stewart Island (Norden)

häufigen Niederschlägen und dem durchlässigen Boden ist der größte Teil der Insel mit üppigen Wäldern, dicken Weinranken und tiefgrünen Farnen und Moosen überwuchert.

Sehenswertes

★ Ulva Island INSEL

Das nur 250 ha große Ulva Island/Te Wharawhara ist ein kleines Paradies, das von unzähligen Vögeln bevölkert wird. Das Gebiet wurde 1922 zum Vogelschutzgebiet erklärt und ist eine der wildesten Ecken von Stewart Island/Rakiura. Laut der Umweltschutzbehörde DOC bekommt man hier „einen seltenen Einblick, wie Neuseeland in der Vergangenheit ausgesehen hat und wie es auch in der Zukunft wieder sein könnte". Die Insel wurde 1997 für rattenfrei erklärt, drei Jahre später der gefährdete Südinsel-Sattelvogel hier angesiedelt. Heute ist die Luft mit Vogelgesang erfüllt, wovon man sich auf den Wanderwegen im Nordwesten der Insel selbst überzeugen kann. Diese sind detailliert in der Broschüre *Ulva: Self-Guided Tour* (2 NZ$) aufgeführt, erhältlich im DOC Visitor Centre. Viele Wege kreuzen sich inmitten wunderschöner Haine von Rimu-Harzeiben, Koniferen, Steineiben und Rata-

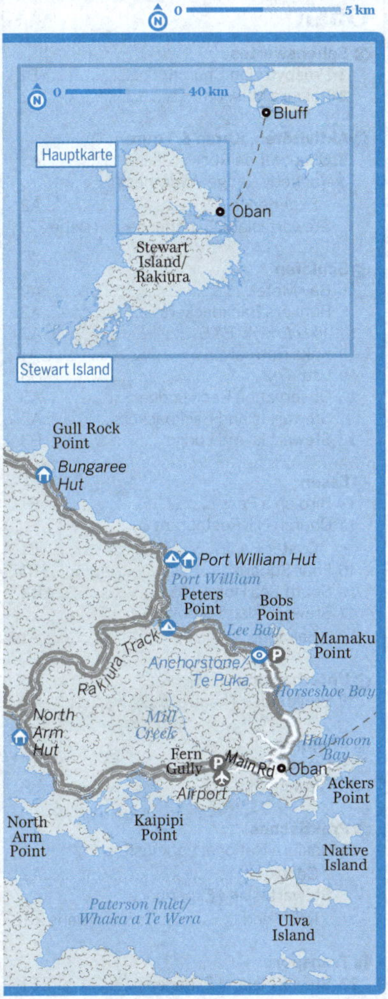

Bäumen (Südinsel-Eisenholz). Die Wassertaxis bringen einen vom Anleger an der Golden Bay zur Insel. Fahrplanmäßig verkehren auch die Fähren von **Ulva Island Ferry** (☎ 03-219 1013; hin & zurück Erw./Kind 20/10 NZ$; ⏲ Abfahrt 9, 12 & 16 Uhr; Rückfahrt 12, 16 & 18 Uhr). Um so viel wie möglich von Ulva Island zu sehen, schließt man sich am besten einer Tour von Ulva's Guided Walks (S. 679) an.

Rakiura Museum MUSEUM
(Ayr St; Erw./Kind 2/0,50 NZ$; ⏲ Mo–Sa 10–13.30, So 12–2 Uhr) Die historischen Fotos sind das Highlight dieses kleinen Museums zur Natur- und Lokalgeschichte, das zudem Maori-Artefakte, Walfangutensilien und Haushaltsgegenstände ausstellt.

Presbyterian Church KIRCHE
(Kamahi Rd) Die Holzkirche blickt seit 1904 von einem Hügel in Oban auf die darunterliegende Bucht. Ein Einheimischer erklärte uns voller Überzeugung, dass Schiffsbauer am Bau beteiligt waren: „Die Fugen sind wunderbar gearbeitet."

Aktivitäten

Der Rakiura National Park schützt 85 % der Insel, was sie zu einem Paradies für Wanderer und Vogelbeobachter macht. Zur Erkundung der Wildnis gibt es hier jede Menge Wanderwege – von kurzen, leichten und zu Fuß einfach von Oban erreichbaren Pfaden bis hin zum epischen North West Circuit, eine der legendärsten Wanderstrecken im Hinterland Neuseelands.

Zahlreiche Veranstalter bieten geführte Touren zu Fuß, im Auto, im Boot oder aus der Luft an. Die meisten konzentrieren sich auf die Natur und die Geschichte. Wer auf eigene Faust loswandern will, hat die Qual der Wahl. Im Rakiura National Park Visitor Centre erhält man Infos zu langen und kurzen Wanderwegen vor Ort und zu den Hütten unterwegs. Die in der DOC-Broschüre *Stewart Island/Rakiura Short Walks* (2 NZ$) aufgeführten Wege halten einen mehrere Tage auf Trab; etwas schneller vorwärts geht es, wenn man sich an der Red Shed ein Fahrrad leiht, um die Straßenabschnitte schneller zu bewältigen. Längere Wanderungen kann man auch verkürzen und gleichzeitig aufregender gestalten, wenn man einen Flug mit einbaut, z. B. mit **Rakiura Helicopters** (☎ 03-219 1155; www.rakiurahelicopters.co.nz) oder mit Stewart Island Flights (S. 682), die in Zusammenarbeit mit Rakiura Charters die aufregenden, ganz- oder mehrtägigen Wandertouren **Coast to Coast** über die gesamte Insel anbieten. Beide Anbieter veranstalten auch Panoramaflüge.

Wer noch nie im Meer geangelt hat und dies mal ausprobieren möchte, ist hier genau richtig – es gibt keine besseren Fischer in Neuseeland. Ach ja, baden kann man natürlich auch. Vorausgesetzt, man hat keine Angst davor, sich den Allerwertesten abzufrieren.

Tageswanderungen

Observation Rock WANDERN
Der kurze, aber recht steile 15-minütige Aufstieg zum Observation Rock wird mit

Oban

Sehenswertes
- 1 Presbyterian Church B1
- 2 Rakiura Museum B2

Aktivitäten, Kurse & Touren
- 3 Observation Rock A3
- 4 Ruggedy Range Wilderness Experience A2
- Stewart Island Experience .... (siehe 22)

Schlafen
- 5 Bay Motel A2
- 6 Bunkers Backpackers A2
- 7 Jo & Andy's B&B A2
- 8 Kaka Retreat A1
- 9 Latt 47 .... B3
- 10 Observation Rock Lodge A3
- 11 Stewart Island Backpackers A2
- 12 Stewart Island Lodge B3

Essen
- 13 Bird on a Pear B1
- 14 Church Hill Restaurant & Oyster Bar B1
- 15 Four Square B1
- 16 South Sea Hotel B2
- 17 Stewart Island Smoked Salmon A1

Unterhaltung
- 18 Bunkhouse Theatre A2

Shoppen
- 19 Fernery A2
- 20 Glowing Sky B2

Praktisches
- 21 Rakiura National Park Visitor Centre A2
- Stewart Island Experience Red Shed .... (siehe 22)

Transport
- 22 Stewart Island Experience B1

einem Panoramablick auf das Paterson Inlet, den Mount Anglem und den Mount Rakeahua belohnt. Der Weg ist ab dem Ende der Leonard Rd, abseits der Ayr St, deutlich markiert.

Ackers Point WANDERN
Die hin und zurück dreistündige Wanderung führt rund um die Bucht zu einem Weg durch den Busch, vorbei am historischen **Stone House** (erbaut 1835) an der **Harrald Bay** bis zum **Ackers Point Lighthouse**, wo sich ein weiter Blick auf die Foveaux Strait bietet. Unter Umständen erspäht man auch Zwergpinguine und eine Kolonie von Dunklen Sturmtauchern.

Mehrtägige Wanderungen

Rakiura Track WANDERN
(www.doc.govt.nz) Der 39 km lange, dreitägige Rakiura Track ist einer der neun Great Walks Neuseelands. Die friedliche und leicht zu bewältigende Rundroute führt zu wunderschönen Stränden, bevor sie einen 250 m hohen bewaldeten Gebirgskamm erklimmt und sich dann zur geschützten Küste des Paterson Inlet/Whaka a Te Wera schlängelt. Unterwegs passiert man einige historische bedeutsame Stätten und sieht viele der für die Insel typischen Meeres- und Waldvögel.

Eigentlich ist der Rakiura Track nur 32 km lang, aber mit den Straßenabschnitten an beiden Enden der Rundstrecke mit Start und Ziel in Oban kommt man auf 39 km. Der gut markierte, mittelschwere Rundweg eignet sich das ganze Jahr über zum Wandern. Weil er zu den Great Walks gehört, wurde er mit Kies aufgeschüttet, um die für die Insel so berüchtigte Schlammbildung zu vermeiden.

Unterwegs gibt es zwei Great-Walk-Hütten (22 NZ$), die vorab über **Great Walks Bookings** (☎0800 694 732; www.greatwalks.co.nz) oder persönlich in der Touristeninformation des Nationalparks gebucht werden müssen. Pro Hütte sind maximal zwei Übernachtungen in Folge gestattet. Campen (6 NZ$) kann man auf den Stellplätzen (Standard) in der Nähe der Hütten sowie am Maori Beach.

North West Circuit Track WANDERN
(www.doc.govt.nz) Der North West Circuit Track ist der legendäre Wanderweg auf Stewart Island/Rakiura. Die anspruchsvolle Küstenwanderung führt um eine abgelegene, naturbelassene Küste mit einsamen Stränden, Sanddünen, vielen Vögeln und Schlamm ohne Ende. Für die 125 km braucht man zehn bis zwölf Tage, es gibt aber mehrere Optionen, die Strecke per Boot oder Flugzeug abzukürzen.

Der Track beginnt und endet in Oban. Hütten sind gut über die Strecke verteilt; dabei handelt es sich um „Standard"-Hütten (5 NZ$), abgesehen von den zwei „Great Walk"-Hütten (22 NZ$), die vorab gebucht werden müssen. Mit dem North West Circuit Pass (35 NZ$) kann man einmal in jeder der Hütten übernachten. Detaillierte Infos und die unverzichtbaren topografischen Karten bekommt man beim DOC; unbedingt sollte man auch seine Wanderplanung auf der Adventuresmart-Website (www.adventuresmart.org.nz) eintragen, ist diese Wanderung doch keineswegs einfach.

Geführte Touren

Ulva's Guided Walks WANDERTOUR
(☎03-219 1216; www.ulva.co.nz) Die auf Vogelbeobachtung ausgerichteten, ausgezeichneten halbtägigen Touren unter der Leitung biologisch bewanderter Experten (125 NZ$; inkl. Transport) führen nach Ulva Island und können über die Fernery gebucht werden. Passionierte Ornithologen könnten die Tour „Birding Bonanza" (400 NZ$) mitmachen; Infos auf der Website.

Stewart Island Experience GEFÜHRTE TOUR
(☎03-219 0056, 0800 000 511; www.stewartislandexperience.co.nz; 12 Elgin Tce) Veranstaltet zweieinhalbstündige Bootstouren über Ulva Island zum Paterson Inlet (Erw./Kind 90/22 NZ$), eineinhalbstündige Minibustouren durch Oban und zu den umliegenden Buchten (45/25 NZ$) sowie zweieinhalbstündige Naturtouren in Halbtaucherbooten, die es den Teilnehmern ermöglichen, die Meereslebewesen auch unter Wasser zu beobachten (90/45 NZ$).

Bravo Adventure Cruises VOGELBEOBACHTUNG
(☎03-219 1144; www.kiwispotting.co.nz) Gegen Sonnenuntergang brechen die Kiwi-Beobachtungstouren auf (140 NZ$). Ziel der kleinen Gruppen ist ein malerisches Reservat, das mit einer 30-minütigen Bootsfahrt zu erreichen ist. Die leichte Wanderung führt durch Wald und über einen Strand.

Rakiura Charters BOOTSTOUR, ANGELN
(☎0800 725 487, 03-219 1487; www.rakiuracharters.co.nz; Erw./Kind ab 100/70 NZ$) Der beliebteste Ausflug mit der *Rakiura Suzy* ist die halbtägige Angelfahrt, auf der an einer historischen Walfängerstation angelegt wird. Die Trips können zeitlich und nach Interessenlage (z. B. Wandern oder Vogelbeobachtung) maßgeschneidert werden.

KIWIS BEOBACHTEN: DEN GÖTTERN GANZ NAH

Stewart Island/Rakiura ist einer der wenigen Orte des Planeten, wo man Kiwis in freier Natur beobachten kann. Der auch als „Schnepfenstrauß" bezeichnete flugunfähige Vogel, den die Maori als den König des Waldes betrachteten, existiert schon seit rund 70 Mio. Jahren und ist mit dem ausgestorbenen Moa verwandt. Ihr braunes Gefieder tarnt die Vögel gut in ihrer Umgebung. Da Kiwis nachtaktiv sind, ist es nicht leicht, sie in freier Wildbahn zu sichten. Hinzu kommt das launische Wetter auf Stewart Island/Rakiura, das immer wieder für Tourabsagen verantwortlich ist. Wer also sicher gehen will, dass er die Kiwis zu sehen bekommt, sollte ein paar Nächte auf der Insel einplanen.

Der auf Stewart Island/Rakiura heimische Südliche Streifenkiwi oder Tokoeka ist größer als seine Vettern im Norden – also ungefähr so groß wie ein Huhn –, hat einen längeren Schnabel und dickere Beine. Der Bestand wird auf rund 20 000 Tiere geschätzt. Diese Kiwis sind die einzigen, die auch tagsüber aktiv sind. Man kann sie gegen Sonnenaufgang und -untergang auf Wiesen und an Stränden antreffen, wo sie grasen oder unter angespültem Seetang nach Sandflöhen buddeln. Wenn man einen Kiwi erblickt, sollte man sich ruhig verhalten, stehen bleiben und Abstand halten: Da die Vögel schlecht sehen und ganz auf die Futtersuche konzentriert sind, laufen sie einem direkt vor die Füße.

Leask Bay Fishing Charters ANGELN
(☎027 828 1147, 03-219 1391; www.leaskbaycharters.co.nz; 80 NZ$/Pers., min. 2 Pers.) Mit Andy geht's auf seinem Familienerbstück, der 110 Jahre alten *Rawhiti*, hinaus zum Angeln. Bei der Vormittagstour kann man sich seinen Fang zum Mittagessen zubereiten; bei der Nachmittagstour nimmt man ihn mit und verzehrt ihn als Abendessen.

Lo Loma Fishing Charters ANGELN
(☎027 393 8362, 03-219 1141) Lustiger Angelausflug an Bord der *Lo Loma*.

Phil's Sea Kayak KAJAKFAHREN
(☎03-219 1444, 027 444 2323; Trip ab 79 NZ$) Phil, der einzige Kajak-Guide auf Stewart Island/Rakiura, veranstaltet Touren jeder Schwierigkeitskategorie nach Paterson Inlet. Die Touren führen auch nach Ulva Island und zu Sandstränden; Tierbeobachtungen sind unterwegs ebenfalls garantiert. Wenn das Wetter geeignet ist, einfach anrufen.

Ruggedy Range Wilderness Experience VOGELBEOBACHTUNG
(☎0274 784 433, 03-219 1066; www.ruggedyrange.com; Main Rd) Der Naturführer Furhana veranstaltet Kleingruppenwanderungen, darunter halb- und ganztägige Ausflüge nach Ulva Island (120/185 NZ$) und Nachtwanderungen zur Beobachtung von Kiwis in freier Wildbahn (525 NZ$).

Schlafen

Eine Unterkunft zu finden, kann schwierig werden, ganz besonders in der Nebensaison, wenn viele Herbergen geschlossen haben. Es empfiehlt sich daher dringend, vorab zu buchen. Auf der Insel gibt es viele Ferienhäuser, die häufig ein gutes Preis-Leistungs-Verhältnis und den Vorteil der Selbstversorgung bieten, was vor allem praktisch ist, wenn man angeln will. Allerdings muss man vielfach mindestens zwei Nächte buchen oder einen Aufpreis zahlen, wenn man nur eine bleiben will. Beim Buchen von Ferienhäusern helfen das Invercargill i-SITE und die Stewart Island Experience Red Shed. Infos gibt's unter www.stewartisland.co.nz.

★ **Jo & Andy's B&B** B&B $
(☎03-219 1230; jariksem@clear.net.nz; Ecke Morris St & Main Rd; EZ 45–60 NZ$, DZ & 2BZ 90 NZ$; @ 📶) Mit diesem B&B sind Backpacker bestens bedient. Im gemütlichen blauen Haus verbergen sich zig Doppel-, Zwei-Bett- und Einzelzimmer. Das umfangreiche Frühstück mit Müsli, Obst und selbst gebackenem Brot ist eine gute Grundlage für einen aktiven Tag. Jo und Andy sind eine nette Gesellschaft, bei miesem Wetter sorgen Hunderte Bücher für gute Laune.

Bunkers Backpackers HOSTEL $
(☎03-219 1160; www.bunkersbackpackers.co.nz; 13 Argyle St; B/DZ 32/76 NZ$; ⊙Mitte April–Mitte Okt. geschl.; @ 📶) Die umgebaute Holzvilla ist die vielversprechendste Hosteloption auf Stewart Island/Rakiura. Das Haus ist zwar etwas eng, aber es gibt einen sonnigen Garten und die Villa steht mitten im Dorf.

Stewart Island Backpackers HOSTEL $
(☎03-219 1114; www.stewartislandbackpackers.com; Ecke Dundee & Ayr St; Stellplatz 20 NZ$, B/DZ 35/70 NZ$; 📶) Das größte Hostel der Insel hat ein ordentliches Zimmerangebot mit bis zu vier Betten in Schlafsälen, von denen viele auf einen Hof blicken. Die Gemeinschaftlounge und die Küche sind angemessen, wenn auch ein wenig heruntergekommen. Es gibt auch einen recht sonnigen Grillplatz. Terrassierte Rasenflächen für Zelte finden sich hinter der Lodge.

Stewart Island Lodge LODGE $$
(☎03-219 0085; www.stewartislandlodge.co.nz; Nichol Rd; DZ inkl. Frühstück 195 NZ$; @ 📶) Die große Lodge steht fünf Gehminuten außerhalb des Orts auf einem Hügel und blickt auf die Bucht. Im Haus gibt es sechs komfortable Zimmer mit angeschlossenem Bad. Zu den Gemeinschaftseinrichtungen zählen ein sonniger Balkon, eine Lounge und ein Hof, in dem man das kontinentale Frühstück oder sein in der Gästeküche selbst zubereitetes Essen verzehrt. Die Lodge gehört zu Stewart Island Experience, sodass man sich gut nach Touren und Transportmöglichkeiten auf der Insel erkundigen kann.

Latt 47 FERIENHAUS $$
(☎03-219 1330; john.barry@clear.net.nz; 12a Excelsior Rd; DZ 180 NZ$) In dem modernen Haus gibt es Platz für bis zu vier Personen. Debbie vermittelt auch andere geeignete Unterkünfte auf Stewart Island/Rakiura.

Bay Motel MOTEL $$
(☎03-219 1119; www.baymotel.co.nz; 9 Dundee St.; DZ 175–200 NZ$; 📶) Die modernen, komfortablen Wohneinheiten mit viel Licht und Blick auf den Hafen sind zum Teil mit Whirlpools ausgestattet. Alle Zimmer haben eine voll eingerichtete Küche, zwei sind barrierefrei zugänglich. Wer vom umtriebigen Nachtleben auf der Insel erschöpft ist, freut

sich im gemütlichen Zimmer über das Satellitenfernsehen.

Kaka Retreat MOTEL $$$
(☎03-219 1252; www.kakaretreat.co.nz; 7 Miro Cres; DZ 230–256 NZ$; @ 📶) Diese Wohneinheiten gehören zu den besten auf der Insel. Sie haben ein edles Dekor, schicke Bäder und eigene Veranden; nur die Kücheneinrichtungen sind etwas mickrig ausgefallen. Die zwei altmodischeren, aber schicken separaten Einheiten haben ein gutes Preis-Leistungs-Verhältnis und bieten Platz für bis zu sechs Personen.

Port of Call B&B B&B, FERIENHÄUSER $$$
(☎0272 244 4722, 03-219 1394; www.portofcall.co.nz; Leask Bay Rd; EZ/DZ inkl. Frühstück 320/385 NZ$) Hier genießt man den Blick aufs Meer, entspannt am offenen Kamin oder erkundet den einsamen Strand. Port of Call befindet sich 2 km südwestlich von Oban nahe Acker's Point. Zwei gemütliche separate Häuser komplettieren das Angebot: das Bach Cottage in der Nähe des B & B (250 NZ$) und das Hunter Cottage (190 NZ$) in Oban. Für alle gilt ein Mindestaufenthalt von zwei Nächten; geführte Wanderungen und Ausflüge mit dem Wassertaxi lassen sich arrangieren.

Observation Rock Lodge LODGE $$$
(☎027 444 1802, 03-219 1444; www.observationrocklodge.co.nz; 7 Leonard St; DZ Standard/Deluxe-Pauschale 395/780 NZ$; 📶) Annett und Phils nette Lodge liegt lauschig in von Vogelgezwitscher erfülltem Buschland und blickt nach Süden auf die Golden Bay. Es gibt zwei stilvolle, luxuriöse Zimmer mit privaten Terrassen und einer Gemeinschaftslounge. Geführte Aktivitäten, die Sauna, Badewanne und Annetts Gourmetgerichte (Frühstück & Abendessen) sind in der Deluxe-Pauschale inbegriffen und lassen sich gegen Aufpreis auf die Standard-Pauschale ebenfalls vereinbaren.

Essen

Bird on a Pear CAFÉ $
(Gerichte 10–18 NZ$; ⏲7–15.30 Uhr) Oben auf dem Kai mit Blick auf die Halfmoon Bay ist das Bird ein heller, luftiger Ort für ein warmes Frühstück, ein Mittagessen, einen Kaffee oder frische hausgemachte Backwaren.

Four Square SUPERMARKT $
(Elgin Tce; ⏲7.30–19 Uhr) Neben einer guten Auswahl an Grundnahrungsmitteln bietet der Laden Sandwichs, Fisch und ein paar Überraschungen.

Stewart Island Smoked Salmon FISCH $
(www.siss.co.nz; Miro Cres) Wer Räucherlachs liebt, sollte bei der Räucherei vorbeischauen und fragen, ob es gerade welchen gibt. Das süßliche, geräucherte Fischfleisch ist ideal für ein Picknick oder als Zugabe zu Pasta.

★ **South Sea Hotel** PUB $$
(www.stewart-island.co.nz; 26 Elgin Tce; Hauptgerichte 16–30 NZ$; ⏲7–21 Uhr; 📶) Der klassische Pub bietet superleckere Fish & Chips, Bier im Humpen, ein zivilisiertes Café-Ambiente im Speisesaal und viel freundliche Späße in der Bar. Hier ist zu jeder Tages- und Abendzeit etwas los, ganz besonders aber samstagabends beim Quiz: ein unvergessliches Inselerlebnis, moderiert von Quizmasterin Vicki. Es gibt auch schlichte Zimmer im Haus (DZ 90–115 NZ$) und extra Motelzimmer (165 NZ$).

Church Hill Restaurant & Oyster Bar CAFÉ, BAR $$$
(☎03-219 1123; www.churchill.co.nz; 36 Kamahi Rd; Mittagessen 14–28 NZ$, Abendessen 36–48 NZ$; ⏲12–14.30 & ab 17.30 Uhr) Im Sommer hat man von der sonnigen Terrasse dieser historischen Villa einen tollen Blick über die Hügel, in den kühleren Monaten macht man es sich drinnen am Kamin gemütlich. Die Spezialität des Restaurants sind Meeresfrüchte aus der Region, darunter Austern und Räucherlachs, die auf modern-raffinierte Art zubereitet werden. Zum Abschluss gibt's ausgezeichnete Desserts, z. B. einen Pudding mit Feigen und Birnen. Zum Abendessen sollte man reservieren.

Unterhaltung

Bunkhouse Theatre KINO
(☎027 867 9381; Main Rd; 10 NZ$; ⏲Vorführung 14 & 16 Uhr) Obans kuschliges kleines Kino zeigt den schrulligen netten, 40 Minuten langen Film *A Local's Tail*, der einen unterhaltsamen Überblick über die Geschichte und Kultur von Stewart Island/Rakiura gibt. Es gibt Kuchen und selbst gemachtes Popcorn.

Shoppen

Fernery KUNST & KUNSTHANDWERK
(www.theferneryz.com; Main Rd; ⏲10.30–17 Uhr, Winter verkürzte Öffnungszeiten) In dem freundlichen Laden gibt's Kunsthandwerk, Karten und Bücher.

Glowing Sky BEKLEIDUNG
(www.glowingsky.co.nz; Elgin Tce; ⏲10–17 Uhr) T-Shirts mit Maori-Motiven und Kleidung aus neuseeländischer Merinowolle.

Praktische Informationen

Auf Stewart Island/Rakiura gibt's keine Banken. Der Geldautomate im Four-Square-Supermarkt hat so seine Macken. Die meisten Unternehmungen kann man mit Kreditkarte bezahlen. WLAN-Zugang hat man im South Sea Hotel und in den meisten Unterkünften der Insel. Der Handyempfang beschränkt sich auf Anschlüsse von Telecom (027).

Die beste Anlaufstelle für Auskünfte auf dem Festland ist die Invercargill i-SITE. Online gibt's Infos unter www.stewartisland.co.nz.

Post (Elgin Tce; ⏲ Mo–Fr 8–18, Sa & So 9–17 Uhr) Bei Stewart Island Flights.

Rakiura National Park Visitor Centre (☎ 03-219 0008; www.doc.govt.nz; Main Rd; ⏲ Jan.–März 8–17 Uhr, April–Dez. verkürzte Öffnungszeiten) Hier bekommt man Infos zu kürzeren Wanderungen und Nachtwanderungen. Man kann Hütten buchen und Hüttenpässe kaufen, außerdem topografische Karten, Bücher und ein paar Wanderutensilien wie Insektenschutzmittel und Wollsocken. Es gibt informative Ausstellungen zur Flora und Fauna von Stewart Island/Rakiura und eine Videothek mit unterhaltsamen und belehrenden Filmen (ein guter Plan B für einen verregneten Tag). Die eigenen Wanderpläne kann man hier bei Adventuresmart registrieren.

Stewart Island Experience Red Shed (☎ 03-219 0056, 0800 000 511; www.stewartisland experience.co.nz; 12 Elgin Tce; ⏲ 7.30–18.30 Uhr) Das hilfsbereite Personal der günstig neben dem Kai gelegenen Red Shed kann einem mit fast allem auf und um die Insel vernetzen, gleichgültig ob es um Unterkünfte, geführte Touren, Bootsausflüge, Fahrräder, Motorroller oder Mietwagen geht.

Stewart Island Health Centre (☎ 03-219 1098; Argyle St; ⏲ 10–12.30 Uhr) Bereitschaftsdienst rund um die Uhr.

An- & Weiterreise

FLUGZEUG

Stewart Island Flights (☎ 03-218 9129; www.stewartislandflights.com; Elgin Tce; Erw./Kind einfache Strecke 117,50/75 NZ$, hin & zurück 203/118 NZ$) Fliegt dreimal täglich zwischen der Insel und Invercargill; gute Standby-Tarife (für Kurzentschlossene) und Seniorenrabatte.

SCHIFF/FÄHRE

Stewart Island Experience (☎ 0800 000 511, 03-212 7660; www.stewartislandexperience.co.nz; Main Wharf) Die Passagierfähre verkehrt bis zu viermal täglich (im Winter eingeschränkter Betrieb) zwischen Bluff und Oban (Erw./Kind einfache Strecke 75/38 NZ$). Im Sommer sollte man ein paar Tage vorab buchen. Die Überfahrt dauert eine Stunde und kann recht rau sein. Das Unternehmen betreibt auch einen Shuttle zwischen Bluff und Invercargill (Erw./Kind 24/12 NZ$), der Passagiere in Invercargill an der i-SITE, bei Tuatara Backpackers und am Invercargill Airport abholt bzw. absetzt. Gegen eine zusätzliche Gebühr kann man sein Auto oder sein Wohnmobil in Bluff auf einem bewachten Parkplatz abstellen.

Shuttles verkehren auch zwischen Bluff und Queenstown (Erw./Kind 73/36 NZ$) sowie zwischen Bluff und Te Anau (Erw./Kind 73/36 NZ$); abgeholt und abgesetzt wird man hier am Büro von Real Journeys.

Unterwegs vor Ort

Wassertaxis bringen einen zu den entlegensten Punkten der Insel und holen einen dort auch wieder ab – ein bequemer Service für Wanderer. Die Taxis fahren auch nach Ulva Island (hin & zurück 25 NZ$):

Aihe Eco Charters & Water Taxi (☎ 03-219 1066; www.aihe.co.nz)

Rakiura Water Taxi (☎ 027 354 9991, 0800 725 487; www.rakiurawatertaxi.co.nz)

Stewart Island Water Taxi & Eco Guiding (☎ 03-219 1394, 0800 469 283; www.stewart islandwatertaxi.co.nz)

Auch mit Rakiura Helicopters kommt man zu abgelegenen Stellen.

Motorroller (halber/ganzer Tag ab 60/70 NZ$) und Autos (halber/ganzer Tag ab 65/95 NZ$) vermietet Stewart Island Experience (s. oben).

Neuseeland verstehen

Neuseeland aktuell

Neuseeland wurde in den vergangenen Jahren immer wieder von Katastrophen heimgesucht – verheerende Erdbeben und ein Minenunglück haben für Schlagzeilen gesorgt, genau wie die normalen Stürme und Dürren, aber auch Todesfälle durch Ertrinken oder gesunkene Schiffen. Die weltweite Finanzkrise war auch nicht eben hilfreich – kaum jemand, der nicht davon betroffen wurde. Dessen ungeachtet wendet sich die tapfere Öffentlichkeit dem Sport zu und zunehmend auch der Kunst, damit die Laune nicht gar so tief sinkt.

Top-Filme

Die Hobbit Trilogie (Sir Peter Jackson; 2012–2014)
Herr der Ringe Trilogie (Sir Peter Jackson; 2001–2003)
Das Piano (Jane Campion; 1993)
Whale Rider (Niki Caro; 2002)
Die letzte Kriegerin (Lee Tamahori; 1994)

Top-Bücher

The Luminaries (Eleanor Catton; 2013)
Mister Pip (Lloyd Jones; 2007)
Lebende Fracht (Maurice Gee; 1998)
Abends um 10 (Kate de Goldi; 2009)
Katherine Mansfield: Sämtliche Erzählungen (2007)

Etikette

Rugby Hier heuchelt man im Zweifelsfall etwas Enthusiasmus.
Possum Keine Zuneigung zu den Baumschädlingen zeigen!
Australander Niemals Neuseeländer mit Australiern verwechseln!
Bei Tisch In der Maorikultur gilt das Sitzen auf Tischen als schlechtes Benehmen.

Unruhige Zeiten

Neuseeland hat in den letzten Jahren einiges einstecken müssen. Das Land scheint zwar irgendwie am Rande der Welt zu liegen, gegen die Krisen der globalen Wirtschaft ist es aber keineswegs immun. Und als sich Neuseeland gerade ein wenig von der schlimmsten Rezession seit 30 Jahren erholt hatte, traf ein Erdbeben der Stärke 7,1 Christchurch, die zweitgrößte Stadt des Landes. Der Schaden war beträchtlich, doch wundersamerweise kam kein Mensch dabei ums Leben, vermutlich, weil das Unglück sich in den frühen Morgenstunden ereignete, als die meisten Leute noch in ihren Betten lagen.

Am frühen Nachmittag des 22. Februar 2011 wurde Christchurch erneut von einem Erdbeben – der Stärke 6,3 – erschüttert. Dieses Mal kamen dabei 185 Menschen ums Leben. Viele Gebäude, die bereits durch das Erdbeben vom September 2010 und seinen Nachbeben beschädigt worden waren, erlitten jetzt so starke Beschädigungen, dass sie abgerissen werden mussten.

Der Wiederaufbau der Stadt hat lange gedauert, das Zentrum wurde sogar erst Mitte 2013 wieder vollständig geöffnet. Die Einwohner der Region Canterbury haben aber eine bewundernswerte Belastbarkeit und einen großartigen Sinn für Erneuerungen an den Tag gelegt, um Christchurch wieder zu einer der aufregendsten Städte Neuseelands zu machen. Randgebiete wurden wiederbelebt – z. B. Woolston („Coolston") und Addington – und es wurde sogar eine Kathedrale aus Karton (Ja, aus Karton!) errichtet. In dem Lonely-Planet-Band *Best in Travel 2013* gehört die Stadt zu den 10 Top-Städten der Welt.

Christchurch ist nicht der einzige Ort, dem solcher Beifall gebührt. Die Westküste der Südinsel wird in *Best in Travel 2014* als eine der Gegenden genannt, die man gesehen haben muss. Eine rechtzeitige Förderung der Region, die immer noch unter den Nachwirkungen einer der schlimmsten Katastrophen der neuseeländischen Geschichte leidet – im November 2010 kamen 29 Bergleute bei Explosionen in der Pike River Kohlenmine ums Leben. Diese Tragödie hat die Grenzen der emotionalen und wirtschaftlichen Belastbarkeit des Landes nochmals ausgedehnt. Im Juli und August 2013 erschütterte dann noch eine Reihe mittelschwerer Erdbeben die Spitze der Südinsel. Die Beben waren auch in großen Teilen der Hauptstadt zu spüren, was den Neuseeländern erneut bewusst machte, dass sie auf wirklich wackeligen Inseln leben.

Gründe zum Jubeln

Der Wiederaufbau und die Wiederbelebung von Christchurch stehen weiter im Zentrum der öffentlichen Wahrnehmung. Gute und schlechte Nachrichten wechseln sich ab. Einerseits wird die Beziehung zwischen Bevölkerung und Behörden auf den Prüfstand gestellt, da schwere Entscheidungen über Reparaturen und Auszahlungen getroffen werden müssen. Andrerseits bestärkt die Genesung von Christchurch auch das Selbstverständnis der Kiwis als Kämpfernaturen mit starken Gemeinschaften und Bürgerstolz.

Es fällt den Neuseeländern leicht, etwas zu finden, auf das sie stolz sind. Den Grundstock bilden nach wie vor die All Blacks, dabei reichen die Talente weit über das Rugby-Feld hinaus. Im Anschluss an den Erfolg der All Blacks beim Rugby World Cup 2011 hat diese kleine Nation sich weit oberhalb ihrer Gewichtsklasse auch bei den Olympischen Spielen in London 2012 gut geschlagen. Ihr Team konnte sechs Goldmedaillen erringen und lieferte dem traditionelen Rivalen, dem Sportgiganten Australien, einen harten Wettkampf: Australien errang nur eine Goldmedaille mehr. Auch andere Sport-Stars aus Neuseeland haben sich weltweit einen Namen gemacht, darunter die junge Golf-Sensation Lydia Koh, NBA-Einsteiger Steve Adams, der IndyCar-Fahrer Scott Dixon und Valerie Adams, die beste Kugelstoßerin, die die Welt je gesehen hat.

Während Sir Peter Jackson seine Position als Kino-Schwergewicht mit seinen Blockbuster-Adaptionen von *Der Hobbit* halten kann, ist inzwischen ein weiterer bedeutender Filmemacher nach Neuseeland gekommen: Der Kanadier James Cameron hat sich in der Nähe von Wellington ein ländliches Zuhause geschaffen. Er wird seine *Avatar*-Sequels in der Hauptstadt produzieren und damit erhebliche Investitionen tätigen und gleichzeitig Neuseelands Ruf als Weltklasse-Drehort festigen.

Pop-Experten nehmen durchaus Notiz von neuen Kiwi-Stars – die Grammy-prämierte Lorde (bekannt durch *Pure Heroine*, einem der *Rolling Stone*-Alben 2013) und Kimbra (Sängerin von Gotyes Hit *Somebody That I Used to Know* aus dem Jahr 2012) hinterließen großen Eindruck. Auch in der Literaturszene hat sich Einiges getan. Der historische Roman *The Luminaries* von Eleanor Catton wurde 2013 mit dem begehrten britischen Man Booker Prize ausgezeichnet. Davor ging diese Auszeichnug erst einmal nach Neuseeland.

BEVÖLKERUNG: **4,5 MIO.**

FLÄCHE: **268 680 KM²**

BIP-WACHSTUM: **1,4 %**

INFLATION: **1,4 %**

ARBEITSLOSENQUOTE: **6,2 %**

Gäbe es nur 100 Leute in Neuseeland, wären …

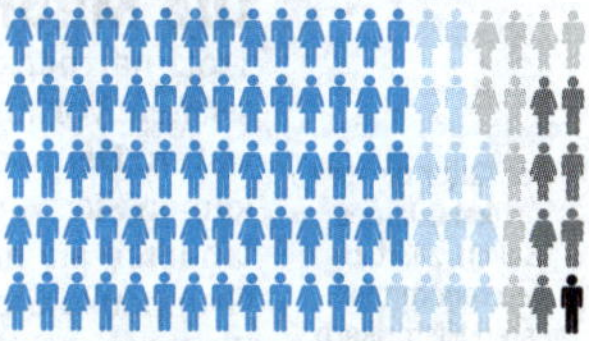

69 europäischer Abstammung
14 Maori
9 Asiaten
7 Pazifikinsulaner
1 anderer Nationalität

Wo sie leben

(% der Neuseeländer)

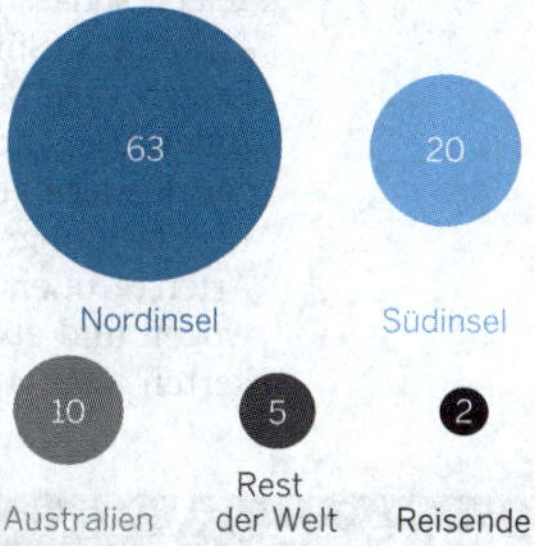

Einwohner pro km²

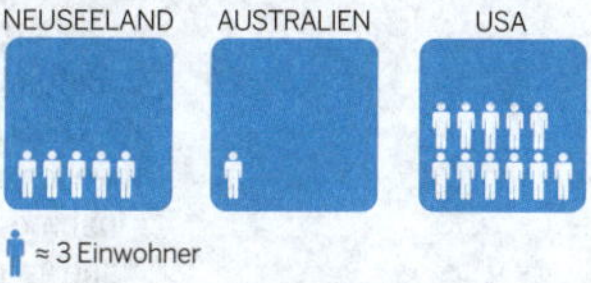

Geschichte

von James Belich

Die Geschichte Neuseelands ist zwar recht kurz, dafür ist sie jedoch rasant verlaufen. In weniger als 1000 Jahren erschienen hier zwei neue Völker auf der Bildfläche: die polynesischen Maori und die europäischen Neuseeländer. Letztere haben auch einen Maori-Namen, obwohl sie ihn nicht gern hören: „Pakeha". Einige Aspekte der Geschichte teilt Neuseeland mit dem restlichen Polynesien und anderen europäischen Kolonien, anderes ist jedoch einzigartig.

Der Autor dieses Artikels, James Belich, zählt zu den renommiertesten Historikern Neuseelands. Er hat eine Reihe von Büchern über die Geschichte dieses Landes geschrieben und die TV-Dokumentarserie *The New Zealand Wars* betreut.

Die Maori

Trotz hartnäckiger Mythen besteht kein Zweifel daran, dass die polynesischen Vorfahren der heutigen Maori die ersten Siedler Neuseelands waren. Dennoch bleiben Fragen offen: Aus welchem Teil Ostpolynesiens kamen sie: von den Cookinseln, aus Tahiti, von den Marquesas? Wann landeten sie hier? Kamen die ersten Siedler in einer oder in mehreren Gruppen? Einerseits deutet einiges, z. B. die DNA von Ratten, die mit den Siedlern auf Neuseeland strandeten, auf mehrere Siedlungsreisen hin. Andererseits haben nur Ratten und Hunde der Siedler überlebt, nicht aber die nützlicheren Schweine und Hühner. Das Überleben dieser geschätzten Tiere hätte wohl oberste Priorität gehabt – das Scheitern einer erfolgreichen Einführung lässt auf weniger Reisen schließen.

Im Vergleich zu Australien ist Neuseeland zwar klein, doch es ist größer als Großbritannien und sehr viel größer als die anderen polynesischen Inseln. Landschaft und Klima des Landes könnten vielfältiger nicht sein. Die ersten Siedlungen wurden an der Küste im Warmen angelegt, sodass in den Gärten die mitgebrachten polynesischen Pflanzen – Kumara (Süßkartoffeln), Gourd, Yam und Taro – gedeihen konnten. Es gab viele Steine, die sich zu Messern und Beilen verarbeiten ließen, zudem Gegenden mit viel Großwild. Neuseeland hat zwar außer einigen Fledermausarten keine Landsäuger, dennoch ist „Großwild" keine Übertreibung: Die Inseln waren die Heimat eines Dutzends von Moa-Arten (großer, flugunfähiger Vögel), von denen die größten bis zu 240 kg wogen und etwa doppelt so groß wie Strauße waren. Außerdem bevölkerten noch andere Arten flugunfähiger Vögel das Festland und große

ZEITLEISTE

1000–1280

Möglicher Zeitpunkt des Eintreffens der Maori in Neuseeland. Archäologische Befunde deuten auf ca. 1200 hin; die erste menschliche Einflussnahme auf die Natur fand vermutlich noch früher statt.

um 1500

Die klassische Maori-Kultur hat sich überall auf den Hauptinseln durchgesetzt, lediglich auf den weitab im Osten gelegenen Chatham-Inseln existierte die vormalige Kultur noch weiter.

1642

Abel Tasman findet auf seiner Expedition von Niederländisch-Ostindien aus das „Great South Land". Nach einem Scharmützel mit den Maori auf See verlässt seine Gruppe die Gegend ohne Landgang.

Meeressäuger, z. B. Seelöwen, das Wasser. Für die polynesischen Jäger waren diese Tiere wie ein Sechser im Lotto. Innerhalb von nur 100 Jahren verteilten sich die Siedler von der Spitze der Nordinsel bis in den äußerten Zipfel der Südinsel. Für diese Bevölkerungsexplosion wird auch die proteinreiche Ernährung verantwortlich gemacht.

Etwa um 1400, mit dem Schwinden des Großwildbestands, wandten sich die Maori den kleineren Tieren zu – Waldvögeln und Ratten – und aus den Jägern wurden mehr und mehr Bauern und Fischer. Ein Überleben war noch gut möglich, auch wenn dafür genauere Ortskenntnisse, unermüdliche Anstrengungen und eine komplizierte Organisation nötig waren. Die Maoristämme mussten sich anpassen. Der Wettbewerb um Ressourcen verschärfte sich, ebenso die Konflikte. Das führte zur Entwicklung von immer raffinierteren Befestigungen, den *pa*. Überreste dieser *pa*-Erdbauten sind noch überall im Land zu finden, z. B. auf den Hügeln von Auckland.

Die Maori kannten weder Metalle noch eine Schrift (und weder Alkohol noch Drogen). Ihre Kultur und Spiritualität waren dennoch außerordentlich reich. Zwischen Ranginui (dem Himmelsvater) und Papatuanuku (der Erdenmutter) kannten sie eine ganze Reihe von Göttern – Götter des Landes, der Wälder und Meere, denen die Ahnen zur Seite standen, die nach dem Tod allmählich zu den Göttern aufrückten. Besonders wichtig war der Halbgott Maui. In den alten Mythen zähmte er die Sonne und besiegte die Nordinsel; schließlich kam er zwischen den Schenkeln der Göttin Hine-nui-te-po zu Tode – beim Versuch, in ihren Körper einzudringen und damit die Sterblichkeit des Menschen zu überwinden. Die darstellenden Künste der Maori, insbesondere Tanz und Gesang, die als *kapa haka* bekannt sind, üben ihre Faszination bis auf den heutigen Tag aus. Auch die bildenden Künste der Maori, vor allem die Holzschnitzerei, sind einzigartig.

Gerüchte über Sichtungen des ausgestorbenen Riesenvogels Moa flackern zwar hin und wieder auf, aber keines davon konnte wirklich bestätigt werden. Wer also unterwegs einem leibhaftigen Moa begegnet, sollte ihn rasch fotografieren – es dürfte sich um die größte zoologische Sensation des Jahrhunderts handeln.

Ankunft der Europäer

1840 wurde Neuseeland offiziell zur britischen Kolonie. Der erste verbürgte Kontakt zwischen den Maori und der Außenwelt fand aber bereits 1642 in der Golden Bay auf der Südinsel statt. Damals kamen niederländische Schiffe aus Indonesien auf der Suche nach dem „Great South Land" und den Schätzen, die dort vermutet wurden. Der Kommandant Abel Tasman sollte gegenüber Eingeborenen so tun, als sei man nicht an Edelmetallen interessiert, und er sollte sie auch nicht über deren Wert aufklären.

Als Tasmans Schiff in der Bucht ankerte, erschienen Maori in ihren Kanus, um die klassische Frage zu stellen: Freund oder Feind? Die Holländer verstanden nicht und bliesen zum Angriff. Ein Boot wurde angegriffen, vier Besatzungsmitglieder fielen. Tasman segelte davon und kam

Abel Tasman taufte Neuseeland „Statenland" – in der Annahme, es sei mit Staten Island bei Argentinien verbunden. Später wurde das Land dann nach der niederländischen Provinz Zeeland benannt.

DANITA DELIMONT/GETTY IMAGES ©

➜ James-Cook-Statue

1769

Der Kontakt mit Europa wird durch James Cook und Jean de Surville – nun dauerhaft – wiederhergestellt. Es gelingt ihnen, mit den Maori zu kommunizieren.

1772

Ankunft der französischen Expedition unter Marion du Fresne; sie bleibt einige Zeit in der Bay of Islands. Anfangs herrscht guter Kontakt zu den Maori, aber der Bruch eines *tapu* führt zu Gewalt.

1790er-Jahre

Walfangschiffe und Robbenfänger erreichen das Land. Es entstehen Kontakte zu den Maori, wobei vor allem die Europäer, Nahrungsmittel, Wasser und Schutz brauchen.

DIE MORIORI & IHR MYTHOS

Eine der hartnäckigsten Legenden Neuseelands besagt, dass die Maori das Land bei ihrem Eintreffen bereits bewohnt vorfanden. Die melanesischen Moriori sollen dort gelebt haben – ein friedvolles Volk, das von den Maori ausgelöscht worden sein soll. Dieser Mythos wurde seit den 1920er-Jahren immer wieder von Forschern verworfen, hat aber dennoch bis heute überlebt.

Was die Sache noch komplizierter macht: Die Moriori gab es wirklich und die Maori haben sie schlecht behandelt. Die echten Moriori lebten auf den Chatham-Inseln, einer Inselgruppe 900 km östlich des Kernlands. Sie waren selbst echte Polynesier und stammten von den Maori ab – „Moriori" war ihre Version desselben Wortes. 1835 kamen im Zuge der Musketenkriege Maori von den Hauptinseln auf die Chathams. Sie töteten einige Moriori, versklavten den Rest, löschten sie aber nicht aus. So bleiben die Moriori der Hauptinseln ein Mythos.

Einen kompletten Überblick über die Geschichte Neuseelands von Gondwanaland bis heute findet man im Internet unter www.history-nz.org.

nie wieder. Ebenso verfuhren alle Europäer für die nächsten 127 Jahre. Immerhin jedoch ließen die Niederländer einen Namen zurück – „Nieuw Zeeland".

Erst 1769 wurde der Kontakt zwischen Europäern und den Maori erneuert, als unter James Cook und Jean de Surville englische und französische Entdecker landeten. Die Beziehungen waren harmonischer, und weitere Expeditionen wurden unternommen, motiviert durch Wissenschaft, Profitdenken und die Rivalität der Großmächte. Zwischen 1773 und 1777 kam Cook noch zweimal nach Neuseeland, außerdem gab es weitere französische Expeditionen.

Ab den 1790er-Jahren gab es auch inoffizielle „Besuche" durch Walfänger im Norden und Robbenjäger im Süden. 1814 wurde in der Bay of Islands die erste Missionsstation gegründet. Weitere folgten: Anglikaner, Methodisten und Katholiken. Der Flachs- und Holzhandel ließ in den 1820er-Jahren erste kleine Siedlungen von Europäern und Maori entstehen. Überraschenderweise kamen wohl die meisten europäischen Besucher aus Amerika. Walfänger aus Neuengland rasteten gerne in der Bay of Islands. Allein zwischen 1833 und 1839 waren es 271. Doch für die Walfänger bedeutete „Rast" Sex und Saufen. Am liebsten suchten sie dabei die kleine Stadt Kororareka (heute Russell) heim. Die Missionare nannten sie nur „das Höllenloch des Pazifiks".

Vor 1840 belasteten einige blutige Auseinandersetzungen die Beziehungen zwischen Europäern und Maori, sie blieben aber recht überschaubar. Die Europäer brauchten den Schutz der Maori, ihre Nahrung und Arbeitskraft. Die Maori wollten ihrerseits Waren von den Europäern, vor allem Musketen. Walfangstationen und Missionen wurden

1814	1818–1836	1837	1840
Die ersten britischen Missionare gelangen nach Neuseeland und gründen Missionsschulen, um ihren sehr puritanisch ausgelegten christlichen Glauben unter den Maori zu verbreiten	Zeitpunkt der „Musketenkriege" zwischen einzelnen Maoristämmen: Einige haben Musketen und besiegen die „Unbewaffneten". 1836 endet der Krieg bei Waffengleichheit.	Australische Opossums werden nach Neuseeland eingeführt.	Ausgehend von Waitangi in der Bay of Islands unterzeichnen ab dem 6. Februar rund 500 Maori-Stammesführer den Vertrag von Waitangi. Darin wird die Souveränität auf die britische Krone übertragen.

durch Eheschließungen mit ansässigen Maori etabliert, was auch dazu beitrug, den Frieden zu sichern. Am häufigsten kam es unter den Maori selbst zu Kriegshandlungen, vor allem in den grausamen Musketenkriegen von 1818 bis 1836. Die Maori im Norden hatten früh Kontakt zu den Europäern, weshalb der dortige Stamm der Ngapuhi als erster Feuerwaffen besaß. Unter ihrem General Hongi Hika überfielen die Ngapuhi den Süden und besiegten in blutigen Kämpfen die herkömmlich bewaffneten Stämme. Kaum selbst im Besitz von Musketen, schlossen sich diese den Ngapuhi an und überfielen ihrerseits die noch weiter südlich lebenden Stämme. Dieser Dominoeffekt erreichte schließlich 1836 den äußersten Süden der Südinsel. Wenn die Missionare behaupteten, ihr Einfluss hätte schließlich die Kriege beendet, so war es doch eher das Kräftegleichgewicht, das nun durch die Verteilung von Musketen erreicht war.

Aus Europa kamen nicht nur Waffen und Schießpulver, sondern auch Schweine oder Kartoffeln, wovon auch die Maori profitierten. Musketen und Krankheiten hatten den entgegengesetzten Effekt, aber die negativen Auswirkungen der Kolonialisierung wurden mitunter überschätzt: Die ersten Schätzungen der Maoribevölkerung waren mit bis zu 1 Mio. Menschen zunächst viel zu hoch. Heute wird angenommen, dass 1769 zwischen 85 000 und 110 000 Maori in Neuseeland lebten. In den Musketenkriege wurden etwa 20 000 getötet, ebenso wüteten eingeschleppte Krankheiten – auch wenn die Abgeschiedenheit Neuseelands eine Art natürliche Quarantäne war: Infizierte Europäer erholten sich entweder auf der langen Reise oder sie starben. Manche Krankheiten wie die Pocken, die unter den amerikanischen Ureinwohnern wüteten, schafften es gar nicht bis Neuseeland. Alles in allem wurde bis 1840 die Zahl der Maori auf etwa 70 000 reduziert, was einen Bevölkerungsschwund von weniger als 20 % bedeutet.

Ähnlichkeiten in den Sprachen der Maori und der Bewohner von Tahiti legen die Vermutung nahe, dass es zwischen beiden Völkern enge Kontakte gegeben hat. Maori ist der Sprache von Tahiti so ähnlich wie Spanisch dem Französischen – trotz der 4294 km, die beide Inselgruppen trennen.

Die Pakeha

Seit 1840 bezeichneten die Maoristämme die Europäer als „ihre Pakeha“ und schätzten Profit und Prestige, die mit ihnen ins Land kamen. Die Maori wollten mehr von beidem, und die Briten als Autorität anzuerkennen, war in ihren Augen der richtige Weg; gleichzeitig gab die britische Regierung ihre Zurückhaltung auf. In London standen neben Profit und Prestige auch humanitäre Erwägungen im Vordergrund. Dabei gingen die Briten fälschlicherweise davon aus, dass die Maori der vielen inoffiziellen Beziehungen mit Europäern nicht Herr werden könnten. So schlossen Briten und Maori am 6. Februar 1840 ein Abkommen: Der Vertrag von Waitangi hat heute einen fast so hohen Stellenwert wie die Verfassung der USA, allerdings ist er noch umstrittener. Das Problem ist seine Auslegung durch die Vertragspartner. Nach der englischen Version wurden den Maori Rechte garantiert, diese mussten sich dafür der britischen

Waitangi Treaty Grounds, also der Ort, wo 1840 der Vertrag von Waitangi unterzeichnet wurde, ist heute eine Touristenattraktion. Am 6. Februar finden alljährlich Gedenkveranstaltungen (und Protestkundgebungen) statt.

1844

Der junge Ngapuhi-Häuptling Hone Heke provoziert, als er zuerst die britische Flagge in Kororareka (heute: Russell) und dann die Stadt selbst zerstört. Der folgende Northland-Krieg dauert bis 1846.

1858

Te Wherowhero aus Waikato wird erster König der Maori.

1860–1869

Erster und Zweiter Taranaki-Krieg, ausgelöst durch den kontrovers diskutierten Landbetrug der Regierung und angefacht durch weitere Enteignungen.

1861

Gabriel Read, ein australischer Goldsucher, entdeckt in Otago Gold. Infolgedessen steigt die Bevölkerungszahl von Otago innerhalb von sechs Monaten von unter 13 000 auf über 30 000.

JAMES COOK

Sollten einmal Außerirdische die Erde besuchen, dann wundern sie sich bestimmt über die vielen Obelisken, Gedenktafeln und Statuen eines Mannes mit Perücke, der von Alaska bis Australien, von Neuseeland bis North Yorkshire und von Sibirien bis zum Pazifik überall aufs Meer hinausblickt. James Cook (1728–1779) entdeckte mehr von der Welt, als sonst jemand vor und nach ihm. Es ist fast unmöglich, den Pazifik zu bereisen, ohne dem Bild des Kapitäns und seinem umstrittenen Erbe zu begegnen, das er in den vielen, von ihm für den Westen geöffneten Ländern hinterließ.

Cook, der so viel in der Welt herumkam und so berühmt wurde, stammte aus einem extrem armen und provinziellen Elternhaus. Der Sohn eines Tagelöhners im ländlichen Yorkshire kam in einer Lehmhütte zur Welt, genoss kaum Schulbildung und schien der geborene Bauer zu sein. Stattdessen ging Cook als Jugendlicher zur See, arbeitete sich vom Diener auf einem Kohlendampfer rauf bis zum Offizier und machte durch seine außergewöhnlichen Karten von Kanada auf sich aufmerksam. Doch wahrscheinlich wäre Cook ein unbekannter zweiter Offizier geblieben, hätte ihn nicht 1768 die Royal Navy auserwählt, eine gewagte Expedition in die Südsee zu leiten.

In einem umgebauten Kohlenschiff, der *Endeavour*, segelte Cook mit einer 70 Mann starken Besatzung nach Tahiti und war der erste Europäer, der in Neuseeland und an der Ostküste Australiens an Land ging. Obwohl das Schiff nach einer Kollision mit dem Great Barrier Reef beinahe sank und 40 % der Mannschaft von Krankheiten dahingerafft wurden oder durch Unfälle starben, schaffte es die *Endeavour* 1771 irgendwie nach Hause. Auf einer weiteren Reise (1772–1775) überquerte Cook als erster Seefahrer den südlichen Polarkreis. Mit seiner Expedition in den äußersten Süden der Erde zerstörte er den alten Mythos eines riesigen, bevölkerten und fruchtbaren Kontinents um den Südpol. Zudem befuhr Cook den ganzen Pazifik von den Osterinseln bis nach Melanesien und entdeckte unterwegs Dutzende von Inseln. Obwohl die Maori zehn Seeleute verspeisten, hatte Cook für die Insulaner stets Verständnis. „Obwohl sie Kannibalen sind", schrieb er, „sind sie von ihrem Wesen her gut."

Auf seiner letzten Reise (1776–1779) war Cook auf der Suche nach der Nordwestpassage. Dabei wurde er zum ersten Europäer, der Hawaii betrat. Er segelte an der amerikanischen Küste entlang von Oregon bis Alaska. Als das arktische Packeis ihn zur Rückkehr

Regierung unterordnen. Die Version der Maori will dagegen eine Wiederherstellung der Häuptlingswürden erkennen, was zugleich das Recht auf eine regionale Regierung begründete. Zunächst war dieses Problem überschaubar, denn die Version der Maori setzte sich nur außerhalb der europäischen Siedlungen durch. Doch diese Siedlungen wuchsen …

1840 lebten nur etwa 2000 Europäer in Neuseeland. Damals war Kororareka die Hauptstadt und zugleich der größte Ort. Bis 1850 entstanden sechs weitere Siedlungen (Auckland, Wellington, New Plymouth,

1863/64

Waikato-Krieg. Rund 5000 Maori widersetzen sich einer Invasion von Kolonialtruppen mit rund 20 000 Mann. Trotz großer Erfolge unterliegen die Maori am Ende, weiteres Land wird konfisziert.

1868–1872

Ostküstenkrieg: Te Kooti führt nach seiner Flucht aus dem Gefängnis auf den Chatham Islands einen Heiligen Guerillakrieg in der Urewera-Region. Schließlich zieht er sich zurück und gründet die Ringatu-Kirche.

1881

Zwischen dem Maori-König und der Regierung wird offiziell Friede geschlossen, die Rebellen wurden amnestiert und konnten das ihnen zugewiesene King Country wieder verlassen

1886/87

Die Tuwharetoa übereignen der Regierung die Berge Ruapehu, Ngauruhoe und Tongariro zur Einrichtung des vierten Nationalparks der Welt.

zwang, kehrte er nach Hawaii zurück. Dort wurde er während eines Scharmützels mit den Insulanern getötet, die ihn anfangs noch als einen polynesischen Gott verehrt hatten. In einem einzigen Jahrzehnt hatte Cook die Karte des Pazifiks gefüllt und ließ seinen Nachfolgern, wie ein französischer Seemann es auf den Punkt brachte, nicht mehr viel zu tun, als seine Entdeckungen zu bewundern.

Cooks Erbe beinhaltet weit mehr als seine Karten des Pazifiks, auch wenn einige davon so genau waren, dass sie bis in die 1990er-Jahre benutzt wurden. Seine Fahrten waren die ersten wirklich wissenschaftlichen Entdeckungsreisen, denn auf seinen Schiffen waren geschulte Beobachter: Künstler, Astronomen, Botaniker – sogar Dichter. Ihre Beobachtungen legten den Grundstein für Disziplinen wie die Anthropologie und die Museumswissenschaft. Sie bewegten aber auch westliche Künstler und Schriftsteller dazu, den Südpazifik als unschuldiges Paradies zu romantisieren. Indem sie Tier- und Pflanzenarten sammelten, revolutionierten Cooks Begleiter die Art und Weise, wie der Westen die Natur sah, öffneten sie die Augen der zivilisierten Welt für die Vielfalt von Flora und Fauna. Charles Darwins Reise auf der Beagle war da schon vorgezeichnet.

Doch Cooks Reisen brachten schließlich auch den Kolonialismus in den Pazifikraum. Innerhalb weniger Jahrzehnte nach seinem Tod kamen Missionare, Walfänger, Händler und Siedler und begannen, die Inselkulturen zu verändern – und auch oft zu zerstören. Daher betrachten viele der einheimischen Völker James Cook als einen imperialistischen Schurken, der dem Pazifik nur Seuchen, Enteignungen und andere Übel bescherte (deshalb die andauernden Schändungen der Cook-Denkmäler). Nichtsdestotrotz dienen den Völkern bei der Wiederbelebung traditioneller Fertigkeiten und Künste – von der Tätowierung bis zur Herstellung von *tapa* (einem Rindenbaststoff) – die Aufzeichnungen von Cook und seinen Begleitern oft als Quelle einer kulturellen Renaissance. Und wie man den Bauernburschen aus Yorkshire auch letztlich bewerten mag, er hat den modernen Pazifikraum geprägt wie kein anderer.

Tony Horwitz, Pulitzerpreisträger, Sachbuchautor und Journalist. Bei seinen Recherchen für das Buch Cook: Die Entdeckung eines Entdeckers *bereiste Tony den Pazifik, immer auf den Spuren Cooks*

Nelson, Christchurch und Dunedin), in denen 22 000 Siedler eine Heimat fanden. Etwa die Hälfte von ihnen kam unter die Schirmherrschaft der New Zealand Company und ihrer Partner. Diese Gesellschaft beruhte auf einer Idee von Edward Gibbon Wakefield. Er wollte die eher barbarische Phase der Besiedlung verkürzen, indem er auf die „sofortige Zivilisation" setzte. Sein Erfolg war eher bescheiden. Ab den 1850er-Jahren wurden seine Siedler, die vorrangig aus der Ober- und Mittelschicht stammten, mit immer neuen Immigrationswellen konfrontiert, die bis ca. 1890 dauer-

RAIMUND LINKE/GETTY IMAGES ©

1893

Als erstes Land der Welt führt Neuseeland das Frauenwahlrecht ein. Vorausgegangen war eine von Kate Sheppard angeführte Kampagne.

1901

Neuseeland schlägt die Einladung zum Beitritt zum Commonwealth of Australia dankend aus.

➡ Mt. Tongariro, Tongariro Nationalpark (S. 291)

DIE NEUSEELANDKRIEGE

Vor allem fünf unterschiedliche Konflikte werden heute allgemein unter dem Begriff „Neuseelandkriege" (auch: Land Wars oder Maori-Kriege) zusammengefasst. Die Kämpfe, die in Northland ihren Ausgang nahmen und sich über die gesamte Nordinsel zogen, hatten vielschichtige Ursachen, allen gemeinsam aber war als Anlass *whenua* – das Land. Einmal kämpften die Maori auf Seiten der Regierung, ein anderes Mal gegen sie; die Regierung stützte sich auf die Britische Armee, australische Truppen und eigene bewaffnete Polizeikräfte. Als Strafe für die Teilnahme an diesen Kriegen wurde damals Land der Maori enteignet. Diese Eingriffe sorgen bis heute für Konflikte und die Regierung leistet immer noch Entschädigungszahlungen für ihre aus heutiger Sicht unrechtmäßige Vorgehensweise.

Northland-Krieg (1844–1846) „Hone Hekes Krieg" begann mit der berühmten Fällung des Flaggenmastes in Kororareka (heute Russell) und „endete" in Ruapekapeka (südlich von Kawakawa). In mancher Hinsicht war dies eher ein Bürgerkrieg zwischen unterschiedlichen Parteien der Ngapuhi, wobei die Regierung eine Seite gegen die andere ausspielte.

Erster Taranaki-Krieg (1860/61) Der erste Taranaki-Krieg brach in Waitara aus; die Maori auf der gesamten Nordinsel ergriffen leidenschaftlich Partei.

Waikato-Krieg (1863/64) Der größte unter den fünf Kriegen. In erster Linie war die Kingitanga (King-Bewegung; S. 201) der Maori darin verstrickt; zum Krieg kam es, weil die Regierung ihren Souveränitätsanspruch gefährdet sah. Dahinter stand allerdings auch in diesem Fall eine Auseinandersetzung um Landbesitz. Nach Niederlagen wie der von Rangiriri wurden die Waikato vollständig von ihrem Land vertrieben und ins spätere King Country umgesiedelt.

Zweiter Taranaki-Krieg (1865–1869) Der zweite Taranaki-Krieg war eine Folge des Maori-Widerstands gegen die Landenteignungen nach dem ersten Taranaki-Krieg. Bei keinem der Kriege waren die Maori einem Sieg so nahe wie hier unter dem weitsichtigen General Titokowaru. Als er jedoch (vermutlich durch eine Indiskretion) den Respekt seiner Krieger einbüßte, ging auch dieser Krieg verloren.

Ostküsten-Krieg (1868–1872)Te Kootis heiliger Guerillakrieg. Mehr Infos zu Te Kooti, s. S. 362.

Errol Hunt

ten. Bei diesen kamen Menschen ins Land, die zur großen britischen und irischen Diaspora Australiens und weiter Teile Nordamerikas gehörten. Doch die neuseeländische Mischung wurde eine spezielle. So waren Siedler aus den schottischen Lowlands in Neuseeland präsenter als sonstwo auf der Welt. Die neuseeländischen Iren stammten meist aus dem Norden Irlands. Neuseelands Engländer wiederum kamen aus der Gegend um

1908
Der neuseeländische Physiker Ernest Rutherford erhält den Nobelpreis für Chemie.

1914–1918
Neuseelands Beteiligung am Ersten Weltkrieg ist für ein Land mit nur ca. 1 Mio. Einwohnern beträchtlich: 100 000 Männer dienen in Übersee, an die 60 000 fallen, die meisten an der Westfront in Frankreich.

1931
Beim Erdbeben von Napier kommen 131 Menschen ums Leben.

1935–1949
Unter Michael Savage kommt die erste Labour-Regierung an die Macht. Sie schafft Neuseelands wegweisende Version eines Wohlfahrtsstaates und ergreift unabhängig die Initiative in der Außenpolitik.

London. Und es gab kleinere Gruppen von Deutschen, Skandinaviern und Chinesen, auch wenn Letztere seit den 1880er-Jahren Ressentiments ausgesetzt waren. Zu der Zeit gab es dann rund 500 000 Paheka.

Katalysator der Massenimmigration waren auch Maßnahmen der Provinz- und Zentralregierungen, die vor allem zwischen 1870 und 1880 unter Julius Vogel öffentliche Bauvorhaben planten. 1876 schaffte Vogel die Provinzen ab, weil sie seiner Meinung nach die Entwicklung hemmten. Der letzte Gouverneur des Empires, der wirklich Macht besaß, war der talentierte, aber skrupellose George Grey, dessen zweite Amtszeit 1868 endete. Die Gouverneure nach ihm (ab 1917 Generalgouverneure) waren nur dem Titel nach Staatsoberhäupter. Die Regierungschefs (Premierminister) hatten mehr zu sagen. Und die Zentralregierung, die eigentlich schwächer als die Provinzregierungen, die Gouverneure und die Maoristämme sein sollte, häufte letztlich mehr Macht an als diese drei Organe.

Doch die Maoristämme gingen nicht kampflos unter. Ihr Widerstand war einer der heftigsten, der je gegen die europäische Kolonisation geleistet wurde. Zum ersten Zusammenstoß kam es 1843 im Wairau Valley. Ein Trupp von Siedlern zog aus, um den Mythos der britischen Kontrolle auf die Probe zu stellen, doch sie lernten die Macht der Maori kennen. 22 Siedler wurden getötet, unter ihnen Wakefields Bruder Arthur, sowie sechs Maori. 1845 kam es dann zu Gefechten in der Bay of Islands, als Hone Heke eine britische Siedlung plünderte. Heke und sein Verbündeter Kawiti leiteten drei britische Strafexpeditionen in die Irre, indem sie eine moderne Variante der traditionellen *pa*-Festungen errichteten. Überreste dieser Erdbauten sind noch heute in Ruapekapeka (südlich von Kawakawa) zu sehen. Gouverneur Grey erklärte sich zwar im Norden zum Sieger, doch konnte er nur wenige davon überzeugen. Im Süden hatte Grey mehr Erfolg, wo er Te Rauparaha, den wichtigen Häuptling der Ngati Toa gefangen nahm. Auf der Südinsel konnten die Pakeha die wenigen Maori einfach überrennen. Dennoch, die Kämpfe der 1840er-Jahre zeigten, dass man auf der Nordinsel mit den Maori ständig um das freie Kernland ringen musste.

Im folgenden Jahrzehnt wuchs die Zahl der Siedler und damit auch deren Wunsch, noch mehr Land zu besetzen. Die Folge waren erneute Kämpfe, die in den 1860er-Jahren begannen. Bis 1872 dauerten die Kriege auf der ganzen Nordinsel. Die Kingitanga (King-Bewegung), zunächst eine nationalistische Organisation der Maori, wurde zum Rückgrat des Widerstands. In den späteren Jahren übernahmen einige bemerkenswerte Propheten-Generäle, vor allem Titokowaru und Te Kooti, das Kommando. Die meisten Kriege waren begrenzt – nicht aber der Waikato-Krieg von 1863/64. Zum Einsatz kamen gepanzerte Dampfschiffe, schwere Artillerie und zehn britische Regimenter. Dennoch gelang es den Maori, mehrere Gefechte zu gewinnen, etwa das von Gate Pa bei Tau-

Maurice Shadbolts *Season of the Jew* (1987) handelt vom blutigen Feldzug des Kriegers Te Kooti gegen die Briten in der Poverty Bay in den 1860er-Jahren. Te Kooti und seine Anhänger verglichen sich damals mit den Israeliten und deren Auszug aus Ägypten. Mehr über diese neuseeländischen Kriege erfährt man unter www.newzealandwars.co.nz.

„Kaore e mau te rongo – ake, ake!" (Wir werden niemals Frieden schließen – niemals, niemals!) So die Erwiderung des Kriegsherrn Rewi Maniapoto auf das Erscheinen von Regierungstruppen in der Schlacht von Orakau, 1864.

1936

Die neuseeländische Pilotin Jean Batten legt die Strecke von Großbritannien nach Neuseeland als erster Mensch ganz allein zurück.

1939–1945

Während des Zweiten Weltkriegs unterstützen neuseeländische Truppen Großbritannien und die Alliierten; ab 1942 kommen 100 000 amerikanische Soldaten nach Neuseeland, um es vor Japan zu schützen.

1948

Maurice Scheslinger erfindet die Buzzy Bee, Neuseelands beliebtestes Kinderspielzeug.

1953

Dem Neuseeländer Edmund Hillary gelingt zusammen mit Tenzing Norgay die Erstbesteigung des Mount Everest.

„Ich glaube, wir alle waren froh, als wir Neuseeland wieder verließen. Es ist kein angenehmer Ort. Den Ureinwohnern fehlt die bezaubernde Schlichtheit … und der größte Teil der dortigen Engländer besteht aus dem Abschaum der Gesellschaft." Charles Darwin über Kororareka (Russell), 1860.

ranga 1864. Letztlich unterlagen sie der europäischen Übermacht. Die politische, nicht aber die kulturelle Freiheit ebbte in den ausgehenden Jahrzehnten des 19. Jhs. ab. Als die Polizei 1916 ihre letzte Zufluchtstätte, die Urewara Mountains, besetzte, erlosch sie endgültig.

Wohlfahrt & Kriege

Wollexporte, Goldrausch und Überseeanleihen ließen ab 1850 die Wirtschaft der Pakeha trotz der Konflikte mit den Maori boomen. Erst in den 1880er-Jahren kam der Crash, dem eine lange Rezension folgte. 1891 kamen die Liberalen an die Macht, an der sie sich bis 1912 hielten, wohl auch weil sich die Wirtschaft erholte. Die Liberalen bildeten die erste organisierte politische Partei Neuseelands und stellten die erste von mehreren Regierungen, die Neuseeland den Ruf des „größten sozialen Versuchs der Welt" einbrachten: 1893 führte Neuseeland als erstes Land der Welt das Frauenwahlrecht und 1898 ein Rentensystem ein. Doch auch das von den Liberalen beschlossene betriebliche Schlichtungsverfahren konnte 1912/13 erbitterte Arbeiterunruhen nicht verhindern. Dies geschah aber bereits unter der „Reformregierung" der Konservativen, die 1912 die Liberalen abgelöst hatten. Die Reform Party, die später in der National Party aufging, blieb bis 1928 im Amt. Als 1929 die Weltwirtschaftskrise ausbrach, wurde auch Neuseeland nicht verschont.

1935 kam eine zweite Reformregierung ins Amt: die erste Labour-Regierung, angeführt von Michael Joseph Savage, dem beliebtesten Australier Neuseelands. Zeitweise galt die Labour-Regierung als die sozialistischste Regierung außerhalb der Sowjetunion. Doch als 1939 in Europa die Würfel gefallen waren, zögerte die Labour Party nicht, Großbritannien zu unterstützen.

Nancy Wake aus Wellington (Codename: Weiße Maus) kämpfte im besetzten Frankreich als Mitglied der Résistance gegen die Nazis; dabei leitete sie die Operationen der bis zu 7000 Widerstandskämpfer. Auf der Fahndungsliste der Gestapo stand sie ganz oben, unter den am Krieg beteiligten Frauen war sie auf Seiten der Alliierten die höchstdekorierte.

Dies hatte Tradition: Neuseeland stand bereits im Burenkrieg (1899–1902) und im Ersten Weltkrieg (1914–1918) auf der Seite des Mutterlands, im letzten Fall mit besonders großen Verlusten. Denkmäler für die Gefallenen finden sich fast in jeder Stadt – und die Zahl der zwischen 1914 und 1918 Gefallenen übersteigt die der neuseeländischen Opfer des Zweiten Weltkriegs. Auch in diesem trug Neuseeland seinen Teil bei: Rund 100 000 Neuseeländer kämpften in Europa und im Nahen Osten. Auch wenn Neuseeland friedlich erscheint, so hat es doch einen großen Teil seiner Geschichte mit Kriegen zugebracht. Im 19. Jh. kämpfte es zu Hause, im 20. Jh. in Übersee.

Die besseren Briten?

Britischen Besuchern kam Neuseeland lange allzu vertraut vor. Das liegt jedoch nicht nur an den britischen und irischen Wurzeln der meisten Pakeha, sondern auch an den seit 1882 immer enger werdenden Beziehungen zwischen Neuseeland und Großbritannien. Damals wurden

1973

Die noch junge neuseeländische Band Split Enz nimmt an einer Talentshow teil – und landet auf dem zweitletzten Platz. Dennoch stürmen ihre Alben später die neuseeländischen und australischen Charts.

1974

Einwanderer von den Pazifischen Inseln, deren Aufenthalt die Dauer ihrer Visa überschritten hat, werden bei Razzien ohne Ankündigung durchsucht. Diese Razzien finden bis in die frühen 1980er statt.

1981

Die Neuseeland-Tour des südafrikanischen Rugby-Teams spaltet die Nation. Viele Neuseeländer nehmen eine kompromisslose Anti-Apartheid-Haltung ein, andere wollen Sport und Politik strikt voneinander trennen.

1985

Das Greenpeace-Schiff *Rainbow Warrior* wird vor Auckland von französischen Regierungsagenten versenkt, um dessen Fahrt zum Mururoa-Atoll zu verhindern, wo Frankreich Kernwaffentests durchführt.

erstmals gekühlte Waren nach London verschifft. Die neuseeländische Wirtschaft passte sich immer mehr den Wünschen des Mutterlands an, und mit den wirtschaftlichen Beziehungen wurden auch die kulturellen verbessert. Die Kinder studierten britische Geschichte und Literatur, nicht ihre eigene. Neuseelands führende Wissenschaftler und Schriftsteller, etwa Ernest Rutherford und Katherine Mansfield, fühlten sich zu Großbritannien hingezogen. Daran änderte sich auch nicht viel, als Neuseeland 1947 als Mitglied des Commonwealth of Nations die volle Unabhängigkeit erlangte.

Die engen Beziehungen wurden gern als „Rekolonialisierung" bezeichnet. Doch wäre es falsch, Neuseelands Geschichte als die einer ausgebeuteten Kolonie zu betrachten. So war der durchschnittliche Lebensstandard höher als in Großbritannien, das Sozialwesen und die unteren Bildungssysteme waren besser ausgebildet. Die Neuseeländer hatten zum Markt Großbritanniens genauso Zugang wie zu dessen Kultur, zu der sie auch ihren eigenen beachtlichen Teil beitrugen. Die Liste der „britischen" Schriftsteller, Akademiker, Wissenschaftler, Militärs, Verleger usw., die in Wirklichkeit aus Neuseeland stammen, ist lang. Tatsächlich sahen sich die Neuseeländer, vor allem in Kriegsdingen und im Sport, als eine bessere Version der Briten an – die besseren Briten des Südens.

Nicht zu Unrecht schmückte sich das „rekolonialisierte" Neuseeland mit seinem Reichtum, seiner Gleichheit und des sozialen Friedens. Doch es war auch konformistisch, ja puritanisch geprägt. Bis in die 1950er-Jahre war es Bauern aus moralischen Gründen praktisch untersagt, ihr Vieh an öffentlichen Straßen kopulieren zu lassen. Sonntagszeitungen gab es bis 1969 nicht, bis 1989 durfte an Sonntagen nicht gearbeitet werden. Restaurants mit Schanklizenz waren bis in die 1960er-Jahre spärlich gesät, ebenso Supermärkte oder Fernsehen. Und von 1917 bis 1967 war die Sperrstunde ab 18 Uhr für Pubs berüchtigt. Doch all dies ist nur die halbe Wahrheit. Am sonntäglichen Arbeitsverbot hielt man nicht nur aus religiösen Motiven fest, vielmehr sollten auch die Arbeiter ein Wochenende haben – und auf dem Land war die Sperrstunde sowieso ein Witz.

Es gab also schon immer so etwas wie eine Kiwi-Gegenkultur und zwar noch vor den großen Gegenkulturen der 1960er-Jahre. Bereits in den 1930er-Jahren entstand ein kulturelles Nationalbewusstsein, das nach 1970 seine Blüte erlebte.

Immer wieder etwas Neues

Das „rekolonialisierte" System wurde nach 1935 mehrfach erschüttert, doch es überlebte bis 1973. In diesem Jahr schloss sich Mutter England den Europäischen Gemeinschaften an. Neuseeland erschloss nun außer Großbritannien auch andere Märkte und Alternativen zu den bisherigen Exportschlagern Wolle, Fleisch und Milchprodukten. Großraumflugzeu-

Der schottische Einfluss auf Neuseeland ist bis heute spürbar, vor allem im Süden der Südinsel. In Neuseeland gibt es mehr Dudelsackgruppen pro Kopf als in Schottland selbst.

Das Gläschen um 18 Uhr erinnert an die exzessiven Trinkgelage nach Feierabend. Einst hatten viele Männer nämlich nur ein Ziel: zwischen 17.05 Uhr und 18 Uhr, wenn die Pubs wieder geschlossen wurden, so viel Alkohol wie nur möglich auf Vorrat in sich zu pumpen.

PAUL KAY/GETTY IMAGES ©

1992
Die Regierung beginnt mit Entschädigungszahlungen für die Enteignungen während der Neuseelandkriege und regelt im „Sealord Deal" die Rückgabe der Fischereirechte an die Maori.

1995
Peter Blake und Russell Coutts gewinnen mit der *Black Magic* den America's Cup für Neuseeland; rote Socken werden Ausdruck von Nationalstolz.

2004
Das Maori-Fernsehen nimmt den Sendebetrieb auf – erstmals gibt es einen Kanal, der neuseeländische Inhalte vermitteln und die Sprache und Kultur der Maori wiederbeleben möchte.

➡ Rainbow Warrior Denkmal

ge erlaubten es der Welt und Neuseeland, sich immer häufiger gegenseitig zu besuchen. 1960 kamen gerade einmal 36 000 Touristen nach Neuseeland, heute sind es mehr als 2 Mio. jährlich. Mit dem Wandel gingen auch gesellschaftliche Veränderungen einher: Frauen eroberten immer höhere Positionen in der Arbeitswelt und schließlich auch in der Politik. Schwule wagten sich trotz heftiger Gegenwehr der Konservativen mehr und mehr in die Öffentlichkeit. Und immer selbstbewusster trat die wachsende Schar der Studenten auf.

Die Website des Kultusministeriums (www.nzhistory.net.nz) enthält viel Wissenswertes über die Geschichte des Landes.

Ab 1945 wuchs die Bevölkerung der Maori, die es zunehmend in die Städte zog. Im Jahr 1936 lebten noch 17 % der Maori in den Städten, 83 % auf dem Land. 50 Jahre später hatte sich dieses Verhältnis umgekehrt. Die Tore für Einwanderer, die bis 1960 fast nur Weiße durchqueren konnten, hatten sich auch anderen geöffnet. So brachten Menschen von den pazifischen Inseln erstmals ihre Arbeitskraft ins Land und (Ost-) Asiaten ihr Geld. Und diese Veränderungen wären wohl der größte sozioökonomische Wandel des 20. Jhs. gewesen, hätte nicht in der Politik ab 1984 ein mindestens ebenso großer Umschwung eingesetzt.

Denn in diesem Jahr brachte die neue Regierung – die vierte von den Labour geführte – die dritten großen Reformen auf den Weg. Die Regierung praktizierte eine antinukleare Außenpolitik, was den Linken gefiel, und richtete die Wirtschaftspolitik nach den Märkten aus, was den Konservativen gefiel. Wirtschaftliche Kontrollmechanismen wurden rasant abgebaut. Vielen Neuseeländern behagte die Antinuklearpolitik zunächst nicht, weil sie den ANZUS-Pakt mit Australien und den Vereinigten Staaten von Amerika gefährdete. Doch im Jahr 1985 versenkten französische Agenten das Greenpeace-Schiff *Rainbow Warrior* im Hafen von Auckland – ein Besatzungsmitglied wurde getötet. Während die US-Amerikaner diesen Akt allenfalls halbherzig verurteilten, stand plötzlich ganz Neuseeland hinter der vorher kritisierten Anti-Atom-Politik der neuseeländischen Regierung. Die marktorientierte Wirtschaftspolitik dagegen war bei Weitem nicht bei allen Neuseeländern beliebt, doch hatten die Kritiker keine Alternative zur Hand. Von der neuen Freiheit beflügelt ließen sich neuseeländische Investoren zu Spekulationen hinreißen – und litten dann mehr als der Rest der Welt unter der Wirtschaftskrise von 1987.

Über Neuseelands Proteste gegen Atomversuche setzten sich die Atommächte einfach hinweg und spotteten über das „Gebrüll eines Mäuschens".

So schaut Neuseeland trotz aller Widrigkeiten zuversichtlich ins noch junge 21. Jh. Neuseelands Gastronomie und Weinbau sowie Literatur und Film erleben eine vorher nie dagewesene Blüte, zudem prägt die spannende ethnische Mischung eine völlig neue Musik. Aber es gibt auch Kontinuität im Traditionellen: das Pub, der Sportplatz, die *quarter-acre section* (das typische neuseeländische Wohngrundstück), der Busch, der Strand, das *bach* (Ferienhaus) – alles Gründe, weshalb viele Besucher immer noch so gern hierher kommen.

2004

Der neu gegründete Supreme Court, das oberste Gericht Neuseelands, nimmt seine Arbeit auf. Zuvor war das Judicial Committee in London oberste und letzte gerichtliche Instanz.

2010

Beim Grubenunglück am Pike River auf der Südinsel kommen 29 Bergleute ums Leben.

2011

Ein zweites schweres Erdbeben innerhalb von sechs Monaten erschüttert Christchurch. 185 Menschen sterben, die City wird zerstört. Im gleichen Jahr ist Neuseeland Gastgeber und Sieger des Rugby World Cup

2013

Neuseeland erkennt als 15. Land der Welt die Ehe unter gleichschlechtlichen Partnern gesetzlich an.

Natur & Umwelt

von Vaughan Yarwood

Neuseeland ist ein recht junges Land: In seiner heutigen Form ist es sogar weniger als 10 000 Jahre alt. Vor etwa 85 Mio. Jahren ist es – wie Afrika, Australien, die Antarktis und Südamerika – vom Superkontinent Gondwana abgebrochen und durchlebte Auffaltungen, Erosionen, Stauchungen, Risse sowie den Anstieg und Abfall des Meeres während der Eiszeiten.

Vaughan Yarwood ist Historiker, in Neuseeland und international aber auch als Reisebuchautor bekannt. Sein neuestes Buch ist *The History Makers: Adventures in New Zealand Biography*.

Geografie

Neuseeland erstreckt sich über zwei aufeinanderprallende Kontinentalplatten (die Pazifische und die Indisch-Australische) und ist bis heute Spielball starker Naturgewalten.

Heraus kam eine der vielfältigsten und spektakulärsten Landschaften der Welt: geprägt von schneebestäubten Bergen und überschwemmten Gletschertälern, von Regenwäldern, Dünenlandschaften und einem sagenhaften Vulkanplateau. Diese Vielfalt von geologischen Formen würde man eigentlich eher über einen ganzen Kontinent verteilt erwarten als auf einer relativ kleinen Inselgruppe im Südpazifik.

Überall finden sich Zeugnisse der turbulenten neuseeländischen Vergangenheit: Die Gebirgskette der Südinsel – die 650 km langen Southern Alps – ist durch den Zusammenprall der beiden Kontinentalplatten entstanden. Das Land hat sich schnell aufgefaltet – und dieser Prozess beschleunigt sich bis heute sogar noch.

Obwohl Neuseelands höchster Berg Aoraki/Mt. Cook bei einem Erdrutsch im Jahre 1991 quasi über Nacht 10 m seiner Höhe eingebüßt hat, wachsen die Alps so schnell, dass sie in ein paar Millionen Jahren zehnmal so groß sein werden wie heute.

Auf der Nordinsel wurden die größten Veränderungen durch Vulkane ausgelöst. Auckland liegt an einer Landenge und ist von Vulkankegeln umgeben, auf denen man immer noch die Reste einiger *pa* (befestigte Dörfer) der frühen Maori sehen kann. Der größte und jüngste Vulkan der Stadt ist eigentlich eine Vulkaninsel: die 600 Jahre alte Rangitoto Island. Etwa 300 km weiter südlich wacht der schneebedeckte Mt. Taranaki/Egmont mit der so charakteristischen Kegelform über die ruhigen Weiden, auf denen Milchvieh grast.

Doch das eigentliche vulkanische Herz des Landes verläuft durch das Zentrum der Nordinsel: vom ruhelosen Mt. Ruapehu im Tongariro National Park in nordöstlicher Richtung durch das Seengebiet Rotoruas bis hin zu Neuseelands aktivstem Vulkan: der White Island in der Bay of Plenty. Das großartige, 250 km lange, zerklüftete Areal namens Taupo Volcanic Zone ist Teil einer Vulkankette, die als „Pacific Ring of Fire" bezeichnet wird. Die heftigen Eruptionen dieses „Feuerrings" haben das Land in Form und Kultur stark geprägt.

Beeindruckend müssen die Eruptionen des Vulkans Taupo gewesen sein, der den Lake Taupo erschaffen hat. Er gilt – gemessen am Materialausstoß – als einer der fleißigsten Vulkane der Welt. Der Taupo brach zuletzt vor 1800 Jahren aus und zündete dabei das gewaltigste Feuerwerk, das in den letzten 5000 Jahren auf der Erde stattgefunden hat.

UMWELTPROBLEME IN NEUSEELAND

Neuseelands Marketing-Kampagne eines zu 100 % sauberen Tourismus, die Bilder einer unberührten Landschaft heraufbeschwor, wurde hochgelobt und weckt den Neid von Tourismusorganisationen aus aller Welt. Solche Vorstellungen von einer unverdorbenen Umwelt wurden in den letzten Jahren jedoch wiederholt in Frage gestellt, nachdem Umweltschützer und die Medien Neuseelands die Aussagen genauer unter die Lupe nahmen. Bergbau, Öl- und Gasbohrungen vor der Küste, Umweltverschmutzung, Verlust der Artenvielfalt, Einschnitte bei der Finanzierung des Naturschutzes und fragwürdige Stadtplanungsprojekte – es gab zahllose Anlässe für negative Schlagzeilen und viele Gründe, um zu protestieren.

Eine 2013 veröffentlichte Universitätsstudie ergab, dass die Neuseeländer das Problem der Wasserqualität als das wichtigste Umweltanliegen betrachten. Ihre Sorgen sind durchaus gerechtfertigt, wenn man bedenkt, dass ein Drittel der 425 Seen, Flüsse und Strände Neuseelands nicht mehr zum Baden geeignet ist, und unterschiedlichste Forschungen bestätigen eine ernsthafte Verschlechterung des Zustandes der neuseeländischen Gewässer. Der Hauptschuldige ist die „schmutzige Milchwirtschaft"– die Flüssigausscheidungen der Kühe sickern ins Frischwasser-Ökosystem und führen dabei nicht nur hohe Konzentrationen an Nitraten mit sich, sondern auch Bakterien und Parasiten wie Escherichia coli und Giardia.

Die Milchwirtschaft ist Neuseelands wichtigster Exportfaktor und nach wie vor schreitet die Neuerschließung von Weideland trotz der dadurch auftretenden eindeutig schädlichen Folgen voran. Zu den Hauptauswirkungen zählt die Tatsache, dass die Landwirtschaft für fast die Hälfte der Treibhausgasemissionen Neuseelands verantwortlich ist. Jan Wright, Parlamentarischer Umweltkommissar, fasste diese Problematik als „klassisches Dilemma zwischen Wirtschaft und Umwelt" zusammen. Neuseelands größter Molkereibetrieb Fonterra erklärte, man verpflichte sich, Managementmethoden zu fördern, die dazu beitragen, „Neuseelands sauberes grünes Image zu erhalten" – und in der Tat haben schon einige Farmer begonnen, ihre Handlungsweise zu ändern.

Es gibt aber noch etliche andere Gefahren für die Ökosysteme im Wasser und auf dem Land, etwa die Verbreitung eingeschleppter Unkrautarten und Plagen, was zugleich auch eine fortlaufende Verringerung der Artenvielfalt zur Folge hat. Die schlimmsten Übeltäter sind Opossums, Wiesel und Ratten, die in den Wäldern ihr Unwesen treiben und andere Tiere, vor allem Vögel, töten. Es kam zu heftigen Debatten, nachdem das Department of Conservation (DOC) den Einsatz von Gift befürwortet hatte, um diese Räuber unter Kontrolle zu bringen – und das obwohl sich prominente Umweltorganisationen wie Forest & Bird sowie der Parlamentarische Umweltkommissar dagegen aussprachen. Heftiger Protest gegen die Verwendung von Natriumfluoracetat kam auch von Interessengruppen wie Jägern und Tierschützern, die besonders auf die Nachteile dieses Gifts hinwiesen, darunter das ungewollte Töten anderer Tierarten und das Einsickern des Gifts in den Wasserkreislauf.

Die ist nur eine der immer zahlreicheren Aufgaben des DOC – zu ihnen zählen außerdem die Vorgehensweisen im Bergbau innerhalb von Schutzgebieten. Dies ist ein Reizthema für die Öffentlichkeit, wie es jüngst die heftigen Proteste in Verbindung mit dem Kohletagebau auf dem Denniston Plateau an der Westküste bewiesen. Das DOC fand sich zunehmend involviert in diesem Konflikt, während gleichzeitig sein Budget gekürzt wurde und umfassende interne Umstrukturierungen den Eindruck hinterließen, es sei auch personell unterbesetzt.

Mittlerweile erfährt das wichtigste Gesetz, das Neuseelands Umweltpolitik regelt – der Resource Management Act von 1991 –, eine ganze Reihe sehr umstrittener Änderungen, von denen nicht wenige befürchten, sie könnten den Ausbau des Bergbaus zu Lasten der Umwelt fördern. Diverse Nichtregierungsorganisationen (NGOs) und Interessenverbände, die stets wachsam sind und einen wesentlichen Beitrag zum Wohl von Neuseelands Umwelt leisten, werden in den nächsten Jahren jedenfalls alle Hände voll zu tun haben.

Sarah Bennett & Lee Slater

In kleinerem Maßstab lässt sich die vulkanische Zerstörungswut im Buried Village (verschüttetes Dorf) der Te Wairoa nahe Rotorua am Ufer des Lake Tarawera nachvollziehen. Hier liegen die teilweise freigelegten und der Öffentlichkeit zugänglichen Überreste eines Maoridorfes aus dem 19. Jh., das ohne Vorwarnung vom Mt. Tarawera begraben wurde. Die einst bekannten Pink and White Terraces – sie gehörten zu den zahlreichen Anwärtern auf den begehrten Titel „Achtes Weltwunder" – wurden über Nacht durch den Ausbruch desselben Vulkans vernichtet.

Was die Natur zerstört, erschafft sie anderswo neu: Das Waimangu Valley entstand während all dieser tiefgreifenden geothermischen Veränderungen. Hier kommt man der Hitze des Erdinneren am nächsten und kann Geysire, blubbernde Schlammlöcher und die größte Thermalquelle der Erde bewundern. Oder man wandert um das Whakarewarewa Thermal Village in Rotorua. Dort leben die Nachfahren von durch die Eruption vertriebenen Maori am Rande von rauchenden Entlüftungslöchern und bereiten das Essen für Besucher– meist Maiskolben – in Naturbecken mit kochendem Wasser zu.

Neuseeland zählt, was Geysire angeht, zu den spektakulärsten Orten weltweit. Der leider nur kurzlebige Waimangu-Geysir in Rotorua, der nach dem Ausbruch des Mt. Tarawera entstand, war einst sogar der höchste Geysir der Welt – seine Fontäne erreichte Höhen von bis zu 400 m.

Das zweite Nebenprodukt der sich verschiebenden Platten sind seismische Aktivitäten: Erdbeben. Nicht umsonst wird Neuseeland „The Shaky Isles" (die zitternden Inseln) genannt. Die meisten Beben bringen aber nur die Gläser im Schrank zum Klirren. Eines jedoch war indirekt für die Erschaffung einer Touristenattraktion verantwortlich: 1931 erschütterte ein Erdbeben die Stadt Napier an der Hawke Bay, verursachte große Schäden und forderte einige Menschenleben. Napier wurde aber fast vollständig wieder aufgebaut – im damals modernen Art-déco-Stil. Heute zieht es Architekturliebhaber aus der ganzen Welt an.

Allerdings sind Erdbeben in Neuseeland keineswegs auf die Nordinsel beschränkt. Im September 2010 traf ein Beben der Stärke 7,1 die Stadt Christchurch. Kein halbes Jahr später, im Februar 2011, zerstörte dann ein Beben der Stärke 6,3 einen großen Teil der historischen Altstadt und forderte 185 Menschenleben; dieses Beben war, was die Anzahl der Todesopfer betrifft, die zweitgrößte Naturkatastrophe in der Geschichte des Landes. Während der Wiederaufbau in Neuseelands zweitgrößter Stadt längst im Gange ist, wird die Region immer wieder von Nachbeben heimgesucht.

Auch auf der Südinsel sieht man einige Zeugnisse des Vulkanismus – würden die Reste des alten Vulkans auf der Banks Peninsula keine Barriere zum Meer bilden, wären die Canterbury Plains bereits vor langer Zeit weggespült worden.

Der *Nature Guide to the New Zealand Forest* von J. Dawson und R. Lucas ist ein schön bebilderter Band über die neuseeländischen Wälder. Diese Wälder sind wahre Schatzkästen: In ihnen findet man uralte Arten, die noch aus den Tagen der Dinosaurier stammen.

Doch im Süden sind es die Southern Alps, die das Land dominieren. Sie bestimmen die Siedlungsstrukturen, stellen bautechnische Herausforderungen dar und prägen das Wetter. Denn das bergige Rückgrat steht den Westwinden im Weg, die feuchte Luft von der Tasmansee mit sich führen. So gehören die Hänge der westlichen Southern Alps mit einem jährlichen Niederschlag von 15 000 mm zu den feuchtesten Orten der Erde. Wenn sich die Wolken abgeregnet haben, weht der Wind trocken über die östlichen Ebenen Richtung Pazifik.

Auf der Nordinsel gibt es einen gleichmäßigeren Niederschlag und keine so extremen Temperaturen wie im Süden – hier können sie aber in den Keller purzeln, wenn der Wind aus der Antarktis herüberweht. Man sollte nicht vergessen, dass Neuseeland ein maritimes Klima hat, besonders wenn man in höheren Lagen unterwegs ist. Das Wetter kann sich jederzeit ändern und schlecht vorbereitete Wanderer eiskalt erwischen.

Tiere & Pflanzen

Neuseeland mag geologisch betrachtet noch relativ jung sein, Flora und Fauna allerdings nicht. Beispielsweise lebte die Brückenechse, ein uraltes, einzigartiges Reptil, das nur noch in Neuseeland vorkommt, bereits auf Gondwana und ist eng mit den Dinosauriern verwandt. Dagegen haben viele flugunfähige Vögel (Laufvögel) entfernte Verwandte in Afrika und Südamerika. Weil sich die Landmasse abgetrennt hat, bevor Säugetiere auf den Plan traten, haben sich Vögel und Insekten in spektakulärer Weise entwickelt. Und auch für einzigartige und vielfältige Pflanzen ist Neuseeland ein Paradies – die meisten davon gibt es nirgendwo sonst.

Das in diesem Buch verwendete Symbol für Nachhaltigkeit zeigt an, dass die so gekennzeichnete Einrichtung sich zur Nachhaltigkeit verpflichtet hat. Wer darüber hinaus Anbieter sucht, die ressourcenschonend arbeiten, sollte nach dem Qualitätssiegel mit dem Farnzweig von Qualmark Green (www.qualmark.co.nz) Ausschau halten oder sich unter www.organicexplorer.co.nz informieren.

Der ausgestorbene, flugunfähige Moa – bis zu 3,5 m groß und über 200 kg schwer – graste auf den offenen Weiden (Skelette sind im Auckland Museum zu sehen). Der kleinere Kiwi stöbert nachts im Laub des Waldes nach Insekten und Würmern. Und eines der furchteinflößendsten Insekten des Landes ist die mausgroße Weta, die nun die Müllbeseitigung übernommen hat.

Als einer der letzten Orte der Erde, der von Menschen besiedelt wurde, war Neuseeland Tausende von Jahren ein sicheres Laboratorium für alle interessanten Evolutionsexperimente. Doch mit dem Eintreffen der Maori und wenig später der Europäer ging es mit der Natur bergab.

Viele endemische Lebewesen wie der Moa und der Huia, ein begnadeter Singvogel, wurden im Laufe der Zeit ausgerottet. Die Menschen rodeten die riesigen Wälder, um Bauholz und Agrarland zu gewinnen. Die Vernichtung einheimischer Arten und die Einführung exotischer Tiere und Pflanzen hatten fatale Auswirkungen auf das Ökosystem – heute kämpfen die Neuseeländer eine späte Schlacht, um wenigstens das zu retten, was noch übrig geblieben ist.

Vögel & andere Tiere

Die ersten polynesischen Siedler fanden kaum Säugetiere vor – es gab lediglich zwei Fledermausarten. Dafür wimmelten die Wälder, Ebenen und Küsten nur so von Vögeln. Die neuseeländischen Vögel haben kein auffälliges Gefieder; sie legen wie die einheimischen Pflanzen ein gewisses Understatement an den Tag und buhlen nicht um Aufmerksamkeit.

Zu den musikalischsten Vögeln gehört der Makomako, der außer in Northland auch in allen Wäldern lebt, aber wie die meisten anderen Vögel eher zu hören als zu sehen ist. Sein Ruf klingt wie eine Reihe von Glockentönen und man hört ihn am häufigsten während der Morgen- und der Abenddämmerung.

Der Tui, ein anderer Nektarfresser und der schönste Singvogel des Landes, ist ein großartiger Stimmenimitator und erzeugt seltsame Klick-, Grunz- und Kichergeräusche. Erkennbar ist der Tui an den weißen Federn an seiner Kehle, die sich vom ansonsten dunklen Gefieder abheben. Er ernährt sich oft von Flachsblumen in den Gärten der Vorstädte, ist aber eigentlich in den undurchdringlichen Wäldern – die Neuseeländer nennen sie einfach „Busch" – beheimatet.

Dem Fächerschwanz begegnet man meist auf Waldwegen, wenn er versucht, nach Insekten zu schnappen, die Wanderer aufgeschreckt haben. Das Purpurhuhn (Pukeko) hat ein schwarzes Gefieder und einen leuchtend roten Schnabel. Es lebt in Feuchtgebieten, aber auch in der Nähe von Straßen – Vorsicht: Purpurhühner haben keine Angst vor Autos!

Im Hochland der Südinsel lebt der furchtlose und neugierige Kea, ein ungewöhnlicher grau-grüner Papagei mit leuchtend roten Flügelinnenseiten. Dem Kea begegnet man oft auf den Parkplätzen des Fox- und Franz-Josef-Gletschers, wo er nach Essensresten Ausschau hält oder an der Windschutzscheibe herumpickt.

Und dann gibt es noch die Takahe, eine seltene flugunfähige Ralle, von der man annahm, sie sei ausgestorben, bevor man 1948 eine kleine Kolonie entdeckte. Ebenso wenig fliegen kann der Kiwi, das Wahrzeichen Neuseelands. Er hat einen runden Körper, ein grobes Federkleid, kräftige Beine und einen auffällig langen Schnabel; mit den Nasenlöchern an

KIWIS ENTDECKEN

Die stark in ihrem Bestand gefährdeten Kiwis sind nachtaktiv und daher in freier Natur kaum zu bewundern; Glück hat man manchmal im Trounson Kauri Park in Northland, in Okarito an der West Coast und auf der Stewart Island. Wer kein Risiko eingehen möchte, kann auch einfacher zum Ziel kommen – im künstlichen Dämmerlicht sogenannter Kiwi-Häuser:

- Auckland Zoo (S. 74)
- Kiwi North, Maunu (S. 137)
- Rainbow Springs, Rotorua (S. 288)
- Otorohanga Kiwi House & Native Bird Park (S. 202)
- National Aquarium of New Zealand, Napier (S. 373)
- Nga Manu Nature Reserve, Waikanae (S. 414)
- Pukaha Mount Bruce National Wildlife Centre, nahe Masterton (S. 420)
- Wellington Zoo (S. 394)
- West Coast Wildlife Centre, Franz Josef (S. 500)
- Orana Wildlife Park, Christchurch (S. 522)
- Willowbank Wildlife Reserve, Christchurch (S. 522)
- Kiwi Birdlife Park, Queenstown (S. 609)

dessen Spitze schnüffelt er nach Nahrung. Es ist nicht ganz einfach, ihn in freier Wildbahn zu entdecken, jedoch kann er in dunklen, seinem natürlichen Lebensraum nachempfundenen Gehegen gut beobachtet werden. Eines der schönsten ist das Otorohanga Kiwi House, in dem auch Falken, Neuseeland-Kukuckskauze und Wekas leben.

Um ein Gefühl dafür zu bekommen, wie der „Busch" einst ausgesehen haben mag, lohnt sich ein Trip zur Insel Tiritiri Matangi. Dort konnte sich die Natur regenerieren; sie ist ein frei zugängliches Schutzgebiet und einer der erfolgreichsten Versuche, Umweltschutz zu praktizieren.

Der *Field Guide to the Birds of New Zealand* von B. Heather und H. Robertson bietet allen Freunden der Vogelwelt umfassende Auskunft, und auch wer sich nur beiläufig für Ornithologie interessiert, entdeckt hier nützliche Hinweise. Ebenfalls ein guter Guide zu Neuseelands Vogelwelt ist der *Birds of New Zealand: Locality Guide* von Stuart Chambers.

Vögel beobachten

Die meisten Vogelbeobachter sind darauf erpicht, den flugunfähigen Kiwi zu erspähen. Vertreter der auf der Stewart Island beheimateten Unterart können das ganze Jahr über gesichtet werden. Anderswo lässt sich der immer seltener werdende nachtaktive Laufvogel kaum noch in freier Wildbahn aufspüren, nur noch in Gehegen. Andere Vögel, denen Vogelbeobachter gern nachstellen, sind der Königsalbatross, der Silberreiher, der Fiordland- (bzw. Dickschnabel-) und der Gelbaugenpinguin, der australische Tölpel sowie der Schiefschnabel-Regenpfeifer.

Die Coromandel Peninsula und der Firth of Thames (insbesondere Miranda) sind ein Paradies für Zugvögel, und im Wharekawa Wildlife Refuge bei Opoutere Beach brütet der gefährdete neuseeländische Maori-Regenpfeifer. Bei Muriwai, westlich von Auckland, gibt es eine sehr gut erreichbare Kolonie australischer Tölpel, und eine weitere findet man in der Hawke Bay. Beliebte Ausflüge zur Beobachtung von Seevögeln starten in Kaikoura, und Königsalbatrosse kann man auf der Otago Peninsula zu Gesicht bekommen.

Meeresbewohner aus der Nähe

Kaikoura an der Nordostküste der Südinsel ist das neuseeländische Zentrum, was die Beobachtung von Meeressäugern anbetrifft. Die größte Attraktion hier sind die Wale. Sie zeigen sich jedoch nicht bei jedem Wetter – einfach so aufs Meer hinauszufahren und gleich diesen traumhaften Anblick zu erleben, sollte man eher nicht erwarten. Der Pottwal, der größte Zahnwal, lebt ganzjährig hier, und je nach Jahreszeit erblickt man auch vorüberziehende Buckel-, Grind- und Blauwale sowie Südkaper (Glattwal). Weitere Meeressäuger, u. a. Robben und Schwarzdelfine, sieht man das ganze Jahr über.

Kaikoura ist auch ein toller Ort, um mit Delfinen zu planschen. Gruppen von bis zu 500 munteren Schwarzdelfinen schwimmen einem praktisch täglich über den Weg. Mit Delfinen im Wasser herumtollen kann man überall in Neuseeland; die Tiere sammeln sich vor der Nordinsel in der Nähe von Whakatane, Paihia, Tauranga und im Hauraki-Gulf sowie vor Akaroa auf der Banks Peninsula der Südinsel. Mit Seehunden schwimmen kann man in Kaikoura und im Abel Tasman National Park.

Bäume

Kein Besucher wird in Neuseeland weit kommen, ohne vom riesigen Schaden zu hören, den der ungezogene australische Import, das Possum (Kusus; australische Beutelratte), im neuseeländischen Busch hinterlassen hat. Die Liste der Säugetier-„Schädlinge“, die ins Land kamen, ist lang: Hirsche, Hasen, Wiesel, Schweine, Ziegen ... Doch am verheerendsten waren die Auswirkungen des Possums – die Plage ist kaum unter Kontrolle zu bringen: Noch immer fressen sich 70 Mio. Exemplare pro Jahr durch Millionen Tonnen Laub.

Die Lieblingsmahlzeit des Possums ist u. a. Neuseelands farbenprächtigster Baum, der Kowhai. Der kleinblättrige Baum wird bis zu 11 m hoch und ist im Frühling voller Büschel leuchtend gelber Blüten (der Nationalblume Neuseelands). Der Pohutukawa, ein wunderschöner Küstenbaum im Norden der Nordinsel, ist im Dezember mit leuchtend roten Blüten übersät und trägt daher den Spitznamen „Weihnachtsbaum“. Ähnlich purpurrot blüht der Rata-Baum, den es – in verschiedenen Arten – auf beiden Inseln gibt. Die im Norden schlingt sich im frühen Stadium als Kletterpflanze um einen Wirtsbaum (und erstickt diesen eventuell auch).

Die wenigen Orte, an denen noch jahrhundertealte Kauri-Bäume stehen, sind beeindruckende Zeugen vergangener Zeiten. Ihre riesigen, fleckigen Stämme und die gewaltigen, umrankten Äste lassen alle anderen Bäume wie Zwerge aussehen. Sie sind die wenigen Überlebenden des Baubooms. Am besten kann man die Riesen im Waipoua Kauri Forest in Northland bestaunen.

Heute werden Kauri-Bäume, aber auch andere Bäume zur Bauholzgewinnung – beispielsweise der markante Dacrydium (eine Kiefernart) oder der langlebige Totara – meist durch den erfolgreichsten Import des Landes ersetzt: *Pinus radiata*. Diese Kiefer erreicht in gerade einmal 35 Jahren ihre volle Größe und wird inzwischen zur Aufforstung weiter Teile der Nordinsel verwendet – die größte Baumplantage der südlichen Hemisphäre ist übrigens der Kaingaroa Forest, südöstlich von Rotorua gelegen.

RIESIGE KAURI-BÄUME

Als der englische Dichter Geoffrey Chaucer 1343 geboren wurde, war dieser Baum noch jung und kräftig. Als Shakespeare zur Welt kam, war der Baum schon 300 Jahre alt. Er ist heute älter als die meisten gotischen Kathedralen Europas; sein Stamm ragt hoch in den Himmel, in der unteren Hälfte trägt er keine Zweige. Aus Spalten und Höhlen im Holz wächst Farn. Die Krone ist ein unsymmetrisches Durcheinander, wie Wurzeln, die man auf den Kopf gestellt hat. Ich lehne mich gegen den Stamm und berühre ihn mit der Hand. Es fühlt sich an, als berühre man ein Gebäude. Ein Baum wie von Tolkien. Es ist ein Kauri.

Joe Bennett, Autor von A Land of Two Halves
(es geht um den McKinney-Kauri in Northland)

Nationalparks & Naturschutzgebiete

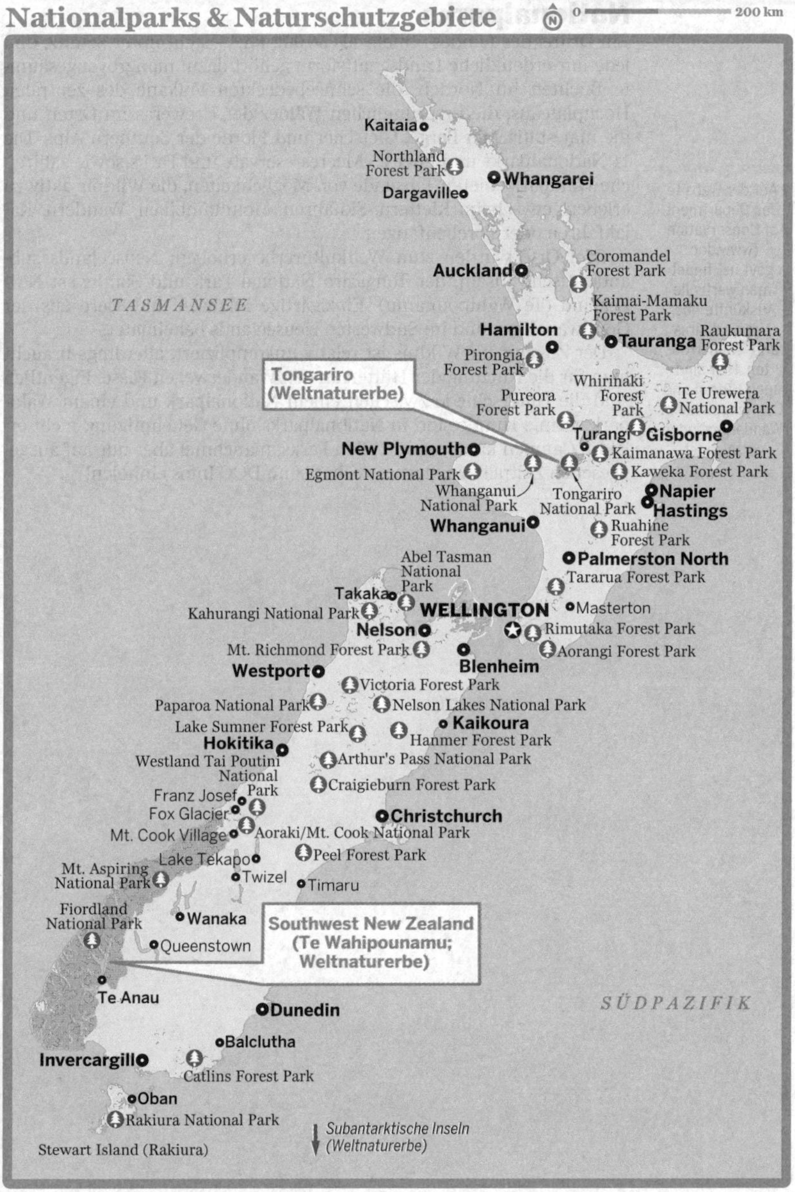

Wer sich durch die Wälder kämpft, stößt unweigerlich auch auf das typischste Merkmal der neuseeländischen Vegetation – den Baumfarn. Leicht zu erkennen sind der Mamaku (Schwarzer Baumfarn), der bis zu 20 m hoch wird und in den Feuchtgebieten im ganzen Land wächst, sowie der bis 10 m hohe Ponga (Silberfarn) mit seiner markanten weißen Unterseite. Der Silberfarn wird gern als Firmenlogo benutzt und schmückt die Trikots vieler hochkarätiger neuseeländischer Sportler.

Nationalparks

Ein Drittel des Landes – mehr als 50 000 km² – steht unter Schutz, und jede nur erdenkliche Landschaftsform gehört dazu: mangrovengesäumte Buchten im Norden, die schneebedeckten Vulkane des zentralen Hochplateaus, die ursprünglichen Wälder der Ureweras im Osten und die majestätischen Berge, Gletscher und Fjorde der Southern Alps. Die 14 Nationalparks und über 25 Meeresreservate und Parks sowie zahlreiche Waldparks bieten Tausende von Möglichkeiten, die Wildnis aktiv zu erleben: etwa beim Klettern, Skifahren, Mountainbiken, Wandern, Kajakfahren oder Forellenfangen.

Auf der Website des Department of Conservation (www.doc.govt.nz) findet man wertvolle Auskünfte über Nationalparks und Wanderrouten. Hier sind auch Hütten und Campingplätze in Wandergegenden verzeichnet.

Drei Orte wurden zum Weltkulturerbe erhoben: Neuseelands subantarktische Inseln, der Tongariro National Park und Southwest New Zealand (Te Wahipounamu). Einzigartige Pflanzen und Tiere aus der Gondwana-Zeit sind im Südwesten Neuseelands beheimatet.

Der Zugang zur Wildnis ist relativ unkompliziert, allerdings braucht man für die Nutzung der Hütten an den Wanderwegen Pässe. Eigentlich sind die Unterschiede zwischen einem Nationalpark und einem Waldpark gering. Hunde sind in Nationalparks ohne Genehmigung nicht erlaubt. Campen kann man in allen Parks, manchmal aber nur auf ausgewiesenen Zeltplätzen, darum vorher beim DOC Infos einholen!

Die Kultur der Maori

von John Huria

„Maori" bedeutete einst „üblich" oder „alltäglich"; heute jedoch bedeutet es viel mehr ... Nun, fangen wir mal so an: In der Welt der Maori gibt es viel Vergangenes, aber auch viel Gegenwärtiges. In manchen Fällen ist die kulturelle Gegenwart die nahtlose Fortsetzung der Vergangenheit, in anderen haben sich die Verhältnisse grundlegend geändert, und manchmal hoffen die Maori auch einfach auf die Zukunft.

Die Maori von heute kann man nicht einfach über einen Kamm scheren. Einige leben ganz in der traditionellen Kultur, andere versuchen, die Traditionen anzupassen und in einen Dialog mit der sich globalisierenden Kultur zu treten. Das Konzept der *whanaungatanga* – Familienbindung – hat einen hohen Stellenwert in der Kultur der Maori. Die Familien bilden *whanau* (Großfamilien), diese wiederum *hapu* (Unterstämme), und diese schließlich gehören großen Stämmen (*iwi*) an. In gewissem Sinne reichen diese Verbindungen über die Welt der Menschen hinaus bis in die Natur und in die Geisterwelt.

John Huria (Ngai Tahu, Muaupoko) hat Erfahrungen als Redakteur und Autor, wobei die Kultur und Literatur der Maori sein Spezialgebiet darstellt. Er war als Lektor für den Maori-Verlag Huia tätig und betreibt heute ein Redaktionsbüro, Ahi Text Solutions Ltd (www.ahitextsolutions.co.nz).

Die Maori sind Neuseelands *tangata whenua* („das Volk des Landes"); ihre Beziehung zu dem Land ist aus Hunderten von Jahren der Inbesitznahme entstanden. Einst lebten die Maori überwiegend in ländlichen Regionen; heute wohnen viele von ihnen in den Städten, fern ihrer traditionellen Heimat. Aber noch immer ist es üblich, sich bei förmlichen Anlässen bei der Selbstvorstellung auf seine Herkunft zu beziehen: auf einen Berg, einen Fluss, einen See oder einen Ahnen. Es gibt keinen zweiten Ort wie die Heimat, aber auch in anderen Regionen lässt es sich gut leben.

Wer in Neuseeland die Maori erleben will, kann dies nahezu überall tun – bei Kunstdarbietungen, bei Gesprächen, in einer Kunstgalerie, bei einem Ausflug ...

Die Maori von damals

Vor rund 3000 Jahren begannen die Menschen, ostwärts in den Pazifik vorzudringen. Dabei hatten sie gegen energische Winde und starke Strömungen zu kämpfen (die Hinfahrt gestaltete sich mühsam, dafür war aber die Rückkehr umso einfacher und sicherer). Einige machten in Tonga und Samoa Halt, andere ließen sich auf den kleinen tropischen Inseln im zentralen Ostpolynesien nieder.

Die Wege des sagenumwobenen Entdeckers Kupe sind überall auf Neuseeland zu finden: Seine Segel (Nga Ra o Kupe) ließ er nahe dem Cape Palliser als dreieckige Oberflächenform zurück; die zwei Inseln im Hafen von Wellington, Matiu und Makoro, benannte er nach seinen Töchtern; sein Blut hat er auf den roten Felsen an der Südküste von Wellington vergossen

Die Maori kamen ursprünglich aus einem Land, das sie Hawaiki nennen, als sie Aotearoa kolonisierten. Kundige Seefahrer und Segler steuerten mithilfe navigatorischer Hilfsmittel – Strömungen, Winde, Sterne, Vogelzüge, Wellenmuster – ihre großen, ozeantüchtigen, mit doppeltem Rumpf versehenen Schiffe (Auslegerkanus) über den Pazifik hin zum neuen Land. Der erste von vielen war der große Seefahrer Kupe, welcher der Legende nach das Land fand, als er einen großen Kraken namens Muturangi jagte. Seinen bekannten Maorinamen Aotearoa aber hat Neuseeland nicht ihm zu verdanken, sondern seiner Frau Kuramarotini, die ausrief: *„He ao, he ao tea, he ao tea roa!"* („Eine Wolke, eine weiße Wolke, eine lange, weiße Wolke!").

DIE ERSCHAFFUNG DER WELT

In der Schöpfungsgeschichte der Maori war zu Anfang die Leere, es folgte die Nacht, dann entstanden Rangi-nui (der Himmelsvater) und Papa-tu-a-nuku (die Erdmutter), die miteinander verschlungen waren und ihre Kinder zwischen sich hegten. Aber das Nest wurde zu eng, die Kinder verkümmerten in der Dunkelheit der Umarmung. Da sie sich nicht entfalten und in der Dunkelheit nicht gut sehen konnten, versuchten die Kinder, ihre Eltern zu trennen. Tawhiri-matea, der Windgott, stürmte gegen die beiden; Tu-mata-uenga, der Kriegsgott, griff sie an. Ein Götterkind nach dem anderen versuchte, sie zu trennen, aber noch immer drängten sich Rangi und Papa aneinander. Da jedoch stemmte Tane-mahuta, der Gott der großen Wälder und der Menschheit, seine Füße gegen den Vater und seinen Rücken gegen die Mutter, und langsam, aber unaufhaltsam drückte er sie auseinander: Die Welt des Lichts, der Halbgötter und der Menschen entstand. In diese Welt des Lichts hinein wurde Maui geboren, der Ahnen-Halbgott. Nach der Geburt wurde er auf dem Meer ausgesetzt und im Dutt seiner Mutter schwimmend gefunden. Er war ein Formwandler: Mal nahm er die Gestalt einer Taube an, mal die eines Hundes oder die eines Aals – ganz wie es ihm gerade passte. Er stahl den Göttern das Feuer. Mit dem Gebiss seiner Großmutter schubste er die Sonne zurück, sodass sie nur langsam über den Himmel ziehen konnte und die Menschen genug Zeit hatten, um tagsüber ihre Sachen zu erledigen (wenn er das doch nur noch einmal machen würde!). Mit der Südinsel als Kanu und dem Gebiss der Großmutter als Haken angelte er sich Te Ika a Maui (den Fisch des Maui) – die Nordinsel. Das Ende ereilte Maui, als er versuchte, den Tod zu besiegen. Hine nui te po, die Todesgöttin, hatte Obsidianzähne in ihrer Vagina. (Obsidian ist ein vulkanisches Gesteinsglas mit rasiermesserscharfen Kanten.) Maui versuchte, die Geburt umzukehren und damit den Tod zu besiegen: Als sie schlief, kroch er in ihren Geburtskanal, um bis an ihr Herz vorzudringen. Ein kleiner Vogel, ein Graufächerschwanz, brach bei dem absurden Anblick in Gelächter aus. Daran erwachte Hine nui te po und zerquetschte Maui zwischen ihren Schenkeln – 1 : 0 für den Tod!

Kupe und seine Besatzung umrundeten das ganze Land, und viele Orte rund um die Cook Strait (die die Nord- von der Südinsel trennt) und um Hokianga in Northland tragen noch heute die Namen, die sie ihnen einst gaben; auch die Spuren der Überfahrt sind noch zu sehen. Kupe taufte Hokianga in Northland und kehrte von dort aus nach Hawaiki zurück, wo er sein wertvolles nautisches Wissen an andere Seefahrer weitergab. Und dann kamen die großen *waka* (ozeantüchtige Schiffe).

Bei ihrer ersten Ankunft in Neuseeland erblickten zwei der Besatzungsmitglieder der Tainui in der Ferne die roten Blüten der Pohutukawa-Bäume. Daraufhin warfen sie ihren teuren roten Federschmuck einfach fort, weil sie glaubten, von roten Federn gebe es an der Küste mehr als genug.

Diese ozeantüchtigen Boote, mit denen die ersten Siedler ins Land kamen, sowie ihre Anlegestellen wurden durch die Stammesgeschichten vor dem Vergessen bewahrt. Berühmte *waka* sind z. B. *Takitimu*, *Kurahaupo*, *Te Arawa*, *Mataatua*, *Tainui*, *Aotea* und *Tokomaru*. Natürlich gibt es noch viele weitere. Die Maori führen ihre Ahnenreihe bis auf jene zurück, die in den *waka* ins Land kamen (und sogar noch weiter).

Wie wohl der Umzug von ihren kleinen tropischen Inseln auf eine viel größere und kühlere Landmasse gewesen sein mag? Auf Wiedersehen, Brotfrucht, Kokosnüsse und Papier-Maulbeerbäume – seid gegrüßt, Moas, Farnwurzel und Flachs! Und dazu (relativ gesehen) immens viel Land. Neuseeland hat eine Küstenlinie von mehr als 15 000 km Länge, Rarotongas Küstenlinie zum Vergleich ist gerade einmal etwas mehr als 30 km lang. Es gab viel Fläche und eine Tier- und Pflanzenwelt, die sich 80 Mio. Jahre lang vom Rest der Welt unbeeinflusst entwickelt hatte. Es gab gewaltige, unberührte Fischgründe. Es gab, bildlich gesprochen, ganze „Supermärkte" voller Meeressäuger – Seelöwen und andere Robben – sowie eine sagenhafte Vielfalt an Vögeln.

Die frühen Siedler zogen umher, getrieben von Liebe, Handelschancen oder der Aussicht auf größere Ressourcen, aber auch von Streitigkeiten und der Bedrohung durch andere Stämme. Wo die Maori sich niederließen, gründeten sie *mana whenua* (örtliche Gemeinwesen), teils mithilfe von Kriegszügen, teils auf friedlichem Wege durch Diplomatie und wechselseitige Heiraten. Anhand der Stammesgeschichte kann man diese vielen Bündnisse, Eingliederungen von Stämmen in andere und auch die Auslöschungen nachverfolgen.

Die Geschichten wurden mündlich in Form von Erzählungen, Liedern und Gesängen überliefert. Auf die genaue Wiedergabe wurde großer Wert gelegt, denn in einer Kultur ohne Schrift ersetzen die Menschen die Bibliotheken, und das Vergangene ist immer nur eine oder zwei Generationen vom Vergessenwerden entfernt.

Die Maori lebten in *kainga* (kleinen Dörfern), denen oft große Gärten angeschlossen waren. Die Unterkünfte waren, verglichen mit dem heutigen Standard, sehr beengt – oft konnte man kaum aufrecht darin stehen. Dann und wann verließen die Menschen ihr Dorf, um Lebensmittel der jeweiligen Jahreszeit zu ernten. Bei kriegerischen Konflikten zogen sie sich in ihre *pa* (befestigte Wohnanlagen) zurück.

Und dann kamen die Europäer.

Wer wirklich etwas über das Wechselverhältnis zwischen Land und den *tangata whenua* („das Volk des Landes") lernen möchte, fährt am besten hinaus und redet mit den Maori.

Die Maori heute

Die heutige Maorikultur ist von neuen Entwicklungen in den Künsten, der Geschäftswelt, dem Sport und der Politik geprägt. Nach wie vor wird historischer Groll gehegt, aber einige *iwi* (beispielsweise Ngai Tahu und Tainui) haben die geschichtlichen Streitigkeiten beigelegt und gehören heute zu den Hauptkräften in der neuseeländischen Wirtschaft. Auch gegen den Niedergang ihrer Sprache haben die Maori mit der Gründung von *kohanga reo, kura kaupapa Maori* und *wananga* (Vorschulen, Schulen und Universitäten, in denen Maori gesprochen wird) etwas unternommen. Heute gibt es wieder Menschen, deren Muttersprache Maori ist. Es besteht ein Netzwerk von Rundfunkstationen, die auf Maori senden, und auch das Maorifernsehen hat seine treuen Fans. Immer größerer Beliebtheit erfreut sich die wiederentdeckte Maorifeier Matariki, das Maorineujahr. Matariki ist auch die Maoribezeichnung für das Sternbild der Plejaden (Siebengestirn). Dieses ist ab Ende Mai oder Anfang Juni am Himmel zu sehen, und sein Erscheinen läutet traditionell eine Zeit des Lernens, der Planung und der Vorbereitung ein, aber auch des Singens, Tanzens und Feierns. In dieser Zeit werden Diskussionen und Vorträge, Konzerte, Abendessen und sogar richtige Bälle veranstaltet.

Eine Karte mit der Verteilung der *iwi* (Stämme) nebst einem guten Verzeichnis dieser *iwi* findet man auf (www.en.wikipedia.org/wiki/list_of_iwi).

Religion

Christliche Kirchen und Konfessionen spielen eine wichtige Rolle für die Maori: Es gibt einfach alles, von Fernsehpredigern über große Kirchen für regelmäßige und gelegentliche Kirchgänger bis hin zu zwei großen Maorikirchen (Ringatu und Ratana).

Vor den jüdisch-christlichen Einflüssen aber gab es die *atua Maori*, die Maorigötter, und für viele Maori sind diese noch immer eine lebendige und relevante Instanz. Es ist z. B. üblich, bei einer offiziellen Ansprache in einer *marae* (Versammlungshaus-Anlage) die Erdmutter und den Himmelsvater zu begrüßen. Die Götter werden in Bildnissen und Schnitzereien dargestellt, man besingt sie in *waiata* (Liedern) und ruft sie an in *karakia* (Gebet und Beschwörung), wenn ein Versammlungshaus eröffnet, ein *waka* vom Stapel gelassen oder auch nur eine Mahlzeit serviert wird. Man spricht von ihnen in den *marae* und in anderen maorispezifischen Zusammenhängen. Die traditionelle Schöpfungsgeschichte der Maori ist allseits bekannt und wird weithin gefeiert.

Das Buch von Ngahuia Te Awekotukus Mau Moko: The World of Maori Tattoo (2007) erklärt das Thema umfassend mit prägnanten Kommentaren und wunderschönen Bildern.

Kunst

Es gibt viele Sammlungen von Maori-*taonga* (Schätzen) im ganzen Land. Zu den größten und umfassendsten Sammlungen gehören die des Te

Papa Museum in Wellington sowie die des Auckland Museum. Auch das Canterbury Museum in Christchurch zeigt einen guten Bestand, und im West Coast Historical Museum in Hokitika gibt es eine spezielle Ausstellung nur zur Geschichte der *pounamu* (Jade).

Um in Sachen Maorikunst auf dem Laufenden zu bleiben, sind das Magazin *Mana* (bei den meisten Zeitungshändlern erhältlich), die *iwi*-Rundfunksender (www.irirangi.net) und die wöchentlichen Podcasts von Radio New Zealand (www.radionz.co.nz) zu empfehlen. Auch im Maorifernsehen werden regelmäßig Beiträge über Maorikunst gesendet – das Programm findet sich auf www.maoritelevision.com.

Über die Kunst der heutigen Maori informiert Toi Maori, www.maoriart.org.nz.

Das Maorifernsehen ging 2004 auf Sendung, und für viele Maori war es sehr aufwühlend, endlich die eigene Kultur, die eigenen Probleme und die eigene Sprache in einem Massenmedium zu finden. Über 90 % des Programms sind neuseeländische Eigenproduktionen; die Sendungen sind auf Maori oder Englisch, jeweils untertitelt und damit für beide Seiten verständlich.

Wer aus dem Fernsehsessel einen Eindruck vom Rhythmus dieser Sprache gewinnen möchte, sollte Te Reo einschalten, einen Kanal, der ausschließlich Sendungen auf Maori zeigt.

Ta Moko

Ta moko ist die Tätowierkunst der Maori. Traditionell tragen Männer Tätowierungen im Gesicht, auf Hüften und Hintern; Frauen hingegen nur auf Kinn und Lippen. *Moko* waren permanente Muster aus Pigmenten (hergestellt aus verbrannten Raupen oder dem Fleisch der Kaurimuschel), die mit Meißeln aus Knochen eingeritzt wurden: Für die Grobarbeit verwendete man feine, scharfe Kämme, für die Details gerade Klingen. Die Museen in Auckland, Wellington and Christchurch stellen die traditionellen Werkzeuge für *ta moko* aus.

Heute sind die modernen Tattoomaschinen weit verbreitet, aber bei den Maori, die sich der Tradition verbunden fühlen, ist auch der Knochenmeißel wieder im Einsatz. Seit dem Wiederaufleben der Maorikultur in den 1960er-Jahren betätigen sich viele Künstler im *ta-moko*-Bereich und heute tragen eine Menge Maori ihre *mokos* erneut mit stillem Stolz und Bescheidenheit.

Ist diese Kunst auch etwas für Besucher, kann man sich ebenfalls tätowieren lassen? Ja. Der Begriff *kirituhi* („Hautinschrift") bezeichnet von Maorimotiven inspirierte moderne Tattoos, die auch Nicht-Maori tragen dürfen.

Schnitzkunst

Traditionelle Maorischnitzereien faszinieren den Betrachter mit ihren feinen Details und den gekrümmten Linien. Die Werke sind umso erstaunlicher, als sie vor Aufkommen des Eisens (als Nägel plötzlich sehr beliebt wurden) ausschließlich mit mühsam hergestellten Steinwerkzeugen geschaffen wurden.

Einige der wichtigsten traditionellen Motive der Schnitzkunst sind *waka* (Kanus), *pataka* (Vorratshäuser) und *whare nui* (Versammlungshäuser). Erstklassige Exemplare dieser Kunstrichtung werden außer im Te Papa Museum in Wellington u. a. auch in den folgenden Museen und Galerien ausgestellt:

- **Auckland Museum** (S. 71) Hier gibt's eine spezielle Maoriabteilung.
- **Hells Gate** (S. 321) In der Nähe von Rotorua; hier sind täglich Schnitzer bei der Arbeit zu sehen.
- **Otago Museum** (S. 583) Dunedin; hier findet man hübsche alte *waka* (Kanus) und *whare-runanga*-Schnitzereien.

- **Putiki Church** (S. 256) In Wanganui; das Innere der Kirche ist mit Schnitzereien und *tukutuku* (Wandreliefs) bedeckt.
- **Taupo Museum** (S. 275) Mit Schnitzereien verziertes Versammlungshaus.
- **Te Manawa** (S. 266) Palmerston North; Museum mit Schwerpunkt auf Maorikunst.
- **Waikato Museum** (S. 185) Hamilton; ein wunderschön geschnitztes *waka taua* (Kriegskanu) ist zu sehen.
- **Wairakei Terraces** (S. 278) Mit Schnitzereien verziertes Versammlungshaus in Taupo.
- **Waitangi Treaty Grounds** (S. 154) *Whare runanga* und *waka taua.*
- **Whakarewarewa Thermal Village** (S. 307) Rotorua; im „Museumsdorf" werden Schnitzereien, andere Kunst, ein Versammlungshaus und Vorführungen geboten.
- **Whanganui Regional Museum** (S. 254) In Wanganui; ein wunderschönes, geschnitztes *waka* (Kanu).

Der Höhepunkt der heutigen Schnitzkunst ist das *whare whakairo* (mit Schnitzereien verziertes Versammlungshaus). Die Gruppe, die den Auftrag erteilt, erzählt dem Bildschnitzer ihre Geschichte und die ihrer Ahnen. Der Künstler bringt dann unter symbolischer Verwendung (oft sehr frei interpretierter) traditioneller Motive das Erzählte und die Ahnengestalten auf Holz oder Sperrholzplatten.

Das Rongomaraeroa Marae, geschaffen von Cliff Whiting und zu sehen im Te Papa in Wellington, ist ein farbenfrohes Beispiel für die zeitgenössische Adaption einer traditionellen Kunstform. Die größte Veränderung in der Schnitzkunst war – wie in den meisten traditionellen Kunstformen – der Einsatz von neuen Materialien und Werkzeugen. Rangi Kipa etwa benutzt für sein *hei tiki* (geschnitzte, stilisierte menschliche Figuren, die um den Hals getragen werden, auch *tiki* genannt) ein synthetisches Polymer namens Corian, einen Stoff, aus dem sonst Küchenarbeitsplatten gemacht werden. Infos über seine Galerie gibt's auf www.rangikipa.com.

Unterwegs in Neuseeland stößt man überall auf die Legenden und Mythen der Maori: Aus Mauis *waka* wurden die Südlichen Alpen; ein *taniwha* (ein übernatürliches Wesen) schuf im Todeskampf den Lake Waikaremoana, und der Mt. Taranaki verließ einst seinen Stammplatz im Zentrum der Berge auf der Nordinsel und hinterließ auf seinem Weg den Whanganui River.

Webkunst

Weben war einst ein wichtiges Kunsthandwerk; mit dieser Technik wurden Kleidung, Netze und Taue, festes Schuhwerk für unwegsames Gelände, Matten für Tonfußböden und *kete* (Taschen) hergestellt. Viele Erzeugnisse dieser Kunst sind schön und praktisch zugleich. Manche Stücke waren wahre Lebenswerke – die Herstellung von *korowai* (Umhängen) konnte durchaus Jahre dauern. Sie wurden vorwiegend aus Flachs und Vogelfedern gewebt; heute trägt man die allseits bewunderten, individuellen Stücke vor allem bei zeremoniellen Anlässen.

Wenn man mit der Verarbeitung natürlicher Materialien zum Allgemeinwohl beitrug, musste man auch für den nötigen Nachschub an Rohmaterial und dessen Funktionsfähigkeit sorgen. Dafür waren genaue Vorschriften notwendig, und die Frauen waren zum Weben unter der Schutzherrschaft der Götter berufen. Heutzutage wird die Tradition zwar hochgehalten, aber nicht alle Traditionen werden auch ausgelebt.

Flachs war (und ist noch immer) ein bevorzugtes Material für die Webkunst. Um aus den Flachsblättern eine widerstandsfähige Faser zu gewinnen, wurde zuerst das Grundgewebe der Blätter mit einer Muschelschale vorsichtig abgekratzt. Dann klopfte man die Faser, bis sie weich war, färbte sie, und schließlich wurde sie getrocknet. Heute jedoch werden alle möglichen Materialien verwendet: Bast, Kupferdraht, Gummi – ja, sogar Fleece und Gartenschläuche!

BESUCH EINER MARAE

Bei der Reise durch Neuseeland trifft man auf viele *marae* (Versammlungshaus-Anlagen). Oft gehören sie einer durch ihre Abstammung verbundenen Gruppe oder auch städtischen Maorigemeinden, Schulen, Universitäten oder Kirchengemeinden. Nach Vereinbarung mit den Besitzern kann man sie in der Regel besichtigen. Einige *marae*, die besucht werden können: die Huria Marae (S. 327) in Tauranga, die Koriniti Marae (S. 261) an der Whanganui River Road, Te Manuka Tutahi Marae (S. 340) in Whakatane und die *marae* im Te Papa (S. 394) Museum in Wellington.

Zu einer *marae*-Anlage gehört ein *wharenui* (Versammlungshaus), das häufig einen Ahnen verkörpert. Der Dachfirst ist sein Rückgrat, die Sparren sind seine Rippen; das Haus schützt seine Nachkommen. Vor dem *wharenui* gibt es einen freien Platz, den *marae atea*. Manchmal sind auch noch ein *wharekai* (Speisesaal), ein Sanitärblock mit Toilette und Dusche und sogar eigene Unterrichtsräume, Spielzimmer oder dergleichen vorhanden.

Hier werden Versammlungen *(hui)* abgehalten, Fragen diskutiert, Kurse gegeben, Jubiläen gefeiert und die Toten verabschiedet. Gesprochen wird – manchmal ausschließlich – *Te reo Maori* (die Maorisprache).

Wenn die *hui* länger als einen Tag dauert, schlafen die Besucher im Versammlungshaus auf Matratzen, die auf dem Fußboden ausgebreitet werden. Irgendjemand hat vielleicht eine Gitarre dabei, und die Nacht verstreicht beim Erzählen von Geschichten und Scherzen.

Das powhirii

Besucht man eine *marae* im Rahmen einer organisierten Tour, wird man mit einem *powhiri* empfangen. Die üblichen Zeremonien, die darunter zu verstehen sind, sind die folgenden:

Zu Anfang gibt es meist einen *wero* (Kampfforderung). Ein Krieger mit einem *taiaha* (Schlagstock) tritt vor die Besucher und legt den Stock nieder, damit ein Besucher ihn aufnehmen kann.

Dann folgt der *karanga* (zeremonieller Zuruf). Eine Frau aus der Gruppe der Gastgeber ruft den Besuchern zu, eine Frau aus der Besuchergruppe antwortet. Die langen, hohen und singenden Anrufe vermischen sich, die Besuchergruppe tritt auf den *marae atea* vor. Nun ist es Zeit für *whaikorero* (Reden), die Gastgeber begrüßen die Besucher, diese antworten. Die Reden werden mit einem *waiata* (Lied) abgeschlossen; dann legt der Sprecher der Besucher ein *koha* (Geschenk, meist ein Geldumschlag) in die *marae*. Die Gastgeber laden die Besucher zum *hariru* (Händeschütteln) und zum *hongi* ein. Nun herrscht Einigkeit zwischen Besuchern und Gastgebern und man teilt sich eine kleine Erfrischung oder eine Mahlzeit.

Das hongi

Stirn und Nase werden fest gegeneinander gepresst, man schüttelt sich die Hände und spricht eine Grußformel wie „Kia ora" oder „Tena koe". Manche bevorzugen einen längeren Stirn-Nase-Druck (2–3 Sek. oder länger), andere zwei kürzere hintereinander. Männer und Frauen küssen sich manchmal auch auf eine Wange. Manche Leute glauben, beim *hongi* würden nur die Nasen gegeneinander gedrückt (wäre unangenehm!) oder aneinander gerieben (noch unangenehmer!).

Tapu

Tapu (spirituelle Verbote) und *mana* (Macht und Ansehen) werden in der Welt der Maori ernst genommen. Man setzt sich auf Stühle oder angebotene Plätze, aber nie auf einen Tisch. Menschen, die auf dem Boden liegen, umgeht man, man darf nicht über sie steigen. Das *powhiri* ist *tapu*, Essen während eines *tapu* ist eine schwere Beleidigung. Man darf erst essen und trinken, wenn die Gastgeber dazu einladen. Aber keine Sorge, man muss weder hungern noch dürsten: *manaakitanga* (Großzügigkeit) ist unter den Maori eine hoch geschätzte Tugend.

Je nach Region hat das *powhiri* bestimmte Geschlechterrollen: Frauen *karanga* (Zuruf), Männer *whaikorero* (Reden halten); die Frauen führen die Besucher zum *marae*, die Männer sitzen auf dem *paepae* (die Rednerbank vorn). Die Diskussion über diese Geschlechterrolle wird im modernen Kontext weitergeführt.

Den besten Einblick in die Webkunst bekommt man bei einem der vielen Weber, die eigene Werkstätten haben. Wenn man das Handwerk kennt, weiß man die prachtvollen Arbeiten in den Museen erst richtig zu schätzen. Und wer auf den Geschmack gekommen ist: Gewebte *kete* und Rucksäcke sind mittlerweile modische Accessoires und werden in den meisten Städten zum Kauf angeboten. Webkunst kann man außerdem im ganzen Land in Kunstgalerien erwerben.

Haka

Einem *haka* beizuwohnen kann einen echten Adrenalinschub bewirken; so erging es schon den europäischen Augenzeugen, als sie den Tanz 1929 zu sehen bekamen und sich an finsteren Satanismus erinnert fühlten: „Sie wirken wie Teufel aus der Hölle, die durch irgendeinen Mechanismus heraufbefördert wurden." *Haka* ist respekteinflößend und belebend. Es handelt sich dabei nicht nur um einen Kriegstanz; auf diese Weise wurden einst auch Besucher begrüßt, so ehrte man einen verdienten Menschen, drückte seine Identität aus oder unterstrich damit seine Überzeugungen.

Zum *haka* gehören magische Worte, kräftige Körperbewegungen und *pukana* (dann schneiden die Tänzer fürchterliche Grimassen, lassen die Augen hervorquellen und zeigen das Weiß der Augäpfel, manchmal wird dazu auch noch die Zunge herausgestreckt).

Der bekannte *haka* „Ka Mate", den die All Blacks vor ihren Rugby-Testspielen aufführen, geht auf den kriegerischen Häuptling Te Rauparaha zurück und drückt dessen Sieg über den sicheren Tod aus. Als Feinde ihn verfolgten, versteckte er sich nämlich in einer Vorratsgrube unter Lebensmitteln. Nachdem die Feinde weitergezogen waren, ließ ihn ein Häuptling namens Te Whareangi (der „haarige Mann" aus dem *haka*) heraus, und als er endlich wieder im Sonnenlicht stand, vollführte er den „Ka Mate".

Einen *haka* kann man bei diversen Kulturveranstaltungen miterleben, beispielsweise im Mitai Maori Village (S. 319), im Tamaki Maori Village (S. 319), in Te Puia (S. 306) und im Whakarewarewa Thermal Village (S. 307) in Rotorua; außerdem in **Ko Tane** (☎03-359 6226; www.kotane.co.nz; 60 Hussey Rd, Willowbank Wildlife Reserve; Tanzen, Tour & Abendessen Erw./Kind 110/54; ⌚Mo & Do–Sa 17.30 Uhr) bei Willowbank in Christchurch; bei Maori Tours (S. 444) in Kaikoura und bei Myths & Legends Eco-Tours (S. 428) in Picton.

Die eindrucksvollsten *haka*-Aufführungen sieht man allerdings beim landesweiten Te Matatini National Kapa Haka Festival (S. 722), wenn die besten Gruppen Neuseelands gegeneinander antreten. Das Festival findet alle zwei Jahre statt, das nächste Mal im Februar 2015 in Christchurch.

Zeitgenössische Bildende Kunst

Die bildende Kunst der Maori ist im Wesentlichen von der Spannung zwischen traditionellen Vorstellungen und modernen künstlerischen Ausdrucksweisen und Trends geprägt. Shane Cotton etwa schuf eine Reihe von Arbeiten in Anlehnung an die bemalten Versammlungshäuser aus dem 19. Jh., die ihrerseits nach dem Vorbild der traditionellen, mit Schnitzereien verzierten Versammlungshäuser der Maori entstanden waren. Ein anderer Künstler, Kelcy Taratoa, verbindet Spielzeug, Comic-Helden und Motive aus der städtischen Popkultur mit Mustern aus der Webkunst und der Schnitzerei.

Natürlich greifen längst nicht alle Maorikünstler auf Maorimotive zurück. Ralph Hotere z. B. ist ein wichtiger neuseeländischer Künstler und, wie er selbst sagt, nur „zufälligerweise Maori". Seine lebenslangen

Der erste neuseeländische Hip-Hop-Song, der ein großer Hit wurde, war Poi E von Dalvanius Prime, gesungen (ausschließlich in Maori) vom Patea Maori Club. Der Song verkaufte sich 1984 in Neuseeland besser als alle Platten von ausländischen Künstlern.

Musik spielt in der alten wie in der zeitgenössischen Kultur der Maori eine große Rolle.

Ausführliche Informationen über die Sitten und Gebräuche der Maori findet man in Tikanga Maori von Hirini Moko Mead und in Anne Salmonds Hui.

Experimente mit der Farbe Schwarz haben mehr mit Modernismus zu tun als mit einem traditionellen *marae*-Hintergrund.

Zeitgenössische Maorikunst beschränkt sich keineswegs nur auf Malerei. Viele Künstler bedienen sich jetzt bevorzugt der Installation – bemerkenswert sind hier etwa die Arbeiten von Jacqueline Fraser und Peter Robinson.

In den größeren Zentren gibt's einige wunderbare Dauerausstellungen von bildender Kunst der Maori. Einen guten Bestand haben die Kunstgalerien in Auckland und Christchurch sowie das Te Papa in Wellington.

Zeitgenössisches Theater

In den 1970er-Jahren wagten sich erstmals viele Maori-Theaterschreiber mit ihren Stücken an die Öffentlichkeit; heute ist das Theater ein wichtiger Bestandteil der Maori-Kultur. Das Maori-Theater war stark an die Traditionen der *marae* gebunden: Anstatt das Licht auszumachen und direkt mit der Vorstellung anzufangen, begannen viele Maori-Schauspieltruppen mit einem stilisierten *powhiri* (traditioneller Willkommensgruß der Maori beim Betreten eines marae), gaben dem Publikum Raum für Reaktionen auf das Stück und endeten mit einem *karakia* oder einer Verabschiedung.

Taki Rua führt seit mehr als 25 Jahren Maori-Theater für Kinder und Erwachsene auf. Seine Truppe zeigt ihre Stücke in den großen Städten, geht mit den meisten aber auch auf Tour – das aktuelle Programm findet sich auf der Website www.takirua.co.nz. Maori-Dramen sind auch häufig in den offiziellen Theaterhäusern der großen Städte zu sehen sowie beim alle zwei Jahre stattfindenden New Zealand Festival. Hone Kouka und Briar Grace-Smith (deren Stücke es auch in Buchform gibt) haben ihre Werke überall in Neuseeland sowie bei Festivals in Großbritannien gezeigt.

Moderner Tanz

Der moderne Tanz der Maori ist weitgehend vom *kapa haka* (Kulttanz) und der traditionellen Bilderwelt der Maori inspiriert, ebenso wie von deren Lebensweise vor Ankunft der Europäer. So machte der Maori-Choreograf Moss Patterson *kokowai* (eine Körperfarbe aus rotem Lehm und Haifischöl) auch zum Thema seiner jüngsten gleichnamigen Tanzaufführung.

Neuseelands führende, auf Maoritanz spezialisierte Truppe ist das Atamira Dance Collective (www.atamiradance.co.nz). Seit 2000 zeigt es von den Kritikern bejubelte, schöne und anspruchsvolle Arbeiten. Wenn einem das zu ernst erscheint, mag man vielleicht eher die Choreografien von Mika Torotoro, der in seinen Arbeiten unbekümmert *kapa haka,* Travestie, Oper, Ballett und Disco mixt. Kostproben in Videoform bekommt man auf www.mika.co.nz.

Filme der Maori

Es gab zwar schon früher erfolgreiche Maori-Dokumentarfilme (*Patu!* und die Serie *Tangata Whenua* sind brillant; man bekommt sie in einigen städtischen Videotheken), aber der erste abendfüllende neuseeländische Spielfilm eines Maoriregisseurs erschien erst 1987: *Ngati* von Barry Barclay. Mereta Mita, die erste Maoriregisseurin, drehte ihren Spielfilm *Mauri* im Jahr 1988. Sowohl Mita als auch Barclay verfolgten hochgesteckte politische Ziele und Arbeitsweisen: Während langer Arbeitsphasen im Vorfeld berieten sie sich mit den *kaumatua* (Stammesältesten) und holten deren Meinungen ein. Andere Filme, an denen Maori beteiligt waren oder Regie führten, sind der erschütternde Streifen *Die letzte Kriegerin* und der erhebende *Whale Rider*. Der für die Oscar-Vorauswahl nominierte Taika Waititi, der der Ahnenreihe von Te Whanau-a-Apanui entstammt, schrieb und drehte den Film *Eagle vs Shark* – Liebe auf Neuseeländisch und Boy.

Das **New Zealand Film Archive** (www.filmarchive.org.nz) ist ein guter Ort, um den Maorifilm kennenzulernen; die meisten Vorführungen hier sind entweder kostenlos oder zumindest verhältnismäßig günstig. Die Institution betreibt auch Zweigstellen in Auckland und Wellington.

Maori-Literatur

Von Maori-Autoren gibt es mittlerweile viele Romane und Sammlungen mit Kurzgeschichten; hier kommt sicherlich jeder auf seine Kosten. Wie wäre es mit einem regionalen Zugang? Rund um Wellington eignet sich Patricia Grace (*Potiki, Drei Cousinen, Dogside Story, Tu*), an der Ostküste der Nordinsel vielleicht Witi Ihimaera (*Pounamu, The Matriarch, Bulibasha, Whalerider*). Keri Hulme (*Unter dem Tagmond, Steinfisch*) passt perfekt zur Südinsel. Alan Duff (*Warriors*) kann man überall lesen, auch wenn das Buch sehr melancholisch stimmt. James George (*Hummingbird, Ocean Roads*) gehört unbedingt ins Reisegepäck, sofern man die Strände an der Westküste von Auckland oder den Ninety Mile Beach von Northland ansteuert. Paula Morris (*Queen of Beauty, Hibiscus Coast, Trendy but Casual*) und Kelly Ana Morey (*Bloom, Grace Is Gone*) – hm, diese Bücher passen wohl am besten nach Auckland und ins dortige Umland. Wer Lyrik liebt, kommt am wichtigsten Maori-Dichter in englischer Sprache nicht vorbei: dem verstorbenen Hone Tuwhare (*Deep River Talk: Collected Poems*). Seine Gedichte kann man wirklich überallhin mitnehmen – sie passen ebenso gut in die Kirche wie in die Kneipe.

Neuseeländische Mentalität

Neuseeland ergeht es ein bisschen wie dem kleinen Jungen in der Schule, wenn die Rugbyteams gewählt werden – er wartet still darauf, beachtet zu werden, und sehnt sich verzweifelt nach Zuneigung. Wird er dann ausgewählt, gelingt ihm, weil er wild entschlossen ist, seinen Wert zu beweisen, ein völlig unerwarteter Punkt, und wenn seine Mannschaftskameraden ihn beglückwünschen, starrt er zu Boden und murmelt: „Ey, nicht der Rede wert, Mann."

Wie ticken die Neuseeländer?

Die Neuseeländer sind zwar stolz auf ihr kleines Land, aber von Haus aus keine Angeber. Hurra-Patriotismus ist eher verpönt. Wer sich auf der internationalen Bühne einen Namen gemacht hat, wird respektiert und bewundert, aber auffällig großen Mohnblumen werden gern mal die Köpfe abgehackt, wie der Neuseeländer sagt. Das sind vermutlich Reste von früheren egalitären Idealen – etwa von solchen, mit denen man die schlimmsten Ungerechtigkeiten des „Mutterlands" (Großbritannien) zu vermeiden versuchte, indem der Großgrundbesitz aufgeteilt und mit Überzeugung ein Wohlfahrtsstaat „von der Wiege bis zur Bahre" eingeführt wurde. „Nur, weil jemand ein größeres Auto oder stärkere Waffen hat als ich, macht es ihn nicht besser", lautet die Einstellung der Kiwis.

Verantwortlich für das Atomzeitalter war ausgerechnet ein Neuseeländer. 1917 spaltete Ernest Rutherford als Erster den Atomkern. Er ist auf der 100-Dollar-Note abgebildet.

Die Größe des Landes hat den internationalen Auftritt selten beeinflusst. Neuseeland war Gründungsmitglied des Völkerbunds (des Vorgängers der Vereinten Nationen) und verärgerte zwischen den beiden Weltkriegen einige Leute, weil es sich weigerte, der Position Großbritanniens blind zu folgen. Erst in den 1980er-Jahren wurde die Stellung wirklich interessant.

Ein turbulentes Jahrzehnt

Die moderne neuseeländische Kultur wandelte sich in den 1980er-Jahren. Als erstes wurde die unantastbare Vorrangstellung des Rugby als Quelle des nationalen Zusammenhalts infrage gestellt (Rugby war für die Bildung der Nation sicherlich ebenso wichtig wie das Engagement des Landes in den beiden Weltkriegen): 1981 gingen Zehntausende Neuseeländer auf die Straße, um gegen die Springbok Tour des südafrikanischen Rugby-Teams zu demonstrieren. Die Apartheid hatte in den Augen der Demonstranten nichts im Sport zu suchen. Und plötzlich gab es Unruhen im Paradies. Die Wunde ist immer noch so tief, dass es bei Neuseeländern über 40 reicht, „die Tour" zu sagen, damit jeder sofort weiß, was gemeint ist.

„... eine schäbige Tat von internationalem, staatlich unterstütztem Terrorismus ...", so Premierminister David Lange zum Bombenanschlag auf die Rainbow Warrior (1986).

Die Proteste gaben der politischen und kulturellen Renaissance der Maori Auftrieb. Bereits drei Jahre später wurden ihre Rechte gestärkt: Die reformfreudige Labour-Regierung stattete das Waitangi-Tribunal mit statuarischen Befugnissen aus. Das Waitangi-Tribunal hat seitdem durchgesetzt, dass Land zurückgegeben und Entschädigung für die Fehler in der Vergangenheit geleistet wurde und dass der Vertrag von Waitangi (der Pakt von 1840 zwischen den Maori und der englischen Krone) als gültiges Dokument in Erinnerung gerufen wurde.

Zur gleichen Zeit kamen die Anti-Atomkraft-Proteste, die seit Jahren rumorten, richtig in Schwung, und es gab Massenblockaden gegen Besuche der US-Kriegsmarine. 1984 sperrte Premierminister David Lange heimische Gewässer für Schiffe mit Nuklearantrieb oder Nuklearwaffen an Bord. Die Maus hatte gebrüllt. Als Konsequenz warfen die USA Neuseeland aus der ANZUS, der wichtigsten strategischen Militärallianz des Landes, die auch Australien einschloss, und erklärten Neuseeland zum „Freund, aber nicht Verbündeten".

Im folgenden Jahr geschah dann etwas, das Neuseelands Beziehungen zum Rest der Welt komplett veränderte. Französische Regierungsagenten versenkten bei einem Angriff im Hafen von Auckland das Greenpeace-Flaggschiff *Rainbow Warrior* und töteten ein Besatzungsmitglied. Die Bombardierung durch ein Land, mit dem Neuseeland in zwei Weltkriegen gemeinsam gekämpft hatte, und die nur leise oder gar nicht erfolgende Verurteilung durch andere Verbündete hinterließen eine unauslöschliche Narbe. Der Vorfall stärkte Neuseelands Entschlossenheit, in der Außenpolitik dem eigenen Gewissen zu folgen, und so wurde NZ 1987 eine atomfreie Zone.

Von den Buren bis zum Vietnamkrieg war Neuseeland munter dem Geheiß Großbritanniens oder der USA gefolgt. Damit ist es nun vorbei, wie das Land mit seiner Nichtbeteiligung am Irakkonflikt demonstriert hat. Seinen internationalen Verpflichtungen kommt Neuseeland aber weiterhin nach, seine Truppen werden weltweit in Friedensmissionen eingesetzt.

Für viele war Sir Edmund Hillary, der Erstbesteiger des Mount Everest, der perfekte Neuseeländer: bescheiden, praktisch, um soziale Gerechtigkeit bemüht. Sein Tod 2008 löste landesweite Trauer aus.

„WAS HALTEN SIE DENN VON NEUSEELAND?"

Kaum hat ein Besucher seinen Fuß auf neuseeländischen Boden gesetzt, wird ihm diese Frage gestellt werden. Es kommt durchaus vor, dass ein Gast auch schon mal einen ganzen Tag Zeit bekommt, um sich ein Bild zu machen, doch die Frage folgt unweigerlich. Die Frage – gleichermaßen von großem Stolz und bohrendem Zweifel getragen – ist charakteristisch für das nationale Bewusstsein.

Als George Bernard Shaw 1934 für vier Wochen ins Land kam, wurde er während seiner gesamten Reise von Journalisten bestürmt, die ihn nach seiner Meinung fragten. Obwohl er nie auch nur einen Satz über Neuseeland schrieb, wurden seine Antworten auf die Fragen der Reporter gesammelt und unter dem Titel *What I Saw in New Zealand: The Newspaper Utterances of George Bernard Shaw in New Zealand* veröffentlicht. So wichtig war den Menschen die Bestätigung.

Andere Besucher äußerten sich bereitwilliger schriftlich, etwa der britische liberale Parlamentarier David Goldblatt, der ein faszinierendes und vorausschauendes Buch mit dem Titel *Democracy at Ease: A New Zealand Profile* vorlegte. Goldblatt sah die Neuseeländer als heiteres Volk: freundlich, wohlhabend und mit einer Vorliebe für Maschinen.

Für den Genießer Goldblatt war die Haltung der Neuseeländer zum Essen und Trinken sehr aufschlussreich. Er fand, das Essen sei sehr schlicht und interessiere die Menschen kaum. Die Läden hätten sich deshalb auch auf nicht besonders anspruchsvolle Kunden eingestellt.

So kochte eine Nation, die Zugang zu einigen der besten frischen Zutaten der Welt hatte, alles buchstäblich zu Tode. Ein Land, das fast auf seiner gesamten Fläche ein hervorragendes Mikroklima für den Anbau von Wein besitzt, brachte nur billiges Gesöff hervor. Materielle Annehmlichkeiten wurden geschätzt, aber doch auf einer sehr niedrigen Ebene.

Die Neuseeländer brauchten 25 Jahre, um die „immer gleichen Sandwiches" loszuwerden und ein nationales Bewusstsein zu entwickeln – wie Goldblatt richtig vorhersah, ging es nicht ohne „Risiken und Missgeschicke" ab, diesen Wandel herbeizuführen.

Doch als die Dinge sich wandelten, wandelten sie sich gründlich.

Russell Brown ist Journalist und betreut den beliebtenPublic-Address-Blog (www.publicaddress.net).

ERFOLGE IM SPORT

Ihren Drang nach weltweiter Anerkennung konnten die Kiwis am besten im Sport ausleben. 2012 stand NZ an erster Stelle, was sportliche Erfolge pro Einwohner angeht (2013 rutschte es auf den dritten Platz hinter Slowenien und Norwegen). NZ ist Weltmeister der Rugby Union, sowohl der Herren- als auch der Damentitel gehören den Kiwis.

Fast das gesamte 20. Jh. lang beherrschte das neuseeländische Nationalteam die internationale Rugby Union, eine Mannschaft erhielt sogar den Beinamen *The Invincibles* (die Unbesiegbaren). Die Übernahme dieses Zeitvertreibs der britischen Oberklasse wirkte Wunder für die nationale Identität und das Spiel ist eng verbunden mit Neuseelands Geschichte und Kultur. Der Gewinn des Rugby World Cup 2011 war Balsam für die Volksseele – nach einem Jahr voller Tragödien und wirtschaftlicher Schwierigkeiten.

Trotz der Bedeutung von Rugby gibt es bei einem Spiel keinen Lärm oder laute Anfeuerungsrufe. Die Zuschauer im Eden Park von Auckland sind so zurückhaltend wie die Mannschaften fair sind; weiter südlich kann es etwas lauter werden. Ein Spiel der Rugby League im Mt. Smart Stadium von Auckland kann eine aufregende Angelegenheit sein.

Die Rugby League hat in Neuseeland den Status eines Sports der Arbeiterklasse und die wichtigsten Fans sind die Maori, Polynesier und andere Immigrantengruppen in Auckland.

Netball ist der beliebteste Sport für Frauen; die Nationalmannschaft, die Silver Ferns, ringen mit Australien um die Vorherrschaft in der Welt – eines der beiden Länder hat immer die Weltmeistertitel gewonnen (mit Ausnahme eines Unentschieden 1979).

2010 liefen die All Whites, Neuseelands Fußballnationalmannschaft, zum zweiten Mal bei einer Weltmeisterschaft auf und konnte sich immerhin rühmen, das einzige ungeschlagene Team des Turniers zu sein. Siege waren allerdings auch nicht zu vermelden, doch die Kiwis waren glücklich über die ersten Tore ihres Landes bei einer Weltmeisterschaft und über die drei Unentschieden. Für die Weltmeisterschaft 2014 konnten sie sich leider nicht qualifizieren.

Weitere Sportarten, in denen Neuseeland Bedeutung hat, sind Segeln, Rudern, Kanufahren, Reiten, Radfahren und Triathlon. Die meisten olympischen Medaillen hat Neuseeland in der Leichtathletik gewonnen. Kricket ist der beliebteste Mannschaftssport im Sommer, auch wenn die Kiwis dort in der Weltspitze zurzeit keine Rolle spielen.

Wer alle Höhen und Tiefen der nationalen Seele kennenlernen möchte, findet am Sportplatz einen guten Erkundungsort.

Als wäre das nicht genug Umbruch für eine Dekade, entzweite 1986 ein weiterer heftiger Streit die Gesellschaft: über die Entkriminalisierung der Homosexualität. Die Debatte wurde erbittert geführt, doch schließlich wurde das Gesetz, das bis dahin einvernehmlichen Sex zwischen homosexuellen Erwachsenen unter Strafe stellte, aufgehoben – was den Weg zu der generell toleranten neuseeländischen Gesellschaft von heute ebnete. 1999 sollte Georgina Beyer, eine transsexuelle ehemalige Prostituierte, den Konservativen auf dem Land den einst sicheren Parlamentssitz abnehmen. 2013 wurde in NZ die gleichgeschlechtliche Ehe legalisiert.

Bis 2010 stand NZ an zweiter Stelle des Global Peace Index hinter Island. 2011 fiel es auf den dritten Platz hinter Dänemark zurück – vielleicht hatte das mit all dem *haka* (Kriegstänzen) während des Rugby World Cup zu tun?

Doch während das Land in den 1980er-Jahren in gesellschaftlichen Fragen einen Linksruck erlebte, wurden gleichzeitig wirtschaftliche Reformen durchgesetzt, die einen extremen Rechtsdrang hatten. Man strich den öffentlichen Sektor zusammen, verkaufte alles Staatseigentum, das nicht niet- und nagelfest war, setzte Vorschriften und Regelungen in vielen Sektoren außer Kraft, baute Handelsbarrieren ab und beschnitt die Macht der Gewerkschaften drastisch.

Auch wenn man allgemein der Ansicht war, dass die Umstrukturierungen der alten Wirtschaft nötig waren, hatten die Reformen einen hohen Preis. Die alten sozialen Garantieleistungen waren gar nicht mehr so garantiert. Heute arbeiten die Neuseeländer länger und für niedrigere Löhne, als es ihre australischen Cousins je tolerieren würden. Verglichen mit anderen Nationen, die Mitglied in der OECD (Organisation für wirtschaftliche Zusammenarbeit und Entwicklung) sind, bleiben die Familieneinkommen niedrig, die Zahl der von Armut betroffenen Kinder ist hoch, die Kluft zwischen Reich und Arm wird immer größer.

Dennoch lässt sich in Neuseeland eine Dynamik feststellen, die in den „freundlichen" Jahren vor den Reformen selten war. Neuseeländische Farmer nehmen es auch ohne die großen Subventionen von einst mit den Bauern der restlichen Welt auf, und die Innenstadt von Wellington – einst wegen der strengen Gesetze über den Ausschank und Verkauf alkoholischer Getränke nach Einbruch der Dunkelheit praktisch tot – blüht nun mit tollen Bars und Restaurants richtig auf.

Wie bei den wirtschaftlichen Reformen fühlen sich manche Neuseeländer auch bei der Wiedergutmachung und der Versöhnung mit den Maori nicht besonders wohl, weniger weil sie dagegen sind, sondern weil sie das Ausmaß nicht einschätzen können. Als Europäer vor 200 Jahren erstmalig neuseeländischen Boden betraten, gab es zwischen 85 000 und 110 000 Maori. Krankheiten und Kriege dezimierten die Bevölkerung, doch eine hohe Geburtenrate führte dazu, dass heute 15% der Neuseeländer (599 000 Menschen) Maori sind – Tendenz steigend. Ziel des Vertrages ist eine Partnerschaft zwischen den Maori und der britischen Krone, die zu einer aus beiden Kulturen gemischten Nation führen soll. Nachdem das Ziel jahrzehntelang in einer kulturellen Anpassung bestand, wird heute akzeptiert, dass die indigene Kultur einen eigenen, speziellen Status im ethnischen Mix des Landes besitzt. So ist Maori offizielle Landessprache, und den Maori steht eine bestimmte Anzahl von Sitzen im Parlament zu.

Doch irgendwo mussten auch die vielen Neuseeländer eingepasst werden, die weder Briten noch Maori sind. Mit jeder neuen Einwanderungswelle bestand die Tendenz, zunächst jeden Einfluss zu verdammen, bevor Schritt für Schritt akzeptiert und anerkannt wurde, was die neuen Kulturen zu bieten hatten. So war es Mitte des 19. Jhs. bei den Chinesen, bei den Kroaten Anfang des 20. Jhs., bei den Menschen von den pazifischen Inseln in den 1970er-Jahren und zuletzt wieder bei den Chinesen in den 1990er-Jahren. Trotzdem ist die neuseeländische Gesellschaft besser integriert und aufnahmebereiter als die meisten anderen. Menschen aller Ethnien finden sich in allen Gesellschaftsschichten und die ethnische Herkunft ist kein Hindernis auf dem Weg zum Erfolg.

Die jüngere Generation, für die die 1980er-Jahre prähistorisch sind, interessiert sich nicht sonderlich für Politik. Bei den Parlamentswahlen 2011 haben nur 75% der Bevölkerung ihre Stimme abgegeben; bei den unter 30-Jährigen waren es sogar weniger als 64%.

25,2 % der Neuseeländer sind in anderen Ländern geboren. Davon stammen die meisten aus England (21,5%), China (8,9%), Indien (6,7%), Australien (6,3%), Südafrika (5,4%), Fidschi (5,3%) und Samoa (5,1%)

Neuseeland wird in der australischen Verfassung als Bundesstaat bezeichnet. Als Australien seine Verfassung schuf, hoffte man dort, dass Neuseeland sich diesem Land anschließen würde. Doch bei den Neuseeländern ist diese Vorstellung heute genauso unpopulär, wie sie es damals war.

EINE WELT DER FRAUEN

NZ ist zu Recht stolz darauf, dass es als erstes Land der Welt Frauen das Wahlrecht gewährt hat (1893). Kate Sheppard, die Heldin der Wahlrechtsbewegung für Frauen, ist sogar auf dem 10-Dollar-Schein des Landes abgebildet. Trotz dieser frühen Errungenschaft hielt sich die Rolle der Frauen im öffentlichen Leben viele Jahre in engen Grenzen. Heute ist das ganz anders. Seit 1997 regierten zwei Premierministerinnen und 2000 waren eine Zeitlang alle Schlüsselpositionen von Frauen besetzt, darunter das Amt des Premierministers, des Generalstaatsanwalts, des Obersten Richters, des Generalgouverneurs und des Staatsoberhaupts – auch wenn die Neuseeländer nichts dafür können, dass im Vereinigten Königreich eine Königin auf dem Thron sitzt. Zur selben Zeit führte eine Maori-Königin das *Kingitanga* (King Movement) an und eine Frau stand an der Spitze von Neuseelands größter börsennotierter Firma. Seitdem hat das Blatt sich wieder etwas gewendet und nur noch zwei dieser Ämter sind von Frauen besetzt – und ja, eine davon ist Königin Elisabeth II.

Fern von Großbritannien

Die meisten Kiwis (vielleicht mit Ausnahme der Farmer) wünschen sich vermutlich etwas weniger Regen und etwas höhere Löhne. Doch auch wenn mehrere Jahre in Übersee notwendig sind, merken sie schließlich doch, wie gut sie es im Vergleich haben. 2014 platzierte eine weltweite Studie zur Lebensqualität in Städten Auckland auf Platz 3 und Wellington auf Platz 12.

Trotz allen Wandels bleiben Schlüsselelemente der neuseeländischen Identität unangetastet: Erfolg ist immer noch an wirtschaftliches Denken gebunden und nicht an eine Klassenzugehörigkeit, Gäste in Restaurants oder Geschäften werden aus Höflichkeit oder aus Spaß an der Arbeit gut bedient, nicht aus Unterwürfigkeit.

Kein Punkt in Neuseeland befindet sich weiter als 128 km vom Meer entfernt.

In ländlichen Gegenden oder auf Spaziergängen im Busch wird man bei Begegnungen häufig begeistert gegrüßt, vor allem auf der Südinsel. Höflichkeit gilt allgemein als eine der höchsten Tugenden, ein Erbe der britischen Vergangenheit, mit „bitte" und „danke" kommt man weit. Die drei großen Ausnahmen von dieser Regel gelten: a) auf der Straße, wo nette Dr. Jekylls zu wutentbrannten Mr. Hydes werden, besonders wenn man das Pech hat, die Fahrspur wechseln zu müssen; b) wenn man nicht sehr gut Englisch spricht; und c) bei Australiern.

Die letzten beiden Punkte ergeben sich aus der Insellage und einem engen Blickwinkel, der aber bei Kiwis mit Reiseerfahrung (davon gibt es zum Glück viele) eher verschwindet. Die Rivalität mit Australien wird auf dieser Seite der Tasmansee viel ernster genommen. Es ist zwar ziemlich unwahrscheinlich, dass Kiwis offen unhöflich werden, aber die auf Besuch hier verweilenden Aussies wird die ständige Stichelei sicher nerven, zumal sie meist auch noch erstaunlich unwitzig ist. Traurig, aber wahr: Die meisten Australier würden zwar jede neuseeländische Mannschaft anfeuern, wenn sie nicht gerade gegen ein eigenes Team antritt, doch in Neuseeland ist das genau umgekehrt.

Number-Eight Wire

Traveller werden unterwegs öfter mal den Ausdruck *number-eight wire* (Draht Nr. 8) hören und sich fragen, was in aller Welt das bedeuten soll. Neuseeländer halten mit diesem Schlagwort einen nationalen Mythos aufrecht, nämlich dass durch Neuseelands Isolation und das Erbe der Pioniere eine Kultur entstand, die Schwierigkeiten durch Einfallsreichtum löst und Werkzeuge aus dem Nichts schafft. Es hieß, ein neuseeländischer Farmer konnte jedes Problem mit einem Stück Draht Nr. 8 beheben (ein Draht der Stärke 8, der für die Zäune der Farmen verwendet wurde).

Das trifft großteils noch immer zu – man muss sich nur mal den Erfindungsreichtum auf neuseeländischen Farmen anschauen. Ein Grund, warum große ausländische Film- und Fernsehproduzenten ihre Projekte in Neuseeland realisieren, ist – abgesehen von den niedrigen Löhnen und der großen Vielfalt von Drehorten – die Alles-ist-machbar-Haltung und die Zielstrebigkeit der neuseeländischen Technik-Crews.

Weit mehr Neuseeländer haben als Manager, Roadies oder Köche für berühmte Popstars gearbeitet (von Led Zeppelin über U2 bis zu Madonna), als selbst im Rampenlicht standen. Und das zeigt, dass Neuseeländer dann am besten sind, wenn sie Praktisches mit Kreativität in Einklang bringen können, gepaart mit einer beständigen (und manchmal enervierenden) Bescheidenheit.

Kunst & Musik

Nach dem Ende der Kolonialzeit brauchte Neuseeland etwa 100 Jahre, um eine eigenständige künstlerische Identität auszubilden. In der ersten Hälfte des 20. Jhs. waren Schriftsteller und bildende Künstler die Vorreiter. In den 1970er-Jahren eroberten neuseeländische Pub-Rocker Australien, in den 1980er-Jahren begeisterten sich Indie-Fans für die verrücktealternative Szene von Dunedin. Doch erst durch die Erfolge der Filmindustrie trat die Kreativität des Landes in den 1990er-Jahren ins Bewusstsein der Welt.

Literatur

In Neuseeland nahm man 2013 erfreut zur Kenntnis, dass die 28-jährige Schriftstellerin Eleanor Catton den Man Booker Preis zum zweiten Mal ins Land holte, den wohl angesehensten Literaturpreis der Welt. Lloyd Jones war im Jahr 2007 ebenfalls nahe dran, und sein Roman *Mister Pip* schaffte es zumindest auf die Shortlist. Doch seit Keri Hulme den Preis 1985 als erste gewonnen hatte, musste eine recht lange Durststrecke überstanden werden. Interessanterweise sind sowohl Cattons historischer Roman *The Luminaries* als auch Hulmes eindringliches Werk *The Bone People* (dt. *Unter dem Tagmond*, 1991) an der wunderbaren Westküste der Südinsel angesiedelt – und beide Bücher fangen etwas vom rauen und mysteriösen Wesen der Landschaft ein.

Catton und Hulme stehen in der stolzen Nachfolge neuseeländischer Autorinnen, deren Reigen im frühen 20. Jh. mit Katherine Mansfield ihren Anfang nahm. Mansfield begründete eine neuseeländische Tradition der Kurzgeschichte, und jahrelang setzte die Romanautorin Janet Frame Standards. Deren dramatisches Leben schildert Jane Campions Verfilmung ihrer Autobiografie *Ein Engel an meiner Tafel* (1993). Frames Roman *The Carpathians* (1989) gewann den Commonwealth Writers' Prize.

International ist Maurice Gee weniger bekannt, doch national stand er sechsmal an der Spitze der Bestsellerlisten, zuletzt mit *Blindsight* (2005). Sein beliebter Kinderroman *Under the Mountain* (1979) wurde 1981 als wegweisende neuseeländische Fernsehserie verfilmt, 2009 folgte ein Spielfilm. 2004 gewann die Verfilmung eines anderen Romans von ihm, *In My Father's Den* (1972), wichtige Preise auf internationalen Filmfestivals und ist einer der größten Kassenerfolge des neuseeländischen Kinos.

Maurice scheint ein vielversprechender Name für neuseeländische Schriftsteller zu sein: Der verstorbene Maurice Shadbolt erhielt große

STIMMEN DER MAORI

Einige der interessantesten und unterhaltsamsten Schriftsteller Neuseelands sind Maori – an allererster Stelle die Booker-Preis-Gewinnerin Keri Hulme. Witi Ihimaeras Romane geben einen guten Einblick in das Leben einer Maori-Kleinstadt an der Ostküste – vor allem *Bulibasha* (1994) und *Whale Rider* (1987); Letzteres war auch Vorlage eines hoch gelobten Films. Auch die Arbeiten von Patricia Grace schildern detailreich das Leben in einem Maori-Dorf mit einer *marae*-Anlage: *Mutuwhenua* (1978), *Potiki* (1986), *Dogside Story* (2001) oder *Tu* (2004).

Außer *Die Rückkehr des Königs*, der 2004 den Oscar gewann, war nur ein weiterer neuseeländischer Film in der Kategorie „Bester Film" für den Oscar nominiert: *Das Piano*. Jane Campion war die erste Regisseurin aus Neuseeland, die in der Kategorie „Beste Regie" nominiert war, Peter Jackson der erste Neuseeländer, der diesen Oscar gewann.

Die bislang einzigen neuseeländischen Schauspieler, die einen Oscar gewannen, sind Anna Paquin (für *Das Piano*) und Russell Crowe (für *Gladiator*). Paquin wurde in Kanada geboren und kam mit vier Jahren nach Neuseeland, Crowe war im gleichen Alter, als seine Familie von Neuseeland nach Australien zog.

Anerkennung für seine zahlreichen Romane, vor allem für jene, die in den Kriegen Neuseelands spielen. Einen guten Einstieg bilden *Season of the Jew* (1987) oder *The House of Strife* (1993).

Kino & TV

Wer sein Interesse an Neuseeland der Kinoleinwand verdankt, befindet sich in guter Gesellschaft. Peter Jacksons in Neuseeland gedrehte Trilogien *The Hobbit* und *Herr der Ringe* waren das Beste, das dem Neuseeland-Tourismus seit Käpt'n Cook passiert ist.

Doch das neuseeländische Kino ist selten so leichtfüßig. In seiner von der BBC finanzierten Dokumentation *Cinema of Unease* beschreibt der in Neuseeland geborene Schauspieler Sam Neill die Filmindustrie seines Landes als „einzigartig seltsam und dunkel"; sie produziere düstere, unheimliche Werke. Es reicht, sich Lee Tamahoris erschütternden Film *Die letzte Kriegerin* (1994) anzusehen, um zu verstehen, was er meint.

Der Filmkritiker des *Listener*, Philip Matthews, sieht die Sache etwas optimistischer: „An (Niki Caros) *Whale Rider*, (Christine Jeffs) *Rain* und dem *Herrn der Ringe* kann man die Qualitäten erkennen, die unsere besten Filme auszeichnen. Außer der gekonnten technischen Ausführung haben sie alle eine Art Mystizismus, eine dem Land innewohnende übernatürliche Empfindsamkeit."

Dieser Liste kann man noch Jane Campions *Das Piano* (1993), Brad McGanns *Als das Meer verschwand* (2004) und Jacksons *Himmlische Kreaturen* (1994) hinzufügen – sie alle betten verstörende Gewalt in eine magisch aufgeladene Szenerie ein. Der Mystizismus in diesem Land balanciert ständig auf der Grenze zum Grusel. Der Kiwi-Humor ist so schwarz wie die Trikots des Rugbyteams, etwa in Jacksons frühen Splatterfilmen oder in Taika Waititis *Boy* (2010). Neuseeländische Komödien sind vorwiegend im eigenen Land beliebt, doch die von einem amerikanischen Fernsehsender produzierte Serie *Flight of the Conchords* – in deren Mittelpunkt ein Duo neuseeländischer Folksänger steht, die den Durchbruch in New York schaffen wollen – hatte auch erstaunlichen internationalen Erfolg.

Am unbeschwertesten sind die polynesisch beeinflussten Komödien wie *Sione's Wedding* (2006) mit absolutem Wohlfühlfaktor, und dies war auch der zweitgrößte kommerzielle Erfolg des neuseeländischen Kinos.

Zuerst sah man im internationalen Film überhaupt keine Neuseeländer, dann tauchten sie in Armeestärke als Invasoren in *Star Wars* auf. Bekannte Gesichter wie Cliff Curtis und Karl Urban scheinen in Actionfilmen die Rolle des mexikanischen oder russischen Gangsters gepachtet zu haben. Viele starteten ihre Karriere in der über lange Zeit laufenden Seifenoper *Shortland Street* (werktags 19 Uhr, TV2).

MITTELERDE-TOURISMUS

Wer zu jenen Reisenden gehört, die wegen der Szenerie der *Herr der Ringe*-Filme nach Neuseeland kommen, wird nicht enttäuscht werden. Peter Jacksons Entscheidung, in Neuseeland zu drehen, war nicht nur bloßer Patriotismus. Nirgendwo sonst auf der Welt gibt es so abwechslungsreiche und unberührte Landschaften wie hier (und das Honorar für Schauspieler liegt nicht besonders hoch ...).

Einige Orte aus den Filmen erkennt man sicherlich wieder, beispielsweise Hobbingen (nahe Matamata), den Schicksalsberg (sofort erkennbar im gewaltigen Ngauruhoe) und die Nebelberge (die Southern Alps der Südinsel). Die Visitor Information Centres in Wellington, Twizel und Queenstown können einem in der Regel sagen, wie man zu den lokalen Ring-Drehorten kommt. Wer es ganz genau wissen will, sollte sich Ian Brodies *The Lord of the Rings: Location Guidebook* zulegen; es enthält Wegbeschreibungen und sogar GPS-Koordinaten, sodass man alle Drehorte finden kann.

Bildende Künste

Die „Kann ich, mach ich"-Einstellung der Neuseeländer erstreckt sich auch auf die bildenden Künste. Wer Einheimische zu Hause besucht, wird dort mitunter ein Bild an der Wand hängen sehen, das der Eigentümer selbst gemalt hat, oder im Garten eine Skulptur, die ein Freund aus Muschelschalen, Treibholz und einem Stück des magischen Drahts Nr. 8 gebaut hat.

Solche Objekte prägen die blühende Kunst- und Kunsthandwerksszene vor Ort, die durch praxisnahe Hochschulkurse gepflegt wird, denen am laufenden Band Schnitzer und Weber, Schmuckhersteller, Multimediaexperten sowie Glas- und Metallkünstler entspringen. In den größeren Städten gibt's ausgezeichnete Kunstgalerien, die Werke von interessanten einheimischen Künstlern aller Art ausstellen.

Einige der besten Galerien finden sich außerhalb von Auckland oder Wellington. Schon allein die energiegeladene Govett-Brewster Art Gallery (S. 239) – sie beherbergt das Erbe des Bildhauers und Regisseurs Len Lye – ist eine Reise nach New Plymouth wert, und die Eastern Southland Gallery (S. 668) in Gore zeigt eine bedeutende und stetig wachsende Sammlung.

Die traditionelle Maori-Kunst hat einen ausgeprägt visuellen Stil mit detailliert herausgearbeiteten Motiven, die sich neuseeländische Künstler gleich welcher Herkunft zu eigen gemacht haben. In der Malerei haben die kühle Moderne der Arbeiten von Gordon Walter und der eher umstrittene Pop-Art-Ansatz von Dick Frizzells Tiki-Serie Gewicht. Ähnlich verbreitet sind Themen und Motive der Pazifikinseln, vor allem in Auckland. Als Beispiel kann hier das Werk von John Pule dienen, der auf Niue geboren und in Auckland aufgewachsen ist.

Es dürfte niemanden überraschen, dass in einem Land, das so sehr von seiner natürlichen Umgebung geprägt ist, die Landschaftsmalerei zur ersten (nacheuropäischen) Kunstrichtung wurde. John Gully und Petrus van der Velden gehörten zu jenen, die kamen und einprägsame – wenngleich auch immer wieder überdramatisierte – Darstellungen der neuseeländischen Landschaft malten.

Etwas später schuf Charles Frederick Goldie eine Serie fesselnder, realistischer Porträts von Maori, die als vom Aussterben bedroht galten. Der Streit um die politische Korrektheit von Goldies Werk dauerte Jahre an, doch inzwischen wird seine Bedeutung weithin anerkannt – nicht zuletzt, weil die Maori selbst sein Werk im Allgemeinen als Darstellungen ihrer Ahnen anerkennen und wertschätzen.

In den 1930er-Jahren wurde die neuseeländische Kunst etwas moderner und brachte einige der gefeiertsten Künstler des Landes hervor, darunter Rita Angus, Toss Woollaston und Colin McCahon. McCahon gilt gemeinhin als bedeutendster Künstler Neuseelands. Seine Bilder mögen rätselhaft, ja abstoßend wirken, aber selbst dort, wo McCahon in katholischen Mystizismus abtauchte oder Stellen aus der Bibel zitierte, war seine Spiritualität im Land verwurzelt. Seine trostlosen, düsteren Landschaften machten die ungeheure Kraft Neuseelands quasi fassbar.

Musik

von Gareth Shute

Die ersten neuseeländischen Musikformen waren die *waiata* (Gesänge) der Maori, die diese seit ihrer Ankunft im Land entwickelt hatten. Die wichtigsten Musikinstrumente waren Blasinstrumente aus Knochen oder Holz, von denen das *nguru* (allgemein bekannt als „Nasenflöte") das bekannteste ist; das Trommeln auf Brust und Schenkel ersetzte das Schlagzeug. Heutzutage kann man Maori-Livemusik am besten bei den *kapa-haka*-Wettbewerben miterleben, wo Gruppen mit ihren eigenen Programmen aus traditionellen Gesängen und Tanz gegeneinander an-

Gareth Shute, der das Musikkapitel verfasste, schrieb vier Bücher, darunter *Hip Hop Music in Aotearoa* und *NZ Rock 1987–2007*. Als Musiker und Bandmitglied der Ruby Suns und der Brunettes tourte er durch Großbritannien, Europa und Australien. Heute spielt er in der Indie-Soul-Gruppe *Cosbys*.

DIE FINN BROTHERS

Es gibt einige Lieder, die alle Neuseeländer mitsingen können, wenn sie ein Bier und die Gelegenheit dazu bekommen. Ein erstaunlich großer Anteil davon wurde von Tim und Neil Finn geschrieben und viele ihrer Songs wurden internationale Hits.

Tim Finn wurde erstmalig in den 1970er-Jahren mit der Gruppe *Split Enz* bekannt. Als der ursprüngliche Gitarrist die Gruppe verließ, flog Neil nach England, um dessen Stelle einzunehmen – und zwar obwohl er damals erst 15 war. *Split Enz* fand zahlreiche Fans in Australien, Neuseeland und Kanada, bevor die Band sich 1985 trennte.

Neil gründete dann mit zwei australischen Musikern (Paul Hester und Nick Seymour) *Crowded House* und eine ihrer ersten Singles erreichte in den US-Charts Platz 2. Auch Tim stieß später für kurze Zeit dazu; damals schrieben die Brüder *Weather With You* – einen Song, der in den britischen Charts bis auf Platz 7 kletterte und dem Album Woodface eine Goldene Schallplatte einbrachte. Die Originalbesetzung von *Crowded House* hatte 1996 ihren letzten Auftritt – vor 100 000 Menschen auf den Stufen des Opernhauses von Sydney (Finn und Seymour bildeten die Gruppe jedoch 2007 neu und gehen gelegentlich noch auf Tournee oder nehmen eine Platte auf). Beide, Tim und Neil, haben auch eine Reihe von Soloalben veröffentlicht, außerdem gemeinsame Schallplatten bzw. CDs als Finn Brothers.

In jüngerer Zeit hat Neil etliche Auftritte und Veröffentlichungen unter dem Namen *Seven Worlds Collide* organisiert; dabei handelt es sich um eine Zusammenarbeit mit bekannten Musikern aus Übersee wie Jeff Tweedy (*Wilco*), Johnny Marr (*The Smiths*) und Mitgliedern von *Radiohead*. Seine neueste Band heißt Pajama Club, zu ihr gehören seine Frau Sharon und die Musiker Sean Donnelly und Alana Skyring aus Auckland.

Auch Neils Sohn Liam steht am Beginn einer Solokarriere, die ihn schon mit Eddie Vedder und *The Black Keys* auf eine Tournee durch die USA und in die Late-Night-Show von David Letterman geführt hat. Tim und Neil kamen in der kleinen Stadt Te Awamutu zur Welt und das dortige Museum besitzt eine Sammlung, die ihre Arbeit dokumentiert.

treten: das **Te Matatini National Kapa Haka Festival** (www.tematatini.co.nz) findet im März in Jahren mit ungerader Jahreszahl an wechselnden Veranstaltungsorten statt (2015 in Christchurch). Ähnlich läuft auch das Pasifika Festival (S. 80) in Auckland ab, bei dem sich jede der Pazifikinseln präsentiert. Hier kann man prima sowohl die traditionellen als auch die modernen Formen der polynesischen Musik kennenlernen, sei es beim zeitgenössischen Hip-Hop oder durch hämmernde Cook Island-Trommeln, Insel-Gitarren, Ukulelen und Slide-Gitarren.

Für Indierock-Fans ist www.cheeseontoast.co.nz eine wichtige Quelle für Infos, die Seite listet Gigs, bietet Interviews mit Bands und Fotos. Mehr Infos zum heimischen Hip-Hop, Pop und Rock gibt's auf www.thecorner.co.nz und der schon viele Jahre existierenden Seite www.muzic.net.nz.

Klassik & Oper

Frühe europäische Einwanderer brachten ihre eigenen Musikstile mit und schufen Anfang des 20. Jhs. regionale Varianten. In den 1950er-Jahren wurde Douglas Lilburn zum ersten international anerkannten klassischen Komponisten aus Neuseeland. In jüngerer Zeit hat das Land eine Reihe von weltbekannten Musikern hervorgebracht, darunter die Opernsängerin Dame Kiri Te Kanawa, die Pop-Diva Hayley Westenra, die Millionen von Platten verkauft hat, den Komponisten John Psathas (der die Musik für die Olympischen Spiele 2004 schuf) und den Komponisten und Schlagzeuger Gareth Farr (der auch in Frauenkleidern unter dem Namen Lilith auftritt).

Rock

Neuseeland hat auch eine starke Rockmusikszene: Besonders bejubelte Exporte sind das verehrte Indie-Label *Flying Nun* und die Musik der Finn Brothers.

Flying Nun wurde 1981 von Roger Shepherd, dem Besitzer eines Plattengeschäfts in Christchurch, gegründet. Viele der frühen Gruppen kamen aus Dunedin, wo die örtlichen Musiker den Do-it-yourself-Anspruch des Punk zu schlichtem Indie-Pop verwandelten, der bei den Leuten von *NME* in Großbritannien und beim Magazin *Rolling Stone* in den USA gut ankam. *Billboard* behauptete 1989 sogar: „Es scheint bei *Flying Nun* Records nichts unterhalb von herausragend zu geben."

Viele Musiker der Flying-Nun-Szene treten auch heute noch live auf, beispielsweise David Kilgour (von *The Clean*) und Shayne Carter (von den *Straitjacket Fits*, heute Frontman von *Dimmer* und *The Adults*). *The Bats* bringen immer noch neue Alben heraus, und Martin Phillipps' Band *The Chills* veröffentlichte 2013 ein Live-Album.

Eine aktuelle Liste mit Gigs in den wichtigsten Zentren veröffentlicht www.ripitup.co.nz. Tickets für die meisten Veranstaltungen gibt es bei: www.ticketek.co.nz, www.ticketmaster.co.nz oder, für kleinere Gigs, bei www.undertheradar.co.nz.

Reggae, Hip-Hop & Dance

Die Musikgenres, die von Neuseeländern mit Maori- und polynesischem Hintergrund am begeistertsten aufgenommen wurden, waren Reggae (in den 1970er-Jahren) und Hip-Hop (in den 1980ern); davon entstanden sogar regionale Sonderformen. In Wellington nahm eine florierende Jazzszene Reggae-Einflüsse auf; es gründeten sich eine Reihe von Gruppen, die verschiedene Stile mischten – am bekanntesten ist *Fat Freddy's Drop*. Der Nationalfeiertag am 6. Februar, der Waitangi Day, fällt zufällig mit dem Geburtstag von Bob Marley zusammen und so gibt es an diesem Tag alljährlich auch Reggae-Konzerte in Auckland und Wellington.

Die hiesige Hip-Hop-Szene hat ihren Mittelpunkt in den Vororten von South Auckland, in denen sehr viele Maori und Pazifikinsulaner wohnen. In dieser Gegend ist auch eines von Neuseelands führenden Hip-Hop-Labels, *Dawn Raid*, zu Hause, dessen Name von den schändlichen frühmorgendlichen Hausdurchsuchungen in den 1970er-Jahren herrührt, die die Polizei bei Pazifikinsulanern vornahm, die im Verdacht standen, dass ihre Visa abgelaufen waren. Der erfolgreichste Künstler von *Dawn Raid* ist *Savage*, der 1 Mio. CDs von seiner Single *Swing* verkaufte, nachdem das Lied in dem Film *Knocked Up* zu hören war. Die bekanntesten Hip-Hop-Acts in Neuseeland sind *Scribe*, *Che Fu* und *Smashproof* (deren Song *Brother* länger als jeder andere nationale Titel Nummer eins der neuseeländischen Charts war).

Dance Music war in den 1990er-Jahren in Christchurch am stärksten vertreten; von dort kamen *Salmonella Dub* und *Tiki Taane*. Drum 'n' Bass ist örtlich noch beliebt und hat international anerkannte Gruppen wie Concord Dawn und Shapeshifter hervorgebracht.

Eine breite Auswahl an kulturellen Veranstaltungen gibt es unter www.eventfinder.co.nz. Hier lässt sich vieles über Konzerte – Pop und Klassik – sowie *kapa-haka*-Veranstaltungen finden. Spezielle Informationen zur neuseeländischen Klassikszene bietet www.sounz.org.nz.

Neue Musik

Im neuen Jahrtausend hat die neuseeländische Musikszene neuen Schwung bekommen, nachdem die Regierung die privaten Radiosender im Land zu einer freiwilligen 20-Prozent-Quote für neuseeländische Musik überredet hatte. Den kommerzieller orientierten Musikern hat dies zu sicheren Karrieren verholfen. Rockgruppen wie *Shihad*, *The Feelers* und *Op-shop* sind unter diesen Bedingungen aufgeblüht, ebenso eine ganze Reihe weiblicher Soul-Solokünstler (die zufällig alle Maori-Wur-

GOOD LORDE!

Natürlich war die größte Neuigkeit der letzten Zeit in der neuseeländischen Musikszene der Erfolg von *Lorde*, einer Singer-Songwriterin aus Devonport, einem Ortsteil von North Shore, Auckland. Bei ihren Freunden weniger hoheitsvoll als Ella Yelich-O'Connor bekannt, stürmte die 16-jährige *Lorde* mit ihrem magischen Hit *Royals* im Jahr 2013 an die Spitze der US Billboard Charts – sie ist die erste neuseeländische Solokünstlerin, der das gelang. *Royals* gewann dann 2014 auch einen Grammy für den „Song of the Year". Ihr Debütalbum *Pure Heroine* hat sich weltweit millionenfach verkauft und noch einige Hits hervorgebracht. Nicht schlecht für dieses Alter!

Die TV-Show *Popstars* stammt ursprünglich aus Neuseeland, auch wenn die Gruppe, die dabei entstand, *True Bliss*, sich nicht lange am Markt halten konnte. Das Konzept wurde in anderen Ländern wie Australien, Großbritannien, den USA und auch Deutschland übernommen.

zeln haben): *Bic Runga*, *Anika Moa* und *Brooke Fraser* (die Tochter des All-Black-Spielers Bernie Fraser). Neuseeland brachte in dieser Zeit auch zwei international gefeierte Garage Rockbands hervor: die *Datsuns* und *D4*.

Zu den Kiwis, die aktuell internationale Anerkennung genießen, gehören die unglaublich begabte Sängerin *Kimbra* (die mit *Gotye* den weltweiten Superhit *Somebody That I Used To Know* sang), die mit Indie-Hymnen auftretende Elektropop-Band *The Naked & Famous*, die vielseitige Singer-Songwriterin *Ladyhawke*, die Kunstfigur *Lawrence Arabia* und das semi-psychedelische *Unknown Mortal Orchestra*. *Aaradhna* ist eine vielgepriesene R&B-Sängerin, die gegenwärtig mit ihrem Album *Trebel & Reverb* Furore macht, das bei den New Zealand Music Awards 2013 als „Album of the Year" ausgezeichnet wurde.

Veranstaltungsorte

Wer in Auckland Rock hören will, geht in die Kings Arms Tavern (S. 97) und ins Cassette Nine (S. 95), aber auch zwei zusammenhängende Lokale in der St. Kevins Arcade (an der Karangahape Rd) haben ihre Fans – Wine Cellar & Whammy Bar (S. 96). Auch die Ding Dong Lounge (S. 95) und das Portland Public House (S. 97) lohnen einen Besuch. In Wellington kann man an vielen Orten Livemusik genießen – die meisten finden sich rund um die Cuba St. – vom Meow (S. 408) bis zum Bodega (S. 408).

Großen Schaden nahm in Christchurch – durch die Erdbeben Ende 2010 und Anfang 2011 – auch die Musikszene. Als Übergangslösung wurden zeitlich begrenzt einige Veranstaltungsorte zur Verfügung gestellt. Eine vollständige Liste der Events finden Interessierte auf www.christchurchmusic.org.nz.

Weiter südlich touren viele einheimische Bands während der Skisaison durch Queenstown, und der Geist der *Flying-Nun*-Szene wird im **Chicks Hotel** (2 Mount St) in Port Chalmers (nahe Dunedin) gepflegt.

Festivals

Im Sommer gibt es eine Reihe von Festivals, darunter das Neujahrsevent **Rhythm & Vines** (www.rhythmandvines.co.nz) in Gisborne. Das internationale Alternative-Rock-Festival **Big Day Out** (www.bigdayout.com) schien schon reif für die Schrotthalde, erlebte jedoch 2014 in Auckland ein Revival. Ebenfalls empfehlenswert ist das Underground-Festival, das jedes Jahr von **A Low Hum** (www.alowhum.com) veranstaltet wird. Weltmusikfans versammeln sich bei der hiesigen Version des **WOMAD** (World of Music Arts & Dance; www.womad.co.nz) in New Plymouth, bei der nationale Acts ebenso auftreten wie solche aus Übersee.

Praktische Informationen

Allgemeine Informationen

Arbeiten in Neuseeland

Wer mit einem einfachen Besuchervisum einreist, hat keine Erlaubnis, bezahlte Jobs anzunehmen! Wer sich nicht an diese Bestimmung hält, wird des Landes verwiesen.

Wer ein WHS-Visum besitzt (S. 739), kann sich jederzeit nach einer befristeten Arbeit umschauen. Solche Gelegenheitsjobs finden sich vor allem in der Landwirtschaft (Obsternte, Mitarbeit auf Farmen und Weingütern), im Gastgewerbe (Bar, Service) und in den Skigebieten. Bürojobs bieten möglicherweise die IT- und Finanzbranche, das Bankenwesen und das Telefonmarketing. Um einen entsprechenden Job zu ergattern, sollte man sich bei einer Jobbörse registrieren lassen.

Saisonjobs als Schnitt- und Erntehelfer eignen sich für Besucher besonders gut. Von Dezember bis Mai werden auf mehr als 30 000 ha Anbaufläche u. a. Äpfel, Kiwis und anderes Obst und Gemüse geerntet. Für einen recht kargen Stundenlohn (12–17 NZ$) verrichtet man dabei harte, schmutzige Arbeit in der heißen Sonne – dementsprechend hoch ist die Fluktuation. Normalerweise berechnet sich die Bezahlung nach Pflückmenge (pro Behälter, Eimer oder Kilogramm). Mit wachsender Erfahrung und Geschwindigkeit lässt sich daher nach gewisser Eingewöhnungszeit dennoch ein ganz netter Verdienst erzielen. Für Erntejobs sind auf der Nordinsel u. a. die Bay of Islands (Kerikeri und Paihia), Aucklands ländliche Umgebung, Tauranga, die Bay of Plenty, Gisborne oder Hawke's Bay (Napier bzw. Hastings) gute Anlaufstellen, auf der Südinsel Nelson (Tapawera und Golden Bay), Marlborough (rund um Blenheim) oder Central Otago (Alexandra und Roxburgh).

Im Winter gibt es in den Skigebieten Jobs als Service und Reinigungskräfte in Bars, Restaurants und an Liftanlagen sowie – die entsprechende Ausbildung vorausgesetzt – als Ski- und Snowboardlehrer.

Informationsquellen

Reiseführer, Manager von Hostels und andere Reisende sind die beste Quelle, um sich vor Ort über die Möglichekeiten einer befristeten Arbeit zu erkundigen. **Base Backpackers** (www.stayatbase.com/work) bietet über seine Homepage einen Arbeits-Suchdienst an, in der Rubrik „Notice Boards"

PRAKTISCH & KONKRET

» **Aktuelle Nachrichten** findet man in Aucklands Tageszeitung *New Zealand Herald*, in Wellingtons *Dominion Post*, in Christchurchs *The Press* und online unter www.nzherald.co.nz oder www.stuff.co.nz

» **Fernsehen** Zu den staatlichen Fernsehstationen gehören TV One, TV2, TVNZ 6, Maori TV und der zu 100 % auf Maori sendende Fernsehkanal Te Reo. Die Alternative ist Sky TV (www.skytv.co.nz), dessen Sendungen man allerdings nur als Abonnent empfangen kann.

» **Radio** Aktuelle Infos sendet Radio National. Klassik und Jazz findet man auf Concert FM, die jeweiligen Frequenzen lassen sich im Internet auf www.radionz.co.nz nachlesen. Kiwi FM (www.kiwifm.co.nz) schickt neuseeländische Musik über den Äther, Radio Hauraki (www.hauraki.co.nz) Rock .

» **DVDs** Neuseeländische DVDs sind mit dem Code der Region 4 versehen, zu der Mexiko, Südamerika, Mittelamerika, Australien, der Pazifikraum und die Karibik gehören.

» **Maße & Gewichte** In Neuseeland wird das metrische System verwendet.

(Schwarzes Brett) der Website von **Budget Backpacker Hostels** (BBH; www.bbh.co.nz) findet man offene Stellen in BBH-Hostels sowie darüber hinaus einige wenige weitere Jobangebote.

Auf der Website **Kiwi Careers** (www.careers.govt.nz) können Berufstätige in ganz unterschiedlichen Bereichen (Landwirtschaft, Kreative Berufe, Gesundheit, Schule/Universität, Freiwilligenarbeit und Pesonalbereich) nach Jobs schauen. **Seek** (www.seek.co.nz) wiederum zählt mit Tausenden von Anzeigen zu den größten Netzwerken für Arbeitssuchende.

Eine weitere Quelle sind die Websites der Skigebiete. Wer in der Landwirtschaft bei der Ernte helfen will, sollte sich auf folgenden Seiten umschauen:

- www.seasonalwork.co.nz
- www.seasonaljobs.co.nz
- www.picknz.co.nz
- www.pickingjobs.com

Einkommenssteuer

Der Tod und die Steuern – beide bleiben einem nicht erspart! Die meisten Neuseelandreisenden, die für ihre Arbeit Kiwi-Dollars bekommen, sind verpflichtet, eine Einkommenssteuer zu zahlen, die vom Gehalt gleich abgezogen wird (Pay As You Earn, kurz PAYE genannt). Die Einkommenssteuer beläuft sich auf 12,2 % bei einem Jahreseinkommen von bis zu 14 000 NZ$, 19,2 % bei einem Jahresgehalt bis zu 48 000 NZ$, 31,7 % bei einem Jahresgehalt bis zu 70 000 NZ$. Alle höheren Gehälter werden mit 34,7 % besteuert. Vom Gehalt werden außerdem etwa 2 % abgezogen, die die Unfallversicherung NZ Accident Compensation Corporation (ACC) kassiert. Die hier genannten Prozentzahlen können allerdings von Jahr zu Jahr leicht schwanken.

Wer als Urlauber Neuseeland bereist und nur gelegentlich Jobs annimmt (vor allem auf Basis des Working Holiday Scheme), ist unter Umständen berechtigt, sich bei der Ausreise die einbehaltenen Steuern wieder auszahlen zu lassen. Dafür füllt man das Formular *Refund Application – People Leaving New Zealand IR50* aus und gibt es zusammen mit seinen Steuerunterlagen und dem Nachweis über die Ausreise (z. B. Flugticket) beim **Inland Revenue Department** (www.ird.govt.nz) ab.

Detaillierte Informationen dazu findet man auf der IRD-Website, man kann aber auch Kontakt mit dem **Inland Revenue Non-Resident Centre** (☎03-951 2020; nonres@ird.govt.nz; Private Bag 1932, Dunedin 9054) aufnehmen.

IRD-Nummer

Alle Reisende, die eine bezahlte Arbeit annehmen, brauchen eine IRD-Nummer (Inland Revenue Department). Das hierzu benötigte Formular *IRD Number Application – Individual IR595* kann man auf der Homepage des **Inland Revenue Department** (www.ird.govt.nz) herunterladen. Die Ausstellung einer IRD-Nummer dauert in der Regel acht bis zehn Werktage.

Botschaften & Konsulate

Die meisten diplomatischen Auslandsvertretungen befinden sich in Wellington (ein paar wenige auch in Auckland).

Australien (☎04-473 6411; www.australia.org.nz; 72–76 Hobson St, Thorndon, Wellington)

Deutschland (☎04-473 6063; www.wellington.diplo.de; 90–92 Hobson St, Thorndon, Wellington)

Fidschi (☎04-473 5401; www.fiji.org.nz; 31 Pipitea St, Thorndon, Wellington)

Österreich (☎04-384 1402; austria@vodafone.co.nz; Level 4, 75 Ghuznee St, Wellington)

Schweiz (☎04-472 1593; www.eda.admin.ch/wellington; Level 12, 10 Customhouse Quay, Wellington)

Ermäßigungen

- Der international anerkannte Studentenausweis, die **International Student Identity Card** (ISIC), wird von der **International Student Travel Confederation** (ISTC; www.istc.org) ausgegeben und richtet sich an Vollzeitstudenten und Schüler (über 12 Jahre). Bei Vorlage des Ausweises erhalten Studenten Ermäßigungen in Unterkünften, beim Kauf von Fahrkarten und bei Eintritten. Die ISTC vertreibt auch die **International Youth Travel Card**, die junge Reisende unter 30 Jahren kaufen können, die nicht als Vollzeitstudenten an einer Universität eingeschrieben sind und nicht mehr zur Schule gehen. Diese berechtigt zu den gleichen Vergünstigungen wie die ISIC. Ähnlich funktioniert die **International Teacher Identity Card**, die Lehrer erwerben können. Alle drei genannten Karten (jeweils 30 NZ$) können online unter der Adresse www.isiccard.co.nz oder in Jugendreisebüros wie STA Travel gekauft werden.
- Die **New Zealand Card** für 35 NZ$ (www.newzealandcard.com) berechtigt bei Unterkünften, Ausflugsfahrten, Sehenswürdigkeiten und Aktivitäten zu Rabatten zwischen 5 und 50 %.
- Gegen Vorlage eines geeigneten Altersnachweises (z. B. Reisepass, offizieller Seniorenausweis) erhalten Touristen ab 60 Jahren ebenfalls oft Ermäßigungen.

Essen & Trinken

Neuseelands Restaurants und Cafés verstehen sich ausgezeichnet darin, traditionelle Zutaten (Lamm, Rind, Wild, Grünschalmuscheln)

RESTAURANTPREISE

Innerhalb der jeweiligen Preiskategorie sortiert dieses Buch die Restaurantbeschreibungen nach persönlicher Präferenz des entsprechenden Autors. Überall gelten dabei die folgenden Preiskategorien, bezogen jeweils auf ein durchschnittliches Hauptgericht.

**$** unter 15 NZ$

**$$** 15–32 NZ$

**$$$** über 32 NZ$

mit asiatischen, europäischen oder pazifischen Einflüssen zu kombinieren. Die Palette der hiesigen Lokale reicht von Fish-&-Chips-Buden, Kneipenbistros und Cafés im Retrolook bis hin zu Restaurantbars mit ausführlichen Speisekarten oder Feinschmeckertempeln mit gestärkten Tischtüchern. Trinkgeld ist in Neuseeland nicht obligatorisch. Wer jedoch besonders zufrieden mit seinem kulinarischen Erlebnis war, kann gerne ca. 10 % des Rechnungsbetrags spendieren. Online-Verzeichnisse:

➡ www.dineout.co.nz

➡ www.menus.co.nz

Auch die neuseeländischen Weine (besonders Sauvignon Blanc und Pinot Noir) müssen keine Vergleiche scheuen. Und es sollte ein schwieriges Unterfangen werden, eine noch so kleine neuseeländische Ortschaft zu finden, in der es nicht einen köstlichen Espresso gibt. Ein neuer beliebter Trend sind Biere lokaler Mikrobrauereien.

Vegetarier & Veganer

In den meisten Großstadtzentren gibt's zumindest ein rein vegetarisches Café oder Restaurant. Entsprechende Online-Verzeichnisse finden sich bei **Vegetarians New Zealand** (www.vegetarians.co.nz). Abgesehen davon bieten fast alle Lokale ein paar fleischfreie Optionen an (mitunter jedoch nur eine oder zwei). Vielerorts sind auch glutenfreie und vegane Gerichte zu haben.

In den Restaurantverzeichnissen dieses Buchs weist das Symbol 🖉 jeweils auf eine gute vegetarische Auswahl hin.

Feiertage

Neuseelands wichtigste Feiertage:

Neujahr 1. und 2. Januar

Waitangi Day 6. Februar

Ostern Karfreitag und Ostermontag, März/April

Anzac Day 25. April

Queen's Birthday 1. Montag im Juni

Labour Day (Tag der Arbeit) 4. Montag im Oktober

Christmas Day 1. Weihnachtstag: 25. Dezember

Boxing Day 2. Weihnachtstag: 26. Dezember

Zusätzlich feiert jede Provinz ihren eigenen „Geburtstag". Die Daten variieren: Wenn das Datum auf einen Freitag, Samstag oder Sonntag fällt, ist in der Regel der folgende Montag arbeitsfrei; fällt der Feiertag auf den Dienstag, Mittwoch oder Donnerstag, ist der vorhergehende Montag frei.

Die jeweiligen Gründungstage sind:

Southland 17. Januar

Wellington 22. Januar

Auckland 29. Januar

Northland 29. Januar

Nelson 1. Februar

Otago 23. März

Taranaki 31. März

South Canterbury 25. September

Hawke's Bay 1. November

Marlborough 1. November

Chatham Islands 30. November

Westland 1. Dezember

Canterbury 16. Dezember

Schulferien

Die Weihnachtsferien von Mitte Dezember bis Ende Januar sind Teil der jährlichen Sommerferien. Nicht vergessen: Viele Unterkünfte bzw. Verkehrsmittel sind zu dieser Zeit oft schon weit im Voraus ausgebucht. Vor den touristischen Attraktionen muss mit langen Warteschlangen gerechnet werden. Neben diesen Hauptferien gibt es noch drei weitere Schulferienzeiten: Mitte bis Ende April, Anfang bis Mitte Juli und

AUF ZUM MARKT!

Landesweit finden insgesamt mehr als 50 Bauernmärkte statt (zumeist am Wochenende). In belebter Atmosphäre mit viel Lokalkolorit können sich Besucher dort bei einheimischen Anbietern mit frischen Regionalprodukten eindecken. Normalerweise gibt's auch Kaffee zum Mitnehmen, während geschäftstüchtige und innovative Standbesitzer zusätzlich Verkostungen offerieren. Am besten eine große Tragetasche mitnehmen und möglichst früh erscheinen, um die besten Waren zu ergattern! Marktorte, -tage und -zeiten stehen unter www.farmersmarkets.org.nz im Internet.

Mitte September bis Anfang Oktober. Die genauen Daten stehen auf der Homepage des Bildungsministeriums, des **Ministry of Education** (www.minedu.govt.nz).

Frauen unterwegs

Neuseeland ist generell ein sehr sicheres Land für Frauen, solange sie die üblichen Vorsichtsmaßnahmen beachten: Frauen sollten also nachts nicht allein unterwegs sein und grundsätzlich aufs Trampen verzichten. Wer außerhalb der Stadt reist, sollte immer genügend Geld dabei haben, um sich ein Taxi zurück zur Unterkunft leisten zu können. Als Frau sollte man auch auf eine Übernachtung in einem einfachen Pub verzichten, es sei denn, man ist sich sicher, dass die Unterkunft gut geführt wird. In den Statistiken spielen Fälle sexueller Belästigung ein verhältnismäßig unbedeutende Rolle, ganz auszuschließen sind Übergriffe aber natürlich nie.

Weiter Informationen bietet die Plattform: www.womentravel.co.nz.

Freiwilligenarbeit

Neuseeland bietet jede Menge Möglichkeiten für Traveller, die gern für einen guten Zweck ihre Hände schmutzig machen und freiwillig bei Umwelt- oder Naturschutzprojekten mitarbeiten wollen. Man kann z. B. dabei helfen, Bäume zu pflanzen, Unkraut zu jäten, neue Wanderwege anzulegen, gefährdete Lebensräume zu erhalten und Zäune zu errichten. Die i-SITEs informieren über Optionen vor Ort. Alternativ empfehlen sich die Websites www.conservationvolunteers.org.nz und www.doc.govt.nz/getting-involved. Die Verzeichnisse unter www.helpx.net listen Freiwilligenjobs auf, bei denen man gegen Kost und Logis auf Farmen mithilft.

Gefahren & Ärgernisse

Obwohl Neuseeland nicht gefährlicher als andere Länder ist, ereignen sich auch hier hin und wieder Gewaltverbrechen. Wer nachts in den Straßen unterwegs ist oder sich in abgelegenen Gebieten befindet, sollte die üblichen Sicherheitsvorkehrungen beachten. Banden sorgen in manchen Landesteilen für Unruhe – wer Gruppen mit schwarzen Jacken und Abzeichen trifft, sollte ihnen tunlichst aus dem Weg gehen.

Diebstähle aus Autos sind ein Problem in ganz Neuseeland, Ausländer werden als besonders leichte Beute angesehen. Generell sollten keine Wertsachen in parkenden Autos zurückgelassen werden – egal, wo man parkt. Ganz besonders gilt diese Vorsichtsmaßnahme für alle Parkplätze an touristischen Hotspots und am Beginn von beliebten Wanderwegen.

Ebenfalls nicht unterschätzten sollte man das unberechenbare, ständig wechselnde Klima – vor allem im Bergland. Die Gefahr einer Unterkühlung ist hier sehr groß.

Neuseeland ist im Gegensatz zum Nachbarland Australien bisher von giftigen Tieren wie Spinnen, Schlagen und Quallen verschont geblieben. Haie schwimmen in den neuseeländischen Gewässern, haben aber bisher selten Menschen angegriffen. Viel größer ist die Gefahr durch Kabbelwellen (*rips*) und Brandungsrückstrom (*undertows*), der Schwimmer in Sekundenschnelle aufs offene Meer hinausziehen kann. Unbedingt auf die Warnung vor Ort und die Hinweise der Einheimischen hören!

Gefahrenquellen auf Neuseelands Straßen sind mitunter viel zu schnell fahrende Einheimische, weit ausschwenkende Wohnmobile und Schafherden, die Fahrzeuge völlig ignorieren. Von daher keine zu langen Tagesetappen planen und immer mit größter Vorsicht fahren! Radfahrer müssen selbst auf schmalen Straßen damit rechnen, von Fahrzeugen überholt zu werden.

Ein höllisches Ärgernis sind Neuseelands Sandfliegen: Der starke Juckreiz, den ihre Stiche verursachen, kann über Monate anhalten. Die Verwendung von Insektenschutzmittel ist also in Küstengebieten höchst ratsam – selbst wenn man sich nur für ein paar Minuten ans Wasser setzt.

Geld

Bankkonten

Über die Möglichkeiten, in Neuseeland ein Bankkonto zu eröffnen, berichten Traveller Unterschiedliches (Bankwebsites liefern nur recht difuse Infos). Während manche nur ein paar Ausweisdokumente vorlegen mussten, wurde von anderen gar ein

STAATLICHE REISEINFORMATIONEN

Die Reisewebsite der eigenen Regierung erteilt Tipps und Warnungen zu Ländern in aller Welt.

Deutschland (www.auswaertiges-amt.de/DE/Laenderinformationen/SicherheitshinweiseA-Z-Laenderauswahlseite_node.html)

Österreich (www.bmeia.gv.at/aussenministerium/buergerservice/reiseinformation.html)

Schweiz (www.eda.admin.ch/eda/de/home/travad.html)

offizieller Beschäftigungsnachweis verlangt. So oder so sollte man rechtzeitig vor dem Start alle relevanten Informationen einholen. Und vor Ort empfiehlt sich eine weitere intensive Recherche, um die besten Konditionen zu bekommen.

Geldautomaten & Bargeldloses Bezahlen

Neuseeländische Bankfilialen mit Geldautomaten gibt's auf beiden Hauptinseln. Allerdings sind sie längst nicht überall vorhanden (z. B. in kleinen Ortschaften).

Viele neuseeländische Geschäfte ermöglichen bargeldloses Bezahlen per Eftpos („Electronic Funds Transfer at Point of Sale"). An den entsprechenden Terminals lassen sich Beträge für Käufe bzw. Dienstleistungen direkt mittels Kredit- oder Bankkarte begleichen. Oft kann man auf diese Weise auch Bargeld abheben. Mittlerweile ist bargeldloses Bezahlen landesweit fast überall üblich. Wie an Geldautomaten wird hierzu normalerweise die PIN benötigt.

Geldwechsler

Ausländisches Geld oder Reiseschecks lassen sich problemlos in neuseeländischen Banken oder bei lizenzierten Geldwechslern (z. B. Travelex) in den großen Städten eintauschen. Geldwechselstuben findet man in allen wichtigen touristischen Regionen, Städten und an den Flughäfen.

Kredit- & Bankkarten

KREDITKARTEN

Ob Hostelbett oder Bungeesprung: Kreditkarten sind in Neuseeland weithin als Zahlungsmittel anerkannt. Zudem werden sie von fast allen Autovermietern als Garantie/Kaution verlangt und können gegen Zusatzgebühren für Barabhebungen bei Banken oder an Geldautomaten verwendet werden. Verglichen mit Visa und MasterCard werden Karten von Diners Club und American Express seltener akzeptiert.

BANKKARTEN

An Geldautomaten, Bankschaltern und Eftpos-Terminals lässt sich Bares per Bank- bzw. Lastschriftkarte direkt vom heimischen Konto abheben. Akzeptiert werden in der Regel Cirrus, Maestro, Visa Plus und Eurocard; normalerweise wird zudem die PIN benötigt. V-Pay-Karten können außerhalb Europas derzeit nicht genutzt werden. Die eventuell anfallenden Gebühren erfragt man am besten bei der eigenen Bank. Manche Unternehmen (z. B. Travelex) offerieren auch Lastschriftkarten mit festen Abbuchungsgebühren und einem Guthaben, das man unterwegs vom eigenen Konto aus aufstocken kann.

Reiseschecks

Reiseschecks von internationalen Anbieter wie Amex oder Travelex sind inzwischen ziemlich aus der Mode gekommen, werden aber nach wie vor problemlos in Banken und von Geldwechselstuben eingelöst. Geld gibt es nur bei Vorlage eines Ausweises. Es lohnt sich, Kurse und fällige Gebühren zu vergleichen.

Steuern & Mehrwertsteuererstattungen

Die Mehrwertsteuer (GST) ist eine einheitliche Steuer in Höhe von 15 %, die auf alle einheimischen Waren und Dienstleistungen erhoben wird. Alle im Buch genannten Preise werden inklusive Mehrwertsteuer aufgeführt. Bei der Ausreise wird diese nicht zurückerstattet.

Währung

Ein Neuseeland-Dollar (NZ$) setzt sich aus 100 Cent (¢) zusammen. Im Umlauf sind Münzen im Wert von 10, 20 und 50 ¢ sowie 1 oder 2 NZ$. Dazu kommen Scheine im Wert von 5, 10, 20, 50 oder 100 NZ$. Preise werden zwar häufig auf den Cent genau angegeben, beim Bezahlen dann aber auf die nächsthöhere Zehn-Cent-Summe gerundet.

Gesundheit

Neuseeland ist sicher eines der „gesündesten" Reiseländer auf der ganzen Welt. Krankheiten wie Malaria oder Typhus kennt man auf den Inseln nicht, das Fehlen von Giftschlangen oder anderen gefährlichen Tierarten sorgt dafür, dass Outdoor-Aktivitäten nicht so gefährlich sind wie im benachbarten Australien.

Reisevorbereitung

MEDIKAMENTE

Notwendige Medikamente sollte man immer in der Originalverpackung von zu Hause mitbringen. Ein unterschriebener und datierter Brief des Hausarztes, in dem alle notwendigen Medikamente (möglichst auch die Wirkstoffe und Generica) und ihre Darreichung festgehalten sind, kann im Notfall hilfreich sein. Wer Injektionsspritzen oder Nadeln braucht, sollte sie ebenfalls mitbringen.

IMPFUNGEN

Neuseeland schreibt seinen Besuchern keine Pflichtimpfungen vor, die WHO empfiehlt dennoch allen Reisenden, gegen Diphtherie, Tetanus, Masern, Mumps, Röteln, Windpocken, Kinderlähmung (Polio) sowie Hepatitis B geimpft zu sein – unabhängig vom Reiseland. Der Hausarzt kann ein internationales Impfbuch ausfüllen, in dem alle Impfungen festgehalten werden.

KRANKENVERSICHERUNG

Eine gute private Auslandskrankenversicherung ist für alle Touristen ein absolutes Muss (für Details s. z. B. www.lonelyplanet.com/travel-insurance). Die medizinische Versorgung in Neuseeland hat ein hohes Niveau und ist im internationalen Vergleich nicht übermäßig teuer. Nichtsdestotrotz können beträchtliche Kosten entstehen (nicht zuletzt durch Rettungsflüge in die Heimat). Daher sollte man auch prüfen, ob der jeweilige Versicherer direkt mit medizinischen Einrichtungen in Übersee abrechnet oder ob der Versicherte in Vorleistung gehen muss.

In Neuseeland

MEDIZINISCHE VERSORGUNG & KOSTEN

Die öffentlichen Krankenhäuser Neuseelands haben einen hohen Standard und sind für Kiwis kostenlos. Die **Accident Compensation Corporation** (ACC; www.acc.co.nz) übernimmt bei ausländischen Touristen alle Behandlungskosten, die aus vor Ort eingetretenen Unfällen (z. B. im Straßenverkehr oder bei Abenteuer-Aktivitäten) resultieren. Für alle anderen gesundheitsbedingten Ausgaben während eines Neuseelandtrips hat jedoch ausschließlich die eigene Krankenversicherung aufzukommen. Weitere Infos hierzu gibt's unter www.moh.govt.nz und www.acc.co.nz.

Die kostenlose **Healthline** (☎0800 611 116; www.health.govt.nz; ⏲24 Std.) hilft landesweit bei Gesundheitsfragen.

MEDIKAMENTE

Rezeptfreie Arzneien (z. B. Schmerzmittel, Antihistaminika, Hautsalben) sind landesweit bei privat geführten Apotheken erhältlich. Manche Medikamente (u. a. Antibabypille, Antibiotika) bekommt man jedoch nur gegen Vorlage eines Rezeptes (ausgestellt von einem Allgemeinarzt). Wer regelmäßig Medikamente einnehmen muss, sollte unbedingt einen ausreichenden Vorrat mitbringen. Ebenfalls sinnvoll ist eine vollständige Auflistung der jeweiligen generischen Namen, da die Markenbezeichnungen je nach Land variieren.

ANSTECKENDE KRANKHEITEN

In den neuseeländischen Flüssen sind Giardien (mikroskopisch kleine Dünndarm-Parasiten) weit verbreitet; aus diesem Grund wird dringend vom Trinken unbehandelten Wassers aus Wasserläufen und Seen abgeraten. Um nicht zu erkranken, sollte man ausschließlich gefiltertes, abgekochtes oder mit Jod behandeltes Wasser zu sich nehmen. Die durch die Parasiten ausgelöste Krankheit Giardiasis erkennt man an Symptomen wie plötzlichem Durchfall, einem Blähbauch und Blähungen. Gegen die Krankheit gibt es wirkungsvolle Medikamente.

UMWELTBEDINGTE GESUNDHEITSRISIKEN

➡ Unterkühlungsgefahr besteht während des neuseeländischen Winters sowie ganzjährig in großen Höhen. Zusätzlich kann starker Wind einen heftigen Chillfaktor verursachen, weshalb der Körper sogar bei ansonsten moderaten Temperaturen unterkühlen kann. Erste Anzeichen hierfür sind Schüttelfrost und eine Einschränkung der Feinmotorik (z. B. Schwierigkeiten beim Schließen von Knöpfen). Schwere Fälle äußern sich in Benommenheit, Orientierungslosigkeit, Schwindel und unkoordinierten Bewegungen. Spätestens dann ist es sehr wichtig, den Wärmeverlust schnellstmöglich zu reduzieren: Nasse Sachen sollten ausgezogen und durch trockene, wind- und wasserabweisende Kleidung ersetzt werden. Zudem ist es ratsam, dem Körper genügend Wasser und Kohlenhydrate zuzuführen, damit er seine innere Temperatur durch Zittern wieder erhöhen kann. Achtung: In richtig schweren Unterkühlungsfällen hört das Zittern plötzlich auf – dann wird zusätzlich zu den genannten Maßnahmen unverzüglich eine medizinische Versorgung durch geschultes Rettungspersonal notwendig.

➡ Die Brandungsstärke an Neuseelands außergewöhnlichen Surfstränden variiert vielerorts (u. a. abhängig vom jeweiligen Gefälle des Meeresbodens). Vor dem Wellenreiten ist es grundsätzlich ratsam, sich bei örtlichen Rettungsschwimmern nach den aktuellen Bedingungen zu erkundigen. Und bitte immer die eigenen Grenzen bzw. Fähigkeiten realistisch einschätzen!

Internetzugang

WLAN & Internetanbieter

➡ Ob in Hotelzimmern, Hostel-Schlafsälen oder den Biergärten von Pubs: WLAN-Zugang (gratis oder kostenpflichtig) gibt's überall im ganzen Land. Normalerweise ist die Nutzung Gästen bzw. Kunden vorbehalten, die dann einen entsprechenden Zugangscode bekommen.

➡ Als größter einheimischer Telekommunikationsanbieter unterhält **Telecom New Zealand** (www.telecom.co.nz) landesweit viele WLAN-Hotspots (für Verzeichnisse s. Website). Diese lassen sich u. a. mit entsprechenden Prepaid-Karten nutzen. Alternativ kann man sich an jedem beliebigen Hotspot einen Prepaid-Code über die Einwahlseite besorgen und per Kreditkarte bezahlen.

➡ Traveller mit eigenem Laptop rüsten sich am besten mit einem USB-Surfstick aus und verwenden diesen in Kombination mit einer neuseeländischen SIM-Karte. Telecom NZ und **Vodafone** (www.vodafone.co.nz) verkaufen beides ab ca. 100 NZ$. Wer sich über einen lokalen Internetprovider (ISP) einloggen will, hat z. B. folgende Möglichkeiten:

Clearnet (☎0508 888 800; www.clearnet.co.nz)

Earthlight (☎03-479 0303; www.earthlight.co.nz)

Slingshot (☎0800 892 000; www.slingshot.co.nz)

Internetcafés

Durch das verstärkte Aufkommen von Geräten mit mobilem Internet und/oder WLAN sind Internetcafés (4–6 NZ$/Std.) in Neuseeland heute seltener als noch vor fünf Jahren. Dennoch findet man sie weiterhin in den meisten größeren Städten vor.

Die meisten Hostels sowie zahlreiche Hotels und Wohnwagenparks bieten Gästecomputer und WLAN auf. Auch viele öffentliche Bibliotheken haben Internetterminals und mitunter auch. WLAN-Hotspots. Diese sind jedoch generell für Recherchezwecke vorgesehen und nicht für Facebook-Aktivitäten von Travellern.

Karten & Stadtpläne

Der neuseeländische Automobilclub **Automobile Association** (AA; ☎0800 500 444; www.aa.co.nz/travel) gibt hervorragende Karten (Stadtpläne, Regional-, Insel-, Autobahnkarten) heraus, die in den AA-Läden verkauft werden. Dort ist auch der detaillierte Straßenatlas *New Zealand Road Atlas* erhältlich. Weitere Verlage wie Hema, KiwiMaps und Wises verlegen ebenfalls Straßenatlanten, die man in Besucherzentren und Buchläden kaufen kann.

Land Information New Zealand (LINZ; www.linz.govt.nz) publiziert verschiedene Kartenwerke, darunter Straßen-, Länder- und Urlaubskarten, außerdem Karten von Nationalparks und Waldschutzgebieten und topographische Karten. Sie sind in den größeren Buchläden oder im nächstgelegenen DOC-Büro erhältlich.

Onlinekarten und Branchenverzeichnisse finden sich unter **AA Maps** (www.aamaps.co.nz) oder **Yellow Maps** (www.maps.yellowpages.co.nz).

Kinder

Neuseeland eignet sich super für sichere und erschwingliche Reisen mit Kindern: Hier warten zahlreiche Spielplätze und kindgerechte Aktivitäten. Das Klima ist gemäßigt, die Küche kommt ohne scharfe Gewürze aus. *Travel with Children* von Lonely Planet enthält viele hilfreiche Allgemeininfos. Online-Info gibt es u. a. hier:

- www.kidzgo.co.nz
- www.kidspot.co.nz
- www.kidsnewzealand.com
- www.kidsfriendlynz.com

Praktische Informationen

- Viele Motels und Ferienparks bieten ihren kleinen Gästen Spielplätze, Spiele und DVDs, einige auch eingezäunte Pools und Trampolins. Kinderbetten und Hochstühle sind in günstigen und Mittelklassehotels nicht immer verfügbar, in den Spitzenhotels kann man sie immer ausleihen und findet dort häufig auch noch weitere Angebote für Kinder. Viele B&Bs weisen ausdrücklich darauf hin, dass Kinder unerwünscht sind und auch einige Hostels bevorzugen Backpacker. In sehr vielen Hostels (z. B. YHA) sind Kinder aber willkommen.
- Auf Kinderbetreuung spezialisierte Firmen findet man im Internet unter www.

Klima

Auckland

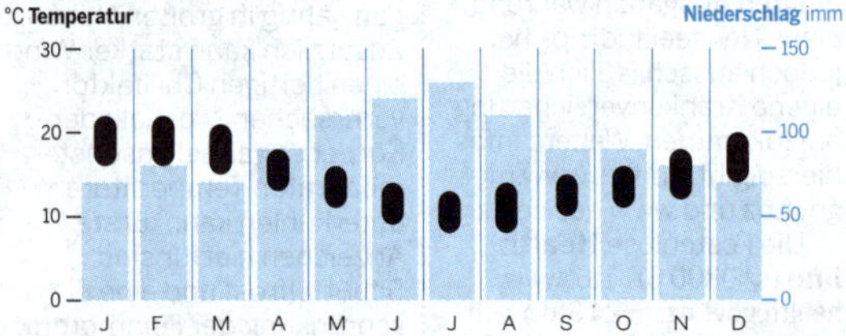

Christchurch

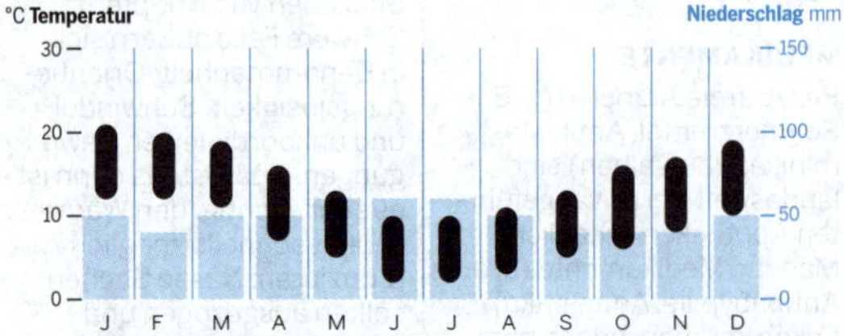

Queenstown

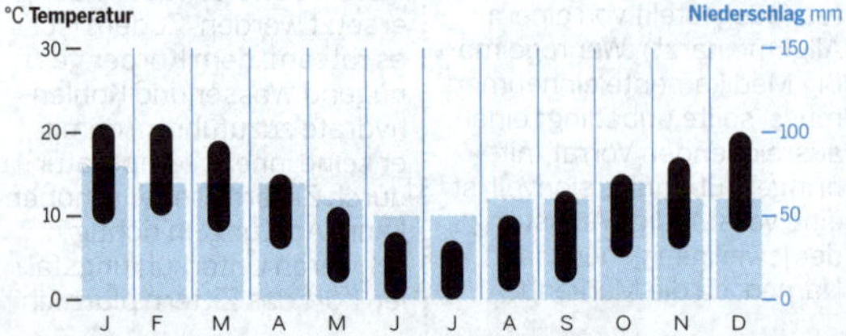

rockmybaby.co.nz oder in den Gelben Seiten unter den Stichwörtern *babysitters* und *child care centres*.

➡ Man sollte nachfragen und sicherstellen, dass die Mietwagenfirmen Kindersitze in der passenden Größe für das eigene Kind vorrätig hat und dass die Sitze vorschriftsmäßig montiert werden können. Einige Mietwagenfirmen bestehen darauf, dass man als Fahrer die Sitze selbst im Auto anbringt.

➡ Die meisten Kiwis sehen das Stillen in der Öffentlichkeit sehr gelassen. In den Großstädten und in größeren Orten gibt es öffentliche Räume, in denen Eltern ihre Kinder füttern und auch die Windeln wechseln können; die Besucherinformationen helfen bei der Suche oder man fragt einfach einen Einheimischen.

➡ Häufig bekommen Familien mit Kindern Preisnachlässe, sei es bei der Unterkunft, bei Ausflugsfahrten, Attraktionen, Eintritten, Fahrten im Zug, Bus oder bei Flügen. Die Nachlässe können bis zu 50 % des vollen Preises betragen. Allerdings variiert die Definition, bis zu welchem Alter es sich um ein „Kind" handelt – die Spannweite reicht von 12 bis 18 Jahren. Kleinkinder (bis zu 4 Jahren) erhalten in der Regel freien Eintritt und zahlen in Verkehrsmitteln aller Art gar nichts.

➡ Im ganzen Land gibt es viele familienfreundliche Restaurants, die für ihre kleinen Gäste Hochstühle und Kinder-Speisekarten bereithalten. Auch Pubs servieren häufig Kindergerichte; die meisten Cafés und viele Restaurants (mit Ausnahme der Spitzengastronomie) sind bereit, Kindern halbe Portionen zuzubereiten.

➡ Neuseelands medizinischer Dienst und die Gesundheitsfürsorge sind Weltklasse; überall bekommt man Babynahrung und Windeln.

Öffnungszeiten

Die meisten Sehenswürdigkeiten schließen über die Weihnachtstage und am Karfreitag.

Läden & Geschäfte Mo–Fr 9–17.30, Sa 9–12.30 oder 17 Uhr. In größeren Städten haben Geschäfte am Donnerstag und/oder Freitag abends länger geöffnet (bis 21 Uhr). In den Großstädten öffnen Geschäfte auch am Sonntag.

Supermärkte 8–19 Uhr, oft sogar bis 21 Uhr und in den Großstädten auch noch länger.

Banken Mo–Fr 9.30–16.30 Uhr; in den Großstädten öffnen einige größere Banken auch am Samstagvormittag.

Postämter Mo–Fr 8.30–17 Uhr; größere Filialen öffnen auch samstags von 9.30 bis 13 Uhr. Die Postschalter in Zeitungsläden öffnen später.

Restaurants Warmes Essen bekommt man von 12–14.30 und 18.30–21 Uhr, am Freitag und Samstag häufig auch bis 23 Uhr.

Cafés 7–16/17 Uhr.

Pubs Von 12 Uhr bis spätabends. Essen wird meist von 12 bis 14 und von 18 bis 20 Uhr serviert.

Post

Die **New Zealand Post** (☎0800 501 501; www.nzpost.co.nz) ist verlässlich und relativ günstig. Die Website mit Filialverzeichnis liefert aktuelle Infos zum landesweiten oder internationalen Postversand (inkl. Zonen und Preise).

Rechtsfragen

➡ Der Konsum von Marihuana ist in Neuseeland weit verbreitet, nichtsdestotrotz strikt verboten. Wer mit Marihuana oder anderen illegalen Betäubungsmitteln erwischt wird, muss mit harten Strafen rechnen. Es muss auch damit gerechnet werden, dass man trotz gültigen Visums ausgewiesen wird.

➡ Alkohol am Steuer ist in Neuseeland weiterhin ein großes Problem und wird als schweres Vergehen geahndet. Bei Verkehrsteilnehmern über 20 Jahren gilt eine Promillegrenze von 0,8 (Achtung: Null-Promille-Regelung unter 20 Jahren!).

➡ Wer verhaftet wurde, kann vor jeglicher formeller Befragung die Konsultation eines Anwalts verlangen.

Reisen mit Behinderung

Neuseeländische Unterkünfte sind im Allgemeinen recht gut auf Reisende mit Behinderung eingestellt. Viele Hostels, Hotels, Motels und B & Bs haben rollstuhlgerechte Zimmer. Viele Touristenattraktionen sind ebenfalls für Rollstuhlfahrer zugänglich.

In den meisten Touristenzentren gibt es Tourveranstalter mit behindertengerechten Fahrzeugen. Die Verkehrsunternehmen größerer Städte betreiben zudem Niederflurbusse, deren hydraulische Absenkfunktion das Einsteigen erheblich erleichtert. Es gibt auch Taxiunternehmen mit rollstuhlgerechten Vans. Große Autovermieter (Avis, Hertz usw.) bieten ohne Aufpreis handgesteuerte Fahrzeuge an, die allerdings rechtzeitig reserviert werden müssen.

Aktivitäten

Wer auch als Reisender mit Handicap oder mit Kinderwagen die neuseeländische Wildnis erleben will, kann sich das Büchlein *Accessible Walks* von Anna und Andrew Jameson (30 NZ$, inkl. Porto) kaufen. Die beiden Autoren beschreiben darin über 100 Wege auf der Südinsel mit Angaben zum Gefälle bzw. der Steigung, zur Oberflächenbeschaffenheit und zu Hürden und Hindernissen auf dem Weg. Die Autorin Anna sitzt selbst im Rollstuhl. Das Büchlein kann online über die Homepage www.accessiblewalks.co.nz bestellt werden.

Wer als Mensch mit eingeschränkter Mobilität eher die Kälte liebt, sollte einen Blick auf die Website **Disabled Snowsports NZ** (www.disabledsnowsports.org.nz) werfen.

Infos im Internet

Weka (www.weka.net.nz) Gute Allgemeininfos mit Sortierung nach Kategorien (z. B. Reisen, Verkehrsmittel und -wege).

Royal New Zealand Foundation of the Blind (www.rnzfb.org.nz) Wissenswertes für Sehbehinderte.

National Foundation for the Deaf (www.nfd.org.nz) Hilfe für Hörgeschädigte.

Mobility Parking (www.mobilityparking.org.nz) Infos zu Parkausweisen für Behinderte (inkl. Online-Anträge).

Für allgemeine Informationen zum Reisen mit Behinderung empfehlen sich:
Mobility International Schweiz (www.mis-ch.ch)
MyHandicap Deutschland (www.myhandicap.de)
MyHandicap Schweiz (www.myhandicap.ch)
Nationale Koordinierungsstelle Tourismus für Alle e. V. (Natko; www.natko.de)

Schwule & Lesben

Neuseelands schwul-lesbische Tourismusbranche ist nicht ganz so ausgeprägt wie die im benachbarten Australien. Dennoch haben Auckland und Wellington große Schwulengemeinden. Zudem greifen unzählige Hilfsorganisationen der Szene landesweit unter die Arme. Neuseelands Gesetzgebung handhabt den Schutz homosexueller Rechte liberal und fortschrittlich. Die gleichgeschlechtliche Ehe wurde 2013 legalisiert. Allgemein sind die Neuseeländer im Umgang mit Homosexualität entspannt und tolerant – was nicht bedeutet, dass Homophobie völlig ausgestorben ist.

Infos im Internet

Szenespezifische Reisewebsites gibt es in Hülle und Fülle. **Gay Tourism New Zealand** (www.gaytourismnewzealand.com) eignet sich ganz gut als Ausgangspunkt und liefert Links zu diversen anderen Online-Angeboten. Dazu zählen die folgenden:

- www.gaynz.com
- www.gaynz.net.nz
- www.lesbian.net.nz
- www.gaystay.co.nz

Eine gute Quelle ist auch das landesweit verbreitete Magazin *express* (www.gayexpress.co.nz), das jeden zweiten Mittwoch erscheint und auf Veranstaltungen hinweist, Kritiken bringt und die wichtigsten Adressen der neuseeländischen Schwulenszene auflistet.

Festivals & Events

Big Gay Out (www.biggayout.co.nz; ⌚Feb.) Gratisfestival (Essen, Trinken, Unterhaltung) in Auckland.

Out Takes (www.outtakes.org.nz; ⌚Mai/Juni) Schwul-lesbisches Filmfestival in Auckland und Wellington.

Gay Ski Week (www.gayskiweekqt.com; ⌚Aug./Sept.) Skifestival in Queenstown.

Strom

Für die Steckdosen (s. Abb. rechts) benötigt man einen Stecker mit drei Stiften (Stecker-Typ I, AS 3112), wie er in Australien verbreitet ist. Die Netzspannung liegt bei 230 V, 50Hz.

Telefon

Telecom New Zealand (www.telecom.co.nz) Neuseeländischer Marktführer mit sehr gutem Mobilfunknetz.

Vodafone (www.vodafone.co.nz) Mobilfunkanbieter.

2 Degrees (www.2degreesmobile.co.nz) Mobilfunkanbieter.

Mobiltelefone

Die Handynummern beginnen mit ☎021, ☎022, ☎025 oder ☎027. Die Netzabdeckung ist in Städten, Ortschaften und in den meisten Teilen der Nordinsel gut, fernab der großen Städte gibt es aber auf der Südinsel doch das eine oder andere Funkloch.

Wer sein eigenes Handy mitbringt und es mit einer Prepaid-SIM-Karte eines neuseeländischen Anbieters nutzen möchte, trifft mit **Vodafone** die richtige Wahl. Jeder Vodafone-Laden – es gibt sie in den meisten größeren Ortschaften – verkauft SIM-Karten mit zugehöriger Telefonnummer (ca. 40 NZ$). Aufladekarten gibt es in Zeitungsläden, bei der Post und in Tankstellen praktisch überall im Land.

Die Alternative ist das Ausleihen eines Handys bei **Vodafone Rental** (www.vodarent.co.nz), die Firma verlangt dafür 5 NZ$ pro Tag. Für das Leihhandy benötigt man zusätzlich eine SIM-Karte. Vodafone Rental betreibt Läden an den wichtigsten Flughäfen des Landes. Positive Berichte gab es auch über **Phone Hire New Zealand** (www.phonehirenz.com), das Handys, SIM-Karten,

Modems und GPS-Systeme verleiht.

Ortsgespräche

Ortsgespräche aus den Festnetzen sind erstaunlicherweise kostenlos! Ortsgespräche von einem Münztelefon aus kosten 1 NZ$ für die ersten 15 Minuten, dann 0,20 NZ$ für jede weitere Minute. Es gibt allerdings nur mehr wenige Münztelefone – und wenn man eins findet, kann es sein, dass der Münzeinwurf verklebt ist. Ohne eine Telefonkarte wird man also kaum auskommen. Anrufe auf Handys sind – wie überall– teurer.

Internationale Ferngespräche

Auslandsgespräche können von Münz- und Kartentelefonen aus getätigt werden, die Tarife und die internationale Vorwahlnummer variieren je nach Betreiber. Auslandsgespräche sind relativ billig – und es gibt Sondertarife, mit denen es noch billiger wird. Es lohnt sich also, zu vergleichen – in den *Yellow Pages* finden sich die entsprechenden Anbieter.

Für Auslandsgespräche muss der Code für internationale Telefonate ☎00 gewählt werden, danach die Landes- und dann die Ortsvorwahl (ohne ☎0 davor). Um z. B. einen Anschluss in Berlin zu erreichen, wählt man also zunächst ☎004930.

Um von Deutschland, Österreich oder aus der Schweiz einen Anschluss in Neuseeland zu erreichen, wählt man ☎0064, gefolgt von der jeweiligen Ortsvorwahl ohne die ☎0 am Anfang.

Ferngespräche & Vorwahlnummern

Bei Ferngesprächen muss die zweistellige Regionalvorwahl vorangestellt werden; die Gespräche können von jedem Telefon aus geführt werden. Wer innerhalb einer Stadt einen anderen Teilnehmer anruft, muss die Regionalvorwahl nicht wählen. Sobald es sich aber um ein Ferngespräch in einen Nachbarort handelt, muss man bei jedem Teilnehmer innerhalb der Region die Vorwahl mitwählen.

Auskunft & Gratisnummern

Alle Telefonnummern, die mit der ☎0900 beginnen, sind in der Regel Servicenummern, für die mindestens 1 NZ$ pro Minute verlangt wird (bei Anrufen von Handys noch mehr). Diese Auskunftsnummern können nicht von Münztelefonen aus angewählt werden.

Gratisnummern beginnen mit einer ☎0800 oder einer ☎0508 und können im ganzen Land kostenlos angerufen werden. Es kann allerdings sein, dass sie in gewissen Regionen oder für Anrufe von Handys gesperrt sind. Telefonnummern, die mit ☎0508, ☎0800 und ☎0900 beginnen, können nicht vom Ausland aus angerufen werden.

Telefonkarten

In Neuseeland bekommt man jede Menge unterschiedliche Telefonkarten; verkauft werden sie in Hostels, Zeitungsläden und Postfilialen – üblicherweise mit Guthaben von 5, 10, 20 oder 50 NZ$. Mit den Karten kann jedes öffentliche oder private Telefon genutzt werden. Dazu gibt man die kostenlose Zugangsnummer und anschließend die auf der Karte angegebene PIN ein. Preisfüchse aufgepasst: Die Tarife unterscheiden sich von Anbieter zu Anbieter recht deutlich, ein Vergleich lohnt sich also.

Toiletten

Neuseelands Toiletten sind Sitzmodelle im westlichen Stil. Die zahlreichen öffentlichen Örtchen sind normalerweise ziemlich sauber und mit ausreichend Toilettenpapier ausgestattet. Auch die Türschlösser funktionieren zumeist.

Unter www.toiletmap.co.nz findet sich ein Online-Verzeichnis mit öffentlichen Toiletten im ganzen Land.

Touristeninformation

Tourism New Zealand

Die Website der nationalen Tourismusbehörde **Tourism New Zealand** (www.newzealand.com) ist der beste Ausgangspunkt für Recherchen vor dem Start. Unter dem ungemein erfolgreichen Markenzeichen „100% Pure New Zealand" liefert sie Informationen in mehreren Sprachen (u. a. auf Deutsch). Zudem gibt's dort ein Verzeichnis mit Auslandsvertretungen der Tourismusbehörde.

Touristeninformationen vor Ort

Fast jede neuseeländische Stadt hat anscheinend ihr eigenes Besucherzentrum. Die Zentren der größeren Städte und Ortschaften sind in dem hervorragenden Netzwerk **i-SITE** (www.newzealand.com/travel/i-sites) zusammengeschlossen – es umfasst etwa 80 Besucherzentren, die wiederum zur staatlichen Tourismusbehörde Tourism New Zealand gehören. Die i-SITEs haben gut geschulte Mitarbeiter, informiert über lokale Aktivitäten und Sehenswürdigkeiten und verteilt kostenlose Broschüren und Karten. Sie helfen außerdem beim Buchen von Unternehmungen, Fahrkarten und Unterkünften.

Einige Besucherinformationen empfehlen nur diejenigen Unterkünfte und Tourveranstalter, die zahlende Mitglieder der lokalen Tourismusvereinigung sind. In manchen Fällen sind die Angestellten jedoch auch angehalten, überhaupt keine Empfehlungen für Veranstalter und Unterkünfte auszusprechen.

Daneben gibt es noch ein Netz an Besucherzentren des **Department of Conservation** (DOC; www.doc.govt.nz), das bei der Planung von Aktivitäten helfen kann und auch schon mal Buchungen übernimmt. In den DOC-Besucherzentren in Nationalparks, regionalen Zentren und Großstädten finden sich Ausstellungen über die jeweilige Flora und Fauna und den Artenreichtum des Landes.

Unterkunft

Neuseeland bietet ein riesiges Spektrum an Unterkünften: geschichtsträchtige Gästehäuser, mit vielen Extras ausgestattete Hotels, Motels mit Einheitszimmer, wunderschön gelegene Campingplätze sowie Hostels, die das ganze Spektrum abdecken: von untadelig bis hin zur Partylocation.

In der Hochsaison sollte man immer frühzeitig reservieren, vor allem in den Sommerferien von Weihnachten bis Ende Januar, an Ostern sowie im Winter in bekannten Skiorten wie Queenstown: In den genannten Wochen und Monaten sind Unterkünfte schnell ausgebucht und am teuersten.

Besucherinformationen helfen bei der Suche nach einem Quartier; häufig haben sie gedruckte Broschüren, in denen die Unterkünfte detailliert mit ihren Leistungen und Preisen beschrieben werden. Viele Touristeninformationen übernehmen auf Wunsch auch die Reservierung.

Wer online recherchieren will, findet auf der Website des neuseeländischen Automobilclubs **Automobile Association** (AA; ☎0800 500 444; www.aa.co.nz) und auf der Homepage von **Jasons** (www.jasons.com) Infos und Adressen.

B&Bs

Das Angebot neuseeländischer B & Bs ist bunt und vielfältig. Es gibt Vorstadtbungalows genauso wie prachtvolle Herrenhäusern, man trifft sie mitten in Großstädten genauso wie in ländlichen Nestern oder an einsamen Küstenabschnitten an.

Das Frühstück kann „kontinental" (Müsli, Toast, Tee oder Kaffee) oder „herzhaft kontinental" (plus Joghurt, Obst, selbstgebackenes Brot oder Muffins) sein. Eventuell gibt's alternativ eine üppige warme Variante mit Eiern, Speck, Würstchen etc. Manche B & B-Betreiber verköstigen ihre Gäste auch abends. Mitunter werden zudem Pauschalpakete mit Übernachtung, Abendessen und Frühstück (Dinner, Bed & Breakfast; DB & B) angeboten.

B & B-Doppelzimmer kosten zumeist 120–180 NZ$ (teilweise aber auch 300 NZ$ und mehr). Manche dreiste Inhaber verlangen heftige Preise für etwas, das im Prinzip einem Schlafzimmer in ihrem Privathaus entspricht. In Großstädten kann es sehr nützlich sein, wenn B & Bs eigene Parkplätze haben.

Bed & Breakfast Book (www.bnb.co.nz)

Bed & Breakfast Directory (www.bed-and-breakfast.co.nz)

Campingplätze & Ferienparks

Bei Campingfans und Wohnmobiltouristen stehen Neuseelands Ferienparks (Holiday Parks) hoch im Kurs. Gäste machen es sich dort auf Stellplätzen mit und ohne Stromanschluss oder in günstigen Schlafsälen gemütlich. Hinzu kommen Hütten und Wohneinheiten mit eigenen Eingängen, (werden nicht selten als Motels oder *tourist flats*, Ferienwohnungen, bezeichnet) . In vielen Fällen umfasst die Ausstattung u. a. gut ausgerüstete Gemeinschaftsküchen, Essbereiche, Spiele- und Fernsehzimmer. Städtische Holiday Parks liegen meistens ein gutes Stück vom urbanen Trubel entfernt. In kleineren Ortschaften findet man sie jedoch auch in beeindruckender Zentrumslage oder in der Nähe von Seen, Stränden, Flüssen und Wäldern.

Für Stellplätze in Holiday Parks bezahlen Erwachsene durchschnittlich 15 bis 20 NZ$ pro Übernachtung, Kinder die Hälfte. Plätze mit Stromanschluss kosten ein paar Dollar mehr. Für etwa 70–120 NZ$ können zwei Personen eine Hütte oder Wohneinheit mieten. Sofern nicht anders vermerkt, gelten alle genannten Preise bei Zelt- und Wohnmobilplätzen, Hütten und Blockhäusern jeweils für zwei Personen.

DOC-ZELTPLÄTZE & GRATIS-ZELTPLÄTZE

Eine fantastische Möglichkeiten für Traveller mit

UNTERKUNFTSPREISE

für ein Doppelzimmer mit eigenem Bad in der Hauptsaison:

**$** unter 100 NZ$

**$$** 100–200 NZ$

**$$$** über 200 NZ$

Wer in Auckland, Wellington oder Christchurch übernachtet, muss mit Preisaufschlägen von 20 bis 25 % auf die genannten Preise rechnen. In allen drei Städten werden für eine günstige Unterkunft im Doppelzimmer bis zu 100 NZ$, in Mittelklassehotels zwischen 100 und 240 NZ$ und in Spitzenklassehotels über 240 NZ$ verlangt.

Wohnmobil (250plus) sind die „Conservation Campsites", die vom **Department of Conservation** (DOC; www.doc.govt.nz) unterhalten werden. Das DOC verlangt für die Plätze gar nichts (ganz einfache Toiletten und Wasseranschluss) oder nur einen geringen Obulus in Höhe von maximal 15 NZ$ (Spültoiletten und Duschen). Das DOC verteilt kostenlose Broschüren mit genauen Beschreibungen der Plätze und Anfahrtswege (inkl. GPS-Koordinaten). Bevor man sich also auf den Weg macht, sollte man sich die Broschüre in einem DOC-Büro besorgen oder sich auf der Website informieren.

Das DOC kümmert sich zudem um Hunderte Hütten und Campingplätze in entlegenen Gebieten („Backcountry Huts" bzw. „Backcountry Campsites"), die nur zu Fuß erreichbar sind (für Details s. DOC-Website). Die Hütten und Zeltplätze an den „Great Walks" werden ebenfalls vom DOC verwaltet (s. S. 40).

Im äußerst malerischen Neuseeland ist man eventuell versucht, einfach an einem herrlichen Aussichtspunkt anzuhalten und zu zelten. Allerdings ist Wildzelten keinesfalls überall gestattet – daher immer vorher bei Einheimischen, örtlichen i-SITES, DOC-Büros oder kommerziell betriebenen Campingplätzen nachfragen. Wer wild campt, sollte Natur und Umwelt unbedingt immer mit dem nötigen Respekt behandeln. Ebenfalls wichtig: Falls weder der gewählte Stellplatz noch das eigene Wohnmobil über eine Toilette verfügen, darf am betreffenden Ort nicht übernachtet werden! Das Wohnmobil muss zudem mit geschlossenen Abwassertanks ausgerüstet sein. Wer in Verbotszonen campt oder seinen Müll nicht sachgerecht entsorgt, kann mit einem Bußgeld von 200 NZ$ belegt werden, das sofort gezahlt werden muss. Falls rechtswidrig entsorgter Müll eine pozentielle Gefährdung der Umwelt nach sich zieht, beträgt die Geldstrafe bis zu 10 000 NZ$. Weitere Tipps zum Wildcampen gibt's unter www.camping.org.nz.

WWOOFING

Wem es nichts ausmacht, ordentlich mit anzupacken, kann günstig durchs Land reisen, indem er als Mitglied beim internationalen Programm der **Willing Workers on Organic Farms** (WWOOF; ☎03-544 9890; www.wwoof.co.nz) Freiwilligenarbeit leistet. Wer auf solch einer Farm anheuert, bekommt dort als Gegenleistung für einen harten Arbeitstag freie Kost und Logis und ein paar Erfahrungen in der Biolandwirtschaft. Hat man sich für einen Hof entschieden, sollte man den Bauern/Farmer ein bis zwei Wochen im Voraus kontaktieren – auf keinen Fall unangemeldet vor der Tür stehen!

Die einjährige Mitgliedschaft kostet 40 NZ$, die Online-Anmeldung und ein Buch mit den Adressen aller Mitgliedsfarmen kostet zusätzlich 10 NZ$ plus Porto (wird zugeschickt). Wer als WWOOFer durchs Land reisen will, muss am Working Holiday Scheme (S. 739) teilnehmen..

Farm-Unterkünfte

Farmstays (Ferien auf dem Bauernhof) vermitteln einen prima Eindruck vom neuseeländischen Landleben: Diverse Obstplantagen, Milchwirtschafts-, Schaf- und Viehzuchtbetriebe ermuntern ihre Gäste zur aktiven Mitarbeit. In puncto Preise bestehen große Unterschiede. B & B-Angebote kosten normalerweise zwischen 80 und 120 NZ$. Manche Farmen bieten separate Hütten für Selbstversorger an, während andere günstige Gemeinschaftsunterkünfte im Backpacker-Stil zur Verfügung stellen.

Die Organisation **Farm Helpers in NZ** (FHINZ; www.fhinz.co.nz) gibt ein Büchlein (25 NZ$) heraus, in dem etwa 350 neuseeländische Farmen aufgeführt sind, auf denen man eine freie Unterkunft im Austausch für 4 bis 6 Stunden Arbeitseinsatz pro Tag bekommt. Die Organisation **Rural Holidays NZ** nennt auf ihrer Website (www.ruralholidays.co.nz) die Adressen von solchen Farmen.

Gasthäuser, Hotels & Motels

- Neuseelands günstigste Hotelvarianten sind schlichten Gasthäuser: Alte Kiwi-Pubs punkten oft mit jeder Menge Charakter und Lokalkolorit. Man wird aber auch schäbige Kaschemmen antreffen, von denen man besser die Finger lässt. Bevor man ein Zimmer nimmt, sollte man besser in Erfahrung bringen, ob abends eine Liveband spielt – denn dann ist an Schlaf oft kaum zu denken. Die günstigsten Gasthäuser, oft mit Gemeinschaftsbad am Ende des Flurs, verlangen für ein Einzel-/Doppelzimmer gerade mal 30/60 NZ$ (häufiger 50/80 NZ$).
- Am oberen Ende des Spektrums rangieren die Häuser internationaler Fünf-Sterne-Ketten, große Resorts und architektonisch höchst reizvolle Boutiquehotels. Moderne Extras, effizienter Service und/oder historische Pracht haben natürlich ihren Preis. Für das Luxussegment werden in diesem Reiseführer Listenpreise (*rack rates*) angegeben. Allerdings sind oft Ermäßigungen und Sonderangebote erhältlich.
- Landesweit gibt's zudem zahllose Motels bzw. „Motor

UNTERKÜNFTE ONLINE BUCHEN

Unter hotels.lonelyplanet.com/usa/ gibt's weitere Unterkunftsbewertungen und unabhängig recherchierte Infos von Lonely Planet Autoren – inklusive Empfehlungen zu den besten Adressen. Außerdem kann online gebucht werden.

Lodges" (DZ 80–180 NZ$) in gesichtslosen Flachbauten, die oft an Highways oder am Rand einer Ortschaft stehen. Die Einrichtung mag zwar mitunter schon etwas angestaubt sein, doch die meisten Motelzimmer sind recht modern und ähnlich ausgestattet (u. a. mit Kühlschrank, TV, Tee- und Kaffeekocher). Der Preis variiert je nach Standard.

Hostels

Neuseeland bietet viele Hostels, die entweder unabhängig oder als Mitglied einer Organisation betrieben werden. Manche der Hostels sind klein, familiär und bieten nur eine Handvoll Betten, andere sind umgebaute Hotels oder zweckentfremdete moderne Gebäude in Großstädten. Die hier genannten Preise gelten immer für Nicht-Mitglieder, der Durchschnittspreis liegt bei 25 bis 35 NZ$ pro Nacht.

HOSTELORGANISATIONEN

Budget Backpacker Hostels (BBH; www.bbh.co.nz) Neuseelands größter Herbergsverband betreibt rund 275 Hostels, die in der jährlich erscheinenden Gratisbroschüre BBH Backpacker Accommodation aufgelistet sind. Die dort genannten Unterkunftspreise gelten für Mitglieder (45 NZ$/12 Monate); Nicht-Mitglieder bezahlen pro Übernachtung jeweils 3 NZ$ mehr. Mitgliedsausweise sind bei allen BBH-Herbergen oder online für 50 NZ$ erhältlich (für Details s. Website).

YHA New Zealand (Youth Hostels Association; www.yha.co.nz) Die neuseeländische YHA betreibt über 25 Herbergen an attraktiven Orten auf der Südinsel und gehört zum Netzwerk von **Hostelling International** (HI; www.hihostels.com). Wer über den Herbergsverband in der Heimat bereits im Besitz eines internationalen Jugendherbergsausweises ist, kann diesen natürlich auch in Neuseeland benutzen. Alternativ ist der Ausweis (42 NZ$/12 Monate) auch online oder direkt vor Ort bei großen YHA-Hostels erhältlich. Nicht-Mitglieder bezahlen pro Übernachtung jeweils 3 NZ$ extra.

Base Backpackers (www.stayatbase.com) Diese Kette mit sieben Hostels ist in ganz Neuseeland vertreten: in Auckland, Rotorua, Taupo, Wellington, Wanaka, Queenstown und an der Bay of Islands. Partnerherbergen in Nelson und Dunedin ergänzen das Angebot; ein Hostel in Christchurch war zum Zeitpunkt der Recherchen aufgrund notwendiger Reparaturen von Erdbebenschäden noch geschlossen. Die Herbergen zeichnen sich durch saubere Schlafsäle, separate Bereiche für Frauen und jede Menge Möglichkeiten zum Partymachen aus. Angeboten werden auch „Base-Jumping"-Pässe mit zehn Übernachtungen (239 NZ$, online buchbar).

VIP Backpackers (www.vipbackpackers.com) Diese internationale Organisation kooperiert mit rund 20 neuseeländischen Hostels, die nicht zu BBH oder YHA gehören. Sie befinden sich meistens in Großstädten und an touristischen Hotspots. Der Mitgliedsausweis (ca. 61 NZ$/12 Monate inkl. Zustellung auf dem Postweg) bringt bei jeder Übernachtung einen Rabatt von 1 NZ$. Er ist online oder direkt bei VIP-Hostels erhältlich.

Nomads Backpackers (www.nomadsworld.com) Die sieben Franchise-Hostels dieses Verbands stehen in Auckland, Rotorua, Taupo, Waitomo, Wellington, Queenstown und dem Abel Tasman National Park. Die Jahresmitgliedschaft (49 NZ$/12 Monate) berechtigt zu einer Ermäßigung von 1 NZ$ pro Übernachtung. Auch in diesem Fall bekommt man den Ausweis online oder direkt bei den angeschlossenen Herbergen.

Mietunterkünfte & Ferienwohnungen

Einfache Ferienhäuser bezeichnen die Neuseeländer als *bach*. Der Name leitet sich von *bachelor* (Junggeselle) ab, da sich in den Hütten normalerweise alleinreisende Männer einquartierten, die einsame Jagd- oder Angelausflüge unternahmen. In Otago und Southland sind sie auch als *cribs* bekannt. Die Hütten finden sich vor allem auf dem Land und an der Küste, meistens in entlegenen Regionen. Die Preise betragen normalerweise 80 bis 150 NZ$ – gar nicht so übel für ein ganzes Haus oder einen Selbstversorger-Bungalow.

Für Ferienhäuser mit gehobenem Standard zahlt man für zwei Personen etwa 150 bis 400 NZ$.

- www.holidayhomes.co.nz
- www.bookabach.co.nz
- www.holidayhouses.co.nz
- www.nzapartments.co.nz

Versicherung

- Unbedingt notwendig ist eine umfassende Reiseversicherung, die neben medizinischen Behandlungskosten auch Fälle von Verlust und Diebstahl abdeckt. Manche Verträge klammern explizit Unfälle bei Risikosportarten wie Sporttauchen, Bungeespringen, Rafting, Skifahren und teilweise sogar Wanderungen aus. Wer solche Aktivitäten plant (in Neuseeland ist das höchst wahrscheinlich), sollte sich sehr genau erkundigen, ob seine Police den umfassenden Schutz bietet.

➡ Achtung: Die neuseeländische Gesetzgebung lässt bei Personenschäden keine Zivilklagen zu (Strafschadenersatz, *exemplary damages*, ausgenommen). Stattdessen greift unabhängig von der Schuldfrage das Schadensersatzsystem der neuseeländischen **Accident Compensation Corporation** (ACC; www.acc.co.nz), das eine Art Unfallversicherung für alle Einheimischen und Touristen darstellt. Dieses Programm ersetzt aber keinesfalls eine eigene Reisekrankenversicherung mit umfassendem Schutz, da es z. B. nicht für Einkommensausfall, gesundheitliche Folgeprobleme oder Weiterbehandlung in der Heimat aufkommt.

➡ Empfehlenswert sind Verträge, bei denen der jeweilige Versicherer direkt mit medizinischen Einrichtungen im Ausland abrechnet. Andernfalls muss man zunächst selbst in Vorleistung gehen. Vor allem in diesem Fall ist es unabdingbar, alle relevanten Dokumente sorgfältig aufzubewahren. Manche Versicherer bestehen auch auf R-Gesprächen mit ihren Zentralen in der Heimat, um das jeweilige Problem auf diese Weise umgehend zu bewerten. Ebenfalls wichtig: Die Police sollte auf jeden Fall Rettungstransporte und Rückflüge in die Heimat abdecken!

➡ Die weltweit gültige Reiseversicherung unter www.lonelyplanet.com/travel-insurance kann jederzeit online abgeschlossen, erweitert und in Anspruch genommen werden – selbst wenn man bereits unterwegs ist.

Visa

Visumanträge sind z. B. bei Reisebüros oder diplomatischen Auslandsvertretungen Neuseelands erhältlich. Eine weitere Anlaufstelle ist die **neuseeländische Einwanderungsbehörde** (Immigration New Zealand; ☎09-914 4100, 0508 558 855; www.immigration.govt.nz).

Touristenvisa

Staatsbüger Deutschlands, Österreichs und der Schweiz können sich drei Monate lang visumfrei in Neuseeland aufhalten. Erforderlich sind jedoch ein Anschluss- bzw. Rückflugticket und der Nachweis ausreichender finanzieller Mittel für den Lebensunterhalt (pro Pers. ca. 1000 NZ$/Monat). Zudem muss der Reisepass noch drei Monate nach dem Ausreisedatum gültig sein. Wer das Land länger als drei Monate erkunden möchte, braucht ein Visum (für Details s. Website von Immigration New Zealand).

Innerhalb eines Zeitraums von 18 Monaten lässt sich die Gültigkeitsdauer eines Besuchervisums auf maximal neun Monate verlängern. Direkt vor Ort kann die Aufenthaltsdauer auch auf maximal zwölf Monate aufgestockt werden. Die Genehmigung wird individuell erteilt – hierfür sind eventuell dieselben Nachweise wie bei visumfreier Einreise zu erbringen (s. oben). Verlängerungsanträge lassen sich bei allen Vertretungen der neuseeländischen Einwanderungsbehörde stellen.

Arbeitsvisum & Working Holiday Scheme

ARBEITSVISUM

Wer in Neuseeland einer bezahlten Arbeit nachgehen will, muss ein Arbeitsvisum beantragen. Es gilt maximal drei Jahre lang und verwandelt sich bei der Einreise automatisch in eine Arbeitserlaubnis. Letztere kann man auch nach der Ankunft in Neuseeland beantragen – allerdings wird der Gültigkeitsbeginn dann auf den Einreisezeitpunkt zurückdatiert. Je nach Ausstellungsort und Antragsart (Papierformular oder online) schwanken die Gebühren für Arbeitsvisa aktuell zwischen 230 und 360 NZ$.

WORKING HOLIDAY SCHEME

Deutsche Reisende, die mit gelegentlicher Arbeit ihre Reisekasse aufbessern möchten, können am neuseeländischen Working Holiday Scheme (WHS) teilnehmen. WHS-Visa sind zwölf Monate gültig. Interessenten müssen zwischen 18 und 30 Jahren alt sein und dürfen Aushilfsjobs annehmen, aber keine festen Beschäftigungsverhältnisse eingehen. Mittlerweile wurde die Beschränkung aufgehoben, nur maximal drei Monate für denselben Arbeitgeber tätig sein zu dürfen. Das WHS-Visumkontingent für deutsche Bewerber ist nicht limitiert. Für Traveller aus Österreicher werden derzeit pro Jahr lediglich 100 WHS-Visa ausgegeben, die zudem nur eine Gültigkeit von sechs Monaten besitzen. Schweizer können am WHS nicht teilnehmen.

WHS-Visa muss man meistens im eigenen Heimatland beantragen, der Antrag kann aber auch online gestellt werden. Antragsteller müssen ein Rückflug- oder Anschlussticket und den möglichen Zugriff auf finanzielle Mittel von mindestens 4200 NZ$ nachweisen. Zudem muss der Reisepass noch mindestens drei Monate nach dem Ausreisedatum gültig sein. Die Bearbeitungsgebühr beträgt derzeit 165 NZ$. Bei abgelehnten Anträgen wird der Betrag nicht zurückerstattet.

Verbindliche Informationen und Online-Anträge finden sich unter www.immigration.govt.nz/migrant/stream/work/workingholiday/germanyworkingholidayscheme.htm.

Zeit

Neuseeland ist der mitteleuropäischen Zeit (MEZ) um elf Stunden voraus. Während der europäischen Sommerzeit beträgt die Zeitverschiebung nur zehn Stunden, während der neuseeländischen Sommerzeit (letzter Sonntag im September bis 1. Sonntag im April) hingegen zwölf Stunden. Gegenüber Australien beträgt die Zeitverschiebung plus zwei Stunden. Der Zeitunterschied von den Chathams zu Neuseelands Hauptinseln liegt bei plus 45 Minuten.

Zoll

Details finden sich auf der Homepage der neuseeländischen Zollbehörde, dem **New Zealand Customs Service** (www.customs.govt.nz). Dort wird alles genannt, was eingeführt werden darf und was verboten ist. Jeder Reisende darf folgende Mengen zollfrei einführen:

- 1125 ml Spirituosen/Likör
- 4,5 l Wein oder Bier
- 200 Zigaretten (oder 50 Zigarren bzw. 250 g Tabak)
- Zollpflichtige Waren bis zu einem Wert von 700 NZ$

Es ist ratsam, alle ungewöhnlichen Arzneien zu deklarieren. Die Wanderausrüstung (Stiefel, Zelte usw.) wird aufs Gründlichste untersucht und muss möglicherweise gereinigt werden, ehe sie eingeführt werden darf. Alle pflanzlichen oder tierischen Produkte (dazu zählen auch Gegenstände aus Holz) sowie Nahrungsmittel jeglicher Art sind zu deklarieren. Die Einfuhr von Feuer- und sonstigen Waffen ist entweder verboten oder nur mit einer Sondergenehmigung und einer Sicherheitsüberprüfung gestattet.

Verkehrsmittel & -wege

AN- & WEITERREISE

Da Neuseeland ein riesiges Stück von den allermeisten anderen Ländern entfernt liegt, fliegen fast alle Besucher aus Übersee hierher. Flüge, Mietwagen und geführte Touren lassen sich online unter lonelyplanet.com/bookings buchen.

Einreise

Die Einreise nach Neuseeland geht normalerweise recht einfach vonstatten – zu überstehen sind lediglich die üblichen Zollformalitäten und die nervige Schlacht an der Gepäckausgabe. Reisepass usw. wurden früher erst nach der Landung kontrolliert. Unter dem an Orwell erinnernden Namen „Advance Passenger Screening" erfolgt die Kontrolle der Einreisedokumente nun jedoch schon vor dem Abflug. Für stressfreies Einchecken ist es daher höchst ratsam, alle benötigten Papiere vollständig und geordnet mitzuführen.

Reisepass

Normalerweise dürfen Ausländer ohne Einschränkungen nach Neuseeland einreisen. Passagiere mit einem gültigen Reisepass (d. h. alle, die kein Visum benötigen; siehe S. 739) sollten also keine Probleme haben.

Flugzeug

Diverse konkurrierende Gesellschaften fliegen ab Europa, Asien und Nordamerika nach Neuseeland. Sofern man nicht gerade in Australien startet, sind Flüge jedoch stets ziemlich teuer. Neuseelands ganzjährig riesiges Angebot von Aktivitäten macht die Flughäfen fast immer sehr betriebsam. Wer zu besonders beliebten Spitzenzeiten (z. B. über Weihnachten) reisen will,

REISEN & KLIMAWANDEL

Der Klimawandel stellt eine ernste Bedrohung für unsere Ökosysteme dar. Zu diesem Problem tragen Flugreisen immer stärker bei. Lonely Planet sieht im Reisen grundsätzlich einen Gewinn, ist sich aber der Tatsache bewusst, dass jeder seinen Teil dazu beitragen muss, die globale Erwärmung zu verringern.

Fast jede Art der motorisierten Fortbewegung erzeugt CO_2, doch Flugzeuge sind mit Abstand die schlimmsten Klimakiller – wegen der großen Entfernungen und der entsprechend großen CO_2-Mengen, aber auch, weil sie diese Treibhausgase direkt in hohen Schichten der Atmosphäre freisetzen. Die Zahlen sind erschreckend: Zwei Personen, die von Europa in die USA und wieder zurück fliegen, erhöhen den Treibhauseffekt in demselben Maße wie ein durchschnittlicher Haushalt in einem ganzen Jahr.

Die englische Website www.climatecare.org und die deutsche Internetseite www.atmosfair.de bieten CO_2-Rechner. Damit kann jeder ermitteln, wie viele Treibhausgase seine Reise produziert. Das Programm errechnet den zum Ausgleich erforderlichen Betrag, mit dem der Reisende nachhaltige Projekte zur Reduzierung der globalen Erwärmung unterstützen kann, z. B. Projekte in Indien, Honduras, Kasachstan und Uganda.

Lonely Planet unterstützt gemeinsam mit Rough Guides und anderen Partnern aus der Reisebranche das CO_2-Ausgleichs-Programm von climatecare.org. Alle Reisen von Mitarbeitern und Autoren von Lonely Planet werden ausgeglichen. Weitere Informationen gibt's auf www.lonelyplanet.com.

sollte unbedingt rechtzeitig buchen.

Die Hauptsaison für Flüge nach Neuseeland ist der dortige Sommer (Dez.–Feb.). In der Zwischensaison (Okt./Nov. & März/April) sind Tickets etwas günstiger. Die Nachsaison fällt normalerweise auf die Wintermonate (Juni–Aug.). Allerdings bescheren Scharen von passionierten Skifahrern den Fluggesellschaften dann immer noch viele Passagiere.

AUSREISESTEUER

Zu Neuseelands kleineren internationalen Flughäfen zählen Hamilton, Rotorua und Palmerston North (zeitweise). Wer dort gen Heimat startet, muss jeweils eine Ausreisesteuer von 25 NZ$ entrichten (Kind 2–11 Jahre 10 NZ$, unter 2 Jahren kostenlos). Diese ist vor dem Boarding separat am Flughafen zu bezahlen (bar oder per Kreditkarte). An allen anderen Flughäfen Neuseelands ist die Ausreisesteuer inzwischen durch die bereits im Ticketpreis enthaltene Passenger Service Charge (PSC; 12,50 NZ$) ersetzt worden.

Flughäfen & Fluglinien

INTERNATIONALE FLUGHÄFEN

Mehrere neuseeländische Flughäfen wickeln internationale Verbindungen ab. Die meisten Maschinen landen in Auckland.

Auckland International Airport (Karte S. 66; ☎09-275 0789; www.aucklandairport.co.nz; Ray Emery Dr, Mangere)

Christchurch International Airport (☎03-358 5029; www.christchurchairport.co.nz; 30 Durey Rd)

Dunedin International Airport (DUD; ☎03-486 2879; www.dnairport.co.nz; 25 Miller Rd, Momona)

Hamilton International Airport (☎07-848 9027; www.hamiltonairport.co.nz; Airport Rd)

Queenstown Airport (☎03-450 9031; www.queenstownairport.co.nz; Sir Henry Wrigley Dr)

Rotorua International Airport (☎07-345 8800; www.rotorua-airport.co.nz; SH30)

Wellington Airport (☎04-385 5100; www.wellingtonairport.co.nz; Stewart Duff Dr, Rongotai)

FLUGLINIEN MIT VERBINDUNGEN NACH/AB NEUSEELAND

Neuseelands nationale Fluglinie **Air New Zealand** (www.airnewzealand.co.nz) steuert Ziele in ganz Europa, Nordamerika, Ostasien und Ozeanien an. Zudem unterhält sie ein umfangreiches Inlandsflugnetz.

Zu den zahlreichen Anbietern von Flügen ab Europa zählen **British Airways** (www.britishairways.com), **Lufthansa** (www.lufthansa.com) und **Virgin Atlantic** (www.virginatlantic.com). Zudem landen viele weitere Gesellschaften im Rahmen von Interkontinentalrouten in Neuseeland.

Ab Australien geht es vor allem mit **Virgin Australia** (www.virginaustralia.com), **Qantas** (www.qantas.com.au), **Jetstar** (www.jetstar.com) und Air New Zealand hierher.

Unter den zahllosen Optionen ab Asien und dem Pazifikraum sind u. a. Direktflüge ab China, Japan, Singapur, Malaysia, Thailand und vielen ozeanischen Inselnationen.

Übers Meer

Es ist möglich, aber weder einfach noch sicher, für die Strecke zwischen Neuseeland und Australien bzw. einigen kleineren Pazifikinseln auf einer Jacht anzuheuern oder per Anhalter mitzureisen. Am besten hört man sich in Häfen oder Jacht- und Segelclubs um. Beliebte Jachthäfen in Neuseeland befinden sich in der Bay of Islands und in Whangarei (beide in Northland) bzw. in Auckland und Wellington. Die Monate März und April sind die besten Monate, um nach Schiffen mit Ziel Australien Ausschau zu halten. Auf den Fidschi-Inseln legen die meisten Schiffe zwischen Oktober und November ab, da später häufig Zyklone die Gewässer unsicher machen.

Wer lieber langsamer reist, kann auf die vielen Kreuzfahrtschiffe zurückgreifen, die entlang ihrer Südpazifikrouten in Neuseeland anlegen. Für den Anfang in dieser Hinsicht empfiehlt sich **P&O Cruises** (www.pocruises.com.au).

Eine etwas andere Alternative sind Kojen auf Frachtern nach oder ab Neuseeland. Weitere Details hierzu liefern Websites wie www.freightercruises.com oder www.freighterexpeditions.com.au.

UNTERWEGS VOR ORT

Auto & Motorrad

Mit einem eigenen fahrbaren Untersatz lässt sich Neuseeland am besten und intensivsten erkunden. Autos und Wohnmobile können vor Ort problemlos und recht günstig ausgeliehen werden. Bei mehrmonatigen Aufenthalten kann sich alternativ der Kauf eines eigenen Fahrzeugs lohnen.

Automobilclub

Neuseelands Automobilclub, die **Automobile Association** (AA; ☎0800 500 444; www.aa.co.nz/travel), hilft im Fall einer Panne und verkauft Karten und Unterkunftsverzeichnisse (Campingplätze, Motels, B&Bs).

Mitglieder ausländischer Automobilclubs sollten ihren Mitgliedsausweis mitnehmen – viele Clubs haben für ihre Mitglieder besondere Vereinbarungen über Dienstleistungen mit dem neuseeländischen AA abgeschlossen.

Benzin

Treibstoff gibt's an Tankstellen im ganzen Land. Wer nicht gerade in einem Vehikel aus den 1970er-Jahren unterwegs ist, füllt sich den Tank wohl entweder mit bleifreiem Sprit *(unleaded)* oder Autogas (LPG). Letzteres ist im ländlichen Raum jedoch nicht überall erhältlich. Autogasnutzer greifen daher zur Sicherheit am besten auf ein Fahrzeug mit Hybridmotor zurück. Die Benzinpreise sind landesweit etwa gleich hoch (zum Recherchezeitpunkt ca. 2,40 NZ$/l). Ausnahmen stellen entlegene Ecken dar (z. B. Milford Sound, Mt. Cook), wo man teilweise deutlich mehr bezahlt.

Führerschein

Grundsätzlich wird in Neuseeland der in der Heimat gültige Führerschein akzeptiert, allerdings nur, wenn eine beglaubigte Übersetzung mitgeführt wird. Einfacher kann es daher sein, sich einen internationalen Führerschein (*International Driving Permit*, IDP) zu besorgen, der – allerdings nur in Verbindung mit dem nationalen Führerschein – drei Jahre lang gültig ist. In Deutschland und der Schweiz ist er bei den Straßenverkehrsbehörden (Führerscheinstelle), in Österreich bei den Automobilclubs (z. B. ÖAMTC) zu beantragen. In Deutschland und Österreich muss man hierzu außerdem den EU-Führerschein im Scheckkartenformat besitzen.

Gefahren & Ärgernisse

Eigentlich ist das Autofahren in Neuseeland ein Kinderspiel, immer wieder passiert es aber, dass man hinter einem langsam fahrenden Lkw oder Wohnmobil herschleichen muss. In solchen Fällen sollte man immer die Ruhe bewahren und nicht unüberlegt zum Überholen ansetzen. Es gibt viele nur langsam befahrbare kurvenreiche Straßen, einspurige Brücken und Schotterpisten – in solchen Fällen ist immer eine erhöhte Vorsicht geboten. Und generell auf Schafe achten!

Informationen zum Straßenzustand gibt's unter ☎0800 444 449 oder www.nzta.govt.nz/traffic/current-conditions.

Kaufen

Wer länger im Land unterwegs ist, für den rentiert es sich eventuell, sich zu Beginn der Reise einen Wagen zu kaufen und ihn am Ende der Reise wieder zu verkaufen. Solche Autokäufe lassen sich am ehesten in Auckland und Christchurch tätigen, entsprechende Annoncen findet man an den Schwarzen Brettern der Hostels. **Turners Auctions** (www.turners.co.nz) ist der größte Autoverkäufer im Land, er hat insgesamt elf Filialen.

RECHTSFRAGEN BEIM AUTOKAUF

Wer einen Wagen gefunden hat, sollte sichergehen, dass das Fahrzeug eine ausreichend lange Warrant of Fitness (WoF) – eine offizielle Kfz-Zulassung – hat; die genauen Bestimmungen des Gesetzgebers können auf der Website des **Land Transport New Zealand** (www.landtransport.govt.nz) nachgelesen werden.

Der Käufer braucht außerdem eine Haftpflichtversicherung *(third-party insurance)*, die im Falle eines Eigenverschuldens die Schäden am beteiligten Unfallfahrzeug bezahlt; der neuseeländische Automobilclub **Automobile Association** (AA; ☎0800 500 444; www.aa.co.nz/travel) kann dabei beraten. Neuseelands verschuldensunabhängige Versicherung Accident Compensation Corporation deckt die Personenschäden ab, dennoch sollte man sicherstellen, dass man zusätzlich eine eigene Reiseversicherung besitzt.

Viele Gutachter checken ein Fahrzeug vor dem Kauf bzw. Verkauf für etwa 150 NZ$ durch; man findet sie bei Auto-Auktionen oder kann sie zur Besichtigung in die Unterkunft rufen. Adressen erfährt man über **Vehicle Inspection New Zealand** (VINZ; ☎0800 468 469, 09-573 3230; www.vinz.co.nz) und den Automobilclub.

Vor dem Vertragsabschluss sollte man auch unbedingt die Besitzverhältnisse klären und sicherstellen, dass es sich beim Fahrzeug nicht um ein gestohlenes handelt oder um eines, bei dem noch Rechnungen offen sind. **LemonCheck** (☎0800 536 662, 09-420 3090; www.lemoncheck.co.nz) von AA bietet in solchen Fällen seine Dienste an und überprüft Fahrzeug und Halter .

AUTORÜCKKAUF-VERTRÄGE

Wer sich Probleme mit dem Kauf bzw. Verkauf eines Fahrzeugs sparen will, kann mit einem Autohändler auch eine Rückkaufgarantie abschließen. Leider versuchen die Autohändler in den meisten Fällen, mit findigen Argumenten den verabredeten Rückkaufspreis zu drücken – oft auf die Hälfte dessen, was man ursprünglich bezahlt hat. Von daher ist es günstiger, entweder ein Auto zu mieten oder es auf eigene Faust zu kaufen und zu verkaufen (was aber ausreichend Zeit voraussetzt).

Mieten

CAMPERVAN

Egal, wann man auf entlegenen Straßen in den Rückspiegel schaut: Fast sicher wird man einen weiß schimmernden Campervan (Wohnmobil) hinter sich sehen, der mit Mountainbikes und tragbarem Grill beladen hinter einem herfährt.

Fast alle Städte betreiben einen Campingplatz oder einen sogenannten *holiday park*; für den Stellplatz mit Strom zahlt man in der Regel rund 35 NZ$ pro Nacht (hier kann man sein Wohnmobil anschließen). Ebenfalls über das ganze Land verstreut liegen die Plätze des **Department of Conservation** (DOC; www.doc.govt.nz), die für Wagen bis zu einer Breite von 2,5 m zugelassen sind. Der DOC verlangt ganz unterschiedliche Preise (bis zu 15 NZ$/Erw.), auf manchen übernachtet man sogar gratis: Infos gibt's auf der Website.

Dutzende Mietwagenfirmen verleihen auch Wohnwagen, die Preise hängen von der Jahreszeit, der Größe des Fahrzeugs und natürlich von der Dauer des Mietverhältnisses ab.

Kleine Vans für zwei Personen verfügen normalerweise über eine Miniküche und einen Klapptisch, der sich nach dem Essen in ein Doppelbett verwandeln lässt. Größere „Luxusvarianten" mit zwei Schlafplätzen besitzen zusätzlich Dusche und Bordtoilette, genau wie Wohnmobile mit vier bis sechs Kojen, die wesentlich geräumiger und so groß (und ähnlich lahm) wie Lastwagen sind.

Im Sommer verlangen Großanbieter für Fahrzeuge mit zwei/vier/sechs Schlafplätzen mindestens ca. 160/200/290 NZ$ pro Tag für eine längere Mietzeit, im Winter können die Preise auf bis zu 50/60/90 NZ$ pro Tag purzeln.

Zu den großen Mietwagenfirmen zählen:

Apollo (☎0800 113 131, 09-889 2976; www.apollocamper.co.nz)

Britz (☎0800 831 900, 09-255 3910; www.britz.co.nz) Verleiht unter dem Namen „Britz Bikes" zusätzlich Stadträder und MTBs (ab 13 NZ$/Tag).

Kea (☎0800 520 052, 09-448 8800)

Maui (☎0800 651 080, 09-255 3910; www.maui.co.nz)

United Campervans (☎0800 759 919, 09-275 9919; www.unitedcampervans.co.nz)

Wilderness Motorhomes (☎09-255 5300; www.wilderness.co.nz)

BACKPACKER-VANS

In der Wohnmobilbranche zielen einige Billigfirmen mit tollen Angeboten und gut ausgestatteten Fahrzeugen direkt auf Backpacker ab. Oft sind solche Vehikel auch noch abgefahren lackiert (z. B. mit poppigen Graffiti von Jimi Hendrix, Sly Stone oder Figuren aus *Wo die wilden Kerle wohnen*). Die Preise sind relativ niedrig (Wohnmobil mit 2/4 Schlafplätzen Mai–Sept. pro Tag ab 35/40 NZ$, Dez.–Feb. pro Tag ab 100/150 NZ$). Beispiele für Anbieter:

Backpacker Sleeper Vans (☎0800 321 939, 03-359 4731; www.sleepervans.co.nz)

Escape Campervans (☎0800 216 171; www.escaperentals.co.nz)

Hippie Camper (☎0800 113 131; www.hippiecamper.co.nz)

Jucy (☎0800 399 736, 09-374 4360; www.jucy.co.nz)

Mighty Cars & Campers (☎0800 422 267; www.mightycampers.co.nz)

Spaceships (☎0800 772 237, 09-526 2130; www.spaceshipsrentals.co.nz)

Wicked Campers (☎0800 246 870, 09-634 2994; www.wickedcampers.co.nz)

MIETWAGEN

Zwischen den Mietwagenfirmen wird ein erbitterter Streit um die Kunden ausgetragen, vor allem in den Großstädten und Picton. Bei Vertragsabschluss sollte man immer darauf achten, dass man den Wagen mit unlimitierter Kilometerzahl übernimmt. Einige, wenn auch nicht alle, Firmen verlangen ein Mindestalter des Fahrers, das bei 21 Jahren liegt.

Viele Mietwagenfirmen setzen voraus (oder bestehen darauf), dass ihre Fahrzeuge nicht über die Cook Strait von einer zur anderen Insel mitgenommen werden. In der Regel gibt man seinen Wagen deshalb entweder in Wellington oder Picton ab und mietet nach der Fährpassage auf der anderen Insel einen neuen Wagen. Auf diese Weise spart man sich ganz nebenbei auch noch das Geld für den Transport des Autos auf der Fähre und hat keine Scherereien.

INTERNATIONALE MIETWAGENFIRMEN

Die international agierenden Mietwagenfirmen unterhalten in allen Großstädten, größeren Städten und an den Flughäfen eigene Büros. Einige Firmen verleihen ihre Autos auch für eine Strecke *(one way relocation)*, z. B. in Auckland mit Rückgabe in Wellington. Meist sind daran aber Bedingungen geknüpft bzw. es werden höhere Preise verlangt. Andererseits findet man mit etwas Glück auch einen Autovermieter in Christchurch, der seinen Wagen gern aus Auckland zurückgefahren haben möchte und supergünstige Tarife anbietet (manch einer verlangt dafür sogar gar nichts).

Die Mehrzahl der Firmen bietet ihren Kunden zwei Varianten an: unbegrenzte Kilometerzahl oder 100 Freikilometer (plus/minus) pro Tag plus eine festgelegte Gebühr für jeden zusätzlichen Kilometer (im Centbereich). Die Tarife in den Großstädten beginnen für einen Kompaktwagen (neuestes Modell, japanischer Hersteller) bei etwa 40 NZ$, für einen mittelgroßen Wagen (inkl. MwSt., unbegrenzte Kilometerzahl & Versicherung) verlangen die Anbieter um die 75 NZ$.

Avis (☎0800 655 111, 09-526-2847; www.avis.co.nz)

Budget (☎0800 283 438, 09-529 7784; www.budget.co.nz)

Europcar (☎0800 800 115; www.europcar.co.nz)

Hertz (☎0800 654 321, 03-358 6789,; www.hertz.co.nz)

Thrifty (☎0800 737 070, 03-359 2721; www.thrifty.co.nz)

ÖRTLICHE AUTOVERMIETER

Lokale Autovermieter findet man über die *Gelben Seiten*, sie bieten meist günstigere Tarife als die großen Unternehmen – teilweise nur den halben Preis. Dafür muss man aber auch einige Nachteile in Kauf nehmen: Oft handelt es sich bei den Mietwagen auch um ältere Automodelle, und die Kunden sind häufig rechtlich weniger gut abgesichert.

Die Tarife starten für die kleinsten Modelle bei etwa 30 NZ$ pro Tag. Wer eine Woche oder länger mietet, kann günstigere Preise aushandeln. Gleiches gilt für die Nebensaison und für Wochenenden.

Renommierte unabhängige Firmen, die ein landesweites Netz von Büros betreiben:

a2b Car Rentals (☎0800 545 000; www.a2b-carrentals.co.nz)

Ace Rental Cars (☎0800 502 277, 09-303 3112; www.acerentalcars.co.nz)

Apex Rentals (☎0800 939 597, 03-379 6897; www.apexrentals.co.nz)

Go Rentals (☎0800 467 368, 09-525 7321; www.gorentals.co.nz)

Omega Rental Cars (☎0800 525 210, 09-377 5573; www.omegarentalcars.com)

Pegasus Rental Cars (☎0800 803 580, 03-548 2852; www.rentalcars.co.nz)

Transfercar (09-630 7533; www.transfercar.co.nz) Spezialisten für *one way relocation*.

MOTORRAD

Born to be wild? Neuseeland ist ein Traumland für Motorradfahrer, auch wenn das Wetter nicht überall ideal für die Fahrt mit den Zweirädern ist. Die meisten Motorradvermieter haben ihre Agenturen in Auckland und Christchurch, bei ihnen kann man alle Maschinen vom 50-cm³-Moped (*nifty-fifty*) bis zur 750-cm³-Tourenmaschine (und stärker) ausleihen. Die renommierten Verleiher, die meist auch geführte Touren anbieten, verlangen Tagesmieten von 80 bis 345 NZ$ pro Tag, z. B.:

New Zealand Motorcycle Rentals & Tours (☎09-486 2472; www.nzbike.com)

Te Waipounamu Motorcycle Tours (☎03-377 3211; www.motorcycle-hire.co.nz)

Verkehrsregeln

In Neuseeland herrscht Linksverkehr, das Lenkrad befindet sich also auf der rechten Seite. An Kreuzungen hat der Fahrer von rechts Vorfahrt.

Auf einspurigen Brücken (von denen es überraschend viele gibt) zeigt ein Schild an, wer Vorfahrt hat. Der kleine rote Pfeil bedeutet wie in Europa, dass das Fahrzeug auf der Gegenfahrbahn Vorfahrt hat.

Die Geschwindigkeitsbegrenzung außerhalb von Ortschaften liegt bei 100 km/h, innerstädtisch bei 50 km/h. Auf vielen Straßen wird die Geschwindigkeit mittels Kameras und Radar kontrolliert.

Alle Fahrzeuginsassen müssen zu jedem Zeitpunkt angeschnallt sein; wer diese Regel missachtet, muss mit Bußgeld rechnen. Kleine Kinder müssen auf entsprechenden Kindersitzen angeschnallt werden.

Alle Fahrer sind dazu verpflichtet, ihren Führerschein jederzeit bei sich zu tragen. Alkohol am Steuer ist in Neuseeland ein großes Problem – trotz aller entsprechenden Kampagnen und empfindlicher Strafen. Die Grenze liegt bei 0,8 ‰ bei Fahrern über 20 Jahren und bei 0 ‰ (!) für Fahrer unter 20 Jahren.

Versicherung

Um zu vermeiden, dass man bei einem Unfall tief in die eigene Tasche greifen muss, sollte man eine entsprechende Versicherung abschließen oder aber alternativ pro Tag einen etwas höheren Tarif zahlen und dadurch die Eigenbeteiligung senken. So bezahlt man im Falle eines Unfalls statt 1500 oder gar 2000 NZ$ nur noch 200 bis 300 NZ$. Kleinere Verleiher, die günstige Tarife anbieten, verlangen eine zwingend vorgeschriebene Kaution (über Kreditkarte) von etwa 900 NZ$.

Viele Versicherungen schließen Glasschäden (auch an der Windschutzscheibe) oder das Ersetzen defekter Reifen aus; bei Unfällen, die auf Stränden oder Pisten passieren, greift ebenfalls keinerlei Versicherungsschutz. Unbedingt vorab das Kleingedruckte genau studieren!

Mehr Informationen zum neuseeländischen Versicherungssystem **Accident Compensation Corporation** (ACC; www.acc.co.nz, verschuldensunabhängige Personenschadenversicherung) findet man auf S. 739).

Bus

Busreisen in Neuseeland gestalten sich relativ einfach. Die gut organisierten Unternehmen fahren bis in die hintersten Winkel beider Inseln und steuern auch die Start- bzw. Endpunkte diverser Wanderrouten an. Allerdings sind Bustrips z. T. teuer, ermüdend und zeitaufwendig.

Der Branchenführer **InterCity** (www.intercity.co.nz) deckt fast die ganze Nord- und Südinsel ab. Auf der Südinsel ist die Sightseeing-Tochter **Newmans Coach Lines** (☎09-583 5780; www.newmanscoach.co.nz) zwischen Queenstown, Christchurch und den West-Coast-Gletschern unterwegs. Der Hauptkonkurrent **Naked**

Bus (www.nakedbus.com) bedient ähnliche Routen. Beide Gesellschaften bieten Fahrten mitunter schon ab 1 NZ$ (!) an.

Backpacker-Busse

Wer gern ein paar Kilometer mit anderen reisen will, für den haben die folgenden Veranstalter Busfahrten auf festgelegten Routen im Programm – entweder landesweite oder wahlweise auf der Nord- bzw. Südinsel. Meist werden auch Übernachtungen und die Möglichkeit, die Fahrt beliebig zu unterbrechen, mit angeboten.

Adventure Tours New Zealand (www.adventuretours.com.au)

Bottom Bus (☎03-477 9083; www.travelheadfirst.com)

Flying Kiwi (www.flyingkiwi.com)

Kiwi Experience (www.kiwiexperience.com)

Haka Tours (www.hakatours.com)

Stray Travel (www.straytravel.com)

Busklassen & Rauchen

Sehr demokratisch: Neuseeländische Busse haben keine ausgewiesenen Economy- oder Luxusplätze. Rauchen an Bord ist überall strikt verboten.

Buspässe

Wer große Strecken zurücklegen will, kann mit Buspässen von **InterCity** (www.intercity.co.nz) und **Naked Bus** (www.nakedbus.com) im Vergleich zu mehreren Einzeltickets eine Runde Bares sparen. Allerdings ist man dann natürlich an das Liniennetz des jeweiligen Unternehmens gebunden. Inhaber bestimmter Ausweise (YHA, ISIC, Nomads, BBH od. VIP) erhalten bei InterCity eine Ermäßigung von 10 %. Buspässe haben allgemein eine Gültigkeit von zwölf Monaten.

LANDESWEIT GÜLTIGE PÄSSE

Flexipass Der InterCity-Pass, mit dem man beliebig oft ein- und aussteigen kann, erlaubt das Reisen in fast alle Orte des Landes und in jede Himmelsrichtung (inkl. Interislander-Fähre durch die Cook Strait). Der Pass wird in Blöcken verkauft, die Fahrzeiten von mindestens 15 Stunden (119 NZ$) bis maximal 60 Stunden (449 NZ$) umfassen. Der Preis für einen Block wird umso günstiger, je mehr Stunden man kauft. Wer länger unterwegs ist, kann auch Zeitblöcke nachkaufen.

Flexitrips Bei diesem Pass entscheidet man sich für eine festgelegte Zahl von Busstrecken (z. B. von Auckland nach Tauranga als eine Strecke), und zwar in Blöcken von jeweils fünf Strecken. Die Fährfahrt über die Cook Strait kann, muss aber nicht mitgekauft werden. 5/15/30 Strecken inklusive Fährfahrt kosten 210/383/550 NZ$ (wer keine Fähre braucht, zahlt 54 NZ$ weniger).

Aotearoa Adventurer, Kiwi Explorer, Kia Ora New Zealand und **Tiki Tour New Zealand** Landesweit gültige Pässe von InterCity für feste Strecken, bei denen man beliebig aus- und einsteigen darf. An diesen Strecken liegen die wichtigsten touristischen Sehenswürdigkeiten, die Preise variieren zwischen 645 und 1219 NZ$. Details finden sich auf der entsprechenden Website: www.travelpass.co.nz.

Naked Passport (www.naked-passport.com) Mit dem Pass kauft man Busstrecken in Fünferblocks, die man jederzeit aufstocken kann. Jede Fahrt wird separat gebucht. 5/15/30 Fahrten kosten 151/318/491 NZ$. Ein Pass für beliebig viele Fahrten kostet 597 NZ$ – ein Superangebot, wenn man mehrere Monate im Land unterwegs ist.

BUSPÄSSE FÜR DIE NORDINSEL

InterCity bietet 13 Buspässe ausschließlich für die Nordinsel, bei denen man auf festgelegten Strecken beliebig oft aus- und einsteigen darf. Die Preise reichen von 43 NZ$ für kurze Strecken zwischen Rotorua und Taupo bis zu 249 NZ$ für lange Strecken wie die Fahrt von Auckland nach Wellington. Auf der Strecke liegen die wichtigsten Sehenswürdigkeiten des nördlichen Landesteils. Details siehe unter www.travelpass.co.nz.

BUSPÄSSE FÜR DIE SÜDINSEL

Auf der Südinsel bietet InterCity elf Pässe für feste Strecken (Ein- und Aussteigen jederzeit möglich); die Preise beginnen bei 43 NZ$ für die Fahrt zwischen Christchurch und Kaikoura und gehen bis zu 583 NZ$ für Fahrten um die ganze Insel. Details dazu siehe www.travelpass.co.nz.

Reservierungen

Im Sommer, während der Schulferien und an Feiertagen sollte man für beliebte Routen so früh wie möglich buchen (idealerweise allerspätestens eine Woche vor Reisebeginn). Zu anderen Zeiten reichen normalerweise ein bis zwei Tage Vorlauf. Bei Online-Buchung ein paar Wochen im Voraus sind Tickets generell am günstigsten.

Shuttle-Busse

Ergänzend zu InterCity und Naked Bus füllen regionale Shuttle-Bus-Firmen die Verbindungslücken zwischen den kleineren Ortschaften Neuseelands. Folgende Unternehmen (die Liste erhebt keinen Anspruch auf Vollständigkeit) bieten regelmäßige Linienfahrten und/oder Chartertouren an:

Abel Tasman Travel (www.abeltasmantravel.co.nz) Bedient neben Nelson, Motueka und Golden Bay auch den Kahurangi und den Abel Tasman National Park.

Alpine Scenic Tours (www.alpinescenictours.co.nz) Fährt durch die Umgebung von Taupo und bis in den Tongariro National Park hinein; hinzu kommen Shuttles zu den Skigebieten am Mt. Ruapehu und Mt. Tongariro.

Atomic Shuttles (www.atomictravel.co.nz) Steuert Ziele auf der ganzen Südinsel an – darunter Christchurch, Dunedin, Invercargill, Picton, Nelson, Greymouth/Hokitika, Te Anau und Queenstown/Wanaka.

Cook Connection (www.cookconnect.co.nz) Bedient das Dreieck Mt. Cook–Twizel–Lake Tekapo.

East West Coaches (www.eastwestcoaches.co.nz) Offeriert einen Service zwischen Christchurch und Westport (über Reefton).

Hanmer Connection (www.atsnz.com) Fahrten zwischen Hanmer Springs und Christchurch (2-mal tgl.).

Go Kiwi Shuttles (www.go-kiwi.co.nz) Verbindet Auckland täglich mit Whitianga auf der Coromandel Peninsula und bietet im Sommer Anschluss nach Rotorua.

Knightrider (www.knightrider.co.nz) Betreibt Nachtbusse auf der Route Christchurch–Dunedin und zurück. Aber weit und breit kein Hasselhoff ...

Topline Tours (www.toplinetours.co.nz) Pendelt zwischen Te Anau und Queenstown.

Tracknet (www.tracknet.net) Tägliche Wanderer-Shuttles (z. B. zum Milford, Routeburn, Hollyford oder Kepler Track) zwischen Queenstown, Te Anau, Milford Sound, Invercargill, Fiordland und der West Coast.

Trek Express (☎027 222 1872, 0800 128 735; www.trekexpress.co.nz) Allrad-Shuttle-Service zu allen Wanderrouten im oberen Teil der Südinsel.

Waitomo Wanderer (www.travelheadfirst.com) Fährt ab Rotorua oder Taupo nach Waitomo (jeweils hin & zurück).

West Coast Shuttle (www.westcoastshuttle.co.nz) Pendelt zwischen Greymouth und Christchurch (1-mal tgl.).

Fahrrad

Das Radfahren boomt in Neuseeland, vor allem in den Sommermonaten. Wen wundert's? Das Land ist sauber, grün und meist nicht überlaufen, es bietet viele günstige Übernachtungsmöglichkeiten (einschließlich Zeltplätzen) und frisches Wasser im Überfluss. Die Straßen sind in der Regel in einem guten Zustand und das Klima ist weder zu heiß noch zu kalt. Die größte Gefahr geht vom Straßenverkehr aus: Immer wieder fahren die riesigen Lkw zu dicht an den Radfahrern vorbei. In den Hauptorten findet man Räder (zum Kaufen oder zum Leihen), Ersatzteile und Fahrradwerkstätten.

Alle Radfahrer sind gesetzlich dazu verpflichtet, einen Fahrradhelm zu tragen (andernfalls wird ein Bußgeld erhoben), für die eigene Sicherheit empfiehlt sich auch reflektierende Kleidung. Wer auf öffentliche Verkehrsmittel angewiesen ist, wird feststellen, dass auf vielen wichtigen Bus- und Bahnstrecken Räder nur dann mitgenommen werden dürfen, wenn ausreichend Platz vorhanden ist; für den Transport werden bis zu 10 NZ$ verlangt. Einige der kleineren Verkehrsbetriebe wiederum bieten ausreichend Platz für Räder, verlangen aber für den Transport ebenfalls einen Aufpreis.

Wer sein Rad mit dem Flugzeug nach Neuseeland einführen will, sollte mit der entsprechenden Fluggesellschaft die Modalitäten klären, z. B. wie das Rad transportiert werden muss (Packmaße etc.).

Die Website www.nzta.govt.nz/traffic/ways/bike bietet weitere Tipps hinsichtlich Sicherheit und Verkehrsregeln.

Kaufen

In Neuseelands größeren Städten sind Fahrräder überall zu bekommen. Neuere Modelle kosten jedoch ziemlich viel: Für ein anständiges Trekkingrad oder robustes Mountainbike wird man überall 800 bis 1800 NZ$ los. Günstigere Drahtesel lassen sich für ca. 500 NZ$ ergattern. Doch selbst dann fehlen noch Gepäcktaschen, ein Schutzhelm, ein Schloss und weiteres Zubehör – da kommt schnell ganz schön was zusammen. Tipp: Im Ausverkauf nach Weihnachten und bei Inventuren mitten im Jahr gibt's neuere Bikes mitunter zu Schnäppchenpreisen!

Mieten

Die meisten Anbieter verlangen für Straßenräder und Mountainbikes eine Leihgebühr von 10 bis 20 NZ$ pro Stunde bzw. 30 bis 50 NZ$ pro Tag. Eventuell lassen sich auch Langzeittarife aushandeln. Drahtesel können zudem häufig bei der eigenen Unterkunft (beispielsweise Hostel, Campingplatz) gemietet werden. Die Leihfahrräder von Fahrradläden in größeren Städten sind oft vergleichsweise besser in Schuss.

Flugzeug

Wer Neuseelands Attraktionen möglichst zeitsparend besuchen möchte oder muss, kann auf ein landesweites, sehr sicheres und verlässliches Flugliniennetz zurückgreifen.

Fluglinien in Neuseeland

Als größte einheimische Fluggesellschaft deckt Air New Zealand den Großteil des Landes ab. Weniger frequentierte Routen werden dabei oft vom Tochterunternehmen Air New Zealand Link bedient. Auch die australische Jetstar ist zwischen den größten Städten Neuseelands unterwegs. Zusammen transportieren diese beiden Gesellschaften den Großteil aller Inlandsflugpassagiere. Außerdem übernehmen diverse kleine Regionalanbieter wichtige Verbindungen zu abgeschiedenen Inseln (z. B. Great Barrier Island im Hauraki-Golf, Stewart Island, Chathams).

Neuseeländische Inlandsfluglinien:

Air Chathams (www.airchathams.co.nz) Bedient die entlegenen Chatham Islands ab Wellington, Christchurch und Auckland.

Air Fiordland (www.airfiordland.com) Flüge im Bereich von Milford Sound, Te Anau und Queenstown.

Air New Zealand (www.airnewzealand.co.nz) Steuert über 30 Inlandsziele und zahllose Flughäfen in Übersee an.

Air West Coast (www.airwestcoast.co.nz) Bietet neben Charter- oder Panoramaflügen ab Greymouth auch Trips über die West-Coast-Gletscher und den Aoraki (Mt. Cook) an; gelandet wird zudem auch in Milford Sound, Queenstown und Christchurch.

Air2there.com (www.air2there.com) Verbindet Ziele entlang der Cook Strait (u.a. Paraparaumu, Wellington, Nelson und Blenheim).

FlyMySky (www.flymysky.co.nz) Fliegt mindestens dreimal täglich ab Auckland nach Great Barrier Island.

Golden Bay Air (www.goldenbayair.co.nz) Verkehrt regelmäßig zwischen Wellington, Nelson und Takaka in der Region Golden Bay; in Karamea starten außerdem Wanderer-Shuttles zum Heaphy Track.

Great Barrier Airlines (www.greatbarrierairlines.co.nz) Bedient Great Barrier Island, Auckland, Tauranga und Whangarei.

Jetstar (www.jetstar.com) Verbindet die Touristenhochburgen Auckland, Wellington, Christchurch, Dunedin und Queenstown miteinander – ebenso Queenstown mit Melbourne und Sydney oder Auckland mit Melbourne, Adelaide, Cairns und der Gold Coast. Zudem geht's ab Christchurch nach Melbourne, Sydney und zur Gold Coast.

Salt Air (www.saltair.co.nz) Charterflüge von Auckland zur Bay of Islands.

Soundsair (www.soundsair.co.nz) Pendelt jeden Tag häufig zwischen Picton und Wellington; startet zudem in Wellington gen Blenheim, Nelson und Whanganui.

Stewart Island Flights (www.stewartislandflights.com) Verkehrt zwischen Invercargill und Stewart Island.

Sunair (www.sunair.co.nz) Fliegt ab Auckland, Great Barrier Island und Tauranga nach Whitianga; hinzu kommen viele weitere Nordinsel-Verbindungen zwischen Hamilton, Napier, Rotorua, Gisborne und New Plymouth.

Flugpässe

Rabatte sind heutzutage an der Tagesordnung. Außerdem fliegen inzwischen zahlreiche Billiganbieter quer über die Tasmansee und zu diversen Pazifikinseln. Daher sind Flugpässe nun nicht mehr so lohnend, wie sie es einst waren.

Star Alliance (www.staralliance.com) bietet auf Coupon-Basis den South Pacific Airpass an, der für eine Auswahl von Strecken innerhalb Neuseelands sowie zwischen Neuseeland, Australien und einigen pazifischen Inseln (darunter Fidschi, Neukaledonien, Tonga, Cook-Inseln und Samoa) gedacht ist. Zum Kauf des Passes sind nur Reisende berechtigt, die nicht in den genannten Ländern leben und die den Pass in Zusammenhang mit einem internationalen Flug des Star-Alliance-Verbundes erwerben. Der Pass gilt darüber hinaus nur drei Monate. Zum Zeitpunkt unserer Recherche kostete beispielsweise ein Pass für die Verbindung Sydney–Christchurch–Wellington–Auckland–Nadi (Fidschi) 1050 NZ$.

Nahverkehr

Bus, Zug & Straßenbahn

Die größeren Städte des Landes haben ausgedehnte Busnetze. Bis auf ein paar löbliche Ausnahmen fahren solche Stadtbusse jedoch hauptsächlich nur tagsüber und von Montag bis Freitag – am Wochenende ist der Betrieb teilweise eingeschränkt oder ruht komplett. Im Zentrum von Auckland wird das Vorankommen durch die Link-Linien und die kostenlosen City-Circuit-Busse erleichtert. Auch in Hamiltons Innenstadt verkehren Gratisbusse auf einem Rundkurs. Christchurchs kostenlose City-Shuttles werden durch die historische Straßenbahn (nach dem Erdbeben nunmehr wieder in Betrieb) ergänzt. Am Freitag- und Samstagabend, wenn viele Leute feiern gehen, sind Nachtbusse in den meisten Großstädten unterwegs.

Die einzigen Städte mit anständigen Regionalbahnnetzen sind Auckland (4 Linien) und Wellington (5 Linien).

Taxi

In den großen Städten sieht man viele Taxis, Gleiches gilt auch für viele kleinere Städte, wo zumindest ein lokales Taxiunternehmen seine Dienste anbietet.

Schiff/Fähre

Obwohl Neuseeland eine Inselnation ist, existieren auf dem umliegenden Meer fast keine Langstreckenrouten. Zu den wenigen Ausnahmen zählen z.B. die Bootsverbindungen zwischen Auckland und diversen Inseln im Hauraki-Golf – ebenso die Interisland Ferries, die über die Cook Strait zwischen Wellington und Picton schippern. Außerdem überquert eine Passagierfähre die breite Foveauxstraße zwischen Bluff und dem Ort Oban auf Stewart Island.

Bei entsprechend großem Geldbeutel empfehlen sich die Kreuzfahrtschiffe, die Neuseelands Küstenlinie im Rahmen längerer Südpazifikrouten folgen. Diesbezüglich ist **P&O Cruises** (www.pocruises.com.au) einer der größten Anbieter.

Trampen & Mitfahrzentralen

Auch Neuseeland ist heute ein gefährliches Pflaster für alleinreisende Anhalter (vor allem für weibliche). Wer trotzdem trampen will, sollte sich bewusst sein, dass er damit ein gewisses und möglicherweise ernstzunehmendes Risiko eingeht. Trampen ist nirgendwo auf der Welt wirklich sicher und daher nicht zu empfehlen. Dennoch sieht man an den Rändern neuseeländischer Landstraßen nach wie vor recht viele Anhalter.

Eine Alternative besteht darin, auf den Schwarzen Brettern von Hostels nach Mitfahrgelegenheiten zu suchen. Ansonsten empfehlen sich diesbezüglich Websites wie www.carpoolnz.org oder www.nationalcarshare.co.nz.

Zug

Bei Zugfahrten in Neuseeland geht's um das Reiseerlebnis und nicht um schnellstmögliches Vorankommen. Tickets für die insgesamt vier Routen (s. unten) von **KiwiRail Scenic Journeys** (☎0800 872 467, 04-495 0775; www.kiwirailscenic.co.nz) können direkt beim Unternehmen sowie bei Reisebüros und Touristeninformationen gebucht werden – ebenso an den meisten Bahnhöfen (bemerkenswerterweise jedoch nicht in Palmerston North oder Hamilton).

Capital Connection Palmerston North–Wellington (Pendlerservice, nur werktags).

Coastal Pacific Christchurch–Picton.

Northern Explorer Auckland–Wellington.

TranzAlpine Christchurch–Greymouth (über die Neuseeländischen Alpen).

Zugpässe

Der **Scenic Journey Rail Pass** (www.kiwirailscenic.co.nz/scenic-rail-pass) von KiwiRail Scenic Journeys erlaubt unbegrenzte Fahrten auf allen Routen des Unternehmens und gilt zusätzlich für die Interislander Ferry (Wellington–Picton). Der Pass ist in zwei Varianten erhältlich, bei denen Bordplätze jeweils spätestens 24 Stunden vor Fahrtantritt reserviert werden müssen:

Fixed Pass Begrenzte Gültigkeitsdauer (Erw. 1/2/3 Wochen 599/699/799 NZ$, Kind etwas weniger).

Freedom Pass Gilt zwölf Monate lang und währenddessen für eine bestimmte Anzahl von Reisetagen (3/7/9 Tage 417/903/1161 NZ$).

Sprache

Neuseeland besitzt drei Amtssprachen: Englisch, Maori und die neuseeländische Gebärdensprache. Natürlich wird man als Besucher überwiegend mit dem Englischen zu tun haben, doch Maori erlebt derzeit ein echtes Comeback. Auf Englisch kann man sich grundsätzlich mit jedem Neuseeländer verständigen, doch gibt es einige Gelegenheiten, bei denen ein paar Brocken Maori ganz nützlich sind, etwa beim Besuch eines *marae*, wo häufig nur Maori gesprochen wird. Mit ein wenig Maori kann man zudem viele Ortsnamen, denen man unterwegs begegnet, besser deuten.

KIWI-ENGLISCH

Wie die Bewohner jedes anderen englischsprachigen Landes der Welt haben auch die Neuseeländer im Lauf der Zeit ihren ganz eigenen Sprachgebrauch herausgebildet. Das markanteste Merkmal des Englischen in Neuseeland ist die sogenannte Vokalsenkung (die Zunge liegt bei der Aussprache tiefer): *fish and chips* klingen auf Neuseeländisch also eher wie *fush and chups*. Auf der Nordinsel wird an gesprochene Sätze vielfach ein *eh!* angehängt. Im tiefsten Süden wird das *r* stark gerollt, eine Zeichen für die schottischen Wurzeln der Region; vor allem begegnet man dieser Eigenheit auf der Südinsel.

MAORI

Die Maori haben eine bewegte Geschichte, die in Liedern und Gesängen festgehalten ist. Sie berichten sehr dramatisch von vielen wichtigen Ereignissen, z. B. davon, wie die Maori von Polynesien nach Neuseeland gekommen sind. Die frühen Missionare haben die Sprache als Erste niedergeschrieben, wobei sie nur 15 Buchstaben des lateinischen Alphabets verwendeten.

Maori ist eng mit anderen polynesischen Sprachen (wie dem Hawaiianischen, Tahitischen und der Sprache der Cookinseln) verwandt. Das Maori auf Neuseeland und das Hawaiianische sind sich sehr ähnlich – obwohl mehr als 7000 km zwischen Honolulu und Auckland liegen.

Maori war nie eine tote Sprache – bei Maori-Zeremonien wurde sie zu allen Zeiten benutzt –, doch im Laufe der Jahre waren immer weniger Menschen mit ihr vertraut. Glücklicherweise ist in letzter Zeit das Interesse an ihr wieder erwacht, ja bildet einen integralen Bestandteil des Wiederauflebens der *Maoritanga* (Maori-Kultur). Viele Maori, die die Sprache zwar in den *marae* immer gehört hatten, aber sie in ihrem Alltag nicht benutzten, lernen sie jetzt oder sprechen sie bereits fließend. Maori wird heute in ganz Neuseeland in Schulen unterrichtet, es gibt einige Fernsehprogramme und Nachrichtensendungen auf Maori, und viele englische Ortsnamen bekommen nun auch Maori-Namen. Selbst Regierungsstellen haben Maori-Bezeichnungen erhalten; so ist beispielsweise das Inland Revenue Department (Finanzamt) auch als *Te Tari Taake* bekannt. (Das letzte Wort müsste eigentlich *take*, im Sinne von „Abgabe", heißen, die Behörde hat aber die Schreibweise „aa" vorgezogen, um anzudeuten, dass hier ein langes „a" ausgesprochen wird).

Vielerorts haben sich Maori zusammengetan, um ihren Kindern die eigene Sprache und Kultur zu vermitteln: Sie sollen zweisprachig aufwachsen und so gleichzeitig auch mit

NOCH MEHR MAORI?

Detailliertere Hinweise und viele nützliche Wendungen finden sich im *South Pacific Phrasebook*. Man bekommt das Buch von Lonely Planet im **shop.lonelyplanet.com**, im Buchhandel und bei Internetbuchhändlern, oder man besorgt sich Lonely Planets iPhone Phrasebook im Apple App Store.

der Maori-Tradition vertraut gemacht werden. Man ist stolz darauf, die Maori-Sprache fließend zu beherrschen. In einigen *marae* darf nur Maori gesprochen werden.

Aussprache

Maori ist eine melodische, poetische Sprache, die sehr leicht auszusprechen ist. Tipp: Jedes Wort – und manche können endlos lang sein – muss Silbe für Silbe ausgesprochen werden. Jede Silbe endet auf einem Vokal; es gibt im geschriebenen Maori keine Buchstaben, die nicht auch gesprochen werden.

Die meisten Konsonanten des Maori – *h*, *k*, *m*, *n*, *p*, *t* und *w* – werden ähnlich wie im Deutschen ausgesprochen, das *w* wie im Englischen. Das *r* ist ein Reibelaut (nicht gerollt), bei dem sich die Zunge am Vordergaumen befindet. Der Laut klingt für Deutsche eher wie das englische „l" in „full".

Das *ng* ist ein Konsonant wie im deutschen Wort „singen" oder „Gesang", kann aber auch am Anfang einer Silbe oder eines Wortes stehen – einfach immer wieder „ing" sagen und dann das „i" weglassen.

Das *wh* klingt in der Regel wie ein schwach artikuliertes deutsches „f". Man findet diese Aussprache bei vielen neuseeländischen Ortsnamen wie Whakatane, Whangaroa und Whakapapa (alle am Anfang mit schwach artikuliertem „f"). Es gibt jedoch durchaus einige lokale Unterschiede: In der Gegend um den Whanganui River wird beispielsweise das *wh* wie in den englischen Wörtern „when" und „why" ausgesprochen.

Ganz besonders wichtig ist die korrekte Aussprache der Vokale. Die genaue Lautfärbung kann man am besten von einem Muttersprachler lernen. Jeder Vokal existiert als Lang- und Kurzvokal, Langvokale werden in der Schrift häufig durch einen Längenstrich über dem Buchstaben oder durch die Verdoppelung des Buchstabens markiert. (In diesem Buch sind Langvokale jedoch nicht extra bezeichnet.)

Vokale

a	wie in „haben"
e	wie in „Kette"
i	wie in „Igel"
o	wie in „Gott"
u	wie in „Huhn"

Diphthonge

ae, ai	wie in „Schwein"
ao, au	wie in „Maus"
ea	wie in „eher"
ei	wie in „Bay"
eo	wie in „Leo"
eu	„e" und „u", nicht: „äu"
ia	fast wie im englischen „Ian" (iän)
ie	wie in „jemand"
io	wie „jo"
iu (kju)	wie im englischen „cue"
oa	„o" und „a" hintereinander artikuliert
oe	wie im englischen „toe"
oi	wie in „Eule"
ou	wie im englischen „how"
ua	„u" und „a" wie im englischen „fewer"

Begrüßungsformeln & Smalltalk

Begrüßungen auf Maori werden im Land immer beliebter; also nicht überrascht sein, wenn man mit einem *Kia ora* begrüßt wird.

Willkommen!	*Haere mai!*
Hallo./Viel Glück./ Gesundheit.	*Kia ora.*
Hallo. (zu einer Person)	*Tena koe.*
Hallo. (zu zwei Personen)	*Tena korua.*
Hallo. (zu drei oder mehr Personen)	*Tena koutou.*
Auf Wiedersehen. (zur Person, die bleibt)	*E noho ra.*
Auf Wiedersehen. (zur Person, die geht)	*Haere ra.*
Wie geht es Ihnen? (zu einer Person)	*Kei te pehea koe?*
Wie geht es Ihnen? (zu zwei Personen)	*Kei te pehea korua?*
Wie geht es Ihnen? (zu drei oder mehr Personen)	*Kei te pehea koutou?*
Gut, danke./ Alles in Ordnung.	*Kei te pai.*

Geografische Bezeichnungen in Maori

Die folgenden Wörter sind Bestandteile vieler Ortsnamen der Maori in Neuseeland; wer sie beherrscht, kann sich die Bedeutung solcher Namen durchaus erschließen. Ein Beispiel: Waikaremoana ist die See (*moana*) des Wellen (*kare*) schlagenden Wassers (*wai*), und Rotorua ist einfach der zweite (*rua*) See (*roto*).

a – von
ana – Höhle
ara – Weg, Pfad, Straße
awa – Fluss oder Tal
heke– hinabsteigen
hiku – Ende, Ausläufer
hine – Mädchen, Tochter
ika – Fisch
iti – klein
kahurangi – wertvoller Besitz; besonderes grünes Gestein
kai – Essen
kainga – Dorf
kaka – Papagei
kare – wellig
kati – schließen
koura – Flusskrebs
makariri – kalt
manga – Bach, Nebenfluss
manu – Vogel
maunga – Berg
moana – See oder Teich
moko – Tattoo
motu – Insel
mutu – beendet, vorbei
nga – die (Plural)
noa – gewöhnlich, normal; nicht **tapu**
nui – groß
nuku – Entfernung
o – von, Ort von …
one – Strand, Sand oder Schlamm
pa – befestigte Siedlung
papa – ebenes, weites Land
pipi – Schalentier
pohatu – Stein
poto – kurz
pouri – traurig, dunkel, düster
puke – Hügel
puna – Quelle, Loch, Brunnen
rangi – Himmel
raro – Norden
rei – wertvoller Besitz
roa – lang
roto – See
rua – Loch im Boden; zwei
runga – oberhalb
tahuna – Strand, Sandbank
tane – Mann
tangata – Menschen
tapu – heilig, tabu
tata – nahe; gegen etwas stoßen; zwei Inseln
tawaha – Eingang, Öffnung
tawahi – die andere Seite (eines Flusses oder Sees)
te – der, die, das
tonga – Süden
ure – männliche Geschlechtsorgane
uru – Westen
waha – zerbrochen
wahine – Frau
wai – Wasser
waingaro – verloren; Gewässer, die je nach Jahreszeit verschwinden
waka – Kanu
wera – verbrannt oder warm; treibend
wero – Herausforderung
whaka … – handeln als …
whanau – Großfamilie, Sippe
whanga – Hafen, Bucht oder Meeresarm
whare – Haus
whenua – Land
whiti – Osten

Einige einfachere Ortsnamen, die aus Wörtern der obigen Liste zusammengesetzt sind:

Aramoana – See-(*moana*) Weg (*ara*)
Awaroa – Langer (*roa*) Fluss (*awa*)
Kaitangata – Essen (*kai*) Menschen (*tangata*)
Maunganui – Großer (*nui*) Berg (*maunga*)
Opouri – Ort der (*o*) Trauer (*pouri*)
Te Araroa – Der (*te*) lange (*roa*) Weg (*ara*)
Te Puke – Der (*te*) Hügel (*puke*)
Urewera – Verbrannter (*wera*) Penis (*ure*)
Waimakariri – Kaltes (*makariri*) Wasser (*wai*)
Wainui – Große (*nui*) Gewässer (*wai*)
Whakatane – Handeln (*whaka*) wie ein Mann (*tane*)
Whangarei – Geschätzter (*rei*) Hafen (*whanga*)

GLOSSAR

Die folgende Liste enthält Abkürzungen aus dem „Kiwi-Englisch", aus dem Maori und Slangausdrücke, die in diesem Buch verwendet werden und denen man in Neuseeland begegnen kann.

All Blacks – Neuseelands Nationalteam in der Rugby Union

ANZAC – „Australia and New Zealand Army Corps", die gemeinsame Einsatztruppe von Australien und Neuseeland

Aoraki – Der Maoriname des Mt. Cook bedeutet „Wolkendurchdringer".

Aotearoa – Der Maoriname für Neuseeland wird meistens mit „Land der langen, weißen Wolke" übersetzt.

aroha – Liebe

B&B – „Bed and Breakfast"; Frühstückspension

bach – Ferienhaus („betsch" ausgesprochen); siehe auch crib

black-water rafting – Rafting in einer unterirdischen Höhle

boozer – öffentliche Bar

bro – wörtlich „brother"; bezeichnet meistens Freunde

BYO – „bring your own" (bezieht sich in Restaurants oder Cafés normalerweise auf alkoholische Getränke)

choice/chur – fantastisch, großartig

crib – Bezeichnung für ein Ferienhaus (bach) in Otago und Southland

DB&B – „Dinner, bed and breakfast": Unterkunft mit Frühstück und Abendessen

DOC – Department of Conservation (oder Te Papa Atawhai); Behörde, die für die Nationalparks und damit alle Wanderwege und Hütten zuständig ist

eh? – ungefähr so viel wie „nicht wahr?"

farmstay – Urlaub auf dem Bauernhof, Unterkunft auf einer Farm

Football – Rugby, entweder der Union oder der League; bedeutet gelegentlich aber auch Fußball

Great Walks – eine Reihe von neun beliebten Wanderwegen in Neuseeland

greenstone – Jade; *pounamu*

gumboots – Gummistiefel; eingeführt von Arbeitern auf den Gummiplantagen

haka – Tanz jeder Art, vor allem aber der Kriegstanz

hangi – Ofen in Form eines Lochs, bei dem das Essen in Körben über der Glut gegart wird; auch: ein Festmahl der Maori

hapu – kleinere Stammesgruppe oder Teil eines Stamms

Hawaiki – die polynesische Heimat der Maori

hei tiki – geschnitzte, stilisierte menschliche Figur, wird um den Hals getragen; auch: *tiki*

homestay – Unterkunft in einem Privathaus

hongi – Maori-Art der Begrüßung: Nasen und Stirnen werden aneinandergepresst und man teilt den gemeinsamen „Lebensatem"

hui – Versammlung, Treffen

i-SITE – Informationszentrum

iwi – großer Stammesverband mit einer gemeinsamen Herkunft, die bis auf die Zeit der Einwanderung aus *Hawaiki* zurückgeht; Volk, Stamm

jandals – zusammengezogen aus „Japanese sandals"; Flip-Flops oder Latschen, die üblicherweise aus Gummi bestehen

jersey – meist langärmliges Shirt, üblicherweise aus Wolle; das Trikot der Rugbyspieler

kauri – heimische Kiefernart

kia ora – Hallo

Kiwi – flugunfähiger, nachtaktiver, brauner Vogel mit langem Schnabel; neuseeländisches Nationalsymbol. – Kleine, fleischige Frucht mit rauer, brauner Schale und grünem oder gelbem Fruchtfleisch. Wird auf Englisch niemals nur *kiwi* genannt, sondern *kiwifruit*; auch unter dem Markennamen „Zespri" bekannt. – Neuseeländer; neuseeländisch (als Adjektiv verwendet).

Kiwiana – Kollektivbezeichnung für alles, was mit Neuseeland verbunden ist

kiwifruit – siehe Kiwi

kumara – polynesische Süßkartoffel, Grundnahrungsmittel

Kupe – früher polynesischer Seefahrer aus *Hawaiki*, der die Inseln, die heute Neuseeland bilden, entdeckt haben soll

mana – die spirituelle Eigenschaft einer Person oder eines Gegenstands; Ansehen; Autorität eines Häuptlings oder Priesters

Maori – die ersten polynesischen Siedler Neuseelands

Maoritanga – die Kultur der Maori

marae – bezieht sich eigentlich auf das geheiligte Gelände vor dem Versammlungshaus der Maori, im allgemeineren Gebrauch aber auch auf den gesamten Gebäudekomplex

Maui – eine Gestalt aus der polynesischen und Maori-Mythologie

mauri – Lebenskraft/Prinzip

moa – großer, ausgestorbener flugunfähiger Vogel

moko – Tattoo; üblicherweise Gesichtstätowierung

nga – die (Artikel im Plural); siehe auch *te*

ngai/ngati – wörtlich „die Leute von", „die Nachkommen von"; Stamm (auf der Südinsel wird dies übrigens „kai" ausgesprochen)

NZ – die Universalbezeichnung für Neuseeland; ausgesprochen „en zed"

pa – befestigte Maorisiedlung, üblicherweise auf einer Hügelkuppe

Pacific Rim – Bezeichnung für die moderne neuseeländische Küche, die regionale Produkte wie Meeresfrüchte innovativ mit den Cuisines anderer Länder kombiniert

Pakeha – Maori-Wort für einen Weißen oder einen Europäer

Pasifika – die auf den Pazifischen Inseln verbreitete Kultur

paua – Abalone oder Seeohr; die Schale wird zu Schmuck verarbeitet

pavlova – Schaumgebäck mit Kiwis und Sahne

PI – Bewohner der pazifischen Inseln

poi – Ball aus gewebtem Flachs

pounamu – Maori-Bezeichnung für Jade

powhiri – traditioneller Willkommensgruß der Maori beim Betreten eines *marae*

rip – gefährliche starke Strömung am Strand, die einen ins Meer hinauszieht

Roaring Forties – Meeresregion zwischen dem 40. und 50. südlichen Breitengrad, die bekannt ist für ihre häufigen Stürme

silver fern – Nationalsymbol, das u.a. die *All Blacks* und andere Nationalteams auf ihren Trikots führen; es stellt die Unterseite eines *ponga*-(Silberfarn-)Blattes dar; das nationale Netball-Team sind die Silver Ferns

sweet, sweet as – fantastisch, großartig

tapu – eine starke Macht im Leben der Maori mit zahlreichen Ausprägungen; in der einfachsten Bedeutung heißt es so viel wie „heilig", „verboten", „tabu"

te – der, die, das (Artikel); siehe auch *nga*

te reo – wörtlich „die Sprache"; Maorisprache

tiki – Kurzform von *hei tiki*

tiki tour – reizvolle Strecke; Rundweg

tramp – Wanderung durch die Natur, Trekking-Tour

tuatara – prähistorisches Reptil aus der Zeit der Dinosaurier

tui – heimische Vogelart

wahine – Frau

wai – Wasser

wairua – Geist

Waitangi – gemeint ist der Vertrag von Waitangi

waka – Kanu

Warriors – Neuseelands beliebter Rugby-League-Club, der in der australischen NRL spielt

Wellywood – Wellington (in Anspielung auf die dort blühende Filmindustrie)

whitebait – durchsichtiger Fisch, der in Netzen gefangen und ganz (mit Kopf, Augen, Innereien) oder frittiert verzehrt wird

zorbing – Funaktivität, bei der man in einer aufblasbaren PVC-Kugel einen Hügel hinunterrollt

Hinter den Kulissen

WIR FREUEN UNS ÜBER EIN FEEDBACK

Post von Travellern zu bekommen, ist für uns ungemein hilfreich – Kritik und Anregungen halten uns auf dem Laufenden und helfen, unsere Bücher zu verbessern. Unser reiseerfahrenes Team liest alle Zuschriften ganz genau durch, um zu erfahren, was an unseren Reiseführern gut und was schlecht ist. Wir können solche Post zwar nicht individuell beantworten, aber jedes Feedback wird garantiert schnurstracks an die jeweiligen Autoren weitergeleitet, rechtzeitig vor der nächsten Auflage.

Wer uns schreiben will, erreicht uns über **www.lonelyplanet.de/kontakt**.

Hinweis: Da wir Beiträge möglicherweise in Lonely Planet Produkten (z. B. Reiseführer, Websites, digitale Medien) veröffentlichen, gegebenfalls auch in gekürzter Form, bitten wir um Mitteilung, falls ein Kommentar nicht veröffentlicht oder ein Name nicht genannt werden soll. Wer Näheres über unsere Datenschutzpolitik wissen will, erfährt das unter www.lonelyplanet.com/privacy.

DANK VON LONELY PLANET

Vielen Dank den Reisenden, die uns nach der letzten Auflage des Reiseführers zahlreiche hilfreiche Hinweise, nützliche Ratschläge und interessante Anekdoten schickten: Amanda Howard, Anke Zylmann, Annamaria Armijo, Annamarie Critchard, Assi Paula, Belen Oton, Cat Mongeon, Catherine Waters, Cerina Triglavcanin, Craig Grant, Dan Simpson, Daniel James Romero, David Lacy, Erin Crampton, Eva Havas, George Ekel, Greg Rogos, Harvey Singer, Helen Bonser, Jaap Voogd, Julia Münchbach, Karen Warren, Kath Gardiner, Katherine Shea, Kathleen Robbins, Michael Hume, Mick Garton, Miriam Smith, Nico Bryant-Stevens, Nina Wensing, Penelope Clute, Peter Ellis, Rod Leschasin, Rosana Zeni, Sally Moyes, Sandra Scott-Harrison, Stefan Wehmeier, Tony Burkitt, Wiremu Fitzgerald, Xavier Alcober, Yann Meyer, Zach Johnston

DANK DER AUTOREN

Charles Rawlings-Way

Dank an all die großzügigen, sachkundigen und ruhig-selbstbewussten Neuseeländer, denen ich auf der Straße begegnete, vor allem an die Angestellten der i-SITE-Büros in Palmerston North, Hastings und New Plymouth, die alle meine Fragen detailgenau beantworteten. Ein großes Dankeschön an Errol Hunt dafür, dass er mich (wieder) verpflichtet hat, sowie an die Lonely Planet-Redaktion, die den vorliegenden Band durch die Produktion schleuste. Ein riesiges Dankeschön gebührt meinen unermüdlichen, witzigen Profi-Mitautoren Sarah, Peter, Brett und Lee, die diesem Buch den nötigen Schuss Humor und lokale Gelassenheit verliehen. Vor allem danke ich aber Meg, Ione und Remy dafür, dass sie die Stellung daheim gehalten haben, während ich unterwegs war.

Brett Atkinson

Bedanken möchte ich mich bei allen i-SITE-Angestellten, den Mitarbeitern des DOC und der Informationszentren, die mit viel Geduld auf meine Fragen geantwortet haben. Ein Hoch auf die cleveren Bierbrauer Neuseelands für ihren Beistand auf der Straße und auf Carol für die Unterstützung bei den gelegentlichen Ausflügen auf die den Küsten vorgelagerten Inseln. Ein Dank auch an meine Mitautoren; sie sind echte Profis und das witzigste Team, mit dem man zusammenarbeiten möchte. Ein großes Dankeschön in aufrichtiger Freundschaft auch an den fabelhaften Errol Hunt.

Sarah Bennett & Lee Slater

Unser Dank richtet sich an alle, die uns auf unserem Weg geholfen haben, z. B. an die Mitarbeiter der regionalen Touristenorganisationen und der Besucherzentren, an Tourismusveranstalter sowie an Traveller. Ein ganz besonderer

Dank gebührt dem Personal des DOC, allen voran Penny McIntosh und Katrina Henderson. Ein herzliches Dankeschön auch an alle in der Redaktion von Lonely Planet sowie an unsere Mitautoren Brett, Charles und Peter. Dank gebührt auch Sarah Ewing. All jenen, die uns einen Stellplatz für den Camper sowie einen Kühlschrank für unsere Weinflasche zur Verfügung gestellt und uns gelegentlich eine Mahlzeit von *kaimoana* spendiert haben: *arohanui, e hoa ma.*

Peter Dragicevich

Mein aufrichtiger Dank geht zunächst an Hamish Blennerhassett, Harry und Ngaio Tyler und all die Tyler-Cousins für ihre Hilfe und ihren Beistand während der Recherche zu diesem Buch. Insbesondere danke ich aber Errol Hunt – dem außergewöhnlichen Redakteur, großartigen Kumpel und Urheber des Gesangs *Four more years* („Vier weitere Jahre") beim Finale des 2011 ausgetragenen Rugby World Cup und dem Hauptverantwortlichen dafür, dass dieser Band im Laufe so vieler aufeinanderfolgenden Auflagen einer der erfolgreichsten Lonely Planet-Titel überhaupt wurde.

QUELLENNACHWEIS

Die Klimakartendaten stammen von Peel MC, Finlayson BL & McMahon TA (2007) *Updated World Map of the Köppen-Geiger Climate Classification* erschienen in der Zeitschrift *Hydrology and Earth System Sciences*, Ausgabe 11, 1633–44.

Titelfoto: Heißluftballon in der Nähe von Methven, David Wall/Getty.

ÜBER DIESES BUCH

Dies ist die 5. deutsche Auflage von *Neuseeland*, basierend auf der mittlerweile 17. englischen Auflage, die von Charles Rawlings-Way, Brett Atkinson, Sarah Bennett, Peter Dragiceveich und Lee Slater recherchiert und geschrieben wurde. Sie waren auch für die die vorangegangene Auflage zuständig. Dieser Reiseführer wurde vom Lonely Planet Büro in Melbourne in Auftrag gegeben und von folgenden Mitarbeitern produziert:

Verantwortlicher Redakteur Errol Hunt
Leitende Redakteurin Andrea Dobbin
Projektredakteur Elin Berglund
Leitender Kartograf Diana Von Holdt
Layoutdesignerin Wendy Wright
Senior Editor Claire Naylor
Redaktionsassistenz Rosie Nicholson, Katie O'Connell, Charlotte Orr, Monique Perrin, Gabrielle Stefanos
Kartografieassistenz Corey Hutchison, Valentina Kremenchutskaya
Umschlagrecherche Naomi Parker
Dank an Sasha Baskett, Ryan Evans, Larissa Frost, Genesys India, Jouve India, Elizabeth Jones, Catherine Naghten, Karyn Noble, Martine Power, Dianne Schallmeiner, Angela Tinson, Glenn van der Knijff, Tasmin Waby

Register

D

Verweise auf Karten **000**
Verweise auf Fotos 000

E

F

Verweise auf Karten **000**
Verweise auf Fotos 000

N

REGISTER M–N

Verweise auf Karten **000**
Verweise auf Fotos **000**

T

Verweise auf Karten **000**
Verweise auf Fotos **000**

Verweise auf Karten **000**
Verweise auf Fotos 000

Kartenlegende

Sehenswertes
- Strand
- Vogelschutzgebiet
- buddhistisch
- Schloss/Palast
- christlich
- konfuzianisch
- hinduistisch
- islamisch
- jainistisch
- jüdisch
- Denkmal
- Museum/Galerie/historisches Gebäude
- Ruine
- Sento-Bad/Onsen
- schintoistisch
- sikhistisch
- taoistisch
- Weingut/Weinberg
- Zoo/Tierschutzgebiet
- andere Sehenswürdigkeit

Aktivitäten, Kurse & Touren
- bodysurfen
- tauchen
- Kanu/Kajak fahren
- Kurs/Tour
- Ski fahren
- schnorcheln
- surfen
- Schwimmbecken
- wandern
- windsurfen
- andere Aktivität

Schlafen
- Unterkunft
- Camping

Essen
- Lokal

Ausgehen & Nachtleben
- Bar/Kneipe
- Café

Unterhaltung
- Unterhaltung

Shoppen
- Shoppen

Praktisches
- Bank
- Botschaft/Konsulat
- Krankenhaus/Arzt
- Internetzugang
- Polizei
- Post
- Telefon
- Toilette
- Touristeninformation
- andere Einrichtung

Geografisches
- Strand
- Hütte/Unterstand
- Leuchtturm
- Aussichtspunkt
- Berg/Vulkan
- Oase
- Park
- Pass
- Picknickplatz
- Wasserfall

Städte
- Hauptstadt (Staat)
- Hauptstadt (Bundesland/Provinz)
- Großstadt
- Kleinstadt/Ort

Verkehrsmittel
- Flughafen
- BART-Station
- Grenzübergang
- T-Station (Boston)
- Bus
- Seilbahn/Gondelbahn
- Fahrrad
- Fähre
- Metro/Muni-Station
- Einschienenbahn
- Parkplatz
- Tankstelle
- U-Bahn/SkyTrain-Station
- Taxi
- Bahnhof/Zug
- Straßenbahn
- U-Bahnhof
- anderes Verkehrsmittel

Achtung: Nicht alle der abgebildeten Symbole werden auf den Karten im Buch verwendet

Verkehrswege
- Mautstraße
- Autobahn
- Hauptstraße
- Landstraße
- Verbindungsstraße
- sonstige Straße
- unbefestigte Straße
- Straße im Bau
- Platz/Promenade
- Treppe
- Tunnel
- Fußgänger-Überführung
- Stadtspaziergang
- Abstecher (Stadtspaziergang)
- Pfad/Wanderweg

Grenzen
- Internationale Grenze
- Bundesstaat/Provinz
- umstrittene Grenze
- Region/Vorort
- Meerespark
- Klippen
- Mauer

Gewässer
- Fluss/Bach
- periodischer Fluss
- Kanal
- Wasser
- Trocken-/Salz-/periodischer See
- Riff

Gebietsformen
- Flughafen/Startbahn
- Strand/Wüste
- Friedhof (christlich)
- Friedhof
- Gletscher
- Watt
- Park/Wald
- Sehenswürdigkeit (Gebäude)
- Sportgelände
- Sumpf/Mangrove

DIE AUTOREN

Charles Rawlings-Way

Hauptautor, Taranaki & Whanganui, Rotorua & Bay of Plenty, East Coast

Engländer von Geburt, Australier durch Zufall, All-Blacks-Fan aus freiem Willen: Charles' Wissen über Aotearoa war zunächst eher begrenzt (Schafe, Berge, Schafe auf Bergen…). Er erkannte, dass es da noch mehr geben musste, als ihm ein weit gereister Onkel 1981 die Nachbildung eines Jade-Tiki mitbrachte. Er trug es mit Stolz, bis er 1982 die beigen Trikots des neuseeländischen Cricket-Teams sah… Der schneebedeckte Gipfel des Mt. Taranaki, Napiers Art-déco-Erbe und Whanganuis unkonventioneller Charme halfen ihm zu vergeben: Charles ist hingerissen von Neuseelands geisterhaften Landschaften, seinen entwaffnend freundlichen Einheimischen und deren Entschlossenheit, ihr Schicksal selbst in die Hand zu nehmen. Charles schrieb auch den Abschnitt „Reiseplanung" und die Kapitel „Allgemeine Informationen" und „Verkehrsmittel & -wege".

Brett Atkinson

Auckland, Bay of Islands & Northland, Waikato & Coromandel Peninsula

Als Bewohner von Auckland war Brett begeistert von der Möglichkeit, seine Heimatstadt für diese Auflage neu zu entdecken. Zu seinen Highlights gehörten die Erkundung der neu entstehenden Gastroszene rund um Wynyard Quarter und die Reise zu den verschiedenen Inseln im Hauraki Gulf. Ausflüge nach Northland und Coromandel riefen Erinnerungen an Familienurlaube in einem früheren Jahrhundert wach. Brett war für Lonely Planet in Europa, Asien und im Pazifik unterwegs und er schrieb als freiberuflicher Reiseautor über fast 50 Länder. Seine neuesten Reisen lassen sich auf www.brett-atkinson.net nachlesen.

Sarah Bennett & Lee Slater

Taupo & Central Plateau, Wellington & Umgebung, Marlborough & Nelson, West Coast, Fiordland & Southland Lee und Sarah leben in Wellington, sind aber viele Monate im Jahr mit einem kleinen Wohnmobil, Stiefeln und Mountainbikes auf Achse. Sie sind Spezialisten für „Abenteuer light" (Wandern ohne Steigeisen) und lassen ihre Reiseerlebnisse in Magazinberichten und Reiseführern wieder aufleben, darunter Lonely Planets *Hiking & Tramping in New Zealand* und vier Ausgaben von *Neuseeland,* ferner *The New Zealand Tramper's Handbook* und *Let's Go Camping.* Wer mehr über die beiden erfahren möchte, sollte auf www.bennettandslater.co.nz vorbeisurfen oder ihnen auf Twitter folgen unter @BennettSlater. Sarah und Lee schrieben auch das Kapitel „Neuseeland Aktuell".

Peter Dragicevich

Christchurch & Canterbury, Dunedin & Otago, Queenstown & Wanaka

Peter arbeitete beinahe zehn Jahre lang für diverse Verlage in Übersee, bevor sich der Kreis schloss und er in seine Heimatstadt Auckland zurückkehrte. Als Chefredakteur der hiesigen Zeitung *Express* verfasste er in den 1990er-Jahren Artikel zur hiesigen Kunst-, Club- und Barszene. Er ist zum vierten Mal bei Lonely Planet *Neuseeland* dabei und auch wenn er schon für Dutzende Lonely Planet Bände als Autor tätig war, bleibt dieser hier sein erklärter Liebling. Peter schrieb auch das Kapitel „Neuseeländische Mentalität" und den Abschnitt über Kunst im Kapitel „Kunst & Musik".

Mehr über Peter steht auf:
lonelyplanet.com/thorntree/profiles/peterdragicevich

Beiträge von ...

Professor James Belich verfasste das Kapitel „Geschichte". James gehört zu Neuseelands renommiertesten Historikern und gewann Preise für *The New Zealand Wars*, *Making Peoples* und *Paradise Reforged*. Außerdem arbeitet er fürs Fernsehen: *New Zealand Wars* wurde in Neuseeland 1998 ausgestrahlt

Tony Horwitz steuerte den Kasten „James Cook" im Kapitel „Geschichte" bei. Tony wurde als Reporter und Sachbuchautor mit dem Pulitzerpreis ausgezeichnet. Seine Begeisterung für Cook und das Reisen führte ihn nach Neuseeland, Australien und in den Pazifikraum, herauskam dabei das Buch *Cook: Die Entdeckung eines Entdeckers*, eine Mischung aus Cook-Biografie und Reisebericht.

John Huria (Ngai Tahu, Muaupoko) ist der Verfasser des Kapitels „Die Kultur der Maori". Als Redakteur, Forscher und Autor beschäftigt er sich in erster Linie mit diesem Thema. Beim Maori-Verlag Huia war er Chefredakteur, jetzt leitet er mit Ahi Text Solutions Ltd (www.ahitext solu tions.co.nz) seine eigene Firma für Redaktions- und Verlagsdienstleistungen.

Josh Kronfeld verfasste den Kasten über das Surfen im Kapitel „Neuseeland extrem". Der frühere Flügelstürmer der All Blacks wurde durch seine Leidenschaft für das Surfen an Neuseelands Stränden zur Legende. Dank seiner Reisen im Namen des Rugby konnte John weltweit weitere Breaks testen.

Gareth Shute hat im Kapitel „Kunst & Musik" den Beitrag über die Musik verfasst. Er hat schon vier Bücher veröffentlicht, darunter *Hip Hop Music in Aotearoa* und *NZ Rock 1987–2007*. Als Musiker und Mitglied der Ruby Suns und Brunettes hat er schon an Tourneen nach Australien und Europa teilgenommen. Derzeit musiziert er in der Indie-Soul-Gruppe *The Cosbys*.

Vaughan Yarwood aus Auckland schrieb das Kapitel „Natur & Umwelt". Zu Vaughans Büchern zählen: *The History Makers: Adventures in New Zealand Biography*; *The Best of New Zealand, a Collection of Essays on NZ Life and Culture by Prominent Kiwis*, bei dem er auch Herausgeber ist; und die Regionalgeschichte *Between Coasts: from Kaipara to Kawau*. Vaughan hat an vielen Publikationen in Neuseeland und aller Welt mitgewirkt und war früher Mitherausgeber von *New Zealand Geographic*, für das er viele Jahre schrieb.

DIE LONELY PLANET STORY

Ein ziemlich mitgenommenes, altes Auto, ein paar Dollar in der Tasche und eine Vorliebe für Abenteuer – 1972 war das alles, was Tony und Maureen Wheeler für die Reise ihres Lebens brauchten, die sie durch Europa und Asien bis nach Australien führte. Die Tour dauerte einige Monate, und am Ende saßen die beiden – pleite, aber voller Inspiration – an ihrem Küchentisch und schrieben ihren ersten Reiseführer *Across Asia on the Cheap*. Innerhalb einer Woche hatten sie 1500 Exemplare verkauft. Lonely Planet war geboren.

Heute hat der Verlag Büros in Melbourne, London und Oakland und mehr als 600 Mitarbeiter und Autoren. Und alle teilen Tonys Überzeugung: „Ein guter Reiseführer sollte drei Dinge tun: informieren, bilden und unterhalten."

Lonely Planet Publications,

Locked Bag 1, Footscray,
Melbourne, Victoria 3011,
Australia

Verlag der deutschen Ausgabe:
MAIRDUMONT, Marco-Polo-Str. 1, 73760 Ostfildern,
www.lonelyplanet.de, www.mairdumont.com
info@lonelyplanet.de

Chefredakteurin deutsche Ausgabe: Birgit Borowski

Übersetzung: Berna Ercan, Tobias Ewert, Derek Frey, Karen Gerwig, Marion Gref-Timm, Christina Kagerer, Laura Leibold, Britt Maaß, Marion Matthäus, Ute Perchtold, Claudia Riefert, Dr. Christian Rochow, Erwin Tivig

An früheren Auflagen haben außerdem mitgewirkt: Dr. Dagmar Ahrens, Dr. Birgit Beile-Meister, Dorothee Büttgen, Petra Dubilski, Beatrix Gehlhoff, Dr. Martin Goch, Monika Grabow, Stefanie Gross, Christiane Gsänger, Joachim Henn, Christina Jacobs, Jürgen Kucklinski, Robert Kutschera, Raphaela Moczynski, Dr. Annegret Pago, Dr. Thomas Pago, Annika Plank, Christiane Radünz, Jutta Ressel, Andrea Schleipen, Manuela Schomann, Beatrix Thunich, Linde Wiesner, Theresa Zuhl

Redaktion: Annegret Gellweiler, Frank Müller, Olaf Rappold, Katrin Schmelzle, Julia Wilhelm (red.sign, Stuttgart)

Redaktionsassistenz: Adriana Popescu, Sylvia Scheider-Schopf, Dr. Dirk Mende

Satz: Stefan Dinter, Susanne Junker (red.sign, Stuttgart)

MIX
Papier aus verantwortungsvollen Quellen
FSC® C018236
FSC
www.fsc.org

Neuseeland

5. deutsche Auflage Januar 2015, übersetzt von *New Zealand, 17th edition*, September 2014, Lonely Planet Publications Pty

Printed in China